成功通过CMA

第4版 上册

This Way to CMA

蔚欣欣 主编

美国注册管理会计师（CMA）考试中文辅导教材

涵盖新考试大纲要求的全部知识点和通过考试的必备习题

帮助考生以较快速度和较小成本通过CMA考试

机械工业出版社
CHINA MACHINE PRESS

本书是美国注册管理会计师（CMA）考试辅导用书，在第3版的基础上进行了大量的增改，综述了通过CMA认证需要掌握的知识，增加了大量适用的知识与习题，能够帮助读者全面学习新考试大纲要求的知识点，掌握学习方法和考试技巧，顺利通过CMA考试。

本书包括约3000道例题和习题对应新的考试大纲调整，增加了第10章科技与分析，分为上下册。其中，上册内容包括管理会计和CMA认证简介，CMA应试技巧与方案，有关CMA的基础知识，财务报告，战略规划，规划、预算编制与预测，绩效管理，成本管理，内部控制；下册内容包括科技与分析，财务报表分析，公司金融，决策分析，风险管理，投资决策，职业道德等。本书可以作为相关人士通过CMA认证考试的辅导教材。

图书在版编目（CIP）数据

成功通过CMA/蔚欣欣主编．—4版．—北京：机械工业出版社，2022.1
ISBN 978-7-111-70221-4

Ⅰ．①成…　Ⅱ．①蔚…　Ⅲ．①管理会计－资格考试－美国－自学参考资料
Ⅳ．①F234.3

中国版本图书馆CIP数据核字（2022）第032164号

机械工业出版社（北京市百万庄大街22号　邮政编码100037）
策划编辑：张星明　责任编辑：张星明
责任校对：李　杨　封面设计：赫子逸
责任印制：谢朝喜
北京宝昌彩色印刷有限公司印刷
2022年3月第4版·第1次印刷
210mm×285mm·82.5印张·2306千字
标准书号：ISBN 978-7-111-70221-4
定价：298.00元

电话服务	网络服务
客服电话：010-88361066	机　工　官　网：www.cmpbook.com
010-88379833	机　工　官　博：weibo.com/cmp1952
010-68326294	金　书　网：www.golden-book.com
封底无防伪标均为盗版	机工教育服务网：www.cmpedu.com

《成功通过 CMA》（第 4 版）编写人员

主　编

蔚欣欣

参　编

刘和灵　黄玲辉　李　冬

前　言

《成功通过 CMA》系列辅导教材（包括《成功通过 CMA》《CMA 考试通关宝典》《注册管理会计师基础教程》）自出版以来受到了广大考生的一致好评，其全面性、实用性和针对性深得 CMA 培训机构和考生的充分肯定。

美国管理会计师协会（IMA）对 CMA 考试进行了调整，增加了科技方面的内容，2020 年 1 月 CMA 考试正式启用了新的考试内容大纲。本次考试内容大纲的修订是以在全球范围内开展的针对首席财务官、财务主管以及其他会计和财务专业人士的工作分析研究为依据的，因此保证了 CMA 考试在全球管理会计资格认证领域的领先地位和高认可度。

编者根据新的 CMA 考试大纲的调整内容以及近年来考试的命题方向，对《成功通过 CMA》（第 3 版）进行了修改、补充和完善，编写了《成功通过 CMA》（第 4 版）。本次改版主要是从以下 3 个方面进行了调整：

1. 新增一个章节。对应考试大纲调整，增加了第 10 章科技与分析。

2. 部分章节进行了调整。根据新考试大纲对财务报告、职业道德、内部审计、表外融资等内容进行了增减和完善。

3. 增减了习题。根据最新考试重点和方向，增加或减少了相关习题。

本次改版充分借鉴了国内外各类 CMA 辅导教材和其他财会考试的辅导书，全面提升了知识点的覆盖度，加强了对知识点的阐述和分析，编写了大量的习题，以帮助考生在最短时间内系统掌握知识，在完善管理会计知识体系的同时顺利通过 CMA 考试。本书包括约 3 000 道例题和习题，全面覆盖了 CMA 新考试大纲的知识点和常见题型，可以较好地满足学员通过 CMA 考试的需求。

感谢 IMA 和 IMA 中国教育指导委员会的支持。

感谢相关 CMA 考试培训机构的支持。

本次增补的内容是本人和几位培训老师根据 CMA 最新考试大纲和相关参考书目进行的总结和提炼。在此，对他们的帮助和支持表示感谢。

由于时间仓促，加上自身水平有限，本书的编写难免有疏漏、错误的地方，欢迎读者提出意见。

蔚欣欣

2021 年 6 月 30 日

目　录

前言

第 1 章　管理会计和 CMA 认证简介 …… 1
1.1　管理会计简介 …… 1
1.1.1　管理会计的定义 …… 1
1.1.2　管理会计、财务会计和成本会计 …… 1
1.1.3　关键的管理会计指导原则 …… 3
1.2　美国注册管理会计师(CMA®)简介 …… 4
1.2.1　CMA 和 CSCA 概况 …… 4
1.2.2　CMA 证书的优势 …… 4
1.2.3　CMA 考试大纲 …… 5
第 2 章　CMA 应试技巧与方案 …… 6
2.1　CMA 客观题试题类型 …… 6
2.1.1　根据题干形式分类 …… 6
2.1.2　根据题目难度分类 …… 8
2.2　计算机考试界面 …… 11
2.3　答题技巧 …… 11
2.3.1　基本注意事项 …… 11
2.3.2　答题规则 …… 13
2.4　主观题答题技巧 …… 14
2.4.1　备考建议 …… 14
2.4.2　答题注意事项 …… 14
2.4.3　应试技巧 …… 14
2.4.4　主观题阅卷说明 …… 15
第 3 章　有关 CMA 的基础知识 …… 16
3.1　概率论基础知识 …… 16
3.1.1　概率 …… 16
3.1.2　离散型随机变量 …… 17
3.1.3　连续型随机变量 …… 18
3.1.4　统计量与假设检验 …… 19
3.1.5　决策树 …… 20
3.1.6　决策理论 …… 20
3.1.7　随机过程 …… 21
3.2　财务管理基础知识 …… 21

3.2.1 企业的基本形式 …… 21
3.2.2 财务管理的含义 …… 22
3.2.3 财务管理的目标 …… 22
3.2.4 资金的时间价值 …… 23
3.3 经济学基础知识 …… 26
3.3.1 消费者理论 …… 26
3.3.2 生产成本 …… 26
3.3.3 通货膨胀 …… 26
3.3.4 商业周期 …… 27
3.3.5 国际贸易 …… 27
第4章 财务报告 …… 29
4.1 财务报告基础知识 …… 29
4.1.1 财务会计报告的目标(选修) …… 29
4.1.2 会计的基本假设和确认原则(选修) …… 29
4.1.3 会计基本要素 …… 30
4.1.4 会计循环 …… 31
4.1.5 美国会计准则的制定(选修) …… 32
4.2 财务报表及其使用者 …… 33
4.2.1 资产负债表 …… 33
4.2.2 利润表 …… 36
4.2.3 现金流量表 …… 39
4.2.4 所有者权益变动表 …… 42
4.2.5 财务报表之间的钩稽关系 …… 42
4.2.6 财务报告的披露 …… 43
4.2.7 财务报表的使用者 …… 45
4.2.8 财务报表举例 …… 45
4.2.9 综合报告 …… 49
4.3 应收账款 …… 51
4.3.1 应收账款的确认 …… 51
4.3.2 应收账款的计量 …… 51
4.3.3 应收账款的处置 …… 53
4.4 存货 …… 54
4.4.1 存货的分类与控制 …… 54
4.4.2 存货的确认 …… 56
4.4.3 存货流转假设 …… 58
4.4.4 存货跌价准备 …… 61
4.5 投资 …… 62
4.5.1 基本概念 …… 62
4.5.2 债务证券 …… 63
4.5.3 权益证券 …… 65

4.6 固定资产 …… 68
4.6.1 基本概念 …… 68
4.6.2 固定资产的折旧 …… 69
4.6.3 固定资产的处置 …… 71
4.6.4 固定资产减值 …… 71
4.7 无形资产 …… 72
4.7.1 基本概念 …… 72
4.7.2 商誉 …… 73
4.7.3 无形资产的减值 …… 73
4.7.4 研发成本 …… 74
4.8 负债 …… 75
4.8.1 基本概念 …… 75
4.8.2 预期再融资的短期负债 …… 76
4.8.3 或有事项 …… 76
4.9 股东权益 …… 78
4.9.1 基本概念 …… 78
4.9.2 股票发行 …… 79
4.9.3 股票回购 …… 80
4.9.4 股利类型 …… 82
4.9.5 留存收益的分拨 …… 84
4.10 收入确认 …… 85
4.10.1 收入确认原则 …… 85
4.10.2 收入确认的五步法 …… 85
4.10.3 原有准则下的特殊问题 …… 89
4.10.4 收入和费用的配比原则 …… 89
4.11 所得税会计 …… 90
4.11.1 基本概念 …… 90
4.11.2 递延所得税 …… 90
4.11.3 财务报表列示 …… 93
4.12 租赁 …… 94
4.12.1 基本概念 …… 94
4.12.2 租赁的会计处理 …… 95
4.13 美国财务会计准则与国际财务报告准则的差别 …… 97
4.14 本章习题 …… 99
本章习题解答 …… 143
第5章 战略规划 …… 170
5.1 战略规划概念 …… 170
5.1.1 战略规划的定义 …… 170
5.1.2 战略实现过程 …… 171
5.1.3 战略规划的优缺点 …… 172

5.1.4 战术规划与战略规划的关系 …… 172
5.1.5 外部因素影响 …… 173
5.1.6 内部因素影响 …… 174
5.2 战略规划和运营管理技术 …… 176
5.2.1 SWOT 分析 …… 176
5.2.2 波特的 5 种竞争力量模型 …… 177
5.2.3 PEST 分析 …… 178
5.2.4 情景规划 …… 179
5.2.5 竞争者分析 …… 180
5.2.6 应急规划 …… 180
5.2.7 业务组合分析 …… 181
5.2.8 基本的业务层战略 …… 182
5.2.9 供应链管理 …… 183
5.2.10 业务连续性计划 …… 184
5.2.11 提高会计业务效率的方法 …… 185
5.3 公司治理 …… 186
5.3.1 公司治理的概念 …… 186
5.3.2 相关方的责任和权力 …… 186
5.3.3 《萨班斯-奥克斯利法案》的规定 …… 188
5.3.4 2013 年 COSO 框架 …… 188
5.3.5 外部审计 …… 189
5.4 本章习题 …… 190
本章习题解答 …… 201
第 6 章 规划、预算编制与预测 …… 209
6.1 预算编制的相关概念 …… 209
6.1.1 基本概念 …… 209
6.1.2 运营及业绩目标 …… 210
6.1.3 成功预算的特征 …… 212
6.1.4 预算期 …… 212
6.1.5 预算流程 …… 212
6.1.6 预算参与者 …… 214
6.1.7 预算编制步骤 …… 214
6.1.8 成本标准 …… 214
6.1.9 标准制定的支持信息来源 …… 215
6.1.10 资源配置 …… 216
6.1.11 总预算的组成要素 …… 217
6.1.12 责任会计 …… 217
6.1.13 预算松弛 …… 218
6.1.14 预算编制中的其他问题 …… 218
6.2 预测技术 …… 219

6.2.1　回归分析 …… 220
6.2.2　时间序列分析 …… 223
6.2.3　平滑法(选修) …… 224
6.2.4　学习曲线分析 …… 225
6.2.5　期望值分析 …… 226
6.2.6　敏感性分析 …… 227
6.3　预算编制方法 …… 227
6.3.1　项目预算 …… 227
6.3.2　作业基础预算法 …… 228
6.3.3　增量预算 …… 229
6.3.4　零基预算 …… 229
6.3.5　连续性(滚动)预算 …… 229
6.3.6　包含改善内容的预算 …… 230
6.3.7　弹性预算 …… 230
6.4　年度利润计划与相关报表 …… 233
6.4.1　销售预测 …… 233
6.4.2　销售预算 …… 233
6.4.3　生产存货预算 …… 234
6.4.4　直接材料预算 …… 234
6.4.5　直接人工预算 …… 235
6.4.6　间接费用预算 …… 235
6.4.7　销货成本预算 …… 235
6.4.8　销售管理费用预算 …… 235
6.4.9　员工福利预算 …… 235
6.4.10　财务预算 …… 236
6.4.11　服务行业和非营利组织预算的编制 …… 240
6.5　简易规划与分析技术 …… 240
6.5.1　模拟财务报表与预算 …… 240
6.5.2　销售百分比法编制模拟报表 …… 241
6.5.3　对于模拟报表的分析 …… 242
6.6　本章主观题例题与习题 …… 245
6.6.1　本章主观题例题 …… 245
6.6.2　本章习题 …… 250
本章习题解答 …… 296
第7章　绩效管理 …… 328
7.1　成本度量与差异度量 …… 328
7.1.1　比较实际结果与预算结果 …… 328
7.1.2　使用弹性预算进行绩效分析 …… 328
7.1.3　例外管理 …… 329
7.1.4　采用标准成本制度 …… 329

7.1.5 比较与标准成本的差异 …… 329
7.1.6 收入方面的差异分析 …… 335
7.1.7 混合差异与产量差异 …… 336
7.1.8 差异原因的解释 …… 337
7.1.9 新生产技术的影响和实施中的问题 …… 339
7.1.10 服务行业中的标准成本法 …… 339
7.1.11 对差异的调查 …… 340
7.1.12 对差异的会计处理 …… 340
7.2 责任中心与分部报告 …… 340
7.2.1 责任中心的类型 …… 340
7.2.2 贡献报告与分部报告 …… 342
7.2.3 转移产品定价模型 …… 344
7.2.4 国际转移定价 …… 346
7.2.5 分部的绩效评估报告 …… 346
7.3 绩效评估 …… 347
7.3.1 产品获利能力分析 …… 347
7.3.2 业务部门获利能力分析 …… 347
7.3.3 客户获利能力分析 …… 348
7.3.4 投资回报率分析 …… 349
7.3.5 剩余利润分析 …… 350
7.3.6 剩余利润与投资回报率 …… 351
7.3.7 投资基准的争议 …… 352
7.3.8 平衡计分卡 …… 352
7.3.9 绩效指标与报告机制 …… 355
7.3.10 服务企业和非营利组织的管理控制 …… 356
7.4 本章主观题例题与习题 …… 357
7.4.1 本章主观题例题 …… 357
7.4.2 本章习题 …… 366
本章习题解答 …… 410
第 8 章 成本管理 …… 438
8.1 成本术语 …… 438
8.1.1 基本成本术语 …… 438
8.1.2 产品成本和期间成本 …… 440
8.1.3 不同企业的成本流会计 …… 440
8.1.4 成本信息的作用 …… 440
8.1.5 管理控制和经营控制中的成本概念 …… 440
8.2 成本度量 …… 441
8.2.1 成本行为与成本对象 …… 441
8.2.2 产能 …… 442
8.2.3 成本动因 …… 443

8.2.4　实际成本法、正常成本法和标准成本法 …… 444
8.2.5　设计和选择产品成本核算系统的原则 …… 445
8.2.6　吸收成本法与变动成本法 …… 446
8.2.7　产出成本法 …… 448
8.2.8　存货成本计算方法的比较 …… 448
8.2.9　联产品成本法 …… 448
8.2.10　副产品的会计处理 …… 451
8.3　成本制度 …… 451
8.3.1　分批成本法与分步成本法 …… 451
8.3.2　作业成本法 …… 458
8.3.3　生命周期成本法 …… 461
8.3.4　经营成本法(选修) …… 463
8.3.5　后推成本法 …… 463
8.4　间接成本 …… 464
8.4.1　间接成本分摊的方法 …… 464
8.4.2　固定和变动间接成本 …… 465
8.4.3　单一比率法和双重比率法 …… 465
8.4.4　工厂和部门范围的间接成本分摊 …… 466
8.4.5　作业成本法下的间接成本分摊 …… 466
8.4.6　服务部门的成本分摊 …… 468
8.5　经营效率 …… 470
8.5.1　MRP 系统 …… 470
8.5.2　准时制(JIT) …… 471
8.5.3　精益资源管理 …… 472
8.5.4　约束理论 …… 473
8.5.5　其他生产理论 …… 476
8.6　业务流程绩效 …… 477
8.6.1　价值链分析 …… 477
8.6.2　价值增值 …… 478
8.6.3　流程分析 …… 479
8.6.4　标杆分析 …… 481
8.6.5　作业管理法 …… 482
8.6.6　持续改进 …… 483
8.6.7　最佳实务分析 …… 484
8.6.8　质量成本分析 …… 484
8.6.9　全面质量管理 …… 485
8.7　本章主观题例题与习题 …… 486
8.7.1　本章主观题例题 …… 486
8.7.2　本章习题 …… 498
本章习题解答 …… 554

第 9 章 内部控制 …… 590
9.1 风险评估、控制与管理 …… 590
9.1.1 风险 …… 590
9.1.2 设计用于处理风险的控制措施 …… 591
9.1.3 内部控制结构和管理理念 …… 593
9.1.4 内部控制目标 …… 594
9.1.5 内部控制措施 …… 594
9.1.6 内部控制方法 …… 595
9.1.7 控制的不同维度 …… 596
9.1.8 可能的对已建立控制措施的威胁 …… 596
9.1.9 控制政策和程序的文件记录 …… 596
9.1.10 PCAOB 与内部控制 …… 597
9.1.11 自上而下与自下而上的内部控制方法 …… 597
9.1.12 内部控制的独立性 …… 597
9.1.13 《美国国外贪腐防治法》的内部控制要求 …… 598
9.1.14 内部审计(选修) …… 599
9.2 系统控制与安全措施 …… 600
9.2.1 与信息系统有关的风险 …… 600
9.2.2 人事政策 …… 601
9.2.3 系统开发控制措施 …… 601
9.2.4 会计方面的控制措施 …… 602
9.2.5 应用控制与交易控制措施 …… 602
9.2.6 网络、硬件和设施方面的控制措施 …… 603
9.2.7 备份与灾难恢复方面的控制措施 …… 604
9.2.8 控制评估流程图 …… 606
9.3 本章主观题例题与习题 …… 609
9.3.1 本章主观题例题 …… 609
9.3.2 本章习题 …… 614
本章习题解答 …… 645

第 1 章　管理会计和 CMA 认证简介

1.1　管理会计简介

1.1.1　管理会计的定义

管理会计是一门帮助企业做出战略决策的学科，具体包括预算制订、绩效管理、决策分析、财务控制等重要领域。IMA 的管理会计公告《管理会计定义》将管理会计定义为：管理会计是一种深度参与管理决策、制订计划与绩效管理系统、提供财务报告与控制方面的专业知识以及帮助管理者制订并实施组织战略的职业。

管理会计师在企业内部工作，他们的工作涉及了诸多领域：

1）设计和评估企业流程。

2）监控、报告和预测企业经营成果。

3）执行和监控企业内部控制等。

管理会计师通过收集、分析和整合企业信息，来最终实现增加企业经济价值和股东财富的目标。

与传统的财务会计师不同，管理会计师在企业价值链的起始阶段，进行着决策前的支持、计划和控制工作。他们是最有价值的商业伙伴，其工作直接支持着企业战略目标的实现。随着高端装备制造业在中国的发展，目前对高质量内部控制和内部财务报告的要求越来越强烈，管理会计师的作用比以前任何时候都要重要。

企业需要进行生产的员工人数要远远多于检查结果的员工人数，但对管理会计师的需求却远远大于对财务会计师的需求。在美国 500 万财务专业人士当中，90% 以上的人在企业内部从事着管理会计工作。在中国，传统的财务会计人才已严重过剩，能够提高企业综合效率和绩效的管理会计人才则极度缺乏。清华大学经济管理学院教授于增彪认为，管理会计对中国企业的国际化发展有着极其重要的作用，预计未来中国 1 200 万财务从业人员至少需要一半是管理会计师。

1.1.2　管理会计、财务会计和成本会计

会计系统记录已经发生的经济事件和交易（如销售与材料采购），把交易中的数据处理成对管理人员和其他使用者（如销售代表、生产监督和其他人）有用的信息。对一项经济交易的处理具体包括收集、分类、汇总和分析。比如，成本按成本种类（材料、人工和运输）归集，按月、季或年汇总以决定总成本，然后对其加以分析以评价成本相对于收入而言在各期有什么变化。会计系统通过利润表、资产负债表、现金流量表和业绩报告（如一个车间的运营成本或提供一项服务的成本）提供信息。管理人员使用会计信息来管理他们所负责的每一个作业或职能区域，并在组织的整体框架下协调那些作业或职能。

不同管理人员常常要求会计信息按不同的方式提交或者报告。以销售订单信息为例，销售经理可能对总的销售额感兴趣，以确定要支付多少佣金。分销经理可能对按地理区域划分的销售订单数量和

客户要求的送货时间感兴趣，以保证及时送货。生产经理会关注不同产品的数量和要求的交货日期，以便安排生产。一个理想的数据库（有时被称作数据仓库）由琐碎、详细、可被用于多种目的的信息构成。例如，销售订单数据库将包括每份订单的详尽信息，如产品、订购数量、售价和交货明细（地点和日期）等。数据仓库按照方便管理人员获取各自所需信息的方式来存储信息。许多公司正在建立自己的企业资源计划（ERP）系统和单个数据库，收集可供应用的数据，支持企业的经营活动，如采购、生产、分销和销售。

成本管理会计和财务会计有不同的目标。管理会计计量、分析和报告财务和非财务信息，帮助管理人员做决策以实现组织目标。管理人员用管理会计信息选择、传达和实施战略。他们也用管理会计信息协调产品设计、生产和营销决策并评估业绩。管理会计信息和报告不必遵循既定的原则或规则。关键问题总是：①这些信息如何帮助管理人员把工作做得更好？②生产这些信息的收益大于成本吗？财务会计的重点在于向外部各方（如投资者、政府机构、银行和供应商）报告。它计量和记录各项交易并提供基于公认会计准则（GAAP）的财务报表。管理人员对向投资者、政府官员和其他外界公布的财务报表负责。管理人员的报酬通常直接受到这些财务报表数字的影响。因此，管理人员对管理会计和财务会计都会感兴趣。

表 1-1 总结了管理会计和财务会计的主要差异。但是要注意，资产负债表、利润表和现金流量表这样的报告，对管理会计和财务会计而言是一样的。

表 1-1 管理会计和财务会计的主要差异

项目	管理会计	财务会计
信息目的	帮助管理人员做决策以实现组织的目标	向投资者、银行、管理者和其他外部各方传递组织的财务状况
主要用户	组织的管理人员	外部用户，如投资者、银行、管理者和供应商
关注重点	面向未来（在 2016 年编制 2017 年的预算）	面向过去（在 2017 年编制 2016 的业绩报告）
计量与报告规则	内部计量与报告，不需要遵守 GAAP，但要基于成本-效益分析	财务报表必须根据 GAAP 编制，并经外部独立审计师鉴证
时间跨度与报告类型	时间变化范围为每小时或 15 ~ 20 年，有关于产品、部门、地区和战略的财务与非财务报告	基本上是以公司作为一个整体的年度或季度财务报告
行为含义	意在影响管理者和其他职员的行为	主要报告经济事项，但也影响行为，因为管理人员的薪酬通常基于报告的财务成果

成本会计（Cost Accounting）为管理会计和财务会计提供信息。成本会计计量、分析和报告从组织内获取或使用资源与成本相关的财务和非财务信息。例如，计算产品成本是成本会计的一项功能。可满足财务会计的存货估价需要和管理会计的决策需要（如选择提供何种产品）。现代成本会计认为，收集成本信息是管理决策的一项功能。因此，管理会计与成本会计之间的区别并不是很清晰，在美国注册管理会计师（CMA®）知识体系中经常交替使用这些术语。

经常听到有人使用“成本管理”这一术语。然而遗憾的是，它没有一个统一的定义。用成本管理（Cost Management）来描述管理人员为增加消费者价值，实现组织目标所采取的方法和行动。成本管理决策包括使用的材料种类和用量，生产流程和产品设计的改变。会计系统中的信息帮助管理人员管理成本，但信息和会计系统本身不是成本管理。

成本管理有许多重点，不应该被解释为只是持续地降低成本。成本管理不可避免地与收入和利润计划联系在一起。作为成本管理的一部分，管理人员通常会很谨慎地增加成本（如广告和产品改进）以增加收入和利润。

成本管理不是独立实施的，它是管理战略及其实施整体的一个组成部分，包括提高消费者满意度和质量的计划，以及研发（R&D）和为宣传新的拳头产品而做的营销计划等。

1.1.3　关键的管理会计指导原则

有三个重要的指导原则帮助管理会计师在战略和经营决策中为企业提供最大的价值：引入成本-效益原则，全面重视行为性因素和技术性因素，以及为不同目的使用不同成本。

1. 成本-效益原则

管理会计师不断面对分配资源的决策，如是否购买一套新的软件包或者雇用一名新员工。在做这些决策时应该使用成本-效益原则（Cost Benefit Approach）：如果资源给公司带来的预期收益超过预期成本，就应该消耗资源。预期收益与预期成本不容易量化，但成本-效益原则还是对资源的分配决策很有用处。

以某家公司第一次建立预算系统为例。之前该公司使用历史记录，而很少用到正式计划。建立一套预算系统的一个主要好处是，它强迫管理人员提前制订计划，比较实际与预算信息，并且采取正确行动。这些行动导致不同的决策，这些决策将比使用历史记录系统所做的决策带来更多的收益。新预算系统的预期收益超过了预期成本。预期成本包括实物资产、管理人员和其他人员培训以及日常经营投资。

2. 行为性和技术性因素

成本-效益原则是一条准则，用来帮助管理人员做如下决定：如是否要按提议建立一套预算系统来取代现有的历史记录系统。在回答为什么要用预算这一问题时考虑人的（行为的）因素。由于更好的协作、计划和动机，在组织内预算会导致一个不同的决策集。管理会计系统要同时担当两个任务：一个是技术的；另一个是行为的。技术性的因素通过以适当的格式（如实际结果与预算数）和要求的频率（如每周或每月）提供所需信息（如多种价值链范畴的成本），帮助管理人员做出理性的经济决策。行为性因素激励管理人员和其他员工瞄准公司目标努力奋斗。

会计师和管理人员都应该时刻记住，管理系统绝不仅仅限于技术性问题。管理主要是一项人的活动，应该关注怎样才能帮助个人更好地完成其工作，如帮助他们理解哪些作业是有价值的、哪些没有。而且，行为性因素建议。当员工表现不佳时，管理人员应当与表现不好的员工单独讨论改善业绩的方法，而不是将他们送去听专门指出他们表现差的那种报告。

3. 不同目的使用不同成本

CMA 知识体系会仔细考察计算成本的不同方法，这就是因为不同目的使用不同成本。这一主题是"偏不能概全"这句话在管理会计中的表现。会计外部报告使用的成本概念可能不适合管理人员用的内部的日常报告。

想一想微软公司为推出一件新产品而发生的广告成本。该产品预计使用寿命是两年或两年以上。向股东提供的外部报告中，新产品电视广告成本在发生当年就已被全部费用化计入利润表。GAAP 要求这种成本在外部报告时直接费用化。与之相反，为内部评估管理业绩的目的，电视广告成本会被资本化，然后在几年内摊销。如果微软认为资本化能更准确、更公平地反映发布新产品的管理人员的业绩，微软会资本化这些广告成本。

1.2　美国注册管理会计师（CMA®）简介

1.2.1　CMA 和 CSCA 概况

美国管理会计师协会（IMA®）是一家全球领先的国际管理会计师组织，一直致力于支持企业内部的财会专业人士提高企业的整体绩效。IMA 成立于 1919 年，总部设立在美国新泽西州，拥有遍布全球的 265 个分会，有超过 85 000 名会员。

在国际上，作为 COSO 委员会的创始成员及国际会计师联合会（IFAC）和国际综合报告理事会（IIRC）的主要成员，IMA 在管理会计、企业内部规划与控制、风险管理等领域均参与到全球最前沿实践。此外，IMA 还在美国财务会计准则委员会（FASB）和美国证券交易委员会（SEC）等组织中起着非常重要的作用。

CMA 资格证书是 IMA 旗下的权威财会认证，全球 140 个国家认可，被誉为全球财务行业的黄金标准。CMA 与美国 CPA、CFA 并称为财会领域的三大黄金证书。IMA 推出的 CSCA（国际注册战略与竞争分析师）认证则进一步扩展了 CMA 持证人在战略规划和分析的能力，涵盖了战略分析、创造竞争优势、战略实施与绩效评估三个方面的知识，帮助 CMA 持证人进入公司最高决策层，帮助 CFO 团队整合运用财务、战略、运营、信息、领导力等方面的知识和技能，从而有效应对全球化时代的挑战。

2014 年 6 月，我国财政部代表团访问 IMA 总部，就管理会计在经济转型升级和优化企业绩效中的重要作用、管理会计在全球及中国的发展情况、管理会计人才的培养、CMA 认证在中国的推进等问题与 IMA 的负责人进行了深入的交流。同年 10 月，财政部下发《关于全面推进管理会计体系建设的指导意见》（以下简称《指导意见》），明确提出了“争取 3 ~ 5 年内，在全国培养出一批管理会计人才，力争通过 5 ~ 10 年的努力，中国特色的管理会计体系基本建成”的总目标，建立了以理论体系、指引体系、人才队伍建设、信息化建设为主体，同时推动管理服务市场发展的“4 + 1”的有机发展模式，其中要求“推动加强管理会计国际交流合作”。该《指导意见》的发布，开启了我国会计改革与发展的新篇章，2014 年也被誉为“中国管理会计元年”。2016 年，财政部发布了《管理会计基本指引》，涵盖目标、原则、要素等的基本框架，并以要素为主线，形成基本指引主要内容，标志着我国管理会计体系建设取得新的重大突破。2017 年财政部正式公布《管理会计应用指引》，从而进一步提升单位管理会计工作水平，增强价值创造力，实现单位可持续发展。

1.2.2　CMA 证书的优势

与其他财务类认证相比，CMA 具有国际认可度高、适用范围广、实用性强、考试灵活便捷、中英文考试语言以及考试性价比高的特点，因此吸引了大量来自外企、国企、民企，尤其是上市公司的财务管理者和从业者的广泛关注。获得 CMA 认证资格，不仅说明其具备完整的财务管理及管理会计相关知识与国际视野，而且说明其掌握了能够协助决策者洞察企业运营情况、参与到决策制订和执行中、协助 CEO 提升企业整体绩效的知识和技能。CMA 认证资格为个人开拓了良好的职业发展空间，CMA 持证人可以选择继续获得 CSCA 认证则进一步为其进入公司最高层提供了支持和帮助。

CMA 作为一种会计资格认证将要步入新的阶段，想要报考 CMA 的人士也越来越多。CMA 作为一种专业资格认证，为业界的管理会计师提供了展示他们保持企业财务运作平稳而无差错运行的知识、技能和能力的机会。CMA 成为了该领域内“黄金准则”和最重要的资格认证。拥有 CMA 资格认证的人员遍布在商业领域的各个阶层，从初级会计师到会计主管、审计员，再到中层经理和分部负责人，最后到财务总监（CFO）和首席执行官（CEO）。拥有 CMA 证书不仅是杰出的象征，而且是在事业上获得好机会的证明。2016 年全球薪资调查结果显示，美国注册管理会计师（CMA）的收入相比未获该认证的同行高出 45%。该调查基于来自全球 81 个国家的 2 500 多名财务专业人士的回复，其中超过 80% 的调查对象认为，CMA 认证为他们带来了新的职业发展机遇并助力他们成为跨领域的复合型人才。调查还显示，CMA 认证在年轻从业者中的优势最为明显，20 ~ 29 岁的 CMA 持证者底薪和总薪酬分别比未获该认证的同行高出 50% ~61%。这表明，雇主将雇员在该项目中所培养的能力视为企业快速发展的宝贵财富。

参加 CMA 认证是一个学习、提高自身能力的过程。

首先，要获得 CMA 的称号，必须系统学习 IMA 提供的世界上领先的管理会计知识体系。其次，CMA 证书可以帮助考生成为一名具有国际公认专业资质的管理会计师。最后，一个企业拥有足够多的 CMA 时，意味着该企业具有更高的管理水平和竞争能力，企业内部人员的沟通将变得更加顺畅。

CMA 资格不仅适用于财务人员，而且也适用于参加企业经营决策的相关人员。事实上，大量考取 CMA 的考生都是非财务背景，CMA 给他们的工作实践和职业发展带来了巨大的帮助。

1.2.3 CMA 考试大纲

美国注册管理会计师（CMA®）认证考试大纲含有两门考试，每门考试 4 个小时，包括 100 道单项选择题和 2 道简答题。考试成绩范围是 0 ~ 500 分，及格分数为 360 分，成绩将在考试结束后 6 ~ 8 周上传到考生的网上会员界面。

考试内容大纲的修订是以在全球范围内开展的针对首席财务官、财务主管和其他会计和财务专业人士的工作分析研究为依据，跟踪了管理会计行业的发展趋势。定期进行职位分析研究是专业认证项目的最佳实践做法，同时也是确保考试高质、有效的先决条件。更新后的考试大纲更加适合企业内部会计人士学习，巩固了 CMA 作为全球第一管理会计认证的地位。新考试大纲的考试内容见表 1-2。

表 1-2 CMA 考试大纲的考试内容

第一部分 财务规划、绩效与分析（A、B、C 级）	第二部分 战略财务管理（A、B、C 级）
财务报告（15%）	财务报表分析（20%）
规划、预算编制与预测（含战略规划）（20%）	公司理财（20%）
绩效管理（20%）	决策分析（25%）
成本管理（15%）	风险管理（10%）
内部控制（15%）	投资决策（10%）
科技与分析（15%）	职业道德（15%）

考试通过并获得有效 CMA 证书的人士将有资格继续考取 CSCA 认证。该考试为一门 3 个小时的考试，包括 60 道单项选择题和 1 道简答题。该考试使用《IMA Strategy and Competitive Analysis Learning Series》和《哈佛商业评论管理必读：重塑战略》作为教材。考试大纲包括战略分析（25%）、创造竞争优势（40%）、战略实施与绩效评估（35%）。获取 CSCA 认证的 CMA 持证人将展示超过其他人员的战略分析、规划和执行能力，为财务人员的职业发展打开了广阔空间。对有意获得 CMA 证书后继续考取 CSCA 认证的考生，建议认真学习本书第 5 章的内容。

第 2 章　CMA 应试技巧与方案

2.1　CMA 客观题试题类型

首先，介绍一下 CMA 客观题的考试形式。

根据管理会计师协会（IMA）的考试资料，CMA 考试客观题按照题干形式可分为封闭式、完成句子式、例外式、最好/最差/最佳式、组合式、4 种情况式和排序式等 7 类，按照题目的难易程度可分为 A 级难度、B 级难度、C 级难度。

2.1.1　根据题干形式分类

1. 封闭式

该类题目的特征是：题干是一个包括问号的完整句子，选择项可能是一个完整的也可能是一个不完整的句子。

例题 2-1

以下选项中，哪项对公司的 β 值影响最小？（　　）

A. 负债权益比率。　　B. 行业特征。　　C. 经营杠杆。　　D. 股利支付率。

答案：B。

2. 完成句子式

该类题目的特征是：题干是一个不完整的句子，选择项补充完整该句子。

例题 2-2

单一证券系统性风险的衡量是通过（　　）

A. 该证券收益率的标准差。

B. 该证券收益和市场收益的协方差。

C. 该证券对投资组合风险的贡献。

D. 该证券收益和其他同类证券收益的标准差。

答案：B。

3. 例外式

在要求选择一个“不符合”项的时候，就使用这种类型的题干。在这种情况下，其中的 3 个选择项是符合或者由题干定义，一个选择项（正确的选择项）不符合。这种类型问题的一个变化是在“下述哪一项不……”式的题目中，题干使用“不”来替代“除了”。

例题 2-3

除了下述哪项以外，其他的都是有形资产？(　　)

A. 房地产。　B. 商誉。　C. 预付账款。　D. 应收账款。

答案：B。

4. 最好/最差/最佳式

在该种类型的题目中，要求考生选择一个比其他选择项更好或者更糟糕的选择项。无论如何，正确的答案代表着专家组在该领域的集体判断。这类考试题目与国内其他考试不同，可能有两个正确答案，但考生必须选出一个更加正确的选项。

例题 2-4

下述哪项最能够正确描述生产预算？(　　)

A. 是建立在规定的直接劳动工时的基础上。

B. 包括规定的材料采购。

C. 是建立在要求的期末存货和销售预测的基础上。

D. 是营业预算货币详细情况的综合。

答案：C。

例题 2-5

下述哪项最不能够帮助企业克服会计部门和其他部门存在的沟通问题？(　　)

A. 轮班制。　B. 交叉职能小组。

C. 书面政策和程序。　D. 业绩评估。

答案：D。

5. 组合式

美国的考试中没有中国传统意义上的多项选择题，但是有一种被笔者称为组合式的题目，这类题目类似于多选题。组合式题目可以通过排除法去掉错误选项。

例题 2-6

思考以下的制造相关作业：

Ⅰ. 将木材家具最后组装起来。

Ⅱ. 将完工产品运到成品仓库。

Ⅲ. 为新生产的汽车喷漆。

Ⅳ. 为新生产批次调整机器。

Ⅴ. 将残次品返工以符合质量标准。

能够被归为增值作业的(　　)

A. 只有Ⅱ、Ⅲ、Ⅳ、Ⅴ。　B. 只有Ⅰ、Ⅳ、Ⅴ。

C. 只有Ⅰ、Ⅲ、Ⅴ。　D. 只有Ⅰ、Ⅲ。

答案：D。

6. 4 种情况式

这类题一般给出 4 种情况，这 4 种情况是递进的关系，问哪种情况最好。

例题 2-7

4 家公司的资本结构如表 2-1 所示。

表 2-1 4 家公司的资本结构 （单位：%）

公司	Sterling	Cooper	Warwick	Pane
短期负债	10	10	15	10
长期负债	40	35	30	30
优先股	30	30	30	30
普通股权益	20	25	25	30

哪家公司的杠杆最高？（ ）

A. Sterling。 B. Cooper。 C. Warwick。 D. Pane。

答案：A。

7. 排序式

一般来说，这种类型的题目是要求将某些步骤、因素等按一定标准排序。

例题 2-8

Dobson 公司正在分析一项资本投资。该投资要求 0 时刻有现金 2 500 000 美元流出，5 年内每年有净现金 800 000 美元流入。贴现率为 12% 时，该投资净现值（NPV）为 384 000 美元。由于有些经理认为这是一个有风险的项目，因此对以下 3 种情境进行了分析。

分析如下：

R 情境——年度净现金流入减少 10%。

S 情境——贴现率提高到 18%。

T 情境——第 5 年的现金流入降低到 0。

按照对 NPV 的影响，从小到大可将这 3 种情境排序为（ ）

A. R、S、T。 B. R、T、S。 C. S、T、R。 D. T、S、R。

答案：A。

2.1.2 根据题目难度分类

1. A 级难度

A 级是最低或者最基本的级别。A 级难度题目包括认知和理解类题目，即要求回忆事实和理解原则的题目。

（1）认知

认知是最低级别的学习。该类题目要求回忆同主题有关的目标、材料或者现象，要求界定、识别和选择信息。

例题 2-9

少数卖方组成整个行业的市场情况为(　　)

A. 自然垄断。　B. 垄断竞争。　C. 寡头垄断。　D. 完全竞争。

答案：C。

为了正确回答该题目，考生必须回忆教材对寡头垄断的定义。

(2) 理解

该类题目要求考生理解出现方式比较独特的材料的含义。测试理解力的题目一般采用有别于教材的词汇来描述一些原则或者事实，或者用其中一种情况表述某一思想的方式。若要正确回答此类题目，就必须理解问题中例证原则，单凭记忆是无法识别正确答案的。

例题 2-10

社会立法，如职业安全和健康法案（OSHA）和环境保护法（EPA）往往被批评不充分，这是由于机构(　　)

A. 灵活使用，而不是坚持标准。

B. 严重依赖自由市场进行资源分配。

C. 相对于边际成本来说，很少考虑边际收益。

D. 政策执行力度不够。

答案：C。

为了正确回答该题目，考生必须了解同 OSHA 和 EPA 有关的观点或者法规。

其他题目，如让考生识别最能够解释、例证的选择项，或者提供所讨论概念的一个例子供选择。

2. B 级难度

B 级难度题目包括要求应用或者分析的题目，即将材料应用到新情况的题目，以及分析信息或者将信息分解成组成部分的题目。

(1) 应用

该类题目考查考生对某个主题或者内容的理解，考生需要将这种理解应用到一个全新的领域中去。此类题目旨在测试考生是否能通过合适的方式将知识应用到特定的实际情况。

例题 2-11

米勒实业的流动资产如表 2-2 所示。

表 2-2　米勒实业的流动资产　(单位：美元)

现金	8 000 000
应收账款	13 500 000
存货	7 800 000
预付费用	245 000
财产、厂房和设备	4 700 000

按照上述信息，该公司的流动资产总额为(　　)

A. 21 500 000 美元。　B. 29 300 000 美元。

C. 29 545 000 美元。 D. 34 245 000 美元。

答案：C。

该题目要求考生利用计算流动资产总额的知识，将知识应用到问题中出现的特定数据。

其他题目，如可能让考生识别要求特定活动的具体情况，或者识别应用一个特定原理的最合适的程序或者步骤。

（2）分析

分析主要是指将材料分解到组成部分的能力，以理解其组织结构。分析涉及理解组成部分的能力、部分之间的关系以及所涉及的理解原则。该类题目要求考生能够区分、区别、推论和确定数据相关性。

例题 2-12

一家企业正在考虑实施锁箱收款系统，成本为 80 000 美元/年。企业的年销售收入为 9 000 万美元，实施锁箱收款系统，收款时间将减少 3 天。该企业目前有 3 000 000 美元的债务。如果企业将拥有资金投资到锁箱收款系统，资金成本为 8%，它是否应该使用锁箱收款系统？假使一年为 360 天。

A. 是，每年将节省 140 000 美元。 B. 是，每年将节省 60 000 美元。

C. 否，每年将亏损 20 000 美元。 D. 否，每年将亏损 60 000 美元。

答案：C。

在该题目中，考生面临一种新情况，要求识别同现有问题有关的数据，涉及使用锁箱收款系统的节省或者亏损决策。

3. C 级难度

C 级难度题目是最高或者最具有挑战性的题目，包括要求对信息进行评估的题目。

该类题目要求按照明确的目的，能够对具有既定目的的材料价值进行判断。此类题目要求考生能够评估、推论、支持、比较、对比、解释和总结信息。

例题 2-13

住房服务公司使用直线折旧法计算设备的折旧费用。按照最近获得的信息，公司副财务长已经改变了设备的估计使用寿命，折旧也相应发生改变，导致该年从少量利润变为亏损。财务长要求副财务长将当年的总折旧费用降低一半。考虑到自己面临着职业道德冲突，副财务长将这个问题报告给了董事会。按照 IMA 职业道德规范实践，下述哪项正确评估了副财务长的行为？（ ）

A. 副财务长的行为是一种合适的直接步骤。

B. 只有在首先尝试了其他方案之后，副财务长的行为才是合适的。

C. 无论在何种情况下，副财务长的行为都是不合适的。

D. 没有提供足够的信息，不能评估副财务长的行为。

答案：B。

该题目要求考生评估副财务长所采取的行为，选项 B 是正确的。尽管副财务长的行为是合适的，但该种情况首先应该通过温和的方式解决。该题目要求考生判断所描述的情况采用行为的合适性，在该信息的基础上回答问题。

注意：考试题目不论难度都是相同的分数，但是不同难度的试卷，通过考试要求回答正确的题目数是不同的。

2.2　计算机考试界面

在考试开始的时候，系统将向考生简短地介绍考试界面，演示如何选择答案、对答案做出标记、进行评估。如果考生愿意的话，可以重复查看介绍。但是，总的介绍时间限制在 15 分钟之内。在介绍之后，开始考试。屏幕的右上方显示完成考试的剩余时间。介绍不计入 4 小时的考试时间。

客观题界面见图 2-1。

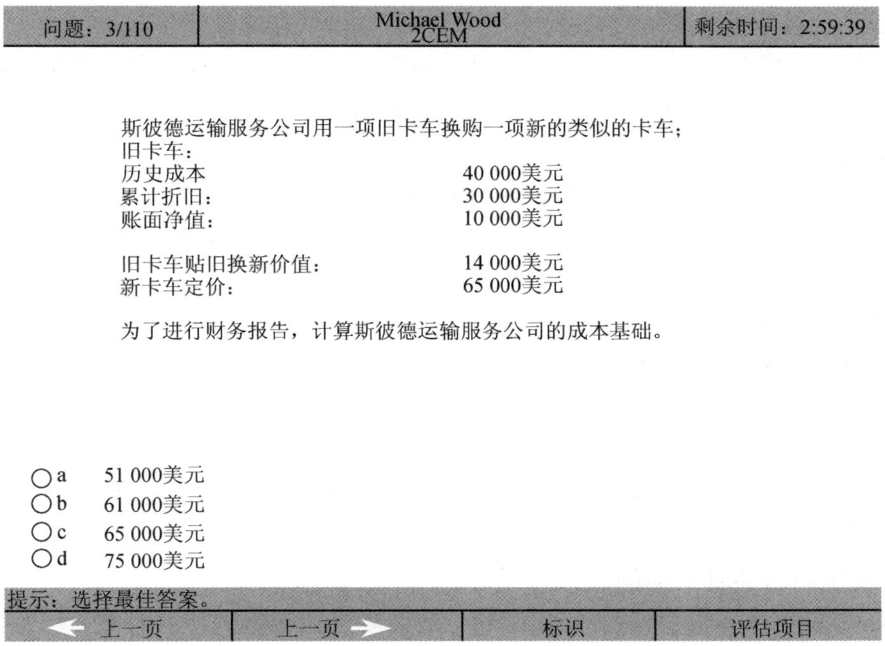

图 2-1　客观题界面

注意：考试提供现值、终值系数表，参见本书附录 C 和附录 D。

2.3　答题技巧

2.3.1　基本注意事项

答题基本注意之处有：

（1）先回答自己知道的题目

尽量避免长时间停留在某一个题目上，以便有时间来回答自己知道的其他题目，同时还有助于将更多的时间用到更有难度的题目上。很多考生因为在某些题目上花费了过多的时间而没有完成考试。

注意：对于这类题目可以先猜一个，并标记上，回头有时间再仔细分析。

(2) 标出难题，回头再看

在考试的时候，考生应该预期会遇到一些不能立刻给出答案的题目。考生需要记住无论难度如何，每个题目具有相同分数。不要为某一个题目而花费过多精力，而是标出那些自己不确定的题目。这样，当考生准备第二次浏览这些题目的时候，就可以容易地找到它们。

> 注意：标记不会影响评分。

(3) 仔细阅读每个题目，留心任何关键词

密切注意题目的关键词，“除了”“至少”以及“最”这些词汇与正确答案有着密切的关系。在回答之前，要非常仔细地考虑每个题目。考生要能记下题目中出现的词汇，若能用自己的词汇重新组织题目更好。

(4) 要看题干，选项也要看

在 CMA 客观题考试部分，通过先看选项，使用排除法的方法来选择，可以提高正确率。除了选出的答案，考生还应该仔细浏览其他选项，以确定自己选择的答案是否正确。

(5) 如果对答案不确定，尽量有根据地进行猜测

在 CMA 考试客观题部分，考生若了解有些题目中的主题，往往至少能够指出一个不正确的选项。如果考生遇到自己实在不知道答案的情况，尽量剔除那些认为可能不正确的选项，这将提高选择正确答案的机会。

(6) 回答所有的题目

CMA 考试对于错误的答案不扣分，而如果不回答问题，就什么也得不到，因此考生应回答考试中的所有题目。

(7) 有效地利用时间

考试窗口有考试时间的倒计时工具，请考生注意考试时间。很多考生在开始的时候花费了过多的时间，而导致最终没有答完考题。

(8) 使用提供给考生的所有时间

提前结束考试是没有任何益处的。答完题后，最大限度地利用剩余的时间，浏览已做完的题目，进行纠正，或者返回到难度较大的题目。在浏览时，考生可能回忆起自己以前忽略的一个或者多个问题的事实或者信息。尽管看起来提前结束考试是一种解脱，但要记住规定的考试时间很快就会结束，考生应该最大限度地利用自己剩余的几分钟，帮助自己最大可能地提高成绩。

(9) 关于更改答案

也许有人建议，考生最好不要更改客观题的答案，因为第一次的答案往往是正确的。但需要提醒考生的是，根据第一直觉进行猜测而做出的初始答案实际上可能是不正确的。无数的测试研究表明：平均来说，当考生改变考题答案的时候，55% 的情况，他们是将错误答案更改为正确答案，因此提高了成绩；另外 25% 的情况，考生是将错误答案更改为另一个错误答案，因此成绩没有变化；只有 20% 的情况，考生是将正确答案更改为错误答案。因此，如果考生有充分的理由相信更改的答案保证是正确的，那么在大多数情况下，更改答案会提高成绩。即便糟糕一些，也就是不改变总分值。更改答案降低总分值的概率只有 20% 。

> 注意：这是统计结果，可能因人而异。

(10) 克服考试忧虑情绪

考试有忧虑情绪是自然的，绝大多数考生在某种程度上都经历过。有些考生能够用积极方式改变

忧虑情绪，而有些考生则难以控制自己的忧虑情绪。考试忧虑情绪会分散精力、产生心理障碍以及身体病症，这些都会影响考试成绩。首先，考生可以通过了解忧虑产生的原因来减少忧虑情绪。其次，如果在考试的时候出现大脑空白，不要恐慌，因为发生这种事情很正常。这时，考生可以稍后回到题目，或者放松几分钟，直到自己清醒。最后，高效学习和准备是提高自信心、缓解紧张的一种很重要的方法。此外，考生还应该利用任何可以利用的考试准备材料和机会，寻求提高自己情绪方面应试技巧的指导方法。

（11）中文考生也应掌握相关英文词汇，沉着应对翻译错误

从笔者的教学经验来看，中文考生有必要掌握基本的英文词汇。一方面，这有助于提高考生的英文水平；另一方面，中文考题往往有大量的翻译错误，若掌握英文词汇，考生就可以沉着应对翻译不准确的地方。

（12）转换思维模式，以美国的一名管理会计师的角度应对考试

大量的中国考生习惯于国内的注册会计师，以及诸多职称考试的形式，所以有必要强调：所有参加 CMA 考试的中国考生必须转换思维模式，以美国的一名管理会计师的角度应对考试。

2.3.2　答题规则

1. 考试基本命题准则

笔者总结出单项选择题的基本命题准则，称之为 3 条公理。

单项选择题第一公理：正确性公理。

如果一个单项选择题题目所述正确，那么 4 个选项中一定有一个是正确选项。

> 注意：有可能有人觉得这是废话，但必须重视。

单项选择题第二公理：难度公理。

一个适当难度的单项选择题，要有一定人数的考生选择错误选项。

单项选择题第三公理：选项公理。

一个适当难度的单项选择题的错误选项，一定是考查考生常犯的错误，往往比正确选项更像是正确的。

2. 考生答题规则

根据这 3 条公理，可以得到 CMA 单选题的答题规则。

规则一：重复性法则。

当有两个意思一致的选项时，这两个选项都是不正确的。

规则二：矛盾性法则。

当有两个意思完全相反的选项时，这两个选项中必有一个是正确答案。

规则三：相关性法则。

当有一个选项明显和题干中的内容不相关时，这个选项一定不是正确答案。

规则四：逻辑法则。

在有关优点和缺点的题目中，很多时候将优点和缺点说反了。

规则五：CMA 精神法则。

应该主动选择体现 CMA 精神的选项，如参与式、当前可实现、可控成本以及边际贡献等。

规则六：相对性法则。

做最好或者最差的选择题，没有绝对正确的答案，考生要比较 4 个选项的内容进行选择。

规则七：绝对性规则。

选项中出现“绝对”“一定”等极端词语时，往往是错误选项。美国人的思维中没有绝对的真理。

2.4 主观题答题技巧

主观题与前面的客观题相比，是思维和知识上的飞跃。主观题是一项特殊的挑战。它测试考生的书面沟通技巧，对知识的理解和掌握程度，对特定信息之间关系的理解，以及实际应用知识的能力。

2.4.1 备考建议

从考试范围来说，CMA 考试主观题涉及第一部分和第二部分的所有知识点。

国内考生多数是财务会计出身，往往学习管理会计课程是从纯粹财务会计角度出发的，这就会带来许多问题。根据我们在实际教学中的经验，建议考生在准备主观题过程中应做到：

1）职位转换，将自己看作企业的决策者或决策参与者。

2）职能转换，在学习过程中要多方位考虑问题，不要仅局限在财务会计角度。

3）思维转换，在学习过程中忘记中国的会计准则，假定自己身处美国的商业环境中，根据题目中的情景来回答问题。

4）相关联系，深刻理解教材中的内容，根据考试大纲和教材的基本原理解答问题，要求能够将教材中的内容融会贯通、灵活应用。

如果能够在学习、考试过程中做到以上几点，主观题就会由通过考试的绊脚石变成通过考试的助推器。

2.4.2 答题注意事项

主观题要求考生针对特定问题在特定的情境下回答，要回答出与知识点相关的主要内容，并解释这些内容的含义。主观题要求考生使用证据支持自己的答案，以展示对知识点的理解，以及应用所学知识来分析、解决实际问题的能力。

对所提问题做出回答时要注意以下几点：

1）就题论题，直接回答所提问题。

2）回答要严谨而简洁，并且逻辑性强。

3）多展现自己对问题的理解，最好不要套用书上原文。

4）要学会从题干中寻找线索，按图索骥。

> 注意：不要看到熟悉题目就忽略时间，这会导致回答下一题的时间不足；不要联想、引申过多——思维曲解题干特定情境；不要追求答案完美，再完美也只能得到那个题的分值。

2.4.3 应试技巧

应试技巧为：

1）浏览题干中的情景，判断问题涉及的知识点，明确问题的要求。

2）体会题干中所隐含的线索，再次明确问题的要求，这方便形成和组织答案。

> 注意：重视题目不同小问的前后连贯性，避免同一道题重复答题。

3）利用简洁、明了的语句、重要术语直接回答问题。每一问题回答应有解释，这样可能获得加分。在每个问题答题最后用一两句话进行总结。

4）注意逻辑完整、清晰。使用小标题条理清晰地回答问题的主要结论，并充分利用题干中给出的细节信息支持每一观点，这样可以体现考生对该问题所有相关事项的理解程度。

> 注意：避免长篇大论，更要避免让评分者从非常长的答案中找得分点。

5）注意时间分配，不要在某一问题上花费过多时间，最好按照所要求的答题时间作答。如果感到时间不足，可以迅速简要回答，展示对知识点的理解即可，从而得到部分分值。

> 注意：计算类题，考生应该将计算过程列示出来，最好不要写综合式子。分步列出，即使后面错了，前面的也可得分。

6）字迹清晰，语句通顺，并正确运用专业术语。

2.4.4　主观题阅卷说明

1）标准答案所提供的要点比问题本身得分所要求的要多，这样就可以照顾到不同考生之间的差异，并使考生有最大的机会获得最高分。评分人的目标是使考生得分，而不是扣分。如果考生的得分点比最大可允许得分要多，评分也只会按最大可允许得分来给分。

2）答题过程比最后的数字答案更为重要。为方便评分人给分，考生应详细列出自己的计算过程。

3）解释可以获得加分。

4）格式不是评分时的考虑因素。考生答题时将使用简单的文本编辑工具，无法画图，而且只能用破折号来代替小图标。

5）对仅仅简单回答问题，没有提供进一步解释和分析的，其得分能占到最大可允许得分的 70% ~80%。

第 3 章　有关 CMA 的基础知识

CMA 新考试大纲要求考生必须具备一定的统计学、会计学和经济学的基础知识，考试默认考生掌握了这些知识。为了帮助没有相关背景知识的考生学习，本章主要介绍有关 CMA 考试的基础知识，包括概率论、会计学、财务管理、经济学等方面的内容。

注意：考试中可能会涉及这些知识。

3.1　概率论基础知识

3.1.1　概率

本节介绍事件的概率这一概念，并展示在某些特定情形下计算概率的方法。在引入概率的概念之前，先要学习更基本的概念——试验的样本空间和事件。

假设某次试验的结果是不可预测的、不确定的。当然，尽管在试验之前无法得知结果，但是假设所有可能结果的集合是知道的。所有可能结果构成的集合，称为该试验的样本空间，记为 S。以下是样本空间的一些例子。

例题 3-1

1）若试验是考查新生婴儿的性别，那么所有可能结果的集合 $S=\{g, b\}$ 就是一个样本空间。其中 g 表示女孩，b 表示男孩。

2）掷两枚硬币，考查哪一面朝上，那么样本空间一共包含 4 种结果：$S=\{(H, H), (H, T), (T, H), (T, T)\}$。其中 (H, H) 表示两枚硬币都是正面朝上；(H, T) 表示第一枚硬币正面朝上，第二枚反面朝上；(T, H) 表示第一枚硬币反面朝上，第二枚正面朝上；(T, T) 表示两枚硬币都是反面朝上。

样本空间的任一子集 E 称为事件。事件就是由试验的某些可能结果组成的一个集合。如果试验的结果包含在 E 里面，那么就称 E 发生了。以下是一些有关事件的例子。

在例题 3-1　1）中，令 $E=\{g\}$，那么 E 就表示婴儿是个女孩这个事件；同样，$E=\{b\}$ 就表示婴儿是个男孩。

在例题 3-1　2）中，如果 $E=\{(H, H), (H, T)\}$，那么 E 就表示第一枚硬币正面朝上。

一种定义事件发生的概率的方式，是利用事件发生的频率来定义。

定义：设样本空间为 S，在相同的条件下可重复进行。记 $n(E)$ 为 n 次重复试验中事件 E 发生的次数。那么，对于样本空间 S 里的事件，该事件发生的概率就是

$$P(E)=\lim_{n\to\infty}\frac{n(E)}{n}$$

即概率 $P(E)$ 定义为 E 发生的次数占试验总次数的比例的极限，也即发生频率的极限。如投掷硬币，当投掷次数越多时，正面出现的频率的比例越接近 50%。这就定义为正面出现的概率，也就是

著名的大数定理。

注意：概率还有一种公理化表达的定义。一般概率论方面的书，定义都采用后者，本书考虑到读者的特点，使用较为通俗的定义。

补充知识：大数定理

大数定理又称大数定律、大数法则、大数率。一些有规律的随机事件在大量重复出现的条件下，往往呈现几乎必然的统计特性，这个规律就是大数定律。简单地说，大数定理就是当试验次数足够多时，事件发生的频率无穷接近于该事件发生的概率。

3.1.2　离散型随机变量

进行试验时，相对于试验的实际结果而言，通常我们更感兴趣有关试验结果的某些函数。比如：在掷两枚骰子的游戏中，我们通常更关心两枚骰子的点数之和，而不是各枚骰子的具体值。也即，我们或许关心骰子点数之和为7，而不关心实际结果究竟是（1，6），还是（2，5）、（3，4）、（4，3）、（5，2）或（6，1）。同样，在掷若干枚硬币时，我们或许关心正面朝上的总数，而不关心实际结果有关正面朝上或反面朝上的排列情况。

由上面的例子可以看出，这些我们感兴趣的量是试验结果的实值函数，称之为随机变量（Random Variable）。随机变量是定义在样本空间上试验结果的实值函数。因为随机变量的取值由试验结果决定，因此我们也将随机变量的可能取值赋予概率。

若一个随机变量最多有可数多个可能取值，则称这个随机变量为离散型的。对于一个离散型随机变量 X，我们定义 X 的概率分布列 $p(a)$ 为

$$p(a)=p\{X=a\}$$

分布列 $p(a)$ 在 a 上取正值，也即如果 X 的可能值为 x_1，x_2，x_3，…，x_n，那么

$$p(x_i)\geqslant 0\quad i=1,2,3,\cdots,n$$

并且对于所有的 x_i，

$$\sum_{i=1}^{\infty} p(x_i)=1$$

比如，设 X 的分布为 $p(0)=0.25$、$p(1)=0.5$、$p(2)=0.25$，那么分布图如图3-1所示。

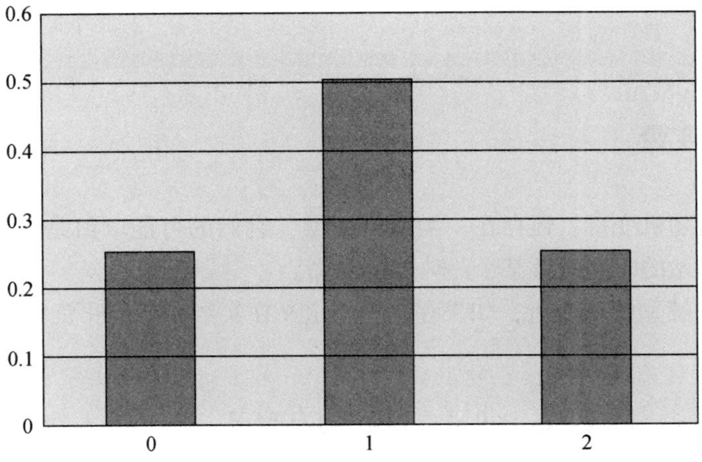

图3-1　分布图

概率论里一个非常重要的概念就是随机变量的期望。

如果 X 是一个离散型随机变量，并具有分布列 $p(x)$，那么 X 的期望（Expectation）或期望值（Expected Value）记为 $E(X)$，定义为

$$E(X) = \sum xp(x)$$

也就是说，X 的期望值就是 X 所有可能取值的一个加权平均，每个值的权重就是 X 取该值的概率。

例题 3-2

如果 X 的分布列如图 3-1 所示，那么其期望是

$E(X) = 0 \times 0.25 + 1 \times 0.5 + 2 \times 0.25 = 1$。

给定一个随机变量 X 及其分布函数，我们希望能通过定义合适的度量来概括分布函数的本质属性，这是十分重要和有意义的。一个比较好的度量是 X 的期望 $E(X)$。然而，尽管 $E(X)$ 可以得到 X 取各个可能值的加权平均，但是并没有告诉我们任何关于取这些值对均值的偏离程度，或者说散布程度等信息。

由于我们认为 X 的取值在 $E(X)$ 附近，这样一个合理的度量 X 取值散布程度的方法就是考查 X 的取值与 $E(X)$ 的距离。一个可能方式就是考虑 $E(|x-\mu|)$，其中 $\mu = E(X)$。然而，在数学上处理这种度量是不方便的。因此，更容易处理的度量通常考虑 x 与其均值差的平方的期望，这样我们就有如下定义。

设 X 的期望为 μ，则 X 的方差记为 $\mathrm{Var}(X)$，定义为

$$\mathrm{Var}(X) = E[(x-\mu)^2]$$

例题 3-3

如果 X 的分布列如图 3-1 所示，那么其方差是

$\mathrm{Var}(X) = (0-1)^2 \times 0.25 + (1-1)^2 \times 0.5 + (1-2)^2 \times 0.25 = 0.5$。

方差的平方根称为标准差，记作 σ。

常见的离散型分布有二项概率分布以及泊松分布。

注意：CMA 考试并不要求具体掌握这些分布的特性，但期望和标准差的概念是要求考生掌握的。

3.1.3 连续型随机变量

除了讨论的离散型随机变量，还存在一类随机变量，它们的可能取值是无限的。比如下面的两个例子：火车到达某个车站的时间以及某个晶体管的寿命。

我们称 X 为一个连续型随机变量，如果存在一个定义在实数轴上的非负函数 f，使得对于任一实数集 B，

$$p\{x \in B\} = \int_B f(x)\,\mathrm{d}x$$

成立，那么非负函数 f 就是 X 的概率密度函数。

连续型随机变量的期望是

$$E(X) = \int x f(x) \mathrm{d}x$$

> 注意：连续型随机变量的计算 CMA 考试不要求，但需要考生了解一种典型的连续型随机变量分布——正态分布。

正态分布（Normal Distribution）又名高斯分布（Gaussian Distribution），是一个在数学、物理及工程等领域非常重要的概率分布，在统计学的许多方面有着重大的影响力。若随机变量 X 服从一个数学期望为 μ、标准方差为 σ^2 的高斯分布，则其概率密度函数的期望值 μ 决定了其位置、标准差 σ 决定了分布的幅度。因其曲线呈钟形，因此人们又经常称之为钟形曲线。正态分布如图 3-2 所示。我们通常所说的标准正态分布是 $\mu=0$、$\sigma=1$ 的正态分布。正态分布的累计概率密度函数是

$$F(x) = Pr(X \leqslant x) = \int_{-\infty}^{x} \frac{1}{\sqrt{2\pi}\sigma} \exp\left[-\frac{(x-\mu)^2}{2\sigma^2}\right] \mathrm{d}x$$

> 注意：本书附录中有标准正态分布表。

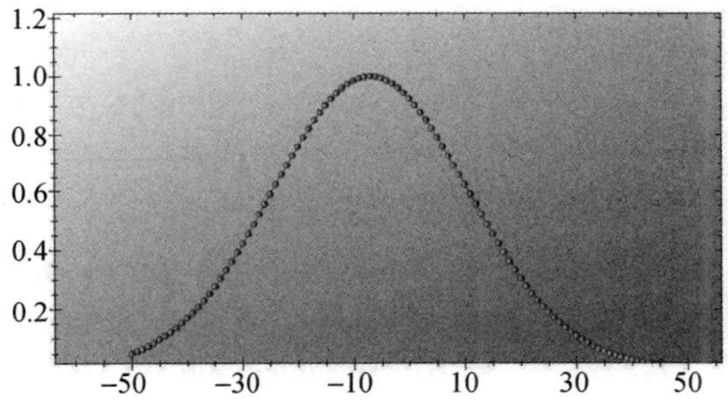

图 3-2　正态分布

其他典型的连续型分布还有指数分布、均匀分布、伽马分布等。

3.1.4　统计量与假设检验

统计量是直接从样本计算出的量数，代表样本的特征。前面介绍的期望和标准差都可以作为样本的统计量。统计量有一套符号表示方法，如总体平均数用 μ 表示、总体标准差用 σ 表示、总体相关系数用 ρ 表示。

假设检验是数理统计学中，根据一定假设条件由样本推断总体的一种方法。具体做法是：根据问题的需要对所研究的总体作某种假设，记作 H_0；选取合适的统计量，这个统计量的选取要使得在假设 H_0 成立时，其分布为已知；由实测的样本计算出统计量的值，并根据预先给定的显著性水平进行检验，做出拒绝或接受假设 H_0 的判断。

例题 3-4

检验某资产回报率平均值是否等于5%，H_0 就是回报率等于5%。当收集一定数据后，可以评价实际数据与理论假设 H_0 之间的偏离，如果偏离达到了“显著”的程度就拒绝 H_0。怎样去规定什么时候

偏离达到显著的程度呢？通常是指定一个很小的正数 α（如0.05、0.01）为显著性水平，使当 H_0 正确时，它被拒绝的概率不超过 α。

3.1.5 决策树

决策树（Decision Tree）一般都是自上而下生成的。每个决策或事件（即自然状态）都可能引出两个或多个事件，导致不同的结果，把这种决策分支画成图形很像一棵树的枝干，故称决策树。决策树也就是将决策过程各个阶段之间的结构绘制成一张箭线图，如图 3-3 所示。

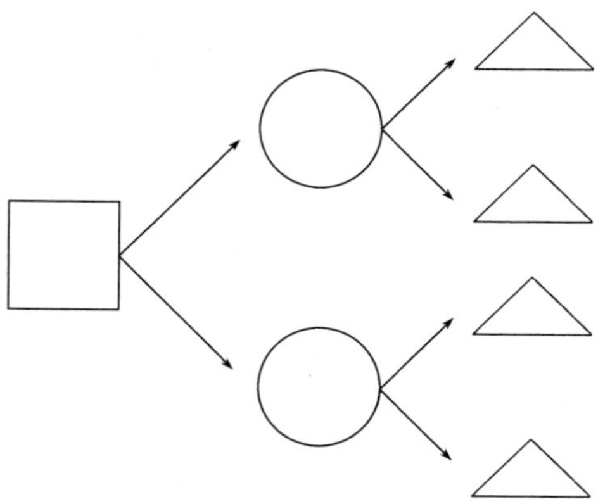

图 3-3 决策树

注：□——决策结点，由它引出若干条树枝，每枝代表一个方案（方案枝）

○——状态结点，由它引出若干条树枝，表示不同的自然状态（状态枝），在每条状态枝上写明自然状态及其概率值

△——每种自然状态相应的损益值

用决策树法进行决策的基本步骤：

1）绘制决策树图形。

2）计算各方案的期望值。

3）剪枝。

3.1.6 决策理论

在不确定型决策中，由于方案实施后的结果无法做出估计，因此决策在很大程度上取决于决策者的主观判断，不同的决策者对同一问题的决策结果可能完全不一样。

一般有以下几种决策方法：

（1）悲观原则（小中取大法）

悲观原则先分别找出每个方案在各种自然状态下的最小收益值，然后将各方案的最小收益值相比较，选出最大数值的方案作为决策方案。从最坏的情况出发，选择最有利的方案，这种方法是保守型决策。

（2）乐观原则（大中取大法）

乐观原则先分别找出每个方案在各种自然状态下的最大收益值，然后将各方案的最大收益值相比较，选出最大数值的方案作为决策方案。从最好的情况出发，选择最有利的方案，这种方法是冒险型决策。

（3）后悔值原则（大中取小法）

后悔值指某种自然状态下各个方案的收益值同其中最大收益值之间的差额。先计算出各个方案在各种自然状态下的后悔值，从中找到最大值，选出各方案最大后悔值中的最小值方案作为决策方案。

3.1.7　随机过程

随机过程（Stochastic Process）是一连串随机事件动态关系的定量描述。

随机过程分类：

1）如果任意时刻的状态都是连续型变量，则该随机过程为连续型随机过程；如果为离散型变量，则为离散型随机过程。

2）如果时间是连续的，则为连续参数随机过程或连续随机序列；如果时间是离散的，则为离散参数随机过程或离散随机序列。

3）根据分布特性，随机过程可划分为：平稳过程、独立增量过程、马尔可夫过程、维纳过程等。

3.2　财务管理基础知识

3.2.1　企业的基本形式

企业主要有 3 种组织形式。

1. 个人独资公司

个人独资公司（Sole Proprietorship）是由个人拥有的非股份制公司。

以个人独资公司形式开展业务，是非常便利的——只需开张经营即可。不过，即使很小的公司，也必须获得政府有关部门的许可。

个人独资公司的优势：

1）公司组成简便易行，成本较低。

2）受政府政策的影响不大。

3）可以避免缴纳公司所得税。

个人独资公司的劣势：

1）很难获得大量的资金。

2）所有者对于公司的债务负有无限的个人责任，这种无限责任意味着个人有可能负担超过其投资额的损失。

3）寿命往往受到公司创立者个人寿命的限制。

由于这些劣势，个人独资公司通常都是小公司。当然，很多企业都是从个人独资公司起步，然后随着公司的扩大，其劣势逐渐超过其优势时，就转化成股份公司。

2. 合伙公司

当两个或两个以上的人联合经营非股份制公司时，这样的公司就是合伙公司（Partnership）。

合伙公司的正规程度在经营中有不同。有的合伙公司只是通过非正式的、口头的理解和信任建立，而有的合伙公司则订立了正式的协议，并在政府有关部门存档。合伙公司的主要优势是成本低，并且组成容易，而其劣势与个人独资公司相类似。

合伙公司的劣势：

1）债务责任的无限性。

2）组织寿命的有限性。

3）所有权难以转移。

4）难以筹集到大量资金。

3. 股份公司

股份公司（Corporation）是通过公告确立的一种法律实体，公司本身与其所有者和管理者有明显的界线。

股份公司的优势：

1）无限寿命。股份公司在其最初的公司创立者和管理者去世后可以继续生存。

2）公司所有权易于转让。公司的所有权可以划分成股份和股票，与个人独资公司和合伙公司的所有权相比，其转让要容易得多。

3）有限责任。公司所有者的损失以其实际投入公司的资金为限。

> 注意：CMA 考试主要以这类公司为研究背景。

3.2.2 财务管理的含义

财务管理是在一定的整体目标下，对资产的购置、融资和管理。因此，财务管理主要分为 3 个领域。

1. 投资决策

投资是指企业根据项目需要投出资金的行为。投资所影响和改变的是企业资产的结构（即资产负债表的左侧）。不同的投资决策将产生不同的资产结构，进而影响到企业的风险和报酬。投资是财务管理 3 个领域中最重要的部分。

2. 融资决策

融资是指企业为了满足投资和资金运营的需要筹集所需资金的行为。融资所影响和改变的是企业资本的结构（即资产负债表的右侧）。不同的融资决策将产生不同的资本结构，进而影响到企业的融资成本和风险。此外，必须将股利政策看作企业融资决策的一个组成部分。确定融资组合之后，财务经理还要选择筹集资金的最佳途径。

3. 资产管理决策

企业的第三项重要决策是资产管理决策。运营资金的管理将影响到企业日常的生产经营活动，从而影响到企业资金的效率和安全，影响到企业的盈利能力和偿债能力。

3.2.3 财务管理的目标

股东是股份公司的所有者，他们之所以购买公司的股票，是期望获得相应的经济回报。在绝大多数情况下，股东选举董事会，而董事会则聘用经理管理公司的日常事务。由于经理是为股东的利益而工作，自然，他们应该通过执行政策来提高股东价值。

> 注意：CMA 教材和考试当中自始至终遵循这样的假设，就是管理层的基本目标是股东财富的最大化，这一目标也可以转化为公司普通股股票价格的最大化。

当然，公司的确还有其他的目标，特别是经理人员在进行实际决策时，总会对满足他们自己的个人需求、提高员工福利以及增进社区和社会福利感兴趣。但对绝大多数的股份公司来说，股票价格的最大化仍然是最为重要的目标。

3.2.4　资金的时间价值

1. 时间线

在货币的时间价值分析中，运用的重要工具之一是时间线（Time Line）。它是分析人员使用的直观图形，用于描述特定问题下现金流量的发生情况，有助于确定和解决问题。要理解时间线的概念，可参见图 3-4。

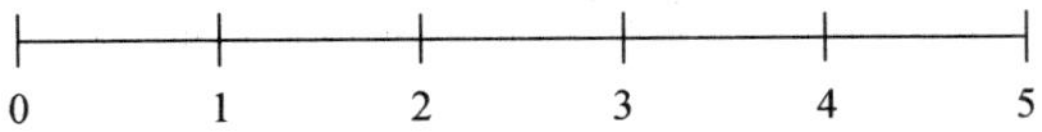

图 3-4　时间线

时间线每一刻度上的数字，代表每期的期末时点。这里的时期单位通常为年，但有时也会采用其他的时期单位，比如以半年为一期，或者以季度、月份，甚至天为一期等。

> 注意：每一个刻度既对应着本期的期末，也对应着下一期的期初。

从今天的价值，也就是现值（Present Value，PV），增长到终值（FV）的过程，称为复利增长（Compounding）。

首先定义：

PV——现值；

i——银行每年支付的利率。每年获取的利息额根据账户上的年初余额确定，利息在每年年末获得；

> 注意：在后面各章中，我们还可能使用 k 表示利率，因为 k 在金融文献中使用得更为频繁。

INT——在相应年度所获得的利息额，INT = 年初初始余额 × i；

FV_n——终值，或者称为期末余额；

n——分析中涉及的时期数。

> 注意：CMA 考试并不直接考查时间线的使用，但是灵活使用时间线有助于现值的计算。另外，在 CMA 考试中，计算资金的时间价值是使用查表的方法。

2. 现值的计算

例题 3-5

假设你现在存入银行 100 元，每一年将获得 5% 的利息，那么到第 5 年年末你将拥有多少钱？

由于复利增长的存在，100 元 5 年后的价值（终值）

$FV_n = PV \times (1+i)^n = 100$ 元 $\times (1+5\%)^5 = 127.63$ 元。

也就是说，今天的 100 元和 5 年后的 127.63 元是没有差别的。这 100 元可以定义为在机会成本率为 5% 的情况下，5 年之后 127.63 元的现值。

求解现值的过程被称为贴现（Discounting），它是求解复利终值过程的反向运算。

例题 3-6

假设想要 5 年后有 127.63 元，每一年可获得 5% 的利息，那么在第 1 年年初你需要存入多少钱？见图 3-5。

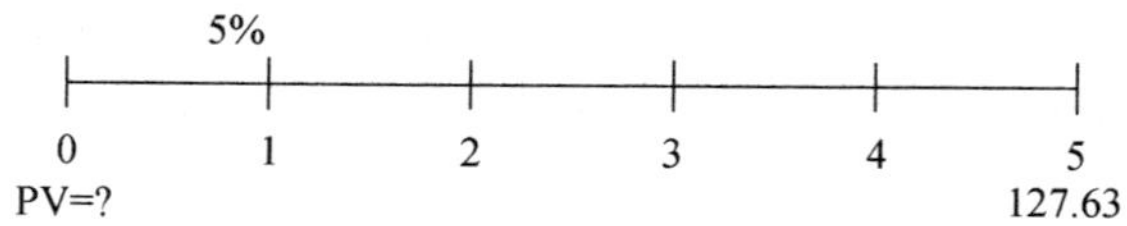

图 3-5 计算现值

在进行贴现计算时，考生应该遵循下面的步骤：

要得出贴现公式，先来看一下终值的公式

$$FV_n = PV(1+i)^n = PV(FVIF_{i,n})$$

下面，可以变换这一公式，得出几个有关现值的等价表达式

$$PV = FV_n/(1+i)^n = FV_n[1/(1+i)^n] = FV_n/(PVIF_{i,n})$$

$PVIF_{i,n}$被称之为现值系数，可以通过查表获得，现值系数表见附录。

在这个例子中，使用利率为 i、时期数为 n 的现值系数。当 $i=5\%$、$n=5$ 时，PVIF 为 0.7835。如果想要 5 年后收到 127.63 元，在利率为 5% 的情况下，需要现在存入

$PV = 127.63$ 元 $\times (PVIF_{5\%,5}) = 127.63$ 元 $\times 0.7835 = 100$ 元。

补充知识：72 法则

涉及资金翻倍问题的时候，有一种便捷的方法称为“72 法则”。该法则指出，用 72 除以投资年限 n，就可以得到投资在 n 年内增加 1 倍的近似利率 i，即

$$72/n = i$$

3. 年金的计算

年金（Annuity）是一定时期内时间间隔相等、金额相等的货币收支系列。收支的金额用符号 PMT 表示，收支发生在每期期初或期末。

如果收支额发生在每期期末，如通常情况，年金就被称为普通年金（Ordinary Annuity）或后付年金（Deferred Annuity）。抵押贷款、汽车贷款以及助学贷款，通常都是采用普通年金的形式。

如果收支额发生在每期期初，年金就被称为先付年金（Annuity Due）。房屋的租金、人身保险的保险金，以及彩票的费用等，通常是先付年金的形式。

在财务领域，普通年金较为普遍。

注意：当 CMA 考试中提到“年金”时，除非特别说明，通常都是指在每一期的期末发生相应的货币收支。

对于普通年金，将每一笔的货币收支都按照复利计算出其在第 n 期期末的价值，然后将这些复利终值求和，就可以得出年金的终值 FVA_n。

> 注意：CMA 考试会给出利率 i 和时期数 n 的各种组合下的 FVIFA 值（年金终值系数表）。

例题 3-7

如果你在未来 3 年中每年年末存入 100 元，每年的利率为 5%，那么在 3 年之后将会有多少钱？

先找到年金终值系数表表中利率为 5% 的一列，然后在这一列中查找年数为 3 年的那一行，对应的 FVIFA 为 3.152 5。因此，100 元年金的终值

$FVA_5 = 100$ 元 $\times$ FVIFA $= 100$ 元 $\times 3.1525 = 315.25$ 元。

有一种特殊的年金称为永续年金（Perpetuity），指无限期支付的年金，是一系列没有止境的现金流。

例如，优先股的股利、英国的金边债券。其现值为

$$P = A/i$$

式中　A——永续年金每年的额度。

> 补充知识：推导过程
>
> $$P = A\times(1+i)^{-1} + A\times(1+i)^{-2} + \cdots + A\times(1+i)^{-n} \tag{1}$$
>
> 等式两边同乘 $(1+i)$
>
> $$P(1+i) = A + A(1+i)^{-1} + \cdots + A(1+i)^{-(n-1)} \tag{2}$$
>
> 式（2）减式（1），
>
> $P(1+i) - P = A - A(1+i)^{-n}$
>
> $P = A[1-(1+i)^{-n}]/i$
>
> 当 $n\to\infty$ 时，$1-(1+i)^{-n}\to 1$，即
>
> $P = A/i$

4. 现值与资产的价值

资产的内在价值是投资者预期获得的现金流量，按要求的报酬率贴现的现值，即

$$V = \sum_{t=1}^{\infty}\frac{CF_t}{(1+i)^t}$$

式中　V——资产的价值；

CF_t——第 t 期的现金流。

根据基本模型，证券定价包括如下 3 个步骤：

1）估计评估对象的未来预期现金流入量。

2）估计投资者要求的报酬率。

3）利用上述模型计算证券的价值。

但是要注意，估计预期现金流量和贴现率并不是一个容易的事。

> 注意：CMA 考试很多地方都会用到现金流贴现的方法，希望考生重视。

3.3 经济学基础知识

3.3.1 消费者理论

消费者是根据效用最大化法则进行决策和消费的。

总效用指消费一定产品或服务所产生的全部满足感。

边际效用指消费额外一单位产品或服务所产生的满意度。

预算线即给定一定的预算数量，两种商品潜在购买数量的组合图。

无差异曲线显示能给家庭带来相同总效用的商品组合，其特点是向下倾斜，凸向原点，越接近于原点说明总效用和满意度越低。

消费者的最优组合见图 3-6。

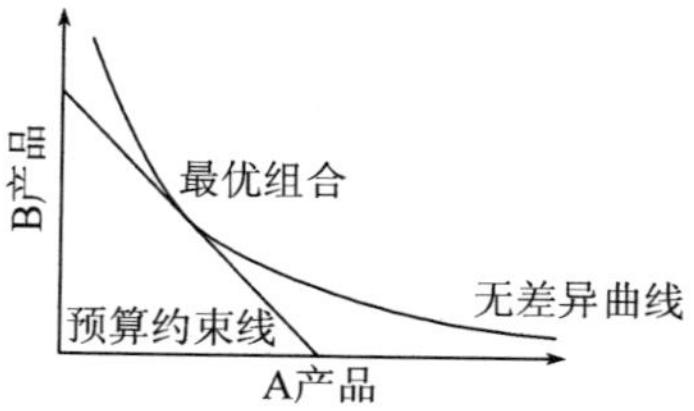

图 3-6 消费者的最优组合

无差异曲线上的均衡点是预算约束线与无差异曲线的切点。

3.3.2 生产成本

在短期，总成本等于固定成本加上变动成本，平均总成本等于平均固定成本加上平均变动成本。

边际成本为产量增加一个的时候，成本的增量。

回报率递减法则：可变资源加入到固定资源中，每单位额外可变资源所增加的产量将递减。

长期成本曲线由与无数条短期平均成本曲线相切的线上的切点组成，长期平均成本曲线显示的是考虑增加长期固定成本之后能够得到的最低单位成本。

规模经济：通过扩大企业的规模和简化流程来降低平均成本。

规模不经济：随着企业的扩张，平均总成本上升。

规模回报不变：长期平均成本不变。

3.3.3 通货膨胀

通货膨胀指价格总水平的增加。

价格水平指数（Consumer Price Index，CPI），计量美国家庭平均生活成本的变动，使用“一篮子”商品的加权价格代表。

注意：我国称为全国居民消费价格指数，是反映居民家庭购买生活消费品和支出服务项目费用、价格变动趋势和程度的相对数。

补充知识：工业生产者出厂价格指数

工业生产者出厂价格指数（Product Price Index，PPI）是反映全部工业产品出厂价格总水平的变动趋势和程度的相对数，包括工业企业售给本企业以外所有单位的各种产品和直接售给居民用于生活消费的产品。

通货膨胀率 =（今年的 CPI - 上年的 CPI）/上年的 CPI × 100%

名义所得即国民产出的货币价值，或者是以工资、租金、利息或利润形式收到的金额。

实际所得即名义所得的购买力。

名义所得 = 实际所得 + 通货膨胀率

通货膨胀分为两种类型：

（1）需求拉动型

由于总需求增加，总需求曲线向右移动，所以提高了价格。

（2）成本推动型

当每个价格水平的生产成本增加时，总供给曲线左移，所以提高了价格。

3.3.4　商业周期

商业周期是经济活动水平的一系列增长和放缓，跨度一般为几年时间。商业周期见图 3-7。

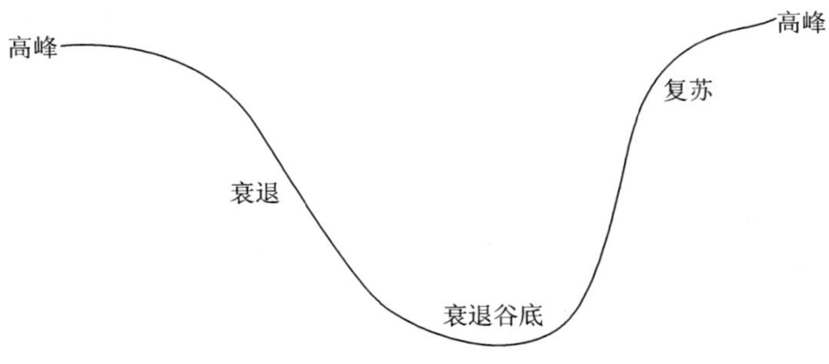

图 3-7　商业周期

3.3.5　国际贸易

当一个国家（或地区）生产某项产品或服务的机会成本少于另一个国家（或地区）生产该产品或服务的机会成本时，该国在该产品或服务上相对于对照国具有比较优势。

注意：机会成本的概念参见第 8 章。

即使两方（两个国家或地区）都能生产贸易（交换）来的产品，也是每一方进行专业化生产进而提高效率和产能更有利。

例题 3-8

假定两个国家或地区都能够生产手机和计算机芯片，现两个国家或地区都打算通过专注于一种产品的生产而实现规模经济。简单起见，只考虑劳动力成本。

A 国或地区生产一个单位的手机的成本是 2 小时，生产一个计算机芯片的成本是 6 小时，生产一个单位的手机的成本低于其生产一个单位的计算机芯片的成本。在 12 小时内，A 国或地区可以生产 6 个单位的手机或 2 个单位的计算机芯片。

B 国或地区生产一个单位的手机的成本是 4 小时，生产一个计算机芯片的成本是 3 小时，生产一个单位的手机的成本高于其生产一个单位的计算机芯片的成本。在 12 小时内，B 国或地区可以生产 3 个单位的手机或 4 个单位的计算机芯片。

A 国或地区具有生产手机的比较优势，B 国或地区具有生产计算机芯片的比较优势。每个国家或地区都将其资源用于可以取得最高回报的生产。假设当前两种产品的价格相等，A 国或地区放弃计算机芯片的生产而专注于手机的生产，B 国或地区放弃手机的生产而专注于计算机芯片的生产。

通过专业化分工，两个国家或地区可以使每天（24 小时）总产量增加 3 个手机和 2 个计算机芯片。

贸易壁垒的类型：关税、进口配额、非关税壁垒、自动出口配额、反倾销法、国内成分要求等。

补充知识：

上述模型称之为大卫·李嘉图的比较优势模型，随后又有其他学者提出了新的贸易模型，如双要素模型、赫克歇尔-俄林的资源禀赋模型、克鲁格曼的新贸易理论模型等。

第 4 章　财务报告

4.1　财务报告基础知识

4.1.1　财务会计报告的目标（选修）

外部财务报告的一般目标是：应为外部使用者做出理性投资、信贷及其他相似决策时提供有用的信息，所提供的信息使报告的外部使用者能评估现金流的数量、时间和不确定性。

外部财务报告的具体目标是：提供经济资源（资产）和对资源的要求权（负债）的信息及其变动情况、综合收益及其构成信息、现金流量信息。

外部财务报告应提供以下信息：

1）经济资源（资产）和对资源的要求权（负债）及其变动情况的信息。有助于使用者评估企业的流动性，突出一定时期的财务优势、局限性和业绩。这些信息通常会在资产负债表中反映出来。

2）综合收益及其构成信息。计量企业的权益在一段时间内因交易和其他事件而发生的变动，不包括所有者的投资和对所有者的收益分配。

3）现金流量信息。为当前和潜在的投资者提供企业运营和投资相关的现金流数量、时间和不确定性。现金流又可细分为经营活动现金流、投资活动现金流和融资活动现金流。

> 注意：财务会计与管理会计的区别是，财务会计的本质为对外提供信息，而管理会计的本质为对企业内部管理提供信息；财务会计反映历史信息，并由一般公认会计准则加以规范，而管理会计则具有前瞻性，不受一般公认会计准则的约束。
>
> 两者的联系是：都受信息的有用性和信息获得成本的约束；两种会计相互影响，财务会计方法或数据会影响到会计决策，反之亦然。

4.1.2　会计的基本假设和确认原则（选修）

1. 基本假设

目前为会计界普遍认可的基本假设有：会计主体假设、持续经营假设、会计分期假设和货币计量假设。

（1）会计主体假设

会计主体又称会计实体，是指会计所服务的特定单位，是会计核算服务对象，或者说是会计人员进行核算采取的立场及空间活动范围的界定。

（2）持续经营假设

持续经营假设是对会计主体经营时间长度的描述，是指作为会计主体的企业，在可以预见的将来，应以既定的经营方针和预定的经营目标继续经营下去，不须破产清算。

（3）会计分期假设

会计分期假设就是将会计主体持续不断的生产经营过程人为地划分为较短的、等间距的会计期间，分期结算账目，按期考核并报告其经营活动成果。它是对会计主体时间范围具体划分的假定。

> 注意：值得一提的是，我国的会计年度与美国不同，是始于每年的 1 月 1 日。

（4）货币计量假设

货币计量假设明确了会计核算的计量尺度和计量条件。

2. 确认和度量的基本原则

（1）历史成本

历史成本原则是指获得资产所支付的金额，是最常用的计价方式。

（2）充分披露

充分披露原则是指应当充分披露公司的重要财务信息。这些财务信息足以影响理性使用者的决策。信息可以披露在财务报表、财务报表的附注或补充信息里面。充分披露和合理计量必须同时具备。

（3）配比

配比原则是指尽可能地将各项费用与其最终带来的收入相匹配。成本可以直接与收入相配比，则在同期财务报表中反映；成本若不能直接与收入配比，则可分析出它们的关系。一般通过分摊近似代替配比政策，如折旧、摊销。期间发生的一般管理费用，计入发生当期。

3. 限制性原则

（1）成本效益

成本效益原则是指除非提供信息所带来的收益超过它所花费的成本，否则不应收集此信息。

（2）重要性

重要性原则要求企业提供的会计信息，应当反映与企业财务状况、经营成果和现金流量等有关的所有重要交易或事项。

（3）谨慎性

谨慎性原则要求企业对商业环境中的不确定性（风险因素），给予足够谨慎的考虑。无论是保守的还是乐观的偏向都会误导投资者，因此中性地、谨慎地给出信息，让使用者自己判断不确定性。

4.1.3 会计基本要素

企业会计要素分为资产、负债、所有者权益、收入、费用、利得、损失或利润、综合收益。其中，资产、负债和所有者权益要素侧重反映企业的财务状况，收入、费用、利得、损失或利润、综合收益要素侧重反映企业的经营成果。

财务会计的基本要素见图 4-1。

1. 资产负债表要素

资产是指企业过去的交易或事项形成的，企业拥有或控制的，预期会给企业带来经济利益的资源。企业的资产按其流动性可以分为：

1）流动资产。流动资产是指可以在一年或超过一年的一个营业周期内变现或耗用的资产。

2）非流动资产。非流动资产是指不能在一年或超过一年的一个营业周期内变现或耗用的资产。

负债是指企业过去的交易或事项形成的，预期会导致经济利益流出企业的现时义务。负债按其流动性可分为：

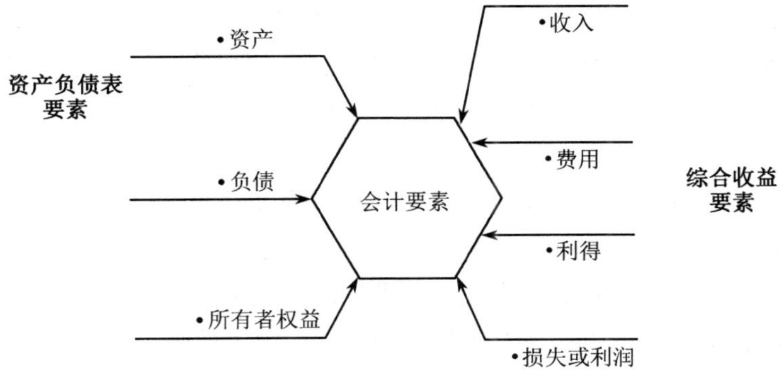

图 4-1　财务会计的基本要素

1）流动负债。流动负债是指应在一年或超过一年的一个营业周期内偿还的债务，包括短期借款、应付票据、应付账款、预收账款、应付职工薪酬、应交税费、应付利息、应付股利、其他应付款等。

2）长期负债。长期负债是指偿还期在一年或超过一年的一个营业周期以上的债务，包括应付债券、长期应付票据、分期应付款、养老金负债等。

所有者权益是指企业资产扣除负债后，由所有者享有的剩余权益。企业的所有者权益又称为股东权益。所有者权益的来源有所有者投入的资本、其他综合收益和留存收益。

2. 综合收益要素

收入是指企业在日常活动中形成的，会导致所有者权益增加的，与所有者投入资本无关的经济利益的总流入。

> 注意：美国会计准则对收入的定义是赚得的、已实现或可实现的。最新的情况是，国际会计准则委员会与美国财务会计准则委员会正在联手工作，准备推出新的收入确认准则，使用收入的资产负债表观的方法确认，具体内容可以登录国际会计准则委员会网站 http：//www. ifrs. org 查询。

费用是指企业在日常活动中发生的，会导致所有者权益减少的，与向所有者分配利润无关的经济利益的总流出。

利得是指由企业非日常活动形成的，会导致所有者权益增加的，与所有者投入资本无关的经济利益的流入。

损失是指由企业非日常活动所发生的，会导致所有者权益减少的，与向所有者分配利润无关的经济利益的流出。

利润是指企业在一定会计期间的经营成果，包括收入减去费用后的净额、直接计入当期利润的利得和损失等。

综合收益是计量企业的权益在一段时间内因交易和其他事件而发生的变动，不包括所有者的投资和对所有者的收益分配。综合收益包括净利润和其他综合收益。其他综合收益主要是未实现损益。

4.1.4　会计循环

财务会计为组织的外部人员或内部人员提供会计信息。当前或潜在投资者使用这些信息来确定如果持有该公司的所有权，他们将获得的未来收益。债权人用这些信息来评价组织的可信任程度。其他信息使用者包括员工、顾客、工会、社会公众以及政府部门。

交易在会计上是指商品或服务的交换。决定一项交易是否被记录有两个因素：证据和计量。交易必须是可观察的事项，因此为经济活动提供了证据；交易的达成是建立在一定价格上，因此提供了经济活动的客观计量尺度。会计循环是4个经营周期之一，其他3个循环是销售循环、财务循环和生产循环。传统会计模型使用的是复式记账系统。复式记账系统下的基本公式是

资产 = 负债 + 所有者权益

所有的交易根据它们对资产、负债和所有者权益的影响进行分析和记录。账户金额的增加和减少，或记为借方，或记为贷方。在记录这些交易时，借方余额之和一定等于贷方余额之和。借贷必相等的要求，导致了复式记账法的产生。在账户形式上，借贷记录规则是：

借方：资产的增加；负债的减少；所有者权益的减少；收入的减少；费用的增加。

贷方：资产的减少；负债的增加；所有者权益的增加；收入的增加；费用的减少。

1. 现金制与权责发生制

会计的两个方法是现金制和权责发生制（应计制）。

在现金制会计下，收入在收到现金时进行确认，费用在支付现金时进行确认。现金制有两大优点：一是可靠性，一项交易只有发生现金交易时才进行确认；二是简易性，只需要很少的估计和判断。

在权责发生制会计下，收入在卖出产品或提供服务时确认。收入和费用是在交易发生期间确认，而不是在收到或支付现金时确认。在权责发生制下，具有现金后果的交易的财务影响在交易发生期间进行记录，而不是在现金收到或支付期间。

2. 会计循环的步骤

会计循环记录经济交易对公司资产、负债和所有者权益的影响。会计循环包括8个步骤：分析交易；记入日记账；记入总分类账；编制试算表和工作底稿；调整分录；结转分录；编制财务报表；转回分录。

4.1.5 美国会计准则的制定（选修）

美国没有类似于中国的统一的会计准则，它的会计准则由一系列的文件组成，这些文件称之为公认会计准则（GAAP）。

> 注意：美国没有和中国一样的一套由单一机构制定的会计准则。

美国经济大萧条后，美国国会通过《证券法》和《证券交易法》，规定证券交易委员会有权力和责任制定会计和报告标准，随后证券交易委员会授权给私有部门负责制定，历经了如下阶段：

1）1939～1959年，会计程序委员会（CAP）。

2）1959～1973年，会计原则委员会（APB）取代了会计程序委员会。

3）1973年至今，财务会计准则委员会（FASB）取代了会计原则委员会。

财务会计准则委员会发布的主要文件有：

1）财务会计准则公告（SFAS）和解释（FIN）：公认会计准则的主要部分。

2）财务会计概念公告（SFAC）：本身不是公认会计准则的组成部分，但是作为公认会计准则标准背后的概念框架，为公认会计准则标准的制定提供依据。

3）技术公告：解决与FASB标准和解释或最近的法律变动有关的问题。这类文件的发布要求预期不会引起会计实务的重大变更，而且实施的成本很低。

4）新问题工作小组声明：在不违反现有会计准则的基础上，对于新出现的会计问题提供解决方案。

FASB的一项新准则“公认会计原则的层次”定义了公认会计原则的含义，将GAAP分为4个层

次。假若一项事项的会计处理并不能由 A 类公告具体规范，那么从 B 类到 D 类的公告应该被考虑。若从 B 类到 D 类的公告存在冲突，公司应该遵从较高层次的公告。4 个层次的划分如下：

A 类（最高）：FASB 财务会计准则公告和解释、立场公告；APB 意见书；AICPA 的会计研究公报。

B 类：FASB 技术公报；AICPA 的行业审计与会计指南；AICPA 立场公告。

C 类：FASB 新问题工作小组声明；AICPA 的会计准则执行委员会的实务公报。

D 类：AICPA 会计解释；FASB 的实施指南；广为认可和流行的行业实务处理。

4.2　财务报表及其使用者

财务报表是指在日常会计核算资料的基础上，按照规定的格式、内容和方法，定期编制的、综合反映企业某一特定日期财务状况和某一特定时期经营成果、现金流量状况的书面文件。一套完整的财务报表包括资产负债表、利润表、现金流量表、所有者权益变动表和财务报表附注。

4.2.1　资产负债表

1. 资产负债表的概念

资产负债表（Balance Sheet）反映了公司资产、负债和所有者权益。它提供了估计会计主体的流动性、财务弹性、计算投资回报率、评估会计主体的资本结构和偿债能力的基础，反映了在遵循一般公认会计原则（GAAP）之下，公司的财务状况。资产负债表反映了在某一时点，所有交易事项造成的累计财务影响，而利润表、所有者权益变动表和现金流量表反映了一段时期所有交易的影响。资产负债表基于历史成本，又称为交易价格原则或获取价格原则。

资产负债表的局限性包括：

1）它没有反映现值。资产负债表里的项目是历史成本或现值的混合。资产和负债的历史成本不一定等于它们的现值。货币性资产，如现金、短期投资和应收账款比较接近现值。同样，流动负债也比较接近现值，在资产负债表上应该以票面价值列示。

2）固定资产根据其成本减去折旧、损耗和摊销进行报告。存货和有价证券不是根据历史成本进行记录，而是根据成本与市价孰低法进行报告。同样，某些长期投资作为另一种例外，使用权益法进行报告。长期负债根据它未来支付额的折现值进行报告。

3）判断和估计被用于确定许多资产的账面价值。例如，判断应收账款收回的可能性，存货是否可以销售出去，固定资产的使用期限。估计并不一定不好，但是给企业创造了盈余管理的空间。

4）资产的增值不进行会计记录，除非增值通过交易已经实现了。

5）内部产生的资产，如商誉、顾客群、管理方法与技巧、声誉、技术创新、人力资源和机密的流程与配方，不计入资产负债表。只有在市场交易中获得的资产才记录。

6）它忽视了时间价值因素。大多数项目根据票面价值记录，不考虑它们产生现金流的时间。但也有一些例外，如长期应收账款和应付账款均以折现价值进行报告。

7）它忽略了资产负债表外项目（大部分是负债），如有追索权应收账款的销售、租赁、生产协议和收支合同。

2. 资产负债表的构成

（1）资产的分类

为了正确地评估资产负债表上的资产，相关的备抵账户都必须进行记录，用于抵减相应资产账户。

资产包括流动资产、非流动资产和其他资产。

流动资产包括现金、短期投资、应收账款、存货和预付费用。衡量流动资产的标准是经营周期的长度。经营周期短于一年时，用一年作为衡量标准；经营周期非常长时，流动资产的划分也就没有什么意义了。流动资产的具体组成包括：

- 现金和现金等价物，包括硬币、纸币、未存储支票、货币存单、汇票和银行存款。定期存款凭证不能当作现金，因为它的提取受到时间限制。使用受限或不能当前使用的现金也不属于流动资产。现金等价物包括：易于转换为金额已知的现金并接近到期日的高流动性的短期投资、短期国库券、商业票据和货币市场基金。
- 短期投资是指用暂时闲置的资金购买的易于变现的有价证券。
- 应收款包括应收账款、应收票据、附属方应收款以及管理人员和其他员工的应收款。公司应明确说明应收款中无法收回的金额、折扣金额和有担保的金额。
- 存货是指手头商品和可用于出售的商品。必须披露其估价基础和计价方法。
- 预付费用是通过现金或负债进行预先支付的资产。它们在一定时期、一定使用量或某些事项后，转化为费用。预付费用包括预付租金、预付保险和递延税金。

非流动资产包括长期投资、财产、厂房和设备（也称固定资产）和无形资产。具体组成包括：

- 长期投资是指持有时间超过一个经营周期的投资。例如，债务和权益证券、有形资产、偿债资金投资、养老金、厂房扩建支出基金、人寿保险单中的可退保金额。
- 财产、厂房和设备包括机器、设备、房屋、家具和工具、自然资源和土地。这些资产在生产、销售商品、销售其他资产和提供服务时使用，可使用期较长。
- 无形资产包括商誉、商标、专利、版权和组织成本。通常，摊销的无形资产直接贷记入资产账户，不过有时也可以使用一个累计摊销账户。

其他资产包括除上所述的其他资产类型，例如，长期预付费用、递延税金、债券发行成本、非流动性应收款和受限制的现金项目。

（2）负债的分类

负债在资产负债表上按照应支付的顺序进行列示。它分为三大类别：流动负债、非流动负债和其他负债。

流动负债包括经营活动中购买商品和服务产生的义务，在未来提供商品或服务而产生的预收现金，以及其他在当前经营周期内必须用流动资产履行的义务。但也存在一些例外，包括在资产负债表编制日之后和资产负债表公布日之前，通过发行另一长期债券进行再融资的负债，以及要使用非流动资产（债券偿债基金）才能赎回的负债都被视为非流动负债。这是因为这种负债的清算不需要使用流动负债或产生新的其他流动负债，具体见 4.8 节。流动资产超过流动负债的部分称为运营资本，它为应对经营周期中的财务需求提供了安全边际与流动性缓冲能力。

非流动负债包括由于获取资产而产生的义务，由于经营活动的正常进行而产生的义务，以及由于可能损失的不确定性而产生的负债。

其他负债包括递延费用、非流动应付款项、递延所得税等。

（3）所有者权益的分类

权益是指所有者（股东）对公司的融资。它被视为所有者对公司净资产主张权的反映。权益性证券持有者的地位仅次于债权人，也就是说，必须首先满足债权人的主张权。权益持有者对净资产的主张权其实也有不同。权益持有者面对公司的最大风险，同时，他们也有获得最大回报的可能。因为一旦债权人的要求得到满足，所有回报将全部归权益人所有。

缴入资本（Contributed Capital）是指从所有者手中收到的作为股本的资金。缴入资本通常分为两部分：一部分是股票的面值（Par）或设定价值（Stated Value），如果股票没有面值，则记入总资金；另一部分是缴入资本超过面值或设定价值（Contributed Capital in Excess Par or Stated Value）的部分，也称为资本公积（Additional Paid in Capital）。这些账户合在一起，反映了股东为企业融资活动投入的全部资金。所有者权益中实收资本部分的其他账目源自各种资本交易中的费用或债务，包括：出售库藏股份；企业合并导致的资本变化；接受捐赠资本；股票发行成本和合并费用；通过发放股票股利的方式使留存收益资本化。

库藏股（Treasury Stock）是指先前发行并已足额付款后又被公司购回的股份。公司获得库藏股会同时减少资产和所有者权益。与这项交易一致，库藏股并不是资产，而是一个权益抵销账户（Contra-Equity Account）。库藏股一般按成本记录，通常的表述方式是从所有者权益中扣除库藏股成本。当公司按面值记录库藏股时，它们一般会将其作为同类别股票的抵销项进行报告。

留存收益（Retained Earnings）是公司赚得的资本。留存收益账户反映公司自成立以来未分配收益或损失的累积，它与股东缴入资本如股本和资本公积形成对照。留存收益是股利分配的主要来源，美国有些州允许从资本公积中向股东进行分配，这种分配代表的是资本分配而非收益分配。

其他综合收益（Other Comprehensive Income）包括：可供出售金融资产产生的未实现损益，现金流量套期保值的未实现损益，最低养老金负债超过未确认的前期服务成本部分，外汇交易产生的未实现损失或利得。

权益边缘的负债（Liabilities at the Edge of Equity）是指兼具负债和权益两种性质的负债项目，一般包括可赎回优先股和少数股东权益两个项目。本小节将介绍其中的可赎回优先股。附有强制性赎回条款的权益性证券（以优先股最为典型）更像是债务而非权益，因为这些证券要求公司在特定日期付出资金，真正的权益性证券是不会这样要求的。许多公司都有这种以优先股的形式作为伪装的证券。证券交易委员会（SEC）认为，可赎回优先股与通常的权益资本不同，不应该纳入股东权益，也不应该与其他非赎回权益证券并在一起。证券交易委员会还要求披露赎回条件及5年内的到期数据。会计准则要求披露资产负债表日后5年内可赎回优先股的赎回要求。非上市公司不属于证券交易委员会规则的管辖范围之内，可以继续将可赎回优先股作为权益进行报告。当然，我们在分析中还是应该按其实质来对待，即一项需要在未来某一日期付出现金的债务。

3. 资产负债表的格式

企业编制分类资产负债表通常使用账户格式。它将资产部分列示在左边，负债部分和股东权益部分分段列示在右边。缺点是需要足够的宽度来呈报左右两边的项目，因此报告格式经常需要两个对开页面。为了避免这一问题，报告格式为在同一页上将一个部分列示在另一个部分上面。

4. 其他披露信息

如果企业简单列示资产、负债和所有者权益，资产负债表就不全面，企业还需要提供重要的补充信息。这可能包括报表其他地方没有呈报的信息或是资产负债表项目的详细说明。资产负债表的账户和金额一般有四类补充信息：

1）或有事项。有不确定结果的重要事件。或有利得的例子是经营损失税收结转或企业对另一方的诉讼。典型的或有损失与诉讼、环境问题、可能的税收核定或政府调查有关。

2）会计政策。解释所用的计价方法或存货估价的基本假设、折旧方法、在子公司中的投资等。

3）合同情况。解释特定资产附带的，更可能是债务附带的某些限制或协议。例如，企业必须在附注中清楚说明租赁合同、养老金义务和期权计划的基本规定。

4）公允价值。披露公允价值，特别是金融工具的公允价值。

4.2.2 利润表

1. 利润表的概念

利润表（Income Statement）汇总了在一定时期（会计期间）内，会计主体的经济活动的结果。

利润表的用途包括：

1）评估公司过去的业绩。收入和费用说明了公司业绩如何，并可以与竞争者比较。

2）提供预测未来业绩的基础。过去的业绩信息有助于判断主要的趋势，这种趋势如果持续下去，就可以提供未来业绩的信息。

3）帮助评估未来现金流的风险和不确定性。有关损益要素的信息（收入、费用、利得和损失）突出了过去与未来之间的关系，有助于评估未来不能实现某一现金流水平的风险。

利润表的局限包括：

1）企业在利润表中省略了不能可靠计量的项目。目前的实务禁止确认某些收益，尽管这些项目被证实能影响公司的业绩。

2）利润金额受到所用会计方法的影响。例如，折旧时一家公司可能采用加速折旧法，另一家公司可能选择直线法。

3）收益计量包含判断。

2. 盈余质量

盈余质量（Earnings Quality）是指盈余对于计量公司业绩的相关性，其决定因素包括公司的经营环境及会计原则的选择与应用。盈余（收益）的计量和确认涉及对企业交易与事件的估计及解释。我们在前面分析收益时强调，会计盈余并非一项孤立的数据，而是有赖于所采用的假设和原则。权责发生制会计中需要使用估计和解释，已经让一些人对所有权责发生制指标的可靠性产生了质疑。这是一种极端且很不明智的反应，因为权责发生制指标提供了大量相关信息。我们知道权责发生制会计要通过对现金流量的调整获得可以普遍接受的概念——已赚得的收入和已经发生的费用，在分析中需要关注所采用的假设和原则，以及为了分析目的而进行的适当调整。应该使用权责发生制信息来获得竞争优势，帮助我们更好地理解公司当期及未来业绩。在依赖收益时，必须同时警惕会计和审计风险。会计和审计的改进降低了财务报表发生欺诈和误导的概率，但却远不能消除管理舞弊和误报，审计失败也时有发生（如安然、世通、施乐等案件）。分析中必须估计会计和审计风险，包括管理层在估计盈余时的品质和倾向。

要衡量盈余质量，就必须比较不同公司的盈余，确定就估值而言的质量差异。盈余质量究竟如何构成，并无一致意见。会计原则、会计应用、商业风险属于一般较为认同的盈余质量决定因素。

3. 利润表的格式和构成

（1）单步式利润表

单步式利润表由两个部分组成：收入和费用。总收入减去总费用就得到净利润，因此称之为“单步”。通常企业将所得税作为利润前的最后一项单独报告，表明它与税前利润的关系。单步法的主要优势在于呈报简单，以及不存在某一类收入或费用优于其他收入或费用，排除了潜在的分类问题。单步式利润表各部分为：

- 收入：包括净销售收入、股利收入、租金收入等。
- 费用：包括销货成本、销售费用、管理费用、利息费用、所得税费用等。
- 净利润：为总收入减去总费用。

● 每股收益。

（2）多步式利润表

多步式利润表披露更多的信息和更清晰的类别关系。它将经营活动和非经营活动区分开来，对成本与费用和相关的收入进行匹配。以下是一个关于利润表中各个项目排列顺序的举例。多步式利润表各部分为：

● 经营性部分报告。公司主要经营活动产生的收入和费用，具体还包括：

①销售收入。列示销售收入、折扣、折让、退货和其他相关信息，目的是得出销售收入净额。

②销货成本。列示销售商品的成本。

③销售费用。列示因销售商品活动而产生的费用。

④管理或一般费用。报告一般的管理费用。

● 非经营性部分报告。报告公司次要或附属活动的收入和费用。此外，特殊的利得和损失属于非频繁发生或非常规的，但不是既非频繁发生也非常规的利得和费用也在其中列示。通常这些项目分为两个主要部分：

①其他收入和利得。列示非经营交易产生的减去相关费用后已赚取的收入或已发生的利得。

②其他成本和损失。列示非经营交易产生的减去相关收入后的费用或已发生的损失。

利得与损失来源于公司的辅助交易活动，例如存货和应收账款的减值，罢工的影响，外币汇率变动带来的利得和损失。损失是由非核心或偶然交易产生的，而费用是公司正在从事的主要或核心业务产生的。与收入相关的费用账户是成本，而损失与收入无关。其他收入与成本是与公司主营业务无关的收入与费用，例如固定资产处置损益，利息收入与利息费用，股利收入等。对已计提足额折旧的固定资产进行销售所获得的收入应作为其他收入与利得反映在利润表中。

● 所得税。报告联邦或州在持续经营利润上征收的所得税。

● 持续经营利润（Income from Continued Operations）。经营性和非经营性之和，再减去所得税。

● 非持续经营（Discontinued Operations）。非持续经营发生的两个条件为：企业从现有的经营中清除了某一经营部分的现金流和经营结果；在处置该部分交易后没有明显地继续牵涉其中。它包括两个部分：第一部分是经营利润（损失），只有在编制财务报表的财政年度年初就决定停止该业务部门时进行披露；第二部分是处置利润（损失），包括分阶段停止经营期间的经营利润（损失）以及处置分部资产的利润（损失）。非持续经营利润在利润表上排在持续经营利润之后和非常项目之前。处置生产线是正常的经营活动，其处置应作为正常损失。

非持续经营（中止经营）的处置利得或损失 = 处置所得 − 处置成本 − 被处置资产的账面净值。

● 处置所得：处置资产的公允价值。

● 处置成本：处置资产时产生的费用，包括支付给经纪人的佣金和其他销售费用、公允价值的评估费、法律咨询费、资产过户费、转让费。

● 被处置资产的账面净值：为使资产达到其预定可使用状态的所有成本，包括为资产融资的利息费用。

例题 4-1

2019 年 12 月 2 日，某公司董事会决定中止运营冷冻食品部门并且将该部门在公开的市场上出售。这个部门的报告显示，2019 年 12 月的亏损为 20 000 美元，2020 年 2 月 26 日这个部门以 90 000 美元的价格被出售，处置资产时发生费用为 10 000 美元，该部门此时账面净值为 30 000 美元。假设冷冻食品部门被认为是一个业务单元，且不考虑所得税的影响，那么该公司在 2020 年损益表中应该列报多少中止经营（非持续经营）损益？

答：

不考虑所得税，中止经营（非持续经营）损益 = 90 000 − 30 000 − 10 000 = 50 000（美元）。

• 非常项目（Extraordinary Items）。根据 FASB 意见，已经取消该项目。旧准则要求一个事项或交易归为非常项目需要符合两个条件：性质特殊（不正常性程度高，同正常业务明显无关或只是偶然相关）和不经常发生（在可预见的将来不能合理地预期这类业务会再发生）。

• 会计原则变动的累计影响。会计原则（Change in Accounting Principle）的改变是由于编制报告时采用了与原先不同的一般公认会计原则（GAAP）导致的。旧准则要求采用新会计原则对净利润的影响数应该在利润表中并放在非常项目之后，作为一个单独的项目进行披露。新准则要求通过在财务报表中追溯调整（Retrospective Adjustment）确认会计原则变更。在与新的会计原则一致的基础上这种调整是对原来的报表进行重新表述。企业通过调整最早报告年度的期初留存收益记录，变更对以前年度的累积影响数。如果无法进行重述，公司将从最早的可行日期开始采用该会计原则。

• 净利润。净利润金额等于"持续经营利润"减去"非持续经营损益""非常项目"和"会计原则变更的累计影响数"。

• 每股收益。每股收益（Earing per Share）可以反映公司经营业绩的好坏。它经常被用来评估公司的股票价格，估计公司的未来盈余，确定公司的股利支付能力等。每股收益等于净利润减去优先股股利，除以已发行在外的加权平均普通股股数。每股收益必须在利润表的首页进行披露，当其只披露了一个项目时，应进行附加说明。

• 其他调整。会计估计的变更并不是会计差错或非常项目，而是作为前期调整的反映，诸如资产使用年限、担保费用、存货过期、养老金假定、无法收回的应收账款等。当会计估计发生变更时，必须按规定要求进行会计处理和披露，包括：前瞻性应用，在变更发生的当期就要考虑进行改变，而且在可能的条件下，还应考虑对未来的影响（无须做回顾性重述）；附注披露，即使在会计估计变更会对未来发生影响的情况下，也只在变更发生的当期披露会计估计变更对净利润和非常项目收益（包括每股收益）的影响。

差错的产生是因为数学计算错误、会计原则错用、编制报表出现疏忽或误用。企业必须在账户中录入正确的分录以改正错误并在财务报表中报告差错更正。更正错误不能看作会计变更，而应该在发现时作为前期调整数（Prior Period Adjustment）调整留存收益的期初余额。披露中应该说明错误的性质、对净利润和非常项目前收益（以及每股收益）的影响。

报告主体的变更可能有多种原因，包括初次发布合并财务报表或改变了涉及子公司的合并政策。在这种情况下，会计准则要求重述前期的财务报表，说明报告主体变更的性质和理由。

（3）简明式利润表

除了收入，简明式利润表只记录费用类别的总和，费用类别在补充附表中列示。补充附表可以在利润表的附注中找到。

4. 综合收益

企业通过综合收益的手段对利润表未包含的项目进行反映。综合收益包括某一期间权益的所有变化，但所有者投资和分配引起的变化除外。因此综合收益包括：净利润中报告的所有收入和利得、费用和损失，所有不包含在净利润中但影响股东权益的利得和损失。不包含在利润表中非股东权益变化的项目被称为其他综合收益（Other Comprehensive Income），包括可供出售金融资产产生的未实现损益、现金流量套期保值的未实现损益、最低养老金负债超过未确认的前期服务成本部分、外汇交易产生的未实现损失或利得。

美国财务会计准则委员会认为企业必须从以下 3 种方式中选择一种表示其他综合收益：二级利润表；综合收益合并表；作为股东权益报表的一部分。不管采用何种方式，企业必须将净利润加上其他综合收益得出综合收益，但不要求企业报告综合收益相关的信息。

综合收益和其他综合收益的计算公式为：

$$综合收益 = 期末权益总额 + 向股东（净）分配金额 - 期初权益总额$$

$$其他综合收益 = 综合收益 - 净利润$$

例题 4-2

甲公司 2013 年和 2014 年年末的权益总额分别为 100 万元和 140 万元，2014 年净利润为 20 万元，向股东分配现金股利 10 万元，2014 年 6 月 30 日发行普通股融资 20 万元。请计算甲公司 2014 年的综合收益和其他综合收益。

答：

综合收益 = 140 万元 + (10 万元 - 20 万元) - 100 万元 = 30 万元。

其他综合收益 = 30 万元 - 20 万元 = 10 万元。

4.2.3　现金流量表

现金流量表（Statement of Cash Flow）的主要目的，首先是提供公司在一定时期内有关现金流入和流出的信息；其次是提供同一时期内公司的投融资信息。现金流量表中的重点是总现金流入与总现金流出。例如，现金流量表是银行用来评估贷款客户偿债能力的最有用的报表。每股现金流量不需要在财务报表中披露。在编制合并现金流量表时应该反映外汇汇率对现金流的影响。

现金流量表应能帮助投资者和债权人评估：

1）公司创造未来现金净流量的能力。

2）偿还债务及支付股利的能力。

3）净利润与现金收支差异的原因。

4）公司投筹资活动的现金交易与非现金交易情况。

1. 现金流量表的内容

现金流又可细分为以下三类：

（1）经营活动现金流

经营活动现金流是指那些与企业日常业务过程相关的现金流量。任何不属于投资和融资的活动都归为经营活动部分。例如，现金流入包括所有销售活动的现金收入、应收账款的收回、贷款利息收入以及收到的股利。现金流出包括支付给员工的工资、供应商的货款、税款及债权人的利息等。

（2）投资活动现金流

投资活动中的大多数事项都与长期资产账户有关。引起投资现金流入的事项有：出售财产、厂房及设备，出售其他企业的债券或股权投资，收回对其他企业的贷款本金。投资现金流出有：购买财产、厂房及设备，购买其他企业的债券或股权投资，向其他企业的贷款。

（3）融资活动现金流

融资活动中的大多数事项与长期负债或权益账户有关。融资现金流入包括：出售本企业的股权或发行债券与票据。现金流出包括向股东支付股利，回收股份支付的现金或赎回企业的债券。

注意：利息的支付和收入属于经营活动现金流。

2. 编制现金流量表的方法

美国财务会计准则委员会允许企业自行选择直接法或间接法来计算经营活动现金流。

（1）直接法

直接法现金流量表使用现金流入减去现金流出，公式为

$$\begin{pmatrix}\text{从客户处}\\\text{收到的现金}\end{pmatrix}-\begin{pmatrix}\text{支付给供应商}\\\text{的现金}\end{pmatrix}-\begin{pmatrix}\text{利息}\\\text{费用}\end{pmatrix}-\text{税金}-\begin{pmatrix}\text{运营费用}\\\text{支付的现金}\end{pmatrix}=\begin{pmatrix}\text{经营活动}\\\text{现金流}\end{pmatrix}$$

（2）间接法

一般公认会计准则要求财务报表编制使用权责发生制，因此净利润应该包括非现金收入（如赊销）和非现金费用（如未付费用）。其他权责发生制会计事项包括折旧、摊销以及一些前期发生但在当期才计入费用的成本，这些事项影响了净利润，但不涉及现金，因此，在计算经营活动现金流时，要针对这些事项进行调整。其公式为

$$\text{净利润}+\begin{pmatrix}\text{非现金}\\\text{费用}\end{pmatrix}-\begin{pmatrix}\text{投资和融资活动}\\\text{的（净）利得}\end{pmatrix}-\begin{pmatrix}\text{流动资产的}\\\text{（净）增加}\end{pmatrix}+\begin{pmatrix}\text{流动负债的}\\\text{（净）增加}\end{pmatrix}+\begin{pmatrix}\text{债券的（净）}\\\text{折价摊销}\end{pmatrix}=\begin{pmatrix}\text{经营活动}\\\text{现金流}\end{pmatrix}$$

3. 现金流量表的脚注

现金流量表要求在脚注中披露所有重大的非现金投资和融资活动，比如为购买或建设固定资产发行的股票、债券转股等。另外，如果使用间接法计算经营活动现金流，还必须披露企业支付的利息和所得税。

例题 4-3

老李的 D 公司 2011 年和 2012 年的财务报表如表 4-1 所示。

表 4-1 D 公司 2011 年和 2012 年的财务报表 （单位：元）

科目	2011 年	2012 年
现金及其等价物	53 000	31 000
有价证券	87 000	0
应收账款	346 000	528 000
存货	432 000	683 000
流动资产	918 000	1 242 000
固定资产净值	1 113 000	1 398 000
资产合计	2 031 000	2 640 000
应付账款	413 000	627 000
应计费用	226 000	314 000
银行借款	100 000	235 000
流动负债	739 000	1 176 000
普通股	100 000	100 000
留存收益	1 192 000	1 364 000
负债和股东权益合计	2 031 000	2 640 000

2012年折旧189 000元，支付利息21 000元，支付所得税114 000元，且没有分配股利。利用所提供的信息，采用间接法编制现金流量表。

答：

使用间接法编制该公司现金流量表，如表4-2所示。

表4-2 D公司现金流量表 （单位：元）

经营活动现金流	
净利润	172 000
折旧	189 000
流动资产和经营活动涉及的流动负债所产生的现金	
应付账款增加	214 000
应计费用增加	88 000
应收账款增加	－182 000
存货增加	－251 000
经营活动现金流净额	230 000
投资活动现金流	
固定资产增加	－474 000
有价证券减少	87 000
投资活动现金流净额	－387 000
筹资活动现金流	
短期银行借款增加	135 000
筹资活动产生的现金流净额	135 000
现金及其等价物的增加（减少）	－22 000
2011年12月31日现金及其等价物	53 000
2012年12月31日现金及其等价物	31 000
现金流补充资料	
利息支出	21 000
所得税支出	114 000

其中，固定资产增加＝（1 398 000元－1 113 000元）＋189 000元＝474 000元。经营活动现金流、投资活动现金流和筹资活动现金流之和等于期初、期末现金及其等价物的变化。

该公司的资本性支出数额巨大，同时流动资产也大幅增加。这两项的增长远远超过留存收益的增长。为筹集增长所需的资金，公司将有价证券全部售出，极度倾向于使用商业信用（应付账款），并增加了应计费用和银行借款。上述所有短期融资为大多数长期资产的增加提供了资金。该公司来自经营活动的所有现金流（有时是某些）都用于增加固定资产。总体来说，采用间接法编制的现金流量表提供了与资金来源和运用表非常类似的信息。

4.2.4 所有者权益变动表

所有者权益变动表（Statement of Changes in Owner's Equity）是从留存收益账户的期初余额到期末余额的一个调整记录。这张表可以告诉使用者管理层用于再投资的资金是多少。前期调整项目包括差错更正（税后净额）对留存收益期初余额变动的影响。净利润会造成留存收益的增加，而宣告分发股利会造成留存收益的减少。

利润表与所有者权益变动表可以分别列示。把两张报表合并成一张报表也是一种可行的做法，合并后的报表简称为利润与利润分配表。净利润的计算方法与多步式或单步式利润表相同。留存收益的期初余额加在净利润额的后面。前期调整也应转入所有者权益变动表中，用以计算调整后的留存收益，再减去现金股利（包括优先股股利和普通股股利）就得到了留存收益的期末余额，即

$$留存收益的期初余额+净利润-股利=留存收益的期末余额$$

4.2.5 财务报表之间的钩稽关系

1. 资产负债表与利润表、所有者权益变动表的钩稽关系

假如没有与所有者的资金往来，综合收益（包括净利润和其他综合收益）便等于本期所有者权益的变动。从这一点看，资产负债表和利润表在数字上存在着钩稽关系。利润表内部还可以进一步划分：将收入与利得、费用与损失区别开来，收益或损失又可划分为经常性损益和非经常性损益。利润表中其他综合收益反映企业根据会计准则规定未在损益中确认的各项利得和损失扣除所得税影响后的净额，此部分并不会反映在净利润中。美国财务会计概念公告第 6 号提出会计的十大要素，并明确指出各要素之间的钩稽关系。在钩稽关系下，利润是所有者权益的一个组成部分，它构成了留存收益内容。

所有者权益变动表是资产负债表和利润表的纽带，反映某一会计时点所有者权益各项目的期初和期末结余金额，有利于信息使用者直观地了解所有者权益各项目的期初数和期末数。该表能够报告综合收益信息，体现了当期所有者权益的具体变动信息，这其中包括对所有者权益产生影响的利润分配的相关信息。

2. 资产负债表与现金流量表的钩稽关系

连接资产负债表和现金流量表的桥梁是现金科目。现金流量表中的现金流量净额可以体现企业资产负债表中现金余额的变化。另外，投资活动产生的现金流量净额可以导致资产负债表中企业长期资产，例如可供出售金融资产、长期股权投资、固定资产、在建工程等科目的增加，还可能导致企业交易性金融资产等科目的增加。筹资活动产生的现金流量净额可导致所有者权益或负债的增加。当采用债务融资时，企业现金及长期借款、短期借款、应付债券等科目会增加；当采用股权融资时，企业现金及股本、资本公积等科目会发生变化。

3. 现金流量表与利润表的钩稽关系

利润表体现了企业的经营活动情况。利润表中的净利润经过对各类减值、折旧、摊销、公允价值变动损益、递延所得税、存货、经营性应收应付等项目的调整，便可调整为经营活动产生的现金流量净额，从现金流量表补充资料内容便可知此钩稽关系的存在。另外，在国际财务报告准则和中国财务会计准则下，利息费用会体现在筹资活动产生的现金流量中，投资收益则体现在投资活动产生的现金流量中；在美国公认会计原则下，利息费用和投资收益体现在经营活动产生的现金流量中。

4.2.6 财务报告的披露

充分披露原则要求对所有重要到能影响已知读者判断的财务事实进行报告。充分披露原则难以执行，是因为披露成本相当高，但是收益却难以评价。披露规则不断增加是因为：

1）业务环境越来越复杂。

2）对及时信息的需要。

3）将会计作为控制和监督机制。

1. 财务报表附注

会计人员通过财务报表附注对报表主体部分的列报项目进行详细说明或解释。附注能够定性地解释特定财务报表项目，提供有关其数量本质的补充数据。财务报表附注（Notes to Financial Statements）一般包括如下项目：

1）企业的基本情况。

2）财务报表编制基础。

3）遵循企业会计准则的声明。

4）重要会计政策和会计估计。

5）会计政策和会计估计变更及差错更正的说明。

6）重要报表项目的说明。

7）其他需要说明的重要事项。例如，或有和承诺事项、资产负债表日后非调整事项、关联方关系及其交易等。

2. 证券交易委员会的披露要求

证券交易委员会成立的主要法案是依据1933年的《证券法》与1934年的《证券交易法》。《萨班斯法案》对《证券交易法》进行了一些修正，赋予了证券委员会更多的责任。《证券法》主要关注证券的首次公开发行。《证券交易法》规范二级市场的证券交易与投资者行为，包括证券市场的规章、防止出现市场操纵与舞弊、根据《证券法》登记的公司的连续披露、对证券购买者的信用控制、委托说明书及其他与股东间的沟通说明、内部交易的监管。

为了促进全面披露和财务报表之间的可比性并降低交易成本，证券交易委员会对各种不同法规的要求进行了整合，对财务报表进行了标准化，同时还要求公司在年报中提供管理层论述与分析。

补充知识：

1. 年报的其他组成

管理层论述与分析：管理层必须分析公司的流动性、资本资源和过去3年的经营成果。当通货膨胀的影响达到重要性程度时，也必须被披露。财务报表是根据历史数据编制的，因此证券交易委员会在制定管理层论述与分析部分要求的文件规范时，强调管理层必须关注他们知道的所有事件、趋势与不确定性，以表明过去的结果并没有对未来的表现起到预示作用。这个要求包括了过去事件不再影响未来的情况和事件可能在过去没有影响但现在会产生影响的情况。只有管理层了解的信息才能被分析讨论，而假设情况不需要讨论。

社会责任报告：社会责任报告可以被有选择地写于年报中。报告的内容由公司决定。该报告经常是描述公司的理念、价值观、目标和所参加的社区项目、环境项目以及其他社会活动。

致股东的公开信：致股东的公开信可以采取公司需要的任何形式。致股东的公开信通常是以一个外行人的角色来解释公司的经营成果，也能够提供一些将来的经营结果和发展的预测，更新公司的理念、使命或商业道德标准。致股东的公开信也会用简单的表格给出利润和每股收益的具体信息。

2. 关联方交易

关联方交易（Related-Party Transactions）是指公司在从事交易时，有权对该交易中的其他某一方施加重大影响的情形。当一家非交易企业能够同时影响参与交易双方的政策时，也属于关联方交易。在关联方交易中竞争性的自由市场行为可能不复存在，因此也无法继续保持“正常价格”基础。为了实现披露，企业需要对这些交易的经济实质，而非法律形式进行报告。财务会计准则公告第 57 号要求对于关联方交易必须披露下列事项：

1）所涉及关系的本质。

2）对利润表涵盖的各期间的交易进行描述。

3）利润表涵盖的各期间的交易总额。

4）截至资产负债表日与关联方之间的往来金额。

3. 常见的 SEC 报表

10-K 表格是大多数股票可以自由交易的公司按照证券交易委员会的要求提供年度报告的文件，它提供了注册公司业务的综合性概述。

10-Q 表格是最近公开交易的公司前 3 个季度的季度报告文件。它包括未经审计的财务报表和管理层论述与分析，旨在通过连续展现公司的财务状况，给投资者提供更多相关的信息。

8-K 表格又称作即时报告，因为它必须对投资者披露任何重大事件，如公司重大变动，这些在财务报表中未能披露。8-K 表格包括公司控制的变动、资产的取得与处置、破产或破产管理、公司的注册会计师变动、其他重大事项、注册公司董事辞职、财务报表和展示、会计年度的变动和公开披露规则。

4. SEC 的管理规定

证券交易委员会的报告要求分为 3 个种类：S-X 管理条例、S-K 管理条例和 S-B 管理条例。S-X 管理条例对公司登记注册和定期报告所用到的财务报表的内容进行规范，S-K 管理条例规范所有非财务信息，S-B 管理条例规范所有小型企业的报告。

3. 资产负债表日后事项

财务报表附注应当对在正常的资产负债表报表日之后、报表发出之前发生的重要财务事项进行解释，这些事项被称作资产负债表日后事项（Post-Balance-Sheet Events）。资产负债表日后发生的下面两类事项或交易可能对财务报表具有实质性影响，或者说需要对外披露以使读者能够准确理解这些报表：

1）能够为资产负债表日已存在的情况提供补充证据的事项，影响到财务报表编制过程中所使用的会计估计的事项，以及需要调整财务报表的事项。在财务报表对外报出之前可以取得的所有信息都有助于投资者和债权人对以前采用的会计估计进行评价。对于这类事项包含的信息，会计师需要把它们记入相应的账户，就如同这些信息在资产负债表日当时就已经获知一样。

2）资产负债表日并不存在，而是为在期后发生的情况提供证据的事项，不需要调整财务报表。例如，顾客在资产负债表日后发生火灾或洪水造成的损失并不能反映其在资产负债日的状况。尽管如此，为了避免财务报表具有误导性，对这类事项中的一些事项仍要进行披露。

4.2.7　财务报表的使用者

财务报表使用者包括内部使用者和外部使用者。

（1）内部使用者

内部使用者需要财务信息以帮助制定内部决策。内部使用者包括企业高管、经理、管理会计人员，以及其他员工（如有股票期权或对本企业有投资的）。内部使用者能从会计系统中生成任何所需要的信息。由于这些信息有被误用的可能，企业应控制这些信息的使用和查阅，但控制程度不至于影响内部决策者及时地获得信息。

（2）外部使用者

外部使用者是需要财务信息来制定投资决策的利益相关者。外部使用者包括当前或潜在的投资者或债权人；对经营和经济活动有一定的理解，并且愿意花费必要精力研究信息的个人或机构，如分析师、合作人、财务顾问、竞争对手和政府机构等。

投资者需要信息以帮助做出是否购买、销售或持有公司股份的决策，股东要求获得公司股利支付能力的相关信息。员工关注公司的稳定性、持续性以及公司的营利性。债权人需要信息，评估债务人全额、及时偿还债务的能力。供应商需要获得信息，以确定他们是否应该赊销，以及赊销货款能否收回。客户需要获得关于公司能否持续经营的信息。政府以及政府机构需要获得信息，制定税收政策，以规范组织的行为，并且获得国民收入的统计数据。社会公众希望获得组织对当地社区的贡献和发展的相关信息。

4.2.8　财务报表举例

财务报表举例见表4-3～表4-8。

表4-3　A公司资产负债表（2016年12月31日）　（单位：万元）

科目	期末余额	科目	期末余额
流动资产：		流动负债：	
现金和短期投资	24	应付账款	7
应收账款（扣除坏账准备30）	570	应计费用	15
其他应收款	20	一年内到期的非流动负债	90
应收票据	80	短期借款	150
存货	300	应付利息	20
预付费用	8	应付股利	50
应收利息	10	流动负债合计	332
流动资产合计	1 012	非流动负债：	
非流动资产：		应付债券	1 500
可供出售金融资产	100	或有负债	100
长期股权投资	500	非流动负债合计	1 600
固定资产（扣除累计折旧800）	1 400	负债合计	1 932
在建工程	300	股东权益：	

（续）

科目	期末余额	科目	期末余额
递延所得税资产	50	实收资本（面值）	50
无形资产	50	资本公积	700
商誉	60	留存收益	790
非流动资产合计	2 460	股东权益合计	1 540
资产总计	3 472	负债和股东权益总计	3 472

表 4-4 A 公司多步式利润表（2016 年 12 月 31 日） （单位：万元）

科目	金额
销售收入	8 700
销货成本	5 500
毛利润	3 200
销售费用	1 200
管理或一般费用	900
经营利润	1 100
股利收入	270
租金收入	240
利息费用	350
固定资产处置损失	100
税前利润	1 160
所得税费用	180
持续经营利润	980
非持续经营	530
净利润	450
每股收益	5.4 元/股

注：旧准则下还包括“非常项目”“会计原则变更的累积影响”，列示于净利润之前。

表 4-5 A 公司单步式利润表（2016 年 12 月 31 日） （单位：万元）

科目	金额
销售收入	8 700
股利收入	270
租金收入	240
收入合计	9 210
销货成本	5 500
销售费用	1 200

（续）

科目	金额
管理或一般费用	900
利息费用	350
固定资产处置损失	100
所得税费用	180
非持续经营	530
费用合计	8 760
净利润	450
每股收益	5.4 元/股

表 4-6　A 公司现金流量表（间接法）　（单位：万元）

科目	金额
经营活动现金流	
净利润	450
折旧摊销费用	220
应收账款减少（增加）	(100)
存货增加（减少）	(20)
应付账款增加（减少）	20
应交所得税增加（减少）	12
经营活动现金流净额	582
投资活动现金流	
固定资产增加	(370)
有价证券减少	12
投资活动现金流净额	(358)
筹资活动现金流	
应付票据增加（减少）	3
资本公积增加（减少）	150
长期负债增加（减少）	(150)
实收资本增加（减少）	10
支付现金股利	(560)
筹资活动产现金流净额	(547)
现金及其等价物的增加（减少）	(323)
现金及其等价物期初余额	347
现金及其等价物期末余额	24
补充信息	

（续）

科目	金额
利息支出	300
所得税支出	150

表 4-7 A 公司现金流量表（直接法） （单位：万元）

科目	金额
经营活动现金流	
收到客户支付的现金	4 500
收到其他与经营活动有关的现金	200
支付利息的现金支出	300
支付税款的现金支出	150
支付的营业费用的支出	3 668
经营活动现金流净额	582
投资活动现金流	
固定资产增加	（370）
有价证券减少	12
投资活动现金流净额	（358）
筹资活动现金流	
应付票据增加（减少）	3
资本公积增加（减少）	150
长期负债增加（减少）	（150）
实收资本增加（减少）	10
支付现金股利	（560）
筹资活动产现金流净额	（547）
现金及其等价物的增加（减少）	（323）
现金及其等价物期初余额	347
现金及其等价物期末余额	24

表 4-8 A 公司所有者权益变动表 （单位：万元）

	实收资本	资本公积	留存收益	合计
期初余额	40	550	900	1 490
净利润			450	450
发放现金股利			（560）	（560）
发行普通股	10	150		160
期末余额	50	700	790	1 540

4.2.9　综合报告

1. 基本概念

综合报告是以一种可以反映企业所处的社会、环境和商业等背景的方式，对企业战略、治理、业绩和前景等重要信息进行整合并列示的报告制度。

价值创造是企业投入的各种资本经过一系列商业活动而得以增值的过程。企业综合报告要清晰、准确地描述企业循序渐进地运用资本创造价值的过程。企业的未来现金流量及价值不仅取决于财务资本的投入，还取决于更广泛的资本在商业活动中的有效使用。价值创造过程中伴随着各种资本的增加、减少和转化。财务资本提供者更关注企业经济价值，而其他利益相关者可能更关注企业在环境、社会责任等方面的价值。作为未来企业报告的发展模式，综合报告应考虑企业全部资本创造价值的过程，披露能够使预期报告使用者评估企业循序渐进创造价值能力的相关信息。

综合报告旨在：

- 提高财务资本提供者可获取信息的质量，实现更具效率和效果的资本配置。
- 在借鉴各种不同的公司报告流派的基础上，促成一种更连贯、更有效的公司报告方法，以反映所有对组织持续价值创造能力产生重大影响的因素。
- 加强对广义资本的问责制和受托经管责任，提高对资本间相互依赖关系的理解。
- 支持以在短期、中期和长期的价值创造为重点的整合思维、决策和行动。

整合思维是指组织对其各个经营和职能部门与该组织所使用或影响的资本之间关系的积极考量。整合思维通常考虑组织短期、中期和长期价值创造的整合决策和行为。整合思维考虑的是各种对组织持续价值创造能力有影响的因素之间的联系和相互依赖关系，其中包括：

- 组织使用或影响的资本，以及资本间的重要相互依赖关系（包括权衡）。
- 组织回应关键利益相关者合法需求和利益的能力。
- 组织如何调整其商业模式及战略，以对外部环境和自身面临的风险和机遇做出回应。
- 组织的活动、绩效（财务及其他方面）以及过去、现在和未来的以资本为体现的成果。

整合思维嵌入组织活动越多，信息连通性就将越自然地嵌入到管理报告、分析和决策中。这还将带来更好的信息系统集成，以支持包括综合报告编制在内的内部和外部报告与沟通。

综合报告的主要目标是向财务资本提供者解释组织如何持续创造价值。综合报告将使所有关注组织持续价值创造能力的利益相关者受益，这些利益相关者包括：员工、客户、供应商、业务伙伴、当地社区、立法机构、监管机构和政策制定者。

2. 主要内容

根据国际综合报告委员会发布的《国际综合报告框架》，其主要内容由七大指引、六类资本、八大内容组成。

（1）七大指引

综合报告编制指导原则：①注重战略和面向未来；②信息关联性；③企业利益相关者；④重要性；⑤简洁性；⑥可靠性和全面性；⑦一致性和可比性。

（2）六类资本

所有企业的生存和发展都依存于其拥有和使用的各种资本。国际综合报告委员会认为资本是价值储存手段，以某种形式被投入到组织的商业模式中。

①财务资本。指具有下列特征的资金池：在组织生产产品或提供服务时可用，通过债务、股权或

补助等融资方式获得，或通过经营或投资形成。

②制造资本。指可供组织在生产商品或提供服务时使用的、经加工后的有形物体（不同于自然的有形物体），包括：建筑物、设备和基础设施（如道路、港口、桥梁，废料和废水处理厂等）。制造资本通常由其他组织创造，但也包括由报告方组织制造并用于销售或留作自用的资产。

③智力资本。指组织的、基于知识的无形资本，包括：知识产权，如专利、版权、软件、权限和许可等。"组织资本"，如隐性知识、系统、程序和协议。

④人力资本。指员工的才能、能力和经验以及创新动机，包括：员工认同并支持组织的治理框架、风险管理方法及道德价值观，员工能够理解并执行组织的战略；员工的忠诚度，以及改善流程、产品和服务的动机（包括领导、管理和协作的能力）。

⑤社会与关系资本。指在社区、利益相关者群体和其他网络的内部或相互之间的制度和关系，以及为增进个人和集体的福利而共享信息的能力。社会与关系资本包括：共同的规范以及共同的价值观和行为；组织与外部利益相关者已经形成并力图构建和保护的关键利益相关者关系、信任和参与意愿；与组织形成的品牌和声誉相关的无形资产；组织经营的社会许可。

⑥自然资本。向组织提供支持其在过去、现在或未来发展所必需的商品或服务，以及所有可再生和不可再生的环境资源和过程，包括：空气、水、土地、矿产和森林；生物多样性和健康的生态系统。

（3）八大内容

①组织概述和外部环境。涉及组织宗旨以及其长期发展过程中价值创造能力，组织外部环境因素，如政策、法律、市场、竞争对手等情况。

②治理。披露企业内部管理流程和治理组织，以及如何促进企业长期发展目标的实现。

③商业模式。阐述企业采用何种商业模式。企业的商业模式是指组织为了实现其战略目标，在短期、中期和长期创造价值，通过经营活动将投入转化为产出和成果的体系，如商业策划、市场销售策略、产品设计和质量控制等。

④风险和机遇。系统分析影响企业长期发展以及价值创造的风险因素，并提出相应的应对措施和建议。

⑤战略和资源配置。阐述企业中长期发展规划以及为实现这些目标进行的资源配置和战略准备。

⑥绩效。将企业过去一段时间内的经营业绩披露并分析影响企业业绩的因素。

⑦前景展望。对企业未来发展机遇和挑战进行分析，并对企业经营业绩的影响做出准确预测。

⑧编制和列报基础。明确哪些经营内容和信息要在综合报告中体现，采用何种呈现方式等。

（4）优点和局限性

综合报告有助于为管理团队提供关于公司创造和持续创造价值潜力的信息。企业综合报告应该减轻合规负担，并且帮助投资者更有效地进行决策。企业综合报告不仅将改变企业对其业务的报告方式，还将改变企业的运营方式，"孤岛思维"将被"综合思维"取代。企业综合报告将不再仅仅关注过去，而且将既关注过去又关注未来，将两者战略联系在一起。

虽然国际综合报告委员会发布的一系列研究成果及指引得到业内相关人士和团体的支持，但是由于这一指引过于原则化，缺乏对实践的指导意义，不具有实务操作的可行性。一方面是由于企业综合报告这一概念和理论缺乏必要的实践支撑，需要通过实践检验其可行性；另一方面，由于国家间经济发展水平不同、企业所属行业性质各异，这使得国际综合报告委员会提出的综合报告框架缺乏国际通行性。

例题 4-4

某领先的电动汽车制造商通过其独特的驾驶辅助程序，积累了客户驾驶交互数据。这些数据将被用于进一步开发更先进的自动驾驶功能。该公司计划在不久的将来能够将新功能应用到其最受欢迎的电动车型号上。在企业综合报告中，用于累积和分析驾驶交互数据的系统应归类为哪类资本？

答：

智力资本。累积和分析驾驶交互数据的系统属于智力资本中的“组织资本”，包括隐性知识、系统、程序和协议。

4.3　应收账款

4.3.1　应收账款的确认

在大部分应收款交易中，要确认的金额就是双方的交换价格。交换价格就是债务人（客户或借款人）所欠的金额。有多种商业文件（通常是发票）可以作为交换价格的证明。下面两个因素可能会使交换价格的计量变得复杂：

1）折扣（商业折扣和现金折扣）的可获得性。

2）销售日与到期付款日之间的时间长度（即利息因素）。

1. 商业折扣

在价格上可能有商业折扣或数量折扣。企业采用这种商业折扣后，就可以避免对商品目录的频繁改动，还可以根据不同的购货数量对价格进行调整，或向竞争者隐瞒其真实的发票价格。商业折扣通常是以百分比的形式提出来的，公司记录应收账款和有关销售收入时采用的价格是折扣后的实际价格。

2. 现金折扣

企业用现金折扣来鼓励提前付款。现金折扣通常是以这种方式表示：2/10，净 30（即如果 10 天内付款给予 2% 的折扣，如果 30 天内付款以总额支付）。存在现金折扣的情况下，应收账款入账金额的确认有两种方法：一种是总价法；另一种是净价法。大多数企业在记录销售应收款项时采用较为简单的总价法。

（1）总价法

总价法是将未减去现金折扣前的金额作为实际售价，记作应收账款价值。如果在折扣期限内收到货款，现金折扣就予以确认。在利润表中，净销售额就是扣除现金折扣的总销售额。

（2）净价法

净价法是假设客户使用所有折扣，将扣除现金折扣后的金额作为实际售价，以此确认应收账款价值。如果客户未使用现金折扣，企业应将未实现的现金折扣作为“其他收入”。

3. 时间价值

从理论上说，销售期后取得的收入应该是利息收入。但在实务中，企业忽略了与应收账款有关的利息收入，因为同当期实现的收入相比，这部分折现的金额通常并不大。对于在正常商业交易过程中产生的、按照商业惯例条款在不超过一年时间内到期的应收款，会计实务中不再专门考虑现值。

4.3.2　应收账款的计量

企业在计量和报告短期应收款时采用的是可实现净值——预期收回现金的净额。要确定可实现净值需要估计坏账和各种退回或折让。除了现金销售，其他任何销售在收回货款方面都存在着不确定性。无法收回的应收账款是收入的损失，需要通过恰当的会计分录从应收账款、相关的收入以及股东权益中扣除。企业通过记录坏账损失来确认收入的损失，同时降低盈利的金额。企业使用以下两类方法记录坏账损失。

1. 直接冲销法

在某一特定款项被明确确定为坏账之前，不必做任何分录。当企业确定无法收回某一应收款时，就在当期记录坏账，借记应收账款，贷记坏账损失。但无法收回的坏账金额不能很大，否则使用直接冲销法一般会被认为是不恰当的。

2. 备抵法

根据赊销总额或是尚未偿还的应收款总额来估计可能发生的坏账。在记录销售收入的期间，编制分录将这一估计值作为费用和应收账款的间接减项（通过增加备抵账户的金额）入账。美国财务会计准则委员会将应收款的可收回性看作一项或有损失。因此，当一项资产可能发生了减损而且损失的金额可以合理估计时，采用备抵法是恰当的。应收款是未来预期的现金流，在计量现金流时必须考虑其可收回的可能性。这些估计通常是以销售收入的百分比或未获清偿的应收款的百分比为基础的，具体分为两种方法：

（1）销售收入百分比（利润表）法

如果以前年度的销售收入或赊销额与坏账之间存在稳定的关系，那么企业可以将这种关系转化为百分比，并用它来确定当年的坏账损失。销售收入百分比法和赊销净收入百分比法实现了成本与收入的配比，因为它将费用与企业记录销售收入的期间联系在一起。销售收入百分比法和赊销净收入百分比法实现了成本与收入的恰当配比。人们也经常把这种方法称作利润表法。

（2）应收账款百分比（资产负债表）法

根据过去的经验，企业能够估计未清偿应收款中坏账所占的百分比，而不必识别特定账户。这种方法能够比较准确地估计应收款的可实现价值。但是，它不符合成本与收入配比原则。相反，它只是在资产负债表中以可实现净值报告应收款。因此称之为应收账款百分比（资产负债表）法。

企业在使用这一方法时，可以用综合比率来反映对坏账的估计，即应收账款余额百分比法，或设立应收账款的账龄分析表，根据过去的经验对不同账龄段的应收款采用不同的百分比，即账龄分析法。账龄分析法还指出了某些账户到期后拖欠的时间，从而表明这些账户是需要特别注意的。

例题 4-5

甲公司打算建立坏账准备制度，在过去 5 年中，平均坏账率为年销售收入总额或赊销收入总额的 1%。本年坏账并核销总额为 1.2 万元，年度销售收入总额为 130 万元，现金销售收入总额为 30 万元，应收账款综合坏账率为 3%。应收账款账龄如表 4-9 所示。

表 4-9 甲公司坏账率

总额	当天	1~30 天	31~60 天	61~90 天	91~120 天	>120 天
36 万元	10 万元	15 万元	5 万元	3 万元	2 万元	1 万元
预计坏账率	1%	2%	2%	5%	10%	50%

分别使用直接冲销法、销售收入百分比法、赊销净收入百分比法、应收账款余额百分比法、账龄分析法计算该公司的坏账金额。

答：

1）在直接冲销法中不计提坏账，余额为 1.2 万元。

2）采用销售收入百分比法，坏账余额 = 130 万元 × 1% = 1.3 万元。

3）采用赊销净收入百分比法，坏账余额 = 100 万 × 1% = 1 万元。

4）按照应收账款余额百分比法，坏账计提金额等于综合坏账比率与应收账款乘积：36 万元 × 3% = 1.08 万元。

5）按照账龄分析法，坏账计提金额等于估计坏账比率与每期应收账款金额乘积总和：10 万元 × 1% + 15 万元 × 2% + 5 万元 × 2% + 3 万元 × 5% + 2 万元 × 10% + 1 万元 × 50% = 1.35 万元。

3. 坏账准备的转回

当企业确定无法收回某笔应收账款时，应借记坏账准备，贷记应收账款，将这笔应收账款的余额从账面上注销。如果之前已经注销的应收账款又被收回了，那么企业首先应恢复这笔应收款，借记应收账款，贷记坏账准备。然后再借记现金，贷记从客户收回款项。如果使用直接冲销法，企业应该以收回的金额借记现金，贷记一个收入账户，其名称是收回的坏账，同时还要在应收客户账中做出恰当的标注。

4.3.3 应收账款的处置

通常情况下，企业在应收账款到期后会收回款项，然后再将它们从账面上注销。但是，赊销与应收款的规模和重要性与日俱增，也导致了公司希望尽早获得现金。为了加快从应收款回收现金的速度，所有者可以将应收账款或应收票据转让给其他公司以换取现金。向第三方转让应收款时，有以下两种方式可供选择。

1. 质押借款

企业经常在借款交易中把应收账款作为担保物。实际上，债权人通常会要求债务人指定（转让）或质押应收款作为贷款的担保。如果到期无法偿还债务，那么债权人可以将担保物变现收回应收款。

2. 应收账款销售

近年来，应收账款的销售变得越来越重要。一种普遍使用的方式是销售给代理商。代理商是从企业那里购买应收款的金融公司或银行，它们为此收取一定的手续费，然后直接向客户收取款项。

另一种经常出现的应收账款销售方式是证券化。应收账款证券化指为信用卡应收款、抵押应收款或汽车贷款应收款等构造一个资产，然后将资产池中的利息和本金以股份的形式出售，实际上也就是创造一种由资产池支持的证券。

不论是销售业务还是证券化业务，企业在销售应收款时都是在无追索权或有追索权的基础上进行的。CMA 考生需要掌握有无追索权的区别。

（1）无追索权的销售

当以无追索权（Without Recourse）的方式购买应收款时，买方就承担了应收款可收回性的风险以及可能的信贷损失。在无追索权的交易中，不论是在形式上（转让所有权凭证）还是在实质上（转让控制权），应收账款的转让人都应将应收款全部出售。像其他资产销售一样，在无追索权交易中，卖方按收到的款项借记现金，按照应收款的账面余额贷记应收账款。二者的差额在扣除掉可能存在的调整备抵（折扣、退回、折让等）后，应确认为应收款销售损失。代理商可能会保留一部分款项用来弥补可能发生的销售折扣、销售退回和销售折让，此时卖方应使用应收代理商账款（作为应收款列报）来对其进行核算。

（2）有追索权的销售

对于有追索权（With Recourse）的应收款销售，卖方承诺当债务人无法付款时它将付款给买方。

为了记录这种类型的交易，卖方需要采用财务组成分析法，因为卖方将被持续牵扯到这笔应收款中。在这种方法下，销售中的每一方只确认其在出售之后所控制的资产与负债。

例题 4-6

甲公司以无追索权的方式将500 000元的应收账款转让给商贸代理公司，后者将会收回款项。商贸代理公司按照应收账款金额的3%收取融资费用，此外（由于可能会出现调整）它还保留了一部分款项，其金额等于应收账款的5%。

1）对于无追索权的应收款转让，甲公司如何编制分录？

2）如果甲公司以有追索权的方式销售应收款，且甲公司确定这一追索权责任的公允价值是6 000元，甲公司如何编制分录？

答：

甲公司在两种情况下编制的分录见表4-10。

表 4-10 甲公司在两种情况下编制的分录 （单位：元）

无追索权的应收款转让		有追索权的应收款转让	
借：现金	460 000	借：现金	460 000
应收代理商账款	25 000	应收代理商账款	25 000
应收款销售损失	15 000	应收款销售损失	21 000
贷：应收账款	500 000	贷：应收账款	500 000
		追索权负债	6 000

4.4 存货

4.4.1 存货的分类与控制

1. 分类

存货（Inventories）是企业在正常经营活动过程中为销售而持有的资产项目，或是在生产待售商品过程中需要使用或消耗的商品。存货的投资经常是商业企业和制造业企业最大的流动资产。

商业企业购买的商品一般是可供立即销售的，它将分配给库存未售出商品的成本作为商品存货来列报。

制造商一般都有3个存货账户——原材料、在产品和产成品。企业将库存的但尚未投入生产中的商品和原材料所分配到的成本作为原材料存货。在连续生产过程中的任何一个点上，某些部件只是被部分加工。用于生产这些未完工部件而耗费的原材料的成本，再加上专门用于这些原材料的直接人工以及按一定比例的间接制造费用就构成了在产品存货。企业将期末分配给已完工但尚未出售的库存产品的成本作为产成品存货。

2. 控制

出于各种原因，管理层对存货的计划和控制极其重视，各种企业都需要建立准确的、及时更新记录的会计系统。为了保持正确的存货记录，企业一般采用以下两种制度控制存货：

（1）永续盘存制

永续盘存制（Perpetual Inventory System）持续地追踪存货账户的变动。也就是说，企业在商品采购和销售发生时直接将它们全部记入存货账户。永续盘存制会计处理的特征如下：

- 为转售而购入的商品或为生产而采购的原材料都被借记为存货而非购货。
- 购货运费、购货退回和折让以及购货折扣都被借记为存货而非某一单独的账户。
- 在每笔销售发生时都按照销售商品的成本借记销货成本，贷记存货。
- 作为一种控制手段，还要留有每种存货记录的明细分类账。这些明细账记录了每种库存存货的数量和成本。

永续盘存制持续记录了存货账户和销货成本账户的余额。永续盘存制的基本等式为

期末存货成本 = 期初存货成本 + 本期购货成本 − 本期销货成本

（2）定期盘存制

在定期盘存制（Periodic Inventory System）下，企业只是定期确认库存存货的数量。在某一会计期间内，企业通过借记购货账户来记录所有的存货采购活动。在会计期间结束时，企业再把购货账户的总额加到期初库存存货的成本上，总和就是这一期间可供销售商品的总成本。

将期末存货从可供销售商品成本中扣除就得到销货成本。在定期盘存制下销货成本是一个倒轧的金额，依赖于期末存货的实物盘存。定期盘存制的基本等式为

本期销货成本 = 期初存货成本 + 本期购货成本 − 期末存货成本

在定期盘存制下，企业每年都需要进行一次实地盘存。使用该方法的企业会面临损失或差错的危险。损耗、破坏、偷盗、错误的分录以及其他可能发生的类似事件，都会导致存货记录与实际库存存货不符。因此企业需要定期根据实际盘存的数量、重量或容量等来核查存货记录，将盘存与详细的存货记录相对比。企业要将记录调整至与库存实际数量相符。

例题 4-7

甲公司在本年度有如下事件：

1）期初存货 100 件，每件 6 元。

2）6 月 30 日购货 900 件，每件 6 元。

3）8 月 30 日销售 600 件，售价每件 12 元。

4）期末存货 400 件，每件 6 元。

分别写出永续盘存制和定期盘存制下甲公司的交易记录。

答：

两种情况下甲公司的交易记录见表 4-11。

表 4-11　两种情况下甲公司的交易记录　（单位：元）

日期	永续盘存制	定期盘存制
期初	存货账户显示库存存货为 600	存货账户显示库存存货为 600
6 月 30 日	存货　5 400 　应付账款　5 400	购货　5 400 　应付账款　5 400
8 月 30 日	应收账款　7 200 　销售收入　7 200 销货成本　3 600 　存货　3 600	应收账款　7 200 　销售收入　7 200 （存货部分无分录）

（续）

日期	永续盘存制	定期盘存制
期末	不必编制分录，存货账户的期末余额为2 400（600 + 5 400 - 3 600）	存货（期末盘点数） 2 400 销货成本[①] 3 600 购货 5 400 存货（期初） 600

注：销货成本 = 600 + 5 400 - 2 400 = 3 600（元）。

4.4.2 存货的确认

存货的确认是决定何种项目将计入存货成本。本节分两类情况分析：包含在存货中的实物商品和包含在存货中的成本。本节最后将分析存货计价错误的影响。

1. 包含在存货中的实物商品

从理论上讲，企业应该在取得商品法定所有权时记录这笔采购业务。然而在实务中，企业在收到商品时才予以记录，这是因为很难确定每笔采购的法定所有权转移的准确时间。企业在判断某一项目是属于卖方还是买方的存货时，所采用的一般标准是当收到商品时，存货归买方所有，除了5种特殊情况：

- 装运点交货：在交给承运人时归买方所有。
- 寄销商品：卖方所有。
- 附回购协议的销售：卖方所有。
- 高退回率的销售：如果能够估计退回，则归买方所有；否则，为卖方所有。
- 分期付款销售：如果能够估计收款可能性，则归买方所有；否则，为卖方所有。

（1）在途商品

某些时候在财务期间结束时，购买的商品仍然在运输途中——还没有收到。这些已发运商品的会计处理依赖于谁拥有它们。买方采用“所有权转移”原则来确定所有权。如果供应商以装运点交货的方式向买方发货，那么在它把货物交付给承运人时所有权就转移给了买方，承运人则是买方的代理人。如果供应商以目的地交货方式发运商品，那么买方从承运人那里收到货物时，其所有权才发生转移。“装运点”和“目的地”是指定的某一特定位置，如FOB北京。

（2）寄销商品

寄销商品是为了减少存货滞销的风险而允许批发商（委托人）在商品销售出去之前保留所有权的一种销售方式。然后零售商（受托人）将销售的货款支付给批发商，受托人得到代批发商保管、销售商品的销售佣金。寄销商品在出售给第三方之前应作为委托方的存货处理，受托方不能将其作为存货。

（3）附回购协议的销售

回购协议指卖方将货物销售给购买方后，同意在日后某一确切的时间以确切的价格重新买回这批商品的一种交易。这种交易的本质是在卖方通过其存货融资，同时保留所有权风险，所以附回购协议的销售时，存货属于卖方所有。当协议中商议的重新购买价包含了购买方所有成本加上存货成本，对于回购协议中所包含的存货和负债应在销售方的资产负债表中进行确认。

（4）高退回率的销售

很多行业中一般都存在一种正式或非正式的协议，允许买方退回存货，同时收回全部或部分退款。对于这种情况有两种处理方法：当卖方能够合理估计退回的金额时，它可以全额记录销售收入，同时建立一个估计的销售退回和备抵账户；如果退回是不可预测的，则卖方不记录任何销售，直到可以明确买方退回的存货金额。

（5）分期付款销售

分期付款销售的商品是指在销售协议中要求在一个延长的期间内定期付款的销售形式。由于分期付款销售比其他销售存在更高的坏账损失风险，因此卖方有时会继续保留商品的法定所有权，直到买方付完全款为止。对其会计处理方法是当卖方能够合理估计坏账百分比时，应该把这些商品从存货中扣除，商品为买方所有，否则，商品为卖方所有。

2. 包含在存货中的成本

企业一般是以成本为基础来对存货的取得进行处理的。

（1）产品成本

产品成本是指那些“依附”于存货的成本。与这些成本直接相关的是在将商品送往买方的经营地，并使这些商品达到可供销售状态的过程中所发生的费用。这些费用包括购买商品的运费、其他直接取得成本以及为使商品达到可销售状态而发生的人工和其他生产成本。

制造业企业的成本包括直接材料、直接人工和间接制造费用。间接制造费用包括间接材料、间接人工、折旧费、税费、取暖费、电费等。

存货计价中不包括采购成本或采购部门的费用、仓储成本以及在商品销售前因储存或搬运而发生的其他成本。

（2）期间成本

期间成本是指与商品采购或生产间接相关的成本，这些成本应该费用化，而不应包含在存货成本中，诸如销售费用以及在正常情况下发生的管理费用和广告费用。

利息是另外一种期间成本。企业通常把为使存货达到可销售状态而发生的利息成本费用化。美国财务会计准则委员会规定：当利息成本与内部使用的资产有关，或与作为独立的工程为了销售或出租而产生的资产有关，企业应予以资本化。

（3）现金折扣

现金折扣指在提前付款时享受的折扣。正如 4.3 节在应收账款部分中讨论的一样，在总价法下，将购买的商品以全部价格计入，只有当折扣发生时才将折扣减除；在净价法下，商品以扣减折扣的价格计价，折扣损失作为另一个费用账户。

3. 存货计价错误的影响

在确定销货成本时，如果错误地计入或扣除某些项目，将会导致存货的错报，进而导致财务报表出现差错。

（1）期末存货错报

当期末库存里的某些项目被错误地遗漏，资产负债表上的存货就会被低估，而留存收益、运营资金和流动比率也会随之被低估。同时，这会使得产品销售成本高估，因而利润被低估。

如果错误在下一个期间没有得到更正，就会产生相反的结果。把两个期间的报表放在一起看，会得到相同的利润总额，就好像没出什么差错一样。

（2）被采购错报

如果采购没有记录或包含在期末库存中，则资产负债表会被低估库存和应付账款。流动比率是否被高估或低估取决于初始流动比率的大小。不过，因为购入和期末库存都被低估了，因此在利润表中产品销售成本是正确的。因而，净利润不受影响。

例题 4-8

甲公司采用的是定期盘存制。年末，公司财务人员发现出现存货计价错误。

1）如果甲公司正确地记录了期初存货和购货，但是在期末存货中没有包含某些项目。这将对期末的财务报表产生什么影响？

2）如果甲公司没有记录某笔商品的采购业务，虽然它拥有这些商品，但是在期末存货中没有对其进行盘点。这将对期末的财务报表产生什么影响？

答：

1）对资产负债表的影响：存货、留存收益、运营资本和流动比率被低估。对利润表的影响：销货成本被高估，净利润被低估。

2）对资产负债表的影响：存货、应付账款被低估，流动比率被高估，对留存收益、运营资本无影响。对利润表的影响：购货、期末存货被低估，对销货成本、净利润无影响。

一般来说，下一期的销货成本和净利润的错误金额正好与上一期相反，而留存收益的金额不受影响。

4.4.3 存货流转假设

商品实际的实物流转与成本流转假设通常是不同的。没有规定要求成本流转假设必须与商品实物流转保持一致。企业的主要目的是在特定情况下选择一种能够最接近反映期间利润的方法。目前美国会计实务中采用个别认定法（个别计价法）、平均成本法、先进先出法和后进先出法这 4 种存货流转假设。

1. 个别认定法

个别认定法（Specific Identification）要求对已销售的项目和存货项目进行逐项识别。企业将已销售中个别认定的成本作为销货成本，将库存项目中个别认定的成本作为存货。个别认定法适用于容易识别、存货品种数量不多、单位成本较高的存货计价，如房产、船舶、飞机、重型设备、珠宝、名画等贵重物品。在个别认定法下，成本流转与商品的实物流转是相匹配的。但该方法也存在着两个缺点：一是有企业盈余操纵的空间；二是会发生成本任意分配的问题。

2. 平均成本法

平均成本法（Average Method）将当期可供销售的类似商品汇总起来计算其平均成本，然后在此基础上为存货项目定价。在定期盘存制下，企业采用加权平均法（Weighted-Average Method），于期末计算存货的金额和平均价格。在永续盘存制下，企业采用移动加权平均法（Moving-Average Method），于每次购入存货时计算存货的金额和平均价格。平均成本法便于使用，也较为客观。与其他存货定价方法相比，这些方法比较不容易被用于利润操纵。该方法尤其适用于存货项目类似的情况。

3. 先进先出法

先进先出法（First-In First-Out Method，FIFO）假设最先购入的商品最先被使用（在制造业企业），或是最先被销售（在商业企业），因此剩余的存货一定是最近购入的。

在先进先出法下，无论采用的是永续盘存制还是定期盘存制，月末的存货和销货成本都是一样的。这是因为无论哪种盘存制下最先购入的成本一定是相同的，因此最先发出的成本也一定是相同。

先进先出的优点是：

1）近似吻合商品的实物流转，使得存货价值更具相关性。

2）可以避免盈余操纵的发生。

3）期末存货接近于当期成本。由于最先购入的商品最先发出，因此期末资产负债表上存货金额中包含的是最近的购货成本，更具有相关性。

但是在利润表上，先进先出法无法实现当期成本与当期收入的配比。当期收入对应的是最老的成本，这就有可能误报毛利和净利润。

4. 后进先出法

后进先出法（Last-In First-Out Method，LIFO）将最后购入的商品成本与收入进行配比。如果公司采用的是定期盘存制，那么它就假设当月销售或发出的总成本来自于最近的购货。定期盘存制在使用后进先出法时，将当月的发出总额与当月的购货总额进行匹配。在确定期末存货价值时，该方法以总量为计算基础，不考虑销售或发出的确切日期。如果公司以永续盘存制来记录存货的数量和金额，那么使用后进先出法计算所得的期末存货和销货成本将不等于定期盘存制下的计算所得结果。永续盘存制将每笔使用的存货与最近的购货进行匹配。

后进先出法的优点是：

1）成本流转经常接近于商品的实物流转。

2）能够实现当期成本与收入的配比。

3）在通货膨胀时能够使所得税递延，改善公司的现金流。

4）未来价格的下跌不会对公司未来的利润产生太大的影响，产生套期保值的效果。

后进先出法的缺点是：

1）在通货膨胀时期，后进先出法将会报告更低的利润。

2）对公司的资产负债表产生不恰当的影响，存货价值通常是过期的，往往低估存货价值。

3）只有在特殊情况下后进先出才与存货项目的实物流转相符。

4）后进先出清算在某一特定期间内歪曲报告利润，同时也会增加所得税。

5. 零售价格法（选修）

很多大的零售业公司（如沃尔玛）可能无法以符合成本效益性的方式追踪到每一件销售存货的成本。因此，公司会使用零售价格法来计算期末存货成本和销货成本。零售价格法并不对每一件售出的存货结转其成本，但是为了在资产负债表中列示期末的存货余额、在损益表中列示销货成本，公司需要使用零售价格法进行如下计算：第一步，用可供销售的存货成本除以可供销售的存货价格，计算出成本与零售价比率；第二步，用期末存货的零售价值乘以该比率，得到期末存货的成本；第三步，用可供销售的存货成本减去期末存货的成本，得到当期的销货成本。

例题 4-9

甲公司在开始经营的第一个月发生了以下事件，见表 4-12。

表 4-12　3 月份甲公司的经营事件

日期	事件	数量（件）	单价（元/件）	金额（元）
3 月 2 日	购入存货	2 000	4	8 000
3 月 15 日	购入存货	6 000	4.4	26 400
3 月 19 日	销售	4 000		
3 月 30 日	购入存货	2 000	4.75	9 500

3 月末，财务人员发现，存货有 6 000 件，其中包括 3 月 2 日买入的 1 000 件，3 月 15 日买入的 3 000 件，3 月 30 日买入的 2 000 件。请分别计算在个别认定法、平均成本法、先进先出法和后进先出

法下运用定期盘存制和永续盘存制，甲公司的期末存货余额和销货成本。

答：

甲公司可供销售的商品成本 = 2 000 件 ×4 元/件 + 6 000 件 ×4.4 元/件 + 2 000 件 ×4.75 元/件 = 43 900元。可供销售的商品数量为 10 000 件。

（1）个别认定法

期末存货 = 1 000 件 ×4 元/件 + 3 000 件 ×4.4 元/件 + 2 000 件 ×4.75 元/件 = 26 700 元。

销货成本 = 43 900 元 − 26 700 元 = 17 200 元。

（2）平均成本法

定期盘存制：

单位加权平均成本 = 43 900 元/10 000 件 = 4.39 元/件。

期末存货 = 4.39 元/件 ×6 000 件 = 26 340 元。

销货成本 = 43 900 元 − 26 340 元 = 17 560 元。

永续盘存制：

甲公司购入每一笔存货时，就要计算一个新的单位平均成本，如表 4-13 所示。

表 4-13 平均成本法下甲公司的存货余额和销货成本

日期	销货成本	存货余额	平均成本
3 月 2 日		8 000 元	8 000 元/2 000 件 = 4 元/件
3 月 15 日		34 400 元	34 400 元/8 000 件 = 4.3 元/件
3 月 19 日	4.3 元/件 ×4 000 件 = 17 200 元	17 200 元	4.3 元/件
3 月 30 日		26 700 元	26 700 元/6 000 件 = 4.45 元/件

期末存货 27 700 元，销货成本 17 200 元。

（3）先进先出法

定期盘存制，期末 6 000 件存货应该是最后购入的，即 3 月 30 日的 2 000 件和 3 月 15 日的 4 000 件。

期末存货 = 4 000 件 ×4.4 元/件 + 2 000 件 ×4.75 元/件 = 27 100 元。

销货成本 = 43 900 元 − 27 100 元 = 16 800 元。

定期盘存制和永续盘存制下结果相同。

（4）后进先出法

定期盘存制：

定期盘存制，期末 6 000 件存货应该是最早购入的，即 3 月 2 日的 2 000 件和 3 月 15 日的4 000件。

期末存货 = 4 000 件 ×4.4 元/件 + 2 000 件 ×4 元/件 = 25 600 元。

销货成本 = 43 900 元 − 25 600 元 = 18 300 元。

永续盘存制，见表 4-14。

表 4-14 后进先出法下甲公司的存货余额和销货成本

日期	销货成本	存货余额
3 月 2 日		8 000 元
3 月 15 日		8 000 元 + 26 400 元 = 34 400 元
3 月 19 日	4.4 元/件 ×4 000 件 = 17 600 元	2 000 件 ×4 元/件 + 2 000 件 ×4.4 元/件 = 16 800 元
3 月 30 日		16 800 元 + 9 500 元 = 26 300 元

5. 存货计价方法总结

（1）不同计价方法适用的环境

当存在以下情况时，企业通常会偏爱后进先出法：如果销售价格和收入的增长速度高于成本，那么就会提高利润；使用传统后进先出法的情况，例如百货公司或是有相对固定的“基本原料”的行业（如化工行业以及玻璃制造业等）。

相反，后进先出法在以下情况中并不适用：价格落后于成本；一般使用个别认定法的情况，如销售汽车、农业设备、艺术品、古董珠宝等；随着产量的增加，单位成本呈下降趋势，由此抵销了后进先出法可能带来的税收收益。

税收后果是另外一个考虑。从先进先出法转向后进先出法通常会立即实现一笔税收收益。而从后进先出法转向先进先出法则会导致沉重的税收负担。

（2）对财务报表的影响

在通货膨胀的情况下，后进先出法下的毛利和净利润是最低的，而先进先出法下的是最高的，平均成本法下的则居于中间位置。后进先出法下的期末现金余额是最高的（因为税收更低）。后进先出法下期末存货价值是最低的，而先进先出法下的是最高的，平均成本法下的则居于中间位置。

在通货紧缩的情况下，影响则正好相反。

4.4.4　存货跌价准备

存货在最初是以历史成本计量，但如果由于报废、价格变化而引起存货价值下降，其未来效用（产生收入的能力）低于其初始成本时，它就违背了历史成本原则，需要计提存货跌价准备。

1. 成本与市价孰低原则

当企业使用后进先出法和零售价格法估价存货时，采用成本与市价孰低（LCM）原则来报告存货。“市价”通常是指重新购买或重新生产某一项目的成本。对于零售商而言，“市价”指的是它购买商品的市价，而非销售商品的市价。而对于制造商而言，“市价”指的是再生产的成本。

LCM 的一般原则是：企业根据成本与市价孰低来对存货进行计价，其中的市价受到了限制，上限是存货的可实现净值，下限是扣除正常毛利的可实现净值。如果某一项目的重置成本高于上限，那么企业就以上限来报告存货。如果某一项目的重置成本低于下限，那么企业就以下限报告存货。

这些对存货计价的限制能够防止企业高估或低估存货。上限能够防止对那些陈旧、受损或过时存货的高估。企业能够收到的仅是售价减去处置成本，以重置成本来报告存货将会导致对存货的高估以及对当期损失的低估。下限代表了企业可以接受的存货价值，与此同时仍可以赚取正常利润。这一下限能够防止企业低估存货，也能够防止高估当期损失。

2. 成本与可实现净值孰低法

如果企业使用除“后进先出法”或“零售价格法”之外的任一方法来报告存货，则该企业应采用成本与可实现净值孰低法（LCNRV）。在该方法下，企业需要将存货的成本与其可实现净值进行比较，企业应以两者中更低的金额来报告存货。可实现净值（NRV）是指在正常业务过程中存货的预计售价扣除可以合理预估的完工、处置和运输成本（如佣金和运费）之后的金额。

例题 4-10

甲公司为位于佐治亚州的家庭住房和公寓安装墙板、窗户和天窗。在编制当年的财务报表时，甲公司的会计师张三汇集了以下与存货有关的信息。2014 年 12 月 31 日甲公司原材料存货账户的余额为

408 000 元。表 4-15 汇总了与存货成本和市价有关的信息。李四是来自当地大学的一名实习生，张三派她计算在逐项比较的基础上，按照成本与市价孰低原则应在甲公司 2014 年 12 月 31 日的财务报表中列示的存货金额。李四担心这会背离成本原则。

表 4-15 甲公司存货信息

（单位：元）

项目	成本	重置成本	售价	可实现净值	正常毛利
铝板	70 000	62 500	64 000	56 000	5 100
雪松板	86 000	79 400	94 000	84 800	7 400
百叶窗	112 000	124 000	186 400	168 300	18 500
保温窗	140 000	122 000	154 800	140 000	15 400
合计	408 000	387 900	499 200	449 100	46 400

请帮助甲公司：分别确定在 LCM 法和 LCNRV 法下 2014 年 12 月 31 日存货跌价准备的账户余额。

答：

1）确定存货价值，如表 4-16 所示。

表 4-16 存货价值确定

（单位：元）

项目	成本	重置成本	上限	下限	LCM 法存货价值	LCNRV 法存货价值
铝板	70 000	62 500	56 000	50 900	56 000（上限）	56 000（NRV）
雪松板	86 000	79 400	84 800	77 400	79 400（重置成本）	84 800（NRV）
百叶窗	112 000	124 000	168 300	149 800	112 000（成本）	112 000（成本）
保温窗	140 000	122 000	140 000	124 600	124 600（下限）	140 000（成本）
合计	408 000	387 900	449 100	402 700	372 000	392 800

2）LCM 法存货跌价准备的账户余额 = 408 000 元 − 372 000 元 = 36 000 元。LCNRV 法存货跌价准备的账户余额 = 408 000 元 − 392 800 元 = 15 200 元。

4.5 投资

4.5.1 基本概念

投资是指公司将资产投资于投资证券（Investment Securities），也称为有价证券（Marketable Securities）。投资证券既可以采用债务形式，也可以采用权益形式。债务证券（Debt Securities）是代表了与另一实体之间债务关系的证券，如公司债券、政府公债、票据及市政证券（Municipal Securities）。权益证券（Equity Securities）是代表在另一实体中的所有权利益的证券，如普通股和不可赎回优先股。公司根据特定证券的投资范围，将投资证券分别归为流动资产或非流动资产。

投资证券会计属于 SFAS 115 规范的范畴，投资证券的披露须依照证券的类型以及投资公司影响或被投资公司控制的程度而定。这就是说，与其他资产不同，即使在市场价超过购买价的情况下，投资证券依然可以按市场价来计价。资产的公允价值（Fair Value）是熟悉情况的交易双方在正常情况下自愿进行资产交换的金额。如果一项资产属于常规交易的范畴，其公允价值可以根据公开市场价格确定。如果该资产不存在公开市场价格，则需要按历史成本来确定其公允价值。摊余成本（Amortized Cost）是对折价或溢价摊销进行恰当调整后的购买成本。

投资证券的会计处理方式需依其类别而定。图 4-2 说明了投资证券可能的类别。投资证券总体上分为债务证券和权益证券。债务证券又可以进一步按投资目的进行分类。权益证券则按利益的涉入程度（即投资方的所有权进入被投资方，并因此而产生影响或控制的程度）来分类。在被投资方没有重大所有权利益的权益证券，可以进一步按照投资目的进行分类。债务证券和权益证券的会计处理各不相同，因此将分别进行解释。

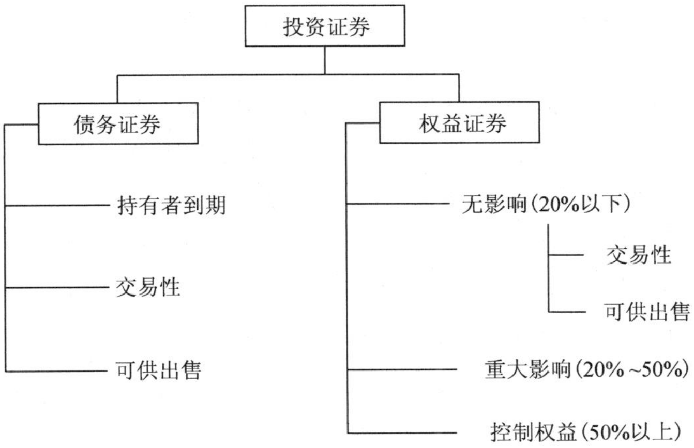

图 4-2　投资证券分类

4.5.2　债务证券

债务证券代表与其他实体的债务关系，如政府公债、市政债券、公司债券和票据，以及可转换债券。债券可分为交易性债券、持有至到期债券、可供出售债券。各种不同类型债务证券的会计处理各不相同。表 4-17 说明债务证券的分类标准和各类债务证券的会计处理。

表 4-17　债务证券的分类标准及其会计处理

分类	描述	资产负债表	未实现利得和损失	其他
持有至到期	要同时具备持有至到期的打算和能力	摊余成本	在净利润和综合收益中都不确	在净利润中确认已实现损益和利息
交易性	购入债券主要是为了短期或交易收益（通常期限在 3 个月以内）	公允价值	在净利润中确认	在净利润中确认已实现损益和利息
可供出售	既不是为了交易也不是为了持有至到期的债券	公允价值	不在净利润中确认，而是在综合收益中确认	在净利润中确认已实现损益和利息

1. 持有至到期证券

持有至到期证券（Held-to-Maturity Securities）是管理层打算持有至到期，同时也有能力持有至到期的证券。它既可以是短期证券（作流动资产处理），也可以是长期证券（作非流动资产处理）。公司在资产负债表上按成本报告短期持有至到期证券，按摊余成本报告长期持有至到期证券。这类证券的未实现利得和损失在收益中不予确定。利息和已实现损益（包括长期证券溢价或折价的摊销）需包含在收益中。可持有至到期的分类仅仅适用于债务证券。

2. 交易性证券

交易性证券（Trading Securities）是公司购入，打算通过积极管理在不久的将来销售出去，以赚取利润的那部分债务（或非影响性的权益）证券。交易性证券属于流动资产。公司需要按每个资产负债表日的总计公允价值对其进行报告。其未实现利得和损失（所持有证券公允价值的变化）计入净利润。公司所持有的债券形式的交易性证券的利息收入要记为已获收益（以权益形式持有的交易性证券的现金股利则在收到时予以记录）。这一分类可同时用于债务证券和权益证券。

3. 可供出售证券

可供出售证券（Available-for-Sale Securities）是持有至到期证券和交易性证券之外的其他债务（或非影响性的权益）证券。这类证券要根据其到期时间和管理层对其销售的打算具体确定应该归入流动资产还是非流动资产。此类证券在资产负债表上以公允价值列报。不过，其公允价值的变化并不包括在净利润中，而是包含在综合收益中。可供出售债务证券的利息收入及其溢价或折价摊销，须在赚得时记录。可供出售权益证券的现金股利须在赚得时计入收益。可供出售证券的已实现损益包含在收益中。这一分类可同时用于债务证券和权益证券。

> 注意：归类为交易性证券或可供出售证券的债务和权益证券的会计处理相同。

例题 4-11

甲公司的投资组合信息如表 4-18 所示。

表 4-18 甲公司投资组合信息 （单位：元）

种类	名称	成本	市价
交易性证券	A 公司普通股	140 000	150 000
	B 公司普通股	125 000	110 000
	C 公司债券	225 000	240 000
持有至到期证券	D 公司债券	80 000	84 000
	E 市政公债	180 000	210 000
可供出售证券	F 公司债券	45 000	51 000
	G 公司优先股	97 000	109 000

请问上述投资在甲公司的资产负债表上列示的总额是多少？

答：

交易性证券按公允价值报告。交易性证券 = 150 000 元 + 110 000 元 + 240 000 元 = 500 000 元。

持有至到期证券按成本报告。持有至到期证券 = 80 000 元 + 180 000 元 = 260 000 元。

可供出售证券按公允价值报告。可供出售证券 = 51 000 元 + 109 000 元 = 160 000 元。

投资总额 = 500 000 元 + 260 000 元 + 160 000 元 = 920 000 元。

例题 4-12

表 4-19 是甲公司在 2012 年和 2013 年 5 月 31 日债券的相关情况。所有债券都是甲公司在 2011 年的 6 月份购买的。在此之前公司没有任何债券投资。

表4-19　甲公司债券投资情况　（单位：元）

科目	2012年5月31日		2013年5月31日	
	摊余成本	公允价值	摊余成本	公允价值
C债券	164 526	168 300	152 565	147 600
B债券	204 964	205 200	193 800	204 500
M债券	305 785	285 200	289 130	291 400
合计	675 275	658 700	635 495	643 500

1）假设所有债券都被划分为可供出售证券，截至2013年5月31日的未实现损益如何处理？

2）假设所有债券都被划分为交易性证券，截至2013年5月31日的未实现损益如何处理？

3）假设所有债券都被划分为持有至到期证券，截至2013年5月31日的未实现损益如何处理？

答：

1）2012年5月31日公允价值低于摊余成本16 575元，是未实现损失，按公允价值法确认证券价值，在资产负债表的所有者权益－其他综合收益账户中列示（累计余额），在利润表中不予确认。2013年5月31日债券公允价值高于摊余成本8 005元，是未实现利得，同样在其他综合收益账户中列示，在利润表中不予确认。当年确认公允价值变动为24 580元（8 005元＋16 575元），计入其他综合收益。

2）2012年5月31日公允价值低于摊余成本16 575元，是未实现损失，在利润表中确认。2013年5月31日债券公允价值高于摊余成本8 005元，是未实现利得，在利润表中确认。当年确认公允价值变动为24 580元（8 005元＋16 575元），计入利润表。

3）未实现利得和损失在收益中不予确认。

4.5.3　权益证券

权益证券代表在另一实体中的所有权利益，包括普通股、优先股，以及获得或处置所有权利益的各种权利，如担保权、股权、看涨或看跌期权（Call and Put Options）。可赎回优先股和可转换债券不属于权益证券（在分类上它们属于债务证券）。公司购入权益证券主要出于两种动机：对另一实体的董事会和管理层施加影响；获得股利或股票价差收益。公司按照影响或控制被投资方活动的能力来进行有关权益证券投资的列报。有关这种能力的具体证明一般是投资公司控制的具有投票权的证券比例。该比例是一种参考标准，也可能被其他因素推翻。例如，即使在所有权中所占比例不是很大，也依然可以通过协议方式授予施加重大影响的权力。表4-20为权益证券分类和会计处理的概括反映。

表4-20　权益证券的分类和会计处理

属性	可供出售	交易性	重大影响	控制权益
所有权	低于20%	低于20%	20%～50%	50%以上
目的	长期或中期投资	短期投资或交易	对业务有较大影响	全面控制业务
计价基础	公允价值	公允价值	权益法	合并
资产负债表上的计价	公允价值	公允价值	按照在被投资方留存收益中所占比例调整购并成本，并适当摊销	合并资产负债表

（续）

属性	可供出售	交易性	重大影响	控制权益
未实现损益	计入综合收益	计入净利润	不确认	不确认
其他利润表收益影响	在净利润中确认股利和已实现损益	在净利润中确认现股利和已实现损益	在净利润中确认占被投资方净利润的份额减去适当的摊销	合并利润表

1. 持股低于 20%

当权益证券属于无投票权的优先股，或投资方拥有的被投资方有投票权股份比例低于 20%，该所有权被界定为无影响的所有权。在这种情况下，投资方对被投资方活动的影响最小。此类投资按照管理层的打算和能力分别归类为交易性证券或可供出售证券，因为权益证券没有到期日，公司不能将它们划分为持有至到期证券。如果市场价格可以获得，公司应该采用公允价值法计价和报告这项投资，会计处理在债务证券的相应类别中已经做过说明。

2. 持股介于 20%～50%

在没有反对证据的情况下，持有被投资方有投票权的股份在 20% 以上（低于 50%），则被认为具有施加重大影响的能力。投资方对被投资方经营活动施加重大影响的能力可以体现在多个方面，包括通过协议方式在管理层获得代表、参与或影响的权力。投资方用权益法进行此类投资的账务处理。

权益法会计（Equity Method Accounting）是在投资方可以施加重大影响，但却不能控制被投资方的情况下要求对公司间投资采用的会计处理方法。与消极投资不同，权益法投资要求在资产负债表上按调整后的成本列报，而不必采用公允价值。初始确认时，公司按照取得股票的成本记录投资。随后的各个期间，投资公司应该按照被投资公司净资产的变化进行相应的调整，也即投资公司按比例享有的被投资公司的利润，将会定期增加（或减少）投资公司投资的账面价值。投资者收到的被投资公司的所有股利，也都减少投资账面价值。被投资公司的盈余增加了被投资公司的净资产，被投资公司的损失和股利减少了被投资公司的净资产。

一旦投资公司能够控制被投资公司，就需编制合并报表。编制合并报表要求以被投资公司的资产负债表代替权益法下的投资账户。相应地，权益法有时会被称为单行合并（One-Line Consolidation）。合并报表与权益法的主要区别在于财务报表报告的详细程度。因为报表合并过程既不影响股东权益总额，也不影响投资公司的净利润。

在对非合并附属公司、联营及合伙企业投资的处理中，权益法会计的运用十分广泛。当公司希望通过公司联盟有效地利用资产并获得竞争优势时，这类投资显著增加。权益法会计的要点如下：

1）投资账户列报的金额等于在被投资方股东权益中所占份额。因此，除非被投资公司被纳入报表合并范围，否则无须在资产负债表上记录实质性资产和负债。这一点对分析投资方情况具有重要意义。

2）在分析投资方收益时，除非投资是为了某种战略目的，否则应该将投资收益（在被投资方收益中所占份额）与核心业务收益区分开来。

3）与本节前面讨论过的可供出售证券和交易性证券的报告不同，权益法下的投资需按调整后的成本而非市场价进行记录。因此，大量未实现利得不会在资产或股东权益中反映。不过，确已发生的价值损失却必须作为投资减值处理并在利润表上记录相关损失。

4）当投资价值减少为零时（可能是因为被投资方发生亏损），投资方应该停止使用权益法，且不能在账面上记录额外的损失，除非投资方曾经为被投资方的债务做过担保，或曾经承诺对被投资方提供进一步的经济支持。只有当被投资方的累计亏损已通过其收益全部弥补之后，才可以再次恢复使用权益法。

5）如果初始投资额超过占被投资公司账面价值的份额，超出部分需分配至可辨认的有形或无形资产上，并在资产的预计使用年限内进行折旧或摊销，由此发生的额外费用需冲减投资收益。不按此种方式处理的超出部分将作为商誉处理，并不再进行摊销。

例题 4-13

2013 年，甲公司购买了乙公司 20% 的权益股票。购入后的前两年发生了以下事件：

1）2013 年 1 月 2 日，甲公司取得 48 000 股股票（即乙公司 20% 的普通股票），每股成本 10 元。

2）2013 年乙公司报告净利润 200 000 元，即甲公司享有 20%，合计为 40 000 元。

3）2013 年 12 月 31 日，48 000 股乙公司股票的公允价值（市场价格）为每股 12 元，合计为 576 000 元。

4）2014 年 1 月 28 日，乙公司宣布并且支付 100 000 元的现金股利。甲公司收到其中 20%，合计为20 000 元。

5）2014 年乙公司报告了 50 000 元的净损失。甲公司分担 20%，合计 10 000 元。

6）2014 年 12 月 31 日，48 000 股乙公司股票的公允价值（市场价格）为每股 11 元，合计为 528 000 元。

假设甲公司分别处于两种情况：没有能力施加重大影响，并将证券划分为可供出售证券；假设 20% 的持股比例使得甲公司能够施加重大影响。

请分别编制以上 6 个事件的会计分录。

答：

可供出售证券使用公允价值法记录，能够施加重大影响使用权益法记录，见表 4-21。

表 4-21　不同事件中甲公司的会计分录　（单位：元）

事件	公允价值法	权益法
1）	可供出售证券　480 000 　现金　480 000	股权投资　480 000 　现金　480 000
2）	不需要编制分录	股权投资　40 000 　投资收益　40 000
3）	公允价值调整　96 000 　未实现损益（权益）　96 000	不需要编制分录
4）	现金　20 000 　股利收入　20 000	现金　20 000 　股权投资　20 000
5）	不需要编制分录	投资损失　10 000 　股权投资　10 000
6）	未实现损益（权益）　48 000 　公允价值调整　48 000	不需要编制分录

3. 持股大于 50%

持有 50% 以上的股份称为控制权益（Controlling Interests），这种情况下的投资方被称为控股公司（Holding Company），被投资方称为子公司（Subsidiary）。持有股份超过 50% 时需要编制合并财务报表。

企业合并（Business Combination）是指企业两两合并，或一家企业收购另一家企业。它发生在一家公司获得一家或多家其他公司的大部分权益证券之时。企业合并要求随后的财务报表报告新实体的联合活动。企业合并会计要求对如何进行新实体资产和负债计价做出决策。

财务会计准则委员会发布了两项重要的会计准则公告（SFAS141“企业合并”，SFAS142“商誉及其他无形资产”），两者均与企业合并会计处理和报告相关。这些准则要求以购买法（Purchase Method）进行企业购并的会计处理，从此以后商誉不再进行摊销。在购买法会计下，公司需在资产负债表上确认购买资产（有形和无形资产）的公允市价，同时确认所有可能的负债的公允价值。此外，还需进行有形资产折旧，并在预计使用寿命期内对无形资产进行摊销。商誉不进行摊销，这一规定同时适用于以前确认的商誉和新近获得的商誉。对商誉将每年进行减值测试，当商誉的结存价值超过其暗含的公允价值，所超部分将被确认为减值损失。

合并财务报表（Consolidated Financial Statements）在同一组报表中报告母公司和其下属子公司的经营成果与财务状况。母公司财务报表通过投资账户来反映在子公司的股票所有权。从法律的观点来看，母公司拥有其子公司的股票。但母公司并不拥有子公司的资产，通常也不需要为子公司的债务负责，但会对其进行担保。合并财务报表强调“经济实质”，并不把母公司和其子公司作为独立的法律实体。也就是说，合并财务报表反映的是一个由单独的公司（母公司）所控制的经营实体。

报表合并涉及两个步骤：聚合和抵销。第一步是合并财务报表需要将子公司的资产、负债、收入和费用与母公司财务报表中相应的项目聚合在一起；第二步是抵销公司内部交易（或对应账户）以避免重复计算或提前确认收入。例如，在编制合并资产负债表时，需要同时抵销母公司对子公司的应付账款和子公司与母公司之间的应收账款。公司内部存货销售的销售额和销货成本也需进行抵销。

资产负债表合并的最终结果是按购买当日的公允市价来对购入的子公司进行报告。也就是说，子公司的所有有形资产和可单独辨认的无形资产，皆需按其评估价值进行报告。可辨认资产购并价超过公允市价的价值，记作商誉。

债务证券和权益证券的减值是根据公允价值测试确定的，为非暂时性的价值损失，应该计入利润。公司应该调低各单项证券的成本基础，形成新的成本基础。

不同证券投资类别之间的转换应该采用公允价值进行会计处理，根据转换的本质确定未实现持有利得或损失的会计处理方法。如果公司将可供出售证券转换为持有至到期投资，应该以转换日新投资类型的公允价值记录新的投资。同样，如果公司将持至到期投资转换为可供出售投资，公司将采用公允价值记录新的投资。这个公允价值规则确保，公司不会简单地通过转换可供出售证券至持有至到期投资类型而遗漏确认公允价值。

4.6 固定资产

4.6.1 基本概念

固定资产（Fixed Assets）也称作财产、厂房和设备（Property，Plant and Equipment）。固定资产的主要特征如下：

1）购置这些资产是用于经营活动，而不是为了再销售。

2）这些资产本质上是长期项目，通常需要折旧。

3）这些资产拥有实物形态。

绝大多数公司都采用历史成本作为财产、厂房和设备的计价基础。历史成本（Historical Cost）计量获取一项资产并且使之达到预期用途所必需的地点和状态支付的现金或现金等价物。例如，公司将一项生产性资产的购买价格、运费成本、销售税金、安装成本等作为该资产成本的组成部分，然后再通过折旧将这些成本分摊到未来的多个期间。而且，在公司获取这项资产之后还可能发生一些相关成本，如附加物、改良或重置等。如果这些成本具有提供未来服务的潜能，公司会将这些相关成本增加资产的成本。相反，如果它们不具有提供未来服务的潜能，公司就会直接将其费用化。在资产购置之后，不应该向上调整反映固定资产超过成本的评估价值、市场价值或当前价值。

4.6.2 固定资产的折旧

折旧（Depreciation）是一种成本摊销的手段。折旧是以一种系统和合理的方式，将有形资产的成本摊销作为相关期间的费用，这些期间是预期能够从这些资产的使用中获益的期间。折耗（Depletion）是描述自然资源（比如木材、沙砾、石油、煤炭）在一段期间内成本的减少。无形资产的逐渐到期，如专利权或著作权的逐渐到期，称为摊销（Amortization）。

1. 折旧的相关因素

（1）资产计提折旧的基础

折旧基础的确定是由两个因素决定的：初始成本、残值或处置价值。残值（Salvage Value）是公司销售一项资产或一项资产报废时，公司估计可以收回的金额。折旧基础是公司在资产的有效寿命期间，注销或折旧的金额。

（2）服务寿命的估计

资产的服务寿命不同于资产的物理寿命。公司让一项资产报废，出于两个理由：物理因素（例如意外事故引起的，或物理使用年限期满）和经济因素（资产过时）。

2. 折旧方法

（1）工作量折旧法

工作量折旧法（Activity Method）假设折旧是资产的使用或生产率的函数，而不是时间的函数。公司将资产的寿命按照资产带来的产出量（资产生产的单位）表示，或按照投入量计量，例如资产工作的小时数表示资产的寿命。折旧费的计算公式为

折旧费用 =（成本 - 残值）×今年的小时数/估计的总小时数

如果工作量的增加会造成资产提供的剩余服务量减少，那么工作量折旧法就能够将成本与收入进行最好地配比，如运输工具就可以这样安排。

这种方法的主要局限是，如果折旧是时间的函数而不是工作量的函数，那么这种方法就是不恰当的。另外，经济因素或功能因素影响到的资产，也不受使用时间的影响，在这种情况下，工作量折旧法也就失去了它的重要性。

（2）直线法

直线法（Straight-Line Method）将折旧视为时间的函数，而不是使用量的函数。由于这种方法简单易行，被广泛采用。直线法程序也最切合理论。如果资产的逐渐过时是资产服务寿命限制的主要因素时，资产从一个期间到下一个期间，有用性的下降（程度）可能是稳定的。

折旧费的计算公式

折旧费用 =（成本 - 残值）/估计的服务寿命

直线法的主要问题是，它建立在两个脆弱的假设之上：资产的经济有用性每年都是相同的；修理和维护费用每个期间也是相同的。

(3) 加速折旧法

加速折旧法（Decreasing-Charge Methods）是在资产使用早期计提较高的折旧费用，在后期计提较低的折旧费用。这种方法认为由于资产在较早年份具有较大的生产力，因此公司应该计提更多的折旧。而且，由于加速折旧法在资产的使用后期计提的折旧费用较低，而此时维修和维护成本往往比较高，因此，在资产使用的整个期间，能够保证成本相对恒定。通常情况下，有两种加速折旧法供选择：

● 年数总和法。在年数总和法（Sum-of-the-Years'-Digits）下，根据折旧基础（初始成本扣减残值）的分数逐渐减少，折旧费用也逐渐减少。每一个分数，用所有年数的总和作为分母。分子是估计使用寿命剩余的年份。资产使用寿命结束时，剩下的余额应该等于残值。计算公式为

$$\begin{pmatrix}\text{折旧}\\\text{费用}\end{pmatrix}=\frac{(\text{成本}-\text{残值})\times\begin{pmatrix}\text{估计使用寿命}\\\text{剩余的年份}\end{pmatrix}}{\text{固定资产预计使用年限各年数之和}}=\frac{\text{估计使用寿命剩余的年份}}{\left\{\begin{pmatrix}\text{估计的}\\\text{服务寿命}\end{pmatrix}\times\left[\begin{pmatrix}\text{估计的}\\\text{服务寿命}\end{pmatrix}+1\right]\div 2\right\}}$$

● 余额递减法。m 倍余额递减法（Declining-Balance Method）采用的折旧率（按照百分比表示）是直线法折旧率的 m 倍数。每年，公司采用相同的比率乘以期初账面价值，计算求得当年的折旧费。计算公式为

$$\text{折旧费用}=\text{期初账面价值}\times m/\text{估计的服务寿命}$$

与其他方法不同，余额递减法在计算折旧基础时并没有扣减残值。折旧率乘以资产在各个期间的期初账面价值等于当期折旧费。既然折旧费会减少资产在各个期间的账面价值，采用相同的折旧率乘以一个逐渐降低的账面价值，将导致各年的折旧费用递减。这个过程持续进行，直到资产的账面价值等于资产的估计残值为止。

例题 4-14

甲公司有某固定资产原值为 18 万元，预计残值为 1 万元，使用年限为 5 年。第 1 年至第 5 年的产量分别为 1000 件、900 件、1200 件、800 件和 760 件。分别使用工作量法、直线法、双倍余额递减法和年数总和法确定第 2 年的折旧费用。

答：

1）工作量法：

合计产量 = 1000 件 + 900 件 + 1200 件 + 800 件 + 760 件 = 4660 件。

第 2 年折旧额为：900 件/4 660 件 ×（18 万元 − 1 万元）≈32 832 元。

2）直线法：

第 2 年折旧额为：（18 万元 − 1 万元）/5 = 34 000 元。

3）双倍余额递减法：

双倍余额递减法年折旧率 = 2 × 1/5 × 100% = 40%。

第 1 年折旧额为：180 000 元 × 40% = 72 000 元。

第 2 年折旧额为：（180 000 元 − 72 000 元）× 40% = 43 200 元。

4）年数总和法：

第 2 年折旧额为：4/（1 + 2 + 3 + 4 + 5）×（18 万元 − 1 万元）≈45 333 元。

相对于直线折旧法，加速折旧法早期利润较高，晚期利润则较低。出于避税的目的，甲公司通常会采用美国税务局修订的加速成本回收制（MACRS）对应的折旧率计提折旧。

4.6.3　固定资产的处置

不论固定资产的处置发生在什么时候，公司都应该将折旧提取至处置日期，然后，注销与该报废资产有关的所有账户。固定资产报废发生的利得或损失，应该与公司正常的企业活动产生的其他项目一起作为利润表项目进行列示。

在包括火灾、水灾、偷盗或没收（征用）等在内的某些类型的非自愿转换（Involuntary Conversion）造成的资产终止时，如果能够获取补偿，公司应将补偿金额与资产账面价值之间的差异作为利得或损失给予报告。公司应采用与其他类型的资产处置相同的会计处理方法处理这种利得或损失。在有些情况下，如果处置的情形是不同寻常的，而且本质上不常发生，那么公司可能会在利润表中将这些利得或损失作为非常项目报告处理。

如果公司拆毁或遗弃了某项资产，同时没有收到任何现金补偿，应该按照资产的账面价值确认一项损失。如果存在残料价值，发生的利得或损失就等于该资产的残料价值与其账面价值之间的差异。如果资产在提完折旧之后仍然还可以使用，公司可将其历史成本扣减折旧后的余额保留在账上予以反映。

例题 4-15

B 公司对一台成本为 18 000 元、使用年限为 9 年的机器，按照每年 1 200 元提取折旧。如果 B 公司在第 10 年的年中将这台机器作价 7 000 元出售，B 公司对当年截至销售日前的折旧为 600 元。计算该公司处置资产的利得。

答：

累计折旧 = 9 × 1 200 元 + 600 元 = 11 400 元。

处置资产利得 = 7 000 元 − (18 000 元 − 11 400 元) = 400 元。

4.6.4　固定资产减值

如果资产的账面价值不可收回，公司应该进行注销。这种注销，就称为减值（Impairment）。各种事项以及环境的改变，可能会导致资产的减值。例如，资产的市场价格发生显著的下降；资产使用的范围或方式发生了显著的改变；影响资产价值的法律因素或是企业环境发生了显著的不利变化；购买或建造该资产的累计成本显著超过了初始预期的金额；可以预测、证明发生了与资产相关的持续损失。

确定资产减值损失的程序，归纳总结如下：

1）对可能导致减值发生的事项或环境的改变进行评估。

2）如果评估表明资产发生了减值，那么执行可收回测试。如果长期资产带来的预期未来净现金流量的总和少于资产的账面价值，那么资产已经发生减值。

3）假设存在减值，那么减值损失的金额等于资产的账面价值超过资产公允价值的那部分金额。公允价值是资产的市场价值，或是预期未来净现金流量的现值。

持有使用的资产记录一项减值损失之后，减值后的账面价值就成为该资产新的成本基础。在未来，除非是折旧、摊销，或又发生了进一步的减值，否则公司不应该改变资产新的成本基础。也就是说，公司不可以转回一项固定资产的减值损失。

例题 4-16

甲公司有一项资产，由于资产的使用方式发生了改变，对资产可能发生的减值进行了评估。资产的账面价值是60万元（成本80万元扣减累计折旧20万元），资产的市场价值是52.5万元。

1）这项资产以及这项资产的最终处置预期带来的未来净现金流量（未折现）是65万元。确定资产减值损失金额。

2）这项资产以及这项资产的最终处置预期带来的未来净现金流量是58万元。确定资产减值损失金额。

答：

1）可收回测试表明，资产的使用带来的预期未来净现金流量是65万元，超过了资产的账面价值60万元。因此，资产没有发生减值。

2）可收回测试表明，资产的使用带来的预期未来净现金流量为58万元，已经低于资产的账面价值60万元。因此，资产已经发生了减值。减值损失 =60万元 −52.5万元 =7.5万元。

4.7 无形资产

4.7.1 基本概念

无形资产（Intangible Assets）具有两个主要特征：缺乏实物形态；不是金融工具。无形资产存在许多不同类型，可归为以下6种主要类别：

1）与市场相关的无形资产，是指主要用于产品或服务的营销、促销的无形资产，例如商标或商品名、新闻刊头、互联网域名、非竞争协议等。

2）与顾客相关的无形资产，源自与外部团体的相互关系，如顾客名录、订单或产品订货，以及非合同的客户关系。

3）与艺术相关的无形资产，是关于文学作品、音乐作品、图画、照片、录像以及视听教材等的所有权利。版权对这些所有权利起到保护作用。

4）与合同相关的无形资产，指的是合同协议产生的权利的价值，如特许经营权和专利使用权转让协定、建造许可证、广播权以及服务合同或供应合同。

5）与技术相关的无形资产，是指有关创新或技术发展，如美国专利商标局授予的专利权技术以及商业秘密。

6）商誉，源于企业合并，下一小节将做详细分析。

从他方购买的无形资产，按照成本记录。成本包括所有的购买成本以及使无形资产达到预定可使用准备状态所必要的支出。一般情况下，成本包括购买价格、法律费用以及杂项费用。

内部自创无形资产发生的成本通常费用化处理。即使公司可能发生了大量的研究和开发成本用于创造一项无形资产，公司也要将这些成本费用化。但是直接成本除外，如法律成本。

无形资产有的具有有限的使用寿命，有的具有不确定的使用寿命。对于有限寿命的无形资产，公司应以系统的方式，摊销计入无形资产有效寿命各个期间作为费用。对于不确定寿命的无形资产，公司不进行摊销。无形资产的有效寿命应该反映这些资产将会贡献现金流量的期间。如果公司能够可靠地运用这种方式，摊销方法应该反映公司消费或使用这项资产的模式，否则，公司应采用直线法摊销。无形资产残值通常是零，除非公司相信无形资产在其摊销期末能给其他公司带来价值。表4-22是对无形资产会计处理的总结。

表 4-22　无形资产会计处理总结

类型	购买	内部创造	摊销	减值测试
有限寿命	资本化	费用化①	有效寿命期内	可回收测试，然后进行公允价值测试
不确定寿命	资本化	费用化①	不予摊销	公允价值测试

① 直接成本除外，如法律成本。

4.7.2　商誉

在企业合并中，公司将对其成本（合并价格）在可辨认的有形和无形净资产当中进行分配。然后，公司将分配剩余的部分记录在一个无形资产账户当中，即商誉（Goodwill）。商誉，经常被称为最无形的无形资产。因为，只有与作为一个整体的企业相结合，才可以辨别商誉。而且，出售商誉的唯一途径就是出售企业。

内部产生的商誉不应该资本化计入账户。原因在于计量商誉的各个组成部分相当复杂，而且，与未来经济利益相关的任何成本的计量也相当的困难。商誉的未来经济利益与开发商誉发生的成本可能没有任何关系。

只有在购买了一个完整的企业时，才能够记录商誉。因为商誉是一种“持续经营”的计量，它不可能与作为一个整体的企业相分离。记录商誉时，公司需要将净有形资产和净可辨认无形资产的公允市场价值与被购买企业的购买价格进行对比，两者的差异就是商誉。商誉是一项残差——成本超过获取的可辨认净资产的公允价值的部分。

在企业合并中确认的商誉，公司会将它视为具有不确定性寿命的资产，因此不必进行摊销。公司只有在商誉发生减值的时候才能调整商誉的账面价值。

负商誉（Negative Goodwill）通常是指廉价购入公司时，产生于获取的资产的公允价值超过了资产的购买价格。这种是由于市场的不完善造成的。美国财务会计准则委员会要求，公司应该将这一剩余超出的部分确认为一项非常利得。

4.7.3　无形资产的减值

1. 有限寿命的无形资产的减值

有限寿命的无形资产同样适用于固定资产减值的规则。公司应该在资产的价值可能不能收回的事项或环境的变化发生时进行减值测试。

在执行可收回测试时，公司对使用这项资产以及这项资产的最终处置预期带来的未来现金流量进行估计。如果预期未来净现金流量（未折现）的总额低于资产的账面价值，公司就应该计量并确认一项减值损失。接着，公司要使用公允价值测试。通过比较资产的公允价值与账面价值，计量减值损失。减值损失等于资产的账面价值减去该资产的公允价值。与其他资产的减值一样，有限寿命无形资产的减值损失，报告为持续经营利润的组成部分。会计分录一般出现在“其他费用与损失”部分。

确认减值损失之后，减值后的专利权账面价值就是新的成本基础。即使未来无形资产价值提升，也不能恢复以前确认的减值损失。

2. 商誉减值

商誉减值的测试规则采用两步法：第一步，母公司应该对比包括商誉在内的报告单位的公允价值与账面价值。如果报告单位的公允价值超过了账面价值，母公司不用考虑商誉的减值，也就不必对商誉减值。第二步，如果报告单位的公允价值低于净资产的账面价值，母公司确定商誉的公允价值，然后将它与账面价值对比，并确定减值金额。

3. 不确定寿命的无形资产的减值

不确定寿命的无形资产（商誉除外）每年至少应该进行一次减值测试。不确定寿命的无形资产的减值测试，采用的是公允价值测试。这种测试将无形资产的公允价值与资产的账面价值进行比较。如果无形资产的公允价值低于账面价值，就需要确认减值。公司采用这种测试是因为许多不确定寿命的无形资产容易满足可收回测试，因为现金流量可以延长至未来的许多年。因此，可收回测试并不适合此种无形资产。同样，即使未来无形资产价值提升，也不能恢复以前确认的减值损失。

例题 4-17

甲公司有以下 4 项无形资产：

1）专利权，未来净现金流量 3 500 万元。根据现值计算的公允价值为 2 000 万元，账面价值为 6 000万元。

2）许可证，未来净现金流量 350 万元。根据现值计算的公允价值为 150 万元，账面价值为 200 万元。

3）A 分部商誉，甲公司 4 年前以 100 万元收购了 A 分部，当时记录商誉为 45 万元。现在 A 分部的公允价值是 140 万元，其净资产账面价值（包括商誉）为 120 万元。

4）B 分部商誉，甲公司 3 年前以 200 万元收购了 B 分部，当时记录商誉为 90 万元。现在 B 分部的公允价值是 190 万元，其净资产账面价值（包括商誉）为 240 万元。

请帮助甲公司计算这 4 项无形资产的减值。

答：

1）专利权是有限寿命的无形资产。执行可收回测试，因为预期未来净现金流量（3 500 万元）低于账面价值（6 000 万元），甲公司必须确定一项减值损失。减值损失 = 账面价值 − 公允价值 = 6 000 万元 − 2 000 万元 = 4 000 万元。

2）许可证是不确定寿命的无形资产。执行公允价值测试，因为公允价值（150 万元）低于账面价值（200 万元），甲公司必须确定一项减值损失。减值损失 = 账面价值 − 公允价值 = 200 万元 − 150 万元 = 50 万元。

3）由于分部 A 的公允价值（140 万元）超过了净资产的账面价值（120 万元），甲公司不确认任何减值。

4）由于分部 B 的公允价值（190 万元）少于净资产的账面价值（240 万元），甲公司确认任何减值。确定商誉的公允价值 = 分部 B 的公允价值 − 可辨认资产价值（商誉除外） = 190 万元 − （240 万元 − 90 万元） = 40 万元。减值损失 = 90 万元 − 40 万元 = 50 万元。

4.7.4 研发成本

研究与开发费用的会计处理问题颇多。它之所以如此困难，原因是多方面的：

1）研发活动的最终收益具有很高的不确定性。

2）研发活动从开始到最终成功需要很长一段时间。

3）大多数研发活动在性质上是无形的，因此造成估价上的问题。

美国会计准则要求在研发成本发生时即费用化，只有那些可以在将来作替代性使用（在研发项目或其他场合）的材料、设备和设施成本才被资本化为无形资产。

许多成本具有与研究与开发费用类似的特征。这方面的例子有开办费、初始经营损失、广告成本。绝大多数情况下与研究与开发费用的会计处理相似，这些成本都是在发生的时候就费用化。

4.8　负债

4.8.1　基本概念

负债（Liabilities）的定义是某一主体由于过去的交易或事项所承担的，在未来向其他主体交付资产或提供服务的现时义务，这种义务将引起经济利益在未来发生可能的损失。

流动负债（Current Liabilities）是义务，能够合理地预计这些义务的清算要求使用现存的、被合理地划分为流动资产的资源，或是其清算将产生其他的流动负债。

在实践中，公司通常按照流动负债的到期值对其进行记录和报告。流动负债有几大类：

1）应付账款是由于赊购商品、物料或服务而拖欠其他公司的款项余额。大多数公司在收到货物时记录因购买货物而发生的债务。如果在收到货物之前，有关的所有权已经移交给了购买者，那么公司应该在所有权移交时记录交易。

2）应付票据是对在未来某个特定时间支付特定金额所进行的书面承诺。它们可能由购买、融通资金或是其他的交易所产生。一些行业要求作为销售的一部分，使用商业票据代替所赊账款的正常延期。应付银行或贷款公司的票据一般由现金贷款产生。公司将票据区分为短期票据和长期票据，这取决于到期支付日期。票据还有附息票据和无息票据之分。

3）即将到期的长期负债是指在下一财务年度内到期的部分债券、抵押债券以及其他长期负债，而剩余的部分仍然作为长期负债。

4）应付股利是经过董事会核准，公司欠股票持有者的金额。在宣告日，公司承担了一笔债务。在这笔债务中，股票持有者处于债权人的位置，而债务金额则是公司所宣告的股利。由于公司往往在宣告后一年内支付现金股利，所以将其划分为短期债务。

5）顾客预收款与保证金包括从客户和员工处收取的可退还保证金。公司可能从客户处收取保证金以确保某一合同或服务的履行，或作为支付预期未来债务的保证。将这些项目划分为流动负债还是非流动负债，取决于从交纳保证金的日期开始，到要求支付保证金的关系中止之间的时间。

6）预收账款是企业在交付商品或提供服务之前收到的现金。在收到预付款的时候，借记现金，并且贷记流动负债，以记录所确认的预收收入的来源。

7）应付税金包括应付销售税和应付所得税。销售税是从顾客处收取的，在没有缴入税务部分之前，应作为负债列报。如果实际应交金额与应交销售税账户上的金额不同，其差异应确认为损益。如果销售税没有在销售时单独记录，则需要一个调整分录来减少计税销售额，同时贷方记入应交销售税。企业所得税的计税基础是基于向美国州和联邦税收部门报送的利润，其金额应作为流动负债，直到缴纳为止。本章 4.11 节将会详细讨论所得税会计。

8）与员工相关的债务。公司在会计期末也要将其拖欠员工的薪水或工资作为流动负债加以报告。此外，也经常将以下与员工薪酬相关的项目作为流动负债加以报告：工薪扣款、带薪缺勤和奖金。

4.8.2 预期再融资的短期负债

一些短期债务将在一个长期的基础上被预期再融资（Expected to Be Refinanced）。这些短期债务将不要求在下一年度（或经营周期）使用运营资金清偿。公司被要求在同时满足下列两个条件的情况下，将短期债务排除在流动负债之外：必须计划在长期基础上对负债进行再融资；必须证明有能力完成再融资。

在长期基础上再融资的意图意味着公司计划对短期债务进行再融资，以使其不在接下来的财务年度（或更长的经营周期）内使用运营资金。公司通过以下几点来证明有能力完成再融资：

1）资产负债表日后，公布资产负债表之前通过发行长期债务或权益性证券对短期债务进行实际的再融资。

2）签订一项融资协议，在条款中明确允许公司在长期基础上对债务进行再融资。

如果实际的再融资发生了，那么短期债务中被排除在流动负债之外的这一部分，不能超过用于清偿短期债务的新的债务或权益性债券所得的收入。如果一笔短期债务在资产负债表日后、资产负债表公布前被清偿或被长期债务所取代，那么公司不应该将这笔短期债务排除在流动负债之外。

例题 4-18

甲公司有 300 万元短期债务。在资产负债表日之后，且在其公布资产负债表之前，该公司发行了 10 万股普通股，并打算用发行收入总计 200 万元在短期债务到期时进行清偿。请问公司的流动负债是多少？

答：

甲公司仅能将 200 万元的短期债务排除在流动负债之外，流动负债为 100 万元。

例题 4-19

乙公司在 2013 年 1 月 17 日偿付了 4 万元短期债务，并且在 2013 年 2 月 3 日发行了 10 万元长期债券。乙公司的资产负债表日是 2012 年 12 月 31 日，而在 2013 年 3 月 1 日公布财务报表。请问公司的流动负债是多少？

答：

流动负债为 4 万元。因为短期债务的清偿是在获得长期债务融资所取得的资金之前，其要求公司使用现存的流动资产。因此，乙公司必须在资产负债表日将这笔短期债务包括在流动负债之中。

4.8.3 或有事项

或有事项（Contingency）是指一个现存的情况、形势或一组状况，它们包含着关于某一企业可能的利得（或有利得）或可能的损失（或有损失）的不确定性，这些最终会在未来一个或多个事项发生或不能发生时得到解决。

或有利得（Gain Contingencies）是获得资产（或减免债务）的要求或权利，其存在具有不确定性，但是最终可能会成真。典型的或有利得包括：从赠予、捐赠、奖金及其他事项中可能收取的金钱、可能会带来有利结果的未决诉讼、在税收争议中从政府处可能获得的还款等。或有利得不被记录在表中，当或有利得发生的可能性较高时，在附注中对其进行披露。

或有损失（Loss Contingencies）是指可能的损失。从定义上来说，或有负债是由或有损失导致的负债。或有负债（Contingent Liabilities）取决于一个或多个事项的发生，以确定应付金额、收款人、应付日期或或有负债是否存在。当或有损失存在的时候，确定是否应承担负债的一个事项或多个事项未来发生的可能性，其值在很有可能到极小可能的范围内变化。美国财务会计准则委员会使用了很有可能、有可能和极小可能来确定这一范围的 3 个界限，并且确定了如下含义：

1）很有可能（Probable）：未来一个事项或多个事项可能发生。

2）有可能（Reasonably Possible）：未来一个事项或多个事项发生的概率比很有可能小，比极小可能大。

3）极小可能（Remote）：未来一个事项或多个事项发生的概率微乎其微。

公司应当在以下两个条件都得到满足的情况下，按照应计制将或有损失事项中预计的损失计入费用，并记录一项负债：

1）财务报表发布前可获得的信息说明在财务报表日，承担负债是很可能的。

2）损失金额能够被合理地预测。

一些典型的或有事项包括：

(1）诉讼、索赔及税捐

对于决定是否就未决的或可能发生的诉讼以及实际的或可能的索赔和税捐，确认一项负债，必须考虑下列因素：

- 产生结果的潜在原因所发生的时期。
- 不利结果发生的可能性。
- 对损失金额做出合理估计的能力。

为了在财务报表中计录一项损失及负债，诉讼的起因必须发生在资产负债表日或之前。另外，应该注意到公司很少能够预测未决诉讼的结果，即使有把握也不行。

(2）奖励及赠券

奖励、提供的赠券以及折扣是用来刺激销售的。公司应当将它们的成本借记为奖励计划获益期的费用。获益期并不一定是公司提供奖励当期。在会计期末，许多给予的奖励可能尚未履行，而在其后各期，当这些奖励凭证被出示时，公司必须进行奖励。为了反映现存的流动负债，也为了将成本与收入进行配比，公司应估计顾客将索取的、尚未给予的奖励数量。之后，公司将奖励的成本计入奖励费用，将尚未完成的贷记名为预计奖励债务的账户。

(3）环境责任

当公司对相关长期资产的报废负有法定责任，并且金额能够合理估计时，公司必须确认资产报废责任（Asset Retirement Obligation），并应当以公允价值记录。如果能够获得的话，这类信息可能包括类似债务的市场价值。作为可以选择的方式，公司可以使用现值技术来估计公允价值。要求确认负债的现时债务责任例子包括：使核设备退役；对油田及天然气资源的拆除、重建以及开采；开采设备不可避免的封闭、改造以及拆卸成本；掩埋式垃圾处理场的关闭及关闭后成本等。

(4）保证和保修成本

保修（Warranty）是卖者向买者做出的一个承诺，以弥补产品数量、质量及运转中的缺陷。制造商通常把它当作一种拉动销售的技巧。金额、到期日甚至顾客都是不确定的，因此未来成本是不确定的。尽管如此，在大部分的情况下，债务是可能出现的。公司使用两种基本方法来对保修成本进行会计处理：以收付实现制为基础的方法和以应计制为基础的方法。

在以收付实现制为基础的方法之下，公司在保修成本实际发生时，将其记为费用。公司并不将在未来保修中发生的成本记为负债，并且在其销售当期也不会将未来保修中发生的成本记为负债。运用以收付实现制为基础的方法，不能够将在既定期间内销售商品的保修成本和与其相关的、从所销售商品中取得的收入进行配比。它违反了配比原则。

以应计制为基础的方法可分为两类。

• 保修费用计提法。如果消费者可能由于保修而提出索赔要求并且公司能够合理地估计所需成本，那么公司必须使用应计法。在应计法下，公司将保修成本记入销售年度的经营费用。只要保修与销售构成一个整体，不可与其分离，并且保修被视为一项或有事项，公司就应该使用这种方法。这种方法被称为保修费用计提法。

• 销售保修法。保修条款有时会与商品分开销售。卖方应该分别确认商品的销售、制造商的保修以及延长保修的销售，这一方法被称为销售保修法（Sales-Warranty Approach）。公司延期确认从延长的保修销售中取得的收入，并且一般是在合同期内按照直线法进行确认。保修的卖方确认收入，因为它们在合同期内有提供服务的义务。卖方应该仅仅延期确认并逐期分摊那些按照不同的合同有所差别并且与合同的销售直接相关的成本。将如下成本记入费用，如员工的薪水、广告费用以及即使没有销售合同也应承担的一般管理费用。

例题 4-20

甲公司 2013 年 6 月开始生产一种新机器，并且在 2013 年 12 月 31 日之前，以每台5 000 元的价格销售 100 台。每台机器都有一年的保修期。甲公司按照以往销售类似机器的经验估计，每台的平均保修费用约为 200 元。此外，为了履行机器保修而带来的零件更换或服务，将会使该公司在 2013 年实际承担4 000 元保修成本，在 2014 年承担16 000 元保修成本。请分别指出在收付实现制基础法和保修费用计提法下 2013 年该公司的保修费用。

答：

（1）收付实现制基础法

在 2013 年确认 4 000 元的保修费用，在 2014 年报告 16 000 元的保修费用。

（2）保修费用计提法

2013 年资产负债表将“保修之下的预计负债”16 000 元作为流动负债进行报告，并且 2013 年的利润表中也将确认 20 000 元的“保修费用”。

例题 4-21

甲汽车厂以 20 000 元出售了一辆新汽车。在每辆汽车的常规保修（3 年）之外，顾客还以 600 元的成本购买了延长保修，以便在额外的 3 年内保护汽车免受损失。甲汽车厂在销售时适合确认收入多少？

答：

确认销售收入 20 000 元，预收保修收入（负债）600 元。从第 4 年至第 6 年每年确认收入 200 元。

4.9 股东权益

4.9.1 基本概念

所有者权益在公司中被定义为股东权益、股票持有人权益或公司资本，这三类通常被认为是股东权益的组成部分：股本、资本公积和留存收益。

股本和资本公积（资本溢价）构成了实收（缴入）资本。实收资本（缴入资本）［Contributed Capital（Paid-in Capital）］是指所有缴入股本的金额——股票持有人为公司经营提供的资金。实收股本包括所有发行在外股票的账面价值和扣减发行时折扣之后的溢价。

实收资本在股票发行时记录，且会受到其他一些业务的影响，包括：

1）以高于或低于成本的价格售出库藏股。

2）债务重组。

3）将可转换债券或优先股转化为普通股。

留存收益（Retained Earnings）是指公司的已赚资本。留存收益主要来源于营利性经营活动。除了净利润，其他能影响到留存收益的还有：

1）会计差错更正或会计政策变更。

2）各种股利。

3）库藏股票相关业务及债务重组。

股票持有人权益是资产减负债后的差额。股票持有人权益是一种剩余权益（Residual Interest）。股东权益（所有者权益）［Stockholders'（Owners' Equity）］代表累积的股东净投入加上留存收益。作为一种剩余权益，股东权益不能独立于资产和负债而单独存在——股东权益相当于净资产。股东权益并不是对特定资产的要求权，但却是对全部资产的部分要求权。它的数量并不具体或固定，主要依赖于公司的盈利能力。如果公司盈利，股东权益将会增长。但如果公司亏损，那么股东权益将会缩小，甚至完全消失。

4.9.2　股票发行

1. 有面值股票

每股股票的票面价值和其公允价值没有相关性，并且大部分股票的票面价值都十分低。公司应当按照如下类别对每一类型股票设立科目：

1）优先股或普通股。这两类股票科目总体上包括了公司发行的有面值股票。在发行股票的时候公司贷记这些科目，如果没有增发或注销股份，这个账户余额不会出现变化。

2）资本公积，也称为实收资本溢价（Additional Paid-in Capital）。该科目表示股票持有者为股票支付的钱超过票面金额的部分。资本金一旦缴入，超过面值的部分就成为公司的资本公积。

发行优先股时的会计处理和发行普通股类似。当可转换优先股被实施转换时，公司应当使用账面价值法：借记优先股和优先股资本公积，贷记普通股和资本公积。

2. 无面值股票

美国很多州允许发行没有票面价值的股票，这类股票被称为无面值股票。发行无面值股票有两个原因：第一，可以避免折价发行有面值股票而形成的或有负债；第二，对使用股票面值作为公允价值基准这一有争议的处理方法就不会出现。发行无面值股票的缺点来自某些州对这类发行征收较高的税。

无面值股票的真实价值应当以发行价格入账，不影响资本公积科目。但是美国有些州要求，无面值股票应当有一个设定价值。设定价值是一个最低价格，公司不能低于这个价格发行股票。这种设定价值股票实际上就是一种价格相当低的有面值股票。

例题 4-22

甲公司发行 1 000 股股票，收到资金 10 000 元。在以下 3 种情况下，分别编制分录：

1）面值为 6 元/股。

2）无面值。

3）无面值，设定价值为 5 元/股。

答：

见表 4-23。

表 4-23 3 种情况下的会计分录 （单位：元）

有面值	无面值	无面值，有设定价值
现金 10 000 普通股股本 6 000 资本公积 4 000	现金 10 000 普通股股本 10 000	现金 10 000 普通股股本 6 000 资本公积（超过设定价值） 4 000

3. 一揽子交易

有些时候，公司通过单一支付或一揽子发行两种或更多类型的证券，并购其他公司。一揽子交易（Lump-Sum Sales）的会计问题在于如何在不同类型证券之间进行收入款项的分配。公司使用两种方法进行分配：

1）比例分配法。如果对于每类证券都存在公允价值或其他健全的相关定价基础，那么公司可以通过各类证券公允价值的比例基础，来分配一揽子交易获得的收入。

2）增量法。当公司不能决定所有类型证券的公允市场价值的时候，可以使用增量法。它使用某些证券的已知市场价格作为其定价基础，然后将剩余的一揽子交易价格分配给那些不知道市场价格的股票。

如果公司不能决定一揽子证券交易中任一类股票的公允价值，那么应当使用其他方法，可能需要依靠专家的估值。如果该公司知道一种或多种证券将在未来得到可确认的市场价值，那么它应当使用基于未来市场价值设定的最优估计值，并根据后期的情况进行调整。

4. 非现金交易

对于购买资产或服务的股票发行的会计处理最重要问题就是估值。公司应当按照发行股值或非现金资产对价的公允价值来记录获得服务或实物资产的股票发行，选择哪种标准应视哪一种价格更容易取得而定。如果某公司不容易确定其发行股票的公允价值和获得资产或服务的价值时，它应当使用合适的定价技术。

5. 股票发行成本

发行成本是融资成本，应当从出售股票获得的收入中直接扣除。这些成本是出售股票产生的直接成本，如包销费用、会计和法律费用、印刷费和税款等。

4.9.3 股票回购

公司回购发行在外的股票有几大理由：

1）为向投资者分配多余的现金提供税收优势。

2）增加每股收益和净资产回报率。

3）为满足雇员股票薪酬合约或潜在的合并计划准备股票。

4）为了阻止并购企图或减少股东数量。

5）为股票作市。

在股票回购之后，公司可能将其注销，否则，这种股票就是库藏股（Treasury Stock）。库藏股不是一项资产，当一个公司购买库藏股的时候，将会使资产和权益同时减少。库藏股本质上就是未发行的股票。

公司通常使用两种方法来进行库藏股的账务处理：

（1）成本法（Cost Method）

在对回购成本进行会计处理的时候，借记库藏股在资产负债表上，将此项目作为所有实收资本和留存收益的抵减项进行报告。在重新发行时，按照相同金额贷记库藏股。重新发行价格与回购价格的差额计入库藏股资本公积，不能在利润表中确认。股票的初始发行价格不影响回购或重新发行时的分录。

董事会可以同意注销库藏股，这一决定会造成库藏股和已发行股票数量的减少。除了注销库藏股票借记实收资本和资本公积而不是现金科目之外，会计处理的效果与出售库藏股的做法相同。

（2）面值法（Stated Value Method）

按照库藏股票的面值，记录所有库藏股票的交易，并且仅将库藏股票作为股本的抵减项进行报告。无论公司使用哪种方法，美国大部分州认为，库藏股票的取得成本以留存收益的余额为限。在重新发行时，已售出价格借记现金，面值贷记库藏股，超过部分贷计资本公积。

注销库藏股时，使用在库藏股账户中的面值冲减其在实收资本（股本）中的面值。

例题 4-23

甲公司成立时发行了 1 000 000 股股票，发行价格为 8 元/股，面值为 5 元/股。2014 年年初该公司回购了 14 000 股股票，回购价为 9 元/股。2014 年年末，该公司以 11 元/股的价格重新发行 4 000 股，其余10 000股股票被注销。根据成本法和面值法分别编制会计分录。

答：

两种方法下的会计分录见表 4-24。

表 4-24 两种方法下的会计分录 （单位：元）

事项	成本法		面值法	
最初发行	现金	80 000	现金	80 000
	普通股	50 000	普通股	50 000
	资本公积	30 000	资本公积	30 000
回购	库藏股	126 000	库藏股	70 000
	现金	126 000	资本公积	56 000
			现金	126 000
重新发行	现金	44 000	现金	44 000
	库藏股	36 000	库藏股	20 000
	库藏股资本公积	8 000	资本公积	24 000
注销	普通股	50 000	普通股	50 000
	资本公积	30 000	库藏股	50 000
	留存收益	10 000		
	库藏股	90 000		

4.9.4 股利类型

公司一般通过累积利润（即留存收益）或一些其他资本项目，如追加缴入资本来支付股利。股利通常有如下类型：现金股利、财产股利、清算股利和股票股利。

1. 现金股利

董事会有权为是否宣告发放现金股利（Cash Dividends）进行投票表决。只有分配方案通过之后，董事会才能进行宣告。宣告的现金股利是一项负债，因为需要在短期内进行支付，所以它通常是短期负债。在除权日当日不需要作任何分录；在支付日，贷记现金，借记应付股利。

例题 4-24

甲公司6月10日宣告向180万股东发放每股50美分的现金股利，登记日为6月24日，支付日为7月16日。请编制会计分录。

答：

发放股利的会计分录见表4-25。

表4-25 发放股利的会计分录 （单位：美元）

宣告日（6月10日）		支付日（7月16日）	
留存收益	900 000	应付股利	900 000
应付股利	900 000	现金	900 000

登记日6月24日不编制会计分录。

2. 财产股利

以资产而不是现金的形式发放的股利被称为财产股利（Property Dividends）。财产股利可以是商品、房地产、投资或董事会指明的各种形式的资产。当宣告财产股利的时候，公司应当按照公允价值重新表述即将被分配的资产价值与持有成本之间的差额。然后，公司将宣告的股利金额或将分配的实物资产公允价值借记留存收益（或宣告分配的实物资产），同时贷记应付财产股利。在股利支付日，公司借记应付财产股利科目，同时贷记包含实物资产（已按照公允价值重述）的科目。

例题 4-25

甲公司将它在证券市场的一些投资转让给投资者，作为财产股利进行发放。在宣告日2013年12月28日，这些证券账面价值为1 250 000美元，即将向2014年1月15日登记在册的股东支付，支付日为2014年1月30日。在宣告日这批证券的公允价值为2 000 000美元。请编制会计分录。

答：

发放股利情况下的会计分录见表4-26。

表4-26 发放股利情况下的会计分录 （单位：美元）

宣告日（12月28日）		支付日（1月30日）	
证券投资	750 000	应付财产股利	2 000 000
证券投资增值利得	750 000	证券投资	900 000
留存收益	2 000 000		
应付财产股利	900 000		

3. 清算股利

任何没有基于留存收益的股利将减少公司的实收资本。从这个角度来看，这就是一种清算股利。采掘行业的公司可能支付相当于累计利润和损耗金额的股利。超过累计净利润的部分代表对股东投资的返还。

例题 4-26

甲公司向其普通股股东发放了 1 200 000 美元的股利。在现金股利声明中的 900 000 美元来自利润，其余部分来自资本返还。请编制会计分录。

答：

发放股利后的会计分录见表 4-27。

表 4-27　发放股利后的会计分录　（单位：美元）

宣告日		支付日	
留存收益	900 000	应付股利	1 200 000
资本公积	300 000	现金	1 200 000
应付股利	1 200 000		

4. 股票股利

股票股利是指企业不可逆地将自己的股票按比例分派给股东。与现金股利和财产股利不同，股票股利不会影响总资产或所有者权益，只是将留存收益重新划分为实缴资本。在股票股利发行之后，每个股东的持股比例和股票账面价值与发行之前是一致的。当然，由于每个股东持有更多的股票份额，就使得每股账面价值降低了。

宣告股利的时候，如果股票股利小于发行在外股票的 20% 或 25%，通常被认为是小额股票股利（Small Stock Dividends），那么公司就会被要求从留存收益中按照发行股票的公允价值转出。当宣告股票股利时，公司按照发行股票的公允价值借记留存收益。分录还包括按照每股面值乘以股额贷记可支付的普通股股利科目，同时将二者的差额贷记资本公积。

如果发行的股票股利超过发行在外股票的 20% 或 25%，即大额股票股利（Large Stock Dividends），那么公司应当按照发行股票的面值总额借记留存收益，贷记可分配的普通股——注意，这个分录中没有资本公积科目。

5. 股票分割与反向分割

股票分割又称股票拆细，即将一张较大面值的股票拆成几张较小面值的股票。股票分割对公司的资本结构不会产生任何影响，一般只会使发行在外的股票总数增加。资产负债表中股东权益各账户的余额都保持不变，股东权益的总额也保持不变。股票分割给投资者带来的不是现实的利益，但是投资者持有的股票数增加了，给投资者带来了今后可多分股息和更高收益的希望。因此，股票分割往往比股息派发对股价上涨的刺激作用更大。

股票反向分割的作用在于提高股票的价格，它跟股票分割正好是相反的。在反向分割里，投资者持有的股票数减少了。

例题 4-27

甲公司所有者权益账户在 2013 年 12 月 31 日有如下余额：股本面值 10 美元，发行在外 300 000 股，金额 3 000 000 美元；资本公积（超过面值的实收资本）1 200 000 美元；留存收益 5 600 000 美元。甲公司的股票在股票交易市场的交易价格是 37 美元/股。请为下列情况编制会计分录：

1）宣告并发放 5% 的股票股利。

2）宣告并发放 100% 的股票股利。

3）宣告并进行 1:2 的股票分割。

答：

发放股利与股票分割情况下的会计分录见表 4-28。

表 4-28　发放股利与股票分割情况下的会计分录

小额股票股利，按股票市场价值		大额股票股利，按股票面值		股票分割
留存收益	555 000 美元	留存收益	3 000 000 美元	不编制分录。股票面值变为 5 美元，股票数量变为 600 000 股
股本	150 000 美元	股本	3 000 000 美元	
资本公积	405 000 美元			

6. 股票股利与股票分割的区别

从法律的角度来看，股票分割与股票股利是不同的。股票分割增加了发行在外的股票数量，降低了每股面值或设定价值。而股票股利虽然增加了发行股票数量，但是并没有降低每股面值，因此股票股利增加了发行在外股票的面值总额。

股票股利如此流行，可能是因为很多人认为股票股利就是股利，会给股东带来实质上的利益。另外的原因是公司仅试图通过将部分留存收益资本化来保留利润，在这种情况下，使得一部分留存收益被宣告转移到实收资本之中。

表 4-29 概括和比较了各种类型股利和股票分割对资产负债表和相关项目的影响。

表 4-29　股利和股票分割对财务报表的影响

科目	宣告现金股利	支付现金股利	小额股票股利	大额股票股利	股票分割
留存收益	减少		减少（市价）	减少（面值）	
股本			增加（面值）	增加（面值）	
资本公积			增加		
权益总额	减少				
运营资本	减少				
总资产		减少			
发行在外股份			增加	增加	增加

4.9.5　留存收益的分拨

根据美国公认会计原则，留存收益分为“已分拨的留存收益”和“未分拨的留存收益”。

在美国，股份公司在进行留存收益的分配时，如果不用于支付股利而被指定为其他用途，并从当年税后利润中扣除，称为留存收益的分拨（Appropriations of Retained Earnings），或称为限制用途的留存收益（Restrictions of Retained Earnings）。限定用途包括：

1）用于公司股票回购。

2）用于公司扩张的内部融资。

3）或有负债。

4）对库藏股的法律限制。

5）与债券保护性条款有关的合同限制。

6）工厂扩张或债务清偿。

7）公司章程的限制等。

公司的税后利润在弥补以前年度亏损和用于指定用途之后，剩下的才是可分配给股东的留存收益，即未分拨（未受限制）的留存收益。

4.10　收入确认

4.10.1　收入确认原则

2014 年 FASB 发布新的《会计准则更新 2014-09》收入准则，摈弃了“风险报酬转移观”，代之以“控制权转移观”，即收入确认应反映向客户转移商品或劳务的情况。当企业履行约定义务，即转移商品或劳务时，可确认收入。例如，如果主体转移了一项产品，但是同时保留了该产品相关的部分风险，“风险报酬转移模型”可能认为，只有全部的风险都被消除以后，才能认定为一个履约义务整体被转移。但是，以“控制权转移模型”为基础，则可能拆分为两个履约义务：商品和保留的服务，如固定价格的维护服务。因此，履约义务在不同时点被转移。

该准则实现了与 IASB《IFRS15—与客户之间的合同产生的收入》的趋同。根据新准则的要求，确认收入必须满足 4 个基本标准：

1）存在有说服力的证据，证明合同或协议存在。

2）商品已交付或服务已提供。

3）存在固定或可准确计量的价格。

4）应收账款的回款是有保障的。

收入确认的流程，其核心是要求企业确认的收入可以更公允地表述其向客户转移商品或服务的金额，以反映企业收到的对价。用收入准则确认收入的五步法模型见图 4-3。

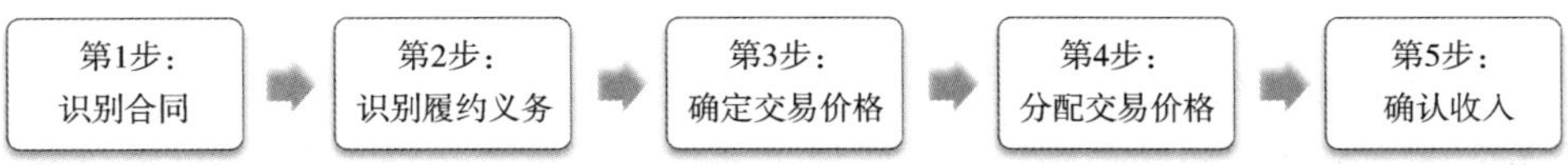

图 4-3　收入准则确认收入的五步法模型

4.10.2　收入确认的五步法

1. 识别与客户订立的合同

企业应当在履行了合同中的履约义务，即在客户取得相关商品控制时确认收入。取得相关商品控制权是指能够主导该商品的使用并从中获得几乎全部的经济利益。

2. 识别合同中的单项履约义务

在合同履约前，企业应当对合同进行评估，识别该合同所包含的各单项履约义务，并确定各单项履约义务是在某一时段内履行，还是在某一时点履行，然后，在履行了各单项履约义务时分别确认收入。履约义务是指合同中企业向客户转让可明确区分商品的承诺。可明确区分商品的两个条件：一是客户能够从该商品本身或从该商品与其他易于获得的资源一起使用中受益；二是企业向客户转让该商品的承诺与合同中其他承诺可单独区分。

3. 确定交易价格

交易价格是指企业预期有权用于交换向客户承诺交付的商品或服务时的对价金额（如应付款项），且扣除代表第三方收取的金额。

在确定交易价格时，企业应当考虑以下影响：

（1）可变对价

如果合同对价是可变的，则企业应当确定包含在交易价格中的金额，此时需要估计预期价值或最可能金额。这取决于企业采用的预期能更好地反映企业将有权收回的对价方法。

可变对价的限制包含可变对价的交易价格，应当不超过在相关不确定性消除时累计已确认的收入极可能不会发生重大转回的金额。

例题 4-28

某网络平台在销售一款电视机时，同时为购买的客户提供最低价补偿，即承诺如果其他平台的同款电视机售价低于该平台，则该平台将全额退还差价。该款电视机原价每台为 1 000 元。该平台根据以往的经验，预计 70% 的客户将以 1 000 元原价购买该款电视机，20% 的客户能从其他平台发现 900 元的同款电视机，10% 的客户能从其他平台发现 800 元的同款电视机，则平台每销售一台该款电视机时，计入收入的金额为 1 000 元 ×70% +900 元 ×20% +800 元 ×10% =700 元 +180 元 +80 元 =960 元。

例题 4-29

某建筑公司承建一幢公寓楼，与业主协议约定，若提前 10 日或以上完工交付，则业主按原价 900 万元加 100 万元奖励金支付工程费用；若按计划日期加减 9 日完成，则业主只按原价 900 万元支付工程费用；若延期 10 日或以上完成，则业主可在原定工程费用中罚款 100 万元。假设该公司评估 3 种情况的发生概率分别为 20%、70%、10%，则该公司在预计收入时，记录工程费用收入为 900 万元。

（2）重大融资成分的存在

应当按照假定客户在取得商品控制权时即以现金支付的应付金额确定交易价格。该交易价格与合同对价之间的差额应当在合同期间内采用实际利率法摊销。

（3）非现金对价

应当按照非现金对价的公允价值确定交易价格。

例题 4-30

甲公司为乙公司建造一套大型设备。合同约定：乙公司向甲公司支付 1 000 万元现金以及一批材料。该批材料公允价值为 500 万元，甲公司无须为该批材料额外支付费用，但必须将该批材料用于该套设备的建造中。这套大型设备于 3 个月内被建造完成并移交乙公司，乙公司在该时点获得该套设备的控制权。甲公司应当如何确定该套设备的收入金额？

答：

应确认收入 1 500 万元（1 000 万元现金 +500 万元非现金对价）。

（4）对客户的应付对价

如果企业以现金或其他形式向客户支付或应付对价，客户可以用其抵减所欠企业款项，则企业应当将该支付作为交易价格的抵减，或者对可明确区分商品或服务的支付进行处理。

例题 4-31

某消费品制造商甲公司签订了一份合同，向一家全球大型连锁零售商销售商品，合同期限为1年。该零售商承诺，在合同有效期限内以约定价格购买至少价值1 500万元的商品。合同同时约定，甲公司需在合同履行时向该零售商支付150万元的不可退回款项。该款项旨在就零售商需更改货架以使其适合放置甲公司商品而做出的补偿。第1个月甲公司销售商品开具发票的金额为200万元。甲公司第1个月如何确认收入？

答：

确认收入 = 200万元 − 200万元 × 10% = 180万元 。

4. 将交易价格分摊到各项独立的履约义务上

对于具有多项履约义务的合同，企业必须在合同开始时，确定可明确区分商品或服务相关各项义务的单独销售价格，并以相对单独销售价格为基础分摊交易价格。单独售价无法直接观察的，企业应该综合考虑其他可获得信息，如采用市场调整法、成本加成法、剩余价值法等方法合理估计单独售价。

例题 4-32（预期成本加成法）

某工程企业与发包方签订总包协议，构建住宅A与写字楼B两栋建筑物，施工费用共计为1亿元。因两栋建筑物分别交付，可被识别为两个不同的单项履约责任。由于这两栋建筑物都具有高度定制化的特点，因此难以通过直接观测获得其单独售价。该工程企业可通过预估两栋建筑物的成本及合理边际收益率，来确定其单独售价，如住宅A的建筑成本为3 000万元，市场合理边际收益率为25%，而写字楼B的建筑成本为5 000万元，市场合理边际收益率为35%。最终随着两栋建筑物分别交付，该工程企业应以3.75∶6.75的比例对1亿元合同对价进行分摊并分别确认收入。

例题 4-33（剩余价值法）

若合同中的其他单项履约责任可通过观察或协议条款确认单独售价，则余下的履约责任单独售价即为总合同对价减去可确认单独售价的部分。如在例题4-32中，住宅A与写字楼B的单独售价皆可通过可比交易获取，分别为3 300万元与6 300万元，但还需额外建设一栋售楼处。在交付售楼处可被单独识别的一项履约责任的前提下，可用剩余价值法得出售楼处的单独售价为10 000万元 − 9 600万元 = 400万元。这种方法仅在其他单项履约责任的可辨认单独售价之和不超过总合同对价时使用。由于所受的限制较大，一般需要与其他方法配合使用。

5. 确认收入

只有当企业满足每一项独立的履约义务时，企业才确认收入。企业应当在履行了一项履约义务，向客户交付了一项承诺商品或服务时才确认收入。当客户获得了对一项商品或服务的控制时，该商品或服务被交付。对于各项履约义务，企业应当确定，随着时间的推移，是否通过转移了对商品或服务的控制，履行了履约义务。

（1）在某一时段内履行履约义务的收入确认条件

满足下列条件之一的，属于在某一时段内履行履约义务；否则，属于在某一时点履行履约义务。

①客户收到企业提供的产品或服务，在消费时获得了相应的益处。例如，常规或经常性的服务。

②当客户拥有产品或消费服务时，企业的义务履行创造和增加了这个资产的价值。例如，在客户场地上建造资产。

③企业的义务履行并未创造一项可被该企业用于其他替代用途的资产，则该企业拥有可强制执行的权利以获取到期完成履行责任应得到的收益。例如，建造只有客户能够使用的专项资产，或按照客户的指示建造资产。

（2）在某一时段内履行履约义务的收入确认方法

企业应当考虑商品的性质，采用产出法或投入法确定恰当的履约进度，并且在确定履约进度时，应当扣除那些控制权尚未转移给客户的商品和服务。

①产出法。产出法主要是根据已转移给客户的商品对于客户的价值确定履约进度，主要包括按照实际测量的完工进度、评估已实现的结果、已达到的里程碑、时间进度、已完工或交付的产品等确定履约进度的方法。

产出法是直接计量已完成的产出，一般能够客观地反映履约进度。当产出法所需要的信息可能无法直接通过观察获得，或者为获得这些信息需要花费很大的成本时，可采用投入法。

②投入法。投入法主要是根据企业履行履约义务的投入确定履约进度，主要包括已投入的材料数量、花费的人工工时或机器工时、发生的成本和时间进度等投入指标确定履约进度。

企业在采用成本法确定履约进度时，可能需要对已发生的成本进行适当调整的情形有：已发生的成本并未反映企业履行其履约义务的进度；已发生的成本与企业履行其履约义务的进度不成比例。

例题 4-34

2020 年 1 月，甲公司与乙公司签订一份装修一幢 3 层建筑物并安装新电梯的合同，合同总对价为 1 000 万元。已承诺的装修服务（包括电梯安装）是一项在一段时间内履行的履约义务。预计总成本为 800 万元（包括电梯成本 300 万元）。甲公司在电梯转让给乙公司前获得对电梯的控制。甲公司基于已发生的成本来计量其履约义务的履约进度，计算履约进度时不应考虑电梯成本。乙公司在 2020 年 12 月电梯运抵该建筑物时获得对电梯的控制，电梯直至 2021 年 6 月才安装完成。甲公司未参与电梯的设计与安装。至 2020 年 12 月 31 日，已发生的施工成本为 100 万元（不包括电梯）。

分析：

计算履约进度时应将电梯成本扣除。

履约进度 = 100 万元 ÷（800 万元 − 300 万元）× 100% = 20% 。

2020 年确认收入 =（1 000 万元 − 300 万元）× 20% + 300 万元 = 440 万元。

已售商品成本 = 100 万元 + 300 万元 = 400 万元 。

（3）在某一时点履行的履约义务

当一项履约义务不属于在某一时段内履行的履约义务时，应当属于在某一时点履行的履约义务。在判断客户是否已取得商品控制权时，企业应当考虑下列情况：①该企业获得该资产付款的现时权利；②客户对资产拥有合法所有权；③企业转让了对资产的实物占有权；④客户拥有资产的重大风险和收益；⑤客户已经接收了资产；⑥其他表明客户已取得商品控制权的迹象。

4.10.3　原有准则下的特殊问题

1. 收入在交付时确认

（1）附有回购协议的销售

当回购协议制定了明确的回购价格，而该回购价格超过了存货的成本与相关的保管成本之和，美国财务会计准则委员会认为这种交易行为不应确认收入。

（2）附有退货权的销售

如果一个企业销售产品，但同时给予了买家退货的权利，那么只有当满足严格条件时，企业才能确认商品销售收入。

（3）贸易负载

卖家要求批发商大量购买产品，而这些产品在一定时间内难以出售。

2. 收入在交付前确认

企业在完工和交付之前就可以确认收入。最重要的现象就是采用完工百分比法核算的长期建造合同会计。

（1）完工百分比法

企业根据建造项目的进展，确认收入和毛利。相关计算公式有

完工百分比 = 截至目前已发生成本/最新预计总成本。

完工百分比 × 预计的总收入（或毛利） = 截至目前应确认的收入（或毛利）

截至目前应确认的收入（或毛利） – 以前期间确认的收入（或毛利） = 当期的收入（或毛利）

（2）在完成合同法下，企业在合同全部完成时才确认

企业累积长期合同进展过程中的成本，但是并没有逐期确认利润表中收入、成本或毛利的金额。

3. 收入在交付后确认

当货款的收回不能确定时，可以采用以下 3 种方法确认收入：

（1）分期付款销售法

在收款的过程中确认收入，而不是在销售的过程中确认收入。企业推迟了收入确认时间，直至可以收到价款。

（2）成本回收法

企业直到收到客户支付的现金超过出售商品的成本时，才确认收益。

（3）保证金法

卖家收到买家的付款，将此作为合同的一笔存款，并将此在资产负债表上以负债的形式反映。

4.10.4　收入和费用的配比原则

收入和费用的配比原则要求将费用与它们产生的收入相匹配。举例如下：

1）不动产、厂房及设备（固定资产）被资本化为资产，然后随着时间推移或使用，通过折旧费用对应地将其成本与其在每个时期产生的收入相匹配。

2）产品销售成本在资产负债表中初始资本化为资产，在产生销售收入之前不能确认为成本，直到产生销售收入。

3）利息费用在借款资金用于帮助企业经营盈利的时期被确认。

4）销售和管理费用以及研发成本在产生的期间内便确定为费用，而不是资本化为资产。因为根据谨慎性原则，其未来的创收能力无法衡量或不确定。US GAAP 与 IFRS 对研发成本的会计处理不同。

4.11 所得税会计

4.11.1 基本概念

税法和一般公认会计原则（GAAP）有很多不一致的地方，通常会导致税前会计利润和应纳税所得额不一致。税前会计利润（Pretax Financial Income）是一个经济实体按照一般公认会计原则计算出的供财务报告使用的利润。应纳税所得额（Taxable Income）是财务会计上的术语，是根据税法得到的用于确定应付所得税的金额。所得税费用是指企业为取得税前会计利润应交纳的所得税。应交所得税是指企业按照国家税法规定，应从生产经营等活动的所得中交纳的税金。

很多情况下，所得税费用和应纳税所得额之间存在差异，这个差异反映在未来公司将要支付的税收，常被称作递延所得税金额。在未来税收更高的情况下，公司将记录一项递延所得税负债；在未来税收更低的情况下，公司将记录一项递延所得税资产。

暂时性差异（Temporary Difference）是指一项资产或负债的税基和它在财务报表中报告的金额（账面价值）存在的差异。这种差异在未来年度内将会产生应纳税金额或可抵减金额。应纳税金额（Taxable Amounts）或应纳税暂时性差异会增加未来年度内的应纳税所得额；可抵扣金额（Deductible Amounts）或可抵扣暂时性差异会减少未来年度内的应纳税所得额。

4.11.2 递延所得税

递延所得税资产和递延所得税负债是和暂时性差异相对应的，可抵扣暂时性差异是将来可用来抵税的部分，是应该收回的资产，所以对应递延所得税资产；递延所得税负债是由应纳税暂时性差异产生的，对于影响利润的暂时性差异确认的递延所得税负债应该调整所得税费用。例如，会计折旧小于税法折旧，导致资产的账面价值大于计税基础。如果产品已经对外销售了，就会影响利润，所以递延所得税负债应该调整当期的所得税费用。

1. 递延所得税负债和递延所得税资产

递延所得税负债（Deferred Tax Liability）是指由于应纳税暂时性差异引起的递延所得税的影响。递延所得税负债代表了由于当年年末存在的应纳税暂时性差异导致的未来年度内应付税款的增加。递延所得税费用（Deferred Tax Expense）是指从会计期间开始至结束时递延所得税负债金额的增加。

递延所得税资产（Deferred Tax Asset）是指由于可抵扣暂时性差异引起的递延所得税的影响。递延所得税资产代表了由于当年末存在的可抵扣暂时性差异所导致的未来年度内可返还或节约的税款的增加。递延所得税利益（Deferred Tax Benefit）产生于会计期间内期初至期末递延所得税资产的增加。递延所得税利益是所得税费用的一个构成项目，具有抵减所得税费用的性质。

利润表上的所得税费用是应交所得税和从期初到期末递延所得税资产或负债调整净额的总和。对于在不同年度经营的公司，会产生跨年的差异分配，当期的所得税费用可以用以下公式计算

所得税费用＝应交所得税＋（期末递延所得税负债－期初递延所得税负债）－（期末递延所得税资产－期初递延所得税资产）＝应交所得税＋递延所得税费用－递延所得税利益

例题 4-35

以下关于递延所得税的说法正确吗？

1）资产的账面价值小于计税基础，产生递延所得税资产。反之，产生递延所得税负债。

2）负债的账面价值小于计税基础，产生递延所得税负债。反之，产生递延所得税资产。

3）会计利润大于应税利润，产生递延所得税负债。反之，产生递延所得税资产。

4）前期多交税，后期少交税，产生递延所得税资产。反之，产生递延所得税负债。

答：

全部正确。

例题 4-36

甲公司 2006 年的有关信息如下：

1）税法上允许的折旧超出会计折旧 40 000 美元，这 40 000 美元的差异将会在 2007 ~ 2010 年等额转回。

2）会计上将 20 000 美元的预收租金递延确认，这笔租金将于 2007 年赚得。

3）税前会计利润 300 000 美元。

4）所有年度适用的所得税税率为 40%。

问题：

1）计算 2006 年的应纳税所得额和应交所得税。

2）计算 2006 年的所得税费用和递延所得税。

3）假设 2007 年的应纳税所得额为 325 000 美元，计算 2007 年的所得税费用、递延所得税和应交所得税。

答：

1）2006 年应纳税所得额 = 税前会计利润 − 税法上允许的折旧超出会计折旧 + 预收租金递延 = 300 000 美元 − 40 000 美元 + 20 000 美元 = 280 000 美元。

应交所得税 = 280 000 美元 × 40% = 112 000 美元。

2）递延所得税资产的增加 = 可抵扣暂时性差异（即预收租金递延）× 所得税率 = 20 000 美元 × 40% = 8 000 美元。

递延所得税负债的增加 = 应纳税暂时性差异（即税法上允许的折旧超出会计折旧）× 所得税率 = 40 000 美元 × 40% = 16 000 美元。

所得税费用 = 应交所得税 + 递延所得税负债的增加 − 递延所得税资产的增加 = 112 000 美元 + 16 000 美元 − 8 000 美元 = 120 000 美元。

3）应交所得税 = 325 000 美元 × 40% = 130 000 美元。

递延所得税资产的增加 = −20 000 美元 × 40% = −8 000 美元。

递延所得税负债的增加 = −10 000 美元 × 40% = −4 000 美元。

所得税费用 = 130 000 美元 − 4 000 美元 + 8 000 美元 = 134 000 美元。

2. 暂时性差异和永久性差异

许多项目导致税前会计利润和应纳税所得额之间的差异。从会计确认的角度考虑，这些差异可以分为两种类型：

（1）暂时性差异

应纳税暂时性差异（Taxable Temporary Differences）是指在回收相关资产时会在未来年度内产生应纳税金额的暂时性差异。可抵扣暂时性差异（Deductible Temporary Differences）是指在清偿相关账上负债时会在未来年度内产生可抵扣额。应纳税暂时性差异要求记录递延所得税负债，可抵扣暂时性差异要求记录递延所得税资产。

确定公司的暂时性差异可能很困难。公司应当为纳税申报编制一张资产负债表，以便与根据公认会计原则编制的资产负债表相对比。这两张资产负债表上的许多差异就是暂时性差异。

暂时性差异的产生和转回：一方面，一项初始的暂时性差异是指一项资产或负债账面价值与税基之间的初始差异，不论这项资产或负债的税基是超过还是低于它的账面价值；另一方面，一项转回的差异是在消除以前期间产生的暂时性差异并从递延所得税账户中去除相关所得税影响的时候发生的。

（2）永久性差异

应纳税所得额和税前会计利润之间的一些差异是永久性的。永久性差异（Permanent Differences）产生于以下事项：

1）计入税前会计利润但从不计入应纳税所得额。

2）计入应纳税所得额但从不计入税前会计利润。

美国国会已经颁布许多税收法规以实现某些政治、经济和社会目标。其中有些法规允许某些收入免税，对某些费用抵减收益给予限制以及允许某些其他费用超过已发生成本的部分可以抵减收益。具有免税收益、不可抵扣的费用或超出成本的可抵扣费用的企业，它的实际税率与法定（正式）税率不同。

由于永久性差异只对发生的当期产生影响，所以它们不会引起未来应纳税金额或可抵扣额，因而公司不必确认递延所得税的影响。

补充知识：

1. 暂时性差异举例

先在会计收益中确认的应纳税的收入或利得。一项资产（例如应收账款或投资）在未来年度被收回而产生应纳税金额的，可以确认它的收入或收益。例如：

1）为财务报告采用应计制记账的销售收入和为纳税申报采用分期付款方式（收付实现制）记账的销售收入。

2）为财务报告采用完工百分比法记账的合约和为纳税申报递延确认的有关利润总额的一部分。

3）为财务报告采用权益法记账的投资和为纳税申报采用成本法的投资。

4）为财务报告而确认的非货币性资产，非自愿转换而取得的但是为纳税申报而递延确认的利得。

先在会计收益中确认的可抵税的费用或损失。一项负债（或备抵资产）在未来年度被清偿而产生可抵扣金额的，可以确认它的费用或损失。例如：

1）产品质量保证负债。

2）和非持续经营或重组有关的预计负债。

3）因诉讼而计提的负债。

4）为财务报告使用备抵法而确认的坏账损失；为纳税申报使用直接冲销法的坏账损失。

5）股票形式的薪资费用。

后在会计收益中确认的应纳税的收入或利得。因在未来年度提供的商品或服务收到预付款项而确认一项负债。为了纳税申报，在收到现金时，将预付款包括在应纳税所得额中。未来提供商品或服务（或向取消订单的客户返还预付款项）以清偿负债而导致的经济利益的牺牲，会在未来年度内产生可抵扣金额。例如：

1）预先收到征订费。

2）预先收取的租金。

3）为财务报告（收益递延）而记为售后租回交易，但是纳税申报时报告为销售业务。

4）预付的合约和预先收取的特许权使用费。

后在会计收益中确认的可抵税的费用或损失。资产成本在纳税申报时可以比财务报告计提的费用更快地抵减收益。财务报告的未来资产回收而收到的金额超过资产的剩余税基，所以在未来年度产生应纳税金额。例如：

1）可计提折旧的资产、可计提折耗的资源和无形资产。

2）可抵扣的养老金缴存款超过养老金费用的部分。

3）在支付当期纳税申报时可抵扣的预付费用。

2. 永久性差异举例

为财务报告需要确认而为纳税无须确认的项目，例如：

1）收到的美国州政府或市政府的债务利息。

2）免税收益上发生的费用。

3）公司主要管理者或雇员的人寿保险收入。

4）为公司主要管理者或雇员支付的人寿保险费（公司为受益人）。

5）违法的罚款和费用。

为纳税需要确认而为财务报告无须确认的项目。例如：

1）自然资源的“百分比折耗”超过成本的部分。

2）从美国公司收到股利的可抵扣部分，通常为70%或80%。

4.11.3 财务报表列示

1. 资产负债表

递延所得税的账户在资产负债表上被报告为资产和负债。公司应当将这些账户划分为流动性净额和非流动性净额。根据财务报告的目的，一项递延所得税负债或资产按相关资产或负债的分类，被划分为流动性或非流动性项目。对分类程序做如下小结：

1）将金额划分为流动性或非流动性项目。如果与某项资产或负债相关，就把这些金额划分为相关资产或同样类别的负债。如果与资产或负债无关，就根据暂时性差异预计转回的日期对它们进行划分。

2）通过加总划分为流动性项目的各种递延所得税资产或负债，来确定流动性净额。如果该净额为一项资产，那么就在资产负债表中将它报告为一项流动资产；如果该净额为一项负债，那么就在资产负债表中将它报告为一项流动负债。

3）通过加总划分为非流动性项目的各种递延所得税资产或负债来确定非流动性净额。如果该净额为一项资产，那么就在资产负债表中将它报告为一项非流动资产；如果该净额为一项负债，那么就在资产负债表中将它报告为一项非流动负债。

如果资产或负债的减少会使暂时性差异转回，那么公司就认为会有一项递延所得税资产或负债与上述资产或负债有关。公司应当根据暂时性差异预期转回的日期，对与财务报告的资产或负债无关的递延所得税负债或资产进行分类，包括与损失后转有关的递延所得税资产。公司应当将在下一年度转回的任何暂时性差异的税收影响作为流动性项目报告，其余则作为非流动性项目报告。

所有递延所得税负债项目的总额、所有递延所得税资产项目的总额以及计价准备总额都应当被披露。另外，公司还应当披露：当年计价准备的变化净额；产生大部分递延所得税负债和资产的暂时性差异、后转或前转的类型。

应付所得税在资产负债表上被报告为流动负债。公司每个季度要估计向国税局支付的所得税，并通过借记预付所得税账户来记录这些估计的付款额。这样的话，在资产负债表上报告所得税时，应付所得税的余额会抵减预付所得税账户的余额。

例题 4-37

甲公司在 2013 年 12 月 31 日有 4 个递延所得税项目，以下是对这些暂时性差异的分析：

1）预收租金：会计上在赚取时确认，税法上在收到时确认。被划分为流动性递延所得税资产，金额 42 000 美元。

2）设备：会计上使用直线法计提折旧，税法上使用加速折旧法计提折旧。被划分为非流动性递延所得税负债，金额 214 000 美元。

3）应收分析销售款：会计上在销售期间确认分期收款销售的利润，税法上在收款期间确认利润。被划分为流动性递延所得税负债，金额 45 000 美元。

4）质量保证的预计负责：会计上在销售时确认，税法在付款时确认。被划分为流动性递延所得税资产，金额 12 000 美元。

甲公司在资产负债表上如何列示?

答：

流动递延所得税资产 =42 000 美元 + 12 000 美元 − 45 000 美元 =9 000 美元。

长期递延所得税负债为 45 000 美元。

2. 利润表

所得税费用的重要构成项目应在利润表或财务报表附注中披露。最常见的构成项目是当期费用和递延所得税费用。

公司应当在持续经营、非持续经营、非常项目和前期调整项目中分配所得税费用，这种方法被称为所得税的跨期分配。此外，公司还应当披露归属持续经营部分的所得税费用的主要构成项目。

公司还必须在附注用归属于持续经营的所得税费用调整（运用百分比或美元数），用法定税率和持续经营税前利润计算得到的金额。公司必须披露每个重大调整项目的预计金额和性质。

4.12 租赁

4.12.1 基本概念

1. 租赁定义

租赁是出租人和承租人之间签订的一份合约安排，它允许在规定期限内将出租人拥有的指定资产的使用权转移给承租人。作为回报，承租人分期向出租人支付租金。

租赁交易的优点在于：①以固定利率筹集全部资金。②租赁设备减少了承租人承担的设备过时的风险。在许多情形下，设备余值的风险转移给了出租人。③灵活。租赁安排比其他债务安排具有较少的限制条款。④融资成本较低。⑤享有税收方面的好处。⑥表外融资。短期租赁并不增加资产负债表上的负债或影响财务比率。

2. 租赁的分类

与 IFRS16 规定承租人采用单一模式进行后续计量并可结合不同情形采用成本法、重置成本、公允价值多种计量属性不同，FASB《美国公认会计原则——租赁准则》（Topic842）规定根据经济实质差异区分租赁类型进行后续计量，并采用单一成本法计量属性。从承租人的角度来看，租赁有 3 种类型：

1）短期租赁。租赁期不超过 12 个月的租赁为短期租赁。短期租赁不需要确认租赁资产和租赁负债，具有表外融资的性质。

2）经营性租赁。

3）融资性租赁。

经营性租赁和融资性租赁的区别在于，承租人是否能对租赁资产实施有效的控制。具体的判断标准有 5 条，满足其中任何一条，就应该确认为融资租赁。

- 所有权转移。租赁期满时租赁资产的所有权转移给承租人。
- 优惠购买权。租赁合同中包含优惠购买的选择权，并且约定的购买价款远低于租赁期满时租赁资产的公允价值。
- 占尚可使用年限的 75%。租赁期占租赁资产尚可使用年限的 75% 或以上。
- 公允价值的 90%。最低租赁付款额的现值（PV）相当于租赁开始时租赁资产的公允价值（FV），即占到公允价值的 90% 或以上。
- 租赁资产具有专用属性。租赁期满后不会有其他用途。

除了以上 5 个标准之外，如果租赁合同不可撤销，该租赁将被自动视为融资性租赁。

财务会计准则委员会新的租赁准则要求任何超过 12 个月的租赁，无论是经营租赁还是融资租赁都必须资本化，也就是说公司不能够再将超过 12 个月的租赁归类为表外融资。

4.12.2　租赁的会计处理

（1）短期租赁的账务处理

短期租赁下，租赁费用按照时间计算，将租金分摊到使用租赁资产收益的每个期间，分摊方法一般是直线法。除了租金费用支付外，不需要做其他账务处理。租入的资产不需要在资产负债表中列示。在利润表中，承租人报告租金费用，出租人报告租金收入。IFRS16 规定不允许使用短期租赁处理。

（2）经营性租赁和融资性租赁的账务处理

- 租赁期开始，经营性租赁和融资性租赁都需要确认租入的资产和租赁负债。资产和负债的金额是所有租金的总现值。计算现值时应优先使用出租人的内含利率。如果出租人的内含利率无法获得，应使用承租人的增量借款利率。
- 租金费用的后续计量。

①经营性租赁。Topic842 采用了与现行准则经营租赁各期确认租赁费用计入当期损益的处理办法。租赁费用由全部静态租金、全部初始直接费用（如有）二者之和除以经营租赁期确定。期末租赁负债账面价值以资本化未来各期尚需支付的租金确定。期末使用权资产账面价值在各期末租赁负债账面价值的基础上加上未摊销初始直接费用（如有）。

②融资性租赁。融资租赁后续计量理念与现行准则基本相同。折旧计提方法与自有固定资产一致，折旧期间依据租赁开始日确定的租赁物所有权是否转移而定。若所有权转移，折旧期从租赁期开始日始至经济使用寿命止；若所有权不转移，折旧期为从租赁期开始日至经济使用寿命或租期两者中的较短者。使用权负债采用摊余成本法计量，包括调增确认各期应付利息、调减各期租金支付以及使用权负债重估调整。各期应付利息应根据初始时的内含利率或增量借款利率确定，或在使用权负债重估调整时采用的调整折现率确定，并在剩余租赁期内保持不变。各期确认的应付利息及支付的或有租金直接计入当期损益。利息费用在租赁前期较高，然后逐年降低。

③经营性租赁和融资性租赁最终计算的总租金费用是相等的，都等于实际支付的现金总额。如果年租金金额相等，在资产使用年限初期，融资性租赁收益较低，因而留存收益也较低。

（3）应用新准则的变化

Topic 842 中融资租赁业务，租赁双方及经营租赁出租人财务指标变化不大，经营租赁承租人各项财务指标变化较大。

①经营租赁承租人资产负债表内部结构改变，资产负债率上升，流动比率下降，资产周转率下降，所有者权益不变。

②与旧准则相同，经营租赁承租人确认租赁费用全部计入当期经营费用。

③经营租赁承租人各期租赁费用全部计入投资活动，或有租金和短期租赁支付部分计入经营活动。

例题 4-38

卡特彼勒金融服务公司（简称卡特彼勒公司）和甲建筑公司于2020年1月1日签订了一份租赁协议，该协议规定卡特彼勒公司自2020年1月1日起向甲建筑公司出租一台载重机。租赁协议的期限和条款以及其他相关数据列示如下：租赁期为3年，租赁协议不可撤销，要求在每年年末等额支付12 000美元的租金。甲建筑公司的新增借款年利率为4.48%。

（1）使用经营性租赁计量

租赁开始时确认使用权资产价值 = 全部租金现值（初始租赁负债） = 33 000 美元。平均租金 =（12 000 美元 + 12 000 美元 + 12 000 美元）/3 = 12 000 美元。

借：使用权资产 33 000 美元

　贷：租赁负债 33 000 美元

第1年后续计量，支付现金会减少租赁负债，所以借记租赁负债，贷记现金。

借：租赁负债　12 000 美元

　贷：现金　12 000 美元

借记租赁费用12 000美元，贷记租赁负债的增加和使用权资产的摊销。租赁负债的增加额与负债的实际利率法相同，由租赁负债的期初余额乘以贴现率计算，使用权资产的摊销就是租赁费用12 000美元与租赁负债增加的差值。

借：租赁费用　12 000 美元

　贷：租赁负债　1 478 美元（33 000 美元 ×4.48%）

　　使用权资产摊销　10522 美元（12 000 美元 - 1 478 美元）

（2）使用融资性租赁计量

租赁开始时，与经营性租赁相同，确认使用权资产价值和租赁负债。

借：融资租赁下租赁的设备　33 000 美元

　贷：租赁负债　33 000 美元

第 1 年后续计量，支付现金一部分计入应付利息，另一部分用于减少租赁负债。

借：应付利息　1 478 美元（33 000 美元 ×4.48%）

租赁负债　10 522 美元

　贷：现金　12 000 美元

采用通常的折旧政策（直线法），在 3 年的租赁期内计提折旧。

借：折旧费——融资性租赁　11 000 美元

　贷：累计折旧——融资性租赁　11 000 美元

不同方法下该项目 3 年会计处理结果如表 4-30 所示。

表 4-30　不同方法下该项目 3 年会计处理结果　（单位：美元）

方法	科目	初始	第 1 年	第 2 年	第 3 年
经营性租赁	利润表				
	租赁费用		12 000	12 000	12 000
	资产负债表				
	使用权资产	33 000	22 478	11 485	
	租赁负债	33 000	22 478	11 485	
融资性租赁	利润表				
	折旧费		11 000	11 000	11 000
	利息费用		1 478	1 007	515
	资产负债表				
	使用权资产	33 000	22 000	11 000	
	租赁负债	33 000	22 478	11 485	

如果例题中，第 1 笔现金租金支付发生于 2020 年 1 月 1 日，则该笔费用不包括利息费用，只冲减租赁负债。

4.13　美国财务会计准则与国际财务报告准则的差别

根据 CMA 考试大纲以及美国财务会计准则（SFAS）和国际财务报告准则（IFRS），两者的区别整理如下，见表 4-31。

注意：国际财务报告准则（IFRS）已经取代国际会计准则（IAS）。

表 4-31　美国财务会计准则与国际财务报告准则的差别

科目	美国财务会计准则	国际财务报告准则
存货	对于在本财年内可合理预见将复苏的市场萧条引起的存货损失，不要求在中期确认	要求确认市场萧条引起的存货损失，即使在本财年内可合理预见将复苏
	允许方法：先进先出法、后进先出法以及平均法	禁止使用后进先出法
	成本与市价孰低的调整不可以回转	存货价值以可变现净值为限，并且跌价准备可以回转

（续）

科目	美国财务会计准则	国际财务报告准则
固定资产	要求必须将构建期间发生的利息费用资本化，且资本化的部分只限于利息费用	对于构建期间发生的利息费用既允许费用化也允许资本化，且辅助费用也可予以资本化
	大修费用一般予以费用化	大修费用作为资本成本的增加
	当账面价值超过预计未来现金流量总额时，建议应用减值程序；计量减值的第二步使用现金流贴现值	当账面价值超过使用价值（折现现金流量）与公允价值减出售费用二者之间较高者，建议用减值程序
	减值不可回转	在特定的情形下应将减值转回
	要求必须使用成本基础	允许采用成本基础或公允价值重估价基础
	投资性房地产必须按计提折旧后的成本入账	投资性房地产可以按计提折旧后的成本或公允价值入账
无形资产	研究与开发全部费用化，并计入经营性现金流	研究费用化与开发资本化并摊销，后者计入投资性现金流
	对无形资产采用成本基础，不允许重估	允许对无形资产重估
	以前确认的减值不可以转回	除商誉外，以前确认的减值可以转回
	当账面价值大于使用资产将来产生的未折现现金流时，要求减值	当账面价值大于使用价值与公允价值减出售费用二者之间的较大者时，要求减值
	根据公允价值进行减值	根据使用价值与公允价值减出售费用二者之间的较大者进行减值
租赁	承租人将租赁划分为：短期租赁、融资性租赁、经营性租赁	采用单一模式处理，不再区分租赁类型。承租人将资产价值超过 5 000 美元的租赁确认为融资性租赁
雇员福利	可以采用直线法确认薪酬成本，也可以采用加速法确认薪酬成本	加速确认薪酬成本
资产负债表	不允许抵消具有不同对应方的资产和负债	当存在相应法律条款时，允许对具有不同对应方的资产和负债进行抵消
	少数股东权益作为负债的一项	少数股东权益作为单独一项
企业合并：控制	存在控制性权益是通过判断投资方是否持有或间接持有的 50% 以上的有表决权股份；达成控制权时，需要合并列报	合并是基于是否具有“控制权”，投资人持有不足 50% 的投票权股票仍有可能取得控制权。也可以依据投资方是否同时拥有以下 3 个特征来判断：①对被投资人可以行使权力与影响；②可以通过参与被投资方相关活动而享有变动收益的权利；③有能力运用其对被投资方的权力影响收益金额
企业合并：购买法	购得商誉分配给报告单位	购得商誉分配给收购方的“现金产出单元（CGU）”
	在对商誉进行减值测试时，企业可对商誉进行定性评估，然后进行两阶段减值测试	减值测试是一步测试：将可收回价值（公允价值减销售成本和 CGU 使用价值的较高者），与 CGU 的账面价值进行比较

4.14 本章习题

问题 1　如果采用间接法计算现金流量，必须将以下哪项加回到净利润上？（　　）

A. 营业收入。　B. 销售费用。

C. 折旧费用。　D. 利息收益。

问题 2　甲公司已认定其某一台机器存在价值贬损的现象，由于没有可以将这台机器出售的活跃市场，所以该公司期望继续使用该机器至 3 个会计年度结束。该项资产原始成本为 44 000 元，账面价值为 40 000 元，使用价值为 30 000 元，净售价为 24 000 元。根据 IFRS（国际财务报告准则），甲公司需要记录的减值损失金额是多少？（　　）

A. 6000 元。　B. 10 000 元。　C. 14 000 元。　D. 16 000 元。

问题 3　甲公司在 2014 年发生交易：购买了 20 万元的股票；购买了生产车间使用的电子设备，价值 30 万元；向股东支付了 80 万元的股利。在现金流量表中，投资活动显示的金额为（　　）

A. 20 万元。　B. 50 万元。　C. 80 万元。　D. 130 万元。

问题 4　根据 IASB 的规定，收到利息和股利将被划分为哪种现金流的流入？（　　）

A. 经营活动现金流。　B. 经营活动现金流或投资活动现金流。

C. 投资活动现金流或融资活动现金流。　D. 经营活动现金流或融资活动现金流。

问题 5　国际会计准则委员会一直与美国财务会计准则委员会（FASB）密切合作，协调与美国公认会计准则的国际标准趋同问题。除了以下哪项外，两者在会计处理上存在分歧？（　　）

A. 开发成本的核算。　B. 使用后进先出存货会计。

C. 资产减值准备的会计处理方法。　D. 使用先进先出存货会计。

问题 6　当使用现金流量表来评价上市公司的持续偿债能力时，需要考虑的最重要的因素是（　　）

A. 期末的现金余额。　B. 来自经营活动的现金流量。

C. 来自投资活动的现金流量。　D. 来自融资活动的现金流量。

问题 7　支付给公司股东的现金股利应该列入现金流量表中的哪部分？（　　）

A. 经营性现金流入。　B. 经营性现金流出。

C. 投资活动产生的现金流。　D. 筹资活动产生的现金流。

问题 8　下列哪项不属于现金流量表上的分类？（　　）

A. 经营活动。　B. 权益活动。

C. 投资活动。　D. 筹资活动。

问题 9　出售可供出售金融资产应该记入现金流量表中的哪部分？（　　）

A. 经营活动。　B. 投资活动。

C. 筹资活动。　D. 不涉及现金的投资和筹资活动。

问题 10　若采用直接法编制现金流量表，则应按照下面哪种顺序列示现金活动？（　　）

A. 筹资活动、投资活动、经营活动。　B. 投资活动、筹资活动、经营活动。

C. 经营活动、筹资活动、投资活动。　D. 经营活动、投资活动、筹资活动。

问题 11　甲公司以负债的方式从乙公司获得固定资产，负债额为固定资产的总成本，分 5 年还清。则这笔交易应该在公司的现金流量表中哪部分披露？（　　）

A. 筹资活动。　B. 投资活动。

C. 经营活动。　　D. 非现金筹资和投资活动。

问题 12　请问下面哪项应被归在现金流量表的经营活动中？(　　)

A. 当期应付账款减少。

B. 发行已经批准的普通股而带来的现金增加。

C. 采购当前生产所需的设备。

D. 将本期经营获得的现金用来支付股利。

问题 13　甲公司当期记录了如下一些支出项目：支付股东股利 30 万元，偿还银行贷款利息 50 万元，购买设备 70 万元。请问在上述支出项中，在该公司现金流量表中经营活动部分列示的总额应为多少？(　　)

A. 30 万元。　　B. 50 万元。

C. 70 万元。　　D. 150 万元。

问题 14　甲公司当期记录了如下一些支出项目：偿还银行贷款利息 60 万元，支付股东股利 40 万元，回购本公司普通股 80 万元。请问在上述支出项中，在该公司现金流量表中筹资活动部分列示的总额应为多少？(　　)

A. 60 万元。　　B. 100 万元。

C. 120 万元。　　D. 180 万元。

问题 15　采用间接法编制现金流量表，下列哪项将会导致现金流量的减少？(　　)

A. 摊销费用。　　B. 应交所得税减少。

C. 发行普通股所得到的收入。　　D. 存货减少。

问题 16　请问编制现金流量表时不需要计算下列哪项？(　　)

A. 通过应付票据或债券获得的借款。　　B. 销售货物或提供服务的收入。

C. 开具应付票据购置设备。　　D. 出售债券或股票方面的投资所得的收入。

问题 17　请问下面哪个选项不是编制财务报告的目标？(　　)

A. 提供对做出投资和信贷决策有用的信息。

B. 帮助管理层评估备选项目。

C. 提供有关企业资源以及对这些资源索取权的信息。

D. 帮助投资者和债权人预测未来的现金流量。

问题 18　下面所列资料来自甲公司刚结束年份的利润表。该公司现行所得税税率为 40%。已知该公司非持续经营业务的损失是 70 000 元，地震造成的营业外损失是 90 000 元，来自连续经营部门的利润是 72 000 元，会计政策变化造成的累计影响是 60 000 元。请问甲公司该年的净利润是多少？(　　)

A. 36 000 元。　　B. 12 000 元。

C. －16 000 元。　　D. －24 000 元。

问题 19　根据国际财务报告准则的规定，具有无限期寿命的可辨认无形资产应该如何处理？(　　)

A. 获得时就核销。　　B. 在超过 20 年的时间内摊销。

C. 和商誉的处理方法一致。　　D. 在该资产的预期使用期中摊销。

问题 20　财务报表提供的信息不能被用于下述哪项？(　　)

A. 制订信用决策。　　B. 评估未来的现金流。

C. 预测将来股票的价格走势。　　D. 评估公司资产索赔。

问题 21　参考财务会计概念公告第六号“财务报表要素”所述，下述哪项不能作为财务报表要

素？（　　）

A. 资产和负债。

B. 综合收益及向股东分配。

C. 历史成本和货币单位。

D. 亏损和收益。

问题 22　下述哪项不是上市公司财务报表的特征？（　　）

A. 从性质上讲，主要是历史性的。

B. 用来总结信息。

C. 向用户说明未来事件。

D. 相互关联的。

问题 23　下述哪项不能划分为长期投资？（　　）

A. 投资于未合并的分公司或子公司。

B. 经营中使用的有形固定资产投资。

C. 寿险退保现金价值。

D. 普通股、债券或长期票据等有价证券投资。

问题 24　巴克莱有限公司会计年度期初设备账面价值为 160 000 美元，累计折旧为 64 000 美元。在当年，原价为 30 000 美元、账面价值为 1 000 美元的设备出售价格为 7 000 美元，设备账面价值期末余额为 220 000 美元，期末累计折旧余额为 80 000 美元。该会计年度所购买的设备总额为（　　）

A. 44 000 美元。

B. 60 000 美元。

C. 97 000 美元。

D. 106 000 美元。

问题 25　伯瑞公司的债务如下所述：在以后的 10 年中，收回价值为 1 000 万美元的分期债券，每年收回 100 万美元。300 万美元抵押贷款，最后一笔较大金额的付款在 5 年后到期。200 万美元票据，6 个月以后到期。根据该公司目前的融资协议可以再延期两年，该公司打算行使该协议。财务报表中长期负债为（　　）

A. 1 200 万美元。

B. 1 300 万美元。

C. 1 400 万美元。

D. 1 500 万美元。

问题 26　威尔逊公司在本会计年度发生了下述财务活动：以 10 美元/股的价格发行了 10 000 股普通股，以 20 美元/股的价格发行了 4 000 股可赎回优先股，赎回期为 5 年，以 20 美元/股的价格发行了 3 000 股不可赎回优先股。所有者权益金额为（　　）

A. 10 万美元。

B. 16 万美元。

C. 18 万美元。

D. 24 万美元。

问题 27　下述哪项不能划分为流动负债？（　　）

A. 应付账款。

B. 应计利息。

C. 长期债务当期到期部分。

D. 员工退休金之外的其他应付员工福利。

问题 28　下列关于美国 GAAP 和国际财务报告准则的说法正确的是（　　）

Ⅰ. 国际财务报告准则中存货价值以可变现净值为限，并且跌价准备可以回转。

Ⅱ. 美国 GAAP 允许对无形资产重估。

Ⅲ. 国际财务报告准则规定除商誉外，以前确认的减值可以转回。

Ⅳ. 国际财务报告准则规定售后回租收益可以当期确认。

Ⅴ. 美国 GAAP 规定商誉要在不超过 20 年内摊销。

A. 只有Ⅰ和Ⅳ。

B. 只有Ⅰ，Ⅲ和Ⅳ。

C. 只有Ⅰ，Ⅲ，Ⅳ和Ⅴ。

D. Ⅰ，Ⅱ，Ⅲ，Ⅳ和Ⅴ。

问题 29　下列会计政策、会计估计变更和差错更正说法错误的是（　　）

A. 一般情况下，企业采用的会计政策，在每一会计期间和前后各期应当保持一致，不得随意变更。否则，势必削弱会计信息的可比性和收益质量。

B. 企业应当正确划分会计政策变更与会计估计变更，并按照不同的方法进行相关会计处理。

C. 发生会计政策变更时，有两种会计处理方法，即追溯调整法和未来适用法。这两种方法适用于不同情形。

D. 前期差错通常包括计算错误、应用会计政策错误、疏忽或曲解事实以及舞弊产生的影响等，发生差错后立即调整财务报表中的金额。

问题 30　下列 5 种计价方法哪些是会计报表的基础？(　　)

Ⅰ. 现行成本。Ⅱ. 公允价值。Ⅲ. 未来现金流量的现值。Ⅳ. 历史成本。Ⅴ. 可变现净值。

A. 只有Ⅱ和Ⅳ。　　B. 只有Ⅰ，Ⅱ和Ⅳ。

C. 只有Ⅱ，Ⅲ，Ⅳ和Ⅴ。　　D. Ⅰ，Ⅱ，Ⅲ，Ⅳ和Ⅴ。

问题 31　美国财务会计准则中的综合收益是指(　　)

A. 对于内部使用者的价值大于外部使用者。

B. 公司权益的变动，包括所有者的投资与向所有者的分配。

C. 与净利润是一致的。

D. 公司权益的变动，除了所有者的投资与向所有者的分配。

问题 32　依据财务会计概念公告，编制财务报告最基本的目的是向使用者提供什么信息？(　　)

A. 关于公司拥有的经济资源和负有的责任方面的信息。

B. 关于公司的流动性和偿债能力方面的信息。

C. 关于公司未来现金流量方面的信息。

D. 能使报告使用者做出关系到公司决策的信息。

问题 33　请问下面哪项不是编制财务报告的目标？(　　)

A. 提供对做出投资和信贷决策有用的信息。

B. 帮助管理层评估备选项目。

C. 提供有关企业资源以及企业对这些资源索取权的信息。

D. 帮助投资者和债权人预测未来的现金流量。

问题 34　甲公司年报中向股东提供的财务报表对下面哪类人员的使用价值最小？(　　)

A. 股票经纪人。　　B. 准备提供贷款的商业银行。

C. 竞争对手。　　D. 负责经营活动的管理人员。

问题 35　请问资产负债表不能为下面哪项分析或计算提供依据？(　　)

A. 计算回报率。　　B. 分析资本结构。

C. 分析流动性和财务弹性。　　D. 计算盈利能力和分析以前的业绩。

问题 36　请问总结了某段时间内公司的经营成果的财务报表是(　　)

A. 利润表。　　B. 资产负债表。

C. 所有者权益表。　　D. 留存利润表。

问题 37　请问下面哪项不是第 6 号财务会计概念公告“财务报表科目”中规定的利润表科目？(　　)

A. 费用。　　B. 所有者权益。

C. 利得和损失。　　D. 收入。

问题 38　麦卡亚当姆是莱姆帕索公司的财务长，正在考虑采用 LIFO 方法计算存货成本，从最近 3 年的财务报表中选择的数据如表 4-32 所示。

表 4-32　最近 3 年莱姆帕索公司财务报表　（单位：美元）

科目	2012 年	2011 年	2010 年
流动资产	994	1 020	999
资产	1 939	1 802	1 735
流动负债	538	513	510
未分配利润	1 226	1 080	945
税前利润	340	343	320
所得税（35%）	119	120	112
净利润	221	223	208
股利	87	83	78

该公司使用 FIFO 存货成本计算法对存货进行计量。如果已经采用了 LIFO 方法，则存货分别比 2010 年、2011 年和 2012 年的财务报表金额低 100 美元、103 美元和 103 美元。如果莱姆帕索公司在最近 3 年中使用了 LIFO 方法，则(　　)

A. 截至 2011 年 12 月 31 日的未分配利润为 1 028 美元。

B. 2012 年现金股利将增加 36 美元。

C. 使用 LIFO 方法，2010 年的净利润为 308 美元。

D. 在 2012 年 12 月 31 日的流动资产为 1 061 美元。

问题 39　古德温公司打算建立坏账备抵制度。在过去 5 年中，平均坏账率为年销售收入总额的 1%。本年坏账并核销总额为 1.2 万美元。年度销售收入总额为 130 万美元，现金销售收入总额为 30 万美元，该公司坏账率如表 4-33 所示。

表 4-33　古德温公司坏账率

总额	当天	1～30 天	31～60 天	61～90 天	91～120 天	>120 天
36 万美元	10 万美元	15 万美元	5 万美元	3 万美元	2 万美元	1 万美元
预计坏账率	1%	2%	2%	5%	10%	50%

采用下述哪种方法可以使坏账计提的金额最高？(　　)

A. 直接冲销法。

B. 销售收入百分比法。

C. 赊销净收入百分比法。

D. 应收账款余额百分比法。

问题 40　罗斯建筑公司 2012 年生效的长期建筑合同年末数据如表 4-34 所示，合同价格 100 000 美元。如果公司使用完工百分比法，2013 年财务报告中记录的收入将为(　　)

表 4-34　罗斯建筑公司工程财务信息　（单位：美元）

科目	2012 年	2013 年
建筑成本	30 000	40 000
预计完工成本	50 000	0
销售管理费用	10 000	10 000

A. 37 500 美元。　B. 40 000 美元。　C. 50 000 美元。　D. 62 500 美元。

问题 41　按照证券交易委员会的要求，下述哪项不用在股东年度报告中的“管理层讨论和分析”

中进行讨论？( )

A. 流动性。 B. 资本资源。 C. 市场竞争力。 D. 经营结果。

问题 42 上市公司在编制年度财务报表的时候，所使用的会计原则的声明( )

A. 可以在财务报表附注或利润表中披露。 B. 必须在利润表中披露。

C. 应该在财务报表附注中披露。 D. 应该在管理层讨论和分析中披露。

问题 43 下述哪项不是独立审计师通常从事的活动？( )

A. 编制财务报表及其附注。 B. 针对新会计准则的适用性向管理层咨询。

C. 建议对客户的财务报表进行调整。 D. 就财务报表信息的列报向管理层提供建议。

问题 44 甲公司和乙公司签了一份租赁合同，从 1 月 1 日起甲公司向乙公司租赁计算机。与该租赁相关的信息如下：租赁期限 4 年，计算机的使用寿命 5 年，未来各期支付租金的现值 100 000 元，租赁当日该租赁资产的公允价值 105 000 元，乙公司的隐含利率 10%。租赁期结束，资产所有权从乙公司转至甲公司。甲公司已经在其财务报表上恰当地把该租赁归为融资租赁，且折旧采用和可比资产一样的直线法。请问在 1 月 1 日甲公司在账上如何记录该项租赁来的设备？( )

A. 只记为一项资产。 B. 记为一项资产和一项负债。

C. 只记为一项负债。 D. 记为一项费用和一项负债。

问题 45 1 月 1 日甲公司花费 500 000 元购买了乙公司 30% 的普通股。在购买日乙公司的财务信息为：现金 50 000 元，应收账款（净额）250 000 元，建筑物（净额）700 000 元，土地 100 000 元，负债为100 000 元。和该项购买相关的其他信息为：甲公司拥有对乙公司施加重大影响的能力；应收账款、土地以及负债的账面价值和公允价值一致；建筑物的公允市价为 900 000 元；甲公司资产折旧采用直线法，有形资产和无形资产的折旧摊销期都是 10 年；该年乙公司的净利润为 400 000 元，宣告并发放的股利为 100 000 元。根据以上信息，在 1 月 1 日，甲公司就该项收购应确认多少商誉？( )

A. 0 元。 B. 60 000 元。 C. 140 000 元。 D. 200 000 元。

问题 46 有一项负债表示的是公司账簿上列示的所得税费用和实际支付的所得税之间的差额。请问该项负债是( )

A. 资本利得税。 B. 递延税款。 C. 应付税金。 D. 增值税。

问题 47 甲公司在开业第 1 年末财务报表上列示的税前利润为 50 000 元。税前利润中包括了分期付款发出商品的销售收入 10 000 元和折旧费用 12 000 元。在纳税申报单中列示的分期付款发出商品的销售收入为 5 000 元，扣除 16 000 元的折旧费用。所得税税率为 40%。甲公司把分期付款发出商品的应收款列为流动资产。请问在该公司年末的资产负债表中递延税款余额应为多少？( )

A. 2 000 元作为流动负债和 1 600 元作为流动资产。

B. 4 000 元作为流动资产和 5 000 元作为非流动资产。

C. 2 000 元作为流动负债和 1 600 元作为非流动负债。

D. 4 000 元作为非流动负债和 5 000 元作为流动负债。

情景 4-1

甲公司计算最近两年的递延税款余额如表 4-35 所示。递延所得税资产预计完全可以实现。

表 4-35 甲公司最近两年的递延税款余额 （单位：元）

科目	第 1 年	第 2 年
流动递延所得税资产	3 000	10 000
非流动递延所得税资产	6 000	7 000

（续）

科目	第 1 年	第 2 年
流动递延所得税负债	8 000	9 000
非流动递延所得税负债	5 000	14 000

问题 48、49 以情景 4-1 作为背景。

问题 48　请问第 2 年年末在甲公司的资产负债表中列示的递延税款的金额将会是多少？（　　）

	流动资产	非流动资产	流动负债	非流动负债
A.	0 元	1 000 元	5 000 元	0 元。
B.	7 000 元	1 000 元	1 000 元	9 000 元。
C.	1 000 元	0 元	0 元	7 000 元。
D.	10 000 元	7 000 元	9 000 元	14 000 元。

问题 49　如果甲公司算得第 2 年的应纳税所得额为 1 000 000 元，实际所得税税率为 40%。则甲公司在第 2 年的利润表上列示的所得税费用将会是多少？（　　）

A. 400 000 元。　B. 402 000 元。　C. 404 000 元。　D. 406 000 元。

问题 50　甲公司签订了一份 3 年期的合同，采用完工百分比法计算会计利润以及采用全部完工法计算应纳税所得额。请问对公司该合同第 3 年的财务报表将会产生什么影响？（　　）

A. 递延所得税资产减少。　B. 递延所得税负债减少。

C. 递延所得税资产增加。　D. 递延所得税负债增加。

问题 51　甲公司在刚结束这一年的部分财务资料如下：税前利润 500 万元，从市政公债获得的利息 60 万元，该年出售土地所获利润（下年须纳税）100 万元，所得税税率 40%。期初余额为：应交所得税 0 元，递延所得税负债 5 万元。请问甲公司在其利润表中列示的刚结束这一年份的所得税费用总额应为多少？（　　）

A. 96 万元。　B. 136 万元。　C. 176 万元。　D. 264 万元。

问题 52　甲公司在 12 月 1 日签订了一份 3 年期的汽车租赁合同。该汽车的标价为 17 000 元，预计使用寿命为 8 年。租赁合同要求每个月支付 500 元，支付 36 个月。如果采用甲公司新增贷款利率，每月 500 元的租金折成现值的总额为 15 054 元；若采用出租人的隐含利率（承租人知晓），每月的租金折成现值的总额为 15 496 元。基于上述资料，甲公司应该把该项租赁记为（　　）

A. 融资租赁。　B. 经营租赁。　C. 售后回租。　D. 销售型租赁。

问题 53　甲公司在 1 月 1 日租赁了一台计算机，期限为 4 年，每月月末支付 80 元。由于技术革新日新月异，这台计算机预计在 5 年内会变得陈旧落伍。承租开始时，这台计算机的零售价为 3 450 元。要是甲公司选择购买这台计算机而不是去租赁，公司将会以 10% 的利率去借款。若资本成本为 10%，则每月支付的租金现值为 3 154 元。该公司并不知道该项租赁的隐含利率。请问在 1 月份，该公司应列示（　　）

A. 26 元利息费用和 66 元折旧费用。　B. 0 元利息费用和 80 元租赁费用。

C. 29 元利息费用和 58 元折旧费用。　D. 0 元利息费用和 80 元租赁费用。

问题 54　甲公司想购买一台新机器，成本为 1 000 000 元，预计可使用 3 年。该公司能够以年利率 10% 借到一笔 3 年期且等额支付的贷款购买这台机器。若租赁这台机器，则该公司每年年初支付 400 000 元租赁费。双方商定，无论在哪种情况下，都由甲公司负责该台机器维修，且甲公司的所得税率为 40%。请问租赁费用的税后现值是多少？（　　）

A. 720 000 元。 B. 656 640 元。 C. 596 880 元。 D. 437 760 元。

问题 55 请问在什么情况下应该把长期负债归进财务报表的流动部分？（ ）

A. 如果该长期负债在到期前转成了普通股。

B. 如果该长期负债在该年到期，且将动用流动资产来偿还。

C. 如果管理层计划在该年内对该项长期借款实行再融资。

D. 已设立债券偿还基金，作为计划中的下一年度还款之用。

问题 56 下列哪项不该被列为资产负债表中的流动负债？（ ）

A. 将要提供的服务得自顾客的预收款。 B. 以前月份所做工作的应付工资。

C. 由于折旧方法差异产生的递延所得税款。 D. 以托销方式发运的存货项目的应付账款。

问题 57 以下哪项不是资产负债表提供信息的局限性？（ ）

A. 反映了企业的盈利质量。

B. 关于应收账款可回收程度、产品畅销程度以及资产的寿命方面使用的判断和估计。

C. 遗漏了那些对企业有财务价值的项目，比如员工的价值。

D. 大多数资产和负债未能按市价反映。

问题 58 请问下面哪项并不是在独立审计师的年度报告中明确要求披露的信息？（ ）

A. 重要类别的资产采用的折旧方法概述。

B. 后进先出的存货的具体计算方法。

C. 无形资产的摊销方法和摊销期限。

D. 退休金计划说明、筹资政策以及计算福利的公式类型。

问题 59 下面是甲公司财务记录中的一些项目：可供出售证券 20 万元，待摊费用 40 万元，库藏股 10 万元。请问上面 3 项在甲公司的在产负债表中列为资产类别的总额是多少？（ ）

A. 40 万元。 B. 50 万元。 C. 60 万元。 D. 70 万元。

问题 60 甲公司的总会计师张三正在为编制刚结束这一年份的现金流量表收集数据。张三打算采用直接法编制这份现金流量表，且该期现金流入项目为：从客户收回销货款 10 万元；出于投资目的以 10 万元的价格购入证券，以 12.5 万元的价格出售；增发股票产生的收入总计为 1 万元。请问来自经营活动的现金流入量是多少？（ ）

A. 10 万元。 B. 13.5 万元。 C. 22.5 万元。 D. 23.5 万元。

问题 61 该年甲公司花了 5 000 元获得了一项长期生产用资产，还向当地一家银行借款 10 000 元。这两笔交易应该在甲公司的现金流量表上如何列示？（ ）

A. 投资活动支出现金 5 000 元；筹资活动收到现金 10 000 元。

B. 投资活动收到现金 10 000 元；筹资活动支出现金 5 000 元。

C. 经营活动支出现金 5 000 元；筹资活动收到现金 10 000 元。

D. 筹资活动支出现金 5 000 元；投资活动收到现金 10 000 元。

问题 62 甲公司记录了当期的如下一些支出项目：购入乙公司股票 30 万元；支付股东股利 20 万元；回购公司股票 40 万元。请问上述 3 项支出中在甲公司现金流量表中投资活动部分列示的金额应为多少？（ ）

A. 30 万元。 B. 50 万元。 C. 70 万元。 D. 90 万元。

问题 63 下面的资料是由甲公司提供的，用来计算在其资产负债表里面未完交易的应收账款。该期间向顾客销售产品的收入总计为 15 万元，收款期为 30 天。该期间向某位客户销售产品时收到一张 2.5 万元的商业票据，180 天到期。上一期末，未完交易的应收账款期末余额为 30 万元，该期收回未

完交易的应收账款为 20 万元。该期甲公司员工信用合作社使用了公司的设施，租金收入为 2 000 元。这笔租金虽然尚未到账，但已实现。请问该期资产负债表上未完交易的应收账款余额是多少？（　　）

A. 25 万元。　B. 25.2 万元。　C. 27.5 万元。　D. 27.7 万元。

问题 64　甲公司的总会计师收集了如下的一些资料，据以编制公司的现金流量表：当年公司的净利润为 82 000 元；该年还出售一台原值 60 000 元、账面净值 53 000 元的旧设备，现金收讫且获利 10 000 元；新设备花了 100 000 元。表 4-36 是去年和今年一些账户的期末余额。

表 4-36　甲公司近两年财务数据　（单位：元）

科目	去年	今年
现金	39 000	85 000
应收账款净额	43 000	37 000
存货	93 000	105 000
机器设备	360 000	400 000
累计折旧—机器设备	70 000	83 000
应付账款	22 000	19 000
应付票据	100 000	100 000
股本	250 000	250 000
留存利润	93 000	175 000

请问来自公司本年度经营活动的现金流入量是多少？（　　）

A. 63 000 元。　B. 73 000 元。　C. 83 000 元。　D. 93 000 元。

问题 65　甲公司的投资组合如表 4-37 所示。

表 4-37　甲公司投资组合信息　（单位：元）

种类	名称	成本	市价
交易性证券	A 公司普通股	140 000	150 000
	B 公司普通股	125 000	110 000
	C 公司债券	225 000	240 000
持有至到期证券	D 公司债券	80 000	84 000
	E 市政公债	180 000	210 000
可供出售证券	F 公司普通股	45 000	51 000
	G 公司优先股	97 000	109 000

请问上述投资在甲公司的资产负债表上列示的总额是多少？（　　）

A. 892 000 元。　B. 902 000 元。　C. 920 000 元。　D. 954 000 元。

问题 66　下面的资料来自甲公司的利润表：销售总额 100 万元，销售净额 90 万元，进货运费 1 万元，期末存货 20 万元，毛利率 40%。请问甲公司可供销售货物成本是多少？（　　）

A. 55 万元。　B. 56 万元。　C. 74 万元。　D. 80 万元。

问题 67　甲公司在刚结束这一会计年度的结果是：净利润 920 000 元，折旧费用 110 000 元，应付账款增加额 45 000 元，应收账款增加额 73 000 元，递延所得税负债增加额 16 000 元。请问甲公司来自经营活动的现金流量是多少？（　　）

A. 928 000 元。 B. 986 000 元。 C. 1 018 000 元。 D. 1 074 000 元。

问题 68 3 年前甲公司花费 10 万元购买了乙公司的股票，今年以 15 万元的价格出售。请问这笔交易的结果在甲公司现金流量表中的投资活动部分，列示的金额是多少？( )

A. 0 元。 B. 5 万元。 C. 10 万元。 D. 15 万元。

问题 69 请问最常采用什么方法在现金流量表上计算和列示来自经营活动的现金流量？( )

A. 直接法。 B. 间接法。 C. 单步法。 D. 多步法。

问题 70 经营性现金流入（比如从客户收到的款项）减去经营性现金支出（比如说购买商品支付的现金）主要类别的呈报表示( )

A. 直接法计算经营活动提供或使用的现金净流量。

B. 现金法计算利润（和公认会计原则一致）。

C. 现金流量表格式。

D. 间接法计算经营活动提供或使用的现金净流量。

问题 71 财务会计准则第 95 号公告“现金流量表”中对来自经营活动的现金流量是如何表述的？( )

A. 必须采用直接法披露。

B. 必须采用间接法披露。

C. 应该采用直接法披露，但是间接法也是允许的。

D. 如果能清楚地披露每股普通股的现金流量，则可以采用任何符合逻辑的形式披露。

问题 72 在计算净利润时，下面哪项是不要求在利润表中披露的？( )

A. 和对以前年度会计报表错误更正相关的利润项目。

B. 非常项目的利得。

C. 会计准则变更造成的影响。

D. 为处置某个营业分部所造成的损失。

问题 73 下列哪项不是在资产负债表上列示的现金等价物？( )

A. 商业票据。 B. 货币市场基金。 C. 短期国库券。 D. 长期国库券。

问题 74 甲公司刚刚收到 5 月份的银行对账单。对账单上揭示了银行对甲公司2 500 元的存款，还没有记账；已经开出尚未从该公司账户提走的支票总额为 1 500 元；银行收取的手续费 100 元已收取；甲公司错误地把所开出的 1 000 元的支票记成 100 元。截至 5 月 31 日，该公司记录上显示有 40 500 元的现金余额。请问在银行对账单上截至 5 月 31 日的期末现金余额应为多少？( )

A. 42 500 元。 B. 41 100 元。 C. 39 900 元。 D. 38 500 元。

问题 75 对坏账估计所做的变更应该( )

A. 看作为一项错误。 B. 追溯处理。

C. 作为非常项目处理。 D. 看作只对变更的当期产生影响。

问题 76 一项应收款在资产负债表上被列为流动资产，则预计该项应收款在多长时间内收回？( )

A. 当前营业周期内。 B. 一年内。

C. 以前营业周期或一年孰长为原则。 D. 以前营业周期或一年孰短为原则。

问题 77 甲公司经营周期为 6 个月，并且已知公司现销额为 100 000 元，第 6 个月份赊销额（收款期 30 天）为 150 000 元，第 5 个月份赊销额（收款期 9 个月）为 10 000 元，已实现且是应计的投资利息费用（下一个营业周期的第 3 个月到期）2 000 元。请问甲公司在当前营业周期期末的应收账款总

额是多少？(　　)

A. 152 000 元。　B. 160 000 元。　C. 260 000 元。　D. 262 000 元。

问题 78　甲公司采用备抵法来处理收不回的应收款。在记录完估计的当年收不回的坏账费用以后，甲公司决定注销一位客户（已经申请破产）当年 10 000 元的账款，请问该笔注销对公司当年的净利润和流动资产总额分别有何影响？(　　)

	净利润	流动资产
A.	减少	减少。
B.	无影响	减少。
C.	减少	无影响。
D.	无影响	无影响。

问题 79　甲公司根据行业平均水平，估计坏账率平均为赊销额的 3%。第 3 年年初坏账准备账户余额为 14 万元。该年总的赊销额为 1 000 万元，其中 10 万元被认为是收不回来了；但是收回了先前注销的 2 万元坏账。第 3 年末记录坏账费用的分录中，列在坏账准备的贷方的金额是多少？(　　)

A. 30 万元。　B. 260 万元。　C. 24 万元。　D. 16 万元。

问题 80　后进先出法计量存货的优点是基于下述哪项假设？(　　)

A. 最新发生的成本应该被计入销货成本。

B. 成本应该根据发生的顺序从收入中得到补偿。

C. 成本应按平均水平计入销货成本。

D. 当期成本应该基于具有代表性的或正常的效率条件和产量水平。

问题 81　在价格上升时期，下列哪个存货计量方法常能使收入和费用最相匹配？(　　)

A. 加权平均法。　B. 先进先出法。　C. 后进先出法。　D. 个别计价法。

问题 82　相比于加权平均分步成本法，先进先出分步成本法的一项主要优点是什么？(　　)

A. 先进先出法简单。

B. 先进先出法中不用考虑存货。

C. 在先进先出法下比较突出当期单位成本。

D. 当采用先进先出法时只有期末存货的成本需要分离计算。

问题 83　请问下列哪项行为将会导致利润的减少？(　　)

A. 当价格在上升时，出现后进先出清算。

B. 当价格在下跌时，存货由先进先出法改为后进先出法。

C. 在价格上升时，存货采用后进先出法；到年底时加速购入存货。

D. 改变后进先出法核算存货池的数量。

问题 84　在价格上升时期，下面哪项存货现金流转假设将会导致更高的销货成本？(　　)

A. 先进先出法。　B. 后进先出法。

C. 加权平均法。　D. 移动加权平均法。

问题 85　甲公司是一家专门从事美味食品经销的超市连锁店。它一直采用平均成本法来计量其存货，而今年该公司改用先进先出法。该公司总裁认为这一变更是合理的，因为先进先出法和存货流转顺序更加匹配。这一变更应在财务报表上列为(　　)

A. 累计影响类型的会计变更。　B. 追溯影响类型的会计变更。

C. 会计估计变更。　D. 错误变更。

问题 86　甲公司在今年年末高估了存货价值，那么将造成(　　)

A. 低估今年的利润。
B. 低估今年的留存利润。
C. 低估明年的留存利润。
D. 低估明年的利润。

问题 87 请问下面哪项错误将会导致高估净利润？( )

A. 高估期初存货。
B. 高估期末存货。
C. 高估商誉摊销。
D. 高估坏账费用。

问题 88 在下面哪种存货计量方法下，不论采用永续盘存制还是定期盘存制算得的存货价值和销货成本是一样的？( )

A. 平均成本法。
B. 先进先出法。
C. 后进先出法。
D. 先进先出法或后进先出法。

问题 89 下面是甲公司单位存货的数据：售价 22 元，销售成本 2 元，正常的毛利 5 元，重置成本 10 元。若采用成本与市价孰低的方法计量存货价值，则该存货每单位的市场的价值是多少？( )

A. 10.0 元。
B. 15.0 元。
C. 17.5 元。
D. 20.0 元。

问题 90 在财务会计准则第 115 号公告“对某些债务性及权益性证券投资的会计处理”中规定，对持有至到期的投资该如何计量？( )

A. 公允价值，在净利润中包括未实现的利得和损失。
B. 公允价值，在所有者权益中的一个独立部分列报未实现的利得和损失。
C. 重置成本，不列报未实现的利得和损失。
D. 摊余成本，不列报未实现的利得和损失。

问题 91 关于有价证券的表述，下列哪项是错误的？( )

A. 在交易性股票投资组合里，未实现的利得和损失计入利润表。
B. 在可供出售股票投资组合里，未实现的利得和损失计入利润表。
C. 持有至到期投资组合只是包括债券。
D. 持有至到期证券可以转化为可供出售的投资组合。

问题 92 1 月 1 日甲公司花费 50 万元购买了乙公司 30%的普通股。在购买日乙公司的一些财务信息为：现金 5 万元，应收账款（净额）25 万元，建筑物（净额）90 万元，土地 10 万元，负债 10 万元。和该项购买相关的其他资料如下：甲公司具有对乙公司施加重大影响的能力；应收账款、土地以及负债的账面价值和公允价值一致；建筑物的公允价值为 90 万元；甲公司资产折旧采用直线法，有形、无形资产都在 10 年内摊销；当年乙公司的净利润为 40 万元，宣告和发放的股利为 10 万元。今年年末甲公司应该列报对乙公司投资的余额应该是( )

A. 50 万元。
B. 59 万元。
C. 60 万元。
D. 62 万元。

问题 93 请问下面哪种证券持有的主要目的是为了在近期内出售以赚取差价收益？( )

A. 可供出售证券。
B. 权益性证券。
C. 持有至到期证券。
D. 交易性证券。

问题 94 交易性证券中未实现的利得和损失应在哪张报表列示？( )

A. 资产负债表。
B. 利润表。
C. 财务报表附注。
D. 留存收益表。

问题 95 甲公司以权益性证券形式持有投资，去年购买了这些投资，且根据财务会计准则第 115 号公告“对某些债务性及权益性证券投资的会计处理”中的规定将这些投资恰当地归为可供出售证券。公司今年售出了部分的可供出售证券，产生了一定的损失。今年年底剩余的可供出售证券投资组合已经升值至去年年末的水平。基于上述资料，请问甲公司在今年年底的财务报表上应列示什

么？（　　）

	利润表	资产负债表
A.	可供出售证券的未实现损失	可供出售证券升值带来的未实现持有利得。
B.	可供出售证券的已实现损失	可供出售证券升值带来的未实现持有利得。
C.	可供出售证券升值带来的未实现持有利得	可供出售证券的未实现损失。
D.	可供出售证券的已实现损失和可供出售证券升值带来的未实现持有利得	可供出售证券未实现的利得或损失不列在资产负债表上。

问题 96　甲公司发行在 12 月 31 日向乙公司的普通股股东发行了 10 万股面值为 10 元（现行公允价为每股 50 元）的普通股，以交换乙公司的普通股（乙公司的普通股股份数为 1 万股，每股面值为 1 元）。乙公司将继续作为甲公司的全资控股子公司。甲公司支付和此项合并有关的付现成本为 15 万元，其中和合并直接相关的法律费用为 10 万元，为发行此 10 万股的股份而在证券交易委员会申请上市而发生的成本为 5 万元。12 月 31 日，乙公司的可辨认资产的公允价值超过其账面价值 25 万元。请问在 12 月 31 日甲公司的资产负债表上“股权投资 – 乙公司”账户的余额应为多少？（　　）

A. 110 万元。　B. 115 万元。　C. 500 万元。　D. 510 万元。

问题 97　甲公司持有乙公司 1 万股股票，乙公司目前发行在外的股份为 4 万股。该年乙公司净利润为 20 万元，支付了 16 万元的股利。年初甲公司向乙公司投资的账户的余额为 15 万元。请问年底该投资账户的余额应为多少？（　　）

A. 11 万元。　B. 15 万元。　C. 16 万元。　D. 24 万元。

问题 98　甲公司和乙公司进行了一笔非货币性交易。交换的资产在性质上并不一样。作为交换交易的一部分，甲公司还收到乙公司的现金。然而该笔交易给甲公司带来了损失。就此损失而言，其最恰当的会计处理方式是什么？（　　）

A. 由于交换的资产性质不一样，故不确认此项损失。

B. 由于甲公司也收到了补价，故不确认此项损失。

C. 在交换当年全部确认为损失。

D. 交换当年根据收到的现金占收到的交换资产总价值的比例部分地确认损失。

问题 99　要想判断一项可折旧的固定资产是否发生减值，这家公司必须去比较（　　）

A. 该项资产的账面价值，和该项资产预期产生的未来现金流量的现值。

B. 该项资产的原始成本和其市价。

C. 该项资产的账面价值，和该项资产预期产生未折现的未来现金流量。

D. 该项资产的原始成本和其账面价值。

情景 4-2

根据财务会计准则公告第 121 号“长期资产减值处理”要求，甲公司已将某台机器发生了减值。然而，该公司还想继续使用该机器 3 年，因为该种机器不存在有买卖活跃的市场。该项减值资产在确认减值当日的部分财务资料如下：该机器的原始成本22 000 元，该机器的账面价值 20 000 元，该机器预计产生未折现的未来现金流量15 000 元，该机器的公允价值（通过计算该机器预计产生未来现金流量的现值而得）12 000 元。

问题 100、101 以情景 4-2 作为背景。

问题 100　请问在确认完该项减值损失后，该减值资产的账面价值将是多少？（　　）

A. 0 元。　B. 12 000 元。　C. 14 000 元。　D. 15 000 元。

问题 101　请问甲公司记录的减值损失是多少？（　　）

A. 3 000 元。 B. 5 000 元。 C. 7 000 元。 D. 8 000 元。

问题 102 请问下列哪项不该包括在可折旧资产的成本里面？（ ）

A. 平整土地以使其能为公司所用而发生的成本。

B. 把新设备运至公司的生产场而发生的运费。

C. 在新的建筑物的修建期间实际发生的利息成本。

D. 在公司的土地上修建一条车道发生的成本。

问题 103 某项可折旧资产的预计寿命的变更应该如何列报？（ ）

A. 未来适用法。 B. 追溯调整法。

C. 未来适用法或追溯调整法。 D. 未来适用法和追溯调整法。

问题 104 甲工具公司正在和乙公司谈判收购事宜。乙公司过去 3 年的年平均净利润为 9 万元，包括去年发生的一项 24 000 元的营业外损失。乙公司除了有一栋建筑物外（该建筑物 5 年前购置，花费的成本为 10 万元），所有的资产都按公允价值列示。乙公司对该项建筑物采用直线法折旧，折旧期限为 20 年。甲公司也采用直线法折旧，且认为该项建筑物的公允市价为 12 万元，剩余使用寿命为 25 年。如果甲公司收购了乙公司，则甲公司的利润预计会增加多少？（ ）

A. 114 200 元。 B. 98 200 元。 C. 97 800 元。 D. 90 200 元。

问题 105 甲公司在 1 月 1 日花费了 9 000 元为其机加工厂购置了一台设备。该年这台机器生产了 1 000 件产品，其中售出 600 件。期初、期末皆无在产品存货。这台机器还发生了 300 元的安装费用和 200 元的运输费用。在安装过程中，一个机器部件被损坏，不得不花费 100 元去修理。该机器预期使用寿命为 5 年，预计残值为 1 500 元。甲公司采用直线法折旧。请问该机器的直线法折旧额应该如何计入甲公司的财务报表？（ ）

A. 全部数额将计入销售和管理费用。

B. 部分数额将计入销售和管理费用，部分计入销货成本。

C. 全部数额将计入销货成本。

D. 部分数额将进入产成品，部分计入产品销货成本。

问题 106 请问下面哪个特征并不是把一项资产恰当地称为“财产、厂房和设备”（PP&E）所需要的？（ ）

A. 持有的目的是为了使用而不是投资。 B. 新购置的。

C. 预期使用寿命超过 1 年。 D. 有形的。

问题 107 甲公司采用年数总和法计提折旧。在 1 月 1 日公司花费 50 000 元购置了一台机器，预计使用寿命为 5 年，无残值。请问该台机器第 1 年的折旧费用将会是多少？（ ）

A. 10 000 元。 B. 15 000 元。 C. 16 667 元。 D. 20 000 元。

问题 108 甲公司把 3 年前购置的设备支出错误地计入了费用，该设备花费了 10 万元，预计使用寿命为 10 年，无残值。公司的类似资产采用直线法折旧。第 3 年年底出报表前发现了这一错误，请问在纠正该项错误以后，该设备正确的账面价值将是多少？（ ）

A. 3 万元。 B. 7 万元。 C. 8 万元。 D. 10 万元。

问题 109 甲公司花费 38 600 元购置了一辆卡车向各施工现场运送设备。为此，该公司还花费 1 700元把储藏仓焊接在卡车车厢上，该公司的总会计师张三估计该卡车的使用寿命为 5 年，残值为 1 000元。若采用双倍余额递减法计提折旧，则该卡车第 2 年的折旧费用是多少？（ ）

A. 9 024 元。 B. 9 264 元。 C. 9 432 元。 D. 9 672 元。

问题 110 甲公司和乙公司在 1 月 1 日达成一项计算机租赁合同。和该项租赁相关的信息为：租赁

期为 4 年，计算机的有效寿命 5 年，未来支付租金的现值 100 000 元，租赁当日租赁资产的公允价值 105 000 元，乙公司的隐含利率 10%。租赁期结束时，资产所有权从乙公司转移给甲公司，且甲公司已经在其财务报表上恰当地把此项租赁归类为融资租赁。对于和租赁计算机类似的资产，该公司采用直线法折旧。请问对于租赁来的计算机，甲公司每年入账的折旧费用将是多少？(　　)

A. 20 000 元。　B. 21 000 元。　C. 25 000 元。　D. 26 250 元。

问题 111　甲公司花费 100 000 元购置了制造设备，预期使用寿命为 10 年，残值为 15 000 元。若对该设备采用双倍余额递减法计提折旧，请问第 2 年的折旧额是多少？(　　)

A. 8 500 元。　B. 13 600 元。　C. 16 000 元。　D. 20 000 元。

问题 112　请问下面哪种折旧方法将会在可折旧资产的早期阶段导致最低的净利润？(　　)

A. 综合折旧法。　B. 分类折旧法。　C. 直线法。　D. 年数总和法。

问题 113　丝绸品经销商甲公司在开业的第 1 年，以每台 3 500 元的价格购置了 10 台计算机，预计使用寿命为 6 年；以每张 500 元的价格购置了 5 张计算机桌，预计使用寿命为 10 年；以每台 300 元的价格购置了 2 台文字处理机，预计使用寿命为 4 年。上述所有资产预计均无残值。甲公司想采用一种易于使用并能恰当反映每一会计期间的折旧费用的折旧方法。请问下面哪种方法最好？(　　)

A. 综合折旧法。　B. 分类折旧法。　C. 盘存法。　D. 重置法。

问题 114　甲公司 3 年前通过发行 20 万股面值为 1 元（当时市价为 9 元/股）的股票购买了乙公司所有发行在外的股票。由于乙公司价值的不确定性，双方同意，如果乙公司的盈利在以后 3 年平均超过 18 万元，则将增发 1 万股的股票。乙公司在 3 年结束时已经满足了平均盈利超过 18 万元的条件，且当市价为每股 10 元时已经增发了 1 万股。这笔交易的结果，应该使甲公司在其合并资产负债表上包括(　　)

A. 商誉增加 10 万元。

B. 留存利润减少 10 万元。

C. 超过面值 10 万元的资本公积。

D. 其资产总额、负债总额以及所有者权益总额，都与这笔交易发生前相同。

问题 115　甲公司花费 60 万元购买了乙公司的全部股份。乙公司的财务信息如表 4-38 所示。请问从该项收购中产生的商誉将会是多少？(　　)

表 4-38　乙公司财务信息　（单位：万元）

科目	账面价值	公允市价
现金	5	5
应收账款	10	10
存货	15	10
流动资产总额	30	25
财产、厂房、设备净额	50	60
资产总额	80	85
流动负债	15	15
长期负债	20	20
负债总额	35	35
股本	15	15
资本公积	8	8

（续）

科目	账面价值	公允市价
留存利润	22	
所有者权益总额	45	
负债与权益总额	80	

A. 20 万元。 B. 15 万元。 C. 10 万元。 D. 0 元。

问题 116 甲公司 1 月 2 日支付了 130 万元，取得乙公司 80% 的权益，这一合并当成一项收购处理。那时，乙公司的净资产账面价值为 100 万元；然而乙公司土地和专利权的市价，分别超过账面价值 30 万元和 20 万元。其他所有资产和负债的账面价值和市价相同。在这种情况下，甲公司应该如何分配超过账面价值的支出？（ ）

A. 30 万元计入土地，20 万元计入专利权。

B. 24 万元计入土地，16 万元计入专利权，10 万元计入商誉。

C. 50 万元计入商誉。

D. 30 万元计入土地，20 万元计入商誉。

问题 117 请问下列哪项不该在资产负债表上列为无形资产？（ ）

A. 商誉。 B. 开办费。 C. 预付保险费。 D. 商标权。

问题 118 甲公司在第 1 年年初花费 22 100 元购买了一项专利，在 17 年内摊销。在第 8 年 7 月 1 日，甲公司发生了 11 400 元的法律费用，成功地维护了公司的专利权。请问甲公司第 8 年的摊销费用应该是多少？（ ）

A. 2 500 元。 B. 1 971 元。 C. 1 900 元。 D. 1 300 元。

问题 119 请问在下列哪种情况下，一项或有损失应该确认为一项负债？（ ）

A. 可以对或有损失的金额做出合理的估计。

B. 或有的未来事件有可能发生。

C. 或有的未来事件可能发生，并且损失金额可以合理估计。

D. 或有的未来事件很可能发生，并且损失金额可以合理估计。

问题 120 甲公司在两起诉讼中都是原告。在第一起诉讼中，某个竞争对手精确地仿制了甲公司的某一产品，甲公司正在进行专利侵权的诉讼。律师估计将会收到 500 万元的赔偿，但是预计该案还要拖 2 ~ 3 年才能最终有结果。第二起诉讼也和专利侵权有关，但是在这个案件中律师并不认为甲公司握有强有力的证据，估计赢的机会为 50%。如果能赢，补偿金额将会在 25 万 ~ 100 万元之间。请问计入或有收益最恰当的金额会是多少？（ ）

A. 0 元。 B. 500 万元。 C. 512.5 万元。 D. 525 万元。

问题 121 请问下面哪项或有损失该计入负债，而不是在财务报表附注中披露？（ ）

A. 债务担保。

B. 以前年份核定的附加所得税存在纠纷（该纠纷正在进入诉讼程序）。

C. 结果不确定的未决诉讼。

D. 已成为企业日常业务组成部分的售后服务或是产品质量担保。

问题 122 甲公司资产负债表上的各项财务数据如下：库藏股 8 000 元，5 年期应付票据 12 000 元，融资租赁负债 15 000 元，递延所得税 7 000 元，20 年期债券 20 000 元，应付股利 3 000 元，留存收益14 000 元。请问归为长期债务的金额应为多少？（ ）

A. 54 000 元。　B. 62 000 元。　C. 68 000 元。　D. 79 000 元。

问题 123　购买库藏股在资产负债表上记为(　　)

A. 资产增加。　B. 资产减少。

C. 股东权益增加。　D. 股东权益减少。

问题 124　某公司为防止被收购，以高于公允市价买入库藏股。购买价格与公允市价之间的差额应记为(　　)

A. 一项资产。　B. 一项负债。　C. 股东权益。　D. 一项费用。

问题 125　甲公司以每股 25 元的价格买入本公司每股面值为 5 元的 1 万股普通股，该股票原始售价为每股 28 元。甲公司采用成本法记账。如果甲公司采用面值法而不是成本法，则下列各项中哪项的两个账户的金额将会不一样？(　　)

A. 库藏股和股东权益总额。　B. 股本溢价和留存收益。

C. 库藏股资本公积和留存收益。　D. 股本溢价和库藏股。

问题 126　甲公司以成本法记录库藏股的交易情况。截至 6 月 30 日，公司各账户余额如下：库藏股（100 股，每股 20 美元）2 000 元，先前库存股交易溢价 400 元。6 月 15 日，甲公司以每股 18 元的价格出售 100 股库藏股。若采用成本法处理库藏股的交易情况，交易结束后计入留存利润的金额（如果有的话）将是多少？(　　)

A. 0 元。　B. 200 元。　C. 300 元。　D. 400 元。

问题 127　以下关于库藏股的叙述中，正确的一项是(　　)

A. 尚未注销但已不再在市场流通，然而它却具有发行在外股票的所有权利。

B. 它是一项资产，是可以在将来出售的股份，或以股票期权的形式发行，或作为在公司合并过程中发行的股份。

C. 它不能参与公司收益的清算，但可以参与公司的现金股利和股票股利的分配，以及进行股票分割。

D. 它是作为所有者权益的备抵账户。在（美国的）一些州中，它的存在是对利润留存的一项限制。

问题 128　请问下列哪项重大的非现金交易不需在现金流量表中反映？(　　)

A. 采用负债方式购置资产。　B. 普通股转为优先股。

C. 该年宣告发放股票股利。　D. 发行股权证券用以偿债。

问题 129　12 月 1 日，甲公司的董事会宣告了一项财产股利，该股利以甲公司所持有的乙公司股票来支付。股利应在 1 月 5 日支付。两年前投资于乙公司的股票原始成本为 10 万元。该笔投资在 12 月 1 日的市价为 15 万元、12 月 31 日市价为 17.5 万元、1 月 5 日市价为 16 万元。试问 12 月 31 日反映在甲公司资产负债表上的应付财产股利将会是多少？(　　)

A. 10 万元。　B. 15 万元。　C. 16 万元。　D. 17.5 万元。

问题 130　甲公司于 1 月 31 日公布了一项财产股利，涉及投资于乙公司 1 000 股股票，定于 2 月 15 日支付。该股票在公布之日的账面价值为每股 75 元，市场价格为每股 100 元。请问在宣告该笔股利后，应计入留存收益的金额是多少？(　　)

A. 25 000 元。　B. 75 000 元。　C. 100 000 元。　D. 175 000 元。

问题 131　请问下列哪种情况最可能引起每股收益的增加？(　　)

A. 当期权价格高于市场价格时发行股票期权。

B. 推迟宣告发放股利。

C. 以高于面值的价格出售公司股票。

D. 购买库藏股。

问题 132 甲公司是一家上市公司，公布了一项财产股利，即以其在乙公司所持有的每 1 股交换该公司发行在外的普通股 10 股。甲公司初始购买成本为每股 50 元，在股利宣告日，该股票的市场价格为每股 75 元。请问鉴于该财产股利的宣告，甲公司应该确认(　　)

A. 每股应分配损失 25 元。　　B. 每股应分配收益 25 元。

C. 盈亏平衡。　　D. 按分配日的市价计算所得的损益。

问题 133 库藏股是(　　)

A. 公司的一项资产。

B. 已收回注销的股票。

C. 为了重新发行而持有的回购股份。

D. 企业的司库（财务部门）所持有的股东股权凭证。

问题 134 甲公司的初期净资产为 100 000 元，期末净资产为 95 000 元。该年公司出售股票所获收入为 8 000 元，宣告发放股利为 3 000 元。根据资本保全理论，该公司今年的净利润为多少？(　　)

A. 0 元。　　B. 5 000 元。　　C. （5 000 元）。　　D. （10 000 元）。

问题 135 经授权，甲公司可发行 1 000 万股每股面值为 10 元的股票，其中 200 万股已发行在外。甲公司董事会于 11 月 30 日公布了一项定于 12 月 30 日实行的 1 分 2 的股票分割计划。公布之日每股售价为 30 元。此外，董事会还修订了公司条例，允许核定股数成比例地增加。请问 12 月 31 日反映在甲公司资产负债表中所有者权益部分的每股票面价值将会是多少？(　　)

A. 5 元。　　B. 10 元。　　C. 15 元。　　D. 30 元。

问题 136 经授权，甲公司可发行 100 万股普通股，其中有 10 万股为库藏股，剩余部分由公司股东持有。11 月 1 日董事会宣告了每股发放 0.1 元的现金股利，定于 1 月 2 日支付。与此同时，董事会还宣告于 12 月 31 日发放 5%的股票股利。公告之日该公司股票的每股售价为 10 元，且无零散股发行。请问上述宣告发放总额中有多少是作为流动负债列在甲公司年末资产负债表中的？(　　)

A. 9 万元。　　B. 10 万元。　　C. 54 万元。　　D. 60 万元。

问题 137 甲公司留存利润账户期初、期末余额分别为 10 万元和 12.5 万元。该一年的净利润为 4 万元。甲公司资产负债表显示，尽管既宣告发放现金股利又宣告发放股票股利，但这一年内应付股利账户还是减少了 5 000 元。股票股利已发放金额为 8 000 元。请问在编制该年现金流量表时，甲公司应该列示多少“发放股利支付的现金”？(　　)

A. 2 万元。　　B. 1.5 万元。　　C. 1.2 万元。　　D. 0.5 万元。

问题 138 请问股票分割将如何影响每股面值和所有者权益？(　　)

	每股面值	所有者权益
A.	减少	增加。
B.	减少	不变。
C.	增加	减少。
D.	增加	不变。

问题 139 董事会已宣告、但尚未发放的股票股利应被列为(　　)

A. 流动负债。　　B. 长期负债。

C. 财务报表的附注。　　D. 所有者权益中的一项。

问题 140 请问下列关于股利的叙述中正确的是哪项？(　　)

A. 向已发行在外的普通股配发 15% 的股票股利，要按配发股票的面值借记留存利润。

B. 在宣告配发 30% 的股票股利之日，留存利润的账面价值，将会按所配发的股票的公允市价减少。

C. 宣告发放现金股利，将不会对每股股票的账面价值产生影响。

D. 宣告和配发 10% 的股票股利，将会导致留存利润账面价值，按所配发的股票的公允市价减少。

问题 141　请问下列哪项交易不会影响留存利润余额？(　　)

A. 宣告配发股票股利。　B. 进行账面改组。

C. 宣告股票分割。　D. 宣告发放财产股利。

问题 142　甲公司普通股的当前市场价格为每股 108 元。甲公司计划近期发行一只新股，期望以此提高投资者对公司的兴趣。然而董事会不想在此时把资本金分配出去。因此，甲公司正在考虑是选择 1 分 2 的股票分割方案，还是对其普通股发放 100% 的股票股利的方案。选择股票分割方案的最好理由是(　　)

A. 它不会减少股东的权益。

B. 它不会降低公司将来支付股利的能力。

C. 对每股盈利的影响比较小。

D. 每股面值将不会发生改变。

问题 143　张三是一家最近成立的专门生产棒球球棒和棒球的公司老板，他期望制订出该公司收入确认的政策。请问根据收入确认的原则，何时最适宜确认收入？(　　)

A. 售出商品时。　B. 收到现金时。

C. 产品完工时。　D. 季报编制完成时。

问题 144　请问一家从事贵金属开采的上市公司在确认其收入时，最有可能采用什么方法？(　　)

A. 完工百分比法。　B. 生产完成法。　C. 增长制。　D. 发现制。

问题 145　甲公司采用完工百分比法处理其长期建筑承包合同。表 4-39 是一个承包价为 70 万元的建筑合同的相关信息。该工程的预估成本为 50 万元，合同期为 3 年。假如公司第 1 年的毛利润为 6.5 万元，那么公司第 2 年的毛利润为是多少？(　　)

表 4-39　建筑合同相关信息　(单位：万元)

科目	第 1 年	第 2 年	第 3 年
累计发生成本	30	39	53
工程尚需发生的成本	250	130	0
根据工程进度开出的账单	32.5	22	15.5
应收款收回金额	30	20	20

A. 59 950 元。　B. 70 000 元。　C. 124 950 元。　D. 135 000 元。

问题 146　财务会计准则第 2 号公告“研发费用的会计处理”要求所有的研发费用(　　)

A. 资本化且不摊销。　B. 资本化且在经济寿命内摊销。

C. 资本化且在不少于 40 年的期限内摊销。　D. 发生当年计作费用。

问题 147　请问将研发成本费用化处理的最佳理由是(　　)

A. 确定一种活动是否为研发行为是一个主观的判断。

B. 来源研发活动的益处后来可能会被出售给公司以外的其他人。

C. 很难确定被用做研发的资产将来是否另有用处。

D. 很难确定从研发活动中获取多少益处以及何时获益。

问题 148 综合收益的最佳定义是( )

A. 净利润扣除非常损益。

B. 该期内净资产的变化，包括所有者投入和分配给所有者的数额。

C. 总收入减去总支出。

D. 该期内净资产的变化，不包括企业与其所有者之间进行的交易。

问题 149 请问以下哪项不该包含在年度报告的其他综合收益中？( )

A. 外币折算调整。

B. 外币重新计量损益。

C. 可供出售证券的未实现持有损益。

D. 养老金负债超过未确认的前期服务成本之数。

问题 150 证券交易委员会规定了，在年报中的管理层讨论和分析部分必须包括的一些信息。请问关于下面哪一事项的讨论不需在该部分列示？( )

A. 经营成果。

B. 通货膨胀和物价变动的影响。

C. 前瞻性的信息以及预测。

D. 重大事件或不确定性。

问题 151 请问下列哪项不是公司年报中的管理层讨论和分析部分的内容？( )

A. 当期盈利能力分析。

B. 管理层对于审计报告的任何不同意见的讨论。

C. 关于总体运营情况的有利与不利趋势的讨论。

D. 采用软、硬两种数据对流动性进行的分析。

问题 152 某公司 2014 年财务报告中显示该公司当年来自持续经营的净利润为 10 万元，其他综合收益中的未实现利得为 8 000 元，非常项目的利得为 5 000 元，非持续经营带来的损失为 6 000 元。在忽略所得税的情况下，该公司的财务报表中将列示( )

A. 净利润为 94 000 元；综合收益为 13 000 元。

B. 净利润为 105 000 元；综合收益为 107 000 元。

C. 净利润为 99 000 元；综合收益为 107 000 元。

D. 净利润为 107 000 元；综合收益为 8 000 元。

问题 153 很多公司在其年度报告中包含近 5 年或 10 年的财务数据，这种做法( )

A. 反映了公司使用的存货计价方法。

B. 是对未来业务的估计。

C. 反映了财务报告的趋势。

D. 是会计准则所要求的。

问题 154 甲公司在 2014 年 5 月 31 日的年终结算处理过程中发现，应收票据中的应计利息收入被忽略了。被忽略部分的金额为 2013 年 5 月 31 日 91 800 元，2014 年 5 月 31 日 100 200 元。为了纠正该错误，2014 年的 5 月 31 日的款项中应包含（忽略所得税收影响）( )

A. 贷记利息收入 91 800 元。

B. 贷记留存盈余 91 800 元。

C. 贷记应收利息 100 200 元。

D. 借记利息收入 100 200 元。

情景 4-3

5 月 28 日，甲公司耗资 100 万元从乙公司购买了一台设备。50% 的应付账款在交易截止日交付，另外 50% 在 6 月 28 日之前付清。乙公司购买该机器时的成本是 80 万元，甲公司在交易截止日付给乙公司 50 万元后拥有了这台机器。在 6 月 10 日，乙公司认为商业环境的改变给甲公司应付账款的回收带来了很多不确定因素，存在无法回收的可能性。乙公司和甲公司的财务年度资产负债表日是 5 月 31 日。

问题 155、156 使用情景 4-3 作为背景。

问题 155　乙公司在 5 月 28 日确认的收入是(　　)

A. 0 元。　B. 100 万元。　C. 20 万元。　D. 50 万元。

问题 156　5 月 28 日新设备的购买对甲公司的财务报告产生怎样的影响？(　　)

A. 固定资产增加 50 万元；现金减少 50 万元。

B. 固定资产增加 100 万元；现金减少 50 万元；债务增加 50 万元。

C. 固定资产减少 100 万元；现金减少 50 万元；债务增加 50 万元。

D. 固定资产增加 100 万元；现金减少 50 万元；股东权益增加 50 万元。

问题 157　表 4-40 是甲公司在 2012 年和 2013 年 5 月 31 日债券的相关情况。所有债券都是甲公司在 2011 年的 6 月份购买的。在这之前该公司没有任何债券投资。

表 4-40　甲公司债券投资情况　（单位：元）

债券	2012 年 5 月 31 日		2013 年 5 月 31 日	
	摊余成本	公允价值	摊余成本	公允价值
C 债券	164 526	168 300	152 565	147 600
B 债券	204 964	205 200	193 800	204 500
M 债券	305 785	285 200	289 130	291 400
合计	675 275	658 700	635 495	643 500

假设所有债券都被划分为可供出售金融资产。根据财务会计准则第 115 号的规定，截至 2013 年 5 月 31 日的未实现损益(　　)

A. 作为股东权益的一个独立部分，年末未实现损益账户为借方余额 8 005 元。

B. 作为股东权益的一个独立部分，年末未实现损益账户为贷方余额 8 005 元。

C. 不被确认。

D. 作为利润表上 8 005 元的为未实现损益。

问题 158　某年年初，审计师发现 3 年前购置的某设备成本被费用化，而没有将其资本化并折旧。那么在当年的财务报告中，该差错更正应被视为(　　)

A. 会计政策变化的累积影响。　B. 其他综合收益项目。

C. 调整期初留存收益。　D. 非常项目的利得。

问题 159　以下除了哪项均是证券交易委员会的职责？(　　)

A. 对全国公开发行的证券进行管理。　B. 对美国证券市场的管理。

C. 决定大型上市公司普通股的公允交易价格。　D. 监控公司内部人员股票交易情况。

问题 160　以下哪项不属于存货的持有成本？(　　)

A. 外埠运输费。　B. 保险费。

C. 保管费。　D. 存货投资的资金成本。

情景 4-4

甲公司使用永续存盘制。5 月份存货期初库存为 100 件，每件为 10 元。5 月份的购买和销售情况为：9 日购买 200 件，每件 10 元；16 日销售 190 件；21 日购买 150 件，每件 12 元；29 日销售 120 件。

问题 161、162 以情景 4-4 作为背景。

问题 161　甲公司使用先进先出法计算存货价值，5 月 31 日的存货余额是(　　)

A. 1 460 元。　B. 1 200 元。　C. 1 680 元。　D. 1 562 元。

问题 162　甲公司使用后进先出法计算存货价值，5 月 31 日的存货余额是(　　)

A. 1 460 元。　B. 1 200 元。　C. 1 680 元。　D. 1 562 元。

问题 163　以下哪项关于每股收益的科目不是财务报告所必需的？(　　)

A. 非常项目之前的利润。　B. 净利润。

C. 非持续经营损益。　D. 来自持续经营的净利润。

问题 164　以下哪项不是上市公司的财务报表所具备的特征？(　　)

A. 汇总的信息。　B. 具有相关性。

C. 本质上是历史性的。　D. 告知使用者未来的事项。

问题 165　购买法是企业合并业务会计处理的重要方法，这种方法不具备以下哪种性质？(　　)

A. 资产和债务以公允价值和者购买价格两者中较低者计量。

B. 收购后的合并资产负债表中会出现被收购公司所拥有的商誉。

C. 可辨认资产和债务的买入价超出公允价值的部分就是商誉。

D. 流动资产和债务总是按照当时的公平价值计量，与购买价格无关。

情景 4-5

甲公司在2011 年6 月3 日购买了一架公司专用飞机，飞机购买成本为123 750 元，预计使用寿命6 年，预计飞行时间为 15 000 小时，预计残值为 11 250 元。前 4 年每年实际飞行小时数分别为 1 984 小时、2 800 小时、1 690 小时和 1 824 小时。

问题 166 ~ 168 使用情景 4-5 作为背景。

问题 166　如果甲公司使用年数总和法，该公司第 3 年的折旧费用为(　　)

A. 16 071 元。　B. 17 679 元。　C. 23 571 元。　D. 21 429 元。

问题 167　如果甲公司使用工作量法，该公司第 4 年的折旧费用为(　　)

A. 18 750 元。　B. 20 625 元。　C. 13 680 元。　D. 15 048 元。

问题 168　如果甲公司使用双倍余额递减法，该公司第 2 年的折旧费用为(　　)

A. 18 333 元。　B. 41 250 元。　C. 27 500 元。　D. 37 500 元。

问题 169　对公司资产流动性评估来说，最重要的两种财务报表是(　　)

A. 利润表和资产负债表。　B. 利润表和现金流量表。

C. 资产负债表和现金流量表。　D. 资产负债表和留存收益表。

问题 170　以下除了哪项都是被认为是可辨认的无形资产(　　)

A. 商誉。　B. 专利和商标。

C. 许可证。　D. 版权。

问题 171　完工百分比法可以作为收入确认的原则是因为(　　)

A. 客户已支付现金。　B. 生产过程可被划分为几个阶段。

C. 盈利过程通过不同的阶段完成。　D. 资产可随时转换成现金。

问题 172　以下哪个会计概念或假设能够最清晰的表现出责权发生制和现金制会计的区别？(　　)

A. 配比原则和历史成本。　B. 谨慎性原则和持续经营。

C. 历史成本和谨慎性原则。　D. 收入确认和配比原则。

问题 173　以下哪项不是流动负债？(　　)

A. 预付保险费。　B. 即将到期的长期借款。

C. 未实现收入。　D. 应计员工薪酬。

问题 174　甲公司从 2011 年 6 月 1 日卖出商品之日起开始实行 3 年的保修期服务。截至 2012 年 5 月 31 日，公司的实际销售收入是 269.5 万元。预计保修期成本是销售收入的 3%。2011 年实际发生保修费用包含人工成本 31 500 元的和材料成本 9 100 元。那么，截至 2012 年 5 月 31 日，该公司利润表上记录的保修费用为(　　)

A. 31 500 元。　B. 40 600 元。　C. 80 850 元。　D. 40 250 元。

问题 175　甲公司使用完工百分比法进行收入确认。第 1 年公司开始建造一个合同价为 500 万元的项目，其他财务数据如表 4-41 所示。

表 4-41　甲公司项目财务数据　　(单位：万元)

科目	第 1 年	第 2 年
年内发生成本	90	235
预计完工成本	270	0
年内开具账单	100	400
年内回收金额	70	430

该公司第 1 年确认的利润是(　　)

A. 35 万元。　B. 140 万元。　C. 70 万元。　D. 125 万元。

问题 176　在被确认为收购行为且不产生负商誉的商业合并中，收购方按照(　　)记录被收购方的资产。

A. 原始成本减累计折旧　B. 重置成本

C. 账面价值　D. 公允价值

问题 177　利润表格式不包括(　　)

A. 报告式。　B. 单步式。　C. 多步式。　D. 简明式。

问题 178　一套完整的财务报表包括资产负债表、利润表、现金流量表、所有者权益变动表和(　　)。

A. 审计报告。　B. 财务报表附注。

C. 分部报告。　D. 管理层讨论和分析。

问题 179　如果企业简单列示资产、负债和所有者权益，资产负债表就不全面，企业还需要提供重要的补充信息，以下哪项不是企业需要补充披露的信息？(　　)

A. 或有事项。　B. 会计政策。　C. 合同情况。　D. 历史成本。

问题 180　下列关于财务报表局限性说法正确的是(　　)

A. 企业在利润表中省略了不能可靠计量的项目。　B. 收益计量包含判断。

C. 忽略了资产负债表外项目。　D. 记录了内部产生的资产。

问题 181　财务报表附注一般不包括下列选项中哪项？(　　)

A. 财务报表编制基础。　B. 遵循企业会计准则的声明。

C. 重要会计政策和会计估计。　D. 管理层论述与分析。

情景 4-6

甲公司所处行业的坏账比率很高。在年末进行调整之前，甲公司的应收账款余额为 555 000 元，坏账备抵贷方余额为 35 000 元。企业根据表 4-42 所示的账龄分析表来确定应在年末资产负债表中报告的坏账备抵。

表 4-42 甲公司账龄分析表

总额	<16 天	16~30 天	31~45 天	46~60 天	61~75 天	>75 天
55.5 万元	30 万元	10 万元	8 万元	4 万元	2 万元	1.5 万元
回收概率	98%	90%	85%	75%	40%	0%

问题 182、183 以情景 4-6 作为背景。

问题 182 甲公司年末坏账备抵的余额应该是( )

A. 3 万元。 B. 4.4 万元。 C. 5 万元。 D. 6.5 万元。

问题 183 甲公司年末坏账调整对税前利润的影响为( )

A. 1.5 万元。 B. 3 万元。 C. 3.5 万元。 D. 5 万元。

问题 184 关于应收账款出售的说法错误的是( )

A. 当以无追索权的方式购买应收款时，买方就承担了应收款可收回性的风险以及可能的信贷损失。

B. 对于有追索权的应收款销售，卖方承诺当债务人无法付款时它将付款给买方。

C. 有无追索权的出售对于卖方资产负债表的影响是相同的。

D. 只有当卖方将应收款的控制权让与买方，这一销售才算是成立的。

问题 185 关于永续盘存制和定期盘存制说法错误的是( )

A. 永续盘存制持续记录了存货账户和销货成本账户的余额。

B. 在永续盘存制下销货成本是一个倒轧的金额。

C. 企业需要定期根据实际盘存的数量、重量或容量等来核查存货记录。

D. 损耗、破坏、偷盗等事件都会导致存货记录与实际库存存货不符。

问题 186 下列哪种情况下存货归卖方所有？( )

Ⅰ. 装运点交货，在交给承运人后。

Ⅱ. 寄销商品在出售给第三方之前。

Ⅲ. 附回购协议的销售。

Ⅳ. 高退回率的销售，但卖方能够合理估计退回的金额。

Ⅴ. 分期付款销售，卖方不能够合理估计坏账百分比时。

A. Ⅰ，Ⅱ，Ⅲ。 B. Ⅱ，Ⅲ，Ⅴ。 C. Ⅱ，Ⅲ，Ⅳ，Ⅴ。 D. 全部。

问题 187 甲公司采用的是定期盘存制。年末，该公司财务人员发现公司正确地记录了期初存货和购货，但是在期末存货中没有包含某些项目。这将对以下会计科目产生什么影响？( )

	存货	净利润
A.	高估	低估。
B.	低估	无影响。
C.	低估	低估。
D.	高估	无影响。

问题 188 在通货膨胀的影响下，与先进先出法相比，后进先出法会造成哪种影响？( )

	期末存货	净利润	现金流
A.	较大	较小	较大。
B.	较小	较大	较小。
C.	较小	较小	较大。
D.	较大	较大	较小。

问题 189　以下哪种情况发生时，企业更加偏爱后进先出法计量存货价值？(　　)

Ⅰ. 销售价格和收入的增长速度快于成本。

Ⅱ. 公司有相对固定的"基本原料"。

Ⅲ. 随着产量的增加，单位成本呈下降趋势。

A. Ⅰ。　　B. Ⅰ，Ⅲ。　　C. Ⅰ，Ⅱ。　　D. 全部。

问题 190　甲公司存货账面价值为 70 000 元。年末，该公司发现其存货重置成本为 62 500 元，产品售价为 64 000 元，可实现净值为 56 000 元，正常毛利为 5 100 元。该公司年末应确认的存货价值为(　　)

A. 50 900 元。　　B. 56 000 元。　　C. 62 500 元。　　D. 70 000 元.

情景 4-7

甲公司成立于 2013 年 12 月 1 日。以下是甲公司产品的存货记录：①2014 年 1 月 1 日，期初存货 600 件，单位成本 8 元；②2014 年 1 月 5 日，购货 1 200 件，单位成本 9 元；③2014 年 1 月 25 日，购货1 300 件，单位成本 10 元；④2014 年 2 月 16 日，购货 800 件，单位成本 11 元；⑤2014 年 3 月 26 日，购货 600 件，单位成本 12 元。2014 年 3 月 31 日的存货盘点显示库存 1 600 件产品。

问题 191 ~ 193 以情景 4-7 作为背景。

问题 191　如果甲公司使用先进先出法，期末存货价值是(　　)

A. 13 800 元。　　B. 15 856 元。　　C. 18 000 元。　　D. 44 600 元。

问题 192　如果甲公司使用后进先出法，期末存货价值是(　　)

A. 13 800 元。　　B. 15 856 元。　　C. 18 000 元。　　D. 44 600 元。

问题 193　如果甲公司使用加权平均法，期末存货价值是(　　)

A. 13 800 元。　　B. 15 856 元。　　C. 18 000 元。　　D. 44 600 元。

问题 194　甲公司使用成本回收法确认收入，第 1 年该公司赊销为 100 000 元，销货成本为 70 000 元。在第 2 年，该公司收回第 1 年销售的货款中的 80 000 元，则该公司在第 1 年和第 2 年确认的毛利分别为(　　)

	第 1 年	第 2 年
A.	30 000 元	30 000 元。
B.	0 元	30 000 元。
C.	0 元	10 000 元。
D.	10 000 元	10 000 元。

问题 195　以下哪种情况，公司可以在交付时确认收入？(　　)

A. 附有回购协议的销售。　　B. 附有退货权的销售。

C. 贸易负载和渠道填塞。　　D. 完成合同法下的长期合同。

问题 196　收入在交付后确认的方法不包括(　　)

A. 分期付款销售法。　　B. 成本回收法。

C. 保证金法。　　D. 完工百分比法。

问题 197　甲公司 2014 年 12 月 31 日拥有版权的相关信息列示如下：成本 860 万元，账面价值 430 万元，预期未来净现金流 400 万元，公允价值 320 万元。假设甲公司将继续使用这项版权。2014 年 12 月 31 日，版权估计还有剩余使用寿命为 10 年。计算甲公司的资产减值损失是多少？(　　)

A. 0 元。　　B. 30 万元。　　C. 110 万元。　　D. 540 万元。

问题 198　甲公司的 A 分部净资产的相关信息列示如下：现金 5 千万元，应收账款 2 亿元，固定

资产26亿元，商誉2亿元，应付票据27亿元，净资产3.5亿元。A分部的任务是开发一种核能飞机。如果开发成功，飞行燃料耗费可以实质性地减少，而且还会有许多其他方面的益处。截至目前，管理层还没有取得大的进展，正在考虑一次性注销开发成本是否适合。管理层估计，这个项目未来的净现金流量是4亿元。管理层已经收到一个收购该分部的要约，价格是3.35亿元。所有可辨认资产和负债的账面价值与公允价值的金额是相等的。请计算对子A分部商誉的减值损失？(　　)

A. 0元。　　B. 1 500万元。　　C. 5 000万元。　　D. 6 500万元。

问题199　下列关于合并报表说法正确的是(　　)

A. 应使用公允价值法进行企业购并的会计处理。

B. 合并财务报表强调“经济实质”，并把母公司和其子公司作为独立的法律实体。

C. 报表合并涉及两个步骤：聚合和抵销。

D. 资产负债表合并的最终结果是按资产负债表日的公允市价来对购入的子公司进行报告。

问题200　巴克利公司2013年12月31日有关投资的可获取信息如下：3 000股梅耶斯公司普通股股票，成本40 000元，公允价值48 000元；1 000股科勒公司优先股股票，成本25 000元，公允价值22 000元。假设该公司将这两种股票划分为交易性证券和可供出售证券，2013年在利润表上确认的损益分别为(　　)

	交易性证券	可供出售证券
A.	5 000元	5 000元。
B.	0元	5 000元。
C.	0元	0元。
D.	5 000元	0元。

问题201　2014年1月1日，佩宁顿公司支付180 000元购买了爱德华兹公司30%的普通股股票。当年，爱德华兹公司赚取净收益为80 000元，并支付股利20 000元。年末，爱德华兹公司的公允价值为700 000元。2014年年末该公司确认的对爱德华兹公司的股权投资余额为(　　)

A. 186 000元。　　B. 198 000元。　　C. 204 000元。　　D. 210 000元。

问题202　甲公司提出的租赁协议涉及租赁一架乙公司双引擎涡轮螺桨飞机。飞机的公允价值为1 000 000美元。这架飞机将从2008年1月1日开始出租，租赁期为10年。只有当飞机意外毁损时租赁协议才可以撤销。每年1月1日应到期支付141 780美元的租赁付款额，第一笔款项将于2008年1月1日支付。甲公司可以按照12%的年利率借入10年期、1 000 000美元的贷款。出租人的隐含利率没有在协议上注明，但是根据每年支付137 780美元的租金净额以及飞机1 000 000美元的最初市值，可以判断隐含利率大约为8%。2008年1月1日，使用12%的利率计算的租金净额之和加上44 440美元的议价购买权的现值为888 890美元。使用租赁协议的隐含利率8%计算得到的现值（包括议价购买权）则为1 022 226美元。甲公司在租赁协议签署后应当在资产负债表中确认租赁飞机的金额是(　　)

A. 844 450美元。　　B. 888 890美元。

C. 1 000 000美元。　　D. 1 022 226美元。

情景4-8

甲公司报告2007年的税前会计利润为70 000美元，下列事项使得应税收益不等于税前会计收益。

1）纳税申报表上的折旧金额比利润表上的折旧金额高16 000美元。

2）纳税申报表上已收取租金比利润表上已赚取租金高22 000美元。

3）11 000美元的污染罚款在利润表上列为费用项目。

甲公司的所得税税率为30%，公司预计在未来所有年度内会报告应税收益，2007年年初不存在递延所得税。

问题203、204以情景4-8作为背景。

问题203　2007年的应付所得税是(　　)

A. 19 500元。　B. 22 800元。　C. 26 100元。　D. 27 900元。

问题204　2007年的所得税费是(　　)

A. 19 500元。　B. 24 300元。　C. 26 100元。　D. 30 900元。

问题205　甲公司在2007年末为两个生产机构预计发生的地点清扫成本设立了一项1亿美元的负债。所有相关的决算成本将在2008年支付，并在那年的纳税申报表上抵减。2007年末，该公司因税法上允许计提的折旧超过会计折旧而产生5 000万美元的暂时性差异，其中的700万美元将会在2008年转回。所有年度的法定所得税税率为40%，该公司为2007年1.6亿美元的应税收益支付了6 400万美元的所得税。甲公司预计2008年会有应税收益。2008年末的递延所得税是(　　)

	递延所得税资产	递延所得税负债
A.	4 000万美元	2 000万美元。
B.	0美元	2 000万美元。
C.	0美元	0美元。
D.	4 000万美元	0美元。

情景4-9

甲公司按照每股120美元的价格发行面值为10美元的普通股。目前，发行和流通的普通股共有5 000 000股。该公司董事会希望在即将发行股票之前提高普通股的股利支付，而又不希望进行资本分配。同时，他们还认为对所有者权益，尤其是留存收益部分的大幅度调整将会打击潜在投资者。董事会考虑增加股利支付。

问题206～208使用情景4-9作为背景。

问题206　董事会决定发放20%的股票股利，留存收益会(　　)

A. 不变。　B. 减少1千万美元。　C. 减少1.2亿美元。　D. 增加。

问题207　董事会决定发放100%的股票股利，留存收益会(　　)

A. 不变。　B. 减少5千万美元。　C. 减少6亿美元。　D. 增加。

问题208　董事会决定进行1比2的股票分割，留存收益会(　　)

A. 不变。　B. 减少5万美元。　C. 减少6亿美元。　D. 增加。

问题209　甲公司有每股面值5美元的普通股40 000股，发行价为每股30美元。随后甲公司进行如下交易：

交易1：按每股45美元购买5 000股作为库藏股。

交易2：按每股49美元重新出售2 000股库藏股。

交易3：按每股40美元重新出售500股库藏股。

甲公司使用成本法记录上述交易时，对实收资本的影响分别为(　　)

	交易1	交易2	交易3
A.	下降	不变	不变。
B.	不变	上升	下降。
C.	不变	不变	不变。
D.	下降	上升	下降。

问题 210　**甲公司去年以每件 20 元的价格购买了一种日化用品。年末，财务人员由于疏忽，将其价值错误地减值到 22 元/件。这种商品现在能够以每件 60 元的价格销售。财务人员的错误会造成以下哪种影响？(　　)**

A. 今年的净利润被高估。　　B. 今年的净利润被低估。

C. 今年的销货成本被高估。　　D. 去年的净利润被高估。

问题 211　**甲公司的 4 个分部的净利润和现金流如表 4-43 所示。**

表 4-43　甲公司 4 个分部的财务数据　　（单位：万元）

科目	部门 1	部门 2	部门 3	部门 4
经营活动现金流	200	-25	-300	200
投资活动现金流	-400	600	800	-300
融资活动现金流	108	-100	-100	108
净利润	150	175	240	150

根据以上信息，甲公司应该关闭哪个部门？(　　)

A. 部门 1。　　B. 部门 2。　　C. 部门 3。　　D. 部门 4。

问题 212　**甲公司年报中有以下信息：销售净收入 25 000 元，折旧 2 000 元，销货成本 3 500 元，处置固定资产的利得 3 000 元，非持续经营损失 5 400 元，非常项目利得 500 元。那么，甲公司来自持续经营的利润为(　　)**

A. 17 100 元。　　B. 17 600 元。　　C. 22 500 元。　　D. 23 000 元。

问题 213　**甲公司存货计价使用后进先出法，因为该公司的管理层认为这种方法能够使得企业获得节约税收的好处。在以下哪种情况下，该方法会适得其反？(　　)**

A. 在价格上涨时，后进先出准备为零。

B. 在价格上涨时，发生后进先出清算。

C. 在价格下跌时，后进先出准备为零。

D. 公司在外部报告中使用后进先出法，内部报告中使用平均法。

问题 214　**发生以下哪种情况公司会进行留存收益的分拨？(　　)**

A. 公司存在稀释证券。　　B. 公司存在或有负债。

C. 公司的股利超过行业平均水平。　　D. 公司发行证券的公允价值无法确定。

问题 215　**以下哪种行业的公司后进先出准备为零？(　　)**

A. 快速消费品。　　B. 体育用品。　　C. 电子产品。　　D. 飞机制造。

问题 216　**请问以下哪项不是某上市公司年报必须包括的内容？(　　)**

A. 有关的比率分析以及与行业标准所做的比较。

B. 披露财务报表在整体上发生重大变化的原因。

C. 5 年来自持续经营业务的每股收益与全部收益。

D. 通货膨胀与物价变动对于财务报表影响的相关信息。

问题 217　**以下哪些会计方法的差别会影响吸收成本法下的利润？(　　)**

A. 永续盘存、定期盘存。　　B. 先进先出、后进先出法。

C. 信用销售、现金销售。　　D. 寄售、不采用寄售。

问题 218　**下面关于美国财务会计准则和国际财务报告准则描述正确的是(　　)**

A. 美国财务会计准则规定当减值资产价值恢复时，减值损失不可以回转；国际财务报告准则规定当资产的价值恢复时，减值损失可以回转。

B. 美国财务会计准则的存货按成本与可变现净值孰低计量；国际财务报告准则的存货成本按成本与市价孰低计价。

C. 美国财务会计准则不允许采用先进先出法；国际财务报告准则允许采用先进先出法。

D. 美国财务会计准则要求研究费用化，开发成本资本化；国际财务报告准则研究和开发成本都资本化。

问题 219　甲公司存货采用永续盘存制的加权平均法计算存货成本。7 月份存货信息如表 4-44 所示。

表 4-44　甲公司 7 月份存货信息

事件	数量（件）	单价（元/件）
1 日，期初库存	0	
8 日，买入	800	1
12 日，使用	400	
18 日，买入	600	1.07
25 日，使用	500	
31 日，期末库存	500	

如果该公司改用实时盘存制，那么期末存货价值变化是(　　)

A. 4 元。　　B. 6 元。　　C. 8 元。　　D. 10 元。

问题 220　公司借入 6 个月短期借款，银行要求 500 000 元补偿性余额。该 500 000 元在资产负债表上如何列示？(　　)

A. 披露到期日、金额等相关信息。

B. 列入非流动资产，并披露相关信息。

C. 列入现金及现金等价物。

D. 列入流动负债。

问题 221　当年 12 月 31 日，甲公司有如下的财务信息：银行透支 5 000 元；债券 200 000 元，其中 100 000 元下一年 7 月 1 日到期；应付票据 1 000 000 元，下一年 7 月 1 日到期；分期偿还应付债券为1 000 000 元，下一年 12 月 31 日到期 100 000 元。那么，甲公司流动负债为(　　)

A. 1 005 000 元。　　B. 1 105 000 元。

C. 1 205 000 元。　　D. 1 305 000 元。

问题 222　某公司权益财务信息如下：实收资本（10 元/股）400 万元，资本公积 180 万元，留存收益 430 万元，净资产 1 010 万元。公司股票每股市场价格 25 元时。如果公司决定发放 40%股票股利，那么公司的净资产和实收资本分别为(　　)

	净资产	实收资本
A.	606 万	800 万元。
B.	1 010 万元	800 万元。
C.	1 010 万元	560 万元。
D.	606 万	560 万元。

问题 223　甲公司 1992 年 2 月 2 日发行面值 2 500 000 元票面利率 7%的债券，按 106.563 元/张发行，2022 年 12 月 31 日到期。债券的实际利率 6%。公司规定债券折价或溢价按直线法摊销。2005 年，

公司以 102 元/张的价格，回购面值 500 000 元债券。此时，未摊销完的溢价为 133 000 元。该公司所得税率为 35%。回购债券对该公司当年收益影响是(　　)

A. 10 790 元。　B. 16 600 元。　C. 79 953 元。　D. 123 000 元。

问题 224　甲公司购买了乙公司的权益证券，且被认定为可供出售证券。表 4-45 为该证券的财务信息。

表 4-45　甲公司可供出售证券的信息

时间	账面价值（历史成本）	公允价值
去年年末	150 万元	170 万元
今年	150 万元	140 万元

则该证券未实现的损益是多少？记录在哪里？(　　)

A. －10 万元，其他全面收益。　B. －30 万元，当期损益。

C. －10 万元，当期损益。　D. －30 万元，其他全面收益。

问题 225　甲公司使用成本与市价计量存货价值，该公司财务张三获得以下存货数据：历史成本 23 万元，重置成本 19 万元，售价 20 万元，销售成本 3 万元，正常利润是销售额的 30%。则甲公司期末存货价值为(　　)

A. 11 万元。　B. 17 万元。　C. 19 万元。　D. 20 万元。

问题 226　甲公司原材料库存账面价值 25 万元，重置成本 20 万元。产品销售价格 32 万元，销售费用 3 万元，正常情况下公司利润率为 25%。那么，甲公司期末存货账面价值应为(　　)

A. 20 万元。　B. 21 万元。　C. 32 万元。　D. 24 万元。

问题 227　无形资产组要摊销和减值测试，以下哪些无形资产不需要摊销？(　　)

Ⅰ. 专利。Ⅱ. 版权。Ⅲ. 商誉。Ⅳ. 无使用寿命的资产。

A. Ⅰ，Ⅱ。　B. Ⅲ，Ⅳ。　C. Ⅱ，Ⅲ，Ⅳ。　D. Ⅰ，Ⅲ，Ⅳ。

问题 228　甲公司期初的坏账准备是 30 万元，本期赊销金额为 1 000 万元，期末应收账款余额为 2 000 万元。该公司用销售百分比法计提坏账准备，预计坏账率是 5%。那么，本期应该计提的坏账为(　　)

A. 20 万元。　B. 50 万元。　C. 70 万元。　D. 100 万元。

问题 229　甲公司权益账户期初余额 106 万元，本期利润为 23 万元，期末余额 122 万元。那么，甲公司今年发放了多少股利？(　　)

A. 0 万元。　B. 7 万元。　C. 16 万元。　D. 39 万元。

问题 230　2017 年，甲公司发放 5% 的股票股利，则该公司负债、留存收益、股东权益如何变化？(　　)

	负债	留存收益	股东权益
A.	不变	按账面价值减少	增加。
B.	不变	按股价市值减少	不变。
C.	增加	按账面价值减少	不变。
D.	增加	按股价市值减少	增加。

问题 231　一般来说，哪种计提坏账准备的方法最保守？(　　)

A. 余额百分比法。　B. 账龄分析法。

C. 销售收入法。　D. 赊销收入法。

问题 232　以下哪些临时性差异被计入递延所得税？(　　)

Ⅰ. 折旧方法不同。　Ⅱ. 收入费用确认方法不同。　Ⅲ. 国债收入。

A. Ⅰ。　B. Ⅰ和Ⅱ。　C. Ⅲ。　D. 都不是。

问题 233　递延所得税(　　)

A. 仅包括临时性差异。　B. 仅包括永久性差异。

C. 包括临时性差异和永久性差异。　D. 是现时之递延结转和未来之实现。

问题 234　甲施工企业 2013 年 10 月开始建造一栋大楼，工期 6 个月，合同款金额为 2 000 万元。业主支付合同额的 20%作为订金。根据以上信息，甲公司 2013 年底确认收入为(　　)

A. 0 元。　B. 2 000 万元。

C. 400 万元。　D. 1 000 万元。

问题 235　甲公司每年销售电风扇数量为 1 万台，每台保修费为 5 元。2013 年，实际发生保修费用共为 3 万元，则甲公司使用哪种方法最谨慎？(　　)

A. 保修费用化法。　B. 出售保修法。

C. 实际确认法。　D. 无法确定。

问题 236　甲公司 7 月 1 日收到一份不可取消的订单，每月向乙公司销售 10 000 件产品。根据以往经验，每件产品的平均保修费为 1 元，截至今年 12 月 31 日，实际发生了保修费 54 000 元。那么，今年年底应确认多少保修费？(　　)

A. 54 000 元。　B. 60 000 元。

C. 70 000 元。　D. 120 000 元。

问题 237　以下哪个选项不包括在其他全面收益中？(　　)

A. 会计原则变更。　B. 最低负债调整带来的退休金损益。

C. 特定外币业务调整。　D. 可供出售证券的未实现损益。

问题 238　如果财务报告对某一方有利，则违背了什么原则？(　　)

A. 可靠性。　B. 重要性。

C. 充分披露。　D. 公平原则。

问题 239　甲公司出售自有土地，账面价值为 100 万元，市场价格为 150 万元。出售后，甲公司又将这块土地租赁回来。该项交易带来的损益应计入(　　)

A. 利润表。　B. 调整留存收益。

C. 可以进入利润表，也可以调整留存收益。　D. 以上说法均不正确。

问题 240　根据美国一般公认会计原则，全面收益是(　　)

A. 公司每年的净利润。

B. 公司权益的变动，且包括所有者的投资与股权变动。

C. 公司的净利润除去非常项目和非持续经营项目带来的损益。

D. 公司权益的变动，但除了所有者的投资与分配股利。

问题 241　无形资产的永久损失是(　　)

A. 未来现金流的现值和现金流未贴现值之差。

B. 公允价值与未来现金流的现值之差。

C. 账面价值与公允价值之差。

D. 账面价值与未来现金流的现值之差。

问题 242　甲公司 2013 年的资产负债表如表 4-46 所示。

表 4-46 甲公司资产负债表 （单位：万元）

项目	期初数	期末数	项目	期初数	期末数
现金	50	70	短期借款	300	310
应收账款	40	45	应付账款	200	220
应收票据	80	85	应付票据	700	650
存货	700	710	实缴资本	500	500
固定资产	1 000	1 050	留存收益	2 000	2 200

甲公司当年的净利润是 300 万元，折旧 20 万元。那么，甲公司经营活动、投资活动和筹资活动产生的现金流量总额是（ ）

A. 20 万元。 B. 70 万元。 C. 300 万元。 D. 320 万元。

问题 243 甲公司年末财务部门记录了如表 4-47 所示的信息。

表 4-47 甲公司金融资产信息 （单位：万元）

类型	成本	公允价值	未实现损益
持有至到期投资	20	19	（1）
可供出售金融资产	25	22	（3）
交易性金融资产	15	18	3

那么，甲公司在年末资产负债表中债券投资的金额应为（ ）

A. 19 万元。 B. 20 万元。 C. 59 万元。 D. 60 万元。

问题 244 甲公司签了一个新的订单合同，合同金额 12 万元，预付款 20%，合同执行期 6 个月。那么，毛利率最高的收入确认方法是（ ）

A. 生产时。 B. 收到现金时。

C. 订单签订时。 D. 产品交付时。

问题 245 下列哪种金融资产使用摊余成本计价？（ ）

Ⅰ. 交易性金融资产。 Ⅱ. 可供出售金融资产。 Ⅲ. 持有到期投资。

A. Ⅰ。 B. Ⅱ，Ⅲ。 C. Ⅲ。 D. Ⅰ，Ⅱ，Ⅲ。

问题 246 可赎回优先股和不可赎回优先股哪个在资产负债表中的权益项中列示？（ ）

A. 可赎回优先股。 B. 不可赎回优先股。

C. 两个都是。 D. 两个都不是。

问题 247 甲公司持有认定为可供出售金融资产的股票，具体信息如表 4-48 所示。

表 4-48 甲公司股票投资信息 （单位：万元）

股票	第 1 年		第 2 年	
	历史成本	公允价值	历史成本	公允价值
A 公司股票	100	200	102	203
B 公司股票	150	300	150	250
C 公司股票	—	—	50	60

甲公司第 2 年可供出售金融资产的损失或利得是（ ）

A. （37 万元）。 B. （39 万元）。 C. （40 万元）。 D. 2 万元。

问题 248 某玻璃生产企业遵循美国财务会计准则，每年有稳定的存货库存。预计玻璃销售售价

和收入增长比例高于成本增长比例。则该公司应该采取哪种成本计价方法使得利润最大？（ ）

A. 个别计价法。 B. 先进先出法。 C. 后进先出法。 D. 加权平均法。

问题249 某公司12月份的用电单在下一年1月份付款，该笔费用在1月记账。根据权责发生制，对上一年12月份报表的影响哪项正确？（ ）

A. 应计负债低估，留存收益低估。 B. 营业费用低估，留存收益低估。

C. 流动负债低估，留存收益高估。 D. 营业利润低估，留存收益高估。

问题250 以下哪项会影响当年的现金流量表的编制？（ ）

A. 支付银行利息。 B. 未实现的投资收益。

C. 计提专利摊销费用。 D. 计提设备折旧。

问题251 以下哪项不是美国财务报告披露的基本信息？（ ）

A. 未来盈利预测情况。 B. 管理者的讨论和分析。

C. 致股东的一封信。 D. 关于重大会计事项的附注。

问题252 某公司10月份购入了1 000件产品，每件为500元，售出了900件，占全年销售预算的10%。该公司另外发生了30万元的管理费用。根据配比原则，该公司10月份利润表中的费用是（ ）

A. 75万元。 B. 80万元。 C. 81万元。 D. 86万元。

问题253 甲公司有100 000股普通股，股票面值为5元，该公司在年底时的利润为2 500 000元。该公司决定派发5%的股票股利。在股利宣告日，该公司的股票价格为25元/股。在股利宣告日，该公司的所有者权益如何变化？（ ）

A. 资本公积增加。 B. 留存收益增加。

C. 所有者权益总额减少。 D. 在外流通的普通股数减少。

问题254 BB公司拥有ST公司40%的股票，金额为30万元。BB公司按持有ST公司股票的比例享有净收益。ST公司上一年净利润为正，BB按比例应享有1万元收益。BB公司收到ST公司分配的上一年股利1.5万元。该种情况下，可导致BB公司所持ST公司账面价值（ ）

A. 减少。 B. 增加。 C. 不变。 D. 应进行合并报表

问题255 甲公司在6月30日购买某上市企业每股50元的普通股1 000股，在12月15日获得每股1元的股利，在12月30号股票价值为每股60元。问在年末编制资产负债表和利润表如何显示？（ ）

A. 资产负债表中投资的普通股60 000元，利润表中利润增加1 000元。

B. 资产负债表中投资的普通股60 000元，利润表中利润增加11 000元。

C. 资产负债表中投资的普通股50 000元，利润表中利润增加11 000元。

D. 资产负债表中投资的普通股50 000元，利润表中利润增加1 000元。

问题256 跨国公司根据国际财务报告准则与美国财务会计准则规定进行财务报告。去年，该公司有一种存货价值50 000元，由于竞争对手开发出一种新产品，使该公司存货价值变为0。今年，政府对竞争公司进行检查，发现竞争公司的产品存在缺陷，该公司存货市场价值变为55 000元。美国财务会计准则和国际财务报告准则下该存货价值分别为（ ）

A. 0元，0元。 B. 0元，50 000元。

C. 50 000元，50 000元。 D. 50 000元，55 000元。

问题257 在美国财务会计准则下，将可供出售金融资产调整到持有至到期投资科目，对报表有什么影响？（ ）

A. 综合收益未实现利得不受影响。 B. 净利润不会受到未实现损益影响。

C. 资产负债表会受到未实现损益影响。 D. 会计上对未实现损益的处理方式没有变化。

问题 258 根据美国所得税法及美国 GAAP 的规定，下列哪项会产生递延所得税负债？( )

A. 税法规定采用加速成本法计提折旧而会计核算采用直线法折旧。

B. 税法采用收付实现制基础确认租金收入。

C. 税法采用收付实现制基础确认保修费用。

D. 税法规定采用直接冲销法确认坏账，而会计核算通过计提坏账准备核算坏账。

问题 259 甲公司原有金额 100 万元，期限 3 年的借款。在第 2 年末，该企业与债权人签订了同等利率的债务置换协议，协议期 5 年。则在第 3 年末，企业将该笔借款放在资产负债表中的( )

A. 或有负债。 B. 流动负债。

C. 长期负债。 D. 资产负债表外的负债。

问题 260 甲公司有一笔长期负债 100 万，12 月 31 日即将到期。在下一年的 1 月 13 日公司将发行 40 000 股普通股，每股为 2 元，可以获得 80 万元资金。那么，资产负债表日，该公司的流动负债是多少？( )

A. 0 元。 B. 20 万元。 C. 80 万元。 D. 100 万元。

问题 261 甲公司采用国际财务报告准则编制财务报告。第 1 年年初，该公司购入一批存货，账面价值为 5 000 万元。当年年底，存货出现减值，市场价值为 3 700 万元。第 2 年，存货市场价格回升，达到 7 000 万元。第 2 年甲公司存货账面价值应为( )

A. 3 700 万元。 B. 5 000 万元。 C. 6 300 万元。 D. 7 000 万元。

问题 262 甲公司有一台用于处理原材料的自动化设备，设备原值 6.75 万元。因行业产品需求变化的影响，该公司于 2013 年准备为该设备计提减值 3 万元，账面价值变为 3.5 万元。去年以来市场需求持续回暖，设备市场价值增加至 7.5 万元。根据国际会计准则，已经计提减值是否可回转？不考虑折旧，2014 年末，资产价值最高可达多少？( )

A. 不可以回转，资产价值最高 3.5 万元。 B. 可以回转，资产价值最高 6.5 万元。

C. 可以回转，资产价值最高 6.75 万元。 D. 可以回转，资产价值最高 7.5 万元。

问题 263 关于美国一般公认会计原则和国际财务报告准则关于研究开发费用处理说法正确的是( )

	美国一般公认会计原则	国际财务报告准则
A.	研究开发都费用化	研究开发都费用化。
B.	研究费用化，开发资本化	研究开发都费用化。
C.	研究开发都费用化	研究费用化，开发资本化。
D.	研究开发都费用化	研究资本化，开发费用化。

问题 264 以下哪项不属于流动负债？( )

A. 客户交付的一年期房租押金。 B. 年初支付的年度房租。

C. 未支付的现金股利。 D. 10 个月后到期的 10 年期应付债券。

情景 4-10

甲公司是一家大型公开上市企业。以下是截至 2013 年 12 月 31 日，该公司的 6 项支出。要对这些交易选择使用正确的会计处理方法，以确保根据一般公认会计原则（GAAP）来编制甲公司的年度财务报表。

1）甲公司在一个项目上投入了 200 万美元，用于改善与经销商之间的关系。该项目被经销商顺利接受。甲公司管理层相信，未来能够从该项目中获得极大的收益。该项目在 2013 年第 4 季度得以实施。

2）在 2013 年该公司投入了 400 万美元建造了一个试验性的工厂，用于对新的生产流程进行测试。这个工厂将会运行约 5 年。在该时间内，该公司将会针对该流程的经济价值做出决定。该试验工厂的规模对于商业生产来说太小了，因此当实验结束后，该工厂将会被拆除。

3）2014 年该公司将会推出一种新产品。该公司在 2013 年投入 300 万美元来为该产品设计工具、夹具、模子和模具。

4）甲公司在 2013 年 8 月初用 500 万美元现金收购了乙公司。乙公司可辨认的资产公正市价为 400 万美元。

5）公司在 2013 年 12 月开展了一个大规模的广告宣传活动，介绍将在 2014 年第 1 季度面世的新产品。此次广告宣传活动花费了 250 万美元。

6）在 2013 年前 6 个月，该公司为成功申请专利而花费了 50 万美元。该项专利在 2013 年 7 月 1 日生效。根据法律规定，专利期限为 17 年，而专利的经济期限约为 10 年。

问题 265

对于上述 6 项支出，请判断以下金额，并说明原因：

1）截至 2013 年 12 月 31 日，应当被记作资产并包括计入甲公司资产负债表中的金额。

2）截至 2013 年 12 月 31 日，应当包括计入甲公司利润表的金额。

情景 4-11

查尔斯音乐中心拥有各种各样的音乐设备、录音设备、录制音乐以及乐谱。查尔斯音乐中心使用两种刺激销售的方式（保修与奖励）来吸引顾客。

音乐设备与录音设备的销售附带一年的保修，保修规定包括更换零件及劳务服务。基于以往的经验，估计保修的成本为销售额的 2%。给录制音乐以及乐谱提供奖励：顾客在录制音乐以及乐谱上面每花 1 美元就能够获得一张赠券；顾客能够以 200 张赠券与 20 美元换取一台 CD 播放机。查尔斯音乐中心购买 CD 播放机的价格为 34 美元，估计 6 094 赠送给顾客的赠券将被收回。

查尔斯音乐中心 2007 年销售总额为 7 200 000 美元，其中音乐设备与录音设备收入为5 400 000 美元，录制音乐以及乐谱收入为 1 800 000 美元。2007 年度，保修工作更换零件及劳务的总成本为 164 000美元。当年购买的 6 500 个 CD 播放机存货被用于奖励计划，2007 年收回 1 200 000 张赠券。

查尔斯音乐中心出于财务报表反映的目的，对保修与奖励的会计处理采用应计法。2007 年 1 月 1 日，与保修和奖励相关的账户余额列示如下：用于奖励的 CD 播放机存货 39 500 美元，预计未付的奖励要求 44 800 美元，预计保修负债 136 000 美元。

问题 266

查尔斯音乐中心在为截至 2007 年 12 月 31 日的财务报表做准备。决定以下事项应当在 2007 年财务报表上反映的金额。

1）保修费用。

2）预计保修负债。

3）奖励费用。

4）用于奖励的 CD 播放机存货。

5）预计未付的奖励要求。

情景题 4-12

NHRC 俱乐部在芝加哥的主城区有 8 家俱乐部，提供一年期的会员入会服务。会员可以使用这 8

家的设施，但是必须预约参加球类场地的时间，并且在使用球场前支付一笔单独的费用。为了吸引新的顾客，NHRC 打出广告，称只要顾客不满意，俱乐部就将退还尚未使用的会员费。如果要办理入会，必须在入会期一开始就支付会员费。然而，顾客可以选择对会员费进行筹划，如选择在会员有效期内缴纳，但是要支付 9% 的利息。

有的顾客表示，他们只想去参加那些时间有规律的固定的有氧操课程，但是不愿意支付全额的会员费。在眼下这个财务年度中，NHRC 已经向这些顾客出售了有氧操课程的优惠券的小册子。每个小册子都印有时间，包含了 50 张优惠券，顾客可以在一年内将优惠券兑换成定期开放的有氧操运动课。超过一年，这些没有使用的优惠券就作废了。

2004 年 NHRC 通过并购一家当地的公司进军医疗设备行业，这家当地的公司是生产划船运动机和越野滑雪机的。NHRC 也使用这些设备，并通过俱乐部进行销售，向顾客寄送订货目录。如果顾客下了订单，则必须支付 20% 的最低支付额；设备会在订单处理后 60 ~ 90 天运送。该公司对这些设备要承担 2 年的无条件保修。基于以前的经验，NHRC 预计用于保修和维修的成本是销售收入的 4%。

NHRC 正在编制截至 2007 年 5 月 31 日的财务年度的财务报表。詹姆斯是公司的总会计师，他对公司当年的经营状况表示出了极大的关注，他打算再看看 NHRC 的总会计师助理芭芭拉初步编制的财务报表。当看完她编制的报表后，詹姆斯建议要对截至 2007 年 5 月 31 日的财务年度的财务报表做以下调整，再发布财务报表。

1）会员费应当在收到款项的时候就确认为收入。

2）当销售小册子时，就应当确认来自优惠券上的收入。

3）当支付购买设备的最低支付额时，以及在支付与生产划船运动机和越野滑雪机的保修有关的费用时，确认这些支出和费用。

芭芭拉认为詹姆斯建议的这些变更不符合公认会计原则，但是詹姆斯还是坚持要进行这些变更。芭芭拉觉得詹姆斯是在操作收益，以抵挡可能面临的所有财务困难，而且是为了增加他自己的年终红利。对于这个问题，芭芭拉还不知道自己应该采取什么行动。

问题 267

1）有很多种收入的确认方法。指出并描述下面的几种收入确认方法，指明每种方法在什么情况下才符合公认会计原则。①完成合同法；②完工百分比法；③分期收款销售会计法。

2）对于本题描述的情景，分析回答以下问题：

①请问 NHRC 应当在何时确认来自会费、球场租金和优惠券册子上的收入？

②谈谈 NHRC 应当如何在会计上反映设备销售的最低支付额的情况，解释一下应当在何时确认收入。

③指出 NHRC 应当在何时确认与生产划船运动机和越野滑雪机的保修有关的费用？

3）说明外部审计出具的审计意见类型，指出本题中审计师最可能出具哪种意见？

4）讨论一下詹姆斯建议的变更，他坚持要做财务报表的调整是否违反职业道德？违反了哪些标准？

（5）指出为了解决这一问题，芭芭拉可以采取的措施。

情景 4-13

甲公司是一个位于马萨诸塞州的高尔夫俱乐部，甲公司有两项业务：①传统的高尔夫场地服务业务，市场占有率很高，但增长率较低；②新设立的高尔夫培训业务，市场占有率较低，但增长率较高。P 先生是蒙大拿州一名著名的高尔夫球员，他在该俱乐部担任教练，该俱乐部支付给他的课酬为课程收入的 80%。今年 6 月，俱乐部针对大学生开设了暑期高尔夫集训课程，课程金额为 3 200 美元。俱乐部在 6 月课程结束后就确认了销售收入。但是，支付给 P 先生的课酬需要该公司人力资源部门的确认，而由于人力资源部门工作效率较低，实际要到 7 月支付给 P 先生。财务部门届时才会确认这部分费用支出。

近期财务部门发现有的客户已经收到发票但是迟迟不付款，所以俱乐部管理层决定按销售百分比法来计提应收账款坏账准备。财务部门根据历史数据估计坏账百分比为 10%。现在，该公司坏账准备余额为 6 000 美元。

问题 268

1）按照波士顿矩阵理论，传统的高尔夫场地服务业务和新设立的高尔夫培训业务分别属于哪种类型？

2）解释现金制和应计制的含义。该俱乐部使用了哪种制度，这种做法是否符合配比原则？

3）说明收入确认条件。

4）坏账准备需要如何记录？如果坏账准备百分比从 10% 调整到 8% 会有什么影响？

5）6 月该俱乐部应该确认多少收入和费用？假设课程除了 P 先生的课酬不发生其他成本。

6）如果该公司购买了一套大型自动练球系统，设备价款为 150 000 美元，安装成本为 13 000 美元，全部资金通过利率 6% 的贷款融资，施工时间为 1 年，那么资本化的固定资产成本是多少？

情景 4-14

甲公司是一家 3 年前开设的家族企业，主要产品为一种小蛋糕。甲公司的 CEO 张三希望在邻近的小镇开设新的甜品店。在董事会上，财务总监提出投资总额达到 500 万元，该公司的留存收益不足以支持该扩张计划。董事会决定向银行申请贷款 300 万元，来解决资金缺口。当该公司提交贷款申请至该市最大的商业银行——费列罗银行时，贷款审批委员会要求该公司提供过去 3 年的财务报告和审计报告。

甲公司聘用了汤姆森会计师事务所。外部审计师李四在审计过程中发现，甲公司在开始经营的第 1 个月发生了以下事件，见表 4-49。

表 4-49 3 月份甲公司的经营事件

日期	事件	数量（件）	单价（元/件）	金额（元）
3 月 2 日	购入存货	2 000	4	8 000
3 月 15 日	购入存货	6 000	4.4	26 400
3 月 19 日	销售	4 000		
3 月 30 日	购入存货	2 000	4.75	9 500

李四发现，3 月末存货有 6 000 件，其中包括 3 月 2 日买入的 1 000 件，3 月 15 日买入的 3 000 件，3 月 30 日买入的 2 000 件。

会计师事务所在审计财务报表过程中，要求甲公司提供必要的信息支持审计工作。会计师事务所认为仅仅提高基本财务报表是不够的，还要求该公司提供财务报表附注的内容。完成审计工作后，会计师出具了无保留的审计意见。

问题 269

1）请写出两条甲公司财务报告附录需要披露的内容。

2）假设甲公司使用定期盘存制，分别使用先进先出法、后进先出法和加权平均法计算甲公司 3 月份的销货成本。

3）使用哪种方法时，甲公司的利润是最高？说明该公司选择使用先进先出法和后进先出法的各两

条原因。

4）说明审计意见的种类和含义。

5）说明外部审计人员要求甲公司提供相关信息的原因。

情景 4-15

甲公司是一家制造企业。该企业月平均销售额为120万元，30%为现金销售，其余为赊销。甲公司的赊销政策为2/10净15。几乎所有赊销客户都选择在10天内付款，以获取折扣。甲公司在发生坏账时，采用的是坏账直接注销法。由于最近经济总体形势不好，甲公司的客户付款经常出现延迟，很多客户拖延到下个月才付款，这种情况占了总销售额的7%，而且，甲公司预计总销售额的3%将最终无法收回。该公司决定下一年度起用销售额百分比法提坏账，并考虑将应收账款进行保理。

问题 270

1）处理坏账的方法采用直接冲销法和计提坏账准备法计提坏账，哪个更好？

2）采用计提坏账准备法计提坏账，下一年度1月将对资产、营业利润、经营活动现金流产生什么影响？

3）请计算下一年度1月预计收回的现金为多少？

4）请定义应收账款保理，并说明带追索权的和不带追索权的应收账款的保理。

5）企业应收账款的信息和政策从财务报告的哪个部分可以获得？

问题 271 某公司在会计报表上采用直线法进行折旧摊销，但在为税收准备的报表上使用加速折旧法，下面哪个科目在为税收准备的报表上的数额低于在会计报表上的数额？（ ）

A. 累计折旧。　　B. 现金。

C. 留存收益。　　D. 固定资产初始值。

问题 272 如果某组织记录了货物的购买，但却没有将其包括在期末存货计算中，其结果会是以下哪项？（ ）

A. 该时期的销售成本会被低估。

B. 该时期的销售成本会被高估。

C. 该时期的净收入会被低估。

D. 该时期的销售成本和净收入都不会受影响。

问题 273 如果某公司所拥有的某些货物没有被当作采购物品得到记录，从而没有被包括在期末存货盘点中，那么（ ）

A. 当期已售货物的成本将被低报。

B. 当期已售货物的成本将被高报。

C. 当期净利润将被低报。

D. 这种情况对当期已售货物的成本或当期净利润均不会产生任何影响。

问题 274 据某公司报告，其期初资产价值为200 000美元，期初负债为100 000美元，年末最终资产总额为250 000美元，年末负债总额为180 000美元。在其所报告的财政年度，没有发生资本增加、减少或撤出现象。那么，该公司在当前财政年度的净利润/损失是（ ）

A. 净损失80 000美元。　　B. 净损失30 000美元。

C. 净利润50 000美元。　　D. 净利润70 000美元。

问题 275 如果某组织错误地在1年内对一项负债支付两次，则会造成何种后果？（ ）

A. 资产、负债和所有者权益会被低估。

B. 资产、净利润和所有者权益不会受影响。

C. 资产和负债会低估。

D. 资产、净利润和所有者权益会被低估，但负债会被高估。

问题 276　根据美国所得税法律及美国公认会计原则（GAAP）的规定，下列哪项会产生递延所得税负债？（　　）

A. 税法将预收账款确认为收入。

B. 税法将跨越财政年度的整年房租作为当年收入，美国公认会计原则按照时间段均匀确认当年收入。

C. 税法采取加速折旧，美国公认会计原则采取均匀折旧。

D. 在外流通的普通股数减少。

问题 277　第 1 年末，克莱尔企业集团有 150 000 美元的应收账款，估计坏账是应收账款的 5%。因此，会计师报告了 7 500 美元的坏账和 142 500 美元的可变现净值。在以下哪种情况下，报告的坏账金额最有可能减少？（　　）

A. 如果公司缩短信用期。

B. 如果公司延长信用期。

C. 如果坏账准备账户有贷方余额 1 500 美元。

D. 如果坏账准备账户有借方余额 1 500 美元。

问题 278　加尔公司向罗斯银行办理无追索权的应收账款保理业务且收到了现金，下列哪个是对此业务的最佳描述？（　　）

A. 通过应收账款抵押的方式向罗斯银行贷款。

B. 通过应收账款证券化的方式向罗斯银行贷款。

C. 加尔公司将应收账款销售给罗斯银行，但是不能收回的风险保留在加尔公司。

D. 加尔公司将应收账款销售给罗斯银行，但是不能收回的风险转移给罗斯银行。

问题 279　一位经理在计算设备的折旧时，他用的假设和方法是：设备使用的前期会发生更多的折旧费用，后期会发生更多的维修费用，为保证损益表中总体成本相对均匀稳定，每年折旧基础 = 设备原值 – 残值。设备使用寿命明确，哪种折旧方法最合适？（　　）

A. 直线法。　　B. 工作量法。　　C. 年数总和法。　　D. 双倍余额递减法。

问题 280　某公司 2013 年 12 月 31 日实物盘点的存货为 150 万美元，但是有如下必要的调整事项：

1）2014 年 1 月 5 日收到并记录了成本 9 万美元的商品，该商品是 2013 年 12 月 30 日从客户装船运点装船，贸易方式为 FOB。

2）在集货区有一批未包含在存货中的商品，这批商品直到 2014 年 1 月 4 日才装船，但是在 2013 年 12 月 30 日已经记账并发送给客户，货物成本为 12 万美元，贸易方式为 FOB。该公司 2013 年 12 月 31 日报表中存货金额是多少？（　　）

A. 150 万美元。　　B. 159 万美元。　　C. 162 万美元。　　D. 171 万美元。

问题 281　某公司通过直接融资租赁的方式租赁了一台计算机给他的客户，该设备在租赁期结束之后没有残值且在合同中没有廉价购买权，该设备公允价值为 323 400 美元，租赁期 5 年的合同利率为 8%，5 年期利息 8% 的年金系数为 4. 312。某公司在整个租赁期内赚取的利息金额是多少？（　　）

A. 51 600 美元。　　B. 75 000 美元。　　C. 129 360 美元。　　D. 139 450 美元。

问题 282　某公司有一项应纳税金存在时间性差异，该差异将在未来的年度增加应缴所得税金额。该差异是与非流动资产相关。基于上述时间性差异的递延所得税，在某公司资产负债表中应该被划分为（　　）

A. 流动资产。 B. 非流动资产。 C. 流动负债。 D. 非流动负债。

问题 283 某公司在 2016 年年底对设备进行核算时发现，该设备的公允价值为 9 万美元，如果继续持有，该设备带来的现金流为 10 万美元；该设备为 2014 年 1 月购入，购入成本为 40 万美元。用直线法计提折旧，使用年限为 5 年，无残值，2016 年年底该设备的减值金额应为( )

A. 6 万美元。 B. 7 万美元。 C. 9 万美元。 D. 10 万美元。

问题 284 综合报告是指( )

A. 必须按照美国公认会计原则（GAAP）进行编制。

B. 是综合思考的基础。

C. 描述成本和客户价值如何在产生或服务的一系列活动中累积。

D. 包括财务和非财务信息。

问题 285 关于综合报告框架背景的陈述以下哪个是正确的？( )

A. 目标是通过综合思考实现财务收益和可持续发展。

B. 美国管理会计师协会（IMA）于 2013 年发布了《综合报告框架》。

C. 综合报告（IR）主要是为了指导上市公司的信息披露。

D. 综合报告（IR）包括与可持续性报告或企业社会责任报告相同的财务信息。

问题 286 关于综合叙述中的资本以下哪项陈述是正确的？( )

A. 资本价值的变化必须在综合叙述的附注中披露。

B. 资本不受常规业务的影响。

C. 价值可以由 6 个资本中的任何一个创建，并且总是以美元计算。

D. 综合叙述无须根据 6 个资本进行组织。

问题 287 以下哪项是综合报告（IR）的潜在优势？( )

A. 通过建立新的控制系统降低成本。 B. 更好地控制财务信息系统。

C. 不太重视非财务信息的重要性。 D. 提供有关非财务信息的保证。

问题 288 一家公司为住宅环境提供喷洒防虫药物的服务。该公司要求客户在每季度初期预先支付 3 个月的服务费。对这家公司而言，该项收入应被定义为( )

A. 递延收益。 B. 已实现收入。 C. 应计收入。 D. 预付账款。

问题 289 会计报表附注是会计报表的重要组成部分，附注不能用于( )

A. 对财务报表列示的项目进行修正。

B. 描述公司所处的行业环境以及在这种环境下所采用的会计原则和方法。

C. 描述公司所采用的折旧方法。

D. 描述公司的主要会计政策。

问题 290 甲公司 3 月 31 日未调整的坏账准备是 1 000 元。该公司应收账款的交易信息如表 4-50 所示。则该公司 3 月 31 日应列示于资产负债表的余额为多少？( )

表 4-50 甲公司应收账款信息

账龄（天）	金额（元）	假设无法收回的比率（%）
0 ~ 30	60 000	5
31 ~ 60	4 000	10
超过 60	2 000	70

A. 4 800 元。 B. 4 000 元。 C. 3 800 元。 D. 3 000 元。

问题 291　甲公司现金第 1 年被低估 4 000 元，第 2 年被高估 7 500 元，这两次错误均无法查明原因。以上错误对于第 2 年净利润的影响是(　　)

A. 高估 3 500 元。　B. 高估 7 500 元。　C. 没有影响。　D. 低估 7 500 元。

问题 292　表 4-51 是关于甲公司可供出售金融资产的相关信息。公允价值和成本之间的差异被认为是暂时的，在第 2 年 12 月 31 日计量公允价值的减少额。若忽略税费的影响，则第 3 年 12 月 31 日其他综合收益科目余额为(　　)

表 4-51　甲公司可供出售金融资产

科目	第 2 年	第 3 年
成本（元）	100 000	100 000
公允价值（元）	90 000	120 000

A. 0 元。　B. 10 000 元。　C. 20 000 元。　D. 30 000 元。

问题 293　甲公司去年支出情况如下：生产设备费 28 万元，购买设备保险费 3 万元，租金 2 万元，其他保险费 5 000 元，公共事业费 8 000 元，购买车辆费 3 万元。以上支出可资本化处理的金额为(　　)

A. 44 万元。　B. 31 万元。　C. 23 万元。　D. 34 万元。

问题 294　简单式利润表与多步式利润表的主要差别在于(　　)

A. 税费和管理费用。

B. 销售成本和管理费用。

C. 经营性项目和非经营项目。

D. 包括在非日常经营项目时计算的税费和不包括在非日常经营项目时计算的税费。

问题 295　库藏股会以下列哪种形式列示于资产负债表中？(　　)

A. 资本公积的调减项。　B. 资产。

C. 留存收益的调减项。　D. 所有者权益的抵减项。

问题 296　甲公司 2013 年和 2014 年年末权益总额分别为 200 万和 280 万元，2014 年净利润为 40 万元，向股东分配现金股利为 20 万元。2014 年 6 月 6 日发行普通股融资 40 万元。甲公司 2014 年的其他综合收益是多少？(　　)

A. 10 万元。　B. 20 万元。　C. 40 万元。　D. 60 万元。

问题 297　甲公司第 1 年年末计量存货的金额为 400 000 元。具体的库存信息是：预计售价408 000 元，预计处理成本 20 000 元，正常毛利润 60 000 元，重置成本 360 000 元。该公司采用账面价值与市价孰低法计量损失，则年末该公司库存的账面净值为多少？(　　)

A. 400 000 元。　B. 388 000 元。　C. 360 000 元。　D. 328 000 元。

问题 298　甲公司在今年 1 月 2 日的时候以融资租赁的方式租入一台设备，租赁期限为 7 年。该设备没有担保余值。该公司在随后的每年 1 月 2 日为该项租赁支付 500 000 元的租金。该租赁开始日的年金现值系数是 5.35，则该公司要为这台设备支付的融资租赁总额为(　　)

A. 500 000 元。　B. 825 000 元。　C. 2 675 000 元。　D. 3 500 000 元。

问题 299　甲公司采取永续盘存制进行存货控制。去年，甲公司年初采购和年末盘点时都忽略了一项存货。那么，该项错误对今年资产负债表和利润表有什么影响？(　　)

A. 增加总资产，增加利润总额。　B. 减少总资产，增加利润总额。

C. 增加总资产，减少利润总额。　D. 减少总资产，减少利润总额。

问题 300　第 1 年的 6 月 1 日，甲公司购买了 3 000 股乙公司发行在外的普通股股份，乙公司流通在外的普通股股数为 10 000 股，每股股价是 20 元，没有可选择的公允价值。第 1 年 12 月 15 日时，乙公司为其普通股股东发放了 40 000 元的股利，其当年 12 月 31 日前全年的净利润为 120 000 元。甲公司第 1 年应该列示于利润表的投资收益是多少？(　　)

A. 36 000 元。　B. 18 000 元。　C. 12 000 元。　D. 6 000 元。

问题 301　甲公司 2013 年 6 月开始制造一种新机器，并且在 2013 年 12 月 31 日之前，就以每台 5 000元的价格销售了 100 台。每台机器都有 1 年的保修期。甲公司按照以往销售类似机器的经验估计，每台机器的平均保修费用约为 200 元。此外，履行机器保修而带来的零件更换或者服务将会使该公司在 2013 年实际承担 4 000 元保修成本，在 2014 年承担 16 000 元保修成本。在保修费用计提法下甲公司 2013 年的保修费用是多少？(　　)

A. 4 000 元。　B. 16 000 元。　C. 20 000 元。　D. 36 000 元。

问题 302　甲公司租赁打印设备，租期为 3 年，租金为 3 000 元/年，贴现率为 4%。以下说法正确的是(　　)

A. 只有被确定为融资性租赁时，期初确认增加一笔 8 325 元的资产。

B. 如果是经营性租赁，第 1 年租赁费用为 3 000 元。

C. 可以确认为短期租赁。

D. 经营性租赁每年都将确认利息费用和折旧费用。

问题 303　甲公司根据 IFRS 编制财务报表。甲公司 2012 年曾经购买了一块土地，购买价格为 500 000元。今年，该土地的公允价值为 800 000 元。在今年的资产负债表上，该块土地应(　　)

A. 按照 500 000 元列报。　B. 按照 300 000 元列报。

C. 按照 800 000 元列报。　D. 按照 650 000 元列报。

问题 304　甲公司租赁 A 设备，租期为 4 年，使用经营性租赁计量。初始费用（可资本化）为 2 000 元，4 年租金分别为 5 000 元、6 000 元、7 000 元、8 000 元，贴现率为 3%。甲公司第 2 年确认的租赁费用是(　　)

A. 5 656 元。　B. 6 000 元。　C. 6 500 元。　D. 7 000 元。

问题 305 以下关于租赁的会计处理说法正确的是(　　)

Ⅰ. 短期租赁是表外融资。

Ⅱ. 无论经营性租赁还是融资性租赁，租赁开始时，都增加一笔资产和一笔负债。

Ⅲ. 无论经营性租赁还是融资性租赁，租赁期的利润不受影响。

Ⅳ. 如果租赁期每年租金相等，那么在经营性租赁条件下，每年的租赁费用就是实际支付的现金。

A. Ⅱ，Ⅲ。　B. Ⅰ，Ⅱ，Ⅲ。　C. Ⅰ，Ⅱ，Ⅳ。　D. 全部。

问题 306　对于在某一时点履行的履约义务，企业应当在客户取得相关商品控制权时确认收入。在判断客户是否取得商品的控制权时，企业应当考虑的事项有(　　)

Ⅰ. 客户已接受该商品。

Ⅱ. 客户已拥有该商品的法定所有权。

Ⅲ. 客户已取得该商品所有权上的主要风险和报酬。

Ⅳ. 客户就该商品负有现时付款义务。

A. Ⅰ，Ⅱ。　B. Ⅰ，Ⅱ，Ⅲ。　C. Ⅰ，Ⅱ，Ⅳ。　D. 全部。

问题 307　甲公司与乙公司合同约定，由甲公司向乙公司提供建筑面积为 10 000 平方米的建筑建造服务，合同价为 3 000 万元，预计总造价为 2 500 万元。截至 2018 年 6 月 30 日，已建成 3 000 平方

米，已发生成本费用总额为 1 000 万元。使用投入法和产出法计算的收入分别是(　　)

A. 900 万元、900 万元。　　B. 900 万元、1 200 万元。

C. 1 200 万元、900 万元。　　D. 1 200 万元、1 200 万元。

问题 308　一个公司确定合同中的义务会在一段时间内得以履行，因为货物的控制权移交给客户是随着时间的推移完成的。下列哪种方法可以用来衡量一个公司完全履行义务的进度？(　　)

A. 分期付款法。　B. 产出法。　C. 成本回收法。　D. 工作量法。

问题 309　下列关于 GAAP 和 IFRS 区别说法正确的是(　　)

	US GAAP	IFRS
A.	承租人将租赁划分为短期租赁、融资性租赁、经营性租赁。	采用单一模式处理。
B.	加速确认薪酬成本。	可以采用直线法或加速法确认薪酬成本。
C	可以对无形资产进行重估。	不可以对无形资产进行重估。
D	投资人持有不足 50% 的投票权股份仍有可能取得控制权。	存在控制性权益是通过判断投资方是否持有或间接持有 50% 以上的有表决权股份。

问题 310 某公司 2016 年 1 月 1 日期初存货少报了 26 000 美元，而期末存货又多报了 52 000 美元，上述结果将导致 2016 年存货的产品销售成本(　　)

A. 少报 26 000 美元。　　B. 多报 26 000 美元。

C. 少报 78 000 美元。　　D. 多报 78 000 美元。

问题 311　甲公司以 95 000 元的价格出售了一台加工设备及该设备的保修服务。该设备单独的公允价值为 75 000 元。为期 2 年的保修服务，其单独的售价为 25 000 元。对于该项交易，以下哪项陈述是正确的？(　　)

A. 合同价格应调整为 100 000 元。

B. 合同价格中的 25 000 将分配给保修服务，而 70 000 元分配给加工设备。

C. 保修服务将占到分配合同价格的 25%。

D. 加工设备和保修服务组合在一起构成一项单一的履约义务。

问题 312　在 3 月 1 日，甲公司批准了一项战略计划，出售其业务的一个分部。该项决策对甲公司而言是一项重大的战略转移，将会对该公司的经营和财务结果产生重大影响。从 1 月 1 日到 3 月 1 日，该分部的收入和支出分别为 300 000 元和 500 000 元。该分部的资产是在 10 月 17 日出售的，并且产生了损失。在该年 12 月 31 日的利润表上，甲公司应如何报告该分部从 1 月 1 日至 3 月 1 日的经营状况？(　　)

A. 将 200 000 元报告为分部处置的损失并将其计入持续经营的项目中。

B. 将 200 000 元报告在其他综合收益中。

C. 将 300 000 元和 500 000 元分别报告为持续经营的收入和支出。

D. 将 200 000 元报告分部经营的损失，并计入非持续经营的项目中。

问题 313　以下哪项是 LIFO 存货计价方法的缺点？(　　)

A. 不能够准确反映存货的实物流转。　　B. 当期成本与当期收入不匹配。

C. 通常会加速所得税的影响。　　D. 会对公司的现金流产生负面影响。

问题 314　在通货膨胀时期，使用 FIFO 而不是 LIFO 来计价存货成本将导致（　　）

A. 更高的整体现金流。　　B. 更低的流动资产。

C. 更高的毛利率。　　D. 更高的存货周转率。

问题 315　某制造公司生产了 80 000 件产品，每件售价为 1 200 元。该公司估计其中会有 4%的产品存在缺陷，每件缺陷产品的维修费用大约为 95 元。今年，该公司实际支付了 159 000 元保证担保类型的保修费用。如果使用保证担保计提法，第 1 年运营结束时保修负债账户的余额会是多少？（　　）

A. 463 000 元。　　B. 304 000 元。

C. 159 000 元。　　D. 145 000 元。

问题 316　甲公司向批发和零售客户销售户外休闲商品。销售给批发客户的商品需运输至目的地交货。销售给零售客户的商品则在甲公司的商店内销售。甲公司还出售在 15 天内可取消并退全款的商店会员资格。甲公司截至第 1 年 12 月 31 日的部分交易信息如下：第 1 年 11 月 20 日发货至第 1 年 12 月 31 日收货的批发商品价格为 40 000 元；第 1 年 12 月 31 日发货至第 2 年 1 月 3 日收货的批发商品价格为 75 000 元；第 2 年 1 月 1 日发货的批发商品价格为 500 元；第 1 年寄售的批发商品价格为 10 000 元；第 1 年店内销售额为 65 000 元；第 1 年 12 月 16 日或之前注册的会员资格费用为 3 000 元；第 1 年 12 月 17 日或之后注册的会员资格费用为 200 元。甲公司应将以上多少金额确认为第 1 年的收入？（　　）

A. 68 000 元。　　B. 108 000 元。

C. 183 000 元。　　D. 193 700 元。

问题 317　财务（报表）报告的主要目标是满足以下哪些使用者的需求？（　　）

A. 投资者和债权人。　　B. 主管和经理。

C. 员工和客户。　　D. 官员和审计师。

问题 318　某批发商使用永续盘存制。第 1 年 12 月 31 日，其按目的地交货条件售出并装运成本为 80 210 美元的商品。这些商品计划于第 2 年 1 月 3 日运抵各家零售商。截至第 1 年 12 月 31 日营业结束，该批发商的商品存货账户总额在未经调整分录之前为 2 457 820 美元。该余额不包括以下方面的潜在影响：①该批发商购买的价值 75 330 美元存货已于第 1 年 12 月 30 日发运（起运点交货），预计将在 1 月 2 日运抵；②在现有存货中，已确定价值为 20 440 美元的商品已陈旧，无法出售且没有残值。该批发商在第 1 年 12 月 31 日营业结束时的实际存货成本是多少？（　　）

A. 2 437 380 美元。　　B. 2 512 710 美元。

C. 2 517 590 美元。　　D. 2 592 920 美元。

情景 4-16

Q 公司是美国一家制造企业，该企业月平均销售额为 2 400 000 美元，其中 30% 为现金销售，55% 为大客户赊销，而 15% 为其他客户赊销。Q 公司的赊销政策为：10 天内付款有 2% 折扣，赊销期为 15 天。几乎所有赊销客户选择在 10 天内付款，以获取 2% 的折扣。Q 公司在发生坏账时，采用的是坏账直接注销法。由于近期经济形势不好，Q 公司的客户付款经常出现延迟，很多客户拖延到下个月才付款，这种情况占了总销售额的 7%。而且 Q 公司预计总销售额的 3% 将最终无法收回。Q 公司决定下一年度起改用销售额百分比法计提坏账，并考虑将应收账款进行保理。

问题 319

1）处理坏账的方法采用直接冲销法和计提坏账准备法计提坏账，哪个更好？请解释说明。

2）采用计提坏账准备法计提坏账，下一年度 1 月份将对以下项目产生什么影响？请解释说明。

①资产。

②营业利润。

③经营活动产生的现金净流量。

3）请计算下一年度 1 月份预计收回的现金为多少？

4）A. 请定义应收账款保理；B. 请解释说明带追索权和不带追索权的应收账款的保理。

5）企业应收账款的信息和政策从财务报告的哪个部分可以获得？

本章习题解答

题号	答案	题号	答案	题号	答案	题号	答案
问题 1	C	问题 2	B	问题 3	B	问题 4	B
问题 5	D	问题 6	B	问题 7	D	问题 8	B
问题 9	B	问题 10	D	问题 11	D	问题 12	A
问题 13	B	问题 14	C	问题 15	B	问题 16	C
问题 17	B	问题 18	B	问题 19	C	问题 20	C
问题 21	C	问题 22	C	问题 23	B	问题 24	D
问题 25	C	问题 26	B	问题 27	D	问题 28	B
问题 29	D	问题 30	D	问题 31	D	问题 32	D
问题 33	B	问题 34	D	问题 35	D	问题 36	A
问题 37	B	问题 38	B	问题 39	D	问题 40	D
问题 41	C	问题 42	C	问题 43	A	问题 44	B
问题 45	C	问题 46	B	问题 47	C	问题 48	C
问题 49	B	问题 50	B	问题 51	C	问题 52	A
问题 53	A	问题 54	B	问题 55	B	问题 56	C
问题 57	A	问题 58	B	问题 59	C	问题 60	A
问题 61	A	问题 62	A	问题 63	A	问题 64	C
问题 65	C	问题 66	C	问题 67	C	问题 68	D
问题 69	B	问题 70	A	问题 71	C	问题 72	A
问题 73	D	问题 74	D	问题 75	D	问题 76	C
问题 77	B	问题 78	D	问题 79	A	问题 80	A
问题 81	C	问题 82	C	问题 83	C	问题 84	B
问题 85	B	问题 86	D	问题 87	B	问题 88	B
问题 89	B	问题 90	D	问题 91	B	问题 92	B
问题 93	D	问题 94	B	问题 95	B	问题 96	D
问题 97	C	问题 98	C	问题 99	C	问题 100	B

（续）

题号	答案	题号	答案	题号	答案	题号	答案
问题 101	D	问题 102	A	问题 103	A	问题 104	B
问题 105	D	问题 106	B	问题 107	C	问题 108	B
问题 109	D	问题 110	A	问题 111	C	问题 112	D
问题 113	A	问题 114	A	问题 115	C	问题 116	B
问题 117	C	问题 118	C	问题 119	D	问题 120	A
问题 121	D	问题 122	A	问题 123	D	问题 124	D
问题 125	D	问题 126	A	问题 127	D	问题 128	C
问题 129	B	问题 130	C	问题 131	A	问题 132	B
问题 133	C	问题 134	D	问题 135	A	问题 136	A
问题 137	C	问题 138	B	问题 139	D	问题 140	D
问题 141	C	问题 142	B	问题 143	A	问题 144	B
问题 145	B	问题 146	D	问题 147	D	问题 148	D
问题 149	B	问题 150	C	问题 151	B	问题 152	C
问题 153	C	问题 154	B	问题 155	B	问题 156	B
问题 157	B	问题 158	C	问题 159	C	问题 160	A
问题 161	C	问题 162	A	问题 163	A	问题 164	D
问题 165	B	问题 166	D	问题 167	C	问题 168	C
问题 169	C	问题 170	A	问题 171	C	问题 172	D
问题 173	A	问题 174	C	问题 175	A	问题 176	D
问题 177	A	问题 178	B	问题 179	D	问题 180	D
问题 181	D	问题 182	C	问题 183	B	问题 184	C
问题 185	B	问题 186	B	问题 187	C	问题 188	C
问题 189	C	问题 190	B	问题 191	C	问题 192	A
问题 193	B	问题 194	C	问题 195	D	问题 196	D
问题 197	C	问题 198	B	问题 199	C	问题 200	D
问题 201	B	问题 202	C	问题 203	C	问题 204	B
问题 205	A	问题 206	C	问题 207	B	问题 208	A
问题 209	B	问题 210	A	问题 211	C	问题 212	C
问题 213	B	问题 214	B	问题 215	D	问题 216	A
问题 217	B	问题 218	A	问题 219	B	问题 220	C
问题 221	C	问题 222	C	问题 223	A	问题 224	A

（续）

题号	答案	题号	答案	题号	答案	题号	答案
问题 225	B	问题 226	B	问题 227	B	问题 228	B
问题 229	B	问题 230	B	问题 231	B	问题 232	B
问题 233	D	问题 234	A	问题 235	B	问题 236	B
问题 237	A	问题 238	A	问题 239	D	问题 240	D
问题 241	C	问题 242	A	问题 243	D	问题 244	C
问题 245	C	问题 246	B	问题 247	B	问题 248	B
问题 249	C	问题 250	A	问题 251	A	问题 252	A
问题 253	A	问题 254	A	问题 255	B	问题 256	B
问题 257	B	问题 258	D	问题 259	C	问题 260	D
问题 261	B	问题 262	D	问题 263	C	问题 264	B
问题 271	C	问题 272	B	问题 273	D	问题 274	B
问题 275	C	问题 276	C	问题 277	C	问题 278	D
问题 279	C	问题 280	D	问题 281	A	问题 282	D
问题 283	B	问题 284	D	问题 285	A	问题 286	D
问题 287	D	问题 288	A	问题 289	A	问题 290	A
问题 291	A	问题 292	D	问题 293	D	问题 294	C
问题 295	D	问题 296	B	问题 297	C	问题 298	C
问题 299	A	问题 300	B	问题 301	C	问题 302	B
问题 303	C	问题 304	D	问题 305	C	问题 306	D
问题 307	C	问题 308	B	问题 309	A	问题 310	C
问题 311	C	问题 312	D	问题 313	A	问题 314	C
问题 315	D	问题 316	B	问题 317	A	问题 318	D

问题 1 分析：

根据间接法计算公式，经营活动现金流 = 净利润 + 非现金费用 − 投资和融资活动的（净）利得 − 流动资产的（净）增加 + 流动负债的（净）增加 + 债权的（净）折价摊销。

问题 2 分析：

如果固定资产销售净价与预期从该资产的持续使用和使用寿命结束时的处置中，形成的预计未来现金流量的现值之间较高者低于账面价值，则发生减值。甲公司设备的减值 = 40 000 元 − 30 000 元 = 10 000 元。

问题 3 分析：

投资活动反映所购买的股票和生产车间使用的电子设备 = 200 000 美元 + 300 000 美元 = 500 000 美元。

问题 4 分析：

根据国际财务报告准则，收到利息和股利将被划分经营活动现金流或投资活动现金流。

问题 5 分析：

国际会计准则和美国公认会计原则允许采用先进先出法进行存货计价，因此使用这种方法没有区别。

问题 6 分析：

经营活动的现金流量是指那些与日常业务过程相关的现金流量。持续偿债能力来自于持续的经营现金流入。公司如果有稳定可靠的经营现金净流量作为保障，则该公司的获利能力是真实可靠的，是能够持续的。

问题 7 分析：

筹资活动中的大多数事项与长期负债或权益账户有关。筹资现金流入包括：出售本企业的股权或发行债券与票据。筹资现金流出包括向股东支付股利，回收股份支付的现金或赎回企业的债券。

问题 8 分析：

现金流量表包括三部分：经营活动的现金流，投资活动的现金流和筹资活动的现金流。

问题 9 分析：

投资活动中的大多数事项都与长期资产账户有关。引起投资现金流入的事项有：出售财产、厂房及设备；出售其他企业的债券或股权投资；收回对其他企业的贷款本金；投资现金流出有：购买财产、厂房及设备；购买其他企业的债券或股权投资，以及向其他企业的贷款。可供出售证券买卖属于投资活动。

问题 10 分析：

现金流量表按照经营活动，投资活动，筹资活动的顺序列示。

问题 11 分析：

以购置成本的全额抵押贷款的方式获得土地不涉及现金流入或流出，不出现在现金流量表的经营活动部分，投资活动部分或筹资活动部分，但需在脚注中披露。

问题 12 分析：

减少的应付账款出现在经营活动中；采购设备是投资活动；发行股票、支付股利是筹资活动。

问题 13 分析：

支付股利是筹资活动；支付利息是经营活动；购买设备是投资活动。

经营活动现金流出 = 500 000 元。

问题 14 分析：

支付利息是经营活动；支付股东股利和回购公司股票是筹资活动。

筹资活动现金流出 = 400 000 元 + 800 000 元 = 1 200 000 元。

问题 15 分析：

选项 A，间接法下，摊销费用加回到净利润，增加经营现金流入。选项 B，应付税费减少会减少现金流。选项 C，发行普通股数是筹资活动，不影响经营现金流。选项 D，存货减少，经营现金流入增加。

问题 16 分析：

选项 A，借款是现金流量表中的筹资现金流。选项 B，销售或服务收入是现金流量表中的经营现金流。选项 C，开具应付票据购置设备是不涉及现金投资的筹资活动和投资活动。选项 D，出售公司持有其他企业债券或股票是现金流量表中的投资现金流。

问题 17 分析：

编制财务报告的目标是提供投资人、债权人对于决策有用的信息，与管理层的决策无关。

问题18分析：

净利润 = 72 000元 -（70 000元 + 90 000元 - 60 000元）×（1 - 40%）= 12 000元。

问题19分析：

根据国际财务报告准则，具有无限期寿命的可辨认无形资产和商誉的处理方法一致。

问题20分析：

财务报表可以提供下述信息：在制订理性的投资决策、信贷决策和类似决策中使用的有用信息。帮助评估预期的现金流的数量、时间和不确定性。企业的经济资源信息，以及资源要求权方面的信息。

问题21分析：

按照财务会计概念公告第六号，财务报表的要素包括资产、负债、权益、所有者投资、所有者分配、综合收益（综合收益）、收入、费用和损失，不包括历史成本和货币单位。

问题22分析：

财务报表不提供内部和外部使用者需要的前瞻性信息，因为财务报表的主要基础是历史成本和过去经济事件的记录。

问题23分析：

长期投资包括证券投资、特殊资金投资、非合并的分公司或子公司投资，以及目前不在经营中使用的有形固定资产投资。经营中使用的有形固定资产投资不是长期投资，而是财产、厂房和设备投资。

问题24分析：

期初设备账面成本 = 160 000美元 + 64 000美元 = 224 000美元。

期末设备账面成本 = 220 000美元 + 80 000美元 = 300 000美元。

设备购买 = 期末设备账面成本 - 期初设备账面成本 + 设备出售 = 300 000美元 - 224 000美元 + 30 000美元 = 106 000美元。

问题25分析：

长期负债总额 = 10 000 000美元的分期债券 - 10 000 000美元分期债券当前到期部分 + 3 000 000美元的抵押贷款 + 2 000 000美元票据 = 14 000 000美元。

问题26分析：

所有者权益金额 = 面值为10美元的10 000股普通股 + 面值为20美元的3 000股不可赎回优先股 = 160 000美元。

问题27分析：

流动负债是合理预期通过使用流动资产或发生其他流动负债来清算的。由于其具有短期性，应收账款、应计利息以及长期债务当期到期部分都属于流动负债，而除了退休金以外的其他应付员工福利一般来说是一种长期负债。

问题28分析：

美国GAAP禁止对无形资产重估，并且商誉不能够摊销。Ⅰ，Ⅲ和Ⅳ的表述是正确的。

问题29分析：

前期差错更正除了需要改正前期报表的金额，企业还应当在附注中披露与前期差错更正有关的相关信息。

问题30分析：

美国财务会计准则委员会在其发布的第五号会计概念公告《企业财务报表项目的确认和计量》中列举了5种可能的计量属性，它们分别是：历史成本、现行成本、现行市价、可变现净值、未来现金流量现值。美国财务会计委员会认为公允价值是金融工具最相关的计量属性。

问题 31 分析：

综合收益是计量企业的权益在一段时间内因交易和其他事件而发生的变动，不包括所有者的投资和对所有者的收益分配。综合收益包括净利润和其他综合收益。其他综合收益主要是未实现损益。

问题 32 分析：

外部财务报告的具体目标是：提供经济资源（资产）和对资源的要求权（负债）的信息及其变动情况、综合收益及其构成信息、现金流量信息。

问题 33 分析：

外部财务报告的一般目标是：应为外部使用者做出理性投资、信贷及其他相似决策提供有用的信息，提供必要的信息使报告的外部使用者能评估现金流的数量、时间和不确定性。

问题 34 分析：

财务报表信息主要服务对象是外部使用者，对于内部管理人员更依赖于根据管理会计的方法编制的内部报告。

问题 35 分析：

计算盈利能力和分析以前的业绩主要依靠利润表，其他 3 个选项的说法是正确的。

问题 36 分析：

利润表是反映企业在一定会计期间经营成果的报表。

问题 37 分析：

利润表科目包含收入、费用、利得和损失。

问题 38 分析：

从 FLFO 变化到 LIFO 将降低存货，使税前利润降低 103 美元。由于所得税率为 35%，利润降低将导致缴纳的所得税降低 103 美元 ×35% =36 美元。如果在过去的 3 年中使用 LIFO 方法，所得税降低使得股利支付现金增加了 36 美元。

问题 39 分析：

按照应收账款余额百分比法，坏账计提金额等于估计坏账比率与每期应收账款金额乘积的总和：100 000 美元 ×1% +150 000 美元 ×2% +50 000 美元 ×2% +30 000 美元 ×5% +20 000 美元 ×10% +10 000 美元 ×50% =13 500 美元。

在直接冲销法中不计提坏账，余额为 12 000 美元。

采用销售收入百分比法，余额为 13 000 美元（净销售收入 1 300 000 美元的 1%）

采用赊销净收入百分比法，余额为 10 000 美元（赊销净收入的 1%）。

问题 40 分析：

完工百分比 = 目前发生的成本/估计的总成本。收入 = 完工百分比 × 估计总收益。

2002 年：30 000 美元/（30 000 美元 +50 000 美元）×100 000 美元 =37 500 美元。

2003 年：100% ×100 000 美元 −2002 年已经确认的 37 500 美元 =62 500 美元。

问题 41 分析：

管理层讨论和分析（MD&A）涵盖负债、资本资源和经营结果，年度报告“管理层讨论和分析”部分不包括市场竞争力。

问题 42 分析：

按照 APB 意见第 22 号，应该在财务报表附注或单独的“重要会计政策总结”中披露重要的会计原则和方法。

问题 43 分析：

审计师对企业编制和递交的财务数据进行独立审计。

问题 44 分析：

计算机租赁期占寿命的 80% （4/5）>75%，最低租赁付款额的现值占公允价值的比例 100 000 元/15 000 元 >90%。该项租赁为融资租赁。在租赁期初使用确认一项资产——融资租赁租入设备——和一项负债——融资租赁负债。

问题 45 分析：

净资产的公允价值 = 资产的公允价值 − 负债的公允价值 = 50 000 元 + 250 000 元 + 900 000 元 + 100 000元 − 100 000 元 = 1 200 000 元。

商誉 = 收购价格 − 持股比例 × 净资产的公允价值 = 500 000 元 − 1 200 000 元 × 30% = 140 000 元。

问题 46 分析：

递延所得税是公司账簿上列示的所得税费用和实际支付的所得税之间的差额。

问题 47 分析：

销售收入带来的暂时性差异将增加第二年的所得税费用，流动负债：（10 000 元 − 5 000 元）× 40% = 2 000 元。折旧带来的暂时性差异将增加以后年度的所得税费用，非流动负债：（16 000 元 − 12 000元） × 40% = 1 600 元。

问题 48 分析：

准则要求递延所得税按照递延所得税资产与递延所得税负债的净值列示。流动递延所得税 = 10 000元 − 9 000 元 = 1 000 元 > 0，为递延所得税资产。非流动递延所得税 = 7 000 元 − 14 000 元 = −7 000元 < 0，为递延所得税负债。

问题 49 分析：

应交所得税 = 税率 × 应纳所得税额 = 40% × 1 000 000 元 = 400 000 元。增加的递延所得税负债 = (9 000 元 + 14 000 元 − 10 000 元 − 7 000 元) − (8 000 元 + 5 000 元 − 3 000 元 − 6 000 元) = 2 000 元。所得税费用 = 应交所得税 + 增加的递延所得税负债 = 400 000 元 + 2 000 元 = 402 000 元。

问题 50 分析：

在税法下，合同的收入被递延到第 3 年确认。前两年，税法收入小于会计收入，产生应税暂时性差异，产生递延所得税负债。在第 3 年，税法的收入大于会计收入，前两年产生的递延所得税负债减少为 0。

问题 51 分析：

所得税费用 = （500 万元 − 60 万元）× 40% = 176 万元。

问题 52 分析：

最低租赁付款额的现值占公允价值的比例 = 15 496 元/17 000 元 = 91% > 90%。该项租赁为融资租赁。

问题 53 分析：

期初记录融资租赁租入设备为 3 154 元，记录融资租赁负债为 3 154 元。租赁期为 48 个月。利息费用 = 融资租赁负债 × 月利率 = 3 154 元 × 10%/12 = 26 元。折旧费用 = 融资租赁租入设备/租赁期限 = 3 154 元/48 = 66 元。

问题 54 分析：

连续 3 年每年年初支付租赁费用，税率 40%，折现率 10%。税后现值 = 400 000 元 × (1 − 40%) + 400 000 元 × (1 − 40%)/(1 + 10%) + 400 000 元 × (1 − 40%)/$(1 + 10\%)^2$ = 656 640 元。

问题 55 分析：

流动负债是一年内或一个营业周期内要偿还的负债。产期负债到期部分在一年内被偿还，属于流动负债。

问题 56 分析：

折旧暂时性差异带来的递延所得税是长期负债或长期资产。

问题 57 分析：

资产负债表没能反映企业的盈利能力。财务报表的局限性：历史成本，不同会计处理方法，省略主观项目，会计估计和判断的使用，表外信息，非现金交易。

问题 58 分析：

使用的会计政策要求被披露，但是计算过程不需被披露。

问题 59 分析：

资产 = 可供出售证券 + 待摊费用 = 20 万元 + 40 万元 = 60 万元。库藏股是所有者权益备抵账户，不是资产。

问题 60 分析：

从客户处收回款项是经营活动；出于投资目的购入证券随后出售是投资活动；增发股票是筹资活动。经营活动现金流入为 10 万元。

问题 61 分析：

购买长期生产用资产是投资活动。投资活动现金流出为 5 000 元。向银行借款是筹资活动。筹资活动现金流入为 10 000 元。

问题 62 分析：

购入乙公司股票是投资活动；支付股东股利和回购公司股票是筹资活动。投资活动现金流出为 30 万元。

问题 63 分析：

应收账款期末余额 = 应收账款期初余额 + 赊销 - 支付款项 = 30 万元 - 20 万元 + 15 万元 = 25 万元。

问题 64 分析：

折旧费用 = 83 000 元 + 60 000 元 - 53 000 元 - 70 000 元 = 20 000 元。应收账款减少 = 43 000 元 - 37 000 元 = 6 000 元。存货增加 = 105 000 元 - 93 000 元 = 12 000 元。应付账款减少 = 22 000 元 - 19 000元 = 3 000 元。经营活动现金流入 = 82 000 元 + 20 000 元 - 10 000 元 + 6 000 元 - 12 000 元 - 3 000元 = 83 000 元。

问题 65 分析：

交易性证券按市场价值报告。交易性证券 = 150 000 元 + 110 000 元 + 240 000 元 = 500 000 元。持有至到期证券按成本报告。持有至到期证券 = 80 000 元 + 180 000 元 = 260 000 元。可供出售证券按市场价值报告。可供出售证券 = 51 000 元 + 109 000 元 = 160 000 元。投资总额 = 500 000 元 + 260 000 元 + 160 000 元 = 920 000 元。

问题 66 分析：

销货成本 = 销售净收入 × (1 - 毛利率) = 90 万元 × (1 - 40%) = 54 万元。可供销售货物成本 = 销货成本 + 期末存货 = 54 万元 + 20 万元 = 74 万元。

问题 67 分析：

经营活动现金流 = 净利润 + 折旧费用 + 应付账款增加额 - 应收账款减少额 + 递延所得税负债增加额 = 920 000 元 + 110 000 元 + 45 000 元 - 73 000 元 + 16 000 元 = 1 018 000 元。

问题 68 分析：

今年出售投资，现金流入 15 万元。在现金流量表中投资部分列示现金流入为 15 万元。

问题 69 分析：

最常采用间接法来列示经营活动现金流。单步法和多步法是利润表的列示方法。

问题 70 分析：

直接法：将权责发生制的经营收入和费用转变为现金收付制。经营性现金流入（比如从客户收到的款项）减去经营性现金支出（比如说购买商品支付的现金）是直接法列示。

问题 71 分析：

报告经营活动现金流应该采用直接法披露，但是间接法也是允许的。

问题 72 分析：

和对以前年度会计报表错误更正相关的收入项目不在利润表中报告，但是要在留存收益表中报告。

问题 73 分析：

长期国库券是长期投资属于非流动资产。

问题 74 分析：

银行对账单现金余额 = 公司账簿上现金余额 − 在途存款 + 未兑现支票 − 服务费用 − 错误额 = 40 500元 − 2 500 元 + 1 500 元 − 100 元 − (1 000 元 − 100 元) = 38 500 元。

问题 75 分析：

对坏账估计的变更是估计变更，不是发现前期错误，不需追溯调整，只需调整本期的数据。

问题 76 分析：

流动资产是指企业可以在一年或超过一年的一个营业周期内变现或运用的资产。

问题 77 分析：

应收账款 = 第 6 个月赊销额 + 第 5 个月特别赊销额 = 150 000 元 + 10 000 元 = 160 000 元。

问题 78 分析：

注销该笔款项，公司会同时减少应收账款和应收账款备抵账户，应收账款净值不变。资产总额不变，利润不变。

问题 79 分析：

坏账费用 = 赊销额 × 3% = 1 000 万元 × 3% = 30 万元。

问题 80 分析：

当最近购进的存货最先被卖出时，公司使用后进先出法进行核算。

问题 81 分析：

采用后进先出法，销货成本为最近购入存货的成本。后进先出法下，销货成本约等于市价，收入与费用最匹配。

问题 82 分析：

先进先出法下比较突出当期单位成本，使企业不能随意挑选存货计价以调整当期利润。

问题 83 分析：

采用后进先出法，销货成本为最近购入存货的成本。存货价格一直上升，最近采购存货的成本大于以前购买存货的成本，销货成本最大，利润最小。

问题 84 分析：

采用后进先出法，销货成本为最近购入存货的成本。通货膨胀为普遍情况，最近采购存货的成本大于以前购买存货的成本，销货成本最大。

问题 85 分析：

SFAS154 要求采用追溯调整法，见 11.4.2 节收益质量（盈余质量）。

问题 86 分析：

销货成本 = 期初存货 + 本期购进 − 期末存货。今年期末存货被高估，销货成本被低估，利润被高估，留存收益被高估。明年期初存货被高估，销货成本被高估，利润被低估，留存收益正确。

问题 87 分析：

期末存货被高估，销货成本被低估，利润被高估；期初存货被高估，销货成本被高估，利润被低估。高估商誉摊销和高估坏账费用都会造成利润被低估。

问题 88 分析：

先进先出法无论采用哪种盘存方法存货计价均不受影响，其他方法都会受到盘存方法的影响。

问题 89 分析：

可变现净值上限 = 售价 − 销货成本 = 22 元 − 2 元 = 20 元。可变现净值下限 = 22 元 − 2 元 − 5 元 = 15 元。重置成本为 10 元 < 可变现净值下限，所以市场价值为 15 元。

问题 90 分析：

持有至到期投资是长期债权，按照摊余成本法进行计量。

问题 91 分析：

可供出售股票投资组合里，未实现的利得和损失计入其他综合收益，在资产负债表中列示。

问题 92 分析：

甲公司使用权益法计量对乙公司的投资，今年的余额 = 50 万元 + （40 万元 − 10 万元）× 30% = 59 万元。

问题 93 分析：

交易性证券是指在通过短期价格变动产生收益而在短期内将其出售的证券。

问题 94 分析：

交易性证券市场价值变化带来的利得或损失在当期确认，计入利润表。

问题 95 分析：

出售可供出售金融资产的损失在当期确认，计入利润表中。可供出售金融资产价格变动带来的收益或损失计入其他综合收益中，递延到售卖该项资产时确认。其他综合收益是资产负债表项目。

问题 96 分析：

非同一控制下企业合并形成的长期股权投资应按购买方付出的资产、发生或承担的负债、发行的权益性证券的公允价值以及企业合并过程中发生的各项直接相关费用之和，作为其初始投资成本。

问题 97 分析：

期末投资账户余额 = 15 万元 + 20 万元 × 25% − 16 万元 × 25% = 16 万元。

问题 98 分析：

交换不同性质的资产是商业实质的交换，产生利得和损失在当年全部确认，计入利润表中。

问题 99 分析：

要想判断一项可折旧的固定资产是否发生减值，公司比较该项资产的账面价值，和该项资产预期产生未折现的未来现金流量。如果未折现的未来现金流量明显大于账面价值，固定资产发生减值。

问题 100 分析：

该项资产发生减值，减值后的账面价值为公允价值 12 000 元。

问题 101 分析：

损失 = 20 000 元 − 12 000 元 = 8 000 元。

问题 102 分析：

平整土地以使其能为公司所用而发生的成本算入土地成本中，土地不计提折旧。

问题 103 分析：

某项可折旧资产的预计寿命的变更是估计的变更，采用未来适用法，不进行追溯调整。

问题 104 分析：

甲公司使用权益法计量对乙公司的投资，把在被乙公司所享有的那部分净利润份额确认为投资损益，并以取得投资时被投资单位各项可辨认资产等的公允价值为基础，对被投资单位的净利润进行调整后确认。收到股利时，应冲减长期股权投资账户。乙公司的正常利润为 98 000 元（90 000 元 + 24 000元/3）。甲公司确认的投资收益 = 98 000 元 + (100 000 元/20 − 120 000 元/25) = 98 200 元。

问题 105 分析：

机器的折旧费用是固定制造费用的一部分。随总制造费用一起，折旧费被分配到产成品成为产成品成本的一部分。产成品被售出后，一部分制造费用会转化成销货成本。

问题 106 分析：

财产厂房及设备有三大特征：持有该资产是为了供本公司所用，不用于出售（与存货的区别）；该资产长期保持原有的实物形态（与办公耗材的区别）；该资产必须是实物形态的（与无形资产的区别）。新购入不是财产厂房及设备的特征。

问题 107 分析：

第 1 年折旧 = 50 000 元 × 5/(5 + 4 + 3 + 2 + 1) = 16 667 元。

问题 108 分析：

设备已使用了 3 年，按照折现法计提折旧，购入时预计使用寿命 10 年。第 3 年年底账面价值 = 10 万元 × (10 − 3)/10 = 7 万元。

问题 109 分析：

卡车初始价值 = 38 600 元 + 1 700 元 = 40 300 元。卡车使用寿命 5 年，该公司使用双倍余额递减法进行折旧。折旧率 = 1/5 × 2 = 40%。第 1 年折旧费用 = 40 300 元 × 40% = 16 120 元。第 1 年卡车账面净值 = 40 300 元 − 16 120 元 = 24 180 元。第 2 年卡车折旧费用 = 24 180 元 × 40% = 9 672 元。

问题 110 分析：

折旧费用 = 100 000 元/5 = 20 000 元。

问题 111 分析：

折旧率 = 1/10 × 2 = 20%。第 1 年账面净值 = 100 000 元 − 100 000 元 × 20% = 80 000 元。第 2 年折旧费用 = 80 000 元 × 20% = 16 000 元。

问题 112 分析：

年限总和法是加速折旧法的一种。折旧费用在资产使用第 1 年最大，随后逐年递减。使用年限总和法，第 1 年利润最小，随后逐年递增。

问题 113 分析：

公司有不同种类的固定资产，应使用总和法计提折旧。

问题 114 分析：

美国财务会计准则第 141 号公告对企业合并要求采用“购买法”，即交易发生时，并购企业将被并购企业以公允价值反映的资产、负债并入，而购买成本超过购买企业在所购可辨认资产和负债的公允价值中的股权份额的部分，应作为商誉并确认为一项资产。

问题 115 分析：

所有者权益的市场公允价值 = 资产的公允价值 − 负债的公允价值 = 85 万元 − 35 万元 = 50 万元。商誉 = 购买价格 − 所有者权益的市场公允价值 = 60 万元 − 50 万元 = 10 万元。

问题 116 分析：

属于甲公司的土地公允价值增量 = 30 万元 × 80% = 24 万元。属于甲公司的专利权公允价值增量 =

20 万元 ×80% =16 万元。被收购方的权益市场公允价值 =100 万元 +30 万元 +20 万元 =150 万元。商誉 =130 万元 -150 万元 ×80% =10 万元。

问题 117 分析：

预付保险费是流动资产。

问题 118 分析：

摊销金额 =22 100 元/17 +11 400 元/（17 -7.5）×0.5 =1 900 元。

问题 119 分析：

或有的未来事件很可能发生，并且损失金额可以合理地估计时记录或有负债。

问题 120 分析：

根据审慎性原则，公司不应记录或有收益。

问题 121 分析：

质量担保费用配比的收入在本期确认，该费用也应在当期确认。产品质量担保负债在未来一定会发生，且金额可被可靠估计，应记入资产负债表中。

问题 122 分析：

长期负债 =5 年期应付票据 + 融资租赁负债 + 递延所得税 +20 年期应付债券 =12 000 元 +15 000 元 +7 000 元 +20 000 元 =54 000 元。库藏股和留存收益是权益账户。应付股利是流动负债。

问题 123 分析：

库藏库是公司回购的自己发行的在外流通的股票，是所有者权益备抵账户。

问题 124 分析：

超过公允价值的部分属于费用。

问题 125 分析：

成本法下，按照回购实际支付金额记入库藏股账户；面值法下，库藏库以面值记录。两种方法下，股票溢价和库藏股账户金额不同，所有者权益总额和留存收益账户金额相同。

问题 126 分析：

只有库藏股退出时才有保留盈余，回购后再发行只涉及资本公积。

问题 127 分析：

库藏股是作为所有者权益的备抵账户，在（美国的）一些州中，它的存在是对利润留存的一项限制。它不能参与公司收益的清算，也不可以参与股利分配。

问题 128 分析：

现金流量表要求在脚注中披露任何重大的非现金投资和筹资活动。例如，购买或建设固定资产发行的股票、债转股等。宣告股利不需披露在现金流量表的脚注中。

问题 129 分析：

按宣告日的市价记录财产股利。

问题 130 分析：

财产股利按市价从留存收益中减除。

问题 131 分析：

选项 A，期权会稀释每股收益。选项 B，推迟宣告发放股利不会影响到每股收益。选项 C，以高于面值的价格出售公司股票不会影响到每股收益。选项 D，购买库藏股会减少在外流通股数，进而增加每股收益。

问题 132 分析：

初始购买成本为每股 50 元，在股利宣告日，该股票的市场价格为每股 75 元。确认收益为每股 25 元。

问题 133 分析：

库藏股是公司已发行而后又重新买回的股票，它是所有者权益的减项，不是一项资产，没有投票权也没有股利。

问题 134 分析：

本期利润 = 期末净资产 − 本期发行股票 + 股利 − 期初净资产 = 95 000 元 − 8 000 元 + 3 000 元 − 100 000元 = −10 000 元。

问题 135 分析：

分割后股票面值 = 10 元/2 = 5 元。

问题 136 分析：

未分配的现金股利和未分配的股票股利二者中，只有未分配的现金股利是负债。库藏股没有股利，股东持有的股票数为 90 万股。应付利息 = 90 万股 × 0. 1 元/股 = 9 万元。

问题 137 分析：

本期宣告现金股利 = 期初留存收益 + 本期净利润 − 本期宣告股票股利 − 期末留存收益 = 10 万元 + 4 万元 − 0. 8 万元 − 12. 5 万元 = 0. 7 万元。本期支付股利 = 5 000 元 + 7 000 元 = 12 000 元。

问题 138 分析：

股票分割是一种在不改变各股东持股比例的情况下，降低每股市价的工具。

问题 139 分析：

未发放股利可视为未分配利润中的一部分。

问题 140 分析：

选项 A，股票股利发放额小于在外流通股数 20% 或 25% 的，属于小额股票股利发放，在宣告日以市场价格借记留存收益。选项 B，股票股利发放额大于在外流通股数 20% 或 25% 的，属于大额股票股利发放，在宣告日以面值借记留存收益。选项 C，每股账面价值 = 属于普通股股东的权益/在外流通普通股股数。股票股利增加了在外流通的普通股股数，减少了每股账面价值。

问题 141 分析：

股票分割不影响留存收益。

问题 142 分析：

选项 A，股票股利和股票分割都不减少所有者权益。选项 B，正确。股票股利会减少留存收益，股票分割不会减少留存收益。公司会从留存收益中分发股利。股票分割不会影响公司将来支付股利的能力。选项 C，如果股票股利和股票分割增加的股票数一样，两种方案对每股收益的影响是一样的。选项 D，股票分割会减少每股面值。

问题 143 分析：

该公司是产品销售公司，在销售当日或产品发出日确定收入。

问题 144 分析：

贵金属公司生产完成时确认收入。

问题 145 分析：

前两年完工百分比 = 39 万元/（39 万元 + 13 万元） = 75%。前两年收入确认 = 70 万元 × 75% = 52. 5 万元。第 2 年毛利润 = 前两年收入确认 − 前两年成本 − 第 1 年毛利润 = 525 000 元 − 390 000 元 − 65 000元 = 70 000 元。

问题 146 分析：

美国公认会计准则要求研发费用在当期全部费用化。

问题 147 分析：

由于研发活动带来多少收入及何时产生收入未知，根据配比原则，研发费用不得在当期资本化并递延到未来其确认摊销费用。

问题 148 分析：

由于综合收益是一个时期内有来自非与所有者的交易或其他事项和事件导致的等行业企业所有者权益（净资产）变动。它包括一个时期内所有者权益的所有变动，除了所有者的投资和分红。

问题 149 分析：

使用时态法产生外币重新计量损益。外币重估损益应计入利润表。详见 11.4.6 节与外汇有关的会计处理。

问题 150 分析：

证券交易委员会规定，在管理层论述与分析中，管理层必须分析公司的流动性、资本来源和过去 3 年的经营成果。当通货膨胀的影响达到重要性程度时，也需披露。财务报表是历史数据，管理者必须关注他们知道的所有事件、趋势与不确定性，以表明过去并没有对未来的表现起预示作用。

问题 151 分析：

证券交易委员会没有规定管理层论述与分析的格式，目的是让管理层自由地讨论他们认为适当的定性和定量因素。

问题 152 分析：

净利润 = 来自持续经营的净利润 + 非常项目 + 非持续经营 = 100 000 元 + 5 000 元 - 6 000 元 = 99 000 元。综合收益 = 净利润 + 其他综合收益 = 99 000 元 + 8 000 元 = 107 000 元。

问题 153 分析：

财务报告中包含了以前年度的数据是为了反映趋势。

问题 154 分析：

第 1 年的利息收入被漏记，更正错误应增加本期的留存收益。贷记留存收益，借记应收利息。

问题 155 分析：

卖出设备时，卖方认为赊销款可收回，机器成本和价格可以可靠计量，且资产的风险已转移，因此卖方应全额确认收入 100 万元。

问题 156 分析：

在资产负债表日，固定资产增加 100 万元，现金减少 50 万元，应付账款增加 50 万元。

问题 157 分析：

公允价值高于摊余成本 8 005 元（643 500 元 - 635 495 元），是未实现利得，在资产负债表的所有者权益——其他综合收益账户中列示（贷方余额）。

问题 158 分析：

设备属于固定资产，在购置时应被资本化，但是公司没有资本化。差错更正应当调整本期期初的留存收益。

问题 159 分析：

股价不由证券交易委员会决定，而是由市场和公司本身特征决定。

问题 160 分析：

运输费直接算到存货成本中，不是储存成本。保险费、保管费用和投资资本成本都是储存成本。

问题 161 分析：

使用先进先出法计算存货价值见表 4-52。

表 4-52　使用先进先出法计算存货价值

日期	变化	存货价值
9 日	购入 200 件 ×10 元/件 =2 000 元	300 件 ×10 元/件 =3 000 元
16 日	卖出 190 件 ×10 元/件 =1 900 元	110 件 ×10 元/件 =1 100 元
21 日	购入 150 件 ×12 元/件 =1 800 元	110 件 ×10 元/件 +150 件 ×12 元/件 =2 900 元
29 日	卖出 110 件 ×10 元/件 +10 件 ×12 元/件 =1 220 元	140 件 ×12 元/件 =1 680 元

问题 162 分析：

使用后进先出法计算存货价值见表 4-53。

表 4-53　使用后进先出法计算存货价值

日期	变化	存货价值
9 日	购入 200 件 ×10 元/件 =2 000 元	300 件 ×10 元/件 =3 000 元
16 日	卖出 190 件 ×10 元/件 =1 900 元	110 件 ×10 元/件 =1 100 元
21 日	购入 150 件 ×12 元/件 =1 800 元	110 件 ×10 元/件 +150 件 ×12 元/件 =2 900 元
29 日	卖出 120 件 ×12 元/件 =1 440 元	110 件 ×10 元/件 +30 件 ×12 元/件 =1 460 元

问题 163 分析：

不需要非常项目之前的利润，而是需要包括非常项目。

问题 164 分析：

财务报表是对过去的反应，是历史性的，不是未来性的。

问题 165 分析：

公认会计准则要求使用购买法来计量商业合并。使用购买法时，购买方将购买价款根据公允价值分配给所有的有形和可确认的无形资产以及负债。购买价款超过资产和负债公允价值的部分被确认为商誉。如果所购买的净资产的公允价值高于购买价格，长期资产而不是所有资产的价值应按比例减少。在购买法下，被收购公司的商誉在收购时被视作 0。

问题 166 分析：

折旧费用 =（123 750 元 −11 250 元）×4/（6 +5 +4 +3 +2 +1）=21 429 元。

问题 167 分析：

折旧费用 =（123 750 元 −11 250 元）×1 824 元/15 000 元 =13 680 元。

问题 168 分析：

第 1 年折旧费用 =123 750 元 ×0. 3333 =41 246 元。第 1 年年末账面价值 =123 750 元 −41 246 元 =82 504 元。第 2 年折旧费用 =82 504 元 ×0. 3333 =27 500 元。

问题 169 分析：

资产负债表通过计算流动比率，速动比率来衡量公司的流动性。现金流量表通过将经营现金流与流动负债的比较来衡量公司的流动性。

问题 170 分析：

商誉是不可辨认的无形资产。

问题 171 分析：

完工百分比法适用于长期在建工程。长期在建工程的盈利过程通过不同的阶段完成，跨越了几年或几个经营周期。在跨越的这几个会计期间中，经济利益不断流入，企业的状况不断变好，因此每个会计期间都应确认收入，完工百分比法适用于收入的确认。

问题 172 分析：

权责发生制下，收入在发生时确认，与收入配比的费用也在发生时确认。在现金收付制下，收入在现金流入时确认，费用在现金流出时确认。

问题 173 分析：

预付保险费是流动资产。

问题 174 分析：

保修费用 = 269.5 万元 × 3% = 80 850 元。

问题 175 分析：

第 1 年完工百分比 = 90 万元（90 万元 + 270 万元） = 25%。第 1 年确认收入 = 500 万元 × 25% = 125 万元。第 1 年确认利润 = 125 万元 − 90 万元 = 35 万元。

问题 176 分析：

公认会计准则要求使用购买法来计量商业合并。使用购买法时，购买方将购买价款根据公允价值分配给所有的有形和可确认的无形资产以及负债。购买价款超过资产和负债公允价值的部分被确认为商誉。如果所购买的净资产的公允价值高于购买价格，长期资产而不是所有资产的价值应按比例减少。

问题 177 分析：

利润表的格式包括单步式、多步式和简明式。

问题 178 分析：

一套完整的财务报表包括资产负债表、利润表、现金流量表、所有者权益变动表和财务报表附注。

问题 179 分析：

资产负债表的账户和金额一般有 4 类补充信息：或有事项、会计政策、合同情况和公允价值。

问题 180 分析：

内部产生的资产，如商誉、顾客群、管理方法与技巧、声誉、技术创新、人力资源和机密的流程与配方，不计入资产负债表。只有在市场交易中获得的资产才记录。

问题 181 分析：

管理层论述与分析属于公司年报中单独的部分，不属于财务报表附注。

问题 182 分析：

大于 75 天的 1.5 万元应收账款回收概率为零，应确认发生坏账。年末备抵账户余额 = 30 万元 × 2% + 10 万元 × 10% + 8 万元 × 15% + 4 万元 × 25% + 2 万元 × 60% = 5 万元。

问题 183 分析：

由于 75 天的 1.5 万元应收账款应确认发生坏账，调整后的应该后备抵账户余额为 2 万元，当年确认的坏账损失为 3 万元。

问题 184 分析：

有追索权的应收款销售，销售中的每一方只确认其在出售之后所控制的资产与负债。

问题 185 分析：

在定期盘存制下销货成本是一个倒轧的金额，依赖于期末存货的实物盘存。定期盘存制的基本等式为：本期销货成本 = 期初存货成本 + 本期购货成本 − 期末存货成本。

问题 186 分析：

见 4.4.2 节存货的确认。

问题 187 分析：

存货、留存收益被低估。销货成本被高估，净利润被低估。

问题 188 分析：

在通过膨胀的情况下，在后进先出法下，毛利和净利润是最低的，而先进先出法下是最高的，平均成本法下的则居于中间位置。后进先出法下的期末现金余额是最高的（因为税收更低）。在后进先出法下，期末存货价值是最低的，而先进先出法下是最高的，平均成本法下的则居于中间位置。

问题 189 分析：

以下情况企业偏爱后进先出法：①如果销售价格和收入的增长速度快于成本；②如果公司有相对固定的“基本原料”。相反，后进先出在以下情况中并不适用：①价格落后于成本；②如果传统使用的是个别认定法；③随着产量的增加，单位成本呈下降趋势，由此抵销了后进先出可能带来的税收收益。

问题 190 分析：

产品重置成本 62 500 元，上限 56 000 元，下限 50 900 元。重置成本大于上限，取上限。

问题 191 分析：

600 件 ×12 元/件 +800 件 ×11 元/件 +200 件 ×10 元/件 =18 000 元。

问题 192 分析：

600 件 ×8 元/件 +1 000 件 ×9 元/件 =13 800 元。

问题 193 分析：

可供出售的商品价值 =600 件 ×8 元/件 +1 200 件 ×9 元/件 +1 300 件 ×10 元/件 +800 件 ×11 元/件 +600 件 ×12 元/件 =44 600 元。

平均价格 =44 600 元/（600 件 +1 200 件 +1 300 件 +800 件 +600 件） =9. 91 元/件。期末存货价值 =9. 91 元/件 ×1 600 件 =15 856 元。

问题 194 分析：

在成本回收法下，只有当收到现金大于销货成本时才确认收入。第 1 年不确认利润，第 2 年确认利润 10 000 元（80 000 元 −70 000 元）。

问题 195 分析：

附有回购协议的销售、附有退货权的销售、贸易负载和渠道填塞一般不应在交付时确认收入。

问题 196 分析：

当货款的收回不能确定时，可以采用 3 种方法确认收入：分期付款销售法、成本回收法和保证金法。

问题 197 分析：

版权是有限寿命的无形资产。执行可收回测试，因为预期未来净现金流量（400 万元）低于账面价值（430 万元），公司必须确定一项减值损失。减值损失 = 账面价值 − 公允价值 =430 万元 −320 万元 =110 万元。

问题 198 分析：

由于分部 A 的公允价值（3. 35 亿元）少于了净资产的账面价值（3. 5 亿元），公司确认任何减值。确定商誉的公允价值 = 分部 A 的公允价值 − 可辨认资产价值（商誉除外） =3. 35 亿元 −（3. 5 亿元 −2 亿元） =1. 85 亿元。减值损失 =2 亿元 −1. 85 亿元 =1 500 万元。

问题 199 分析：

应使用购买法进行企业购并的会计处理。合并财务报表强调“经济实质”，并不把母公司和其子公司作为独立的法律实体。资产负债表合并的最终结果是按购买日的公允市价来对购入的子公司进行报告。

问题 200 分析：

交易性证券的未实现损益在利润表确认，可供出售证券的未实现损益在权益项确认。

问题 201 分析：

权益投资余额 = 180 000 元 + 30% ×（80 000 元 − 20 000 元）= 198 000 元。

问题 202 分析：

如果出租人的隐含利率低于承租人的新增借款利率，那么承租人必须使用出租人的隐含利率，即 8%。最低租赁付款额的现值应包括议价购买权，总计为1 022 226 美元。由于公允价值（1 000 000 美元）低于 1 022 226 美元，取公允价值。

问题 203 分析：

应纳税所得额 = 70 000 美元 − 16 000 美元 + 22 000 美元 + 11 000 美元 = 87 000 美元。

应付所得税 = 87 000 美元 × 30% = 26 100 美元。

问题 204 分析：

所得税费用 = 应纳税所得额 + 递延所得税负债 − 递延所得税资产 = 26 100 美元 + 16 000 美元 × 30% − 22 000 美元 × 30% = 24 300 美元。

问题 205 分析：

未来可抵扣金额为 1 亿美元，递延所得税资产为 4 000 万美元，为流动资产。未来应纳税金额为 5 000 万美元，递延所得税负债为 2 000 万美元，为非流动负债。

问题 206 分析：

属于小额股票股利，按照市场价值减少留存收益，120 美元/股 × 5 000 000 股 × 20% = 120 000 000 美元。

问题 207 分析：

属于大额股票股利，按照面值减少留存收益，10 美元/股 × 5 000 000 股 × 100% = 50 000 000 美元。

问题 208 分析：

股票分割不影响留存收益科目，股票面值变为 5 美元/股。

问题 209 分析：

在成本法下，3 个交易对于财务报表科目影响如表 4-54 所示。

表 4-54 3 个交易对于财务报表科目影响

项目	资产	负债	权益	实收资本	留存收益	净利润
交易 1	下降	不变	下降	不变	不变	不变
交易 2	上升	不变	上升	上升	不变	不变
交易 3	上升	不变	上升	下降	不变	不变

问题 210 分析：

去年净利润被低估，今年净利润被高估。

问题 211 分析：

部门 3 的净利润来源于变卖资产，而经营活动现金流最低。

问题 212 分析：

来自持续经营的利润 = 25 000 元 − 2 000 元 − 3 500 元 + 3 000 元 = 22 500 元。

问题 213 分析：

发生后进先出清算会引起净利润提高。

问题 214 分析：

见 4.9.5 节留存收益的分拨。

问题 215 分析：

飞机制造一般根据订单进行生产，产品单位价值很高，该公司不适用存货价值的流转假设。

问题 216 分析：

年报不需提供比率及比率分析，其余 3 项都是需要包括的内容。

问题 217 分析：

先进先出法和后进先出法会造成利润差异。永续盘存制和定期盘存制在先进先出法下是相同的。

问题 218 分析：

略。

问题 219 分析：

公司使用永续盘存制，18 日买入后，单位存货价值 =（400 件 ×1 元/件 +600 件 ×1.07 元/件）/1 000件 =1.042 元/件。期末存货价值 =1.042 元/件 ×500 件 =521 元。公司使用定期盘存制，单位存货价值 =(800 件 ×1 元/件 +600 件 ×1.07 元/件)/1 400 件 =1.03 元/件。期末存货价值 =1.03 元/件 ×500 件 =515 元。存货价值变化 =521 元 −515 元 =6 元。

问题 220 分析：

SEC 要求企业将受到法律限制的存款中，因短期借款合同而持有的补偿性存款在流动资产“现金与现金等价物项目”中单独列示。

问题 221 分析：

5 000 元 +100 000 元 +1 000 000 元 +100 000 元 =1 205 000 元。

问题 222 分析：

发放 40% 股票股利，属于大额股票股利方法，按照普通股票面价值转增股本，实收资本为 560 万元（400 万元 ×1.4），净资产总额不变。

问题 223 分析：

公司共发行债券张数 =2 500 000 元/(100 元/张) =25 000 张。债券账面价值 =100 元/张 +133 000 元/25 000 张 =105.32 元/张。公司实现损益 =(105.32 元/张 −102 元/张) ×500 000 元/(100 元/张) ×(1 −35%) =10 790 元。

问题 224 分析：

公司未实现损益 =140 万元 −150 万元 = −10 万元。可供出售证券的未实现损益计入其他全面收益。

问题 225 分析：

重置成本（19 万元）低于历史成本，发生跌价。上限为 17 万元（20 万元 −3 万元），下限为 11.9 万元（17 万元 ×0.7）。取上限，存货价值为 17 万元。

问题 226 分析：

重置成本（20 万元）低于历史成本，发生跌价。上限为 29 万元（32 万元 −3 万元），下限为 21.75 万元（29 万元 ×0.75）。取下限，存货价值为 21.75 万元。

问题 227 分析：

有寿命的无形资产需要摊销，无寿命的无形资产和商誉不需要摊销。

问题 228 分析：

1 000 万元 ×5% =50 万元。

问题 229 分析：

106 万元 +23 万元 -122 万元 =7 万元。

问题 230 分析：

略。

问题 231 分析：

一般来说，账龄分析法最保守，现金法最激进。

问题 232 分析：

国债收入属于永久性差异，其余两项属于暂时性差异。

问题 233 分析：

所得税费用和应纳税所得额之间存在差异，这个差异反映了在未来期间公司将要支付的税收，常被称为递延所得税金额。选项 D 最符合其定义。

问题 234 分析：

根据题目信息，不应该使用完工百分百法确认收入，所以 2013 年底确认的收入为 0。

问题 235 分析：

出售保修法要求公司延期确认从延长的保修销售中取得的收入，最为保守。

问题 236 分析：

10 000 件/月 ×6 月 ×1 元/件 =60 000 元。

问题 237 分析：

其他综合收益包括可供出售金融资产产生的未实现损益、现金流量套期保值的未实现损益、最低养老金负债超过未确认的前期服务成本部分、外汇交易产生的未实现损失或利得。会计原则变更使用追溯调整法（旧准则要求计入当期利润）。

问题 238 分析：

从可靠性来说，会计信息必须具备 3 个特征：可验证性、反映真实性和中立性。中立性是指会计信息必须不存在偏差或曲解。

问题 239 分析：

售后回租的收益应该递延确认。

问题 240 分析：

综合收益包括某一期间权益的所有变化，所有者投资和分配引起的变化除外。

问题 241 分析：

无形资产的永久损失是其账面价值与公允价值之差。

问题 242 分析：

现金流总额等于期初期末现金科目余额的差，即 20 万元（70 万元 -50 万元）。

问题 243 分析：

如果表 4-53 中记录的都是债券投资，债券投资的金额 =20 万元 +22 万元 +18 万元 =60 万元。

问题 244 分析：

签订订单时确认最为激进，毛利率最高。

问题 245 分析：

持有至到期投资使用摊余成本计价。

问题 246 分析：

可赎回优先股属于负债。

问题 247 分析：

A 公司股票利得 =（203 万元 - 102 万元）-（200 万元 - 100 万元）= 1 万元。B 公司股票损失 =（300 万元 - 150 万元）-（250 万元 - 150 万元）= 50 万元。C 公司股票利得 = 60 万元 - 50 万元 = 10 万元。总损失为 39 万元(50 万元 - 1 万元 - 10 万元)。

问题 248 分析：

通货膨胀时先进先出法下利润较高。

问题 249 分析：

流动负债低估，营业费用低估，营业利润高估，留存收益高估。

问题 250 分析：

银行利息属于经营活动现金流。

问题 251 分析：

其余 3 项都是财务报告披露的内容。

问题 252 分析：

900 件 × 500 元/件 + 30 万元 = 75 万元。

问题 253 分析：

小额股票股利发放按照市场价格由留存收益转增股本，所以资本公积增加。

问题 254 分析：

使用权益法计量长期股权投资，被投资企业取得利润时按比例确认收益，收到现金股利时减少被投资公司的账面价值。

问题 255 分析：

交易性金融资产按公允价值计量，未实现损益在利润表确认。

问题 256 分析：

美国财务会计准则不允许存货跌价准备回转，国际财务报告准则允许。

问题 257 分析：

两种资产的未实现损益都不在利润表中确认。

问题 258 分析：

应纳税暂时性差异是指在回收相关资产时会在未来年度内产生应纳税金额的暂时性差异，记录递延所得税负债。

问题 259 分析：

预期再融资的短期负债属于长期负债。

问题 260 分析：

因为短期债务的清偿是在获得权益融资所取得的资金之前，其要求公司使用现存的流动资产。因此，公司必须在资产负债表日将这笔短期债务包含在流动负债之中。

问题 261 分析：

国际财务报告准则下，存货价值以可变现净值为限，并且跌价准备可以回转。

问题 262 分析：

国际财务报告准则下可以将固定资产减值转回，并允许采用成本基础或公允价值重估价基础。

问题 263 分析：

美国财务会计准则下，研究与开发全部费用化，并计入经营性现金流。国际财务报告准则下，研究费用化与开发资本化并摊销，后者计入投资性现金流。

问题 264 分析：

流动负债是义务，能够合理地预计这些义务的清算要求使用现存的、被合理地划分为流动资产的资源，或是其清算将产生其他的流动负债。年初支付的年度房租属于预付款项，作为流动资产列示。

问题 265 分析：

对于 6 项交易的适当会计处理解释如下。

1）交易 1：要将 200 万美元的经销商关系项目成本立刻记入销售费用，因为很难符合和衡量将来的利益。

2）交易 2：价值 400 万美元的试验工厂属于研发成本，应该被费用化。当实验工作完成后，将不再使用试验工厂。

3）交易 3：该项交易的适当处理取决于工具、夹具、模子和模具的设计特性。如果 300 万美元的设计成本包括产品的新技术，这项支出是研发成本，应该被费用化。这些设计成本与新技术相关，与不断修补已有的工具模子和模具的做法完全不同。然而，如果 300 万美元的设计成本代表的是产品的传统技术成本，那么其成本将会与实际生产过程中的启动成本相关。300 万美元可以被算作生产设备成本的一部分，随着产品的使用时间进行折旧。当开始启动生产活动后，应在下一年首先确认折旧费用。

4）交易 4：在收购乙公司时，400 万美元应被记为可辨认资产，而 100 万美元应被算作营业权。该项交易代表购买了一个应当产生将来收益的公司。

5）交易 5：新产品的广告宣传成本是 250 万美元，应被记入 2014 年第一季度的流动资本中，预期收益将在该阶段产生。

6）交易 6：50 万美元的专利申请法律咨询费应被记入无形资产。专利可在其 10 年经济寿命内按照直线法摊销，即每年摊销 5 万美元。从 2013 年 7 月 1 日到 2013 年 12 月 1 日的 6 个月专利摊销金额是 2. 5 万美元。在 2013 年 12 月 31 日，专利的无形资产账面净值为 47. 5 万美元。

问题 266 分析：

1）保修费用 = 5 400 000 美元 × 2% = 108 000 美元。

2）2007 年 12 月 31 日预计负债 = 2007 年 1 月 1 日预计负债 + 2007 年保修费用 − 实际保修成本 = 36 000 美元 + 108 000 美元 − 164 000 美元 = 80 000 美元。

3）预计回收奖券数量 = 1 800 000 个 × 60% = 1 080 000 个。

奖励 CD 播放机 = 1 080 000 个 ÷ 200 个/台 = 5400 台。

奖励费用 = 5400 台 × （34 美元/台 − 20 美元/台） = 75 600 美元。

4）2007 年 12 月 31 日用于奖励的 CD 播放机存货 = 2007 年 1 月 1 日存货 + 2007 年购入 − 2007 年发放 = 39500 美元 + 6 500 台 × 34 美元/台 − (1 200 000 个 ÷ 200 个/台) × 34 美元/台 = 56 950 美元。

5）2007 年 12 月 31 日预计未付的奖励要求 = 2007 年 1 月 1 日预计未付的奖励要求 + 奖励费用 − 当年发放奖励 = 44 800 美元 + 75 600 美元 − (1 200 000 个 ÷ 200 个/台) × (34 美元/台 − 20 美元/台) = 36 400 美元。

问题 267 分析：

1）略。

2）①A. 会员费。会员费是预付的，且保证退款，应该在一年有效期内均衡确认销售，即每月确认预付会员费的 1/12，未确认为销售的部分（即未赚取及可能要退款的部分）确认为负债。9% 的利息随着时间的流逝每年逐步确认。B. 球场租金。会员使用场地时确认球场租金。C. 优惠券兑现时（即会员上有氧操运动课时）确认销售收入。到年底，已过期但没有兑现的优惠券确认为销售收入。

②由于支付设备购置的 20% 定金时 NHRC 没有提供任何服务，定金应作为流动负债处理，发货时再确认为销售收入。

③保修费预计要发生且金额可以估计，应当在销售实现时将销售额的 1/4 计提保维修成本。

3）①标准无保留意见审计报告；②带强调事项段的无保留意见审计报告；③保留意见审计报告；④否定意见审计报告；⑤无法表示意见审计报告。

本题中，审计师最有可能出具否定意见审计报告。如果采纳詹姆斯的建议，该公司的核心业务收入以及其他有关收入将严重高估，有关保险费将严重低估，财务报表将因此而不符合公认会计原则，不能从整体上公允反映该公司的财务状况、经营成果和现金流量，故应当出具否定意见的审计报告。

4）略。

5）略。

问题 268 分析：

1）传统的高尔夫场地服务业务属于“现金牛”类型，新设立的高尔夫培训业务属于“问号”类型。

2）该俱乐部在费用确认过程中使用了现金制，这种做法不符合配比原则。在收入确认和应收账款坏账计提中使用了权责发生制。

3）略。

4）借记坏账准备 320 美元（3 200 美元 ×10%），贷记应收账款 320 美元。如果坏账准备百分比从 10% 调整到 8%，坏账准备计提减少 64 美元（3 200 美元 ×2%），利润增加。

5）6 月该俱乐部应该确认收入 3 200 美元，坏账准备 320 美元，经营成本 2 560 美元（3 200 美元 ×80%）。

6）设备成本包括购买费用、运费以及发生的手续费、运输过程中发生的设备保险费、必要的专门场地费、组装和安装费、试运行成本。当公司为了自用而建造或生产某项资产时，其资金利息需做资本化处理，构成资产成本的一部分。（150 000 美元 +13 000 美元）×（1 +6%）=172 780 美元。

问题 269 分析：

1）略。

2）略。

3）使用先进先出法甲公司利润最高。

4）略。

5）注册会计师是通过对审计证据或审计相关文件材料的收集来验证财务报告信息的相关性的，如发票、合同、银行对账单财务报表数据。由于过去曾出现过公司提供虚假的文件资料作为审计材料，所以注册会计师应就文件材料的使用价值以及可靠性进行评估。例如，被审计的甲公司与乙公司签订了一项合同，向乙公司提供相关服务，注册会计师就需要确认是否存在乙公司，乙公司所派的签署合同的人员身份是否符合规定等。

问题 270 分析：

1）略。

2）坏账准备降低应收账款可收回净值，故会降低 1 月份的资产值。计提坏账产生坏账费用，会增加总费用，故会降低营业利润。坏账费用是非付现费用，对企业经营现金流不产生影响。

3）120 万元 ×0.3 +120 万元 ×0.98 ×（0.7 −0.07）+120 万元 ×（0.07 −0.03）=1 148 880 元。

4）略。

5）企业应收账款的信息和政策从财务报表附注中的应收账款会计政策部分可以获得。

问题 271 分析：

会计报表中的折旧费用小于为税收准备的报表中的折旧费用，故会计报表中的净利润大于为税收准备的报表中的净利润。因此，会计报表中的留存收益会大于为税收准备的报表中的留存收益。

问题 272 分析：

销售成本 = 期初存货 + 本期购入 – 期末存货。期初存货是盘点数，本期购入正常记录。期末存货少计，则本期销售成本被高估了。

问题 273 分析：

该项存货既没有作为存货购进，又没有在期末盘点存货时包括在内，这项存货在账面上并没有体现为公司存货，所以对公司的报表均不产生影响。只有已销售产品才结转商品销售成本。

问题 274 分析：

资产增加 50 000 美元，负债增加 80 000 美元，则净损失为 30 000 美元。

问题 275 分析：

第 2 次支付同一笔负债时，会错误地同时减少一笔资产和一笔负债，造成资产和负债被低估。

问题 276 分析：

税法将预收账款确认为收入会造成递延所得税资产，而不会造成递延所得税负债。税法将跨越财政年度的整年房租作为当年收入，美国公认会计原则按照时间段均匀确认当年收入。这种情况会造成递延所得税资产，而不会造成递延所得税负债。当税法采用加速折旧，意味着进入税法的费用多，造成课税收入低，故此缴税少，这样形成递延所得税负债。在外流通的普通股数减少，不会影响递延所得税负债。

问题 277 分析：

缩短信用期、延长信用期对报告的坏账金额没有帮助。当坏账准备账户有贷方余额为 1500 美元时，意味着本年计提的坏账准备可以减少 1500 美元，就可以满足计提坏账准备 5% 的要求。

问题 278 分析：

无追索权的应收账款保理业务是一个销售交易，不能收回的风险转移给买方。故此加尔公司将应收账款销售给罗斯银行后，不能收回的风险转移给了罗斯银行。

问题 279 分析：

前期多提折旧，后期少提折旧，是加速折旧法的特征。加速折旧法包含两种：年数总和法和余额递减法。其中年数总和法的折旧基础是：设备原值 – 残值；余额递减法的折旧基础是资产的账面净值。因此年数总和法符合题目的要求。

问题 280 分析：

9 万美元存货采购应该包含在存货之中，因为在年底之前已经装船，而且在装船的时候货物所有权已经转移。而 12 万美元未装船的货物也应该包含在公司存货之中，因为在年底之前货物所有权还未发生转移。故该存货金额为：150 万美元 +9 万美元 + 12 万美元 = 171 万美元。

问题 281 分析：

每期租金 = 323 400 美元 ÷ 4. 312 = 75 000 美元，总的现金流 = 75 000 美元/年 × 5 年 = 375 000 美元，利息收入 = 375 000 美元 – 323 400 美元 = 51 600 美元。

问题 282 分析：

因为该公司应纳税时间性差异将增加应缴所得税金额，所以这是一个递延所得税负债。递延所得税的分类应该与其产生差异的相关资产归属为同一类，在本题目中，由于它是非流动资产导致的，所以应该被划分为非流动负债。

问题 283 分析：

资产账面价值 = 购入价格 - 折旧 = 40 万美元 - 4 万美元 ÷ 5 × 3 = 16 万美元。按照美国公认会计准则，资产的账面价值 < 资产带来的现金流（未贴现），可以判定资产发生减值，需要确认资产减值损失。资产减值损失 = 资产账面价值 - 资产的公允价值 = 16 万美元 - 9 万美元 = 7 万美元。

问题 284 分析：

综合报告应根据《综合报告框架》而非美国公认会计原则编制。综合叙述是综合思考和综合报告（IR）的产物。价值链描述了成本和客户价值如何在产生或服务的一系列活动中积累，而非综合叙述。综合叙述旨在通过将财务和非财务信息与组织的长期价值创造可能性联系起来，提供公司的整体视图。

问题 285 分析：

《综合报告框架》目标是通过综合思维和综合报告，调整资本配置和企业活动，以创造财务福利和可持续扩张。尽管 IIRC 主要关注私营部门的金融资本提供者，但其使命是让综合报告（IR）成为全球私营和上市公司的企业报告标准。

问题 286 分析：

6 个资本仅提供一种指导框架，以确保考虑不同形式的资本受到运营活动的影响。不是每种资本都需要出现在每个综合性报告中，也不需要根据 6 个资本来构建综合性报告。

问题 287 分析：

对非财务信息提供保证是非常困难的。但是，验证财务和非财务信息的综合表现非常重要。IR 提高了非财务信息报告的质量及其在组织间的可比性。审计师对财务信息的看法也会产生类似的好处。

问题 288 分析：

该公司在每季度初期要求客户预先支付 3 个月的服务费，所以属于递延收益（预收账款）。

问题 289 分析：

其余选项描述的是财务报表的会计原则、方法，公司所处的行业情况等都是属于附注的内容之一。

问题 290 分析：

坏账准备余额 = 60 000 元 × 5% + 4 000 元 × 10% + 2 000 元 × 70% = 4 800 元。

问题 291 分析：

第 2 年净高估 3 500 元，按照盘亏处理，计入管理费用。

问题 292 分析：

分析：可供出售金融资产的未实现收益应该计入其他综合收益，即公允价值的变动：120 000 元 - 90 000 元 = 30 000 元。

问题 293 分析：

作为固定资产处理的有生产设备费 28 万元，购买设备保险费 3 万元，购买车辆费 3 万元。

问题 294 分析：

该题目考察的是简单式和多步式利润表的差异，所以根据定义，答案是选项 C。

问题 295 分析：

库藏股不是公司的一项资产，而是股东权益的减项。

问题 296 分析：

综合收益 = 280 万元 + （20 万元 - 40 万元） - 200 万元 = 60 万元。其他综合收益 = 60 万元 - 40 万元 = 20 万元。

问题 297 分析：

NRV = 408 000 元 - 20 000 元 = 388 000 元。重置成本为 360 000 元。NRV - 正常毛利 = 388 000 元 - 60 000 元 = 328 000 元。

问题 298 分析:

每期的付款是 500 000 元，年金现值系数是 5.35，所以融资租赁的总额是 500 000 元 × 5.35 = 2 675 000元。

问题 299 分析:

在永续盘存制下，期末结存数 = 期初结存数 + 本期新增库存 - 本期转入成本数。今年期末将出现盘盈的情况，会使得本期资产增加，成本减少。因此，本期总资产增加，利润总额增加。

问题 300 分析:

本题中持有的股份是 3 000 股，占比为 30%，应该采取权益法，所以 120 000 元 × 30% = 36 000 元作为利润，因为是在 6 月 1 日入股，所以甲公司第 1 年应该列示于利润表的投资收益是 18 000 元。

问题 301 分析:

2013 年资产负债表将“保修之下的预计负债”16 000 元作为流动负债进行报告，并且 2013 年的利润表中也将确认 20 000 元的“保修费用”。

问题 302 分析:

在经营性租赁下，期初确认资产和负债，各年的租赁费用就是全部静态租赁费用的平均值。

问题 303 分析:

IFRS 规定投资性房地产可以按照公允价值计价。

问题 304 分析:

租赁费用 = (2 000 元 + 5 000 元 + 6 000 元 + 7 000 元 + 8 000 元) /4 = 7 000 元。

问题 305 分析:

除了短期租赁，经营性租赁和融资性租赁都确认租赁相关的资产和负债。如果租赁期每年租金相等，在经营性租赁条件下，每年的租赁费用就是实际支付的现金，而融资性租赁需要确认折旧费用和利息费用。

问题 306 分析:

以上说法全部正确。

问题 307 分析:

若按照收入准则中履约进度计量的投入法核算，该合同的履约进度为 40% (1 000 万元/2 500 万元)，甲公司确认收入 1 200 万元 (3 000 万元 × 40%)；若按照新收入准则中履约进度计量的产出法核算，该合同的履约进度为 30% (3 000 万元/10 000 万元)，甲公司确认收入为 900 万元 (3 000 万元 × 30%)。

问题 308 分析:

《源于客户合同的收入（主题 606)》定义了两种方法，即产出法和投入法，产出法可以用来衡量企业在一段时间内完全履行责任的进展情况。

问题 309 分析:

只有选项 A 的说法正确，其余 3 个选项都说反了。

问题 310 分析:

产品销售成本 = 期初存货 + 当前采购 - 期末存货。期初存货少报和期末存货多报都会引起产品销售成本少报。

问题 311 分析:

25 000 元/(75 000 元 + 25 000 元) = 25%。

问题 312 分析:

非持续经营分部的损失 = 300 000 元 - 500 000 元 = -200 000 元。10 月 17 日出售该分部的资产所产生的处置损失也需要报告在非持续经营的项目中，但是题目中计算 1 月 1 日至 3 月 1 日的损失，所以不需要考虑进来。

问题 313 分析：

通货膨胀时期，用后进先出法利润更低；所得税降低会对公司的现金流产生正面影响。

问题 314 分析：

通货膨胀时期，用先进先出法利润更高；所得税更高，存货价值更大。

问题 315 分析：

4% ×80 000 件 ×95 元/件 − 159 000 元 = 145 000 元。

问题 316 分析：

40 000 元 + 65 000 元 + 3 000 元 = 108 000 元。

问题 317 分析：

财务报告主要是满足外部人员的需要，包括股东和债权人。

问题 318 分析：

2 457 820 美元 + 80 210 美元 + 75 330 美元 − 20 440 美元 = 2 592 920 美元。

问题 319 分析：

1）因为采取的是权责发生制，计提坏账准备法在财务处理上是更好的。因为计提的坏账作为当期费用，准确地和企业所产生的销售收入形成了时间上的配比原则，没有高估企业当期的会计利润。而坏账准备金额使得在当期财务报告资产负债表中的应收账款资产净值没有被高估，客观地反映了在这一经营周期结束时企业能够收回的应收账款资产的净值。

2）资产：①计提坏账产生坏账准备将对应收账款可收回净值产生影响，坏账准备降低应收账款可收回净值，故此会降低 1 月的资产值；②营业利润：计提坏账产生坏账费用，会增加 1 月的总费用，故此会降低 1 月的营业利润；③经营活动现金流：坏账费用是非付现费用，对企业经营现金流不产生影响。

3）现金收入：2 400 000 美元 ×0.3 = 720 000 美元。利用折扣优惠付款：2 400 000 美元 ×0.98 × 0.63 = 1 481 760 美元。

12 月的 7% 销售额而且 3% 无法收回：2 400 000 ×0.04 = 96 000 美元。总收回现金数：2 297 760 美元。

4）a. 应收账款保理是委托人（企业）将应收账款以双方商定的条件出售给受托人（银行或者金融机构），从受托人处迅速换取运营资金的一种方式。而受托人负责进行应收账款的催收和回款。

b. 有追索权的应收账款保理：委托人始终和应收账款相关，因此采取财务构成法记录该类交易事项，受托人保理商只确认销售能够控制的资产和负债，不确定已售的全部资产和负债。

无追索权的应收账款保理：无追索权的应收账款销售意味着受托人承担了应收账款的坏账风险，应收账款的销售使应收账款从名义上发生了转移，为一个彻底的销售行为。企业将应收账款销售，获得现金（借记），应收账款消失（贷记），保理公司佣金成为企业的费用（借记）。

5）企业应收账款的信息和政策从财务报表附注中的会计政策部分可以获得。也就是说，企业财务报告中应收账款坏账费用和坏账准备等记录的依据来自财务报告附注中的会计政策部分。

第5章　战略规划

注意：本章也是CSCA证书学习的内容，为进一步学习打好基础。

5.1　战略规划概念

5.1.1　战略规划的定义

在一个组织中，管理者所实行的战略对于该组织相对于竞争对手的表现具有重大的影响。战略就是管理者所采取的旨在达成一项或多项组织目标的行动。对于大多数组织来说，压倒一切的目标是实现优于竞争对手的绩效。如果一家公司的战略产生了卓越的绩效，则称它拥有竞争优势。

战略领导是指用最有效的方法管理企业的战略实现过程以创建竞争优势。战略实现过程（Strategic Making Process）是管理者们选择和实施一系列旨在实现竞争优势的战略的过程。战略制定（Strategy Formulation）是指选择战略。战略实施是将战略付诸行动，包括设计、交付和支持产品，改善运营的效率和效益，还有设计企业的组织结构、控制系统和文化。

战略是一个宽泛的概念。企业通常需要制定不同层次的战略，一般可分为3个层次：整体性（或多种业务）战略；竞争性（或一种业务）战略；职能性（或一种业务内）战略。整体性战略考虑的是企业大局，决定了恰当的业务组合，指出了企业的竞争环境。相反，竞争性战略和职能性战略则更注重具体战术上企业应当怎样在一个行业中竞争。虽然不同层次的战略会产生不同的结果，但是它们必须是一致的。

组织的目标和战略不能靠碰运气和直觉，必须明确表述且传达给公司中负责实现它们的人。因此，战略规划的重要步骤是正式地写出公司的愿景、使命、目标和目的。

1）愿景（Vision）：是对组织未来成就的指导性反映，以组织对社会的贡献情况进行描述。对于组织会为将来一代做什么及组织想要被怎样定位做了简要的概述。

2）使命（Mission）：是组织的指南针。与愿景描述类似，使命由组织价值观塑造而成。使命简要说明了一个组织的商业地位，表达了一个组织应该怎样持续向愿景迈进，并明确阐述了组织试图为客户做的事情。使命回答了“我们为什么经营”这个问题。在回答这个问题时，使命描述必须是精确的、容易理解的、有激励性的，并可转化为行动的。

3）目标（Objective）：总结了为完成使命和实现愿景，一个组织希望达到的结果。目标是总的指导方针，它们不会过于明确或者可以计量。目标阐述了希望得到的最终结果或最终收益，并不指明实施方案。组织一般会制定战略和战术目标。其中战略目标由组织最高层制定，是企业战略规划的一部分，它们本质上是长期的，例如企业多元化经营、生产线的增加或减少、新市场渗透等。战略目标需要在战术水平上实现其他目标。战术目标一般由组织中下层的业务或职能部门制定。战术目标是短期的，通常持续时间在一年之内。

4）目的（Goal）：提供了用于支持目标的细节和行动。目的明确了用于跟踪进程和绩效的定量措施。

成功的战略规划具有以下特点：

1）经理根据公司的长期战略制定短期计划。

2）能够促进经理之间的沟通和协调。

3）可以作为绩效考核和薪酬确定的依据。

4）确定标杆，协助决策制定。

成功的战略规划必须是明确的、可测量的、可持续的、可实现的和时间确定的。

5.1.2　战略实现过程

规范的战略规划过程包含 6 个步骤。

（1）选择公司使命和主要的公司目标

战略管理过程的第一个要素是组织使命陈述，它提供了战略制定的框架和背景。使命陈述包括 4 个主要部分：公司存在的理由，通常指公司的使命；关于某种预期状态的陈述，通常称为愿景；核心价值与行为标准，用来指导和塑造公司员工的行为；主要目标和目的。

（2）分析组织的外部环境，识别机会与威胁

外部分析的主要目的是在企业外部环境中找出可能影响其达成使命的战略机会和威胁。在这一阶段需要考察 3 种具有内在关联的环境：直接的或产业的环境、国家的或民族的环境以及更广泛的社会经济环境，或称宏观环境。

（3）分析组织的内部运营环境，发现组织的优势与劣势

（4）选择能够发挥组织优势、矫正劣势的战略，利用外部机会，迎击外部威胁

优势、劣势、机会与威胁的对比通常被称为 SWOT 分析。它的中心目标是制定能够最好地对准、适应和匹配公司资源和能力的战略以适应环境的需求。战略管理者对不同的战略进行比较，分析其中哪一个最有利于实现主要目标和卓越绩效，最终找出能够创建和保持竞争优势的战略组合。通过 SWOT 分析找到的战略相互间应当保持一致。也就是说，职能层战略应当同企业的业务层战略和全球战略保持一致或相互支持，同时，公司层战略也应当支持业务层战略。将企业所实行的种种战略结合在一起，就形成了一个可行的商业模式。从根本上说，SWOT 分析是选择商业模式和完善商业模式的方法论。

（5）实施战略

战略实施包括在职能层、业务层和公司层执行战略计划。战略实施的内容包括：发起品质改善项目、改变产品设计、在市场上为产品寻找差异化的定位、细分市场和向不同的顾客群体提供不同的产品，涨价或降价，通过合并和收购扩大企业规模，或通过关闭和出售某些部门而缩小规模。战略实施还包括设计最佳的组织结构、组织文化和控制系统，从而将战略落实为行动。此外，高级经理们还必须设计出公司的治理系统，保证企业内的行动不仅符合赢利能力和利润增长最大化的要求，而且也是合法的和合乎伦理的。

（6）监控和评估

反馈回路是为了说明战略规划是一个持续动态的过程，永无止境。战略一旦进入实施阶段，管理层必须时刻注意它的执行情况，监督企业真正实现了哪些主要目标以及企业在多大程度上创造并保持了竞争优势。这方面的信息通过反馈回路传达到公司层，成为下一轮战略制定和实施的原始资料。高层管理者由此决定是否应当加强现在的公司目标和战略或做出变更。

5.1.3 战略规划的优缺点

战略规划具有如下益处：

1）分析挑战和机遇的系统性方法，检查组织战略为什么比其他组织更具有竞争性和营利性前景。

2）为制定有效的经营预算提供合理框架。

3）是让经理思考战略和考虑怎样最好地实施它们的组织学习机会。

4）使经理决策和行动符合整体性战略的一次实践。

5）是财务和非财务绩效衡量的基础。

6）将战略、目的、运营计划等传达给各个管理层的渠道。

7）为处理新形势提供指导。

战略规划不是解决所有组织问题的万能药。战略规划的一些关键不足是：

1）此流程涉及的努力、时间和费用。

2）事实上，基于预测的规划是不精确的科学。由于一系列原因，规划可能被证明是错误的或失败的。

3）固定的做事方法可能会妨碍改变。

4）规划可能会变成官僚做法，以致完全不能接受新观点和战略想法。

5.1.4 战术规划与战略规划的关系

战略规划是长期的，一般来说，期限在 1 ~ 10 年之间。企业根据不同行业、竞争程度以及产品或服务的更新换代速度来制定不同时长的战略规划。例如，技术密集型的业务就应当制定时限较短的战略规划，以适应市场快速变化及竞争压力。

与之相比，运营计划关注的是新的财政年度，因此牵涉到更多的战术问题。战略规划先于运营计划，为制定更加详细的战术计划提供了基础。从这种意义上来说，战略规划是宏观的，运营计划是微观的。

战略规划和运营计划支持了预算的编制工作。预算是对一段时期内被提议的管理活动的定量表述，是对管理人员关于利润、现金流量和财务状况预期的量化。组织编制各种营业预算（生产、研究和设计、营销、分销、管理等），总预算与这些单个预算相协调构成整个组织的年度综合预算。组织战略和战略规划为年度总预算提供了基础和起点。总预算必须与战略及战略规划一致，并要为公司的长期战略目标、使命及设想的实现服务。

例题 5-1

以下关于战略规划说法错误的是（　　）

A. 企业战略规划不能仅仅关注本公司的发展，还要对所处行业进行展望和分析。

B. 战略规划需要找到自身的问题，并获得解决方案。

C. 战略规划为企业高级管理者的责任，因此应限制其他员工参与。

D. 战略规划应考虑竞争对手的情况。

答：

C。

分析：战略规划表面上看是高级管理层的责任，但是实际上，企业每个成员都应参与其中。

5.1.5　外部因素影响

正如战略经理的决定和行动经常会改变产业的竞争结构，商业环境或宏观环境的变化也会影响产业的竞争结构，这些宏观因素包括广泛的经济、技术、人、社会以及政治因素。宏观环境的变化可能对波特五力模型中的一种或全部竞争力量产生直接的影响，改变这些力量之间的对比并进而影响产业的赢利能力。

1. 宏观经济因素

经济因素影响国家或地区的经济是否健康运行，后者又决定了企业或产业能否获得足够的回报。宏观环境中最重要的四项经济因素是经济增长率、利率、汇率和通货膨胀率。

由于能够带来顾客消费的增加，经济增长通常会缓和产业的竞争。企业可以利用这个机会扩大规模，提高利润。经济下降（衰退）会导致顾客消费减少，加剧产业内的竞争。在成熟产业中，经济低迷经常是价格战的诱发因素。

利率水平决定企业产品的需求。如果顾客需要周期性地借入资金购买企业的产品，利率对这种购买的影响会非常大。利率还影响到公司的资本成本以及筹资并投资于新资产的能力。利率越低，资本成本越低，公司越有机会进行投资。

汇率决定了不同国家间货币的相对价值。汇率变化对于企业产品在国际市场上的竞争力有着直接影响。

通货膨胀破坏经济稳定，导致经济增长速度下降、利率升高和汇率波动。如果通货膨胀率持续上升，投资计划的风险会非常高。通货膨胀的主要危害在于破坏了对未来经济的预测。

通货紧缩也是经济中一项不稳定的因素。如果价格下降，固定支付费用的真实价格会上升。这对于必须按时支付固定费用的高负债企业和个人特别不利。

2. 国际因素

过去 50 年来，国际经济体系发生了巨大的变化。国际贸易和投资的壁垒已经基本拆除，越来越多的国家经济保持持续的增长。巴西、中国、印度这些新兴国家的经济增长为许多企业创造了新的巨大市场。通过进入这些国家的市场，这些企业可以获得更快的发展。国际投资和贸易壁垒的拆除，一方面令中国企业进入外国市场变得更加容易；另一方面，也导致了本国市场进入壁垒的降低，从而令竞争加剧，营利能力下降。许多从前封闭的本国市场现在成为更大的、竞争更加激烈的国际市场的一部分，这给企业带来了威胁与机会。

3. 技术因素

自第二次世界大战以来，技术变革的速度加快了。技术变革会导致现有产品在一夜之间过时，同时催生一大批新产品。技术变革既是创造性的也是破坏性的，既是机会也是威胁。技术变革最重要的作用是改变进入壁垒的高度，对产业结构进行重塑。例如，互联网的影响力有可能改变许多产业的竞争结构。它可能降低许多产业的进入壁垒，降低顾客转移的成本，这将导致竞争加剧、价格下降、利润缩减。

4. 人口因素

人口因素指的是人口特征变化对产业的影响，包括年龄、性别、民族、人种、性取向和社会阶层。人口因素也像其他因素一样为企业带来机会和威胁，并且可能对组织产生重大影响。人口中年龄分布的变化是人口因素影响企业组织的一个例子。当前，随着出生率和死亡率的降低以及美国“婴儿潮一代”步入老年，几乎所有的工业化国家都面临着老龄化社会的问题。

人口的老龄化给为老年人提供产品和服务的企业提供了机会，如家庭保健和娱乐产业的需求日渐上升。对于在中国经营和竞争的企业来说，人口因素尤为重要。拿外资企业来说，人口因素既关乎运营成本，又同时意味着市场机会。因而仅仅用静态的眼光来审视人口因素的影响是远远不够的。在中国，把握人口因素变化是企业战略分析的一项重要内容。

5. 社会因素

社会因素指的是社会道德观和价值观的变化对产业的影响及所带来的机会与威胁。近几十年来，一个主要的社会倾向是健康意识的觉醒。它的影响是巨大的，最早认识到的公司获得了丰厚的回报。百事可乐是第一家向市场投放减肥可乐和果汁软饮料的企业，由此从竞争对手可口可乐那里抢到了部分市场份额。同时，健康潮流也对某些产业产生了威胁。烟草产业的衰退就是消费者提高吸烟有害健康认识的结果。

6. 政治与法律因素

政治与法律因素是法律和法规变化对产业的影响，它们来自社会政治和法律上的变化，对企业和经营都有重大影响。政治进程影响社会的法律，它们对组织和经营构成约束，并创造出产业的机会和威胁力量。例如，在整个工业化社会中出现了解除管制和私有化的潮流，从前由国家管制的行业放开了，国有企业开始向私人出售。

在大多数国家里，政治和法律的力量与产业竞争结构之间存在着双向的作用。政府设立的管制影响产业的竞争结构，而产业也通过各种方式影响政府的管制行为。首先，只要法律许可，它们会向政府提供财务支持换取对产业的支持，或者直接游说政府立法者影响政府的管制工作；其次，企业和产业还可以通过产业联盟游说政府。

5.1.6 内部因素影响

内部战略环境是企业内部与战略有重要关联的因素，是企业经营的基础，是制定战略的出发点、依据和条件，是竞争取胜的根本。企业内部环境或条件分析目的在于掌握企业历史和目前的状况，明确企业所具有的优势和劣势。它有助于企业制定有针对性的战略，有效地利用自身资源，发挥企业的优势；同时避免企业的劣势，或采取积极的态度改进企业劣势。扬长避短，更有助于百战不殆。

1. 资源

企业的资源主要可以分为3种：有形资源、无形资源和组织资源。

有形资源是指可见的、能用货币直接计量的资源，主要包括物质资源和财务资源。无形资源则是企业长期积累的、没有实物形态的、甚至无法用货币精确计量的资源，通常包括品牌、商誉、技术、专利、商标、企业文化及组织经验等。组织资源是指企业协调、配置各种资源的技能。它将企业的有形资源或无形资源整合在一起，以实现投入向产出的转化。

2. 能力

企业能力主要由研发能力、生产管理能力、营销能力、财务能力和组织管理能力等组成。

（1）研发能力

研发能力主要从研发计划、研发组织、研发过程和效果等几个方面进行衡量。

（2）生产管理能力

生产管理能力包括生产过程、生产能力、库存管理、人力管理和质量管理。

（3）营销能力

营销能力可以细分为：

● 产品竞争能力。产品竞争力可以从产品市场地位、收益性、成长性等方面分析。

● 销售活动能力。销售活动能力是对企业销售组织、销售绩效、销售渠道、销售计划等方面综合考察。

● 市场决策能力。市场决策能力是以产品竞争能力、销售活动能力的分析结果为依据的，是领导者对企业市场进行决策的能力。

（4）财务能力

企业的财务能力主要涉及两方面：一是筹集资金的能力；二是使用和管理所筹集资金的能力。

（5）组织管理能力

组织管理能力主要可以从这些方面进行衡量：职能管理体系的任务分工；岗位责任；集权和分权的情况；组织结构；管理层次和管理范围的匹配。

3. 核心能力

核心能力是企业在具有重要竞争意义的经营活动中能够比其竞争对手做得更好的能力。企业的核心能力可以是完成某项活动所需的优秀技能，也可以是在一定范围和深度上的企业的技术诀窍，或者是那些能够形成很大竞争价值的一系列具体生产技能的组合。

核心能力的形式包括生产高质量产品的技能、创建和操作一个能快速准确处理客户订单的系统的诀窍、快速开发新产品和进行良好的售后服务的能力、选择良好的零售地点的能力、开发受人欢迎的产品的革新能力、采购和产品展销的技能、很好地研究客户需求和品位以及准确寻找市场变化趋势的方法体系等方面。

企业的核心能力应同时满足 3 个关键测试：它对顾客是否有价值？它与企业竞争对手相比是否有优势？它是否很难被模仿或复制？

核心能力的评价过程包括：企业的自我评价、产业内部比较、基准分析、成本驱动力和作业成本法、收集竞争对手的信息。

4. 流程

当对获得竞争优势所必需的组织流程进行评估时，需要考虑周期时间和各种能力问题。

例题 5-2

甲乙两家发电企业，其中甲公司具有一定的经营优势，包括：①风力发电站设在本省最适宜设立风电厂的出口，该出口常年具有风力发电所必需的有效风速；②风机和风车等风力发电设备全部从国外进口；③拥有省内水平最高的风电工程师；④享受国家对风电企业给予的税收优惠政策。甲公司核心竞争力资源是(　　)

A. 先进的风力发电设备。　　B. 正在享受的税收优惠政策。

C. 地理位置和风力资源。　　D. 拥有省内水平最高的风电工程师。

答：

C。

分析：核心竞争力是企业在具有重要竞争意义的经营活动中能够比其竞争对手做得更好的能力。风电企业的优势在于地理位置和风力资源。

5.2 战略规划和运营管理技术

5.2.1 SWOT 分析

SWOT 分析即基于内外部竞争环境和竞争条件下的态势分析，就是将与研究对象密切相关的各种主要内部优势、劣势和外部的机会和威胁等，通过调查列举出来，并依照矩阵形式排列，然后用系统分析的思想，把各种因素相互匹配起来加以分析，从中得出一系列相应的结论，而结论通常带有一定的决策性。运用这种方法，可以对研究对象所处的情景进行全面、系统、准确的研究，从而根据研究结果制定相应的发展战略、计划以及对策等。优势、劣势是内部因素，机会和威胁是外部因素。按照企业竞争战略的完整概念，战略应是一个企业“能够做的（即组织的强项和弱项）”和“可能做的（即环境的机会和威胁）”之间的有机组合。SWOT 一般包括以下几个内容。

1. 分析环境因素

运用各种调查研究方法，分析出公司所处的各种环境因素，包括外部环境因素和内部能力因素。外部环境因素包括机会因素和威胁因素，它们是外部环境对公司的发展直接有影响的有利和不利因素，属于客观因素；内部环境因素包括优势因素和弱点因素，它们是公司在其发展中自身存在的积极和消极因素，属主动因素。在调查分析这些因素时，不仅要考虑到历史与现状，而且更要考虑未来发展问题。

1）优势，是组织机构的内部因素。具体包括：有利的竞争态势；充足的财政来源；良好的企业形象；技术力量；规模经济；产品质量；市场份额；成本优势；广告攻势等。

2）劣势，也是组织机构的内部因素。具体包括：设备老化；管理混乱；缺少关键技术；研究开发落后；资金短缺；经营不善；产品积压；竞争力差等。

3）机会，是组织机构的外部因素，具体包括：新产品；新市场；新需求；外国市场壁垒解除；竞争对手失误等。

4）威胁，也是组织机构的外部因素。具体包括：新的竞争对手；替代产品增多；市场紧缩；行业政策变化；经济衰退；客户偏好改变；突发事件等。

SWOT 方法的优点在于考虑问题全面，是一种系统思维，而且可以把对问题的“诊断”和“开处方”紧密结合在一起，条理清楚，便于检验。

2. 构造 SWOT 矩阵

将调查得出的各种因素根据轻重缓急或影响程度等排序方式，构造 SWOT 矩阵。在此过程中，将那些对公司发展有直接的、重要的、大量的、迫切的、久远的影响因素优先排列出来，而将那些间接的、次要的、少许的、不急的、短暂的影响因素排列在后面。

3. 制订行动计划

在完成环境因素分析和 SWOT 矩阵的构造后，便可以制订出相应的行动计划。制订计划的基本思路是：发挥优势因素，克服弱点因素，利用机会因素，化解威胁因素；考虑过去，立足当前，着眼未来。运用系统分析的综合分析方法，将排列与考虑的各种环境因素相互匹配起来加以组合，得出一系列公司未来发展的可选择对策。

例题 5-3

甲公司用 SWOT 分析法分析公司的经营策略。在研究了加权平均的分析结果后，作为合作伙伴之一的张三认为公司应该在开发市场吸引力上投资，而不是只注重其商业实力的构建。下列哪种情况发生时，张三的结论是有缺陷的？(　　)

A. 市场吸引力的加权平均计算结果是 4.8，商业实力的加权平均计算结果是 1.9。

B. 市场吸引力的加权平均计算结果是 4.2，商业实力的加权平均计算结果是 4.5。

C. 市场获利能力被分配给最高的权重，在 1 ~5 这 5 个等级中被视为第 1 等级。

D. 市场规模被分配给最高的权重，在 1 ~5 这 5 个等级中被视为第 1 等级。

答：

A。

分析：选项 A 中商业实力低于市场吸引力，应该注重其商业实力的构建。

5.2.2　波特的 5 种竞争力量模型

波特的分析专注于决定产业内竞争的 5 种力量，如图 5-1 所示：潜在竞争对手进入的风险；产业内现有企业的竞争强度；购买者讨价还价的能力；供应商讨价还价的能力；产业替代性产品的相似度。

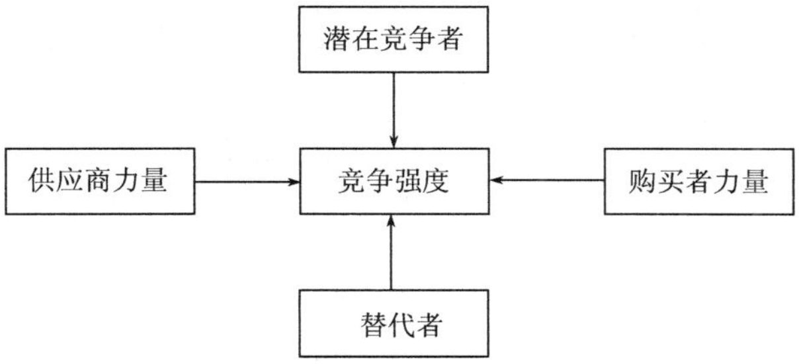

图 5-1　波特 5 种竞争力量模型

波特指出，其中任何一种力量越强，则现有企业就越难以提价和赢利。在波特的分析框架中，竞争力量强被视为威胁，因为它挤压利润；而竞争力量弱则被视为机会，因为公司可能获得更多的赢利。5 种竞争力量的强弱可能会随时间和产业状况的变化而变化。管理者的任务是认清 5 种竞争力量的变化如何带来新的机会和威胁并做出适当的战略反应。此外，一家企业有可能通过自己的战略选择将一种或数种竞争力量转变为自己的优势。

1）潜在竞争对手的进入。一个潜在竞争对手（新成员）进入市场通常带有新的能力和资源。为了和新成员竞争，市场中的原有企业会降低销售价格或者提高产品的成本，从而可能导致营利性下降。新竞争对手的威胁取决于进入壁垒的大小。高进入壁垒对充满希望的新成员非常不利，会降低它们的预期利润。进入壁垒的例子包括：原有企业的成本优势；规模经济；产品和服务差异；转换成本；渠道拥挤；原有企业的预期反应。

2）替代品的威胁。当一个令人满意的替代产品或服务——既拥有相同功能也能够提供同样好处——出现时，平均价格会降低，其利润空间也会受挤压，产品和服务的价值也就随之减少。所以说，更加便宜但又令人满意的替代品也构成威胁。

3）买方的谈判能力。商品和服务的买方（客户）和卖方（供应商）可以有各种各样的关系。在大规模营销的情况下，他们的关系可以是紧密整合的精益生产系统，也可能是一个领域的两端。买方力量的增强或阻碍特别取决于谈判杠杆和价格灵敏度，这些因素可增强买方谈判杠杆：几个关键客户的大量购买；客户可以轻易转换产品；向后整合的能力；客户的“内幕知识”；产品或服务影响终端产品的质量；产品或服务价格与客户总成本相关；买方利润。

4）供应商的谈判能力。供应商忍受客户谈判的能力可以反映有助于提升买方谈判力量的情况。供应商的谈判能力由这些因素决定：供应商相对客户的规模大小；客户对供应商产品或服务的依赖程度；向前整合的威胁。

5）现有竞争对手之间的竞争。在某些情况下，竞争者可以共存。而在另外一些情况下，直接的竞争对手经常运用各种战术来谋取市场份额，如暂时性降价、特别的促销、广告闪电战、进攻性地推出新产品、提高客服质量、延长保证保修等。随着竞争者的跟进，这些做法的价值会逐渐下降。这些因素对竞争者关系状况有代表性影响：竞争结构；成本结构；产品或服务差异；客户的转换成本；竞争对手战略及目标的多样性；高退出壁垒。

例题 5-4

供应者对本行业的竞争压力表现在要求提高原材料或其他供应品的价格，减少紧俏资源的供应或降低供应品的质量等。供应者的压力总是趋向于从本行业中牟取更多的利润。以下哪些因素会增加供应者的压力？（　　）

Ⅰ. 供应者的集中程度和本行业的集中程度。　　Ⅱ. 供应品的可替代程度。

Ⅲ. 供应品的特色和转换成本。　　Ⅳ. 供应者前向一体化的能力。

A. Ⅰ和Ⅳ。　　B. Ⅱ和Ⅳ。

C. Ⅰ、Ⅱ和Ⅲ。　　D. Ⅰ、Ⅱ、Ⅲ和Ⅳ。

答：

D。

分析：供应者的压力主要取决于以下几个因素：①供应者的集中程度和本行业的集中程度。如供应者集中程度较高，即本行业原材料的供应完全由少数几家公司控制，而本行业的集中程度较差，少数几家企业供应给众多分散的企业，则供应者通常会在价格、质量和供应条件上对购买者实施较大的压力。②供应品的可替代程度。若存在合适的可替代品，即使供应者再强大，他们的竞争能力也会受到牵制。③本行业对供应者的重要性。如果供应者的命运和本行业密切相关，则来自供应者的压力就较小。反之，供应者会对本行业施加较大的压力。④供应品对本行业生产的重要性。如果供应品对本行业的生产起关键性作用，则供应者会提高其讨价还价的能力。⑤供应品的特色和转换成本。如果供应品具有特色并且转换成本很大时，则供应者讨价还价的能力就会增强，会对本行业施加较大的压力。⑥供应者前向一体化的能力。如果供应者有可能前向一体化，这样就增强了它们对本行业的竞争压力。⑦本行业内的企业后向一体化的可能性。如果本行业内的企业有可能后向一体化，这样就会降低他们对供应者的依赖程度，从而减弱了供应者对本行业的竞争压力。

5.2.3　PEST 分析

PEST 分析法是战略外部环境分析的基本工具，它通过政治（Politics）、经济（Economic）、社会（Society）和技术（Technology）角度或称为 4 个方面的因素分析，从总体上把握宏观环境，并评价这些因素对企业战略目标和战略制定的影响。

1）政治要素，是指对组织经营活动具有实际与潜在影响的政治力量和有关的法律、法规等因素。

当政治制度与体制、政府对组织所经营业务的态度发生变化，以及政府发布了对企业经营具有约束力的法律、法规时，企业的经营战略必须随之做出调整。法律环境主要包括政府制定的对企业经营具有约束力的法律、法规，如反不正当竞争法、税法、环境保护法以及外贸法规等。政治、法律环境实际上是和经济环境密不可分的一组因素。处于竞争中的企业必须仔细研究政府和商业有关的政策和思路，如国家的税法、反不正当竞争法以及取消某些管制的趋势，同时了解与企业相关的一些国际贸易规则、知识产权法规、劳动保护和社会保障法规等。这些相关的法律和政策能够影响到各个行业的运作和利润。

2）经济要素，是指一个国家的经济制度、经济结构、产业布局、资源状况、经济发展水平以及未来的经济走势等。

构成经济环境的关键要素包括 GDP 的变化发展趋势、利率水平、通货膨胀程度及趋势、失业率、居民可支配收入水平、汇率水平、能源供给成本、市场机制的完善程度、市场需求状况等。由于企业是处于宏观大环境中的微观个体，经济环境决定和影响其自身战略的制定，经济全球化还带来了国家之间经济上的相互依赖性，企业在各种战略的决策过程中还需要关注、搜索、监测、预测和评估本国以外其他国家的经济状况。

3）社会要素，是指组织所在社会中成员的民族特征、文化传统、价值观念、宗教信仰、教育水平以及风俗习惯等因素。

构成社会环境的要素包括人口规模、年龄结构、种族结构、收入分布、消费结构和水平、人口流动性等。其中人口规模直接影响着一个国家或地区市场的容量，年龄结构则决定消费品的种类及推广方式。

4）技术要素，不仅包括那些引起颠覆性变化的发明，还包括与企业生产有关的新技术、新工艺、新材料的出现和发展趋势以及应用前景。

在过去的半个世纪里，最迅速的变化就发生在技术领域，像微软、惠普、通用电气等高科技公司的崛起改变着世界以及人类的生活方式。同样，技术领先的医院、大学等非营利性组织，也比没有采用先进技术的同类组织具有更强的竞争力。

例题 5-5

在下列各项中，不属于 PEST 分析的经济环境因素是(　　)

A. 产业结构。　　B. 经济发展水平。

C. 国民收入分配政策。　　D. 人口地区分布。

答：

D。

分析：选项 D 属于社会和文化环境因素。

5.2.4　情景规划

情景规划是对系统未来发展的可能性和导致系统从现状向未来发展的一系列动力、事件、结果的描述和分析，目的在于增加政策的弹性和对未来不确定性的应变能力，从而及时、有效地指导实践行动。

与传统单向、刚性的规划思路不同，情景规划并不试图对未来的情况做准确的预测，而是通过敏锐地洞察系统中重要的驱动力在不同的条件下可能的变化情况，结合不同利益主体对未来的不同需求和设想，系统地提出适应未来不确定环境下可能的解决方案，并通过广泛的讨论取得共识并确定行动方案。

相比传统的规划思路，情景规划的主要优点是增强了决策的科学化和民主化。一方面，情景规划在规划人员和决策者之间架起了一座沟通的桥梁。规划人员面临的任务不再是简单地制定一个终极方案并设法说服决策者相信自己的判断，而是利用自身的知识、专业、洞察力和协调能力，系统地提出未来可能发生的几种情景，拓宽决策者的视野；而后者根据自身的实践经验判断和验证情景与现实世界的匹配程度，将信息反馈到规划人员，不断对情景进行校准和改进。这就提高了决策的科学化，增加对实际问题的应对能力。另一方面，情景规划又为多方利益主体提供了共同参与、相互沟通的平台。在对未来情景的构建中，规划人员必须充分关注不同利益主体的利益诉求，将不同的价值观、预期观点反映到不同的情景中，并将多种情景展示给不同利益主体，听取他们的反馈意见。通过这种方式，促进了不同的利益主体的沟通、理解、协商，增强决策的民主化，成为达成共识、协作行动、解决问题的一种有效手段。

5.2.5 竞争者分析

补充知识：STEEEPA 分析和 5C 分析

STEEEPA 分析的目的是帮助组织制定弹性战略规划，具体是指社会、技术、经济、环境、教育、政治和美学等因素，以上 7 个因素是组织经营环境中的关键驱动因素。与 SWOT 分析类似，也是将关注点落在了机遇、威胁和制定应对机制上。

5C 分别是指公司、竞争者、客户、合作者和业务氛围。公司分析考察组织的目标、战略和能力；竞争者分析是评价行业内竞争者的地位以及可能对公司业务构成的潜在威胁；客户分析的范围较广，主要关注公司的客户人群，例如，欲望和需求、购买动机、购买数量和频率、营销对象等；合作者分析主要包括理解代理商、供应商、分销商和其他商业伙伴；业务氛围分析包括理解政治、监管、经济、社会、文化和技术环境等因素。

竞争者分析是指企业通过某种分析方法识别出竞争对手，并对它们的目标、资源、市场力量和当前战略等要素进行评价。其目的是为了准确判断竞争对手的战略定位和发展方向，并在此基础上预测竞争对手未来的战略，准确评价竞争对手对本组织的战略行为的反应，估计竞争对手在实现可持续竞争优势方面的能力。对竞争对手进行分析，这是确定组织在行业中战略地位的重要方法。竞争者分析一般包括以下 6 项内容和步骤。

1）识别企业的竞争者。识别企业竞争者必须从市场和行业两个方面分析。

2）识别竞争者的策略。

3）判断竞争者目标。

4）评估竞争者的优势和劣势。

5）确定竞争者的战略。

6）判断竞争者的反应模式。

5.2.6 应急规划

应急规划为可能发生的假设分析情况做准备，用来处理个别的非计划事件。应急规划的目的是提供更快的反应时间，并为面临非预期发展和可能的危机时期的管理者提供必要的指导。

许多事件或情况的发生，会对组织产生严重破坏。应急规划的典型应对情况有：更低的销售额或利润水平；能夺取市场份额的新竞争对手；政府规定变化；缺乏重要主管人员或重要员工更换的持续计划；关键设施的损坏；计算机系统损坏或者信息安全问题；灾难恢复；利率的突然变动；工会活动；

并购和接管。

实际上，应急规划不能涵盖所有情况。大多数制定应急规划的组织都会选择不超过 6 个重要事件。重要性和可能性通常会影响选择哪些事件进行规划。

在大多数公司中，应急规划是在战略规划完成之后才准备的；战略规划过程为制定应急规划提供了有价值的数据。但是应急规划一般是处理短期战术战略，而不是长期战略。应急规划不存在标准模式，它应该是简明的，但是需要包含足够的细节以在必要时指导行动。挑战越严峻，细节越必要。

应急规划的步骤包括：

1）确定需要应急规划的可能情况。

2）估计上述事件发生的潜在影响。

3）制定战略与战术规划以处理每个可能发生的情况。

4）确定触发点或警告信号。

5）异地储备计划。

6）定期检查计划并在必要时进行修正。

5.2.7　业务组合分析

波士顿矩阵（BCG Matrix）又称市场增长率-相对市场份额矩阵、波士顿咨询集团法、四象限分析法、产品系列结构管理法等。这种方法的核心在于，要解决如何使企业的产品品种及其结构适合市场需求变化的问题，只有这样，企业的生产才有意义。如何将企业有限的资源有效地分配到合理的产品结构中去，以保证企业收益，这是企业在激烈竞争中能否取胜的关键。

波士顿矩阵认为一般决定产品结构的基本因素有两个：市场引力与企业实力。市场引力包括企业销售量（额）增长率、目标市场容量、竞争对手强弱及利润高低等。其中最主要的是反映市场引力的综合指标——销售增长率，这是决定企业产品结构是否合理的外在因素。企业实力包括市场占有率，技术、设备、资金利用能力等。其中市场占有率是决定企业产品结构的内在要素，它直接显示出企业竞争实力。销售增长率与市场占有率既相互影响，又互为条件：市场引力大，市场占有率高，可以显示产品发展的良好前景，企业也具备相应的适应能力，实力较强；如果仅有市场引力大，而没有相应的高市场占有率，则说明企业尚无足够实力，该种产品也无法顺利发展。此外，企业实力强，而市场引力小的产品也预示了该产品的市场前景不佳。通过以上两个因素相互作用，会出现 4 种不同性质的产品类型，形成不同的产品发展前景，见图 5-2。

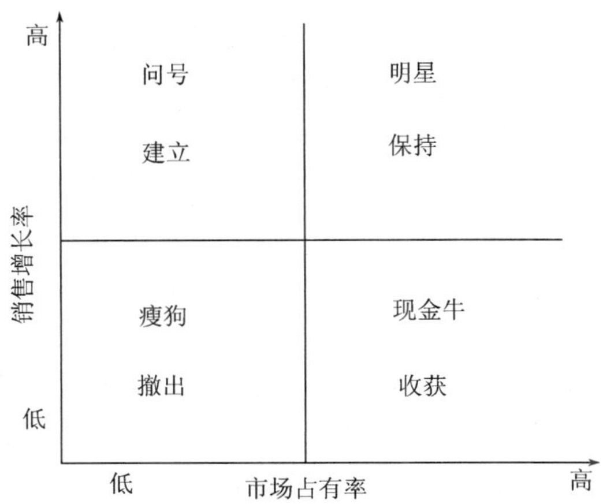

图 5-2　波士顿矩阵

1）销售增长率和市场占有率“双高”的产品群（明星类产品）。

2）销售增长率和市场占有率“双低”的产品群（瘦狗类产品）。

3）销售增长率高、市场占有率低的产品群（问号类产品）。

4）销售增长率低、市场占有率高的产品群（现金牛类产品）。

“明星”业务采取保持策略，在短期内优先供给他们所需的资源，支持它们继续发展，积极扩大经济规模和市场机会，以长远利益为目标，提高市场占有率，加强竞争地位。

“问号”业务采取建立策略，选择性投资战略。对于“问号”业务的进一步投资需要进行分析，判断使其转移到“明星”业务所需要的投资量，分析其未来营利，研究是否值得投资等问题。

“现金牛”业务采用收获战略，即所投入资源以达到短期收益最大化为限。①把设备投资和其他投资尽量压缩；②采用榨油式方法，争取在短时间内获取更多利润，为其他产品提供资金。对于这一象限内的市场增长率仍有所增长的业务，应进一步进行市场细分，维持现存市场增长率或延缓其下降速度。

“瘦狗”业务采用撤出战略。首先应减少批量，逐渐撤退，对那些还能自我维持的业务，应缩小经营范围，加强内部管理；其次对那些市场增长率和企业市场占有率均极低的业务则应立即淘汰；最后是将剩余资源向其他产品转移。

例题 5-6

对于低市场份额、低增长率的产品接下来应采取什么样的战略？（ ）

A. 应分析市场份额趋势是增长还是下降。 B. 加大投资。

C. 放弃，退出市场。 D. 维持现状。

答：

C。

分析：低市场份额、低增长率的产品是瘦狗业务，不应该加大投资，应该放弃，退出市场。

5.2.8 基本的业务层战略

成功的商业模式取决于企业如何制定和实施一系列业务层战略以实现差异化、成本和定价之间的匹配。图 5-3 试图说明在成功的商业模式构建过程中如何看待上述 3 项要素间的关系。其纵轴和横轴分别代表产品的不同战略定位，纵轴是差异化（高成本/高定价），横轴是成本领导（低成本/低定价），战略管理者必须在此两者间做出权衡。图 5-3 中连接两个坐标轴的曲线代表着“价值创造边界”，它的含义是在某一特定时刻上，不同商业模式下的企业所能创造的最大价值。换言之，位于价值创造边界上的企业代表着某一产业内最成功的商业模式。

正如图 5-3 所示，价值创造边界反映了竞争优势的 4 个构成要素，并按其对差异化或成本领导战略定位的重要性进行排列（品质分为两种）。例如，创新是最靠近差异化纵轴的，因为它创造出独特的产品，但同时需要付出巨大的代价。接下来是品质卓越、客户响应、品质可靠性，效率则最接近代表成本领导的横轴。

为了到达价值创造边界、实现高于平均水平的赢利能力，在制定和实施商业模式过程中，企业必须运用能够为其带来特定的竞争地位的业务层战略。基本的竞争战略（Generic Competitive Strategy）是指能够为企业带来竞争优势的业务层战略。这样的战略共有 4 种：成本领导、集中成本领导、差异化和集中差异化。这些战略之所以称为基本战略，是因为无论什么样的公司（如制造业公司、服务业公

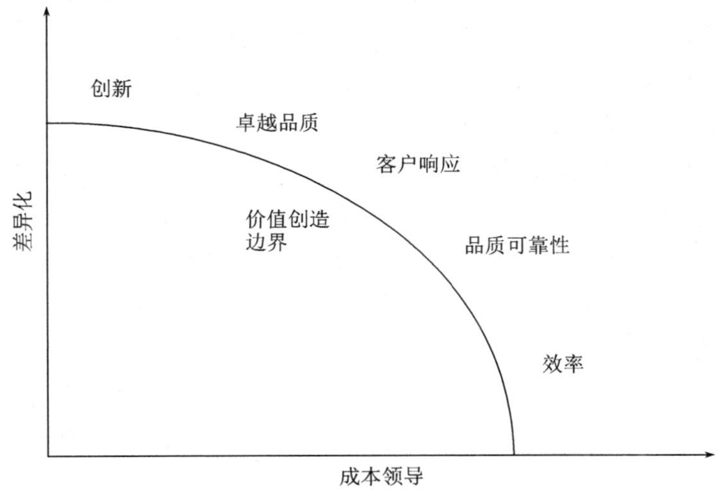

图 5-3　竞争定位和价值创造边界

司和非营利组织）都可以采用这些战略，另外它们还可以应用于任何产业环境中。

成本领导战略（Cost Leadership Strategy）的目标是想方设法建立一个单位成本比竞争对手更低的成本结构。它同时也是在给定的差异化选择下如何降低成本的过程，因为差异化总要提高成本。一般来说，实行成本领导战略的企业依靠以降低成本为主要目标的商业模式，实现竞争优势和超过平均水平的利润率，它在价值边界线上的目标位置是尽可能靠近低成本、低价格轴线。

基本的差异化战略目标是通过创造一种顾客认为重要的、有差别的或独特的产品（商品或服务）来获得竞争优势。差异化企业的能力在于以竞争对手做不到的方式满足顾客，这意味着它可以收取高价（高于最接近的竞争对手），通过高价提高收入，而不像成本领导者那样运用削减成本的方法。因此，差异化企业得以超越竞争对手，获得卓越的赢利能力。

如同集中成本领导者一样，以集中差异化为基础的商业模式选择服务于某一个或少数几个细分市场。在选择了细分市场之后，集中化企业用差异化方法为自己寻求市场地位。如果企业实行集中差异化战略，则所有适用于差异化的方法也同样适用于集中化企业。集中化企业设计的商业模式令其能够成功地在某一个或某几个细分市场上同差异化企业进行竞争。

例题 5-7

企业采取以下哪项竞争战略具有赢得超过行业平均水平收益的潜力？（　　）

A. 成本领先战略。　　B. 差异化战略。

C. 聚焦（集中）战略。　　D. 低成本战略。

答：

B。

分析：差异化战略是指企业向市场提供与众不同的产品或服务，用以满足顾客特殊的需要，从而形成竞争优势的一种战略。差别化战略是企业获得高于同行业平均利润水平的一种有效的战略。

5.2.9　供应链管理

供应链是由供应商、制造商、仓库、配送中心和渠道商等构成的物流网络。同一企业可能构成这个网络的不同组成节点，但更多的情况是由不同的企业构成这个网络中的不同节点。例如，在某个供应链中，同一企业可能既在制造商、仓库节点，又在配送中心节点等占有位置。在分工更细，专业要求更高的供应链中，不同节点基本上由不同的企业组成。在供应链各成员单位间流动的原材料、制品库存和产成品等就构成了供应链上的货物流。

供应链管理使供应链运作达到最优化，以最少的成本，令供应链从采购开始，到满足最终客户的所有过程，包括工作流、实物流、资金流和信息流等均能高效率操作，把合适的产品以合理的价格，及时准确地送达消费者手上。供应链管理是一种集成的管理思想和方法，它执行供应链中从供应商到最终用户的物流计划和控制等职能。从单一的企业角度来看，是指企业通过改善上、下游供应链关系，整合和优化供应链中的信息流、物流、资金流，以获得企业的竞争优势。

供应链管理是企业的有效性管理，表现了企业在战略和战术上对企业整个作业流程的优化。整合并优化了供应商、制造商、零售商的业务效率，使商品以正确的数量、正确的品质，在正确的地点以正确的时间和最佳的成本进行生产和销售。

5.2.10 业务连续性计划

业务连续性计划是一套基于业务运行规律的管理要求和规章流程，使一个组织在突发事件面前能够迅速做出反应，以确保关键业务功能可以持续，而不造成业务中断或业务流程本质的改变。为企业重要应用和流程，提供业务连续性应该包括以下 3 个方面。

1）高可用性。它是指提供在本地故障情况下，能继续访问应用的能力。无论这个故障是业务流程、物理设施，还是 IT 软硬件故障。

2）连续操作。它是指当所有设备无故障时保持业务连续运行的能力。用户不需要仅仅因为正常的备份或维护而停止应用。

3）灾难恢复。它是指当灾难破坏生产中心时，在不同的地点恢复数据的能力。

同时，上述 3 个部分不是相互孤立的，而是相互关联，且有交叉的。区分业务连续性和灾难恢复是很必要的。严格地说，灾难恢复是恢复数据的能力，是业务连续性计划的一部分。在制定企业业务连续性计划之后，要确保该计划的切实可行，就需要把它变成活动的文档。如果企业的业务模式发生了变化，或是业务过程进行了重新设计，或是发生突发状况时重要联系人不再为公司工作，旧的计划就需要及时进行更新。当发生变化时，每个员工都应该问问自己，该变化会对业务连续性计划中涉及自己的部分产生怎样的影响。

业务连续性计划实施的最终结果是：一组防范危险的评测指标；一支执行团队，在经过培训后可以处理各种危险事件；一套计划，提供危险发生时的路线图。该计划应该是充分和完备的，必须详细落实到该计划实施范围内的每一个单位、人员或设备。一个完备业务的连续性计划主要是由以下一些关键部分构成的：

1）危险评估，即认识并分析各种潜在危险的结果。

2）业务影响分析，就是对关键性的企业功能以及当这些功能一旦失去作用时可能造成的损失和影响的分析。

3）策略，具体包括：预防，其目的在于减少灾难发生的可能性；响应，就是当危险发生时的反应；业务接续，只涉及那些时间敏感的业务流程，要么是在中断发生后立即接续，要么是在可允许的一段平均时间后接续，但不是对所有业务的恢复；业务恢复，是启动时间敏感度稍低一些的业务流程；

复原，指修复并恢复主要的经营场所。

4）指标定义，就是对业务恢复的目标进行量化，通常包括恢复的时间目标、恢复的时点目标、实施成本等。

补充知识：备选场所的分类

（1）冷站

该场所只需配备必要的环境条件即可，例如，应配备电话插座、电源以及 UPS 等，但要避免其内有任何其他设备。它的作用就是准备将保障业务持续所需的全部设备搬移进来。

（2）热站

该场所是一个完全的备份场所，有人员工作的空间，所有设施一应俱全，数据备份也是最新的。一旦灾难发生，业务连续性计划团队只需进驻该场所就可开始工作，不会有额外的时间拖延。

（3）温站

该场所实际上就是配备了部分设备的热站，数据备份不是最新的，但也不能太旧。

（4）机动站

该场所是一个具有较小设施配置的机动场所，可以位于主要经营场所附近，因而也可节省关键人员在路程上花费的时间。

（5）镜像站

该场所在所有方面都与主要经营场所完全相同，信息和数据也与主要场所同步。实际上该场所就是正常状况下的一个冗余场所，因而通常也是成本最高的一种选择。

5.2.11　提高会计业务效率的方法

提高会计运作效率的方法，包括流程穿越、流程培训、识别浪费和产能过量、识别错误的根本原因、减少会计循环时间和共享服务等。

其中，流程穿越是让企业各级管理人员以及业务流程的制订者、管理者、支持者等与流程密切相关却并不直接执行流程的人员，以普通客户或流程执行者的角色到客户接触面以及生产一线进行现场体验，获得对管理水平和流程现状的真实体验，发现问题并解决问题的一套行之有效的工作方法。通过流程穿越，一方面可推进各级公司各级管理人员强化客户和服务意识，加深对客户和生产一线的了解，促进企业机关工作作风的转变和公司服务文化的建设；另一方面，可发现并有效改善客户端和内部管理方面存在的问题，促进服务质量和内部管理水平的提升。

财务共享服务秉承了服务共享服务（Shared Services）的主要特点，以财务业务为原材料，通过将易于标准化和流程化的财务业务进行流程再造与标准化，并进行集中，由财务共享服务中心统一对其进行处理，达到降低企业成本、提高业务处理效率和提升客户服务满意度的目的。

流程培训提高了员工流程操作的效果和效率，提高对流程的认识和进行流程培训有助于识别无效步骤、闲置产能和引发流程出错的根源。流程效果和效率的提高会降低组织完成一个经营周期所花费的时间，同时减少分享服务的需求。

5.3 公司治理

5.3.1 公司治理的概念

公司治理（Corporate Governance）是指管理和控制公司的体系，包括公司股东、董事会与高级管理层之间的关系。这种关系提供了制定公司目标和监控公司绩效的框架。公司治理的核心是在所有权和经营权分离的条件下，由于所有者和经营者的利益不一致而产生的委托代理关系。公司治理的目标是降低代理成本，使所有者不干预公司的日常经营，同时又保证经理层能以股东的利益和公司的利润最大化为目标。

有三类人是公司治理成败的关键：一是选举董事会成员的普通股东；二是公司董事会的成员；三是以首席执行官（CEO）为首的高级管理人员。

董事会作为连接股东和经理的纽带，是成功实施公司治理最有效的工具。对公司的监督最终是他们的职责。运转得当的董事会也是对公司管理层的独立监督者，以确保管理层为了股东的最大利益而行事。

公司章程，是指公司依法制定的、规定公司名称、住所、经营范围、经营管理制度等重大事项的基本文件，也是公司必备的规定公司组织及活动基本规则的书面文件。公司章程是股东共同一致的意见表示，载明了公司组织和活动的基本准则，是公司的宪章。公司章程具有法定性、真实性、自治性和公开性的基本特征。公司章程与《公司法》一样，共同肩负调整公司活动的责任。作为公司组织与行为的基本准则，公司章程对公司的成立及运营具有十分重要的意义，它既是公司成立的基础，也是公司赖以生存的灵魂。

5.3.2 相关方的责任和权力

公司内部的权力分配是通过公司的基本章程来限定公司不同机构的权利并规范它们之间的关系的。各国现代企业的治理结构虽然都基本遵循决策、执行、监督分立的框架，但在具体设置和权利分配上却存在着差别。

1. 股东大会

股东大会是公司的最高权力机构。但是，美国公司的股东非常分散，而且相当一部分股东只有少量股份，其实施治理权的成本很高。因此，不可能将股东大会作为公司的常设机构，或经常就公司发展的重大事宜召开股东代表大会，以便做出有关决策。在这种情况下，股东大会就将其决策权委托给一部分大股东或有权威的人来行使，这些人组成了董事会。股东大会与董事会之间的关系实际上是一种委托代理的关系。股东们将公司日常决策的权利委托给了由董事组成的董事会，而董事会则向股东承诺使公司健康经营并获得满意的利润。

2. 董事会

董事会制定公司全局性的政策，并为管理公司日常事务的 CEO 及其他管理人员提供指导。事实上，董事会最重要的职责之一就是聘用、解雇 CEO 并制定其薪酬标准。

董事会审核战略、重要的投资及并购计划，还负责监督运营方案、资金预算及公司提交股东的财务报告。在美国，董事会通常由 10 或 11 名成员组成，董事会主席常由公司的 CEO 担任。在英国，董事会主席与 CEO 的职位通常是分开的，这种做法在美国正逐渐得到认可。

美国董事会在内部管理上有两个鲜明的特点：其一，在董事会内部设立不同的委员会，以便协助其更好地进行决策。一般而言，公司的董事会大都附设提名委员会、薪酬委员会、审计委员会等组织。其二，将公司的董事分成内部董事和外部董事。外部董事一般在公司董事会中占多数，但一般不在公司中任职；内部董事一般都在公司中担任重要职务，是公司经营管理的核心成员。

3. 首席执行官

董事会有权将部分经营管理权力转交给代理人代为执行。这个代理人就是公司政策执行机构的最高负责人，一般被称为首席执行官，即 CEO。在多数情况下，首席执行官是由董事长兼任的。即使不是由董事长兼任，担任此职的人也几乎必然是公司的执行董事并且是公司董事长的继承人。但是，由于公司的经营管理日益复杂化，经理职能也日益专业化，大多数公司又在首席执行官之下为其设一助手，负责公司的日常业务，这就是首席运营官，即 COO。由于首席执行官是作为公司董事会的代理人而产生，授予他何种权利、多大的权利以及在何种情况下授予，是由各公司董事会决定的。

4. 首席审计执行官

首席审计执行官（也称内部审计主管）指负责按照内部审计章程以及国际内部审计协会（ⅡA）的《道德准则》《内部审计专业实务标准》有效地开展内部审计活动的人员。首席审计执行官负责建立内部审计部门，其工作范围包括标准以及内部审计定义中所指的所有活动。首席审计执行官必须有效地进行内部审计活动，确保为组织增加价值。

内部审计部门的基本政策之一便是内部审计章程。内部审计章程应当描述内部审计部门的目的、权限和责任。内部审计章程树立了内部审计部门在整个组织构架中的地位。内部审计部门是独立于组织其他部门进行工作的。内部审计章程应当描述首席审计执行官向 CEO 报告的这一组织地位，不过首席审计执行官也可以直接向董事会报告工作。这里存在一个双重的报告关系：在行政关系上，首席审计执行官向董事长或 CEO 报告工作；在职能关系上，首席审计执行官向董事会下属的审计委员会报告工作。

首席审计执行官有以下职责：

1）首席审计执行官应当制订计划来履行该部门的责任。这些计划应当和内部审计章程保持一致，并符合组织的目标。内部审计计划过程包括：有关目标建立、审计工作安排、员工配备计划和财务预算，以及各种活动报告。在制订审计计划过程中，内部审计师应当审核所有相关的信息。

2）首席审计执行官应当提供书面政策和程序来指导审计人员。审计政策和程序手册对于指导审计人员在日常工作中遵循该部门的工作标准而言，是最为必要的事情，而最不重要的事情就是审计质量控制复核、审计职位描述以及审计师业绩评定。

3）首席审计执行官应当制定一个甄选和开发内部审计部门的人力资源的方案。一套制定良好的甄选标准，是内部审计部门人力资源方案成功的关键因素。

4）首席审计执行官应当协调内部审计与外部审计的成果，以最小化审计工作的重复性，并提高审计工作的效果。

5）内部审计部门主管应当建立并保持质量保障方案，用于评价内部审计部门的工作。《内部审计专业实务标准》要求质量保障方案要具备 3 个要素：督导、内部复核及外部复核。内部审计部门应当定期进行质量保障复核。

6）事后审计质量复核向高层经理提供了内部审计部门遵循职业标准及其相关政策和程序的程度的独立评估。

5.3.3 《萨班斯-奥克斯利法案》的规定

美国公司中没有监事会，而是由公司聘请专门的审计事务所负责有关公司财务状况的年度审计报告。公司董事会内部虽然也设立审计委员会，但它只是起协助董事会或总公司监督子公司财务状况和投资状况等的作用。公司每年的财务报告书都附有审计事务所主管审计师签发的审计报告。

由于管制的崩溃造成了涉及安然、世界通信、环球电讯和泰科等一系列企业的丑闻，人们近期对公司治理的兴趣再度浓厚起来。世界各地的政府和管理机构关于公司治理改革的呼声日益高涨。在美国，国会通过了《萨班斯-奥克斯利法案》（简称《萨班斯法案》），就是正视这一问题的一个迹象。《萨班斯法案》倡导抵制公司和会计欺诈的改革，并对违反证券法规的行为施加新的刑罚。该法案还针对公司治理提出了一系列更高的要求，如成立了上市公司会计监督委员会（PCAOB）。美国证券交易委员会（SEC）负责任命 PCAOB 的主席和成员。PCAOB 有权通过上市公司及其审计人员应遵循的审计、质量控制、道德及信息披露标准，并调查和规范所涉及的公司和个人。

5.3.4 2013 年 COSO 框架

全国虚假财务报告委员会下属的发起人委员会（简称 COSO）在 2013 年 5 月发布了其最新内控框架（简称“2013 年 COSO 框架”），保持了原有的框架结构，其最重大的变化是基于原有 COSO 五要素提出了 17 条核心内控原则，从而大幅度增强了五要素的可操作性。

1. 控制环境

1）组织明确承诺将遵从职业操守及道德规范。

2）董事会相对于管理层保持独立性并对管理层建立和执行内控情况进行监督。

3）在董事会的监督下，管理层建立相应的组织结构、汇报路径、恰当的授权或者职责体系，以实现组织目标。

4）组织致力于吸引、发展和保留具有职业胜任能力且与组织整体目标匹配的人才。

5）组织明确个人的内控职责，以实现组织目标。

2. 风险评估

6）组织制定清晰的目标，进而能够有效识别和评价威胁目标实现的风险。

7）组织在整个实体层面识别可能威胁组织目标实现的风险，以便判断如何对这些风险进行管理。

8）组织在评价威胁组织目标实现的风险时，考虑潜在的舞弊。

9）组织对可能对内控体系产生重大影响的变化事项进行识别与评价。

3. 控制活动

10）组织选择并且设置控制活动，以将威胁组织目标实现的风险降低到可接受的水平。

11）组织针对技术选择并且设置一般控制活动，以支持组织目标实现。

12）组织通过制定政策（以明确控制期望）和具体流程（以将控制期望转换为具体行为）来贯彻控制活动。

4. 信息与沟通

13）组织获取或者产生符合使用者需求的、高质量的信息，以支持内控体系发挥功能。

14）组织在内部沟通相关信息（包括控制目标、控制职责）以支持内控体系发挥功能。

15）组织与外部相关各方沟通可能对内控功能发挥产生影响的事项。

5. 监控活动

16）组织选择、设计和执行持续和/或单独的评价，以确认内控各关键要素存在且持续发挥功能。

17）组织对内部控制进行评价，并及时将发现的内控缺陷报给负责执行纠正性措施的主体，这些主体包括高级管理层、董事会，具体视缺陷具体情况而定。

5.3.5 外部审计

1. 外部审计人员的责任（选修）

外部审计的定义就是注册会计师在所有相关资料基础上确认报表是否满足公认会计原则的要求，表达书面审计意见。大多数审计工作都由注册会计师事务所从事。当注册会计师发表某个审计意见时，该人员就要对审计意见负法律责任，外部使用者以此作为对投资对象可靠性的判断依据。审计报告必须包含在所有的对外年度审计报告中。

2. 审计认定的内容（选修）

审计师进行审计就是试图实现以下内容的认定：

1）存在与发生。所有的资产账户都存在。所有在损益表中进行合计的交易事项都发生了。

2）完整性。所有的负债和费用账户都是完整的。任何应被包括在其中的交易都被记录，不存在遗漏的情况。

3）权利和义务。审计师要保证公司实体在资产和负债上享有不可侵犯的权利。

4）估价和分配。根据公认会计原则，所有的资产、负债、所有者权益、收入、费用、利得和损失都应在财务报告中表述，所有的分配项目都应按照系统、合理的方式进行分配。

5）表述和披露。财务报表中所有的数据都需要合理地确认、分类和描述。所有的披露事项要有意义并且符合公认会计原则的规定。

3. 审计报告

独立审计师在审计期末出具关于财务报告的审计报告。该审计报告可以是无保留意见的审计报告、有保留意见的审计报告、否定意见或拒绝发表意见。这份报告对于所有利益相关者都非常重要。定期报告的使用者基于审计师已经对公司的财务报告做出公正评价的假设，如果审计师在虚假审计报告上签字，那么他将很可能需要为此负责。

美国注册公共会计师协会出台的审计准则条例要求审计师在审计报告上签署名字和日期，审计准则条例的要求包括：

1）审计师是独立的。

2）该审计是对指定的财务报表进行审计。

3）财务报表是公司管理层的责任，而审计意见是审计师的责任。

4）该审计的实施必须遵从公认审计准则，也包括需要遵守一般公认会计原则。

5）该审计的计划和实施都是为财务报表免于实质性的错漏报而获得合理保证。

6）审计包括检查、评估与估价阶段。

7）审计为发表意见提供合理的基准。

8）审计应包括与公允表述有关的意见表达。

审计报告书的分类如下：

1）标准无保留意见书。无保留意见书在满足下列情况时出具：包含所有报表；在任何方面都遵守了公认审计准则的 3 个一般原则；有充足的证据且审计者恰当地进行了审计时，审计者就可以得出符合公认审计准则三原则的结论；财务报表根据公认会计准则编制，包括充分的披露；没有解释性段落或者对报告文字的修改。

2）有解释性段落的无保留意见书。除审计者认为需要有一个解释性段落来补充信息外，所有条件都和标准的无保留意见书的条件一致。由于会计方法的改变而使得会计原则不能完全一致地实施，对于企业的持续经营能力有实质性怀疑，或者是为了强调某个事情时使用这些解释性段落。

3）保留意见。在审计者的结论中，认为财务报表全部提交但是包含着公认会计准则不符合或是审计的范围受到限制时，给出这种类型的观点。在任何一种情形下，保留意见的理由需要在报告中指出。

4）否定意见。审计者认为由于与公认会计准则不符或其他原因，以致财务报表存在实质性误导时，给出相反意见。给出否定意见的原因也要在报告中指出，但给出否定意见的情况极少。

5）拒绝发表意见。审计者考虑到由于审计范围严重受限，财务报表不能被公正表示而不能形成意见，或者审计者不能独立表达意见时，采用拒绝发表意见的方式。拒绝发表意见的理由要在报告中指出。

审计报告并不能揭示公司的财务健康状况。审议意见并不处理公司的制度、内部控制的充足性或其他管理决策，也不涉及公司的成败与否。尽管公认审计准则要考虑公司的偿付能力以及财务可行性，但公司的前景总是在快速变化。

审计报告不保证公司的一个或多个人的欺诈行为，除非这些欺诈行为已经产生了可以觉察出的实质性的对财务报表的虚假陈述。尽管独立的审计员经过训练具有质疑精神，审计过程也被设计为检查欺诈存在与否，但是欺诈还是有可能被管理部门共谋和虚报来隐瞒。

5.4　本章习题

问题 1　以下哪项不是业务连续性计划的特点？(　　)

A. 高可用性。　　B. 连续操作。

C. 灾难恢复。　　D. 成本效益原则。

问题 2　甲公司业务连续性计划使用了一种站点，该场所有人员工作的空间所有设施一应俱全，数据备份也是最新的。那么，这个站点是(　　)

A. 冷站。　　B. 热站。

C. 温站。　　D. 镜像站。

问题 3　应急规划是用于以下哪种情况的一种技术？(　　)

A. 某关键预测被证明错误时。　　B. 某稀缺资源的单位边际贡献低时。

C. 商品销售情况不理想时。　　D. 生产所需材料达不到最优标准时。

问题 4　从管理职能的角度来说，长期规划在哪方面更加重要？(　　)

A. 低级管理层。　　B. 用于人员管理而不是生产管理。

C. 高级管理层。　　D. 中级管理层。

问题 5　甲公司使用了战略规划和运营预算方案。那么以下哪项通常被视为战略规划？(　　)

A. 分析月度财务报表，用于部门差异分析。　　B. 保持行业领导者地位的品牌。

C. 确定 12% 的销售利润率目标。　　D. 确定发行股票每股市价。

问题 6　战略目标和战术目标的主要区别在于后者(　　)

A. 通常比较容易实现。　　B. 由高层管理者制定。

C. 本质上是短期的。　　D. 涉及影响利润的相关事件。

问题 7　以下哪项是一段时期管理活动的定量表达？(　　)

A. 产品销售成本表。　　B. 产品制造成本表。

C. 财务报表。　　D. 预算。

问题 8　战略是用于整体目标选择方面的一个广义的词汇。一般来说，战略分析不包括(　　)

A. 能够最好地服务组织整体。

B. 理想的资本结构。

C. 目标产品组合和年度生产计划。

D. 研发、设计、生产、销售、市场及投资管理的最好方式。

问题 9　战略规划与运营规划相比，以下哪项说法是最正确的？(　　)

A. 运营规划集中于长期规划。　　B. 运营规划产生预算数据。

C. 战略规划可在各管理层执行。　　D. 战略规划用于绩效评估报告的准备工作。

问题 10　大多数现代组织执行的战略规划不包括下列哪项？(　　)

A. 确定长期关键变量，包括外部影响。　　B. 对当月实际与预算偏差的分析。

C. 有助于实现长期目标的策略。　　D. 长期目标。

问题 11　在战略规划中，以下哪项是必须首先考虑的？(　　)

A. 成为行业领导者。　　B. 外购。

C. 公司整体目标。　　D. 组织结构。

问题 12　SWOT 分析主要关注哪两个变量？(　　)

A. 产品获利能力和经济资源。　　B. 客户和竞争对手情况。

C. 市场占有率和市场成长。　　D. 内部环境和外部环境。

问题 13　在产品生命周期的某个阶段中，营销策略的重点是维护老客户，并且通过对产品功能的重新定位改进产品，以吸引更多不同的细分市场的消费者。这是对以下哪个阶段的描述？(　　)

A. 成熟期。　　B. 萌芽期。

C. 成长期。　　D. 衰退期。

问题 14　下述哪项因素最正确地描述了战术利润计划？(　　)

A. 详细、短期、广泛职责、定量。　　B. 广泛、短期、各级人员职责、定量。

C. 详细、短期、各级人员职责、定量。　　D. 广泛、长期、广泛职责、定性。

问题 15　甲公司是一家陶瓷制造商，在运营过程中遇到了一些挑战。以下选项中哪项在当前年度最不受甲公司管理层所控制？(　　)

A. 今年购置的一台新机器，该机器对于降低甲公司不利的人工效率差异并无帮助。

B. 一个竞争对手获得了意想不到的技术性突破，进而获得了显著的质量优势使得甲公司损失了市场份额。

C. 零售商要求就他们提供给甲公司的产品的合同价格重新协商，以调整通货膨胀的影响。

D. 有经验的员工决定辞去甲公司的工作而为竞争对手工作。

问题 16　甲公司对实现市场吸引力以及企业实力的因素进行了战略性自我评估，如表 5-1 所示。

表 5-1　甲公司自我评估

市场吸引力	权重	评级	企业实力	权重	评级
整体市场规模	0.4	5	单位成本	0.5	4

（续）

市场吸引力	权重	评级	企业实力	权重	评级
年度市场增长率	0.3	4	市场份额增长	0.4	2
历史利润率	0.2	5	品牌声誉	0.1	3

要素评级范围为 1（最低）~5（最高），下列哪项战略对甲公司最有利？（ ）

A. 有选择性地增强实力。 B. 更新产品线。

C. 集中于吸引力高的分部。 D. 避免投资。

问题 17 在下列哪种情况下，审计师不会出具一份无保留意见的审计报告？（ ）

A. 会计准则的变化影响了报表的可比性。

B. 该公司正面临或有损失，但其数额无法估计。

C. 审计人员检查工作的范围受到限制。

D. 该公司从事重大关联方交易。

问题 18 在某审计报告中有如下表述：由于与一般公认会计原则相违背，财务报表没有公允地表达相关信息。请问这一表述是属于下列哪种意见类型？（ ）

A. 保留意见。 B. 否定意见。

C. 反面意见。 D. 拒绝发表意见。

问题 19 请问一家公司在什么情形下将被出具否定的审计意见？（ ）

A. 这家公司基于收付实现制编制报表。

B. 可能在未决诉讼中败诉并造成重大损失。

C. 这家公司看上去似已不能持续经营。

D. 这家公司变更了存货成本的计价方法。

问题 20 对于财务报表中无保留意见的正确描述是（ ）

A. 财务报表不能满足出具审计意见的审计人员提出的所有质量要求。

B. 财务报表公允地列示了公司财务状况所有的重大方面，但在说明事项段的事项除外。

C. 财务报表公允地列示了公司财务状况所有的重大方面。

D. 财务报表未能公允地列示公司财务状况所有的重大方面。

问题 21 在标准格式的审计报告中，管理人员和审计人员的责任分别是（ ）

A. 对企业的管理层和对审计人员两方面的责任都有明确表述。

B. 对管理层的责任有明确表述，但对审计人员的责任则没有明示。

C. 对两者的责任都没有明确表述。

D. 对管理层的责任没有明示，但对审计人员的责任则有明确表述。

问题 22 请问下列哪种情况的发生不会使得一位独立的审计师在出具无保留意见审计报告的同时还附带说明？（ ）

A. 关联方交易。 B. 未决诉讼。 C. 不完全披露。 D. 缺乏一致性。

问题 23 请问下列哪项不包括在审计业务约定书中？（ ）

A. 关于尽职的审计可能不会检测到所有重大违规的一份声明。

B. 审计人员要遵守的职业标准的说明。

C. 审计费用的计算基础以及结算安排。

D. 审计人员对财务报表应负责任的概述。

问题24 波特的分析专注于决定产业内竞争的5种力量，以下哪种力量不属于这5种力量之一？( )

A. 供应商。 B. 购买者。 C. 替代者。 D. 互补品。

问题25 以下关于PEST分析说法错误的是( )

A. 通过政治、经济、社会和技术4个方面的因素分析。

B. PEST分析法是战略内部环境分析的基本工具。

C. 评价各个因素对企业战略目标和战略制定的影响。

D. 组织所在社会中成员文化传统属于社会要素。

问题26 以下关于情境规划说法错误的是( )

A. 对系统未来发展的可能性和导致系统从现状向未来发展的一系列动力、事件、结果的描述和分析。

B. 增加了政策的弹性和对未来不确定性的应变能力。

C. 要求对未来的情况做准确的预测。

D. 系统地提出适应未来不确定环境下可能的解决方案。

问题27 以下哪项不属于一般竞争战略？( )

A. 差异化。 B. 成本领先。 C. 聚焦。 D. 多元化。

问题28 由供应商、制造商、仓库、配送中心和渠道商等构成的是( )

A. 价值链。 B. 流程链。 C. 物质流。 D. 供应链。

问题29 提高会计业务效率的方法包括( )

Ⅰ. 流程穿越。 Ⅱ. 流程培训。 Ⅲ. 减少会计循环时间。 Ⅳ. 服务共享。

A. Ⅰ，Ⅱ。 B. Ⅰ，Ⅱ，Ⅲ。 C. Ⅱ，Ⅲ，Ⅳ。 D. 全部。

问题30 战略规划中，外部环境分析不包括( )

A. 经济。 B. 技术。 C. 能力。 D. 人口。

问题31 公司的利益相关者是一些个人或群体，他们与公司、公司的业务以及公司绩效的好坏等存在利益关系、权益主张关系或者股份关系，具体包括( )

Ⅰ. 债权人。 Ⅱ. 员工。 Ⅲ. 客户。 Ⅳ. 一般公众。

A. Ⅰ，Ⅱ。 B. Ⅰ，Ⅱ，Ⅲ。 C. Ⅱ，Ⅲ，Ⅳ。 D. 全部。

问题32 波士顿矩阵认为一般决定产品结构的基本因素有两个，即( )

A. 市场引力与企业实力。 B. 企业实力与外部环境。

C. 外部环境与内部环境。 D. 内部环境与市场引力。

问题33 实施企业资源计划系统的组织在( )方面存在着争议。

A. 降低了成本 B. 提高了效率

C. 方便信息访问 D. 减少错误

问题34 根据《萨班斯法案》第302节的要求，首席执行官和首席财务官每个季度进行证明的一个关键要素是( )

A. 披露控制。 B. 披露程序。 C. 披露委员会。 D. 披露政策。

问题35 在现代企业中，董事会与高级管理层的关系主要表现为( )

A. 承包经营关系。 B. 信任委托关系。

C. 委托代理关系。 D. 地位相同关系。

问题36 执行公司层面战略的方式不包括( )

A. 内部创业。 B. 收购。

C. 多元化。 D. 建立合资公司。

问题 37 企业资源计划系统的电子商务应用包括( )

Ⅰ. 客户关系管理。 Ⅱ. 供应链管理。

Ⅲ. 能力需求计划。 Ⅳ. 材料需求计划。

A. Ⅰ。 B. Ⅱ。 C. Ⅰ, Ⅱ。 D. Ⅲ, Ⅳ。

问题 38 企业内部环境分析不包括( )

A. 资源。 B. 流程。 C. 公司治理。 D. 能力。

问题 39 某公司正组建一个内部审计部门。由于在此之前主计长不具有内部审计师的经验，故建议首席审计执行官向外部审计师汇报；但首席审计执行官可直接向主计长报告任何重大事项，主计长再将这些关注事项报告给董事会。以下哪项陈述是准确的？( )

A. 由于首席审计执行官可以直接与董事会联系，内部审计活动具备独立性。

B. 由于首席审计执行官向外部审计师汇报，内部审计活动不具备独立性。

C. 由于主计长没有内部审计师的经验，因而内部审计活动不具备独立性。

D. 由于公司没有要求首席审计执行官必须是注册内部审计师，因而内部审计活动不具备独立性。

问题 40 在审计过程中，审计师的初步结论是：某主要分部不适当地将研究与开发费用予以资本化。由于该审计项目仍未结束，因而审计师既未对该问题做书面记录也未确定其是否真正属于审计问题。但审计师获知首席审计执行官曾收到来自公司总裁的文件，内容如下：“B 分部的主计长向我汇报了你们已经发现研究与开发费使用存在问题一事。我们认识到了这个问题。在没有我的通知前，你应当停止一切有关该问题的进一步调查活动。按照内审保密性原则，我同时要求你们在该问题上对外部审计师保持缄默。”以下哪项陈述将是首席审计执行官针对该审计问题采取的适当措施？( )

A. 立即向内部审计协会或者管理会计协会报告该文件，并寻求道德方面的解释与指导。

B. 告知公司总裁审计范围的局限性，有必要报告给董事会。

C. 继续调查该领域，直至确定了所有的事实，并且在工作底稿中均做相应记载。

D. 立即提醒外部审计师注意该问题，以免受到帮助与唆使组织犯罪的罪名指控。

问题 41 刚刚成立的内部审计部门正在草拟审计章程。下列哪项很好地描述了应当体现在审计章程中的适当的组织地位？( )

A. 首席审计执行官应当向 CEO 报告，但有权接触董事长。

B. 首席审计执行官应当是董事会下属审计委员会的成员。

C. 首席审计执行官应当是向首席财务官（CFO）报告的助理官员。

D. 首席审计执行官应当向行政副总裁报告。

问题 42 产品生命周期分为若干的时期，其中引入期的特点包括( )

A. 销量较低。 B. 利润较高。

C. 分销渠道密集。 D. 需要努力控制成本。

问题 43 某制造公司聘用了一名外部顾问对该公司的各款产品进行评估，以及对产品成本的差异和垂直链进行分析。该公司还请这名顾问将其主要产品与生产和营销相同或相似产品的公司进行比较。这名顾问需要确定可从哪些方面提高客户价值，从哪些方面降低成本，并更好地剖析客户、供应商和该行业其他公司之间的关系。这名顾问所做的分析类型最有可能是( )

A. 平衡记分卡。 B. 标杆分析。

C. SWOT 分析。 D. 价值链分析。

问题 44 战略集团是指( )

A. 同一行业的不同企业。 B. 不同行业的不同企业。

C. 同一集团内企业纵向整合 D. 同一集团内企业横向整合。

问题 45 战略规划的指定是一个复杂的过程，以下关于战略制定排序正确的是( )

A. SWOT 分析、制定愿景和总战略、制定具体战略、实施战略、评估。

B. SWOT 分析、制定愿景和总战略、制定具体战略、评估、实施战略。

C. 制定愿景和总战略、SWOT 分析、制定具体战略、实施战略、评估。

D. 制定愿景和总战略、SWOT 分析、制定具体战略、评估、实施战略。

问题 46 以下选项不属于一般竞争战略的是( )

A. 成本领先。 B. 差异化。 C. 关注。 D. 愿景。

问题 47 根据波士顿矩阵理论，增长率较高、市场占有率较低的业务单元是( )

A. 明星。 B. 问号。 C. 现金牛。 D. 瘦狗。

问题 48 根据 SWOT 分析的原理，以下哪项属于机遇？( )

A. 国家出台更加严格的行业管理政策。 B. 公司进入新市场，开发新的产品。

C. 公司引进技术人才。 D. 公司内部控制制度存在缺陷。

问题 49 下列关于战略业务单元与母公司的关系说法正确的是( )

A. 一般有自己的竞争对手。

B. 与母公司分开，独立考核运营和利润，也可以支持母公司和其他部门。

C. 有自己的主管经理，独立处理业务。

D. 它是母公司的一个部门。

问题 50 以下哪项不是股东大会的职能？( )

A. 批准年度财务报告。 B. 任命首席执行官。

C. 决定发放股利。 D. 批准并购计划。

问题 51 以下哪项不是合理的公司治理结构的特性？( )

A. 全体股东受到平等的待遇。

B. 只需要确认股东、董事会和最高管理层的权利。

C. 保证及时准确地披露与公司有关的任何重大问题。

D. 确保董事会对公司和股东负责。

问题 52 以下关于业务连续性计划说法错误的是( )

A. 它是一套基于业务运行规律的管理要求和规章流程。

B. 使一个组织在突发事件面前能够迅速做出反应。

C. 业务连续性和灾难恢复的内涵是完全相同的。

D. 确保关键业务功能可以持续。

问题 53 《萨班斯法案》要求设立上司公司会计监督检查委员会（PCAOB），该机构是受( )监督。

A. 财政部 B. 注册会计师协会 C. 证券交易委员会 D. 国会

问题 54 根据《萨班斯法案》的要求，公司需要遵循以下哪个新的规则？( )

A. 第二合伙人对以前的审计报告进行审核。 B. 对内控制度的有效性进行评估。

C. 对所有的报告要求关于内控的说明。 D. 首席审计师对公司的首席财务官报告。

问题 55 注册会计师审计工作完成后，应向( )提交审计报告。

A. 审计委员会　　B. 董事会　　C. 股东大会　　D. 财务总监

问题 56　审计师将会对采购、商品制造过程、销售进行截止测试，请问这一测试是为下列哪项审计认定提供支持？(　　)(选修)

Ⅰ. 存在与发生。　Ⅱ. 权利和义务。　Ⅲ. 估价和分配。　Ⅳ. 表述和披露。

A. 只有Ⅰ和Ⅱ。　　B. 只有Ⅰ和Ⅲ。　　C. 只有Ⅱ和Ⅳ。　　D. 只有Ⅲ和Ⅳ。

问题 57　请问在下列哪种情况下，一名独立审计师会发表拒接发表意见的声明？(　　)

A. 在异常情况下与公认会计原则相违背。

B. 总体而言，客户施加的审计范围限制，对于财务报表影响重大。

C. 由于与公认会计原则相违背，财务报表不具公允性。

D. 由于客户资料不足而导致审计范围受到限制，但总体而言这一限制对财务报表并无影响。

问题 58　请问下列哪项将无须列在公司年报中？(　　)

A. 对会计政策的说明。　　B. 审计人员的政策建议。

C. 管理层的讨论与分析。　　D. 发行在外的股票数量。

问题 59　企业在制订战略计划时应考虑的内部因素包括(　　)

A. 市场环境变化。　　B. 政治动荡。

C. 竞争优势。　　D. 消费者生活变化趋势。

问题 60　以下哪项是企业的内部因素分析？(　　)

A. 该行业的政策、法律的变更。　　B. 企业文化。

C. 行业技术的变革。　　D. 经济社会发展。

问题 61　甲公司生产多种电子产品。其中，A 产品由于技术成熟，现金流入很高，但增长率为 1%。根据波士顿矩阵理论，该产品属于(　　)

A. 问号产品。　　B. 现金牛产品。　　C. 明星产品。　　D. 瘦狗产品。

问题 62　波士顿矩阵中的现金牛业务属于哪个象限？(　　)

A. 高市场增长率、高市场份额。　　B. 高市场增长率、低市场份额。

C. 低市场增长率、高市场份额。　　D. 低市场增长率、低市场份额。

问题 63　甲公司正在采用 SWOT 分析自身的优势、劣势、机遇和挑战。以下哪项体现了公司的竞争力？(　　)

A. 准入门槛高。　　B. 准入门槛低。

C. 买方议价能力高。　　D. 供应商议价能力高。

问题 64　甲公司为某 LED 灯开发一款无线充电器。该产品市场反响非常好，顾客也愿意为该产品支付更高的价格。该公司计划使用波特五力分析法。对于这种新产品最适合采用以下哪类型战略？(　　)

A. 细分战略。　　B. 成本领先战略。　　C. 专一性战略。　　D. 差异性战略。

问题 65　甲公司生产两种主要产品。两种产品的市场情况如下：A 产品有较高的市场占有率，但市场增长空间有限；B 产品为新产品，市场占有率较低，但未来有较好的市场增长潜能。根据波士顿矩阵理论，以上两种产品分别属于哪种类型？(　　)

A. A 产品现金牛业务，B 产品瘦狗业务。　　B. A 产品现金牛业务，B 产品问号业务。

C. A 产品现明星业务，B 产品瘦狗业务。　　D. A 产品现明星业务，B 产品问号业务。

问题 66　外部审计师发现企业财务报表存在重大错报，但是重大错报在财务报表中并不普遍。审计师应该发表什么审计意见？(　　)

A. 保留意见。　B. 无保留意见。　C. 否定意见。　D. 不发表意见。

问题 67　《萨班斯法案》中关于审计委员会的描述正确的是(　　)

A. 内部审计师应独立于公司的审计委员会。

B. 审计委员会中必须有一个财务专家。

C. 审计委员会成员中包含企业高管人员。

D. 为了获得资产的访问权必须经过领导层授权。

问题 68　甲公司在市场上占有很大份额，且产品独一无二，所获收益大于市场平均收益。该公司使用的竞争战略是(　　)

A. 成本单一化战略。　B. 成本领先战略。

C. 差异化战略。　D. 集中化战略。

问题 69　关于制定使命宣言不恰当的描述是(　　)

A. 定义公司宗旨。　B. 确定提供产品服务。

C. 对员工而言促成一个共同目标。　D. 在某一特定区域提高市场份额的策略。

问题 70　甲公司准备转行进入汽车租赁行业，下面哪项是最大的进入风险？(　　)

A. 该行业龙头企业利润非常高。　B. 经销商转换成本较高。

C. 经销商组合成多个小联盟团体。　D. 该行业企业的固定成本占比较低。

情景 5-1

甲公司生产和批发两大基本类型、几种不同类别的行李箱——软行李箱和塑料硬行李箱。每种类别的行李箱包括几种大小各异的样式。至少有一种行李箱是设计给女士和男士都可使用的，不过有些类别和式样则是特别为男士或女士设计的。一些行李箱类别还有配套的公文包。有些行李箱类别因为人们喜好的变化而停产，或者因为产品改进而得以推出。根据每家企业的要求，甲公司还为大型零售企业生产行李箱，这种行李箱使用的是零售企业自己的商标，而非甲公司的商标。甲公司在过去 10 年中已经生产了多种带有自己公司以及一个或多个零售企业商标的行李箱。

问题 71

1）找出并讨论在定期审议与新产品和现有产品有关的长期产品战略（含决策）时，甲公司需要考虑哪些因素？

2）找出并讨论当编制年度预算表中的销售部分时，甲公司需要考虑哪些因素？

情景 5-2

甲计算机咨询公司聘用了 20 名 IT 专业人员及支持人员。按照多年来每年都会更新一次的合同，甲计算机咨询公司为乙银行处理所有的信息系统处理工作。此合同规定该公司不得再接其他客户，因此，甲计算机咨询公司的所有收入都是由与乙银行的合同带来的。

乙银行目前正在与另一家大型国有银行商讨合并事宜。甲计算机咨询公司的合作伙伴预期这次合并能够成功，并且相信合并后的买方将不会像乙银行那样规定如此严格的限制，因而会允许甲计算机咨询公司接其他客户。不过，这种安排有可能意味着所付的费用会降低。甲计算机咨询公司史无前例地遇到这种情况：存在扩大客户群的可能性，同时又有可能无法保证获得高额年费。甲计算机咨询公司的合作伙伴安排了一次闭门会议来讨论该公司的战略和营销计划。他们聘请了一名顾问来帮助他们完成规划过程。

问题 72

1）定义战略规划中使用的 SWOT 分析，并讨论甲计算机咨询公司如何使用该分析。

2）定义使命并讨论这在制订战略规划时对甲计算机咨询公司的重要性。

3）说明甲公司进行战略规划的步骤。

4）甲计算机咨询公司如果计划编制预算，与战略规划有什么关系？

问题 73 甲集团近年来致力于从田间到餐桌的产业链建设，2008 年收购了以非油炸方式生产“健康”牌方便面的乙公司，并全面更换了乙公司的管理团队。2009 年“健康”牌方便面市场份额下降，为了从竞争激烈的方便面市场上重新赢得原有市场份额，2010 年初需要制定方便面竞争战略。该竞争战略属于( )

A. 公司战略。 B. 业务单元战略。 C. 产品战略。 D. 职能战略。

问题 74 请问在下面哪种情况下一名独立的审计人员将以解释性语言出具一份无保留意见？( )

A. 在异常情况下与公认会计原则相违背。

B. 总体而言，由于客户施加的审计范围限制，对财务报表产生重大影响。

C. 由于与公认会计原则相违背，财务表报不具公允性。

D. 由于客户资料不足，导致的审计范围受到限制。但总体而言，这一限制并不影响财务报表。

问题 75 以下哪项不是成功的战略规划具有的特点？( )

A. 经理根据公司的短期目标制订短期计划。 B. 能够促进经理之间的沟通和协调。

C. 可以作为绩效考核和薪酬确定的依据。 D. 确定标杆，协助决策制定。

问题 76 油田设备对采油业影响很大，一台设备发生故障会给采油公司造成巨大的损失。因此，油田设备制造公司对采油公司具有较高的讨价还价能力。对于供应商和购买者之间的这种关系，下面哪种说法是正确的？( )

A. 如果供应商的产品对购买者的产品质量影响较大时，购买者一般在价格上不太敏感。

B. 如果供应商的产品对购买者的产品质量影响较大时，购买者的讨价还价能力较强。

C. 如果供应商的产品对购买者的产品质量影响较大时，说明购买者掌握了充分的信息。

D. 如果供应商的产品对购买者的产品质量影响较大时，说明购买者的转换成本不高。

问题 77 某公司使用波特五力分析对供应商情况进行评估，以下哪种情况将导致公司的议价能力减弱？( )

A. 该公司从某一供应商处购买了大量原材料，采购量占该供应商产量的 60%。

B. 供应商的产品质量非常稳定。

C. 该公司新开发了一种供应商可以供应相同的原材料。

D. 该种原材料不是直接消费产品。

问题 78 以下哪种情况下最有可能提高买方讨价还价的能力？( )

A. 购买上游供应商。 B. 与买方相比更大的供应商。

C. 买方无法储备库存。 D. 项目成本替代的分析。

问题 79 梅蒂斯公司是一家大型软件服务公司，过去的成功得益于有强力的集中式领导模式。该公司最高管理层做出决定，为整个组织和中低层经理设定任务目标，并要求他们与团队共同实现这些目标。下面哪种情况表明现在的集中式领导模式对该公司来说可能是一个弱点？( )

A. 梅蒂斯公司的最高管理层现在完全由为梅蒂斯公司工作了很长一段时间并且有很高专业知识的工程师组成。

B. 梅蒂斯公司最近获得了一份为美国政府提供软件服务的合同。

C. 梅蒂斯公司最近更改其业务，转而更注重于产品开发，而产品开发团队的成员更看重自主权和创作自由。

D. 梅蒂斯公司所在国家的人们注重组织的等级层次结构。

问题 80 朱诺公司是生产手机和笔记本计算机的一家企业，其高层管理正在对公司业务进行 SWOT（优势、劣势、机会和威胁）分析。该公司的副总裁安德鲁 · 哈德逊将公司尖端研发部门列为优势之一，因为它可以帮助设计高质量产品。然而，营销经理梅兰妮 · 哈里斯认为研发部门是一个劣势而不是优势。下列哪个选项支持梅兰妮 · 哈里斯的观点？（ ）

A. 朱诺公司在良好的法律环境下经营，知识产权得到有效的保护。

B. 朱诺公司手机和笔记本计算机继续保持高利润率。

C. 由于经济萧条，朱诺公司的消费群体对价格变得越来越敏感。

D. 朱诺公司的大部分业务来自被称为“尝鲜”的消费者。

问题 81 甲公司是一家日用洗涤品生产企业。甲公司在市场调研中发现，采购日用洗涤品的消费者主要是家庭主妇，他们对品牌的忠诚度不高，但对价格变动非常敏感。目前，甲公司主要竞争对手的产品与甲公司的大同小异。在这种市场条件下，最适合甲公司选择的业务单位战略是（ ）

A. 成本领先战略。 B. 差异化战略。 C. 集中战略。 D. 一体化战略。

问题 82 哪种因素对新投资者进入市场的鼓励效果最好？（ ）

A. 政府对新投资者有补贴政策。 B. 产品差异化程度较高，主要是商标。

C. 具有高投资发展的知识产业。 D. 固定的存续成本较低。

问题 83 以下选项中最好地描述了 SWOT 分析作用的是（ ）

A. SWOT 分析可以确定企业该如何竞争，并设定了实现目标应遵循的基本方向。

B. SWOT 分析提供了一个框架，该框架展现了影响组织发展的各项因素。

C. 就组织对于社会的贡献而言，SWOT 分析显示了企业未来成功和成就的愿景。

D. SWOT 分析识别了所有能影响组织的技术。

问题 84 甲公司是生产汽车制造设备的企业，其主要的业务来自 3 家临近的汽车制造商。在讨论经营战略的董事会议上，一位董事认为，由于采购方的数量很少，所以采购方的议价能力高。以下选项中出现预示着购买方的议价能力并非十分高的是（ ）

A. 在这 3 家采购方中，有 2 家的大股东之前是甲公司的高管。

B. 采购方已经意识到其业务对于甲公司的重要性。

C. 除了甲公司之外，在市场中还有其他几家能提供类似产品的厂商。

D. 甲设备的安装费用非常高，而且在安装调试的过程中只能使用甲生产的配件。

问题 85 现有竞争对手间的竞争会威胁到企业的利润并使之下降。以下情况中可能使这种威胁最为突出的是（ ）

A. 市场上顶级的快餐连锁店之间的竞争。

B. 现有折扣超市领跑者和小型便利店之间的竞争。

C. 一家以技术创新而闻名的公司和一家出售低价且低端技术公司之间的竞争。

D. 领先的卫星电视公司之间的竞争。他们的注册顾客获得的硬件只与供应商提供的服务兼容。

问题 86 甲部门是 A 公司的一个事业部，生产小工艺品。根据波士顿矩阵，A 公司将甲部门确定为现金牛。甲部门的产品市场最近开始了快速增长，使其转变成为高速增长的市场。根据变化的市场条件，以下情况会使甲部门在波士顿矩阵上最终转变成问号的是（ ）

A. 如果甲部门所在市场的准入壁垒较高。

B. 如果甲部门无法扩展其生产能力。

C. 如果甲部门将其过剩的现金进行投资，以此来满足额外的需求。

D. 如果 A 公司决定出售被确定为是瘦狗的事业部。

问题 87 **位于纽约州的 B 公司是一家出售男士定制正装的小型店铺。该公司开业 5 年以来业务一直很好，是所在地区消费者的首选品牌。该公司的股东最近拜访了一位投资者，为 B 公司的发展筹集更多的资金。该投资者对 B 公司的产品非常满意，但是担心由于 B 公司产品的吸引力会导致新的企业涌入该市场从而导致业务盈利能力下降。B 公司的管理层可以利用以下事实来说服投资者新竞争者的威胁其实很低的是(　　)**

A. 该公司的产品都是能够赚取高额利润的高品质产品。

B. 在区域内许多潜在的竞争者都聘用了曾经在 B 公司工作的裁缝技师。

C. 该公司的产品与当地购物中心内高端服装品牌商提供的产品一致。

D. 拥有该公司的设计师，充分了解消费者的偏好及其特有的风格而闻名于整个行业。

问题 88 **甲公司是台式计算机行业的市场领导者。该公司高水准的产品研发团队一直以来都是其成功的保障。该团队研发的具有突破性设计的产品都能以很高的价格出售，但是台式计算机的市场需求在持续下降，因为移动技术越来越受市场的青睐。为了应对这种威胁，甲公司的管理者进行 SWOT 分析，并决定采用 SO（优势和机会）的战略，以下选项中哪项是该策略可能的行动方案？(　　)**

A. 增加甲公司产品的成本，进一步扩大其产品与竞争产品的差异。

B. 降低甲公司产品的成本，使其成本低于笔记本和平板计算机的成本。

C. 提供甲公司的品牌形象，通过促销来吸引消费者购买台式计算机。

D. 利用甲公司的产品研发团队来研发最新的移动技术产品。

问题 89 **通过拟定一条关于公司宗旨、产品范围和所服务市场的宣言，管理层以此为基础可以制定（　　）**

A. 公司战略，该战略设立了获得竞争优势的标准。

B. 一系列长期目标，它们一旦实现，即表明公司履行了自己的使命。

C. 企业愿景，阐述了公司未来的目标是什么。

D. 一系列短期目标，它们一旦达成，即表明公司将实现卓越运营。

情景 5-2

梦工厂是一家生产医疗器材的美国公司。在一次梦工厂召开的董事会上，董事们和公司高级管理层对公司的情况进行了深入的分析。在现有的市场中，梦工厂的主要客户和供应商均为大型垄断性公司。而法斯滕公司是梦工厂的主要竞争对手，该公司在过去和梦工厂的竞争中并不占上风。不过，有一些公司正在评估自己设计和制造梦工厂现有产品的可行性。鉴于梦工厂的产品设计在整个行业中有一定的知名度，董事们希望能够开拓更有发展潜力的国际市场，以增加其收入和国际地位。针对董事们提出的国际化路线，梦工厂的总经理担心公司的产能是不是能够适应这一战略转型以及资源是否能够被充分利用。董事会认为，在现阶段梦工厂必须认真地进行战略管理和规划，并希望 CEO 选择正确的预算方式来对未来的收入、成本和费用进行良好的资源配置。

问题 90

1）进行战略规划对于该公司有哪些好处？

2）请通过波特五力分析模型，对该公司行业的情况进行简要分析。

3）请说明在战略过程分析中对于外部环境和内部环境分析的要素有哪些？

4）什么是 SWOT 分析，SWOT 分析对于该公司有什么重要作用？

5）请问该公司总经理选择哪种预算最适合公司未来的发展？

本章习题解答

题号	答案	题号	答案	题号	答案	题号	答案
问题 1	D	问题 2	B	问题 3	A	问题 4	C
问题 5	B	问题 6	B	问题 7	D	问题 8	C
问题 9	B	问题 10	B	问题 11	C	问题 12	D
问题 13	A	问题 14	C	问题 15	B	问题 16	A
问题 17	C	问题 18	C	问题 19	A	问题 20	C
问题 21	A	问题 22	C	问题 23	D	问题 24	D
问题 25	B	问题 26	C	问题 27	D	问题 28	D
问题 29	D	问题 30	C	问题 31	D	问题 32	A
问题 33	A	问题 34	C	问题 35	C	问题 36	C
问题 37	C	问题 38	C	问题 39	B	问题 40	B
问题 41	A	问题 42	A	问题 43	D	问题 44	A
问题 45	C	问题 46	D	问题 47	B	问题 48	B
问题 49	B	问题 50	B	问题 51	B	问题 52	C
问题 53	C	问题 54	B	问题 55	B	问题 56	A
问题 57	B	问题 58	B	问题 59	C	问题 60	B
问题 61	B	问题 62	C	问题 63	A	问题 64	D
问题 65	B	问题 66	C	问题 67	B	问题 68	C
问题 69	D	问题 70	B	问题 73	B	问题 74	A
问题 75	A	问题 76	A	问题 77	B	问题 78	A
问题 79	C	问题 80	C	问题 81	A	问题 82	A
问题 83	B	问题 84	D	问题 85	A	问题 86	B
问题 87	D	问题 88	D	问题 89	B		

问题 1 分析：

业务连续性计划的特点有 3 个，分别为：高可用性、连续操作、灾难恢复。

问题 2 分析：

热站是一个完全的备份场所，有人员工作的空间，所有设施一应俱全，数据备份也是最新的。

问题 3 分析：

应急规划可以帮助企业对付带来严重后果的环境的巨变。应急规划为可能发生的假设分析情况作准，用来处理个别的非计划时间。

问题 4 分析：

高层管理者更关注于长期目标、战略性目标。中低层管理者更关注中短期目标、运营目标。

问题 5 分析：

选项 B 中的保持行业领导者的企业品牌是战略导向性的、长期性的，因此是战略规划。其他选项都是运营计划，是短期的、更具体的，因此是运营计划。

问题 6 分析：

战略目标由最高层制定。它是战略规划的一部分，本质上是长期的。战略目标需要在战术水平上实现其他目标。战术目标一般有组织中下层的业务（也被称作责任中心和战略性业务单元）或职能部门制定。战术目标是短期的，通常持续时间在一年之内。

问题 7 分析：

预算是战略的数量化表达。

问题 8 分析：

战略决定了企业计划实现目标的大方向。选项 C 中目标产品组合和年内生产进度不是企业的目标，因此不是战略。

问题 9 分析：

战略规划揭示了长期和短期计划，为预算提供基础。运营计划给每个具有详细收入和费用预算业务制定具体目标。

问题 10 分析：

当月实际与预算偏差分析是短期的，不属于战略规划。

问题 11 分析：

考察战略规划的步骤，公司整体目标是要首先被考虑的。

问题 12 分析：

SWOT 分析了内部的优势、劣势和外部的机遇、挑战。

问题 13 分析：

成熟期中，产品在市场上畅销，增长率会稳定在较高水平。成熟期的营销战略是维持忠诚的客户。通过产品的重新定位来重新开发产品以吸引不同的细分市场。

问题 14 分析：

战术利润计划或者预算应该具有详细、短期、向各级员工分配职责以及量化的特征。

问题 15 分析：

外部环境最不受公司管理层控制。

问题 16 分析：

甲公司具有中等企业实力（$0.5-4+0.4\times2+0.1\times3=3.1$）和高度市场吸引力（$0.4\times5+0.3\times4+0.2\times5=4.2$），有选择地增强实力对于提高企业实力最有利。

问题 17 分析：

出现重大的范围限制时，不能发标准无保留意见。选项 A、B、C 中的事件如果被正确地列报或披露，应发标准无保留意见。

问题 18 分析：

有重大的违背公认会计准则事件，导致报表整体上不可用，审计发否定意见。

问题 19 分析：

选项 A，公认会计准则要求确认、记录、计量和报告依照权责发生制。公司采用收付实现制严重违背了公认会计准则，审计发否定意见。选项 B，或有负债如果正确地被披露，审计发标准无保留意见加解释性段落。选项 C，公司持续经营有问题但还未违背持续经营假设时，审计发标准无保留意见加解释性段落。选项 D，会计准则变更被正确地披露，审计发标准无保留意见，但是在意见段后加解释性段落。

问题 20 分析：

财务报表公允地列示了公司财务状况所有的重大方面，出具无保留意见审计报告。

问题 21 分析：

审计报告中明确列示了管理层的责任和审计的责任。

问题 22 分析：

存在关联方交易、或有负债和会计政策的变更时，审计需在意见段后加解释性段落。选项 C，报表不完全披露违反了公认会计准则。

问题 23 分析：

审计人员对财务报表应负责任的概述不属于审计业务约定书中的内容。

问题 24 分析：

波特的分析专注于决定产业内竞争的 5 种力量，具体是：潜在竞争对手进入的风险；产业内现有企业的竞争强度；购买者讨价还价的能力；供应商讨价还价的能力；产业替代性产品的相似度。

问题 25 分析：

PEST 分析法是战略外部环境分析的基本工具。

问题 26 分析：

情境规划不要求对未来的情况做准确的预测。

问题 27 分析：

多元化不属于一般竞争战略，其他三项都属于。

问题 28 分析：

供应链是由供应商、制造商、仓库、配送中心和渠道商等构成的物流网络。

问题 29 分析：

提高会计运作效率的方法包括流程穿越、流程培训、识别浪费和产能过量、识别错误的根本原因、减少会计循环时间、服务共享等。

问题 30 分析：

能力属于内部因素。

问题 31 分析：

公司的利益相关者包括股东、债权人、雇员、客户、公司在其中从事业务的社区以及一般公众。

问题 32 分析：

波士顿矩阵认为一般决定产品结构的基本因素有两个，即市场引力与企业实力。

问题 33 分析：

实施 ERP 系统会增加 IT 成本和 IT 员工数量。

问题 34 分析：

为了实施 302 条款的要求，美国证券交易委员会引入了“披露控制与程序”。披露过程的一个关键要素是披露委员会。知识丰富的高层管理人员组成披露委员会，对财务信息和其他披露进行严格审查。

问题 35 分析：

公司治理的核心是在所有权和经营权分离的条件下，由于所有者和经营者的利益不一致而产生的委托代理关系。

问题 36 分析：

执行公司层面战略的 3 种方式是内部创业、收购和建立合资公司。

问题 37 分析：

企业资源计划系统的电子商务应用包括客户关系管理和供应链管理。企业资源计划系统中的计划体系主要包括生产计划、物料需求计划、能力需求计划等。

问题 38 分析：

企业内部环境分析包括资源、能力、核心能力、流程。

问题 39 分析：

内部审计活动不能直接与董事会接触，而是通过主计长间接和董事会接触。首席审计执行官应向组织内有足够权限的人员负责以促进独立性，外部审计师不是组织中的成员。主计长是否具有内部审计师的经验不会影响内部审计活动的独立性。注册内部审计师的名称不一定就非要强加在内部审计师身上。

问题 40 分析：

首席审计执行官首先应与董事会商量。鉴于审计工作刚开始，内部审计师还没有形成一个基础意见，因此与外部审计师的联系不够成熟。不过，如果外部审计师在调查这件事，内部审计师应将所做的工作与外部审计师共享。

问题 41 分析：

首席审计执行官应当向组织中有足够权限的人员负责，促进独立性并确保广泛的业务范围、对业务沟通的恰当考虑以及对业务建议的适当行动。内部审计活动报告的级别越高，就越有可能确保理想的独立性。从职能角度来看，首席审计执行官应该向审计委员会、董事会或其他有关的监管部门报告；从行政管理角度看，则应该向 CEO 报告。

问题 42 分析：

略。

问题 43 分析：

价值链分析的步骤包括内部成本分析、外部差异分析和垂直链接分析。

问题 44 ~ 47 分析：

略。

问题 48 分析：

机遇是组织外部的有利因素，选项 B 符合以上要求。

问题 49 分析：

战略业务单元也称为利润中心，选项 B 符合战略业务的单元的特点。

问题 50 分析：

任命首席执行官是董事会的职能，其余三项属于股东大会的职能。

问题 51、52 分析：

略。

问题 53 分析：

PCAOB 是由 SEC 监管。

问题 54 分析：

《萨班斯法案》要求管理层对内部控制制度的有效性进行评估。

问题 55 分析：

审计报告应该向董事会提交。

问题 56 分析：

存在与发生是指所有的资产账户都存在，以及所有在损益表中进行合计的交易事项都发生了。权利和义务是指审计师要保证公司实体在资产和负债上享有不可侵犯的权利。题目中描述的情景符合两项审计认定。

问题 57 分析：

出现重大的范围限制时，审计发拒绝发表意见。

问题 58 分析：

年报不许提供审计人员的政策建议，其余三项都是需要包括的内容。

问题 59 分析：

内部战略环境是企业内部与战略有重要关联的因素，是企业经营的基础，是制定战略的出发点、依据和条件，是竞争取胜的根本。其余三项属于外部因素。

问题 60 分析：

内部战略环境是企业内部与战略有重要关联的因素。

问题 61 分析：

销售增长率低、市场占有率高的产品群属于现金牛类产品。

问题 62 分析：

销售增长率低、市场占有率高的产品群属于现金牛类产品。

问题 63 分析：

为了和新成员竞争，市场中的原有企业会降低销售价格或者提高产品的成本，从而可能导致营利下降。新竞争对手的威胁取决于进入壁垒的大小。准入门槛高，对公司更有利。

问题 64 分析：

企业产品或服务形成与众不同的特色，让顾客感觉到你提供了比其他竞争者更多的价值，这属于差异化战略。

问题 65 分析：

销售增长率和市场占有率“双高”的产品群（明星类产品）；销售增长率和市场占有率“双低”的产品群（瘦狗类产品）；销售增长率高、市场占有率低的产品群（问号类产品）；销售增长率低、市场占有率高的产品群（现金牛类产品）。

问题 66 分析：

审计师认为由于与公认会计准则不符或其他原因，以致财务报表存在实质性误导时给出相反意见。

问题 67 分析：

选项 B 是《萨班斯法案》的要求。选项 A 和选项 C 说法错误。选项 D 是美国《海外反腐败法》的要求。

问题 68 分析：

企业产品或服务形成与众不同的特色，让顾客感觉到提供了比其他竞争者更多的价值，所以价格和收益较高。

问题 69 分析：

使命是指企业在社会经济发展中所应担当的角色和责任。它是企业的根本性质和存在的理由，说明企业的经营领域、经营思想，为企业目标的确立与战略的制定提供依据。

问题 70 分析：

经销商转换成本较高造成进入壁垒较高。

问题 71 分析：

1）在长期产品战略的阶段，甲公司需要考虑的具体因素如下：

- 检查其经济的现有状态和预期的未来状态、现有和未来的可用资源，如人力、工厂和设备以及资金等。

- 审视在以下几方面消费者的态度：产品的吸引力、变化中的旅游模式及类型、变化中的生活方式和富裕程度。
- 分析行业销售水平、甲公司现有和计划的市场份额以及甲公司在行业中的影响力或支配力。
- 根据生产程序的特性、产品的既定生产时间、资源利用情况和生产能力来检查产品的生产线。

2）当制订年度预算销售部分时，甲公司需要考虑的因素包括：定价策略、甲公司的市场份额大小及其与竞争者之间的关系、使收益最大化的产品销售组合、现有生产能力、广告对于销售额的作用以及国内和国际经济情况。

问题 72 分析：

1）SWOT 是 4 个英文单词的缩写，即优势、劣势、机会和威胁。企业通过对其 SWOT 的分析，可以明确其自身的竞争实力。甲计算机咨询公司应该列出其优势（专业技术和信誉等）和弱点（缺少市场开拓经验等）。然后，甲计算机咨询公司应该考虑其面临的机会（市场里还未填补的服务空白区等）及可能的威胁（其他企业的竞争和失去与乙银行的合同等）。

2）一个企业的使命对其制订整个战略发展计划非常重要。企业的使命界定了其存在的目的以及随之产生的计划和目标都应该以实现这个使命为最终目的。

3）选择公司使命和主要的公司目标；分析组织的外部环境，识别机会与威胁；分析组织的内部运营环境，发现组织的优势与劣势；选择能够发挥组织优势、矫正劣势的战略，利用外部的机会，迎击外部的威胁；实施战略；反馈与评估。

4）战略规划和运营计划导致了预算的形成。预算是对一段时期内被提议的管理活动的定量表述。

问题 73 分析：

企业通常制定的 3 个层次的战略：整体性（或者多种业务）；竞争性（或者一种业务）；职能性（一种业务内）。该竞争战略属于竞争性或者说业务单元战略。

问题 74 分析：

选项 B，发拒绝发表意见。选项 C，发保留意见或否定意见。选项 D，发保留意见。

问题 75 分析：

经理应根据公司的长期战略制订短期计划。

问题 76 分析：

在产业价值一定的情况下，供应商对产业价值的占用能力越强，企业的获利能力就越低。供应物的替代情况是影响供应商对产业价值占用能力的因素之一。当供应物的替代品比较少的时候，供应商对该种产品的价值占有能力就比较强。另外，供应物的质量对购买者来说，也是决定供应商对该种产品的价值占有能力大小的因素。油田设备制造公司生产的产品替代品较少，同时对购买者的产品质量影响也比较大，因此油田设备制造公司具有较强的价值占有能力。

问题 77 分析：

某公司是供应商的最大客户，议价能力强。由于产品质量稳定，该公司很难冒险去替换其他供应商。如果找到了合适的替代供应商，那么该公司的议价能力会增强。产品不是直接消费品，供应商只能将产品卖给生产企业，不能向前整合消费者。

问题 78 分析：

买家向后整合的能力将提高他们的议价能力，由于价格因素或其他条款原因，这可能会使买家转而购买一个替代品。一个更大的供应商与小的分散的客户交易时有明显的优势，在这种情况下，买方的议价能力将受到影响。项目成本替代的分析是价格敏感度的一个指标，但这并不能增加买方讨价还价的能力。如果买方不能储备库存，买方的议价能力将受到影响。

问题 79 分析：

对于看重自主权和产品研发的团队来说，集中式领导模式是有弱势的。

问题 80 分析：

如果消费者关注产品价格而不是质量，朱诺公司在研发上的投资可能是浪费。事实上，高价格的产品可能会促使客户离开。

问题 81 分析：

由于消费者对品牌忠诚度不高，对产品价格敏感性大，因此只能通过低价格吸引顾客。

问题 82 分析：

其他 3 个选项都是阻止竞争者进入的。

问题 83 分析：

通过对组织的外部环境和内部环境的分析，识别了组织外部面临的机会和威胁及其组织内部所拥有的优势和劣势，从而展现了对于组织发展的各项因素的整合。

问题 84 分析：

在仔细分析行业时，企业必须评估 5 种力量对其成功的重要性：新进入者的威胁、现有同业间的竞争、替代品或服务的威胁、购买者的议价能力和供应商的议价能力。购买方的议价能力主要是从购买方的数量和重要程度进行分析的。可以看出，采购方知道自己的业务对于甲公司的重要性是比较高的，因此采购方的议价能力高。对于采购方而言，如果供应商有类似可替代的企业，那么同样采购方的议价能力高。在安装调试过程中配件的排他性提高了采购方的转换成本，进而降低了替代品的威胁，高昂的安装费用也可以视为在替代品很少时的机会。

问题 85 分析：

企业提供的产品或者服务，如果差异越小，竞争引起的利润下滑也就越大。选项 A 都是顶级的快餐连锁店的竞争，实力相当。竞争可能会打价格战，从而使得利润下降，竞争加剧。

问题 86 分析：

问号是指行业增速高而占有率低的业务部门。

问题 87 分析：

B 公司拥有核心竞争力，能够有效抑制新竞争者的进入。

问题 88 分析：

优势和机会分析要求发挥优势，抓住机遇。公司的优势在于研发团队的设计水平，而不是成本。

问题 89 分析：

使命是长期目标，是关于公司宗旨、产品范围和所服务市场的宣言。

问题 90 分析：

1）战略规划对于公司的好处包括：

①战略规划提供了一个分析威胁和机遇的方法，解释了为什么一些组织的战略比其他组织战略更具竞争力。

②战略规划为公司提供了一个制定运营预算的框架。

③战略规划为公司管理人员提供了一个思考组织战略和如何执行组织战略的学习机会。

④战略规划是公司管理人员决策和行动符合整体性战略的一次实践。

⑤战略规划提供了公司财务和非财务绩效考核的基础。

⑥战略规划提供了一个将战略、分项目标、营业计划等传达到公司各个管理层的沟通渠道。

⑦战略规划为公司在新形势下提供了重要指导。

2）以下是通过波特五力分析模式对该公司行业情况进行分析的具体情况。

竞争对手：法斯滕为公司的竞争对手，但是竞争力并不强大。

潜在竞争对手进入：已经有公司在考虑进入该行业，证明潜在竞争压力很大。

客户议价能力分析：客户为非常大的垄断公司，证明客户议价能力很强大。供应商议价能力分析：供应商为非常大的垄断公司，证明供应商议价能力很强大。

替代品：题目没有提及，可能说明公司现有的医疗器械产品暂时没有替代品。

3）在战略分析中，针对外部环境分析和内部环境分析的要素有：

外部环境分析要素包括：①法律和法规；②竞争力、行业趋势和竞争；③技术发展和更新；④利益相关群体和他们关心的社会问题；⑤全球化趋势。

内部环境分析要素包括：①公司的资源；②公司拥有的技能；③公司的运营流程。

4）SWOT 是优势（Strength）、劣势（Weakness）、机会（Opportunity）和威胁（Threat）的英文首字母。SWOT 分析提供了内外部环境分析汇总数据的识别方法，优势和劣势是根据组织内部环境分析确定，机遇和挑战是组织所处经营外部环境分析的一个组成部分。

SWOT 分析对于公司的重要作用包括：

①SWOT 分析将组织内部和外部环境评估结合在一起，客观具体、实用可行。

②有助于将环境分析的松散结果联系在一起，回答了很多未解决的组织难题。

③已识别的机遇和限制为公司战略规划设定了合理的目标，为公司行动计划提供了重要信息。

5）该公司总经理需要零基预算。因为该公司以前没有经历过国际化的进程，未来以国际化作为基础的预算均需要从零开始编制。该公司预算管理团队应当对未来国际化进程中的财务资源配置情况进行审慎的评估，对未来进行项目优先级与合理性的排序，在此基础上做好财务资源的配置和未来财务的决策。

第 6 章　规划、预算编制与预测

6.1　预算编制的相关概念

6.1.1　基本概念

1. 术语

预算是一个企业的运营计划和控制工具，能够确定在一段时间内为实现目标所需要的资源和所承担的义务。预算主要是定量指标，而非定性指标。财务预算为损益、现金流量和财务状况（资产负债表）设定了具体目标。

> 补充知识：政府预算
>
> 政府预算是经法定程序审核批准的，国家年度集中性财政收支计划。它规定国家财政收入的来源和数量、各项财政支出的用途和数量，反映着整个国家政府、政策活动的范围和方向。

预算编制是制订预算需要的步骤。除了清晰地传达企业目标，理想的预算编制还包括预算控制。

预算控制是一个管理过程，目的是通过系统性的预算审批流程，协调相关方的努力和相关经营活动，分析实际结果与预算的差异，并向责任方提供适当的反馈，以确保预算目标的实现。预算中所设定的目标必须从员工的角度看是可实现的，才能具有激励作用。

模拟报表：

1）对于内部使用者，是一种以历史信息为基础的预算财务报表，它会假设某些事件已经发生过，以对历史信息进行调整。预算资产负债表、预算现金流量表以及预算损益表是对未来一段时间目标的预测，从而帮助配置资源。

2）对于外部使用者，是当企业会计政策变更时，追溯调整会将这项变更应用于以前期间，就好像这项变化在整个会计期间都起作用一样。在这种情况下，模拟报表是一个补充的披露项。

2. 企业如何使用预算

在一个预算周期，应做以下工作：

1）预算既要关注经济实体整体，也要关注各分部门。各部门经理要完成他们自己的部门预算。

2）预算应将当前的表现与期望中的绩效进行对比。

3）预算要分析实际与计划的差异，在必要时采取更正行动；

4）收集反馈信息，必要时修订预算。

3. 企业编制预算的原因

1）规划。预算能够促使企业更好地审查未来。

2）沟通与协调。预算能够提升企业内部的沟通与协调性。

3）监控。预算设立了标准如绩效标准，管理者可以根据预算监控企业目标实施进度。

4）评估。预算可作为员工绩效评估的工具或者指南。

例题 6-1

预算过程应该激励管理者和员工为实现组织目标努力工作。下列哪项最不可能激励管理者？(　　)

A. 下属参与预算制定。

B. 高层管理者设定预算标准。

C. 根据例外原则使用管理者。

D. 要求下属对他们控制的项目负责。

答：

B。

分析：预算的一个重要作用就是激励员工实现组织目标。在预算成为一个有效的激励工具前，员工必须认为它是现实的，这样目标才可能实现。如果员工能够参与预算的制定就会更认同预算。一个参与了预算编制的经理可能会更加努力工作达到预算的要求。因此，出于激励目的，使用预算的一个最无效的方法就是让高层管理者具有设定低层目标的权力。

6.1.2　运营及业绩目标

1. 战略分析与预算

战略分析将经济实体的能力与市场上存在的机会相结合。

战略分析的作用是强调企业目标，决定组织结构，界定潜在市场，考虑相关的事件、竞争者以及总体经济环境的影响。

战略分析是长期和短期计划的基础，最终计划继续延伸，细化到长、短期预算。

战略目标、长期目标、预算等和日常经营的关系见图 6-1。

经济条件、行业状况、组织计划与预算编制之间存在诸多关联。如果能将预算编制同组织的整体战略联系在一起，这样的预算编制流程将最为有效。管理者在制定组织战略和目标时，必须关注各项经济因素，包括决策过程的财务影响以及竞争状况。

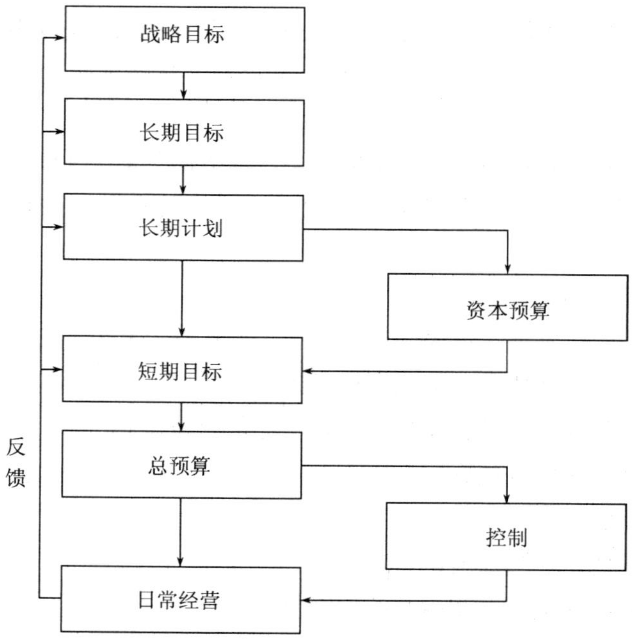

图 6-1　战略目标、长期目标、预算等和日常经营的关系

2. 业绩目标与预算

预算可以使企业能够用设定好的目标考核实际的业绩。

预算适合作为考核指标的原因：

1）如果完全用过去的表现水平来考核当前的结果，过去的错误或问题就自动地反映在了当前所用的标准中。

2）计划当中使用前瞻性的计划，以便将预测的结果作为标准。

3）使用预算而非历史数据作为考核指标，也是因为过去的业绩并非总能预示将来。

完成了预算财务报表的编制后，公司应分析这些预算报表以明确预先设定的财务目标是否得到实现。公司的战略目标在编制预算报表之前就已经进行了界定，并将计算结果同预先设定的目标值和行业平均值相比较，确定公司是否实现了预期目标。

例题 6-2

甲公司经营了多个零售商店。为了实现该公司的长期目标，经营利润应至少是销售额的 10%。甲公司各部门明年预算数据：收入 7 500 000 元，销货成本 3 750 000 元，运营固定成本 3 125 000 元，经营利润 625 000 元。为了实现目标，甲公司应采取的最佳措施是(　　)

A. 将广告预算增加 25 000 元，这将使销量增加 5%。

B. 将销售价格提高 2%，这将使销量减少 2%，但可以节省 50 000 元的运营成本。

C. 要求所有经理将其预算的运营固定成本减少 3%。

D. 等待明年第 1 季度末重新评估经营状况。

答：

A。计算结果如表 6-1 所示。

表 6-1　甲公司不同策略下的经营结果　（单位：元）

科目	原数据	A 选项	B 选项	C 选项
收入	7 500 000	7 875 000	7 497 000	7 500 000
销货成本	3 750 000	3 937 500	3 675 000	3 750 000
运营固定成本	3 125 000	3 125 000	3 075 000	3 031 250
广告费	0	25 000	0	0
经营利润收益	625 000	787 500	747 000	718 750
经营利润率	8.33%	10.00%	9.96%	9.58%

3. 两种成本的概念

（1）可控/任意成本

可控/任意成本指的是变动或者其他在经理控制之下的成本。

对于作业绩效考评和预算非常有用。考核指标应该选用业务部门的净利润减掉可控成本。

这种评价方式更现实。

要求经理负责不可控成本，可能打击积极性。

在预算过程中，关注可控成本，可将重点放在那些可以通过执行预算过程得到更多益处的方面。

（2）承诺/不可控成本

承诺/不可控成本，也称作已经承诺的成本，如行政管理人员工资或租金，通常不可控。

6.1.3 成功预算的特征

成功预算的特征有：

1）预算必须与企业的战略一致。

2）预算应该与战略计划、预测区分开。

3）预算可以减轻潜在的瓶颈影响，并合理配置资源，从而将资金用到最有效率、有效益的领域。

4）预算必须在技术上正确，在数字和事实上合理、准确。

5）管理层必须接受预算。这意味着他们要承担达到预算目标的责任。

6）预算应该让员工理解为计划、沟通和协作的工具，而不是一种压力或惩罚措施。

7）预算应能作为一个激励的工具，帮助员工向企业的目标迈进。

8）预算必须作为一个内部控制的工具。内部使用的预算应该将评估建立在可控/任意成本上。

9）销售管理预算必须非常明细，以使各项假设能够得到很好的理解。

10）预算团队的上级部门必须审查预算，审查通过后批准预算。

11）最终预算不应该轻易改变，但应包括为变化所做的具体准备，以使得预算灵活、有用。

12）预算应支配计划，促进沟通和协调，并能提供业绩标准。

13）预算流程必须在两方面得到平衡：要执行预算的人的看法、高层管理者对于预算的公正的审查。

14）合理的预算时间、参与者、步骤和标准。

6.1.4 预算期

预算通常是按企业会计年度编制的，但也存在 3 年期、5 年期和 10 年期的。若每个会计年度编制预算，那么财务报表可以与预算进行对比。

预算通常会进一步分解为月份或季度预算。

连续性预算可以以月份、季度或年度作为基础，每期结束后下期的预算就进行修改，并在原来预算的基础上添加一个期间的预算。

6.1.5 预算流程

1. 自上而下与自下而上的预算

预算流程各企业间不同，然而所有的方法都介于完全权威式预算和完全参与式预算两种极端方式之间。

（1）权威式预算（自上而下）

高层管理者设定所有预算，从战略目标到每个部门的每个具体项目，并期待基层的管理者和员工能够接受这些预算并达成目标。

（2）参与式预算（自下而上）

各级经理以及一些主要员工一起制定其所在部门的预算，高层管理者保留最后的批准权。

（3）综合式预算

理想的流程将以上两种方式的特点结合起来，落在两种方式之间的某个点上。综合式预算经常也被称为参与式预算。

权威式预算、参与式预算、综合性预算的比较见表 6-2。

表 6-2　权威式预算、参与式预算、综合性预算

项目	权威式预算	综合式预算	参与式预算
含义	高层管理者将战略目标贯彻到预算中	自上而下沟通战略目标，自下而上实施该目标	在预算过程中，战略目标得不到优先考虑
优势	能更好地控制决策	高层管理者保留了预算控制权，专业信息的获得需要较长的预算周期	基层管理者的专业经验会使其做出明智的预算决定
沟通方式	用指令代替沟通	双向沟通 高层管理者理解参与者的困难与需求 参与者理解管理层的两难困境	较低组织层级（生产/售后服务/市场）的看法得以向高层管理者传达
对员工的影响	员工： 不满 不被激励	较低组织层级的参与使他们能更好地接受预算，而对预算的普遍接受又使他们能对实现预算目标做出更大的承诺	员工： 参与 被激励
对预算结果的影响	较低组织层级可能不会严格地遵循预算	员工对预算有责任感，加上高层的全面复核，使得较紧的预算得以执行	批准的容易或者缺乏，可能导致预算较松，或者存在“预算松弛”
建议	不推荐使用，但该方法可以用于小企业或环境相对稳定的企业	适用于大多数企业，能实现战略与战术之间的平衡	对于情境变化反应较快，直接管理者拥有详细、准确数据的责任中心较为适用

2. 综合式预算流程

综合式预算流程为：

1）确定预算参与者，包括各层经理和在特定领域拥有专长的关键员工。

2）最高管理层将战略方向向预算参与者进行传达。

3）预算参与者制订预算初稿。

4）较低层级的经理将预算初稿向高一层的经理报审，通常是个反复的过程，强调双向沟通。

5）通过严格、公正的预算审批来形成最终的预算。

例题 6-3

与参与式预算编制相比，自上而下的编制预算也有自己的优势。下列哪项不属于其优势？（　　）

A. 增加各分部之间的目标的协调性。　　B. 减少预算编制时间。

C. 可能限制被提议的目标的接受程度。　　D. 战略计划更易贯彻执行。

答：

C。

分析：权威式，也就是自上而下的预算编制比较容易让下级不理解，执行起来容易出现问题。

6.1.6 预算参与者

预算参与者包括：

（1）董事会

董事会并不直接制订预算，但他们不能豁免审查预算的责任。通常由董事会任命预算委员会。

（2）最高管理当局

最高管理当局也可能对预算负责，他们履行这项责任的主要方法就是，保证各级管理者理解和支持预算以及整个预算控制流程。

（3）预算委员会

大企业通常会组织一个预算委员会，由高层管理者组成。预算委员会指导预算编制工作，批准预算，裁决不同意见，监控预算执行，检查预算结果，批准预算修改。

（4）中层和基层管理者

中层和基层管理者也起到一个很重要的作用，因为他们根据高层管理者的计划制订具体预算，做大部分具体的预算工作。

（5）预算协调者

预算过程中参与的人越多，越需要一个人或一个团队，能够识别、解决不同责任中心在部门预算上的分歧以及对总预算的不同部分间的分歧。

（6）流程专家

在参与式预算方法下，通常一些主要的非管理者的员工会加入到预算团队中。这些人一般对特定领域的成本有非常细致的了解，尤其是对那些复杂多变的领域。

6.1.7 预算编制步骤

预算编制步骤为：

（1）预算提案

CEO 确定了企业的战略方向后，指示传达到各级经理，以使他们将其预算流程与战略计划相协调。预算提案是根据内部和外部因素制订的。

（2）预算商议

预算初稿呈给管理层或预算委员会后，后者就从如下方面进行检查：是否符合企业的战略目标，是否在可接受的范围内，等等。

（3）预算审查与批准

预算经过层层检查和批准直至预算委员会一层。预算委员会通过检查预算，各个责任中心的预算就会合并成总预算。预算委员会批准预算后，提交董事会，等待最后批准。

（4）预算修正

预算的刚性随企业的不同而不同。定期对预算进行修正，可以提供更好的经营指南。允许定期修改预算的企业，应确保预算修改的门槛设得足够高，以使员工尽可能有效地工作。

6.1.8 成本标准

1. 标准的定义与分类

标准可以是任何被认真权衡，并确定下来的价格、数量、服务水平以及成本。成本标准是一项操作或服务所应耗费的成本，或假设所有事项都按计划运行的情况下，一个实体预期会发生的成本。

注意：制造业的标准通常以单位产品为基础制定。

标准可以是权威式的，也可以是参与式的。

（1）权威式标准

权威式标准完全由管理层制订，标准制定速度很快、并能同整个组织的目标很好地匹配。但权威式标准很可能会导致员工不满，而使得预算无法执行。

（2）参与式标准

参与式标准通过对话，由管理层和各相关部门共同制定。参与式标准更容易被员工接纳，但通常制定标准要耗费更多时间，需要管理层和所涉及各方进行协商、妥协以确保实现经营目标。

标准可以是理想标准，也可以是当前可实现标准。

（1）理想标准

这是前瞻性目标，只有当前所有情况都产生最佳结果时才可能实现。理想标准适用于持续改进战略和全面质量管理方针。理想标准很难达到，频繁使用理想标准会使得员工不堪重负，对生产力有负激励作用。

（2）当前（基本）可实现标准

当前可实现标准更接近历史成本，它将受过恰当培训的人在正常操作速度下能够实现的水平制定为标准，多数情况下能够达到。当前可实现标准要注意适度制定。当前可实现标准不适合持续改进战略。

2. 直接材料和直接人工的成本标准

（1）直接材料的成本标准

直接材料的成本标准由质量、价格、数量来决定。质量必须最先确定，因为是决定其他一切变量的因素。质量水平由产品的目标市场决定。

供应链成本也要考虑。比如说，是每次选择成本最低的供应商，还是和成本比较稳定的供应商建立长期合作关系。

（2）直接人工的成本标准

影响直接人工的因素有生产的复杂性、员工的技能水平、设备的类型和条件、制造工艺本身的特点等。直接人工的成本标准要考虑的是薪金总额加上企业所承担的福利费用，而非员工净所得工资。

例题 6-4

甲公司每月能够销售 50 000 件 X 产品。工程师正在分析生产流程，以便确定产品 X 的标准工时。工程师发现，最熟练的工人在不休息的情况下可以在 30 分钟内完成一件 X 产品。普通工人可以在 45 分钟内完成一件 X 产品，包括该公司规定的休息时间。请分析题目中描述的标准类型。

参考答案：

每件产品 45 分钟是普通工人含休息时间，属于当前可实现标准（实际标准）；每件产品 30 分钟是最熟练工人不休息时间，属于理论标准。

6.1.9　标准制定的支持信息来源

标准制定的支持信息来源有：

（1）作业分析

作业分析是作业成本法（ABC）的一个组成部分。它是指确认、整理和分析完成一项任务所需要的作业，有助于管理会计师分析投入的直接成本以及将一定数量的间接成本分配到该作业中来。这种方法是最彻底的成本核算法，也最昂贵。

（2）历史数据

历史数据取得相对容易，但与作业分析法比起来可靠程度差一些。有时为实现持续改进，可以将历史最高纪录作为标准。历史数据可能带着以前的无效率，或者未能考虑到新技术带来的影响。

（3）市场预期与战略决策

市场预期与战略决策可以决定产品的最大允许成本水平。在应用目标成本时，通常会进行这样的分析。如果一个企业是一个被动的价格接受者，那么在设定成本标准时，就一定要将市场能接受的成本因素考虑进来。

（4）标杆分析

标杆分析是一个持续、系统化地将产品、服务及各项操作与最好成绩相比较的过程。好的标杆可以引导企业实现持续改进，不好的标杆会导致显著的负面效应。通常标杆分析不会带来实现可持续竞争优势的重大突破。

例题 6-5

以下哪项不是成功的预算流程的特征？（　　）

A. 设定具体预期值来与实际经营数据对比。

B. 获得高层管理人员的支持。

C. 利用市场反馈来帮助设定预期值。

D. 将预算作为绩效评估的唯一基准。

答：

D。预算值不是绩效评估的唯一基准。

6.1.10 资源配置

资源配置即将有限的稀缺资源在战略实施的过程当中，分配给互相有竞争关系的各种机会。

企业通过分析外部因素来确定自己当前的机会和威胁，通过分析内部因素来确定自己的优势和劣势。一旦企业知道如何将自己所具备的优势与市场机会相匹配，企业就确定了自己的战略，并可以以此为基础编制预算。实施战略需要制订长期计划，长期计划通过预定的流程来落实、实施。

（1）长期计划

战略是达到企业目标的起点，但需要长期计划来保证战略的执行。通常长期计划是企业 5 ~ 10 年的行动计划，这些行动是实现企业目标所必需的。长期计划必须与企业的战略目标一致。

（2）短期目标

短期目标的制定是完成总预算的最后一步。短期目标是达到长期目标过程中的变量。这些变量是在当前的经济、社会、产业和技术环境下，每一时期能达成的目标。这些变量应在每年的总预算中得以反映。

例题 6-6

在预算编制过程中，对如何通过规划来有效地分配组织的资源最准确的解释是，预算(　　)

A. 证实了储备额外资源以防实际经营数据与预算发生差异的重要性。

B. 证实了公司如何从瓶颈抽取资源并应用到其他领域以实现目标。

C. 明确了在特定时限内实现组织目标所需的资源和承诺。

D. 是为了满足资源需求来评估所需项目及相关外部融资渠道的过程。

答案：

C。预算是一个组织的运营计划和控制工具，它用来确定在一段时间内为实现实体的目标所需要的资源和投入。

6.1.11 总预算的组成要素

总预算是一个企业或业务部门在 1 年、一个运营周期或一个短时期内的总体经营计划。总预算指明企业前进的方向，比长期计划期间更短、更精确、更关注于责任中心。

总预算具体分为：

（1）经营预算

经营预算确定经营所需要的资源，以及如何通过购买或生产获得这些资源。生产预算、采购预算、销售预算以及人员配置预算都属于经营预算。

（2）财务预算

财务预算将企业的资金来源与资金使用相匹配以实现企业目标，包括现金流入预算、现金流出预算、财务状况预算以及运营收入预算。

（3）资本预算

资本预算旨在评估并挑选项目。这些项目需要巨额资金，但能在未来期间提供收益。资本预算要添加到现金预算和其他财务预算当中。

6.1.12 责任会计

责任会计是目标管理的一个组成部分。责任会计旨在确保经理仅对其能控制或自主裁决的事项负责。

责任会计的 4 个要素：

（1）分配责任

经理必须了解他所要负责的独特的项目。部门净收入减掉可控成本是确定各个经理控制范围的有效方法。

（2）确定业绩度量指标

经理必须知道他所要度量的项目。由于经理需要最大化（或最小化）被度量项目的收入（或成本），因此必须确保最大化（或最小化）被度量项目的收入（或成本）符合企业总体的战略目标。

（3）业绩评估

业绩评估即评估真实结果和预算之间的差异，并将这些差异划归为不同的领域。

（4）分配报酬

经理有责任实现其预算目标。但如果由于一些不可控制因素而导致的实际结果与预算存在负差异，经理不应受到惩罚。经理应该负责解释差异原因。

注意：实现预算目标当然应得到奖励；但就算未能实现预算目标，只要经理能发现负差异，并及时采取适当的应对措施，他们也应受到奖励。

6.1.13 预算松弛

预算松弛是指最终确定的预算水平与最优预算水平之间的差异，是预算编制过程中普遍存在，并对整个预算管理制度的有效性产生直接影响的问题。

预算松弛有助于部门或个人实现目标，因此它能够激发出执行者的工作热情和自信。但其消极的影响过大。首先，过于宽松的预算不能实现成本最小化和利润最大化；其次，预算松弛会影响部门之间的协调运行，降低企业经营效率；最后，预算松弛会降低企业实现其战略目标的能力。

减少预算松弛的方法：

1）使用成本动因，设定标准。

2）使用标杆方法。

3）使用参与式预算的方法。

4）设计良好的奖励惩罚制度。

例题 6-7

以下哪项陈述最准确地描述了预算预留空间（预算松弛）？（　　）

A. 在该公司前几个月实现了年度预算的目标后，管理层开始采取制定宽松预算目标的做法。

B. 实际费用低于预算费用的金额与实际收入超出预算收入的金额之和。

C. 为确保预算目标更容易实现而低估预算收入或高估预算成本的做法。

D. 为鼓励经理准确、一致地编制预算而为每个成本中心指定的误差幅度。

答：

C。预算预留空间是指为确保预算目标更容易实现而低估预算收入或高估预算成本的做法。

6.1.14 预算编制中的其他问题

1. 跨国公司预算

跨国公司在预算编制中需要仔细考虑文化和语言差异、政治和法律环境差异、货币汇率波动及不同国家不同的通货膨胀率等问题。

2. 预算中的道德问题

预算编制中的道德问题包括：为避免更高的预算目标而不对所有信息进行披露，预算松弛，用尽预算。

补充知识：用尽预算

管理者或许会认为，如果他们不将预算定额用完，未来的预算就会被削减。为了避免预算削减，管理者会在预算期末用很浪费的方式花完预算的余额，或者是用尽剩余资金购置不需要的资产。结果，资源被浪费了，企业没有得到任何好处。此外，尽力用尽预算资金本身还将时间浪费在非生产方面。

3. 预算中的目标一致性

目标一致性是指企业目标与员工目标之间的统一。目标的完全一致是许多企业追求的理想。实际上，这种完全一致的目标从未存在过，因为企业内个体的短期目标常与企业目标相互冲突。例如，员工希望用最小的努力实现高收入，而企业希望尽可能降低员工的报酬以实现利润最大化。但是，企业还是需要使它的目标尽量与员工的目标一致。没有考虑目标一致性的预算常以失败告终，而将企业目标与员工目标进行整合的预算更可能带来经营的成功，并获得理想结果。一种增进目标一致性的方法是尽可能地让所有员工参与预算编制的全过程。在参与预算编制的过程中，员工一旦将公司预算当作自己的预算，公司目标和员工目标就是一致的了。

4. 预算编制中的行为问题

预算编制中的行为问题有：

1）预算目标难易程度的确定，见图 6-2。

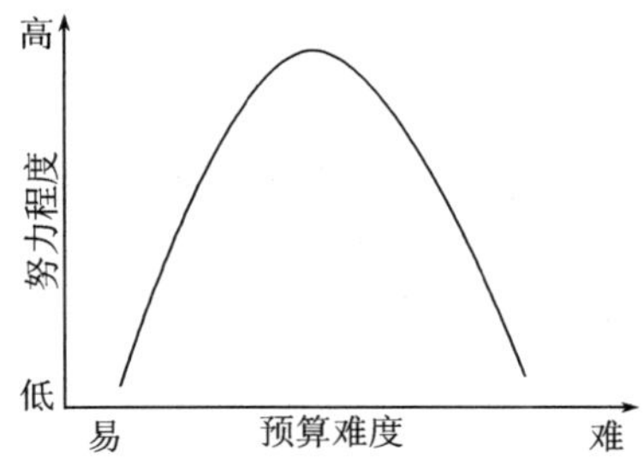

图 6-2　预算难度和努力程度的关系

2）权威式预算与参与式预算的确定。

3）在预算中所涉及高层管理者的程度，及预算中预算部门和会计主管的作用：预算部门在整个预算编制过程中，从检查预算数据的精确性，到分析该预算与预算原则及组织预算目标的一致性等方面，都起着积极的作用。预算部门为预算汇总提供技术人员。预算部门的员工都应该是出色的沟通者，他们必须有公平、公正的声誉，并且正直、诚实。拥有这些品德的人员可以在预算的编制与协调工作中做得更出色。

例题 6-8

以下叙述预算流程优点的选项中，哪项不正确？（　　）

A. 促使管理层评估公司的未来目标。

B. 建立基准，用来识别未达标的业绩。

C. 有利于部门之间的沟通。

D. 根据需求分配资源。

答：

D。预算强迫管理者评估使用的假设和预算过程中识别的目标的合理性；它可以作为管理层和下属的协调和沟通的工具；它提供管理层一种处理不确定的手段。预算过程不能确保组织内改善的成本控制，也不能预防无效率，也不是仅仅根据需求分配资源。预算仅仅是让组织朝着改善的成本控制和效率的方向前进的一种工具。

6.2　预测技术

本节从 3 个方面介绍定量分析技术，包括数据分析（回归和时间序列、平滑）、模型建立（记忆曲线)、决策理论（期望理论和敏感性分析）。

> 补充知识：统计数据类型
>
> 横截面数据是指在某一时点收集的不同对象的数据。它对应同一时点上不同空间（对象）所组成的一维数据集合，研究的是某一时点上的某种经济现象，突出空间（对象）的差异。
>
> 时间序列数据是在不同时点上收集到的数据。这类数据反映了某一事物、现象等随时间变化而变化的状态或程度。
>
> 面板数据是横截面数据与时间序列数据综合起来的一种数据类型。

6.2.1 回归分析

1. 基本概念

线性回归分析是一种统计学方法，用于确定某个或某几个变量对另一个变量的影响。其中被解释的变量称为因变量，解释其他变量的变量称为自变量。管理会计师一般使用回归方法找到与成本数据集合最为匹配的方程，来分析成本行为。

线性回归的基本假设是：

1）变量之间是线性关系。

2）线性关系具有稳定性。

3）残差项独立同分布。

4）多元回归中没有多重共线性。

> 注意：回归的假设主要是针对残差项的。

线性回归有两种类型：

（1）简单（一元）回归分析

简单（一元）回归分析仅有一个自变量，其基本形式是

$$y = a + bx + \varepsilon$$

式中 y——因变量；

x——自变量；

a——截距；

b——斜率；

ε——残差项。

> 补充知识：求解方法——最小二乘法
>
> 设有一列实验数据（x_i，y_i）（$i=1, 2, \cdots, n$），它们大体分布在某条曲线上，通过偏差平方和最小求该曲线的方法称为最小二乘法。其结果是
>
> $$a = (\sum y_i)/n - b(\sum x_i)/n$$
>
> $$b = [n(\sum x_i)y_i - (\sum x_i)(\sum y_i)] / [n\sum x^2 - (\sum x_i)^2]$$

（2）多元回归分析

多元回归分析有两个或者两个以上的自变量，其基本形式是

$$y = a + b_1x_1 + b_2x_2 + \cdots + b_nx_n + \varepsilon$$

2. 评价指标

（1）决定系数

决定系数 R^2，表明自变量的波动解释了多少因变量的波动。R^2 取值范围是 0 ~ 1。一般来说，R^2 越大表明回归方程解释力越强。

补充知识：决定系数和相关系数

$$R^2 = \frac{SSR}{SST} = 1 - \frac{SSE}{SST} = \frac{b^2\sum_i (x_i - \bar{x})^2}{\sum_i (y_i - \bar{y})^2} = 1 - \frac{\sum_i \varepsilon_i^2}{\sum_i (y_i - \bar{y})^2}$$

式中　SSR——回归平方和；

SST——总离差平方和；

SSE——残差项平方和。

在一元回归中，x 和 y 的相关系数的平方就是决定系数，即

$$R^2 = \rho_{x,y}^2$$

（2）T 值

T 值用来表示自变量和因变量之间是否存在关系，这个假设检验称为显著性检验。当 T 大于 1.96 时，说明斜率系数不等于零。

注意：假设检验的内容请见 3.1 节。

（3）估计的标准差

估计的标准差（SE）用来说明预测值的离散程度。这个值越大，说明回归方程越不匹配。

3. 优缺点

线性回归的优点是：它是一种客观、可靠的方法；缺点是：有可能存在异常数据，要求达到一定的（最好超过 30 个）数据点，否则回归方程可能没有意义。

4. 成本分析中的高低点法

这是一种类似于回归分析的方法。高低点法指在若干连续时期中，选择最高业务量和最低业务量两个时点的半变动成本进行对比，求得变动成本和固定成本。它是一种分解半变动成本的方法。

高低点法是利用代数式 $y = a + bx$，选用一定历史资料中最高业务量与最低业务量的总成本（或总费用）之差 Δy，与两者业务量之差 Δx 进行对比，求出 b，然后再求出 a 的方法。

设 y 代表一定期间某项半变动成本总额，x 代表业务量，a 代表半变动成本中的固定部分，b 代表半变动成本中依一定比率随业务量变动的部分（单位变动成本），则可以得到等式 $y = a + bx$。

最高业务量与最低业务量之间的半变动成本差额，只能与变动成本有关，因而单位变动成本和固定成本的计算可按公式

$$\text{单位变动成本}\ b = \left(\text{最高业务量成本} - \text{最低业务量成本}\right) \Big/ \left(\text{最高业务量} - \text{最低业务量}\right) = \text{高低点成本之差} \Big/ \text{高低点业务量之差}$$

$$\text{固定成本}\ a = \text{最高业务量成本} - \text{最高业务量} \times \text{单位变动成本} = \text{最低业务量成本} - \text{最低业务量} \times \text{单位变动成本}$$

高低点法见图 6-3。

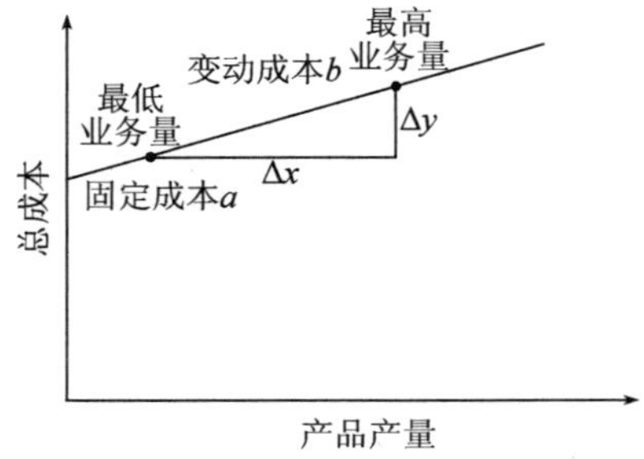

图 6-3　高低点法

例题 6-9

老李收集了工厂总操作时间（X）和维修成本（Y）的信息如表 6-3 及图 6-4 所示。

表 6-3　操作时间和维修成本

科目	2005 年	2006 年	2007 年	2008 年	2009 年	2010 年	2011 年
总操作时间（小时）	3 451	3 325	3 383	3 614	3 423	3 410	3 500
维修成本（元）	22 843	22 510	22 706	23 030	22 413	22 935	23 175

财务部门预测 2012 年的总操作时间为 3 600 小时。请回答以下问题：

1）运用回归分析法预测 2012 年的维修成本。

2）运用高低点法预测 2012 年的维修成本。

3）当老李增加设备启动次数（Z）作为第 2 个解释变量后，回归方程是什么？回归分析的决定系数将发生怎样的变化？根据表 6-4 所示信息，如果 2012 年设备启动次数为 115 次，那么预测 2012 年的维修成本。

表 6-4　启动次数

设备启动	2005 年	2006 年	2007 年	2008 年	2009 年	2010 年	2011 年
启动次数（次）	100	80	79	120	105	102	110

答：

1）发现 2009 年的数据为异常值，去除该数据后，使用 EXCEL 获得维修成本的回归方程为 $Y = 1.86X + 16\ 467$，$R^2 = 0.63$。

2012 年的维修成本 = 1.86 元/小时 × 3 600 小时 + 16 467 元 = 23 163 元。

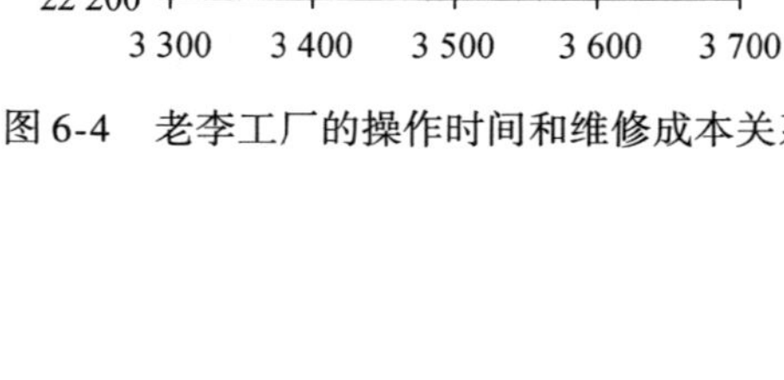

图 6-4　老李工厂的操作时间和维修成本关系

2）从图 6-4 中找到两点：一点代表数据中的最低点；另一点代表最高点。不过，如果最高点或者最低点偏离周围的点过远，结果有可能发生错误。最高点和最低点必须能够代表周围的数据。最后合理选择 2006 年和 2008 年的数据。

b =（23 030 元 − 22 510 元）÷（3 614 小时 − 3 325 小时）= 1.8 元/小时，

a = 23 030 元 − 1.8 元/小时 × 3 614 小时 = 16 525 元，

所以，$Y = 1.8X + 16\ 525$。

2012 年的维修成本 = 1.8 元/小时 × 3 600 小时 + 16 525 元 = 23 005 元。

3）使用 EXCEL 获得维修成本的回归方程为 $Y = 2.31X - 1.99Z + 15\ 053$。

增加设备启动次数作为第 2 个解释变量后，回归分析的决定系数将变大，模型的解释能力增强。

2012 年的维修成本 = 2.31 元/小时 × 3 600 小时 − 1.99 元/次 × 115 次 + 15 053 元 = 23 140 元。

6.2.2　时间序列分析

时间序列分析是对变量在一定时间间隔内的取值进行分析的技术。

根据时间序列特征可以分为 4 类：

1）趋势，数据表现出变大或者变小的情况。

2）周期，数据有随经济周期波动的情况。

3）季节性，数据在当年度内存在定期的峰值和低谷的情况。

4）无规则变化，数据随机变化的情况。

趋势是指客观现象在某一个相当长的时期内的持续发展变化。一个经济体系受多种因素的影响，其中有一些基本因素对各个时期都起着普遍的、长期的、决定性的作用，使各时期的发展水平沿着一定方向持续发展，形成长期趋势。这种趋势可以表现为直线型或曲线型，如图 6-5 a 所示。从个别年份来看，变量值时高时低，而从长期（若干年以上）来看，变量值呈直线上升趋势。周期波动是指变量值时而高于、时而低于趋势值的循环起伏变动，如图 6-5 b 所示。最常见的周期波动的例子就是商业周期，这里所讲的周期至少为 2 年，长的可达 10 年以上。季节性变动与上述周期波动不同，它是相对短期的周期波动，一般反映一年以内由于季节的更替或是节日的变化所带来的季节性变动。季节性变动的规律性较明显，如图 6-5 c 所示。如某些商品的销售量变化具有很强的季节性：夏季到来使电风扇的销量大增；新年临近对贺年片有很大的需求等。这些现象都是随季节的变化而发生有规律的变化。最后一种变化是不规则变化，也可称为随机变动，比如地震、洪水等的发生对某些现象的影响，这些是无规律可循的。

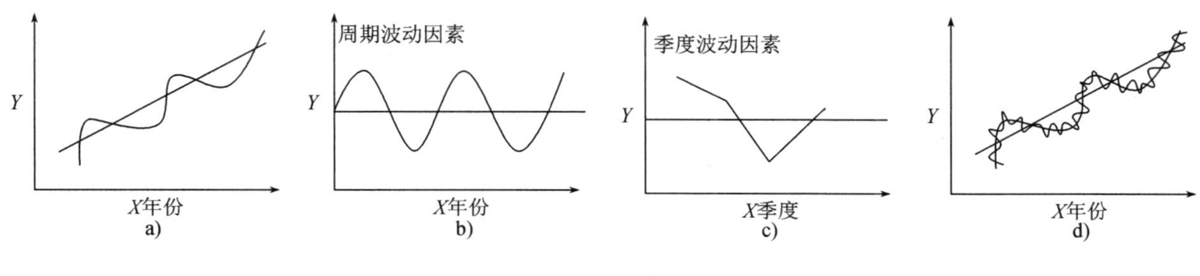

图 6-5　时间序列模型

以上 4 种影响因素以一定的方式综合在一起形成原数列。而时间数列分析就是从时间数列中依次分离出每一个影响因素的变化，分别进行分析，最后再将各因素重新结合起来，以达到对原数列的正确描述，同时作为对未来进行预测的依据。在这个模型中，先是从趋势开始，假定掌握的变量资料具有线性增长的趋势。周期波动的影响在有的年份是暂时在趋势线之上，有的年份是暂时在趋势线之下，因此可以把周期波动的影响表示为长期趋势的百分比。季节性变动是短期的变动，它的影响有时是在由长期趋势和周期波动联合表示的变量之上，有时在其之下，所以把它看作是变量长期水平的百分比。这三者之间的关系，如图 6-5 d 所示。再考虑到不规则变动的影响，就会得到各个时期原来数列中的水平。

时间序列分析的优点是：有助于管理会计师分析趋势以及各种规律，进而帮助其做出决策。

时间序列分析的缺点是：

1）假设过去的模式在将来能够继续存在。

2）另外无规则事件是无法预测的。

6.2.3　平滑法（选修）

平滑法是分析时间序列的一种方法，可消除无规则时间引起的波动，对于没有趋势以及其他规律的时间序列预测能力较强。

平滑法一共有 3 种方法：

（1）移动平均法

移动平均法，即在给定的时间内选取最近的 n 个数据，求其平均值，公式为

$$F = \Sigma n \text{ 个最近数据}/n$$

（2）加权移动平均法

加权移动平均法，认为距离现在越近的数据对于预测的解释力越强，公式为

$$F = \Sigma（n \text{ 个最近数据} \times w_i），\text{且 } \Sigma w_i = 1$$

式中　F——预测值；

w_i——对应的权重。

（3）指数平滑法

指数平滑法，使用先前的预测值和真实值加权平均，公式为

$$F_{t+1} = ay_t + (1-a) F_t$$

式中　F_t——第 t 期的预测值；

y_t——第 t 期的实际值；

a——平滑系数，取值范围 0 ~ 1。

> 补充知识：移动平均模型 MA（q）
>
> 如果时间序列 $\{y_t\}$ 满足 $y_t = \varepsilon_t - \theta_1\varepsilon_{t-1} - \cdots - \theta_q\varepsilon_{t-q}$，则称为时间序列 $\{y_t\}$ 服从 q 阶移动平均模型。移动平均模型 MA（q）可记为 $y_t = \theta(B)\varepsilon_t$。

例题 6-10

老李收集了 3 ~ 5 月份桌子的销售数据，分别为 332 张、320 张和 360 张，他希望预测 6 月份的销售量。

1）使用移动平均法，预测 6 月份的销售量。

2）使用加权移动平均法，权重分别为 0.2、0.3 和 0.5，预测 6 月份的销售量。

3）如果对 5 月份的预测值是 300 张，且平滑系数是 0.2，使用指数平滑法预测 6 月份的销售量。

4）说明平滑系数和指数平滑法的特点。

答：

1）预测 6 月份的销售量 = （332 张 + 320 张 + 360 张） ÷ 3 = 337 张。

2）预测 6 月份的销售量 = 0.2 × 332 张 + 0.3 × 320 张 + 0.5 × 360 张 = 342 张。

3）预测 6 月份的销售量 = 0.2 × 360 张 + （1 − 0.2） × 300 张 = 312 张。

4）平滑系数可以通过对初始数据实施试错法进行推导，a 的取值必须在 0 和 1 之间，并能使预测结果最接近该期的实际销售收入。

如果时间序列数据包含大量随机变化，那么预测值的调整不可过快，则 a 值取值较小。反之，预测值需要更快地对条件变化做出反应，则 a 值取值较大。

指数平滑法的优势有：对数据的要求最小，只需要两个信息就可以计算预测值；不需要保存所有历史数据；在时间序列稳定时预测效果非常好。劣势是在具有明显趋势或季节性特征的时间序列中预测效果不好。

6.2.4 学习曲线分析

学习曲线分析，用来评估企业或者个人不断增长的知识和经验带来的成本方面的影响。学习曲线见图 6-6。

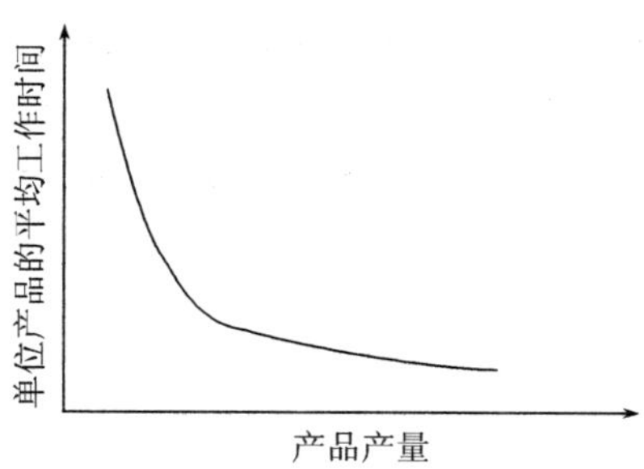

图 6-6 学习曲线

学习曲线分析有两种方法：

（1）递增单位时间学习模型

它是通过描述单位产品增量的生产时间和之前总生产时间的关系，来度量效率提高的方法。

翻 n 番后的最后 1 个产品工作时间 = 学习率^n × 第 1 个产品的工作时间

（2）累计平均时间学习模型

它是通过累计平均时间与产量的关系来度量生产效率的提高。随着产出的翻倍，平均时间比原来的平均时间按比例下降。这个比例称为学习率，公式为

翻 n 番后的累计平均工作时间 = 学习率^n × 之前的累计平均工作时间

$$\text{翻}\,n\,\text{番后的工作时间} = \text{学习率}^n \times \text{之前的累计平均工作时间} \times \text{之前的累计工作量} \times 2^n$$

$$\text{翻}\,n\,\text{番后的增量工作时间} = \text{学习率}^n \times \text{之前的累计平均工作时间} \times \text{之前的累计工作量} \times 2^n - \text{之前的累计平均工作时间} \times \text{之前的累计工作量}$$

$$\frac{\text{翻}\,n\,\text{番后的增量}}{\text{平均工作时间}}=\frac{\text{学习率}^{n}\times\text{之前的累计平均工作时间}\times\text{之前的累计工作量}\times 2^{n}-\text{之前的累计平均工作时间}\times\text{之前的累计工作量}}{\text{之前的累计工作量}\times(2^{n}-1)}$$

学习曲线分析的优点是：可以用来帮助制定价格和衡量绩效；其缺点是：只能适用于劳动密集型产品，以及重复的工作，而且学习曲线的规律并非保持不变，另外不能分析学习之外的因素。

例题 6-11

老李准备生产一种新式家具，由于工艺特殊，生产部门将使用学习曲线预测生产所需的人工工时数，以便安排生产计划。学习率为 80%，生产第一单位产品共使用 200 直接人工工时。如果计划生产 8 单位产品，请帮助生产部门计算：

1）单位产品所需的平均直接人工工时是多少？

2）所需的总直接人工工时是多少？

3）再生产 7 单位产品所需的总直接人工工时是多少？

4）再生产 7 单位产品所需的平均直接人工工时是多少？

答：

1）每次生产单位的累积数量翻倍时，单位产品所需直接人工工时会按 80% 下降。产量翻了 3 番，则直接人工工时学习率发生 3 次作用。

平均直接人工工时 = 200 小时 × $(80\%)^3$ = 102.4 小时。

2）所需的总直接人工工时 = 102.4 小时/单位 × 8 单位 = 819.2 小时。

3）再生产 7 单位产品所需的总直接人工工时 = 819.2 小时 − 200 小时 = 619.2 小时。

4）再生产 7 单位产品所需的平均直接人工工时 = 619.2 小时/7 单位 = 88.5 小时/单位。

6.2.5　期望值分析

注意：期望值分析的内容请见 3.1 节。

期望值分析的优点是：在不确定的环境下给出了平均结果；缺点是：这种方法完全依赖于假设的合理性，而且仅仅以均值作为决策依据，没有考虑风险态度的问题。

注意：风险态度的问题请见 11.1 节。

例题 6-12

老李预测新产品销售量的随机分布如表 6-5 所示。

表 6-5　新产品销售量的随机分布

情况	差	中	好
销量（个）	8	10	12
概率（%）	20	60	20

如果新产品的售价为 1 000 元/个，请问新产品销售收入的期望值是多少？

答：

新产品销售收入的期望值 = 1 000 元/个 ×（8 个 × 20% + 10 个 × 60% + 12 个 × 20%）= 10 000元。

6.2.6　敏感性分析

敏感性分析是一种假设分析。这种方法分析输入变量的微小变化对决策结果的影响，本质上说是一种风险分析的方法。

一个函数的敏感性（灵敏度）就是

$$敏感性 = \Delta f(x+\Delta x)/\Delta x$$

注意：考生可以结合 15.5 节的内容学习。

敏感性分析可以揭示决策结果对于不同参数的敏感性，以及一个参数的变化对另一个参数的影响，也可用于估计各种事件对于决策结果的影响。图 6-7 中所示敏感性，从大到小依次排列为 f_A、f_B、f_C。

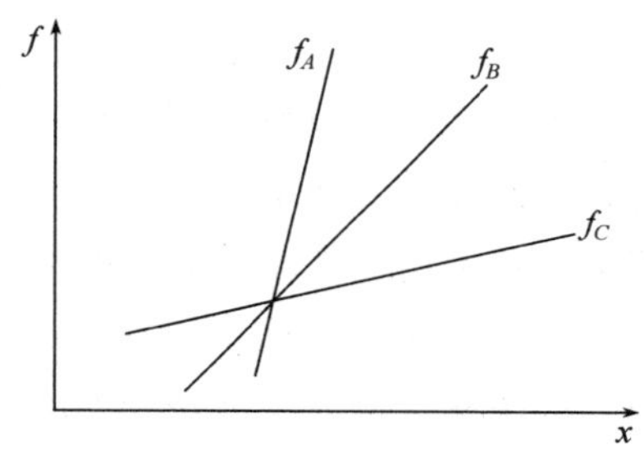

图 6-7　敏感性分析

6.3　预算编制方法

总预算也被称为“年度经营计划或利润计划”，是针对一个年度或不到一个年度的期间所编制的综合预算。

6.3.1　项目预算

当某个项目完全独立于企业的其他要素或者是该企业唯一的要素的时候，就会用到项目预算。

项目预算的时间框架就是项目的期限。

项目预算的编制同总预算一样，利用相同的技术，并包含相同的组成要素；不同之处仅在于项目预算只关注与项目相关的成本，而总预算关注整个企业的成本。

间接费用预算被简化了。因为企业将一部分固定和变动间接费用分摊到了项目中，剩余的间接费用不再在项目预算中考虑。

1. 项目预算的优点

项目预算的优点为：

1）项目预算能够包含所有与项目有关的成本，因此能够轻易度量单个项目的影响。

2）无论项目规模大小，项目预算都能很好地发挥作用。

3）在处理比较小的项目时，个人及企业可利用类似于 Microsoft Project 的程序编制预算。

2. 项目预算的缺点

某些项目利用了与整个企业有关而不仅仅是与特定项目有关的资源和人力的时候，与这些资源和人力相关并且受到影响的个体将会有两个上司，这时就要注意成本的划分与职权结构。

补充知识：矩阵式结构

在一个机构之职能式组织形态下，为某种特别任务，另外成立项目小组负责。此项目小组与原组织配合，在形态上有行列交叉之式，即为矩阵式组织。在组织结构上，它是把按职能划分的部门和按产品（项目）划分的小组结合起来组成一个矩阵。一名管理人员既同原职能部门保持组织与业务上的联系，又参加项目小组的工作。职能部门是固定的组织；项目小组是临时性组织，完成任务以后就自动解散，其成员回原部门工作。

6.3.2　作业基础预算法

作业基础预算法（ABB）关注于作业，而不是业务部门或产品。每项作业都有其相应的成本动因，可以是基于数量的成本动因，也可以是基于作业的成本动因。

成本动因是为维持运营，所需要的某项工作或作业的成本度量单位。

成本可以划分为多个成本池。成本池由同质成本构成，这些成本随生产的上升或下降而同比例变化。固定成本属于同一个成本池，不同层次的变动成本被划分到不同的成本池中。每次编制总预算时，都应对成本池划分的准确性做出评估。

1. 传统预算的特点

传统预算的特点为：

1）关注于资源投入，并按职能领域编制预算。

2）把重点放在提高管理业绩上。

3）作业基础预算法的支持者认为，传统成本会计通过将成本度量过度简化为人工工时、机时、整个流程或部门的产出单位等指标，模糊了成本与产出之间的关系。

4）过于关注过去（历史）的预算，并且往往由于不了解某些项目的成本效益，因而对那些本应中止的项目仍继续投入资金。

2. 作业基础预算的特点

作业基础预算的特点为：

1）关注于增值型作业，并按作业成本编制预算。

2）将重点放在团队合作、同步作业以及客户满意上。

3）作业基础预算法使用类似于调整次数这样的作业成本动因，从而能理清资源耗费与产出之间的关系。

4）经理们可以了解产品供应、产品设计、制造技术、客户基础以及市场占有率的变化对资源需求的影响。

5）每一项计划的作业都会有其突出的成本内涵，而使用作业基础预算法的企业可以持续改进其预算编制。

6.3.3　增量预算

这是一种很常用的预算。它以前一年度的预算为起点，根据预计的销售变化和经营环境变化自上而下或自下而上地调整上一年度预算中的各个项目。

该方法与零基预算相反。增量预算主要缺点是预算规模会逐年增大，使用增量预算能使人产生一种权力感。

6.3.4　零基预算

零基预算可以避免前期预算中无效率因素的继续出现。传统预算关注于过去预算的变化；而零基预算关注于预算中每一个项目的成本的合理性，促使经理检查所有的业务要素，也就是说经理必须深入检查受其控制的各个领域来证明成本的合理性。

1. 零基预算的优点

零基预算的优点为：

1）关注每个项目，而不仅仅是例外情况。

2）帮助经理确认并剔除那些成本大于收益的项目。

3）对于新聘任的经理十分有用。

2. 零基预算的缺点

零基预算的缺点为：

1）因为担心下一个预算周期中可能会被分配较少的资源，经理倾向于用光当前预算期间所有已分配给的资源。

2）如果经理故意在零基预算中加入预算松弛，这一预算编制法就会导致重大浪费和不必要的采购。

3）年度审查流程极耗时间且极费成本。

4）不使用前期的预算，因此前期的经验教训无法在零基预算中得到反映。

5）每年都使用零基预算，会和增量预算一样达不到很好的效果。

6）经理会记住过去的判断和指标，并在下一年继续使用这些判断和指标。

为减少零基预算所需要的时间和花费，可以每 5 年编制一次零基预算，其他年份使用增量预算法，或者每年只在一个部门中实施零基预算。

6.3.5　连续性（滚动）预算

连续性预算在每个预算期结束时再添加一个新的预算期，这样预算中的时期数保持不变，并且还能根据经营环境的变化更新预算。

连续性预算必须持续地加在最后一期的后面，而非等到当前预算已经完全失效之后再进行。

1. 连续性预算的优点

连续性预算的优点为：

1）与年度预算相比，连续性预算具有更强的相关性，可以反映当前发生的事项并估计未来的需要。

2）将一个很复杂的过程分解为易于管理的步骤。

3）经理会有一个较长、完整时段的预算数据，因此他们更倾向于从一种更长远的视角而不是年度预算视角来审视决策。因为随着时间的推移，年度预算所涵盖的时段会越来越短。

2. 连续性预算的缺点

连续性预算的缺点为：

1）需要预算协调人员。

2）经理每月都要花费时间编制下月预算。

连续性预算更适用于那些不能投入大块时间编制年度预算的企业，并需要其经理具有长远的眼光。

6.3.6 包含改善内容的预算

包含改善内容的预算是一种持续改进的预算方法。它由确认改进领域开始，其预算成本一般比较低。

包含改善内容的预算经常与作业基础预算法结合起来应用，以确保所有的成本都有适当的成本动因。

传统预算中的削减是被动式的，经常涉及服务水平或生产水平的下降。包含改善内容的预算中的削减是主动式的，它试图在不牺牲生产率的前提下降低成本。

1. 包含改善内容的预算的优点

包含改善内容的预算的优点为：

1）在于它的主动性，以及它能推动企业目标的实现。

2）应用包含改善内容的预算的企业，一般拥有完全整合的质量控制系统，而不是支离破碎或零星的质量控制努力。

2. 包含改善内容的预算的缺点

包含改善内容的预算的缺点为：

1）很多预算是相互联系的。

2）如果企业未能实现其总体目标，包含改善内容的预算与实际结果之间就会存在巨大差异。

3）在没有其他选择的情况下，为了降低成本，经理可能会降低质量要求或将业务转移到劳动力更便宜的市场中去。

4）与零基预算不同，包含改善内容的预算将重点放在改进现有的支出上，因此在实现增量改进的同时会忽略一些本应剔除或添加的项目。

6.3.7 弹性预算

弹性预算即为特定产出水平确立一个基准成本（成本－产量关系）预算，在此基础上加上一个能反映不同产量水平下成本习性的增量成本。

弹性预算只调整变动成本，固定成本保持不变。

在决定如何修正下期预算的时候，本期的弹性预算会很有用。

采用实际产出水平的弹性预算不能作为一种总预算，因为实际产出水平在预算期结束前都是未知的。

注意：静态预算法是根据预算期内正常的、可实现的某一固定的业务量（如生产量、销售量等）水平作为唯一基础来编制的方法，与弹性预算相比其主要缺点是适应性和可比性差。

弹性预算的时间框架与总预算一样。

1. 弹性预算的优点

弹性预算的优点为：

1）弹性预算最常见的应用是准确地匹配企业的销售预测。

2）有效利用历史预算信息改进未来的计划。

3）可以进行非常详细的差异分析。

2. 弹性预算的缺点

弹性预算的缺点为：

仅仅关注弹性预算水平，而忽视了未达到销售目标的事实。

例题 6-13

以下哪些关于连续预算法的叙述是正确的？

Ⅰ. 当前财务预测反映了最近月度结果以及相对于公司前景或经济的任何重大差异。

Ⅱ. 每隔几个月更新一次预测，一年多次重新评估公司的前景。

Ⅲ. 制定预算的决策过程在上一年度第 4 季度做出。

答：

Ⅰ和Ⅱ。连续预算（滚动预算）是一种不断加入一个未来的期间并去掉刚结束的期间，这样一直覆盖一个特定未来期间的计划。它迫使管理层持续地关注未来特定的期间。此期间一直是相同的长度，但是随着时间的流逝，已经发生的期间被后面的预算所覆盖。制定预算的决策过程应该是连续滚动的。

例题 6-14

传统预算方法着眼于历史数据和当前资源，然后预测未来。作业预算编制法与此不同，以下哪些关于这种预算方法说法正确？

Ⅰ. 着眼于预期成果，然后通过逆向推算来确定所需的资源。

Ⅱ. 使用当前的作业量确定未来的作业量，不考虑当前可用资源。

Ⅲ. 不会因为前一年实际运营情况保持在预算内而削减下一年的预算。

Ⅳ. 重点是根据可用资源逐个进行部门规划。

答：

Ⅰ和Ⅲ。作业预算编制法根据预期成果来确定未来作业量而非依据历史作业量。作业为基础的预算关注生产和销售产品和服务所需作业的预算成本，接下来这个将提高对资源需求和预算松弛的识别。

例题 6-15

某个组织的营业收入和可变成本随季节性气候变化而显著变化。这种多变性让管理层无法根据预算绩效评估组织的实际经营结果，因为收入经常会产生大额差异。本节讲解的哪种预算方法最有可能会帮助管理层规划、评估实际经营效果？

答：

弹性预算。由于弹性预算是根据作业水平的波动来调整预算，因此弹性预算编制为经理人员提供更加切合实际的可控收入及成本项目的预算和实际的比较。

例题 6-16

甲公司财务部门正在编制下一年度的预算。为使预算更加准确，管理层要求财务部门不要参照以往年度结果，而是根据公司当前情况重新编制。本节讲解的哪种预算方法最有可能实现管理层的要求？

答：

零基预算。传统预算关注于过去预算的变化；而零基预算关注于预算中每一个项目的成本的合理性，促使经理检查所有的业务要素，也就是说经理必须深入检查受其控制的各个领域来证明成本的合理性。

不同预算类型特点比较见表 6-6。

表 6-6 不同预算类型特点比较

预算类型	适用行业举例	目的	时限	应用	优点	局限
总预算	全部	形成对营业收入和成本流转的各个方面的预测	一般 1 年	以销售预算为起点，并最终形成一整套预计财务表。接下来的 6 个预算制度可以用来编制总预算	便于沟通；目标一致	编制耗费时间
项目预算	建筑业、影视制作	为每个项目单独进行预算，而不是对企业整体进行预算	项目持续时间	像高速公路、大桥这类大型项目可能会在几年内产生巨额的收入和成本	了解项目的全部成本；小型和大型项目都适用	当资源和员工无法全部投入到项目时会产生潜在冲突
作业基础预算	较复杂的制造业、服务业	基于作业进行成本分类，而不是通过部门或者产品	基于使用预算的种类	拥有复杂而众多的产品部门或其他因素，导致成本核算方不再适用的企业	更精准地测算成本对象的成本；关注一个作业的资源使用情况；团队合作	设计及维护系统的成本
增利预算	教育	基于之前的结果和未来的预期，在上一年预算结果上加上今年的预计增量，计算得出今年的预算	基于使用预算的种类	根据上一年的业绩发展情况来确定新一年预算的一种传统且有效的方式。与零基预算相反	操作简便；促进运营稳定	预算通常只会随着时间的推移而增加
零基预算	政府	如同第 1 次编制预算一样，每一次编制预算都从头开始预算循环	基于使用预算的种类	关注预算中每个项目年度成本的合理性；能用于创造精益企业；需要深入审核，这可能需要花费一定的时间	关注于每个项目；激励每个管理人员去消除部分成本	年度审核非常耗时且昂贵；如果不查看以前的信息，可能会失去“所学经验”的益处

（续）

预算类型	适用行业举例	目的	时限	应用	优点	局限
滚动预算	新企业创立阶段	通过清除刚刚过去年度的信息并添加来年相同时期的估算数，让预算不断更新	一般 1 年以内	使预算估计能够更好地反映当前事件和一些近期变化；以小步骤方式来帮助逐步完成大型项目；提供比年度预算更好的视角	使预算保持最新状态以适应运营环境；比每年编制的预算更具相关性；将大的流程分解为更小的步骤；鼓励基于长远观点的视角	可能需要预算协调员；管理层需要每个月都花费时间来编制出下一个月的预算，产生了机会成本
弹性预算	生产部门、销量变化较大的企业	通过比较现实业务的实际收支与其预算之间的差异，评估部门业绩	一般 1 年	提供详细的差异分析，以降低成本，提高产出，并提高未来预算的准确性	确定详细差异的分析工具；改进未来的计划	管理层可能会忽视销售预测失误

6.4 年度利润计划与相关报表

总预算或年度利润计划有很多组成部分，包括销售预算、生产预算、员工福利预算、直接材料预算、直接人工预算、工厂间接费用预算、销货成本预算、销售费用预算、管理费用预算、资本预算、现金预算、预算利润表和预算资产负债表等。

总预算是企业的所有预算及其各部门经营活动计划的全面汇总。

总预算将所有相关信息汇集在一起，企业的战略和长期计划在总预算中与短期目标和客观现实相匹配。

总预算通常一年做一次，但也有企业短于一年的时间。

预算步骤见图 6-8。

6.4.1 销售预测

销售预测是企业对于即将到来时期的销售额的主观估计。

销售预测要考虑的内容有：销售的历史趋势、宏观经济，以及该企业所在的特定产业的状况和指标、竞争对手的行为、成本的上升、定价策略、信用政策、广告和市场的投入、未履行订单的数量、尚在销售管道中的未签订单等。

注意：销售预测要应用统计分析工具，相关内容见 6.2 节。

6.4.2 销售预算

销售预算基于销售预测的水平、企业的长短期经营目标、产能。

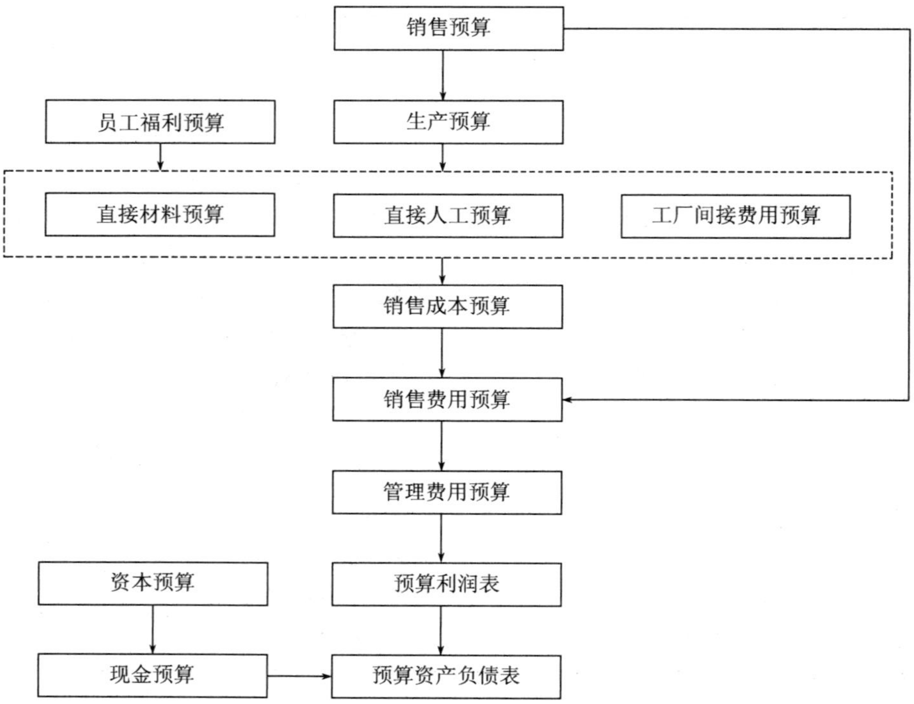

图 6-8　预算步骤

销售预算是比生产预算和行政管理、销售费用预算高一级的预算。因为销售预算界定了企业整体的运营能力，包括生产成本、销售和管理费用。

6.4.3　生产存货预算

生产、存货预算计划所需资源，并利用这些资源达到销售目标。生产预算通过预期期末存货，加上预算销售量，再减去期初存货量来计算。

期初存货 + 产量 − 销量 = 期末存货

产量 = 期末存货 + 销量 − 期初存货

在不影响销售的前提下，存货水平要保持尽可能的低水平。

总预算使销售和生产预算的比较成为可能。

> 注意：对于后面所有的公式，考生需掌握一个准则
>
> 期初剩余的量 + 当期加入的量 = 当期转出的量 + 期末剩余的量

6.4.4　直接材料预算

直接材料预算确定为满足生产所需要的材料和材料的质量水平。直接材料预算一般分解为直接材料的耗用预算、直接材料的采购预算。

生产预算只确定所要生产的数量；而直接材料耗用预算确定材料的组成和这些材料的成本。

计算公式为

$$\text{所需要采购的直接材料} = \text{生产中耗用的直接材料} + \text{预期的期末直接材料存货} - \text{期初直接材料存货}$$

6.4.5 直接人工预算

直接人工预算由生产经理和人力资源经理共同编制，帮助企业规划生产流程以使全年的生产平稳运行，并在一年内尽量使用工量一致。相关公式为

$$\text{生产中所需的直接人工工时数} = \text{预期产量} \times \text{单位产品所需的直接人工工时数}$$

$$\text{直接人工成本的预算额} = \text{生产中所需的直接人工工时数} \times \text{直接人工工时的单位成本}$$

6.4.6 间接费用预算

对于未划入直接材料预算和直接人工预算的生产成本，企业均将其认定为间接费用，并在间接费用预算中予以体现。间接费用属于混合成本，包括变动间接费用和固定间接费用。变动间接费用是指总费用随产量的变动而等比例变动的费用，如机器用电的费用。固定间接费用是指总费用不随产量变动而发生改变的费用，如租金、折旧、管理人员工资等。

6.4.7 销货成本预算

销货成本预算预算一个时期内的总成本和单位成本，有时也称为产品生产和销售预算，因为该预算通常也包括对存货中成品的成本预算。

只有在生产预算、直接材料预算、直接人工预算、制造费用预算完成之后，才能进行销售成本预算。销售成本预算实际上是对这些预算的一个总结。

销售成本预算相关计算公式

$$\text{单位边际贡献} = \text{单位产品的销售价格} - \text{单位产品的变动成本}$$

$$\text{总边际贡献} = \text{总销售收入} - \text{总变动成本}$$

6.4.8 销售管理费用预算

销售和管理费用属于企业的期间费用，不可以资本化。销售费用包括销售部门的工资与佣金、差旅费、娱乐费、广告支出、运输费以及与销售相关的办公费等。管理费用包括管理人员工资、法律与专业服务费、公用事业费、保险费、与销售无关的文具费、低值易耗品和邮资费用等。

销售和管理费用同样可划分为固定费用和变动费用。一般而言，销售费用同时包含固定费用和变动费用两部分，计算边际贡献时需要将变动销售管理费用一并从销售收入中扣除。

6.4.9 员工福利预算

员工福利预算与直接人工、制造费用、销售管理费用预算相联系。这些预算的每个都有可能有一个支持性的福利预算，或一个附表来帮助确定每个预算中该包括的福利成本。例如：

- 健康保险和退休福利被视为间接费用的一部分来分摊。
- 很多变动福利的计算以直接人工工时作为依据。
- 管理人员福利和员工股票期权福利视为管理费用的一部分。

法定福利通常由企业和员工共同支付，这里只关注企业支付的部分。固定福利成本一般计入年度成本，按每年每人的成本乘以人数或工资的一个比例来确定。

6.4.10 财务预算

供内部使用的财务报表，是在一系列假设条件成立的前提下，对企业未来状况的预测，包括模拟损益表、模拟资产负债表、模拟现金流量表、现金预算、资本预算等。

模拟损益表展示在企业达到预算目标、假设前提正确的情况下，企业年末的利润/损失情况。因此，它是评估业绩的标准。编制模拟损益表，通常至少用到销售预算、销售成本预算和销售管理费用预算。

模拟资产负债表展示企业的经营活动，如何对企业的资产、负债、所有者权益产生影响。编制模拟资产负债表，通常是在总预算中最后一个要编制的项目，以当前期末的预算资产负债表为基础，将预算期间经营活动的影响加在上期的资产负债表上。

编制模拟现金流量表，企业需要确定在给定期间有多少现金。由于存在信用贸易，需要预测现金收入和现金支出、估计每期收款占总收款的百分比，以及付款的模式。

现金预算是保证流动性的计划。有了现金预算，就可以有序安排融资，并安排投资的时间构成，以便需要现金时投资能够及时变现。

现金预算包括期初现金和现金流入预算。其中从应收款或应收票据中回收的、借入资本、权益资本、非运营资产的处置所得、销售水平、回收风险、非正常损失以及信用政策等都对可用现金有影响。现金流出包括购买材料、工资、运营费用、税金、利息。

相关计算公式

$$\text{现金冗余或不足}=\text{期初现金余额}+\text{收款}-\text{支出}-\text{最低现金余额要求}$$

当流动性低于管理层或董事会设定的某个水平时，必须找到融资渠道。将冗余现金用于短期投资，多数企业在选择投资时更看重资本保全而非资本回报。

计算应收账款现金流入的公式

$$\text{当月现金流入}=\Sigma\ \text{每个月的赊销额}\times\text{对应的回收百分比}$$

$$\begin{matrix}\text{到 } m \text{ 月底时，}\\ \text{第 } n\ (m>n)\ \text{月}\\ \text{应收账款余额}\end{matrix}=\begin{matrix}n\text{ 月}\\ \text{赊销额}\end{matrix}-\begin{matrix}n\text{ 月}\\ \text{赊销额}\end{matrix}\times\left(\begin{matrix}\text{当月}\\ \text{回收比例}\end{matrix}+\begin{matrix}\text{第 2 月}\\ \text{回收比例}\end{matrix}+\cdots+\begin{matrix}\text{第 } m-n+1 \text{ 月}\\ \text{回收比例}\end{matrix}\right)$$

$$\begin{matrix}\text{到 } m \text{ 月底，}\\ \text{第 } n\ (m>n)\ \text{月}\\ \text{应收账款余额占比}\end{matrix}=\begin{matrix}\text{到 } m \text{ 月底，第 } n \text{ 月}\\ \text{应收账款余额}\end{matrix}\Big/\begin{matrix}\text{第 } n \text{ 月}\\ \text{赊销额}\end{matrix}$$

计算应付账款现金流入的公式

$$\text{当月现金流出}=\Sigma\ \text{每个月的赊购额}\times\text{对应的支付百分比}$$

$$\begin{matrix}\text{到 } m \text{ 月底时，}\\ \text{第 } n\ (m>n)\ \text{月}\\ \text{应付账款余额}\end{matrix}=\begin{matrix}n\text{ 月}\\ \text{赊销额}\end{matrix}-\begin{matrix}n\text{ 月}\\ \text{赊销额}\end{matrix}\times\left(\begin{matrix}\text{当月}\\ \text{支付比例}\end{matrix}+\begin{matrix}\text{第 2 月}\\ \text{支付比例}\end{matrix}+\cdots+\begin{matrix}\text{第 } m-n+1 \text{ 月}\\ \text{支付比例}\end{matrix}\right)$$

$$\begin{matrix}\text{到 } m \text{ 月底，}\\ \text{第 } n\ (m>n)\ \text{月}\\ \text{应付账款余额占比}\end{matrix}=\begin{matrix}\text{到 } m \text{ 月底，第 } n \text{ 月}\\ \text{应付账款余额}\end{matrix}\Big/\begin{matrix}\text{第 } n \text{ 月}\\ \text{赊销额}\end{matrix}$$

资本预算即评估并挑选那些需要巨额资金，并且在未来期间才能获益的项目。项目如：购买财产、厂房、设备，购买新业务或新的生产能力。资本预算必须与企业的战略一致。企业的战略需要不断进行调整，以利用内部优势和外部机遇。

例题 6-17

老李欲为其朝阳区家具厂的一种新产品 A 编制 2012 年 7 月的预算报表。该产品的销售单价为 40 元，2012 年各月的预计销售量如表 6-7 所示。

表 6-7 产品 A 预计销售量

月份	4 月	5 月	6 月	7 月	8 月	9 月
销售量（个）	5 000	5 400	5 500	6 000	7 000	8 000

生产每单位 A 产品需要 4 千克的原材料 Ⅰ 和 2 千克的原材料 Ⅱ。该公司的政策是在任何时候都至少要有 100 单位 A 产品的库存，而且期末的库存不应低于下月预计销售量的 10%。每种原材料存货应保持在下月生产需要量的 5%，但不应超过 1 000 千克。该公司希望 6 月末的所有存货都符合公司的要求。采购部门预计原材料 Ⅰ 和原材料 Ⅱ 的价格分别是 1.25 元/千克和 5.00 元/千克。生产过程需要两个技术等级的直接人工。甲等级工人的工资是 50 元/小时，每小时生产一批 A 产品，每批 100 个。每个产品 A 还需乙等级的工人工作 6 分钟，乙等级工人的工资是 20 元/小时。制造费用的分配率是 200 元/批和 30 元/直接人工工时。

老李预计 2012 年 6 月 30 日各项目的期末余额如表 6-8 所示。

表 6-8 各项目的期末余额

科目	金额（元）	科目	金额（元）
现金	10 000	应付账款	95 000
应收账款	80 000	应付工资	24 000
—坏账准备	3 500	应付票据	200 000
存货	25 000	负债总额	319 000
固定资产	650 000	股东权益	122 500
—累计折旧	320 000		
资产总额	441 500	负债和权益总额	441 500

通常，销售收入中 20% 是现金收入，80% 是赊销，信用政策是 2/10，净/30。该公司在每月的第 1 天与客户结算。经验表明，60% 的客户在折扣期内付款，25% 在销售当月的月末支付，10% 在销售后下个月的月末支付，5% 的应收账款无法回收。该公司 1 年后冲销坏账。

该公司购买原材料的信用政策是 2/15，净/60，在折扣期内支付所有款项。经验表明，80% 的购货款在购买的当月支付，剩余的款项在下月支付。该公司计划 2012 年 6 月份购买25 000 元的原材料 Ⅰ 和 22 000 元的原材料 Ⅱ。

制造费用中的 60% 是变动成本，每月的固定制造费用为 50 000 元，其中 20 000 元是折旧费用。该公司在当月支付所用的生产人工费用和制造费用。

2012 年营销、运输、客户服务和管理的费用总额为 600 000 元，其中，270 000 元是固定成本，包括 150 000 元的折旧费用。剩余的成本随销售量的变化而变化。2012 年预计销售总额为 2 000 000 元，所有的营销和管理成本都在当期支付。

管理者希望保持现金的最低余额为40 000元，该公司与建设银行签订协议，可以以12%的利率借入1 000～100 000元的资金（必须是1 000元的整数倍）来满足短期需求。

1）根据上述数据和资料，编制2012年7月的预算：a. 销售预算（以元为单位）；b. 7月的生产预算（以数量的形式）；c. 8月的生产预算（以数量的形式）；d. 直接材料购买预算（以千克为单位）；e. 直接材料采购预算（以元为单位）；f. 直接生产人工预算（以元为单位）。

2）编制2012年7月的现金预算。

3）编制2012年7月的预算利润表（不考虑利息和所得税）。

4）老李还有其他要考虑的战略因素吗？

5）请分析什么预算制度适合评价新经理的绩效。

答：

1）a. 销售预算：预计销售收入＝预计销售量×预计销售单价＝6 000个×40元/个＝240 000元。

b. 7月的生产预算：7月生产量＝预计期末存货量＋预计销售量－期初存货＝7 000个×10%＋6 000个－6 000个×10%＝6 100个。

c. 8月的生产预算：8月生产量＝预计期末存货量＋预计销售量－期初存货＝8 000个×10%＋7 000个－7 000个×10%＝7 100个。

d. 直接材料购买预算，见表6-9。

表6-9 直接材料购买预算

项目	原材料Ⅰ（千克）	原材料Ⅱ（千克）
预计生产所需的原材料（6 100件产品A）	24 400	12 200
加：目标期末存货量（1 000千克与8月份生产量的5%的较低量）	+1 000	+710
需要的原材料总额	25 400	12 910
减：预计期初存货（1 000千克与7月份生产量的5%的较低量）	-1 000	-610
需要购买的原材料	24 400	12 300

e. 直接材料采购预算，见表6-10。

表6-10 直接材料采购预算

项目	预计购买量（千克）	预计购买单价（元/千克）	总额（元）
原材料Ⅰ	24 400	1.25	30 500
原材料Ⅱ	12 300	5.00	61 500
预计购买额			92 000

f. 直接生产人工预算，见表6-11。

表6-11 直接生产人工预算

项目	每批直接人工工时（小时/批）	批量（批）	工时总计（小时）	工时工资率（元/小时）	总额（元）
甲等级小时数	1	61	61	50	3 050
乙等级小时数	10	61	610	20	12 200
总额			671		15 250

2）该公司现金预算（2012 年 7 月），见表 6-12。

表 6-12　公司现金预算（2012 年 7 月）

科目	计算过程
期初现金余额	10 000 元
现金收入	
7 月份现金销售	240 000 元 ×20% =48 000 元
应收账款的收回	
6 月份的销售	
在折扣期内付款	5 500 个 ×40 元/个 ×80% ×60% ×98% =103 488 元
在折扣期后付款	5 500 个 ×40 元/个 ×80% ×25% =44 000 元
5 月份的销售	5 400 个 ×40 元/个 ×80% ×10% =17 280 元
现金收入总额	48 000 元 +103 488 元 +44 000 元 +17 280 元 =212 768 元
现金支出	
原材料采购现金支出	
6 月份的购买	（25 000 元 +22 000 元）×20% ×98% =9 212 元
7 月份的购买	92 000 元 ×80% ×98% =72 128 元
原材料采购支出	9 212 元 +72 128 元 =81 340 元
直接人工	15 250 元
变动制造费用	（200 元/批 ×61 批 +30 元/小时 ×671 小时）×60% =19 398 元
固定制造费用	50 000 元 -20 000 元 =30 000 元
变动销售管理费用	[（600 000 元 -270 000 元）/2 000 000 元] ×240 000 元 =39 600 元
固定销售管理费用	（270 000 元 -150 000 元）÷12 =10 000 元
现金支出总额	81 340 元 +15 250 元 +19 398 元 +30 000 元 +39 600 元 +10 000 元 =195 588 元
期初现金余额加现金收入总额减去支出总额	10 000 元 +212 768 元 -195 588 元 =27 180 元
借款额	40 000 元 -27 180 元 =12 820 元，并取 1 000 元整数倍 13 000 元
7 月 31 日现金余额	27 180 元 +13 000 元 =40 180 元

3）该公司预算利润表（2012 年 7 月），见表 6-13。

表 6-13　该公司预算利润表（2012 年 7 月）

科目	计算过程
销售收入	240 000 元
销货成本	22.80 元/个 ×6 000 个 =136 800 元
毛利润	103 200 元
销售管理费用	
变动部分	39 600 元
固定部分	270 000 元 ÷12 =22 500 元 =62 100 元
净利润	103 200 元 -62 100 元 =41 100 元

其中，产品单位成本 = 直接材料 + 直接人工 + 制造费用 =（4 千克 ×1.25 元/千克 +2 千克 ×5 元/千克）+（0.01 小时 ×50 元/小时 +0.1 小时 ×20 元/小时）+（200 元 ÷100 +30 元/小时 ×0.11 小

时）=15 元 +2.5 元 +5.3 元 =22.8 元。

4）a. 与公司现有客户间的沟通策略，以及对公司其他产品销售的影响。b. 市场对新产品定价策略的认可度。c. 新产品生产的相关成本。d. 新产品何时上市以及广告成本。e. 剩余现金的回报率以及借入资金的成本。f. 预计值的可靠性。g. 工厂的产能水平。h. 类似 A 产品的其他产品的价格弹性。i. 竞争对手的反应。j. 产品质量与售后服务。

5）应使用零基预算。零基预算的制定过程可以评估所有提议的运营和管理费用，而且这种评估将这些费用当作首次发生。根据每项支出对整个公司而不只是对某个部门的重要程度，可以对这些支出进行合理性评估、排序并评定其优先级。重点是评估所有的活动，而不是评估与上一年相比的增量变化。这样就可以评估进行中的活动，以确定这些活动在当前的环境下是否仍然有用。而且，在零基预算下可以评估每个活动的目标、实施情况及成本，同时更有可能确认实现目标的备选方案。

6.4.11 服务行业和非营利组织预算的编制

服务性组织的预算编制过程和制造业或者商业企业是一样的。服务性组织与制造业企业在编制预算时的主要区别在于，服务性组织不编制生产预算、材料采购预算及其附属预算等。

服务性组织预算的重点是人事计划。服务性组织要确保员工具有恰当的技能，以完成服务项目，实现预算的服务收益。服务性组织最重要的资产就是人力资产。

非营利组织没有营业收入这样单一的、量化的考查是否保本的指标，其目标是按照其宗旨，在允许的支出范围内更有效地提供服务。在这种情况下，非营利组织的总预算通常变为对支出的授权计划和文件。

6.5 简易规划与分析技术

6.5.1 模拟财务报表与预算

在上一节已经介绍了总预算等相关概念。模拟财务报表与预算之间的关系见图 6-9。

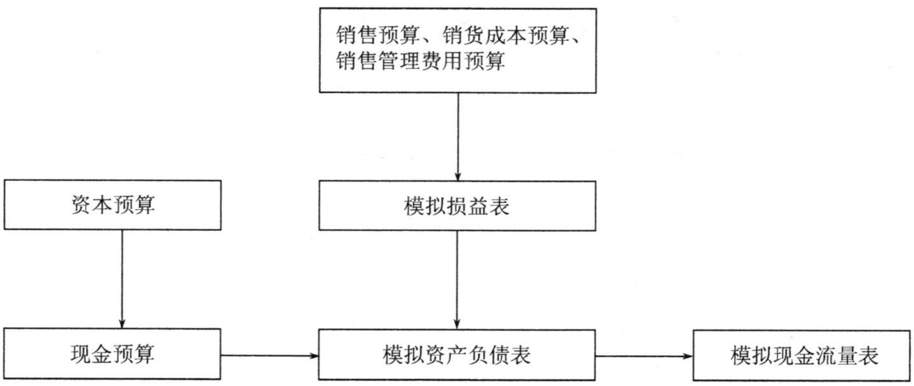

图 6-9 模拟财务报表与预算之间的关系

模拟财务报表有如下功能：

1）评估预期绩效是否符合企业目标。

2）预计未来的融资需求。

3）可以使用敏感性分析来评价风险。

例题 6-18

现金预算编制完成后，然后编制(　　)

A. 资本预算。

B. 预算损益表。

C. 生产预算。

D. 预算资产负债表。

答：

D。

分析：资本预算编完之后编现金预算，现金预算编完后编预算资产负债表。

6.5.2　销售百分比法编制模拟报表

注意：考试大纲指出，考生应该能够基于给定的假设编制模拟报表。

编制模拟报表，教材给出了销售百分比法。这是一种简便易行的方法。这种方法是基于各科目均与销售额成一定比例的假设。

此处以编制模拟损益表为例。在模拟损益表中，与销售额成正比的有销货成本、销售管理费用；在资产负债表中，与销售额成正比的有流动资产、固定资产净额、应付账款和应计负债。除了以上信息，一般还要给出负债的利率、股利支付率和所得税率等。

模拟报表编制的步骤如下：

1）预测销售收入。

2）根据假设编制模拟损益表。

$$预算销售净利润=\left[\begin{matrix}预计\\销售收入\end{matrix}\times\left(1-\frac{销货成本}{百分比}-\frac{销售管理费用}{百分比}\right)-利息\right]\times（1-所得税率）$$

$$留存收益增加=预算销售净利润\times（1-股利支付率）$$

3）编制模拟资产负债表，得到融资需求。

$$外部融资需求=预计总资产-预计总负债-预计股东权益$$

4）确定融资来源，编制模拟现金流量表。

补充知识：

以上采用的是销售收入预测的方法，也可以使用基于销售收入增量的方法。

融资需求 = 资产增加 − 负债自然增加 − 留存收益增加

$$=\begin{matrix}资产销售\\百分比\end{matrix}\times\begin{matrix}新增\\销售额\end{matrix}-\begin{matrix}负债销售\\百分比\end{matrix}\times\begin{matrix}新增\\销售额\end{matrix}-\begin{matrix}预计\\净利润\end{matrix}\times\left(1-\begin{matrix}股利\\支付率\end{matrix}\right)$$

6.5.3 对于模拟报表的分析

首先可以使用财务比率进行分析。具体指标分析见第 11 章财务报表分析相关内容。

流动比率 = 流动资产/流动负债

酸性测试（速动）比率 = （现金 + 现金等价物 + 有价证券 + 应收账款）/流动负债

现金比率 = （现金 + 现金等价物 + 有价证券）/流动负债

资产回报率（ROA） = 净利润/平均总资产

权益回报率（ROE） = 净利润/平均普通股权益

毛利润率 = （销售收入 - 销售成本）/销售收入

经营利润率 = 经营利润/销售收入

净利润率 = 净利润/销售收入

总负债与总资本比（也叫总负债比率） = 总负债/总资产

利息保障倍数 = 息税前利润（EBIT）/利息费用

基本每股收益 = （净利润 - 优先股股利）/年加权平均在外流通股股数

其次可以使用敏感性分析。

> 注意：敏感性分析的方法在 6.2 节已经详细说明。

例题 6-19

由于位于香河的家具厂更换了新的经理，老李打算对工厂采用销售百分比法编制预测模拟财务报表。根据历史财务数据，以下假设可以建立多个项目和销售收入的关系：产品销售成本是销售收入的 70%；销售管理费用是销售收入的 10%；现金及现金等价物是销售收入的 4%；应收账款是销售收入的 20%；存货是销售收入的 23%；固定资产净值是销售收入的 32%；应付账款是销售收入的 15%；应计负债是销售收入的 10%。

老李预计在即将到来的一年里销售收入增长了 15%。该公司目前拥有 20 000 股普通股股票（面值 0.5 元/股），公司的股利支付率为 35%。目前其票据应付利息的利率是 7%（8 000 元应付票据），其长期债务的利率是 10%（35 000 元长期债券），留存收益 1 000 元。该公司按照 35% 的税率缴纳所得税。

假设今年销售收入是 10 万元，并且资金短缺通过应付票据融资，请帮助老李完成以下工作：

1）编制模拟利润表、模拟资产负债表和模拟现金流量表。

2）计算 4.5.3 节中提到的财务比率。

3）敏感性分析对老李的帮助是什么？

4）如果财务部门有意引入预算松弛，请说明该种方法的优缺点。

答：

1）家具厂模拟利润表如表 6-14 所示。

表 6-14 家具厂模拟利润表

科目	计算过程
销售收入	100 000 元 × （1 + 15%） = 115 000 元
销货成本	115 000 元 × 70% = 80 500 元

（续）

科目	计算过程
毛利润	115 000 元 − 80 500 元 = 34 500 元
销售管理费用	115 000 元 × 10% = 11 500 元
息税前利润	34 500 元 − 11 500 元 = 23 000 元
利息	7% × 8 000 元 + 10% × 35 000 元 = 4 060 元
税前利润	23 000 元 − 4 060 元 = 18 940 元
所得税	18 940 元 × 35% = 6 629 元
净利润	18 940 元 − 6 629 元 = 12 311 元
基本每股收益	12 311 元/20 000 股 = 0.62 元/股
股利	12 311 元 × 35% = 4 308.85 元
留存收益增加	12 311 元 − 4 308.85 元 = 8 002.15 元

该公司的额外融资需求 = 现金及现金等价物 + 应收账款 + 存货 + 固定资产净值 − （应付账款 + 应计负债 + 应付票据 + 长期债券 + 留存收益 + 普通股面值） = 115 000 元 × 4% + 115 000 元 × 20% + 115 000 元 × 23% + 115 000 元 × 32% − ［115 000 元 × 15% + 115 000 元 × 10% + 8 000 元 + 35 000 元 + （1 000 元 + 8 002.15 元） + 20 000 股 × 0.5 元/股］ = 97.85 元，所以该公司应付票据余额 = 97.85 元 + 8 000 元 = 8 097.85 元。

家具厂模拟资产负债表如表 6-15。

表 6-15　家具厂模拟资产负债表

科目	金额（元）	科目	金额（元）
现金及现金等价物	4 600	应付账款	17 250
应收账款	23 000	应计负债	11 500
存货	26 450	应付票据	8 097.85
流动资产合计	54 050	流动负债合计	36 847.85
固定资产净值	36 800	长期债券	35 000
		负债合计	71 847.85
		普通股面值	10 000
		留存收益	9 002.15
资产合计	90 850	负债与权益合计	90 850

家具厂模拟现金流量表如表 6-16。

表 6-16　家具厂模拟现金流量表

科目	计算过程
净利润	12 311 元
应收账款	−100 000 元 × 15% × 20% = −3 000 元
存货	−100 000 元 × 15% × 23% = −3 450 元
应付账款	100 000 元 × 15% × 15% = 2 250 元

（续）

科目	计算过程
应计负债	100 000 元 ×15% ×10% =1 500 元
经营性现金流	9 611 元
资本支出（净固定资产）	−100 000 元 ×15% ×32% = −4 800 元
投资性现金流	−4 800 元
应付票据	97.85 元
股利支付	−4 308.85 元
融资性现金流	97.85 元 −4 308.85 元 = −4 211 元
现金流净变化	9 611 元 −4 800 元 −4 211 元 =600 元

2）家具厂财务比率如表 6-17。

表 6-17 家具厂财务比率

科目	计算过程
流动比率	54 050 元/36 847.85 元 =1.47
速动比率	（4 600 元 +23 000 元）/36 847.85 元 =0.75
现金比率	4 600 元/36 847.85 元 =0.12
资产回报率	12 311 元/90 850 元 =13.55%
权益回报率	12 311 元/（10 000 元 +9 002.15 元） =64.79%
毛利润率	34 500 元/115 000 元 =30%
经营利润率	23 000 元/115 000 元 =20%
净利润率	12 311 元/115 000 元 =10.7%
总负债与总资本比	71 847.85 元/90 850 元 =79.1%
利息保障倍数	23 000 元/4 060 元 =5.67

3）敏感性分析帮助公司实施例外管理。通过改变不同变量的取值，敏感性分析使得公司能确定哪些变量对相关财务报表项目（如每股收益、额外融资需求等）具有最显著的影响，哪些变量对这些项目的影响可忽略不计。这使得该公司能将注意力和精力放在最重要的假设上来。

4）预算松弛的优点：a. 可以在未知的环境中为经营提供较大的灵活性。例如，当出现较为不利的事件时，预算松弛可以提供额外的任意支出空间。b. 可以抵消因设计变更和小批量订单所导致的高昂的生产准备成本。c. 为实现当年的每股收益目标，该公司员工可能有动机将支出推迟到下一年度，或者将销售提前到当前年度。预算松弛能够减少这种将下一年度的收益转移到当前年度的行为。

预算松弛的缺点：a. 削弱了该公司发现问题并及时纠正问题的能力。b. 削弱了该公司整体计划的有效性。为增加利润，该公司可能采用改变定价或削减促销支出等措施，而消除预算松弛可以在不引起市场变化的情况下，实现相同的目标。c. 限制了通过使用预算信息对部门经理和下属的绩效作客观评估。

6.6　本章主观题例题与习题

6.6.1　本章主观题例题

例题 6-20

甲公司是一家大型上市公司，张三是甲公司商用产品事业部（CPD）的总经理。商用产品事业部生产并销售甲和乙两款产品。部门管理人员和员工的绩效通过部门毛利润、客户满意度和产品质量进行考核。8 月 15 日，甲公司的财务总监向所有部门发函，要求他们在 10 月 1 日之前提供对本年度财务的估算以及对下一年度的预算。为了便于部门灵活操作，他并未提供其他指导意见。张三和他的管理团队根据部门的整体投入，花了 6 周时间完成了对本年度的估算以及对下一年度的详细预算。在与团队成员进行审核后，张三于 10 月 1 日提交了报表，具体报表信息如表 6-18 所示。

表 6-18　甲公司年度财务报表　（单位：元）

科目	本年度估算	下一年度预算
甲产品		
销售量	500 000	525 000
售价	150	160
收入	75 000 000	84 000 000
单位直接成本	90	100
总直接成本	45 000 000	52 500 000
销售费用	5 000 000	6 500 000
毛利润	25 000 000	25 000 000
乙产品		
销售量	2 000 000	2 250 000
售价	75	80
收入	150 000 000	180 000 000
单位直接成本	60	65
总直接成本	120 000 000	146 250 000
销售费用	10 000 000	10 000 000
毛利润	20 000 000	23 750 000
部门间接费用	15 000 000	16 500 000
部门毛利润	30 000 000	32 250 000

本年度的部门毛利润预算额为 2 850 万元，因此，最近的预测表明本年度的业绩将超出预算水平。

12 月 1 日，甲公司财务总监致电张三，表示证券分析师对本年度收益有望超过预期而感到高兴。此外，分析师还预计下一年度的利润将比本年度的估算利润高 20%。因此，财务总监要求张三修改提交的预算并在 12 月 10 日前提供详细信息。在修改后的预算中，部门下一年度的毛利润应为 3 600 万元。张三召集他的小组成员，并要求他们确定提高赢利能力的办法。甲产品团队确定，如果他们额外投入 100 万元进行广告宣传和促销，可以将售价提高 2.5%。乙产品团队认为他们可以将单位直接成本削减 1 元。此外，如果乙产品团队的销售费用增加 50%，销量就可增加 3%。

张三决定在做出上述调整的同时调整部门间接费用以使部门毛利润达到 3 600 万元。

1）请编制修改后的预算。

2）说明甲公司及商用产品事业部所采取预算流程的优点和不足。

3）说明商用产品事业部为达到调整后预算所采取的方案中存在的不确定性。

4）讨论为实现外部人员（如证券分析师）的期望而编制预算的意义。

5）说明权威式和参与式预算编制流程各自的特征。

参考答案：

1）修改后的预算见表 6-19。

表 6-19 甲公司的财务预算报表

科目	估算本年度	下一年度预算	调整后预算
甲产品			
销售量	500 000 元	525 000 元	525 000 元
售价	150 元	160 元	160 元 ×（1 + 2.5%）= 164 元
收入	75 000 000 元	84 000 000 元	86 100 000 元
单位直接成本	90 元	100 元	100 元
总直接成本	45 000 000 元	52 500 000 元	52 500 000 元
销售费用	5 000 000 元	6 500 000 元	6 500 000 元 + 1 000 000 元 = 7 500 000 元
毛利润	25 000 000 元	25000 000 元	26 100 000 元
乙产品			
销售量	2 000 000 元	2 250 000 元	2 250 000 元 × 1.03 = 2 317 500 元
售价	75 元	80 元	80 元
收入	150 000 000 元	180 000 000 元	185 400 000 元
单位直接成本	60 元	65 元	65 元 − 1 元 = 64 元
总直接成本	120 000 000 元	146 250 000 元	64 元/件 × 2 317 500 件 = 148 320 000 元
销售费用	10 000 000 元	10 000 000 元	15 000 000 元
毛利润	20 000 000 元	23 750 000 元	22 080 000 元
部门间接费用	15 000 000 元	16 500 000 元	36 000 000 元 − 22 080 000 元 − 26 100 000 元 = 12 180 000 元
部门毛利润	30 000 000 元	32 250 000 元	36 000 000 元

2）采取预算流程的优点是：符合分析师的预期；代表更积极的目标；部门能参与灵活且自下而上的预算编制；为绩效衡量提供框架；激励主管和其他员工；促进协调和沟通；帮助公司运作顺畅并达到更好的业绩；确定资金的来源以及用途，以达到预期的结果。采取的预算流程的缺点是：无法达到目标的可能性更大；为分析师设定了更高的增长预期；部门之间缺乏凝聚力；规划范围有限，没有企业远景规划；只给 10 天的时间修改预算；最终目标取决于高层管理人员；增长可能无法持续；预算过程中可能引发道德问题，从而违反《萨班斯法案》。

3）A 产品价格上涨 2.5% 是否实际？价格变化是根据市场研究或只是凭直觉？

额外增加的 100 万元的销售费用是否足以克服价格变化所带来的阻力呢？

起初对 B 产品 65 元的直接成本估算是经过深入的分析和审查，现在要降低 1 元，是否符合实际？是否有周密的计划来实现成本降低？

减少部门间接费用的提议是否考虑了降低成本的可能性和可持续性？是否有周详的计划来实现这些成本降低？

20% 的增长率是否实际？

增加 50% 的费用是否可以提高 3% 的销售量？

随意调整间接费用的影响是什么？

4）公司外部人员如证券分析师，并没有接触内部信息的渠道。张三和商用产品事业部的工作人员所编制的预算是以详细的实际数据和判断为基础的。证券分析师与商用产品事业部所做预算的目标可能不同。如果商用产品事业部努力编制的预算被外部分析师过度驾驭，可能会引起道德问题。

5）权威式预算，又称为自上而下的预算编制。这种预算编制方式没有下层组织的参与，比参与式预算编制提供更好的决策制定。由于高层管理人员设定组织目标，它可能缺乏下级员工的支持，并可能导致员工不满，以致缺乏员工的承诺来实现预算目标。

参与式预算，又称为自下而上的预算编制。在这种预算编制方式下，受预算影响的下层员工参与完成预算的编制。这种预算更容易获得员工的支持，也让高层管理人员可以更好地控制公司运营。这种类型的预算所设的目标更容易实现，但却不一定是最优目标。

例题 6-21

甲公司是一个成熟的零售型公司，所销售的产品竞争激烈。该公司 2013 年 1 ~4 月销售额分别为 1 200 000 元、1 010 000 元、1 350 000 元和 1 380 000 元。甲公司基于上述 4 个数据，使用时间序列模型对其 5 月份销售收入（Y）进行了预测。数量分析师得出了下列方程式：$Y = 1\ 015\ 000 + 88\ 000X$，其中 X 代表当年的月份。

甲公司同时还考虑采用指数平滑法对其销售收入进行预测。如果采用指数平滑法，该公司则需要使用 3 月份和 4 月份的数据来预测 5 月份的销售收入，其初始预期销售收入为 1 350 000 元，预期的价格 10.00 元/件，且 α 值为 0.70。甲公司 5 月份实际销售量为 150 000 件，平均销售价格为 9.80 元/件。

1）A. 请解释时间序列回归方程式 $Y = 1\ 015\ 000 + 88\ 000X$ 中参数的含义。

B. 采用时间序列回归模型和指数平滑法预测甲公司 5 月份的销售收入。

2）说明在完成其 5 月份销售预测前，甲公司需要注意的两个环境因素。

3）说明使用时间序列回归模型预测销售收入的两个缺点。

4）如果甲公司 5 月份销售预算为 1 400 000 元，请计算其对甲公司销售数量差异和弹性预算差异的影响。

参考答案：

1）a. 1 015 000 是直线与纵轴的交点，也就是说 X 为 0 时，Y 的取值。88 000 是直线的斜率，也就是说如果目前的趋势继续下去，该公司每个月的销售将增加 88 000 元。

b. 时间序列回归模型：5 月份的预测值 = 1 015 000 元 + （88 000 × 5）元 = 1 455 000 元。

指数平滑法：4 月份的预测值 = 0.7 × 1 350 000 元 + 0.3 × 1 350 000 元 = 1 350 000 元。5 月份的预测值 = 0.7 × 1 380 000 元 + 0.3 × 1 350 000 元 = 1 371 000 元。

2）a. 整个宏观经济的前景。b. 竞争对手的行动，例如改变销售价格，增加广告或在更接近甲公司的地点设立零售设施。c. 不断变化的规则。

3）a. 只使用一个变量来预测销售变化。b. 只使用历史信息来预测，忽略了其他事件，如新产品的推出，搬迁或新的设施等。c. 没有直接考虑季节性因素。

4）销售数量差异 = 静态预算 − 弹性预算 = 1 400 000 元 − 150 000 件 × 10 元/件 = −100 000 元，有利差异。弹性预算差异 = 实际结果 − 弹性预算 = 150 000 件 × 9.80 元/件 − 150 000 件 × 10 元/件 = −30 000 元，不利差异。

例题 6-22

飞行员商店是一家为世界各地的飞行员提供一系列航空产品的邮购商。该店新聘用的总会计师梅纳德要建立一个成本方程来预测邮购成本。以前的总会计师都是通过绘制前 12 个月的直接人工工时和成本数据图，并在绘制的数据点中目测出一条直线来预测今年的邮购部门成本的，但那些结果都不尽人意。在和邮购部门的人员讨论之后，梅纳德认为邮购成本和运单数量之间的关系更为紧密——他以前 10 个月邮购部门增加了一些自动设备这一事实为基础得出结论。另外，梅纳德认为用线性回归分析将提高邮购成本估计的置信度。邮购部门收集了前 25 个星期的成本数据，梅纳德用这些数据得出了两个回归方程，一个以直接人工工时为自变量，另一个用装运的集装箱数为自变量。这两个线性回归方程得出的信息如下：

	回归方程 1	回归方程 2
方程	SC = 804.3 + 15.68DL	SC = 642.9 + 3.92NR
R 平方	0.365 0	0.729 0
估计的标准差	2.652 0	1.884 0
t 值	1.890 0	3.460 0

其中，SC 表示装运部门成本总额，DL 表示直接人工总和，NR 表示装运的集装箱数目。

要求：

1）请确认飞行员商店应采用哪个成本方程来预测邮购部门的成本总额并解释原因。

2）如果飞行员商店预测下星期将会有 600 份订单，请你用在题 1）中选择的回归方程计算邮购部门的成本总额。

3）请说出你在题 1）中所选回归方程的 2 个或 3 个缺陷，并列出 1 ~ 2 种解决缺陷的方法。如果飞行员商店的业务有全球性影响的话，请在你的讨论中特别提及。

4）定义标准成本系统，并说明其优点。

参考答案：

1）飞行员商店应采用回归方程 2，即 SC = 642.9 + 3.92NR 来预测邮购部门的成本总额。原因如下：①回归方程 2 的 *R* 平方系数比回归方程 1 的 *R* 平方系数更大，回归方程的解释力更强；②回归方程 2 的 *t* 值大于回归方程 1 的 *t* 值，成本估计显著性更高；③回归方程 2 估计的标准差小于回归方程 1 的标准差。

2）如果飞行员商店预测下星期将会有 600 份订单，用回归方程 2 计算邮购部门的成本总额如下：

下周邮购部门的成本总额 = 642.9 + 3.92 × 600 = 2 994.9（美元）

3）回归方程的缺陷和解决缺陷的方法如下：

缺陷：①选取的数据是否准确；②选取数据的时间段是否匹配；③数据的非线性问题是否存在；④存在国际业务时，仅仅使用单个变量是否合适；⑤时间序列数据是否是稳定的时间序列。

解决方法：①数据来源于内部，可以通过制定报告要求来加强数据的准确性；②确认数据发生在同一周期内，该时间段最满足回归分析可靠准确的目标要求；③考虑数据的趋势或季节性、异常值及数据变动的特殊性；④选择多元回归方法，增强回归的解释力；⑤通过 ADF 检验，可以使用一阶差分数据。

4）略。

例题 6-23

亨德森设备公司正在对新研制的 50 台汽缸进行试运行，这些汽缸将用于公司的完工产品，其寿命为 1 年。该公司预计每年生产销售 1 650 台。50 台汽缸的试运行需要 14.25 小时的直接人工工时，即平均每台需要 0.285 小时。亨德森公司在制造新汽缸时有 80% 的学习曲线，以往的经验表明，当产量达到 800 台时，学习过程即告终止。亨德森公司汽缸的制造成本如表 6-20 所示。

表 6-20　汽缸制造成本

直接人工（美元/小时）	12.00
变动间接成本（美元/小时）	10.00
固定间接成本（美元/小时）	16.60
直接材料（美元/台）	4.05

在表 6-21 产品定价过程中，亨德森公司发生的销售及管理成本为每单位直接人工 12.70 美元/小时，所有的销售及管理成本，除去销售佣金（销售额的 2%），都与产量或销量无关。亨德森公司最近收到了莱特尔设备公司的报价，以每台 7.5 美元的价格提供 1 600 台亨德森公司所需的汽缸。亨德森公司经常将此类业务进行分包，而且一直对莱特尔公司的产品质量非常满意。

表 6-21　产品定价

需要的气缸数量	1 600 台
每单位报价	7.50 美元
试运行数量	50 台
每台试运行的总直接人工工时	14.25 小时
每台试运行的平均直接人工工时	0.285 0 小时
年度需求	1 650 台
学习率	80%
学习过程终止单位	800 台

要求：

1）如果亨德森设备公司自行制造汽缸，确定：

A. 前 800 台汽缸（包括试运行）每台平均的直接人工工时。计算结果保留 3 位小数。

B. 前 800 台汽缸（包括试运行）所需直接人工工时的总和。

2）试运行结束后，必须再生产 1 600 台来满足 1 650 台的年度生产要求。不考虑问题 1）的答案，假设

A. 前 800 台汽缸（包括试运行）需要 100 直接人工工时。

B. 第 800 台（包括试运行）需要 0.079 小时。

计算亨德森再生产 1 600 台所需的汽缸的制造成本总额。

3）确定亨德森设备公司应自行制造 1 600 台汽缸还是应从莱特尔公司那里购买。用准确的计算证明你的结论。

参考答案：

1）A. 前 800 台气缸的平均每台直接人工工时 =0.285 小时/台 ×$80\%^4$ =0.117 小时/台。

B. 前 800 台气缸所需直接人工工时 =14.25 小时 ×$80\%^4$ × （800 台/50 台） =93.39 小时。

2）亨德森再生产 1 600 台所需汽缸的制造成本总额如下：

制造所需的时间 =100 小时 −14.2 小时 +0.079 小时/台 ×850 台 =152.9 小时。

直接材料 =1 600 台 ×4.05 美元/台 =6 480 美元。

直接人工 =152.9 小时 ×12 美元/小时 =1 834.8 美元。

变动间接成本 =152.9 小时 ×10 美元/小时 =1 529 美元。

固定间接成本 =152.9 小时 ×16.6 美元/小时 =2 538.14 美元。

制造成本总额 =6 480 美元 +1 834.8 美元 +1 529 美元 +2 538.14 美元 =12 381.94 美元。

3）对于亨德森设备公司应自行制造 1 600 台汽缸还是应从莱特尔公司那里购买，分析如下：

外购 1 600 台气缸所需的成本 =7.5 美元/台 ×1 600 台 =12 000 美元。

自制的成本根据上面的计算可以得出是 12 381.94 美元。

根据自制和外购对比可知：12 381.94 美元 −12 000 美元 =381.94 美元，外购比自制 1 600 台节省 381.94 美元。因此选择外购。

6.6.2 本章习题

问题 1 以下哪项不是在管理控制系统中采用预算制度的优点？（ ）

A. 促使管理层制订计划。

B. 提供业绩考核的标准。

C. 促进了组织内部的沟通并且加强了组织内部的协调。

D. 限制未经授权的费用开支。

问题 2 在以下哪种情况下，有助于做出最优决策？（ ）

A. 组织的总体目标、部门的目标以及决策制定者个人的目标之间，缺乏目标一致性。

B. 目标和业绩考核标准均由最高管理层制定。

C. 告知部门经理目标和评价标准对他们可能产生的影响。

D. 一个组织的各部门之间，因同样的投入要素或者同样的客户群体产生竞争。

问题 3 以下 4 个步骤是某公司编制年度利润计划的步骤：

第一步：在汇总不同层次全部管理人员提供的信息后，由最高管理层编制预算的框架，并向下传达至各个管理层。

第二步：各个销售部门编制销售预算，该预算体现各部门的销售目标。销售预算是部门生产预算和其他运营部门预算的编制基础。预算编制过程中的沟通以横向为主，以纵向为辅。

第三步：利润计划提交最高管理层进行审查和修改。中级管理层根据最高管理层的建议进行修改。经过中级管理层修改后的利润计划，重新提交最高管理层，再次进行审查。

第四步：当最高管理层最终通过利润计划后，将正式的利润计划下达给各运营部门。

请判断下列哪个选项所叙述的预算编制方法最符合以上对该公司编制年度利润计划步骤的描述？（ ）

A. 通过高级管理层强制执行的预算。

B. 自下而上的预算。

C. 自上而下的预算。

D. 由各运营单位全面确定各项业务的合理性。

问题 4　和参与式预算编制方法相比，自上而下的预算编制方法具有其独特的优势。下列哪项不属于它的优势？（　　）

A. 增加各分部之间目标的一致性。　B. 减少预算编制时间。

C. 可能降低被提出目标的接受程度。　D. 促使战略计划得以实现。

问题 5　下列哪项不是参与式预算编制方法的优点？（　　）

A. 有利于不同部门之间的协调。　B. 有利于不同部门之间的沟通。

C. 增加不同部门目标的一致性。　D. 能够控制不确定性。

问题 6　在下一年度的预算编制过程中，下列哪个方法会带来最大限度的正面激励作用使各部门的目标与企业总的目标趋于一致？（　　）

A. 允许部门经理设定本部门的目标，该目标能为部门经理带来最大的利润。

B. 由高层经理设定总体目标，并让部门经理决定如何完成这些目标。

C. 由部门经理和高层经理共同设定目标，同时编制公司总体的经营计划。

D. 由部门经理和高层经理共同设定目标，由部门经理编制可执行的计划。

问题 7　朝阳区甲公司一共拥有 5 个分部。该公司一直采用自上而下的方法编制下一年度的预算，公司总经理为了使得下一年度的预算目标更符合实际，决定使用自下而上的方法编制下一年度的预算。张三是某分部的生产经理。你认为张三今年在预算编制过程中应做些什么工作呢？（　　）

A. 没有什么可做的。

B. 编制生产预算并提交给预算部门。

C. 在收到本分部的销售预测后，编制生产预算。

D. 根据上一年度的生产情况编制生产预算。

问题 8　苏州的乙公司，下设 6 个分部，部门经理们一再地只是完成容易的目标而未能完成困难的目标，以下哪项措施最能减轻这样的问题？（　　）

A. 预防性控制。

B. 允许部门经理们在预算中加入预算松弛。

C. 使用参与式预算编制方法，促使部门经理和最高管理层目标一致。

D. 建立部门经理和上级领导就预算问题每日进行讨论的制度。

问题 9　在实行目标管理的情况下，下列哪种情况不会发生？（　　）

A. 缺乏沟通和反馈。　B. 为达成组织目标，管理行为一致。

C. 努力使目标趋于一致。　D. 有完成既现实也具有挑战性的目标的动机。

问题 10　和参与式预算编制相比，自上而下的预算编制有它的缺点。下列哪项不是它的缺点？（　　）

A. 可能导致预算不能被完成。　B. 可能会限制下级经理对上级经理提议目标的接受程度。

C. 减少员工和管理层之间的沟通。　D. 减少预算编制所需要的时间。

问题 11　在对丰台区服装生产丙公司的运营情况做了全面的调研以后，一位独立的咨询顾问认为公司的劳动力标准设定得过高。下列提到的哪一运营情境和该咨询顾问的结论相悖？（　　）

A. 存在着很多生产效率的不利差异。

B. 公司的预算编制流程规定得明白清晰，且遵循自下而上的理念。

C. 管理层注意到最近几期的激励奖金支付很少。

D. 生产监管人员发现产量波动明显，短期内产出数量突然增加后又迅速减少。

问题 12 下列哪项的缺失最有可能导致计划和预算编制失败？（ ）

A. 历史的财务数据。

B. 各级管理层提供的信息。

C. 最高管理层的支持。

D. 在下一年度中严格遵照预算来经营。

问题 13 关于标准成本的阐述，下列哪项是错误的？（ ）

A. 在制定标准成本过程中，往往要对生产时间和行为进行研究。

B. 设定的标准成本的适用期一般为一年。

C. 标准成本可以用于存货成本的核算。

D. 标准成本一般以总额列示，而预算成本一般以单位金额列示。

问题 14 与理想标准相比，实际标准会（ ）

A. 使得产品单位成本更低。

B. 致使预算制定的基础不能令人满意。

C. 允许大量的废品和浪费的出现。

D. 可以更好地激励生产人员完成目标。

问题 15 通州区庚公司的经理张云已经失去耐性。6 个月前她从生产部和服务部抽调人员组成一个小组去完成成本分配和制定标准成本的工作。但是这个小组成员还在吵来吵去，因此她聘请了一家大型跨国咨询公司的咨询人员李玫和罗凯去解决该问题。以下哪项不是聘请咨询公司来制定标准成本可能发生的后果？（ ）

A. 咨询公司可能不会充分地理解庚公司的制造流程，导致不佳的业绩。

B. 由于员工未参与到标准制定过程中，公司员工可能对制定过程持消极态度。

C. 制定的标准成本中可能包括一些不可控成本，这会引起员工的不满。

D. 管理层不支持制定出的标准。

问题 16 丁公司正在制定下一年度的标准。目前一种材料 A 的采购价为每单位 72.9 元。预计下一年度该材料的采购价格将会上涨 10% 左右，使得单位价格在 77.5 元和 88.36 元之间浮动，具体采购价格取决于采购数量。请问下一年度该零部件的标准成本应为多少？（ ）

A. 当前实际成本加上预期 10% 的价格上涨。

B. 设定为预期浮动区间内的最低价格，以给采购部门带来压力，促使他们以最低价购入原材料。

C. 设定为预期浮动区间内的最高价格，以使直接材料价格差异保持为有利差异。

D. 按采购部门经理和其他相关经理同意的价格来设定。

问题 17 下列哪项不是标准成本标杆的实例？（ ）

A. 该单位以前年度的业绩。

B. 以前可比期间的最好业绩。

C. 与公司内相似部门的最好业绩比较。

D. 经营相似业务的竞争对手的最好业绩。

问题 18 关于预算编制流程，下列哪项描述是正确的？（ ）

A. 自上而下的预算编制方法不能保证战略目标被很好贯彻。

B. 为了防止对于预算的理解混乱，一旦设定了部门预算指标，这些指标就该保持不变，即便这些指标在年中被证明是不合理的。

C. 由于信息技术的发展，预算作为组织沟通协调手段的作用已经降低。

D. 由于部门经理对自己部门的运营最为了解，他们掌握的信息应该作为编制运营预算的基础。

问题 19 乙公司负责计划工作的副总李湘对预算编制过程中的"猫腻"心知肚明。她告诉公司的总会计师，她对经验老到的经理人员在编制预算时所留的"预算松弛"很不满。李湘已经考虑在预算编制过程中实行下列措施：

1）由最高管理层制定预算，然后将预算下达至下级部门。

2）详细研究以前各期的实际收入和费用。

3）各部门编制的预算交由预算委员会简单加总在一起，形成总预算。

4）对全体员工公布预算，以促使公司的总体目标的实现。

5）采用反复多次修正的预算编制流程，从而使得预算能够吸收经营单位和高级经理人员提出的建议。

为了最大限度地解决李湘的忧虑和问题以及更好地激励员工，应该采取上述措施中的哪一项或者哪几项？(　　)

A. 措施 1。　　B. 措施 2 和措施 3。

C. 措施 2 和措施 4。　　D. 措施 2，措施 4 和措施 5。

问题 20　公司的管理层将使用以下哪种方法对比最佳的业绩和公司自身的财务数据？(　　)

A. 预算。　B. 预测。　C. 标杆。　D. 最佳实务分析。

问题 21　下列哪项是参与式预算的缺点？(　　)

A. 更费时。　　B. 减少激励性。

C. 降低可接受性。　　D. 不准确。

问题 22　战略规划是什么？(　　)

A. 建立了该组织的总体目标。　　B. 建立了该计划将需要的资源。

C. 确立了该组织的预算。　　D. 决定了在指定的方向上使用本组织的资源。

问题 23　进行成本估计时，简单线性回归不同于多元线性回归，因为简单线性回归使用(　　)

A. 一个因变量，而多元线性回归使用了全部可获得的数据来估计成本函数。

B. 多个因变量，而多元线性回归可以使用多个自变量也可以使用多个因变量。

C. 一个自变量，而多元线性回归使用了多个自变量。

D. 一个因变量，而多元线性回归使用了多个因变量。

问题 24　大兴区物流行业丁公司收集了过去 24 个月的数据来确定是否存在一个因变量，可以用来估计运输费用。3 个可能的因变量分别为批数、里程和重量。用来确定这些因变量是否能用来估计运输费用的定量技术被称为(　　)

A. 弹性预算法。　B. 线性规划法。　C. 线性回归法。　D. 变动成本法。

问题 25　深圳的甲制造公司利用多年的数据开发了以下的多元回归方程式，来估计产品成本：

成本 $=FC+a\times L+b\times M$

式中，FC 代表固定成本；L 代表每小时工资率；M 代表每千克材料成本。

下列哪项变动后将使得该模型的有用性降低？(　　)

A. 工厂间接费用显著减少，工厂间接费用是固定成本的一部分。

B. 重新谈判劳动合同，要求更高的工资率。

C. 由于从国外购买材料，材料成本显著下降。

D. 劳动力生产率显著变动。

问题 26　为了用广告费用来分析销售收入，丙公司的销售经理根据 32 个月销售收入和广告费用的关系开发了简单线性回归模型。该模型如下所示，且给模型的决定系数为 0.90。

$S=20\,000$ 元 $+2.50\times A$

式中，S 代表销售收入；A 代表广告费用。

如果丙公司某月的广告费用为 2 000 元，那么销售收入的估计值为(　　)

A. 5 000 元。　B. 22 500 元。　C. 24 500 元。　D. 25 000 元。

问题 27 用变量 X 回归变量 Y 的结果如下所示：截距为 5.23，斜率为 1.54。当变量 X 的值为 10 时，变量 Y 的估计值是( )

A. 6.78。 B. 8.05。 C. 20.63。 D. 53.84。

问题 28 随着工作经验的积累，下列哪种方法最有可能用来分析小时的减少量？( )

A. 回归分析。 B. 学习曲线分析。

C. 敏感性分析。 D. 正态分布分析。

情景 6-1

壬公司在航天领域的技术处于领先，已经开发出了一款与火箭发射相关的产品，这种产品需要一种制造流程复杂的部件。生产该部件要求工人具有非常高的技术水平。管理层相信随着其技术人员对该生产过程适应，他们会提高生产效率。生产第 1 个单位的部件需要 20 000 单位直接人工工时。

问题 29 ~ 31 以情景 6-1 作为背景。

问题 29 如果学习率为 80%，已经生产了 8 个部件，那么每单位产品所需的累积平均直接人工工时为( )

A. 10 240 小时。 B. 12 800 小时。 C. 16 000 小时。 D. 20 000 小时。

问题 30 如果学习率为 80%，那么生产 8 单位产品所需的累积直接人工工时总计为( )

A. 59 040 小时。 B. 81 920 小时。 C. 128 000 小时。 D. 160 000 小时。

问题 31 生产第 1 单位产品需要 20 000 直接人工工时，预计再生产 7 单位产品所需的直接人工工时总计为( )

A. 61 920 小时。 B. 81 920 小时。 C. 112 000 小时。 D. 140 000 小时。

问题 32 深圳的乙制造企业计划竞标一个 160 单位产品的特殊订单，其中每批制造 20 个单位，共 8 批。生产部门经理估计每次生产单位的累积数量翻倍时，单位产品所需直接人工工时会按一个固定的百分比下降。用来描述这一现象并估计该特殊订单所需的直接人工工时的定量方法被称作( )

A. 本/量/利分析。 B. 马尔可夫过程。 C. 线性规划分析。 D. 学习曲线分析。

问题 33 昆明的丁制造企业准备竞标 20 单位产品的订单。该公司已经生产过 2 批竞标产品，每批 10 单位。生产经理相信生产前两批时获得的经验会在以后两批的生产过程中持续。前 2 批所需的直接人工工时如下所示：

- 第 1 批 10 单位产品的直接人工工时为 10 000 小时。
- 第 2 批 10 单位产品的直接人工工时为 6 000 小时。

该公司前 2 批生产的学习率是( )

A. 40.0%。 B. 60.0%。 C. 62.5%。 D. 80.0%。

情景 6-2

丙公司计划生产一种新研发的高科技搅拌器。丙公司预计随着工人的经验增加，他们工作效率会提高。根据之前的经验，丙公司估计累积学习曲线的学习率为 70%，预期成本如表 6-22 所示。

表 6-22 预期成本

生产累积数量	生产预测	
	平均单位成本（元）	总成本（元）
1	40 000	40 000
2	28 000	56 000

问题 34 ~ 36 均使用情景 6-2 作为背景。

问题 34　如果丙公司生产了 8 个搅拌器，那么平均每单位制造费用为（　　）

A. 3 294 元。　B. 13 720 元。　C. 19 600 元。　D. 28 000 元。

问题 35　如果丙公司生产了 8 个搅拌器，那么总制造成本为（　　）

A. 101 320 元。　B. 109 760 元。　C. 125 286 元。　D. 224 000 元。

问题 36　在完成第 1 个搅拌器的生产后，一张订制 7 个搅拌器的订单的预期成本为（　　）

A. 69 760 元。　B. 109 760 元。　C. 184 000 元。　D. 196 000 元。

问题 37　汽车制造的丁公司，针对用于起动机里零部件，采用累积平均时间学习曲线模型来监测人工成本。两批最近完成的部件生产的数据如表 6-23 所示。

表 6-23　生产数据

批号	数量（单位）	累积平均单位工时（小时）
1	50	40
2	50	32

假设接下来生产的几批产品使用相同的学习率，下列哪个选项最好地说明了①公司正在使用的学习率和②生产第 201 单位～第 400 单位产品的平均单位工时（即最后 200 单位）。（　　）

	学习率	平均每单位工时
A.	20%	20.48 小时。
B.	80%	20.48 小时。
C.	80%	15.36 小时。
D.	20%	7.68 小时。

问题 38　载重汽车丙制造企业需要 1 600 直接人工工时来生产 1 批共 4 单位的新型发动机。管理层相信在生产接下来的 4 批时会经历学习率为 90% 的学习曲线。生产接下来的 12 单位产品需要多少直接人工工时？（　　）

A. 3 584 小时。　B. 3 888 小时。　C. 4 032 小时。　D. 4 320 小时。

问题 39　在过去的 5 年中，大型复印机的销售收入稳定增长。某经销商预测 2 月份的大型复印机需求为 296 台。2 月份的实际需求为 316 台。如果平滑系数 α 为 0.3，那么采用指数平滑法，3 月份的预测需求为（　　）（选修）

A. 296 台。　B. 302 台。　C. 306 台。　D. 316 台。

问题 40　丙软件公司开发了一种针对新型政策调整的分析数据工具，该公司的销售经理已经编制了以下的概率分布表，来预测该新型分析数据工具的每月销售利润或损失的金额和发生的可能性见表 6-24。

表 6-24　概率分布表

每月销售数量（件）	概率	利润（损失）（元）
10 000	0.2	(8 000)
20 000	0.3	20 000
30 000	0.3	60 000
40 000	0.2	120 000

如果丙公司决定销售新型分析数据工具，那么每月利润的期望值为（　　）

A. 46 400 元。　B. 48 000 元。　C. 49 600 元。　D. 50 000 元。

问题 41 **甲公司引进一套生产线，生产一种新产品。预测的销售结果分为两种情况，分别是优或者是良。甲公司的销售经理估计结果为良的可能性是 0.6。该公司正在为该产品研究各种销售计划，并已经确定了如下所示的边际贡献数据：如果销售结果是优，方案 A 的边际贡献为 600 000 元，方案 B 的边际贡献为 740 000 元。如果销售结果是良，方案 A 的边际贡献为 480 000 元，方案 B 的边际贡献为 360 000 元。根据上述信息，下列说法中正确的是(　　)**

A. 应采用方案 B，因为边际贡献的期望比方案 A 多 20 000 元。

B. 应采用方案 A，因为边际贡献的期望比方案 B 多 16 000 元。

C. 应采用方案 A，因为销售结果为良的可能性更高。

D. 两个方案都可以，决策取决于销售结果为优的概率。

问题 42 **乙公司是一家制造工业设备的企业，每年在机械生产装配过程中需要 100 000 个启动器。从供应商处获得的启动器首先会被装在特殊的机器中测试。如果启动器没有通过测试，那么启动器被报废，相关的 50 元人工成本也会损失。乙公司购买现成的标准启动器而不是订制的启动器。然而一些供应商的产品存在质量问题。乙公司根据表 6-25 选择明年的供应商。**

表 6-25　供应商信息

供应商	每个启动器价格（元）	预期通过测试的百分比（%）
A	70	90
B	74	94
C	78	97
D	80	99

乙公司的总会计师应向总经理推荐哪个供应商？(　　)

A. 供应商 A。　B. 供应商 B。　C. 供应商 C。　D. 供应商 D。

问题 43 **丙公司的总会计师决定用决策模型应对不确定性问题。目前，丙公司有两种方案可供选择，与另一跨国公司联合投资或不联合投资。总会计师提供了以下信息：**

方案 A：联合投资的结果和概率：成功概率为 60%，投资成本为 1 900 万元，投资成功的现金流为 3 000万元，投资不成功的现金流为 400 万元，其他成本为 0 元，至此时已发生的成本为 1 300 000 元。

方案 B：不联合投资的结果和概率：至此时已发生的成本为 1 300 000 元，其他成本为 200 000 元。

下列哪项分别正确地反映了投资与不投资的期望值？(　　)

A. 600 000 元和（1 500 000 元）。　B. （700 000 元）和（200 000 元）。

C. 600 000 元和（200 000 元）。　D. （700 000 元）和（1 500 000 元）。

问题 44 **丁公司有 3 个投资机会。总会计师计算得到了 3 种方案的回报和概率，如表 6-26 所示。**

表 6-26　3 种方案的回报和概率

回报（元）	投资 A 概率	投资 B 概率	投资 C 概率
(40 000)	0.3	0.2	0.3
(20 000)	0.1	0.2	0.1
60 000	0.3	0.2	0.2
140 000	0.2	0.2	0.3
200 000	0.1	0.2	0.1

投资 A、投资 B 和投资 C 的成本相同。总会计师根据期望值进行决策，期望回报从高到低的投资

项目排序为(　　)

A. 投资 A，投资 B，投资 C。　　B. 投资 B，投资 A，投资 C。

C. 投资 C，投资 A，投资 B。　　D. 投资 B，投资 C，投资 A。

问题 45　玩具生产企业戊公司的销售经理认为广告投入增加 80 000 元会带来销售收入和利润的增加。销售经理计算得到公司进行广告宣传后增量销量的概率分布见表 6-27。

表 6-27　增量销量的概率分布

概率	0. 1	0. 35	0. 1	0. 25	0. 2
销量增加（单位）	15 000	30 000	45 000	60 000	75 000

该公司出售的玩具单位售价 10. 40 元，单位成本为 6. 40 元。如果采用了广告，那么戊公司的预期增量利润为(　　)

A. 13 000 元。　　B. 93 000 元。　　C. 106 000 元。　　D. 186 000 元。

问题 46　股票 X 预期未来回报的概率分布如表 6-28 所示。

表 6-28　股案 X 预期未来回报的概率分布

概率	0. 1	0. 2	0. 4	0. 2	0. 1
预期回报（%）	(20)	5	15	20	30

股票 X 的预期回报率为(　　)

A. 10%。　　B. 12%。　　C. 16%。　　D. 19%。

问题 47　下列表 6-29 中哪个概率分布的现金流入的期望值最高？(　　)

表 6-29　不同概率分布的现金流入的期望值

方案 A		方案 B		方案 C		方案 D	
概率（%）	现金流入（元）	概率（%）	现金流入（元）	概率（%）	现金流入（元）	概率（%）	现金流入（元）
10	100 000	10	100 000	10	100 000	10	300 000
20	150 000	20	150 000	20	150 000	20	200 000
40	200 000	45	200 000	40	200 000	40	150 000
30	300 000	25	300 000	30	250 000	30	100 000

A. 方案 A。　　B. 方案 B。　　C. 方案 C。　　D. 方案 D。

问题 48　甲公司计划在当地大学生篮球比赛进行中出售汉堡，并编制了如表 6-30 所示的市场需求的概率分布。

表 6-30　市场需求的概率分布

市场需求（单位）	8 000	10 000	12 000	15 000
概率（%）	10	40	30	20

汉堡的成本随采购量变化而变化，具体情况如表 6-31 所示。

表 6-31　汉堡成本变动与采购量关系

采购量（单位）	8 000	10 000	12 000	15 000
单位成本（元）	2. 50	2. 40	2. 30	2. 20

未售出的汉堡会捐给当地的儿童福利院。在不同的市场需求水平下，利润和采购量的关系如

表 6-32 所示。

表 6-32 利润和采购量的关系

在不同的采购量水平下的预期利润（元）				
市场需求（单位）	8 000	10 000	12 000	15 000
8 000	12 000	8 000	4 400	(1 000)
10 000	12 000	16 000	12 400	7 000
12 000	12 000	16 000	20 400	15 000
15 000	12 000	16 000	20 400	27 000

你会向甲公司建议下列哪项采购量？(　　)

A. 8 000 单位。　B. 10 000 单位。　C. 12 000 单位。　D. 15 000 单位。

问题 49　张琳已经为公司估计了明年的每股收益，她是利用表 6-33 的参数进行计算的。

表 6-33 预估每股收益的参数

销售收入	4 000 万元
销售成本	销售收入的 70%
管理费用	600 000 元
销售费用	200 000 元加上销售收入的 10%
未清偿负债	1 000 万元，利率为 8%
所得税率	35%
已发行普通股股数	200 万股

她希望知道每股收益对销售收入变化的敏感程度。销售收入增加 10%，每股收益增加(　　)

A. 14.0 分/股。　B. 20.8 分/股。　C. 26.0 分/股。　D. 40.0 分/股。

问题 50　丙公司对成本和产量的回归分析的结果为：$y=180x+90$。回归的标准误差为 30，决定系数为 0.81。当预算要求生产 100 个单位的产品，丙的总成本的估计值是多少元？(　　)

A. 6 180 元。　B. 9 180 元。　C. 18 060 元。　D. 18 090 元。

问题 51　以下哪种方法不能用来分析时间序列数据？(　　)(选修)

A. 最小二乘法。　B. 指数平滑法。　C. 德尔菲法。　D. 移动平均法。

问题 52　一个数据分析师收集了一家公司的数据如表 6-34 所示。

表 6-34 公司相关数据

项目	6 月	7 月	8 月	9 月	10 月
X	24	31	19	15	22
Y	104	76	124	140	112

X 和 Y 之间的相关系数是(　　)

A. 1.00。　B. −1.00。　C. 0.05。　D. 0.00。

问题 53　和静态预算相比，弹性预算(　　)

A. 使经理进行的可控固定成本预算值和实际值的比较更有现实意义。

B. 使考核期间的产能差异能被更好地理解。

C. 促使经理少耗用固定成本而多耗用可控变动成本。

D. 使经理进行的可控收入及成本的预算值和实际值的比较更有现实意义。

问题 54　阀门制造丁公司最近任命李娜为负责财务的副总，并要求她设计一套新的预算编制制度。李娜做了以下改变，她把公司的年度预算除以 12，这样就成了一种按月度编制预算的制度。然后李娜为每个部门编制一份月度预算，并让各部门经理每个月呈上一份比较实际值和预算值的报告。表 6-35是一份 A 部门的月度报表的样本。

表 6-35　A 部门的月度报表

科目	实际	预算	差异
产量（件）	1 000	900	100，有利
变动生产成本			
直接材料	5 600	5 400	200，不利
直接人工（元）	9 600	9 000	600，不利
变动制造费用（元）	8 500	8 100	400，不利
固定成本（元）			
折旧（元）	6 000	5 400	600，不利
税金（元）	2 000	1 800	200，不利
保险（元）	3 000	2 700	300，不利
管理费用（元）	2 200	1 980	220，不利
营销费用（元）	2 000	1 800	200，不利
总成本（元）	38 900	36 180	2 720，不利

这份月度报告是按上级要求编制的，且引起一些问题。下列各项中，哪项不是产生这些问题的原因？(　　)

A. 采用的是弹性预算而不是静态预算。

B. 最高管理层对预算流程的态度。

C. 包括了一些不可控的成本，如折旧。

D. 因素考虑不周，如说季节性因素。

问题 55　下列哪项不是对传统预算编制流程的批评？(　　)

A. 在讨论预算时，如果发现计划费用过高时，对其做全面削减。

B. 预算中包含了财务指标和非财务指标。

C. 过分强调固定时间维度，如一年。

D. 只有在预算期结束之后，传统预算才被用来考评业绩。

问题 56　汽车制造己公司采用了一种预算编制流程，具体过程是公司从分析当前实际情况着手，寻找可改进的空间，从而决定为了完成改进目标所需要做出的变革。然后以改进后的业务或者流程为基础编制预算，从而使得预算成本低于前期。公司这样做的目的是以更低的成本制造产品或提供服务。预算成本的减少是效率和质量提高的结果，而不是主观上随意削减的结果。上述的这种预算流程被称为(　　)

A. 作业基础预算。　　B. 包含改善内容的预算。

C. 标准成本预算。　　D. 零基预算。

问题 57　一种要求经理每一期都去分析整体预算合理性的编制预算方法是(　　)

A. 业绩预算。 B. 项目预算。 C. 零基预算。 D. 增量预算。

问题 58 包含改善内容的预算方法( )

A. 关注那些生产和销售产品或服务所必需的作业的成本。

B. 按照预算期间实际完成量或期望完成的产出水平来调整成本。

C. 以未来改进后的结果为基础对成本做出预测，而不是以当前的情况为基础进行预测。

D. 对费用重新做出预测，就好像第一次编制此项预算。

问题 59 不是以当前的实践和做法为基础，而是以未来改进后的结果为基础对成本做出预测的预算方法称为( )

A. 零基预算。 B. 包含改善内容的预算。

C. 弹性预算。 D. 作业基础预算。

问题 60 静态预算是( )

A. 当前月份或季度完成时，删除当前月份或季度，并增加了未来的一个月或一个季度。

B. 提出一段时间的期望，但不是公司坚定承诺。

C. 只有一个生产水平的计划，不会根据生产水平的变化而调整。

D. 一系列生产水平的计划，会根据生产水平的变化而调整。

问题 61 甲公司目前正在制定明年的季度预算。过去工人们花上 6.4 小时去完成一项复杂的装配任务。如果甲采用滚动预算或者包含改善内容的预算，则下列哪项最恰当地表述了采用滚动预算或者包含改善内容的预算时本年装配时间？( )

	滚动预算	包含改善内容的预算
A.	维持在 6.4 小时	维持在 6.4 小时。
B.	维持在 6.4 小时	少于 6.4 小时。
C.	少于 6.4 小时	维持在 6.4 小时。
D.	少于 6.4 小时	少于 6.4 小时。

问题 62 乙公司是一家经营餐饮连锁店企业。一项突如其来的道路建设项目，使得经过整个市区中饭店的客流量大大增加。结果，乙饭店的业务量也随着显著增加。下面哪种类型的预算最应被采用来帮助饭店经理计划人工成本？( )

A. 零基预算。 B. 滚动预算。

C. 作业基础预算。 D. 弹性预算。

问题 63 丙公司下一年度的销售预算如表 6-36 所示。

表 6-36 丙公司下一年度的销售预算

产品项目	产销量（单位）	单价（元）	销售收入（元）
A	200 000	100	20 000 000
B	150 000	20	3 000 000
C	300 000	60	18 000 000
收入合计			41 000 000

A 和 C 是同一类产品但是规格不同。B 是 A 的互补品。过去的经验表明 A 和 B 之间的销量的相对关系稳定。丙公司计划明年对 A 加价 10%，这会导致其销量下降 20%，同时 C 的销量增加 5%。如果丙公司对 A 加价 10%，则总销售收入将会下降多少元？( )

A. 2 100 000 元。 B. 1 700 000 元。 C. 1 500 000 元。 D. 1 100 000 元。

情景 6-3

丁公司从事 MP4 的生产，预期明年 4 个季度的销量分别为 130 000 件，144 000 件，168 000 件，132 000 件。该公司要求每个季度末的产品库存量要保持为下一个季度销量的 50%。

问题 64、65 以情景 6-3 作为背景。

问题 64　请问第 2 季度应该生产多少件产品？（　　）

A. 144 000 件。　B. 150 000 件。　C. 156 000 件。　D. 168 000 件。

问题 65　由于停工事件，第 1 季度末的存货比应有的持有量少了 16 000 件。请问公司第 2 季度应该生产多少件的产品？（　　）

A. 150 000 件。　B. 156 000 件。　C. 160 000 件。　D. 172 000 件。

问题 66　甲公司从事家庭小型家电的组装生产。第 1 季度预算销量为 135 000 件，该公司去年第 4 季度留有库存 7 000 件，其中 400 件已经过时淘汰，规定的期末目标存货量为 10 天的销量（1 年 360 天）。请问第 1 季度的计划产量为多少件？（　　）

A. 150 000 件。　B. 143 400 件。　C. 143 000 件。　D. 128 700 件。

问题 67　乙公司的预算数据如表 6-37 所示。

表 6-37　乙公司预算数据

计划销量	8 000 件
直接材料成本	5.00 元/千克
每件直接人工工时	3 小时
直接人工工资率	14.00 元/小时
期初产成品库存	1 800 件
期末产成品库存	1 200 件
期初直接材料库存	8 600 千克
期末直接材料库存	9 000 千克
每单位生产所需直接材料	12 千克/件

请问乙公司的生产预算中，预期生产量是多少件？（　　）

A. 7 400 件。　B. 8 000 件。　C. 8 600 件。　D. 9 200 件。

问题 68　甲公司正在编制生产预算，管理会计部门收集了以下数据：预计销售 2 000 台，期初存货 170 台，所需的期末库存 200 台，上一年年初库存 400 台。甲公司所需的生产水平要多少台？（　　）

A. 1 830 台。　B. 2 030 台。　C. 2 200 台。　D. 2 430 台。

情景 6-4

丙公司只销售一种型号的台灯，产品单价 40 元。所有的销售均是赊销，销售额的 60% 本月收回，40% 下月收回。台灯的库存量维持在下月销量的 30%。明年 1 ~ 3 月份收回的现金额情况见表 6-38。

表 6-38　明年 1 ~ 3 月份收回的现金额　（单位：元）

科目	1 月份	2 月份	3 月份
12 月份应收账款	64 000		
来自 1 月份的销售	108 000	72 000	
来自 2 月份的销售		132 000	88 000

问题 69、70 以情景 6-4 作为背景。

问题 69　其他信息如下：

假定 3 月份的销售额为 300 000 元，请问 2 月份的采购量是多少件？（　　）

A. 3 850 件。　B. 4 900 件。　C. 6 100 件。　D. 7 750 件。

问题 70　其他信息如下：

该公司要求现金账户余额最少为 30 000 元。1 月份预期支付的现金总额为 213 000 元，其中，不包括24 000 元的折旧费用。任何借款必须是 1 000 元的倍数。

前一年 12 月 31 日的资产负债表上现金余额为 49 800 元。

不考虑所得税，请问 1 月份为维持公司的最低现金余额至少要借款多少元？（　　）

A. 16 000 元。　B. 21 200 元。　C. 22 000 元。　D. 46 000 元。

问题 71　丁办公用品超市的销售毛利率一直以来为 35%，且每个月月末的库存量都要维持在下个月预期销量的 30%。第 4 季度的预期销售情况如下：10 月份 84 000 元，11 月份 116 000 元，12 月份 148 000 元。

请问该办公用品超市在 11 月份应该购进商品多少元？（　　）

A. 81 640 元。　B. 102 440 元。　C. 104 260 元。　D. 125 600 元。

问题 72　甲销售公司有一项政策：库存量维持为下个月预期销量的 15%。该公司商品成本平均为售价的 60%。5 月末的库存为 126 000 元，且预期后 7 个月的销售额如下：6 月份 1 400 000 元，7 月份 1 200 000 元，8 月份 1 300 000 元，9 月份 1 600 000 元，10 月份 1 700 000 元，11 月份 1 800 000 元，12 月份 1 680 000 元。

请问该公司在 7 月份的预期采购额是多少元？（　　）

A. 711 000 元。　B. 720 000 元。　C. 729 000 元。　D. 798 000 元。

问题 73　乙零售超市的定价策略为成本加成 30%。该公司 7 月份、8 月份、9 月份的预期销售额分别为 1 430 000 元、1 456 000 元、1 248 000 元。超市的政策为每个月月末的库存量是下月销量的 25%。请问在 8 月份预算中，存货采购成本应该是多少元？（　　）

A. 1 019 200 元。　B. 1 080 000 元。　C. 1 120 000 元。　D. 1 360 000 元。

问题 74　丙公司是一家男士西服的制造商。该公司预期在期末持有 40 000 米布料。期初布料预期为 50 000 米。预期生产时所用布料为 180 000 米。请计算该期公司需要采购多少米的布料？（　　）

A. 170 000 米。　B. 180 000 米。　C. 190 000 米。　D. 270 000 米。

问题 75　在编制下一个季度直接材料采购预算时，工厂的总会计师提供了数据如表 6-39 所示。

表 6-39　编制采购预算使用的数据

预期销量	2 000 件
每件耗用原材料	8 千克
每千克材料成本	6 元
现有原材料库存数量	800 千克
现有产成品库存数量	250 件
计划期末产成品库存量	325 件
计划期末原材料库存量	1 600 千克

请问需要采购多少千克原材料？（　　）

A. 4 950 千克。　B. 15 800 千克。　C. 17 400 千克。　D. 18 600 千克。

问题 76　甲自行车公司预期来年将会销售 400 000 辆自行车。期初库存为24 000辆，期末目标的库存量为 30 000 辆。每辆自行车需要 2 只轮子，轮子从外部供应商处采购。期初的轮子库存为 40 000 只，期末目标的库存量为 36 000 只。请问下一年中该公司将要采购多少只轮子？（　　）

A. 792 000 只。　　B. 796 000 只。　　C. 804 000 只。　　D. 808 000 只。

问题 77　乙公司是制造轮船电子元件的企业。生产每一元件需要两种原料。每一成品元件需要的两种原料的标准耗用量以及当前库存量如表 6-40 所示。

表 6-40　原料的标准耗用量及当前库存量

原料	标准单耗（千克）	价格（元/千克）	当前库存量（千克）
原料 A	2.0	30	5 000
原料 B	1.5	20	7 500

该公司预计以后的两个生产期的销量都是 20 000 件。同时该公司政策规定期末原料库存量为下期产量所需的原料用量的 25%。

基于以上资料，下一期预算的直接材料采购额将是多少元？（　　）

	原料 A	原料 B
A.	900 000 元	900 000 元。
B.	1 350 000 元	600 000 元。
C.	1 350 000 元	800 000 元。
D.	1 650 000 元	900 000 元。

问题 78　丙公司明年预算资料如下：产成品期初存货 20 000 元，产品销货成本 800 000 元，生产耗用直接材料 200 000 元，产成品期末存货 50 000 元，在产品期初、期末存货 0 元。预期制造费用相当于直接人工费用的两倍。请问明年的直接人工预算费用应该是多少元？（　　）

A. 630 000 元。　　B. 420 000 元。　　C. 315 000 元。　　D. 210 000 元。

问题 79　某公司从事办公家具制造，正在编制下一年度的预算。下面哪项不会出现在制造费用预算中？（　　）

A. 生产调度人员的加班工资。　　B. 连接桌腿和桌面的粘胶成本。

C. 支付给生产工段长的福利费。　　D. 把原材料运至公司的运费。

问题 80　丁公司为汽车生产企业供应刹车片，只生产刹车片这一种产品，请利用表 6-41 的资料计算出变动制造费用的间接费用分摊率是多少？（　　）

表 6-41　产品数据

生产件数	11 000 件
待销售件数	10 000 件
间接材料，随产量变动	2 000 元
间接人工，随产量变动	20 000 元
车间主任工资，和产量无关	40 000 元
机器厂房折旧	60 000 元
维持机器运转的水电气等费用	24 000 元
工厂安全照明	4 000 元
销售及一般行政管理费用	10 000 元

A. 4.18 元/件。　　B. 4.60 元/件。　　C. 9.46 元/件。　　D. 10.40 元/件。

问题 81 丁公司正在施行一种成本改进体系，即用持续改进成本计算方法作为编制所有与制造环节相关的预算的基础。为了提高企业盈利能力，该公司打算以后 5 年都用这种预算方法。生产成本的目标降低率定为 5%。今年的生产成本为 1 800 000 元。请问如果采用持续改进成本计算方法，明后两年的生产成本预算额度应该为多少元？(　　)

	明年	后年
A.	1 710 000 元	不能确定。
B.	1 710 000 元	1 624 500 元。
C.	1 710 000 元	1 620 000 元。
D.	1 800 000 元	1 710 000 元。

问题 82 下列哪项不会出现在生产的产品制造成本表？(　　)

A. 期末在产品存货。
B. 期初产成品存货。
C. 耗用的原材料成本。
D. 分配的制造费用。

问题 83 甲公司流水线生产单一产品，8 月份预算产量为 220 000 件，预算的制造成本如表 6-42 所示。

表 6-42 制造成本 (单位：元)

科目	总成本	单位成本
变动成本	2 816 000	12. 80
批量调整准备成本	1 760 000	8. 00
固定成本	2 420 000	11. 00
总计	6 996 000	31. 80

当月产量属于 200 000 ~ 300 000 件的区间时，单位变动成本和总的固定成本保持不变。每月批量调整准备成本总额，均取决于该公司当月的生产批次。一般而言每批产50 000件，除非生产上要求少于此数。以前年度中，该公司曾经月度每批产过42 000件，45 000 件和 50 000 件。为了尽量减少生产批次，该公司坚持每个月都要编生产计划。9 月份该公司计划生产 260 000 件。请问该公司 9 月份预算的生产成本总额为多少元？(　　)

A. 7 508 000 元。 B. 7 860 000 元。 C. 7 948 000 元。 D. 8 268 000 元。

问题 84 乙公司正在编制明年的运营预算。该公司生产两种产品，这两种产品均通过专卖店出售，一些相关数据如表 6-43 所示。

表 6-43 产品数据

科目	A 产品	B 产品
原料		
铝	2 千克，10 元/千克	1 千克，10 元/千克
铜	无	1 千克，30 元/千克
直接人工	1/4 小时，40 元/小时	1 小时，44 元/小时
预期销量（件）	8 200	2 000
单位销售价格（元）	60	160
期末产品库存量（目标数）（件）	100	60
期初产品库存量（件）	300	60
期初产品库存成本（元）	10 500	6 240

制造费用根据直接人工工时分配至产品。预期变动的制造费用、固定制造费用分别为 50 000 元和 30 000 元。请问生产单位 B 产品的成本是多少元？(　　)

A. 84 元。　B. 92 元。　C. 104 元。　D. 124 元。

问题 85　乙公司是一家生产企业，张三是公司的总会计师。他收集了以下的资料：期初产成品库存200 000 元，产品的制造成本 1 400 000 元，期末产成品库存 400 000 元，期初在产品库存 600 000 元，期末在产品库存 100 000 元。请问该公司产品销货成本是多少元？(　　)

A. 1 000 000 元。　B. 1 200 000 元。　C. 1 600 000 元。　D. 1 900 000 元。

问题 86　丙公司是一家运输公司，在过去几年的装运费用如下：固定成本32 000元，平均每次装载量 30 千克，每千克成本 1 元。

该公司下一年的预算数据如下所示：装运件数 8 000 件，销售订单数量 800 次，装运次数 800 次，销售总金额 2 400 000 元，总运量 9 600 千克。

请问该公司下一年度的装运成本的预算额应该是多少元？(　　)

A. 9 600 元。　B. 32 000 元。　C. 40 000 元。　D. 41 600 元。

问题 87　丙销售公司 8 月份销售 20 000 件产品时的销售和行政管理费用如表 6-44 所示。

表 6-44　销售和行政管理费　（单位：元）

项目	成本	
	每单位	总计
变动成本	37.20	744 000
阶梯成本	8.50	170 000
固定成本	17.60	352 000
销售和行政管理费用合计	63.30	1 266 000

变动成本是金额为销售额 6.2% 的销售佣金。阶梯成本取决于该公司聘用的销售人员的数量。8 月份有 17 名销售人员，但在月末有两名员工提前退休了。估计这些空缺将会维持几个月。产量在 15 000 ~ 30 000 件/月时，固定成本总额保持不变。该公司正在计划削价 10%，预期会使每月销量增加到 24 000 件。如果该公司真的削价 10%，请问 9 月份预算的销售和行政管理费用总额将是多少元？(　　)

A. 1 305 520 元。　B. 1 359 520 元。　C. 1 429 920 元。　D. 1 519 200 元。

问题 88　模拟职工福利成本表是企业年度利润计划的一部分。请问这份报表包括哪些相关成本？(　　)

A. 工人工资和职员薪金总额以及由公司支付的相关福利费。

B. 工人工资和职员薪金净额以及由公司支付的相关福利费。

C. 列示于“工资清单”上的各种工资的扣缴额和由公司支付的福利费。

D. 公司支付的福利费和工资税。

问题 89　下列各项预算：

Ⅰ. 产品销货成本预算。

Ⅱ. 生产预算。

Ⅲ. 采购预算。

Ⅳ. 管理费用预算。

如按编制先后排列，正确排列顺序应该是(　　)

A. Ⅰ，Ⅱ，Ⅲ，Ⅳ。　B. Ⅲ，Ⅱ，Ⅳ，Ⅰ。

C. Ⅳ，Ⅱ，Ⅲ，Ⅰ。　　D. Ⅱ，Ⅲ，Ⅰ，Ⅳ。

问题 90　在制定年度总运营预算时，下列哪项最好地描述了预算编制的顺序？(　　)

A. 生产预算，直接材料预算，收入预算。　　B. 生产预算，收入预算，直接材料预算。

C. 收入预算，生产预算，直接材料预算。　　D. 收入预算，直接材料预算，生产预算。

问题 91　一些公司在做下一年度的业务计划时经常使用综合的预算编制方法。当既制定运营预算又制定财务预算时，关于财务预算下列哪项表述是正确的？(　　)

财务预算包括：

	资本预算	预期资产负债表	现金预算
A.	是	否	是。
B.	否	是	否。
C.	是	是	是。
D.	否	否	否。

问题 92　丁商场的总会计师让一位会计员编制一份详尽的报告，要能概略地反映该公司下一个会计年度的现金流量以及期末的现金状况。相应地，总会计师要求编制一份现金预算表，预期的现金流量表以及一份详尽的销售商品的现金收款表和一份详尽的采购商品的现金支付表。

下面哪项能正确地体现该会计员编制的第 1 份和最后 1 份文件？(　　)

	第 1 份	最后 1 份
A.	收款清单	预期现金流量表。
B.	收款清单	现金预算。
C.	现金预算	顺序不重要，可以是收款清单也可以是现金付款清单。
D.	现金付款清单	顺序不重要，可以是预期现金流量表也可以是现金预算。

问题 93　丁公司销售采取赊销的方式，销售当月收回 60%，售后第 1 个月收回 25%，售后第 2 个月收回 15%。收不回的欠账少之又少，微不足道。在销售当月支付货款的顾客，将会得到 2% 的折扣。如果 1～4 月份的销售额分别为 440 000 元，400 000 元，560 000 元，520 000 元。请问该公司 5 月 1 日的应收账款余额将会是多少元？(　　)

A. 214 240 元。　　B. 287 840 元。　　C. 292 000 元。　　D. 408 000 元。

问题 94　甲公司预计各月的月度销售额如下：1 月份 200 000 元，2 月份 300 000 元，3 月份 360 000元。

经验表明，销售额的 40% 当月收回，50% 下个月收回，剩下的 10% 售后第 2 个月收回。截至 12 月 31 日公司应收账款余额为 160 000 元，其中 144 000 元来自 12 月份的销售，16 000 元来自 11 月份的销售。请问该公司在 1 月份预计能收回多少现金？(　　)

A. 153 600 元。　　B. 168 000 元。　　C. 216 000 元。　　D. 266 000 元。

问题 95　甲公司下一个会计年度的预算中显示：4、5 月份的销售收入分别为 1 400 000 元和 1 500 000 元，该公司收款模式如下所示。

每个月销售额的 20% 为现销；赊销额的 5% 为收不回的坏账；赊销额的 70% 于当月收回；赊销额的 25% 于销售后一个月收回。

如果公司预期在 5 月份时会出售一台旧设备，现销额为 50 000 元，请问该公司 5 月份预计总共能收回多少现金？(　　)

A. 1 120 000 元。　　B. 1 405 000 元。　　C. 1 470 000 元。　　D. 1 475 000 元。

问题 96　乙公司是一家销售公司，采取赊销方式销售货物，收款模式如下：销售当月收回 10%，

售后第 1 个月收回 60%，售后第 2 个月收回 30%。

12 月 31 日，该公司报表上列示了 423 000 元的应收账款，其中 324 000 元来自 12 月份的销售，99 000元来自 11 月份的销售。该公司预期 1 月份的销售收入为 340 000 元，则 1 月份应该收回多少现金？(　　)

A. 258 100 元。　　B. 349 000 元。　　C. 423 000 元。　　D. 257 000 元。

问题 97　西城区乙销售公司决定编制现金预算以提高总体的现金管理水平。根据过去几年的经验可知其现金收款模式为：

销售额的 40% 属于赊销；赊销额的 50% 当月收回；赊销额的 30% 于售后第 1 个月收回；赊销额的 15% 于售后第 2 个月收回；赊销额的 5% 为收不回来的坏账。

过去 5 个月销售额为：1 月份 440 000 元，2 月份 480 000 元，3 月份 500 000 元，4 月份 460 000 元，5 月份 520 000 元。

预计 6 月份的销售额为 510 000 元。基于上述资料，请问 3 月份预计收回多少现金？(　　)

A. 460 000 元。　　B. 474 800 元。　　C. 484 000 元。　　D. 486 400 元。

问题 98　东城区乙公司下半年的预期销售额如下：7 月份 920 000 元，8 月份1 000 000元，9 月份 1 050 000 元，10 月份 1 000 000 元，11 月份 960 000 元，12 月份900 000元。

现金交易占销售额的 20%。赊销额按下列模式收回：在销售当月收回 40%，在下个月收回 30%，在售后第 2 个月收回 25%，收不回的比例 5%。

请问 12 月 31 日预期应收账款净额为多少元？(　　)

A. 558 600 元。　　B. 588 000 元。　　C. 720 000 元。　　D. 735 000 元。

问题 99　丙公司采用公历年份作为会计期间，每月都编制一份现金预算。请问当编制 7 月份的现金预算时，应该考虑下面哪项？(　　)

A. 从员工 6 月份的薪金中扣除的所得税和社保税，两税于 7 月份上缴给国税局。

B. 计划于 7 月 15 号宣告发放的季度现金股利，并于 8 月 6 日向 7 月 25 日登记在册的股东支付股利。

C. 在来年每个季度的最后一个月支付的上一年征收的财产税。

D. 确认 7 月份收不回来的 0.5% 的应收账款。

问题 100　广州丙公司基于以下资料编制现金预测：

月度销售额：12 月份至 3 月份分别为 400 000 元，400 000 元，700 000 元，800 000 元。

所有的销售均为赊销，且在销售的下一个月收回。

采购成本为下个月销售额的 60%，款项当月支付结清。

其他费用：每月 50 000 元，其中包括折旧费用 10 000 元。

若 1 月份的期初现金余额为 60 000 元，且该公司要求现金余额最少维持在 20 000 元。则在 2 月底至少需要多少元短期借款？(　　)

A. 120 000 元。　　B. 140 000 元。　　C. 150 000 元。　　D. 160 000 元。

问题 101　朝阳区丁公司正在制定下一个季度的现金预算。表 6-45 的预算资料正在被复审。

表 6-45　预算资料　　(单位：元)

收入	1 400 000	1 600 000	1 000 000
购买存货	700 000	850 000	450 000
其他费用	300 000	350 000	350 000

该公司预期于销售当月收回 40% 的款项，于下个月收回 60%。采购额的 50% 于当月支付，50% 下

个月支付，其他费用发生当月支付。该公司一些账户的预期季初余额如下：现金 400 000 元，应收账款 600 000元，因购置存货而发生的应付账款 800 000 元。

根据上述资料，则该公司 2 月末预期现金账户余额将是多少元？（ ）

A. 1 425 000 元。 B. 1 000 000 元。 C. 465 000 元。 D. 240 000 元。

问题 102 丁公司正准备编制 4 月和 5 月的现金预算。该公司已在银行有 40 万元的信贷额度，年利率 12%，借款必须以 20 000 元为增量。4 月 1 日时，没有未偿还的信贷额度贷款。利息是按月支付。在任何一个月中，有现金盈余才需偿还本金。如果没有贷款，丁公司将超过其所需的现金投资国库券。通过借贷或者投入现金，丁公司打算每月月底维持 20 万元的最低余额。预期每月的现金回收和支付模式如表 6-46 所示。

1）回收现金。当月的预算销售的 50%，与前一个月的预算销售的 50%。

2）应付账款付款。当月的预算应付账款的 75%，和上月的预算应付账款的 25%。

3）有其他款项发生在当月。

表 6-46 现金回收和支付 （单位：元）

科目	3 月	4 月	4 月
销售	80 000	100 000	200 000
应付账款	60 000	80 000	80 000
工资	120 000	140 000	100 000
其他支付	50 000	60 000	20 000

在 5 月，丁公司将会（ ）

A. 偿还 40 000 元的本金和支付 2 000 元利息。

B. 偿还 180 000 元的本金和支付 200 元利息。

C. 支付 1 800 元利息。

D. 额外借用 20 000 元，并支付 2 000 元利息。

问题 103 甲服装公司开业第 1 年期初现金余额 170 000 元。该公司在银行的短期贷款信用额度为 100 000 元。第 1 季度的预算资料如表 6-47 所示。

表 6-47 1 季度预算资料 （单位：元）

科目	1 月份	2 月份	3 月份
销售收入	120 000	80 000	100 000
采购	70 000	80 000	150 000
运营成本	50 000	50 000	50 000

所有的销售均是赊销，款项在售后第 2 个月全部收回。采购款项在采购后第 1 个月全部支付，而运营成本则在发生当月全部支付。根据贷款合同，该公司需要维持一个最低 10 000 元的现金持有量，则该公司需要在季末借款多少元？（ ）

A. 0 元。 B. 10 000 元。 C. 20 000 元。 D. 90 000 元。

问题 104 编制预算中使用销售百分比预测方法，以下将受影响最大的是？（ ）

A. 应付账款。 B. 应付抵押贷款。 C. 应付债券。 D. 普通股。

情景 6-5

甲企业采用销货百分比法编制预测模拟财务报表。根据历史上的财务数据，以下假设可以建立多个项目和销售的关系：产品销售成本是销售收入的 70%；销售及行政开支是销售收入的 10%；现金及现金等价物是销售收入的 4%；应收账款是销售收入的 20%；存货是销售收入的 23%；固定资产净值是销售收入的 32%；应付账款是销售收入的 15%；应计项目是销售收入的 10%。

甲企业预计在即将到来的一年销售收入增长了 15%。该公司目前拥有 15 000 股普通股股票，它计划保持支付其净利润为 35% 的现金股利的股息政策。目前其票据的应付利息的利率是 7%（8 000 元票据），其长期债务的利率是 10%（35 000 元债券）。该公司按照 35% 的税率缴纳所得税。

问题 105、106 以情景 6-5 作为背景。

问题 105　基于上述信息，假设今年销售额是 20 万元，那么下列哪项是明年模拟财务报表中销售管理费用的金额？(　　)

A. 30 000 元。　　B. 24 000 元。　　C. 20 000 元。　　D. 23 000 元。

问题 106　基于上述信息，假设今年销售额是 10 万元，那么下列哪项是明年模拟财务报表中经营利润的金额？(　　)

A. 34 500 元。　　B. 20 970 元。　　C. 23 000 元。　　D. 13 630 元。

问题 107　能够描述随着产量的增加，产品的成本下降的理论是(　　)

A. 学习曲线。　　B. 需求曲线。　　C. 帕累托原理。　　D. 减振器原理。

问题 108　成本池由同质成本构成，这些成本随生产水平的上升或下降而同比例变化，以上描述的是哪种预算方法？(　　)

A. 作业基础预算。　　B. 弹性预算。　　C. 零基预算。　　D. 持续改进预算。

问题 109　乙公司管理层决定仿照日本企业实行持续改进战略，以下哪项是其可能采取的措施？(　　)

A. 第 1 月平均人工工时为 8 小时/件，最后 1 月平均人工工时为 7.5 小时/件。

B. 员工人数由 600 人减少为 500 人。

C. 产量由每个月 1 000 件增加到 1 500 件。

D. 为了降低原材料成本，选择报价最低的供货商，为此适当降低对于材料质量的要求。

问题 110　乙公司正在使用持续改进方法编制预算，管理层预计每年年初的人工工资上升 5%，每个季度的生产小时下降 1%，已经知道第 1 年第 4 个季度的工资总额是 200 万元，第 2 年第 2 个季度预计的工资总额是多少万元？(　　)

A. 200 万元。　　B. 207.90 万元。　　C. 205.82 万元。　　D. 210 万元。

问题 111　预算编制过程中需要董事会、最高管理当局、预算委员会、中层和基层管理者、预算协调者、流程专家的参与。其中预算委员会最重要的职能是(　　)

A. 指导编制工作，核准预算。　　B. 审查修改预算。

C. 监控预算，检查结果。　　D. 获得管理层支持。

问题 112　将预算用于绩效评估和成本控制时，为了保证预算的实现，该过程经常会导致部门负责人增加一些“额外”的东西，这些“额外”的东西是(　　)

A. 短期运营计划。　　B. 预算松弛。　　C. 连续预算。　　D. 目标管理。

问题 113　在某公司计划制订的过程中，目标制定与沟通完成以后的下一步是制定(　　)

A. 直接材料预算。　　B. 生产预算。

C. 销售和管理预算。　　D. 销售预测。

问题 114　乙公司目前正对其政策及程序进行检查，以促进组织内目标一致性。以下哪项最有助于推进该行为？(　　)

A. 交叉成本分配法、零基预算、标准成本法。
B. 目标管理、绩效评估、参与式预算。
C. 成本基础定价法、权威式预算、作业成本法。
D. 参与式预算、交叉成本分配法、目标管理、绩效评估。

问题 115 丙公司目前仅将公司预算作为一种计划工具。管理层认为，将公司预算用于控制目的同样有效。为了实施这种转变，总会计师必须( )

A. 设计预测方法与程序。 B. 成立预算委员会。
C. 指定预算主管。 D. 使预算与会计制度和组织结构相一致。

问题 116 所有类型的组织都能够从预算中获益。政府预算和商业预算的一个重要区别是( )

A. 政府预算通常代表对某提议支出的一种法律上的限制。
B. 商业预算可被用作衡量公司工作进度的一个指标，但政府预算不可以。
C. 政府预算以零基预算为基础。
D. 商业预算是应证券交易委员会的要求而制定的。

问题 117 以下关于销售和管理预算的说法最准确的一项是( )

A. 销售和管理预算需具体化，这样关键假设才能被更好的分析。
B. 销售和管理预算应是销售总额的一个固定百分比，并且需使用自下而上的预算方法。
C. 销售和管理预算很难分摊到各个月中，最好用估计一整年的成本。
D. 销售和管理预算本质上是固定的。

问题 118 每个组织都出于各种不同的原因进行运营计划和预算。以下哪项不是编制预算的原因？( )

A. 为控制运营提供基础。
B. 保证营利运营。
C. 迫使管理层考虑到可能会出现的发展趋势和状况。
D. 促进各运营单位之间更加协调。

问题 119 以下关于高级管理层在预算编制过程中的作用的说法最恰当的一项是( )

A. 有必要参与，包括预算编制过程中对于目标的沟通。
B. 仅需参与审批流程。
C. 需要把预算编制过程和运营计划流程分离成两个独立的过程。
D. 缺乏日常运营的具体知识，因此应限制他们参与预算编制过程。

问题 120 编制正式的计划并将目标转化成定量形式的过程是( )

A. 分步成本法。 B. 预算。
C. 作业成本法。 D. 分批成本法。

问题 121 一般来说，评估某部门经理工作绩效的一个最重要的基础指标是( )

A. 部门的收入减去部门的变动成本。 B. 部门的收入减去部门的可控成本。
C. 部门的边际贡献。 D. 部门的收入减去部门的固定成本。

问题 122 甲公司 2011 年制定了该企业的长期预算，2012 年 6 月 3 日董事会刚刚任命张三担任公司的新经理，董事长郭六要求总会计师李四重新估计预算数据的合理性，并适当调整预算目标，请问这种情况下最适合使用以下哪种预算？( )

A. 作业基础预算。 B. 总预算。 C. 零基预算。 D. 增量预算。

问题 123 以下哪种预算编制将会为模拟资产负债表的所有者权益部分提供信息？( )

A. 销售预算。　B. 现金预算。　C. 资本性支出预算。　D. 模拟利润表。

问题 124　时间序列分析是对变量在一定时间间隔内的取值进行分析的技术。以下哪项不是时间序列分析的类别？（　　）（选修）

A. 趋势。　B. 周期。　C. 指数平滑。　D. 季节性。

问题 125　以下哪项不是成功预算的特征？（　　）

A. 预算应该与战略计划、预测区分开。

B. 预算必须在技术上正确，在数字和事实上合理、准确。

C. 预算应该让员工理解为计划、沟通和协作的工具，而非一种压力或惩罚措施。

D. 员工应该理解允许预算修订这一政策的重要性，能够方便地更改预算。

问题 126　必须将适合的人员纳入预算编制流程才能够保证成功的预算。以下哪些人员应该成为预算参与者？（　　）

Ⅰ. 董事会。Ⅱ. 最高管理当局。Ⅲ. 预算委员会。Ⅳ. 基层管理者。Ⅴ. 预算协调者。Ⅵ. 流程专家。

A. 只有Ⅱ和Ⅲ。　B. 只有Ⅰ，Ⅱ，Ⅲ和。

C. 只有Ⅰ，Ⅱ，Ⅲ，Ⅳ和Ⅴ。　D. Ⅰ，Ⅱ，Ⅲ，Ⅳ，Ⅴ和Ⅳ。

问题 127　正确的过程是产生正确结果的有力保证，请问以下哪项是预算编制的正确步骤？（　　）

Ⅰ. 预算提案。Ⅱ. 预算商议。Ⅲ. 预算审查与批准。Ⅳ. 预算修正。

A. Ⅰ，Ⅱ，Ⅲ，Ⅳ。　B. Ⅰ，Ⅱ，Ⅳ，Ⅲ。

C. Ⅰ，Ⅳ，Ⅱ，Ⅲ。　D. Ⅰ，Ⅲ，Ⅱ，Ⅳ。

问题 128　以下哪项不是标准信息制定的来源？（　　）

A. 作业分析。　B. 历史数据。

C. 市场预期与战略决策。　D. 持续改进。

问题 129　以下哪项方法不能用来减少预算松弛？（　　）

A. 使用作业成本法。　B. 使用标杆方法。

C. 使用参与式预算方法。　D. 使用敏感性分析方法。

问题 130　甲公司过去 3 个月的销售量分别为 100 个、120 个和 130 个。该公司的管理会计师张三正在做下个月的销售预算，他决定使用移动平均法和加权移动平均法分别计算，确定的权重为 0.2、0.3 和 0.5。移动平均法和加权移动平均法的预测结果分别是多少？（　　）

A. 117 个和 88 个。　B. 121 个和 117 个。

C. 117 个和 121 个。　D. 130 个和 121 个。

问题 131　根据销售百分比法编制财务报表时，预测净利润时不需要以下哪个数据？（　　）

A. 销售管理费用百分比。　B. 利息。

C. 预计销售收入。　D. 股利支付率。

问题 132　在企业预算和计划中，应当首先完成下述哪项？（　　）

A. 销售预算。　B. 财务预算。　C. 成本管理计划。　D. 战略计划。

问题 133　下述哪项对于成功编制预算是最重要的？（　　）

A. 经验丰富的分析家。　B. 一体化预算软件。

C. 可靠的预测和趋势分析。　D. 高层管理者的支持。

问题 134　在编制企业总预算的时候，下述哪项最有可能最晚编制？（　　）

A. 销售预算。 B. 现金预算。
C. 生产预算。 D. 销货成本预算。

问题 135 下述哪项不是作业基础预算法的优点？（ ）

A. 更好地识别资源需求。 B. 将成本和产量联系起来。
C. 识别预算松弛。 D. 降低计划的不确定性。

问题 136 在连续的基础上，在未来一定时期，当 1 个月度、季度或年度刚结束的时候，加上未来 1 个月度、季度或年度的预算，以此形成的预算被称为（ ）

A. 滚动预算。 B. 改善预算。
C. 作业基础预算法。 D. 弹性预算。

问题 137 大型生产企业对年度总销售收入的预测，最不可能受哪项因素的影响？（ ）

A. 全年销售收入的季节模型。 B. 预期利息率和失业率。
C. 预期缺少关键原材料。 D. 销售人员的建议。

问题 138 为一所私立秘书学校编制总预算的起点是（ ）

A. 预测教师薪水。 B. 预测学生报名情况。
C. 编制资本支出预算。 D. 编制学生招聘预算。

问题 139 斯万森糖果公司是一家糖果生产商，预期未来 1 年的销售收入会提高。为了实现销售收入提高，该公司计划通过广播进行广告宣传，并更换供应商以购买质量更高的材料。斯万森糖果公司最能够预计的成本为（ ）

A. 任意成本。 B. 工程成本。
C. 基础设施成本。 D. 非承诺成本。

问题 140 马克西米利安计算机公司制订年度经营计划，采用用综合性预算方式。下述哪项最能够确定，将购买的制造笔记本计算机使用的电路板的预算成本？假设每台笔记本计算机使用一块电路板。（ ）

A. $\left(\begin{matrix}\text{笔记本计算机}\\\text{预算销售量}\end{matrix}+\begin{matrix}\text{电路板合适}\\\text{的期末存货}\end{matrix}-\begin{matrix}\text{电路板预期}\\\text{期初存货}\end{matrix}\right)\times\begin{matrix}\text{每块电路板预算}\\\text{购买成本}\end{matrix}$。

B. $\left(\begin{matrix}\text{笔记本计算机}\\\text{预算销售量}\end{matrix}-\begin{matrix}\text{电路板合适}\\\text{的期末存货}\end{matrix}+\begin{matrix}\text{电路板预期}\\\text{期初存货}\end{matrix}\right)\times\begin{matrix}\text{每块电路板预算}\\\text{购买成本}\end{matrix}$。

C. $\left(\begin{matrix}\text{笔记本计算机}\\\text{预算产量}\end{matrix}-\begin{matrix}\text{电路板合适}\\\text{的期末存货}\end{matrix}+\begin{matrix}\text{电路板预期}\\\text{期初存货}\end{matrix}\right)\times\begin{matrix}\text{每块电路板预算}\\\text{购买成本}\end{matrix}$。

D. $\left(\begin{matrix}\text{笔记本计算机}\\\text{预算产量}\end{matrix}+\begin{matrix}\text{电路板合适}\\\text{的期末存货}\end{matrix}-\begin{matrix}\text{电路板预期}\\\text{期初存货}\end{matrix}\right)\times\begin{matrix}\text{每块电路板预算}\\\text{购买成本}\end{matrix}$。

问题 141 荷兰公司正在预计第 2 季度末的现金头寸，记录的有关会计信息如表 6-48 所示。

表 6-48 荷兰公司有关会计信息 （单位：美元）

项目	金额
第 1 季度末的现金余额	36 000
第 2 季度从客户处收取的现金	1 300 000
第 1 季度末应付账款	100 000
第 2 季度末应付账款	75 000
第 2 季度成本和费用总和（权责发生制）	1 200 000
折旧（包括上述应计费用）	60 000

（续）

设备购买（现金）	50 000
资产出售收益（现金）	5 000
资产出售账面净值	35 000
应收票据待摊费用	66 000

根据上述数据，计算第 2 季度末荷兰公司的预计现金余额是多少？(　　)

A. 0。　B. 25 000 美元。　C. 60 000 美元。　D. 95 000 美元。

问题 142　将上期预测和上期观察值结合起来的预测技术被称为(　　)（选修）

A. Delphi 法。　B. 最小二乘法。　C. 回归法。　D. 指数平滑法。

问题 143　卡森公司计划购买运动衫，为世界杯足球赛做准备。运动衫的单位成本随着所购买数量的变化而变化，如表 6-49 所示。

表 6-49　运动衫的单位成本与购买数量的关系

数量（件）	单位成本（美元）
4 000	14.00
5 000	13.50
6 000	13.00
7 000	12.50

卡森公司必须在世界杯开赛之前 1 个月购买运动衫。卡森公司分析了市场和预期销售水平。市场和预期销售水平如表 6-50 所示。

表 6-50　市场和预期销售水平

销售额（美元）	4 000	5 000	6 000	7 000
概率（%）	15	20	35	30

估计世界杯开赛之前和开赛当天运动衫的销售价格为 25 美元，世界杯结束之后，剩下的运动衫将按照 10 美元/件的批发价销售给当地的折扣店。

如果卡森公司购买了 6 000 件运动衫，预期利润为(　　)

A. 64 500 美元。　B. 66 000 美元。　C. 69 000 美元。　D. 72 000 美元。

问题 144　甲公司正在评估每件产品耗费机器工时的标准，用于编制下一年度的预算。甲公司记录的数据表明，完成一件产品需要 0.75 工时；而一项标杆分析研究表明，某竞争对手以每件产品 0.78 机器工时的速度进行生产。尽管已通过工程研究确定了每件产品耗费 0.80 机器工时的标准，但甲公司去年的实际结果是每件产品平均耗费 0.83 机器工时。在预算中甲公司应采用的标准是(　　)

A. 0.75 机器工时/件。　B. 0.78 机器工时/件。

C. 0.80 机器工时/件。　D. 0.83 机器工时/件。

问题 145　在收集编制年度预算所需要的信息时，某公司确定了与制造成本相关的成本动因。该公司可采用以下哪种定量分析方法来度量由成本动因变化而引起的相关制造成本平均变化？(　　)

A. 时间序列分析。　B. 指数平滑法。

C. 回归分析。　D. 学习曲线分析。

问题 146　某公司使用回归分析法预测某项半变动成本，得到的方程为 $Y = -25\,000 + 2.5X$。在该方

程中出现负值的原因可能是(　　)

A. 零产出量在相关范围以外。　　B. 数据中包含的异常值过多。

C. 使用不当的成本动因作为自变量。　　D. 成本未表现出半变动特征。

问题 147　以下哪个选项最好地描述了学习曲线和学习率的概念？(　　)

A. 学习率描述了受学习影响的线性成本习性。

B. 学习曲线是一种在学习进行时估算成本的方法。

C. 学习率是一个百分比，表示产出翻倍时每件产品平均耗费时间的下降幅度。

D. 学习率是一个百分比，表示产出量增加时每件产品平均耗费时间的下降幅度。

问题 148　甲公司正在开发一款新产品。该公司最近耗费了 200 直接人工工时生产出了前两件产品。如果甲公司的学习率为 90%，并采用累积平均时间学习模型，那么制造前 4 件新产品所需的总直接人工工时为(　　)

A. 400 小时。　　B. 380 小时。　　C. 360 小时。　　D. 324 小时。

问题 149　甲公司 5 月份的实际销售收入为 22 000 000 元，这一结果比预计销售收入高 600 000 元。6 月份的实际销售收入为 22 500 000 元。以 0.7 为平滑系数，使用指数平滑法进行计算时，甲公司 7 月份的预计销售收入将为(　　)

A. 22 476 000 元。　　B. 22 296 000 元。　　C. 21 856 000 元。　　D. 21 820 000 元。

问题 150　甲公司近 3 年的季度销售业绩如表 6-51 所示。

表 6-51　甲公司季度销售业绩　　(单位：元)

时间	2011 年	2012 年	2013 年
第 1 季度	100 000	96 000	110 000
第 2 季度	150 000	160 000	165 000
第 3 季度	90 000	85 000	82 000
第 4 季度	95 000	100 000	98 000

甲公司采用时间序列分析法来预测其销售收入。以下哪项最准确地表述了甲公司在过去 3 年内所呈现的销售规律？(　　)(选修)

A. 周期。　　B. 无规则变化。　　C. 季节性。　　D. 趋势。

问题 151　甲公司正在进行一项市场调研，以决定是否推出一款新产品。调研得出的结论是：出现有利结果的概率为 60%；出现不利结果的概率为 40%。如果结果有利，则产品成功的概率为 70%；如果结果不利，则产品失败的概率会达到 75%。如果产品成功，甲公司预期年利润将达到 10 000 000 元；如果产品失败，甲公司每年将损失4 000 000 元。那么，这款新产品的年利润期望值为(　　)

A. 3 000 000 元。　　B. 3 280 000 元。　　C. 4 000 000 元。　　D. 5 300 000 元。

问题 152　甲公司正在评估和选择一系列项目，这些项目需要投入大量资金并在将来能够带来可观的收益。该公司将考虑整个项目期内的预算，并评估多种不同的备选方案。甲公司这种预算方法属于(　　)

A. 滚动预算。　　B. 弹性预算。　　C. 资本预算。　　D. 作业基础预算。

问题 153　某种预算编制法重点关注生产、销售产品及服务所需的各种过程的成本。这种预算编制法被称为(　　)

A. 过程预算。　　B. 作业基础预算。　　C. 总作业预算。　　D. 可控性预算。

问题 154　某公司致力于持续改进并希望确保其预算编制流程能够支持这一目标。在上一预算周

期内，该公司已经消除了许多非增值作业，现在希望能够集中精力开展增值作业并改善其与供应商及客户的关系。(　　) 方法是对该公司最不利的预算解决方案。

A. 弹性预算　B. 作业基础预算　C. 零基预算　D. 连续预算

问题 155　甲公司的目标是减少浪费，并制定出从紧高效的预算。管理团队知道这将耗费不少时间，所以他们计划在预算流程中投入更多时间和人员。在下一预算年度，将对所有作业和职能进行全面的审核。财务总监选择使用本年度的总预算作为来年预算流程的起点。考虑到管理层的目标，财务总监选择的是最适合的预算方法吗？(　　)

A. 是，他应当选择增量预算法，并进行渐进式改进以减少浪费。

B. 否，他应当选择连续预算法，从而提供更新的信息。

C. 否，他应当选择零基预算法，不允许任何不合理的成本。

D. 否，他应当选择作业基础预算法，重点关注历史成本规律。

问题 156　甲公司发现其年度预算在记录实际数据后很快便会过时。有时在确定年度预算前，这一期间的实际准备工作已经开始，这使该公司没有时间对变化中的因素做出反应。甲公司希望预算尽可能与时俱进，且管理层希望可以按需修订预算。(　　) 编制方法最适合甲公司。

A. 弹性预算　B. 作业基础预算　C. 零基预算　D. 连续预算

问题 157　甲公司计划在 4 月份以 600 元的价格销售 100 艘独木舟。到该月中旬，该公司已经销售了 65 艘独木舟，并且预测该月会以 595 元的均价总共销售 130 艘独木舟。4 月份实际上总共销售了 120 艘独木舟，销售均价为 590 元。4 月份独木舟销售收入的弹性预算金额是多少？(　　)

A. 60 000 元。　B. 72 000 元。　C. 77 350 元。　D. 78 000 元。

问题 158　在编制总预算的过程中，某商业企业开始编制当期的现金预算。在管理层编制该预算时，以下哪些信息最为有用？(　　)

A. 赊销政策、购买条款以及融资计划。

B. 预计收入、预计费用以及预期融资活动。

C. 赊销政策、预计费用以及存货采购政策。

D. 直接材料采购计划、直接人工计划以及采购条款。

问题 159　甲公司 2013 年前 3 个月的销售结果如表 6-52 所示。

表 6-52　甲公司销售结果　(单位：元)

科目	1 月份	2 月份	3 月份
现金销售收入	100 000	110 000	120 000
赊销额	320 000	335 000	364 000
总销售收入	420 000	445 000	484 000

甲公司的历史经验表明，从赊购客户处收回现金的模式如下。

1）在售出月份结束后的前 10 天内付款，便可享受 2% 的现金折扣，占比 60%。

2）在售出月份结束后的第 1 个月内付款，但已过了折扣期限，占比 30%。

3）在售出月份结束后的第 2 个月内付款，占比 10%。

那么，甲公司在 3 月份收到的现金额是多少？(　　)

A. 329 480 元。　B. 449 480 元。　C. 466 532 元。　D. 484 000 元。

问题 160　11 月，某公司正在编制下一年度的预算。12 月，该公司决定于来年 1 月份购置新设备，一部分资金通过变卖旧设备筹措，剩余款项则来自于一笔期限 3 年的贷款。运营这些机械设备所需的

现金成本不会发生变化。这项决策会影响该公司下一年的哪些预算财务报表？(　　)

A. 预算资产负债表。　　B. 预算资产负债表和利润表。

C. 预算资产负债表、利润表和现金流量表。　　D. 预算利润表和现金流量表。

问题 161　甲公司制立了一项战略计划，旨在通过成为低成本供应商来提高市场份额，进而提高经营利润。假定市场总规模保持不变，那么根据表 6-53 的信息，甲公司是否实现了既定的目标？(　　)

表 6-53　甲公司的经营数据

科目	本年度	下一年度
收入（元）	325 000	325 000
销货成本（元）	152 000	146 000
毛利润（元）	173 000	179 000
销售费用（元）	100 000	100 000
管理费用（元）	50 000	50 000
经营利润（元）	23 000	29 000
销售数量（件）	1 000	1 000

A. 已实现，因为甲公司降低了成本并提高了营业收益。

B. 未实现，因为甲公司并未降低销售和管理费用。

C. 已实现，因为数据显示销货成本已降低。

D. 未实现，因为数据显示甲公司并未提高市场份额。

问题 162　甲公司本年的销售收入为 2.4 亿元，其期末现金余额为 2 000 万元。甲公司预计来年的销售收入将达到 2.6 亿元。平均来看，一年的销售收入将有 10% 在下一年收回。假设甲公司无坏账，还预计下一年有 2.4 亿元的现金支出与 500 万元的折旧。在下一年，甲公司打算投入 3 000 万元现金进行固定资产改造。如果甲公司的政策是每年年初准备至少 1 000 万元现金，那么其预算现金流量预测结果表明该公司将需要从外部融资(　　)

A. 0 元。　　B. 200 万元。　　C. 700 万元。　　D. 2 600 万元。

问题 163　2011 年，甲公司的销售额为 2 亿元。2012 年，由于失去了某一大客户，甲公司认为销售额降至 1.8 亿元的概率为 10%。甲公司还估计，销售额保持不变的概率为 40%，销售额增至 2.4 亿元的概率为 30%，销售额增至 2.5 亿元的概率为 20%。甲公司本年的销售额期望值将为(　　)

A. 1.6 亿元。　　B. 1.84 亿元。　　C. 2.02 亿元。　　D. 2.2 亿元。

问题 164　甲公司用一块大玻璃切割成 4 块小玻璃。但正常情况下会出现损耗，一般 110 块大玻璃可切割成 400 块小玻璃。管理层要求控制成本，制定新的比例标准：1 块大玻璃切割成 4 块小玻璃，即要求不能有损耗。那么，上述标准是(　　)

A. 理想标准。　　B. 当前可实现标准。　　C. 实际标准。　　D. 以上均不正确。

问题 165　下列哪项对“预算松弛”的描述最准确？(　　)

A. 在进行预算时留出来的团队和项目资源。

B. 整个预算周期预留出来的资源。

C. 为防止出现达不到预期收入而将预算收入降低和为防止出现超过预算成本而将预算成本提高的做法。

D. 以上答案均不正确。

问题 166　甲公司是一个农产品公司，其面临最大的风险是天气问题。为了能够有效管理该风险，公司通过保险的方式来转移风险。A 保险公司提供了不同情况下赔付金额。根据各方面的经验信息，

甲公司的管理会计师张三编制了收益信息表，如表 6-54 所示。

表 6-54　不同情况收益信息表

天气情况		发生概率	甲公司利润	保险公司赔付
良好		60%	500 万元	0 元
不良	一般	30%	200 万元	200 万元
	严重	10%	–300 万元	400 万元

根据以上信息，甲公司为购买该保险愿意支付的最大金额是(　　)

A. 100 万元。　B. 230 万元。　C. 250 万元。　D. 330 万。

问题 167　表 6-55 是甲电影院过去 3 个月门票和清洁费的数量关系。

表 6-55　门票与清洁费的关系

月份（月）	门票（张）	清洁费（元）
3	1 000	5 000
4	1 500	10 000
5	2 000	15 000

若 6 月销售的门票是 1 800 张，那么清洁费是(　　)

A. 11 000 元。　B. 12 000 元。　C. 13 000 元。　D. 14 000 元。

问题 168　甲公司正在编制明年的预算，在现金预算编制完成后，继续编制(　　)

A. 资本预算。　B. 预算利润表。

C. 生产预算。　D. 预算资产负债表。

问题 169　乙房地产公司规模较大，连续 4 年销售额都位于行业领先，但该公司的净利润较低。今年，该公司的控股股东发生变化。新任管理层经分析了公司经营状况后，准备采用新的预算方法，目的是降低费用，提高盈利。根据以上信息，以下哪种预算方法比较合适乙公司？(　　)

A. 增量预算法。　B. 零基预算法。　C. 项目预算法。　D. 弹性预算法。

问题 170　在收集年度预算编制需要使用的信息时，甲公司确定了与制造成本相关的成本动因。该公司可采用以下哪种定量分析方法来度量由成本动因变化而引起的相关制造成本发生的平均变化？(　　)

A. 时间序列。　B. 指数平滑。　C. 回归分析。　D. 学习曲线。

问题 171　甲公司销售收入受季节性影响很大，一般 12 月为最高销售季。甲公司一般会在 12 月份支付供应商货款以获得采购折扣，销售款将于下月收回。12 月份现金流预测下：期初现金余额185 000 元，本期现金流入 20 000 元，支付供应商 100 000 元，支付股利 80 000 元，支付日常费用 50 000 元，期末现金余额（25 000 元）。为维持最低现金余额 75 000 元，该公司最好的选择是(　　)

A. 取消股利支付 80 000 元，并推迟供应商付款 20 000 元。

B. 取消股利支付 80 000 元，从外部借款 20 000 元。

C. 推迟支付供应商货款 100 000 元。

D. 短期贷款 100 000 元。

问题 172　年度预算会(　　)

A. 仅影响长期规划。　B. 仅影响长期规划和经营预算。

C. 仅影响运营预算和公司战略。　D. 影响长期规划、经营预算和公司战略。

问题 173　甲公司致力于持续改进并希望确保其预算编制流程能够支持这一目标。在刚刚过去的一个预算周期内，该公司已经消除了许多非增值作业造成的浪费，现在该公司管理层希望能够集中精力开展增值作业并改善与供应商及客户的关系。请指出下面哪项是对该公司最适合的预算解决方案？(　　)

A. 弹性预算编制法。　　B. 作业预算编制法。
C. 零基预算编制法。　　D. 连续预算编制法。

问题 174 甲公司的目标是减少浪费，并制定出从紧高效的预算。管理团队知道这将耗费不少时间，所以他们计划在预算流程中投入更多时间和更多人员。在下一个预算年度中，该公司将对所有作业和职能进行全面的审核。财务总监选择使用本年度的总预算作为来年预算流程的起点。考虑到管理层的目标，哪种预算方法对该公司来说是最合适的？(　　)

A. 弹性预算编制法。　　B. 连续预算编制法。
C. 零基预算编制法。　　D. 作业预算编制法。

问题 175 甲公司旗下拥有多家零售商店。收到来年的所有初步预算申请后，甲公司的财务数据如下：销售收入 4 600 万元，销货成本 2 070 万元，销售和管理成本 1 980 万元，经营利润 550 万元。只有销货成本以及 5%的销售佣金是变动成本。甲公司的高级管理层认为销售经理低估了预计销量，因而希望增加销售预算，以便该公司可以达到其 15%的销售回报率目标。为达到该目标，销售额必须增加的金额为(　　)

A. 4 000 000 元。　　B. 3 500 000 元。　　C. 1 750 000 元。　　D. 1 400 000 元。

问题 176 甲公司预测明年有 75%的可能盈利，而在盈利状况下，60%的利润是 1 000 万元，40%的利润是 600 万元，25%的可能亏损，亏损金额为 400 万。甲公司明年的利润期望值为(　　)

A. 500 万元。　　B. 530 万元。　　C. 1 000 万元。　　D. 730 万元。

问题 177 甲公司财务部门使用滚动预算方法。年末，该公司财务总将要求开始编制预算。现在使用的预算是(　　)

A. 去年年底编制的预算。　　B. 3 季度末编制的预算。
C. 包含了未来长远的计划。　　D. 下一期要比本期成本更低。

问题 178 项目预算包括项目的收入、费用，以下关于项目预算说法正确的是(　　)

A. 需要在损益表上有一大笔支出，预算期间超过 1 年。
B. 需要在损益表上有一大笔支出，预算期间在 1 年以内。
C. 需要有一大笔准备金的支出，预算期间超过 1 年。
D. 需要有一大笔准备金的支出，预算期间在 1 年以内。

问题 179 时间序列法、学习曲线法、回归分析法的共同点是(　　)

A. 用历史数据推导未来。　　B. 因果关系。
C. 没有线性关系。　　D. 线性关系。

问题 180 甲公司已经拥有 1～5 月份的预算信息，5 月份刚刚结束，财务部门就立即编制 6～10 月份的预算，甲公司应使用哪种预算方法？(　　)

A. 滚动预算法。　　B. 零基预算法。　　C. 弹性预算法。　　D. 增量预算法。

问题 181 甲公司销售回款模式为当月现金销售 10%，赊销 90%。销售当月收回本月赊销额的 40%，次月收回赊销额的 30%，第 3 个月收回赊销额的 25%，第 4 个月收回赊销额的 5%。最近 5 个月预算销售数据如下：8 月 95 000 元，9 月 65 000 元，10 月 70 000 元，11 月 80 000 元，12 月 85 000 元。根据以上信息，12 月收取现金为(　　)

A. 82 375 元。　　B. 79 375 元。　　C. 81 375 元。　　D. 80 375 元。

问题182　甲公司前4个月销售收入如下：2月份445 000元，3月份484 0000元，4月份465 0000元，5月份476 000元。甲公司销售回款模式为当月现金销售为10%，赊销收款如下：在售出当月收款60%，次月收回20%，第3个月收回10%。那么，甲公司在5月末应收账款是多少？(　　)

A. 193 200元。　　B. 252 300元。　　C. 189 300元。　　D. 176 300元。

问题183　甲公司4月预算销售收入为52 300元。该公司均是按照指数平滑来进行预测的，平滑指数的准确度为90%。4月份结束时，该公司的实际销售收入为47 800元，平滑指数为0.25，那么，5月份甲公司的预算销售收入为多少？(　　)（选修）

A. 72 000元。　　B. 39 225元。　　C. 51 175元。　　D. 64 250元。

问题184　甲公司5月份的实际销售额为21 000 000元，比预计销售额高600 000元。6月份的实际销售额为22 500 000元。该公司使用指数平滑法进行预测，平滑系数为0.25时，甲公司7月份的预计销售额是(　　)（选修）

A. 18 000元。　　B. 21 000元。　　C. 24 000元。　　D. 25 000元。

问题185　甲公司企业经营比较稳定，会计部门员工数量不足，所以能够用来编制预算的时间较少。那么，以下哪种预算方法最适合甲公司的情况？(　　)

A. 零基预算法。　　B. 作业基础预算法。

C. 增量预算法。　　D. 参与式预算法。

问题186　某公司主要生产零件A，该产品生产的规律符合学习曲线，且学习率为90%。生产第1件和第2件零件A的时间为36小时。如果该学习曲线率为累积模式，那么生产第3个和第4件的平均时间是(　　)

A. 16.2小时。　　B. 14.4小时。　　C. 18小时。　　D. 17.6小时。

问题187　甲公司采取移动平均法来对未来的销售量进行预测。下一个月的销售量预测建立在之前3个月的数据基础上。已知1月份的销量为160万件，2月份的销量为200万件，3月份的销量为220万件，4月份的销量为240万件，那么5月份的预测销售是(　　)（选修）

A. 193.3万件。　　B. 220万件。　　C. 215万件。　　D. 180万件。

问题188　企业的某部门经营活动和市场变化联系非常紧密，需要使生产和销售密切相关。那么，最适合该部门的预算方法是(　　)

A. 零基预算。　　B. 持续改进预算。　　C. 增量预算。　　D. 滚动预算。

问题189　以下预算报表哪个是最后编制的？(　　)

A. 预算利润表。　　B. 预算资产负债表。

C. 预算股东权益表。　　D. 预算现金流量表。

问题190　甲公司生产某新产品的人工工时符合学习曲线规律，该公司财务总监决定使用增量时间模型，学习率90%。如果生产第1个产品，耗用100人工工时，那么生产4个产品的时间是(　　)

A. 90小时。　　B. 81小时。　　C. 75小时。　　D. 无法确定。

问题191　甲公司2014年1～4月的销售额分别为90 000元、100 000元、120 000元和140 000元。甲公司使用移动平均法进行销售预测。若5月实际销售额为150 000元，则比3个月移动平均法预测的销售额(　　)（选修）

A. 高50 000元。　　B. 高30 000元。　　C. 低50 000元。　　D. 低30 000元。

情景6-6

一个求职者正在测试自己能否胜任一条装配线上的工作。管理部门认为，在操作1 024次后就大体上达到了稳定状态。预计普通装配员工在4分钟内完成该任务。该公司使用增量学习时间模型进行预测。

问题 192 ~ 194 以情景 6-6 作为背景。其中增量学习时间模型满足以下关系：

翻 n 番后的最后 1 个产品工作时间 = 学习率^n × 第 1 个产品的工作时间

问题 192 如果求职者第 1 次操作时间为 10 分钟，第 2 次操作为 9 分钟，则该公司的学习率是（ ）（选修）

A. 100%。 B. 90%。 C. 80%。 D. 70%。

问题 193 该求职者第 8 次操作的预期时间是（ ）（选修）

A. 8.1 分钟。 B. 7.04 分钟。 C. 7.29 分钟。 D. 6.56 分钟。

问题 194 是否聘用该求职者？（ ）（选修）

A. 应该，因为该求职者第 1 024 个产品的操作时间为 3.45 分钟。

B. 应该，因为该求职者第 1 024 个产品的操作时间为 3.49 分钟。

C. 不应该，因为该求职者第 1 024 个产品的操作时间为 4.3 分钟。

D. 不应该，因为该求职者第 1 024 个产品的操作时间为 4.78 分钟。

问题 195 以下哪项可以正确描述目标一致性？（ ）

A. 个人有一定的权利制定目标。 B. 管理层和执行层的目标一致。

C. 公司制定的战略如何指导预算编制。 D. 只有公司管理层制定战略和目标。

问题 196 下面哪项不是设计合理预算流程带来的好处？（ ）

A. 提供一个绩效评估的框架。 B. 组织内部进行充分的沟通。

C. 确保企业获得长期的盈利。 D. 帮助制定并落实战略规划。

问题 197 公司高层审查公司的战略，制定了长期战略和短期目标，接下来公司最应该编制（ ）

A. 资金预算。 B. 资产预算。 C. 经营预算。 D. 总预算。

问题 198 某运输公司利用公式 $Y=100+12X$ 预测运输费用，其中 X 最有可能代表（ ）

A. 上一个月的出货量。 B. 最大出货量。

C. 全年平均月出货量。 D. 某月预测出货量。

问题 199 甲公司会计师统计出总销售量和总广告费用的线性关系为 $Y=175\ 000$ 件 + 2 件/元 × X，其中 X 为总广告费用。预计明年广告费明细为：电视广告 100 000 元，互联网广告 350 000 元，报纸媒体 250 000 元。预计明年的销量为（ ）

A. 700 000 件。 B. 875 000 件。 C. 1 400 000 件。 D. 1 575 000 件。

问题 200 甲公司在制定人工工时标准时，预算标准按照行业最高标杆分析制定。相关信息如下：设备说明书上为 18 秒/件；该公司某主要竞争对手为 28 秒/件；该公司去年实际人工工时为 38 秒/件；该公司实验生产一个批次 1 440 件产品用了 8 个小时。该公司预算人工工时标准应为（ ）

A. 18 秒/件。 B. 20 秒/件。 C. 28 秒/件。 D. 38 秒/件。

问题 201 甲公司 CEO 要求每个项目的预算不能因为今年通过审批，下一年就自动延续。他进一步要求对预算进行全面的审查，并且各部门经理证明其预算项目的准确性。该公司应该采取以下哪种预算方法？（ ）

A. 零基预算。 B. 项目预算。 C. 增量预算。 D. 弹性预算。

问题 202 甲公司随着预算的执行不断延伸补充预算，逐期向后滚动，使预算期始终保持为一个固定期间的方法称之为（ ）

A. 零基预算。 B. 增量预算。 C. 滚动预算。 D. 弹性预算。

问题 203　甲公司做装修设计，装修设计一般需要 9 个月至 1 年完成，期间可以根据客户的需求进行从细微到整体的修改。该公司现在编制预算，最好使用哪种方法？(　　)

A. 作业预算。　B. 零基预算。　C. 项目预算。　D. 连续预算。

问题 204　A 公司本月要求完成 500 万元的销售任务，估计可以完成的概率为 20%，能完成目标任务 50% 的概率是 80%。后期增加了广告投入，可以完成的概率提高为 40%。增加广告投入之后比原来能增加多少销售？(　　)

A. 50 万元。　B. 30 万元。　C. 20 万元。　D. 10 万元。

问题 205　某经理正在研究一项潜在投资计划，其财务结果具有不确定性。不同概率下产生不同的现金流，具体概率和金额如下：概率 10% 需要的资金 300 万元，20% 的情况需要的资金 0，概率 50% 需要的资金 100 万元，概率 20% 需要的资金 600 万元。预计的净现金流量为(　　)

A. 100 万元。　B. 137 万元。　C. 140 万元。　D. 200 万元。

问题 206　一件零件制作需要的工时，经过一段时间后比之前节约 10%，学习曲线的学习率最可能为(　　)

A. 5%。　B. 10%。　C. 90%。　D. 110%。

问题 207　某公司年底对预算的执行情况进行绩效考评，生产经理赵六因为完成了预算指标，得到了一笔奖金。在过去的几年，赵六为了能完成预算，得到奖金，在编制预算的时候一直高估成本费用，赵六的这种做法可以描述为(　　)

A. 激励员工。　B. 预算松弛。

C. 平衡生产成本。　D. 设定绩效评估方法。

问题 208　某企业实行 4 个季度连续预算，是为了便于预算的完整跟踪执行。当在做完 5 年计划后，该企业的负责人决定投资购买新的机器设备，该设备预计使用寿命为 9 年，资本投资的预算周期最好为(　　)

A. 1 年。　B. 4 个连续季度。　C. 5 年。　D. 9 年。

问题 209　某公司预测生产一个产品需要 2 磅（1 磅 =453.592 37 克）材料，3 个人工工时，且因为流程损耗导致需要多制作 10% 来保持正常的数量出售。产成品期初有 100 件，第 1 个月销售 2 000 件，第 2 个月销售 3 000 件，第 3 个月销售 2 500 件。按照标准成本，该公司最少要多少个人工工时来满足第 1 季度的产品正常销售？(　　)

A. 24 666 小时。　B. 24 750 小时。　C. 24 420 小时。　D. 20 450 小时。

问题 210　下面哪项包括在公司现金预算中？(　　)

A. 厂房设备的折旧。　B. 专利的摊销。

C. 债务转换为权益。　D. 土地处置。

问题 211　特定财务年度运营和财务计划的预算，包含损益预算、现金流预算及资本项目，以上描述的是(　　)

A. 滚动预算　B. 弹性预算　C. 总预算　D. 零基预算。

问题 212　某公司进行全年的预算如下：销售额 100 000 件 ×100 元/件，变动运营成本 6 000 000 元，固定运营成本 2 500 000 元，营业利润 1 500 000 元。假如该公司实际销售量为 110 000 件，单位变动成本和固定成本均与预算相同，营业利润增加多少？(　　)

A. 150 000 元。　B. 250 000 元。　C. 400 000 元。　D. 1 000 000 元。

问题 213　企业预算的正确编制顺序为(　　)

A. 销售预算、生产预算、采购预算、制造成本预算、利润表。

B. 生产预算、销售预算、采购预算、制造成本预算、利润表。

C. 销售预算、生产预算、制造成本预算、采购预算、利润表。

D. 销售预算、采购预算、生产预算、制造成本预算、利润表。

问题 214 甲公司生产部门最近统计了主要生产设备维修费用的历史数据，如表 6-56 所示。

表 6-56 维修费用历史数据

概率分布（%）	10	45	30	15
维修费用（元）	230 000	345 000	432 000	125 000

那么，甲公司维修费用的期望值大概是多少？（ ）

A. 283 000 元。 B. 326 600 元。 C. 345 000 元。 D. 432 000 元。

问题 215 甲公司产品单价为 125 元/件，单位边际贡献为销售价格的 35%，直接材料成本为销售价格的 5%，变动间接费用为销售价格的 10%，固定费用 200 000 元。该公司管理层在编制下一年度预算时，要求预测销量由 10 000 件提高到 12 000 件。那么，营业利润的变动额是多少？（ ）

A. 55 000 元。 B. 65 000 元。 C. 70 000 元。 D. 87 500 元。

问题 216 管理层把特定财政年度的运营和财务计划的预算称为（ ）

A. 弹性预算。 B. 滚动预算。 C. 总预算。 D. 战略预算。

问题 217 甲公司主要经营电子设备，其财务部门使用线性回归模型预测销售额。预测公式为 $S = 3M + 150\ 000$ 元，其中 M 为销售运营费用，S 为销售额。某月甲公司的销售额为 189 000 元，那么该公司的销售运营费用是（ ）

A. 13 000 元。 B. 39 000 元。 C. 567 000 元。 D. 717 000 元。

问题 218 某自行车公司通过编制预算来进行绩效考核。该公司在预计销售 40 000 辆自行车的基础上为本年度编制了预算。实际总销售量是 45 000 辆。某自行车公司应使用哪种预算方法来考核本年度的绩效？（ ）

A. 连续预算。 B. 作业预算。 C. 弹性预算。 D. 项目预算。

问题 219 某玩具公司正在为未来几个月编制预算。某玩具公司制造木制玩具卡车。销售量波动很大，节假日往往是销售高峰。管理层希望期末库存维持在相当于下个月销售量 20% 的水平上。某玩具公司预期的未来几个月的销售量如下：10 月 2 000 辆、11 月 2 500 辆、12 月 8 500 辆、1 月 1 200 辆、2 月 850 辆。某玩具公司在 11 月份应制造多少辆玩具卡车？（ ）

A. 1 300 辆。 B. 1 700 辆。 C. 3 700 辆。 D. 4 200 辆。

问题 220 以下哪项最准确地描述了资本预算？（ ）

A. 它可以确保提供足够的资金来满足公司的运营需求。

B. 它确定了公司的长期目标，包括对所有可用资源的考虑。

C. 它将导致在经营周期对现金的需求。

D. 它评估了公司对厂房及设备采购的长期需求。

问题 221 甲公司在制造 A 电气产品时，人工工时符合 75% 的累计学习曲线模型。如果制造前 500 件产品所需的时间为 100 小时，则制造 2 000 件产品总共需要大约多少小时？（ ）

A. 225 小时。 B. 231 小时。 C. 250 小时。 D. 300 小时。

问题 222 甲兽医诊所根据供膳的动物数量安排周末工作人员。该诊所总共有 4 名人员可以在周末上班。根据国家规定，该诊所必须安排工作人员现场照料动物，1 名工作人员最多可以照料 10 只动物。11～23 只动物需要安排 2 名工作人员，24～36 只动物需要安排 3 名工作人员，37～45 只动物需要安排 4 名工作人员。该诊所在过去 12 个周末的动物数如表 6-57 所示。

表6-57　过去12个周末的平均动物数

动物数	12只	20只	25只	35只	40只
周末数	1次	4次	3次	2次	20次

使用期望值分析技术，该诊所需要为下个月的每个周末安排多少工作人员？(　　)

A. 1名。　B. 2名。　C. 3名。　D. 4名。

问题223　甲公司有机会以20万元的价格购买毗邻现有位置的地块。如果购买，该公司还需要花费2万元来平整该地块，使其可用于建造大楼。管理层认为，用足够的现金直接购买该地块的可能性为80%，需要借贷20万元的可能性为20%。该地块的初始资本预算金额是(　　)

A. 22万元。　B. 20万元。　C. 18万元。　D. 16万元

问题224　甲公司的年度预算显示其将从供应商处采购5 500万元的存货。表6-58中显示的账户的期初与期末金额摘自甲公司的预计资产负债表。

表6-58　甲公司预计资产负债表部分信息

科目	1月1日	12月31日
存货（万元）	600	750
应付账款（万元）	400	500

在甲公司的预计现金流量表上，"向供应商支付的现金"是(　　)

A. 5 600万元。　B. 5 550万元。　C. 5 450万元。　D. 5 400万元。

问题225　甲公司是一家零售商，该公司在编制预算时采用弹性预算编制法。该公司明年的初始预算数据如下：销售额9 000万元，销货成本3 600万元，管理费用（均为固定费用）2 100万元，广告费用900万元，销售佣金675万元，其他市场营销费用（均为固定费用）925万元，经营利润800万元。甲公司营销部经理认为，如果广告预算增加500万元，那么销量将增加10%。甲公司是否应批准增加广告预算的请求？(　　)

A. 是，因为销售额增长400万元，大于增加的广告费用。

B. 否，因为广告费用是销售额的10%，所以增加的销售额最多为90万元。

C. 是，因为经营利润将增加40万元。

D. 否，因为经营利润将减少27.5万元。

问题226　甲公司编制了每个月的现金预算，包括每个月的收账预测。财务部门预计65%的销售款在销售当月收回，25%在销售月份后的第1个月收回，10%在销售月份后的第2个月收回。本年度1~6月的销售额分别为185 000元，208 000元，216 000元，208 000元，210 000元，232 000元。5月份收到的现金总额是(　　)

A. 207 900元。　B. 208 800元。　C. 210 100元。　D. 224 100元。

问题227　甲公司以每件100元的价格销售产品，每件产品的变动运营成本为60元，而该公司的固定运营成本为2 500万元。管理团队认为，在未来一段时间内销售60万件产品的概率为20%，销售80万件产品的概率为50%，销售100万件产品的概率为30%。在未来一段时间内，甲公司的预期营业利润为(　　)

A. 3 280万元。　B. 820万元。　C. 780万元。　D. 700万元。

问题228　项目预算的目的是确定、评估和选择能带来利益的项目，这些能带来利益的项目需要(　　)

A. 在损益表中有大笔预算支出，且其预算期间超出项目的生命周期。

B. 在损益表中有大笔预算支出，且其预算期间为正在编制预算的年度。

C. 承诺有大笔资金准备，且其预算期间超出项目的生命周期。

D. 承诺有大笔资金准备，且其预算期间为正在编制预算的年度。

问题 229　根据产品初期投产状况来预计产品全规模生产时直接人工成本的定量分析技术被称为(　　)

A. 学习曲线分析。　　B. 线性规划。

C. 蒙特卡罗模拟分析。　　D. 期望值分析。

问题 230　完成总预算的最后步骤之一是编制预算现金流报表。此报表的目的在于帮助财务报表的用户(　　)

A. 评估公司的经济资源和债务。

B. 评估公司的变现能力、偿债能力和财务灵活性。

C. 确定公司运营收入的构成。

D. 确定应收账款是否可以收回。

问题 231　在编制年度预算时，以下哪项是可以接受的分摊生产线工人附加福利的方式？(　　)

A. 100% 分摊到制造间接费用。

B. 100% 分摊到管理费用。

C. 在制造间接费用和管理费用之间按比例分摊。

D. 在非运营费用和管理费用之间按比例分摊。

问题 232　甲公司使用以下数据编制明年第 1 季度的预算损益表：销售额 4 678 500 元，期初成品库存 12 600 元，期末成品库存 18 900 元，销售及管理费用 1 250 760 元，制造成本 2 445 790 元。该公司的现行所得税税率为 40%。该公司的目标毛利率为 50%。以下哪项为甲公司最佳做法？(　　)

A. 由于预计毛利率低于 50%，管理层应计划降低公司的税率以提高下一季度的业绩。

B. 由于预计毛利率高于 50%，管理层应计划按照总预算来实现目标业绩。

C. 由于预计毛利率低于 50%，管理层应计划降低下一季度的制造成本。

D. 由于预计毛利率高于 50%，管理层应计划提高下一季度的销售价格。

问题 233　甲公司编制了未来 5 个月的预算：5 月、6 月、7 月、8 月和 9 月。5 月的经营数据公布后，甲公司会立刻在预算计划中增加 10 月份的预算。甲公司正在使用哪类预算制度？(　　)

A. 连续预算。　　B. 作业预算。　　C. 弹性预算。　　D. 项目预算。

问题 234　甲公司正在编制明年的预计资产负债表。甲公司预计 50% 的销售额将在销售当月收款，40% 将在销售后的第 1 个月收款，10% 将在销售后的第 2 个月收款。如果甲公司下一年 10 月、11 月和 12 月预算销售额分别为 200 000 元、350 000 元和 450 000 元，那么甲公司的预算年底应收账款将为(　　)

A. 260 000 元。　　B. 285 000 元。　　C. 299 000 元。　　D. 385 000 元。

问题 235　以下哪项是利用预算编制流程来评判业绩所带来的益处？(　　)

A. 管理层能根据预测业绩来度量实际业绩。

B. 过往业绩可用来评估业绩提升。

C. 管理层认为过往状况可预示未来的情况。

D. 可以对照同一行业内其他公司的业绩来度量公司业绩。

问题 236　甲公司是壁挂钟的生产商，每件产品的售价为 30 元，变动制造费用为 18 元。甲公司计划本月销售 400 件产品，并预计将产生 2 600 元的固定费用。那么，甲公司本月的总边际贡献是多

少？（　　）

A. 2 200 元。　B. 4 800 元。　C. 7 200 元。　D. 12 000 元。

问题 237　某大型公司的财务部门编制了一项总预算，其中为每个部门划拨的费用预算十分有限。部门经理们因此而担心会因为超支而被追究责任，但高级管理层希望降低费用支出，以便留有余地来应对紧急情况以及对整个公司的总预算进行的战略调整。根据以上信息，该预算流程是（　　）

A. 成功的预算编制流程，因为这将是使相关人员对超支负责的一种非常有用的方法。

B. 成功的预算编制流程，因为这将鼓励同事们尽最大努力达到这些目标。

C. 不成功的预算编制流程，因为管理层为战略上的未知留出了太多余地。

D. 不成功的预算编制流程，因为该流程未得到员工广泛接受。

问题 238　甲建筑公司是一家住宅建筑商。该公司针对一些位于正在开发区域中的地块提供了 12 种住宅设计供其客户选择。在其 15 年的运营中，甲建筑公司在编制年度预算时会根据上一年的实际经营数据以通货膨胀和预计业务量方面的变化进行调整。在此期间，甲建筑公司的利润率在所有本地住宅建筑商之间一直处于最低水平。最近，甲建筑公司的所有权发生了变化。新管理层认为，在公司的很多领域都存在重大的不必要开支，不过他们不确定超支的具体领域或程度。为了提高盈利能力，甲建筑公司的新管理层应采用的预算编制类型为（　　）

A. 作业预算。　B. 连续预算。　C. 项目预算。　D. 零基预算。

问题 239　C 家具直营店需要扩大其仓储能力，但是担心这一项目会影响公司的财务前景。C 家具直营店将聘用承包商来执行这项工作。因为该公司的利润很低，资金总是较为紧张，C 家具直营店需要通过银行贷款为该项目筹措资金。如果该项目预计耗时 6 个月，那么项目预算应包括承包商的报价以及以下哪项？（　　）

Ⅰ. 银行贷款的利息支出。　Ⅱ. 增量保险费用。　Ⅲ. 增量房产税费用。

A. Ⅰ。　B. Ⅱ。　C. Ⅱ和Ⅲ。　D. Ⅰ、Ⅱ和Ⅲ。

问题 240　甲公司通过独立代理销售其制造的产品，销售代理按销售额的 20%收取佣金。甲公司下一年的预测损益表数据如下：销售额 1 500 万元，销货成本（均为变动成本）600 万元，支付给销售代理的报酬 300 万元，其他支出（均为固定成本）200 万元，经营利润 400 万元，甲公司编制完预算后，才发现其所有主要竞争对手都会将销售价格提高 5%。如果甲公司也将销售价格提高 5%，则修改预算后的公司经营利润将为（　　）

A. 475 万元。　B. 460 万元。　C. 430 万元。　D. 420 万元。

情景 6-7

甲公司是一家玩具公司，由于规模较小，所以没有采用预算系统。该公司的产量在不断提升，可是销售部门还是抱怨存货不足。随着该公司经营规模的扩张，管理层决定采用预算系统。销售部门提出 10～12 月的销售预算，分别为 2 000 件、2 500 件和 3 500 件，产品单价为 10 元/个，该公司的政策是每个月库存为下个月销量的 30%。在设定生产部门标准的时候，管理层产生争议，财务部门认为应该使用行业最高标准，而生产部门认为标准不能设定过高。财务部门除了编制生产预算，还要编制现金预算。

问题 241

1）说明编制成功预算的 4 个要素，结合案例说明。

2）说明预算松弛的概念，结合案例提出改进预算松弛的建议。

3）说明理想标准和当前可实现标准，结合案例说明。

4）如果公司的毛利率为 25%，请计算每个月的生产量。

5）说明编制现金预算的原因。

6）分析编制销售预算的信息来源以及销售预算的步骤，并说明销售预算如何影响生产预算。

7）哪种情况编制预算是可以不做销售预算？

情景 6-8

甲公司是一家销售二手车的企业，每年年末做下一年的总预算。在做3月财务分析的时候，财务部门发现收入和成本的差异都很大。经理对这样的结果很头疼，希望详细了解各项费用并尽快做出改善。3月财务分析如表 6-59 所示。

表 6-59 甲公司 3 月预算值与实际值 （单位：元）

科目	实际值	静态预算
收入	3 000 000	3 600 000
数量	24 000	30 000
直接人工	1 491 840	1 800 000
直接材料	475 200	480 000
变动费用	313 200	360 000
边际贡献	719 760	960 000
固定费用	684 000	690 000
经营利润	35 760	270 000

问题 242：

1）什么是弹性预算？编制弹性预算的流程是什么？

2）说明弹性预算和总预算的区别，说明实施弹性预算的优势。

3）如果该公司希望保持未来 12 个月的销售预测，应该使用什么预测方法？请说明原因。

4）ABB 和 ZBB 是编制预算的方法吗？其目的分别是什么？说明 ABB 和 ZBB 预算的编制流程及其优缺点。该公司可以用这两种方法吗？为什么？

5）已知该公司使用平滑指数计算销售预测值，平滑系数为 0.3，计算 4 月份销售额预测值。说明使用平滑法的注意事项。

6）说明滚动预算的定义。

7）如何计算盈亏平衡点？说明弹性预算在计算盈亏平衡点的作用。

情景 6-9

2013 年年末，甲公司管理层召开会议，确定了 2014 年公司运营战略。具体是研发新产品，从而提高收入，并减少市场费用来支持新产品研发费。该公司 2013 年的利润表和 2014 年的模拟利润表如表 6-60 所示。

表 6-60 公司 2013 年的利润表和 2014 年的模拟利润表 （单位：万元）

科目	2013 年利润表	2014 年模拟利润表
收入	1 000	1 100
销货成本	600	590
管理费用	100	95
营销费用	100	100

（续）

科目	2013 年利润表	2014 年模拟利润表
研发费用	0	50
经营利润	200	265

问题 243：

1）根据以上信息判断，该公司的战略能否实现？

2）如果该公司想要实现制定的战略需要采取哪些措施？

3）该公司在编制销售预算时，需要考虑哪些因素？

4）销售预算有什么作用？销售预算和生产预算是什么关系？

5）模拟财务报表的作用是什么？

情景 6-10

甲公司是一家陶艺公司。2014 年，该公司研究出一种新型的陶瓷摆件，生产第 1 个产品时使用了 50 人工工时。根据经验，该公司的产品生产符合学习曲线的规律，学习率为 90%。然而，在编制下一年度的生产预算时，财务经理张三却没有考虑学习曲线效应，因为他觉得一旦考虑这种效应，会造成差异。该公司预算人工成本为 100 元/小时。

问题 244：

1）使用累计平均时间模型计算生产 4 个产品的总时间。

2）从价格差异和数量差异两个角度分析，如果没有考虑学习曲线效应则会有什么影响？

3）如果学习率变为 80%，分析对差异的影响。

4）说明学习曲线的一个缺点。

5）定义预算松弛，说明该公司是否存在这样的问题。

情景 6-11

甲公司是一家生产电冰箱的企业，该公司预计第 1 季度销售情况为 1 200 台/月，每台单价 2 500 元，生产成本为 1 900 元/台。该公司销售中有 60% 是通过大型电商销售的，每台支付电商销售收入的 8% 作为佣金。1 季度结束时，该公司进行财务分析，分析显示实际销售为 2 000 台/月，其中 80% 通过电商销售。季度总销售收入为 1 260 万元，并且该公司单台成本和预算相等。管理层惊奇地发现该公司的经营利润下降了。

问题 245：

1）说明成功预算的特征。

2）解释销售预算在年度计划中的作用。

3）简单编制该公司的弹性预算。

4）通过弹性预算差异分析，解释该公司收入和经营利润没有达到预算的原因。

情景 6-12

甲公司的 CEO 在今年希望改进公司的预算编制工作，他要求各个部门的经理对本部门商业活动的合理性进行分析和评估，并且准备按照优先级来分配资源。为了更好地确定公司的预算成本标准，他和部门经理进行了多次讨论。销售部门确定今年的销售数量为 20 000 单位，该公司年初存货为 1 000 单位，但是 200 单位产品已经过期，CEO 希望年底存货达到 1 200 单位。甲公司的质量检验非常严格，一般情况下，8% 的产品无法通过检验，按照废品处理。甲公司的每单位产品需要 2 千克原材料和 3 人工工时。该公司现在拥有 5 000 千克原材料。由于原材料需要更新，甲公司年底不准备持有原材料的存货。

问题 246：

1）甲公司 CEO 今年计划采用哪种新的预算编制方法？这种方法的优缺点各是什么？

2）在确定成本标准的时候，甲公司采取的是哪种方式？通常来说，成本标准可以通过哪些来源获得？

3）计算当年的生产预算、原材料预算和人工预算。

情景 6-13

甲公司董事会要求财务部门组织编制下一年度预算。公司各个部门和财务总监就公司战略和下一年度发展思路进行多次交流和沟通后，财务总监要求预算编制团队在 4 周内完成预算初稿，并提交给他进行审核。预算编制团队预计公司明年的相关财务数据如下：销售额比今年提高 20%；原材料、变动制造费用为变动成本，随销售额的提高而按比例提高；人工成本的增长幅度为 10%；固定制造费用不变；销售管理费用中，变动部分为 1 元/单位，固定部分比今年降低 2 000 元。已知今年的财务数据如下：销售数量 10 000 单位；售价为 10 元/单位；人工成本为 20 000 元；原材料成本 30 000 元；变动制造费用 10 000 元；固定制造费用 5 000 元；销售管理费用 15 000 元。

问题 247：

1）该公司的预算流程属于哪种方式？说明该方式的优缺点。

2）预算团队使用哪种预算编制方法进行预算编制？说明该方法的优缺点。

3）计算该公司明年的经营利润。

4）如果明年实际销售额提高了 30%，如何进行合理的绩效评估？

5）说明人工成本的增长没有按销售收入的比例增长的原因？学习曲线能够帮助企业达到什么样的管理目的？

情景 6-14

甲公司是美国一家著名的电子产品生产企业。鉴于该公司产品的设计在世界范围内都有一定的知名度，大部分董事提出希望公司开拓更有发展潜力的国际市场。但是，该公司 CEO 汤姆斯表示很担心公司的产能是不是能够适应该战略转型以及公司的资源是否充足。董事会认为公司需要进行战略管理。于是与麦肯锡公司达成战略规划咨询的协议，让他们为公司未来的发展出谋划策。麦肯锡的分析师建议该公司使用 SWOT 和波特五力分析来分析公司面临的内外部环境。3 个月后，咨询公司拿出战略分析报告，为该公司制定了以合资公司形式进入国际市场的战略。CEO 随即要求预算部门按照制定的战略预测来年的收入、成本等，预算编制完成后要求各个部门按照预算的要求安排来年的工作。在预算执行的过程中，该公司要求使用责任会计的方法，定义责任中心并考核。该公司重点希望考核其采购经理、质量经理和生产经理。

问题 248：

1）说明预算在整个规划过程中的 3 个作用。

2）说明实施战略规划的优点。

3）使用 SWOT 分别分析依靠该公司内部资源扩张和合资的优势和劣势。

4）说明波特五力中影响竞争的因素有哪些？

5）该公司 CEO 要求预算部门编制的是哪种类型的预算？说明该预算方法的优缺点。

6）说明责任中心的 3 个特征、4 种分类以及优缺点。

7）说明考核采购经理、质量经理和生产经理的各一个指标。

问题 249　以下哪项属于弹性预算的主要特点？（　　）

A. 弹性预算提供了在不同业务水平上发生的成本估算。

B. 弹性预算将注意力持续集中在预算编制过程上。

C. 弹性预算每年均编制，与传统的递增预算编制相反。

D. 弹性预算应用依据低层和中层管理人员的意见来制订预算计划。

问题 250　某公司只制造并销售一种产品，每生产一件产成品需要 3 磅（1 磅 = 0.453 592 千克）原材料。该公司 6 ~ 8 月份的生产预算为 10 000 件、11 000 件和 14 000 件。该公司月底的原材料库存等于下月生产需求的 10%。原材料的成本是 2 美元/磅。7 月份该公司将采购的原材料的成本是(　　)

A. 59 400 美元。　B. 66 000 美元。　C. 67 800 美元。　D. 74 400 美元。

问题 251　就季节性很强的企业而言，以下哪项内容是需要纳入其运营预算进行协调的 3 个最为重要的项目？(　　)

A. 产量、制成品存货和销售量。

B. 直接劳动小时数、在制品存货和销售量。

C. 原材料存货、直接劳动小时数和其他间接制造成本。

D. 原材料存货、在制品存货和产量。

问题 252　总预算(　　)

A. 列示了预期和实际结果。　B. 只包括可控成本。

C. 可以被用来确定制造成本差异。　D. 包括运营预算。

情景 6-15

某零售公司使用经营预算来计划与控制其经营活动。该公司本年度 7 ~ 12 月份的销售额如下：775 000 元、750 000 元、825 000 元、800 000 元、850 000 元和 900 000 元。销售方式为现金销售 20%、赊账销售 80%。赊账销售收入回收方式为：销售当月收回 40%、销售后的下个月收回 57%、不能收回 3%。商品成本为销售价格的 40%。该公司保持相当于下月预计销售量 5% 的库存量。6 月 30 日的库存商品价值为 80 000 元。

问题 253、254 基于情景 6-15。

问题 253　8 月份该公司采购成本预算费用为(　　)

A. 302 500 元。　B. 305 000 元。　C. 301 500 元。　D. 318 750 元。

问题 254　9 月份该公司从销售与应收账款收回中取得的现金收入共计(　　)

A. 757 500 元。　B. 771 000 元。　C. 793 800 元。　D. 856 500 元。

问题 255　某公司下一年的销售预算是 10 000 单位。年末现有存货是 600 单位，要求下一年的期末存货是 1 000 单位。如果生产 1 单位的产品需要 2 小时的人工，为下一年编制的劳动力成本预算是 5 元/人工工时，那么，为下一年编制的劳动力总成本预算是多少？(　　)

A 94 000 元。　B 100 000 元。　C 104 000 元。　D 110 000 元。

问题 256　以下哪项可以最好地计量闲置生产能力的成本？(　　)

A. 损失的边际贡献　B. 产量差异。

C. 组合差异。　D. 变动间接费用单位成本。

问题 257　某制造公司的预估损益表不是建立在以下哪项预测基础之上的？(　　)

A. 市场营销成本。　B. 生产间接费用。　C. 现金余额　D. 期末存货。

问题 258　每个 A 产品包含 9 克材料 Q。在生产过程中，一个 A 产品会蒸发掉 4% 材料 Q。材料 Q 采购价格为 2 元/克，运输费用为 0.2 元/克。那么，A 产品单位材料成本为(　　)

A. 18 元/个。　B. 19.8 元/个。　C. 20.63 元/个。　D. 19.03 元/个。

问题 259　甲公司生产每个产品 A，标准是 0.5 人工工时。甲公司一个普通员工完成一个产品 A

为 45 分钟，其中包括休息时间。那么，完成一个产品 0.75 人工工时为什么标准？( )

A. 理想标准。 B. 当前可实现标准。 C. 权威标准。 D. 参与标准。

问题 260 生产经理正在编制下一年度预算，下面哪项是他最可控的成本？( )

A. 生产工人的工资。 B. 制造人员的福利。 C. 销售费用。 D. 固定制造分摊费。

问题 261 甲公司生产高档婴儿床，经过调查发现销量与出生率有直接关系，但一定程度上也受收入影响。如果采用统计方法，下列哪种方法最合适？( )

A. 简单回归法。 B. 时间序列法。 C. 多元回归法。 D. 最大似然回归法。

问题 262 甲公司产量和成本之间的关系为总成本 =50 000 元 +100 元/吨 × 产量。今年，该企业生产了 1 000 吨产品，则总成本是( )

A. 150 000 元，固定成本。 B. 150 000 元，混合成本。

C. 100 000 元，混合成本。 D. 100 000 元，固定成本。

问题 263 甲公司正在开发一款成对制造的新产品。该公司最近耗费了 200 个直接人工工时生产出了两件产品。如果甲公司的学习率为 90%，并采用累积平均时间学习模式，那么制造 8 件新产品所需的总直接人工工时为( )

A. 648 小时。 B. 486 小时。 C. 360 小时。 D. 324 小时。

问题 264 在预测一家公司的销售收入和利润时，经常使用的量化分析法为( )

A. 期望值理论。 B. 甘特图。 C. 学习曲线。 D. 排队论。

问题 265 甲公司销售 8 种食品，每种食品有一名营销员负责，每种食品收入的 10% 作为广告费。广告费的实际发生与预算十分接近。根据以上信息，甲公司更有效的做法是( )

A. 运用平衡计分卡。 B. 运用弹性预算编制法。C. 运用零基预算编制法。D. 维持原样。

问题 266 甲公司采用一种预算编制流程，它从分析当前的实际着手寻找改进空间，然后以改进的业务或者流程为基础编制预算，从而使得预算数字低于前期。该公司以更低的成本制造产品和提供服务。预算数字的减少是因为作业效率和质量提高的结果，而不是因为主观上随意削减。上述的这种预算流程被称为( )

A. 作业预算法。 B. 持续改进预算法。 C. 标准成本预算法。 D. 零基预算法。

问题 267 甲公司制定预算，该预算必须对预期的所有余额提供合理证明而不考虑前期的结果，这是( )

A. 零基预算法。 B. 滚动预算法。 C. 生命周期预算法。 D. 弹性预算法。

问题 268 甲公司生产 SUV 汽车，包括基本型、加强型和豪华型。该公司针对每款车型在预算期内都做了精细的预算，消除了许多的作业浪费。现在该公司希望有关负责人能够集中精力并持续开展各项作业流程完善工作，以确保各款车型的协调持续推进。根据以上信息，以下哪种方法最适合甲公司？( )

A. 作业预算法。 B. 零基预算法。 C. 弹性预算法。 D. 增量预算法。

问题 269 甲公司的销售量连续 4 年超过行业平均水平，但是它的利润却比行业平均水平低。在股权结构调整以后，张三成为新的管理者，他要求用新的预算方法来减少成本、增加利润，甲公司应采用哪种预算方法？( )

A. 增量预算法。 B. 零基预算法。 C. 项目预算法。 D. 弹性预算法。

问题 270 甲公司考虑在年底完成当年的现金预算指标，在财务上可采取哪种方式？( )

A. 将明年的计划广告费用预付。

B. 推迟支付供应商的货款。

C. 在现在浮动利率较低时和银行进行商讨，争取提前还款避免高额利息。

D. 以上都不正确。

问题 271　**甲公司旗下拥有多家零售商店。收到来年的所有初步预算申请后，甲公司的预计利润表数据如下：销售额 4 600 万元，销货成本 2 070 万元，销售和管理成本 1 980 万元，经营利润 550 万元。只有销售成本以及销售佣金（销售额的 5%）是变动成本。甲公司的高级管理层认为销售经理低估了预计销量，因而希望增加销售预算，以便使该公司增加 15% 的销售利润。为达到这个目标，销售额必须增加的金额为(　　)**

A. 400 万元。　B. 350 万元。　C. 175 万元。　D. 140 万元。

问题 272　**甲公司销售和采购前 3 个月的情况如表 6-61 所示。**

表 6-61　甲公司前 3 个月销售和采购信息

月份（月）	销售额（元）	采购额（元）
1	9 000	2 400
2	6 000	1 800
3	5 000	2 000

其中，40% 采购费用当月支付，其余费用下月支付。成本为本月销售额的 20%，固定费用为 15 000 元（其中折旧为 4 000 元），均为当期支付。甲公司 3 个月的现金支出为多少？(　　)

A. 12 000 元。　B. 14 640 元。　C. 13 880 元。　D. 15 260 元。

问题 273　**甲公司在第 2 季度结束时预测公司的现金情况。该公司的一些财务信息是：第 1 季度末现金余额 36 000 元，第 2 季度收回现金 1 300 000 元，第 1 季度末应收账款余额 100 000 元，第 2 季度末应收账款余额 75 000 元，整个第 2 季度末成本与费用 1 200 000 元，折旧费 60 000 元，用现金采购的机器设备费用 50 000 元，出售资产的现金利得（全部为现金）5 000 元，出售资产的账面净值 35 000 元，支付应付票据 66 000 元。根据以上信息，该公司第 2 季度末的现金余额为(　　)**

A. 0 元。　B. 25 000 元。　C. 60 000 元。　D. 95 000 元。

问题 274　**某企业的销管费用总值随销售量的变化而变化，每销售一个产品，销管费用为销售价格的 6%。如果销售量不断提升，边际贡献的变化是(　　)**

	单位边际贡献	总边际贡献
A.	提高	提高。
B.	提高	下降。
C.	不变	提高。
D.	不变	下降。

问题 275　**张三正在预估公司明年的每股收益，他现在掌握以下信息：销售收入 2 000 万元，销售成本为销售收入的 70%，管理费用 30 万元，销售费用 10 万元加上销售收入的 10%，未偿还债务 500 万元（利息 8%）。该公司所得税率为 35%，在外流通普通股为 200 万股。张三目前在做每股收益对销售变化的敏感性分析。每增加 10% 的销售收入将引起每股收益产生多少变化？(　　)**

A. 每股 7.0 分。　B. 每股 20.0 分。　C. 每股 13.0 分。　D. 每股 10.4 分。

问题 276　**与理想的标准相比，当前可实现标准(　　)**

A. 能使得每单位产品成本更低。

B. 致使预算制定的基础不能令人满意。

C. 为员工的无效工作和机器设备的毁损提取了充足的准备金。

D. 可以更好地激励生产制造人员完成目标。

问题 277 甲甜品店 2 月份生产水果沙拉 20 千克，由 19 千克水果和 1 千克调料组成。在加工过程中，水果有 10%的损耗，再加工时又有 2%的损耗。生产 20 千克水果沙拉需要多少水果？( )

A. 21.3 千克。 B. 21 千克。 C. 20 千克。 D. 21.54 千克。

问题 278 甲公司最熟练工人的生产时间为每件产品 0.75 小时，一般工人的生产时间为每件产品 0.8 小时。那么，一般工人每件产品的生产时间 0.8 小时为( )

A. 预算时间。 B. 平均时间。 C. 实际时间。 D. 理想时间。

问题 279 下列关于预算编制流程描述正确的是哪项？( )

A. 权威式预算要求员工严格遵从企业的战略目标。

B. 为了防止歧义，当部门预算确定后，即使证实当年作为预算编制基础的销售预算出现错误，部门预算也不做更改。

C. 当企业有效地运用了信息技术时，预算的沟通作用会下降。

D. 当部门经理充分了解企业的经营业务时，他们应该将这些信息作为编制预算的基础。

问题 280 甲公司采用参与性预算。部门经理降低销售预算，提高固定成本的预算，这种现象被称为( )

A. 预算灵活性。 B. 预算松弛。 C. 预算优化。 D. 自主预算。

问题 281 在关于成本的线性回归方程里，$Y = a + bx$ 中的 b 代表( )

A. 单位固定成本。 B. 单位变动成本。 C. 总固定成本。 D. 总变动成本。

问题 282 甲公司 1 月份和 2 月份的实际销量是 2 100 件和 2 200 件。表 6-62 是该公司 3 ~ 4 月份的实际销售情况和各种预测方法。根据这些信息，对于甲公司来说，最好的预测方法是( )

表 6-62 甲公司实际和预测销售情况 (单位：件)

月份	实际值	指数平滑法	回归分析法	期望值法	移动平均法
3 月	1 950	2 200	2 050	2 250	2 150
4 月	2 250	2 180	2 090	2 050	2 075

A. 指数平滑法。 B. 回归分析法。 C. 期望值法。 D. 移动平均法。

问题 283 甲生产第 1 件产品需要人工工时 100 小时，学习率为 90%。在增量学习曲线模式下，生产第 4 件产品所需的时间是( )

A. 90 小时。 B. 81 小时。 C. 95 小时。 D. 100 小时。

问题 284 甲公司计划购买一块地，用于建造一栋写字楼。甲公司用 200 000 元自有资金购买的可能性是 80%。甲公司也可向银行贷款购买，但向银行贷款 220 000 元购买的可能性是 20%。根据以上信息，甲公司用于购买土地的金额预期是多少？( )

A. 160 000 元。 B. 200 000 元。 C. 204 000 元。 D. 186 000 元。

问题 285 在有利的天气条件下，某农场的经理估计覆盆子作物的市场价值为 120 000 元。无保护时受到霜冻后的预期市场价值为 80 000 元。若采用了保护措施，在无霜冻条件下该作物的市场价值预期为 120 000 元，发生霜冻后预期市场价值为 180 000 元。当发生霜冻的可能性为多少时，农场的经理愿意支付 20 000 元保护措施来保护作物？( )

A. 16.7%。 B. 20.0%。 C. 25.0%。 D. 33.3%。

问题 286 甲公司一直使用传统预算方式。该公司董事会认为应当将作业和活动按照合理性和优先级排序，财务资源按照优先级进行相应的分配，则该公司准备采用的预算方法是( )

A. 零基预算法。 B. 作业预算法。 C. 增量预算法。 D. 滚动预算法。

问题 287　甲公司采用一种预算编制法，这种预算编制法重点关注生产、销售及服务所需的各种过程的成本。这种预算编制法被称为(　　)

A. 过程预算法。　B. 作业预算法。　C. 总作业预算法。　D. 可控性预算法。

问题 288　甲公司正常编制预算，销售量比预算增长 30%，哪种预算适合考核？(　　)

A. 零基预算法。　B. 弹性预算法。　C. 增量预算法。　D. 作业预算法。

问题 289　动漫企业编制预算的适宜方法是(　　)

A. 项目预算法。　B. 增量预算法。　C. 零基预算法。　D. 滚动预算法。

问题 290　甲公司做了一个连续 14 个月的预算，该公司采取的是什么预算方法？(　　)

A. 增量预算法。　B. 作业预算法。　C. 滚动预算法。　D. 零基预算法。

问题 291　预算编制流程最后一步是编制(　　)

A. 预算资产负债表。　B. 预算现金流量表。　C. 预算现金预算。　D. 预算利润表。

问题 292　甲公司在编制预算时，出于财务报告的目的（而不是税收），将折旧方法从直线折旧改为加速折旧。该变化会(　　)

A. 影响资产负债表。　B. 影响利润表。

C. 影响资产负债和利润表。　D. 影响资产负债、利润表和现金流量表。

问题 293　甲公司生产一种产品，计划在 8 月份销售 220 000 件产品，表 6-63 是该产品的成本信息。当每月的产量在 200 000 ~ 300 000 件之间时，每单位的可变成本与总成本是不变的。每月的总批次成本根据当月生产批量的变化而变化。甲公司现有的批量规模有 42 000 件、45 000 件和 50 000 件 3 种类型。甲公司希望每月用最少的生产批量。甲公司希望在 9 月份生产 260 000 件产品，预计甲公司 9 月份的生产成本为(　　)

表 6-63　甲公司该产品的成本信息　（单位：元）

科目	总成本	单位成本
变动成本	1 408 000	6.4
批次成本	880 000	4
固定成本	1 210 000	5.5
合计	3 498 000	15.9

A. 3 754 000 元。　B. 3 930 000 元。　C. 3 974 000 元。　D. 4 134 000 元。

问题 294　已知甲公司应付账款期初余额为 1 000 元，期末余额为 1 200 元，存货期初余额为 800 元，期末余额为 1 100 元，本期利润为 600 元。甲公司现金流量是多少？(　　)

A. 800 元。　B. 1100 元。　C. 500 元。　D. 600 元。

问题 295　甲公司在编制下年第 1 季度的利润表时用到了以下信息：收入 4 678 500 元，期初库存 12 600 元，期末库存 18 900 元，销售和管理费用 1 250 760 元，库存商品 445 790 元。甲公司的所得税税率为 40%，目标毛利率为 50%。那么，以下说法正确的是(　　)

A. 如果甲公司的毛利率低于 50%，经理应该通过降低税率的方法来改善下一季度的情况。

B. 如果甲公司的毛利率低于 50%，经理应该执行年度预算来实现目标利润。

C. 如果甲公司的毛利率低于 50%，经理应该降低下一季度的生产成本。

D. 如果甲公司的毛利率低于 50%，经理应该提高下一季度的销售价格。

问题 296　将上期预测和上期观察值结合起来的预测技术被称为(　　)

A. 德尔菲法。　B. 最小二乘法。　C. 回归法。　D. 指数平滑法。

问题 297 某制造公司正在研发一种新产品。生产第 1 批 200 件产品所用的直接人工工时为 100 小时。根据累积平均时间学习模型，该公司的学习曲线率为 80%。那么生产第 3 批和第 4 批产品共需多少小时？(　　)

A. 256 小时。　B. 200 小时。　C. 160 小时。　D. 96 小时。

问题 298 在整体规划和绩效评估过程中不采用预算编制的公司将不具备(　　)

A. 短期目标和长期目标之间的关联。

B. 将公司战略转化为运营决策的框架。

C. 制定短期目标以衡量公司绩效的依据。

D. 传达管理层期望的运营指南。

问题 299 某公司在为直接人工编制预算的过程中，首先确定了所有生产员工在制造一个生产单位时的平均工资率。这一比率成为该公司预算中直接人工标准成本的一部分。为该公司的预算编制过程提供咨询意见的管理顾问指出，在确定预算中的直接人工标准成本时，工资率(　　)

A. 应在确定了直接人工的数量标准后才能确定。

B. 可以在预算编制过程中的任何时候计算。

C. 应在预算编制过程结束时，当所有相关成本明确后才能计算。

D. 只有在确定预算中直接材料标准成本后才能界定。

问题 300 根据总预算，某公司 CFO 对毛利润绩效感到满意。该公司 100%达到了其预算毛利润，具体数据如表 6-64 所示。CFO 使用弹性预算分析了该公司的绩效，并指出(　　)

表 6-64　某公司弹性预算

科目	预算	实际
销售件数（件）	10 000	11 000
收入（万元）	1 200	1 300
销售成本（万元）	800	900
毛利润（万元）	400	400

A. 根据实际销售件数，毛利润本应再增加 60 万元。

B. 收入比预算目标低了 20 万元。

C. 销售 11 000 件产品应产生 480 万元的毛利润。

D. 较高的销售成本被一些有利的收入差异所抵消。

问题 301 某管理会计师正在对公司的收入结果进行弹性预算差异分析。他首先比较了实际结果与总预算，如表 6-65 所示。该弹性预算分析表明，实际单位售价(　　)

表 6-65　弹性预算分析

科目	总预算	实际	差异
销售件数	10 000 件	11 500 件	15%
收入	2 400 万元	2 750 万元	15%

A. 超出预算 15%，并导致实际收入比预算多 350 万元。

B. 导致实际收入相对于预算产生了 50 万元的不利差异。

C. 与预算相比，大约低了 9 元。

D. 超出预算 10%，使得实际收入超出预算。

问题 302　某公司的预算编制流程采纳了来自各级使用预算标准的管理者的意见，该预算最有可能是（　　）预算。

A. 权威式　　B. 零基　　C. 自由裁量　　D. 参与式

问题 303　在预算编制流程中，故意高估成本以确保实际绩效超出预算预期，该行为属于（　　）

A. 持续改进。　　B. 零基预算。　　C. 预算松弛。　　D. 吸收成本。

问题 304　某公司第 1 年售出 12 000 件基础款产品和 8 000 件增强款产品。基础款产品的销售价格为每件 150 元，增强款产品的销售价格为每件 200 元。第 2 年，两种产品每件的销售价格将分别提高 15 元。预计第 2 年基础款产品和增强款产品的销量将分别增长 25% 和 20%。该公司第 2 年的预算销售总额是多少？（　　）

A. 3 400 000 元。　　B. 3 700 000 元。　　C. 4 170 000 元。　　D. 4 539 000 元。

问题 305　根据预算期间的实际产出，使用预算价格和预算成本编制的预算为（　　）

A. 弹性预算。　　B. 连续预算。　　C. 生命周期预算。　　D. 运营预算。

问题 306　某公司预计 4 月份的销售量为 110 000 件，5 月份的销售量为 140 000 件，6 月的销售量为 145 000 件。这 3 个月对应的计划产量分别为 119 000 件、141 500 件和 149 500 件。直接人工标准为每件 45 分钟，直接人工费率为每小时 18.50 元。这 3 个月直接人工成本的总预算是多少？（　　）

A. 5 480 625 元。　　B. 5 688 750 元。　　C. 7 307 500 元。　　D. 7 585 000 元。

情景 6-16

P 公司是早餐麦片和果汁市场份额占有率为第二的大公司。在过去 5 年里，P 公司的利润额超过了行业平均水平，P 公司管理层决定实施增长方案。P 公司正在评估两个前景不错的投资机会。这两个投资机会均符合 P 公司管理层设定的标准，财务主管将从融资差异、对利润的影响和运营管理等方面对其进行评估。

第 1 个投资机会是进入高能低脂麦片市场。实施该计划需要新建或扩建生产设施以开发新产品，并在未来两年内通过收益和一系列长期债务发行获得资金。债务发行将使 P 公司两年后债务占总资产的比例从 22% 上升至 30%。

第 2 个投资机会是收购老牌面包和烘焙食品 S 公司。这次收购计划在年末完成，可以通过现金和长期票据融资。年末，债务占 P 公司总资产的比例将上升至 40%。S 公司将并入 P 公司，但未来两年将作为单独的部门独立运营。两年期满后，P 公司将整合该公司的管理、财务和运营等职能。

在评估完两个投资机会后，财务主管编制下一个季度的预算。P 公司的 6 月、7 月和 8 月这 3 个月的销售量预期分别为 50 000 件、60 000 件和 75 000 件。P 公司规定期末存货要保留下个月销售量的 20%，P 公司所销售的产品每件需要耗用 5 磅（1 磅 = 0.453592 千克）原材料，每磅原材料为 8 元。P 公司规定期末原材料存货需保留下个月生产需求量的 30%。8 月对原材料的生产需求为 750 000 磅。每个季度结束后，P 公司还会将实际结果和预算数据对比，以发现产生不利的直接材料价格差异和直接材料数量差异。

问题 307

1）说明战略规划的含义和步骤。

2）SWOT 分析是常用的战略分析手段，P 公司利用该方法分析两个投资机会：

A. 说明 SWOT 分析的含义。

B. 指出 P 公司进军高能低脂麦片市场，实现内部扩张这一机会的战略优势和劣势。

C. 指出 P 公司收购 S 公司，实现外部扩张这一机会的战略优势和劣势。

3）请说出其他 3 种常用的战略规划分析工具并解释。

4）预算是 P 公司实现战略的重要手段：

A. 说明经营预算和财务预算的区别。

B. 编制 7 月生产量预算，列出计算过程。

5）说出差异分析的优缺点各一个，并分析出现不利的价格差异和数量差异的至少一个原因。

本章习题解答

题号	答案	题号	答案	题号	答案	题号	答案
问题 1	D	问题 2	C	问题 3	B	问题 4	C
问题 5	D	问题 6	D	问题 7	C	问题 8	C
问题 9	A	问题 10	D	问题 11	B	问题 12	C
问题 13	D	问题 14	D	问题 15	D	问题 16	D
问题 17	A	问题 18	D	问题 19	D	问题 20	C
问题 21	A	问题 22	A	问题 23	C	问题 24	C
问题 25	D	问题 26	D	问题 27	C	问题 28	B
问题 29	A	问题 30	B	问题 31	A	问题 32	D
问题 33	D	问题 34	B	问题 35	B	问题 36	A
问题 37	C	问题 38	A	问题 39	B	问题 40	A
问题 41	B	问题 42	D	问题 43	C	问题 44	D
问题 45	C	问题 46	B	问题 47	A	问题 48	C
问题 49	C	问题 50	D	问题 51	C	问题 52	B
问题 53	D	问题 54	A	问题 55	B	问题 56	B
问题 57	C	问题 58	C	问题 59	B	问题 60	C
问题 61	B	问题 62	D	问题 63	A	问题 64	C
问题 65	D	问题 66	B	问题 67	A	问题 68	B
问题 69	C	问题 70	C	问题 71	A	问题 72	C
问题 73	B	问题 74	A	问题 75	C	问题 76	D
问题 77	B	问题 78	D	问题 79	D	问题 80	A
问题 81	B	问题 82	B	问题 83	B	问题 84	C
问题 85	B	问题 86	D	问题 87	A	问题 88	D
问题 89	D	问题 90	C	问题 91	C	问题 92	A
问题 93	C	问题 94	C	问题 95	C	问题 96	B
问题 97	C	问题 98	B	问题 99	A	问题 100	B
问题 101	C	问题 102	D	问题 103	C	问题 104	A
问题 105	D	问题 106	C	问题 107	A	问题 108	A
问题 109	A	问题 110	C	问题 111	A	问题 112	B

（续）

题号	答案	题号	答案	题号	答案	题号	答案
问题 113	D	问题 114	B	问题 115	D	问题 116	A
问题 117	A	问题 118	B	问题 119	A	问题 120	B
问题 121	B	问题 122	C	问题 123	D	问题 124	C
问题 125	D	问题 126	D	问题 127	A	问题 128	D
问题 129	D	问题 130	C	问题 131	D	问题 132	D
问题 133	D	问题 134	B	问题 135	D	问题 136	A
问题 137	A	问题 138	B	问题 139	C	问题 140	D
问题 141	D	问题 142	D	问题 143	A	问题 144	C
问题 145	C	问题 146	A	问题 147	C	问题 148	C
问题 149	B	问题 150	C	问题 151	B	问题 152	C
问题 153	B	问题 154	A	问题 155	C	问题 156	D
问题 157	B	问题 158	A	问题 159	B	问题 160	C
问题 161	D	问题 162	B	问题 163	D	问题 164	A
问题 165	C	问题 166	A	问题 167	C	问题 168	D
问题 169	B	问题 170	C	问题 171	D	问题 172	D
问题 173	B	问题 174	C	问题 175	A	问题 176	B
问题 177	B	问题 178	C	问题 179	A	问题 180	A
问题 181	B	问题 182	C	问题 183	C	问题 184	A
问题 185	C	问题 186	B	问题 187	B	问题 188	D
问题 189	D	问题 190	B	问题 191	B	问题 192	B
问题 193	C	问题 194	B	问题 195	B	问题 196	C
问题 197	D	问题 198	D	问题 199	D	问题 200	C
问题 201	A	问题 202	C	问题 203	C	问题 204	A
问题 205	D	问题 206	C	问题 207	B	问题 208	D
问题 209	C	问题 210	D	问题 211	C	问题 212	C
问题 213	A	问题 214	B	问题 215	D	问题 216	C
问题 217	A	问题 218	C	问题 219	C	问题 220	D
问题 221	A	问题 222	C	问题 223	D	问题 224	D
问题 225	D	问题 226	C	问题 227	C	问题 228	C
问题 229	A	问题 230	B	问题 231	A	问题 232	C
问题 233	A	问题 234	A	问题 235	A	问题 236	B
问题 237	D	问题 238	D	问题 239	D	问题 240	B
问题 249	A	问题 250	C	问题 251	A	问题 252	D
问题 253	C	问题 254	B	问题 255	C	问题 256	A
问题 257	C	问题 258	C	问题 259	B	问题 260	A

（续）

题号	答案	题号	答案	题号	答案	题号	答案
问题 261	C	问题 262	B	问题 263	A	问题 264	A
问题 265	B	问题 266	B	问题 267	A	问题 268	A
问题 269	B	问题 270	B	问题 271	A	问题 272	C
问题 273	D	问题 274	C	问题 275	C	问题 276	D
问题 277	D	问题 278	C	问题 279	D	问题 280	B
问题 281	B	问题 282	B	问题 283	B	问题 284	C
问题 285	B	问题 286	A	问题 287	B	问题 288	B
问题 289	A	问题 290	C	问题 291	B	问题 292	C
问题 293	C	问题 294	C	问题 295	C	问题 296	D
问题 297	D	问题 298	D	问题 299	A	问题 300	B
问题 301	C	问题 302	D	问题 303	C	问题 304	D
问题 305	A	问题 306	B				

问题 1 分析：

编制预算有 4 个优点：

规划——编制预算的好处之一是它能促使组织仔细地审查未来。（选项 A）

评估——预算可作为员工绩效评估的指南或工具。（选项 B）

沟通与协调——预算可以提升组织内部的沟通与协调性。（选项 C）

监控——预算设立了标准或绩效指标，管理者据此可以监控组织目标的实现进度。监控与限制不同。

选项 D 不是预算的优点。

问题 2 分析：

加强企业内部的沟通，使部门目标与公司整体目标趋于一致，才能产生最优决策。

问题 3 分析：

自下而上的预算是指各经理以及一些主要员工一起制定其所在部门的预算，高层管理者保留最后的批准权。在本题中，首先由各部门编制部门预算，再将部门预算逐层上传。这是自下而上的预算编制方式。

问题 4 分析：

自上而下的预算是指高层管理者设定所有预算，从战略目标到每个部门的每个具体项目，并期待基层管理者和员工能够接受这些预算并达成目标。选项 C 可能降低被提出目标的接受程度是其缺点，而不是优点。

问题 5 分析：

参与式预算是指各经理以及一些主要员工一起制定其所在部门的预算，高层管理者保留最后的批准权。参与式预算能够加强企业内部的沟通，使不同部门目标与公司整体目标趋于一致。任何预算编制方法只能管理不确定性，而不能控制不确定性，所以控制不确定性不是参与式预算流程的优点。

问题 6 分析：

预算必须与企业的战略一致。部门经理参与到目标的制定和预算编制过程中去能加强企业内部的沟通，因此会使部门目标与公司整体目标趋于一致。

问题 7 分析：

自下而上的预算是指各经理以及一些主要员工一起制定其所在部门的预算，高层管理者保留最后的批准权。预算编制的顺序是先编制销售预算，再编制生产预算。

问题 8 分析：

参与式预算是指各经理以及一些主要员工一起制定其所在部门的预算，高层管理者保留最后的批准权。参与式预算可以加强企业内部的沟通，使部门目标与公司整体目标趋于一致。

问题 9 分析：

目标管理是一个过程，在这个过程中，各个层级的经理参与确定组织的共同目标，界定个人的责任领域，并将这些目标作为组织经营和业绩评估的指南。目标管理有助于公司内部的沟通和反馈。

问题 10 分析：

参与式预算是指各经理以及一些主要员工一起制定其所在部门的预算，高层管理者保留最后的批准权。自上而下的预算是指高层管理者设定所有预算，从战略目标到每个部门的每个具体项目，并期待基层管理者和员工能够接受这些预算并达成目标。减少预算编制所需要的时间是自上而下的预算编制方法的优点。

问题 11 分析：

参与式预算是指各经理以及一些主要员工一起制定其所在部门的预算，高层管理者保留最后的批准权。在参与式预算下，标准是部门经理和员工共同制定的，因此不会使得劳动力标准设定得过高。

问题 12 分析：

成功的预算编制过程的特征之一是拥有最高管理层的支持。

问题 13 分析：

标准成本是一项操作或服务所应耗费的成本，或者是假设所有事项都按计划运行的情况下一个实体预期会发生的成本。标准成本一般以单位金额为基础。

问题 14 分析：

理想标准是一个远期标准。它只有当所有情况都产生最佳的可能结果时才能在当下实现。理想标准很难实现，频繁使用会丧失激励作用。采用理想标准可以用于持续改进战略和全面质量管理中，更好地激励生产制造人员完成目标。

问题 15 分析：

咨询公司受聘于经理层，制定的标准会受到经理层的支持，但可能会难以得到员工的理解。

问题 16 分析：

选项 A 由于未来成本上升的程度无法确定，单一的加成比例并不合适。选项 B 会使采购部门产生抵触。选项 C 按照最高价格确定标准会产生预算松弛，降低预算的控制作用。选项 D 使用参与式预算的方法，由采购部门和其他部门经理进行商讨后确定标准，可以解决前 3 个答案存在问题。

问题 17 分析：

标杆分析——与最优业绩相比较来衡量公司产品、服务以及各项事物的优劣。选项 B，C，D 中的标准都可被看作最优业绩。选项 A 中的标准不是最优业绩，因此，不是标杆。

问题 18 分析：

选项 A 能够有效地贯彻公司的战略目标是自上而下预算编制方法的优点。选项 B 发现预算已经不符合实际情况时，要及时调整预算。选项 C 信息技术不能代替预算，预算作为沟通协调的工具依然有效。选项 D 正确。

问题 19 分析：

预算松弛是指最终确定的预算水平与最优预算水平间的差异。使用参与式预算的方法，详细分析历史数据能够有效地减少预算松弛，所以措施 2、措施 4 和措施 5 是正确答案。

问题 20 分析：

标杆分析是与最佳水平做对比。

问题 21 分析：

参与式预算的优点是员工更加容易接受。

问题 22 分析：

战略解决了组织要做一个什么样的企业的问题，是企业长期发展的基础。

问题 23 分析：

简单线性回归是根据一个因变量和一个自变量之间的关系建立线性方程。多元线性回归是根据一个因变量和多个自变量之间的关系建立线性方程。

问题 24 分析：

选项 A 弹性预算法为特定产出水平确定一个基准成本预算（成本 - 产量关系），在此基础上加上一个能反映不同产量下的成本行为的增量成本 - 产量关系。弹性预算值调整变动成本，固定成本保持不变。

选项 B 线性规划用来解决特定约束条件下如何使利润最大化或成本最小化的问题。

选项 C 线性回归分析是一种统计方法，用于确定某个变量或某一组变量对另一个变量的影响。

选项 D 变动成本法是一种存货成本方法。在变动成本法下，存货成本包括直接材料、直接人工和变动制造费用。

问题 25 分析：

在方程中，成本是因变量，固定成本、每小时工资率和每千克材料成本是自变量。成本受固定成本、每小时工资率和每千克材料成本的影响。选项 D 中，劳动力生产率不是自变量，但是显著影响成本。

问题 26 分析：

$S=20\ 000$ 元 $+2.50\times A$，$A=2\ 000$ 元。$S=20\ 000$ 元 $+2.5\times 2\ 000$ 元 $=25\ 000$ 元。

问题 27 分析：

$Y=$ 截距 + 斜率 $\times X$。截距 $=5.23$，斜率 $=1.54$，$X=10$。$Y=5.23+1.54\times 10=20.63$。

问题 28 分析：

选项 A 回归分析是一种统计方法，用于确定某个变量或某一组变量对另一个变量的影响。

选项 B 学习曲线分析是一种系统性的方法，它是根据企业、团体或个人不断增长的知识来估计成本。

选项 C 决策使用者用敏感性分析，以决定在给定情况下哪些变量可能产生特定的结果。

选项 D 正态分布分析，是对服从正态分布的样本参数进行概率分析。

问题 29 分析：

每次生产单位的累积数量翻倍时，单位产品所需直接人工工时会按 80% 下降，产量翻了 3 番，直接人工工时学习曲线率发生 3 次作用。平均直接人工工时 $=20\ 000$ 小时 $\times 80\%^3=10\ 240$ 小时。

问题 30 分析：

每次生产单位的累积数量翻倍时，单位产品所需直接人工工时会按 80% 下降，产量翻了 3 番，直接人工工时学习曲线率发生 3 次作用。

平均直接人工工时 = 20 000 小时 × 80%^{3} = 10 240 小时。所需的累积直接人工工时 = 10 240 小时/单位 × 8 单位 = 81 920 小时。

问题 31 分析：

每次生产单位的累积数量翻倍时，单位产品所需直接人工工时会按 80% 下降，产量翻了 3 番，直接人工工时学习曲线率发生 3 次作用。

平均直接人工工时 = 20 000 小时 × 80%^{3} = 10 240 小时。再生产 7 单位产品所需的直接人工工时 = 10 240 小时/单位 × 8 单位 − 20 000 小时 = 61 920 小时。

问题 32 分析：

选项 A 本/量/利分析检验销售价格、销售量、单位变动成本、总固定成本、销售的产品和服务的组合 5 个变量之间的关系。

选项 B 马尔可夫过程模型使用概率分析方法研究一个系统在重复性实验中的演化，每个实验值都具有有限的可能状态。

选项 C 线性规划用来解决特定约束条件下如何使利润最大化或成本最小化的问题。

选项 D 学习曲线分析是一种系统性的方法，它是根据企业、团体或个人不断增长的知识来估计成本。

问题 33 分析：

前两批平均直接人工工时 = （10 000 小时 + 6 000 小时）/2 = 8 000 小时。学习率 = 8 000 小时/10 000小时 = 80% 。

问题 34 分析：

学习率 = 28 000 元/40 000 元 = 70% 。

每次生产单位的累积数量翻倍时，单位产品所需直接人工工时会按 70% 下降，产量翻了 3 番，直接人工工时学习曲线率发生 3 次作用。

平均制造费用 = 40 000 元 × 70%^{3} = 13 720 元。

问题 35 分析：

每次生产单位的累积数量翻倍时，单位产品所需直接人工工时会按 80% 下降，产量翻了 3 番，直接人工工时学习曲线率发生 3 次作用。

生产了 8 个搅拌器时每单位成本 = 40 000 元 × 70%^{3} = 13 720 元。总制造成本 = 13 720 元 × 8 = 109 760元。

问题 36 分析：

每次生产单位的累积数量翻倍时，单位产品所需直接人工工时会按 70% 下降，产量翻了 3 番，直接人工工时学习曲线率发生 3 次作用。

平均制造费用 = 40 000 元 × 70%^{3} = 13 720 元。再生产 7 单位产品总成本 = 13 720 元 × 8 单位 − 40 000元 = 69 760 元。

问题 37 分析：

学习率 = 32 小时/40 小时 = 80% 。前 200 单位总工时 = 40 小时 × 80%^{2} × 200 单位 = 5 120 小时。前 400 单位总工时 = 40 小时 × 80%^{3} × 400 单位 = 8 192 小时。最后 200 单位平均工时 = （8 192 小时 − 5 120 小时）/200 单位 = 15. 36 小时。

问题 38 分析：

生产前 4 批的平均工时 = 1 600 小时 × 90%^{2} = 1 296 小时。

生产接下来 3 批（12 单位产品）总工时 = 1 296 小时/批 × 4 批 − 1 600 小时 = 3 584 小时。

问题 39 分析：

3 月份预测需求量 = α × 2 月份实际量 + （1 − α） × 2 月份预测量 = 0.3 × 316 台 + （1 − 0.3） × 296 台 = 302 台。

问题 40 分析：

期望值 = −8 000 元 × 0.2 + 0.3 × 20 000 元 + 0.3 × 60 000 元 + 0.2 × 120 000 元 = 46 400元。

问题 41 分析：

方案 A 边际贡献的期望值 = 600 000 元 × （1 − 0.6） + 480 000 元 × 0.6 = 528 000 元。

方案 B 边际贡献的期望值 = 740 000 元 × （1 − 0.6） + 360 000 元 × 0.6 = 512 000 元。

方案 A 边际贡献的期望值 − 方案 B 边际贡献的期望值 = 528 000 元 − 512 000 元 = 16 000 元。

问题 42 分析：

选择供应商 A 时的总成本 = （70 元 + 50 元） × 100 000 个/90% = 13 333 333 元。

选择供应商 B 时的总成本 = （74 元 + 50 元） × 100 000 个/94% = 13 191 489 元。

选择供应商 C 时的总成本 = （78 元 + 50 元） × 100 000 个/97% = 13 195 876 元。

选择供应商 D 时的总成本 = （80 元 + 50 元） × 100 000 个/99% = 13 131 313 元。

选择供应商 D 时，成本最小。

问题 43 分析：

方案 A 联合投资期望值 = 60% × 30 000 000 元 + （1 − 60%） × 4 000 000 元 − 19 000 000元 = 600 000元。

方案 B 不联合投资期望值 = −200 000 元。

至此已发生的成本是沉没成本，与决策无关。

问题 44 分析：

投资 A 期望回报 = −40 000 元 × 0.3 − 20 000 元 × 0.1 + 60 000 元 × 0.3 + 140 000 元 × 0.2 + 200 000元 × 0.1 = 52 000 元。

投资 B 期望回报 = −40 000 元 × 0.2 − 20 000 元 × 0.2 + 60 000 元 × 0.2 + 140 000 元 × 0.2 + 200 000 元 × 0.2 = 68 000 元。

投资 C 期望回报 = −40 000 元 × 0.3 − 20 000 元 × 0.1 + 60 000 元 × 0.2 + 140 000 元 × 0.3 + 200 000 元 × 0.1 = 60 000 元。

投资 B 期望回报 > 投资 C 期望回报 > 投资 A 期望回报。

问题 45 分析：

公司预期增量销量 = 15 000 单位 × 0.1 + 30 000 单位 × 0.35 + 45 000 单位 × 0.1 + 60 000 单位 × 0.25 + 75 000 单位 × 0.2 = 46 500 单位。

预期增量利润 = 预期增量边际贡献 − 广告费 = 46 500 单位 × （10.4 元/单位 − 6.4 元/单位） − 80 000 元 = 106 000 元。

问题 46 分析：

预期回报率 = −20% × 0.1 + 5% × 0.2 + 15% × 0.4 + 20% × 0.2 + 30% × 0.1 = 12%。

问题 47 分析：

方案 A 期望现金流入 = 100 000 元 × 10% + 150 000 元 × 20% + 200 000 元 × 40% + 300 000 元 × 30% = 210 000 元。

方案 B 期望现金流入 = 100 000 元 × 10% + 150 000 元 × 20% + 200 000 元 × 45% + 300 000 元 × 25% = 205 000 元。

方案 C 期望现金流入 = 100 000 元 × 10% + 150 000 元 × 20% + 200 000 元 × 40% + 250 000 元 × 30% = 195 000 元。

方案 D 期望现金流入 = 300 000 元 × 10% + 200 000 元 × 20% + 150 000 元 × 40% + 100 000 元 × 30% = 160 000 元。

选项 A 期望现金流入最大。

问题 48 分析：

购买数量为 8 000 单位时，期望利润 = 12 000 元 × 10% + 12 000 元 × 40% + 12 000 元 × 30% + 12 000 元 × 20% = 12 000 元。

购买数量为 10 000 单位时，期望利润 8 000 元 × 10% + 16 000 元 × 40% + 16 000 元 × 30% + 16 000 元 × 20% = 15 200 元。

购买数量为 12 000 单位时，期望利润 = 4 400 元 × 10% + 12 400 元 × 40% + 20 400 元 × 30% + 20 400 元 × 20% = 15 600 元。

购买数量为 15 000 单位时，期望利润 = −1 000 元 × 10% + 7 000 元 × 40% + 15 000 元 × 30% + 27 000 元 × 20% = 12 600 元。

购买数量为 12 000 单位时，期望利润最大。建议采购量为 12 000。

问题 49 分析：

销售收入增加 10% 后，增加的净利润 = 40 000 000 元 × 10% ×（1 − 70% − 10%）×（1 − 35%）= 520 000 元。

增加的每股收益 = 520 000 元/2 000 000 股 = 0.26 元/股。

问题 50 分析：

$y = 180x + 90$ = 180（元/单位）× 100（单位）+ 90（元）= 18 090（元）。

问题 51 分析：

德尔菲法是一种定性方法，且不用来分析时间序列数据。

问题 52 分析：

$Y = 200 - 4X$，X 和 Y 完全线性负相关。

问题 53 分析：

弹性预算法会为特定产出水平确定一个基准成本预算（成本 − 产量关系），在此基础上加上一个能反映不同产量下的成本行为的增量成本 − 产量关系。弹性预算值调整变动成本，固定成本保持不变。与静态预算相比，弹性预算能提供更好的管理结果。从理论上讲，管理者能更好地控制收入和变动成本是因为他们的成本性态与生产数量紧密联系。

问题 54 分析：

该公司预算编制过程中存在的问题包括：

1）使用了静态预算。

2）该公司采用了权威式预算，员工没有参与到预算的编制过程中。

3）部门预算中有不可控成本。

4）没有考虑季节性因素，如销售的季节性波动。

问题 55 分析：

传统预算编制过程中只考虑了财务指标，没有考虑非财务指标。

问题 56 分析：

选项 A 作业基础预算法关注于作业而不是业务部门或产品。

选项 B 包含改善内容的预算是一种持续改进的预算方法。它的编制由确认改进领域开始。由于改进后的行为通常更有效，因此包含改善内容的预算其成本一般较低。

选项 C 标准成本是一项操作或服务所应耗费的成本，或者是假设所有事项都按计划运行的情况下一个实体预期会发生的成本。与预算成本不同，标准成本一般以单位（金额）为基础。预算编制者会用标准成本来编制预算。

选项 D 零基预算是指从零元开始，不考虑以前年度的预算或数据。零基预算关注于预算中每一个项目的成本的合理性。

问题 57 分析：

选项 A 业绩预算是政府部门采用的一种预算方式，它强调现金与政府运营结果间的关系。

选项 B 当某个项目完全独立于公司的其他要素或是该公司唯一的要素时，就会用到项目预算。

选项 C 零基预算是指从零元开始，不考虑以前年度的预算或数据。零基预算关注于预算中每一个项目的成本的合理性。

选项 D 增量预算以前一年度的预算为起点根据预期销售变化和经营环境变化自下而上或自上而下地调整上一年度预算中的各个项目。

问题 58 分析：

包含改善内容的预算是一种持续改进的预算方法。包含改善内容的预算基于计划的未来经营表现。它的编制由确认改进领域开始，由于改进后的行为通常更有效，因此包含改善内容的预算其成本一般较低。

问题 59 分析：

选项 A 零基预算是指从零元开始，不考虑以前年度的预算或数据。零基预算关注于预算中每一个项目的成本的合理性。

选项 B 包含改善内容的预算是一种持续改进的预算方法。包含改善内容的预算基于计划的未来经营表现。它的编制由确认改进领域开始，由于改进后的行为通常更有效，因此包含改善内容的预算其成本一般较低。

选项 C 弹性预算法会为特定产出水平确定一个基准成本预算（成本 - 产量关系），在此基础上加上一个能反映不同产量下的成本行为的增量成本 - 产量关系。弹性预算值调整变动成本，固定成本保持不变。

选项 D 作业基础预算法关注于作业而不是业务部门或产品。

问题 60 分析：

只有一个生产水平的计划，不会根据生产水平的变化而调整是静态预算的特征。

问题 61 分析：

滚动预算（连续性预算）是在每个预算期结束时再添加一个新的预算期，这样预算中的时期数就保持不变，并且还能根据经营环境的变化更新预算。过去工人花费 6.4 小时完成一项任务，在编制滚动预算时，预算编制者估计未来完成该项任务花费 6.4 小时。包含改善内容的预算是一种持续改进的预算方法。包含改善内容的预算基于计划的未来经营表现。它的编制由确认改进领域开始，由于改进后的行为通常更有效，因此包含改善内容的预算其成本一般较低。在编制包含改善内容的预算时，预算编制者设立的预期花费时间比过去工人花费的 6.4 小时更少。

问题 62 分析：

弹性预算法会为特定产出水平确定一个基准成本预算（成本 - 产量关系），在此基础上加上一个能反映不同产量下的成本行为的增量成本 - 产量关系。弹性预算值调整变动成本，固定成本保持不变。

在本题中，直接人工是变动成本，客流量增加，直接人工成本会随之增加。弹性预算考虑了成本与产量的关系。乙公司最应采用弹性预算。

问题 63 分析：

根据题意，如果 A 加价 10%，销量下降 20%，互补品 B 销量下降 20%，替代品 C 销量增加 5%。

加价后 A 单价 = 100 元 × (1 + 10%) = 110 元。

加价后 A 的销量 = 200 000 单位 × (1 − 20%) = 160 000 单位。

加价后 B 的销量 = 150 000 单位 × (1 − 20%) = 120 000 单位。

加价后 C 的销量 = 300 000 单位 × (1 + 5%) = 315 000 单位。

A 加价后销售收入 = 160 000 单位 × 110 元 + 120 000 单位 × 20 元 + 315 000 单位 × 60 元 = 38 900 000元。

收入变化 = 41 000 000 元 − 38 900 000 元 = 2 100 000 元。

问题 64 分析：

第 2 季度销售量 144 000 单位，第 3 季度销售量 168 000 单位，该公司在每个季度末的产品库存量要保持为下一个季度销量的 50%。

第 2 季度初成品存货 = 第 1 季度末成品存货 = 144 000 单位 × 50% = 72 000 单位。

第 2 季度末成品存货 = 168 000 单位 × 50% = 84 000 单位。

第 2 季度预算生产数 = 第 2 季度销售量 + 第 2 季度末成品存货 − 第 2 季度初成品存货 = 144 000 单位 + 84 000 单位 − 72 000 单位 = 156 000 单位。

问题 65 分析：

第 2 季度销售量 144 000 单位，第 3 季度销售量 168 000 单位，该公司在每个季度末的产品库存量要保持为下一个季度销量的 50%。第 1 季度末的存货比应有的持有量少了 16 000 单位。

第 2 季度初成品存货 = 第 1 季度末成品存货 = 144 000 单位 × 50% − 16 000 单位 = 56 000 单位。

第 2 季度末成品存货 = 168 000 单位 × 50% = 84 000 单位。

第 2 季度预算生产数 = 第 2 季度销售量 + 第 2 季度末成品存货 − 第 2 季度初成品存货 = 144 000 单位 + 84 000 单位 − 56 000 单位 = 172 000 单位。

问题 66 分析：

每季度预算销量 135 000 件，期末目标存货量为 10 天的销量，每季度 90 天。

第 1 季度预算期末存货 = 第 2 季度预算销量 × 10 天/90 天 = 135 000 件 × 10 天/90 天 = 15 000 件。

该公司去年第 4 季度留有库存 7 000 件，其中 400 件已经淘汰过时。

第 1 季度初存货 = 7 000 件 − 400 件 = 6 600 件。

第 1 季度预算产量 = 第 1 季度预算销量 + 第 1 季度预算期末存货 − 第 1 季度初存货 = 135 000 件 + 15 000 件 − 6 600 件 = 143 400 件。

问题 67 分析：

预期产量 = 计划销量 + 期末产成品存货 − 期初产成品存货 = 8 000 件 + 1 200 件 − 1 800 件 = 7 400件。

问题 68 分析：

2 000 台 + 200 台 − 170 台 = 2 030 台。

问题 69 分析：

产品售价 40 元。2 月销售额 = 132 000 元 + 88 000 元 = 220 000 元。2 月销售量 = 220 000 元/40 元 = 5 500 件。3 月销售额 = 300 000 元。3 月销售量 = 300 000 元/40 元 = 7 500 件。

库存量维持在下月销量的 30%。2 月初库存量 = 5 500 件 × 30% = 1 650 件。2 月末库存量 = 72 500 件 × 30% = 2 250 件。

采购量 = 2 月销售量 + 2 月末库存量 − 2 月初库存量 = 5 500 件 + 2 250 件 − 1 650 件 = 6 100 件。

问题 70 分析：

1 月现金收款 = 64 000 元 + 108 000 元 = 172 000 元。1 月现金支付 = 213 000 元。1 月初余额 = 49 800元。最小月末余额 = 30 000 元。

借款 = 最小月末余额 − （1 月初余额 + 1 月现金收款 − 1 月现金支付） = 30 000 元 − (49 800 元 + 172 000 元 − 213 000 元） = 21 200 元。最小借款单位 1 000 元。1 月借款22 000 元。

问题 71 分析：

办公用品超市销售毛利率 35%。

11 月销货成本 = 11 月销售收入 × （1 − 毛利率） = 116 000 元 × （1 − 35%） = 75 400 元。

12 月销货成本 = 12 月销售收入 × （1 − 毛利率） = 148 000 元 × （1 − 35%） = 96 200 元。

每个月月末的库存量都要维持在下个月预期销量的 30%。

11 月初库存商品 = 75 400 元 × 30% = 22 620 元。12 月初库存商品 = 96 200 元 × 30% = 28 860 元。11 月采购额 = 11 月销货成本 + 12 月初库存商品 − 11 月初库存商品 = 75 400 元 + 28 860 元 − 11 620 元 = 81 640元。

问题 72 分析：

该公司商品的成本平均占到售价的 60%。7 月销货成本 = 1 200 000 元 × 60% = 720 000 元。8 月销货成本 = 1 300 000 元 × 60% = 780 000 元。

每个月月末的库存量都要维持在下个月预期销量的 15%。7 月初库存商品 = 720 000 元 × 15% = 108 000 元。8 月初库存商品 = 780 000 元 × 15% = 117 000 元。7 月采购额 = 7 月销货成本 + 8 月初库存商品 − 7 月初库存商品 = 720 000 元 + 117 000 元 − 108 000 元 = 729 000 元。

问题 73 分析：

超市产品售价由产品成本加成 30% 得到：

8 月产品销货成本 = 8 月销售收入/ （1 + 加成率） = 1 456 000 元/ （1 + 30%） = 1 120 000 元。

9 月产品销货成本 = 9 月销售收入/ （1 + 加成率） = 1 248 000 元/ （1 + 30%） = 960 000 元。

该公司要求期末存货为下月销售的 25%，

8 月初存货 = 7 月末存货 = 8 月产品销货成本 × 25% = 1 120 000 元 × 25% = 280 000 元。8 月末存货 = 9 月产品销货成本 × 25% = 960 000 元 × 25% = 240 000 元。

期初存货 + 本期采购成本 = 本期销货成本 + 期末存货。

8 月采购成本 = 8 月销货成本 + 8 月末存货 − 8 月初存货 = 1 120 000 元 + 240 000 元 − 280 000 元 = 1 080 000 元。

问题 74 分析：

本期采购 = 计划产量 + 期初库存量 − 期末库存量 = 180 000 米 + 40 000 米 − 50 000 米 = 170 000 米。

问题 75 分析：

预期产量 = 计划销量 + 期末产成品存货 − 期初产成品存货 = 2 000 件 + 325 件 − 250 件 = 2 075 件。

所需原材料总量 = 2 075 件 × 8 千克/件 = 16 600 千克。

原材料采购量 = 所需原材料总量 + 原材料计划期末库存 − 原材料期初库存 = 16 600 千克 + 1 600 千克 − 800 千克 = 17 400 千克。

问题 76 分析：

预期产量 = 计划销量 + 期末产成品存货 − 期初产成品存货 = 400 000 辆 + 30 000 辆 − 24 000 辆 = 406 000 辆。

所需原材料总量 = 406 000 辆 × 2 只/辆 = 812 000 只。

原材料采购量 = 所需原材料总量 + 原材料计划期末库存 − 原材料期初库存 = 812 000 只 + 36 000 只 − 40 000 只 = 808 000 只。

问题 77 分析：

该公司预期以后的两个生产期的销量都是 20 000 件，即产量 20 000 件。

原料 A 下期生产所需材料总量 = 20 000 × 2 千克 = 40 000 千克。原材料期末存货量 = 第 2 期产量 × 2 千克 × 25% = 20 000 × 2 千克 × 25% = 10 000 千克。

采购数量 = 所需材料总量 + 期末存货量 − 期初存货量 = 40 000 千克 + 10 000 千克 − 5 000 千克 = 45 000千克。采购额 = 45 000 千克 × 30 元/千克 = 1 350 000 元。

原料 B 下期生产所需材料总量 = 20 000 × 1.5 千克 = 30 000 千克。原材料期末存货量 = 第 2 期产量 × 1.5 千克 × 25% = 20 000 × 1.5 千克 × 25% = 7 500 千克。

采购数量 = 所需材料总量 + 期末存货量 − 期初存货量 = 30 000 千克 + 7 500 千克 − 7 500 千克 = 30 000千克。采购额 = 30 000 千克 × 20 元/千克 = 600 000 元。

问题 78 分析：

产品成本 = 产品销货成本 + 产成品期末存货 − 产成品期初存货 = 800 000 元 + 50 000 元 − 20 000 元 = 830 000 元。

制造费用 + 直接人工 = 产品成本 − 直接材料 = 830 000 元 − 200 000 元 = 630 000 元。

预期制造费用相当于直接人工金额的两倍。直接人工 = 630 000 元/3 = 210 000 元。

问题 79 分析：

选项 A，B，C 中的成本都是不可追溯成本，属于间接制造费用。选项 D 中，原材料的运费应被计入原材料成本。

问题 80 分析：

变动制造费用 = 间接材料 + 间接人工 + 维持机器运转的水电气等费用 = 2 000 元 + 20 000 元 + 24 000元 = 46 000 元。

变动制造费用的预期分配率 = 变动制造费用/产量 = 46 000 元/11 000 件 = 4.18 元/件。

题中列示的其他成本都不随产量变化而变化，都是固定成本。

问题 81 分析：

该公司今年的生产成本为 1 800 000 元，目标降低率为 5%。

明年的生产成本预算额 = 今年的生产成本 ×（1 − 目标降低率）= 1 800 000 元 ×（1 − 5%）= 1 710 000 元。

后年的生产成本预算额 = 明年的生产成本预算额 ×（1 − 目标降低率）= 1 710 000 元 ×（1 − 5%）= 1 624 500 元。

问题 82 分析：

产品制造成本表模板（单位：元）：

直接材料：

　期初直接材料存货　XX

　加：净采购　XX

　减：期末直接材料存货　（XX）

直接材料成本 XX

直接人工成本 XX

工厂间接成本 XX

总制造成本

加：期初在产品存货 XX

减：期末在产品库存 （XX）

产品制造成本 XX

产品成本预期表中包含了选项 A，C，D 中的成本，不包含选项 B 中成本——期初产成品存货。

问题 83 分析：

8 月调整批次 = 2 620 000 件/50 000 件 = 4.4，取整数为 5 批。每批调整准备成本 = 1 760 000 元/5 批 = 352 000 元/批。

9 月调整批次 = 260 000 件/50 000 件 = 5.2，取整数为 6 批。9 月份批量调整准备成本 = 352 000 元/批 × 6 批。9 月份预算生产成本 = 变动成本 + 批量调整准备成本 + 固定成本 = 260 000 件 × 12.8 元/件 + 352 000 元/批 × 6 批 + 2 420 000 元 = 7 860 000 元。

问题 84 分析：

B 产品预期产量 = 计划销量 + 期末产成品存货 − 期初产成品存货 = 2 000 件 + 60 件 − 60 件 = 2 000件。

B 产品总工时 = B 产品预期产量 × 单位直接人工工时 = 2 000 件 × 1 工时/件 = 2 000 小时。

A 产品预期产量 = 计划销量 + 期末产成品存货 − 期初产成品存货 = 8 200 件 + 100 件 − 300 件 = 8 000件。

A 产品总工时 = B 产品预期产量 × 单位直接人工工时 = 8 000 件 × 0.25 工时/件 = 2 000 小时。

总工时 = 2 000 小时 + 2 000 小时 = 4 000 小时。

每小时制造费用 = （预期变动制造费用 + 预期固定制造费用）/总小时 = （50 000 元 + 30 000 元）/4 000 小时 = 20 元/小时。

B 产品每单位生产成本：

原材料：	
铝（1 千克 × 10 元/千克）	10 元
铜（1 千克 × 30 元/千克）	30 元
合计	40 元
直接人工费用（1 小时 × 44 元/小时）	44 元
制造费用（1 小时 × 20 元/小时）	20 元
每单位生产成本	104 元

问题 85 分析：

产品销货成本 = 期初产成品存货 + 产品制造成本 − 期末产成品存货 = 200 000 元 + 1 400 000 元 − 400 000 元 = 1 200 000 元。

问题 86 分析：

装运成本 = 变动成本 + 固定成本 = 总运量 × 每千克成本 + 固定成本 = 9 600 千克 × 1 元/千克 + 32 000元 = 41 600 元。

问题 87 分析：

变动成本是所支付销售额的 6.2% 的销售佣金，总可变成本654 000 元，销售量20 000 件。

单位每件销售价格 = 744 000 元/6.2%/20 000 件 = 600 元。该公司正在计划削价 10%，预期会使每月销量增加到 24 000 件。销售收入 = 600 元 × 90% × 24 000 件 = 12 960 000 元。变动成本（销售佣金）= 12 960 000 元 × 6.2% = 803 520 元。

原有 17 名员工，下月两名员工退休，还剩 15 名员工。

阶梯成本（人员工资）= 170 000 元/17 名 × 15 名 = 150 000 元。

总销售和管理费用 = 803 520 元 + 150 000 元 + 352 000 元 = 1 305 520 元。

问题 88 分析：

职工福利分为法定福利和可选福利。法定福利通常由公司和职工共同支付，职工福利预算只关注公司支付部分。可选福利也由公司和职工共同支付。

问题 89 分析：

运营预算编制顺序：

1）根据销售预测编制销售预算。

2）确定预期销售水平后，就可以编制生产预算以满足预期需求。

3）根据预期产量编制直接材料预算（采购预算），直接人工预算和间接费用预算。

4）根据制造成本预算编制产品销货成本预算。

5）编制销售及管理费用预算。

题中列出 4 类预算的编制顺序为：第一，生产预算；第二，采购预算；第三，产品销货成本预算；第四，管理费用预算。

问题 90 分析：

根据 89 题分析可知，本题中列出的 3 种预算的编制顺序为：第一，收入预算；第二，生产预算；第三，直接材料预算。

问题 91 分析：

总预算可分为运营预算和财务预算。运营预算包括：销售预测，销售预算，直接材料预算，直接人工预算，间接费用预算，产品销货成本预算，销售及管理费用预算，职工福利预算；财务预算包括：模拟损益表，模拟资产负债表，模拟现金流量表，现金预算。

问题 92 分析：

总会计师要求编制一份现金预算表、一份预期的现金流量表、一份详尽的销售商品的现金收款表和一份详尽的采购商品的现金支付表。4 张表的编制顺序为：第一，现金收款表；第二，现金付款表；第三，现金预算表；第四，现金流量表。

问题 93 分析：

收款模式：

销售当月收回 60%，售后第 1 个月收回 25%，售后第 2 个月收回 15%。

3 月销售额 560 000 元，60% 在 3 月收回，25% 在 4 月收回，15% 在 5 月收回。

4 月销售额 520 000 元，60% 在 4 月收回，25% 在 5 月收回，15% 在 6 月收回。

5 月初应收账款 = 560 000 元 × 15% + 520 000 元 ×（25% + 15%）= 292 000 元。

问题 94 分析：

销售额的 40% 当月收回，50% 下个月收回，剩下的 10% 售后第 2 个月收回。

1 月初余额：144 000 元来自 12 月份的销售，16 000 元来自 11 月份。1 月收回的 11 月销售赊账 = 16 000 元。1 月收回的 12 月销售赊账 = 144 000 元 × 50%/（50% + 10%）= 120 000 元。1 月销售额为 200 000 元。1 月收回的本月销售赊账 = 200 000 元 × 40% = 80 000 元。1 月收回的现金 = 16 000 元 +

120 000 元 + 80 000 元 = 216 000 元。

问题 95 分析：

5 月份现销收款 = 1 500 000 元 × 20% = 300 000 元。5 月份收回赊销款 = 1 500 000 元 × （1 – 20%）× 70% + 1 400 000 元 × （1 – 20%） × 25% = 1 120 000 元。

旧设备销售额 = 50 000 元。

5 月收回款项 = 300 000 元 + 1 120 000 元 + 50 000 元 = 1 470 000 元。

问题 96 分析：

销售额的 10% 当月收回，60% 下个月收回，剩下的 30% 售后第 2 个月收回。

1 月初余额：324 000 元来自 12 月份的销售，99 000 元来自 11 月份。1 月收回的 11 月销售赊账 = 99 000 元。1 月收回的 12 月销售赊账 = 324 000 元 × 60% / （60% + 30%） = 216 000 元。1 月销售额为 340 000 元。1 月收回的本月销售赊账 = 340 000 元 × 10% = 34 000 元。1 月收回的现金 = 99 000 元 + 216 000 元 + 34 000 元 = 349 000 元。

问题 97 分析：

销售额的 40% 属于赊销，赊销额的 50% 当月收回，赊销额的 30% 于售后第 1 个月收回，赊销额的 15% 于售后第 2 个月收回。3 月份：

现金销售 = 500 000 元 × （1 – 40%） = 300 000 元。

收回 1 月的赊销 = 440 000 元 × 40% × 15% = 26 400 元。

收回 2 月的赊销 = 480 000 元 × 40% × 30% = 57 600 元。

收回 3 月的赊销 = 500 000 元 × 40% × 50% = 100 000 元。

3 月收回金额 = 300 000 元 + 26 400 元 + 57 600 元 + 100 000 元 = 484 000 元。

问题 98 分析：

现金交易占销售额的 20%，11 月份销售额为 960 000 元，12 月份销售额为 900 000 元。

11 月份信用销售 = 960 000 元 × （1 – 20%） = 768 000 元。

12 月份信用销售 = 900 000 元 × （1 – 20%） = 720 000 元。

余额在下个月收回的比例 30%，余额在售后第 2 个月收回的比例 25%。

年底应收账款净额 = 768 000 元 × 25% + 720 000 元 × （25% + 30%） = 588 000 元。

问题 99 分析：

选项 A 6 月的所得税和社保税会影响 7 月的现金流。

选项 B 股利于 7 月宣告，8 月支付。股利会影响 8 月现金流，不会影响 7 月现金流。宣告的股利不出现在 7 月的现金预算中，但是要出现在 8 月的现金预算中。

选项 C 每个季度的最后一个月支付的上一年征收的财产税会影响到每季度最后一个月的现金流，应该出现在 3 月，6 月，9 月和 12 月的现金预算中。

选项 D 收不回来的应收账款不影响现金流，不出现在现金预算中。

问题 100 分析：

收回的销售收入：

所有的销售均为赊销，在销售的下一个月收回款项。

1 月收回款项 = 12 月销售额 = 400 000 元。2 月收回款项 = 1 月销售额 = 400 000 元。

支付采购款项：

采购额度为下个月销售额的 60%，款项当月支付结清。

1 月支付款项 = 2 月销售额 × 60% = 700 000 元 × 60% = 420 000 元。2 月支付款项 = 3 月销售额 ×

60% =800 000 元×60% =480 000 元。

支付的其他费用：每月 =50 000 元 - 10 000 元 =40 000 元。

若 1 月初现金余额为 60 000 元，并且公司要求现金余额最少维持在 20 000 元。

1 月份借款 = 要求的余额 - （1 月初余额 +1 月收回款项 -1 月支付采购 -1 月支付其他费用）= 20 000 元 - （60 000 元 +400 000 元 -420 000 元 -40 000 元） =20 000元。

2 月份借款 = 要求的余额 - （2 月初余额 +2 月收回款项 -2 月支付采购 -2 月支付其他费用）= 20 000 元 - （20 000 元 +400 000 元 -480 000 元 -40 000 元） =120 000 元。

2 月底借款余额 =20 000 元 +120 000 元 =140 000 元。

问题 101 分析：

该公司期望销售款项于当月收回 40%，下个月收回 60%。

1、2 两月总现金流入包括：月初应收账款，1 月份的销售收入，2 月份销售收入的 40%。现金流入 =600 000 元 +1 400 000 元 +1 600 000 元×40% =2 640 000 元。

1、2 两月总现金流出包含费用支出和采购支出两部分。费用支出 = 300 000 元 + 350 000 元 = 650 000 元。

采购款项当月支付 50%，下个月支付 50%。下个季度的采购支出包括：月初应付账款，1 月份采购，2 月份采购的 50%。采购支出 =800 000 元 +700 000 元 +850 000 元×50% =1 925 000 元。

1 月初现金余额 =400 000 元。2 月末现金余额 =1 月初现金余额 +1、2 月现金流入 - 费用支出 - 采购支出 =400 000 元 +2 640 000 元 -650 000 元 -1 92500 元 =465 000 元。

问题 102 分析：

4 月份收到的现金 =100 000 元×50% +80 000 元×50% =90 000 元。

4 月份支付的现金 =80 000 元×75% +60 000 元×25% +140 000 元 +60 000 元 =275 000 元。

4 月份现金缺口 =275 000 元 -90 000 元 =185 000 元。

需要借款 200 000 元，现金余额 =200 000 元 -185 000 元 =15 000 元。

5 月份的利息 =200 000 元×1% =2 000 元。

5 月份收到现金 =200 000 元×50% +100 000 元×50% =150 000 元。

5 月份支付现金 = 80 000 元 × 5% + 80 000 元 × 25% + 120 000 元 + 80 000 元 + 2 000 元 = 202 000 元。

5 月份净支付 =202 000 元 -150 000 元 =52 000 元。

需要从银行借款 =52 000 元 -15 000 元 =37 000 元。

结果为 40 000 元。

问题 103 分析：

所有的销售均是赊销，款项在售后第 2 个月全部收回。采购款项在采购后第 1 个月全部支付，而经营成本则在发生当月全部支付。

第 1 季度销售收回 =1 月销售 =120 000 元。

第 1 季度支付采购 =1 月采购 +2 月采购 =70 000 元 +80 000 元 =150 000 元。

第 1 季度支付运营成本 =1 月运营成本 +2 月运营成本 +3 月运营成本 =50 000 元 +50 000 元 + 50 000 元 =150 000 元。

贷款要求最小现金余额 10 000 元，第 1 季度初余额 170 000 元。

一季度借款 = 贷款要求最小现金余额 - （一季度初余额 + 销售收回 - 支付采购 - 运营成本） = 10 000元 - （170 000 元 +120 000 元 -150 000 元 -150 000 元） =20 000 元。

问题 104 分析：

应付账款与销售额关系最为密切。

问题 105 分析：

今年，销售额是 20 万元，预计销售增长率是 15%。因此明年的销售额是 200 000 元 ×（1 + 15%）= 230 000 元。由于销售管理费用是销售额的 10%，预计销售管理费用是230 000 元 ×10% = 23 000 元。

问题 106 分析：

明年的销售收入 =（1 + 15%）×100 000 元 = 115 000 元，产品销售成本 = 115 000 元 ×70% = 80 500元，销售管理费用 = 115 000 元 ×10% = 11 500 元，经营利润 = 115 000 元 − 80 500 元 − 11 500 元 = 23 000 元。

问题 107 分析：

学习曲线分析是一种系统性的方法，它是根据工人不断增长的知识来估计成本下降程度的理论。

问题 108 分析：

作业基础预算法关注于作业，而不是业务部门或产品。每项作业都有其相应的成本动因，可以是基于数量的成本动因，也可以是基于作业的成本动因。成本可以划分为多个成本池。成本池由同质成本构成，这些成本随生产的上升或下降而同比例变化。固定成本属于同一个成本池，不同层次的变动成本被划分到不同的成本池中。每次编制总预算时，都应对成本池划分的准确性做出评估。

问题 109 分析：

包含改善内容的预算是一种持续改进的预算方法。它由确认改进领域开始，其预算成本一般比较低。传统预算中的削减是被动式的，经常涉及服务水平或生产水平的下降。包含改善内容的预算中的削减是主动式的，它试图在不牺牲生产率的前提下降低成本。

问题 110 分析：

第 2 年第 2 个季度预计的工资总额 = 200 万元 ×（1 + 5%）×（1 − 1%）^{2} = 205.82 万元。

问题 111 分析：

大企业通常会组织一个预算委员会，由高层管理者组成。预算委员会指导预算编制工作，批准预算，裁决不同意见，监控预算执行，检查预算结果，批准预算修改。

问题 112 分析：

预算松弛是指最终确定的预算水平与最优预算水平间的差异。预算松弛能使预算目标更易实现。

问题 113 分析：

第 1 个编制销售预测，其余预算都是在销售预测的基础上编制的。

问题 114 分析：

作业成本法、目标管理、绩效评估和参与预算最有助于目标一致性。

问题 115 分析：

预算与会计制度和组织结构相一致能够使得预算发挥最大的作用。

问题 116 分析：

对经费用途的限制是政府预算的主要内容。

问题 117 分析：

管理和销售费用预算中应有费用明细，使得预算能够更好地被理解。

问题 118 分析：

预算具有计划和控制功能。保证营利运营不是预算的计划功能。

问题 119 分析：

高级管理层的支持是预算编制成功的关键。高级管理层对预算负有最终责任，他们履行这项责任的主要方法是确保每个管理层都能理解并支持预算以及整个预算控制流程。高级管理层的支持应贯穿于整个预算编制流程。

问题 120 分析：

预算是一计划和控制的工具，它确定了在一段时间内为实现实体的目标所需要的资源和所需承担的义务。预算是定量的而不是定性的。

问题 121 分析：

所有部门经理可控的收入和费用都应被算作考核指标。可控费用可以是固定的也可以是变动的。

问题 122 分析：

零基预算可以避免前期预算中无效率因素的继续出现。传统预算关注于过去预算的变化；而零基预算关注于预算中每一个项目的成本的合理性，促使经理检查所有的业务要素，也就是说经理必须深入检查受其控制的各个领域来证明成本的合理性。零基预算关注每个项目，而不仅仅是例外情况，帮助经理确认并剔除那些成本大于收益的项目，对于新聘任的经理十分有用。

问题 123 分析：

模拟利润表将提供留存收益的信息，最终反映到所有者权益。

问题 124 分析：

指数平滑不是时间序列分析的类别，而是一种预测方法。

问题 125 分析：

成功预算的特征可知，选项 A、B 和 C 的说法是正确的。员工应该理解允许预算修订这一政策的重要性，以便能根据预算假设的重大变化修改预算内容。

问题 126 分析：

可知，董事会、最高管理当局、预算委员会、中层和基层管理者、预算协调者和流程专家都是预算参与者。

问题 127 分析：

预算编制的步骤为：预算提案；预算商议；预算审查与批准；预算修正。

问题 128 分析：

标准制定的支持信息来源有作业分析、历史数据、市场预期与战略决策和标杆分析。

问题 129 分析：

减少预算松弛的方法：①使用成本动因，设定标准；②使用标杆方法；③使用参与式预算的方法；④设计良好的奖励惩罚制度。

问题 130 分析：

在移动平均法下，预测结果 = （100 个 + 120 个 + 130 个）/3 = 117 个。在加权移动平均法下，预测结果 = 100 个 × 0.2 + 120 个 × 0.3 + 130 个 × 0.5 = 121 个。

问题 131 分析：

预测销售净利润时需要的数据包括：预计销售收入、销货成本百分比、销售管理费用百分比、利息和所得税率。

问题 132 分析：

战略计划引领着企业内部所有其他计划和预算活动。

问题 133 分析：

高层管理者决定并在很大程度上影响着企业内部对预算的理解。高层管理者启动计划和预算的过程，批准、管理该过程的政策和程序。因此，它的支持是预算成功的最关键因素。

问题 134 分析：

一般来说，在编制总预算的时候，最后一步是预计现金流。通常，企业总预算的编制顺序为销售预算、生产预算、销售管理费用预算、现金预算和编制模拟财务报表。

问题 135 分析：

作业基础预算法注重生产（提供）和销售产品（和服务）所必需的活动的成本预算。这反过来将有助于识别所需要的资源和预算松弛。作业基础预算法不一定能降低计划的不确定性。

问题 136 分析：

作为一种计划，滚动预算（或者说持续性预算）通过增加将来的一个时期、减去刚刚过去的一个时期，以覆盖将来特定的时期。滚动预算强迫管理层持续集中于将来某个特定的时期。时期的长度相同。但是，预算所覆盖的实际期往往随着时间的流逝而向前移动。

问题 137 分析：

由于销售预算是为全年编制的，与总体经济情况、销售人员的建议和原材料供给问题不同，已知的季节性收益波动不会严重影响全年预测。

问题 138 分析：

总预算往往是从销售预测开始的，学生的学费收入是私立学校的收入来源。

问题 139 分析：

任意成本在产量和资源之间不存在因果关系，很难预测。工程成本在产量和资源之间存在因果关系，它们大多数是可控制的，但却经常变动。非承诺成本不包括固定成本和可预测成本。基础设施成本通常是固定的、可预测的。

问题 140 分析：

为了进行购货成本预算，应当按照存货变化对将要生产的产品数量进行调整，然后乘以单位购货成本预算。

问题 141 分析：

预计现金余额的计算见表 6-66。

表 6-66 计算预计现金余额 （单位：美元）

期初现金余额	36 000
现金收入	1 300 000
应付账款减少	−25 000
成本和费用	−1 200 000
加：费用中包括的折旧	60 000
设备购买现金	−50 000
出售资产收到的现金	35 000 + 5 000 = 40 000
应收票据待摊费用	−66 000
期末现金余额	95 000

问题 142 分析：

指数平滑法将上期预测和上期观察值结合了起来。

$$F_{t+1} = ay_t + (1-a)F_t$$

式中 F_t——第 t 期的预测值；

y_t——第 t 期的实际值；

a——平滑系数。

问题 143 分析：

预期利润的计算见表 6-67。

表 6-67　计算预期利润

需求（件）	4 000	5 000	6 000	7 000
收益（原始销售）（美元）	100 000	125 000	150 000	150 000
运动衫成本（美元）	56 000	78 000	67 500	87 500
批发收入（美元）	20 000	10 000	0	0
利润（美元）	42 000	57 000	72 000	72 000
概率（%）	15	20	35	30
利润×概率（美元）	6 300	11 400	25 200	21 600

预期利润（总额）=6 300 美元+11 400 美元+25 200 美元+21 600 美元=64 500 美元。

问题 144 分析：

在预算中应采用当前可实现标准，而不是理想标准或者实际结果。

问题 145 分析：

线性回归分析是一种统计学方法，用于确定某一个或几个变量对另一个变量的影响。

问题 146 分析：

针对一个特定的成本动因，在一个特定的持续期间来定义，要求被限制在一个相关范围内。

问题 147 分析：

累计平均时间学习模型通过累计平均时间与产量的关系来度量生产效率的提高。随着产出的翻倍，平均时间比原来的平均时间按比例下降，这个比例被称为学习率。

问题 148 分析：

总直接人工工时=200 小时×90%×2=360 小时。

问题 149 分析：

6 月份的预计销售收入=0.7×22 000 000 元+（1－0.7）×（22 000 000 元－600 000 元）=21 820 000元。7 月份的预计销售收入=0.7×22 500 000 元+（1－0.7）×21 820 000 元=22 296 000 元。

问题 150 分析：

季节性是指数据在当年度存在定期的峰值和低谷的情况。

问题 151 分析：

年利润期望值=60%×［70%×10 000 000 元+30%×（－4 000 000 元）］+40%×［25%×10 000 000元+75%×（－4 000 000 元）］=3 280 000 元。

问题 152 分析：

资本投资预算指关于获取长期资产支出的预算，包括如何获得此投资需要的融资。资本预算通常关系到公司的稳定和未来成长。

问题 153 分析：

作业基础预算法（ABB）关注于作业，而不是业务部门或产品。每项作业都有其相应的成本动因，可以是基于数量的成本动因，也可以是基于作业的成本动因。

问题 154 分析：

弹性预算只调整变动成本，固定成本保持不变，不能够帮助公司开展增值作业。

问题 155 分析：

零基预算关注预算中每一个项目成本的合理性，促使经理检查所有的业务要素。也就是说，经理必须深入检查受其控制的各个领域来证明成本的合理性。

问题 156 分析：

连续预算在每个预算期结束时再添加一个新的预算期，这样预算中的时期数保持不变，并且还能根据经营环境的变化更新预算。

问题 157 分析：

销售收入的弹性预算金额 = 600 元/艘 × 120 艘 = 72 000 元。

问题 158 分析：

现金预算包括期初现金和现金流入预算。其中从应收账款或应收票据中回收、借入资本、权益资本、非运营资产的处置所得、销售水平、回收风险、非正常损失以及信用政策等都对可用现金有影响。现金流出包括购买材料、工资、运营费用、税金、利息。

问题 159 分析：

3 月份收到的现金额 = 120 000 元 + 335 000 元 × （1 − 2%） × 60% + 335 000 元 × 30% + 320 000 元 × 10% = 449 480 元。

问题 160 分析：

该项决定将会增加公司的固定资产、折旧、利息费用、融资性现金流、投资性现金流、经营性现金流。

问题 161 分析：

甲公司实现了低成本的目标，但并未实现提高市场份额的目标。

问题 162 分析：

2.6 亿元 × 90% + 2.4 亿元 × 10% − 2.4 亿元 − 3 000 万元 + 2 000 万元 − 1 000 万 = −200 万元，所以需要从外部融资 200 万元。

问题 163 分析：

本年的销售额期望值 = 1.8 亿元 × 10% + 2 亿元 × 40% + 2.4 亿元 × 30% + 2.5 亿元 × 20% = 2.2 亿元。

问题 164 分析：

企业不允许有损耗，这是正常情况下达不到的，所以是理想标准。

问题 165 分析：

略。

问题 166 分析：

30% × 200 万元 + 10% × 400 万元 = 100 万元。

问题 167 分析：

变动成本 = （15 000 元 − 5 000 元） / （2 000 张 − 1 000 张） = 10 元/张。固定成本 = 5 000 元 − 10 元/张 × 1 000 张 = −5 000 元。（注意：固定成本为负数，说明在相关范围之外。）1 800 张时，成本 = 10 元/张 × 1 800 张 − 5 000 元 = 13 000 元。

问题 168 分析：

在现金预算编制完毕之后，企业将会编制预算资产负债表。

问题 169 分析：

零基预算法适用于新经理的情况，可以分析各项费用的合理性。

问题 170 分析：

回归分析用于分析成本动因和制造成本的关系。

问题 171 分析：

取消股利对于上市公司来说会给投资者传递出不良信号，对公司股价产生负面影响；推迟对供应商付款，可能导致公司付款政策的违背，供应商关系的破坏，折扣优惠的放弃，公司形象的受损；12 月份的高销售额将在 1 月收到货款，因此考虑通过筹集短期贷款来缓解 12 月末的资金压力是较为合适且可行的方案。

问题 172 分析：

编制年度预算时要考虑公司长短期的目标，而且也会影响长短期目标的实现。

问题 173 分析：

本期需要开展的是增值作业，并改善供应商和客户关系，这些都是作业预算和作业成本法最关注的内容。

问题 174 分析：

该公司需要将所有作业和职能进行审核，就意味着要从头开始进行未来预算的审核和规划，这符合零基预算编制法的特征。

问题 175 分析：

销货成本占销售额的比例 = 20 700 000 元/46 000 000 元 = 45%。固定销售和管理成本 = 19 800 000 元 − 5% × 46 000 000 元 = 17 500 000 元。设销售额为 X，则 $X - 0.45X - 17\,500\,000$ 元 $- 0.05X = 0.15X$，解得 $X = 50\,000\,000$ 元。需要增加的金额 = 50 000 000 元 − 46 000 000 元 = 4 000 000 元。

问题 176 分析：

75% ×（60% ×1 000 万元 + 40% ×600 万元）− 25% ×400 万元 = 530 万元。

问题 177 分析：

连续性预算在每个预算期结束时再添加一个新的预算期，这样预算中的时期数保持不变，并且还能根据经营环境的变化更新预算。根据题意，每个季度末都编制预算属于滚动预算。

问题 178 分析：

项目预算的预算期一般超过 1 年，准备金应该记录在资产负债表，跨越若干个会计期间。

问题 179 分析：

所有统计分析的共同特点是使用历史数据预测未来。

问题 180 分析：

连续性预算在每个预算期结束时再添加一个新的预算期，这样预算中的时期数保持不变，并且还能根据经营环境的变化更新预算。根据题意，每 5 个月编制预算属于滚动预算。

问题 181 分析：

85 000 元 ×0.1 + 85 000 元 ×0.9 ×0.4 + 80 000 元 ×0.9 ×0.3 + 70 000 元 ×0.9 ×0.25 + 65 000 元 ×0.9 × 0.05 = 79 375 元。

问题 182 分析：

476 000 元 ×（1 − 10% − 60%）+ 465 000 元 ×（1 − 10% − 60% − 20%）= 189 300 元。

问题 183 分析：

47 800 元 ×0.25 + 52 300 元 ×（1 − 0.25）= 51 175 元。

问题 184 分析：

6 月份预测销售值 = 21 000 000 元 ×0.25 +（21 000 000 元 − 600 000 元）×0.75 = 16 500 000 元。

7 月份预测销售值 = 22 500 000 元 × 0.25 + 16500 000 元 × 0.75 = 18 000 000 元。

问题 185 分析：

增量预算基于上一个年度的预算进行调整，适合编制预算时间较少的企业。

问题 186 分析：

(36 小时 × 90% × 2 − 36 小时)/2 = 14.4 小时。

问题 187 分析：

(200 万件 + 220 万件 + 240 万件)/3 = 220 万件。

问题 188 分析：

连续性预算具有更强的相关性，可以反映当前发生的事项并估计未来的需要。

问题 189 分析：

略。

问题 190 分析：

100 小时 × 90% × 90% = 81 小时。

问题 191 分析：

预测值 = (100 000 元 + 120 000 元 + 140 000 元)/3 = 120 000 元。150 000 元 − 120 000 元 = 30 000元。

问题 192 分析：

9 分钟/10 分钟 = 90%

问题 193 分析：

8 是 2 的 3 次方。第 8 次操作的时间 = 10 分钟 × $90\%^{3}$ = 7.29 分钟。

问题 194 分析：

1 024 是 2 的 10 次方。1 024 次操作的时间 = 10 分钟 × $90\%^{10}$ = 3.49 分钟。

问题 195 分析：

目标一致性使得公司目标和个人目标一致。

问题 196 分析：

预算不能用来绝对保证战略实现。

问题 197 分析：

总预算最为恰当，其余 3 项为总预算的组成部分。

问题 198 分析：

X 是自变量，代表预测的出货量，*Y* 是因变量，代表预测运输费用。

问题 199 分析：

175 000 件 + 2 件/元 × (100 000 元 + 350 000 元 + 250 000 元) = 1 575 000 件。

问题 200 分析：

理想标准为 20 秒/件，标杆分析为 28 秒/件，当前可实现标准为 38 秒/件。

问题 201 分析：

验证每一项预算假设的合理性，符合零基预算的特点。

问题 202 分析：

略。

问题 203 分析：

满足一个客户装修设计需要，可视为一个项目，应使用项目预算。

问题 204 分析：

500 万元 × 20% + 500 万元 × 50% × 80% = 300 万元。增加广告后，预计销售收入 = 500 万元 × 40% + 500 万元 × 50% × 60% = 350 万元。

问题 205 分析：

10% × 300 万元 + 50% × 100 万元 + 20% × 600 万元 = 200 万元。

问题 206 分析：

1 − 10% = 90%。

问题 207 分析：

在预算中增加成本，减少收入都属于预算松弛。

问题 208 分析：

资本预算的周期取决于项目的生命周期。

问题 209 分析：

(2 000 件 + 3 000 件 + 2 500 件 − 100 件) × (1 + 10%) × 3 小时/件 = 24 420 小时。

问题 210 分析：

只有土地处置会产生现金流，其余 3 项均为非现金活动。

问题 211 分析：

略。

问题 212 分析：

单位变动成本 = 6 000 000 元/100 000 件 = 60 元/件。营业利润增加 = (110 000 件 − 100 000 件) × (100 元/件 − 60 元/件) = 400 000 元。

问题 213 分析：

略。

问题 214 分析：

10% × 230 000 元 + 45% × 345 000 元 + 30% × 432 000 元 + 15% × 125 000 元 = 326 600 元。

问题 215 分析：

(12 000 件 − 10 000 件) × 125 元/件 × 35% = 87 500 元。

问题 216 分析：

总预算是一个企业或业务部门在 1 年、一个运营周期或一个短时期内的总体经营计划。总预算指明企业前进的方向，比长期计划期间更短、更精确、更关注于责任中心。总预算具体分为：经营预算、财务预算和资本预算。

问题 217 分析：

189 000 元 = 3M + 150 000 元，解得 M = 13 000 元。

问题 218 分析：

弹性预算显示在一个相关范围内不同作业水平的预期收入和成本。弹性预算可以根据当期的实际作业水平调整，因而实际结果可以与相同产出水平上预算进行比较。

问题 219 分析：

8 500 辆 × 0.2 + 2 500 辆（本期销量）− 2 500 辆 × 0.2 = 3 700 辆。

问题 220 分析：

选项 A 和选项 C 都是短期运营需求，不属于资本预算的范畴。选项 B 中资本预算根据公司的长期目标来确定。选项 D 的说法正确。

问题 221 分析：

100 小时 ×75%^{2} ×4 =225 小时。

问题 222 分析：

平均动物数量 = （12 只 ×1 次 +20 只 ×4 次 +25 只 ×3 次 +35 只 ×2 +40 只 ×2 次)/12 次 = 26. 42 只，因此需要安排 3 名工作人员。

问题 223 分析：

20 万元 ×80% +0 元 ×20% =16 万元。

问题 224 分析：

本年采购 5 500 万元的存货，应付账款增加了 100 万元，所以实际付出的采购现金流为 5 500 元 - 100 元 =5 400 万元。

问题 225 分析：

经营利润 =(9 000 万元 -3 600 万元 -675 万元) ×1. 1 -2 100 万元 -(900 万元 +500 万元) - 925 万元 =772. 5 万元。

问题 226 分析：

210 000 元 ×65% +208 000 元 ×25% +216 000 元 ×10% =210 100 元。

问题 227 分析：

预期销量 =60 万件 ×20% +80 万件 ×50% +100 万件 ×30% =82 万件。预期营业利润 =82 万件 × (100 元 -60 元) -2 500 万元 =780 万元。

问题 228 分析：

能够带来利益的项目需要承诺有大笔资金准备，且其预算期间超出项目的生命周期。

问题 229 分析：

学习曲线分析是一个系统的方法。它根据增强的业务、团队以及个人的学习来估计不断下降的成本。由于获得经验，工人在生产过程中变得效率更高，因而降低成本。

问题 230 分析：

现金流报表的目的在于帮助财务报表的用户评估公司的变现能力、偿债能力和财务灵活性。

问题 231 分析：

生产线工人附加福利属于生产成本且不随产量变化，全部进入间接制造费用。

问题 232 分析：

销货成本 =12 600 元 +2 445 790 元 -18 900 元 =2 439 490 元。预计毛利率 =(4 678 500 元 - 2 439 490 元)/4 678 500 元 =47. 9%。通过降低制造成本可以提高毛利率。选项 A 中降低税率对毛利率没有影响。

问题 233 分析：

滚动预算是一种不断加入一个未来的期间并去掉刚结束的期间，这样一直覆盖一个特定未来期间的计划。它迫使管理层持续地关注未来特定的期间。此期间一直是相同的长度，但是随着时间的流逝，已经发生的期间被后面的预算所覆盖。

问题 234 分析：

350 000 元 ×(1 -50% -40%) +450 000 元 ×(1 -50%) =260 000 元。

问题 235 分析：

预算标准是评价绩效的良好依据。

问题 236 分析：

边际贡献 =（30 元/件 − 18 元/件）× 400 件 = 4 800 元。

问题 237 分析：

公司管理层和基层理解不一致，总预算不符合公司实际情况，不能被员工广泛接受，因此该预算很可能无法达到应有的效果。

问题 238 分析：

在零基预算中，每个项目的成本必须被证明是有必要的，并从对公司最重要的那个开始。零基预算要求预算中的每个事项或项目的成本在每个新的预算中重新证明其合理性。零基预算根据它们对公司的重要程度来进行排列。

问题 239 分析：

承包商的报价、银行贷款的利息支出、增量保险费用、增量房产税费用等均为项目相关的增量成本，应该包含在项目预算内。

问题 240 分析：

经营利润 = 1 500 万元 ×（1 + 5%）− 600 万元 − 300 万元 ×（1 + 5%）− 200 万元 = 460 万元。

问题 241 分析：

1）成功预算特征包括：与战略保持一致；预算流程相对独立，应根据战略规划和预测来编制预算；预算能缓解潜在的瓶颈问题，要最有效地分配资源；高层的大力支持。

2）略。

3）理想标准是指当前所有的情况都产生最佳结果才可以实现的标准，如行业最高标准。当前可实现标准是指可实现标准更接近历史成本，将受过恰当培训的人在正常操作速度下能够实现的水平制定的标准，如现行的生产计划。

4）假设 10 月是经营活动的起始月。

10 月生产量 = 2 000 件 + 2 500 件 × 0.3 件 = 2 750 件。

11 月生产量 = 2 500 件 × 0.7 + 3 500 件 × 0.3 = 2 800 件。

5）现金预算是保证流动性的计划。有了现金的预算，就可以有序安排融资，并安排投资的时间构成，以便需要现金时投资能够及时变现。

6）略。销售预算直接决定了生产的预算，需要生产多少产品、产品类型、成本等一系列的活动。

7）非营利组织、政府预算是不需要做销售预算的。

问题 242 分析：

1）略。

2）总预算是企业所有预算及其各部门经营活动计划的全面汇总，通常以年度预算为基础。企业的战略和长期计划在总预算中与短期目标和客观现实相匹配。

总预算和弹性预算的区别是，前者的产出水平是一定的、静态的；后者根据特定的产出水平确定一个基准成本预算，因而是灵活的、动态的。

弹性预算优势包括：

a. 能反映不同产量水平下的成本，可准确匹配企业的销售预测。

b. 能提供更细致的差异分析，使预算对实际执行情况的评价与考核建立在更加客观可比的基础上。

c. 由于预算是按各项成本的性态分别列示的，因而可以方便地计算出在任何实际业务量水平下的预测成本，从而为管理人员在事前严格控制费用开支提供方便，也有利于在事后细致分析各项费用节约或超支的原因，并及时解决问题。

有效利用历史预算信息改进未来的计划。

3）应采用滚动预算，因为根据最新的情况来更新未来的预测，可根据经营环境的变化更新预算。

优点包括：a. 更强的关联性，可以反映当前发生的变化及时调整未来的预测。

b. 能从更长远的视角而不是年度预算的视角来审视决策，可以跨年度。

4）略。该公司可以用零基预算法，审查所有的业务要素，剔除不合理的项目。

5）4 月份销售额预测值 =0.3×24 000 元 +0.7×30 000 元 =28 200 元。

a 值的取值范围为 0～1。平滑指数法对数据的要求最小，在确定平滑常数后，只需要本期实际值和本期预测值，不需要保存历史数据。在时间序列稳定时的效果非常好。

6）在每个预算期结束时再添加一个新的预算期，预算中的时期数保持不变，可根据经营环境的变化更新预算。

7）盈亏平衡点是指全部销售收入等于全部成本时（销售收入线与总成本线的交点）的产量。

由于弹性预算是根据成本性态和业务量之间的依存关系，将企业的各项成本费用划分为变动和固定两个类别，确定各项费用与业务量之间的关系，因而适合于计算盈亏平衡点。

问题 243 分析：

1）该公司的战略没有实现，因为市场费用没有减少。

2）减少采购成本，减少生产成本和管理费用，增加销售收入，减少营销费用，保证合理的研发费用。

3）略。

4）销售预算直接决定了生产预算，需要生产产品的数量、产品类型、成本等一系列的活动。生产预算通过预测期末存货，加上预算销售量，再减去期初存货量来计算。

5）a. 评估预期效益是否符合该公司的既定目标。

b. 预测融资需求以实现预计的销售增长。

c. 通过敏感性分析估计导致重大问题发生的潜在事件。

问题 244 分析：

1）生产 4 个产品的总时间 =50 小时/个 $\times 90\%^2 \times 4$ 个 =162 小时。

2）对价格差异没有影响，因为学习曲线只影响效率，即小时数；数量差异会得到改善，因为如果编制生产预算时没有考虑学习曲线效应，标准就会偏低，达到或超越标准就更容易。

3）如果学习率降低，差异是有利的。

4）只适用于劳动密集型产品以及重复的工作，不能分析学习之外的因素。

5）预算松弛是指最终确定的预算水平与最优预算水平之间的差异，是预算编制过程中普遍存在的，并对整个预算管理制度的有效性产生直接影响的问题。

财务经理张三却没有考虑学习曲线效应，该公司预算人工成本为 100 元/小时，给人工成本的预算留下了很大的弹性空间，造成预算松弛。

问题 245 分析：

1）略。

2）销售预算是比生产预算和行政管理、销售费用预算高一级的预算。它界定了企业整体的运营能力，包括生产成本、销售和管理费用。

3）甲公司弹性预算见表 6-68。

表 6-68　甲公司弹性预算

项目	静态预算	弹性预算	实际	差异
数量	3 600 台	6 000 台	6 000 台	
单价	2 500 元/台	2 500 元/台	2 100 元/台	-400 元/台
销售收入	9 000 000 元	15 000 000 元	12 600 000 元	-2 400 000 元
生产成本	3 240 000 元	5 400 000 元	5 400 000 元	0
销售佣金	432 000 元	720 000 元	806 400 元	86 400 元
经营利润	5 328 000 元	8 880 000 元	6 393 600 元	-2 486 400 元

4）尽管销量多了 2 400 台，经营利润的静态预算差异（6 393 600 元 - 5 328 000 元 = 1 065 600 元）为有利差异，但由于销售单价过低、销售费用的增加（86 400 元，不利差异）等原因，造成经营利润下降，不利弹性预算差异（-2 486 400 元）。

问题 246 分析：

1）零基预算。分析略。

2）权威式标准。分析略。

3）[20 000 单位 + 1 200 单位 - (1 000 单位 - 200 单位)]/(1 - 8%) = 22 174 单位。

22 174 单位 × 2 千克/单位 = 44 348 千克。22 174 单位 × 3 小时/单位 = 66 521 小时。

问题 247 分析：

1）综合式预算。分析略。

2）增量预算。分析略。

3）10 000 单位 × 1.2 × 10 元/单位 - (30 000 元 × 1.2 + 20 000 元 × 1.1 + 10 000 元 × 1.2 + 5 000) - 10 000 元 × 1.2 - (5 000 元 - 2 000 元) = 30 000 元。

4）使用弹性预算方法。分析略。

5）略。

问题 248 分析：

1）~4）略。

5）该公司 CEO 要求预算部门编制的是权威预算。

6）略。

7）采购经理可以使用原材料合格率、采购单价等指标考核。质量经理采用在产品合格率、产成品合格率、质量成本等指标考核。生产经理采用生产数量、单位产品制造成本等考核。

问题 249 分析：

选项 B、选项 C 和选项 D 分别是零基预算、增量预算和参与式预算的特点。

问题 250 分析：

(11 000 件 - 1 100 件 + 1 400 件) × 2 美元/磅 × 3 磅/件 = 67 800 美元。

问题 251 分析：

在任何预算中最难调整的项目都是产量，产成品存货和销售量对于季节性企业来说更是如此。预算开始于销售预测，然后是生产预算。但是，当产量相对于销售量更难以确定时，会按照相反的顺序进行预算编制。没有存货，销售就无法进行，因此存货水平十分重要。但是，高存货与高成本相关联。

问题 252 分析：

总预算不包括实际结果。总预算包括可控和不可控成本。总预算不是为了确定制造成本差异而构建的，这种功能是通过弹性预算和实际结果的比较实现的。

问题 253 分析：

750 000 元 ×40% −750 000 元 ×40% ×5% +825 000 元 ×40% ×5% =301 500 元。

问题 254 分析：

825 000 元 ×20% +825 000 元 ×80% ×40% +750 000 元 ×80% ×57% =771 000 元。

问题 255 分析：

10 000 单位 −600 单位 +1 000 单位 =10 400 单位。10 400 单位 × 2 人工工时 × 5 元/人工工时 = 104 000 元。

问题 256 分析：

从使用机会成本的概念可知，损失的边际贡献可以作为闲置生产能力的成本。

问题 257 分析：

预估损益表是运营预算的结果，现金不属于运营预算的内容，其余选项都是预估损益表的内容。

问题 258 分析：

材料 Q 的成本为 2.2 元/克。每个 A 产品材料成本 =9 克/（1 −4%）×2.2 元/克 =20.63 元。

问题 259 分析：

0.75 人工工时反映了企业一个普通员工进行工作时完成产品的时间情况，被定义为当前可实现标准。

问题 260 分析：

生产工人的工资直接由生产数量决定。

问题 261 分析：

只要有关系的因素都可以进入回归方程，再通过 t 检验或者 F 检验进行判断。

问题 262 分析：

50 000 元 +100 元/吨 ×1 000 吨 =150 000 元。

问题 263 分析：

前两件产品作为一个单位，用时共 200 个直接人工工时。产出翻 2 倍，即制造 8 件新产品所需的总直接人工工时为：200 小时 $\times 0.9^2 \times 4 =$ 648 小时。

问题 264 分析：

期望值理论可以用来预测收益，学习曲线是用来预测人工成本，甘特图是用来描述项目进度的工具。

问题 265 分析：

弹性预算可以比较成本费用在不同产出水平的情况。

问题 266 分析：

若要持续改进，就需要对生产流程环节进行仔细的研究，对其进行改善突破。在流程上获得改善突破之后，作业的效率和产品的质量都会有所提高。

问题 267 分析：

分析：零基预算审核评估各项成本的合理性。

问题 268 分析：

在这道题中，作业预算编制能最好地以作业为基础并且找到增不增值的行为，以避免预算松弛。

问题 269 分析：

甲公司目前处于盈利瓶颈阶段，需要管理层重新分析企业的运营状况，所以合适的预算是零基预算法。零基预算法要求管理者以零为基础来编制预算，同时要求预算团队深入评估所有的预算事项。这样的预算过程可以促使管理者去发现那些没有价值或浪费资源的活动或职能。

问题 270 分析：

推迟供应商货款的支付，能够避免现金预算花费过多，从而影响本年度现金预算的完成和执行。

问题 271 分析：

变动成本占销售额的比例 = 2 070 万元/4 600 万元 = 45%。设销售增加部分为 X，列出计算式：(X + 4 600 万元 − 45% × X − 2 070 万元 − 5% × X − 1 980 万元)/(X + 4 600 万元) = 15%。通过计算得出：X = 400 万元。

问题 272 分析：

2 000 元 × 0.4 + 1 800 元 × 0.6 + 5 000 元 × 0.2 + (15 000 元 − 4 000 元) = 13 880 元。

问题 273 分析：

36 000 元 + 1 300 000 元 − 25 000 元 − 1 200 000 元 + 60 000 元 − 50 000 元 + (35 000 元 + 5 000 元) − 66 000 元 = 95 000 元。

问题 274 分析：

变动成本百分比不变化，所以单位边际贡献不变。销售量上升，因此总边际贡献提高。

问题 275 分析：

原来的每股收益 = (2 000 万元 − 70% × 2 000 万元 − 30 万元 − 10 万元 − 10% × 2 000 万元 − 500 万元 × 8%) × (1 − 35%)/200 万股 = 1.04 元/股。所以现在的每股收益 = = (2 000 万元 × 1.1 − 70% × 2 000万元 × 1.1 − 30 万元 − 10 万元 − 10% × 2 000 万元 × 1.1 − 500 万元 × 8%) × (1 − 35%)/200 万股 = 1.17 元/股。因此，每增加 10% 的销售收入将引起每股收益产生的变化为 1.17 元 − 1.04 元 = 13.0 分。

问题 276 分析：

当前可实现标准是来自实际生产情况，符合企业的实际，是可以激励员工进行生产的。

问题 277 分析：

19 千克/(0.9 × 0.98) = 21.54 千克。

问题 278 分析：

一般工人的操作时间是实际时间，也就是当前可实现时间。

问题 279 分析：

因为部门经理对于运营的细节最了解，所以他们的专业知识被运用到预算的编制里会更好地帮助企业搭建经营预算。

问题 280 分析：

预算松弛高估成本，低估利润，使得目标更容易实现。

问题 281 分析：

b 是斜率，在成本估计中代表了单位变动成本。

问题 282 分析：

可以从趋势上进行判断，4 月份实际值大于 3 月份实际值。指数平滑法、期望值法和移动平均法的计算结果都是 4 月份小于 3 月份，只有回归分析法获得的值与实际值趋势相同，所以相对而言回归法更好。

问题 283 分析：

100 小时 × 0.9 × 0.9 = 81 小时。

问题 284 分析：

200 000 元 ×0.8 +220 000 元 ×0.2 =204 000 元。

问题 285 分析：

[X ×（180 000 元 −20 000 元）+（1 −X）×（120 000 元 −20 000 元）] =[X ×80 000 元 +（1 −X）×120 000 元]，X =20.0%。

问题 286 分析：

作业和活动按照合理性和优先级排序，就是零基预算的体现。

问题 287 分析：

该预算编制注重的是生产过程，而不是部门，故此作业预算编制是合适的选项。

问题 288 分析：

进行绩效评估的时候，弹性预算法可以将销售量从静态预算调整为实际值，以进行绩效评估。

问题 289 分析：

动漫企业基本上都是按照项目来进行，所以项目预算法比较合适。

问题 290 分析：

连续性预算在每个预算期结束时再添加一个新的预算期，这样预算中的时期数保持不变，并且还能根据经营环境的变化更新预算。

问题 291 分析：

预算编制流程最后一步是编制预算现金流量表。

问题 292 分析：

该变化会减少利润和固定资产的账面价值，税务折旧方法不变，所以不影响现金流。

问题 293 分析：

原来 220 000 件的数量对应的是 4.4，即 5 批次。现在是 260 000 件，所以对应的是 5.2，即 6 批次，故按比例变化。9 月份的生产成本 =880 000 元 ÷5 ×6 +6.4 元/件 ×260 000 件 +1 664 000 元 =3 930 000元。

问题 294 分析：

600 元 +（1 200 元 −1 000 元）−（1 100 元 −800 元）=500 元。

问题 295 分析：

销货成本 =12 600 元 +2 445 790 元 −18 900 元 =2 439 490 元。毛利率 =（4 678 500 元 −2 439 490 元）/4 678 500 元 =47.85%，没有满足目标，所以需要降低成本。

问题 296 分析：

指数平滑法将上期预测和上期观察值结合起来。

问题 297 分析：

100 小时 ×80% ×80% ×4 −100 小时 ×80% ×2 =96 小时。

问题 298 分析：

题目考察预算的基本概念，预算是战略的数量化表达，用以传达管理层的期望，落实到运营层面。

问题 299 分析：

在确定直接人工的数量标准后，再确定工资率，从而获得直接人工成本。

问题 300 分析：

弹性预算收入为 1 320 万元（1 200 万元 ×1.1），销售成本为 880 万元（800 万元 ×1.1），毛利润为 440 万元（400 万元 ×1.1）。实际收入 1 300 万元比预算目标 1 320 万元低了 20 万元。

问题 301 分析：

弹性预算收入为 2 760 元（2 400 万元 ×1.15）。预算单价为 2 400 元（2 400 万元 ÷10 000 件），实际单价为 2 391 元（2 750 万元 ÷11 500 件）。

问题 302 分析：

采纳了来自各级管理者的意见是参与式预算的特征。

问题 303 分析：

预算松弛会高估成本或者低估收入。

问题 304 分析：

12 000 件 ×（1 +25%）×（150 元 +15 元）+8 000 件 ×（1 +20%）×（200 元 +15 元）= 4 539 000 元。

问题 305 分析：

弹性预算产出水平与实际值相同。

问题 306 分析：

（119 000 件 +141 500 件 +149 500 件）×0.75 小时/件 ×18.50 元/小时 =5 688 750 元。

问题 307 分析：

1）略。

2）a. 略。

b. P 公司通过进军高能低脂食品市场实现内部扩张的战略优势包括：①新产品将与现有产品线互为补充，提高运营效率和品牌忠诚度；②新增债务的金额低于收购其他公司新增债务的金额；③可抓住低脂膳食市场的发展机遇；④在该行业中拥有专业管理知识。

c. P 公司通过进军高能低脂食品市场实现内部扩张的战略劣势包括：①新产品开发需要在研究、新设施和营销等方面投入大量资金；②新产品开发将减少可用现金数量；③负债率提高将增大公司风险，进而影响股价；④公司可能面临产品失败的风险；⑤新产品开发和获利期长。

3）略。

4）a. 经营预算是企业生产经营方面的预算，包括企业从销售、生产、原材料、人工成本、制造费用等方面一系列和生产运营息息相关的预算。营业预算包括销售预算、生产预算、原材料预算、直接人工预算、制造费用预算等。

财务预算是将生产经营情况预测落实到财务数据的预算。它主要包括模拟资产负债表、模拟利润表和模拟现金流量表。

b. 7 月份生产量预算 =60 000 件 +75 000 件 ×20% －60 000 件 ×20% =63 000 件。

5）差异分析的优点：①能够帮助企业进行生产经营方面的评估、监控和改善；②能够帮助企业对生产、经营人员进行客观合理的绩效评估；③通过寻找和观察不利差异和有利差异，能够评估在连续生产经营的条件下各环节进行的协调性是否达到要求。

差异分析的缺点：①差异分析仅仅能够定量地告知某个生产经营环节是否和标准产生差异，但是并不能全面地揭示差异产生的原因和实际出现的问题；②如果标准成本制定的不合理，那么差异分析无法揭示生产经营的问题，其分析是徒劳的；③仅仅单部门或者单经营环节的差异分析未必能够揭示生产出现有效或者无效的真实情况，因为该部门的差异原因可能来自在生产价值链上的其他环节的有效或者无效情况。

差异原因略。

第 7 章　绩效管理

7.1　成本度量与差异度量

7.1.1　比较实际结果与预算结果

1. 预算流程

预算流程为：

1）编制总预算。

2）确定标准。

3）检查差异，并分析原因。

4）借助反馈制订下一次的计划。

2. 与实际结果的比较

如果不将实际结果和预算对比，预算就会失去意义。

对比过程中，管理人员需要关心效率和效益。效率是指实际耗用的资源和预算设定标准的比较。效益是指完成预算目标的程度。

评估效益的重要方法，是将实际利润和预算利润做比较。比较的结果分为两种：有利差异和不利差异。

1）有利差异指实际收益大于预算收益，或者实际成本小于预算成本。

2）不利差异指实际收益小于预算收益，或者实际成本大于预算成本。

> 注意：判断规则是收入类或利润类的差异如果为正值，是有利差异；反之，是不利差异。成本类的差异如果为正值，是不利差异；反之，是有利差异。

7.1.2　使用弹性预算进行绩效分析

1. 弹性预算的编制方法

根据第 6 章的内容可知，与静态预算相比，弹性预算可以通过改变预算金额来反映实际的产出水平。这种方法可以产生更好的管理控制结果。

弹性预算的编制步骤：

1）编制静态预算。

2）明确实际产出量。

3）计算弹性预算中的总销售收入，计算公式为

$$总销售收入 = 销售量 \times 预算销售单价$$

4）计算弹性预算中的总成本，计算公式为

$$总成本 = 销售量 \times 预算单位变动成本 + 总固定成本$$

2. 差异分析

实际结果和静态预算之间的差异，被称为静态预算差异，进一步可以将之分为：

1）弹性预算差异，指实际结果减去弹性预算的结果，公式为

弹性预算差异 = 实际结果 − 弹性预算结果

2）销售量差异，指弹性预算结果减去静态预算结果，公式为

销售量差异 = 弹性预算结果 − 静态预算结果

3. 使用差异分析的优缺点

对预算中的指标进行差异分析的优点：

1）有助于提高员工工作绩效，从而进一步提高企业的绩效。

2）有助于企业的管理者根据迅速变化的竞争环境，对员工进行及时的引导。

对预算中的指标进行差异分析的缺点：

1）没有在不同部门和不同员工之间设立统一的目标，难以对工作绩效进行横向比较。

2）设计考核体系需要花费的物质成本和时间成本很高，因为需要根据员工的实际情况设定。

3）标准设定的过程十分困难，而且设定过程中管理者和员工之间的博弈行为往往造成设定的目标脱离了实际情况。

4）外界环境随时都有可能发生变化，考核结果可能会伤害员工的积极性。

7.1.3 例外管理

例外管理要求管理者将注意力放在重大的差异，而不是一般情况上。这里既要重视不利的差异，也要重视有利的差异；不但要关注差异的相对与绝对大小，而且还要注意差异的频繁程度和趋势。差异的相对大小往往更重要。

例外管理可以节省最高管理层的时间和精力，使他们能集中精力研究和解决重大问题，同时使下属部门有权处理日常工作，提高工作效能。

7.1.4 采用标准成本制度

标准成本指在正常和高效率的运转情况下制造产品的成本，而不是指实际发生的成本。它是有效经营条件下发生的一种目标成本，通常是以单位价格或者成本的形式表达。标准成本用来制订计划，可以帮助管理人员确认实际与预算之间的差异。

使用了标准成本，才允许使用例外管理和差异分析。

7.1.5 比较与标准成本的差异

标准成本分为两个部分：一个是成本动因的标准单位成本；另一个是成本动因的标准数量。

因此，静态预算可以分解为图 7-1。

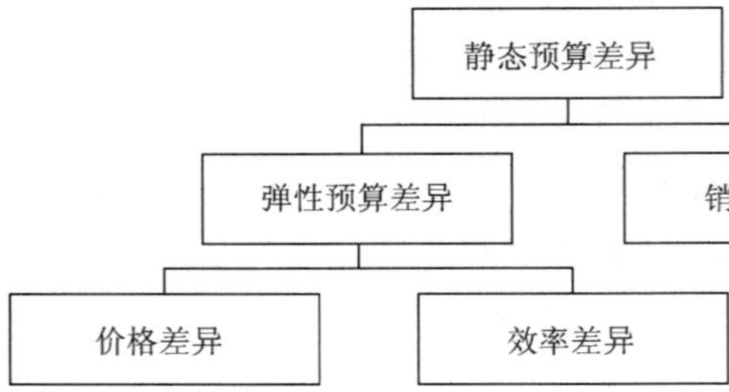

图 7-1 静态预算差异分解

补充知识：弹性预算分解过程

如图 7-2 所示，可以将弹性预算做如下分解：

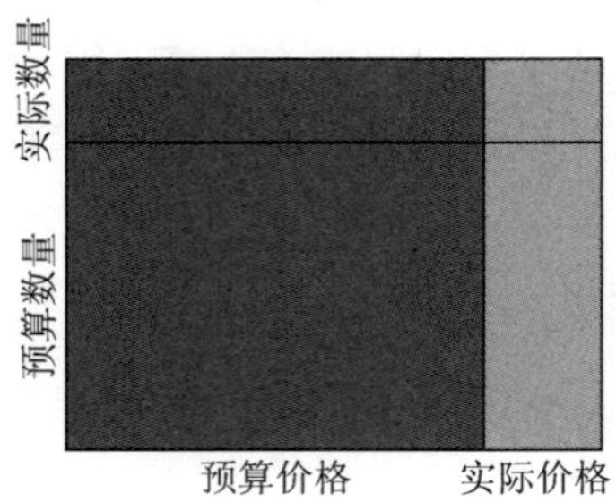

图 7-2 弹性预算分解

实际结果 − 弹性预算结果

$$=\text{实际价格}\times\text{实际数量}-\text{预算价格}\times\text{预算数量}$$

$$=\left(\begin{matrix}\text{实际}\\\text{价格}\end{matrix}\times\begin{matrix}\text{实际}\\\text{数量}\end{matrix}-\begin{matrix}\text{实际}\\\text{数量}\end{matrix}\times\begin{matrix}\text{预算}\\\text{价格}\end{matrix}\right)+\left(\begin{matrix}\text{实际}\\\text{数量}\end{matrix}\times\begin{matrix}\text{预算}\\\text{价格}\end{matrix}-\begin{matrix}\text{预算}\\\text{价格}\end{matrix}\times\begin{matrix}\text{预算}\\\text{数量}\end{matrix}\right)$$

$$=\text{实际数量}\times(\text{实际价格}-\text{预算价格})+\text{预算价格}\times(\text{实际数量}-\text{预算数量})$$

$$=\text{价格差异}+\text{效率差异}$$

所以得到如下公式，要求考生掌握。

$$\begin{matrix}\text{直接材料的}\\\text{价格差异}\end{matrix}=\begin{matrix}\text{直接材料的}\\\text{实际使用数量}\end{matrix}\times\left(\begin{matrix}\text{直接材料的}\\\text{实际价格}\end{matrix}-\begin{matrix}\text{直接材料的}\\\text{预算价格}\end{matrix}\right)$$

注意：也有在衡量价格差异时，使用采购数量而不是实际生产使用数量的情况。

$$\begin{matrix}\text{直接人工的}\\\text{工资率差异}\end{matrix}=\begin{matrix}\text{直接人工的}\\\text{实际投入量}\end{matrix}\times\left(\begin{matrix}\text{直接人工的}\\\text{实际工资率}\end{matrix}-\begin{matrix}\text{直接人工的}\\\text{预算工资率}\end{matrix}\right)$$

$$\begin{matrix}\text{直接材料的}\\\text{用量差异}\end{matrix}=\begin{matrix}\text{直接材料的}\\\text{预算价格}\end{matrix}\times\left(\begin{matrix}\text{直接材料的}\\\text{实际使用数量}\end{matrix}-\begin{matrix}\text{直接材料的}\\\text{预算使用数量}\end{matrix}\right)$$

$$\begin{matrix}\text{直接人工的}\\\text{效率差异}\end{matrix}=\begin{matrix}\text{直接人工的}\\\text{预算工资率}\end{matrix}\times\left(\begin{matrix}\text{直接人工的}\\\text{实际投入量}\end{matrix}-\begin{matrix}\text{直接人工的}\\\text{预算投入量}\end{matrix}\right)$$

例题 7-1

老李在海淀的工厂生产包装盒。该公司的标准成本单和 2012 年 10 月的经营效果见表 7-1 和表 7-2。

表7-1 预算单位成本和实际效果

科目	预算单位成本	实际结果（总额）
产品数量（个）		9 500
销售额（元）	50	551 000
变动成本（元）		
直接材料（元）	5千克×2.4元/千克=12元	48 000千克×3元/千克=144 000元
直接人工（元）	0.5小时×14元/小时=7元	4 800小时×16元/小时=76 800元
变动制造费用（元）	2.00	19 000
变动销售管理费用（元）	5.00	55 100
总变动成本（元）	26.00	294 900
边际贡献（元）	24.00	256 100

表7-2 固定成本预算与实际结果 （单位：元）

科目	预算金额	实际结果
固定制造费用	50 000	55 000
固定销售管理费用	20 000	24 000
总固定成本	70 000	79 000

在制定2012年10月的总预算中，该公司发生了若干与标准成本预算不同的变化，但是这些变化是预料之中的事情，具体包括：

1）销售价格增长8%。

2）供应商通知该公司自10月1日起材料价格提高5%。

3）从10月1日起生效的劳务合同将工资津贴提高了10%。

4）固定制造成本中的保险费、财产税与工资共增长5 000元。

5）固定销售与管理费用中，管理者的薪水增加2 000元。

6）该公司计划2012年10月另外花费2 000元做广告。

7）2012年10月的销售量预期为10 000单位。

海淀的工厂在包括材料采购与产品生产在内的全部经营活动中采用准时制（JIT）系统。

1）在9 500单位水平上制定2012年10月的静态预算与弹性预算，并且应该考虑到意料之中的变化。

2）计算2012年10月经营利润的销售量差异、经营利润的弹性预算差异、销售价格差异与变动成本弹性预算差异。

3）确定直接材料价格差异、直接材料用量差异、直接人工工资率差异与直接人工效率差异。

答：

1）考虑到预料之中的变化，预算销售价格变为54元/个，预算直接材料价格变为2.52元/千克，预算直接人工成本变为15.4元/小时，预算固定制造成本变为55 000元，预算固定销售管理费用24 000元，静态预算产量变为10 000单位，所以10月的静态预算与弹性预算见表7-3。

表 7-3 静态预算与弹性预算

科目	静态预算	弹性预算
产量（单位）	10 000	9 500
销售额（元）	540 000	513 000
直接材料（元）	126 000	119 700
直接人工（元）	77 000	73 150
变动制造费用（元）	20 000	19 000
变动销售与管理费用（元）	50 000	47 500
总变动成本（元）	273 000	259 350
边际贡献（元）	267 000	253 650
固定制造成本（元）	55 000	55 000
固定销售与管理费用（元）	24 000	24 000
总固定成本（元）	79 000	79 000
经营利润（元）	188 000	174 650

2）经营利润销售量差异＝弹性预算结果－静态预算结果＝174 650 元－188 000 元＝－13 350 元，不利差异。

经营利润弹性预算差异＝实际结果－弹性预算结果＝（256 100 元－79 000 元）－174 650元＝2 450元，有利差异。

销售价格差异＝（实际销售价格－预算销售价格）×实际销售量＝551 000 元－513 000 元＝38 000元，有利差异。

变动成本弹性预算差异＝实际变动成本－弹性预算变动成本＝294 900 元－259 350 元＝35 550 元，不利差异。

其中，成本方面的差异大于零，为不利差异；利润和价格方面的差异大于零，为有利差异，下同。

3）直接材料价格差异＝（3 元/千克－2.52 元/千克）×48 000 千克＝23 040 元，不利差异。

直接材料用量差异＝（48 000 千克－5 千克/个×9 500 个）×2.52 元/千克＝1 260 元，不利差异。

直接人工工资率差异＝（16 元/小时－15.4 元/小时）×4 800 小时＝2 880 元，不利差异。

直接人工效率差异＝（4 800 小时－0.5 小时/个×9 500 个）×15.4 元/小时＝770 元，不利差异。

> 注意：CMA 考试中，制造费用差异分析使用四分法。四分法即变动制造费用和固定制造费用分为 4 个部分。其他教材中有介绍更为简单的三分法和二分法。

$$\text{变动制造费用（间接费用）的耗用差异} = \text{实际变动制造费用} - \text{成本动因的实际使用量} \times \text{标准变动制造费用的分摊率}$$

$$\text{变动制造费用的效率差异} = \text{标准变动制造费用的分摊率} \times \left(\text{成本动因的实际使用量} - \text{成本动因的预算使用量}\right)$$

$$\text{变动制造费用的弹性预算差异} = \text{变动制造费用的耗用差异} + \text{变动制造费用的效率差异}$$

固定制造费用（间接费用）的耗用差异 = 实际固定制造费用 − 预算固定制造费用

固定制造费用的生产量差异 = 预算固定制造费用 − 已经分摊的固定制造费用

总固定制造费用差异 = 实际固定制造费用 − 已经分摊的固定制造费用 = 固定制造费用的耗用差异 + 固定制造费用的生产量差异

> 补充知识：
>
> 差异三分法将变动制造费用的耗用差异和固定制造费用的耗用差异，合并为制造费用的耗用差异。
>
> 差异二分法是进一步将间接制造费用的耗用差异和间接制造费用的效率差异，合并为间接制造费用的弹性预算差异。

差异的层级见图 7-3。

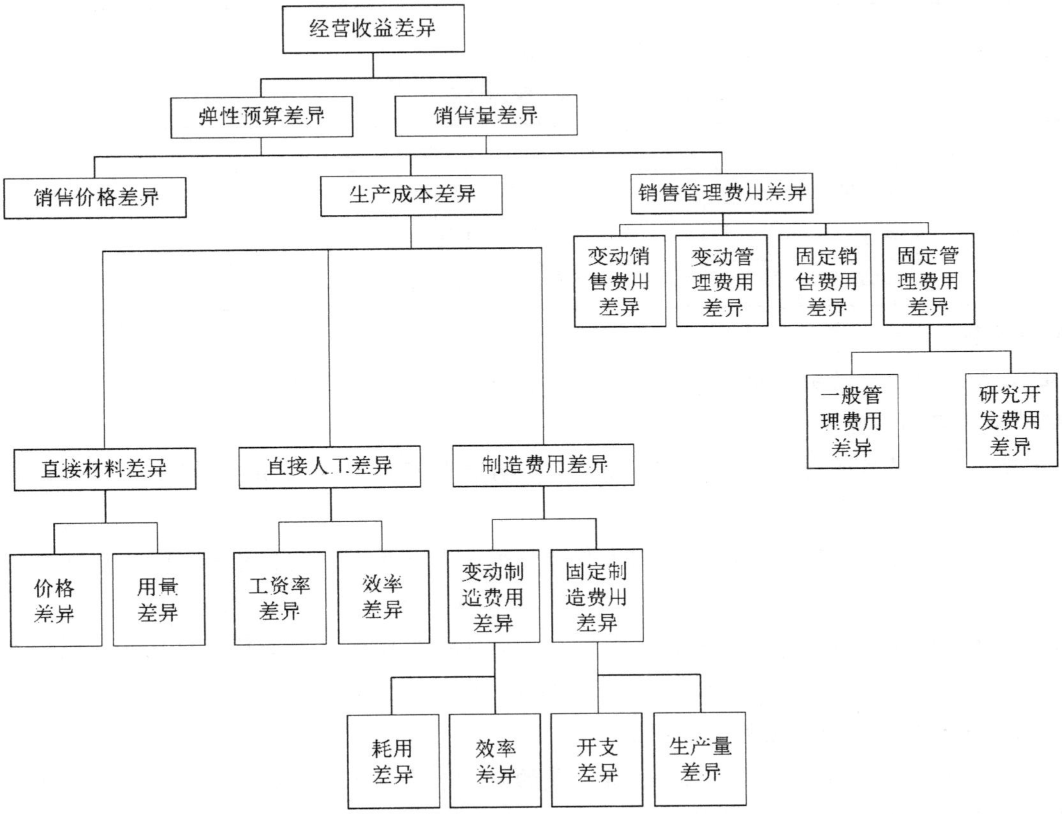

图 7-3　差异的层级

例题 7-2

老李在密云的工厂生产某产品的标准成本如表 7-4 所示。

表 7-4 某产品的标准成本

直接材料	5 千克 ×2 元/千克	10 元
直接人工	2 小时 ×25 元/小时	50 元
变动制造费用	2 小时 ×5 元/小时	10 元
固定制造费用	2 小时 ×20 元/小时	40 元

工厂制造费用按照直接人工工时进行分配，并且以生产 400 单位产品为基础，计算出制造费用分配率。本年度工厂实际的经营结果见表 7-5。

表 7-5 实际经营结果

生产产量	360 个	
购买并使用的直接材料	1 800 千克	19 800 元
实际发生的直接人工	750 小时	20 250 元
实际发生的变动制造费用		4 800 元
实际发生的固定制造费用		15 800 元

在期末账户结转以前，以下账户的余额见表 7-6。

表 7-6 账户余额 （单位：元）

账户	借方（总额）	贷方（总额）
在产品存货	153 000	134 640
产成品存货	134 640	111 690
已售产品存货	111 690	

请帮助老李工厂的财务部门计算：

1）a. 该期总标准变动制造费用；b. 该期已分配的总变动制造费用；c. 总预算的固定制造费用；d. 已分配的总固定制造费用。

2）a. 变动制造费用的弹性预算差异；b. 变动制造费用的耗用差异；c. 变动制造费用的效率差异。

3）a. 固定制造费用的耗用差异；b. 固定制造费用的生产量差异；c. 总固定制造费用差异。

答：

1）a. 该期总标准变动制造费用 = 本期产量 × 每单位标准直接人工工时 × 单位直接人工工时标准变动制造费用分配率 = 360 个 ×2 小时/个 ×5 元/小时 = 3 600 元。

b. 该期已分配的总变动制造费用 = 3 600 元。

c. 该期总预算的固定制造费用 = 该期预算产量的总标准直接人工工时 × 单位直接人工工时标准固定制造费用分配率 = 预算产量 × 每单位产品标准直接人工工时 × 单位直接人工工时标准固定制造费用分配率 = 400 个 ×2 小时/个 ×20 元/小时 = 16 000 元。

d. 已分配的总固定制造费用 = 该期生产产品的总标准直接人工工时 × 单位直接人工工时标准固定制造费用分配率 = 360 个 ×2 小时/个 ×20 元/小时 = 14 400 元。

2）a. 变动制造费用的弹性预算差异 = 变动制造费用的耗用差异 + 变动制造费用的效率差异 = 1 050元 + 150 元 = 1 200 元，不利差异。

b. 变动制造费用（间接费用）的耗用差异 = 实际变动制造费用 − 成本动因的实际使用量 × 标准变动

制造费用的分摊率 =4 800 元 −750 小时 ×5 元/小时 =1 050 元，不利差异。

c. 变动制造费用的效率差异 = 标准变动制造费用的分摊率 ×（成本动因的实际使用量 − 成本动因的预算使用量）=5 元/小时 ×（750 小时 −720 小时）=150 元，不利差异。

3）a. 固定制造费用（间接费用）的耗用差异 = 实际固定制造费用 − 预算固定制造费用 = 15 800 元 − 16 000 元 = −200 元，有利差异。

b. 固定制造费用的生产量差异 = 预算固定制造费用 − 已经分摊的固定制造费用 = 16 000 元 − 14 400元 =1 600 元，不利差异。

c. 总固定制造费用差异 = 固定制造费用的耗用差异 + 固定制造费用的生产量差异 = −200元 + 1 600元 =1 400 元，不利差异。

7.1.6　收入方面的差异分析

销售量差异可以被分解为销售组合差异和销售数量差异，即

$$\text{总销量差异}=\text{总销售组合差异}+\text{总销售数量差异}$$

$$\text{某产品的销量差异}=\text{该产品的销售组合差异}+\text{该产品的销售数量差异}$$

其中，

$$\text{销量差异}=(\text{实际销售量}-\text{静态预算中的销售量})\times\text{预算的单位边际贡献}$$

$$\text{总销量差异}=\text{产品 A 的销量差异}+\text{产品 B 的销量差异}+\cdots+\text{产品 }n\text{ 的销量差异}$$

$$\begin{matrix}\text{某产品的}\\\text{销售组合差异}\end{matrix}=\left(\begin{matrix}\text{该产品的实际}\\\text{销售组合比率}\end{matrix}-\begin{matrix}\text{该产品的预算}\\\text{销售组合比率}\end{matrix}\right)\times\begin{matrix}\text{销售组合中所有}\\\text{产品的实际销售量}\end{matrix}\times\begin{matrix}\text{该产品预算的}\\\text{单位边际贡献}\end{matrix}$$

$$\begin{matrix}\text{总销售}\\\text{组合差异}\end{matrix}=\begin{matrix}\text{产品 A 的}\\\text{销售组合差异}\end{matrix}+\begin{matrix}\text{产品 B 的}\\\text{销售组合差异}\end{matrix}+\cdots+\begin{matrix}\text{产品 }n\text{ 的}\\\text{销售组合差异}\end{matrix}$$

销售差异及其构成见图 7-4。

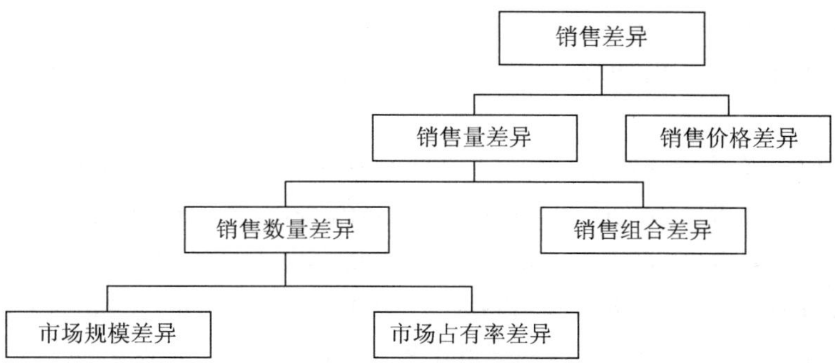

图 7-4　销售差异及其构成

当企业销售两种或两种以上的产品时，由于每种产品的边际贡献与销售量不同，对利润的贡献程度也会不同。可以将销售量差异进一步分解为销售数量差异与销售组合差异，从而了解每种产品对总收益的影响程度。其中，销售组合差异指的是由于边际利润各不相同的产品，其预算比例和实际比例有差异，造成预算利润和实际利润的差异。

例题 7-3

老李的侄子经营的饮料公司有两种主要产品：精装葡萄酒和普通葡萄酒。2012 年 10 月的经营结果和静态预算情况见表 7-7。

表 7-7 饮料公司经营结果和静态预算

科目	2012 年经营成果			2012 年静态预算		
	精装葡萄酒	普通葡萄酒	总计	精装葡萄酒	普通葡萄酒	总计
销售数量（桶）	180	540	720	240	360	600
销售额（元）	28 800	62 100	90 900	36 000	43 200	79 200
变动成本（元）	16 200	40 500	56 700	21 600	27 000	48 600
边际贡献（元）	12 600	21 600	34 200	14 400	16 200	30 600
固定成本（元）	10 000	5 000	15 000	10 000	5 000	15 000
经营利润（元）	2 600	16 600	19 200	4 400	11 200	15 600

请帮助老李的侄子计算当期每种产品和整个公司的销售数量差异和销售组合差异。

答：

计算销售组合见表 7-8。

表 7-8 销售差异

科目	预算数		实际数	
	总销售量（桶）	销售组合比例（%）	总销售量（桶）	销售组合比例（%）
精装葡萄酒	240	40	180	25
普通葡萄酒	360	60	540	75
总计	600	100	720	100

精装葡萄酒预算边际贡献 = 14 400 元/240 桶 = 60 元/桶。普通葡萄酒预算边际贡献 = 16 200 元/360 桶 = 45 元/桶。

精装葡萄酒销售组合差异 = （25% − 40%）× 720 桶 × 60 元/桶 = −6 480 元，不利差异。

精装葡萄酒销售数量差异 = （720 桶 − 600 桶）× 40% × 60 元/桶 = 2 880 元，有利差异。

普通葡萄酒销售组合差异 = （75% − 60%）× 720 桶 × 45 元/桶 = 4 860 元，有利差异。

普通葡萄酒销售数量差异 = （720 桶 − 600 桶）× 60% × 45 元/桶 = 3 240 元，有利差异。

整个公司的销售组合差异 = −6 480 元 + 4 860 元 = −1 620 元，不利差异。

整个公司的销售数量差异 = 2 880 元 + 3 240 元 = 6 120，有利差异。

7.1.7 混合差异与产量差异

$$\text{混合（组合）差异} = \text{预算单位成本} \times \text{所有成本的实际用量} \times \left(\text{该成本的实际混合比率} - \text{该成本的预算混合比率}\right)$$

$$\text{产量（产出）差异} = \text{预算单位成本} \times \text{该成本的预算混合比率} \times \left(\text{所有成本的实际用量} - \text{所有成本的预算用量}\right)$$

其中，

混合比率 = 某种成本用量/所有成本的用量

在某些加工业中，如纺织、化学 、钢铁等企业，各种材料是根据生产工艺的要求，按一定比例结合在一起投入生产使用的。由于不同原材料的单价不同，如果实际配料比例与标准比例出现差异，则对直接材料成本会产生影响，这就产生了直接材料组合差异。在这种情况下，材料价格差异仍可按前述方法计算，而材料数量差异则需要区分为产出差异和组合差异，以利于正确计算差异原因和确定差异责任。

产出差异反映的是一定数量的原材料经加工制造后，所生产出实际产量与标准（预算）产量的不同而引起的直接材料成本差异。它反映的是实际耗用材料数量与按实际产量标准计算所消耗的材料数量差异。

组合差异反映的是由于不同原材料的单价不同，如果实际比例与预算比例出现差异，则对直接材料成本所产生的影响。由于比例变动，各材料耗用量之间此增彼减，又由于各自标准单价不同，存在机会成本问题。它反映的是一种材料耗用量的增加将导致其他材料耗用量减少，对总成本产生的影响程度。

例题 7-4

葡萄酒的生产需要赤霞珠和品丽珠，这两种葡萄可以互相替代。假设生产 1 000 桶葡萄酒需要 2 000 千克赤霞珠以及 1 200 千克品丽珠。每千克赤霞珠的成本为 20 元，每千克品丽珠的成本为 30 元，总标准成本为 61 600 元。酿酒师张三在用其中一种葡萄替代另一种葡萄时，替代量最多只能达到 5%。生产中实际使用的赤霞珠仅有 1 976 千克，其实际成本为 39 520 元；实际使用的品丽珠仅有 1 064 千克，其实际成本为 31 920 元，葡萄的总使用量为 3 040 千克。请帮助张三计算赤霞珠和品丽珠的混合差异和产量差异。

答：

赤霞珠的标准混合比率 = 2 000 千克/3 200 千克 = 62.5%，品丽珠的标准混合比率为 37.5%。

赤霞珠的实际混合比率 = 1 976 千克/3 040 千克 = 65%，品丽珠的实际混合比率为 35%。

赤霞珠的混合差异 = 20 元/千克 × 3 040 千克 × (65% − 62.5%) = 1 520 元，不利差异。

品丽珠的混合差异 = 30 元/千克 × 3 040 千克 × (35% − 37.5%) = −2 280 元，有利差异。

赤霞珠的产量差异 = 20 元/千克 × 62.5% × (3 040 千克 − 3 200 千克) = −2 000 元，有利差异。

品丽珠的产量差异 = 30 元/千克 × 37.5% × (3 040 千克 − 3 200 千克) = −1 800 元，有利差异。

7.1.8　差异原因的解释

1. 对直接材料价格差异的解释

直接材料价格差异可能因没有享受采购折扣、材料价格的异常变动、运费的变化、采购项目等级的差异或其他因素产生的。采购部门通常是最有可能对材料价格差异给予解释或能对其负责的部门。

应谨慎解释价格差异。如果低成本的材料质量差，有利的直接材料价格差异可能导致高制造成本。下游成本如废品、返工、工序中断或实地服务等，会超过因较低的材料价格而节省的成本。实行差异化战略的企业通过购买低质量材料追求价格差异时最有可能失败，产品质量低于顾客最低期望标准的企业追求低成本也注定失败。

类似地，有的企业设置了有效管理成本的采购部门，有放满材料与物资的几个仓库，对材料低成本批量购买。但它可能比按需要少量采购材料的企业有更高的总成本，且为保持库存材料的最优量需付出更高的采购成本。对这些企业来说，持有成本与额外的材料处置成本可能会超过其通过批量采购而实现的价格节省。

除传统的价格差异外，衡量采购部门业绩的一个有效指标是材料用量比率，即使用数量与采购数量的比率。低材料用量比率表明采购部门是为储备而采购，而非为当期经营所需采购——如果企业考虑到全部成本，这种做法耗费颇大。任何有利价格差异的效益都应该与超额采购的储存成本一起被衡量。

2. 对直接材料用量差异的解释

直接材料用量差异表明制造过程中已使用的直接材料量与经营活动应该使用的材料量的不同，该差异可以衡量使用中的直接材料。直接材料用量差异可能缘于生产工人的努力程度、不同材料或其他生产要素之间的替代、直接材料质量标准的差别、工人缺乏训练或经验、监管不力、过量浪费或其他因素。

3. 对直接人工工资率差异的解释

直接人工工资率差异反映了实际工资率与标准成本单中指定的标准工资率之差对经营利润的影响。直接人工工资率差异可能缘于公司没有按标准成本单的指定工资支付，或者没有雇用标准成本单指定的同等技能的工人。人事部门通常对直接人工工资率差异负责，然而，如果生产部门选择聘用超过标准成本单规定的高技能的工人，它也对此负有责任。

4. 对直接人工效率差异的解释

直接人工效率差异反映了制造产品的实际人工工时与制造相应数量产品所需的标准人工工时之差对经营利润的影响。因为它是人工工时不同的结果，所以此差异就称直接人工效率差异。

直接人工效率差异通常由生产部门负责，除了工人完成工作的效率外，其他因素也会导致直接人工效率差异，它们包括：

1）工人或主管新近加入工作或缺乏训练。

2）工人技能与标准成本单中的规定有别。

3）批量规模与标准规模有异。

4）材料与指定的不同。

5）机器或设备处于非正常工作状态。

6）监管不够。

7）时间安排较差。

5. 对变动制造费用耗用差异的解释

与变动制造费用耗用差异相对应的，是直接材料价格差异和直接人工工资率的差异，这些差异衡量实际单位成本与标准单位成本的差额对生产成本的影响。除了成本差的影响外，变动制造费用耗用差异还包括部分或全部量差的影响。

6. 对变动制造费用效率差异的解释

由于选定的成本动因与变动制造费用之间的联系不当，采用单一成本动因分配变动制造费用，会给解释变动制造费用差异带来困难。变动制造费用的每一个要素通常有唯一的成本动因，因此，对许多要素来说，使用单一成本动因分析变动制造费用的所有要素，不能很好地衡量它们的用量（效率差异）。与此相对应，管理会计人员将变动制造费用分解为多个要素，为每一个要素选择适当的成本动因，并且为每个要素计算耗用和效率差异。

7. 对固定制造费用耗用差异的解释

产生固定制造费用耗用差异的原因是：

预算过程没能预测或者包含固定制造费用的变动。可能由于管理者的疏忽造成固定制造费用预算的增加、企业建筑和设备的财产税发生变化或是购买新设备的费用增加。无效预算导致了固定制造费用的巨额支出差异，它要求企业修订预算方案。

产生不利固定制造费用耗用差异的原因是：缺乏适当或足够的经营控制，造成过度开支，如紧急维修、无准备的设备更新或是计划外工作要求新增管理者，导致该期内固定制造费用增加。管理层需要仔细调查这些造成固定制造费用不利差异的原因，并防止类似事件再次发生。

另外，企业的成本分类系统可能不能反映实际成本性态模式。错将非固定成本项目作为固定成本，将导致企业固定制造费用呈现不利的耗用差异，从而使实际数超过预算数。当实际产量低于预算水平时，将使企业固定制造费用出现有利差异。

在生产过程中，无法严格将企业制造费用项目区分为变动成本或固定成本。对于因制造费用项目分类不精确而造成的固定制造费用小额支出差异，管理者不必感到恐慌。然而，如果出现较大差异，则要求管理层迅速调查产生差异的原因，包括重新检验企业制造费用的成本性态。

8. 固定制造费用生产量差异

固定制造费用生产量差异反映了企业在一定时期内实现经营目标的效果，而不是其成本控制的效率。固定制造费用生产量差异产生的原因有管理决策、对产品要求的意外变化或者生产中的其他问题。鉴于新的市场前景或出于战略性考虑，管理者可以更改生产计划。从预算准备期开始，新技术的获得将有助于管理者做出逐渐减少或增加产量的决策，或者年初的销售量可以反映企业当年将拥有比预算中更大或更小的市场。这些原因中的一个或多个造成的固定制造费用生产量差异，在很大程度上是企业管理层无法控制的。始料未及的生产问题也是固定制造费用生产量差异的来源之一。企业可能遇到的问题中，包括由于维护不足或未预料到的损坏而造成的设备非正常运行、设计的产品不易于生产或者是未料到的较高的人工流动。生产中的问题造成的数量差异，部分或全部属于工厂或车间管理者的责任。

7.1.9　新生产技术的影响和实施中的问题

生产技术的最新进展，如准时制、柔性制造系统、全面质量管理及约束理论，对生产成本和标准成本产生了巨大的影响。这些影响包括材料采购价格差异、直接人工差异及非瓶颈经营活动差异的重要性的降低。处于新生产环境中的企业不再采用单一成本动因衡量和分配间接制造费用，越来越多的企业以理想标准代替当前可实现标准。为了在全球增强竞争力，许多企业注重持续发展和争创最优。此外，并非所有的差异都是可以计算的。约束理论指出，标准作业水平应该被定为经营活动的瓶颈作业水平。

使用标准成本的重点应放在通过积极的加压与激励，而不是强加惩罚与处分来影响员工的行为。在诸多因素中，不合理的标准、标准制定的不公开、集中控制、沟通不充分、缺乏弹性、业绩评价的不公正、奖励不均及对利润的过分强调，通常会使一项好的标准成本制度无法发挥作用。

7.1.10　服务行业中的标准成本法

标准成本制度有利于制定预算，帮助企业监督和控制经营活动以及业绩评价，并协助管理层制定产品价格决策和进行资源管理。这些优点并不局限于制造企业，各行各业中所有形式的企业或组织，包括服务行业在内，都可以因采用标准成本制度而受益。一般来说，服务性企业与制造业的经营特点并不相同，所强调的重点也不尽相同，因此将标准成本制度应用于服务性企业中时，应对其做适当的修改。服务业的经营特点主要是：没有产成品存货；劳动密集型经营；对固定成本的事前控制及产出标准含糊不清。

7.1.11 对差异的调查

对差异的确认和报告是控制差异和改善经营的第一步。有效的标准成本制度要求管理者对差异做出适当的反应，原因在于未被修正的差异会对企业造成长期影响，而不必要的校正行动也会造成资源的浪费和经营成果的萎缩。并非所有的差异都要求对其进行调查并采取校正行动。对差异的恰当的行为反应，取决于以下几个因素：企业采用标准的类型、企业的预期、差异的重要性和影响力及差异产生的原因和可控性。

产生差异的原因可以分为两类：随机差异和系统差异。随机差异的产生不受管理者在技术或财务上的控制，因而通常被视为不可控差异，不需要管理者采取任何措施。系统差异是持续性的，如果不加以修正，很可能会再次发生。这些差异可以被管理者控制或者通过管理者行为可以将其消除或减少。如果系统差异很大，管理者须采取适当的措施。系统差异产生的原因有：预期误差、模型误差、计量误差和实施误差。每个因素对纠正差异的进一步调查或管理行为都有自己的含义，对不同原因导致的差异要进行不同的处理。

7.1.12 对差异的会计处理

当差异数额相对较小时，公司可以在差异发生的当期处理这一差异。当差异数额较大时，公司可以将成本差异在“在产品存货”“产成品存货”和“销货成本”账户之间进行分配。

7.2 责任中心与分部报告

7.2.1 责任中心的类型

> 注意：责任会计的概念在 6.1 节已有介绍。

责任中心可分为 4 个层次：收入中心、成本中心、利润中心、投资中心。

1. 收入中心

收入中心是对收入负责的责任中心。其特点是所要承担的经济责任只有收入，不对成本负责。因此，对收入中心只考核其收入实现情况。此类责任中心一般是创造收入的部门，典型的是从生产部门取得产成品，负责销售和分配的部门，如公司所属的销售分公司或销售部。

确定收入中心的目的是为了组织营销活动。

若收入中心有制定价格的权力，则该中心的管理者就要对获取的毛收益负责；若收入中心没有制定价格的权力，则该中心的管理者只需要对实际销售量和销售结构负责。

为使收入中心不仅仅是追求销售收入达到最大，更重要的是追求边际贡献达到最大，在考核收入中心业绩的指标中，应包括某种产品边际成本等。

对收入中心的考核，指标可以是销售收入目标完成百分比、销售款回收平均天数、坏账损失发生率等。

销售部门既可作为收入中心，也可作为成本中心。作为收入中心是因为销售部门要管理收入产生过程，因此必须按产品系列报告收入，有时也按销售地区或者按销售人员来报告收入。高层管理人员用收入报告来评价销售管理者实现期望销售目标的情况。销售部门也可以作为成本中心。在药品、化妆品、软件、游戏和玩具、电器设备等行业，广告和促销费用是整个生产和销售成本的重要部分。销售部门的成本可分为订单获取成本和订单完成成本两类。

2. 成本中心

成本中心是只对成本或费用负责的责任中心。它具有只考虑成本或费用、只对可控成本承担责任、只对责任成本进行考核和控制的特点。成本中心大多是只负责产品生产的生产部门、劳务提供部门或给以一定费用指标的企业管理科室。

> 注意：可控成本具备 3 个条件，即可以预计、可以计量和可以控制。

成本中心的范围最广，只要有成本或费用发生的地方，就可以建立成本中心，从而在企业形成逐级控制、层层负责的成本中心体系。

成本中心的考核指标包括：成本（费用）变动额和成本（费用）变动率等。

推行成本中心时，有一些需要考虑的战略问题：一是成本转嫁；二是对短期目标的过分关注；三是管理者与高层管理者间由于预算松弛而产生的错误沟通倾向。

采用成本中心的普遍问题是：如何将服务部门如信息技术、工程、人力资源或维修等部门的成本分配给使用这些服务的部门。选择成本分配方法的原则和管理控制的目标是一致的，包括：

1）激励管理者做出更高水平的努力。

2）提供动力促进中低层管理者的决策和高层管理者的目标一致。

3）为公正评价管理者业绩提供基础。

除了上述三条原则外，选择成本分配方法的另一有用方法，是双重分配法。双重分配法是将固定成本和变动成本分别加以分配的方法。变动成本直接追溯到使用部门，而固定成本按合乎逻辑的基础进行分配。为改进双重分配，间接成本可以用作业成本法追溯到成本中心。这一方法使成本分配得最精确，因此对战略业务单元的管理者来说，它最有激励作用、最公平。

3. 利润中心

利润中心是指拥有产品或劳务的生产经营决策权，既对成本负责又对收入和利润负责的责任中心。它有独立或相对独立的收入和生产经营决策权。

从战略和企业角度，利润中心被称为战略业务单位。

在企业内部，利润中心视同一个独立的经营个体，在原材料采购、产品开发、产品制造、产品销售、人事管理、流动资金使用等方面享有很大的独立性和自主权，能够编制独立的利润表，并以其盈亏金额来评估其经营绩效。

一般来说，利润中心应将其产品大部分销售给外部客户，而且对于大部分原材料、商品和服务都有权选择供应来源。

在利润中心，由于管理者没有责任和权力决定该中心资产的投资水平，因而利润就是其唯一的最佳的业绩计量标准。但同时这一利润水平，还需要考虑大量短期业绩的非财务指标。

采用适当方法计量的利润，是判定中心管理者运用他们所取得的资源和其他投入要素创造价值能力的一个短期指标。

在利润中心，管理者具有几乎全部的经营决策权，因此可根据利润指标对其做出评价。

3 个战略问题使企业选择利润中心而不是成本中心或收入中心：首先，利润中心为市场营销、产品生产和服务职能之间的协调提供了动力；其次，可以激励管理者从外部顾客的角度考虑产品的市场性；最后，可以激励管理者从他们的产品和服务中挖掘新的获利途径。

4. 投资中心

投资中心是既对成本、收入和利润负责，又对投资效果负责的责任中心。投资中心是指当下级管理者具有利润中心所描述的全部职责，同时对于运营资本和实物资产也具有责任与权力，并以其所使用的有形资产和财务资产的水平作为业绩计量标准的责任中心，如大型集团所属的子公司、分公司、事业部等。

投资中心是利润中心的一般形式。投资中心获利能力与其所使用的创造利润的资产相联系。

典型投资中心的业绩计量标准，是投资报酬率和经济增加值（或者剩余利润）。但试图使投资报酬率指标扩大的管理者，有可能会有拒绝那些投资报酬率低于部门目前投资报酬率、却高于部门资本成本的投资机会的倾向。

这个问题可以通过经济增加值来克服。经济增加值可以通过从部门净收益中减去部门平均投资的资本成本得到。

注意：关于这个问题具体可见下一节。

投资中心是最高层次的责任中心，它拥有最大的决策权，也承担最大的责任。

注意：投资中心必然是利润中心，但利润中心并不都是投资中心。利润中心没有投资决策权，而且在考核利润时也不考虑所占用的资产。利润中心必然是收入中心，但收入中心并不都是利润中心。

投资中心的战略地位和其他战略业务单元一样，其目标和管理控制的目标是一致的。

例题 7-5

甲化妆品公司通过在全国百货连锁店内设立专卖店来扩大营销范围。总公司聘用各专卖店负责销售的经理，按每平方米租价向百货公司支付租金。为了考核专卖店经理的绩效，最适合将专卖店视为哪种责任中心？

分析：收入中心负责销售，但不负责成本。公司销售部门一般为收入中心。

7.2.2 贡献报告与分部报告

1. 贡献报告

请回忆一下边际贡献的概念。单位边际贡献等于单位产品的销售价格减去单位产品的变动成本。边际贡献揭示了产量和利润之间的关系。使用边际贡献式利润表的好处是可以更加深入地分析成本行为。贡献式利润表与传统式利润表的比较如表 7-9 所示。

表 7-9 贡献式利润表与传统式利润表的比较

贡献式利润表（按成本行为划分成本）	传统式利润表（按职能部门划分成本）
销售收入	销售收入

（续）

贡献式利润表（按成本行为划分成本）	传统式利润表（按职能部门划分成本）
产品销售成本	所有变动成本和变动费用
毛利	边际贡献
销管费用（变动和固定）	固定成本和固定费用
营业利润	营业利润

贡献式利润表的优点：

1）利润中心经理可以根据成本行为来审视各项成本，如固定成本或变动成本，而不是按部门（或职能）划分成本，如销售成本、管理成本和生产成本（产品销售成本）。由此可以更为容易地评估管理者的绩效——明确区分哪些成本项受管理者控制，哪些成本项不受管理者控制。

例如，如果上一期间的报表显示不可控固定生产成本不断上升，而变动生产成本在持续下降，那么传统式利润表就无法反映这一事实，但贡献式利润表则能反映管理者已成功保持成本相对稳定而且采取有效措施下降变动成本。因为不断上升的不可控固定成本并不在其控制范围内。

2）可应用于某些经营决策，如分析产品线和制定产品售价；决定是否扩张某个分部或撤销该分部；确定自制或外购决策等。

可以在边际贡献的基础上进一步定义利润中心贡献，即边际贡献减去可追溯固定成本。利润中心贡献的概念非常重要，因为它考虑了可以追溯因而可被该利润中心控制的所有成本，在衡量业绩方面它比边际贡献和利润都更完全和公正。通过区分可控固定成本和不可控固定成本而进一步扩充了贡献利润表。可控固定成本是在一年或短于一年的经营周期内受管理者影响的固定成本。也就是说，管理者会在年度预算中对这些成本进行预算，有些可能涉及一年或短于一年的合同关系。相反，不可控固定成本是那些在一年内不可控的成本，通常包括与设备相关的折旧、税收和保险费用等。

从边际贡献中减去短期可控固定成本得到可控边际贡献，企业以此获取有效的短期业绩衡量信息。反之，在衡量对短期和长期成本负责的管理者业绩时，利润中心贡献是最为恰当的，因为它包括了短期和长期的可控成本。

2. 分部报告

分部报告是跨行业、跨地区经营的企业，按其确定的企业内部组成部分编报的，有关各组成部分收入、费用、利润、资产、负债等信息的财务报告。

分部毛利等于每个部分的边际贡献减去可以追溯到该部分的固定成本。使用这个指标来评价部门的经营成果，效果较好。

共同成本指两个或者两个以上分部或实体共有的成本。其分配的方法有两种：

1）独立成本分配。独立成本分配指的是先确定分担共同成本的分配基础，然后按比例分配。

2）增量成本分配。增量成本分配指的是将成本使用者分为主要使用者和增量成本使用者，增量成本使用者仅承担额外成本。

例题 7-6

老李家具厂的两个部门向吉利汽车租赁公司租赁汽车。如果两个部门分别租赁，则 A 部门费用为 10 000 元，B 部门费用为 5 000 元。如果两个部门一起向乙公司租赁汽车，则共同费用为 12 000 元。在独立分摊法和增量分摊法下，A 部门和 B 部门的成本分别是多少？

答：

独立分摊法下，A 部门分摊的成本 = 12 000 元 × [10 000 元 ÷（10 000 元 + 5 000 元）] = 8 000 元。B 部门分摊的成本 = 12 000 元 − 8 000 元 = 4 000 元。

增量分摊法下，以 A 部门为主要使用部门，那么 A 部门分摊的成本为 10 000 元。B 部门分摊的成本 = 12 000 元 − 10 000 元 = 2 000 元。

7.2.3 转移产品定价模型

转移定价指的是企业内部交换产品或者服务的价格。这里的转移定价与税收无关，请大家注意。

转移定价有 4 种模型：

（1）市场价格模型

市场价格模型中转移商品的价格设定，以市场价格为基础。这个模型应该被优先选用。它给了分部较大的自主权，而且促使竞争。税务部门一般要求使用这个模型。

（2）协商价格模型

协商价格模型允许分部之间通过谈判确定价格。当不能得到市场价格的时候，那么就应该使用协商价格模型。企业总部可能会参与到谈判过程中，这可能会削弱这种方法的优势。

如果市场价格模型和协商价格模型都不能使用，那么只能使用基于成本的模型，但是卖方可能不会积极地控制成本，而买方会遭受损失。基于成本的模型有变动成本模型和完全成本模型两种。

（3）变动成本模型

变动成本模型要求转移价格等于生产部门的变动成本，也有的是变动成本加成。在这种模型下，买方部门可以用较低的价格购得产品或服务。这个模型比较适合存在过剩产能的生产部门使用。具体内容请见 13.3 节。

（4）完全成本模型

完全成本模型要求转移价格等于生产部门的完全成本，也有的是完全成本加成。这个模型对于买方不利，会导致较差的成本控制。这个模型适用于生产部门没有过剩产能的情况。为了避免卖方的效率低下，有时会采用标准成本来确认。

转移定价的目标和管理控制的目标是相同的。为实现这些目标，转移价格的确定必须考虑企业的战略目标。转移定价的其他战略目标包括发展战略伙伴关系。相对较高的转移定价可以被用来促进内部单位外购零部件，从而促进建立企业所需要的外部经营关系，这可能是考虑到外部供应商的产品质量，或者为了进入新的国外市场。转移定价同样可以帮助新的或较弱的单位成长，也可以分立单位，或向外部投资者销售而促进某一单位的壮大。转移定价方法的优缺点见表 7-10 所示。

表 7-10 4 种转移定价方法的优缺点

转移定价方法	优点	缺点
变动成本模型	促进购买者内部购买	对作为利润中心或投资中心的销售者不公平
完全成本模型	容易实施；直观和容易理解；比变动成本法更符合税法的规定	固定成本是决策制定的无关成本，在决定内部制造还是外部购买时不应考虑；如果使用，应该是标准成本而不是实际成本（使购买者事先知道成本而避免销售者转嫁低效率）

（续）

转移定价方法	优点	缺点
市场价格模型	有助于保护单位自主权；鼓励销售单位与外部供应者竞争；与税法的规定接近	中间产品常常没有市场价格；应该调整由于降低销售成本、没有契约成本等带来的成本节约
协商价格模型	当存在矛盾时，是最有效的方法	需要协商和仲裁规则、程序，而这可能降低自主权；潜在的税收问题，可能被认为与税法的规定不一致

在考虑是否需要内部转移及如果需要如何决定转移价格时，应遵循以下 3 个步骤：

第一，有外部供应商吗？如果没有，同时没有市场价格，转移价格最好以成本或协商价格为基础；如果有外部供应商，需要通过回答第二个问题，考虑内部供应商的变动成本与外部市场价格的比较。

第二，内部供应商的变动成本低于市场价格吗？如果不是，则生产者的成本太高，应该外购。另外，如果内部供应商的变动成本低于市场价格，需要通过回答第三个问题考虑内部供应商的生产能力利用问题。

第三，内部供应商的生产能力充分利用了吗？即来自内部购买者的订单是否会使内部供应商放弃其他销售机会？如果不是，则内部生产单位应该为内部购买者提供产品，而转移价格处于变动成本和市场价格之间。反过来，如果生产单位的生产能力已充分利用，则需要考虑内部销售的成本节约和生产单位失去销售机会的机会成本。如果内部购买者获得的成本节约大于内部生产者的销售损失，则应该内部购买——恰当的转移价格应该是市场价格。

以上 3 个问题是从高层管理者的角度提出的，是对各业务单位自主决策的期望结果。一个保护业务单位自主权的好方法，是设立一份高层管理者关于转移定价目标的清晰指南。内部单位管理者应该知道，将单位利益置于企业整体利益之上的自主行为，在管理者的年末评价中会产生负面影响。

（5）双重定价模型

双重定价是指对于每一笔部门间的交易采用两种独立的转移定价方法。这是因为很少能有一种方法同时满足目标一致性、经理努力和部门自主权这些条件。举一个双重定价的例子：卖方部门接受完全成本加成法，买方部门则以市场价格进行内部转移交易。

双重定价方法避免了纯粹的成本基础法所导致的目标一致性问题。但双重定价法也有一些缺陷：

1）供应部门的经理可能缺乏足够的控制成本的动力。

2）对于高级经理所追求的部门分权目标，它不能向部门经理提供明确的信号。

3）经理不涉及市场的交易摩擦，这样使得他们可能对部门买方和卖方的市场力量没有了解。

例题 7-7

老李的公司有甲乙两个分部，两个分部完全自主经营，财务部门根据投资回报率评估各个分部及分部管理者的绩效。这两个分部目前正在协商一种零部件的转移价格。该零部件由乙分部制造，甲分部需要这种零部件。乙分部已将该零部件打入一个市场，该市场预期会迅速成长，乙分部目前拥有过剩产能。该零件还有其他用途，在市场上能以 52 元的单价无限量出售。如果乙分部将零件销往外部市场，该分部将额外承担每单位 3 元的变动销售成本。甲分部能从其他供应商处购买这种零部件。请回答以下问题：

1）甲乙两部门如果采用协商定价法是否合适？

2）老李是否应参与解决该移转品定价争议？

3）两个分部可以接受的零件价格区间是多少？

答：

1）由两个分部协商移转品价格是解决该价格争议的最好方法。老李的公司是一家高度分权管理的公司，这两个分部具备协商定价的所有4个条件：双方都存在外部市场作备选；双方都了解市场价格信息；双方都可在公司之外自由买卖；高层管理者支持继续采用这种分权管理模式。

2）不应参与该价格争议。公司管理层的参与将损害各分部之间的自主关系，而这种自主关系是公司希望维持的。要求相关分部接受公司管理层强行施加的移转品价格，将会损害当前以投资回报率为基础的绩效评估制度，因为这两个分部不再能控制各自的利润。最后，分部管理层最有可能对自主性的丧失做出负面回应，自主经营是分部管理层早已习惯的经营风格。

3）只要移转品价格介于49～52元之间，整个公司将能从内部交易中受益。

7.2.4 国际转移定价

跨国公司必须处理国际的转移定价和关税问题，因此，对相关领域法律知识的掌握是很重要的。国际转移定价系统的目标包括：

1）世界范围内的所得税最小化。转移定价系统可以用来把应税所得从税赋高的国家转移到税赋低的国家，结果是跨国公司的税后利润增加。

2）世界范围内的关税最小化。转移定价系统可以减少关税。进口关税对于外部购买者和公司内部的交易往往是一样的。因此，如果以较低的价格进行交易就会减少关税。关税和所得税是相互影响的，它们有两种关系：低关税高所得税；高关税低所得税。

3）避免财务限制。国外的政府通常在国家间的现金转移、税收减免数额和允许的补贴额度等方面对跨国公司的经营做出了特定的限制。为了避免这些财务限制，可以采取以下措施，包括：对进口产品制定很高的转移价格，这样进口的子公司就必须支付高价，以便于实现期望的现金流动。同样的，对出口的转移产品设定一个很高的转移价格，这样就会有更多的出口退税和税收补贴，或者通过提高转移价格以弥补一些不能在税务会计中抵扣的项目。

4）管理汇率波动。跨国公司可以通过提高转移价格把资金从这个国家转移到位于其他国家的母公司或者其他下属公司，来避免贬值带来的损失。

5）获得当地政府的支持。维持与当地政府的良好关系是一个明智的选择，采用对地方经济不利的转移定价方法会损害公司的声誉。

7.2.5 分部的绩效评估报告

绩效报告应该根据使用报告的公众和管理层来编制。有效的绩效评估能激发经理和员工的热情，使其努力实现企业的目标。

绩效评估标准应该具备以下要素：

1）评估的时间段。

2）评估的统一定义。

3）定义评估中使用的指标。

4）每个指标设定目标水平。

5）绩效反馈的时间表。

跨国公司的绩效指标还应考虑关税、汇率以及材料的可获得性等特殊因素；同时还应考虑区分可控与不可控成本，以及是否能够激励员工、改善经营状况，等等。

7.3 绩效评估

为了实现公司的目标，管理者要及时得到他们最近所做的决策在多大程度上引导企业朝着正确的方向发展的反馈，以便他们能够制定后续的战略和运营决策。为了使反馈对管理者有帮助，这种反馈必须来自与公司收入和成本关键驱动因素密切相关的绩效评估。企业通过获利能力分析和平衡计分卡等方法，衡量公司在某段时间内的绩效。绩效管理有如下 3 个层面：

1）产品获利能力分析，重点关注成本的可控性和各个产品的边际贡献和可追溯成本。

2）业务部门获利能力分析，重点关注盈利能力指标。

3）顾客获利能力分析，重点是评估向特定客户提供商品或服务所产生的成本和效益。

7.3.1 产品获利能力分析

产品获利能力分析用来评估不同产品的盈利能力。它可以用来确定薪酬标准，可以用来判定获利能力是否能达到预期，不能达到预期的产品线将会被取消。判断的标准是

产品线真实收益 = （销售 - 变动成本） - 可避免的固定成本 - 机会成本

产品获利能力分析除了财务方面的考虑，还有对非财务因素，如对员工士气的影响、相关的其他产品的影响、长期看该产品的盈利能力等方面的考虑。

例题 7-8

甲公司有 3 条产品线。产品线 A 去年利润表数据如下：收入 15 万元，产品变动成本 8 万元，产品固定成本 6 万元，分摊管理费用 4 万元，营业利润 -3 万元。如关闭这条产品线，将节省产品线 A 固定成本的 60%。如果关闭产品线 A，甲公司利润如何变化？

答：

关闭产品线 A 后，甲公司利润额减少 3.4 万元。

分析：固定成本节约为 3.6 万，分摊管理费为不相关成本。故此关闭后的利润减少额 =15 万元 - 8 万元 -3.6 万 =3.4 万元。

7.3.2 业务部门获利能力分析

总边际贡献等于总销售收入减去总变动成本。它作为业务部门的绩效标准较为合适。

直接利润等于总边际贡献减去该部门的固定成本，不用减去共同成本。

可控利润要求所有可控成本都要被减去。

税前利润是要扣除全部成本（不包括税金）。这个指标易与竞争者比较，有助于管理者分析本部门的真实盈利水平。

净利润是指税前利润减去所得税，其特点与税前利润相同。

例题 7-9

甲公司有 3 个业务分部，分别是高尔夫球场、零售店、餐饮店，它们的盈利分别为 145 000 元、2500 元、(35000) 元。如果考虑撤销不盈利的店，不需要考虑以下哪个因素？(　　)

A. 保留盈利的店。

B. 考虑撤销餐饮店后对其他店的影响。

C. 撤销餐饮店遣散员工的费用和态度。

D. 餐饮店的存在时间。

答：

D。

分析：餐饮店的存在时间是过去的事项，不属于相关成本和相关收入。

7.3.3 客户获利能力分析

客户获利能力等于企业从某个客户处购买产品或服务所获得的收益，减去企业为吸引该客户所支出的接触成本。其中，企业从某个客户处购买产品或服务所获得的收益等于客户购买单位产品或服务的价格与客户在单位时间内购买数量的乘积；接触成本包括市场营销、管理、仓储、客户服务等相关的所有成本。用公式表示即

$$R = P \times Q - C$$

式中 R——单位时间客户获利能力；

P——客户购买单位产品或服务的价格；

Q——客户在单位时间内购买数量；

C——企业为吸引该客户所支出的接触成本。

客户获利能力分析除了财务方面的考虑，还有对非财务因素，如客户获得、客户保留、客户满意度以及市场份额等的考虑。可能出于战略因素，有的非获利客户也需要满足。

也可使用作业成本法、生命周期法等来分析客户获利能力。

进行客户获利能力分析的另一个目的是实施有效与无效的客户相关活动。

> 补充知识：生产力（生产率）管理
>
> 生产力是指产出和投入之间的关系，即生产力 = 产出/投入。它具体可以分为：财务生产力、运营生产力，部分生产力、总生产力等。

客户营利性分析追踪和报告客户的收入及其成本。这个过程可以揭示各类客户的营利性差异，提供有价值的分析来确定这些差异的形成因素，并通过下述一种或多种行动来提高公司的整体盈利能力或者实现组织目标的有效性：

1）为高营利客户提供更好的服务。

2）保证高营利客户不被竞争者抢走。

3）根据服务成本设定价格：对高成本的服务收取高价格；如果必要的话，为获得低成本服务的客户提供折扣。与客户协商决定价格，以达到互惠互利。

4）通过价格、数量、产品组合、订单处理、送货条件和支付安排的目标协商，将不盈利客户变成盈利客户。

5）确认给竞争对手造成永久损失的客户。

客户营利性分析包括对客户收入、客户成本和客户价值的评价。

客户营利性分析为客户价值的评价提供了有价值的信息。除了考虑影响客户营利性的因素之外，公司还必须在对每一客户采用适当的行动之前，考虑以下其他重要相关因素：

1）客户增长潜力，包括客户的增长能力、客户所处的行业及交叉销售的潜力。

2）改变现有销售或服务条件客户可能的回应。

3）某公司作为未来销售客户的重要性，尤其是当客户能带来额外生意时。

例题 7-10

甲公司有 3 个产品系列：基本型、豪华型、限量型。总固定成本根据直接人工工时进行分摊，并在短期内保持不变。3 个产品系列的财务信息如表 7-11 所示。

表 7-11　甲公司 3 个产品系列的财务信息

科目	基本型产品	豪华型产品	限量型产品
销量（件）	10 000	7 000	2 500
单位价格（元/件）	10	13	21
总变动成本（元）	80 000	70 000	37 500
总固定成本（元）	22 000	13 000	6 000

根据以上的信息，哪个或哪些产品由于缺乏营利能力应停产？分析毛利对管理层控制和规划的意义。

答：

基本型产品边际贡献 = 10 元/件 − 80 000 元/10 000 件 = 2 元/件。豪华型产品边际贡献 = 13 元/件 − 70 000 元/7 000 件 = 3 元/件。限量型产品边际贡献 = 21 元/件 − 37 500 元/2 500 件 = 6 元/件。3 种产品边际贡献均大于零，所有产品都不应该停产。

因为毛利能够反映企业的营利能力和营利趋势。影响毛利变动的因素可分为外部因素和内部因素两大方面。外部因素主要是指市场供求变动而导致的销售数量和销售价格的升降以及购买价格的升降。影响毛利变动的内部因素包括：①开拓市场的意识和能力；②成本管理水平（包括存货管理水平）；③产品构成决策；④企业战略要求。销售毛利率指标具有明显的行业特点，一般说来，营业周期短、固定费用低的行业毛利率水平比较低。

7.3.4　投资回报率分析

投资回报率 = 经营利润（或者净利润）/总资产

1. 投资回报率的应用

投资回报率不仅为评价业务单位管理者的业绩提供了基础，而且为企业整体业绩的战略分析提供了有用的基础。

为保证投资回报率有用，收益和投资额的确定必须是一致、公允的，这意味着：

1）对所有单位收益和投资额的计量必须采用同样的方法。例如，所有单位必须采用同样的存货成本流动假设（先进先出或后进先出）和同样的折旧方法。

2）计量方法对所有单位必须都是合理、公平的。例如，如果某些单位有许多陈旧的设备，则采用历史成本基础的资产账面净值来计算投资回报率就会明显偏袒这些单位。

2. 影响收益和投资确定的计量因素

有关投资额计量和收益确定的会计政策，对投资回报率有直接的影响，这些会计政策主要有两类：收入和费用的确认原则，资产计量方法。收入和费用的确认原则通过决定什么时候将销售确认为收入和什么时候将支出确认为成本来影响投资回报率，这些原则影响销售和费用的归属期。同样的，关于存货计量和长期资产计量的会计政策会影响收益和投资。对长期资产需要考虑折旧政策和资本化政策；对存货需要考虑存货计量方法、全部成本法的特点以及差异的处理方法。

除了会计政策外，投资回报率应用中要考虑的影响收益的因素还有非重复发生的项目、所得税、外币兑换以及共同成本的分担方法。

计算投资回报率的一般方法，是将投资额定义为长期资产和运营资本之和。判断一项资产是否包括在投资额中的关键，是这项资产是否为该单位所控制。

如果可以追溯到特定单位，长期资产一般包括在投资额中。然而，如果长期资产是租用的，或者有一部分资产闲置，问题就出现了。关于租赁，需要有非常明确的、公司范围的政策来决定在计算投资回报率时是否包括租赁资产，从而使部门管理者得到合适的、与公司政策一致的激励。一般来说，计算投资回报率时应该包括租赁资产，因为它们同样是用来获取收入的资产——如果不包括这些资产，就会明显高估投资回报率。对于闲置资产，主要考虑因素仍然是其是否可控。如果闲置资产有其他用途或者准备出售，则在计算投资回报率时应该将其包括在投资额中。同样的，如果高层管理人员希望部门管理者尽快处置闲置资产，将其包括在投资额中也将有助于这一行为的实现，因为处置闲置资产可以减少投资，增加投资回报率。如果高层管理人员认为保留闲置资产有潜在的战略意义，在计算投资回报率时剔除闲置资产就可以提供最有效的激励，因为保留闲置资产不会降低投资回报率。

当涉及共用资产（例如不同部门共用的机动车维修设备）时，管理者必须确定一个公正的分配方案。企业应该将资产直接归属使用它们的各业务单位；不能直接归属的，应该按尽可能与实际使用情况相符合的标准加以分配。有时由于一些使用单位在高峰期间需要较多的服务，共用资产的规模和投资额都相应较大。这时，这些共用资产的投资应该按各单位高峰期的服务需要量来分配，从而使引起投资加大的单位即有较高的高峰期服务需要量的单位，负担较大的投资额。

比较看重历史成本信息客观性的企业选用账面原值法，因为购买成本是可靠的、可以核实的。相反，从持续经营角度考虑管理者和业务单位业绩评价的企业，倾向于采用重置成本法，因为在企业持续经营的情况下，资产会按重置成本更新。此外，清算价值在对有待出售的业务单位进行业绩评价时是最为有用的，因为这时的相关现行成本就是资产的出售价格——清算价值。

3. 投资回报率应用中的战略问题

除了以上所述的计量方面的问题外，还有两个问题也是在应用投资回报率评价投资中心业绩时必须考虑的：一是利用平衡计分卡来避免对于短期利益的过分关注；二是投资回报率阻碍最盈利单位的新投资。

7.3.5 剩余利润分析

剩余利润（剩余收益）是指投资中心获得的利润，扣减其投资额（或净资产占用额），按规定（或预期）的最低收益率计算的，投资收益的余额。

剩余利润的计算公式为

剩余利润 = 利润 − 投资额（或净资产占用额）×规定或预期的最低投资收益率

除非特别说明，一般利润指息税前利润（EBIT）。

剩余利润的优点是：

1）可以使业绩评价与企业目标协调一致，引导部门经理采纳高于企业资本成本的决策。

2）允许使用不同的风险调整资本成本。

剩余利润的缺点是：不适合于不同部门之间的比较，因为规模大的部门和规模小的部门是不一样的。

补充知识：基于剩余利润的估值模型

基于剩余利润的估值模型，将在时间 t 的权益价值定义为目前账面价值和全部未来预期的剩余利润现值的总和。公式为

$$V_t = BV_t + \sum_{i=1}^{\infty} \frac{RI_{t+i}}{(1+k)^i}$$

式中　BV_t——t 期末的账面价值；

RI_{t+i}——第 $t+i$ 期的剩余利润；

k——资本成本。

补充知识：经济增加值与市场增加值

经济增加值（EVA），是企业业绩度量指标。与大多数其他度量指标的不同之处在于，EVA 考虑了给企业带来利润的所有资本成本。计算公式为

$$EVA = \begin{matrix}\text{税后净营业利润}\\ \text{(NOPAT)}\end{matrix} - \left(\begin{matrix}\text{加权平均}\\ \text{资金成本 (WACC)}\end{matrix} \times \begin{matrix}\text{投资资本}\\ \text{总额}\end{matrix}\right)$$

其中，

$$NOPAT = EBIT \times (1 - \text{税率})$$

$$WACC = \begin{matrix}\text{债务资本}\\ \text{成本率}\end{matrix} \times \left(\begin{matrix}\text{债务资本}\\ \text{市值}\end{matrix} \Big/ \text{总市值}\right) \times (1 - \text{税率}) + \begin{matrix}\text{股本资本}\\ \text{成本率}\end{matrix} \times \left(\begin{matrix}\text{股本资本}\\ \text{市值}\end{matrix} \Big/ \text{总市值}\right)$$

$$\text{市场增加值 (MVA)} = \text{企业市值} - \text{累计资本投入}$$

市场增加值是企业变现价值与原投入资本之间的差额。它直接表明了一家企业累计为股东创造了多少财富。

7.3.6　剩余利润与投资回报率

使用比率进行分析，必须了解企业的业务性质。不同行业差别很大，应该选择合适的标杆企业。仅仅关注一个指标是不够的，要将诸多因素考虑在内。

将投资回报率作为绩效考核标准，经理会选择投资回报率大于当前部门回报率的投资，这就可能拒绝有利的投资；将剩余利润作为绩效考核标准，经理会选择投资回报率大于要求回报率的投资，但如果企业规模不同，剩余利润分析有效性会降低。

另外，无论是投资回报率还是剩余利润，都是以短期利润作为依据的，这会带来很多问题。投资回报率和剩余利润的优缺点如表 7-12 所示。

表 7-12 投资回报率和剩余利润的优缺点

	优点	缺点
投资回报率	容易理解；可以与利率及其他可替代方案的回报率相比较；应用广泛	不鼓励具有较高投资回报率的投资中心投资于回报率高于最低投资回报率但低于现今回报率的项目
剩余利润	鼓励接受所有投资回报率高于最低回报率的投资项目；能利用最低回报率反映不同风险水平的影响；能针对不同类型的资产采用不同的最低回报率	当确定的最低回报率较低时，对于资产规模较大的单位有利；不如投资回报率直观；最低回报率的确定较为困难
两者的共同点	与资产报酬率的企业管理目标一致；充分的财务评价，包括了对企业管理很重要的所有要素，即收入、成本和投资；通过保持业务单位之间的可比性扩展了高层管理者的控制范围	可能误导战略决策，不如平衡计分卡全面，后者包括了财务成果评价、顾客满意度、内部过程、学习与成长等方面，保持了与企业战略的直接联系；计量问题，具体包括存货和长期资产的计量、非重复发生项目的影响、所得税、外币兑换及共同资产的使用和成本分摊问题；短期目标，有长期利益的投资可能被忽视

7.3.7 投资基准的争议

在计算投资回报率的时候，选择不同的投资基准，比较的有用性不同。这方面的因素包括：

1）收益与费用确认的政策不同。

2）存货计价政策不同。

3）不同部门之间共享或共有财产。

4）对资产估价的方法不同。

5）闲置资产与租赁资产。

7.3.8 平衡计分卡

平衡计分卡（BSC）是绩效管理的一种新思路，适用于对部门的团队考核。

1. 基本思想

平衡计分卡不仅是一种管理手段，也体现了一种管理思想，就是：

1）只有量化的指标才是可以考核的，必须要将考核的指标进行量化。

2）要多方面考核，不仅要有财务要素，还应包括客户、业务流程、学习与成长等。

2. 原则

一个结构严谨的平衡计分卡，应包含一连串联结的目标和量度。这些目标和量度不仅前后连贯，同时互相强化。

建立一个战略为评估标准的平衡计分卡须遵守以下 3 个原则：

1）因果关系。

2）有成果量度与绩效驱动因素。

3）与财务挂钩。

这 3 个原则将平衡计分卡与企业战略联结，其因果关系链代表目前的流程和决策，会对未来的核心成果造成哪些正面的影响。

3. 指标

BSC 从 4 个方面对企业战略管理的绩效，进行财务与非财务综合评价。

1）财务指标：销售额、流动性、获利能力、增长率、资产回报率、市值等。

2）客户指标：市场份额、客户获得、客户满意度、客户保留、质量、及时性等。

3）内部业务流程指标：新产品开发的数量时间成本、生产率、质量、安全、加工时间、品牌管理、售后服务（对故障的反应时间）等。

4）学习和成长指标：员工满意程度、员工保持、员工生产率、培训时间、信息系统能力、团队合作表现、员工授权等。

平衡计分卡将营业单位的使命和战略转化为有形的目标和指标。平衡计分卡的 4 个方面保持的平衡包括：①长期和短期目标之间的平衡；②外部指标（为股东和客户设置的指标）和内部指标（为业务流程、创新、学习与成长设置的指标）之间的平衡；③预想的结果和这些结果的动因之间的平衡；④客观性硬指标和主观性软指标之间的平衡。

关键绩效指标（KPI）是通过对组织内部流程的输入端、输出端的关键参数进行设置、取样、计算、分析，衡量流程绩效的一种目标式量化管理指标，它把企业的战略目标分解为可操作的工作目标的工具，是企业绩效管理的基础。关键绩效指标是用于衡量工作人员工作绩效表现的量化指标，是绩效计划的重要组成部分。

成功关键因素（CSF）是指公司在特定市场获得盈利必须拥有的技能和资产。一个行业的成功关键因素是指那些影响行业内企业在市场上最大限度获利的关键因素。

> 注意：财务视角是向后的，内部业务视角是从内部看外部，客户视角是从外部看内部，学习和成长视角是向前的。

例题 7-11

甲公司决定采用平衡记分卡评估体系，目前正在考虑几个评估因素：客户退货、员工人数、制造产出时间、制造工厂的数量、投资回报率、培训时间。以下哪项最有可能是平衡记分卡中要用到的非财务因素？

答：

客户退货、制造产出时间、培训时间。投资回报率为财务因素；制造工厂的数量在一定时间范围内相对较稳定，是一个长期投资的数量指标，不宜作为平衡记分卡中绩效评价的指标。

> 注意：指标的选取因企业而异，并不是完全相同。

4. 优点

平衡计分卡的优点为：

1）克服财务评估方法的短期行为。

2）使整个企业行动一致，服务于战略目标。

3）能有效地将企业的战略，转化为企业各层级的绩效指标和行动。

4）有助于各级员工对企业目标和战略的沟通和理解。

5）提高企业整体管理水平。

6）实现企业长远发展。

5. 成功平衡计分卡的特征

成功平衡计分卡的特征有：

1）所有的指标均来源于企业战略。

2）过程是参与式的。

3）改变除了削减成本，还应该包含企业的重新定位。

4）企业应该建立平衡计分卡引导下新的价值观。

6. 平衡计分卡实施中的问题

1）它很难在战略业务单元之间进行比较。每个战略业务单元都有自己的计分卡，这样平衡计分卡的评价更可能与以前年度或者预算而不是在管理者之间进行比较，看是否有进步。

2）许多大公司已经安装了 ERP 系统，它为平衡计分卡取得详细信息提供了基础。

3）与财务数据需要财务审计和控制相比，用于平衡计分卡的大多数非财务数据不受控制或不受审计。这样一来，这些非财务数据的可靠性和准确性就值得怀疑。

4）定期对管理者的业绩进行评价，通常是每季度或每年，这与公司按月、季及年编制财务信息的时间相吻合。但为满足经营或决策的需要，非财务信息通常在每周或每天随时编制。编制周期上存在的差异，使得对有关数据的审议在性质和时间上复杂化。

5）通常成本中心和利润中心所用的所有财务数据都是通过良好的信息系统在内部产生的。而一些最有价值的非财务信息，比如顾客调查，则产生于公司外部，这就会产生有关非财务信息及时性和可靠性的更多问题。

7. 战略地图

无论平衡计分卡是否用于业绩评价，它都是一个指导管理者们完成公司战略目标和评价公司目标进展的强有力的方法。为完成这些目标，卡普兰和诺顿提出了战略地图的概念，即用平衡计分卡通过因果图详细描述公司战略。一个简单的战略地图如图 7-5 所示。战略地图将平衡计分卡的 4 个方面联系起来，表明每个方面的测评目标如何实现下一方面的业绩。战略地图开始于学习和创新方面，包括学习和创新所必需的目标——员工竞争力、战略意识和技术能力基础。这些目标直接影响内部经营过程，在其中员工要充分运用他们的竞争力、战略意识及技术能力。相似地，内部经营过程的目标又支持顾客方面的目标，而顾客方面的目标又支持财务方面的目标。由于每个公司拥有不同的平衡计分卡，所以它们就有不同的战略地图。战略地图显示公司如何实现其战略目标，表明平衡计分卡不同方面的相互作用。

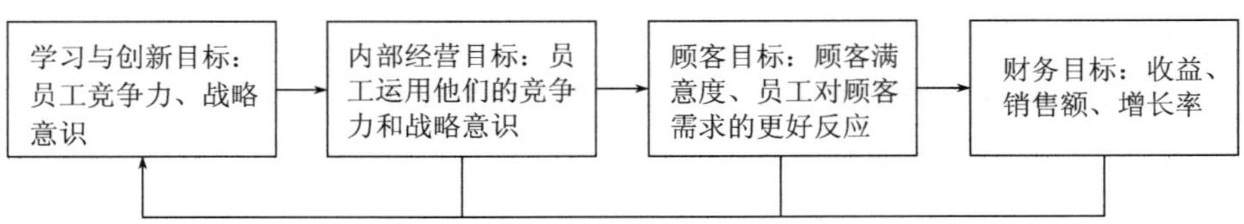

图 7-5 战略地图连接平衡计分卡的各方面

战略地图还强调一大观念，即财务业绩和股东价值是平衡计分卡应用的最终目标，其他方面直接服务于最终财务目标。最近的研究表明，其他方面的非财务评价实际上是财务业绩的良好指示器。同时，战略地图强调的重要一点是，通过详细描述公司战略，平衡计分卡也可用于制定公司战略，评价实现战略目标的进展情况。

例题 7-12

造轮胎的甲公司是一家全国性的轮胎制造企业，产品主要销售给汽车拖拉机制造商和零售商。甲公司没有直营店，在全国两个地方有分部。各分部的财务数据如表 7-13 所示。

表 7-13　甲公司两个分部财务信息　（单位：万美元）

科目	营业利润	净利润	总投资	无形资产	折旧
麦迪逊分部	30	5	100	20	12
丹佛分部	49	15	275	60	27

这个行业竞争很激烈，但是该公司有稳定的购买群体，所占市场份额不大。该公司原材料是从国内供应商那里购买，供应商都是一些较小规模的企业。但是近期原材料供应商因兼并预期该企业议价能力下降。原先国内没有竞争对手，但现在国外有新竞争者进入市场，并引起其他制造商也进入该市场。面对以上形势，该企业管理层引入平衡计分卡进行管理控制。

1）a. 该公司管理层确定的要求回报率为 12%，则哪个地区分部的剩余收益最高？b. 哪个地区的投资回报率最高？c. 解释两者评价指标的各一个优缺点。

答：

a. 麦迪逊分部剩余收益最高。麦迪逊分部剩余收益 = 30 万美元 − 100 万美元 × 12% = 18 万美元。丹佛分部剩余收益 = 49 万美元 − 275 万美元 × 12% = 16 万美元。b. 丹佛分部投资回报率最高。麦迪逊分部投资回报率 = 5 万美元/100 万美元 = 5%。丹佛分部投资回报率 = 15 万美元/275 万美元 = 5. 5%。c. 略。

2）a. 甲公司用波特五力模型分析市场，请列举并解释该模型包含哪 5 个因素？b. 题干中有哪两个因素变动对该公司不利，并解释为何对不利。c. 说明波特的一般竞争战略。

答：

a. 略。b. 国外有新竞争者进入市场，引起其他制造商也进入该市场，对该公司不利，加剧了行业内的竞争。原材料供应商因兼对该公司不利，提高了供应商的议价能力。c. 略。

3）说明该公司可以考虑的两个内部因素。

答：

略。

4）请说明平衡计分卡的含义，以及平衡计分卡如何评价企业绩效。

答：

略。

5）解释如何将战略规划和绩效管理相结合。

答：

绩效管理的核心是利用平衡计分卡以及战略地图等工具，通过绩效沟通和绩效改进，以及公司上下级间持续不断的双向沟通，对绩效目标达成共识。将绩效管理与日常工作结合起来，让公司所有工作都围绕着提高整体绩效展开，让部门的工作支撑和服务公司整体绩效的实现，让个人的工作为公司的整体绩效的实现创造价值。同时，及时解决绩效目标实施中出现的问题，根据目标实施的情况及时进行监督和调整，保证目标顺利实现，从而使公司战略落到实处。通过定期的绩效评估反馈会议，及时解决绩效管理体系运行过程中的问题，及时进行绩效辅导和绩效改进，促进绩效目标的实现。

7. 3. 9　绩效指标与报告机制

合适的绩效指标可以传达企业的战略，有利于企业的协调，并能激发员工的动力。

绩效指标的设计必须满足以下条件：

1）与企业的战略相一致。

2）容易度量。

3）被一致、连续地使用。

4）同时关注财务和非财务方面。

5）考虑评估的成本问题。

7.3.10 服务企业和非营利组织的管理控制

服务企业或非营利组织的管理控制普遍采用成本中心或利润中心的形式。与制造业或零售企业类似，在管理人员的基本任务是控制成本时，这些组织会选择成本中心；而当非营利组织部门管理者要管理成本和收入，或者要使成本不超过预算收入时，则会选择利润中心。在服务企业和非营利组织中，应用最普遍的战略业务单元是成本中心。

> 注意：参考《注册管理会计师基础教程》9.1 节代理理论和 9.4 节激励理论。

例题 7-13

老李公司的财务部门在讨论关于绩效考核的综合性问题。

财务总监张三认为投资回报率指标足以评估分部经理的绩效，因为投资回报率指标能综合反映分析中用到的来自分部利润表和资产负债表的定量信息。

财务经理李四认为绩效评估中使用单一标准既不充分也不够有效。

财务经理王五认为对分部经理的评估应以公司年度报告中包含的分部数据为基础。

老李感到比较疑惑，请回答一下问题：

1）说明使用投资回报率评估分部经理绩效的缺点。

2）说明使用多重标准评估分部经理绩效的优缺点。

3）说明使用公司年度报告中的信息评估分部经理绩效的缺点，以及改进方法。

答：

1）投资回报率往往强调短期业绩，而忽视长期的获利能力。投资回报率与资本支出分析所使用的现金流模型不一致。分部经理通常不能控制投资回报率，因为投资回报率的计算中所包含的很多因素是其他经理的职责。将投资回报率作为唯一指标可能导致分部层面或公司层面的决策不当或投资失误。

2）使用多重标准评估分部经理绩效的优点在于：多重绩效指标考虑更大范围的职责，从而能提供更为全面的业绩导向。多重绩效指标同时强调短期和长期成果，因此注重分部的全部业绩。多重绩效指标能兼顾不能进行量化的方面以及可以进行量化的方面。多重绩效标准可以提高目标的一致性，并弱化对短期利润最大化目标的不当强调。

实施多重绩效标准量度系统的问题或缺点包括：度量标准并不是都可以进行统一量化的。管理层可能很难在一致性基础上应用这些标准，有些标准可能被主观地赋予了更多的权重，有些标准可能与其他标准相互冲突。多重绩效量度系统可能会使分部经理感到非常困惑。过于强调多重评估标准会导致精力分散，使得在任何领域都不能实现预期绩效。

3）公开年报中共同成本的分配一般比较随意。公开年报中确认的分部与实际管理责任的划分可能并不一致。某些分部绩效不佳的确缘于投资不善，而某些分部尽管其管理者的举措无懈可击，但因经济状况不利而导致绩效不佳，年度报告中的信息无法对这两种分部做出区分。如果根据年度财务报告中的信息来评估分部经理的绩效，分部经理可能会感到挫败和不满。

改进方法是对责任中心的界定应与经理的实际职责划分保持一致，而不是使用公开年报中制定的分部规则。所有绩效报告都应采用贡献式方法编制，即按成本行为划分成本，并仅将成本分配给能控制这些成本的分部。绩效报告中应披露边际贡献、分部经理的可控贡献以及分配完共同成本后各个分部的贡献。

> 注意：绩效考核中常见的错误包括：使用静态预算、包含不可控成本、按单一分摊率将固定生产成本分摊给所有产品线等。

7.4　本章主观题例题与习题

7.4.1　本章主观题例题

例题 7-14

甲公司生产电扇，该公司管理层希望能更为详细地分析其间接成本差异。该公司财务总监已经把变动制造费用与固定制造费用分离出来，并确定以机器工时而非直接人工工时作为分配间接费用的基础。

在最近 1 年的弹性预算中，生产 9 800 件产品需要的单位机器工时是 0.30 小时，而生产 10 000 件产品的单位机器工时是 0.25 小时。实际变动制造成本费率是 19 元/小时，而在弹性预算下则为 20 元/小时。

1）就变动制造费用而言，请计算并解释变动制造费用耗用差异、效率差异和弹性预算差异。

2）请说明可能造成实际机器工时超过预算机器工时的原因。

参考答案：

1）a. 变动制造费用的耗用差异 = 实际变动制造费用 − 成本动因的实际使用量 × 标准变动制造费用的分摊率 = 0.30 小时/件 ×9 800 件 ×19 元/小时 − 0.30 小时/件 ×9 800 件 ×20 元/小时 = 55 860 元 − 58 800 元 = −2 940 元，有利差异。这意味着能源价格、间接材料和间接人工的实际价格低于预算。

b. 变动制造费用的效率差异 = 标准变动制造费用的分摊率 ×（成本动因的实际使用量 − 成本动因的预算使用量）= 20 元/小时 ×（0.30 小时/件 ×9 800 件 − 0.25 小时 ×9 800 件）= 58 800 元 − 49 000 元 =9 800 元，不利差异。由于实际机器工时高于预算，意味着实际运营没有预计的有效率。

c. 变动制造费用的弹性预算差异 = 变动制造费用的开支差异 + 变动制造费用的效率差异 = −2 940 元 +9 800 元 =6 860 元，不利差异。这意味着，实际变动制造费用比预算要高。

2）实际机器工时超过预算小时数的原因可能包括：人工操作机器的技术熟练度比预期差；工作的排班调度效率差；机器没有保持良好的维修；仓促交付所造成的低效率；机器的预算时间标准设定得太严格等。

例题 7-15

甲公司有 3 个运营部门，该公司对各部门经理的奖励在一定程度上取决于该部门的利润贡献度。这 3 个部门的相关数据如表 7-14 所示。

表 7-14 甲公司 3 个部门的收入数据 （单位：元）

科目	净利润	销售收入	资产
部门 1	960 000	8 200 000	6 400 000
部门 2	380 000	1 400 000	2 100 000
部门 3	175 000	600 000	760 000

甲公司的其他相关信息如下：

1）甲公司根据资产的账面价值来确定每个部门的投资基础。

2）该公司的要求回报率是 12%。

3）该公司的间接成本不会与各部门直接挂钩（包括计算机服务、人力资源和管理费用），而是根据各部门所用资产的账面价值进行分摊。

部门 1 是规模最大、成立时间最长的部门，每年贡献的利润十分可观，因此部门经理张三的薪酬颇为丰厚。部门 1 的经营资产在很多年前就已购置和安装，与其他部门的经营资产相比，其账面价值非常低。

部门 3 是甲公司最新成立且规模最小的部门。部门 3 的经营资产是在最近几年购置和安装的。部门 3 的经理李四非常有进取心、也很有能力，但与其他部门相比，他的薪酬很低。李四提议对薪酬机制进行改革，在确定薪酬时将投资回报率（ROI）纳入考虑范围，而不是仅考虑利润贡献度。他还建议，在计算薪酬时，资产价值应按现值而非账面价值进行计算。

高层管理者希望维持原有薪酬方案，称这种方案以每个部门创造的剩余收益（RI）为基础。由于张三的 RI 是李四的 2 倍多，因此他的薪酬理应高得多。

1）请计算部门 1 和部门 3 的 ROI 和 RI。

2）假设该公司使用现值而非账面价值来确定每个部门的投资基础，请解释部门 1 和部门 3 的 ROI 和 RI 计算结果会受哪些因素影响。

3）a. 请解释使用 ROI 来度量部门绩效可能会导致目标一致性问题的原因；b. 请解释为什么使用 RI 来度量部门绩效能解决目标一致性问题。

4）请论述甲公司分摊间接成本所使用的方法，并阐述为什么这种分摊方法可能不合理。

参考答案：

1）部门 1 的 ROI = 960 000 元/6 400 000 元 = 15%。部门 3 的 ROI = 175 000 元/760 000 元 = 23%。

RI = 利润 - 目标利润。

部门 1 的 RI = 960 000 元 - 6 400 000 元 × 12% = 192 000 元。部门 3 的 RI = 175 000 元 - 760 000 元 × 12% = 83 800 元。

2）a. 对于资产购置时间较早的部门，其资产将会升值。资产较新的部门不会受很大影响，因为他们的资产所提折旧还不多，资产原值接近于现值。由于资产升值，资产购置时间较早的部门其 ROI 和 RI 会下降。

b. 由于甲公司以资产价值为基础分摊间接成本，资产升值最大的部门（由账面价值变为现值）所分摊到的间接成本将更大。

3）a. 假设一个项目的 ROI 高于整个公司的 ROI，但低于本部门 ROI，该项投资将会被拒绝，因此，使用 ROI 来度量部门绩效，对整个公司不利。

b. 各部门使用整个公司的要求回报率来计算 RI。因此任何能够提高 RI 的项目都会被部门接受，并对整个公司有利。

4）甲公司以各个部门使用资产的账面净值为基础分摊间接成本。在许多情况下，这种方法不能正确地将成本与实际使用情况联系起来。在使用人力资源、会计、计算机支持、行政等职能时，也许资产价值与使用情况并无关联。间接成本应该以实际使用情况为基础进行分摊。如果无法确定实际使用情况，则应选择与实际使用情况关联度更高的标准为基础。

例题 7-16

快速启动公司是梅森工业公司的子公司，生产婴儿用推车和其他消遣用车辆。家庭娱乐中心指出婴儿用推车、微型高尔夫球场地、棒球场地和娱乐走廊游戏越来越受欢迎。结果，梅森工业公司的管理层要求快速启动公司的生产拓展到其他娱乐领域。娱乐租赁有限公司是一家出租家庭娱乐中心娱乐走廊游戏的大公司之一，它正在寻找买主。梅森工业公司的高级管理层认为收购娱乐租赁有限公司的全部资产需要320 万美元的投资，并责成快速启动公司分部经理比尔·格里科考虑收购问题。

比尔和他的会计主管玛丽·唐纳利阅读并分析了娱乐租赁有限公司的财务报告，他们认为收购可能对快速启动公司不利。“如果我们决定不这么做了，梅森工业公司的管理层会不高兴的，”比尔说，“如果我们能说服梅森工业公司不用投资回报率指标而是用其他指标来决定我们的奖金，那么这项收购可能会具有吸引力。如果用公司资本成本 15% 计算的剩余利润，并以剩余利润来决定我们的奖金的话，我们会怎样做呢？”

梅森工业公司用传统的投资回报率指标对所有分部进行评价，即营业利润比总资产。每个分部期望的报酬率为 20%，每个分部的管理层所报告的投资回报率的年增长会自动与奖金挂钩。而分部管理报告的投资回报率下降要说明下降的原因，其结果与奖金挂钩。投资回报率下降的分部经理的奖金为投资回报率增长的分部经理奖金的一半。

表 7-15 是2000 年6 月1 日 ~2001 年5 月31 日快速启动公司和娱乐租赁有限公司的简明财务报告。

表 7-15　简明财务报告　（单位：美元）

科目	快速启动公司	娱乐租赁有限公司
销售收入	10 500 000	—
租赁收入	—	2 800 000
变动费用	7 000 000	1 000 000
固定费用	1 500 000	1 200 000
经营利润	2 000 000	600 000
流动资产	2 300 000	1 900 000
长期资产	5 700 000	1 100 000
总资产	8 000 000	3 000 000
流动负债	1 400 000	850 000
长期负债	3 800 000	1 200 000
股东权益	2 800 000	950 000
负债和权益总额	8 000 000	3 000 000

要求：

1）如果梅森工业公司继续用投资回报率作为唯一的分部业绩评价指标，解释为什么快速启动公司不愿意收购娱乐租赁有限公司。用适当的计算支持你的观点。

2）如果说服梅森工业公司用剩余利润评价快速启动公司的业绩，解释为什么快速启动公司更愿意收购娱乐租赁有限公司。用适当的计算支持你的观点。

3）讨论用下列指标评价分部经理的业绩，其行为会受到怎样的影响：

A. 投资回报率作为业绩评价指标。

B. 剩余利润作为业绩评价指标。

4）讨论降低要求回报率对投资回报率和剩余利润的影响。

5）该公司管理层要求财务部门使用战略分析工具分析行业环境。请定义波特五力模型和一般竞争战略。

参考答案：

1）快速启动公司未收购娱乐租赁有限公司的投资回报率＝2 000 000 美元/8 000 000 美元＝25%。快速启动公司收购娱乐租赁有限公司后投资回报率＝(2 000 000美元＋600 000 美元)/(8 000 000 美元＋3 000 000美元）＝23.64%。

梅森工业公司继续用投资回报率作为唯一的分部业绩评价指标，快速启动公司未收购娱乐租赁有限公司的投资回报率是25%，在收购娱乐租赁有限公司后投资回报率降低到23.64%。这使快速启动公司分部经理的奖金变为投资回报率增长的一半。由于使个人收益下降，所以快速启动公司经理不愿意收购娱乐租赁有限公司。

2）快速启动公司未收购娱乐租赁有限公司的剩余利润＝2 000 000 美元－8 000 000 美元×15%＝800 000 美元。娱乐租赁有限公司的剩余利润＝600 000 美元－3 000 000 美元×15%＝150 000 美元。快速启动公司收购娱乐租赁有限公司后的剩余利润＝800 000 美元＋150 000 美元＝950 000 美元。

如果梅森工业公司用剩余利润评价快速启动公司的业绩指标，快速启动公司未收购娱乐租赁有限公司的剩余利润是800 000 美元，而收购后剩余利润是950 000 美元，那么收购后的业绩上升，使快速启动公司分部经理的奖金获得增加，个人收益上升。因此，快速启动公司愿意收购娱乐租赁有限公司。

3）用下列指标评价分部经理的业绩，其行为会受到的影响是：

A. 投资回报率作为业绩评价指标

①使管理者注意力集中于当期的成本、收益，不鼓励可以增加利润的新投资。

②使管理者为了改善当前的投资报酬率而减少在研究与开发、广告、增加生产力等方面的投入，可能严重影响企业的长期利益。

③仅仅鼓励这些分部投资于报酬率高于现行投资报酬率的项目。

B. 剩余利润作为业绩评价指标

①分部会寻求投资报酬率高于公司所规定的最低投资报酬率的项目。

②分部可以根据不同的风险水平和资产状况调整所要求的最低报酬率。

③可以对不同类型的资产计算不同的投资成本。

④当确定的最低报酬率较低时，偏向于规模较大的项目。

4）降低要求回报率对投资回报率不变和剩余利润增加。

5）略。

例题 7-17

凤凰公司是一个蜂窝式通信企业，有多家分厂，该公司以分厂的经营利润为基准，向每个分厂的管理者支付报酬。分厂 A 最近从外部购买了蜂窝式通信设备，用它来组建通信系统。分厂 B 生产类似的设备，并销售给外部消费者，目前没有向分厂 A 销售。分厂 A 的经理向分厂 B 的经理提出建议，分厂 A 愿意购买分厂 B 的设备。如果分厂 B 生产分厂 A 所需的蜂窝式设备，将带来每单位60 美元的变动间接成本。

分厂 B 的有关信息：以单价 130 美元向外界消费者出售 50 000 单位设备。目前生产能力利用率为 80%，该分厂可以 100% 运营。变动间接成本为每单位 70 美元。变动销售成本为每单位 8 美元。固定间接成本为 580 000 美元。

分厂 A 的单位收益如表 7-16 所示。

表 7-16　分厂 A 的单位收益　（单位：美元）

分厂 A 的单位收益（假定部件从外部购得，不是购自分厂 B）	
销售收入	320
生产成本	
蜂窝式设备	80
其他材料	10
固定成本	40
总生产成本	130
边际贡献	190
销售成本	
变动销售成本	35
固定销售成本	15
总销售成本	50
单位经营利润	140

凤凰公司的总会计师张三要求公司的会计部门研究一些可提高总体目标一致性、激发分部管理绩效并使公司总体绩效达到最优的转移定价方法。目前正在考虑的 3 种转移定价方法分别是：①标准成本加成法；②市场价格法；③实际成本加机会成本的方法。

在董事会讨论转移定价法时，凤凰公司的首席执行官李四认为应该使用实际成本法，而董事长王五认为应该使用协商定价法。

要求：

1）分厂 A 希望以单价 75 美元购买 25 000 单位分厂 B 的产品，分厂 B 应该接受还是拒绝这个建议？考虑以下两种不同状况：①分厂 A 要求所有 25 000 单位产品要由同一供应商发货；②分厂 A 部分接受产品从分厂 B 购买。

2）为了各自分厂的利益，价格应在多少的范围内，分厂 A 与分厂 B 经理才认为是最好的价格？

3）解释协商转移价格的方法确定产品在两个部门之间的转移价格的两个优点和两个缺点。

4）解释使用实际成本作为转移价格会产生的两个问题。

5）如果凤凰公司将它目前在 A、B 两个部门之间使用的转移价格政策变成对所有部门适用统一的转移价格，解释由该项变化最可能引起的两个问题。

6）根据以下 3 种转移价格方法，分别讨论销售部门和购买部门的经理可能发生的行为。

A. 标准成本加成法。

B. 市场价格法。

C. 实际成本加机会成本的方法。

参考答案：

1）①分厂 B 的产能水平为 50 000 单位/80% =62 500 单位，其中剩余产能 62 500 单位 −50 000 单位 =12 500 单位。现在分厂 B 的单位产品的边际贡献是 130 美元 −70 美元 −8 美元 =52 美元。如果分厂 A 要求所有 25 000 单位产品要由同一供应商发货，那么对于分厂 B 的影响是：

剩余产能部分：12 500 单位 ×（75 美元 −60 美元）=187 500 美元。

超过剩余产能部分：12 500 单位×（75 美元－60 美元－52 美元）＝－462 500 美元。

总影响是 187 500 美元－462 500 美元＝－275 000 美元。

分厂 B 的经理应该拒绝分厂 A 的要求。

②如果分厂 A 部分接受产品从分厂 B 购买，那么分厂 B 可以利用剩余产能生产12 500 单位，增加其边际贡献 187 500 美元。

2）在小于 12 500 单位的情况下，分厂 A 与分厂 B 经理认为最好的范围是 60～80 美元；在大于 12 500 单位的情况下，分厂 A 与分厂 B 经理不会进行内部购买。

3）通过运用协商转移价格的方法确定产品在两个部门之间的转移价格有以下优点和缺点：

优点：①通过协议达成的转移价格，使购买方和售出方都相信这是最好的结果；②通过协议达成的转移价格将提高两个部门的自主性和独立性。

缺点：①通过两个部门协议达成的转移价格可能对整个公司并不是最优的，从而无法实现目标一致；②协商的过程可能导致两个部门间的矛盾和冲突。

4）使用实际完全成本作为转移价格会产生以下问题：①当用利润衡量各个部门的绩效时，完全成本转移价格就不适用于分权结构的组织；②假如购买方能以更低的价格从外面购买，而强制购买方一定以高于市场的价格从内部购买就不利于组织整体目标的一致。假如销售方没有使用其全部产能，就应该将转移价格降低到市场价格的水平，这样也能补偿变动成本和部分固定成本。价格的降低会最优化组织的整体表现。

5）如果公司的转移价格政策变成对所有部门适用统一的转移价格，就会产生以下问题：①部门经理可能感到这个政策的改变试图减少他们的决策自由和权力，这样会降低他们的积极性；②假如部门经理失去了对转移价格的控制及对部门利润的控制，他们就不愿接受统一的转移价格；③如果转移价格低于市场价格，销售方会更积极地向外部市场销售从而获取更高的利润和奖金。

6）a. 标准成本加成法：因为任何高于标准成本的费用都不能传递给购买部门，销售部门就会积极地控制成本。如果市场价格更高，则购买部门更乐意接受这个转移价格。但是，如果市场价格更低，而购买部门被迫接受这个转移价格，购买部门的管理者会不乐意接受。

b. 市场价格法：这个方法对购买部门和销售部门都是平等和公正的，会最大化他们的部门利润。这个方法能促进成本控制，激励部门管理和最优化整个公司的表现。因为两个部门都知道市场价格，则双方都能互信和愿意接受这个交易。

c. 实际成本加机会成本的方法：当市场价存在并且销售部门使用了其全部产能时，这个方法就和市场价一样。当没有达到全部产能，则转移价格大约等于转移商品的变动成本。这种情况下，因为这个价格对双方都是最有利的，两个部门都愿意进行交易。这个方法会促进整个目标一致，激励部门管理者，提高整个公司的利润。

例题 7-18

快乐一刻有限公司生产游戏机。市场的饱和度和技术革新所引起的价格压力导致利润逐渐下滑。为阻止在引进新产品之前的利润继续下滑，高层管理者把注意力转向生产规模与扩大生产上。为实现这些目标，管理者启动了一项激励计划，以奖励那些为增加产量和降低成本做出贡献的生产经理们。

生产经理们对在超出正常的生产水平的情况下，采取若干方式改进生产、提高完工产品的产量所形成的压力给予了回应。组装组要将印制电路板组和读头组生产的零部件组装到一起形成游戏机。为实现增长的产量水平，印制电路板组和读头组开始丢掉那些本应事先检验和完善以符合制造标准的零件。用于生产这些零件的机器的预防性维护已经延迟了；仅仅进行紧急情况的维修，以保证生产线的正常运行。维修部门关心的是严重事故和不安全的运行条件。

组装组更为激进，其生产主管要求维修人员只关心他们的机器而不管其他组。这就导致当组装组需要大量的零件时，印制电路板组和读头组的机器停工，从而引起更加经常性的零件废品出现，并激起了部门之间的冲突。因此，快乐一刻有限公司运用标准成本制度进行管理。游戏机的标准成本如表 7-17 所示。

表 7-17 游戏机的标准成本

成本项目	数量（单位）	成本（美元）	合计（美元）
直接材料			
机架	1	20.00	20.00
印制电路板	2	15.00	30.00
读头	4	10.00	40.00
直接人工			
组装组	2	10.00	20.00
印制电路板组	1	11.00	11.00
读头组	1.5	12.00	18.00
单位标准成本合计			139.00

快乐一刻有限公司编制基于标准成本的月度业绩报告。表 7-18 即为 2010 年 5 月当产量和销售量都达到 2 200 台时的边际贡献表。

表 7-18 边际贡献表

科目	预算	实际	差异	
数量（台）	2 000	2 200	200	有利
收入（美元）	400 000	396 000	4 000	不利
变动成本				
直接材料（美元）	180 000	220 400	40 400	不利
直接人工（美元）	98 000	112 260	14 260	不利
变动成本合计（美元）	278 000	332 660	54 660	不利
边际贡献（美元）	122 000	63 340	58 660	不利

快乐一刻有限公司的高层管理者们对此感到惊讶，虽然 2010 年 5 月销售增长了，但该公司的整体边际贡献却产生不利差异。该公司要求成本会计员杰克·拉思不仅要找出并报告产生边际贡献不利差异这一结果的原因，而且要确认应对此负责的具体部门。通过检查，杰克编制了用量报告如表 7-19 所示。

表 7-19 用量报告

成本项目	数量（单位）	实际成本（美元）
直接材料		
机架	2 200	44 000
印制电路板	4 700	75 200
读头	9 200	101 200
直接人工		

（续）

成本项目	数量（单位）	实际成本（美元）
组装组	3 900	31 200
印制电路板组	2 400	31 060
读头组	3 500	50 000
单位变动成本合计		332 660

杰克报告说，印制电路板组和读头组保证了产量水平的增长，但存在机器非正常停工现象，使得维持零件需求加快所要求的超时工时有闲置，超时工时的人工工资已支付。他还说，两个小组的生产经理采用那些废品零件，因为他们拒绝为后面的工序检验和修理。杰克认为组装组用较少的标准工时增加了产量，实现了管理目标。

要求：

1）计算下列 6 个差异：①直接材料价格差异；②直接材料用量差异；③直接人工效率差异；④直接人工工资率差异；⑤销售价格差异；⑥边际贡献销售量差异。

2）解释 2010 年 5 月预算边际贡献与实际边际贡献之间 58 660 美元的不利差异。

3）指出并简单解释引发生产经理之间以及生产经理与维修经理之间冲突的行为因素。

4）根据完整性，评价杰克·拉思对不利边际贡献结果的分析以及其对生产部门行为的影响。

参考答案：

1）快乐一刻有限公司的 6 个差异为：

①直接材料的价格差异 = ∑直接材料的实际使用数量 ×（直接材料的实际价格 − 直接材料的预算价格）= 2 200 单位 ×（44 000 美元/2 200 单位 − 20.00 美元/单位）+ 4 700 单位 ×（75 200 美元/4 700 单位 − 15.00 美元/单位）+ 9 200 单位 ×（101 200 美元/9 200 单位 − 10.00 美元/单位）= 0 美元 + 4 700 美元 + 9 200 美元 = 13 900 美元，不利差异。

②直接材料的用量差异 = ∑直接材料的预算价格 ×（直接材料的实际使用数量 − 直接材料的预算使用数量）= 20.00 美元/单位 ×（2 200 单位 − 2 200 台 ×1 单位/台）+ 15.00 美元/单位 ×（4 700 单位 − 2 200 台 ×2 单位/台）+ 10.00 美元/单位 ×（9 200 单位 − 2 200 台 ×4 单位/台）= 0 美元 + 4 500 美元 + 4 000 美元 = 8 500 美元，不利差异。

③直接人工的效率差异 = ∑直接人工的预算工资率 ×（直接人工的实际投入量 − 直接人工的预算投入量）= 10.00 美元/小时 ×（3 900 小时 − 2 200 台 ×2 小时/台）+ 11.00 美元/小时 ×（2 400 小时 − 2 200 台 ×1 小时/台）+ 12.00 美元/小时 ×（3 500 小时 − 2 200 台 ×1.5 小时/台）= −5 000 美元 + 2 200美元 + 2 400 美元 = −400 美元，有利差异。

④直接人工的工资率差异 = ∑直接人工的实际投入量 ×（直接人工的实际工资率 − 直接人工的预算工资率）= 3 900 小时 ×（31 200 美元/3 900 小时 − 10.00 美元/小时）+ 2 400 小时 ×（31 060 美元/2 400 小时 − 11.00 美元/小时）+ 3 500 小时 ×（50 000 美元/3 500 小时 − 12.00 美元/小时）= −7 800 美元 + 4 660 美元 + 8 000 美元 = 4 860 美元，不利差异。

⑤销售的价格差异 = 实际销售数量 ×（实际销售价格 − 预算销售价格）= 2 200 台 ×（396 000 美元/2 200 台 − 400 000 美元/2 000 台）= −44 000 美元，不利差异。

⑥边际贡献的销售量差异 = 预算边际贡献 ×（实际销售数量 − 预算销售数量）= 122 000 美元/2 000 台 ×（2 200 台 − 2 000 台）= 12 200 美元，有利差异。

2）编制该公司的弹性预算如表 7-20 所示。

表 7-20　弹性预算

科目	静态预算	弹性预算	实际
数量（台）	2 000	2 200	2 200
收入（美元）	400 000	440 000	396 000
变动成本			
直接材料（美元）	180 000	198 000	220 400
直接人工（美元）	98 000	107 800	112 260
变动成本合计（美元）	278 000	305 800	332 660
边际贡献（美元）	122 000	134 200	63 340

该公司边际贡献的静态预算差异 58 660 美元的不利差异是由以下两部分组成的：

①边际贡献的弹性预算差异 = 63 340 美元 − 134 200 美元 = −70 860 美元，不利差异。

②边际贡献的销售量差异 = 134 200 美元 − 122 000 美元 = 12 200 美元，有利差异。

销售量的增长产生了 12 200 美元的边际贡献销售量的有利差异，而销售价格的下降和成本的上升产生了 70 860 美元的边际贡献弹性预算的不利差异。

对于弹性预算差异来说，其中由于产品价格的下降产生了 44 000 美元的销售价格的不利差异，由于成本上升产生了 26 860 美元成本的不利差异。

对于成本差异来说，直接材料价格差异为 13 900 美元的不利差异，其中机架为 0 美元，印制电路板为 4 700 美元的不利差异，读头为 9 200 美元的不利差异；直接材料用量差异为 8 500 美元的不利差异，机架为 0 美元，印制电路板为 4 500 美元的不利差异，读头为 4 000 美元的不利差异；直接人工效率差异为 400 美元的有利差异，其中组装组为5 000美元的有利差异，印制电路板组为 2 200 美元的不利差异，读头组为 2 400 美元的不利差异；直接人工工资率差异为 4 860 美元的不利差异，其中组装组为7 800 美元的有利差异，印制电路板组为 4 660 美元的不利差异，读头组为 8 000 美元的不利差异。

3）由于该公司管理层的绩效标准奖励那些为增加产量和降低成本做出贡献的生产经理们，造成了生产经理和维修经理的行为问题。维修部门出于降低成本的考虑仅仅进行紧急情况的维修，造成了产品废品率的上升。印制电路板组和读头组的经理为了增加产量丢弃事先检验和完善以符合制造标准的零件，造成材料数量的不利差异。组装组出于降低成本和增加产量的目的，维修人员只关心他们的机器而不管其他组，使得自身产生直接人工的有利差异，但是造成其他生产组机器停工和零件废品，产生直接材料和直接人工的不利差异。

4）杰克的报告是不合理的。首先，进行差异分析应使用弹性预算数据，并将差异进行分解；其次，应深入分析数据背后的原因，而不是仅仅进行片面的解释，印制电路板组和读头组的不利差异除了自身的原因外，还包括组装组和维修组的原因，组装组和维修组实现目标的策略是以邻为壑的；最后，报告应检讨管理层设置的绩效考核标准，错误地认定责任中心和设计考核指标，造成经理的行为问题。

例题 7-19

消费者、员工和政府都非常关注日益增长的医疗费用，于是全国的医疗系统越来越迫切地需要提高运营效率。医疗行业面临着重大挑战，如病人的需求不断变化、报销减少以及激烈的竞争，全行业现在开始大规模并购以降低运营成本。病人和付款人要求采用一站式服务，以便能够一次性解决问题。改善运营是必需的，但是不能危及医疗质量。绿带医科大学感到，管理有素的医疗公司正在逐渐渗入自己的市场，于是要求管理层制订战略计划，确保财政资金能够满足病人的要求。

因为绿带医科大学是学术性医疗中心，所以它的使命包括 3 个部分：临床治疗、教育和研究。管理层必须在计划中考虑到 3 个对立的目标。

要求：

1）绿带医科大学的战略重点应该是什么？

2）你认为平衡计分卡能够确保绿带医科大学获得成功吗？平衡计分卡与传统的方法相比有哪些优势？

3）应用平衡计分卡的每个方面确定 4～5 个关键成功因素，注意除了病人之外，员工、股东、供应商/分销商、其他培训机构、社区和付款人也都是客户。

4）管理层在应用平衡计分卡过程中会遇到什么挑战？员工的归属感会怎样增加？

参考答案：

1）绿带医科大学的战略重点应该是成本、质量和时间。

2）平衡计分卡可以确保绿带医科大学获得成功。

平衡计分卡与传统的方法相比所具有的优势：

①克服财务评估方法的短期行为。

②使整个组织行动一致，服务于战略目标。

③能有效地将组织的战略转化为组织各层的绩效指标和行动。

④有助于各级员工对组织目标和战略的沟通和理解。

⑤利于组织和员工的学习成长和核心能力的培养。

⑥实现组织长远发展。

⑦通过实施平衡计分卡，提高组织整体管理水平。

3）财务因素：①营利性；②流动性；③销售量；④市场价值。

顾客因素：①顾客满意度；②供应商/分销商；③服务的及时性；④服务质量。

企业内部流程：①医疗质量；②操作的灵活性；③医疗效率；④医疗设备。

学习与创新：①技能与发展；②员工士气；③竞争力；④承诺的兑现及时性。

4）管理层在应用平衡计分卡过程中会遇到的问题包括：竞争的强度、顾客与供应商的议价能力、员工的抵制。员工的归属感增加的方法包括：员工参与战略分析、明确公司的处境。

7.4.2 本章习题

问题 1　富兰克林公司估计切实可行的生产能力为 90 000 机器工时，每单位产品需要 2 个工时，最近一个会计年度的数据如表 7-21 所示。

表 7-21　富兰克林公司最近一个会计年度的相关数据

实际变动制造费用（美元）	240 000
实际固定制造费用（美元）	442 000
实际发生的机器工时（小时）	88 000
实际生产的产成品（单位）	42 000
90 000 机器工时的预算变动制造费用（美元）	200 000
预算固定制造费用（美元）	450 000

在下述因素中，哪项最有可能引起富兰克林的生产量差异？(　　)

A. 生产管理者的工资增加。

B. 执行一项新举措，降低产成品的存货水平。

C. 接受预期之外的销售订单。

D. 临时聘用工人，其技术水平低于最初预期的水平。

问题 2　甲生产企业在直接劳动工时的基础上，针对管理费用采取标准成本系统。在 5 月份，生产 5 000 单位的产品。生产预算信息如表 7-22 所示。

表 7-22　生产预算信息　(单位：美元)

直接劳动力（10 000 工时，每工时 15 美元）	150 000
变动制造费用	30 000
固定制造费用	80 000

5 月份生产了 6 000 单位产品，固定制造费用差异是有利的，差异是 2 000 美元。5 月份的固定制造费用(　　)

A. 少分摊了 2 000 美元。

B. 少分摊了 16 000 美元。

C. 超额分摊了 16 000 美元。

D. 超额分摊了 18 000 美元。

问题 3　下述哪项不是责任会计系统的特征？(　　)

A. 按照预算，执行的责任必须同适当的权力部门联系起来。

B. 制度应该鼓励员工参与。

C. 成本中心负责收益和普通成本。

D. 各级管理层负责该部门的经营和员工。

问题 4　在投资了一个新项目之后，李公司发现剩余利润保持不变。对于该新项目，下述哪项是正确的？(　　)

A. 新项目的净现值一定为负数。

B. 新项目的投资回报率一定低于公司的资本成本。

C. 新项目的投资回报率一定等于公司的资本成本。

D. 新项目的净现值一定为正数。

问题 5　马连奴公司的北方分部近几年的剩余利润一直保持为正值。北方分部目前正考虑投资于一个新项目。该项目会降低分部的整体投资回报率，但却能增加其剩余利润。请问新项目的预期投资回报率、该公司的资本成本以及该分部目前的投资回报率之间是什么关系？(　　)

A. 新项目的预期投资回报率高于该分部目前的投资回报率，但却低于该公司的资本成本。

B. 该公司的资本成本高于新项目的预期投资回报率，但却低于该分部目前的投资回报率。

C. 该分部目前的投资回报率高于新项目的预期投资回报率，但却低于该公司的资本成本。

D. 新项目的预期投资回报率高于该公司的资本成本，但却低于该分部目前的投资回报率。

问题 6　文森特医院安装了一套新的计算机系统。医院各部门的负责人对各自部门使用该系统的时间做出预计，该系统就是根据这些预计的时间来设计和组成的。实际上该系统的所有运营成本都是固定的。请问在把该新系统的成本分配给医院各部门时，下面哪种方法是最有系统性也是最合理的？(　　)

A. 各部门等分。

B. 根据各部门预计使用的小时数来分配。

C. 根据各部门实际使用的小时数来分配。

D. 根据各部门的收入来分配。

问题 7 甲公司的预算表明，该公司应生产 50 000 件成品，同时将耗费 20 000 直接人工工时和 150 000 元变动制造费用。甲公司实际生产了 52 000 件合格成品，耗费 22 000 直接人工工时和 160 000 元的变动制造费用。如果甲公司采用标准成本制度并根据直接人工工时分摊变动制造费用，则其变动制造费用耗用差异为（　　）

A. 4 000 元，不利差异。 B. 5 000 元，有利差异。

C. 9 000 元，不利差异。 D. 10 000 元，不利差异。

问题 8 甲公司最近的业绩报告如表 7-23 所示。

表 7-23 甲公司业绩报告 （单位：元）

科目	实际结果	弹性预算	静态预算
收入	5 000 000	4 600 000	5 200 000
变动成本	2 600 000	2 300 000	2 600 000
固定成本	2 300 000	2 000 000	2 000 000
经营利润	100 000	300 000	600 000

那么，甲公司的经营利润的销售量差异为（　　）

A. 200 000 元，不利差异。 B. 300 000 元，不利差异。

C. 400 000 元，有利差异。 D. 500 000 元，不利差异。

问题 9 去年，甲公司为其生产润肤霜的工厂制定了 600 000 元的固定制造费用预算。这 600 000 元的金额是以 40 000 机器工时的作业量作为分母计算得到的。每瓶润肤霜的标准机器工时为 0.1 小时。去年共生产 350 000 瓶润肤霜，销售了 360 000 瓶润肤霜。固定制造费用的生产量差异为（　　）

A. 60 000 元，不利差异。 B. 75 000 元，不利差异。

C. 60 000 元，有利差异。 D. 75 000 元，有利差异。

问题 10 在甲公司财务总监的月度办公会上，他要求所有不利差异达到 10% 的部门负责人发言，主要对其差异进行解释并制订计划以纠正这种情况。这属于以下哪种管理方式？（　　）

A. 作业管理。 B. 成本管理。 C. 持续改进。 D. 例外管理。

问题 11 甲公司针对其主要产品制定了直接材料成本标准：每件成品 20 元/件。该标准按 4 磅的直接材料消耗量和 5 元/磅的标准价格进行计算。甲公司预计 3 月份将生产 32 000 件产品。在该月，甲公司采购并消耗了 130 000 磅材料，生产了 31 000 件成品。直接材料的实际支付价格为 5.40 元/磅。那么，3 月份直接材料的用量差异是多少？（　　）（1 磅 =453.59 237 克）

A. 10 000 元，不利差异。 B. 20 000 元，不利差异。

C. 30 000 元，不利差异。 D. 32400 元，有利差异。

问题 12 某公司采用标准成本制度制定出每件成品的标准固定成本为 4.00 元，此外，还预计将生产并销售 300 000 件产品。该公司在该年度出现了 14 000 元的不利生产量差异。以下哪项是造成该差异的原因？（　　）

A. 生产的数量超过 300 000 件。 B. 生产的数量低于 300 000 件。

C. 售出的数量超过 300 000 件。 D. 售出的数量低于 300 000 件。

问题 13 甲公司将按以下标准把所示的两种材料混合来制造一件成品：A 材料为 4 盎司/件，价格为 1.50 元/盎司；B 材料为 6 盎司/件，价格为 2.50 元/盎司。甲公司实际生产了 25 000 件成品，耗费了 105 000 盎司的材料 A 和 145 000 盎司的材料 B。实际材料成本为：材料 A 是 1.48 元/盎司，材料 B 是 2.55 元/盎司。甲公司的直接材料产出差异为(　　)（1 盎司 =28.350 克）

A. 4 500 元，有利差异。　B. 5 000 元，不利差异。
C. 5 000 元，有利差异。　D. 5 350 元，不利差异。

问题 14　甲公司是一家床垫制造商。该公司的标准直接人工费率为 25 元/小时，聘用了 75 名直接人工员工和 50 名间接人工员工。上周的直接人工工资总额为 90 000 元，总人工工时为 3 000 小时。该公司生产了 1 000 个床垫。标准成本计算表规定每个床垫耗费 2.5 人工工时。那么，直接人工工资率差异为(　　)

A. 15 000 元，不利差异。　B. 27 500 元，不利差异。
C. 15 000 元，有利差异。　D. 27 500 元，有利差异。

问题 15　某公司在高度自动化的准时制（JIT）生产环境中生产其产品，并采用标准成本制度。那么以下差异将造成最大影响的是(　　)

A. 因生产主管非计划加薪而造成的 10% 固定制造费用，不利差异。
B. 因低品质材料导致返工而造成的 5% 直接材料用量，不利差异。
C. 因聘用技能较差的兼职工人而造成的 6% 直接人工效率，不利差异。
D. 因兼职工人耗费的消耗品量超出预期而造成的 7% 变动制造费用耗费，不利差异。

问题 16　张三是当地一家休闲运动场馆的营销主管。张三在营销部门的职责是宣传各项活动、会见潜在客户并规划未来的活动。张三对每项活动的收入和成本负责，并向该运动场馆的经理汇报。张三所在的营销部门是以下哪类责任中心？(　　)

A. 投资中心。　B. 成本中心。　C. 利润中心。　D. 收入中心。

问题 17　国际转移价有时会受到某些国家或地区在向母公司汇回利润方面所施加限制的影响。公司可以通过以下何种措施来最大限度地减少这种限制的影响？(　　)

A. 降低向位于这些国家或地区的部门转移的商品的价格。
B. 提高向位于这些国家或地区的部门转移的商品的价格。
C. 对向位于这些国家或地区的部门转移的商品收取比不相关的第三方所收价格更低的价格。
D. 在该公司内部的所有境内和境外部门间保持统一价格。

问题 18　甲公司的分部 A 生产一款新产品，该产品可销售给外部客户或销售给分部 B 进行进一步加工。如果根据分部获利能力评估经理的绩效，则分部 A 的经理将要求采用哪种转移价格定价法？(　　)

A. 双重转移价格。　B. 成本基础转移价格。
C. 市场基础转移价格。　D. 标准成本转移价格。

问题 19　甲公司的财务部门以 10 000 元的价格购置了一台新的彩色复印机用以印刷报告。甲公司的 IT 部门计划再花 10 000 元购置一台类似的设备，不过该部门发现财务部门已经购置了该设备，因而这两个部门可以平等共用这台新设备。为了公平分摊这台设备的成本，主计长应采用(　　)

A. 增量成本分配法，并将 10 000 元分摊到财务部门。
B. 独立成本分配法，并将 5 000 元分摊到每个部门。
C. 毛利法，并将 5 000 元分摊到每个部门。
D. 可实现净值法，并将 10 000 元分摊到财务部门。

问题 20　甲公司的财务部门花费 100 000 元新购置了一套项目管理软件包。税务申报团队增加了 10 000 元购置了一款更小的应用程序，如果单独购买这款应用程序，则需要 40 000 元。主计长将把这

些成本分摊到作为主要用户的财务团队，因而应采用(　　)

A. 增量成本分配法，将 10 000 元分摊到税务申报团队，将 100 000 元分摊到财务团队。

B. 独立成本分配法，将 40 000 元分摊到税务申报团队，将 70 000 元分摊到财务团队。

C. 双重成本分配法，向这两个用户团队均分摊 55 000 元。

D. 最能体现该软件包使用情况的方法。

问题 21　一家男士 T 恤衫制造商去年的信息如下：销售和生产的 T 恤衫数量125 000件，T 恤衫的售价 40 元/件，直接制造成本 10 元/件，准备成本 100 元/小时，准备工作耗费的时间 10 000 小时，运费 200 元/次，装运次数 4 000 次，管理费用 8 元/件。那么该公司去年的经营利润为(　　)

A. 950 000 元。　　B. 1 950 000 元。

C. 2 750 000 元。　　D. 3 750 000 元。

问题 22　某公司设有 4 个地区分部。该公司的财务业绩摘要如表 7-24 所示。

表 7-24　某公司财务业绩摘要　　(单位：元)

科目	北分部	东分部	南分部	西分部
经营利润	1 000	5 000	4 000	7 500
总资产	2 500	15 000	8 000	25 000
负债	500	7 000	1 000	5 000
权益	2 000	8 000	7 000	20 000

那么，(　　)的投资回报率最高。

A. 北分部。　　B. 东分部。　　C. 南分部。　　D. 西分部。

问题 23　甲公司有 4 家客户。有关其收入和支出的详细信息如表 7-25 所示。

表 7-25　甲公司收支详情

科目	客户 A	客户 B	客户 C	客户 D
销售数量（件）	10 000	20 000	35 000	50 000
收入（元）	100 000	150 000	200 000	250 000
销货成本（元）	50 000	60 000	70 000	75 000
配送成本（元）	10 000	25 000	30 000	50 000
订单处理成本（元）	15 000	20 000	25 000	30 000
管理费用（元）	30 000	30 000	30 000	30 000
折旧（元）	20 000	20 000	20 000	20 000
公用事业成本（元）	10 000	10 000	10 000	10 000
利润（元）	-35 000	-15 000	15 000	35 000

对于售出的每件产品，哪家客户带来的客户级经营利润最高？(　　)

A. 客户 A。　　B. 客户 B。　　C. 客户 C。　　D. 客户 D。

问题 24　以下数据摘自某公司最近的财务报表：流动资产 120 000 元，总经营资产 1 750 000 元，流动负债 85 000 元，总负债 985 000 元，销售额 1 240 000 元，经营利润 365 000 元。该公司的要求回报率为 12%。那么，该公司的剩余利润是多少？(　　)

A. 155 000 元。　　B. 126 800 元。　　C. 123 600 元。　　D. 113 800 元。

问题 25　某公司正在考虑增加一条新的产品线。这条新产品线预期回报率高于资本成本，但低于

目前的投资回报率。如果该公司决定建设这条潜在的新产品线，那么剩余利润将(　　)

A. 增加。　　B. 不变。

C. 减少。　　D. 高于该公司的投资回报。

问题 26　平衡计分卡创新与学习度量指标的两个示例为(　　)

A. 员工晋升率和环境事故数目。

B. 员工培训小时数和产品不良率。

C. 建议员工人数以及每名员工每天完成的成品数目。

D. 员工流动率以及内部流程改进次数。

问题 27　以下哪个选项是静态预算制度的最大缺点？(　　)

A. 和弹性预算相比，静态预算更难制定。

B. 静态预算只考虑了一个产量水平。

C. 和采用弹性预算相比，静态预算产生的差异往往更小。

D. 和采用弹性预算相比，静态预算产生的差异更难计算。

问题 28　一个物流公司正在实施一个绩效系统来比较不同类型车辆购买和经营的成本。一汽解放卡车每年行驶 125 000 千米，每千米发生 0.26 元的变动成本。一汽解放卡车的额定载重量为 28 000 千克，每年 250 天满载运行。一汽解放卡车的单位运输成本是多少？(　　)

A. 0.003 26 元/千克。　　B. 0.004 64 元/千克。

C. 1.160 72 元/千克。　　D. 3.440 00 元/千克。

问题 29　由于受全球经济的影响，甲公司销量意外大幅增长。甲公司的总会计师张三通过学习 CMA 的预算课程有了新的认识，决定调整了原来的静态预算并制定了一份刚刚结束年份的弹性预算。该公司的成本绝大部分为变动成本。总会计师注意到收入和成本的实际数额和弹性预算中的数额非常接近。如果实际收入和成本与原来的静态预算中的数额相比，则会产生什么差异？(　　)

A. 收入差异和成本差异皆为有利差异。

B. 收入差异为有利差异，成本差异为不利差异。

C. 收入差异为不利差异，成本差异为有利差异。

D. 收入和成本差异皆为不利差异。

问题 30　朝阳区甲公司使用静态预算系统。当实际销售比预算销售少，该公司报告的下列哪项支出含有利差异呢？(　　)

	销售费用	房屋租金
A.	是	是。
B.	是	否。
C.	否	是。
D.	否	否。

问题 31　关于弹性预算的成本计算公式，以下哪项表述是正确的？(　　)

A. 变动成本以单位成本列示，固定成本以总额列示。

B. 变动成本以总额列示，固定成本以单位成本列示。

C. 变动成本、固定成本皆以总额列示。

D. 变动成本、固定成本皆以单位成本列示。

问题 32　乙公司为了下个季度的订单，刚刚采购了 108 000 单位的生产原料，价值为 1 166 400 元。生产每件产成品预计耗用 3 单位的原材料，每件产成品的料耗标准为 33 元/件。刚过去的这个季

度企业生产了 32 700 件成品，耗用了 99 200 单位的原材料。管理层希望差异被及时报告以加强成本控制并提高利润水平。根据以上资料，材料采购价格差异是多少元？（　　）

A. 12 100 元，不利差异。　　B. 19 840 元，有利差异。

C. 21 600 元，不利差异。　　D. 21 600 元，有利差异。

问题 33　张三是一家建筑承包公司的总经理。刚刚编制完成的财务报表显示新火车站项目亏损 6 000 元，然而预算是盈利 12 000 元。表 7-26 是有关这个项目直接材料的实际和预算数据。

表 7-26　直接材料的实际和预算数据

科目	实际	预算
保温砌块捆数（捆）	3 000	2 850
保温砌块单捆成本（元）	15.80	16.00

关于该公司的新火车站项目，下述哪项表述是正确的？（　　）

A. 价格差异是 570 元，有利差异。

B. 价格差异是 600 元，有利差异。

C. 用量差异是 2 370 元，不利差异。

D. 弹性预算差异是 1 800 元，不利差异。

问题 34　朝阳区的甲公司成本会计师李四计算出直接材料价格差异，以尽早向对该项差异负责的经理提供信息。该年预算耗用材料计算方法如下：

150 000 件 ×3 千克/件 ×4 元/千克 =1 800 000 元

该年的实际结果如下：产成品 160 000 件，采购的原材料 500 000 千克，耗用的原料 490 000 千克，材料单价 4.04 元。该年的材料价格差异是多少元？（　　）

A. 19 200 元，不利差异。　　B. 19 600 元，不利差异。

C. 20 000 元，不利差异。　　D. 40 000 元，不利差异。

问题 35　年初，乙公司编制了表 7-27 的直接材料月度预算。

表 7-27　直接材料月度预算

产销件数（件）	10 000	15 000
直接材料（元）	30 000	45 000

月末公司的记录上显示该月产销了 12 000 件，直接材料成本为 40 000 元。请问该月的直接材料差异是多少元？（　　）

A. 4 000 元，有利差异。　　B. 4 000 元，不利差异。

C. 10 000 元，有利差异。　　D. 10 000 元，不利差异。

问题 36　A 生产材料的有关资料如下：实际购买数量 6 500 千克，标准数量6 000 千克，实际价格 7.60 元，标准价格 8.00 元。材料 A 的直接材料用量差异是多少元？（　　）

A. 4 000 元，有利差异。　　B. 3 800 元，有利差异。

C. 3 800 元，不利差异。　　D. 4 000 元，不利差异。

问题 37　乙公司采用标准成本法和弹性预算制度，董事会正在对其直接人工成本进行评估。直接人工预算总差异可以分解成另外两个什么差异？（　　）

A. 直接人工工资率差异和直接人工效率差异。　　B. 直接人工成本差异和直接人工数量差异。

C. 直接人工工资率差异和直接人工数量差异。　　D. 直接人工成本差异和直接人工效率差异。

问题 38　甲建筑公司发生了 30 000 元的直接人工有利差异和 36 000 元的直接人工效率不利差异。

请问直接人工工资率差异为多少元？（　　）

A. 6 000 元，有利差异。　　B. 6 000 元，不利差异。

C. 66 000 元，有利差异。　　D. 66 000 元，不利差异。

问题 39　丰台区的丁机械生产厂，有一产品生产直接材料预算标准是每个产品耗用 2 千克材料，每千克材料为 10 元。预算直接人工标准是每个产品为 0.5 小时，每小时为 30 元。在本年度生产了 10 000 个产品，实际使用量为 25 000 千克材料和 3 000 小时直接人工。直接人工的效率差异是多少元？（　　）

A. 50 000 元，有利差异。　　B. 50 000 元，不利差异。

C. 60 000 元，有利差异。　　D. 60 000 元，不利差异。

问题 40　丙公司是一家小型卡车维修中心。该公司承诺每完成一项服务的时间不超过 1 刻钟。在最近的一个星期一，该公司为 160 辆卡车提供了服务，产生的差异如下：工资率差异 38 元，不利差异；效率差异 28 元，有利差异。若该公司的标准工资率为 14.00 元/小时，请计算实际的工资率和工作时间？（　　）

	实际工资率	工作时间
A.	13.10 元/小时	42.00 小时。
B.	13.34 元/小时	42.71 小时。
C.	14.90 元/小时	42.00 小时。
D.	15.00 元/小时	38.00 小时。

问题 41　丙制造公司是一家跨国的制造企业。该公司采用标准成本法，并按直接人工工时分配制造费用。该公司 6 月份生产 5 000 件产品，制造成本预算如表 7-28 所示。

表 7-28　制造成本预算　　（单位：元）

直接人工（10 000 小时，工资率 30 元/小时）	300 000
变动制造费用	60 000
固定制造费用	160 000

6 月份，该公司实际生产了 6 000 件产品，且直接人工效率不利差异为 3 000 元。根据上述资料，6 月份实际发生的直接人工工时是多少小时？（　　）

A. 9 900 小时。　　B. 10 100 小时。　　C. 11 900 小时。　　D. 12 100 小时。

问题 42　当采用弹性预算时，变动制造费用的耗用差异等于下列哪项？（　　）

A. 实际发生的变动制造费用和先前确定的预算额之间的差额。

B. 先前确定的预算额和实际投入小时乘以预算费率所得之积之间的差额。

C. 分配到在产品数额和实际发生的变动制造费用之间的差额。

D. 实际发生的变动制造费用和实际投入小时乘以预算费率所得之积之间的差额。

问题 43　丰台区丙公司是一家生产铸造企业。该公司采用标准成本制度，且按工时分配制造费用。如果该公司最近报告了有利的直接人工效率差异，则（　　）

A. 变动制造费用耗用差异肯定是有利差异。

B. 变动制造费用效率差异肯定是有利差异。

C. 固定制造费用生产量差异肯定是不利差异。

D. 直接人工工资率差异肯定是不利差异。

问题 44　通州区丙制造公司采用标准成本制度，按照直接人工工时分配制造费用。7 月份预算生

产 5 000 件产品，预计制造成本中包括了 300 000 元的直接人工成本（共10 000小时，30 元/小时）。7 月份实际生产 4 500 件，耗用 9 600 小时；发生了 78 720 元的变动制造费用，变动制造费用不利的效率差异为 4 800 元。请问标准每小时变动制造费用率是多少？( )

A. 7.70 元/小时。　　B. 8.00 元/小时。

C. 8.20 元/小时。　　D. 12.00 元/小时。

问题 45　丁公司生产遥控飞机，产品在模型商店销售。在编制该年计划时，该公司估计变动、固定制造费用分别为 1 200 000 元和 800 000 元。该公司采用标准成本制度，且按照标准直接人工工时分配制造费用。该年预算的直接人工工时为 10 000 小时，以该数字为基数分配制造费用。该公司实际发生的直接人工工时为 10 300 小时。

该年实际产量所耗用标准直接人工为 9 900 小时；实际发生的变动和固定制造费用为 1 192 000 元和 820 000 元。基于上述资料，该年变动制造费用的耗用差异应该为多少元？( )

A. 48 000 元，不利差异。　　B. 4 000 元，不利差异。

C. 8 000 元，有利差异。　　D. 44 000 元，有利差异。

问题 46　丁公司是位于瓦房店的一家生产型企业，采用标准成本制度。2011 年 1 月 1 日，该公司预算的固定制造费用为 1 200 000 元，预算的产量为 200 000 件。当年实际发生了 1 190 000 元的固定制造费用，实际产量为 190 000 件。请问当年的固定制造费用生产量差异是多少元？( )

A. 10 000 元，不利差异。　　B. 20 000 元，不利差异。

C. 50 000 元，不利差异。　　D. 60 000 元，不利差异。

问题 47　丁公司业绩报告列示了 5 月份的经营数据如下所示：实际发生的制造费用总额 3 200 000 元，固定制造费用预算 3 000 000 元，分配的固定制造费用2 400 000元，分配的变动制造费用 400 000 元，实际的直接人工工时 430 000 小时。

固定制造费用分配比率为 6 元/人工工时，变动制造费用分配比率为 1 元/人工工时。请问该公司该月总的制造费用开支差异是多少元？( )

A. 200 000 元，有利差异。　　B. 230 000 元，有利差异。

C. 370 000 元，不利差异。　　D. 400 000 元，不利差异。

问题 48　东城区的甲销售公司管理层希望对销售量差异有进一步的了解。销售量差异应该划分成( )

A. 弹性预算差异和销售组合差异。

B. 市场占有率差异和市场规模差异。

C. 销售组合差异、市场占有率差异和市场规模差异。

D. 销售组合差异和市场占有率差异。

问题 49　表 7-29 是甲制造公司编制的 5 月份的业绩报告。

表 7-29　5 月份业绩报告

科目	实际结果	静态预算	差异
销售数量（单位）	100 000	80 000	20 000，有利差异
销售金额（元）	380 000	320 000	60 000，有利差异
变动成本（元）	250 000	192 000	58 000，不利差异
固定成本（元）	90 000	80 000	10 000，不利差异
营业利润（元）	40 000	48 000	8 000，不利差异

若采用弹性预算，则该公司的总销量差异是多少元？（　　）

A. 8 000元，不利差异。　　B. 12 000元，有利差异。

C. 32 000元，有利差异。　　D. 40 000元，不利差异。

问题50　制造业的丁公司按直接人工工时分配变动制造费用，变动制造费用效率差异为50 000元的有利差异，造成这一差异的原因可能是什么？（　　）

A. 使用了更加熟练的工人。　　B. 电费低于预期。

C. 物料耗用少于预期。　　D. 生产了较少的产品。

问题51　甲公司是一家生产制造企业，分配制造费用的基础是机器工时，工资的决定因素是工龄的长短。这些标准每年设定和修改一次。由于市场竞争的压力增大，甲公司的管理层决定裁员。为促使提前退休，该公司为资深员工提供了激励计划。为确保工期进度，该公司引进一些临时工来替代离职人员。请问针对上述的情况，下列哪种情况最有可能发生？（　　）

A. 不利的效率差异和有利的工资率差异。　　B. 不利的效率差异和工资率差异。

C. 有利的效率差异和不利的工资率差异。　　D. 有利的效率差异和工资率差异。

问题52　丰台区的丁公司在一段时间内产生了有利的材料用量差异、有利的直接人工效率差异和有利的固定制造费用生产量差异。请问下面的哪项不可能是导致上述3个差异的原因？（　　）

A. 采购了更高质量的材料。　　B. 使用了低技能的员工。

C. 购买了效率更高的机器。　　D. 加强了生产监督。

问题53　朝阳区丙公司的直接人工工资率差异为有利差异。对于该差异，该公司应该最关注什么？（　　）

A. 造成此有利差异的原因，将来不再持续。

B. 生产经理低效率地使用人力资源。

C. 该有利差异的原因可能导致价值链其他环节上发生较大的不利差异。

D. 实际产量少于预算产量。

问题54　乙公司在某个月发生了不利的材料用量差异，请问下面哪项是最不可能造成这一差异的原因？（　　）

A. 从事生产的员工缺乏技能培训。　　B. 从事运输的员工业绩不良。

C. 工艺流程或产品设计不良。　　D. 材料质量低劣。

问题55　机械制造的丁公司的固定制造费用生产量差异为20 000元的不利差异，请问产生这一差异的原因最可能是以下哪项？（　　）

A. 生产管理人员的薪金比计划的金额多。　　B. 生产管理人员的薪金比计划的金额少。

C. 实际产量比计划产量多。　　D. 实际产量比计划产量少。

问题56　刚结束的第3季度，乙公司的会计记录显示了有利的直接人工效率差异。下面是该公司的行政主管的一些评论。请问哪些观点反映了该经理对于差异分析所知甚少？（　　）

观点1. 可以采用统计检验的方法来决定是否应该对该差异进行调查。

观点2. 应该调查产生差异的原因。虽然调查的费用会增加经营成本，但是直接人工工时标准可能需要修订。

观点3. 不应完全相信是否应该进行差异原因调查的各项规则。最为关键的是要有良好的判断力。

观点4. 差异是由一些随机事件引起的，它的后果完全在可承受的范围之内。

观点5. 这是有利差异，不需要调查原因。

A. 只有观点2，观点5。　　B. 只有观点1，观点3，观点4。

C. 只有观点 4，观点 5。 D. 只有观点 5。

问题 57 一家小型生产企业乙公司正常产能为 900 件产品，该公司为生产部门制定了材料和人工单耗标准如表 7-30 所示。

表 7-30 材料和人工单耗标准 （单位：元）

直接材料，共 3 千克，单位成本 8 元/千克	24
直接人工，共 3 小时，单位成本 10 元/时	30
单件标准成本	54

该年生产了 1 000 件产品。表 7-31 是一些不利差异，会计部门指出生产部门应对这些不利差异负责。

表 7-31 不利差异

材料用量差异（千克）		材料价格差异（元）	
实际用量	3 300	实际成本	8 400
标准用料	3 000	标准成本	8 000
不利差异	300	不利差异	400

该公司生产主管张三已经收到总会计师李四的通知。李四认为张三未能完成制定的材料用量和价格标准，应该采取一些纠正措施。张三对此说法非常不满，准备回应这份通知，解释他不满的理由。下列哪项不是解释张三不满的正当理由？（ ）

A. 材料价格差异是采购部门的责任。

B. 材料数量的不利差异是采购的材料不符合标准造成的。

C. 标准制定没有根据工艺变更做出调整。

D. 差异计算未能恰当地反映出实际产量超过正常的产能。

问题 58 6 月份，在丁公司的一家工厂生产某种单一产品时发生了材料用量的不利差异。请问下面哪项最不可能是引起该项不利差异的原因？（ ）

A. 采购了劣质的材料。 B. 实际产量低于计划产量。

C. 使用的工人的技能比预期的差。 D. 生产设备重置。

问题 59 管理层已审阅标准成本差异分析，并试图解释一个不利的 16 000 元直接人工效率差异。下列哪项是该差异的最可能的原因？（ ）

A. 新的劳动合同增加工资。 B. 过去几个月机械维修一直不足。

C. 部门经理已经选择使用高技能的工人。 D. 原材料的质量有较大提高。

问题 60 甲公司的上个月成本报表显示原材料价格差异为不利差异。分析表明，这是因为某一原材料的唯一供应商意外地提价了。针对这一情况，该公司管理层应该采取什么行动？（ ）

A. 对采购经理的业绩做不良评价。

B. 对生产经理的业绩做不良评价。

C. 修正原材料价格标准。

D. 要求生产经理降低这种原材料的耗用标准，以补偿提高的原材料成本。

问题 61 丁服装公司的生产经理负责本部门业务以及与生产相关的成本。该公司围绕职责开展预算工作，且按执行预算的效果对经理进行业绩考核。由于最近首都体育大学乒乓球队赢得了全国大学乒乓球锦标赛，该公司的销售部接到一张 10 000 件纪念衫的订单，要求在 3 天内完工并送货上门。该公司的销售部门是一个利润中心。生产经理说可以满足这一工期要求，但是要支付加班工资，这就会

超过预算的小时工资率。请问在这种情况下销售部和生产经理最好采取什么样的行动方案？(　　)

A. 接受此订单，且听任生产经理的预算超支。

B. 拒绝加班，生产部只在预算能力的范围内开工生产。

C. 接受此订单，且在业绩评估时扣除加班对生产部门执行预算所带来的影响。

D. 把加班费用计入销售部门预算。

问题 62　丁公司的市场部最近接受了一份来自一位重要客户的加急订单，订购一项没有库存的商品。市场部把一些必要的文件交给生产部门，生产部门不太愿意接受订单，认为如果按正常的方式开工生产，则时间不够。然而生产部门还是接受了这一承诺，并把需要的原材料整理成书面文件，提交给采购部门以采购所需原材料。采购部门的一位员工把文件放错地方，一时找不到了。等找到后，再向原来正常供货的厂商订货，为时已晚；就找了一家新的供应商，且这家的报价很低。为了弥补失去的时间，生产部门立即投入生产。材料运达后按照生产部门管理人员的意见，跳过了正常的质检程序。不幸的是，材料的质量很差，给该公司装配线上的工人制造了很多麻烦。请问该公司在此情况下的材料用料差异该由谁负责？(　　)

A. 采购部门。

B. 采购部门和市场部门。

C. 市场部门和生产部门。

D. 采购部门、市场部门和生产部门。

问题 63　庚公司是生产和销售丝绸加工设备的公司。下面哪项成本差异对于该公司的生产经理来说是最不可控的？(　　)

A. 变动制造费用耗用差异。

B. 直接人工效率差异。

C. 材料用量差异。

D. 固定制造费用生产量差异。

问题 64　庚公司利用成本－效益原则来对那些超预算 2 000 元以上或者占预算额 10% 以上（取两数中较大者）的差异项目进行调查。上个月的实际调查结果如表 7-32 所示。

表 7-32　差异项目调查结果　（单位：元）

科目	预算	实际
原材料	200 000	178 000
直接人工	100 000	108 000

则该公司应该(　　)

A. 既不调查材料差异也不调查人工差异。

B. 只调查材料差异。

C. 只调查人工差异。

D. 既调查材料差异又调查人工差异。

问题 65　下面哪项不是例外管理报告的好处？(　　)

A. 生产成本的报告减少了。

B. 信息过载减少了。

C. 对事前编制计划的依赖性减少了。

D. 管理措施不能集中在解决重要的问题减少了。

问题 66　下面哪项不属于标准成本制度的优点？(　　)

A. 有助于业绩考核。

B. 强调定性因素。

C. 可以用来编制弹性预算。

D. 使员工更好地理解企业对员工的要求。

问题 67　庚公司从事玩具汽车生产已经有 5 年。总会计师认为为了保持有竞争力的价格，成本控制很关键。管理层曾经考虑把生产转移到国外，但是到目前为止，他们仍决定留在国内。管理层决定允许本企业职工参与新的标准成本制度的制定。随着员工不断提出合理化建议，管理层期望新的标准成本制度能够带来众多好处。下面哪项不属于该好处？(　　)

A. 更可能产生不利差异。

B. 参与标准制定的职工的工作效率可能更高。

C. 标准成本将有助于管理层发现潜在的成本问题。

D. 有了标准成本制度，可以实施例外管理以节省一些时间。

问题 68　为支持管理决策，下列哪项措施能使管理会计师更好地应用标准成本和差异分析？（　　）

A. 让直接从事生产的一线职工参与制定标准。

B. 在计算制造费用差异时不区分变动、固定制造费用。

C. 只在存货计价时采用标准成本。

D. 采用以前年度的平均实际成本作为当年的标准。

问题 69　为改善企业的管理决策，下列哪项将有助于更好地理解标准成本和差异分析？（　　）

A. 公司 A 在计算其制造费用差异时，并没有把变动性的和固定性的制造费用区分开来。

B. 公司 B 用以前年度的平均实际成本作为本年的标准。

C. 公司 C 只调查分析不利差异。

D. 公司 D 不断地修订标准以反映学习曲线的规律。

问题 70　李娜是电信销售小组的经理，该部门给客户开出账单的预算如下：长途电话 700 000 元，电话卡 150 000 元，免费电话 530 000 元。她的这个责任中心最宜归类为（　　）

A. 成本中心。　　B. 收入中心。　　C. 利润中心。　　D. 投资中心。

问题 71　许多生产制造公司把总公司成本和其他辅助部门发生的成本分配给各分部和部门。请问下面哪项不是该做法的原因？（　　）

A. 提醒利润中心的经理人员收入必须足以补偿一定份额的间接成本。

B. 促使利润中心的经理人员对各提供集中服务的经理人员施加压力，要求后者对服务部门的成本加以控制。

C. 在各分部、部门及其经理人员之间营造竞争氛围。

D. 划定责任范围和考核各利润中心。

问题 72　下面哪种分配方法将能确保生产部门在预算时既不会少估计所需的辅助服务量，还能使得辅助部门成本效率更高？（　　）

A. 对固定和变动成本，都使用实际的费率和实际的小时数。

B. 对变动成本使用预算的费率和标准小时数（按达到的产量制定的），对固定成本使用预算的费率和预算的现有产能数。

C. 对固定和变动成本都使用根据长期历史平均水平确定的费率和数量。

D. 对固定和变动成本都使用根据生产部门估计的总额。

问题 73　张婷被联合大学聘用为计算机服务办公室主任。她的任务就是帮助解决由于用户不加控制地使用计算机而造成的成本超支这一老问题，但是同时还不能限制科研和教学上的使用量。为了确保这两个目标的一致性，该用下面哪个方法把计算机服务部门的成本分配给大学里面的其他部门？（　　）

A. 实际费率乘以计算机实际耗时。　　B. 实际费率乘以计算机预算耗时。

C. 预算费率乘以计算机实际耗时。　　D. 预算费率乘以计算机预算耗时。

问题 74　友好医院安装了一套新的计算机系统。医院各部门的负责人对各自部门使用该系统的时间做出预测，该系统就是根据这些预测时间来设计的。实际上该系统的所有运营成本都是固定的。请问在把该系统的成本分配给医院各部门时，下面哪种方法是最合理的？（　　）

A. 各部门等分。　　B. 根据各部门预计使用的小时数分配。
C. 根据各部门实际使用的小时数分配。　　D. 根据各部门的收入分配。

问题 75　关于转移价格，下列哪项描述是错误的？(　　)

A. 它衡量某一利润中心向公司内其他责任中心提供的商品和服务的价值。
B. 若存在市场价格，可用市场价格作为转移价格。
C. 它衡量了公司和外部客户之间的交易。
D. 若无市场价格，转移价格可以成本为基础。

问题 76　甲公司将其隶属的分部作为利润中心，采用了分部报告形式考核绩效。该公司有几种产品从一个分部转移到其他分部。该公司想激励分部经理生产销售的积极性，并努力提高效率。为了达到以上目的，在下述各种方法中，制定转移价格的最好方法是什么？(　　)

A. 以实际成本为基础制定转移价格。
B. 以预算成本为基础制定转移价格。
C. 以实际发生的变动成本为基础制定转移价格。
D. 以市场价格为基础制定转移价格。

问题 77　乙公司的电路板分部是一个利润中心，向外部客户同时也向内部其他利润中心销售产品。电路板分部向内部其他利润中心销售某件产品时的转移价格低于市场价格的做法，在下述哪项情况之下才是正当合理的？(　　)

A. 购买方有剩余产能。
B. 销售方满负荷运营。
C. 能够避免常规的销售佣金和收款成本。
D. 利润中心的经理是根据该单位的营业利润来考核的。

问题 78　企业的转移价格政策——采用双重定价法的优点之一是(　　)

A. 它能激励二级供应单位控制成本。
B. 把二级供应单位置于市场价格的约束之下。
C. 促进公司二级供应单位和购买单位之间的目标一致性。
D. 当公司二级供应单位和购买单位在不同税收管辖区时，可以简化税收计算工作。

问题 79　乙公司有几个分部，且采用分部利润对各分部进行业绩考核。由于分部之间存在销售业务往来，该公司制定了内部转移价格政策——成本加成 10%。若生产一分部已经请求生产二分部向其提供 10 000 件产品。生产二分部产品外售时，售价为成本加成 60%。则该公司的转移定价政策将会促使生产二分部(　　)

A. 把所有产品都转移给生产一分部，因为所有的成本都已经弥补，还能赚 10% 的利润。
B. 拒绝向生产一分部提供产品，因为不能获得和外售一样的加价。
C. 如果生产二分部已经是满负荷运营，将会向生产一分部销售产品，且会弥补固定成本。
D. 在不要求生产二分部放弃任何的对外销售的条件下，将产品提供给生产一分部。

情景 7-1

丙公司有几个分部，都是利润中心。联想 SB－88 电路板是一种通用产品，可以用在很多数字设备上。目前制造分部拥有的过剩产能足以生产 5 000 件该产品。关于该电路板的资料如下：市场价格 96 元，对外销售发生的变动销售费用 10 元，变动制造成本 42 元，固定制造成本 20 元。

该公司的电子装配分部想要采购 4 500 件电路板，可以从内部购买，也可以在市场上以 92 元的单价购得相似产品。装配分部的管理层考虑到两家分部都隶属同一公司，认为如果从内部购买，在价格上应该会有一些优惠。

问题 80、81 以情景 7-1 作为背景。

问题 80 请问确定制造分部向组装分部提供该电路板最终价格的最好方法是什么？( )

A. 由最高管理层制定该价格。

B. 由价格仲裁委员会制定该价格。

C. 由制造分部和组装分部的管理层协商制定该价格。

D. 如果制造分部没有过剩产能，转移价格设定为市场价格。

问题 81 为了使丙公司整体利益最大化，请问从制造分部转移到装配分部的电路板的最低价格应该是多少元？( )

A. 42 元。 B. 52 元。 C. 62 元。 D. 92 元。

问题 82 丙有限公司有两个部门，生产一分部和生产二分部。生产一分部生产产品 X，可以在市场上以 50 元出售，其变动成本为 30 元。生产二分部可使用产品 X 生产产品 Y，其中额外发生变动成本为 80 元，产品 Y 可以卖到 200 元。生产二分部收到大量的产品 Y 的特殊订单。如果生产一分部满负荷运转，以下哪个价格适合作为产品 X 向生产二分部的转移价格？( )

A. 30 元。 B. 40 元。 C. 50 元。 D. 80 元。

问题 83 丙公司的 1 年中的月度销量在 14 000 件到 19 600 件的区间内波动。该公司管理层目前正在研究预期的销售费用以及需要的相关的资金量。请问：（1）在该公司编制计划以及（2）在业绩报告中，能在比较实际和计划的费用开支方面提供最佳反馈的，是哪类型预算？( )

	编制计划	绩效报告
A.	静态预算	静态预算。
B.	静态预算	弹性预算。
C.	弹性预算	静态预算。
D.	弹性预算	弹性预算。

问题 84 甲公司的生产一分部目前生产经营使用 50% 的生产能力。它产生的所有生产对外销售。在目前的生产水平下，变动成本是每个产品 14 元，售价为每单位 26 元，并且固定成本为每单位 12 元。生产二分部目前从外部购买该产品，每单位 24 元。生产二分部想从生产一分部购买该产品。生产一分部将使用 80% 的生产能力来满足外部客户和生产二分部的要求。生产二分部应收取的最低价格是多少？( )

A. 14.00 元/单位。 B. 20.80 元/单位。

C. 24.00 元/单位。 D. 26.00 元/单位。

问题 85 某国企业已在 X 国和 Y 国有销售部门。该企业只销售一种产品，生产成本为每单位 40 元。3 个国家之间没有贸易壁垒或关税。3 个国家各自特定信息如表 7-33 所示。

表 7-33 3 个国家销售信息

国家	企业所得税率（%）	税前销售价格（元）	销售数量（单位）	额外成本（元）
本国	50	60	1 500	20 000
X	60	80	1 000	25 000
Y	40	70	2 000	22 000

在向（列表 A）销售其产品时，该企业应设置（列表 B）的转让价格。( )

	列表A	列表B
A.	X国和Y国	最高。
B.	X国和Y国	最低。
C.	X国	最高。
D.	Y国	最高。

问题86 表7-34是制造业的丁公司4个地域性分部的业绩报告：

表7-34 丁公司分部业绩报告 （单位：%）

分部	目标投资回报率	实际投资回报率	销售利润率
A	18	18.1	8
B	16	20.0	8
C	14	15.8	6
D	12	11.0	9

请问哪个分部的业绩最佳？（ ）

A. A分部。 B. B分部。 C. C分部。 D. D分部。

问题87 丙公司的北方分部近几年的剩余利润一直保持为正值。北方分部目前正考虑投资一个新项目，该项目会降低分部的整体投资回报率，但却能增加其剩余利润。请问新项目的预期投资回报率、公司的资本成本以及该分部目前的投资回报率之间是什么关系？（ ）

A. 新项目的预期投资回报率高于该分部目前的投资回报率，但却低于该公司的资本成本。

B. 该公司的资本成本高于新项目的预期回报率，但却低于该分部目前的投资回报率。

C. 该分部目前的投资回报率高于新项目的投资回报率，但却低于该公司的资本成本。

D. 新项目的预期投资回报率高于该公司的资本成本，但却低于该分部目前的投资回报率。

问题88 丙公司有几个分部，并根据各分部投资回报率对经理进行考核。考核和薪酬计划使用15%的目标投资回报率（等于资本成本）作为标准，各分部的投资回报率每超过15%一个百分点，该分部的经理会得到基本工资5%的奖金。消费品分部的经理张三对下一年度的经营和财务情况做出预计：投资回报率预计24%。此外，消费品分部还挑选了几个短期的新项目，其财务人员对这几个项目做了以下评估：项目A的预计的回报率13%，项目B的预计的回报率19%，项目C的预计的回报率22%，项目D的预计的回报率31%。假设对投资总额没有约束，则能增加丙公司价值的最优项目组合是什么？（ ）

A. 项目A，项目B，项目C和项目D。 B. 只有项目B，项目C和项目D。

C. 只有项目C和项目D。 D. 只有项目D。

问题89 庚公司注意到其分部经理人员制定的决策并没有使得该公司整体的利益最大化。为了阻止这样的倾向，该公司要采用一套业绩考核制度，该制度应该强调（ ）

A. 弹性预算差异。 B. 营业利润。 C. 可控成本。 D. 剩余利润。

问题90 与使用剩余利润相比，使用投资回报率评价投资中心经理的表现的主要缺点是什么？（ ）

A. 投资回报率是一个百分比，而剩余利润是一个货币金额。

B. 投资回报率可能会导致拒绝产生正现金流的项目。

C. 投资回报率并不一定反映该公司的资本成本。

D. 投资回报率并不能反映所有经济收益。

问题 91 **经济增加值是下述哪种业绩考核指标的变形？( )**

A. 投资回报率。 B. 剩余收益。 C. 内部回报率。 D. 净现值法。

问题 92 **如果戊公司的净利润率是（5%），其总资产周转率是 3 倍，其财务杠杆比率是 1.2 倍，其权益回报率是最接近( )**

A. （18.0%）。 B. （15.0%）。 C. （6.4%）。 D. （3.2%）。

问题 93 **甲航空公司提供了关于它的两个经营部门的信息如表 7-35 所示。**

表 7-35 甲航空公司两个经营部门信息

科目	客运	货运
净利润（元）	80 000	100 000
投资（元）	500 000	1 000 000
外部借款成本（%）	6	8

使用投资回报率评价部门绩效，哪个部门有较好的表现？( )

A. 货运部，有 10% 的投资回报率。 B. 客运部，有 16% 的投资回报率。

C. 货运部，有 18% 的投资回报率。 D. 客运部，有 22% 的投资回报率。

问题 94 **甲有限公司有一个分部 1 年的经营数据：资产的周转率 1.5，销售额1 500 000元，销售利润率 8%。估算要求回报率为 12%，该部门第 1 年的剩余收益是多少元？( )**

A. 120 000 元。 B. 60 000 元。 C. 40 000 元。 D. 0 元。

问题 95 **癸公司有两个部门，生产一分部净利润 1 000 元，资产 2 000 元。生产二分部净利润 800 元，资产 3 200 元。两个部门的要求回报率是 10%。二分部的剩余利润是多少元？( )**

A. 80 元。 B. 480 元。 C. 800 元。 D. 1 280 元。

问题 96 **乙公司上一年度部分的财务数据如表 7-36 所示。**

表 7-36 乙公司上年财务数据

（单位：元）

项目	金额
流动资产	1 000 000
固定资产	500 000
流动负债	200 000
长期负债	600 000
所有者权益	700 000
营业利润	2 000 000
所得税	800 000
净利润	1 200 000

乙公司的资本成本是 10%。请问该公司上年的经济增加值是多少元？( )

A. 1 070 000 元。 B. 1 540 000 元。

C. 1 870 000 元。 D. 1 940 000 元。

问题 97 **平衡计分卡关注几个关键成功因素，为企业在竞争中取胜提供了一份行动计划。请问下面哪项不是平衡计分卡中通常强调的关键成功因素？( )**

A. 竞争对手的战略。 B. 财务业绩指标。

C. 内部业务流程。 D. 员工创新和学习能力。

问题98 下列关于平衡计分卡的表述哪项是错误的？（　　）

A. 传统的用来考核业绩的财务指标存在着一些问题，平衡记分卡寻求解决这些问题。

B. 在设计一套平衡记分卡的过程中，价值链分析这一观念起了重要作用。

C. 平衡计分卡成功与否，取决于每个使用者对于平衡计分卡所提供的服务的理解。

D. 平衡计分卡直接来源一些科学管理理论。

问题99 甲公司采用目标管理法对该公司的经理们进行考核。下面哪项不适合作为考核某个分部经理预算期工作效率的指标？（　　）

A. 预算的营业利润。

B. 目标的市场份额。

C. 预计每股收益。

D. 组织结构内部的精简（以更少的员工人数完成一定量的工作）。

问题100 张三是一家寿险公司的索赔处理部门的经理。对他进行考核的指标有多项，这些指标要事先得到总经理李四的认可。李四要求张三推荐几个指标以对其下一年度的业绩进行考核。请问下面哪个指标将会对张三的积极性和业绩造成最小的影响？（　　）

A. 每笔索赔的处理成本。　　B. 每笔索赔的平均处理时间。

C. 正确处理第一次索赔所占的比例。　　D. 每个月处理索赔的总金额。

问题101 李四是甲销售公司的运输经理，负责管理下属人员和相关的运输订单，从当地零售商接受面包产品的运输订单，并向这些零售商送货。请问下面哪3个业绩考核指标最有可能使该公司的目标与零售商的目标，达到最大程度的一致性？（　　）

A. 每份订单的人工成本；每份订单的运输成本；每天完成的订单数量。

B. 准时送货订单所占比例；准确送货订单所占比例；交付和运送订货的每份订单的平均成本。

C. 客户满意度；完成一份订单所需时间；准确交付所订货物的订单所占比例。

D. 每天每位职工完成的订单数量；每小时的职工工伤数，每年的交通事故的次数。

问题102 甲软件设计公司为个人用户和小型企业生产软件。张三负责客户热线部，负责解答和各部门生产软件的相关问题。为了提高该公司与客户热线部的目标的一致性，下面哪项最不适合作为对他的考核指标？（　　）

A. 为每位客户提供解决方案所花费的平均时间。

B. 每一新发布的软件接到的热线电话数量。

C. 每位客户来电话的平均等候接听时间。

D. 由于给客户错误的应答而收到客户投诉的数量。

问题103 业绩考核指标分类如下：

Ⅰ. 盈利能力指标。

Ⅱ. 客户满意度指标。

Ⅲ. 效率、质量和时间指标。

Ⅳ. 创新指标。

庚豪华游艇公司在竞争激烈的全国市场上从事经营活动。根据上述资料，应该用哪些指标来考核这家公司的经理人员？（　　）

A. 只有Ⅰ。　　B. Ⅰ和Ⅱ。　　C. Ⅱ和Ⅲ。　　D. Ⅰ，Ⅱ，Ⅲ和Ⅳ。

问题104 大兴区壬公司专门生产计算机鼠标，该公司维修部门负责修理生产部门所用的设备，请问下面哪项应该被用来考核维修部门的业绩？（　　）

A. 预算的和实际的净利润之间的差异。

B. 制造费用总差异。

C. 固定制造费用的产量差异。

D. 维修部门对生产部门提出要求的响应时间以及各个生产部门对维修部门的满意程度。

问题 105 存货管理可以采用经济订货量模型，也可以按制造经理自己选用的降低存货水平的方式。这两种管理方法，会产生目标不一致的问题。但如果公司实施了下述措施中的一项，就可以达到目标一致。这项措施是(　　)

A. 不把储存成本计入存货。

B. 对冻结在存货上的资金，收取资金费用。

C. 按大于经济订货批量模型算出的数量进行订货。

D. 采用为存货而发出的订单的数量，来考核该经理的业绩。

问题 106 为了确保分部的经理能在短期和长期目标之间找到合理的平衡，最好采用什么方法对该经理的业绩进行考核？(　　)

A. 投资报酬率，这项指标能够方便而快捷地和其他类似分部进行比较。

B. 剩余利润，因为采用这个指标时，报酬率低于投资回报但高于资本成本的项目不会被拒绝。

C. 部门毛利或毛利率。

D. 财务指标和非财务指标，包括质量、客户满意度和市场份额考核。

问题 107 丰台区的辛公司采用表 7-37 的格式向生产经理报告经营结果。

表 7-37 辛公司经营数据

科目	月度实际	月度预算	价格差异	用量差异
直接材料（元）	20 000	24 000	2 000，有利差异	2 000，有利差异
直接人工（元）	40 000	39 000	1 000，有利差异	2 000，不利差异
变动制造费用（元）	8 000	8 000	200，不利差异	200，有利差异
固定制造费用（元）	24 000	24 400	400，有利差异	
销售数量（单位）	50 000	52 000		

这种格式很可能使得生产经理感到困惑，因为(　　)

A. 没有显示截至目前的年度资料。

B. 没有显示固定制造费用的生产量差异。

C. 变动制造费用的明细项目应该披露得更详细。

D. 生产经理无法控制、也不能理解这份报告中所列示的某些差异。

问题 108 表 7-38 的资料是癸公司的会计记录。

表 7-38 癸公司会计记录

科目	静态预算	实际
销量（件）	82 000	75 000
单价（元）	30. 00	30. 00
每件变动成本（元）	18. 00	18. 50
固定成本（元）	560 000	590 000

一名助理会计师对预算数据和实际数据做了比较，计算得出营业利润的不利差异为 131 500 元。

这名助理会计师总结为：业绩没有达到预期目标是因为营业利润为不利差异。请问对这一初步的结论，下面哪个评价最为恰当？（　　）

A. 结论和差异计算皆正确。

B. 结论错误，但是差异计算提供了有用的信息。

C. 结论正确，但是差异计算原本应该可以提供更加有用的信息。

D. 差异计算和结论都不正确。

问题 109　一个有 3 条产品线的丙零售公司的分部损益表如表 7-39 所示。

表 7-39　丙零售公司分部损益表

科目	总公司	产品线 1	产品线 2	产品线 3
销量（单位）		20 000	28 000	50 000
销售收入（元）	4 000 000	1 600 000	1 400 000	1 000 000
成本和费用（元）				
管理费用（元）	360 000	120 000	120 000	120 000
广告费用（元）	480 000	192 000	168 000	120 000
佣金（元）	80 000	32 000	28 000	20 000
销售成本（元）	1 960 000	720 000	840 000	400 000
租金（元）	560 000	168 000	280 000	112 000
工资（元）	220 000	108 000	64 000	48 000
总成本（元）	3 660 000	1 340 000	1 500 000	820 000
经营利润（元）	340 000	260 000	100 000	180 000

该公司直接从制造生产的代理商购买 3 条产品线的商品。每一个产品线由一名经理管理，他的工资是管理费用的一部分。管理费用被平均分配到 3 个产品线，同样管理均匀地发生在 3 个产品线上。每个产品线工人的工资是可以追溯到每条产品线上的。广告促进了整个公司的销售，而不是个别的产品线。因此，广告费用在 3 个产品线上按照销售收入的比例分摊。每个产品线根据营业员销售总额的 2% 支付佣金。租金用来支付下一个 5 年的租赁零售商店和仓库的成本。各条产品线平均使用零售商店和仓库的空间，租金按照所占用的面积分配给每条产品线。

该公司有一次性投资 14 000 元的机会，用以改善其中一条产品线。该公司只可以从它现有的 3 条产品线中选择改善一条产品线。业务员估计通过花费 14 000 元改善 3 条产品线的增量收入如表 7-40 所示。

表 7-40　3 条产品线增量收入　（单位：元）

产品线	增量收入
产品线 1	30 000
产品线 2	40 000
产品线 3	28 000

为了追求利润最大化，应该花费开支在（列表 A）上，结果增加经营利润为（列表 B）（　　）。

	列表 A	列表 B
A.	产品线 2	26 000 元。
B.	产品线 2	10 000 元。
C.	产品线 3	2 800 元。
D.	产品线 3	2 240 元。

问题 110 以下哪个价格不能作为转移价格？( )

A. 市场价格。 B. 协商价格。 C. 成本价格。 D. 预期价格。

问题 111 甲公司的总经理以前自己直接管理公司。随着公司规模扩大，管理范围逐渐增大，管理的效率出现了下降。该公司的总经理希望提高管理效率，决定采用一种新的管理方法，使得自己能够针对出现的问题进行有效管理。请问应该向总经理建议以下哪种方法？( )

A. 目标管理。 B. 平衡记分卡。 C. 例外管理。 D. 全面质量管理。

问题 112 乙公司是一家娱乐公司，在全国经营多家游乐园，请问以下哪个是利润中心？( )

A. 游园部。 B. 广告部。 C. 礼品部。 D. 位于上海的游乐园。

问题 113 乙公司销售两种产品 E 和 F，表 7-41 是其上个月的相关数据。

表 7-41 产品相关数据

科目	产品 E 预算	产品 E 实际	产品 F 预算	产品 F 实际
销售单位（件）	5 500	6 000	4 500	6 000
单位边际贡献（元）	9.00	9.60	20.00	21.00

该公司的销售组合差异是( )

A. 6 840 元，有利差异。 B. 6 600 元，有利差异。

C. 34 500 元，有利差异。 D. 36 300 元，有利差异。

问题 114 以下关于绩效评估指标和行为问题的说法不正确的一项是( )

A. 若某公司除了各种财务比率之外，还使用诸如市场占有率的增长、生产力的提高、产出时间等指标来进行绩效评估，这表明该公司更加依赖于兼顾平衡的方法。

B. 20 世纪 90 年代信息科技的发展允许组织在管理控制系统的设计中剔除反馈环节。

C. 高级管理层承担义务和参与的缺失可能会使预算变成毫无意义的象征性行为。

D. 部门绩效评估中剩余利润的使用可能会在目标一致性方面产生问题，因为各部门之间的运营资产规模不同。

问题 115 丙公司的存货主管称为某未完成的特殊订单购买的元件仍有大批存货。订单之所以没有完成是因为客户拖延，但元件未用于任何其他产品的生产。经与该公司工程师协商，分管生产的副总经理同意将已购买的元件换成某普通元件，用于一种新产品的生产。工程部的工程师认为，已购买的元件经过改进就可以被替代。若使用替代的普通元件进行生产，需要增加额外的直接人工工时，最终导致生产部的不利直接人工效率差异。那么，使用普通元件替代已购买的存货元件进行生产所造成的不利直接人工效率差异应被分配到( )

A. 工程部经理。 B. 生产部经理。

C. 存货主管。 D. 分管生产的副总经理。

问题 116 识别生产过程中产生的差异并且将责任分配到不同的个人或部门中去的目的是( )

A. 找出产成品的差异，以便年终时对存货进行恰当估值。

B. 使用差异的相关知识来促进生产过程的持续改进。

C. 为组织运营中的问题进行准确定位。

D. 决定产成品的恰当成本，以对销售价格进行相应的调整。

问题 117 成本分配中承担责任最小的部门是( )

A. 投资中心。 B. 成本中心。 C. 利润中心。 D. 贡献中心。

问题 118 以下哪种差异对于生产主管来说是最可控的？( )

A. 固定制造费用生产量差异。 B. 材料价格差异。

C. 固定制造费用预算差异。　　D. 材料用量差异。

情景 7-2

丙公司的几个部门作为独立的利润中心运营。该公司的娱乐部门使用另外两个部门的产品生产电玩设备。塑料部生产两种元件，其中一种专门为娱乐部的电玩设备做配件，另外一种外销。显卡部的产品在某竞争市场销售，但娱乐部也同时使用一种显卡。表 7-42 是该公司的娱乐部每个单位产品的实际成本。

表 7-42　单位产品实际成本　（单位：元）

科目	塑料元件	显卡
直接原料	2.50	4.80
直接人工	4.70	6.00
可变间接费用	2.00	3.00
固定间接费用	0.80	4.50
总成本	10.00	18.30

塑料部产品的销售价格是全部成本加上 25% 的价格浮动，且为娱乐部生产的塑料元件若在市场上销售单位价格可以达到 12.50 元。娱乐部使用显卡的市场价格是每件 21.96 元。

问题 119 ~ 121 以情景 7-2 作为背景。

问题 119　假设塑料部有剩余生产能力，且每个塑料元件对娱乐部的转移价格是每件 11.20 元。那么这一价格将(　　)

A. 促使塑料部增加其对娱乐部生产产品的数量。

B. 促使娱乐部在市场上寻求其他塑料元件的来源。

C. 对两个部门均有激励作用，因为预计利润由两个部门共享。

D. 促使塑料部减少其外销产品的生产数量。

问题 120　如果从显卡部到娱乐部的单位转移价格是完全成本价 18.30 元，那么这将会(　　)

A. 促使娱乐部从公司以外的其他渠道购买显卡。

B. 对娱乐部的生产产生消极影响，业绩下降。

C. 不能为显卡部提供任何控制或削减成本的动机。

D. 允许使用同样的标准对两个部门进行绩效评估。

问题 121　假设娱乐部能够以单价 17.40 元的价格从公司以外的其他地方购进大批显卡。而显卡部存在过剩生产能力，且同意将单位转换价格降至 17.40 元。那么这一行为将(　　)

A. 使娱乐部的利润目标最大化，但有悖于整个公司的利润目标。

B. 允许以同样的基础对两个部门进行绩效评估。

C. 使公司总利润目标最大化。

D. 使娱乐部的利润目标最大化，但有悖于显卡部的利润目标。

问题 122　分权管理的公司可以委任权力，将组织划分为几个责任中心，并以此对经理的行为进行控制和监管。以下哪个中心最有可能成为一个独立的业务单元？(　　)

A. 利润中心。　　B. 投资中心。　　C. 成本中心。　　D. 收入中心。

问题 123　将剩余利润用于绩效测量和评估时，以下哪项最有可能不被包含在部门投资基准中？(　　)

A. 部门运营过程中使用的固定资产。

B. 部门管理层对信用政策和条款实施控制时所产生的应收账款。

C. 部门管理层对存货水平实施控制时所产生的存货。

D. 部门用于建造新厂房拥有的土地。

问题 124 变动制造费用的分摊是以标准直接人工工时为基础的。如果某段时间内的直接人工效率差异是不利差异，那么变动制造费用的效率差异是( )

A. 无法确定，因为它与人工效率差异没有关系。 B. 不利差异。

C. 有利差异。 D. 等于人工效率差异。

问题 125 丙公司是一家学习用品生产厂家。他们认为自己的客户服务质量远远高于同行业竞争者，且相信可以通过客户服务来提高其业务水平。丙公司最近刚刚采用了平衡计分卡作为绩效评估方法。那么，在平衡计分卡中，丙公司首先会采用哪种评估指标？( )

A. 周转时间。 B. 毛利率。

C. 新产品上市的及时性。 D. 现有客户的重复购买次数。

问题 126 在对投资中心经理的绩效评估中，剩余利润比投资回报率更为有效，这是因为( )

A. 与资产规模衡量有关的问题已被消除。

B. 只有资产的账面价值需要被计算。

C. 随着资产的折旧，回报率并不会增加。

D. 回报率较高的部门一般不会忽略理想的投资决策。

情景 7-3

李娜是丁公司的总经理，她希望公司所有项目的最低投资回报率是 8%。该公司实行分权管理，只要预期投资回报率达到 8%，所有的投资决定就移交给部门经理。郑阳是化妆品部的部门经理，他所在部门过去 3 年的投资回报率都是 14%，并且希望下一年继续保持 14%。另外，郑阳有机会投资一个新的化妆品生产线，其预期投资回报率是 12%。

问题 127、128 以情景 7-3 作为背景。

问题 127 如果丁公司使用投资回报率进行管理绩效评估，那么李娜和郑阳对新的化妆品投资方案的态度分别是怎样的？( )

A. 李娜：拒绝；郑阳：接受。 B. 李娜：接受；郑阳：接受。

C. 李娜：接受；郑阳：拒绝。 D. 李娜：拒绝；郑阳：拒绝。

问题 128 如果丁公司使用基于公司最低预期回报率的剩余收益进行管理绩效评估，那么李娜和郑阳对新的化妆品投资方案的态度分别是怎样的？( )

A. 李娜：拒绝；郑阳：接受。 B. 李娜：接受；郑阳：接受。

C. 李娜：接受；郑阳：拒绝。 D. 李娜：拒绝；郑阳：拒绝。

问题 129 甲公司预计 8 月份收入为 1 400 000 元，预期售价 10 元/个。实际销量 150 000 个，实际售价 9.8 元/个。甲公司 8 月份弹性预算差异和销售量差异分别是多少？( )

A. 30 000 元，不利差异；100 000 元，有利差异。

B. 30 000 元，有利差异；100 000 元，不利差异。

C. 70 000 元，不利差异；100 000 元，有利差异。

D. 70 000 元，有利差异；100 000 元，不利差异。

问题 130 合适的绩效指标可以传达企业的战略，有利于企业的协调，并能激发员工的动力。以下哪项不是合理绩效指标的条件？( )

A. 与企业的战略相一致。

B. 容易度量。

C. 被一致、连续地使用。

D. 只要绩效指标能够说明问题，评估的成本问题可以不考虑。

问题 131　美国某公司在墨西哥设立了一家新公司，收入使用美元结算，费用使用墨西哥比索结算。在本财年中，墨西哥比索对美元大幅升值，下列哪个说法是正确的？（　　）

A. 投资回报率下降。　B. 投资回报率上升。

C. 投资回报率不变。　D. 无法判断。

问题 132　2014 年，甲餐厅计划 100 000 元的资本项目投资。如果该计划顺利实施，则收入可提高 50 000 元，利润提高 20 000 元，投资要求回报率为 15%，则剩余利润（RI）为（　　）

A. 80 000 元。　B. 50 000 元。　C. 7 500 元。　D. 5 000 元。

问题 133　甲公司的年收入为 2 000 万元，直接材料成本是 600 万元，变动制造费用是 300 万元，固定制造费用是 100 万元。根据以上信息，以下哪项差异最值得公司管理层关注？（　　）

A. 销售收入差异 70 万元。　B. 直接材料差异 65 万元。

C. 变动制造费用差异 20 万元。　D. 固定制造费用差异 5 万元。

问题 134　某公司设有 4 个地区分部。该公司的财务业绩摘要如表 7-43 所示。

表 7-43　4 个分部财务业绩摘要　（单位：万元）

科目	北分部	东分部	南分部	西分部
营业利润	1 000	5 000	4 000	7 500
资产	2 500	15 000	8 000	25 000
负债	500	7 000	1 000	5 000
总权益	2 000	8 000	7 000	20 000

哪个分部的投资回报率最低？（　　）

A. 北分部。　B. 东分部。　C. 南分部。　D. 西分部。

问题 135　甲公司使用正常成本法核算公司产品成本，则甲公司的财务人员会发现下列哪种差异？（　　）

A. 直接材料差异。　B. 直接人工差异。

C. 变动制造费用耗用差异。　D. 变动制造费用效率差异。

问题 136　甲银行贷款利率较低，但是审批流程复杂，导致需要 2～3 周时间才能批准贷款。客户通常因为审批时间过长而选择其他金融机构。甲银行新副总裁张三实行了新的政策，给予员工更大的职权并要求员工对客户提供更加体贴的服务。根据以上信息，该公司采用新政策不会产生下列哪种情况？（　　）

A. 员工满意度提高。　B. 客户对该公司信任度增加。

C. 客户满意度提高。　D. 更多贷款额度被审批。

问题 137　以下哪项不属于平衡积分卡的客户指标？（　　）

A. 市场份额。　B. 新客户数量。

C. 及时性。　D. 客户满意度调查结果。

问题 138　甲公司西部分厂向满负荷生产的东部分厂采购部件。东部分厂的变动成本为 6 元/件，固定成本为 1 元/件，市场销售价格为 12 元/件。根据转移品定价原则，合理定价应为（　　）

A. 6 元/件。　B. 7 元/件。　C. 12 元/件。　D. 9 元/件。

问题 139 某公司使用投资回报率考评部门绩效。该公司总资产为 350 万元，其中土地为 100 万元，建筑物及设备为 200 万元，无形资产为 50 万元。该公司当年利润 45 万元，要求的最低回报率为 12%，则该公司的投资回报率为（ ）

A. 22.5%。 B. 15%。 C. 18%。 D. 13%。

问题 140 甲公司有 4 家客户。有关其收入和支出的详细信息如表 7-44 所示。

表 7-44 甲公司客户信息 （单位：万元）

科目	客户 A	客户 B	客户 C	客户 D
销售数量	10 000	20 000	35 000	50 000
收入	100 000	150 000	200 000	250 000
销货成本	50 000	60 000	70 000	75 000
配送成本	10 000	25 000	30 000	50 000
订单处理成本	15 000	20 000	25 000	30 000
管理费用	30 000	30 000	30 000	30 000
折旧	20 000	20 000	20 000	20 000
公用事业成本	10 000	10 000	10 000	10 000
利润	−35 000	−15 000	15 000	35 000

对于售出的每件产品，哪个客户带来的客户级经营利润最低？（ ）

A. 客户 A。 B. 客户 B。 C. 客户 C。 D. 客户 D。

问题 141 甲公司周末值班人数应为 1～4 人。组长张三根据以往经验得出以下数据：21 个周末是 1 人值班，13 个周末是 2 人值班，11 个周末是 3 人值班，5 个周末是 4 人值班。根据以上信息，预计本周值班人数为（ ）

A. 1 人。 B. 2 人。 C. 3 人。 D. 4 人。

问题 142 以下哪个选项不是作业基础预算法的特点？（ ）

A. 关注增值作业。 B. 适用于短期。

C. 要与公司战略对接。 D. 需要管理层支持。

问题 143 甲公司有东西两个分部。东部分部满负荷运行，产品 A 单位变动成本为 4 元，运输费用为 1 元，对外销售价格为 8 元。西部分部使用产品 A 作为原材料，外购产品 A 价格为 9 元，产品 B 对外销售价格为 18 元。如西部分部向东部采购，则合理的内部转移价格为（ ）

A. 4 元。 B. 5 元。 C. 9 元。 D. 8 元。

问题 144 气垫的生产需要人工橡胶和天然橡胶，这两种橡胶可以互相替代。假设生产 1 000 个气垫需要 2 000 千克人工橡胶以及 1 200 千克天然橡胶。每千克人工橡胶的成本为 20 元，每千克天然橡胶的成本为 30 元，总标准成本为 61 600 元。公司在用其中一种橡胶替代另一种橡胶时，替代量最多只能达到 5%。生产中实际使用的人工橡胶仅有 1 976 千克，其实际成本为 39 520 元；实际使用的天然橡胶仅为 1 064 千克，其实际成本为 31 920 元，橡胶的总使用量为 3 040 千克。根据以上信息，人工橡胶混合差异为（ ）

A. 1 520 元，不利差异。 B. 1 800 元，有利差异。

C. 2 000 元，有利差异。 D. 2 280 元，有利差异。

问题 145 甲公司用投资回报率（ROI）进行考核。在本年度，甲公司预计原材料有上涨的趋势便采购了大量的原材料作为存货，请问这样做会使 ROI（ ）

A. 上涨。 B. 下降。 C. 不变。 D. 无法判断。

问题 146　投资回报率（ROI）用于绩效评估时，以下哪种情况会使两个部门的可比性最低？(　　)

A. 一个部门采用永续盘存制，另一个部门采用定期盘存制。

B. 一个部门采用总额结算，另一个部门采用净额结算。

C. 一个部门采用先进先出法，另一个部门采用后进先出法。

D. 一个部门采用寄售方式，另一部门不采用。

问题 147　一个销售中心对利润表和资产负债表都负责，则该中心属于哪类责任中心？(　　)

A. 投资中心。　B. 成本中心。　C. 利润中心。　D. 收入中心。

问题 148　一家餐厅要设立新的连锁分店，投资回报率（ROI）的资产应当建立在(　　)的基础上。

A. 账面价值　B. 现行价值

C. 历史成本　D. 通货膨胀率调整下的历史成本

问题 149　甲公司有两个分部，分部一生产原材料，分部二生产制成品，分部二向分部一采购原材料。分部一生产的原材料质量较好，在市场上供给小于需求。如果分部二从分部一采购原材料，最合适的转移价格是(　　)

A. 变动成本加成。　B. 完全成本加成。　C. 市场价格。　D. 协商价格。

问题 150　甲公司 2011 年的固定制造费用预算为 120 万元，预算产能为 60 万个。在实际生产中，实际固定制造费用为 130 万元，实际生产数量为 60 万个。请问固定制造费用的生产量差异为(　　)

A. 10 万元，有利差异。　B. 10 万元，不利差异。

C. 0 元。　D. 无法判断。

问题 151　企业在进行例外管理时，以下哪项做法是正确的？(　　)

A. 企业需要关注不利差异，忽略有利差异。

B. 企业需要考虑例外程度及发生的频率。

C. 在进行差异分析中，绝对大小要比相对大小更重要。

D. 企业在进行例外管理中，要不惜代价找到问题。

问题 152　甲公司的实际销售收入是 150 万元，弹性预算收入是 120 万元，静态预算收入是 100 万元。那么，弹性预算 – 静态预算之间销售量差异是(　　)

A. 30 万元，有利差异。　B. 20 万元，不利差异。

C. 20 万元，有利差异。　D. 30 万元，不利差异。

问题 153　企业的财务分析报告中，存在间接成本的效率差异。那么，该企业使用正常成本法还是标准成本法？(　　)

A. 正常成本法。　B. 标准成本法。　C. 两者都是。　D. 两者都不是。

问题 154　以下哪项描述的是预算标准用于绩效评估的优点？(　　)

A. 在过去发生的错误一般不会带到未来的计划中。

B. 使用预算标准相对比较省时省力。

C. 预算标准不需要考虑企业过去的历史经营情况。

D. 预算标准通常让员工确定，而历史数据只能通过管理者得到。

问题 155　甲公司制造 A 产品的标准成本信息为 5 个工时/件，每工时为 20 元。预算生产 100 个，预算工时为 500 个，预算变动制造费用为 10 000 元。月末，该公司财务人员发现该公司实际生产 A 产品 120 个，实际变动制造费用为 13 000 元，实际工时为 650 个。那么，该公司变动制造费用的耗用差异

为( )

A. 1 000 元，有利差异。 B. 1 000 元，不利差异。

C. 3 000 元，有利差异。 D. 3 000 元，不利差异。

问题 156　以下哪项不是平衡计分卡学习与成长维度方面的指标？( )

A. 员工满意程度。 B. 损益平衡时间。

C. 员工保持。 D. 员工生产率。

问题 157　以下关于平衡计分卡说法错误的是( )

A. 平衡计分卡把使命和战略转化成目标和措施。

B. 平衡计分卡是用来交流、传达战略和目标以及学习的系统，而不是一个控制系统。

C. 平衡计分卡将经营单位的使命和战略转化为无形的目标和指标。

D. 平衡记分卡清晰地揭示了更高层次的长期财务和有竞争力的绩效动因。

情景 7-4

甲公司生产一种产品 N，每 9 千克产品 N 的标准原材料成本如表 7-45 所示。

表 7-45　A 产品的标准原材料成本

原料	数量（千克）	单价（元）	金额（元）
A	5	1.4	7
B	3	2	6
C	2	1.6	3.2

1 月份生产产品 N，共计 94 500 千克，实际消耗成本如下：原料 A 45 000 千克，单价 1.6 元/千克；原料 B 33 000 千克，单价 2.1 元/千克；原料 C 22 000 千克，单价 1.5 元/千克。

问题 158、159 以情景 7-4 作为背景。

问题 158　原料 B 的产出差异是( )

A. 3 000 元，有利差异。 B. 3 300 元，有利差异。

C. 3 000 元，不利差异。 D. 3 300 元，不利差异。

问题 159　原料 B 的混合差异是( )

A. 6 000 元，有利差异。 B. 6 300 元，有利差异。

C. 6 000 元，不利差异。 D. 6 300 元，不利差异。

问题 160　甲公司有两种主要产品：A 产品和 B 产品。2013 年 12 月的经营结果和静态预算情况如表 7-46 所示。

表 7-46　2013 年 12 月的经营结果和静态预算

科目	2013 年经营结果			2013 年静态预算		
	A 产品	B 产品	总计	A 产品	B 产品	总计
销售数量（件）	180	540	720	240	360	600
销售额（元）	28 800	62 100	90 900	36 000	43 200	79 200
变动成本（元）	16 200	40 500	56 700	21 600	27 000	48 600
边际贡献（元）	12 600	21 600	34 200	14 400	16 200	30 600
固定成本（元）	10 000	5 000	15 000	10 000	5 000	15 000
经营利润（元）	2 600	16 600	19 200	4 400	11 200	15 600

那么，A 产品的销售组合差异是(　　)

A. 6 480 元，不利差异。　B. 2 880 元，有利差异。

C. 6 480 元，有利差异。　D. 2 880 元，不利差异。

问题 161　在某企业中，某个部门经理负责生产成本的控制并对设备维修提出建议，该部门属于哪类责任中心？(　　)

A. 成本中心。　B. 收入中心。　C. 利润中心。　D. 投资中心。

问题 162　根据标准成本控制体系，以下哪项不需要进行弹性预算编制？(　　)

A. 变动成本效率差异。　B. 变动成本开支差异。

C. 固定成本开支差异。　D. 固定成本效率差异。

问题 163　以下均是协商转移定价的优势，除了(　　)

A. 促进目标一致性。　B. 过程快速简单。

C. 有利于分部门绩效考核。　D. 有利于分部独立性。

问题 164　公司用投资回报率进行部门绩效考核，对于应用在考核上的资产价值采用哪种价值比较客观？(　　)

A. 市场价值。　B. 摊余价值。　C. 历史价值。　D. 折现价值。

问题 165　下面哪项是平衡计分卡最重要的因素？(　　)

A. 财务因素。　B. 外部运营流程。　C. 学习和成长。　D. 客户满意度。

问题 166　甲公司进行转移定价。A 分部需要零部件 4 500 件，外面购买价格是 80 元/件。B 分部生产该零件，并拥有过剩产能 5 000 件，固定成本是 10 元/件，变动成本是 50 元/件，销售费用为 10 元/件。现该公司决定内部转移，问 A 分部从 B 分部购买的最低转移价格是(　　)

A. 80 元/件。　B. 70 元/件。　C. 60 元/件。　D. 50 元/件。

问题 167　某公司有 A、B 两个部门。A 部门向 B 部门销售产品，并使用实际的完全成本作为转移定价，生产单位成本如下：变动制造费用 15 元，固定制造费用 12 元，其他变动费用 4 元，其他固定费用 10 元。如果该公司希望其客户提供的税前利润是成本的 10%，则转移品价格为(　　)

A. 27 元/件。　B. 29.7 元/件。　C. 41 元/件。　D. 45.1 元/件。

问题 168　A 部门制造某产品成本是 7.25 元，市场售价为 9.25 元，产能利用率是 75%。B 部门生产同样产品成本是 12.5 元，市场售价为 17 元。后来经过两个部门协商，决定将 A 部门产品卖给 B 部门，转移定价是 8.5 元，那么(　　)

A. 两个部门都得到激励。　B. A 部门拒绝将产品卖给 B 部门。

C. B 部门继续生产。　D. 两个部门都反对。

问题 169　某企业计划在非洲设立一个新销售部门，经估算，必须销售 250 000 件产品才能覆盖 365 000 元的固定成本。本年该部门销售收入为 475 000 元。该产品的单位边际贡献是(　　)

A. 0.44 元/件。　B. 1.46 元/件。　C. 1.9 元/件。　D. 3.36 元/件。

问题 170　某集团下各个分部为客户提供会计服务，并且负责本部门的人员招聘。这些分部是什么中心？(　　)

A. 成本中心。　B. 利润中心。　C. 收入中心。　D. 投资中心。

问题 171　管理会计师在差异分析时发现不利差异总出现在完工部门，他应该(　　)

A. 忽略该差异。　B. 下年再解决。

C. 计算错误。　D. 和完工部门负责人讨论分析。

问题 172　企业用剩余收益进行绩效考核和评价时，不应考虑以下哪项？(　　)

A. 企业投入的固定资产。 B. 为制造产品购入的存货。
C. 为明年扩建持有的土地。 D. 企业购买的办公用品支出。

问题 173 以下哪项不是良好的平衡计分卡的特征？( )

A. 不同的战略目标，需要制定不同的平衡计分卡。
B. 来自高层管理者的支持。
C. 只需注重客观因素，无需注重主观因素。
D. 平衡计分卡的因果关系有时不是一成不变的，需随时间的变化而变化。

问题 174 以下哪个选项是对剩余收益的最佳描述？( )

A. 利润扣除投入资本的机会成本。
B. 总收入扣除直接材料、直接人工、间接费用、销售费用、管理费用后的净额。
C. 利润扣除投入资本。
D. 总收入减去总成本。

问题 175 以下哪个选项会导致不利的制造费用生产量差异？( )

A. 不利的人工费用差异。 B. 不利的人工效率差异。
C. 实际产量小于计划产量。 D. 不利的制造费用差异。

问题 176 甲公司对某生产经理既考核产品的销售收入也考核产品的销售成本。那么，该生产部门属于哪类责任中心？( )

A. 利润中心。 B. 投资中心。 C. 成本中心。 D. 收入中心。

问题 177 以下哪项指标属于平衡计分卡中客户方面的绩效指标？( )

A. 订单时间。 B. 响应时间。 C. 客户数量。 D. 大批返修。

问题 178 甲公司使用剩余收益作为各个部门年度绩效评估标准。已知该公司要求最低报酬率为 8%，财务部门正在评估备选的 4 个项目，相关信息如表 7-47 所示。

表 7-47 甲公司备选项目财务数据 （单位：元）

项目	投资额	营业利润
项目 A	1 005 800	500 000
项目 B	1 547 000	380 000
项目 C	825 800	180 000
项目 D	2 367 000	600 000

如果甲公司今年仍然使用剩余收益作为绩效评价标准，财务部门应该选择哪个项目？( )

A. 项目 A。 B. 项目 B。 C. 项目 C。 D. 项目 D。

问题 179 甲公司今年预算销售 4 000 件，实际销售 4 200 件。产品预算销售价格为 43 元/件，产生的不利销售收入差异为 4 200 元。产品的实际价格最接近( )

A. 44 元/件。 B. 43 元/件。 C. 42 元/件。 D. 41 元/件。

问题 180 甲公司财务报告中记录了部分标准成本与实际成本信息如表 7-48 所示。

表 7-48 甲公司部分标准成本与实际成本信息

科目	实际成本（元）	总差异（元）
直接材料	19 250	900，有利差异
直接人工	17 600	800，不利差异

以下哪项最准确地解释了造成甲公司的两项差异的原因？( )

A. 工会通过谈判，从而了提高单位小时工资。

B. 学习曲线提高了生产效率。

C. 较低质量、较低成本的材料导致返工成本超过预期。

D. 电费的增长超出预期。

问题 181　在关于绩效监控系统的分析中，以下哪项是进行差异分析最无关紧要的原因？(　　)

A. 激励组织学习。　　B. 实施持续改进。

C. 验证标准的准确性。　　D. 提醒管理层关注存在的问题。

问题 182　甲养老院在其 4 英亩（1 英亩 =4 046. 856 422 4 平方米）退休社区中为多达 200 个住户提供住宿。甲养老院的经理张三发现，上个月的实际结果与 3 月份的预算有很大不同。该养老院按计划向每个住户收取 2 000 元的费用。费用按该社区的 4 个运营部门分类：家政、维修、饮食和护理。张三不知道哪里出了问题，如果 4 月份再发生这种情况，他担心将不得不裁员。3 月份的预算和实际结果如表 7-49 所示。

表 7-49　甲养老院 3 月份预算和实际结果

科目	说明	预算（元）	实际结果（元）
收入	每户 2 000 元，180 户	360 000	400 000
家政成本	65 000 元加每户 15 元	67 700	97 800
维修成本	30 000 元加每户 23 元	34 140	59 200
饮食成本	40 000 元加每户 180 元	72 400	75 800
护理成本	85 000 元加每户 300 元	139 000	144 900
经营利润		46 760	22 300

使用弹性预算分析，以下陈述中哪项是正确的？(　　)

A. 4 个部门均为不利差异。　　B. 护理是不利差异最高的部门。

C. 收入差额是有利差异。　　D. 家政和护理部门为不利差异。

问题 183　以下哪项不是使用完全成本法确定转移价格的优点？(　　)

A. 能促使各部门之间的目标一致性。

B. 基于成本习性，能更好地确定外部定价。

C. 是成本最低的管理方法。

D. 表示长期决策的相关成本。

问题 184　甲公司是一家生产服装的制造商，生产的服装按市场价格定价。该公司根据投资回报率来考核其分支机构的绩效。如果将投资定义为分支机构资产负债表上记录的所有资产的账面价值，则这些分支机构在以下哪方面差异较大时相互之间比较起来难度将最大？(　　)

A. 年限。　　B. 地理位置。　　C. 管理风格。　　D. 销量。

问题 185　甲面包店对本月第 1 周的预算是销售 100 块蛋糕，每块售价为 35 元。该面包店实际上销售了 105 块蛋糕，每块售价为 40 元。那么，该面包店本月第 1 周的销售价格差异是(　　)

A. 525 元，有利差异。　　B. 525 元，不利差异。

C. 700 元，有利差异。　　D. 700 元，不利差异。

问题 186　甲公司生产童装。变动间接费用成本根据预算的直接人工工时进行分摊。根据 12 月份预算，生产每件童装需要 4 小时工时。预算每工时变动制造间接费用成本是 12 元，预算生产数量是 1 040 件。12 月份的实际变动制造成本是 52 164 元，生产了 1 080 件童装。实际直接人工工时是 4 536

小时。变动间接费用耗费差异是(　　)

A. 2 592 元，有利差异。　　B. 2 592 元，不利差异。

C. 2 268 元，有利差异。　　D. 2 268 元，不利差异。

问题 187　在比较实际经营利润与总预算经营利润时，甲公司的财务总监发现，实际销售量等于预算销售量，而且预算固定成本等于实际固定成本。他还注意到，两种产品都是按预算的单价出售的，而且每种产品的预算和实际边际贡献率都是 40%。但是本期静态预算显示甲公司的经营利润是有利差异。以下哪项能合理解释这种差异？(　　)

A. 该公司生产的件数比预算少。

B. 该公司的所得税率低于预算。

C. 向产品分摊固定销售和管理费用的方法与计划的不同。

D. 产品组合与预算的不同。

问题 188　甲公司经营 3 个不同的利润中心，其中每个中心都销售一种独特的产品。目前每个分支机构都在租用自己的仓库，具体信息如下：分部一年度成本 325 000 元，所需面积 65 000 平方米；分部二年度成本 145 000 元，所需面积 30 000 平方米；分部三年度成本 30 000 元，所需面积 5 000 平方米。甲公司有机会租用一个仓库，面积为 110 000 平方米，每年租金为 480 700 元。该设施将由这 3 个分部共用，其他未使用面积保留，预期分部三扩大时将使用。如果甲公司使用增量成本分摊法来分摊大型仓库480 700元的成本，则分摊到分部三的金额将是(　　)

A. 10 700 元。　　B. 24 035 元。　　C. 28 842 元。　　D. 65 550 元。

问题 189　甲公司经营一个位于市郊的保龄球馆。该公司财务总监通过如表 7-50 所示的利润表确定了 3 种业务的利润。

表 7-50　甲公司不同业务利润表　　（单位：元）

科目	打保龄球	设备出租	食品销售
收入	9 000 000	300 000	1 200 000
变动成本	1 100 000	150 000	1 150 000
直接人工工资	250 000	40 000	120 000
共同费用	6 400 000	35 000	365 000
收益（亏损）	1 250 000	75 000	(435 000)

甲公司决定是否取消其食品销售最重要的原因是(　　)

A. 员工士气。

B. 食品销售与其他收入来源之间的相互关系。

C. 增加食品销售的能力。

D. 为了更好地分摊成本而实施作业成本法，执行起来是否简便。

问题 190　在使用以当地货币计算的投资回报率（ROI）考核部门绩效时，按账面净值评估资产将导致什么部门的投资回报率最高？(　　)

A. 高通货膨胀国家或地区的国际化部门。

B. 高通货紧缩国家或地区的国际化部门。

C. 以固定价格从制造部门购买货物的零售部门。

D. 以协商价格从制造部门购买货物的零售部门。

问题 191　标准成本体系经常在差异分析中使用，这是因为标准成本(　　)

A. 包括过去的低效性，并考虑预期的未来变化。

B. 排除过去的低效性，并考虑预期的未来变化。

C. 包括过去的低效性，并排除预期的未来变化。

D. 排除过去的低效性，并排除预期的未来变化。

问题 192　甲公司间接材料的弹性预算成本，即变动间接费用成本，为每单位产品 2.15 元。该公司上个月的弹性预算绩效报告显示，间接材料的有利差异为 4 500 元。该公司上个月生产了 19 700 件产品。该月的预算产量为 19 000 件产品。那么，间接材料产生的实际成本为(　　)

A. 1.89 元。　B. 1.92 元。　C. 2.38 元。　D. 2.63 元。

问题 193　甲公司的主打产品是眼镜框。10 月份的实际销售量为 24 000 个，预算销售量为 28 000 个，实际销售收入为 336 000 元，预算销售收入为 350 000 元。那么，甲公司的销售数量差异为(　　)

A. 14 000 元，不利差异。　B. 50 000 元，不利差异。

C. 56 000 元，不利差异。　D. 56 000 元，有利差异。

问题 194　某家全国连锁餐厅的总部正设法进一步了解萨凡纳地区的盈利能力。萨凡纳地区的总资产为 350 万元，其中 100 万元为土地资产，200 万元为建筑和设备资产，50 万元为无形资产。该地区的净利润为 47.5 万元，预期最低报酬率为 12%。那么，萨凡纳地区的投资回报率为(　　)

A. 23.7%。　B. 19.0%。　C. 15.8%。　D. 13.6%。

问题 195　以下哪项陈述可以最准确地表述了剩余收益作为绩效评估标准的优势？(　　)

A. 剩余收益通过一个百分比可以综合体现盈利能力的所有要素，因此可以很容易地进行对比。

B. 相对于投资回报率，剩余收益更有可能在低利润地区促进实现目标一致性。

C. 经理们可通过降低内部收益率来提高剩余收益。

D. 只要实现了所要求的收益，经理们可最大限度地利用绝对金额与投资。

问题 196　使用基于成本的转移价格所带来的一个优点是，它(　　)

A. 有助于评估从属单位的绩效。

B. 可以保留从属单位的自主权。

C. 可以实现目标一致性。

D. 易于实施。

问题 197　甲公司采用标准成本计算体系，并基于直接人工工时分摊变动间接费用。年度预算预计成品产量为 1 000 件，直接人工工时为 10 000 小时，变动间接费用为 100 000 元。年底，实际生产了 750 件成品，耗费了 8 000 小时的直接人工工时，变动间接费用为 75 000 元。那么，变动间接费用耗费差异是多少？(　　)

A. 0 元。　B. 5 000 元，有利差异。

C. 5 000 元，不利差异。　D. 25 000 元，有利差异。

问题 198　以下哪项陈述最准确地描述了关键成功要素的定义？(　　)

A. 跟踪公司竞争力绩效的财务评估标准。

B. 对于培养竞争优势来说不可或缺的财务和非财务绩效指标。

C. 平衡记分卡中的关键非财务绩效指标。

D. 以衡量各项关键成本为主的企业的各个方面。

问题 199　在绩效监控体系中，计算实际绩效与预算绩效之间的差异时最无关紧要的原因是(　　)

A. 让经理们及早采取纠正措施。

B. 找出应对未实现预期业绩负责的经理。

C. 找出可以让公司的其他区域借鉴的有效做法。

D. 改善未来的绩效预测。

问题 200 **甲公司就某一产品编制的预算数据是：销售额 1 000 万元，材料和人工成本 400 万元，固定制造间接费用 150 万元，销售佣金 50 万元，广告费用（固定）20 万元，其他市场营销成本（固定）80 万元，分摊管理成本 200 万元，利润 100 万元。该产品的预算边际收益为( )**

A. 550 万元。 B. 530 万元。 C. 450 万元。 D. 300 万元。

问题 201 **如果某公司将共同成本通过将每个用户的成本作为单独实体进行加权分摊，则其使用的是以下哪种成本分摊方法？( )**

A. 增量分摊法。 B. 交叉分摊法。 C. 独立分摊法。 D. 阶梯分摊法。

问题 202 **以下哪项间接费用差异有助于公司注意到在间接费用控制方面存在的潜在短期问题？( )**

	耗费差异	数量差异
A.	是	是。
B.	是	否。
C.	否	是。
D.	否	否。

问题 203 **某大型公司正在将服务部门的成本分摊到各个创收部门。那么采用以下哪种分摊方法时，分摊到每个创收部门的金额将因分摊服务部门成本的顺序差异而不同？( )**

A. 按步向下分摊法。 B. 直接分摊法。

C. 交叉分摊法。 D. 作业分摊法。

问题 204 **甲公司是一家商贸公司，正在考虑投入 1 000 000 元改善其零售和仓储设施，以便该公司能够处理更多产品并吸引更多客户。甲公司预计，销售额每年将增加 500 000 元，营业收益每年将增加 200 000 元。如果甲公司要求的最低投资回报率为 15%，那么这次改善举措将带来的剩余收益是多少？( )**

A. 800 000 元。 B. 500 000 元。 C. 75 000 元。 D. 50 000 元。

问题 205 **甲公司采用分散式架构运营。甲公司的西部区分公司计划从全负荷运营的东部区分公司采购其所需的某种元件。东部区分公司制造每个元件产生的相关成本为 4 元，每件的运费为 1 元，对外销售价格为每件 8 元。西部区分公司的成本为每件 9 元，而成品销售价格为每件 18 元。根据转移定价情况的一般准则，每件的最低转移价格应为( )**

A. 东部区分公司的制造成本 4 元。

B. 东部区分公司的制造成本加运输成本 5 元。

C. 7 元，以便在两个分公司之间平均分配利润。

D. 对外销售价格 8 元。

问题 206 **甲公司利用稀缺昂贵材料制造产品，采用例外原则管理体系。甲公司的弹性预算表明，2 000 万元的销售额将产生 200 万元的材料成本、300 万元的直接人工成本以及 500 万元的制造间接费用。在这种体系下，该公司不会进一步核查以下哪项差异？( )**

A. 40 万元，不利产量差异。 B. 7 万元，不利材料数量差异。

C. 37 万元，有利人工效率差异。 D. 200 万元，不利销售数量差异。

问题 207 **某公司设定目标来提高其投资回报率。为了促进这个目标的实现，该公司开展了一项**

奖励计划，对提高投资回报率的每个分公司进行奖励。这项激励计划可能会失败的一个原因是，它将(　　)

A. 导致各分公司经理们为获得公司的投资基金而相互竞争。

B. 导致公司选择高风险投资。

C. 导致如果实现目标，则公司需要支付奖励。

D. 导致各经理们可能会拒绝可盈利的项目。

问题 208　甲公司采用标准成本系统进行成本核算。在过去的 1 年中，经营实际结果与标准成本之间存在巨大的差额。甲公司正在考虑是将差额分摊到存货账户和销货成本中，还是将所有差额直接分摊到销货成本。在以下哪种情况下财务报告中的净利润最大？(　　)

A. 所有差异都是有利差异，并直接冲销到销货成本。

B. 所有差异都是不利差异，并直接冲销到销货成本。

C. 所有差异都是有利差异，并将差异分摊到销货成本和期末存货账户。

D. 所有差异都是不利差异，并将差异分摊到销货成本和期末存货账户。

问题 209　甲公司主要生产产品 A，预算每单位产品需 4 码（1 码 = 0.914 4 米）布料，每码布料成本为 1.55 元。该公司当月生产 20 000 单位产品，销售 18 000 单位，当月数量差异为 1 240 元，该公司当月末进行盘存，月末库存为 2 100 码。那么，当月实际采购数量是(　　)

A. 74 100 单位。　B. 78 290 单位。　C. 80 800 单位。　D. 82 900 单位。

情景 7-5

甲公司是一家位于美国德克萨斯州的医疗器械企业。该公司在南美洲某国有分公司，美国公司从分公司采购产品 A，作为下一步生产的原材料。分公司也可以将产品 A 卖给第三方，产品 A 市场竞争比较激烈。分公司可以自行决定是否增加新的生产线，总部使用 ROI 来考核分公司的管理层。由于分公司所在国家税收制度与美国不同，分公司管理层对于和其他公司进行对比颇有怨言。

问题 210：

1）说明转移定价的定义和分类。

2）甲公司在目前适合何种转移定价方案，为什么？

3）税收对于甲公司转移定价的影响。

4）说明责任中心的分类。该分公司属于哪种责任中心？

情景 7-6

甲公司使用标准成本法用于考核绩效。甲公司财务部制定的年度预算和实际值如表 7-51 所示。销售部负责收入，设备运营部、运营推广部门承担大部分固定费用。

表 7-51　甲公司预算值与实际值

科目	实际值	静态预算
收入	3 000 000 元	3 600 000 元
销量	24 000 件	30 000 件
直接人工	1 491 840 元	1 800 000 元
直接材料	475 200 元	480 000 元
变动费用	313 200 元	360 000 元
边际贡献	719 760 元	960 000 元
固定费用	684 000 元	690 000 元
经营利润	35 760 元	270 000 元

问题 211：

1）编制弹性预算，并解释弹性预算差异和销售量差异。

2）计算每个项目的弹性预算，且说明是有利差异还不利差异，并说明判断的依据。

3）说明责任中心的分类。请分析题目中的不同部门各是什么责任中心？

4）说明使用实际数据与预算数据差异考核业绩的 3 个好处和 1 个局限性。

5）经营利润的销售价格差异和销售量差异的区别是什么？

6）说明标准成本法的优点。

7）解释例外管理的含义。

情景 7-7

甲公司有 3 个部门。该公司使用经营利润作为部门绩效评价标准，并以此作为经理奖金的依据。2013 年末，财务部门开始评估各部门的绩效。财务总监发现 C 部门的利润很低。深入分析后，发现 C 部门利润低的原因是从外部购买的一种原材料价格较高，而这种原材料公司的 B 部门也生产。原本，年初的时候 B 部门和 C 部门商定内部购买，结果 C 部门提出按照总成本定价，而 B 部门认为应该是总成本加成 20% 作为转移价格。两个部门负责人因而不欢而散。所以 C 部门决定从外部购买，而价格仅仅是 B 部门提出的 90%。B 部门不同意内部销售的原因是不想影响自己的绩效评价。

问题 212：

1）列举 3 个转移定价的方法。

2）甲公司应该考虑通过哪些指标来考核部门的业绩，至少写 2 个？

3）分别讨论 B 部门和 C 部门经理的做法是否妥当，是否存在道德问题。

4）分析该公司转移定价时需要考虑的因素。

情景 7-8

甲公司拥有众多部门。去年该公司购买了一座写字楼，并成立专门的地产运营部来经营该写字楼。该公司所有的部门都进入了这座新写字楼办公，所产生的租金和使用成本作为共同成本，期末进行分摊。由于这座写字楼地理位置良好，非常容易对外出租。该公司考核地产运营部的收入，所以需要制定内部租赁价格，以使地产运营部的经理不会有意见。

问题 213：

1）说明两种分配共同成本的方法。该题应该使用哪种方法？

2）定义责任中心。地产运营部是哪种类型的责任中心？

3）说明 3 种设置转移价格的方法，并说明哪种方法最好？为什么？

4）如果地产运营部把写字楼租给其他企业的话，转移价格是怎么影响机会成本的？

5）说明每种转移定价方法的优缺点。

情景 7-9

甲公司是一家小型企业，拥有 7 个规模相当的分部。2013 年，该公司决定新聘请一名管理会计师来提供高公司的绩效管理系统。该公司原来使用的绩效评估方法具体分为 3 个部分评价：盈利能力、股东年终分红情况和员工培训情况。以上 3 个部分占绩效评估比例为 50%，35% 和 15%。该公司主要通过总预算中的利润来评价分部业绩，并确定奖金。

问题 214：

1）为什么该公司同时从财务和非财务的角度分析业绩评估。

2）该公司是不是应该通过绩效评价确定经理的奖金？用总预算评价是否合适？

3）员工培训的绩效该如何评价？

4）该公司决定推广一项新技术，但是分部无能力使用该技术。该公司的决定会对经理的奖金有什么影响？

5）说明绩效评估对财务报告的影响。

6）分部的经理想通过转移价格来平衡两个部门的盈利，结合《IMA 职业道德规范实践》来分析。

情景 7-10

甲公司生产电子产品，其产品以高质量而闻名。产品的工业设计十分优秀，该公司是行业的领导者。由于产品的品质较高，虽然价格高于同类产品 30%，但依然销售十分好。为了提高利润和加强成本控制，该公司管理层决定使用平衡记分卡和价值链分析两种方法。

问题 215：

1）定义平衡计分卡，说明其 4 个方面的因素。

2）分析该公司的关键成功因素（CSF）。

3）定义价值链分析，说明其优点。

4）说明价值链分析的步骤。

情景 7-11

甲公司是一家生产制造企业。财务总监张三正在考虑从传统的制造方式转向准时生产的方式，其中一个很重要的部分就是对向原材料运输和客户运输的环节以准时生产的角度来进行优化。张三也在评估运输部门业务是否可以通过外包的方式让其他运输公司来进行。张三的助理同时也在评估未来进行卡车的购买或者租赁的方式。卡车的售价是 5 万元，每年租赁费是 1 000 元，租赁时间为 5 年，而卡车的寿命一般是 5 年。

问题 216：

1）说明准时制的 3 个优势。

2）说明外包的两项优势和劣势。

3）指出题目中原材料运输的关键绩效指标。

4）说明表外融资的一种形式。

5）以下 3 项如何影响投资回报率，这 3 项分别是：a. 购买设备；b. 租赁设备；c. 外包原材料的运输。

问题 217　平衡计分卡方法可用来帮助管理层实现以下哪种目标？（　　）

Ⅰ. 澄清并转换战略和愿景。

Ⅱ. 宣传战略目标和措施。

Ⅲ. 确保组织目标得到实现。

Ⅳ. 制订目标并与战略计划挂钩。

Ⅴ. 增强战略反馈和学习能力。

A. Ⅰ、Ⅱ和Ⅲ是对的。　　B. Ⅱ、Ⅳ和Ⅴ是对的。

C. Ⅰ、Ⅱ、Ⅳ和Ⅴ是对的。　　D. Ⅰ、Ⅲ、Ⅳ和Ⅴ是对的。

问题 218　部门 A 生产某种产品并以 16 美元的单价向外部市场销售。该产品的单位成本为 7 美元，部门 A 目前的生产能力只用了其总生产能力的 80%。同一公司的部门 B 目前从一家外部供应商那里以 15 美元的单价采购该产品，但更倾向于从部门 A 采购该产品。假设部门 A 可以利用闲置的生产能力来满足部门 B 的这种额外需求，那么部门 A 就该产品应向部门 B 收取的最低价格是多少？（　　）

A. 12 美元。　　B. 15 美元。　　C. 16 美元。　　D. 7 美元。

问题 219　以下哪项是效率衡量方法的范例？（　　）

A. 缺勤率。　　B. 成为制造业领头羊的目标。
C. 每天处理的保险索赔案件数。　　D. 顾客投诉比率。

问题 220　以下哪项标准在评估客户服务小组的绩效时最有用？(　　)

A. 客户查询的评价时间应保持在最低限度。　　B. 应及时处理客户投诉。
C. 员工与客户打交道时应保持积极正向的态度。　D. 所有客户查询应在 7 天内予以答复。

问题 221　某公司的一个部门拥有向该公司内部其他部门提供专门支持的权利，该部门一般被称为(　　)

A. 收入中心。　　B. 成本中心。　　C. 利润中心。　　D. 投资中心。

问题 222　作为一种业绩评估手段，剩余收益比投资回报率更受人们青睐，这是因为(　　)

A. 剩余收益是一种随时间的推移而进行的计量手段，而投资回报则代表了某个时间阶段的投资结果。

B. 剩余收益强调的是实际收益额的最大化，而不是像投资回报那样用一定的百分比来表示。

C. 相对而言，在计算剩余收益时应用的应计利率比较容易得出，而需要与应税投资相比较而确定的目标回报率则比较难以计算。

D. 计算剩余收益时应用平均投资额，而计算投资回报率时则应用年末投资额。

问题 223　基于实际成本对转移价格进行限制是因为转移价格(　　)

A. 可导致整个公司做出的决策不是最佳。　　B. 必须根据一定利润率进行调整。
C. 缺乏清晰度和管理便利。　　D. 将效率低下的成本转嫁给转移商品的部门。

问题 224　如果某公司材料利用效率出现了不利差异，那么以下哪项不是对该现象做出的解释？(　　)

A. 预防性维护工作减少。

B. 员工训练不充分，而且没有得到恰当的监督。

C. 存在大量紧急订单。

D. 实际生产的数量超过总预算的计划数量。

问题 225　甲童装厂的生产预算数据如下：生产 1 040 件童装，4 个工时/件，变动制造费用 12 元/工时。期末，成本会计师发现实际生产了 1 080 件，工时总计为 4 536 小时，实际变动制造费用为 52 164 元。甲童装厂的变动间接费用耗费差异为(　　)

A. 2 592 元，有利差异。　　B. 2 592 元，不利差异。
C. 2 268 元，有利差异。　　D. 2 268 元，不利差异。

问题 226　甲公司上个月预算生产 30 000 件产品，成本部门预计需要 15 000 千克原材料，原材料价格为 0.74 元/千克。最终，甲公司实际生产 31 000 件产品，每件用 0.48 千克原材料，原材料价格为 0.76 元/千克。那么，直接材料效率差异是(　　)

A. 580 元，不利差异。　　B. 459 元，有利差异。
C. 1 040 元，不利差异。　　D. 2 185 元，有利差异。

问题 227　张三经营一家餐馆，在 3 月份进行财务分析时发现如下情况：材料数量的不利差异、人工价格的有利差异和人工效率的不利差异。出现这种情况的原因最可能是(　　)

A. 聘用的新员工正在熟悉工作。　　B. 引进了新的机器。
C. 房屋租金上涨。　　D. 产品质量有问题。

问题 228　甲公司按直接人工工时分配变动制造费用，变动制造费用效率有利差异为 25 000 元，产生该差异的可能原因是什么？(　　)

A. 使用了更加熟练的工人。　B. 电费低于预期。

C. 物料耗用少于预期。　D. 生产了较少的产成品。

问题 229　**甲公司在一段时间内产生了材料数量有利差异、直接人工效率有利差异和固定制造费用生产量有利差异。请问下面的哪项不可能是导致上述 3 个差异的原因？(　　)**

A. 采购了更高质量的材料。　B. 使用了经验丰富的员工。

C. 设备运行效率降低。　D. 加强了生产监督。

问题 230　**以下哪项关于例外管理的说法不准确？(　　)**

A. 经理可将精力集中在最关键的领域。　B. 在针对可控项目时特别有用。

C. 可能导致完全改变某项流程。　D. 不需要调整有利差异。

问题 231　**甲公司销售手机配件 A 零件和 B 零件。甲公司上个季度的销售组合差异为 1 024 000 元，不利差异；销售数量差异为 544 000 元，有利差异。A 零件和 B 零件的售价分别为 520 元/件和 240 元/件。甲公司上个季度的销售量差异是多少？(　　)**

A. 480 000 元，不利差异。　B. 480 000 元，有利差异。

C. 1 568 000 元，有利差异。　D. 1 568 000 元，不利差异。

问题 232　**大型集团公司的子公司属于哪种类型的责任中心？(　　)**

A. 收入中心。　B. 成本中心。　C. 利润中心。　D. 投资中心。

问题 233　**甲公司财务部门使用 10 000 元买了一台彩色复印机，用于打印财务报表。随后，甲公司的 IT 部门也希望使用 10 000 元购买一台彩色复印机。但是，他们了解到财务部门的彩色复印机完全可以满足两个部门的需求，并且两个部门使用量基本相同。该公司管理层决定两个部门可以共享这台设备。为了公平分摊该设备的成本，管理者应该使用什么样的方法？(　　)**

A. 增量成本分配法，将 10 000 元全部分给财务部门。

B. 独立成本分配法，每个部门各分摊 5 000 元。

C. 固定毛利率分配法，每个部门各分摊 5 000 元。

D. 净现值法，将 10 000 全部分给财务部门。

问题 234　**甲公司有两个生产部门。部门 1 生产零件 A，开工率为 60%，产品单价为 22 元/件，变动成本为 12 元/件，固定成本为 5 元/件。对外销售时，会产生变动销售成本 3 元/件。部门 2 需要零件 A 作为原材料。现在部门 2 所需零件 A 是从外部供应商乙公司购买的，价格为 15 元/件。若部门 1 为部门 2 供应产品，则部门 1 开工率可以达到 90%。那么，部门 1 所定零件 A 价格最低应为(　　)**

A. 12 元/件。　B. 15 元/件。　C. 22 元/件。　D. 17 元/件。

问题 235　**甲公司运营两个部门。部门 1 制造产品 A，产品 A 的变动成本为 12 元/件，固定成本为 3 元/件。产品 A 生产完成后，会被运至部门 2 组装为成品 B。成品 B 的生产还会产生变动成本 4 元/件、固定成本 7 元/件。部门 2 以 40 元/件的价格销售成品 B。两个部门的经理就转移价格进行协商后决定，转移价格应该让双方获得相同的单位边际贡献。那么该转移价格应为(　　)**

A. 20 元/件。　B. 22 元/件。　C. 24 元/件。　D. 48 元/件。

问题 236　**甲公司有 A 分部和 B 分部。A 分部的收入为 50 万元，成本为 80 万元；B 分部的收入为 90 万元，成本为 40 万元。A 分部和 B 分部各自从成本中分摊固定成本。A 分部和 B 分部被分摊的固定成本分别为 50 万元和 10 万元。甲公司现在决定裁撤亏损的 A 分部。裁撤后，B 分部的利润为(　　)**

A. 50 万元。　B. 10 万元。　C. 0 元。　D. －10 万元。

问题 237　**甲公司是一家连锁酒店集团，该公司的管理层正在考虑两个备选项目——项目 A 和项**

目 B。两个项目的财务信息如下：项目 A 销售额 140 万元，服务费 100 万元，资产 120 万元；项目 B 销售额 100 万元，服务费 70 万元，资产 90 万元。甲公司要求最低投资回报率为 27%。那么，甲公司应该( )

A. 接受项目 A，拒绝项目 B。 B. 接受项目 B，拒绝项目 A。

C. 同时接受两个项目。 D. 同时拒绝两个项目。

问题 238 甲公司在美国纽约州、佐治亚州、新泽西州、犹他州共有 4 个分部。4 个分部的利润和资本如表 7-52 所示。

表 7-52 甲公司各分部财务信息 （单位：万美元）

科目	纽约州分部	佐治亚州分部	新泽西州分部	犹他州分部
利润	3	5	5.5	7.5
资本	10	15	20	23.5

根据以上信息，哪个分部的投资收益率最高？( )

A. 纽约州分部。 B. 佐治亚州分部。 C. 新泽西州分部。 D. 犹他州分部。

问题 239 甲公司的 ROI 为 15%，以下哪项会导致甲公司 ROI 下降？( )

A. 增加销售 5%。 B. 负债减少 6%。 C. 购入一台设备。 D. 削减办公人员。

问题 240 甲公司利用投资回报率评估各个部门的业绩，资产的价值使用会计账面价值。能够引起投资回报率偏高的情况是( )

A. 通货膨胀。 B. 资产价值未考虑折旧因素。

C. 资产在持有过程中不断升值。 D. 以上均不正确。

问题 241 甲公司共有资产 1 亿元，净利润为 1 600 万元，要求最低回报率为 14%。现在该公司 CEO 正在考虑一项投资计划，总投资为 250 万元，净利润可以增加 100 万元。该公司根据投资回报率考核部门经理，以下说法正确的是( )

A. 拒绝，因为 ROI 下降。 B. 接收，因为剩余收益增加 60 万元。

C. 拒绝，因为剩余收益减少。 D. 接受，因为 ROI 上升 0.4%。

问题 242 属于平衡记分卡内部业务流程的成功因素是( )

A. 新产品研发。 B. 员工激励。 C. 团队合作。 D. 质量控制。

问题 243 甲公司将员工忠诚度作为考核某一区域的重要指标，以下哪项具体指标可以作为考核员工忠诚度的？( )

A. 新客户开发数。 B. 旧客户回头率。 C. 客户流失比率。 D. 以上均不正确。

问题 244 甲公司在预算生产 16 000 单位产品的情况下发生变动费用为 48 000 元，固定费用为 270 000 元。本月，甲公司实际生产 18 000 单位产品，发生制造费用共为 320 000 元。那么甲公司制造费用的弹性预算差异为( )

A. 2 000 元，不利差异。 B. 2 000 元，有利差异。

C. 4 000 元，不利差异。 D. 4 000 元，有利差异。

问题 245 甲公司计划以 50 元的单位价格销售 25 000 个产品，预算变动成本为 35 元/个，固定成本总额为 300 000 元。甲公司上个月实际以 50 元的单位价格销售了 22 000 个产品，实际发生的单位变动成本为 36 元/个，固定成本总额为 290 000 元。那么，甲公司的弹性预算差异为( )

A. 57 000 元，不利差异。 B. 45 000 元，不利差异。

C. 22 000 元，不利差异。 D. 12 000 元，不利差异。

问题 246 甲公司的管理者在分析公司的经营状况时发现公司的销售收入弹性预算差异为有利差异 250 000 元，该差异是由实际结果和弹性预算之间做比较得到的。下面哪项可以解释差异产生的原因？（ ）

A. 总弹性预算差异。 B. 总销量差异。 C. 总静态预算差异。 D. 价格的改变。

问题 247 甲公司产生了 200 元的直接材料有利差异和 100 元的直接人工不利差异，可能同时引起这两项差异的原因是（ ）

A. 采购部门采购的低成本的材料。

B. 人力资源部门聘用了新手进行工作。

C. 低质量、低成本材料引起返工而增加的成本。

D. 低成本材料需要员工更小心谨慎地放入处理设备中。

问题 248 甲公司生产并销售蛋糕。5 月份财务部门预计销售 105 个蛋糕，成本为 5 元/个。而实际结果是销售了 100 个蛋糕，成本为 6 元/个。出现这种差异的可能原因是（ ）

A. 原材料成本大幅下降。 B. 生产设备维护水平提高。

C. 市场用工成本继续下行。 D. 房租续签，房东要求更高的房租费用。

问题 249 某公司管理层认为成本效益原则是指导管理会计工作的重要原则。该公司的财务部门对超预算 1 000 元以上或者占预算额 10%以上的差异项目进行调查。上个月的实际结果如下：原材料预算金额 100 000 元，实际金额 89 000 元；直接人工预算金额 54 000 元，实际金额 50 000 元。根据以上信息，该公司财务部门应该（ ）

A. 不调查这两项差异。 B. 只调查材料差异。

C. 只调查直接人工差异。 D. 调查这两项差异。

问题 250 甲公司生产一种化工产品 PX，需要 A 和 B 两种化学原料。每单位 PX 产品生产的预算数据如下：A 化学原料用量 3.5 千克/单位，单价 10 元/千克；B 化学原料用量 6.5 千克/单位，单价 8 元/千克。甲公司上个月实际生产 PX 产品 4 000 单位，需要 A 化学原料和 B 化学原料分别为 16 000 千克和 24 000 千克。使用 A 化学原料金额为 15 300 元，B 化学原料金额为 13 200 元。甲公司 PX 产品混合差异是多少？（ ）

A. 4 000 元，有利差异。 B. 4 000 元，不利差异。

C. 0 元。 D. 10 648 元，不利差异。

问题 251 甲公司的主计长举办月度会议。在会上，与预算相比不利差异达到 10%的任何部门必须对其差异进行解释，并制订计划以改变这种情况。以上描述的情况是（ ）

A. 作业管理。 B. 成本管理。 C. 持续改进。 D. 例外管理。

问题 252 甲公司在各省会城市设立销售点，并且由总部支付柜台租金，各销售点按绩效考核。根据以上信息，销售点是哪类责任中心？（ ）

A. 收入中心。 B. 成本中心。 C. 利润中心。 D. 投资中心。

问题 253 甲公司的东部子公司生产汽车，需要一种零配件 A。该公司的西部子公司是零配件 A 的供应商之一。零配件 A 市场竞争激烈。东部子公司欲从内部采购，则两个子公司应采用哪种转移价格？（ ）

A. 市场价格。 B. 协商价格。 C. 成本价格。 D. 统一价格。

问题 254 A 公司生产一种特殊零件 W。零件 W 单位变动成本为 5 元/个，运费为 1 元/个。对外销售价格为 10 元/个，通常对外销售时，变动销售费用为 1 元/个。A 公司有剩余生产能力。本月，另一关联企业 B 公司拟从 A 公司采购一批特殊零件 W。B 公司将零件 W 加工后对外按 15 元/个出售。A

公司能接受的最低价格是(　　)

A. 5 元/个。 B. 6 元/个。 C. 10 元/个。 D. 15 元/个。

问题 255　某生产咖啡的企业每 4 个月会研发一种新品种。研发新品种的费用情况如下：研发成本 25 万元/年，房屋及设备租赁（1 年租约）8 万元/年，占地成本 5 万元/年，其他费用（按每品种计算）5 万元/种。由于该企业更换了管理层，现任 CEO 决定 2 年内不再进行新品种研发。那么，今年的总成本是多少？(　　)

A. 0 元。 B. 13 万元。 C. 43 万元。 D. 38 万元。

问题 256　甲公司本月销售了 10 万件产品，销售价格为 1 000 元/件。购买者通过及时付款获得了 2%的现金折扣。甲公司生产成本中的变动成本为 300 元/件，总固定成本为 2 600 万元。根据以上信息，甲公司的毛利率是多少？(　　)

A. 43%。 B. 42%。 C. 35%。 D. 33%。

问题 257　A 公司在美国有 4 个分部，具体的财务业绩如表 7-53 所示。现公司计划在其中一个分部投资 1 000 万元，预计将带来 350 万元的收入，同时产生 210 万元的利润，A 公司要求的投资回报率为 18%。根据以上信息，A 公司的哪个分部在接受该新投资计划后的投资回报率最大？(　　)

表 7-53　A 公司各分部财务业绩　（单位：万元）

科目	堪萨斯州分部	北花园城分部	纽约分部	洛杉矶分部
销售额	300	420	540	606
资产	805	914	1 650	745
利润	120	294	318	104

A. 堪萨斯州分部。 B. 北花园城分部。

C. 纽约分部。 D. 洛杉矶分部。

问题 258　某公司拟对高级管理人员采用 ROI 进行绩效评估。那么，以下哪种方法不能提高高级管理人员的绩效？(　　)

A. 企业利润提高 5%。 B. 投资额降低 10%。

C. 要求资产回报率提高 12%。 D. 减少库存量 4%。

问题 259　甲公司最近的财务报表显示以下信息：流动资产 12 万元，总资产 175 万元，流动负债 8.5 万元，总负债 98.5 万元，销售额 124 万元，营业利润 36.5 万元。甲公司的预期最低报酬率为 12%。那么，甲公司的剩余利润是多少？(　　)

A. 184 000 元。 B. 165 200 元。 C. 152 000 元。 D. 148 000 元。

问题 260　平衡计分卡将管理者的注意力集中在几个关键成功因素上，为企业在竞争中取胜提供了一份行动计划。以下哪项不是平衡计分卡中通常强调的关键成功因素？(　　)

A. 竞争对手的战略。 B. 财务业绩指标。

C. 内部业务流程。 D. 员工创新和学习能力。

问题 261　以下哪些指标属于平衡记分卡中的非财务指标？(　　)

1. 制造工厂数量。　2. 培训时间。　3. 员工人数。　4. 客户数量。

A. 1 和 2。 B. 1、2 和 3。 C. 1、2 和 4。 D. 1、2、3 和 4。

问题 262　平衡记分卡在绩效管理领域主要涉及哪方面的指标？(　　)

A. 涉及财务指标。 B. 涉及多个非财务指标和财务指标。

C. 涉及非财务指标。 D. 涉及一个非财务指标和多个财务指标。

问题 263　某公司预计下一年的资产和净营业利润将分别为 825 000 元和 230 000 元。另外，该公司正在评估一个投资项目，该项目需要 160 000 元的初始投资，预计每年产生 180 000 元的销售收入。该投资项目将有 70% 的边际贡献率和每年 42 000 元的固定成本。该公司的最低要求报酬率为 14%。如果该公司进行这项投资，下一年的剩余收益将是多少？（　　）

A. 61 600 元。　B. 114 500 元。　C. 176 100 元。　D. 314 000 元。

问题 264　某公司根据 25 000 机器工时的作业量水平，为今年第 2 季度编制了 500 000 元的固定制造间接费用预算。标准生产时间为每件产品 0.5 机器工时。在第 2 季度，实际生产了 55 000 件产品并售出了 48 000 件。该产量差异是多少？（　　）

A. 20 000 元，不利差异。　B. 50 000 元，不利差异。

C. 20 000 元，有利差异。　D. 50 000 元，有利差异。

问题 265　以下哪项属于平衡记分卡中内部业务流程评估维度的 KPI 指标？（　　）

A. 潜在客户开发率和流程停机时间。

B. 技术支持咨询次数和产品缺陷百分比。

C. 投资回报率和创新数量。

D. 内部晋升和工作环境反馈。

问题 266　某工厂采用标准成本核算法，根据 25 000 机器工时和 10 000 件产量，得出了 50 000 元的固定间接费用预算。在此期间，该工厂实际生产了 12 000 件产品并使用了 29 000 机器工时。固定间接费用效率差异是多少？（　　）

A. 0 元。　B. 2 000 元，有利差异。

C. 2 000 元，不利差异。　D. 8 000 元，有利差异。

问题 267　某酒店的主计长注意到，即使房间入住率与预算持平，客房部的工资支出与预算也有不利差异。进一步调查发现，不利的工资差异主要是由于不利的效率差异大于有利的费率差异所致。客房部的工资费率从高到低依次如下：经理、主管、客房服务员、兼职学生。该部门有一些双挡工资费率主管，该公司根据他们在特定日期的职责，向他们支付作为主管或客房服务员的工资。以下哪项是对不利工资支出的可能解释？（　　）

A. 按照预算，该公司聘用了兼职学生，而不是经验丰富的客房服务员。

B. 按照预算，该公司聘用了经验丰富的客房服务员，而不是兼职学生。

C. 大多数双挡工资费率主管都被安排去做客房服务员的工作。

D. 大多数双挡工资费率主管都被安排去做主管的工作。

问题 268　在以下哪种情况下，共同成本分摊不当可能导致部门绩效失真？（　　）

A. 共同成本占总成本的百分比相对较低。

B. 不同产品线的支持作业相对均一。

C. 不同产品线的支持作业相对参差不齐。

D. 公司的一般竞争战略是差异化战略。

问题 269　美国某酒店管理公司的 IT 分析师需要出差前往位于洛杉矶和拉斯维加斯的两家附属酒店。从他在芝加哥的家到洛杉矶和拉斯维加斯的往返机票价格分别是 600 美元和 500 美元。该 IT 分析师决定将这两次旅程合并为一次旅程（从芝加哥到洛杉矶，再到拉斯维加斯，然后返回芝加哥），费用为 800 美元。该公司将洛杉矶酒店视为主要业务部门，并将这位 IT 分析师的 600 美元机票分摊给洛杉矶酒店。该酒店管理公司采用的共同成本分摊方法是（　　）成本分摊方法。

A. 独立　B. 增量　C. 业务量　D. 作业

问题 270 **寻求精简其预算差异报告流程的公司经常实施按例外原则管理，以下哪项不正确？(　　)**

A. 突出反复出现且有可能在纠正之前重新出现的差异。

B. 避免对低于预定义阈值的差异进行调查并做出响应。

C. 仅关注不利差异。

D. 仅审查高于预定义阈值的可控差异。

问题 271 **某工厂的生产员工正在与主管部门负责人进行谈判，以争取将工资提高到每小时 28 元。该工厂会计师的分析表明，在 100 000 直接人工工时的条件下，提议的工资增长将导致本年度的直接人工费率差异达到 200 000 元。这表明该公司的直接人工标准工时成本是(　　)**

A. 25 元。 B. 26 元。 C. 27 元。 D. 28 元。

问题 272 **如果一家公司在其标准成本系统中固定间接费用经常分配不足，则将报告(　　)**

A. 不利的生产数量差异。 B. 有利的开支差异。

C. 不利的弹性预算差异。 D. 有利的生产数量差异。

问题 273 **某公司决定进行客户盈利能力分析，并以此为依据来确定明年各项销售活动的优先顺序。所选客户信息如表 7-54 所示。该公司管理费用总额为 500 000 元，销售费用总额为 1 000 000 元。根据分析，该公司应(　　)**

表 7-54　客户盈利能力数据

科目	客户 A	客户 B	客户 C
销售额（元）	1 500 000	1 200 000	4 000 000
销货成本（元）	750 000	800 000	3 000 000

A. 优先考虑客户 C，因为这会带来最高利润。

B. 放弃客户 B，因为其毛利润最低。

C. 侧重于客户 A，因为它的利润率最高，达到 50%。

D. 计算客户的特定销售费用，以得出客户盈利能力。

问题 274 **如果某公司将其绩效评估工具从 ROI 转换为 RI，最有可能的原因是(　　)**

A. ROI 有利于大型部门。

B. RI 纳入了非财务因素。

C. RI 为评估不同规模的部门提供了基础。

D. RI 能更好地实现目标一致性。

问题 275 **某工业集团拥有多家在资本密集型行业中运营公司的少数股权。该集团通过将每个持股公司的年投资回报率与其各自行业的平均值进行比较来评估其持股情况。只要被比较的公司采用类似的收入确认政策，该比较就是有效的。这是因为使用不同的确认政策可能会(　　)**

A. 由于现金流变化而扭曲比率的可比性。

B. 导致更高的总利润，如使用激进的政策。

C. 造成收入确认的时间差异。

D. 高估总利润并因此削弱可比性。

情景 7-12

D 公司是一家大型跨国企业，其各部门从事许多不同行业的业务。该公司按照考核标准评估各部门的绩效，其中包括投资回报率（ROI）和经济增加值（EVA）。但其现在运用的主要考核标准是剩余收益（RI）。该公司的经理和员工的奖金计划是以各部门的剩余收益为依据的，并且在编制预算时就确定了目标。电子部本年度奖金计划标准如表 7-55 所示。

表 7-55 电子部本年奖金计划标准

剩余收益（RI）	奖金
<0	0
0～2 000 000 元	RI 的 10%
2 000 001～4 000 000 元	200 000 元加上超出部分 RI 的 20%
>4 000 000 元	600 000 元加上超出部分 RI 的 25%

在刚结束的 1 年中，电子部的经营利润为 15 000 000 元。该年的投资资本是 60 000 000 元，D 公司资本成本为 10%。

问题 276

1）计算电子部的剩余收益（RI）并确定奖金金额。

2）D 公司正在考虑把 50% 的奖金立即支付给电子部的员工，并在 5 年结束时支付其余部分。递延金额被投资于 D 公司的股票。

A. 假设 D 公司的股票市值按每年 7% 的复利增长，且股票不支付股利，对今年递延的奖金而言，5 年后支付奖金时的预期值是多少？请列出计算过程。

B. 对于递延支付奖金的奖励报酬系统，请至少指出 3 项优点和 3 项缺点。

3）除了剩余所得和投资回报率，D 公司还运用经济增加值衡量绩效。

A. 请简要说明如何计算经济增加值（EVA）。无须计算。

B. 请至少指出 EVA 的 1 项优点和 1 项缺点。

4）D 公司的高级财务管理人员表示，比起运用投资回报率（ROI），运用剩余所得更能促进公司的目标一致性。这一说法正确吗？请解释您的答案。

5）主管人力资源的副总裁建议，由于奖金额是依据剩余收益（RI）确定的，所以依据非财务标准把奖金分配给员工或员工团队，不失为一个好主意。

A. 请至少指出并讨论 D 公司在奖励报酬计划中运用非财务尺度的两个理由。

B. 请指出并讨论，按照工作团队的绩效而非员工个人绩效来分配奖金这一做法有哪两项优点和哪两项缺点？

情景 7-13

甲公司有 3 个重要客户，财务部门正在分析 3 个客户的利润情况，分析结果如表 7-56 所示。其中，管理费用、折旧、公用事业成本是平均分摊的。

表 7-56 甲公司客户利润情况分析

科目	客户 A	客户 B	客户 C
销售数量	10 000 件	20 000 件	35 000 件
净收入	100 000 元	150 000 元	200 000 元
销货成本	50 000 元	60 000 元	70 000 元
配送成本	10 000 元	25 000 元	30 000 元
订单处理成本	15 000 元	20 000 元	25 000 元
管理费用	30 000 元	30 000 元	30 000 元

（续）

科目	客户 A	客户 B	客户 C
折旧	20 000 元	20 000 元	20 000 元
公用事业成本	10 000 元	10 000 元	10 000 元

该公司的客户信息都存储在数据库系统中。内部审计师张三担心数据库的安全问题，尤其关注以下几项内容：病毒防护、备份系统。张三在评估该公司日常运营时发现：①银行存款偶尔与收到的现金不一致；②实际的存货有时候与永续盘存制下的记录不一致，并且需要对实际账户进行调整；③毛利率出现无法解释或非预期的下降。

问题 277

1）a. 根据该利润表计算，哪个顾客的经营利润率最高？

b. 根据相关成本分析的概念，哪个顾客的经营利润率最高？

c. 分析该客户经营利润率最高的原因是什么？

2）a. 假设客户 C 毛利润不变，销货成本增加 35 000 元，收入需要增加多少？

b. 如果每次运输最多可以运 700 件产品，那么客户 C 最少要下多少个订单？

c. 说明可以减少经营费用的 3 个途径。

d. 客户在确定订单量时需要考虑哪些成本？

3）说明进行客户盈利能力分析时还需要考虑的非财务因素。

4）说明张三需要对财务病毒防护和备份系统的控制措施。

5）对该公司运营中出现的 3 个问题进行原因分析并提出解决方法。

本章习题解答

题号	答案	题号	答案	题号	答案	题号	答案
问题 1	B	问题 2	D	问题 3	C	问题 4	C
问题 5	D	问题 6	B	问题 7	B	问题 8	B
问题 9	B	问题 10	D	问题 11	C	问题 12	B
问题 13	A	问题 14	A	问题 15	B	问题 16	C
问题 17	B	问题 18	C	问题 19	B	问题 20	A
问题 21	A	问题 22	C	问题 23	A	问题 24	A
问题 25	A	问题 26	D	问题 27	B	问题 28	B
问题 29	B	问题 30	B	问题 31	A	问题 32	D
问题 33	B	问题 34	C	问题 35	B	问题 36	D
问题 37	A	问题 38	C	问题 39	C	问题 40	D
问题 41	D	问题 42	D	问题 43	B	问题 44	B
问题 45	D	问题 46	D	问题 47	B	问题 48	B
问题 49	C	问题 50	A	问题 51	A	问题 52	B
问题 53	C	问题 54	B	问题 55	D	问题 56	D
问题 57	D	问题 58	B	问题 59	B	问题 60	C

（续）

题号	答案	题号	答案	题号	答案	题号	答案
问题 61	D	问题 62	D	问题 63	D	问题 64	B
问题 65	C	问题 66	B	问题 67	A	问题 68	A
问题 69	D	问题 70	B	问题 71	B	问题 72	B
问题 73	C	问题 74	B	问题 75	C	问题 76	D
问题 77	C	问题 78	C	问题 79	D	问题 80	C
问题 81	A	问题 82	C	问题 83	D	问题 84	A
问题 85	C	问题 86	B	问题 87	D	问题 88	B
问题 89	D	问题 90	B	问题 91	B	问题 92	A
问题 93	B	问题 94	D	问题 95	B	问题 96	A
问题 97	A	问题 98	D	问题 99	C	问题 100	D
问题 101	B	问题 102	B	问题 103	D	问题 104	D
问题 105	B	问题 106	D	问题 107	D	问题 108	C
问题 109	D	问题 110	D	问题 111	C	问题 112	C
问题 113	B	问题 114	B	问题 115	D	问题 116	B
问题 117	B	问题 118	D	问题 119	C	问题 120	C
问题 121	C	问题 122	B	问题 123	D	问题 124	B
问题 125	D	问题 126	D	问题 127	C	问题 128	B
问题 129	A	问题 130	D	问题 131	A	问题 132	D
问题 133	B	问题 134	D	问题 135	C	问题 136	D
问题 137	C	问题 138	C	问题 139	D	问题 140	D
问题 141	B	问题 142	B	问题 143	D	问题 144	A
问题 145	B	问题 146	C	问题 147	A	问题 148	B
问题 149	C	问题 150	C	问题 151	B	问题 152	C
问题 153	B	问题 154	A	问题 155	B	问题 156	B
问题 157	C	问题 158	A	问题 159	C	问题 160	A
问题 161	A	问题 162	D	问题 163	B	问题 164	A
问题 165	A	问题 166	D	问题 167	D	问题 168	A
问题 169	B	问题 170	A	问题 171	D	问题 172	C
问题 173	C	问题 174	A	问题 175	C	问题 176	A
问题 177	C	问题 178		问题 179	C	问题 180	C
问题 181	C	问题 182	D	问题 183	A	问题 184	A
问题 185	A	问题 186	C	问题 187	D	问题 188	A
问题 189	B	问题 190	A	问题 191	B	问题 192	B
问题 193	B	问题 194	D	问题 195	D	问题 196	D
问题 197	B	问题 198	B	问题 199	B	问题 200	A

（续）

题号	答案	题号	答案	题号	答案	题号	答案
问题 201	C	问题 202	B	问题 203	A	问题 204	D
问题 205	D	问题 206	A	问题 207	D	问题 208	A
问题 209	D	问题 217	C	问题 218	D	问题 219	C
问题 220	D	问题 221	B	问题 222	B	问题 223	D
问题 224	D	问题 225	C	问题 226	B	问题 227	A
问题 228	A	问题 229	C	问题 230	D	问题 231	A
问题 232	D	问题 233	B	问题 234	A	问题 235	C
问题 236	C	问题 237	C	问题 238	B	问题 239	C
问题 240	A	问题 241	D	问题 242	D	问题 243	D
问题 244	D	问题 245	D	问题 246	D	问题 247	C
问题 248	D	问题 249	D	问题 250	B	问题 251	D
问题 252	A	问题 253	A	问题 254	B	问题 255	B
问题 256	B	问题 257	B	问题 258	C	问题 259	B
问题 260	A	问题 261	D	问题 262	B	问题 263	C
问题 264	D	问题 265	B	问题 266	A	问题 267	A
问题 268	C	问题 269	B	问题 270	C	问题 271	B
问题 272	A	问题 273	D	问题 274	D	问题 275	C

问题 1 分析：

生产量差异是由预算固定间接费用和按照实际产量分摊的金额之间的差别造成的。同预算相比，选项 B 与生产变化 A 相一致。工资增长（选项 A）将影响支出差异，而不是生产量差异。在这个例子中，生产量差异是不利的（分摊金额少于预算），因此选项 C 是不正确的。这是因为预期之外的销售订单将提高分摊金额。

问题 2 分析：

5 月份的固定制造费用 =（80 000 美元/10 000 小时）×（6 000 单位 ×2 直接劳动工时/单位）= 96 000 美元。

由于固定制造费用比预算少了 2 000 美元，超额分摊的固定制造费用为 18 000 美元。计算过程为（80 000 美元 − 2 000 美元）− 96 000 美元 = −18 000 美元。

问题 3 分析：

责任会计系统是一种正式的财务和非财务信息系统，用来控制经营、评估业绩。责任会计系统建立在责任中心基础上，这些中心的活动由经理控制。作为一个责任中心，成本中心的经理负责成本，但是不负责收益。另外，成本中心不负责普通成本，普通成本是在所涉及的所有中心分摊的。

问题 4 分析：

如果剩余利润保持不变，那么新项目的剩余利润必须为零，这只有在项目的投资回报率严格等于企业资本成本的情况下才会发生。

问题 5 分析：

将投资回报率作为绩效考核标准，经理会选择投资回报率大于当前水平的投资，这就可能拒绝有利的投资；将剩余利润作为绩效考核标准，经理会选择剩余利润大的投资。

问题 6 分析：

使用增量成本分配法，需要将成本使用者分为主要使用者和增量成本使用者。而使用收入分配法，会打击有些部门的积极性。系统是根据各部门预计的使用时间来设计和组成的，并且该系统所有运营成本都是固定的，所以根据各部门预计使用的小时数来分配最合理。

问题 7 分析：

变动制造费用的耗用差异 = 实际变动制造费用 − 成本动因的实际耗用量 × 标准成本动因分配率 = 160 000 元 − 22 000 小时 ×（150 000 元 ÷ 20 000 小时）= −5000 元，有利差异。

问题 8 分析：

经营利润的销售量差异 = 弹性预算结果 − 静态预算结果 = 300 000 元 − 600 000 元 = −300 000 元，不利差异。

问题 9 分析：

固定制造费用的生产量差异 = 预算的固定制造费用 − 已经分摊的固定制造费用 = 600 000 元 − 600 000元/40 000 小时 × 350 000 瓶 × 0.1 小时/瓶 = 75 000 元，不利差异。

问题 10 分析：

例外管理要求管理者将注意力放在重大的差异上，更有效地安排时间，因为只有例外才需要管理者处置。

问题 11 分析：

直接材料的用量差异 =（直接材料的实际使用数量 − 直接材料的预算使用数量）× 直接材料的预算价格 =（130 000 磅 − 31 000 件 × 4 磅/件）× 5 元/磅 = 30 000 元，不利差异。

问题 12 分析：

当实际的产量小于预算的产量时会出现不利生产量差异。

问题 13 分析：

材料 A 的混合比率 = 4 盎司/件 ÷（4 盎司/件 + 6 盎司/件）= 40%，材料 B 的混合比率 = 6 盎司/件 ÷（4 盎司/件 + 6 盎司/件）= 60%。产出差异 = 材料 A 的产出差异 + 材料 B 的产出差异 = 1.5 元/盎司 × 40% ×（105 000 盎司 − 25 000 件 × 4 盎司/件）+ 2.5 元/盎司 × 60% ×（145 000 盎司 − 25 000 件 × 6 盎司/件）= 3000 元 − 7500 元 = −4500 元，有利差异。

问题 14 分析：

直接人工工资率差异 = 直接人工的实际投入量 ×（直接人工的实际工资率 − 直接人工的预算工资率）= 3 000 小时 ×（90 000 元 ÷ 3 000 小时 − 25 元/小时）= 15 000元，不利差异。

问题 15 分析：

准时制（JIT）要求零库存，材料不利差异问题影响最大。

问题 16 分析：

利润中心是既对成本负责又对收入和利润负责的责任中心。

问题 17 分析：

提高向位于这些国家、地区的部门转移的商品的价格，从而提高了在该国公司的成本，这样就减少了该公司在该国家的利润。

问题 18 分析：

如果根据分部获利能力评估经理的绩效，那么经理会希望该产品内部转移的获利尽量高，因此他会要求采用市场基础转移价格定价法。

问题 19 分析：

两个部门平等共用新设备，并公平分摊成本，所以采用独立成本法。毛利法、可实现净值法是联产品成本分配法。

问题 20 分析：

当存在主要使用者和次要使用者时使用独立成本分配法。财务团队是该成本的主要用户，需分摊 100 000 元，其次的增量成本 10 000 元分摊到税务申报团队。

问题 21 分析：

经营利润 = 125 000 件 × 40 元/件 － 10 元/件 × 125 000 件 － 100 元/小时 × 10 000 小时 － 200 元/次 × 4 000 次 － 125 000 件 × 8 元/件 = 950 000 元。

问题 22 分析：

由于投资回报率有多种变形的公式，根据题意，该题中投资回报率 = 经营利润/总资产，据此可以计算出 4 个分部的投资回报率分别为 40%、33%、50% 和 30%。

问题 23 分析：

管理费用、折旧、公用事业成本属于公司分配的不相关成本。如果衡量客户级营业利润的话，只需要考虑其相关成本，因此只考虑销货成本、配送成本和订单处理成本。客户 A、客户 B、客户 C 和客户 D 的每件产品的客户级营业利润分别为 2.5 元/件、2.25 元/件、2.14 元/件和 1.9 元/件。

问题 24 分析：

剩余利润 = 365 000 元 － 1 750 000 元 × 12% = 155 000 元。

问题 25 分析：

该产品线的回报率高于资本成本，则该产品线的剩余利润就大于零，因此公司的剩余利润将增加。

问题 26 分析：

员工流动率与内部流程的改进次数均属于平衡计分卡中创新与学习的范畴。

问题 27 分析：

弹性预算与固定预算的主要差别在于，弹性预算反映现实产出水平，而且所有比较都是与预期产量相对比进行的，而固定预算是不能改变的。这个差别是固定预算的一个缺点。

问题 28 分析：

125 000 千米 × 0.26 元/千米/（28 000 千克/天 × 250 天）= 0.004 64 元/千克。

问题 29 分析：

实际销量远超预算销量。如果采用固定预算计算差异，实际销售收入大于预算销售收入，产生有利差异；实际变动成本大于预算变动成本，产生不利差异。

问题 30 分析：

销售费用是变动成本，而房屋租金是固定成本。

问题 31 分析：

对于弹性预算的成本的计算公式，变动成本以单位成本列示，固定成本以总额列示。

问题 32 分析：

每件产成品预计使用 3 个单位的原材料，每件产成品的料耗标准为 33 元/件。每单位原材料标准成本 = 33 元/3 件 = 11 元/件。公司采购了 108 000 单位的原料，价值为1 166 400 元。直接材料价格差异 = 实际投入价格 × 采购量 － 每单位原材料标准成本 × 采购量 = 1 166 400 元 － 11 元/单位 × 108 000 单位 = 21 600 元，有利差异。

问题 33 分析：

价格差异 =（实际投入价格 - 预算投入价格）× 实际投入数量 =（15.8 元/捆 - 16 元/捆）× 3 000 捆 = 600 元，有利差异。用量差异 = 直接材料预算价格 ×（实际用量 - 预算用量）= 16 元/捆 ×（3 000 捆 - 2 850 捆）= 2 400 元，不利差异。

问题 34 分析：

直接材料价格差异 =（实际投入价格 - 预算投入价格）× 采购量 =（4.04 元/千克 - 4.00 元/千克）× 500 000 千克 = 20 000 元，不利差异。

问题 35 分析：

弹性预算中，当产销数为 10 000 时，直接材料耗用 30 000 元。

每单位直接材料成本 = 30 000 元/10 000 件 = 3 元/件。本月产销量 12 000 件，实际直接材料成本 40 000 元。弹性预算直接材料成本 = 3 元/件 × 12 000 件 = 36 000 元。直接材料差异 = 40 000 元 - 36 000 元 = 4 000 元，不利差异。

问题 36 分析：

8 元/千克 ×（6 500 千克 - 6 000 千克）= 4 000 元，不利差异。

问题 37 分析：

直接人工弹性预算差异可分解为直接人工工资率差异和直接人工效率差异。

问题 38 分析：

公司发生了 30 000 元的直接人工有利差异和 36 000 元的直接人工效率不利差异。

直接人工工资率差异 = 直接人工弹性预算差异 - 直接人工效率差异 = -30 000 元 - 36 000元 = -66 000元，是有利差异。

问题 39 分析：

直接人工效率差异 = [（10 000 个 × 0.50 小时/个）- 3 000 小时] × 30 元/小时 = 60 000 元，有利差异。

问题 40 分析：

标准小时为 15 分钟/辆，为 160 辆卡车提供了服务，标准工资率为 14 元/小时。预算直接人工成本 = 15/60 小时/辆 × 160 辆 × 14 元/小时 = 560 元。效率差异，28 元，有利差异。

效率差异 =（实际小时 - 预算小时）× 标准工资率。实际小时 =（预算直接人工成本 - 有利的效率差异）/标准工资 =（560 元 - 28 元）/14 元/小时 = 38 小时。直接人工价值差异，38 元，不利差异。直接人工价值差异 =（实际工资率 - 标准工资率）× 实际小时。实际工资率 =（预算直接人工成本 - 有利的效率差异 + 不利直接人工工资率差异）/实际小时 =（560 元 - 28 元 + 38 元）/38 小时 = 15 元/小时。

问题 41 分析：

预算产量 5 000 件耗费 10 000 小时。预算工时 = 10 000 小时/5 000 件 = 2 小时/件。实际生产 6 000 件，标准工资 30 元/小时，效率差异 3 000 元，不利差异。效率差异 =（实际工时 - 预算工时）× 标准工资率。实际工时 =（6 000 件 × 2 小时/件 × 30 元/小时 + 3 000元）/30 元/小时 = 12 100 小时。

问题 42 分析：

变动制造费用耗用差异 = 实际成本 -（成本动因实际生产数量 × 成本动因标准比率）。

问题 43 分析：

有利的直接人工效率差异说明实际工时小于预算工时。公司按照直接人工分配变动制造费用，实际工时小于预算工时将会带来有利的变动制造费用效率差异。

问题 44 分析：

弹性预算中，制造 5 000 单位产品，花费 10 000 小时。单位工时 = 10 000 小时/5 000 件 = 2 小时/件。公司的实际工时为 9 600 小时，实际产量 4 500 件，效率差异为 4 800 元，不利差异。效率差异 = (实际工时 - 预算工时) × 标准变动费用率。标准变动费用率 = 4 800 元/（9 600 小时 - 4 500 件 × 2 小时/件） = 8 元/小时。

问题 45 分析：

弹性预算中，直接人工工时为 10 000 小时，变动制造费用为 1 200 000 元。

每小时变动制造费用 = 1 200 000 元/10 000 小时 = 120 元/小时。

变动制造费用实际发生额为 1 192 000 元，实际发生 10 300 小时。

变动制造费用耗费差异 = 1 192 000 元 - 10 300 小时 × 120 元/小时 = 44 000 元，有利差异。

问题 46 分析：

固定制造费用生产量差异 = 预算固定制造费用 - 已分配的固定制造费用 = 1 200 000 元 - 190 000 件 × 1 200 000 元/200 000 件 = 60 000 元，不利差异。

问题 47 分析：

总的制造费用开支差异 = 实际发生的制造费用总额 - 固定制造费用预算 - 实际工时 × 预算变动费用率 = 3 200 000 元 - 3 000 000 元 - 430 000 小时 × 1 元/小时 = 230 000 元，有利差异。

问题 48 分析：

销量差异可分为市场占有率差异和市场规模差异。

问题 49 分析：

每单位标准售价 = 320 000 元/80 000 件 = 4 元/件。每单位标准变动成本 = 192 000 元/80 000 件 = 2.4 元/件。每单位标准边际贡献 = 4 元 - 2.4 元 = 1.6 元。

销售量差异 = （100 000 件 - 80 000 件） × 1.6 元/件 = 32 000 元，有利差异。

问题 50 分析：

变动制造费用效率差异 = （实际小时 - 标准小时） × 分配率。

变动制造费用效率差异为有利差异，实际工时小于标准工时。使用了更加熟练的工人是实际工时小于标准工时的可能原因。

问题 51 分析：

临时工的工资率低，生产效率低；原有职工的工资率高，生产率高。公司聘用临时工顶替那些离职人员的工作使得公司工资率降低，生产效率降低。不利的效率差异和有利的工资率差异将会产生。

问题 52 分析：

选项 B。使用低技能的员工，会导致生产过程中原材料的浪费，同时会延长生产时间，进而导致不利的差异。

问题 53 分析：

当直接人工工资率差异为有利差异，经理应调查有利差异的原因，并调查是否该有利差异会导致价值链其他环节上发生较大的不利差异。

问题 54 分析：

直接从事生产的员工缺乏技能培训，工艺流程或产品设计不良和材料质量低劣都可能造成原材料的浪费，带来不利的材料效率差异。运输不会影响到生产环节材料的耗用，因此从事运输的员工业绩不良不会带来不利的材料效率差异。

问题 55 分析：

当实际产量大于预算产量时，产生有利的固定制造费用生产量差异。当实际产量小于预算产量时，产生不利的固定制造费用生产量差异。

问题 56 分析：

数量较大的有利差异和不利差异都需调查。差异的产生有可能是由于标准制定不合理造成的。应使用统计检验的方法来判断是否产生差异，而不是随机事件引起的。

问题 57 分析：

产量会影响差异的大小但不会影响差异的符号。其他 3 个选项都是合理的解释。

问题 58 分析：

材料质量，工人技术和设备更新会影响到原材料的使用效率，产量不会影响到原材料的使用效率。

问题 59 分析：

机器维修不足可能使得员工工作效率下降。

问题 60 分析：

唯一的供应商提价不受采购部门经理和生产部门经理的控制。提价后公司应修改标准成本。

问题 61 分析：

由于销售部门接受订单，生产部门产生额外的加班费。额外的加班费应计入销售部门的成本。

问题 62 分析：

市场部门引进的特别订单，采购部门由于失误必须采购质量差的原材料，生产部门没有进行原材料质检。材料用料差异是由 3 个部门共同造成的，应由 3 个部门共同承担。

问题 63 分析：

固定制造费用生产量差异产生的原因：实际产量不等于计划产量。实际产量由销售量决定，销售量不受生产部门的控制。固定制造费用生产量差异不完全受生产部门控制。

问题 64 分析：

公司政策：调查差异超预算 2 000 元以上或者占预算额 10% 以上，取这两数中较大者。

原材料：预算的 10% 为 20 000 元 >2 000 元。

原材料差异 22 000 元 >20 000 元，应调查。

直接人工：预算的 10% 为 10 000 元 >2 000 元。

直接人工差异为 8 000 元 <10 000 元，不需调查。

问题 65 分析：

例外管理是指引导管理层关注于预算产生重大差异的方法。这些重大差异较其他方面更需受到关注。例外管理减少了对生产成本的报告次数，信息过载，并促使管理措施集中在解决重要的问题上。

问题 66 分析：

标准成本没有考虑定性因素。

问题 67 分析：

参与标准制定的职工的工作效率可能更高，标准成本将有助于管理层发现潜在的成本问题。有了标准成本制度，可以实施例外管理以节省一些时间都是优点。

问题 68 分析：

一线工人更加了解生产流程和生产过程中产生的成本。让直接从事生产的一线职工参与制定标准能够制定出更加合理的标准成本，同时也能提高他们工作的积极性。

问题 69 分析：

标准成本是一项操作或服务所应耗费的成本，或者是假设所有事项都按计划运行的情况下一个实体预期会发生的成本。差异分析是一种分析实际发生额和预算间差距的工具。

选项 A 变动和固定制造费用应分开来做差异分析。

选项 B 标准成本应随环境的变化而被更新。

选项 C 进行差异分析时，不仅要对不利差异进行分析，同时要对有利差异进行分析。

选项 D 正确。

问题 70 分析：

电信销售小组是销售部门。销售部门主要关心收入，是收入中心。

问题 71 分析：

分配辅助部门的成本不是为了对利润中心的经理人员和各提供集中服务的经理人员施加压力。

问题 72 分析：

对变动成本使用预算的费率和标准小时数（按达到的产量制定的），对固定成本使用预算的费率和预算的现有产能数能够既不少估辅助服务计划需要量，还能使得辅助部门更节约。

问题 73 分析：

费用率不受其他部门的控制，计算机耗时受其他部门的控制。在分配成本时，用实际耗时可促使其他部门节约使用时间。

问题 74 分析：

医院各部门的负责人对各自部门使用该系统的时间做出预计，新系统就是根据这些预计的时间来设计和组成的。因此，新系统的固定费用应按照预计使用小时数分配。

问题 75 分析：

产品转移价格是企业内部进行交换产品和服务时价格的设定。

问题 76 分析：

公司的内部转移价格是以市场为基础的，提供产品的部门经理为使自己的利润最大化，会尽量控制成本。如果公司的内部转移价格是以成本为基础的，提供产品的部门经理将不会控制自己的成本。

问题 77 分析：

当商品从一个分部转向另一个分部时，常规的销售佣金和收款成本可避免，内部转移价格 = 市场价格 – 常规的销售佣金和收款成本。

问题 78 分析：

双重定价法是指卖方的售价与买方的购入价计算基础不同。它能促使分部与企业的目标一致。

问题 79 分析：

内部转移价格低于对外售价，生产二分部会选择将商品对外销售，在外部需求被满足后，再对内销售。

问题 80 分析：

转移价格由两部门协商确定激发双方的积极性，达到目标一致性。

问题 81 分析：

存在产能过剩，最低内部转移价格等于总变动成本，内部转移商品时，销售费用可避免。内部转移价格 =42 元。

问题 82 分析：

该种情况下，使用市场价格。

问题 83 分析：

公司经理应结合产销量来比较实际和计划的费用。公司通过比较预算和业绩报告来比较实际和计划的费用。弹性预算反映现实产出水平。公司用弹性预算来编制预算和业绩报告。

问题 84 分析：

当有过剩产能时，使用变动成本即可。

问题 85 分析：

由于 X 国家的所得税率最高，所以给 X 的转移价格最高；在 X 国家利润低，所得税也低。

问题 86 分析：

与其他分部相比，B 分部的实际投资回报率超过目标投资回报率的部分更大。

问题 87 分析：

新项目的预期投资回报率低于该分部目前的投资回报率，因此投资新项目，分部的投资回报率降低。新项目的预期投资回报率高于公司的资本成本，因此新项目的剩余利润大于 0。

问题 88 分析：

应投资回报率大于 15% 的项目。项目 B、项目 C 和项目 D 的投资回报率大于 15%，应投资于这 3 个项目。

问题 89 分析：

将剩余利润作为业绩考核的指标，分部会接受所有投资回报率大于公司目标投资收益率的项目。

问题 90 分析：

使用投资回报率作为绩效考核指标，部门经理会拒绝净现值大于零但是投资回报率小于目标投资回报率的项目。

问题 91 分析：

经济增加值是剩余利润的变形，它是从税后营业利润中减去税后加权平均资本成本乘以总资产与流动负债的差额。

问题 92 分析：

根据杜邦分析公式，ROE = −5% × 3 × 1.2 = −18.0%。

问题 93 分析：

客运部的投资回报率 = 80 000 元/500 000 元 = 16%

货运部的投资回报率 = 100 000 元/1 000 000 元 = 10%。

问题 94 分析：

部门的总资产 = 1 500 000 元/1.5 = 1 000 000 元。

部门第 1 年的剩余收益 = 1 500 000 元 × 8% − 1 000 000 元 × 12% = 0 元。

问题 95 分析：

二分部的剩余利润 = 800 元 − 3 200 元 × 10% = 480 元。

问题 96 分析：

经济附加值 = 税后营业利润 − 加权平均资本成本 ×（总资产 − 流动负债）= 1 200 000元 −（600 000 元 + 700 000 元）× 10% = 1 070 000 元。

其中，总资产 − 流动负债 = 所有者权益 + 长期负债。

问题 97 分析：

平衡计分卡中的关键成功因素有 4 个维度：财务，顾客，内部经营过程，学习与成长。

问题 98 分析：

平衡计分卡直接来源一些科学管理的说法是不正确的。科学管理是以美国泰勒为代表的管理阶段、管理理论和制度的统称，又称古典管理理论、传统管理理论。20 世纪初产生，在西方国家它一直延续到 20 世纪 40 年代。

问题 99 分析：

预计每股收益是考核整个公司的指标。用来计算每股收益的利润和股数包括了分部经理无法控制的成本。

问题 100 分析：

选项 A，B，C 中的内容都是部门经理可控的项目。

选项 D 每个月处理索赔的总金额由索赔次数和索赔规模决定。部门经理无法控制索赔次数和索赔规模。

问题 101 分析：

运输经理最应关注运输部门的成本和服务质量（准时送货）。

选项 A 中的指标只关注成本，没有关注服务质量。

选项 B 中的指标既关注成本又关注了准时送货。

选项 C 中的指标只关注服务质量，没有关注成本。

选项 D 中的指标没有关注成本。

问题 102 分析：

每一新发布的软件接到的热线电话数量不由客户热线部经理控制。

问题 103 分析：

盈利能力指标，客户满意度指标，效率、质量和时间指标以及创新指标都是考核经理人员的指标。

问题 104 分析：

选项 A，B，C 中的财务指标都不完全由维修部门控制。在考核维修部门时，要考虑财务因素和非财务因素。选项 D 中的响应时间和满意程度是非财务因素。

问题 105 分析：

EOQ 模型没有考虑机会成本存货占用资金的机会成本。经理自己选用降低存货水平的方式时会考虑到机会成本。对冻结在存货上的资金，收取资金费用将机会成本融入 EOQ 模型中，有利于目标一致。

问题 106 分析：

在考核部门经理时，要考虑财务因素和非财务因素。财务因素包括部门毛利、部门的投资回报率和剩余利润；非财务因素包括质量、客户满意度和市场份额。

问题 107 分析：

直接材料差异分为价格差异和效率差异。采购价格不受生产部门经理的控制，受采购部控制。同时，材料的质量影响生产时材料投入量和加工时间。

问题 108 分析：

差异计算——助理没有按照静态预算差异来计算公司的差异，并且没有编制弹性预算。

结论——“业绩没有达成预期目标”正确。如果助理计算出弹性预算差异和销售数量差异，然后依据这两个差异来分析，那么他会得到更精确的结论。

问题 109 分析：

忽略固定成本，使用边际贡献率方法计算经营利润的变化，见表 7-57。

表 7-57　边际贡献率法计算经营利润

科目	总公司	产品线 1	产品线 2	产品线 3
销售收入（元）	4 000 000	1 600 000	1 400 000	1 00 000
变动成本				
佣金（元）	80 000	32 000	28 000	20 000
销售成本（元）	1 960 000	720 000	840 000	400 000
总计（元）	2 040 000	752 000	868 000	420 000
边际贡献（元）	1 960 000	848 000	532 000	580 000
边际贡献率（%）	49	53	38	58
增量收入（元）		30 000	40 000	28 000
增量边际贡献（元）		15 900	15 200	16 240
改善投资支出（元）		14 000	14 000	14 000
增量利润（元）		1 900	1 200	2 240

问题 110 分析：

市场价格、协商价格、成本价格均可以作为转移价格。

问题 111 分析：

例外管理要求管理者将注意力放在重大的差异，而不是一般情况上。这里既要重视不利的差异，也要重视有利的差异；不但要关注差异的相对与绝对大小，而且还要注意差异的频繁程度和趋势。例外管理有助于管理者更有效地安排时间，因为只有例外才需要管理者处置。

问题 112 分析：

利润中心是指拥有产品或劳务的生产经营决策权，既对成本负责又对收入和利润负责的责任中心。它有独立或相对独立的收入和生产经营决策权。一般来说，利润中心应将其产品大部分销售给外部客户，而且对于大部分原材料、商品和服务都有权选择供应来源。礼品部符合利润中心的定义。

问题 113 分析：

预算销售组合与实际销售组合比例如表 7-58 所示。

表 7-58　预算销售组合与实际销售组合比例

产品	预算销售组合比例（%）	实际销售组合比例（%）
产品 E	55	50
产品 F	45	50

销售总量 =6 000 件 +6 000 件 =12 000 件。销售组合差异 = 产品 E 销售组合差异 + 产品 F 销售组合差异 = （50% −55%） ×12 000 件 ×9 元/件 + （55% −50%） ×12 000 件 ×20 元/件 =6 600 元，有利差异。

问题 114 分析：

反馈环节是管理控制系统重要的一部分，不能被取代。

问题 115 分析：

分管生产的副总裁要求将特殊订单的元件替换到正常产品的生产中，这种替换带来的不利差异应当被分配给分管生产的副总裁。其他的经理们都无法控制这种替换。

问题 116 分析：

使用差异分析可以得到不利差异或有利差异，分析这两种差异能促进生产过程的持续改进。

问题 117 分析：

成本中心只对成本负责，不对收入负责。其他责任中心需要对收入负责，所以成本中心责任最小。

问题 118 分析：

生产部门最容易控制的差异是材料用量差异。

问题 119 分析：

塑料部门有剩余生产力，转移价格 12.50 元能够弥补增加的变动成本 9.2 元。塑料部门会接受内部转移。内部转移价格低于市场价格，娱乐部门也会接受内部转移价格。

问题 120 分析：

如果使用完全成本作为内部转移价格，无论是否削减成本，显卡部的利润都为 0，因此显卡部将没有削减成本的动机。

问题 121 分析：

显卡部产能过剩，每增加一单位的生产带来的成本为 13.80 元。对于整个公司而言，内部生产增加的成本 13.80 元小于外部购买的成本 17.40 元，内部生产能为公司节省成本。

问题 122 分析：

投资中心对本部门的投资、收入和成本负责，最有可能成为独立的业务单元。

问题 123 分析：

用于建造新厂房的土地不是目前经营的投资，不作为投资的一部分计算剩余利润。

问题 124 分析：

直接人工效率差异是不利差异，说明实际工时大于弹性预算工时。由于工时是分配变动制造费用的基础，实际工时大于弹性预算工时会带来不利的变动制造费用效率差异。

问题 125 分析：

丙公司认为客户服务质量远远高于同行业竞争者，好的客服会使企业产生忠诚的客户。现有客户的重复购买次数是衡量客服质量的指标。

问题 126 分析：

投资回报率作为业绩评价指标的问题：高投资回报率的部门只接受比部门现有投资回报率高的项目，而有可能拒绝比企业要求回报率高的项目。用剩余利润作为业绩评价的指标能避免这个问题，高投资回报率的部门会接受所有比企业要求回报率高的项目。

问题 127 分析：

项目的投资回报率为 12%，大于公司的目标投资回报率 8%，但是小于部门投资回报率 14%，投资回报率是部门业绩评价指标。公司总经理接受该项目，部门经理不会接受该项目。

问题 128 分析：

总公司的业绩评价指标是剩余收益。凡是大于目标投资回报率的项目都会增加部门的剩余收益。投资回报率为 12% 的项目，会增加部门经理郑阳的剩余收益，郑阳会接受该项目。项目的投资回报率为 12%，大于公司的目标投资回报率 8%，总经理李娜会接受该项目。

问题 129 分析：

弹性预算差异 = 实际结果 − 弹性预算结果 = 150 000 个 × 9.8 元/个 − 150 000 个 × 10 元/个 = −30 000 元。
销售量差异 = 弹性预算结果 − 静态预算结果 = 150 000 个 × 10 元/个 − 1 400 000 元 = 100 000 元。

问题 130 分析：

指标的设计必须满足以下条件：①绩效指标必须与企业的战略相一致；②绩效指标必须容易度量；③绩效指标必须被一致、连续地使用；④绩效指标必须同时关注财务和非财务方面；⑤绩效指标必须考虑评估的成本问题。

问题 131 分析：

由于墨西哥比索升值，以美元计算的费用就会增加，投资回报率降低。

问题 132 分析：

20 000 元 − 15% ×10 000 000 元 = 50 000 元。

问题 133 分析：

差异分析不仅要关注绝对差异，更要关注相对差异。直接材料的相对差异最大，超过了 10%。

问题 134 分析：

由于投资回报率有多种变形的公式，根据题意，该题中投资回报率 = 经营利润/总资产，据此可以计算出 4 个分部的投资回报率分别为 40%、33%、50% 和 30%。

问题 135 分析：

正常成本法的基础是直接材料和直接人工按照实际发生值进行归集，而制造费用按照标准分摊率来进行分摊。所以可能产生变动间接费用耗费差异，其他 3 项不会产生。

问题 136 分析：

对客户的服务和体贴能够让客户感觉更为满意，消除客户和员工之间的冲突和敌视，然而并不改变审批流程。

问题 137 分析：

市场份额、新客户数量和客户满意度调查均是平衡计分卡的客户指标。流程的时间指标是内部流程指标，客户的送货期是客户指标，从该题的题意来看准时性指的是流程的时间指标。

问题 138 分析：

在一般情况下，应该优先选择市场价格作为转移定价。

问题 139 分析：

45 000 元/3 500 000 元 = 12.86%。

问题 140 分析：

管理费用、折旧、公用事业成本属于公司分配的不相关成本。如果衡量客户级营业利润的话，只需要考虑其相关成本。因此，只考虑销货成本、配送成本和订单处理成本。客户 A、客户 B、客户 C 和客户 D 的每件产品的客户级营业利润分别为 2.5 元/件、2.25 元/件、2.14 元/件和 1.9 元/件。

问题 141 分析：

1 人值班的概率为 42%（21 个/50 个），2 人值班的概率为 26%（13 个/50 个），3 人值班的概率为 22%（11 个/50 个），4 人值班的概率为 8%（4 个/50 个）。预计本周值班人数 = 1 人 ×42% + 2 人 ×26% + 3 人 ×22% + 4 人 ×8% = 2 人。

问题 142 分析：

作业基础预算法适用于长期。其他 3 个选项是作业基础与算法的特点。

问题 143 分析：

东部分部满负荷运行，则按照市场价格来转移。市场价格一般是最合适的定价方法。

问题 144 分析：

20 元/千克 ×3 040 千克 ×（65% − 62.5%）= 1 520 元，不利差异。

问题 145 分析：

由于企业购买了大批原材料做存货，故该资产会变多，所以这样会使投资回报率下降。

问题 146 分析：

因为先进先出法和后进先出法下资产的规模是有差异的，所以 ROI 绩效评估对两个部门没有可比性。永续盘存制和定期盘存制在先进先出情况下，存货价值是相同的。

问题 147 分析：

该责任中心对利润表和资产负债表都负责，意味着对于利润和资产都能够控制，属于投资中心。

问题 148 分析：

资产基础应该建立在重置成本（现行价值）的基础之上。

问题 149 分析：

分部一满负荷生产，市场价格是最合适的定价方法。

问题 150 分析：

实际产量和预算产量相同，生产量差异为 0。

问题 151 分析：

选项 B 的说法是正确的，其余 3 项都是错误的。

问题 152 分析：

销售量差异 = 120 万元 - 100 万元 = 20 万元，有利差异。

问题 153 分析：

正常成本法对直接材料、直接人工采用实际成本，而对于制造费用采用预定间接成本分摊率进行分摊。标准成本法采用预定成本分配率分配所有产品成本。这两种方法均会产生变动制造费用效率差异，而实际成本法则不会。

问题 154 分析：

预算标准相比历史成本可以去除过去发生的错误。

问题 155 分析：

预算变动制造费用分配率 = 10 000 元/500 小时 = 20 元/小时。耗用差异 =（650 小时 - 5 小时/件 × 12 件）× 20 元/小时 = 1 000 元，不利差异。

问题 156 分析：

损益平衡时间属于创新的指标，是内部业务流程方面的指标。

问题 157 分析：

平衡计分卡将营业单位的使命和战略转化为有形的目标和指标。

问题 158 分析：

B 产品的标准混合比率 = 3 千克/10 千克 = 30%，B 产品的实际混合比率 = 33 000 千克/（45 000 千克 + 33 000 千克 + 22 000 千克）= 33%。生产 1 千克 N 产品预算投入原料 = 10 千克/9 = 1.11 千克。

B 产品的产出差异 = 2 元/千克 × 30% ×（45 000 千克 + 33 000 千克 + 22 000 千克 - 94 500千克 × 1.11）= -3 000 元，有利差异。

问题 159 分析：

B 产品的混合差异 = 2 元/千克 ×（45 000 千克 + 33 000 千克 + 22 000 千克）×（33% - 30%）= 6 000 元，不利差异。

问题 160 分析：

甲公司产品销售组合比例计算见表 7-59。

表 7-59　甲公司产品销售组合比例

产品	预算数		实际数	
	总销售量（件）	销售组合比例（%）	总销售量（件）	销售组合比例（%）
A 产品	240	40	180	25
B 产品	360	60	540	75
总计	600	100	720	100

A 产品预算边际贡献 = 14 400 元/240 件 = 60 元/件。

A 产品销售组合差异 = （25% −40%） ×720 件 ×60 元/件 = −6 480 元，不利差异。

问题 161 分析：

该经理对成本负责属于成本中心。

问题 162 分析：

固定制造费用的效率差异也就是固定制造费用的生产量差异不是弹性预算差异，与成本控制无关。

问题 163 分析：

使用协商转移定价较为耗时。

问题 164 分析：

应该采用重置成本（市场价格）最公平。

问题 165 分析：

各种因素最终要反映为股东财富的增加。

问题 166 分析：

最多转移定价为生产的变动成本。

问题 167 分析：

（15 元/件 + 12 元/件 + 4 元/件 + 10 元/件） ×（1 + 10%） = 45. 1 元/件。

问题 168 分析：

A 部门有过剩产能，价格超过变动成本即会增加利润，B 部门的成本高于转移定价，B 部门会停止生产。

问题 169 分析：

利用盈亏平衡点公式，365 000 元/250 000 件 = 1. 46 元/件。

问题 170 分析：

这些分部对成本负责属于成本中心。

问题 171 分析：

出现差异后应该分析原因，并着手解决。

问题 172 分析：

明年需要使用的资产不需要考虑。

问题 173 分析：

平衡计分卡同时重视主观与客观因素。

问题 174 分析：

剩余收益等于利润减去投资资本乘以要求回报率。

问题 175 分析：

固定制造费用生产量差异反映了企业在一定时期内实现经营目标的效果，而不是其成本控制的效率。

问题 176 分析：

利润中心是指拥有产品或劳务的生产经营决策权，既对成本负责又对收入和利润负责的责任中心。它有独立或相对独立的收入和生产经营决策权。从战略和企业角度，利润中心被称为战略业务单位。

问题 177 分析：

客户指标包括市场份额、客户获得、客户满意度、客户保留、质量、准时性等。

问题 178 分析：

剩余收益 = 营业利润 - 投资额 × 最低投资收益率。4 个项目的剩余收益分别为 419 536 元、256 240 元、113 936 元、410 640 元。

问题 179 分析：

弹性预算销售收入差异 = 4 200 件 ×（实际价格 - 43 元/件）= -4 200 元。

实际价格为 42 元/件。

问题 180 分析：

质量差、成本低的材料导致直接材料单价降低，所以产生有利差异。但由于较差材料导致的返工，致使人工时间增长，工资提高，产生直接人工的不利差异。

问题 181 分析：

差异分析能够激励组织学习、实施持续改进、提醒管理层关注存在的问题等。验证标准的准确性不是进行差异分析的原因。

问题 182 分析：

甲养老院 3 月份各科目差异分析见表 7-60。

表 7-60 甲养老院 3 月份各科目差异 （单位：元）

科目	收入	家政成本	维修成本	饮食成本	护理成本	经营利润
弹性预算	400 000	68 000	34 600	76 000	145 000	76 400
实际结果	400 000	97 800	59 200	75 800	144 900	22 300
差异	0	29 800	24 600	-200	-100	-54 100

家政成本、维修成本和经营利润为不利差异，饮食成本和护理成本为有利差异，收入无差异。

问题 183 分析：

完全成本模型以卖方全部成本为转移价格，该方法不利于生产部门的成本控制。促进公司供应分部和购买分部之间的目标更加一致是采用市场法、双重定价法的优点。

问题 184 分析：

选项 A 中的年限将影响资产的账面价值。随着年限的增加，资产账面价值将随折旧的增加而减少，应该使用重置成本作为投资的依据。其他选项对资产价值的可比性不产生影响。

问题 185 分析：

销售价格差异 =（40 元/块 - 35 元/块）×105 块 = 525 元，有利差异。

问题 186 分析：

变动间接费用耗费差异 = 52 164 元 - 12 元/小时 ×4 536 小时 = -2 268 元，有利差异。

问题 187 分析：

产品组合中边际贡献大的产品占比高会产生经营利润，有利差异。

问题 188 分析：

增量成本 = 480 700 元 − （325 000 元 + 145 000 元 + 30 000 元） = −19 300元。分摊到分部三的金额 = 30 000 元 − 19 300 元 = 10 700 元。

问题 189 分析：

食品销售的边际贡献 = 1 200 000 元 − 1 150 000 元 − 120 000 元 = −70 000元。决定是否取消其食品销售最重要的因素是要考虑食品销售与其他收入来源之间的相互关系，食品销售的取消是否会给其他产品的销售带来负面影响，从而使得公司整体状况变差。

问题 190 分析：

在高通货膨胀国家或地区的国际化部门中，净利润因名义价格的提高而增加，总资产按账面净值评估却未因此而增加，因此这将导致该类部门的投资回报率最高。

问题 191 分析：

标准成本是运营的预期成本或目标成本。采用标准成本具有两大优势：一是标准成本中剔除了过去的无效因素；二是标准成本可以作为新数据，揭示预算期内的各种预期变化。

问题 192 分析：

设单位实际成本为 X 元/件，则 19 700 件 ×（单位实际成本 −2.15 元/件） = −4 500 元。解得，$X = 1.92$。

问题 193 分析：

销售数量差异 = 弹性预算结果（按实际水平调整） − 静态预算结果 = 350 000 元/28 000 个 × 24 000个 − 350 000 元 = −50 000 元。

问题 194 分析：

ROI = 净利润/总投资 = 47.5 万元/350 万元 = 13.6%。

问题 195 分析：

将投资回报率作为绩效考核标准，经理会选择投资回报率大于要求的投资，这就可能拒绝有利的投资；将剩余利润作为绩效考核标准，经理会选择剩余利润大的投资。

问题 196 分析：

使用基于成本的转移价格。由于成本数据可以从财务报告中获得，因而易于实施。

问题 197 分析：

变动间接费用耗费差异 = 75 000 元 − 8 000 小时 ×（100 000 元/10 000小时） = −5 000 元，有利差异。

问题 198 分析：

成功关键因素（KSF）是指公司在特定市场获得盈利必须拥有的技能和资产。一个行业的成功关键因素是指那些影响行业内企业在市场上最大限度获利的关键因素。

问题 199 分析：

找出应对未实现预期业绩负责的经理并不是绩效监控的目的，绩效监控是为了及时纠正问题、指导有效方法并改善未来绩效。

问题 200 分析：

边际收益 = 1 000 万元 − 400 万元 − 50 万元 = 550 万元。

问题 201 分析：

独立分摊法是将共同成本通过将每个用户的成本作为单独实体进行加权分摊。

问题 202 分析：

间接费用的成本动因很难准确找到，因而耗费差异比数量差异更有助于公司注意到在间接费用控制方面存在的潜在短期问题。

问题 203 分析：

按步向下分摊法是先将提供最多服务的那个部门的服务成本分摊给所有生产部门以及其他服务部门，然后其他服务部门再依次分摊（不再分摊给已经分摊了成本的服务部门）。

问题 204 分析：

剩余收益 = 200 000 元 − 15% ×1 000 000 元 = 50 000 元。

问题 205 分析：

根据转移定价情况的一般准则，每件的最低转移价格应按东部公司市场价格 8 元计算。

问题 206 分析：

例外管理将差异分解成弹性预算差异与销售预算差异，使得公司能基于这些差异制定商业决策。产量差异不在关注范围内。

问题 207 分析：

使用投资回报率考核一个经理，如果他发现一个资本投资的回报率比当前的回报率低，哪怕这个投资对公司整体的战略是有利的，那么他仍然可能拒绝这个投资。

问题 208 分析：

所有差异都是有利差异，这表明实际成本小于标准成本，将这部分差异直接全部冲销销货成本使得净利润最大。

问题 209 分析：

设实际每单位产品布料消耗量为 X，则 20 000 单位 ×1.55 元/码 × （X − 4 码/单位） = 1 240 元，则 X = 4.04 码/单位。当月布料实际使用量 = 20 000 单位 ×4.04 码/单位 = 80 800 码。采购量 = 80 800 码 + 2 100 码 = 82 900 码。

问题 210 分析：

1）略。

2）公司目前适合市场价格法。原因有二：其一，从必要性来说，如有可能，应该优先考虑使用市场价格。因为市场价格充分给予了分部经营自主权，在促进充分竞争的同时鼓励分部做出与公司总体利益一致的决策，有利于对分部做出最公正的业绩评价。其二，从可能性来说，市场价格要求产品或劳务有完全竞争的外部市场，以取得市价依据。本题中，产品 A 市场竞争比较激烈。

3）税收对于公司转移定价的影响：根据各国的税率高低可以合理避税。跨国公司通常利用转移定价政策来降低赋税。转移价格的目的是将利润从高所得税率的国家转移到低所得税率的国家。

4）责任中心分为 4 类：收入中心、成本中心、利润中心、投资中心。依据上述描述，该分公司属于投资中心。因为它有自行决定是否增加新生产线的权利，即有投资权，总部对它用投资回报率考核，即它也对自己的利润负责，所以是投资中心。

问题 211 分析：

1）弹性预算如表 7-61 所示。

表 7-61 甲公司弹性预算

科目	金额（数量）	计算过程
销量	24 000 件	
收入	2 880 000 元	=24 000 件×（3 600 000 元/30 000 件）

（续）

科目	金额（数量）	计算过程
变动成本		
直接材料	（384 000 元）	=24 000 件×（480 000 元/30 000 件）
直接人工	（1 440 000 元）	=24 000 件×（1 800 000 元/30 000 件）
变动间接费用	（288 000 元）	=24 000 件×（360 000 元/30 000 件）
边际贡献	768 000 元	
固定成本	（690 000 元）	
营业利润	78 000 元	

弹性预算差异和销售量差异合计是 149 760 元，不利差异。

弹性预算差异 = 实际结果 − 弹性预算结果 =35 760 元 −78 000 元 = −42 240 元，不利差异。

销售量差异 = 弹性预算结果 − 静态预算结果 =78 000 元 −270 000 元 = −192 000 元，不利差异。

2）差异计算过程如表 7-62 所示。

表 7-62　差异计算过程

科目	实际	弹性预算	差异	类型
销量	24 000 件	24 000 件	0 件	
收入	3 000 000 元	2 880 000 元	120 000 元	有利
变动成本				
直接材料	475 200 元	384 000 元	91 200 元	不利
直接人工	1 491 840 元	1 440 000 元	51 840 元	不利
变动间接费用	313 200 元	288 000 元	25 200 元	不利
边际贡献	719 760 元	768 000 元	（48 240 元）	不利
固定成本	684 000 元	690 000 元	（6 000 元）	有利
营业收益	35 760 元	78 000 元	（42 240 元）	不利

收入或利润的差异为正数是有利差异，否则为不利差异；成本的差异为正数是不利差异，否则为有利差异。

3）责任中心的概念略。本题中，运营推广部属于成本中心；设备运营部属于成本中心；销售部属于收入中心。

4）优点包括：a. 预算是一个可以让员工了解其工作完成优劣程度的系统，有了这个系统，员工就可以受到激励。管理层识别出背离预算的可控原因，为提高未来绩效提供了动力。b. 有助于企业的管理层根据迅速变化的竞争环境，对员工进行及时的引导。c. 预算数考核业绩克服了用上期实际数考核带来的不合理问题，因为实际数可能带着以前的无效率或者未能考虑到新技术带来的影响。

局限性包括：a. 没有在不同部门，不同员工之间设立统一的目标，难以对工作绩效进行横向比较。b. 设计考核体系的成本会很高，设计过程会很困难。c. 外界的环境会随时变化，考核结果可能会伤害员工的积极性。

5）销售数量差异是实际销售数量和预算差异数量不同造成的差异。销售数量差异 = （实际销量 − 预算销量）× 总预算的单位边际贡献 = （24 000 件 − 30 000 件）×960 000 元/30 000 件 = − 192 000 元，不利差异。

销售价格差异是实际单位售价与预算单位售价不同造成的差异。销售价格差异 = （实际单位售价 - 预算单位售价）× 实际销量 = （125 元/件 - 120 元/件）× 24 000 件 = 120 000元，有利差异。

6）a. 标准成本代表了单位产出的预期成本。b. 作为对标管理工具，确认实际成本与标准成本的差异。c. 有助于管理者了解绩效发生有利差异和不利差异的根本原因。

7）例外管理是为企业管理者服务的，通过设立相对百分比或者绝对值来进行判断。例外管理有助于管理者更有效地安排时间，因为只有例外才需要管理者处置。例外管理是引导管理层着重关注预算产生重大差异的方法，减少了对生产成本的报告次数和信息过载的现象，并促使管理措施集中在解决重要问题上。

问题 212 分析：

1）市场价格法、协商价格法和成本法。

2）ROI 和 RI。

3）B 部门和 C 部门的经理做法欠妥当。B 部门的经理为了自己的绩效，提高价格，这样做不利于实现公司整体利益和局部利益一致性，不符合客观、公正的要求。C 部门经理从外部购买，从其自身成本上是减少了损失，但没有向上级生产领导汇报，没有协商解决内部的转移定价问题，存在道德上的问题。

4）鉴于该原材料有完全竞争的外部市场，应优先考虑采用市场价格。因为市场价格具有客观真实的特点，能够同时满足分部和公司的整体利益。但是，如果 B 部门的变动成本高于市场价格，则应外购。如果变动成本低于市场价格，要看 B 部门有无剩余生产能力。若有，转移价格应该处于变动成本和市场价格之间，若无，应采用市场价格。

除此之外还有其他需要考虑的因素：①发展战略伙伴关系。相对较高的转移价格可用来促进外购，从而促进建立外部经营关系，获得高质量的外部产品或进入新的国际市场。②世界范围的所得税和关税最小化。③避免财务限制。④管理汇率波动。⑤获得当地政府的支持。

问题 213 分析：

1）独立成本分配法和增量成本分配法，本题独立成本分配法。

2）责任中心是指根据其管理权限承担一定的经济责任，并能反映其经济责任履行情况的企业内部单位。为了有效地进行企业内部控制，有必要将整个企业逐级划分为许多个责任区，即责任中心。

按照责任中心对象的特点和责任范围的大小，责任中心可以分为收入中心、成本中心、利润中心、投资中心。地产运营部门属于收入中心。

3）略。市场价格模型是最好的，因为市场价格比较客观，充分给予了分部经营自主权，在促进充分竞争的同时鼓励分部做出与公司总体利益一致性的决策，有利于对分部做出最公正的业绩评价。

4）转移价格要考虑补偿这部分机会成本。

5）略。

问题 214 分析：

1）财务指标只是一种滞后的结果性指标，它只能反映公司过去发生的情况，不能告诉企业如何改善业绩。财务与非财务的平衡强调的是企业不仅要关注财务绩效，更要关注于对财务绩效产生直接影响的驱动因素。

2）该公司是应该通过绩效评价确定经理的奖金，但是不应该主要用总预算来评价。因为总预算的利润没有考虑投资规模和机会成本，财务指标最好用 ROI 和 EVA（RI）作为主要指标，再考虑加上平衡计分卡的其他 3 个维度的指标。

3）员工培训计划达成率、员工技能的提高程度（测试通过率）以及培训经费。

4）公司的决定不会对经理的奖金有影响，因为没有把它作为经理的考核指标。

5）财务报告中共同成本的分配一般比较随意。财务报告中确认的分部与实际管理责任的划分之间可能并不一致。某些分部的绩效不佳的确源于投资不善，而某些分部尽管其管理者的举措无懈可击，但因经济状况不利而导致绩效不佳，年度报告中的信息无法对这两种分部做出区分。如果根据年度财务报告中的信息来评估分部经理的绩效，分部经理可能会感到挫败和不满。

改进方法是对责任中心的界定应与经理的实际职责划分保持一致，而不是使用财务报告中制定的分部规则。所有绩效报告都应采用贡献式方法编制，即按成本行为划分成本，并仅将成本分配给能控制这些成本的分部。绩效报告中应披露边际贡献、分部经理的可控贡献以及分配完共同成本后各个分部的贡献。

6）略。

问题 215 分析：

1）平衡计分卡（BSC）是绩效管理的一种新思路，适用于对部门的团队考核。它不仅是一种管理手段，也体现了一种管理思想，就是只有量化的指标才是可以考核的，必须要将考核的指标进行量化，并且要多方面考核。平衡积分卡包括 4 个方面：财务视角；客户视角；内部业务视角；学习和成长视角。

2）卓越的工业设计；高质量的产品。

3）价值链分析评估客户价值感知度，确定当前成本和绩效标准，评估哪些环节可以增加价值，减少成本。

价值链分析的优点：a. 从利润目标开始对能够创造价值的活动或者因素进行分解，以找出价值真正的来源和关键环节。b. 运用价值链的分析方法可以确定核心竞争力，使企业密切关注组织的资源状态，特别关注和培养在价值链的关键环节上获得重要的核心竞争力，以形成和巩固企业在行业内的竞争优势。

价值链分析的缺点：a. 更多关注在短期提高企业竞争能力，忽视了如何实现长、短期利益的平衡。b. 价值链分析的终点是利润。利润概念虽然在会计核算中非常方便，但是在进行绩效考核时却面临着很多的挑战。c. 较少关注无形资产对于价值创造活动的重要性。

4）略。

问题 216 分析：

1）略。

2）略。

3）原材料运输准时率、原材料运输损耗。

4）略。

5）A. 企业的资产增多，投资回报率降低。B. 租赁设备应作为资产，投资回报率降低。C. 外包后资产减少，投资回报率提高。

问题 217 分析：

平衡计分卡的出现，使得传统的绩效管理从人员考核和评估的工具转变成为战略实施的工具；使得领导者拥有了全面统筹战略、人员、流程和执行 4 个关键因素的管理工具；使得领导者可以平衡长期和短期、内部和外部关系，确保持续发展。但没有办法绝对确保目标得到实现。

问题 218 分析：

有过剩产能时，转移定价高于变动成本即可。

问题 219 分析：

效率是有效产出与获得该产出所必需的投入之间的比率。每天处理的保险索赔案件数衡量的是产出（处理的索赔案）与投入（1 天的工作）之比。

问题 220 分析：

绩效评估是对员工的工作绩效进行评价，以便形成客观公正的人事决策过程。常用的绩效评估方法是目标管理法。在这种方法下，有若干具体的评价指标确定每个员工的绩效，这些评价指标是考核其工作成功开展的关键要素，因此可以作为评价员工的依据。评价指标必须是明确、可证实和可衡量的。4 个选项中只有选项 D 适合客户服务小组绩效标准。

问题 221 分析：

经理人员只对成本负责，如生产部门、服务部门等。

问题 222 分析：

剩余收益强调超过要求回报率收益的绝对金额。在投资回报率下，某个分部有可能拒绝一项低于该分部当前投资回报率的项目。

问题 223 分析：

基于实际成本对转移价格进行限制是为了避免将某个责任中心的低效率转嫁给其他责任中心。

问题 224 分析：

本题考察将材料效率差异与材料用量结合起来的能力。超出主预算生产更多的产品不会影响到每件产品所用材料的数量，且材料效率差异是以实际产量为基础计算出来的，因此选项 D 不能解释大额差异发生的原因。

问题 225 分析：

变动间接费用耗费差异 = 52 164 元 − 4 536 工时 × 12 元/工时 = −2 268 元。

问题 226 分析：

预算标准为每件产品 0.5 千克原材料。直接材料效率差异 = （31 000 件 × 0.48/件 − 31 000 件 × 0.5 千克/件） × 0.74 元/千克 = 458.8 元，有利差异。

问题 227 分析：

聘用的新员工可以造成材料数量的不利差异、人工价格的有利差异和人工效率的不利差异，因为新员工工资较低，工作不熟练，耗费材料较多。

问题 228 分析：

变动制造费用效率差异不能直接说明变动制造费用，如水和电等直接减少，只能说明变动制造费用的成本动因数量减少。该题目是由直接人工工时分配变动制造费用，所以说明是应用了更加熟练的工人。

问题 229 分析：

有利的材料和人工数量差异不可能因为设备运行效率降低。

问题 230 分析：

例外管理不仅要关注不利差异，有利差异也要关注。其他 3 项都是例外管理应当达到的目的。

问题 231 分析：

销售量差异等于销售组合差异加上销售数量差异。销售量差异 = 1 024 000 元 − 544 000 元 = 480 000元，不利差异。

问题 232 分析：

子公司可以自行做出投资决策，属于投资中心。

问题 233 分析：

公司要求的是公平分摊共同成本，所以应该使用独立成本分配法，而不是增量成本分配法，因为是平均分享，所以承担的成本是 50% 的部分。

问题 234 分析：

当部门 1 为部门 2 提供产品时，开工率达到 90%，产能仍然过剩。故此最低按照变动成本价格进行转移，并且不产生销售成本。

问题 235 分析：

设转移价格为 X。那么，X − 12 元/件 = 40 元/件 − X − 4 元/件，解得 X = 24 元/件。

问题 236 分析：

A 分部被裁撤后，相关的收入和费用都不存在，但是分摊的固定成本需要被 B 分部完全承担。B 分部的利润 = 90 万元 − 40 万元 − 50 万元 = 0 元。

问题 237 分析：

项目 A 的 ROI = （140 万元 − 100 万元）/120 万元 = 33.33%。项目 B 的 ROI = （100 万元 − 70 万元）/90 万元 = 33.33%。

问题 238 分析：

纽约州分部 ROI = 30 000 美元/10 0000 美元 = 30%。佐治亚州分部 ROI = 50 000 美元/150 000 美元 = 33.3%。新泽西州分部 ROI = 55 000 美元/200 000 美元 = 27.5%。犹他州分部 ROI = 75 000 美元/235 000 美元 = 31.9%。

问题 239 分析：

资产增加，ROI 下降。

问题 240 分析：

在通货膨胀情况下，资产价值偏低，造成 ROI 偏高。

问题 241 分析：

公司原有 ROI = 1 600 万元/10 000 万元 = 16%。新投资项目的 ROI = 100 万元/250 万元 = 40%，可以使公司的 ROI 上升。投资后 ROI = （1 600 万元 + 100 万元）/（10 000 万元 + 250 万元） = 16.4%。该项目剩余收益 = 100 万元 − 250 万元 × 14% = 65 万元。

问题 242 分析：

新产品研发等其他选项是学习和成长维度的内容。

问题 243 分析：

其他 3 项均为客户维度的指标，考核员工忠诚度一般使用员工满意度、员工保持度等指标。

问题 244 分析：

在 18 000 单位产品时，制造费用的弹性预算金额 = 48 000 元/16 000 单位 × 18 000 + 270 000 元 = 324 000 元。制造费用的弹性预算差异 = 320 000 − 324 000 元 = −4 000 元，有利差异。

问题 245 分析：

销售 22 000 个产品的弹性预算利润 = 22 000 个 × （50 元/个 − 35 元/个） − 300 000 元 = 30 000 元。实际利润 = 22 000 个 × （50 元/个 − 35 元/个） − 290 000 元 = 18 000 元。弹性预算差异 = 18 000 元 − 30 000 元 = −12 000 元，不利差异。

问题 246 分析：

销售的收入是弹性预算差异，并且是有利差异，这个差异最好的解释是选项 D。销售数量变化不会引起弹性预算差异。

问题 247 分析：

低质量、低成本材料引起返工增加的成本可以引起材料价格有利差异和人工用量不利差异。

问题 248 分析：

由于房租升高，造成成本增高，故此售价也会提高，导致销售量降低。

问题 249 分析：

原材料差异大于 1 000 元，也超过了预算额 10% 以上。直接人工差异超过预算值 10%，但是超过了 1 000 元。

问题 250 分析：

A 原料和 B 原料的预算混合比例为 35% 和 65%，实际混合比例为 40% 和 60%。混合差异 = A 原料混合差异 + B 原料混合差异 = 10 元/千克 × 40 000 千克 ×（40% − 35%）+ 8 元/千克 × 40 000 千克 ×（60% − 65%）= 4 000 元，不利差异。

问题 251 分析：

分析：这是例外管理的标准反映。

问题 252 分析：

销售点不负责自己的租金，租金是由总部来支付的，它仅仅负责收入。

问题 253 分析：

由于该零配件市场竞争激烈，证明该产品有外部市场，企业应当优先使用市场价格进行转移来确认。

问题 254 分析：

由于 A 公司有剩余生产能力，故此转移的价格最低为变动成本。

问题 255 分析：

在不进行研发的情况下，占地成本和租赁成本是必须要产生的。研发成本和其他费用不产生。

问题 256 分析：

销售收入 = 1 000 元/件 × 10 万件 = 1 亿元。现金折扣 = 1 亿元 × 0.02 = 200 万元。毛利率 = （1 亿元 − 200 万元 − 2 600 万元 − 300 元/件 × 10 万）/1 亿元 = 42%。

问题 257 分析：

堪萨斯州分部投资回报率 =（120 万元 + 210 万元）÷（805 万元 + 1 000 万元）= 18.28%。北花园城分部投资回报率 =（294 万元 + 210 万元）÷（914 万元 + 1 000 万元）= 26.33%。纽约分部投资回报率 =（318 万元 + 210 万元）÷（1650 万元 + 1 000 万元）= 19.92%。洛杉矶分部投资回报率 =（104 万元 + 210 万元）÷（745 万元 + 1 000 万元）= 17.99%。

问题 258 分析：

利润提高，库存量和投资额下降都可以提高 ROI。要求资产回报率上升，不利于被考核对象。

问题 259 分析：

剩余利润 = 营业利润 − （总资产 − 流动负债） × 最低报酬率 = 365 000 元 − 199 800 元 = 165 200 元。该题更接近 EVA 的概念，CMA 考试题中经常出现混淆，请考生根据情况综合判断题意。

问题 260 分析：

平衡积分卡的 4 个维度中，第 1 个选项不在其中。

问题 261 分析：

上述的指标均为非财务指标。

问题 262 分析：

平衡计分卡使用多个财务指标和非财务指标考核绩效。

问题 263 分析：

230 000 元 − 825 000 元 × 14% + 180 000 元 × 70% − 42 000 元 − 160 000 元 × 14% = 176 100 元。

问题 264 分析：

500 000 元 − 55 000 件 × 0.5 小时/件 × 500 000 元/25 000 小时 = −50 000 元。

问题 265 分析：

选项 A 属于客户指标，选项 C 属于财务指标，选项 D 属于学习成长指标。

问题 266 分析：

固定间接费用的弹性预算差异就是耗用差异，没有效率差异。工作量差异不属于弹性预算差异。

问题 267 分析：

使用工资低但技能低于标准的员工会造成有利的工资率差异和不利的效率差异。

问题 268 分析：

不同产品线的支持作业差距较大，且选择单一成本分配基础容易造成间接成本分配不合理。这种情况适用作业成本法。

问题 269 分析：

题目中提到有部门为主要业务部门，那么适用增量成本分摊方法。

问题 270 分析：

不但要关注有利差异，也要关注不利差异。

问题 271 分析：

28 元/小时 − 200 000 元 ÷ 100 000 小时 = 26 元/小时。

问题 272 分析：

实际生产数量低于预算标准，造成固定间接费用分配不足，产生不利的生产数量差异。

问题 273 分析：

计算客户盈利能力需要确定所有相关成本，包括确定每个用户的销售费用。

问题 274 分析：

RI 相比 ROI，更好地实现目标一致性，因为使用要求回报率作为标准。

问题 275 分析：

收入确认政策影响收入确认时间，从而影响部门盈利能力。

问题 276 分析：

1）剩余收益(RI) = 15 000 000 元 − (60 000 000 元 × 10%) = 9 000 000 元。奖金 = 600 000 元 + 25% × (9 000 000 元 − 4 000 000 元) = 1 850 000 元。

2）A. 奖金是 1 850 000 的 50%（925 000 元）。设股票的市场价值每年复合增长率为 7%，递延数目也每年增加 7%，5 年后的价值 = 925 000 元 × 1.403 = 1 297 775 元。

B. 递延奖金发放的优点包括：①员工专注于长期的成果；②有些短期成果无法持续，不应过多关注短期结果；③公司和员工的目标更紧密；④员工认同公司的利益关系及其长期的成功；⑤提高留职率；⑥减少第 1 年的现金流出。

递延奖金发放的缺点包括：①员工可能会感到他们无法控制股票的市场价格（股票市价的波动部分基于市场行情，与电子部的绩效无关），因此，也无法掌握递延的奖金；②如果 D 公司的股价在 5 年内大幅下降，可能会导致员工士气低落，因而感觉奖励计划是不公平的；③电子部的绩效可能和母公司（DPI）的股票市场价值之间关系不大；④某些员工可能不喜欢这个计划，因为他们没能及时拿到全部奖金。

3）a. 经济增加值（EVA）=税后净营业利润 -（投资资本 × 资本成本率）。在计算过程中，对营业利润和投资资本可能有多种不同的调整。

b. 经济增加值优点包括：①像剩余收益（RI）一样，它比投资回报率（ROI）更能促进目标一致性；②像剩余收益（RI）一样，它是一个绝对值，而不是百分比；③像剩余收益（RI）一样，它包括了对投资成本的估算。

经济增加值缺点包括：①计算可能非常复杂，牵涉很多调整；②不能保持应用的一致性；③虽然被用于经济衡量指标，但仍依赖于会计数据。

4）是的。剩余收益（RI）比投资回报率（ROI）更能促进目标一致性。目标一致性是指管理者努力达到公司整体目标。投资回报率（ROI）的问题是，它是一个百分比，而不是绝对值。一个方案可能有利于提高公司整体的净现值，但可能因降低了投资回报率，而被经理拒绝。第 1 年或第 2 年的剩余收益（RI）可能会减低。

5）a. 公司在他们的奖励计划中采用非财务指标的原因有多种：①“平衡计分卡”，考虑了客户、内部业务、学习与成长及财务等因素，有助于公司专注于战略因素以确保公司长期的成功；②如果只关注在财务方面的业绩（特别是当前的盈利能力），可能会影响研究与开发、产品创新、质量、客户服务等；③非财务因素往往提供可持续的优势，如创新和客户满意度。

b. 分配奖金基于工作团队的表现（而不是个人表现）的优点包括：①肯定团队能够比个人产生更好的结果；②鼓励员工的团队精神；③职位普通但高绩效的员工，能与职位显著的人一起分享利益。其缺点包括：①个别员工可能会觉得他们要分担团队里某些不努力成员的负担；②个人没有受到激励，因为奖赏是分给整个团队的；③可能无法对表现非凡的成员予以足够的激励，让他们继续维持高水平的绩效。

问题 277 分析：

1）a. 客户 A 经营利润率 =（100 000 元 - 50 000 元 - 10 000 元 - 15 000 元 - 30 000 元 - 20 000 元 - 10 000元）/100 000 元 = -35%。客户 B 经营利润率 =（150 000 元 - 60 000 元 - 25 000 元 - 20 000 元 - 30 000 元 - 20 000 元 - 10 000 元）/150 000 元 = -10%。客户 C 经营利润率 =（200 000 元 - 70 000 元 - 30 000 元 - 25 000 元 - 30 000 元 - 20 000 元 - 10 000 元）/200 000 元 = 7.5%。客户 C 经营利润率最高。

b. 管理费用、折旧、公用事业成本属于公司分配的不相关成本。如果衡量客户间经营利润的话，只需要考虑其相关成本，因此只考虑销货成本、配送成本和订单处理成本。客户 A 经营利润率 =（100 000 元 - 50 000 元 - 10 000 元 - 15 000 元）/100 000 元 = 25%。客户 B 经营利润率 =（150 000 元 - 60 000 元 - 25 000 元 - 20 000 元）/150 000 元 = 30%。客户 C 经营利润率 =（200 000 元 - 70 000 元 - 30 000 元 - 25 000 元）/200 000 元 = 37.5%。客户 C 经营利润率最高。

c. 甲公司客户成本结构分析如表 7-63 所示。

表 7-63 甲公司客户成本结构分析 （单位：%）

科目	客户 A	客户 B	客户 C
销货成本	50.00	40.00	35.00
配送成本	10.00	16.67	15.00
订单处理成本	15.00	13.33	12.50

客户 C 的销货成本和订单处理成本较低，说明客户 C 购买的是公司毛利率较高的产品，而且订单数量较少。

2）a. 客户 C 的毛利率 =（200 000 元 − 70 000 元）/200 000 元 = 65%。收入增加 = 35 000 元/（1 − 65%）= 100 000 元。

b. 35 000 件/700 件/次 = 50 次。

c. 可以要求客户增加单次订购的数量，减少订货次数，选择价格低的配送企业，减少企业的公共事业部分支出，减少管理部门的费用支出等。

d. 需要考虑订单成本和存货持有成本，这两种成本具有反向关系。

3）略。

4）①病毒防护：确保安装和更新最新版本的防病毒软件，设置防火墙阻止外来风险，限制互联网接入权限，只有与业务相关的活动才能连接互联网；②备份系统：确保重要的系统定期进行备份，设计灾难恢复计划，检查备份系统的人员和资源状况。

5）①原因：银行已记录收款，但现金在此之后才收到。解决方法：设置一个现金收款和银行存款的余额调节表进行调整。②原因：时间差异。解决方法：限制取得实物资产的权限，按照特定记账调整审批进行调节账面记录。③原因：未授权的折扣或向客户提供信用销售。解决方法：建立统一的信用折扣政策，并根据审批执行。

第 8 章　成本管理

8.1　成本术语

8.1.1　基本成本术语

成本：为获得某些对象而放弃的资源，一般用货币数额描述。

成本对象：需对其进行成本计量和分摊的项目，如产品、客户、部门、工作和作业等。

成本池：按照一定标准将成本归纳为不同的类别，这些类别就是成本池。

区分和定义成本池的方法主要有：按照成本类型分组、按照成本来源分组或按照责任分组等。

成本动因：任何与成本之间存在因果关系的因素。

成本归集：收集与组织成本信息，与成本分摊直接相关。

成本分摊：分摊和成本对象有间接关系的成本，以及追溯和成本对象有直接关系的成本。

实际成本：支付的商品或服务的历史成本。

直接成本：直接用于生产过程的各项费用，能够方便地追溯到成本对象。

间接成本：与成本对象相关，但不能追溯到产品，应该在合理估计的基础上分摊。

机会成本：当选择某一种而不是其他情况时，牺牲的潜在利益。

沉没成本：在决策时应忽略，发生在过去并且不能够改变。

最常见的错误是把沉没成本包括在分析中，以证明某个特定领域的持续支出是合理的。

持有成本：与持有存货相关的成本。除存货外，它还包括同存货有关的机会成本和存储成本。

可控成本：特定的经理和业务单位在一年或一年之内能够影响的成本。可控成本可以是固定的，也可以是可变的。

不可控成本：特定的经理和业务单位在一年或一年之内或任何时候都不能够影响的成本。

特定的成本可以对某个分部或经理是可控的，而另一个是不可控的。

不可控成本可以是固定的，也可以是可变的。

差量成本：不同资金用途间存在差异的成本。

成本管理：长期和短期内计划及控制成本的过程。成本管理与盈利计划相关联。

> 注意：影响直接成本和间接成本分类的因素
>
> 1）成本的重要性水平。成本数额越小——成本越不重要，将成本追溯到某个特定成本对象就越不具有经济可行性。
>
> 2）可用的信息收集技术。信息收集技术的进步使我们能把更多的成本划为直接成本。
>
> 3）运营设计。如果公司的设施（或其一部分）专门用于一种特定成本对象，如一种特定产品或特殊顾客，那么就能简单地把它所发生的成本划作直接成本。
>
> 某种特定成本可能对一个成本对象来说是直接成本，同时对另一个成本对象来说是间接成本。

这就是说，直接成本与间接成本的区分取决于成本对象的选择。成本对象的定义越广总成本中就有越大比例的直接成本，管理人员对成本数量的准确性就越有把握。

例题 8-1

老李经营的家电制造厂中成本、成本池、成本对象和成本动因之间的关系如表 8-1 所示。这一例子包括 2 个成本对象（洗碗机和洗衣机）、2 个成本池（组装车间、包装车间）和 5 个成本要素（电动传送、材料处理、监督、包装材料、最后检查）。电动传送追溯到组装车间，然后到 2 个产品。同样，包装材料追溯到包装车间，然后到 2 个产品。相反，由于没有成本池，最后检查的成本直接追溯到 2 个产品。2 项间接成本（监督和材料处理）被分配到 2 个成本池，然后再到产品（分配基础见表 8-1）。

表 8-1　家电制造厂中成本、成本池、成本对象和成本动因之间的关系

成本	成本动因	成本池	成本动因	成本对象
		直接成本		
电动传送	直接追溯	组装车间	直接追溯	洗衣机和洗碗机
包装材料	直接追溯	包装车间	直接追溯	洗衣机和洗碗机
最后检查	直接追溯	不适用	不适用	洗衣机和洗碗机
		间接成本		
监督	分配基础：车间员工数	组装与包装车间	分配基础：产品的直接工时	洗衣机和洗碗机
材料处理	分配基础：产品的零件数量	组装与包装车间	分配基础：产品的零件数量	洗衣机和洗碗机

补充知识：常见的直接成本与间接成本

直接材料成本是产品或其他成本对象中的材料成本（减去购买折扣，但包括运费和相关费用）以及残次品的合理补贴（如一个零件由钢板冲压而成，冲压中损耗的钢材通常也归为产品直接材料）。另外，用于生产而未包含在产成品中的材料则为间接材料成本，比如生产工人使用的一些物品（如抹布、小工具，或者机器所需的材料如润滑油等）。

直接人工成本包括生产产品，提供服务的人工及一些正常的、不可避免的非工作时间，如喝咖啡时间和个人时间。其他非工作时间，如停工时间、培训和配置机器时间将作为间接人工成本。

间接人工成本为生产提供支持，比如监督、质量控制、检查、采购与接收、材料处理、房屋管理人员劳动、停工时间、培训及清理。注意，由于成本对象不同，一个人工项目既可能是直接人工成本也可能是间接人工成本。例如，对一个设备所在的生产车间，设备维护与修理的人工是直接人工成本，但对车间生产出的产品而言，这便是间接人工成本了。

尽管这些直接成本、间接成本的例子都源自制造业，但这些概念对服务业同样适用。例如，对一家餐馆而言，它的成本对象是每一道饭菜，食物和准备食物的成本是直接成本，而购买、处理、储存食物的成本则是间接成本。同样，对律师事务所而言，专业劳动和材料成本是直接成本，而研究资料成本、非专业支持人员成本以及专业员工培训成本是间接成本。

除了人工与材料之外，生产产品或提供服务还需要其他类型的间接成本，以改善各种支持设备，如材料处理所用的设备。

8.1.2　产品成本和期间成本

1. 产品成本

产品成本因企业不同而不同。

对制造业企业来说，产品成本指完成产品所需要的成本；对商业企业来说，指商品存货，包含在销售成本内计算。

对于制造业企业，还有两个重要概念：

1）主要成本。指直接人工和直接材料成本，也就是总直接成本。

2）转换成本。指直接人工成本和间接成本结合在一起。

2. 期间成本

期间成本指在成本发生期间费用化，不能合理地分摊到某个产品的成本，不期望它们在将来带来可计量的收益，也被称为营运费用、销售费用或管理费用。

> 注意：运营中固定资产的折旧是产品成本，非运营固定资产的折旧是期间成本。

8.1.3　不同企业的成本流会计

制造业企业的成本流最为复杂。

制造业企业的存货账户为

使用的直接材料 = 期初直接材料存货 + 净采购 − 期末直接材料存货

其中，

净采购 = 采购 − （采购退回 + 采购折扣） + 运费

产品生产成本 = 期初半成品库存 + 直接材料 + 直接人工 + 间接制造费用 − 期末半成品库存

产品销售成本 = 期初产成品存货 + 产品制造成本 − 期末产成品库存

商业企业的财务报表，是购买成本而不是产品生产成本。

服务业企业很少或没有存货，一般以收入为起点，再扣除经营费用。

8.1.4　成本信息的作用

成本信息的作用为：

1）战略管理。做出完美的决策需要成本信息。

2）计划与决策。经常性决策需要成本信息的支持。

3）管理与经营控制。成本信息为识别低效率，激励高效管理者提供了公正的基础。

4）财务报告。为存货和其他资产提供了准确的会计信息。

8.1.5　管理控制和经营控制中的成本概念

管理控制和经营控制中的两个重要概念是可控性和风险偏好。将可控成本与其他成本区分开很重要，因为可控成本是对管理者们进行评估的基础，而以一个人不能控制的成本对其进行评估将不会产生激励。另外，管理会计师必须认识到，在建立成本管理系统的过程中，管理者倾向于厌恶风险，这将导致管理者决策与高层管理目标相冲突。

例题 8-2

甲公司是一家制造公司，财务部门遇到以下几个问题：

1）该公司如何进行存货分类？

2）设备的维修成本、直接人工和一个会计期间的折旧成本分别属于哪种类型的成本？

3）该公司直接材料期初存货为 11 000 美元，当期购入的直接材料为 73 000 美元，直接材料期末存货为8 000 美元。当期发生直接人工成本为 9 000 美元，制造费用为 20 000 美元。在产品期初存货为 6 000 美元，在产品期末存货为 7 000 美元。期初产成品存货有 22 000 美元，期末产成品存货有 18 000 美元，那么该企业的产品销售成本是多少？

答：

1）分为直接材料、在产品、产成品。

2）根据 SFAS 151《存货成本》，设备维修费用、直接人工和折旧费用都是产品成本。

3）当期耗用的直接材料 = 11 000 美元 + 73 000 美元 − 8 000 美元 = 76 000 美元。产品制造成本 = 6 000 美元 + 76 000 美元 + 9 000 美元 + 20 000 美元 − 7 000 美元 = 104 000 美元。产品销售成本 = 104 000 美元 + 22 000 美元 − 18 000 美元 = 108 000 美元。

8.2　成本度量

8.2.1　成本行为与成本对象

相关范围：针对一个特定的成本动因，在一个特定的持续期间来定义，要求被限制在一个相关范围内。

变动成本：在一个相关范围内，同某个成本动因的数量变化成正比。

固定成本：一个成本动因在一个相关范围内，在持续期间变化时保持不变。产量增加时，单位固定成本会下降。

其中：

1）酌量性固定成本（酌定成本）：可以包括在预算中，也可以从预算中扣除。

2）约束性固定成本（既定成本）：短期内不能被忽略，源于之前的产能相关决策。

给定产出水平时，有公式

$$给定产量水平下的单位总成本 = 单位固定成本 + 单位变动成本$$

阶梯式成本：在一个很狭窄的相关范围内的固定成本，又分为阶梯式固定成本和阶梯式变动成本。

总成本：是某个成本对象的全部固定成本和变动成本。当总成本中既包含固定成本又包含变动成本时，就称为混合成本。

> 注意：直接成本可以是固定成本，也可以是变动成本；间接成本可以是固定成本，也可以是变动成本。

例题 8-3

关于固定成本和变动成本的说法错误的是(　　)

A. 每件产品的固定成本会随着产量的减少而增加。

B. 一定时段内总固定成本保持不变。

C. 总变动成本会随产量的增加而下降。

D. 总变动成本会按照比例随生产水平变化而改变。

答：

C。

分析：变动成本不会随产量增多而下降，应当是上升。

成本行为只有在相关范围内保持稳定，超出相关范围成本行为也会发生改变。在通常情况下，时间区间越短，固定成本比例越高；时间延长，部分固定成本会转化为变动成本。

8.2.2 产能

产能是产量的约束条件或者说是瓶颈。产能在相关范围内，接近产能极限时，经营效率逐渐降低。实际产能是考虑了平均错误或故障次数、节假日和其他现实因素的产能，比较适合预算使用。理论产能是所有现实因素被忽略的产能。

正常产能利用率是能够满足某个期间内平均客户需求的产能利用水平，其中考虑了需求的季节性和周期变化。总预算产能利用率是用于预算的当年的正常产能利用率。

产能水平可用于分摊成本，对应每种产能水平得出不同的金额，所以选择合适的产能水平对成本分析、管理层激励和绩效评估很关键。

在每个会计年度初，管理者要为不同生产能力概念确定不同的基准水平，并且计算不同的单位预算固定生产成本。为不同目的选择不同基准水平的问题及其影响，包括：

1）对产品成本及生产能力的管理。

2）定价。

3）业绩评价。

4）外部报告。

5）政策法规。

6）生产能力水平的预测难度。

正常生产能力取决于选择的时间跨度以及对各年生产的预测，经常被用于制订长期计划。然而正常生产能力是一个平均量，无法反映营销经理一年来的业绩。如果使用这一指标评价营销经理的业绩，那就犯了用长期评价指标衡量短期业绩的错误。总预算生产能力比正常生产能力及实际生产能力更适合于评价当年营销经理的业绩。这是因为总预算是主要的短期计划和控制工具，设计总预算时考虑到当年可以达到的最大销售量，对于管理者来说更有强制力。当实际生产能力与总预算生产能力之间存在巨大差异时，一些公司把差异中的一部分归入计划闲置生产能力。这种方法的出发点之一就是有利于业绩评价。

在美国，根据税收总署的规定，公司必须使用实际生产能力计算产品固定生产成本，并且在年末，存货和产品销售成本之间任何差异的分配都应计入公司的经营利润（非重大差异除外）。

在分摊间接费用时使用理论产能，产品实际分摊的间接费用偏低，会计期末尚未分摊的余额更多，进而最终会反映在利润表中（或者进入存货中）。

注意：计算固定间接费用分摊率时，使用实际产能作为分母可以有效提高管理水平。

补充知识：生产能力成本管理

生产能力成本管理（Capacity Cost Management，CCM）的本质是以支持企业战略发展方向的方式，有效管理组织的价值创造能力、流程和生产能力。公司通过追求下列目标以实现目的：最小化核心增值作业的单位生产成本，并且通过建立适当的标杆、改进相关流程和更有效地利用资源以最小化浪费。

生产能力成本管理系统的设计与实施为公司提供了多种好处，其中还包括提高盈利能力和劳动生产率的能力。生产能力成本管理系统强调改进工作能提高生产能力利用或有效产出的领域，它是关于资源运用效果的重要信息来源，也是一种服务于多种目的和用户的报告与沟通工具。生产能力成本管理系统提供了一种消除浪费、提高产量以及提高管理者了解并影响主要流程的能力，是任何一个公司的整体信息系统中不可缺少的部分。生产能力成本管理系统不仅适用于制造业，也适用于服务业。对于服务性组织，了解所运用的人力资本的生产能力同汽车制造商了解其机器及其他设备的生产能力一样重要。人们应该像思考汽车的里程计和油量表的方式一样思考生产能力成本管理系统，它只不过是引导组织发展的又一个绩效考核工具。

例题 8-4

甲公司预算年固定生产成本为 1 080 000 元，理论生产能力为 18 000 件，实际生产能力为 12 000 件，正常生产能力为 10 000 件，总预算生产能力为 8 000 件。预算变动生产成本是每件 200 元，请计算不同生产能力概念的单位总生产成本。

答：

在理论生产能力下，单位总生产成本 = 1 080 000 元 ÷ 18 000 件 + 200 元/件 = 260 元/件。在实际生产能力下，单位总生产成本 = 1 080 000 元 ÷ 12 000 件 + 200 元/件 = 290 元/件。在正常生产能力下，单位总生产成本 = 1 080 000 元 ÷ 10 000 件 + 200 元/件 = 308 元/件。在总预算生产能力下，单位总生产成本 = 1 080 000 元 ÷ 8 000 件 + 200 元/件 = 335 元/件。甲公司在分别从事管理计划和控制、外部报告或申报所得税时，不必使用同一种生产能力水平概念。

8.2.3　成本动因

1. 作业成本动因

作业成本动因关注作业的变化对经营总成本产生怎样的变化，可以帮助企业确定哪些作业能增加价值，以便去除非增值作业。它要求每个作业的成本能被确定。

2. 数量成本动因

这是建立在使用数量上，如直接材料和直接人工。

3. 结构性成本动因

这是建立在全面战略基础上的，是长期的，一共有 4 个方面：

1）项目的规模或增长速度影响到所有成本。

2）战略需求下的经验水平影响总成本。

3）流程的工艺水平使流程更有效率或质量更高。

4）减少复杂性将减少产品开发、分销和服务的成本。

4. 执行性成本动因

与结构性成本动因相对，它一般是用于降低经营成本的短期决策。成本动因举例如表 8-2 所示，包括 3 个方面：

1）劳动力的投入越大，劳动力成本占总成本的比例就越低。

2）生产流程设计消除供应链中的瓶颈。

3）供应商关系减少总成本。

表 8-2 成本动因举例

结构性成本动因		执行性成本动因	
规模	对生产、研发、营销及其他资源的投资有多大？	员工参与	员工参与了决策和绩效的改进吗？
范围	纵向整合－横向整合的程度哪个与规模更相关？	生产能力利用	最大工厂建设在规模上有哪些选择？
经验或学习	公司多长时间举办一次活动？	工厂布局效率	根据现行标准，工厂布局的效率如何？
技术	公司价值链的各个步骤采用了哪些流程技术？	生产配置	产品的设计有用吗？
复杂性	为客户提供的产品线或服务线有多广？	与供应商和客户的联系	按照公司的供应链，利用与供应商和客户之间的联系了吗？

例题 8-5

就用以分摊同质成本集合的基础而言，以下哪种说法是正确的？（ ）

A. 用以分摊同质成本集合的基础应该成为一种非财务衡量指标（如调试次数），故为非财务指标更客观。

B. 即使成本对象并不以统一方式使用资源，用以分摊同质成本集合的基础也应该将成本集合中的各项成本向成本对象进行分摊。

C. 用以分摊同质成本集合的基础应该与成本集合中的各项成本存在因果关系。

D. 作为唯一的选择标准，用以分摊同质成本集合的基础应与成本集合中的各项成本高度相关。

答：

C。

用以分摊同质成本集合的基础应该是与成本集合中的各项成本存在因果关系，即成本动因。

8.2.4 实际成本法、正常成本法和标准成本法

1. 实际成本法

这种方法记录发生的所有实际成本，直到会计期末才能确定。这种方法的特点是非常准确，但是以信息滞后为代价，而且结果会使不同期间生产的产品单位成本不相同。

2. 正常成本法

这种方法中直接材料与直接人工采用实际成本，而对于制造费用采用预定间接成本分摊率进行分摊。

这种方法的使用出于 3 种原因：

1）实际间接成本不能很容易地确定。

2）保持生产成本的现时性。

3）消除企业间接成本分摊率的波动。

正常成本法的 4 个步骤是：

1）做出年度的间接成本预算。

2）为计算间接成本选择成本动因。

3）估计成本动因的年度总金额或数量。

4）计算预定间接成本分摊率。

预定间接成本分摊率 = 预算间接成本/估计的成本动因的总金额或总数量

正常成本法有时候会出现过度分摊或分摊不足的情况。当差异较小时，调整产品销售成本；当差异较大时，将差异按比例分摊到存货和产品销售成本上。

3. 标准成本法

标准成本法对直接成本/人工和间接成本采用预定（标准）的分摊率。该方法的结果可以展示差异出在哪里。

标准成本可以分解为：按实际产量调整的成本动因的标准数量，单位成本动因的标准成本分摊率。

3 种方法的对比见表 8-3。

表 8-3　成本计量系统

成本核算系统	直接材料	直接人工	间接费用
实际成本法	实际成本	实际成本	实际成本
正常成本法	实际成本	实际成本	已分配间接费用（使用预先确定的分配率）
标准成本法	标准成本	标准成本	标准成本

例题 8-6

甲公司本月预算生产产品为 100 件，机器工时为 200 小时，间接制造费用为 600 元。甲公司本月实际生产产品为 110 件，机器工时为 210 小时，间接制造费用为 640 元。请计算在实际成本法、正常成本法和标准成本法下的间接制造费用。

答：

单位产品成本动因标准数量 = 200 小时 ÷ 100 件 = 2 小时/件。

单位机器工时间接制造费用分摊率 = 600 元 ÷ 200 小时 = 3 元/小时。

实际成本法下，间接制造费用为 640 元。

正常成本法下，间接制造费用 = 3 元/小时 × 210 小时 = 630 元。

标准成本法下，间接制造费用 = 110 件 × 2 小时/件 × 3 元/小时 = 660 元。

8.2.5　设计和选择产品成本核算系统的原则

管理会计师在设计或选择一个合适的产品成本核算系统时，应遵循以下方针：

1）了解行业和产品的性质及不断变化的制造环境。

2）为管理战略和运营决策提供有用的成本信息。

3）考虑取得、设计、修改和运行一个特定系统的费用和收益。

8.2.6 吸收成本法与变动成本法

吸收（完全）成本法是存货成本既包括变动制造成本也包括固定制造成本的成本方法。变动（直接）成本法是存货成本仅有变动制造成本的成本方法，固定成本作为费用。

吸收成本法下的计算公式

产品成本 = 直接材料 + 直接人工 + 变动间接制造费用 + 固定间接制造费用

期间费用 = 变动销售管理费用 + 固定销售管理费用

变动成本法下的计算公式

产品成本 = 直接材料 + 直接人工 + 变动间接制造费用

期间费用 = 变动销售管理费用 + 固定销售管理费用 + 固定间接制造费用

两种成本方法的关系是：

1）产量大于销量，变动成本法的利润小于吸收成本法的利润。

2）产量小于销量，变动成本法的利润大于吸收成本法的利润。

3）产量等于销量，变动成本法的利润等于吸收成本法的利润。

两种成本方法的利润差额 = 产销量之差 × 单位固定制造费用

= 期初期末存货差 × 单位固定制造费用

吸收成本法是联邦税务局与公认会计准则要求的标准方法。这种方法下，经理人可以通过增加库存来操控经营利润。

变动成本法用于内部报告。这种方法关注那些可被追溯至责任中心，并可被其控制的项目。

> 注意：边际贡献式利润表
>
> 变动成本法下的利润表格式和吸收成本法格式（即按财务会计准则编制）的区别是，总收入减去总变动成本，得到边际贡献，再减去固定成本，得到营业利润。

例题 8-7

老李位于大兴的公司去年的经营情况如下：

1）生产 1 000 件产品，出售 900 件产品，均和预算一致。

2）没有期初、期末在产品存货，也没有期初产成品存货。

3）预算的固定成本和实际发生额相等，所有的变动制造成本只受产量影响，所有的变动销售费用只受销量影响。

4）预算的单价和成本数据是：售价 200 元/件，直接材料 60 元/件，直接人工 40 元/件，变动制造成本 20 元/件，固定制造成本 10 元/件，变动销售费用 24 元/件。固定销售费用为 8 元/件，总额为 7 200 元；固定管理费用为 4 元/件，总额为3 600 元。

那么，采用吸收成本法或者变动成本法，该公司去年的经营利润分别是多少？

答：

1）在吸收成本法下，存货成本包括直接材料、直接人工、变动制造费用、固定制造费用。

销货成本 = 销售量 ×（直接材料 + 直接人工 + 变动制造费用 + 固定制造费用）=900 件 ×（60 元/件 +40 元/件 +20 元/件 +10 元/件）=117 000 元。

经营利润 = 销售收入 - 销货成本 - 销售费用 - 管理费用 =900 件 ×200 元/件 -117 000 元 -（900 件 ×24 元/件 +7 200 元）-3 600 元 =30 600 元。

2）在变动成本法下，存货成本包括直接材料、直接人工、变动制造费用。

销货成本 = 销售量 ×（直接材料 + 直接人工 + 变动制造费用）=900 件 ×（60 元/件 +40 元/件 +20 元/件）=108 000 元

经营利润 = 销售收入 - 销货成本 - 固定制造费用 - 销售费用 - 管理费用 =900 件 ×200 元/件 -108 000元 -1 000 件 ×10 元/件 -（900 件 ×24 元/件 +7 200 元）-3 600 元 =29 600 元。

3）吸收成本法大于变动成本法的经营利润额度 = 产销量之差 × 单位制造费用 =（1 000件 -900 件）×10 元/件 =1 000 元。

吸收成本法利润表和边际贡献格式利润表分别见表 8-4、表 8-5。

表 8-4　吸收成本法利润表　（单位：元）

科目	金额
销售收入	180 000
销售成本	117 000
毛利	63 000
变动销售费用	21 600
固定销售费用	7 200
固定管理费用	3 600
经营利润	30 600

表 8-5　边际贡献格式利润表　（单位：元）

科目	金额
销售收入	180 000
销售成本	108 000
变动销售费用	21 600
边际贡献	50 400
固定制造费用	10 000
固定销售费用	7 200
固定管理费用	3 600
经营利润	29 600

最高管理层在主计长和管理会计师的帮助下，能够采取以下步骤降低吸收成本法的不利影响：

1）认真对待预算和存货计划，降低管理层提高存货水平的自由度。例如，每月的预算资产负债表应包含对存货金额的估计，如果实际存货超出预算额，高层管理者应对存货增加的原因展开调查。

2）在内部会计系统中，收取存货持有费。例如，对管理者进行业绩评价时，利用每月 1% 的存货持有费评估存货投资利润和存货损坏与过时程度。

3）改变业绩评价的期间。吸收成本法会导致管理人员采取行动以牺牲长期利润为代价换取当季或当年利润的最大化。当业绩评价期延长 3 ~5 年时，管理者为存货生产的动机就会降低。

4）非财务变量和财务变量一起作为业绩评价的指标。

8.2.7 产出成本法

一些管理者强调，即使是变动成本法也鼓励将一些额外的成本计入存货。他们认为只有直接材料是“真正可变的”。产出成本法（Throughput Costing），因为是变动成本法的一种极端形式，故也被称为超变动成本法（Super-variable Costing）。在这种存货成本计算方法之下，只有直接材料可以计入存货成本，而其他所有成本在发生当期均作为期间费用处理。特别地，变动直接制造人工成本和变动间接生产成本视为期间费用，在当期作为费用扣除。

8.2.8 存货成本计算方法的比较

变动成本法及吸收成本法可以与实际成本法、正常成本法或标准成本法结合起来。表 8-6 比较了几种存货成本计算方法下的产品成本计算。

表 8-6 不同存货成本计算法的比较

<table>
<tr><th colspan="3">项目</th><th>实际成本法</th><th>正常成本法</th><th>标准成本法</th></tr>
<tr><td rowspan="4">吸收成本法</td><td rowspan="2">变动成本法</td><td>变动直接生产成本</td><td>实际价格 × 实际投入数量</td><td>实际价格 × 实际投入数量</td><td>标准价格 × 实际产出下的标准投入数量</td></tr>
<tr><td>变动间接生产成本</td><td>实际变动间接成本分配率 × 成本分配基础的实际消耗量</td><td>预算变动间接成本分配率 × 成本分配基础的实际消耗量</td><td>标准变动间接成本分配率 × 实际产出下的成本分配基础的标准消耗量</td></tr>
<tr><td rowspan="2">固定成本法</td><td>固定直接生产成本</td><td>实际价格 × 实际投入数量</td><td>实际价格 × 实际投入数量</td><td>标准价格 × 实际产出下的标准投入数量</td></tr>
<tr><td>固定间接生产成本</td><td>实际固定间接成本分配率 × 成本分配基础的实际消耗量</td><td>预算固定间接成本分配率 × 成本分配基础的实际消耗量</td><td>标准固定间接成本分配率 × 实际产出下的成本分配基础的标准消耗量</td></tr>
</table>

会计界存在关于变动成本法的争论，争论的焦点并不是采用变动成本法还是吸收成本法进行内部计划和控制，而是在外部报告中应该采用哪种方法。支持采用变动成本法编制外部报告的会计师认为，生产成本中的固定部分与生产能力更相关，而不是特定产量下的实际生产水平，因此固定成本应费用化，而不是计入存货成本。

吸收成本法的支持者认为存货应该包含固定生产成本。变动及固定生产成本都是生产所必须支付的成本，因此两种成本都应计入存货，以使全部生产成本与收入配比，而不论其本身的性态如何。

8.2.9 联产品成本法

联产品指共享一部分生产工序且各自拥有相对相同的销售价值的产品，如石油加工。

分离点是指产品分离且分别确认的时点。分离点不一定是产品完工时的时点。

联合成本是指在未分离前的联产品生产过程中发生的，应由所有联产品共同负担的成本。可分离成本是指联产品在分离后继续作业，所追加的变动成本和专属的固定成本。

> 注意：在决策分析中，联合成本属于无关成本，而可分离成本属于相关成本。

联产品成本流程见图 8-1。

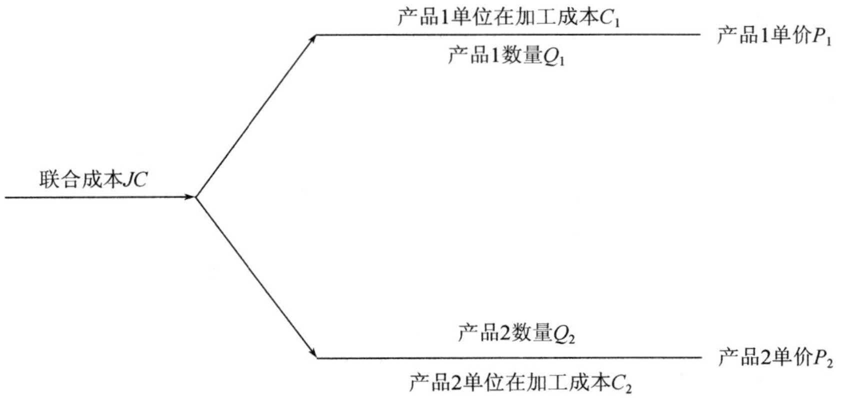

图 8-1　联产品成本流程

确认联产品成本的方法有：

> 注意：确认联产品成本是财务会计报告的要求。

（1）市场基础法

市场基础法根据分离时点的相对市场价值进行分摊，不能用于在分离点后、价值形成前需要额外工序的产品。分摊的联合成本是

$$JC_1 = (P_1 \times Q_1) / (P_1 \times Q_1 + P_2 \times Q_2) \times JC$$

$$JC_2 = (P_2 \times Q_2) / (P_1 \times Q_1 + P_2 \times Q_2) \times JC = JC - JC_1$$

（2）毛利法

毛利法假设各联产品拥有相同的毛利率，存在额外工序成本时也可使用，但这种方法可能导致成本分摊的扭曲。分摊的联合成本是

$$JC_1 = (JC + C_1 \times Q_1 + C_2 \times Q_2) / (P_1 \times Q_1 + P_2 \times Q_2) \times P_1 \times Q_1 - C_1 \times Q_1$$

$$JC_2 = (JC + C_1 \times Q_1 + C_2 \times Q_2) / (P_1 \times Q_1 + P_2 \times Q_2) \times P_2 \times Q_2 - C_2 \times Q_2 = JC - JC_1$$

（3）可实现净值法

可实现净值法用于当市场价格在分离点不能确定，并有额外工序时。分摊的联合成本是

$$JC_1 = [(P_1 - C_1) \times Q_1] / [(P_1 - C_1) \times Q_1 + (P_2 - C_2) \times Q_2] \times JC$$

$$JC_2 = [(P_2 - C_2) \times Q_2] / [(P_1 - C_1) \times Q_1 + (P_2 - C_2) \times Q_2] \times JC = JC - JC_1$$

（4）物理指标法

物理指标法基于物理指标分摊，易于使用、客观、标准，但是实际利润可能失真。分摊的联合成本是

$$JC_1 = Q_1 / (Q_1 + Q_2) \times JC$$

$$JC_2 = Q_2 / (Q_1 + Q_2) \times JC = JC - JC_1$$

所有制造成本中的联合成本都应分摊给联产品。

（5）方法的选择

如果存在分离点销售价格数据，就采用市场基础法，原因如下：在联合生产过程后，可以直接衡量联产品的价值；无须预测后面的管理决策；联合成本分配共同基础的可获得性；简明。

如果不存在分离点销售价格数据，可以使用可实现净值法，与毛利法和物理指标法相比，它更好

地度量了收益。毛利法不用取衡量各种产品在分离点的收益，但问题是假设所有产品都有相同的毛利率，这是比较少见的。物理指标法使用相对较少。

例题 8-8

老李新设立的北方公司将 100 升的原材料加工成 75 升的产品 GS-50 和 25 升的产品 GS-80，以 5 000元的成本将产品 GS-50 进一步加工成为 50 升的产品 GS-505，以 2 000 元的成本将产品 GS-80 进一步加工成为 50 升的产品 GS-805。表 8-7 描述了这一生产流程。

生产过程始于点 1，到达点 2 的联合生产成本共 20 000 元。点 2 是加工过程的分离点，生产产品 GS-50 和 GS-80。在该点，GS-50 可以每升 300 元出售，GS-80 可以每升 60 元出售。加工过程完成于点 3，得到产品 GS-505 和 GS-805，其售价分别为 500 元/升和 140 元/升。

表 8-7 联产品成本流

点 1	点 2	点 3
以 20 000 元的成本加工 100 升原材料	75 升的 GS-50	50 升的 GS-505
	25 升的 GS-80	50 升的 GS-805

分别用以下 4 种方法对联产品成本进行分配：

1）物理指标法。

2）市场基础法。

3）可实现净值法。

4）毛利法。

答：

（1）物理指标法

产品 GS-50 分配的成本 =75 升 ÷（75 升 +25 升）×20 000 元 =15 000 元，单位成本 =15 000 元/75 升 =200 元/升。

产品 GS-80 分配的成本 =25 升 ÷（75 升 +25 升）×20 000 元 =5 000 元，单位成本 =5 000元/25 升 =200 元/升。

物理指标法的优点为：容易使用；联产品成本的分配标准具有客观性。但这一方法却忽视了个别产品的获利能力，个别产品的获利在联产品间变化很大，且与实物计量无关，而且每种产品有其特定的实物计量单位。因此物理指标法就不适用。

（2）市场基础法

产品 GS-50 分配的成本 =（75 升 ×300 元/升）/（75 升 ×300 元/升 +25 升 ×60 元/升）×20 000 元 =18 750 元，产品 GS-50 的单位成本 =18 750 元 ÷75 升 =250 元/升。

产品 GS-80 分配的成本 =（25 升 ×60 元/升）/（75 升 ×300 元/升 +25 升 ×60 元/升）×20 000 元 =1 250 元，产品 GS-80 的单位成本 =1 250 元 ÷25 升 =50 元/升。

市场基础法的优点是：容易计算；根据个别产品的收入进行分配。这一方法优于物理指标法，因为它按照个别产品吸收成本能力的大小将联产品成本进行分配。市场基础法的一个局限是：某些行业的市场价格不断变化。另外，产品在未经额外加工之前，难以得到在分离点上的销售价格。

（3）可实现净值法

产品 GS-50 的可实现净值 =50 升 ×500 元/升 −5 000 元 =20 000 元。

产品 GS-80 的可实现净值 =50 升 ×140 元/升 −2 000 元 =5 000 元。

产品 GS-50 分配的成本 = 20 000 元/（20 000 元 + 5 000 元）×20 000 元 = 16 000 元，产品 GS-505 单位成本 =（16 000 元 + 5 000 元）÷50 升 = 420 元/升。

产品 GS-80 分配的成本 = 5 000 元/（20 000 元 + 5 000 元）×20 000 元 = 4 000 元，产品 GS-805 单位成本 =（4 000 元 + 2 000 元）÷50 升 = 120 元/升。

和市场基础法一样，可实现净值法优于物理指标法是因为：它提供的成本分配方法能够得出一个可预测、可比较的产品盈利能力水平。物理指标法可能误导高层管理者，令其忽视了产品的盈利能力，这将挫伤产品线管理者的士气。但是，相对于市场基础法，可实现净值法缺少客观性。当产品在分离点上不可销售且估计分离点上的销售价值有困难时，这一点便会表现出来。

（4）毛利法

产品 GS-50 分配的成本 =（20 000 元 + 5 000 元 + 2 000 元）/（50 升 ×500 元/升 + 50 升 ×140 元/升）×50 升 ×500 元/升 − 5 000 元 = 16093.75 元。

产品 GS-80 分配的成本 =（20 000 元 + 5 000 元 + 2 000 元）/（50 升 ×500 元/升 + 50 升 ×140 元/升）×50 升 ×140 元/升 − 2 000 元 = 3906.25 元。

8.2.10　副产品的会计处理

副产品指共享一部分生产工序，但各自拥有相对较小价值的产品。

对于副产品的成本，可以使用两种方法确认，如表 8-8 所示。

1）资产辨认法，也就是在产出时确认，可以以可变现净值计入收入或者冲减成本。

2）收入确认法，也就是在销售时确认，可以以可变现净值计入收入或者冲减成本。

表 8-8　副产品成本计算方法总结

确认时间	作为利润表中其他收入	作为利润表中生产成本的减项
生产时间（资产辨认法）	生产期的其他收入	可实现净值法，生产期联产品成本的减项
销售时间（收入确认法）	销售期的其他收入	销售期联产品成本的减项

8.3　成本制度

8.3.1　分批成本法与分步成本法

分批成本法是将成本分摊给特定的批次，分步成本法是通过流程和部门来收集成本，分摊到大量的近似的产品中。这两种方法是从特殊到一般，共同的目的是将直接材料、直接人工和间接成本分摊给产品。两种方法拥有相同的账户。

分批成本法和分步成本法在总的目的、制造账户的设置、制造账户间的成本流方面大体相似：总目的都是正确地将直接材料、直接人工和工厂间接制造成本分配到产品上去；制造账户的设置相同，都包括材料存货、在产品存货、工厂间接费控制和产成品控制，而且成本在这两个系统的制造账户间的流动也是基本相同的。

分批成本法和分步成本法有 3 个主要区别：①在分批成本法中，成本是按批次归集的，而在分步成本法中，成本是按生产部门归集的；②分批成本法有多种不同的产品或服务，它使用分批成本单来为一项特定批次归集和控制成本，而分步成本法有同质产品的大批量生产，它使用生产成本报告来为某一特定部门归集和控制成本；③在分批成本法中，单位成本是在批次完成后按批次来计算的，而在分步成本法中，单位成本是在每个会计期末，通过使用约当产量概念按部门计算的。

例题 8-9

以下哪项的生产环境与所使用的正确成本计算方法相匹配？（ ）

	分批成本法	经营成本法	分步成本法
A.	汽车维修	服装制造	炼油
B.	贷款业务	药品制药	定制印刷
C.	定制印刷	油漆生产	造纸
D.	工程设计	汽车组装	电影制作

答：

A。

分析：分批成本法主要适用于单件或者按批次类型的生产，如造船业、重型机器制造业和某些服务行业等；分步成本法适用于大量同质连续性生产的产品，如化工企业；经营成本法是前两者的结合。

1. 分批成本法

分批成本法的基本步骤：

1）确认批次。

2）追溯该批次的直接成本。

3）确认与批次相关的间接成本池。

4）选择成本的分摊基础（成本动因）。

5）计算每一成本分摊基础的单位分摊率。

实际间接成本分摊率 = 间接成本池的实际总成本/成本动因的实际数量

6）分摊成本给成本对象。

分批成本法下，废品是指认为不可以接受的、被丢弃的或削价处理的产品。其又被分为正常废品和非正常废品。正常废品是直接或间接成本，非正常废品是一种损失。废品的计算公式是

总废品 = 期初存货 + 投入数量 - 完工并结转之合格产品的数量 - 期末存货
= 正常废品 + 非正常废品

返工品是指需要额外工作量进行修理后才能出售的产品。其处理方法是：与特定批次有关的正常返工的成本分摊到半成品存货，与所有批次有关的正常返工的成本分摊到间接成本、非正常返工成本分摊到损失。

残料是没有经济价值的产品或材料。其处理方法是：与特定批次有关的成本分摊到半成品存货，与所有批次有关的成本分摊到间接成本。残料不单独记录，卖出后冲减半成品存货或间接成本。

分批成本法提供特定批次的详细结果（对于不同种类的成本给出了详细的分析说明），可以用于比较不同批次的盈利情况，而且可以融合多种成本方法。

分批成本法为管理者提供信息，使管理者能够在产品、顾客、制造方法、价格决策及其他长期问题上进行战略选择。分批成本信息对企业具有战略重要性，主要原因有 4 点：①企业通过使用成本领先战略或产品差异化战略进行竞争；②有关分批成本法的重要战略问题和潜在伦理问题，涉及企业分配间接费用和摊派的决策；③分批成本法适合服务企业，特别是专业服务企业；④分批成本单可在 4 个方面扩展成战略平衡计分卡，即财务、顾客、内部经营过程及学习与成长。

例题 8-10

甲公司期初在产品存货数量 1 500 件，当期投入数量 8 500 件，合格产品数量 7 000 件，期末在产品存货数量 2 000 件。该公司废品率是完工合格产品的 10%。该公司非正常废品是多少？

答：

总废品 =1 500 件 +8 500 件 -7 000 件 -2 000 件 =1 000 件。非正常废品数量 =1 000 件 -10% × 7 000 件 =300 件。

例题 8-11

甲公司以 615 000 元的成本生产了 20 500 件产品，其中 20 000 件为合格产品，400 件为机器有效运转也无法避免的费用，剩下 100 件是由于机器故障和误操作引起的。计算该公司合格产品单位成本。

答：

单位生产成本 =615 000 元 ÷20 500 件 =30 元/件。

单位合格产品成本 =30 元/件 ×（20 000 件 +400 件）÷20 000 件 =30. 6 元/件。

非正常费用损失为 3 000 元（100 件 ×30/件）。

例题 8-12

老李在密云机械公司使用的是正常成本系统。该公司在 2011 会计年度的最后 1 个月即 3 月 1 日的试算余额信息如表 8-9 所示。

表 8-9　试算余额信息　（单位：元）

材料存货（材料 X：3 000；材料 Y：2 000；间接材料：5 000）	10 000
在产品存货——101 批次	6 000
产成品存货——100 批次	10 000

与 3 月有关的交易如下：

1）采购直接材料和间接材料，收货报告汇总为：材料 X，10 000 元；材料 Y，10 000 元；间接材料，5 000 元；总计 25 000 元。

2）发出直接材料和间接材料，领料单汇总如表 8-10 所示。

表 8-10　领料单汇总　（单位：元）

材料	101 批次产品	102 批次产品	总计
材料 X	5 000	3 000	8 000
材料 Y	4 000	3 000	7 000
小计	9 000	6 000	15 000
间接材料			8 000
总计			23 000

3）发生的工厂人工由这些时间卡汇总：101 批次产品，12 000 元；102 批次产品，8 000 元；间接人工，5000 元；总计 25 000 元。

4）发生的工厂设施、工厂折旧和工厂保险由工厂应付凭单、发票和成本记录单汇总：设施，500 元；折旧，15 000 元；保险，2 500 元；总计，18 000 元。

5）工厂间接费用成本按预定分配率每机器工时 15 元分配到各批次上去。101 批次产品使用了 1 200 小时，102 批次产品使用了 800 小时。

6）3 月底，101 批次产品已完成，而 102 批次产品还在加工过程中。

7）3 月份，100 批次和 101 批次产品装船运给客户。产品的毛利润为制造成本的 20%。

在 3 月底，公司将多分配和少分配的间接费用结转至销货成本账户。

1）编制反映以上交易和事项的分录，给分录编上 1 ~7 号。

2）计算在产品存货账户的期末余额。

3）计算间接费用差异，并指明它是多分配的还是少分配的。

4）将间接费用差异结转至产品销售成本账户。

答：

1）交易分录见表 8-11。

表 8-11 交易分录

①借：材料存货 25 000 元 贷：应付账款 25 000 元 记录购买直接材料和间接材料	②借：在产品存货 15 000 元 工厂间接费用 8 000 元 贷：材料存货 23 000 元 记录直接和间接材料的发出
③借：在产品存货 20 000 元 工厂间接费用 5 000 元 贷：应付工资 25 000 元 记录发生的工厂人工	④借：工厂间接费用 18 000 元 贷：应付账款 500 元 累计折旧——工厂 15 000 元 预付保险费 2 500 元 记录发生的实际间接费用成本，包括工厂设施、折旧和保险费
⑤借：在产品存货 30 000 元 贷：已分配的工厂间接费用 30 000 元 记录将工厂间接费用分配至批次 已分配的工厂间接费用 =15 元/小时 ×（1 200 小时 + 800 小时）=30 000 元	⑥借：产成品存货 45 000 元 贷：在产品存货 45 000 元 记录完成批次 101 批次产品的总生产成本 = 期初存货 + 所加直接材料 + 发生的直接人工 + 已分配的工厂间接费用 =6 000 元 + 9 000 元 +12 000 元 +18 000 元 =45 000 元
⑦借：应收账款 66 000 元 贷：销售收入 66 000 元 记录两项批次的总销售收入 借：销货成本 55 000 元 贷：产成品存货 55 000 元 记录产品销售总成本 装箱单上的总成本 =10 000 元 +45 000 元 =55 000 元 销售额 =55 000 元 ×120% =66 000 元	

2）102 批次产品期末余额 = 直接材料 + 直接人工 + 已分配工厂间接费用 =6 000 元 +8 000 元 + 12 000 元 =26 000 元。

3）实际工厂间接费用 = 间接材料 + 间接人工 + 设施 + 折旧 + 保险费 =8 000 元 +5 000 元 +500 元 + 15 000 元 +2 500 元 =31 000 元。

少分配的工厂间接费 = 实际工厂间接费用 − 已分配的工厂间接费 =31 000 元 −30 000 元 =1 000 元。

4）记录对少分配的工厂间接费用的处理，即将工厂间接费用和已分配的工厂间接费用结转至产品销售成本账户。

借：已分配的工厂间接费用　30 000 元
　　销货成本　　　　　　　1 000 元
　贷：工厂间接费用　　　　31 000 元

2. 分步成本法

分步成本法用于大量同质产品生产流程的情况，尤其适用于高度自动化或重复加工流程。分步成本法追溯数量和成本到部门而不是批次。分步成本法使用成本报告，设有内置检查。

为了计算半成品的成本，分步成本法使用约当产量的概念。约当产量是假设已完成一定量的半成品，其工作条件下本应能够生产的完工产品的数量。管理会计师用直接人工成本、直接材料成本和间接成本来计算约当产量。分步成本法下的约当产量计算，需要给出期初存货已完成百分比。计算公式为

$$\begin{aligned}\begin{matrix}\text{产品的}\\\text{约当产量}\end{matrix} &= \text{期初存货}\times\left(100\% - \begin{matrix}\text{期初存货}\\\text{已完成百分比}\end{matrix}\right) + \begin{matrix}\text{当期投入}\\\text{并完工数量}\end{matrix} + \begin{matrix}\text{期末半成品存货}\\\text{的约当产量}\end{matrix}\\ &= \begin{matrix}\text{当期完工}\\\text{数量}\end{matrix} + \begin{matrix}\text{期末半成品存货}\\\text{的约当产量}\end{matrix} - \text{期初存货}\times\begin{matrix}\text{期初存货}\\\text{已完成百分比}\end{matrix}\end{aligned}$$

例题 8-13

老李在丰台的工厂期初在产品 1 000 件，完工程度 30%。针对这一例子 4 个不同时点的情况如下：

1）直接材料在整个过程中陆续投入。在这一期间，为完成期初在产品，需要增加的约当产量 = 1 000 件 ×（1 – 30%）= 700 件，也就是说，在这一期间，必须再投入相当于 700 件产成品的原材料，才能将期初相当于 300 件产成品的在产品加工完毕。

2）所有原材料在期初一次性投入。在本期，为完成期初在产品需要增加的约当产量 = 1 000 件 ×（1 – 100%）= 0 件，也就是说，如果原材料在期初一次性投入，不需要再增加原材料的投入来加工在产品。

3）所有材料在加工到 40% 时投入。在本期为完成期初在产品需要增加的约当产量 = 1 000 件 ×（1 – 0）= 1 000 件，因为 30% 小于 40%，所以需要再投入相当于 1 000 件产成品的原材料，才能将期初在产品加工完毕。

4）所有原材料在期末投入。在这一期间，为完成期初在产品需要增加的约当产量 = 1 000 件 ×（1 – 0）= 1 000 件，也就是说，在这一期间，必须再投入相当于 1 000 件产成品的原材料，才能将期初相当于 300 件产成品的在产品加工完毕。

老李在顺义的工厂期末在产品 1 500 件，完工程度 60%。针对这一例子 4 个不同时点的情况如下：

1）直接材料在整个过程中陆续投入。期末在产品约当产量 = 1 500 件 × 60% = 900 件，也就是说，期末在产品拥有相当于 900 件产成品的原材料。

2）所有原材料在期初一次性投入。期末在产品约当产量 = 1 500 件 × 100% = 1 500 件，也就是说，如果原材料在期初一次性投入，期末在产品拥有相当于 1 500 件产成品的原材料，不需要再增加原材料。

3）所有材料在加工到 40% 时投入。期末在产品约当产量 = 1 500 件 × 100% = 1 500 件，因为 60% 大于 40%，所以期末在产品所包含的原材料相当于相同数量（1 500 件）的产成品中所包含的原材料。

4）所有原材料在期末投入。期末在产品约当产量 = 1 500 件 × 0 = 0 件，因为期末在产品仅完工 60%，无须增加原材料的投入。

注意：分步成本法下使用转换成本的概念。

分步成本法的成本流转与分批成本法不同，每一个部门都必须有一个半成品库存账户。

编制生产成本报告的步骤：

1）确认实物流。

2）确认约当产量。

3）计算总制造成本。

4）计算单位成本。

5）将总制造成本分摊给各个单位产品。

生产成本报告编制方法有两种：

1）先进先出法。只用当期已发生的成本和已履行的工作，假设期初半成品库存在当期首先被制造完成。

2）加权平均法。使用当期和上一期的成本，只关心期末时产品的状态。

先进先出法与加权平均法中使用的约当产量的关系见图 8-2。

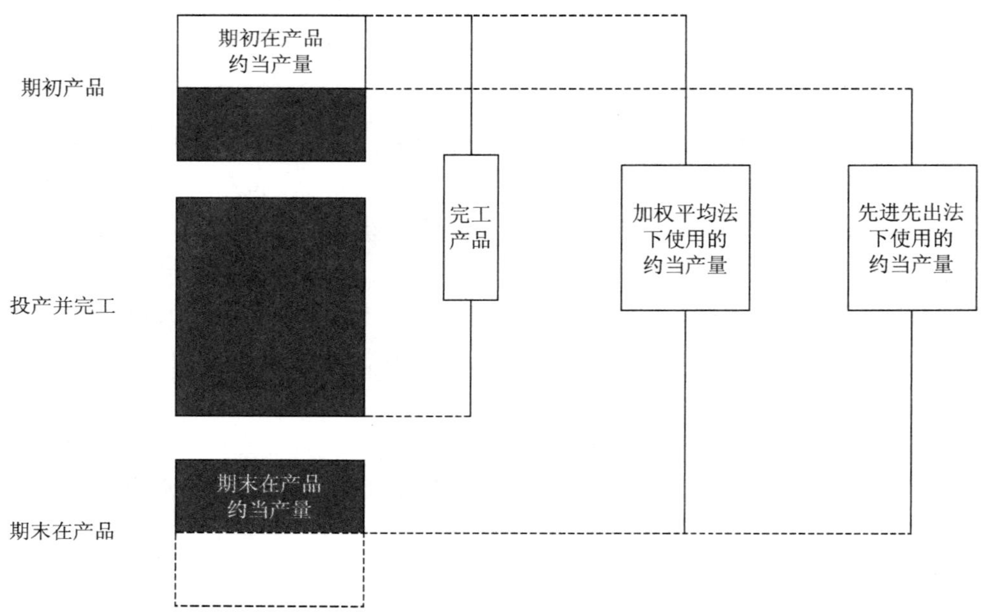

图 8-2 先进先出法与加权平均法中使用的约当产量关系

先进先出法把期初在产品存货量和本期投产、加工完成量分开处理，而加权平均法则相反，它并不对期初在产品存货做单独处理。加权平均法的最大优点是计算简单。当直接材料的价格、转换成本及存货水平稳定时，加权平均法最适用；反之，先进先出法更适用。

实行成本领先战略的企业更偏爱使用先进先出法。因为在先进先出法中，各期单位成本计算互相独立，使得先进先出法的计算便于控制；另外，先进先出法也更接近持续改进的要求。在先进先出法下，约当产量的单位成本代表当期工作成果的成本，公司可以根据当期发生的成本来评价部门经理的业绩，而不会夹杂其他期间的工作业绩。

加权平均法下的计算公式

$$\text{直接材料的单位成本}=\left(\text{期初在产品的直接材料成本}+\text{当期投入的直接材料成本}\right)\Big/\left(\text{当期完工数量}+\text{期末半成品库存的约当产量}\right)$$

$$\text{转换成本的单位成本}=\left(\text{期初在产品的转换成本}+\text{当期投入的转换成本}\right)\Big/\left(\text{当期完工数量}+\text{期末半成品库存的约当产量}\right)$$

$$\text{期末存货价值（成本）}=\text{直接材料的单位成本}\times\text{期末半成品库存的约当产量}+\text{转换成本的单位成本}\times\text{期末半成品库存的约当产量}$$

先进先出法下的计算公式

$$\text{直接材料的单位成本}=\text{当期投入的直接材料成本}\Big/\left(\text{当期完工数量}+\text{期末半成品库存的约当产量}-\text{期初存货}\times\text{期初存货已完成百分比}\right)$$

$$\text{转换成本的单位成本}=\text{当期投入的转换成本}\Big/\left(\text{当期完工数量}+\text{期末半成品库存的约当产量}-\text{期初存货}\times\text{期初存货已完成百分比}\right)$$

$$\text{期末存货价值（成本）}=\text{直接材料的单位成本}\times\text{期末半成品库存的约当产量}+\text{转换成本的单位成本}\times\text{期末半成品库存的约当产量}$$

在多部门的生产成本问题中，转入成本指先前部门积累下来的所有成本。先前部门的成本结转至当前部门，前一个部门就类似于产品的卖方，后一个部门就类似于产品的买方。

转入成本的生产约当产量，可按照直接材料在生产过程开始时投入生产的方式计算。直接材料成本和转入成本的不同之处是，前者来自仓库，而后者则来自另一个生产部门。期末在产品存货中的转入成本几乎总是 100%，因此，一般假设期末在产品存货的转入成本所折合的约当产量与期末在产品存货的实物量相同。对转入成本的处理建立在将其视为期初投入部门生产过程的基础之上。当某一部门产品完工转入下一个部门进行深加工时，不管前一部门运用的是何种成本流方法，后一部门的所有转入成本全部附载于单位成本。因为在生产过程中，所有的产品都是由前一部门投入的成本构成的，由定义可知，约当产量的数额就是需核算的实物产量的数额。

分步成本法下的废品处理有两种方法：一种是将废品成本分摊到正常的产品中；另一种是将废品成本分摊到制造费用中。

分步成本法对于高重复性的流水线很有用，但是不适合订单生产的企业。

分步成本法将成本分摊到部门，为部门的管理人员控制成本提供了机会。

分步成本法的战略重要性包括能够准确获取成本信息并分配到大批量同质产品上，以及能够获得部门的详细成本信息。

例题 8-14

老李开了一个小型家具厂，为了庆祝2011 年兔年，专门生产小白兔椅子。2011 年 1 月份的生产数据如下：

1 月 1 日在产品 16 000 个，

1 月开始的产品 100 000 个，

1 月完成的产品 92 000 个，

1 月 31 日在产品 24 000 个。

根据分析，期初在产品材料完成 60% 和转换成本完成 20%，期末在产品材料完成 90% 和转换成本完成 40%。

期初成本：材料 54 560 元，直接人工 20 320 元，制造费用 15 240 元。

当月发生的成本：材料 468 000 元，直接人工 182 880 元，制造费用 391 160 元。

工厂原来使用加权平均法进行计算，请问：

1）直接材料的单位成本是多少？

2）转换成本的单位成本是多少？

后来工厂厂长老李的儿子学了国际注册管理会计师（CMA）的课程，根据课程上讲的内容，认为先进先出法更好，请问：

3）直接材料的单位成本是多少？

4）转换成本的单位成本是多少？

答：

1）直接材料的单位成本 =（54 560 元 +468 000 元）/(92 000 个 +24 000 个 ×90%）=4.6 元/个。

2）转换成本的单位成本 =（20 320 元 +15 240 元 +182 880 元 +391 160 元）/(92 000 个 +24 000 个 ×40%）=6 元/个。

3）直接材料的单位成本 =468 000 元/(92 000 个 +24 000 个 ×90% −16 000 个 ×60%）=4.5 元/个。

4）转换成本的单位成本 =(182 880 元 +391 160 元)/(92 000 个 +24 000 个 ×40% −16 000 个 ×20%）=5.83 元/个。

8.3.2 作业成本法

1. 基本概念

作业成本法基于作业消耗资源这一假设，广泛用于定价决策和改进决策。作业可以是任何一种经济活动、劳动或运输。成本动因分为资源成本动因、作业成本动因。对于复合型产品或使用多种资源的产品，作业成本法是十分必要的，它可以避免成本虚增或低估。

作业成本法采用两阶段成本分摊制：

第一阶段，使用资源成本动因将资源成本分摊到成本池。

第二阶段，使用作业成本动因将作业成本动因分摊到成本对象。

资源成本动因用来衡量一项作业消耗的资源量。在作业中耗用的资源成本通过资源成本动因被分摊到成本池中。在制造业中，资源成本动因可能是生产一批网球需要的橡胶数量。对工程服务公司而言，资源成本动因可能是工程师为设计、建造和维护某个工程计划所花费的小时数。作业成本动因用来衡量成本对象需要的作业量。作业成本动因将成本池中的成本分摊给成本对象。例如，为生产特定产品进行机器安装调试所需要的人工工时数便是一个作业成本动因。

2. 主要步骤

步骤 1：确认作业和资源成本。作业分析通过确定为每一项作业履行的工作确认实施特定作业所耗用的资源成本。作业成本项目团队制定有详细的作业列表，并按以下层次将作业列表划分成若干作业中心：

产品级作业，是指为生产每一单位产品所需要进行的作业（活动），如直接材料或直接人工工时。换句话说，这些作业以产量为基础或以产品为基础。批次级作业，是指为生产每一批次产品而实行的作业，如生产前的机器调试、采购订单、分批检查、分批混合或生产调度。

产品维持作业，包括为支持生产过程而执行的作业，如产品设计、加速和实施工程变更。

设施维护作业，包括支持用于生产的整个设施实施的作业，如环境健康和安全、工厂管理、折旧、财产税和保险。

客户级作业，是指为满足客户需要而发生的作业，如客户服务、电话银行或客户定制。

步骤 2：将资源成本分配到作业。

使用资源成本动因可将资源成本分配到各项作业中去。动因和作业之间一定要有明确的因果关系。企业经常用到的资源成本动因和相关作业如表 8-12 所示。

表 8-12　资源成本动因和相关作业举例

资源成本动因	相关作业	资源成本动因	相关作业
员工人数	人工作业	机器工时数	机器运行作业
工作时间	人工作业	订单数量	生产订单作业
安装时长	安装或机器作业	平方英尺	清洁作业
搬运的次数或距离	材料处理作业	价值增量	一般管理作业
仪表测量	公用事业作业（流量仪表、电表等）		

步骤 3：将作业成本分配给成本对象。

确定了作业成本之后，使用合适的成本动因可以计量单位作业成本。作业成本动因同成本的上升和下降应具有直接的因果关系。通过作业成本动因可以确定成本分配给每一件产品或服务的比例，公式为

$$作业成本分分摊率 = 成本池/作业成本动因$$

例题 8-15

用于机器生产的公共事业费用分摊到产品的动因应该是(　　)

A. 人工工时。　B. 机器工时。　C. 电表数字。　D. 生产数量。

答：

B。

公共事业费用是用于机器生产，所以成本动因是机器工时。

3. 在服务业组织和非营利组织中的应用

作业成本法主要被制造业企业采用，但它对服务业组织和非营利组织也非常有用。服务业组织和大多数非营利组织具有很多明显区别于制造业企业的特征，其产品通常较难定义，间接成本很难与产品或者服务联系。

4. 优缺点

作业成本法的优点是：

1）减少成本失真。

2）了解相关成本。

3）改变产品设计与作业设计。

4）在增加和舍弃某个产品线上做出更好的决策。

作业成本法的缺点是：

1）有可能导致武断的分摊。

2）使用该方法耗时费力。

3）员工可能抵制。

4）过多的信息可能误导。

5）不符合公认会计准则。

5. 实施问题

为使作业成本法和作业成本管理成功实施，管理会计师需要：与工程、制造和运营管理者合作成

立一个设计组；识别作业和成本动因；了解财务和非财务的业绩指标。为了获得新成本管理和计量系统必需的信息，必须与那些直接参与运营作业的人员面对面交流，同时应对每一运营和支持部门进行仔细研究，以分析其多层作业。这个过程将确定成本池。在此，同质的成本动因对每一成本类别负责。例如，一个质量控制部门可能有 3 个成本池：进入材料的检验（成本动因是采购订单的数量）、在产品的检验（成本动因是调整次数）和产成品的检验（成本动因是商品销售成本）。

成功实施作业成本法的 7 个因素：

1）最高管理层的支持。

2）与竞争战略、注重质量和准时制的对接。

3）与业绩评价和报酬计划的对接。

4）培训。

5）非会计部门独立执行（作业成本法系统需公司的所有成员共同执行，而非仅仅局限于会计部门）。

6）充足的资源。

7）一致且明晰的作业成本法目标。

例题 8-16

松花江公司采用传统的两步制成本分摊系统：第 1 步，所有工厂间接成本以机器工时为基础，分摊给两个生产部门——A 和 B；第 2 步，按直接人工工时将间接成本分摊给个别产品——豪华型和普通型。

2011 年间，工厂间接成本总额为 1 000 000 美元，生产部门 A 和 B 的机器工时分别是4 000 小时和 16 000 小时，直接人工工时分别是 20 000 小时和 10 000 小时。

2011 年 1 月生产豪华型和普通型产品的月度相关资料如表 8-13 所示。

表 8-13 松花江公司 2011 年 1 月生产豪华型和普通型产品的月度资料

成本动因	豪华型	普通型
生产数量（个）	200	800
单位材料成本（美元/个）	100	50
单位工资率（美元/小时）	25	20
A 部门直接人工工时（小时）	2	2
B 部门直接人工工时（小时）	1	1

松花江公司正考虑实施作业基础成本分摊系统。相关资料见表 8-14。

表 8-14 收集的有关作业成本分析的资料

作业	成本动因	间接成本分摊率	豪华型	普通型
材料移动	生产流转次数	20 美元/次	150 次	200 次
机器调整	调整次数	800 美元/次	25 次	50 次
检验	单位量	30 美元/个	200 个	800 个
装运	装运次数	20 美元/次	50 次	100 次

问题：

1）计算传统两步制成本分摊系统下两种产品的单位成本。

2）如果作业基础成本分摊系统实施，计算两种产品的单位成本。

参考答案：

1）传统两步制成本分摊系统下两种产品的单位成本。

第 1 步，计算分摊到各部门的间接成本。

分摊到部门 A 的间接成本 = 1 000 000 美元 ×［4 000 小时/（4 000 小时 + 16 000 小时）］= 1 000 000 美元 ×（4 000 小时/20 000 小时）= 200 000 美元。

分摊到部门 B 的间接成本 = 1 000 000 美元 ×［16 000 小时/（4 000 小时 + 16 000 小时）］= 1 000 000 美元 ×（16 000 小时/20 000 小时）= 800 000 美元。

第 2 步，计算各部门的间接成本分摊率，以及分摊到两种产品的间接成本。

部门 A 的间接成本分摊率 = 200 000 美元/20 000 小时 = 10 美元/小时。

豪华型：10 美元/小时 ×2 小时 = 20 美元，普通型：10 美元/小时 ×2 小时 = 20 美元。

部门 B 的间接成本分摊率 = 800 000 美元/10 000 小时 = 80 美元/小时。

豪华型：80 美元/小时 ×1 小时 = 80 美元，普通型：80 美元/小时 ×1 小时 = 80 美元。

第 3 步，计算两种产品的单位成本，见表 8-15。

表 8-15　计算两种产品的单位成本

科目	豪华型	普通型
单位直接材料成本（美元）	100	50
单位直接人工成本（美元）	25 ×（2 + 1）= 75	20 ×（2 + 1）= 60
工厂间接成本（美元）	20 + 80 = 100	20 + 80 = 100
单位成本（美元）	275	210

2）作业基础成本分摊系统下两种产品的单位成本，见表 8-16。

表 8-16　作业成本法下两种产品的单位成本

作业	豪华型	普通型
材料移动	20 美元/次 ×150 次 = 3 000 美元	20 美元/次 ×200 次 = 4 000 美元
机器调整	800 美元/次 ×25 次 = 20 000 美元	800 美元/次 ×50 次 = 40 000 美元
检验	30 美元/个 ×200 个 = 6 000 美元	30 美元/个 ×800 个 = 24 000 美元
装运	20 美元/次 ×50 次 = 1 000 美元	20 美元/次 ×100 次 = 2 000 美元
总计	30 000 美元	70 000 美元
单位间接成本	30 000 美元/200 个 = 150 美元/个	70 000 美元/800 个 = 87.5 美元/个

豪华型：100 美元 + 75 美元 + 150 美元 = 325 美元，普通型：50 美元 + 60 美元 + 87.5 美元 = 197.5 美元。

8.3.3　生命周期成本法

生命周期成本法考虑产品与服务的整个生命周期，计算综合成本。这种方法适合用于成本计划和产品定价。

生命周期成本分为 3 个部分：

1）上游成本，如研发设计成本。

2）制造成本。

3）下游成本，如营销成本、服务成本以及保修成本。

生命周期成本法中成本分类见图 8-3。

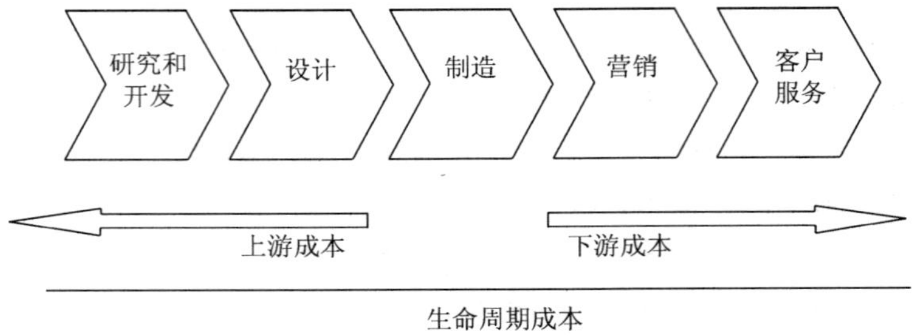

图 8-3 生命周期成本法中成本分类

生命周期成本法在 3 个阶段改善成本，其思路是早期积极应对，而不是后期消极应付。

> 补充知识：
> 上游成本和下游成本均高的行业：制药业、汽车制造业。
> 上游成本高的行业：计算机软件业、专用工业和医疗设备业。
> 下游成本高的行业：零售业、化妆品以及卫生用品业。

生命周期成本计算有 3 个主要目的：①有利于建立与产品生产有关联的总成本意识，目的是明确生产阶段获取的利润能否补偿开发和废置成本。只有在产品评估阶段考虑了废置成本，才能通过生命周期成本计算来确定不再获利的产品。②由于综合考虑了各种成本，生命周期成本计算明确了产品环境成本的影响，并促使人们注意降低或消除这些成本。③生命周期成本计算有利于在产品设计阶段确定计划成本和废置成本，并有效地管理控制这些成本。生命周期成本计算提供了一种更广泛的成本计算方法，它包括了制造成本和环境成本。同时，它还自始至终地帮助设计人员认识制造产品成本的影响。这种成本计算方法能够帮助设计者确认在什么范围内削减成本是有效的和有利的。

例题 8-17

甲公司采用生命周期成本法来计算某产品成本，其生命周期为 5 年，研发费用是 1 000 000 元，设计和检测费用是 2 000 000 元。在产品售价为 750 元、900 元和 1 125 元时，产品销量分别为 8 000 件、6 000 件和 4 800 件。年生产成本中固定成本为 1 500 000 元，变动成本为 100 元/件；年营销成本中固定成本为 1 500 000 元，变动成本为 100 元/件；年客服成本中固定成本为 180 000 元，变动成本为 40 元/件。在产品售价为 1 125 元时，研发费用将增加 500 000 元，设计和检测费用增加 1 000 000 元，固定客服成本每年将增加 30 000 元，变动的客服成本上升 25 元/件。该产品以 750 元单价销售时，该公司的营销成本每年减少 30 000 元，按 900 元的单价销售时，该公司按生命周期成本法计算的成本是多少？

答：

26 100 000 元。

分析：（100 元/件 + 100 元/件 + 40 元/件）×6 000 件/年 ×5 年 +（3 000 000 元/年 + 180 000 元/年）×5 年 +1 000 000 元 +2 000 000 元 =26 100 000 元。

8.3.4　经营成本法（选修）

经营成本法将分批成本法与分步成本法相融合，将直接材料分摊给各批次，分摊转换成本近似于分步成本法。

这种方法适用于制造业的某类操作作业。在这些操作中，若干条产品线大批量生产间的转换作业是十分类似的，但不同产品使用的直接材料大不相同。一方面，直接人工和工厂间接费用转换成本按操作或部门归集后，会计人员用分步成本法将这些成本分配到产品或服务上；另一方面，直接材料按批次进行归集，然后用分批成本法把这些成本分配到产品或服务上。适合使用操作成本法的行业包括服装、食品加工、纺织、制鞋、家具、金属加工、珠宝和电子设备。例如，生产椅子需要两个标准操作：备料和组装。但是，不同的批次需要不同的木料和布料，因此这种情况下，经营成本法是非常适用的。

8.3.5　后推成本法

准时制（Just In Time，JIT）是需求拉动型生产系统。准时制要求准时、高品质交货，而且仅有极少的存货。

准时制有 5 个特点：

1）加工单元。

2）多技能员工。

3）全面质量管理。

4）减少生产准备期和安装调试时间。

5）稳固的供应商关系。

后推成本法是及时制中使用的方法。该方法忽略部分或全部生产周期中的会计分录，用正常或标准成本逆向追溯发生成本。其好处是节省会计成本，但是没有清晰的核查记录，且不符合公认会计准则。

> 注意：请结合 8.5 节学习。

> 补充知识：精益制造的单元布置和大批量生产的专用机床或流水线一样，是保证物料不间断流动的技术基础。制造单元是一组完成一类零件加工的若干设备组成的。在制造单元内，加工同一零件族的不同设备集中在一起布置。制造单元的布置不同于大批量生产的专机生产线，也不同于小批量生产的功能机群布置。单元生产将简化价值流的流程、缩短物流距离、简化管理和信息流、大量地减少提前期、减少在制品存量、减少调整时间。很多企业在向精益制造转换的阶段，都完成了制造单元的再建，如波音公司、洛克希德·马丁公司、普拉特·惠特尼集团公司等。

例题 8-18

老李的服装生产厂计划生产各种样式的衬衫并采用客户定制的方法生产，即在衬衫的袖口上缝上购买者的名字。这种衬衫仅通过淘宝网进行销售。该工厂的生产经理打算使用 JIT 方法组织生产。

1）为什么针对存货计价的传统成本制度歪曲了产品成本信息？

2）采用变动成本法如何能有效地解决固定成本的分摊问题？

3）该公司更适合采用分批成本法还是分步成本法？

4）描述后推成本法的计算方法。

答：

1）传统的针对存货计价的成本制度之所以歪曲了产品成本信息，是因为：该制度仅仅对存货整体计价目的而设计，没有考虑提供产品成本信息的需要；该制度对整个部门或工厂使用相同的作业成本动因，将间接制造费用分摊到产品中去；该制度不重视长期产品分析；该制度使那些意识到传统成本制度缺陷的经理人员，在未全面了解传统成本信息的影响的情况下对它做出直觉的调整，但调整后的信息并不准确。

2）在变动成本法下，固定制造成本计入费用，而不是加入单位产品的存货性成本中。因此，如果采用直接成本法，就没必要确定如何将固定成本分摊给具体产品。

3）因为每件衬衫的袖口上都会缝上购买者的名字，因此任何一件衬衫都是独特的，分批成本法似乎更合适。但事实上，该公司应采用分步成本法，因为衬衫将持续不断地生产，并且每件衬衫的成本都一样。

4）在 JIT 下，企业的生产经营基本上是在零存货状态下进行。因此，期末在产品与产成品账户的余额总是保持在零附近，成本账户几乎是刚刚被汇总又立即被分配或结转出去。在此情况下，JIT 的成本计算系统比传统的成本计算系统简单得多，成本计算也比较精确。

将产品耗用的原材料、工资及制造费用直接计入产品销售成本当中。在会计期末，如企业尚有一定存货，再利用后推成本法计算存货成本，由销售成本账户回流到存货账户；如企业没有存货，不需计算回流成本。

8.4 间接成本

间接制造费用的分配在传统成本法中十分重要，因为该成本是产品成本，流经存货账户如原材料、在产品和产成品。当产品被出售时，产品成本将进入利润表。

成本分配的战略作用包括 4 个方面：

1）确定准确的部门和产品成本，以之作为基础评价部门的经营效率和产品的营利能力。

2）激发管理者发挥最大能量，以达到高层管理的目标。

3）对管理者施以适当的激励，使其做出的决策与高层管理者目标相一致。

4）根据管理者的努力程度、技能及其所做决策的有效性，公平确定其报酬。

8.4.1 间接成本分摊的方法

间接成本分摊的方法有 3 种，见图 8-4。

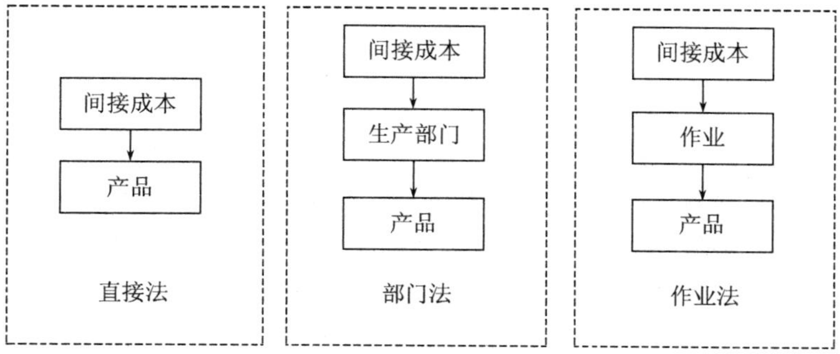

图 8-4　间接成本分摊的 3 种方法

1）直接法。将所有的间接成本归集为单一的数值，用单一比率进行分摊。

2）部门法。将间接成本归集到各部门的成本池，分别用不同比率分摊到产品。

3）作业法。将间接成本分摊到作业，再从作业分摊到产品。

8.4.2　固定和变动间接成本

固定间接成本一般包括折旧、租金和间接人工费。变动间接成本包括水电费、污水处理费用，工程支持、维修成本和间接材料费用。

固定间接成本分摊的 4 个步骤是：

1）确定适当的会计期间。

2）确定固定间接成本的分摊基础。

3）确定和每一个成本分摊基础相关的固定间接成本。

4）计算每一个分摊基础的单位分摊率。

固定间接成本适用的分摊率 = 固定间接成本池总成本/所有分摊基础数量

变动间接成本分摊与上面的步骤相同。

当间接成本按照预算或者标准分摊率进行分摊的时候，分摊的间接成本与实际发生的间接成本会不一致。多分摊或少分摊的间接成本差额有两种处理方式：

①金额较小时，全额转入当期产品销售成本；②金额较大时，在产品、完工产品和产品销售成本 3 个账户间按照比例进行分摊。

8.4.3　单一比率法和双重比率法

单一比率法为服务部门的固定和变动成本设立单一的分摊基础。双重比率法为服务部门成本分别设立固定成本池和变动成本池，每个成本池均有自己的分摊基础。

单一比率法的一个好处是它的执行成本很低，因为它避免了将一个部门的单个成本项目分别归入固定和变动成本类别所需的昂贵分析。然而，单一比率法使分配的辅助部门的固定成本显示为运营部门的变动成本。因此，单一比率法可能导致部门经理做出最符合其自己的利益但却可能损害整个组织利益的外包决策。

双重比率法的一个很大好处就是它给部门经理一个信号，即变动成本和固定成本是如何产生差异的。这些信息可能指导部门经理做出既利于部门又利于组织整体的决策。当制定关于服务外包的边际决策时，通过一次性支付部门预计使用资源的固定成本，双重比率法成功地将固定成本从部门管理者的考虑中消除了。

例题 8-19

甲公司复印部门为部门 A 和部门 B 提供复印服务，并且用下列信息来准备该公司明年的总预算：固定成本 100 000 元，变动成本 0.03 元/页，可用产能 400 万页。部门 A 预计用量为 120 万页，部门 B 预计用量为 240 万页。假定该公司使用单一比率分摊成本，分摊基础是预计的固定成本和实际的变动成本。如果部门 A 的实际用量是 140 万页，部门 B 的实际用量是 210 万页，那么今年应该分摊至部门 A 的成本是多少？

答：

75 333 元。

分析：使用双重比率分配，预算使用量作为固定成本的分配基础，实际使用量作为分配变动成本的基础。100 000 元 ×120 万页/360 万页 +0.03 元/页 ×140 万页 =75 333 元。

8.4.4 工厂和部门范围的间接成本分摊

工厂范围间接成本分摊率，是用来分摊所有间接成本的单一分摊率。计算公式是

工厂间接成本分摊率 = 工厂总的间接成本/适合全厂所有作业的成本动因的数量

部门范围间接成本分摊率，是每一个特定的生产部门使用的分摊率。计算公式是

部门间接成本分摊率 = 部门总的间接成本/适合部门所有作业的成本动因的数量

工厂间接费仅仅适用于单一成本动因和所有类型产品都相关的情况。如果工厂中一部分属于自动化生产，另一部分属于劳动力密集型生产，则应使用部门范围间接成本分摊率。

例题 8-20

应用部门比率而不是整个工厂的比率来分摊间接费用的好处是(　　)

A. 每个部门都可以选择能将其制造费用与生产活动进行最佳联系的业务基础。

B. 确定和实施部门制造费用率不那么昂贵。

C. 部门制造费用将针对该厂生产的所有产品进行分摊。

D. 分摊到每种产品头上的制造费用较少。

答：

A。

分析：应用部门比率而不是整个工厂的比率来分摊间接费用的好处是每个部门都可以选择能将其制造费用与生产活动进行最佳联系的业务基础。

8.4.5 作业成本法下的间接成本分摊

作业成本法下的间接成本分摊，是在企业范围和部门范围间接成本分摊都不够精确时使用。它使用多种成本池和成本动因，强调因果关系。

作业成本法最为精确，是首选的方法。一些无法使用作业成本法的企业可能会选择部门范围间接成本分摊法。作业成本法的具体使用可以参考本书附录相关专题。

例题 8-21

老李开家具厂，除了做椅子还生产其他家具。本来该厂的间接成本全部使用全厂范围间接成本分摊率来分摊（人工工时），后来老李的儿子小李考取了国际注册管理会计师（CMA），认为这种分摊方法不合理，应该使用部门范围间接成本分摊率。

该厂分为两个部门：切割部和组装部。切割部是机器密集部门，组装部是劳动密集部门。

该厂年度预算如表 8-16 所示。

表 8-16　家具厂年度预算

科目	切割部	组装部	合计
间接成本预算（元）	600 000	300 000	900 000
人工工时预算（小时）	10 000	50 000	60 000
机器工时预算（小时）	30 000	3 000	33 000

2011 年第 1 周生产了两种产品 A 和 B，相关情况如表 8-17 所示。

表 8-17　两种产品 A 和 B 生产的相关情况　（单位：小时）

产品工时	切割部	组装部
产品 A 的人工工时	100	800
产品 A 的机器工时	200	20
产品 B 的人工工时	100	200
产品 B 的机器工时	400	40

请计算：

1）按照全厂范围间接成本分摊率的间接成本是多少？

2）按照部门范围间接成本分摊率的间接成本是多少？

答：

1）全厂范围间接成本分配率是 900 000 元/60 000 小时 = 15 元/小时。

各部门间接成本计算如表 8-18 所示。

表 8-18　各部门间接成本计算

部门	产品 A	产品 B
切割部	15 元/小时 ×100 小时 = 1 500 元	15 元/小时 ×100 小时 = 1 500 元
组装部	15 元/小时 ×800 小时 = 12 000 元	15 元/小时 ×200 小时 = 3 000 元
总额	13 500 元	4 500 元

2）切割部分摊率 600 000 元/30 000 小时 = 20 元/小时。

组装部分摊率 300 000 元/50 000 小时 = 6 元/小时。

各部门间接成本计算如表 8-19 所示。

表 8-19 各部门间接成本计算

部门	产品 A	产品 B
切割部	20 元/小时 ×200 小时 =4 000 元	20 元/小时 ×400 小时 =8 000 元
组装部	6 元/小时 ×800 小时 =4 800 元	6 元/小时 ×200 小时 =1 200 元
总额	8 800 元	9 200 元

8.4.6 服务部门的成本分摊

一般企业有两种类型的部门，即生产部门和服务部门。服务部门不直接参与经营活动，如财务部门、审计部门、人力资源部、信息技术部等，这些部门都是成本中心。同样，需要将服务部门产生的成本分配到产品上。

服务部门的成本分摊分 3 个阶段，见图 8-5。

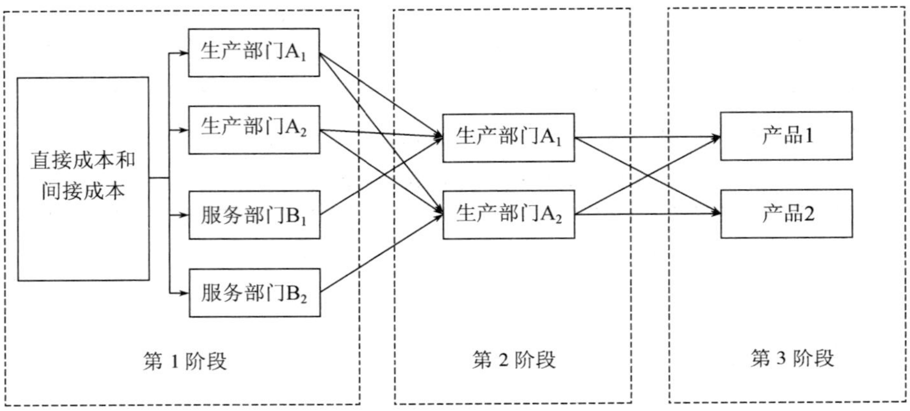

图 8-5 服务部门成本分摊的 3 个阶段

1. 第 1 阶段

追溯所有直接成本，并将间接成本分摊到所有部门。间接成本分摊到服务部门，有两种基本的方法：单一比率法与边际贡献法。

2. 第 2 阶段

将特定服务部门的成本分摊到生产部门，有 3 种方法：

(1) 直接分摊法

直接分摊法是最简单、最直接的方法，它直接将服务部门的成本分摊到生产部门，不考虑服务部门之间的关系。公式依次是

$$A_1\text{ 分摊的 }B_1\text{ 的间接成本}=\left(\frac{A_1\text{ 对应的}}{B_1\text{ 的成本动因}}\Big/\frac{\text{总的生产部门对应的}}{B_1\text{ 的成本动因}}\right)\times B_1\text{ 的间接成本}$$

$$A_1\text{ 分摊的 }B_2\text{ 的间接成本}=\left(\frac{A_1\text{ 对应的}}{B_2\text{ 的成本动因}}\Big/\frac{\text{总的生产部门对应的}}{B_2\text{ 的成本动因}}\right)\times B_2\text{ 的间接成本}$$

$$A_2\text{ 分摊的 }B_1\text{ 的间接成本}=\left(\frac{A_2\text{ 对应的}}{B_1\text{ 的成本动因}}\Big/\frac{\text{总的生产部门对应的}}{B_1\text{ 的成本动因}}\right)\times B_1\text{ 的间接成本}$$

$$A_2\text{ 分摊的 }B_2\text{ 的间接成本}=\left(\frac{A_2\text{ 对应的}}{B_2\text{ 的成本动因}}\Big/\frac{\text{总的生产部门对应的}}{B_2\text{ 的成本动因}}\right)\times B_2\text{ 的间接成本}$$

其中，A_1、A_2 是生产部门，B_1、B_2 是服务部门，且 B_1 优先，下同。

（2）按步向下分摊法

按步向下分摊法，是将一个服务部门的成本分摊到其他服务部门和生产部门。这种方法考虑了服务部门之间单向的关系。公式依次是

$$\begin{matrix}B_2\text{分摊的}\\B_1\text{的间接成本}\end{matrix}=\left[\begin{matrix}B_2\text{对应的}\\B_1\text{的成本动因}\end{matrix}\middle/\left(\begin{matrix}\text{总的生产部门对应的}\\B_1\text{的成本动因}\end{matrix}+\begin{matrix}B_2\text{对应的}\\B_1\text{的成本动因}\end{matrix}\right)\right]\times\begin{matrix}B_1\text{的}\\\text{间接成本}\end{matrix}$$

$$\begin{matrix}A_1\text{分摊的}\\B_1\text{的间接成本}\end{matrix}=\left[\begin{matrix}A_1\text{对应的}\\B_1\text{的成本动因}\end{matrix}\middle/\left(\begin{matrix}\text{总的生产部门对应的}\\B_1\text{的成本动因}\end{matrix}+\begin{matrix}B_2\text{对应的}\\B_1\text{的成本动因}\end{matrix}\right)\right]\times\begin{matrix}B_1\text{的}\\\text{间接成本}\end{matrix}$$

$$\begin{matrix}A_2\text{分摊的}\\B_1\text{的间接成本}\end{matrix}=\left[\begin{matrix}A_2\text{对应的}\\B_1\text{的成本动因}\end{matrix}\middle/\left(\begin{matrix}\text{总的生产部门对应的}\\B_1\text{的成本动因}\end{matrix}+\begin{matrix}B_2\text{对应的}\\B_1\text{的成本动因}\end{matrix}\right)\right]\times\begin{matrix}B_1\text{的}\\\text{间接成本}\end{matrix}$$

$$\begin{matrix}A_1\text{分摊的}\\B_2\text{的间接成本}\end{matrix}=\left(\begin{matrix}A_1\text{对应的}\\B_2\text{的成本动因}\end{matrix}\middle/\begin{matrix}\text{总的生产部门对应的}\\B_2\text{的成本动因}\end{matrix}\right)\times\left(\begin{matrix}B_2\text{的}\\\text{间接成本}\end{matrix}+\begin{matrix}B_2\text{分摊的}\\B_1\text{的间接成本}\end{matrix}\right)$$

$$\begin{matrix}A_2\text{分摊的}\\B_2\text{的间接成本}\end{matrix}=\left(\begin{matrix}A_2\text{对应的}\\B_2\text{的成本动因}\end{matrix}\middle/\begin{matrix}\text{总的生产部门对应的}\\B_2\text{的成本动因}\end{matrix}\right)\times\left(\begin{matrix}B_2\text{的}\\\text{间接成本}\end{matrix}+\begin{matrix}B_2\text{分摊的}\\B_1\text{的间接成本}\end{matrix}\right)$$

（3）交叉分摊法

交叉分摊法最为复杂，但结果最准确。它考虑了服务部门之间的相互关系。公式是

$$\begin{matrix}B_1\text{的实际}\\\text{间接成本}\end{matrix}=\begin{matrix}B_1\text{的初始}\\\text{间接成本}\end{matrix}+\left[\begin{matrix}B_1\text{对应的}\\B_2\text{的成本动因}\end{matrix}\middle/\left(\begin{matrix}\text{总的生产部门对应}\\\text{的}B_2\text{的成本动因}\end{matrix}+\begin{matrix}B_1\text{对应的}\\B_2\text{的成本动因}\end{matrix}\right)\right]\times\begin{matrix}B_2\text{的实际}\\\text{间接成本}\end{matrix}$$

$$\begin{matrix}B_2\text{的实际}\\\text{间接成本}\end{matrix}=\begin{matrix}B_2\text{的初始}\\\text{间接成本}\end{matrix}+\left[\begin{matrix}B_2\text{对应的}\\B_1\text{的成本动因}\end{matrix}\middle/\left(\begin{matrix}\text{总的生产部门对应}\\\text{的}B_1\text{的成本动因}\end{matrix}+\begin{matrix}B_2\text{对应的}\\B_1\text{的成本动因}\end{matrix}\right)\right]\times\begin{matrix}B_1\text{的实际}\\\text{间接成本}\end{matrix}$$

补充知识：双重分摊法

它进行两轮成本分配过程。在第 1 轮共同成本分摊之后，各服务部门均接受了其他服务部门的间接成本。第 2 轮分摊，是将各服务部门在第 1 轮分摊之后的全部间接成本，根据各生产部门接受其服务量相应的百分比分摊到生产。

3. 第 3 阶段

将生产部门的成本分摊到产品中。

在直接分摊法和交叉分摊法下，服务部门分摊的先后顺序不影响最终分摊结果。在按步向下分摊法下，服务部门分摊的顺序不同，最终分摊的结果会不同。

在计算分摊比例的时候，注意不接收成本分摊的部门（包括向外分摊成本的部门本身），他们的资源或者服务消耗比例不参与计算分摊比例。

例题 8-22

老李在怀柔的公司下一年度预算的间接制造成本资料如表 8-20 所示：

表 8-20　间接制造成本资料

项目	A 辅助部门	B 辅助部门	甲生产部门	乙生产部门	总计
预算的间接费用（元）	720 000	190 000	400 000	600 000	1 910 000
提供的辅助服务					
来自 A 辅助部门（%）		10	50	40	100
来自 B 辅助部门（%）	5		45	50	100

1）若该公司采用按步向下分摊法，从 A 辅助部门开始把辅助部门发生的成本分配至生产部门，则分配到甲生产部门的间接费用总计是多少？

2）若该公司采用直接分配法将辅助部门的成本分配至生产部门，则分配给甲生产部门的间接成本将是多少？

3）若该公司采用交叉分配法将辅助部门的成本分配至生产部门，则分配给甲生产部门的间接成本将是多少？

答：

1）分配 A 辅助部门成本：分配给 B 辅助部门的成本 = 720 000 元 × 10% = 72 000 元，分配给甲生产部门的成本 = 720 000 元 × 50% = 360 000 元。

B 辅助部门总成本 = 72 000 元 + 190 000 元 = 262 000 元。

分配给甲生产部门的成本 = 262 000 元 × 45% ÷（50% + 45%） = 124 106 元。

甲生产部门成本 = 360 000 元 + 124 106 元 + 400 000 元 = 884 106 元。

2）分配给甲生产部门的 A 辅助部门成本 = 720 000 元 × 50% ÷（50% + 40%） = 400 000元。

分配给甲生产部门的 B 辅助部门成本 = 190 000 元 × 45% ÷（50% + 45%） = 90 000 元。

甲生产部门成本 = 400 000 元 + 90 000 元 + 400 000 元 = 890 000 元。

3）A 辅助部门的实际成本 = 720 000 元 + 5% × B 辅助部门的实际成本。

B 辅助部门的实际成本 = 190 000 元 + 10% × A 辅助部门的实际成本。

所以，A 辅助部门的实际成本 = 733 166 元，B 辅助部门的实际成本 = 263 316 元。

甲生产部门成本 = 733 166 元 × 50% + 263 316 元 × 45% + 400 000 元 = 885 075 元。

8.5 经营效率

8.5.1 MRP 系统

MRP（物料需求计划）是被设计用于制造业库存管理信息处理的系统。它解决了如何实现制造业库存管理目标——在正确的时间得到适量的所需物料这一难题。MRP 是当今众所周知的 ERP 的雏形。

MRP 基本前提是：

1）需求预测。

2）标明数量的物料清单。

3）明确材料和存货以便预测。

MRP 系统的优点是：

1）协调性要求不高。

2）可以有计划地改善库存管理。

3）可以预测原材料需求。

4）可以有效地进行存货控制。

5）对于客户需求能够快速反应。

6）可以更好地进行生产过程控制。

MRP 的缺点：存货积压；计划的复杂性。

例题 8-23

斯达瑞公司采用物料需求计划（MRP）和产品结构树来生产产品，见图 8-6。

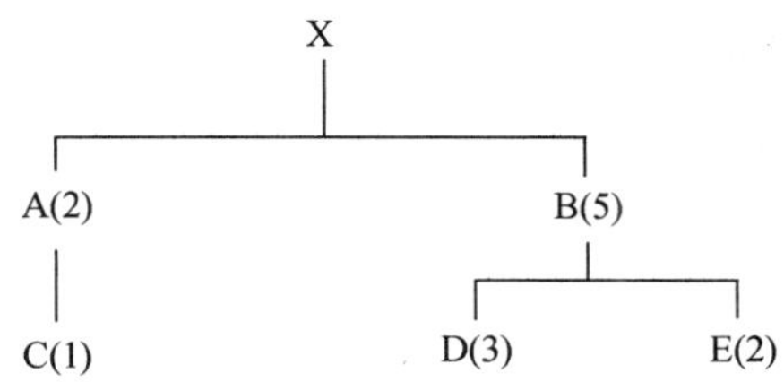

图 8-6　产品结构树

斯达瑞公司刚收到最终产品 X100 单位的订单。在该公司存货中，产品 X 为 20 单位，产品 B 为 100 单位，产品 E 为 50 单位。

计算：为了完成订单，该公司需购买多少单位的 E 产品？

答：

完成订单需要的产品 X 的数量 = （100 单位 - 20 单位） = 80 单位。

完成订单需要的产品 B 的数量 = 80 单位 × 5 = 400 单位。

将要生产的产品 B 的数量 = 400 单位 - 100 单位 = 300 单位。

完成订单需要的产品 E 的数量 = 300 单位 × 2 = 600 单位。

将要购买的产品 E 的数量 = 600 单位 - 50 单位 = 550 单位。

8.5.2　准时制（JIT）

JIT 实质是保持物质流和信息流在生产中的同步，实现以恰当数量的物料，在恰当的时候进入恰当的地方，生产出恰当质量的产品。这种方法可以减少库存，缩短工时，降低成本，提高生产效率。

JIT 有如下两点主要特征：

1）通过消除非增值环节来降低成本。

2）强调持续地强化与深化。

JIT 系统的看板是可视的记录或卡片。看板是用来控制生产现场的生产排程工具。

看板的功能如下：

1）编制以及传送工作指令。

2）防止过量生产。

3）进行目视管理的工具。

4）改进生产的工具。

JIT 的优点：

1）减少了生产准备时间。

2）不会生产过剩。

3）减少了书面工作。

4）与供应商关系密切。

5）存货持有成本较低等。

JIT 的局限：

1）没有存货缓冲。

2）停工时间增加。

3）对供应链高度依赖。

4）未预料订单会产生加班费用。

注意：准时制生产也称精益生产。

补充知识：精益生产与精益会计

传统会计系统提供的是一种僵化的经营观，它不能反映精益企业的持续改进目标。为了提供更平衡的动态绩效观，许多组织都在传统会计系统中补充了经营仪表板和平衡计分卡，它们能基于经营数据反映关键绩效指标（KPI）。精益会计利用下列 5 个原则进一步发展了会计范式，实现了重大变革。它们对精益流程的会计核算具有指导作用。

1）精益和简化的企业会计应用精益方法对流程进行会计核算，消除交易流程、报告和会计方法中的内在浪费。

2）支持精益转型的会计流程聚焦于计量和理解为客户创造的价值，它基于整个价值流而不是单个产品或服务。

3）明确、及时地沟通信息体现在易于被人理解的会计报告，应该经常编制报告，而不是按月定期报告。

4）精益规划涉及那些负责实现结果并积极参与目标制定的人员。规划过程从高层战略规划开始（采用方针战略规划等方法），然后部署到经营单元领导和价值流团队中（采用推销、运作和财务规划等方法）。

5）强化内部会计控制必须与通过谨慎的规划削减交易同时进行。关键是要保证不在不成熟的时机削减会计控制和交易，必须在经营表明流程控制充分的时候。根据流程图能识别控制风险，然后实施变革，消除这些风险。

其中每个原则都引导着从传统方法到按精益方式思维、支持精益思想的会计实践的转型。

例题 8-24

甲公司正在实行准时制生产，这为公司带来的好处可能是（ ）

A. 减少产品返工率。 B. 增加存货成本。

C. 增加存货周转周期。 D. 降低对供应商的依赖。

答：

A。

分析：JIT 下使用全面质量管理，产品质量提高。

8.5.3 精益资源管理

精益管理要求企业的各项活动都必须运用“精益思维”。“精益思维”的核心就是以最小资源投入，包括人力、设备、资金、材料、时间和空间，准时地（JIT）创造出尽可能多的价值，为顾客提供新产品和及时的服务。精益资源管理技术不再局限于制造企业，还可以应用在运营组织里的每个流程中，包括服务业和政府部门。精益资源管理技术聚焦于资源的优化，包括资本、人员技能、存货、信息和产能。

精益资源管理的目标是通过最小化浪费，实现客户价值的最大化。所有不能增加客户价值的资源使用，都被视作是浪费并且应该被消除。精益资源管理技术能为企业带来以下利益：资源优化，减少浪费，降低成本，改进流程，增加客户价值。

8.5.4　约束理论

约束理论（Theory of Constraint，TOC）是关于企业应做哪些变化，以及如何很好地实现这些变化的理论。约束理论对应着这样一套管理原则——帮助企业找出目标实现过程中存在的障碍，并进行必要的改变来消除这些障碍。约束理论认为：任何一个系统，如果它的投入、产出过程可以按环节或者阶段进行划分，而且一个环节的产出依赖于前面一个或多个环节的产出的话，那么这个系统最终的产出将受到系统内生产率最低的环节的限制。

为了衡量企业实现目标后的业绩，约束理论打破传统会计成本的概念，提出了 3 个主要衡量指标，即

1）存货，广义上包括所有的资产，公式是

存货 = 直接材料、半成品以及产成品 + 研发成本 + 厂房、设备成本

2）经营费用，将存货转变成产出所花费的资金，公式是

经营费用 = 除了直接材料的所有营运成本

3）产出贡献，产品营利性的衡量，公式是

产出贡献 = 销售收入 - 直接材料成本

约束理论认为：要从企业整体来评价改进的效果，而不能只看局部。库存投资和运行费用虽然可以降低，但是不能降到零以下。只有有效产出，企业营利才有可能不断增长。

鼓 - 缓冲 - 绳法（限制驱导式排程法，Drum-Buffer-Rope，DBR）是平衡生产流通过程制约因素的方法。

1）鼓表示制约因素。

2）绳子是先于并且包括制约因素的程序序列。

3）缓冲是指鼓运转的在产品投入量的最小值。

缓冲等于加工时间加上生产准备时间，再加上确保产品在必要时到达缓冲起点所需要的保护时间的总和。产品在 3 个领域（缓冲起点）中一般需要保护，如图 8-7 所示。

1）保护运输，以确保零部件准时送达客户。

2）保护约束，以确保资源时间利用率最大化。

3）保护一段流程由约束维持而另一段流程由非约束维持的装配工序，以便在其他非约束资源到达之前，在约束流程中加工的零部件不会在装配工序上等待。

DBR 排程法是一种为工厂制订稳定的、可实现的生产计划以及从整体（而不是局部）出发，最大化生产设施的劳动生产率的技术。DBR 排程法还提供了一种改进的保护聚焦方法，从而使干扰对稳定的生产流程的影响最小化。

约束理论分析的 5 个步骤：

1）识别系统中的约束因素。

2）决定如何改善约束因素。

3）调整非约束因素，使得约束因素运营效率最大化。

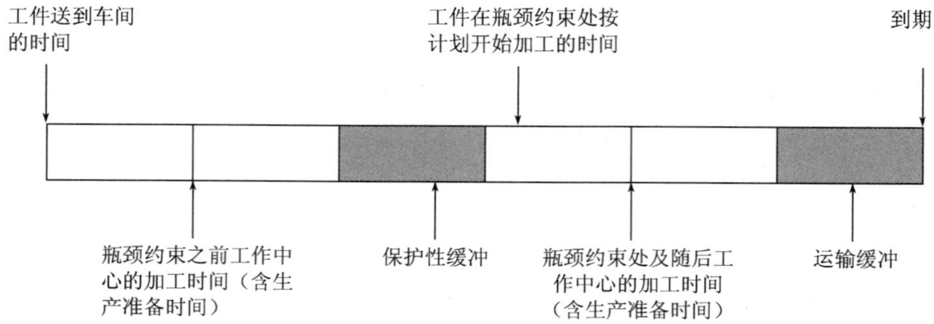

图 8-7 DBR 排程系统中的缓冲

4）提升约束因素的性能。

5）回到第 1 步。

约束理论对企业确认盈利与否和关键成功要素很有价值。

约束理论和作业成本法相比，有以下不同：

1）约束理论针对短期进行，作业成本法针对长期成本。

2）约束理论关注生产约束因素和短期产品组合调整；作业成本法分析成本动因，用于战略定价和利润计划。

> 补充知识：有效产出会计与约束会计
>
> 有效产出会计（Throughput Accounting）提供了一套明确的绩效指标，它们把经营结果与财务结果有形地联系起来。管理者可以利用这种联系支持约束理论管理系统的实施。有效产出会计是将有效产出、存货和经营费用作为替代组织大多数传统成本管理报告和分析的管理决策工具的直接结果。有效产出会计实施了约束理论管理的主要方面。有效产出会计将管理者的注意力集中在 3 个基本目标上：提高有效产出、降低存货、降低经营费用。
>
> 约束会计（Constraints Accounting）是一种会计报告技术，它与持续改进过程和约束理论的实施是一致的，具体包括：明确考虑约束的作用；具体说明有效产出对贡献的影响；使有效产出与经营费用脱钩。
>
> 有效产出会计实质上是理解有效产出、存货和经营费用这 3 个概念及其在决策支持和对报告的细微修订方面的应用。而约束会计则超越了这一阶段，它适用于人们认为有必要了解和计量实物约束之时，以及具备计量和规划能力之后。

约束理论在组织中应用广泛。因此，它的好处超越了组织界限和职能领域，具体用途和好处包括：缩短生产准备时间；提高产品和服务质量；大幅提高盈利能力；降低存货水平；减少瓶颈限制；管理约束；控制统计波动；提高竞争地位；协调战略营销与经营决策；引进边际定价概念；在供应链层面应用持续改进。

当存在瓶颈约束或限制性要素时，确定产品组合中优先生产产品的原则是：优先生产单位限制性要素（瓶颈）产出贡献最大的产品，而不是产出贡献最大的产品。

例题 8-25

老李除了经营家具厂，还经营一家医疗器材企业。该企业生产普通型和豪华型助听器，售价分别是 600 元和 1 200 元。由于生产的延误，客户被告知要订单下达 3 个月后才能够提货。老李的儿子小李刚刚考取了 CMA，根据所学的知识决定使用约束理论来解决老李目前所面临的问题。

医疗器材企业生产流程如图 8-8 所示。

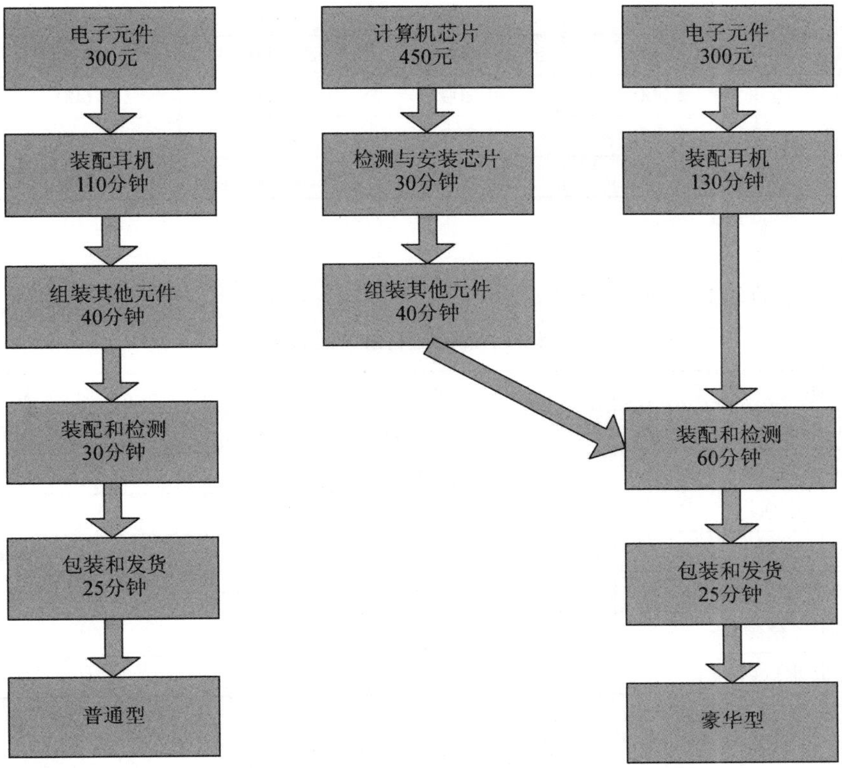

图 8-8　医疗器材企业生产流程

约束理论关键数据如表 8-21 所示。

表 8-21　医疗器材企业生产相关数据

产品	需求（副）	价格（元）	成本（材料）（元）
普通型	3 000	600	300
豪华型	1 800	1 200	750

生产助听器需要的时间如表 8-22 所示。

表 8-22　普通型和豪华型助听器生产时间

工序	普通型（分钟）	豪华型（分钟）	员工人数（个）	实际分钟数（分钟）
装配耳机	110	130	80	9 600
检测与安装芯片	0	30	16	1 920
组装其他元件	40	40	30	3 600
最后装配和检测	30	60	20	2 400
包装和发货	25	25	18	2 160
合计	205	285		

1）确定约束因素，见表 8-23。

表 8-23 确定约束因素 （单位：分钟）

工序	普通型	豪华型	总分钟数	实际分钟数	多余分钟数
装配耳机	5 500	3 900	9 400	9 600	200
检测与安装芯片	0	900	900	1 320	420
组装其他元件	2 000	1 200	3 200	3 600	400
最后装配和检测	1 500	1 800	3 300	2 400	-900
包装和发货	1 250	750	2 000	2 160	160

所以，约束因素是最后装配和检测环节。

2）确定盈利最大的组合，见表 8-24。

表 8-24 确定盈利最大的组合

科目	普通型	豪华型
价格（元/副）	600	1 200
材料成本（元）	300	750 = 300 + 450
产出贡献（元/副）	300	450
约束时间（分钟）	30	60
每分钟产出贡献（元）	10	7.5
需要分钟数（分钟）	1 500	900
产出贡献（全部）（元）	15 000	6 750

由于每分钟产出贡献普通型大于豪华型，所以优先生产普通型。

3）限制驱导式排程法排程，见图 8-9。

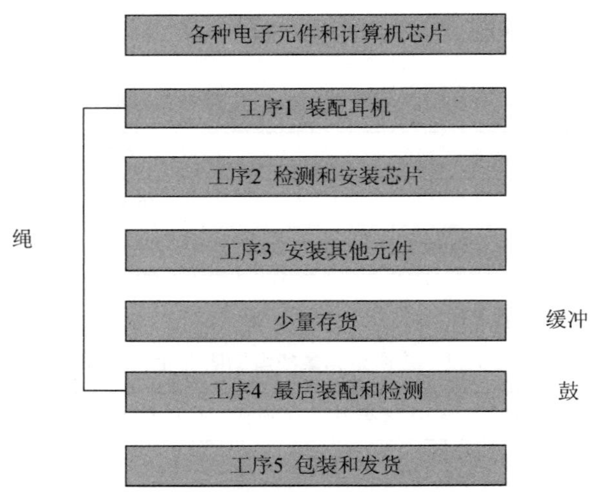

图 8-9 限制驱导式排程法排程

8.5.5 其他生产理论

自动化/机器人：可不断重新编程序的多功能机器人，可以完成重复性工作。

产能规划：提供一种方法，来确定由资本密集型资源综合形成的总体生产能力的大小，从而为实现企业的长期竞争战略提供有力的支持。

计算机辅助设计（Computer Aided Design，CAD）：计算机及其图形设备有助于设计人员进行设计工作，能够减轻设计人员的劳动强度、缩短设计周期和提高设计质量。

计算机辅助制造（Computer Aided Manufacturing，CAM）：用计算机进行生产设备的管理、控制和操作的过程。

计算机集成制造（Computer Integrated Manufacturing，CIM）：制造业企业制造过程中所有环节的全部生产活动是一个互相紧密相关的整体。整个制造过程本质上可以抽象成一个数据的搜集、传递、加工和利用的过程，最终产品仅是数据的物化表现。

并行工程：集成地、并行地设计产品及其相关过程（包括制造过程和支持过程）的系统方法。它要求产品开发人员，在一开始就考虑产品整个生命周期中从概念形成到产品报废的所有因素。

柔性制造系统（Flexible Manufacturing System，FMS）：利用计算机来安排机器、生产过程等，以实现自动化生产线的制造系统。它可以由用户或研发者自定义。柔性制造系统能够适应产品市场的快速变化，从事多样少量的生产，以满足市场的需求。

8.6　业务流程绩效

8.6.1　价值链分析

价值：专门资产的价值、有利点或效用，可被用于产品或服务、一组资产或一个完整的企业单元。

价值活动：必须进行的，从处理原材料到最终的生产和服务的活动集合。

价值链：一些相互依存的活动，为最终产品或服务增加价值。

成本动因：此处指引起活动成本变化的任何因素，分为结构性成本动因和执行性成本动因。

供应链：参与生产、设计、销售、运输和使用企业产品或服务的分销商、运输商、储存机构、供货商组成的网络。

价值链分析：评估客户价值感知度，确定当前成本和绩效标准，评估哪些环节可以增加价值、减少成本。它关注整个价值链。制造业企业的价值链见图 8-10。

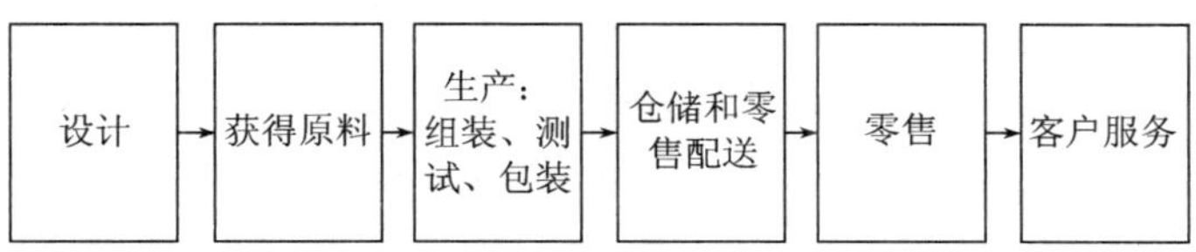

图 8-10　制造业企业的价值链

价值链分析的步骤：

1）内部成本分析。这一步确定盈利来源以及内部流程或活动的相关成本。内部成本分析将识别企业的价值创造过程，确定产品或服务总成本中应由各个价值创造过程分摊的部分，识别每一价值创造过程的成本动因，识别价值创造过程之间的联系，评估获得相对成本优势的机会。

2）内部差异分析。在这一步骤，检查用于创造和维持出众差异的来源。主要关注客户对公司产品和服务的价值感知。内部差异分析首先要求识别内部价值创造过程和成本动因。利用这些信息，企业可以进行差异分析以便识别客户价值的创造过程；评估用于提升客户价值的差异化战略；确定最可持续的差异化战略。

3）垂直链接分析。垂直链接分析是对步骤 1 和步骤 2 的更广泛应用，它包括行业中的所有上游价值创造过程和下游价值创造过程。垂直链接可以识别哪些是对竞争优势或劣势最关键或最不关键的活动，包括从原材料来源到产品处置和/或回收的所有环节。垂直链接分析将识别行业的价值链并对价值创造过程分摊成本、收入及资产，诊断每一个价值创造过程的成本动因，评估获得可持续竞争优势的机会。

8.6.2 价值增值

客户是任何一个受企业流程、产品或服务影响的人，具体分为两类：

1）内部客户。员工、部门或业务单元收到或接受另一员工、部门或业务单元的信息、产品或服务。

2）外部客户。企业之外的产品或服务的使用者或接受者。

当每个内部客户和供应商被满足了他们在价值链上的需要时，外部客户就得到了最好的服务。

增值是指那些把资源转变为符合外部客户要求的产品或服务的活动。增值和非增值作业概要见表 8-25。

表 8-25 增值和非增值作业概要

作业	增值	非增值
产品设计	√	
调整准备		√
等待		√
移动		√
加工	√	
返工		√
修理		√
存储		√
检查		√
产品交付	√	

补充知识：计算机制造中的价值链分析

计算机行业为实施价值链分析提供了绝好的机会。计算机智能公司（CIC）为北卡罗来纳州罗利·达勒姆地区的小企业生产计算机，CIC 的服务和生产过程主要是组装从各个电子企业购买的部件以及一些金属制品：每单位产品的制造费用 250 美元，外购部件成本 500 美元，这其中有 300 美元的部件可以自己生产，原料成本 190 美元，另外再加上每月 55 000 美元的劳动力及设备成本。CIC 正在考虑是自制还是继续购买这些部件。CIC 考虑将营销、配送和服务包给一家名为 JBM 的当地企业，这将每月为 CIC 节约 175 000 美元的材料与人力成本。如果每月平均销售 600 台计算机，那么合同的签约成本为每台 130 美元。CIC 使用价值链分析来研究这些选择对其战略和成本的影响。

表 8-26 的价值链分析表明，选择 1 可每月节约 108 000 美元（355 000 美元 − 247 000 美元），那么从成本优势来看，选择 2 更好，然而 CIC 也需要考虑它的战略竞争地位。如果顾客主要是看中 CIC 的服务和可信度，那么将营销、配送和服务分包出去便不太明智，CIC 应该继续控制这些关键的成功因素。进一步地，如果实施自制部分零件的战略，便开始与其他计算机生产商进行成本领先竞争，CIC 不可能成功。因为它的规模小，而且这一领域已经充斥了许多有力的竞争者，如 IBM、康柏、戴尔等。这样，选择 2 将使 CIC 脱离它自己在顾客服务方面的竞争优势。从战略着眼，选择 1 更好，尽管它的成本较高。价值链分析为面临的选择提供了研究框架：在哪里可降低成本，在哪里可在价值链上获得最高效竞争。

表 8-26 CIC 公司的价值链分析

增值作业	选择 1：继续现行运作	选择 2：自制部分部件，将营销、配送和服务分包出去
原料获取	CIC 的价值链中不包含此步骤	CIC 的价值链中不包含此步骤
芯片及其他部件的制造	CIC 的价值链中不包含此步骤，这些部件的成本是 200 美元	CIC 的价值链中不包含此步骤，这些部件的成本是 200 美元
CIC 可以自制的部件	外购，每台成本为 300 美元	自制，每台成本为 190 美元，外加每月固定成本 55 000 美元
装配	CIC 的成本是 250 美元	CIC 的成本是 250 美元
营销、配送和服务	CIC 的成本是每月 175 000 美元	分包给 JBM 的成本是每销售一台 130 美元

两种选择成本差异小结：

1）选择 1。外购部件单位成本为 300 美元；营销、配送和服务的月成本为 175 000 美元。总的相关成本（假设每月销售 600 件产品）：300 美元/件 ×600 件/月 +175 000 美元/月 =355 000 美元/月。

2）选择 2。自制部件的单位成本（190 美元）加上签约成本（130 美元）共 320 美元；设备及人力的月成本为 55 000 美元。总的相关成本（假设每月销售 600 件产品）：320 美元/件 ×600 件/月 +55 000 美元/月 =247 000 美元/月。

例题 8-26

以下哪个选项列示的活动是汽车厂商的增值服务？(　　)

A. 返修车辆。

B. 将刹车片安装到车辆上。

C. 产品检测。

D. 维修返修过的车辆。

答：

B。

分析：生产是增值活动，返修、检测和反复返修不会带来价值。

8.6.3 流程分析

流程是投入资源，增加价值，并为内部或外部客户提供产出的相关活动。

流程的特征有：

1）效果性（达到客户要求）。

2）效率性（最小的费用和时间）。

3）适应性（对变化做出快速反应）。

流程再造/业务流程重组，是指为了飞越性地改善成本、质量、服务、速度等重大的现代企业的运营基准，对工作流程进行根本性的重新思考，并彻底改革。也就是说，从头改变，重新设计。

其主要特征是：

1）基础的。强迫人们去关注目前开展业务所采用的司空见惯的规则和假设。

2）彻底的。抛弃现存流程，创造新的流程。

3）戏剧性的。重磅炸弹式的。

4）流程化的。重视需要的投入和创造客户价值的一连串活动。

质量、生产力、流程改进之间的联系：

1）生产力要求暗示需要努力改进现存状况。

2）提高生产力要求持续地改进质量。

3）持续改进需要不断地组织学习、流程改进甚至再造。

帕累托原则：80% 的结果源于 20% 的可能起因。实践中应用为按优先次序管理项目。

例题 8-27

流程重组区别于全面质量管理的地方在于流程重组主要涉及(　　)

A. 应用团队解决系统问题。　　B. 去除非增值业务。

C. 实施“计划 – 落实 – 检查 – 行动”循环。　　D. 进一步强调服务客户的重要性。

答：

B。

分析：流程再造是从企业外部角度，对整个业务流程进行彻底的重新规划，所有不产生价值（不合理）的业务都要被去除。

补充知识：流程管理

流程是旨在为特定客户或市场生产特定产品的一系列可计量的作业。流程管理是一种特殊方法，这种方法组织、协调连接公司与其商业合作伙伴及市场作业的横向流动。它是由一系列旨在提高跨职能、跨组织举措的针对性、效率和效果的共同目标所推动的。这些目标包括：

1）为客户提供最大价值。

2）定义流程绩效要求。

3）满足客户和商业合作伙伴的绩效要求。

4）消除价值链中的浪费或不必要作业。

5）通过减少不必要成本和作业提高组织及其合作伙伴的营利能力。

6）建立并在商业合作伙伴之间共享最佳实践。

7）提高价值链对不断变化的客户需求的反应能力和灵活性。

流程管理结构由客户驱动，并且需要供应商的支持与配合。它强调增进对工作如何完成、各种程序和结构如何影响组织关键流程的效果和效率的了解。流程管理替代了那些旨在解决组织某一部分的问题、却往往忽略了各项职能或作业之间相互关系的零零散散的方法和措施——它是一种强调系统解决方案的世界观。流程管理打破了传统各自为政的组织文化和组织结构，它强调定义和影响整体绩效的关键合作或联系。

流程跨越了传统上定义组织结构的各项基本职能。流程不是替代各项职能，而是配置职能，以确保组织目标的实现。流程管理协调多种职能的工作，以确保商品和服务能顺畅地流向客户。虽然并非所有流程都是核心流程且与外部客户需求直接联系，但是每个流程都是由“流程中的下一个人就是自身所服务的客户”这种认识所驱动的。

流程的 3 个关键因素是：

1）转化。指通过一种或多种改变，从一组相互关联的工作作业中获得价值高于投入的产出。

2）反馈控制。指借以修订或归集转化作业以保持产出的某种属性的监管手段。

3）可重复性。指流程以相同的方式多次执行。

流程具有许多不同的目的，在采用流程管理的组织中，流程一般分为三大类：

1）核心流程直接影响客户价值创造，它为创造竞争优势提供了基础，也是供应链运行的基础。

2）管理流程支持核心流程，确保组织不会给客户带来不便。

3）辅助流程，包括人力资源、产品开发、信息技术和环境管理。

描述和体现流程的基本特征有 6 个：

1）明确的负责人。

2）明确的界限。

3）记录工作流。

4）明确的控制点。

5）明确的绩效考核指标。

6）流程偏差控制。

8.6.4 标杆分析

标杆分析是用来衡量产品、服务或实务，相对于最佳绩效水平的状况的持续的、系统的过程。它可以分为内部与外部标杆学习。

标杆分析的步骤是：

1）选择、排序标杆分析项目。

2）组织标杆分析团队。

3）记录各个项目的工作流程。

4）研究、识别同类中的最佳绩效。

5）分析数据。

6）提出标杆分析后的建议。

标杆分析是帮助一个企业形成竞争力的有力工具。

战略标杆分析，是指将标杆分析结果融合在战略规划过程中，从而在企业战略层面应用流程标杆分析。

职能标杆分析确定产品、服务和工作流程。它们通常涉及一个既定职能领域的具体经营活动，比如生产、营销或设计。

经营标杆分析找出存在职能绩效差距的理由。组织必须理解经营层面的这些标杆，以便确定弥补绩效差距所需要的正确行动。

在决定考核对象时，组织应该考虑以下 3 种类型的标杆：

1）竞争标杆。确定组织在行业中最强有力的直接竞争者的产品、服务和工作流程。

2）内部标杆。比较组织自身相似的流程、产品或服务。

3）类似标杆。比较自身与世界一流组织的绩效，这些组织虽然所处行业不同，但流程类似。

有效的标杆管理聚焦于公司各经营单元在生产高价值产品上的效果；而无效的标杆管理则只聚焦于职能性经营单元流程的效率，而未认真分析这些流程应该为客户提供什么。

补充知识：标杆管理的要素

标杆管理所强调的要素是：

1）产品、服务和实践。今天的标杆管理比传统上聚焦于产品特征或价格比较的竞争分析要广泛得多。标杆管理不仅要根据最佳实践分析与考核业务流程或职能，而且要确定造成绩效差异的基本作业和根本原因。

2）持续流程。因为外部环境在不断变化，所以标杆管理也必须是一个持续的流程。它不能只是某个年度的管理标语或时尚。竞争市场力量往往会推动绩效达到更高的水平。

3）计量。计量既涉及定量分析，又涉及定性分析。它包括计量业务流程与标杆公司之间的差异。定量因素可以定义为“现状”与“预期状态”之间的差距。

4）行业领袖。即使与行业最佳实践看齐，也未必总能保证成功。标杆管理的目标应该是比较本组织的绩效与全球最佳实践。最佳实践可能是另一个行业的非竞争者。

标杆管理不应该与竞争分析混淆。标杆管理关注流程和最佳比较；竞争分析则是不在竞争者的帮助下调查竞争者。在标杆管理中，最佳组织总是与从事研究的组织共享信息。标杆管理的目标是向其他组织学习、调整、实施和改进。

例题 8-28

以下哪项不可以作为标杆成本的实例？（　　）

A. 该单位以前年度的业绩。

B. 以前可比期间的较好业绩。

C. 与同一公司较好部门的比较。

D. 经营相似业务的竞争对手的较好业绩。

答：

A。

分析：标杆分为竞争标杆、内部标杆和类似标杆，应为最好水平。该单位以前年度的平均业绩并不能够作为标杆。

8.6.5 作业管理法

作业管理法（ABM）关注活动的管理。该方法被认为可以提高价值。

作业管理和流程改进，有助于企业更好地决策、改善绩效和提高总的资源的收益。

作业管理法支持质量改进，便于衡量结果，并能排出活动的优先次序。

作业管理法通过以下步骤实现质量改进。

1）确定活动成本。

2）增加质量成本的可见性。

3）提供容易应用在质量成本报告里的质量成本标准。

作业成本管理运用成本动因分析、作业分析和业绩计量。成本动因分析是对成本动因的效应进行检查、确定和解释的一种方法，其目的在于搜寻作业成本的根本原因。成本动因分析的常用工具包括标杆、因果分析图和帕累托分析。作业分析对某一组织的作业进行识别和描述，在此过程中，通过访问、问卷调查、观测、文件回顾等方式收集信息。业绩计量显示了在作业、过程或组织单位中完成的工作及达成的结果。业绩计量应该包括财务和非财务两方面。财务业绩计量有：产出的单位成本、销售收益率、所有部门的增值作业和非增值作业的总成本。非财务业绩计量用于评价顾客、制造过程和人力资源。

例题 8-29

以下对于作业成本法（ABC）和作业管理法（ABM）描述正确的是(　　)

A. ABC 专注改善商品和服务的成本核算。

B. ABM 专注流程改进。

C. ABC 和 ABM 都专注流程改进。

D. ABC 和 ABM 都专注商品和服务的成本核算。

答：

A。

分析：ABM 是指利用作业成本信息帮助管理人员找出不增值且消耗资源的作业，不仅仅专注流程改进。

8.6.6 持续改进

持续改进是一种阶梯式改进，是一种基于标准的改进。企业采用的流程要不断进行改进、维持改进，反复如此。

其关键要素是：质量、员工的努力和参与、资源改变和沟通。特征包括：长远的和持续的、平和的，但不显著；许多的小幅度；连续的和增量的；逐步的和稳定的；集体主义、团队奋斗和系统方法；强调较小的投资，但非常努力维持等。

例题 8-30

下面对持续改进的描述正确的是(　　)

Ⅰ. 在达到目标前持续改进。

Ⅱ. 管理层和工人都要持续改进。

Ⅲ. 标准成本法应该进行不断的修正和评估。

Ⅳ. 工人是持续改进的主要发起者。

A. Ⅰ和Ⅱ。　B. Ⅰ和Ⅳ。　C. Ⅱ和Ⅲ。　D. Ⅲ和Ⅳ。

答：

C。

分析：持续改进包括管理层和工人，标准成本需要进行不断的修正评估。Ⅰ错在目标达成以后还是需要进行持续改进，Ⅳ错在发起者应该是管理层。

例题 8-31

甲公司利用持续改进思想改善工作流程。目前，完成一个产品需要 20 小时。甲公司接下来 4 个季度的工作计划应该为(　　)

A. 19.5 小时、18 小时、17.5 小时、17 小时。

B. 19.2 小时、19.4 小时、19 小时、18 小时。

C. 19.5 小时、19 小时、18.5 小时、18 小时。

D. 19.5 小时、18.5 小时、18 小时、17 小时。

答：

C。

分析：持续改进应该是连续的、稳步的改进。

8.6.7 最佳实务分析

最佳实务是指在一种情况下产生最优异的结果。最佳实务分析又称为差距分析，是指分析当前状态与理想状态之间的差距。

典型的差距分析：

1）确定差距。

2）确定引起差距的原因。

3）提出改进建议。

8.6.8 质量成本分析

注意：参考《注册管理会计师基础教程》第10章质量管理基础。

补充知识：质量的概念

质量的内容十分丰富，并且随着社会经济和科学技术的发展，在不断充实、完善和深化。人们对质量的认识也经历了一个不断发展和深化的历史过程。质量代表性的概念有：

戴明的质量观点，“质量必须从客户的观点出发加以考虑”“质量是从客户的观点出发，强化到产品上的东西”。

质量管理专家朱兰从客户的角度出发，提出了产品质量就是产品的适用性，即产品在使用时能成功地满足客户需要的程度。客户对产品的基本要求就是适用，适用性恰如其分地表达了质量的内涵。

ISO8402质量定义，质量是反映实体满足明确或隐含需要能力的特性总和。

ISO9000：2000质量定义，质量是一组固有特性，即满足要求的程度。

质量成本指将产品质量保持在规定的质量水平上所需的有关费用。

质量成本分为4类：

（1）企业内部损失成本

企业内部损失成本是指产品出厂前，因不满足规定的质量要求而支付的费用。主要包括：废品损失费用、返修损失费用、复试复验费用、停工损失费用、处理质量缺陷费用、减产损失费用和产品降级损失费用等。

（2）评估成本

评估成本是指评定产品是否满足规定的质量水平，所需的各种费用。主要包括：进货检验费用、工序检验费用、成品检验费用、质量审核费用、设备保持检验费用、试验设备精确性费用、试验和检验损耗费用、存货复试复验费用、质量分级费用、检验仪器折旧费用以及计量工具购置费用等。

（3）预防成本

预防成本是指用于预防产生不合格品与故障等，所需的各种费用。主要包括：质量计划工作费用、质量教育培训费用、新产品评审费用、工序控制费用、质量改进措施费用、质量审核费用、质量管理活动费用、质量奖励费用、专职质量管理人员的工资及其附加费等。

（4）外部损失成本

外部损失成本是指产品出厂后，因不满足规定的质量要求，引起索赔、修理、更换或信誉损失等而支付的费用。主要包括：申诉受理费用、保修费用、退换产品损失费用、折旧损失费用和产品责任损失费用等。

计量质量成本的目标是：消除外部损失成本，最小化评估成本和内部损失成本，有效投资于预防成本。

例题 8-32

一家大型家居物品搬运公司的管理层和员工决定采取全面质量管理和持续改进措施。他们相信，如果他们的公司能够在国内被认为遵循了全面质量管理和持续改进措施，那么结果之一会是增加该公司的利润和市场份额。如果该公司关注以下哪项，就会更经济地提高质量？（　　）

A. 评估成本。　　B. 预防成本。

C. 内部损失成本。　　D. 外部损失成本。

答：

B。

分析：预防成本在第一时间可以阻止低质量服务的出现，最符合成本效益原则。

8.6.9　全面质量管理

全面质量管理（Total Quality Management，TQM）是一种企业以质量为中心，以全员参与为基础，目的在于通过让客户满意和本企业所有成员及社会受益而达到长期成功的管理途径。

全面质量管理注重客户需要，强调团队工作，并力争形成一种文化，以促进所有的员工设法持续改进企业所提供产品/服务的质量、工作过程和客户反馈时间等。

解决质量问题时，需要收集和整理大量的资料，并用科学的方法进行系统的分析。最常用的几种统计方法是：帕累托图、因果图（鱼骨图）、直方图、相关图、控制图等。

补充知识：六西格玛

六西格玛又称 6σ、6Sigma。注意不能使用大写的 Σ。西格玛（σ）是希腊字母，在统计学中称为标准差，用来表示数据的分散程度。

其含义引申后，是指一般企业的瑕疵率是 3～4 个西格玛。以 4 西格玛而言，相当于每 100 万个机会里，有 6 210 次误差。如果企业不断追求品质改进，达到 6 西格玛的程度，绩效就几近于完美地达成客户要求。此时，在 100 万个机会里，只找得出 3.4 个瑕疵。

六西格玛（6σ）概念作为品质管理概念，最早是由摩托罗拉公司的比尔·史密斯于 1986 年提出，其目的是达成一个目标：在生产过程中降低产品及流程的缺陷发生次数，防止产品变异，提升品质。

真正流行并发展起来，是在通用电气公司的实践。杰克·韦尔奇于 20 世纪 90 年代发展起来的 6σ 管理，是在总结了全面质量管理成功经验的基础上，提炼了其中流程管理技巧的精华和最行之有效的方法，使之成了一种提高企业业绩与竞争力的管理模式。该管理模式在摩托罗拉、通用电气、戴尔、惠普、西门子、索尼、东芝、华硕等众多跨国企业的实践证明是卓有成效的。为此，国内一些部门和机构在国内企业大力推进 6σ 管理，引导企业开展 6σ 管理。

随着实践的经验积累，它已经从单纯的一个流程优化概念，衍生成为一种管理哲学思想。它不仅是一个衡量业务流程能力的标准，也是一套业务流程不断优化的方法。

例题 8-33

甲公司生产各类厨房器具。除了生产并销售自有品牌的产品，甲公司还为折扣零售商乙公司生产带有乙公司品牌的厨房器具。最近，针对甲公司自有品牌的产品开展了一次市场推广活动，在宣传材料中强调产品具有操作简便的特点，并且暗示不管用户的保养程度如何，这些产品都能正常发挥功能。推广活动取得了极大成功，市场占有率也大幅提高。

甲公司一直对其产品提供 1 年保修服务。最近数月，甲公司发现保修成本急剧上升。分析显示，尽管所有的保修成本都增加了，但增幅最大的是消费者使用产品最初 30 天内拨打电话要求服务的成本，尤其是带有甲公司品牌的产品。

该公司决定实行全面质量管理计划。负责实施计划的人员并不知道如何以最佳方式分配该计划的资金。

1）结合甲公司的实际情况，说明 4 种质量成本。

2）为了从长远角度尽量降低总质量成本，请说明应如何在 4 种质量成本上分配资金。

3）请区分设计质量和符合性质量（Conformance Quality），并解释这两种质量如何导致甲公司服务电话数量增多。

4）请说明 3 种用于监控质量成本的技术，并解释甲公司如何使用这些技术。

答：

1）预防成本：包括产品的工程设计、评估和测试零件，对生产工人在质量管理方面的培训。

评估成本：包括在产品出售前的检查和测试。

内部损失成本：包括修理检验不合格的产品，废料、损坏所涉及的任何成本费用。

外部损失成本：包括所有保修服务的成本，也包括被退回的电器所涉及的原材料，人工成本等。

2）因为内部和外部损失成本比预防和评估成本高，投资在预防和评估环节可降低内部和外部损失成本，从而减少总质量成本。

3）设计质量是指产品和它的属性满足用户使用需求的程度，而符合性质量指满足规定要求的程度。对甲公司而言，可能是新的广告宣传造成消费者对产品有更高的预期，这种预期又因为设计质量而无法实现。不过，对于保修费用的增加，有可能是符合性质量的降低造成的。

4）控制图：使用统计监测的方法，来帮助甲公司判断保修成本的变化是由于随机因素还是非随机因素造成的。

帕累托图：此分析显示产品缺陷发生的频率。甲公司可以使用这种技术来判断某个特定组件的质量是否普遍下降或提高。

因果图：此分析有助于分析造成各个缺陷的原因，帮助甲公司发现消费者不同的投诉是否源于相同的缺陷。

8.7 本章主观题例题与习题

8.7.1 本章主观题例题

例题 8-34

阿莱热集团公司（简称阿莱热）制造各种不同的印制电路板，而其中两种电路板构成了该公司的主要销售产品组合。这两种电路板的第 1 种产品是一种电视（简称 TV）电路板，若干年前就已经有了成熟的工业标准。这种电路板的市场竞争性强并且价格波动大。阿莱热计划在 2010 年以每单位 150 美元销售 65 000 个 TV 电路板。第 2 种高产量产品是一种个人计算机（简称 PC）电路板，它是阿莱热近期增加的一条产品线。由于 PC 电路板结合了最新的技术，它能以一种优惠性价格销售，因此，该公司 2010 年计划以每单位 300 美元销售 40 000 个 PC 电路板。阿莱热公司的经理组正在开会讨论 2010 年的战略，会议的核心议题是怎样安排下一年的产品推广与宣传费。销售经理相信，通过集中阿莱热的宣传力量宣传 TV 电路板，这一领域的市场份额还能够扩大。作为对该建议的反应，生产经理说："你为什么不去追求 PC 电路板这一更大的市场呢？我所得到的成本表显示，由 PC 电路板得到的贡献是由 TV 电路板得到的贡献的两倍多。我知道，我们在 PC 电路板上得到了一个优惠性价格，销售它将有助于营利能力的增长。"

阿莱热目前的成本系统为 TV 电路板和 PC 电路板汇总了数据，如表 8-27 所示。

表 8-27　TV 电路板和 PC 电路板数据

科目	TV 电路板	PC 电路板
直接材料（美元）	80	140
直接人工（小时）	1.50	4.00
机器工时（小时）	0.50	1.50
销售价格（美元）	150	300
预计销售量（件）	65 000	40 000
直接人工成本（美元/小时）	14	14
机器工时成本（美元/小时）	10	10

变动工厂间接成本以直接人工工时为基础进行分配。2010 年，变动工厂间接成本预算是 1 120 000 美元，直接人工工时估计为 280 000 小时。机器工时和直接人工工时费用率分别为 10 美元和 14 美元。阿莱热以直接材料成本的 10% 分配材料整理费，该材料整理费没有包括在变动工厂间接成本中。2010 年直接材料支出总额预算为10 800 000 美元。该公司实行作业分析并收集了下面 10 种作业的数据如表 8-28 所示。

表 8-28　10 种作业数据

预算间接成本	金额和时间	成本动因	年度成本动因实际作业
材料相关的间接成本			
采购	400 000 美元	零件部分数量	4 000 000 件
生产计划	220 000 美元	电路板数量	110 000 件
包装和装运	440 000 美元	电路板数量	110 000 件
	1 060 000 美元		
变动间接成本			
机器调整	446 000 美元	调整数量	278 750 次
有害废品处理	48 000 美元	废品磅数	16 000 磅①
质量控制	560 000 美元	检验数量	160 000 次
通用物料	66 000 美元	电路板数量	110 000 件
	1 120 000 美元		

（续）

预算间接成本	金额和时间	成本动因	年度成本动因实际作业
制造费用			
机器嵌入	1 200 000 美元	零部件数量	3 000 000 件
手工嵌入	4 000 000 美元	零部件数量	1 000 000 件
焊接	132 000 美元	电路板数量	110 000 件
	5 332 000 美元		
预算直接人工工时	280 000 小时		

①1 磅 =453. 592 37 克。

其他信息如表 8-29 所示。

表 8-29 其他信息

单位产品需求	TV 电路板	PC 电路板
零部件	25 件	55 件
机器嵌入	24 件	35 件
手工嵌入	1 件	20 件
机器调整	2 次	3 次
有害废品	0. 02 磅	0. 35 磅
检验	1 次	2 次

阿莱热的总会计师埃德·韦尔奇相信，前面进行的管理层关于将产品推广和宣传费用分配到各个产品的讨论，可能值得从包括在其生产过程中的作业基础上来看待这些产品和成本。正如埃德·韦尔奇向管理层解释的："作业基础成本计算使所有作业的成本，根据成本动因分配到各种产品成本中，而不是将这些成本包含在间接成本池中。"埃德·韦尔奇准备了前面的表格以帮助管理层弄懂这一概念。

埃德·韦尔奇解释说："运用这些资料，我们可以为 TV 电路板和 PC 电路板计算它们各自的作业基础成本，然后将作业基础成本与我们正使用的标准成本相比较，两种成本方法下唯一相符的成本是直接材料成本。成本动因将取代直接人工、机器工时及旧的标准成本中的间接成本数。"

要求：

1）说明作业成本法的至少 4 个常见的优势。

2）在阿莱热现行的数量基础成本系统及其在题干中给定的成本数据（直接材料、直接人工、材料整理开支、变动间接成本和机器工时间接成本）的基础上，计算阿莱热 2010 年来自（a）TV 电路板和（b）PC 电路板的边际贡献总额。

3）以作业基础成本为基础，计算阿莱热 2010 年来自（a）TV 电路板和（b）PC 电路板的边际贡献总额。

4）阿莱热的经理层正在开会讨论 2010 年的战略，他们特别关注如何安排产品推销和宣传费用的决策。销售经理赞同较多花费于 TV 电路板，而生产经理则赞同多宣传 PC 电路板。解释怎样通过比较两种成本计算方法的结果，可以影响阿莱热经理层做出销售、定价及推销决策。

参考答案：

1）作业成本法的优势：

①有助于减少由传统成本分配导致的成本扭曲。

②提供了更真实、更丰富的产品成本信息，由此得到更真实的产品营利能力信息和与定价、产品线、客户市场及资本支出等战略决策相关的信息。

③提供了更真实的作业驱动成本的计量信息，它有助于管理者做出更好的产品设计决策，更好地控制成本并促进各种增值项目。

④使管理者较容易利用相关成本以进行经营决策，使其能占据更具竞争力的地位。

2）阿莱热2010年来自TV电路板和PC电路板的边际贡献总额如表8-30、表8-31所示。

表8-30 TV电路板和PC电路板的边际贡献 （单位：美元）

科目	TV电路板	PC电路板
单位售价	150	300
直接材料	80	140
直接人工	21	56
材料整理开支	8	14
机器工时	5	15
变动间接成本	6	16
产品单位成本	120	241
产品单位利润	30	59

变动间接成本分配率＝1 120 000美元/280 000小时＝4美元/小时。TV电路板边际贡献＝65 000件×30美元/件＝1 950 000美元。PC电路板边际贡献＝40 000件×59美元/件＝2 360 000美元。TV电路板和PC电路板的边际贡献总额＝1 950 000美元＋2 360 000美元＝4 310 000美元。

3）以作业基础成本为基础，阿莱热2010年来自TV电路板与PC电路板的边际贡献总额如表8-31所示。

材料相关成本：

采购分配＝400 000美元/4 000 000件＝0.1美元/件。生产计划＝220 000美元/110 000件＝2美元/件。包装和装运＝440 000美元/110 000件＝4美元/件。

变动间接成本：

机器调整＝446 000美元/278 750次＝1.6美元/次。有害废品处理＝48 000美元/16 000磅＝3美元/磅。质量控制＝560 000美元/160 000次＝3.5美元/次。通用物料＝66 000美元/110 000件＝0.6美元/件。

制造间接费用：

机器嵌入＝1 200 000美元/3 000 000件＝0.4美元/件。手工嵌入＝4 000 000美元/1 000 000件＝4美元/件。焊接＝132 000美元/110 000件＝1.2美元/件。

表8-31 TV电路板与PC电路板的边际贡献 （单位：美元）

科目	TV电路板	PC电路板
单位售价	150	300
直接材料	80	140
生产计划	2	2
包装和装运	4	4
通用物料	0.6	0.6

（续）

科目	TV 电路板	PC 电路板
焊接	1.2	1.2
零部件	2.5	5.5
机器嵌入	9.6	14
手工嵌入	4	80
机器调整	3.2	4.8
有害废品	0.06	1.05
检验	3.5	7
产品单位成本	110.66	260.15
产品单位利润	39.34	39.85

TV 电路板边际贡献 =65 000 件 ×39.34 美元/件 =2 557 100 美元。PC 电路板边际贡献 =40 000 件 ×39.85 美元/件 =1 594 000 美元。TV 电路板和 PC 电路板的边际贡献总额 =2 557 100 美元 +1 594 000 美元 =4 151 100 美元。

4）通过比较两种成本计算方法的结果，对于阿莱热管理层做出销售、定价及推销决策提出以下建议：

从上面的计算可以看出，根据该公司现行的数量基础成本（传统的成本）计算出 TV 电路板的边际贡献小于 PC 电路板的边际贡献，而生产经理根据作业基础成本计算出 TV 电路板的边际贡献高于 PC 电路板的边际贡献。可见传统的成本分配方法扭曲了成本，使该公司管理层错误地做出销售、定价及推销决策，错误识别关键成功要素。

该公司应该将战略资源更多地倾斜 TV 电路板，从而使企业获得竞争优势，有利于该公司以后长远利益，使决策层加大对于公司真正收益高的产品的投入。

例题 8-35

罗斯·巴赫是最近受聘为贝塔公司的总会计师。贝塔公司是一家生产薄钢板的企业，该公司从事这一行业已经有很多年了，目前正在研究新的办法以实现公司生产自动化。在罗斯出席的第 1 次行政管理会议上，该公司的首席工程师鲍勃·凯利提交了一份有关自动化钻探车间的议案，他建议该公司购买 2 台机器人来取代原车间的 8 名工人。在鲍勃的提案中，他强调了这样做可以节约费用，包括消除直接人工成本、将钻探车间的间接费用分配额降至零（因为该公司使用以直接人工为基础的全厂间接费用分配率来分配间接费用）。

该公司总裁对鲍勃的成本节约的解释感到很迷惑，认为他的方案起不到这样的作用。罗斯也同意总裁的观点，认为随着企业提升自己的自动化水平，就应当重新考虑企业的间接费用分配方法。会后，总裁要求罗斯仔细研究一下这一情况，并在下次会议上提交一份报告。

要求：

1）不考虑钻探车间使用机器人的建议，描述一下贝塔公司目前使用的间接费用分配方法存在哪些缺陷。

2）解释一下如果自动化的建议得到了采纳，鲍勃的“钻探车间分配的工厂间接费用将减至零”的观点中存在的错误概念。

3）提出改进间接费用分配的方法。

4）说明使用实际产能还是理论产能分配间接成本更合理。

5）定义产出贡献，解释约束理论并说明其步骤。

参考答案：

1）该公司目前使用的间接费用分配方法为以直接人工为基础的全厂间接费用分配率来分配间接费用。该方法的缺陷包括：

①分摊的间接费用不准确。因为分摊的动因不准确。

②分摊动因单一。只采用了直接人工成本动因。

③采用的分摊方式不合适。因为各车间之间有的是劳动密集型，有的是技术密集型，所以采用统一分配率的分摊方式不合适。

2）①机器工时这一成本动因仍然存在，所以工厂间接费用仍然存在。

②人工仍然存在（机器需要人员操作），所以工厂间接费用仍然存在。

③机器需要人工维修，所以工厂间接费用仍然存在。

3）①采用作业成本法，可以使成本更准确。

②采用部门间接费用分配率进行分配，更合理一些。

③区分固定成本、变动成本，分别进行分配，可以更准确一些。

4）实际产能。

5）略。

例题 8-36

胡佛公司运用作业成本法，并且提供了如表8-32所示资料。

表8-32　运用成本法的相关资料

制造作业	用作分配基础的成本动因	换算为单位产品基础成本
材料整理	零部件数量	0.45 美元
机器	机器工时	51.00 美元/小时
装配	零部件数量	2.85 美元/件
检验	完工产品数量	30.00 美元/件

假设已经为包装机器制造了某组件75件，每一单位需要105个部件和3个机器工时，每一完工产品的直接材料成本为600美元，其他所有生产成本都归为一类：转换成本（即加工成本）。另外，该公司的生产部负责人发现最近该公司的废品率有所上升。

要求：

1）使用作业成本法，计算全部生产成本以及75件产品的单位成本。

2）假设该公司内部价值链的上游作业，如研究与开发和产品设计，经分析分摊于该组件每单位180美元。同时，类似的分析也用于下游作业，如销售、营销和顾客服务，该组件分摊的下游成本为每单位1 050美元。计算每一单位的全部生产成本，包括上游作业、制造作业和下游作业。这种新的成本结果有什么战略影响？

3）解释胡佛公司计算全部价值链成本，以及通过不同的价值创造作业将其进行分类的用意。

4）请解释六西格玛和全面质量管理的主要内容。

参考答案：

1）全部生产成本为（0.45美元×105件+51美元/小时×3小时）×75件+600美元×75件+

(2.85 美元/件 ×105 件 +30.00 美元/件 ×1 件) ×75 件 =84 712.50 美元。单位成本为 84 712.50 美元/75 件 =1 129.50 美元/件。

2) 每一单位的全部生产成本：1 129.50 美元 +180 美元 +1 050 美元 =2 359.50 美元。

战略影响包括：①有助于战略成本分析、管理，提高竞争能力，实现战略目标；②有助于企业将资源投入到那些能带来最大战略利益的作业之中；③通过战略成本管理，有助于企业实现成本领先的运营战略。

3) 胡佛公司增值作业成本包括机器和装配，单位产品的增值作业成本 =51 美元/小时 ×3 小时 +2.85 美元/件 ×105 件 +600 美元 =1 052.25 美元。通过不同的价值创造作业将其进行分类的用意在于：①区分增值非增值作业，从而更好地管理资源的投入；②减少成本扭曲，获得更为准确的产品成本；③清晰地展示出产品研发设计、服务、作业长期对盈亏底线产生的贡献。

4) 略。

例题 8-37

玛弗兰科公司拥有 6 个部门，分别是：财务部、市场部、人事部、生产部、研发部和信息系统部，每个部门由一名副总经理管理。信息系统部建于 2008 年，当时玛弗兰科公司决定获得一个大型计算机，并开发一个新的信息系统。

但系统的开发和使用是个发展的过程。玛弗兰科公司 2009 年底建立的每个职能部门需要的多数基础系统是操作性的。因此，2010 年被认为是信息系统部成本可以被高度精确估价的第 1 年。玛弗兰科公司的总裁希望其他 5 个职能部门通过 2010 年 1 季度末编制的反映信息系统部的成本分配的报告和报表，了解到信息系统部成本在不断膨胀。每个部门的成本分配是以对信息系统部服务的实际使用成本为依据。

信息系统部的副总乔思沃纳，建议信息系统部的实际成本以计算机实际输出的页数为依据进行分配。该分配依据的确立是基于它是所有部门在评估其运营和进行决策时编制报告时使用。该依据的采用导致出现的成本分配如表 8-33 所示。

表 8-33 各部门成本分配表

部门	百分比（%）	分配成本（美元）
财务部	50	112 500
市场部	30	67 500
人事部	9	20 250
生产部	6	13 500
研发部	5	11 250
总计	100	225 000

在季度报告公布后，财务部和市场部拒绝该分配方法。两个部门都认识到他们对报告输出的大部分负责，但他们认为这些报告输出成本应是信息系统部成本的最小部分，因此要求采用更加公平的分配依据。

在与乔思协商后，玛弗兰科公司的主管伊莱恩·杰根斯得出结论：信息系统部提供 3 种不同的服务——系统开发，以中央处理器（CPU）运行的时间表示的计算机处理及报表生成。她建议应以实际预算的年作业量和成本量为基础为这些服务分别指定一个预定的比率，而对其他部门的成本分配和实际成本间的差异则由信息系统部自行吸收。

伊莱恩和乔思得出的结论是：系统开发可按系统开发和编程的时间收费，计算机处理按操作（不包括数据库开发和维护）的中央处理器运行时间收费，报表生成按输出页数收费。他们认为不应包括在预定比率中的唯一的成本是购买软件的成本；这些软件通常是按照特定部门的使用要求设计的。因此，伊莱恩得出的结论是：购买软件的费用应该按成本向购买部门收取。为调整第 1 季度分配，她收集了信息系统部的成本和服务的有关数据如表 8-34 所示。

表 8-34　信息系统部的成本和服务

项目	估计年成本（美元）	第 1 季度实际成本（美元）	系统开发（%）	计算机报告	
				处理（%）	生成（%）
工资/福利					
管理	100 000	25 000	60	20	20
计算机操作员	55 000	13 000	0	20	80
分析师/程序员	165 000	43 500	100	0	0
维护					
硬件	24 000	6 000		75	25
软件	20 000	5 000		100	0
输出供应商	50 000	11 500		0	100
购买软件	45 000	16 000		0	0
设备	28 000	6 250		100	0
折旧					
主机	325 000	81 250		100	0
打印设备	60 000	15 000		0	100
建筑改善	10 000	2 500		100	0
总部门成本	882 000	225 000			

* 所有 2008 年 1 季度购买的软件均用于生产部门。

其他信息：

项目	系统开发（小时）	计算机操作（小时）	报表生成（页）
年容量	4 500	360	5 000 000
2008 年第 1 季度实际使用量		（CPU 运行）	
财务部	100	8	600 000
市场部	250	12	360 000
人事部	200	12	108 000
生产部	400	32	72 000
研发部	50	16	60 000
总用量	1 000	80	1 200 000

要求：

确定以下内容：

1）A. 为信息系统部系统开发、计算机处理和报表生成等服务确定预定比率。

B. 用 1A 中确定的预定比率制订 2010 年第 1 季度 5 个职能部门的每一个为信息系统部提供的服务

应被收取的费用。

2）针对信息系统部，采用伊莱恩·杰根斯建议的方法对其他 5 个部门收取成本费，注意在信息系统部的实际成本和分配到 5 个使用部门的成本会存在差异。

A. 解释这些差异的性质。

B. 讨论为什么这种处理会对信息系统部的成本控制有所改善。

3）解释采纳伊莱恩建议的方法（即就信息系统部的成本费而言对其他部门收费的方法）是否会改善用户部门的计划和控制。

4）假设一个财务经理建议外购信息系统部，玛弗兰科公司在决定是否外购信息系统部时应考虑的因素是什么？

参考答案：

1）A. 信息系统部系统开发、计算机处理和报表生成等服务的预定比率为：

系统开发服务的预定比率为（60% ×100 000 美元 +100% ×165 000 美元）/4 500 小时 =50 美元/小时。

计算机处理服务的预定比率为（20% ×100 000 美元 +20% ×55 000 美元 +75% ×24 000 美元 +100% ×20 000 美元 +100% ×28 000 美元 +100% ×325 000 美元 +100% ×10 000 美元）/360 小时 =1 200美元/小时。

计算机生成服务的预定比率为（20% ×100 000 美元 +80% ×55 000 美元 +25% ×24 000 美元 +100% ×50 000 美元 +100% ×60 000 美元）/5 000 000 页 =0. 036 美元/页。

B. 2010 年 1 季度 5 个职能部门的每一个为信息系统部提供的服务应被收取的费用为：

财务部收取的费用为 100 小时 ×50 美元/小时 +8 小时 ×1 200 美元/小时 +600 000 页 ×0. 036 美元/页 =36 200 美元。各部门应被收取的费用如表 8-35 所示。

表 8-35　各部门应被收取的费用　　（单位：美元）

部门	2010 年 1 季度应被信息系统部收取的费用
财务部	36 200
市场部	39 860
人事部	28 288
生产部	76 992
研发部	23 860
合计	205 200

注：生产部中含购买软件费用。

2）A. 差异的本质是因为采用的预计分配率不完全符合实际成本，导致按预算成本分配的准确性与实际成本的不同，也就是在做预算时对未来发生成本估计不准确，或者在预算中的预算松弛过大，因此导致成本分配存在差异。

B. 确定准确的部门成本，以其作为基础评价部门的运营，可以激发部门管理者发挥最大的能量，使其做出与高层管理者目标一致的决策，有助于该公司战略的实现。

3）采纳伊莱恩建议的方法会改善用户部门的计划和控制。采用了该方法后，成本分配比较公平合理，可以得到部门经理的认同。在此基础上，部门经理有动力改善部门的成本计划，并在运营过程中尽量控制和降低成本。

4）财务因素：①外购信息系统服务的成本费用（包括以后的维护费用）与现有情况相比的高低；

②该公司能否及时足额筹集到外购所需资金。

非财务因素：①外购的信息系统服务对该公司是否适用；②外购的信息系统服务是否符合该公司的发展战略，对提升长期竞争力有何影响，竞争对手的反应如何；③外购信息系统服务可能涉及法律法规和政府政策；④外购信息系统服务对现有经理、员工、客户的影响，是否受他们的欢迎。

例题 8-38

公主公司是世界范围的种植商、加工商、罐头商，并且是 3 种主要苹果产品——苹果片、苹果块、苹果汁的批发商。多伊公司的种植厂在夏威夷，加工和罐头厂在夏威夷、加利福尼亚和墨西哥。公主公司产品的市场是世界范围的，它的两个主要竞争者也在世界范围竞争。

公主公司的生产过程始于苹果在切割部门的加工。首先，清洗苹果并将表皮切除，然后将苹果去核并将其表面削光滑以待切片。3 种主要产品（苹果片、苹果块、苹果汁）和副产品经切片被送到分离部门进行最后加工。

表面光滑的苹果被送到切片部门，在那里苹果被切片和装罐。切片过程中产生的苹果汁和苹果切片一起装进罐头。

新鲜的苹果经过修整成为苹果片后，在粉碎部门被切成方块装入罐头瓶，其中产生的苹果汁也随同苹果块装入罐头。

从切割部门中生产的果核与剩余的苹果在榨汁部门被粉碎成液体。加热苹果汁时生产的蒸发损耗为该部门生产产品重量的 8%。

剥去的苹果皮经粉碎后在食品部门加工制成喂养动物的饲料。

公主公司采用销售价值法将联产品的成本分配给其主要产品，副产品则以其市场价值编制详细目录进行盘点。

11 月进入切割部门的苹果总计达 270 000 磅。假设期初期末没有库存。表 8-36 显示出每个部门发生的成本、转入其他部门的产品所占的比重，以及每种产品最终的销售价格。

表 8-36　成本、转入其他部门产品所占的比重、售价

部门	已发生成本（美元）	转入其他部门产品所占的比重（%）	最终产品每磅售价（美元）
切割	60 000	0	0.00
切片	11 280	33	0.80
粉碎	8 550	30	0.55
压汁	3 000	27	0.40
动物饲料	700	10	0.10
总计	83 530	100	

要求：

1）公主公司采用可变现净值法确定其主要产品和副产品的存货价值。计算：

A. 苹果片、苹果块、苹果汁及最终制成动物饲料的各种产品的价值。

B. 这 3 种产品在分离点上的变现净值。

C. 对切割部门的成本进行分配，这 3 种产品各自承担的成本份额是多少？按照该公司政策，副产品所承担的成本是多少？

D. 3 种主要产品各自的毛利是多少？

2）评述对主产品毛利信息进行管理的重要性。

3）作为一个全球性的公司，公主公司所面临的一些重要问题什么？因多伊公司在几个国家同时经营会出现何种关键性的问题？这些问题能否影响公主公司成本分配的方式？可按照要求（1）中所提到的方面进行分析。

参考答案：

1）A. 苹果片、苹果块、苹果汁及最终制成动物饲料的各种产品的价值如表 8-37 所示。

表 8-37　各种产品价值

部门	数量（磅）	产品每磅最终售价（美元）	各产品的价值（美元）
切片	270 000 × 33% = 89 100	0. 80	71 280
粉碎	270 000 × 30% = 81 000	0. 55	44 550
压汁	270 000 × 27% = 72 900	0. 40	26 830
动物饲料	270 000 × 10% = 27 000	0. 10	2 700
总计	270 000		145 360

B. 这 3 种产品在分离点上的变现净值如表 8-38 所示。

表 8-38　3 种产品在分离点上的变现净值　（单位：美元）

部门	各产品的价值	分离点后发生的加工成本	分离点上的变现净值
切片	71 280	11 280	60 000
粉碎	44 550	8 550	36 000
压汁	26 830	3 000	23 830
总计	142 660	22 830	119 830

C. 对切割部门的成本进行分配，这 3 种产品各自承担的成本份额和副产品所承担的成本如表 8-39 所示。

表 8-39　3 种产品各自承担的成本份额和副产品所承担的成本

部门	分离点上的销售价值（美元）	比例（%）	切割部门成本的分配（美元）
切片	60 000	50	58 000 × 50% = 29 000
粉碎	36 000	30	58 000 × 30% = 17 400
压汁	23 830	20	58 000 × 20% = 11 600
动物饲料	2 000	0	2 000
总计	121 830	100	60 000

D. 3 种主要产品各自的毛利如表 8-40 所示。

表 8-40　3 种主要产品各自的毛利　（单位：美元）

部门	销售额	切割部门成本的分配	额外加工成本	毛利
切片	71 280	29 000	11 280	31 000
粉碎	44 550	17 400	8 550	18 60
压汁	26 830	11 600	3 000	12 230
总计	142 660	58 000	22 830	61 830

2）对主产品毛利信息进行管理的好处包括：

①有助于分析产品的营利性。

②有助于控制成本、分配成本。

③有助于更好地进行产品定价。

④有助于更好地实现公司战略。

3）作为一个全球性的公司，公主公司所面临的一些重要问题是：①政治风险；②汇率波动问题；③通货膨胀问题；④不同的会计政策问题；⑤税收问题。

多伊公司在几个国家同时经营会出现关键性的问题是：①是否和母公司制度保持一致；②不同的管理体系；③不同的会计政策问题；④税收问题；⑤沟通和培训。

公主公司成本分配的方式的影响是：

成本分配的目标取决于公司战略，成本分配在以下4个方面和公司战略有关：

①确定准确的部门和产品成本，作为评价部门成本业绩和产品营利性的基础；②激励管理者更加勤奋地工作；③为管理者提供合适的激励，使其实现公司目标；④为管理者努力工作进行奖励提供了公平的基础。

成本分配的选用通常会影响国际交易中的产品成本，并进而影响国内和国外的税款支付。正是如此，导致国际税收当局密切关注跨国公司采用的成本分配方法，最认可的方法是以销售或人工成本为基础对成本进行分配的方法。

例题 8-39

史密斯电子公司的芯片装配生产部门在2011年9月30日有300件未完工产品，其完工百分比为40%。同年10月，又有900件投入生产，另有1 000件产成品转入下一个生产部门。10月底，期末在产品存货记录中有200件未完工产品，完工程度为70%。当生产过程中的完工程度为50%时，史密斯公司就需引进全部直接材料。直接人工和工厂间接费用（如加工成本）的成本在整个过程中均匀投入。下面是10月发生的生产成本的汇总如表8-41所示。

表8-41　10月发生的生产成本的汇总　（单位：元）

科目	直接材料	加工成本
期初在产品存货		2 202
当期成本	9 600	6 120
总成本	9 600	8 322

要求：

1）用加权成本分步法计算以下数据：a. 直接材料和加工转换成本的约当产量；b. 直接材料和加工转换成本的单位成本；c. 完工产品的成本和本期转出的成本；d. 本期期末在产品成本。

2）使用先进先出法重新计算要求1）的结果。

3）定义准时生产制和柔性制造系统，并分析这两种生产系统对于分步成本法的影响。

参考答案：

1）a. 直接材料约当产量＝1 000件＋200件×100%＝1 200件。转换成本约当产量＝1 000件＋200件×70%＝1 140件。

b. 直接材料的单位成本＝9 600元/1 200件＝8.00元/件。转换成本的单位成本＝（2 202元＋6 120元）/1 140件＝7.30元/件。合计单位成本＝8.00元/件＋7.30元/件＝15.30元/件。

c. 完工产品的成本和本期转出的成本＝15.30元/件×1 000件＝15 300元。

d. 在产品成本 =8.00 元/件 ×200 件 ×100% +7.30 元/件 ×200 件 ×70% =2 622 元。

2）a. 直接材料约当产量 =1 000 件 +200 件 ×100% −300 件 ×0% =1 200 件。转换成本约当产量 =1 000 件 +200 件 ×70% −300 件 ×40% =1 020 件。

b. 直接材料的单位成本 =9 600 元/1 200 件 =8.00 元/件。转换成本的单位成本 =6 120元/1 020件 =6 元/件。合计单位成本 =8.00 元/件 +6.00 元/件 =14.00 元/件。

c. 完工产品的成本和本期转出的成本 = 期初在产品存货 + 投入且完工 =0 +8.00 元/件 ×300 件 ×（1 −0%） +2 020 元 +6.00 元/件 ×300 件 ×（1 −40%） +14.00 元/件 ×（1 000 件 −300 件） = 15 482元。

d. 在产品成本 =8.00 元/件 ×200 件 ×100% +6.00 元/件 ×200 件 ×70% =2 440 元。

3）准时生产制（JIT）实质是保持物质流和信息流在生产中的同步，实现以恰当数量的物料，在恰当的时候进入恰当的地方，生产出恰当质量的产品。这种方法可以减少库存，缩短小时，降低成本，提高生产效率。JIT 方法论对于分步成本计算法的应用主要有三方面的影响：第一，先进先出法与加权平均法在确定单位成本方面的差异因存货量的减少而缩小；第二，在 JIT 法下，产成品数量与期末在产品存货量之间的差异大幅减少；第三，工厂间接费用在各步骤和各产品间需要按新的成本动因或作业基础（而非直接人工或成本）进行分摊。在 JIT 法下，分步成本法因为存货的减少变得非常简单，只需简单用某一时期的总成本除以该时期的产量便可得到单位成本的近似值。

柔性制造系统（FMS）利用计算机来安排机器、生产过程等，以实现自动化生产线的制造系统。它可以由用户或研发者自定义。适应产品市场的快速变化，从事多样少量的生产，以满足市场的需求。FMS 对于产品成本计算法的影响类似于 JIT。在 FMS 环境下，分步成本法比分批成本法更有效，因为更多的会计报告是基于会计期间而非作业单的完结而建立的。

8.7.2 本章习题

问题 1 甲公司为了编制明年的预算需要确定几个项目的成本习性。由过去的数据表明在 3 种不同的产量水平上，各成本项目的数据如表 8-42 所示。

表 8-42 各成本项目的数据

成本	产量水平（单位）		
	10 000	12 000	15 000
成本 A（元）	50 000	58 000	70 000
成本 B（元）	20 000	30 000	30 000
成本 C（元）	30 000	36 000	45 000

当预算的产量水平为 14 000 单位时，该公司应该如何分别认定成本 A、**成本** B **和成本** C **的成本习性？（ ）**

A. 半变动成本，固定成本，变动成本。　　B. 变动成本，固定成本，变动成本。

C. 半变动成本，半变动成本，半变动成本。　　D. 变动成本，半变动成本，半变动成本。

问题 2 成本习性与相关范围的概念有关。在相关范围内，当产量降低时以下哪种成本保持不变？（ ）

A. 单位平均成本。　　B. 单位变动成本。

C. 单位固定成本。　　D. 变动成本总额。

问题 3 表 8-43 是甲公司各种成本在 3 个产量水平上的总额。

表 8-43 各成本在 3 个产量水平上的总额

成本	产量水平（单位）		
	1 000	1 500	2 000
成本 A（元）	2 840	4 260	5 680
成本 B（元）	3 100	4 400	5 800
成本 C（元）	2 000	2 000	2 000
成本 D（元）	3 260	4 890	6 520

请问成本 A、成本 B、成本 C 和成本 D 的成本习性分别是什么？（ ）

A. 半变动成本，变动成本，固定成本，变动成本。

B. 变动成本，半变动成本，固定成本，半变动成本。

C. 变动成本，固定成本，固定成本，变动成本。

D. 变动成本，半变动成本，固定成本，变动成本。

问题 4 王三是甲旅馆的经理，该旅馆是一家遍布 A 国的快捷连锁酒店。请问下面哪项是该旅馆的半变动的经营成本？（ ）

A. 门卫的工资。 B. 水电费。

C. 向顾客确认订房时所花费的邮资。 D. 在当地报纸上进行宣传的广告费用。

问题 5 间接成本是不能以经济可行的方式追溯到成本对象的成本。下面哪项不是将间接成本分配至成本对象的原因？（ ）

A. 减少各产品的总成本。

B. 出于对外编制报告的目的，要去计量收益和资产。

C. 出于成本补偿目的，去计算合理的成本。

D. 为经济决策提供信息。

问题 6 成本习性与相关范围的概念有关。相关范围是指在某个业务量区间水平上（ ）

A. 成本关系保持不变。 B. 成本波动。

C. 产量变化。 D. 发生了相关成本。

问题 7 乙公司发现在相关范围内，处理客户资料的成本属于变动成本。下面对处理客户资料的成本的表述中，哪项是不正确的？（ ）

A. 当客户资料数量增加时，成本总额将会增加。

B. 当客户资料数量增加时，单位成本将会减少。

C. 处理第 1 份客户资料和第 10 份客户资料发生的成本是一样的。

D. 处理客户资料的单位平均成本等于每多处理一份客户资料所增加的成本。

问题 8 在区分固定成本和变动成本时，下面哪项是关于成本习性的假设？（ ）

A. 假设一般管理费用是变动成本。

B. 假设在从零到无穷大的产量水平上成本习性是保持不变的。

C. 用图形表示时，假设总成本曲线是线性的。

D. 假设相关时期是 1 年。

问题 9 张三是一名管理会计师，他正在绘制总变动成本和单位变动成本曲线图，纵轴是金额，

横轴是业务量。请问在绘制完成时，总变动成本和单位变动成本两条曲线将会是什么样子？（ ）

	总变动成本	单位变动成本
A.	直线，向右上倾斜	直线，和横轴平行。
B.	曲线，向右上倾斜	基本上和横轴平行，开始递增，而后递减。
C.	直线，向右上倾斜	直线，向右上倾斜。
D.	直线，和横轴平行	直线，向右上倾斜。

问题 10　丙公司发现在相关范围内，电费既有固定成分也有变动成分。变动部分和产量呈线性关系。关于丙公司的电费下列哪项表述是不正确的？（ ）

A. 当产量增加时，总的电费将会增加。

B. 当产量增加时，单件产品承担的总电费将会增加。

C. 当产量增加时，单件产品承担的变动电费保持不变。

D. 当产量增加时，单件产品承担的固定电费将会下降。

问题 11　生产办公桌所用的螺钉和胶水成本最有可能计入下列哪项成本？（ ）

A. 直接人工。　B. 制造费用。　C. 直接材料。　D. 期间费用。

问题 12　表 8-44 是位于房山区的丁公司去年的会计资料的部分信息。

表 8-44　丁公司去年的会计资料　（单位：元）

变动成本	
直接材料	112 000
直接人工	358 200
制造费用	308 000
销售费用	216 800
固定成本	
制造费用	534 000
销售费用	242 000
管理费用	471 800

此外，该公司这一年还遭受暴雨带来的水灾损失为 55 400 元，但该公司未对水灾投保。请问去年该公司的产品成本和期间费用分别是多少元？（ ）

	产品成本	期间费用
A.	470 200 元	1 828 000 元。
B.	995 000 元	1 303 200 元。
C.	1 312 200 元	986 000 元。
D.	1 367 600 元	930 600 元。

问题 13　下面哪项不属于生产成本？（ ）

A. 蛋糕制造商使用的奶油。　B. 拖拉机制造商支付的销售佣金。

C. 蛋糕制造商的房产税。　D. 拖拉机制造商的轮胎成本。

问题 14　丁公司是一家从事粉刷的承包商，采用分批成本法。发生的涂料成本、其他材料成本和粉刷工人工资费用按实际发生额分摊到每一批次中。此外，以粉刷工人实际工资费用为基数，预算间接费用分摊率，并据此比率把间接费用分配至每一批次。粉刷工张三今天在 88 号批次上所记录的工资是 301 元。请问在计算 88 号批次的主要成本和转换成本时，张三今天挣得的工资该如何归类？（ ）

A. 既作为主要成本的一部分又作为转换成本的一部分。

B. 作为主要成本的一部分，而不作为转换成本的一部分。

C. 作为转换成本的一部分，而不作为主要成本的一部分。

D. 既不作为主要成本的一部分，也不作为转换成本的一部分。

问题 15　李四花了 2 个小时排队去买一张伦敦奥运会乒乓球四分之一决赛的门票。请问买这张价值 200 元的门票的机会成本是多少元？(　　)

A. 李四将这 200 元用在其他方面可得到的最高收益。

B. 李四把排队花掉的 2 小时用在其他方面可能得到的最高收益。

C. 门票代理商得到的 200 元。

D. 李四花费的 200 元和排队的 2 小时都用在其他方面可能带来的最高收益。

问题 16　甲公司 3 年前购买土地支付 2 000 000 元。甲公司的总会计师张三估计如果现在出售土地，扣除销售成本后收到的金额为 2 400 000 元。如果土地不出售，甲公司计划投资项目开发土地的成本为 3 000 000 元。张三估计，以后第 1 年项目的净现金流量将为 100 万元。甲公司投资该项目的机会成本是多少元？(　　)

A. 3 000 000 元。　B. 2 400 000 元。　C. 2 000 000 元。　D. 1 000 000 元。

问题 17　乙公司土地可以用于未来的投资项目。乙公司初步估计，该土地可以出售并获得净收益 2 400 000 元。如果不卖土地，乙公司将继续其开发计划。乙公司评估决策开发还是出售该土地时，潜在的土地售价是什么类型的成本？(　　)

A. 沉没成本。　B. 机会成本。　C. 未来成本。　D. 变动成本。

问题 18　对于购买或者制造后出售的商品成本，属于以下哪种成本？(　　)

A. 相关成本。　B. 期间成本。　C. 机会成本。　D. 产品成本。

问题 19　请问下面哪项不是正常成本法的优点？(　　)

A. 更加及时地计算批次和产品成本。

B. 使得本期内发生的单位产品成本金额变得稳定。

C. 批次和产品成本计算得更加精准。

D. 是一种更加合理的把制造费用分配至批次或者产品的方法。

问题 20　甲公司的管理会计部分记录了下述预算数据：直接人工总小时 250 000 小时，直接成本 20 000 000 元，间接人工总小时 50 000 小时，与间接人工相关的成本总额 10 000 000 元，不与人工相关的间接成本总额 14 000 000 元。总会计师张三要求使用正常成本法计量产品成本，计算间接成本分配比率是多少元(　　)

A. 40 元。　B. 56 元。　C. 80 元。　D. 96 元。

问题 21　乙公司生产 3 种衬衫，在折叠和打包部门采用经营成本法，以每一类型衬衫所需要的折叠和打包的标准时间为基数，把成本分至每个产品。3 种类型衬衫折叠和打包的标准时间分别为：A 衬衫 40 秒/件，B 衬衫 40 秒/件，C 衬衫 20 秒/件。乙公司在 4 月份产销 A 衬衫 50 000 件，B 衬衫 30 000件，C 衬衫 20 000 件。如果 4 月份折叠和打包车间发生的费用为 156 400 元，则每件 A 衬衫的折叠和打包成本应该是多少元？(　　)

A. 1.042 6 元。　B. 1.251 2 元。　C. 1.564 0 元。　D. 1.737 8 元。

问题 22　丙公司本年的单位成本数据如下所示：原材料 40 元，直接人工 50 元，变动制造费用 20 元，固定制造费用 30 元，单位成本总计 140 元。固定制造费用是以年产量 8 000 件为基数计算而得出的。基于上述资料，若今年的产量是 9 000 件时，则预计发生的制造成本总额将会是多少元？(　　)

A. 1 120 000 元。 B. 1 150 000 元。

C. 1 230 000 元。 D. 1 260 000 元。

问题 23 以下哪种成本核算方法能为外部报告提供额外价值？( )

Ⅰ. 变动成本法。

Ⅱ. 吸收成本法。

A. Ⅰ。 B. Ⅱ。 C. Ⅰ和Ⅱ。 D. Ⅰ和Ⅱ都不是。

问题 24 下面哪项是采用变动成本法的最好理由？( )

A. 和生产特定产量相比固定制造费用和产能更相关。

B. 长期而言所有的成本都是变动的。

C. 变动成本法是所得税列报所容许的方法。

D. 和吸收成本法相比，变动成本法往往导致更高的经营利润。

问题 25 如果一家制造公司采用变动成本法计算存货成本，则在下列各项成本中哪些项目应该计入存货成本？( )

A. 只包括原材料，直接人工和变动制造费用。

B. 只包括原材料，直接人工和变动、固定制造费用。

C. 只包括原材料，直接人工和变动制造费用以及变动销售和管理费用。

D. 只包括原材料和直接人工成本。

问题 26 中国国际航空公司正在编制一份边际贡献格式的利润表，从这个表上能详细地看出变动成本和营利能力。请问在下列各项成本组合中，哪项组合应该被用来计算该公司“京沪空中快线”的每个航班的变动成本？( )

A. 机组人员工资薪金、燃料费和发动机保养费。

B. 燃料费、食品供给费和首都国际机场的降落费用。

C. 飞机折旧、行李装卸费以及航线的推广费。

D. 通信系统操作费、食品供给费和负责登机扶梯的人员费用。

问题 27 戊公司采用变动成本法编制内部报告，用吸收成本法编制外部报告。查看该公司这两种报告很可能发现( )

A. 固定销售费和管理费用的处理有差异。

B. 管理者看到的单位存货成本比股东看到要高。

C. 向股东发布的是报告中的边际贡献而不是毛利。

D. 内部利润数据紧随销售额变动而变动，对外报表中的利润数据既受销量也受产量的影响。

问题 28 戊公司的市场部经理正在获取公司引进的一种新产品的信息。这种产品第 1 年的销售额预计为 200 000 元。销售佣金预计为销售额的 8%，另外还加上销售额的 0.5%，以激励营销经理。编制 1 份产品宣传册将会花去营销部门职员 20 小时（平均工资率为每小时 200 元）和 1 名外部插图人员 10 小时的时间（工资率为每小时 300 元）。请问这种新产品的变动销售成本是多少元？( )

A. 16 000 元。 B. 17 000 元。 C. 20 000 元。 D. 21 000 元。

问题 29 请问在吸收成本法和变动成本法下，以下成本如何处理：①工厂保险费；②直接人工；③产成品的运输费用。( )

吸收成本法		变动成本法	
产品成本	期间费用	产品成本	期间费用

A.	1，2	3	2	1，3。
B.	2	1，3	1，2	3。
C.	1，2	3	1	2，3。
D.	1	2，3	2，3	1。

问题 30　甲公司 7 月份的单位成本数据如下：变动制造成本 10 元，变动销售费用 7 元，固定制造成本 4 元，固定销售费用 8 元。7 月份总共生产完毕 100 000 件产品，本月期末存货为 10 000 件。该公司采用先进先出法，且 10 000 件是月末仅有的产成品库存。该公司采用吸收成本法，其产成品库存的价值应为多少元？（　　）

A. 100 000 元。　B. 140 000 元。　C. 170 000 元。　D. 290 000 元。

问题 31　本月是乙公司刚刚生产完一种新产品的第 1 个月，产品还没有发出。这种产品发生的变动制造成本为 10 000 000 元，固定制造成本为 4 000 000 元；变动销售费用为 2 000 000 元，固定销售费用为 6 000 000 元。若该公司采用变动成本法对存货计价，则这种新产品存货价值是多少元？（　　）

A. 10 000 000 元。　B. 12 000 000 元。　C. 16 000 000 元。　D. 22 000 000 元。

情景 8-1

丙公司去年的情况如下：

- 生产 1 000 件产品，出售 900 件产品，均和当初预算一致。
- 没有期初、期末在产品存货，也没有期初产成品存货。
- 预算的固定成本和实际发生额相等，所有的变动制造成本只受产量影响，所有的变动销售费用只受销量影响。
- 预算的单价和成本数据如表 8-45 所示。

表 8-45　预算的单价和成本数据　（单位：元）

科目	每单位
售价	200
直接材料	60
直接人工	40
变动制造成本	20
固定制造成本	10
变动销售费用	24
固定销售费用（总额为 7 200）	8
固定管理费用（总额为 3 600）	4

问题 32、33 均使用情景 8-1 作为背景。

问题 32　若采用吸收成本法，该公司去年的营业利润是多少元？（　　）

A. 27 200 元。　B. 28 400 元。　C. 30 600 元。　D. 31 680 元。

问题 33　若采用变动成本法，该公司去年的营业利润是多少元？（　　）

A. 27 200 元。　B. 28 400 元。　C. 29 600 元。　D. 30 600 元。

问题 34　当对吸收成本法和变动成本法进行比较时，二者营业利润的差额如何计算得到？（　　）

A. 产销量差额乘以单价。

B. 期末、期初库存量差额乘以预算的单位固定制造成本。

C. 期末、期初库存量差额乘以销售单价。

D. 产销量差额乘以预算的单位变动成本。

问题 35　丁公司去年的单位成本如下所示：变动制造成本 16 元，固定制造成本 6 元，变动非制造成本 4 元，固定非制造成本 11 元。

丁公司单一产品的存货在某年 1 月 1 日总计为 5 800 单位，12 月 31 日为 5 000 单位。请问和变动成本法相比较而言，吸收成本法的利润会(　　)

A. 少 4 800 元。　B. 高 4 800 元。　C. 少 13 600 元。　D. 高 13 600 元。

问题 36　6 月份，甲公司售出 2 000 件产品。单位成本数据如表 8-46 所示。

表 8-46　单位成本　（单位：元）

科目	单位成本
直接材料	11
直接人工	6
变动制造费用	2
固定制造费用	3
变动管理费用	1
固定管理费用	7
合计	30

采用吸收成本法可以计算出 6 月份的利润为 19 000 元。若采用变动成本法，则 6 月份的利润将为 18 250 元。请问甲公司 6 月份的产量是多少件？(　　)

A. 1 750 件。　B. 1 925 件。　C. 2 075 件。　D. 2 250 件。

问题 37　乙公司在生产过程中发生了相当数量的固定制造费用。出于编制对内报告的目的，下面哪种情形下会使得采用变动成本法算出的期末存货价值更高？(　　)

A. 该年的产量大于销量。　B. 该年的销量大于产量。

C. 只要期末存在着产成品存货。　D. 上述情况都不是。

问题 38　联产品成本分配有众多方法，请问将共同成本在联产品间分配的主要目的是什么？(　　)

A. 确定副产品的售价。

B. 确定联产品中的某一项产品是否还要继续生产。

C. 计算预算的共同成本与实际的共同成本之间的差异。

D. 为了编制财务报告，要计算各项联产品的存货成本。

问题 39　区分联产品和副产品的主要标准是什么？(　　)

A. 历史成本。　B. 主要成本。　C. 市场价值。　D. 残料价值。

问题 40　下列哪项不是一个向存货分配联合成本的方法？(　　)

A. 分离点的销售价值法。　B. 弹性预算量法。

C. 物理指标法，使用重量或者容量。　D. 毛利率法，可变现净值法。

问题 41　在生产流程中产生了联副产品时，区分联产品和副产品的主要因素是什么？(　　)

A. 各项产品的相对总售价。　B. 各项产品的相对总量。

C. 各项产品销售的相对难易程度。　D. 分配联合成本所使用的会计方法。

问题 42　下面哪个方法不是用来分配联合成本至联产品的方法？(　　)

A. 物理指标法。　B. 可变现净值法。

C. 可分离生产成本法。　　D. 市场价值法。

问题 43　**一个公司生产的联产品 X 和 Y，联合成本是 1 000 000 元，同时产生240 000升的 X 产品和 160 000 升的 Y 产品。X 产品的售价为每升 8 元，而 Y 的售价为每升 13 元。如果分离点后没有额外的成本，根据物理指标法 X 产品分到的联合成本是多少元？(　　)**

A. 400 000 元。　　B. 480 000 元。　　C. 520 000 元。　　D. 600 000 元。

情景 8-2

甲公司把原材料 I 加工成两种联产品，A 产品和 B 产品。购买 1 000 升的原材料 I 要花费 4 000 元。把 1 000 升原材料加工成 800 升的 A 产品和 200 升的 B 产品要花费6 000元的加工成本。A 产品和 B 产品的单价分别是 18 元/升和 8 元/升。

问题 44、45 以情景 8-2 作为背景。

问题 44　**若再花费 2 000 元的额外加工成本，可以把 A 产品这一部分联产品加工成 600 升的 AA 产品，AA 产品的单价为 34 元/升。如果采用可变现净值法来把成本分配至联产品，请问生产 AA 产品的总成本将是多少元？(　　)**

A. 11 200 元。　　B. 11 128 元。　　C. 11 040 元。　　D. 9 200 元。

问题 45　**如果采用分离点销售值法把联合成本分配至最终产品，请问生产每升的 A 产品的成本是多少元/升？(　　)**

A. 11.26 元/升。　　B. 10.00 元/升。　　C. 9.00 元/升。　　D. 6.76 元/升。

问题 46　**乙公司在一道联合工序上生产 3 种产品。因为在分离点任何一种产品都没有市价，3 种产品需进一步加工后才能出售。每批的联合成本为 630 000 元。其他信息如表 8-47 所示。**

表 8-47　其他信息

项目	A 产品	B 产品	C 产品
每批产量（件）	20 000	30 000	50 000
每件进一步加工的成本（元）	1.4	6	3.44
每件最终单位售价（元）	10	12	14

若公司采用可变现净值法来分配联合成本，则每件 C 产品会分配多少元到联合成本？(　　)

A. 4.2 元。　　B. 5.3 元。　　C. 6.3 元。　　D. 7.56 元。

问题 47　**丙公司使用一道联合制造工序生产两种产品，A 产品和 B 产品。在这道联合工序上产生 40 000 元的成本，每批可以产出中间 I 产品 5 000 千克。每批 A 产品使用 60% 的 I 产品，且发生成本为 20 000 元，产出的 3 000 千克 A 产品以 20 元/千克出售。剩余的 I 产品用于生产 B 产品，每批的成本为 24 000 元，每批产 2 000 千克 B 产品以 24 元/千克出售。该公司采用可变现净值法分配联合材料成本。该公司正在争论是不是应该再花 8 000 元的成本把 B 产品进一步加工成一种新 BB 产品，以 30 元/千克出售。若决定生产 BB 产品，则利润会增加多少元？(　　)**

A. 4 000 元。　　B. 11 520 元。　　C. 28 000 元。　　D. 52 000 元。

问题 48　**丁公司采用加权平均分步成本法，管理会计部门假设直接材料和转换成本在生产工序上均匀投入和发生。11 月份，发生了以下的成本：直接材料 79 400 元，转换成本 140 000 元。11 月 1 日期初在产品为 5 000 件，价值为 8 600 元，完工率为 20%。在 11 月份完工转出 27 000 件。月末存货为 3 000 件，完工率为 50%。请问在 11 月份每件完工产品的加权平均成本是多少元？(　　)**

A. 7.02 元。　　B. 7.76 元。　　C. 7.98 元。　　D. 8.00 元。

情景 8-3

11 月份，甲公司生产 B 产品，管理会计部门假设所有的材料均是开工时一次性投入，而转换成本则在生产过程中均匀发生。有关 B 产品的数据如表 8-48 所示。

表 8-48　B 产品的数据　　（单位：件）

生产流程	实物量
完工并转向下一个部门	100
加：期末在产品存货	10（转换成本完工 40%）
总数量	110
减：期初在产品存货	20（转换成本完工 60%）
11 月份内开始投产数量	90

期初在产品存货的原材料和转换成本分别为 240 元和 360 元。11 月份发生的原材料费用和加工费用分别为 1 080 元和 2 968 元。

问题 49 ~ 51 以情景 8-3 作为背景。

问题 49　该公司采用加权平均分步成本法计算产品成本，请问 11 月份期末在产品的原材料成本总计是多少元？（　　）

A. 240 元。　　B. 144 元。　　C. 120 元。　　D. 72 元。

问题 50　该公司采用加权平均分步成本法计算产品成本，请问 11 月份分配给转到下一个部门产品的转换成本是多少元？（　　）

A. 3 328 元。　　B. 3 200 元。　　C. 3 026 元。　　D. 2 968 元。

问题 51　该公司采用先进先出分步成本法计算产品成本，请问 11 月份用来计算转换成本的约当产量是多少件？（　　）

A. 110 件。　　B. 104 件。　　C. 100 件。　　D. 92 件。

问题 52　生产厂商乙公司 5 月份发生了 34 000 元的废品损失，生产管理上将其归为非正常废品损失。该废品是第 89 批次产品发生的，该批次的产品于 3 个月后以918 000元售出。关于废品对 89 批次产品的单位制造成本和该年度的经营利润造成的影响，下面哪项的表述是正确的？（　　）

	单位制造成本	营业利润
A.	增加	无影响。
B.	增加	减少。
C.	无影响	减少。
D.	无影响	资料不全，无法判断。

问题 53　一家公司采用分步成本法计算产品成本，在产品完工 50% 时对其产品进行质检。如果公司期末的在产品存货完工率为 70%，则该公司将会如何计算和处理其正常和非正常损失？（　　）

A. 正常和非正常废品损失都要计入该期完工产品成本。

B. 正常和非正常废品损失应该计入期间费用。

C. 正常废品损失要计入该期完工的正常产品成本，而非正常废品损失要确认为一项损失。

D. 正常的废品损失要在该期完工的正常产品和期末在产品之间进行分配，而非正常废品损失确认为一项损失。

问题 54　当考虑正常和非正常废品损失时，在分步成本法中对废品损失的最好会计处理方法是什么？（　　）

A. 正常和非正常废品损失都应该计入一个单独的费用账户。

B. 正常的废品损失应该计入产品成本，非正常废品损失应该计入一个单独的费用账户。

C. 正常和非正常废品损失都应该计入产品成本。

D. 正常废品损失应该计入一个单独的费用账户，非正常废品损失应该计入产品成本。

问题 55　乙公司采用分步成本法，并在制造完工时对其产品进行质检。7 月 31 日检测有如下的信息：完工产品 16 000 件，正常废品 300 件，非正常废品 100 件。单位成本：原材料 7 元；转换成本 12 元。请问该公司转出产成品存货的件数及转出的相关成本是多少件？(　　)

	转出存货的件数	成本
A.	16 000 件	304 000 元。
B.	16 000 件	309 700 元。
C.	16 000 件	311 600 元。
D.	16 300 件	309 700 元。

问题 56　丙公司采用加权平均分步成本法来计算产品成本，11 月份成本和业务的信息如表 8-49 所示。

表 8-49　11 月份成本和业务信息　　（单位：元）

直接材料	80 000
转换成本	65 000
期初在产品存货总计	145 000
材料	1 400 000
转换成本	1 235 000
11 月份生产成本总计	2 635 000
完工	60 000 件
11 月末在产品	20 000 件

所有的材料在开工时一次投入，转换成本在生产期间均匀发生。通过和工厂职工交谈发现：平均而言，月末在产品存货的完工率为 25%。假设没有发生废品，该公司 11 月份的制造成本应该怎样分配？(　　)

	完工产品	在产品
A.	2 085 000 元	695 000 元。
B.	2 190 000 元	445 000 元。
C.	2 310 000 元	470 000 元。
D.	2 566 154 元	213 846 元。

问题 57　丁公司采用加权平均分步成本法来处理一种产品的成本。在生产过程中，当产品完工 80% 时，投入材料 B。当月期初在产品存货为 40 000 件，完工率为 90%。当月新投产 140 000 件，其中的 130 000 件生产完成，没有发生废品损失。如果期末存货的完工率为 60%，请问材料 B 该月的约当量总计是多少件？(　　)

A. 130 000 件。　B. 140 000 件。　C. 170 000 件。　D. 180 000 件。

问题 58　甲公司采用加权平均分步成本法。所有材料在开工时一次性投入，转换成本在生产期间均匀发生。该公司 6 月份新投产 140 000 件，期初、期末在产品存货资料如表 8-50 所示。

表 8-50 期初、期末在产品存货 （单位：件）

6 月 1 日	60 000，完工率 40%
6 月 30 日	48 000，完工率 25%

假设没有残次品发生，请问 6 月份用于分配成本的约当产量总计为多少件？（ ）

材料 转换成本

A. 140 000 件 140 000 件。

B. 164 000 件 164 000 件。

C. 200 000 件 140 000 件。

D. 200 000 件 164 000 件。

问题 59 甲公司采用先进先出分步成本法来计算产品成本。该公司 9 月份的资料如表 8-51 所示。

表 8-51 公司 9 月份产品资料 （单位：件）

项目	件数
期初在产品存货，完工率：材料 100%，转换成本 75%	20 000
完工并转出	180 000
期末在产品存货，完工率：材料 100%，转换成本 60%	16 000

请问 9 月份转换成本的约当产量是多少件？（ ）

A. 174 600 件。 B. 176 000 件。

C. 184 600 件。 D. 185 400 件。

问题 60 甲公司采用加权平均分步成本法计算产品成本。在生产产品 A 的过程中，B 材料分两点投入：在产品完工 20% 的时候投料 40%；在产品完工 80% 的时候投料 60%。季末有在产品 44 000 件，所有产品完工率为 50%。就 B 材料而言，季末在产品的约当产量是多少件？（ ）

A. 8 800 件。 B. 17 600 件。 C. 22 000 件。 D. 44 000 件。

问题 61 在什么情况下，加权平均法和先进先出法计算得到的约当产量相等？（ ）

A. 不存在期初存货。

B. 不存在期末库存。

C. 期初存货约当产量完成了 50% 以上。

D. 期初存货约当产量完成不到 50%。

问题 62 在本年度中，某制造企业使用分步成本法，并记录了表 8-52 的生产数据。

表 8-52 生产数据

期初在产品完成 70%	20 000 单位
当年开工产品	300 000 单位
当年完工产品	280 000 单位
期末在产品完成 25%	40 000 单位

请问先进先出法下使用的约当产量是多少单位？（ ）

A. 276 000 单位。 B. 280 000 单位。 C. 290 000 单位。 D. 300 000 单位。

问题 63 在以下哪种情形下，一名注册管理会计师会建议客户实施作业成本法核算系统？（ ）

A. 客户是一个单一的产品制造商。

B. 客户大多数的成本目前被列为直接成本。

C. 客户生产的产品具有不同资源（作业）动因。

D. 客户生产的不同产品具有相同的资源（作业）动因。

问题 64　在采用作业成本法时，下面哪个部门的作业所发生的制造费用的分配动因是机器工时？(　　)

A. 工厂职工餐厅。　　B. 设备调整。

C. 材料装卸。　　D. 机器人焊接。

问题 65　甲公司是一家上市公司，该公司的首席执行官张三学习了 CMA 课程，他考虑采用作业成本法和作业管理法，则(　　)

A. 该公司应该重点关注制造性质的作业，并且不要在辅助部门施行作业成本法和作业管理法。

B. 该公司很可能发现市场上缺乏软件来辅助记录。

C. 通常该公司可能会对发生成本的原因更具洞察力。

D. 和比较传统的会计方法相比，该公司可能会使用更少的成本。

问题 66　作业成本法需要选择大量的分配基数，请问下列哪项不可能是分配基数？(　　)

A. 生产产品耗用材料的种类。　　B. 生产产品耗用材料的件数。

C. 产品所耗用材料的供应商数量。　　D. 生产产品耗用的材料成本。

问题 67　甲公司生产两种类型的产品，A 产品和 B 产品。该公司通过加总直接材料、直接人工和制造费用（根据直接人工工时分配）计算这两种产品的制造成本。该公司有 3 个辅助部门为生产这两种产品的单一生产线提供全部服务。这些部门预算的间接费用开支如表 8-53 所示。

表 8-53　间接费用　（单位：元）

工艺设计部门	材料装卸部门	设备调整部门	总计
12 000	10 000	6 000	28 000

该公司在这期间预算的制造作业及其成本如表 8-54 所示。

表 8-54　预算的制造作业及其成本

作业	A 产品	B 产品
产销件数（件）	50	100
直接材料成本（元）	10 000	16 000
直接人工工时（小时）	100	300
直接人工成本（元）	8 000	24 000
所用零件数量（个）	400	600
工艺变更次数（次）	2	1
设备调整次数（次）	8	7

请问采用作业成本法来计算 B 产品设备的单位成本预计是多少元？(　　)

A. 450 元。　　B. 528 元。　　C. 586 元。　　D. 610 元。

问题 68　甲公司长期以来通过比较收入和销货成本对产品的盈利能力进行评估。但是该公司新上任的会计师李四想采用作业成本法来计算送货人员的成本。表 8-55 是该公司两种主要产品的作业和成本资料。

表 8-55 两种主要产品的作业和成本

项目	A 产品	B 产品
收入（元）	106 000	92 000
销货成本（元）	52 000	42 000
送货作业		
送货次数（次）	150	85
平均送货时长（分钟）	10	15
每小时送货成本（元）	40	40

若该公司采用作业成本法，则下面哪项的表述是正确的？（ ）

A. A 产品的利润比 B 产品高 4 000 元。

B. A 产品的利润比 B 产品高 150 元。

C. A 产品的利润比 B 产品高 3 850 元。

D. A 产品有更高的利润率，因此更具优势。

问题 69 甲公司是一家上市公司，盈利能力较强，过去会计部门采用工厂范围的制造费用分配率。该公司的总会计师学习了管理会计的课程，决定使用按部门范围分配率或者作业成本法。请问哪种方法可能会大大增加成本分配基数和提供更准确的成本计算结果？（ ）

	大大增加分配基数	更加准确的成本计算结果
A.	部门范围分配率	部门范围分配率。
B.	部门范围分配率	作业成本法。
C.	作业成本法	部门范围分配率。
D.	作业成本法	作业成本法。

问题 70 乙公司用丝绸和氨纶生产女式服装。鉴于同一款式的服装都用这两种布料，该公司采用营运成本法。7 月份生产完工 1 000 件丝绸质服装。7 月份还投产 1 500 件氨纶服装，材料在生产开始时一次性投入。该月份完工 700 件氨纶服装，剩下的在月末的完工程度为 25%。7 月份期初没有在产品。7 月份发生的成本数据如下：丝绸成本20 000元，氨纶成本 45 000 元，转换成本 26 600 元。请问该月生产的每件女式氨纶服装的成本是多少元？（ ）

A. 36.64 元。 B. 40.62 元。 C. 44.00 元。 D. 64.00 元。

问题 71 某家公司采用准时制生产下的后推成本法。所有的原材料在采购时计入原材料总账账户。所有的转换成本在发生时归集计入一个账户，并从一个“已分配转换成本”账户对转换成本进行分配。当产品完工时，该公司用估计的预算产品成本来记录完工产品成本。会计期末，统制账户中实际发生的转换成本和“已分配转换成本”分配给各种产品的预算的转换成本之间任何小额的差异将如何处理？（ ）

A. 计入产品销售成本。

B. 计入产成品统制账户。

C. 计入原料统制账户。

D. 分别计入在产品统制账户、产成品统制账户和产品销售成本。

问题 72 乙公司采用直接人工工时作为基数来将制造费用分配给各生产线，两年前该公司对生产线进行自动化改造，购置了大量的先进设备，并解聘了 70% 的职工。下面哪些描述适合乙公司的情形？（ ）

Ⅰ. 乙公司的工厂制造费用比例可能增加。

Ⅱ. 使用直接人工工时作为分配基数是恰当的。

Ⅲ. 乙公司将难以正确地计算人工差异。

Ⅳ. 乙公司应对经济下滑而需迅速降低成本的能力可能降低。

A. Ⅰ，Ⅱ，Ⅲ和Ⅳ。　B. 只有Ⅰ 和 Ⅳ。　C. 只有Ⅱ 和 Ⅳ。　D. 只有Ⅰ 和 Ⅲ。

问题 73　丙公司采用分批法计算产品成本，并以机器工时作为分配制造费用的基数。该年预算的机器工时总共为 150 000 小时。该年生产完工某订单产品 1 000 件，发生的数据如下：直接材料成本 2 000 元，直接人工成本 3 000 元，实际的制造费用 3 960 元，机器工时 450 小时。会计人员计算该产品单位存货成本为 8. 60 元，请问该年预算的制造费用总额是多少元？（　）

A. 1 155 000 元。　B. 1 200 000 元。　C. 1 292 000 元。　D. 1 320 000 元。

问题 74　丙公司预计下一年发生 140 000 元的制造费用和 120 000 元的一般管理费用。直接人工预计每小时 10 元，总计为 100 000 元。若制造费用按照直接人工工时分配，则对发生 20 小时直接人工的某批次产品分配的制造费用是多少元？（　）

A. 56 元。　B. 240 元。　C. 280 元。　D. 520 元。

问题 75　丁制作公司采用分批成本法进行成本核算。成本动因为直接人工工时，本年预算的直接人工工时和直接人工成本分别为 20 000 小时和 200 000 元。此外，预计变动和固定工厂制造费用分别为 100 000 元和 50 000 元。该公司 1 年的实际成本和工时如下：直接人工工时 21 000 小时，直接人工成本 220 000 元，机器工时 35 000 小时。某个批次使用了 1 500 个直接人工工时。该批产品被分配多少元到制造费用？（　）

A. 6 428 元。　B. 10 714 元。　C. 11 250 元。　D. 15 000 元。

问题 76　甲公司的管理会计师正在分析制造费用的分配方法。该公司生产很多种类的产品，且并不是所有的产品生产都要经过厂内所有的部门。下述各种情形中只要有一种存在，就会使得在第 1 年无论选用哪种制造费用分配方法所得出的净利润都是一样的？（　）

A. 所有的生产成本和预算很接近。　B. 销售组合和预算一致。

C. 所有的制造费用都是固定的。　D. 期末所有存货余额为零。

问题 77　管理会计部门一直追求精确的成本分配，请问使成本分配得精确的最重要条件是什么？（　）

A. 采用单一的分配方法。　B. 固定成本、变动成本采用一样的分配基础。

C. 采用同性质的成本池。　D. 同一成本池采用多种动因。

问题 78　甲公司的成本会计师张三正在为公司的 A 部门和 B 部门制订部门范围的制造费用分配率。两个部门的制造费用和某批产品的数据如表 8-56 所示。

表 8-56　制造费用和产品数据

科目	A 部门	B 部门
原材料（元）	1 700	400
车间主任工资（元）	3 000	4 000
间接人工（元）	2 400	9 760
折旧（元）	2 000	11 000
修理费（元）	8 150	7 080
制造费用预算总额（元）	17 250	32 240
直接人工工时总计（小时）	460	620
90 号批次直接人工工时（小时）	12	3

若采用部门范围制造费用分配率分配制造费用，则这两个部门对 **90** 号批次产品分配的制造费用总计为多少元？(　　)

A. 450 元。　　B. 606 元。　　C. 1 074 元。　　D. 1 342 元。

问题 79　甲制造公司的成本会计员李四正在编制一份管理报告，该报告必须包括制造费用的分配。各部门预算的制造费用和某批次产品的数据如表 **8-57** 所示。

表 8-57　制造费用和产品数据

科目	A 部门	B 部门
原材料（元）	1 380	160
生产主管工资（元）	2 800	3 600
间接人工（元）	2 000	8 000
折旧（元）	2 400	10 400
修理费（元）	8 800	6 000
制造费用预算总额（元）	17 380	28 160
直接人工工时总计（小时）	440	640
91 号批次直接人工工时（小时）	10	2

该公司采用部门制造费用分配率，且以直接人工工时为基数分配制造费用，请问 A 部门对 **91** 号批次产品承担了多少元制造费用？(　　)

A. 88 元。　　B. 395 元。　　C. 483 元。　　D. 1 002 元。

问题 80　乙公司有两类工厂间接制造费用。明年这些类别的成本预计如下：A 类制造费用 **240 000** 元，B 类制造费用 **400 000** 元。该工厂目前使用直接人工工时分配间接制造成本。估计的直接人工工时为每年 **80 000** 小时。工厂经理提交关于某批产品的数据如下：直接材料 **8 000** 元，直接人工工时 **2 000** 小时，直接人工成本 **12 000** 元。该批产品的成本是多少元？(　　)

A. 16 000 元。　　B. 20 000 元。　　C. 28 000 元。　　D. 36 000 元。

问题 81　乙公司生产 X 和 Y 两种产品，并需要分配间接制造成本至两产品。在进行分配前，会计师编制了两种产品的间接制造成本如表 **8-58** 所示。

表 8-58　间接制造成本

科目	产品 X	产品 Y
生产数量（个）	10 000	20 000
直接人工工时（小时）	15 000	5 000
调整时间（小时）	500	1 500

制造过程中设备的总间接制造成本为 **800 000** 元。该公司采用了一个单一间接费用分配率的分批成本核算系统。根据这一成本核算系统，分配给产品 X 和产品 Y 的成本分别为 **600 000** 元和 **200 000** 元。如果使用作业成本的系统，每个产品成本将会被分配多少元？(　　)

	产品 X	产品 Y
A.	200 000 元	600 000 元。
B.	300 000 元	500 000 元。
C.	400 000 元	400 000 元。
D.	500 000 元	300 000 元。

情景 8-4

丙公司生产并销售两种产品。这些产品的资料如表 8-59 所示。

表 8-59　产品资料

项目	A 产品	B 产品
生产并销售的件数（次）	30 000	12 000
每件所需机器工时（小时）	2	3
每条产品线接受订单数（个）	50	150
每条产品线生产批数（批）	12	18
生产运转次数（次）	8	12
质检次数（次）	20	30

预算机器工时总计为 100 000 小时。预算的制造费用如表 8-60 所示。

表 8-60　预算的制造费用　（单位：元）

接受订单的成本	900 000
工艺成本	600 000
设备调整成本	50 000
检验成本	400 000
预算制造费用总额	1 950 000

问题 82、83 以情景 8-4 作为背景。

问题 82　公司若采用作业成本法，请问每件 A 产品的订单接受成本是多少元？(　　)

A. 7.5 元。　B. 21.5 元。　C. 39 元。　D. 56.26 元。

问题 83　工艺成本的成本动因是每条产品线生产订单数。若采用作业成本法，则每件 B 产品的工艺成本是多少元？(　　)

A. 8 元。　B. 20 元。　C. 30 元。　D. 58.5 元。

问题 84　当把成本从一个部门分配给另一个部门时，可能采用双重比率成本分配法。请问这种方法在何种情况下最有效？(　　)

A. 要分配两个或两个以上成本库的成本。

B. 要分配两个或两个以上部门的成本。

C. 生产的产品在两种或两种以上。

D. 成本分别计入固定成本和变动成本两个子目中。

问题 85　为了达到丙公司管理层鼓励其他所有部门利用法律部来处理问题的目的，法律部发生的成本应该(　　)

A. 按照耗用时间将实际成本分配给使用其服务的部门。

B. 按照实际耗时将预算成本分配给使用其服务的部门。

C. 按照提供服务类型将发生的成本分配给使用其服务的部门。

D. 计入该公司的一项费用。

问题 86　甲税务公司有 3 个分部。基于表 8-61 列出的各分部的信息，采用哪个分配基础来分配公司的共同费用会给 C 分部经理带来最小的行为上的负面影响？(　　)

表 8-61　分部信息

科目	A 分部	B 分部	C 分部
收入（元）	9 000 000	12 000 000	9 000 000
变动费用（元）	3 000 000	7 500 000	4 500 000
职工人数（人）	136	152	112

A. 收入。 B. 边际贡献。 C. 平均分配。 D. 职工人数。

问题 87 丁公司生产几种金属产品。丁公司有 4 个生产部门和 5 个辅助部门。目前丁公司并未把辅助部门发生的成本分配至生产部门。丁公司新来的成本会计师张三认为应该计算出各辅助部门的分配率，并按照提供服务的业务量将辅助部门成本分配给生产部门。若丁公司采用该方法，生产部门的经理们最不可能(　　)

A. 要求过多的服务。 B. 取代过时和无效的制度。

C. 减少必要服务的使用。 D. 更加积极地控制成本。

问题 88 戊公司有 3 个辅助部门和 4 个生产部门。在把辅助部门的成本向生产部门分配的过程中，无论辅助部门之间成本分配的顺序如何，3 种方法（直接分摊法、按步向下分摊法分配法和交叉分摊法）中哪些方法将会使得分到每一经营部门的辅助部门成本都不会发生改变？(　　)

A. 只有直接分摊法和交叉分摊法。

B. 只有按步向下分摊法分配法和交叉分摊法。

C. 只有直接分摊法和按步向下分摊法分配法。

D. 只有直接分摊法。

情景 8-5

庚公司有两个辅助部门，网络服务部和财务审计部；两个制造部门，铸造部和抛光部。辅助部门之间互相提供服务并为生产部门提供服务。该公司经研究发现，财务审计部提供服务的部门数量多于网络服务部提供的部门数量。

问题 89 ~ 91 以情景 8-5 作为背景。

问题 89 若庚公司采用交叉分摊法，则将会出现下面哪种情形？(　　)

A. 抛光部的成本分摊到网络服务部和财务审计部。

B. 网络服务部的成本分摊到铸造部并且铸造部的成本分摊到抛光部。

C. 财务审计部的成本只分摊给网络服务部。

D. 网络服务部的成本分摊给财务审计部、铸造部和抛光部。

问题 90 若庚公司采用按步向下分摊法，则下面哪种情形将不会出现？(　　)

A. 财务审计部的部分成本将会分摊给网络服务部。

B. 网络服务部的部分成本将会分摊给财务审计部。

C. 财务审计部的部分成本将会分摊给抛光部。

D. 财务审计部的部分成本将会分摊给抛光部和铸造部。

问题 91 若庚公司采用直接分配法分配辅助部门成本，则下面哪种情形将会发生？(　　)

A. 财务审计部的部分成本将会分摊至网络服务部。

B. 铸造部的部门成本将会分摊至网络服务部。

C. 网络服务部的部分成本将会分摊至抛光部。

D. 抛光部的部分成本将会分摊至铸造部。

问题 92 庚公司有 5 个辅助部门以及 6 个经营部门。辅助部门为经营部门提供服务，它们相互之间也提供服务。下面哪种辅助部门成本分配方法能最好地识别出辅助部门之间互相提供的服务？(　　)

A. 直接分摊法。 B. 双重比率分摊法。

C. 按步向下分摊法。 D. 交叉分摊法。

情景 8-6

甲公司的两个数据服务部门向 3 个生产部门提供服务（铸造部、抛光部和精整部）。A 服务部门的间接成本按计算机使用时间分配给其他部门；B 服务部门的间接成本按占用的平方英尺来分配。甲公司的其他资料如表 8-62 所示。

表 8-62　甲公司其他资料

部门	间接费用（元）	计算机耗时（小时）	占用面积（平方英尺①）
A 服务部门	400 000	600	5 000 000
B 服务部门	200 000	1800	1 200 000
铸造部	800 000	7 200	4 000 000
抛光部	1 100 000	3 600	6 000 000
精整部	1 240 000	5 400	10 000 000
		1 8600	23 200 000

① 1 平方英尺 =0. 092 903 平方米。

问题 93、94 以情景 8-6 作为背景。

问题 93　若该公司采用直接分配法分配辅助部门成本，请问分配 A 服务部门的间接费用时分母是多少小时？（　　）

A. 2 400 小时。　B. 16 200 小时。　C. 18 000 小时。　D. 18 600 小时。

问题 94　甲公司采用按步向下分摊法分配辅助部门的成本，从 A 服务部门开始。请问 A 服务部门分摊到 B 服务部门和 B 服务部门分摊到铸造部的间接成本分别是多少元？（　　）

	A 服务部门到 B 服务部门	B 服务部门到铸造部
A.	0 元	40 000 元。
B.	38 710 元	41 156 元。
C.	40 000 元	40 000 元。
D.	40 000 元	48 000 元。

情景 8-7

乙公司下一年度预算的间接制造成本信息如表 8-63 所示。

表 8-63　预算的间接制造成本

项目	A 辅助部门	B 辅助部门	甲生产部门	乙生产部门	总 计
预算的间接费用（元）	720 000	190 000	400 000	600 000	1 910 000
提供的辅助服务					
来自 A 辅助部门（%）		10	50	40	100
来自 B 辅助部门（%）	5		45	50	100

问题 95、96 以情景 8-7 作为背景。

问题 95　若乙公司采用按步向下分摊法，从 A 辅助部门开始把辅助部门发生的成本分摊至生产部门。则分摊到甲生产部门的间接费用总计是多少元？（　　）

A. 831 052 元。　B. 845 500 元。　C. 884 106 元。　D. 890 000 元。

问题 96　若乙公司采用直接分摊法将辅助部门的成本分摊至生产部门，则分摊给甲生产部门的间接成本将是多少元？（　　）

A. 836 000 元。 B. 845 500 元。 C. 884 106 元。 D. 890 000 元。

问题 97 采用准时制生产系统的企业通常会( )

A. 削减供应商的数量。 B. 减少对计算机订单接收系统的需求。

C. 增加持有成本。 D. 减少供应商供货量。

问题 98 生命周期成本法( )

A. 常用于财务及税务报告。 B. 有时被用做成本计划和产品定价的基础。

C. 只包含制造成本、销售费用和分销费用。 D. 只包含产品生命周期内发生的制造成本。

问题 99 有效的准时制生产和采购系统( )

A. 增加了长期客户预测的可靠性。 B. 致使存货的大量累积以保持生产持续运行。

C. 增强质量控制并且减少材料浪费。 D. 削减公司竞争优势。

问题 100 丙公司按其经营利润对管理层实施奖励。该公司采用吸收成本法，且间接成本根据直接人工工时进行分配。为了增加奖励，该公司管理层不应从以下哪个方面着手？( )

A. 增加不受客户需求影响的产品的生产。

B. 降低需要直接人工最多的产品的生产。

C. 将某些费用（如维护费用）推迟到下一生产周期。

D. 生产那些需要直接人工最多的产品。

问题 101 对生产一种商品所用到的所有不同种类的设备组合通常被称为( )

A. 经济订货量。 B. 物料需求计划。 C. 全面质量管理。 D. 制造单元。

问题 102 在需求预测的基础上完成存货成品生产的推动式系统是( )

A. 准时采购系统。 B. 相关总成本。 C. 物料需求计划。 D. 经济订货量。

问题 103 以下哪项是物料需求计划的局限性( )

A. 机器生产准备时间最小化。 B. 依赖于需求预测。

C. 手头存货增加导致的损坏或丢失。 D. 潜在存货积压。

问题 104 以下对“承诺成本”说法正确的是( )

A. 产生当前运营能力水平，且短期内不可改变。

B. 产生于投入和产出之间的可度量关系。

C. 对管理层的关注给予的回应。

D. 管理层决定在现阶段承担且投入和产出之间无明确因果关系的成本。

问题 105 以下哪项是物料需求计划的一个优点？( )

A. 潜在的存货积压。

B. 可预测原材料的需求和能够利用批量采购和价格的优势。

C. 提供了接收制造单元生产计划外订单的可能性。

D. 各领域间的合作更加紧密并能够增加协作和沟通功能。

问题 106 以下哪项是对物料需求计划的最好描述？物料需求计划是( )

A. 决定最优存货水平状态下所需数量及时间的计划系统。

B. 一种软件工具，用于预测变动或持续需求状态下的购买材料。

C. 一种软件工具，用于预测变动或持续需求状态下的订货量。

D. 一种计划系统，用于决定依赖于成品需求量的存货数量和时间。

问题 107 根据约束理论，以下作业中哪项不可以帮助缓解经营过程中的瓶颈问题？( )

A. 剔除经营瓶颈环节上的空闲时间。

B. 减少经营瓶颈环节上的启动时间。

C. 将那些不必在经营瓶颈环节上的机器生产的产品转移到非经营瓶颈机器上进行生产。

D. 提高非经营瓶颈环节上机器的运作效率。

问题 108 如果一种产品或者几种产品的需求超过了该产品的产能，经理应首先采取以下哪个步骤？( )

A. 花钱来消除这个瓶颈问题。 B. 集中精力识别限制产能的因素。

C. 改变销售拉动型的运营模式。 D. 应用作业管理法来解决这个问题。

问题 109 丙公司的产品每件卖价 150 元。该公司的工厂有两个部门——切割和抛光。表 8-64 是两个部门的相关数据。

表 8-64 切割与抛光部门数据

科目	切割	抛光
年产量（每个部门 36 000 个直接人工工时）(件)	108 000	135 000
现生产率（年）(件)	108 000	108 000
固定间接制造费用（元）	1 296 000	1 944 000
固定销售和管理费用（元）	864 000	1 296 000
单位直接原料成本（元）	45	15

现生产率是整年的预算安排。每个直接人工工时赚取 25 元，且该公司在实际运作中不存在裁员现象。那么用约束理论计算的话，每件产品的制造成本是多少元？( )

A. 76.67 元。 B. 60.00 元。 C. 46.67 元。 D. 26.67 元。

问题 110 以下有关约束理论的说法正确的是( )

Ⅰ. 目的是消除约束，加快生产循环和加速交货时间。

Ⅱ. 考虑的时期长。

Ⅲ. 假设运营成本是固定的。

A. Ⅰ，Ⅱ和Ⅲ。 B. 只有Ⅰ。 C. 只有Ⅱ。 D. 只有Ⅲ。

问题 111 将客户有用性加入到产品中去的一系列行为是( )

A. 价值链。 B. 过程价值分析。 C. 集成制造。 D. 作业成本法。

问题 112 价值链是一系列企业功能的结果，在这些功能中( )

A. 对产品和服务的评估体现在其对供应链的价值贡献中。

B. 价值不包含在组织的产品或服务中。

C. 价值附加在组织的产品或服务中。

D. 价值部分附加在组织的产品或服务中。

问题 113 在价值链分析方面，虽然没有一个标准的执行程序，但是管理会计公告中建议( )

Ⅰ. 内部成本分析。

Ⅱ. 内部差异分析。

Ⅲ. 垂直链接分析。

A. 只有Ⅰ。 B. 只有Ⅱ。 C. Ⅰ，Ⅱ和Ⅲ。 D. 只有Ⅲ。

问题 114 “增值作业”指的是( )

Ⅰ. 某生产组织中的任何作业。

Ⅱ. 不存在生产力或服务功能下降的情况下可被排除的作业。

Ⅲ. 根据外部顾客的需求而将资源转化成产品或服务的作业。

A. 只有Ⅰ。 B. Ⅰ，Ⅱ和Ⅲ。 C. 只有Ⅲ。 D. 只有Ⅱ。

问题 115 每一家公司都想编制两套财务报表——常规的财务报表与价值链分析的财务报表，顾客服务成本在两套财务报表中如何处理？( )

	常规财务报表	价值链财务报表
A.	产品成本	产品成本。
B.	产品成本	非产品成本。
C.	非产品成本	产品成本。
D.	非产品成本	非产品成本。

问题 116 下列选项中，哪项所列出的功能正确地排列了价值链的顺序？( )

A. 研发，营销，客户服务。 B. 生产，营销，生产设计。

C. 生产设计，配运，营销。 D. 研发，客户服务，配运。

问题 117 思考以下的相关生产活动：

Ⅰ. 将木材家具最后组装起来。

Ⅱ. 将完工产品移动到成品仓库。

Ⅲ. 为新生产的汽车喷漆。

Ⅳ. 为新生产批次调整机器。

Ⅴ. 将残次品返工以符合质量标准。

能够被归为增值作业的是( )

A. 只有Ⅱ，Ⅲ，Ⅳ，Ⅴ。 B. 只有Ⅰ，Ⅳ，Ⅴ。

C. 只有Ⅰ，Ⅲ，Ⅴ。 D. 只有Ⅰ，Ⅲ。

问题 118 以下对业务流程重组的说法最恰当的是( )

A. 它迫使人们重审目前运营过程中的隐形规则和假设。

B. 当需要“烈性火药”在缓解某种困境时使用。

C. 属于再创造，而不是改进或修正。它不考虑目前的生产过程，而是发明新的生产方式。

D. 强调那些通过投入对客户产出价值的活动链。

问题 119 在寻求最佳实务的过程中，用于提高作业和过程的一种技术手段是( )

A. 持续改善成本法。 B. 趋势报告法。

C. 价值增值报告法。 D. 标杆管理。

问题 120 根据作业管理法的相关信息，组织通常可以( )

Ⅰ. 制订更好的决策。

Ⅱ. 提高绩效。

Ⅲ. 提高投入资产收益。

A. Ⅰ，Ⅱ和Ⅲ。 B. 只有Ⅱ。 C. 只有Ⅲ。 D. 只有Ⅰ。

问题 121 用于描述某组织中各种水平的持续改进情况的一个术语是( )

A. 增值活动。 B. 趋势分析。 C. 标杆管理。 D. 持续改进。

问题 122 丙公司拥有 8 家折扣连锁店，并准备通过流程再造和更多应用电子数据互换来降低采购活动的成本。以下各项标杆工具中，哪项对这种情况有用？( )

Ⅰ. 比较丙公司每家折扣连锁店的采购成本和实务，以辨认出它们中间的“最佳实务”。

Ⅱ. 丙公司与另一家零售商——物美公司之间的实务比较，物美公司的业务经常被评为“最佳实务”。

Ⅲ. 丙公司与中国国际航空公司之间的实务比较，中国国际航空公司的业务常被誉为“同类最佳”。

Ⅳ. 中国注册会计师协会的出版物关于成功电子数据互换应用的深度分析。

A. 只有Ⅱ和Ⅳ。　　B. 只有Ⅰ和Ⅱ。

C. 只有Ⅰ和Ⅳ。　　D. Ⅰ，Ⅱ，Ⅲ和Ⅳ。

问题 123　甲公司的质量成本报告提供的信息如表 8-65 所示。

表 8-65　成本信息　（单位：%）

预防成本	12
评估成本	13
内部损失成本	25
外部损失成本	50

为了能最有效地改善该公司质量成本，该公司应该重点做好下面哪项活动？（　　）

A. 质量培训。　B. 质量检验。　C. 返工。　D. 客户支持。

问题 124　下面哪项不是企业用来识别产品质量问题的方法？（　　）（选修）

A. 统计的流程控制图。　B. 约束理论图。　C. 帕累托图。　D. 因果图。

问题 125　在分析质量成本时，要衡量顾客满意度。请问把顾客满意度这一非财务指标包括在考虑范围内的主要原因是什么？（　　）

A. 财务指标经常不可靠。

B. 非财务指标通常是会计业务流程的一部分。

C. 从财务指标中，并不能明确地看出哪些地方需要改进。

D. 如果从财务数据中看不出趋势，非财务指标是最有用的。

问题 126　乙公司最近这一会计年度中，有关质量的财务数据如表 8-66 所示。

表 8-66　质量财务数据　（单位：元）

返修损失成本	220 000
保修成本	560 000
产品线质检成本	190 000
工艺设计成本	600 000
供应商评审成本	480 000
职工培训成本	300 000
产品测试成本	130 000
故障维修成本	140 000
废品损失成本	390 000
产品退还成本	360 000
客户支持成本	70 000
产品质量索赔成本	160 000

请问该公司该年质量成本报告上应列示的预防成本总额是多少元？（　　）

A. 780 000 元。　B. 900 000 元。　C. 1 380 000 元。　D. 1 510 000 元。

问题 127　在核算质量成本时，对购买进来的原材料进行质检发生的成本应该归为（　　）

A. 预防成本。　B. 评估成本。　C. 内部损失成本。　D. 外部损失成本。

问题 128　在核算质量成本时，下面哪项应该归为评估成本？（　　）

A. 返修损失费用。 B. 产品测试成本。 C. 保修费用。 D. 设备维修成本。

问题 129 下面哪项成本不是外部损失成本？( )

A. 丧失的销售额和顾客。 B. 保修责任。

C. 产品质量诉讼。 D. 产品现场测试。

问题 130 在计算某家企业的质量成本时，请问下面哪项应该归为内部损失成本？( )

A. 返工瑕疵品发生的成本。 B. 检验产成品发生的成本。

C. 保修成本。 D. 产品测试成本。

问题 131 一家企业在生产产品的过程中有如下 4 个作业：

1）订货，产生成本 2 000 元。

2）装卸，产生成本 4 000 元。

3）安装，产生成本 20 000 元。

4）磨光，产生成本 6 000 元。

该企业共有工人 30 人，并且人均工资为 4 000 元。请问该企业增值作业的成本是多少元？( )

A. 20 000 元。 B. 22 000 元。 C. 26 000 元。 D. 32 000 元。

问题 132 一所名为工大的民办院校董事会决定大幅度地提高学院的管理水平。他们计划对科研、教学、校园管理、学生就业等多方面进行调研，被评估对象需要与最佳院校之间的指标进行比较，并找到差距，从而找到需要改进的方面。该工大的这种方法被称作( )

A. 价值链。 B. 价值工程。 C. 标准检查。 D. 作业管理法。

问题 133 生命周期成本法考虑产品和服务整个生命周期的成本，以下关于成本分类正确的是( )

	上游成本	下游成本
A.	产品包装	客户服务。
B.	产品质量提高	产品保证。
C.	原材料采购	产品质量提高。
D.	研究和开发	广告宣传。

问题 134 丙公司是一家汽车制造企业，对于该企业来说下列哪项不是变动成本？( )

A. 方向盘的材料。 B. 工人的工资。 C. 财产税。 D. 能源。

问题 135 丁轧钢厂是采用高度自动化进行生产的轧钢企业，以下哪项和产品成本相关度最低？( )

A. 机器工时。 B. 人工工时。 C. 人工成本。 D. 制造费用。

问题 136 以下哪种成本计算方法更好地给产品和劳务分配成本、分析加工过程、评价管理业绩和评估盈利能力？( )

A. 分步成本法。 B. 分批成本法。 C. 运营成本法。 D. 作业成本法。

问题 137 戊企业以前使用传统成本法进行成本核算，总间接费用为 2 000 000 元，机器工时为 1 600小时，其中加热车间为 400 小时。现在成本主管李四想使用作业成本法进行核算，经统计 800 000 元批量成本用于机器调试，全年调试 300 次，其中加热车间为 27 次。李四决定只对批量成本使用作业成本法分摊间接费用，则加热车间成本将会产生什么变化？( )

A. 减少 128 000 元。 B. 增加 128 000 元。

C. 减少 320 000 元。 D. 增加 320 000 元。

问题 138 甲公司预计明年销售成本下降，但今年销售收入上升，假如今年与明年的销量相同，

则该公司产生什么变化？（　　）

A. 本年售价上升，明年制造成本下降。　　B. 本年售价下降，明年制造成本上升。

C. 明年的售价和制造成本都上升。　　D. 明年的售价和制造成本都下降。

问题 139　在青年连锁旅馆中，以下费用中既属于直接成本又属于变动成本的运营成本是哪项？（　　）

A. 接待人员的工资。　　B. 客房服务人员的服务费。

C. 游泳池的水费。　　D. 免费洗发水。

问题 140　生命周期成本法最适用于以下哪种情况？（　　）

A. 研发期长，费用集中在制造阶段。　　B. 研发期长，费用集中在制造以前。

C. 研发期短，费用集中在制造阶段。　　D. 研发期短，费用集中在制造以前。

问题 141　以下哪项不是质量分析工具？（　　）

A. 帕累托图。　　B. 因果图。　　C. 敏感性分析。　　D. 控制图。

问题 142　以下哪个行业可以采用分批成本法记录成本？（　　）

A. 石油提炼。　　B. 船舶建造。　　C. 玩具制造。　　D. 造纸厂。

问题 143　以下哪项在商业应用中使用了合理的成本制度？（　　）

A. 分批成本法：印刷店；分步成本法：饮料生产商。

B. 分批成本法：微型计算机生产商；分步成本法：建筑公司。

C. 分批成本法：壁纸生产商；分步成本法：炼油厂。

D. 分批成本法：飞机组装；分步成本法：会计师事务所。

问题 144　甲公司每月的预算固定制造间接费用是 100 000 元。对内与对外财务报表中，该公司均使用吸收成本法。4 月份以不同产能水平作分母的预算制造间接费用率如表 8-67 所示。

表 8-67　预算制造间接费用率

生产能力水平	预算产出单位（件）	预算间接费用分配率（元/件）
理论水平	1 500 000	0.066 7
实际水平	1 250 000	0.080 0
正常水平	775 000	0.129 0
总预算水平	800 000	0.125 0

4 月份的实际产出是 800 000 件玻璃器具。甲公司进行固定成本分配时，管理层会选择一个生产能力水平作为分母。以下哪项不可以作为实际产量的近似值？（　　）

A. 正常生产能力。　　B. 总预算生产能力。

C. 理论生产能力。　　D. 预期年生产能力。

问题 145　乙公司在 4 个部门中通过 4 种程序生产出一种 35mm 的薄膜。该公司的主要业务是提供 24 小时服务，以最大的药品连锁店为主要客户。目前，直接人工、直接原料和间接制造费用的成本按照部门归集。那么，最适用于乙公司的一种成本归集方法是（　　）

A. 分步成本法。　　B. 运营成本法。　　C. 分批成本法。　　D. 作业成本法。

问题 146　作业成本法的使用通常会产生以下哪种结果？（　　）

A. 将生产准备成本平均分配到所有产品中去。

B. 与传统的产品成本计算方法相比，低产量产品的单位成本相对较高。

C. 低产量产品的生产准备成本降低。

D. 与传统的产品成本计算方法相比，低产量产品的单位成本相对较低。

问题 147　将边际贡献模式用于内部报告时，部门经理业绩和部门业绩的主要区别在于(　　)

A. 销售产品的直接变动成本。　　B. 受部门经理控制的直接固定成本。

C. 不受部门经理控制的直接固定成本。　　D. 未分配固定成本。

问题 148　一般来说，在哪种情况下会使用部门分配比率而不是全厂范围比率进行间接费用的分配？(　　)

A. 公司的制造过程高度自动化。

B. 公司的制造过程基本基于人工。

C. 各部门制成品所使用的原料的种类和规模不同。

D. 公司希望采用标准成本制度。

问题 149　甲公司下一年度预算的间接制造成本信息如表 8-68 所示。

表 8-68　预算的间接制造成本　　(单位:%)

提供的辅助服务	A 辅助部门	B 辅助部门	甲生产部门	乙生产部门
来自 A 辅助部门	—	20	50	30
来自 B 辅助部门	10	—	30	60

A 辅助部门预算的间接费用为 500 000 元，B 辅助部门预算的间接费用为 360 000 元，甲生产部门的间接费用为 600 000 元，乙生产部门的间接费用为 750 000 元。A 辅助部门提供的服务多于 B 辅助部门。该公司的总会计师李四决定使用交叉分摊法，分配给生产部门的间接费用分别为多少元？(　　)

	甲生产部门	乙生产部门
A.	358 000 元	366 000 元。
B.	414 286 元	445 714 元。
C.	432 500 元	427 500 元。
D.	438 917 元	421 083 元。

问题 150　甲公司的生产部经理王五刚刚学习了 CMA 课程中的约束理论，利用该理论他分析了公司的生产流程。该公司共使用 30 种资源进行生产，其中 5 种资源是瓶颈资源，分别用于 5 条生产线。根据以上分析王五提出以下观点：

Ⅰ. 将这 5 种资源用于生产边际贡献最大的产品。

Ⅱ. 将这 5 种资源用于单位瓶颈资源的生产边际贡献最大的产品。

Ⅲ. 其余 25 种资源决定了 5 条生产线对总收益的贡献。

Ⅳ. 这 5 种资源决定了 5 条生产线对总收益的贡献。

Ⅴ. 应使其余 25 种资源用得最有效。

Ⅵ. 30 种资源是同等重要的，不能厚此薄彼。

请问以上观点中哪些是正确的？(　　)

A. Ⅳ。　　B. Ⅱ，Ⅳ。

C. Ⅰ，Ⅱ，Ⅳ，Ⅵ。　　D. Ⅰ，Ⅱ，Ⅳ，Ⅴ，Ⅵ。

问题 151　甲公司使用分步成本法确认产品成本，该公司有两个生产部门分别为铸造部和加工部，当铸造部的完工产品转入加工部进一步加工时，转入产品的成本最好作为(　　)

A. 转换成本。　　B. 直接材料成本。

C. 分别计入加工部的直接材料成本和转换成本。　　D. 加工部的期初成本。

问题 152　当使用准时制生产时，企业一般不能使用传统成本法，而是使用后推成本法。该方法哪项存货账户设置与传统方法不同？（　　）

A. 原材料。　B. 直接人工。　C. 半成品。　D. 产成品。

问题 153　甲公司生产 4 种不同的产品，其特点如下：

种类	劳动密集型	资本密集型	小批量生产	大批量生产
A 产品	√		√	
B 产品	√			√
C 产品		√	√	
D 产品		√		√

该公司原采用传统成本法并以直接人工工时数为基础分配间接成本，该公司的总会计师张三通过学习 CMA 课程认为作业成本法更适合该公司的成本核算，请问哪种产品原来被分摊的成本可能是被低估的？（　　）

A. A 产品和 B 产品。　B. A 产品、B 产品和 D 产品。

C. C 产品和 D 产品。　D. A 产品、C 产品和 D 产品。

问题 154　以下哪种情况发生时，固定制造费用可能被过度分配？（　　）

	预算产能	实际固定制造费用
A.	大于实际产能	较小。
B.	大于实际产能	较大。
C.	小于实际产能	较小。
D.	小于实际产能	较大。

问题 155　甲公司的两个部门分别向乙汽车租赁公司租赁汽车。如果两个部门分别各自租赁，则 A 部门费用为 10 000 元和 B 部门费用为 5 000 元。如果两个部门一起向乙公司租赁汽车，则两部门的共同费用为 12 000 元。在独立分摊法和增量分摊法下，A 部门的成本分别是多少元？（　　）

A. 10 000 元和 10 000 元。　B. 8 000 元和 10 000 元。

C. 8 000 元和 8 000 元。　D. 10 000 元和 8 000 元。

问题 156　成本动因的类型包括（　　）

Ⅰ. 作业成本动因。Ⅱ. 数量成本动因。Ⅲ. 结构成本动因。Ⅳ. 执行性成本动因。Ⅴ. 操作成本动因。Ⅵ. 战略成本动因。

A. Ⅰ。　B. Ⅰ和Ⅱ。

C. Ⅰ，Ⅱ，Ⅲ和Ⅳ。　D. Ⅰ，Ⅱ，Ⅲ，Ⅳ，Ⅴ和Ⅵ。

问题 157　将分步成本法和分批成本法相结合的方法是（　　）

A. 实际成本法。　B. 经营成本法。

C. 正常成本法。　D. 标准成本法。

问题 158　企业生产过程中所有环节的全部活动成为一个数据的搜集、传递、加工和利用的过程，这是对以下哪种生产理论的描述？（　　）

A. 计算机辅助设计。　B. 计算机辅助制造。

C. 计算机集成制造。　D. 柔性制造系统。

问题 159　以下哪项不是用于质量分析的工具？（　　）（选修）

A. 帕累托图。　B. 因果图。　C. 敏感性分析。　D. 控制图。

问题 160　甲公司生产签字笔，质量检验部门在产品检查过程中发现 11 个废品，当期一共检测了

3 253 740 支签字笔，该公司属于哪种类型的西格玛系统？（ ）（选修）

A. 四西格玛。 B. 五西格玛。 C. 六西格玛。 D. 七西格玛。

问题 161 甲公司生产签字笔，每天从生产的产品中随机抽取 10 只签字笔，测试画线长度，共测试了 19 天。测试的结果如图 8-11 所示。第 10 天的测试结果超出控制上限的可能原因是什么？（ ）（选修）

A. 计算错误。 B. 设备调整。 C. 更换操作员。 D. 操作员培训。

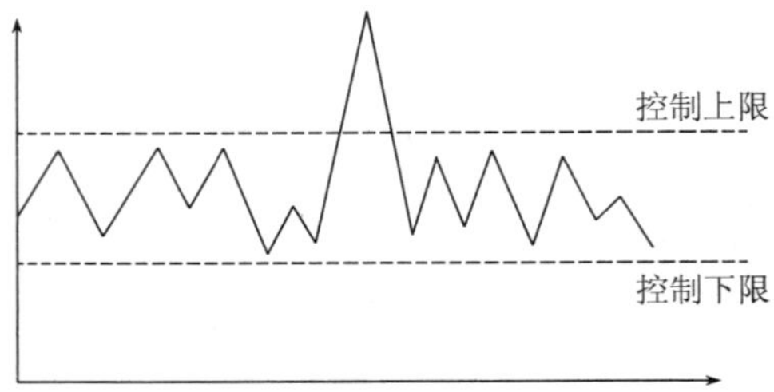

图 8-11 签字笔测试控制图

问题 162 甲公司生产签字笔，每天从生产的产品中随机抽取 10 只签字笔，测试画线长度，共测试了 14 天。测试的结果如图 8-12 所示。请问出现这种结果的原因最可能是什么？（ ）（选修）

A. 计算错误。 B. 设备调整。 C. 原材料优化。 D. 员工熟练。

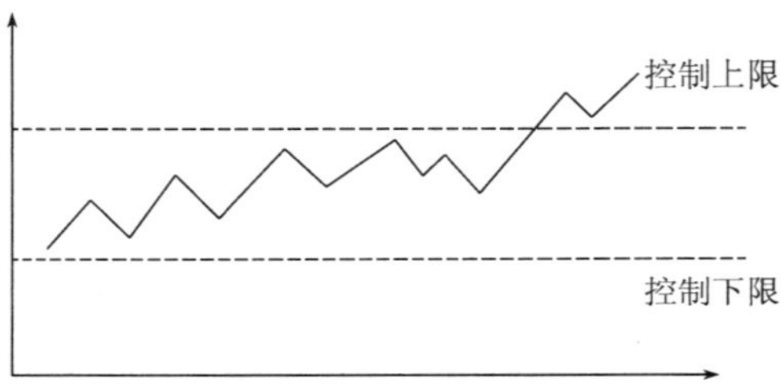

图 8-12 签字笔测试控制图

问题 163 甲公司最近生产的产品质量不稳定，发生很多退货。该公司的董事会要求质量部门找出原因，以下哪种工具最符合这项工作的要求？（ ）（选修）

A. 帕累托图。 B. 因果图。 C. 敏感性分析。 D. 控制图。

问题 164 甲公司生产签字笔，质量检验部门发现近期出现了大量废品的问题，负责人张三决定找出造成这种现象最主要的原因。他将造成质量问题的部门和发生质量问题频次做成图，如图 8-13 所示。请问最主要的原因是哪项？（ ）（选修）

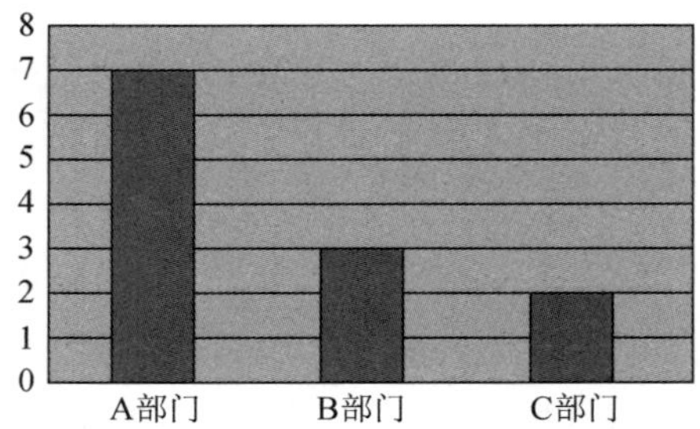

图 8-13 质量频次分析

A. A 部门。　　B. B 部门。

C. C 部门。　　D. 条件不足，还需要其他信息才能判断。

问题 165　下列关于流程的说法错误的是(　　)

A. 业务流程重组强迫人们去关注目前开展业务所采用的司空见惯的规则和假设。

B. 持续改进需要不断地组织学习、流程改进甚至再造。

C. 80% 的结果源于 20% 的可能起因，实践中应用流程图为按优先次序管理项目。

D. 流程的特征有：效果性、效率性和适应性。

问题 166　某企业计算了其所持有的存货的年成本，为了防止存货短缺而持有 50 000 美元存货。这50 000美元属于下面哪项成本？(　　)

A. 主要成本。　　B. 质量成本。　　C. 持有成本。　　D. 缺货成本。

问题 167　约翰逊是好梦旅馆（一家遍及全美的连锁汽车旅馆）的经理。好梦旅馆下面哪项既是直接成本又是固定成本？(　　)

A. 约翰逊的工资。　　B. 水。

C. 卫生间纸巾。　　D. 好梦旅馆连锁店广告。

问题 168　马达嘎达矿产有限公司的损益表包括本会计年度的下述信息，见表 8-69。

表 8-69　马达嘎达矿产有限公司相关会计信息　（单位：美元）

销售收入	160 000
毛利润	48 000
期末产成品存货	58 300
期初产成品存货	60 190

该公司本会计年度产品生产成本为(　　)

A. 46 110 美元。　　B. 49 890 美元。　　C. 110 110 美元。　　D. 113 890 美元。

问题 169　库博装配有限公司的产品生产成本表显示，本会计年度末，各项余额如表 8-70 所示。

表 8-70　库博装配有限公司相关会计信息　（单位：美元）

直接劳动力成本	280 000
生产管理费用	375 000
期末在产品存货	230 000
生产中使用的原材料	450 000
产品生产成本	1 125 000

该会计年度期初，在产品存货的价值为(　　)

A. 625 000 美元。　　B. 250 000 美元。　　C. 210 000 美元。　　D. 20 000 美元。

问题 170　麦罗玩具公司生产 200 000 单位产品的成本如表 8-71 所示。

表 8-71　麦罗玩具公司相关会计信息　（单位：美元）

直接材料成本	2 000 000
直接劳动力成本	1 000 000
间接劳动力成本	600 000

麦罗玩具公司生产的产品单位主要成本和转换成本分别为(　　)

A. 8 美元和 15 美元。　　B. 8 美元和 18 美元。

C. 10 美元和 8 美元。 D. 15 美元和 8 美元。

问题 171 **派克公司向销售人员支付工资以及产品销售佣金。派克公司计划接下来的 1 年将所有销售人员工资提高 5%，单位产品销售佣金不变。由于需求增加，派克公司预期销售量将提高 10%。那么接下来的 1 年，销售人员的工资和佣金总额将会有怎样的变化？（ ）**

A. 提高 5% 或者低于 5%。 B. 提高高于 5%，但是低于 10%。

C. 提高 10%。 D. 提高 10% 以上。

问题 172 **下述哪项是变动成本法的优点？（ ）**

A. 变动成本法符合美国《国内收入法》。

B. 变动成本法符合公认会计准则。

C. 变动成本法使成本和产量之间的关系更加简单、明了。

D. 变动成本法同长期定价策略的关联度最高。

问题 173 **亨廷顿公司以业务收入为基数向经理支付奖金，业务收入按照变动成本法计算。现在距离年底还有两个月，之前收入在某个时间曾降低，如果生产经理理查兹希望最大化自己的本年奖金，她应该进行下述哪项活动？（ ）**

A. 加速生产，将更多的生产成本摊入存货。

B. 削减 230 万美元的广告和市场营销成本。

C. 将 180 万美元的设备维修费用推迟到明年支付。

D. 在财务长的帮助下，采用作业成本法和作业管理法。

问题 174 **布瑞格公司使用一种工艺生产 3 种产品（B-40、J-60 和 H-102）。该公司使用装订卷数法来分摊产品联合成本，22 500 美元/卷。按照下述信息，为了使利润最大化，布瑞格公司应该在分离点销售哪种产品？（ ）**

布瑞格公司相关会计信息见表 8-72。

表 8-72 布瑞格公司相关会计信息

科目	B-40	J-60	H-102
每卷的装订（单位）	1 500	2 000	3 200
分离点单位销售价值（美元）	10.00	4.00	7.25
分离点之后进一步加工后的单位成本（美元）	3.05	1.00	2.50
进一步加工后的单位销售价值（美元）	12.25	5.70	9.75

A. 仅 B-40。 B. 仅 J-60。 C. 仅 H-102。 D. 仅 B-40 和 H-102。

问题 175 **在对埃尔科实业的期末会计记录进行评估后，得到相关会计信息，见表 8-73。**

表 8-73 埃尔科实业相关会计信息 （单位：美元）

原材料	80 000
在产品	128 000
产成品	272 000
产品销售成本	1 120 000

该公司少分摊的间接成本为 133 000 **美元。按照这些信息，埃尔科实业的产品销售成本为（ ）**

A. 987 000 美元。 B. 1 213 100 美元。 C. 1 218 000 美元。 D. 1 253 000 美元。

问题 176 **开普勒公司生产望远镜透镜。由于只销售高质量透镜，报告期正常废品为 1 000 单位。**

在当年报告期期初，开普勒有 2 200 单位存货，当年生产并完工 4 000 单位产品，期末存货为 1 500 单位，转移出去的产品为 3 000 单位。在该报告期，开普勒公司透镜生产的非正常废品为(　　)

A. 700 单位。　B. 1 000 单位。　C. 1 700 单位。　D. 3 200 单位。

问题 177　埃斯有限公司估计在两个生产水平上的材料处理总成本如表 8-74 所示。

表 8-74　埃斯有限公司在两个生产水平上的材料处理总成本

成本（美元）	美制加仑[①]
160 000	80 000
132 000	60 000

①1 美制加仑 = 3.785 411 8 升。

处理 75 000 加仑预计总成本为(　　)

A. 146 000 美元。　B. 150 000 美元。

C. 153 000 美元。　D. 165 000 美元。

问题 178　萨科姆公司采用作业成本法计算两种产品 P 和 Q 的成本。组装部的材料处理成本直接同插入产品的零部件数量有关。无论上周插入的零部件数量多少，每周末都要对机器进行校准和打油。材料处理成本和机器维修成本按照插入的零部件数量分摊到产品。由于该公司对产品 P 的生产工艺流程进行了改造，每个成品中插入的零部件数量已经减少，产品 P 生产工艺的改造将如何影响产品 Q？(　　)

A. 产品 Q 的单位材料处理成本将保持不变，单位机器维修成本也将保持不变。

B. 产品 Q 的单位材料处理成本将提高，单位机器维修成本将保持不变。

C. 产品 Q 的单位材料处理成本将保持不变，单位机器维修成本将提高。

D. 产品 Q 的单位材料处理成本将提高，单位机器维修成本也将提高。

问题 179　克莱尔蒙特公司要评估其在 1997 ~ 2000 年生产并出售的一种产品的营利性。自销售之日起，该产品的保修期为 1 年，财务记录信息如表 8-75 所示。

表 8-75　财务信息　（单位：美元）

研发成本	制造和设计成本	分销成本	保修成本
1995 ~ 1996 年	1997 ~ 2000 年	1997 ~ 2000 年	2001 年
5 000 000	7 000 000	200 000	100 000

该产品的生命周期成本为(　　)

A. 10 000 000 美元。　B. 12 000 000 美元。

C. 12 200 000 美元。　D. 12 300 000 美元。

问题 180　下述哪项计算成本的方法不使用序列追踪？(　　)

A. 后推成本法。　B. 工作成本法。　C. 分步成本法。　D. 作业成本法。

问题 181　为了判断下一年度间接成本分摊率，公司希望集中于产品的生产能力而不是产出上。为了计算实际的使用率，应该采用哪项作为分母？(　　)

A. 实际能力。　B. 最大能力。　C. 正常能力。　D. 总预算能力。

问题 182　瓦格纳公司按照机器工时分摊间接成本。年初预算的该公司间接成本为 250 000 美元，预计将用 100 000 机器工时生产 50 000 单位产品。本期，该公司用 97 000 机器工时生产了 48 000 单位产品，当年的实际间接成本为 252 000 美元。在标准成本法下，该公司当年分摊的间接成本为(　　)

A. 240 000 美元。 B. 242 500 美元。 C. 250 000 美元。 D. 252 000 美元。

问题 183 准时制也被称为( )

A. 持续改进。 B. 精益生产。 C. 作业管理法。 D. 后推成本法。

问题 184 表 8-76 下述哪项没有正确地比较准时制和传统系统?( )

表 8-76 传统系统和准时制

项目	传统系统	准时制
A	前置时间长	前置时间短
B	存货是资产	存货是负债
C	可以忍受一些废品	希望实现零缺陷
D	按照直接需求确定批量	按照公式计算批量

问题 185 阿特勒有限公司生产一种产品，销售单价为 150 美元。产品需要在切割部门和抛光部门加工。两个部门的相关资料如表 8-77 所示。

表 8-77 两个部门的相关资料

科目	切割	抛光
年生产能力（每个部门的直接人工工时为 36 000）（单位）	180 000	135 000
目前的生产率（年度）（单位）	108 000	108 000
固定间接生产费用（美元）	1 296 000	1 944 000
固定销售和管理费用（美元）	864 000	1 296 000
单位产品直接材料成本（美元）	45	15

全年的预算率就是当前的生产，直接劳动员工的收入为 20 美元/小时。该公司实行不解聘政策，应用约束理论，单位产品的产出贡献为( )

A. 90.00 美元。 B. 76.67 美元。 C. 46.67 美元。 D. 26.67 美元。

问题 186 约束理论（TOC）的 3 个基本指标为( )

A. 毛利润、资产回报率和销售收入。

B. 约束数量、非限制数量和营业杠杆率。

C. 生产能力（或者产出贡献）、存货（或者投资）和营业费用。

D. 单位固定间接生产费用、单位固定一般管理费用和单位毛利润。

问题 187 下述哪项不是全面质量管理（TQM）的核心原则?( )

A. 关注客户和利益相关方。 B. 企业中人人参与和团队精神。

C. 关注流程，辅以不断改进与学习。 D. 关注技术突破。

问题 188 甲公司记录了过去两周的以下生产成本，如表 8-78 所示。

表 8-78 甲公司生产成本

成本	第 1 周	第 2 周
直接人工成本（元）	17 000	19 500
其他制造成本（元）	25 000	28 000
生产量（件）	5 000	6 000

假定这两周的相关范围相同，那么第 1 周的总固定成本是多少?( )

A . 5 500 元。　B. 14 500 元。　C. 25 000 元。　D. 26 500 元。

问题 189　表 8-79 的信息摘自一家制造企业去年的会计记录。

表 8-79　某企业的会计记录摘要　（单位：元）

存货科目	1 月 1 日	12 月 31 日
原材料	38 000	45 000
在产品	21 000	10 000
产成品	78 000	107 000

另外，直接人工为 236 000 元，订单的运费为 6 500 元，工厂租金为 59 000 元，工厂折旧为 18 700 元，广告宣传费用为 24 900 元，原材料净购额为 115 000 元，企业管理人员薪资为 178 000 元，材料搬运成本为 35 800 元。根据以上信息，该公司产成品成本和销货成本分别为（　　）。

A. 460 500 元和 489 500 元。　B. 468 500 元和 439 500 元。

C. 468 500 元和 470 900 元。　D. 646 000 元和 617 500 元。

问题 190　假设销货成本计算结果为：销货成本 = 期初存货 + 产品制造成本 − 期末存货 + 变动制造费用效率差异 = 100 000 元 + 2 500 000 元 − 125 000 元 + 10 000 元 = 2 485 000 元。这种成本测量方法是（　　）。

A. 正常成本法。　B. 标准成本法。

C. 实际成本法或正常成本法。　D. 正常成本法或标准成本法。

问题 191　去年，某公司的销量为 75 000 件，产量为 100 000 件。该年的其他信息是：直接人工费用 187 500 元，变动制造费用 100 000 元，直接材料费用 150 000 元，变动销售费用 100 000 元，固定管理费用 100 000 元，固定制造费用 200 000 元。假定没有期初存货，按照吸收成本法，期末产成品存货的总价值是多少？（　　）

A. 159 375 元。　B. 184 375 元。　C. 209 375 元。　D. 279 175 元。

问题 192　使用吸收成本法核算时，甲公司在 10 月份的经营利润为 250 000 元。10 月初，甲公司有 10 000 件产成品存货，这些存货的固定制造费用为 30 000 元。在 10 月份，该公司生产了 330 000 件，售出 325 000 件。10 月份的固定制造费用总计为 990 000 元。如果使用变动成本法，那么甲公司在 10 月份的经营利润将是（　　）

A. 265 000 元。　B. 250 000 元。　C. 235 000 元。　D. 234 308 元。

问题 193　以下哪种联合成本分配方法分配到每款可分离产品的单位成本都相同？（　　）

A. 可实现净值法。　B. 市场基础法。　C. 物理指标法。　D. 毛利法。

问题 194　某专业仪器制造商正在建立成本制度。该公司为客户生产专用、定制的设备。这些设备在收到客户下达的订单后被安排生产。尽管某些共用的零件分类后需要被放入库存，但并不保留产成品库存，因为每个订单所订购的设备都是量身定制的专业仪器。那么，最适合这种环境的成本累积制度类型为（　　）

A. 后推成本法。　B. 批量成本法。　C. 分批成本法。　D. 分步成本法。

问题 195　某公司在生产其一款产品的过程中，发生一场极为罕见的夜间停电事故，导致当天生产的在产品全部报废。这些损毁品的成本应如何计费？（　　）

A. 记入将来产品制造成本。　B. 作为损失。

C. 记入第 2 天的产品制造成本。　D. 记入工厂总间接费用。

问题 196　公司将传统成本法改成作业成本法的主要原因是作业成本法（　　）

A. 是一种更易于使用的成本法。
B. 可减少产品的成本扭曲。
C. 无需对产品应用间接成本。
D. 可确定生产过程中的非增值成本。

问题 197 某公司将在 2013 年引入一款使用寿命预计为 3 年的新产品。该公司预计每年将销售 100 000 件产品，估算成本如表 8-80 所示。

表 8-80 产品估算成本 （单位：元）

项目	第 0 年	第 1 年	第 2 年	第 3 年
研究、设计	260 000	0	0	0
生产	0	900 000	900 000	900 000
营销	10 000	300 000	100 000	50 000
客户服务	0	40 000	60 000	80 000

如果该公司采用生命周期成本法来为其新产品定价，并且希望在成本的基础上有 10% 的加成，则产品的售价应为(　　)

A. 13.20 元/件。
B. 12.21 元/件。
C. 11.66 元/件。
D. 9.90 元/件。

问题 198 甲公司在洛阳市的工厂有两个部门，分别是机器加工部门和组装部门。该厂今年的预算信息见表 8-81。

表 8-81 甲公司工厂预算

科目	机器加工部门	组装部门
间接制造费用（元）	4 000 000	2 000 000
直接人工工时数（小时）	100 000	200 000
机器工时数（小时）	40 000	40 000

如果甲公司按机器工时分摊间接制造费用，那么以下哪项为正确的分摊率？(　　)

	机器加工部门	组装部门
A.	40 元/小时	10 元/小时。
B.	10 元/小时	40 元/小时。
C.	100 元/小时	50 元/小时。
D.	50 元/小时	100 元/小时。

问题 199 甲公司使用部门分摊率在其两款产品间分摊间接费用。表 8-82 显示了下一年的预算数据。

表 8-82 甲公司预算数据

科目	部门一	部门二
间接费用（元）	5 000 000	7 000 000
成本动因	机器工时数	人工工时数
机器工时数（小时）	500 000	120 000
人工工时数（小时）	100 000	1 400 000

甲公司预计在该年生产 400 000 件产品 A。每一件产品 A 需要耗费部门一的 0.5 机器工时和部门二的 1.5 人工工时。那么，产品 A 的预算间接费用为(　　)

A. 11.03 元/件。　　B. 12.50 元/件。

C. 12.73 元/件。　　D. 15.00 元/件。

问题 200　某家生产大型施工设备的资本密集型制造企业有一套严重依赖专业化机器的制造流程。这种机器必须由为数不多的高技能工人操作。在决定其预定的间接费用分摊率时，该公司应采用哪种分摊基数？(　　)

A. 销售收入。　　B. 直接人工成本。

C. 机器工时。　　D. 直接人工工时。

问题 201　某公司有两个服务部门，该公司正在计划使用交叉法分摊服务部门成本。从各运营部门采集了相关信息以进行分析，如表 8-83 所示。人力资源、数据处理、机器加工、组装的预算间接费用分别为 400 000 元、70 000 元、225 000 元和 125 000 元。

表 8-83　某公司成本数据

人力资源提供的服务	人工工时数（小时）	数据处理提供的服务	人工工时数（小时）
数据处理	3 000	人力资源	600
机器加工	5 000	机器加工	3 500
组装	8 200	组装	600

以下哪个等式代表的是数据处理部门的完整成本？(　　)

A. 70 000 元 +（(600 小时/4 700 小时) ×400 000 元)。

B. 70 000 元 +（(3 000 小时/16 200 小时) ×400 000 元)。

C. 70 000 元 ×(600 小时/4 700 小时) +350 000 元 ×(3 000 小时/16 200 小时)。

D. 400 000 元 +（(600 小时/16 200 小时) ×70 000 元)。

问题 202　以下哪项不是实施准时制生产系统可带来的益处？(　　)

A. 降低总存储成本。　　B. 降低总生产准备成本。

C. 缩短制造交付周期。　　D. 降低总返工成本。

问题 203　假设某企业采用产量成本法来完成产品成本会计记录。那么在会计年度结束时，该公司(　　)

A. 所报告的净利润将小于采用作业成本法时报告的净利润。

B. 为提供对外财务报告，需要用调整分录来重整存货账户。

C. 应将其记录转换成采用直接成本法的记录。

D. 所产生的生产量差异应结转到销货成本。

问题 204　某公司按照其基于机器工时的正常产能制定了间接制造费用预算。工厂变动制造费用是 180 000 元，工厂固定制造费用是 560 000 元。如果该公司以稍低的作业率运营，那么预计(　　)

A. 工厂固定间接费用为 560 000 元，而变动间接费用的小时费率会降低。

B. 工厂固定间接费用为 560 000 元，而变动间接费用的小时费率保持不变。

C. 工厂固定间接费用为 560 000 元，而变动间接费用的小时费率会提高。

D. 变动间接费用低于 180 000 元，而变动间接费用的小时费率会降低。

问题 205　一家制造公司聘用了一名外部顾问对该公司的每一款主要产品进行评估，评估包括从产品的设计到制造、仓储、配送、销售和服务的全部环节。该公司还请这名顾问将其主要产品与生产和营销相同或相似产品的公司进行比较。这名顾问需要确定可从哪些方面提高客户价值，从哪些方面降低成本，并更好地剖析客户、供应商和该行业其他公司之间的关系。该制造企业请这名顾问所做的

分析类型最有可能被称作(　　)

A. 平衡记分卡。　B. 比较分析。　C. SWOT 分析。　D. 价值链分析。

问题 206　一家小型计算机制造企业为其主制造厂聘用了 25 名工人。绩效改进团队确定了作业以及每项作业所需的相对时间，如表 8-84 所示。

表 8-84　作业及作业用时

序号	作业名称	占人工工时百分比（%）
Ⅰ	组装计算机部件	25
Ⅱ	安装软件	40
Ⅲ	检查和测试组装好的产品	25
Ⅳ	将产成品送入存储区	10

将这 4 项作业分为增值作业和非增值作业，正确的选项是哪个？(　　)

	增值作业	非增值作业
A.	Ⅰ、Ⅱ和Ⅲ	Ⅳ。
B.	Ⅰ和Ⅱ	Ⅲ和Ⅳ。
C.	Ⅰ、Ⅱ和Ⅴ	Ⅲ。
D.	Ⅱ和Ⅲ	Ⅰ和Ⅳ。

问题 207　某公司实施了标杆分析计划，并将其自身业绩与本行业其他公司进行比较。通过该计划，该公司的管理团队发现，某家较大的竞争对手所售出的每件产品的间接费用更低。根据该信息，管理层得出结论：必须采取措施来降低间接费用才能保持竞争力。以下哪项陈述是对该结论最准确的评判？(　　)

A. 应参照具有类似规模和销售额的公司进行标杆分析。

B. 固定间接费用难以控制，因此不应对该费用进行标杆分析。

C. 单位成本只是竞争力的一个方面，还应考虑其他因素。

D. 各公司在经营方式上差别很大，因而不应进行对比。

问题 208　某高科技消费品制造商去年产生了与质量有关的费用有：设备维护 5 000 元，损耗 10 000 元，债务索赔 50 000 元，供应商评估 5 000 元，废料 20 000 元，客户支持 50 000 元，成品检测 25 000 元。其中预防成本是多少？(　　)

A. 165 000 元。　B. 35 000 元。　C. 10 000 元。　D. 5 000 元。

问题 209　甲公司正在为两款新产品编制销售预算。这两款产品都需要使用同一套制造设备，而这台设备每周能使用 60 小时。产品 A 的边际贡献是每件 95 元，产品 B 的边际贡献是每件 55 元。每件产品 A 需要耗费 4 个机器工时，每件产品 B 需要耗费 2.5 个机器工时。为了高效地分配设备资源，该公司应制造(　　)

A. 产品 A，因为其单位机器工时的边际贡献是 23.75 元，

B. 产品 B，因为其单位机器工时的边际贡献是 22 元。

C. 产品 A，因为其每件的边际贡献比产品 B 高。

D. 产品 B，因为可以生产的产品 B 的数量比产品 A 高。

问题 210　甲公司处理废品的方法是未通过成品检测的废品作为正常损耗计入存货成本，生产过程中的废品作为非正常损耗直接按费用处理。该公司累积的废品（正常损耗和非正常损耗合计）按照比成本低的价格销售并形成现金流入，则这两种废品处理能不能改善该公司的利润？(　　)

	正常损耗	非正常损耗
A.	能	能。
B.	能	不能。
C.	不能	能。
D.	不能	不能。

问题 211　某制造企业财务部门采用产量成本法来记录其产品成本。那么在会计年度结束时，(　　)

A. 所报告的净利润将小于采用作业成本法时报告的净利润。

B. 为提供对外财务报告，需要用调整会计分录来重整存货账户。

C. 该公司应将其记录转换成采用直接成本记录。

D. 所产生的产量差异应结转到销货成本。

问题 212　在产量成本法中，产品成本包括(　　)

A. 直接材料、直接人工、变动制造费用和固定制造费用。

B. 直接材料、直接人工和变动制造费用。

C. 直接材料和直接人工。

D. 直接材料。

问题 213　企业通过物料需求计划（MRP）来进行 500 个 A 产品的生产，1 个 A 产品需要 1 个 B 部件和 2 个 C 部件，而 1 个 C 部件需要 2 个 D 部件和 3 个 E 部件，在期初库存中有 20 个 C 部件和 120 个 E 部件。根据以上信息，需要多少个 E 部件才能满足生产需求？(　　)

A. 3 000 个。　B. 2 880 个。　C. 2 820 个。　D. 1 500 个。

问题 214　联合成本的分配过程中，如果在分离之后不需要进一步加工，哪种分配方法使得毛利率相同？(　　)

A. 市场基础法。　B. 可实现净值法。

C. 物理指标法。　D. 加权实物法。

问题 215　甲公司使用方程 $Y=25\,000+2.5X$ 来预测某种成本，使用过程中也比较合适。则该方法是用来预测哪种成本的？(　　)

A. 变动成本。　B. 半变动成本。

C. 混合成本。　D. 未表现出半变动特征的成本。

问题 216　某高科技消费品制造商去年产生了与质量有关的成本为：设备维护 5 000 元，损耗 10 000 元，债务索赔 50 000 元，供应商评估 5 000 元，废料 20 000 元，客户支持 50 000 元，成品检测 25 000 元。该公司内部损失成本是多少？(　　)

A. 165 000 元。　B. 35 000 元。　C. 30 000 元。　D. 5 000 元。

问题 217　甲公司的管理会计师张三正在研究影响销售额的因素，其中影响较大的是因素 A。另外，还有一个影响因素 B，但是影响不大。张三应该使用什么方法？(　　)

A. 一元回归分析。　B. 多元回归分析。

C. 极大似然法。　D. 标准差。

问题 218　去年甲公司的销量为 75 000 件，产量为 100 000 件，该年的其他信息显示如下：直接人工 187 500 元，变动制造费用 100 000 元，直接材料 150 000 元，变动销售费用 100 000 元，固定管理费用 100 000 元，固定制造费用 200 000 元。假定期初存货为零，按照吸收成本法期末产成品存货的总价值是多少？(　　)

A. 159 375 元。 B. 184 375 元。 C. 209 375 元。 D. 279 375 元。

问题 219 分析师张三通过回归分析得到两个变量的方程为 $Y = 25000 + 0.000053X$，那么 X 与 Y 之间的关系是（ ）

A. 固定。 B. 变动。 C. 半变动。 D. 没有因果关系。

问题 220 以下关于持续改进预算说法正确的是（ ）

Ⅰ. 需要持续改进直到达到目标为止。

Ⅱ. 持续改进只涉及人工成本的改进。

Ⅲ. 设定标准，持续改进。

Ⅳ. 持续改进包括管理层及生产工人。

A. Ⅰ，Ⅱ和Ⅲ。 B. Ⅰ，Ⅱ，Ⅲ和Ⅳ。

C. Ⅱ，Ⅲ和Ⅳ。 D. Ⅲ和Ⅳ。

问题 221 部门 A 用人工工时分配固定成本，部门 B 用机器工时分配固定成本，具体成本信息见表 8-85。

表 8-85 部门 A 与部门 B 的成本信息

科目	部门 A	部门 B
制造费用（元）	30 000	20 000
人工工时（小时）	3 000	200
机器工时（小时）	100	1 000

某产品使用 20 个部门 A 的人工工时和 20 个部门 B 的人工工时，5 个部门 A 的机器工时，5 个部门 B 的机器工时。那么，该产品分摊的制造费用多少元？（ ）

A. 350 元。 B. 325 元。 C. 300 元。 D. 275 元。

问题 222 工作单元属于（ ）中的概念。

A. 物料需求计划 B. 准时制生产计划

C. 约束理论 D. 以上均不正确

问题 223 部门 A 和部门 B 共同租用一个厂房进行生产，使用的面积为 400 平方米和 600 平方米，分别支付年租金 60 万元和 40 万元。2014 年，该公司为了开展业务成立新的 C 部门，该部门需要租用 500 平方米厂房。3 个部门决定共同租用 1 个 1500 平方米的厂房，租金共计为 120 万元，则 C 部门需要负担房租（ ）

A. 20 万元。 B. 30 万元。 C. 40 万元。 D. 50 万元。

问题 224 根据价值工程，以下哪项是汽车制造工厂的增值作业？（ ）

A. 把轮子运到生产车间。 B. 将制动器安装在返工的车子上。

C. 产品检测。 D. 将汽车运送到客户处。

问题 225 甲产品包含 9 盎司 A 材料，在生产过程中甲产品会蒸发掉 4%A 材料，A 材料采购价格为 2 元/盎司，运输费用为 0.2 元/盎司，则甲产品单位材料成本是（ ）

A. 18 元。 B. 19.8 元。 C. 20.63 元。 D. 19.03 元。

问题 226 甲公司财务部购买一台新打印机，专门用于打印报表，但信息部也需用该打印机。该打印机主要于财务部门，则打印机的成本应如何分摊？（ ）

A. 增量成本分配法。 B. 独立成本分配法。

C. 完全成本分配法。 D. 部分成本分配法。

问题 227　甲公司有两个服务部门采用交互成本分配法进行费用分配，具体信息如表 8-86 所示。服务部门一按人工工时分配，服务部门二按照机器工时分配，为了计算生产部门一的费用还需要什么条件？(　　)

表 8-86　甲公司 4 个部门相关信息

科目	服务部门一	服务部门二	生产部门一	生产部门二
预算间接费用	720 000 元	190 000 元	400 000 元	600 000 元
机器工时	1 000 小时		5000 小时	4 000 小时
人工工时		500 小时	4500 小时	5 000 小时

A. 服务部门一的人工工时。

B. 服务部门二的机器工时。

C. 除需要选项 A 和选项 B 的信息以外，还需要其他信息，才能计算。

D. 不需要其他信息，即可以计算。

问题 228　甲公司对固定成本的分摊方法是：以产品的单位成本作为权重进行分摊的。根据以上信息，甲公司采用的分摊方式是(　　)

A. 增量成本分配法。　　B. 交互成本分配法。

C. 独立成本分配法。　　D. 以上均不正确。

问题 229　甲公司有若干个经营部分和服务部门。对于服务部门来说，首先分配为其他服务部门提供最多服务部门的成本，然后依次分配，为其他服务部门提供服务次多的服务部分，已经分配的服务部门同时退出分配。甲公司使用的方法是(　　)

A. 直接成本分配法。　　B. 按步向下分配法。

C. 交互成本分配法。　　D. 作业成本分配法。

问题 230　下列哪项最能准确描述价值链分析？价值链是(　　)

A. 基本单位销售价格、销售成本的预算过程。

B. 追踪产品过去几年的成本（包含研发、设计、制造、销售）。

C. 对产品的不同环节、成本和差异性进行分析。

D. 业务职能分析。

问题 231　按照约束理论，如果在企业生产存在约束的时候，决定产品生产组合时最合适的指标是各产品的(　　)

A. 产出贡献。　　B. 单位工时产出贡献。

C. 毛利。　　D. 边际贡献。

问题 232　下列选项对于价值链顺序排列正确的是(　　)

A. 设计、研发、制造、营销、售后服务。

B. 研发、设计、制造、营销、售后服务。

C. 研发、设计、营销、制造、售后服务。

D. 设计、研发、营销、制造、售后服务。

问题 233　甲公司的维修时间和维修成本的关系是 $Y=345+60X$，其中 Y 代表维修成本，X 代表维修时间小时数。当维修时间为 140 个小时，维修成本为(　　)

A. 9 145 元。　　B. 8 400 元。　　C. 8 745 元。　　D. 8 055 元。

问题 234　甲公司设定单位标准固定制造成本时，使用正常产能的 80% 作为基数，产生的差异年

底计入销售成本。若该公司使用正常产能作为基数，以下哪项的说法是正确的？（　　）

A. 资产减少。　B. 利润减少。　C. 资产增加。　D. 成本增加。

问题 235　甲公司共有 3 个生产车间，前两个车间完成后转入第 3 个车间。当产品转出第 2 个车间时的完工率为 50%。本期，第 2 车间转入第 3 车间 100 个在产品，第 3 车间期初在产品有 20 个，完工率 60%；期末在产品有 30 个，完工率 70%。该公司采用先进先出法计算产品成本，则本期约当产量为（　　）

A. 49 个。　B. 61 个。　C. 99 个。　D. 111 个。

问题 236　甲公司生产 20 000 件产品时，其固定成本为 12 000 元，变动成本为14 000元。那么，该公司生产 18 000 件产品的固定成本与变动成本分别为（　　）

A. 12 000 元，14 000 元。　B. 12 000 元，12 600 元。

C. 10 800 元，14 000 元。　D. 10 800 元，12 600 元。

问题 237　在生命周期成本法中，研究和开发费用属于哪类成本？（　　）

A. 上游成本。　B. 生产过程成本。　C. 下游成本。　D. 制造成本。

问题 238　根据价值工程方法，以下哪些属于增值活动？（　　）

Ⅰ. 材料储存。　Ⅱ. 材料从仓库运到车间。　Ⅲ. 购买直接材料。

Ⅳ. 产品检测。　Ⅴ. 销售费用。　Ⅵ. 产品设计。

A. Ⅰ，Ⅱ，Ⅲ。　B. Ⅰ，Ⅲ，Ⅵ。

C. Ⅲ，Ⅴ，Ⅵ。　D. Ⅲ，Ⅳ，Ⅴ，Ⅵ。

问题 239　以下哪项不是价值链的一个环节？（　　）

A. 研发。　B. 年度审计。　C. 客户服务。　D. 广告和销售。

问题 240　什么时候使用部门间接分摊率比应用全厂间接分摊率更好？（　　）

A. 当产品经过类似的部门。

B. 当产品经过不同的部门，且工作流程不同的时候。

C. 当产品的间接费用占比较低。

D. 当变动成本占比较多时。

问题 241　某公司的成本中大部分是固定成本，并且该公司生产多种不同的产品。该公司适用哪种成本分配方法？（　　）

A. 分批成本法。　B. 分步成本法。　C. 目标成本法。　D. 作业成本法。

问题 242　甲公司采用吸收成本法，本期销售 15 000 件产品，且期末存货小于期初存货。与变动成本法相比，吸收成本法的营业利润（　　）

A. 更低且期末存货价值更低。　B. 更高且期末存货价值更高。

C. 更高且期末存货价值更低。　D. 更低且期末存货价值更高。

问题 243　标准成本法下成本分摊最准确的公式（　　）

A. 标准生产量乘以标准成本动因数量乘以标准成本动因成本分摊率。

B. 实际生产量乘以标准成本动因数量乘以实际成本动因成本分摊率。

C. 实际生产量乘以实际成本动因数量乘以标准成本动因成本分摊率。

D. 实际生产量乘以标准成本动因数量乘以标准成本动因成本分摊率。

问题 244　某企业对集团分部和子公司实行分权管理，由其自主经营管理的制度政策。只有在分部和子公司的经营出现问题，且超过了总部的容忍度时，总部才干预分部和子公司的业务。这种做法被描述为（　　）

A. 例外管理。　B. 静态差异分析。　C. 绩效评估。　D. 差异分析。

问题 245　以下哪项最准确地描述了持续改进？(　　)

A. 把标准设置得易于实现以鼓舞士气。

B. 假设没有预算松弛及零失误率的预算标准。

C. 把标准设得几乎无法实现，以激励员工努力。

D. 把标准设定为当前可实现的水平，这样有利于激励员工。

问题 246　A 公司共用一道生产工序生产两种产品，产品 1 生产了 5 000 件，产品 2 生产了 15 000 件，共同生产的联合成本是 50 000 元，在分离点产品 1 和产品 2 的售价分别是 5 元/件和 3 元/件。产品 1 再继续加工的成本为 25 000 元，最终售价为 12 元/件。产品 2 继续加工成本 30 000 元，最终售价为 5 元/件。采用毛利法，分配给产品 1 的联合成本是多少？(　　)

A. 17 000 元。　B. 17 857 元。　C. 18 421 元。　D. 21 667 元。

问题 247　某公司生产 3 种产品，都用同一种设备进行生产。该公司准备将成本归集到一个成本池中，根据产品的各种人工工时分配成本。该公司使用的是哪种分配方法？(　　)

A. 全厂间接分配率。　B. 部门分摊率。

C. 固定分摊率。　D. 变动分摊率。

问题 248　甲公司在同一生产环节，同时生产出 3 种产品。前两种产品的价值差别不大，第 3 种产品的价值比较小。在何种情况下，第 3 种产品视为副产品？(　　)

A. 其销售额占总销售额的 10%。　B. 分摊的成本占总制造费用的 10%。

C. 其成本占总成本的 10%。　D. 根据管理者的意志决定。

问题 249　下面哪项是向根据作业成本预算系统生产的产品分摊原材料处理成本的合理基础？(　　)

A. 每年的生产数量。　B. 每个成品的组件数。

C. 生产一件产品所需的时间。　D. 应用于每件产品的间接费用。

问题 250　根据质量成本理论，产品负债属于以下哪项？(　　)

A. 预防成本。　B. 评估成本。

C. 内部损失成本。　D. 外部损失成本。

问题 251　以下哪项不适合作为成本动因的作业分摊基础？(　　)

A. 机器工时。　B. 直接人工工时。

C. 设施占地面积。　D. 管理人员工资。

问题 252　以下哪项不是准时制（JIT）的优点？(　　)

A. 减少库存。

B. 短时间内提高产品质量。

C. 可以允许少量瑕疵，但是不会停止生产。

D. 减少了生产准备时间。

问题 253　变动成本法下的营业利润是边际贡献减去(　　)

A. 固定制造费用及其他固定费用。

B. 管理费用及营销费用。

C. 变动制造费用、固定制造费用及其他固定费用。

D. 固定制造费用。

问题 254　甲公司是移动通信设备制造商，并且正在不断增加新产品的种类。该公司一直采用传

统的成本分摊系统，但管理会计师建议使用作业基础成本法确定产品成本。但是，运营部副总裁认为“成本就是成本，重新核算它们不会节省任何资金，新的成本系统既复杂又昂贵。”对该争论最具逻辑性的回应是，作业基础成本法(　　)

A. 为每种产品的成本提供更准确数据，这样管理层可以做出更合理的定价决策。

B. 与传统成本体系相比，使用成本更低。

C. 消除传统成本系统中采用随意的成本分摊过程。

D. 专注于制造活动，无须考虑工程设计、市场营销和其他不可追踪活动的成本。

问题 255　以下哪项不是作业基础管理法（ABM）的优点？(　　)

A. 通过持续改进方法提高竞争优势。

B. 提高客户得到的价值。

C. 将资源更好地分配到关键的增值活动上。

D. 更好的成本核算信息。

问题 256　甲玩具公司管理层希望确定 A 产品系列的营利能力。为了避免由于生产变化而可能导致的利润失真，经理应主要审查(　　)

A. 变动成本法利润表。　　B. 吸收成本法利润表。

C. 多步式利润表。　　D. 现金流量表。

问题 257　甲剧院外包了电影院的清洁工作。支付给清洁供应商的费用根据清理设施所需的总小时数计算，电影院上座率越高，所需的清洁时间就越多。甲剧院清洁费用的历史数据如表 8-87 所示。

表 8-87　甲剧院清洁费用历史数据

月份（月）	清洁费用（元）	售出的电影票（张）
4	11 000	19 700
5	9 000	17 000
6	15 600	28 000
7	15 000	29 000

甲剧院预计在 8 月份将售出 25 000 张电影票。如果甲剧院使用高低点法将清洁费用划分为固定和变动个两部分，则该公司 8 月份的清洁费用预算是(　　)

A. 13 000 元。　B. 13 400 元。　C. 13 500 元。　D. 13 800 元。

问题 258　以下哪项是采用标准成本法最不可能的原因？(　　)

A. 将标准设置在理想水平可以激励员工。

B. 标准成本法确定应有的成本以及应由谁负责这些成本。

C. 使用标准成本趋势可以简化记录的保存。

D. 相对于使用实际成本法而言，使用标准成本法的成本较低。

问题 259　甲电器公司制造洗碗机。上个月质量部门记录了以下成本：每月设备维修 5 000 元，确保关闭的洗碗机门密封所需的人工费用 8 000 元，计划外制造机器设备维修费用 9 000 元，在检查过程中发现门未对齐而重新安装门所需的人工费用 1 500 元，由于客户发现门未对齐而重新安装门所需的人工费用 1 200 元。在编制质量成本报表时，内部损失成本是(　　)

A. 1 500 元。　B. 10 500 元。　C. 11 700 元。　D. 23 500 元。

问题 260　甲金属加工公司专业生产金属天线。加工流程包括 3 个步骤：切割、折弯和装配。切割和折弯流程一起完成，然后将部件发送到装配部完成装配。直接材料和加工成本在整个过程中按比例添加。在将部件从切割和折弯流程转移到装配流程时，部件 50% 的直接材料和加工成本已经完成。甲金属加工公司使用 FIFO（先进先出）法。装配部当前月份的作业信息如下所示：期初存货（60% 完成）240 件，从切割折弯部转进 680 件，部件完成并转出 800 件，期末库存 75% 完成。装配部当月生产约当产量是(　　)

A. 734 件。　B. 746 件。　C. 824 件。　D. 890 件。

问题 261　甲公司销售 XRP 产品，单位价格为 180 元。间接费用根据直接人工工时进行分摊。甲公司估计每月的间接费用为 600 000 元，其中 40% 为变动成本，60% 为固定成本。预算整个工厂每月直接人工工时总计是 100 000 小时，每小时直接人工分摊率是 9 元。产品 XRP 的直接材料每件为 64 元，需要 2 小时工时。甲公司已开始使用产量成本法。如果甲公司本月生产并销售 20 000 件 XRP，则总产出贡献是(　　)

A. 324 万元。　B. 232 万元。　C. 196 万元。　D. 186.4 万元。

问题 262　甲公司制造两种产品，产生的联合成本是 60 000 元。生产 5 000 件产品 1 需要额外花费 10 000 元，生产 10 000 件产品 2 需要额外花费 30 000 元。产品 1 的售价是每件 8 元，产品 2 的售价是每件 10 元。如果该公司使用可变现净值法分摊联合成本，则产品 1 的单位成本是(　　)

A. 3.60 元。　B. 5.43 元。　C. 5.60 元。　D. 6.00 元。

问题 263　甲公司过去 1 年相关财务信息如下所示：可供销售货物成本 136 000 元，原材料库存期末余额 6 000 元，在产品库存期末余额 14 000 元，产成品库存期末余额13 000元，已分配间接制造费用 50 000 元，实际间接制造费用 55 000 元。如果甲公司在年底按比例分摊实际间接费用与已分配间接费用的差额，则分摊后的销货成本总计为(　　)

A. 140 150 元。　B. 127 100 元。　C. 126 950 元。　D. 118 900 元。

问题 264　甲公司将其服务部门的成本归集到 3 个成本池，然后使用阶梯分摊法分摊到各项产品。表 8-88 列示各个成本池提供服务的比率。

表 8-88　各个成本池提供服务的比率

科目	成本池 1	成本池 2	成本池 3	所有产品
成本池 1 使用率（%）	0	10	8	82
成本池 2 使用率（%）	6	4	10	70
成本池 3 使用率（%）	10	8	10	78
直接成本（元）	150 000	80 000	55 000	

如果甲公司先分摊成本池 1 的成本，再分摊成本池 2 的成本，最后分摊成本池 3 的成本，则从成本池 2 分摊到成本池 3 的金额是(　　)

A. 11 875 元。　B. 11 047 元。　C. 9 500 元。　D. 8 000 元。

问题 265　以下哪项最正确地表示了在价值链中各业务职能的顺序？(　　)

A. 研究和开发、产品和过程的设计、生产、市场营销、分销、客户服务。

B. 产品和过程的设计、研究和开发、融资、生产、分销、客户服务。

C. 产品和过程的设计、融资、研究和开发、生产、分销、客户服务。

D. 研究和开发、融资、产品和过程的设计、生产、分销、客户服务。

问题 266　以下关于标杆分析的陈述哪项不正确？(　　)

A. 预算可以提供一个标杆，激励员工实现公司的目标。

B. 公司可以适当地使用标杆考核员工或部门的绩效。

C. 标杆分析包括比较公司内部部门之间的绩效。

D. 将部门的业绩与行业标杆相比，通常没有将其与预算相比有效。

问题 267 甲室内装潢公司为连锁酒店生产特色挂毯和床上用品，并使用分批成本法体系。甲公司当月采购了 50 000 元的直接材料，并耗用了 22 000 元的直接人工成本。间接费用根据直接人工工时分配，比率为 60%。分配的间接费用与实际间接费用的差额在期末计入销货成本。本月产生的实际间接费用是 10 000 元。甲公司直接材料月初余额为 2 000 元，月末余额为 3 500 元；在产品月初余额为 5 000 元，月末余额为 9 000 元；产成品月初余额为 2 500 元，月末余额为 1 700 元。本月的产品制造成本是多少？（ ）

A. 76 500 元。 B. 79 700 元。 C. 80 500 元。 D. 83 700 元。

问题 268 甲挂饰制造厂需要在 11 月生产 100 个节日花环，以满足客户的需求。该制造厂的产能是 120 个花环。11 月 1 日库存水平如下：构架 100 个、松带 15 英尺（1 英尺 = 0.304 8 米）、松果 24 个。每个花环需要 1 构架、3 英尺松带和 6 个松果。要生产 1 英尺的松带，甲挂饰制造厂需要 4 件 TRX 和 2 件 RBX。在 11 月 1 日，甲挂饰制造厂有 80 件 TRX 和 110 件 RBX 库存。根据使用物料需求计划，甲挂饰制造厂需要在 11 月购买多少件 TRX 才能完成节日花环的订单？（ ）

A. 1 020 件。 B. 1 060 件。 C. 1 200 件。 D. 1 360 件。

问题 269 甲公司去年生产了两种新产品。这两种产品的财务数据如表 8-89 所示。

表 8-89 两种新产品财务信息 （单位：元）

科目	BM2	SM4
销售单价	100	120
研发成本	20 000	28 000
市场营销	7 000	10 000
直接材料	46 000	42 000
直接人工	35 500	25 000
间接制造费用	12 000	9 500
保修费用	4 000	5 500

BM2 和 SM4 的总销售数量分别为 1 500 件和 970 件。财务经理 A 使用传统吸收成本法进行绩效评估，而财务经理 B 使用生命周期成本法进行绩效评估。以下哪项正确描述了这两位财务经理对新产品营利能力的评价？（ ）

A. 这两位财务经理的结论都是 BM2 更营利。

B. 财务经理 A 发现 SM4 比 BM2 更营利。

C. 这两位财务经理的结论都是 BM2 和 SM4 均为营利产品。

D. 财务经理 B 发现 BM2 和 SM4 均为非营利产品。

问题 270 如果甲公司使用正常成本法核算产品成本，并根据产量分配间接费用。那么，在实际成本法下不会产生而在正常成本法下可能产生的差异是（ ）

A. 直接材料效率差异。 B. 直接人工效率差异。

C. 变动间接费用效率差异。 D. 固定间接费用产量差异。

问题 271 甲公司使用分批成本法，并使用每直接人工工时 5.75 元的全厂间接费用分摊率分配间接费用。甲公司考虑改为使用部门间接费用分摊率分配，其年度信息如表 8-90 所示。

表 8-90　甲公司两个部门相关财务信息

科目	加工部门	装配部门
分摊基础	机器工时	直接人工工时
部门间接费用（元）	850 000	300 000
使用的机器工时（小时）	250 000	30 000
使用的直接人工工时（小时）	75 000	125 000

甲公司的财务经理比较了这两种方法来检验新的分摊制度。第 1 个工作任务如果使用全厂费率分摊的间接费用总计为 23 000 元；如果使用部门费率分摊的间接费用为 23 750 元。第 2 个工作任务耗用了加工部门 5 000 机器工时，并总共使用 3 000 人工工时，其中耗用装配部门 1 700 人工工时。甲公司应(　　)

A. 改为部门间接费用率，因为第 2 个工作任务由于分配方法的不同产生了显著差别（超过 10%）。

B. 改为部门间接费用率，这是为了体现更好的因果关系，与两种方法下计算结果之间的差别无关。

C. 继续使用全厂费率，因为第 1 个工作任务在两种分配方法下产生的差别不显著（小于 10%）。

D. 寻找成本动因，以便使这两种方法的计算结果更一致。

问题 272　甲公司的部分年终账户余额如表 8-91 所示。

表 8-91　甲公司的部分年终账户余额　（单位：元）

科目	账户余额向该账户（按比例分摊前）	分摊的间接费用
直接材料库存	100 000	0
在产品库存	25 000	10 000
产成品库存	225 000	100 000
销货成本	2 250 000	890 000

如果已分配间接费用超过实际间接费用 90 000 元，并且甲公司使用最精确的方法按比例分摊实际与分配的间接费用之间的差额，则在按比例分摊后，销货成本账户中的余额将是(　　)

A. 2 169 000 元。　B. 2 169 900 元。　C. 2 172 115 元。　D. 2 330 100 元。

问题 273　甲公司正在考虑实施准时制生产，并希望在其包装材料采购上测试该制度。一项分析表明，甲公司如果实施准时制生产，每月可以减少持有成本 5 000 元。在做出该决策之前，甲公司不需要考虑以下哪项成本的增加？(　　)

A. 订购成本。　B. 包装人工成本。　C. 包装材料成本。　D. 缺货成本。

问题 274　为了控制成本，流程再造最接近(　　)

A. 作业成本法。　B. 改善预算法。　C. 差异分析。　D. 价值链分析。

问题 275　甲公司只制造一种产品。在正常制造过程中，少量产品会因最终检验不合格而被销毁。对于这些产品的成本应(　　)

A. 计入所产合格产品的成本中。　B. 予以忽略，因为其数额小。

C. 在发生时计为费用。　D. 计入保修成本中。

问题 276　以下哪项将在质量成本报告中计入内部损失成本？(　　)

A. 检验设备的折旧成本。　B. 退货和折让。

C. 废品的净成本。　D. 最终产品的测试和检验。

问题 277 去年，某公司销售了 75 000 件产品，总产量为 100 000 件产品。该年度的其他信息如下：直接人工 187 500 元，变动制造费用 100 000 元，直接材料 150 000 元，变动销售费用 100 000 元，固定管理费用 100 000 元，固定制造费用 200 000 元。假设没有期初库存，在变动成本法下，该公司今年销货成本是多少？（ ）

A. 553 125 元。 B. 478 125 元。 C. 403 125 元。 D. 328 125 元。

问题 278 甲公司生产、销售智能手机配件。甲公司去年相关财务信息如下：单位变动成本 5.20 元/件，总固定制造费用 260 000 元，总固定销售费用和固定管理费用 180 000 元，产量与销量为 400 000 件。使用完全成本法计算，甲公司去年的单位成本是多少？（ ）

A. 4.55 元/件。 B. 5.00 元/件。 C. 5.85 元/件。 D. 6.30 元/件。

问题 279 以下哪项不会被图书出版商视为间接制造费用？（ ）

A. 印刷设备的折旧。 B. 支付给生产主管的工资。

C. 存放成品书的仓库租赁费用。 D. 印刷设施的火灾保险费。

问题 280 价值链分析可以被描述为（ ）

A. 将绩效水平与同类公司最佳绩效水平对比的过程。

B. 跟踪几年来业务功能成本（从最初的研发到最终的客户支持）的过程。

C. 根据产量增加、单位人工成本降低的预期来编制预算的过程。

D. 分析业务功能顺序的过程，包括分析加入产品或服务中的客户有用性指标。

问题 281 以下哪项是作业管理的重点？（ ）

A. 改善间接生产成本的分摊。 B. 减少成本归集的数量。

C. 增加与量相关的分摊基数的数量。 D. 提高各类作业的有效性。

问题 282 甲公司有两个部门：加工部和装配部。该公司本年度的预算信息如表 8-92 所示。

表 8-92 甲公司本年度预算信息

科目	加工部	装配部
间接制造费用（元）	4 000 000	2 000 000
直接人工工时（小时）	100 000	200 000
机器工时（小时）	40 000	40 000

如果该公司根据直接人工工时计算全厂间接费用分摊率，则分摊率应是多少？（ ）

A. 10 元/小时。 B. 20 元/小时。 C. 40 元/小时。 D. 75 元/小时。

问题 283 甲公司的密尔沃基工厂有两个部门：加工部和装配部。该公司本年度的预算信息如表 8-93 所示。

表 8-93 甲公司本年度预算信息

科目	加工部	装配部
间接制造费用（元）	4 000 000	2 000 000
直接人工工时（小时）	100 000	200 000
机器工时（小时）	40 000	40 000

假设密尔沃基工厂在加工部使用机器工时作为间接费用分摊基数，而在装配部门使用直接人工工时作为间接费用分摊基数。如果编号为 2420 的作业在两个部门中各耗费了 20 个直接人工工时，在加工部门耗费了 10 个机器工时，在装配部门耗费了 5 个机器工时，则应为该作业分摊多少间接费用？（ ）

A. 1 100 元。　B. 1 200 元。　C. 2 100 元。　D. 2 200 元。

问题 284　甲公司目前正对在孟菲斯市的综合设施进行质量成本分析。以下是其综合设施会计师编制的成本数据：检验 1 500 元，保修 2 800 元，新材料测试 400 元，产品测试 950 元，异常损耗 645 元，废品 150 元，预防性设备维护 590 元，责任索赔 1 870 元，返工 1 285 元。甲公司的内部损失成本为(　　)

A. 2 080 元。　B. 2 785 元。　C. 4 945 元。　D. 5 955 元。

问题 285　以下哪项是与持续改进有关的正确陈述？(　　)

Ⅰ. 应持续改进直到实现目标。

Ⅱ. 管理层和工人应参与到持续改进中。

Ⅲ. 应定期评估标准，持续进行改进。

Ⅳ. 持续改进措施的主要方为工人。

A. Ⅰ和Ⅱ。　B. Ⅰ和Ⅳ。　C. Ⅱ和Ⅲ。　D. Ⅲ和Ⅳ。

情景 8-7

甲公司去年的情况如下：①生产 1 000 件产品，出售 900 件产品，均和当初预算一致；②没有期初、期末在产品存货，也没有期初产成品存货；③预算的固定成本和实际发生额相等，所有的变动制造成本只受产量影响，所有的变动销售费用只受销量影响；④预算的单价和成本数据如下：售价 200 元/件，直接材料 60 元/件，直接人工 40 元/件，变动制造成本 20 元/件，固定制造成本 10 元/件，变动销售费用 24 元/件；固定销售费用 8 元/件，总额 7 200 元；固定管理费用 4 元/件，总额3 600 元。

问题 286：

1）定义变动成本法和吸收成本法，并且分别说明直接成本、直接人工、变动制造费用、固定制造费用、变动销管费用、固定销管费在变动成本法下和吸收成本法下的处理方法。

2）分别计算两种方法下的单位存货成本和经营利润。

3）解释两种方法下利润不同的原因。

4）为什么美国一般公认会计原则要求用吸收成本法，而公司决策时使用变动成本法？

情景 8-8

甲公司是一家生产粮食的企业，只生产一种主要产品 Z。另外，在生产主要产品 Z 的时候会产生产品 A、产品 B 和产品 C 3 个次要产品。4 种产品的总成本为 500 万元，其他的财务信息如表 8-94 所示。

表 8-94　甲公司产品财务信息

产品名称	产量（吨）	销售价格（万元/吨）
产品 Z	100	10
产品 A	20	2
产品 B	10	5
产品 C	50	6

问题 287：

1）说明联产品和副产品的区别。

2）说明分配联合成本的方法及其特点。

3）副产品的会计处理有什么方法？

4）该公司希望购买新的设备来处理产品 A，处理后能够提高产品价值到 8 万元/吨，说明在该决策过程中的相关成本和不相关成本。

5）如果该公司用物理量法分配共同成本，每种产品分摊的成本是多少？

情景 8-9

甲公司是一家电子产品生产企业，通过实施质量管理体系来提高产品合格率。甲公司管理层使用标杆管理的方法，制定的目标废品率是行业最好企业的值，即 1 000 件中只有 1 个废品。甲公司 3 月份质量检测的结果是 1 000 件中有 5 个废品。甲公司管理层决定实施流程再造，结果 5 月份的废品率达到 1 000 件中只有 3 个废品。管理层决定进一步实施持续改进战略。

问题 288：

1）定义质量成本，分析本题中使用的质量成本的原理。

2）定义标杆管理，说明标杆管理的流程。

3）说明使用质量成本的优缺点。

4）说明流程再造的优缺点。

5）该公司如何实施持续改进？

情景 8-10

甲公司的生产部门分别生产 4 种产品，而这 4 种产品的最初若干步制造流程非常相似。为了提高效率，甲公司决定设立 E 部门用于集中进行 4 个部门产品初步生产。E 部门购置了一台实际产能为 40 000 件的设备用于生产。各部门实际生产量：A 部门 5 000 件，B 部门 7 500 件，C 部门 4 000 件，D 部门 6 000 件。已知 E 部门的固定成本为 150 000 元，变动成本为每单位 6 元。A ~ D 部门经理对于分担 E 部门的变动成本无疑义，但是因设备实际产能高于 4 个部门的产能，所以不愿意分担固定成本。

问题 289：

1）如果以单位产量占比分配固定成本，C 部门分配的单位成本应为多少？

2）如果以 E 部门的实际产能进行分配，D 部门分配的单位成本应为多少？

3）以单位产量占比分配成本，如果 B 部门的产量减少 2 500 件，那么 C 部门的单位成本如何变动？

4）面对部门经理不愿以设备实际产能进行分配，如果你是管理者，该采取何种措施。

5）列出其他 3 种绩效考核的方式。

情景 8-11

甲公司是一家高科技企业，最近推出了一个新的软件项目，该软件是一种基于云计算技术的新型产品，之前市场中没有类似产品。该公司财务部门决定改变传统成本核算方法，使用生命周期法分析该产品的成本。财务部门预计该产品生命周期是 4 年。产品上市的前两年是引入市场的阶段，定价为 250 元/件，总销售数量是 15 000 件。第 3 年和第 4 年定价为 100 元/件，总销售数量是 60 000 件。具体成本信息如下：设计费用1 000 000元，产品测试费用 1 500 000 元，其他测试费用 750 000 元。生产成本包括：变动成本 25 元/件，固定成本 20 元/件，保修费用 8 元/件，产品调试费用 8 元/件，产品安装费用 10 元/件。

问题 290：

1）定义生命周期法，说明该公司为何适用于生命周期法。

2）说明生命周期成本法的 3 个优点和一个缺点。

3）写出 3 个上游成本和 3 个下游成本。

4）计算新产品的平均成本和该公司生产该产品的总利润。

5）为什么该公司前两年产品定价为 250 元，后两年定价变为 100 元？说明这种定价方法对该公司

未来的影响。

6）上游成本会对未来的成本变化有何影响？

问题 291　以下属于推动式生产的例子是（　　）

A. 全面质量管理。　B. 物料需求计划。

C. 准时制生产。　D. 精益生产。

问题 292　以下是某公司 3 月份的生产成本数据：直接材料 100 000 元，直接人工 80 000 元，测试与验收 6 400 元，废弃与重做 16 800 元，质量计划 2 800 元。客户投诉与退货 4 000 元。该公司 3 月份的销售额为 40 万元，其质量成本指数（QCI）是由总质量成本除以销售额计算出来的，以下哪项是该公司 3 月份的质量成本指数？（　　）

A. 5.9%。　B. 6.5%。　C. 7.5%。　D. 22%。

问题 293　以下哪项内容是准时制生产（JIT）最重要的特点？（　　）

A. 非常可靠的供应商。　B. 经常大批发货。

C. 对来货进行全面检验。　D. 零部件的生产完成是分工进行的。

问题 294　某城市分析了该市某特定高速公路路段的交通情况，并确定在 1 个 90 度拐弯处的交通流量是最大的，但其他 3 个位置也有较明显的减速障碍。根据约束理论（TOC），关于该系统下列哪个选项是正确的？（　　）

A. 该城市应该解决所有存在减速障碍的位置，因为只有全系统的修复才会有切实的结果。

B. 唯一的约束是 90 度拐弯处。

C. 该约束限制某个区域的交通流，但不是整个系统。

D. 解决 90 度拐弯处的问题将解决系统所有的限制。

问题 295　制造业存货，如原材料、零件以及配件等，其需求取决于按规划生产的完工产品数量，规划和控制这些存货的方法属于（　　）

A. 材料需求计划。　B. 回归分析。

C. 资本预算。　D. 准时制生产。

问题 296　当公司进行小批量生产时，采购间隔缩短了，这是因为以下哪种时间减少了？（　　）

Ⅰ. 运营时间。　Ⅱ. 排队时间。　Ⅲ. 等待和启动时间。　Ⅳ. 返工时间。

A. 只有Ⅱ和Ⅳ是对的。　B. 只有Ⅰ、Ⅱ和Ⅲ是对的。

C. 只有Ⅰ、Ⅲ和Ⅳ是对的。　D. Ⅰ、Ⅱ、Ⅲ和Ⅳ都对。

问题 297　去年，甲公司高级管理人员薪酬为 50 000 元，包括销售达到一定标准后的提成。直接生产人员薪酬为 3 000 元。技术人员薪酬为 10 000 元，包括技术革新后的提成。以下哪些成本属于混合成本？（　　）

A. 仅高级管理人员。　B. 仅直接生产人员。

C. 仅直接生产和技术人员。　D. 仅高级管理人员和技术人员。

问题 298　甲公司上个月的成本信息如下：生产工人薪水 220 000 元，车间物业税 18 000 元，工厂保险费 15 000 元，车间折旧费（产量法）10 000 元，生产主管工资 11 500 元，间接材料费用 120 000 元，直接材料费用 300 000 元。那么，甲公司上个月的变动间接费用是多少？（　　）

A. 18 000 元。　B. 130 000 元。　C. 149 500 元。　D. 694 500 元。

问题 299　5 月份甲公司的存货数据如表 8-95 所示。5 月份生产数据如下：直接人工 200 000 元，直接材料采购额 16 500 元，制造费用按直接人工的 70% 计提。5 月份的产品销售成本是多少？（　　）

表 8-95　甲公司存货数据　　(单位：元)

项目	期初	期末
直接材料	67 000	62 000
在产品	145 000	171 000
完工品	85 000	78 000

A. 484 000 元。　B. 491 000 元。　C. 502 000 元。　D. 476 000 元。

问题 300　2014 年，甲公司的销量为 75 000 件，产量为 100 000 件。2014 年的其他信息显示如下：直接人工 187 500 元，直接材料费用 150 000 元，变动销售费用 100 000 元，变动制造费用 100 000 元，固定制造费用 200 000 元。假定没有期初存货，按照吸收成本法，期末成品存货的总价值是多少？(　　)

A. 200 000 元。　B. 159 375 元。　C. 172 375 元。　D. 194 250 元。

问题 301　甲玻璃厂每年的固定制造费用为 100 000 元，该公司对内和对外的财务报表均采用吸收成本法。表 8-96 显示了该公司 4 月份不同产能标准下的预计制造费用分配率。

表 8-96　预算分配率

产能标准	预计标准分摊基数（小时）	预计制造费用分配率（元/小时）
理论产能	1 500 000	0.067
实际最优产能	1 250 000	0.800
正常产能	775 000	0.129
预算产能	800 000	0.125

4 月份该公司实际生产了 800 000 件玻璃制品。选择合适的产能作为基础来计算固定制造费用的分配率会对净利润产生重大影响。如果期初库存为 0，产量大于销售量，差异已调整到生产成本中，下列所描述事项对该公司来说正确的是(　　)

A. 以实际最优产能做分母时的净利润高于以正常产能做分母时的净利润。

B. 以实际最优产能做分母时的净利润低于以预算产能做分母时的净利润。

C. 以正常产能做分母时的净利润比其他任何情况下都低。

D. 以预算产能为分母时的净利润比其他任何情况下都低。

问题 302　实际成本法不会有，但正常成本法中会有的差异是(　　)

A. 直接材料效率差异。　B. 直接材料人工差异。

C. 变动制造费用产量差异。　D. 固定制造费用产量差异。

问题 303　甲公司使用正常成本法核算产品成本。今年，预算间接成本为 200 000 元。目前，预算间接成本已分配在在产品中 10 000 元、产成品中 20 000 元和销货成本中 170 000 元。而实际间接成本为 225 000 元，则销货成本余额需要(　　)

A. 增加 21 250 元。　B. 增加 8 333 元。　C. 减少 8 333 元。　D. 减少 21 250 元。

问题 304　甲公司制造吊坠和耳环。该公司是以检测数量为成本动因来确定检验成本的。该公司预算生产 10 000 个由一颗钻石组成的吊坠和 5 000 个由两个钻石组成的耳环。预算检验成本数据如下：检验人员工资 60 000 元，设备成本 3 000 元，检测废材料成本 7 000 元，即每颗钻石检验成本 3.5 元。但实际生产和销售了 8 000 个吊坠、5 000 个耳环。每副耳环的检验成本是多少元？(　　)

A. 6.3 元。　B. 7.0 元。　C. 7.7 元。　D. 7.8 元。

问题 305　甲公司生产 3 种补充食品，联合加工成本为 403 000 元。主要产品 A 和产品 B 最终的销

售单价分别为 25 元和 22 元，其在分离点后各自深加工的单位成本分别为 14 元/件和 10.4 元/件。另外，副产品在分离点的销售单价为 3 元/件。具体情况为：产品 A 是一种受欢迎但相对罕见的食物补充物，共生产 20 000 件产品，每磅（1 磅 =0.453 592 千克）约补充 4 400 卡路里的热量；产品 B 是一种高碳水化合物的调味饮料，共生产 50 000 件产品，每磅约补充 11 200 卡路里的热量；产品 M 是一种牲畜饲料的添加剂，共生产 1 000 件产品，每磅约补充 100 卡路里的热量。假定产品 M 是副产品，其价值冲减成本。若用毛利法分配联合成本，则分配到产品 A 的联合成本为(　　)

A. 96 000 元。　B. 95 000 元。　C. 305 000 元。　D. 300 000 元。

问题 306　甲公司的两个生产经营部门采用一套加工成本系统。这两个部门使用先进先出的成本计算方法。第 1 部门加工完成后的产品送往第 2 部门继续加工。完工率为 70%的产品送往第 2 部门后先检查再投料。该公司用特别的方法计量损失的件数。

有缺陷的产品数量通常不超过被检查数量的 4%。有缺陷的产品价值很小，该公司进行销售时不再进行加工处理。一般情况下，卖有缺陷的产品所得等于或略超过运输成本。第 2 部门当月的生产情况如下：期初库存（生产成本投入 60%）20 000 件，从转入第 1 部门的产品数量为 180 000 件。第 2 部门当月加工完成的数量为 170 000 件，检测出的残次品数量为 5 000 件，期末库存（生产成本投入 80%）为 25 000 件。该公司当月原材料的约当产量为(　　)

A. 181 500 件。　B. 200 000 件。　C. 175 000 件。　D. 195 000 件。

问题 307　甲公司有两个部门共同生产产品 W，其分配制造费用是以人工工时为分配基础。部门 A 制造费用为 60 万元，人工工时为 20 万小时。部门 B 制造费用为 40 万元，人工工时为 80 万小时。产品 W 直接材料费用为 2.5 万元，使用部门 A 人工工时为 8 000 小时，使用部门 B 人工工时为 12 000 小时。那么，产品 W 的总制造成本是(　　)

A. 115 000 元。　B. 95 000 元。　C. 55 000 元。　D. 45 000 元。

问题 308　甲公司的经理在讨论如何分摊公司服务部门的费用，如将质量控制和维护部门的成本分摊给生产部门。为支持他们的讨论意见，该公司财务部门给出的信息如表 8-97 所示。

表 8-97　甲公司服务部门相关信息

项目	质量控制部门	维修部门	机械车间	组装车间	总计
预计制造费用	35 万元	20 万元	40 万元	30 万元	125 万元
预计服务工时					
质量控制部门		7 000 小时	21 000 小时	7 000 小时	35 000 小时
维修部门	10 000 小时		18 000 小时	12 000 小时	40 000 小时

机械车间预计机器工时为 50 000 小时，组装车间预计直接人工工时为 25 000 小时。如果该公司使用交互分配法分配服务成本，则由质量控制部门分配给其他部门的总成本为(　　)

A. 284 211 元。　B. 336 842 元。　C. 421 053 元。　D. 350 000 元。

问题 309　甲公司生产两种部件：A-1 和 A-2。这两种部件的单位产出贡献分别是 150 元和 300 元。每个部件都必须经过两个加工部门：部门 1 和部门 2，其中部门 1 的产能是 180 小时的机器工时。A-1 和 A-2 两种部件分别需要 1 小时和 3 小时。另外，该公司可以销售 A-1 部件 45 个，A-2 部件 100 个。该公司在考虑为部门 1 增加 90 小时的产能，每小时的成本是 80 元。假设部门 2 有充足的产能进一步加工部门 1 的产品。则该公司应该生产 A-1 和 A-2 部件的数量分别为(　　)

A. 180 个和 0 个。　B. 45 个和 75 个。　C. 0 个和 60 个。　D. 45 个和 100 个。

问题 310　甲公司准备生产 100 个花筒，其产能是 120 个，现在库存为 10 个花筒。一个花筒需要 3

尺（1 尺 =0.33 米）彩带、1 个架子、2 个水果模型。1 尺彩带需要 3 个 R 和 2 个 T。甲公司库存为 15 尺彩带。甲公司还需要多少个 T？（　　）

A. 490 个。　B. 500 个。　C. 510 个。　D. 520 个。

问题 311　甲公司去年发生的成本如下：维修费用 100 000 元，返工费用 20 000 元，厂区内部运输费用 15 000 元，对客户运输费用 5 000 元。甲公司去年增值成本是多少元？（　　）

A. 140 000 元。　B. 135 000 元。　C. 120 000 元。　D. 5 000 元。

问题 312　甲公司上一个会计年度质量方面的成本数据如下：返工费用 1 200 元、保修费用 3 300 元、产品质检费用 5 000 元、产品测试费用 1 800 元、故障维修费用 800 元。甲公司的内部损失成本是多少元？（　　）

A. 1 200 元。　B. 1 800 元。　C. 6 200 元。　D. 8 000 元。

问题 313　以下哪项是期间成本，而不是产品成本？（　　）

A. 直接材料。　B. 变动制造费用。　C. 固定制造费用。　D. 非正常损耗。

问题 314　甲公司去年存货成本信息如表 8-98 所示。

表 8-98　甲公司去年存货成本信息　（单位：元）

项目	1 月 1 日	12 月 31 日
原材料	38 000	45 000
在产品	21 000	10 000
产成品	78 000	107 000

其他信息还包括：直接人工费用 236 000 元，原材料净采购额 115 000 元，企业管理人员薪资 178 000 元。根据以上信息，甲公司产品销售成本是多少元？（　　）

A. 223 000 元。　B. 234 000 元。　C. 205 000 元。　D. 215 000 元。

问题 315　如果一家制造公司采用变动成本法计算存货成本，则在下列各项成本中哪些项目应该计入存货成本？（　　）

A. 只包括原材料、直接人工和变动制造费用。

B. 只包括原材料、直接人工和变动、固定制造费用。

C. 只包括原材料、直接人工和变动制造费用以及变动销售和管理费用。

D. 只包括原材料和直接人工费用。

问题 316　吸收成本法与变动成本法相比，主要区别为（　　）

A. 不是外部会计报表所要求的成本方法。

B. 诱使多生产分摊固定制造费用多的产品。

C. 期末存货不反映包括应分摊的固定费用。

D. 销货成本中仅包括变动制造费用。

问题 317　甲公司评估的年度间接费用和人工工时如表 8-99 所示。

表 8-99　甲公司各部门成本数据

部门	间接费用（元）	人工工时（小时）	部门	间接费用（元）	人工工时（小时）
A	100 000	30 000	B	300 000	100 000
C	200 000	70 000	D	600 000	200 000

甲公司使用正常成本计算法，则预算间接费用分摊率是（　　）

A. 2.9 元/小时。　B. 3.0 元/小时。　C. 3.1 元/小时。　D. 3.3 元/小时。

问题 318　甲公司生产两种关联产品，联合成本为 60 000 元。产品 1 数量为 5 000 个，再加工成本为 10 000 元，其他成本为 5 000 元。产品 2 数量为 10 000 个，再加工成本为 30 000 元，其他成本为 10 000元。产品 1 销售价格为 8 元/个，产品 2 销售价格为 10 元/个。产品 1 在可实现净值法下分配的联合成本是(　　)

A. 18 000 元。　B. 42 000 元。　C. 30 000 元。　D. 24 000 元。

问题 319　甲公司生产洗发水，但不同季度生产的洗发水香型是不同的。如果不同香型的洗发水生产 1 000 个，则哪种成本核算方法适合甲公司？(　　)

A. 作业成本法。　B. 分批成本法。　C. 分步成本法。　D. 后推成本法。

问题 320　甲公司采用加权平均的分步成本法。期初有 20 000 件半成品，直接材料完工百分比为 100%，转换成本完工百分比为 30%。本期开工 180 000 件产品，其中 15 000 件未完成，直接材料完工百分比为 100%，转换成本完工百分比为 40%。用于计算单位成本的转换成本约当产量是(　　)

A. 165 000 件。　B. 191 000 件。　C. 200 000 件。　D. 177 000 件。

问题 321　甲公司用分批成本法核算成本，并且以每直接人工工时 5.75 元分摊制造费用。但是，管理层考虑还是应该按部门分摊制造费用比较好。甲公司生产成本信息如表 8-100 所示。

表 8-100　甲公司生产成本信息

科目	加工	装配
分摊基础	机器工时	人工工时
部门的制造费用	850 000 元	300 000 元
机器工时数	250 000 小时	30 000 小时
直接人工工时数	75 000 小时	125 000 小时

甲公司正在比较两种分摊方法，相关信息如下：对于产品 A，在全厂分配法下会增加 23 000 元的制造费用，在部门分配法下会增加 23 750 元的制造费用。产品 B 使用 5 000 小时的机器工时和 3 000 小时的直接人工工时（其中 1 700 小时是装配车间使用的）。甲公司应该(　　)

A. 采用部门分配法，因为对产品 B 来说，这两种分配方法的差异较大（超过 10%）。

B. 采用部门分配法以直接反映成本的关系。

C. 继续采用全厂分配法，因为对于产品 A 来说两种方法没有较大区别（少于 10%）。

D. 找出一种成本因素使这两种方法的结果更一致。

问题 322　以下哪种情况会促使生产型企业从传统生产方式转变为准时制生产方式？(　　)

	每笔订单成本	单位库存持有成本
A.	增加	增加。
B.	减少	增加。
C.	增加	减少。
D.	减少	减少。

问题 323　甲公司生产产品 W，需要 3 个 A 原料和 2 个 B 原料。生产 1 个 A 原料需要 6 个 C 原料和 4 个 D 原料。C 原料的唯一供应商发生罢工事件，一个月内都无法生产，其他材料都可以及时获得。现在，甲公司库存为 800 个产成品 W、600 个 A 原料和 2 250 个 C 原料。那么，下个月可供销售的成品 W 有多少个？(　　)

A. 800 个。　B. 1 000 个。　C. 1 125 个。　D. 1 300 个。

问题 324　成本分析法中的流程再造方法、评估改进环节中的增值和不增值等因素以及消除作业浪费，与以下哪个选项相似？(　　)

A. 完全成本法。　　B. 生命周期成本法。　　C. 作业成本法。　　D. 价值链分析。

问题 325　甲公司将其生产流程与同行业优秀企业相比，分析其差异，以此剖析该公司产品的生产问题，以提出有利于改进产品生产流程的建议。以上方式被定义为(　　)

A. 标杆分析。　　B. 流程再造。　　C. 价值链分析。　　D. 质量成本控制。

问题 326　甲公司 1 月份生产成本如下：直接材料费用 20 000 元，制造费用 13000 元，供应商评估费用 13 000 元，直接人工费用 10 000 元，瑕疵返工费用 15 000 元。可计入质量成本的金额是(　　)

A. 48 000 元。　　B. 28 000 元。　　C. 58 000 元。　　D. 13 000 元。

问题 327　某酒店有两个服务部门，即 IT 部和工程部，以及两个运营部门，即餐饮部和客房部。IT 部根据计算机数量分摊其间接费用，而工程部则根据占地面积（平方米）分摊其间接费用。该公司使用交叉分摊法，4 个部门的相关信息如表 8-101 所示。应该将多少 IT 部的间接费用分摊给餐饮部？(　　)

表 8-101　间接费用信息

科目	IT 部	工程部	餐饮部	客房部	总计
间接费用（千元）	100	200	800	900	2 000
计算机数量（台）	—	10	50	40	100
占地面积（平方米）	500	—	2 000	7 500	10 000

A. 20 000 元。　　B. 44 221 元。　　C. 50 000 元。　　D. 55 276 元。

问题 328　为在其行业中取得成本领先地位，某公司决定实施生命周期成本法。该公司会计师编制了一份演示文稿草案，阐述了生命周期成本法涵盖产品从生产阶段到销售和服务阶段的成本。在审查了该草案之后，主管要求会计师附上一份陈述，用于说明生命周期成本法还应该(　　)

A. 分析各种活动，以帮助提高产品在其生命周期中的价值。

B. 将上游与产品相关的成本资本化，以突出它们的附加值。

C. 识别学习的收益，以降低产品在其生命周期中的成本。

D. 涵盖上游的生产前成本，因为它们锁定了大多数下游成本。

问题 329　某公司使用阶梯分摊法将间接费用分摊给它的两个生产部门。该公司为明年的预算编制收集了以下信息（见表 8-102）。该公司将人员数量作为管理部门的分摊基础，并将占地面积（平方米）作为维护部门的分摊基础。应将多少管理部门的间接费用分摊给生产部门 2？(　　)

表 8-102　某公司间接费用信息

科目	维护部门	管理部门	生产部门 1	生产部门 2
占地面积（平方米）	50	150	800	2 000
人员数量（人）	25	75	800	1 600
间接费用（元）	2 000	8 000	50 000	100 000

A. 4 624 元。　　B. 4 988 元。　　C. 5 278 元。　　D. 5 401 元。

问题 330　某糖果工厂的会计师正在确定生产 1 千克糖果的正常成本。估计的工厂间接费用成本为每千克 0.10 元，但实际的工厂间接费用成本为每千克 0.15 元。直接人工和直接材料的实际和标准成本如表 8-103 所示。每千克糖果的正常成本为(　　)

表 8-103　糖果公司成本表

科目	每千克实际成本	每千克标准成本
直接人工成本	0.20 元	0.25 元
直接材料成本	0.10 元	0.15 元

A. 0.40 元。　B. 0.45 元。　C. 0.50 元。　D. 0.55 元。

问题 331　以下哪项是实施准时制生产方式的优势？(　　)

A. 增强了对外部供应商的控制，因为其数量增加。

B. 降低了与国际供应商合作时的外汇风险。

C. 减少了对缺陷产品进行返工的相关成本。

D. 加快了对客户的响应速度，因为拥有更多的缓冲存货。

问题 332　某公司最近期间的作业成本如表 8-104 所示。

表 8-104　作业成本信息

作业	预算成本（元）
工程设计	250 000
安装	500 000
机器运行	750 000
总计	1 500 000

在此期间，产品 S 和产品 T 的相关成本数据如表 8-105 所示。

表 8-105　产品 S 和产品 T 的成本数据

科目	产品 S	产品 T
生产件数（件）	5 000	10 000
工程设计工时（小时）	10 000	15 000
安装次数（次）	1 000	1 000
机器工时（小时）	15 000	10 000

使用作业成本法分摊给产品 S 的工程设计成本为(　　)

A. 83 333 元。　B. 100 000 元。　C. 125 000 元。　D. 150 000 元。

问题 333　固定成本和变动成本如何随着成本动因的变化而变化？(　　)

A. 平均固定成本随着成本动因的增加而增加。

B. 平均变动成本随着成本动因的增加而增加。

C. 总变动成本不因成本动因的增加而改变。

D. 总固定成本如果超出相关范围，则可能会发生变化。

问题 334　某精品服装公司生产定制西装。该公司生产的定制西装数量每月波动很大。以下哪种成本核算方法最适合该公司？(　　)

A. 分批、实际成本法。　B. 分批、正常成本法。

C. 分步、实际成本法。　D. 分步、正常成本法。

问题 335　某制造公司使用正常成本核算法，并基于机器工时分摊其固定间接费用。最近一个财政年度的实际和预算固定间接费用以及机器工时数如表 8-106 所示。每机器工时的固定间接费用分摊

率是多少？(　　)

表 8-106　固定间接费用以及机器工时数

科目	实际	预算
固定间接费用（元）	1 000 000	1 200 000
机器工时（小时）	20 000	25 000

A. 40 元。　　B. 48 元。　　C. 50 元。　　D. 60 元。

问题 336　**某度假村根据其运营部门的计算机数量将 IT 费用分摊给各运营部门。IT 部门的大部分支出都是工资。IT 部门大约 80% 的工作量是接听运营部门的电话以提供技术支持，而剩余 20% 的工作量是安装新计算机。餐饮运营部门抱怨被分摊了过高的 IT 费用。该部门最近更换了大部分计算机。这些新计算机并不像其他运营部门中的旧计算机那样需要大量的技术支持。解决这个问题的最佳方案是(　　)**

A. 将分摊基础改为接听技术支持电话的数量。

B. 将分摊基础改为用于接听技术支持电话的时间。

C. 建立计算机安装成本归集点和支持成本归集点，然后根据部门使用情况进行分摊。

D. 将 IT 费用记在一般管理费用中，而不是进行分摊。

问题 337　**某汽车制造公司 CEO 希望有一个公正的绩效评估系统，以便让经理们得到公平的回报。在现行成本核算法下，经理们可以通过操纵存货水平来提高短期经营收入。为了实现该 CEO 的期望，该公司应该(　　)**

A. 从现行的吸收成本法改为正常成本法。

B. 从现行的变动成本法改为正常成本法。

C. 从现行的吸收成本法改为变动成本法。

D. 从现行的变动成本法改为吸收成本法。

问题 338　**某制药公司在研发方面投入了大量的资金开发新产品。该公司目前采用以成本为基础的定价法。为了保持竞争力和盈利能力，该公司为其产品定价时应该依据(　　)**

A. 生命周期成本。　　B. 制造成本。

C. 目标成本。　　D. 竞争对手的成本。

问题 339　**某家电制造公司将其人力资源间接费用分摊给其业务部门。该公司人力资源部门的主要职能是员工招聘、培训，工资的发放和记录以及劳资关系等。以下哪项是分摊该公司人力资源间接费用最适当的分摊基础？(　　)**

A. 人工工时。　　B. 员工数量。　　C. 机器工时。　　D. 占地面积。

情景 8-12

甲公司生产两种产品：产品 1 售价 200 元/件，生产 65 000 件；产品 2 售价 300 元/件，生产 40 000件。该公司拟根据边际贡献决定后期广告费投入。以下是两个产品相关的信息：

1）标准成本法。材料处理费为直接材料费的 10%，变动间接费用为 4 元/人工工时。甲公司标准成本信息如表 8-107 所示。

表 8-107　甲公司标准成本信息

科目	产品 1	产品 2
直接材料费	60 元	100 元

（续）

科目	产品 1	产品 2
人工工时（14 元/小时）	4 小时	6 小时
机器工时（10 元/小时）	0.5 小时	1.5 小时

2）作业成本法。产品 1 和产品 2 共有 4 种作业，作业成本信息如表 8-108 所示。

表 8-108 甲公司作业成本信息（单位：元）

项目	成本动因	产品 1	产品 2
材料处理	机器处理时间	400 000	120 000
粗加工	粗加工机器时间	2 200 000	4 800 000
精加工	精加工机器时间	2 000 000	2 750 000
检验	检验人工工时	750 000	3 000 000

该公司根据决策分析的结果决定加大对产品 1 的市场宣传力度，当年投入的广告费为 100 万元。该公司财务总监认为广告的作用将持续 3 年，要求财务人员将其计入无形资产并在未来 3 年内摊销。

问题 340

1）说明作业成本法和标准成本法的不同之处。另外，GAAP 要求按照哪种成本法来计算存货成本？

2）a. 按标准成本法分别计算两种产品的总边际贡献。

b. 按作业成本法分别计算两种产品的总边际贡献。

3）说明两种不同成本法对决策的影响。

4）该公司财务总监的决定是否正确？为什么？

5）该公司年末发现产品 1 原材料价格大幅下跌，重置成本为 130 元。此时，产品 1 的市场价格跌至 160 元，该公司正常利润为 20 元/件。根据 GAAP 要求，该公司年末资产负债表上确认的产品 1 的单位价值应为多少？

情景 8-13

甲公司是一家大型衬衫生产商，顾客仅需支付少量固定额外费用，就可以在其衬衫上定制姓名或图案的压花。每件衬衫都有 3 个月的质保期，如果压花褪色，可以更换。尽管该生产工艺高度自动化，但工厂仍需要工人来确保生产流程的高效运行。工人的工资根据每天生产的衬衫数量来计算。该公司原定的目标是保持充足的存货以完成生产运营。由于该公司的所有者是行业新手，她聘请了一名顾问来帮助判定精益资源管理是否对该公司有利，并评估以下内容：各种成本核算系统、质量成本、共同固定间接费用分摊方法和增值活动。该顾问针对该公司第 1 年的运营，编制了一份质量成本预算清单，数据如下：质保期更换成本 120 000 元、质量培训费用 16 000 元、生产中的缺陷原因分析成本 21 500 元、返工的直接人工成本和制造间接费用 38 000 元、向供应商提供的技术支持费用 12 500 元、对产品质量的审计费用10 000元、测试设备的折旧费用 40 000 元，总质量成本合计为 258 000 元。

问题 341

1）向甲公司推荐适当的成本核算系统并解释。

2）总预防成本是多少？给出你的计算过程。

3）确定并描述可供甲公司使用的两种精益资源管理技术。

4）描述甲公司可从运用精益资源管理中获得的两项运营优势。

5）就该公司的固定间接费用最适当的分摊方法提出建议。解释你的答案。

6）定义增值活动，并确定该情境中的一项增值活动。

本章习题解答

题号	答案	题号	答案	题号	答案	题号	答案
问题 1	A	问题 2	B	问题 3	D	问题 4	B
问题 5	A	问题 6	A	问题 7	B	问题 8	C
问题 9	A	问题 10	B	问题 11	B	问题 12	C
问题 13	B	问题 14	A	问题 15	D	问题 16	B
问题 17	B	问题 18	D	问题 19	C	问题 20	D
问题 21	D	问题 22	C	问题 23	B	问题 24	A
问题 25	A	问题 26	B	问题 27	D	问题 28	B
问题 29	A	问题 30	B	问题 31	A	问题 32	C
问题 33	C	问题 34	B	问题 35	A	问题 36	D
问题 37	D	问题 38	D	问题 39	C	问题 40	B
问题 41	A	问题 42	C	问题 43	D	问题 44	A
问题 45	A	问题 46	D	问题 47	A	问题 48	D
问题 49	C	问题 50	B	问题 51	D	问题 52	C
问题 53	D	问题 54	B	问题 55	B	问题 56	C
问题 57	A	问题 58	D	问题 59	A	问题 60	B
问题 61	A	问题 62	A	问题 63	C	问题 64	D
问题 65	C	问题 66	D	问题 67	B	问题 68	C
问题 69	D	问题 70	C	问题 71	A	问题 72	B
问题 73	B	问题 74	C	问题 75	C	问题 76	D
问题 77	C	问题 78	B	问题 79	B	问题 80	D
问题 81	A	问题 82	A	问题 83	C	问题 84	D
问题 85	D	问题 86	D	问题 87	A	问题 88	A
问题 89	D	问题 90	B	问题 91	C	问题 92	D
问题 93	B	问题 94	D	问题 95	C	问题 96	D
问题 97	A	问题 98	B	问题 99	C	问题 100	B
问题 101	D	问题 102	C	问题 103	D	问题 104	D
问题 105	B	问题 106	D	问题 107	D	问题 108	B
问题 109	B	问题 110	B	问题 111	A	问题 112	C
问题 113	C	问题 114	C	问题 115	C	问题 116	A
问题 117	D	问题 118	C	问题 119	D	问题 120	A
问题 121	D	问题 122	D	问题 123	A	问题 124	B
问题 125	C	问题 126	C	问题 127	B	问题 128	B

（续）

题号	答案	题号	答案	题号	答案	题号	答案
问题 129	D	问题 130	A	问题 131	C	问题 132	C
问题 133	D	问题 134	C	问题 135	B	问题 136	D
问题 137	A	问题 138	A	问题 139	B	问题 140	B
问题 141	C	问题 142	B	问题 143	A	问题 144	C
问题 145	A	问题 146	D	问题 147	C	问题 148	C
问题 149	B	问题 150	B	问题 151	D	问题 152	C
问题 153	D	问题 154	C	问题 155	B	问题 156	C
问题 157	B	问题 158	C	问题 159	C	问题 160	C
问题 161	B	问题 162	C	问题 163	B	问题 164	A
问题 165	C	问题 166	C	问题 167	A	问题 168	C
问题 169	B	问题 170	D	问题 171	B	问题 172	C
问题 173	C	问题 174	D	问题 175	C	问题 176	A
问题 177	C	问题 178	C	问题 179	D	问题 180	A
问题 181	A	问题 182	A	问题 183	B	问题 184	D
问题 185	A	问题 186	C	问题 187	D	问题 188	B
问题 189	B	问题 190	D	问题 191	A	问题 192	C
问题 193	C	问题 194	C	问题 195	B	问题 196	B
问题 197	A	问题 198	C	问题 199	B	问题 200	C
问题 201	B	问题 202	B	问题 203	B	问题 204	B
问题 205	D	问题 206	B	问题 207	A	问题 208	C
问题 209	A	问题 210	A	问题 211	B	问题 212	D
问题 213	C	问题 214	A	问题 215	C	问题 216	C
问题 217	B	问题 218	A	问题 219	D	问题 220	D
问题 221	C	问题 222	B	问题 223	C	问题 224	D
问题 225	C	问题 226	A	问题 227	D	问题 228	C
问题 229	B	问题 230	C	问题 231	B	问题 232	B
问题 233	C	问题 234	A	问题 235	A	问题 236	B
问题 237	A	问题 238	C	问题 239	B	问题 240	B
问题 241	D	问题 242	D	问题 243	D	问题 244	A
问题 245	C	问题 246	D	问题 247	A	问题 248	A
问题 249	B	问题 250	D	问题 251	D	问题 252	C
问题 253	A	问题 254	A	问题 255	D	问题 256	A
问题 257	A	问题 258	A	问题 259	B	问题 260	B
问题 261	B	问题 262	C	问题 263	B	问题 264	A
问题 265	A	问题 266	D	问题 267	B	问题 268	B

（续）

题号	答案	题号	答案	题号	答案	题号	答案
问题 269	B	问题 270	D	问题 271	A	问题 272	B
问题 273	B	问题 274	D	问题 275	A	问题 276	C
问题 277	D	问题 278	C	问题 279	C	问题 280	D
问题 281	D	问题 282	B	问题 283	B	问题 284	A
问题 285	C	问题 291	B	问题 292	C	问题 293	A
问题 294	B	问题 295	A	问题 296	C	问题 297	D
问题 298	B	问题 299	B	问题 300	B	问题 301	B
问题 302	D	问题 303	A	问题 304	D	问题 305	B
问题 306	D	问题 307	C	问题 308	C	问题 309	B
问题 310	C	问题 311	D	问题 312	A	问题 313	D
问题 314	C	问题 315	B	问题 316	B	问题 317	B
问题 318	A	问题 319	B	问题 320	B	问题 321	A
问题 322	B	问题 323	C	问题 324	D	问题 325	A
问题 326	B	问题 327	D	问题 328	D	问题 329	C
问题 330	A	问题 331	C	问题 332	B	问题 333	D
问题 334	B	问题 335	B	问题 336	C	问题 337	C
问题 338	A	问题 339	B				

问题 1 分析：

成本 A 是半变动。成本 B 在产量在相关范围 12 000 单位至 15 000 单位时是固定成本。成本 C 就是单位成本 3 元，随产量变化而变化的变动成本。

问题 2 分析：

选项 A 单位平均成本是单位变动成本与单位固定成本的加总。在相关范围内，产量下降，单位变动成本不变，单位固定成本增加，单位平均成本增加。

选项 B 在相关范围内，产量下降，单位变动成本不变。

选项 C 在相关范围内，产量下降，总固定成本不变，单位固定成本增加。

选项 D 在相关范围内，产量下降，单位变动成本不变，总变动成本减少。

问题 3 分析：

A 成本——每单位成本数量相等，是变动成本。

B 成本——半变动成本，既包含固定成本部分又包含变动成本部分。

C 成本——成本总额不随产量变化而变化，是固定成本。

D 成本——每单位成本数量相等，是变动成本。

问题 4 分析：

选项 A 门卫的工资每月固定，是固定成本。

选项 B 水电费既包含必要正常照明和清洁使用的固定部分，也包含客房由于住房数量变化而变化的部分，是半变动成本。

选项 C 邮资费是随旅客订单变化而变化的变动成本。

选项 D 广告费用是固定成本。

问题 5 分析：

间接制造费用是产品成本的一部分。分摊制造费用并不能够减少成本。

问题 6 分析：

相关范围内，固定成本总额不变，每单位变动成本不变。

问题 7 分析：

相关范围内，每单位变动成本不随产量变化而变化，总变动成本随产量增加而增加，随产量减少而减少。本题中客户资料的处理成本在相关范围内完全属于变动成本，单位成本不会发生变化。

问题 8 分析：

线性假设是成本习性的一个假设。

问题 9 分析：

相关范围内单位变动成本不随产量变化而变化，总变动成本随产量增加而增加，随产量减少而减少。单位变动成本的图线为与横轴平行的直线。总变动成本的图线为穿过原点斜向右上方的直线。

问题 10 分析：

单位变动成本不随产量变化而变化，总变动成本随产量增加而增加，随产量减少而减少。总固定成本不随产量变化而变化，单位固定成本随产量增加而减少，随产量减少而增加。电费中包含固定成本和变动成本两部分。当产量增加时，总电费增加，每单位电费减少。当产量减少时，总电费减少，每单位电费增加。

问题 11 分析：

在实际生产中木螺钉和胶水的单位价值低，分配到每一产品的金额对生产成本影响不大，通常是计入间接制造费用，在月末再按照一定标准进行分配。直接成本是可追溯的成本。期间成本不能包括在产品成本中的项目。

问题 12 分析：

产品成本 = 直接材料 + 直接人工 + 变动制造成本 + 固定制造成本 = 112 000 元 + 358 200 元 + 308 000元 + 534 000 元 = 1 312 200 元。

水灾损失在实际工作中，扣除保险赔偿、个人赔偿，余下计入管理费用。本题中水灾损失未投保，没有个人赔偿，全额计入管理费用。

期间费用 = 变动销售费用 + 固定销售费用 + 管理费用 + 未被保险的损失 = 216 800 元 + 242 000 元 + 471 800 元 + 55 400 元 = 986 000 元。

问题 13 分析：

生产成本包括直接材料，直接人工和间接制造费用。

选项 A 生产蛋糕的奶油是直接材料，是生产成本的一部分。

选项 B 销售佣金不属于生产成本。

选项 C 厂房的房产税是间接制造费用，属生产成本的一部分。

选项 D 用于生产拖拉机的轮胎是直接材料，属生产成本的一部分。

问题 14 分析：

粉刷工的工资是直接人工成本。主要成本是直接人工成本和直接材料成本的总和；转换成本是直接人工和间接成本的总和，粉刷工的工资既是主要成本的一部分，也是转换成本的一部分。

问题 15 分析：

机会成本是指在决策过程中选择一个方案而放弃另一个时所放弃的收入。李四可以将排队的两小时用于其他工作，将门票 200 元用于其他投资。李四的 200 元和排队的 2 小时都用在其他方面可能带来的最高收益是机会成本。

问题 16 分析：

机会成本是指当把一定的经济资源用于生产某种产品时放弃的另一些产品生产上最大的收益，本题中指土地的现在销售价格。

问题 17 分析：

出售土地的收益是乙公司决策继续土地开发放弃的收益，所以出售土地的收益是机会成本。

问题 18 分析：

产品成本是指购买或制造后再出售的商品的成本。

问题 19 分析：

实际成本下的产品成本比正常成本法下的产品成本更精确。

问题 20 分析：

固定间接成本的使用分摊率 =（10 000 000 元 + 14 000 000 元）/250 000小时 = 96 元/小时。

问题 21 分析：

总打包标准时间 = 50 000 件 × 40 秒/件 + 30 000 件 × 40 秒/件 + 20 000件 × 20 秒/件 = 3 600 000秒。4 月 A 衬衫的固定间接成本分摊金额 = 156 400 元 × 50 000 件 × 40 秒/件/ 3 600 000 秒 = 86 888. 88 元。每件 A 衬衫打包成本 = 86 888. 88元/ 50 000 件 = 1. 737 8 元/件。

问题 22 分析：

固定成本 = 30 元/件 × 8 000 件 = 240 000 元。变动成本 =（40 元/件 + 50 元/件 + 20 元/件）× 9 000件 = 990 000 元。总制造成本 = 240 000 元 + 990 000 元 = 1 230 000 元。

问题 23 分析：

吸收成本法是外部财务报告中公认会计原则的认可和支持的方法。

问题 24 分析：

选项 A 正确。

选项 B 长期而言所有的成本都是变动的不是使用变动成本法的原因，也不是它的优势。

选项 C 会计准则要求使用吸收成本法，不允许使用变动成本法。这是变动成本法相比吸收成本法的一个劣势。

选项 D 变动成本法不一定总是导致更高的经营利润。当期末库存小于期初库存时，变动成本法下的利润大于吸收成本法下的利润；期末库存大于期初库存时，变动成本法下的利润小于吸收成本法下的利润。

问题 25 分析：

变动成本法是一种存货成本方法。在变动成本法下，存货成本包括直接材料、直接人工和变动制造费用。另一种存货成本方法是吸收成本法。在吸收成本法下，存货成本包括直接材料、直接人工、变动制造费用和固定制造费用。

问题 26 分析：

变动成本在相关范围内与成本动因的数量成正比。燃料费随航班数变化而变化。食品供给费随航班数变化而变化。空港着陆费随航班数变化而变化。燃料费、食品供给费和空港着陆费是变动成本。机组人员工资、通信系统操作费、飞机折旧费、负责登机的人员费用属于固定成本，发动机保养费既有固定成本又有变动成本，航线推广费属于酌量性成本，行李装卸费属于变动成本。

问题 27 分析：

选项 A 两种成本方法对固定销售费用和固定管理费用的处理一样，都算作是期间费用。

选项 B 在变动成本法下，存货成本包括直接材料、直接人工和变动制造费用。在吸收成本法下，存货成本包括直接材料、直接人工、变动制造费用和固定制造费用。吸收成本法下的存货成本大于变动成本法下的存货成本。

选项 C 财务报告采用吸收成本法核算存货成本。财务报告中出现的是毛利不是边际贡献。

选项 D 正确。

问题 28 分析：

销售佣金和经理报酬随产品销量变化而变化，都是变动成本。

变动销货成本 = 200 000 元 × （8% + 0.5%） = 17 000 元。

宣传册费用不随销量变化而变化，对于新产品是固定费用。宣传册费用的成本动因是宣传次数。

问题 29 分析：

工厂保险费用是固定制造费用，在吸收成本法下是产品成本，在变动成本法下是期间费用。产成品的运输费用对于两种方法都是期间费用。

问题 30 分析：

在吸收成本法下，存货成本包括直接材料、直接人工、变动制造费用和固定制造费用。产成品库存价值 = 10 000 件 × （10 元/件 + 4 元/件） = 140 000 元。

问题 31 分析：

在变动成本法下，存货成本包括直接材料、直接人工和变动制造费用。变动固定费用、销售费用和管理费用都是期间费用。存货成本是 10 000 000 元。

问题 32 分析：

在吸收成本法下，存货成本包括直接材料、直接人工、变动制造费用和固定制造费用。

销货成本 = 销售量 × （直接材料 + 直接人工 + 变动制造费用 + 固定制造费用） = 900 件 × （60 元/件 + 40 元/件 + 20 元/件 + 10 元/件） = 117 000 元。销售收入 = 销售量 × 售价 = 900 件 × 200 元/件 = 180 000 元。销售费用 = 变动销售费用 + 固定销售费用 = 900 件 × 24 元/件 + 7 200 元 = 28 800 元。管理费用 = 3 600 元。营业利润 = 销售收入 – 销货成本 – 销售费用 – 管理费用 = 180 000 元 – 117 000 元 – 28 800 元 – 3 600 元 = 30 600 元。

问题 33 分析：

在变动成本法下，存货成本包括直接材料、直接人工和变动制造费用。销货成本 = 销售量 × （直接材料 + 直接人工 + 变动制造费用） = 900 件 × （60 元/件 + 40 元/件 + 20 元/件） = 108 000 元。固定制造费用 = 产量 × 每单位固定制造费用 = 1 000 件 × 10 元/件 = 10 000 元。销售费用 = 变动销售费用 + 固定销售费用 = 900 件 × 24 元/件 + 7 200 元 = 28 800 元。管理费用 = 3 600 元。营业利润 = 销售收入 – 销货成本 – 固定制造费用 – 销售费用 – 管理费用 = 180 000 元 – 108 000 元 – 10 000 元 – 28 800 元 – 3 600 元 = 29 600 元。

问题 34 分析：

变动成本法的利润 – 吸收成本法的利润 = 每单位固定制造成本 ×（期初存货量 – 期末存货量）。

问题 35 分析：

变动成本法的利润 – 吸收成本法的利润 = （5 800 件 – 5 000 件）× 6 元/件 = 4 800 元。

问题 36 分析：

吸收成本法的利润 19 000 元大于变动成本法的利润 18 250 元。有部分固定制造费用被递延到期末存货，产量大于销量。每单位固定制造费用为 3 元。产量 - 销量 =（19 000 元 - 18 250 元）/3 元/件 = 250 件。产量 =2 000 件 +250 件 =2 250 件。

问题 37 分析：

在吸收成本法下，存货成本包括直接材料、直接人工、变动制造费用和固定制造费用。在变动成本法下，存货成本包括直接材料、直接人工和变动制造费用。直接成本法（变动成本法）计算出的期末存货永远不会高于吸收成本法计算的期末存货。

问题 38 分析：

为编制财务报表，联合成本要在联产品中分配。

问题 39 分析：

联产品是共享一部分生产工序且拥有相对相同的销售价值的产品。副产品是与一种产品或联产品共有相同工序但与主要产品相比拥有相对较小价值的产品。人们靠市场价值来区分联产品和副产品。

问题 40 分析：

弹性预算法是一种预算方法，其他 3 种都是联产品成本分配的方法。

问题 41 分析：

联产品是共享一部分生产工序且拥有相对相同的销售价值的产品。副产品是与一种产品或联产品共有相同工序但与主要产品相比拥有相对较小价值的产品。区分联产品和副产品的主要因素是各项产品的相对总价值。

问题 42 分析：

将联合成本分配给联产品可采用两种基本方法：市场价值法和物理指标（产品单位）法。市场价值法又可分为 3 种方法：销售价值法，毛利法和可变现净值法。

问题 43 分析：

X 产品被分配的联合成本 =1 000 000 元 ×240 000 升/（240 000 升 +160 000 升） =600 000元。

问题 44 分析：

AA 产品可实现净值 =600 升 ×34 元/升 -2 000 元 =18 400 元。

B 产品可实现净值 =200 升 ×8 元/升 =1 600 元。

AA 产品可实现净值占总可实现净值的比例 =18 400 元/（18 400 元 +1 600 元） =92%。分配给 AA 产品的联合成本 =92% ×（4 000 元 +6 000 元） =9 200 元。AA 产品总成本 =9 200 元 +2 000 元 =11 200 元。

问题 45 分析：

B 产品在分离点的售价 =200 升 ×8 元/升 =1 600 元。A 产品在分离点的售价 =800 升 ×18 元/升 = 14 400 元。A 产品售价占总售价的比例 =14 400 元/（1 600 元 +14 400 元） =90%。分配给 A 产品的联合成本 =90% ×（4 000 元 +6 000 元） =9 000 元。每单位 A 产品成本 =9 000 元/800 升 = 11.26 元/升。

问题 46 分析：

A 可实现净值 = 销量 ×（售价 - 额外工序成本） =20 000 件 ×（10 元/件 -1.4 元/件） =168 000 元。

B 可实现净值 = 销量 ×（售价 - 额外工序成本） =30 000 件 ×（12 元/件 -6 元/件） = 180 000元。

C 可实现净值 = 销量 ×（售价 - 额外工序成本） =50 000 件 ×（14 元/件 -3.44 元/件） =

528 000元。C 可实现净值占总可实现净值的比例 = 528 000 元/(168 000 元 + 180 000 元 + 528 000 元) = 60%。分配给 C 的联合成本 = 60% ×630 000 元 = 378 000 元。每单位 C 成本 = 378 000 元/50 000 件 = 7.56 元/件。

问题 47 分析：

2 000 千克 B 产品可被继续加工生产 2 000 千克 BB 产品。在分离点处销售额 24 元/千克，继续加工后销售额 30 元/千克，继续加工的成本为 8 000 元。

如果继续加工，增加的收益 = 2 000 千克 ×(30 元/千克 - 24 元/千克) - 8 000 元 = 4 000元。

问题 48 分析：

加权平均下的约当产量 = 完工产品 + 期末半成品 × 完工百分比 = 27 000 件 + 3 000 件 ×50% = 28 500 件。总制造成本 = 期初半成品成本 + 追加成本 = 8 600 元 + 79 400 元 + 140 000元 = 228 000 元。约当单位成本 = 总制造成本/约当量 = 228 000 元/28 500 件 = 8 元/件。

问题 49 分析：

加权平均法直接材料期初一次投入的约当产量 = 完工产品 + 期末半成品 × 完工百分比 = 100 件 + 10 件 ×100% = 110 件。直接材料成本 = 期初半成品成本 + 追加成本 = 240 元 + 1 080 元 = 1 320 元。约当单位成直接材料成本 = 直接材料成本/约当量 = 1 320 元/110 件 = 12 元/件。期末在产品直接材料成本 = 10 件 ×100% ×12 元/件 = 120 元。

问题 50 分析：

加权平均法下的转换成本约当量 = 完工产品 + 期末半成品 × 完工百分比 = 100 件 + 10 件 ×40% = 104 件。转换成本 = 期初半成品成本 + 追加成本 = 360 元 + 2 968 元 = 3 328 元。约当单位转换成本 = 转换成本/转换成本约当量 = 3 328 元/104 件 = 32 元/件。完工产品转换成本 = 100 件 ×32 元/件 = 3 200 元。

问题 51 分析：

先进先出法下转换成本约当量 = 期初半成品 ×(1 - 完工百分比) + 新生产和完成产品 + 期末半成品 × 完工百分比 = 20 件 ×(1 - 60%) + 80 件 + 10 件 ×40% = 92 件。

问题 52 分析：

非正常废品是指在有效生产条件下不应该生产的废品。任何超过正常废品数量的成本都被分配到“非正常废品损失”账户中。“非正常废品损失”是期间费用。非正常废品不影响单位制造成本，但是会减少营业利润。

问题 53 分析：

正常废品通常被视为完工合格产品成本的一部分。非正常废品是指在有效生产条件下不应该生产的废品。任何超过正常废品数量的成本都被分配到“非正常废品损失”账户中。“非正常废品损失”是期间费用。

问题 54 分析：

正常废品通常被视为完工合格产品成本的一部分。非正常废品是指在有效生产条件下不应该生产的废品。任何超过正常废品数量的成本都被分配到“非正常废品损失”账户中。“非正常废品损失”是期间费用。

问题 55 分析：

正常废品通常被视为完工合格产品成本的一部分。

转入存货的相关成本 = 转入存货成本 + 正常废品成本 = (16 000件 + 300件) ×(7元/件 + 12元/件) = 309 700 元。转入存货 = 16 000 件。

问题 56 分析：

直接材料加权平均法约当产量 = 完工产品 + 期末半成品 × 完工百分比 = 60 000 件 + 20 000件 × 100% = 80 000件。直接材料成本 = 期初半成品成本 + 追加成本 = 80 000 元 + 1 400 000 元 = 1 480 000元。约当单位成直接材料成本 = 直接材料成本/约当量 = 1 480 000 元/80 000 件 = 18.5 元/件。期末在产品直接材料成本 = 20 000 件 × 100% × 18.5 元/件 = 370 000 元。完工产品直接材料成本 = 60 000 件 × 18.5 元/件 = 1 110 000 元。转换成本加权平均法下约当产量 = 完工产品 + 期末半成品 × 完工百分比 = 60 000 件 + 20 000 件 × 25% = 65 000 件。转换成本 = 期初半成品成本 + 追加成本 = 65 000 元 + 1 235 000 元 = 1 300 000 元。约当单位成转换成本 = 转换成本/约当量 = 1 300 000 元/65 000 件 = 20 元/件。期末在产品转换成本 = 20 000 件 × 25% × 20 元/件 = 100 000 元。完工产品转换成本 = 60 000 件 × 20 元/件 = 1 200 000元。完工产品总成本 = 1 110 000 元 + 1 200 000 元 = 2 310 000 元。期末在产品总成本 = 370 000 元 + 100 000 元 = 470 000 元。

问题 57 分析：

期初在产品的完工率是 90%，材料 B 在上月已经投入，本月月末在产品的完工率是 60%，材料 B 不能投入。

加权平均法下约当产量 = 完工产品 + 期末半成品 × 完工百分比 = 130 000 件 + (140 000件 - 130 000 件) × 0 = 130 000 件。

问题 58 分析：

本月完工产品 = 期初在产品数量 + 新投产数量 - 期末在产品数量 = 60 000 件 + 140 000 件 - 48 000 件 = 152 000 件。

加权平均法下转换成本约当产量 = 完工产品 + 期末半成品 × 完工百分比 = 152 000 件 + 48 000 件 × 25% = 164 000 件。

加权平均法下材料成本约当产量 = 完工产品 + 期末半成品 × 完工百分比 = 152 000 件 + 48 000 件 × 100% = 200 000 件。

问题 59 分析：

当月投入当月完工产品 = 完工并转出产品 - 期初在产品 = 180 000 件 - 20 000 件 = 160 000件。

先进先出法下转换成本约当产量 = 期初半成品 × (1 - 完工百分比) + 当月投入当月完工产品 + 期末半成品 × 完工百分比 = 20 000 件 × (1 - 75%) + 160 000 件 + 16 000 件 × 60% = 174 600 件。

问题 60 分析：

在产品完工率为 50%，未达到 B 材料第 2 次投料的完工率，因此，季末 B 材料的在产品约当产量 = 44 000 件 × 40% = 17 600 件。

问题 61 分析：

加权平均法的约当产量 = 当期完工数量 + 期末在产品存货数量 × 完工率。

先进先出法的约当产量 = 当期完工数量 + 期末在产品存货数量 × 完工率 - 期初在产品存货数量 × 期初在产品完工率。

可见期初在产品库存为零时，两种方法相同。

问题 62 分析：

当月投入当月完工产品 = 完工并转出产品 - 期初在产品 = 280 000 单位 - 20 000 单位 = 260 000 单位。

先进先出法的约当产量 = (20 000 单位 × 30%) + (260 000 单位 × 100%) + (40 000 单位 × 25%) = 276 000 单位。

问题 63 分析：

作业成本法是资源按资源动因分配到作业或作业中心，作业成本按作业动因分配到产品。当企业的产品有着不同的资源动因，采用作业成本法分配比传统分配核算法更精确体现出产品的成本。

问题 64 分析：

选项 A 在作业成本法下，工厂职工餐厅费用按照就餐总人次进行分摊。

选项 B 在作业成本法下，设备调整成本按照调整次数进行分摊。

选项 C 在作业成本法下，材料装卸费用按照装卸次数进行分摊。

选项 D 在作业成本法下，机器人焊接按照机器工时进行分摊。

问题 65 分析：

作业成本法基于作业消耗资源这一假设来将成本分配到各项劳务和产品。使用作业成本法，公司能够更加了解成本产生的原因。

问题 66 分析：

选项 D，生产产品耗用的材料成本是产品成本，不是成本动因，不能作为分配成本的基数。

问题 67 分析：

材料装卸：成本动因为所用零件数量。所用零件数量 = A 产品所用零件数量 + B 产品所用零件数量 =400 件 +600 件 =1 000 件。

材料装卸单位成本 =10 000 元/1 000 件 =10 元/件。工艺变更：成本动因为工艺变更次数。工艺变更次数 = A 产品工艺变更次数 + B 产品工艺变更次数 =2 次 +1 次 =3 次。工艺变更每次成本 = 12 000元/3 次 =4 000 元/次。

设备调整：成本动因为设备调整次数。设备调整次数 = A 产品设备调整次数 + B 产品设备调整次数 =8 次 +7 次 =15 次。设备每次调整成本 =6 000 元/15 次 =400 元/次。每件 B 产品设备的预算成本 = 直接材料 + 直接人工 + 材料装卸 + 工艺变更 + 设备调整 = （16 000元 +24 000 元 +600 件 ×10 元/件 + 1 次 ×4 000 元/次 +7 次 ×400 元/次）/100 件 =528 元/件。

问题 68 分析：

A 产品送货成本 = 送货次数 × 送货时长 × 每小时送货成本 =150 次 ×10/60 小时/次 ×40 元/小时 = 1 000 元。

B 产品送货成本 = 送货次数 × 送货时长 × 每小时送货成本 =85 次 ×15/60 小时/次 ×40 元/小时 = 850 元。

A 产品利润 = 收入 − 销货成本 − 送货成本 =106 000 元 −52 000 元 −1 000 元 =53 000 元。B 产品利润 = 收入 − 销货成本 − 送货成本 =92 000 元 −42 000 元 −850 元 =49 150 元。利润差 =53 000 元 − 49 150元 =3 850 元。

问题 69 分析：

作业成本法基于作业消耗资源这一假设来将成本分配各项劳务和产品。公司使用作业成本法，分配基数大大增加，成本计算结果精确度大大增加。

问题 70 分析：

氨纶每件材料成本 =45 000 元/1 500 件 =30 元/件。

转换成本：

约当产量 = 完工产品 + 期末半成品 × 完工百分比 =1 000 件 +700 件 +800 件 ×25% =1 900件。总转换成本 =26 600 元。每单位转换成本 = 总转换成本/约当产量 =26 600 元/1 900 件 =14 元/件。每件氨纶服装成本 =30 元 +14 元 =44 元。

问题 71 分析：

当差异数额相对较小时，在会计期末通常计入当期的产品销售成本中。

问题 72 分析：

由于公司解聘员工，购入大量机械设备，变动成本减少，固定成本增加。这样公司按照不恰当的采用直接人工作为分配基数，会使制造分配率增加，人工差异是可以计算出来的。由于固定资产大，经营杠杆较大，在经济衰退时难以降低产品的成本。

问题 73 分析：

该订单应分配的制造费用 = 生产该订单总成本 - 直接材料 - 直接人工 = 8.6 元/件 × 1 000件 - 2 000元 - 3 000 元 = 3 600 元。

每机时制造费用的分配率 = 3 600 元/450 小时 = 8 元/小时。该年预算制造费用总额 = 8 元/小时 × 150 000 小时 = 1 200 000 元。

问题 74 分析：

预算总工时 = 100 000 元/10 元/小时 = 10 000 小时。每小时制造费用分配率 = 140 000 元/10 000 小时 = 14 元/小时。20 小时的批次应分配的制造费用 = 14 元/小时 × 20 小时 = 280 元。

问题 75 分析：

变动制造费用分配率 = 100 000 元/20 000 小时 = 5 元/小时。

固定制造费用分配率 = 50 000 元/20 000 小时 = 2.5 元/小时。

总制造费用分配率 = 5 元/小时 + 2.5 元/小时 = 7.5 元/小时。

该批次分配的制造费用 = 7.5 元/小时 × 1 500 小时 = 11 250 元。

问题 76 分析：

在经营的第 1 年，期初没有存货，只有当期末存货为 0 时，当期产生的生产成本中的制造费用在当期费用化。因此，期末所有存货为 0 时，用任何制造费用分配方法所得出的净利润相等。

问题 77 分析：

成本池是成本的集合和分组，同性质成本池采用同一种成本动因是最合理、最精确的。

问题 78 分析：

90 批次产品分配的制造费用 = A 部门分配制造费用 + B 部门分配制造费用 = 17 250 元/460 小时 × 12 小时 + 32 240 元/620 小时 × 3 小时 = 606 元。

问题 79 分析：

A 部门分配的制造费用 = 17 380 元/440 小时 × 10 小时 = 395 元。

问题 80 分析：

间接制造成本分配比率 = （240 000 元 + 400 000 元）/80 000 小时 = 8 元/小时。

该批产品的成本 = 12 000 元 + 8 000 元 + 8 元/小时 × 2 000 小时 = 36 000 元。

问题 81 分析：

原来是以直接人工工时为动因，与机器设备使用分配率不一致，根据作业成本法使用机器工时为分配率。

产品 X 分配的成本 = 800 000 元 × 500 小时/（500 小时 + 1 500 小时） = 200 000 元。

产品 Y 分配的成本 = 800 000 元 × 1 500 小时/（500 小时 + 1 500 小时） = 600 000 元。

问题 82 分析：

接受订单成本：成本动因为接受订单数。接受订单数 = A 接受订单数 + B 接受订单数 = 50 个 + 150 个 = 200 个。每次接受订单成本 = 900 000 元/200 个 = 4 500 元/个。每件 A 产品的订单接收成本 =

4 500元/个 ×50 个/30 000 件 =7.5 元/件。

问题 83 分析：

工艺成本的成本动因是每条产品线生产订单数。每产品线生产订单工艺成本 =600 000元/（12批 +18 批） =20 000 元/批。B 产品工艺成本 =18 批 ×20 000 元/批 =360 000元。每单位 B 产品工艺成本 =360 000 元/12 000 件 =30 元/件。

问题 84 分析：

辅助部门的成本单一按照实际成本计算的分配方式，不利于考核辅助部门和受益部门的业绩。将辅助部门成本按预计的分为固定成本和变动成本两部分，分别计算分配率，然后按照分配率分配辅助生产成本，这被称为双重比率成本分配法。因此，成本分别计入固定成本和变动成本两部分，采用该方法最有效。

问题 85 分析：

公司管理层既然希望法律部门被利用起来，那么不由各部门承担其费用，而是由总部承担费用效果最好，因此将法律费用计入公司的期间费用。

问题 86 分析：

按照职工人数来分配公司的共同成本，会使共同成本分配到财务咨询部的费用最少，这样才会使财务咨询部经理产生负面影响。

问题 87 分析：

当服务部门的成本按照预计的分配率乘以各生产部门服务使用量来分配到生产制造部门。各生产制造部门为减少不必要的服务以减少服务部门的成本，进而不会要求服务部门提供过多的服务。

问题 88 分析：

直接分摊法——服务部门成本直接分摊到生产部门，不分配到其他服务部门。无论服务部门之间成本分配的顺序如何，在直接分摊法下，分到每一经营部门的服务部门成本都不会发生改变。

按步向下分摊法——一个部门的服务成本分配到服务部门和生产部门。服务部门成本的分摊顺序不同，分到经营部门的服务部门成本会发生改变。

交叉分摊法——用联立方程对部门间服务成本进行全面确认。无论服务部门之间成本分配的顺序如何，交叉分摊法分到每一经营部门的服务部门成本都不会发生改变。

问题 89 分析：

在分摊成本时，服务部门的成本分配到生产部门，生产部门的成本不会分配到服务部门。交叉分摊法用联立方程对部门间服务成本进行全面确认。在交叉分摊法下，某服务部门的成本会分配给其他的服务部门和生产部门。

问题 90 分析：

公司采用按步向下分摊法，财务审计部提供服务的部门数量远远多于网络服务部。服务成本分摊的步骤：①将财务审计部的成本分摊到网络服务部和各生产部门；②将网络服务部的成本分摊到各生产部门。

问题 91 分析：

在分摊成本时，服务部门的成本分摊到生产部门，生产部门的成本不会分摊到服务部门。采用直接分摊法时，服务部门成本直接分摊到生产部门，不分摊到其他服务部门。

问题 92 分析：

交叉分摊法用联立方程对部门间服务成本进行全面确认。在交叉分摊法下，某服务部门的成本会分摊给其他的服务部门和生产部门。如果某服务部门没有接受其他部门的服务，在分摊的过程中，就不会有其他部门的服务成本分摊给这个部门。

问题 93 分析：

辅助部门的成本直接分配法是指服务部门成本直接分摊到生产部门，不分配到其他服务部门。因此分配 A 服务部门的成本时所用的分母是铸造部，抛光部和精整部计算机耗时的总和。7 200 小时 + 3 600 小时 + 5 400 小时 = 16 200 小时。

问题 94 分析：

公司采用按步向下分摊法，先分摊 A 服务部门的成本：用计算机耗时分摊 A 服务部门成本，分摊给 B 服务部门的 A 服务部门成本 = 400 000 元/（1 800 小时 + 7 200 小时 + 3 600 小时 + 5 400 小时）× 1 800 小时 = 40 000 元。

B 服务部门总成本 = 200 000 元 + 40 000 元 = 240 000 元。用占用面积分摊 B 服务部门成本，分摊给铸造部的 B 服务部门成本 = 240 000 元/（4 000 000 平方英尺 + 6 000 000 平方英尺 + 10 000 000 平方英尺）×4 000 000 平方英尺 = 48 000 元。

问题 95 分析：

分摊 A 辅助部门成本：分摊给 B 辅助部门的成本 = 720 000 元 ×10% = 72 000 元，分摊给甲生产部门的成本 = 720 000 元 ×50% = 360 000 元。B 辅助部门总成本 = 72 000 元 + 190 000 元 = 262 000 元。分摊给甲生产部门成本 = 262 000 元 ×45%/（50% + 45%） = 124 106元。甲生产部门成本 = 360 000 元 + 124 106 元 + 400 000 元 = 884 106 元。

问题 96 分析：

分摊给甲生产部门的 A 辅助部门成本 = 720 000 元 ×50%/（50% + 40%） = 400 000 元。分摊给甲生产部门的 B 辅助部门成本 = 190 000 元 ×45%/（50% + 45%） = 90 000 元。甲生产部门成本 = 400 000元 + 90 000 元 + 400 000 元 = 890 000 元。

问题 97 分析：

准时制是指一种综合性的生产和存货管理系统。在该系统致力下，原材料和其他生产部件仅在需要时才购买或生产，并且生产过程中的每一步都必须准时进行。准时制减少乃至消除浪费、减少存货、与供应商发展良好的供应关系、提高员工参与程度、开发以顾客为本的项目。削减供应商数量有助于发展与供应商的关系，有助于供应链管理，进而有助于原材料质量控制和成本削减。

问题 98 分析：

生命周期成本是产品生命周期内发生成本的总和。

问题 99 分析：

准时制是指一种综合性的生产和存货管理系统。在该系统致力下，原材料和其他生产部件仅在需要时才购买或生产，并且生产过程中的每一步都必须准时进行。准时制减少乃至消除浪费、减少存货、与供应商发展良好的供应关系、提高员工参与程度、开发以顾客为本的项目。由于和更少的供应商保持更紧密的合作，对于原材料的质量要求提高，才会保障生产的产品质量。在准时制下，生产企业对产品质量的要求更高，因此会提高质量，控制和减少材料浪费。

问题 100 分析：

降低需要直接人工最多的产品的生产会使发生的工时减少，分配的固定制造费用减少。分配的固定制造费用与实际发生额间的差异会增加本期销货成本，减少利润。

问题 101 分析：

选项 A 经济订货量是物料需求计划中一个重要的概念。经济订货量可使订货和储存成本最小化。

选项 B 在物料需求计划系统里，生产计划明确了生产各部分的数量和时间。物料需求计划的推动系统的基本前提：①需求预测；②表明用于生产最终产品的材料、零件和部件任务的物料清单；③明确数量的材料、零件、部件和产品存货，以预测必需的产出。

选项 C 全面质量管理指一个组织以质量为中心，以全员参与为基础，目的在于通过让顾客满意和本组织所有成员及社会受益而达到永续经营的管理模式。

选项 D 制造单元是指生产最终产品所需的相关生产过程被分组，然后为了彼此相接近、改善沟通、快速反应等将其按逻辑分为最小的组。

问题 102 分析：

选项 A 及时采购系统是指在原材料购入后直接投入生产，不形成库存。及时采购一般与准时制生产共同存在。

选项 B 相关总成本是指与决策相关的成本的总和。

选项 C 在物料需求计划系统里，生产计划明确了生产各部分的数量和时间。物料需求计划的推动系统的基本前提：①需求预测；②表明用于生产最终产品的材料、零件和部件任务的物料清单；③明确数量的材料、零件、部件和产品存货，以预测必需的产出。

选项 D 经济订货量是物料需求计划中一个重要的概念。经济订货量可使订货和储存成本最小化。

问题 103 分析：

物料需求计划的缺点：可能造成存货积压；各工作站收到尚未准备处理的部件。

问题 104 分析：

承诺成本是一种固定成本，是短期内鉴于战略和经营优先权的考虑不能被缩减的成本。

问题 105 分析：

物料需求计划的优点：

1）对各功能部门之间的协调性要求不是那么高；每个人只需遵照物料清单。

2）有计划的改善；即使需求不确定或相对不可预测时产量也满负荷。

3）可预测原材料需求；可以利用大宗购买或者价格折扣。

4）更有效的存货控制；可以规划用完原材料或生产最终产品。

5）一旦产品在向客户运输过程中受损或丢失，手头仍然有多余的存货来满足订单。

6）新的顾客需求做出快速反应；可以直接向新客户供应现有存货，而不必等接到订单后才开始生产产品。

7）更有效的生产过程控制，使工具替换和机器准备的时间最小化。

问题 106 分析：

物料需求计划系统里，主生产计划明确了生产各部分的数量和时间。物料需求计划的推动系统的基本前提是——需求预测；表明用于生产最终产品的材料、零件和部件任务的物料清单；明确数量的材料、零件、部件和产品存货，以预测必需的产出。

问题 107 分析：

缓解经营过程瓶颈问题的方法包括：

1）消除瓶颈环节的闲置时间。

2）减少瓶颈环节启动时间。

3）瓶颈环节只生产每单位限制性因素边际贡献最大的产品。

4）将那些不必在瓶颈环节生产的产品挪到非瓶颈环节上去生产。

5）将瓶颈环节的生产任务外包。

6）提高产品质量减少返修。

在本题中，选项 D，提高非瓶颈环节上机器上的运作效率不仅不能增加产量（因为产量受到瓶颈环节的约束），还可能为生产带来混乱，因为非瓶颈环节上机器上的运作效率的提高只会使瓶颈环节上等待加工的半成品更多。

问题 108 分析：

约束理论的步骤：

第 1 步，识别系统中的制约因素。

第 2 步，决定如何充分地利用制约因素。

第 3 步，调节非约束因素使得约束因素运营效率最大化。

第 4 步，提升约束因素的性能。

第 5 步，回到第 1 步骤，开始解决下一个瓶颈问题。

问题 109 分析：

产品制造成本 = 直接材料成本 = 45 元 + 15 元 = 60 元。

问题 110 分析：

约束理论强调关注制约因素，暂时忽略那些非制约因素。约束理论是短期的，最终目标是产量贡献最大，经营费用和存货投入最小。约束理论中的经营费用是指系统将存货转变为产量所花费的资金。经营费用包括了直接人工、辅料、外部承包人、利息支付和折旧等方面的花销。经营费用中包括了固定成本和变动成本。

问题 111 分析：

价值是某商品或服务为顾客带来的有用性。价值链是一些相互依存的活动组成的系统，每一项活动的目的是为最终产品和服务增加价值。

问题 112 分析：

价值链是一些相互依存的活动组成的系统，每一项活动都意图为最终产品和服务增加价值。

问题 113 分析：

评估竞争优势是一种价值链方法，具体步骤为：

第 1 步，内部成本分析。

第 2 步，内部差异分析。

第 3 步，垂直链接分析。

问题 114 分析：

增值活动是指那些把资源转变为符合外部客户要求的产品和服务的过程。题中Ⅲ是增值活动。非增值活动可以被消除，同时在最终使用者看来，产品或服务的功能绩效和质量也没有退化。题中Ⅱ是非增值活动。

问题 115 分析：

传统财务报表中，可列入存货的成本包括直接材料，直接人工和间接制造费用，不包括顾客服务成本。在价值链财务报表中凡是与增值活动有关的成本都应列入产品成本。顾客服务成本属于价值链中的顾客服务环节，能为顾客带来价值，因此应列入产品成本中。

问题 116 分析：

价值链的顺序：①产品设计；②购置原材料；③制造；④仓储和分销；⑤营销和销售；⑥客户服务。

问题 117 分析：

价值链上的增值活动：①产品设计；②购置原材料；③制造；④仓储和分销；⑤营销和销售；⑥

客户服务。

将木材家具最后组装起来属于制造环节，在价值链上。

为新生产的汽车喷漆属于制造环节，在价值链上。

其余题中所给的活动都不在价值链上。

问题 118 分析：

企业业务流程重组能使工作流程彻底变化，只因为企业业务流程重组是：

基础的——企业业务流程重组强迫人们去关注那些目前开展业务所采用的司空见惯的规则和假设。题目中选项 A 是不恰当的。不应是隐形的规则和假设，而是司空见惯的规则和假设。

彻底的——企业业务流程重组是指重新发明，而不是改进或修正。彻底的重新设计是指抛弃现存流程，创造新的工作方式。题目中选项 C 是恰当的。重新发明是一种再投资。

戏剧性的——企业业务流程重组不是轻描淡写。它是当需要“重千克爆炸”来减轻严重情况时使用的。如果只是需要对流程进行轻微的改进，那就不需要再造。题目中选项 B 是不恰当的。企业流程重组不是缓解困境的方法而是一种彻底改变困境的方法。

流程——企业业务流程重组事关流程定位，它格外重视那些需要投入并为客户创造有价值产出的一连串活动。

问题 119 分析：

选项 A 持续改善是指不断进行的改善，基于以下流程：进行改进，保持改进，再进行的改进，再保持改进。

选项 B 趋势分析是指将实际达到的结果，与不同时期财务报表中同类指标的历史数据进行比较，从而确定财务状况、经营成果和现金流量的变化趋势和变化规律的一种分析方法。

选项 C 增值活动是指那些把资源转变为符合外部客户要求的产品和服务的过程。

选项 D 标杆管理是用来衡量产品、服务和实物与最佳绩效水平相比较的水平的、持续的和系统的过程。

问题 120 分析：

ABM 努力避免不必要的成本并使现有资源最大化利用。

基于 ABM 的信息，组织通常能够：

1）做出更好的决策。

2）改善绩效。

3）提高总资源的收益。

问题 121 分析：

选项 A 增值活动是指那些把资源转变为符合外部客户要求的产品和服务的过程。

选项 B 趋势分析是指将实际达到的结果，与不同时期财务报表中同类指标的历史数据进行比较，从而确定财务状况、经营成果和现金流量的变化趋势和变化规律的一种分析方法。

选项 C 标杆管理是用来衡量产品、服务和实物与最佳绩效水平相比较的水平的、持续的和系统的过程。

选项 D 持续改进是指不断进行的改进，基于以下流程：进行改进，保持改进，再进行的改进，再保持改进。

问题 122 分析：

标杆管理用来衡量产品、服务和实物的相对于最佳绩效水平持续的、系统的过程，可以分为内部标准和外部标准。在企业选择标准时，既可以选择内部标准，如Ⅰ，也可选择外部同业标准，如Ⅱ、

Ⅳ，也可以选择非同业类似的作为标准，如Ⅲ。

问题 123 分析：

质量培训成本是预防成本的一种。公司质量培训是从生产的源头开始，做好质量培训可以减少评估成本，内部损失成本和外部损失成本，进而减少总质量成本。在预防上进行改善是改善公司总体质量成本最好的方法。

问题 124 分析：

分析产品质量问题的技术包括质量审计、差距分析和统计控制。统计控制的方法包括：控制表，帕累托图，因果图（又称鱼骨图或石川图）。

问题 125 分析：

单一财务指标中，有时并不能看出哪些具体的地方需要改进，因此需要非财务指标。任何一个非财务指标的设计都在因果链条中与财务结果相联系，否则指标的设计将失去意义。

问题 126 分析：

预防成本 = 工艺设计成本 + 供应商评审成本 + 职工培训成本 = 600 000 元 + 480 000 元 + 300 000 元 = 1 380 000 元。

问题 127 分析：

评估成本是质量审计过程中发生的成本，包括对质量水平正式和非正式的衡量和评估以及设定质量标准和业绩要求。例如，对原材料、半成品检查和测试，对完工产品的检测，校对设备及流程和服务的评估。

问题 128 分析：

选项 A 返修损失费用是内部缺陷成本。

选项 B 产品测试成本是评估成本。

选项 C 保修成本是外部缺陷成本。

选项 D 设备维修成本不是质量成本。

问题 129 分析：

外部损失成本是指在产品交付顾客后由于质量问题而发生的费用，包括顾客投诉、退货、产品召回和担保费用。选项 D 中，产品现场测试成本是评估成本。

问题 130 分析：

选项 A 返工瑕疵品发生的成本是内部损失成本。

选项 B 检验成品发生的成本是评估成本。

选项 C 保修成本是外部损失成本。

选项 D 产品测试成本是评估成本。

问题 131 分析：

增值是指那些把资源转变为符合外部客户要求的产品或服务的活动。该问题中增值作业为安装和磨光，非增值作业为订货和装卸，所以增值作业成本 = 20 000 元 + 6 000 元 = 26 000 元。

问题 132 分析：

标准检查是用来衡量产品、服务或实务相对于最佳绩效水平的状况的持续的、系统的过程。它可以分为内部与外部标杆学习。标准检查的步骤是：①选择、排序标准检查项目；②组织标准检查团队；③记录各个项目的工作流程；④研究、识别同类中的最佳绩效；⑤分析数据；⑥提出标准检查后的建议。标准检查是帮助一个企业形成竞争力的有力工具。

问题 133 分析：

生命周期成本法分为 3 个部分：①上游成本。如研发设计成本；②制造成本；③下游成本，如营销成本、服务成本以及保修成本。

问题 134 分析：

财产税的金额随着资产规模变化，不会跟随产量变化，所以不是变动成本。

问题 135 分析：

高度自动化的生产企业，成本动因是机器工时，人工工时与成本相关性最低。人工成本和制造费用都是产品成本。

问题 136 分析：

作业成本法是基于活动的成本核算方法，使得人们能够看到成本的消耗和所从事工作之间的直接联系，这样人们可以分析哪些成本投入是有效的，哪些成本投入是无效的。

问题 137 分析：

成本变化 = 800 000 元 × 400 小时/1 600 小时 − 800 000 元 × 27 次/300 次 = 128 000 元。

问题 138 分析：

产品在售价上升、成本下降、销售量不变的情况下，销售利润上升。

问题 139 分析：

客房服务人员的服务费是与顾客人数有关的成本，因此它既属于直接成本又属于变动成本的运营成本。

问题 140 分析：

生命周期成本法是一种计算发生在生命周期内的全部成本的方法，通常被理解为产品生产周期成本法，以此来量化产品生命周期内的所有成本。适用于上游成本高的企业、下游成本高的企业、上游成本和下游成本都高的企业，如 IT 业、制药业和零售业。

问题 141 分析：

质量分析中经常使用的方法：帕累托图、因果图、直方图、相关图、控制图等。敏感性分析不属于质量分析工具。

问题 142 分析：

分批成本法简称分批法或订单法，它是按照产品的批别来归集生产费用，并计算该批产品成本的一种方法。它主要适用于单件、小批生产的机械、船舶、服装等制造企业，也适用于咨询公司、会计师事务所等服务性企业。

问题 143 分析：

分步成本法适用于同质大量的产品生产流程，尤其适用于高度自动化或重复加工的流程。分批成本法适用于大型、有差异产品的成本核算。

问题 144 分析：

理论生产能力是理想状态下的生产能力，一般很难达到，不适合作为成本分配的基础。

问题 145 分析：

公司生产的是大量等质、连续生产的产品，应采用分步成本法。

问题 146 分析：

作业成本法按照成本动因的作业量来分配成本。作业量小的产品，被分配的成本少。

问题 147 分析：

用部门毛利来考核部门经理，部门毛利中不包括不受部门经理控制的直接固定成本。

问题 148 分析：

当各部门间的成本动因不同时，按照不同部门且使用不同的成本动因来分部门分配制造费用比使用企业比率分配更精确。

问题 149 分析：

可知：

A 辅助部门实际间接成本 = 500 000 元 + 10% × B 辅助部门实际间接成本。B 辅助部门实际间接成本 = 360 000 元 + 20% × A 辅助部门实际间接成本。解得，A 辅助部门实际间接成本 = 546 939 元，B 辅助部门实际间接成本 = 469 388 元。甲生产部门分配服务部门的间接费用 = 546 939 元 × 50% + 469 388元 × 30% = 414 286 元。乙生产部门分配服务部门的间接费用 = 546 939 元 × 30% + 469 388 元 × 60% = 445 714 元。

问题 150 分析：

约束理论认为任何一个系统，如果它的投入、产出过程可以按环节或者阶段进行划分，而且一个环节的产出依赖于前面一个或多个环节的产出的话，那么这个系统最终的产出将受到系统内生产率最低的环节的限制。所以 5 种瓶颈资源决定了 5 条生产线对总收益的贡献，将这 5 种资源用于单位瓶颈资源的生产边际贡献最大的产品。

问题 151 分析：

在多部门的生产成本问题中，转入成本指先前部门积累下来的所有成本，并且先前部门的成本结转至当前部门。前一个部门类似于产品的卖方，后一个部门类似于产品的买方，即铸造部转入产品的成本作为加工部的期初成本。

问题 152 分析：

后推成本法是准时制中使用的方法。该方法忽略部分或全部生产周期中的会计分录，用正常或标准成本逆向追溯发生成本。其好处是节省会计成本，但是没有清晰的核查记录，且不符合公认会计准则。所以该方法半成品账户设置与传统方法不同。

问题 153 分析：

采用传统成本法并使用直接人工工时数为基础分配间接成本，大批量生产、劳动密集型将被多分配成本，小批量生产、资本密集型将被少分配成本。

问题 154 分析：

固定制造费用使用预算分配比率确定，预算分配比率 = 预算固定制造费用/预算产能。所以当预算产能小于实际产能，预算固定制造费用大于实际固定制造费用时固定制造费用可能被过度分配。

问题 155 分析：

独立分摊法下，A 部门分摊的成本 = 12 000 元 × （10 000 元/(10 000 元 + 5 000 元)） = 8 000 元。增量分摊法下，以 A 部门为主要使用部门，那么 A 部门分摊的成本为10 000元。

问题 156 分析：

成本动因包括：作业成本动因、数量成本动因、结构成本动因、执行性成本动因。

问题 157 分析：

略。

问题 158 分析：

计算机集成制造（CIM）：制造业企业制造过程中所有环节的全部生产活动是一个互相紧密相关的整体。整个制造过程本质上可以抽象成一个数据的搜集、传递、加工和利用的过程，最终产品仅是数据的物化表现。

问题 159 分析：

解决质量问题时，需要收集和整理大量的资料，并用科学的方法进行系统的分析。最常用的几种统计方法是：帕累托图、因果图（鱼骨图）、直方图、相关图、控制图等。

问题 160 分析：

甲公司百万品废品率 = 11 个/3 253 740 个 × 1 000 000 = 3.38，符合 6 西格玛系统标准。

问题 161 分析：

控制图就是对生产过程的关键质量特性值进行测定、记录、评估并监测过程是否处于控制状态的一种图形方法。只有设备调整才可能造成一天的结果超过上限。

问题 162 分析：

只有原材料优化才能够产生逐步向上的控制图。

问题 163 分析：

鱼骨图也称为因果分析图或石川图。它看上去有些像鱼骨，问题或缺陷标在“鱼头”外。在鱼骨上长出鱼刺，上面按出现机会多寡列出产生生产问题的可能原因。鱼骨图有助于说明各个原因之间如何相互影响。它也能表现出各个可能的原因是如何随时间而依次出现的，这有助于着手解决问题。

问题 164 分析：

帕累托图又称为排列图、主次图，是按照发生频率大小顺序绘制的直方图，表示有多少结果是由已确认类型或范畴的原因所造成。它是将出现的质量问题和质量改进项目按照重要程度依次排列而采用的一种图表，可以用来分析质量问题，确定产生质量问题的主要因素。质量部门应首先采取措施纠正造成最多数量缺陷的问题。

问题 165 分析：

选项 A、B 和 D 的说法是正确的。80% 的结果源于 20% 的可能起因，实践中应用帕累托图为按优先次序管理项目。

问题 166 分析：

持有成本指与持有存货相关的成本。除存货外，它还包括同存货有关的机会成本和存储成本。

问题 167 分析：

直接成本可以直接追溯到成本目标。同时，在一定期间，工资通常不发生变化。因此，工资是一种固定直接人工成本。其他选项是变动成本或者间接成本。

问题 168 分析：

产品销售成本 = 销售收入 − 毛利润 = 160 000 美元 − 48 000 美元 = 112 000 美元。

可供销售产成品成本 = 产品销售成本 + 期末产成品存货 = 112 000 美元 + 58 300 美元 = 170 300 美元。

产品生产成本 = 可供销售产成品成本 − 期初产成品存货 = 170 300 美元 − 60 190 美元 = 110 110 美元。

问题 169 分析：

产品生产成本 + 期末在产品 = 直接劳动力成本 + 生产管理费用 + 生产中使用的原材料 + 期初在产品。

因此，期初在产品 = 产品生产成本 + 期末在产品 − 直接劳动力成本 − 生产管理费用 − 生产中使用的原材料 = 1 125 000 美元 + 230 000 美元 − 280 000 美元 − 375 000 美元 − 450 000 美元 = 250 000 美元。

问题 170 分析：

主要成本指直接生产成本，转换成本是直接材料成本之外的所有生产成本。

单位主要成本 = 单位直接材料 + 单位直接劳动力成本 = 2 000 000 美元/200 000 个 + 1 000 000 美元/200 000 个 = 10 美元/个 + 5 美元/个 = 15 美元/个。

单位转换成本 = 单位直接劳动力成本 + 单位间接劳动力成本 = 1 000 000 美元/200 000个 + 600 000 美元/200 000 个 = 5 美元/个 + 3 美元/个 = 8 美元/个。

问题 171 分析：

工资将提高 5%，支付的佣金成本（变动成本）将提高 10%。因为销售人员的工资和佣金总额是两种成本的汇合，所以将提高 5% ~10%。

问题 172 分析：

变动成本法是一种存货成本计算法。按照变动成本法，所有变动生产成本都可列入存货成本。同时由于固定生产成本被认为是一种期间费用，在成本数量分析中，固定成本不分摊到生产单位。所以，使用变动成本法，分析更加简单、明了。当产量变化的时候，单位成本不变。

问题 173 分析：

上述所有活动的目标都是提高业务收入。但是，削减 230 万美元的广告和市场营销成本是生产经理无法控制的。另外，加速生产，将生产成本摊入存货，只有在公司采用吸收式成本法时才有用。最后，采用作业成本法和作业管理法从长期看是有用的，但是短期效果很小。因此，将设备维护费用推迟到下一个报告期支付，是影响业务收入和生产经理年终奖金的唯一办法。

问题 174 分析：

只有在附加成本小于额外收益的情况下，才应该在分离点之后对产品进行加工。经计算，可知只需要对 J-60 进一步加工。额外收益、附加成本的计算见表 8-109。

表 8-109 计算额外收益、附加成本 （单位：美元）

科目	B-40	J-60	H-102
额外收益	12. 25 – 10. 00 = 2. 25	5. 70 – 4. 00 = 1. 70	9. 75 – 7. 25 = 2. 50
附加成本	3. 05	1. 00	2. 50

问题 175 分析：

少分摊的间接成本应该在本期生产活动的基础上按比例进行分摊，分摊到在产品、产成品和产品销售成本。

因此，应分摊到产品销售成本的间接成本 = （1 120 000 美元/（128 000 美元 + 272 000美元 + 1 120 000 美元））×133 000 美元 = 98 000 美元。

由于少分摊了间接成本，我们应该将应分摊的间接成本加入产品销售成本，则产品销售成本 = 98 000 美元 + 1 120 000 美元 = 1 218 000 美元。

问题 176 分析：

总废品数量 = 期初产品数量 + 生产并完工的产品数量 – 转出的产品数量 – 期末产品数量 = 2 200 单位 + 4 000 单位 – 3 000 单位 – 1 500 单位 = 1 700 单位。

非正常废品数量 = 总废品数量 – 正常废品数量 = 1 700 单位 – 1 000 单位 = 700 单位。

问题 177 分析：

每加仑变动成本 = (160 000 美元 – 132 000 美元)/(80 000 加仑 – 60 000 加仑) = 1. 40 美元/加仑。

对于 60 000 加仑，变动成本 = 1. 40 美元/加仑 ×60 000 加仑 = 84 000 美元。

固定成本 = 总成本 – 变动成本 = 132 000 美元 – 84 000 美元 = 48 000 美元。

对于 75 000 加仑，总成本 = 1. 40 美元/加仑 ×75 000 加仑 + 48 000 美元 = 153 000 美元。

问题 178 分析：

材料处理成本是变动的，机器维修成本是固定的。因为变动成本受成本动因影响，所以 Q 产品的单位材料处理成本将保持不变。Q 产品的单位固定成本将提高，因为此成本将分摊到更少量的成本动因单位。

问题 179 分析：

产品生命周期成本 = 生产和销售成本 + 研发和设计成本 + 保修成本 = 5 000 000 美元 + 7 000 000 美元 + 200 000 美元 + 100 000 美元 = 12 300 000 美元。

问题 180 分析：

后推成本法不记录同传统成本法使用的四大点有关的部分或者全部顺序分类账：材料采购、生产、产成品制造和产成品销售。

问题 181 分析：

即便不中断，保持最大生产能力事实上也是不可能的。正常生产能力和总预算生产能力集中在产出上。因此，在给定的环境中，实际生产能力的产出是企业在正常中断时所能达到的最大产出，它将产生最佳的间接成本分摊率。

问题 182 分析：

250 000 美元/100 000 机器工时 = 2. 50 美元/机器工时。

100 000 机器工时/50 000 单位 = 2. 00 机器工时/单位。

2. 50 美元/机器工时 × 2. 00 机器工时/单位 × 48 000 单位 = 240 000 美元。

问题 183 分析：

精益生产是准时制的另一个名称。

问题 184 分析：

准时制目标是企业存货最小化。因此，批量规模是建立在生产单位直接需求之上。相反，在传统系统中，原材料存货采购批量规模经常是由公式决定的，如经济订货批量（Economic Order Quantity, EOQ）。

问题 185 分析：

切割和抛光部单位产品的销售收入 − 单位产品直接材料成本 = 150 美元 − （45 美元 + 15 美元） = 90 美元。

问题 186 分析：

约束理论有 3 个指标——产出贡献、投资和经营成本。

问题 187 分析：

全面质量管理集中在客户上，尽力进行持续改善。

问题 188 分析：

单位变动成本 = （19 500 元 + 28 000 元 − 17 000 元 − 25 000 元） ÷ （6 000 件 − 5 000 件） = 5. 5 元/件。固定成本 = 19 500 元 + 28 000 元 − 6 000 件 × 5. 5 元/件 = 14 500 元。

问题 189 分析：

产成品成本 = 236 000 元 + 59 000 元 + 18 700 元 + 115 000 元 + 35 800 元 − （45 000 元 − 38 000元） + （21 000 元 − 10 000 元） = 468 500 元，销货成本 = 468 500 元 − （107 000 元 − 78 000 元） = 439 500 元。

问题 190 分析：

正常成本法对直接材料、直接人工采用实际成本，而对于制造费用采用预定间接成本分摊率进行分摊。标准成本法采用预定成本分配率分配所有产品成本。这两种方法均会产生变动制造费用效率差异，而实际成本法则不会。

问题 191 分析：

吸收成本法下固定制造费用计入产品成本，所以期末产成品库存的总价值 = （187 500元 + 100 000元 + 150 000 元 + 200 000 元）/100 000 件 × （100 000 件 − 75 000 件） = 159 375 元。

问题 192 分析：

变动成本法下固定制造费用作为一项期间费用，而吸收成本法下固定制造费用归集到产品成本，因此变动成本法下经营利润 = 250 000 元 − 990 000 元 ÷ 330 000 件 ×（330 000 件 − 325 000 件）= 250 000元 − 15 000 元 = 235 000 元。

问题 193 分析：

物理指标法也称平均成本法，该方法基于物理指标分摊，所以分配到每款可分离产品的单位成本都相同。

问题 194 分析：

分批成本法又称订单成本法，是将成本分摊给特定批次的产品，一般适用于小批专用生产的机械、船舶、设备等。

问题 195 分析：

废品分为正常废品和非正常废品，这些损毁品属于非正常废品，正常废品计入产品制造成本，非正常废品计入损失。

问题 196 分析：

作业成本法关注成本动因和作业之间的因果关系，可以避免成本扭曲。

问题 197 分析：

生命周期成本法考虑产品的整个生命周期，计算综合成本，所以该产品在整个生命周期中的单位成本 = （260 000 元 + 10 000 元 + 900 000 元 + 300 000 元 + 40 000 元 + 900 000 元 + 100 000 元 + 60 000 元 + 900 000 元 + 50 000 元 + 80 000 元） ÷ 300 000 件 = 12 元/件，所以售价 = 12 元/件 × （1 + 10%） = 13.2 元/件。

问题 198 分析：

机器加工部门的分摊率 = 4 000 000 元 ÷ 40 000 小时 = 100 元/小时，组装部门的分摊率 = 2 000 000 元 ÷ 40 000 小时 = 50 元/小时。

问题 199 分析：

预算间接费用 = 5 000 000 元/500 000 小时 × 0.5 小时 + 7 000 000 元/1 400 000 小时 × 1.5 小时 = 5 元 + 7.5 元 = 12.5 元。

问题 200 分析：

该企业严重依赖专业化机器，因此选择机器工时作为分摊基数。

问题 201 分析：

根据交叉分摊法的基本原理，人力资源提供的服务成本首先分配到数据处理部门，即选项 B 是正确的。

问题 202 分析：

准时制生产的优点包括减少了生产的准备时间，生产准备时间的降低不能等同于生产准备成本的降低。

问题 203 分析：

产量成本法也称为超变动成本法。在这种成本计算方法之下，只有直接材料可以计入存货成本，而其他所有成本在发生的当期均作为期间费用处理。因此在提供对外财务报告时，需要调整存货账户。

问题 204 分析：

固定费用指费用总额在一定时期和一定业务量范围内，不受业务量增减变动影响而保持不变的费用。变动费用是指费用总额随着业务量的增减变化而成正比例增减变化的成本。但是，其单位业务量的费用保持不变。

问题 205 分析：

价值链分析评估客户价值感知度，确定当前成本和绩效标准，评估哪些环节可以增加价值、减少成本。它关注整个价值链。

问题 206 分析：

增值作业是指那些把资源转变为符合客户要求的产品或者服务的活动，所以组装和安装是增值作业。

问题 207 分析：

标杆分析是用来衡量产品、服务或者实务，相对于最佳绩效水平状况的持续、系统的过程。标杆分析捕捉同类最优信息或者以行业外有类似流程的其他组织的量度标准为依据。

问题 208 分析：

预防成本是指用于预防生产不合格品与故障等所需的各种费用。预防成本 = 设备维护 + 供应商评估 =5 000 元 +5 000 元 =10 000 元。

问题 209 分析：

在约束理论中，根据各个产品的单位限制性要素的产出贡献来决策。产品 A 的单位机器工时的边际贡献是 23.75 元，而产品 B 单位机器工时的边际贡献是 22 元。产品 A 的单位限制性要素的边际贡献更高。

问题 210 分析：

正常损耗的成本进入产品成本，非正常损耗的成本进入期间费用。生产的正常损耗和非正常损耗的废品在销售之后，销售收入增加，都能够改善利润状况。

问题 211 分析：

产量成本法也称为超变动成本法，产品成本仅包括直接材料。该方法不符合 GAAP 的要求，需要调整会计分录。

问题 212 分析：

产量成本法也称为超变动成本法，产品成本仅包括直接材料。

问题 213 分析：

((500 个 ×2 －20 个) ×3) －120 个 =2 820 个。

问题 214 分析：

市场价值法是按照分离点的市场价值来分配成本，所以毛利率是保持一致的。如果有再加工成本，则使用毛利法，毛利率是相等的。

问题 215 分析：

该成本包括固定成本和变动成本，所以是混合成本或者总成本。

问题 216 分析：

损耗和废料是内部损失成本。

问题 217 分析：

两个因素均有关系需要使用多元回归分析，是否相关通过假设检验进行判断。

问题 218 分析：

期末存货占总生产量的 25%（1－75 000 件/100 000 件）。存货价值＝（187 500 元＋100 000 元＋150 000 元＋200 000 元）×25%＝159 375 元。

问题 219 分析：

该成本属于固定成本，变动成本几乎为 0。本题是考显著性检验的概念。

问题 220 分析：

持续改进的特征包括：长远的和持续的、平和的，但不显著；许多的小幅度；连续的和增量的；逐步的和稳定的；集体主义、团队奋斗和系统方法；强调较小的投资，但非常努力维持等。

问题 221 分析：

A 部门人工工时制造费用分摊率＝30 000 元/3 000 小时＝10 元/小时。B 部门机器工时制造费用分摊率＝20 000 元/1 000 小时＝20 元/小时。

该产品分摊费用＝10 元/小时×20 小时＋5 小时×20 元/小时＝300 元。

问题 222 分析：

工作单元（制造单元）是 JIT 下的概念。

问题 223 分析：

使用独立成本分配法，C 部门的房租＝500 平方米/1 500 平方米×120 万元＝40 万元。

问题 224 分析：

将产品交付给客户是增值作业，其余 3 项都是典型的非增值作业。

问题 225 分析：

(2 元/盎司＋0.2 元/盎司)×9 盎司/(1－4%)＝20.63 元。

问题 226 分析：

由于存在主要部门和次要部门，所以应该使用独立成本分配法。

问题 227 分析：

服务部门一需要按照人工工时来进行分配，需要服务部门二、生产部门一和生产部门二的人工工时。服务部门二需要按照机器工时来进行分配，需要服务部门一、生产部门一和生产部门二的人工工时。交互分配法的二元一次方程组可以确立，不需要其他信息。

问题 228 分析：

以产品的单位成本作为个体加权分摊是独立成本分配法，因为使用了共同的分配基础。

问题 229 分析：

从主要服务部门开始分摊，这是按步向下分配法。

问题 230 分析：

价值链分析对各个环节成本和价值进行分析。

问题 231 分析：

约束理论要求产品组合使用单位限制性要素的产出贡献最大化的规则。

问题 232 分析：

略。

问题 233 分析：

维修成本＝345 元＋60 元/小时×140 小时＝8 745 元。

问题 234 分析：

使用正常产能作为基数，单位固定制造成本分配率减少，期间利润增加，存货价值减少，销货成本减少。

问题 235 分析：

期末转出完工品 = 100 个 + 20 个 - 30 个 = 90 个。本期约当产量 = 90 个 + 30 个 × 90% - 100 个 × 50% - 20 个 × 60% = 49 个。

问题 236 分析：

固定成本不随产量变化，而变动成本在相关范围内随着产量变化。

问题 237 分析：

制造环节之前的成本属于上游成本。

问题 238 分析：

运输、存储、检测是非增值活动。

问题 239 分析：

年度审计不属于价值链环节。

问题 240 分析：

当不同部门动因不同时，部门间接分摊率更好。

问题 241 分析：

固定成本较高且作业差别较大，产品种类较多使用作业成本法更好。

问题 242 分析：

如果销量大于产量，吸收成本法的营业利润更低，存货价值无论销量多少，都是吸收成本法更高。

问题 243 分析：

只有选项 D 符合标准成本法的定义。

问题 244 分析：

例外管理要求管理者将注意力放在重大的差异，而不是一般情况上。

问题 245 分析：

持续改进使用理想标准。

问题 246 分析：

分配给产品一的联合成本 = (25 000 元 + 30 000 元 + 50 000 元)/(12 元/件 × 5 000 件 + 5 元/件 × 15 000 件) × (12 元/件 × 5 000 件) - 25 000 元 = 21 667 元。

问题 247 分析：

题目中描述的全厂使用同一分配基础进行分配。

问题 248 分析：

销售价格较低，销售收入大大低于主产品，在企业总销售收入中的比重很小。

问题 249 分析：

处理成本的动因是组件数量。

问题 250 分析：

外部损失成本是指产品出厂后，因不满足规定的质量要求，引起索赔、修理、更换或信誉损失等而支付的费用。主要包括申诉受理费用、保修费用、退换产品损失费用、折旧损失费用和产品责任损失费用等。

问题 251 分析：

成本动因是任何与成本之间存在因果关系的因素。管理人员工资属于成本，而不是成本动因。

问题 252 分析：

准时制生产（JIT）要求应用全面质量管理，选项 C 不属于 JIT 的优点。

问题 253 分析：

营业利润等于边际贡献减去固定制造费用及其他固定费用。

问题 254 分析：

作业成本法通过尽可能地识别多个成本动因和相关的成本，以及它们与成本动因的因果关系，使成本扭曲最小。

问题 255 分析：

作业基础管理法的好处有：通过持续改进方法提高竞争优势；提高客户得到的价值；将资源更好地分配到关键的增值活动上。作业成本法能够提供更准确的成本信息。

问题 256 分析：

吸收成本法可以通过增加产量来操纵经营收益，即增加存货来吸收更多的固定制造费用。而变动成本法下，生产的变化不会导致利润失真。

问题 257 分析：

变动成本 =(15 000 元 −9 000 元)/(29 000 元 −17 000 元) =0.5 元/张。

固定成本 =15 000 元 −29 000 张 ×0.5 元/张 =500 元。

8 月清洁费 =25 000 张 ×0.5 元/张 +500 元 =13 000 元。

问题 258 分析：

理想标准是一个前瞻性目标，只有当所有情况都产生最佳的可能结果时，才能在当下实现。理想水平是假设所有设备状况良好以及所有员工能按预期工作，这在实际工作中几乎不可能实现。如果以此设为标准并进行考核，不仅不能激励员工，反而会打消员工积极性。

问题 259 分析：

内部损失成本 =9 000 元 +1 500 元 =10 500 元。

问题 260 分析：

期末库存 =680 件 +240 件 −800 件 =120 件。约当产量 =75% ×120 件 +800 件 −240 件 ×60% =746 件。

问题 261 分析：

直接材料 = 64 元/件 × 20 000 件 = 128 万元。总产出贡献 = 180 元/件 × 2 万件 − 128 万元 = 232 万元。

问题 262 分析：

产品一可变现净值 =5 000 件 ×8 元/件 −10 000 元 =30 000 元。产品二可变现净值 =10 000 件 ×10 元/件 −30 000 元 =70 000 元。产品一单位成本 =[60 000 元/(30 000 元 +70 000 元) ×30 000 元 +10 000元]/5 000 件 =5.6 元/件。

问题 263 分析：

由于实际发生的间接费用金额大于预算值，差异就是分摊不足。只有不显著的金额才允许直接调整产品销售成本，显著的差异需在在制品、存货和销货成本之间进行分配。分摊后销货成本 =(136 000 元 −13 000 元) +(55 000 元 −50 000 元)/(136 000 元 +14 000 元) ×(136 000 元 −13 000 元) =127 100 元。

问题 264 分析：

成本池 1 分摊到成本池 2 的成本 =150 000 元 ×10% =15 000 元。成本池 2 分摊到成本池 3 的成

本 =(80 000 元 +15 000 元)/(10% +70%)×10% =11 875 元。

问题 265 分析：

各业务职能部门在价值链中的顺序为：研究和开发、产品和过程的设计、生产、市场营销、分销、客户服务。

问题 266 分析：

通过与标杆分析对比更有利于提高绩效，其余 3 项说法正确。

问题 267 分析：

本月使用直接材料 =2 000 元 +50 000 元 -3 500 元 =48 500 元。产品制造成本 =5 000 元 +48 500 元 +22 000 元 +22 000 元×60% -9 000 元 =79 700 元。

问题 268 分析：

(100 个×3 英尺/个 -15 英尺)×4 件/英尺 -80 件 =1 060 件。

问题 269 分析：

吸收成本法下，BM2 单位产品利润 =100 元/件 -(46 000 元 +35 500 元 +12 000 元)/1 500 件 =38 元/件。SM4 单位产品利润 =120 元/件 -(42 000 元 +25 000 元 +9 500 元)/970 件 =41 元/件。

生命周期成本法下，BM2 单位产品利润 =100 元/件 -(20 000 元 +7 000 元 +46 000 元 +35 500 元 +12 000 元 +4 000 元)/1 500 件 =17 元/件。SM4 单位产品利润 =120 元/件 -(28 000 元 +10 000 元 +42 000 元 +25 000 元 +9 500 元 +5 500 元)/970 件 = -4 元/件。

问题 270 分析：

实际成本制度记录发生的所有实际成本，包括直接人工、直接材料和间接成本。实际成本直到会计期末才能确定。正常成本法对工作、流程或其他成本对象的直接材料和直接人工采用实际成本，同时采用预定间接成本分摊率将间接成本分摊到成本对象上。

问题 271 分析：

第 1 个工作任务的差异 =(23 000 元 -23 750 元)/23 750 元 =3.2%。使用全厂费率分摊，第 2 个工作任务的间接费用 =5.75 元/小时×3 000 小时 =17 250 元。使用部门费率分摊，第 2 个工作任务的间接费用 =850 000 元/250 000 小时×5 000 小时 +300 000 元/125 000 小时×1 700 小时 =21 080 元。第 2 个工作任务的差异 =(17 250 元 -21 080 元)/21 080 元 =18.2%。

问题 272 分析：

按比例分摊后销货成本账户余额 =2 250 000 元 -90 000 元×890 000 元/(10 000 元 +100 000 元 +890 000 元) =2 169 900 元。

问题 273 分析：

准时制生产（JIT）是需求拉动系统。每个配件只有在生产线的下一个工序需要时才立即生产。它的目标是使原材料和产成品存货最小，通过在制品的产量贡献最大。因此，材料成本、订购成本、缺货成本等均可能增加。

问题 274 分析：

流程再造会详细地描绘流程图，评估和质疑流程流，然后彻底重新设计流程以消除不必要的步骤（非增值作业），减少错误机会并降低成本。这种方法与价值链分析最接近。

问题 275 分析：

正常废品损失应该计入产品成本，非正常废品损失应该计入一个单独的费用账户。

问题 276 分析：

内部损失成本是指在向客户交货前因发现不合格产品和部件所发生的成本，包括废料、返工、损耗等成本。

问题 277 分析：

单位产品成本 = （187 500 元 + 100 000 元 + 直接材料 150 000 元）/100 000 件 = 4.38 元/件。销货成本 = 4.38 元/件 × 75 000 件 = 328 125 元。

问题 278 分析：

5.20 元/件 + 260 000 元/400 000 件 = 5.85 元/件。

问题 279 分析：

存放成品书的仓库租赁费用属于管理费用。

问题 280 分析：

价值链分析采用流程的观点。因为价值链将一个企业分解为一个个独立的战略活动，组织可以使用价值链分析来判断在它经营过程中的哪些地方（从设计到配送和售后服务）顾客价值可以加强和成本可以降低。价值链分析有助于识别营利能力的源头以及理解与作业和流程相关的成本。

问题 281 分析：

作业管理是评估作业成本与作业和成本的动因之间的因果关系。因此，作业管理有助于制订更好的决策，改善绩效和增加利润和资产利用的最优化。

问题 282 分析：

全厂间接成本分摊率 = 全厂总间接成本/全厂所有作业共用的成本动因总量 = （4 000 000 元 + 2 000 000 元）/（100 000 小时 + 200 000 小时） = 20 元/小时。

问题 283 分析：

加工部门间接成本分摊率 = 4 000 000 元/40 000 小时 = 100 元/小时。装配部门间接成本分摊率 = 2 000 000 元/20 0000 小时 = 10 元/小时。该作业分摊间接成本 = 100 元/小时 × 10 小时 + 10 元/小时 × 20 小时 = 1 200 元。

问题 284 分析：

内部故障成本是指在向客户交货前因发现不合格产品和部件所发生的成本，包括废料、返工、损耗等成本。内部故障成本 = 异常损耗 + 废品 + 返工 = 645 元 + 150 元 + 1 285 元 = 2 080 元。

问题 285 分析：

一个组织做出一个改进并保持这个改进，再做出一个改进，再保持这个改进，不断重复。虽然每一步可能都很小，但这种可持续的改善可以让企业不断提高。持续改进要求全员参与，并不预先设定具体目标。

问题 286 分析：

1）变动成本法指在产品成本的计算上，只包括产品生产过程中所消耗的直接材料、直接人工和变动制造费用，而不包括固定制造费用。固定制造费用被视为期间成本而应从相应期间的收入中全部扣除。

吸收成本法指在产品成本的计算上，不仅包括产品生产过程中所消耗的直接材料、直接人工，还包括全部的制造费用。

二者的区别表现在固定制造费用的处理上。在变动成本法下，直接材料、直接人工、变动制造费用计入产品成本，固定制造费用和销管费用计入期间费用。在完全成本法下，直接材料、直接人工、全部制造费用计入产品成本，销管费用计入期间费用。

2）变动成本法：

单位存货成本 = 60 元/件 + 40 元/件 + 20 元/件 = 120 元。

经营利润 =（200 元/件 −60 元/件 −40 元/件 −20 元/件）×900 件 −10 元/件 ×1 000 件 −24 元/件 ×900 件 −7200 元 −3600 元 =29 600 元。

吸收成本法：

单位存货成本 =60 元/件 +40 元/件 +20 元/件 +10 元/件 =130 元。

经营利润 =（200 元/件 −60 元/件 −40 元/件 −20 元/件 −10 元/件 −24 元/件 −8 元/件 −4 元/件）×900 件 =30 600 元。

3）变动成本法和吸收成本法之间的差异源于对固定制造费用的处理上。吸收成本法将固定间接制造费用计入产品成本；变动成本法将固定间接制造费用计入期间费用。在本题中，固定制造费用共计 10 000 元，在变动成本法下，全部费用化了，而在吸收成本法下，则有 1 000 元计入期末存货，只有 9 000 元计入当期销售成本（COGS），导致在吸收成本法下，经营利润多出 1 000 元。

4）GAAP 要求用吸收成本法是因为 FASB 认为：凡是同产品生产有关的成本都应计入产品成本。固定制造费用是为保持一定的经营条件而发生的，也就是同形成企业正常生产能力相联系，产品在生产过程中不仅要消耗一定的直接材料、直接人工、变动制造费用，同时要消耗一定的生产能力。

公司决策时使用变动成本法是因为：

a. 营业利润随销售量的增加或减少而升降，这是企业经理人员所想要的会计信息。

b. 便于进行本/量/利分析，有利于销售预测。变动成本法的基本理论和程序揭示了成本、业务量、利润之间的内在关系。

c. 有利于促使企业管理层重视销售，防止盲目生产，通过库存来操纵利润。

d. 有利于编制弹性预算和短期经营决策。弹性预算实际上是根据变动成本法的原理编制的，在企业采取以销定产，可以随业务量的变化而机动地调整，具有弹性。

e. 有利于成本控制和业绩评价。变动成本法，在成本控制方面比完全成本法有更多的优越性，还有利于各部门业绩的评价

问题 287 分析：

1）联产品指共享一部分生产工序且各自拥有相对相同销售价值的产品。副产品是指共享一部分生产工序且各自拥有相对较小价值的产品。

2）包括物理指标法、可实现净值法、市场基础法和毛利法。

3）有两种确认方法：资产辨认法（生产时间）和收入确认法（销售时间）。

4）在决策分析中，联合成本属于无关成本，而可分离成本属于相关成本。

5）每吨产品分摊的成本 =500 万元/（100 吨 +20 吨 +10 吨 +50 吨）=2. 78 万元/吨。

产品 Z =2. 78 万元/吨 ×100 吨 =278 万元。

产品 A =2. 78 万元/吨 ×20 吨 =55. 2 万元。

产品 B =2. 78 万元/吨 ×10 吨 =27. 8 万元。

产品 C =2. 78 万元/吨 ×50 吨 =139 万元。

问题 288 分析：

1）质量成本是指将产品质量保持在规定的质量水平上所需要的有关费用。本题中的原理是消除外部损失成本，最小化评估成本和内部损失成本，有效投资于预防成本。

2）标杆管理用来衡量产品、服务和实物的相对于最佳绩效水平持续的、系统的过程，可以分为内部标准和外部标准。标杆管理的流程略。

3）优点是突出了质量的财务影响，可以发现各类质量成本之间的相互影响，找到质量成本控制的着力点，从而有针对性地降低成本。缺点是质量成本报告无法反映因质量问题导致的客户量减少而丧

失的市场和销售额。

4）优点：

A. 流程再造是基础的，它强迫人们去关注那些目前司空见惯的业务所采取的规则和假设。

B. 流程再造是彻底的，它要重新发明，而不是改进或修正。

C. 流程再造是戏剧性的，是重磅炸弹。

D. 流程再造是流程化的，重视需要的投入和客户价值的一系列活动。

缺点：容易造成员工的抵触；若流程再造失败，会浪费巨大的企业人力、物力、财力，甚至企业会在行业里消失。

5）持续改进是一种阶梯改进，是一种基于标准的改进。企业采用的流程要不断地改进、持续改进、反复如此。

问题 289 分析：

1）4 个部门生产总量 = 5 000 件 + 7 500 件 + 4 000 件 + 6 000 件 = 22 500 件。

C 部门分摊到的单位固定成本 = 150 000 元/22 500 件 = 6.67 元/件。

总单位成本 = 6 元/件 + 6.67 元/件 = 12.67 元/件。

2）D 部门分摊到的单位固定成本 = 150 000 元/40 000 件 = 3.75 元/件。

总单位成本 = 6 元/件 + 3.75 元/件 = 9.75 元/件。

3）总产量 = 22 500 件 −（7 500 件 − 5 000 件）= 20 000 件。

C 部门分摊到的单位固定成本 = 150 000 元/20 000 件 = 7.50 元/件。

总单位成本 = 6 元/件 + 7.5 元/件 = 13.5 元/件，所以增长了 0.83 元/件（13.50 元/件 − 12.67 元/件）。

4）闲置产能可以不分摊到各运营中心，而是归集到集中的费用。当实际生产能力和总预算生产能力存在巨大差异时，一些公司把差异中的一部分归入计划闲置生产能力，这样做可以有利于业绩评价。

5）财务方面包括利润中心边际贡献、可控边际贡献、存货周转率等。创新包括新产品开发数量、员工生产力等。制造流程的改进包括持续无故障时间、设备故障率、设备维修费用降低率、质量、次品率的降低等。

问题 290 分析：

1）产品生命周期成本法是指计算发生在产品生命周期内全部成本的过程。全部成本包括预计成本的费用和产品投产后的累积成本。生命周期成本在以下的环境中极为重要：一是开发设计成本巨大的情况，如本题描述的高科技企业；二是产品废置成本巨大的情况，如放弃核动力装置。

2）生命周期成本法有利于建立与产品生产有关联的总成本的意识，目的是明确生产阶段获取的利润能否补偿开发和废置成本。由于综合考虑了各种成本，生命周期成本计算明确了产品环境成本的影响，并促使人们注意降低或消除这些成本。生命周期成本计算有利于在产品设计阶段确定计划成本和废置成本，并有效地管理控制这些成本。生命周期成本计算提供了一种更广泛的成本计算方法，它包括了制造成本和环境成本。它还自始至终地帮助设计人员认识制造产品的成本影响。这种成本计算方法能够帮助设计者确认在什么范围内削减成本是有效的和有利的。

生命周期成本法对企业是一个重要的工具，但不能消除企业家风险。先进的技术提供了独一无二的战略机会，这是难以用任何方法来计算的。生命周期成本该考虑的是成本节约并没有注重商业营利。当使用这种方法做决策支持时，假设所有因素的营利被认为是较为平等，并且只在成本方面选择不同。在一个总是变化快的商业环境里，选择设备的灵活性往往具有战略性的价值。

3）上游成本：研究与开发成本、设计成本、测试费用、资产的初始投资和劳动力的招聘等。下游成本：资产的处置成本、保修成本、营销成本、客服成本等。

4）新产品的平均成本 =（1 000 000 元 + 1 500 000 元 + 750 000 元）/（15 000 件 + 60 000件）+ 25 元 + 20 元 + 8 元 + 8 元 + 10 元 = 114.33 元。

总利润 = 15 000件 × 250元/件 + 60 000件 × 100元/件 −（15 000件 + 60 000件）× 114.33元 = 1 175 000元。

5）公司的这种定价方法是基于产品生命周期的特点，产品生命周期是产品的市场寿命。对于该新产品而言，前两年为萌芽期，产品进入阶段，销售额缓慢增长。这个阶段的产品具有较强的差异性和较高的成本，价格也较高。后两年为成长期，销售额快速增长。产品继续由于差异化受益，但是竞争加剧，价格开始松动。

基于生命周期定价能够使企业正视现在、预测未来，为尽量利用好每个阶段做好准备的机会。在产品市场生命周期的不同阶段，相关成本、购买者的价格敏感性和竞争者的行为是不断变化的。因此，定价策略要适合时宜、保持有效性，必须根据情况有所调整。

6）随着科技的不断发展，尤其是信息技术为代表的高科技现代化生产系统的出现，传统成本法越来越不适应于企业管理。上游成本本身比重不断上升，而且对下游成本还具有重大影响。生命周期成本法在 3 个阶段改善成本，其思路是重视上游成本，早期积极应对，而不是后期消极应付。

问题 291 分析：

物料需求计划是推动式生产。

问题 292 分析：

质量总成本 = 6 400 元 + 16 800 元 + 2 800 元 + 4 000 元 = 30 000 元。质量成本指数 = 30 000 元/400 000元 = 7.5%。

问题 293 分析：

因为材料是按照需求发运的，因此建立和维持与那些关键供应商的良好关系是十分必要的，一般采取长期合作。

问题 294 分析：

解决 90 度拐弯处是系统的约束。只解决约束是不能解决所有问题的。根据约束理论，因为修复了对整体限制最大的约束，所以对提高整体效率最有帮助。

问题 295 分析：

材料需求计划作为一项计划和控制技术，能够管理依赖需求的存货生产。

问题 296 分析：

只有Ⅰ、Ⅲ和Ⅳ是对的。这 3 项均为生产周期的具体过程，只有生产周期缩短了，采购的间隔才能缩短。Ⅱ为外部因素，与生产周期无关。

问题 297 分析：

高级管理人员和技术人员薪酬均包括固定部分和销量增加后的变动部分。

问题 298 分析：

120 000 元 + 10 000 元 = 130 000 元。

问题 299 分析：

使用的直接材料费用 = 67 000 元 + 165 000 元 − 62 000 元 = 170 000 元。产品生产成本 = 145 000 元 + 200 000 元 + 170 000 元 + 200 000 元 × 0.7 − 171 000 元 = 484 000 元。产品销售成本 = 85 000 元 + 484 000元 − 78 000 元 = 491 000 元。

问题 300 分析：

吸收成本法和变动成本法在成本处理方面的区别就在固定制造费用的处理。由于仅销售了 75 000 件，1/4 的生产成本进入存货。存货的成本 =（187 500 + 150 000 元 + 100 000 元 + 100 000 元 + 200 000 元）×1/4 = 159 375 元。

问题 301 分析：

由于期末有库存，产能的数量越大，分配率越小，存货价值越小，净利润越低。

问题 302 分析：

正常成本法的原理是直接材料和人工按照实际发生归集，而产量差异仅有固定间接费用才会发生。

问题 303 分析：

预算和实际结果相差较大，需要按比例分配。销货成本增加额 =（225 000 元 − 200 000 元）× 170 000 元/（170 000 元 + 20 000 元 + 10 000 元）= 21 250 元。

问题 304 分析：

检验工资、设备成本和检测废材料成本分摊到了 18 000 个钻石上，一颗钻石上的检验成本 =（60 000 元 + 3 000 元 + 7 000 元）/18 000 个 = 3.89 元/个。耳环有两个钻石，检验成本 = 3.89 元/个 ×2 = 7.78 元/个。

问题 305 分析：

联合成本 = 403 000 元 − 3 元/件 ×1 000 件 = 400 000 元。分配给 A 的联合成本 = 500 000 元 ×（10.4 元/件 ×50 000 件 + 14 元/件 ×20 000 件 + 403 000 元 − 3 000 元）/（25 元/件 ×20 000 件 + 22 元/件 ×50 000 件）− 14 元/件 ×20 000 件 = 95 000 元。

问题 306 分析：

期初 20 000 件，本期完工 150 000 件，期末 25 000 件。材料的约当产量 = 20 000 件 + 150 000 件 + 25 000件 = 195 000 件。

问题 307 分析：

25 000 元 + 600 000 元/200 000 小时 × 8 000 小时 + 400 000 元/800 000 小时 × 12 000 小时 = 55 000元。

问题 308 分析：

质量控制部门成本 = 350 000 元 + 维修部门成本 × 10000 小时/40 000 小时。维修部门成本 = 200 000元 + 质量控制部门成本 ×7000 小时/35 000 小时。

问题 309 分析：

现在部门 1 的产能时间 = 180 小时 + 90 小时 = 270 小时。A-1 单位时间的产出贡献 = 150 元/1 小时 = 150 元/小时。A-2 单位时间的产出贡献 = 300 元/3 小时 = 100 元/小时。所以优先生产 A-1 会带来更多收益。生产 45 个 A-1 需要 45 小时，剩余 225 小时生产 A-2，可以生产 75 个。

问题 310 分析：

T 的数量 =（（100 个 − 10 个）×3 − 15 个）×2 = 510 个。

问题 311 分析：

仅有对客户运输是增值作业。

问题 312 分析：

仅有返工费用是内部损失成本。

问题 313 分析：

正常损耗属于产品成本。

问题 314 分析：

使用的直接材料费用 = 115 000 元 + 38 000 元 - 45 000 元 = 108 000 元。产品生产成本 = 21 000 元 + 108 000元 + 236 000 元 - 10 000 元 = 234 000 元。甲公司产品销售成本 = 78 000 元 + 234 000 元 - 107 000元 = 205 000 元。

问题 315 分析：

变动成本法中固定制造费用作为当期费用，不计入产品成本。产品成本只包括直接材料、直接人工和变动制造费用。

问题 316 分析：

吸收成本法的一个缺点是管理者会选择固定制造费用分摊比较多的产品进行生产。

问题 317 分析：

(100 000 元 + 200 000 元 + 300 000 元 + 600 000 元)/(30 000 小时 + 70 000 小时 + 100 000 小时 + 200 000 小时) = 3.0 元/小时。

问题 318 分析：

其他成本无需考虑。产品 1 可实现净值 = 5 000 个 × 8 元/个 - 10 000 元 = 30 000 元。产品 2 可实现净值 = 10 000 个 × 10 元/个 - 30 000 元 = 70 000 元。产品 1 分配的联合成本 = 30 000 元/（30 000 元 + 70 000 元）× 60 000 元 = 18 000 元。

问题 319 分析：

分批次、不同质产品生产适合使用分批成本法。

问题 320 分析：

20 000 件 + (180 000 件 - 15 000 件) + 15 000 件 × 0.4 = 191 000 件。

问题 321 分析：

加工部门的分配率 = 850 000 元/250 000 小时 = 3.4 元/小时，装配部门的分配率 = 300 000 元/125 000小时 = 2.4 元/小时。采用全厂分配率法，产品 B 的制造费用 = 3 000 小时 × 5.75 元/小时 = 28 750 元。采用部门分配率法，产品 B 的制造费用 = 5 000 小时 × 3.4 元/小时 + 1 700 小时 × 2.4 元/小时 = 21 080 元。两者的差异 = 21 080元/28 750 元 - 1 = -26.67%，差异大于 10%。产品 B 的成本动因不单单是直接人工工时，所以部门分配率能更好地利用不同的成本动因来分配费用。当不同部门的成本动因不相同时，应选择部门分配率。

问题 322 分析：

库存增加使得存货持有成本上升，使用 JIT 可以减少库存，有效降低生产成本。使用 JIT 订单数量会上升，订单成本下降，有助于生产型企业从传统生产方式转变为 JIT 方式。

问题 323 分析：

可供使用的原料 A = 600 个 + 2 250 个/6 = 975 个。可供销售的成品 W = 800 个 + 975 个/3 = 1 125个。

问题 324 分析：

评估改进环节中的增值和不增值等因素和价值链分析更接近。

问题 325 分析：

与同行业优秀企业相比符合标杆管理的特征。

问题 326 分析：

供应商评估成本和瑕疵返工成本属于质量成本。

问题 327 分析：

IT 部间接费用 = 100 000 元 + 500 平方米/10 000 平方米 × 工程部间接费用，工程部间接费用 = 200 000 元 + 10 台/100 台 × IT 部间接费用。IT 部间接费用为 110 553 元，工程部间接费用为 211 055 元。餐饮部分配 IT 部间接费用 = 110 553 元 × 50 台/100 台 = 55 276 元。

问题 328 分析：

销售和服务阶段的成本是下游成本，生命周期成本法还应该覆盖上游成本，包括设计、研发。

问题 329 分析：

管理部门间接费用较高，适宜作为主要服务部门。生产部门 2 分配的管理部门成本 = 8 000 元 × 1 600 人 ÷ (25 人 + 800 人 + 1 600人) = 5 278 元。

问题 330 分析：

0.2 元 + 0.1 元 + 0.1 元 = 0.4 元。

问题 331 分析：

实施准时制生产方式要求使用全面质量管理。

问题 332 分析：

250 000 元 × 10 000 小时/（10 000 小时 + 15 000 小时） = 100 000 元。

问题 333 分析：

在相关范围内，变动成本和固定成本的关系成立。

问题 334 分析：

定制产品适用分批成本法，数量波动很大适用正常成本法。

问题 335 分析：

1 200 000 元 ÷ 25 000 小时 = 48 元/小时。

问题 336 分析：

设立新的成本池，根据资源成本动因归集，再按照作业成本动因分摊。

问题 337 分析：

变动成本法明确了产出和利润的关系，更加适合内部报告。

问题 338 分析：

生命周期成本法适用于研发成本或者处置成本很高的情况。

问题 339 分析：

人力资源部门成本动因是员工数量。

问题 340 分析：

1）作业成本法的成本合计方式是基于资源消耗，按照产品生产的各个作业来叠加成本，而传统的标准成本法是将产品的成本按照部门来进行叠加。GAAP 要求按照标准成本法确认存货价值。

2）a. 产品 1 的单位边际贡献 = 200 元 － （60 元 × 1.1 + 14 元/小时 × 4 小时 + 10 元/小时 × 0.5 小时 + 4 元/小时 × 4 小时） = 57 元。产品 1 的总边际贡献 = 65 000 件 × 57 元/件 = 3 705 000 元。产品 2 的单位边际贡献 = 300 元 － （100 元 × 1.1 + 14 元/小时 × 6 小时 + 10 元/小时 × 1.5 小时 + 4 元/小时 × 6 小时） = 67 元。产品 2 的总边际贡献 = 40 000 件 × 67 元/件 = 2 680 000 元。

b. 产品 1 的总边际贡献 = 65 000 件 × 200 元/件 － （400 000 元 + 2 200 000 元 + 2 000 000 元 + 750 000元） = 7 650 000 元。产品 2 的总边际贡献 = 40 000 件 × 300 元 － （120 000 元 + 4 800 000 元 + 2 750 000元 + 3 000 000 元） = 1 330 000 元。

3）产品 1 的边际贡献在标准成本法下被低估，产品 2 的边际贡献在标准成本法下被高估。作业成本法由于通过资源成本动因来归集成本，并选择合适的作业成本动因来将作业成本分配到各个产品，因此产品的成本分析更为准确，可以更好地帮助该公司做出决策。传统的标准成本法，由于成本分配基础不合理，会导致小批量产品的成本被低估，因此在财务决策中可能会出现偏差或者错误。

4）不正确。因为广告费带来的收益存在重大的不确定性，根据谨慎性原则，应将 100 万元广告费在当期费用化。

5）原来产品 1 账面价值为 143 元，重置成本为 130 元，需要计提跌价准备。上限为 160 元，下限为 140 元。根据 GAAP 要求，该公司年末资产负债表上确认的产品 1 的单位价值应为 140 元。

问题 341 分析：

1）分步成本法将是对该公司更适合的成本核算法。虽然分批成本法表面上看起来更适当，因为每件衬衫上都定制了客户的压花名称/图案，但实际上衬衫是高度自动化的机器连续生产的。从成本角度来看，每件衬衫都是差不多的。

2）总预防性成本 = 质量培训费用 + 向供应商提供的技术支持费用 = 16 000 元 + 12 500 元 = 28 500元。

3）材料需求计划（MRP）系统是一种将生产计划转化成对每种必要（即为满足该计划而必需的）组件的需求的系统。准时制生产（JIT）系统是一种在需要时生产（而不是在可以生产时）或采购产品的生产过程。企业资源规划（ERP）系统是一种将组织活动的所有方面（包括会计、财务、制造、存货管理、营销和人力资源）整合在一起的系统。

4）存货持有成本（如保险、存储）降低。运营资金不会被束缚在可能无法售出的存货中。如果设计和制造工艺发生变化，过时的商品会比较少。生产和存货往往是预期需求的结果。节省工资成本，因为该工厂将按需求生产所需的衬衫，而不是按工厂产能生产。它迫使员工做出避免浪费的决定。简化资源调度，因为系统是基于需求的。缩短了订货至交货的时间。加强了价值链各个不同方面之间的沟通。积极弥补生产系统中的缺陷或不足。

5）该公司应该按照机器工时数分摊其固定间接费用，因为生产工艺已高度自动化，并且可以追踪所用机器的工作时间。

6）增值活动是指能够让客户从某一特定产品中感知到更多益处的活动。增加这样的活动会提高客户感知到的价值，而去除此类活动会损害客户感知到的价值。增值活动的一个例子是在生产的衬衫上压印客户的名称/图案。

第9章　内部控制

9.1　风险评估、控制与管理

9.1.1　风险

风险是事件或行为可能给组织机构带来负面影响的威胁。其公式为

$$风险 = P(t) \times P(f) \times 损失的数量$$

式中　P——概率；

t——风险事件；

f——控制失效事件。

管理层降低风险的方法有：

1）避免风险事件发生。

2）提高系统控制措施。

3）使用保险等。

审计人员将风险分为3种类型：

1）固有风险（IR）。没有控制措施时，财务报表受重大虚假陈述影响的程度。

2）控制风险（CR）。内部控制没有预防或发现的风险。

3）检查风险（DR）。审计证据没有发现虚假陈述。

可接受的审计风险（ARR）是指审计师发生失败的概率，其公式为

$$ARR = IR \times CR \times DR$$

$$DR = ARR/(IR \times CR)$$

补充知识：内部控制框架

重要的内部控制框架有：

1）发起组织的COSO框架，本部分重点讲授。

2）加拿大的控制标准CoCo。

3）美国的控制自我评估CSA。

4）英国议会关于公司治理财务方面的Cadbury报告。

5）英国的Turnbull模式。

6）南非的King模式。

7）德国的KonTraG模式。

影响风险的因素包括：

1）独立绩效检查的频率。

2）组织控制方法的充分性。

3）权责相匹配的充分性。

4）执行控制措施的连续性。

5）资产、记录、软件或数据的物理控制的充分性。

6）在限制资产、记录、软件或数据的使用权方面，系统控制的充分性。

管理层的诚信度越低、财务报表使用者越多、被审单位的财务状况越糟糕以及审计师越希望在更大程度上确信财务报表没有重大虚报，可接受的审计风险就越低。

9.1.2　设计用于处理风险的控制措施

内部控制是一套流程，受组织的董事会、管理层和员工的影响，为组织实现运营、报告以及合规的目标提供合理保证。内部控制包含 3 个维度的内容：内部控制的目标（运营目标、报告目标、合规目标）、内部控制的组成要素、组织结构（组织范围、部门层面、运营单位、职能）。

内部控制的组成要素为组织目标的实现提供支撑。另外，组织的目标既可以从公司层面来设定，也可以针对组织内部的部门、运营单位和职能来设定。

1. COSO 框架

COSO 框架主要内容见图 9-1。

（1）控制环境（Control Environment）

它包括：

- 组织人员的诚实、伦理价值和能力。
- 管理层哲学和经营模式。
- 管理层分配权限和责任的方式，以及组织、员工发展的方式。
- 董事会关注的方向。

控制环境影响员工的意识，是其他部分的基础。

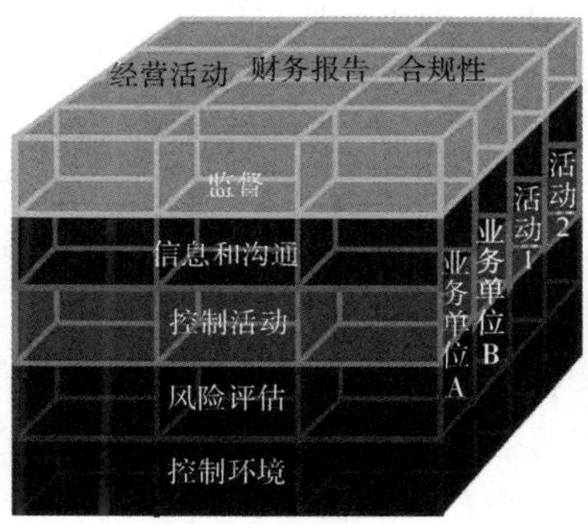

图 9-1　控制框架

（2）风险评估（Risk Assessment）

风险评估确认和分析实现目标过程中的相关风险。它随经济、行业、监管和经营条件等的变化而不断变化。组织需要建立一套机制来辨认和处理相应的风险。

（3）控制活动（Control Activities）

控制活动即帮助执行管理指令的政策和程序。它贯穿整个组织、各个层次和各种功能。控制活动如批准、授权、证实、调整、经营绩效评价、资产保护和职责分离等。

（4）信息与沟通（Information and Communication）

信息系统产生各种报告，包括经营、财务、守规等方面的，使得对经营的控制成为可能。处理的信息包括内部生成的数据，也包括可用于经营决策的外部事件、活动、状况的信息和外部报告。所有人员都要明了自己在控制系统中所处的位置，以及与他人之间相互的关系；必须认真对待控制系统赋予自己的责任；必须同外部团体如客户、供货商、监管机构和股东等进行有效的沟通。

（5）监控（Monitoring）

监控在经营过程中进行，通过对正常的管理和控制活动，以及员工执行职责过程中的活动进行监控，来评价系统运作的质量。不同评价的范围和步骤，取决于风险评估和控制活动的有效性。对于内部控制的缺陷，要及时向上级报告，严重的问题要报告到管理层高层和董事会。

COSO 报告中内部控制的职责：

1）管理层。CEO 最终负责整个控制系统。对于大公司，CEO 可把权限分配给高级经理，并评价其控制活动，然后高级经理具体制定控制程序和确定人员责任；对于小公司，一切可更为直接，由最高经理具体执行。

2）董事会。管理层对董事会负责，由董事会设计治理结构，指导监管的进行。有效的董事会应掌握有效的上下沟通渠道，设立财务、内部审计等职能，防止管理层超越控制、有意歪曲事实来掩盖管理的缺陷。

3）内部审计师。内部审计师对评价控制系统的有效性具有重要作用，对组织的治理结构行使着监管的职能。

4）内部其他人员。内部其他人员需要明确各自的职责，提供系统所需的信息，实现相应的控制；对经营中出现的问题，对不合法、违规行为有责任与上级沟通。

5）外部人员。组织的外部人员也有助于控制目标的实现。如外部审计人员可提供客观、独立的评价，通过财务报表审计直接向管理阶层提供有用的信息。另如法律部门、监管部门、客户、其他往来单位、财务分析师、信用评级公司、新闻媒体等也都有助于内部控制的有效执行。

在审计方法的选择发生冲突时，以 COSO 为导向的方法不应当推翻以风险为导向的方法进行审计。自我评估调查问卷这种软性控制，可运用在组织的各个级别（第 1 层审计）。第 2 层审计是活动层面的（如流程、子流程、职能或部门）。硬性控制（如记录并测试控制活动）在第 2 层审计过程中得到评价。最佳方法是从目标开始进行分析，识别风险和相应的控制，评价控制的设计，并测试控制效果。

补充知识：COSO 报告

COSO 是美国反虚假财务报告委员会下属的发起人委员会（The Committee of Sponsoring Organizations of The National Commission of Fraudulent Financial Reporting）的英文缩写。根据《萨班斯-奥克斯利法案》（简称《萨班斯法案》）404 条款，以及美国证券交易委员会（SEC）的相应实施标准，要求公众公司的管理层评估和报告公司最近年度财务报告内部控制的有效性。2004 年 3 月 9 日，上市公司会计监督委员会（PCAOB）发布了其第 2 号审计标准《与财务报表审计相关的针对财务报告的内部控制的审计》，并于同年 6 月 18 日经 SEC 批准。SEC 对该标准的认同，等于从另外一个侧面承认了 1992 年 COSO 公布的《内部控制-综合框架》（也称“COSO 内部控制框架”）。这也表明 COSO 框架已正式成为美国上市公司内部控制框架的参照性标准。

1992 年，Treadway 委员会经过多年研究，对公司行政总裁、其他高级执行官、董事、立法部门和监管部门的内部控制进行高度概括，发布《内部控制-整体框架》（Interna Control-Integrated Framework）报告，即通称的 COSO 报告。该报告第 1 部分是概括；第 2 部分是定义框架，完整定义内部控制，描述它的组成部分，为公司管理层、董事会和其他人员提供评价其内部控制系统的规则；第 3 部分是对外部团体的报告，是为编制报表时内部控制的团体提供指南的补充文件；第 4 部分是评价工具，提供用以评价内部控制系统的有用材料。

COSO 报告提出内部控制以促进效率，减少资产损失风险，帮助保证财务报告的可靠性和对法律法规的遵从。COSO 报告认为内部控制有如下目标：经营的效率和效果（基本经济目标，包括绩效、利润目标和资源、安全），财务报告的可靠性（与对外公布的财务报表编制相关的，包括中期报告、合并财务报表中所选取数据的可靠性）和符合相应的法律法规。

2. 设计用于处理风险的控制措施时的原则

1）控制原则。会计系统应能提供内部控制特征，以保护公司的资产，确保数据的可靠性。

2）兼容性原则。会计系统的设计必须与企业的组织和人事政策保持一致。

3）灵活性原则。会计系统必须足够灵活，以允许交易量的增长和组织结构的变化。

4）成本效益原则。会计系统所带来的好处以及所提供的信息必须大于或者等于该系统的成本，包括有形成本和无形成本。

9.1.3　内部控制结构和管理理念

1. 控制环境

控制环境指来自高层的声音。管理层的理念和行动向员工传达了内部控制的重要信息，管理层应该就价值观和行为规范和员工交流。管理层必须正直、有道德，通过自身的行为传达和强化组织的标准，消除引发不诚实、不道德行为的动机。董事会与审计委员会的特征是控制意识这一个决定因素。董事会与审计委员会由内部或外部成员构成，拥有公司治理和制定整体公司政策的权力，必须合理、谨慎地根据商业判断规则进行决策。董事会和审计委员会的职责有选择和解聘高官，确定资本结构，增添、修改和撤销内部章程，宣布分红，设定高官的薪酬。

Sarbanes-Oxley 法案 204 条款规定，会计师事务所还必须向审计委员会汇报相关事项：所有重大会计政策和惯例；在公认会计原则允许范围内的所有备选会计处理、审计客户管理当局与注册会计师之间在备选会计处理方法的使用上存在的分歧，以及注册会计师倾向使用的会计处理方法；审计客户管理当局与注册会计师之间的其他重大书面沟通，如审计客户管理当局声明书或未调整差异汇总表。302 条款要求由首席执行官和财务主管在内的企业管理层，对公司财务报告的内部控制，按季度和年度就以下事项发表声明。

> 注意：Sarbanes-Oxley 法案翻译为《萨班斯-奥克斯利法案》或《萨班斯法案》。

1）对建立和维护与财务报告有关的内部控制负责。

2）设计所需的内部控制，以保证这些官员能知道该公司及其子公司的所有重大信息，尤其是报告期内的重大信息。

3）与财务报告有关的内部控制的任何变更都已得到恰当的披露。这里的变更指最近一个会计季度已经产生，或者合理预期将对于财务报告有关的内部控制产生重大影响的变更。

《萨班斯法案》404 条款明确了管理层对与财务报表及与其相关的内部控制制度的有效性的责任，并要求管理层对此发表书面声明。

外部审计机构需要对上述评估进行证实。公司需要可靠的过程来支持上述声明，内部审计人员在设计和评价这些过程时扮演着关键的角色。内部审计人员要实施详细的文本记录，并测试支持这些声明所要求的活动层面的有关控制。

2. 会计系统

提供财务会计系统和运营信息内部控制，必须维持信息系统的可靠性、完整性。

财务会计系统包含公司财务报表编制中所用到的各种数据。运营信息系统收集和储存来自公司各项运营的数据，并提供有关作业和职能的报告。

3. 控制流程

控制流程包含一般控制和特定控制，应用于不同情况。

特定控制的例子包括：要求对项目提供具有竞争力的报价，以及要求只能使用经过授权的供应商。一般控制的例子包括将采购责任与资产保管责任相分离等程序。一般控制环境可能抵消这些控制的潜在有效性，或者导致这些控制潜在无效。每个一般控制都应至少具有一个相应的特定控制。

注意：《萨班斯法案》的其他重要条款

201 条：禁止外部审计人员提供非审计服务，例如：记账、内部审计、咨询、系统设计等。

203 条：要求上市公司至少 5 年更换一次负责审计的审计合伙人。

301 条：所有的审计委员会成员必须是独立董事。

305 条：如果所收资金是欺诈或者不合法会计的组成部分，高级管理人员和董事需要个人偿还这些资金。

407 条：审计委员的一位董事必须是指定的财务专家。

409 条：财务报告必须迅速以公开的方式发布。

9.1.4 内部控制目标

内部控制是指由企业董事会、管理层和全体员工共同实施的，旨在合理保证实现企业基本目标的一系列控制活动的顺利进行。

内部控制的目标包括：

1）运营的效率和效益。为了提高资源的使用效率，尽量减少浪费，以使得利润最大化。

2）财务报表的可靠性。确保财务报告与一般公认会计准则相一致。

3）资产的安全性。通过具体的安全措施保护公司的资产。

4）与现有法律和法规的一致。

5）组织目标和使命的实现。

内部控制目的在于为实体实现其目标提供合理保证，而非绝对保证。审计人员对固有风险、控制风险和检查风险进行评估，以获得特定领域的可接受风险的程度，并相应的设计测试程序。这些测试为内部控制结果不存在重大缺陷提供了合理保证。

9.1.5 内部控制措施

内部控制措施包括：

1）预防性控制的目的是为了防止错误的出现和对资产的不当使用。很多预防性控制的效果取决于相关控制职能或控制人员履行其职责的有效性，这类预防性控制包括：职责分离；监督审查，如任命一个负责批准采购交易的主管；双重控制，如对超过一定额度的交易要求两个人授权才有效；编辑和准确度检查，如在支付发票款之前将发票金额与原始仓库收据记录进行对账；合理性检查，如根据客户的信用额度验证交易总额。合理性检查通常内嵌在软件系统之中；完整性检查，如直到所有必要内容都填入后才允许操作者继续进行操作的计算机表格。

注意：4 种职责：授权执行交易、记录交易、资产的保管、定期对账必须分离。

注意：职责分离

职责分离是指遵循不相容职责相分离的原则，以实现合理的组织分工。所谓不相容职责，是指企业里某些相互关联的职责，如果集中于一个人身上，就会增加发生差错和舞弊的可能性，或者增加发生差错或舞弊后被掩饰的可能性。

通常对于以下一些不相容的职责必须进行分离：

1）某项经济业务授权批准的职责，与执行该项经济业务的职责。

2）执行某项经济业务的职责，与审核该项经济业务的职责。

3）执行某项经济业务的职责，与记录该项经济业务的职责。

4）保管某项资产的职责，与记录该项资产的职责。

5）保管某项资产的职责，与清查该项资产的职责。

6）记录总账的职责，与记录明细账、日记账的职责。

2）检测性控制的目的是为了事后检查所发生的错误，以对预防性控制提供支持。银行对账单就是对现金资产设定的检测性控制。检测性控制可以对预防性控制提供补充，它是设计完善的控制系统的一个重要组成部分。

3）改正性控制可以纠正检测性控制所识别出来的问题。例如，订单系统的常规校对功能也许能够发现销售订单中的错误账号、读取客户的名字、搜索数据库寻找正确的账号并改正原来的记录。

注意：预防性控制、检测性控制以及改正性控制的重点在于预防、发现以及改正负面结果。

4）指向性控制的目的是产生正面结果。例如，公司可能会制定尽量使用本地供应商的政策。指向性控制的目的可能是为了使公司树立正面的社会形象。

5）补充性控制也称为缓和性控制，其目的是为了对控制结构中某些方面的缺陷进行弥补。例如，银行对账单流程由独立于会计记账和现金出纳的一方执行，因此可以弥补现金交易控制中存在的很多缺陷。同样，由所有者亲自监督运营也许可以弥补小公司中缺失的职责分离机制。补充性控制是限制风险敞口的一种重要方法，但是可能产生重复工作。

注意：事先编号的表格是确保发票、采购订单和支票等不被丢失的一种内部控制机制。提前给文件编号，一旦文件编号不连续有助于引起相关人员的注意。文件编号不连续可能意味着有人在通过某种方式记录不正确的资产。所有的连续编号文件必须进行核算，同时按照相关法律规定进行保存。

9.1.6 内部控制方法

内部控制方法有：

1）组织控制。确定每个部门的目的、职权以及责任，包括活动授权范围和报告责任等。

2）运营控制，包括计划、预算、文件编制和控制行为。

3）人事管理控制。要求聘用有能力、值得信任的员工，并对其进行及时、有效的培训。

人事管理控制具体包含以下几个方面：

- 招聘和选择合适的人员。
- 定位、培训和开发。
- 监督。
- 人事约束和控制实务。

4）审查控制或监督控制，有助于评估绩效。监控可以通过正式的、持续的方式进行，也可以定期地审查和审计。很多公司会对运营和项目进行经常性审查。

5）设施和设备控制，包含对设备的设计、清洗、维修，以及维护安排。企业可建立固定资产防盗和防被损坏的安全设施。

9.1.7 控制的不同维度

控制可以从3个不同的时间维度来看待：事前控制、事中控制、事后控制。事前控制（如政策）可以预期相关问题，从性质上来说是前瞻性的；事中控制通过监督和监控来实施；事后控制识别出对标准或预算的偏离，并要求改正性措施，类似于反馈控制。事前控制和前馈控制是相互联系的，因为它们处理的都是以未来为导向的行动。预测、预算以及实时计算机系统都是前馈控制的实例。事前控制是首选的措施，末选的措施应当是事后控制，区别就在于采用改正性措施的时间，而控制越早实施越好。反馈控制由于其后端位置，建立成本会增大。前馈控制力图要预计可能出现的问题，并实现问题的及时解决（前瞻性），因此对管理层来说是很重要的。

补充知识：其他重要的控制概念

1）组合控制。很少有单一的控制就能满足所有的控制目标，因此，需要组合控制或补充控制构成一个整体以提供协作增效的效果。

2）补充控制。它在人工控制和自动化控制环境中都处于一个很重要的位置。将补充控制运用到某个职能、项目或经营中时，它能够加强两项或多项控制的效果。这些单个的补偿控制在单个状况下也是有效的，并在相互组合或整合时可以最大化效果。

3）补偿控制。补偿控制的概念可以处理组织中某一领域薄弱的内部控制同其他领域强有力的内部控制之间的平衡问题，这里的“领域”可以包括只有一个用户的部门或者信息系统部门。

4）人工控制。包括预算、预测、政策和程序，报告，对设备、存货、证券、现金及其他资产的实物控制，定期盘点并与控制记录上的数值进行比较。

5）计算机控制。包括一般控制和应用控制，具体见9.2节。

6）行政管理控制。帮助确保安全保障资源以免其遭到浪费、损失、欺诈、盗用，并支持完成组织的目标。

7）操作控制包括职务分离、双重控制、联合保管、职务轮换、坚持规定的政策和程序、员工休假制等。

9.1.8 可能的对已建立控制措施的威胁

管理层不执行相关的控制措施和利益冲突，以及员工串通，对任何控制系统都是一种威胁。

9.1.9 控制政策和程序的文件记录

控制政策和程序应该编制文件记录。文件记录可以用于培训和审计。文件记录最常用的方法是绘制流程图。书面工作描述，将会最为详细地展示公司每个工作岗位的要求。

9.1.10 PCAOB 与内部控制

美国公众公司会计监督委员会（Public Company Accounting Oversight Board）是一家私营的非营利机构，根据2002年的《萨班斯法案》创立。它目的是监督公众公司的审计师编制信息量大、公允和独立的审计报告，以保护投资者利益，并增进公众利益。该委员会的主要资金来源于公众公司。处理和复核会计师事务所注册申请的成本，由此类事务所缴纳的申请费用来支付。

2007 年 7 月 25 日，美国证券交易委员会（SEC）批准美国公众公司会计监督委员会第五号审计准则，代替原来指导 404 条款执行的第二号审计准则——《与财务报表审计相衔接的基于财务报告的内部控制审计》。

第五号审计准则的基本目标及主要内容：

1）提倡的审计是指审计师应将审计重点放在最重要的内部控制事件上。

2）鼓励审计师在发现内部控制中重大缺陷的同时，遵循“实质重于形式”原则。

3）适应不同规模公司的审计。

4）总体目标是简化要求。

第五号审计准则的特点：

1）以风险为导向，采用从上到下的审计方法，对于小企业采取了更灵活、可伸缩的方式，能更好地满足投资者、公司和审计师的需求。

2）更加关注风险而不是广覆盖。

3）重新定义了“重大缺陷”。重大缺陷是指存在合理的可能性，导致无法及时被阻止或发现的重大错报的产生。

4）审计师可以在更大程度上依赖他人的工作。他人的工作可作为审计证据，以减少审计师独立测试的范围。

9.1.11 自上而下与自下而上的内部控制方法

企业实施内控有两种方式：

1）自上而下的方式，也称为“大 GRC”理念，即从公司战略定位开始，自上而下建立一整套 IT 系统，与自下而上的 ERP 对接，形成完整的企业信息化系统。自上而下的方法共包含 5 个步骤：确认重要账户或重大披露；确认上述账户或披露中的重大虚报风险；确定哪些公司层控制足以处理上述重大虚报风险；确定一旦公司层控制失败，哪些以交易为基础的控制可作为补充；确定为完成对内部控制的评估所需的证据收集的性质、范围和时间。

2）自下而上，即从具体业务流程的管控做起，从单点慢慢扩展到公司全部。这种做法更实际，见效也更快。而且企业可以先从控制较好的业务做起，让管理层和员工看到内控的效果、接受内控的理念，最终将控制扩展到整个企业。这不失为一种现实可行的方法。

9.1.12 内部控制的独立性

内部审计独立性是指内部审计部门或者首席审计执行官（CAE）能够不偏不倚地履行职责。

保证组织的独立性，也就是要保证组织在职能上向董事会或审计委员会报告，行政上向 CEO 报告，并且与董事会直接沟通或者互动。

独立验证即由具有独立性的合格人员，通过检查和提供客观证据，表明规定要求已经满足并予以认可。

当有必要对活动的正确性进行独立评价，或有关法规、标准和管理规章中有要求时，必须进行独立验证。而且这种独立验证活动，必须由具有相应资格和对被验证的活动不负直接责任的人员进行。

9.1.13　《美国国外贪腐防治法》的内部控制要求

《美国国外贪腐防治法》旨在监管美国公民、美国公司（尤其是美国上市的公司）及其附属机构在全球范围内的经营活动。该法案对任何向外国工作人员行贿或企图行贿的行为，施以严厉的刑事处罚，并责令其进行民事赔偿。任何受到该法案约束的机构，都将为其聘用的第三方代理人和咨询顾问不恰当的行为承担一定的法律责任。

《美国国外贪腐防治法》主要有两个部分：反贿赂部分规定了向外国工作人员贿赂的违法性；会计部分强化了对账簿制作及内部控制的要求。

“外国工作人员”指任何外国政府部门、代表机构或组织的官员或工作人员，包括以政府实体名义实施政府职能的任何个人。“外国工作人员”还包括政党成员、政府公务人员候选人、政府性电信公司员工、其他政府性公司员工以及国际组织的官员。

1. 反贿赂部分

《美国国外贪腐防治法》的反贿赂部分禁止：

1）向外国工作人员提供现金或其他贵重物品，以获得或保留业务。

2）向外国工作人员提供现金或其他贵重物品，以获得额外利益，或其他优惠待遇。

3）向第三方提供现金或其他贵重物品，并且明知其中部分或全部将提供给外国工作人员，以获得不公平或非法的优惠待遇。

其中，第三方如代理人、分销商或契约伙伴；“明知”是指之前能够意识到某种结果的发生是“确定的”，或某种情况的存在具有“高度可能性”。在该准则下，并不要求确切知道公司代理人或合伙人的具体行为。但若是有目的的忽视，公司或个人不能免遭《美国国外贪腐防治法》的追诉。

2. 会计部分

《美国国外贪腐防治法》的会计部分，要求公司建立会计和内部控制制度，以防止“贿赂基金”和“账外账”的出现。一些公司曾用这些方式掩饰可疑的对外支付。

需要特别说明的是，《美国国外贪腐防治法》要求公司建立并完整保存账簿、档案、账户记录等资料，以准确、如实地反映公司交易往来和资产处置的信息。上述资料应包括任何直接和间接与外国工作人员有关的交易。

用公司资产进行任何不合法的、不适当的或不道德的交易，建立任何未披露、未记录或其他秘密的公司资产，及在公司账簿和记录中录入虚假账目等行为，都被严厉禁止。当然，公司其他制度规定的交易和支出已获得批准的，及遵循其他会计控制程序的除外。

上市公司应设计和维护内部会计控制系统，该系统应能为以下方面提供合理的保证：①按照管理层的一般授权或具体授权来执行交易；②记录交易，使得财务报表的编制符合公认会计原则或其他适用准则的要求，同时也用于保护资产会计责任；③只有获得管理层的一般授权或具体授权，才可以获得资产；④将记录的资产与实际持有资产相核查，两次核查之间的间隔要合理，并采取适当的措施处理二者之间的差额。

例题 9-1

LEE 机器制造公司的内部审计师正在检查公司各方面的内部控制问题，发现了以下现象：

1）新型机器设备的采购申请通常是由需要这些设备的生产线负责人提出，然后提交给制造厂的经理。如果预算允许，就要求采购部门采购该项设备。

2）在收到采购机器设备的申请之后，采购部门经理就会确定合适的供应商，然后发出正式的采购单给该供应商。当设备到货后，就会立即发送到使用者的所在部门进行安装，这样就可以尽早实现采购设备的经济效益，防止闲置。

3）该公司董事长和总经理的各种个人开支均记录在临时补充账户。该账户的设立并未经过该公司的正常审批和授权，且 3 年来已经报销大约 100 万人民币的金额。审计人员发现很多原始凭证并不齐全。

4）内部审计师将上述情况报告给总会计师，总会计师认为应该口头向总经理汇报，且不能够出现在书面材料中。

指出 LEE 机器制造公司在内部控制方面存在的 4 种缺陷和改进方法。

答：

内部控制方面存在的 4 种缺陷：

1）没有编制一份授权文件以记录所要采购的资产、该资产所能产生的收益及其成本，该文件也未经管理层审查。对于授权的采购行为没有进行任何控制，固定资产的采购请求和采购单与其他请求和采购单混在一起，并且通过正常的采购程序进行处理。

2）工厂的工程师在接收机器或设备时没有对其进行检查。

3）临时补充账户并未接受正常的会计控制。各种支出缺乏充分的支持文件和会计凭证，这些支出的确认不恰当或不充分，使得很难或不可能进行合理的会计分类。这会增加账户非法使用和重大虚报的可能性。

4）该公司的审计部门没有独立执行审计的功能。

改进方法：

1）为了获得采购机器和设备的批准，应编制一份合适的申请文件，该文件应描述需要采购的资产、表明采购的原因以及估计所采购资产的预期成本和收益。该文件还应指出该资产的会计分类、预期使用期限、折旧方法、折旧率以及负责批准采购的负责人姓名。经过授权的采购请求应使用特殊的程序和采购单进行处理，对这种采购单应进行编号控制。应向所有相关部门分发采购单的复印件，这样就可以对采购行为进行监督。

2）机器和设备的采购应在接收时进行正常的检查。如果采购的物品是机器或设备，则通常应由工厂的工程师负责进行检查，以确保供应商发送了正确的物品，并且物品在运输途中没有损坏。所有的新机器和设备都应进行编号控制，并在接收时贴上标签。

3）制定政策，要求所有支付和报销必须有充分的文件支持，并且必须至少得到一名更高层级主管的授权批准。对每一层级主管可以授权批准的额度设定上限。

4）在全公司范围内正式公布一项强有力的职业道德章程。重新安排组织的职权结构，在新的职权结构下，内部审计部门将直接向董事会的审计委员会报告工作。

9.1.14　内部审计（选修）

内部审计是一种独立、客观地保证工作顺利进行的咨询活动。它的目的是为机构增加价值，并提高机构的运作效率。它采取系统化、规范化的方法来对风险管理、控制及治理程序进行评价，提高它们的效率，从而帮助实现机构目标。

建立和维持内部控制是管理层的职责。建立内部控制制度和设定经营标杆后，内部审计人员负责评估是否遵守了这些内部控制职责，并识别可能存在的任何缺陷。所以，与外部审计类似，应该制订一项委托业务计划，评估与特定领域相关的控制风险，并设计测试程序收集支撑特定控制绩效的证据。在制订审计计划时，内部审计人员应该考虑控制活动的目标和绩效、是否存在控制活动的重大风险、风向管理获得的充分性和有效性以及相关模型相比的控制制度，同时，还应该识别出改善机会。

内部审计人员评估相关风险决定应审计的控制活动的内容。这些风险包括：控制失效、特定账户或信息披露的固有风险以及减轻这些风险的因素。重大风险应该重点关注，要比对较小风险的审计更为频繁。

常见的审理类型包括：

1）财务审计确保公司的财务报告公正地反映公司的运营状况和财务状况，受众是董事会和高级管理层。

2）运营审计是非财务审计，与运营的效率和效果有关。

3）合规性审计确定公司是否遵守现行法律和法规以及专业和行业标准。第 1 步是确定管理层是否有监控和评价现行政策、程序、标准以及法规的系统；第 2 步是确定控制措施是否得到应用和执行。

9.2 系统控制与安全措施

信息系统控制由一般控制（General Controls）和应用控制（Application Controls）组成。一般控制是与计算机、技术或信息技术职能相关的控制（如人事控制、系统开发控制、会计控制、设施方面的控制和备份及灾难恢复控制等)。一般系统控制包括信息系统的组织计划以及企业中用于系统运行的方法和程序。作为有效实施应用控制的基础，一般控制在保护信息系统方面极为重要。应用控制包括输入控制、处理控制和输出控制。

9.2.1 与信息系统有关的风险

与信息系统有关的风险包括：

1）审计追踪的可视性大大降低。

2）软件或硬件可能瘫痪。

3）人力干预减少，更难发现错误。

4）可能发生系统错误。

5）可能产生未经授权访问。

6）数据可能丢失。

7）系统可能感染病毒。

8）职责分离可能减少。

9）可能缺乏传统的授权机制。

10）缺乏熟练和有经验的信息技术人员。

11）向计算机系统中输入一些错误数据或者虚假数据。

12）通过后门进入计算机程序，同时绕过计算机的正常安全系统，进而实施程序变更。

钓鱼软件通常以精心设计的虚假网页引诱用户上当，达到盗取用户名、密码、信用卡信息或社保号码等目的。木马是利用计算机程序漏洞，侵入计算机后窃取文件的程序。它是一种具有隐藏性的、自发性的、可被用来进行恶意行为的程序，多不会直接对计算机产生危害，而是以控制为主。病毒是将恶性软件复制植入计算机程序、数据文件中。当执行该恶性软件时，它会对计算机程序、数据文件或计算机硬盘产生破坏作用。

9.2.2 人事政策

人事政策方面的一般信息系统控制措施包括：

（1）职责分离

职责必须清晰定义，恰当分配。例如，付款（支付授权和数据处理分离），交易记录的更改（批准和数据处理分离），在信息处理部门内（信息系统设计、研发、维护与数据处理分离）。

（2）休假规定

可通过要求在某些岗位上的人员定期休假，来发现是否存在舞弊。

（3）计算机账户

每个用户都被分配给一个计算机账户，以防止未授权进入系统。每个用户应该有唯一的密码，这样可以追踪每个计算机账户的时间，并通过呼叫程序来发现未授权终端。

（4）主管对员工习惯的认识

主管人员能利用对员工习惯的了解，来发现谁有可能有欺诈的行为。可能犯罪的迹象包括：员工的购买能力超过他的经济收入；不愿休假。

9.2.3 系统开发控制措施

系统开发控制措施包含以下几个方面：

（1）设计

具体的系统要求必须在设计开始前详细地记录，评估现有系统，分析需求。设计团队必须包括所有被影响部门的人员。设计内嵌式控制，如制衡机制。

（2）原型

新系统的模拟版，用来向最终用户演示系统将如何作用、流程怎样。

（3）开发

开发过程应该在严格的控制下，控制政策应当确保没有一个人对系统的设计和开发有完全的控制。

（4）质量保证

在研发阶段会进行大量的测试，来保证新系统和其他程序的兼容性和预期的作用。

（5）实施

程序员将文件、程序和文档记录移交给保管人员。新系统应在适当的时间发布。

系统开发控制可以用于提升系统输入处理、输出和存储功能的准确性、有效性、安全性和适应性，防止由于恶意或粗心的软件开发者在系统中植入了后门、漏洞或其他一些缺陷，导致恶意的个人有权进入系统中。

9.2.4　会计方面的控制措施

会计方面的控制措施包括：

1）批次总数，输入人员，以批量方式报告总量。

2）控制账户，只允许经授权的人员进入账户。

3）核销或取消，即支付之后对于发票等的核销。

4）反馈控制，提供系统绩效方面的信息。

5）前馈和预防性控制，基于对未来时间的预测。这些控制措施不太常见。

9.2.5　应用控制与交易控制措施

应用控制分为 3 个方面：

1. 输入控制

输入控制，指系统有检查和平衡的功能，以保证输入正确。

输入控制包含：

1）非计算机控制。通过反馈机制（输入前经客户批准）、双重关（输入前超过 2 次复核）、主管批准（输入前经主管批准）、事先印制记录表（编号）等，以保证正确输入。

2）计算机控制。包括输入界面控制、内嵌式编辑测试等。

3）人工和计算机控制。例如多余数据检查、遗失记录测试（有效性测试）、检查位数等。

> 注意：相关名词
>
> 批控制（Batch Controls），包括批号（Batch Number）、记录数目（Record Count）、控制总额（Control Totals）和数字总和（Hash Total）。数字总和是指不太重要的数字的总和，如客户数目和部件数目，数字总和用于检测某个批次中的删减或插入。
>
> 多余数据检查（Redundant Data Checks）可以对交易记录中的重复数据进行编码，并在随后进行处理测试以比较这两个数据的兼容性。例如，一家杂货店的计算机系统可以比较产品的条形码与该产品的简要描述。如果二者不匹配，就会生成一个例外报告。
>
> 有效性测试（Unfound Records Tests）在数据输入之时进行，不在主文件中的交易都将被拒绝。然而，计算机处理数据有两种不同的时间安排，即实时处理和批处理。通过实时处理，主文件中的数据可以在交易输入时进行更新。批处理系统则是收集一定期间内的数据，如一天中的数据，然后一起处理这个交易组合。对批处理系统进行输入的操作人员必须等待新信息出现在主文件中。而实时处理系统在信息录入后就可以显现，交易能得到即时输入。
>
> 预见检查（Anticipation Checks）是依赖性检查或一致性检查，以明确某些因素或条件之间的关系。预见检查的一个例子是，在对非营利机构或政府组织的销售中，销售税将不包括在内。
>
> 预先格式化屏幕（Preformatted Screens）是在仅有某些选项可用时，进行逻辑内容编组（Logical Content Groupings）和被动选择（Forced Choices），目的是提高输入的效率和准确性。
>
> 交互编辑（Interactive Edits）在输入数据时实施，以检查特定输入域的数据是否满足具体的要求。例如，字符检查，特定输入域中的字符必须是字母、数字或某种特殊符号；完整性检查，所有需要填入字符的输入域均已完成输入；上下限、范围或合理性检查，某个输入域中的输入值不能太大，也不

能太小，必须是合理的数值；除非通过所有编辑检查，否则交易将无法输入。

检查位数（Check Digits）基于对所有数字的运算，如对这些数字进行求和。如果账户数字为5678，则其数字之和就是26，而校验数位就是该和的最后一个数字，即6。

2. 处理控制

处理控制是指计算机系统对数据输入后的操作，属于内嵌式控制，如分批档汇总。

3. 输出控制

输出控制是指计算机处理完成的数据文件和报告的控制操作。

具体程序有：

1）结果有效性控制（通过行为报告或异常报告）。

2）对打印输出结果分派的控制。

3）表单控制（事先编号）。

4）分派控制（授权名单）。

5）处置控制（丢弃前需粉碎）。

9.2.6　网络、硬件和设施方面的控制措施

设备和硬件控制，包括控制未授权进入、对自然灾害和其他灾害进行保护、对进入数据中心控制、保护计算机设备免遭电压突变影响、硬件设备能应对数据峰值处理等。

摄像和安全系统也可以用来防止和检测对物理硬件访问许可权。

网络控制的目的是让经过授权的人员可以访问和改变存储在中央计算机中的数据，防止未经授权的人员使用这些数据。

公司应采用各种控制来保护其系统和数据，这些控制措施包括：设置密码、数据加密、路由验证程序、防火墙系统、入侵检测系统。

数据加密和传输是指将数据从一种易于以当地语言读取的形式，转化为只能使用密钥读取的代码，这样可以减少未经授权人员的使用。

路由验证程序和信息确认程序，可以降低数据被截取或数据被阐述错误的风险。

注意：加密算法

加密技术通常分为两大类：对称式和非对称式。

对称式加密就是加密和解密使用同一个密钥，通常称之为“Session Key”。这种加密技术目前被广泛采用，如美国政府所采用的DES加密标准就是一种典型的对称式加密法。

非对称式加密就是加密和解密所使用的不是同一个密钥，通常有两个密钥，称为“公钥”和“私钥”。它们两个必须配对使用，否则不能打开加密文件。这里的“公钥”是指可以对外公布的；“私钥”则不能，只能由持有人一个人知道。它的优越性就在这里，理由是：对称式的加密方法如果是在网络上传输加密文件就很难把密钥告诉对方，因为不管用什么方法都有可能被别人窃取到。而非对称式的加密方法有两个密钥，且其中的“公钥”是可以公开的，也就是不怕别人知道，收件人解密时用自己的私钥即可。这样就很好地避免了密钥的传输安全性问题。

病毒防护软件检查计算机中每个文件，以明确系统是否有病毒，如发现病毒就清除。

防火墙是软件和硬件的结合，限制对公司计算机网络的访问。

入侵侦测系统可以分析网络中的反常或者未经授权的行为，并加以警告。

> 注意：相关名词
>
> 黑客（Hacker）是指专门研究、发现计算机和网络漏洞的计算机爱好者，也有的是专门入侵他人系统进行不法行为的计算机高手。
>
> 木马是利用计算机程序漏洞，侵入计算机后窃取文件的程序。它是一种具有隐藏性的、自发性的、可被用来进行恶意行为的程序，多不会直接对计算机产生危害，而是以控制为主。
>
> 信息确认程序要求发送一个验证信息，接收计算机使用这个信息就可以验证已经接收的全部信息。接收计算机向发送计算机发送一个已经成功完成传输的信号，如果接收计算机发现出现了错误，数据就会进行再次传输。

9.2.7 备份与灾难恢复方面的控制措施

文件必须储存在一个安全的地方，以确保它们的安全性和保密性。实体文件可以通过上锁或保险箱储存。电子文件可以通过数据备份技术存储，并通过设置密码防止未经授权的人员使用。

备份政策是为了确保数据不会因为各种原因而丢失。所有公司都需要定期备份文件，频率越高越好。很多公司都是用了称为“祖父－父亲－儿子”的程序，但是如果空间上处于同一位置，将会降低这种系统的效果。除对数据备份外，控制政策还应该提供系统配置方面的备份。

> 注意：
>
> 在实践中，常用的一种备份方法是所谓“祖父－父亲－儿子”方法。这种方法同时保存 3 个更新的文件。其中，“儿子”文件是最新状态的，它是由当前业务文件更新“父亲”文件而产生的。同样，“父亲”文件是由当前业务文件更新“祖父”文件而产生的。这样，如果“儿子”文件被毁或发现有错误，可以采用前推法恢复“当前文件”，即根据“父亲”文件和“父亲”与“儿子”文件间隔期间的业务文件来重建“儿子”文件。可以看出，这种方法下，备份文件的保存期间是备份周期的 3 倍。如果每天备份一次，那么一套备份文件只需要保存 3 天。

信息系统灾难是指造成重要业务数据丢失，使业务中断且不可忍受的一段时间的计算机系统事故。它可能引起企业营业收入下降、信誉降低和形象受损，甚至威胁其生存。造成计算机系统灾难性事故的原因有自然灾害、基础设施的突发性事故、计算机系统的硬件或软件故障和各种人为因素等。

灾难恢复是发生计算机系统灾难后，在远离灾难现场的地方重新组织系统运行和恢复营业的过程。灾难恢复计划是指预先制订的，万一发生计算机系统灾难事件时，为了尽可能减少损失而对计算机应用系统采取的抢救、故障隔离等应急措施和利用后备的硬件、软件、数据文件恢复系统以及工作人员救护和撤离等计划。它是在充分考虑经济、技术、管理和社会条件的可行性的基础之上提出的最佳灾难恢复策略。

灾难恢复的目标有两个：一是保护数据的完整性，使业务数据损失最少甚至没有业务数据损失；二是快速恢复营业，使业务停顿时间最短甚至不中断业务。

灾难备份指的是为了减少灾难发生的概率，以及减少灾难发生时或发生后造成的损失而采取的各种防范措施。灾难备份中心是一个拥有备份系统与场地，配备了专职人员，建立并制定了一系列运行管理制度、数据备份策略和灾难恢复程序，可以承担灾难恢复任务的机构。

灾难备份系统一般由可接替生产系统运行的后备运行系统切换到备份系统的备用通信线路等部分组成。在正常生产和数据备份状态下，生产系统通过人工或网络传输方法向备份系统传送需要备份的各种数据。

灾难恢复站点的类型包括：

（1）冷站

公司为系统运行提供了最基本的环境，如电源、空调、地板、办公桌椅等设备。一旦发生灾难可以将恢复设备安装在该环境中。若采用冷站备份，则企业还需与设备供应商签订紧急情况下及时供应设备的协议。

（2）温站

公司只配备了部分设备，通常没有主机，只提供网络连接和一些外部设备（如磁盘驱动器、磁带驱动与控制器、UPS 设备等）。安装计算机或其他所缺少的设备可能要花几天时间。

（3）热站

公司提供从机房环境、网络、主机、操作系统、数据库、通信等各方面的全部配置，灾难发生后，一般几个小时就可以使业务系统恢复运行。启用时，只需操作人员到位并安装应用程序、数据与文件即可运行。

灾难恢复方面的控制措施可以保证企业在发生紧急事件并且导致不能使用网络或相关设施时能够维持运营。

灾难恢复方面的控制措施有以下几点需要注意：

1）灾难恢复计划应界定小组成员的作用。

2）制订计划后所有人员应该接受培训。

3）灾难恢复站点可以是热站，也可以是冷站。

> 注意：热站和冷站
>
> 热站装备全套的处理设备，灾难发生时，只需恢复备份数据，追补备份后的事项，即可恢复。其特点有：
>
> 1）恢复时间短，数据不易丢失，完整性和一致性好。
>
> 2）投资费用和日常维护费用高。
>
> 冷站仅为系统运行提供最基本的环境，灾难发生时，需安装恢复设备才能启用。其特点有：
>
> 1）投资费用和日常维护费用低。
>
> 2）恢复时间长，数据完整性和一致性差。

4）在计算机系统外，存储灾难恢复计划必要的信息非常重要。

5）定期模拟灾难也是非常重要的。

6）最后还要注意通过保险来避免损失。

7）组织在制定和维护灾难恢复或应急计划文件方面可以由其内部确定，包括购买软件包或者聘用顾问。

8）确定系统的优先级别很重要，因为不是每个应用系统在灾难期间都能进行处理。通过将应用系统不可用而造成的潜在影响的大小进行排列，以决定应用系统的优先级。

9）制定灾难恢复流程，应该在制订了灾难恢复计划的其他元素的范围内进行定义和描述。

> 注意：灾难恢复小组应任命两个领导，即一个主要领导和一个备用领导。

> 注意：应急计划与系统开发
>
> 将灾难恢复的要求合并到系统设计阶段是最佳的途径和最积极的想法。第一次制订系统灾难恢复和应急计划时，建议使用自上而下的方法。为了持续的维护，建议将自上而下和自下而上的方法结合使用。它不仅允许从高层管理（自上而下）的输入，也允许来自定期实施的测试练习的输出（自下而上）。一个自上而下的应急计划方法与高级管理层、基层管理人员、信息系统管理人员、信息系统审计员以及职能部门（最终）用户直接相关，应包括以下步骤：
>
> 1）业务影响分析。
>
> 2）计划设计。
>
> 3）计划开发。
>
> 4）计划测试。
>
> 5）计划实施。
>
> 6）计划维护。
>
> 风险分析是一个完整、有意义的灾难恢复计划程序的先决条件。风险分析是评估资源（资产）受到的威胁和为保护资源（资产）采取的保护措施，以便当灾难发生时重要的系统、操作和服务能够尽快恢复到正常状态。

9.2.8　控制评估流程图

流程图符号见图 9-2，销售流程见图 9-3。

使用流程图来记录组织的信息系统和相关控制程序往往最为有效。流程图形象地描述了从发起交易到储存交易数据的整个交易流程。

流程图的具体作用有：

1）有助于揭示控制中的缺陷和不足。

2）不仅可以用于汇总内部审计人员关于流程方面的信息，而且对于新会计信息系统或新控制程序的设计、开发和实施也非常重要。

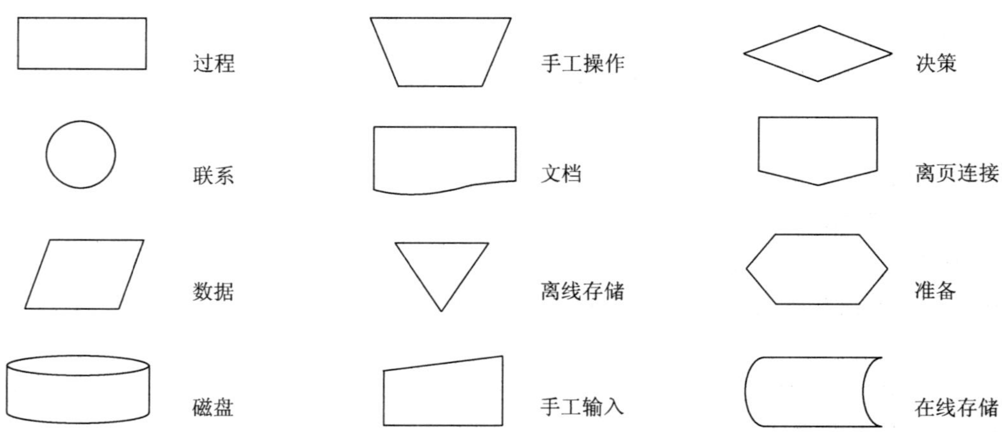

图 9-2　流程图符号

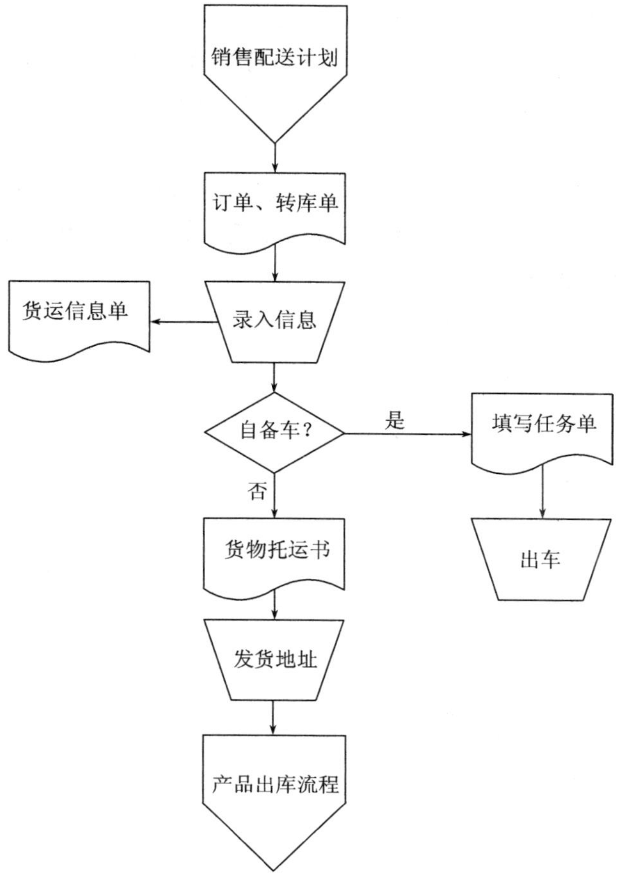

图 9-3　销售流程图

3）可以帮助审计人员和管理层分析内部控制，并明确内部控制的优、缺点，然后据此提出改正建议。

4）可用于描述任何一个流程或公司中的其他关系，并解释不同数据元素之间的关系，或者描述单个文件在该流程中的流转关系。

例题 9-2

甲电器公司于近日安装了一套新的计算机系统，该系统具有在线和实时功能，可以通过终端进行数据输入和查询。针对这套新设备，该公司设计并实施了新的现金收入与应收账户文件维护系统。所有程序都已编写并测试完毕，而且新系统与原有的系统并行工作。在经过了两周的并行工作之后，除了在原有系统上发现过数据输入错误以外，没有发现两个系统之间有任何差异。

该公司的数据处理经理张三对新的设备和系统很感兴趣。他透露，该系统在设计、编码、编译、调试以及测试上都是由程序员使用在线终端完成的，该终端专门供编程人员全天候使用。他还声称这种方法将用于编程的时间减少了 1/3。所有文件（包括应收账款）都可以随时在线获取，就好像整个公司是一个数据库。所有的程序，无论新旧，都可以随时调入内存用于计划任务或程序维护。程序文档和实际测试都证实，新系统中的数据输入编辑包括了全部传统的数据错误以及适于该系统的有效性检验。

调查显示，新系统的运转与流程图完全一致。发票的周转副本被 99% 的客户用作汇款通知单，如果汇款通知单遗失，出纳员则将选择一张发票与该笔付款匹配。收货条件为 60 天全价，但是付款模式却是不规则的。报表将不会寄给客户。逾期付款的情况很常见，并不需要急于追款。因为该公司在坏账上的损失仅为销售额的 0.5%，所以不存在坏账问题。

在批准正式放弃原有系统之前，该公司的会计主管李四要求审核针对新系统所设计的内部控制特性。内部控制应当能够提供针对未经授权的访问和欺诈行为的安全措施，保证文件的完整性，并对该公司资产提供保护。

1）说明如何在新系统中通过隐瞒应收账款进行欺诈，并讨论如何防止这种欺诈行为的发生。

2）基于对新系统的描述以及图 9-4 所示的系统流程图，说明系统中存在的其他缺陷。对于找出的其他缺陷，说明如何对其进行改进。

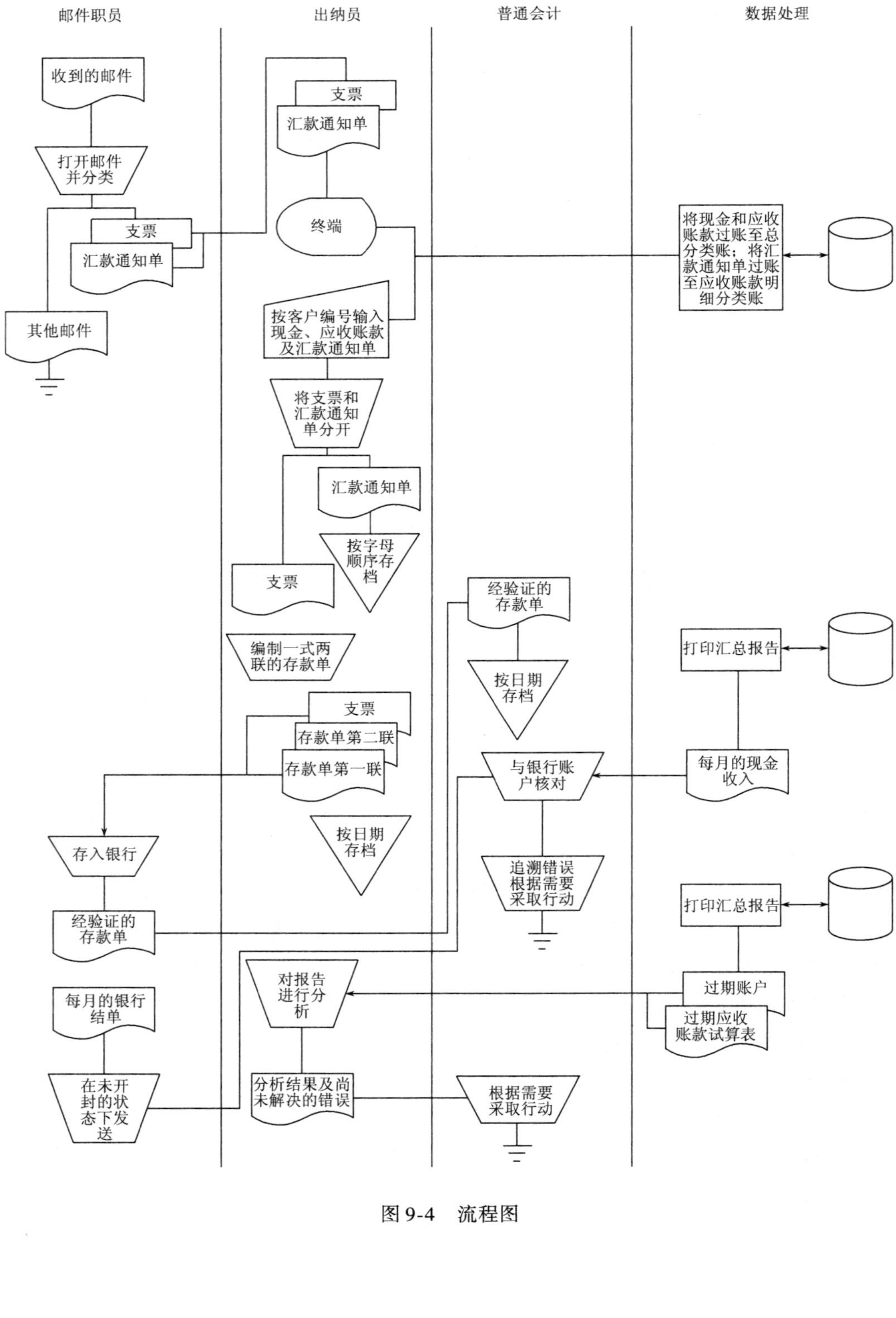

图 9-4 流程图

参考答案：

1）出纳员“按客户编号输入现金、应收账款及汇款通知单”为手工输入，“将支票和汇款通知单分开”为手工操作，且“如果汇款通知单遗失，出纳员则将选择一张发票与该笔付款匹配”“报表将不会寄给客户。逾期付款的情况很常见，并不需要急于追款”。这种情况下，出纳员可能利用漏洞将收到的应收账款短期挪走而不被发现。

主要预防方法：应增加事前预防性控制，支票和汇款通知单应由普通会计手工“按客户编号输入现金、应收账款及汇款通知单”，系统自动流转到出纳进行收付款；事后控制，企业应定期与客户进行往来账的对账，及时发现异常，对账应由出纳以外的普通会计执行；同时应加强对每笔坏账的分析，查明原因，明确责任。

2）上面提到的出纳手工录入“按客户编号输入现金、应收账款及汇款通知单”存在缺陷。改进方案：普通会计录入。

编制一式两联的存款单有问题，应为三联：银行和出纳各留存一联，银行盖章后给会计做账用一联。改进方案：经银行验证的存款单返回普通会计进行账务处理。

普通会计与银行账户核对，不仅要核对每月现金收入，也要核对现金支出。改进方案：每月数据处理打印汇总报告应包括现金收入和支出情况，由会计与银行进行核对。

出纳对“过期账户”“过期应收账款试算表”等报告进行分析存在缺陷。改进方案：应由普通会计进行。

> 注意：附录 F 内部控制中的重要概念和举例。

9.3　本章主观题例题与习题

9.3.1　本章主观题例题

例题 9-3

甲公司是一家大型连锁餐厅，建立于 20 世纪 80 年代。迄今该公司拥有一系列完备的制度和操作规范，这些制度保证了其卓越的服务品质和良好的成本管理。最近，甲公司收购了一家私营餐厅乙公司。在乙公司适应了甲公司的公司制度和操作规程后，甲公司在其内部审计部门开展了若干审计项目。

首先，甲公司希望确定其新收购的餐厅是否正确地填写了薪资表，并将正确的金额提交至州政府和联邦政府。甲公司审计的第 2 项内容涉及餐厅的现金收入流程，因为乙公司绝大部分的收入都是现金而非刷卡消费。该公司内部审计员完成审计后发现，乙公司尚未建立严格的现金内控制度。他们发现乙公司将大量现金存放在附近一个办公室内，该办公室经常不上锁。同时，乙公司每周进行一次现金存款，但未综合考虑存款情况、每日现金收入总额和预计的现金支出。审计人员还发现，乙公司负责现金对账的人员离职了，导致其所有对账工作延后了几个月。此外，乙公司未要求其服务生按照法律规定上报小费数量，同时乙公司的食物废弃量超过该公司指导原则要求。

1）说明两种主要的内部审计类型并且确定该题中所描述的审计类型。

2）描述 3 种内部控制目标，乙公司是否达到了上述控制目标?

3）a. 定义预防性控制措施和检查性控制措施。b. 为乙公司推荐一种预防性控制措施和检查性控制措施改革方案，从而降低现金收入过程中存在的风险。

4）解释固有风险、控制风险和检查风险，并且说明每种风险对乙公司现金收入过程有何影响。

参考答案：

1）两种主要类型的内部审计是合规性审计和经营审计。合规性审计是审核财务、运营和交易是否符合相应的法律、标准、法规和程序。经营审计是针对企业的各种功能对其运营的效率和效果的全面评价和审查。

薪资的审计程序是用以确定薪资处理是否符合法律及规则，这是一个合规性审计。现金收入的审核过程是一种经营审计。

2）信息的可靠性和完整性：现金存款与销售不吻合，所以这样的信息是不可靠的。

遵守政策、计划、程序、法律和规则：他们没有正确地要求他们的服务生申报小费所得，这不符合法规。

保护资产：现金没有得到适当的保护，经常长时间被留在没有上锁的办公室。

对资源的经济有效利用：审计员注意到餐厅扔掉大量的食物，看起来资源没有很好地被利用。

餐厅没有遵循应有的程序，也没有达到提供优质客户服务及节约的目标。

3）a. 预防性控制措施可以防止错误的发生。检测性控制措施在事后检查所发生的错误，以便采取纠正的行动。b. 预防性控制措施：乙公司应将现金上锁且每天存入银行。检测性控制措施：现金对账可以发现问题，也可以根据每天的销售报告与每天的现金收入核对。

4）由于餐厅收取大量的现金，使得现金收入过程中存有内在固有风险。在这种情况下，如果缺乏现金保护及控制，将提高控制风险。在现金收入流程中还有不容易被审计员发现的问题，从而导致检查风险。

例题 9-4

甲公司是一家大型区域性总承包商。随着业务不断增长，该公司聘用张三来担任主计长一职，他负责分析每月的利润表以及核对以前由唯一的会计助理李四处理的所有账户。张三注意到，尽管在过去几个月未启动任何新项目，但 2 月份发生了数额很大的拆除费用。由于张三并未预计到会有如此庞大的一笔拆除费用，而且预算中也没有任何此类费用，因此张三进行了一些深入调查。他发现，所有这些费用都是向另一个银行账户进行的银行转账。经过一步的调查后，他终于查清李四一直在从该公司的银行账户向她自己的账户转移资金并记录虚假开支，使银行账户对账不会出现任何问题。虽然总裁在使用支票前会将预先编号的支票锁起来，并且亲自签发所有的付款支票，但他并不知道可以通过互联网进行转账。张三还复核了由办公室经理编制的银行对账单，由于期末余额合理，因此这种欺诈行为并不明显也未被发现。

1）a. 指出并说明应适当分离的 4 项职责。b. 指出并说明李四拥有的使她得以窃取该公司资金的两项本不相容的职责。

2）指出并说明该公司为保护其资产已经采取的两种措施，并推荐两种可以加强这方面控制的措施。

3）根据 COSO 的内部控制框架指出内部控制的 3 个目标和 5 个要素。

4）指出能为该公司提供合理保证的 3 种内部控制措施。

参考答案：

1）a. 授权执行交易的职责，记录交易的职责，交易中所涉及的资产保管的职责，定期将现存资产与记录的资产进行对账的职责。b. 李四可以转账，同时可以记录这笔业务。李四执行业务、记录业务的职责不应该相容。

2）已经采取的措施有：对支票进行管理；总裁亲自签发所有的付款支票；支票预先编号；制定预算，并与实际进行比较，确认差异。

可以加强的控制：限制互联网转账功能；定期随机抽取费用科目的业务进行审计；分离不兼容职责。

3）3 个目标：促进运营的效率和效益提高，运营应该尽可能有效；符合适用的法律法规；财务报告的可靠性。财务数据应该可靠及时，能够帮助管理层或外部使用者制定决策。

4）职责分离；盘点资产，并与记录核对；对资产设置授权，仅获得授权的人员可以访问。

例题 9-5

微动态是一家数据库软件包开发公司，该公司的股票在柜台交易市场公开交易。该公司最近收到一个由证券交易委员会的执法官员发出的警告，被指出内部控制存在缺陷。为此，微动态公司已同意建立一个健全的内部审计制度，并加强其审计委员会的职能。

为了应对由证券交易委员会的执法官员发出的警告，该公司聘请了 1 名内部审计部经理，并且开始建立内部审计制度。此外，审计委员会的组成结构也发生变化，委员会中包括所有的外部董事。微动态公司已召开了初步计划会议，讨论了在内部控制中的各个参与者的角色和财务报告过程的相关问题，与会者包括该公司总裁、财务总监、审计委员会成员、微动态外部审计师事务所的合伙人以及新任命的内部审计部经理。与会者的意见如下：

董事长说："我们要确保微动态公司符合证券交易委员会的执法意见，以使公司不要再受到这样的警告。内部审计部门应帮助纠正存在的问题，以加强我们的内部控制制度。我希望你们好好考虑如何同内部审计部经理保持适当关系的问题。"

财务总监说："我认为内部审计部经理应该向我报告工作，因为许多部门的工作涉及财务问题。审计委员会应该负监督责任。"

审计委员会的委员说："我认为我们应该更仔细地考虑我们每一方的角色和作用。发起组织委员会的建议审计委员会在财务报告过程中发挥更加重要的作用。现在审计委员会的职责已经超出了橡皮图章的作用，我们需要在控制的保证和跟踪方面发挥更重要的作用。"

外部审计公司的合伙人："我们各方之间需要一个紧密的合作关系。内部审计部门应该发挥重要的作用，控制系统应该建立在连续的基础上，并且和外部审计公司保持密切的联系。"

内部审计部门经理："内部审计部门应更多地参与经营审计工作，但也应在财务审计领域发挥重要的监察角色。"董事长补充说："我同意大家的观点，但我提醒内部控制部门应该重视职责分离。"最后，大家一致认为应该满足《萨班斯法案》对于内部控制的要求，按照 COSO 内部控制框架建立内部控制体系。

信息部门的负责人最后补充提出："下次会议应该讨论有关于信息系统控制方面的问题，这类风险在当前显得尤为严重。"

要求：

1）描述以下各方在微动态公司的内部控制制度的建立、维护、评价工作中的作用：a. 管理层；b. 审计委员会；c. 外部审计师；d. 内部审计部门。

2）说明微动态公司审计委员会在财务报告编制过程中的职责。

3）讨论审计委员会在以下方面的特点：a. 组成、规模和成员任期；b. 与管理层、外部审计师和内部审计部门的长期关系。

4）说明内部审计的 3 个主要方面和 COSO 内部控制框架的 5 个方面并解释。

5）解释职责分离的内涵和意义。

6）定义预防性控制和检查性措施，以及固有风险和控制风险。

7）描述常用的网络、硬件和设施方面的控制措施。

参考答案：

1）a. 管理层负有保护该公司全部资产安全的责任。管理层需要建立、维护、评估内部控制系统的有效性。

b. 审计委员会的主要责任是协助该公司董事会完成其监管职责，具体包括在会计政策、内部控制、会计实务领域。

c. 外部审计师负责检查该公司的控制结构，具体包括控制环境、会计系统和控制程序，最终评估财务报表鉴证业务的控制风险。另外，外部审计师需要将检查中发现的该公司内部控制系统的任何重大缺陷报告该公司。

d. 内部审计部门负责经营审计和财务审计的工作，保证建立合适的控制政策和控制程序，并且将发现的问题及时报告审计主管或审计委员会。内部审计部门也应协助外部审计师的检查工作。

2）微动态公司审计委员会在财务报告编制过程中的职责包括：①确认该公司控制系统的有效性和效率性，识别各种风险，以及确保财务报表正确地反映了该公司的资产负债状况、经营状况和现金流的状况；②检查内部审计部门和外部审计师发现的问题；③作为审计师和董事会的沟通渠道。

3）a. 审计委员会至少包含 3 名外部独立董事。审计委员会最大的规模没有限制，但是一般为 3 ~ 5 名成员。成员任期由董事会确定，应该能够保证委员会成员的连续性和流动性。

b. 审计委员会由董事会选举产生，其主要责任是协助该公司董事会完成其监管职责，具体包括在会计政策、内部控制、会计实务领域。审计委员会检查该公司管理层、外部审计师和内部审计部门和承担保证财务报表信息可靠性方面的工作。审计委员会有责任选择外部审计师，协助解决审计工作中发生的问题，讨论管理层和外部审计师发现的问题。

4）略。

5）略。

6）略。

7）略。

例题 9-6

杰弗里是双鱼医药股份有限公司（简称双鱼公司）堪萨斯分部的主计长。双鱼公司是一家跨国上市公司，专门生产大型医疗设备，同时向其客户提供融资服务。最近，杰弗里通过很多新闻报道发现，该公司的很多竞争对手遇到严重的财务困难，甚至出现破产。同时他也发现很多其他公司因为使用不合格的胶囊材料受到监管机构的处罚。

杰弗里希望避免出现类似的问题，同时也希望该公司利润和股价上升。杰弗里的目的是将企业风险管理方法和理念融入他所在的分部。最后，他接到通知，审计委员会要求其分部遵守《萨班斯法案》和《美国国外贪腐防治法》的要求。

要求：

1）分析并说明双鱼公司在以下 3 个方面可能会遇到的风险（每个方面 2 个风险）：a. 从其他国家购买原料；b. 向国外客户提供销售信用额度；c. 开发和生产高科技设备。

2）以下 3 个要素能够保证风险评估和控制程序是有效的。解释原因（每个因素 2 个原因）并举例说明。

a. 了解公司的业务；b. 实施制衡制度；c. 建立标准制定的程序。

3）解释双鱼公司的组织政策和管理风格如何影响控制环境的有效性和风险管理过程。

4）解释《萨班斯法案》406 条款的要求。

参考答案：

1）a. 双鱼公司会面临市场风险，包括市场价格或利率的变化导致潜在损失的风险，如汇率、利率以及石油价格的变动。购买的产品的价格可能会大幅增加，或者由于政治事件造成无法获得。b. 国外客户可能出现违约从而给双鱼公司带来信用风险，信用风险包括贷款违约或者未支付应付账款等情况。双鱼公司还可能面临外汇风险，由于汇率的波动使得应收账款的价值发生波动。c. 双鱼公司可能会面临研发失败的风险，或者新生产的设备不能满足市场需求。跨国公司还可能面临经营风险，如由于没有遵循质量标准，导致出现有缺陷的产品，造成顾客的不满以及给双鱼公司的名誉带来损失。

2）a. 如果没有全面地了解双鱼公司的业务就不可能：①确定与日常运营相关的风险；②了解与外部风险有关的相关因素，如竞争对手或技术的改变；③分配员工的风险管理责任。举例略。b. 实施制衡制度可以：①防止某个人变为组织的代表，从而为了个人的利益损害组织利益；②保护资产处于合理状态，防止欺诈活动，如包括隔离的职责和使用密码来限制访问和操作。c. 建立标准制定的程序可以：①防止不当行为；②帮助该公司确认程序终止的条件。例如，聘用员工开展背景调查程序，终止违反双鱼公司规定的政策。

3）管理层应该：①从双鱼公司上层建立职业道德意识，并以身作则；②建立职业道德规范，作为双鱼公司风险文化和价值观的指导；③促进沟通与交流，不断讨论风险因素并交流风险管理方面的经验和教训；④提供员工培训计划；⑤建立适当的绩效指标；⑥建立薪酬激励机制。

4）略。

例题 9-7

汤姆拥有一家制造电器设备的小公司。该公司初创时，汤姆独自管理这家公司，采购和生产的监督工作以及财务记录的维护工作都由他来做。他所聘用的员工只有生产工人。

随着该公司的规模扩大，汤姆决定聘用鲍勃担任这家公司的财务主管。鲍勃拥有工大的 EMBA 学位，并且在一家大公司的财务部门有过 10 年的工作经验。在面试过程中，鲍勃提到他也在考虑另一家公司给他的录用通知，需要在未来几天内知道汤姆的决定。

由于鲍勃的学历给汤姆留下了非常深刻的印象，因此汤姆未开展背景调查便录用他担任该职位。鲍勃看起来是一名敬业勤恳的员工。他所表现出来的诚实正直很快为他赢得了美誉：人们认为他是一名出色且可以信赖的主管。

同年晚些时候，汤姆又聘用了迈克担任生产部门的主管，负责监管该部门的工作。汤姆继续照管采购事宜，所有付款都须经他批准。迈克极为称职，看起来可靠并尽责。用 1 年的时间观察迈克的工作后，汤姆认定他一直在高效地履行自己的职责。汤姆认为迈克和鲍勃都是自己可以信赖的优秀主管，因而让他们担当了更多的职责。迈克的其他职责包括采购和验收工作；鲍勃则支付所有账单，准备并签署所有支票，维护记录，核对银行对账单。

汤姆很快便开始采用无为而治的方法来管理他的这家公司。他经常与家人一起去度长假而不在办公室检查公司的工作。他对公司能够盈利感到很高兴，并期望公司在这两位称职且可信赖的主管的管理之下以后能够继续盈利。在汤姆将公司的管理工作交给鲍勃和迈克 1 年之后，这家公司开始出现利润下降。汤姆认为这是由经济的周期性衰退造成的。但盈利水平在经济好转后仍继续下降，这时汤姆便开始展开调查。

他注意到营业收入在增加，但利润却在下降。他还发现，从一家供应商处进行的采购与其他5家供应商相比出现大幅增加现象。汤姆担心在他的公司内可能存在欺诈行为。

要求：

1）列出该公司的4个内部控制缺陷并进行简要描述。

2）对于每个内部控制缺陷，推荐一个改进方案。

3）完善的内部控制系统是否可以保证不发生欺诈行为。

参考答案：

1）该公司的内部控制有4个缺陷：①汤姆在聘用了鲍勃和迈克后就不再具体管理和仔细检查公司的业务；②鲍勃和迈克的管理权限太大而且缺乏必要的监督和检查；③该公司没有正规的聘用政策来聘用合适的员工，汤姆没有好好筛选求职的员工，此外对鲍勃和迈克也没有进行背景检查；④该公司缺乏必需的内部控制，如职责分离、授权和检查等内部控制手段。因此，迈克既可以发订单也可以接收货物，而这两项责任本应该分隔开来，而汤姆则负责接受付款、保留记录、银行对账及签写支票和批准支付。由于缺少基本的内部控制，从而给他们的欺诈打开了方便之门。

2）通过建立合适的内部控制机制，从而使进行欺诈或掩盖欺诈的机会被消除。通过题干的描述，该公司需要尽快建立这些内部控制机制：①职责分离；②授权系统；③独立检查；④合适的记录。建立这样的控制机制，就不会有一个部门或个人，从开始到结束，全面地操纵一笔交易。在记录交易和银行对账时，一个人只履行一项功能。同样，迈克不应该同时拥有授权购买、接收存货和给生产发放原材料的职能。另外，该公司也应该分离准备支票、签写支票和批准支付的责任。汤姆应该授权采购和批准支付。他也可以考虑再聘用一个员工从而把保留记录和银行对账的职责分离开。另外，该公司必须建立更好的聘用政策，如要求员工休假、进行内部审计和对员工的表现进行监察。

3）即使最好的内部控制也无法确保欺诈能被彻底消除。内部控制只是为防止欺诈提供了合理的但不是绝对的保证。内部控制不是欺诈的屏障，也不能绝对阻止欺诈的发生。内部控制的有效性要依赖于执行内部控制的人员的能力和可靠性。

9.3.2 本章习题

问题1 风险评估是（ ）

A. 用来识别可能影响公司的潜在事件的过程。

B. 一个建立政策和程序、实现内部控制目标的过程。

C. 一个能够及时识别和捕捉信息的过程。

D. 一个评估全年内部控制质量的过程。

问题2 当销售部门的管理层有机会凌驾于会计部门的内部控制系统，下述哪个方面出现了问题？（ ）

A. 风险管理。 B. 信息和沟通。 C. 监测。 D. 控制环境。

问题3 一个不道德的程序员在不满意或者被解聘时，可能设计了用来被激活的暂未执行的计算机程序编码。为了防止或检查类似的潜在的欺诈行为，审计师可以采取下述哪种方法？（ ）

A. 回归测试。 B. 程序映射。

C. 扫描路径。 D. 测试数据处理。

问题4 在电子商务中，需要复制程序，以确保客户获得的关键支持功能（如存货水平、定价和折扣）同企业的主系统同步。这些程序不包括下述哪项？（ ）

A. 经常对每一项在线程序进行更新。

B. 客户可以实时了解存货水平。

C. 定价战略，以及用来制定价格所使用的公式。

D. 客户可以实时了解延期交货情况。

问题 5　考虑下列控制类型：

Ⅰ. 预防性。　Ⅱ. 纠正性。　Ⅲ. 反馈性。　Ⅳ. 前馈性。　Ⅴ. 检查性。

一般，下列哪组控制是最节约成本的？(　　)

A. Ⅱ、Ⅱ和Ⅲ。　B. Ⅲ、Ⅳ和Ⅴ。　C. Ⅰ、Ⅱ和Ⅳ。　D. Ⅰ、Ⅲ和Ⅴ。

问题 6　客户应付账款的计算机系统被改变位置，管理员通过拨号连接到服务器来提供支持。结果管理员离开了该公司，而该公司未进行任何更改应付账款计算机系统的举动。下列情况中哪个可能产生最大的安全风险？(　　)

A. 用户密码不需要字母和数字混合格式。

B. 用户账户的管理程序没有记录。

C. 管理员离职后，用户账户不会被删除。

D. 对违规行为的安全日志没有定期审查。

问题 7　一个企业在互联网上做生意。除了哪项，都是最有可能使用的用来防止未经授权的入侵者访问专有信息的方法？(　　)

A. 密码管理。　B. 数据加密。　C. 数字证书。　D. 批处理。

问题 8　以下哪种信息技术（IT）部门的责任应委托给独立的第三方？(　　)

A. 网络维护和无线接入。　B. 数据录入和防病毒管理。

C. 数据录入和应用程序编程。　D. 数据录入和质量保证。

问题 9　根据 2002 年的《萨班斯法案》，下列哪项关于发行人的审计委员会财务专家的说法是正确的？(　　)

A. 发行人目前的外部会计师事务所的审计合伙人，必须是审计委员会财务专家。

B. 如果发行人没有设置审计委员会财务专家这一职位，发行人必须披露该职位为何没有设置的原因。

C. 发行人必须填写曾经在发行人的行业从业的财务专家的从业经验。

D. 审计委员会财务专家必须是发行人的审计委员会主席，以加强内部控制。

问题 10　一个交易严重依赖于电子商务的组织，组织的安全手册是以下哪种控制措施的一个例子？(　　)

A. 预防性控制措施。　B. 检测性控制措施。

C. 改正性控制措施。　D. 合规性控制措施。

问题 11　审计师审核客户端的网络，发现该用户没有任何密码保护。下列哪项是用户使用网络密码类型中最好的例子？(　　)

A. trjunpqs。　B. 34787761。　C. tr34ju78。　D. tR34ju78。

问题 12　当评估一个公司的内部控制结构政策和程序时，一名审计人员主要考虑的是它们是否(　　)

A. 防止管理层滥用职权。　B. 与控制环境相关。

C. 反映管理层的理念和经营方式。　D. 影响财务报表声明。

问题 13　下列哪种方法会为公司分发员工工资提供最好的内部控制？(　　)

A. 将工资交给每个部门监督人员，再由他/她直接分发给其部门的员工。

B. 直接存到每个员工的个人银行账户里。

C. 直接由人力资源部门的代表向员工分发工资。

D. 直接由工资经理向每个员工分发工资。

问题 14　下列哪项对防止佣金欺诈最为有效？(　　)

A. 严格的内部控制政策、职责分开、要求员工休假。

B. 严格的内部控制政策、惩罚不道德的行为。

C. 员工培训、职责分开、惩罚不道德的行为。

D. 聘用道德高尚的员工、员工培训、职责分开。

问题 15　一个必须遵守 1977 年《美国国外贪腐防治法》的公开公司，应建立的遵守程序不包括下列哪项？(　　)

A. 授权并正式签署的协议，声明它将遵守该法案。

B. 公司现有的内部会计控制系统文件。

C. 控制的成本/收益和最小化的风险分析。

D. 数量检查系统，以评估内部会计控制系统。

问题 16　某公司新任主计长正在评估她所在部门的职责划分是否合理。请评估以下各项陈述，并判断同一员工可以履行哪组职责并符合职务不相容要求？(　　)

A. 接收该公司的存款并记录这笔交易。

B. 收取现金和支票并将这些款项存到银行。

C. 将费用录入总分类账并支付信用卡账单。

D. 授权现金支付并发放付款。

问题 17　在合规性审计期间进行固有风险评估时，内部审计者不应考虑以下哪种因素？(　　)

A. 指定合规性要求的复杂性。

B. 相应实体针对特定合规性要求所采取的内部控制措施的有效性。

C. 相应实体受指定合规性要求监管的时长。

D. 实体以前在遵守指定要求方面的经历。

问题 18　一家在美国上市的公司完成了其年度审计和内部控制评估。某位外部审计人员对财务报表审计给出了鉴定意见，但并未报告管理层对内部控制的评估结果。该公司是否违反了《萨班斯法案》的 404 款？(　　)

A. 未违反，根据“安全港”规定，该公司仍然是合规的。

B. 违反了，因为该公司未提供首席财务官和首席执行官的证明。

C. 未违反，但该公司违反了《萨班斯法案》的 302 款。

D. 违反了，因为该公司未安排审计人员鉴定并报告对其内部控制的评估结果。

问题 19　根据《萨班斯法案》，以下哪项证明不包含在定期的法定财务报表中？(　　)

A. 签字高管已审核过该报表且该报表不包含任何重大虚假陈述或重大遗漏。

B. 任何重大的内部控制变化或可能会产生负面影响的相关因素均已披露。

C. 列明在内部控制方面的所有不足，以及牵涉参与内部运作员工的任何欺诈行为的相关信息。

D.《美国国外贪腐防治法》(FCPA) 在内部控制方面的主要规定。

问题 20　以下哪项最准确地描述了《美国国外贪腐防治法》的一条重要规定？(　　)

A. 审计人员不得提供记账服务或与审计客户的会计记录或财务报表有关的其他服务。

B. 公司必须遵守该公司本国或地区的法律及其所有境外子公司所在国或地区的法律。

C. 首席执行官和首席财务官必须证明自己不知晓美国公司的所有境外子公司的任何贪腐行为。

D. 应检查内部会计控制机制，如果发现重大漏洞，则必须加强相关控制。

问题 21　以下哪项陈述最贴切地描述了 1977 年颁布的《美国国外贪腐防治法》在内部控制方面的要求？(　　)

A. 通过贿赂境外官员来赢得或保住业务是非法行为。

B. 管理层必须制定一些制度来保证交易经过授权。

C. 所有大额现金付款和收款都必须向美国财政部汇报。

D. 通过贿赂境外企业的高管或官员来赢得或保住业务是非法行为。

问题 22　某公司的信息系统采用的密码矩阵使用户仅拥有履行该用户的职责所需的权限。这种控制措施可被称作是一种(　　)

A. 访问控制。　　B. 数据验证控制。

C. 应用程序控制。　　D. 数据采集控制。

问题 23　以下哪项最贴切地描绘了数据流经会计信息系统的路径和时机？(　　)

A. 鱼骨图。　　B. 项目流程图。　　C. 系统流程图。　　D. 决策表。

问题 24　以下哪项关于灾难恢复规划的陈述是不正确的？(　　)

A. 灾难恢复计划必须在公司内的最低级别实施。

B. 灾难恢复计划应完整地记录在册并获得批准。

C. 灾难恢复计划的设计应包含对公司需求的评估、恢复优先顺序表以及一套恢复策略和规程。

D. 灾难恢复计划的一个非常重要的环节是备份站点的指定。

问题 25　某公司的 IT 团队为其公司制定了一项灾难恢复计划。该计划包含数据和系统的多个备份版本，其中至少有一份副本存放在异地。该计划还包括为减少洪水和飓风等自然灾害造成损失的概率而选择了一个异地灾备站点。该灾备站点具备安保服务。IT 主管在家中存有一份计划的副本，并且该计划会定期进行测试。以下哪个陈述最准确？(　　)

A. 该灾难恢复计划具备了所需的一切，因为该公司可以访问数据备份并继续进行数据处理。

B. 该灾难恢复计划需要确保计算机系统上存有可访问的灾难恢复计划副本。

C. 该灾难恢复计划需要包含具有必要功能的热备或冷备灾难恢复站点。

D. 该灾难恢复计划需要包含有关在灾难发生时如何任命恢复团队的说明。

问题 26　某公司正在组建内部审计部门。由于在此之前主计长不具备内部审计工作经验，因此建议内部审计主管向外部审计师汇报，当然审计主管也可直接向主计长报告任何的重大事项，主计长再将这些事项报告给董事会。下列选项中正确的是(　　)

A. 由于内部审计主管可以直接和董事会联系，因此内部审计部门具备独立性。

B. 由于内部审计主管要向外部审计师汇报，因此内部审计部门不具备独立性。

C. 由于主计长没有内部审计的工作经验，因此内部审计部门不具备独立性。

D. 由于该公司没有要求内部审计主管必须是注册内部审计师，因此内部审计部门不具备独立性。

问题 27　某公司审计部门评估该公司发生风险事件的概率是 10%，损失的金额为1 000 万元。由于该公司拥有良好的风险控制系统，其良好运行的概率为 98%。该公司风险敞口的金额为(　　)

A. 1000 万元。　　B. 100 万元。　　C. 98 万元。　　D. 2 万元。

问题 28　某审计师在进行审计业务，可接受的审计风险为 0.1%，审计业务的固有风险为 10%，控制风险 5%，那么检查风险最高为(　　)

A. 0.1%。 B. 0.5%。 C. 1%。 D. 20%。

问题29 影响可接受的审计风险的因素不包括( )

A. 管理层诚信度。 B. 财务报表使用者。

C. 被审单位的财务状况。 D. 权责相匹配的充分性。

问题30 下列因素中，会影响风险的因素包括( )

Ⅰ. 独立绩效检查的频率。 Ⅱ. 组织控制方法的充分性。

Ⅲ. 权责相匹配的充分性。 Ⅳ. 执行控制措施的连续性。

Ⅴ. 资产、记录、软件或数据的物理控制的充分性。

Ⅵ. 在限制资产、记录、软件或数据的使用权方面，系统控制的充分性。

A. Ⅱ, Ⅲ, Ⅳ B. Ⅰ, Ⅱ, Ⅲ, Ⅳ

C. Ⅰ, Ⅱ, Ⅲ, Ⅳ, Ⅴ D. 全部。

问题31 根据《萨班斯法案》302 条，首席执行官和首席财务官每个季度进行证明的一个关键要素是( )

A. 披露控制。 B. 披露程序。 C. 披露委员会。 D. 披露政策。

问题32 根据《萨班斯法案》404 条款中管理当局对于内部控制的评估，组织控制环境的评估和声明应该关注( )

A. 完整的控制。 B. 分立的控制。 C. 软性控制。 D. 硬性控制。

问题33 以下 COSO 内部控制要素中的哪些要素包括了许多软性控制？( )

Ⅰ. 风险评估。 Ⅱ. 控制环境。 Ⅲ. 控制活动。 Ⅳ. 信息和沟通。 Ⅴ. 监控。

A. Ⅰ和Ⅱ B. Ⅰ和Ⅲ C. Ⅱ和Ⅴ D. Ⅰ、Ⅲ和Ⅳ

问题34 根据 COSO 报告，审计计划随着以下哪些因素的变化而变化？( )

Ⅰ. 风险 Ⅱ. 审计资源 Ⅲ. 董事会 Ⅳ. 政策

A. 只有Ⅰ。 B. Ⅰ和Ⅱ。

C. Ⅲ和Ⅳ。 D. Ⅰ、Ⅱ、Ⅲ和Ⅳ。

问题35 某公司的运营经理决定在60天以后购买一台价值昂贵的机器，这个通知使得投资部门以优惠的条款售出该公司的部分投资组合。这种控制属于( )

A. 反馈控制。 B. 战略控制。 C. 预算控制。 D. 前馈控制。

问题36 顾客在餐馆填写的菜肴评价单是管理者改进食物质量的控制工具。这项控制属于( )

A. 前馈控制。 B. 转向控制。 C. 并行控制。 D. 反馈控制。

问题37 在评估应用控制时，控制或编辑校验最有可能被用于发现客户账户号字段中的数据输入错误，以上描述的是( )

A. 限额检验。 B. 有效性检验。 C. 控制总数。 D. 杂数总和。

问题38 一位内部审计师正在审核最终用户计算活动的政策和程序是否适当。他在测试( )

A. 应用控制。 B. 组织控制。 C. 环境控制。 D. 系统控制。

问题39 可以拒绝对应用系统进行未经授权的修改，以上描述的是( )

A. 程序化检验。 B. 批控制。 C. 执行控制。 D. 逐一核查。

问题40 为了防止可能的欺诈，银行的信托部门要求某位官员，而不是信托部门的主管来验证收入分配订单并签署支付支票。这项职务分离属于( )

A. 输入控制。 B. 审计控制。 C. 改正性控制。 D. 经营控制。

问题41 根据控制的目标，控制可以被划为检查不适当事件是否发生的检测性控制，阻止不适当

事件发生的预防性控制，促进良好事件发生的指向性控制等。属于指向性控制的是(　　)

A. 每月核对银行对账单。

B. 要求对具体金额的支付款项进行双重签名。

C. 记录每天发生的交易。

D. 要求内部审计部门的所有员工都是注册内部审计师。

问题 42　审计主管告诉新来的审计人员，组织内一些区域很难审计，因为这些区域内的控制缺乏明确的定义。最难进行评估的是(　　)

A. 经营控制。　B. 硬件控制。

C. 会计控制。　D. 物理安全控制。

问题 43　管理的例外报告属于(　　)

A. 预防性控制。　B. 检测性控制。　C. 改正性控制。　D. 指向性控制。

问题 44　信息系统主管和审计主管都同意需要保证传输及数据的安全性和完整性。确保卫星传输机密性信息的最好方法是(　　)

A. 加密。　B. 访问控制。

C. 监控软件。　D. 循环冗余校验。

问题 45　如果被竞争对手访问了计算机文件中敏感的运营信息，那么该公司将会遭受重大损失。下面的控制手段中最能有效避免这种损失的是(　　)

A. 控制文件的处理，加密数据文件。

B. 加密数据文件，并经常更换密码。

C. 主密钥和辅助密钥的完整性检查，加密数据文件。

D. 主密钥和辅助密钥的完整性检查，并经常更换密码。

问题 46　IT 运营的应急计划应该包括适当的备份协议。当重要的操作需要立即获得计算机资源时，过度依赖供应商的是(　　)

A. 热站。　B. 冷站。

C. 冷站和热站结合。　D. 在组织内使用另一个数据中心的额外空间。

问题 47　不应该访问防火墙的人员是(　　)

A. 主要的防火墙管理员。　B. 使用防火墙功能的用户。

C. 后备的防火墙管理员。　D. 网络服务管理员。

问题 48　在对一个全国性抵押服务公司的数据中心进行年度审查时，内部审计经理注意到数据中心没有适当的应急计划。这个审计经理特别注意到，这个数据中心靠近一条偶尔发洪水的河，并且靠近一条主干铁路和高速公路。管理层根据内部审计师的建议准备了一个应急计划，这个计划最关键是应该提供(　　)

A. 在恢复时监控欺诈或滥用。　B. 抵押服务的持续性。

C. 信息资产的安全和控制。　D. 在恢复期间费用最小化。

问题 49　银行账户余额更新程序需要计算账号的校验位，这属于(　　)

A. 输入控制。　B. 文件管理控制。　C. 访问控制。　D. 输出控制。

问题 50　可以避免将字母字符输入到全数字定义的号码中，这描述的是(　　)

A. 存在性检查。　B. 校验位。　C. 依赖性检查。　D. 字符检查。

问题 51　职责分离是有效的内部控制制度的一个基本概念，但是，内部审计师必须意识到下述哪种情况会危及这种安全措施？(　　)

A. 缺少员工培训。
B. 员工共谋。
C. 不定期对员工进行评估。
D. 缺少内部审计。

问题 52 一家公司正在进行风险分析以量化其数据中心遭受不同威胁的风险。下列哪种情况代表在调整保险收入之后最高的年度损失风险？（ ）

	发生频率	损失金额	保险覆盖率
A.	1 年	15 000 美元	85%。
B.	8 年	75 000 美元	80%。
C.	20 年	200 000 美元	80%。
D.	100 年	400 000 美元	50%。

问题 53 为了使绩效报告中出现的重大偏差问题最小化，很多组织已经实施了（ ）

A. 前馈控制系统。 B. 预防控制系统。 C. 反馈控制系统。 D. 内部审计系统。

问题 54 从管理会计的角度，下列哪项是企业流程再造的主要缺点？（ ）

A. 在很大程度上，重点放在了短期结果上。
B. 经常造成中央数据库的使用减少。
C. 内部控制机制往往崩溃。
D. 加重保留系统的维护。

问题 55 公司管理层对计算机数据盗窃有所考虑，并想确保信息传输的机密性。公司应该利用（ ）

A. 数据加密。 B. 回拨系统。 C. 信息确认技术。 D. 密码编码。

问题 56 管理层旨在提供保证实现指定的最低销售毛利率的管理控制是（ ）

A. 指向性控制措施。 B. 预防性控制措施。 C. 检测性控制措施。 D. 输出控制措施。

问题 57 采用祖父－父亲－儿子文件保存方式可以防止主文件丢失或者损坏，下述哪种方法最有可能威胁这种保护方式？（ ）

A. 使用磁带。
B. 通风不足。
C. 将所有类型的文件存储在一个地方。
D. 没有对数据进行加密。

问题 58 负有监督内部控制的建立和管理主要责任的是（ ）

A. 外部审计人员。 B. 高级管理人员。 C. 主计长。 D. 司库。

问题 59 内部会计控制隐含的基本概念包括下列两项：

1）系统成本不应超过预期取得的收益。

2）整体控制程序带来的影响不应妨碍运营效率。

下列哪种内部会计控制体现了以上两概念？（ ）

A. 限制。 B. 管理层责任。 C. 数据处理方法。 D. 合理保证。

问题 60 下列哪项行为违反了内部控制的基本原则？（ ）

A. 取信的职员将收到的支票与随支票寄来的原文件对比，并确认，然后注释支付的金额，最后每天向出纳递交支票（包括一个现金收入清单）的存款。

B. 取信的职员将收到的支票与随支票寄来的原文件对比，并确认，然后注释支付的金额，最后每天将随支付而来的原文件（包括一个现金收入清单）记录到应收账款明细分类账。

C. 在周末，收银出纳为本周收到的全部现金收据制作存单。

D. 总账部门比较从出纳收到的为可用于未计科目的现金编制的简要会计分录，以及应收账款部门记录明细分类账的分批总数。

问题 61 为了正确地进行职责分配，计算机部门的哪个职位应对重新处理数据处理过程中发现的错误负责？（ ）

A. 部门经理。　B. 系统分析员。　C. 计算机程序员。　D. 数据控制组。

问题 62　在将一个新客户的汇款地址输入到甲公司计算机数据库的时候，员工错误地输入了一个不存在的邮政区号，结果，邮寄给新客户的第 1 个月的账单又退回了甲公司。如果当时采取下述哪项措施，将最有可能发现甲公司计算机数据库的输入错误？(　　)

A. 限制性测试。　B. 有效性测试。　C. 奇偶校验。　D. 记录数目测试。

问题 63　以下控制哪个可以用来检测到那些从来没有发生却被银行记录的存款？(　　)

A. 尽可能早些将收入制证、记账。

B. 查相关其他的内部会计科目（即稽核应收账款或销售）。

C. 合并现金收款点。

D. 第三方执行银行对账。

问题 64　控制是管理层通过以下哪项适当及有效活动实施的结果？(　　)

A. 计划、组织和指导组织活动。

B. 确定需求，确定可供选择的行动方案，制定衡量业绩的标准，并将结果与预定标准相比较。

C. 授权和检查业绩，并与计划业绩的实现对比。

D. 确定经营的效率和经济性，包括目的和目标是否已经达到。

问题 65　如果内部控制被良好的设计，那么以下哪两种任务应当由两个不同的人执行？(　　)

A. 批准坏账核销，应付账款明细账和控制的账户合并。

B. 发放工资支票和确认赊销的回款。

C. 记录现金收入日记账和现金支付的总账。

D. 记录现金收入和编制银行对账单。

问题 66　已知精度区间，样本能够反映总体的可能性由下列哪项得知？(　　)

A. 点估计。　B. 抽样误差。　C. 置信水平。　D. 误差率。

问题 67　系统出现错误或者被终止时，计算机会激活某个不被执行的系统代码，这时便会产生一些潜在的欺骗行为。为了阻止或者发现这种潜在的欺骗行为，审计人员必须设法识别和检查这些不该执行的程序代码。通过以下哪种办法可以最好地实现这一做法？(　　)

A. 数据测试程序。　B. 程序映射。　C. 回归测试。　D. 程序过滤。

问题 68　在信息系统组织的各种功能中，最重要的一个任务是(　　)

A. 不允许数据管理系统参与数据处理操作。

B. 保证计算机编程系统远离数据处理操作。

C. 为交易流程的顺利进行以及交易正确通道的识别提供一个独立的部门。

D. 为实用程序提供不同的系统维护人群，而不是与应用程序共享。

问题 69　美国国会通过并实施《美国国外贪污防治法》的主要目的是(　　)

A. 防止美国公司聘用的外国人的不道德行为。

B. 推动联合国关于其盟国间全球贸易颁布的法令。

C. 防止美国公司为在国外经营而贿赂国外官员的行为。

D. 要求独立审计人员记录其对内部控制的评估。

问题 70　下列哪种会计和管理技术最不可能帮助内部审计人员评价各个利润中心使用资源的经济性和效率？(　　)

A. 成本差异分析。　B. 弹性预算。　C. 作业管理。　D. 联合成本分摊。

问题 71　合规测试的主要目的是确定是否(　　)

A. 经常进行程序更新。
B. 财务报表列项式的合理列报。
C. 控制按照计划运行。
D. 发生了舞弊勾当。

问题 72 计算机病毒与“特洛伊木马”不同，因为病毒可以( )

A. 损坏数据。
B. 更改程序指令。
C. 自我复制。
D. 删除可执行文件。

问题 73 为了防止、发现和改正错误以及非法篡改现象，工资账单系统必须有足够的监控力。以下哪项是对工资账单系统监控力所含内容的最好描述？( )

A. 分批总数、记录数目、用户密码、职责分工、在线编辑审核。
B. 员工监控、分批总数、循环记录总数、支票付款。
C. 分批及数据总和、循环记录总数、职责分工、用户账号和密码、行为和主文件备份。
D. 用户账号和密码、分批总数、员工监控、循环记录总数。

问题 74 在为一信息系统的客户/主机环境加密时，使用单一级别登录密码的主要缺点是存在什么危险？( )

A. 造成陷阱门进入点。
B. 创建失败单点。
C. 造成管理瓶颈。
D. 锁住有效用户。

问题 75 某些情况下，数据能否正确输入会计信息系统至关重要，数据控制的最好方法是用( )

A. 密钥认证。
B. 兼容性测试。
C. 限制检查。
D. 合理性测试。

问题 76 下列哪项是电子数据处理系统的内部控制系统的缺点？( )

A. 数据控制小组审核并测试程序，然后再处理计算机发现的错误。
B. 应收账款职员准备并将数据输入计算机系统，审核错误输出。
C. 系统分析人员设计新的系统，监督系统的测试。
D. 计算机操作员根据指令执行程序并监管程序和文件。

问题 77 信息系统的控制可以划分为一般控制和应用控制。在评估信息系统的内部控制时，下列哪种控制不是一般控制？( )

A. 记录。
B. 数据安全。
C. 输出。
D. 物理设备。

问题 78 原代码的调用比较用来识别下列哪种情况？( )

A. 是否存在未授权的程序。
B. 程序中未使用的代码。
C. 程序中的错误。
D. 程序变更。

问题 79 包含计算机输入控制、输出品分发和记录提取程序的内部电子数据处理控制问卷用来审核并评估下列哪项？( )

A. 设备安全性。
B. 组织职责。
C. 计算机操作。
D. 计算机系统。

问题 80 以下哪项不是系统实施程序的内容？( )

A. 系统设计。
B. 培训。
C. 测试。
D. 转换。

问题 81 根据 2002 年的《萨班斯法案》，公司必须执行年度的反诈骗监控，并将此作为审计工作的一个重要部分。该项反诈骗方案一般包括对道德和行为准则的制定和有效实施。以下哪项不是行为准则有效实施的一方面？( )

A. 缺乏员工聘用后的定期的公司行为准则培训。
B. 制订旨在向公司所有员工传播公司行为准则的计划。
C. 审计委员会对违反公司行为准则的案例的介入和监督。

D. 设定公司举报热线或者成立其他专门的违纪情况检举部门。

问题 82　下列哪种交易处理模式提供了最准确最完整的决策信息？(　　)

A. 批处理。　B. 分布是系统。　C. 在线处理。　D. 应用程序。

问题 83　下列哪项被认为是一个应用程序输入控制？(　　)

A. 运行总量控制。　B. 编辑检查。　C. 报告分发记录。　D. 例外报告。

问题 84　验证用户有权进行某网上交易的最有效的控制方法是(　　)

A. 密码。　B. 挑战/响应机制。　C. 兼容性检查。　D. 闭路验证。

问题 85　机密数据可以安全地通过互联网传递，通过使用(　　)

A. 单一密码。　B. 防火墙。　C. 加密。　D. 数字签名。

问题 86　下列哪项不是计算机安全加密技术？(　　)

A. 公开密钥。　B. 私人密钥。　C. 主密钥。　D. 认证密钥。

问题 87　以下哪项是对内部控制系统各组成部分最好的描述？(　　)

A. 控制环境、风险评估、控制行为、信息和交流系统、监控。

B. 员工实务和政策评估、授权制、职责分工。

C. 结构组织、管理理念、控制计划。

D. 风险评估、后备设施、责任审计、自然法。

问题 88　灾难过后，当试图在另一地点恢复计算机设备时，应最先恢复下列哪项？(　　)

A. 网上系统。　B. 间歇式系统。　C. 运营系统。　D. 决策支持系统。

问题 89　以下哪项是指已确定由组织作为数据处理灾难恢复站点，但尚未与设备存储的网站？(　　)

A. 热站。　B. 冷站。　C. 温站。　D. 凉站。

问题 90　一个信息技术总监收集主要供应商的名称和位置，当前的硬件配置和名称，团队成员和替代加工位置。信息技术总监可能准备什么呢？(　　)

A. 数据恢复计划。　B. 灾难恢复计划。

C. 系统的安全策略。　D. 系统硬件的政策。

问题 91　乙制造公司中西部厂房的数据录入人员有责任把该厂房的全部送货信息转换为计算机记录。当送货部门向数据录入人员发送送货单复印件时信息流开始。数据录入操作员把送货单信息扫描到一软盘上，然后送给核对计算机记录与原始送货单的认证职员使用。当一批文件已经审核并更正过后，信息被上传到该公司总部的主机系统。可视化并理解这套活动最有效的方法是通过使用(　　)

A. 程序流程图。　B. 决策表。　C. 文件流程图。　D. 甘特图。

问题 92　以下哪项是监督控制的例子？(　　)

Ⅰ. 内部审计。

Ⅱ. 审计委员会审查。

Ⅲ. 管理审查。

A. 只有Ⅲ。　B. 只有Ⅱ。　C. 只有Ⅰ。　D. Ⅰ、Ⅱ和Ⅲ。

问题 93　以下哪项是对固有风险、检查风险和计划审计凭证之间关系的最好描述？(　　)

A. 固有风险与检查风险之间存在正比关系，但与计划审计凭证之间不存在关系。

B. 固有风险与检查风险和计划审计凭证之间均存在反比关系。

C. 固有风险、检查风险、计划审计凭证之间均不存在任何关系。

D. 固有风险与检查风险之间存在反比关系，与计划审计凭证之间存在直接关系。

问题 94　以下哪项表明计算机整合系统中内部控制的缺失？(　　)

A. 根据管理特定的授权而完成设计与实施过程。

B. 检查到错误时，程序员可以改变系统和数据文件。

C. 应用程序的任何改变都对管理的授权和认可产生影响。

D. 提供保护措施，以防止因非法访问、篡改与破坏而导致的数据文件的破坏或丢失。

问题 95　计算机审计系统中的校验审核(　　)

A. 应该在更新主文件之前执行交易。　　B. 是预防控制。

C. 应该在输出分布之前执行。　　D. 应该在系统运营以后更容易操作。

问题 96　在整个信息系统环境中最关键的职责分工是(　　)

A. 程序员和用户。　　B. 程序员和系统分析师。

C. 程序员和项目主管。　　D. 程序员和计算机操作者。

问题 97　控制风险是客户端内部控制系统防御或者及时发现一种账户上的重大错误。防止或者发现这种错误最好的控制办法是(　　)

A. 设立未付工资专项资金存储，并对其严格控制。

B. 使用预先编号的工资支票，并设立专门账户。

C. 授权人事部门员工聘用、缴税、工作调整与离职情况下的工资账单处理。

D. 对工资标准、计算的内部核实，以及工资账单注册协议的达成。

问题 98　在线端口控制对于目前计算机系统的成功运行至关重要。为了协助维持这种控制，很多系统利用各种测试得以实现，这些测试是通过内部端口控制的模型维护的，这个模型包括(　　)

A. 在线系统控制名单和授权调整改变控制的个人名单，以及系统文件的完整列表。

B. 系统测试和应用程序的完整名单。

C. 被授权的用户账号和密码。

D. 被授权的用户账号和密码、所有文件和程序列表、用户进入文件与程序端口类型备份。

问题 99　审计人员通常以问卷、图表和简述的方式将他们对于管理内部控制系统的理解表现出来。问卷包含一系列审计人员认为有必要提到的旨在防止或及时发现某种控制错误的问题。审计人员对于支出循环完整性认知最恰当的问题与下列哪项有关？(　　)

A. 使用某种审查保护工具来巩固支票账户。

B. 对预先编号支票的使用和审计责任。

C. 对会计人员的资质认证。

D. 对质量、价格及销售发票准确性的内部审核。

问题 100　职责分工控制属于以下哪种控制？(　　)

A. 预防性控制。　　B. 补偿性控制。　　C. 行政控制。　　D. 侦测控制。

问题 101　以下几项中，一致性测试最主要的目的是为了检测(　　)

A. 程序是否经常更新。　　B. 财务决算项目是否被正确说明。

C. 是否产生员工间的勾结现象。　　D. 控制是否产生预期效果。

问题 102　在内部控制系统的设计过程中，为了在最大程度上保证其有效性，以下哪组控制类型是设计中最该包含的？(　　)

A. 编辑、输入检验、输出控制。　　B. 系统开发、运作、端口控制。

C. 管理、人事和行政控制。　　D. 预防、检查及校正控制。

问题 103　根据 1977 年的《美国国外贪腐防治法》，以下哪项不是企业内部控制系统所必需

的？（　　）

A. 档案资产和现存资产的定期对比，并对其出现的任何差异采取相应措施。

B. 根据管理的一般或特定授权而执行的交易。

C. 管理人员必须每年审查内部控制系统的有效性。

D. 交易存在的必要性：①为财务决算提供与 GAAP 或其他任何决算标准相适应的准备工作；②维持资产会计责任。

问题 104　在审计的过程中，审计人员要考虑到审计风险，所谓的审计风险是指（　　）

A. 当财务决算出现重大错误时，审计人员无法改变自己观点的风险。

B. 当重大错误存在时，审计人员在审查账户的过程中却不能发现错误的风险。

C. 客户端的内部控制系统不能及时发现或阻止重大错误的风险。

D. 客户端在没有任何内部控制的情况下，账户结余容易出现重大错误的风险。

问题 105　审计控制通常比较关注资产的安全和财务记录的可靠性。结果，人们就期望通过这些控制来提供合理的保障，以实现一些特定的目标，其中不包括以下哪项？（　　）

A. 与保证实施效果的方法和程序相一致，并符合管理方针。

B. 在与管理的一般授权和特定授权相符合的情况下执行交易。

C. 经常把记录的资产登记与现存资产做对照，并对其差异通过适当的行动予以解决。

D. 无论对于为财务决算提供与 GAAP 或其他任何决算标准相适应的准备工作，还是维持资产会计责任，交易记录都存在其必要性。

问题 106　审查循环中，审计员在决定出示多少查账证据时通常会用到审计风险模型，以下哪种不是常用的审计风险模型所包含的内容？（　　）

A. 控制风险。　B. 固有风险。　C. 审计业务风险。　D. 检查风险。

问题 107　下列哪项对控制环境的影响最大？（　　）

A. 组织结构。　B. 是否定期更改控制。

C. 管理理念和经营风格。　D. 公司规模。

问题 108　下列哪个有关董事会的选项是正确的？（　　）

A. 董事会必须代表员工的利益。　B. 董事会必须设立审计委员会以监督内部控制。

C. 董事会必须代表管理层的利益。　D. 董事会必须代表股东的利益。

问题 109　以下哪项是内部控制的目标？（　　）

Ⅰ. 财务报告的可靠性。

Ⅱ. 防止舞弊行为。

Ⅲ. 经营效果。

Ⅳ. 经营效率。

Ⅴ. 遵守适用法律和法规。

A. 只有Ⅰ，Ⅱ和Ⅳ。　B. 只有Ⅰ，Ⅲ和Ⅴ。

C. Ⅰ，Ⅱ，Ⅲ，Ⅳ和Ⅴ。　D. 只有Ⅰ，Ⅲ，Ⅳ和Ⅴ。

问题 110　下列哪项是正确的？（　　）

A. 较高薪员工会更仔细和一贯地遵循控制程序。

B. 聘用、提升和培训有能力的人员是一个有效的控制环境不可或缺的一部分。

C. 如果不是员工都受过高质量的教育和培训，控制程序将是无效的。

D. 控制程序可以完全弥补员工粗心大意的问题。

问题 111 以下哪项是职责分离的例子？（ ）

A. 订单部门的业务员不会接触到产品，因此不能将产品运给客户。

B. 一家小公司的总裁有访问工资记录和调整分录的权利。

C. 运输部经理可以访问输入订单计算机，并输入命令。

D. 从客户处获得订单的某员工可以进入系统的输入订单并监督产品的装运过程。

问题 112 下面哪项是进行独立检查的原因？（ ）

A. 为了确保管理层看起来符合外部审计标准。

B. 为了确保错误可以在犯错的财政年度内被纠正。

C. 评估员工并确定他或她是否遵从控制程序。

D. 发现并纠正错误及挪用资产问题。

问题 113 以下哪项是完整性控制的例子？（ ）

A. 设施利用率报告。

B. 通过会计课程来培训员工哪笔交易应被记录。

C. 必须完成考勤表后，员工才可以接收他们的薪水。

D. 将表单预先编号，以方便运输清单和表单对账。

问题 114 下列哪项关于控制风险是正确的？（ ）

A. 控制风险依赖于检测风险。

B. 控制风险与维护风险一起被测量，来决定总风险。

C. 控制风险是评估错报超过可接受水平不会被内部控制发现或防止的可能性。

D. 控制风险是评估错报超过可接受水平不会被内部控制发现的可能性。

问题 115 固有风险是（ ）

A. 内部审计没有发现不遵守控制程序事件的风险。

B. 未遵循内部控制的风险。

C. 衡量一个公司的内部控制的有效性。

D. 业务本身具有的风险，无论内部控制是否存在。

问题 116 检查风险是（ ）

A. 未遵循内部控制的风险。

B. 业务本身具有的风险，无论内部控制是否存在。

C. 衡量一个公司的内部控制的有效性。

D. 内部审计没有发现不遵守控制程序事件的风险。

问题 117 以下哪项陈述是不正确的？（ ）

A. 审计检查内部控制以确定控制风险。

B. 细致和有记录的内部控制是减少信息错报的原因。

C. 有管理案例和解释支持的内部控制是最有效的。

D. 细致和有记录的内部控制可以保证舞弊行为不发生。

问题 118 《美国国外贪腐防治法》包括以下哪项内容？（ ）

Ⅰ. 公司必须设计内部控制程序。

Ⅱ. 公司必须有内部审计部门。

Ⅲ. 执行交易必须有管理层的授权。

Ⅳ. 访问资产必须被授权。

A. Ⅰ，Ⅱ，Ⅲ和Ⅳ。　B. 只有Ⅰ，Ⅲ和Ⅳ。
C. 只有Ⅰ和Ⅲ。　D. 只有Ⅰ和Ⅱ。

问题 119　门禁、安全系统、ID 卡、密码等类似控制是为以下哪项设计的？（　　）

A. 保护公司的资产。　B. 降低生产成本。
C. 确保内部控制被遵循。　D. 保护公司的声誉。

问题 120　下列哪项不属于内部控制？（　　）

A. 准确记录假期的要求。　B. 预先编号的表单。
C. 着装的要求。　D. 员工工资记录。

问题 121　下列哪项是审计委员会的职责？（　　）

Ⅰ. 帮助选择会计方法和政策。
Ⅱ. 内部控制程序的文件。
Ⅲ. 签署季度和年度财务报告。
Ⅳ. 选择审计师及批准审计费用。
Ⅴ. 审查审计师的改进内部控制建议。

A. 只有Ⅰ，Ⅱ和Ⅲ。　B. Ⅰ，Ⅱ，Ⅲ，Ⅳ和Ⅴ。
C. 只有Ⅰ，Ⅲ，Ⅳ和Ⅴ。　D. 只有Ⅰ，Ⅳ和Ⅴ。

问题 122　下列哪项是管理层的责任？（　　）

Ⅰ. 帮助选择会计方法和政策。
Ⅱ. 内部控制程序的文件。
Ⅲ. 签署季度和年度财务报告。
Ⅳ. 选择审计师及批准其报酬。
Ⅴ. 审查审计师对于改进内部控制的建议。

A. Ⅰ，Ⅱ，Ⅲ，Ⅳ和Ⅴ。　B. 只有Ⅰ，Ⅱ，Ⅲ和Ⅴ。
C. 只有Ⅰ，Ⅲ，Ⅳ和Ⅴ。　D. 只有Ⅰ和Ⅳ。

问题 123　下列哪项是《萨班斯法案》的条款？（　　）

Ⅰ. 上市公司董事会必须设立审计委员会。
Ⅱ. 管理层必须验证财务报表。
Ⅲ. 管理层必须在年报报出的 90 天内提供一份有关内部控制结构和程序有效性的书面报告。
Ⅳ. 如果上市公司的董事或其他管理人员曾被会计师事务所聘用，且在 1 年内参加过任何与上市公司有关的审计活动，则该会计师事务所不得审计该上市公司的账簿。

A. Ⅰ，Ⅱ，Ⅲ和Ⅳ。　B. 只有Ⅰ，Ⅱ和Ⅳ。
C. 只有Ⅳ。　D. 只有Ⅱ和Ⅳ。

问题 124　下列哪项是《萨班斯法案》对于管理层责任的要求？（　　）

A. 对内部控制和外部财务报告负责。　B. 对财务总监教育背景的要求。
C. 对制定长期战略规划负责。　D. 对金融投资决策负责。

问题 125　2002 年《萨班斯法案》增加了管理层对于正确财务报告的责任。下列哪项不是《萨班斯法案》404 条款的规定？（　　）

A. 管理层对于内部控制结构和程序的有效性的评估。
B. 管理层维持足量的内部控制的政策。
C. 管理层建立足量的内部控制的政策。

D. 管理层拒绝通过贿赂获取合同或生意的责任。

问题 126　2002 年《萨班斯法案》302 条款中管理层责任是什么？(　　)

A. 管理层必须要求员工签署一份行为守则。

B. 管理层必须为员工提供一个匿名热线来举报不道德行为。

C. 管理层必须对内部控制结构和程序的有效性进行评估。

D. 公司管理层必须设计和实施内部控制来确保财务报告编制的可靠性。

问题 127　上市公司会计监督委员会提供的有关内部控制审计指导的作用是什么？(　　)

A. 上市公司会计监管委员会负责上市和非上市公司的审计标准的建立。

B. 上市公司会计监督委员会负责非上市公司的审计标准的建立。

C. 上市公司会计监管委员会负责上市公司的审计标准的建立。

D. 上市公司会计监管委员会负责政府组织审计标准的建立。

问题 128　以下哪项不是上市公司会计监督委员会的审计准则第五号的要求？(　　)

A. 要求审计师按照规定的方法进行审计。

B. 要求审计机构将审计和公司规模相匹配。

C. 要求审计人员以准则为基础来确定审计抽查的范围。

D. 要求审计人员以风险为基础来确定审计程序。

问题 129　上市公司会计监督委员会的审计准则第五号要求审计人员采用自上而下的风险评估方法来审计的财务报表和内部控制。下列哪项不是自上而下的风险评估方法的步骤？(　　)

A. 确认非重要的账户或披露。　　B. 确定公司哪些控制足以应对风险。

C. 确定哪些交易使内部控制失效得到弥补。　　D. 确认账户或披露的重大错报风险。

问题 130　内部控制为实现公司的控制目标提供合理保证。有几个因素可能会使精心设计的政策和程序存在固有的限制。以下哪项不是限制内部控制有效性的因素？(　　)

A. 管理层凌驾于内部控制之上。　B. 疏忽。　C. 职责分离。　D. 共谋。

问题 131　2002 年《萨班斯法案》增加了有关审计委员会的要求。以下哪项不包含在要求中？(　　)

A. 该公司首席执行官可以是审计委员会的成员。

B. 审计委员会必须至少有一名财务专家。

C. 审计委员会必须由独立董事组成。

D. 审计委员会负责选择外部审计师。

问题 132　1992 年的内部控制框架包括 5 个相互促进的组成部分。组织的管理理念和道德价值观属于以下哪部分？(　　)

A. 监控。　B. 信息和沟通。　C. 风险评估。　D. 控制环境。

问题 133　1992 年的内部控制框架包括 5 个相互促进的组成部分。组织持续进行的管理活动、评估和内部审计属于以下哪部分？(　　)

A. 信息和沟通。　B. 监控。　C. 控制环境。　D. 风险评估。

问题 134　1992 年的内部控制框架包括 5 个相互促进的组成部分。以下哪项不是控制活动？(　　)

A. 独立验证。　　B. 适当的职责分离。

C. 适当的授权和存档。　　D. 风险管理。

问题 135　在评估公司的内部控制结构的政策和程序时，首要考虑的是他们是否(　　)

A. 影响财务报告认定。　B. 防止管理层的凌驾。
C. 涉及控制环境。　D. 反映管理理念和经营风格。

问题 136　首席审计师在任何组织中都有能动作用。以下哪项不是这个角色的职责？(　　)

A. 与管理层就审计结果和改善进行沟通。　B. 协助管理层达到盈利目标。
C. 建立内部审计程序。　D. 规定内部审计工作的性质和范围。

问题 137　首席审计师根据对应收账款的坏账评估认为该公司风险已经达到高得难以接受的水平。首席审计执行官应该向谁汇报这个问题？(　　)

A. 首席执行官。　B. 首席财务官。　C. 董事会。　D. 外部审计团队。

问题 138　下列哪项是对信息系统的潜在威胁？(　　)

Ⅰ. 特洛伊木马。
Ⅱ. 输入数据操作。
Ⅲ. 计算机病毒。
Ⅳ. 数据盗窃。

A. 只有Ⅰ和Ⅱ。　B. 只有Ⅰ，Ⅱ和Ⅲ。
C. Ⅰ，Ⅱ，Ⅲ和Ⅳ。　D. 只有Ⅲ和Ⅳ。

问题 139　李四是一名不称职的员工，他在计算机软件系统中输入了一种能够每隔 10 笔交易就删除那笔交易的代码。这应当被称为什么？(　　)

A. 报复行为。　B. 破坏者。　C. 病毒。　D. 特洛伊木马。

问题 140　李娜打开一封电子邮件，她并没有意识到邮件中的一行代码，通过她的计算机被编入了公司的局域网。3 天后，局域网中的每个人的计算机上的数据文件被删除。这个例子是(　　)

A. 特洛伊木马。　B. 计算机病毒。　C. 原型。　D. 垃圾邮件。

问题 141　灾难恢复计划的目标是(　　)

A. 在发生紧急事件无法使用设施或数据中心时启动，使经营继续。
B. 在严重的经济衰退时期保护免受损失。
C. 建立在灾难发生时疏散的程序。
D. 为工会罢工没有运营商的数据和处理系统的情况提供一个计划。

问题 142　对系统安全控制认识正确的是哪项？(　　)

A. 小公司不需要。
B. 包括防止物理访问计算机，保护计算机系统免受环境的影响（如寒冷，洪水），防止未经授权访问的逻辑控制。
C. 如果有适当的软件控制，则它是不必要的。
D. 只要求计算机安装合适的系统和防火墙。

问题 143　下列哪项控制可以限制物理硬件的访问？(　　)

Ⅰ. 数据中心与终端分离，数据中心处于较远的独立空间距离。
Ⅱ. 计算机房中建立报警系统，包括警报器。
Ⅲ. 该数据中心位于办公楼的三楼。
Ⅳ. 所有的计算机设备连接到浪涌保护器。

A. 只有Ⅰ和Ⅱ。　B. Ⅰ，Ⅱ，Ⅲ和Ⅳ。　C. 只有Ⅰ和Ⅲ。　D. 只有Ⅱ，Ⅲ和Ⅳ。

问题 144　以下哪项可以防止数据库的未经授权使用？(　　)

A. 数据中心设在一个安全区的地方。　B. 数据加密。

C. 文件传输协议。 D. 输入屏幕的有效性检查。

问题 145 张三在计算机上输入交易并收到错误提示消息，即告诉她账户号码与客户名称不匹配。这是以下哪项的实例？( )

A. 过程控制。 B. 输出控制。 C. 程序访问控制。 D. 输入控制。

问题 146 李四需要寄支票给员工，支票上有支票号，为辅助追踪交易，计算机程序在打印支票时增加密码。这是以下哪项的实例？( )

A. 程序访问控制。 B. 输出控制。 C. 输入控制。 D. 过程控制。

问题 147 赵四正在处理一批交易。她在进入计算机程序后发现这批有 15 个交易，共计为 15 万美元的订单。这个批次控制与以下哪项不相关？( )

A. 过程控制。 B. 输入控制。 C. 程序访问控制。 D. 输出控制。

问题 148 对数据备份看法正确的是哪项？( )

A. 有助于防止黑客入侵并应当每日进行一次备份。

B. 有助于病毒、自然灾害和硬件故障造成丢失的数据的恢复并应当每日进行一次备份。

C. 对公司数据库的信息进行恢复，有助于恢复丢失的数据。

D. 每日进行一次备份，但对计算机病毒造成的数据丢失的情况无帮助。

问题 149 下列哪项是正确的？( )

A. 应当定期将数据备份在灾难恢复站点，以便于储存数据的设施损失时恢复数据。

B. 灾难恢复系统仅对于那些子公司处于不同地区的总公司有效。

C. 防火墙系统可以保证未经授权的用户无法访问备份数据。

D. 自动备份系统往往是无效的，数据备份应当每天由经过授权的管理员执行。

问题 150 下面哪项是使用互联网来传输数据的风险？( )

A. 由于计算机之间的距离较远，连接广域网的通信线路可能会破坏数据。

B. 当向不安全的线路发送时，数据很容易被截获并被窃取或更改。

C. 加密的文件无法通过互联网发送。

D. 连接局域网的数据线容易被黑客破坏。

问题 151 对数据加密看法正确的是哪项？( )

A. 将图形转换成二进制代码以便在互联网上传输。

B. 除非企业工作内容包括政府国防合同，否则是没有必要的。

C. 将易读当地语言转换成一个秘密代码有助于防止敏感信息的未经授权使用。

D. 与互联网相比，在局域网或广域网使用是没有必要的，因为电子邮件和文件传输协议不能被截获。

问题 152 丙公司已安装了限制未授权人员进入公司的网络的软件/硬件系统。这个系统被称为( )

A. 防火墙。 B. 灾难恢复步骤。 C. 数据加密。 D. 入侵检测系统。

问题 153 有效的流程图( )

A. 可以确保已丢失的数据可以被恢复。

B. 可以帮助检测穿过防火墙并进入系统入侵。

C. 可以目测、观察和记录执行过程来评估控制程序的有效性。

D. 有助于确保在互联网上传输的数据不被未经授权的人员截获。

问题 154 用来发现错误和提高新信息被写入主文件之前分批处理数据的准确性的有效控制，以

下哪项不包括在内？(　　)

A. 记录计数。　B. 无用数据总和。　C. 控制总量。　D. 校验位。

问题 155　哪些输入控制对于减少未经授权的巨额发票支付的风险是最有效的？(　　)

A. 校验位。　B. 密码。　C. 限额支票。　D. 控制总额。

问题 156　哪项控制可以为数据的完整、准确和授权提供合理保证？(　　)

A. 过程控制。　B. 输入控制。　C. 物理控制。　D. 输出控制。

问题 157　过程控制合理地保证只有经批准的数据被处理。以下哪项不是过程控制？(　　)

A. 序列检查。　B. 错误报告。　C. 运行汇总。　D. 完整性检查。

问题 158　输出控制为加工的完整和准确提供了保证。以下哪项不是输出控制？(　　)

A. 审计记录。　B. 文件的密码保护。　C. 合理性检查。　D. 错误清单。

问题 159　审计程序包括：各种确认计算机应用程序将数据记到了正确总账账户计算机程序和准确性测试。这些程序被称为(　　)

A. 过程控制。　B. 输出控制。　C. 输入控制。　D. 安全控制。

问题 160　限制物理访问信息系统硬件的程序不包括以下哪项？(　　)

A. 聘用保安员。　B. 资产的双重控制。

C. 要求刷卡进入禁区。　D. 向远程管理员发函证。

问题 161　在互联网上开展业务的潜在风险包括(　　)

A. 网站拒绝服务攻击。　B. 未经授权的黑客访问、感染病毒和拒绝服务攻击。

C. 未经授权的黑客访问。　D. 感染病毒。

问题 162　很多控制都可以用来限制未经授权的用户访问会计信息系统。以下哪项是不可行的访问控制措施？(　　)

A. 职责分离。　B. 用户 ID 和档案。　C. 数据加密。　D. 密码。

问题 163　灾难恢复的政策和程序的设计，可以使公司在意外灾害发生无法正常开展业务时继续经营。公司的灾难恢复计划应不包括以下哪项？(　　)

A. 记录所有的过程和输出控制。　B. 定义灾难恢复团队所有成员的角色。

C. 为该过程任命主要领导人。　D. 指定备份站点作为备份计算机处理。

问题 164　以下图形（图 9-5）在外观上指代的意思分别是(　　)

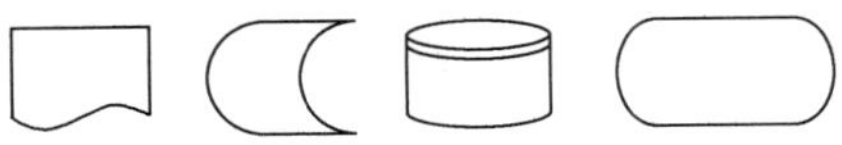

图 9-5　图形示意

A. 显示、在线存储、文献、关键操作。　B. 文档、暂时在线存储、磁盘、关键操作。

C. 文档、输出行为、磁盘、关键操作。　D. 磁盘、离线存储、磁盘、输入/输出行为。

问题 165　《萨班斯法案》要求设立公众公司会计监督委员会，它由公众公司会计监督委员会不同会员事务所的会计师组成，这些会计师要为公众公司会计监督委员会中的其他会员事务所进行年检。请问该委员会受哪个机构监督？(　　)

A. 财政部。　B. 注册会计师协会。

C. 证券交易委员会。　D. 联邦储备委员会。

问题 166　《萨班斯法案》的多个章节对管理层哪方面的职责给予了概括？(　　)

A. 财务总监的学历要求。　B. 长期战略规划。

C. 购买债券。　D. 内部控制和对外报表。

问题 167 下列关于第五号审计准则说法错误的是( )

A. 以风险为导向，采用从下到上的审计方法，对于小企业采取了更灵活、可伸缩的方式，能更好地满足投资者、公司和审计师的需求。

B. 重新定义“重大缺陷”，它是指存在合理的可能性导致无法及时被阻止或发现的重大错报的产生。

C. 审计师可以在更大程度上依赖他人的工作，作为审计证据，以减少审计师独立测试的范围。

D. 鼓励审计师在发现内部控制中重大缺陷的同时遵循“实质重于形式”原则。

问题 168 有助于外部审计人员快速了解公司的业务流程的图表为( )

A. 数据流程图。 B. 系统流程图。

C. 线程序流程图。 D. 线条图。

问题 169 下列哪项内容是不属于针对某法案的内容？( )

A.《萨班斯法案》404 条款。

B.《美国国外贪腐防治法》。

C. 上市公司会计监督委员会（PCAOB）《第 5 号审计准则》。

D. 国际内部审计协会（IIA）《内部审计准则》。

问题 170 乙公司的财务人员张三负责记账和审核两项工作，则最可能出现以下哪种情况？( )

A. 虚构供应商数量及应付账款。 B. 虚构客户数量及应收账款。

C. 虚构一名员工并支付工资。 D. 虚构费用证明及支付。

问题 171 某公司进行外部审计。外审工作人员要对该公司的数据流经会计信息系统的路径和时机，以及该公司的运营情况及财务状况进行调查。他最希望该公司对于公司的内控情况提供哪些资料以便更好地了解业务情况，降低外审的风险？( )

A. 内部审计员提供的会计记或财务报表等有关资料。

B. 关于公司项目的流程图。

C. 内部控制系统的流程图。

D. 决策表。

问题 172 某公司在进行计算机数据通过互联网异地传输中担心数据被盗，因而在信息传输过程中要利用( )

A. 拨回系统。 B. 信息确认流程。

C. 数据加密。 D. 口令和密码。

问题 173 防火墙是用来抵抗( )，从而充分保护计算机。

A. 计算机病毒 B. 未被认证的外部用户访问

C. 保密信息的内部漏洞 D. 木马程序

问题 174 内部审计活动权利由( )授权。

A. 董事会和财务主管 B. 中高级管理层和准则

C. 管理层和董事会 D. 审计委员会和首席财务官

问题 175 信息系统的控制中，最重要的职责分离是( )

A. 不允许数据编辑员协助数据处理操作。

B. 确保负责编程的人员没有数据处理操作的权限。

C. 在组织高层中有独立于财务职能之外的信息专员。

D. 区别于维护应用程序的人员，使用不同的编程人员程序。

问题 176　核对薪酬记录时，财务人员发现向某名员工支付了每周 400 小时的工资，而非 40 小时。以下哪项是避免这种情况最佳的控制措施？(　　)

A. 可以突出显示异常大额度款的信息处理控制制度。

B. 生成错误报告的交易控制措施。

C. 是否有不合理数额的输入管控措施。

D. 不会打印超出特定金额的支票输出控制措施。

问题 177　某公司机房由于意外进水导致数据丢失。从异地取回带有简要说明的备份磁带进行备份，发现备份磁带中没有信息，且无法获知原因并找不到正确的磁带。为避免再次发生该类事件并能快速找到正确的备份磁带，该公司应该如何做？(　　)

A. 备份附有详细说明的备份磁带。

B. 将文件备份到磁盘里，并用“父亲 – 儿子 – 孙子”方法。

C. 备份磁带放于不同的地方。

D. 以上均不正确。

问题 178　网络公司有大量笔记本计算机，为保护这些笔记本计算机的安全，应该如何做？(　　)

A. 用强力胶等把笔记本计算机固定在桌子上。

B. 确保能发现笔记本计算机里的所有病毒。

C. 给笔记本计算机加序列号和标签。

D. 以上均不正确。

问题 179　根据 COSO 框架的要求，下列对于风险管理步骤排序正确的是(　　)

A. 目标设定、风险识别、风险评估、风险反应、风险控制。

B. 目标设定、风险评估、风险识别、风险反应、风险控制。

C. 目标设定、风险识别、风险反应、风险评估、风险控制。

D. 风险识别、目标设定、风险评估、风险控制、风险反应。

问题 180　内部审计当中存在着众多风险的定义，如固有风险、审计风险、剩余风险等。对固有风险最准确的描述是(　　)

A. 审计师没有发现财务报表的重大错误。

B. 审计师发现重大错误但没有采取措施。

C. 审计师和企业进行合谋出现的错误。

D. 假设没有内控制度，企业所存在的商业和经营风险。

问题 181　航空公司委托网络公司设立网站，用来出售机票和收款。该航空公司的固有风险是什么？(　　)

A. 对该网络供应商的依赖。　　B. 保密信息被截获。

C. 航空公司高管合谋。　　D. 以上均不正确。

问题 182　在进行计算机信息系统的输入时，员工将客户年龄 25 岁输入成 250 岁。以下哪种控制方法能够迅速发现这样的错误？(　　)

A. 合理性检查。　　B. 完整性检查。

C. 字符检查。　　D. 数字总和检查。

问题 183　以下哪项描述的是企业固有风险？(　　)

A. 零售企业接受和处理的现金较多。

B. 企业内部员工进行串通。

C. 企业要求通过信息系统签批文件，但是管理者经常用手工签批。

D. 审计员在审计时对企业的库存进行清点，因为数量太多，清点出现错误。

问题 184 下列哪项描述的措施主要用来防止非授权的外部访问？( )

A. 热站。 B. 高效杀毒软件。

C. 防火墙。 D. 条形码扫描。

问题 185 以下哪项不是 2013 年 COSO 框架的主要组成部分？( )

A. 风险识别。 B. 风险评估。 C. 控制活动。 D. 控制环境。

问题 186 根据《萨班斯法案》的要求，以下哪项描述是不正确的？( )

A. 管理层需要声明对公司内部控制负责。

B. 管理层声明设计内部控制程序是审计委员会的责任。

C. 管理层声明需要对内部控制的评估工作负责。

D. 需要有独立的外部审计。

问题 187 以下哪项关于收银员的工作内容存在内部控制风险？( )

A. 在系统中录入应收账款的明细余额。

B. 签署存款单。

C. 将收到的现金存入银行。

D. 对照支票登记簿和银行对账单。

问题 188 医院的内审人员想要了解医院资源的有效利用和完成医院目标的实际情况。为了获得这些信息，以下哪种审计是审计人员应该选择的类型？( )

A. 财务审计。 B. 运营审计。 C. 合规性审计。 D. 法务审计。

问题 189 在遏制内部交易时，上市公司要求员工在进行该机构股票交易之前的 3 个工作日提请机构法律部门审查。该公司内审人员在审查股票交易时间时，发现有比股票交易审批时间早的现象，审计师在进行( )

A. 风险控制。 B. 合规性审计。 C. 财务审计。 D. 经营审计 。

问题 190 没有被审计师审计发现的错误的风险是( )

A. 固有风险。 B. 控制风险。 C. 其他系统风险。 D. 检查风险。

问题 191 对于产品生产质量，内部审计人员最应该重视的检查结果是( )

A. 当前和历史数据的水平。 B. 生产配额的完成度。

C. 生产材料的成本。 D. 次品和返工产品。

问题 192 某公司有一座刚建立的大型计算器设施，为了控制人员出入该设施，最有效的控制是( )

A. 输入控制。 B. 访问授权。

C. 生物特征识别系统。 D. 职责分离。

问题 193 企业在会计核算软件里设置了工资明细账和总账的自动核对功能。这项功能属于下面哪种控制类型？( )

A. 输入控制。 B. 输出控制。

C. 信息系统控制。 D. 批量处理控制 。

问题 194 某公司的内部审计师正审核对公司网络访问的内控是否能确保离职员工不能继续访问

公司网络，该测试的最佳方法是(　　)

A. 核对当前工资单与数据访问列表。

B. 审查访问控制软件以确定是否实施了最新版本。

C. 和数据库管理员讨论权限清除的流程。

D. 检查计算机日志、了解访问尝试。

问题 195　在起草灾难恢复计划时，公司最可能包括(　　)

A. 设立辅助电源以提供不间断电力。

B. 维持安全计划、防止未经授权的活动。

C. 在异地存储文档数据副本。

D. 记录控制程序的变更。

问题 196　某企业为应对灾害风险，和某硬件供应商签订合同，提供恢复计算机的硬件，同时与某物业公司签订合同，提供应急的运营场地。该计划被称为(　　)

A. 热站。　　B. 风险恢复计划。

C. 冷站。　　D. 运营恢复计划。

问题 197　以下哪项是检测性控制措施？(　　)

A. 发工资之前，主管领导再审核一次。

B. 采购人员将采购货物交给库房管理员验收入库。

C. 检查现金和银行存款是否账实相符。

D. 鼓励财务部门人员考取管理会计师资格。

问题 198　公司制定了一项政策，对招聘人员的能力和道德品质做出要求。以上内容和内部控制框架里的哪项内容最相关？(　　)

A. 控制活动。　　B. 控制环境。　　C. 风险评估。　　D. 监控。

问题 199　灾难恢复计划需要场外备份的文件包括下面哪项？(　　)

A. 灾难恢复计划的详细文件说明。

B. 程序文件和交易文件。

C. 程序文件和目录文件。

D. 程序文件和数据文件。

问题 200　甲公司的内审部门被 SEC 要求重新设计内部控制制度。那么，内审部门在编制时应首先考虑以下内容中的哪项？(　　)

A. 应向董事会报告所有审计内容。

B. 应包括对公司内部控制有效性和效率性的评估。

C. 应说明内部控制的费用。

D. 应包括所有内部控制的措施和结果。

问题 201　使用一种算法对电子数据进行编码，以使得未经授权的个人无法读取该信息，以上描述的方法是(　　)

A. 防火墙。　　B. 蠕虫病毒。　　C. 病毒。　　D. 加密。

问题 202　请指出以下哪种做法违反了内控制度的要求？(　　)

A. 向员工发放空白考勤表。　　B. 由部门主管开具辞退通知单。

C. 由人事部门发放工资单。　　D. 对购买的设备进行登记。

问题 203　甲公司对于新招聘的内审人员进行专项培训、定期培训。根据 2013 年 COSO 内部控制

框架，以上做法符合 5 个要素中哪项的要求？(　　)

A. 控制环境。 B. 风险评估。

C. 信息与交流。 D. 控制活动。

问题 204　COSO 风险评估模型侧重于(　　)

A. 识别所有领域的风险，并确定组织的弱点。

B. 各级管理人员对运营和风险概念所持的态度。

C. 控制，诸如用以解决组织风险的审批和文件。

D. 及时将与已识别风险相关的信息传达给管理层。

问题 205　以下最能说明人事政策和程序重要性的陈述是，人事政策和程序(　　)

A. 是有效控制环境不可或缺的。

B. 应在有成本效益的环境中被实施。

C. 应由外部公司评估其合规性。

D. 应在发现风险的环境中被实施。

问题 206　会计控制应对实现管理层目标提供合理保证。内部控制提供“合理保证”这一概念表明(　　)

A. 审计员的主要职责是检查欺诈行为。

B. 员工疏忽大意可能会削弱内部会计控制系统。

C. 控制程序不应该对效率或营利能力造成不利影响。

D. 以主观判断方式抽样不符合统计有效性的标准。

问题 207　以下有关内部控制风险的陈述哪项是正确的？(　　)

A. 在公司内建立和维护一个内部控制系统可以有效地消除内部控制风险。

B. 内部审计的职能是负责建立和维护公司的内部控制系统。

C. 管理层负责维护内控，合理保证公司的资产和记录有足够的控制。

D. 管理层对内部控制风险的责任限于为财务报告可靠性提供保证的控制。

问题 208　以下哪项不是《萨班斯法案》404 条款的要求？(　　)

A. 管理层需要出具内部控制报告，明确建立并维护充分的财务报表内部控制的责任。

B. 管理层需要发布声明，指出截至财年末财务报表的内部控制是否有效。

C. 审计员需要审计管理层关于对财务报告内部控制的有效性的声明，并对其有效性发表意见。

D. 为实现客观性，审计员必须对与财务报表审计不相关的内部控制执行完全独立的审计。

问题 209　《美国国外贪腐防治法》对在美国上市的公司中规定了以下哪项要求？(　　)

A. 制定并维护一个内部会计控制系统，该系统应足以合理保证交易是按照管理层的授权执行的。

B. 就公司证券首次公开发行向潜在投资者披露做出投资决策所需的信息。

C. 每当发生影响公司内部控制的重大事件时，向美国证券交易委员会定期提交 8K 报告。

D. 就截至本财年末公司的财务报告内部控制系统是否有效发布声明。

问题 210　某公司应付账款主管向其拥有的仓储设施分配了一个供应商代码，然后使用该公司的会计系统按月向该设施支付租金。该情况体现了失败的内部控制，原因是缺乏(　　)

A. 工作技能和知识能力。 B. 有效的内部审计职能。

C. 适当的职责分离。 D. 适当的实体控制。

问题 211　以下哪个程序是工资核算流程中的输出控制？(　　)

A. 工资核算流程为每批工时单分配一个批次登记表中记录的唯一编号。

B. 工资申请程序会执行一个限值测试，对任何工时超过 80 小时的交易在执行之前都要进行审查。

C. 为工资文件分配内部和外部文件标签并由应用程序在执行之前检查。

D. 工资分发记录中包含一份明细，详细记录何时准备支票和报告，其中包含报告收件人的姓名。

问题 212　负责公司数据中心的总监正在审核有关访问异地数据中心的硬件设施的控制措施。以下哪项最准确地说明了该总监为了保护对硬件设施的访问应当考虑的措施？(　　)

A. 限制物理访问。　　B. 逻辑访问控制。

C. 应用程序控制。　　D. 身份验证控制。

问题 213　以下哪项最准确地描述了使用自上而下法对财务报告内部控制进行审计？(　　)

A. 从财务报表层面开始，先重点了解实体控制，然后了解重要账目和披露及其相关认定。

B. 从与高层管理人员面谈和观察高层管理人员在实体控制环境方面的措施开始。

C. 从了解与资产和交易相关的控制开始，然后了解负债控制措施，最后是股权控制措施。

D. 对每一项很可能包含重大错报的认定，通过识别重要账目和披露开始。

问题 214　以下与管理层的理念和经营风格相关的特征中，哪项能最有效地说明管理层致力于采取强有力的内部控制？(　　)

A. 决策由一小部分高层管理人员制定。

B. 对财务报表抱以非常激进的态度。

C. 每年都调拨资金用于更新和改善机构的信息系统。

D. 强调要达到预计营利目标。

问题 215　为了实现独立性，内部审计部门应(　　)

A. 只能由外部审计员组成，且与本公司独立会计师来自相同的事务所。

B. 只能由外部审计员组成，且与本公司独立会计师来自不同的事务所。

C. 向董事会的审计委员会或其他负责监管的人报告。

D. 向本公司独立会计师的项目合伙人报告。

问题 216　因为一场洪水损坏了现场数据，甲公司必须异地调取备份文件进行恢复。他们调取了一份带有外部标签的磁带来恢复最近一次备份。但是，这套备份磁带是空白的，他们也无法找到正确的磁带。甲公司可以采取哪项控制措施以确保将来能找到正确的备份数据？(　　)

A. 采用包含更多文件详细信息的附加外部标签。

B. 采用包含关键字段副本的文件结构。

C. 采用磁盘管理系统，如父子文件夹结构等。

D. 将文件及其备份一起保存在安全的地方。

情景 9-1

甲公司是一个小型车床生产企业，该公司由于规模较小，仅设有一个销售员。该销售员除了负责销售外，还负责开具账单、记账和收款。如果该公司产品遭到退货，就不再计入存货。当退货再次销售时，计入其他收入。该公司运营部的员工小李认为这样的安排存在问题，但他没有考虑好如何处理。

问题 217：

1）说明内部控制的目标。

2）定义职责分离，说明题目中 4 种内部控制的缺陷。

3）提出改进该公司内部控制的措施。

4）根据《IMA 职业道德规范实践》，小李面对这样的矛盾，该如何处理？

情景 9-2

某网球俱乐部既提供网球学习课程，又销售球拍。网球学习费用只接受信用卡和支票支付，但是大多数消费者都希望使用现金支付。网球俱乐部要求教练在教授课程完毕提供工作记录，以作为课程预约和支付记录的核对凭证。

在球拍销售部门，俱乐部会计部门在盘点时发现仓库里的球拍总数是正确的，但库存中有很多是使用过的球拍。

问题 218：

1）说明内部控制的 3 种审计风险，结合题目举例。

2）定义预防性控制措施和检测性控制措施，结合题目举例。

3）说明 COSO 框架的 5 个主要部分，结合题目举例。

4）说明该网球俱乐部控制系统无效的原因，提出改进该内部控制的建议。

情景 9-3

甲公司是美国一家非上市公司，2014 年年末公司董事会决定发放每股 1 美元的现金红利。审计委员会的一名成员提出应该参照上市公司的要求，遵循《萨班斯法案》的要求，设计内部控制系统。但董事长认为这样的要求过于严格，不利于该公司的正常运营。董事会会议后，财务总监开始编制 2015 年的预算，预算编制完成后，他发现忽略了一笔经营费用高达 100 万元。但是，他对财务部门负责人说，把这笔费用计提到 2014 年的财务报表中，因为 2014 年的利润超过了预算，这样计提以后，可以使得实际值和预算值接近。最后财务总监还补充说，这件事情影响很小，不要对董事会报告该事。该公司今年业绩情况如表 9-1 所示。

表 9-1　甲公司 2014 年业绩

科目	实际值（万元）	预算值（万元）
收入	1 500	1 300
销货成本	600	500
经营费用	500	500

问题 219：

1）根据《萨班斯法案》第 302 节和第 404 节的要求，说明内部控制中该公司管理层的职责。

2）说明内部控制的 3 个目标。

3）根据《萨班斯法案》和 PCAOB 的规定，说明外部审计的责任和要求。

4）根据《IMA 职业道德规范实践》评价该公司的财务总监的行为，财务部门负责人该怎么办？

5）计算 2014 年该公司收入、销货成本和经营费用的差异。如果根据财务总监的意见调整后，重新计算 2014 年该公司收入、销货成本和经营费用的差异。（分别使用金额和百分比）

情景 9-4

甲公司是一家跨国企业，在东南亚设立了一个分公司。每天，分公司通过互联网将当天的销售记录和客户情况上传到美国的销售部门总部。在该公司总部，这些销售数据由总账部门接受并整理，总账部门安排新职工张三进行输入、查对记录和输出报告。最近，内部控制部门负责人正在考虑如何把相关的数据放置在合适的地方，以及对使用和接近这些数据的人进行控制。该公司总部的财务部门有一名叫李四的员工，他负责指出授权、记录和查账。他今年把自己去马尔代夫伊露岛旅游的费用作为该公司的管理费用报销了。后来，该公司内部控制部门发现今年该公司管理费用大幅增加。

问题 220：

1）定义输入控制、输出控制和处理控制，结合本题进行举例。

2）定义职责分离，结合本题说明如果实施职责分离，包括信息系统的使用。

3）定义防火墙和数据加密，解释两种技术为什么广泛应用于互联网技术。

4）如何保护硬件设施不受到损害，以及对于数据的不正当访问。

5）根据《IMA 职业道德规范实践》，说明职业道德原则，并分析李四的行为。

6）定义预防性控制措施和检测性控制措施，结合案例进行分析。

情景 9-5

甲公司是一家电子公司，每周发放薪水。这家公司的薪酬标准是由人事部门制定的。每月由获得授权的财务部门员工张三发放薪水。具体流程如下：

1）每个星期一张三会收集上一周的工时卡，并留下空白数据表给这一周用。然后张三会核对所有人的上下班时间，还有加班和轮班的时间，以计算他们的工资。

2）张三会把这些数据输入到计算机，然后计算机会自动计算出所有员工的工资。随后张三就会打印支票。支票本就保存在计算机旁边。打印完，他会用自动签字机打印签字。这个签字是获得授权的。

3）张三会把这些支票直接发给当班的人，而把后面第二、三班人的支票发到他们的直接领导。

4）支票发放完以后。张三和数据处理部门的李四说，他已经备份所有的数据，并且制作光盘。光盘就放在办公室的架子上面。

问题 221：

1）请说出该公司内部控制 5 个不合适的地方。

2）说出两个符合内部控制的地方。

3）说明 COSO 框架的 5 个主要因素。

4）说明《萨班斯法案》对于外部审计部门和管理层的规定。

情景 9-6

甲公司原本计划实施灾难恢复计划，但是负责这个计划的员工突然离职，结果进度就耽误了。今年 6 月，该公司遭遇了一次特大洪水，总部大楼被大水淹没。幸好该公司有一个备份站点，但是这个站点也在公司附近，结果也被大水淹没，而且更糟的是该公司的文件放在备份大楼的一层，文件被水浸泡后字迹变得十分模糊。该公司花了 1 个月的时间恢复了运营，但是失去了很多客户信息。

问题 222：

1）灾难恢复计划的目的是什么？

2）说明实施灾难恢复计划的步骤。

3）冷站和热站的区别是什么？

4）说明案例中 4 个可以改善之处。

5）说明运营审计和合规性审计的含义。

6）说明灾难恢复计划实施步骤以及需要注意的方面，举例说明实施灾难恢复计划的技术措施。

情景 9-7

甲公司是一家位于华盛顿州的非上市公司。该公司的董事长张三希望改变过去的策略，进行大规模的扩展，以提高公司产品的市场占有率。他的财务总监建议公司进行 IPO，但是张三并不确定 IPO 是不是最适合自己公司的发展方式，他要求财务部门对公司上市计划运用 SWOT 工具进行分析。在确定上市计划后，为了满足 SEC 的相关规定，该公司聘请了某会计师事务所进行外部审计和对该公司内部控制进行评估。外部审计师要求公司 CEO 配合审计工作，但是该公司 CEO 认为管理层的主要精力应该放在提供公司的运营效率而不是审计工作上，所以拒绝了外部审计师的要求。在与会计师事务所的工作会议上，CEO 提出公司的内部审计工作也交给外部审计人员完成。外部审计师认为这不是合同约定的内容，但 CEO 认为在完成外部审计的同时可以顺便完成内部审计，并不增加工作的复杂程度，还降低了公司的运营成本。

问题 223：

1）说明该公司治理和内部控制中董事会和 CEO 的责任。

2）说明 SWOT 的含义和作用。

3）CEO 的要求是否正确？《萨班斯法案》及 PCAOB 对这种情况的规定是什么？

4）说明外部审计的含义和外部审计人员审核公司内部控制的作用。

5）经过 1 年的海外业务的拓展，2014 年甲公司利润表有如下数据：收入 100 000 万美元，销货成本 20 000 万美元，管理费用 10 000 万美元，利息费用 5 000 万美元，所得税费用 400 万美元，可供出售金融资产未实现损益 2 000 万美元，外币折算调整 1 000 万美元，则甲公司当年的净利润和综合收益分别是多少？

6）说明内部审计的类型和内部控制的目标。

7）分析管理层的风格在控制环境中的作用。

问题 224　某组织迫于满足不切实际的绩效目标的压力而从事有问题的财务报告实务，这对哪项内部控制要素的负面影响最大？（　　）

A. 监督。　　B. 控制活动。　　C. 风险评估。　　D. 控制环境。

问题 225　在进行工薪处理时计算员工的总人数是为了（　　）

A. 核实只有经过授权的员工才能获得报酬。　　B. 发现工薪计算中的错误。

C. 发现交易处理过程中的遗漏。　　D. 核实员工人数有效。

问题 226　以下哪项在防范订购过量存货方面是最无效的控制？（　　）

A. 确保验收单与装箱单信息一致。　　B. 遵循自动生成的再订购水平。

C. 由一名主管审查所有请购单。　　D. 要求对高价产品进行存货盘点。

问题 227　以下哪项不是典型的输出控制？（　　）

A. 检查计算机处理记录，确定所有改正工作是否得到适当处理。

B. 将输入数据与主文件上的信息相匹配，并将无法匹配的栏目放入暂存文件中。

C. 定期调整输出报告，保证有关总数、格式和关键细节不仅正确，而且与输入保持一致。

D. 维护正式程序和相关文档，具体说明输出报告、检验报告和其他关键文件的授权接收人。

问题 228　下面哪个程序体现了公司保险部门的有效管理？（　　）

A. 保险经理接收保险项目的账单并支付相关费用。

B. 保险项目每年基于合适的价格指数做出调整。

C. 在提出并提交保险索赔后再协商确定最后的清算。

D. 对特定水平的保险项目而言，政策总是围绕提供最低保险费率的“承销商”来制定的。

问题 229　以下哪项招聘程序能够对求职申请中所提供信息的正确性进行最好的控制？（　　）

A. 要求申请者在提交申请的同时提供非正式的成绩单复印件，以作为他们教育背景的证明。

B. 招聘单位给参加最后一轮选拔的每一名申请者的上一个就职单位打电话，以证实他们的就职时间长短和职位情况。

C. 证明申请者品行特点的推荐信必须直接邮寄给招聘单位，而不能由申请者提交。

D. 要求申请者签署申请表中的信息是真实而正确的，以作为对申请表中信息真实性的确认。

问题 230　以下哪项控制有助于防止向卖方多付贷款？(　　)

A. 在付款时审查并取消辅助性文档。

B. 要求支票签署人直接将支票邮寄给卖方。

C. 对每项开支审查入账情况。

D. 在从卖方订购材料之前审批采购订单。

问题 231　运用条码而不是其他方法来识别制造商所使用的零件，其好处是(　　)

A. 所有零件的移动均得到控制。

B. 能够方便、快速地记录零件的移动。

C. 卖主可使用相同的零件编码。

D. 卖主使用相同的识别方法。

问题 232　密码是 IT 设备控制系统中常用的控制方法，密码是以下哪种控制的例证？(　　)

A. 物理控制。　B. 编辑控制。　C. 数字控制。　D. 访问控制。

问题 233　通过从计算机网络下载软件来获取有关软件的潜在风险是下载软件可能含有有害程序编码，这些编码可以附着于其他程序上，从而在整个公司网络蔓延。这种有害编码被称为(　　)

A. 逻辑炸弹。　B. 陷阱门。　C. 特洛伊木马。　D. 病毒。

问题 234　内部审计属于 COSO 内部控制框架中哪个要素的内容？(　　)

A. 监控。　B. 控制活动。　C. 风险评估。　D. 控制环境。

问题 235　预防性控制是几乎所有会计系统的一个组成部分，以下哪项不是预防性控制的基本要素？(　　)

A. 分离记录、保管和授权职能。　B. 完善的人事惯例。

C. 记录政策和程序。　D. 实施一流的系统。

问题 236　职责分离是(　　)

A. 公司资产的保管功能从核查功能中分离出来的。

B. 企业的生产和销售工作与核查分离。

C. 防止员工相互串通。

D. 结构化员工的工作以便相互核查。

问题 237　下面关于组织功能的描述违反内控要求的是哪项？(　　)

A. 邮差打开邮件对所收到的支票与随附文件进行核对，并进行确认或注释支付的金额，然后将每天收到的支票及其现金收取清单转至出纳处用以保存。

B. 邮差打开邮件对所收到的支票与随附文件进行核对，并进行确认或注释支付的金额，将每天收到的文件及其现金收取清单转至应收账款处，用以每天登记明细账。

C. 在每周结束的时候，收银员准备存款单并将本周所收到的所有现金存入银行。

D. 总账会计对从出纳那里获得的现金收取余额的汇总分录与应收账款部门登入明细分类账的分批总数进行比较。

问题 238　第 5 号准则要求审计师在履行其内部控制评估责任时，应采用(　　)

A. 自上而下审计原则。　B. 自下而上审计原则。

C. 通过内部审计协助。　D. 均衡审计原则。

问题 239　以下哪项是最有效保证现金收入和保管安全的内部控制措施？(　　)

A. 在银行设立保险柜储存。

B. 由一名专员统一进行现金收入和保管。

C. 收到应收账款的支付时，就立即计入现金总额。

D. 设立监控系统，全程监控现金收入与保存的过程。

问题 240 以下哪项陈述最贴切描述了 FCPA 中在内部控制方面的要求？( )

A. 通过贿赂境外官员赢得或保住业务是非法行为。

B. 管理层必须制定一些制度来保证交易经过授权。

C. 上市公司须设计和维护一个内部控制系统。

D. 即使某项款项名义上用于其他目的，但是实际用于贿赂也属于非法行为。

问题 241 在合规性审计期间进行固有风险评估时，内部审计者不应考虑以下哪项因素？( )

A. 指定合规性要求的复杂性。

B. 相应实体针对特定合规性要求所采取的内部控制措施的有效性。

C. 相应实体受指定合规性要求监管的时长。

D. 实体以前在遵守指定要求方面的经历。

问题 242 下列哪项不是输入控制？( )

A. 密码。 B. 安全保管。 C. 序列检查。 D. 文档控制总量。

问题 243 某公司是通过以下哪种方法确认访问是否经过授权？( )

A. 互联网运营商。 B. 代理网络运营商。 C. 外部网络。 D. 防火墙。

问题 244 某企业为降低信息系统灾难风险不应采取以下哪项措施？( )

A. 做好相关备用电源储备工作。 B. 做好相关数据备份工作。

C. 异地存放数据。 D. 记录用户最终责任。

问题 245 灾难恢复计划的关键是能够尽快恢复运营能力。为了实现这个目标，组织可以和他的计算机硬件供应商协商，根据特定需求建立一个与日常运行相同的备份站点。这被称为( )

A. 不间断供电系统。 B. 热站。 C. 冷站。 D. 并行系统。

问题 246 张三是会计经理，负责监管支付流程。外部审计员审查实践的效率和控制措施。外部审计员要求张三提供该流程的文件，以了解支付流程。以下哪项陈述体现了张三可以提供的最合适的文件？( )

A. 矩阵分析，因为它可以让审计员了解操作实践并找出疏漏的步骤。

B. 流程图，因为它可以让审计员了解操作实践并找出疏漏的步骤。

C. 矩阵分析，因为它显示了风险和控制措施，以便确保已经针对所有风险都采取了相应的措施。

D. 流程图，因为它显示了风险和控制措施，以便确保已经针对所有风险都采取了相应的措施。

问题 247 下列关于控制风险的描述正确的是哪项？( )

A. 控制风险是在某项声明中出现重大误报的风险，这种误报不能通过组织内部控制结构、政策或程序及时地被预防或发现。

B. 控制风险是在某项声明中出现重大误报的风险，这种误报不能通过组织内部审计及时地被预防或发现。

C. 控制风险取决于检测风险。

D. 将控制风险测量与保护风险相结合来确定整体风险。

问题 248 在企业 COSO 内部控制框架中，识别并控制风险的要素是( )

A. 控制环境。 B. 风险评估。 C. 控制活动。 D. 信息交流。

问题 249 一名会计助理将新入职员工加入工资管理系统中，并将其工资发票放入发票邮政信箱，这违反了( )

A. 授权和记录。 B. 保管和记录。 C. 授权和保管。 D. 核对和授权。

问题 250 监管和授权对同一人负责以下业务最可能避免不相容职务造成损失的是哪项？（ ）

A. 应收账款收回后，取得现金，业务员不记账。

B. 人事部职员多做一人工资并领取。

C. 采购人员采购谈判后取得货物。

D. 出纳人员取得支票并伪造签章并取得现金。

问题 251 下列不符合 2002 年颁布的《萨班斯法案》203 款关于审计师轮换规定的是（ ）

A. 公司至少 5 年更换一次他们的会计师事务所。

B. 审计公司至少 5 年更换一次他们的合伙人。

C. 审计公司至少 5 年更换一次他们的负责人。

D. 审计公司至少 5 年更换一次他们的审核人。

问题 252 X 是一家给小型企业或客户提供税务申报的服务公司。在内部控制中质量成本分析很重要。在内部成本管理中，以下哪项为成本经理的行为？（ ）

A. 跟客户一起去申报税务报表系统的机关核查。

B. 给低能力员工培训，提升申报税务报表方面的业务能力。

C. 纠正低能力员工税务申报错误。

D. 审查低能力员工税务申报结果。

问题 253 乙公司的财务人员张三负责记账和审核两项工作，则最可能出现以下哪种情况？（ ）

A. 虚构供应商数量及应付账款。 B. 虚构客户数量及应收账款。

C. 虚构一名员工并支付工资。 D. 虚构费用证明及支付。

问题 254 实施《美国海外反腐败法》的主要目的是什么？（ ）

A. 防止美国公司聘用的外国人的不道德行为。

B. 推动联合国关于其盟国间全球贸易颁布的法令。

C. 防止美国公司为了在国外经营而贿赂国外官员。

D. 要求独立审计人员强制记录对内部控制的评估。

问题 255 一名接收部门的员工在远程终端无意省略了一批采购订单号码。则检测该错误最好的方法是（ ）

A. 批次控制。 B. 完整性测试。 C. 顺序测试。 D. 合理性测试。

问题 256 甲银行计划开设网上银行。该银行首席信息官建议使用信息加密技术，下面关于信息加密技术的描述正确的是（ ）

A. 数据加密是一种通过数据编码限制未经授权访问的方法。

B. 数据加密是一种通过在数据传输过程中检查错误，并进行编码拦截来降低风险的方法。

C. 数据加密是在数据传输的过程添加随机码。

D. 数据加密可以防止来自互联网的未经授权的访问。

问题 257 信息显示系统的数据流动和操作程序是通过以下哪种工具显示的？（ ）

A. 逻辑流程图。 B. 系统流程图。 C. 鱼骨图。 D. 帕累托图。

问题 258 以下哪项是物理法进行内部控制的？（ ）

A. 给每个员工配门禁密码卡。 B. 进行内部审计。

C. 在工作中进行职责分离。 D. 在判断项目时按照风险进行详细评估。

问题 259　某公司通过将与资产有关的交易，在授权和记录方面实施会计职责分离来加强其会计信息系统的安全性，这是因为(　　)

A. 减少了伪造系统记录以隐瞒未经授权交易的可能性。

B. 系统现在可以提供实物资产的准确描述。

C. 防止员工通过串通来凌驾于系统控制之上。

D. 改进了对系统记录的访问，以限制未经授权交易的风险。

问题 260　以下哪项是预防性控制措施的例子？(　　)

A. 对工资账户和支出进行审计。　　B. 对零用现金账户进行对账。

C. 对每月银行对账进行监督审查。　　D. 在支出前对工资信息进行核准。

问题 261　某公司正在更新其备份控制计划。以下哪项应包括在这个计划中？(　　)

A. 仅限制被授权人员进入数据处理中心。

B. 多用户系统中的并发控制机制。

C. 不间断电力系统，以避免因电力中断而丢失数据。

D. 通信和服务恢复计划。

问题 262　某公司在将源文档输入系统后便将其删除，该公司是在运用(　　)

A. 输入控制，以防止重复数据输入。

B. 信息处理控制，以确保数据处理的完整性。

C. 数据输入控制，以确保输入数据的准确性。

D. 应用控制，用主文件中的类似数据来验证输入的数据。

问题 263　以下哪项陈述是正确的？(　　)

A. 只有最高管理层才能解决固有风险。

B. 只能对剩余风险进行评估，不能对其进行防护。

C. 管理层实施内部控制后，剩余风险仍然存在。

D. 内部控制可以有效消除欺诈行为。

问题 264　灾难恢复计划的主要目标是(　　)

A. 将灾难对业务运营和生产效率的影响减到最小。

B. 确保员工和资产在灾难影响业务时是安全的。

C. 在灾难损害重要资产的情况下，调试并能够运营冷站。

D. 使用替代办公空间计划来应对可能破坏建筑物的灾难。

情景 9-8

H 公司是从事外汇实时交易的公司。在接受年度外部审计时，审计师事务所对该公司的风险进行了评估。审计师事务所发现：该公司现在正在应用的计算机交易系统是由一个程序员研发的，在上线时已经进行了平行测试和先导测试。H 公司要求该程序员同时兼任操作员，以此来降低人力成本。在进行外部审计过程中，审计师事务所也调用了 H 公司内审的一些文件，并发现 H 公司计算机系统访问控制的要求是口头的，没有准备书面的文件。此外，通过与 H 公司的高级管理层交流，发现灾难性和非预期情况出现的可能性极小，企业运营将会非常平稳。

问题 265

1）请指出 H 公司的信息系统内部控制的缺陷？

2）请帮助外部审计师对 H 公司进行审计的风险评估。

3）企业如何保证和维护计算机系统访问控制，请至少列举两点。

4）H 公司应当如何应对未来可能发生的灾难性情况？

5）计算机应用控制应当包括哪几种？

本章习题解答

题号	答案	题号	答案	题号	答案	题号	答案
问题 1	A	问题 2	D	问题 3	B	问题 4	C
问题 5	C	问题 6	C	问题 7	D	问题 8	C
问题 9	B	问题 10	A	问题 11	D	问题 12	D
问题 13	B	问题 14	A	问题 15	A	问题 16	B
问题 17	B	问题 18	D	问题 19	D	问题 20	D
问题 21	B	问题 22	A	问题 23	C	问题 24	A
问题 25	D	问题 26	B	问题 27	D	问题 28	D
问题 29	D	问题 30	D	问题 31	C	问题 32	A
问题 33	A	问题 34	B	问题 35	D	问题 36	D
问题 37	B	问题 38	B	问题 39	C	问题 40	D
问题 41	D	问题 42	A	问题 43	C	问题 44	A
问题 45	B	问题 46	B	问题 47	B	问题 48	B
问题 49	A	问题 50	D	问题 51	B	问题 52	A
问题 53	A	问题 54	C	问题 55	A	问题 56	A
问题 57	C	问题 58	B	问题 59	D	问题 60	C
问题 61	D	问题 62	B	问题 63	D	问题 64	A
问题 65	D	问题 66	C	问题 67	B	问题 68	B
问题 69	C	问题 70	D	问题 71	C	问题 72	C
问题 73	C	问题 74	B	问题 75	A	问题 76	D
问题 77	C	问题 78	D	问题 79	C	问题 80	A
问题 81	A	问题 82	C	问题 83	B	问题 84	C
问题 85	C	问题 86	C	问题 87	A	问题 88	C
问题 89	B	问题 90	B	问题 91	C	问题 92	D
问题 93	D	问题 94	B	问题 95	A	问题 96	D
问题 97	C	问题 98	C	问题 99	B	问题 100	A
问题 101	D	问题 102	D	问题 103	C	问题 104	A
问题 105	A	问题 106	C	问题 107	C	问题 108	D
问题 109	D	问题 110	B	问题 111	A	问题 112	D
问题 113	D	问题 114	C	问题 115	D	问题 116	D
问题 117	D	问题 118	B	问题 119	A	问题 120	C
问题 121	D	问题 122	B	问题 123	A	问题 124	A

（续）

题号	答案	题号	答案	题号	答案	题号	答案
问题 125	D	问题 126	D	问题 127	C	问题 128	C
问题 129	A	问题 130	C	问题 131	A	问题 132	D
问题 133	B	问题 134	D	问题 135	A	问题 136	B
问题 137	C	问题 138	C	问题 139	D	问题 140	B
问题 141	A	问题 142	B	问题 143	A	问题 144	B
问题 145	D	问题 146	B	问题 147	C	问题 148	B
问题 149	A	问题 150	B	问题 151	C	问题 152	A
问题 153	C	问题 154	D	问题 155	C	问题 156	B
问题 157	B	问题 158	C	问题 159	A	问题 160	D
问题 161	B	问题 162	A	问题 163	A	问题 164	B
问题 165	C	问题 166	D	问题 167	A	问题 168	B
问题 169	D	问题 170	D	问题 171	C	问题 172	C
问题 173	B	问题 174	C	问题 175	B	问题 176	C
问题 177	B	问题 178	C	问题 179	A	问题 180	D
问题 181	B	问题 182	A	问题 183	A	问题 184	C
问题 185	A	问题 186	B	问题 187	D	问题 188	B
问题 189	B	问题 190	D	问题 191	D	问题 192	C
问题 193	D	问题 194	A	问题 195	C	问题 196	A
问题 197	C	问题 198	B	问题 199	A	问题 200	B
问题 201	D	问题 202	A	问题 203	A	问题 204	A
问题 205	A	问题 206	C	问题 207	C	问题 208	D
问题 209	A	问题 210	C	问题 211	D	问题 212	A
问题 213	A	问题 214	C	问题 215	C	问题 216	C
问题 224	D	问题 225	D	问题 226	A	问题 227	B
问题 228	C	问题 229	B	问题 230	A	问题 231	B
问题 232	D	问题 233	C	问题 234	B	问题 235	C
问题 236	A	问题 237	C	问题 238	A	问题 239	B
问题 240	B	问题 241	B	问题 242	B	问题 243	D
问题 244	D	问题 245	B	问题 246	B	问题 247	A
问题 248	C	问题 249	B	问题 250	C	问题 251	A
问题 252	B	问题 253	D	问题 254	C	问题 255	B
问题 256	B	问题 257	B	问题 258	A	问题 259	A
问题 260	D	问题 261	D	问题 262	A	问题 263	C
问题 264	A						

问题 1 分析：

风险评估涉及识别组织面临的所有风险和缺陷。

问题 2 分析：

控制环境包括管理层对控制概念的态度。

问题 3 分析：

使用程序映射可以识别软件应用程序编码中未被执行，以及未被事件触发的部分。

问题 4 分析：

在电子商务系统中，可以将数据分割成块，分别存储在各种计算机中，或者将数据块复制到两台或者多台计算机中。用来制定价格的定价战略和公式不是复制过程的一部分；相反，这些功能一般来说是集中式的。

问题 5 分析：

预防性控制、纠正性控制、前馈性控制相对而言更具成本效益原则，而反馈性控制、检查性控制则较差。

问题 6 分析：

管理员离职后，用户账户不会被删除。管理员通过拨号连接到服务器来提供支持，则离职的管理员可能使用原有账户。

问题 7 分析：

密码管理、数据加密、数字证书都可以被用来防止未经授权的入侵者访问专有信息。

问题 8 分析：

根据职责分离的原则，数据录入和应用程序编程，信息技术（IT）部门应委托给独立的第三方。

问题 9 分析：

根据 2002 年的《萨班斯法案》，如果发行人没有设置审计委员会财务专家这一职位，发行人必须披露该职位为何没有设置的原因。

问题 10 分析：

预防性控制措施目的是为了防止错误的出现，该组织的安全手册应是预防性控制措施。

问题 11 分析：

只有“tR34ju78”同时使用了数字和大小写字母，最不容易被破解。

问题 12 分析：

当评估一个公司的内部控制结构政策和程序时，一名审计人员主要考虑是它们是否影响财务报表声明。

问题 13 分析：

4 个选项能提供最好的内部控制的是，将员工工资直接存到每个员工的个人银行账户里。

问题 14 分析：

严格的内部控制政策、职责分开、要求员工休假，对防止佣金欺诈最为有效。

问题 15 分析：

公开公司应建立的遵守程序包括：公司现有的内部会计控制系统文件；控制的成本/收益和最小化的风险分析；数量检查系统，以评估内部会计控制系统。

问题 16 分析：

一般授权审批、业务经办、会计记录、财产保管、稽核检查等为不相容职务，选项 A 和选项 C 属于业务经办和会计记录不相容，选项 D 属于授权审批和业务经办不相容，选项 B 是出纳职责，符合要求。

问题 17 分析：

本题主要考查合规性审计固有风险评估的知识点，即在实质审计前对单位固有风险的判断。合规性审计是对法律法规的遵循检查，合规要求的复杂性、监管时间长短、以前遵循情况都影响着对固有风险的判断。选项 B 属于对某条规定执行有效性的实质性审计。

问题 18 分析：

根据《萨班斯法案》404 款要求，公司管理层应在年度审计时出具对内部控制的报告，包括对内部控制负责和对内部控制有效性的评估结果，所以选 D。《萨班斯法案》302 款要求 CEO 和 CFO 出具一份对财务报告的声明。

问题 19 分析：

选项 A、B、C 属于《萨班斯法案》的要求。

问题 20 分析：

本题考查《美国国外贪腐防治法》的要求，其中规定“证券发行人需要制作和保存账目、记录和账户，并以合理的详细程度、准确而公平地反映发行人资产的交易和处理，而且应设计和维护一个内部会计控制系统”。

问题 21 分析：

本题考查《美国国外贪腐防治法》在内部控制方面的要求，即证券发行人需要制作并保存账目、记录和账户，并以合理的详细程度、准确而公平地反映发行人资产的交易和处理，而且应设计和维护一个内部会计控制系统。

问题 22 分析：

密码控制属于访问控制。

问题 23 分析：

鱼骨图通过头脑风暴可以帮助找出引起问题的潜在根本原因；项目流程图主要用来描述项目的主要工作和进度；决策表主要用表格状的图形描述处理判断条件和决策方案。系统流程图是用图形符号描绘系统里每个部件（程序、文件、数据库、表格、人工过程等）表达的信息在各个部件之间流动的情况。

问题 24 分析：

灾难恢复计划是在最高层级实施的。

问题 25 分析：

本题主要考查了灾难恢复计划的政策和程序。从内容上看，灾难恢复计划应界定灾难恢复小组中所有成员的作用，并任命两位领导。

问题 26 分析：

审计执行主管应该向组织中有足够权限的人员负责，以提升独立性。外部审计师不是组织中的成员。

问题 27 分析：

风险 = 1 000 万元 × 10% ×（1 − 98%）= 2 万元。

问题 28 分析：

检查风险 DR = 0.1% ÷（10% × 5%）= 20%。

问题 29 分析：

可接受的审计风险受以下因素影响：管理层诚信度，财务报表使用者，被审单位的财务状况，审计师希望在多大程度上确信财务报表没有重大虚报。

问题 30 分析：

见 9.1.1 节。

问题 31 分析：

《萨班斯法案》302 条款要求首席执行官和首席财务官亲自证明季度财务报告。为了实施该条款，美国证券交易委员会（SEC）引入了“披露控制和程序”一词，这个词限定了针对财务报告和重大的非财务披露的评价。披露过程的一个关键要素是披露委员会。知识丰富的高层人员聚集在披露委员会，对财务信息和其他披露进行严格的检查。

问题 32 分析：

组织的控制环境不能像交易处理系统中的步骤那样作为一系列分立的控制而存在。它是一个整体，单个控制部分可以促进这个整体，但正是各个部分的相互作用产生了控制环境。因此，组织对于控制环境的评估和声明应该被看作一个整体。

问题 33 分析：

COSO 5 大要素的其中两个要素“控制环境和风险评估”包含许多软性控制，如评价高层基调、管理层的理念和经营风格、职业道德和组织的道德氛围等。

问题 34 分析：

审计计划随着风险和审计资源的变化而变化。

问题 35 分析：

前馈控制试图预计问题，并及时解决问题。

问题 36 分析：

评价最终产品或产出的控制属于反馈控制。

问题 37 分析：

有效性测试将客户账户号字段的值同含有有效客户账户的主文档进行比较。

问题 38 分析：

政策和程序是最终用户计算管理的一部分，最终用户计算定义在组织层面。

问题 39 分析：

设计执行控制是为了确保只有经过审批的程式程序才能导入系统。

问题 40 分析：

经营控制包括那些促进安全、准确和及时地处理银行交易的各个方面，如双重控制、共同保管、员工轮岗、职务分离等。

问题 41 分析：

设计这项控制旨在鼓励合意事件的发生，即强化内部审计部门的专业化和专业水平。

问题 42 分析：

经营控制通常不受清晰的标准或准则的支持。对于经营控制而言，它不存在稳定的外部程序框架，如会计控制就存在一般公认的会计原则。

问题 43 分析：

发现业务交易或流程中的例外事件，从本质上看是检测性控制，但报告例外事件属于改正性控制的例子。预防性控制和指向性控制既不能发现也不能纠正错误，他们只能尽可能去阻止错误的发生。

问题 44 分析：

加密是确保卫星传输机密性的最好方法，因为即使一个非授权用户记录了传输的数据，这些数据也不可被理解。

问题 45 分析：

加密限制了入侵者理解和使用数据的能力，经常变化密码通常可以限制对文件进行非授权访问。

问题 46 分析：

一个冷站除了计算机设备外，还拥有其他一些必要的设施，并且依赖于供应商及时交付设备。

问题 47 分析：

防火墙不应该作为一般用途的服务器。防火墙上唯一的访问账号应该是主要和后备的访问墙管理员以及网络服务管理员，网络服务管理员管理着前面两个管理员。功能用户不可以访问防火墙，因为它们不包含与业务相关的应用系统。

问题 48 分析：

计划最关键的是提供抵押服务的持续性，因为没有抵押服务，公司就没有业务。

问题 49 分析：

校验位检验是输入控制的例子。

问题 50 分析：

根据字符检查，计算机检查字符内容的特点、长度或每个数据字段的符号。

问题 51 分析：

有效的职责分离指没有一个单独的员工能够控制权力、记录和保管。如果两个或者更多的员工进行勾结，就能够推翻这些控制。

问题 52 分析：

选项 A，损失风险 = 1 × 15 000 元 × (1 − 85%) = 2 250 元。

选项 B，损失风险 = 1/8 × 75 000 元 × (1 − 80%) = 1 875 元。

选项 C，损失风险 = 1/20 × 200 000 元 × (1 − 80%) = 2 000 元。

选项 D，损失风险 = 1/100 × 400 000 元 × (1 − 50%) = 2 000 元。

选项 A 的损失风险最大。

问题 53 分析：

前馈控制基于对未来事件的预测，其目的是防止预期问题的出现。使预算/绩效报告中出现的重大偏差问题最小化是为了防止预期问题，属于前馈控制。

问题 54 分析：

企业进行流程再造后往往对内控系统也要进行流程再造，这样原来的内部控制就失去意义。

问题 55 分析：

数据加密，即使用密码确保对数据传输进行保护，避免未经授权进行篡改或者电子偷听。

问题 56 分析：

指向性控制目的是产生正面结果。

问题 57 分析：

将所有文件存储在一个地方会削弱祖 – 父 – 子原则固有的多重备份概念。

问题 58 分析：

董事会负责建立和维护治理过程，并保证有关的风险管理和控制过程的有效性。高级管理人员的作用是监督该系统的建立、管理和评估。

问题 59 分析：

内部控制是合理保证，即使得系统成本不超过预期取得的收益且不妨碍运营效率。

问题 60 分析：

收银出纳的职责是收现金，收现金的工作应与现金送存银行工作分开，分别由不同人完成。

问题 61 分析：

数据控制组使用“核对总计”“平衡表”来进行应用程序的对账，这种独立的检验使用户对应用程序的运行和数据准确性都更有信心，因此数据控制组对发现的数据处理错误负责。鉴于职责分离，系统分析员和计算机程序员不能对错误负责。

问题 62 分析：

有效性测试将主文件和数据进行比较，以确保准确性。这样就可以及时发现可能不正确的数据（如不存在的邮政编码）。

问题 63 分析：

有一个独立的第三方编制银行对账单，及时揭示记录的存款和银行对账单之间的任何差异。

问题 64 分析：

控制是指管理层为了保证组织目标的实现，对下属工作人员的实际工作进行测量、衡量和评价，并采取相应措施纠正各种偏差的过程。管理层计划中，组织是控制的前提，它指导足够的行动来合理地保证目的和目标一定会实现，是对过程控制有效合理的发展。因此，控制是管理层适当的规划、组织和指导的结果。

问题 65 分析：

不相容职责是指企业里某些相互关联的职责，如果集中于一个人身上，就会增加发生差错和舞弊的可能性，或者增加了发生差错或舞弊以后进行掩饰的可能性。通常对于以下一些不相容的职责必须进行分离：

1）某项经济业务授权批准的职责与执行该项经济业务的职责必须进行分离。

2）执行某项经济业务的职责与审核该项经济业务的职责必须进行分离。

3）执行某项经济业务的职责与记录该项经济业务的职责必须进行分离。

4）保管某项资产的职责与记录该项资产的职责必须进行分离。

5）保管某项资产的职责与清查该项资产的职责必须进行分离。

6）记录总账的职责与记录明细账、日记账的职责必须进行分离。

对交易执行的控制 4 种类型职责必须分离：①授权执行交易；②记录交易；③资产的保管；④定期对账。收入记账属于记录交易，银行对账属于定期对账，两者须由不同人执行。

问题 66 分析：

置信水平是指总体参数值落在样本统计值某一区内的概率；而置信区间是指在某一置信水平下，样本统计值与总体参数值间误差范围。置信区间越大，置信水平越高。已知精度区间，样本能够反映总体的可能性由置信水平决定。

问题 67 分析：

反馈程序是指当系统出现错误时直接将错误信息及原因发送到程序管理日志上，由管理员进行错误处理的检查原因程序。

问题 68 分析：

在内部控制中程序的编制远离具体数据处理的方法，是职责分离。防止具体操作的人员有机会篡改编程的文件，满足操作人员的私人目的。

问题 69 分析：

颁布《美国国外贪腐防治法》可以防止美国公司为在国外经营而贿赂国外官员的行为。

问题 70 分析：

联合成本分摊是将联合成本在产品中分配，不能帮助内审人员检验成本的效率和经济性。成本差异分析、弹性预算和作业管理均可用于检验成本的效率和经济性。

问题 71 分析：

合规测试的主要目的是检查控制是否按照计划运行。

问题 72 分析：

损坏数据、更改程序指令和删除可执行文件都可以被病毒与“特洛伊木马”做到，而自我复制是病毒独有的。

问题 73 分析：

工资账单系统监控包含以下一般工作内容的检验及操作：分批及数据总和、循环记录总数、职责分工、用户账号和密码、执行和主文件备份。

问题 74 分析：

使用单一级别登录密码会造成密码被破解，并变更密码，使原密码失效。

问题 75 分析：

密钥认证是防止未授权人员进行输入操作、更改数据和使用这些数据。这是数据控制的最好方法。

问题 76 分析：

计算机操作员根据指令执行程序并监管程序和文件的做法未做到职责分离。执行与监督二项工作是同一人，是内部控制的重大漏洞。

问题 77 分析：

输出控制是应用控制的一部分，不是一般控制。

问题 78 分析：

原代码调用比较用来识别现有程序与原来预设程序是否一致。

问题 79 分析：

该问卷是用来评价计算机操作是否符合内部控制职责要求。

问题 80 分析：

系统开发生命周期的步骤为系统分析、系统设计、编程和测试、转换/实施、生产和维护。系统设计是在实施之前要进行的工作。

问题 81 分析：

公司的行为准则有效实施包括员工聘用后，要定期进行公司行为准则的培训。

问题 82 分析：

在线处理能够实时更新相关数据库，提供准确完整的决策信息。

问题 83 分析：

编辑检查是一个应用程序输入控制。

问题 84 分析：

兼容性检查是验证用户是否有权进行某网上交易的最有效的控制方法。

问题 85 分析：

通过使用加密的方法，数据可安全地通过互联网传递，防止或减少未授权人员的使用。

问题 86 分析：

主密钥是指数据库的技术，不是加密技术。

问题 87 分析：

内控系统包括控制环境、风险评估、控制行为、信息和交流系统以及监控。

问题 88 分析：

灾难过后应首先恢复运营系统，尽快让企业的运营恢复正常运转。

问题 89 分析：

冷站是指已确定由组织作为数据处理灾难恢复站点，即仅为系统运行提供最基本的环境。灾难发生后，需要安装恢复设备才能启用设备存储的网站。

问题 90 分析：

灾难恢复计划需要收集主要供应商的名称和位置、当前的硬件配置和名称、团队成员和替代加工位置。

问题 91 分析：

文件流程图是通过直观、清晰的图标符号，配以适当文字说明来描述文件传递、分发最有效的方法。

问题 92 分析：

内部审计、审计委员会审查和管理检查都是监督控制的例子。

问题 93 分析：

固有风险越大，计划审计凭证就越多，检查风险就会降低。

问题 94 分析：

当检查系统设计错误时，程序员不能直接修改系统和数据文件，应由管理员来修改。

问题 95 分析：

计算机审计系统中的校验审核应在更新主文件前执行，风险最小。

问题 96 分析：

程序员与操作员的分开，是保证应用不会被篡改。

问题 97 分析：

对于工作来说，人事部门最清楚人事变更、工资标准，因此授权人事部门来做工资单，是有效预防控制中的最好方法。

问题 98 分析：

内部端口控制的模型是检查进入者的有效身份及程序是否符合要求。

问题 99 分析：

操作流程是否被遵循是审计程序必要的责任。对于预先编号支票的使用和审计责任，这是操作流程检查及责任验证重要环节。

问题 100 分析：

预防性控制包括职责分离、审查监督、双重控制、编辑和准确性检查、合理性检查和完整性检查。

问题 101 分析：

一致性测试是协议测试的一个重要方面，是性能测试、互操作性测试的基础，是协议开发人员首要关心的问题。它测试协议的实现是否符合协议规范。一致性测试是一种黑盒测试，它不涉及协议的内部实现，只是从外面的行为来判断协议的实现是否符合要求。

问题 102 分析：

公司运作的效率和效力的看法是内部审计人员提供的。

问题 103 分析：

《反海外腐败法案》没有规定管理人员必须每年审查内部控制系统的有效性。

问题 104 分析：

审计风险是指会计报表存在重大错误或漏报，而注册会计师审计后发表不恰当审计意见的可能性。

问题 105 分析：

审计控制的目标是合规性和效益性。审计控制可以提高组织中纳入审计控制范围的业务活动的合规性和效益性水平。

问题 106 分析：

审计风险包括控制风险、固有风险和检查风险。

问题 107 分析：

通过管理的理念和经营风格，可以将建立和遵循内部控制的重要性传达给员工。公司的大小、控制的改变频率和组织结构，对控制环境的影响不如管理理念对其影响大。

问题 108 分析：

董事会董事的主要责任是代表股东的利益。建立一个审计委员会不是必需的。

问题 109 分析：

内部控制不能保证无舞弊行为发生。

问题 110 分析：

聘用、提升和培训有能力的员工是一个有效的控制环境不可或缺的一部分。然而，缺少这些因素，控制程序也会继续有效。同时，坚守控制程序不一定能弥补由于员工粗心大意而产生的问题。

问题 111 分析：

职责分离的目的之一是为了保护资产。如果同一个人可以输入命令，然后出货，他或她可能会窃取产品并将货物送到自己同谋者处。

问题 112 分析：

独立检查是一种预防性措施，试图在计入财务体系前发现错误，从而提供了更高层次的财务客观、公正的保证。

问题 113 分析：

完整性控制是为了交易记录完整而采取的措施。控制能力较差，可以提供空白表格、空白支票，但不能没有编号，防止未经授权的人员转移资产。

问题 114 分析：

控制风险是一个评估公司的内部控制在防止或者检测误报时的有效性。

问题 115 分析：

固有风险是正常的内在风险，如旱灾引起农民收入下降的风险。

问题 116 分析：

检查风险也被称为计划检查风险，衡量了审计证据没有发现超过可接受审计风险的错报风险。

问题 117 分析：

内部控制不能保证舞弊行为不发生。

问题 118 分析：

《美国国外贪腐防治法》没有要求公司要有内部审计部门。

问题 119 分析：

最明显的保护控制是为保护组织的资产而设计实施的。

问题 120 分析：

除着装要求的选项外，其余都是内部控制。

问题 121 分析：

审计委员会执行下列任务：

1）检查公司的内部控制结构。

2）帮助选择会计方法和政策。

3）审查季度报表。

4）选择审计师并批准审计费用。

5）审查审计计划。

6）审查审计师的改进内部控制的建议。

7）审查的审计报告和经审计的年度报告。

问题 122 分析：

管理层必须记录内部控制程序，并在年报出版的 90 天内提供一份有关内部控制结构和程序有效性的书面报告。此外，管理层必须签署季度和年度财务报告，同时首席执行官必须签署报税表。董事会审计委员会的董事，而不是管理层，选择审计师并批准其报酬 。

问题 123 分析：

以上所有选项都是《萨班斯法案》的条款。

问题 124 分析：

《萨班斯法案》关注管理层在维护内部控制以使外部报告更加可靠的责任。

问题 125 分析：

1977 年《美国国外贪腐防治法》禁止公司通过贿赂外国政府官员获取合同或生意。其他的答案是《萨班斯法案》404 条款的所有要求。

问题 126 分析：

2002 年《萨班斯法案》302 条款规定上市公司的首席执行官和首席财务官必须核实该公司的季度和年度财务报告，并要求公司管理层设计和实施内部控制来保证报表编制的可靠性。设计和实施内部控制来确保财务报告编制的可靠性是《萨班斯法案》404 条款而不是 302 条款的规定。

问题 127 分析：

上市公司会计监督委员会是一个非营利性独立组织，根据《萨班斯法案》在 2002 年建立，以监督（上市）公司审计师以保护投资者的利益和公众利益，确保公正和独立的审计报告的编制。《萨班斯法案》规定，美国公司的审计师是受外部独立监督的，这在历史上是第一次。此前，行业是自我规束的。

问题 128 分析：

上市公司会计监督委员会的《审计准则》第 5 号要求审计师采用基于风险的方法来设计审计步骤并执行 404 条款审计。它还要求审计师将审计和公司规模相匹配，并遵循原则导向的方法来确定何时及多大程度可以依靠他人的工作。

问题 129 分析：

自上而下的风险评估方法是一个分层的方法，适用于特定的风险因素，以确定在内部控制的评估工作和所需要的证据范围。自上而下的风险评估方法的步骤如下：

1）识别重大账户或披露。

2）识别这些账户内或披露的重大错报风险。

3）确定公司足以应对风险的控制。

4）确定哪些交易使内部控制失效得到弥补。

5）确定评估内部控制的证据收集的本质程度和时间。

问题 130 分析：

某些人为因素或异常可能会使精心设计的政策和程序存在固有的局限性。主要的因素包括管理层凌驾于控制之上和员工之间以及员工和外界之间的相互勾结。其他固有的弱点包括疏忽、误解和控制的成本/效益的性质。

问题 131 分析：

审计委员会必须由较强财务背景的独立董事组成。2002 年《萨班斯法案》要求审计委员会全部由独立于发起人的董事组成，这意味着他们不能接受任何咨询费用、顾问费用或其他由发行公司或其子公司给予的补偿性费用。审计委员至少有一名财务专家。

问题 132 分析：

控制环境是指组织的管理理念和对风险的偏好程度，包括诚信、道德价值观和组织经营环境。

问题 133 分析：

监控是通过持续的管理活动、独立的评价或两者共同作用而产生的。内部审计人员、审计委员会、披露委员会以及管理层，都可能参与监督控制。

问题 134 分析：

控制活动是为保证对风险的有效措施执行而建立实施的政策和程序。1992 年的内部控制框架列出了 6 个控制活动：

1）分配的权力和责任（工作说明）。

2）交易授权系统。

3）充分的文件和记录。

4）资产的安全性。

5）独立验证。

6）适当的职责分离。

问题 135 分析：

评估公司的内部控制结构的政策和程序时，首要考虑的是他们是否会影响财务报告认定。

问题 136 分析：

首席审计师的作用是有效地管理内部审计活动，确保它增加组织价值。这个角色的职责包括：

1）建立基于风险的计划。

2）与高级管理人员和董事会就该计划进行沟通。

3）确保有足够的资源开展计划。

4）为指导审计活动而建立政策和程序。

5）协调执行和信息共享。

6）定期向高级管理层和董事会报告相关信息。

7）定义工作性质。

问题 137 分析：

如果首席审计执行官认为，高级管理人员已经接受了相对于组织的风险偏好水平高得令人无法接受的风险，那么首席审计师和高级管理人员应该将该事报告给董事会。

问题 138 分析：

信息系统的威胁有很多种，其中包括输入操作、程序变更、数据失窃、恶意破坏、病毒、木马和盗窃。

问题 139 分析：

“特洛伊木马”是一种计算机程序，它包含由程序员创建为谋取私利（如在公司未知的情况下转移资金）或故意报复的代码行。

问题 140 分析：

计算机病毒可以通过网络传播，它会在被发现前删除或改变文件。计算机病毒已成为企业的关注点之一。

问题 141 分析：

灾难恢复计划的目标是在发生紧急事件无法使用设施或数据中心时，提供持续业务进行。

问题 142 分析：

系统的安全控制包括硬件的物理访问和逻辑访问（能够使用）。

问题 143 分析：

数据中心位于大楼的三层不一定能够限制物理硬件的访问。然而，它可以在发洪水的情况下保护系统。此外，浪涌保护器可以保护计算机设备但不限制物理硬件访问。

问题 144 分析：

数据加密保护存储后和正在传输的数据。数据中心储存在安全区域可以保护硬件，而不是防止访问程序和数据。文件传输协议是一种在互联网上传输文件的标准方法，它不保护数据免受未经授权的使用，除非数据被加密的数据传输。输入屏幕的有效性检查是对于输入精确性的有效控制，它不保护程序免受未经授权的使用。

问题 145 分析：

这是一个避免不准确交易信息输入的有效性检查的输入控制的例子。

问题 146 分析：

输出控制可以确保信息的准确性和有效性，它包括验证如活动报告处理结果的控制。输出控制管理打印输出的分配和处置，具体方法包括预先编号的支票。

问题 147 分析：

过程控制往往与输入和输出控制相互依存，过程控制是由计算机程序运行的在处理数据时验证信息准确性的检查。在这个例子中，计算机系统重新核实该批次输入是否正确。输出控制将批次与输入相联系。

问题 148 分析：

数据备份应每天进行一次，它对于任何有储存数据的公司都是必要的。并且，无论数据是如何丢失的，它都可以帮助恢复。数据备份不防止黑客入侵。

问题 149 分析：

数据备份磁带应定期转移到异地存储，以便在灾难破坏了数据中心的情况下恢复数据。自动备份系统可以正常工作。没有任何方法能够担保黑客不会访问系统。灾难恢复对于许多不同类型和规模的企业都有效。

问题 150 分析：

由于截取或数据干扰的可能性，通过互联网传输的数据一般被认为是有低水平的完整性。加密的文件可以通过互联网发送并且更好地防止被拦截。有线局域网和广域网不依赖于互联网技术连接计算机，因此数据传输的风险不相同。

问题 151 分析：

数据加密有助于防止未经授权访问通过互联网、局域网和广域网传送和储存的敏感信息。

问题 152 分析：

防火墙限制从公司外部访问内部网络但并不能保证绝对安全。入侵检测系统会在发生不寻常的活动或有人企图突破防火墙时向系统管理员发出警报。数据加密可以最大限度地减少未经授权访问数据的风险但不能限制网络访问。当由于自然灾害或有目的的破坏而导致网络被摧毁时，灾难恢复程序被采用。

问题 153 分析：

流程图用于内部审计师审核信息系统和相关的控制程序是否相符以及操作的效率。

问题 154 分析：

校验位是在单独的记录数据输入过程中使用的输入控制。其他 3 个选项都是批次输入控制的例子。

问题 155 分析：

限额支票可以用来限制在没有经理授权时支付的最大金额。

问题 156 分析：

输入控制可以为数据的完整、准确和授权提供合理的保证。

问题 157 分析：

完整性检查、序列检查和运行汇总都是过程控制。错误报告是输出控制。

问题 158 分析：

合理性检查是一个输入控制。其他 3 个选项均是输出控制。

问题 159 分析：

计算机程序和准确性测试来确认数据经计算机处理的应用程序的正确性被称为过程控制。

问题 160 分析：

用来保护公司有形资产的内部控制往往是较明显的保护控制。这种控制包括门锁、安全系统、计算机密码和贵重资产双重控制的要求。

问题 161 分析：

互联网将私有网络不具有的风险带给了计算机系统。其中威胁之一是由于黑客数量的增长和攻击复杂性而带来的未经授权访问的风险大大增加。互联网的存在也为系统带来了其他风险，包括病毒、蠕虫、间谍软件、垃圾邮件和木马。

问题 162 分析：

企业必须采用各种控件来保护他们的系统和数据免受未经授权的访问，密码是最原始最基础的方式。基于软件的访问控制，如用户 ID 和档案等，则允许系统管理员管理访问权限。许多企业采取额外的步骤是对数据进行加密，以使未经授权且能够绕过第一级控制的用户无法读取、更改、添加或删除数据。

问题 163 分析：

灾难恢复的政策和程序也称为业务保持计划，旨在使该公司在遇到紧急事件如自然灾害影响正常经营时开展业务。一个公司的灾难恢复计划应确定灾难恢复团队所有成员的角色，包括任命主要领导人和替补领导人。该计划应指定替补计算机处理过程的备份站点。

问题 164 分析：

略。

问题 165 分析：

美国证券交易委员会对公众公司会计监督委员会进行监管，包括委员会所制定的规则的认定、标准和预算。《萨班斯法案》为公众公司会计监督委员会提供活动资金，主要是对上市公司收取的按照公司市场资本份额收取的年费。

问题 166 分析：

《萨班斯法案》中有多个章节对管理层内部控制的制定、执行以及对外报表披露的职责进行了概括。

问题 167 分析：

略。

问题 168 分析：

系统流程图可以帮助外部审计人员了解公司的业务流程。

问题 169 分析：

《内部审计准则》是内部审计协会的规定，不属于法律层面。

问题 170 分析：

选项 A、C 和 D 均符合题意，但是相对来说选项 D 最容易实现。

问题 171 分析：

企业内控流程图能够让外部审计人员了解企业的运营情况和流程。

问题 172 分析：

数据加密是防止数据被盗的重要工具。即使使用专线，但是如果没有加密，那么数据传送时也可能被盗。

问题 173 分析：

防火墙的主要作用是防止外部非经授权的访问。

问题 174 分析：

内部审计活动权利由董事会和管理层授权。

问题 175 分析：

信息系统的职责分离最重要的是程序员和操作员要分开。

问题 176 分析：

这是合理性检查的一个例子，合理性检查属于输入控制。

问题 177 分析：

备份文件应当按照“父亲 – 儿子 – 孙子”的方式进行备份，这样能够找到备份点，不至于出现信息缺失的情况。

问题 178 分析：

笔记本计算机加上序列号和标签，就便于清点，这样使所有看上去一样的计算机能够获得一个“身份”，便于资产保管员进行清点和核对。

问题 179 分析：

略。

问题 180 分析：

选项 D 是固有风险的定义。

问题 181 分析：

正确答案更改为 B。选项 A 和选项 B 都符合固定风险的含义。如果选项 B 中的保密信息通过网络传输且加密处理，则应该属于检查风险。选项 C 属于检查风险。

问题 182 分析：

合理性测试通过与交易或主要记录中的其他信息对比，对多个字段的数据进行测试。本题年龄 250 岁不符合人类的正常年龄，属于合理性检查。

问题 183 分析：

选项 A 属于不采取控制措施情况下的风险，选项 B 和选项 C 属于控制风险，选项 D 属于检查风险。

问题 184 分析：

防火墙的主要作用是防止外部非经授权的访问。

问题 185 分析：

略。

问题 186 分析：

设计内部控制程序是管理层的责任。

问题 187 分析：

违反了职责分离的原则，在美国的公司要求出纳不得执行对账工作。

问题 188 分析：

略。

问题 189 分析：

审查是否符合法律规定属于合规审计。

问题 190 分析：

略。

问题 191 分析：

次品和返工产品与产品质量最为相关。

问题 192 分析：

生物特征识别系统属于物理控制的方法，如面部、指纹、虹膜识别等。

问题 193 分析：

系统内部处理信息过程中使用的控制措施。

问题 194 分析：

分析访问日志中是否有工资表中不存在的人员。

问题 195 分析：

数据的备份是灾难恢复计划必须包括的内容。

问题 196 分析：

略。

问题 197 分析：

对账是检测性控制措施。

问题 198 分析：

人员招聘属于控制环境的内容。

问题 199 分析：

其余 3 个选项与灾难恢复计划无关。

问题 200 分析：

内审部门不可能向董事会报告审计内容、内部控制的措施和结果，也没有必要首先报告内部控制费用。有必要首先报告内部控制有效性和效率性的评估。

问题 201 分析：

数据加密和传输是指将数据从一种易于以当地语言读取的形式，转化为只能使用密钥读取的代码，这样可以减少未经授权人员的使用。

问题 202 分析：

违反了职责分离的要求，应向管理人员发放。

问题 203 分析：

控制环境包括组织人员的诚实、伦理价值和能力；管理层哲学和经营模式；管理层分配权限和责任的方式，以及组织、员工发展的方式；董事会关注的方向。控制环境影响员工的意识是其他部分的基础。

问题 204 分析：

COSO 风险评估模型包括 5 个要素：控制环境、风险评估、控制活动、信息与交流和监控。COSO 风险评估模型识别所有领域的风险，并确定组织的弱点。

问题 205 分析：

人事政策和程序是属于控制环境中的内容。

问题 206 分析：

“合理保证”要求控制程序不应该对效率或营利能力造成不利影响。

问题 207 分析：

选项 A 中内部控制系统不能完全消除风险；选项 B 中内部审计不负责建立内控系统，属于管理层的责任；选项 D 中“限于”不正确。

问题 208 分析：

《萨班斯法案》第 404 条款要求制定和实施内部控制制度，并由外部审计师进行审计。对管理层要求：必须用文件证明他们评估内部控制结构和流程的效果。对审计师要求：外部审计师就财务报告与内部控制的充分性提供证明并提交报告。

问题 209 分析：

《美国国外贪腐防治法》规定，企业必须设计内部控制流程。

问题 210 分析：

采购与付款的职责要分离。

问题 211 分析：

选项 A 属于处理控制；选项 B 和 C 属于输入控制。

问题 212 分析：

限制物理接触硬件的控制：数据中心设在远离公共人群容易进入的地方；在计算机房内设置报警系统，包括移动检测。

问题 213 分析：

“自上而下”的方法始于财务报表层次，以注册会计师对财务报告内部控制整体风险的了解开始。然后注册会计师将关注重点放在企业层面的控制上，并将工作逐渐下移至重大账户、列报及相关的认定。

问题 214 分析：

选项 A 中由一小部分高管制定决策可能会缺乏相互监督、控制和制衡；选项 B 和选项 D 中对财务报表非常激进以及过于强调达成预计盈利，均产生舞弊的动机。

问题 215 分析：

内部审计部门应向董事会的审计委员会或其他负责监管的人报告。

问题 216 分析：

采用磁盘管理系统能够有效确保未来正确备份数据的查找。

问题 217 分析：

1）略。

2）职责分离是指遵循不相容职责相分离的原则，以实现合理的组织分工。所谓不相容职务是指那些如果由一个人担任，既可能发生错误和舞弊行为，又可能掩盖其错误和弊端行为的职务。

题目中 4 种内部控制的缺陷是：

a. 仅设有一名销售员。

b. 该销售员除了负责销售外，还负责开具账单、记账和收款。

c. 公司产品遭到退货，不再计入存货。

d. 当退货再次销售时，计入其他收入。

3）改进措施如下：

a. 公司销售与财务应予以分离，销售人员负责销售，不得进行会计核算。

b. 公司会计与出纳应予以分离。

c. 财务上应建立产品退货管理制度，产品退货时应制订退货凭证，验收入库；退货要及时计入存货，同时减计收入。

d. 当退货再次销售时，财务上应计入营业收入。

如果公司规模太小，职责分离不符合成本效益原则，则主要是建立补偿性措施。例如：经理突击检查；盘点资产，并与记录核对；对资产设置授权，仅获得授权的人员可以访问。

4）略。

问题 218 分析：

1）内部控制的 3 种审计风险分别是：

a. 固有风险是指在不考虑内部控制结构的前提下，由于内部因素和客观环境的影响，企业的账户、交易类别和整体财务报表发生重大错误的可能性。

b. 控制风险是指内部控制的结构、政策或程序无法阻止或检测到重大错误发生的风险。如本题中，俱乐部会计部门在盘点时发现，仓库里的球拍总数是正确的，但库存中有很多是使用过的球拍，这就是库存管理方面出现了控制无效的问题。

c. 检查风险是指注册会计师通过预定的审计程序未能发现被审计单位会计报表上存在的某项重大错报或漏报的可能性。

2）预防性控制指旨在防止错误的出现和对资产的不当使用而采取的控制措施，如收款使用信用卡和支票支付，将储存现金的柜子上锁且每天存入银行。检测性控制指事后进行的检查，以对预防性控制提供支持，如检查库存商品的实际数量和新旧程度，杜绝以旧换新的情况。

3）COSO 的 5 个方面包括：

a. 控制环境，包括组织人员的诚实、伦理价值和能力；管理层哲学和经营模式；管理层分配权限和责任、组织、发展员工的方式；董事会提供的关注和方向。控制环境影响员工的管理意识，是其他部分的基础。

b. 风险评估是确认和分析实现目标过程中的相关风险，是形成管理何种风险的依据。它随经济、行业、监管和经营条件而不断变化，需建立一套机制来辨认和处理相应的风险。

c. 控制活动是帮助执行管理指令的政策和程序。它贯穿整个组织、各种层次和功能，包括各种活动，如批准、授权、证实、调整、经营绩效评价、资产保护和职责分离等。

d. 信息沟通与交流。信息系统产生的各种报告，包括经营、财务、合规等方面，使得管理层对经营的控制成为可能。处理的信息包括内部生成的数据，也包括可用于经营决策的外部事件、活动、状况的信息和外部报告。所有人员都要理解自己在控制系统中所处的位置以及相互的关系；必须认真对待控制赋予自己的责任，同时也必须同外部团体如客户、供货商、监管机构和股东进行有效的沟通。

e. 对环境的监控。监控在经营过程中进行。通过对正常的管理和控制活动以及员工执行职责过程中的活动进行监控，来评价系统运作的质量。不同评价的范围和步骤取决于风险评估和执行中的监控程序的有效性。对于内部控制的缺陷要及时向上级报告，严重的问题要报告到管理层高层和董事会。

4）控制系统无效的原因包括：

a. 教练在授课完毕后提供工作记录作为课程预约和支付记录的核对凭证，不符合执行与记录业务应予以分离的控制原则。仅以教练自己的工作记录作为支付报酬的凭证容易出现虚报的情况。

b. 在球拍销售部门，俱乐部会计部门在盘点时发现仓库里的球拍总数是正确的，但库存中有很多是使用过的球拍，这可能是有未经授权的人员进入仓库或仓库保管监守自盗、以旧换新了。

改进该内部控制的建议如下：

a. 教练授课完毕后提供工作记录不得以作为课程预约和支付记录的核对凭证，应以独立于教练的第三人提供的教练教授课程的工作记录作为课程预约和支付记录的核对凭证。

b. 仓库保管员、其他人员未经授权不得进入仓库；定期盘点，发现短少或以旧换新的情况应立即查清原因。

问题 219 分析：

1）略。

2）运营的效率和效益；财务报表的可靠性；与现有法律和法规的一致性。

3）略。

4）略。

5）计算过程见表 9-2。

表 9-2　差异计算

科目	实际值（万元）	预算值（万元）	调整后值（万元）	差异（万元）	百分比（%）
收入	1 500	1 300	1 500	0	0
销售成本	600	500	600	0	0
经营费用	500	500	600	100	20
营业利润	400	300	300	100	33. 3

问题 220 分析：

1）输入控制是指系统有检查和平衡的功能，以保证输入正确，如张三输入销售账务。

输出控制是指计算机处理完成后的数据文件和报告的控制，如输出报告。

处理控制是指计算机系统对数据输入后的操作，属于内嵌式控制，如计算机的查对。

2）职责分离是指遵循不相容职责相分离的原则，以实现合理的组织分工。例如，支付授权和数据处理分离，批准和数据处理分离，信息系统设计、研发、维护与数据处理分离。

3）防火墙是软件和硬件的结合，限制对公司计算机网络的访问。

数据加密是指将数据从一种易于以当地语言读取的形式，转化为只能使用密钥读取的代码，这样可以减少未经授权人员的使用。

这些可以避免对计算机硬件和软件的破坏，保护信息资源。

4）设备和硬件的控制包括控制未经授权的进入，对自然灾害和其他灾害进行保护、对进入数据中心控制、保护计算机设备免遭电压突变影响，硬件设备能应对数据峰值处理等。

网络控制的目的是让经过授权的人员可以访问和改变存储在中央计算机中的数据，防止未经授权的人员使用这些数据。例如，数据加密和传输、路由验证程序和信息确认程序、病毒防护软、防火墙、入侵侦测系统等。

5）职业道德原则：诚实、公平、客观、负责。李四的行为违反了正直，因为他把自己的私人费用拿到公司报销，这是有损于职业的行为；另外也违反了可信，因为公司的职位设置上有缺陷，他应当指出来。

6）预防性控制措施，目的是为了防止错误的出现，具体包括职责分离、监督审查等。本题中包括互联网将当天的销售记录和客户情况上传到美国的销售部门总部；数据加密传输；对于输入和输出的工作，要职责分离，不可以一人操作。

检测性控制措施，事后检查所发生的错误，对预防性措施提供补充。本题中包括总账部门安排新职工张三进行输入、查对记录和输出报告。

问题 221 分析：

1）该公司内部控制 5 个不合适的地方是：

a. 每个星期一张三会收集上一周的工时卡，然后张三会核对所有人的上下班时间，还有加班和轮班的时间，以计算他们的工资。

正确做法：这个工作应由人事部门做，张三负责核对。

b. 支票本就保存在计算机旁边。

正确做法：支票本要加锁。

c. 打印完，她会用自动签字机打印签字。这个签字是获得授权的。张三会把后面第二、三班人的支票发到他们的直接领导。

正确做法：支票要有负责人签字，支票必须发给员工本人。

d. 支票发放完以后。张三和数据处理部门的李四说，她已经备份所有的数据，并且制做光盘。

正确做法：备份应由数据管理员负责，以发现可能的差错。

e. 光盘就放在办公室的架子上面。

正确做法：光盘的存放应选择一个远离当前地点的场所。

2）两个符合内部控制的地方：公司的薪酬标准是由人事部门制定；每月由获得授权的财务部门员工张三发放薪水。

3）略。

4）略。

问题 222 分析：

1）灾难恢复计划的目的是保证企业在发生紧急事件并且导致不能使用网络或相关设施时能够维持运营。

2）业务影响分析；计划设计；计划开发；计划测试；计划实施；计划维护。

3）冷站仅为系统运行提供最基本环境，灾难发生时，需要安装恢复设备才能启用。热站是指装备全套的设备处理，灾难发生时，只需要恢复备份数据，追补备份后事项，即可恢复。

4）“负责这个计划的员工突然离职，结果进度就耽误了。”——改善办法：离职需要有交接时间安排。

“幸好公司有一个备份站点，但是这个站点也在公司附近，结果也被大水淹没。”——改善办法：备份的站点不可以就近存放。

“而且更糟的是公司的文件放在备份大楼的一层，文件被水浸泡后字迹变得十分模糊。”——改善办法：备份的文件要放到安全可靠的地方存放。

“公司花了 1 个月的时间恢复了运营，但是失去了很多客户信息。”——改善办法：恢复时间很长，最好是热站恢复。

5）运营审计是针对企业的各种功能对其运营的效率和效果的全面评价和审查。

合规性审计是审核财务、运营和交易是否符合相应的法律、标准、法规和程序。

6）灾难恢复方面的控制措施有以下几点需要注意：灾难恢复计划应界定小组成员的作用，灾难恢复小组应任命两个领导，制订计划后所有人员应该接受培训。定期模拟灾难和在计算机系统外存储灾难恢复计划必要的信息非常重要。最后还要注意通过保险来避免损失。确定系统的优先级别是很重要的，因为不是每个应用系统在灾难期间都能进行处理。通过将应用系统不可用造成的潜在影响的大小进行排列，来决定应用系统的优先级。制定灾难恢复流程，应该在制订了灾难恢复计划的其他元素的范围内进行定义和描述。

灾难恢复站点可以是热站，也可以是冷站或者温站、镜像站。备份可以使用“祖父 - 父亲 - 儿子”方法。

问题 223 分析：

1）略。

2）略。

3）CEO 的要求不正确。《萨班斯法案》201 条款规定，执行任何发行证券的公司任何审计业务的注册会计师事务所，在执行审计业务的同时，提供内部审计外部化业务是非法的。

4）外部审计的定义就是注册会计师在所有相关资料基础上确认报表是否满足公认会计原则的要求而表达书面审计意见。大多数审计工作都由注册会计师事务所负责。当注册会计师发表某个审计意见时，该人员就要对审计意见负法律责任，外部使用者以此作为对投资对象可靠性的判断依据。

外部审计人员可提供客观、独立的评价，通过财务报表审计直接向管理层提供有用的信息，有助于内部控制目标的实现。

《萨班斯法案》404 条款规定了管理层对内部控制评价方面的要求，其中包括：发行人管理层最近财政年度末对内部控制体系及控制程序有效性的评价；要求的管理层对内部控制的评价，担任公司年报审计的会计公司（外部审计人员）应当对其进行测试和评价，并出具评价报告。

5）净利润 = 100 000 万 − 20 000 万美元 − 10 000 万美元 − 5 000 万美元 − 400 万美元 = 64 600 万美元。

综合收益 = 64 600 万美元 + 2 000 万美元 + 1 000 万美元 = 67 600 万美元。

6）略。

7）略。

问题 224 分析：

内部控制涉及组织的各个环节和各个方面。控制环境包括以下要素：诚信和道德价值观；胜任能力承诺；董事会与审计委员会；管理理念与经营风格；组织结构；权力和责任的分配（人力资源的政策与实践）。本题目所描述的问题对控制环境的负面影响最大。

问题 225 分析：

在进行工薪处理时，计算员工的总人数是为了核实员工数有效。

问题 226 分析：

确保验收单与装箱单信息一致，属于收货环节，与防范订购过量存货并没有直接关系。

问题 227 分析：

审查计算机处理记录是典型的输出控制。将输入数据与主文件上的信息进行匹配是一项输入控制。定期对照输出报告是典型的输出控制。通过正式的程序和文件指明输出报告、支票或其他关键文件的合法接收者是典型的输出控制。

问题 228 分析：

选项 A 错误，没有进行职责分离。选项 B 错误，保险项目应按规定每年都系统地被评估，以保证项目的适当性。选项 C 正确，有效的保险部门应该审查索赔的清算。选项 D 错误，除保险费率以外的其他因素，如保险公司的金融实力以及处理索赔的公正性和有效性，都应该予以考虑，这是审慎的态度所要求的。

问题 229 分析：

选项 A 不正确。由申请者提供成绩单，会丧失证实的独立性。此外，成绩单是非正式的，这就使人们很容易修改成绩单上的信息，并提交一份已经修改过的成绩单的复印件。选项 B 正确。因为是由招聘单位来执行证实信息真实性的程序，所以该选项所述内容代表了一种独立性的证实程序。选项 C 不正确。这种方法不能防止申请者为自己写推荐信，同时在信中提供一个虚假的回复地址，并邮寄该推荐信。选项 D 不正确。若一名申请者要撒谎的话，没有理由不相信该申请者会对他所提供的虚假信息签署自己的名字。因此，这也不是一个独立性的证实程序。

问题 230 分析：

审查并取消辅助性文档将防止为同一批采购向卖方支付两次货款。选项 B 不正确，这种控制能防止支票被盗用。选项 C 不正确，这种控制确保支出被记入适当账户。选项 D 不正确，这种控制确保只发生被授权的采购活动。

问题 231 分析：

条形码是由一组规则的条空及对应字符组成的符号，用于表示一定的信息。条形码技术的核心内容是通过利用光电扫描设备识读这些条形码符号来实现机器的自动识别，并快速、准确地把数据录入计算机进行数据处理，从而达到自动管理的目的。

问题 232 分析：

口令是访问控制的一种方式，因为口令可以限制对计算机系统及系统中所存储信息的访问。

问题 233 分析：

逻辑炸弹是隐藏在正常程序中的一段代码，该段代码可在某种条件下触发运行，并对系统产生危害，但不会自动蔓延。陷阱门是系统中存在的某种漏洞，利用它可以绕过正常的访问控制，从而窃取信息或获得某种特权；陷阱门也不会自动蔓延。特洛伊木马是一类黑客程序，通过冒充正常的程序（如登录程序）以非法获得信息（如用户口令等）；特洛伊木马本身不会自动蔓延。病毒可以附着于其他程序上，一旦激活可以在网络中蔓延。

问题 234 分析：

内部审计是控制活动的一个内容。

问题 235 分析：

记录政策和程序不是预防性控制措施，其余 3 项都属于预防性控制措施。

问题 236 分析：

略

问题 237 分析：

本题中涉及的收发室在美国属于接受信件的部门，邮差拆开邮件，对所收到的支票与随附文件进行核对，并进行确认或注释支付的金额；然后将每天收到的支票及其现金收取清单转至出纳处用以保存，将每天收到的文件及其现金收取清单转至应收账款处用以登账，总账会计对从出纳那里获得的现金收取余额的汇总分录与应收账款部门登入明细分类账的分批总数进行比较（独立验证），但是选项 C 说的是每周去存现金属于错误的内部控制行为，所以选项 C 是违反内部控制要求的。

问题 238 分析：

第 5 号准则要求自上而下审计方法。

问题 239 分析：

设置专人比多人收款可以有效控制现金风险。美国银行对出纳欺诈还提供保险。

问题 240 分析：

管理层必须制定一些制度来保证交易经过授权是 FCPA 在内部控制方面的要求。

问题 241 分析：

选项 B 不属于固有风险。

问题 242 分析：

安全保管不属于输入控制，其余 3 项都属于输入控制。

问题 243 分析：

防火墙用来限制对公司计算机网络的访问。

问题 244 分析：

记录用户最终责任不是灾难恢复的措施，其余 3 项都是。

问题 245 分析：

因为要求是在发生灾害时尽快恢复，所以需要建立的是一个与日常运行相同的备份站点，因此是热站。

问题 246 分析：

外部审计员进行审计时，均需要阅读流程图。选项 B 和选项 D 都是对流程图的表述，然而流程图仅仅是一个图解，它仅仅能让外部审计员了解交易流程的操作情况，并找到流程有问题的地方，但不能显示风险和控制措施。外部审计员要在流程图的基础上进一步对企业的操作手册等进行阅读，才能知道风险控制是否得当。

问题 247 分析：

选项 A 是控制风险的描述，即在有内控的情况下没有被发现的风险事项。选项 B 是检查风险，风险漏洞未能被内部审计发现。因为控制风险、检查风险合成审计风险，相互不独立，也不能由控制风险完全说明审计风险。

问题 248 分析：

识别并控制风险属于控制活动要素。

问题 249 分析：

该会计助理违法了记录会计数据和保管现金两个职责分离的要求。

问题 250 分析：

选项 C 正确，其余 3 个选项均可能造成损失。

问题 251 分析：

根据上述法条规定，需要更换的是负责项目的人员，包括合伙人、负责人、审核人，而不是事务所，所以选项中只有选项 A 是排除项。

问题 252 分析：

预防性控制措施最符合成本效益原则。

问题 253 分析：

选项 A、选项 C 和选项 D 都可能出现。不符合职责分离原则，最容易造成虚构费用证明及支付，即选项 D。

问题 254 分析：

主要是打击和遏制海外腐败行为。

问题 255 分析：

由于可能存在采购订单数量被省略，所以用完整性测试是最合理的，其他测试对于完整性没有帮助。

问题 256 分析：

因为加密通过使用密码或数字钥匙将可读的信息转变成不可读的信息。选项 B 是数据加密的定义，同时信息的接受者可以使用相同或其他的数字钥匙将编码转成文本。选项 C，数据加密是在数据传输时加入乱码，对于数据形成了破坏。数据加密可以防止来自外网的非法侵入，这种说法不准确，这应该是防火墙的职能。

问题 257 分析：

系统流程图用于显示操作和数据流动。

问题 258 分析：

门禁密码卡是物理控制的例子。

问题 259 分析：

职责分类并不能防止串通。授权和记录方面实施会计职责分离可以减少伪造系统记录以隐瞒未经授权交易的可能性。

问题 260 分析：

选项 D 以外的 3 项属于检测性控制措施。

问题 261 分析：

灾难恢复计划包括备份通信和服务恢复计划。

问题 262 分析：

题目中描述的是输入控制。

问题 263 分析：

选项 C 是剩余风险的定义。

问题 264 分析：

灾难恢复计划是在导致不能使用设施或数据中心的紧急情况下，能够使业务继续进行，主要目标是避免负面影响。

问题 265 分析：

1）H 公司内部控制的缺陷包括：

①H 公司的计算机系统由一个程序员进行研发，而该程序员又兼任操作员，职责没有分离。

②计算机访问控制仅有口头说明，没有书面文件。

③没有准备灾难恢复程序。未来灾难一旦发生，H 公司将面临无法持续经营问题。

2）从审计师角度，风险的类型主要有以下几类：

①固有风险。在假设没有内部控制时，错误或欺诈发生的可能性。

②控制风险。公司的内部控制存在，但控制无效的可能性。

③失侦风险。某项错误或欺诈未被审计程序所察觉的可能性。

外部审计师在对 H 公司进行风险评估时，要考察该公司的固有风险和控制风险。H 公司的两个风险都很大，原因是：

①固有风险：该公司有大量外汇交易，这样会存在外汇转换风险，固有风险很大。

②控制风险。该公司的内部控制有各种问题，如计算机操作员和程序员没有分离，访问控制没有书面文件，而且没有准备灾难恢复程序，这些都反映出该公司的控制风险非常大。

鉴于 H 公司的固有风险和控制风险都很大，审计师事务所应当调低其失侦风险，延长审计时间和更加细致地对 H 公司进行审计。

3）良好的访问控制包括：

①访问人员得到授权后才能访问。

②管理人员可以限制访问人员的访问权限、内容和时间。

③管理人员可以按照访问的时间、地点和内容发现或者判别非经授权访问或者非法访问的情况。

4）H 公司首先应当做好文件备份，并以书面形式确定灾难恢复程序。当出现灾难情况时，H 公司应当按以下情况来进行自身信息系统的挽救工作。

①确定灾后数据恢复小组及其领导，获取最高领导支持，参与者明确其所要负责的事项及责任。

②进行风险评估，分析灾难对公司运营的影响、数据恢复的成本及数据恢复速度对公司的影响等。

③遇到灾难时，很可能临时组织的资源是有限的，因此要分出任务的轻重缓急、优先次序，先做最重要的。

④应及时、透明地和员工交流，做好公共关系方面的工作，确定数据恢复所需要的设备，包括硬件和软件、技术支持等，必要时寻求热站或冷站。

⑤搜集备份的数据以进行尽快恢复。

5）计算机应用控制的目的是，设计用来合理地保证系统在特定的应用方面能够正确地完成数据的记录、处理和报告的功能。它是计算机被应用过程中出现的控制行为。应用控制包括输入控制、处理控制和输出控制。

成功通过CMA

第4版 下册

This Way to CMA

蔚欣欣 主编

美国注册管理会计师（CMA）考试中文辅导教材

涵盖新考试大纲要求的全部知识点和通过考试的必备习题

帮助考生以较快速度和较小成本通过CMA考试

机械工业出版社
CHINA MACHINE PRESS

本书是美国注册管理会计师（CMA）考试辅导用书，在第3版的基础上进行了大量的增改，综述了通过CMA认证需要掌握的知识，增加了大量适用的知识与习题，能够帮助读者全面学习新考试大纲要求的知识点，掌握学习方法和考试技巧，顺利通过CMA考试。

本书包括约3000道例题和习题对应新的考试大纲调整，增加了第10章科技与分析，分为上下册。其中，上册内容包括管理会计和CMA认证简介，CMA应试技巧与方案，有关CMA的基础知识，财务报告，战略规划，规划、预算编制与预测，绩效管理，成本管理，内部控制；下册内容包括科技与分析，财务报表分析，公司金融，决策分析，风险管理，投资决策，职业道德等。本书可以作为相关人士通过CMA认证考试的辅导教材。

图书在版编目（CIP）数据

成功通过CMA/蔚欣欣主编. —4版. —北京：机械工业出版社，2022.1
ISBN 978-7-111-70221-4

Ⅰ.①成…　Ⅱ.①蔚…　Ⅲ.①管理会计－资格考试－美国－自学参考资料
Ⅳ.①F234.3

中国版本图书馆CIP数据核字（2022）第032164号

机械工业出版社（北京市百万庄大街22号　邮政编码100037）
策划编辑：张星明　责任编辑：张星明
责任校对：李　杨　封面设计：赫子逸
责任印制：谢朝喜
北京宝昌彩色印刷有限公司印刷
2022年3月第4版·第1次印刷
210mm×285mm·82.5印张·2306千字
标准书号：ISBN 978-7-111-70221-4
定价：298.00元

电话服务	网络服务
客服电话：010-88361066	机　工　官　网：www.cmpbook.com
010-88379833	机　工　官　博：weibo.com/cmp1952
010-68326294	金　　书　　网：www.golden-book.com
封底无防伪标均为盗版	机工教育服务网：www.cmpedu.com

目　　录

第 10 章　科技与分析 …… 1

10.1　信息系统 …… 1

10.1.1　会计信息系统(AIS) …… 1

10.1.2　业务循环 …… 1

10.1.3　独立的财务系统和非财务系统 …… 3

10.1.4　企业资源计划(ERP) …… 3

10.1.5　数据库管理系统和数据仓库 …… 4

10.1.6　企业绩效管理(EPM) …… 5

10.2　数据治理 …… 6

10.2.1　数据治理的概念 …… 6

10.2.2　数据治理的框架 …… 7

10.2.3　数据生命周期管理 …… 8

10.2.4　网络攻击检测和预防 …… 9

10.3　技术支持的财务转型 …… 10

10.3.1　系统开发生命周期(SDLC) …… 10

10.3.2　业务流程分析在提高系统性能中的作用 …… 11

10.3.3　机器人流程自动化(RPA) …… 11

10.3.4　人工智能(AI)和会计数据处理 …… 12

10.3.5　云计算 …… 13

10.3.6　区块链 …… 14

10.4　数据分析 …… 15

10.4.1　商业智能及大数据 …… 15

10.4.2　数据挖掘 …… 18

10.4.3　分析工具 …… 19

10.4.4　数据可视化 …… 22

10.5　本章习题 …… 25

本章习题解答 …… 35

第 11 章　财务报表分析 …… 42

11.1　基本的财务报表分析 …… 42

11.1.1　基本概念 …… 42

11.1.2　共同百分比式财务报表 …… 42

11.2　财务绩效指标：财务比率 …… 44

11.2.1　流动性和运营资本 …… 44

11.2.2 流动性的比率 …… 45
11.2.3 偿付能力的度量 …… 46
11.2.4 资本结构分析 …… 46
11.2.5 表外融资 …… 48
11.2.6 经营活动分析 …… 49
11.3 获利能力分析 …… 53
11.3.1 每股收益 …… 53
11.3.2 资本投资回报率 …… 55
11.3.3 获利能力 …… 56
11.3.4 收入 …… 58
11.3.5 收益度量 …… 59
11.3.6 比率分析的局限性 …… 60
11.4 财务会计中的分析性问题 …… 60
11.4.1 会计利润与经济利润 …… 60
11.4.2 收益质量(盈余质量) …… 60
11.4.3 会计变更 …… 61
11.4.4 价格变化与通货膨胀对财务报表的影响 …… 62
11.4.5 公允价值 …… 62
11.4.6 与外汇有关的会计处理 …… 64
11.5 本章主观题例题与习题 …… 68
11.5.1 本章主观题例题 …… 68
11.5.2 本章习题 …… 77
本章习题解答 …… 120
第 12 章 公司金融 …… 146
12.1 风险与回报 …… 146
12.1.1 风险的含义 …… 146
12.1.2 几种常见的风险类型 …… 146
12.1.3 回报率 …… 146
12.1.4 风险与报酬的关系 …… 147
12.1.5 风险态度 …… 147
12.1.6 风险与时间的关系 …… 148
12.1.7 单个资产的收益和风险 …… 149
12.1.8 投资组合的回报和风险 …… 149
12.1.9 现代组合投资理论 …… 151
12.1.10 分散化与资本资产定价模型 …… 152
12.1.11 资本资产定价模型的其他替代模型(选修) …… 155
12.2 管理财务风险 …… 155
12.2.1 经营风险 …… 155
12.2.2 财务风险 …… 156
12.2.3 管理财务风险的方法 …… 157

12.3　金融工具 …… 158
12.3.1　投资和融资决策的风险及报酬 …… 158
12.3.2　估值的一般概念 …… 158
12.3.3　利率期限结构 …… 158
12.3.4　债券 …… 159
12.3.5　股票 …… 164
12.3.6　衍生金融工具 …… 168
12.3.7　其他长期金融工具 …… 175
12.4　资本成本 …… 175
12.4.1　资本成本的定义与 MM 定理 …… 175
12.4.2　计算资本成本 …… 177
12.5　管理流动资产 …… 179
12.5.1　现金管理 …… 180
12.5.2　有价证券管理 …… 182
12.5.3　应收账款管理 …… 184
12.5.4　存货管理 …… 186
12.5.5　短期信用的类型 …… 188
12.5.6　短期信用成本最小化 …… 188
12.6　筹集中长期资本 …… 189
12.6.1　中期资本来源 …… 190
12.6.2　长期资本来源 …… 192
12.6.3　资本市场 …… 193
12.6.4　股利 …… 197
12.7　公司重组 …… 201
12.7.1　并购 …… 201
12.7.2　并购的动机 …… 202
12.7.3　反并购的手段 …… 203
12.7.4　剥离 …… 204
12.7.5　追踪股票 …… 205
12.7.6　公司并购的价值分析 …… 205
12.7.7　企业倒闭(选修) …… 206
12.8　国际金融 …… 207
12.8.1　汇率 …… 207
12.8.2　汇率制度 …… 208
12.8.3　货币币值的波动 …… 209
12.8.4　国际资本投资 …… 210
12.8.5　国际贸易支付 …… 211
12.8.6　国际贸易融资 …… 212
12.8.7　转移价格 …… 213
12.8.8　国际贸易中的法律和道德问题 …… 213

12.8.9 外汇衍生品与套期保值 …… 213
12.9 本章主观题例题与习题 …… 214
12.9.1 本章主观题例题 …… 214
12.9.2 本章习题 …… 221
本章习题解答 …… 270
第 13 章 决策分析 …… 307
13.1 决策分析的相关概念 …… 307
13.2 本/量/利(CVP)分析 …… 308
13.2.1 特定的成本术语以及假设 …… 309
13.2.2 成本行为 …… 309
13.2.3 盈亏平衡分析 …… 310
13.2.4 多产品分析 …… 312
13.3 边际分析 …… 314
13.3.1 特殊订单和定价 …… 314
13.3.2 制造还是购买 …… 315
13.3.3 销售还是再加工 …… 315
13.3.4 增加还是减少分部 …… 316
13.3.5 最大化限制性因素的单位贡献 …… 316
13.3.6 所得税和边际分析 …… 317
13.3.7 行为以及实施方面的问题 …… 317
13.4 定价 …… 318
13.4.1 定价的因素 …… 318
13.4.2 产品生命周期及其定价 …… 319
13.4.3 市场基础定价法 …… 320
13.4.4 成本基础定价法 …… 320
13.4.5 目标定价法 …… 321
13.5 微观经济学中的价格规律 …… 325
13.5.1 供给需求定理 …… 325
13.5.2 市场结构 …… 326
13.5.3 弹性 …… 329
13.5.4 政府干预 …… 329
13.6 本章主观题例题与习题 …… 330
13.6.1 本章主观题例题 …… 330
13.6.2 本章习题 …… 338
本章习题解答 …… 383
第 14 章 风险管理 …… 410
14.1 风险价值 …… 410
14.2 风险类型 …… 411
14.3 风险评估 …… 412
14.4 风险识别 …… 413

14.5　风险反应 …… 414
14.6　风险管理的步骤 …… 415
14.7　企业风险管理 …… 415
14.8　COSO 的 ERM 框架 …… 417
14.9　本章习题 …… 421
本章习题解答 …… 434
第 15 章　投资决策 …… 443
15.1　资本预算过程 …… 443
15.1.1　资本预算 …… 443
15.1.2　增量现金流 …… 444
15.1.3　所得税考虑 …… 446
15.1.4　资本项目的事后审计 …… 448
15.1.5　互斥项目 …… 448
15.2　贴现现金流分析 …… 448
15.2.1　要求回报率 …… 448
15.2.2　净现值 …… 449
15.2.3　内部回报率 …… 450
15.2.4　净现值法和内部回报率法的比较 …… 452
15.2.5　会计报酬率(选修) …… 453
15.3　投资回收期与贴现回收期 …… 454
15.4　资本分配决策(选修) …… 455
15.4.1　资本分配 …… 455
15.4.2　获利指数 …… 455
15.4.3　备选评价方法 …… 457
15.5　资本投资的风险分析 …… 458
15.5.1　敏感性分析 …… 458
15.5.2　情景分析 …… 459
15.5.3　确定性等值(选修) …… 460
15.5.4　资本资产定价模型 …… 460
15.5.5　模拟分析 …… 461
15.5.6　专门调整利率法 …… 462
15.5.7　资本投资的定性考虑事项 …… 463
15.5.8　国际资本预算 …… 463
15.6　估值 …… 463
15.6.1　现金流量贴现法 …… 463
15.6.2　相对价值法 …… 465
15.6.3　重置成本法 …… 466
15.6.4　实物期权(管理期权) …… 467
15.7　本章主观题例题与习题 …… 469
15.7.1　本章主观题例题 …… 469

15.7.2 本章习题 …… 473
本章习题解答 …… 513
第 16 章 职业道德 …… 540
16.1 商业道德 …… 540
16.1.1 道德哲学与商业道德 …… 540
16.1.2 道德哲学的理论分支和观点 …… 540
16.1.3 商业道德在业务决策中的应用 …… 542
16.2 个人职业道德 …… 543
16.3 舞弊三角模型 …… 545
16.4 组织职业道德 …… 546
16.4.1 组织的职业道德规范 …… 547
16.4.2 职业道德责任始于最高层 …… 547
16.4.3 道德规范和内部控制 …… 548
16.4.4 在整个组织中实施道德规范 …… 548
16.4.5 量度并改善对职业道德规范的遵循情况 …… 549
16.4.6 组织职业道德的政府意义与国际意义 …… 550
16.4.7 重视组织职业道德的好处 …… 551
16.4.8 可持续发展与企业社会责任 …… 552
16.5 本章主观题例题与习题 …… 553
16.5.1 本章主观题例题 …… 553
16.5.2 本章习题 …… 557
本章习题解答 …… 573

附录 …… 583
附录 A 复利现值系数表 …… 583
附录 B 复利终值系数表 …… 584
附录 C 年金现值系数表 …… 585
附录 D 年金终值系数表 …… 586
附录 E 标准正态分布表 …… 587
附录 F 内部控制中的重要概念和举例 …… 588
附录 G 作业成本法专题 …… 593
附录 H 平衡计分卡专题 …… 602
附录 I CMA 考试第一部分必备公式 …… 613
附录 J CMA 考试第二部分必备公式 …… 618

参考文献 …… 624

第 10 章　科技与分析

10.1　信息系统

10.1.1　会计信息系统（AIS）

会计信息系统（AIS）是一个收集、记录、存储和处理数据并为决策者提供信息的系统。会计信息系统在价值链中的角色是为主要和辅助活动提供财务和非财务的信息，以此在价值链上对业务进行决策和控制。

会计信息系统通常包括财务报告系统（编制财务报表）、管理报告系统（记录分析内部活动）、交易处理系统（记录日常交易）。一个设计合理的会计信息系统会对数据进行输入控制、处理控制、输出和报告控制。

会计信息系统的关键是数据的完整性、可靠性和及时性，要为决策者提供相关可靠的信息。会计信息系统需要根据企业的业务循环来创建、记录、报告、汇总所有的财务数据和交易信息。

决策支持系统（DSS）和高层管理信息系统（EIS）不属于会计信息系统，其目的是为了支持管理者或者高层决策者做出决策，提供他们所需的重要信息。

例题 10-1

以下那项关于会计信息系统的描述是不正确的？一个会计信息系统是(　　)

A. 一个商业组织里最广泛使用的系统。

B. 在某些组织里被唯一正式指定的系统。

C. 在很多组织里和其他的信息系统集成在一起的。

D. 以一种高度互动的模式为管理层提供对信息的即时访问。

答：

D。

分析：高层管理信息系统为高层决策者随时提供他们所需的重要信息，并特别注重使用方便并具有可提供高层决策者喜欢的报告格式的特点。

10.1.2　业务循环

根据公司业务的目的，可分成 7 个主要的循环流程：收入循环、支出循环、生产循环、人力资源与薪酬循环、固定资产循环、总分类账和报告流程、融资循环。

1. 收入循环

收入循环处理公司的收入或销售业务。典型的销售收入循环的流程依次包括：收到客户采购订单、审核客户信用、检查库存可用性、创建销售订单、创建拣货单（拣货）、创建装运单据装箱单和提货单、包装和发货订单、给客户寄送发票（记录销售和应收账款）、收到客户付款、记录收款和应收账款销账。

2. 支出循环

支出循环处理企业经营过程中的采购事项。采购事项包括货物采购、服务采购和人力资源的采购。在支出循环中，采购订单、收货报告和供应商发票构成一个完整的采购凭证组合。典型的支出循环流程依次包括：库存控制部门创建采购申请、采购部门根据申请创建采购订单并发给供应商、供应商送货、货物接受和创建收货报告、货物入库、应付账款会计收到相关凭证、构成凭证组合、更新应付账款、出纳准备付款支票、支票经授权签字人签出并支付给供应商、更新应付账款。

3. 生产循环

生产循环在不同公司和不同产品中会各不相同，但一般包括 4 个典型活动：产品设计、计划和排期、生产运营、成本管理。

每个活动中的会计数据都遵循数据输入、数据处理、数据输出的模式。4 个典型活动的流程见表 10－1。在产品设计活动中，成本信息有助于指导产品的设计，从而有效地规划各种设计成本。生产运营活动的输入就是计划与排期活动的输出。生产运营的主要会计职能是核算生产成本和跟踪库存水平。成本管理活动使用生产运营活动的输出文件，根据成本法确定产品成本、输出财务报表及其他管理报表。

表 10-1 生产循环 4 个典型活动的流程

典型活动	数据输入	数据处理	数据输出
1. 产品设计	成本会计报告和其他相关数据	产品设计	材料清单 操作列表
2. 计划和排期	客户订单	制造资源计划 准时生产	主生产排期表 生产订单 物料需求 生产流转传票
3. 生产运营	主生产排期表 生产订单 物料需求 生产流转传票	记录产品成本 存货水平	生产运营报告 主生产排期表 生产订单、物料需求 生产流转传票、工时传票
4. 成本管理	生产运营报告 主生产排期表 生产订单、物料需求 生产流转传票、工时传票	成本核算： 分批成本法 分步成本	产品制造成本 财务报告和管理决策 使用的其他报表

4. 人力资源与薪酬循环

人力资源循环的主要作用是确保企业在经营中拥有适当能力的人力来实现企业的使命。其循环的主要步骤包括：招聘、培训、调动和解聘员工。另外，人力资源流程还是提供员工福利，保持良好士气，保持安全、清洁和高效工作环境的重点。

薪酬流程的主要功能是支付员工的工作报酬以及计算与薪酬有关的税金。薪酬流程的循环包括：更新工资率和扣除额、记录考勤、准备工资表、支付工资、支付税金和其他扣除项目。

5. 固定资产循环

固定资产循环包含 3 个步骤，即财产取得、折旧和维护、财产处置。不动产、厂房和设备等固定资产一般将持续多年。除了以上常见步骤以外，有时资产还会发生减值，需要进行减值计提。

6. 总分类账和报告流程

总分类账和报告流程包含 4 个主要步骤，即更新总账、调整分录过账、编制财务报告、编制管理报告。

7. 融资循环。

融资活动主要由借款交易和股东权益交易组成。在一个会计年度内发生的融资活动较少，每一笔业务的金额通常较大。融资循环的主要活动依次包括：审批授权、签订合同、获得资金、计算利息和股利、偿还本息或发放股利。

例题 10-2

单独计算折旧金额，然后与以下哪个会计信息系统（AIS）的业务循环进行核对？（　　）

A. 财产、厂房和设备循环。　　B 支出循环。

C. 总账和报告系统。　　D 生产循环。

答：

C。

分析：在准备财务报表之前，所有会计日记账分录（包括折旧金额）都将过账到总账（CL）系统。因此，总账和报告系统是核对折旧金额的最佳环节。

10.1.3　独立的财务系统和非财务系统

拥有独立的财务系统和非财务系统的主要挑战是数据维护。独立的财务系统和非财务系统的作用之一是确保两个系统中的数据准确地链接在一起。当两个系统是分开的时候，应该对数据进行比较以确保系统使用不同的指标来衡量相同的东西。如果系统使用的数据不在相同的位置或数据库中，则必须创建和维护广泛的控制，以便提高数据的质量和可靠性。

10.1.4　企业资源计划（ERP）

企业资源计划（ERP）是将组织活动的所有方面都整合在一个系统的体系中，具体包括会计、财务、市场营销、人力资源、制造和存货管理等。其目的有：

1）传统上，会计信息系统只会收集财务数据和会计交易信息，而其他非财务数据的收集和处理不在会计信息系统中进行，同时存在着多重系统会给信息整合带来麻烦，还会产生低效率的问题。

2）ERP 系统通过将企业经营的全部活动与传统的会计信息系统进行整合，以此来解决这些问题。

整合的信息系统可以让信息在企业不同的业务部门之间进行流通，还能与外部的利益相关者进行沟通。

随着关系数据库的出现和计算机存储价格的降低，使 ERP 在企业管理实践中更容易实现。ERP 的目标是子系统的数据共享、协调活动。企业将所有的数据存储在一个核心数据库中，包括公司各个方面有关的财务和非财务数据。

企业资源计划（ERP）的优点包括：

①ERP 系统可以打破部门之间的壁垒。将企业所有的信息存储在一个数据库中使信息可以高效的流通。

②ERP 系统可以提升企业的生产率和效率。因为管理层和员工能够更快地从部门内部和外部获取数据和信息。

③ERP 系统可以将多重许可与安全模式整合在一个数据访问结构中，组织可以更好地对数据访问进行控制。

④ERP 系统采用标准化的流程，可以为信息使用者编制和提供标准化的报告供其分析和比较。

⑤ERP 系统可以让员工快速地获取订单、存货、运输和售后客户交易的详细信息，它可以帮助企业提升客户服务能力。

⑥ERP 系统可以让制造工厂实时查看新的订单，自动化的生产流程可以提高企业的生产率。

企业资源计划（ERP）的缺点包括：

①ERP 系统的硬件、软件和咨询会让企业产生较高的费用。

②ERP 系统的选择和实施是一个极其耗时的过程。

③ERP 系统实施失败的概率较高。

④企业必须要让标准化的 ERP 系统与其现有的业务流程相适应，除非该企业愿意花费更多的支出来订制一套 ERP 系统。

⑤ERP 系统的复杂度是显而易见的，因为该系统试图将众多不同的业务活动和系统整合在一起，而每个活动和系统都有不同的流程、业务规则、数据含义、授权层级和决策中心。

⑥员工的抵制也是众多 EPR 系统失败的原因，因为单一系统可能会削弱员工多元化的利益。

例题 10-3

跨多个行业的自动化、跟踪和支持一系列管理和操作业务流程（如供应链）的应用程序为（ ）

A. 企业资源计划（ERP）。　　B. 公司绩效管理（CPM）。

C. 企业绩效管理（EPM）。　　D. 会计信息系统（AIS）。

答：

A。

分析：ERP 重点跟踪跟踪和支持一系列管理和操作业务流程。

10.1.5 数据库管理系统和数据仓库

1. 数据库

数据库是按照数据结构来组织、存储和管理数据的仓库，是一个长期存储在计算机内、有组织、可共享、统一管理的大量数据的集合。在数据库的发展历史上，数据库先后经历了层次数据库、网状数据库和关系型数据库等发展阶段。数据库技术在各个方面得到快速的发展，特别是关系型数据库已经成为目前数据库产品中最重要的一员。关系型数据库是由多个互相连接的二维行列表格组成的数据库。

关系型数据库的优点包括容易理解、使用方便、易于维护、支持 SQL 用于复杂的查询。其缺点包括读写性能比较差、固定的表结构、高并发读写需求。

2. 数据库管理系统

数据库管理系统（DBMS），是一种操纵和管理数据库的大型软件，用于建立、使用和维护数据库。它对数据库进行统一的管理和控制，以保证数据库的安全性和完整性。用户通过 DBMS 访问数据库中的数据，数据库管理员也通过 DBMS 进行数据库的维护工作。它可以支持多个应用程序和用户用不同的方法在同时或不同时刻去建立、修改和询问数据库。大部分 DBMS 提供数据定义语言 DDL 和数据操作语言 DML，供用户定义数据库的模式结构与权限约束，实现对数据的追加、删除等操作。

数据库管理系统的优点包括：①主文件被整合进了有大量应用程序访问的大规模数据池；②整合的数据更容易与授权的用户共享；③尽可能地减少了数据冗余和不一致；④因为数据与程序是互相独立的，所以对一项数据进行修改不会对另一项数据产生影响，这使得编程更为方便。

例题 10-4

数据库管理系统的最佳定义是(　　)

A. 控制不连贯主要文件的管理系统。

B. 海量数据库，用于分析而非事务处理。

C. 映射所有数据元素之间关系的概念层次模型。

D. 管理相互关联且集中协调的数据文件的程序。

答：

D。

分析：数据库管理系统的功能是管理和操纵不同的数据文件。

3. 数据仓库

数据仓库（DW）是为企业所有级别的决策制定过程提供所有类型数据支持的战略集合。数据仓库是决策支持系统（DSS）和联机分析应用数据源的结构化数据环境。数据仓库是在数据库已经大量存在的情况下，为了进一步挖掘数据资源和决策需要而产生的，它并不是所谓的“大型数据库”。数据仓库的方案建设的目的是为前端查询和分析作为基础，由于有较大的冗余，所以需要的存储也较大。

数据仓库本质上是一种特殊的数据组织形式：①面向主题，即数据仓库中表的设计是按照一个个主题进行组织的，而非按照业务流程设计；②集成性，是指将企业中各大业务系统进行数据集中、整合、加工从而形成全局统一的数据视图；③相对稳定，是指数据仓库中的数据不会做频繁的增删改操作，相对于业务系统中频繁的事务处理，其数据变化相对稳定；④反映历史变化，表明数据仓库通常会保存数据的历史备份，因此就可以从中获取数据历史变化情况。

例题 10-5

以下哪项是对数据仓库的最好描述？(　　)

A. 可以对文件复制进行汇总分析的地方。

B. 灾难恢复计划中多个备份存放地点的统一名称。

C. 从不同数据库中获得的，用于进行专门分析的大量数据的存储。

D. 通常用于关键数据的存储，如系统关系、数据类型、格式和数据源。

答：

C。

分析：数据仓库是从不同数据库中获得的，用于进行专门分析的大量数据的存储。它是多个数据库的集合，通常包含一些不在生产系统中保存的历史数据。

10.1.6　企业绩效管理（EPM）

企业绩效管理（EPM）是支撑战略执行过程的一系列管理过程与管理软件。EPM 可以包括通常意义上的过程绩效管理，即各级管理者和员工为了达到组织目标共同参与绩效计划制订、绩效辅导沟通、绩效考核评价、绩效结果应用、绩效目标提升的持续循环过程。EPM 包含对营业绩效的监督和评估。ERP 帮助企业管理日常经营工作，而 EPM 是通过分析、理解和报告来管理经营业务。当前广泛使用基于网络和基于 SAAS 架构的应用程序，员工可以专注于更高级别的战略任务，而不是管理与 IT 相关的问题。

企业绩效管理的优点：①可以让企业从各种来源中高效地收集数据，通过分析数据和使用分析结果，提升企业的业绩；②可以在问题恶化和传播到企业其他部门之前就发现它们；③可以进行更多可靠的预测，在企业绩效管理过程中进行持续和实时的数据评估。

例题 10-6

什么是 EPM？（　　）

A. 企业绩效管理——把企业战略目标和运营目标联系起来，与管理层沟通，并使其与预算和企业计划保持一致。

B. 企业薪资管理——与 AIS 一起使岗位职责与工作绩效相一致。

C. 企业生产和制造——与 ERP 一起强化企业战略目标和运营目标，其中考虑了人力资源和岗位职责。

D. 企业制造绩效——是一种优化的制造流程，与 AIS 配合使用可以最大限度地提高生产率。

答：

A。

分析：企业绩效管理的主要目的是使整个公司围绕企业战略目标和运营目标。AIS 在人力资源、薪酬管理中发挥作用，它们是价值链的一环。ERP 不仅考虑了人力资源还考虑了业务的其他方面，如营销、库存管理、财务、产品交付和销售。

10.2 数据治理

10.2.1 数据治理的概念

1. 基础

数据治理（Data Governance）是指通过正式的政策和流程对企业的数据进行控制，以此来确保数据是可信和可使用的。数据治理管理着整个实体所使用数据的可用性、使用性、全面性和安全性。

2. 有效的数据治理

1）应使用跨职能的团队来进行数据治理，因为有多个不同的部门会使用数据和信息系统。数据治理团队应由总监、项目经理、一线管理者和数据管理者组成。

2）数据治理团队需要界定企业中的数据资产拥有者，并制定相应的政策规定由谁来负责不同部分或方面的数据，包括数据的精确性、可获得性、一致性、完整性更新和存档。

3）数据治理团队需要确定相应的流程来存储、存档和备份数据，以及确保数据避免网络攻击、意外破坏或泄露或失窃，还需要制定标准和流程来确定谁有权对数据进行更新、访问和使用。

4）数据治理团队还需要执行一套控制和审计的流程，以此来确保持续地遵守组织的数据政策和政府的法律法规。

10.2.2　数据治理的框架

在会计行业中，常用的数据治理框架有：

1）美国反虚假财务报告委员会下属的发起人委员会（COSO）发布的《内部控制整合框架》（COSO 框架）。COSO 框架侧重于处理通用型数据治理。

2）信息系统审计和控制协会（ISACA）发布的《信息及相关技术的控制目标（COBIT）》。COBIT 框架的重点是 IT 技术的数据控制和治理。

1. COSO 框架

COSO《内部控制整合框架（1992 版）》在数据治理中应用的主要体现如表 10-2 所示。

表 10-2　COSO 框架在数据治理中的体现

框架内容	内容	数据治理活动举例
控制环境	高层对内部控制的态度；管理层和员工的诚信和能力；管理风格	评估组织对数据治理的承诺程度
风险评估	识别风险；评估风险对经营目标的影响；怎样管理风险	识别数据不同的构成方式，每种方式可能产生的结果和发生的概率
控制活动	实现经营目标和妥善管理风险的政策和程序	强制要求的密码强度、更改的频率；关于个人计算机上敏感信息的管理政策等
信息与交流	获取、处理和报告企业管理和控制中需要的信息	为员工提供数据安全实践的定期培训
审查与监控	检查流程是否正确执行；识别和报告内部控制的缺陷；修正和改进内部控制系统	聘请咨询公司进行渗透测试

2. COBIT 框架

COBIT 通过对不同来源的控制标准进行整合，以此形成一个统一的框架，从而让管理层对 IT 环境的安全和控制活动进行测试；让使用者确信企业有充分的 IT 安全和控制；让审计师可以证实其对内部控制发表的意见及其对安全和控制实行提出建议。COBIT5 是一个综合性的框架，它可以协助企业实现其治理和管理目标。

COBIT5 是基于治理和管理的 5 项基本原则。这些原则可以协助组织构建一个有效的治理和管理框架，以此来保护利益相关者的投资和创建最佳的信息系统。具体包括：

1）满足利益相关者的需求。COBIT5 协助用户根据自己的需求对业务程序和流程进行调整，以此来创建一个信息系统为其利益相关者创造价值，并让企业能够有效地对风险和收益进行平衡。

2）端对端覆盖企业。COBIT5 将 IT 职能和流程整合到企业的职能和流程中。

3）运用单一整合式框架。COBIT5 能在更高的层级上与其他标准和框架保持一致，所以能够创建一个极为重要的 IT 治理和管理框架。

4）采用一个整体全面的方法。COBIT5 提供了一个整体性的方法，用于对企业所有的 IT 职能进行有效的治理和管理。

5）区分治理和管理。COBIT5 对治理和管理进行区分。这二种控制方法包括了不同的活动，要求不同的组织结构并实现不同的目标。

治理是董事会的责任。董事会需要评估利益相关者的需求来确定目标，通过对目标排序为管理层提供指导和监督管理层的业绩。企业 IT 的治理流程被称为评估、指导和监督实践。管理层需要对组织的活动和流程进行计划、构建、运行和监督，以此来实现董事会设定的目标。企业 IT 的管理流程包括 4 个领域，与计划、构建、运行和监督的责任领域一致。每个领域都有其要素：

1）定位、计划和组织（APO）。
2）构建、购置和实施（BAI）。
3）交付、服务和支持（DSS）。
4）监督、评价和评估（MEA）。

例题 10-7

以下哪项是 COBIT 的最佳定义？（　　）

A. 协助对 IT 流程实施适当控制的一套指南。
B. 由发起组织委员会发布的控制框架。
C. 旨在帮助股东理解管理层使用的 IT 系统的一套指南。
D. 一系列技术挑战的风险和对策。

答：

A。

分析：COBIT 是 IT 治理的一个框架和指南，并不是 COSO 委员会提出的。

10.2.3 数据生命周期管理

数据生命周期管理是指一整套基于政策的方法用于管理企业数据的流转，即从数据最初的获取、创建和存储，到数据过期和删除。数据生命周期通常被划分成 8 个阶段（见图 10-1）。

图 10-1 数据生命周期

1）数据采集。企业的数据既可以是来自内部，也可能是来自外部，采集数据是创建企业信息的第 1 步。

2）数据维护。涉及数据清理和加载。企业需要将各种形态的数据转化为企业可使用的形式，将非结构化数据转换为结构化数据。只有符合要求的数据加载到企业信息系统的数据库后，才能进行组织和查询操作。

3）数据合成。将不同来源的数据，通过建模和归纳的方法整合在一起，提供更好的数据分析结果。也有人把数据合成看作是数据维护的一个部分。

4）数据使用。将数据应用于支持企业达成经营使命，如战略规划、客户关系管理、发票处理等。数据使用可能涉及法律监管和合同约束的情况。

5）数据分析。它是一种高层次的数据应用，使用科学的方法处理原始数据，最终形成新的信息和对经营的见解，解答经营活动中的问题。它通过对历史数据的探索和调查，洞察和推动未来的业务规划。

6）数据发布。向组织外部发送的行为，如将数据发送给经营伙伴。

7）数据归档。将数据从活跃使用的状态转移并存储，以备未来使用的过程。

8）数据清除。删除不再使用的数据。为了合理地清除数据，组织需要清晰定义何种数据需要清除，何时清除。

例题 10-8

媒介清除是在数据生命周期的哪个阶段执行的操作？（　　）

A. 数据归档。　　B. 数据清除。　　C 数据发布。　　D. 数据分析。

答：

B。

分析：媒介清除是将媒介中存储的数据彻底清除，数据清除后无法再被恢复。其他媒介清除的方法还包括：删除所有标签、标记和活动日志；更改内容信息，以满足信息敏感级别的要求。媒介清除使用自动技术，如处理、过滤和数据锁定。媒介清除是数据清除中的一种方式。

合格的记录保留政策对每个组织都是必要的。只要用户需要研究、分析和查询过去的事件和决策，就有必要保留和维护记录以供内部使用。此外，必须保存记录以满足法律和监管要求。

10.2.4　网络攻击检测和预防

组织经常遭受来自恶意黑客各种方式的网络攻击。常见的对抗网络攻击的方法有以下几种。

1. 渗透测试

渗透测试是通过模拟恶意黑客的攻击方式来评估计算机网络系统安全的一种评估方法。这个过程包括对系统的任何弱点、技术缺陷或漏洞的主动分析，这个分析是从一个攻击者可能存在的位置来进行的，并且从这个位置有条件地主动利用安全漏洞。渗透测试通常由专业的咨询公司来完成。系统中的漏洞无法完全避免。

2. 生物识别

生物识别技术通过计算机与光学、声学、生物传感器和生物统计学等高科技手段密切结合，利用人体固有的生理特性（如指纹、脸像、虹膜等）和行为特征（如笔迹、声音、步态等）来进行个人身份的鉴定。生物特征验证是比较严格且安全的验证方式。

例题 10-9

生物特征验证和智能卡是哪种内部控制的类型？（　　）

A. 检测性控制。　　B. 预防性控制。　　C. 补充性控制。　　D. 改正性控制。

答：

B。

分析：预防性控制是为防止错误发生而实施的控制。生物特征验证和智能卡都是为了防止未授权访问，是一种事前控制。

3. 防火墙

防火墙是位于两个网络之间的一组硬件和软件的组合，所有的通信不管其方向如何都必须经过它。它是进行访问控制和保护内部系统免受威胁的最主要的安全防护措施，用来协调进入控制和保护内部系统免遭侵犯。防火墙保护网络能力的关键是，它是配置并定位在系统内部的，必须被设置或安装并用以允许或禁止合适的网络通信。

防火墙的优点：保护脆弱的服务器；对于站点系统有控制的访问；集中控制的安全性；加强隐私

保护；网络正常使用和误用的日志统计；按照策略执行。防火墙的缺点：一些类型的网络访问可能会受到限制甚至被阻断；将安全性集中于一点，而非分散于系统中；为建立防火墙所耗费的时间和精力可能会超过解决这个问题所耗费的成本。

4. 入侵检测系统（IDS）

入侵检测系统是一种对网络传输进行即时监视，在发现可疑传输时发出警报或者采取主动反应措施的网络安全设备。它与其他网络安全设备的不同之处在于 IDS 是一种积极主动的安全防护技术。IDS 实时检测可以及时发现一些防火墙没有发现的入侵行为以及发现入侵行为的规律，这样防火墙就可以将这些规律加入规则之中，提高防火墙的防护力度。

例题 10-10

某系统程序员被解聘，其访问密码被禁用以后，该公司的服务器崩溃并丢失了所有的文件和软件。经调查，被解聘的员工在操作系统中安装了病毒并通过“后门”远程操作了此次事件。以下哪项措施最有可能阻止此类事件的发生？（　　）

A. 制定规章，要求对服务器上所有数据和文件进行加密。

B. 每日备份服务器上的所有数据。

C. 应用监控网络流量日志的入侵检测系统。

D. 启用探测入侵的高级防火墙。

答：

D。

分析：防火墙可以保护服务器，防止通过“后门”远程操作。

10.3 技术支持的财务转型

10.3.1 系统开发生命周期（SDLC）

一个软件从定义、开发、运行、维护直到最终移除要经历一个时期，这个时期被称为系统生命周期。传统的系统生命周期可以划分成 5 个步骤：

（1）系统分析

包括明确组织需求，收集关于修改当前系统、购买新系统以及开发新系统的信息。由用户、管理层、信息系统专家参与。

（2）概念设计

包括为满足组织的需要创建计划。准备设计备选方案并创建详细的规范，从而为如何完成期望的系统提供指导，由系统分析师参与。

（3）物理（实体）设计

包括概念设计以及为创建系统而建立的详细规范。该设计包括计算机代码规范、输入、输出、数据文件和数据库、过程和程序以及适当的控制，由系统分析师、程序员参与。

（4）实施和转换

包括新系统的安装（硬件和软件）。新系统经过测试并对用户进行培训，且制定新的标准、程序和控制。

（5）运营和维护

包括运行系统、检查性能、根据需要进行调整以及维护系统。组织对系统进行改进和修复，直到确定维持旧系统不能使其获益，整个循环又重新开始。

例题 10-11

一家公司管理层需要一个新的信息系统应用程序。该应用程序由公司内部人员设计、编码和实施。开发结束后，将向适当的用户提供结果。按照这样的开发顺序，在确定新应用程序的需求时应该采用什么样的策略？（　　）

A. 确定与开发这样一个应用程序有关的不确定因素及其对开发成功的影响。

B. 评估成本和使用该应用程序产生的效益。

C. 评估由该应用程序产生的结构化、非结构化以及半结构化决策的程度。

D. 与用户面谈，评估已有的应用程序以及开发该应用程序的原型。

答：

D。

分析：确定新应用程序的需求是系统分析内容。

10.3.2　业务流程分析在提高系统性能中的作用

企业系统包含一系列的业务流程。从长期结果来看，一个精心设计的系统有助于企业长远的发展。企业在创建或修改一个流程时，需要考虑它的总体架构和经营目标，而不是选择最简单、阻力最小的方法。业务流程分析是一个系统性的流程改进方法，包含 4 个基本步骤：①明确定义流程；②演练整个流程；③检查现有流程，识别流程中的优点和缺点；④在分析的基础上，提出流程改进计划。

10.3.3　机器人流程自动化（RPA）

机器人流程自动化（RPA）是指用软件自动化方式实现在各个行业中本来是由人工操作变为由计算机完成的业务。它让软件机器人自动处理大量重复的、基于规则的工作流程任务，如财务机器人、工业自动化、网站数据抓取处理等。RPA 依靠先进的软件自动化技术，极大降低了开发成本和开发周期，实现了企业内部跨系统及工作流程的自动化工作，提高了生产效率并降低了成本，正成为企业数字化转型的重要途径。RPA 不仅可以模拟人类，而且可以利用和融合现有技术，如规则引擎、光学字符识别、语音识别、虚拟助手、高级分析、机器学习及人工智能等前沿技术，来实现其流程自动化的目标。

RPA 能为企业带来的好处有：①处理速度更快、错误率更低；②所有操作留有痕迹，方便审计跟踪；③操作一致性强；④把员工从枯燥重复的工作中解放出来，从而使其专注于更多增值工作，提高员工士气和生产力；⑤机器人可以不间断地工作。

例题 10-12

以下哪项描述了将手动财务管理活动转化为流程自动化？（　　）

A. 组织的财务总监和首席财务官会收到一个包含季度结果的仪表板。

B. 用自动化机器人代替人工生成利润表，以分配和汇总要呈现的数据。

C. 信用卡支付退款将根据月度销售报告自动调整。

D. 客户数据表单在输入组织网站上的时候自动加密。

答：

B。

分析：通常创建损益报告的过程一直是手动的，而机器人的使用可以使整个报告创建过程自动化。

10.3.4 人工智能（AI）和会计数据处理

1. 定义

人工智能是计算机科学的一个分支，它试图了解智能的实质，并生产出一种新的能以人类智能相似的方式做出反应的智能机器。该领域的研究包括机器人、语言识别、图像识别、自然语言处理和专家系统等。人工智能可以对人的意识、思维的信息过程进行模拟。人工智能不是人的智能，但能像人那样思考，也可能超过人的智能。

人工智能系统（AI）应用于商业环境，能为企业带来以下好处：提高业务处理的速度和减少错误，改善数据录入和分析；使会计核算流程更加透明，专业人员可以监控整个核算流程，减少欺诈；可以不间断工作；能够不断学习，避免错误重复发生。

2. 人工智能的种类

1）专家系统。包括一系列硬件和软件，用来执行（如知识的获取与存储和推论等）类似于人类擅长的活动。企业使用专家系统进行众多财务和会计决策，如资本投资、授予客户商业信用。企业可以使用专家系统编制预算和制订计划，提供关于员工绩效评估和职业发展的专业意见和建议。

2）机器人。涉及开发机械或计算机设备来执行各种高精度的任务，或是繁重或是对人类有危险的任务。机器人能承担的最重要的工作就是能够比人类会计师更高效和有效地执行大量账务的处理。在云环境中，可以依据用户的需求及时地自动处理。此外，还能以更高的精确性来编制和提交财务报表。

3）模糊逻辑。指一种基于规则值或主观值的规则来展现不准确性。模糊逻辑技术能够让企业确定某些不确定的数值，如无活跃市场的商品的公允价值和坏账与保修费用的预估百分比。

4）机器学习。指在没有显式编程的情况下，研究计算机程序如何提升其自身的性能。学习能力可以提升会计信息系统收集、处理和分析数据与信息的能力。

5）神经网络。指将同时执行多项运行任务且能够动态互动的处理器连接成一个网络，然后由计算系统使用该网络来模拟人脑的学习过程。企业可以使用神经网络在海量数据中识别出不同的模式，以此来预测权益的业绩、公司债券的评级或公司破产的可能性。

6）遗传算法。指一种基于进化论的问题解决方法。它采用适者生存的思路作为其解题的策略。遗传算法可以用来解决动态和异常复杂的问题，包括那些有成千上万变量或公式的难题，如风险评估和资产估值。

例题 10-13

下述哪项模拟智能程序使用重叠式范围类别？（ ）

A. 模糊逻辑。 B. 专家系统。 C. 神经网络。 D. 智能侦探。

答：

A。

分析：模糊逻辑将不精确的条件组合在重叠范围内。例如，“热”可以被定义为高于 85 华氏度的温度范围，“温暖”被定义为 80～90 华氏度之间的温度（摄氏度＝（华氏度－32°F）÷1.8）。

10.3.5 云计算

1. 云计算的概念

云计算是用户可以按需访问网络上共享的资源。这里的网络既可以是互联网，也可以是局域网。云服务提供商提供出租硬件和软件业务的“云”服务，公司将自己的计算机处理和数据存储业务外包给云计算服务提供商，并向云计算服务提供商定期支付费用。

云计算的核心特征包括：

1）自助式服务。使用者可以根据需求，以自助的方式访问云资源，而不必与云计算服务提供商进行协商。在大多数情况下，客户不需要人为地与每个服务提供商进行互动就能获取云资源。

2）广泛的网络接入。由于可以通过互联网来访问云服务，所以在任何一个地方可以通过支持上网的设备来获取这些服务。

3）资源汇聚与共享。可以将提供商的计算资源进行汇聚，然后采用多租户模式向众多客户提供服务，并且根据客户的需求动态地分配和再分配不同的物理和虚拟资源。这意味着位置具有独立性，因为客户通常不会控制或不知道所提供资源的精确位置，但是大体上可以描述出资源的位置。

4）极速弹性。可以根据用户的需求及时地增加或缩减计算资源。因此，不必为了预计可能出现的需求上升而添置昂贵的设备。

5）可度量的服务。通常在效用计算模式中使用可度量的服务。在该模式中，云计算服务提供商可以检测服务的使用量，客户只需为其使用的服务付费。不同的资源会使用不同的计价方式。

例题 10-14

云计算服务提供商按使用付费体现了以下哪项基本特征？（ ）

A. 按需自助服务。 B. 快速灵活。 C. 资源集中。 D. 可计量的服务。

答：

D。

分析：用户可以根据需要单方面获得云计算服务提供商的服务，不需要自助行为。根据用户的需求快速灵活地使用云计算的资源，服务使用的数量将不容易计量，无法实现按使用付费。资源集中不适合按使用付费的方式。资源池根据多个用户需求动态分配不同的物理和虚拟资源。云计算服务提供商为用户和消费者提供计算资源。这些资源是按使用次数付费或按使用量付费。可以监视、控制和报告资源使用，提高透明性。

2. 软件即服务（SaaS）

云服务的形式主要分成 3 种类：基础设施即服务（IaaS）、平台即服务（PaaS）、软件即服务（SaaS）。SaaS 是最常用的云服务形式，是一种软件分发模型，客户基于 Web 的应用程序，跨设备存储、共享和同步文件。应用程序托管在云计算服务提供商的服务器上，客户通过网络访问云计算服务器。

SaaS 的优点：用户节省了软件安装和维护的费用；采用即付即用方式付款；允许轻松扩展；软件自动更新。

SsaS 的风险：使客户过分依赖服务提供商；用户的关键数据有可能遭到泄露。

例题 10-15

软件即服务的最佳定义为(　　)

A. 本地安装和维护的预置 ERP 系统。

B. 云计算的一种，其应用程序由第三方托管并按月收费。

C. 数据库管理系统的一种，由第三方提供服务并收取年费。

D. 基础架构平台，取代企业内复杂的个人计算机。

答：

B。

分析：软件即服务是云服务的形式，用户分享应用软件并付费。

10.3.6 区块链

分布式账本（Distributed ledger）是一种在网络成员之间共享、复制和同步的数据库。分布式账本记录网络参与者之间的交易，如资产或数据的交换。这种共享账本消除了调解不同账本的时间和开支。

分布式账本技术产生的算法是一种强大的、具有颠覆性的创新，它有机会变革公共与私营服务的实现方式，并通过广泛的应用场景去提高生产力。从实质上说，分布式账本就是一个可以在多个站点、不同地理位置或者多个机构组成的网络里进行分享的资产数据库。在一个网络里的参与者可以获得一个唯一、真实账本的副本。账本里的任何改动都会在所有的副本中被反映出来，反应时间会在几分钟甚至是几秒钟内。在这个账本里存储的资产可以是金融、法律定义上的、实体的或是电子的资产。在这个账本里存储的资产的安全性和准确性是通过公私钥以及签名的使用去控制账本的访问权，从而实现密码学基础上的维护。根据网络中达成共识的规则，账本中的记录可以由一个、一些或者是所有参与者共同进行更新。分布式账本技术有潜力帮助政府征税、发放福利、发行护照、登记土地所有权、保证货物供应链的运行，并从整体上确保政府记录和服务的准确性。

分布式账本技术可以有效地改善当前基础设施中出现的效率低、成本高的问题。导致当前市场基础设施成本高的原因可以分为 3 种：交易费用、维护资本的费用和投保风险费用。在某些情况下，特别是在有高水平的监管和成熟市场基础设施的地方，分布式账本技术更有可能会形成一个新的架构，而不是完全代替当前的机构。

区块链（Block Chain）实际上是由特殊底层技术构建的分布式账本。区块链可以基于一个去中心化的网络创造出不可篡改的账本，并且所有的记录都由共识机制认可。密码签名和将记录联成链是将区块链和分布式账本区分开的一个特点。当然，取决于特定区块链的用途，有些情况下公众或者用户还是有机会改变网络的组织和运行方式的。比特币就是区块链和去中心化最纯粹的一个例子。它不仅仅在技术和结构层面是去中心化的，它的管理组织和发展也是去中心化的。而在分布式账本里，只有技术是去中心化的，运营主体并不是。

智能合约（Smart Contract）是一种旨在以信息化方式传播、验证或执行合同的计算机协议。其实，智能合约可以简单理解为是一段写在区块链上的代码，一旦某个事件触发合约中的条款，代码即自动执行。智能合约允许在没有第三方的情况下进行可信交易，这些交易可追踪且不可逆转。智能合约的目的是提供优于传统合约的安全方法，并减少与合约相关的其他交易成本。智能合约的关键特点是它的执行力不依赖任何信用背书。也就是说，不需要依赖第三方来执行各种条款。既不需要依靠对方对合约的履行言行一致，也不需要在合约执行出现问题时依靠律师和法律制度来纠正事情。智能合约可以及时客观地执行合约中约定的各个事项。

区块链技术的优点：①减少或消除交易中介成本，提高交易的透明度；②所有交易记录都能可靠地存储且不可变更，便于交易审计；③提供了一个可靠的分权框架，可以用来检测逃税、减少腐败、追踪非法付款和洗钱；④区块链与智能合约的结合，可以消除交易过程中的大量文件，降低时间延迟。

例题 10-16

以下选项中哪个不是智能合约的特征？（　　）

A. 自我验证。　B. 自我实施。　C. 第三方授权。　D. 防篡改。

答：

C。

分析：智能合约可以通过解释数据来自验证合同中的条件。每个合同都在网络中的区块上运行，以保证合同按书面形式执行。智能合约是自我执行的计算机程序，对各参与方具有法律约束力。作为基于区块链架构的数字程序，它们在满足协议条款时自动执行。区块链的特征之一是其作为分散网络在网络的所有各方之间共享，从而消除了中间人或第三方中介机构对区块链智能合同的授权。选项 D 不正确，智能合约必须提供不能被篡改的保证，因此它是可靠的。

10.4 数据分析

10.4.1 商业智能及大数据

1. 商业智能（BI）

商业智能（Business Intelligence）是指用现代数据仓库技术、线上分析处理技术、数据挖掘和数据展现技术进行数据分析以实现商业价值。商业智能通常被理解为将企业中现有的数据转化为知识，帮助企业做出明智的业务经营决策的工具。这里所谈的数据包括企业业务系统的订单、库存、交易账目、客户和供应商，企业所处行业和竞争对手以及企业所处的其他外部环境中的各种数据。而商业智能可以辅助的业务经营决策，既可以是操作层的，也可以是战术层和战略层的。为了将数据转化为知识，需要利用数据仓库、联机分析处理（OLAP）工具和数据挖掘等技术。因此，从技术层面上讲，商业智能不是什么新技术，它只是数据仓库、OLAP 和数据挖掘等技术的综合运用。

可以认为，商业智能是对商业信息的搜集、管理和分析过程，目的是使企业的各级决策者获得知识或洞察力，促使他们做出对企业更有利的决策。商业智能一般由数据仓库、联机分析处理、数据挖掘、数据备份和恢复等部分组成。商业智能的实现涉及软件、硬件、咨询服务及应用，其基本体系结构包括数据仓库、联机分析处理和数据挖掘 3 个部分。

因此，把商业智能看成是一种解决方案应该比较恰当。商业智能的关键是从许多来自不同的企业运作系统的数据中提取出有用的数据并进行清理，以保证数据的正确性，然后经过抽取（Extraction）、转换（Transformation）和装载（Load），即 ETL 过程，合并到一个企业级的数据仓库里，从而得到企业数据的一个全局视图，在此基础上利用合适的查询和分析工具、数据挖掘工具（大数据魔镜）、OLAP 工具等对其进行分析和处理（这时信息变为辅助决策的知识），最后将知识呈现给管理者，为管理者的决策过程提供支持。公司的数据被认为是最有价值的资产之一。开发该资产并做出更好决策的能力代表了公司数据的战略价值及其分析数据的能力。

商业智能和人工智能的主要关注点是创建能够模仿人类洞察力的计算机程序，以获取事实数据库并找到数据中的联系和模式。面临的挑战是如何获取像人类洞察和决策这样主观的东西，并将其转换成像计算机代码这样离散和客观的东西，作为可以编入软件的几行详细的指令。

例题 10-17

某公司希望利用商业智能（BI）来协助评估关键指标。IT 经理建议在 BI 工具中加入指示板功能。以下哪项是管理层应该实施指示板功能的主要原因？(　　)

A. 它允许管理层展示尽可能多的各类图表。

B. 它为整个公司提供数据的模式和趋势。

C. 它旨在专注于尚未达到的指标。

D. 它能够为生产活动自动续订重要原材料。

答：

B。

分析：商业智能目的是使企业的各级决策者获得知识或洞察力，促使他们做出对企业更有利的决策。指示板有助于理解公司数据的模式和趋势。

2. 大数据

大数据是指无法在一定时间范围内用常规软件工具进行捕捉、管理和处理的数据集合，是需要新处理模式才能具有更强的决策力、洞察发现力和流程优化能力的海量、高增长率和多样化的信息资产。

大数据描述了数量庞大的结构化、半结构化、非结构化的数据集合，这些数据能够进行信息挖掘，以揭示数据间的相互关系、发展趋势或预测结果。从技术上看，大数据与云计算的关系就像一枚硬币的正反面一样密不可分。大数据必须采用分布式架构，对海量数据进行分布式数据挖掘。

大数据的特点包括：数量体量巨大；数据类型多样；数据变化速度快，并且可以实时获取、快速分析；价值密度低；要求数据必须准确性高，要可信。

大数据已经成为企业的一种战略资产。大数据能在处理相关的、高质量的、及时的数据以及报告信息结果时发挥作用。这些信息被提供给企业的管理层，以使其做出明智及时的决策；确定有价值的趋势和模式；确定产品或服务的需求机会；根据确定的趋势和模式制订计划，以提高运营效果。

大数据为个人隐私带来挑战。大数据可能带来个人和企业信息泄露，从而造成损失；也可能利用大数据侵犯公民权利。

大数据的应用场景非常丰富。例如，利用搜索关键词预测禽流感的散布，利用互联网数据向潜在客户直接投放广告，利用手机定位数据和交通数据建立城市规划，利用患者数据筛选出药物的交互作用和过敏反应等。

例题 10-18

从大数据中获取洞察力的挑战之一是(　　)

A. 理解大容量数据中不同类型的结构化数据。

B. 确定大容量、高多样性数据的准确性。

C. 创建大容量数据的数据库，作为获得洞察力的基础。

D. 从企业系统中挖掘非结构化数据，以执行数据分析。

答：

B。

分析：大数据要求数据必须具有一定的质量，要可信。

3. 结构化数据和非结构化数据

（1）结构化数据

结构化数据是高度组织和整齐格式化的数据。它是可以放入表格和电子表格中的数据类型。结构化数据也被称为定量数据，是能够用数据或统一的结构加以表示的信息，如数字、符号。保存和管理这些数据一般为关系型数据库，当使用结构化查询语言或 SQL 时，计算机程序很容易搜索这些数据。结构化数据具有明确的关系使得这些数据运用起来十分方便，不过在商业上可挖掘的价值方面比较差。典型的结构化数据包括：信用卡号码、日期、财务金额、电话号码、地址、产品名称等。

（2）非结构化数据

非结构化数据本质上是结构化数据之外的一切数据。它不符合任何预定义的模型，因此它存储在非关系型数据库中。它可能是文本的或非文本的，也可能是人为的或机器生成的。

非结构化数据不是那么容易组织或格式化的。收集、处理和分析非结构化数据也是一项重大挑战。这产生了一些问题，因为非结构化数据构成了网络上绝大多数可用数据，并且它每年都在增长。随着更多信息在网络上可用，并且大部分信息都是非结构化的，因此找到使用它的方法已成为许多企业的重要战略。

（3）半结构化数据

半结构化数据介于结构化数据和非结构化数据之间。半结构化数据和普通纯文本相比具有一定的结构性，但和具有严格理论模型的关系型数据库的数据相比更灵活。它是一种适合数据库集成的数据模型。也就是说，适合描述包含在两个或多个数据库（这些数据库含有不同模式的相似数据）中的数据。例如，存储员工的简历。

例题 10-19

以下关于结构化、半结构化和非结构化数据说法正确的是(　　)

A. 文本、图像、声音是结构化数据。

B. 非结构化数据不可能变为结构化数据。

C. 半结构化数据是使用关系型数据库存储的。

D. 结构化数据能够用数据或统一的结构加以表示。

答：

D。

分析：文本、图像、声音是非结构化数据。非结构化数据可以变为结构化数据。结构化数据是使用关系型数据库存储的。

4. 数据发展过程

数据发展过程包括：数据、信息、知识、洞察力、行动。

单纯的数据本身没有太大的用处，只有经过组织后转化成信息，才能发挥作用。将数据转化成信息的过程中，还需要考虑数据的强度、复杂程度和相对等级。获取信息并通过内部过程将其转化为知识。深入研究得到的知识，找出里面隐含的模式和规律，形成洞察力。洞察力也被看作是判断力，更主观一些。数据、信息、知识和洞察力的真正价值在于做出明智和理性的决策或行动。

10.4.2 数据挖掘

1. 数据挖掘的概念

数据挖掘是指从大量的数据中通过算法搜索隐藏于其中信息的过程。数据挖掘从不同的角度分析企业收集的数据，发掘出关联和规律，归纳出有用的信息，帮助企业提高经营业绩。数据的类型可以是任何类型的数据源，包括结构化的、半结构化的和非结构化的。发现知识的方法可以是数学的、非数学的，也可以是归纳的。最终被发现的知识可以用于信息管理、查询优化、决策支持及数据自身的维护等。

数据挖掘是科学，也是艺术。“样本量”是影响数据挖掘结果的关键因素。样本量越大，统计上显著关系的可能性就越大，但并不一定意味着具有实际意义。数据挖掘结果的分析高度依赖于分析人员的知识、经验、判断、智慧，甚至是直觉。

数据挖掘常见的步骤有：

1）检测异常，以识别与预期不符的数据。

2）寻找变量之间的关系，将数据分类为不同于已知结构的集合。

3）根据已知结构的类型对数据进行分类，将这些数据结构化。

4）进行回归分析，包括线性回归和多元回归，尽可能准确地建立数据模型，反映数据间的关系。

5）对数据进行汇总，向使用人提供有用信息。

2. 数据挖掘的方法

数据挖掘分为有指导的数据挖掘和无指导的数据挖掘。有指导的数据挖掘是利用可用的数据建立一个模型，这个模型是对一个特定属性的描述。无指导的数据挖掘是在所有的属性中寻找某种关系。具体而言，分类、估值和预测属于有指导的数据挖掘；关联规则和聚类属于无指导的数据挖掘。具体方法包括：

（1）分类

它首先从数据中选出已经分好类的训练集，在该训练集上运用数据挖掘技术建立一个分类模型，再将该模型用于对没有分类的数据进行分类。

（2）估值

估值与分类类似，但估值最终的输出结果是连续型的数值，估值的量并非预先确定。估值可以作为分类的准备工作。

（3）预测

它是通过分类或估值来进行，通过分类或估值的训练得出一个模型。对于检验样本组而言，该模型具有较高的准确率，可将该模型用于对新样本的未知变量进行预测。

（4）相关性分组或关联规则

其目的是发现哪些事情总是一起发生。

（5）聚类

它是自动寻找并建立分组规则的方法，通过判断样本之间的相似性，把相似样本划分在一个簇中。

例题 10-20

以下哪项是数据挖掘的定义？（　　）

A. 运用统计技术从大型数据库中提取和分析数据以识别模式和趋势的过程。

B. 用于开发公司绩效指标的系统。

C. 使用算法来促进公司内部高效交流的过程。

D. 用于组织和解释复杂数据的系统，用以确保数据被准确记录在数据库中。

答：

A。

分析：数据挖掘是指从大量的数据中通过算法搜索隐藏于其中信息的过程。

3. 结构化查询语言（SQL）

SQL 是一种数据库查询和程序设计语言，也是一种特殊目的的编程语言，用于存取数据以及查询、更新和管理关系型数据库系统。SQL 是常用的数据挖掘工具。

SQL 是负责进行数据查询而不会对数据本身进行修改的语句，这是最基本的 SQL 语句。其 3 个基本命令是：①选择（Select）。选择用户感兴趣的数据字段。②从哪里选（From）。识别数据所在的二维表。③筛选条件（Where）。限制数据以满足某些标准。

例题 10-21

结构化查询语言（SQL）和查询示例（QBE）被大量用于以下哪种数据库模型的查询工具？（　　）

A. 网络数据模型。

B. 关系数据模型。

C. 面向对象数据模型。

D. 分级数据模型。

答：

B。

分析：结构化查询语言（SQL）是一种在关系型数据库管理系统中大量使用的数据操作语言。SQL 用于从数据库输入、修改、更新和查询数据。作为图形查询语言的示例查询（QBE）也在关系型数据库管理系统中大量使用。QBE 语言是一个中间步骤，它被转换为 SL 语言，以便在后台最终执行用户查询。在 QBE 中，用户查询作为用户示例显示给数据库，以告诉系统用户真正希望数据库做什么。因此，关系数据模型大量使用 SQL 和 QBE 作为查询工具。

10.4.3　分析工具

会计人员可以使用分析和统计工具处理数据，这要求所选择的分析模型需要与被分析的数据恰当的拟合。目标数据需要满足分析模型的假设前提。例如，很多分析模型假设数据集里的数据是随机的，符合正态分布的特征，如果数据集里的数据不是随机的，使用模型得出的分析结论就会有偏差。

1. 数据分析类型

按数据分析对于决策的价值高低和处理分析复杂程度，可将数据分析归为图 10-2 所示的 4 种范式：描述型分析、诊断型分析、预测型分析和规范型分析。从图 10-2 中可以看到，越远离坐标原点，沿坐标轴正向延伸，价值度就越高，分析处理的难度也就越大。对于数据分析师而言，“描述型分析”“诊断型分析”“预测型分析”最为常见，而“规范型分析”涉及比较高深的数据挖掘和机器学习知识。

1）描述型分析。描述型分析是用来概括、表述事物整体状况以及事物间关联、类属关系的统计方法。描述型分析是上述 4 类中最为常见的数据分析类型。通过统计处理可以简洁地用几个统计值来表示一组数据的集中性（如平均值、中位数和众数等）和离散型（反映数据的波动性大小，如方差、标

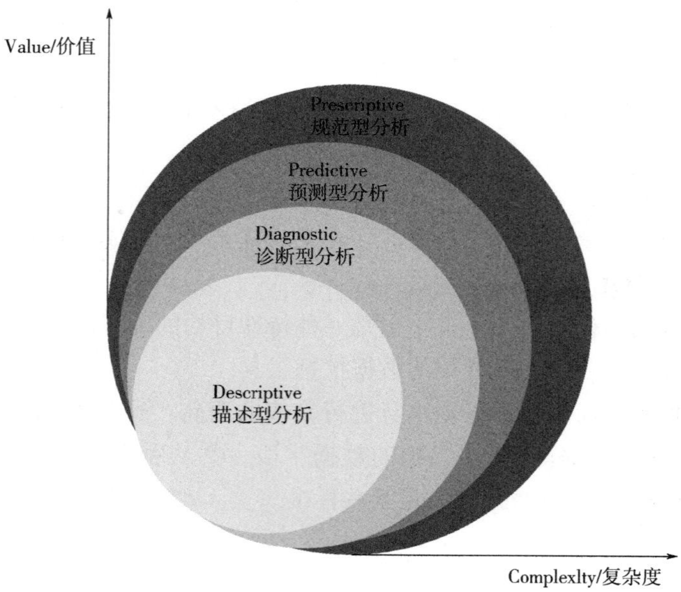

图 10-2 数据分析类型

准差等）。

2）诊断型分析。在描述型分析的基础上，数据分析师需要做进一步的分析，细分到特定的时间维度和空间维度，依据数据的浅层表现和自身的历史累积经验来判断现象/问题出现的原因。

3）预测型分析。预测型分析是利用各种高级统计学技术，包括利用预测模型、机器学习、数据挖掘等技术来分析当前和历史的数据，从而对未来或其他不确定的事件进行预测。

4）规范型分析。最具价值和处理复杂度的当属规范型分析。指令模型是基于对“发生了什么”“为什么会发生”和“可能发生什么”的分析，用来帮助用户决定应该采取什么措施。通常情况下，规范型分析不是单独使用的方法，而是前面的所有方法都完成之后，最后需要完成的分析方法。例如，交通规划分析考量了每条路线的距离、每条线路的行驶速度以及目前的交通管制等方面因素，以帮助选择最好的回家路线。

例题 10-22

最有可能对组织产生最大影响同时也是最复杂的数据分析类型是(　　)

A. 诊断型分析。　　B. 预测型分析。

C. 描述型分析。　　D. 规范型分析。

答：

D。

分析：规范型分析是最具有价值和处理复杂度的数据分析类型。

2. 聚类和分类

(1) 聚类

聚类就是在一个数据集中将相似的数据点集合在一起。聚类包含硬聚类和软聚类：

①硬聚类。每个数据点仅属于一个集合，而不会属于其他的集合。

②软聚类。根据概率模型或可能性，每个数据点在各个集合中的分布。

聚类分析经常应用在市场调研中。企业通过聚类分析能够更好地理解不同客户分组的偏好。

（2）分类。

分类是将分散的数据点划分为不同的类别。

分类和聚类的区别在于：分类是按照预先定义好的标准，将离散的数据点进行归类；而聚类是通过分析，找出数据点中相似的特征。

3. 回归和敏感性分析

参考6.2节相关内容。

相关系数衡量两个变量的线性相关关系。如果它们完美的相同线性方向移动，$R=1$（完全线性正相关）。如果它们是向绝对相反的线性方向移动，$R=-1$（完全线性负相关）。如果它们是完全没有线性相关性，$R=0$（无线性相关性）。任何介于两者之间的事物都能描绘出某种程度的相关性（正的或负的）。

一元回归中，相关系数的平方就是决定系数，表明模型的解释力。例如，$R^2=0.75$ 表示自变量的波动解释了75%因变量的波动。

例题 10-23

以下哪项准确定义了确定系数？（　　）

A. 确定系数提供回归分析中变量的线性相关程度。

B. 确定系数提供回归分析中变量的非线性相关程度。

C. 确定系数提供敏感度分析中变量的线性相关程度。

D. 确定系数提供敏感度分析中变量的非线性相关程度。

答：

A。

分析：确定系数是数据与拟合回归线的接近程度的统计量度。R^2越接近1，回归方程的拟合程度越高，越有参考价值。

4. 探索性数据分析（EDA）

探索性数据分析（EDA）是指对已有的数据（特别是调查或观察得来的原始数据）在尽量少的先验假定下进行探索，通过作图、制表、方程拟合、计算特征量等手段探索数据的结构和规律的一种数据分析方法。特别是，当对这些数据中的信息没有足够的经验且不知道该用何种传统统计方法进行分析时，探索性数据分析就会非常有效。

EDA的出现主要是在对数据进行初步分析时，往往还无法进行常规的统计分析。这时候，如果分析者先对数据进行探索性分析，辨析数据的模式与特点，并把它们有序地发掘出来，就能够灵活地选择和调整合适的分析模型，并揭示数据相对于常见模型的种种偏离。在此基础上再采用以显著性检验和置信区间估计为主的统计分析技术，就可以科学地评估所观察到的模式或效应的具体情况。EDA经常使用可视化和图形化的工具，如直方图和散点图。

5. 模拟法（仿真模型）

仿真（Simulation），即使用项目模型将特定于某一具体层次的不确定性转化为它们对目标的影响，该影响是在仿真项目整体的层次上表示的。仿真模型的优点是，输入变量可以在整个范围内按照数据的分布特点来取值，而不是某个假设下的一个最可能的情况值。

最常用的一种仿真模型是蒙特卡罗模拟。当所要求解的问题是某种事件出现的概率或者是某个随机变量的期望值时，它们可以通过某种“试验”的方法，得到这种事件出现的频率或者这个随机变数的平均值，并用它们作为问题的解。这就是蒙特卡罗方法的基本思想。蒙特卡罗方法通过抓住事物运动的几何数量和几何特征，利用数学方法来加以模拟，即进行一种数字模拟实验。它是以一个概率模型为基础，按照这个模型所描绘的过程，通过模拟实验的结果，作为问题的近似解。可以把蒙特卡罗解题归结为 3 个主要步骤：①构造或描述概率过程；②实现从已知概率分布抽样；③建立各种估计量。

模型的好坏很大程度上取决于输入数据的质量，正所谓“垃圾输入 = 垃圾输出”。需要谨慎地使用分析的结论，仅把它作为决策环节中的一个考虑因素。

例题 10-24

珍妮特·琼是全能加热器公司的分析师，计划采用蒙塔卡罗模拟来预测全能加热器的每天需求。加热器每天需求的概率分布以及赋予每个结果的随机数据间隔如表 10-3 所述。

表 10-3 模特卡罗模拟参数

加热器每天需求	概率（%）	随机数据间隔（秒）
0	10	00 ~ 09
1	15	10 ~ 24
2	20	25 ~ 44
3	20	45 ~ 64
4	20	65 ~ 84
5	15	85 ~ 99

珍妮特·琼一共使用 100 个两位数来进行模拟。从表 10-2 中产生了 10 个随机数据，分别为 09，24，03，32，23，59，95，34，46，51。根据该信息，加热器的模拟每天需求是多少？

答：

2 个。

分析：10 个随机数对应的每天需求依次为：0，1，0，2，1，3，5，2，3，3。

平均模拟需求量 = （0 + 1 + 0 + 2 + 1 + 3 + 5 + 2 + 3 + 3）/10 = 2（个）。

6. 时间序列分析

参考见 6.2 节相关内容。

例题 10-25

家电和汽车制造商受时间序列数据中哪种模式的影响最大？（ ）

A. 趋势。 B. 周期性。 C. 季节性。 D. 不规则。

答：

B。

分析：家用电器和汽车制造具有生命周期，受时间序列数据周期性因素的影响最大。选项 A 不正确。所有行业、企业和公司都受到时间序列数据趋势的影响。选项 C 不正确。季节性表示每年同一时间发生的时间序列中的变化。家用电器和汽车制造这方面的特点不明显。选项 D 不正确。与趋势类似，几乎所有行业、企业和公司都受到不规则因素的影响。

10.4.4 数据可视化

数据可视化是指将数据置于图形或图表等可视化环境中，帮助读者或其他用户理解数据的意义。

数据可视化有利于企业决策者，但计算机本身并不需要这一技术。数据可视化工具的优点包括：信息更丰富、更容易被理解、可以提供交互的功能、更广泛的应用信息。

为了清楚地传达数据中包含的信息，分析者必须运用基本统计原则和假设的知识，选择适当的图表类型。按照特定的类别进行归类的数据被称为分类数据。

1. 表格

表格是一种提供信息的基础工具，可以有效利用空间，便于扩展、简化利用电子表格软件，可以便捷绘制并方便查找和操作。制作表格需要规划目标内容、聚焦重点、格式整齐、字体合适、内容简洁和配色合理。

例题 10-26

图 10-3 所示电子数据表格用来显示 A 公司的季度数据。

	A	B	C	D	E
1		ABC公司–损益表			
2		1月	2月	3月	季度
3	销售收入				
4	销售成本				
5	毛利				
6	管理费用				
7	销售费用				
8	税前利润				
9	所得税（税率40%）				
10	净利润				

图 10-3　A 公司的季度数据（截图）

正确计算 1 月份净利润的公式应为(　　)

A. =(B3 − B4 − B6 − B7) ×0.4。

B. =(B3 − B4 − B6 − B7) ×(1 −0.4)。

C. =(B3 − B4 − B6 − B7) ×0.6。

D. =(B5 − B6 − B7) ×(1 −0.6)。

答：

B。

分析：净利润 = （销售收入 − 销售成本 − 管理费用 − 销售费用） × （1 − 税率）。

2. 图形

数据可视化工具箱包含许多工具，数据可视化工具和方法各有其特定的用途，如比较分析、分布分析、相关关系和趋势分析等。它们也可以根据其预期用途进行分类。

表示比较的图形有：

1）柱状图。用于比较数据类别或不同时期的数据。

2）帕累托图。指一种以降序的方式排列的柱状图。

3）饼图。一种描绘分类数据的相对频数和百分数频数分布的图形方法。为了描绘饼图，分析师首先画出一个圆形来代表所有的数据，然后用相对频数把圆形分割成若干部分，这些部分与每一组相对频数相对应。

4）雷达图。在二维图表中通过中心的零点来呈现多变量数据。

表示趋势的图形有：

折线图。它是最为简单的图形之一，使用一条线段将一系列数据连接起来，以此呈现信息。

表示分布的图形有：

1）频数分布。指一种数据的表格汇总，表示在几个互相重叠组别中的每一组项目的个数（频数）。

①相对频数分布。指每一组相对频数的数据表汇总。

②百分数频数分布。指每一组百分数频数的数据表汇总。

可以将频数分布绘制为样本直方图或样本点图。在图形的横轴上，分析师用来对数据（分类）的标记进行规定。在图形的纵轴上，标出频数、相对频数或百分数频数的刻度。使用一个固定宽度的长条绘制在每一组的标记上，将这个长条的高度延伸至该组的频数、相对频数或百分数频数上。对于分类数据而言，应将这些长条进行分隔，以此凸显每一组数据都是独立的。

2）箱型图。用来呈现一组数据的最小值、中值和最大值。

表明关系的图形有：

1）散点图。通过 X 轴和 Y 轴对于两个变量进行可视化，用来确定两套数据之间的关系。

2）热图。通过颜色强度的变化显示数据之间的关系，可以使阅读者轻松地获取大量信息，同时可以通过强烈的色彩突出异常的数据，但色调的变化不能精确地区分数据之间的差别。

3）气泡图。可用于展示 3 个变量之间的关系，排列在工作表列中的数据（第 1 列中列出 x 值，在相邻列中列出相应的 y 值和气泡大小的值）可以绘制在气泡图中。

表示进度的图形有：

甘特图（Gantt Chart）又称为横道图、条状图。其通过条状图来显示项目、进度与时间相关的系统进展内在关系随着时间进展的情况。

上述图形示例见 10-4 所示。

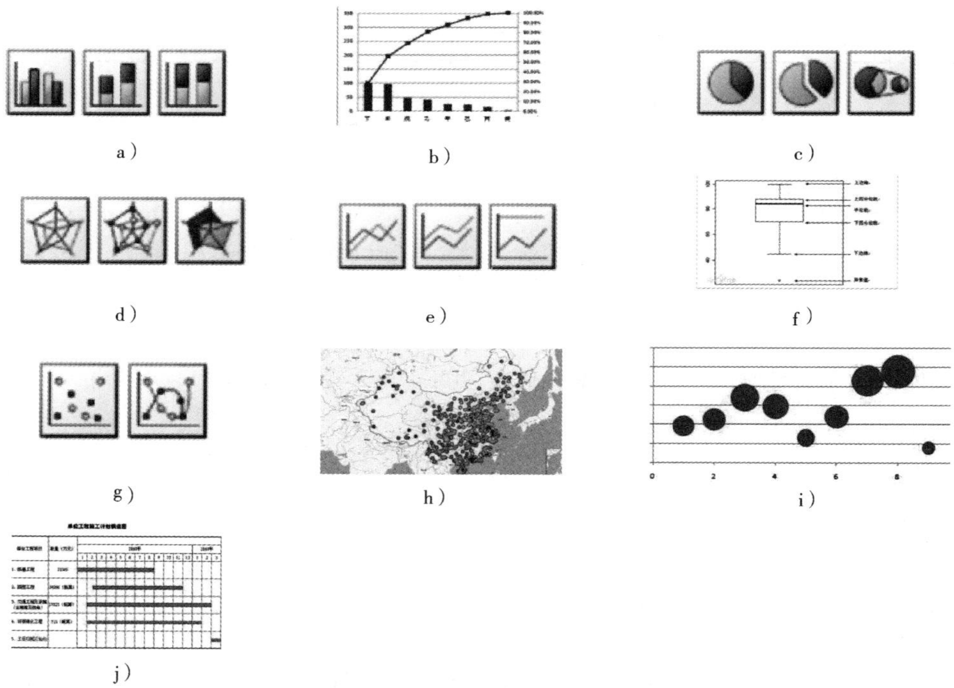

图 10-4 图形示例

a）柱状图 b）帕累托图 c）饼图 d）雷达图 e）折线图

f）箱型图 g）散点图 h）热图 i）气泡图 j）甘特图

3. 优缺点

数据可视化的优点包括：

①利用所有的相同值和类似值来查找错误和确实的数值以及重复的行列，以此来对数据进行清洁。

②有助于判断分析中应包含哪些变量，而哪些变量又是冗余的。

③作为数据简化的流程，数据可视化还能对类别进行合并。

④如果数据尚未收集且收集的费用很高，可视化方法可以通过使用样本来判断哪些变量和指标是有用的。

数据可视化的缺点包括：

①无法提供所有数据想要呈现的信息，除非所有数据都是可以量化的。

②有些数据可视化方法过于复杂，特别是对于多变量的数据，它需要极其复杂的可视化方法。

③可以夸大好的信息，而弱化不好的信息。

例题 10-27

以下哪种数据可视化工具最能显示当前预算与之前预算之间的差距？（　　）

A. 柱状图。　B. 箱线图。　C. 热图。　D. 饼状图。

答：

A。

分析：柱状图可以比较不同类别的数据，或者同一类别不同时点的数据。选项 B 不正确。箱线图通过 5 个标准衡量指标来展示数据的分布情况。选项 C 不正确。热图是通过颜色强度的变化显示数据之间的关系。选项 D 不正确。饼状图是比较不同类别数据的比重。

10.5　本章习题

问题 1　以下哪项是会计信息系统的功能？（　　）

A. 减少识别战略和战略地位的必要性。　B. 将数据转化成有用的信息。

C. 分配组织资源。　D. 对所有的决策过程实施自动化。

问题 2　识别产品发货记录和客户销售发票之间的差异会影响以下哪个会计信息系统（AIS）循环？（　　）

A. 收入循环。　B. 人力资源。　C. 生产循环。　D. 融资循环。

问题 3　以下哪项不是企业资源计划系统的优点？（　　）

A. 客户服务。　B. 节约成本。　C. 定制化。　D. 实施和维护成本低。

问题 4　渗透和漏洞扫描是什么类型的控制？（　　）

A. 检测性控制。　B. 预防性控制。　C. 补充性控制。　D. 改正性控制。

问题 5　关于网络防火墙，以下哪项陈述不正确？（　　）

A. 防火墙可以实施安全策略。

B. 防火墙可以记录网络活动。

C. 防火墙可以将组织的安全风险限定在合理范围内。

D. 防火墙可以防止个人计算机中的计算机病毒。

问题 6　从软件测试的角度来看，何时在系统开发项目中启动正式的变更控制机制？（　　）

A. 完成集成测试后。　B. 完成单元测试后。

C. 完成系统测试后。　D. 完成验收测试后。

问题 7　哪个答案最能描述商业智能和流程自动化？（　　）

A. 商业智能可以整合数据并以可视化方式呈现数据，使用户能够轻松地对大量数据进行排序和筛选。流程自动化是利用商业智能来制定决策。

B. 商业智能可以整合数据并以可视化方式呈现数据，使用户能够轻松地对大量数据进行排序和筛选。流程自动化减少了用户花费在商业智能数据上的时间。

C. 商业智能可以整合数据并以可视化方式呈现数据，使用户能够轻松地对大量数据进行排序和筛选。流程自动化使组织能够消除或减少传统上手动的管理流程。

D. 商业智能可以整合数据并以可视化方式呈现数据，使用户能够轻松地对大量数据进行排序和筛选。流程自动化自动加密敏感信息。

问题 8　以下哪项是实施企业资源计划（ERP）系统的主要优势？(　　)

Ⅰ. 消除废旧系统。　Ⅱ. 改进工作流程。　Ⅲ. 方便获取数据。　Ⅳ. IT 基础设施的标准化。

A. 只有Ⅱ。　B. 只有Ⅲ。　C. Ⅱ和Ⅲ。　D. 全部。

问题 9　以下哪项是使用数据分析最佳理由？(　　)

A. 组织希望将一些流程自动化，如将数据通过扫描输入到系统里。

B. 首席财务官和财务总监希望以仪表板的形式查看每日报告，概括现金流量、应收账款、应付账款等状况。

C. 内部调查要求对数据依法评估，以确定是否存在欺诈或腐败行为。

D. 组织通过过滤和可视化方式，评估大量数据，使信息更易于理解。

问题 10　一家企业决定利用大数据池，以下哪项技术可以让用户更轻松地解读数据？(　　)

A. 数据可视化。　B. 流程自动化。　C. 数据挖掘。　D. 商业智能。

问题 11　在回归分析中，决定系数（R^2）(　　)

A. 确定了线性模型中的决定因素。　B. 测试了自变量与因变量无相关性。

C. 评估了某模型预测结果的准确性。　D. 是由因变量预测的自变量变化的比例。

问题 12　某简单回归方程的 R^2 为 0.85。这表示(　　)

A. 因变量的 85% 的变化由回归线解释。　B. 自变量的 85% 的变化由回归线解释。

C. 因变量和自变量的相关系数为 0.85。　D. 因变量和自变量没有很强的相关性。

问题 13　ERP 系统的一个主要优点是(　　)

A. 数据程序依赖。　B. 为不同功能分别更新数据。

C. 数据冗余。　D. 数据集中化。

问题 14　某分析师利用新开发的系统功能编制了一份预测报告。该分析师最近离职了，他的接替者无法理解如何使用这些系统功能。根据系统开发生命周期的最佳实践，以下哪项控制可以预防这类情况的发生？(　　)

A. 终端用户的计算工作应被概述。

B. 系统的标准和流程应被记录存档。

C. 备份活动和要求应被妥善放置。

D. 对系统做的修改应被监控和评估。

问题 15　以下哪项不是防火墙对网络数据包采取的操作之一？(　　)

A. 接受。　B. 拒绝　C. 丢弃。　D. 销毁。

问题 16　某医院注意到一种疾病的病例数增加，于是要求其分析师搜集过去 3 年的病例数据。该分析师发现，这种疾病出现在 3 年前的第 2 季度。从那以后，每年的第 3 季度和第 4 季度的病例数显著高于前两个季度。以下哪种方法最能呈现该分析师的发现？(　　)

A. 表格，显示过去 3 年每个月的病例数。

B. 饼状图，显示过去 3 年每个季度的病例数。

C. 散点图，显示过去 3 年每个季度的病例数的变化。

D. 条形图，显示过去 3 年每个季度的病例数。

问题 17　以下哪种情况最符合数据仓库的特点？(　　)

A. 一个大型、集中和国际的在线零售商，希望对其客户的建议进行实时分析。

B. 一个非营利组织，有 3 个不同的业务部门，每个部门都有自己的 IT 系统和基础设施，需要对所有业务部门的绩效进行定期分析。

C. 一个由便利店和加油站组成的独立协会，希望为其会员提供针对整个协会客户趋势的深入统计分析。

D. 一个拥有年预算的大型组织，可以创建一个分析平台，允许用户和分析师对历史客户活动进行分析。一旦这个平台建立，可运行长达 5 年。

问题 18　在采用系统方法开发信息系统解决方案的时候，所涉及的多步骤程序被称为系统开发生命周期（SDLC）。该程序涉及下述 6 个步骤：①系统设计；②系统维护；③目标声明；④系统分析；⑤系统执行；⑥替代方案开发和评估。下述哪个选项为这些步骤的正确顺序？(　　)

A. 1，3，4，5，6，2。　　B. 3，1，2，6，5，4。

C. 3，6，4，1，5，2。　　D. 6，3，1，5，2，4。

问题 19　好莱坞录像和娱乐公司正在计划开发一个新的基于 web 的信息系统。使用该系统，用户可以通过互联网来租用发行的好莱坞热点影片和经典电影，表 10-4 为新项目的经济可行性分析。

表 10-4　新项目的经济可行性分析

第 0 年	第 1 年	第 2 年	第 3 年	第 4 年	第 5 年	第 6 年
成本	33 000 美元					
年度费用增加		32 000 美元	32 000 美元	32 000 美元	32 000 美元	32 000 美元
年度收益增加		45 000 美元	45 000 美元	45 000 美元	45 000 美元	45 000 美元
税后营业利润		13 000 美元	13 000 美元	13 000 美元	13 000 美元	13 000 美元
净现金流	（33 000）美元	13 000 美元	13 000 美元	13 000 美元	13 000 美元	13 000 美元
贴现系数（贴现率 12%）	1	0. 893	0. 797	0. 712	0. 636	0. 567
净现金流现值	（33 000）美元	116 609 美元	10 361 美元	9 256 美元	8 268 美元	7 371 美元
内部收益率	28%					

以上新项目的经济可行性分析模块可以最佳地作为下述哪项信息系统的内置子系统？(　　)

A. 交易处理系统。　B. 执行信息系统。　C. 管理信息系统。　D. 决策支持系统。

问题 20　使用多级员工业绩评估系统可以在组织内部进行公平评估并保证目标一致性，多级员工业绩评估可以作为哪种决策类型的例子？(　　)

A. 结构性决策。　　B. 半结构性决策。

C. 非结构性决策。　　D. 例行决策。

问题 21　下面哪项关于会计信息系统的描述最不正确？一个会计信息系统(　　)

A. 是被用于处理销售交易以及跟踪和给供货商付款的。

B. 是经常和其他的信息系统集成在一起的。

C. 是被同时用于考量部门和整个公司业绩的。

D. 可以为更换生产线的决策提供非常适当的信息。

问题 22 下面哪个系统经常被描述为一个交易处理系统？（　　）

A. 高层管理信息系统。　B. 会计信息系统。

C. 决策支持系统。　D. 专家系统。

问题 23 会计信息系统如何为企业创造价值？（　　）

A. 提高效率。

B. 减少系统恢复时间。

C. 缩短查询时间。

D. 改进价值链中对数据的描述，减少数据完整性问题。

问题 24 作业测定技术最常用于以下哪个系统研究阶段？（　　）

A. 分析。　B. 设计。　C. 实施。　D. 计划。

问题 25 以下哪种语言最经常被用于与关系型数据库交互的标准语言？（　　）

A. COBOL。　B. Visual Basic。　C. SQL。　D. 群件。

问题 26 以下哪项是关系型数据库系统成功和流行的主要原因？数据以（　　）格式呈现。

A. 文本　B. 表格　C. 图形　D. 幻灯片

问题 27 以下哪项是企业内部互联网特有的安全特性？（　　）

A. 防火墙。　B. 网络浏览器。

C. 超文本（HTML）数据库。　D. TCP/IP 网络协议。

问题 28 以下哪项不是数据挖掘的功能？（　　）

A. 找出趋势。　B. 处理销售订单。

C. 找出购买模式。　D. 发现客户消费倾向。

问题 29 一名管理会计师应当最关心使用数据仓库来实施以下哪项？（　　）

A. 容量管理。　B. 关键词转换。　C. 模式处理。　D. 数据建模。

问题 30 以下哪个选项对数据仓库的描述最不准确？（　　）

A. 可以通过用于数据挖掘的查询和分析工具来访问数据。

B. 数据仓库是一个关系型的或多维的数据库。

C. 数据仓库可能需要消耗几百 G 乃至几千 G 的磁盘空间。

D. 数据仓库是实施企业资源计划系统（ERP）的必然结果。

问题 31 数据仓库可以被描述为一个（　　）

A. 用以支持一个机构中某一特定部分功能的数据库。

B. 分布在公司内部网、外部网和互联网上的一组数据库。

C. 在互联网上或是商业信息服务机构提供的数据库。

D. 包含一个组织当前和历史数据的一个集中、完整的数据库。

问题 32 结构化查询语言（SQL）是从以下哪个系统中查寻数据的标准查询工具？（　　）

A. 客户/服务器系统。　B. 关系型数据库系统。

C. 企业内部网系统。　D. 遗留系统。

问题 33 在模拟蒙特卡罗试验时，长期平均模拟需求将接近于下述哪项？（　　）

A. 实际需求。　B. 真实需求。　C. 抽样需求。　D. 预期需求。

问题 34 J 是 A 公司的分析员，她打算用蒙特卡罗模拟来预测每天对全能加热器的需求。加热器每天需求的概率分布如表 10-5 所示。

表 10-5　加热器每天需求的概率分布

加热器每天需求	概率（%）	随机数据间隔（秒）
0	10	00～09
1	15	10～24
2	20	25～44
3	20	45～64
4	25	
5	10	

J 正在为每个需求概率分配随机数字区间。目前她已经为前 4 个概率分配完了。如果模拟时总共用 100 个两位数字，J 应分别给 4 和 5 需求概率分配在哪个随机数字区间？（　　）

A. 65～69；70～88。　B. 65～84；85～99。

C. 65～84；85～99。　D. 65～89；90～99。

问题 35　下列哪项不是模拟模型的优点？（　　）

A. 允许如果–怎样类型的问题。　B. 不干预现实世界体系。

C. 产生问题的最优解决方案。　D. 允许研究变量间的相互影响。

问题 36　L 公司位于 B 市，在向 L 市的重要客户送货时经历了严重的分销问题。在过去 4 个月中的送货时间和发生问题的次数如表 10-6 所示。

表 10-6　送货时间和发生问题的次数

送货时间（天）	发生问题（次）
5	12
6	18
7	15
8	9
9	6

该公司的营销经理想通过给送货时间和其他随机变量分配随机数来模拟分销过程。如果该营销经理使用 100 个不同的数字来模拟该过程，那么给送货时间 6 天分配的正确随机数字为（　　）

A. 09～14。　B. 30～60。　C. 45～74。　D. 00～18。

问题 37　花费分析在以下哪个会计信息系统（AIS）的循环中进行？（　　）

A. 收入循环。　B. 支出循环。　C. 生产循环。　D. 融资循环。

问题 38　如何评估非财务系统会影响财务系统？（　　）

A. 非财务系统和财务系统在逻辑上没有相互分离。

B. 非财务系统和财务系统在物理上没有相互分离。

C. 非财务系统和财务系统在逻辑上相互分离，但用户需要特殊权限才能登录。

D. 非财务系统和财务系统在逻辑上相互分离，但它们连接到同一个 ERP 系统中。

问题 39　以下哪项是 ERP（企业资源计划）系统的优势？（　　）

A. 改进报告。　B. 降低实施和维护成本。

C. 降低复杂性。　D. 成本负担得起。

问题 40　以下哪项不存储历史数据，无助于信息检索和数据分析？（　　）

A. 数据集市。 B. 虚拟数据库。 C. 分布式数据库。 D. 数据仓库。

问题 41 以下哪个选项是数据库管理系统（DBMS）的特征？（ ）

A. 安全控制以防止未经授权的访问。 B. 隔离数据。

C. 多个 DBMS 组成一个数据仓库。 D. 数据冗余。

问题 42 企业绩效管理（EPM）在业务规划和绩效管理方面，如何从“事后诸葛亮”转变为先知先觉？（ ）

Ⅰ. 历史结果。 Ⅱ. 关键绩效指标。 Ⅲ. 假设分析。 Ⅳ. 仿真模型。

A. 只有Ⅰ。 B. 只有Ⅱ。 C. Ⅲ和Ⅳ。 D. Ⅰ、Ⅱ、Ⅲ和Ⅳ。

问题 43 关于网络攻击，以下哪项可以记录攻击源的 IP 地址？（ ）

A. 防火墙日志。 B. 入侵检测系统（IDS）日志。

C. 文件完整性检查软件日志。 D. 应用软件日志。

问题 44 为了检测和阻止网络攻击，以下哪项控制安全性最高？（ ）

A. 密码 + 个人识别码（PIN）。 B. 生物特征验证。

C. 密码 + 生物特征验证。 D. 密码 + 个人识别码（PIN） + 生物特征验证。

问题 45 以下哪项最能描述渗透测试？（ ）

A. 由企业自己的 IT 团队检查防火墙的漏洞，不包含社会工程攻击。

B. 修复在例行的网络和系统扫描中发现的漏洞，包括与电话系统有关的漏洞。

C. 与外部公司签订合同，评估防火墙的当前状态，并提供其配置的详细摘要以及采取纠正措施的计划。

D. 与外部公司签订合同，授权访问公司内的重要系统。

问题 46 软件开发生命周期的哪个阶段涉及资源需求的分配、预算、时间表协议以及软件开发项目关键里程碑的定义？（ ）

A. 规划阶段。 B. 开发阶段。 C 维护阶段。 D. 测试阶段。

问题 47 在系统开发生命周期的哪个阶段中项目计划已经启动，项目工作开始执行？（ ）

A. 维护阶段。 B. 设计阶段。 C 实施阶段。 D. 分析阶段。

问题 48 为什么组织会采用 RPA 进行财务会计处理？（ ）

A. 验证手工输入的财务信息的完整性。

B. 向审计师保证操作遵循了流程。

C. 因为基于规则的自动审批的工作流程简化了应付账款审批活动，流程限制了人员参与特定审批的情况。

D. 使客户能洞察组织的财务交易。

问题 49 以下哪项不是使用区块链技术的优点？（ ）

A. 区块链使用受保护的加密技术来保护数据分类账。此外，当前分类账依赖于相邻的已完成的区块进行加密。

B. 发生的交易是透明的，被授权的个人可以查看交易。

C. 存储在参与的数百万台计算机区块中的交易是分散的。

D. 区块链中的数据结构仅是附加属性，因此可以更改或删除数据。

问题 50 系统开发项目中应用软件测试的正确顺序是（ ）

A. 集成测试，单元测试，系统测试，验收测试。

B. 单元测试，系统测试，集成测试，验收测试。

C. 验收测试，单元测试，集成测试，系统测试。

D. 单元测试，集成测试，系统测试，验收测试。

问题 51　如果企业引入了一个执行评估建模的新应用程序，则企业有可能发生哪种改变？(　　)

A. 该模型可以根据用户输入的信息计算资产的估值。

B. 该模型可以使用 10KB（4 字节）或 8KB 文件计算资产的估值。

C. 该模型可以使用流程自动化快速计算资产的估值。

D. 该模型可以使用历史实例和资产的有关数据快速计算资产的估值。

问题 52　以下哪项描述了将应用软件托管给云服务商，并可以通过安全互联网连接访问？(　　)

A. 混合云。　B. 平台即服务（PaaS）。　C. 私有云。　D. 软件即服务（SaaS）。

问题 53　在区块链技术中，智能合约的核心特征是以下哪项？(　　)

A. 保证所有网络节点的执行结果。　B. 敏感数据的保密。

C. 通过加密进行保密。　D. 通过取消身份识别实现匿名。

问题 54　以下哪项定义了一个模型，可以实现对计算资源共享池方便和按需访问？(　　)

A. 集群计算模型。　B. 云计算模型。

C. 客户端-服务器模型。　D. 分布式计算模型。

问题 55　在美国某州，桑德森是埃明女士的数据分析师，他正在为埃明女士的州长竞选办公室工作。埃明女士要求桑德森采集全州选民的人口统计信息，并预测选民会投票支持哪个政党或者不会投票给任何一方。该模型还应说明哪些特征最有可能影响选民投票给埃明女士，但是埃明女士并不关心模型的过度拟合。桑德森正在使用一个选民数据集，其中每个记录有 34 个特征。他可能选择哪种分析模型来提供所要求的结果？(　　)

A. 聚类。　B. 逻辑回归。　C. 决策树。　D. 线性回归。

问题 56　如果公司希望做定量预测，哪种分析模型是最佳选择？(　　)

A. 智能模型。　B. 回归模型。　C. 分类模型。　D. 聚类模型。

问题 57　时间序列的哪个模式是由一系列的短期波动引起的，这些波动不是系统性的，在某些情况下是不可预测的？(　　)

A. 周期分析。　B. 趋势分析。　C. 季节性分析。　D. 不规则模式。

问题 58　以下哪些数据可视化工具可用作里程碑时间计划？(　　)

A. 饼状图。　B. 折线图。　C. 甘特图。　D. 柱状图。

问题 59　为确定是否存在一个或多个可以用于估算运输成本的自变量，某公司收集了最近 36 个月的相关数据。可能的自变量包括：运送包裹数，包裹运输里程，运送包裹重量以及运输的燃料成本。该公司应该采用以下哪种定量技术来确定可以为运输成本提供准确估算的自变量？(　　)

A. 马尔可夫分析。　B. 线性规划。　C. 线性回归。　D. 模拟分析。

问题 60　某分析师正在评估一系列回归分析的结果。以下哪个相关系数代表了自变量和因变量之间的最强关联？(　　)

A. 1.05。　B. 0.72。　C. −0.04。　D. −0.88。

问题 61　某 CFO 希望利用大量可用数据来帮助他准备公司的 5 年预测。为此，该 CFO 决定使用以下哪种分析技术？(　　)

A. 描述型分析。　B. 诊断型分析。　C. 预测型分析。　D. 规范型分析。

问题 62　某分析师致力于开发一线性回归方程，以预测当地一家百货商店每月的小型烤箱销量。他已确定每月的小型烤箱销量取决于烤面包机的销量。绘制线性回归方程图时，回归直线的斜率为

0.8。根据其方程，该百货商店每月至少能售出 4 700 台小型烤箱。预计当 3 月份售出 10 500 台烤面包机时，该百货公司将售出 13 128 台小型烤箱。在 2 月份，共售出 11 700 台小型烤箱。该线性回归方程的截距是多少？(　　)

A. 4 700（台）。　　B. 8 400（台）。　　C. 9 360（台）。　　D. 13 128（台）。

问题 63　以下哪项是云计算的好处？(　　)

A. 其成本通常更低并能提供更大的灵活性。

B. 提供了最高级别的数据安全性。

C. 更换云服务的提供商很便利。

D. 消除了灾难恢复的顾虑。

问题 64　某高安全性的研究实验室实施了一项控制，即通过指纹来验证研究人员的身份。这个案例中使用了(　　)

A. 高级防火墙。　　B. 脆弱性测试。　　C. 生物识别技术。　　D. 访问控制。

问题 65　S 公司从事双板和单板滑雪器材租赁业务已有多年。自 3 年前附近的滑雪场开通了一条全新的滑雪缆车以来，其雪季生意一直在稳步发展。S 公司的管理会计师根据过去 3 年的数据构建了时间序列销售预测。以下哪个图形最能代表这一趋势？(　　)

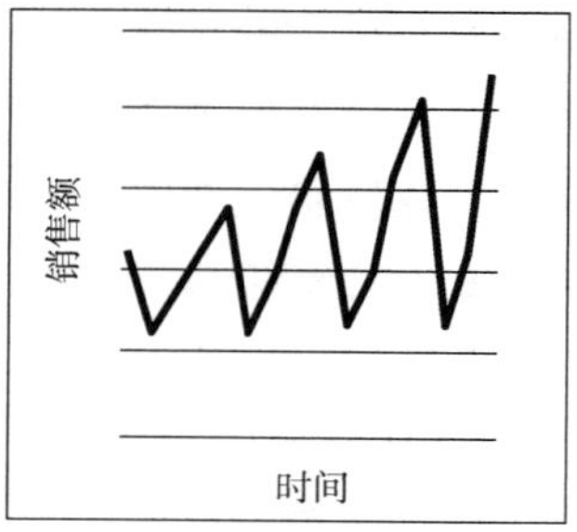

A.

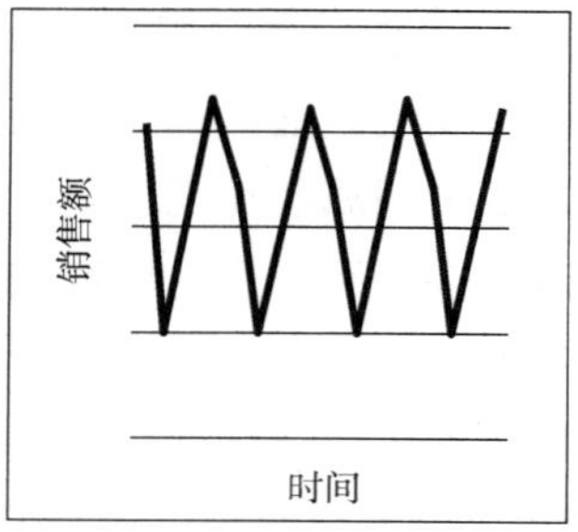

B.

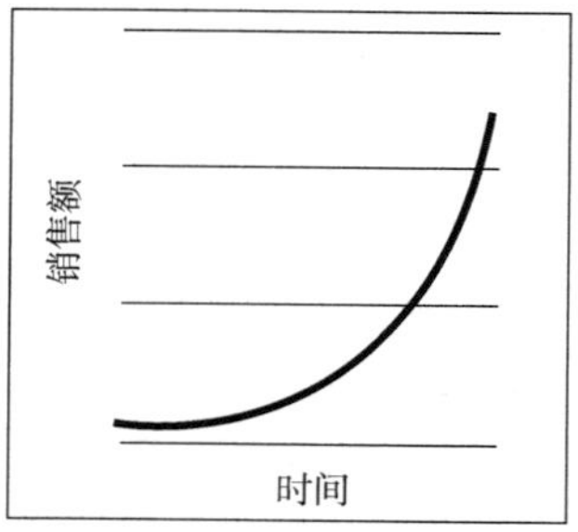

C.

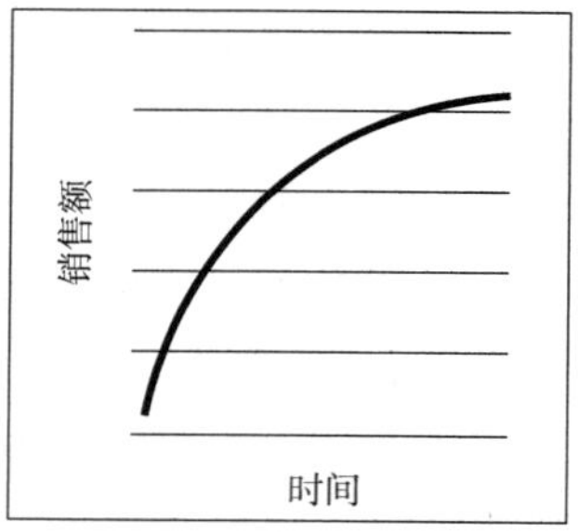

D.

问题 66　采用可视化技术呈现信息的主要目标是(　　)

A. 用图表替换文本和数字。　　B. 图解经营差异。

C. 显示数据结果的排名。　　D. 增加对数据的理解。

问题 67　一家公司希望根据预测中包含的多个变量的变化来研究其未来营业利润的潜在分布，则其最有可能会执行(　　)

A. 敏感性分析。　　B. 时间序列分析。

C. 多元回归分析。　　D. 蒙特卡洛分析。

问题 68　以下哪项不是数据库管理系统的优势？(　　)

A. 减少数据冗余。　　B. 促进跨职能分析。

C. 与授权用户共享集成数据。　　D. 降低软件更新的成本和频率。

问题 69　以下哪项最能描述企业资源计划（ERP）系统？(　　)

A. 在线交易处理系统。　B. 多模块的软件包。

C. 行业的特有固定应用程序。　D. 闭合的数据库架构。

问题 70　以下哪项不属于 COBIT 的 5 大原则？(　　)

A. 满足利益相关者的需求。　B. 业务流程。

C. 端对端覆盖企业。　D. 运用单一整合式框架。

问题 71　以下哪些是有效的系统开发控制？(　　)

Ⅰ. 任命一个包括终端用户和各部门代表的小组来开展充分细致的设计。

Ⅱ. 为设计小组和终端用户设计一个系统原型，并在完全实施之前进行测试和核准。

Ⅲ. 进行充分的时点和并行测试。

Ⅳ. 每个程序员应对其最终版的程序植入最终的系统负责。

A. Ⅰ。　B. Ⅰ和Ⅱ。　C. Ⅰ、Ⅱ和 Ⅲ。　D. Ⅰ、Ⅱ、Ⅲ和 Ⅳ。

问题 72　以下哪个不是时间序列分析的局限性？(　　)

A. 随着时间的推移，起作用的因素的可靠性可能会降低。

B. 分析得出的结论可能会产生误导。

C. 根据过去的活动来分析当前结果以确定趋势变化。

D. 假定过去适用的因素的可预测性在将来保持不变。

问题 73　结构化和非结构化数据的关键区别是什么？(　　)

A. 结构化数据的模式难以查询；非结构化数据通常易于查询，包括音频、视频和社交媒体发布的格式。

B. 结构化数据由未知类型的数据组成，这些数据容易查询；非结构化数据通常难以查询，包括音频、视频和社交媒体发布的格式。

C. 结构化数据清晰定义了数据类型，这些数据容易查询；非结构化数据通常难以查询，包括音频、视频和社交媒体发布的格式。

D. 结构化数据清晰定义了数据类型，这些数据容易查询；非结构化数据通常易于查询，包括音频、视频和社交媒体发布的格式。

问题 74　如果公司希望测试一个量化的预测，那么下面哪种分析模型将是最佳选择？(　　)

A. 智能模型。　B. 回归模型。　C. 分类模型。　D. 聚类模型。

问题 75　以下哪项不是蒙特卡罗模型的优点？(　　)

A. 提供敏感性分析。　B. 提供数据的相关性。

C. 提供有限数据的分析。　D. 提供场景分析。

问题 76　下面哪种数据分析模式表现出固定的已知周期？(　　)

A. 周期性分析。　B. 趋势分析。　C. 季节性分析。　D. 不规则性分析。

问题 77　可以提供诸如风险、绩效或问题产生原因的分析被称为（　　）型分析。

A. 诊断　B. 预测　C. 规范　D. 描述

问题 78　以下最佳地描述了使用数据分析的商业动机的是（　　）。

A. 一家企业希望对业务流程进行自动化（如重复数据的输入）处理，如通过图像文字识别技术对文件进行扫描并将其录入相应的数据域。

B. CFO 和会计主管希望通过智能仪表板的形式来读取每天的报告，包括现金流、应收和应付的信息。

C. 内部稽查要求有相应的能力对数据进行司法评估，以此来判断是否有舞弊或腐败的行为。

D. 一家企业希望针对趋势，通过筛选与可视化对大量数据进行评估，以此来更方便地理解信息。

情景 10-1

甲公司从事汽车用品批发业务，在其扩张计划中，该公司打算收购几家汽车用品零售公司。该公司财务团队需要预测所收购目标公司的未来财务业绩。其中一种预测形式在很大程度上依赖使用其过去的业绩来预测未来的业绩。目前，该公司正在对一家区域性汽车用品零售连锁商店乙公司进行收购评审。一名财务分析师正在预测乙公司未来的管理费用。表 10-7 列示了过去 10 年乙公司的收入和管理费用。

表 10-7 乙公司部分财务数据

年份（年）	收入（百万美元）	管理费用（百万美元）	年份（年）	收入（百万美元）	管理费用（百万美元）
2009	22	1.00	2014	33	1.25
2010	24	1.15	2015	45	1.65
2011	36	1.40	2016	48	1.60
2012	27	1.10	2017	61	1.80
2013	43	1.55	2018	60	1.95

该财务分析师制定了以下两种备选方法来预测未来的管理费用。

备选方法 A：年度管理费用通过线性回归与年收入建立关系。在这种情况下，管理费用的预测公式为：管理费用 = 559 700 元 + 0.02219 × 收入，$r=0.978$，估计标准误差 = 0.07。

备选方法 B：计算 2009—2018 年这 10 年期间管理费用占总收入百分比，并以此算术平均值来预测未来的管理费用。

问题 79

1）假设 2019 年预计收入将为 6 000 万元，使用上述两种备选方法分别计算乙公司的管理费用估算值，并给出你的计算过程。

2）确定并解释上述用于预测乙公司管理费用的两种备选方法各自的优缺点。

3）推荐并解释甲公司应使用上述哪种备选方法来预测管理费用。

4）分别定义并解释估计标准误差、拟合优度和置信区间。

5）定义预测型分析，并解释该情况下预测型分析是否用于预测管理费用的适当方法。

情景 10-2

甲公司是一家互联网时代的新兴企业，主要业务是提供在线图书杂志订阅。为了更好地获取客户，该公司销售部门采用了促销模式。客户每个月的会员费为 10 元，并且提供了免费试用 30 天的活动。试用期结束后，客户可以再决定是否购买会员。近期，该公司财务总监希望能够使用量化方法进行一些运营数据分析，年末的时候董事会提出明年对审计工作的安排。

问题 80

1）甲公司管理层希望使用平衡记分卡来进行绩效管理。

A. 定义 KPI 指标的含义。

B. 甲公司决定使用免费试用客户转化成客户的转化率作为客户方面的指标，说明使用该指标来衡量市场营销效果的步骤。

2）甲公司从客户那里收集的客户阅读的杂志名称、阅读时间和对杂志的评价。结合本题举例说明结构化和半结构化数据的含义。

3）甲公司技术部门提议使用云计算技术，请说明公甲司如何在云计算中受益。

4）甲公司 CFO 提议使用 ERP 系统，而信息总监 CIO 则提出反对意见，请分析使用 ERP 系统的优缺点。

5）甲公司经常受到网络攻击，该公司管理层听取信息部门的建议使用灾难恢复计划并进行备份，系统部门当前使用热站进行系统备份。

a. 说明热站和冷站的定义，并解释该公司管理层使用热站的原因。

b. 举出 3 种防止非经授权访问甲公司信息系统措施的例子。

c. 解释 PCAOB 规定的自上而下审计方法的步骤。

6）描述最佳分析方法，并且说明甲公司能从使用这种方法中获得哪些好处。

7）甲公司 CFO 希望分析销售数据的变化，请推荐合适的数据可视化工具，并说明理由。

8）成本会计师建议使用回归分析进行成本数据分析，请说明相关系数 ρ 和决定系数 R^2 的含义。

本章习题解答

题号	答案	题号	答案	题号	答案	题号	答案
问题 1	B	问题 2	A	问题 3	D	问题 4	B
问题 5	B	问题 6	A	问题 7	C	问题 8	D
问题 9	D	问题 10	A	问题 11	C	问题 12	A
问题 13	D	问题 14	B	问题 15	D	问题 16	D
问题 17	B	问题 18	C	问题 19	D	问题 20	B
问题 21	D	问题 22	B	问题 23	A	问题 24	A
问题 25	C	问题 26	B	问题 27	A	问题 28	B
问题 29	C	问题 30	D	问题 31	D	问题 32	B
问题 33	D	问题 34	D	问题 35	C	问题 36	C
问题 37	B	问题 38	D	问题 39	A	问题 40	C
问题 41	A	问题 42	D	问题 43	A	问题 44	D
问题 45	D	问题 46	A	问题 47	C	问题 48	C
问题 49	D	问题 50	D	问题 51	D	问题 52	D
问题 53	A	问题 54	B	问题 55	B	问题 56	B
问题 57	D	问题 58	C	问题 59	C	问题 60	D
问题 61	C	问题 62	A	问题 63	A	问题 64	C
问题 65	A	问题 66	D	问题 67	D	问题 68	D
问题 69	B	问题 70	B	问题 71	C	问题 72	C
问题 73	C	问题 74	B	问题 75	C	问题 76	C
问题 77	A	问题 78	D				

问题 1 分析：

会计信息系统是指收集、记录、存储和处理数据并为决策者提供信息的系统。

问题 2 分析：

收入循环的范围包括销售、应收账款和现金收入。如果所装运的货物没有开账单或开发票，托运人将失去收入和利润。

问题 3 分析：

由于 ERP 系统的复杂性，实施和持续维护该系统将增加人工成本。

问题 4 分析：

渗透和漏洞扫描可发现系统缺陷，防止发生恶意入侵系统。

问题 5 分析：

防火墙强制执行网站的安全策略，仅允许“已批准”的服务通过，并且仅在为其设置的规则内执行。防火墙防止来自外部的恶意入侵将病毒带入个人计算机。防火墙隔绝了非经授权的访问。网络访问流量都通过防火墙，防火墙是记录网络访问信息的最好节点。

问题 6 分析：

集成测试是开发项目的截止点。在集成测试之后的测试记为后端测试。集成意味着系统的各种部件和组件被集中以形成整个软件产品。完成集成测试后，产品处于正式的变更控制之下。具体而言，在集成测试之后，软件的每次更改都必须具有特定原因，并且必须进行记录和跟踪。

问题 7 分析：

流程自动化不会减少在数据上的花费时间；流程自动化的功能是减少传统的手动过程。流程自动化可以使用 BI 做出决策；但是，这不是自动化的主要功能。流程自动化没有自动加密的功能。

问题 8 分析：

所有 4 种选择都是正确的。企业资源计划（ERP）系统的主要优点包括：消除过时的系统、改进工作流程、获得更多用于决策的信息以及信息技术的标准化基础设施（硬件、软件、操作系统和数据库）。

问题 9 分析：

其他 3 个选项分别是流程自动化、商业智能、数据挖掘解决的问题。

问题 10 分析：

数据可视化可以使用户很方便地发现数据的特点，了解数据的状况。流程自动化是将手动流程转化为自动化流程，与数据分析无关。数据挖掘是使用分析工具在大量数据中进行查询，发掘其关联和规律。商业智能是建立一个能够模仿人类洞察力的计算机程序，使计算机具备和人类一样的决策能力。

问题 11 分析：

决定系数越大说明模型的解释力越强。

问题 12 分析：

R^2表明了自变量对因变量的解释力。

问题 13 分析：

ERP 系统通过数据库使得数据集中化。

问题 14 分析：

通过文档可以有效记录系统的标准和流程，从而便于项目成员理解项目进程。

问题 15 分析：

防火墙检查网络数据包的源地址、目标地址和端口，并确定正在使用的协议。然后，它将遍历规则，直至找到允许（接受）或拒绝数据包的规则。然后，防火墙根据请求将数据包通过防火墙（接受它）或拒绝它。如果防火墙拒绝某数据包，那么也不会向源系统返回错误消息，只会丢弃它。销毁不是防火墙采取的操作之一。

问题 16 分析：

条形图可以有效表明数据的变化。

问题 17 分析：

由于战略决策需要访问大量历史数据，因此组织正在建立单独的数据库，称之为数据仓库。数据仓库是一组由详细汇总的数据组成的大型数据集，主要用于分析而不是处理交易。

问题 18 分析：

系统开发生命周期包括下述步骤：①目标描述；②建立替代方案；③系统分析；④系统设计；⑤系统实施；⑥系统评估。

问题 19 分析：

在决策过程中，决策支持系统通过使用模块向其提供交互式信息支持。例如，电子表格程序中包含了表示各财务变量之间关系的模块，如费用、收益和内部收益率。

问题 20 分析：

半结构性决策主要包括战术层管理决策，如员工业绩评估、资本预算、项目预算等。

问题 21 分析：

会计信息系统主要用于处理交易，而不是战略决策。

问题 22 分析：

会计信息系统主要用于处理交易。

问题 23 分析：

会计信息系统是创建、记录、报告和汇总公司财务交易的系统，不是备份和恢复系统。查询时间主要依赖数据库的管理和维护。会计信息系统可以促进数据的完整性。但是，如果没有通过数据共享提高效率，也不能为企业创造价值，因此，数据完整性不是价值创造的直接原因。

问题 24 分析：

依据作业测定技术所获得的数据是系统可行性研究中使用的重要方法，属于系统分析阶段。

问题 25 分析：

SQL 结构化查询语言与关系型数据库配合使用。

问题 26 分析：

在关系型数据库系统中，数据以二维表格的形式呈现，包括用户可以轻松关联、可视化、理解和使用的行和列信息。

问题 27 分析：

防火墙是互联网安全重要组成部分。

问题 28 分析：

处理销售订单属于交易处理系统的功能。

问题 29 分析：

数据仓库可以帮助决策者发现数据背后的信息。

问题 30 分析：

企业资源计划系统主要使用数据库而不是数据仓库。

问题 31 分析：

数据仓库是为企业所有级别的决策制定过程提供所有类型数据支持的战略集合。它是单个数据存储，出于分析性报告和决策支持目的而创建的。

问题 32 分析：

结构化查询语言是一种特殊目的的编程语言，是一种数据库查询和程序设计语言，用于存取数据以及查询、更新和管理关系型数据库系统。同时，也是数据库脚本文件的扩展名。

问题 33 分析：

蒙特卡罗模拟法的目的是计算平均模拟需求，近似等于平均预期需求。

问题 34 分析：

加热器每天需求为 4 的时候应该被分配 25 个数字，每天需求为 5 的时候应该被分配 10 个数字。

问题 35 分析：

线性规划产生问题的最优解决方案，模拟产生随机分布。

问题 36 分析：

送货时间 6 天的概率为 30%，需要被分配 30 个数字。

问题 37 分析：

支出分析在支出循环中进行，包括存货采购和服务采购活动。支出分析是一个分析组织的支出水平（购买水平）的战略方法，以便更好地了解制造和销售商品或服务所花费的金额。

问题 38 分析：

非财务系统和财务系统应通过网络分区和防火墙进行逻辑分离。

问题 39 分析：

实现了数据集成，多个部门的数据集中出具报告。选项 B 不正确，ERP 系统比较复杂，实施和维护的成本较高。选项 C 不正确，ERP 系统集成了许多功能，结构比较复杂。选项 D 不正确，ERP 系统的成本较高。

问题 40 分析：

分布式数据库系统将数据存储在多个位置上，而不是存储在中心位置。因此，它们无法使用信息检索和数据分析。选项 A 不正确，数据集市是数据仓库的子集，主要针对某个具体部门级的应用（如财务、制造和人力资源）。有针对性的业务信息被掌握在更多决策者手中。选项 B 不正确，虚拟数据库便于信息检索和数据分析。它将来自不同数据库的信息集中在一起并放置在一个地方，为一个特定的主题提供一个全面的了解。它是虚拟的，因为这样的数据库在物理上不存在，而是按需创建的。例如，负责工厂绩效的审核员可以使用虚拟数据库技术来查看多个工厂的关键运营状况和财务比率。选项 D 不正确，数据仓库从不同数据库中收集信息，存放于一个地方的中心位置。数据仓库的基本目的是信息检索和数据分析。

问题 41 分析：

DBMS 对数据进行集中式管理和控制。它允许不同用户从不同地点访问数据，每个用户被赋予不同的访问权限。选项 B 不正确，隔离数据不是数据库管理系统的特征。DBMS 的优势是能够跨多个系统共享数据。选项 C 不正确，数据库是 DBMS 的子集，其中 DBMS 可以容纳来自多个来源的多个数据库以组成数据仓库。DBMS 可以配置为数据仓库。选项 D 不正确，数据仓库普遍存在数据冗余的情况。但是数据冗余在 DBMS 中受到控制。当 DBMS 被配置为数据仓库的时候，可以控制冗余以提高性能。

问题 42 分析：

关键绩效指标和历史结果结合在一起会提高洞察力。假设分析和仿真模型与洞察力相结合会使企业先知先觉。

问题 43 分析：

防火墙日志记录外部访问者的 IP 地址，包括未经授权的访问。选项 B 不正确，入侵检测系统日志可以发现网络或系统中是否有违反安全策略的行为和被攻击的迹象，但不记录 IP 地址。选项 C 不正确，文件完整性检查软件日志记录对重要文件的更改，但不记录 IP 地址。选项 D 不正确，应用软件日志记录对应用文件的更改，但不记录 IP 地址。

问题 44 分析：

密码、个人识别码（PN）和生物特征验证的组合可以提供最强大的安全性。

问题 45 分析：

渗透测试最好是由一家对公司的网络和系统知之甚少的外部公司进行。企业授权它采用各种手段来攻击和破坏企业的系统，以此来发现现有系统中的弱点和漏洞。

问题 46 分析：

规划阶段涉及软件开发项目的资源需求、预算、时间表和关键里程碑的规划。

问题 47 分析：

实施阶段涉及将项目计划付诸实施。在项目文件和项目计划中将明确规定完成交付成果所需的活动。

问题 48 分析：

RPA 按照编程的功能执行操作，简化了流程，并且提高了工作效率。在 RAP 实施以后，人工对流程的参与会减少到最低限度。

问题 49 分析：

区块链中的数据结构确实是附加的属性，但一旦被授权交易，就无法更改或删除数据。

问题 50 分析：

系统开发生命周期按顺序通过单元测试、集成测试、系统测试和验收测试。程序员执行单元测试和集成测试，而系统测试则在用户和程序员之间共同进行。最终用户（会计人员）和生产操作人员从他们的角度进行验收测试。如果在软件测试期间遵循这个顺序，则可以增强基于计算机应用程序系统的质量。

问题 51 分析：

建模使组织能够根据历史数据和行业趋势获得接近准确的估值。

问题 52 分析：

软件即服务（SaaS）是指软件托管在云计算服务提供商的服务器上，用户通过互联网访问云计算服务器。

问题 53 分析：

区块链保证智能合约在每个节点上以相同的方式执行，并在每个区块链网络节点上产生相同的输出。这意味着每个节点都可以在本地验证所有事务是否有效。

问题 54 分析：

云计算模型可以通过互联网方便灵活地访问配置好的共享计算资源。

问题 55 分析：

逻辑回归有预测功能，并且通常不易过度拟合。逻辑回归也可用于规范性数据分析，确定未来的行动。选项 A 不正确。聚类是通过分析找出数据点中相似的特征，不预先定义分类的标准。选项 C 不正确。决策树支持基于已知类别的预测，但可能容易过度拟合。选项 D 不正确。线性回归不是分类数据分析方法；它需要输入连续的数据。

问题 56 分析：

回归模型是定量模型。

问题 57 分析：

不规则模式是由一系列的短期波动引起的，这些波动不是系统性的，并且在某些情况下是不可预测的。

问题 58 分析：

甘特图是时间规划的图形。它突出显示项目生命周期内的活动，可以快速了解项目在实际时间线和预计时间线方面的进展情况。甘特图用于里程碑计划，其中每个里程碑都有开始和完成日期。

问题 59 分析：

线性回归用于分析一个或多个自变量对因变量的影响。

问题 60 分析：

分析：相关系数的绝对值小于等于 1，且绝对值越大相关性越强。

问题 61 分析：

预测型分析用来分析当前和历史的数据，从而对未来或其他不确定的事件进行预测。

问题 62 分析：

设 a 为截距，Y（小型烤箱）$= a + 0.8 \times X$（烤面包机）。13 128 台 $= a + 0.8 \times 10\ 500$ 台，则 $a =$ 4728 台。

问题 63 分析：

云计算成本低、灵活性高，其余 3 个选项都正好相反。

问题 64 分析：

指纹属于生物识别技术。

问题 65 分析：

销售数据具有趋势和季节性，只有选项 A 具备这两个特征。

问题 66 分析：

数据可视化将数据置于图形或图表等可视化环境中，帮助读者或其他用户理解数据的意义。

问题 67 分析：

选项中只有蒙特卡洛分析符合用于分析随机变量分布的技术。

问题 68 分析：

数据库管理系统需要不断更新，其余 3 项都是其优势。

问题 69 分析：

企业资源计划（ERP）系统包括会计、财务、市场营销、人力资源、制造和存货管理等模块。

问题 70 分析：

略。

问题 71 分析：

程序员无法对其最终版的程序植入最终的系统负责。

问题 72 分析：

时间序列分析的优点：①预测预期的未来活动的能力；②确定影响未来预期事件的因素；③根据过去的活动来分析当前结果以确定趋势变化。时间序列分析的局限性包括：①随着时间的推移，起作用的因素的可靠性可能会降低；②分析得出的结论可能会产生误导；③假定过去适用的因素的可预测性在将来保持不变。

问题 73 分析：

结构化数据由于清晰定义了数据类型，容易进行查询。非结构化数据是没有经过处理的，不能直接进行查询。

问题 74 分析：

回归分析是基于数据集拟合出一个回归方程式，这个回归方程式最能契合数据变化的规律。可以利用这个方程式来做出预测。

问题 75 分析：

敏感性分析是通过更改模型的假设和基础数据，判断假设和参数的变化以及对最终结果的影响程度。蒙特卡罗模型是通过模拟实际场景，分析可能出现的结果。在蒙特卡罗模型中，输入变量从一个区间中多次随机取值，可以观察模型结果的变化规律，输入数据的数量不受限制。

问题 76 分析：

周期性分析难以确定整个周期的时间跨度。趋势分析不呈现周期性变化；季节性分析有明确的时间跨度，不规则性分析不呈现周期性变化。

问题 77 分析：

风险、绩效或问题产生原因的分析符合诊断性分析特点，依据数据的浅层表现和自身的历史累积经验来判断现象、问题产生的原因。

问题 78 分析：

使用数据分析的商业动机是可以利用趋势、筛选与可视化对大量数据进行评估，以此来更方便地理解信息，从而做出更优的决策。

问题 79 分析：

1）备选方法 A：管理费用 = 559 700 元 + 0.022 19 × 60 000 000 元 = 1 891 100 元。备选方法 B：管理费用 =（14.45 百万美元/399 百万美元）× 60 000 000 元 = 2 172 932 元。

2）备选方法 A 的优点是，较高 r 和较低的估计标准误差表明了此方法合乎逻辑。随着收入和销售量增加，管理费用也会升高。备选方法 A 的缺点是，需要复杂的计算才能找出收入与管理费用之间的关系。

备选方法 B 的优点是，数学平均法相对容易计算和理解。备选方法 B 的缺点是，算术平均值过于简化，无法识别变量之间的关系。

3）甲公司应选择备选方法 A，因为收入与管理费用之间的关系合乎逻辑，相关系数高，并且估计标准误差低。

4）估计标准误差是预测准确度的衡量指标。估计标准误差越高，预测准确度越低。统计模型的拟合度描述了它与一组观察值的拟合程度。拟合度衡量指标通常总结了观察值与相关模型下预期值之间的差异。置信区间（CI）是一种区间估计，根据观察数据的统计计算得出，可能包含未知总体参数的真实值。

5）预测型分析是分析当前和历史事实以预测未来事件的统计方法之一。预测型分析是在这种情况下以回归分析的形式使用的适当方法。管理费用随收入而变化，高 r 表明两者之间的因果关系很强。较低估计标准误差也表明预测是准确的。

问题 80 分析：

略。

第 11 章　财务报表分析

11.1　基本的财务报表分析

11.1.1　基本概念

> 注意：CMA 考试大纲指出财务会计的基础知识考生也需要掌握。财务信息可以通过证券交易所或者公司网站获得上市公司的财务报告。分析师可以通过和行业平均水平或者标杆对比进行分析。

财务报表分析，可以帮助财务报表使用者深入了解企业状况和经营业绩，做出正确的决策；可以解释财务报表各组成部分之间的关系，以及财务数据随时间变化的趋势。

11.1.2　共同百分比式财务报表

1. 作用

共同百分比式财务报表，报表中的所有金额均以某一项目的百分比表示。

其作用如下：

1）比较同一年度财务报表的不同元素。

2）分析某企业在若干年的发展趋势。

3）比较同一行业不同规模的企业。

4）将企业的业绩与行业平均水平进行比较。

2. 分类

共同百分比式财务报表分为垂直百分比式报表和水平百分比式报表两类。

1）垂直百分比式报表指以财务报表中某一个科目为基数，定为 100%，报表内的其他科目用被指定科目的百分比表达。

> 注意：被指定的科目一般是资产负债表中的总资产和利润表中的总收入。

2）水平百分比式报表指以特定年份的财务报表为基数，定为 100%，其他年份财务报表中的科目用被指定年份的财务报表科目的百分比表达。水平百分比式报表用于进行差异分析或趋势分析，可以比较几年内的价值变化和相关关系。

> 注意：能够计算资产负债表和利润表上各个项目的增长率，分析趋势、找出原因、提出建议。

对资产负债表的共同百分比分析常常会扩展到对构成子集的各个账户的考察。例如，在评价流动资产的流动性时，通常需要了解存货在流动资产中所占的比重，而并非只是简单地了解存货占总资产的比重。对利润表进行结构分析具有相当重要的意义。利润表的结构分析非常简单，因为其中每个项目都与销售收入这一关键性项目有关。销售收入在不同程度上对几乎所有费用项目产生影响，因此需要知道每项费用占销售收入的比重。所得税是唯一的例外，它只与税前利润而非销售收入有关。

有时也需对公司的共同百分比式报表做时间性比较。时间性比较可以揭示资产、负债、费用和其他各类集合中各账户所占比重的变化。共同百分比式报表对公司间的比较尤为重要，可以把不同公司的财务报表改为共同百分比形式。把一家公司的共同百分比式报表与竞争对手或同行业平均的共同百分比式报表进行比较，能够突出账户构成及分布上的差异，查明产生这类差异的原因。共同百分比式报表用于公司之间分析时的主要缺陷在于不能反映被分析公司的相对规模。

例题 11-1

以 H 电子公司利润表为例，进行共同百分比式财务报表分析，如表 11-1、表 11-2、表 11-3 所示。

表 11-1　H 电子公司的利润表　（单位：元）

科目	2010 年	2011 年	2012 年
销售净额	323 780	375 088	479 077
销售成本	148 127	184 507	223 690
毛利	175 653	190 581	255 387
销售和管理费用	131 809	140 913	180 610
折旧	7 700	9 595	11 257
利息费用	1 711	1 356	1 704
税前收益	34 433	38 717	61 816
税收	12 740	14 712	23 490
税后利润	21 693	24 005	38 326

表 11-2　H 电子公司的垂直百分比利润表

科目	2010 年	2011 年	2012 年
销售净额	100.0	100.0	100.0
销售成本	45.8	49.2	46.7
毛利	54.2	50.8	53.3
销售和管理费用	40.7	37.6	37.7
折旧	2.4	2.5	2.3
利息费用	0.5	0.4	0.4
税前收益	10.6	10.3	12.9
税收	3.9	3.9	4.9
税后利润	6.7	6.4	8.0

表 11-3　H 电子公司的水平百分比利润表

科目	2010 年	2011 年	2012 年
销售净额	100.0	115.8	148.0

（续）

科目	2010 年	2011 年	2012 年
销售成本	100.0	124.6	151.0
毛利	100.0	108.5	145.4
销售和管理费用	100.0	106.9	137.0
折旧	100.0	124.6	146.2
利息费用	100.0	79.3	99.6
税前收益	100.0	112.4	179.5
税收	100.0	115.5	184.4
税后利润	100.0	110.7	176.7

表 11-2 中的垂直百分比利润表反映其销售毛利率在各年间不停波动。2012 年销售毛利率的增加，再加上相对较好的销售和管理费用的控制，使得 2012 年的营利能力较 2010 年和 2011 年有明显提高。

表 11-3 中的水平百分比利润表与垂直百分比利润表反映的情况类似，即波动状态的 2012 年营利能力（息税前利润及税后利润）的急剧提高十分明显，尤其是与销售额的小幅增长进行比较时。此外，水平百分比利润表还提供了利润和费用的巨额绝对变化。而垂直百分比式报表却未提供一段时期内的变化绝对值。

总之，将资产负债表和利润表转化为垂直百分比或基年指数的标准化处理，经常能够提供财务比率分析的补充信息。应用 Excel 等计算机程序，能使得百分比分析和指数分析更为简便。利用这些程序，行或列的除法运算既快速又准确，管理会计师的责任则是解释这些数据。

11.2 财务绩效指标：财务比率

11.2.1 流动性和运营资本

企业的流动性是指企业承担短期义务的能力。流动性也就是企业将资产变为现金的能力。

运营资本是考查企业短期偿付能力的重要指标。其中短期是指 1 年与企业运营周期的孰大者。

运营资本 = 流动资产 – 流动负债

运营资本被广泛用来计量短期流动性，当流动负债超过流动资产时为负，当流动资产超过流动负债时为正。运营资本对于债权人是边际保证金，是应对或有事件和不确定性的流动准备金。

其中流动资产包括现金和具有如下特征的其他资产：可以合理预期实现的现金流入，在 1 年时间或企业的运营周期中的出售或消耗。

流动资产包括：

1）现金，最终的流动资产。

2）现金等价物，暂时被投资的过剩现金。

3）有价证券，因短期投资持有的负债或权益证券。

4）应收账款，赊销收入。

5）存货，持有以在正常的商业过程中出售的商品。

6）预付费用，为了获得商品和服务而提前支付的款项。

流动负债是 1 年之内需要偿还的债务，如应付账款和票据、应付利息等。

11.2.2　流动性的比率

1. 流动比率

流动比率 = 流动资产/流动负债

流动比率可以反映企业的以下几个方面：

1）流动负债覆盖比率，反映企业可以覆盖的流动负债的流动资产。

2）损失缓冲能力，是非流动资产缩水的边际保证。

3）流动资金准备，是用来应对不确定性和现金流冲击的边际保证。

流动比率的缺点是：

1）如果流动性是用充足的现金流入满足现金流出的能力，那么流动比率仅仅是一个静态比率。

2）流动比率不能计量并且不能预测未来现金流入和现金流出的模式。

3）流动比率不能计量未来现金流入是否能满足现金流出的要求。

2. 速动（酸性测试）比率

与流动比率相比，速动比率是更严格的流动性测试指标。该比率假设存货、预付款项很难变为现金，从而从流动资产中扣除。

速动（酸性测试）比率 = （现金 + 现金等价物 + 有价证券 + 应收账款）/流动负债

3. 现金比率

现金比率是现金与流动负债之比，这是更为保守的比率。该比率越大，流动资产的流动性越高。

现金比率 = （现金 + 现金等价物 + 有价证券）/流动负债

4. 现金流比率

这种比率度量企业正常业务产生的现金流满足其偿债需要的能力。

现金流比率 = 运营现金流/流动负债

现金比率和现金流比率是对速动比率的延续，是一项极为严格的测试。但是，应该高度重视现金作为流动性最高形式的重要性。

5. 流动比率的分析应用

流动性很大程度上取决于预期现金流量，对现有现金及现金等价物水平的依赖很小。运营资本账户余额与可能的未来现金流量模式之间并不存在直接关系。应收账款和存货管理政策主要受制于资产利用效率和效益性，其次才是流动性。

分析流动比率的变化趋势通常很有启发意义。不过，对流动比率在各期之间的变化却需审慎地加以解释。比率的变动并不一定意味着流动性或经营业绩的变化。例如，在衰退期，企业需要继续偿还流动负债，而存货和应收账款却会越积越多，由此导致流动比率上升。相反，在扩张期，应付税款增加会导致流动比率降低，企业扩张经常伴随着经营的成功，就要求有更多的运营资本。这种因繁荣而导致的流动性拮据降低了流动比率，是因为公司的扩张并未带来运营资本的增加。

在分析中，管理会计师必须提防“管理”流动比率的行为——也称为粉饰（Window Dressing）。在临近期末时，管理层可能会加紧催收货款、降低库存，并将正常的采购向后拖延，把由此获得的收入偿还流动负债，这些活动的直接影响就是提高了流动比率。除计算年度流动比率外，分析中还可以计算中期比率。通过计算中期比率，一方面能够增加管理层粉饰比率的难度；另一方面，亦可估计季节性因素对比率的影响。

通常认为，当流动比率为 2 或更高时，企业财务处于稳健状态。但是，应该意识到：在评价流动比率时，流动资产的质量和流动负债的构成更为重要；运营资本需求因行业状况和企业营业周期的长度不同而各异。

> 注意：通过一些交易可以改变以上比率中的参数。对于比率的影响是：如果该比率的分子、分母同时增加一个数，比率的数值将更加接近于1；如果该比率的分子、分母同时减少一个数，比率的数值将更加远离于1。

6. 财务弹性

在短期流动性分析中，还有一些重要的定性考虑，其效用取决于公司的财务弹性。财务弹性（Financial Flexibility）是公司采取措施应对资金流意外中断的能力，包括从各种渠道借款的能力、增加权益资本的能力、出售和重新部署资产的能力，或者调整经营水平和方向以适应环境变化的能力。公司借入资金的能力取决于许多因素，并处在不断变化之中。它有赖于公司的营利能力、稳定性、规模、行业状况、资产构成和资本结构，同时也依赖信用市场的状况和发展趋势。公司的借款能力作为现金的来源渠道，与短期负债的偿付有密切关系，具有重要意义。

例题 11-2

甲公司年末财务报表数据显示流动资产为950 万元，流动比率为0.95。1）如果该公司管理层决定赊购400 万元的存货，会使流动比率如何变化？2）如果该公司管理层决定赊销400 万元的存货，会使流动比率如何变化？

参考答案：

1）流动负债 =950 万元/0.95 =1 000 万元。赊购存货后，流动比率 =（950 万元 +400 万元）/（1 000 万元 +400 万元）=0.964。

2）赊销存货，存货减少400 万元，应收账款增加400 万元，流动比率不变。

11.2.3 偿付能力的度量

应付账款周转天数可以揭示企业与供应商间达成的支付期限，公式是

$$应付账款周转天数 = 平均应付账款/赊购额 \times 365 天$$

其中，

$$平均应付账款 = （年初应付账款余额 + 年末应付账款余额）/2$$

$$应付账款周转率 = 赊购额/平均应付账款$$

应付账款周转天数指标通常能揭示公司与供应商间达成的支付期限。可以使用“采购额”代替“赊购额”，采购额可以通过调整销货成本来确定。较高的应付账款周转天数要么表明公司拥有良好的供应商关系，因此在货款的支付上较为自由；要么表明公司的流动性存在问题，拖欠供应商的货款。

11.2.4 资本结构分析

偿债能力指企业长期财务生存能力和偿还长期负债的能力，而资本结构是影响企业偿债能力的最重要因素。资本结构指企业的融资来源及其属性，其中主要包括债务和权益两个方面。

1）权益融资是企业的风险资本，不要求偿还，本身具有不确定的回报。权益融资有助于提高企业

的稳定性和偿债能力。

2）债务融资应按照合同约定的模式偿还利息和本金。当债务融资的比例很大时，固定费用和还款承诺较高。

从股东的角度看，债务融资比权益融资更具有吸引力，因为：

1）债务融资具有财务杠杆的作用。因为大部分债务的利息是固定的，所以只要利息小于资产的回报，增加债务融资就能够提高股东的回报。

2）债务融资可以获得所得税抵减的好处。利息可抵税，而股利则不能。

资本结构分析的作用是：

1）甄别被分析企业的信用状况。

2）延展财务分析的深度。

资本结构分析强调对于财务环境、运营结果和未来前景的分析。

财务杠杆比率指资产和权益的比值。在其他条件不变的情况下，股东可以通过提高财务杠杆比率，利用负债来增加净利润。CMA 考试中财务杠杆比率的计算公式为

财务杠杆比率 = 资产/权益 = 权益回报率（ROE）/资产回报率（ROA）

财务杠杆的特征有以下几个方面：

1）放大了利润和损失。

2）增加了风险。

3）降低了寻求机会的灵活性（受银行限制等）。

4）降低了债权人的损失保护。

权益融资与债务融资的比值越大，财务杠杆比率就越小。如果财务杠杆大于 2，说明公司的负债超过了权益。

其他与资本结构相关的比率还有

总负债与总资本比（也称为总负债比率）= 总负债/总资产

负债与权益比 = 总负债/权益

该比率的倒数指标

权益与总负债比 = 权益/总负债

长期负债与权益资本比 =（总负债 - 流动负债）/权益

收益覆盖比率度量企业是否有足够的可用盈余，用来满足固定债务需要。具体有：

利息覆盖率 = 税息前利润（EBIT）/利息费用。该指标衡量公司通过经营偿付利息的能力。

固定费用覆盖率 = 扣除固定费用和税款前的利润/固定费用。固定费用包括利息支出、预期本金还款和租赁费用。该指标衡量公司支付固定融资费用的能力。

经营现金流对固定费用比率 = 经营现金流/固定费用。该指标衡量公司正常经营业务产生的现金流量支付固定费用（如利息支出和租赁费用）的能力。

管理会计师必须认真确定以上公式分母、分子中应该包含哪些组成部分。

> 补充知识：财务困境预测
>
> 财务困境模型也称作破产预测模型，考查选定比率的趋势和行为特征，来预测企业出现财务危机的可能性。其中最著名的是奥特曼的 Z 值模型，公式为
>
> $$Z = 0.717X_1 + 0.847X_2 + 3.107X_3 + 0.420X_4 + 0.998X_5$$
>
> 式中　X_1——流动性指标，运营资本/总资产；

X_2——企业的年龄以及累计营利能力，留存收益/总资产；

X_3——营利能力，息税前利润/总资产；

X_4——财务结构，股东权益/总负债；

X_5——资本周转率，销售收入/总资产。

如果 Z 值低于 1.20，表明企业破产的可能性很大；如果 Z 值高于 2.90，表明企业的破产可能性很小；如果 Z 值介于 1.20～2.90 之间，则表明处于模糊地带，需要观察。

破产的问题请见 12.7 节。

资本结构的共同比分析和比率分析是有关公司资本结构风险最重要的分析工具。负债比例越高，利息固定费用和债务支付数额也越高，当收益下降或遇到困难时无法偿付的可能性也就越大。资本结构就像一种甄别机制（Screening Devices）。当负债与权益比率相对较低（10%以下）时，公司的财务状况方面没有什么需要担忧的，分析的重点应该在其他方面。如果分析显示负债是资本化的一个重要组成部分，则需做出更进一步的分析。更深层次的分析需要关注有关公司财务状况、经营效果和未来前景的许多不同方面。

短期流动性分析始终具有重要意义，因为在对长期偿付能力做出估计之前，希望近期公司的财务首先不存在生存问题。在本章中已经描述过各种不同的短期流动性分析。贷款和债券契约要求公司保持最低的运营资本水平，以证明短期流动性在保证公司长期偿付能力方面的重要性。对此种重要性还有另外一些分析性测试，包括负债到期事件、利息费用以及风险负担因素（Risk Bearing Factor）的考查。最后一项因素包括公司收益的稳定性或持续性、行业绩效以及资产构成等。

11.2.5 表外融资

资产负债表外融资（Off-Balance-Sheet Financing）也称作表外融资、账外融资、资产负债表以外融资。

CMA 考试要求掌握以下 4 类表外融资方式：

（1）应收账款出售

企业可以将应收账款出售给其他无关的企业，企业提供收账以及向新持有人转移交付等服务。虽然此类交易被当作销售处理，因而减少了应收账款而增加了经营性现金流，但购买者通常不会面临风险，坏账风险仍然由销售方承担。因此，此类交易实质上与抵押贷款相似。

（2）特殊目的实体（SPE）

即一个企业作为发起人成立一个新企业，后者被称为特殊目的实体，其经营活动基本上是为了服务于发起人的利益而进行的。通常，SPE 的负债相当高，所有者权益尽可能低，发起人尽管在其中只拥有很小甚至没有所有者权益，但承担着所有的风险。

（3）租赁

租赁是传统的表外融资性质。新的准则实施后，只有短期租赁属于表外融资。

注意：国际会计准则委员会正在讨论使用一种类似于融资租赁的处理方法来处理经营租赁。

（4）合资经营

合资经营是指一个企业持有其他企业相当数量股份，但未达到控股程度的经营方式，后者被称为未合并企业。人们通过在未合并企业中安排投资结构，从事表外业务，尽可能地获得完全控股的好处，而又不至于涉及合并问题，不必在资产负债表上反映未合并企业的债务。

补充知识：

还有一种常用的表外融资的方式是资产证券化。资产证券化是指将缺乏流动性，但能够产生可预见的稳定现金流的资产，通过一定的结构安排，进而转换为在金融市场上可以出售和流通的证券的过程。证券化融资业务通常是对银行的信贷资产、企业的交易或服务应收款这类金融资产进行证券化的业务。证券化作为企业的一种有效的表外融资方式，最近几年在美国非常流行，并且无论是在证券化的金融资产种类上、还是在价值量上都得到了发展。

注意：表外融资对于财务比率的影响包括降低了资产负债率和财务杠杆比率，提高了总资产回报率和总资产周转率。

11.2.6　经营活动分析

运营周期用来计量存货变为现金的速度，公式为

运营周期 = 存货销售天数 + 应收账款回收天数

贸易企业在公开市场购买存货时，可以从转换期得出应向供货商付款的日期。

其中，

应收账款周转率 = 赊销额/平均总应收账款

应收账款周转天数 = 平均应收账款/年赊销额 ×365 天

存货周转率 = 销货成本/平均存货

存货周转天数 = （平均存货/销货成本） ×365 天

其他周转率还有

总资产周转率 = 销售额/平均总资产

固定资产周转率 = 销售额/平均固定资产净值

补充知识：上市公司和行业信息来源

对于美国上市公司的信息，可以登录美国证券交易委员会网站 http：//www. seC. gov 或者彭博公司的网站 http：//www. bloomberg. com 获得。

对于国内上市公司的信息，可以登录上海证券交易所网站 http：//www. sse. com. cn 或者深圳证券交易所网站 http：//www. szse. cn 获得。

现金周期是企业在经营中从付出现金到收到现金所需的平均时间。

现金周期 = 存货销售天数 + 应收账款回收天数 − 应付账款周转天数。

公司管理层及管理会计师对现金周期应有正确认识，因为周转期的长短关系到资金冻结时间的长短，影响资金成本及运用效率。财务管理人员应研究缩短周期的可能途径，以提高资金运用效率及运营收益。

1. 应收账款周转率的解释

在进行同行业比较或与公司提供给客户的信用期相比较时，应收账款周转率和应收账款周转天数是非常有用的。当收款期与公司允许的销售信用期相比较时，可以从中评价顾客付款的及时程度。例

如，平均收款期较平均水平长，则反映了：收款的努力程度不够；客户拖欠货款；客户发生了财务困难。第一种情况需要管理层采取相应的行动，后两种情况则反映了应收账款的质量和流动性问题，需要采取有效的管理行动。

2. 存货周转率的解释

流动比率将流动资产要素作为偿付流动负债的资金来源。与此类似，存货周转率计量流动资产中存货要素的质量和流动性。存货质量（Quality of Inventory）是指企业使用和处置存货的能力。不过，应该承认，只要能够维持下去，企业是不会拿存货偿付流动负债的，因为存货一旦大幅度降至正常水平之下，必然会危及销量。当存货周转率下降或低于行业正常水平，则表明存货正在变得过时、需求疲软、可销售性下降。这些情况无疑会使人们对企业补偿存货成本的可能性产生怀疑。在这种情况下，需要通过分析弄清存货周转率下降的原因，是因为预期销售增加、合同性承诺、价格上涨、停工或存货短缺而增加存货储备，还是因为其他合理的原因。此外，还必须对存货管理（如精益管理）予以必要的关注，此类管理的目的在于通过订货、生产、销售和分销的有机结合保持最低水平的存货。有效的存货管理会提高存货周转率。

3. 应付账款周转率的解释

应付账款周转率反映了本企业免费使用供货企业资金的能力。合理的应付账款周转率来自与同行业对比和企业历史正常水平。如企业应付账款周转率低于行业平均水平，说明企业较同行可以更多地占用供应商的货款，显示其重要的市场地位，但同时也要承担较多的还款压力，反之亦然；如果企业应付账款周转率较以前出现快速提高，说明企业占用供应商货款降低，可能反映上游供应商谈判实力增强，要求快速回款的情况，也有可能预示原材料供应紧俏甚至吃紧，反之亦然。应付账款周转率的恶化可能是现金危机的征兆，并会危害这两者之间的关系。所以目标应该是使应收账款周转率和应付账款周转率的时间尽可能地接近，这样现金流入量才能和现金流出量相抵。

4. 总资产周转率的解释

总资产周转率体现企业经营期间全部资产从投入到产出的流转速度，反映企业全部资产的管理质量和利用效率。通过该指标的对比分析，能反映企业本年度及以前年度总资产的运营效率和变化，发现企业和同类企业在资产利用上的差距，促进企业挖掘潜力，积极创收，提高产品市场占有率，也提高资产利用效率。一般情况下，这个数值越高，表明了企业总资产周转速度越快，销售能力就越强，资产利用效率就越高。

5. 固定资产周转率的解释

固定资产周转率主要用于分析对厂房、设备等固定资产的利用效率，比率越高，说明利用率越高，管理水平越好，反之亦然。它反映了企业资产的利用程度。固定资产周转率的分母采用固定资产净值，因此指标的比较将受到折旧方法和折旧年限的影响，应注意其可比性问题。当企业固定资产净值率过低（如因资产陈旧或过度计提折旧），或者企业属于劳动密集型时，固定资产周转率可能就没有太大的意义。

例题 11-3

表 11-4 是 AD 制造公司截至 3 月 31 日财务年度的 2012 年度和 2011 年度资产负债表。资产列在表的上半部，按照流动性（变现能力的高低）排序。现金及现金等价物是流动性最强的资产，因此排在第 1 位。离现金越远的资产，其变现能力越低，流动性也就越低。应收账款的变现需要一个步骤，而存货的变现则需要两个步骤。应收账款是来自顾客的欠款，可在一定收账期内变为现金，该收账期通常为 30 ~ 60 天。存货用于产品的生产，产品必须先售出以取得应收账款的权利，然后才能进入下一阶

段转换为现金。固定资产、长期投资及其他长期资产的流动性最差，所以列在最后。

资产负债表的下半部列出的是该公司的负债和股东权益。这些项目按照可能偿付时间的先后次序排列。流动负债应该在 1 年内偿还，而长期负债的偿还期则超过 1 年。股东权益将以定期现金股利或最终清算股利的方式支付。股东权益由几个项目（细目）组成。普通股和资本公积（附加资本）的合计值等于为取得普通股股份而向该公司支付的款项总额。本例中，股票的面值是 1 元/股，这意味着 2012 年 3 月 31 日该公司大约有 42.1 万股股票发行在外。资本公积表示收到的款项超过已发行股票面值总额的部分。例如，如果该公司以每股 6 元的价格增发 1 股普通股，则普通股将增加 1 元，资本公积将增加 5 元。留存收益表示该公司自开业以来除分配股利外剩余的累计利润，即留在该公司内部的利润。

表 11-4　AD 制造公司的资产负债表　（单位：元）

科目	2012 年 3 月 31 日	2011 年 3 月 31 日
现金及其等价物	178 000	175 000
应收账款	678 000	740 000
存货	1 329 000	1 235 000
预付费用	21 000	17 000
累计预付税款	35 000	29 000
流动资产	2 241 000	2 196 000
固定资产（历史成本）	1 596 000	1 538 000
减：累计折旧	-857 000	-791 000
固定资产净值	739 000	747 000
长期投资	65 000	-
其他长期资产	205 000	205 000
资产总计	3 250 000	3 148 000
银行借款和应付票据	448 000	356 000
应付账款	148 000	136 000
应交税金	36 000	127 000
其他流动负债	191 000	164 000
流动负债	823 000	783 000
长期负债	631 000	627 000
普通股（面值为 1 元/股）	421 000	421 000
资本公积	361 000	361 000
留存收益	1 014 000	956 000
股东权益合计	1 796 000	1 738 000
负债和股东权益合计	3 250 000	3 148 000

表 11-5 中的利润表反映了 AD 公司两个会计年度的营业利润、费用和净利润。销货成本表示该会计期间所生产的已出售产品的成本，包括原材料成本、直接人工费用及已出售产品应负担的制造费用。销售和管理费用以及利息费用不包括在销货成本中，而是单独列出，因为它们被视为期间费用而不是产品成本。对于像 AD 这样的制造公司来说，折旧费用通常包括在产品的制造成本中，从而成为销售成本的一部分。但对于商业企业来说（如批发商或零售商），折旧费用通常单独列作期间费用，与利

息费用一样列示在毛利项目下。折旧是根据历史成本计算的，而历史成本在通货膨胀时期可能与经济成本不相符合。

表11-5中利润表的最后3行组成了一个简化的留存收益表。税后净利润减去股利就得到了本年度增加的留存收益。表11-5中2012财务年度所增加的5.8万元留存收益应与表11-4资产负债表中的数字一致。2011年与2012年年末留存收益的数字分别是95.6万元和101.4万元，其差值刚好是5.8万元。因此，两年的资产负债表和2012年的利润表就一致了。

表11-5 AD制造公司的利润表 （单位：元）

科目	2012年	2011年
销售净额	3 992 000	3 721 000
销货成本	2 680 000	2 500 000
毛利润	1 312 000	1 221 000
销售和管理费用	912 000	841 000
息税前利润	400 000	380 000
利息费用	85 000	70 000
税前利润	315 000	310 000
所得税	114 000	112 000
净利润	201 000	198 000
现金股利	143 000	130 000
留存收益增加	58 000	68 000

AD制造公司2012年年末：

1）运营资本=2 241 000元−823 000元=1 418 000元。

2）流动比率=2 241 000元/823 000元=2.72。

3）酸性测试比率=（178 000元+678 000元）/823 000元=1.04。

4）现金比率=178 000元/823 000元=0.22。

5）总负债与总资本比=1 454 000元/3 250 000元=0.447.

6）负债与权益比=1 454 000元/1 796 000元=0.81。

7）权益与总负债比=1 796 000元/1 454 000元=1.24。

8）长期负债与权益资本比=631 000元/1 796 000元=0.351。

9）财务杠杠比率=[(3 250 000元+3 148 000元)/2]/[(1 796 000元+1 738 000元)/2]=1.81。

10）利息覆盖率=400 000元/85 000元=4.71。

11）应付账款周转率=(2 680 000元+1 329 000元−1 235 000元)/[(148 000元+136 000元)/2]=19.54。

12）应付账款周转天数=365天/19.54=18.7天。

13）应收账款周转率=3 992 000元/[(678 000元+740 000元)/2]=5.63。

14）应收账款周转天数=365天/5.63=64.8天。

15）存货周转率=2 680 000元/[(1 329 000元+1 235 000元)/2]=2.09。

16）存货周转天数=365天/2.09=174.6天。

17）运营周期=64.8天+174.6天=239.4天。

18）现金周期 = 64.8 天 + 174.6 天 − 18.7 天 = 220.7 天。

19）总资产周转率 = 3 992 000 元/[(3 250 000 元 + 3 148 000 元)/2] = 1.25。

20）固定资产周转率 = 3 992 000 元/[(739 000 元 + 747 000 元)/2] = 5.37。

11.3　获利能力分析

11.3.1　每股收益

每股收益是投资人在决定是否购买某个证券时的重要参考指标。对于简单资本结构的每股收益，公式为

$$\text{基本每股收益} = (\text{净利润} - \text{优先股股利}) / \text{年加权平均在外流通股股数}$$

$$\begin{aligned}\text{年加权平均在外流通股股数} &= \Sigma(\text{天数} \times \text{当期流通股股数}) / 365\text{天} \\ &= \Sigma(\text{月数} \times \text{当期流通股股数}) / 12\text{月}\end{aligned}$$

在外流通潜在稀释性证券的公司，具有复杂资本结构，除了披露基本每股收益外，根据谨慎性原则，还要披露稀释每股收益。稀释每股收益要考虑基本每股收益、可转换债券的影响、认股权证的影响。其中，可转换债券和可转换优先股对每股收益的稀释作用，使用如果转换法计算；而认股权证、股票期权对每股收益的稀释作用，使用库藏股法计算。具体计算公式为

$$\text{稀释每股收益} = \frac{\text{净利润} - \text{优先股股利} + \text{已发行可转换债券的税后利息} + \text{已发行可转换优先股的股息}}{\text{年加权平均在外流通股股数} + \text{可转换债券、可转换优先股如果转换后的股票增量} + \text{认股权证、股票期权的股票增量}}$$

其中认股权证、股票期权的影响为

$$\text{股票增量} = \text{期权数} \times (\text{股票市价} - \text{期权行权价}) / \text{股票市价}$$

还有几个重要的比率为

$$\text{股利收益率} = \text{普通股每股股利} / \text{普通股当前每股市场价格}$$

$$\text{收益率} = \text{每股收益} / \text{每股市场价格}$$

> 注意：收益率是市盈率的倒数。

$$\text{股利支付率} = \text{普通股每股股利} / \text{完全稀释后每股收益}$$

$$\text{股利支付率} = \text{股利收益率} / \text{收益率}$$

$$\text{可持续发展的权益增长率} = \text{权益回报率} \times (1 - \text{股利支出率})$$

$$\text{留存收益率} = 1 - \text{股利支付率}$$

股利支付率反映公司的股利分配政策和股利支付能力，受公司股利政策的影响。股利收益率是衡量企业是否具有投资价值的重要标尺之一，一般来说股息率越高越吸引人。收益率其实与股息率颇为类似，仅仅是将股息率分子上的股息换成盈利，其目的主要是比较盈利相对其股价的表现。可持续的权益增长率是企业当前经营效率和财务政策决定的内在增长能力。具体来说，是指在不增发新股并保持目前经营效率和财务政策条件下，公司销售所能增长的最大比率。

例题 11-4

甲公司 2011 年的净利润是 203 008 元。2011 年年初，甲公司在外发行股票为 24 000 股，3 月 1 日

增发5 400股，7月1日增发6 600股，12月1日回购960股。那么请计算：

1）加权平均在外流通的股数是多少？

2）如果该公司在8月1日发放了20%的股票股利，加权平均在外流通的股数是多少？

答：

1）甲公司股票在外流通情况如表11-6所示。

表11-6 甲公司股票在外流通情况

发行股票月份（月）	股数（股）
1~2	24 000
3~6	24 000 +5 400 =29 400
7~11	29 400 +6 600 =36 000
12	36 000 -960 =35 040

加权平均在外流通的股数＝24 000股×2/12＋29 400股×4/12＋36 000/股×5/12＋35 040股×1/12＝31 720股。

2）甲公司股票在外流通情况如表11-7所示。

表11-7 甲公司股票在外流通情况

发行股票月份（月）	股数（股）
1~2	24 000×（1+20%）=28 800
3~6	29 400×（1+20%）=35 280
7~11	36 000×（1+20%）=43 200
12	43 200 -960 =42 240

加权平均在外流通的股数＝28 800股×2/12＋35 280股×4/12＋43 200股×5/12＋42 240股×1/12＝38 080股。

例题 11-5

某上市公司2007年归属于普通股股东的净利润为38 200万元，期初发行在外普通股股数为20 000万股，年内普通股股数未发生变化。2007年1月1日，该公司按面值发行60 000万元的3年期可转换公司债券，每张面值为100元，票面固定年利率为2%，利息自发行之日起每年支付一次，即每年12月31日为付息日。该批可转换公司债券自发行结束后12个月以后即可转换为公司股票，即转股期为发行12个月后至债券到期日止。转股价格为每股10元，即每100元债券可转换为10股面值为1元的普通股。债券利息不符合资本化条件，直接计入当期损益，所得税税率为25%。假设不考虑可转换公司债券在负债和权益成分的分拆，且债券票面利率等于实际利率。计算2007年度每股收益。

答：

基本每股收益：38 200万元÷20 000万股＝1.91元/股。

假设转换所增加的净利润＝60 000万元×2%×（1－25%）＝900万元。

假设转换所增加的普通股股数＝60 000万元÷10元/股＝6 000万股。

增量股的每股收益＝900万元÷6 000万股＝0.15元/股。

增量股的每股收益小于基本每股收益，可转换公司债券具有稀释作用。

稀释每股收益 =（38 200 万元 +900 万元）÷（20 000 万股 +6 000 万股）=1.50 元/股。

例题 11-6

某公司 2007 年度归属于普通股股东的净利润为 2 750 万元，发行在外普通股加权平均数为 5 000 万股，该普通股平均每股市场价格为 8 元。2007 年 1 月 1 日，该公司对外发行 1 000 万份认股权证，行权日为 2008 年 3 月 1 日，每份认股权证可以在行权日以 7 元的价格认购该公司 1 股新发的股份。计算 2007 年度稀释每股收益。

答：

调整增加的普通股股数 =1 000 万股 ×（8 元 −7 元）/8 元 =125 万股。

稀释每股收益 =2 750 万元 ÷(5 000 万股 +125 万股) =0.54 元/股。

例题 11-7

关于甲公司已发行股票的信息如表 11-8 所示。

表 11-8　甲公司已发行股票　（单位：元）

普通股（面值 20 元，已发行 350 000 股）	7 000 000
权益总额	28 000 000
优先股（面值 200 元，已发行 10 000 股）	2 000 000
支付的优先股股利	120 000
支付的普通股股利	1 400 000
普通股每股收益	6
普通股每股市场价格	36

对于投资者来说的每股股利 =1 400 000 元/350 000 股 =4 元/股。

每股账面价值 =28 000 000 元/350 000 股 =80 元/股。

权益回报率 =6 元/股 ÷80 元/股 =7.5%。

1）股利收益率 =4 元/股 ÷36 元/股 =11.11%。

2）收益率 =6 元/股 ÷36 元/股 =16.7%。

3）股利支付率 =4 元/股 ÷6 元/股 =66.7%。

4）可持续发展的权益增长率 =7.5% ×(1 −66.7%) =2.5%。

11.3.2　资本投资回报率

投资回报率有 3 种定义方法：投资回报率（ROI）、资产收益率（ROA）、权益回报率（ROE）。具体是：

1）投资回报率（ROI）度量企业所使用资产的利润率。

2）资产回报率（ROA）涉及的要素基本上与 ROI 相同，但各要素之间的组合和匹配方式可能有所不同。

3）权益回报率（ROE）度量与权益有关的利润率，不包含财务杠杆。

投资资本的定义非常困难，因为关于如何定义资产有很多不同观点。一些资产，如非生产性资产、应折旧资产、优先股股东权益的账面价值等取决于管理会计师的偏好。

11.3.3 获利能力

1. 利润的衡量指标

> 注意：关于息税折旧摊销前利润（EBITDA）的概念请见 15.6 节。

在计算利润时，几个比较常用的指标是

毛利润 = 销售收入 - 销货成本

毛利润率 = (销售收入 - 销货成本)/销售收入

毛利润率变化的原因有以下 4 点：

1）销售价格的变化与存货成本不一致。

2）销售价格由于竞争下降。

3）销售组合发生变化。

4）存货被盗。

息税折旧摊销前利润率 = 息税折旧摊销前利润（EBITDA）/销售收入

经营利润率 = 经营利润/销售收入

净利润率 = 净利润/销售收入

除了销货成本，企业还应该关注一些费用，包括：销售费用、管理费用、折旧费用、摊销费用、维修费用、融资费用、所得税等。

2. 投资回报率与杜邦模型

投资回报率的计算是业务单位的净利润除以为了获得该笔利润而投入的资本额度。计算公式是

投资回报率 = 业务单元的净利润/业务单元的资产

上述公式中利润和资产均有不同的表述方式。

最简单的投资回报率，就是净利润和所有资产组成的指标。公式是

资产回报率 = 净利润/平均总资产

> 注意：平均总资产是该期间的期初资产加上期末资产除以 2。净利润就是利润表最后一行数据。

杜邦模型可以将资产回报率分解，其公式为

资产回报率 = (净利润/销售) × (销售/平均总资产)

也就是说，资产回报率由两部分组成。

资产回报率 = 净利润率 × 总资产周转率

利润率描述了企业控制成本的能力和在价格方面的话语权。资产周转率描述了管理层使用资产的效率问题。

当资产回报率相等时，管理层要注意分析这两个部分的影响。

当资产回报率恶化时，管理层要考虑如下的因素：

1）通过提高生产效率来削减费用。

2）改善存货控制或者应收账款的回收。

3）提高销售额。

权益回报率（ROE）计量的是普通股股东权益的回报率，公式为

$$权益回报率 = 净利润/平均普通股权益$$

> 注意：如果公司有发行在外的优先股，那么计算普通股股东权益回报率时，分子中减去优先股股利，分母中减去优先股权益。
>
> $$普通股股东权益回报率 = (净利润 - 优先股股利)/(总权益 - 优先股权益)$$

可以使用杜邦模型将权益回报率分解，其公式为

$$\begin{aligned}权益回报率 &= \frac{净利润}{销售} \times \frac{销售}{平均总资产} \times \frac{平均总资产}{平均普通股权益}\\ &= 净利润率 \times 总资产周转率 \times 财务杠杆\\ &= 资产回报率 \times 财务杠杆比率\end{aligned}$$

其中，

$$财务杠杆比率 = 平均总资产/平均普通股权益$$

只要资产回报率超过负债的成本，通过提高财务杠杆比率就可以提高权益回报率，但是过高的债务比例会增加企业的信用风险。确定债务融资的比例是管理会计师的一个重要责任。

> 补充知识：
>
> 值得注意的是，很多管理会计师把资产负债表和利润表分为经营和非经营部分，并且以净经营回报率（RNOA）作为企业业绩的总体计量。其公式是
>
> $$净经营回报率 = 税后经营净收益（NORAT）/净经营资产平均余额（NOA）$$
>
> 其中，
>
> $$净经营资产平均余额（NOA） = 净金融负债（NFO） + 股东权益$$
>
> 对其分解可以得到
>
> $$\begin{aligned}净经营回报率 &= 税后经营净收益（NORAT）/净经营资产平均余额（NOA）\\ &= \frac{税后经营净收益（NORAT）}{销售收入} \times \frac{销售收入}{净经营资产平均余额（NOA）}\end{aligned}$$

有一种倾向是将高利润率视为经营业绩良好的标志，但本书却强调将投资回报率（不论其作何定义）作为营利能力终极测试的重要性。超级市场可能满足于1%～2%的净利润率，原因在于，相对于极低的资产投资，其资产周转率是很高的。与此相反，资本密集型行业如钢铁、化工和汽车等，因为拥有庞大的资产投资，资产周转率较低，要想制胜就必须获得较高的净利润率。

例题 11-8

通过分析资产回报率，可以对战略行动有更深刻的揭示。正如在表 11-9 中，考察处于同一行业具有相同资产回报率的两家公司时少见。

表 11-9　AA 公司和 BB 公司财务情况

科目	AA 公司	BB 公司
收入（元）	1 000 000	20 000 000
净利润（元）	100 000	100 000

（续）

科目	AA 公司	BB 公司
资产（元）	10 000 000	10 000 000
净利润率（%）	10	0.5
资产周转率	0.1	2.0
资产回报率（%）	1	1

两家公司的资产回报率都很差，然而，各自需要采取的战略性校正行动却不尽相同。在这种情况下的分析必须考虑管理行为成功的可能性，并考察影响业绩改进的其他因素。AA 公司的净利润率10%，BB 公司却要低很多。此外，AA 公司每 1 元资产投资产生的销售收入仅为 0.1 元，BB 公司却可以产生 2 元的收入。因此，在分析中需要关注 AA 公司的资产问题，搞清楚为什么它的周转率会这么低。这些资产是否很少产生回报，或者根本没有任何回报？是否有闲置资产需要处置？资产是否得到了有效利用？期望 AA 公司能够通过加快周转（增加销售收入，减少投资，或者两者兼顾）尽快有所改进。要让 AA 公司的边际利润大大超过行业水平，可能会有很大难度。BB 公司面临的情境与此大不相同。通过分析认为，BB 公司最应该关注的是改进其超低的净利润率。净利润率过低，原因可能各不相同，但是一般包括生产方法低效、无利可图的产品线、生产能力过剩、固定费用过高，或者过高的销售及管理费用。净利润率过低的公司有时会发现，要改变体验和技术，就必须增加资产投资来扩大销售。这就意味着，要维持其资产回报率，公司就必须提高净利润率。否则，生产将不再赚钱。

例题 11-9

继续考虑 AD 制造公司的以下比率：

1）毛利率 = 1 312 000 元 ÷ 3 992 000 元 = 32.9%。

2）经营利润率 = 400 000 元 ÷ 3 992 000 元 = 10.0%。

3）净利润率 = 201 000 元 ÷ 3 992 000 元 = 5.04%。

4）投资回报率 = 净利润/总资产 = 净利润率 × 总资产周转率 = 201 000 元 ÷ [（3 250 000 元 + 3 148 000 元）/2] = 5.04% × 1.25 = 6.28%。

5）权益回报率 = 净利润/权益 = 净利润率 × 总资产周转率 × 财务杠杆比率 = 201 000 元 ÷ [（1 796 000 元 + 1 738 000元）/2] = 5.04% × 1.25 × 1.81 = 11.38%。

11.3.4 收入

收入是企业向客户提供商品或者服务，并从客户获取更多资源的过程。

2014 年 FASB 发布的《会计准则更新 2014-09》收入准则中指出，收入确认应反映向客户转移商品或劳务的情况。当企业履行约定义务，即转移商品或劳务时，可确认收入。

确认收入必须满足 4 个基本标准：①存在有说服力的证据，证明合同或协议存在；②商品已交付或服务已提供；③存在固定或可准确计量的价格；④应收账款的回款是有保障的。

收入确认的步骤为：①识别合同；②识别履约义务；③确定交易价格；④分配交易价格；⑤确认收入。

管理会计师必须能够根据具体情况的不同，确认收入是否合适。

1. 收入来源

收入确认的时点很重要，过早或者过晚确认收入，会扭曲利润数据。

在确认收入时，必须遵循以下规则：

1）业务活动已经完成。

2）所有权和风险转移给客户。

3）收入可以准确计量。

4）收入必须带来资产的增加或者负债的下降。

5）企业必须与外部独立实体进行交易。

2. 收入趋势和稳定性

管理会计师应该关注收入的稳定性，临时性的变化对财务分析的影响甚微。

除了财务数据，管理会计师还应该注意以下因素：

1）产品的需求弹性。

2）新产品或者服务的发展趋势。

3）所在行业的竞争程度。

4）客户集中度。

5）对渠道商的依赖程度。

6）市场区域多样化的程度。

3. 收入、存货以及应收账款的关系

应收账款以及存货对收入非同比例增加，可能是会计操纵和经营困难的警示。

（1）收入与应收账款的关系

非现金收入（销售）作为应收账款入账。因此，应收账款背后隐含的假设是：该笔收入必须已赚得，将予以确认。如果公司不恰当地提前确认收入，净利润将被高估，资产负债表上的流动资产也会被高估。此外，应收账款增加，但销售并未相应增大，这可能意味着从户处收回款项出现了问题。

（2）收入与存货的关系

由于商品流通企业和制造企业主要通过商品的销售赚取收入，因此，收入的增加可能对应存货的增多。然而，如果存货余额增加但销售额并未相应增加，这可能是一个不好的信号，意味着公司的存货管理有问题。

11.3.5 收益度量

利润表中的科目受到会计人员主观因素的影响。因此，管理会计师要对收益的度量进行分析。要进行分析的具体原因：

1）确定现在利润的准确性，从而能够准确预测未来的收益。

2）确定利润的稳定性。

3）确定企业的营利能力。

在具体度量时，管理会计师需要从以下 4 个方面分析。

1）会计估计。收益的确定极大地依赖于对未来事件以及其结果的估计。

2）会计方法。管理会计师应该能够分析不同会计方法对于会计科目和会计比率的影响，能够分析不同企业的财务报表。

3）披露政策。信息披露的充分程度会影响分析的程度，管理会计师应该能够考虑这方面的因素。

4）使用者的不同需求。投资人、债权人和管理层从财务报表的不同方面入手获取信息，管理会计师应该能够区分这些不同的需求。

11.3.6 比率分析的局限性

财务比率分析虽然可以提供很多有用的信息，但也有很多的局限性。

1）缺少国际会计准则协议，不同国家的会计准则有很大差别。这里包含了会计准则和实务的差异，还有外币财务项目换算成本国货币时的问题。

2）价格变动和通货膨胀的影响。会计报表使用货币度量，但是由于通货膨胀，购买力变动对货币价值具有重大的影响。

3）仅仅使用财务比率分析，无法揭示企业的所有信息。财务比率分析可以说仅仅是个起点。

4）如果不使用比较的手段，财务比率分析就没有意义，但是标准的设定是非常困难的。

5）确定财务比率的两个账户之间可能没有关系，这就使得指标失去了意义。

6）财务比率中的分子和分母可能受同一因素影响，所以要认真分析。

7）不同企业使用不同的会计方法，降低了财务比率的可比性。

8）季节波动会影响财务比率。

9）难以对大公司进行分析，因为缺乏可比性。

10）由于会计操纵以及会计估计、会计方法不同，财务数据往往并不可靠。

11.4 财务会计中的分析性问题

11.4.1 会计利润与经济利润

会计利润和经济利润不同点在于，对于成本的定义不同。经济成本中较多考虑了隐性成本。

会计利润 = 总收入 − 显性成本

经济利润 = 总收入 − （显性成本 + 隐性成本）

另外，CMA 考试中经常出现的两个相关的概念是账面价值和市场价值。

1）账面价值，资产负债表上的数值。由于很多资产都是用历史成本计量，账面价值不能反映资产在市场上的价值。

每股账面价值 = （总权益 − 优先股股东权益）/发行在外普通股股数

> 注意：每股账面价值与每股收益的计算公式分母不同。

2）市场价值，也称为公允价值，市场上资产的实际或预期价格，也可以是使用估值模型获得的价值，但不同资产定价难度差别较大。

11.4.2 收益质量（盈余质量）

收益质量衡量的是财务报表的有效性和准确性。

1. 收益质量的影响因素

收益质量的影响因素有：

1）会计原则的选择。会计准则给了会计人员、管理层自主选择的权利，管理会计师应该能够分析会计原则选择给财务报告结果带来的影响。

2）表外融资对于财务报表的影响。表外融资给了企业使用某些资源而不确认相关资产和负债的权利，这样会扭曲财务报告以及相关比率。

3）关于资产维修和未来获利能力。企业管理层可能为了获得短期的良好营利数据，而减少必要的费用，从而降低了长期的营利能力。

4）经济周期对于收益的影响。企业处于宏观经济周期中，这些因素对于企业业绩的影响不是管理层可以控制的。

然而，经验丰富的管理者可以将经济周期对收益来源稳定性和收益波动性的影响降至最低，收益过度波动不是投资者希望看到的结果。因此，如果收益的波动性较高，则表明该公司的收益质量较低。

例题 11-10

甲公司正在考虑选择哪种会计政策：较长或较短期限摊销专利，双倍余额递减法或者直线法折旧固定资产。以上哪种方法说明该公司的盈余质量较好？

答：

较短期限摊销专利，双倍余额递减法折旧固定资产。加快费用确认的方法更加谨慎，盈余质量更高。

2. 收益持久性

收益持久性度量当前收益在多大程度上代表未来的收益。由于利润数据包含了非经常的收益，从而带来了波动，这些波动并不具有持久性；所以为了能够更好地表述利润，去除随机、非正常的收益，管理会计师应该使用重构利润表。重构利润表区分了与正常经营活动有关的利润和与非正常经营活动有关的利润，这样就可以单独分析，其中获得的来自持续经营的净利润具有更好的持久性。

3. 会计处理变化的影响和处理

通过改变会计方法或假设的方式进行盈余管理在实际中颇为多见，如通过延长折旧年限和提高固定资产残值的方式增加以后各期的利润。所以，当会计政策或会计估计发生变更时，管理会计师需谨慎对待，对分析范围之内的所有年份进行调整，以获得可比基础。如果采用的新会计政策比较合适，则需按新方法对以前年度数据进行重述，这种重述是把“会计政策变更的累积影响”重新分配到相关的以前年份。将所有时期调至可比基础的能力究竟有多强，关键在于有多少可用信息。

> 注意：可以参考《注册管理会计师基础教程》4.4 节会计分析引论的内容。

11.4.3　会计变更

会计准则将会计变更分为 4 种类型：

1）会计原则的改变。当公司从一项公认会计原则转为另一项公认会计原则时，就会发生会计原则的改变。会计原则既指所使用的会计准则和惯例，也指使用这些准则和惯例时所采用的具体方法。折旧方法由直线法变为加速折旧法，即是会计原则变更的典型事例。按照现行会计准则，当会计原则发生变更时，本期收益需按新原则计算。变更发生时需要计算这一变更对期初留存收益（税后）的累计净影响。这一累计净影响需在利润表中进行报告，其排列在非常项目之后，净利润之前。这一计算属于一项快速调整，因为以前公布的财务报表将不作追溯调整。FASB 在 SFAS 154 中要求以追溯应用取代累计影响处理法。该准则要求按新采用的原则对上期报表进行追溯重述。如果无法进行重述，公司将从最早的可行日期开始采用该会计原则。

2）会计估计变更。应计制会计要求对诸如资产使用年限、担保费用、存货过期、养老金假定、无法收回的应收账款等做出估计，即所谓会计估计（Accounting Estimates）。会计估计是对未知的未来状况的一种近似的表达，正因为如此，会计估计是可变的。当会计估计发生变更时，必须按规定要求进行会计处理和披露，包括：①前瞻性应用。在变更发生的当期就要考虑进行改变，而且在可能的条件下，还应考虑对未来时期的影响（无须做回顾性重述）。②附注披露。即使在会计估计变更会对未来发生影响的情况下，也只是在变更发生的当期披露会计估计变更对净收益和非常项目前收益（包括每股收益）的影响。

3）报告主体的变更。报告主体的变更可能源自多种原因，包括：初次发布合并财务报表；改变了涉及子公司的合并政策。在这种情况下，会计规则要求重述以前时期的财务报表，说明报告主体变更的性质和理由。

4）错误更正。财务报表中的错误可能源自计算错误、会计原则的误用或信息披露中的错误。更正错误不能看作会计变更，而是应该在发现时作为以前时期调整（Prior Period Adjustment）留存收益的期初余额。披露中应该说明错误的性质、对净利润和非常项目前收益（以及每股收益）的影响。

分析师在分析会计变更时，有几点需要考虑：第一，会计变更是用于装点门面的，不论目前还是将来，都不会产生现金流量；第二，尽管会计变更只是装点门面，但有时它确实能够更好地反映经济现实；第三，分析师必须对盈余管理保持必要的警醒；第四，分析师必须通过纵向比较估计会计变更的影响；第五，分析师有可能希望评估会计变更对经济利润和永久性收益的影响。

11.4.4 价格变化与通货膨胀对财务报表的影响

财务会计的计量基础往往选择历史成本，但是现实世界中存在通货膨胀，这就带来了很多失真。

通货膨胀会计是在通货膨胀条件下，根据一般物价指数或现时成本数据，将传统历史成本会计加以调整，以反映和消除物价上涨因素对传统会计报表的影响，或者彻底改变某些传统会计原则，从而更真实地反映企业财务状况和经营效果的一种会计程序和方法。

由于通货膨胀的存在会使得非货币性资产项目的计量偏少，这包括存货、销货成本、固定资产、折旧、无形资产、摊销、预付账款、递延费用、收益和实收资本等，从而影响相关的财务比率。

> 注意：这种影响包括提高总资产周转率和固定资产周转率，降低流动比率等。

对于通货膨胀的影响，可以使用趋势分析加以调整，即选定基准年份的价格水平调整会计科目。

11.4.5 公允价值

> 注意：公允价值问题是当前国际会计界的热点问题，CMA 考试要求考生能够按照最新的美国财务会计准则第 157 号来分析相关问题。

公允价值指市场参与者在计量日的有序交易中，从资产销售中收到或因负债转移而支付的价格。

美国财务会计准则第 157 号（SFAS157）界定了公允价值计量的 3 个层级：

第 1 层级指报告主体在计量日能够进入的活跃市场中相同资产或负债的公开报价。

第 2 层级指除第 1 层级报价之外的资产或负债的直接或间接可观测信息。

第 3 层级指资产或负债的不可观测信息。

公允价值计量 3 个层级见图 11-1。

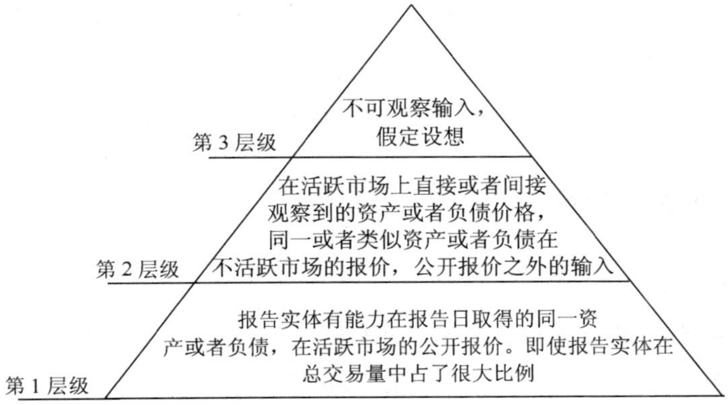

图 11-1　公允价值计量层级

> 注意：第 1 层级最为可靠，第 2 层级次之，第 3 层级最差。
>
> 注意：公允价值计算有 3 种方法：现金流量贴现法、相对价值法和重置成本法，15.6 节有具体介绍。

公允价值计量的优点主要有：

1）适应金融创新的需要。

2）使会计收益更加真实、全面。

3）有利于企业的资本保全。

4）更加符合配比原则的要求。

5）提高信息的决策有用性。

公允价值计量的缺点主要有：

1）确认价值的条件严格。

2）利润波动幅度加大，加剧了净利润与现金流的背离程度。

3）信息成本较高。

4）企业所得税可能增加。

> 补充知识：
>
> 在相关性和可靠性之间权衡，这是影响公允价值会计实施的重要因素。
>
> 根据国际会计准则委员会（IASB）和美国财务会计准则委员会（FASB），于 2006 年 7 月发布关于联合概念框架的初步意见《财务报告的目标和决策有用的财务报告信息的质量特征》，已不再使用“可靠性”的提法，代之以“如实反映”。以“如实反映”取代“可靠性”是更符合评估财务会计信息质量的一个创新。

IASB 和 FASB 于 2008 年 5 月发布的联合概念框架的征求意见稿《财务报告的目标和决策有用的财务报告信息的质量特征及约束》中再次进行调整，将“如实反映”分为完整性、中立性和无重大差错等 3 个方面。“如实反映”不等于精确无误。“无重大差错”观念的提出体现了 IASB 和 FASB 对会计信息质量认定的基本态度，是 IASB 和 FASB 一贯坚持推行公允价值会计的延续。在联合概念框架中贯彻这一立场，无疑将有利于公允价值会计的实施，为使用估价技术（尤其是在非活跃市场条件下）计量公允价值提供了广阔的发展空间。

注意：公允价值会计对于财务报表的主要影响包括高估资产、降低资产周转率、提高利润率。

11.4.6 与外汇有关的会计处理

1. 外币交易的处理方法

根据美国财务会计准则委员会颁布的第 52 号财务会计准则公告，功能货币是指企业个体从事经营活动的主要经济环境中的计量货币。外币交易是指以功能货币以外的货币计量的交易，即非功能货币交易。

一旦功能货币确定了，它就成为计量企业现金流量并进而计量企业经营成果的单一尺度，作为非功能货币的外币将承受汇率变动的风险。

汇率是指以一国货币表示的另一国货币的价格，也即以一国货币折算成另一国货币的比率。外汇是一种特殊的商品，它可以进行买卖，汇率就表现为外汇买卖时的价格，因此汇率有时也称汇价。

确定两种不同货币之间的比价，先要确定以哪个国家的货币作为标准。由于确定的标准不同，外汇汇率标价方法有直接标价法和间接标价法之分。

注意：直接标价法和间接标价法所表示的汇率涨跌的含义正好相反。因此，在引用某种货币的汇率和说明其汇率高低涨跌时，必须明确采用的是哪种标价方法，以免混淆。

注意：在外汇报价中习惯使用“基点”这个概念，就是指万分之一。

外汇汇率的种类有很多种，可以从不同的角度对汇率进行分类。

主要分类如下：

1）根据会计报表编制或会计入账时间，可分为现行汇率、历史汇率和平均汇率。

2）根据外汇交易期限，可分为即期汇率和远期汇率。远期汇率与即期汇率之间的差额称为“升水”或“贴水”。

汇兑损益是外汇兑换产生的损失和利得的简称。汇兑损益源于汇率的变动。其公式是

$$汇兑损益 = 账面价值 \times （期末汇率 - 期初汇率）$$

例题 11-11

我国某出口商向美国进口商赊销一批货物，售价为 100 000 美元。原始交易日的汇率为 8.4000 人民币∶1 美元，结算时的汇率为 8.4500 人民币∶1 美元。那么，会形成一笔 5 000 人民币［100 000 美元 ×（8.4500 人民币∶1 美元 − 8.4000 人民币∶1 美元）］的汇兑利得。

已结算交易损益是指由于记录原始交易时应用的汇率不同于记录结算时应用的汇率，而形成的交易损益。如前面所举的例子中 5 000 元人民币就是已结算交易损益。该笔汇兑利得有两种表现形式，即真正意义上的汇率兑换损益和折算损益。虽然这两种形式有不同之处，但会计上并不加以区分，而是将其全部反映在“汇兑损益”账户中。

对所有货币性外币项目来说，它们的功能货币等值都要按每一会计期末的汇率折算调整，以反映所有货币性外币资产和负债项目所承受的汇率变动风险，也就是在期末资产负债表上按期末汇率反映它们潜在的兑换能力。货币性外币项目包括：现金、有价证券、应收账款、应付账款和长期负债等。

2. 对财务比率的影响

当存在货币性外币资产时，如销售以外币计价、应收账款以外币计价，分两种情况：如果本币兑该种货币贬值，则在资产负债表日可以计入一笔利得，资产增加，对于流动比率产生正面影响；如果本币兑该种货币升值，则在资产负债表日可以计入一笔损失，资产减少，对于流动比率产生负面影响。

当存在货币性外币负债时，如购买以外币计价、应付账款以外币计价，也分两种情况：如果本币兑该种货币贬值，则在资产负债表日可以计入一笔损失，负债增加，对于流动比率产生负面影响；如果本币兑该种货币升值，则在资产负债表日可以计入一笔利得，负债减少，对于流动比率产生正面影响。

3. 对国外子公司的会计处理

（1）当功能货币是本币时，采用时态法将外币财务报告重新计量

在时态法下，外币会计报表的处理方法为：

- 现金、应收项目和应付项目采用现行汇率折算。
- 对于按历史成本反映的非货币性资产，采用历史汇率折算。
- 对于按现行成本反映的非货币性资产，采用现行汇率折算。
- 所有者权益中除未分配利润以外的其他项目均采用历史汇率折算，未分配利润项目则为轧算的平衡数额。
- 对收入、费用项目，采用交易发生时的实际汇率或当期加权平均汇率（业务频繁时）折算。
- 对于折旧费用和摊销费用，按照取得有关资产时的历史汇率折算。
- 对于销货成本，则要在对期初存货、当期购货、期末存货等项目按不同的适用汇率分别折算后的基础上计算确定。

（2）当功能货币是子公司所在当地货币时，采用现行汇率法将外币财务报告折算

在现行汇率法下，外币会计报表处理方法为：

- 以编报日的现行汇率折算所有的资产负债、收入和费用项目。
- 只有公司的实收资本或股本项目，仍然按收到资本或发行股份日的历史汇率折算。

> 注意：如果收入和费用的发生是大量的，为简化起见，通常也可以按照编报当期的加权平均汇率折算。

- 报表折算产生的折算损益，应在资产负债表的股东权益中以单独项目予以列示，而不把其计入当期损益。

现行汇率法是一种最简便的外币报表折算方法。

时态法与现行汇率法的对比见表 11-10 所示。

表 11-10 时态法与现行汇率法的区别与联系

内容	时态法	现行汇率法
适用的情况	当地货币（Local Currency）与功能货币不同	报表货币（Reporting Currency）与功能货币不同
合并过程	重新计量（Re-measurement）	折算（Translation）
利润表汇率	货币性科目使用平均汇率，非货币性科目使用历史汇率	平均汇率
资产负债表汇率	货币性科目使用现行汇率，非货币性科目使用历史汇率	现行汇率
折算损益	进入当期损益	进入其他全面收益

其中，当地货币是指子公司所在地所使用的货币。报表货币是指母公司财务报告计量使用的货币。

例题 11-12（选修）

K 工业公司在洛兰岛有一家子公司，当地货币为 GN。当年年初汇率为 1 美元兑 3 GN。由于 GN 升值，年末汇率为 1 美元兑 2.5 GN，年平均汇率为 1 美元兑 2.75 GN。该子公司在这两个时点的资产负债表及该年的利润表如表 11-11、表 11-12 所示。

表 11-11 资产负债表 （单位：GN）

财务指标	2011 年 12 月 31 日	2012 年 12 月 31 日
现金	300	400
应收账款	1 800	2 200
存货（先进先出法）	1 500	2 000
固定资产净值	2 100	1 800
资产合计	5 700	6 400
流动负债	2 000	1 900
普通股	600	600
留存收益	3 100	3 900
负债和权益合计	5 700	6 400

表 11-12 利润表 （单位：GN）

销售收入	10 400
销货成本	6 000
折旧	300
费用	2 400
所得税	900
净利润	800

固定资产净值的历史汇率是 1 美元兑 3 GN，存货和销售收入的历史汇率是 1 美元兑 2.7 GN，销货

成本的历史汇率是 1 美元兑 2.60 GN，并且销售收入、折旧、费用和税收在全年都很稳定。假设原来没有折算调整余额，并假定功能货币为 GN。根据上述条件编制 2012 年 12 月 31 日的资产负债表及该年的利润表（以美元为单位）。再假定功能货币是美元，重新计算。这两个结果有何区别？

答：

2012 年 12 月 31 日的资产负债表及该年的利润表见表 11-13、表 11-14。

表 11-13 资产负债表 （单位：美元）

财务指标	GN 为功能性货币	美元为功能性货币
现金	160	160
应收账款	880	880
存货（先进先出法）	800	741
固定资产净值	720	600
资产合计	2 560	2 381
流动负债	760	760
普通股	200	200
留存收益（12 月 31 日为 1 033 美元）	1 198	1 421
累计收益调整余额	402	
负债和权益合计	2 560	2 381

表 11-14 利润表 （单位：美元）

财务指标	GN 为功能性货币	美元为功能性货币
销售收入	3 782	3 782
销货成本	2 308	2 222
折旧	109	100
费用	873	873
税收	327	327
利润	165	260
折算损益	0	128
净利润	165	388
折算调整余额	402	

如果用 GN 作为功能货币，使用现行汇率法进行折算。资产负债表中除普通股和留存收益以外的所有项目都是按照即期汇率 2.50 折算的。利润表中，除了销货成本是按 2.60 的汇率折算以外，其他所有项目都是按该年平均汇率 2.75 折算的。净利润是从收入中减去成本和费用后得到的。留存收益是净利润 165 美元加上年初留存收益 1 033 美元得到的总留存收益 1 198 美元。折算调整余额是必须让资产负债表中左边和右边相等的数值，为 402 美元（2 560 美元 − 1 198 美元 − 200 美元 − 760 美元）。

如果以美元作为功能货币，使用时态法进行重新计量。存货和销货成本是按照历史汇率 2.70 折算的，而固定资产和折旧是按历史汇率 3.00 折算的，其他项目是按与其他方法相同的口径计算的。所以，可以得到未考虑折算损益的利润为 260 美元。留存收益需要使资产负债表左边和右边相等，即 1 421美元。净利润等于留存收益变化值（1 421 美元 − 1 033 美元 = 388 美元）。因此，折算收益等于 128 美元（388 美元 − 260 美元）。

用美元作为功能货币，利润更容易变化；而用 GN 作为功能货币，资产负债表权益项更容易变化。

11.5 本章主观题例题与习题

11.5.1 本章主观题例题

例题 11-13

K 公司和 D 公司是同一行业内的两家大型公司。这两家公司都分别拥有 2 亿美元资产，息税前利润（EBIT）均达到 5 000 万美元，而且所得税率均为 40%。K 公司通过负债融资 30%，且税前成本为 10%。D 公司通过负债融资 60%，且税前成本为 15%。

1）分别为两家公司编制资产负债表和利润表。

2）计算两家公司的权益回报率。

3）确定哪家公司的风险程度更高并解释。

4）描述财务困境的影响。

参考答案：

1）K 公司的资产负债表见表 11-15，D 公司的资产负债表见表 11-16，K 公司的利润表见表 11-17，D 公司的利润表见表 11-18。

表 11-15 K 公司的资产负债表 （单位：美元）

项目	金额	项目	金额
		债务	60 000 000
		权益	140 000 000
资产	200 000 000	总负债及权益	200 000 000

表 11-16 D 公司的资产负债表 （单位：美元）

项目	金额	项目	金额
		债务	120 000 000
		权益	80 000 000
资产	200 000 000	总负债及权益	200 000 000

表 11-17 K 公司的利润表 （单位：美元）

项目	金额
息税前利润（EBIT）	50 000 000
利息（60 000 000 美元 × 10%）	6 000 000

（续）

项目	金额
税前利润	44 000 000
所得税（税率 40%）	17 600 000
净利润	26 400 000

表 11-18　D 公司的利润表　（单位：美元）

项目	金额
息税前利润（EBIT）	50 000 000
利息（120 000 000 美元 ×15%）	18 000 000
税前利润	32 000 000
所得税（税率 40%）	12 800 000
净利润	19 200 000

2）K 公司的权益回报率 = 净利润/权益 =26 400 000 美元/140 000 000 美元 =18.86%。

D 公司的权益回报率 = 净利润/权益 =19 200 000 美元/80 000 000 美元 =24.00%。

3）以债务权益比或总负债率作为衡量指标，D 公司的风险较高。D 公司需支付较高的利息费用，而 K 公司则较可能度过经济萧条。

4）财务困境的影响包括：更高的利率；债务或权益融资困难；不得不放弃有吸引力的方案；股票价值下降；破产；债权人干扰的加剧；客户、供应商、员工的流失。

例题 11-14

甲公司是一家只销售一种产品的零售公司，其财务报表如表 11-19 和表 11-20 所示。

表 11-19　甲公司近 3 年利润表　（单位：千元）

财务指标	第 1 年	第 2 年	第 3 年
销售收入	1 000	3 000	5 000
销货成本	200	1 000	2 500
毛利润	800	2 000	2 500
其他费用	400	500	700
经营利润	400	1 500	1 800
折旧	150	250	200
利息	50	100	100
所得税	60	345	450
净利润	140	805	1 050

表 11-20 甲公司近 3 年资产负债表 （单位：千元）

财务指标	第 1 年	第 2 年	第 3 年
现金	150	505	805
存货	100	700	1 200
应收账款	50	350	1 200
其他资产	500	1 000	1 000
总资产	800	2 555	4 205
应付账款	50	500	1 000
应计费用	100	100	200
其他负债	500	1 000	1 000
总负债	650	1 600	2 200
权益	150	955	2 005
总负债和权益	800	2 555	4 205

甲公司所有存货均采用赊购方式购入，其 20% 的销售采用赊销方式。该公司在过去 3 年里均销售同一种商品，产品的单位销售成本保持不变。该公司所得税率为 30%，所得税在当年最后 1 天支付。

1）a. 请计算甲公司第 2 年和第 3 年的毛利率，存货周转率和应收账款周转率。

b. 请解释毛利率、存货周转率和应收账款周转率的趋势。

c. 按照趋势分析，甲公司的产品销售状况在变好还是变坏？

2）请使用间接方法计算甲公司第 3 年的经营现金流。

3）甲公司计划于第 4 年初借款 1 000 000 元以偿还应付账款。借款时间 1 年，利率为 15%，并于第 4 年最后 1 天还清本息。除了借款以外，甲公司预计其第 4 年财务表现与第 3 年一致。请计算甲公司第 4 年年末的净利润和经营现金流。

4）a. 请说明在财务分析中，仅关注该公司净利润的 3 点局限性。

b. 请解释对现金流的分析如何能够提高该公司财务分析的多面性。

参考答案：

1）a. 第 2 年：毛利率 = 2 000 000 元/3 000 000 元 = 66.7%。

销货成本 = 3 000 000 元 − 2 000 000 元 = 1 000 000 元。平均存货 = (700 000 元 + 100 000 元)/2 = 400 000 元。存货周转率 = 1 000 000 元/400 000 元 = 2.5。

信用销售 = 20% × 3 000 000 元 = 600 000 元。平均应收账款 = (350 000 元 + 50 000 元)/2 = 200 000 元。应收账款周转率 = 600 000 元/200 000 元 = 3。

第 3 年：毛利率 = 2 500 000 元/5 000 000 元 = 50%。

销货成本 = 5 000 000 元 − 2 500 000 元 = 2 500 000 元。平均存货 = (1 200 000 元 + 700 000 元)/2 = 950 000 元。存货周转率 = 2 500 000 元/950 000 元 = 2.63。

信用销售 = 20% × 5 000 000 元 = 1 000 000 元。平均应收账款 = (1 200 000 元 + 350 000 元)/2 = 775 000 元。应收账款周转率 = 1 000 000 元/775 000 元 = 1.29。

b. 毛利率从 66.6% 下降到 50%，这表示该公司产品的销售价格可能降低，销货成本可能增加。存货周转率从 2.5 提高到 3 显示存货的流动速度提高，没有囤积库存。应收账款周转率从 3.0 下降到

1.29，意味着该公司收取赊账有困难。

c. 收账日益恶化，加上较低的价格，显示该公司的产品近年来越来越难以实现销售目标。为应对产品滞销，通常的对策是以低价及更宽松的信贷来吸引顾客。

2）经营现金流 = 净利润 + 折旧 − 存货的增加 − 应收账款的增加 + 应付账款的增加 + 应计费用的增加 = 1 050 000 元 + 200 000 元 − 500 000 元 − 850 000 元 + 500 000 元 + 100 000 元 = 500 000 元。

3）利息费用从 100 000 元增至 250 000 元，因此税前利润减少至 1 350 000 元。所得税为 405 000 元，净利润为 945 000 元。

经营现金流 = 净利润 + 折旧 − 存货的增加 − 应收账款的增加 − 应付账款的减少 + 应计费用的增加 = 945 000 元 + 200 000 元 − 500 000 元 − 850 000 元 − 500 000 元 + 100 000 元 = −605 000 元。

4）a. 会计原则要求将费用与收入相匹配，因此在计算经营活动现金流时，净利润可能会产生误导，包括应计费用、存货调整等；也有许多产生或者使用现金的活动，如借款及资本性支出，并没有包括在利润表上。

b. 现金流显示会计期间内的现金收入和流出，它也提供经营、投资和融资活动的信息。现金流除去应计项目对账目的影响，有助于管理层做出投资和贷款决定。

例题 11-15

表 11-21 是零售商甲公司过去两年的利润表。

表 11-21　甲公司的利润表　（单位：元）

财务指标	第 2 年	第 1 年
收入	6 400 000	6 000 000
销货成本	3 100 000	2 850 000
毛利润	3 300 000	3 150 000
销售费用	950 000	880 000
管理费用	1 120 000	1 050 000
因罢工而造成的损失	20 000	0
利息费用	30 000	30 000
税前利润	1 180 000	1 190 000
所得税	472 000	476 000
持续经营业务所带来的利润	708 000	714 000
已停止经营的业务所带来的净利润	72 000	0
净利润	780 000	714 000
每股收益	2.50	2.30

1）请为甲公司编制上述两年的同比利润表。

2）请为甲公司的财务总监制作一份备忘录，指出可能导致以下每种变化的原因。

a. 销售收入增加且毛利率降低。

b. 销售收入增加且销售费用增加。

c. 销售收入增加且管理费用增加。

3）假设甲公司没有发行在外的优先股，且普通股股数的任何变化都在第 2 年年初发生，那么如果在第 2 年年末股东权益总额为 7 363 200 元，请计算甲公司的每股账面价值。

参考答案：

1）具体见表 11-22。

表 11-22 甲公司的同比利润表 （单位:%）

科目	第 2 年	第 1 年
收入	100	100
销货成本	48.4	47.5
毛利润	51.6	52.5
销售费用	14.8	14.7
管理费用	17.5	17.5
因罢工而造成的损失	0.3	0
利息费用	0.5	0.5
税前利润	18.4	19.8
所得税	7.4	7.9
持续经营业务所带来的利润	11.1	11.9
已停止经营的业务所带来的净利润	1.1	0
净利润	12.2	11.9

2）a. 产品组合变化。降价导致销售额增加。如果成本未发生变化或下降，则毛利率将上升。成本增加但是未转嫁到客户。销售额可能因为竞争对手的产品涨价而增加。

b. 几乎所有销售费用为变动费用。由于促销，广告费用增加。

c. 销量超过第 1 年的相关范围，使阶梯成本增加，上升到一个新的水平。预算或成本控制较差，允许管理费用与销售额成比例增加。

3）已公开发行的普通股股数 =780 000 元 ÷2.50 元/股 =312 000 股。

每股账面价值 =7 363 200 元/312 000 股 =23.60 元/股。

例题 11-16

CCB 公司是一家在纳斯达克的上市公司，主要产品销往美国。CCB 公司的财务人员已经完成了 2005 年度的会计报表的编制。表 11-23、表 11-24 分别是 2005 年和 2004 年的损益表以及 2005 年、2004 年和 2003 年的资产负债表。

财务人员在完成会计报表后计算出所选择的财务比率。平均资产负债表账户余额被用来计算损益账户的比率。期末资产负债表账户余额仅被用来计算资产负债表项目的比率。

表 11-23 CCB 公司损益表 （单位：千美元）

科目	2005 年	2004 年	2003 年
销售收入	860 000	660 000	560 000
销售成本	540 000	380 000	300 000
毛利润	320 000	280 000	240 000

（续）

科目	2005 年	2004 年	2003 年
研发费用	25 000	25 000	25 000
销售及管理费用	155 000	140 000	125 000
息税前利润	140 000	115 000	110 000
利息	20 000	20 000	20 000
税前利润	120 000	95 000	90 000
所得税	48 000	38 000	36 000
净利润	72 000	57 000	54 000

表 11-24　CCB 公司资产负债表　（单位：千美元）

科目	2005 年	2004 年	2003 年
资产			
流动资产			
现金和短期投资	26 000	21 000	18 000
应收账款，减去坏账准备（2005 年为 1 100 000 美元，2004 年为 1 400 000 美元，2003 年为 1 700 000 美元）	48 000	50 000	52 000
存货，使用先入先出成本与市场价之间的最小值	65 000	62 000	60 000
预付金和其他流动资产	5 000	3 000	2 000
总流动资产	144 000	136 000	132 000
其他资产			
投资，成本计价	106 000	106 000	106 000
可供出售金融资产	10 000	8 000	7 000
其他总资产	116 000	114 000	113 000
固定资产			
土地	12 000	12 000	12 000
建筑物和设备，减去累计折旧（2005 年为 126 000 000 美元，2004 年为 122 000 000 美元，2003 年为 118 000 000 美元）	268 000	248 000	228 000
总固定资产	280 000	260 000	240 000
总资产	540 000	510 000	485 000
负债和股东权益			
流动负债			
短期贷款	22 000	24 000	26 000
应付账款	72 000	71 000	70 000
薪水、工资和其他	26 000	27 000	26 000
总流动负债	120 000	122 000	122 000

（续）

科目	2005 年	2004 年	2003 年
长期贷款	160 000	171 000	185 000
总负债	280 000	293 000	307 000
股东权益			
普通股票面值	44 000	42 000	40 000
资本公积	64 000	61 000	58 000
总实收资本	108 000	103 000	98 000
留存收益	152 000	114 000	80 000
总股东权益	260 000	217 000	178 000
总负债和股东权益	540 000	510 000	485 000

该公司的首席执行官西普森希望能够开发新的产品销往欧洲，并在中国购买原材料，但对于外币会计的业务处理，他不甚了解。为此他找到财务部部长王明，希望他提供一些信息帮助规避新业务的风险，以及确认新业务的会计处理方法。要求是必须满足证券交易委员会的规定。

要求：

1）解释财务比率的使用是如何对管理层提供有利参考的。

2）讨论比率分析的局限性和使用中遇到的问题。

3）讨论并分析垂直百分比财务报表与水平百分比财务报表的区别。

4）计算 2005 年 CCB 公司利润表的垂直百分比财务报表。

5）计算销售额和销货成本的增长率，并讨论计算结果对管理层的启示。

6）为 CCB 公司计算以下 2005 年财务比率数据：利息保障倍数；总资产回报率；普通股东权益回报率；总负债比率；流动比率；速动比率（酸性比率）。

7）讨论 GAAP 和 IFRS 在以下两个方面的区别：①存货计价方法方面；②研究开发费用处理方面。

8）请定义现行汇率法和时态法，并选择 CCB 公司功能性货币。

9）若去年 1 欧元 = 1.20 美元，今年 1 欧元 = 1.19 美元，那么请问欧元升值还是贬值？并说明用于规避外汇风险的主要衍生金融工具。

10）请阐述 CCB 公司进行国际投资面临的主要风险。

11）说明国际转移定价需要考虑的因素。

参考答案：

1）管理会计师的职责之一是衡量经济事件和交易，并将该方面的信息向需要的各方加以交流，包括管理层。财务比率是这个交流过程中的一个部分，包括分析、阐明和评估财务报表。比率显示出不同会计科目数据之间的关系，用于帮助管理层分析和理解财务报表，可以成为评估公司的流动性、债务状况和收益能力的有效工具。财务比率分析是评估公司以往业绩的重要组成部分，对于预测公司财务前景非常有用。

2）①比率分析仅仅是财务分析的一个起点，比率作为一种指标也只是揭示哪些地方需要更为详细的分析；②不同的公司可能会采用不同的会计方法，从而影响财务比率的可比性；③即使两家公司位于同一行业，它们之间也可能并不具备可比性，因为两家公司的业务关注点有所不同；④公司可能是一家集团企业，同时涉足很多不同的行业；⑤比率分析的质量取决于分析中所采用的数据。如果会计政策有问题，最终得出的比率指标也不可靠。

3）垂直百分比报表，选择特点科目为基数，定为100%，报表内其他科目用被选择的特定科目的百分比表达。水平百分比报表，选择特定年份财务报表为基数，定为100%，其他年份的报表用被选择特定年份财务报表的百分比表达。该种报表用于差异分析或趋势分析，比较公司若干年内的价值变化与相关关系。

4）2005 年 CCB 公司利润表的垂直百分比财务报表如表 11-25 所示。

表 11-25　2005 年 CCB 公司利润表的垂直百分比财务报表

财务指标	金额（美元）	百分比（%）
销售收入	860 000 000	100. 00
销售成本	540 000 000	62. 79
毛利润	320 000 000	37. 21
研发费用	25 000 000	2. 91
销售及管理费用	155 000 000	18. 02
息税前利润	140 000 000	16. 28
利息	20 000 000	2. 33
税前利润	120 000 000	13. 95
所得税	48 000 000	5. 58
净利润	72 000 000	8. 37

5）水平报表分析如表 11-26 所示。

表 11-26　水平报表分析　（单位:%）

财务指标	2005 年	2004 年	2003 年
销售收入	153. 57	117. 86	100. 00
销售成本	180. 00	126. 67	100. 00
毛利润	133. 33	116. 67	100. 00

可以看出销售成本的增长超过了销售收入的增长速度，管理层应该更加关注成本的控制。

6）2005 年财务比率数据如下：

利息保障倍数 =（税前利润 + 利息费用）/利息费用 =（120 000 000 美元 + 20 000 000 美元）/20 000 000美元 =7 倍。总资产回报率 = 净利润/平均总资产 =72 000 000 美元/[(540 000000 美元 + 510 000 000 美元)/2] =13. 7%。普通股东权益回报率 = 净利润/平均普通股东权益 =72 000 000 美元/[(260 000 000 美元 +217 000 000 美元)/2] =30. 2%。

总负债比率 = 总负债/总资产 =280 000 000 美元/540 000 000 美元 =51. 9%。流动比率 = 流动资产/流动负债 =144 000 000 美元/120 000 000 美元 =1. 2。速动比率(酸性测试比率) =(现金和短期投资 + 应收账款净额)/流动负债 =(26 000 000 美元 +48 000 000 美元)/120 000 000 美元 =0. 62。

7）略。

8）略。

9）假如去年 1 欧元兑换 1. 20 美元，今年只能兑换 1. 19 美元，所以欧元贬值。

用于规避外汇风险的主要衍生金融工具包括：①外汇远期合约是交易双方约定在未来某日或某日

前以确定价格购买或出售一定数额金融产品。外汇远期合约是金融衍生产品中历史最长、交易方式最简单的一种，也是其他几种基本衍生产品的基础。②外汇期货是在商品期货基础上发展起来的，是金融期货的一种形式。外汇期货是承诺在将来某一特定时间购买或出售某一金融资产的标准化契约。其数量、质量、交割时间都是已定的，唯一变动的是价格。外汇期货的合约交易对象为各种货币。③货币期权是一权利合约，指买方在支付一定费用后，享有在约定的日期或约定的期限内，按约定的价格购买或出售某种金融资产的权利。按买方的权利划分，期权可分为看涨期权和看跌期权。④货币互换是交易双方同意按一定的汇率交换一定数额的两种货币，在协议到期时，双方按同样的汇率换回各自的货币。在此期间，双方根据交换的金额相互支付利息。外汇衍生产品市场的主要活动涉及货币互换、货币期货以及上述交易的混合交易。

10）对外投资还要面临的风险：①政治风险；②汇率波动风险；③通货膨胀风险；④不同的会计准则；⑤税收。

11）略。

例题 11-17

甲公司是一家大型上市公司，主营业务是制造机械设备。该公司产品开发团队已经开发了一种由先进的设备组成的新产品系列 WD-3000，并建议投资 2 亿美元建立一个新的公司分部，用于生产和销售 WD-3000 系列产品。该产品的生命周期约为 10 年，该团队估算了每年的现金流量并编制了项目可行性研究报告提交给董事会。

该分析报告显示，这个项目净现值为 6 000 万美元，内含报酬率为 25%。一名独立董事认为该项目看起来非常有前景，但同时也表示自己担心它会对利润造成影响。总会计师修正了 2012 年度预算，以预测该项目被批准的情况下 2013 年该公司的财务情况。

要求：

1）对于以下每个假设，哪些资产负债表和利润表科目会受到影响？其变化量是多少？假定所有融资活动均没有筹资成本。

a. 1 月 1 日将进行 2 亿美元的固定资产投资，并按直线法在 10 年内进行折旧。

b. 1 月 1 日将按面值发行期限 10 年、利率 10%、共计 7 500 万美元的债券，每年 12 月 31 日付息。

c. 1 月 1 日将发行股息率 14%、2 500 万美元的优先股，每年 12 月 31 日付息。

d. 1 月 1 日将发行 400 万美元的普通股，股票市场价格为 25 美元，面值为 2 美元。在最初的预算中，到 12 月 31 日，普通股的应付股利为 0. 50 美元/股。

e. 在经营的第 1 年，新产品预计产生 6 000 万美元的现金收入，并会产生 3 000 万美元的现金支出（不含折旧）。

2）公司所得税率为 40%，并在 12 月 31 日支付所得税，请计算 1）中交易产生的净利润变化。

3）根据公司金融理论，公司应该根据净现值做出项目决策，那么为什么大型上市公司会关心项目对第 1 年利润的影响？

4）列举 3 种利润方面的衡量指标。

5）说明获取上市公司信息的来源。

6）描述产品生命周期不同阶段的特点。

参考答案：

1）a. 每年新增资产折旧 = 200 000 000 美元/10 年 = 20 000 000 美元/年。因此，折旧费用和固定资产总额分别增加 20 000 000 美元和 200 000 000 美元，现金 200 000 000 美元。年末，累积折旧增加

20 000 000 美元而净固定资产则减少 20 000 000 美元。

b. 长期负债和现金分别增加 75 000 000 美元，而利息费用增加额 = 75 000 000 美元 × 10% = 7 500 000 美元。

c. 现金和优先股分别增加了 25 000 000 美元，而优先股息增加额 = 25 000 000 美元 × 14% = 3 500 000 美元。

d. 现金增加额 = 25 美元/股 × 4 000 000 股 = 100 000 000 美元，普通股增加 = 2 美元/股 × 4 000 000股 = 8 000 000 美元，而普通股溢价增加 = 23 美元/股 × 4 000 000 股 = 92 000 000 美元。

e. 新产品使收入增加 60 000 000 美元，运营费用增加 30 000 000 美元，现金增加30 000 000 美元。

2）净利润增加额 = (60 000 000美元 − 30 000 000美元 − 20 000 000美元 − 7 500 000美元) × (1 − 40%) = 1 500 000美元。

3）上市公司考虑投资项目对于第 1 年利润影响的原因：①金融分析师和投资者都关注企业的收益，尤其是当企业的业绩下滑或增长无法达到预期时。②在评估上市公司绩效的多种方法中，收益增长率是一个很重要的评估因素，收益增长也影响着公司普通股的市值。③企业希望能通过融资来拓展其业务。如果预测的收益减少则会导致更高的利率和股息率。④这个计划也可能使企业的销售额增长，而投资者在评估企业的股票时也很看重销售额的增长。⑤企业的管理层也需要考虑到在产品生命周期的早期阶段，一些费用会较高。例如，推广和开发成本会增加，从而影响到收益。

4）略。

5）略。

6）略。

11.5.2　本章习题

问题 1　甲公司过去 4 年的财务结果如表 11-27 所示。

表 11-27　甲公司过去 4 年的财务结果　（单位：元）

财务指标	第 1 年	第 2 年	第 3 年	第 4 年
销售收入	2 500 000	2 600 000	2 718 000	2 800 000
销货成本	1 500 000	1 570 000	1 650 000	1 700 000
毛利润	1 000 000	1 030 000	1 068 000	1 100 000
通货膨胀系数	1.00	1.03	1.07	1.10

甲公司用垂直百分比分析了这些数据来确定趋势。下列哪项是甲公司业绩的特征？（　　）

A. 毛利率下降了，因为销货成本的百分比呈上涨趋势。

B. 销售收入的百分比呈上涨趋势，造成毛利率增加。

C. 销货成本的百分比呈下降趋势，造成毛利率增加。

D. 由于销售收入的增加和销货成本的减少，毛利率呈上涨趋势。

问题 2　当赊购商品时，下列哪项不受影响？（　　）

A. 总流动资产。　　B. 净运营资本。

C. 总流动负债。　　D. 流动比率。

问题 3 甲公司 2011 年的财务数据有关信息节选如表 11-28 所示。

表 11-28 甲公司 2011 年的财务数据 （单位：元）

现金	20 000
应收账款	40 000
预付费用	16 000
存货	60 000
可供出售证券	
– 成本	18 000
– 年末公允价值	24 000
应付账款	30 000
应付票据（90 天后到期）	50 000
应付债券（10 年后到期）	70 000
当年净赊销收入	440 000
销货成本	280 000

甲公司年末的净运营资本为(　　)

A. 80 000 元。　B. 74 000 元。　C. 56 000 元。　D. 20 000 元。

问题 4 甲公司的流动资产列示如表 11-29 所示。

表 11-29 甲公司的流动资产 （单位：元）

现金	500 000
有价证券	200 000
应收账款	1 600 000
存货	2 900 000
总流动资产	5 200 000

如果甲公司的流动负债是 2 600 000 元，那么该公司(　　)

A. 用 200 000 元现金支付 200 000 元应付账款，流动比率减少。
B. 用 200 000 元现金支付 200 000 元应付账款，流动比率不变。
C. 用 200 000 元现金购买存货，速动比率减少。
D. 用 200 000 元现金购买存货，速动比率不变。

问题 5 表 11-30 为甲公司账户的期初和期末余额

表 11-30 甲公司账户的期初和期末余额 （单位：元）

项目	2011 年 1 月 1 日	2011 年 12 月 31 日
现金	96 000	124 000
有价证券	84 000	70 000
应收账款	136 000	94 000
存货	250 000	276 000

（续）

项目	2011 年 1 月 1 日	2011 年 12 月 31 日
厂房和设备	650 000	848 000
应付账款	64 000	168 000
应计负债	28 000	22 000
7% 利息的应付债券	190 000	154 000

年末，甲公司的速动比率为（　　）

A. 0.83。　B. 1.02。　C. 1.15。　D. 1.52。

问题 6　甲公司在赊购 1 500 000 元商品之前的总资产为 15 000 000 元，流动比率为 2.3。购买之后，流动比率会（　　）

A. 不变，即等于 2.3。　B. 大于 2.3。

C. 小于 2.3。　D. 等于 2.53。

问题 7　甲公司增加了坏账准备，这会（　　）

A. 增加酸性测试比率。　B. 增加运营资本。

C. 减少总资产负债率。　D. 减少流动比率。

问题 8　为了遵守债券合同中的保证条款，甲汽车部件公司必须增加酸性测试比率，目前酸性测试比率为 0.8。下列哪项措施最可能得到理想的结果？（　　）

A. 加快收回应收账款。　B. 赊销汽车部件。

C. 支付应付账款。　D. 用现金购买有价证券。

问题 9　一家连锁商店的店主购买了大批牙膏，已用现金付款。这个行为对下列哪项指标有不利的影响？（　　）

A. 运营资本。　B. 流动比率。　C. 速动比率。　D. 市盈率。

问题 10　下列关于杜邦分析的说法中最准确的是（　　）

A. 杜邦分析度量了经营效率、资产使用效率和财务杠杆。

B. 杜邦分析度量了经营杠杆、资产使用效率和财务效率。

C. 杜邦分析度量了组织在不同生产水平下使用其资产的效率。

D. 杜邦分析没有能够提高权益回报率的解释能力。

问题 11　银行审核信用申请时，信用部门经理最应关心申请人的（　　）

A. 利润率和资产回报率。　B. 市盈率和流动比率。

C. 运营资本和权益回报率。　D. 运营资本和流动比率。

问题 12　甲公司的流动比率和速动比率都在慢慢降低。过去两年，流动比率分别为 2.3 和 2.0，速动比率则从 1.2 下降到 1.0。下列哪项能够解释流动比率和速动比率之间的差额？（　　）

A. 长期负债的流动部分持续稳定增长。　B. 现金余额不寻常的低。

C. 应收账款余额减少了。　D. 存货余额不寻常的高。

问题 13　在不用以下哪项时，酸性测试比率说明公司支付流动负债的能力？（　　）

A. 减少现金余额。　B. 贷款。　C. 收回应收款。　D. 清算存货。

问题 14　张三是甲公司的总会计师，她跟踪分析了几年来公司竞争者的活动。张三推断竞争者乙公司能够利用一项新技术更快地把新产品推向市场。董事会决定讨论该问题，张三准备了有关两家公司的信息，见表 11-31。

表 11-31 甲和乙公司财务数据

财务指标	甲公司	乙公司
应收账款周转率	6.9	7.4
资产回报率	15.3	14.7
利息倍付率	15.7	12.5
流动比率	2.1	1.2
负债/权益比率	42.2	55.9
财务杠杆程度	1.1	1.8
市盈率	26.6	26.2

根据上述信息，为了提高甲公司的财务灵活性，张三应采取下列哪项战略？(　　)

A. 寻找削减成本、增加营利能力的方法。

B. 寻找提高资产效率和周转率的方法以提高流动性。

C. 为引入新产品寻求其他外部融资来源。

D. 增加甲公司对短期证券的投资以增加流动比率。

问题 15 当低于账面价值出售固定资产时，下列哪项指标会下降？(　　)

A. 总流动资产。 B. 流动比率。 C. 净利润。 D. 净运营资本。

问题 16 计算酸性测试比率时，不包含下列哪项？(　　)

A. 半年期的美国短期国债。 B. 预付保险费。

C. 应收账款。 D. 60 天存款。

问题 17 下列哪项不是表外融资的方式？(　　)

A. 水平并购。 B. 合资经营。

C. 特殊目的实体。 D. 应收账款出售。

情景 10-1

张三是甲公司的总会计师，她收集了表 11-32 所示有关公司的信息。

表 11-32 甲公司财务数据 （单位：元）

财务指标	年初	年末
存货	12 800	15 200
应收账款	4 280	6 120
应付账款	6 640	7 360

当年的总销售收入为 171 800 元，其中 124 800 元是赊销收入。销货成本为 49 000 元。

问题 18 ~20 均使用情景 10-1 作为背景。

问题 18 如果甲公司的流动比率为 2.1，并用现金支付了一部分应付账款，那么流动比率会(　　)

A. 减少。 B. 增加。 C. 不变。 D. 更接近速动比率。

问题 19 当年，该公司的存货周转率为(　　)

A. 3.2 倍。 B. 3.5 倍。 C. 8.2 倍。 D. 8.9 倍。

问题 20 当年，该公司的应付账款周转率为(　　)

A. 6.7 倍。 B. 7.0 倍。 C. 16.9 倍。 D. 17.8 倍。

问题 21 甲公司的销售经理自信地认为，只要改变该公司的信用政策，销售额就会增加，从而该公司过剩的产能就可以得到充分利用。以下是考虑中的两个信用方案：

	方案一	方案二
销售增加额	1 000 000 元	1 200 000 元
边际贡献	20%	20%
坏账率	5%	5%
营业利润增长额	150 000 元	180 000 元
期望销售利润率	15%	15%

目前付款条件是净 30，方案一与方案二的付款条件分别是净 45 和净 90。分析师在比较两个方案对信用政策改变的影响时，以下哪项是不需要考虑的因素？(　　)

A. 对目前客户资料的影响。 B. 该公司资金成本。
C. 现存坏账情况。 D. 应收账款周转天数的银行贷款契约。

问题 22 甲公司的财务报表显示以下的信息：2010 年末应收账款 640 000 元，2011 年赊销收入 7 200 000 元，2011 年末应收账款 800 000 元。甲公司的应收账款周转率为(　　)

A. 0.10。 B. 9.00。 C. 10.00。 D. 11.25。

问题 23 甲公司是一家金融投资咨询公司，并为乙公司投资决策提供技术支持。乙公司是一家瓷砖制造商，正在购买其主要竞争对手丙公司。甲公司的金融分析师独立详细地分析丙公司的平均收款期，他这样做是为了分析丙公司下列哪项指标？(　　)

A. 融资。 B. 权益回报率。 C. 流动性。 D. 营业利润。

问题 24 甲公司的销售收入和销货成本减少了，应收账款增加了，存货不变。如果其他条件不变，那么这些变动对应收账款周转率和存货比率的影响是(　　)

A. 存货周转率：增加；应收账款周转率：增加。
B. 存货周转率：增加；应收账款周转率：减少。
C. 存货周转率：减少；应收账款周转率：增加。
D. 存货周转率：减少；应收账款周转率：减少。

问题 25 甲公司 2011 年的利润表如表 11-33 所示。

表 11-33 甲公司利润表 （单位：元）

净销售收入		1 800 000
销货成本		
存货—期初	250 000	
加：进货	1 080 000	
可供销售商品	1 330 000	
减：存货—期末	276 000	
		1054 000
毛利		746 000
运营费用		350 000
经营收入		396 000

甲公司的平均存货周转率为(　　)

A. 6.84。 B. 6.52。 C. 4.01。 D. 3.82。

问题 26 甲公司的总会计师张三 2011 年 12 月 31 日发现未分配利润从 1 000 万元增长到了 1 140 万元。财务部门的信息显示 2011 年内没有对未分配利润采取任何调控手段。如果该公司的股息支付率是 30% 且没有优先股，甲公司 2011 年的净利润是多少万元？(　　)

A. 440 万元。 B. 信息量不足，无法判断。
C. 140 万元。 D. 200 万元。

问题 27 甲公司是一家零售企业，购买的全部商品都来自一个正在经历严重通胀的国家。该公司正在考虑改变其存货计价方法，从先进先出法变为后进先出法。这会对该公司的流动比率和存货周转率有什么影响？(　　)

A. 流动比率和存货周转率都提高。 B. 流动比率会提高，而存货周转率减少。
C. 流动比率会减少，而存货周转率提高。 D. 流动比率和存货周转率都减少。

问题 28 以下哪种比率将最有可能被管理层使用评估短期流动性？(　　)

A. 总资产回报率。 B. 现金销售比。
C. 应收账款周转率。 D. 酸性测试比率。

问题 29 甲公司年初和年末的应收账款净额分别为 336 000 元和 294 000 元。该公司当年的净利润为 408 000 元，总销售收入为 3 400 000 元。现金销售占总销售收入的 6%。当年，甲公司的平均应收账款周转率为(　　)

A. 9.51。 B. 10.15。 C. 10.79。 D. 10.87。

问题 30 甲公司年初和年末的净应收账款分别为 136 000 元和 94 000 元。该公司的利润表如表 11-34 所示。

表 11-34 甲公司利润表 （单位：元）

销售收入	1 800 000
销货成本	1 054 000
营销费用	350 000
运营利润	396 000
所得税	158 000
净利润	238 000

甲公司的平均应收账款回收期（1 年按 360 天计）为(　　)

A. 8 天。 B. 13 天。 C. 19 天。 D. 23 天。

问题 31 财务分析师张三为了衡量库存利用的效率，决定计算并分析公司的存货周转率。表 11-35 列出的是来自该公司的财务报表的数据。

表 11-35 公司财务报表

财务指标	今年	去年
年销售额（元）	5 050 000	2 288 500
毛利率（%）	40	35

期初产成品存货价值是前 1 年的年度销货成本的 15%，期末产成品存货价值是今年的年度销货成本的 22%。该公司当期的存货周转率是多少？(　　)

A. 4.55。　　B. 6.21。　　C. 6.51。　　D. 6.81。

问题 32　表 11-36 为甲公司的财务信息。

表 11-36　甲公司财务信息　（单位：元）

财务指标	前 1 年	当年
销售收入	20 000 000	22 000 000
销货成本	12 000 000	14 000 000
流动资产		
现金	4 000 000	6 000 000
应收账款	6 000 000	8 000 000
存货	8 000 000	10 000 000

在前 1 年和当年中，甲公司的存货周转天数和应收账款回收天数是增加了还是减少了？1 年按 365 天计。(　　)

A. 存货周转天数：增加；应收账款回收天数：增加。

B. 存货周转天数：增加；应收账款回收天数：减少。

C. 存货周转天数：减少；应收账款回收天数：增加。

D. 存货周转天数：减少；应收账款回收天数：减少。

问题 33　甲公司从乙公司租用一些特殊用途设备，与乙公司签订了长期租约，作为经营租赁处理。在当年的财务报表发布之后，甲公司发现应将该租约作为资本租赁处理。甲公司的下列哪项指标不会受到影响？(　　)

A. 负债/权益比率。　　B. 应收账款周转率。

C. 固定资产周转率。　　D. 净利润率。

问题 34　所有其他因素相等的情况下，如果某公司的周转率下降，使得该公司的现金周期缩短最有可能和以下哪个科目相关？(　　)

A. 权益。　　B. 应付账款。　　C. 存货。　　D. 应收账款。

问题 35　在年末的财务报表上，甲公司显示销售收入为 6 000 000 元，净固定资产为 2 600 000 元，总资产为 4 000 000 元。该公司的固定资产周转率为(　　)

A. 1.5。　　B. 43.3%。　　C. 2.3。　　D. 65%。

问题 36　甲公司的资产如表 11-37 所示。

表 11-37　甲公司资产　（单位：元）

财务指标	2011 年 1 月 1 日	2011 年 12 月 31 日
现金	96 000	124 000
有价证券	84 000	70 000
应收账款	136 000	94 000
存货	250 000	276 000
厂房和设备（净额）	650 000	848 000

当年，甲公司的净利润为 192 000 元，销售收入为 1 800 000 元。甲公司的总资产周转率为(　　)

A. 1.27。　　B. 1.37。　　C. 1.48。　　D. 1.50。

问题 37 甲公司的简明利润表如表 11-38 所示。

表 11-38 甲公司简明利润表 （单位：元）

销售收入	30 000 000
销售成本	18 000 000
运营费用	6 000 000
利息费用	1 600 000
所得税	1 760 000
净利润	2 640 000

根据上述信息，甲公司的财务杠杆水平为(　　)

A. 0.96。 B. 1.36。 C. 1.61。 D. 2.27。

问题 38 某公司产出水平为 10 000 单位时，其运营杠杆为 5 意味着(　　)

A. 5% 的息税前收入变动会造成 5% 的销售收入变动。

B. 5% 的销售收入变动会造成 5% 的息税前收入变动。

C. 1% 的销售收入变动会造成 5% 的息税前收入变动。

D. 1% 的息税前收入变动会造成 5% 的销售收入变动。

问题 39 财务杠杆高的公司的特征是(　　)

A. 负债权益比高。 B. 资本结构中包括零息债券。

C. 流动比率低。 D. 固定费用覆盖率高。

问题 40 公司在资本结构中使用负债会(　　)

A. 增加财务杠杆。 B. 增加经营杠杆。

C. 减少财务杠杆。 D. 减少经营杠杆。

问题 41 甲公司的管理会计师计算得出该公司的财务杠杆为 3。如果税前所得增加 5%，那么每股收益会增加(　　)

A. 3.00%。 B. 6.66%。 C. 10.00%。 D. 15.00%。

问题 42 有关息税前利润和每股收益的杠杆效果，下列说法中正确的是(　　)

A. 对于使用负债融资的公司，息税前收益减少会造成每股收益减少更多。

B. 公司的财务杠杆减少会增加公司的贝塔值。

C. 如果公司 A 的运营杠杆比公司 B 高，并且公司 A 通过使用较少的财务杠杆来弥补，那么两家公司息税前收益的变动性相同。

D. 财务杠杆影响每股收益和息税前收益，而运营杠杆只影响息税前收益。

问题 43 甲公司财务状况表的负债和所有者权益部分如表 11-39 所示。

表 11-39 甲公司财务状况 （单位：元）

财务指标	2011 年 1 月 1 日	2011 年 12 月 31 日
应付账款	64 000	168 000
应计负债	28 000	22 000
7% 应付债券	190 000	154 000

（续）

财务指标	2011 年 1 月 1 日	2011 年 12 月 31 日
普通股（面值 10）	600 000	600 000
债券赎回准备金	24 000	56 000
留存收益	310 000	412 000
总负债和所有者权益	1 216 000	1 412 000

甲公司的负债/权益比率为(　　)

A. 25.1%。　B. 25.6%。　C. 32.2%。　D. 33.9%。

问题 44　某工商银行收到 3 家汽车部件生产企业的贷款申请，而目前该工商银行的资金只能为一家企业融资。这些申请者与行业水平的具体数据如表 11-40 所示。

表 11-40　贷款申请者与行业平均水平对比

财务指标	甲公司	乙公司	丙公司	行业平均
总销售收入（万元）	854	782	972	860
净边际利润（%）	9.55	9.85	10.05	9.65
流动比率	1.82	2.02	1.96	1.95
资产回报率（%）	12.0	12.6	11.4	12.4
负债/权益比率（%）	52.5	44.6	49.6	48.3
财务杠杆	1.30	1.02	1.56	1.33

根据上述信息，对该工商银行最有利的战略是(　　)

A. 该工商银行不应发放贷款，因为这些公司不能代表良好的信用风险。

B. 向甲公司发放贷款，因为该公司的数据接近于行业均值。

C. 向乙公司发放贷款，因为负债/权益比率和财务杠杆水平都低于行业均值。

D. 向丙公司发放贷款，因为该公司的净边际利润和财务杠杆水平最高。

问题 45　当把某公司的财务比率与其所在行业相比时，会发现该公司的毛利率高于行业平均水平，净利率却较低。那么以下哪种管理措施最有可能改进目前这种状况？(　　)

A. 检查直接人工成本法，以降低直接人工成本。

B. 检查销售和管理成本，以寻找成本削减的可能性。

C. 冻结生产的固定资产购买，以降低折旧成本。

D. 与新的供应商合作，以削减直接原料成本。

问题 46　在美国商业领域，以下关于汇率变动处理方面的说法哪项是正确的？(　　)

A. 在营业交易中（如购买或销售），汇率的利得或者损失属于权益；而汇率变动引起的国外子公司价值的变化则被记录在损益表中。

B. 所有情况下，汇率的利得或者损失都记录在损益表中。

C. 在营业交易中（如购买或销售），汇率的利得或者损失被记录在损益表中；而汇率变动引起的国外子公司价值的变化则属于权益。

D. 所有情况下，汇率的利得或者损失都属于权益。

问题 47　下列哪项是长期负债支付能力的最好指标？(　　)

A. 运营资本周转率。 B. 资产周转率。

C. 流动比率。 D. 负债与总资产比率。

问题 48 假设某公司是营利的，且有效使用财务杠杆，那么以下哪个值可能是最大的？( )

A. 总资产回报率。 B. 股东权益回报额。

C. 投资回报率。 D. 权益回报率。

问题 49 财务分析师张三正在分析甲公司的财务报表，2011 年的部分财务数据如下：流动资产 1 280 000 元，总资产 1 980 000 元，长期负债 260 000 元，流动比率 3.2。该公司的负债/权益比率为( )

A. 0.50。 B. 0.37。 C. 0.33。 D. 0.13。

问题 50 2012 年初，甲公司用现金回购了 20 000 股该公司的普通股。该交易不会影响下列哪项？( )

A. 负债/权益比率。 B. 每股收益。 C. 净利润。 D. 流动比率。

问题 51 甲公司的利息费用等于其息税前利润，适用的所得税率为 40%。该公司的利息保障倍数等于( )

A. 2.0。 B. 1.0。 C. 0.6。 D. 1.2。

问题 52 甲公司 2011 年的净利润是 203 008 元，其资本构成包括下面所示的已发行股票。

发行股票月份	股数
1～2 月	24 000 股
3～6 月	29 400 股
7～11 月	36 000 股
12 月	35 040 股

假设甲公司在 2011 年 8 月 1 日发放 20% 的股票股利。那么其每股收益是多少？( )

A. 5.44 元/股。 B. 5.34 元/股。 C. 4.82 元/股。 D. 5.68 元/股。

问题 53 在一定的销售水平上，且其他所有的财务报表项目不变，那么某公司的权益回报率( )

A. 随着资产总额的增加而下降。

B. 随着负债比率的降低而增加。

C. 随着作为销售额百分比的商品销售成本的下降而下降。

D. 随着股本的增加而增加。

问题 54 所有其他条件相同，对新的资产使用更低的残值，相比这些资产使用更高的残值，最有可能将增加公司的( )

A. 净利率。 B. 股东权益。

C. 总资产周转率。 D. 经营活动现金流量。

问题 55 甲公司 2011 年初拥有 200 000 股发行在外的普通股。本会计期间内发生了以下交易事项：4 月 1 日发行了 20 000 股，用于换取专利；7 月 1 日宣告及发放了 10% 的股票股利；10 月 1 日购买了 10 000 股的库藏股。在 2011 年末甲公司计算每股收益时，应该使用的股票数量是( )

A. 234 000 股。 B. 232 000 股。 C. 223 500 股。 D. 212 500 股。

问题 56 甲公司的司库正在考虑该公司的可转换债券对其每股收益的影响。该公司现有 20 000 000 元可转换债券在市场流通，息票率为 10%，可按每股 400 元的股价转化成甲公司的普通股。如果该可转换债券继续在市场流通，那么该公司下一年度公司的预计利润表如表 11-41 所示。

表 11-41　预计利润表　（单位：元）

营业利润	22 000 000
利息费用	2 000 000
税前利润	20 000 000
所得税费用	8 000 000
净利润	12 000 000

该公司此时发行在外股份为 1 000 000 股，基本每股收益为 12 元。如果可转换债券被该公司承兑，将实施债转股。甲公司的所得税税率为 40%。假设转换在年初发生，则这将如何影响该公司下一年度基本每股收益？（　　）

A. 稀释每股收益。　B. 没有影响。

C. 增加每股收益。　D. 不能确定。

问题 57　2011 年，甲公司净利润为 10 600 000 元。2011 年，该公司发行了总额为 11 000 000 元、票面利率为 7%、面值为 2 000 元的可转换债券，每 1 份额债券可兑换成 50 股普通股，并且没有债券被兑换成股票。该公司还发行了 50 000 股面值为 200 元、票面利率为 10% 的可累积优先股。2011 年初，发行在外的普通股股份为 1 060 000 股，6 月 1 日，发行且售出了 60 000 股普通股。甲公司平均所得税税率为 40%，甲公司 2011 年的基本每股收益是多少？（　　）

A. 7.34 元/股。　B. 8.58 元/股。

C. 8.76 元/股。　D. 9.46 元/股。

问题 58　甲公司今年的净利润为 700 000 元。甲公司拥有 10 000 股发行在外、面值为 200 元、票面利率为 6% 的非累积性优先股和 100 000 股发行在外、面值为 20 元的普通股。另外，该公司今年还拥有 5 000股库藏普通股。甲公司宣布并发放了所有的优先股股利以及普通股每股 2 元的股利。请问今年甲公司普通股的每股收益是多少？（　　）

A. 7.00 元/股。　B. 6.66 元/股。

C. 5.80 元/股。　D. 5.52 元/股。

问题 59　2011 年底甲公司有 1 060 000 股发行在外的普通股。12 月 31 日，为了计算基本每股收益，甲公司计算得出其加权平均股数为 1 000 000 股。2012 年，在发布年度财务报表之前，该公司将原先股票一分为二。请问在计算年度基本每股收益时，该公司应使用的加权平均股数是多少股？（　　）

A. 1 000 000 股。　B. 1 060 000 股。

C. 2 000 000 股。　D. 2 120 000 股。

问题 60　2011 年 1 月 1 日，甲公司有 10 000 股发行在外的普通股。6 月 1 日，该公司增发了 2 000 股普通股，以现金售出。此外，该公司全年另有 5 000 股发行在外、面值为 200 元、票面利率为 6% 的不可转换优先股。甲公司该年净利润为 240 000 元。请问该公司 2011 年的每股收益是多少？（　　）

A. 15.00 元/股。　B. 16.12 元/股。

C. 20.00 元/股。　D. 21.50 元/股。

问题 61　上一年年末，甲公司有 240 000 股普通股和 200 000 股优先股在市面流通。今年 3 月 1 日，甲公司购回了 24 000 股普通股，并于 6 月 1 日和 11 月 1 日又分别售出 60 000 股普通股和 120 000 股普通股。在这期间发行在外的优先股数量没有发生改变。请问今年年末在计算基本每股收益时，该

公司应该采用的发行在外的股份数是多少股？（ ）

A. 200 000 股。 B. 275 000 股。

C. 396 000 股。 D. 596 000 股。

问题 62 年末，甲公司的运营利润为 396 000 元，净利润为 192 000 元。其他财务信息如表 11-42 所示。

表 11-42 甲公司其他财务信息 （单位：元）

财务信息	1 月 1 日	12 月 31 日
7%应付债券	190 000	154 000
普通股（面值 10 元）	600 000	600 000
债券赎回准备金	24 000	56 000
留存收益	310 000	412 000

甲公司没有发行其他权益工具。该公司当年的所有者权益回报率为（ ）

A. 19.2%。 B. 19.9%。 C. 32.0%。 D. 39.5%。

问题 63 甲公司息税前利润是 10 000 000 元。甲公司的工厂的资产价值在 1 月 1 日账面净值为 44 000 000 元和在 12 月 31 日账面净值为 36 000 000 元。当年，甲公司实现了 25%的投资回报率，投资周转率为 2.5。甲公司今年的销售额是多少元？（ ）

A. 110 000 000 元。 B. 100 000 000 元。

C. 90 000 000 元。 D. 40 000 000 元。

问题 64 甲公司已经决定通过负债融资投资其运营资产。假设其他因素不变，投资增加会产生下列哪项效果？（ ）

	运营利润率	资产周转率	运营资产回报率
A.	增加	不变	增加。
B.	不变	减少	减少。
C.	不变	增加	减少。
D.	减少	减少	减少。

问题 65 甲公司预期在可以预见的将来净利润至少为每年 2 000 万元。甲公司可以通过采取下列哪项有关存货周转率和权益融资的措施来增加其权益回报率？（ ）

A. 存货周转率：增加；权益融资：增加。 B. 存货周转率：增加；权益融资：减少。

C. 存货周转率：减少；权益融资：增加。 D. 存货周转率：减少；权益融资：减少。

问题 66 2010 年 12 月 31 日，甲公司的总所有者权益为 48 418 612 元。其中，7 108 810 元为优先股。在 2011 年，甲公司的税后净利润为 5 722 006 元。在 2011 年，甲公司支付优先股股利 447 102 元，支付普通股股利 825 834 元。2011 年 12 月 31 日，甲公司已发行了 12 195 799 股普通股，2011 年加权平均在外流通股股数为 10 543 519 股。2011 年 12 月 31 日，甲公司的每股账面价值为（ ）

A. 3.76 元/股。 B. 3.82 元/股。

C. 4.34 元/股。 D. 4.40 元/股。

问题 67 甲公司最近宣布并发放 100%的股票股利。这一交易会减少该公司的（ ）

A. 流动比率。 B. 普通股每股账面价值。

C. 负债/权益比率。 D. 运营资产回报率。

情景 10-2

过去两年甲公司的财务报告中列示如表 11-43 所示的信息。

表 11-43　甲公司财务报告　（单位：元）

股票信息	2011 年	2010 年
12 月 31 日每股市场价格	120	100
每股面值	20	20
每股收益	6	6
每股股利	2	2
12 月 31 日每股账面价值	72	68

问题 68、69 使用情景 10-2 作为背景。

问题 68　根据价格收益信息，投资者最可能认为甲公司的普通股(　　)

A. 在 2011 年年末被高估了。

B. 说明了 2011 年管理层的投资决策失败。

C. 说明与 2010 年相比，2011 年的增长机会趋势良好。

D. 说明与 2010 年相比，2011 年的增长机会在下降。

问题 69　甲公司 2011 年的股利收益率(　　)

A. 相比于 2010 年增加了。　B. 说明公司给投资者的回报为负。

C. 与 2010 年相同。　D. 相比于 2010 年下降了。

问题 70　甲公司已发行了 250 000 股普通股，面值为 10 元。2011 年，甲公司支付每股现金股利 7 元。甲公司股票的市场价格为 68 元/股，每股收益为 9.6 元。甲公司股票的市盈率为(　　)

A. 2.08。　B. 2.85。　C. 7.08。　D. 9.71。

问题 71　2011 年末，甲公司净利润为 1 176 000 元。该公司已发行了 10 000 股面值 200 元、6% 的优先股和 120 000 股面值 20 元的普通股，且持有 5 000 股普通股库藏股票。没有发放股利，2011 年末普通股每股的市场价格为 80 元。甲公司股票的市盈率为(　　)

A. 9.47。　B. 9.09。　C. 8.50。　D. 8.16。

问题 72　甲公司已发行了 500 000 股面值 10 元的普通股。当年，甲公司支付现金股利 8 元/股，每股收益为 6.4 元。甲公司股票的市场价格为 72 元/股。甲公司所在行业的平均市盈率为 14。证券分析师张三正在分析甲公司的价值，当与行业均值进行比较时，他最可能得到的结论是甲公司的股票(　　)

A. 高估了约 25%。　B. 高估了约 10%。

C. 低估了约 10%。　D. 低估了约 25%。

问题 73　公司的市盈率持续稳定下降说明(　　)

A. 每股收益持续增加，而股票的市场价格保持稳定。

B. 每股收益持续稳定减少。

C. 股票的市场价格持续稳定上升。

D. 每股收益和股票的市场价格都上升。

问题 74　股利收益率等于(　　)

A. 每股市场价格除以每股股利。　B. 每股收益除以每股股利。

C. 每股股利除以每股市场价格。　D. 每股股利除以每股收益。

问题 75　关于甲公司已发行股票的信息如表 11-44 所示。

表 11-44 甲公司已发行股票信息 （单位：元）

项目	金额
普通股（面值20，已发行350 000股）	7 000 000
优先股（面值200，已发行10 000股）	2 000 000
支付的优先股股利	120 000
支付的普通股股利	1 400 000
普通股每股收益	6
普通股每股市场价格	36

甲公司的股利收益率为(　　)

A. 11.11%。 B. 16.66%。 C. 16.88%。 D. 20.00%。

问题 76 2011 年，甲公司按季支付股利 0.4 元/股，每股收益为 6.4 元。2011 年末，甲公司股票的市场价格为 80 元/股。甲公司的股利收益率为(　　)

A. 0.50%。 B. 1.00%。 C. 2.00%。 D. 6.25%。

问题 77 2011 年，甲公司报告净利润为 700 000 元。该公司已发行了 100 000 股面值 10 元的普通股，2011 年持有 5 000 股普通股库藏股票。甲公司宣布并发放了普通股股利 2 元/股。2011 年年末普通股每股市场价格为 60 元。该公司去年的股利收益率为(　　)

A. 30.03%。 B. 28.57%。 C. 11.11%。 D. 3.33%。

问题 78 根据财务会计准则公告第 52 号“外币换算”，某家公司的功能货币应该(　　)

A. 在考虑某些经济因素（包括现金流量，销售价格和融资指标）的基础上做出选择。

B. 是这一公司主要收支的外币。

C. 在成本效益分析和易于编制合并财务报表的基础上做出选择。

D. 是母公司的货币（当这一公司是作为母公司业务的延伸时）。

问题 79 根据财务会计准则公告第 52 号“外币换算”，在核算某一外国实体公司的资产、负债以及运营情况时，应使用该实体公司的功能货币。某一实体公司的功能货币被定义为(　　)

A. 实体母公司的货币。

B. 实体公司地理上所在国家的货币。

C. 所有实体单位用以计账的货币。

D. 实体单位从事经营活动所在基本经济环境中使用的货币。

问题 80 分析师张三收集到在今年年底有关甲公司出售资产的信息如下：原始成本 160 000 元，在售出之日起的累计折旧 90 000 元，以现金的形式出售资产获得70 000 元。下列哪项最能说明该公司销售该资产对于财务报表的影响，资产的销售会使得(　　)

A. 投资活动现金流量增加，但净利润不会增加。

B. 经营活动现金流量增加，但净利润不会增加。

C. 净利润和投资活动现金流量都会增加。

D. 无论是从事经营活动还是投资活动的现金流量都会增加。

问题 81 分析师张三收集甲公司的信息如表 11-45 所示。

表 11-45 甲公司财务信息

年份	2009 年	2010 年	2011 年
净资产收益率（%）	20.2	21.3	22.8

（续）

年份	2009 年	2010 年	2011 年
总资产收益率（%）	7.4	7.2	7.0
总资产周转率（%）	1.8	1.9	2.1

如果从 2009～2011 年的销售收入都没有改变，甲公司最有可能经历了(　　)

A. 财务杠杆降低。　　B. 净利润率减少。

C. 利息覆盖率增加。　　D. 普通股在资本结构中的比重增加。

问题 82　财务分析师张三收集到的甲公司的以下信息：总资产 77 000 000 元，权益 30 800 000 元，总资产收益率 8.6%，收益留存比率 40.0%。该公司的潜在可持续的增长率是最接近(　　)

A. 3.4%。　　B. 8.6%。　　C. 12.9%。　　D. 21.5%。

问题 83　财务分析师张三收集了甲公司 2011 年发行在外的两个可转换公司债券的信息如表 11-46 所示。

表 11-46　可转换公司债券信息

发行规模（元）	票面利率（%）	如果转换得到的股票（股）
10 000 000	6	200 000
15 000 000	5	275 000

如果该公司的税率为 30%，下列哪项最有可能是正确的？当该公司的基本每股收益是多少时，两个可转换债券都是稀释证券(　　)

A. 少于 1.90 元。　　B. 多于 1.90 元。　　C. 少于 2.10 元。　　D. 多于 2.10 元。

问题 84　如果库存量增加，价格不断上涨，承租人的公司当使用以下哪种方法时将最有可能报告最高金额的总资产？(　　)

A. 先进先出法和融资租赁。　　B. 后进先出法和融资租赁。

C. 先进先出法和经营租赁。　　D. 后进先出法和经营租赁。

问题 85　其他条件相同时，比起长折旧期和高残值的折旧方法，使用短折旧期和低残值的方法将会降低公司的(　　)

A. 总资产周转率：否；经营活动现金流：否。

B. 总资产周转率：否；经营活动现金流：是。

C. 总资产周转率：是；经营活动现金流：否。

D. 总资产周转率：是；经营活动现金流：是。

问题 86　分析师张三收集了甲公司数据如表 11-47 所示。

表 11-47　甲公司财务数据

比率	2009 年	2010 年	2011 年
存货周转率	7	6	5
总资产周转率	3	5	6
应付账款周转率	8	6	9
应收账款周转率	16	12	11

当其他条件相同时，以下哪项最好地总结了甲公司 2009 年到 2010 年的变化？(　　)

A. 固定资产周转率上升。　　B. 信用政策更加严格。

C. 现金周期变短。 D. 平均存货周转天数下降。

问题 87 2011 年 1 月 1 日，该公司在外流通的普通股股票为 160 万股。假设 2011 年没有涉及普通股的其他交易，用于计算 2011 年每股收益的股份数将等于( )

A. 240 万，如果该公司于 2011 年 7 月 1 日有 1 分 2 的股票分割。

B. 240 万，如果该公司于 2011 年 7 月 1 日有 100% 的股票股利。

C. 320 万，如果该公司在发布财务报告的任何时间有一个 1 分 2 的股票分割。

D. 320 万，如果该公司在发布财务报告的任何时间发行了 160 万股。

问题 88 当把甲公司今年的财务比率与往年相比时发现，其流动比率有所上升，但酸性测试比率却在下降。那么最有可能是下列哪项管理行为导致了这种结果？( )

A. 通过发行新的股票减少长期债务。 B. 与供应商合作以降低存货水平。

C. 加强预算控制以降低费用。 D. 应收账款方面为提前支付提供现款折扣。

问题 89 以下哪项可能会降低公司的运营资本？( )

A. 公司购进一项固定资产，现金支付购买价的 20%，欠款部分使用长期票据。

B. 公司赊账购买存货。

C. 公司利用备抵法解决注销应收的坏账。

D. 公司收到未付的应收账款。

问题 90 在对公司的财务前景进行评估时，分析师会用到多种分析技术。其中垂直共同百分比分析是( )

A. 不同行业的两个或两个以上公司之间的财务报表对比。

B. 广告费用占销售费用的 2%。

C. 同行业的两个或两个以上公司之间的财务比率对比。

D. 对某公司垂直统一管理水平相对稳定性的评估。

问题 91 2010 年 6 月 1 日，甲公司发行了 80 000 股普通股，同时发行的还有面值为 1 000 元、票面利率为 8%，总额为 200 000 元的可转换债券。债券可转换为 20 000 股普通股，但是年内并无转换。该公司的税率是 34%，且 AA 债券利息是 10%。当年甲公司的净利润是 107 000 元。那么截至 2011 年 5 月 31 日，当年的普通股摊薄每股收益是多少？( )

A. 1.18 元/股。 B. 1.23 元/股。 C. 1.07 元/股。 D. 1.12 元/股。

问题 92 假设 10-48 是当年甲公司、乙公司及其所在行业的财务信息。

表 11-48 甲公司、乙公司及所在行业的财务信息

财务指标	甲公司	乙公司	行业平均
流动比率	3.50	2.80	3.00
应收账款周转率	5.00	8.10	6.00
存货周转率	6.20	8.00	6.10
利息保障倍数	9.00	12.30	10.40
负债/权益比率（%）	70	40	55
投资收益率（%）	115	12	15
股利支付率（%）	80	60	55
每股收益（元）	3.00	2.00	

如果两个公司的资产总额和销售量相同，那么以下哪项是正确的？( )

A. 乙公司的运营周期比甲公司短。　　B. 甲公司的流动债务比乙公司少。

C. 乙公司更有效地利用了财务杠杆作用。　　D. 甲公司的现金比乙公司多。

问题 93　3 年前甲公司花费 100 000 元购买了乙公司的股票，今年以 150 000 元的价格出售。请问这笔交易的结果在甲公司的现金流量表中的投资活动部分列示的金额是多少元？(　　)

A. 0 元。　　B. 50 000 元。　　C. 100 000 元。　　D. 150 000 元。

问题 94　以下哪项不是低存货周转率经常出现的问题？(　　)

A. 存储成本较高，从而使利润降低。　　B. 资金成本较高，从而使利润降低。

C. 缺货导致销售额降低。　　D. 存货可能损坏或过期。

情景 10-3

张三是中信证券公司的一名分析师，她正在预测美国的甲公司 2012 年的经营情况。甲公司拥有两家在欧洲的全资子公司，分别是乙公司和丙公司。张三已经完成了以美元计价的母公司的财务预测(不包括子公司)和以欧元计价的子公司的财务预测。张三希望分析将子公司的经营情况经过折算，合并到母公司的财务报表时会产生的影响。她收集了以下信息：

1）乙公司和丙公司使用先进先出法计量存货价值。

2）乙公司在外币折算过程中使用现行汇率法。

3）丙公司在重新计量过程中使用时态法。

张三预测的美元对欧元汇率如下所示：

2011 年 12 月 31 日　0. 80 欧元 = 1. 00 美元

2012 年 12 月 31 日　0. 75 欧元 = 1. 00 美元

2012 年平均汇率　0. 78 欧元 = 1. 00 美元

张三预测的乙公司的财务数据如表 11-49 和表 11-50 所示。张三正在关注在外币折算过程中使用现行汇率法是否会扭曲甲公司以当地货币计价的财务指标。她打算使用甲公司将要使用的方法，将其子公司预测的财务报告折算为美元。

表 11-49　乙公司 2012 年 12 月 31 日的预测资产负债表　(单位：欧元)

现金和应收账款	50 000 000	负债	350 000 000
存货	200 000 000	股本	650 000 000
固定资产	1 000 000 000	留存收益	250 000 000
总资产	1 250 000 000	负债和权益总额	1 250 000 000

表 11-50　乙公司的其他财务数据　(单位：欧元)

2012 年预测的销售收入	1 000 000 000
2012 年预测的销货成本	700 000 000
2011 年 12 月 31 日的存货价值	100 000 000

问题 95 ~ 99 均使用情景 10-3 作为背景。

问题 95　考虑甲公司使用了折算的方法，请问该公司将欧元作为哪家子公司的功能货币？(　　)

A. 丙公司。　　B. 乙公司。　　C. 丙公司或者乙公司。　　D. 丙公司和乙公司。

问题 96　当甲公司合并丙公司的财务报表时，将会忽略下列哪项带来的外汇折算利得或者损失？(　　)

A. 已实现的货币性科目。　　B. 未实现的货币性科目。

C. 已实现的非货币性科目。　　D. 未实现的非货币性科目。

问题 97 当甲公司合并乙公司的财务报表时，货币性科目未实现的汇兑折算损益将会(　　)

A. 不记录。　　B. 计入非经营性收益。

C. 计入经营性收益。　　D. 计入权益项下的其他累计全面收益。

问题 98 当张三将她预计的乙公司资产负债表折算为美元时，2012 年 12 月 31 日的总资产接近(　　)

A. 1 038 000 000 美元。　　B. 1 405 000 000 美元。

C. 1 510 000 000 美元。　　D. 1 667 000 000 美元。

问题 99 当张三将她预计的乙公司利润表折算为美元时，2012 年的毛利率接近(　　)

A. 27.2%。　　B. 30.0%。　　C. 32.7%。　　D. 35.5%。

问题 100 下列关于收益质量的说法正确的是(　　)

Ⅰ. 一致连续的会计政策是收益质量的特征。

Ⅱ. 稳定的盈利水平是收益质量的特征。

Ⅲ. 保守的会计政策是收益质量的特征。

Ⅳ. 利润的大幅波动是收益质量的特征。

A. 只有Ⅰ和Ⅱ。　　B. 只有Ⅱ，Ⅲ和Ⅳ。

C. 只有Ⅰ，Ⅱ和Ⅲ。　　D. 只有Ⅰ，Ⅲ和Ⅳ。

问题 101 2011 年，甲公司和行业平均水平的财务数据如表 11-51 所示。

表 11-51 甲公司和行业平均水平的财务数据

财务信息	甲公司	行业平均水平
收入（百万元）	46.00	54.00
息税前利润（百万元）	6.00	9.00
税前利润（百万元）	4.75	5.75
净利率（%）	2.88	3.00
平均总资产（百万元）	123.00	145.00
平均净资产（百万元）	16.00	15.00

该公司的总会计师李四分析后认为，甲公司的权益回报率低于行业平均水平，造成这种问题的原因最可能是(　　)

A. 净利润率。　　B. 财务杠杆。　　C. 经营杠杆。　　D. 总资产周转率。

问题 102 使用历史成本和公允价值计价的争论是当前国际会计界的重要话题，以下关于两种计价基础对于财务比率的影响分析正确的是(　　)

Ⅰ. 关于公允价值的披露可以有效地提高财务比率分析的作用。

Ⅱ. 如果资产的市场价格下降，使用公允价值的财务比率比使用历史成本的财务比率结果更好。

Ⅲ. 使用公允价值的方法计量负债也是可以的。

Ⅳ. 在没有活跃市场报价的情况下，可以使用贴现现金流的方法获得公允价值。

A. 只有Ⅰ和Ⅱ。　　B. 只有Ⅰ，Ⅱ和Ⅳ。

C. 只有Ⅰ，Ⅲ和Ⅳ。　　D. 只有Ⅱ，Ⅲ和Ⅳ。

问题 103 当从总收入中扣除下列哪项成本时，得到的结果是经济利润？(　　)

A. 变动成本。　　B. 经常业务费用。

C. 固定和变动成本。　　D. 全部投入的机会成本。

问题 104　张三是甲公司的一名会计师，年薪为 70 000 元。他决定辞职去脱产学习科大的 EMBA 项目。假设张三在脱产学习期间没有兼职工作，他的学费、书费和生活费用总共是 50 000 元/年。那么，张三学习 EMBA 每年的总经济成本为(　　)

A. 20 000 元。　　B. 70 000 元。　　C. 50 000 元。　　D. 120 000 元。

问题 105　下列关于收益持久性的说法错误的是(　　)

A. 收益持久性度量当前收益在多大程度上代表未来的收益。

B. 由于利润数据包含了非经常的收益，从而带来了波动，这些波动并不具有持久性。

C. 只要使用息税前利润进行分析就可以去除随机、非正常的收益。

D. 为了能够更好地表述利润，需要去除随机、非正常的收益。

问题 106　以下哪项不是表外融资对财务比率的影响？(　　)

A. 降低了资产负债率。　　B. 提高了总资产收益率。

C. 提高了总资产周转率。　　D. 降低了利润率。

问题 107　以下哪项不是财务比率分析的局限性？(　　)

A. 会计报表使用货币度量，所以价格变动和通货膨胀会对财务比率产生影响。

B. 确定财务比率的两个账户之间可能没有关系。

C. 财务比率中的分子和分母可能受同一因素影响。

D. 虽然季节波动不会影响财务比率，但经济周期会影响财务比率。

问题 108　在 2003 年会计年度，纽曼生产企业的毛利润同 2002 年会计年度相比没有发生变化，但是同 2002 年相比企业净利润降低，这可能是由于企业在 2003 年(　　)

A. 企业税率提高。　　B. 相对于销售收入，产品销货成本下降。

C. 销售收入的提高速度快于营业支出。　　D. 普通股股利提高。

问题 109　约翰逊公司上一年的应收账款收款期为 73 天，今年的应收账款收款期为 91.25 天，同期销售收入降低了 20%。那么，约翰逊公司的应收账款水平发生了怎样的变化呢？(　　)

A. 应收账款上升。　　B. 应收账款下降。

C. 应收账款没有发生变化。　　D. 没有充分的信息来加以判断。

问题 110　一名财务专家从科瑞顿实业的财务报表获得了下述数据，见表 11-52。

表 11-52　科瑞顿实业财务报表相关数据　　(单位：美元)

现金 200 000	应付账款 250 000
有价证券 100 000	所得税 50 000
应收账款 300 000	应计负债 100 000
存货 480 000	长期债务当年到期部分 200 000
预付费用 120 000	
流动资产总计 1 200 000	流动负债总计 600 000

为了考察科瑞顿实业流动负债偿还能力，该财务专家计算科瑞顿实业的现金比率。现金比率为(　　)

A. 0.50。　　B. 0.80。　　C. 1.00。　　D. 1.20。

问题 111 西克莫公司的财务信息如表 11-53 所示。

表 11-53 西克莫公司相关财务信息 （单位：美元）

现金	10 000
有价证券	18 000
应收账款	120 000
存货	375 000
预付费用	12 000
应付账款	75 000
长期债务当年到期部分	20 000
长期债务	400 000
销售收入	1 650 000

西克莫公司的速动比率为（ ）

A. 1.56。 B. 1.97。 C. 2.13。 D. 5.63。

问题 112 债务持有人最关注下述哪个比率？（ ）

A. 存货周转率。 B. 利息覆盖率。 C. 速动比率。 D. 每股收益。

问题 113 安德森电缆公司希望计算他们的资产回报率。已知权益回报率为 12%，债务比率为 40%，则资产回报率为（ ）

A. 4.8%。 B. 7.2%。 C. 12.0%。 D. 20.0%。

问题 114 杜威公司的资产负债表表明：该公司发行票面利率 7.5% 的可转换公司债券，总额为 2 000 000 美元；面值为 100 美元，股息率 9% 的优先股，总额为 1 000 000 美元；100 000 股普通股，面值为 10 美元。该公司报告净利润为 317 000 美元，可转换公司债券可以转换为 50 000 股普通股，所得税率为 36%，杜威公司报告的稀释每股收益为（ ）

A. 2.11 美元。 B. 2.15 美元。 C. 2.27 美元。 D. 2.51 美元。

问题 115 考虑下述财务报表，见表 11-54。

表 11-54 拉森制造有限公司财务状况（12 月 31 日） （单位：美元）

资产	本年
流动资产	8 018 000
长期资产	10 308 000
资产总额	18 326 000
负债和所有者权益	
流动负债	998 000
长期债务	3 394 000
负债总计	4 392 000
所有者权益	
优先股——优先股息率为 6%，面值为 100 美元，已授权和发行 35 000 股	3 500 000
普通股——面值为 5 元，已授权 3 000 000 股，已发行 1 050 000 股	5 250 000

（续）

资产	本年
资本公积	2 625 000
留存收益	2 559 000
所有者权益总计	13 934 000
负债和所有者权益总计	18 326 000

按照上述财务数据，假设拉森制造有限公司没有优先股股利欠款，那么截至当年 12 月 31 日，公司每股面值为(　　)

A. 5.00 美元。　B. 7.50 美元。　C. 9.94 美元。　D. 13.27 美元。

问题 116　索达科有限公司普通股市场价格为 25 美元，市盈率为 7.2 倍，股利收益率为 5%，那么收益率和股利支付率分别为(　　)

	收益率（%）	股利支付率（%）
A.	9	36。
B.	9	64。
C.	14	36。
D.	14	64。

问题 117　欧洲的安德鲁公司于 2001 年 12 月 8 日从无关联的外国实体购买 20 000 美元的零部件，当时美元与欧元即期汇率为 1.25。2001 年 12 月 31 日，即期汇率为 1.15。2002 年 1 月 8 日，安德鲁支付该笔货款，当时的即期汇率为 1.10。在 2001 年 12 月 31 日，安德鲁公司损益表中的汇兑损益是多少？(　　)

A. 2 000 美元。　B. 3 000 美元。　C. 1 000 美元。　D. 0 美元。

问题 118　营利的持久性是衡量(　　)

A. 使用目前的营利预测未来的收益的程度。

B. 营利与否决定是否需要在年度报告中包括重构利润表。

C. 过去的收益可以预测未来的收益的程度。

D. 管理层如何考虑销货成本。

问题 119　如果外国实体的报表使用功能货币以外的货币计量，那么外国货币数额必须使用功能货币重新计量。下列科目哪项不应使用历史汇率重新计量？(　　)

A. 预付费用。　B. 固定资产。

C. 产品销货成本。　D. 应收账款。

问题 120　当一家公司试图使被使用的资产相应的义务在报表中不显示出来，这种做法被称为(　　)

A. 表外融资。　B. 保理。　C. 成本分配。　D. 套期保值。

问题 121　根据 IASB 的规定，收到利息和股利将被划为哪种现金流的流入？

A. 经营活动现金流。

B. 经营活动现金流或者投资活动现金流。

C. 投资活动现金流或者融资活动现金流。

D. 经营活动现金流或者融资活动现金流。

问题 122 管理会计师使用一种称为共同百分比财务报表的分析技术，来分析随着时间的推移公司的发展趋势。表 11-55 是从共同百分比财务报表中选取的信息。

表 11-55 共同百分比财务报表部分信息（单位：%）

财务指标	2002 年	2003 年	2004 年	2005 年
占每年资产比例				
存货	6	6	5	5
占每年销售收入比例				
销货成本	45	43	40	37
息税前利润	15	18	19	23
利息费用	5	6	6	7

不管在同一时期该公司的总资产周转率如何变化，基于这些信息得出以下结论：2002～2005 年，该公司最有可能经历了一个(　　)

A. 利息覆盖率增加。
B. 利息覆盖率下降。
C. 存货周转率增加。
D. 存货周转率下降。

问题 123 以下哪个比率可以用来评价一家公司的营利能力？

A. 流动比率。
B. 存货周转率。
C. 债务对总资产比率。
D. 毛利率。

问题 124 甲公司 2011 年的实际结果和 2012 年的预期结果的共同百分比利润表如表 11-56 所示。

表 11-56 甲公司共同百分比利润表

财务指标	2011 年	2012 年
收入	100%	100%
销货成本	60%	60%
销售和管理费用	30%	—
经营利润	10%	—

甲公司的会计师张三预计在销售单价不变的情况下，2012 年的销售数量将增加 10%，并且供应商的供货价格保持不变。销售和管理费用中变动成本占 10%，其余部分为固定成本。根据以上信息，甲公司 2012 年的销售和管理费用(　　)

A. 低于收入的 30%。
B. 等于收入的 30%。
C. 收入的 30%～33%。
D. 大于收入的 33%。

问题 125 甲公司存货占流动资产的比例由 2011 年 6 月的 30% 增加到 2012 年 6 月的 40%。以下哪项最不可能造成以上结果？(　　)

A. 甲公司是一家季节性公司，其夏季的销量较高。
B. 甲公司处于高速增长阶段。
C. 甲公司过期的存货不断增加。
D. 甲公司通过出售短期投资获得现金，并用来购买土地。

问题 126 以下哪种情况会降低公司的现金比率？(　　)

A. 购买商业票据。

B. 赊购材料。

C. 以低于成本的售价出售商品来回收现金。

D. 通过发行短期应付票据来获取现金。

问题 127　甲公司董事会近期通过一项发行公司债券的决议，计划将筹集的资金用于提高运营资本。请问该项决议会对以下因素产生怎样的影响？(　　)

	经营利润率	总资产周转率	资产回报率
A.	增加	不变	增加。
B.	不变	降低	降低。
C.	不变	增加	降低。
D.	降低	降低	降低。

问题 128　甲公司去年的净利润为 7 000 000 元。该公司在该年度有 100 000 股面值 1 元在外流通的普通股，另有 5 000 股库存的普通股。甲公司已派发每股 2 元的普通股股利。去年年末每股普通股的市价为 60 元，而每股普通股的账面价值为 20 元。那么该公司该年度的股息率为(　　)

A. 10.00%。　　B. 5.00%。　　C. 3.33%。　　D. 2.71%。

问题 129　甲公司的会计师在分析财务数据时，发现利润率同比增加了 25%，资产周转率同比增加了 40%，总资产同比减少了 10%，总权益同比增加了 40%。那么，甲公司的权益回报率同比提高了(　　)

A. 95.0%。　　B. 63.0%。　　C. 12.5%。　　D. 10.0%。

问题 130　以下哪种比率非经常收益影响最大？(　　)

A. 净利润率。　　B. 经营利润率。　　C. 毛利率。　　D. 负债权益比率。

问题 131　甲公司在 2012 年度出现了销售额快速增长的现象，财务分析师张三计算出该公司的各项财务比率如表 11-57 所示。

表 11-57　近两年财务比率

财务指标	2011 年	2012 年
存货周转率	5.94	10.23
应收账款周转率	4.62	3.85
固定资产周转率	2.64	3.96
酸性测试比率	1.65	1.32

根据以上数据，张三可以总结出销售额增加是因为(　　)

A. 价格更有竞争力。　　B. 采用了更加优惠的赊销政策。

C. 在本年度增加了更多的店面。　　D. 加强了对存货量的控制。

问题 132　甲公司某种新产品的财务数据如表 11-58 所示。

表 11-58　新产品的财务数据

年度	产品销量（件）	销售单价（元）	毛利率（%）
2011	2 000	100	46
2012	2 400	110	49

根据以上信息，以下哪项说法是正确的？(　　)

A. 产品成本在 2012 年降低了 3%。

B. 毛利润在 2012 年年增加了 3%。

C. 2012 年，售价提高的幅度超过了产品成本提高的幅度。

D. 2012 年，产品成本增加的增幅与产品销量的增幅相一致。

问题 133 **甲公司的销售收入为 200 000 元，销货成本为 80 000 元，利息费用为8 000 元，所得税为 36 000 元，管理费用为 30 000 元。请问甲公司的经营利润率是多少？(　　)**

A. 60%。 B. 45%。 C. 41%。 D. 23%。

问题 134 **甲公司是一家位于欧洲的制冷系统制造商，在日本设有一家子公司。该日本子公司将其生产的所有产品均出口到中国，目前不在日本销售其生产的任何产品。该日本子公司发生的所有支出均以日元计算，产生的所有收入均以人民币计算。在中国的业务经营仅以人民币为货币开展。假定业务经营方面没有变化，那么如果日元对人民币汇率攀升，这将对该日本子公司产生何种财务影响？(　　)**

A. 支出减少。 B. 收入减少。 C. 现金流量增加。 D. 利润率增加。

问题 135 **甲公司采用基于利润表的方法估算出，从 3 年前成立至今其坏账率为 3%。在第 4 个经营年度期间，甲公司根据其之前估算的坏账率记录了坏账支出后，认为其坏账率应提高到 4.5%。在第 4 个会计年度，甲公司的销售收入为 25 000 000 元，期末应收账款余额为 2 000 000 元。这一变化将引起(　　)**

A. 既降低经营杠杆又降低利息保障倍数。

B. 使本年度的收益减少 1 125 000 元，并降低该公司的经营杠杆。

C. 使本年度的收益减少 375 000 元，并提高该公司的经营杠杆。

D. 使本年度的收益减少 30 000 元，并降低该公司的财务杠杆。

问题 136 **甲公司采用公允价值法计量有价证券，且有价证券都是按面值发行。在以下哪种情况下以公允价值报告负债将对甲公司有利？(　　)**

A. 甲公司有价值 3 300 万元、市场价为 102 元的公司债券。

B. 甲公司有 5 200 万元的浮动利率优先股。

C. 甲公司有价值 3 800 万元、市场价为 97 元的公司债券。

D. 甲公司有价值 2 800 万元、市场价为 103 元的可回售公司债券。

问题 137 **经济利润与会计利润之间的主要区别在于，采用经济利润时(　　)**

A. 在应计费用方面更加准确。 B. 可以最小化会计估算的影响。

C. 从利润中扣减相关的资本成本。 D. 按折旧成本调整会计利润。

问题 138 **在连续两个会计年度内，假设其他因素相同，以下哪个因素会引起第 2 年的资产负债表现金科目余额比第 1 年多？(　　)**

A. 应收账款周转天数减少。 B. 应计负债减少。

C. 持有的存货增加。 D. 应付账款的支付速度加快。

问题 139 **某公司的应收账款周转次数提高意味着该公司(　　)**

A. 信贷条件更加宽松。 B. 应收账款管理政策消极。

C. 给客户提供了大额现金折扣。 D. 借款增加。

问题 140 **表外融资对财务报表分析产生重大的影响，下列选项哪项不是表外融资？(　　)**

A. 应收账款出售。 B. 经营租赁。

C. 特殊目的实体。 D. 交易性金融资产。

问题 141 **甲公司希望使其运营周期和现金周期同时减少，应该(　　)**

A. 增加存货周转率。　B. 增加应付账款周转天数。
C. 增加应收账款周转天数。　D. 增加存货账款周转天数。

问题 142　乙公司管理层希望提高公司的普通股权益回报率，则应该(　　)

A. 增加股利支付率。　B. 提高增长率。
C. 增加要求回报率。　D. 增加流动比率。

问题 143　甲公司是一家在美国上市的跨国公司，年末财务部门使用现行汇率法合并会计报表，则(　　)

A. 国外子公司功能货币与母公司一致。　B. 国外子公司功能货币与母公司不一致。
C. 国外子公司功能货币与当地货币一致。　D. 国外子公司功能货币与当地货币不一致。

问题 144　甲公司 2013 年的信用政策为 2/10，净 30 天。2014 年，该公司新的财务总监将信用政策改为 1/10，净 60 天，则该公司的(　　)

A. 应收账款周转天数增加。　B. 存货周转天数增加。
C. 运营周期减少。　D. 应收账款周转率增加。

问题 145　A 银行是一家股份制银行，其主要业务是为中小企业提供短期贷款。现在有 3 家企业提出短期贷款申请，这 3 家企业的基本财务数据如表 11-59 所示。

表 11-59　3 家公司财务数据　（单位：万元）

财务指标	甲公司	乙公司	丙公司
现金和有价证券	100	100	100
应收账款	250	100	200
存货	400	100	300
长期资产	1400	1400	1200
流动负债	300	200	200
长期负债	1150	700	1200
权益	700	800	400

根据以上信息，下列说法正确的是？(　　)

A. 甲的流动比率最高，但速动比率最低。
B. 不应该选择乙公司，因为乙公司的债务权益比最高。
C. 应该选择丙公司，因为丙公司的流动比率最高。
D. 应该选择乙公司，因为乙公司的债务权益比最低。

问题 146　甲公司使用的信用条款为 1/15，净 30（收到货后 15 天内付款折扣为 1%，到期日为 30 天），本年度的预算总销售额为 4 000 000 元。信贷经理估计 40%的顾客会在第 15 天付款，40%的顾客在第 30 天付款，20%的顾客会在第 45 天付款。假设销售额均匀地在 1 年 360 天发生，那么预计超期的应收账款数额是多少？(　　)

A. 100 000 元。　B. 166 666 元。
C. 233 352 元。　D. 800 000 元。

问题 147　甲公司存货周转率是 6.2，应收账款周转率是 5.3，应付账款周转率是 4.0，则该公司的运营周期为(　　)

A. 68.9 天。　B. 58.9 天。　C. 91.3 天。　D. 127.7 天。

问题 148　甲公司发行了 100 万公司债券，年末公司决定使用现金购买存货。这笔交易对于运营资

本和流动比率的影响是(　　)

	运营资本	流动比率
A.	不变	增加。
B.	不变	不变。
C.	减少	增加。
D.	减少	不变。

问题 149　甲公司正在分析 4 个备选的供应商财务数据，希望选择风险较小的供应商。财务比率为资产回报率和权益回报率，具体数据如表 11-60 所示。

表 11-60　4 个供应商财务数据　（单位:%）

回报率	供应商 A	供应商 B	供应商 C	供应商 D
资产回报率	40	60	30	10
权益回报率	50	70	40	20

根据以上信息，甲公司应该选择哪个供应商？(　　)

A. 供应商 A。　B. 供应商 B　C. 供应商 C　D. 供应商 D。

问题 150　甲公司股票的当前市场价格是 36 元/股，发行在外的普通股的股票数是 500 000 股，当年的净利润是 2 000 000 元，支付普通股股利为每股 1 元。该公司股票的市盈率是(　　)

A. 8。　B. 9。　C. 12。　D. 36。

问题 151　某制造公司在极高的通胀压力环境中经营，该公司应选择以下哪种存货计价法来生成最高盈余质量的财务报表？(　　)

A. 个别鉴定法。　B. 先进先出法。
C. 后进先出法。　D. 加权平均法。

问题 152　在通货膨胀的情况下，存货选用哪种计价方式可以使得利润最大？(　　)

A. 先进先出法。　B. 后进先出法。
C. 加权平均法。　D. 以上 3 种方法利润相同。

问题 153　在通货膨胀的条件下，采用后进先出的存货计价方法会造成(　　)

A. 较低的营业成本和较低的存货价值。
B. 较高的营业成本和较高的存货价值。
C. 较低的营业成本和较高的存货价值。
D. 较高的营业成本和较低的存货价值。

问题 154　X 公司和 Y 公司的资产收益率相同，资本结构也相同。X 公司的资产是前几年购买的，那时价格相对较低。Y 公司是最近购买的，价格相对较高。两家公司都是采用历史成本计量资产。关于 X 公司和 Y 公司的资产回报率说法正确的是(　　)

A. 两家公司都被高估。　B. X 公司被高估。
C. Y 公司被高估。　D. 两家都准确。

问题 155　甲公司年赊销收入为 6 000 万元，年初应收账款余额为 1 000 万元，年末应收账款余额为 1 250 万元。已知同行业企业的应收账款周转期平均为 90 天。该企业的应收账款周转期比同行业少(　　)。

A. 22 天。　B. 25 天。　C. 58 天。　D. 68 天。

问题 156　甲公司第 1 年至第 3 年的存货价值分别为 50 000 元、60 000 元、40 000 元。甲公司预算以第 1 年为基础，则第 3 年的增长率为(　　)

A. (25%)。　B. (20%)。　C. 25%。　D. 20%。

问题 157 某公司应收账款周转率 8.1，以下哪种情况最能引起该公司领导的注意？（ ）

A. 最佳实践表明应收账款周转率为 13。

B. 去年该公司应收账款周转天数为 44.9 天。

C. 该公司所在行业平均应收账款周转率 10.4。

D. 该公司与供应商信用期 30 天。

问题 158 甲公司的财务信息如下：销售收入 2 000 000 元，产品成本 800 000 元，销售费用 400 000元，利息费用 300 000 元，所得税 200 000 元。该公司营业利润率为（ ）

A. 15%。 B. 30%。 C. 40%。 D. 80%。

问题 159 甲公司财务报表数据如下：销售收入 600 000 元，售货成本 300 000 元，总资产 224 000 元、总负债 150 000 元，净利润 120 000 元。该公司净利润率是（ ）

A. 5%。 B. 8%。 C. 20%。 D. 40%。

问题 160 2012 年 1 月 1 日，甲公司财务部门计划成立 SPE 公司融资，借款 5 000 000 元来购买土地。后来，该公司管理层决定不使用 SPE 公司融资，而是通过利率为 7% 的短期借款购买土地。2012 年 12 月 31 日该公司负债为 30 000 000 元，权益为 50 000 000 元。12 月 31 日，甲公司的负债权益比为（ ）

A. 0.6。 B. 0.7。 C. 1。 D. 1.67。

问题 161 甲公司财务分析师正在分析同行业其他 3 家公司的财务数据，部分财务数据如表 11-61 所示。基于以上数据分析，可以认为（ ）

表 11-61 同行业其他 3 家公司财务数据 （单位：元）

财务数据	A 公司	B 公司	C 公司
流动资产	500 000	1 250 000	870 000
流动负债	445 000	970 000	600 000

A. A 公司流动性最高。

B. A 公司和 B 公司流动性比 C 公司好。

C. B 公司流动性最高。

D. B 公司和 C 公司流动性都比 A 公司高。

问题 162 若企业所得税税率升高，对下列哪个指标影响最大？（ ）

A. 毛利润。 B. 息税折旧摊销前利润。

C. 营业利润。 D. 净利润。

问题 163 甲公司流动比率是 2：1。其流动资产的构成为现金占 40%，应收账款占 40%，存货占 20%。则甲公司的速动比率占多少？（ ）

A. 0.8。 B. 1.2。 C. 1.6。 D. 2。

问题 164 如果甲公司运营资本政策管理变得更加保守，那么最可能出现下列哪个趋势？（ ）

A. 速动比率下降。

B. 运营周期缩短。

C. 流动资产和非流动资产的比率增加。

D. 流动负债和非流动负债的比率增加。

问题 165 下列哪项会使得净运营资本减少？（ ）

A. 现金减少 100 000 元，应付减少 100 000 元。

B. 现金减少 100 000 元，存货增加 100 000 元。

C. 现金减少 100 000 元，流动负债增加 100 000 元。

D. 现金增加 100 000 元，非流动资产增加 100 000 元。

问题 166 分析销售费用时，下列哪项是最少可能被考虑到的？( )

A. 固定销售费用和变动销售费用占销售收入的比重。

B. 销售价格的变化。

C. 促销费用所带来的收益。

D. 同比以往几个年度的销售费用的差异。

问题 167 甲公司 2014 年的毛利率与 2013 年比没有变化。不过，该公司 2014 年的净利润率与 2013 年比有所增加。下面哪项可以合理解释从 2013 年到 2014 年的变化？( )

A. 销售额的减少额度超过了运营开支的减少额度。

B. 该公司所得税税率减少。

C. 优先股股利增加。

D. 营业成本相对于销售额减少。

问题 168 甲公司管理层注意到财务报表中的存货价值不正确，应当减少 130 000 元。管理层特别关注这一点，是因为该公司规定毛利率达到 45% 才能拿到奖金。报表有关数据如下：销售收入 1 000 000 元，销售成本 500 000 元，工资 2 000 元，现金 8 000 元，应收账款 40 000 元。请问报表更正以后还能达到奖励指标吗？( )

A. 能，毛利率没有变。

B. 不能，管理成本增加。

C. 能，毛利率增加。

D. 不能，产品销售成本增加。

问题 169 在计算营业利润前，必须从收入中扣除的是( )

A. 广告费。

B. 利息支出费用。

C. 所得税费用。

D. 销售土地的净损失。

问题 170 甲公司财务人员在第 1 年编制年度财务报告时出现了一个严重的计算错误，将坏账准备多计了一个数字，导致净利润比实际值减少一半。根据美国公认会计原则，甲公司第 2 年发现错误时应当如何处理？( )

A. 发现错误当年坏账费用增加。

B. 发现错误当年非经营项目。

C. 期初留存收益的前期调整。

D. 调整第 1 年的会计科目。

问题 171 在财务会计中常见的资产负债表突出体现企业的( )

A. 流动性。 B. 资金来源。 C. 营利能力。 D. 收益分配。

问题 172 甲公司今年在外发行股票情况如下：1 ~ 4 月为 10 000 股，5 ~ 10 月为 20 000 股，11 ~ 12 月为 40 000 股。该公司当年净利润为 1 000 万元，发放 100 万元的优先股股利和 130 万元的普通股股利。那么。甲公司今年每股盈余是多少？( )

A. 128.6 元/股。 B. 385 元/股。 C. 450 元/股。 D. 500 元/股。

问题 173 甲公司的现金周期原来是 50 天，现在是 70 天，是因为( )

A. 存货周转期减少 10 天，应收账款周转期增加 10 天。

B. 存货周转期增加 10 天，应收账款周转期减少 10 天。

C. 存货周转期增加 10 天，应付账款周转期增加 10 天。

D. 存货周转期增加 10 天，应付账款周转期减少 10 天。

问题 174 以下哪个选项最准确地描述了功能性货币？( )

A. 企业所处的主要经营环境中的货币。

B. 财务报表使用的货币。

C. 由所在国家或地区大量持有的货币，且经常用于国际收支结算的货币。

D. 在可预见的未来能保持稳定，预期可以用于国际收支的货币。

问题 175　甲公司今年收入为 500 万元，销货成本为 300 万元，净利润为 100 万元，所得税为 50 万元，利息为 20 万元。那么，甲公司的利息保障倍数是多少？(　　)

A. 5。　B. 7.5。　C. 8.5。　D. 10。

问题 176　甲公司年末资产负债表显示现金 10 万元、存货 50 万元、应收账款 30 万元、应付账款 5 万元、预付账款 2 万元、预收账款 7 万元、递延所得税 7 万元和长期负债 100 万元。甲公司的运营资本是多少？(　　)

A. 73 万元。　B. 78 万元。　C. 80 万元。　D. 87 万元。

问题 177　甲公司存货周转期为 4 天，应收账款周转期为 8 天。若其他条件不变，以下哪项可以使甲公司的现金周转期减少？(　　)

A. 存货周转期增加 2 天。　B. 应付账款周转期延长 4 天。

C. 应收账款周转期增加 2 天。　D. 资金周转期延迟 2 天。

问题 178　甲公司管理层决定使用准时制生产模式，则该公司的存货周转率如何变化？(　　)

A. 增加。　B. 减小。　C. 不变。　D. 没有关系。

问题 179　甲公司今年销售额为 5 500 万元，边际成本率为 40%，所得税率为 40%。该公司的毛利润是多少？(　　)

A. 2 200 万元。　B. 3 300 万元。　C. 5 500 万元。　D. 7 700 万元。

问题 180　甲公司今年 1～6 月的部分财务数据如下所示：净利润 1 200 万元，每股收益 2 元/股。甲公司与 7 月 1 日发行股票 10 万股，下半年净利润是 1500 万元，则今年甲公司普通股每股收益是多少？(　　)

A. 4.58 元/股。　B. 5.00 元/股。　C. 4.50 元/股。　D. 4.67 元/股。

问题 181　甲公司第 1 年财务数据如下所示：销售额 20 000 元，销售成本 13 000 元，销管费用 5 000 元；第 2 年销售量上涨 4%，单价上涨 2%，销售成本上涨 3%，销管费用上升 2%。那么，甲公司第 2 年的利润是(　　)

A. 1910 元。　B. 2000 元。　C. 2310 元。　D. 2 726 元。

问题 182　财务人员张三正在分析某公司上半年的毛利率和净利润率等利润表指标。经济学家预测国家即将采用积极财政政策应对经济下滑，企业所得税税率将会下降。如果经济学家预测准确的话，那么该公司的毛利率和净利润率将会如何变动？(　　)

A. 毛利率下降，净利润率下降。　B. 毛利率增加，净利润率增加。

C. 毛利率不变，净利润率下降。　D. 毛利率不变，净利润率增加。

问题 183　甲公司今年的利息费用为 400 万元，销售收入为 5000 万元，息税前利润为 2000 万元，所得税税率为 35%。那么，甲公司的利息保障倍数是(　　)

A. 12.5。　B. 7.5。　C. 5.0。　D. 0.2。

问题 184　甲公司的财务分析师正在分析该公司今年的财务比率，他发现该公司的 ROE 为 20%，ROA 为 30%，股利支付率为 40%。那么，甲公司可持续增长率为(　　)

A. 50%。　B. 12%。　C. 36%。　D. 40%。

问题 185　经过财务部门计算，甲公司的经营杠杆为 2。那么，该公司今年的销售收入要怎么变化才能使经营利润增加 20%？(　　)

A. 增加 20%。　B. 增加 10%。　C. 减少 10%。　D. 减少 20%。

问题 186 已知甲公司应收账款周转天数为 45 天，存货周转天数为 40 天，现金周期为 30 天。那么，甲公司应付账款周转天数为(　　)

A. 40 天。　　B. 55 天。　　C. 60 天。　　D. 70 天。

问题 187 甲公司年初资产负债表的部分财务数据如下：股本（每股 1 元）100 万元，资本公积 200 万元，留存收益 50 万元。甲公司本年度实现净利润为 20 万元，股利支付率为 30%，本年度没有利用外部股权融资筹集资金的计划。财务分析师按照 2 倍的市价/账面价值比率（市净率）对该公司进行估值，则该公司现在的股票市场价值应该是(　　)

A. 6.28 元/股。　　B. 7.0 元/股。　　C. 7.28 元/股。　　D. 7.4 元/股。

问题 188 甲公司近两年的经营情况如表 11-62 所示。

表 11-62　甲公司近两年财务数据

年份（年）	营业收入（万元）	销售费用（万元）	毛利率（%）
2014	20	5	20
2013	20	4	25

以下哪个原因最可能导致出现该现象？(　　)

A. 原材料价格上涨。　　B. 广告费用大幅增加。

C. 销售单价下降。　　D. 资金成本提高。

问题 189 甲公司去年购买一台机器，初始账面价值为 60000 元，财务部门用直线折旧法进行折旧，折旧年限为 3 年。今年年初，该公司经讨论决定将该设备的折旧年限改为 5 年，依然适用直线折旧法。那么，这台机器今年应折旧的金额为(　　)

A. 12000 元，因为该公司用未来适用法。

B. 12000 元，因为该公司用追溯调整法。

C. 10000 元，因为该公司用未来适用法。

D. 10000 元，因为该公司用追溯调整法。

问题 190 某高科技公司管理层采取以下哪项措施会对其盈余质量产生不利影响？(　　)

A. 对该公司设备使用寿命做保守估计。

B. 在客户安装及验收软件前记录软件销售。

C. 立即将研发成本转为费用。

D. 对该公司退休金计划所投资资产回报率做保守估计。

情景 10-4

甲公司生产 T 恤衫，在江苏地区有较大的影响力。2014 年 6 月，财务总监张三发现零售商不能够及时支付货款。由于房地产调控和经济结构转型给宏观经济造成下行压力，财务总监张三十分担心零售商的销售会受到巨大影响，从而进一步影响回款。张三要求其助手分析各个零售商的财务数据，具体数据如表 11-63 所示。

表 11-63　3 个零售商财务数据　　（单位：万元）

财务数据	A 零售商	B 零售商	C 零售商
现金和有价证券	100	100	100
应收账款	250	100	200
存货	400	100	300

（续）

财务数据	A 零售商	B 零售商	C 零售商
长期资产	1 400	1 400	1 200
流动负债	300	200	200
长期负债	1 150	700	1 200
权益	700	800	400

问题 191：

1）定义共同百分比财务报表，说明两种类型的共同百分比财务报表。

2）说明 3 种可以影响应收账款和销售的信用政策。

3）说明 3 种加速现金回收的方法。

4）说明 3 种分析该公司流动性的比率。

5）说明财务比率分析的局限性

情景 10-5

张三和李四是好朋友，投资 400 万元成立了一家面馆，其中通过银行借款获得 100 万元。2014 年，由于两人都有购房的计划，他们决定回收资本金，共计为 150 万元。资金的不足部分通过招商银行的中小企业贷款补充，利率为 10%。他们认为面馆面临通货膨胀的风险，所以储存大量的存货。表 11-64 是近两年的基本财务信息。

表 11-64　近两年的基本财务信息　　（单位：万元）

财务信息	2013 年	2014 年
收入	200	220
销货成本	100	105
折旧	40	40
销售管理费用	10	20
利息费用	15	30
所得税	14	10
净利润	21	15

两人发现面馆今年虽然收入上升，但是净利润下降，十分困惑。他们的好朋友王五正在学习 CMA 课程，他建议面馆应该通过大额原材料的订单来降低销货成本，而且应该关注经营现金流的变化。

问题 192：

1）编制共同百分比报表，分析对净利润产生负面影响的因素。

2）对比两年的权益回报率，分析张三和李四的融资决定是否正确。

3）在购买原材料的过程中，供应商承诺大幅折扣，有什么需要注意的风险？

4）说明直接法和间接法编制现金流量表的区别。

5）定义经营杠杆和财务杠杆，并根据 2014 年的财务数据计算当年的财务杠杆和经营杠杆。

6）说明面馆的成本构成如何影响利润的稳定性。

情景 10-6

甲公司是一家上市的石油公司。近来，该公司的财务总监张三发现公司的权益回报率下降。该公司发行在外的流通股为 1 000 万股，股价为 30 元/股，市账率为 6 倍。该公司今年的销售收入为 5 000

万元，净利润为600 万元，负债共计为5 000 万元。为了改善该公司的财务比率，管理层决定成立一个特殊目的实体，用以处理该公司的应收账款，该特殊目的实体负债为500 万元。在这个行业中，公认的标杆企业是 A 公司，该公司的财务部门打算通过对比分析找出和行业领先企业的差距。

问题 193：

1）定义流动比率、速动比率、总负债率、负债权益比、应收账款周转率和资产回报率，并说明这些指标的含义。股东、短期债权人和长期债权人分别关注哪些比率？

2）除市账率外还有哪些市场价值的比率？

3）成立特殊目的实体对该公司的市账率、流动比率、周转率和总负债率有什么影响？

4）分析表外融资的优缺点，并说出另外两种表外融资的方式。

5）计算该公司的权益回报率，根据杜邦公式分析权益回报率。如果该公司的周转率上升，权益回报率如何变化？

6）说明比率分析的局限性。财务比率的可比性受哪些因素的影响？

7）列举两个上市公司公开信息来源。

情景 10-7

甲公司是一家上市公司。2014 年末，该公司财务部门将其财务报表与其主要竞争对手乙公司进行对比，具体信息如表 11-65 所示。

表 11-65 甲公司与乙公司财务数据 （单位：百万元）

科目	甲公司	乙公司
收入	120	74
销货成本	48	25
销管费用	18	11
折旧费用	6	2
利息费用	23	10
所得税	8	7
资产	273	168
负债	200	84
所有者权益	73	84

甲公司的财务人员准备在数据对比中使用杜邦分析工具。

问题 194：

1）说明杜邦分析的两个优点。

2）使用杜邦公司计算两个公司的权益回报率。

3）计算两个公司的债务权益比，并说明杠杆的使用如何影响公司的财务风险。

4）为什么高财务杠杆对有些公司合适，而对另一些公司不合适？

5）除了财务杠杆，还有哪些因素会影响这两家公司的权益回报率？

6）说明财务比率分析的两个局限性。

7）定义固定费用覆盖率。

情景 10-8

A 公司是位于美国佐治亚州的一个全球物流企业。由于金融危机和网络新技术的快速兴起，对公司的传统业务产生了巨大的负面影响。该公司去年花费了41 000 美元购置了一台新设备，出售被替换的旧设备获得了 11 500 美元的现金，并且记录了一笔 1 700 美元的利得。A 公司的财务报表如表 11-66 和表 11-67 所示。

表 11-66　A 公司 2011 年和 2012 年资产负债表　（单位：美元）

科目	2012 年末	2011 年末
现金和现金等价物	81 800	148 800
应收账款（扣除坏账）	87 900	104 100
预付账款	15 400	12 000
总流动资产	185 100	264 900
固定资产（PP&E）	2 001 400	2 076 400
总资产	2 186 500	2 341 300
应付薪酬	915 300	360 000
应付账款	420 100	438 800
预收账款	386 800	349 700
长期负债中即将到期部分	744 600	750 000
总流动负债	2 466 800	1 898 500
长期负债	2 260 100	2 336 800
权益	（2 540 400）	（1 894 000）
权益和负债总额	2 186 500	2 341 300

表 11-67　A 公司 2012 年利润表　（单位：美元）

科目	金额
经营收入	3 390 400
员工薪酬	3 234 500
运输费用	502 500
折旧摊销费用	107 000
其他费用	184 700
总经营费用	4 028 700
经营利润（损失）	（638 300）
利息费用	（8 100）
净利润（损失）	（646 400）

该公司总裁要求财务部门对该公司的财务状况进行分析，财务总监认为财务分析必须找到标杆企业，否则结论意义将大打折扣。

问题 195：

1）使用两种财务比率分析该公司的流动性。

2）说明两种提高流动性的方法。

3）定义破产，并说明宣布破产的一个优点和一个缺点。

4）A 公司应该宣布破产吗？

5）财务总监的意见正确吗？

6）甲公司总裁认为可以通过将固定资产费用维修资本化来提高利润。财务总监不同意这种做法，因为这种做法属于会计操纵（粉饰）。定义盈余质量（收益质量）并说明会计操纵对于盈余质量的影响。

问题 196 以下哪些比率衡量了股东对该公司投资的每 1 美元所产生的净收益额？( )

A. 总资产回报。 B. 市盈率。

C. 权益报酬率。 D. 股息保障倍数。

问题 197 在计算速动比率时，要从流动资产中扣除存货部分，再除以流动负债，这样做的原因是存货的( )

A. 价值变动比较大。 B. 质量难以保证。

C. 变现能力最低。 D. 数量不易确定。

问题 198 如果固定成本保持不变，而单位销售价格和变动成本都增加 15%，则单位贡献毛益和贡献毛益率受到何种影响？( )

A. 单位贡献毛益将增加，而贡献毛益率将保持不变。

B. 单位贡献毛益和贡献毛益率都将增加。

C. 单位贡献毛益将减少，而贡献毛益率将增加。

D. 单位贡献毛益和贡献毛益率都将不变。

问题 199 某公司的流动比率为 1.8，以下哪项活动会降低该公司的流动比率？( )

A. 支付短期票据。

B. 用现金来购买可流通证券。

C. 通过发行优先股获得现金。

D. 通过商业信贷采购存货所需的新商品。

问题 200 某公司有 10 万股已发行并售出在外的普通股，每股市场价值为 20 美元。当年每股支付的股息为 2 美元。该公司的股息支付率为 40%。那么，该公司的市盈率为( )

A. 2.5。 B. 4。 C. 10。 D. 50。

问题 201 组织采取以下哪种行动后，其 2:1 的流动比率会有所增加？( )

A. 支付 5 000 美元的应付账款。

B. 收到 5 000 美元的应收账款。

C. 通过发行短期票据借入 7 000 美元。

D. 将坏账准备从 15 000 美元提升至 25 000 美元。

问题 202 价格通货膨胀会对财务比率分析产生如下什么影响？( )

A. 价格通货膨胀仅影响采用资产负债表数据的比率。

B. 价格通货膨胀随时间影响财务比率分析，但不影响公司在不同年度之间的可比性。

C. 价格通货膨胀随时间影响财务比率分析，同时影响公司在不同年度之间的可比性。

D. 价格通货膨胀影响公司在不同年度之间的可比性，但不影响随时间的财务比率分析。

问题 203 某公司总的资产周转率为 5 次，资产负债率是 60%。如果该公司的销售收入为 450 万元，那么，该公司的负债总额是( )

A. 1 350 万元。 B. 150 万元。 C. 54 万美元。 D. 3 750 万元。

问题 204 下列哪个指标能最直接地反映企业发展能力？( )

A. 市场占有率。 B. 投资回报率。 C. 利润率。 D. 销售增长率。

问题 205 某企业第 1 年和第 2 年的毛利率均为 40%，净利润率则分别为 18% 和 13%。第 2 年净

利润率下降可能是以下哪种原因造成的？(　　)

A. 相对于销售情况，销售成本上升了。　　B. 相对于成本，总销售增加了。

C. 该企业提高了第 2 年的股息支付比率。　　D. 政府提高了企业税税率。

问题 206　如果某公司在当前年份以面值 1 元/股发行了 100 000 股普通股，并收到了全额现金付款，那么该活动产生的影响是以下哪项？(　　)

	负债比率	流动比率
A.	降低	增加。
B.	增加	降低。
C.	增加	增加。
D.	降低	降低。

问题 207　甲公司财务信息如下：流动资产 20 万元，总资产 250 万元，应付账款 25 万元，总负债 200 万元，权益 50 万元。根据以上信息，甲公司应付账款的（垂直报表）共同百分比是多少？(　　)

A. 12.5%。　　B. 50%。　　C. 10%。　　D. 无法计算。

问题 208　甲公司有项目 A 和项目 B 两个备选方案，预测销售收入和销量如表 11-68 所示。根据所述信息，项目 A 和项目 B 第 2 年的销售量和销售价格的变化是(　　)

表 11-68　甲公司备选项目信息表

年份	项目 A 销售量	项目 A 销售收入	项目 B 销售量	项目 B 销售收入
第 1 年	110 台	2 000 万元	90 台	1 950 万元
第 2 年	120 台	2 300 万元	125 台	2 200 万元

A. 项目 A 第 2 年的销量增加了 9.1%，销售价格减少了 5.4%。

B. 项目 A 第 2 年的销量减少了 9.1%，销售价格增加了 5.4%。

C. 项目 B 第 2 年的销量增加了 38.9%，销售价格减少了 18.78%。

D. 项目 B 第 2 年的销量减少了 38.9%，销售价格增加了 18.78%。

问题 209　甲公司的流动资产合计为 260 万元，具体包括：现金 25 万元，有价证券 10 万元，应收账款 80 万元，存货 145 万元。如果甲公司的流动负债为 130 万元，那么该公司(　　)

A. 流动比率将下降，如果使用 10 万元现金来偿还 10 万元应付账款。

B. 流动比率将不会变化，如果使用 10 万元现金来偿还 10 万元应付账款。

C. 速动比率将下降，如果使用 10 万元现金购买存货。

D. 速动比率将不会变化，如果用 10 万元来购买存货。

问题 210　甲公司的部分财务信息如下：存货 3000 万元，现金及有价证券 5 000 万元，流动负债 5 000 万元。如果甲公司使用 1 000 万元现金购买存货，则(　　)

A. 流动比率和速动比率都保持不变。　　B. 速动比率下降，流动比率不变。

C. 流动比率降低，速动比率提高。　　D. 流动比率和速度比率都下降。

问题 211　已知甲公司流动资产是 9 000 万元，流动比率是 1.2，权益乘数是 4。则甲公司的净运营资本是多少？(　　)

A. 2 500 万元。　　B. 1 500 万元。　　C. 6 000 万元。　　D. 215 万元。

问题 212　甲公司总资产为 6 000 万元，权益为 3 300 万元。今年，该公司计划资本预算总投资为 1 000 万元。该公司希望维持负债权益率不变，那么需要通过债务融资(　　)

A. 450 万元。　　B. 500 万元。　　C. 300 万元。　　D. 350 万元。

问题 213 以下哪种情况的风险最高？( )

A. 流动比率高，负债权益比高。 B. 流动比率高，负债权益比低。

C. 流动比率低，负债权益比高。 D. 流动比率低，负债权益比低。

问题 214 在年末甲公司财务报表上，销售收入为 300 万元，固定资产净额为 130 万元，总资产为 200 万元。该公司的固定资产周转率为( )

A. 1.5。 B. 0.433。 C. 2.3。 D. 0.65。

问题 215 若甲公司引进一套先进的存货管理系统，使得存货销售天数减少，则( )

A. 运营周期天数增加，现金周期天数增加。

B. 运营周期天数减少，现金周期天数减少。

C. 运营周期天数增加，现金周期天数减少。

D. 运营周期天数减少，现金周期天数增加。

问题 216 甲公司第 1 年资产周转率为 1.5，净利润率为 10%，权益乘数为 2。第 2 年利润率为 8%，权益回报率不变，则甲公司( )

A. 资产周转率不变，权益乘数为 3。

B. 权益乘数不变，资产周转率为 2。

C. 资产周转率为 2，权益乘数为 1.875。

D. 资产周转率为 1.2，权益乘数为 3.2。

问题 217 年初，A 公司每股市价为 60 元，每股收益为 10 元。年中进行了股票分割，分割比例为 3 比 2。年末的股价为 50 元，每股收益为 8 元。本年没有派发股利。A 公司股票收益率是多少？( )

A. 16%。 B. 16.67%。 C. 20%。 D. 13.33%。

问题 218 年末，甲公司的经营利润为 396 000 元，利息费用为 150 000 元，所得税费用为 54 000 元。其他财务信息如 11-69 表所示。

表 11-69 甲公司财务信息

财务信息	1月1日	12月31日
7%应付债券	190 000 元	154 000 元
普通股（面值 10 元/股）	600 000 元	600 000 元
债券赎回准备金	24 000 元	56 000 元
留存收益	310 000 元	412 000 元

甲公司没有发行其他权益工具。该公司当年的所有者权益回报率为( )

A. 19.2%。 B. 19.9%。 C. 32.0%。 D. 39.5%。

问题 219 掌握以下哪些信息后，分析师可以计算出权益回报率？( )

A. 可持续权益增长率和股利支付率。 B. 股利收益率。

C. 每股收益和负债权益比。 D. 权益乘数和账面值。

问题 220 甲公司第 1 年总资产为 18 000 万元，权益为 8 000 万元；第 2 年资产为 26 000 万元，权益为 16 000 万元。第 1 年利润表信息如下：销售额 1 000 万元，销货成本 500 万元，销售费用 260 万元，所得税 60 万元；第 2 年销售额 1 300 万元，销货成本 600 万元，销售费用 340 万元，所得税 90 万元。在其他情况不变时，第 2 年的经营利润和净利润和第 1 年相比分别如何变化的？( )

A. 都增加。 B. 经营利润增加，净利润减少。

C. 经营利润减少，净利润增加。　　D. 都减少。

问题 221　甲公司研发费用上升（假设研发投入均费用化），在收入保持不变的情况下，则对该公司毛利率、经营利润率、净利润率的影响下面说法正确的是(　　)

A. 毛利率和经营利润率都下降。　　B. 经营利润率和净利润率都下降。

C. 毛利率和经营利润率都不变。　　D. 经营利润率不变，净利润率下降。

问题 222　甲公司去年的销售收入为 20 万元，销货成本为 8 万元，销售管理费用为 5 万元。该公司在外流通股股数为 5 万股。今年的销售收入增长 10%，去年和今年的成本结构没有发生变化，销售管理费用保持不变，且该公司没有调整过股权结构，该公司所得税税率为 40%。较之去年，今年的每股收益(　　)

A. 增加 0.40 元。　B. 增加 0.10 元。　C. 增加 0.144 元。　D. 增加 0.24 元。

问题 223　会计利润和经济利润的大小关系是(　　)

A. 会计利润大。　B. 经济利润大。　C. 两者一样大。　D. 不一定。

问题 224　下列哪项行为对盈余质量（收益质量）没有影响？(　　)

A. 在物价上涨时，将存货计量的方式从后进先出调整为先进先出。

B. 为了增加销售额，对销售人员实行业绩激励。

C. 坏账比率为 2%，而公司历史平均坏账比例为 5%。

D. 公司把收到的客户资金时间记为 12 月 31 日，实际交货时间发生在 1 月 2 日。

问题 225　分析师在审查公司盈余质量时，关注较少的是(　　)

A. 供应商提供的信用条款。　　B. 公司用于确定退休金支出的假定。

C. 营业收入的确认政策。　　D. 环保负债的确认。

问题 226　甲公司购买了 1 台设备，原计划折旧期为 5 年。在第 2 年末，该公司决定将折旧期调整为 7 年。下列哪个说法是正确的？(　　)

A. 需要证监会同意才能调整折旧期。　　B. 需要进行追溯调整。

C. 只需调整对未来的影响。　　D. 需要调整对当年和未来的影响。

问题 227　以前对用不同方法将外国货币转换成报告货币后所包含的信息内容和基本意义存在重大分歧。当前，美国公认会计准则直接要求企业(　　)

A. 改变会计模式来识别当前主要报表中所有价格的改变。

B. 推迟所有汇率的变化，直到实际将外国货币转换为报告货币的时候。

C. 认识到当前货币价格的变化对指定的外汇资产和负债的账面金额的影响。

D. 识别当前货币价格的变化对所有外国子公司的资产、负债、收入、费用、利润的影响。

问题 228　甲公司的会计人员需要按照现行汇率法和时态法编制财务报告，这主要是因为甲公司(　　)

A. 拥有国外子公司。　　B. 员工拥有认股权证。

C. 拥有库存股。　　D. 拥有商誉。

问题 229　甲公司在 A 国有一家国外子公司。这家子公司在刚结束的年度产生的递延收益为 400 000 A 国货币，当时的汇率为每 A 国货币等于 0.5 美元。产生的递延所得税负债为 187 500 A 国货币，当时的汇率为每 A 国货币等于 0.4 美元。年末的转换汇率为每 A 国货币等于 0.35 美元。如果美元是功能货币，则该公司这两项负债在资产负债表中的年末余额为(　　)

A. 215 000 美元。　B. 265 625 美元。　C. 205 625 美元。　D. 275 000 美元。

问题 230　甲公司的财务人员进行了该公司近年来的共同百分比报表分析，结果如表 11-70 所示。

表 11-70 甲公司近年来共同百分比报表分析结果

财务信息	第 2 年	第 3 年	第 4 年	第 5 年	第 6 年
销售收入	101%	102%	103%	105%	110%
销货成本	101%	101%	100%	96%	96%
销售管理费用	100%	103%	105%	110%	113%
研究开发费用	101%	100%	102%	98%	102%

根据以上信息，可以向甲公司的管理层提出以下哪个建议？(　　)

A. 应减少销售成本。　　B. 应减少管理费用。

C. 开发成果没有进展。　　D. 应改进工艺、降低制造成本。

问题 231　在分析流动资产时，财务分析师通常倾向于使用速动比率，而不是流动比率。这是因为(　　)

A. 速动比率不包括应收账款。　　B. 流动比率包括有价证券，有价证券很难估计。

C. 预计现金流量表只关注现金。　　D. 存货较难转换为现金。

问题 232　甲公司是一家零售商，购买的全部商品都来自一个正在经历严重通胀的国家。该公司正在考虑改变其存货计价方法，从先进先出法变为后进先出法。这会对该公司的流动比率和存货周转率有什么影响？(　　)

A. 流动比率和存货周转率都会减少。

B. 流动比率会减少，存货周转率会增加。

C. 流动比率和存货周转率都会增加。

D. 流动比率会增加，存货周转率会减少。

问题 233　甲公司部分财务信息如下：现金 44 万元，库存商品 119 万元，应收账款 398 万元，预付账款 22 万元；短期负债 60 万元，应付账款和应计费用 100 万元，1 年内到期的长期负债 50 万元，18 个月到期的长期负债 200 万元。根据以上信息，甲公司的流动比率是(　　)

A. 1.37。　　B. 1.42。　　C. 2.67。　　D. 2.78。

问题 234　甲公司的流动比率为 2，下列哪种情况会使该比率增加？(　　)

A. 发放先前宣布的股票股利。　　B. 该公司转销收不回来的坏账。

C. 该公司赊销商品且获得毛利。　　D. 该公司赊购存货。

问题 235　甲公司在年末向股东发布的年报中有关信息节选如下：现金 10 000 元，应收账款 20 000 元，预付费用 8 000 元，存货 30 000 元，可供出售证券成本 9 000 元（公允价值 12 000），应付账款 15 000 元，应付票据（90 天后到期）25 000 元，应付债券（10 年后到期）35 000 元，当年净赊销收入 220 000 元，销货成本 140 000 元。甲公司年末的运营资本为(　　)

A. 40 000 元。　　B. 37 000 元。　　C. 28 000 元。　　D. 10 000 元。

问题 236　A 公司经营一向稳定且没有债务融资，A 公司的变动成本比 B 公司高。B 公司为了满足自身资金需要通过短期借款融资。今年整体市场业绩不好，年末的利润表显示 A 公司盈利，B 公司亏损。以下哪项是造成这两家公司盈亏可能的原因？(　　)

A. A 公司具有较高经营杠杆。　　B. B 公司具有较高的财务杠杆。

C. A 公司具有较低的经营杠杆。　　D. B 公司具有较高的总杠杆。

问题 237　甲公司总资产为 600 万元，权益为 330 万元。新引进战略投资者张三，入股为 100 万元。引入新投资者后，该公司负债权益比是多少？(　　)

A. 45%。　B. 81.80%。　C. 62.79%。　D. 68%。

问题 238　甲公司将信用政策 2/10、*n*/30 改为 1/10、*n*/90。那么，甲公司存货销售天数与现金周期怎样变化？(　　)

A. 存货销售天数增加，现金周期增加。　B. 存货销售天数减少，现金周期减少。

C. 存货销售天数无法判断，现金周期增加。　D. 存货销售天数增加，现金周期无法判断。

问题 239　甲公司应收账款周转率 8.1，以下哪种情况最应引起关注？(　　)

A. 最佳实践表明应收账款周转率为 13。

B. 最佳实践表明应收账款周转率为 11。

C. 行业平均水平表明应收账款周转率为 9。

D. 行业平均水平表明应收账款周转率为 7。

问题 240　下列哪项不能提高股权回报率（ROE)？(　　)

A. 提高净利润率。　B. 提高总资产周转率。

C. 降低税率。　D. 降低权益乘数。

问题 241　甲公司净利率为 10%，权益乘数为 2。该公司管理层希望权益回报率达到 20%，那么资产周转率应该是多少？(　　)

A. 1。　B. 1.5。　C. 2。　D. 2.5。

问题 242　甲公司发行的优先股，股息为 0.5 元/股，市价为 40 元/股。该公司优先的股利收益率是多少？(　　)

A. 1/20。　B. 1/80。　C. 1/40。　D. 1/60。

问题 243　甲公司 2014 年净利润为 100 万元，总资产为 1 000 万元，负债为 500 万元，当年股利支付率为 50%。根据以上信息，甲公司的权益回报率为(　　)

A. 10%。　B. 15%。　C. 20%。　D. 25%。

问题 244　甲公司每股收益是 2.60 元/股，股息是 1.00 元/股，市场价格是 60 元/股，市净率为 3.2。该公司可持续权益增长率是(　　)

A. 5%。　B. 7%。　C. 8.6%。　D. 11.36%。

问题 245　如果一家公司是盈利的且有效地利用了财务杠杆，则下列哪个比率会最大？(　　)

A. 普通股权益回报率。　B. 权益回报率。　C. 经营资产回报率。　D. 总资产回报率。

问题 246　某公司去年的销售收入为 690 000 元，销货成本为 378 900 元，管理费用为 120 800 元。如果今年增加一个新项目，会产生 95 000 元增量收入和 65 000 元增量成本。该项目对该公司毛利率和净利润率的影响是(　　)

A. 毛利润率上升，净利润率减少。　B. 毛利润率上升，净利润率上升。

C. 毛利润率减少，净利润率上升。　D. 毛利润率减少，净利润率减少。

问题 247　甲公司 2013 年 12 月 1 日流通在外的普通股股数为 80 000 股。此外，该公司还发行了票面利率为 8%、面值为 1 000 元的可转换债券 200 000 元，这些债券可转换为 20 000 股普通股。该公司的税率是 34%，当年净利润为 107 000 元，且没有债券转换为普通股。则该公司 2014 年 11 月 30 日稀释每股收益为(　　)

A. 1.20 元/股。　B. 1.07 元/股。　C. 1.23 元/股。　D. 1.18 元/股。

问题 248　会计利润与经济利润相比，经济利润(　　)

A. 用历史成本核算。　B. 大于会计利润。

C. 扣除了资本的机会成本。　D. 与会计利润一致。

问题 249 以下哪种行为不会导致盈余质量很低？( )

A. 在币值不稳定的国家或者地区投资。 B. 投资价格不稳定的证券。

C. 频繁变动重要会计估计。 D. 通过合理的策略降低经营风险。

问题 250 某财务经理发现以往的账目出现错误，净利润少写了一个 0。现在该如何处理？( )

A. 作为非常项目。 B. 在财务报表中进行更正并披露。

C. 改了就完了。 D. 让相关会计人员赔偿相应损失。

问题 251 调整坏账估计应该( )

A. 为差错处理。 B. 以追溯的方式处理。

C. 考虑为非常项目。 D. 以只影响调整当期的方式处理。

问题 252 甲公司的业务分部为：60%境内业务和 40%境外业务。该公司的功能性货币是( )

A. 从事境外业务的货币。

B. 从事境内业务的货币。

C. 信息不足，无法判断。

D. 境内业务货币和境外业务货币都是属于功能性货币。

问题 253 F 有限公司是一家位于美国境外的制冷系统制造商，在加拿大设有一家子公司。该加拿大子公司将其生产的所有产品均出口到美国，目前不在加拿大销售其生产的任何产品。该加拿大子公司发生的所有支出均以加元计算，产生的所有收入均以美元计算。在美国的业务经营仅以美元为货币开展。假定业务经营方面无变化，那么如果加元对美元汇率攀升，这将对该加拿大子公司产生的财务影响是( )。

A. 支出减少。 B. 收入减少。 C. 现金流量增加。 D. 利润率增加。

问题 254 某公司报告了其上半财年的业绩。表 11-71 显示的是今年上半年与去年上半年相比的利润表摘要。在与财务分析师的电话会议中，CFO 被要求对利润表的重要方面发表评论。下面哪项陈述是正确的？( )

表 11-71 利润表摘要

财务指标	去年上半年	今年上半年
收入	130 000 元	160 000 元
收入成本	70 000 元	80 000 元
毛利润	60 000 元	80 000 元
毛利率	46%	50%
营业费用	45 000 元	50 000 元
营业利润	15 000 元	30 000 元
营业利润率	12%	19%
其他收入/(支出)	1 000 元	1 500 元
税前利润	14 000 元	28 500 元
所得税	4 200 元	8 550 元
净利润	9 800 元	19 950 元
净利率	8%	12%

A. 毛利润增长 25%，营业费用增长 11%。

B. 更高的收入加上更好的毛利率，从而使得营业利润增长 200%。

C. 收入增长 19% 使得毛利润增长了 25%。

D. 收入增长 23% 使得毛利润提高了 33%，从而实现营业利润翻倍。

问题 255　**在某公司的初步财务报表完成之后，该公司 CFO 要求会计师编制一份利润表的横向分析报告。今年和去年的利润表摘要如表 11-72 所示。以下哪项是横向分析的示例？（　　）**

表 11-72　两年利润表　（单位：元）

财务指标	去年	今年
收入	130 000	133 000
销货成本	70 000	80 000
毛利润	60 000	53 000
营业费用	45 000	43 000
营业利润	15 000	10 000
其他收入/支出	1 000	1 000
税前利润	14 000	9 000
所得税	4 200	2 700
净利润	9 800	6 300

A. 分析毛利润的下降情况。　B. 总结营业费用的组成部分。

C. 计算所得税占收入的百分比。　D. 计算息税前利润。

问题 256　**偿付能力与流动性有何不同？（　　）**

A. 偿付能力是指破产，流动性是一种财务报告概念。

B. 偿付能力是短期支付能力，流动性则关系到长期支付能力。

C. 偿付能力是长期支付能力，流动性则关系到短期支付能力。

D. 偿付能力不受公司资本结构的影响，流动性则基于公司的资本结构。

问题 257　**某公司在营业第 1 年的销售额为 3 450 800 元，第 2 年的销售额为 4 576 000 元。该公司的工资开支第 1 年为 568 920 元，第 2 年为 622 310 元。工资的年增长率是多少？（　　）**

A. 8.58%。　B. 9.38%。　C. 13.60%。　D. 18.03%。

问题 258　**下列有关利息偿付率的陈述中哪项是正确的？（　　）**

A. 它是根据利润表信息计算得出的流动性比率。

B. 它是根据利润表信息计算得出的杠杆比率。

C. 它是根据资产负债表信息计算得出的流动性比率。

D. 它是根据资产负债表信息计算得出的杠杆比率。

问题 259　**以下哪项变化最有可能增加速动比率？（　　）**

A. 存货增加。　B. 应收账款减少。　C. 短期政府债券增加。　D. 现金减少。

问题 260　**某公司正在寻求提高其毛利率的战略。该公司去年实现了 500 万元的销售额，毛利率为 35%。今年，该公司预计将增加 50 万元的销售额。这意味着（　　）**

A. 如果毛利率保持不变，该公司的毛利润将增加 325 000 元。

B. 该公司的毛利率将提高到 41% 并实现该战略。

C. 该公司的毛利润将增加 175 000 元，达到 1 750 000 元。

D. 如果销货成本的增加额少于 325 000 元，该公司将实现其战略。

问题 261 某公司的净销售额为 400 万元，营业利润为 120 万元，净利润为 100 万元。平均总资产为 900 万元，平均总权益为 700 万元。该公司的权益回报率（ROE）和资产回报率（ROA）是多少？( )

A. ROE 大于 12%，ROA 小于 12%。

B. ROE 小于 12%，ROA 大于 12%。

C. ROE 和 ROA 都大于 12%。

D. ROE 和 ROA 都小于 12%。

问题 262 某公司最近 1 年的财务数据如下：普通股股息 100 万元，净利润 400 万元，普通股 200 万股，优先股 50 万股，每股收益 1.5 元，来自可转换债券的潜在普通股 50 万股。优先股总股利和稀释后每股收益分别是多少？( )

A. 200 万元和 1.2 元。 B. 200 万元和 1.0 元。

C. 100 万元和 1.2 元。 D. 100 万元和 1.0 元。

问题 263 某加拿大公司有一家瑞典子公司。对于瑞典子公司而言，英镑是对其产品的生产成本和销售价格产生最大影响的货币。该公司长期债务融资的主要来源是美国投资者。瑞典子公司的功能性货币为( )

A. 美元。 B. 加元。 C. 英镑。 D. 瑞典克朗。

情景 11-9

A 公司是美国一家上市公司，它是一家销售娱乐设备的特色零售商。但是受全球环境和经营的影响，该公司财务业绩不好。A 公司聘请了 Z 公司对其进行评估并对该公司的战略和经营提出改进建议。Z 公司乔森收集了 A 公司以往的信息资料并进行评估。他认为 A 公司需要对多家分公司的资本情况进行调整，而这需要 A 公司提供资金支撑。乔森分析 A 公司以往财务指标如下：

1）营业周期增加 20 天。

2）现金周期增加 15 天。

3）利息保障倍数由 10 下降到 5。

4）权益收益率由 12% 下降到 6%。

5）杠杆系数保持不变。

6）存货周期的天数保持不变。

乔森正考虑采用通过发行公司债券来解决资金需求。乔森要在发行 5 年期债券还是 20 年期债券中做出决定，债券利息的收益曲线是陡峭的正斜率曲线。同时乔森也考虑发行可转换债券。

问题 264

1）解释经营周期的两个构成要素，并分析经营周期增加的原因。

2）经营周期与现金周期的差异是什么？

3）债券利息的收益曲线是陡峭的正斜率曲线，说明 5 年期债券和 20 年期债券的影响？

4）什么是可转换债券？可转换债券和不可转换债券在息票利率上有什么区别？

5）财务比率分析的两个局限性。

情景 11-10

甲公司是一家核电企业，是上海证券交易所主板上市公司。2015 年，甲公司管理层正在计划进行某内陆核电站建设。财务部门编制了资本投资计划，固定资产投资总额达到 10 亿元。甲公司正在与一家证券公司讨论融资方案。甲公司的利润表和资产负债表如表 11-73 和表 11-74 所示。

表 11-73　甲公司的利润表　（单位：百万元）

科目	金额
销售收入	11 000
销货成本	6 200
毛利润	4 800
销管费用	3 200
经营利润	1 600
利息	200
税前利润	1 400
所得税（税率 40%）	560
净利润	840

表 11-74　甲公司的资产负债表　（单位：百万元）

科目	金额	科目	金额
流动资产	200	流动负债	100
固定资产账面净额	6 000	长期负债	2 000
		普通股（面值 4 元/股）	240
		资本公积	2 000
		留存收益	1 860
资产总额	6 200	负债与权益总额	6 200

甲公司普通股每股收益为 14 元。该证券公司向甲公司提出两种融资方案：

方案一：增发普通股融资，发行价格为 200 元/股，每年年末支付股利 4 元/股。

方案二：发行 20 年期公司抵押债券，利率 6%，第 10 年年初开始偿还本金，每年年末支付利息。

问题 265

1）不考虑发行费用，根据两种融资方案，反映取得新固定资产后的年末利润表和资产负债表。

2）解释并计算两种融资方案下的财务杠杆比率、运营资本和负债权益比。

3）利用杜邦分析方法计算两种融资方案下的权益回报率。

4）说明影响甲公司资本结构的 5 个因素。

情景 11-11

DHI 公司是一家生产电子配件的公司，有 80% 的业务来自两家大客户。2019 年年初，DHI 公司失去了其中一家大客户，2019 年下半年，该公司与另一家大客户 H 公司签订了供货合同。H 公司是全球排名第三的通讯公司。

表 11-75　DHI 公司最近 3 年财务数据　（单位：百万美元）

财务数据	2017 年	2018 年	2019 年
销售收入	190	200	500
成本	100	100	250
费用	30	40	80
营业利润	60	60	170

（续）

	2017 年	2018 年	2019 年
利息	10	20	100
所得税	10	10	20
净利润	40	30	50

该公司有一家国外子公司，国外子公司所在国政治经济不稳定，而且国外子公司的利润也不会有太大的增长。因此，该公司想关闭国外子公司，但关闭国外子公司后，营业利润、利息和净利润分别下降 1 000 万美元、100 万美元、100 万美元，该公司想取得银行贷款，银行要求要有 4 倍的利息保障。

该公司签订了好几份利率互换合同，分析师认为该公司的业务太依赖于大客户，但该公司管理层认为目前这种状况只能持续下去。

问题 266

1）说明水平百分比分析报表和垂直共同百分比分析报表的不同，并计算 DHI 公司销售收入增长率。

2）通货膨胀是如何扭曲收益的？指出受高通货膨胀影响较小的两个盈利能力比率。

3）关闭国外子公司后，DHI 公司是否能满足银行的贷款条件。

4）分析客户稳定性对经营的影响，并说明该题目中该公司管理层采取的风险应对策略。

本章习题解答

题号	答案	题号	答案	题号	答案	题号	答案
问题 1	A	问题 2	B	问题 3	A	问题 4	C
问题 5	D	问题 6	C	问题 7	D	问题 8	B
问题 9	C	问题 10	A	问题 11	D	问题 12	D
问题 13	D	问题 14	C	问题 15	C	问题 16	B
问题 17	A	问题 18	B	问题 19	B	问题 20	B
问题 21	C	问题 22	C	问题 23	C	问题 24	D
问题 25	C	问题 26	D	问题 27	C	问题 28	D
问题 29	B	问题 30	D	问题 31	D	问题 32	A
问题 33	B	问题 34	B	问题 35	C	问题 36	B
问题 37	B	问题 38	C	问题 39	A	问题 40	A
问题 41	D	问题 42	A	问题 43	C	问题 44	C
问题 45	B	问题 46	C	问题 47	D	问题 48	D
问题 49	A	问题 50	C	问题 51	B	问题 52	B
问题 53	A	问题 54	C	问题 55	A	问题 56	C
问题 57	C	问题 58	C	问题 59	C	问题 60	B
问题 61	B	问题 62	A	问题 63	B	问题 64	B
问题 65	B	问题 66	A	问题 67	B	问题 68	C

（续）

题号	答案	题号	答案	题号	答案	题号	答案
问题 69	D	问题 70	C	问题 71	B	问题 72	D
问题 73	A	问题 74	C	问题 75	A	问题 76	C
问题 77	D	问题 78	A	问题 79	D	问题 80	A
问题 81	B	问题 82	B	问题 83	D	问题 84	A
问题 85	C	问题 86	A	问题 87	C	问题 88	B
问题 89	A	问题 90	B	问题 91	A	问题 92	A
问题 93	D	问题 94	C	问题 95	B	问题 96	D
问题 97	D	问题 98	D	问题 99	B	问题 100	C
问题 101	B	问题 102	C	问题 103	D	问题 104	D
问题 105	C	问题 106	D	问题 107	D	问题 108	A
问题 109	C	问题 110	A	问题 111	A	问题 112	B
问题 113	B	问题 114	B	问题 115	C	问题 116	C
问题 117	A	问题 118	A	问题 119	D	问题 120	A
问题 121	B	问题 122	A	问题 123	D	问题 124	A
问题 125	A	问题 126	B	问题 127	B	问题 128	C
问题 129	C	问题 130	A	问题 131	B	问题 132	C
问题 133	B	问题 134	B	问题 135	C	问题 136	C
问题 137	C	问题 138	A	问题 139	C	问题 140	D
问题 141	A	问题 142	B	问题 143	B	问题 144	A
问题 145	C	问题 146	A	问题 147	D	问题 148	B
问题 149	B	问题 150	B	问题 151	C	问题 152	A
问题 153	D	问题 154	B	问题 155	A	问题 156	B
问题 157	C	问题 158	C	问题 159	C	问题 160	A
问题 161	D	问题 162	D	问题 163	C	问题 164	C
问题 165	C	问题 166	B	问题 167	B	问题 168	B
问题 169	A	问题 170	C	问题 171	B	问题 172	C
问题 173	D	问题 174	A	问题 175	C	问题 176	C
问题 177	B	问题 178	A	问题 179	B	问题 180	C
问题 181	D	问题 182	D	问题 183	C	问题 184	B
问题 185	B	问题 186	B	问题 187	C	问题 188	C
问题 189	C	问题 190	B	问题 196	C	问题 197	C
问题 198	A	问题 199	D	问题 200	B	问题 201	A
问题 202	C	问题 203	C	问题 204	D	问题 205	D

（续）

题号	答案	题号	答案	题号	答案	题号	答案
问题 206	A	问题 207	C	问题 208	C	问题 209	C
问题 210	B	问题 211	B	问题 212	A	问题 213	C
问题 214	C	问题 215	B	问题 216	C	问题 217	A
问题 218	A	问题 219	A	问题 220	A	问题 221	B
问题 222	C	问题 223	A	问题 224	B	问题 225	A
问题 226	D	问题 227	D	问题 228	A	问题 229	D
问题 230	B	问题 231	D	问题 232	B	问题 233	D
问题 234	C	问题 235	A	问题 236	B	问题 237	C
问题 238	C	问题 239	C	问题 240	D	问题 241	A
问题 242	B	问题 243	C	问题 244	C	问题 245	A
问题 246	C	问题 247	D	问题 248	C	问题 249	D
问题 250	B	问题 251	D	问题 252	B	问题 253	B
问题 254	D	问题 255	A	问题 256	C	问题 257	B
问题 258	B	问题 259	C	问题 260	D	问题 261	A
问题 262	C	问题 263	C				

问题 1 分析：

第 1 年毛利率 = 1 000 000 元/2 500 000 元 = 40%。第 2 年毛利率 = 1 030 000 元/2 600 000 元 = 39.62%。第 3 年毛利率 = 1 068 000 元/2 718 000 元 = 39.29%。第 4 年毛利率 = 1 100 000 元/2 800 000 元 = 39.29%。所以毛利率下降，销货成本的百分比呈上涨趋势。

问题 2 分析：

净运营资本 = 流动资产 − 流动负债。赊购商品，存货和应付账款增长同样的数量，净运营资本不受影响。

问题 3 分析：

净运营资本 = 20 000 元 + 40 000 元 + 16 000 元 + 60 000 元 + 24 000 元 − 30 000 元 − 50 000 元 = 80 000 元。

问题 4 分析：

流动比率 = 5 200 000 元/2 600 000 元 = 2。当流动比率大于 1，如果 200 000 元现金支出用来支付 200 000 元应付账款，那么流动比率增加。如果 200 000 元现金支出用来购买存货，那么速动比率会减少。速动比率分子中包含现金但不包含存货。

问题 5 分析：

速动比率 = （124 000 元 + 70 000 元 + 94 000 元）/（168 000 元 + 22 000 元） = 1.52。

问题 6 分析：

流动比率大于 1，赊购商品、存货增加，应付账款增加，流动比率减小。

问题 7 分析：

增加坏账比率，净应收账款减少，流动比率的分子减少，流动比率减小。

问题 8 分析：

赊销会增加应收账款，减少存货，酸性比率的分母中包括应收账款，不包括存货。赊销会增加酸性比率。

问题 9 分析：

现金购买存货，现金减少，存货增加，酸性比率的分母中包括现金，不包括存货。现金购买存货会使酸性比率减少。

问题 10 分析：

根据杜邦模型可知，权益回报率 = 净利润/销售 × 销售/平均总资产 × 平均总资产/平均普通股权益 = 净利润率 × 总资产周转率 × 财务杠杆。

问题 11 分析：

审核信用申请时，信用经理最应关心申请人的流动性，运营资本和流动比率最能反映流动性。

问题 12 分析：

第 1 年的流动资产/(第 1 年现金 + 应收账款 + 可供出售金融资产) = 2.3/1.2 = 1.917。第 2 年的流动资产/(第 2 年现金 + 应收账款 + 可供出售金融资产) = 2/1 = 2。即，除现金、应收账款和可供出售金融资产以外的流动资产增长速率更高。存货是除现金、应收账款和可供出售金融资产以外的流动资产中最重要的一项。

问题 13 分析：

存货不易变现，一次在公司偿付流动负债时主要考虑速动资产。

问题 14 分析：

财务灵活性是指企业适应经济环境变化和利用投资机会的能力，具体是指公司动用闲置资金和剩余负债能力，应对可能发生的或无法预见的紧急情况，以及把握未来投资机会的能力，是公司筹资对内外环境的反应能力、适应程度及调整的余地。负债权益比率、财务杠杆均低于竞争者，在相同的条件下，公司可以比竞争者更容易通过外部融到资金。因此为引入新产品寻求其他外部融资来源应是公司采取的战略。

问题 15 分析：

低于账面价值出售固定资产，固定资产净额减少，现金增加，产生损失。损失会使利润减少。

问题 16 分析：

酸性比率的分子中不包括预付费用。

问题 17 分析：

资产负债表外融资，也称为表外融资，账外融资。CMA 考试中要求掌握以下 4 类方法：应收账款出售、特殊目的实体、租赁、合资经营。

问题 18 分析：

流动比率大于 1，用现金支付应付账款，流动比率的分子分母同时减少，流动比率增加。

问题 19 分析：

存货周转率 = 49 000 元/[(12 800 元 + 15 200 元)/2] = 3.5。

问题 20 分析：

应付账款周转率 = 49 000 元/[(6 640 元 + 7 360 元)/2] = 7。

问题 21 分析：

信用政策改变需要考虑的因素：应收账款占用水平、市场竞争的程度、公司的销售状况、客户的信用等级和公司信用管理能力。

问题 22 分析：

应收账款周转率 = 7 200 000 元/[(640 000 元 + 800 000 元)/2] = 10。

问题 23 分析：

平均收款期可以作为流动性的指标。

问题 24 分析：

销售收入减少，应收账款增加，计算应收账款周转率的分子减少，分母增加。应收账款周转率减小。销货成本减少，存货不变，计算存货周转率的分子减少，分母不变。存货周转率减小。

问题 25 分析：

存货周转率 = 1 054 000 元/[(250 000 元 + 276 000 元)/2] = 4.01。

问题 26 分析：

本年净利润 = (11 400 000 元 − 10 000 000 元)/(1 − 30%) = 2 000 000 元。

问题 27 分析：

公司处在一个通货膨胀严重的国家，存货会计政策由先进先出法改成后进先出法，存货被低估。存货周转率增加，流动比率减少。

问题 28 分析：

流动比率、酸性测试比率都是用来衡量短期流动性的指标，其他 3 个不是。

问题 29 分析：

应收账款周转率 = 3 400 000 元 × (1 − 6%)/[(336 000 元 + 294 000)元/2] = 10.15。

问题 30 分析：

应收账款周转率 = 1 800 000 元/[(136 000 元 + 94 000 元)/2] = 15.65。应收账款周转天数 = 360 天/15.65 = 23 天。

问题 31 分析：

今年的销货成本 = 5 050 000 元 × (1 − 40%) = 3 030 000 元。期末存货 = 3 030 000 元 × 22% = 666 600元。期初存货 = 2 288 500 元 × (1 − 0.35) × 15% = 223 129 元。平均存货价值 = (666 600 元 + 223 129元)/2 = 444 864 元。存货周转率 = 3 030 000 元/444 864 元 = 6.81。

问题 32 分析：

前 1 年：存货周转天数约为：365 天 × 8 000 000 元/12 000 000 元 = 243.33 天。应收账款周转天数约为：365 天 × 6 000 000 元/20 000 000 元 = 109.5 天。

当年，存货周转天数约为：365 天 × 10 000 000 元/14 000 000 元 = 260.71 天。应收账款周转天数约为：365 天 × 8 000 000 元/22 000 000 元 = 132.73 天。

问题 33 分析：

将融资租赁错误地划分为经营租赁，资产负债表的固定资产和融资租赁负债都被低估，利润表中经营租赁费用被高估，利息费用和折旧费用被低估，它会影响负债股本比率、固定资产周转率、净利润率。但是错误的划分不会影响销售收入金额和应收账款金额，因此不影响应收账款周转率。

问题 34 分析：

现金周期 = 360/应收账款周转率 + 360/存货周转率 − 360/应付账款周转率，所以周转率下降而现金周期缩短，只能是应付账款增加。

问题 35 分析：

固定资产周转率 = 6 000 000 元/2 600 000 元 = 2.3。

问题 36 分析：

平均总资产 = (96 000 元 + 84 000 元 + 136 000 元 + 250 000 元 + 650 000 元 + 124 000 元 + 70 000 元 + 94 000 元 + 276 000 元 + 848 000 元) /2 = 1 314 000 元。总资产周转率 = 1 800 000 元/1 314 000 元 = 1.37。

问题 37 分析：

财务杠杆 =（2 640 000元 +1 600 000元 +1 760 000元）/（2 640 000元 +1 760 000元）=1.36。

问题 38 分析：

运营杠杆为 5，说明 1% 的销售收入变动会造成 5% 的息税前收入变动。

问题 39 分析：

财务杠杆高的公司负债多，负债权益比大。

问题 40 分析：

公司增加负债的使用会增加财务杠杆，然而对经营杠杆没有影响。

问题 41 分析：

财务杠杆为 3，息前利润增加 5%，息后利润会增加 15% =5% ×3，即 EPS 增加 15%。

问题 42 分析：

负债多的公司财务杠杆大，息税前利润变化会导致每股收益更大比例的变化。

问题 43 分析：

负债权益比率 = 负债/权益 =（168 000 元 +22 000 元 +154 000 元）/（600 000 元 +56 000 元 +412 000 元）=32.21%。

问题 44 分析：

银行应向乙公司发放贷款，该公司的负债权益比率和财务杠杆水平都低于行业均值，说明该公司资本结构中的负债少，偿付能力和流动性强。

问题 45 分析：

毛利率高于同行业的企业，净利率却较低，说明企业的期间费用比同行业的高，那只有通过调查研究，在管理费用、销售费用方面考虑如何削减成本。

问题 46 分析：

货币性资产和负债账户使用现行汇率法进行外币折算，折算损益计入当期费用，在损益表中体现；子公司的报表折算损益，计入权益项下的报表折算损益，在资产负债表中体现。

问题 47 分析：

资产负债率衡量了负债总额相对于总资产的大小，是衡量了长期负债偿付能力的重要因素。

问题 48 分析：

投资回报率是与投资所占用资产有关，对于一家公司来说，它和资产回报率相近，股东权益回报率是考虑包括优先股在内的回报率；权益回报率是资产回报率乘以权益乘数，利用财务杠杆放大效应，因此权益回报率是在公司营利的前提下，有效使用财务杠杆，权益回报率是这几个比率值中最大的。

问题 49 分析：

流动负债 = 流动资产/流动比率 =1 280 000 元/3.2 =400 000 元。

总负债 = 流动负债 + 长期负债 =260 000 元 +400 000 元 =660 000 元。

权益 = 总资产 − 总负债 =1 980 000 元 −660 000 元 =1 320 000 元。

负债权益比率 =660 000 元/1 320 000 元 =0.5。

问题 50 分析：

股票回购，现金减少，权益减少，但是不会影响收入和费用的损益类科目，因此，净利润率不变。

问题 51 分析：

当息税前利润等于利息费用，利息保障倍数 = EBIT/利息费用 =1。

问题 52 分析：

每股收益计算公式可知，加权平均在外流通的股数 =（24 000 股 ×2/12 + 29 400 股 ×4/12 + 36 000/股 ×5/12 +35 040 股 ×1/12）×（1 +20%）=38 064 股。每股收益 =203 008 元/38 064 股 =5. 34 元/股。

问题 53 分析：

权益回报率 = 净利润/(平均资产 - 平均负债)，当资产总额增加，权益回报率下降。

问题 54 分析：

新的资产使用更低的残值，折旧额就相对较高，更快的速度减少账面资产，从而增加总资产周转率。

问题 55 分析：

200 000 股 +20 000 股 ×9/12 +（200 000 股 +20 000 股 ×9/12）×10% -10 000 股 ×3/12 =234 000 股。

问题 56 分析：

可转换债券被转换后，公司净利润 =22 000 000 元 ×（1 -40%）=13 200 000 元。

加权平均在外流通股数 =1 000 000 股 +20 000 000 元/(400 元/股) =1 050 000 股。

每股收益 =13 200 000 元/1 050 000 股 =12. 6 元/股 > 现有每股收益 12 元。

问题 57 分析：

优先股股利 =50 000 股 ×10% ×200 元/股 =1 000 000 元。

加权平均在外流通股数 =1 060 000 股 +60 000 股 ×7/12 =1 095 000 股。

基本每股收益 =（净利润 - 优先股股利）/ 加权平均在外流通股数 =（10 600 000 元 -1 000 000 元）/1 095 000 股 =8. 76 元/股。

问题 58 分析：

优先股股利 =10 000 股 ×200 元/股 ×6% =120 000 元。

基本每股收益 =（净利润 - 优先股股利）/ 加权平均在外流通股数 =（700 000 元 - 120 000 元）/100 000 股 =5. 8 元/股。

问题 59 分析：

1 000 000 股 ×2 =2 000 000 股。

问题 60 分析：

优先股股利 =5 000 股 ×6% ×200 元/股 =60 000 元。

加权平均在外流通股数 =10 000 股 +2 000 股 ×7/12 =11 167 股。

基本每股收益 =（净利润 - 优先股股利）/ 加权平均在外流通股数 =（240 000 元 -60 000 元）/11 167 股 =16. 12 元/股。

问题 61 分析：

加权平均在外流通股数 =（240 000 股 ×12 -24 000 股 ×10 +60 000 股 ×7 +120 000 股 ×2）/12 =275 000 股。

问题 62 分析：

平均所有者权益 =（600 000 元 +24 000 元 +310 000 元 +600 000 元 +56 000 元 +412 000 元）/2 =1 001 000 元。所有者权益回报率 =192 000 元/1 001 000 元 =19. 18%。

问题 63 分析：

平均账面资产 =（44 000 000 + 36 000 000）/2 = 40 000 000 元。销售额 = 40 000 000 元 ×2. 5 =100 000 000 元。

问题 64 分析：

通过负债融资增加运营资产投资，资产增加，负债增加，利息费用增加，销售收入和边际利润不变。即：边际利润率不变，资产周转率减少，资产回报率减少。

问题 65 分析：

存货周转率增加，说明存货被卖出得更快，毛利增加，利润增加。权益融资减少，说明权益总额减少，财务杠杆提高，为股东获得更高收益。综上所述，存货周转率增加，权益融资减少，权益回报率增加。

问题 66 分析：

2010 年 12 月 31 日，所有者权益总额 = 48 418 612 元 + 5 722 006 元 − 447 102 元 − 825 834 元 = 52 867 682 元。属于普通股股东的权益 = 52 867 682 元 − 7 108 810 元 = 45 758 872 元。每普通股账面价值 = 45 758 872 元/12 195 799 股 = 3.76 元/股。

问题 67 分析：

股票股利不会改变资产总额和权益总额，但是会增加流通在外的普通股数，进而减少普通股每股账面价值。

问题 68 分析：

股票市价上涨说明投资者认为与 2010 年相比，2011 年的增长机会趋势良好。

问题 69 分析：

股利收益率 = 每股股利/每股市场价格，股票市价增加，股利不变，股利收益率下降。

问题 70 分析：

市盈率 = (68元/股)/(9.6元/股) = 7.08。

问题 71 分析：

每股收益 = (1 176 000 元 − 10 000 股 × 200 元/股 × 6%)/120 000 股 = 8.8 元/股。市盈率 = (80 元/股)/(8.8 元/股) = 9.09。

问题 72 分析：

股票估价 = 6.4 元 × 14 = 89.6 元。股票低估 = (89.6 元 − 72 元)/72 元 = 24.44%。

问题 73 分析：

市盈率 = 每股市场价格/每股收益，每股收益持续增加，而股票的市场价格保持稳定可以解释市盈率稳定下降的情况。

问题 74 分析：

股利收益率 = 每股股利/每股市场价格。

问题 75 分析：

对于投资者来说的每股股利 = 1 400 000元/350 000股 = 4元/股。股利收益率 = (4元/股)/(36元/股) = 11.11%

问题 76 分析：

股利收益率 = 0.4 元/股 × 4/80 元/股 = 2%。

问题 77 分析：

股利收益率 = (2元/股)/(60元/股) = 3.33%。

问题 78 分析：

功能性货币是子公司所处主要经济环境中的货币。如果子公司的经营具有很大自主性，则子公司的当地货币就是功能性货币。如果子公司的业务都是母公司业务的延伸，则母公司的货币是子公司的功能货币。决定功能性货币的因素有：子公司销售市场在哪里，销售价格如何决定，费用在哪里发生，如何融资以及内部交易的多少等。自主型子公司拥有独立的用当地货币进行的销售、购货和融资，且具有较少的内部交易。非自主型子公司往往以母公司货币进行销售、购货和融资，内部交易也较多。

问题 79 分析：

功能性货币是子公司所处主要经济环境中的货币。

问题 80 分析：

资产的账面价值与销售价格相等，不会影响净利润。资产销售属于投资活动现金流量的流入。

问题 81 分析：

公司的净利润率如表 11-76 所示。

表 11-76 公司的净利润率 （单位：%）

年份	2009 年	2010 年	2011 年
净利润率	4.11	3.79	3.33

根据答题规则可以知道，选项 A、C、D 意思一致，也可以判断 B 为正确答案。

问题 82 分析：

可持续发展的权益增长率 = ROE ×（1 − 股利支出率）= 资产回报率 × 总资产/权益 × 留存收益率 = 8.6% ×77 000 000 元/30 800 000 元 ×40.0% = 8.6% 。

问题 83 分析：

第 1 张可转换债券当每股收益等于 2.10 元 = 10 000 000 元 ×6% ×（1 − 30%）/200 000 股时，既不会稀释也不会反稀释。第 2 张可转换债券当每股收益等于 1.90 元 = 15 000 000 元 ×5% ×（1 − 30%）/275 000 股时，既不会稀释也不会反稀释。所以当基本每股收益大于 2.10 元时，这两张债券都是稀释证券。

问题 84 分析：

当价格上涨时，先进先出法的存货价值大于后进先出法的存货价值。融资租赁资产可以视同自购资产，经营租赁不能视同自购资产，因此融资租赁的账面资产大于经营租赁。

问题 85 分析：

短折旧期和低残值的方法使得账面资产较低，折旧不会影响经营活动现金流。折旧虽然会影响税收，但是取决于所得税法的折旧。

问题 86 分析：

总资产周转率上升，而存货和应收账款周转率下降，只能是固定资产周转率上升。

问题 87 分析：

如果该公司在发布财务报告的任何时间有一个 1 分 2 的股票分割，那么计算就应该使用 320 万股。

问题 88 分析：

流动比率上升，速动比率下降，产生这种现象是存货增加导致的，那只有通过与供应商合作，降低存货水平，才会改善这种现象。

问题 89 分析：

公司购买固定资产一部分用现金支付，其余用长期票据支付，导致流动资产减少，流动负债没变化，运营资本减少。

问题 90 分析：

垂直共同比分析是指以财务报表中某一科目为基数，定为 100%，报表内的其他科目用被指定科目的百分比表达。一般用资产负债表中的总资产或损益表中的总收入。选项中只有广告费是销售费用的 2%，采用的是垂直共同比分析。

问题 91 分析：

债转股后的净利润 = 107 000 元 + 200 000 元 × 8% ×（1 − 34%）= 117 560 元。债转股后的股数 = 80 000股 + 20 000 股 = 100 000 股。普通股摊薄每股收益 = 117 560 元/100 000 股 = 1.18 元/股。

问题 92 分析：

运营周期 = 360/应收账款周转率 + 360/存货周转率，从题干中分析可得出，乙公司的运营周期比甲公司的短。

问题 93 分析：

以 150 000 元的价格出售股票属于投资活动。

问题 94 分析：

存货周转率 = 销货成本/平均存货，在低存货周转率下，缺货不是经常出现的原因。

问题 95 分析：

由于乙公司使用现行汇率法，欧元是其功能货币；乙公司使用时态法，美元是其功能货币。

问题 96 分析：

丙公司的财务报告将使用时态法进行重新计量。在时态法下，非货币性科目使用历史汇率进行折算，不会产生未实现的利得或者损失，递延到实现后才记录到利润表；货币性科目使用现行汇率法折算，已实现与未实现的利得或者损失都会记录到利润表。

问题 97 分析：

在现行汇率法下，所有的未实现的汇兑折算损益将会计入权益项下的其他累计全面收益。

问题 98 分析：

在现行汇率法下，所有资产使用年底的汇率折算，总资产 = 1 250 000 000 欧元/(0.75 欧元/美元) = 1 666 666 667 美元。

问题 99 分析：

在现行汇率法下，利润表的项目使用平均汇率折算：销售收入 = 1 000 000 000 欧元/(0.70 欧元/美元) = 1 282 051 000美元，销货成本 = 700 000 000 000 欧元/(0.70 欧元/美元) = 897 436 000 美元，毛利率 = (销售收入 − 销货成本)/销售收入 = (1 282 051 000 美元 − 897 436 000 美元)/1 282 051 000 美元 = 30%。

问题 100 分析：

收益质量衡量的是财务报表的有效性和准确性。收益质量的影响因素包括：①会计原则的选择；②表外融资对于财务报表的影响；③关于资产维修和未来获利能力；④经济周期对于收益的影响。一致保守的会计政策和稳定的收益水平是收益质量的特征。

问题 101 分析：

根据杜邦公式，权益回报率 = 净利润率 × 总资产周转率 × 财务杠杆。

表 11-77　财务数据

科目	甲公司	行业平均水平
净利润率（净利率/收入）(%)	2.88/46 = 6.26	3.00/54 = 5.56
总资产周转率（收入/平均总资产）(%)	46/123 = 0.374 0	54/145 = 0.372 4
财务杠杆（总资产/权益）	123/16 = 7.68	145/15 = 9.67
权益回报率（净利润/权益）(%)	2.88/16 = 18.00	3/15 = 20.00

和行业平均水平相比，甲公司具有更高的净利润率、相同的总资产周转率和更低的财务杠杆。

问题 102 分析：

可知Ⅰ，Ⅲ和Ⅳ的说法是正确的。如果资产的市场价格下降，使用公允价值的财务比率比使用历史成本的财务比率结果更差。

问题 103 分析：

会计利润和经济利润不同点在于对于成本的定义不同，经济成本中多考虑了隐性成本，也就是机会成本。

问题 104 分析：

总经济成本 = 显性成本 + 隐性成本 = 50 000 元 + 70 000 元 = 120 000 元。

问题 105 分析：

重构利润表区分了与正常经营活动有关的利润和非正常经营活动的利润，这样就可以单独分析，其中获得的来自持续经营的净利润具有更好的持久性，管理会计师应使用重构利润表进行分析。其他 3 个选项的说法正确。

问题 106 分析：

略。

问题 107 分析：

略。

问题 108 分析：

税收提高将增加应交所得税，从而降低净利润。

问题 109 分析：

应收账款收款期 = (应收账款 × 360)/销售收入。

假设上年销售收入为 100 000 美元，则今年销售收入为 80 000 美元，那么 73 天 = (应收账款 × 360 天)/100 000 美元，应收账款 = 20 278 美元。

91.25 天 = (应收账款 × 360 天)/80 000 美元，应收账款 = 20 278 美元。

因此，应收账款没有发生变化。

问题 110 分析：

现金比率 = (现金 + 有价证券)/流动负债 = (200 000 美元 + 100 000 美元)/600 000 美元 = 0.5。

问题 111 分析：

速动比率 = (现金 + 有价证券 + 应收账款)/(应付账款 + 长期债务当年到期部分) = (10 000 美元 + 18 000 美元 + 120 000 美元)/(75 000 美元 + 20 000 美元) = 1.558。

问题 112 分析：

利息覆盖率反映企业支付到期利息的能力。长期债权人(债券持有人)对企业的偿债能力很感兴趣，而利息覆盖率是评判偿债能力的一个有价值的指标。

问题 113 分析：

资产回报率 = 普通股回报率 × (1 − 债务比率) = 12% × (1 − 40%) = 12% × 60% = 7.2%。

问题 114 分析：

杜威公司相关财务信息见表 11-78。

表 11-78　杜威公司相关财务信息　　（单位：美元）

净利润	317 000
减：优先股股利	−90 000

（续）

普通股股利	227 000
加：债券利息	150 000
减：税盾	-54 000
调整后盈余	323 000

优先股股利 = 1 000 000 美元 × 9% = 90 000 美元。

债券利息 = 2 000 000 美元 × 7.5% = 150 000 美元。

税盾 = 150 000 美元 × 36% = 54 000 美元。

潜在的总股份 = 100 000 股普通股 + 可转换债券的 50 000 股 = 150 000 股。

稀释每股收益 = 调整后盈余/潜在的总股份 = 323 000 美元/150 000 股 = 2.15 美元/股。

问题 115 分析：

每股面值 = (权益总额 - 优先股)/已发行普通股 = (13 934 000 美元 - 3 500 000 美元)/1 050 000 股 = 9.94 美元/股。

问题 116 分析：

收益率 = 每股收益/每股市场价格 = 1/市盈率 = 1/7.2 = 14%。

股利支付率 = 每股现金股利/每股收益 = (25 美元 × 5%)/(25 美元/7.2) = 36%。

问题 117 分析：

在 2001 年 12 月 31 日，安德鲁公司损益表中报告的汇兑损益为 20 000 美元 × (1.25 - 1.15) = 2 000美元，营利。

问题 118 分析：

营利的持久性是通过衡量目前的营利来预测未来营利程度的指标。

问题 119 分析：

资产负债表中非货币性项目的相关科目产生的收入、费用、收益、亏损需要使用历史汇率重新计量，货币性项目则以当时的汇率重新计量。

问题 120 分析：

当一家公司尝试使用资产或借现金而没有显示相应的负债，这是通常所说的“表外融资”的一种做法。

问题 121 分析：

根据国际财务报告准则，收到利息和股利将被划为经营活动现金流或者投资活动现金流。

问题 122 分析：

利息覆盖率 = 息税前利润（EBIT）/利息费用，存货周转率 = 销货成本/平均存货。不妨假设销售额是 1 000 万元，资产是 500 万元。经计算，利息覆盖率和存货周转率如表 11-79 所示。

表 11-79　利息覆盖率和存货周转率

项目	2002 年	2003 年	2004 年	2005 年
利息覆盖率	3.00	3.00	3.17	3.29
存货周转率	15	14.3	16	14.8

问题 123 分析：

毛利率、经营利润率、净利润率是用来衡量营利能力的指标，其他 3 个选项不是。

问题 124 分析：

在单位销售价格和销货成本不变的情况下，公司的毛利率保持 40% 不变，而销售和管理费用由于存在固定成本部分，所以占比下降，经营利润率上升。

问题 125 分析：

公司销量上升会造成存货占流动资产的比例下降，其余 3 种情况都可能造成比例上升。

问题 126 分析：

现金比率 = (现金 + 现金等价物 + 有价证券)/流动负债，赊购材料会增加公司的流动负债，造成现金比率下降。

问题 127 分析：

该项决议会提高公司的资产、负债和利息的金额，其他科目不发生改变，所以经营利润率不变，总资产周转率降低，资产回报率降低。

问题 128 分析：

股息率 = 普通股股利/每股市场价格 = 2 元/60 元 = 3.33%。

问题 129 分析：

权益回报率同比变化 = (1 + 25%) × (1 + 40%) × (1 − 10%)/(1 + 40%) − 1 = 12.5%。

问题 130 分析：

经营利润、毛利润、权益和负债不包括非经常收益。

问题 131 分析：

公司存货周转率、固定资产周转率上升，应收账款周转率、酸性测试比率下降说明公司应收账款大幅度上升，而存货和固定资产相对稳定，所以公司采用了更加优惠的赊销政策。

问题 132 分析：

公司毛利率上升说明售价提高的幅度超过了产品成本提高的幅度。

问题 133 分析：

经营利润率 = (200 000 元 − 80 000 元 − 30 000 元) ÷ 200 000 元 = 45%。

问题 134 分析：

在中国的业务经营仅以人民币为货币开展，如果日元升值，以人民币计价的收入不变，以日元计价的收入减少。

问题 135 分析：

本年度销售收入 25 000 000 元，坏账准备率由 3% 提高到 4.5%，造成的收益减少 = 25 000 000 元 × (4.5% − 3%) = 375 000 元。经营杠杆 = 边际贡献/经营利润，所以经营杠杆也提高。

问题 136 分析：

采用公允价值法计量，当负债的市场价值小于账面价值时产生利得。

问题 137 分析：

经济利润等于会计利润减去机会成本。

问题 138 分析：

流动资产的减少和流动负债的增加都会引起现金余额的增加。

问题 139 分析：

公司应收账款周转率提升，说明公司回款速度加快。加大现金折扣可以加快回款。

问题 140 分析：

表外融资包括应收账款出售、特殊目的实体（SPE）、租赁、合资经营和证券化，不包括交易性金融资产。

问题 141 分析：

运营周期 = 存货销售天数 + 应收账款回收天数。现金周期 = 存货销售天数 + 应收账款回收天数 − 应付账款周转天数。增加存货周转率，可以减少存货销售天数，从而使运营周期和现金周期下降。

问题 142 分析：

提高利润增长率可以使权益回报率上升。

问题 143 分析：

略。

问题 144 分析：

信用期延长，应收账款周转期延长。

问题 145 分析：

短期信贷应该关注流动性比率，而不是资本结构相关比率。3 家公司的流动比率分别为 2.5、1.5 和 3。

问题 146 分析：

预计超期付款的销售额 = 4 000 000 元 × 20% = 800 000 元。

平均每天产生的预计超期付款的销售额 = 800 000 元/360 天 = 2222.22 元/天。

预计应收账款的数额 = 平均每天产生的预计超期付款的销售额 × 付款期
= 2222.22 元/天 × 45 天 = 100 000 元。

问题 147 分析：

365 天/6.2 + 365 天/5.3 = 127.7 天。

问题 148 分析：

使用现金购买存货，流动资产不变；发行公司债券，流动负债不变。所以，运营资本和流动比率不变。

问题 149 分析：

4 个供应商的财务杠杆分别为 1.25、1.18、1.33 和 2。供应商 B 的财务风险最小。

问题 150 分析：

每股收益 = 2 000 000 元/500 000 股 = 4 元/股。市盈率 = 36 元/股 ÷ 4 元/股 = 9。

问题 151 分析：

在通过膨胀的情况下，在后进先出法下，毛利和净利润是最低的，盈余质量最高。

问题 152 分析：

在通过膨胀的情况下，在后进先出法下，毛利和净利润是最低的，而先进先出法下是最高的，平均成本法下的则居于中间位置。

问题 153 分析：

在后进先出法下，期末存货价值是最低的，而先进先出法下是最高的，平均成本法下的则居于中间位置。

问题 154 分析：

使用历史成本计量长期资产，X 公司的资产价值偏低，资产回报率偏高。

问题 155 分析：

平均应收账款 = （1 000 万元 + 1 250 万元）/2 = 1 125 万元。周转率为 6 000 万元/1 125 万元 = 5.33。周转天数 365 天/5.33 = 68 天。90 天 − 68 天 = 22 天。

问题 156 分析：

(40 000 元 - 50 000 元)/50 000 元 = -20%。

问题 157 分析：

低于行业平均水平最值得注意。

问题 158 分析：

营业利润率 = (2 000 000 元 - 800 000 元 - 400 000 元)/2 000 000 元 = 40%。

问题 159 分析：

120 000 元/600 000 元 = 20%。

问题 160 分析：

30 000 000 元/50 000 000 元 = 0.6。

问题 161 分析：

3 家公司的流动比率分别为 1.12、1.29 和 1.45。

问题 162 分析：

其余 3 项均为税前利润。

问题 163 分析：

速动比率 = (现金 + 应收账款)/流动负债 = 2 × (1 - 20%) = 1.6。

问题 164 分析：

运营资本政策管理变得更加保守，资产的流动性变强，而短期负债变少。

问题 165 分析：

净运营资本等于流动资产减去流动负债。

问题 166 分析：

其余 3 项都是需要考虑的对象，销售费用的成本行为、差异分析等。

问题 167 分析：

公司所得税影响净利润率而不影响毛利润率。

问题 168 分析：

毛利率 = (1 000 000 元 - 500 000 元 - 130 000 元) = 37%。

问题 169 分析：

在营业利润需要扣除销售费用。其余 3 项均为在营业利润后，税前利润中需要扣除的部分。

问题 170 分析：

对于错误更正的处理是，在发现时作为以前时期调整留存收益的期初余额。

问题 171 分析：

资产负债表反映了公司资产、负债和所有者权益。它提供了估计会计主体的流动性、财务弹性、计算投资回报率、评估会计主体的资本结构和偿债能力的基础。

问题 172 分析：

甲公司在外加权流通股股数 = 4/12 × 10 000 股 + 6/12 × 20 000 股 + 2/12 × 40 000 股 = 20 000 股。每股收益 = (1 000 万元 - 100 万元)/20 000 股 = 450 元/股。

问题 173 分析：

现金周期 = 存货销售天数 + 应收账款回收天数 - 应付账款周转天数。存货周转期增加 10 天，应付账款周转期减少 10 天，会造成现金周期增加 20 天。

问题 174 分析：

功能货币是指企业个体从事经营活动的主要经济环境中的计量货币。

问题 175 分析：

利息保障倍数 = 税息前利润(EBIT)/利息费用 = (100 万元 + 50 万元 + 20 万元)/20 万元 = 8.5。

问题 176 分析：

10 万元 + 50 万元 + 30 万元 + 2 万元 − 5 万元 − 7 万元 = 80 万元。

问题 177 分析：

现金周期 = 存货销售天数 + 应收账款回收天数 − 应付账款周转天数。应付账款周转期延迟，现金周期减小。

问题 178 分析：

使用准时制生产，存货减少，周转率提高。

问题 179 分析：

毛利润 = 5 500 万元 × (1 − 40%) = 3 300 万元。

问题 180 分析：

甲公司年初股票数量 = 1 200 万元 ÷ 2 元/股 = 600 万股。加权平均流通股股数 = 600 万股 × 6/12 + 600 万股 + (600 万股 + 10 万股) × 6/12 = 605 万股。每股收益 = (1 200 万元 + 1 500 万元) ÷ 605 万股 = 4.46 元/股。

问题 181 分析：

20 000 元 × (1 + 4%) × (1 + 2%) − 13 000 元 × (1 + 3%) − 5 000 元 × (1 + 2%) = 2 726 元。

问题 182 分析：

所得税列于经营利润之后，净利润之前。对毛利率没有影响。

问题 183 分析：

2 000 万元/400 万元 = 5。

问题 184 分析：

20% × (1 − 40%) = 12%。

问题 185 分析：

20%/2 = 10%。

问题 186 分析：

45 天 + 40 天 − 30 天 = 55 天。

问题 187 分析：

每股账面价值 = [100 万元 + 200 万元 + 50 万元 + 20 万元 × (1 − 30%)]/100 万股 = 3.64 元/股。每股市场价值 = 3.64 元/股 × 2 = 7.28 元/股。

问题 188 分析：

甲公司近两年销售收入保持不变，销售费用上升，而毛利润下降。最有可能的原因是销量上升，而单价下降。

问题 189 分析：

折旧年限调整属于会计估计变更，适用未来适用法。年初固定资产账面净值 = 60 000 元 × 2 年/3 年 = 40 000 元。今年折旧金额 = 40 000 元/(5 年 − 1 年) = 10 000 元/年。

问题 190 分析：

选项 B 属于提前确认销售收入，是一种激进的会计政策，并不符合一般公认会计原则的要求，会降低盈余质量。其余 3 个选项都属于较为保守的会计政策。

问题 191 分析：

1）略。

2）信用政策包括信用标准（信用申请者获得企业提供信用所必须达到的最低信用水平，通常以预期的坏账损失率作为判别标准）、信用期间、现金折扣政策和收账政策，其中最重要的是信用标准的确定。

3）略。

4）略。

5）略。

问题 192 分析：

1）共同百分比报表结果如表 11-80 所示。

表 11-80 共同百分比报表 （单位:%）

水平百分比	2013 年	2014 年	垂直百分比	2013 年	2014 年
收入	100	110	收入	100	100
销货成本	100	105	销货成本	50	48
折旧	100	100	折旧	20	18
销售管理费用	100	200	销售管理费用	5	9
利息费用	100	200	利息费用	8	14
所得税	100	71	所得税	7	5
净利润	100	71	净利润	11	7

由于销售管理费用和利息费用增加的幅度超过收入增加的幅度，给利润带来了负面影响。

2）2013 年 ROE = 21 万元/400 万元 = 5.25%

2014 年 ROE = 15 万元/400 万元 = 3.75%

单纯从 ROE 分析融资决定并不正确，当然还要综合考虑对财务风险的影响等因素。

3）会不会偷工减料？质量会不会减低？是不是按时按量供货？等。

4）略。

5）假设销售管理费用为固定成本。

DOL = (220 万元 − 105 万元)/(220 万元 − 105 万元 − 40 万元 − 20 万元) = 2.09。

DFL = (220 万元 − 105 万元 − 40 万元 − 20 万元)/(220 万元 − 105 万元 − 40 万元 − 20 万元 − 30 万元) = 2.2。

6）根据经营杠杆的定义可知，固定成本越高，经营杠杆越大，销售收入变动引起的经营利润变动幅度越大。根据财务杠杆的定义可知，利息越高，财务杠杆越大，经营利润变动引起的净利润变动幅度越大。

问题 193 分析：

1）股东主要关注资产回报率，同时也关注其他指标。短期债权人关心流动比率、速动比率、应收账款周转率。长期债券人主要关注总负债率、负债权益比等，也关心资产回报率。

2）市盈率、市销率、企业价值/息税折旧摊销前利润（EV/EBITDA）。

3）一般不影响市账率、流动比率，提高总资产周转率，降低资产负债率和财务杠杠比率。

4）优点：

a. 可以明显地改善财务报表的质量，将债务置于资产负债表外。

b. 会使借款人处于有利的地位，从而可以防止信用等级下降、减低资本成本。

c. 可以规避借款合同的限制，增加融资方式、开辟融资渠道。

d. 作为对通货膨胀情况下被低估资产价值的抵销，可通过表外融资，将部分债务置于财务报表之外，以应付通货膨胀对企业财务状况和举债能力造成的压力。

缺点：

a. 粉饰财务报表，降低了财务数据的可靠性，不能客观反映企业财务状况。

b. 公司不愿意反映真实的负债水平，不利于债权人。

c. 美化经营效果，误导股权投资者。

表外融资的方式还包括：经营租赁、合资经营、应收账款销售、资产证券化等。

5）公司权益价值 = 30 元/股/6 × 1 000 万股 = 5 000 万元。

ROE = 600 万元/5 000 万元 = 12%。

ROE = 净利润率 × 总资产周转率 × 权益乘数 = 600 万元/5 000 万元 × 5 000 万元/10 000 万元 × 10 000 万元/5 000 万元 = 12% × 0.5 × 2 = 12%。

公司的周转率提高，ROE 提高。

6）财务比率可比性受到不同国家会计准则、会计方法的选择、会计估计的激进或保守、公司规模、季节性、盈余管理、多元化经营等的影响。

7）美国证券交易委员会网站、彭博公司网站、上市公司网站、证券公司（投资银行）分析师的分析报告等。

问题 194 分析：

1）可以使财务比率分析的层析更清晰、条理更突出，为财务分析人员全面仔细地了解企业经营和盈利状况提供了方便。有助于企业管理层更加清晰地看到权益基本收益的影响因素，给管理层提供了一张明晰的考察公司资产管理效率和是否最大化股东投资回报的路线图。反映了净利润率、周转率和财务杠杆的相互关联关系。

2）ROE = 净利润/收入 × 收入/平均资产 × 平均资产/平均权益 = 净利润率 × 总资产周转率 × 权益乘数

甲公司 ROE = 17 000 000 元/120 000 000 元 × 120 000 000 元/273 000 000 元 × 273 000 000 元/73 000 000 元 = 23%。

乙公司 ROE = 19 000 000 元/74 000 000 元 × 74 000 000 元/168 000 000 元 × 168 000 000 元/84 000 000 元 = 23%。

3）甲公司债务权益比 = 200 000 000 元/73 000 000 元 = 2.73。

乙公司债务权益比 = 84 000 000 元/84 000 000 元 = 1。

甲公司使用了比乙公司更高的财务杠杆，使得甲公司股东面临了更高的财务风险。

4）高财务杠杆适用于成熟产业中那些利润稳定的企业，不适用于那些面临较大经营风险的企业。高财务杠杆同样适用于高成长的公司。

5）两个公司的总资产周转率接近，甲公司财务杠杆大于乙公司，乙公司净利润率大于甲公司。

甲公司净利润率 = 17 000 000 元/120 000 000 元 = 14%。

乙公司净利润率 = 19 000 000 元/74 000 000 元 = 26%。

6）略。

7）略。

问题 195 分析：

1）净运营资本 = 185 100 元 – 2 466 800 元 = – 2 281 700 元。

流动比率 = 185 100 元/2 466 800 元 = 0.075。

速动比率 = （81 800 元 + 87 900 元）/2 466 800 元 = 0.0688。

现金比率 = 81 800 元/2 466 800 元 = 0.0322。

现金流比率 = 45 400 元/2 466 800 元 = 0.0184。

流动性是指企业承担短期义务的能力，流动性也就是将资产变为现金的能力。流动比率可以反映企业的流动负债覆盖比率、损失缓冲能力、流动资金准备。A 公司的流动性较差，其净运营资本为负数，流动比率小于 1。

2）在临近期末时，A 公司管理层可以通过降低经营费用从而提高盈利水平、加紧催收货款、降低库存，并将正常的采购向后拖延，将由此获得的收入用于偿还流动负债，这些活动的直接影响就是提高了流动性。

3）破产是由于公司无力偿还到期债务，法院授予公司免受债权人侵扰的法律保护。主要类型：清算要求出售企业的资产，清偿其债务；重组是指调整其资本结构，债权人与股东达成债务重组协议，使其重新恢复生机和活力。

破产的优点：减少公司需要清偿的负债；有序清偿和解散；通过重组使其重新恢复生机和活力。

破产的缺点：信用和声誉方面的负面影响；债权人和股东的财产损失；产生破产成本。

4）应该。因为公司流动性十分紧张，权益为负数。或者，不应该。债权人可能给予债务重组，或者经营状况可以改善。

5）财务总监的意见正确。比率分析是解读公司财务报表常用的方法，但数字本身并不是关键。而是应该结合公司经营状况和市场状况，找到有意义的标杆企业进行分析比较，找到数据背后的原因；或者把一系列有内在关联的数据和事实结合起来分析，才能得到有效的分析结果。

6）略。

问题 196 分析：

权益报酬率衡量了股东对公司投资的每 1 美元所产生的净收益额。

问题 197 分析：

流动比率虽然可以用来评价流动资产总体的变现能力，但流动资产中还包括变现能力较差的存货。大量积压的存货会使流动比率增大，但不能真正体现企业有较好的变现能力。

问题 198 分析：

如果固定成本保持不变，而单位销售价格和可变成本都增加 15%，则单位贡献毛益将增加，而贡献毛益率将保持不变。

问题 199 分析：

流动比率就是流动资产与流动负债的比率。通过商业信贷采购存货所需的新商品，也就是企业的存货积压较多，企业经营不善，存货存在问题，导致流动比率降低。

问题 200 分析：

普通股每股收益 = 2 美元/40% = 5 美元，市盈率 = 20 美元/5 美元 = 4。

问题 201 分析：

原流动比率大于 1，流动资产和流动负债同时减少相同金额，则该比率上升；流动资产和流动负债同时增加相同金额，则该比率下降。

问题 202 分析：

当考虑通货膨胀时，公司的财务比率分析和年度可比性都会受到影响，会计报表的编制和核算还是依赖于历史成本法（如改变了折旧费、存货成本和利润等），这使通货膨胀对财务比率分析和年度可比性的负面影响无法回避。因此，通货膨胀改变公司的财务比率分析和年度可比性。

问题 203 分析：

平均总资产 =450 万元 ÷5 =90 万元，平均总负债 =90 万元 ×60% =54 万元。

问题 204 分析：

销售增长率是指企业本年销售增长额与上年销售额之间的比率，反映销售的增减变动情况，是评价企业成长状况和发展能力的重要指标。

问题 205 分析：

企业税税率提高，所得税增加，净利润减少，净利润率也减少，但对毛利率没有影响。

问题 206 分析：

负债比率 = 负债/资产，流动比率 = 流动资产/流动负债。由题意可知，该公司的权益和流动资产都增加，因此负债比率降低，流动比率增加。

问题 207 分析：

垂直报表共同百分比是将一系列相关数据简化成根据一个既定基础（总资产或者收入）计算的一系列百分比。

问题 208 分析：

项目 A 销售量增加 =（120 台 －110 台）/110 台 =9. 1%。第 1 年销售价格 =2 000 万元/110 台 =18. 18 万元/台。第 2 年销售价格 2 300 万元/120 台 =19. 17 万元/台。销售价格增加 =（19. 17 万元/台 －18. 18 万元/台）/（19. 17 万元/台） =5. 4%。

B 项目销售量增加（125 台 －90 台）/90 台 =38. 9%。第 1 年销售价格 =1 950 万元/90 台 =21. 67 万元/台。第 2 年销售价格 =2 200 万元/125 台 =17. 6 万元/台。销售价格减少 =（21. 67 万元/台 －17. 6 万元/台）/（21. 67万元/台）=18. 78%。

问题 209 分析：

流动比率 =260 万元/130 万元 =2。用现金偿还应付账款，分子分母减少相同的值，流动比率上升。用现金购买存货，流动资产下降，速动比率下降。

问题 210 分析：

用现金购买存货，流动比率不变，速动比率下降。

问题 211 分析：

流动负债 =9 000 万元/1. 2 =7 500 万元。净运营资本 = 流动资产 － 流动负债 =9 000 万元 －7 500 万元 =1 500 万元。

问题 212 分析：

目前资产负债率 =2 700 万元/6 000 万元 =45%。资本预算中需要负债 =1 000 万元 ×45% =450 万元。

问题 213 分析：

流动比率越低风险越高，负债权益比越高，风险越高。

问题 214 分析：

固定资产周转率 =300 万元/130 万元 =2. 3。这里需要注意的是，如果题目中没有给出期初、期末的资产，那么就使用题目中的资产直接计算。

问题 215 分析：

经营周期 = 存货销售天数 + 应收账款回收天数。现金周期 = 存货销售天数 + 应收账款回收天数 －

应付账款周转天数。若应收和应付账款天数不变，存货天数减少，则经营周期和现金周期缩短。

问题 216 分析：

第 1 年权益回报率 = 净利润率 × 总资产周转率 × 权益乘数 = 10% × 1.5 × 2 = 30%。第 2 年权益回报率 = 8% × 资产周转率 × 权益乘数 = 30%。那么，资产周转率 × 权益乘数 = 3.75。符合该条件的只有选项 C。

问题 217 分析：

收益率 = 每股收益/股价 = 8 元/50 元 = 16%。

问题 218 分析：

平均所有者权益 = (600 000 元 + 24 000 元 + 310 000 元 + 600 000 元 + 56 000 元 + 412 000 元)/2 = 1 001 000元。净利润 = 396 000 元 − 150 000 元 − 54 000 元 = 192 000 元。所有者权益回报率 = 192 000 元/1 001 000 元 = 19.18%。

问题 219 分析：

可持续权益增长率 = 权益回报率 × (1 − 股利支付率)。

问题 220 分析：

第 1 年经营利润 = 1 000 万元 − 500 万元 − 260 万元 = 240 万元。第 1 年净利润 = 240 万元 − 60 万元 = 180 万元。第 2 年经营利润 = 1 300 万元 − 600 万元 − 340 万元 = 360 万元。第 2 年净利润 = 360 万元 − 90 万元 = 270 万元。

问题 221 分析：

毛利 = 销售收入 − 销货成本。经营利润 = 销售收入 − 营业成本 − 期间费用(不含利息) − 折旧。净利润 = 经营利润 − 利息费用 − 所得税费用。由于收入保持不变，研发费用增加，则期间总成本费用上升，毛利不变，经营利润与净利润下降。

问题 222 分析：

去年每股收益 = (20 万元 − 8 万元 − 5 万元) × (1 − 40%)/5 万股 = 0.84 元/股。今年每股收益 = (20 万元 × 1.1 − 8 万元 × 1.1 − 5 万元) × (1 − 40%)/5 万股 = 0.984 元/股。

问题 223 分析：

经济利润 = 会计利润 − 隐性成本。

问题 224 分析：

通货膨胀时，后进先出利润低，先进先出利润高。调低坏账比率，费用降低，利润上升。提前确认收入，利润增加。

问题 225 分析：

供应商的信用条款一般不影响当期利润表的金额。确定退休金支出的假定会影响费用，营业收入的确认政策会影响收入，环保负债的确认会影响费用。

问题 226 分析：

对会计估计变更，不允许采用追溯调整法，而应使用未来适用法。

问题 227 分析：

第 52 号财务会计准则公告要求使用时态法或者现行汇率法合并报表。

问题 228 分析：

根据功能性货币的种类，对国外子公司合并报表方式有现行汇率法和时态法。

问题 229 分析：

功能货币是美元，所以和母公司报表货币一致，应该采用时态法调整，递延收入、递延所得税负债都是属于非货币性项目，无法在现在获得收益和损失，所以应该使用历史汇率而不是现行汇率，因此两项负债在资产负债表中的年末余额 = 400 000 A 国货币 × 0.5 美元/ A 国货币 + 187 500A 国货币 × 0.4 美元/ A 国货币 = 275 000 美元。

问题 230 分析：

销售收入持续上升；销货成本下降，工艺和制造成本下降；销售和管理费用总体上升；研发费用有波动，但是无法判断研发的成果。

问题 231 分析：

速动比率不包括流动性相对较弱的存货。

问题 232 分析：

当该公司从先进先出法变为后进先出法的时候就会出现存货余额低估的情况，较低的存货余额和较高的销货成本，会造成流动比率下降，存货周转率上升的情况。

问题 233 分析：

流动比率 = (44 万元 + 119 万元 + 398 万元 + 22 万元)/(60 万元 + 100 万元 + 50 万元) = 2.78。

问题 234 分析：

公司赊销货物，并且获得毛利，说明公司的应收账款增长，所以流动比率中的分子流动资产上升，因此流动比率上升。

问题 235 分析：

运营资本 = 流动资产 - 流动负债。流动资产包括现金、应收账款、存货、预付费用、可供出售证券(公允价值)等。流动负债包括应付账款、应付票据等。

问题 236 分析：

B 公司通过短期借款融资，则 B 公司的财务杠杆比 A 公司高。在其他条件不变的情况下，在市场整体业绩不好的时候，由于 B 公司需要支付额外的利息费用，因此可能会出现亏损。

问题 237 分析：

总资产为 700 万元，权益为 430 万元，负债权益比 = (700 万元 - 430 万元)/430 万元 = 62.79%。

问题 238 分析：

现金周期 = 存货销售天数 + 应收账款回收天数 - 应付账款周转天数。信用政策宽松，应收账款回收天数增加，则现金周期增加。

问题 239 分析：

当公司应收账款周转率水平低于行业平均水平时，最应引起关注。

问题 240 分析：

ROE = 净利润率 × 总资产周转率 × 权益乘数。

问题 241 分析：

资产周转率 = 20%/(10% × 2) = 1。

问题 242 分析：

股利收益率 = 每股股利/每股市价 = (0.5 元/股)/(40 元/股) = 0.0125。

问题 243 分析：

ROE = 净利润/权益 = 100 万/(1000 万 - 500 万) = 20%。

问题 244 分析：

账面价值 = 60 元/股 ÷ 3.2 = 18.75 元/股。ROE = 2.6 元/股 ÷ 18.75 元/股 = 13.87%。股利支付率 = 1.00 元/股 ÷ 2.60 元/股 = 38.46%。所以可持续权益增长率 = 13.87% × (1 - 38.46%) = 8.6%。

问题 245 分析：

当财务杠杆有效利用上升时，普通股权益融资减少，所以普通股权益回报率上升最快。选项 B 因为有优先股的因素，所以没有普通股权益回报率上升得快。选项 C、选项 D 都是与经营杠杆有关。

问题 246 分析：

增加前：毛利润率 =（690 000 元 - 378 900 元）/690 000 元 = 311 100 元/ 690 000 元 = 45.08%。净利润率 =（311 100 元 - 120 800 元）/690 000 元 = 27.58%。

增加后：毛利润率 =（（690 000 元 + 95 000 元）-（378 900 元 + 65 000 元））/785 000 元 = 341 100 元/785 000 元 = 43.45%。净利润率 =（341 100 元 - 120 800 元）/785 000 元 = 28.06%。

问题 247 分析：

稀释每股收益 =（107 000 元 + 200 000 元 × 8% ×（1 - 34%））/（80 000 股 + 20 000 股）= 1.18 元/股。

问题 248 分析：

经济利润 = 会计利润 - 隐性成本（资金的机会成本）。

问题 249 分析：

影响收益质量的因素包括会计原则、会计估计、表外融资和经济周期等。

问题 250 分析：

差错更正需要在利润表中调整留存收益期初余额并进行披露。

问题 251 分析：

会计估计变更适用未来适用法。

问题 252 分析：

功能性货币是指公司或个体从事经营活动的主要经济环境中的计量货币。

问题 253 分析：

货币性外资资产，本币升值，产生负面影响，收入减少。

问题 254 分析：

营业收入增长率 =（160 000 元 - 130 000 元）÷ 130 000 元 = 23%，毛利润增长率 =（80 000 元 - 60 000 元）÷ 60 000 元 = 33%。

问题 255 分析：

除选项 A 外，其余 3 项属于垂直共同比分析。

问题 256 分析：

偿付能力分析长期支付能力，流动性分析短期支付能力。

问题 257 分析：

622 310 元/568 920 元 - 1 = 9.38%。

问题 258 分析：

利息偿付率 = 经营利润/利息，属于杠杆比率的一种。

问题 259 分析：

速动资产不包括存货，速动资产增加可以增加速动比率。

问题 260 分析：

目标的销货成本 = 50 万元 ×（1 - 35%）= 32.5 万元，低于该数额目标可以实现。

问题 261 分析：

ROE = 100 万元/700 万元 = 14.3%，ROA = 100 万元/900 万元 = 11.1%。

问题 262 分析：

400 万元 - 1.5 元/股 ×200 万股 = 100 万元。稀释后每股收益 = (400万元 - 100万元)/(200万股 + 50万股) = 1.2 元/股。

问题 263 分析：

企业主要经营环境中所使用的货币是英镑。

问题 264 分析：

1）经营周期是指从存货到达至现金从应收账款收回的这一段时间。经营周期 = 存货周转期 + 应收账款周转期。

经营周期的两个构成要素是存货周转期和应收账款周转期。造成经营周期增加的原因包括：存货周转期增加或者应收账款周转期增加或者存货周转期与应收账款周转期同时增加。本案例中，A 公司经营周期增加但是存货周转天数保持不变，说明该公司的应收账款周转期增加，也就表明 A 公司在赊销政策方面和收账方面存在问题。

2）现金周期是指从现金支付原材料货款至现金从应收账款收回的这一段时间。现金周期 = 经营周期 - 应付账款周转期。

经营周期与现金周期的差异就在于应付账款周转期。对于 A 公司来说，营业周期增加 20 天，现金周期增加 15 天，由此可以推断出 A 公司应付账款周转期增加 5 天。这表明 A 公司在支付供应商的信用时间上有所拖延，也就是 A 公司在资金方面存在短缺的问题。

3）债券收益率曲线是描述在某一时点上一组可交易债券的收益率与其剩余到期期限之间数量关系的一条曲线。它反映出某一时点上（或某一天）不同期限债券的到期收益率水平。当债券利息的收益曲线是陡峭的正斜率曲线时，意味着随着之前期限的延长，债券的收益率增幅越来越大，因此可以表明 20 年期债券的收益率要远远大于 5 年期债券收益率。从 A 公司目前财务情况来看，该公司现金周期的增加、应收账款周转天数的增加以及应付账款周转期的增加，表明该公司现金流短缺；而该公司的利息保障倍数下降，表明该公司的偿债能力减弱，偿债风险加大；权益收益率由 12% 下降到 6%，表明该公司的获利能力减弱。从所有这些指标分析来看，该公司的偿债风险加大。对于债权人来说，在偿债风险加大的情况下，同等期限的债券所要求的收益率就会增加，这也就是该公司债券利息的收益曲线之所以呈现陡峭的正斜率曲线的原因。因此，如果该公司通过发行债券融资，发行债券的期限越长，那么债券融资成本增加的幅度也就越大。

4）可转换债券是无担保债券，债券的持有人可自由选择将其转换为债券发行人的普通股。它是一种推迟的权益发行。由于可转换债券给予持有者更多的权利，就是可以由债权人转为股东。当公司营利不好的情况下，可转换债券的持有者作为债权人获取固定的利息报酬；当公司营利好的情况下，可转换债券的持有者转为股东，与其他股东分享公司的剩余收益。因此，可转换债券的票面利息比不可转换债券的票面利息小。

5）财务比率分析的局限性包括：

①财务比率分析与财务报表一样，财务比率体现的是历史数据。

②当不同公司之间的财务比率进行比较分析时，需注意各公司采用的不同会计政策。

③要注意是否有特殊事件影响公司的财务比率分析。

问题 265 分析：

1）两种方案下的利润表和资产负债表如表 11-81、表 11-82 所示。

表 11-81 甲公司的利润表 （单位：百万元）

科目	方案一金额	方案二金额
销售收入	11 000	11 000
销货成本	6 200	6 200
毛利润	4 800	4 800
销管费用	3 200	3 200
经营利润	1 600	1 600
利息	200	260
税前利润	1 400	1 340
所得税（税率40%）	560	536
净利润	840	804
每股收益	12.92 元	13.4 元

表 11-82 甲公司的资产负债表 （单位：百万元）

科目	方案一金额	方案二金额	科目	方案一金额	方案二金额
流动资产	180	164	流动负债	100	100
固定资产净额	7 000	7 000	长期负债	2 000	3 000
			普通股（面值4元/股）	260	240
			资本公积	2 980	2 000
			留存收益	1 840	1 824
资产总额	7 180	7 164	负债与权益总额	7 180	7 164

2）方案一：财务杠杆比率＝71.8 亿元/(2.6 亿元＋29.8 亿元＋18.4 亿元)＝1.41。运营资本＝1.8 亿元－1 亿元＝0.8 亿元。负债权益比＝(20 亿元＋1 亿元)/(2.6 亿元＋29.8 亿元＋18.4 亿元)＝41.34%。

方案二：财务杠杆比率＝71.64 亿元/(2.4 亿元＋20 亿元＋18.24 亿元)＝1.76。运营资本＝1.64 亿元－1 亿元＝0.64 亿元。负债权益比＝(30 亿元＋1 亿元)/(2.4 亿元＋20 亿元＋18.24 亿元)＝76.28%。

3）方案一：权益回报率＝8.4 亿元/110 亿元×110 亿元/71.8 亿元×71.8 亿元/(2.6 亿元＋29.8 亿元＋18.4 亿元)＝7.6%×1.53×1.41＝16.5%。

方案二：权益回报率＝8.04 亿元/110 亿元×110 亿元/71.64 亿元×71.64 亿元/(2.4 亿元＋20 亿元＋18.24 亿元)＝7.3%×1.54×1.76＝19.8%。

4）在以下情况下甲公司适合采用债务融资：①销售额相对稳定；②拥有更多可抵押资产；③经营风险相对较低；④增长率相对较高；⑤实际税率较高；⑥管理层对公司股权实施重大控制，其担心增发新股会稀释控制权；⑦公司股票价格偏低；⑧市场利率较低；⑨当前负债较低。此外，管理层的风险态度和公司的财务弹性也会影响资本结构的选择。

问题 266 分析：

1）说明水平和垂直共同百分比分析报表的区别。2018 年销售收入增长率＝(200 百万美元－190 百万美元)/190 百万美元＝5.3%。2019 年销售收入增长率＝(500 百万美元－200 百万美元)/200 百万美

元 = 150% 。

2）货币性科目随着通货膨胀率变化，而非货币性科目不随通货膨胀率变化，如折旧摊销、销货成本等。折旧摊销使用历史成本计量，高通货膨胀发生后，金额并不会改变，所以毛利率、息税折旧摊销前利润（EBITDA）率受影响较小，而营业利润会偏高。

3）利息保障倍数 = （170 百万美元 – 10 百万美元）/（100 百万美元 – 1 百万美元） = 1. 62。DHI 公司不能满足银行的贷款条件。

4）客户稳定性会影响公司销售收入，通过经营杠杆影响营业利润，再通过财务杠杆影响净利润。该公司 1 美元销售收入变化引起营业利润 1. 47 美元变化，1 美元营业利润变化引起净利润 2. 43 美元变化。其他非财务因素的影响包括品牌形象、员工士气等。

2019 年经营杠杆 = （500 百万美元 – 250 百万美元）/170 百万美元 = 1. 47。

2019 年财务杠杆 = 170 百万美元/（170 百万美元 – 100 百万美元） = 2. 43。

该公司签订利率互换合同属于风险转移，该公司管理层接受依赖大客户属于风险接受。

第 12 章　公司金融

12.1　风险与回报

12.1.1　风险的含义

金融学的风险，是指不能从投资中获得预期报酬的可能性，也就是不确定的程度。

> 注意：有时候将营利的可能称为机会，将亏损的可能称为纯风险。

12.1.2　几种常见的风险类型

几种常见的风险类型为：

1）信用风险，指银行贷款或投资债券中发生的一种风险，即借款人因各种原因未能及时、足额偿还债务而违约的可能性。

2）外汇风险，指经济主体持有或运用外汇的经济活动中，因汇率变动而蒙受损失的可能性。外汇风险分为交易风险、折算风险和经济风险。

3）利率风险，指市场利率变动的不确定性，给商业银行或固定收益证券持有人造成损失的可能性。

4）市场风险，指未来市场价格的不确定性，对企业实现其既定目标的影响。市场风险可以分为利率风险、汇率风险、股票价格风险和商品价格风险等。

5）行业风险，指项目所属行业的行业性市场特点、投资开发特点，以及国家产业政策调整等因素，造成的行业发展不确定性，给项目预期收益带来的不确定性。

6）政治风险，指由于东道国或投资所在国国内政治环境，或东道国与其他国家之间政治关系发生改变，而给外国企业或投资者带来经济损失的可能性。

12.1.3　回报率

回报率指的是投资在一段时间所获得收益与初始投资额的比率。例如，持有期回报率（Holding Period Return，HPR）。公式为

$$\mathrm{HPR} = [(P_t - P_{t-1}) + D]/P_{t-1}$$

式中　P_t——期末股票价格；

P_{t-1}——期初股票价格；

D——持有期间发放的现金股利。

> 注意：持有期回报率不用年化。

例题 12-1

老李以 10 元买进中国石油的股票，半年后下跌到 8 元，其间分红 0.5 元/股，计算持有期收益率。

答：

持有期收益率 =(8 元 - 10 元 +0.5 元)/10 元 = -15%。

12.1.4　风险与报酬的关系

短期国库券是无风险资产，获得无风险回报率。

利率与债券价格反向，利率升高，债券价格下跌，反之亦然。

股票的风险较高，所以要求高收益。

12.1.5　风险态度

股东财富最大化，是评估各种投资和融资策略时机和风险的唯一指标，一般使用现金流衡量报酬。

确定性等值，指投资者在确定性偿付和不确定的投资结果之间无所谓时，所接受的现金金额。确定性等值与风险态度的关系如下：

1）确定性等值 $A>$ 期望 B，那么风险态度是偏好。

2）确定性等值 $A=$ 期望 B，那么风险态度是中性。

3）确定性等值 $A<$ 期望 B，那么风险态度是厌恶。

补充知识：期望效用理论

期望效用理论的具体内容是：

假设随机变量 X 的概率密度函数为 $f(x)$。对于某个个体来说，当它确定性地得到 $x_i(i=1,2,\cdots,n)$ 时，其获得的效用是 $u(x_i)$。那么随机变量 X 给这个个体带来的效用是

$$u(X)=E[u(X)]=\int_{-\infty}^{\infty}u(x)f(x)\mathrm{d}x$$

其中，$E[u(X)]$ 是随机变量 X 效用的期望，$u(X)$ 被称为 *Von Neumann-Morgenstern* 效用函数，又被称为期望效用函数。

根据期望效用函数的特点，可以将人们在不确定条件下的选择行为分为 3 类：风险厌恶、风险中性以及风险偏好。效用函数的凹度越大，表明人们越倾向于风险厌恶；反之，凹度越小，表明人们不太倾向于风险厌恶。3 种不同特性的期望效用函数如图 12-1 所示。3 种不同风险态度的效用及其函数特性见表 12-1。

表 12-1　3 种不同风险态度的效用及其函数特性

行为类型	效用特性	效用函数特征	对应图像
风险厌恶	$u[E(x)]>E[u(x)]$	凹函数	图 12-1b
风险中性	$u[E(x)]=E[u(x)]$	直线	图 12-1c
风险偏好	$u[E(x)]<E[u(x)]$	凸函数	图 12-1a

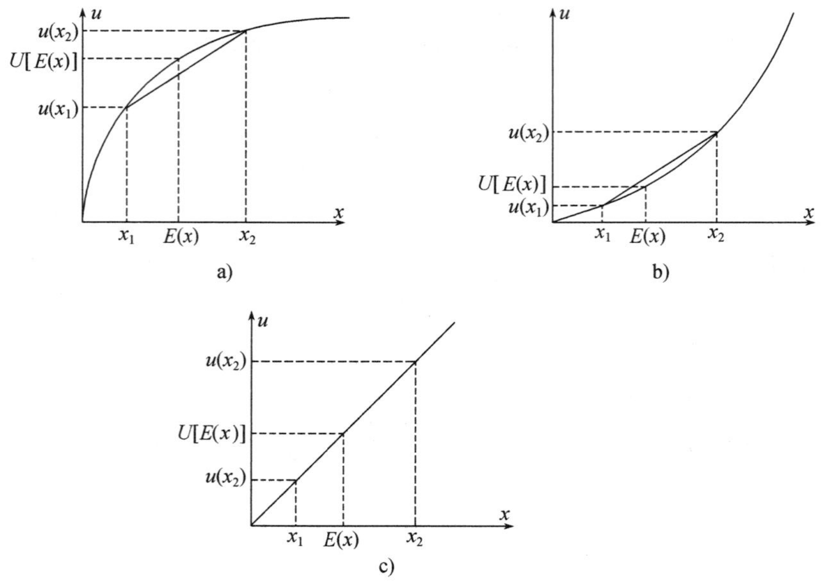

图 12-1 3 种不同特性的期望效用函数

例题 12-2

张三是老李在门头沟的胶水公司的生产经理。因为生产能力有限，该公司只能在两种产品之中选一种进行生产：产品 A 是用于载人航天的黏结剂，有 15% 的概率获得1 000 000 元的利润，85% 的概率获得 200 000 元利润；产品 B 是一种改进型家用胶水，100% 能获得 310 000 元利润。张三负责产品类型的选择，假设他比老李更厌恶风险，他个人的奖金将是利润的 20%。请问张三和老李分别会选择哪种产品？

答：

产品 A 利润的期望 = 15% ×1 000 000 元 + 85% ×200 000 元 = 320 000 元。

产品 B 利润的期望 = 310 000 元。但是产品 A 的风险大于产品 B 的风险。

由于张三比老李更厌恶风险，张三会选择风险较小的产品 B，老李会选择利润较大的产品 A。

12.1.6 风险与时间的关系

投资者面对的风险随时间增长。

补充知识：

一般情况下，使用以下随机过程来描述资产价格的变化。

$$dS = \mu dt + \sigma (S, t) \sqrt{dt}$$

式中 S——资产价格；

μ——回报率；

σ——标准差；

t——时间。

所以，可以得到

$$\mathrm{Var}(S)=\sigma^2 t$$

12.1.7　单个资产的收益和风险

期望回报，也被称为预期报酬，是以发生概率为权重的回报率的平均值。其公式为

$$\overline{R}=\sum_{i=1}^{n} r_i p_i$$

式中　$\overline{R}$——期望回报；

r_i——第 i 种情况下的回报率；

p_i——第 i 种情况发生的概率；

n——所有情况的总个数。

标准差是度量期望回报离散程度的指标，也是度量风险最重要的指标。其公式为

$$\sigma=\sqrt{\sum_{i=1}^{n}(r_i-\overline{R})^2 p_i}$$

由于收益本身大小的影响，使用标准差可能不尽合理。

变异系数（Coefficient of Variation，CV）是衡量相对风险的指标。其公式为

$$\mathrm{CV}=\frac{\sigma}{\overline{R}}$$

12.1.8　投资组合的回报和风险

投资组合的回报，是所有构成组合的资产，以市场价值为权重的期望回报率的平均值。其公式为

$$\overline{R}_p=\sum_{i=1}^{n}\overline{R}_i w_i$$

式中　$\overline{R}_p$——资产组合的期望回报；

w_i——第 i 种资产的市值权重；

$\overline{R}_i$——第 i 种资产的期望回报；

n——投资组合中资产的总数。

对于投资组合的标准差来说，不能使用类似求投资组合回报的方法来求得。投资组合的标准差不但受到单个资产风险和权重的影响，同时还受到资产之间相关关系的影响。接下来就介绍度量资产相关关系的指标。

协方差可以衡量一个随机变量如何随另一个随机变量变动。其公式为

$$\mathrm{Cov}_{1,2}=\sum_{i=1}^{n}(r_{i1}-\overline{R}_1)(r_{i2}-\overline{R}_2)p_i$$

式中　$\mathrm{Cov}_{1,2}$——协方差；

$\overline{R}_1$——资产 1 的期望回报；

$\overline{R}_2$——资产 2 的期望回报；

r_1——资产 1 在状态 i 的回报；

r_2——资产 2 在状态 i 的回报；

p_i——第 i 种情况发生的概率。

> 注意：当两个资产回报同向变动时，协方差为正；反向变动时，协方差为负。

协方差也会受到收益绝对大小的影响，为此给出一个新的度量指标，称作相关系数。其公式为

$$\rho_{1,2} = \frac{\mathrm{Cov}_{1,2}}{\sigma_1\sigma_2}$$

式中 $\rho_{1,2}$——两个资产的相关系数；

> 注意：IMA 双语教材中使用的符号是 Corr，本书采用的符号是更常用的表示。

σ_1——第 1 种资产的标准差；

σ_2——第 2 种资产的标准差。

相关系数特性如下：

1）相关系数是度量两个资产线性相关性的指标。

> 注意：相关系数仅仅度量线性相关性。

2）相关系数没有单位，数值为 1 ~ −1。

3）相关系数为正值，代表同向变化，被称为线性正相关；相关系数为负值，代表反向变化，被称为线性负相关。

4）相关系数等于 1，被称为两种资产完全线性正相关；相关系数等于 −1，被称为完全线性负相关。

5）相关系数等于 0，被称为没有线性相关性。

> 注意：相关系数等于 0，不代表没有相关性。

资产组合的标准差公式为

$$\sigma_p = \sqrt{w_1^2\sigma_1^2 + w_2^2\sigma_2^2 + 2w_1w_2\sigma_1\sigma_2\rho_{1,2}}$$

式中 σ_p——资产组合的标准差；

$\rho_{1,2}$——两个资产的相关系数；

σ_1——第 1 种资产的标准差；

σ_2——第 2 种资产的标准差；

w_1——第 1 种资产的市值权重；

w_2——第 2 种资产的市值权重。

值得注意的是，只要不是两种完全线性正相关的资产，当增加一种资产时，投资组合的标准差就会减小。

组合标准差是相关系数的单调增函数，当 $\rho = 1$ 时，组合标准差最大

$$\sigma_p = \sqrt{w_1^2\sigma_1^2 + w_2^2\sigma_2^2 + 2w_1w_2\sigma_1\sigma_2} = w_1\sigma_1 + w_2\sigma_2$$

当 $\rho = -1$ 时，组合标准差最小

$$\sigma_p = \sqrt{w_1^2\sigma_1^2 + w_2^2\sigma_2^2 - 2w_1w_2\sigma_1\sigma_2} = |w_1\sigma_1 - w_2\sigma_2|$$

> 注意：只有相关系数等于 1 时，组合标准差才是资产标准差的加权平均。

例题 12-3

老李购买了 A 和 B 两只股票，权重各为 50%，股票的信息如下：A 股票预期收益率 6%，标准差 30%；B 股票预期收益率 8%，标准差 40%。请帮助老李计算并分析：

1）求该投资组合的收益率。

2）如果 A 股票和 B 股票的相关系数是 0，求组合标准差。

3）如果 A 股票和 B 股票的相关系数是 0.7，求组合标准差。

4）如果 A 股票和 B 股票的协方差是 0.084，求组合标准差。

5）绘制组合标准差和相关系数的关系图。

6）如果组合标准差是 35%，求 A 股票和 B 股票的相关系数。

7）比较 A 股票和 B 股票的相对风险大小。

答：

1）投资组合的收益率 $=50\% \times 6\% + 50\% \times 8\% = 7\%$。

2）$\sigma_p = \sqrt{50\%^2 \times 30\%^2 + 50\%^2 \times 40\%^2} = 25\%$。

3）$\sigma_p = \sqrt{50\%^2 \times 30\%^2 + 50\%^2 \times 40\%^2 + 2 \times 50\% \times 50\% \times 30\% \times 40\% \times 0.7}$
$= 32.3\%$。

4）由于 $Cov_{1,2} = \rho_{1,2}\sigma_1\sigma_2$，所以

$$\sigma_p = \sqrt{50\%^2 \times 30\%^2 + 50\%^2 \times 40\%^2 + 2 \times 50\% \times 50\% \times 0.084} = 32.3\%。$$

5）组合标准差和相关系数的关系如图 12-2 所示，横轴为相关系数，纵轴为组合标准差。

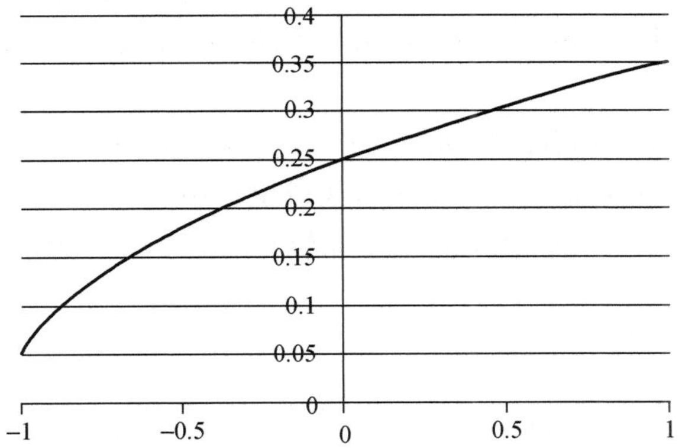

图 12-2　组合标准差和相关系数的关系

6）当 $\sqrt{50\%^2 \times 30\%^2 + 50\%^2 \times 40\%^2 + 2 \times 50\% \times 50\% \times 30\% \times 40\% \times \rho} = 35\%$，解得 $\rho = 1$。

7）股票 A 的变异系数 $CV = 30\% \div 6\% = 5$，股票 B 的变异系数 $CV = 40\% \div 8\% = 5$，两者的相对风险相等。

12.1.9　现代组合投资理论

根据现代组合投资理论，投资本质上是在不确定的收益和风险中进行选择。投资组合理论用均值-

方差来刻画这两个关键因素。所谓理性投资者是指这样的投资者，他们在给定期望风险水平下，尽可能使期望收益最大化，或者在给定期望收益水平下，尽可能使期望风险最小化。

根据投资组合标准差的公式可知，不断加入资产可以降低风险，这样就可以获得优化的投资组合。把优化投资组合在以波动率为横坐标、回报率为纵坐标的二维平面中描绘出来，形成一条曲线。这条曲线上有一个点，其波动率最低，称之为最小方差点。这条曲线在最小方差点以上的部分，就是著名的马科维茨投资组合有效前沿，对应的投资组合被称为有效投资组合。投资组合有效边界是一条单调递增的凹曲线。理性投资者只需在有效边界上选择投资组合。投资组合的有效前沿如图 12-3 所示。

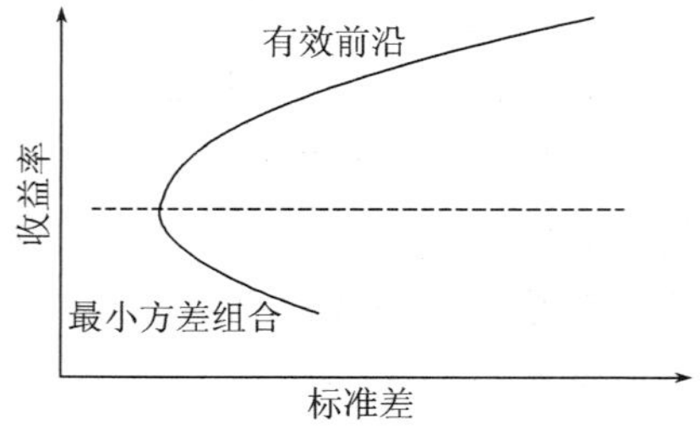

图 12-3 投资组合的有效前沿

投资组合理论是一种决策方法，投资人能够对风险和回报进行分类、估计并加以控制。投资组合理论涉及的内容包括：识别金融工具；评估每种金融工具的风险和回报；选定合适的投资组合，实现风险分散化，使在给定的风险下投资组合回报最大。

12.1.10 分散化与资本资产定价模型

通过组合标准差的公式，可以知道增加一个资产会使得组合的风险下降，这就是分散化的好处。通过蒙特卡洛模拟的方法，可以模拟 4 种资产和由这 4 种资产等值权重组合成的资产组合的价值路径，如图 12-4 所示。

从图 12-4 中可以发现，资产组合的波动性小于任意一种资产的波动性。通过分散化，可以减少资产组合的风险，直到将市场中所有的资产全部放入投资组合中，剩余的风险将不可以被分散化。风险根据能不能被分散化分为两类，即系统性风险和非系统性风险，如图 12-5 所示。

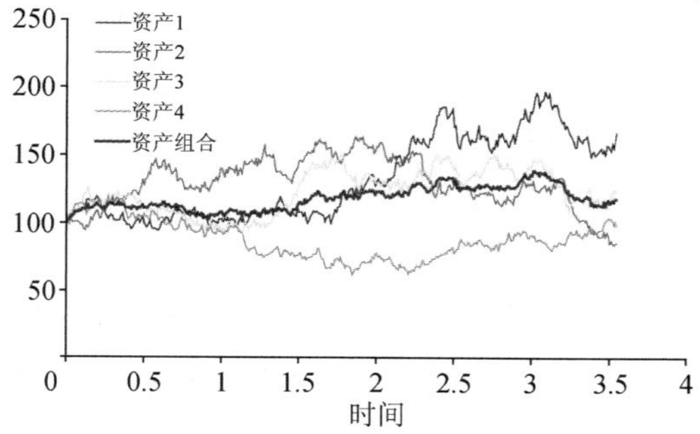

图 12-4 分散化的好处

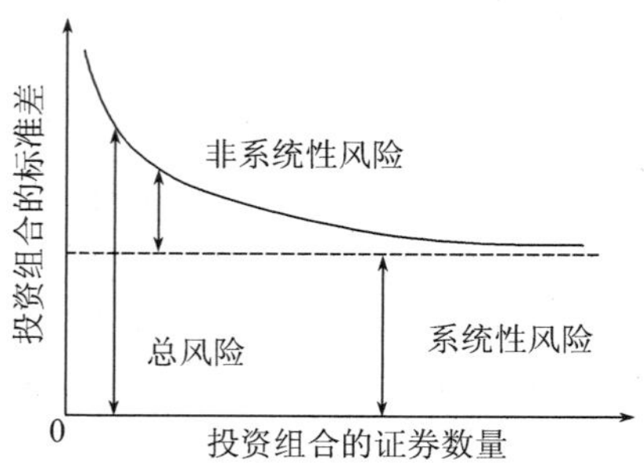

图 12-5 投资组合的规模与组合的总风险、系统风险和非系统风险的关系

1）系统性风险，被称为市场风险，是不可分散风险、不可避免的风险，与市场整体的波动有关（如宏观经济因素，包括利率、汇率、经济增长率、失业率等），不能被分散化。

2）非系统性风险，也被称为个体风险、可分散风险、可避免的风险，与特定公司与行业有关，能被分散化。它通常由某一特殊的因素引起，与整个证券市场的价格不存在系统的全面联系，而只对个别或少数证券的收益产生影响，具体包括财务风险、经营风险、信用风险、偶然事件风险等。

总风险 = 系统性风险 + 非系统性风险

由于非系统性风险可以通过分散化的方式消除，需要注意的仅仅是系统性风险。度量系统性风险使用β系数这个参数。

β系数是系统性风险的度量指标。

β系数的特点：

> 注意：β系数受选用不同的证券指数、计算时段、红利发放等因素影响。国内外相关实证分析表明，公司规模、财务杠杆、经营杠杆等财务因素对β系数影响显著性较弱或者不稳定。

1）美国短期国库券的β系数为 0，回报固定。

2）所有股票的平均（市场组合）β系数为 1。

3）β系数大于 1 为敏感，也就是说该资产的系统性风险大于市场平均水平；β系数小于 1 为不敏感，也就是说该资产的系统性风险小于市场平均水平。

由于可以通过持有市场组合和无风险资产来进行投资，所以资产的非系统性风险可通过分散化去除，只有系统性风险需要补偿，这就是资本资产定价模型的原理。资本资产定价模型是通过建立风险和回报率之间的关系来评价组合。风险溢价应该随β系数成比例提高。

$$k_e = r_f + \beta\ (r_m - r_f)$$

式中　k_e——要求回报率；

r_f——无风险回报率；

r_m——市场组合的回报率。

> 注意：资本资产定价模型是考试的重点内容。

资本资产定价模型是用β系数衡量的单个证券的期望收益率与其系统风险间的关系，这种线性关系就是证券市场线，如图 12-6 所示。

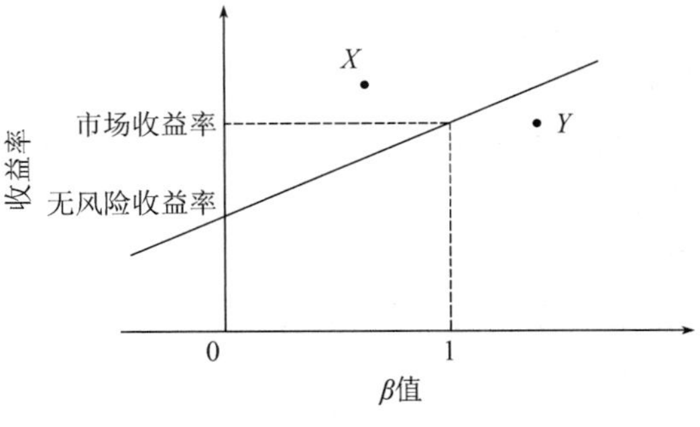

图 12-6　证券市场线

如果资产的预期回报率高于要求回报率，则资产的估值偏低，如 X。如果资产的预期回报率低于要求回报率，则资产的估值偏高，如 Y。

> 注意：风险溢价指资产的收益率超过无风险利率的部分。

补充知识：资本资产定价模型的假设

CAPM 是建立在现代投资组合理论基础上的，现代投资组合理论的假设自然包含在其中：

1）投资者希望财富越多越好，效用是财富的函数，财富又是投资收益率的函数，因此可以认为效用为收益率的函数。

2）投资者能事先知道投资收益率的概率分布为正态分布。

3）投资风险用投资收益率的方差或标准差标识。

4）影响投资决策的主要因素为期望收益率和风险。

5）投资者都遵守主宰原则，即同一风险水平下，选择收益率较高的证券；同一收益率水平下，选择风险较低的证券。

CAPM 的附加假设条件：

6）可以在无风险折现率的水平下无限制地借入或贷出资金。

7）所有投资者对证券收益率概率分布的看法一致，因此市场上的效率边界只有一条。

8）所有投资者都具有相同的投资期限，而且只有一期。

9）所有的证券投资可以无限制地细分，在任何一个投资组合里可以含有非整数股份。

10）税收和交易费用可以忽略不计。

11）所有投资者可以及时免费地获得充分的市场信息。

12）不存在通货膨胀，且折现率不变。

13）投资者具有相同预期，即他们对预期收益率、标准差和证券之间的协方差具有相同预期值。

上述假设表明：第一，投资者是理性的，而且严格按照现代投资组合理论的规则进行多样化的投资，并将从有效边界的某处选择投资组合；第二，资本市场是完全有效的市场，没有任何摩擦阻碍投资。

例题 12-4

老李为了计算旗下上市公司 A 的 β 系数，使用一元线性回归的方法，获得如下公式

$$Y=0.7368X+0.0002$$

式中 Y——老李的上市公司 A 的日收益率；

X——沪深 300 指数的日收益率。

老李预测市场收益率为 8%，短期国债的收益率为 3%。过去 20 年 A 公司和沪深 300 指数的关系如图 12-7 所示。请回答以下问题：

1）A 公司的 β 系数是多少？

2）市场风险溢价是多少？A 公司股票的风险溢价是多少？

3）A 公司普通股的要求回报率是多少？

答：

1）A 公司的 β 系数为 0.7368。

2）市场风险溢价 =8% −3% =5%，A 公司股票的风险溢价 =0.7368 ×（8% −3%）=3.684%。

3）A 公司普通股的要求回报率 =3% +3.684% =6.684%。

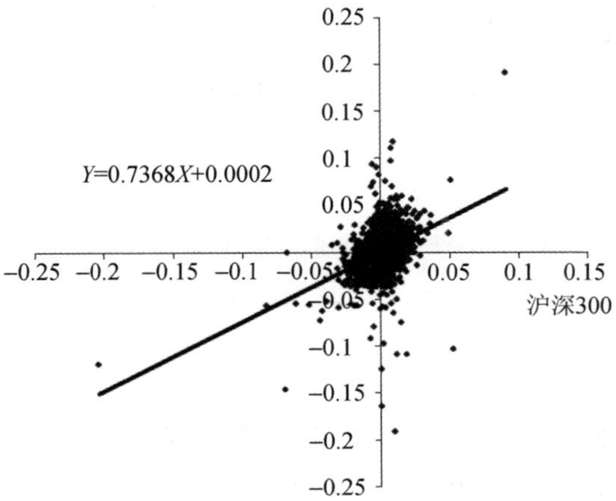

图 12-7　过去 20 年 A 公司和沪深 300 指数的关系

12.1.11　资本资产定价模型的其他替代模型（选修）

1. 套利定价模式模型

套利定价模式模型要求回报率是 2 个或 3 个以上影响因素的函数。它是对资本资产定价模型的发展。该模型假设相同风险的资产具有相同的回报率，否则就会产生套利机会。

2. 法玛-弗伦奇模型

该模型认为，小型资本化股票和市账率高的股票，收益更高。该模型的解释力比资本资产定价模型好。

12.2　管理财务风险

杠杆是指利用固定成本来提高获利能力。

12.2.1　经营风险

经营风险是融资决策前，其经营过程中的固有风险，是与固定成本相关的风险。

经营杠杆系数可用来度量经营风险的大小。公式为

$$\mathrm{DOL} = (S - \mathrm{VC})/(S - \mathrm{VC} - \mathrm{FC}) = \mathrm{CM}/\mathrm{EBIT}$$

$$\mathrm{DOL} = \mathrm{EBIT}\text{ 变动的百分比}/S\text{ 变动的百分比}$$

式中　DOL——经营杠杆系数；

S——销售额，$S = P \times Q$ = 单价 × 销售量；

VC——变动成本，VC = AVC × Q = 单位变动成本 × 销售量；

FC——固定成本。

> 注意：经营杠杆系数是营业利润变动对销售额变动的敏感系数。

补充知识：推导过程

$$\begin{aligned}\text{DOL} &= (\text{d EBIT}/\text{EBIT})/(\text{d }S/S)\\ &= [(P\times \text{d }Q - \text{AVC}\times \text{d }Q)/\text{EBIT}]/[(P\times \text{d }Q)/(P\times Q)]\\ &= (P-\text{AVC})\times Q/\text{EBIT}\\ &= \text{CM}/\text{EBIT}\end{aligned}$$

12.2.2 财务风险

财务风险是与债务融资相联系的风险。它与债务规模有关。它会提高税前收益的波动性。

财务杠杆系数可用来度量财务风险的大小。公式为

$$\text{DFL} = (S-\text{VC}-\text{FC})/(S-\text{VC}-\text{FC}-I)$$

$$\text{DFL} = \text{NI 变动的百分比}/\text{EBIT 变动的百分比}$$

式中 DFL——财务杠杆系数；

NI——净利润；

I——利息。

注意：财务杠杆系数是净利润变动对营业利润变动的敏感系数。

注意：学习过程中，要注意与财务报表分析的资本结构分析中的财务杠杆对比。

补充知识：推导过程

$$\begin{aligned}\text{DFL} &= (\text{d NI}/\text{NI})/(\text{d EBIT}/\text{EBIT})\\ &= \{\text{d}[(\text{EBIT}-I)\times(1-T)]/[(\text{EBIT}-I)\times(1-T)]\}/(\text{d EBIT}/\text{EBIT})\\ &= [\text{d }(\text{EBIT}-I)/\text{d EBIT}]\times[\text{EBIT}/(\text{EBIT}-I)]\\ &= \text{EBIT}/(\text{EBIT}-I)\\ &= (S-\text{VC}-\text{FC})/(S-\text{VC}-\text{FC}-I)\end{aligned}$$

总杠杆系数是净利润变动对销售额变动的敏感系数。总杠杆系数的公式是

$$\text{DTL} = \text{DOL}\times\text{DFL}$$

$$\text{DTL} = \text{NI 变动的百分比}/S\text{ 变动的百分比}$$

注意：考生如果注意，会发现财务报表分析中也有一个财务杠杆的定义是总资产/权益。两个地方定义不同，两者相等的条件是利率 $r=\text{EBIT}/A$。证明如下：

$\text{DFL} = \text{EBIT}/(\text{EBIT}-I) = A/\text{E}$

$1 + I/(\text{EBIT}-I) = 1 + D/\text{E}$

$r/(\text{EBIT}-I) = 1/E$

$r\times E = \text{EBIT} - r\times D$

即

$r = \text{EBIT}/A$

为企业确定适宜的财务杠杆时，必须评价企业履行债务的现金流能力。企业的最大负债能力可通过分析在不同债务水平下企业的保障比率和丧失偿债能力的概率来评估。分析企业的适当融资组合的其他方法包括：比较经营风险相类似的其他公司的资本结构比率，调查投资分析师和贷款银行，评价财务杠杆决策对企业证券评级的影响。在决定适当的资本结构时，应考虑到上述所有因素。

例题 12-5

老李的保定公司去年的财务数据如下：销售收入 100 000 元，固定成本 30 000 元，变动成本40 000 元，利息 20 000 元。请回答以下问题：

1）该公司的经营杠杆和财务杠杆分别是多少？

2）假如其他条件不变，保定公司明年的销售收入增加 1%，经营利润和利润分别增加多少？

答：

1）该公司的经营杠杆 DOL =（100 000 元 − 40 000 元）÷（100 000 元 − 40 000 元 − 30 000 元）= 2。

该公司的财务杠杆 DFL =（100 000 元 − 40 000 元 − 30 000 元）÷（100 000 元 − 40 000 元 − 30 000 元 − 20 000元）= 3。

2）经营利润变动率 = 销售收入变动率 × DOL = 1% × 2 = 2%。

该公司的总杠杆 DTL = DOL × DFL = 2 × 3 = 6。

所以，利润变动率 = 销售收入变动率 × DTL = 1% × 6 = 6%。

12.2.3　管理财务风险的方法

IMA 双语教材中主要介绍了套期保值、投机、套利和期限匹配的方法。其中套期保值、投机、套利是金融学的重要概念，期限匹配是套期保值中的一种。

（1）套期保值

套期保值也被称为对冲，它利用反向投资工具降低不利波动的风险，大部分情况是使用衍生金融工具减少风险敞口。

（2）套利

套利即在一个市场买入一个投资工具而同时在另一个市场卖出，以获取差价。套利是无风险的。套利基于一价定律，即当不考虑运输成本时，同种资产在不同市场里的价格一致。

（3）投机

投机即打赌市场变动方向，期望从投资中获得受益。投机者的作用是价格发现和提供流动性。

注意：投机不是贬义词，与投机倒把不同。市场中绝大部分投资者都是投机者。是否投机者，与其是否做过市场调研无关。

（4）期限匹配

期限匹配即匹配公司负债与资产的期限。期限匹配需要重点掌握。一般来说，长期资产需要长期负债融资，短期资产需要短期负债融资，流动资产的长期部分需要长期负债融资。

12.3 金融工具

12.3.1 投资和融资决策的风险及报酬

投资金融资产的原因有以下两点：

1）确保企业拥有足够的流动性。

2）使得不需要立即使用的现金能够产生收入。

融资决策的影响因素有以下 4 点：

1）根据理想条件下的现代资本结构理论（MM 定理），资产负债表的左边与右边无关。

2）负债具有税盾效应，由于利息税前抵扣，可以避免所得税。

3）由于代理人成本的存在，使用权益优于负债。

4）由于负债率过高会使得企业陷入财务困境，使用权益优于负债。

12.3.2 估值的一般概念

估值是为判定一项资产或一家公司的价值，而将风险和报酬联系到一起的过程。相关的价值概念有以下 5 个：

1）持续经营价值是以企业持续经营为前提假设估计企业的价值。

2）清算价值是以企业破产清算为前提假设估计企业的价值。

3）账面价值是企业资产负债表中权益的价值。

4）市场价值是资产的交易价格，也可以被称为公允价值。公允价值的概念见 8.4 节。

5）内在价值是现金流贴现的价值。

影响内在价值的因素包括以下 3 点：

1）一段时间内资产产生的现金流。

2）现金流的增长率。

3）现金流的风险。

资产的现金流包含现金收入和资本利得两部分。例如，对于股票来说，资产的现金流就是年度股利和股票价格的变动；对于债券来说，就是年度利息和债券价格的变动。

12.3.3 利率期限结构

利率期限结构是指某个时点不同期限的即期利率，与到期期限的关系及变化规律。

利率期限结构可以用一条曲线来表示，有 3 种形式，分别是水平线、向上倾斜和向下倾斜的曲线。利率期限结构的 3 种不同形式见图 12-8。

利率期限结构反映了不同期限的资金供求关系，揭示了市场利率的总体水平和变化方向，为投资者从事债券投资和政府有关部门加强债券管理提供可参考的依据。利率期限结构（收益率曲线）通常是向上倾斜的。

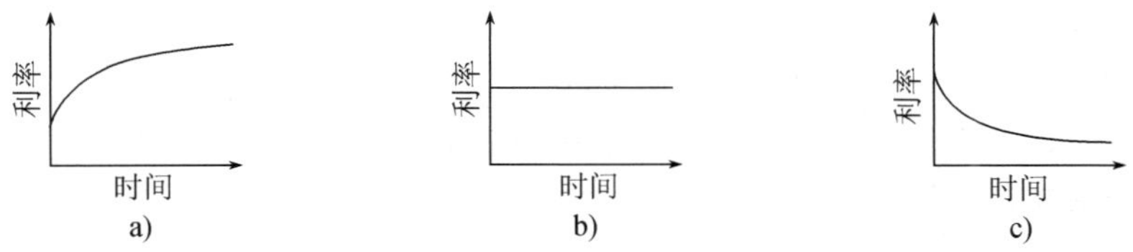

图 12-8　利率期限结构的不同形式

补充知识：利率期限结构理论

1）预期理论，长期债券的利率等于在其有效期内人们所预期的短期利率的平均值。

2）分割市场理论，将不同到期期限的债券市场看作完全独立和相互分割的，到期期限不同的每种债券的利率取决于该债券的供给与需求。

3）流动性溢价理论，预期理论与分割市场理论结合的产物，它认为长期债权的利率应当等于长期债权到期之前预期短期利率的平均值与随债券供求状况变动而变动的流动性溢价之和。

4）期限优先理论，假定投资者对某种到期期限的债券有着特别的偏好，即更愿意投资于这种期限的债券。

例题 12-6

张三为某投资银行固定收益证券部的分析师，他发现最近的收益率曲线是向下倾斜的。造成这种现象的原因可能是(　　)

A. 短期债券利率上涨。

B. 长期债券供应量大。

C. 中央银行通过公开市场操作出售长期国债。

D. 发行人愿意用更高的报酬率换取长期债券。

答：A。

分析：收益率曲线向下倾斜，说明短期利率高于长期率。其余 3 个选项都会造成长期利率升。

补充知识：

即期利率是某一给定时点上，零息债券的持有至到期收益率。

远期利率则是指隐含在给定的即期利率之中，从未来的某一时点到另一时点的利率。

即期利率和远期利率的区别在于，计息日起点不同。即期利率的起点在当前时刻，而远期利率的起点在未来某一时刻。

12.3.4　债券

债券是一种债务工具。

根据投资期限，债券可以分为短期债券、中期债券和长期债券。

根据发行人的种类，债券可以分为公司债券、政府债券、市政债券、机构债券和国际债券等。

债券合同是涉及各方的书面法律协议，规定了债券发行的细节。

其中包含以下内容：

（1）保证条款

保证条款（Covenant）是对合同期内债务人的限制性规定。其中，负保证条款是禁止债务人的某些行为，正保证条款是要求债务人一定要实施的某些行为。

（2）债券由受托人管理

受托人是被债券发行人选定的代表债券持有人的第三方，一般是银行。受托人责任包括集体诉讼、债券赎回、保证合同义务的完成、鉴别合法性等。

（3）赎回条款

赎回条款是指发行债券的企业，有权在预定的期限内，按事先约定的条件，买回尚未到期的债券。赎回条款对发行债券的企业有利。

（4）回售条款

回售条款是指债券持有人，可根据规定的价格，将债券出售给发行债券的企业。设置回售条款是为了保护债券投资人的利益，能够使他们避免遭受过大的投资损失，从而降低其投资风险。

有关债券的术语包括：

1）债券本金，也称为面值。美国债券的面值一般为1 000美元，我国债券的面值一般为100元人民币。

2）债券利息，也称为息票率，包括固定利率、浮动利率和零利率3种。

3）债券期限。债券都有确定的期限，债务人在到期日按面值支付本金。

4）债券评级，即由第三方机构对债券的信用风险进行的评价。最著名的3个信用评级机构是标准普尔、穆迪和惠誉。对于标准普尔评级为BBB以上，以及穆迪评级为Baa以上的债券可被称为投资级债券，否则被称为垃圾债券。

债券评级需要考虑的因素包括：

1）发行人目前的财务状况。

2）未来财务前景。

3）担保债券的担保品。

4）企业管理层的道德品质。

5）债券条款的设置。

补充知识：

信贷息差（Credit Spread），指国库券与除信用评级外所有条款相同的非国库券之间的息差，也指除信用评级外所有条款相同的不同非国库券之间的息差。

评价债券的收益率有多种方法，包括当期收益率、持有至到期收益率等。

当期收益率的公式为

$$当期收益率（CY）=利息/当前价格$$

持有至到期收益率（YTM）类似于内部回报率，是衡量债券收益的重要指标，也是固定收益类证券会计处理的依据。其公式为

$$P=\sum_t \frac{CF_t}{(1+YTM)^t},\ t=1,2,\cdots,T$$

式中 P——债券价格；

CF_t——债券各期的现金流；

T——债券剩余期限。

通货膨胀、名义收益率与实际收益率的关系是

$$实际收益率 = 名义收益率 - 通货膨胀率$$

例题 12-7

老李的 A 公司发行了面值 1 000 元、票面利率 8% 的 5 年期债券，共计 1 000 张。发行后 1 年第 1 次付息时，总会计师张三发现该债券市场价格为 1 100 元，此时市场通货膨胀率为 3%。

1）该债券的当期收益率是多少？

2）该债券的持有至到期收益率是多少？

3）该债券的实际收益率是多少？

4）如果该债券增加赎回条款，那么投资者要求的回报率会发生什么变化？

答：

1）当期收益率（CY）= 利息/当前价格 = 1 000 元 × 8% ÷ 1 100 元 = 7.3%。

2）1 100 元 = 80 元/(1 + YTM) + 80 元/$(1 + \text{YTM})^2$ + 80 元/$(1 + \text{YTM})^3$ + (80 元 + 1 000 元)/$(1 + \text{YTM})^4$，解得 YTM = 5.17%。

3）实际收益率 = 名义收益率 - 通货膨胀率 = 5.17% - 3% = 2.17%。

4）赎回条款是指发行债券的企业有权在预定的期限内，按事先约定的条件，买回尚未到期的债券。赎回条款对投资者不利，所以要求回报率上升。

补充知识：两者关系的推导

$$(1 + 通货膨胀率)(1 + 实际收益率) = 1 + 名义收益率$$

$$1 + 通货膨胀率 + 实际收益率 + 实际收益率 \times 通货膨胀率 = 1 + 名义收益率$$

由于（实际收益率 × 通货膨胀率）是高阶小量，舍去，即

$$实际收益率 = 名义收益率 - 通货膨胀率$$

债券的票面利率与市场利率的关系，决定了债券的价格和面值的关系。

1）如果票面利率大于市场利率，那么债券的价格大于面值，被称为溢价。

2）如果票面利率小于市场利率，那么债券的价格小于面值，被称为折价。

3）如果票面利率等于市场利率，那么债券的价格等于面值，被称为平价。

衡量利率风险的工具是债券久期，它度量了利率和债券价格的关系。其公式为

$$债券价格变动率 = -久期 \times 利率变动$$

注意：久期就是债券价格对于利率的敏感性，也就是债券价格的一阶导数特性。其他条件相同的情况下，久期越大，风险也越大。久期分为麦考利久期、修正久期、有效久期等。CMA 考试不要求区分久期的种类。

对于普通债券来说，其久期就是以现金流现值为权重的债券到期日。

注意：对于零息债券，它的久期就是它的剩余期限。

补充知识：债券价格的二阶导数特性——凸度

利用久期衡量债券的利率风险，具有一定的误差。债券价格随利率变化的波动性越大，这种误

差越大。凸度可以衡量这种误差。凸度是对债券价格曲线弯曲程度的一种度量。凸性越大，债券价格曲线弯曲程度越大，用久期度量债券的利率风险所产生的误差就越大。严格地定义，凸度是指在某一持有至到期收益率下，持有至到期收益率发生变动而引起的价格变动幅度的变动程度。

凸度的具体计算公式为

凸度 = 久期改变的百分比/持有至到期收益率改变的百分比

在其他特征不变的情况下，久期的特性如下：

1）票面利率越高，则久期越小。

2）剩余期限越长，则久期越大。

3）市场回报率越高，则久期越小。

债券可以是担保，也可以是无担保的。

具体含义是：

1）担保债券，是以特定资产或项目产生的收入作为担保品的债券。

2）无担保债券，是以良好声誉和信用作保证的债券。这种债券风险较高。

无担保债券主要包括信用债券、次级债券（Subordinated Debentures）和收益债券（Income Bonds）。抵押债券（Mortgage Bonds）则是最常见的长期担保债券。

信用债券通常指公司的无担保债券，信用债券没有任何公司财产作为担保，所以在公司清算时，信用债券的持有人是公司的普通债权人。次级债券是对企业资产的索取权次于其他债券的无担保债券，企业清算时，次级债券持有人通常要在其他高级别债权人得到足额清偿后才有权要求清偿。收益债券是指规定无论利息的支付或是本金的偿还，均只能自债券发行公司的所得或利润中拨出的公司债券，也就是说公司只有在有盈余时才对收益债券支付利息，在某一年份未支付的利息可以累积起来。垃圾债券（Junk Bond）是 Ba 级别（穆迪公司）或以下的债券，也称为高收益率债券。抵押债券是以公司具体资产（通常是固定资产）的留置权（债权人要求权）作为担保的债券，作为债券担保品的具体财产将在作为赋予债券持有人资产留置中详细列明。

债券收回（偿还）有很多种方式。例如，债券可以通过到期日一次性清偿而收回，如果是可转换债券可将其转换为普通股，如果有赎回条款可提前赎回，也可通过定期偿还的方式收回债券。如果企业设有偿债基金和发行系列债券，则债券是可以定期偿还的。

大部分公司发行债券都附有偿债基金条款，要求公司定期向受托人支付偿债基金，以确保每期收回特定数量的债券。系列债券则是在最后到期日前分次到期。公司债券的发行经常附有赎回条款，给予公司在到期日前以设定价格（或一系列设定价格）赎回债券的选择权。

例题 12-8

老李购买了 10 张信用评级 AA 的 5 年期的零息债券，面值为 1 000 元，市场价格为 783.53 元。此时伦敦银行间同业拆借利率（Libor）是 3%，信用评级 AA 的债券市场利率为 Libor + 200 基点。老李预期信用评级 AA 的市场利率会提高 50 个基点。请问债券价格将发生怎样的变化？如果还想投资 AA 级债券，老李该怎样操作？

答：

5 年期的零息债券的久期为 5，当市场利率提高 50 个基点后，债券价格下跌 = 783.53 元 × 5 × 0.5% = 19.59 元。如果还想投资 AA 级债券，老李应卖出 5 年期债券，买入更短期限的债券。

补充知识：Libor

伦敦银行同业拆借利率（London Interbank Offered Rate，Libor），指伦敦银行同业市场拆借短期（隔夜至 1 年）资金的利率，代表国际货币市场的拆借利率，是最常用的短期利率基准之一，可作为贷款或浮动利率票据的利率基准，如美元浮息票据的利率常以美元 3 个月期 Libor 加若干基点的方式确定。

债券清偿顺序是：

1）担保债券优先，无担保债券其次。

2）高级债券优先，次级债券其次。

债券估值方法是：

1）计算利息支付的现值。

2）计算面值的现值。

3）将两个现值加总。

其公式为

$$V_b = I\ (\mathrm{PVIFA}_{i,n}) + F\ (\mathrm{PVIF}_{i,n})$$

式中　V_b——债券价值；

I——每期的利息；

F——债券的本金；

$\mathrm{PVIFA}_{i,n}$——贴现率 i、期数 n 的年金现值系数；

$\mathrm{PVIF}_{i,n}$——贴现率 i、期数 n 的现值系数。

注意：半年付息一次的债券，首先将利息除以 2，其次将期数乘以 2，最后再使用以上公式进行计算。

注意：如果利息不是年金，就要使用现值系数将利息贴现。即

$$P = \sum_t \frac{\mathrm{CF}_t}{(1+r)^t},\ t = 1, 2, \cdots, T$$

式中　P——债券价格；

CF_t——债券各期的现金流；

T——债券剩余期限，

r——持有债券的要求回报率。

注意：参考《注册管理会计师基础教程》5.8 节货币的时间价值。

例题 12-9

老李的 B 公司发行了 10 年期的公司债券，票面利率为 10%，面值为 1 000 元，每年付息一次，此时市场利率为 16%，请问是折价发行还是溢价发行？市场价格是多少？由于现金流发生问题，该公司董事会决定前 5 年不支付利息，所有延期支付的利息最后 1 年支付，请计算市场价格是多少？

答：

由于市场利率大于票面利率，该公司债券折价发行。

原有方案的市场价值 = 1 000 元 × 10% × 4.833 + 1 000 元 × 0.227 = 710.3 元。

延期支付后的市场价值 = 1 000 元 × 10% × （4.833 − 3.274） + 1 500 元 × 0.227 = 496.4 元。

12.3.5 股票

1. 股票的基本特性

股票是一种权益投资工具，它代表了对公司资产和利润的剩余索取权和剩余控制权。

权益的水平取决于投资人拥有的股数和公司流通在外的总股数的关系。其中，流通在外的总股数指一家公司所有股东持有的总股数。

股票市场分为一级市场和二级市场。具体含义是：

1）一级市场投资银行参与承销公司的新证券。

2）二级市场指投资者之间交易的场所。

> 注意：一级市场和二级市场的具体内容见 12.6 节。

根据股票的市值，股票可以分为大型、中型、小型、微型资本化股票，也可以分为蓝筹股、成长型、周期型、防御型、价值型、收益型、投资型股票等。

股票更重要的分类是普通股和优先股。

2. 普通股的特性

普通股代表了一家公司权益的所有权，包含了对公司收益的分享权。拥有普通股，可以获得股利和投票权。

普通股的每股市值，指的是股票的交易价格。

股利包括现金股利和股票股利。

1）现金股利一般是应税的。决定现金股利的模型，包括稳定股利模型、固定股利百分比模型、低正常股利加额外股利模型、剩余股利模型等。

> 注意：现金股利的概念见 12.6 节。

2）股票股利一般不会产生税收。发放股票股利的结果是，股数上升以及每股价格下降，市场价值保持不变。

股票分割与股票股利发放效果类似，只是会计处理不同。反向分割与股票分割的做法正好相反。

股利的信号作用，指股利传达给投资者的信息。投资者一般认为发放股利较好，但也是公司缺少投资机会的表现。

股东对于重要公司事件有投票权，包括两种形式的制度，具体内容如下：

1）传统投票权指被提名者一股一票的投票制度，对大股东有利。

2）累积投票权指不同被提名者投不同数量选票的投票制度，对小股东有利。累积投票权是一种更好的公司治理制度。

优先购股权指普通股股东有权优先购买公司增发的股票。该种制度是为了保持原有股东的所有权比例。

清算价值指当公司破产时普通股股东对公司资产的最后索取权。

代理委托书是股东签署的把自己的投票权授予另一个人或一些人的书面证明。由于大多数股东不出席股东年会，因此代理委托书投票机制已为大部分公司所采用。

补充知识：双级普通股

为保住管理层、公司创立者或其他集团的控制权，公司可能发行不止一个级别的普通股，其中一种可能投票权优先而收益权居后。双重级别的普通股在新成立的企业中很常见，创业普通股通常面向企业创办者发行。一般情况下，公司发起人和管理层持有B级普通股，而A级普通股则面向社会公众发行。

3. 普通股的贴现估值模型

普通股估值有多种方法，IMA双语教材中重点介绍了股利贴现模型，它是现金流贴现模型的一种。该模型通过预测未来股利，再将股利贴现来对股票估值。这一模型适用于没有控制权的小股东。

注意：请结合12.6节学习。

基本股利贴现模型认为，股票的内在价值等于未来股利现值之和，即

$$P = \sum_{t=1}^{\infty} \frac{D_t}{(1+k_s)^t}$$

式中　P——股票的内在价值；

D_t——第 t 期的股利；

k_s——普通股的要求回报率。

零增长普通股估值模型假设股利不增长，此时基本股利贴现模型的公式变为

$$P = \frac{D}{k_s}$$

固定股利增长率普通股估值模型，假设股利增长率为 g（$k_s > g$），此时基本股利贴现模型的公式变为

$$P = \frac{D_1}{k_s - g} = \frac{D_0\ (1+g)}{k_s - g}$$

注意：k_s 与 g 之间的差异增大时，股票价格下降，反之亦然。

变动股利增长率普通股估值模型，假设股票有变动的增长率，具体计算步骤为：

1）预测未来股利。

2）将预测的第1阶段的股利贴现。

3）使用固定股利增长率普通股估值模型，将第2阶段的股利贴现。

4）将两部分值加起来。

假设从第1年到 T 年以高增长率增长，为第1阶段；从 $T+1$ 年开始以增长率 g 增长，为第2阶段。其公式为

$$P = \sum_{t=1}^{T} \frac{D_t}{(1+k_s)^t} + \frac{D_{T+1}}{(k_s - g)(1+k_s)^T}$$

例题 12-10

老李的家具厂在他儿子的管理下经营状况越来越好，并且完成了在创业板的首次公开发行。今年支付每股股利2元，市场无风险利率是4%，企业的 β 系数是1.2，市场收益率是9%。

1）求该企业权益要求回报率。

2）假设股利不增长，求该企业股票的市场价值。

3）假设股利增长率是5%，求该企业股票的市场价值。

4）假设该企业股票的市场价值是30元，求该企业隐含的股利增长率。

5）假设股利前3年增长率是15%，从第4年开始股利增长率变为5%，求该企业股票的市场价值。

答：

1）企业权益要求回报率 =4% +1.2×(9% −4%) =10%。

2）股票的市场价值 =2 元/10% =20 元。

3）股票的市场价值 =2 元×(1 +5%)/(10% −5%) =42 元。

4）2 元×(1 +g)/(10% −g) =30 元，g =3.125%。

5）股票的市场价值 =2 元×(1 +15%)/(1 +10%) +2 元×(1 +15%)^2/(1 +10%)^2 +2 元×(1 +15%)^3/(1 +10%)^3 +2 元×(1 +5%)×(1 +15%)^3/[(10% −5%)(1 +10%)^3] =54.5 元。

4. 普通股的相对估值模型

> 注意：请结合12.6节学习。

相对估值模型一般通过选择一个标准价值，来度量同公司比较得到的估值结果。可比公司一般选择资产或者业务相似的公司。

市盈率（P/E）是最常用的倍数，其公式为

$$追溯\ P/E = 每股市价/前\ 12\ 个月的\ EPS$$

$$预测\ P/E = 每股市价/未来\ 12\ 个月的\ EPS$$

> 注意：市盈率计算应使用稀释每股收益。

具有较低市盈率的股票，比具有较高市盈率的股票更有可能是被市场低估的。一般认为，一项资产的市场价值反映了其收益能力和预期现金流的大小。

市盈率的优势是：

1）在投资界使用广泛。

2）市盈率和长期回报有重要关系。

市盈率的劣势是：

1）如果收益为负，则市盈率失去意义。

2）企业的收益变动大。

3）会计操纵的存在会降低利润的可靠性。

市账率（也称为市净率）（P/B），揭示了市场愿意为股权支付的金额。

$$P/B = 每股市价/每股账面价值$$

其中

$$权益账面价值 = 总资产 - 总负债 - 优先股$$

虽然资产的账面价值只是对资产初始成本的会计计量，而且受到各种会计处理方法的影响，但如果会计标准合理，并且不同公司之间会计标准一致，市账率可以衡量股票过高估值或过低估值的程度。

市账率的优势是：

1）即使收益为负，账面价值也是正的，且账面价值稳定。

2）可以用市账率来预测将要歇业的公司。

3）市账率和长期回报有关系。

市账率的劣势是：

1）忽略了非实物资产。

2）市账率和公司规模有关。

3）会计操纵和通货膨胀的存在，会降低账面价值的可靠性。

市销率（P/S）表明了市场为了获得公司 1 美元销售额所支付的金额。它是净利润率、股利支付率和增长率的递增函数，风险的递减函数。

$$P/S = \text{每股市价}/\text{每股销售额}$$

市销率的优势是：

1）即使收益为负，销售额也总是有的，而且销售额比收益稳定。

2）适用范围广泛。

3）市销率和长期回报有关系。

市销率的劣势是：

1）销售收入不代表利润，而且该指标不能反映资本结构。

2）会计操纵会影响收入的可靠性。

例题 12-11

中信证券正在与老李公司的管理层一起工作，以帮助该公司上市。老李公司的一些财务信息如表 12-2 所示。

表 12-2　公司部分财务信息　（单位：元）

项目	金额
长期负债（利率 8%）	20 000 000
普通股：面值（每股 2 元）	6 000 000
资本公积	48 000 000
留存收益	12 000 000
资产总额	110 000 000
销售额	60 000 000
净利润	7 500 000
股利（年度）	3 000 000

1）如果与老李公司同行业的上市公司的股票按照 12 倍市盈率进行交易，那么老李公司的预计每股价值是多少？

2）如果与老李公司同行业的上市公司的股票按照 1.5 倍市账率进行交易，那么老李公司的预计每股价值是多少？

3）如果与老李公司同行业的上市公司的股票按照 1.2 倍市销率进行交易，那么老李公司的预计每股价值是多少？

答：

1）普通股股数 = 6 000 000 元 ÷ 2 元/股 = 3 000 000 股。

每股收益 = 7 500 000 元 ÷ 3 000 000 股 = 2.5 元/股。

每股市价 = 每股收益 × 市盈率 = 2.5 元/股 × 12 = 30 元/股。

2）普通股的账面价值 = 6 000 000 元 + 48 000 000 元 + 12 000 000 元 = 66 000 000 元。

每股账面价值 =66 000 000 元 ÷3 000 000 股 =22 元/股。

每股市价 = 每股账面价值 × 市账率 =22 元/股 ×1.5 =33 元/股。

3）每股销售额 =60 000 000 元 ÷3 000 000 股 =20 元/股。

每股市价 = 每股销售额 × 市销率 =20 元/股 ×1.2 =24 元/股。

5. 优先股的特性与估值

优先股与普通股类似，也代表了一定的所有权，但两者实质上有重大的不同。

其权益特点是：

1）固定股利。

2）在普通股股东获得股利之前，得到确定的股利。

3）一般没有投票权，但是可以授予特别投票权。

4）比普通股股东有更大的索取权，但是在偿付短期和长期债务持有人之后。

其特性包括：

1）不能免税。

2）累积股利。所有未支付的累积股利，将来应优先于普通股股利由公司用收益偿付。

3）参与特性。当普通股股利达到一定金额，允许优先股提高分配的股利。

4）提前赎回条款。这类条款赋予优先股发行人，以预先规定的价格买回全部或部分发行的优先股的权利。

5）可转换特性。持有人有权选择将可转换优先股转换成特定数量的普通股。

优先股像普通股一样没有到期日，但这并不是说优先股永远流通在外，一般可通过以下 3 种方式终止：

1）提前赎回条款。几乎所有的优先股发行时都设定了赎回价格，它高于初始发行价格并随流通时间的增长而下降。

2）偿还基金（Sinking Fund）。与债券赎回条款相同，优先股赎回条款也赋予了公司财务上的灵活性。很多优先股发行时附有设定偿还基金有次序地收回股票的规定。

3）可转换条款。

> 注意：这些特性并不一定都具备。

优先股估值模型是

$$V_p = D_p / k_p$$

式中　V_p——优先股的内在价值；

D_p——优先股的股利；

k_p——优先股的要求回报率。

> 注意：优先股估值模型与零增长普通股估值模型类似。

12.3.6　衍生金融工具

衍生金融工具的特点是衍生自另外更基本的金融工具的基础价格和价值。标的资产可以是股票、债券、商品或者货币等。

衍生金融工具的支付额度可以是：

1）原生资产特定事件引发。

2）特定数量的原生资产价值的改变。

补充知识：头寸

头寸是金融行业常用到的一个词，在证券、股票、期货交易中经常用到。

例如，在期货交易中建仓时，买入期货合约后所持有的头寸称为多头头寸，简称多头；卖出期货合约后所持有的头寸称为空头头寸，简称空头。

在外币交易中，“建立头寸”是开盘的意思。开盘也称为敞口，就是买进一种货币，同时卖出另一种货币的行为。开盘之后，长了（多头）一种货币，短了（空头）另一种货币。

在期权交易中，多头指买入一个期权，空头指卖出一个期权。

1. 期权

期权（Option）是指在未来指定的一个时间点或者一段时间内，期权的购买人有向卖方行使按照指定的价格 E，买进（看涨期权）或者卖出（看跌期权）一定数量标的资产的权利。期权买卖若以期权行使方式来说，通常有 3 种：一是美式期权（American Option）；二是欧式期权（European Option）；三是百慕大期权（Bermuda Option）。欧式期权是指买入期权的一方，必须在期权到期日当天才能行使的期权。美式期权是指可以在成交后有效期内任何一天被执行的期权，多为场内交易所采用。百慕大期权是一种可以在到期日前所规定的一系列时间行权的期权。

期权的价值见图 12-9。

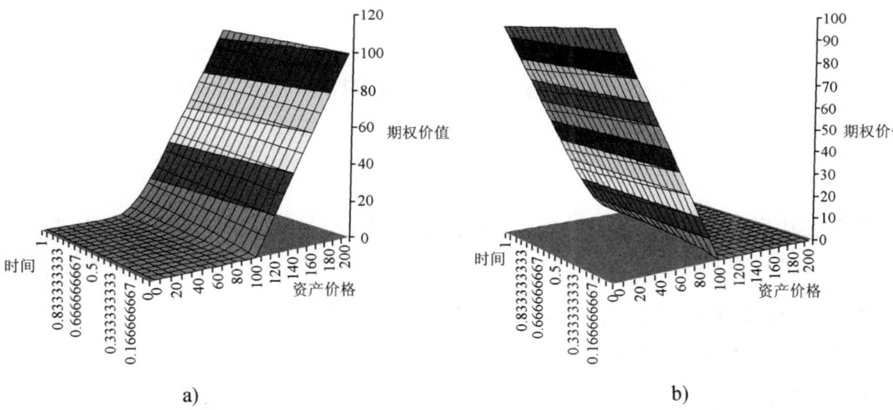

图 12-9　期权的价值

a）看涨期权　b）看跌期权

期权的价值计算公式为

$$期权的公允价值 = 期权的内在价值 + 期权的时间价值$$

期权的内在价值是指期权立即履约时的价值。

期权在到期日的收益为

$$看涨期权的多头的收益 = \max(S - E,\ 0) - V$$

$$看涨期权的空头的收益 = -\max(S - E,\ 0) + V$$

$$看跌期权的多头的收益 = \max(E - S,\ 0) - V$$

$$看跌期权的空头的收益 = -\max(E - S,\ 0) + V$$

式中　V——期权费；

S——股票价格；

E——执行价格。

看涨期权的多头的收益见图 12-10，看跌期权的多头的收益见图 12-11，看涨期权的空头的收益见图 12-12，看跌期权的空头的收益见图 12-13。

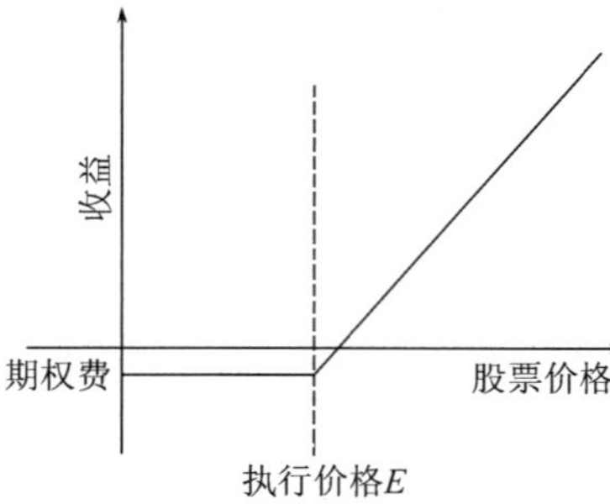

图 12-10　看涨期权的多头的收益

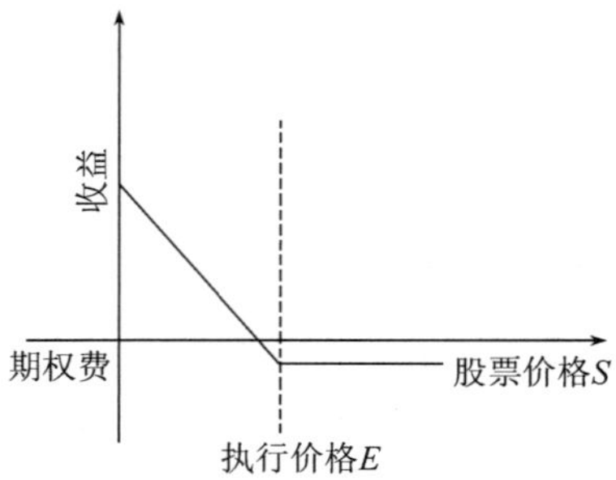

图 12-11　看跌期权的多头的收益

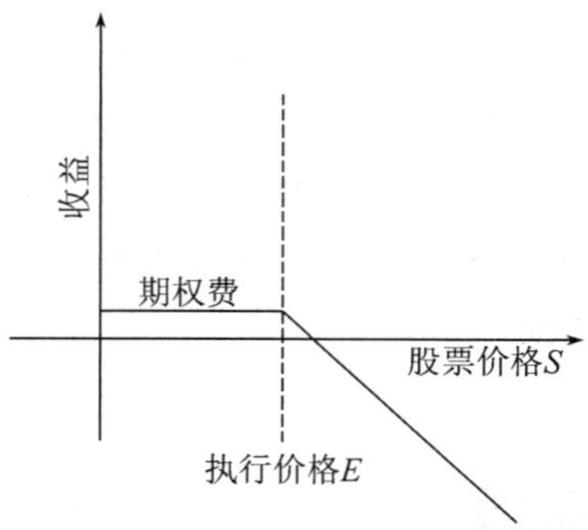

图 12-12　看涨期权的空头的收益

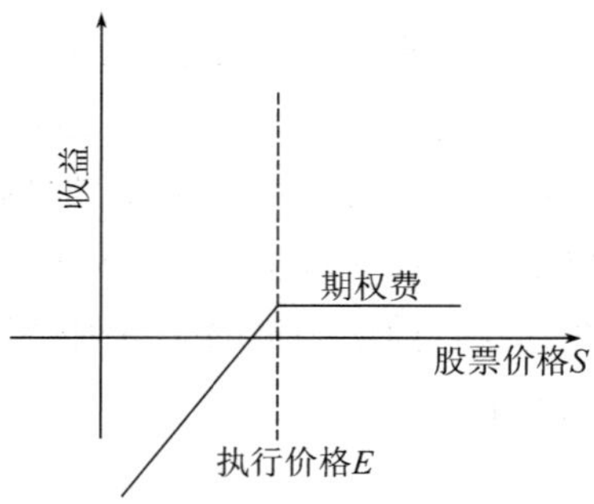

图 12-13　看跌期权的空头的收益

例题 12-12

老李公司的股票现在的市场价格为 50 元，高盛投资银行发行了该股票的看涨期权 A 和看跌期权 B。请问：

1）甲投资者购买了看涨期权 A，当时 A 的期权费为 10 元，如果甲投资者立即行权则营利 15 元。请问看涨期权 A 规定的执行价格是多少？

2）乙投资者购买了看跌期权 B，当时 B 的期权费为 10 元，如果乙投资者立即行权则营利 15 元。请问看跌期权 B 规定的执行价格是多少？

3）丙投资者认为老李公司股票会继续上涨，丙投资者应进行什么操作？

答：

1）由于看涨期权 A 的多头的收益 $=\max(S-E,\ 0)-V$，所以 $E=S-V-$看涨期权的多头的收益 $=$ 50 元 $-$ 10 元 $-$ 15 元 $=$ 25 元。

2）看跌期权 B 的多头的收益 $=\max(E-S,\ 0)-V$，所以 $E=S+V+$看跌期权的多头的收益 $=$ 50 元 $+$ 10 元 $+$ 15 元 $=$ 75 元。

3）通过期权在到期日的收益公式可知，在股票上涨时，买入看涨期权和卖出看跌期权可以营利。

对于看涨期权来说，资产现行市价高于执行价格时，被称为“实值期权”；资产的现行市价低于执行价格时，被称为“虚值期权”；资产的现行市价等于执行价格时，被称为“平价期权”。对于看跌期权来说，正好相反。

期权价值有如下特性：

1）随着执行日的邻近，期权价值越来越小。

2）执行日期权价值最小，对于看涨期权为 $\max(S-E,0)$、看跌期权为 $\max(E-S,0)$。

3）随着基础资产波动性增加，期权价值越来越大。

4）看涨期权随着利率上涨，价值上升；看跌期权正相反。

5）看涨期权随着资产的价格上涨，价值上升；看跌期权正相反。

求解期权最重要的方法，被称为BS公式法。

补充知识：1976年Black和Sholes提出了著名的BS公式，并因此获得了诺贝尔经济学奖。其形式为

$$\frac{\partial V}{\partial t}+\frac{1}{2}\sigma^2 S^2\frac{\partial^2 V}{\partial S^2}+rS\frac{\partial V}{\partial S}-rV=0$$

式中　r——无风险回报率；

V——期权价值；

S——基础资产的价值。

这个随机偏微分方程的解是

$$V_{call}=SN(d_1)-Ee^{-r(T-t)}N(d_2)$$

$$V_{put}=-SN(-d_1)+Ee^{-r(T-t)}N(-d_2)$$

式中　V_{call}——看涨期权的价值；

V_{put}——看跌期权的价值；

N——正态分布函数的反函数；

E——执行价格。

且

$$d_1=\frac{\log(S/E)+(r+\frac{1}{2}\sigma^2)(T-t)}{\sigma\sqrt{T-t}}$$

$$d_2=\frac{\log(S/E)+(r-\frac{1}{2}\sigma^2)(T-t)}{\sigma\sqrt{T-t}}=d_1-\sigma\sqrt{T-t}$$

BS公式的假设有：

1）股票价格行为服从对数正态分布模式。

2）在期权有效期内，无风险利率和金融资产收益变量是恒定的。

3）市场无摩擦，即不存在税收和交易成本，所有证券完全可分割。

4）金融资产在期权有效期内无红利及其他所得（该假设后被放弃）。

5）该期权是欧式期权，即在期权到期前不可实施。

6）不存在无风险套利机会。

7）证券交易是持续的。

8）投资者能够以无风险利率借贷。

二叉树法是另一种求解期权的方法。这是一种最简单的期权定价方法。

其计算的步骤是：

1）假设资产价格在下一时刻只有两种状态，即向上或者向下；并假设计算期间内的波动符合风险

中性概率，而且波动的幅度保持不变。

注意：风险中性概率是指投资人的风险态度为风险中性时，资产价格所对应的概率。

2）根据计算的需要，将期权存续期间分为若干个时段，模拟出资产在未来的变动路径。

3）使用贴现和概率加权的办法，从执行日的期权价值开始计算，最后得出初始时刻的价值。

二叉树法的计算过程见图 12-14。

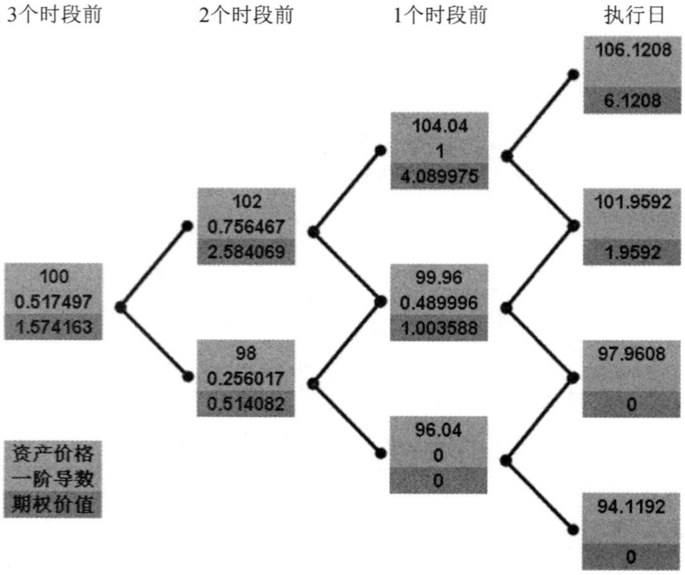

图 12-14 二叉树法的计算过程

补充知识：

求解期权价格，还有一种比较常用的方法——蒙特卡洛模拟法。

2. 远期合约

远期合约（Forward）指合约双方同意在未来日期，按照固定价格交换金融资产的合约。它是承诺以当前约定的条件在未来进行交易的合约，会指明买卖的商品或金融工具的种类、价格及交割结算的日期。远期合约是必须履行的协议，不像可选择不行使权利的期权。

远期合约与期货不同，其合约条件是为买卖双方量身定制的，通过场外交易达成，而后者则是在交易所买卖的标准化合约。

远期合约规定了将来交换的资产、交换的日期、交换的价格和数量，合约条款因合约双方的需要不同而不同。

远期合约主要有远期利率合约、远期外汇合约、远期股票合约等。

3. 期货

期货（Futures）与现货相对，是一种标准化的远期合约。

期货是现在进行买卖，但是在将来进行交收或交割的标的物。这个标的物可以是某种商品，如黄金、原油、农产品，也可以是金融工具，还可以是金融指标。

交收期货的日子，可以是 1 星期之后、1 个月之后、3 个月之后，甚至 1 年之后。

买卖期货的合同或者协议，被称为期货合约。

期货合约的特点有：

1）合约的商品品种、数量、质量、等级、交货时间、交货地点等条款，都是既定的，是标准化的，唯一的变量是价格。

2）合约是在期货交易所组织下成交的，具有法律效力，而且价格是在交易所的交易厅里，通过公开竞价方式产生的。

3）合约的履行必须由交易所担保，不允许私下交易。

4）合约可通过交收现货或进行对冲交易，来履行或解除义务。

4. 互换

互换（Swap）是一种双方商定在一段时间内，彼此相互交换现金的金融交易。

例题 12-13（选修）

一家法国公司向一家美国公司贷出一笔为期 5 年的法国法郎贷款，利率为 10%；而这家美国公司反过来又向这家法国公司贷出一笔等值的同样为期 5 年的美元贷款，利率为 8%。通过这一过程，这两家公司交换了本金和利息支付，这就等于法国公司按固定汇率以一定量的法郎换取了一定量的美元。从本质上来说，这是一种远期外汇交易。

互换的种类有利率互换、货币互换、商品互换和其他互换等。

（1）利率互换

利率互换是指双方同意在未来的一定期限内，根据同种货币同样的名义本金交换现金流。其中一方的现金流根据浮动利率计算，而另一方的现金流根据固定利率计算。利率互换的净支付计算公式为

$$\begin{matrix}\text{固定利率支付方}\\\text{的净支付额}\end{matrix}=\begin{matrix}\text{名义}\\\text{本金}\end{matrix}\times\left(\begin{matrix}\text{固定}\\\text{利率}\end{matrix}-\begin{matrix}\text{本期的}\\\text{浮动利率}\end{matrix}\right)\times\left(\begin{matrix}\text{本期}\\\text{天数}\end{matrix}\Big/365\text{ 天}\right)$$

例题 12-14（选修）

假如 A 方持有浮动利率借款，利率水平为人民币 6 个月的市场利率 +20 基点。然而 A 方认为，人民币利率呈上升趋势，如果继续持有浮动利率债务，利息负担会越来越重，因此，希望将此浮动利率借款转换为固定利率借款。于是，与 B 方签订了一份开始于 2012 年 3 月 1 日的 3 年期的人民币利率互换合约。A 方同意向 B 方支付由年固定利率 4% 和本金 1.2 亿人民币所计算的固定利息；而 B 方同意向 A 方支付由 6 个月期市场利率和同样本金支付的浮动利息。假设每半年交换一次利息，双方将总共发生 6 次现金支付。

1）第 1 次支付发生在 2012 年 9 月 1 日。

A 方将支付 B 方固定利息：12 000 万元 ×4% ÷2 =240 万元。B 方将支付 A 方浮动利息，该 6 个月的浮动利率必须在 3 月 1 日就确定，假定为 3.2%，则支付的浮动利息为：12 000 万元 ×3.2% ÷2 = 192 万元。

A 方向 B 方净支付额 =240 万元 −192 万元 =48 万元。

2）第 2 次支付发生在 2013 年 3 月 1 日。

A 方将支付 B 方固定利息：12 000 万元 ×4% ÷2 =240 万元。B 方将支付 A 方浮动利息，该 6 个月的浮动利率必须在 2012 年 9 月 1 日就确定，假定为 3.6%，则支付的浮动利息为：12 000 万元 ×3.6% ÷2 = 216 万元。

A 方向 B 方净支付额 =240 万元 −216 万元 =24 万元。

3）其余 4 次支付以此类推。

注意：利率互换期初并不用支付名义本金。

(2) 货币互换

货币互换是指将一种货币的本金和固定或者浮动的利息，与另一种货币的等价本金和固定或者浮动的利息进行交换。货币互换又分为 4 种类型：

固定利率本币换固定利率外币，支付的计算公式为

本币一方支付 = 外币名义本金 × 外币固定利率 × (本期天数/365 天)

对方支付 = 本币名义本金 × 本币固定利率 × (本期天数/365 天)

固定利率本币换浮动利率外币，支付的计算公式为

本币一方支付 = 外币名义本金 × 外币本期浮动利率 × (本期天数/365 天)

对方支付 = 本币名义本金 × 本币固定利率 × (本期天数/365 天)

浮动利率本币换固定利率外币，支付的计算公式为

本币一方支付 = 外币名义本金 × 外币固定利率 × (本期天数/365 天)

对方支付 = 本币名义本金 × 本币本期浮动利率 × (本期天数/365 天)

浮动利率本币换浮动利率外币，支付的计算公式为

本币一方支付 = 外币名义本金 × 外币本期浮动利率 × (本期天数/365 天)

对方支付 = 本币名义本金 × 本币本期浮动利率 × (本期天数/365 天)

注意：货币互换期初需要互换本金，期末换回。

(3) 商品互换

商品互换是一种特殊类型的金融交易。交易双方为了管理商品价格风险，同意交换与商品价格有关的现金流。它包括固定价格及浮动价格的商品价格互换，以及商品价格与利率的互换。

(4) 其他互换

其他互换包括股权互换、信用互换、气候互换和互换期权等。

例题 12-15（选修）

某公司于 2007 年 1 月 1 日有一笔欧元贷款，金额为 1 亿欧元，期限为 10 年，2017 年 1 月 1 日到期归还。利率为固定利率 4%，付息日为每年 6 月 1 日和 12 月 1 日。该公司提款后，将欧元兑换成人民币，用于采购生产设备。产品出口得到的收入是人民币收入，没有欧元收入，因此该公司的欧元贷款存在着汇率风险。具体来看，该公司借入的是欧元，而日常经营所用的是人民币，2017 年 1 月 1 日该公司需要以欧元还款。那么如果到期欧元升值，人民币贬值（相对于期初汇率），则该公司要用更多的人民币来兑换欧元进行还款。该公司为了控制汇率风险，决定与中行开展一笔货币互换交易，且属于固定利率本币换固定利率外币。双方约定，交易于 2007 年 1 月 1 日生效，2017 年 1 月 1 日到期，使用汇率为 1 欧元兑 12 元人民币，欧元利率水平为 4%，人民币利率水平为 3%。这一货币互换，表示为：

1）在提款日（2007 年 1 月 1 日）该公司与中行互换本金：该公司从贷款行提取贷款本金，同时支付给中国银行，中国银行按约定的汇率水平向该公司支付相应的人民币。

2）在付息日（每年 6 月 1 日和 12 月 1 日）该公司与中行互换利息：中国银行按欧元利率水平向该公司支付欧元利息（10 000 万欧元 ×4%/2 = 200 万欧元），该公司将欧元利息支付给贷款行，同时按约定的人民币利率水平向中国银行支付人民币利息（10 000 万欧元 ×12 元/欧元 ×3%/2 = 1 800 万元）。

3）在到期日（2017 年 1 月 1 日）该公司与中行再次互换本金：中国银行向该公司支付欧元本金，该公司将欧元本金归还给贷款行，同时按约定的汇率水平向中国银行支付相应的人民币。

从以上可以看出，由于在期初与期末，该公司与中行均按预先约定的同一汇率（1 欧元 = 12 元人民币）互换本金，且在贷款期间该公司只支付了人民币利息，而收入的欧元利息正好用于归还原欧元贷款利息，从而使该公司完全避免了未来汇率所产生的变动风险。

12.3.7　其他长期金融工具

1. 租赁

租赁是一种以一定费用借贷实物的经济行为。在这种经济行为中，出租人将自己所拥有的某种物品交给承租人使用，承租人由此获得在一段时期内使用该物品的权利，但物品的所有权仍保留在出租人手中。承租人对于其所获得的使用权，需向出租人支付一定的费用（租金）。租赁分为融资租赁和经营租赁。

> 注意：具体可见 12.6 节。

2. 可转换证券

可转换证券是指持有人可以在一定时期内，按一定比例或价格，将其转换成一定数量的另一种证券的证券。可转换证券包括可转换债券、可转换优先股。

可转换证券对发行人的意义有：

1）节约发行费用。

2）降低筹集资金的成本。

3）可以吸引机构投资者。

可转换证券对投资人的意义是：在一定范围内能规避风险，同时又在一定程度上赋予了投资者对收益的选择权。

3. 认股权证

认股权证是授予持有人的一项权利，即在到期日前（也可能有其他附加条款）以行使价购买公司发行的新股（或者是库藏的股票）的权利。

按照发行主体，认股权证分为两类：股本认股权证和备兑权证。

1）股本认股权证属于狭义的认股权证，是由上市公司发行的。

2）备兑权证属于广义的认股权证，是由上市公司以外的第三方（一般为证券公司、银行等）发行的，不增加股份公司的股本。

12.4　资本成本

12.4.1　资本成本的定义与 MM 定理

公司获得资金的来源有以下两方面：

1）债务资本，主要指企业发行的付息工具。

2）权益资本，指股东的永久投资，包括普通股、优先股。

资本成本就是这些资金的平均成本。

现代资本结构理论（MM 定理）认为：在无摩擦的市场环境下，企业的市场价值与它的融资结构无关。在考虑税收以后，负债公司的价值等于相同风险等级的无负债公司的价值加上负债的节税利益。其中，节税利益等于公司税率乘以负债额。但若考虑风险，随着债务的增加，成本会上升，所以无限制地增加债务是不对的。

注意：最优资本结构是指企业在一定时期内，筹措的资本的加权平均资本成本（WACC）最低，使企业的价值达到最大化。它应是企业的目标资本结构。

最优资本结构见图 12-15。

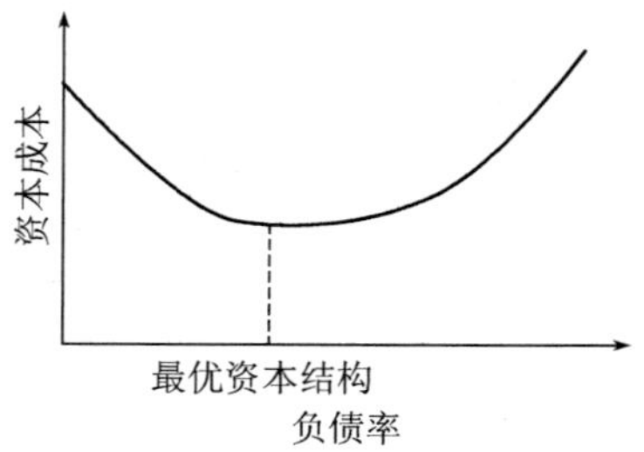

图 12-15　最优资本结构

补充知识：MM 定理

1958 年，莫迪格利安尼（Modigliani）和米勒（Miller）提出了著名的 MM 定理，创建了现代资本结构理论。这一理论又被称为资本结构无关论。

MM 理论有严格的假设条件：

1）企业的经营风险可以用 EBIT（息税前利润）衡量，有相同经营风险的企业处于同类风险等级。

2）现在和将来的投资者对企业未来的 EBIT 估计完全相同，即投资者对企业未来收益和风险的预期是相同的。

3）股票和债券在完全资本市场上进行交易，这意味着没有交易成本，投资者可以以同企业一样的利率借款。

4）所有债务都是无风险的，债务利率为无风险利率。

5）投资者预期 EBIT 固定不变，即企业的增长率为零，所有现金流量都是固定年金。

莫迪格利安尼和米勒分析了在无企业税时，企业的资本结构与企业价值及综合资本成本之间的关系。其基本结论是：资本结构与企业价值和综合资本成本无关。

无企业税模型命题一：不论企业是否有负债，其价值等于企业所有资产的预期收益额，除以适于该企业风险等级的回报率。

无企业税模型命题二：有负债企业的权益成本，等于同一风险等级中某一无负债企业的权益成本加上风险溢价。风险溢价由无负债企业的权益资本成本率和负债企业的债务资本成本率（KD）之差，乘以债务与权益的比率来确定。

因为企业所得税是客观存在的，为了考虑纳税的影响，MM 提出了包括企业税的第 2 组模型。在这种情况下，他们的结论是：负债会因利息的抵税作用而增加企业价值，对投资者来说意味着更多的可分配经营收入。引入企业税的 MM 理论有两个命题。

企业税模型命题一：负债企业的价值等于相同风险等级的无负债企业的价值加上负债的节税利

益。其中，节税利益等于企业税率乘以负债额。

企业税模型命题二：在考虑所得税情况下，负债企业的权益资本成本率等于同一风险等级中某一无负债企业的权益资本成本率加上一定的风险回报率。风险回报率由无负债企业的权益资本成本率和负债企业的债务资本成本率（KD）之差，乘以债务与权益的比率所确定。

12.4.2　计算资本成本

资本成本的计算公式为

$$k_a = \sum_i k_i w_i$$

式中　k_i——第 i 种资本的成本；

k_a——资本成本；

w_i——第 i 种资本所占的比例。

注意：计算资本成本可变为两个问题：如何确定成本；如何确定各自的权重。

$$债务成本 = k_d \times (1 - t)$$

式中　k_d——债务的税前成本；

t——所得税税率。

$$优先股成本 = D_p / (P_p - F)$$

式中　D_p——优先股股利；

P_p——每股市价；

F——发行成本。

普通股权益成本的计算方法：

1）使用历史回报率估计内部权益成本。

2）使用股利增长模型估计内部权益成本。公式为

$$k_s = D_1 / P_0 + g$$

式中　D_1——下一年的股利；

P_0——现在的股价；

g——股利增长率。

3）使用资本资产定价模型估计内部权益成本。公式为

$$k_s = r_f + \beta(r_m - r_f)$$

式中　r_f——无风险回报率；

r_m——市场回报率。

4）使用债券回报率加上风险溢价估计内部权益成本。公式为

$$k_s = k_d + 风险溢价$$

式中　k_d——债券回报率。

5）使用股利增长模型估计新发行股票成本。公式为

$$k_s = D_1 / (P_0 - F - U) + g$$

式中　F——发行成本；

U——发行折价。

加权资本成本就是企业总资本成本，计算公式为

$$\text{WACC} = \sum_i k_i w_i$$

式中 k_i——全部资金来源中，第 i 种资本的成本；

w_i——全部资金来源中，第 i 种资本所占的比例。

加权可以账面价值加权、市场价值加权、目标价值加权等。

> 注意：使用的优先顺序为：目标价值加权 > 市场价值加权 > 账面价值加权。

边际资本成本（MCC）指的是增加最后 1 元新资本的成本。计算公式为

$$\text{MCC} = \sum_i k_i w_i$$

式中 k_i——边际资金来源中，第 i 种资本的成本；

w_i——边际资金来源中，第 i 种资本所占的比例。

临界点（BP）指的是企业在资本成本增加前所能筹集到的资金总额。公式为

$$\text{BP} = \text{TF}_i / w_i$$

式中 TF_i——从资本 i 中筹集的资金总量；

w_i——资本 i 占总资金的比例。

所得税对资本结构和资本投资决策的影响是：

1）大额应税收益的企业通过更多的债务融资。

2）不稳定营业利润的企业通过更多的权益融资。

在投资决策中考查资本成本的相关结论是：

1）高（低）风险意味着高（低）资本成本。

2）高（低）资本成本意味着企业证券价值的低（高）估。

> 注意：估值当中应使用边际资本成本而不是历史资本成本作为贴现率。

例题 12-16

老李的公司上市后，发行了面值 1 000 元、票面利率 8%、20 年期的债券。该债券以 30 元溢价发行，发行成本为每债券 30 元。

该公司可以 105 元发行面值 100 元的优先股，发行成本为每股 5 元，优先股股息率为 8%。

该公司现在普通股市场价是 100 元，今年支付每股股利为 7 元，以后股利保持不变。新发行普通股时要折价 3 元，另外每股支付费用为 5 元。

此时该公司有留存收益为 100 000 元，该公司所得税率为 40%。该公司资本结构见表 12-3。

表 12-3 公司资本结构 （单位：%）

基本信息	账面价值	市场价值	目标结构
长期负债	25	40	30
优先股	25	15	20
普通股	50	45	50

1）求负债的成本。

2）求优先股的成本。

3）该公司发行新普通股，求普通股的权益成本。

4）该公司使用留存收益，求普通股的权益成本。

5）该公司下一年需要 200 000 元，求该公司的加权资本成本。

6）该公司下一年需要 1 000 000 元，求该公司的边际资本成本。

7）该公司下一年需要 1 000 000 元，求该公司的加权资本成本。

答：

1）由于该公司债券发行价格是 1 000 元 +30 元 =1 030 元，发行成本是 30 元，实际得到 1 000 元。债券的税前成本就是债券的票面利率 8%。所以，负债的成本 =8% ×(1 −40%) =4.8%。

2）优先股的成本 =100 元 ×8%/(105 元 −5 元) =8%。

3）权益成本 =7 元/(100 元 −3 元 −5 元) =7.61%。

4）权益成本 =7 元/100 元 =7%。

5）如果该公司下一年需要 200 000 元，权益资金使用留存收益即可。

该公司的加权资本成本 =30% ×4.8% +20% ×8% +50% ×7% =6.54%。

6）如果该公司下一年需要 1 000 000 元，权益资金需要使用新发行普通股筹集来的资金。

该公司的边际资本成本 =30% ×4.8% +20% ×8% +50% ×7.61% =6.845%。

7）该公司的加权资本成本 =30% ×4.8% +20% ×8% +20% ×50% ×7% +80% ×50% ×7.61% = 6.784%。

12.5　管理流动资产

运营资本指的是流动（短期）资产。净运营资产指的是流动资产与流动负债之间的差额。

注意：也有学者认为，运营资本是流动资产与流动负债之间的差额。

运营资本管理，根据对于收益和风险的态度，分为激进、保守、温和 3 种类型。运营资本管理具体包括现金、有价证券、应收账款、存货管理等几个方面。

一段时间运营资本需求量的变动见图 12-16。

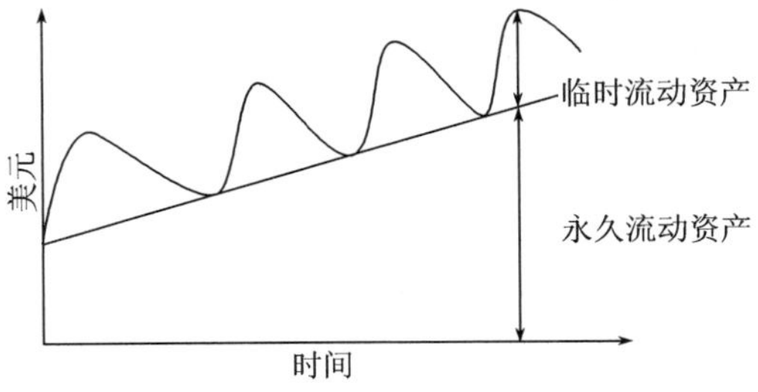

图 12-16　一段时间运营资本需求量的变动

运营资本可以按时间划分为永久性和临时性的。永久性运营资本是指满足企业长期最大需求的那部分流动资产，而临时性运营资本则是指满足企业季节性需求的那部分流动资产。

在确定流动资产的适当数量和水平时，管理层必须在获利能力与风险间进行权衡。在其他条件都相同时，企业的流动资产水平越高，其清偿能力越强。较强的清偿能力意味着较低的风险，但也意味着较低的获利能力。在运营资本管理中，融资活动有两条最基本的原理：

（1）获利能力与清偿能力呈反方向变动

（2）获利能力与风险同向变动

如果企业采用对冲法融资（即温和类型），每项资产都将与一项与其到期日大致相同的融资工具相对应。企业的短期或季节性流动资产将通过短期负债融资。流动资产的永久性部分与所有固定资产都将通过长期负债或权益资本融资。

通常，企业融资方案的到期日安排得越长，这种融资方案的风险越低。然而，到期日长的融资方案的成本可能也更高。其结果是必须再次在风险与营利能力间进行权衡。

运营资本管理的两个关键方面，即保持什么样的流动资产水平以及如何进行流动资产融资，这是相互依存的。由于它们之间的相互依存关系，必须将这两个方面结合起来考虑。

短期财务预测对于理解公司的运营资金需求非常重要。短期财务预测可以减少过多持有现金和存货，并且还可以提供潜在运营资本缺口的信息。短期财务预测使得管理层可以根据短期运营资金需求来选择运营资本结构。

12.5.1 现金管理

1. 现金管理的一般概念

现金管理描述公司管理和投资现金的各种活动。

影响现金水平的因素包括：

1）流动性要求，指将资产迅速且不受损失地转换成现金的能力。流动性能够平衡公司现金流入、流出的不平衡。增加流动性，可使营利增加，可减少无法偿还债务的风险。

2）营利性及风险政策，指营利性和风险之间的相互关系和利弊权衡。公司必须建立现金管理系统。

持有现金的动机分为 3 种，分别是：

①交易性动机，即满足日常经营的财务支持。

②预防性动机，即为非预期的现金需求提供一个缓冲。

③投机性动机，即为短期投资而准备的现金。

管理现金流从 3 个方面考虑。

①现金流入，从客户、贷款人、投资人等处获得的资金。

②集中流动，企业部门间相互转账、各银行存款账户间转账。

③现金流出，支付员工、卖方、股东等的资金。

现金管理系统的目标如下：

①加速现金流入。

②减缓现金流出。

③最小化闲置资金。

④最小化现金管理成本。

⑤与客户和供应商维持良好关系。

⑥最小化提供备用流动性的相关成本。

⑦最大化提供给管理人员的财务信息的价值。

2. 收款系统

收款系统是指处理客户的回款和汇集管理流入现金的一系列安排和处理程序。

收款浮差指从付款人寄出支票，到企业收讫这笔资金的时间间隔。收款浮差分为邮寄浮差、处理浮差和取款浮差。

注意：美国一般企业使用纸质支票进行支付结算，但国会推出了 Check21 法案，大力推广电子支付系统。

加速现金收款的方法为：

1）增加收款点。收款点越多，收款浮差越短。

2）建立锁箱系统。锁箱系统是企业与银行系统间的安排，当天收到的支票就能够被存入企业账户。收费分为固定和变动锁箱成本。锁箱系统的净收益公式为

$$年净收益 = 每日的收款量 \times 年利率 \times 节约天数 - 年总成本$$

3）加入自动清算所。美国的自动清算所是覆盖全美的一个电子清算系统，用于银行间票据交换和清算，主要解决纸质支票的低效和安全问题。

4）加入电子支付系统。该系统由提供支付服务的中介机构、管理货币转移的法规以及实现支付的电子信息技术手段共同组成，用来清偿经济活动参加者在获取实物资产或金融资产时所承担的债务。

5）加入美联储清算系统。美联储转移大额付款的系统，是美国金融基础设施的重要组成部分。美联储还通过贴现窗口，将隔夜信贷业务提供给存款机构。美联储对各种形式短期贷款的“信用风险管理”，很大程度上依赖于信息监管。

6）加入集中银行系统。该系统将收到的现金全部转移到一个银行集中存放，所有的现金交易、短期信贷、投资都在这一个账户中完成。

3. 支付系统

支付系统是指向员工、卖方、供应商、政府等收款人支付资金的一系列银行安排和处理程序。

付款浮差指付款人寄出支票，与资金从企业账户中扣除的时间的间隔。付款浮差分为邮寄浮差、处理浮差和清算浮差。

减缓付款的方法为：

1）利用零余额账户（ZBA）。该账户可以签发支票进行支付，但是每日通过和企业账户转账，保持余额为零，这样就可以解决企业不同账户中的剩余资金占用问题。

2）集中支付。企业使用单一账户进行支付，同样可以减少过剩资金占用的问题。

3）汇票支付（PTD）。汇票支付是对付款人而不是付款人银行签发，而且不是见票即付。

4. 电子商务

电子商务是通过信息和网络技术的应用，来便利贸易伙伴之间的业务关系。

其优点有：

1）提高生产效率。

2）减少周期时间。

3）降低错误率。

4）改善现金流预测。

5）改善交流能力。

当然，电子商务需要考虑软硬件的成本和信息安全问题。

5. 应维持的现金余额

绝大多数企业都设立了一个应维持的现金余额目标。这些企业不希望持有过量的现金余额，因为将这部分资金投资于有价证券可以获得利息收入。当然，有价证券的利息越高，持有闲置现金的机会

成本也越高。现金的最优水平应当是下面两者中较大的：

1）当现金管理有效率时，交易所需的现金。

2）企业存款所在的商业银行要求的补偿性现金余额。

例题 12-17

老李公司目前有一个集中的发票处理系统。所有客户都向中央发票处理机构支付款项。该系统要求客户平均在 4 天内将付款支票寄到中央处理机构。在将款项存入银行前还需要一天半的时间对支票进行处理。该公司平均每天收款 50 万元。该公司最近开始调查使用银行锁箱系统的可能性。据估计，客户的邮寄时间将缩短两天半。而且由于银行将每天收取两次邮件，从而可使该公司的支票处理时间减少一天。

1）假设短期投资的收益率为 5%，确定现行制度每年的机会成本。

2）如果银行锁箱系统每年的成本为 7.5 万美元，是否应采用该制度？

答：

1）共可节约时间 = 2.5 天 + 1 天 = 3.5 天。

每年的机会成本 = 3.5 天 × 500 000 元 × 5% = 87 500 元。

2）由于现行制度每年的机会成本（87 500 元）超过了银行锁箱系统每年的成本(75 000 元)，因此应采纳新制度。

12.5.2 有价证券管理

有价证券指 1 年内或更短的时间内到期的投资。

持有有价证券的原因有以下 3 点：

1）保持流动性。

2）在可控制流出上获得收益。

3）利用剩余的现金获得收益。

选择有价证券的考虑因素包括以下 5 个：

1. 安全性

违约（Default）风险是指借款方不能按期支付本金或利息的风险。投资者如果投资于有违约风险的证券，就会要求一个风险溢价（或额外期望收益率）。借款方违约的可能性越大，市场要求的风险溢价就越高。普通的投资者根据穆迪投资者服务机构和标准普尔等证券的信用权威性评级机构所提供的信用评级来确定证券的违约风险。

2. 适销性

证券的适销性（Marketability）或流动性（Liquidity）与证券的变现能力有关。适销性的度量标准有：资产出售时可实现的价格以及变现所需的时间。如果价格足够低，则证券通常可以在很短的时间内售出。证券的适销性越高，在标定的价格水平附近完成大笔交易的能力就越强，风险就越低。

3. 期限

证券的期限（Maturity）常常对证券的期望收益率或报酬率具有非常大的影响。只有到期日不同的证券的收益率和期限的关系被称为利率的期限结构（Term Structure）。反映某一时点这种关系的曲线被称为收益曲线（Yield Curve）。最常见的收益曲线的斜率为正（即向右上方倾斜），其短期收益率低于长期收益率。大多数经济学家将收益曲线斜率为正归因于投资于长期证券的风险要高于短期证券。

4. 可征税性

对应纳税的投资者来说，除了州及地方政府发行的证券利息收入免税以外，其他所有证券的利息收入都要纳税。因此，州和地方政府发行的证券在市场上出售时，其收益率低于期限相同的国库券和公司证券。在各州成立的应纳所得税的公司，其投资于国库券的利息收入免缴州所得税。因此，国库券比其他由公司或银行发行的债务工具更优越，后者支付的利息要缴纳州所得税。

5. 收益率

收益率受到风险水平和利率影响。另一个影响因素是证券中包含的期权特征，如可转换权、证券赎回权和偿债基金储备。预期通货膨胀对利率也有很大的影响，预期的通货膨胀率越高，证券的名义收益率就越高。证券的收益率（以及企业的资金成本）将随时间的变化而变化，金融市场供求的变化及通货膨胀变化的预期都有助于解释收益率的变化。图 12-17 显示了证券的风险和收益在市场的作用下达到均衡的理念，即证券的风险越高，证券提供给投资者的预期收益率也越高。

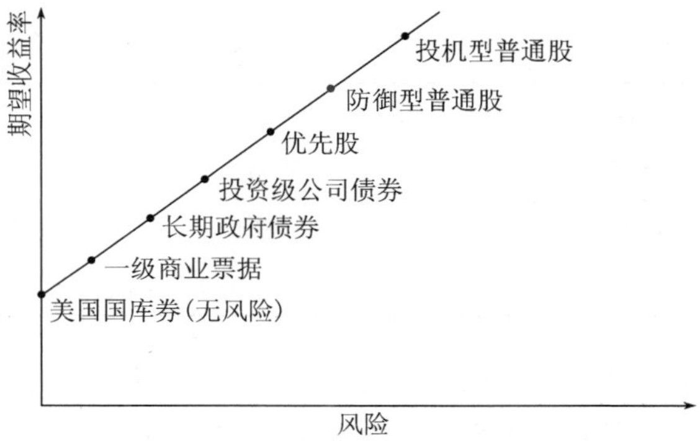

图 12-17　证券的风险和期望收益率

有价证券的类型见表 12-4。

表 12-4　有价证券的类型

有价证券	特点
美国国债	以美国政府信誉担保，其利率是基准利率，没有违约风险，具有良好的流动性
机构债券	一般认为没有风险，有较强的流动性，税收方面有优惠
回购协议	一般以国债作为标的资产，期限较短，一般认为较安全
银行承兑汇票	由银行担保，有活跃的二级市场
商业票据	公司发行的无担保票据，流动性较差，期限为 1 ~ 270 天，折价发行
拍卖优先股	短期投资工具，7 周重新设定股息率，税收方面有优惠
可转让大额存单	由银行发行，多数期限较短，大银行发行的流动性较好
欧洲美元存款	在美国境外的不可转让的定期存款，大多数期限较短
短期市政债券	具有良好的价格稳定性和流动性，有税收优惠
共同基金	将众多分散的投资者的资金汇集起来，交由专家进行投资管理，然后按投资的份额分配收益。共同基金分为货币市场基金、债券基金、股票型基金等。其安全性和流动性取决于投资标的

可以将企业的短期有价证券投资组合分为 3 个部分：

1）备用现金部分。防止企业的现金账户可能出现的不足而持有的最优有价证券余额。

2）可控现金部分。应付可控（可知）现金流出，如税收和股利而持有的有价证券。

3）自由现金部分。“自由”（即尚未明确指定用途）的有价证券。

在为有价证券投资组合各部分挑选证券时，证券投资组合经理在考虑安全性、流动性、收益性和期限等相关因素的基础上，试图将各种货币市场工具与各部分的特定需要结合起来。简而言之，在确定企业的短期有价证券账户构成时，必须记住风险与收益间的权衡。

例题 12-18

A 钢铁公司位于加利福尼亚州，它预计下列有价证券的持续投资收益为：国库券 8.00%，商业票据 8.50%，拍卖优先股 7.00%。该公司的联邦所得税边际税率为 30%（假设是在支付州所得税后），它向加利福尼亚州缴纳的所得税的边际税率为 7%。根据税后收益，判断应选择哪项投资。此外还应考虑什么因素?

答：

3 种有价证券均属于短期投资，分析它们的收益和风险特点如表 12-5 所示。

表 12-5 3 种有价证券的收益和风险比较

证券	联邦税率	州税率	联合影响	税后期望收益率
国库券	30%	0	30%	（1－30%）×8.00%＝5.6%
商业票据	30%	7%	37%	（1－37%）×8.50%＝5.36%
拍卖优先股	（1－70%）×30%＝9%	7%	16%	（1－16%）×7.00%＝5.88%

拍卖优先股的税后期望收益率最高，这是因为它 70% 的部分可免交联邦所得税。由于国库券免交州所得税，因此商业票据的吸引力低于国库券（在不征收所得税的州，商业票据的税后收益率会更高）。

如果考虑风险因素，拍卖优先股未必是最佳选择。因为存在利率上升过高从而令市场价值下跌的风险。它在股利支付上也存在违约风险，而国库券则不存在。

12.5.3 应收账款管理

企业是否应持有应收账款的考虑因素包括以下 4 个：

1）总体的经济条件。

2）目标市场。

3）行业惯例。

4）信用条件下来自利息收入的潜在利润。

影响企业应收账款管理的一般因素包括以下 5 个：

1）信用政策和销售条款。

2）客户信用度和信用额度。

3）是否能及时开账单和收回应收账款。

4）准确和及时的记录。

5）追查过期账户和启动收款程序。

信用的 5C 指：品质（客户的信誉）、条件（客户的财务状况）、现金流（客户的现金状况）、信用（客户的信用状况）、抵押（用于担保的应收账款）。

信用条款规定了客户的付款形式，以及折扣条款。现金折扣指因提前付款而被允许的销售价格上的扣减。

> 注意：术语 *X/Y* net *Z*，指在发票日后的 *Z* 天付款，如果在 *Y* 天之内，有 *X*% 的折扣。

企业常用的信用方面的手段有：

（1）延展信用期限

这种方式会使销售和营利增加，但是同时可能会增加持有成本、收款成本和坏账，因此需要权衡利弊。其公式是

$$\text{净收益}=\frac{\text{增加的}}{\text{销售收入}}\times\text{毛利率}-\frac{\text{增加的}}{\text{收款成本}}-\frac{\text{增加的}}{\text{坏账}}-\left(\frac{\text{增加的}}{\text{存货}}+\frac{\text{增加的}}{\text{应收账款}}\right)\times\frac{\text{资金}}{\text{成本}}$$

也有的书上是这样的公式

$$\begin{matrix}\text{净}\\\text{收}\\\text{益}\end{matrix}=\frac{\text{增加的}}{\text{销售收入}}\times\begin{matrix}\text{毛}\\\text{利}\\\text{率}\end{matrix}-\frac{\text{增加的}}{\text{收款成本}}-\frac{\text{增加的}}{\text{坏账}}-\frac{\text{增加的}}{\text{存货}}\times\frac{\text{资金}}{\text{成本}}-\frac{\text{增加的}}{\text{应收账款}}\times\left(1-\begin{matrix}\text{毛}\\\text{利}\\\text{率}\end{matrix}\right)\times\frac{\text{资金}}{\text{成本}}$$

（2）改变折扣条款

改变折扣条款可以增加回款的速度，但是同时可能会产生折扣成本，因此需要权衡利弊。

违约风险是指不能偿还利息和本金的风险。为了使得违约风险最小，考查时可以参考的信息有：内部信用信息，如申请人的信用申请记录、支付历史等；外部信用信息，如财务报表、银行和其他贷款人的信息等。

制定最佳信用、收款政策时，需要考虑的因素有：信用标准、信用条款和收款支出的组合。

平均收款期 =365 天/应收账款周转率

销量、平均收款期、坏账损失和利润与拒付账户质量的关系，见图 12-18。

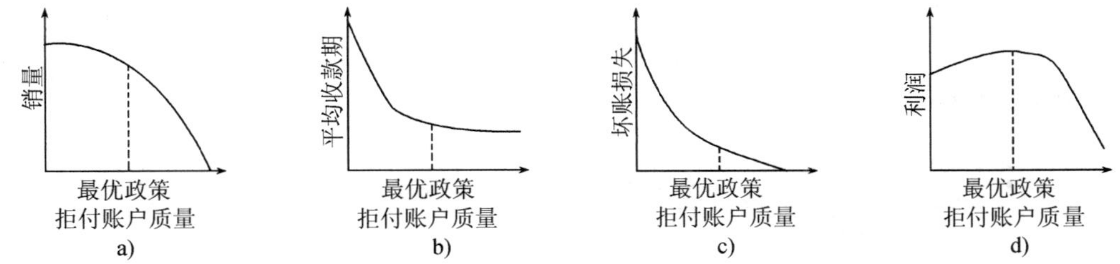

图 12-18　销量、平均收款期、坏账损失和利润与拒付账户质量的关系

例题 12-19

A 公司目前提供的信用条件是“净/30”。该公司的赊销额为 6 000 万元，平均收账期为 45 天。为了刺激需求，该公司可能采用信用条件“净/60”。如果采用这一信用条件，预计销售将增加 15%。信用政策改变后，预计平均收账期将变为 75 天，新老客户的付款习惯相同。每 1 元销售额中的变动成本为 0. 80 元，该公司应收账款投资的税前预期报酬率为 20%。该公司是否应延长其信用期限（假设 1 年有 360 天）？

答：

原存货周转率 =360 天/45 天 =8 次。新存货周转率 =360 天/75 天 =4. 8 次。

增加的销售经营利润 =（1 －0. 8）×6 000 万元 ×15%　=1 800 000 元。

新销售带来的额外应收账款投资 =0. 8 ×6 000 万元 ×15% ÷4. 8 =1 500 000 元。

与原销售有关的额外应收账款投资 = 与原销售有关的新应收账款水平 － 信用期限变化前的应收账款水平 =60 000 000 元/4. 8 －60 000 000 元/8 =5 000 000 元。

增加投资的税前预期报酬 = 税前预期报酬率 × 增加的应收账款总投资额 =20% ×（1 500 000 元 +5 000 000 元）=1 300 000 元。

由于所增加的销售的获利能力为 180 万元，超过了增加的应收账款投资的预期报酬 130 万元，因此该公司应当将信用期限由 30 天延长为 60 天。

12.5.4 存货管理

存货是指企业存储的所有产品。

存货清单是指存货所有项目的列表。项目是指保持在存货中的产品种类，单位是指存货项目的标准规格或者数量。

存货控制是指一系列用来确保存货每个项目正确性的活动和程序。

存货管理是指用来确定和维持能够保证客户订单及时、正确完成的存货水平的流程。

企业持有存货的主要原因是：在供求之间提供缓冲。除此之外，还有就是解决延迟供货问题、获得采购中的优惠、覆盖紧急事件等。

在考虑经济订货量（最优订货量，EOQ）的时候，要考虑两方面的成本，具体包括：

1）订货成本。薪水、计算机时间成本（使用计算机下达订单所用的时间）、单据成本，计算公式是

$$订货成本 = D/\mathrm{EOQ} \times F$$

式中 D——需要存货的总量；

F——每个订单的固定成本。

2）储存成本。储存成本、处理成本、过时和变坏、保险、税、资金成本，计算公式是

$$储存成本 = \mathrm{EOQ} \times C/2$$

式中 C——单位存货的持有成本。

EOQ 的求解

$$总成本（\mathrm{TC}）= 订货成本 + 储存成本 = D/\mathrm{EOQ} \times F + \mathrm{EOQ} \times C/2$$

求一阶导数，并使其等于零，即

$$\mathrm{d\ TC/d\ EOQ} = -D/\mathrm{EOQ}^2 \times F + C/2 = 0$$

也就是

$$\mathrm{EOQ} = \sqrt{\frac{2FD}{C}}$$

注意：EOQ 推导过程不要求掌握。另外，理论上这里还需要验证二阶导数。

例题 12-20

老李过滤器公司是一家面向零售商店的空气过滤器分销商。该公司从几家制造企业购买过滤器。过滤器的订货批量为 1 000 件，每次订货成本为 40 元。零售商店对过滤器的需求是每月 2 万件，过滤器的持有成本是每月每件 0.10 元。

1）经济订货量应为多少个批量（即每次订货应是 1 000 件的多少倍）？

2）如果每件过滤器每月的持有成本下降为 0.05 元，则最佳订货量应为多少？

3）如果订货成本下降为每次 10 元，则最佳订货量应为多少？

答：

1）$\mathrm{EOQ} = \sqrt{\dfrac{2 \times 40\text{元} \times 20000\text{件}}{0.1\text{元/件}}} = 4\ 000$ 件。

2）$\mathrm{EOQ} = \sqrt{\dfrac{2 \times 40\text{元} \times 20000\text{件}}{0.05\text{元/件}}} = 5\ 656$ 件。由于每个批量为 1 000 件，因此企业每次需订购 6 000 件。持有成本越多，订货成本则相对变得越重要，最佳订货规模也就越大。

3）$EOQ = \sqrt{\dfrac{2 \times 10\text{ 元} \times 20000\text{ 件}}{0.1\text{ 元/件}}} = 2\ 000$ 件。订货成本越低，持有成本相对就越重要，最佳订货规模也越小。

EOQ 的假设有：

1）前置时间固定。

2）需求稳定。

3）成本已知。

4）补充及时。

5）没有脱销等。

前置时间是下达订单和存货入库之间的时间间隔，应该尽量缩短。

安全存货是为预防供求波动等意外事件发生产生的需求而持有的存货。预测需求越不稳定，前置时间越不确定，安全存货的量要求越大。

存货量变化见图 12-19。

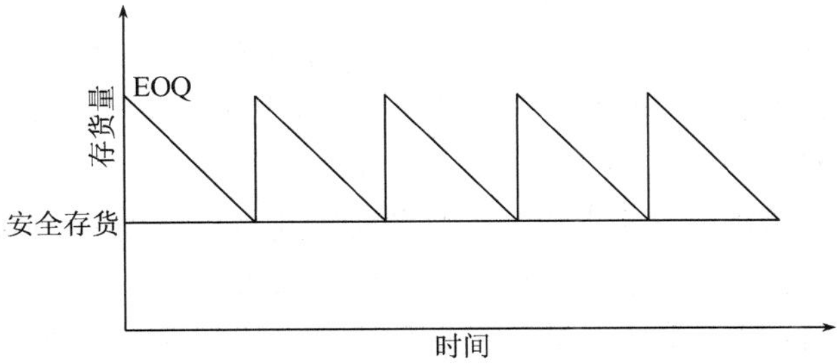

图 12-19　存货量变化

$$\text{平均存货持有量} = \text{安全存货} + EOQ/2$$

重新订货点（ROP）指的是何时订购存货。计算公式为

$$ROP = U \times L + SS$$

式中　U——使用率；

L——前置时间；

SS——安全存货。

准时制系统和看板，对于存货管理有借鉴意义。显著降低存货，可以使得运营资本的效率更高。

存货管理的指标有

$$\text{存货周转率} = \text{销货成本}/\text{平均存货}$$

$$\text{存货周转天数} = 365\text{ 天}/\text{存货周转率}$$

高存货周转会减少存货量，进而减少存货持有成本。存货持有成本的减少会导致销货成本下降，因而会提高毛利。

缺货成本是指由于缺少存货而丧失销售机会的成本。

例题 12-21

为了减少生产调整成本，老李的卡车公司将延长同一种卡车的生产期间。由于效率的提高而节约的成本预计为每年 26 万元。然而，存货周转率将从每年 8 次下降为 6 次。每年的产品销货成本为4 800 万元。如果存货投资的税前预期报酬率为 15%，该公司是否应实行新的生产计划？

答：

机会成本 = 税前预期报酬率 × 增加的存货 = 税前预期报酬率 × （生产计划变动后的存货 - 现有成本） = 15% × （48 000 000 元/6 - 48 000 000 元/8） = 300 000 元。机会成本为 30 万元，大于潜在节约的 26 万元成本。因此不应采用新的生产计划。

12.5.5 短期信用的类型

应计费用是指未付工资、税收、利息、股利等，一般被认为是无息融资的自发来源。这些来源必须谨慎使用。

商业信用是短期信用的最大来源，产生于供应商为客户购买提供的信用条件。这是相当于附条件的间接贷款，其中赊账是最常见的形式。延迟应付账款是指将付款时间推迟至到期日之后。尽管延迟应付账款能产生额外的短期融资，但必须权衡该收益与相关的成本，这些成本包括：

1）放弃的现金折扣（如果有的话）成本。

2）任何可能的对延迟付款的惩罚或利息费用。

3）企业的信用评级可能恶化，以及企业取得未来信用的能力可能受到损害。

无担保短期银行贷款的特点是：没有担保品或资产进行担保，以借款人的信用提供支持。

无担保短期银行贷款分为：

1）信用额度，确定额度范围，设定期限，不具备法律效力，贷款人可以改变。

2）循环信贷，确定额度范围，更长的期限，具备法律效力。

担保短期贷款是以资产抵押（质押）的一种信用形式。可以用于抵押（质押）的资产有固定资产、应收账款、存货等。

商业票据是企业发行的无担保的票据，一般低于面值折价出售，到期日按面值买回。面值为 100 000美元，期限从 1 ~ 270 天，利率以市场利率为基础，并考虑信用等级、发行规模以及市场短期利率等方面的因素。

银行承兑汇票是可转让的短期工具，主要用于商品进出口。这是由借款人开具的经过银行承兑的定期汇票，而且可交易。

12.5.6 短期信用成本最小化

1. 以商业信用形式提供的现金折扣

以商业信用形式提供的现金折扣，代表着企业在特定付款日之前可以一直利用的资金的数额。其公式是

$$\text{EID} = [\text{DR}/(1-\text{DR})] \times [365\text{ 天}/(N-\text{DP})]$$

式中 EID——放弃以商业信用形式提供的现金折扣的机会成本；

DR——折扣率；

N——净付款天数；

DP——折扣天数。

2. 贷款的实际年利率

名义利率是在基准利率（优惠利率、LIBOR、短期国库券利率）的基础上，加上一个息差确定的。

承诺费是贷款金额或者未使用的贷款金额的一定百分比。

银行要求借款人将一部分贷款存入银行，这部分存款就是补偿性余额。这部分存款不支付利息。补偿性余额作用是保障银行账户服务的收费、提供信用或投资。

考虑以上因素，实际贷款利率的计算公式为

$$EI = [(PR + CF)/(1 - CB)] \times (365\text{天}/M)$$

式中　EI——实际利率；

PR——本金的利息费用；

CF——承诺费；

CB——补偿性余额；

M——贷款天数。

3. 应收账款让售成本

应收账款出售或转让给第三方(一般是专门从事这方面业务的企业)，企业实际得到的贷款金额是

$$EL = AR \times (1 - H) - I - C$$

式中　EL——实际获得贷款；

AR——应收账款；

H——削价幅度；

I——利息；

C——佣金。

例题 12-22

老李公司刚发生了一笔大额应收账款。它因此需要立即增加 9.5 万元的运营资本。该公司已确定有 3 种可行的资金来源：

1）商业信用：老李公司每月按条件“3/30，净/90”购入 5 万元的材料，目前都取得了折扣。

2）银行贷款：该公司取得银行按 13% 的利率提供的贷款 10.6 万元，要求保持 10% 的补偿性余额。

3）应收账款让售：一家代理商愿意购买该公司的应收账款（15 万元/月），这些应收账款的平均收账期为 30 天。代理商将按应收账款账面价值的 75% 和年利率 12% 的条件预付 9.5 万元资金，此外它还要对所购入的应收账款收取 2% 的费用。估计代理商的服务每月可为该公司节省 2 500 元，包括信用部门费用和坏账费用。

根据年成本分析老李公司应选择哪个方案？

答：

1）商业信用成本 = 3% ÷ (1 − 3%) × 365 天 ÷ (90 天 − 30 天) = 18.8%。

2）银行贷款成本 = 13% ÷ (1 − 10%) = 14.4%。

3）当年的代理费 = 2% × (150 000 元/月 × 12 月) = 36 000 元，但是，可节省的资金为 3 万元(2 500 元/月 × 12 月)，从而净代理成本为 6 000 元。按运营资本考虑，借款 9.5 万元的成本 = (12% × 95 000 美元 + 6000 美元)/95 000 美元 = 18.3%。

12.6　筹集中长期资本

注意：本节内容希望考生重视。12.5 节阐述了流动资金的筹集，本节则进一步分析了长期资金的来源问题。

12.6.1 中期资本来源

1. 定期贷款（选修）

定期贷款是通过以银行为主的金融中介实现信贷融资的方式。

贷款按照期限不同，分为短期、中期（1~5 年）和长期（>5 年）贷款；按照是否有担保，分为信用贷款和担保贷款。在美国，定期贷款最常用于为金额不大的设施或设备的添置融资。这与美国直接融资市场发达有关。

银行贷款通常表现出以下特征：

1）一般性条款规定借款金额、借款用途、偿还方式、借款利息等。

2）保护性条款包括一般性保护条款、例行性保护条款、特殊性保护条款等。

定期贷款的成本，比股票发行和债券发行的成本低，一般要求在贷款期限内摊还贷款本金（类似于房地产按揭贷款，见《注册管理会计师基础教程》中 5.8.6 节贷款的分期偿还）。CMA 考生需要掌握相关计算方法。

例题 12-23

老李公司打算扩张其快餐连锁店。这项计划要求资本支出 300 万元，需要进行融资。该公司已经启动了 3 年期的 300 万元循环贷款，而且在承诺期届满时可转换为 3 年期定期贷款。信贷合同的承诺费是未利用部分的 0.5%。银行要求的利率是：循环贷款利率超过最优利率 1%，定期贷款利率超过最优利率 1.5%（如果行使的话）。该公司打算在期初借 140 万元，在第 1 年年末再借 160 万元。在循环贷款期末，该公司希望接受全部定期贷款。在第 4 年到第 6 年每年年末支付本金 100 万元。未来 6 年中，每年的预期承诺费是多少？超过最优利率的预期利息成本（金额）是多少？

答：

计算结果见表 12-6。

表 12-6 公司费用 （单位：万元）

年份	1	2	3	4	5	6
年借款额	140	300	300	300	200	100
未使用部分	160	0	0	0	100	200
承诺费（0.5%）	0.8	0	0	0	0.5	1
高于优惠贷款利率的成本	1.4	3	3	4.5	3	1.5

2. 设备抵押贷款（选修）

设备抵押贷款往往用购买的设备作为中期贷款的抵押品，通过有条件的销售合同提供担保。

设备抵押贷款是租赁的一种形式，但设备信托证书本身却是一种中长期投资形式。这种融资方式通常由铁路公司为购买铁路机车筹资时使用。铁路公司安排一家受托人从制造企业购买设备，与制造企业签订生产特种设备的合同。交付设备时，向投资者发行设备信托证书，发行收入与铁路公司的定金一起支付给制造企业。设备所有权属于受托人，受托人再将设备租赁给铁路公司。受托人用租赁收入向流通在外的信托证书按固定报酬率支付报酬，实际上就是股利，并用其每隔一段时间赎回规定比例的信托证书：当铁路公司支付最后一笔租赁费，受托人赎回最后一批信托证书时，设备的所有权将转归铁路公司所有。

3. 租赁

根据租赁期限和双方权利义务关系的不同，租赁活动可以分为经营租赁和融资租赁两大类。

1）经营租赁是服务租赁，承租人目的在于短期获得设备的使用或专业技术服务，融资目的不明显。

2）融资租赁是指租赁企业按照承租企业要求融资购买设备，并在契约规定的较长时期内提供给承租企业使用的信用性业务。它是一种不可撤销的、完全付清的中长期融资形式，是现代租赁的主要形式。

这里需要掌握融资额的计算方法：

1）计算出租人需要摊销的金额。

2）计算出租人必须获得的税后租赁收入，以实现出租人的投资回报率。

3）出租人将要求的租赁收入转化为租金额。

例题 12-24

假定每年的租赁付款额是提前支付的（到期年金），没有残值，求解下列情况下的未知项：

1）已知购买价格为 4.6 万元，内含利率为 11%，租赁期为 6 年，求解年租赁付款额。

2）已知购买价格为 21 万元，租赁期为 5 年，年租赁付款额为 47 030 元，求解内含利率。

3）已知内含利率为 8%，租赁期为 7 年，年租赁付款额为 1.6 万元，求解购买价格。

4）已知购买价格为 16.5 万元，内含利率为 10%，年租赁付款额为 24 412 元，求解租赁期。

答：

1）46 000 元 $=X+3.696X=4.696X$，$X=$46 000 元/4.696 $=$9796 元。

2）$\text{PVIFA}_{X,5}=$210 000 元/47 030 元 $-1=3.465$，内含利率 X 是 6%。

3）$X=$16 000 元 ×（1 +4.623） =89 968 元。

4）$\text{PVIFA}_{10\%,X}=$165 000 元/24 412 元 $-1=5.759$。因此，租赁期是 9 年 +1 年 =10 年。

租赁净收益的计算方法为

资产添置成本

减去：税后租赁支付额的现值，贴现率为借款成本

减去：折旧税盾效应的现值，贴现率为借款成本

加上：在购买而不是租赁资产的情况下，额外发生的税后运营成本的现值，贴现率为借款成本

减去：税后残值的现值，贴现率为企业的目标回报率

等于：租赁净收益（NAL）

> 注意：也可以将租赁和购买的净现值算出，再相减，即得到租赁净收益。

租赁的优点有：

1）可以实现灵活融资。

2）承租人可以规避资产过时的风险。

3）土地租赁可以达到避税的目的。（因为美国的土地不折旧。）

4）战略业务单元可以规避资本约束。

租赁的缺点有：

1）资本成本较高。

2）会损失残值。

例题 12-25

老李计划为他的 A 生产工厂采购新设备，目前正在决定如何筹措采购资金。该设备的初始采购和安装费用为 200 万元，设备将使用 5 年，使用期结束时设备残值预计为 20 万元。此设备的估计经济年限为 6 年，维护成本预计为每年 7.5 万元。A 生产工厂所得税税率为 40%。老李正在考虑以下两种备选方案：

1）购买此设备。在编制财务报告时，A 生产工厂将按直线折旧法在 5 年内对此项资产进行折旧。在计算联邦所得税时，则按 MACRS 法（参考《注册管理会计师基础教程》中 5.6 节税收环境）将它作为 3 年的资产进行折旧，折旧率分别为 33%、45%、15% 和 7%。除维护成本外，A 生产工厂每年还必须支付 2.5 万元的保险费用和 5 万元的财产税。

2）向第三方出租商 B 租借此设备。出租商 B 提供的租金报价为每年 60 万元，年底支付。出租商 B 将负责支付保险费用和财产税，但 A 生产工厂将负责支付维护费用。

A 生产工厂在现在的市场上可以按 10% 的税前成本融资。A 生产工厂应购买还是租赁新设备？

答：

税后债务成本率 = 10% × （1 − 40%） = 6%。

1）购买方案分析如表 12-7 所示。

表 12-7 A 生产工厂购买方案 （单位：万元）

年份	0 年	1 年	2 年	3 年	4 年	5 年
购买价格	−200					
保险支出		−2.5	−2.5	−2.5	−2.5	−2.5
财产税		−5	−5	−5	−5	−5
税收折旧		−66	−90	−30	−14	
残值						20
所得税		29.4	39	15	8.6	−5
税后现金流	−200	21.9	31.5	7.5	1.1	7.5

其中，所得税 = −（保险支出 + 财产税 + 税收折旧 + 残值）×40%。税后现金流 = 购买价格 + 保险支出 + 财产税 + 残值 + 所得税。

净现值 = −200 万元 + 21.9 万元 × 0.943 + 31.5 万元 × 0.890 + 7.5 万元 × 0.840 + 1.1 万元 × 0.792 + 7.5 万元 × 0.747 = −138.5 万元。

2）租赁方案分析如下：年现金流量 = (−60 万元) × (1 − 40%) = −36 万元。净现值 = −36 万元 × 4.212 = −151.6 万元。

综上分析，因为购买方案的净现值是 −138.5 万元，而租赁方案的净现值是 −151.6 万元，购买方案的净现值较大。所以，购买方案比租赁方案更经济。

12.6.2 长期资本来源

长期资本来源除了前面已介绍的股票、债券以及留存收益外，其他还有可转换公司债券和可转换优先股。

可转换公司债券是一种被赋予了股票转换权的公司债券，也被称为可转换债券。

发行公司事先规定债权人可以选择有利时机，按发行时规定的条件，把其债券转换成发行公司的等值股票。可转换债券是一种混合型债券。可转换债券会规定转换价格或者转换比率。其价值可以分为纯债价值和看涨期权价值两个部分。

影响可转换债券价值的因素主要包括：

1）纯债价值。纯债价值主要反映了，当投资者把可转换债券当作一个普通的企业债投资时的价值。它是可转换债券的票面利息和到期面值的现值。

2）纯债溢价率。纯债溢价率就是可转换债券的当前市场价格，相对于其纯债价值的溢价程度。其计算公式为

$$纯债溢价率 =（可转换债券的市场价格 - 纯债价值）/纯债价值 \times 100\%$$

3）转换价值。转换价值是可转换债券投资人，将所持可转换债券按照转股价格转换成股票后的当前市场价值。其计算公式为

$$转换价值 = 可转换债券的票面价值/转股执行价格 \times 正股当前价格$$

4）转股溢价率。转股溢价率指可转换债券市场价格，相对于转换价值的溢价程度。其计算公式为

$$转股溢价率 =（可转换债券的市场价格 - 转换价值）/转换价值 \times 100\%$$

可转换优先股允许优先股持有人，在特定条件下把优先股转换成为一定数额的普通股。

发行公司对可转换优先股，一般都规定转换条件和转换比例。持有可转换优先股股票的股东，有权根据发行公司的经营状况和股市行情，自行决定是否将优先股股票换成普通股股票或公司债券。

例题 12-26

中国工商银行于2011年1月1日发行了总额10亿元的工行转债（113002），所筹集资金用于提高资本充足率。该可转换公司债券面值为100元，期限为5年，票面利率为2%，转换比率为25。2012年12月31日，投资者张三正在考虑是否购买工行转债。他发现此时工行转债的市场价格为120元/张，同等级债券的市场利率为5%，工商银行市场价格为4.5元/股。请计算工行转债的纯债溢价率和转股溢价率。

答：

债券剩余期限为3年，所以：

纯债价值 = 100元 × 0.864 + 2元 × 2.723 = 91.85元。

纯债溢价率 =（120元 - 91.85元）/91.85元 × 100% = 30.7%。

转换价值 = 25 × 4.5元 = 112.5元。

转股溢价率 =（120元 - 112.5元）/112.5元 × 100% = 6.7%。

12.6.3　资本市场

> 注意：考生需要掌握以下两种市场的概念。

资本市场是长期资金市场，是指证券融资和经营1年以上的资金借贷和证券交易的场所，也称为中长期资金市场。资本市场按融通资金方式的不同，可分为银行中长期信贷市场和证券市场。

货币市场是短期资金市场，是指融资期限在 1 年以下的金融市场，是金融市场的重要组成部分。该市场所容纳的金融工具主要是政府、银行及工商企业发行的短期信用工具，具有期限短、流动性强和风险小的特点。

1. 一级市场

一级市场，也被称为证券发行市场，是证券发行者为扩充经营规模，按照一定的法律规定和发行程序，向投资者出售新证券所形成的市场。

这里包含了首次公开发行（IPO），以及后续发行（国内被称为配股、增发股票）。

首次公开发行是指企业通过证券交易所，首次公开向投资者发行股票，是募集企业发展资金的过程。后续发行是指在原始发行之后，上市公司再次发行的股票或债券，是企业为开发新业务、扩大现有经营规模作的发行。

投资银行是最典型的投资性金融机构。一般认为：投资银行是在资本市场上为企业发行债券、股票，筹集长期资金提供中介服务的金融机构。它主要从事证券承销、公司购并与资产重组、公司理财、基金管理等业务。

投资银行有以下两种定义：

广义投资银行是指任何经营金融业务的金融机构。金融业务包括证券、国际海上保险以及不动产投资等几乎全部金融活动。

狭义投资银行仅限于从事一级市场证券承销和资本筹措、二级市场证券交易和经纪业务的金融机构。

投资银行在各国的称谓不尽相同，在美国称投资银行，在英国称商人银行，在我国和日本称证券公司，在法国称实业银行。

投资银行 IPO 业务流程见图 12-20。

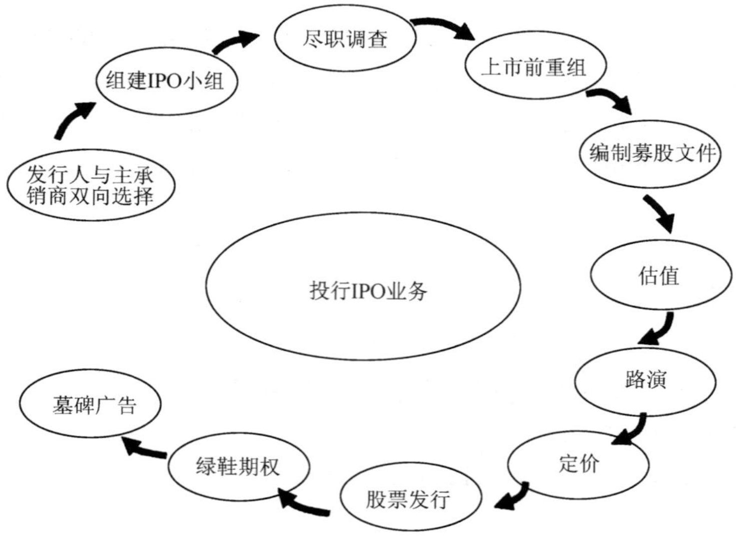

图 12-20 投资银行 IPO 业务流程

证券承销是指证券发行人委托具有证券承销资格的证券承销商，按照承销协议，由证券承销商向投资者募集资金并交付证券的行为和制度。投资银行从向公众发行股票的价格和支付给发行人的价款的差价中赚取利润。

对于一次发行量特别大的证券，如国债或者大宗股票发行，一家承销机构往往不愿意单独承担发行风险，这时就会组织一个承销集团，由多家机构共同担任承销人。这样每一家承销机构单独承担的风险就减少了。

根据证券经营机构在承销过程中承担的责任和风险的不同，承销可分为：

1）证券代销，又称为代理发行，是指证券公司代发行人发售证券，在承销期结束时，将未售出的证券全部退还给发行人的承销方式。

2）证券包销，是指证券公司将发行人的证券，按照协议全部购入，或者在承销期结束时将售后剩余证券全部自行购入的承销方式。

证券发行公告也称为墓碑广告，是指承销团经常刊登的广告。墓碑广告较为正式，文字较少且缺乏修饰。它通常刊登在金融报纸或者其他报刊的金融或商业版上。它对新股发行予以介绍，包括该拟上市公司的名称、承销商的名称、发行的总金额。公众投资者如有兴趣，可以进一步向公司索要招股说明书。

在发行证券时，可以选择不同的投资者作为发行对象。由此，可以将证券发行分为公募和私募两种形式。

1）公募又称为公开发行，是指发行人通过中介机构向不特定的社会公众广泛地发售证券，通过公开营销等方式向没有特定限制的对象募集资金的业务模式。

2）私募是指向小规模数量（通常 35 个以下）的投资者出售股票。该方式可以免除如在美国证券交易委员会（SEC）的注册程序。私募方式要求，投资者需签署一份投资声明，购买目的是投资而不是为了再次出售。

一般来说，私募融资成本较高，但对公司要求较低，程序较为简单。

注意：相关名词

绿鞋机制（Green Shoe Option）又称为“绿鞋期权”，由美国绿鞋公司首次公开发行股票时率先使用而得名，是超额配售选择权制度的俗称。根据中国证券监督管理委员会 2006 年颁布的《证券发行与承销管理办法》第 48 条规定：“首次公开发行股票数量在 4 亿股以上的，发行人及其主承销商可以在发行方案中采用超额配售选择权。”该机制可以稳定大盘股上市后的股价走势，防止股价大起大落。中国工商银行在 2006 年首次公开发行时，采用过“绿鞋机制”发行。

尽职调查（Due Diligence Investigation）又称为谨慎性调查，一般是指投资人在与目标企业达成初步合作意向后，经协商一致，投资人对目标企业一切与本次投资有关的事项进行现场调查、资料分析的一系列活动。其主要是在收购（投资）等资本运作活动时进行。但企业上市发行时，也会需要事先进行尽职调查，以初步了解是否具备上市的条件。

路演（Roadshow）是国际上广泛采用的证券发行推广方式，指证券发行商发行证券前针对机构投资者的推介活动。它是在投融资双方充分交流的条件下，促进股票成功发行的重要推介、宣传手段。

暂搁注册（Shelf Registration）允许企业先注册大量的证券发行额，“把它们放在架子上”，然后在以后两年里陆续将其发售出去。当企业把这些证券“从架子上”售出时，只需再做很少的文书工作。通过暂搁注册，企业能够在数日内而不是数周或数月即可在市场上发行证券。因此，企业就具备了根据市场环境确定发行时机的灵活性，而且不必每次都进行大规模发行。

2. 二级市场

二级市场是指对已经发行的证券进行买卖、转让和流通的市场。

在二级市场上销售证券的收入，属于出售证券的投资者，而不属于发行该证券的公司。

证券交易市场有场内交易市场和场外交易市场两种形式。

（1）场内交易市场

场内交易市场是指由证券交易所组织的集中交易市场，有固定的交易场所和交易活动时间，是全国最重要、最集中的证券交易市场。证券交易所接受和办理符合有关法律规定的证券上市买卖，投资者则通过证券商在证券交易所进行证券买卖。证券交易所不仅是买卖双方公开交易的场所，而且为投资者提供多种服务，如随时向投资者提供在交易所挂牌上市的证券的交易情况。

（2）场外交易市场

场外交易市场又称为柜台交易或店头交易市场，是指在交易所外由证券买卖双方当面议价成交的市场。它没有固定的场所，其交易主要利用电话进行，交易的证券以不在交易所上市的证券为主，在某些情况下也对在证券交易所上市的证券进行场外交易。它大量采用先进的电子化交易技术，使市场覆盖面更加广阔，市场效率有很大提高。场外交易市场以美国的纳斯达克市场为典型代表。

3. 市场有效性

市场有效性是指市场价格对市场信息反映的效率性。

在资本市场有效的条件下，资产的有关信息很快就会在资产价格中得到反映。随着新的市场信息的出现，资产价格会迅速、准确地调整，并且其变化程度完全地反映和包含所有的市场新信息。如果根据该组信息从事交易而无法赚取超额经济利润，那么这个市场就是有效的。

价格中信息的范围见图 12-21。

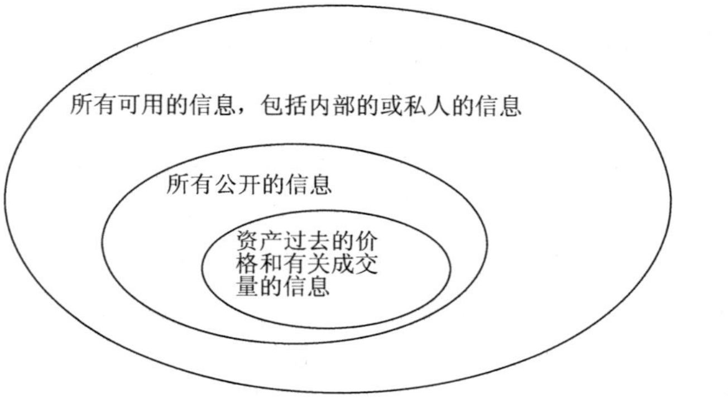

图 12-21 价格中信息的范围

弱式效率是资产市场效率的最低程度。如果有关资产的历史资料（如价格、交易量等），对资产价格的变动没有任何影响，则资产市场仅能达到弱式效率。任何投资者即便使用任何方法来分析这些历史信息，也不可能获取超额收益。坚信历史会重演的技术分析方法，在弱式效率的市场中失效。

半强式效率是资产市场效率的中等程度。能达到半强式效率的资产市场，其市场价格不仅已充分反映了过去的市场行为信息，而且也充分反映了所有公开的信息，包括过去的和现在的。如果有关资产的公开发表的资料，对资产价格的变动没有任何影响，则资产市场达到了半强式效率。这样，不仅技术分析失效，基本分析也失效。

强式效率是资产市场效率的最高程度。如果有关资产的相关信息对资产价格的变动没有任何影响，即资产价格已充分、及时地反映了所有有关的公开的和内部的信息，则资产市场达到强式效率。在强式有效市场假设下，资产市场价格完全反映所有相关信息，无人能够依靠消息来赚钱。

例题 12-27

如果某证券市场上投资者通过分析上公司年报和公司网站相关信息无法获得超额收益，则该市场效率属于哪种类型？

参考答案：

半强式效率是资产市场效率的中等程度。能达到半强式效率的资产市场，其市场价格不仅已充分反映了过去的市场行为信息，而且也充分反映了所有公开的信息，包括过去的和现在的，此时基本面分析无效。

4. 信用评级机构

信用评级机构是依法设立的，从事信用评级业务的社会中介机构。它是金融市场上重要的服务性中介机构，由专门的经济、法律、财务专家组成的，对证券发行人和证券信用进行等级评定的组织。

> 补充知识：
>
> 目前国际上公认的最具权威性的专业信用评级机构只有 3 家，分别是美国标准普尔公司、穆迪投资服务公司和惠誉国际信用评级有限公司。

信用评级机构的作用如下：

1）信用评级机构是信用管理行业中的重要中介机构，向资本市场上的授信机构和投资者提供各种基本信息和附加信息，履行管理信用的职能。

2）这种信用评级行为逐渐促成了对经济实体及个人的信用约束与监督机制的形成。

5. 内幕交易

内幕交易是指内幕人员或以不正当手段获取内幕信息的其他人员，违反法律、法规的规定，泄露内幕信息，根据内幕信息买卖证券或者向他人提出买卖证券建议的行为。

内幕交易严重影响证券市场功能的发挥，使证券价格和指数的形成过程失去了时效性和客观性。它使证券价格和指数成为少数人利用内幕信息炒作的结果。

美国《内幕交易处罚法》《内部人交易与证券欺诈执行法》都禁止内幕交易。

6. SEC 登记

SEC 证券登记采用 S-1、S-2、S-3 3 种表格。证券登记需要法律顾问、会计师和承销商的参与。

7. 再融资决策

再融资是指赎回已发行的债券并发行新的债券来替换它，即新债换旧债。考虑再融资的主要原因是发行债券后利率下降带来的收益。再融资决策可看成是投资决策的形式之一。

12.6.4　股利

1. 形式

股利一般有如下形式：

1）现金股利，指以现金形式支付的股息和红利，是最普通、最基本的股息形式。

2）实物股利，指股份公司以实物或有价证券的形式向股东发放的股利。股份公司发放财产股利，主要是以公司所拥有的其他企业的有价证券，如债券、股票作为股利支付给股东。

3）股票股利，指以尚未公开发行的股票作为股息支付给股东。

4）清算股利，指投资企业所获得的被投资单位累积分派的利润，或现金股利超过被投资单位在接受投资后产生的累积净损益，由投资企业所享有的数额。简单说就是资本的返还，而不是资本所带来的收益。

5）股票分割又称股票拆细，即将一张较大面值的股票拆成几张较小面值的股票。股票分割对公司的资本结构不会产生任何影响，一般只会使发行在外的股票总数增加。资产负债表中股东权益各账户的余额都保持不变，股东权益的总额也保持不变。股票分割给投资者带来的不是现实的利益，但是投资者持有的股票数增加了，给投资者带来了今后可多分股息和更高收益的希望。因此，股票分割往往比股息派发对股价上涨的刺激作用更大。

6）股票反向分割的作用在于提高股票的价格。它跟股票分割正好是相反的。在反向分割里，投资者持有的股票数减少了。

7）股票回购，指上市公司利用现金等方式，从股票市场上购回本公司发行在外的一定数额的股票的行为。这种方式与派发现金股利的效果相同。其目的一般有：

- 防止国内外其他公司的兼并与收购。
- 提振股价。
- 维持或提高每股收益水平和公司股票价格，以减少经营压力。
- 显著提高长期负债比率和财务杠杆，优化资本结构。

例题 12-28

某公司的股东权益账户如下：普通股（每股面值 8 元）2 000 000 元，资本公积1 600 000 元，留存收益 8 400 000 元，股东权益总额 12 000 000 元。股票的市场价格是每股 60 元。

1）在下列情况下，股东权益账户及流通在外的普通股数量会发生什么变化？a. 10% 股票股利；b. 2 比 1 股票分割；c. 1 比 2 股票合并。

2）在没有信息传递或信号指示作用的条件下，发放 10% 的股票股利后普通股的市场价格是多少？如果有信息传递作用，股票市价将发生什么变化？

答：

1）目前股票数量 =2 000 000 元/8 元 =250 000 股，具体见表 12-8 所示。

表 12-8 股票变化

股东权益信息	股票股利	股票分割	股票合并
普通股（面值）（元）	2 200 000（8）	2 000 000（4）	2 000 000（16）
资本公积（元）	2 900 000	1 600 000	1 600 000
留存收益（元）	6 900 000	8 400 000	8 400 000
股东权益总额（元）	12 000 000	12 000 000	12 000 000
股票数量（股）	275 000	500 000	125 000

2）股票股利发放前，该公司的市场总价值 =60 元/股 ×250 000 股 =15 000 000 元。股票股利发放后，该公司的总价值不变，每股市价为 15 000 000 元/275 000 股 =54. 55 美元。如果考虑信息传递的影响，该公司的总价值可能升高，每股价格也将高于 54. 55 美元。根据实际观察结果，这种影响的大小最多不过是使每股价格上涨几元而已。

2. 政策

股利政策是指公司股东大会或董事会对一切与股利有关的事项，所采取的较具原则性的做法，是关于公司是否发放股利、发放多少股利以及何时发放股利等方面的方针和策略。股利政策所涉及的主要是公司对其收益进行分配，还是留存以用于再投资的策略问题。股利政策的影响因素包括：股东偏好（股利分配和公司成长之间）、流动性（短期现金头寸）、偿债能力（是否资不抵债）、借款能力（借款能力是否欠缺）、盈余稳定性（稳定的盈余可以稳定分红）、成长机会（高成长可以少分红）、通货膨胀（通货膨胀率高可以少分红）、资本维持原则（是否有法律上的限制）、契约限制（是否有债券等保证条款限制）、税收（不同股东的红利税和资本利得税税率不同）。

常用的股利政策有 4 种：

（1）剩余股利政策

剩余股利政策是以首先满足公司资金需求为出发点的股利政策。根据这一政策，公司按如下步骤确定其股利分配额。

- 确定公司的最佳资本结构。
- 确定公司下一年度的资金需求量。
- 确定按照最佳资本结构，为满足资金需求所需增加的股东权益数额。
- 将公司税后利润首先满足公司下一年度增加的需求，剩余部分用来发放当年的现金股利。

（2）稳定股利额政策

稳定股利额政策将确定的现金股利分配额，作为利润分配的首要目标优先予以考虑，一般不随资金需求的波动而波动。这一股利政策有两点好处：

- 稳定的股利额给股票市场和公司股东一个公司稳定的信息。
- 许多作为长期投资者的股东，希望公司股利能够成为其稳定的收入来源以便安排消费和其他各项支出。稳定股利额政策有利于公司吸引和稳定这部分投资者的投资。

（3）固定股利率政策

这一政策要求公司每年按固定的比例，从税后利润中支付现金股利。从公司支付能力的角度看，这是一种真正稳定的股利政策。但这一政策可能会导致公司股利分配额的频繁变化，传递给外界一个公司不稳定的信息。因此，很少有公司采用这一股利政策。

（4）正常股利加额外股利政策。

按照这一政策，公司除每年按固定股利额向股东发放被称为正常股利的现金股利外，还在公司营利较高、资金较为充裕的年度，向股东发放高于一般年度正常股利额的现金股利。

例题 12-29

某公司预期在未来 5 年内的净利润与资本支出如表 12-9 所示。

表 12-9 某公司未来 5 年的净利润与资本支出 （单位：万元）

财务信息	1 年	2 年	3 年	4 年	5 年
净利润	200	150	250	230	180
资本支出	100	150	200	150	200

该公司目前流通在外的普通股为 100 万股，每股支付股利 1 元。

1）如果采用剩余股利政策，请确定每股股利及每年所需的外部融资额。

2）如果目前每股年股利保持不变，请确定每年所需的外部融资额。

3）如果保持 50% 的股利支付率，请确定每年所需的外部融资额。

4）在以上 3 种股利政策下，哪种政策可使股利总额（5 年内股利支付总额）最大？外部融资总额（5 年内所需外部融资总额）最小？

答：

1）具体见表 12-10。

表 12-10 某公司每股股利及每年所需外部融资额

年份	可供分配的利润（万元）	每股股利（元）	外部融资需求（万元）
1 年	100	1	0
2 年	0	0	0
3 年	50	0.5	0
4 年	80	0.8	0
5 年	0	0	20
总计	230		20

2）每年支付股利 =1 元/股 ×100 万股 =100 万元，具体见表 12-11。

表 12-11 某公司每年所需外部融资额（单位：万元）

年份	净利润	股利	资本支出	外部融资需求
1 年	200	100	100	0
2 年	150	100	150	100
3 年	250	100	200	50
4 年	230	100	150	20
5 年	180	100	200	120
总计				290

注：外部融资需求 = 股利 + 资本支出 – 净利润。

3）具体见表 12-12 所示。

表 12-12 某公司每年所需外部融资额

年份	净利润（万元）	股利（万元）	每股股利（元）	资本支出（万元）	外部融资需求（万元）
1 年	200	100	1	100	0
2 年	150	75	0.75	150	75
3 年	250	125	1.25	200	75
4 年	230	115	1.15	150	35
5 年	180	90	0.90	200	110
总计					295

注：外部融资需求 = 股利 + 资本支出 – 净利润。

4）方案 3 的股利总额最高，但是它只比方案 2 稍微高一些。方案 1 的外部融资总额最低。

3. 支付流程

股利支付过程中有 3 个重要的日期：

(1) 宣布日

公司股东大会讨论通过由董事会提出的股利分配方案后，公司将正式宣布股利发放方案。宣布股利发放方案的那一天，即宣布日。在宣布日，股份公司应登记有关股利负债。

(2) 登记日

公司股东会随股票交易而不断易人。为了明确股利的归属，公司确定股权登记日。如“凡在股权登记日之前（含登记日当天）列于公司股东名单上的股东，都将获得此次发放的股利。”

(3) 除息日

一般规定登记日之前的第 4 个工作日为除息日。在除息日之前（含除息日）购买的股票可以得到将要发放的股利，在除息日之后购买的股票则无权得到股利（被称为除息股）。除息日对股票的价格有明显的影响。在除息日之前进行的股票交易，股票价格中含有将要发放的股利的价值；在除息日之后进行的股票交易，股票价格中不再包含股利收入，因此其价格应低于除息日之前的交易价格。

> 注意：除息日在登记日之前，这是因为美国是 T+3 交易。

(4) 发放日

在这一天，公司用各种方式按规定支付股利，并冲销股利负债。

4. 再投资计划

股利再投资计划是指公司把现金股利用于再投资，购买本公司的更多股票的计划。

其有两种形式：

(1) 购买现有的公司股票

公司将参与股利再投资计划，股东的股利交给银行托管，然后由银行在公开市场上为股东购买相应的本公司的股票。股东需要为此承担经纪人佣金。

(2) 购买公司新增发的股票

公司直接将用于股利再投资计划的现金留在公司，股东则直接从公司那里获得所要购买的新股。当公司为了发展需要新的资金注入时，这种方式尤其受到欢迎。因为只有采取这种方式，公司才真正得到了资金。

12.7　公司重组

12.7.1　并购

并购的内涵非常广泛，一般是指兼并（Merger）和收购（Acquisition）。

兼并又称为吸收合并，是指两个或者更多的独立企业合并组成一个企业。兼并通常由一个占优势的企业，吸收一个或者多个企业。

收购又称为控股合并，是指一个企业用现金或者有价证券，购买另一个企业的股票或者资产，以获得对该企业的全部资产或某项资产的所有权，或者对该企业的控制权。

与并购意义相关的另一个概念是合并（Consolidation）。合并又称为新设合并，是指两个或两个以上的企业合并成为一个新的企业。合并完成后，多个法人变成一个法人。

根据并购的不同功能，或根据并购涉及的产业组织特征，可以将并购分为 3 种基本类型：

(1) 横向并购

横向并购基本特征是企业在国际范围内的横向一体化，涉及两个从事同类业务活动的竞争企业。

(2) 纵向并购

纵向并购是发生在同一产业的上下游之间的并购。纵向并购的企业之间，不是直接的竞争关系，而是供应商和需求商之间的关系。因此，纵向并购的基本特征是企业在市场整体范围内的纵向一体化。

(3) 混合并购

混合并购是发生在不同行业企业之间的并购。从理论上看，混合并购的基本目的在于分散风险，寻求范围经济。

并购的战略动机会强化企业的全局和长远战略思维，增强企业的核心竞争力。经营协同效应有规模经济、优势互补以及可以避免各种交易费用等。其他考虑还包括获得其他公司的顾客资源、技术和专利，快速扩张，分散风险以及获得所得税方面的好处（损失前转）。

杠杆收购指收购者主要通过借债来筹集收购所需要的资金，收购后成为私人合伙公司，由私人投资者以合伙方式拥有，管理人员的利益与企业的利益联系将更加紧密。

常见的杠杆收购（LBO）包括管理层收购（MBO），是指公司管理者收购公司的行为，通常为公司管理者从风险投资者手中回购股权的行为。这种方法在激励内部人员积极性、降低代理成本、改善企业经营状况等方面起到了积极的作用。

杠杆资本重组（Leveraged Recapitalization）是指股票公开交易的公司通过提高杠杆程度来筹集现金，而且杠杆程度的提高幅度往往是惊人的。所筹集的现金通常以巨额股利方式分配给股东。与杠杆收购不同的是，股东继续持有该公司的股票，并且公司股票继续保持公开交易。

12.7.2 并购的动机

(1) 多元化

非系统性风险可以通过多元化消除，但是多元化无法消除系统性风险。股东也可以通过购买不同上市公司的股票实现多元化目标。

(2) 规模经济

横向兼并可以获得规模经济效益，经常与分摊费用相联系，如分摊公司总部、最高管理层公司核心部门的费用。

(3) 纵向一体化的经济效益

纵向兼并的主要目的在于使联系密切的经营活动协作更容易。

(4) 技术转让

通过并购获取另一家公司的新技术，并以此为基础改善企业现有业务的核心竞争力。

(5) 资源互补

两家公司为了获取自己不具备的某些要素，会采取兼并的手段，以降低自己获取的成本，使得公司合并比独立运营更具有价值，同时能够更好地利用公司现有的资源。

(6) 市场和垄断力量

目的是减少竞争，由此获得垄断利润。

(7) 淘汰无效率的管理层

兼并后，收购方通过控制权手段淘汰无效率的管理层，使目标公司的管理发生显著的变化。

(8) 经营净损失的抵税作用

企业同时拥有一个盈利的部门和一个亏损的部门，可以降低税收支付。

（9）提高举债能力，降低资本成本

当目标公司负债水平较低或无负债时，兼并完成后可以提高公司的债务水平，以获得税务的利益。公司可以降低发行成本，也可以降低债务风险，以获得债权人较低的利率水平。

（10）提高每股收益

通过收购低市盈率的低成长公司，短期能实现较高的每股收益，而不会引发市盈率的下滑。

例题 12-30

A 公司是一家控股公司，目前成功经营若干零售业，包括书店、药房和食品店。A 公司目前有大量的现金并且有收购零售业以外业务的长期计划。A 公司正在考虑收购 G 公司，这是一家涉及基因工程医药研发的企业。G 公司是 4 年前设立的，其创始资金来自一家风投。G 公司最近已经向 FDA 提交了一种新研发的产品用于测试，并正在准备提交另一种新研发的产品。然而，两种产品距离正式上市还需要几年的时间。风险投资基金将会出售该公司，但并不认为公开发行股票会比较好。G 公司目前急需资金。对 A 公司而言，G 公司最有可能成为其投资项目的原因是（　　）。

A. 经营协同力、税务考虑和市场势力。

B. 财务协同力、战略调整和税务考虑。

C. 差异化的效率、价值低估和经营协同力。

D. 战略调整、财务协同力和市场势力。

答：

B。

分析：两家公司目标客户并不相同，不属于市场势力。初创公司一般持续亏损，有抵扣所得税税务方面的考虑。A 公司进行多元化投资，属于战略调整。A 公司具有大量闲置资金，G 公司需要大量现金，具有财务协同效应。

12.7.3　反并购的手段

收购可以通过董事会进行（善意收购），也可以通过公开市场从股东手中购买股票来进行（恶意收购）。在恶意收购中，目标公司通常会采取一系列不同的预防措施以尽力阻止被接管，这些措施被称为反并购策略。

1. 公司章程中的特殊约定

（1）交错任期的董事会

每年只有一部分董事会成员需要改选。交错任期的董事会延长了收购方入驻董事会所必需的时间，使得收购方不能迅速更换管理层。

（2）绝对多数投票权

面对恶意收购，绝对多数投票权可以增加收购难度。如果董事会同意收购，则绝对多数条款失效，因为这一条款主要是用来阻止恶意收购。

2. 金色降落伞

金色降落伞是指收购方解聘管理层要提供丰厚的解聘补偿，以增大收购成本来阻止接管。但有研究认为这样的阻止效果并不明显，因为解聘补偿仅仅是收购成本中的一小部分。银色降落伞通常是针对中层管理者的，锡色降落伞针对普通员工。

3. 毒丸计划

企业的董事会在不需要经过股东大会同意的情况下，发行一种有特别权利的证券，这些权利一般只有企业在被别人要约收购并达到一定比例时才会发生作用，但这些权利一旦发生作用，就很有可能阻止收购者的收购企图或者让收购者付出重大代价。“毒丸”计划一般分为“弹出”计划和“弹入”计划。“弹出”计划通常指履行购股权，购买优先股。在“弹入”计划中，目标公司以很高的溢价购回其发行的购股权。

4. 绿票欺诈和终止协议

绿票欺诈又称为定向回购，是指目标企业不通过公开交易市场，而是通过私下协商的办法从某些大股东手中溢价购回大量股份的做法。一般情况下，回购的对象是特定的。

终止协议是由特定企业在某一特定期内限定所有权，协议的内容可能包括将很多董事会席位分配给份额较大的股东，同时股东可能同意与管理人员一同投票。这些协议至少可以暂时用来消除潜在收购者的反并购措施，但是股东可能会通过其在董事会的席位获得对企业资产的控制权。

5. 白衣骑士

当遭到敌意并购时，目标企业会邀请一个友好企业，即所谓的“白衣骑士”作为另一个并购者，以更高的价格来对付敌意并购，从而使自己被“白衣骑士”并购。

6. 资本结构调整

改变目标企业的资本结构也可以作为反并购措施之一。具体的措施包括资本调整、承担更多债务、发行更多股票、股票回购等。

7. 排他式自我收购

排他式自我收购与定向回购相反。这种自我收购是指企业向目标股东之外的其他股东发起要约收购自己一定数量的股票，目的在于挫败收购方企图进行的接管，并且实际上将财富从收购方转移给其他股东。

8. 焦土战略

（1）皇冠上的珍珠

公司可能将引起收购者兴趣的“皇冠上的珍珠”，即将那些经营好的子公司或者资产出售，使得收购者的意图无法实现。

（2）虚胖战术

公司购置大量与经营无关或营利能力差的资产，使公司资产质量下降且在短时间内资产收益率大减。

9. 反不正当竞争诉讼

诉讼可能针对并购者的某些欺骗行为（如反托拉斯法或者证券法规等行为）而进行。一是可以拖延并购时间；二是可以通过法律诉讼使并购者提高其并购价格。

10. “帕克门”战略

“帕克门”（反噬防御）战略是指当敌意并购者提出并购时，目标公司针锋相对地对并购者发动进攻，也向并购公司提出并购。如果并购战的双方实力相当，“帕克门”战略的结果很可能是两败俱伤。

11. 员工持股计划

授予员工一定的股份，从而对公司的股权结构进行重组，可以作为一种反收购策略来使用。

12.7.4 剥离

1. 剥离的动因

1）剥离公司的非核心业务，进而可以集中资源做公司最擅长的事情。

2）获得必要的资金。

3）与作为一个整体相比，剥离可以使公司实现更大的市场价值。

4）稳定公司股价。

由于一个或多个公司业务实体的波动而导致公司股价波动，因而剥离不利的公司业务实体有利于稳定公司股价。

5）剥离经营低效或经营失败的业务。

6）来自监管机构或股东的压力。

例题 12-31

A 公司是一家大型的企业集团，它旗下的一个分部开发出了一项前景广阔的新技术。A 公司希望保持对该分部的控制，但还要筹措更多资金来支持该项技术的进一步开发。A 公司还认识到，该项前景广阔的技术不同于其寻常的业务线，将需要采用新的管理风格和激励计划来吸引并留住人才。通过采取以下哪项举措，A 公司最有可能实现上述目标？（　　）

A. 剥离该分部。　　B. 将该分部出售给其他公司。

C. 由管理层收购该分部。　　D. 对该分部进行股权切离。

答：

D。

分析：在不丧失控制权的情况下获得资金的方式是股权切离。

12.7.5　追踪股票

追踪股票也称为分轨股票，是由母公司创造的一种财务工具，用于追踪集团中某项业务或某一子公司的业绩表现。发行分轨股票时，母公司必须将标的业务或子公司的财务数据独立区分出来。分轨股票与母公司的股票各自独立交易，但母公司对分轨股票所代表的业务或子公司仍掌握有控制权。发行分轨股票可代替收购计划进行融资，也可方便公司以股票补偿员工，有助于老牌公司留住可能被新成立公司抢走的员工。

12.7.6　公司并购的价值分析

公司是否决定并购，需要考虑包括战略、管理和财务方面的因素。公司的潜在价值是由并购之后，它所推行的战略与执行状况共同决定的。

进行评估主要有 3 种技术：

1）现金流贴现法。增量现金流的现值减去并购成本。

2）账面价值调整法。目标公司的市场价值减去负债。

3）可比市盈率法。假设用所购买公司的股票交换目标公司的股票，得出预期并购后的市盈率。

并购支付方式有 3 种，分别是现金方式、股权置换方式和混合方式。

假设公司 A 并购公司 B，公司 A 的价值是 PV_A，公司 B 的价值是 PV_B，公司合并后的公司价值是 PV_{AB}，那么并购的收益是

$$并购的收益 = PV_{AB} - PV_A - PV_B$$

如果是现金收购，并购的成本是

$$并购的成本 = 现金支付 - PV_B$$

如果是股份支付，并购的成本是

$$并购的成本 = N \times P_{AB} - PV_B$$

式中 N——支付的股份数；

P_{AB}——新公司的股票价格。

$$并购的净收益 = 并购的收益 - 并购的成本$$

例题 12-32

A 公司正在考虑通过购买普通股收购 B 公司。考虑潜在收购时的有关财务数据如表 12-13 所示。

表 12-13 A 公司和 B 公司的财务数据

财务数据	A 公司	B 公司
净利润（万元）	2 000	500
已发行股票（万股）	500	200
每股收益（元）	4	2.5
每股市场价格（元）	64	30
市盈率	16	12

B 公司同意 A 公司以每股 35 元的价格购买股票，则交换比率为 35 元/64 元，约为 0.547，即以 0.547 股 A 公司的股票交换 1 股 B 公司的股票。为了收购 B 公司，A 公司需再发行股票总额为 109.375 万股。假定收购后这两家公司的收益不变，则收购后 A 公司的每股收益为：总利润 2 500 万元，已发行股票 6 093 750 股，每股收益 4.10 元/股。

因此合并后 A 公司的每股收益有了适度的提高。B 公司股东则面临每股收益的减少。原来持有 1 股 B 公司股票，现在持有 0.547 股 A 公司股票。对于 B 公司股票来说，收购后每股收益为 0.547 × 4.10 美元，即 2.24 元，低于收购前的 2.50 元。

假设 B 公司同意的股价为 45 元，而不是 35 元，则交换比率为 45 元/64 元，约为 0.703，即以 0.703 股 A 公司的股票交换 1 股 B 公司的股票。A 公司需再发行股票总额为 140.625 万股。收购后 A 公司的每股收益为：总利润 2 500 万元，已发行股票 6 406 250 股，每股收益 3.90 元/股。

此时，考虑到收购了 B 公司，A 公司的每股收益被稀释了。任何时候，只要支付给被收购方的市盈率高于收购方股票的市盈率，则收购方的每股收益将被稀释。本例中，第 1 种情况的市盈率为 35 元/2.5 元，即 14；第 2 种情况是 45 元/2.5 元，即 18。因为 A 公司的市盈率是 16，所以第 1 种情况下每股收益会增加，而第 2 种情况下每股收益会降低。

收购前收购方与被收购方的市盈率之比越高，被收购方相对于收购方的收益越高，收购后收购方每股收益增加得越多。

12.7.7 企业倒闭（选修）

当企业无法清偿到期债务时，管理层可以向法院申请破产保护。一旦申请获得批准，债权人就不能向破产企业催逼债务。法律允许由同一个企业的管理层，向债权人提出一个重组方案，延期归还债务，停止发放股息，暂停支付债务本金，只支付利息，削减无担保的债权。通常，这种情况下，人们不得不同意企业管理层的重组方案。

如果重组方案不可行，则要进入破产清算程序。在破产清算过程中，美国法律规定了详细的债权清偿等级，受有效抵押权所担保的债权，将在作为其担保物的财产变卖所得价款范围内首先获得清偿。如果所得价款不足以清偿有财产担保债权人的债权，不足金额作为无担保非优先债权，或一般无担保债权。无担保债权分为优先和非优先二级。无担保优先债权应在支付无担保非优先债权之前全数清偿。无担保优先债权又分 6 级，第 1 级债权应在支付第 2 级债权之前全数偿还，并依此类推。然而，在这 6 级中，任何 1 级可用的现金不足以支付该级的所有债权，则按比例清偿。其顺序如下：

1）破产管理费用。

2）在破产申请提交后、指定受托人之前发生的费用。

3）在破产申请提交前 3 个月内，已履行服务的未支付工资，金额不超过每个员工 2 000 美元。

4）尚未支付的员工福利计划费用，金额不超过每个员工 2 000 美元。

5）客户的预存款，每个客户不超过 900 美元。

6）联邦政府税、州政府税以及地方政府税。

无担保非优先债权，也应按上面的现金分配程序清偿。只有在所有债权人的债权均得到清偿之后，才能分配给股东。

重组是指调整其资本结构，债权人与股东达成债务重组协议，使其重新恢复生机和活力；清算要求出售企业的资产，清偿其债务。两者的区别在于：前者在于挽救企业，后者在于使企业消灭；前者体现使破产企业财产增值的功能，后者消极地公平分配债务人的财产；前者采取一些保护性的措施，对企业的财产、债务及经营事务进行必要的整合，后者要对破产财产进行变价分配，主要有拍卖、强制变卖等措施；前者容易使职业经理人不担心破产，从而产生道德风险问题，后者则能够避免这种现象。

12.8　国际金融

12.8.1　汇率

> 注意：参考《注册管理会计师基础教程》5.9 节国际财务管理基础。

汇率亦称外汇行市或汇价，是一国货币兑换另一国货币的比率，是以一种货币表示的另一种货币的价格。由于世界各国货币的名称不同，币值不一，所以一国货币对其他国家的货币要规定一个兑换率，即汇率。

商业银行等机构买进外币时，所依据的汇率叫买入汇率；卖出外币时，所依据汇率叫卖出汇率。两者之间的差额，即商业银行买卖外汇的利润。买入汇率与卖出汇率相加，除以 2，则为中间汇率。

在直接标价法下，一定外币后的前一个本币数字表示买入汇率，即银行买进外币时付给客户的本币数；后一个本币数字表示卖出汇率，即银行卖出外币时向客户收取的本币数。

在间接标价法下，情况恰恰相反。本币后的前一个外币数字为卖出汇率，即银行收进一定量（1 个或 100 个）的本币而卖出外币时，它付给客户的外币数；后一个外币数字是买入汇率，即银行付出一定量（1 个或 100 个）的本币而买进外币时，它向客户收取的外币数。

外汇汇率上涨，在直接标价法下，说明外币贵了，因而外币兑换本币换得的本币的数量比以前多了、本币兑换外币换得的外币的数量比以前少了。外币汇率下跌，情况则相反。其计算公式为

$$t = [(R_1 - R_0)/R_0] \times 100\%$$

式中　R_0——期初汇率；

R_1——期末汇率。

例题 12-33

已知 1SL = 0.1 美元，1BO = 1.5 美元。请问：

1）1 000 美元能换取多少 SL？

2）30BO 能买多少美元？

答：

1）1 000 美元 ÷ 0.1 美元/SL = 10 000SL。

2）30BO × 1.5 美元/BO = 45 美元。

例题 12-34

远期汇率假定如表 12-14 所示。

表 12-14　远期汇率

汇率	4 月	5 月	6 月
加元/美元	1.20	1.19	1.18
比索/美元	11.30	11.40	11.50

假定加元 3 月份的即期汇率是 1 美元兑 1.20 加元，墨西哥比索 3 月份的即期汇率是 1 美元兑 11.00 比索，请确定在第 2 季度相对于加元和墨西哥比索，美元增值还是贬值？

答：

如果即期汇率是 1.20 加元/美元，预计 6 月底时其会降低至 1.18，意味着用更少的加元可以买到 1 美元，这样相对于加元，美元就贬值了。如果即期汇率是 11.0 墨西哥比索/美元，预期 6 月底时会升到 11.5，意味着用更多的墨西哥比索才可以买到 1 美元，这样相对于墨西哥比索，美元就增值了。

> 注意：1.20 加元/美元与美元：加元 = 1.20 的含义是相同的。

本币升值会使本国产品对外价格上涨，对于本国产品的需求下降，而对于外国产品价格，降到对于需求上升时。在直接标价法下（如对中国来说，汇率为 6 人民币/美元），数值变小，本币升值；在间接标价法下（如对美国来说，汇率为 6 人民币/美元），数值变大，本币升值。本币贬值，结果相反。

12.8.2　汇率制度

汇率制度有固定汇率制和浮动汇率制。

1. 固定汇率制

固定汇率制是指汇率的制定以货币的含金量（或者其他外币）为基础，形成汇率之间的固定比值。这种制度持续到 20 世纪 60 年代，政府或者中央银行可以采取各种措施抵消由货币供给和需求变化带来的币值波动。

2. 浮动汇率制

浮动汇率制是指一国货币的汇率并非固定，而是由自由市场的供求关系决定的制度。浮动汇率制的正式采用和普遍实行，是 20 世纪 70 年代后期美元危机进一步激化后开始的。

浮动汇率制按照国家是否干预外汇市场，可分为自由浮动汇率制（又称“清洁浮动汇率制”）和管理浮动汇率制（又称“肮脏浮动汇率制”）。

固定和浮动汇率制各自的优点见表 12-15。

表 12-15　固定和浮动汇率制的优点

汇率制度	优点
固定汇率制	提高货币供给的稳定性 防止投机 减少不确定性
浮动汇率制	可以自主制定货币政策 贸易余额可以自动进行调整

12.8.3　货币币值的波动

货币币值的波动影响因素有以下 5 个方面：

1）消费者偏好。

2）收入的变化。

3）相对价格的变化。

4）投资者对外汇的投机。

5）利率。

补充知识：利率平价模型

利率平价模型通过利率同即期汇率与远期汇率之间的关系，来说明汇率的决定与变动的原因。该模型认为：远期差价是由两国利差（远期汇率的升水率、贴水率约等于两国间的利率差异）决定的，并且高利率货币在远期市场上必为贴水，低利率货币在远期市场上必为升水。在没有交易成本的情况下，远期差价等于两国利差，即利率平价成立。

利率平价可分为无抛补利率平价（Uncovered Interest Rate Parity，UIRP）和抛补利率平价（Covered Interest Rate Parity，CIRP）两种。此两者的不同之处在于，是否对投资者的风险偏好做出了假定。

（1）无抛补利率平价

在资本具有充分国际流动性的前提下，投资者的套利行为使得国际金融市场上以不同货币计价的相似资产的回报率趋于一致。也就是说，套利资本的跨国流动保证了“一价定律”适用于国际金融市场。本国利率高于（低于）外国利率的差额，等于本国货币的预期贬值（升值）幅度。

（2）抛补利率平价

与无抛补利率平价相比，抛补利率平价并未对投资者的风险偏好做出假定，即套利者在套利的时候，可以在期汇市场上签订与套利方向相反的远期外汇合同（掉期交易），确定在到期日交割时所使用的汇率水平。

在资本具有充分国际流动性的前提下，抛补与无抛补利率平价均告诉人们，如果本国利率上升，超过利率平价所要求的水平，本币将会预期贬值；反之，则升值。

补充知识：购买力平价模型

(1) 绝对购买力平价

一国货币的价值及对它的需求，是由单位货币在国内所能买到的商品和劳务的量决定的，即由它的购买力决定的。因此，两国货币之间的汇率，可以表示为两国货币的购买力之比。

绝对购买力平价是指本国货币与外国货币之间的均衡汇率，等于本国与外国货币购买力或物价水平之间的比率。公式表示为

$$\text{本国货币兑换外国货币的汇率} = \text{本国物价指数}/\text{外国物价指数}$$

(2) 相对购买力平价

相对购买力平价是指不同国家的货币购买力之间的相对变化，是汇率变动的决定因素。

相对购买力平价认为：汇率变动的主要因素是不同国家之间货币购买力或物价的相对变化；同汇率处于均衡的时期相比，当两国购买力比率发生变化，两国货币之间的汇率就必须调整。

公式表示为

$$\frac{\text{本国货币}}{\text{新汇率}} = \frac{\text{本国货币}}{\text{旧汇率}} \times \left(\frac{\text{本国货币购}}{\text{买力变化率}} \Big/ \frac{\text{外国货币购}}{\text{买力变化率}}\right) = \frac{\text{本国货币}}{\text{旧汇率}} \times \left(\frac{\text{本国物价}}{\text{指数}} \Big/ \frac{\text{外国物价}}{\text{指数}}\right)$$

注意：A 国消费者对外国产品偏好增加，A 国收入增加，A 国相对价格上升，A 国利率较高，投资者预期 A 国货币贬值，A 国经常账户逆差，A 公共债务水平较高，A 国政治经济不稳定，以上 8 种因素都会使 A 国货币贬值。

例题 12-35

分析师张三遇到以下问题：如果 A 国通货膨胀率为 5%，B 国通货膨胀率为 3%，那么 A 国货币相对 B 国货币如何变化？如果 C 国利率为 5%，D 国利率为 3%，那么 C 国货币相对 D 国货币如何变化？如果 E 国近期发现一个大油田造成其收入相对 F 国上升，那么 E 国货币相对 F 国货币如何变化？如果 G 国的年轻人近期喜爱购买 H 国的电子产品，那么 G 国货币相对 H 国货币如何变化？

答：

A 国通过膨胀率较高，根据相对购买力平价模型，A 国货币贬值。C 国利率较高，根据利率平价模型，C 国远期汇率贬值。E 国收入上升，那么对国外产品需求上升，货币贬值。G 国对外国产品需求上升，货币贬值。

12.8.4 国际资本投资

外国直接投资是指一个国家的企业投资于另外一个国家的企业。这是一种资源的转移，也是对另外一个国家企业的直接控制。

外国投资的好处和代价见表 12-16。

表 12-16　外国投资的好处和代价

国别	好处	代价
母国	技能和专业知识的提升，来自对外国市场和科学技术以及方法的了解 外国子公司出口需求的增加，可以创造工作岗位 外国子公司需要购买母国出口的产品时，货币就会流向国内	当国内的分公司关闭或者被国外子公司代替时，工作岗位就会流向国外 由于使用子公司生产较为便宜的产品代替本国所生产的产品，因此经常账户余额可能恶化，因为货币将流向国外而不是国内
东道国	外国直接投资所到之处带来的资本、科学技术以及管理资源，可以促进经济增长 工作岗位的创造和引进，可以促进就业 兴建外国子公司，可以带来资金流入，由此可以改善最初的支付余额	本土公司无法与外国子公司竞争 为了支付从外国子公司进口的资源，长期来讲现金可能流出 降低主权和自治 母公司不顾东道国的利益而制定的决策，可能对东道国产生不利影响

国际投资可以分散持有金融资产的不利风险或者资产减值的风险。当考虑直接投资时，企业一般会考虑新的外国投资潜在的投资回报率，同时必须考虑其对整体投资组合风险的影响。分散投资不单指多项投资，如果所有的投资都是同样特征的，整个投资组合的风险不会改善。本部分内容请结合第 1 节中相关内容理解。

国际投资还可能面临的风险有：

1）政治风险。

2）汇率波动风险。

3）通货膨胀风险。

4）不同的会计准则。

5）税收。

跨国公司的预算编制与融资，除了国内资本投资所包括的预算问题，还涉及一些额外的因素，包括：

1）预期回报率可能不得不根据政治和经济风险进行调整。

2）必须区分母公司的现金流与外国子公司的现金流。

3）由于外汇汇率的波动，未来的投资回报可能受到影响。这是因为需要将当地货币转换。

4）不同的国家税率可能有很大差异，在选择资本投资目标国家时必须考虑税收的影响。

5）通货膨胀对价格、汇率以及融资的影响必须综合考虑，其中一些影响可能有利，一些影响可能不利。

6）母公司所在国与分公司所在国的会计准则，可能有很大差异。

12.8.5　国际贸易支付

进行国际贸易的优势包括：使得一个国家能够生产并出口其具有比较优势的产品，并从其他国家进口不具备比较优势的产品，资源可以被最有效地利用；国际竞争会推动技术创新，或者通过国内市场的吸引力获得国内缺少的技术；允许国家之间进口由于资源匮乏而不能生产的商品，这通常会提高国家的总福利和经济发展水平。

国际贸易中，出口商面临不能获得对方应支付的款项的风险，进口商面临支付后不能获得产品或所交付的产品有损坏或瑕疵的风险。以下支付方式可以降低这些风险。

（1）信用证

信用证是由进口商银行代表进口商向出口商开出的证明，表明出口商可以凭借附属单证向该银行提款，并且由该银行对进口商的义务进行担保。保兑信用证还包括出口商所在国家的银行提供的担保。

（2）即期汇票

即期汇票是由进口商立即支付的票据。与货到付款相似，进口商在货物即相应单据到达时付款。

（3）远期汇票

远期汇票是在未来指定日期，或在出口商根据协定要求完成某些特定要求后支付的汇票。

（4）寄售

寄售即货物销售后，进口商再将款项支付给出口商。

（5）记账贸易

记账贸易即在进口商没有任何义务后，出口商即将相关单证寄给进口商。这种安排对出口商有一定的风险，因此往往在有成功贸易往来经验的企业间更多采用。

（6）预付款

预付款即进口商对产品或服务提前付款。这会使得进口商面临很大的支付风险。因此，只有互相相当信任对方的交易双方，如同一跨国公司的子公司之间会采用。

12.8.6 国际贸易融资

国际贸易融资方式有：

（1）银行承兑汇票

银行承兑汇票是远期汇票的一种，可以对出口、进口、国内运输、物资仓储进行融资。银行在签发时承诺在到期时进行支付。在二级市场中，银行承兑汇票以低于面值的贴现形式进行交易，银行承兑汇票的持有人在到期时将汇票呈给担保银行，该行对其面值进行支付。

（2）反购贸易（易货贸易）

易货贸易是最古老、最广为人知的反购贸易的一种形式。反购贸易占国际贸易总量的 10% ~ 15%。易货贸易有利于开展对于特定国家特定情况的投资。特定国家特定情况如：有些国家硬通货的流出困难，有些国家对产品、项目和技术设置了一定的反向购买或抵消义务。其目的是减轻主权、政治和商业风险。反购贸易的风险有定价风险（由于汇率不稳定）、处理不熟悉货物的风险、收到劣质货物的风险。

（3）福费廷

福费廷是一国银行从出口商处购买贸易债务或应收账款的行为，是出口商出售其应收账款的一种方式，出口商因此可以立刻获得现金而不需要产生任何债务。福费廷方式不占用出口商的信用额度，一般无追索权。

（4）跨境保理

保理商是购买企业应收账款，并收回这些应收账款的金融机构。跨境保理是保理业务网络跨越国界的情形。出口商的保理商可能联系其他国家的保理商，以处理应收账款的回收问题。保理可能有追索权。

12.8.7　转移价格

转移价格是指将产品从公司的一个分部，销售到另外一个分部所采用的价格，以使公司将利润转移到那些在低税率国家运作的分部。其目的之一是降低该公司在全球范围内的税务义务；另一目的是降低货物进口关税。转移定价是跨国公司全球税收最小化策划的一个重要组成部分。在收购、剥离、工厂重新部署、研发活动以及全球交易重构等活动中，运用具有创造性的转移定价方式，能够帮助管理者将在全球的税率降到最低。

> 注意：请结合 7.2 节的相关内容学习。

12.8.8　国际贸易中的法律和道德问题

国际贸易当中还要注意的问题有：

1）文化差异。

2）国际法与国内法之间的差异。

3）自由贸易与贸易保护主义。

4）不同的风俗习惯。

12.8.9　外汇衍生品与套期保值

外汇衍生品是一种金融合约，通常是指从原生资产派生出来的外汇交易工具。其价值取决于一种或多种基础资产或指数。合约的基本种类包括远期、期货、掉期（互换）和期权。外汇衍生品还包括具有远期、期货、掉期（互换）和期权中一种或多种特征的结构化金融工具。

（1）外汇远期合约

外汇远期合约是交易双方约定在未来某日或某日前，以确定价格购买或出售一定数额的金融产品。外汇远期合约是金融衍生品中历史最长、交易方式最简单的一种，也是其他几种衍生品的基础。

（2）外汇期货

外汇期货是在商品期货基础上发展起来的，是金融期货的一种形式。外汇期货是承诺在将来某一特定时间，购买或出售某一金融资产的标准化契约。其数量、质量、交割时间都是已定的，唯一变动的是价格。外汇期货的合约交易对象为各种货币。

> 注意：外汇期货交易原理和商品期货交易原理一样，都是利用了期货价格和现货价格波动的趋合性，即在期货合约临近交割时，期货价格和现货价格将趋向一致的特点。在现货和期货两个市场上，品种、数量、交割期一致而方向相反的交易，以在一个市场上的营利弥补另一个市场上的损失，从而达到规避价格波动风险的目的。

（3）货币期权

货币期权是一种权利合约，指买方在支付一定费用（被称为期权费）后，享有在约定的日期或约定的期限内，按约定的价格购买或出售某种金融资产的权利。按买方的权利划分，期权可分为看涨期权和看跌期权。

（4）货币互换

货币互换是交易双方同意按一定的汇率，交换一定数额的两种货币，在协议到期时，双方按同样的汇率换回各自的货币。在此期间，双方根据交换的金额相互支付利息。外汇衍生品市场的主要活动涉及货币互换、货币期货以及上述交易的混合交易。

例题 12-36

Z 运动鞋公司向 F 国批发商销售产品，所装运的货物价格为 5 万 F 国马克，信用期为 90 天。Z 公司收到付款后会立即将其兑换成美元。即期汇率为 1.71 马克/美元，90 天远期汇率为 1.70 马克/美元。

1）Z 公司要想对冲其汇率风险，应该怎么做？需要进行的交易有哪些？

2）马克是远期溢价还是远期折价？

3）根据利率平价理论，两国隐含的利率差异是多少？

答：

1）可以通过出售 90 天马克远期合约来对冲风险。90 天后收到 5 万马克时，可得到 50 000 马克 ÷ 1.70 马克/美元 = 29 412 美元。如果今天就收到付款，Z 公司将得到50 000 马克 ÷ 1.71 马克/美元 = 29 240 美元。

2）因为以美元表示的 90 天远期汇率低于即期汇率，因此马克是远期溢价。预期马克将升值，即兑换 1 美元所需的马克数更少。

3）利率之差 = [（1.70 马克/美元 − 1.71 马克/美元）÷ 1.71 马克/美元] ×（365 天/90 天）= −2.37%，这说明如果利率平价成立，美国利率应比 F 国利率高 2.37 个百分点。

另外，可以通过资产负债表对冲法，即同时有等金额的外币资产和负债，将不存在外汇风险。

12.9 本章主观题例题与习题

12.9.1 本章主观题例题

例题 12-37

甲公司决定发行 50 000 000 元的 10 年期债券，为其资本项目融资。该公司的所得税率是 40%，目前正在考虑以下两种方案融资。

A. 由中信证券公司承销公募的债券。债券的利率为 7%，按面值发行，承销费为 1.5%。其他发行费用是 150 000 元。

B. A 寿险公司提议甲公司采用私募方式发行该债券，利率为 7.5%，发行成本为60 000 元。

1）两种方案下，甲公司所筹集的初始资金金额分别是多少？

2）哪种发行方式对甲公司来说成本最低？假定两种证券的利息都于每年年终支付，且根据税法规定，所有的发行费用都立即计入当期损益。

3）请说明债券私募和公募的至少 4 个特征。

参考答案：

1）所得款项：

公募所得资金 = 面值 − 承销费 − 其他发行费用 = 50 000 000 元 − 50 000 000 元 × 1.5% − 150 000 元 = 49 100 000 元。

私募所得资金 = 面值 − 发行费用 = 50 000 000 元 − 60 000 元 = 49 940 000 元。

2）甲公司应使用净现值法来作分析。

公募与私募每年的利息成本差 = 50 000 000 元 ×（7% −7.5%）= 3 500 000 元 − 3 750 000 元 = −250 000元。

使用 7% 作为贴现率，公募所节省的利息现值 = 250 000 元 ×7.024 = 1 756 000 元。

需要比较节省利息的现值比最初的发行成本差异的大小，两种方案的净现值之差 = 1 756 000 元 −（49 940 000 元 − 49 100 000 元）= 916 000 元。

所以，公募债券是比较经济的选择。

3）a. 私募是由借款人直接与贷款人进行协商。但在某些情况下，中介机构可能参与，可以让双方达到符合彼此特殊条款及条件的要求。b. 私募一般都可以迅速成交。c. 私募不涉及证券交易委员会注册。d. 因为私募债券没有公开注册，它的二级市场是有限的。当私募投资者希望在债券到期前变现时，并不能向公众出售。e. 私募一般利率较高，这是由于贷款人出借大量资金给一个借款人的风险比较高。f. 公募通常包含一般的条款和保证条款以便符合普通投资者的需要。g. 当债券仍在市场流通，而发行人出现财务困难时，公募债券的谈判需要面对大量投资者，达成协议较为困难。h. 公募需要投资银行承销、证券交易委员会注册、支付会计及其他相关费用，成本较高。i. 公募债券的利率相对较低。

例题 12-38

甲公司是一家电子产品零售商，旗下有一家从事健身设备销售的子公司。甲公司虽然比较成熟，但是销售额不断下滑，而其子公司却不断成长且利润丰厚。甲公司管理层正在考虑公司整体发展的战略。他们打算收购其他公司来继续推进产品组合的多元化，或者将子公司部分或全部拆分出去，使其成为一家独立的公司，这样每个公司便可以沿着不同的方向发展。归根到底，问题在于甲公司正在衰落。管理层希望最大化股东价值，扭转该公司的颓势，并使其继续经营发展下去。

1）a. 定义合并和收购。

b. 上述情景属于合并还是收购？

c. 请指出合并和收购带来的 3 种可能的协同效应或益处。

2）a. 请指出这两种剥离类型并加以说明：完全析产分股和股权切离。

b. 请指出上述情景是否描述了这两种剥离类型中的一种。

3）a. 请对破产进行定义，并指出不同的破产类型。

b. 在破产程序中各种债权人的优先次序是怎样的？

参考答案：

1）a. 合并：两家以上的公司归并为一个公司。收购：一个公司取得其他公司的控制性股权。

b. 战略性收购。因为管理层希望通过获得其他行业公司的控股权来改变公司的产品结构。

c. 协同效应是指并购后竞争力增强，合并后公司业绩比两个公司独立存在时的预期业绩高。根据规模经济，由于生产规模增大等原因，公司的平均单位成本随产量增加而下降。收购可以促进销售、扩大市场份额或帮助公司获得市场主导地位，可以带来新的技术，优化生产线，减少重复的部门如市场营销部、会计部、采购部等，从而使公司能更有效地利用资源。

2）a. 见 12.7.2 节剥离。

b. 甲公司决定将子公司剥离出去成立一家新的独立公司，是完全析产分股。

3）a. 破产：由于公司无力偿还到期债务，法院授予公司免受债权人侵扰的法律保护。破产的主要类型：清算或者出售公司的资产；公司重组使其重新恢复生机和活力。

b. 在破产程序中各种债权人的优先次序如下：担保债权；清算过程中产生的管理费用，包括托管费、律师费等；进入破产程序后产生的债权；员工工资及福利；客户以现金支付产品或服务的定金，但尚未得到该产品或服务；所欠税款；未担保债权；次级债券；优先股；普通股。

例题 12-39

SAS 公司是一家在中西部地区为制造设施开发安全设备的企业。SAS 公司的产品线已被广泛接受和使用。该公司拥有良好的营利和充足的现金流。SAS 公司计划在未来 1 年收购价值 8 000 万美元新资产，现在该公司管理层正在研究如何融资进行收购。预算中显示来年有 2 000 万美元的留存收益可以用于新的投资。

至于外部融资方面，参与讨论的投资银行分析师认为根据市场条件，SAS 公司新发行证券信息如下：

可以发行票面利率 10%、10 年到期、每年付息一次的债券，债券可以按面值 1 000 美元发行。

每年 12% 的股息的优先股，发行价可以达到 90 美元，面值为 100 美元。

普通股每股 66 美元发行。

其他财务信息如表 12-17 所示。

表 12-17 其他财务信息

股利支付率	50%	普通股权益回报率	20%
去年的每股收益	3 美元	边际税率	40%
无风险收益率	3%	市场收益率	13%

该公司现在的资本结构如表 12-18 所示。

表 12-18 公司现在的资本结构 （单位：百万美元）

资本信息	账面价值	市场价值
长期负债	350	400
优先股	150	150
普通股	200	250

要求：

1）计算 SAS 公司各种融资来源的成本。

2）使用 CAPM 模型计算 SAS 公司的 Beta 值，并解释该值的含义和影响 Beta 值的因素。

3）计算该公司将用于投资决策的加权平均资本成本。

4）解释加权平均资本成本和加权边际资本成本，并说明哪个更适用于贴现现金流分析。

5）如果市场利率变为 12%，请问债券最新的市场价格是多少？

6）在利率上涨到 12% 的情况下，与其他条件相同的 10 年期零息债券相比，SAS 公司的债券怎么变化，跌幅大还是小？解释原因。

参考答案：

1）SAS 公司各种融资来源的成本如下：

债务的税后成本 = 10% ×（1 − 40%）= 6%。优先股的税后成本 = 100 美元 × 12%/90 美元 = 13.33%。普通股权益持续增长率 = 20% ×（1 − 50%）= 10%。普通股的税后成本 = 3 美元 ×（1 +

10%)/66 美元 +10% =15%。

2）SAS 公司的 Beta =(15% -3%)/(13% -3%) =1.2。Beta 代表了一个证券的系统性风险的大小，SAS 公司的 Beta 值是 1.2，意味着该公司的普通股的系统性风险大于市场平均水平。Beta 受公司规模、财务杠杆、经营杠杆、股利支付率、营利变动性、流动比率、总资产增长率、主营收入增长率、主营业务利润率、资本收益率、资本收益增长率等因素影响。

3）该公司将用于投资决策的加权平均资本成本如表 12-19 所示。

表 12-19　加权平均资本成本

资本信息	市场价值（百万美元）	资金比例（%）	资金成本（%）
长期负债	400	50	6
优先股	150	18.75	13.33
普通股	250	31.25	15

WACC =50% ×6% +18.75% ×13.33% +31.25% ×15% =10.19%。

4）加权资本成本就是企业总资本成本，而边际资本成本指的是增加最后 1 美元新资本的成本。边际资本成本更适合贴现现金流分析，因为投资决策中都是使用边际量的，平均值是历史数据，不影响未来的决策。

5）市场利率变为 12%，债券最新的市场价格是：1 000 美元 ×10% ×5.650 +1 000 美元 ×0.322 =887 美元。

6）在利率上涨到 12% 的情况下，与其他条件相同的 10 年期零息债券相比，SAS 债券下跌更小。因为零息债券的久期比 SAS 的债券大，相同的利率变化，零息债券下跌更多。

例题 12-40

动力公司正在考虑收购 HTS 公司。吉姆 · 史密斯是动力公司的财务总监，负责评估 HTS 公司的价值。史密斯了解几种可用于评估并购公司价值的方法。他使用这些方法评估被收购公司的价值，并收集了评估所需的财务数据。HTS 公司在外发行 1 000 万股普通股股票，并没有债务。史密斯预计合并后从 HTS 公司获得的自由现金流是 1 500 万美元，1 700 万美元，2 000 万美元和 2 300 万美元，之后以 6.5% 的恒定速率增长。他认为合适的贴现率是 11%。他还估计，4 年后 HTS 公司的价值是第 4 年年底自由现金流的 23 倍。

史密斯已确定阿尔法公司、中子公司和数码公司 3 家公司作为 HTS 公司的对比公司。他还确定了 3 个最近的收购交易的对比案例，分别是象限公司、专业技术公司和自动监控公司，这 3 个公司类似 HTS 公司。他认为，市盈率、市账率和市销率可以用来估计 HTS 公司的价值。3 个可比公司和 HTS 公司的相关数据如表 12-20 所示。

表 12-20　3 个可比公司和 HTS 公司的相关数据　（单位：美元）

估值变量	阿尔法公司	中子公司	数码公司	HTS 公司
股票市价	44.00	23.00	51.00	31.00
每股收益	3.01	1.68	2.52	1.98
每股销售额	20.16	14.22	18.15	17.23
每股账面价值	15.16	7.18	11.15	10.02

最近收购了 3 家公司的相关数据如表 12-21 所示。

表 12-21 3 家公司的相关数据 （单位：美元）

估值变量	象限公司	专业技术公司	自动监控公司
收购前的每股价格	24.90	43.20	29.00
收购价格	28.00	52.00	34.50
每股收益	1.40	2.10	2.35
每股销售额	10.58	20.41	15.93
每股账面价值	8.29	10.14	9.17

要求：

1）描述并解释并购的种类。

2）说明 3 种反并购的方法。

3）采用贴现现金流量法估计收购 HTS 公司股票的每股价值。

A. 如果最终价值使用永续增长模型确定。

B. 如果最终价值使用乘数模型确定。

4）考虑到最近的收购公司的平均收购溢价，HTS 公司公允的收购价格是多少。

5）定义稀释每股收益以及解释计算稀释每股收益的原因。

6）分析股票回购对每股盈余的影响、对股票价格的影响。

参考答案：

1）略。

2）略。

3）收购 HTS 公司股票的每股价值。

如果最终价值使用永续增长模型确定，则终值 = 第 5 年的现金流量/(要求回报率 - 增长率) = 2 300 万美元 × (1 + 6.5%)/(11% - 6.5%) = 54 433 万美元。公司的价值 = 1 500 万美元 × 0.901 + 1 700 万美元 × 0.812 + 2 000 万美元 × 0.731 + 2 300 万美元 × 0.659 + 54 433 万美元 × 0.594 = 41 566 万美元。每股价格 = 41 566 万美元/1 000 万股 = 41.57 美元。

如果最终价值使用乘数模型确定，则终值等于 = 23 × 2 300 = 52 900 万美元。公司的价值 = 1 500 万美元 × 0.901 + 1 700 万美元 × 0.812 + 2 000 万美元 × 0.731 + 2 300 万美元 × 0.659 + 52 900 万美元 × 0.594 = 40 555 万美元。每股价格 = 40 555 万美元/1 000 万股 = 40.56 美元。

4）考虑到最近的收购公司的平均收购溢价，HTS 公司公允的收购价格是：

相关的 3 家可比公司的估值比率如表 12-22 所示。

表 12-22 3 家可比公司的估值比率

相关的估值比率	阿尔法公司	中子公司	数码公司	平均值
市盈率 P/E	14.62	13.69	20.24	16.18
市销率 P/S	2.18	1.62	2.81	2.20
市账率 P/BV	2.90	3.20	4.57	3.56

根据可比公司的比率计算 HTS 公司的股票价值如表 12-23 所示。

表 12-23　HTS 公司的股票价值

估值变量	HTS 公司	被比较公司乘数的平均值	估计股票价格
当前股票价格	31.00 美元		
每股收益	1.98 美元	16.18	32.04 美元
每股销售额	17.23 美元	2.20	37.91 美元
每股账面价值	10.02 美元	3.56	35.67 美元

通过 3 个乘数获得的平均值是（32.04 美元 +37.91 美元 +35.67 美元）/3 =35.21 美元。

通过最近的收购求解收购溢价，3 家公司的收购溢价分别为：

(28.00 美元 −24.90 美元)/24.90 美元 =12.45%。

(52.00 美元 −43.20 美元)/43.20 美元 =20.37%。

(34.50 美元 −29.00 美元)/29.00 美元 =18.97%。

所以收购溢价的平均值 =17.26%。

根据收购溢价可知，HTS 收购的公允价值 =35.21 美元 ×(1 +17.26%) =41.29 美元。

5）略。

6）略。

例题 12-41

吉利服装公司开业第 1 年，期初现金余额为 170 000 元。该公司在银行的短期贷款信用额度为 100 000 元。第 1 季度和第 2 季度的预算资料如表 12-24 所示。

表 12-24　第 1 季度和第 2 季度的预算资料　（单位：元）

预算信息	1 月份	2 月份	3 月份	4 月份	5 月份	6 月份
销售收入	120 000	80 000	100 000	110 000	105 000	130 000
采购	70 000	80 000	150 000	80 000	80 000	70 000
运营成本	50 000	50 000	50 000	50 000	50 000	50 000

所有的销售均是赊销，款项在售后第 2 个月全部收回。采购款项在采购后第 1 个月全部支付，而运营成本则在发生当月全部支付。该公司 3 月份和 6 月份分别支付所得税10 000 元和 20 000 元。根据贷款合同，该公司需要维持一个最低 10 000 元的现金持有量。

该公司的总会计师张三和刚到公司工作的成本会计师李四讨论关于现金管理的问题。张三说："财务会计准则委员会允许企业自行选择直接法或间接法来计算经营活动现金流。"李四说："企业的流动性是指企业承担短期义务的能力，流动性也就是将资产变为现金的能力。运营资本是考察企业短期偿付能力的重要指标。"最后，两人一致认为现金管理对于该公司非常重要。

这次讨论结束后，总经理王五给张三打电话通知他，预计一家法国公司将要在 3 月购买 10 000 欧元的产品，货款将在 6 月支付，要求张三调整预算并考虑汇率风险。张三查阅了银行提供的远期汇率如下：

3 月份 1 欧元 =8.5 元；4 月份 1 欧元 =8.4 元；5 月份 1 欧元 =8.2 元；6 月份 1 欧元 =8 元。

刚刚和王五通完电话，董事长赵六的秘书打来电话，要求张三分析该公司在法国设立分公司的可能性和风险。张三对这个问题不太了解，他就和京大的经济学教授陈七讨论了对外国投资的有关问题。

1）计算该公司在第 2 季度末的借款余额。

2）描述间接法编制现金流量表的方法。

3）描述运营资本和 3 种管理策略。

4）描述持有现金的 3 个动机。

5）描述加速现金流入和减缓现金流出的方法各 2 种。

6）描述筹集短期资金的 3 种方法。

7）分析影响外汇波动的因素。

8）分析对外投资对母国和东道国的好处和代价。

参考答案：

1）第 1 季度和第 2 季度销售收回 = 1 月销售 + 2 月销售 + 3 月销售 + 4 月销售 + 对法国公司的销售 = 120 000 元 + 80 000 元 + 100 000 元 + 110 000 元 + 10 000 欧元 × 8 元/欧元 = 490 000 元。

第 1 季度和第 2 季度支付采购 = 1 月采购 + 2 月采购 + 3 月采购 + 4 月采购 + 5 月采购 = 70 000 元 + 80 000 元 + 150 000 元 + 80 000 元 + 80 000 元 = 460 000 元。

第 1 季度和第 2 季度支付运营成本 = 1 月运营成本 + 2 月运营成本 + 3 月运营成本 + 4 月运营成本 + 5 月运营成本 + 6 月运营成本 = 50 000 元 × 6 = 300 000 元。

第 1 季度和第 2 季度支付所得税 = 10 000 元 + 20 000 元 = 30 000 元。

第 2 季度末借款余额 = 贷款要求最小现金余额 − (第 1 季度期初余额 + 销售收回 − 支付采购 − 运营成本 − 所得税) = 10 000 元 − (170 000 元 + 490 000 元 − 460 000 元 − 300 000 元 − 30 000 元) = 140 000 元。

2）~8）略。

例题 12-42

亨德森公司需要筹集 1 500 万美元进行新产品的研发，该项技术可能会给公司带来巨大的收益。该公司的财务顾问汤姆建议通过发行公司债券来筹集资金，该公司债票面利率为 6%，半年付息，面值为 1 000 美元，期限为 5 年。该公司的债券评级为 A 级，对应的市场利率为 LIBOR 加 400 个基点，该公司的所得税税率为 40%。

该公司的总会计师鲍勃和刚毕业的研究生迈克正在讨论发行公司债券的方式，汤姆认为私募债券更为方便，而迈克认为公募债券成本更低。讨论结束后，迈克考虑到该项研发将会刺激该公司股价上涨，所以购买了 10 000 股亨德森公司的普通股。

要求：

1）如果此时 LIBOR 为 4%，那么债券的发行价格是多少。

2）该公司需要发行多少张债券。

3）假设发行债券后的第 3 年，A 级债券的市场利率为 6%，债券的市场价格将是多少。

4）分析投资企业债券面临的主要风险和度量指标。

5）解释该公司发行债券而不发行股票的原因。

6）解释公募债券与私募债券的区别。

7）分析迈克购买公司普通股的行为。

8）定义名义收益和实际收益，解释两者的关系。

9）定义通货膨胀，并解释其两种主要的类型。

参考答案：

1）A 级债券的市场利率 = 4% + 4% = 8%。债券的发行价格 = 1 000 美元 × 0.676 + 1 000 美元 ×

6%/2 ×8.111 =919.33 美元。

2）发行债券张数 =1 500 万美元/919.33 美元 =16 316（张）。

3）由于市场利率等于票面利率，债券的市场价格等于面值 1 000 美元。

4）投资企业债券面临的主要风险为：①信用风险，度量指标是债券评级；②利率风险，度量指标见 12.3 节关于久期的内容。

5）~7）略。

8）名义收益是以工资、租赁、利息或利润的形式收到的货币数量。实际收益是对名义收益能购买的商品和服务数量的衡量。名义收益 = 实际收益 + 通货膨胀。

9）略。

12.9.2　本章习题

问题 1　下列哪项关于加权平均资本成本的说法是正确的？(　　)

A. 公司的目标之一是尽量降低加权平均资本成本。

B. 一个具有很高的加权平均资本成本的公司对潜在的股东具有吸引力。

C. 加权平均资本成本的增加使公司的价值增加。

D. 加权平均资本成本始终等于该公司的借款利率。

问题 2　当以下哪项增加时，管理层应该降低平均存货水平？(　　)

A. 订货成本。　B. 存货持有成本。　C. 本产品的年需求量。　D. 前置时间。

问题 3　某国家的货币汇率最近由 1.5 个本国货币兑换 1 美元变为 1.7 个本国货币兑换 1 美元。下列哪项关于该国的说法是正确的？(　　)

A. 出口到美国的货物更便宜。　B. 其货币升值。

C. 其对美国进口的商品更实惠。　D. 购买美元成本更低。

问题 4　甲公司在本年度发行了 2000 万元的长期债券。甲公司的债务发行的一大优势是什么？(　　)

A. 通过财务杠杆可以减少每股收益。

B. 利用利息扣除税后成本，使得资金成本相对较低。

C. 使用债务增加财务风险。

D. 减少股东对公司的控制权。

问题 5　甲公司的目标资本结构是 50% 的债务，10% 的优先股，40% 的普通股。债务利息成本是 6%，优先股的收益率是 7%，普通股的成本为 11.5%，税率为 40%。甲公司预计不会发行任何新股份。甲公司加权平均资本成本是多少？(　　)

A. 6.50%。　B. 6.77%。　C. 7.10%。　D. 8.30%。

问题 6　以下哪项关于累积投票的目的的说法是正确的？(　　)

A. 为了保证现任董事继续留任。

B. 要允许少数股东获得在董事会的代表位置。

C. 为了让董事会每年更换三分之一的席位。

D. 为了保证大股东获得全体董事席位。

问题 7　以下哪个是经济订货量公式的假设？(　　)

A. 单位持有成本将随订购数量变化。

B. 订货成本将随订购数量变化。

C. 期间的需求是已知的。

D. 单位的采购成本将随着数量的变化而产生折扣。

问题 8　甲公司已有在 30 天到期的 30 000 欧元的应收账款。该公司的财务人员认为收到付款之前，欧元相对于人民币的价值会下降。甲公司采取什么办法可以减少这种风险？(　　)

A. 现在购买 30 000 欧元。

B. 签订 30 天的利率互换合约。

C. 签订 30 天的远期合约，卖出 30 000 欧元。

D. 甲公司不能有效地减少这种风险。

问题 9　浮动汇率制度将会产生以下哪种功能？(　　)

A. 自动调整国际收支的不平衡。　B. 使进口商品更加便宜和出口商品更加昂贵。

C. 形成对国内经济的制约。　D. 消除外币对冲的需要。

问题 10　甲公司有一笔 50 万元的 1 年期银行贷款，其名义利率为 8%。为了获得这笔贷款，该公司须在账户中维持 20% 的补偿性余额。请问贷款的实际利率是多少？(　　)

A. 8%。　B. 10%。　C. 20%。　D. 28%。

问题 11　在以下类型的债券中，哪个最有可能保持一个恒定的市场价值？(　　)

A. 零息债券。　B. 浮动利率债券。　C. 可赎回债券。　D. 可转换债券。

问题 12　与通过股权融资相比，债务融资的好处会在下列哪种情况中最明显？(　　)

A. 高的所得税税率和很少的非利息税收优惠。

B. 低的所得税税率和很少的非利息税收优惠。

C. 高的所得税税率和许多的非利息税收优惠。

D. 低的所得税税率和许多的非利息税收优惠。

问题 13　证券分析师张三收集了甲公司信息：权益回报率 10%，2011 年的净利润 20 000 000 元，2011 年的股息 4 000 000 元，在外发行流通股数 2 000 000 股，权益的要求回报率 14.5%。如果股利增长率保持不变，2011 年末普通股的价值最接近(　　)

A. 30 元/股。　B. 33 元/股。　C. 44 元/股。　D. 48 元/股。

问题 14　有一笔名义本金为 5 000 000 元的利率互换，其中固定利率付款人按照 8% 的利率半年付息，浮动利率按照同行拆借利率付息。在上一次结算日同行拆借利率为 7.25%，计算期为 180 天。固定利率付款人按照 1 年 365 天的基数支付利息。浮动利率付款人支付时使用 360/180 的转换比率。以下选项中正确的是(　　)

A. 固定利率付款人向浮动利率付款人净支付 16 010 元。

B. 浮动利率付款人向固定利率付款人净支付 16 010 元。

C. 固定利率付款人向浮动利率付款人净支付 18 750 元。

D. 浮动利率付款人向固定利率付款人净支付 18 750 元。

问题 15　投资者支付 5 元购买了一张内在价值为 3 元的看跌期权。如果在购买期权的时候标的资产的价格是 58 元，期权的执行价格是多少元？(　　)

A. 50 元。　B. 55 元。　C. 61 元。　D. 66 元。

问题 16　甲公司发行了 3 年期，面值为 1 000 元，票面利率为 5% 的债券共计100 000 元。债券评级为 AA 级，目前 AA 级债券的利率是国债利率加 50 基点。目前 3 年期国债利率为 2.5%。该债券的现值最接近以下哪个数值？(　　)

A. 943.43 元。　B. 1 056.57 元。　C. 1 119.74 元。　D. 1 182.91 元。

问题 17　以下 4 个选项中除了哪项都是上市公司股东的合法权利？(　　)

A. 对于修改公司章程的表决权。　B. 审议年度财务报表。

C. 对于重大并购事项的表决权。　D. 对于主要管理层变动的表决权。

问题 18　一家公司发行的债券将在 8 年后到期。如果该债券每年确认的利息费用应随时间减少，那么该公司发行的债券是(　　)

A. 按面值发行。　B. 折价发行。　C. 溢价发行。　D. 按零息债券发行。

问题 19　以下选项中除了哪项都是适合短期投资的有价证券？(　　)

A. 美国短期国债。　B. 欧洲元存款。　C. 商业票据。　D. 可转换债券。

问题 20　甲公司考虑使用锁箱系统加快收款。该公司每天平均接收 700 张1 800 元的支票，每年的短期资金成本是 7%。假设所有方案所产生的加速收款效果都一样，那么以下哪项建议对甲公司最为有利？(1 年按 360 天计算)(　　)

A. 收款总额 0.03% 的费率。　B. 1 750 000 元的补偿余额。

C. 每张支票 0.50 元的费率。　D. 每年 125 000 元的固定费用。

问题 21　一家公司的最优资本结构最佳的描述是该公司的资本结构使得以下哪项最大化？(　　)

A. 股票价格。　B. 每股收益。　C. 市盈率。　D. 每股股利。

问题 22　甲公司决定为一项资本投资进行融资，以实现最佳资本构成。以下哪项描述的企业目标与该项计划最符合？(　　)

A. 债务成本的最小化。　B. 每股收益的最大化。

C. 权益成本的最小化。　D. 该公司净资产的最大化。

问题 23　如果某销售商为买方提供比其运营周期长的信用条款，那么销售商(　　)

A. 不需要考虑实际利率或信用期限。

B. 可以保证买方在信用期限到期之前能够将存货转换成现金。

C. 实际融资多于买方存货需求。

D. 与那些贷款周期比买方运营周期短的公司相比，应收账款数额更少。

问题 24　以下关于运营资本的说法除了哪项外都是正确的？(　　)

A. 尽管要付出高风险和低流动性的代价，激进的运营资本管理政策关注的焦点是潜在获益能力。

B. 套期保值的融资方法中要求匹配债务和特定融资需求的期限。

C. 用长期贷款实现长期库存融资是激进的运营资本管理政策的一个例子。

D. 对于很多小公司来说，流动债务是融资的一个重要来源。

问题 25　以下选项中关于股息说法正确的是(　　)

A. 股利每年都会根据利润的变动而发生变化。

B. 股利通常比利润更具稳定性。

C. 股利比利润的波动更大。

D. 股利通常被视为利润的一个固定部分。

问题 26　以下哪个效果是锁箱系统最有可能提供给应收账款管理的好处？(　　)

A. 最小化收款浮差。　B. 最大化收款浮差。

C. 最小化付款浮差。　D. 最大化付款浮差。

问题 27　债券投资组合经理所收集的有关债券 A 的信息如下：面值 10 000 000 元，当前市场价格 9 850 000 元，久期 4.8。如果市场利率将下降 75 个基点，以下哪种说法是对债券的价格变动最适当的

估计？（ ）

A. 9 850 000 元的 3.6%。 B. 10 000 000 元的 3.6%。

C. 9 850 000 元的 4.8%。 D. 10 000 000 元的 4.8%。

问题 28 甲公司发行了股息率为 5%、可累积、面值 100 元的优先股共 6 000 股和普通股共 200 000股。第 1 年 5 月 31 日，该公司董事会发放了现金股息，且无股息拖延。截至第 3 年 5 月 31 日，该公司当年的净利润是 1 750 000 元。该公司董事会宣布普通股股息是净利润的 20%。那么截至第 3 年 5 月 31 日，该公司需支付的股息总额是（ ）

A. 380 000 元。 B. 350 000 元。 C. 60 000 元。 D. 410 000 元。

问题 29 对债券融资的几种方式进行比较时，以下哪个说法是正确的？（ ）

A. 赎回溢价是指投资者在购买时需要支付高于面值的部分。

B. 可转换债券必须在到期之前转换为普通股。

C. 一般来说，附有赎回条款的债券比没有赎回条款的债券的收益率要低。

D. 赎回条款通常被视为对投资者不利。

问题 30 在美国和中国都有为股东提供优先购股权的法律。优先购股权是指公司（ ）

A. 在公开发行新增股票时，给予现有股东保持其在公司股份比例的权利。

B. 在公开发行新增股票时，卖给现有股东与其在公司所占股份比例相等的股份。

C. 在支付优先股股息之前先支付普通股股息。

D. 在公开发行新增股票时，给予现有股东与其在公司所占股份比例相等的认股权证。

问题 31 以下哪项正确描述了向股东支付现金股利的顺序？（ ）

A. 宣告日，除息日，登记日，支付日。 B. 宣告日，登记日，除息日，支付日。

C. 登记日，宣告日，除息日，支付日。 D. 除息日，宣告日，登记日，支付日。

问题 32 单一证券系统性风险的衡量是通过（ ）

A. 证券收益率的标准差。 B. 证券收益率和市场收益率的协方差。

C. 证券对投资组合风险的贡献。 D. 该证券收益和其他同类证券收益率的标准差。

问题 33 以下选项中，哪项对公司的 β 值影响最小？（ ）

A. 债务权益比率。 B. 行业特征。 C. 经营杠杆。 D. 股利支付率。

问题 34 如果甲公司的 β 值为 1.0，那么该公司股票的（ ）

A. 收益率将等于无风险利率。 B. 价格相对稳定。

C. 预期收益率将近似于整个市场收益率。 D. 波动性小。

问题 35 4 家公司的资本结构如下：

甲公司	乙公司	丙公司	丁公司
短期负债	15%	15%	20%
长期负债	35%	30%	25%
优先股	30%	30%	30%
普通股权益	20%	25%	25%

哪家公司的杠杆最高？（ ）

A. 甲公司。 B. 乙公司。 C. 丙公司。 D. 丁公司。

问题 36 购买小麦期货合约来防止小麦价格波动造成损失应该归为（ ）

A. 公允价值套期保值。 B. 现金流量套期保值。

C. 外汇套期保值。 D. 互换。

问题 37　以下各选项中哪项是 10 年或者更长时间到期的债务工具？(　　)

A. 美国长期国债。　B. 美国中期国债。　C. 动产质押贷款。　D. 融资租赁。

问题 38　以下各选项中除了哪项以外，都可以导致优先股的回购？(　　)

A. 转换条款。　B. 赎回条款。

C. 再融资。　D. 偿债（赎回）基金。

问题 39　以下各选项中哪项最好地描述了普通股股权登记日？(　　)

A. 支付股利之前的 4 个交易日。　B.《华尔街日报》上登载的 52 周股价高点。

C. 被当作股权确定日。　D. 证券交易委员会宣布招股说明书生效日。

问题 40　以下各选项中除了哪项外，都是优先股的特征？(　　)

A. 当公司要求时可赎回。　B. 可转换为普通股。

C. 其股利对于发行者而言是可抵税的。　D. 它通常没有投票权。

问题 41　以下各选项中，哪项优先股特征对上市公司不利？(　　)

A. 发放优先股股利是公司的法律义务。　B. 优先股通常没有到期日。

C. 优先股的收益通常高于债券的收益。　D. 多数的优先股都由公司投资者持有。

问题 42　债券契约中的赎回条款允许(　　)

A. 发行者有权利赎回债券。

B. 债券持有人可以不必追加成本地将债券转换为普通股。

C. 债券持有人可以通过支付一个赎回溢价提前赎回债券。

D. 发行者支付一个溢价以防止债券持有者赎回债券。

问题 43　在债券契约中所列出的保护性条款被称为(　　)

A. 规定。　B. 要求。　C. 附录。　D. 保证条款。

问题 44　以下各选项中，哪项会导致公司在下一次进行外部融资时发行债权而不是股权？(　　)

A. 盈亏平衡点高。　B. 融资租赁的资产占很大比重。

C. 息税前利润低。　D. 高所得税税率。

问题 45　某债券契约的某项条款要求该公司如果没有债权人的批准不能进行主要资产买卖，这种要求被称为(　　)

A. 保证条款。　B. 赎回条款。　C. 认股权证。　D. 看跌期权。

问题 46　甲公司计划根据某一契约发行抵押债券。以下各项规定或要求中，哪项可能包含在该契约中？(　　)

Ⅰ. 出售财产之前必须得到托管人的允许。

Ⅱ. 确保资产处于良好的可运行状态。

Ⅲ. 确保厂房和设备处于某一最低运行状态之上。

Ⅳ. 包含关于质押内容的负保证条款。

A. 只有Ⅰ和Ⅳ。　B. 只有Ⅱ和Ⅲ。

C. 只有Ⅰ，Ⅲ和Ⅳ。　D. Ⅰ，Ⅱ，Ⅲ和Ⅳ。

问题 47　以下各选项中，哪项对于债务工具的描述是正确的？(　　)

A. 未偿的长期债券票面利率和收益率会随着经济因素的波动而波动。

B. 票面利率为 9%、剩余期限 1 年的 25 年期债券，比同一家公司发行的票面利率为 9%、剩余期限 1 年的 10 年期债券利率风险更高。

C. 对于长期债券而言，在给定利率变化的条件下，债券到期时间越长，价格敏感性越大。

D. 剩余期限 1 年的债券比还有剩余期限 15 年的债券有更高的利率风险。

问题 48 甲公司的利润以每年 10% 的速率增长，并且预期这种增长将持续。该公司下一年每股收益为 8 元。该公司的股利支付率为 35%，β 值为 1.25。如果无风险利率为 7%，市场收益率为 15%，那么甲公司普通股预期的市场价值是多少？（ ）

A. 28 元/股。 B. 32 元/股。 C. 40 元/股。 D. 56 元/股。

问题 49 甲公司按照每股 184 元的发行价格发行了面值为 200 元，股利支付率为 8% 的 1 000 股的优先股，且发行成本是每股 10 元。该公司按照 40% 的比率支付税金，则该公司的优先股资本成本是多少？（ ）

A. 8.00%。 B. 8.25%。 C. 8.70%。 D. 9.20%。

情景 12-1

中信证券正在与甲公司管理层一起工作，以帮助该公司上市。甲公司的一些财务信息如下：

长期负债（利率 8%）	20 000 000 元
普通股：面值（每股 2 元）	6 000 000 元
资本公积	48 000 000 元
留存收益	12 000 000 元
资产总额	110 000 000 元
净利润	7 500 000 元
股利（年度）	3 000 000 元

问题 50、51 使用情景 12-1 作为背景。

问题 50 如果与甲公司同行业的上市公司的股票按照 12 倍市盈率进行交易，那么甲公司的预计每股价值是多少？（ ）

A. 18 元/股。 B. 24 元/股。 C. 30 元/股。 D. 48 元/股。

问题 51 如果与甲公司同行业的上市公司的股票按照 1.5 倍市账率进行交易，那么甲公司的预计每股价值是多少？（ ）

A. 27 元/股。 B. 33 元/股。 C. 43 元/股。 D. 55 元/股。

问题 52 以下各选项中，哪项是对公司债券利率风险的最佳度量指标？（ ）

A. 久期。 B. 持有至到期收益率。 C. 债券评级。 D. 到期期限。

问题 53 在计算长期资金的个别成本时，如果证券发行成本忽略不计，那么留存收益成本等于（ ）

A. 普通股成本。 B. 优先股成本。

C. 公司的加权平均资本成本。 D. 0，也就是无成本。

问题 54 甲公司的利润在可预见的未来将以 9% 的年均速度增长。通常支付的股利是每股 6 元。新的普通股可以每股 72 元发行。使用持续股利增长模型，留存收益资本成本大约是多少？（ ）

A. 9.08%。 B. 17.33%。 C. 18.08%。 D. 19.88%。

问题 55 如果单独考虑，以下选项中哪些选项会提高公司的资本成本？（ ）

Ⅰ. 公司降低运营杠杆。

Ⅱ. 公司税率增加。

Ⅲ. 公司偿还唯一的未偿债务。

Ⅳ. 国债收益率增加。

A. Ⅰ和Ⅲ。 B. Ⅱ和Ⅳ。 C. Ⅲ和Ⅳ。 D. Ⅰ，Ⅲ和Ⅳ。

问题 56　甲公司的资本结构由长期负债和普通股构成。各个构成部分的资本成本为：长期负债 8%，普通股 15%。该公司的所得税率为 40%。如果该公司的加权平均资本成本为 10.41%，那么该公司资本结构中的长期负债的比例是多少？(　　)

A. 34%。　　B. 45%。　　C. 55%。　　D. 66%。

问题 57　甲公司的管理层正在分析公司的财务数据。总会计师张三当前提出的筹资方案是：普通股1 500 000 元，优先股（面值 100 元）400 000 元，债务 600 000 元。甲公司现在为每股普通股支付现金股利4 元。普通股市场价格为 76 元，股利以每年 10% 的速率增长。长期负债的持有至到期收益率为 12%，优先股的票面股息率为 9%，市场收益率为 11%。发行任何新证券的发行成本为 3%。甲公司有留存收益用来满足权益要求。该公司的有效所得税率为 40%。基于这些信息，留存收益的资本成本为(　　)

A. 9.5%。　　B. 14.2%。　　C. 15.8%。　　D. 16.0%。

问题 58　甲公司的总会计师张三使用以下信息计算公司的加权平均资本成本。

	金额	利率
流动资产	70 000 000 元	0%
长期负债	20 000 000 元	8%
优先股	20 000 000 元	15%
留存收益	10 000 000 元	18%

该公司的加权平均资本成本为多少？(　　)

A. 6.88%。　　B. 8.00%。　　C. 10.25%。　　D. 12.80%。

问题 59　甲公司在筹划一个投资成本为 200 000 000 元的扩张项目。甲公司想通过筹资来达到以下的目标资本结构：负债 30%，优先股 24%，所有者权益 46%。甲公司去年属于普通股股东可支配的净利润为 368 000 000 元，其中 75% 用以支付股利。甲公司的边际税率为 40%，债务的税前成本为 11%，优先股的市场收益率为 12%，普通股的税后成本为 16%。甲公司的加权平均资本成本为多少？(　　)

A. 12.22%。　　B. 13.00%。　　C. 13.54%。　　D. 14.00%。

问题 60　以下是甲公司的资产负债表的摘要：

长期负债（利率 9%）	60 000 000 元
优先股（100 000 股，股利 12%）	20 000 000 元
普通股（5 000 000 流通股）	120 000 000 元

甲公司的债券面值为 2 000 元，当前的交易价为 2 166.684 元，到期收益率为 8%。优先股面值为 200 元，每股交易价格为 250 元。普通股每股市场价值为 32 元，甲公司的财务人员估计该公司的权益成本为 17%。如果甲公司的有效所得税率为 40%，那么该公司的资本成本为多少？(　　)

A. 12.6%。　　B. 13.0%。　　C. 13.9%。　　D. 14.1%。

问题 61　甲公司的资本结构为 30% 的长期负债，25% 的优先股和 45% 的普通股权益。每个项目的资本成本如下所示：长期负债 8%，优先股 11%，普通股权益 15%。如果该公司的税率为 40%，那么甲公司的税后加权平均资本成本为多少？(　　)

A. 7.14%。　　B. 9.84%。　　C. 10.94%。　　D. 11.90%。

问题 62　甲公司的边际税率为 40%，其拟发行利率为 8%，价值为 2 000 000 元优先股来换回其利率为 8%，价值为 2 000 000 元的长期债券。甲公司所有的负债和所有者权益总和为 20 000 000 元。该项交易对于该公司的加权平均资本成本的影响是(　　)

A. 无变化，因为在交易过程中的资本等值，且两种工具的利率相同。

B. 下降，因为债务的利息可以抵减税金。

C. 下降，因为优先股不必每年支付股利，而债务必须每年支付利息。

D. 上升，因为债务的利息可以抵减税金。

问题 63 甲公司最近的财务报表摘要如下：

有价证券	20 000 元
应收账款	120 000 元
存货	50 000 元
物料	10 000 元
应付账款	80 000 元
应付短期负债	20 000 元
应计项	10 000 元

该公司的净运营资本是多少元？(　　)

A. 70 000 元。 B. 90 000 元。 C. 100 000 元。 D. 160 000 元。

问题 64 一家公司用以下的模型来决定最优平均现金余额（Q）。

$$Q=\sqrt{\frac{2\times \text{年现金支出}\times \text{卖出}\ T\ \text{证券的每笔成本}}{\text{利率}}}$$

以下哪项的增加会导致 Q 减少？(　　)

A. 现金流出的不确定性。 B. 证券交易的成本。

C. 有价证券的收益率。 D. 年度的现金需求。

问题 65 以下选项哪项不是持有现金的原因？(　　)

A. 预防性动机。 B. 交易性动机。

C. 赚取利润的动机。 D. 满足未来需求的动机。

问题 66 以下选项中，哪项不可被公司用作管理现金支出的方法？(　　)

A. 零余额账户。 B. 集中支付账户。 C. 可控性支出账户。 D. 锁箱系统。

问题 67 甲公司考虑下列加速公司现金流动的方法：

锁箱系统：其成本是 170 家银行每月每家花费 50 元，而将每月节省利息 10 480 元。

汇票：汇票可以用来支付票据退款，每月有 4 000 笔退款，而每张汇票的成本为 4 元，这样每月可以节约利息 13 000 元。

银行浮差：银行浮差可以用作每月开出的 2 000 000 元支票。银行将为这项服务征收 2% 的费用，但该公司将因此额外获得 44 000 元。

电子转账：超过 50 000 元的项目都将通过电子划拨，大概每月会完成 700 笔这种项目，每笔成本为 36 元，这样每月会增加利息收入 28 000 元。

甲公司会采取哪些加速现金流动的方法？(　　)

A. 仅用锁箱系统和电子转账。 B. 仅用银行浮差和电子转账。

C. 仅用锁箱系统，汇票和电子转账。 D. 仅用锁箱系统，银行浮差和电子转账。

问题 68 甲集团要求其分支机构每周划拨现金余额到集团财务公司的总账户。一次专线划拨将花费 24 元，并且确保同 1 天现金可用。1 张存款转移支票花费 3 元，并且使得资金在 2 天后可用。甲集团的短期资金成本平均为 9%，按 1 年 360 天计算。那么划拨的最低金额是多少时，专线划拨成本比存款转移支票成本低？(　　)

A. 42 000 元。 B. 48 000 元。 C. 54 000 元。 D. 84 000 元。

问题 69　甲公司使用的信用条款为 1/15，净 30（收到货后 15 天内付款折扣为 1%，到期日为 30 天），本年度的预算总销售额为 4 000 000 元。信贷经理估计 40% 的顾客会在第 15 天付款，40% 的顾客在第 30 天付款，20% 的顾客会在第 45 天付款。假设销售额均匀地在 1 年 360 天发生，那么预计超期的应收账款数额是多少元？（　　）

A. 100 000 元。　B. 166 666 元。　C. 233 352 元。　D. 800 000 元。

问题 70　以下选项中，哪项不可以通过建立和维持零余额账户来减少？（　　）

A. 管理现金的成本。　B. 未达支付的数额。

C. 超额的银行存款。　D. 管理时间。

问题 71　在下列金融工具中，哪种对于公司财务总监来说用作临时现金投资是最不合适的？（　　）

A. 美国短期国债。　B. 货币市场共同基金。

C. 商业票据。　D. 市政债券。

问题 72　以下选项中，哪项对美国短期国债的描述最恰当？（　　）

A. 无票面利率，无利率风险，且按面值发行。

B. 具有活跃的二级市场，期限为 1～24 个月，且每月支付利息。

C. 具有活跃的二级市场，应得利息将免除联邦所得税，且无利率风险。

D. 无票面利率，无违约风险，应得利息不免除联邦所得税。

问题 73　甲公司正在考虑最合适的短期融资方法。供应商的交易信用条款为 2/30，净 90（货到 30 天内付款折扣 2%，到期日为 90 天）。银行的借款利率为 12%。一名投资银行家也表示愿意替该公司发行商业票据。商业票据将按季度发行，总额为 18 200 000 元，而净所得为 17 600 000 元。该公司会选择哪种方式？（　　）

A. 交易折扣，因为它使得资金成本最低。

B. 银行借款，因为它使得资金成本最低。

C. 商业票据，因为它使得资金成本最低。

D. 成本都差不多，决策只考虑哪个更便利。

问题 74　甲公司将其信贷条款从净 30（30 天内付款）更改为 2/10，净 30（10 天内付款折扣 20%，到期日为 30 天）。这种改变最不可能产生的影响是（　　）

A. 销售增加。　B. 现金转换周期缩短。

C. 短期借款增加。　D. 未达销售收入时间缩短。

问题 75　甲公司有一项正在与银行协商的信贷计划，该计划使得该公司以 9% 的年利率向银行借款，借款上限为 10 000 000 元，利息按月支付。但该公司必须为该额度下未使用的资金部分按月支付 0.25% 的佣金给银行。该公司在 4 月 1 日有 4 000 000 元的现金余额，在不违背这一信贷条约的条件下，在 4 月份有净现金流入 4 000 000 元，5 月份有净现金流出 14 000 000 元，6 月份有净现金流入 8 000 000元。如果所有的现金流动都发生在月末，那么就该信贷计划而言，第 2 季度该公司将支付给银行多少元？（　　）

A. 95 400 元。　B. 105 000 元。　C. 120 400 元。　D. 125 000 元。

问题 76　甲公司现在分析其可能实行的信用政策。当前该公司使用的是货到付款的支付策略。在新的政策下，销售收入会增加 160 000 元。该公司的毛利率为 40%，估计新增销售部分的坏账损失率为 6%。忽略资金成本，新销售策略下的税前销售收益率为多少？（　　）

A. 34.0%。　B. 36.2%。　C. 40.0%。　D. 42.5%。

问题 77 信贷经理在考虑是否对一名新客户交易授信，其考虑重点最有可能是(　　)

A. 营利能力比率。 B. 公司估值比率。 C. 增长比率。 D. 流动性比率。

问题 78 甲公司正在重新评估商业信用政策。现在有 4 个方案，备选政策的影响如下：

方案	年收入	坏账	收款成本	应收账款	存货
A	400 000 元	2 000 元	2 000 元	40 000 元	80 000 元
B	500 000 元	6 000 元	4 000 元	80 000 元	100 000 元
C	600 000 元	12 000 元	10 000 元	120 000 元	120 000 元
D	700 000 元	24 000 元	16 000 元	160 000 元	140 000 元

这些信息显示，不同的年度费用，诸如坏账和回款成本是如何随着销售的变化而变化，都是不相同的。应收账款和存货的平均余额也可以被合理估计。甲公司的产品成本是售价的 80%，税后资本成本为 15%，甲公司的有效所得税税率为 30%。那么甲公司的最优计划是下列哪项？(　　)

A. A 方案。 B. B 方案。 C. C 方案。 D. D 方案。

问题 79 甲公司总会计师张三通过学习 CMA 课程认识到公司的信用政策非常重要，他建议该公司的首席执行官李四在现有的客户不改变支付方式的前提下，调整信用政策。为了能够分析不同信用政策的影响，会计人员估计了新的信用条款带来的预期的销售增加额，预期的对销售的边际贡献，预期的坏账损失，以及对额外应收项的投资和投资期限。是否需要额外的信息公司才能够判断出新信用政策比原来的信用政策更好？需要什么信息？(　　)

A. 需要额外的信息，包括现有的信用标准。

B. 需要额外的信息，包括新的信用标准。

C. 需要额外的信息，包括资金的机会成本。

D. 不需要额外的信息。

问题 80 甲公司去年的净销售额为 37 200 000 元（其中 20% 的是分期付款销售）。该公司的平均应收账款余额为 2 760 000 元 。信用条款为 2/10，净 30 （10 天内付款折扣 2%，按标准 30 天付款没有折扣）。如果 1 年按 360 天计算，那么计算甲公司去年的平均收款期为(　　)

A. 26.2 天。 B. 26.7 天。 C. 27.3 天。 D. 33.4 天。

问题 81 甲公司与全国的客户进行交易，并且希望能够更有效地回收应收账款。一家较大的银行负责为甲公司开发和运行一套锁箱系统，每年花费 180 000 元。甲公司每天平均收到 300 张收据，每张平均金额为 5 000 元。短期的利率成本为每年 8%。如果按 1 年 360 天计算，那么平均回款时间降低多少才能保证使用锁箱系统的成本最低？(　　)

A. 0.67 天。 B. 1.20 天。 C. 1.25 天。 D. 1.50 天。

问题 82 甲公司正在进行扩张，并且想要增加其存货水平以满足更加激进的销售策略。他们希望使用债务来融资。甲公司现在的债务合同要求运营资本比率至少为 1.2。流动负债的平均成本为 12%，长期债务的成本是 8%。以下是甲公司现在的资产负债表摘要：

流动资产	400 000 元	流动负债	330 000 元
固定资产	200 000 元	长期负债	200 000 元
		所有者权益	70 000 元
总资产	600 000 元	总负债和所有者权益	600 000 元

以下选项中，哪项可以提供扩张存货的资源并同时降低负债的总成本以满足债务合同的需求？(　　)

A. 将应付账款和存货各增加 50 000 元。

B. 将账面价值为 40 000 元的固定资产变卖并获得 50 000 元，用这笔资金来增加存货。

C. 借入短期资金 50 000 元，并买入 50 000 元存货。

D. 回收 50 000 元的应收账款，并且用 20 000 元来购买存货，用余额来减少短期负债。

问题 83　以下选项中，哪项不是存货的持有成本？(　　)

A. 仓储成本。　B. 保险。　C. 运输成本。　D. 机会成本。

问题 84　甲公司每年会使用 48 000 升的汽油，每升价格为 24 元。存货持有成本为购买价格的 20%。甲公司按照一个固定比率使用存货，从下订单到交货的时间为 3 天，甲公司拥有 2 400 升的汽油作为安全存货。如果甲公司每张订单购买 2 000 升的汽油，那么存货持有成本为多少元？(　　)

A. 4 800 元。　B. 10 560 元。　C. 11 520 元。　D. 16 320 元。

问题 85　张三是一家网络销售公司的新任存货经理。他正在开发一套存货控制系统，并且知道自己应该建立安全的存货水平。以下哪项安全存货不能够抵抗风险？(　　)

A. 顾客不能找到他们所需的商品，而选择了竞争对手的商品。

B. 制造商推迟运输货物大概两个星期。

C. 由于广告和消费习惯等原因，每天的配运情况具有很大的差异。

D. 新的竞争对手可能会在该公司的销售范围内开店。

问题 86　甲公司正在对其产品的安全库存的存货政策进行评价。甲公司的财务总监分析了 4 种安全库存水平。每个水平下的年度缺货成本如表 12-25 所示。

表 12-25　安全库存水平下的年度缺货成本

安全库存（单位）	缺货成本（元）	安全库存（单位）	缺货成本（元）
1 000	6 000	1 500	2 000
1 250	4 000	2 000	0

如果该产品单位成本为 40 元，每年库存费用为 4%，每年的短期资金成本为 10%。最优的安全库存水平为多少单位？(　　)

A. 1 000 单位。　B. 1 250 单位。　C. 1 500 单位。　D. 2 000 单位。

问题 87　甲公司使用经济订货量数学模型作为其存货控制程序的一个部分。以下哪个变量的增加会导致经济订货量的增加？(　　)

A. 持有成本比率。　B. 每单位的采购成本。

C. 订货成本。　D. 安全库存水平。

问题 88　在经济订货批量数学模型中没有明确考虑以下哪个选项？(　　)

A. 销售水平。　B. 固定订货成本。　C. 持有成本。　D. 批量折扣。

问题 89　以下选项中，哪项正确描述了经济订货量的数学模型？(　　)

A. 经济订货量模型可以计算出最低的订货成本和最低的运输成本。

B. 增加经济订货量是防止缺货的最好方法。

C. 经济订货量模型假设每年以固定速度增加使用量。

D. 经济订货量模型假设订单交付时间是保持不变的。

问题 90　甲公司将应用经济订货批量数学模型作为其存货管理的个部分。以下哪个变量的减少将导致经济订货量的增加？(　　)

A. 年销售量。　B. 每个订单成本。　C. 安全库存水平。　D. 持有成本。

问题 91　甲公司生产一次性洗漱用品，估计今年销售量为 1 000 单位，持有成本为存货价值的

20%，采购价格为每单位 20 元，每个订单成本为 20 元。那么，甲公司的经济订货量为多少单位？（　　）

A. 45 单位。　　B. 100 单位。　　C. 141 单位。　　D. 1 000 单位。

问题 92　以下选项中，哪项是使得公司风险水平最高的运营资本融资策略？（　　）

A. 通过短期负债来获得波动性流动资产。　　B. 通过长期负债来获得永久性流动资产。

C. 通过长期负债来获得波动性流动资产。　　D. 通过短期负债来获得永久性流动资产。

问题 93　甲公司正在考虑购买工商银行提供的某种不付利息、但折价发行的理财产品，购买金额和折价如下：

期限	金额	折价
90 天	160 000 元	5%
180 天	150 000 元	6%
270 天	200 000 元	5%
360 天	120 000 元	10%

哪个选择会使甲公司的年收益最高？（　　）

A. 90 天的投资。　　B. 180 天的投资。　　C. 270 天的投资。　　D. 360 天的投资。

问题 94　一个具有季节性销售周期的制造商最有可能从商业银行中得到以下哪种类型的贷款以便在旺季时拥有一笔固定的额外资金？（　　）

A. 交易性贷款。　　B. 保险公司的定期贷款。

C. 分期贷款。　　D. 无担保的短期贷款。

问题 95　张三是一家大型跨国企业的财务总监，该公司需要借款 100 000 000 元来购买新的生产设备。他正在思考究竟是直接借款还是上市公开筹资。以下对这两种方式的描述中，哪项是不正确的？（　　）

A. 标准普尔或者穆迪的信用评级在公募债券定价中是很重要的。

B. 私募债券一般发行给经验比较丰富的投资者，如保险公司。

C. 公募债券可能有更高的利率，因为它流动性较小。

D. 公募债券必须在证券交易委员会注册，这是一个浪费时间和资金的过程。

问题 96　以下的金融工具中，哪些是商业银行可能会提供给其客户的服务？（　　）

Ⅰ. 贴现票据。

Ⅱ. 定期贷款。

Ⅲ. 信用额度贷款。

Ⅳ. 自动清偿贷款。

A. 只有Ⅰ和Ⅱ。　　B. 只有Ⅲ和Ⅳ。

C. 只有Ⅰ，Ⅲ和Ⅳ。　　D. Ⅰ，Ⅱ，Ⅲ和Ⅳ。

问题 97　今年 6 月 30 日，中国工商银行为甲公司提供了一笔 40 000 000 元的 5 年期贷款，其浮动利率比短期国债高 200 个基点，利息按季度支付。贷款本金会在期限内按季度分期偿还。如果短期国债在本年剩下的时间内的预期收益为 6%，那么在下半年甲公司将支付银行多少元？（　　）

A. 3 600 000 元。　　B. 5 560 000 元。　　C. 5 600 000 元。　　D. 6 340 000 元。

问题 98　考虑以下影响公司交易信用政策的因素：

Ⅰ. 满负荷生产运行。

Ⅱ. 借款成本低。

Ⅲ. 重复销售的机会。

Ⅳ. 单位毛利低。

以上哪些因素预示着该公司会放宽其信用政策？(　　)

A. 只有Ⅰ和Ⅱ。　B. 只有Ⅰ，Ⅱ和Ⅲ。

C. 只有Ⅱ和Ⅲ。　D. 只有Ⅲ和Ⅳ。

问题 99　甲公司是一家上市公司。该公司的财务总监正在分析第 3 季度的短期融资方式。平均来看，甲公司在 7 月份需要 16 000 000 元，8 月份需要 24 000 000 元，9 月份需要 20 000 000 元。下列 2 种方式可供选择：

Ⅰ. 在 7 月 1 日以年有效利率 7% 发行足额的商业票据，甲公司能得到 24 000 000 元。任何暂时性的额外资金将被存进甲公司在 A 银行的投资账户中，并且按照年利率 4% 获得利息收入。

Ⅱ. 利用 A 银行的授信额度。这样每月的贷出款项可以按照基准利率支付利息，该基准利率在 7 月和 8 月均为 8%，而 9 月为 8.5%。

基于以上信息，财务总监将采取以下的何种行动？(　　)

A. 发行商业票据，因为它比使用授信额度少花费了大概 70 000 元。

B. 发行商业票据，因为它比使用授信额度少花费了大概 28 400 元。

C. 使用授信额度，因为它比发行商业票据少花费了大概 30 000 元。

D. 使用授信额度，因为它比发行商业票据少花费了大概 11 600 元。

问题 100　甲公司的借款成本为 12%。甲公司的一家供应商刚刚给出了新的采购条款。以前的条款规定使用货到付款，而新的条款为 2/10，净 45（10 天内付款折扣 2%，到期日为 45 天）。甲公司应该在前 10 天内付款吗？(　　)

A. 应该，因为不接受商业折扣的成本高于借款成本。

B. 不应该，因为交易信贷的成本超过了借款成本。

C. 不应该，因为负债的使用应该尽量避免。

D. 答案依赖于该公司现在是否要借款。

问题 101　甲公司每月 15 日和 30 日会从主要供货商那里收到价值 50 000 元的商品。这些商品按照条款 1/15，净 45（15 天内付款折扣 1%，到期日为 45 天）进行交易。甲公司现在实行的是在规定的期限之内支付款项，没有使用折扣优惠。一家当地银行曾经想以利率 10% 借款给甲公司。如果甲公司从银行借款，并且使用这些资金来利用折扣条款，那么甲公司每年将从中获得净节余为多少元？(　　)

A. 1 050 元。　B. 2 100 元。　C. 3 150 元。　D. 4 500 元。

问题 102　甲公司的供应商的交易条款为 2/10，净 45（10 天内付款折扣 2%，到期日为 45 天）。如果甲公司放弃使用现金折扣而是在到期日后 5 天才支付给供应商款项，那么年利率成本（1 年 360 天）为多少？(　　)

A. 18.0%。　B. 18.4%。　C. 21.0%。　D. 24.5%。

问题 103　张三准备投资数控机床制造行业，为此他进行了大量的上市公司的调研。他联系了该行业最大的企业甲公司的投资者关系部，一名内部人士向他透露，该公司准备收购第二大企业——欧米格公司，在进行该项收购后，甲公司将获得该行业的定价权。获得该消息后，张三立即在收盘前买入1 000 股甲公司的普通股。1 个月后，张三并未获得超越大盘的收益。请问这种情况下，该国证券市场具备何种程度的市场效率？(　　)

A. 强式效率。　B. 半强式效率。　C. 半弱式效率。　D. 弱式效率。

问题104 甲公司是乙公司的母公司，甲公司的管理层考虑进行公司剥离，其方案是在保留对乙公司的控制权的前提下，将其持有的乙公司的股票直接出售给公开市场的其他投资者，并不提供给甲公司的股东。请问这是哪种公司剥离的方式？(　　)

A. 兼并。 B. 分拆。 C. 股权切离。 D. 完全析产分股。

问题105 甲公司从商业银行那里获得了一笔1年期的贷款。使用的工具为贴现票据，名义利率为9%。如果甲公司需要600 000元用于经营活动，那么，该票据面值应该为多少元？(　　)

A. 550 458元。 B. 654 000元。 C. 654 308元。 D. 659 340元。

问题106 甲公司在明年需要追加300 000元资金以满足需求的增加。一家商业银行按8%名义利率为该公司提供了一笔1年期的贷款，该贷款需要15%的补偿性存款余额。假设甲公司在借款过程中要满足补偿性存款余额的限制，那么，甲公司需要借入多少元？(　　)

A. 260 870元。 B. 345 000元。 C. 352 942元。 D. 389 610元。

问题107 如果规定的名义利率为10%，有效利率为10.31%，那么200 000 000元且期限为1年的贷款需要补偿性余额的数额是多少元？(　　)

A. 620 000元。 B. 6 000 000元。

C. 6 200 000元。 D. 给出的信息不充分。

问题108 如果100 000元1年期的贷款的名义利率为7%，并且需要20%补偿性存款额，那么有效年利率为(　　)

A. 7.0%。 B. 8.4%。 C. 8.75%。 D. 13.0%。

问题109 甲公司在1年中需要一项200 000 000元的贷款。银行提供了两个选择如下：

1号选择——按照名义利率10.25%贷款。不需要补偿性存款额。

2号选择——按照名义利率10%贷款。需要有无息补偿性存款余额。

如果发生了贷款行为，那么，以下的补偿性存款余额中，哪项能够使得2号选择的有效利率等于1号选择的利率10.25%？(　　)

A. 500 000元。 B. 4 880 000元。 C. 5 000 000元。 D. 20 500 000元。

问题110 甲集团现在与一家商业银行已协商好明年的循环信贷额度。该协议的额度为40 000 000元，每月按照基准利率支付已动用款项的利息，并为未动用的资金按月支付0.5%的年度佣金。甲集团估计下一年的基准利率为8%，并且估算了每季度需要使用的额度如下：第1季度贷款金额20 000 000元，第2季度贷款金额40 000 000元，第3季度贷款金额40 000 000元，第4季度贷款金额10 000 000元。那么下一年甲集团将支付给银行的利息和佣金总额为多少元？(　　)

A. 2 237 500元。 B. 2 262 500元。 C. 2 337 500元。 D. 2 400 000元。

问题111 对于一项200 000 000元为期1年的贷款而言，其名义利率为8.00%，如果贷款银行要求10 000 000元的无息补偿性存款余额，那么，这笔贷款的有效年利率为多少？(　　)

A. 7.62%。 B. 8.00%。 C. 8.42%。 D. 13.00%。

问题112 在存货融资情况下，以下哪个选项能够为借款者提供保障？(　　)

A. 信托收据。 B. 保理。 C. 锁箱系统。 D. 承销。

问题113 甲公司正在考虑新的应付账款和现金支付流程，进而在没有对供应商关系产生负面影响的条件下，推迟3天的支付时间。每日平均现金流出约为3 000 000元。甲公司在本年度的8个月内都有短期负债，在4个月内可能面临投资机会。以1年为基础，银行的贷款利率平均约为7%，有价证券的收益率为4%，那么，甲公司的新流程所花费的年度最大支出为多少元才能使得该公司仍然收支平衡？(　　)

A. 180 000 元。　B. 360 000 元。　C. 540 000 元。　D. 630 000 元。

问题 114　张三是一家中西部机械零件制造商的财务总监，他现在考虑分拆该公司股票。该股票现在每股售价为 160 元，每股支付 2 元股利。如果分拆方式是一换二的话，那么张三预期分拆后的股价(　　)

A. 不管股利政策如何都是 80 元。

B. 如果股利变为每一新股为 0.9 元，将高于 80 元。

C. 如果股利变为每一新股为 1.1 元，将高于 80 元。

D. 不管股利政策如何都低于 80 元。

问题 115　股利剩余理论认为，股利是(　　)

A. 普通股市场价格稳定的保障。

B. 不具有相关性。

C. 可以被预测到，除非对于现金股利有超额需求。

D. 在满足所有具有吸引力的投资机会之后，还能多余支付的部分。

问题 116　甲公司在考虑 4 个供选择的机会。要求的投资支出和投资的期望内含报酬率如下：

项目	投资成本	内含报酬率
A	400 000 元	12.5%
B	700 000 元	14.2%
C	1 140 000 元	16.5%
D	780 000 元	10.6%

这些投资都会通过 40%的债权和 60%的普通股股权进行融资。内部筹集的资金2 000 000 元可以用作再投资。如果资本成本为 11%，甲公司严格按照剩余股利政策的话，那么甲公司将支付多少元股利？(　　)

A. 240 000 元。　B. 656 000 元。　C. 860 000 元。　D. 1 300 000 元。

问题 117　在决定公告分红的数量时，最重要的考虑因素是(　　)

A. 股东的预期。　B. 对于留存收益的未来使用安排。

C. 通货膨胀对重置成本的影响。　D. 对现金的未来使用安排。

问题 118　甲公司发行了其被批准的 50 000 普通股中的 25 000 股。其中 5 000 股普通股已经被回购，并且被列为库藏股。甲公司有 10 000 股优先股。如果其普通股被批准发放每股 1.20 元股利，那么应支付的所有普通股股利总和是多少元？(　　)

A. 24 000 元。　B. 30 000 元。　C. 42 000 元。　D. 60 000 元。

问题 119　在浮动汇率制下，下列哪项会造成墨西哥比索贬值？(　　)

A. 相对于墨西哥，中国的通货膨胀降低。　B. 相对于墨西哥，中国的收入水平提高。

C. 相对于中国，墨西哥的利率升高。　D. 流入中国的墨西哥资本减少。

问题 120　如果人民币相对于英镑升值，其他条件不变，那么将预期(　　)

A. 英国对中国产品的需求会增加。　B. 中国对英国产品的需求会减少。

C. 中国对英国产品的需求会增加。　D. 中国和英国的贸易会减少。

问题 121　A 国的货币相对于 B 国的货币升值，当(　　)

A. A 国的通胀率比 B 国高。

B. B 国的实际利率比 A 国高。

C. A 国的收入增长率较低，使得其进口少于出口。

D. B 国的货币政策变得更加紧缩。

问题 122 A 国的货币相对于 B 国的货币贬值，当( )

A. A 国的货币政策变得更加紧缩。

B. B 国的收入增长率较高，使得其进口少于出口。

C. A 国的通胀率比 B 国低。

D. A 国的实际利率比 B 国低。

问题 123 下列哪项最不可能是美国跨国公司利用外汇市场的原因？( )

A. 减少对国外公司的应付账款交易风险。

B. 对冲应收账款交易的货币风险。

C. 提高国外子公司的投资回报率。

D. 减少从国外子公司收到的股利支付的货币风险。

问题 124 如下为外汇交叉汇率：

	FCU1	**FCU2**
FCU3	**4**	**1.60**
FCU2	**2**	**1.00**

其中 FCU 表示国外货币单位，这些即期汇率隐含了下列哪项机会？( )

A. 购买力平价。 B. 利率平价。 C. 三角套汇。 D. 外汇对冲。

问题 125 考虑投资这些前国有企业的美国公司在投资之前必须考虑很多因素。当考虑收购一家前国有企业时，下列哪项对美国投资者最不重要？( )

A. 技术转让回美国。 B. 限制资本流到国外。

C. 国外货币币值的稳定性。 D. 被投资国的政治稳定性。

问题 126 甲公司是一家零售企业。该公司 1 天收到 800 张支票，平均每张支票金额为 3 000 元。该公司借款日利率为 0.03%。该公司负责人决定使用吉利银行提供的锁箱系统，银行处理每张支票收费 0.2 元，采取锁箱系统后，资金可以提前 1.5 天到账，请问采取锁箱系统每天能有多少元收益？( )

A. 135 元。 B. 560 元。 C. 920 元。 D. 1 080 元。

问题 127 一名投资者以等比例的权重购买了甲公司和乙公司的股票，两只股票的预期收益率分别是 8% 和 10%，标准差分别是 10% 和 12%，它们的协方差是 0.005。请问该投资组合的标准差是多少？( )

A. 0.86%。 B. 7.81%。 C. 9.27%。 D. 11.25%。

问题 128 甲公司发行可转换公司债券 1 000 000 元，期限为 5 年，票面利率为 2%。每张可转换公司债券票面价值为 100 元，市场价格也是 100 元，在持有期内投资者可以将 1 张可转换公司债券转换为 3 股该公司的普通股，现在股票市场价格是 28 元，请问该可转换公司债券的转股溢价率是多少？( )

A. 9%。 B. 16%。 C. 19%。 D. 33%。

问题 129 某家公司现在有一笔闲置的短期资金可以使用，可以建议该公司的财务总监投资于以下哪种投资工具？( )

A. 美国长期国债。 B. 地方债券。 C. 回购协议。 D. 股票。

问题 130 已知一家公司的股票贝塔系数为 1.20。此时短期国债收益率为 6%，市场组合的报酬率为 12%，请问市场组合的风险溢价率是多少？( )

A. 6%。　B. 7.2%。　C. 12%。　D. 13.2%。

问题 131　财政部刚刚发行了两种期限的国债，某名投资者购买了价值 50 万元的 5 年期国债和价值 30 万元的 10 年期国债，当利率上升时，以下说法哪个正确？(　　)

A. 债券价格下跌，并且 5 年期国债下跌幅度大于 10 年期国债。

B. 债券价格下跌，并且 5 年期国债下跌幅度小于 10 年期国债。

C. 债券价格上涨，并且 5 年期国债上涨幅度大于 10 年期国债。

D. 债券价格上涨，并且 5 年期国债上涨幅度小于 10 年期国债。

问题 132　某公司发行了 10 年期的公司债券，票面利率为 10%，面值为 1 000 元，每年付息一次，此时市场利率为 16%，请计算市场价格是多少？由于现金流发生问题，该公司董事会决定前 5 年不支付利息，所有延期支付的利息最后 1 年支付，请计算市场价格是多少元？(　　)

	原有方案	延期支付
A.	710.3 元	496.4 元。
B.	710.3 元	328.9 元。
C.	869.3 元	496.4 元。
D.	869.3 元	328.9 元。

问题 133　甲公司的股票现在的市场价格为 50 元，高盛投资银行发行了该股票的看涨期权。甲投资者购买了该期权，当时期权费为 10 元，如果甲投资者立即行权营利 15 元。请问这个看涨期权规定的执行价格是多少元？(　　)

A. 25 元。　B. 30 元。　C. 45 元。　D. 65 元。

问题 134　一家美国公司目前只在国内开展业务，它正在考虑在加拿大或者英国进行 1 000 000 元的投资。财务部门建议的投资项目的预期收益率和风险如下：

建议投资	**平均收益率**	**标准差**
英国投资	**22%**	**10%**
加拿大投资	**28%**	**15%**

该公司目前国内平均收益率为 20%，标准差为 15%。该公司使用上述数据以及相关系数，计算了下述投资组合的风险和收益（美国国内业务为 50%，国际业务为 50%）。

	平均收益率	**标准差**
美国和英国	**21%**	**3%**
美国和加拿大	**24%**	**15%**

那么以下 4 个选项中正确的是(　　)

A. 美国和英国完全正相关。　B. 美国和加拿大完全正相关。

C. 美国和英国完全负相关。　D. 加拿大和英国完全负相关。

问题 135　M、N 、O 三国货币的汇率原来都是 1，现在的关系如下：

	M 国货币	**N 国货币**
M 国货币	**1**	**1.1**
N 国货币	**0.9**	**1**
O 国货币	**0.7**	**0.8**

以下 4 项对于三国的汇率化描述正确的是(　　)

A. M 国货币相对于 N 国货币升值，N 国货币相对于 O 国货币升值。

B. M 国货币相对于 N 国货币升值，N 国货币相对于 O 国货币贬值。

C. M 国货币相对于 N 国货币贬值，N 国货币相对于 O 国货币升值。

D. M 国货币相对于 N 国货币贬值，N 国货币相对于 O 国货币贬值。

问题 136　甲公司是美国的一家企业，现在考虑进行国际投资，分别在 A 国、B 国进行投资考察。甲公司的财务部门收集了以下数据：A 国货币的汇率 1 元 =0.8 A 国币，B 国货币的汇率 1 元 =1.5B 国币，请问 A 国与 B 国的货币兑换率是多少？(　　)

A. 1 A 国币 =0.533 B 国币。　　B. 1 A 国币 =1.2 B 国币。

C. 1 A 国币 =1.875 B 国币。　　D. 1 A 国币 =2.1 B 国币。

问题 137　甲公司现有短期闲置资金 1 000 000 元，该公司财务总监希望将这笔资金投资于债券来获得收益。备选的投资工具有美国和英国的国债。美国 90 天债券利率为 5.25%。英国 90 天债券利率为 5.5%。即期汇率为 1 英镑 =1.656 4 元。90 天远期汇率为 1 英镑 =1.654 8 元。请问应采用何种投资使得投资收益最大？(　　)

A. 投资美国债券。　　B. 投资英国债券。

C. 两种债券的收益相同。　　D. 资料不全，无法判断。

问题 138　张三购买了一个由 3 种资产构成的投资组合 P，市场价值为 100 000 元，标准差为 26%。现在他决定在投资组合中增加一种资产 N，市场价值为 25 000 元，标准差为 26%。已知增加的资产 N 与原先 3 种资产构成的投资组合 P 不完全正相关。请问在投资组合 P 中增加资产 N 后，新的投资组合的风险会(　　)

A. 增加。　　B. 减少。

C. 不变。　　D. 要根据原先资产组合中 3 种资产的比例确定。

问题 139　企业股票的 β 值是 0.9，市场组合报酬率是 12%，无风险报酬率是 5%。企业估计明年股票的预期回报率是 10%，企业目前(　　)

A. 股票价格被高估。　　B. 股票价格被低估。

C. 股票价格合理。　　D. 条件不充分，无法判断。

问题 140　甲公司的财务部门每天签发支票金额为 15 万元，并在签出的第 4 天进行清算，每天收到支票金额为 11 万元，在收到的第 5 天进行清算。假设第 0 天财务部门第 1 次开始签发和收到支票，那么第 5 天甲公司需要从银行透支多少元？(　　)

A. 5 万元。　　B. 8 万元。　　C. 15 万元。　　D. 19 万元。

问题 141　甲公司预计已经购买的 1 000 股乙公司的股票未来会下跌，请问甲公司的财务总监应该如何决策？(　　)

A. 买入看跌期权或买入看涨期权。　　B. 买入看跌期权或卖出看涨期权。

C. 卖出看跌期权或买入看涨期权。　　D. 卖出看跌期权或卖出看涨期权。

问题 142　投资者张三拥有一家甲公司股票的看跌期权，期权的执行价格是 35 元。甲公司股票的市场价格是 10 元，通过该交易张三可获得 13 元利润，请问该期权的购买价是多少元？(　　)

A. 12 元。　　B. 35 元 。　　C. 47 元。　　D. 58 元。

问题 143　根据资本资产定价模型，以下 3 种说法中正确的是？(　　)

Ⅰ. 贝塔系数受到资产收益和市场组合收益的相关程度的影响。

Ⅱ. 贝塔系数和预期回报率保持线性关系。

Ⅲ. 如果贝塔系数为负数，那么预期回报率为负数。

A. 只有Ⅰ。　　B. 只有Ⅰ和Ⅱ。　　C. 只有Ⅱ和Ⅲ。　　D. Ⅰ，Ⅱ，Ⅲ。

问题 144　李四以 10 元买进 100 股中国铝业，半年后涨到 15 元，其间分红 0.5 元/股，计算持有

期收益率是多少？(　　)

A. 50%。　B. 55%。　C. 100%。　D. 110%。

问题 145　李四购买了两只股票，权重各为 50%，A 股票预期收益率为 6%，标准差为 30%，B 股票预期收益率为 8%，标准差为 40%。如果组合标准差是 35%，A 股票和 B 股票的相关系数是多少？(　　)

A. −1。　B. 0。　C. 0.7。　D. 1。

问题 146　李四是 A 债券基金的基金经理，投资组合中只购买国债。他预计近期市场利率将会上涨，李四应该怎样调整投资组合中国债的类型？(　　)

A. 购买票面利率低且到期日长的债券。　B. 购买票面利率低且到期日短的债券。

C. 购买票面利率高且到期日长的债券。　D. 购买票面利率高且到期日短的债券。

问题 147　企业通过银行获得贷款时，通常会和银行约定贷款利率的上限和下限。那么从衍生金融工具的角度分析，利率下限是(　　)

A. 买入的看涨期权。　B. 买入的看跌期权。

C. 卖出的看涨期权。　D. 卖出的看跌期权。

问题 148　下列关于利率期限结构的说法错误的是(　　)

A. 利率期限结构是指在某一时点上，不同期限资金的收益率与到期期限之间的关系。

B. 利率的期限结构可以用一条曲线来表示。

C. 收益率曲线可以是水平线、向上倾斜和向下倾斜的曲线，甚至是更复杂的收益率曲线。

D. 利率的期限结构和收益率曲线仅适用于债券估值，对于权益类证券估值没有作用。

问题 149　下列关于公司并购错误说法的数量是(　　)

Ⅰ. 混合并购涉及两家从事同类业务活动的竞争企业。从理论上看，混合并购的基本目的在于分散风险，寻求范围经济。

Ⅱ. 纵向并购是发生在同一产业的上下游之间的并购。纵向并购的企业之间，不是直接的竞争关系，而是供应商和需求商之间的关系。

Ⅲ. 杠杆收购指收购者主要通过借债来筹集收购所需要的资金，收购后成为私人合伙公司。

Ⅳ. 常用的反并购的手段有毒丸政策、白衣骑士、绿色敲诈、追踪股票等。

Ⅴ. 利用公司章程的规定是反并购的重要手段之一。

A. 1 个。　B. 2 个。　C. 3 个。　D. 4 个。

问题 150　甲公司的新上任的会计师张三现在面临两个棘手的问题：

1. 甲公司安全存货水平为 5 000 单位，前置时间为 3 天。上周（按 5 天计）共销售了 500 单位产品，需要计算重新订货点。

2. 甲公司有一笔 50 000 元的应收账款，财务部门准备削价 20% 卖给乙公司，利息为 10%，佣金率为 5%，需要计算实际得到的金额。

以下选项中正确的是(　　)

A. 重新订货点为 5 500 单位；实际得到的金额：32 500 元。

B. 重新订货点为 5 300 单位；实际得到的金额：32 500 元。

C. 重新订货点为 5 500 单位；实际得到的金额：37 500 元。

D. 重新订货点为 5 300 单位；实际得到的金额：37 500 元。

问题 151　证券分析师张三和新入职的同事李四正在讨论关于股票市场的一些概念问题，下面是关于这次讨论中出现的观点记录：

Ⅰ. 配股或者增发股票属于二级市场。

Ⅱ. 投资银行不是商业银行，不从事存贷款业务，主要从事证券承销、公司购并与资产重组、公司理财、基金管理等业务。

Ⅲ. 墓碑广告是股票退市的公告，较为正式，文字较少且缺乏修饰。

Ⅳ. 绿鞋期权由美国绿鞋公司首次公开发行股票时率先使用而得名，是超额配售选择权制度的俗称。中国工商银行在 2006 年首次公开发行股票时，采用过“绿鞋期权”发行。

Ⅴ. 根据相关规定，证券从业人员在不操纵股价的情况下，可以使用上市的未公开的重大信息进行股票交易。

上述观点中正确的是(　　)

A. 只有Ⅱ和Ⅳ。　　B. 只有Ⅱ，Ⅲ和Ⅳ。

C. 只有Ⅰ，Ⅱ，Ⅲ和Ⅳ。　　D. 只有Ⅰ，Ⅱ，Ⅲ和Ⅴ。

问题 152　张三和李四在避风塘讨论有关金融学理论方面的问题。下面是关于这次讨论中出现的一些观点记录：

Ⅰ. 政治风险是发达资本主义国家的企业才会面临的风险，发展中国家的企业不会遇到这样的问题。

Ⅱ. 投资者面临的风险取决于资产的波动率，与时间没有关系。

Ⅲ. 投资者的风险态度会影响其投资决策，风险态度分为风险偏好、风险中性和风险厌恶 3 种类型。

Ⅳ. 投资与投机不同，前者是基于理性分析的结果，而后者是投机倒把，只会扰乱市场秩序。

Ⅴ. 套利定价模式模型和法玛－弗伦奇模型是资本资产定价模型的替代模型，且解释力更强。

上述观点中正确的是(　　)

A. 只有Ⅲ和Ⅴ。　　B. 只有Ⅲ，Ⅳ和Ⅴ。

C. 只有Ⅰ，Ⅲ，Ⅳ和Ⅴ。　　D. Ⅰ，Ⅱ，Ⅲ，Ⅳ和Ⅴ。

问题 153　计算期权的公允价值往往使用 BS 公式法和二叉树法，关于这两种方法的说法错误的是(　　)

A. BS 公式是一个随机偏微分方程，其假设市场无摩擦以及不存在无风险套利机会。

B. 二叉树法是一种最简单的期权定价方法。假设资产价格在下一时刻只有两种状态，向上或者向下，并假设计算期间内的波动符合风险中性概率，而且波动的幅度保持不变。

C. 求解期权的价值只有 BS 公式法和二叉树法两种方法。

D. BS 公式法和二叉树法同样可以用来计算实物期权，但是二叉树法适用的范围更广。

问题 154　以下哪种方法不是管理财务风险的手段？(　　)

A. 套期保值。　　B. 对冲　　C. 投机。　　D. 期限匹配。

问题 155　甲公司去年的财务数据如下：销售收入 100 000 元，固定成本 30 000 元，变动成本 40 000 元，利息 20 000 元。假如其他条件不变，甲公司明年的销售收入增加 1%，利润增加多少？(　　)

A. 1%。　　B. 2%。　　C. 3%。　　D. 6%。

情景 12-2

甲公司发行了面值为 1 000 元，票面利率为 8% 的 5 年期债券，共计 1 000 张。发行后 1 年第 1 次付息时，总会计师张三发现该债券市场价格为 1 100 元，此时市场通货膨胀率为 3%。

问题 156 ~ 159 使用情景 12 - 2 作为背景。

问题 156　该债券的当期收益率最接近以下哪个选项？(　　)

A. 2%。　B. 5%。　C. 7%。　D. 8%。

问题 157　该债券的持有至到期收益率最接近以下哪个选项？(　　)

A. 2%。　B. 5%。　C. 7%。　D. 8%。

问题 158　该债券的实际收益率最接近以下哪个选项？(　　)

A. 2%。　B. 5%。　C. 7%。　D. 8%。

问题 159　如果该债券增加赎回条款，那么投资者要求的回报率会发生什么变化？(　　)

A. 上升。　B. 不变。　C. 下降。　D. 没有关系。

问题 160　以下证券清偿顺序最优先的是(　　)

A. 担保债券。　B. 高级债券。　C. 优先股。　D. 收入债券。

问题 161　以下哪项不是普通股的股利类型？(　　)

A. 股票股利。　B. 实物股利。　C. 清算股利。　D. 再投资计划股利。

问题 162　养老金账户的投资者最可能偏爱使用以下哪种股利政策公司的股票？(　　)

A. 剩余股利政策。　B. 稳定股利额政策。

C. 固定股利率政策。　D. 正常股利加额外股利政策。

问题 163　以下哪项不是国际贸易支付的手段？(　　)

A. 信用证。　B. 远期汇票。　C. 商业票据。　D. 寄售。

问题 164　以下哪项不是外汇衍生品？(　　)

A. 外汇远期合约。　B. 货币期权。　C. 货币互换。　D. 三角套汇。

问题 165　中期资本来源不包括(　　)

A. 定期贷款。　B. 设备抵押贷款。

C. 租赁。　D. 可转换公司债券。

问题 166　张三希望将一台成本为 100 000 元的铲车出租，租赁期为 5 年，年租金在每年年初支付。张三使用直线折旧法（残值为 0），折旧期限为 5 年。然而，在铲车使用期限结束后，张三能以 10 000元的价格出售该铲车。张三要求的投资回报率为 11%，张三的有效所得税税率为 40%，则张三应取租金额是多少元？(　　)

A. 16 303 元。　B. 17 170 元。　C. 27 172 元。　D. 28 616 元。

问题 167　甲公司租赁了一项资产，租赁期为 6 年，年度租赁支付额（在每年年初支付）为10 000 元。该资产的购买成本为 50 000 元，购买后每年的税前成本为 750 元。该资产采用修正成本加速回收系统进行折旧，资产寿命为 5 年。另外该公司的所得税率为 40%，税后债务成本为 6%，税后目标回报率为 15%，资产的残值为 20 000 元。甲公司应该租赁还是购买该资产？(　　)

A. 租赁净收益为（1 296 元），该公司应通过借款购买该资产。

B. 租赁净收益为（1 296 元），该公司应租赁该资产。

C. 租赁净收益为（6 480 元），该公司应通过借款购买该资产。

D. 租赁净收益为（6 480 元），该公司应租赁该资产。

问题 168　城市发展有限公司正在考虑一个新的投资项目，在缅因河畔的法兰克福建立一个大型的办公区。该公司的财务分析部门预测，该投资意向的预计收益率如表 12-26 所示。

表 12-26 建立大型办公区后的预计收益率 （单位：%）

回报率	概率
-5	30
10	50
20	20

请计算预期回报率是多少？（ ）

A. 5.5%。 B. 7.5%。 C. 10.5%。 D. 11.7%。

问题 169 在财务风险管理体系中，术语“风险价值”（VaR）定义如下所述正确的是哪项？（ ）

A. 企业能够损失的最大值。

B. 在给定的置信度水平下，特定时期的最大损失。

C. 在给定的结果分布中，最坏的可能结果。

D. 最大可能的负面结果。

问题 170 拉塞尔有限公司正在评估 4 项独立的投资建议，每项建议预期回报率和标准差如表 12-27 所示。

表 12-27 每项建议预期回报率和标准差 （单位：%）

投资建议	预期回报率	标准差
Ⅰ	16	10
Ⅱ	14	10
Ⅲ	20	11
Ⅳ	22	15

哪项投资建议的相对风险水平最低？（ ）

A. 投资Ⅰ。 B. 投资Ⅱ。 C. 投资Ⅲ。 D. 投资Ⅳ。

问题 171 如果溢价销售债券，那么以下哪种说法正确？（ ）

A. 票面利率低于市场要求回报率。 B. 名义利率一定低于收益率。

C. 债券购买价格一定高于债券的公允价值。 D. 票面利率高于市场要求回报率。

问题 172 在最近一个会计年度，唐根公司的税后净利润为 3 288 000 美元，该公司支付了 488 000 美元优先股股利，1 000 000 美元普通股股利。唐根公司普通股的现行市场价格为 56 美元/股，股票的市盈率为 8。唐根公司发行了多少普通股？（ ）

A. 350 000。 B. 400 000。 C. 411 000。 D. 469 714。

问题 173 按照投资者的观点，投资哪种类型的债权风险最小？（ ）

A. 信用债券。 B. 高折扣债券。 C. 收入债券。 D. 担保债券。

问题 174 下面哪个事件最有可能提高公司的普通股市盈率？（ ）

A. 投资者要求的普通股回报率下降。

B. 股利增长率预期将下降。

C. 预期经济开始衰退。

D. 在每股股利保持不变的情况下，股利回报率提高。

问题 175 在给看涨期权估值的时候，下述哪项不是决定因素？（ ）

A. 行使价格。　B. 到期日。　C. 远期合约的价格。　D. 利率。

问题 176　市场分析师估计现代有限公司的权益 β 系数为 1.4。该 β 系数说明该公司(　　)

A. 系统风险低于市场组合风险。　B. 系统风险高于市场组合风险。

C. 非系统风险高于市场组合风险。　D. 总风险高于市场组合风险。

问题 177　一名研究戈登兰矿产公司普通股的分析师预测，该公司下一年的信息如下所述：

- 市场组合预期回报率 12%。
- 国债预期回报率 5%。
- 预期 β 系数 2.2。

使用资本资产定价模型，该分析师估计的戈登兰矿产公司股票下一年的风险溢价为(　　)

A. 7.0%。　B. 10.4%。　C. 15.4%。　D. 21.4%。

问题 178　高科技有限公司在债务权益比为 2/3 的时候，加权平均资本成本（WACC）能达到最低。如果该公司的税前债务成本为 9%，估计税前权益成本为 12%，税率为 40%，该公司的 WACC 为(　　)

A. 6.48%。　B. 7.92%。　C. 9.36%。　D. 10.80%。

问题 179　史密斯玻璃有限公司的首席财务官遵守资产到期与融资到期日匹配的政策。该政策不包括下述哪项？(　　)

A. 通过应付款和银行债务等短期债务，来为现金、应收账款和存货的季节性扩张融资。

B. 业务中要求保留的现金、应收账款和存货的最低水平是保持不变的，可以进行长期债务或者权益融资。

C. 现金、应收账款和存货，可以进行长期债务或者权益融资。

D. 工厂和设备等长期资产，应该进行长期债务或者权益融资。

问题 180　某名顾问建议公司持有资金，原因有两个：

1）现金需要在全年将发生重要波动。

2）全年有机会折扣购买。

针对上述原因的现金余额，应被正确称为(　　)

	原因 1	原因 2
A.	投机性余额	投机性余额。
B.	投机性余额	预防性余额。
C.	预防性余额	投机性余额。
D.	预防性余额	预防性余额。

问题 181　扬德发动机公司每年销售 20 000 辆汽车，单价为 25 000 美元。该公司的平均应收账款为 30 000 000 美元，平均存货为 40 000 000 美元。扬德发动机公司的平均收款期最接近下述哪项？假设 1 年为 365 天。(　　)

A. 17 天。　B. 22 天。　C. 29 天。　D. 61 天。

问题 182　在需要的时候让物料到达，使存货投资最小化的行业管理技术被称为(　　)

A. 经济订货量（EOQ）。　B. 物料需求系统（MRP）。

C. 先进先出法（FIFO）。　D. 准时制生产（JIT）。

问题 183　对于实业公司使用的商业票据，下述哪项陈述可能是最正确的？(　　)

A. 商业票据是通过银行发行的。

B. 商业票据的有效期为 60 ~ 270 天。

C. 商业票据一般是由发行人的资产担保的。

D. 商业票据的发行人是小规模公司。

问题 184　红公司拥有 1 年内到期的 300 000 美元循环信贷限额。循环信贷的利息率为 6%，没有使用部分的承诺费为 0.5%。该公司当年平均贷款余额为 100 000 美元。该项融资协议的年度成本为（　　）

A. 6 000 美元。　B. 6 500 美元。　C. 7 000 美元。　D. 7 500 美元。

问题 185　梅普尔公司购买车轴以生产汽车。它与车轴供应商的平均信贷余额为25 000 000 美元。车轴供应商提供的信贷条件为 1/10 净 25。梅普尔公司在不采用贸易折扣的情况下，名义年度成本最接近下述哪项？假设 1 年有 360 天。（　　）

A. 14.4%。　B. 14.5%。　C. 24.0%。　D. 24.2%。

问题 186　某英国公司目前只在国内开展业务，现计划在美国或者中国的项目上投资同等金额的资金。该公司将在国内和国际项目组合的风险和收益的基础上，选择投资国家。在下述哪种情况下，国际投资（50% 的英国国内业务和 50% 的国外业务）的风险最低、收益最大？（　　）

A. 英国收益和美国收益存在正相关关系。

B. 美国收益和中国收益存在负相关关系。

C. 美国收益和中国收益存在正相关关系。

D. 中国收益和英国收益存在负相关关系。

问题 187　一名美国的进口商预计将在 3 个月后支付给英国的供应商 500 000 英镑。以下哪种对冲手段，对于进口商锁定美元价格最为有利？（　　）

A. 买进英镑的看涨期权。　B. 买进英镑的看跌期权。

C. 卖出英镑的看跌期权。　D. 卖出英镑的看涨期权。

问题 188　一名分析师计算得到一家公司的经营杠杆为 2.5，财务杠杆为 1.4。如果该公司的销售额减少 10%，该公司的每股收益预期下降（　　）

A. 3.5%。　B. 3.9%。　C. 35.0%。　D. 39.0%。

问题 189　ABC 公司正在考虑与 XYZ 公司合并。分析这两家公司，合并后每年增量税后自由现金流估计为 3 500 000 美元，并预计将持续 20 年。假设收购该公司有 12% 的回报率的要求，采用现金流量贴现法，那么 ABC 公司购买 XYZ 公司的最高金额是多少？（　　）

A. 26 757 500 美元。　B. 33 761 000 美元。

C. 26 141 500 美元。　D. 26 236 000 美元。

问题 190　信用评级机构的首要责任是什么？（　　）

A. 只对做出投资的投资者决策提供咨询意见。

B. 对相关组织提供有关它们可以得到怎样的信用评级的意见。

C. 对寻求信贷资金的组织提供评级。

D. 对进行借款的公司以及具体的债务工具提供信用评级。

问题 191　不到 1 年到期的债券，交易涉及的是以下哪个市场？（　　）

A. 资本市场。　B. 二级市场。　C. 主要市场。　D. 货币市场。

问题 192　一家公司使用以借款为主的资金收购资产，并以所收购资产为抵押品的交易被称为（　　）

A. 收购。　B. 杠杆收购。　C. 混合并购。　D. 兼并。

问题 193　小号公司目前拥有流通在外的 120 万普通股，其 beta 系数是 2.2。该公司还有面值 1 000 万美元、剩余年限 5 年、票面利率 8%、半年付息的债券。债券的回报率是 13.65%。如果小号公司准备发行 250 万美元的新债券，新债券将按面值发行，回报率为 13.65%；如果发行超出 250 万美元的债券，对整个发行债券的预期回报率将会变为 16%。小号公司还可以发行每股 10 美元的新普通股来融资。目前的无风险利率是 3%，市场预期回报是 10%。小号公司的边际税率为 30%。如果小号公司需要 750 万美元的资金，同时保持债务权益比率不变，那么其加权平均资本成本最接近(　　)

A. 14.5%。　B. 15.5%。　C. 16.5%。　D. 17.5%。

问题 194　投资者以 3 美元的价格卖出了一张执行价格为 100 美元的看涨期权。投资者花了 85 美元买进了标的资产。如果看涨期权到期时，股票价格已经上涨到了 110 美元，投资者投资组合的利润最接近(　　)

A. 3 美元。　B. 6 美元。　C. 12 美元。　D. 18 美元。

问题 195　下列哪项最不可能是美国跨国公司利用外汇市场的原因？(　　)

A. 降低对国外公司的应付账款交易风险。

B. 对冲应收账款交易的货币风险。

C. 提高国外子公司的投资回报率。

D. 降低从国外子公司收到的股利的一些货币风险。

问题 196　一名分析师使用估值模型计算一张不含权债券的价值，如表 12-28 所示。

表 12-28　不含权债券价值

贴现率（%）	债券价格（美元）
6.40	96.685
6.50	95.878
6.60	95.080

基于以上信息，该债券的久期是多少？(　　)

A. 4.13。　B. 4.24。　C. 8.37。　D. 8.44。

问题 197　甲公司是一家美国公司，产品销往美国国内和加拿大，原料部分从墨西哥进口，财务总监汤姆预测销售数据如表 12-29 所示。

表 12-29　甲公司销售数据　（单位：件）

销量	3 月	4 月	5 月	6 月	7 月
美国销量	70 000	80 000	75 000	65 000	65 000
加拿大销量	50 000	50 000	60 000	45 000	35 000

产品在美国售价为 50 美元，在加拿大售价为 60 加元。直接人工成本为 10 美元/件，直接材料的国内部分为 5 美元/件，国外部分为 350 墨西哥比索/件。每个月发生固定销售管理费用为 400 000 美元。6 月份需支付债券利息为 500 000 美元和所得税为 1 000 000 美元。假设在销售后的下一个月进行收款，在销售前一个月生产产品并支出现金。远期汇率假定如表 12-30 所示。

表 12-30　远期汇率

汇率	4 月	5 月	6 月
加元/美元	1.20	1.19	1.18
比索/美元	11.30	11.40	11.50

3 月底现金余额为 1 000 000 美元，那么 6 月份期末的现金余额是多少？(　　)

A. 1 844 769 美元。 B. 844 769 美元。

C. 2 344 769 美元。 D. 1 344 769 美元。

问题 198 甲公司 2011 年和 2012 年的财务数据如表 12-31 所示。

表 12-31 甲公司 2011 年和 2012 年的财务数据 （单位：元）

财务数据	2011 年	2012
收入	8 000 000	8 800 000
总经营成本	6 400 000	6 880 000
息税前利润	1 600 000	1 920 000
利息	640 000	550 000
所得税	490 000	708 000
净利润	470 000	662 000
每股收益	4. 70	6. 62

根据以上信息，甲公司的经营杠杆系数为（ ）

A. 4. 09。 B. 2. 67。 C. 2. 00。 D. 0. 75。

问题 199 甲公司正在研究以下两个项目。

	预期最低报酬率	**期限**
项目 X	**6. 75%**	**5 年**
项目 Y	**7. 25%**	**5 年**

根据以上信息，以下哪项结论最为合理？（ ）

A. 项目 X 是甲公司更好的选择。 B. 项目 Y 是甲公司更好的选择。

C. 项目 X 的风险高于项目 Y。 D. 项目 Y 的风险高于项目 X。

问题 200 甲公司是一家在增长率平缓的市场中开展业务的成熟公司。过去 12 年来的利润增长率平均约为 3. 5%，恰好与通货膨胀率相等。该公司的加权平均资本成本为 8. 5%，远低于其他大多数公司。甲公司刚刚聘任张三为新的首席执行官，并希望他将所谓的现金牛公司变成一家成长型公司。张三希望减少股利发放，并使用由此得到的留存收益来为该公司进军新产品线提供资金。甲公司的历史 β 值一直为 0. 7 左右。随着这位首席执行官的改革，甲公司的 β 值及其股票的预期最低投资回报率最有可能出现什么情况？（ ）

A. β 值将下降，预期最低回报率将上升。

B. β 值将下降，预期最低回报率也将下降。

C. β 值将上升，预期最低回报率将下降。

D. β 值将上升，预期最低回报率也将上升。

问题 201 已知 A 项目的 β 值为 1. 4，预期回报率为 7. 4%，无风险回报率为 3. 0%，使用资本资产定价模型（CAPM）计算预期的市场风险溢价是多少？（ ）

A. 3. 14%。 B. 6. 14%。 C. 7. 43%。 D. 8. 28%。

问题 202 某银矿开采公司预计从今日起的 12 个月内将售出 20 000 盎司白银。以下哪种措施可以对冲白银销售收入的风险？（ ）

A. 在从今日起的 12 个月内在现货市场销售白银。

B. 在今日买入将在 12 个月后到期的 20 000 盎司白银期货合约。

C. 在今日卖出将在 12 个月后到期的 20 000 盎司白银期货合约。

D. 在今日买入将在 12 个月后到期的 10 000 盎司白银期货合约，并在今日卖出将在 12 个月后到期的 10 000 盎司白银期货合约。

问题 203　在收益率曲线横轴上测量的是哪个变量？(　　)

A. 债券的剩余期限。　　B. 债券的收益率。

C. 债券的期限。　　D. 债券的面值。

问题 204　甲公司需要筹措 100 000 000 元用于扩大生产规模。该公司有两个可供选择的方案，A 方案是以面值发行，票面利率 7% 的 10 年期债券；B 方案是以面值发行，票面股息率 5% 的优先股。如果甲公司的实际所得税率为 30%，那么以下哪项最准确地描述了在发行后的第 2 年这两种方案在甲公司现金流量方面的差别？(　　)

A. 采用 A 方案时，现金流量会增加 100 000 元。

B. 采用 A 方案时，现金流量会增加 450 000 元。

C. 采用 B 方案时，现金流量会增加 1 050 000 元。

D. 采用 B 方案时，现金流量会增加 1 400 000 元。

问题 205　某看涨期权的持有人希望了解股票波动性降低、资产价格下降和到期时间缩短分别对看涨期权的价格所产生的影响。以下哪项关于期权价值变化的说法是正确的？(　　)

	股票波动性降低	资产价格下降	到期时间缩短
A.	降低	降低	降低。
B.	降低	增加	增加。
C.	增加	降低	降低。
D.	增加	增加	增加。

问题 206　甲公司本年度每股收益为 4.00 元。财务总监通过贴现现金流模型确定甲公司普通股的公允价值为每股 28 元。假设长期增长率为 5%，那么甲公司的预期最低报酬率是以下哪项？(　　)

A. 20%。　　B. 15%。　　C. 10%。　　D. 7%。

问题 207　甲公司的资本总额为 1 亿元，资本成本为 12%。该公司的财务部门提出了一个需要投资 1 000 万元的新项目。该公司估计能以 10% 的税前成本筹集到这笔资金。该公司的边际所得税率为 36%。根据以上信息，甲公司的财务总监应采用以下哪项贴现率来评价该新项目？(　　)

A. 6.40%。　　B. 7.56%。　　C. 10.00%。　　D. 11.82%。

问题 208　甲公司的会计师张三向该公司的董事会提交报告，分析了 4 种不同赊销政策时，销售收入、对应的应收账款付款方式和坏账金额见表 12-32。

表 12-32　不同赊销政策方案时的结果　　（单位：千元）

方案	销售收入	30 天	60 天	90 天	120 天	坏账
Ⅰ	520	300	100	100	0	20
Ⅱ	630	200	200	100	100	30
Ⅲ	770	200	100	200	200	70
Ⅳ	800	100	200	200	300	100

假定该公司的资本成本为 20%，且所有款项均在到期月份的第 1 天支付，那么哪种赊销政策方案的利润最大？(　　)

A. 方案Ⅰ。　　B. 方案Ⅱ。　　C. 方案Ⅲ。　　D. 方案Ⅳ。

问题 209　甲公司最近决定通过向商业银行借款 1 000 000 元来满足其流动资金的需求。贷款合同

规定的名义利率为 9.5%，且要求补偿性余额要达到 16%。这笔贷款的实际利率为（ ）

A. 11.02%。 B. 11.31%。 C. 12.75%。 D. 19.00%。

问题 210 甲公司打算采用一种有基准价格、存在较小价格不确定性的公开募集股票的方式，请问应采用以下哪项？（ ）

A. 暂搁注册。 B. 后续发行。

C. 非正式招股注册。 D. 首次公募。

问题 211 甲公司需要增加一台将在未来 5 年使用的机器，5 年后这台机器将被淘汰，届时其残值将为零。甲公司有两个可供选择的方案：以 300 000 元的现金购置该资产；或者以每年付 68 000 元租金的方式租赁该资产，首笔租金需立即支付。甲公司的资金成本为 6%。如果不考虑折旧，则最佳的方案是（ ）

A. 购置该资产，这比租赁方案要优惠 40 000 元。

B. 购置该资产，这比租赁方案要优惠 3 627 元。

C. 租赁该资产，这比购置方案要优惠 45 918 元。

D. 租赁该资产，这比购置方案要优惠 13 557 元。

问题 212 甲公司是一家大型的企业集团，它旗下的一个分部开发出了一项前景广阔的新技术。甲公司希望保持对该分部的控制，但还要筹措更多资本来支持该项技术的进一步开发。甲公司还认识到，该项前景广阔的技术不同于其寻常的业务部门，将需要采用新的管理风格和激励计划来吸引并留住人才。通过采取以下哪项举措，甲公司最有可能实现上述目标？（ ）

A. 剥离该分部。 B. 将该分部出售给其他公司。

C. 由管理层收购该分部。 D. 对该分部进行股权分割。

问题 213 假设一款以瑞士法郎标价的瑞士腕表在美国消费者当中十分流行，而与此同时，英国则出现了比美国相对较高的通货膨胀。假设所有其他条件保持不变，那么以下哪项陈述最准确？（ ）

A. 相对于瑞士法郎和英镑，美元将升值。

B. 相对于瑞士法郎和英镑，美元将贬值。

C. 相对于瑞士法郎，美元将升值；相对于英镑，美元将贬值。

D. 相对于瑞士法郎，美元将贬值；相对于英镑，美元将升值。

问题 214 一家美国公司有一笔应付账款必须在 6 个月后付给一家日本公司，同时还有一笔应收账款也要在 6 个月后由另外一家日本公司支付。这家美国公司在以下哪种情况下不会存在交易风险？（ ）

A. 应付账款和应收账款均以美元计价，总额相等。

B. 应付账款和应收账款均以日元计价，且以日元计价的应收账款高于以日元计价的应付账款。

C. 应付账款和应收账款均以日元计价，且以日元计价的应收账款低于以日元计价的应付账款。

D. 应付账款以美元计价，应收账款则以日元计价。

问题 215 跨国公司在经营过程中会面临众多风险，下列描述中属于政治风险的是（ ）

A. 跨国公司资本被所在国政府罚没。

B. 跨国公司违反所在国证监会的规定被处罚。

C. 由于所在国货币升值给跨国公司造成损失。

D. 所在国发生地震，厂房倒塌造成损失。

问题 216 某企业希望获取 12 万元的流动资金贷款，名义利率为 12%，银行要求保留 5%的补偿

性余额，那么实际需要支付银行多少利息？(　　)

A. 13 680 元。　B. 14 400 元。　C. 15 120 元。　D. 15 158 元。

问题 217　某投资者于 2013 年 6 月 30 日购买了甲上市公司的股票，价格为 35 元/股。由于市场行情不佳，他于当年 12 月 31 日以 33.25 元/股的价格抛售了该股票，其间获得现金股利为 3.5 元/股。他的持有期回报率是(　　)

A. 10%。　B. 5%。　C. −10%。　D. −5%。

问题 218　以下哪个选项不属于存货管理的目的？(　　)

A. 预防涨价。

B. 持有安全存货的原因是生产和销售预测的不准确性。

C. 使用准时制生产时，供应商的可靠性是影响存货管理的主要因素之一。

D. 存货经理应注意如何平衡存货持有成本和脱销成本。

问题 219　下列哪项增加会导致最优平均现金余额增加？(　　)

A. 补偿性余额增加。　B. 净现金流量增加。

C. 市场利率增加。　D. 证券交易成本提高。

问题 220　甲公司通过某银行借款 100 000 元，利率为 8%，且补偿性余额为 5 000 元。该笔借款的实际利率为(　　)

A. 7.6%。　B. 8%。　C. 8.42%。　D. 13%。

问题 221　公司持有现金的动机不包括(　　)

A. 交易性动机。　B. 预防性动机。

C. 投机性动机。　D. 营利性动机。

问题 222　甲公司债务税后成本为 7%，权益成本为 15%，总负债率为 40%，所得税率为 30%，则该公司加权资本成本为(　　)

A. 8.9%。　B. 10.2%。　C. 11.0%。　D. 11.8%。

问题 223　甲投资者持有两种预期报酬率和标准差相同的证券，以下哪种情况下投资者的风险会减小？(　　)

A. 不存在。

B. 两种证券完全负相关。

C. 两种证券正相关，但不是完全正相关。

D. 两种证券完全正相关。

问题 224　某公司的所得税率为 40%，权益资金融资成本是 10%。该公司没有负债。财务总监张三希望降低加权资本成本，其助手李四提出了 4 种融资方案，如表 12-33 所示。

表 12-33　备选的 4 种融资方案　(单位:%)

项目	负债比例	负债资金成本	权益资金成本
方案 A	0	0	10
方案 B	20	6.50	12
方案 C	40	8.50	14
方案 D	60	10	17

其中最优方案是(　　)

A. 方案 A。　B. 方案 B。　C. 方案 C。　D. 方案 D。

问题 225 甲公司是一家发展势头良好的能源企业，股利增长率一直保持在 8%，当前股票市场价格是 38 元。一名分析师预计该公司 6 年后每股股利为 2 元。甲公司管理层决定今年通过增发股票融资 1 亿元，发行成本是 6%，该方案融资的实际成本是( )

A. 11.58%。 B. 11.81%。 C. 13.26%。 D. 13.60%。

问题 226 下面哪项不是债券保证条款的内容？( )

A. 限制贷款。 B. 限制发行股票。

C. 限制发放股利。 D. 保持一定的财务比率。

问题 227 某分析师正在分析两家公司的股票价值，甲公司股票的要求报酬率为 13%，贝塔系数是 1.3；乙公司股票的要求报酬率为 9%，贝塔系数是 0.8。已知两家公司的股票位于同一条证券市场线上。那么，无风险回报率是( )

A. 1%。 B. 2.6%。 C. 8%。 D. 10.6%。

问题 228 相对于权益资金，具有以下哪种特征的企业最不可能使用负债融资？( )

A. 周期性行业、高所得税率、高固定资产。

B. 低税率、高固定运营成本、高固定资产。

C. 低税率、高固定运营成本、低固定资产。

D. 低税率、低固定运营成本、高固定资产。

问题 229 下列哪个选项是系统性风险？( )

A. 供应商的不确定性。 B. 外国市场竞争的激烈程度。

C. 利率的变化。 D. 公司管理层的稳定性。

问题 230 增加投资组合中证券的种类可以对总风险产生什么影响？( )

A. 递增式降低风险。 B. 递增式增加风险。

C. 递减式增加风险。 D. 递减式降低风险。

问题 231 甲公司的管理层正在考虑将该公司由劳动密集型企业转为资本密集型企业。财务总监张三使用基于实物期权的方法评价备选的投资方案。张三知道两种实物期权的定价方法，即二叉树模型和 BS 模型。请问哪种模型适用于甲公司的投资决策？( )

A. 二叉树模型。 B. BS 模型。

C. 两种方法都可以。 D. 两种方法都不可以。

问题 232 某公司拥有期限为 6 个月的美国 360 天国债的远期合约，如果利率在未来 6 个月内下降，那么该远期合约的价值将( )

A. 下降。 B. 上升。

C. 不变。 D. 取决于利率下降的幅度。

问题 233 以下哪个选项关于非系统风险的描述是最准确的？( )

A. 具有可分散性。 B. 与系统风险一样不可控。

C. 受市场风险影响。 D. 受宏观经济环境影响。

问题 234 以下那个选项不是资本资产定价模型的假设？( )

A. 存在交易活跃的市场。 B. 投资者可以以无风险利率借款。

C. 投资者持有一定数量的证券。 D. 没有交易费用。

问题 235 甲公司准备通过发行普通股融资，此时该公司股票市场价格为 38 元，去年支付的现金股利为 2.25 元/股，预计股利增长率为 8%。该公司发行成本为股价的 4%，那么该公司普通股融资成本为( )

A. 6.66%。　B. 13.9%。　C. 14.2%。　D. 14.7%。

问题 236　**甲公司拟通过发行优先股融资，面值为 100 元，优先股股息率为 9%。发行价格为 95 元/股，发行成本为 2 元/股。投资者购买甲公司的优先股，获得股利的 70%可以免所得税，所得税率 40%。那么，发行优先股的实际成本为(　　)**

A. 5.8%。　B. 8.5%。　C. 9.5%。　D. 9.7%。

问题 237　**甲公司是一家食品加工企业，需要在 3 个月后采购一批大豆。目前大豆的市场价格是 4 000 元/吨。甲公司管理层预计 3 个月后大豆的市场价格将超过 4 600 元/吨，但因目前甲公司的仓储能力有限，现在购入大豆将不能正常存储。甲公司计划通过衍生工具交易抵消大豆市场价格上涨的风险。下列方案中，甲公司可以采取的是(　　)**

A. 卖出 3 个月后到期的执行价格为 4 500 元/吨的看涨期权。

B. 卖出 3 个月后到期的执行价格为 4 500 元/吨的看跌期权。

C. 买入 3 个月后到期的执行价格为 4 500 元/吨的看涨期权。

D. 买入 3 个月后到期的执行价格为 4 500 元/吨的看跌期权。

问题 238　**甲公司股票的股利率为 4%，收益率为 20%，则其股利支付率为(　　)**

A. 8%。　B. 20%。　C. 25%。　D. 33%。

问题 239　**甲公司正在考虑通过购买普通股收购乙公司。考虑潜在收购时的有关财务数据如表 11-34 所示。**

表 12-34　两个公司的财务数据

财务数据	甲公司	乙公司
净利润	2 000 万元	500 万元
已发行股票	500 万股	200 万股
每股收益	4.0 元	2.5 元
每股市场价格	64 元	30 元
市盈率	16	12

乙公司同意甲公司以高于乙公司股票价格 16.67%的协议价格收购该公司。根据以上信息，收购后甲公司的每股收益为(　　)

A. 3.9 元/股。　B. 4.0 元/股。　C. 4.1 元/股。　D. 4.2 元/股。

问题 240　**加拿大的甲公司从亚洲 A 国进口 1 000 件家具，然后在国内销售。家具的售价为 60 加元/件，进口成本为 30A 元，汇率为 1.675 加元/A 元。进口产品的货款将在 30 天后支付，预计届时汇率为 1.655 加元/A 元。该公司为减少风险，通过远期合约锁定汇率为 1.660 加元/A 元，则该公司的经营利润为(　　)**

A. 9 750 加元。　B. 10 200 加元。　C. 10 350 加元。　D. 30 000 加元。

问题 241　**甲投资者购买了两种证券，并且投资的比例相同。这两种证券的标准差分别为 14%和 20%，而组合标准差为 17%，则两种证券(　　)**

A. 完全正相关。　B. 完全负相关。

C. 相关系数为 0。　D. 关系无法判断。

问题 242　**收益率曲线的横轴坐标是(　　)**

A. 到期日。　B. 剩余持有期限。

C. 即期利率。　D. 远期利率。

问题 243 甲公司每股收益为 1.5 元/股，股利支付率为 20%，股利增长率为 5%，投资者的要求回报率为 9%。下列哪种情况会使公司的普通股价值降低？( )

A. 其他不变的情况下，股利增长率提高 5%。

B. 其他不变的情况下，股利支付率提高 10%。

C. 其他不变的情况下，要求的回报率提高 2%。

D. 其他不变的情况下，每股收益增加 0.3 元。

问题 244 甲公司是铜制品公司，生产部门计划 30 天后买入原材料——5 吨阴极铜。采购部门为降低价格风险，应该( )

A. 现在买入 30 天后的远期合约。

B. 现在卖出 30 天后的远期合约。

C. 同时买入和卖出 30 天后的远期合约。

D. 现在买入现货铜。

问题 245 下列选项中属于短期信用类型的是( )

A. 应付票据。 B. 即期汇票。

C. 抵押贷款。 D. 短期市政债券。

问题 246 有价证券的风险和收益是存在一定关系的，甲公司的管理会计师张三正在分析 3 种证券的特性：Ⅰ. 商业票据。Ⅱ. 次级债券。Ⅲ. 市政债券。请根据风险从高到低排序是( )

A. Ⅰ，Ⅱ，Ⅲ。 B. Ⅰ，Ⅰ，Ⅲ。

C. Ⅱ，Ⅰ，Ⅲ。 D. Ⅰ，Ⅲ，Ⅱ。

问题 247 甲公司股票的市场价格为 28 元，β 系数是 1.2，股利增长率是 10%，明年现金股利是每股 2 元。此时，无风险利率是 5%，市场收益率是 15%。该股票是高估还是低估了？( )

A. 低估，合理估值为 40 元/股。 B. 低估，合理估值为 28.6 元/股。

C. 高估，合理估值为 11.8 元/股。 D. 高估，合理估值为 13.3 元/股。

问题 248 优先股和长期负债都是企业重要的资金来源，两种来源在以下哪些方面有相似性？( )

Ⅰ. 利率和股息率固定。Ⅱ. 可以包括转换条款。Ⅲ. 可以包括可赎回条款。Ⅳ. 可以设立偿还基金。

A. Ⅰ，Ⅱ。 B. Ⅰ，Ⅱ，Ⅲ。

C. Ⅰ，Ⅱ，Ⅳ。 D. Ⅰ，Ⅱ，Ⅲ，Ⅳ。

问题 249 甲公司正在对其产品安全库存的存货政策进行评价。该公司的财务总监分析了 4 种安全库存水平。每个安全库存水平下的年度缺货成本如表 12-35 所示。

表 12-35 甲公司不同安全库存水平下的年度缺货成本信息

安全库存	缺货成本	安全库存	缺货成本
1 000 单位	6 000 元	1 500 单位	2 000 元
1 250 单位	4 000 元	2 000 单位	0 元

如果该产品单位成本为 40 元，每年库存费用为 4%，每年的短期资金成本为 10%。最优的安全库存水平为多少？( )

A. 1 000 单位。 B. 1 250 单位。 C. 1 500 单位。 D. 2 000 单位。

问题 250 公司通过银行贷款时，设定了利率下限为 3%，则公司是( )

A. 买入了看涨期权。　B. 买入了看跌期权。
C. 卖出了看涨期权。　D. 卖出了看跌期权。

问题 251　**X 公司股票市场价格为 50 元/股，Y 股票市场价格为 10 元/股，并且 X 公司股票数量是 Y 公司股票数量 10 倍。X 公司决定以股换股方式收购 Y 公司。X 公司董事会决定对 Y 公司股票溢价 20%收购，以此争取 Y 公司股东的支持。那么，转换比率是多少？(　　)**

A. 0.40。　B. 0.24。　C. 0.20。　D. 0.16。

问题 252　**某公司原先的应收账款政策是 1/15，净 30，该公司希望缩短应收账款收款期，财务部门提出 3 种方案：Ⅰ. 净 60。Ⅱ. 1/20，净 30。Ⅲ. 1/20，净 25。那么，该公司不应该选择哪种方案？(　　)**

A. Ⅰ。　B. Ⅱ。
C. Ⅲ。　D. 都不应该选择。

问题 253　**根据资本资产定价模型，某公司股票 β 系数为 0.5，说明该公司的风险溢价等于(　　)**

A. 无风险利率。　B. 市场风险溢价。
C. 市场风险溢价的 2 倍。　D. 市场风险溢价的一半。

问题 254　**下面哪个选项描述的事项属于政治风险？(　　)**

A. 投资国价格歧视政策、税收政策、高额的公共事业管理费。
B. 利息、汇率的风险。
C. 高犯罪率国家、被偷盗。
D. 自然灾难方面的风险。

问题 255　**以下属于套期保值融资方法的是(　　)**

A. 通过购买股票的看跌期权增加营利。
B. 将资产和负债同期匹配。
C. 使用应付账款为建设项目融资。
D. 使用 5 年期国债为存货收购融资。

问题 256　**甲公司在上一年末利润表显示：息税前利润总额为 750 000 元，年度利息费用是125 000 元，企业所得税税率为 35%。那么，该公司的财务杠杆系数是多少？(　　)**

A. 0.8。　B. 1.2。　C. 1.8。　D. 2。

问题 257　**张三希望购买两只股票构成一个组合投资，当这两只股票是什么关系时投资组合最可能是零风险？(　　)**

A. 完全正相关。　B. 完全负相关。
C. 不相关。　D. 不可能零风险。

问题 258　**甲公司需要 150 000 元的额外资金来应付接下来 1 年显著增长的市场需求。某一商业银行提供给甲公司 1 年期的利率为 8%的贷款，并要求 15%的补偿性余额。假定甲公司需要使用银行贷款来满足银行补偿性余额的要求，则甲公司应当贷款的金额为(　　)**

A. 130 435 元。　B. 172 500 元。　C. 176 471 元。　D. 194 805 元。

问题 259　**公司准备发放 20 元的现金股利，预期明年公司的股票价格为 244 元，要求的资本报酬率为 20%。目前，公司的股票价值为(　　)**

A. 220 元。　B. 223 元。　C. 244 元。　D. 264 元。

问题 260　**下面哪个实体最有可能帮助投资者评估特定公司债券违约风险？(　　)**

A. 债券经销商。 B. 投资银行。 C. 信用评级机构。 D. 经纪公司。

问题 261 公司采用下列哪种方法能产生现金流入？( )

A. 股票分割。 B. 反向股票分割。

C. 资产剥离。 D. 股票回购。

问题 262 甲公司销售额为 100 000 元，变动成本为 60 000 元，固定成本为 30 000 元，利息费用为5 000元。则该公司的经营杠杆系数为( )

A. 0.25。 B. 2。 C. 4。 D. 8。

问题 263 货币市场的资金不可用于投资以下哪项？( )

A. 长期国债。 B. 商业票据。

C. 定期存款。 D. 银行承兑汇票。

问题 264 以下哪项不是优先股股东的权利？( )

A. 董事会成员的选举权。 B. 股利优先分配权。

C. 清算时剩余分配权。 D. 累计股利分配权。

问题 265 某上市公司正计划以 100 000 000 元价格剥离其部门 A。私人投资者已筹集 10 000 000 元的资金，并计划以部门 A 的资产做抵押通过债券融资对其余的 90 000 000 元进行融资。新的所有者打算通过提供股票期权向新的管理层提供公司更多股份，他们还为员工重新设计了绩效指标和激励机制，以尽量减少低效行为和官僚作风，该情况准备描述( )

A. 管理层资本重组。 B. 管理层收购。

C. 杠杆资本重组。 D. 杠杆收购。

问题 266 甲公司想通过改变付款条件提升收款速度，现在的付款条件是付款期 60 天，15 天付款折扣 2%。以下哪个选项可以实现该公司的目的？( )

A. 付款期 60 天，15 天付款折扣 1%。

B. 付款期 90 天，15 天付款折扣 2%。

C. 付款期 45 天，15 天付款折扣 2%。

D. 付款期 30 天，15 天付款折扣 1%。

问题 267 根据期权价值的特点，以下说法不正确的是( )

A. 随着股价的上升，看跌期权的价值将下降，看涨期权的价值将上升。

B. 临近到期日，无论看涨期权还是看跌期权价值都下降。

C. 看跌期权的价值与无风险利率成负相关，看涨期权的价值与无风险利率成正相关。

D. 股价的波动性上升，使看涨期权的价值上升，但减少看跌期权的价值。

问题 268 位于美国的甲公司有一笔 100 000 瑞士法郎应收账款在 3 个月后到期。发生时的汇率是 1 瑞士法郎 =1 美元。甲公司为降低风险，应采用以下哪种措施降低汇率风险？( )

A. 购买货币互换。 B. 卖出美元期货。

C. 卖出美元期权。 D. 出售瑞士法郎期货。

问题 269 位于孟加拉国的甲公司生产的产品出口欧盟国家，其产品标价使用欧元。鉴于孟加拉国货币与欧元的汇率波动，甲公司财务总监认为每 6 个月进行一次修订定价也无法完全阻止风险。建议该公司最好使用以下哪种方法规避该项风险？( )

A. 利用金融工具对冲风险。 B. 停止向欧盟出口产品。

C. 要求改用孟加拉国货币标价。 D. 1 个月修改一次定价。

问题 270 一家日本公司计划在德国开设子公司，该公司以前是以日元为主进行融资和经营。该

公司在德国知名度较低，融资成本很高。最后，该公司管理层决定不使用欧元融资，而是在日本国内以日元融资。鉴于以上情况，该公司可以使用哪种方法进行融资？(　　)

A. 外汇互换。　B. 外汇期权。
C. 在德国直接融资。　D. 不采取其他措施。

问题 271　上市公司宣布派发股利之后，投资者可享受该股利的最后 1 个购买日是哪天？(　　)

A. 宣告日。　B. 除息日。　C. 登记日之后。　D. 支付日。

问题 272　甲公司计划发行债券，债券票面利率高，有可能是以下哪个情况导致的？(　　)

A. 赎回条款。　B. 债券契约。　C. 可转换债券。　D. 回售条款。

问题 273　M 公司分别在 R 公司和 B 公司有应付账款均为 2 万元。具体信息如下：R 公司应付账款发票金额 2 万元，折扣条件 1/15，净 45；B 公司应付账款发票金额 2 万元，折扣条件 2/10，净 90。根据以上信息，以下说法正确的是(　　)

A. R 公司发票折扣平均年利率为 2%。
B. R 公司发票折扣平均年利息低于 B 公司。
C. R 公司发票折扣平均年利息和 B 公司一样。
D. B 公司发票折扣平均年利率为 9.18%。

问题 274　银行给甲公司提供一项 100 000 元贷款，年利率为 6%，要求补偿性余额为 10%。根据以上信息，对甲公司贷款实际年利率是多少？(　　)

A. 7%。　B. 6.67%。　C. 6%。　D. 5.45%。

问题 275　甲公司财务人员通过外汇市场得到以下现行汇率信息：1.5 瑞士法郎 =1 美元，1 美元 = 12 比索。甲公司打算进口 50 000 瑞士法郎的奶酪，该公司需要支付多少比索？(　　)

A. 900 000 比索。　B. 500 000 比索。　C. 650 000 比索。　D. 400 000 比索。

问题 276　投资以下哪种有价证券风险最小？(　　)

A. 美国短期国债。　B. 美国长期债券。
C. 高收益债券。　D. 商业票据。

问题 277　财务分析师张三对以下 4 个上市公司的市价和盈余情况汇总如 12-36 表所示。从市盈率角度考虑，投资者更看好哪家公司？(　　)

表 12-36　4 个公司市价和盈余情况

股票数据	甲公司	乙公司	丙公司	丁公司
每股市价（元）	20	50	60	30
每股收益（元/股）	2	2	1	5

A. 投资者对丙公司未来最看好。　B. 投资者对丙公司未来不看好。
C. 投资者对丁公司未来最看好。　D. 投资者对 4 家公司预期一致。

问题 278　收益曲线是收益率和到期日的关系曲线。随着到期日延长，关于收益曲线说法错误的是(　　)

A. 收益率越来越高。　B. 风险越来越大。
C. 收益曲线向下倾斜。　D. 反映了利率随时间变化的趋势。

问题 279　甲公司将于 12 个月后有一笔英镑收入，以下哪项可以规避该风险？(　　)

A. 买入 12 个月英镑远期合约。　B. 卖出 12 个月英镑远期合约。
C. 现在购入英镑。　D. 现在卖出英镑。

问题 280 甲公司第 1 年营业利润为 500 000 元，由于通货膨胀，价格指数由第 1 年的 200 变为第 2 年的 220。该公司管理层希望达到实际收益率为 15%，那么第 2 年该公司的营业利润应是多少？（ ）

A. 500 000 元。 B. 550 000 元。
C. 575 000 元。 D. 625 000 元。

问题 281 以下哪项不是影响现金股利分配的因素？（ ）

A. 股东的期望。 B. 现金是否充足。
C. 发行在外流通股数量。 D. 税收。

问题 282 公司 A 股票的 β 系数为 2，权益要求回报率是 16%。公司 B 股票的 β 系数为 0.8，已知无风险利率为 4%，根据资产定价模型（CAPM），公司 B 股票要求回报率是（ ）

A. 6.4%。 B. 8% C. 8.8%。 D. 9.6%。

问题 283 甲公司持有 500 万元长期国债，该债券为固定利率债券，票面利润为 3%。由于甲公司负债结构发生变化，财务部门希望将固定利率债券转换为浮动利率。财务部门需要以下哪种利率衍生工具？（ ）

A. 利率远期合约。 B. 利率期货合约。
C. 利率期权合约。 D. 利率互换合约。

问题 284 承销团是指（ ）的组合。

A. 商业银行 B. 租赁公司 C. 投资银行 D. 保险代理团

问题 285 两个国家货币的汇率主要受以下哪几个因素的影响？（ ）

Ⅰ. 两个国家之间的收入影响。 Ⅱ. 两个国家之间的价格影响。
Ⅲ. 两个国家之间的利率影响。 Ⅳ. 两个国家之间的汇率影响。

A. Ⅰ，Ⅱ。 B. Ⅱ，Ⅲ，Ⅳ。
C. Ⅰ，Ⅲ。 D. Ⅰ，Ⅱ，Ⅲ。

问题 286 甲公司设计了一个总额为 400 000 元的投资组合 P，该组合只包括 A、B 两只股票。该公司管理层希望该组合的风险完全被分散化。投资经理应该选择的这两只股票的相关性为（ ）

A. 零。 B. 完全正相关。 C. 完全负相关。 D. 不可能。

问题 287 利率的期限结构图如果是一条水平线，那么以下哪项说法是正确的？（ ）

A. 长期借款利率高于短期借款利率。
B. 长期借款利率等于短期借款利率。
C. 中期借款利率高于债券利率。
D. 长期借款利率将增加。

问题 288 甲公司现在拥有大量现金，但是管理层经过分析当前宏观形势后认为没有好的投资机会。那么，该公司本年度最合适的股利分配方案是（ ）

A. 定期股利。 B. 特殊股利。 C. 股票分割。 D. 股票回购。

问题 289 以下哪项会使得公司降低其经济订货量？（ ）

A. 以更低采购价格从其他公司购买。
B. 增加销量。
C. 采用更贵更先进的订货设备。
D. 提高投资回报率。

问题 290 甲公司是一家大型金融集团，拥有一家位于堪萨斯州的从事房地产抵押贷款的子公司

A。由于集团发展需要，管理层决定将子公司 A 的股权向 3 家银行出售，并择机进行 IPO。但是，董事会要求股权变更后，集团仍然保留对子公司 A 的控制权。根据以上信息，甲公司的做法被称为(　　)

A. 股权分割。　B. 基金对冲。　C. 股权切离。　D. 辛迪加。

问题 291　以下事项不可能会导致公司普通股市盈率增加的是(　　)

A. 股东要求的回报率降低。　B. 经济下滑。

C. 市场利率下降。　D. 公司利润增速增加。

问题 292　甲公司不能按期支付利息和本金，这种风险被称为(　　)风险。

A. 市场　B. 信贷　C. 利率　D. 行业

情景 12-3

乙公司是一家上市公司，该公司计划明年资本投资总计为 1 000 万元，该公司确定的最优资本结构为总负债率 35%。根据财务部门的计划，明年该公司通过权益融资 500 万元。该公司预计明年每股收益为 3 元/股，市盈率为 8 倍，股利支付率为 40%，股利增长率为 5%。普通股的贝塔系数为 1.2，无风险收益率为 3%，市场收益率为 12%。

问题 293：

1）使用股利增长模型和资本资产定价模型计算资本成本。

2）至少通过 3 个特征，比较以上这两种方法。

3）说明确定权益资本成本应考虑的因素。

情景 12-4

甲公司从事国际进出口贸易。该公司发行了可赎回债券 8 000 万元，期限为 9 年，票面利率为 8.8%，第 1 年至第 4 年可以 104 元赎回，第 5 年至第 8 年可以 101 元赎回。该公司新发行 8 000 万债券的承销费是 100 万元。债券发行后，市场利率一直在下降，该公司第 1 年至第 4 年中可以 7.1% 利率再融资，第 5 年至第 8 年可以 6.8% 利率再融资。该公司所得税率为 40%。

问题 294：

1）如果第 4 年赎回，节约的成本是多少？

2）该公司应该在第 4 年还是在第 5 年赎回？

3）该公司为什么发行可赎回债券？

4）什么是沉没成本？说明题目中的沉没成本。

5）定义经济成本和会计成本。

6）国际贸易中会遇到什么风险？怎样规避？

情景 12-5

甲公司是一家钢铁企业，2014 年有 1 000 万元剩余资金。财务总监张三正在考虑使用这笔资金进行收购。有两个备选方案：收购另一家钢铁企业；收购一家铁矿石企业。甲公司股利为 2 元/股，股利增长率为 5%，要求回报率为 10%。经过财务部门的分析，收购后股利增长率变为 7%。

问题 295：

1）甲公司现在的股价应该是多少？

2）收购后，甲公司的股票会怎么变化？为什么股票价格会发生变化？

3）什么是协同效应？

4）如果甲公司资金有限，如何同时收购两家企业？

5）如果收购不成功，甲公司怎么样把多余的现金分配给股东？

情景 12-6

甲公司生产运动服服装，每件销售价格为 140 元，单位变动成本为 40 元。该公司年赊销额为 1 400 000元，应收账款回款天数为 40 天，坏账率为 3%。该公司短期借款成本为 5%。该公司的财务总监建议将信用条款由净 40 天改为净 70 天，这样会增加销售 420 000 件，与此同时坏账率升为 6%。

问题 296：

1）该公司应收账款余额是多少？

2）该公司改变信用政策后，应收账款余额变为多少？

3）实施新的信用政策对经营利润的影响是多少？

4）如果进行应收账款销售，需要考虑哪些因素？

情景 12-7

甲公司是一家在创业板上市的小型企业，主要生产手机。该公司的总股本为 1 000 万股，每股市场价格为 20 元，市盈率为 40 倍，市账率为 5 倍。该公司正在考虑并购一家生产手机芯片的乙公司。乙公司也是一家上市公司，但是由于经营不善，濒临破产。但是乙公司的股东不希望被收购。甲公司决定通过在公开市场购买乙公司的股票来收购。2014 年底，甲公司通过二级市场收购成功，获得了乙公司 55% 的股份。

问题 297：

1）说明收购的类型，并指出甲公司是哪种收购？通过并购，甲公司能够获得哪些好处？

2）定义市场价值与账面价值，计算甲公司的市场价值与账面价。

3）举例说明乙公司可以进行的反并购手段。

4）定义重组和清算，并说明两者的优缺点。

情景 12-8

甲公司是一家大型跨国公司，董事会要求投资项目的最低投资回报率是 7.5%。今年该公司管理层投资预算额度是 1 000 万美元。该公司项目经理张三正在考察 3 个备选收购项目，这 3 个收购项目的相关信息如下：A 公司投资额 500 万，投资回报率 10%；B 公司投资额 700 万，投资回报率 7.1%；C 公司投资额 400 万，投资回报率 8.5%。这 3 个公司过去 1 年的业绩都很好。A 公司的总裁是甲公司项目经理张三的叔叔，他说服项目经理张三明白 A 公司的前景很好。张三在这种情况下，决定收购 A 公司，但他未将 A 公司总裁是他叔叔的事情向公司高层报告。张三在投资过程中很注意投资风险，负责公司审计部门人员提醒张三，项目的固有风险化解后还是有剩余风险，并且要关注相应的反并购手段，如金色降落伞等。该公司管理层计划通过发行债券进行融资，该公司的管理会计师担心融资可能影响公司的财务指标。

问题 298：

1）定义系统风险和非系统风险、固有风险和剩余风险。

2）定义横向收购、纵向收购、混合收购。

3）定义金色降落伞，并解释一家公司有金色降落伞那还要继续收购吗？

4）说出内含报酬率和净现值法的各一个优点和一个缺点。

5）定义利息备付率，并结合情景分析导致甲公司利息备付率降低的因素。

6）根据美国 IMA 职业会计道德准则，情景中违背了什么职业道德准则？

7）说明可转换债券的特点，与普通债券相比其利率高还是低？

情景 12-9

某医院是一家非营利的医疗机构，管理层正在考虑扩建，需要采购大量的病床和医疗设备。在董事会讨论中，财务部门负责人认为，为了缓解公司现金流紧张的局面，应该通过租赁融资进行购置。会议另一个议题是财务部门发现医院近期现金回收速度越来越慢，行政主管计划延长收账期限，财务部门负责人则认为这样坏账的固有风险很大，应加大应收账款监管力度，查找原因。会后，会计人员张三在走廊听到负责应收账款登记主管李四在办公室打电话，李四说："会议还算顺利，没有人发现应收款中有一笔 500 万元于本月末即将到期，那这笔为提升收入所虚挂的应收款就不会被发现，这样的话，我就可以完成医院的收入指标，也有望能拿到医院所设定的最高奖金。"

问题 299：

1）请解释租赁融资，并说明该方式的两个优点和两个缺点。

2）该公司使用租赁融资购置医疗器械，会对公司的现金流有哪些影响？

3）说明两种引起应收账款增加的原因。

4）说明延长收账期限对该公司流动性的影响，并解释拖欠风险。

5）根据美国 IMA 职业会计道德准则，李四违背了什么职业道德准则？

6）根据美国 IMA 职业会计道德准则，张三应采取什么行动？

情景 12-10

F 公司面向大型工业客户制造和销售传达系统。销售合同要求，当系统出售后，F 公司能及时为售出后的系统提供更换部件，以保证其客户的经营不会中断。F 公司正在引进新产品线，在制造更换部件和购买新设备上需要大约 900 万元的投资。首席财务官正在研究能够保证更换部件和新设备投资成本的融资方案。下面是两种融资方案。

方案 1：商业银行向 F 公司提供贷款，利率为 5%，补偿性余额为 10%。该贷款需要每年重新协商一次。

方案 2：保险公司向 F 公司提供 10 年期贷款，固定年利率为 7%。利息每半年支付一次。

问题 300：

1）a. 为了能够有足够的资金制造更换部件和购买新设备，如果 F 公司采用方案 1，则需要的贷款金额是多少？给出计算过程。

b. 计算方案 1 第 1 年的利息成本。给出计算过程。

2）a. 计算方案 2 的年度利息成本。给出计算过程。

b. 确定并解释方案 2 相较于方案 1 的两个优点和两个缺点。

3）确定并解释采用以下方案会对 F 公司的净运营资本和资产负债表科目造成的影响：

a. 方案 1，利用银行贷款对更换部件和新设备进行融资。

b. 方案 2，利用定期贷款对更换部件和新设备进行融资。

4）确定除制造成本外，F 公司预计与更换部件的制造和保有相关的其他 3 项成本。

情景 12-11

当今企业将全世界看作是一个大市场，他们想要在世界每一个角落里找到销售或生产的新机会。所有政府对于贸易对其公民所带来的影响也变得更加敏感，他们持续监督着国际贸易活动，有时候还要做出限制和规定来保护和促进贸易活动。

很多企业将全球化作为组织战略，这是对世界范围经营进行整合的过程。虽然全球化很普遍且成为许多组织设定的目标，但是一个组织不可能简单地在一夜之间就变成全球化的经济实体。业务从国内到全球的迁移一般会经历一系列相对可以预知的阶段。这些企业可以选择某种方式实施全球化战略：出口、国际分部和销售子公司、跨国公司、全球化公司、合资等。在这个过程中会面临多种不确定因素。

管理外汇风险是国外投资和国际贸易中的重要问题。很多企业选择了外汇衍生工具的方法，也有一些企业专门从事易货贸易。一般的易货贸易通常是指一次性交易，交易周期短，两家企业交换商品。这种类型的交易受到那些在出口原材料的同时，利用技术和资本货物作为交换的新兴经济体的青睐。

在处理交易风险的过程中，很多企业选择保理的方式降低风险，而保理又分为有追索权和无追索权两种方式。

问题 301

1）说出国际贸易的 3 个优点，并说明贸易壁垒阻碍自由贸易的优缺点。

2）说出实施全球化战略企业国外融资的 3 种渠道，以及在国外投资需要考虑的 3 个风险。

3）说明影响汇率的因素和外汇远期、外汇期货和外汇期权的含义。

4）说出 3 种国际贸易融资的方式。

5）解释保理和其中追索权的含义，并说明保理的各一个优缺点。

6）说明易货贸易的各一个优缺点。

情景 12-12

甲公司拥有一笔短期资金需要在确保安全性和流动性的前提下进行投资，有 4 种备选方案：优先股、美国长期国债、美国短期国债和可转让大额存单。

问题 302

1）定义适销性、违约风险和到期日，并解释以上单个因素和收益率的关系。

2）定义优先股、美国长期国债、美国短期国债和可转让大额存单概念。

3）根据题目描述的情景，推荐投资方案。

问题 303　某企业采用了在 10 天内付款给予 2% 折扣的销售策略，60 天内到期付款则须付全款。该企业每天售出 1 000 件产品，单价为 10 美元。60% 的顾客会享受现金折扣，在剩余的 40% 的销售中，顾客的平均付款期为 70 天。如果该企业启用更为积极的收账政策从而能将不享受现金折扣的顾客的平均付款周期缩减为 60 天，那么对该企业的应收账款余额将会产生什么影响？（假定销售量不受政策变化的影响）(　　)

A. 减少 4 000 美元。　　B. 减少 40 000 美元。

C. 减少 240 000 美元。　　D. 减少 280 000 美元。

问题 304　当比较两家公司时，如果其他情况都一样，那么一家公司有较高的股利支付率意味着(　　)

A. 高的权益资本成本率。　　B. 较低的负债率。

C. 较高投资机会的考虑。　　D. 较高的价格盈余比（市盈率）。

问题 305　一家美国公司和一家欧洲公司在欧洲证券交易所购买相同的证券并持有 1 年。在这 1 年中，欧元相对于美元发生贬值。相对于欧洲公司而言，美国公司的回报将(　　)

A. 变低。　　B. 变高。　　C. 不变。　　D. 无法确定。

问题 306　风险资产的回报率和无风险资产的期望回报率之间的差额是(　　)

A. 风险溢价。　　B. 方差的系数。　　C. 计量的标准差。　　D. β 系数。

问题 307　跨国公司所面临的环境风险是客观存在的，环境的不确定性常常会给其带来各种阻碍与困难。因此，跨国公司必须预测并规避环境风险，下列哪项措施最不能规避其所面临的外汇风险？(　　)

A. 妥善地选择计价结算货币。　　B. 利用远期外汇交易弥补风险。

C. 提高预测汇率变动的能力。　　D. 熟悉东道国的金融法律

问题 308　当下列哪个因素提高时，企业的经济价值（市值）会提高？(　　)

A. 净现金流。　　B. 系统风险。

C. 非系统风险。　　D. 贴现率。

问题 309　某美国公司与一家德国金融机构签署了互换利息支付的协议。该美国公司发行了以欧元计价、年利率为 9% 的 100 万美元的债务。该公司已不再在德国销售其产品。该德国金融机构则在美国发行了以美元计价、利率为最优惠利率加 1% 且需年度调整的 100 万美元的债务。该德国金融机构在美国业务交易。这种利率互换(　　)

A. 减少了两家机构的外汇风险。

B. 减少了美国公司的利率风险，增加了德国金融机构的利率风险。

C. 减少了两家机构的信贷风险。

D. 减少了美国公司的现金流风险，增加了德国金融机构的现金流风险。

问题 310　对垃圾债券的最佳描述是(　　)

A. 一种根本不支付年利息，却以低于面值的价格打折出售的债券。

B. 得到固定资产支撑的债券。

C. 一种高收益、高风险的债券，一般用于为兼并、杠杠收购和陷入困境的公司提供融资。

D. 一种持有人可选择交换发行公司普通股票的债券。

问题 311　整个经济的一般利率水平上涨可能会导致以下哪种情况的出现？(　　)

A. 就应用短期债务融资的公司而言，其利润率会下降。

B. 就客户欠公司的短期贷款而言，到期赖账的客户数量会减少。

C. 作为投资而购买的固定利率债券的价值会上升。

D. 就应用短期债务融资的公司而言，其财务杠杆作用会增强。

问题 312　一些普通股股东享有优先购买权，使他们有权进行以下哪项行为？(　　)

A. 如果发行了新的普通股，可维持其在公司的相应利益。

B. 享受公司收益分配。

C. 享受公司资产清算的分配。

D. 在董事选举时投票。

问题 313　存货经济订购量较高的组织，则有(　　)

A. 较低的年度销售量（单位）。　　B. 较高的固定存货订购成本。

C. 较高的年度持有成本占存货价值的百分比。　　D. 较高的单位存货采购价格。

问题 314　为什么公司需要有补偿型现金余额？(　　)

A. 为了维持日常现金收支。　　B. 支付银行的服务费。

C. 为未预期的现金流波动提供准备。　　D. 利用可能的廉价购买机会。

问题 315　某公司正在购买一栋建筑物，希望把它用于其新产品的生产厂房。该楼的购置成本是 500 万美元，该公司必须借款才能购买。如果银行对贷款收取 8% 的贴现年利率，那么该笔贷款的实际利率是多少？(　　)

A. 7.42%。　　B. 7.87%。　　C. 8.00%。　　D. 8.69%。

问题 316　提供短期（一般不超过 1 年）资金借贷的金融市场被称为(　　)

A. 一级市场。　　B. 二级市场。　　C. 资本市场。　　D. 货币市场

问题 317　以下哪项借贷是无抵押贷款？(　　)

A. 来自银行的次级抵押融资。
B. 发行商业票据。
C. 质押应收账款。
D. 以资产为基础的贷款。

问题 318 以下哪项内容是两家公司兼并（吸收合并）的典型特点？（ ）

A. 兼并后一家公司将成为另一家公司的子公司。
B. 兼并会产生一家控股公司。
C. 兼并会产生一家合资企业。
D. 兼并发生后其中一家公司将不复存在。

问题 319 有效市场理论指出证券价格有如下哪些特征？（ ）

A. 不是未来现金流贴现的最好估计。
B. 合理反映所有公开的信息。
C. 不是公司财务决策的最好参照。
D. 总是小于它们的合理价值。

问题 320 一般不会把以下哪项内容视为公司短期融资的一种来源？（ ）

A. 优先股。
B. 应计负债，如应付工资和应缴税款。
C. 应付账款。
D. 来自银行的商业贷款。

问题 321 在以下哪种情形下，债券的市场价格会下降最多？（ ）

A. 利率上升，而该债券的期限是 4 年。
B. 利率上升，而该债券的期限是 6 年。
C. 利率下降，而该债券的期限是 4 年。
D. 利率下降，而该债券的期限是 6 年。

问题 322 某债券面值为 1 000 元，票面利率为 10%，期限为 5 年，每年年末付息。若市场利率为 12%，按复利计息，则其发行价格将（ ）

A. 高于 1000 元。
B. 等于 1000 元。
C. 低于 1000 元。
D. 无法确定。

问题 323 某企业规定信用条件为 3/10，1/20，*n*/30。一客户从该企业购入价值 10 000 美元的原材料，并于第 18 天付款，问该客户应付款的数额是多少元？（ ）

A. 10 000 美元。
B. 9 900 美元。
C. 9 800 美元。
D. 9 700 美元。

问题 324 在以下哪种情况下看涨期权的价值会降低？（ ）

A. 标的资产的现行价格升高。
B. 无风险利率升高。
C. 标的资产价格的波动性升高。
D. 标的资产的现行价格降低。

问题 325 以下哪项内容不是利用企业多余现金进行的适当投资？（ ）

A. 收益债券。
B. 短期国债。
C. 高级商业票据。
D. 货币市场基金。

问题 326 某公司以外币计价的应付账款将在 60 天内到期。为了消除与应付账款相关的外汇风险，该公司应该（ ）

A. 在当天出售外币远期合约。
B. 等 60 天，然后在到期之日通过在现货市场购买外币来支付发票。
C. 在当天购买外币远期合约。
D. 在当天购买外币，在现货市场将其兑换成本币，然后将这笔资金存入内资银行，存款到期日为发票所示付款日。

问题 327 某公司流通在外的只有普通股。这些普通股每股票面价值为 14 美元，账面价值为 20 美元。如果该公司以每股 18 美元的价格增发普通股，那么（ ）

A. 股东权益将增加，每股账面价值将下降。
B. 股东权益将增加，每股票面价值也将增加。
C. 每股账面价值将增加，每股票面价值将保持不变。

D. 股东权益将减少，每股账面价值将保持不变。

问题 328　某公司每年需要产品 25 000 单位，并已正确地将经济订货量计算为 1 000 单位。其安全存货是 300 单位，而采购间隔是 5 天。如果 1 年的生产时间是 250 天，那么应该在哪个单位上进行重新订货？(　　)

A. 300 单位。　B. 500 单位。　C. 800 单位。　D. 1 000 单位。

问题 329　以银行承兑著称的信用票据(　　)

A. 要求在装运单据发送至银行，银行收下货物后马上付款。

B. 在货物收讫后银行即签署发票，此后银行和卖方在其各自的账簿上记录该交易。

C. 是一种在具体日期支付的由银行担保的定期汇票。

D. 是一种销售融资方法，在此方法下银行保留其对货物的所有权，直到买方支付完货款为止。

问题 330　当前，市场上很多洗衣店相互之间竞争比较激烈。为了避免过度激烈竞争，可以考虑走联合经营的战略。这样既可以避免过度竞争，又可以增强各自的实力。以下哪种战略最适合洗衣店行业？(　　)

A. 纵向一体化。　B. 横向一体化。　C. 多元化。　D. 复合化。

问题 331　以下哪些选项属于经营协同效应？(　　)

Ⅰ. 在购买原材料和固定设备等方面的规模经济。

Ⅱ. 共同使用分销渠道和仓库存储。

Ⅲ. 将后勤、商店和工厂等进行整合。

Ⅳ. 清楚季节性波动的影响。

A. Ⅰ、Ⅱ和Ⅲ是对的。　B. Ⅰ、Ⅱ和Ⅳ是对的。

C. Ⅱ、Ⅲ和Ⅳ是对的。　D. Ⅰ、Ⅱ、Ⅲ和Ⅳ是对的。

问题 332　甲公司直接对外投资，要考虑政治风险。下列哪项不属于政治风险的范畴？(　　)

A. 政府腐败。　B. 对资产的征收。

C. 汇出资金的限制。　D. 制定价格的限制。

问题 333　甲公司 2014 年使用剩余资金进行投资，其投资组合的资产种类如表 12-37 所示。该投资组合预期收益率为多少？(　　)

表 12-37　甲公司的投资组合信息

资产	投资额度（元）	预期收益率（%）	贝塔
A	200 000	10	1.3
B	50 000	16	2.2
C	150 000	8	1.2
D	100 000	6	0.5
E	45 000	15	1.7

A. 11.00%。　B. 9.68%。　C. 14.49%。　D. 12.13%。

问题 334　甲公司计划进行组合投资，备选的投资品种如下：A 资产年收益为 14%，β 为 1；B 资产年收益为 8%，β 为 −1；C 资产年收益为 1%，β 为 0。以下哪种组合最能有效降低风险？(　　)

A. 50%资金投资 A 资产，50%资金投资 B 资产。

B. 50%资金投资 A 资产，50%资金投资 C 资产。

C. 50%资金投资 B 资产，50%资金投资 C 资产。

D. 25%资金投资 A 资产，75%资金投资 C 资产。

问题 335 **张三计划进行证券投资，以下组合中最好的选项是(　　)**

A. 20 个证券比 10 个证券更好。　　B. 100 个证券比 50 个证券更好。

C. 200 个证券比 100 个证券更好。　　D. 500 个证券比 200 个证券更好。

问题 336 **资本资产定价模型是非常重要的估值手段。作为衡量风险的指标，贝塔是根据以下哪项来确定的？(　　)**

A. 股票收益的分布与其中价值偏离的程度。

B. 股票收益率对市场组合收益率的敏感性。

C. 股票收益的标准与其期望收益的比值。

D. 股票收益率对另一个股票收益率的敏感性。

问题 337 **下列哪些不能通过分散化经营消除？(　　)**

Ⅰ. 利率风险。　　Ⅱ. 总体价格水平波动。

Ⅲ. 新产品研发。　　Ⅳ. 管理人员流动。

A. Ⅰ和Ⅲ。　　B. Ⅰ和Ⅱ。　　C. Ⅰ、Ⅱ和Ⅲ。　　D. Ⅲ和Ⅳ。

问题 338 **甲公司的财务总监预计下一期的股息为 1.25 元/股，1 年后股票市场价格为 45 元，投资者预期回报为 10%。那么甲公司当前的股票市场价格应为(　　)**

A. 42 元。　　B. 45 元。　　C. 48 元。　　D. 46 元。

问题 339 **4 个零息债券到期日均支付 1 000 元。债券 A 10 年后到期，收益率为 4%；债券 B 20 年后到期，收益率为 5%；债券 C 30 年后到期，收益率为 6%；债券 D 30 年后到期，收益率为 8%。根据以上信息，发行时市场价值最低的是(　　)**

A. 债券 A。　　B. 债券 B。　　C. 债券 C。　　D. 债券 D。

问题 340 **甲公司出售了乙公司股票行权价格为 45 元的看涨期权，同时又购入了乙公司股票行权价格为 50 元的看跌期权。当时乙公司股票股价为 45 元。看涨和看跌的成本分别为 8 元和 10 元。现在乙公司股票股价下降了 10 元，那么甲公司的盈利情况为(　　)**

A. 8 元。　　B. 25 元。　　C. 17 元。　　D. 13 元。

问题 341 **甲家具制造商从木材商处购买木材制成家具。该家具制造商预测明年木材价格会上涨。为了规避木材价格上涨的风险，该制造商应该如何做？(　　)**

A. 当天买入木材看跌期权。

B. 当天买入木材看涨期权。

C. 当天卖出木材看跌期权。

D. 当天买入木材看跌期权并卖出木材看涨期权。

问题 342 **加权平均资本成本是(　　)**

A. 资产回报率。　　B. 公司对高风险项目要求的最低回报。

C. 净利润率。　　D. 股权的资本成本。

问题 343 **在债务和权益按账面价值计算且忽略所得税的情况下，甲公司的加权平均资本成本为 15%。债务账面价值等于市场价值，权益的账面价值为 400 万元。权益的融资成本为 22%，债务成本为 8%。若公司股票是按面值 150%进行交易且所得税率为 35%，则按市值计算的加权平均成本为(　　)**

A. 16.4%。　　B. 10.8%。　　C. 15.28%。　　D. 10.66%。

问题 344 **甲公司向零售店分销时的信用条款为 2/10，净 30（收到货后 10 天内付款折扣为 2%，**

到期日为 30 天)，日均销售量为 150 件，每件的价格是 300 元。假设所有的赊销顾客中，有 60%的顾客会在折扣期限 10 天内付款，其余的将在第 30 天付款，则甲公司的应收账款金额为(　　)

A. 135 万元。　B. 99 万元。　C. 90 万元。　D. 81 万元。

问题 345　根据 EOQ 经济订货量模型，以下哪个项目增加会降低订货量？(　　)

A. 单位持有成本。　B. 每次订货成本。

C. 单位可变成本。　D. 总存货消耗量。

问题 346　供应商为甲公司提供 1/10，*n*/30 的信用期。甲公司不享用信用折扣政策的名义年成本最接近哪个选项（假设 1 年为 360 天)？(　　)

A. 16%。　B. 18%。　C. 20%。　D. 22%。

问题 347　除了以下哪个选项外，都是融资租赁的优点？(　　)

A. 防止设备过时。　B. 具有税盾收益。

C. 具有较强的灵活性。　D. 付出的利息较贷款低。

问题 348　A 公司的高级管理层与 B 公司的高级管理层商讨并购事宜，初步方案为 A 公司将溢价 30%收购 B 公司，相关信息计划于下周宣告。本周，B 公司的股价没有变化。消息公告后，B 公司的股价立即上涨了 30%。由此可以判断该资本市场的效率为(　　)

A. 强势有效，而非半强势有效。　B. 半强势有效，而非强势有效。

C. 强势有效，而非弱势有效。　D. 弱势有效，而非半强势有效。

问题 349　甲公司可转换公司债券面值为 100 元/张，当前价格为 105 元/张，转换率为 2.5 股/张。甲公司股票市场价格为 38 元/股。根据以上信息，甲公司可转换公司债券的转股价为(　　)

A. 38 元/股。　B. 40 元/股。　C. 42 元/股。　D. 100 元/股。

问题 350　甲公司最近向公众投资者出售一部分新公司的股票，这种分拆方式被称为(　　)

A. 分拆。　B. 股权切离。　C. 毒丸计划。　D. 清算。

问题 351　甲公司正在考虑以收购普通股的方式收购乙公司。两家公司的财务情况如表 12-38 所示。甲公司计划以高出乙公司股价 20%的价格收购该公司的股票。如果合并后，则甲公司的每股收益是多少？(　　)

表 12-38　两个公司的财务信息

财务信息	甲公司	乙公司
净利润	800 万元	200 万元
在外流通的普通股股数	400 万股	160 万股
每股收益	2 元	1.25 元
市盈率	12	8

A. 2.14 元/股。　B. 2.08 元/股。　C. 1.79 元/股。　D. 1.66 元/股。

问题 352　若日元兑美元即期汇率为 100:1，远期汇率为 94:1，分析师采用购买力平价进行分析，则日元(　　)

A. 升值，因为美国比日元的通货膨胀率高。

B. 升值，因为美国比日元的通过膨胀率低。

C. 贬值，因为美国比日元的通货膨胀率高。

D. 贬值，因为美国比日元的通货膨胀率低。

问题 353　某美国公司预期 60 天后购入 6 000 澳元的商品，同时销售 3 000 澳元的商品。为了规避

汇率风险，该公司应该怎样做？( )

A. 出售 3 000 澳元的远期合约。
B. 出售 6 000 澳元的远期合约。
C. 购入 3 000 澳元的远期合约。
D. 购入 6 000 澳元的远期合约。

问题 354 张三月初购入甲公司股票 1 000 股，购买价格为 50 元/股。月末，张三出售全部甲公司股票，出售价格为 52 元/股。张三持有股票期间，甲公司发放股利 2 元/股，则甲公司股票的持有期收益率为( )

A. 8%。 B. 7.61%。 C. 10%。 D. 5%。

问题 355 票据贴现率因通货膨胀利率上升，会影响下列怎么变化？( )

A. 股票的价格下降。
B. 优先股的价格上升。
C. 债券价格上升。
D. 权益融资成本上升或下降。

问题 356 以下为 4 种投资的收益和标准差，判断哪个选项最合适投资？( )

	收益	标准差
A.	30%	10%。
B.	18%	9%。
C.	40%	10%。
D.	20%	20%。

问题 357 A 公司股票和 B 公司股票的预期收益率分别为 10%和 13%。A 股票和 B 股票的标准差都是 30%，它们的投资组合的标准差也为 30%。那么 A 股票和 B 股票的相关系数为( )

A. −1。 B. 0。 C. 1。 D. 0.5。

问题 358 已知市场收益率为 8%，无风险报酬率为 4%。如果 X 公司股票 β 值为 0.5，Y 公司股票 β 值为 2.0，那么 X 公司和 Y 公司股票收益率分别是( )

A. 6%和 24%。 B. 6%和 12%。 C. 8%和 32%。 D. 8%和 20%。

问题 359 A 公司是一家美国企业，其经营具有市场一般的风险，它的预期收益率应该用以下哪项来计算？( )

A. 美国国债。
B. 投资级债券。
C. 标普 500 指数。
D. 全球股票。

问题 360 张三原有养老金基金投资，最近由于股市大幅上涨，他觉得基金收益太低。他希望通过投资股票获取更高的回报。他收集某上市公司的信息如下：当年股利 3 元/股，要求回报率 15%，预计股利增长率 5%，市场价格 20 元/股。根据以上信息，以下说法正确的是( )

A. 如果给出的假设均准确，张三投资该股票将亏损。
B. 如果给出的假设均准确，张三投资该股票将盈利。
C. 张三不应该投资该股票，因为风险较大。
D. 张三应该投资该股票，因为风险较小。

问题 361 甲公司正在考虑投资两种债券——债券 X 和债券 Y。这两种债券都是 2 年后到期，面值都为 1 000 元，每年支付利息。债券 X 和债券 Y 的票面利率分别为 6%和 8%。若甲公司预期的投资回报率为 7%，则债券 X 和债券 Y 的价格分别为多少？( )

A. 1 000 元和 1 000 元。
B. 981.48 元和 1 000 元。
C. 1 000 元和 1 017.64 元。
D. 981.48 元和 1 017.64 元。

问题 362　甲投资银行发行了一项看涨期权，标的股票的当前市价为 20 元/股，执行价格为 20 元/股，到期日为 1 年后的同一天，期权价格为 2 元，若到期日股票市价为 23 元/股，则下列计算错误的是(　　)

A. 期权空头价值为 −3 元。　　B. 期权多头价值为 3 元。

C. 买方期权净损益为 1 元。　　D. 卖方期权净损益为 −2 元。

问题 363　甲公司股票价格波动幅度很大，该股票看跌期权和看涨期权价值如何变化？(　　)

A. 看涨期权价值上升。　　B. 看跌期权价值下降。

C. 看涨期权和看跌期权价值都下降。　　D. 看涨期权和看跌期权价值都上升。

问题 364　A 公司发行债券 1 000 万元，资金成本为 8%，企业所得税率为 35%。该债券主要用于收购 B 公司，B 公司的企业所得税率为 20%。A 公司的税后资金成本是(　　)

A. 8%。　　B. 25%。　　C. 5.2%。　　D. 10%。

问题 365　已知市场预期报酬率为 10%。甲公司股票股利增长率为 5%，去年的股利为 2 元/股。则以下哪种情况下，甲公司股票的预期收益率会增加？(　　)

A. 增长率从 5% 降到 4%。　　B. 市场预期报酬率从 10% 降到 8%。

C. 股息增加 5%。　　D. 无法判断。

问题 366　甲公司每天收到 2 500 张支票，每张支票面值平均为 600 元。如果使用银行提供的锁箱系统，则能提前 2 天收到，而银行将收取每张支票的成本为 0.28 元。如果银行的年存款利息为 7%，那么甲公司使用锁箱系统的年收益（损失）为(　　)

A. 209 300 元。　　B. 210 000 元。　　C. −45 500 元。　　D. −150 500 元。

问题 367　甲公司之前的信用条件为 *n*/60，客户一般都是在临近 60 天时才付款。今年，甲公司为了加快现金流回将信用条件改为 2/10、*n*/60。目前该公司的赊销金额为 500 万元，60% 的客户会选择在现金折扣期内付款，而且折扣收款使得收款时间比原来提前了 30 天。若甲公司的资本成本为 9%，那么该项折扣付款的净成本为多少？(　　)

A. 22 500 元。　　B. 60 000 元。　　C. 37 500 元。　　D. −37 500 元。

问题 368　以下哪项不是企业的短期负债？(　　)

A. 银行承兑汇票。　　B. 应付工资。

C. 公司债券。　　D. 商业票据。

问题 369　如果 100 000 万元 1 年期贷款的名义利率为 7%，需要 20% 补偿性贷款，则有效年利率为(　　)

A. 7%。　　B. 8.4%。　　C. 8.75%。　　D. 13%。

问题 370　甲证券公司的分析师张三正在审查 X 公司的以下信息：甲公司过去 20 年的股票交易信息；甲公司过去 5 年的 10-R 信息；甲公司过去 15 年的 10-Q 信息；甲公司的网页。分析以上信息是基于什么理论？(　　)

A. 有效市场的半强势有效理论。　　B. 有效市场的强势有效理论。

C. 资本资产定价理论的弱势有效理论。　　D. 资本资产定价理论的半弱势有效理论。

问题 371　以下哪项不是公开发行债券和私募债券的区别？(　　)

A. 私募债券可以连带发行认股权证，而公开发行债券不可以。

B. 所面对的对象不同，公开发行面对广大公众，私募债券面向少数特定投资者。

C. 公开发行债券通常需要借助于中介方——投资银行来发行，而私募债券一般不需要。

D. 私募债券的交易速度通常比公开发行快。

问题 372 **A 公司以欧元编制报表货币。为了考虑汇率变动的影响，该公司从道琼斯通讯社获得了汇率信息如表 12-39 所示。在本季度，欧元相对美元和相对英镑的汇率变化分别为(　　)**

表 12-39 汇率信息

季度初	美元	欧元	英镑	季度末	美元	欧元	英镑
美元兑	1.00	1.14	0.89	美元兑	1.00	1.62	0.83
欧元兑	0.88	1.00	0.78	欧元兑	0.86	1.00	0.71
英镑兑	1.13	1.28	1.00	英镑兑	1.21	1.41	1.00

A. 相对于美元升值，相对于英镑升值。　B. 相对于美元贬值，相对于英镑升值。
C. 相对于美元贬值，相对于英镑贬值。　D. 相对于美元升值，相对于英镑贬值。

问题 373 **甲公司是一家澳大利亚企业，准备从孟加拉国进口 1 000 把椅子，成本为 60 孟加拉元/把，并以 45 澳元/把出售。当期的汇率为 1 澳元兑换 1.573 孟加拉元。为了规避汇率风险，甲公司以 1 澳元兑换 1.565 孟加拉元的汇率购入外汇远期合约，甲公司最终的盈利情况为(　　)**

A. 6 660 澳元。　B. 6 856 澳元。　C. 5 829 澳元。　D. 6 475 澳元。

问题 374 **年末，甲公司报告的净利润为 588 000 元。该公司已发行了 10 000 股面值为 100 元的 6%优先股和 120 000 股面值为 10 元的普通股，并持有 5 000 股普通股库藏股票。该公司没有到期未发放的股利，年末普通股每股的市场价格为 40 元，甲公司的市盈率是多少？(　　)**

A. 9.47。　B. 9.09。　C. 8.50。　D. 8.16。

问题 375 **张三是一家中西部机械配件公司的 CFO，他正在考虑拆分普通股的事宜。目前的股价为每股 80 元。该股票目前支付的每股股息为 1 元。如果把普通股 1 股拆成 2 股，张三预计拆分之后的股价将（　　）。**

A. 等于 40 元，不管采取哪种股息政策。
B. 高于 40 元，如果新股的股息调整为每股 0.45 元。
C. 高于 40 元，如果新股股息调整为每股 0.55 元。
D. 低于 40 元，不管采取哪种股息政策。

问题 376 **下面哪项会被归类为非系统性风险？(　　)**

A. β 值。　B. 广泛的市场风险。
C. 利率变动。　D. 可分散风险。

问题 377 **使用资本资产定价模型，公司 Z 股票的 β 系数为 2.0，预期回报率为 18%。公司 X 的预期回报率为 8.2%。无风险利率为 4%。公司 X 的 β 值为(　　)**

A. 0.49。　B. 0.60。　C. 0.91。　D. 2.05。

问题 378 **某公司股票的看涨期权在 6 个月后到期。该期权的行使价格或击发价格为 100 元。当前股价为 90 元。看涨期权的售价为 6 元。该看涨期权的内在价值和期权价格分别是多少？(　　)**

1. 10 元和 16 元。　B. 10 元和 6 元。
C. 0 元和 16 元。　D. 0 元和 6 元。

问题 379 **某公司的高市盈率最有可能表明(　　)**

A. 投资者认为该公司未来将不会增长。
B. 投资者认为该公司未来将有显著增长。
C. 该公司未来会通过提价来增加销售收入。
D. 该公司未来会通过提价来增加利润。

问题 380　**某公司拥有 25 万股已获批准的普通股，已发行 21 万股，并且有 19 万股在市场流通，每股面值为 1 元。该公司发行并流通了 9 万股股息率为 4%，每股面值为 100 元的非累积优先股。该公司去年未派发股利，但今年宣布派发 90 万元股利。股利将在优先股股东和普通股股东之间如何分配？（　　）**

A. 36 万元和 54 万元。　　B. 69 万元和 21 万元。

C. 71 万元和 19 万元。　　D. 72 万元和 18 万元。

问题 381　**某公司目前拥有 10 万股面值为 10 元的流通普通股。当前的市场价值为每股 100 元。该公司正在考虑按 5∶2 进行股票分割。新的每股预期市场价值将是多少？（　　）**

A. 4 元。　B. 25 元。　C. 40 元。　D. 100 元。

情景 12-13

DPI 公司扩大生产规模，需购置一项资产，该资产需支付 50 000 000 美元，而该公司现金仅能支付 18 000 000 美元，其他资金需要额外筹措。该公司目前的资本结构如表 12-40 所示。

表 12-40　该公司目前的资本结构

资本信息	融资成本（美元）	
长期债券	5 700 000	税后 4%
优先股	2 850 000（面值）	股息率 10%
所有者权益	10 450 000	12%
合计	19 000 000	

该公司适用边际所得税税率为 35%。假定上述资本结构为该公司目标最优资本结构。该公司以每股 25 美元发行股票，以筹集资金。

问题 382

1）请定义普通股、优先股。

2）普通股和优先股股利在支付顺序上有何区别？

3）普通股和优先股有何区别？普通股和长期债券有何区别？

4）该公司购置资产的预计报酬率是 10%，是否应购置该项资产？

5）该公司应分别通过发行债券、优先股和普通股筹集多少资金？

情景 12-14

甲公司和乙公司都是加拿大的报纸出版商。甲公司的 CEO 是乙公司主计长的密友。乙公司主计长告诉甲公司 CEO，乙公司的 CEO 最近去世了，继承人从未接触过公司业务。该主计长向甲公司的 CEO 保证，他能够调整乙公司的运营数据，以说服继承人以低于市场价值的价格出售该公司。该主计长还向甲公司的 CEO 透露了以下乙公司截至 20××年 12 月 31 日的年度财务信息：总资产 9 250 万加元、总权益 7 950 万加元、收入 2.515 亿加元、净利润 1 950 万加元、流通股份 150 万股。在过去几年中，乙公司未支付任何股息。

最具可比性的上市公司是丙公司，但与乙公司不同，丙公司拥有大量电视业务。丙公司的 β 值为 0.9，股利支付率为 40%，预计将保持此比率。该公司预计明年每股收益为 3 加元。收益增长率估计为每年 6%。丙公司目前的市场价值为 150 亿加元，流通股份为 3.75 亿股。

问题 383

1）根据美国管理会计师协会职业道德守则公告，a. 乙公司的主计长违反了哪些标准？解释你的答案。b. 如果该主计长调整了乙公司的运营数据并将其提供给继承人，他将进一步违反哪些标准？解

释你的答案。

2）使用固定增长股利折现模型，计算丙公司的要求报酬率。给出你的计算过程。

3）a. 确定并解释两种主要类型的股利。b. 说明使用上述每种类型的股利对该公司权益价值的影响。

4）a. 解释权益回报率（ROE）和资产回报率（ROA）。b. 计算乙公司的 ROE 和 ROA。分别给出你的计算过程。

5）丙公司的股票是否比市场波动性更大？解释你的答案。

情景 12-15

甲公司是一家上市的多元化传媒公司。甲公司的部门包括广播部（广播台和电视台）与印刷和数字媒体部（杂志和报纸）。甲公司最近剥离了图书出版部门。在考虑分拆、分割和股权切离之后，甲公司对图书出版部进行了分析。

甲公司所处的市场正在发生许多变化。该公司过去几年的财务业绩令人失望。股票价格在今年结束时为每股 50.00 美元，比年初的价值下降了 10%。最近几周，甲公司的股票价格基本不变甚至略有下降。但与此同时，甲公司股票的看涨期权的价值却在上升。本年度派发的股利仍为每股 1.00 美元。本年度的每股收益为 1.25 美元。甲公司在 3 个月前发行了 4 亿美元的债券。该债券的期限为 30 年，年票面利率为 6.5%，某信用评级机构给出的评级为“A”级。该债券是可转换债券，且不具有赎回特性。该债券发行后不久，长期利率上升，短期利率保持不变。

甲公司最近向亚洲电台和电视广播市场的扩张遇到了一些困难。为获得必要许可证和执照而支付的金额远远高于预期。此外，公共设施故障和政府调查是意料之外的风险。事后看来，甲公司进入亚洲市场时并未对其可能遇到的新企业风险进行全面评估。这些问题以及长期战略计划将在甲公司的下届董事会会议上进行讨论。

问题 384

1）a. 分别定义分拆、分割和股权切离。

b. 在从甲公司剥离图书出版部门的上述 3 种可能的方法中，哪种方法（如果有）会使甲公司获得现金流入？解释你的答案。

2）a. 计算年底的收益率和股利收益率。给出你的计算过程。

b. 计算最近 1 年甲公司投资者的总回报率。给出你的计算过程。

3）a. 描述债券的转换特性对票面利率的影响。解释你的答案。

b. 描述债券的赎回特性对票面利率的影响。解释你的答案。

4）解释由于利率的变化，甲公司债券的市场价值可能发生什么变化。

5）解释最近几周甲公司股票的看涨期权价值增加的可能原因。

6）确定并解释甲公司已经面临的与开拓亚洲市场有关的两种风险。

本章习题解答

题号	答案	题号	答案	题号	答案	题号	答案
问题 1	A	问题 2	B	问题 3	A	问题 4	B
问题 5	C	问题 6	B	问题 7	C	问题 8	C
问题 9	A	问题 10	B	问题 11	B	问题 12	A

（续）

题号	答案	题号	答案	题号	答案	题号	答案
问题 13	B	问题 14	A	问题 15	C	问题 16	B
问题 17	D	问题 18	C	问题 19	D	问题 20	B
问题 21	A	问题 22	D	问题 23	C	问题 24	C
问题 25	B	问题 26	A	问题 27	A	问题 28	D
问题 29	D	问题 30	A	问题 31	A	问题 32	B
问题 33	D	问题 34	C	问题 35	A	问题 36	B
问题 37	A	问题 38	C	问题 39	C	问题 40	C
问题 41	C	问题 42	A	问题 43	D	问题 44	D
问题 45	A	问题 46	D	问题 47	C	问题 48	C
问题 49	D	问题 50	C	问题 51	B	问题 52	A
问题 53	A	问题 54	C	问题 55	C	问题 56	B
问题 57	C	问题 58	D	问题 59	A	问题 60	B
问题 61	C	问题 62	D	问题 63	B	问题 64	C
问题 65	C	问题 66	D	问题 67	D	问题 68	A
问题 69	A	问题 70	B	问题 71	D	问题 72	D
问题 73	B	问题 74	C	问题 75	B	问题 76	A
问题 77	D	问题 78	B	问题 79	C	问题 80	B
问题 81	D	问题 82	D	问题 83	C	问题 84	D
问题 85	D	问题 86	C	问题 87	C	问题 88	D
问题 89	D	问题 90	D	问题 91	B	问题 92	D
问题 93	A	问题 94	D	问题 95	C	问题 96	D
问题 97	B	问题 98	C	问题 99	B	问题 100	A
问题 101	B	问题 102	B	问题 103	A	问题 104	C
问题 105	D	问题 106	C	问题 107	B	问题 108	C
问题 109	B	问题 110	B	问题 111	C	问题 112	A
问题 113	C	问题 114	C	问题 115	D	问题 116	B
问题 117	D	问题 118	A	问题 119	A	问题 120	C
问题 121	C	问题 122	D	问题 123	C	问题 124	C
问题 125	A	问题 126	C	问题 127	C	问题 128	C
问题 129	C	问题 130	A	问题 131	B	问题 132	A
问题 133	A	问题 134	C	问题 135	A	问题 136	C
问题 137	A	问题 138	B	问题 139	A	问题 140	D
问题 141	B	问题 142	A	问题 143	B	问题 144	B
问题 145	D	问题 146	D	问题 147	D	问题 148	D
问题 149	B	问题 150	B	问题 151	A	问题 152	A

（续）

题号	答案	题号	答案	题号	答案	题号	答案
问题 153	C	问题 154	C	问题 155	D	问题 156	C
问题 157	B	问题 158	A	问题 159	A	问题 160	A
问题 161	D	问题 162	B	问题 163	C	问题 164	D
问题 165	D	问题 166	C	问题 167	A	问题 168	B
问题 169	B	问题 170	C	问题 171	D	问题 172	B
问题 173	D	问题 174	A	问题 175	C	问题 176	B
问题 177	C	问题 178	C	问题 179	C	问题 180	C
问题 181	B	问题 182	D	问题 183	B	问题 184	C
问题 185	D	问题 186	D	问题 187	A	问题 188	C
问题 189	C	问题 190	D	问题 191	D	问题 192	B
问题 193	B	问题 194	D	问题 195	C	问题 196	C
问题 197	A	问题 198	C	问题 199	D	问题 200	D
问题 201	A	问题 202	C	问题 203	A	问题 204	A
问题 205	A	问题 206	A	问题 207	A	问题 208	C
问题 209	B	问题 210	B	问题 211	B	问题 212	A
问题 213	D	问题 214	A	问题 215	A	问题 216	D
问题 217	B	问题 218	A	问题 219	D	问题 220	C
问题 221	D	问题 222	D	问题 223	B	问题 224	A
问题 225	B	问题 226	B	问题 227	B	问题 228	B
问题 229	C	问题 230	D	问题 231	A	问题 232	B
问题 233	A	问题 234	C	问题 235	D	问题 236	D
问题 237	C	问题 238	B	问题 239	C	问题 240	B
问题 241	A	问题 242	B	问题 243	C	问题 244	A
问题 245	A	问题 246	C	问题 247	B	问题 248	D
问题 249	C	问题 250	D	问题 251	B	问题 252	A
问题 253	D	问题 254	A	问题 255	B	问题 256	B
问题 257	B	问题 258	C	问题 259	B	问题 260	C
问题 261	C	问题 262	C	问题 263	A	问题 264	A
问题 265	D	问题 266	C	问题 267	D	问题 268	D
问题 269	A	问题 270	A	问题 271	B	问题 272	A
问题 273	D	问题 274	B	问题 275	D	问题 276	A
问题 277	A	问题 278	C	问题 279	B	问题 280	D
问题 281	C	问题 282	C	问题 283	D	问题 284	C
问题 285	D	问题 286	C	问题 287	B	问题 288	B
问题 289	D	问题 290	C	问题 291	B	问题 292	B

（续）

题号	答案	题号	答案	题号	答案	题号	答案
问题 303	B	问题 304	D	问题 305	A	问题 306	A
问题 307	D	问题 308	A	问题 309	A	问题 310	C
问题 311	D	问题 312	A	问题 313	B	问题 314	B
问题 315	D	问题 316	D	问题 317	B	问题 318	D
问题 319	B	问题 320	A	问题 321	B	问题 322	C
问题 323	B	问题 324	D	问题 325	A	问题 326	C
问题 327	A	问题 328	C	问题 329	C	问题 330	B
问题 331	D	问题 332	D	问题 333	B	问题 334	A
问题 335	D	问题 336	B	问题 337	B	问题 338	A
问题 339	D	问题 340	D	问题 341	B	问题 342	A
问题 343	C	问题 344	D	问题 345	A	问题 346	B
问题 347	D	问题 348	B	问题 349	B	问题 350	B
问题 351	B	问题 352	A	问题 353	C	问题 354	A
问题 355	A	问题 356	C	问题 357	C	问题 358	B
问题 359	C	问题 360	B	问题 361	D	问题 362	D
问题 363	D	问题 364	C	问题 365	C	问题 366	C
问题 367	A	问题 368	C	问题 369	C	问题 370	A
问题 371	A	问题 372	C	问题 373	A	问题 374	B
问题 375	C	问题 376	D	问题 377	B	问题 378	D
问题 379	B	问题 380	A	问题 381	C		

问题 1 分析：

WACC 是企业整体平均资金成本，最优资本结构指的是企业在 WACC 最小的资本结构，也是公司的目标之一。

问题 2 分析：

$\text{EOQ}=\sqrt{\dfrac{2FD}{C}}$，其中：$F$ 为每个订单的固定成本，D 为需要存货的总量，C 为单位存货的持有成本。当企业的存货持有成本增加，经济订货批量下降，为保持成本，管理层应该降低平均存货水平。A、C 两项的增加，管理层应该提高平均存货水平；D 项的增加，管理层应提高安全库存，进而是平均存货量增加。

问题 3 分析：

一个国家的货币汇率最近由 1.5 个本国货币兑换 1 美元变为 1.7 个本国货币兑换 1 美元，说明本币贬值，出口到美国的货物更便宜，从美国进口的产品更贵。

问题 4 分析：

债务融资的利息在税前支付，有抵税的作用，获得税收方面的好处。同时债务融资可以利用财务杠杆增加股东收益，保持股东的控股权，但增加企业的财务风险。

问题 5 分析：

WACC = 50% × 6% × (1 − 40%) + 10% × 7% + 40% × 11.5% = 7.1%。

问题 6 分析：

累积投票的目的是保护小股东的利益，限制大股东或控股股东对董事、监事选举过程的控制与操纵，允许少数股东获得在董事会的代表位置。

问题 7 分析：

EOQ 的假设有：前置时间固定、需求稳定、成本已知、补充及时、没有脱销等。

问题 8 分析：

由于 30 天后将会收到欧元，所以应该签订 30 天后卖出欧元的远期合约，这样做是保证企业的现金流入量。

问题 9 分析：

浮动汇率制的优点是可以自主制定货币政策，贸易余额可以自动进行调整。

问题 10 分析：

公司支付的利息 = 500 000 元 × 8% = 40 000 元，补偿性余额 = 500 000 元 × 20% = 100 000 元。所以实际利率 = 40 000 元/400 000 元 = 10%。

问题 11 分析：

浮动利息债券根据市场利率调整，所以采用浮动利息债券市场价格保持相对恒定——接近面值。

问题 12 分析：

债务融资利息在税前支付，可以获得税盾的好处，高的所得税税率相当于实际支付利息少，在非利息税收优惠很少的情况下，企业采用债务融资有利于股东权益的最大化。

问题 13 分析：

股利增长率 = ROE × (1 − 股利支付率) = 10% × (1 − 4 000 000 元/20 000 000 元) = 8%，股票的价值 = 4 000 000 元 × (1 + 8%)/2 000 000 元/(14.5% − 8%) = 33 元。

问题 14 分析：

由互换净支付计算公式可知，固定利率支付方的净支付额 = 5 000 000 元 × 8% × (180 天/365 天) − 5 000 000 元 × 7.25% × (180 天/360 天) = 16 010 元。

问题 15 分析：

期权的执行价格 = 58 元 + 3 元 = 61 元。

问题 16 分析：

AA 级债券贴现率 = 2.5% + 0.5% = 3%，债券现值 = 50 元 × 2.829 + 1 000 元 × 0.915 = 1 056.57 元。

问题 17 分析：

主要管理层变动的表决权是董事会的权利。

问题 18 分析：

债券的利息费用 = 账面价值 × 实际利率。溢价发行确认的利息费用金额随时间减少，折价发行确认的利息费用金额随时间增加。

问题 19 分析：

美国短期国债、欧洲元存款和商业票据都是货币市场证券，期限小于等于 1 年。可转换债券是资本市场证券，期限大于 1 年。

问题 20 分析：

在该题所述情况下，通过比较几家银行为甲公司带来的锁箱处理成本大小来决定银行的选择。

A 选项锁箱系统成本 = 700 张/天 × 1 800 元/张 × 360 天 × 0.03% = 136 080 元。

B 选项锁箱系统成本 = 1 750 000 元 × 7% = 122 500 元。

C 选项锁箱系统成本 = 700 张/天 × 360 天 × 0.5 元/张 = 126 000 元。

D 选项锁箱系统成本 = 125 000 元。

问题 21 分析：

一家公司的最优资本结构是使得公司价值最大也就是股票价格最大。

问题 22 分析：

公司实现最佳资本结构，即加权平均资本成本最小，筹资成本最小。公司希望筹资成本最小的原因是希望公司净资产最大化，即股东利益最大化。

问题 23 分析：

提供给顾客信用贷款期限长于运营周期。说明应收账款不能及时收回来支付欠供应商的应付贷款，因此，企业继续借款还上一次购入的原材料，又需赊销下一次的原材料购款。

问题 24 分析：

选项 C 激进的运营资本管理政策专注于较高的获利能力，尽管要付出高风险和低流动性的代价。激进的资产管理导致相对于长期投资，流动资产资本最小化。货款实现长期库存筹资不是激进的运营资本管理，而属于期限匹配。

问题 25 分析：

股利往往比利润更稳定，因为投资者愿意投资股利波动小的股票，这样股票市值就会比较稳定。

问题 26 分析：

锁箱系统提供给应收账款管理的作用是最小化收款浮差。

问题 27 分析：

久期计算公式可知，有效久期依赖于债券价格相对于利率变化的变动率。对此债券的价格将会变动市场价格的 0.75% × 4.8 = 3.6%。

问题 28 分析：

普通股现金股利总额 = 1 750 000 元 × 20% = 350 000 元。优先股股利共支付 2 期，优先股股利总额 = 6 000 股 × 5% × 100 元/股 × 2 = 60 000 元。股利总额 = 350 000 元 + 60 000 元 = 410 000 元。

问题 29 分析：

赎回溢价需要发行方赎回债券时支付高于面值的部分。可转换债券可以在到期之日转换成普通股，也可以选择在到期日要求公司清偿债务。一般而言，附有赎回条款的债券比没有赎回条款的收益率要高。赎回条款对投资者不利的原因是发行方有权在有利于自己的条件下赎回债券。

问题 30 分析：

优先购股权允许当前股东保持他们在公司的所有权比例，防止股权被稀释。

问题 31 分析：

股利支付流程可知，首先宣告发放股利，确定除息日，除息后有权利的股东于登记日进行记录，在支付日获得现金。

问题 32 分析：

单一证券的系统风险用 β 系数来计量，$\beta = \mathrm{Cov}(r, r_m)/\sigma_m^2$，其中 $\mathrm{Cov}(r, r_m)$ 表示股票和市场组合的协方差，σ_m^2 表示市场组合的标准差。由 β 系数公式可知，通过证券收益与市场收益的协方差衡量系统性风险，证券收益随市场收益的变动情况。

问题 33 分析：

β 系数受公司规模、财务杠杆、经营杠杆、股利支付率、营利变动性、流动比率、总资产增长率、主营收入增长率、主营业务利润率、资本收益率、资本收益增长率等因素影响。其中，股利支付率对于 β 系数影响最小。

问题 34 分析：

β 系数表示投资对市场变动的敏感程度。市场组合的 β 系数为 1，无风险证券的 β 系数为 0。当甲公司 β 系数为 1，预期收益率将近似于整个市场收益率。

问题 35 分析：

财务杠杆 = 营业利润/[营业利润 - 利息费用 - 优先股股利/(1 - 税率)]。

负债与优先股总和的比例越大，利息与优先股股利越多，财务杠杆越大。

在题中所给的 4 个选项中，甲公司的负债与优先股总和的比例最大，因此杠杆最高。

问题 36 分析：

现金流量套期保值是对未来交易现金流量的套期保值。公允价值套期保值是对现有资产价值的套期保值。掉期是一系列现金流的交换。外汇套期保值是指防止外汇汇率波动而进行的套期保值。防止小麦价格波动是对未来交易的套期保值属于现金流量套期保值。

问题 37 分析：

10 年或 10 年以上长期资本融资通常有股票、长期债券、留存收益、可转换公司债券和可转换优先股。其中只有美国长期国债是长期的债务工具。

问题 38 分析：

优先股转换是指在一定条件下优先股可被转换为普通股。赎回条款是指发行人可以一定金额赎回优先股的条款。偿债基金是发行公司为偿还未到期公司债或赎回优先股而设置的专项基金。再融资是指上市公司通过配股、增发和发行可转换债券等方式在证券市场上进行的直接融资。再融资不是优先股回购的方式。

问题 39 分析：

股权登记日又称为股权确定日。

问题 40 分析：

优先股的股息不是费用而是所有者权益的分配，在税后支付，不得抵税。负债产生的利息是税前支付，有税盾效应。

问题 41 分析：

优先股的风险高于债券的风险。为弥补风险，优先股发行方分配的优先股股利大于支付的利息费用。这点对于发行方是不利的。

问题 42 分析：

赎回条款是指发行债券的企业，有权在预定的期限内，按事先约定的条件，买回尚未到期的债券的条款。

问题 43 分析：

保证条款对合同期内公司可能实施的某些行为设定了约束，分为负保证条款和正保证条款。

问题 44 分析：

负债产生的利息是税前支付——可抵税，因此高所得税率的公司发债券融资比较有利。

问题 45 分析：

保证条款对合同期内公司可能实施的某些行为设定了约束，该题目中描述的内容属于负保证条款。

问题 46 分析：

契约定义债券发行的细节，包括：债券发行的条款和条件；利率；债券到期日；保护性保证条款；违约事项；次级条款；偿债基金条款；将被抵押的担保财产；受托人的任命和职责。题目中描述的Ⅰ，Ⅱ，Ⅲ属于正保证条款，Ⅳ属于负保证条款。

问题 47 分析：

选项 A，票面利率是既定的，不会随经济因素变化而变化。市场利率会随经济因素变化而变化。选项 B，两种债券由同一发行人发行，票面利率相等且到期期限均为 1 年，两种债券的利率风险相同。选项 C，债券剩余期限越长，价格对利率波动越敏感。选项 D，利率风险是指由于利率波动而带来的损失的可能性。15 年到期的债券比 1 年到期债券的久期大，利率风险高。

问题 48 分析：

普通股资本成本 = 7% + 1.25 ×（15% − 7%）= 17%。每股市价 = 8 元 × 35%/（17% − 10%）= 40 元。

问题 49 分析：

每股股利 = 200 元 × 8% = 16 元。优先股成本 = 每年每股股利/（每股发行价 − 每股发行成本）= 16 元/（184 元 − 10 元）= 9.2%。

问题 50 分析：

普通股股数 = 6 000 000 元/2 元/股 = 3 000 000 股。每股收益 = 7 500 000 元/3 000 000 股 = 2.5 元/股。每股市价 = 每股收益 × 市盈率 = 2.5 元/股 × 12 = 30 元/股。

问题 51 分析：

普通股股数 = 6 000 000 元/2 元/股 = 3 000 000 股。普通股的账面价值 = 6 000 000 元 + 48 000 000 元 + 12 000 000 元 = 66 000 000 元。每股账面价值 = 66 000 000 元/3 000 000 股 = 22 元/股。每股市价 = 每股账面价值 × 市盈率 = 22 元/股 × 1.5 = 33 元/股。

问题 52 分析：

债券久期给出了债券或投资组合价值对利率变动的大致敏感程度，衡量了利率风险。到期收益率是指从购买到到期日债券的实际报酬率。债券评级使投资者能够评价债券的信用风险。债券期限是债券到期支付、义务了结的最后日期。

问题 53 分析：

留存收益归全体普通股股东所有的。因此，不考虑发行成本，留存收益成本等于普通股成本。

问题 54 分析：

明年支付股利 = 6 元 ×（1 + 9%）= 6.54 元。留存收益资本成本 = 明年的每股股利/每股发行价格 + 增长率 = 6.54 元/72 元 + 9% = 18.08%。

问题 55 分析：

债务的资本成本低于股权的资本成本，偿还债务会使股权的筹资比例增加，因此平均加权资本成本增加。国库券收益率增加会使债务的资本成本和股权的资本成本同时增加，因此平均加权资本成本增加。公司运营风险降低会使平均加权资本成本降低，税率增加使得税后债务的资本成本降低，进而平均加权资本成本降低。

问题 56 分析：

设长期负债比例为 w。则有，$10.41\% = 8\% \times (1-40\%) \times w + 15\% \times (1-w)$，解得：$w = 45\%$。

问题 57 分析：

明年每股股利 = 4 元 ×（1 + 10%）= 4.4 元。留存收益的资本成本 = 明年每股股利/普通股售价 + 增

长率 = 4.4 元/76 元 + 10% = 15.8%。

问题 58 分析：

表 12-41

资本信息	市场价值(元)	权重(%)	资本成本(%)	权重 × 资本成本(%)
长期负债	20 000 000	40	8	3.2
优先股	20 000 000	40	15	6
留存收益	10 000 000	20	18	3.6
合计	50 000 000	100		12.8

即加权资本成本为 12.8%。

问题 59 分析：

公司当年留存收益增加量 = 368 000 000 元 × (1 − 75%) = 92 000 000 元，等于下一年所需自有资金筹资额(200 000 000 元 × 46% = 92 000 000 元)。负债税后的资本成本 = 11% × (1 − 40%) = 6.6%。加权平均资本成本 = 30% × 6.6% + 24% × 12% + 46% × 16% = 12.22%。

问题 60 分析：

债务税后资本成本 = 8% × (1 − 40%) = 4.8%。债券数量 = 账面价值/面值 = 60 000 000元/2 000 元/张 = 30 000 张。债券总市场价值 = 30 000 张 × 2 166.68 元/张 = 65 000 000 元。每股每年股利 = 优先股面值 × 优先股股利率 = 200 元/股 × 12% = 24 元/股。优先股资本成本 = 每股每年股利/每股交易价格 = 24 元/ 250 元 = 9.6%。优先股总市场价值 = 250 元/股 × 100 000 股 = 25 000 000 元。普通股总市场价值 = 32 元/股 × 5 000 000股 = 160 000 000元。权益和负债总额 = 65 000 000 元 + 25 000 000 元 + 160 000 000元 = 250 000 000 元。债券权重 = 债务市场价值/权益和负债总额 = 65 000 000 元/250 000 000元 = 26%。优先股权重 = 优先股市场价值/权益和负债总额 = 25 000 000 元/250 000 000 元 = 10%。普通股权重 = 普通股市场价值/权益和负债总额 = 160 000 000 元/250 000 000 元 = 64%。加权平均资本成本 = 债务税后资本成本 × 债务权重 + 优先股资本成本 × 优先股权重 + 普通股资本成本 × 普通股权重 = 4.8% × 26% + 9.6% × 10% + 17% × 64% = 13%。

问题 61 分析：

负债的税后资本成本 = 8% × (1 − 40%) = 4.8%。加权平均资本成本 = 4.8% × 30% + 11% × 25% + 15% × 45% = 10.94%。

问题 62 分析：

由于负债的利息可抵税，税前资本成本相同时，负债的税后资本成本小于优先股的税后资本成本。用优先股赎回负债会使加权平均资本成本增加。

问题 63 分析：

净运营资本的定义可知，流动资产 = 有价证券 + 应收账款 + 存货 + 物料 = 20 000 元 + 120 000 元 + 50 000 元 + 10 000 元 = 200 000 元。流动负债 = 应付账款 + 应付短期负债 + 应计项 = 80 000 元 + 20 000 元 + 10 000 元 = 110 000元。净运营资本 = 流动资产 − 流动负债 = 200 000 元 − 110 000 元 = 90 000 元。

问题 64 分析：

有价证券收益增加，即利率增加。利率增加会导致 Q 减少。

问题 65 分析：

持有货币的 3 个动机包括交易性动机、预防性动机和投机性动机。交易性动机涉及现金流的同步性。企业必须有充足的现金储备或近现金储备以满足日常业务运作带来的财务支付。预防性动机是为非预期现金需求提供一个缓冲。现金流入和流出的不可预知性意味着企业必须维持现金或近现金余额的充足水平以支付费用。投机性动机涉及盈余流动储备的使用，已利用短期投资或其他可能发生的暂时情形。持有现金的目的不是为了获取收益。

问题 66 分析：

锁箱系统是管理收款的系统而不是管理付款的系统。

问题 67 分析：

如果实施锁箱系统，则，机会成本的减少 = 每月节省利息 = 10 480 元，锁箱处理成本 = 银行数 × 每月每家收费 = 170 家 × 50 元/家 = 8 500 元。锁箱系统带来净收益，可以采用锁箱系统。

如果实施汇票，则，机会成本的减少 = 每月节省利息 = 13 000 元，汇票处理成本 = 每月退款笔数 × 每笔收费收费 = 4 000 笔 × 4 元/笔 = 16 000 元。汇票带来净损失，所以不采用汇票。

如果实施银行浮差系统，则，机会成本的减小 = 每月额外获得 = 44 000 元，银行应收未收票据系统处理成本 = 费率 × 每月支票金额 = 2% × 2 000 000 元 = 40 000 元。银行应收未收票据系统带来净收益，可以采用银行浮差系统。

如果实施电子转账系统，则，机会成本的减少 = 每月增加利息收入 = 28 000 元，电子划拨系统处理成本 = 每月笔数 × 每笔成本 = 700 笔 × 36 元/笔 = 25 200 元。电子划拨系统带来净收益，可以采用电子转账系统。

问题 68 分析：

锁箱系统收益公式可知，设最低划拨金额为 C，则，（24 元 − 3 元）× 360/7 = C/7 × 9% × 2，解得，C = 42 000 元。

问题 69 分析：

预计超期付款的销售额 = 4 000 000 元 × 20% = 800 000 元。平均每天产生的预计超期付款的销售额 = 800 000 元/360 天 = 2 222.22 元/天。预计应收账款的数额 = 平均每天产生的预计超期付款的销售额 × 付款期 = 2 222.22 元/天 × 45 天 = 100 000 元。

问题 70 分析：

零余额账户不能减少未达支付数额。

问题 71 分析：

从 12.5.2 节表 12-4 可知，市政债券是 1 ~ 2 年到期的长期票据，不适用于临时现金投资。其余选项：美国短期国债、短期基金市场共同基金和商业票据都是期限短，因此适用于临时闲置现金投资。

问题 72 分析：

美国短期国债是美国财政部的直接债务，以美国政府的信誉作为担保。其利率为其他证券提供参考和市场指标。它被认为是安全的，因为它没有违约风险，在大型二级市场上交易活跃，有较强的适销性，不能免除联邦所得税。

问题 73 分析：

放弃商业信用折扣的实际年利率 = [2%/(100% − 2%)] × [360 天/(90 天 − 30 天)] = 12.24%。商业票据的利率 = (18 200 000 元 − 17 600 000 元)/ 17 600 000 元 × 4 = 13.64%。综上所述，银行的利率最低。

问题 74 分析：

信贷条款从净 30 改为 2/10，净 30，企业为 10 天内付款的企业提供了 2% 的折扣。为利用这个折扣，更多的企业会选择在 10 天内付款，且可能产生更多的销售收入。付款时间缩短说明应收账款周转天数缩短。应收账款周转天数缩短导致现金转换周期缩短。短期借款不受影响。

问题 75 分析：

表 12-42 （单位：元）

月份	月初银行存款余额	月末净现现金流入	月末银行存款余额	向银行借款	本月发生利息
4 月	4 000	4 000	8 000	0	10 000 × 0.25% = 25
5 月	8 000	−14 000	0	6 000	10 000 × 0.25% = 25
6 月	0	8 000	2 000	−6 000	(10 000 − 6 000) × 0.25% + 6 000 × 9%/12 = 55

第 2 季度总利息费用 = 25 000 元 + 25 000 元 + 55 000 元 = 105 000 元。

问题 76 分析：

毛利 = 160 000 元 × 40% = 64 000 元。坏账费用 = 160 000 元 × 6% = 9 600 元。经营利润 = 64 000 元 − 9 600 元 = 54 400 元。经营利润率 = 54 400 元/160 000 元 = 34%。

问题 77 分析：

公司考虑是否对一名新客户授信需要决定新客户如果赊账能否按时按量归还。这属于应收账款的管理，应重点分析流动性。

问题 78 分析：

根据 12.5.3 节延展信用期限收益公式可知，利润 = (收入 − 产品成本 − 坏账 − 收款成本) × (1 − 税率) − (应收账款 + 存货) × 税后资本成本。

A 方案利润 = (400 000 元 − 80% × 400 000 元 − 2 000 元 − 2 000 元) × (1 − 30%) − (40 000 元 + 80 000 元) × 15% = 35 200 元。

B 方案利润 = (500 000 元 − 80% × 500 000 元 − 6 000 元 − 4 000 元) × (1 − 30%) − (80 000 元 + 100 000 元) × 15% = 36 000 元。

C 方案利润 = (600 000 元 − 80% × 600 000 元 − 12 000 元 − 10 000 元) × (1 − 30%) − (120 000 元 + 120 000元) × 15% = 32 600 元。

D 方案利润 = (700 000 元 − 80% × 700 000 元 − 24 000 元 − 16 000 元) × (1 − 30%) − (160 000 元 + 140 000元) × 15% = 25 000 元。

问题 79 分析：

现有的信用标准、新的信用标准是已知的，需要知道资金的机会成本，才可以进行决策，因此资金的机会成本是与决策相关的。

问题 80 分析：

应收账款周转率 = 销售额/平均应收账款 = 37 200 000 元/2 760 000 元 = 13.48。平均收款期 = 360/应收账款周转率 = 360 天/13.48 = 26.7 天。

问题 81 分析：

假设至少做短 T 天节省的成本才能弥补银行收费，根据 12.5.1 节锁箱系统收益公式可知，300 张 × 5 000元/张 × 8% × T = 180 000 元，解得 T = 1.5。

问题 82 分析：

选项 A，C 的方案会使流动比率低于 1.2，因此不正确。选项 B 未用债务融资。

问题 83 分析：

存货的持有成本包括存储成本、过时变坏成本、保险、税收和存货占用资金的机会成本。运输成本是订货成本。

问题 84 分析：

年平均储量 = 安全存货 + 订单量/2 = 2 400 升 + 2 000 升/2 = 3 400 升。

持有成本 = 存货占用资金的机会成本 = 3 400 升 × 20% × 24 元/升 = 16 320 元。

问题 85 分析：

安全存货通常是指在存货清单中计划持有的、用以预防供求波动或防止生产预测错误或短期订货改变的存货量。

问题 86 分析：

安全存货的持有成本 = 安全存货量 × 单位成本 ×（资本成本 + 库存费用率）

安全库存为 1 000 个时，总成本 = 安全库存的持有成本 + 缺货成本 = 1 000 个 × 40 元/个 ×（4% + 10%）+ 6 000 元 = 11 600 元。

安全库存为 1 250 个时，总成本 = 安全库存的持有成本 + 缺货成本 = 1 250 个 × 40 元/个 ×（4% + 10%）+ 4 000 元 = 11 000 元。

安全库存为 1 500 个时，总成本 = 安全库存的持有成本 + 缺货成本 = 1 500 个 × 40 元/个 ×（4% + 10%）+ 2 000 元 = 10 400 元。

安全库存为 2 000 个时，总成本 = 安全库存的持有成本 + 缺货成本 = 2 000 个 × 40 元/个 ×（4% + 10%）+ 0 元 = 11 200 元。

安全库存为 1 500 个时，总成本最低，因此选择 1 500 个的安全库存。

问题 87 分析：

根据 12.5.4 节经济订货量公式 EOQ = $\sqrt{2FD/C}$可知，EOQ 与 F 和 D 成正比，与 C 成反比。

问题 88 分析：

需要的总存货量受到销售水平的影响。每单的固定订货成本、存货的持有成本都需考虑。然而 EOQ 未考虑折扣问题。

问题 89 分析：

经济订货量模型基于以下假设：前置时间固定且已知；需求已相对稳定且已知的速率发生；运营成本和储存成本已知；补充及时，没有脱销；对该存货的需求相对独立。

问题 90 分析：

从经济订货量公式可知，EOQ 与 F 和 D 成正比，与 C 成反比。

问题 91 分析：

EOQ = $\sqrt{2FD/C}$ = $\sqrt{2 \times 20\text{ 美元} \times 1\,000\text{ 个}/(20\% \times 20\text{ 美元/个})}$ = 100 个。

问题 92 分析：

流动负债的流动性风险高于长期负债，永久性的流动资产可被看成长期资产，流动负债和永久性的流动资产的期限不匹配。因此用流动负债来获得永久性流动资产风险较大。

问题 93 分析：

选项 A 年利息收益率 = 5%/（1 − 5%）× 360 天/90 天 = 21.1%。

选项 B 年利息收益率 = 6%/（1 − 6%）× 360 天/180 天 = 12.8%。

选项 C 年利息收益率 = 5%/（1 − 5%）× 360 天/270 天 = 7.0%。

选项 D 年利息收益率 = 10%/（1 − 10%）× 360 天/360 天 = 11.1%。

问题 94 分析：

选项 A、选项 B、选项 C 中的贷款都是长期贷款，不适合用于季节性运营资本不足的筹资。选项

D 中的贷款是短期贷款。

问题 95 分析：

在相似条件的对比公募债券比私募债券的流动性高，同时公募债券比私募债券的利率低。

问题 96 分析：

贴现票据、定期贷款、授信额度和自动清偿贷款是商业银行提供其客户的常用的金融工具业务。

问题 97 分析：

40 000 000 元贷款期限 5 年，每年每季度还本付息，即按 20 期还(5 年 ×4 季度/年)。每季度还本 =40 000 000 元/20 =2 000 000 元。贷款利率高于国库券利率 200 基点，国库券利率 6%，即债券利率 8%，每季度利率 2%。第 1 次付息 40 000 000 元 ×2% =800 000 元。第 1 次还本 =2 000 000 元。第 1 次还本付息后贷款余额 =40 000 000 元 –2 000 000 元 =38 000 000 元。第 2 次付息 =38 000 000 元 ×2% =760 000 元。第 2 次还本 =2 000 000 元。第 2 次还本付息后贷款余额 =38 000 000 元 –2 000 000 元 =36 000 000 元。本年共还本付息两次，共计金额 =2 000 000 元 +800 000 元 +2 000 000 元 +760 000 元 =5 560 000 元。

问题 98 分析：

公司放宽信用政策可以刺激销售。Ⅰ中满生产负荷运行说明销售受生产量制约，放宽信贷政策不能扩大销售。Ⅳ中单位毛利低说明成本高或是售价低，放宽信贷政策不会有助于成本降低或售价提高。

问题 99 分析：

商业票据融资，7 月 1 日发行 24 000 000 元，年利率 7% 的商业票据，期限为 1 个季度，额外资金可获得 4% 年利率。商业票据利息 =24 000 000 元 ×7%/4 =420 000 元。额外资金：

7 月的额外资金 =24 000 000 元 –16 000 000 元 =8 000 000 元。8 月的额外资金 =24 000 000 元 –24 000 000 元 =0 元。9 月额外资金 =24 000 000 元 –20 000 000 元 =4 000 000 元。额外资金的利息收入 =8 000 000 元 ×4%/12 +4 000 000 元 ×4%/12 =40 000 元。净利息支出 =420 000 元 –40 000 元 =380 000 元。A 银行信用贷款，7 月利率 8%，8 月利率 8%，9 月利率 8.5%。

利息支出 =16 000 000 元 ×8%/12 +24 000 000 元 ×8%/12 +20 000 000 元 ×8.5%/12 =408 400 元。A 银行信用贷款利息支出多于商业票据融资净利息 28 400 元（408 400 元 –380 000 元）。

问题 100 分析：

商业折扣机会成本 =[2%/(1 –2%)] ×[360 天/(45 天 –10 天)] =21%。银行借款利率 12% < 21%。因此应接受商业折扣。

问题 101 分析：

商业折扣机会成本 =[1%/(1 –1%)] ×[360 天/(45 天 –15 天)] =12.1%。由于 45 天内付款，常年占用供应商的资金为 50 000 元/批 ×2 批 =100 000 元。使用条款带来的净节余 = 从商业折扣中节省的金额 – 银行的利息 =100 000 元 ×(12.1% –10%) =2 100 元。

问题 102 分析：

公司选择到期日后 5 天交款，即 50 天时交款。商业折扣机会成本 =[2%/(1 –2%)] ×[360 天/(50 天 –10 天)] =18.4%。

问题 103 分析：

强式效率是资产市场效率的最高程度。如果有关资产的相关信息，对资产价格的变动没有任何影响，即资产价格已充分、及时地反映了所有有关的公开的和内部的信息，则资产市场达到强式效率。在强式有效市场假设下，资产市场价格完全反映所有相关信息，无人能够依靠消息来赚钱。

问题 104 分析：

股权切离（也称剥离，Carve-out）是指母公司将资产的一部分转移到新设立的公司，再将子公司股权对外出售，在不丧失控制权的情况下给母公司带来现金收入的方法。从法律意义上看，这是将子公司的经营从母公司的经营中分离出去的行为。认购这些股权的人可以是母公司的股东，也可以不是母公司的股东。

问题 105 分析：

票据的面值 = 600 000 元/(1 − 9%) = 659 340 元。

问题 106 分析：

借款金额 = 300 000 元/(1 − 15%) = 352 942 元。

问题 107 分析：

设补偿余额为借款的 C，则 $10\%/(1-C)=10.31\%$，解得 $C=3\%$。补偿性余额 = 200 000 000 元 × 3% = 6 000 000 元。

问题 108 分析：

实际利率 = 名义利率/(1 − 补偿余额比例) = 7%/(1 − 20%) = 8.75%。

问题 109 分析：

设补偿余额为借款的 C，当两种方案的实际利率相等时，两种方案对公司来说相同。则，$10.25\%=10\%/(1-C)$，解得 $C=2.44\%$

补偿性余额 = 200 000 000 元 × 2.44% = 4 880 000 元。

问题 110 分析：

第 1 季度利息费用 = 20 000 000 元 × 8%/4 = 400 000 元。第 1 季佣金 = (40 000 000 元 − 20 000 000 元) × 0.5%/4 = 25 000 元。第 1 季总支出 = 400 000 元 + 25 000 元 = 425 000 元。第 2 季度利息费用 = 40 000 000 元 × 8%/4 = 800 000 元。第 2 季佣金 = (40 000 000 元 − 40 000 000 元) × 0.5%/4 = 0 元。第 2 季总支出 = 800 000 元 + 0 元 = 800 000 元。第 3 季度利息费用 = 40 000 000 元 × 8%/4 = 800 000 元。第 3 季佣金 = (40 000 000 元 − 40 000 000 元) × 0.5%/4 = 0 元。第 3 季总支出 = 800 000 元 + 0 元 = 800 000 元。第 4 季度利息费用 = 10 000 000 元 × 8%/4 = 200 000 元。第 4 季佣金 = (40 000000 元 − 10 000 000元) × 0.5%/4 = 37 500 元。第 4 季总支出 = 200 000 元 + 37 500 元 = 237 500 元。

本年总支出 = 425 000 元 + 800 000 元 + 800 000 元 + 237 500 元 = 2 262 500 元。

问题 111 分析：

补偿性余额比例 = 10 000 000 元/200 000 000 元 = 5%。实际利率 = 名义利率/(1 − 补偿余额比例) = 8%/(1 − 5%) = 8.42%。

问题 112 分析：

保理是售卖应收账款的业务。锁箱系统是一种加快现金收回的系统。承销是指当一家发行人通过证券市场筹集资金时，就要聘请证券经营机构来帮助它销售证券。信托收据是进口人借单时提供一种书面信用担保文件，用来表示愿意以代收行的受托人身份代为提货、报关、存仓、保险、出售并承认货物所有权仍属于银行。因此信托收据能够为借款者提供保障。

问题 113 分析：

在 4 个月中，新系统为公司带来投资收益，投资收益 = 3 000 000 元 × 4% × 3 × 4/12 = 120 000 元。在 8 个月中，新系统为公司节省贷款成本，节省贷款成本 = 3 000 000 元 × 7% × 3 × 8/12 = 420 000 元。新系统带来的总收益 = 120 000 元 + 420 000 元 = 540 000 元。

问题 114 分析：

当未来的股利增加时，股价增加；未来股利减少时，股价减少。在本题中，股票拆分后，如果每股股利为 1 元，股价变为 80 元；如果每股股利大于 1 元，股价大于 80 元；如果每股股利小于 1 元，股价小于 80 元。

问题 115 分析：

剩余股利理论认为，公司有一个目标(最佳)资本结构，当公司有投资计划时，依据此结构融资，并优先使用保留盈余，如果盈余仍有剩余，才会以现金股利方式发放给股东。因此在剩余股利理论的股利是：在满足所有具有吸引力的投资机会之后，还能多余支付的部分。

问题 116 分析：

ABC 的内部报酬率均大于 11%，D 的内部报酬率小于 11%。因此，公司投资 ABC 3 个项目，放弃 D 项目。ABC 的总投资成本 = 400 000 元 + 700 000 元 + 1 140 000 元 = 2 240 000元。

公司按照 40% 债权，60% 股权来筹资。即，股权筹资额 = 60% × 2 240 000 元 = 1 344 000 元。满足 ABC 项目后，剩余的内部筹集资金可全部用于股利分配。股利 = 2 000 000 元 − 1 344 000 元 = 656 000 元 。

问题 117 分析：

发放股利时，最重要的考虑因素是现金的未来用途。在满足未来现金需用剩余的现金，才会考虑给股东发放股利。

问题 118 分析：

在外流通的普通股数量 = 发行的普通股数量 − 库存股数量 = 25 000 股 − 5 000 股 = 20 000股。

普通股股利总数 = 在外流通的普通股数量 × 每股股利 = 20 000 股 × 1. 2 元/股 = 24 000 元。

问题 119 分析：

在浮动汇率制下，当墨西哥的通胀高于中国的通胀，墨西哥比索相对于人民币贬值。

问题 120 分析：

货币升值会导致该国对外国产品需求增加，外国对该国的商品需求减少。人民币相对于英镑升值，中国对英国的购买力上升，中国对英国的产品需求上升。

问题 121 分析：

当 A 国的收入增加率较小，进口少于出口，产生顺差，所以 A 国的货币相对于 B 国的货币升值。

问题 122 分析：

A 国的货币相对于 B 国贬值的原因一般有：A 国的实际利率比 B 国低、A 国的通胀率高于 B 国、A 国实行的货币政策比 B 国宽松等。

问题 123 分析：

跨国公司利用外汇市场的主要作用是套期保值，以减少对国外公司的应付账款交易风险、对冲应收账款交易的货币风险、从国外子公司收到的股利支付的一些货币风险等，而对于提高国外子公司的投资回报率是企业在外国子公司的经营问题，与外汇市场无关。

问题 124 分析：

三角套汇即利用 3 个不同外汇市场上的汇率差异，同时在 3 个外汇市场上买卖外汇，以套取汇率差价。FCU3 = 4 FCU1 = 4/2 FCU2 = 4/2/1. 6 FCU3 = 1. 25 FCU3，有三角套利机会存在。

问题 125 分析：

国际投资考虑的主要问题有政治因素、外汇因素、通货膨胀因素、不同的会计准则、税收以及投资回报率等方面，至于技术转让回美国最不重要。

问题 126 分析：

锁箱系统收益公式可知，每日净收益 = 每日的收款量 × 日利率 × 节约天数 − 日成本 = 800 张 × 3 000元/张 ×0.03% ×1.5 天 −800 张 ×0.2 元/张 =1 080 元 −160 元 =920 元。

问题 127 分析：

$\sigma_p = \sqrt{w_1^2\sigma_1^2 + w_2^2\sigma_2^2 + 2w_1w_2\mathrm{Cov}_{1,2}} = \sqrt{0.5^2 \times 0.1^2 + 0.5^2 \times 0.12^2 + 2 \times 0.5^2 \times 0.005} = 9.27\%$。

问题 128 分析：

转股溢价率公式可知，转股溢价率 =（当前市场价格 − 转换价值）/转换价值 =（100 元 −3 股 ×28 元/股）/（3 股 ×28 元/股）=19%。

问题 129 分析：

美国长期国债、地方债券和股票为长期投资，不适合作为短期投资的工具。回购协议一般以国债作为标的资产，期限较短，一般认为较安全。

问题 130 分析：

市场风险溢价率是市场收益率超过无风险收益率的部分，即 12% −6% =6%。

问题 131 分析：

当利率上涨时，债券价格下跌。由于 5 年期国债的久期小于 10 年期国债的久期，所以 5 年期国债下跌幅度小于 10 年期国债。

问题 132 分析：

原有方案的市场价值 = I（PVIFAi，n）+ F（PVIFi，n）= 1 000 元 × 10% × 4.833 + 1 000 元 × 0.227 =710.3 元。延期支付后的市场价值 = 1 000 元 × 10% ×（4.833 − 3.274）+ 1 500 元 × 0.227 = 496.4 元。

问题 133 分析：

期权收益公式可知，看涨期权的多头的收益 = max（$S - E$，0）− V。所以 $E = S - V$ − 看涨期权的多头的收益 =50 元 −10 元 −15 元 =25 元。

问题 134 分析：

美国和英国的投资组合的标准差下降，说明两国投资组合是负相关。

问题 135 分析：

原来 1M =1N，现变为 1M =1.1N，M 国货币相对于 N 国货币升值；原来 1N =1O，现变为 1N = 1.2O，N 国货币相对于 O 国货币升值。

问题 136 分析：

由 1 元 =0.8 A 国币，1 元 =1.5 B 国币可以得出：0.8 A 国币 =1.5B 国币，进而得出：1 A 国币 =1.875 B 国币。

问题 137 分析：

投资美国债券的收益 =1 000 000 元 ×5.25%/4 =13 125 元。投资 A 国债券的收益 =1 000 000 元/1.656 4 ×（1 +5.5%/4）×1.654 8 −1 000 000 元 =12 770.768 元。投资于美国债券的收益高于投资于英国的债券收益。

问题 138 分析：

只要不是两种完全线性正相关的资产，当增加一种资产时，投资组合的标准差就会减小。

问题 139 分析：

股票的要求回报率 =5% +0.9 ×（12% −5%）=11.3%，预期回报率小于要求回报率，企业的股票被高估。

问题 140 分析：

第 5 天公司需要从银行透支金额 = 15 万元 + 15 万元 − 11 万元 = 19 万元。

问题 141 分析：

当股票价格下跌时，买入看跌期权或卖出看涨期权可以获得收益。

问题 142 分析：

期权收益公式可知，期权的购买价 = 35 元 − 10 元 − 13 元 = 12 元。

问题 143 分析：

贝塔系数描述了资产和市场组合的相关关系，预期回报率等于无风险收益率加上贝塔系数与市场组合风险溢价的积。如果贝塔系数为负数，那么预期回报率小于无风险收益率。

问题 144 分析：

持有期收益率 = (15 元 − 10 元 + 0.5 元)/ 10 元 = 55%。

问题 145 分析：

根据组合标准差公式 $\sigma_p^2 = w_1^2\sigma_1^2 + w_2^2\sigma_2^2 + 2w_1w_2\sigma_1\sigma_2\rho$，可知，$35\%^2 = 30\%^2 \times 50\%^2 + 40\%^2 \times 50\%^2 + 2 \times 50\% \times 50\% \times 30\% \times 40\% \times \rho$，解得 $\rho = 1$。

问题 146 分析：

预计利率上升，应降低债券投资组合的久期，根据 12.3.4 节久期的特征可知，票面利率高且到期日短的债券久期小。

问题 147 分析：

利率下限指当市场利率低于合约利润时，银行可以按照合约利率获得利息的合约。由于利率下限在利率下跌时触发条款，所以是看跌期权，由于利率下限对于企业不利，所以企业是该合约的空头。

问题 148 分析：

可知选项 A、B 和 C 的说法是正确的，利率的期限结构和收益率曲线适用于各类资产估值，选项 D 是错误的。

问题 149 分析：

关于公司并购的知识可知，混合并购是发生在不同行业企业之间的并购。追踪股票不是反并购的手段。所以 Ⅰ 和 Ⅳ 的说法是错误的，其他说法是正确的。

问题 150 分析：

可知，重新订货点 = 5 000 单位 + 3 天 × 500 单位/5 天 = 5 300 单位。根据 12.6.1 节可知，实际得到的金额 = 50 000 元 × (1 − 20% − 10% − 5%) = 32 500 元。

问题 151 分析：

配股或者增发股票属于一级市场。墓碑广告是证券发行公告，较为正式，文字较少且缺乏修饰。内幕交易是指内幕人员或以不正当手段获取内幕信息的其他人员，违反法律、法规的规定，泄露内幕信息，根据内幕信息买卖证券，或者向他人提出买卖证券建议的行为。Ⅱ 和 Ⅳ 的说法是正确的。

问题 152 分析：

政治风险是指由于东道国或投资所在国国内政治环境，或东道国与其他国家之间政治关系发生改变，而给外国企业或投资者带来经济损失的可能性。投资者面对的风险随时间增长。投机不是贬义词，与投机倒把不同。市场中绝大部分投资者都是投机者。是否投机者，与其是否做过市场调研无关。

问题 153 分析：

求解期权价格，还有一种比较常用的方法——蒙特卡洛模拟法。其他说法都是正确的。

问题 154 分析：

略。

问题 155 分析：

DTL = DOL × DFL = (S − VC)/(S − VC − FC − I) = (100 000 元 − 40 000 元)/(100 000 元 − 40 000 元 − 30 000 元 − 20 000 元) = 6。

问题 156 分析：

当期收益率(CY) = 利息/当前价格 = 1 000 元 × 8%/1 100 元 = 7.3%。

问题 157 分析：

−1 100 元 = 80 元/(1 + YTM) + 80 元/$(1 + \text{YTM})^2$ + 80 元/$(1 + \text{YTM})^3$ + (80 元 + 1 000 元)/$(1 + \text{YTM})^4$，解得 YTM = 5.17%。

问题 158 分析：

实际收益率 = 名义收益率 − 通货膨胀率 = 5.17% − 3% = 2.17%。

问题 159 分析：

赎回条款是指发行债券的企业，有权在预定的期限内，按事先约定的条件，买回尚未到期的债券。赎回条款对投资者不利。

问题 160 分析：

略。

问题 161 分析：

股利分为现金股利、实物股利、股票股利和清算股利。

问题 162 分析：

许多作为长期投资者的股东，希望公司股利能够成为其稳定的收入来源以便安排消费和其他各项支出。稳定股利额政策有利于公司吸引和稳定这部分投资者的投资。

问题 163 分析：

国际贸易中，出口商面临不能获得对方应支付的款项的风险，进口商面临支付后不能获得产品或所交付的产品有损坏或瑕疵的风险。以下支付方式可以降低这些风险：①信用证；②即期汇票；③远期汇票；④寄售；⑤记账贸易；⑥预付款。

问题 164 分析：

外汇衍生品包括外汇远期合约、外汇期货、货币期权和货币互换。

问题 165 分析：

略。

问题 166 分析：

1）计算出租人需要摊销的金额。需要摊销的资产成本额等于设备的初始成本（100 000 元）减去通过折旧实现的税收节约的现值，同时减去税后残值的现值。每年的折旧额为 20 000 元，每年的税收节约为 8 000 元，税收节约的现值 = 8 000 元 × 3.696 = 29 568 元。税后残值的限额 = 10 000 元 ×（1 − 0.4）× 0.593 = 3 558 元。因此，需要推销的金额 = 100 000 元 − 29 568 元 − 3 558 元 = 66 874 元。

2）计算出租人必须获得的税后租赁收入，以实现出租人的投资回报率。在要求回报率为 11% 时，年度税后收入（R）的现值之和应等于 66 874 元。由于租金额在每年年初支付，因此由 R 形成的年金其起始时点为 0，结束时点为 4。因此，$R + 3.102R$ = 66 874 元，解得 R = 16 303 元。

3）出租人将要求的租赁收入转化为租金额。因此，租赁支付 = 16 303 元/(1 − 0.4) = 27 172 元。

问题 167 分析：

表 12-43 （单位：元）

年份	购置成本	税后支付额	折旧	折旧的税盾	购买产生的额外税后成本	NAL 现金流	现值
0	50 000	6 000				44 000	44 000
1		6 000	10 000	4 000	450	-9 550	9 006
2		6 000	16 000	6 400	450	-11 950	-19 642
3		6 000	9 600	3 840	450	-9 390	-7 888
4		6 000	5 760	2 304	450	-7 854	-6 220
5		6 000	5 760	2 304	450	-7 854	-5 867
6			2 880	1 152	450	-702	-495

税后残值的现值 = （1 - 40%） × 20 000 元 × 0.432 = 5 184 元。租赁净收益 = 44 000 元 + 9 006 元 - 19 642 元 - 7 888 元 - 6 220 元 - 5 867 元 - 495 元 + 5 184 元 = -1 296 元。

问题 168 分析：

预期回报率 = -5% ×30% +10% ×50% +20% ×20% = -1.5% +5% +4% =7.5%。

问题 169 分析：

风险价值的定义为给定时期和给定概率水平（置信度）下的最大损失。

问题 170 分析：

变异系数反映预期收益的相对风险。变异系数（CV） =标准差/预期收益。

投资Ⅰ CV =10%/16% =0.625。

投资Ⅱ CV =10%/14% =0.714。

投资Ⅲ CV =11%/20% =0.550。

投资Ⅳ CV =15%/22% =0.682。

投资Ⅲ的 CV 最低，因此，相对风险最低。

问题 171 分析：

如果债券的发行价格高于面值，则为溢价发行。买方愿意支付较高的债券价格，是希望得到较高的收益。因此，票面利率一定高于市场利率。

问题 172 分析：

普通股股东所能利用的利润 = 税后利润 - 优先股股利 =3 288 000 美元 - 488 000 美元 =2 800 000 美元。

市盈率是 8，所以 56 美元/每股收益 =8，每股收益 =7 美元。

因此，2 800 000 美元/(7 美元/股) =400 000 股普通股。

问题 173 分析：

信用债券、高折扣债券和收入债券属于无担保债券。担保债券是有企业特定资产抵押的。如果债务人破产，担保债券持有人将拥有或者控制企业的特定资产。因此，同所有其他类型的债券持有人相比，担保债券的持有人处于优先地位，所承担的风险最小。

问题 174 分析：

市盈率等于公司普通股每股市场价格除以每股收益。按照资本资产定价模型（CAPM）以及股利折扣模式，如果投资者要求的普通股的回报率下降，普通股价格以及市盈率将上升。如果预期股利增长率下降，股票的市场价格预期会降低。如果经济开始萧条，股票市场价格下降的风险增大，将使市盈率降低。如果股利回报率提高，而同时年股利保持不变，预期股票的市场价格和市盈率将下降。

问题 175 分析：

期权行使价格、期权到期日期、货币时间价值（利率）和原生资产的价格波动，是影响到期日之前期权价值的因素。

问题 176 分析：

β 系数可以衡量系统（市场）风险。β 系数大于 1，意味着股票的系统风险比市场组合风险更大。

问题 177 分析：

按照资本资产定价模型，风险溢价 = Beta ×（市场组合预期回报率 − 国债预期回报率）= 2.2 ×（12% − 5%）= 15.4%。

问题 178 分析：

$\text{WACC} = \Sigma k_i w_i = (2/5) \times [9\% \times (1-40\%)] + (3/5) \times 12\% = 9.36\%$。

问题 179 分析：

使用到期日配比或者套利方法进行融资，公司应使用具有近似或相同到期日的融资工具来抵消每项资产。

问题 180 分析：

持有现金的 3 个动机：一是交易性动机，进行支付；二是投机性动机，利用突发机会；三是预防性动机，保持安全性。

问题 181 分析：

平均收款期 = 平均应收账款/（销售收入/365 天）= 30 000 000 美元/（1 369 863 美元/天）= 21.9 天。

问题 182 分析：

JIT 在需要的时候将材料交给工厂车间，可以降低库存，并因此降低储存成本。

问题 183 分析：

商业票据的期限一般为 60 ~ 270 天。

问题 184 分析：

融资安排年度成本 = 利息率 × 借款金额 +（信贷限额 − 借款金额）× 承诺费 =（6% × 100 000 美元）+ [（300 000 美元 − 100 000 美元）× 0.5%] = 7 000 美元。

问题 185 分析：

名义年度成本 = [折扣率/（100% − 折扣率）] × [360/（支付日期 − 折扣时期）] =（1%/99%）×（360/15）= 24.2%。

问题 186 分析：

企业可以通过同现行业务不是高度相关的投资，来降低总风险。

问题 187 分析：

由于未来要支付英镑，所以应该买进英镑的看涨期权。

问题 188 分析：

净利润下降 = 10% × 2.5 × 1.4 = 35%。

问题 189 分析：

使用现金流量贴现估值方法，合并后增量税后自由现金流的现值是 3 500 000 美元乘以年金现值系数 7.469，即 26 141 500 美元。ABC 公司购买 XYZ 公司的价格，应该小于或等于 26 141 500 美元。

问题 190 分析：

信用评级机构分析组织的状况，并且提供对组织和它们的金融工具的信用评级，使投资者、发行人、投资银行、经纪商、交易商、政府和其他实体，可以利用这些信息做出投资决定。

问题 191 分析：

资本市场是长期资金市场，是指证券融资和经营 1 年以上的资金借贷和证券交易的场所，也称中长期资金市场。货币市场是短期资金市场，是指融资期限在 1 年以下的金融市场。

问题 192 分析：

杠杆收购是指一家公司使用以借款为主的资金收购资产，并以所收购资产为抵押品。

问题 193 分析：

此时公司发行在外债券的市场价值 =7 999 688 美元（FV =10 000 000 美元，PMT =400 000 美元，N =10，I/Y =13.65%）。普通股的市场价值 =1 200 000 股 ×10 美元/股 =12 000 000 美元。公司的资本结构为权益比率为 60%，债权比率为 40%。公司新发行债券的市场价值 =7 500 000 美元 ×40% = 3 000 000美元，税后成本 =16% ×（1 −30%）=11.2%，权益要求回报率 =3% +2.2 ×（10% −3%）= 18.4%。WACC =40% ×11.2% +60% ×18.4% =0.044 8 +0.110 4 =0.1552，即 15.52%。

问题 194 分析：

投资者期权费得到 3 美元，股票营利 110 美元 −85 美元 =25 美元，期权亏损 110 美元 −100 美元 = 10 美元，最后营利 3 美元 +25 美元 −10 美元 =18 美元。

问题 195 分析：

利用外汇市场的原因主要是对冲风险。

问题 196 分析：

债券的久期 =（96.685 美元 −95.080 美元）/（2 ×95.878 美元 ×0.001）=8.37。

问题 197 分析：

表 12-44 甲公司财务数据 （单位：美元）

财务数据项	4 月	5 月	6 月
现金收入			
美国销售收入	3 500 000	4 000 000	3 750 000
加拿大销售收入	2 500 000	2 521 008	3 050 847
现金支出			
直接人工	1 350 000	1 100 000	1 000 000
固定销售管理费用	400 000	400 000	400 000
美国直接材料	675 000	550 000	500 000
墨西哥直接材料	4 181 416	3 377 193	3 043 478
利息			500 000
所得税			1 000 000
期初余额	1 000 000	393 584	1 487 399
期末余额	393 584	1 487 39	1 844 769

问题 198 分析：

经营杠杆系数 = EBIT 变动的百分比/收入变动的百分比 =（1 920 000 元 −1 600 000 元）/1 600 000 元 ÷（8 800 000 元 −8 000 000 元）/8 000 000 元 =20%/10% =2。

问题 199 分析：

两个项目的期限相同，项目 Y 的预期最低报酬率高于项目 X，所以项目 Y 的风险高于项目 X。

问题 200 分析：

公司减少股利发放，会增加投资者的风险，所以 β 值将上升。根据资本资产定价模型可知，预期最低回报率也将上升。

问题 201 分析：

根据资本资产定价模型，7.4% = 3.0% + 1.4 × 市场风险溢价，所以市场风险溢价 = 3.14%。

问题 202 分析：

银矿公司未来 12 个月持有白银现货的多头，为了对冲风险，应在期货市场卖空相同数量的白银。

问题 203 分析：

收益率曲线横轴为剩余期限，纵轴为收益率。

问题 204 分析：

采用发行债券的方案时，甲公司现金流量方面的差别 = −100 000 000 元 × (7% × (1 − 30%) − 5%) = 100 000 元。

问题 205 分析：

期权价值的特性包括：随着执行日的邻近，期权价值越来越小；执行日期权价值最小，对于看涨期权为 $\max(S-E,\ 0)$、看跌期权为 $\max(E-S,\ 0)$；随着基础资产波动性增加，期权价值越来越大；看涨期权随着利率上涨，价值上升，而看跌期权正相反；看涨期权随着资产价格的上涨，价值上升，而看跌期权正相反。

问题 206 分析：

$k_s = D_1/P_0 + g$ = 4.00 元 × (1 + 5%)/28 元 + 5% = 20%。

问题 207 分析：

贴现率 = 10% × (1 − 36%) = 6.40%。

问题 208 分析：

方案Ⅰ的利润 = 520 000 元 − 20 000 元 − (300 000 元 + 100 000 元 × 2 + 100 000 元 × 3)/12 × 20% = 486 667 元。方案Ⅱ的利润 = 630 000 元 − 30 000 元 − (200 000 元 + 200 000 元 × 2 + 100 000 元 × 3 + 100 000元 × 4)/12 × 20% = 578 333 元。方案Ⅲ的利润 = 770 000 元 − 70 000 元 − (200 000 元 + 100 000 元 × 2 + 200 000 元 × 3 + 200 000 元 × 4)/12 × 20% = 670 000 元。方案Ⅳ的利润 = 800 000 元 − 100 000 元 − (100 000 元 + 200 000 元 × 2 + 200 000 元 × 3 + 300 000 元 × 4)/12 × 20% = 661 667 元。

问题 209 分析：

实际利率 = 9.5%/(1 − 16%) = 11.31%。

问题 210 分析：

后续发行是在股票上市以后进行的公募，有市场价格作为基准，不确定性较小。

问题 211 分析：

租赁此资产的净现值 = −68 000 元 − 68 000 元 × 3.465 = −303 620 元。租赁的净收益 = −303 620 元 − 300 000 元 = −3 620 元。所以应该购置该资产。

问题 212 分析：

股权切离（也称剥离，Carve-out）是指母公司将资产的一部分转移到新设立的公司，再将子公司股权对外出售，在不丧失控制权的情况下给母公司带来现金收入的方法。

问题 213 分析：

A 国消费者对外国产品偏好增加，A 国收入增加，A 国相对价格上升，A 国利率较高，投资者预期 A 国货币贬值都会使 A 国货币贬值。

问题 214 分析：

公司同时有等金额的外币资产和负债，将不存在外汇风险。

问题 215 分析：

政治风险是指由于东道国或投资所在国国内政治环境，或东道国与其他国家之间政治关系发生改变，而给外国企业或投资者带来经济损失的可能性。罚没属于政治风险。

问题 216 分析：

12 万元/0.95 ×12% =15 158 元。

问题 217 分析：

(33.25 元/股 –35 元/股 +3.5 元/股)/(35 元/股) =5%。

问题 218 分析：

存货管理的目的并不是预防涨价，其余 3 个选项的说法都是正确的。

问题 219 分析：

$$Q=\sqrt{\frac{2\times 年现金支出\times 卖出 T 证券的每笔成本}{利率}}。$$

问题 220 分析：

8% ×100 000 元/(100 000 元 –5 000 元) =8.42%。

问题 221 分析：

公司持有现金有 3 个动机，分别是选项 A、选项 B 和选项 C。

问题 222 分析：

7% ×40% +15% ×60% =11.8%。

问题 223 分析：

两种证券只要不是完全线性正相关就可以获得分散化的好处。

问题 224 分析：

WACC = 负债比例 × 负债资金成本 ×（1 – 所得税税率）+ 权益比例 × 权益资金成本。4 种方案的成本分别为 10.0%、10.4%、10.4% 和 10.4%，所以选择 A 方案。

问题 225 分析：

2 元 ×0.681/(38 元 ×0.94) +8% =11.81%。

问题 226 分析：

保证条款不会限制发行股票。保证条款主要目的是保证债务人的清偿能力。

问题 227 分析：

设无风险回报率为 rf，市场回报率为 rm。$rf+1.3\times(rm-rf)=13\%$。$rf+0.8\times(rm-rf)=9\%$。所以，$rf=2.6\%$，$rm=10.6\%$。

问题 228 分析：

所得税率越低、经营风险越大，公司更多实用权益融资。

问题 229 分析：

宏观经济变量的变化属于系统性风险，其余 3 个选项都属于非系统性风险。

问题 230 分析：

略。

问题 231 析：

BS 模型一般不适用于实物期权的价值计算。

问题 232 分析：

利率下降，债券价格上升，债券远期合约多头获得收益。

问题 233 分析：

非系统性风险也被称为可分散风险，其余 3 项都是系统性风险的特性。

问题 234 分析：

资本资产定价模型并不要求投资者持有一定数量的证券，其余 3 项都是资本资产定价模型的假设。

问题 235 分析：

2. 25 元 ×（1 +8%）/（38 元 ×0. 96）+8% =14. 7%。

问题 236 分析：

100 元 ×9%/（95 元 –2 元）=9. 7%。

问题 237 分析：

公司需要购入大豆，则购买看涨期权。

问题 238 分析：

4%/20% =20%。

问题 239 分析：

换股比率 = 30 元 ×（1 +16. 67%）/64 元 =0. 547。合并后总股数 =500 万股 +200 万股 ×0. 547 = 609. 375 万股。每股收益 =（2 000 万元 +500 万元）/609. 375 万股 =4. 1 元/股。

问题 240 分析：

1 000 件 ×（60 加元/件 –1. 660 加元/A 元 ×30A 元/件）=10 200 加元。

问题 241 分析：

资产组合的风险等于组成该组合的各个资产标准差的加权平均，则组成该组合的各个资产的相关系数等于 1。

问题 242 分析：

略。

问题 243 分析：

股票价值 = 下一年股利/（要求回报率 – 股利增长率），所以要求回报率上升，普通股价值下降。

问题 244 分析：

甲公司未来计划购入铜，则应该在期货市场中买入铜期货，从而锁定风险。

问题 245 分析：

略。

问题 246 分析：

一般来说，次级债风险最大，商业票据风险次之，市政债券风险最小。

问题 247 分析：

股票要求回报率 = 5% + 1. 2 ×（15% – 5%）= 17%。股票合理价值 = 2 元/（17% – 10%）= 28. 6 元。

问题 248 分析：

题目所叙述 4 个方面优先股和长期负债都有相似性。

问题 249 分析：

略。

问题 250 分析：

利率下限属于看跌期权，该期权对公司不利，公司属于空头。

问题 251 分析：

10 元/股 ×20%/50 元/股 =0.24。

问题 252 分析：

收款期延长到 60 天，与公司的要求相违背。

问题 253 分析：

根据 CAPM，股票风险溢价等于贝塔系数乘以市场风险溢价。

问题 254 分析：

投资所在国国内政治环境带来的风险。

问题 255 分析：

企业采用对冲(套期保值)法融资，每项资产都将与一项与其到期日大致相同的融资工具相对应。

问题 256 分析：

750 000 元/(750 000 元 −125 000 元) =1.2。

问题 257 分析：

两种股票完全负相关时风险最小，调整资产权重，风险可能为零。

问题 258 分析：

150 000 元/(1 −15%) =176 471 元。

问题 259 分析：

244 元/(1 +20%) +20 元 =223 元。

问题 260 分析：

信用评级机构是对证券发行人和证券信用进行等级评定的组织，评价债券违约风险。

问题 261 分析：

股权切离(剥离)是在不丧失控制权的情况下给母公司带来现金收入的方法。

问题 262 分析：

(100 000 元 −60 000 元)/(100 000 元 −60 000 元 −30 000 元) =4。

问题 263 分析：

货币市场资金投资于期限少于 1 年的金融工具。

问题 264 分析：

优先股东没有普通股股东一样对公司管理的表决权。

问题 265 分析：

杠杆收购是指公司或个体利用收购目标的资产作为债务抵押，收购该公司的策略。杠杆资本重组是指股票公开交易的公司通过提高杠杆程度来筹集现金。

问题 266 分析：

减少付款期天数，增加折扣，都可以提升收款速度。

问题 267 分析：

股价的波动性上升，无论看涨期权还是看跌期权价值都上升。

问题 268 分析：

此时卖出 3 个月后的瑞士法郎即可锁定汇率，对冲汇率风险。

问题 269 分析：

使用外汇衍生工具可以有效管理汇率风险。

问题 270 分析：

可以通过较低成本的日元融资转化为欧元资金，有效管理外汇风险。

问题 271 分析：

股利支付流程依次为宣布日（登记有关股利负债）、除息日（之后购买的股票无权得到股利）、登记日（确定股东名单）、发放日。

问题 272 分析：

赎回条款是指发行债券的企业，有权在预定的期限内，按事先约定的条件，买回尚未到期的债券。该条款对债券持有人不利，所以需要以更高的利率吸引投资者。

问题 273 分析：

R 公司发票折扣平均年利率 = 1%/(1 − 1%) × 360 天/(45 天 − 15 天) = 12.12%。B 公司发票折扣平均年利率 = 2%/(1 − 2%) × 360 天/(90 天 − 10 天) = 9.18%。

问题 274 分析：

6%/(1 − 10%) = 6.67%。

问题 275 分析：

50 000 瑞士法郎 ÷ 1.5 瑞士法郎/美元 × 12 比索/美元 = 400 000 比索。

问题 276 分析：

美国短期国债是无风险资产，获得无风险回报率，风险最小。

问题 277 分析：

4 家公司的市盈率分别为 10、25、60 和 6，市盈率越高，意味着投资者对该公司预测增长率越高。

问题 278 分析：

一般收益率曲线向上倾斜，风险越来越大，收益率越来越高。

问题 279 分析：

收入 12 月后，面临英镑下跌的风险。通过卖出 12 个月英镑远期合约，可以有效规避风险。

问题 280 分析：

名义收益率 = 220/200 − 1 + 15% = 25%。第 2 年该公司的营业利润 = 500 000 元 × (1 + 25%) = 625 000元。

问题 281 分析：

股利政策的影响因素包括：股东偏好、流动性、偿付能力、借款能力、收益稳定性、成长机会、通货膨胀、保证条款、税收等。

问题 282 分析：

市场风险溢价 = (16% − 4%)/2 = 6%。B 股票要求回报率 = 4% + 0.8 × 6% = 8.8%。

问题 283 分析：

利率互换是指双方同意在未来的一定期限内，根据同种货币同样的名义本金交换现金流。其中一方的现金流根据浮动利率计算，而另一方的现金流根据固定利率计算。甲公司通过利率互换合约可以达到将固定利率债券转换为浮动利率的目的。

问题 284 分析：

对于一次发行量特别大的证券，如国债或者大宗股票发行，一家承销机构往往不愿意单独承担发行风险，这时就会组织一个承销集团，由多家机构共同担任承销人。这样每一家承销机构单独承担的风险就减少了。

问题 285 分析：

消费者对外国产品的偏好、收入、相对价格、利率、投资者预期、经常账户逆差、公共债务水平以及政治经济稳定性都会影响汇率。

问题 286 分析：

当两只股票市值相等，且完全负相关时，投资组合的风险为 0。

问题 287 分析：

利率的期限结构图是一条水平线则长期借款利率等于短期借款利率。如果向上倾斜，长期借款利率高于短期借款利率；如果向下倾斜，长期借款利率低于短期借款利率。

问题 288 分析：

特殊股利就是视公司经营情况和现金流状况而定，不定期也不可预期。虽然股票回购也可以达到发放现金股利的作用，特殊股利更符合题意。

问题 289 分析：

$EOQ=\sqrt{\dfrac{2FD}{C}}$。式中，$D$ 为需要存货的总量；F 为每个订单的固定成本；C 为单位存货的持有成本。

投资回报率上升会提高持有成本，造成经济订货量下降。

问题 290 分析：

股权切离(也称剥离)是指母公司将资产的一部分转移到新设立的公司，再将子公司股权对外出售，在不丧失控制权的情况下给母公司带来现金收入的方法。辛迪加是垄断组织形式之一。参加辛迪加的企业，在生产和法律上仍然保持自己的独立性，但是丧失了商业上的独立性，销售商品和采购原料由辛迪加总办事处统一办理。

问题 291 分析：

要求回报率下降，公司市盈率上升。经济下滑，市盈率下降。

问题 292 分析：

信用风险是指银行贷款或投资债券中发生的一种风险，即借款人因各种原因未能及时、足额偿还债务而违约的可能性。

问题 293 分析：

1）股利增长模型下权益成本 =（3 元/股 ×40%）/（3 元/股 ×8）+5% =10%。

资本资产定价模型下权益成本 =3% +1.2 ×（12% −3%）=13.8%。

2）股利折现模型法：a. 按照资本成本的基本概念来计算普通股资本成本的，即将企业发行股票所收到资金净额现值与预计未来资金流出现值相等的贴现率作为普通股资本成本；b. 预计未来资金流出包括支付的股利和回收股票所支付的现金；c. 因为一般情况下企业不得回购已发行的股票，所以运用股利折现模型法计算普通股资本成本时，只考虑股利支付。

资本资产定价模型：a. 在市场均衡的条件下，投资者要求的报酬率与筹资者的资本成本是相等的，因此可以按照确定普通股预期报酬率的方法来计算普通股的资本成本；b. 资本资产定价模型是计算普通预期报酬率的基本方法，该方法的应用前提是企业的 β 值较为稳定，且在预测期间不会发生变化；c. 使用该模型的关键是贝塔系数和市场平均收益率的确定。

3）总体经济环境；证券市场条件；企业内部的经营和融资状况；融资规模。

问题 294 分析：

1）第 4 年的增量现金流 = −8 000 万元 ×（104 元 − 100 元）/100 元 − 100 万元 = −420 万元。

第 5 年～第 8 年的增量现金流 =（8.8% −7.1%）×8 000 万元 ×（1 −40%）= 14.4 万元。

即后 4 年每年节约的利息成本为 14.4 万元。

2）如果第 5 年赎回，第 5 年的增量现金流 = −8 000 万元 ×（101 元 − 100 元）/100 元 − 100 万元 = −180 万元。

第 6 年～第 8 年的增量现金流 =（8.8% −6.8%）×8 000 万元 ×（1 −40%）=96 万元。

可以看出第 5 年赎回的净现值比第 4 年赎回的净现值高，应该选择第 5 年赎回。

3）发行可赎回债券可以降低公司的利率风险。在利率降低的情况下，以更低的利率再融资。

4）沉没成本包括已经支付的利息和第 1 次发行债券的承销费。

5）略。

6）略。

问题 295 分析：

1）2 元/股 ×（1 +5%）/（10% −5%）=42 元/股。

2）2 元/股 ×（1 +7%）/（10% −7%）=71.3 元/股。

股票上涨主要原因是投资者预期并购来会带来协同效应。

3）并购后，企业的总体效益要大于两家独立企业效益的算术和。并购通过扩大经济规模，减少竞争对手，形成优势互补，并减少各环节交易费用。

4）使用杠杆收购（LBO），即通过借债来筹集收购所需的资金。

5）发放现金股利或回购股票。

问题 296 分析：

1）1 400 000 元/365 天 ×40 天 = 153 424 元。

2）（1 400 000 元 +420 000 件 ×140 元/件）/365 天 ×70 天 = 11 545 205 元。

3）增加的边际贡献即为增加的 EBIT。420 000 件 ×（140 元/件 − 40 元/件）= 42 000 000 元。

4）略。

问题 297 分析：

1）该并购属于纵向并购、控股合并（收购）。

2）市场价值 = 1 000 万股 ×20 元/股 = 20 000 万元。

账面价值 = 20 000 万元/5 = 4 000 万元。

3）略。

4）略。

问题 298 分析：

1）略。

2）略。

3）金色降落伞是一种反并购手段，是按照聘用合同中公司控制权变动条款，对高层管理人员进行补偿的规定。一家公司使用金色降落伞时会增加收购方的成本，是否还要继续收购需要评估并购带来的收益和成本。从公司战略和股东利益出发，并结合财务因素和非财务因素做出判断。

4）略。

5）略。

6）略。

7）可转换公司债券是一种被赋予了股票转换权的公司债券。发行公司事先规定债权人可以选择有利时机，按发行时规定的条件，把其债券转换成发行公司的等值股票。由于对债权人有利，其利率比普通债券低。

问题 299 分析：

1）略。

2）使用租赁融资购置医疗器械对比自有资金购置来说，使得期初增加一笔融资性的现金流入，以后每期增加了一笔租赁费用的流出。总体来说，租赁费的总支出超过了器械期初的购置费用，相当于一种财务费用。

3）①收款的努力程度不够；②客户拖欠货款；③客户发生了财务困难。第 1 种情况需要管理层采取相应的行动，后两种情况则反映了应收账款的质量和流动性问题，需要采取有效的管理行动。

4）延长收账期限，销售收入越高，平均收款期越长，坏账损失越多，应收账款持有成本越高。所以，存在一个最优信用政策使得收益最大。拖欠风险或者说违约风险是指不能偿还利息和本金的风险。为了使得违约风险最小，考查时可以参考的信息有：内部信用信息，如申请人的信用申请记录、支付历史等；外部信用信息，如财务报表、银行和其他贷款人的信息等。

5）略。

6）略。

问题 300 分析：

1）a. 贷款金额 =900 万元/（1 −10%）=1 000 万元；b. 贷款利率 =5%/（1 −10%）=5. 56%。

2）$(1+3.5\%)^2-1=7.12\%$。方案 2 相较于方案 1 的优点包括：融资期限长、融资来源稳定、没有补偿性余额的要求；缺点包括：融资成本较高、付息间隔较短、市场利率下降时无法获得好处。

3）净运营资本 = 流动资产 − 流动负债。商业银行贷款属于短期负债，融资后更换部件和新设备，增加了长期资产，造成了净运营资本的减少。保险公司定期贷款属于长期负债，融资后更换部件和新设备，增加了长期资产，净运营资本不变。

4）维修成本、销售管理费用、财务费用、机会成本等。

问题 301 分析：

1）进行国际贸易的优点略。

利用贸易壁垒来阻碍自由贸易的优点：发展或维护关系国民经济发展的重要行业，使得该国不会由于依赖进口某些产品而易受攻击，以此来保护国家安全；保护新兴的行业。在这些行业发展成熟之后，再让它们到全球经济中去竞争。

利用贸易壁垒来阻碍自由贸易的缺点：消费者要花更多钱来购买受保护的商品和服务，因为他们享受不到价格的比较优势。一般来说，他们可选择的商品质量和种类也会更差和更少。由于这些国家没有最大限度地享受比较成本优势，而且将资源转移到受保护的行业，使得整体资源没有得到有效的利用。

2）国外投资的融资渠道分为两大类：股权融资和债券融资。企业可以选择在国外发行普通股、优先股或者 ADR（存托凭证），也可以通过与其他企业合资的方式；还可以直接在国外发行债券，通过当地银行贷款融资。另外，还可以用内部的留存收益来融资。

国际投资还可能面临的风险有政治、汇率波动、通货膨胀、不同的会计准则和法律、税收、文化差异和不同风俗习惯等风险。

3）略。

4）略。

5）保理商是购买企业应收账款，并收回这些应收账款的金融机构。跨境保理是保理业务网络跨越国界的情形。有追索权是指公司出售应收账款后，如果未来这笔应收账款无法收回，公司需要承担偿还责任，这相当于以应收账款为质押的借款。

优点：不会增加企业的财务杠杆就可以得到融资；减少应收账款管理的相关费用。缺点：保理的融资成本可能因为企业信誉不佳会比较高；存在“有追索权”条款时，公司风险较大。

6）优点：因为很多进口公司没有稳定的货币或无法兑换外币，易货贸易就成为那些新兴企业从事外贸的唯一手段。用价格稳定的原材料或商品来替代货款，采用这种交易的风险比接受快速贬值货币的风险要小。愿意采用易货贸易的企业比不愿意采用对销贸易的企业更具竞争优势。

缺点：公司可能会收到劣质货物，对于对销贸易货物的测试和检验要支付额外费用。所接受的产品和服务可能不适合现有生产的需要或企业的市场营销渠道，企业要花费时间，以折扣价将这些货物销售到其他地方。由于谈判要耗费很多时间，而且易货贸易货物的运输很慢，因此可能会增加管理成本。

问题 302 分析：

1）略。

2）略。

3）应选择美国短期国债。

问题 303 分析：

40% × 1000 件/天 ×10 美元/件 ×10 天 =40 000 美元。

问题 304 分析：

价格盈余比等于每股价格除以每股盈余。根据股利贴现模型可知，公司有高的红利支付率说明有较高的价格盈余比。

问题 305 分析：

当欧元相对于美元发生贬值，美国公司的回报受汇率的负面影响，而欧洲公司不受影响。因此美国公司的回报低于欧洲公司。

问题 306 分析：

风险资产的回报率和无风险资产的期望回报率之间的差额是风险溢价，风险溢价就是补偿组合风险的回报率。

问题 307 分析：

外汇风险是跨国公司经营过程中的主要风险，外汇风险有 3 类：交易风险、换算风险和经营风险。对于不同类型的风险应采取不同的方法进行管理，妥善地选择计价结算货币可以降低换算风险；利用远期外汇交易弥补风险可以降低交易风险；提高预测汇率变动的能力可以降低经营风险。

问题 308 分析：

企业的经济价值计算类似于计算投资项目的净现值。当贴现率降低（系统风险降低），现金流增大时，企业的经济价值会提高。因此，净现金流提高，企业的经济价值会提高。如果贴现金率提高，那么企业的经济价值会下降。

问题 309 分析：

外汇互换是结合外汇现货及远期交易的一种合约，合约双方约定某一日期按即期汇率交换一定数额的外汇，然后在未来某一日期，按约定的汇率以相等金额再交换回来。这种金融工具减少了双方的外汇风险。

问题 310 分析：

选项 A、选项 B 和选项 D 分别是零息债券、抵押债务和可转换公司债券的定义。

问题 311 分析：

财务杠杆系数 = 息税前利润/(息税前利润 - 负债 × 利息率)。从公式可以得出：当利息率上升时，就会导致财务杠杆系数增大。

问题 312 分析：

优先认股权也称为优先认缴权或股票先买权，是公司增发新股时为保护老股东的利益而赋予老股东的一种特权。

问题 313 分析：

根据经济订购量公式可知，固定订购成本越高，经济订货批量的数量就越多。数量越多，订货的次数就越少，当期的固定订购成本就可以下降。

问题 314 分析：

补偿型现金余额是指留在银行核对账户中的现金，它用来支付银行的服务费用。

问题 315 分析：

(5 000 000 美元 × 8%)/(5 000 000 美元 - 5 000 000 美元 ×8%) = 8.69%。

问题 316 分析：

货币市场是交易期限在 1 年之内的短期金融交易市场。

问题 317 分析：

企业为筹措短期资金，由企业信用担保发行的票据。商业票据的发行大多采用折价方式进行，但大多数是通过金融中介商的渠道而发售的。

问题 318 分析：

吸收合并通常是指一家公司以现金、证券或其他形式（如承担债务）购买取得其他公司的产权，使其他公司丧失法人资格或改变法人实体，并取得对这些公司决策控制权的经济行为。控股合并是指公司用现金、债券或股票购买另一家公司的部分资产或股权以获得该公司的控制权。

问题 319 分析：

市场会自动地调整价格，纠正定价偏差来反映信息。

问题 320 分析：

优先股是一种长期资金来源。

问题 321 分析：

利率上升，则债券价格下跌。期限长的债券对利率变化更敏感。

问题 322 分析：

市场利率大于票面利率折价发行。

问题 323 分析：

如果客户在 10 天内付清全部货款，企业将给予客户销售额 3% 的折扣。如果客户在 20 天内付清全部货款，则企业将给予客户销售额 1% 的折扣。信用期总共为 30 天。本题中，该客户于第 18 天付款，可按 1/20 的折扣条件，即 1% 的折扣，所以应付款是 10 000 × (1 - 1%) = 9 900 美元。

问题 324 分析：

根据影响期权价格因素分析，标的资产的现行价格降低，看涨期权价值降低，看跌期权价值提高。

问题 325 分析：

收益债券是指规定无论利息的支付或是本金的偿还均只能从债券发行公司的所得或利润中搓出的公司债券。收益债券风险高，不适合利用企业多余现金进行投资。其他 3 种证券风险较低，适合利用企业多余现金进行投资。

问题 326 分析：

该公司未来将支付外币，可以通过外汇远期合约买入外汇，从而锁定汇率，减少风险。

问题 327 分析：

该公司以每股 18 美元的价格增发普通股，实收资本增加了，股东权益相应的也增加了。由于增发每股价格低于原来每股账面价值 20 元，所以增发后每股的账面价值相应减少。

问题 328 分析：

重新订货点 =（25 000 单位/250 天）×5 天 +300 单位 =800 单位。

问题 329 分析：

银行承兑信用票据是一种在具体日期支付的由银行担保的定期汇票。

问题 330 分析：

横向一体化战略也称为水平一体化战略，是指为了扩大生产规模、降低成本、巩固企业的市场地位、提高企业竞争优势、增强企业实力而与同行业企业进行联合的一种战略。实质是资本在同一产业和部门内的集中，目的是实现扩大规模、降低产品成本、巩固市场地位。

问题 331 分析：

经营协同效应主要是指并购给企业生产经营活动在效率方面带来的变化及效率的提高所产生的效益。并购改善了企业的经营，从而提高了企业效益，包括并购产生的规模经济、优势互补、成本降低、市场份额扩大、更全面的服务等。

问题 332 分析：

政府对于经济的干预，不是政治风险。

问题 333 分析：

投资组合预期收益率 $=\sum r_i \times w_i = 10\% \times 36.70\% + 16\% \times 9.17\% + 8\% \times 27.52\% + 6\% \times 18.35\% + 15\% \times 8.26\% = 9.68\%$。

问题 334 分析：

50%资金投资 A 资产，50%资金投资 B 资产，资产组合的 β 为 0，收益为 11%。高于直接投资于无风险的 C 资产，收益率为 1%。

问题 335 分析：

投资的证券数量越多，越能分散非系统性风险。

问题 336 分析：

贝塔是一种系统风险系数，是用来衡量单一股票收益率的变动对于整个市场投资组合收益率变动的敏感性。

问题 337 分析：

利率风险和通货膨胀属于系统性风险的因素。新产品开发和管理人员的流动属于非系统性风险的因素。

问题 338 分析：

$P_1 = D_2/(k-g) = 1.25$ 元/股 $\times(1+g)/(10\%-g) = 45$ 元/股，解得 $g = 7.02\%$。$P_0 = D_1/(k-g) = 1.25$ 元/股 $\div(10\% - 7.02\%) = 41.94$ 元/股。

问题 339 分析：

年限越长、折现率越大，复利现值系数越小。

问题 340 分析：

现在股票价格为 35 元。看涨期权空头收益 = 8 元 - max(35 元 - 45 元，0) = 8 元。看跌期权多头收益 = (50 元 - 35 元，0) - 10 元 = 5 元。

问题 341 分析：

采购方面临木材价格上涨的风险，需要锁定购入木材的价格，则应购入木材看涨期权。

问题 342 分析：

加权平均资本成本是指各种类型融资方式的平均预期报酬率。对于投资方而言，所投入的资本即为所持有的资产。

问题 343 分析：

假设债务账面价值为 X 万元，则 $[X/(X+400\text{ 万元})]\times 8\% + [400\text{ 万元}/(X+400\text{ 万元})]\times 22\% = 15\%$，解得 $X=400$ 万元。加权平均成本 = [400 万元/(400 万元 + 400 万元 × 1.5)] × 8% × (1 - 35%) + [400 万元/(400 万元 + 400 万元 × 1.5)] × 22% = 15.28%。

问题 344 分析：

周转天数 = 60% × 10 天 + 40% × 30 天 = 18 天。应收账款金额 = 150 件 × 300 元/件 × 18 天 = 81 万元。

问题 345 分析：

单位持有成本和 EOQ 成反比，订货成本、总存货消耗量和 EOQ 成正比。

问题 346 分析：

1%/(1 - 1%) × (360/(30 天 - 10 天)) = 18.18%。

问题 347 分析：

融资租赁的融资成本一般较高。

问题 348 分析：

信息披露之后股价随之上涨，意味着价格反映了公开的信息，即为半强势有效。

问题 349 分析：

转换价格 = 债券面值/转换率 = 100 元/张 ÷ 2.5 股/张 = 40 元/股。

问题 350 分析：

向其他投资者出售，所以符合股权分割的切离。

问题 351 分析：

甲公司的股价 = 12 元/股 × 2 = 24 元/股。乙公司的股价 = 8 元/股 × 1.25 = 10 元/股。收购价 = 10 元/股 × (1 + 20%) = 12 元/股。换股比率 = 12 元/股 ÷ 24 元/股 = 0.5。为了收购乙公司，甲公司需要发行 = 160 万股 × 0.5 = 80 万股。存续公司的每股收益 = (800 万元 + 200 万元)/(400 万股 + 80 万股) = 2.08 元/股。

问题 352 分析：

按日元的直接标价法，数值变小则日元相对于美元升值。在相对购买力平价下，币值与通货膨胀反向，日元相对于美元升值，则美国的通货膨胀率高于日本。

问题 353 分析：

该公司未来收到 3 000 澳元存在对美元贬值风险，未来支付 6 000 澳元存在对美元升值的风险，未来净支付 3 000 澳元存在对美元升值风险，则应当当期买入 3 000 澳元的远期合约。

问题 354 分析：

持有期回报率 = [2 元/股 + (52 元/股 - 50 元/股)]/50 元/股 = 8%。

问题 355 分析：

通货膨胀上升，无风险的利率随之上升，资产价格下跌。

问题 356 分析：

变异系数 = 标准差/期望值。变异系数越大，风险越高，本题中选项 C 的变异系数为 0.25，最小。

问题 357 分析：

投资组合的标准差等于组合中两个资产标准差的加权平均值，那么这两项资产收益的相关系数为 1。

问题 358 分析：

X 公司股票收益率 = 4% + (8% - 4%) × 0.5 = 6%。Y 公司股票收益率 = 4% + (8% - 4%) × 2 = 12%。

问题 359 分析：

标普 500 指数代表了美国股票市场的一般风险。A 公司具有市场一般的风险，也就是和标普 500 指数的风险类似。

问题 360 分析：

股价 = 3 元/股 (1 + 5%) ÷ (15% - 5%) = 31.5 元/股。由于当前股价被低估，以当前每股 20 元的价格购入股票是可以盈利的。

问题 361 分析：

债券 X 价格 = 60 元 × 1.808 + 1 000 元 × 0.873 = 981.48 元。债券 Y 价格 = 80 元 × 1.808 + 1 000 元 × 0.873 = 1 017.64 元。也可以直接根据债券的票面利率与市场利润关系对折价溢价的影响直接判断。

问题 362 分析：

买方（多头）期权价值 = max(23 元 - 20 元，0) = 3 元，则空头价值为 - 3 元。多头净损益 = max(23 元 - 20 元，0) - 2 元 = 1 元，则空头净损益 - 1 元。

问题 363 分析：

期权价值随着股票价格波动率的上升而上升。

问题 364 分析：

A 公司的税后资金成本 = 8% × (1 - 35%) = 5.2%。

问题 365 分析：

要求回报率 = $D_1/P_0 + g$。在其他因素不变时，g 下降会导致股票回报率下降；市场预期报酬率下降会导致股票回报率下降；股息增加会导致股票回报率上升。

问题 366 分析：

锁箱系统收益 = 2 500 张/天 × 600 元/张 × 2 天 × 7% - 2 500 张/天 × 0.28 元/张 × 365 天 = 210 000 元 - 255 550 元 = - 45 550 元。

问题 367 分析：

应收账款变化金额 = 500 万元 ÷ (360 天/30 天) - 500 万元 ÷ (360 天/60 天) = - 416 666.67 元。该项折扣付款的净成本 = - 416 666.67 元 × 9% + 500 万元 × 60% × 2% = 22 500 元。

问题 368 分析：

公司债券是企业长期融资的方式。

问题 369 分析：

有效年利率 = 7%/(1 - 20%) = 8.75%。

问题 370 分析：

半强势有效理论是基于所有公开的信息。交易信息、财务报告、网页是公开信息。

问题 371 分析：

公开发行债券和私募债券都可以连带发行认股权证。

问题 372 分析：

季度初，欧元: 美元 = 0.88，欧元: 英镑 = 0.78。季度末，欧元: 美元 = 0.86，欧元: 英镑 = 0.71。该标价法对欧元为间接标价，数值变小代表贬值。

问题 373 分析：

甲公司进口商品，有应付账款，澳元兑孟加拉元的趋势是贬值，所以为了规避汇率风险，需购入孟加拉元的外汇远期合约。澳元计价的采购成本 = 60 孟加拉元 ÷ 1.565 孟加拉元/澳元 = 38.34 澳元。澳元计价的收益 = （45 澳元/把 − 38.34 澳元/把）× 1 000 把 = 6 660 澳元。

问题 374 分析：

市场价值为 40 元/股，每股收益 = （净利润 − 优先股股利）/流通在外普通股股数 = （588 000 元 − 6% × 100 元/股 × 10 000 股）/120 000 股 = 4.4 元/股。市盈率 = 40 元/股 ÷ 4.4 元/股 = 9.09。

问题 375 分析：

拆分后，原分红政策等价于每股 0.5 元，增加分红力度，可以提振股票价格。

问题 376 分析：

非系统性风险也称为可分散风险。

问题 377 分析：

18% = 4% + 2 × 市场风险溢价，市场风险溢价 = 7%。8.2% = 4% + β × 7%，β = 0.6。

问题 378 分析：

看涨期权内在价值 = max（股票价格 − 执行价格，0） = max（90 元 − 100 元，0） = 0 元。期权价格就是期权的售价。

问题 379 分析：

高成长公司一般会被给予更高的估值水平。

问题 380 分析：

非累积优先股的股利并不累积，今年只发放当年的优先股股利。优先股股利 = 100 元/股 × 9 万股 × 4% = 36 万元，普通股股利 = 90 万元 − 36 万元 = 54 万元。

问题 381 分析：

100 元 × 2/5 = 40 元。

问题 382 分析：

1）普通股是指在公司的经营管理和盈利及财产的分配上享有普通权利的股份，代表满足所有债权偿付要求及优先股东的收益权与求偿权要求后对企业盈利和剩余财产的索取权。优先股是相对于普通股而言的，主要是指在利润分红及剩余财产分配的权利方面，优先于普通股。

2）优先股先于普通股发放股利，同时优先股股息固定支付。普通股股息支付取决于股东大会的决议。股东大会决议时要考虑公司未来的成长性、控股股东的控制权、股东的风险偏好以及减税需求等因素。

3）普通股和优先股的区别：

①股息。优先股相对于普通股可优先获得股息。如果公司年度内没有足够现金派发优先股股息，普通股是不能分发股息的。股息数量由公司董事决定，但当公司获得优厚利润时，优先股不会获得超

额收益。

②剩余资产优先分配权。当股份公司因破产或解散进行清算时，在对公司剩余财产的分配上，优先股股东排在债权人之后，但排在普通股股东之前。

③投票权。优先股股东没有参与公司决策投票权，但在公司长期无法派发股息时，优先股股东有权派代表加入董事会，以协助改善公司财务状况。

④优先购股权。普通股股东在公司发行新股时，可获优先购买与持股量相当的新股，以防止持股比例被稀释，但优先股股东无权获得优先。

普通股和长期债券的区别：

①权利不同。股票是所有权凭证，债券是债权凭证。

②发行目的不同。债券募集资金属于公司的负债，股票募集资金属于公司的资本。

③期限不同。债券是有期证券，股票是无期证券。

④收益不同。债券的收益是固定的，股票的收益是不固定的。

⑤风险不同。债券风险小，股票风险大。

4）加权平均资本成本（WACC）=5 700 000 ÷ 19 000 000 × 4% + 2 850 000 ÷ 19 000 000 × 10% + 10 450 000 ÷ 1 900 000 × 12% = 9.3%，购置资产的预计报酬率 10% 大于资本成本，应该购置该项资产。

5）上述资本结构为最优资本结构，即：

长期债券比重 = 5 700 000 ÷ 19 000 000 = 0.3。

优先股比重 = 2 850 000 ÷ 19 000 000 = 0.15。

普通股比重 = 10 450 000 ÷ 19 000 000 = 0.55。

该公司目前需要筹措的总资金 = 50 000 000 − 18 000 000 = 32 7000 000（美元）。其中，

发行债券筹资 = 32 000 000 × 0.3 = 9 600 000（美元）。

发行优先股筹资 = 32 000 000 × 0.15 = 4 800 000（美元）。

发行普通股筹资 = 32 000 000 × 0.55 = 17 600 000（美元）。

发行普通股股数 = 17 600 000 ÷ 25 = 704 000（股）。

问题 383 分析：

1）a. 主计长违反了机密性和正直性标准。他披露有关继承人参与公司业务的机密信息并分发财务信息，这违反了机密性标准。他向朋友保证可以操纵公司的财务业绩，这违反了正直性准则。

b. 主计长将违反能力和可信性标准。他将违反能力标准，因为调整经营业绩是不符合法律和法规的行为，也未能提供准确、清晰、简洁和及时的信息。向继承人提供不正确的信息将违反可信性标准，未能公平客观地传递信息，未能充分提供会影响使用者理解报告、分析和建议的所有相关信息。

2）每股价格 = 150 亿加元/3.75 亿股 = 40 加元/股。

$P = D_1/(r-g)$ = 3 加元 × 40%/(r − 6%) = 40 加元/股。r = 9%。

3）a. 现金股利，公司向股东支付现金；股票股利，公司发行更多股份并将其分配给股东。

b. 当公司派发现金股利时，留存收益和权益将减少。但是，当公司派发股票股利时，总权益不会改变。

4）a. ROE 表示股东投资回报率的度量指标。ROA 衡量实体在其业务中使用资产获得收益的效率的一种度量指标。

b. ROE = 1 950 万加元/7 950 万加元 = 24.53%；ROA = 1 950 万加元/9 250 万加元 = 21.08%。

5）丙公司的 β 值为 0.9。由于股票的 β 值小于 1，这意味着它的波动性小于市场。

问题 384 分析：

1）a. 分拆，通过剥离母公司的部分资产和业务而创立新的独立公司，并将新公司的股份分配给母公司的股东。分割，对公司进行重组，将所有股本和资产交换为两家或多家新成立公司的股票，从而导致母公司清算。股权切离，母公司出售子公司的少数股份（通常为 20% 或更少）以进行 IPO。

b. 股权切离。母公司通过 IPO 向公众出售其子公司的部分或全部股份，这将产生现金流入。

2）a. 收益率 =1.25 美元/50 美元 = 2.5%，股利收益率 =1 美元/50 美元 = 2%。

b. 总回报率 = [（50 美元 −55 美元）+1 美元] /55 美元 = −7.27%。

3）a. 转换特性会降低票息率，因为这对债券买方具有价值。

b. 赎回特性会提高票息率，因为这对债券卖方具有价值。

4）甲公司债券价格将随着长期利率的上升而下降。

5）如果甲公司股票价格的波动性增加，看涨期权的价值将增加。

6）战略风险：错误的业务决策、不当的决策实施或对行业变化缺乏反应能力可能导致的收益或资本的影响。甲公司进入亚洲市场时并未对其可能遇到的新企业风险进行全面评估。

财务风险：为获得必要许可证和执照而支付的金额远远高于预期，可能引起财务风险。

合规风险：政府调查是潜在的合规风险。

经营风险：进入新的市场，由于文化背景差异而产生的经营风险。

第 13 章　决策分析

13.1　决策分析的相关概念

当进行决策分析的时候，企业只需要考虑相关成本和收入。含不相关成本和收入的数据将干扰决策过程，浪费时间，并有可能导致错误的决策。相关的含义是指面向未来，并因选项而异。以购车为例，成本分类与成本相关性见表 13-1。

表 13-1　成本分类与成本相关性（以购车为例）

项目	已承诺成本或沉没成本	未承诺的任意成本
因选项而异	不相关成本 例子：已经购买的购车手册	相关成本 例子：新车的购买价格
不因选项而异	不相关成本 例子：旧车的购买价格	不相关成本 例子：汽车俱乐部的会员费

决策制定的步骤为决策提供了一个逻辑框架，便于做出有效决策。具体步骤如图 13-1 所示。

图 13-1　决策制定的步骤

企业的业绩在很大程度上取决于有效的决策制定，而业绩评价和反馈有助于确保采取的行动过程按预期执行。

采取的行动包括：

1）分析预测和实际结果之间的差距。

2）分析相关成本和收入的恰当或不恰当分配。

3）分析不好业绩的根源。

以下是关于决策分析的一些术语的定义。

相关成本：将要发生的成本或未来的成本。

相关收入：预期的未来收入。

可避免成本：采用一备选方案替代另一备选方案，就可以全部或部分免除的成本。

不可避免成本：无论做出什么决策或行动，这项成本都会一直存在。

增量成本：为在成本对象现有或计划产量基础上获得额外产量而发生的额外的成本。

增量收入：执行一项备选行动过程中产生的额外收入。

显性成本：计入账内的、看得见的实际支出，如支付的生产费用、工资费用、市场营销费用等。

隐性成本：公司使用自身资源的机会成本。

差量收入（成本）：任何两项备选方案之间的收入（成本）差异。

机会成本：当选择某一种而不是其他情况时，牺牲的潜在利益。

沉没成本：在决策时应忽略，发生在过去并且不能够改变。最常见的错误是把沉没成本包括在分析中，以证明某个特定领域的持续支出是合理的。

当进行决策分析时，要考虑两类因素：

1）定性因素是指不能由数字来衡量的决策因素，如商誉和员工的道德素质。

2）定量因素是指可以由数字来衡量的决策因素，如边际贡献。

决策制定最后要权衡两种因素，并进行评价。

成本可溯性是指以经济上的可行方式，利用因果关系将一项成本归因于成本对象的能力。不合理分摊的成本会导致成本扭曲。

价值链法与传统会计的不同之处在于，该种方法既有内部数据也有外部数据，在所有主要的价值创造过程中使用恰当的成本动因，承认贯穿价值链的链接。

价值链法重点关注以下两种成本：

1）上游成本。价值链中的研发和设计成本。

2）下游成本。价值链中的营销、分销和服务成本。

必须检验价值链上各个部门的链接，上下游之间各项活动的影响也需要考虑，请结合 8.6 节的内容学习。

战略性信息将决策者的目光锁定在企业的关键战略目标上，管理决策通常包含一些战略问题。战略性因素包括生产能力的属性与数据、产品多样性、为成本效益而进行的产品设计。如果只关注相关成本，决策者难以将决策与企业整体战略相对接。决策者必须考虑战略问题。

管理者疏忽战略性的一个明显迹象就是他们总是以产品成本为中心进行分析。而战略相关成本分析会考虑得很广，涵盖了一些难以计量的战略问题。战略性分析直接关注客户价值的增加，而不仅仅局限于成本因素。

确定相关成本的特点为：注重短期；与战略无联系；注重产品成本；注重个别产品或决策条件。

战略成本分析的特点为：注重长期；与企业战略相连；注重顾客；注重整体性，考虑与顾客相关的所有因素。

例题 13-1

张三是某高科技企业科技研发人员，他一年的薪水为 35 000 美元。另外一家创业公司邀请他去做职业经理人，每年年薪为 40 000 美元。该 40 000 美元的年薪属于什么性质的成本？

参考答案：

机会成本。

13.2 本/量/利（CVP）分析

本/量/利分析检验了 5 个变量之间的相互作用。这 5 个变量分别是产品和服务的销售价格、销售量、单位变动成本、总固定成本、销售的产品和服务的组合。

本/量/利分析有助于分析以下 6 种情况：

1）决定提高或降低价格。

2）决定引进一项新产品或服务。

3）决定新产品和服务的定价。

4）决定扩张产品和服务市场。

5）决定是否重置现存设备。

6）决定是否制造产品和提供服务。

本/量/利分析在公司的战略管理中起着重要作用，它对于生命周期成本法和目标成本法的运用都很重要。在生命周期成本法中，在产品成本生命周期的早期阶段，人们运用本/量/利分析来决定产品是否有可能获得期望收益。同样的，在目标成本法使用的早期阶段，运用本/量/利分析可以表明，在预计销售水平下不同的产品设计对利润的不同影响。另外，本/量/利分析还可以运用在生命周期的后期阶段，如在制造计划期间，来决定最优化生产程序——这种生产决策包括何时替换机器设备，购置何种类型的设备，何时进行生产过程自动化及何时外包一项生产作业。在成本生命周期的最后阶段也可以运用本/量/利分析来决定最佳的营销和分销系统。本/量/利分析在战略定位中也发挥着作用。选择成本领先竞争战略的公司主要在产品生命周期的制造阶段运用本/量/利分析，本/量/利分析在这里的作用是为预计业务水平确定最符合成本效益原则的制造方法，包括自动化、外包及全面质量管理；与此相反，遵循产品差异化战略的公司则在成本生命周期的早期运用本/量/利分析，以评价新产品的营利性及现有产品新特性的可取性。

13.2.1　特定的成本术语以及假设

成本和成本对象的概念见 8.1 节。

相关范围：针对一个特定的成本动因，在一个特定的持续期间来定义，要求被限制在一个相关范围内。

变动成本：在一个相关范围内，同某个成本动因的数量变化成正比。

固定成本：一个成本动因在一个相关范围内，在持续期间变化时保持不变。产量增加时，单位固定成本会下降。

$$总成本 = 总变动成本 + 总固定成本$$

$$经营利润 = 从运营中获得的总收入 - 运营中发生的总成本$$

$$净经营利润 = 经营利润 - 运营所得税 = 经营利润 \times （1 - 相关税率）$$

产出量指某一期间内生产的件数或者销售的件数。

本/量/利分析的 4 个假设是：

1）总收入和总成本在相关范围内与产出量有线性关系。

2）各个参数可以被合理估计。

3）产出为单一产品或者有明确比例的产品组合。

4）产出量等于销量。

13.2.2　成本行为

成本行为指的是成本如何随产量变化。在本/量/利分析中，假设成本分为变动和固定成本。成本行为如图 13-2 所示。

考虑时间维度下固定成本和变动成本的划分，有以下结论：

1）时间区间越短，总成本中固定成本的比例越高。

2）时间区间越长，总成本中固定成本的比例越低。

固定成本还受到相关范围、时间区间、给定的决策情景等因素的影响。

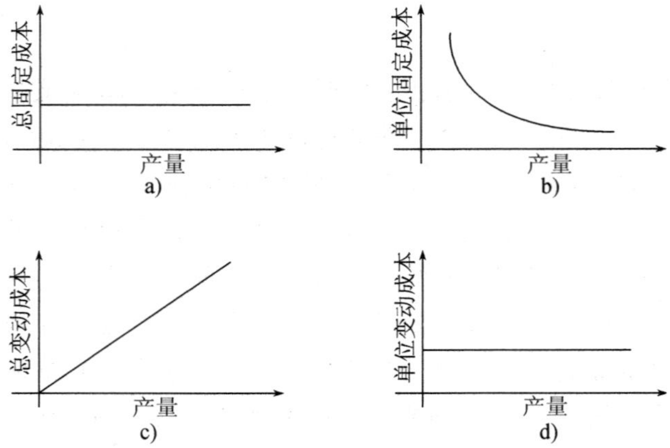

图 13-2 成本行为

13.2.3 盈亏平衡分析

盈亏平衡点是指总收入等于总成本时的产出水平或者销售收入，即经营利润等于零时的点。盈亏平衡分析用于评估各种“如果……怎样”决策的备选方案，将如何影响经营利润。

> 注意：盈亏平衡点有两种表达，即盈亏平衡产量和盈亏平衡金额。

求解盈亏平衡点的方法：

（1）公式法

$$P \times Q - \mathrm{VC} \times Q - \mathrm{FC} = (P - \mathrm{VC}) \times Q - \mathrm{FC} = \mathrm{OI}$$

式中 P——售价；

Q——销售数量；

VC——单位变动成本；

FC——固定成本；

OI——经营利润。

（2）边际贡献法

$$Q = (\mathrm{OI} + \mathrm{FC}) / (P - \mathrm{VC}) = (\mathrm{OI} + \mathrm{FC}) / \mathrm{CM}$$

式中 CM——边际贡献。

计算盈亏平衡收入也可以使用边际贡献率的方法，即

$$\mathrm{CM\%} = (P - \mathrm{VC}) / P$$

当盈亏平衡时，有如下关系

$$S = \mathrm{FC} / \mathrm{CM\%}$$

$$\mathrm{CM\%} + \mathrm{VC\%} = 1$$

$$\mathrm{FC\%} = \mathrm{FC} / S = \mathrm{CM\%}$$

式中 S——销售收入；

CM%——边际贡献百分比；

VC%——变动成本百分比；

FC%——固定成本百分比。

（3）图表法

图表法如图 13-3 所示。

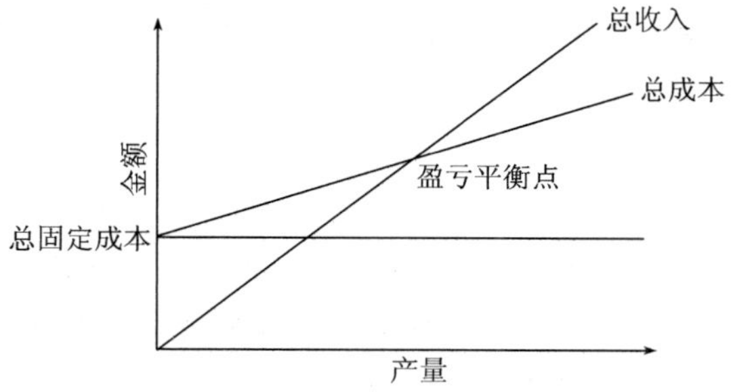

图 13-3 盈亏平衡点

> 注意：该方法比较直观。这种方法比较适合美国考生，中国考生应以前两种方法为主。

安全边际是指企业当前的销售水平超过盈亏平衡点的程度，可以使用销量、销售额以及百分比来衡量，即

安全边际 = 当前销量 − 盈亏平衡销量

安全边际 = 当前销售额 − 盈亏平衡销售额

安全边际率 = （当前销量 − 盈亏平衡销量）/当前销量

> 补充知识：阶梯式成本的盈亏平衡分析
>
> 在存在阶梯式成本的情况下，确定一个大致的相关范围比较困难，盈亏平衡分析变得复杂，如图 13-4 所示。
>
> 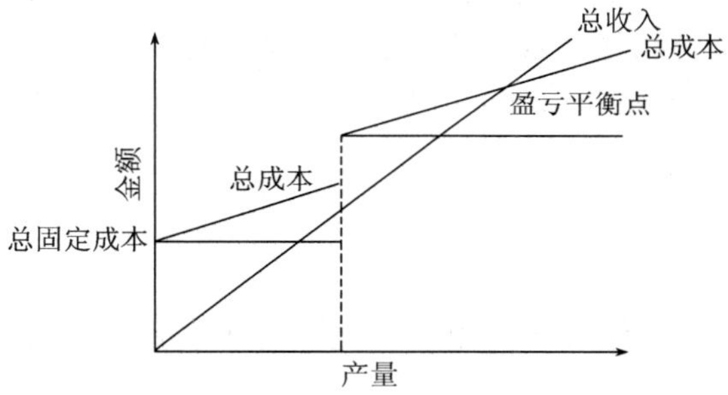
>
>
> 图 13-4 阶梯式成本下的盈亏平衡点

> 补充知识：EBIT-EPS 盈亏平衡分析
>
> 两种融资方案使得每股收益相等的经营利润点，称为 EBIT-EPS 盈亏平衡点，表达式为
>
> $$[(EBIT_{1,2}-I_1)(1-t)-PD_1]/NS_1=[(EBIT_{1,2}-I_2)(1-t)-PD_2]/NS_2$$
>
> 式中 $EBIT_{1,2}$——两种融资方案的 EBIT-EPS 盈亏平衡点；
>
> I_1，I_2——两种融资方案每年支付的利息；
>
> PD_1，PD_2——两种融资方案每年支付的优先股股利；
>
> NS_1，NS_2——两种融资方案在外流通股股数；
>
> t——所得税率。

例题 13-2

老李的家具制造公司有意开发一种新的木制电视桌，预计价格为 75 元/张，预计单位变动成本为 35 元，该项投资每年增加新的固定成本为 60 000 元。该公司的所得税率为 20%。请帮助老李解答以下问题：

1）盈亏平衡时的销量。

2）盈亏平衡时的销售额。

3）如果老李希望每年营业利润至少增加 48 000 元，盈亏平衡点是多少？

4）如果预期该产品的销售量为 2 500 张，安全边际和安全边际率分别是多少？

5）如果老李希望每年税后利润至少增加 48 000 元，盈亏平衡点是多少？

6）运用本/量/利分析的过程中可能存在什么行为问题？

7）盈亏平衡点是衡量风险还是衡量收益的指标？之前学习过的哪个工具表达了类似的含义？

答：

1）盈亏平衡点 = 60 000 元 ÷ (75 元 − 35 元) = 1 500 张。

2）边际贡献率 = (75 元 − 35 元) ÷ 75 元 = 53.33%。

盈亏平衡点 = 60 000 元 ÷ 53.33% = 112 507 元。

3）盈亏平衡点(以销量表示) = (48 000 元 + 60 000 元) ÷ (75 元 − 35 元) = 2 700 张。

盈亏平衡点(以金额表示) = (48 000 元 + 60 000 元) ÷ 53.33% = 202 513 元。

4）安全边际 = 2 500 张 − 1 500 张 = 1 000 张。

安全边际率 = (2 500 张 − 1 500 张)/2500 张 = 40%。

5）盈亏平衡点(以销量表示) = [60 000 元 + 48 000 元/(1 − 20%)] ÷ (75 元 − 35 元) = 3 000(张)。

6）行为问题的出现是由于本/量/利模型中一些因素（价格、预计销售量、变动成本和固定成本等）存在不确定性。不确定性的出现意味着风险厌恶型管理者可能会错误地一味避免不利结果的出现。

7）盈亏平衡点是衡量风险的指标。销售量低于计划水平的风险对利润的潜在影响及固定成本和变动成本相对比例的影响，都可以用经营杠杆来衡量，这与盈亏平衡点的含义是类似的。

13.2.4 多产品分析

销售组合比例是指出售的产品和服务的相对比例。对于多产品盈亏平衡分析，可以使用下面的公式

$$\text{收入} - \text{变动成本} - \text{固定成本} = \text{经营利润}$$

多产品盈亏平衡分析具体的步骤是：

1）计算加权平均单位边际贡献。

$$\begin{matrix}\text{加权平均单位}\\\text{边际贡献}\end{matrix} = \left(\begin{matrix}\text{A 产品}\\\text{的销量}\end{matrix} \times \begin{matrix}\text{A 产品的}\\\text{边际贡献}\end{matrix} + \begin{matrix}\text{B 产品}\\\text{的销量}\end{matrix} \times \begin{matrix}\text{B 产品的}\\\text{边际贡献}\end{matrix}\right) \Big/ \left(\begin{matrix}\text{A 产品}\\\text{的销量}\end{matrix} + \begin{matrix}\text{B 产品}\\\text{的销量}\end{matrix}\right)$$

2）求解总盈亏平衡点。

$$\text{总盈亏平衡点} = \text{固定成本}/\text{加权平均单位边际贡献}$$

3）计算销售组合中组成产品的盈亏平衡点。

$$\begin{matrix}\text{A 产品的}\\\text{盈亏平衡点}\end{matrix} = \begin{matrix}\text{盈亏}\\\text{平衡点}\end{matrix} \times \left[\begin{matrix}\text{A 产品}\\\text{的销量}\end{matrix} \Big/ \left(\begin{matrix}\text{A 产品}\\\text{的销量}\end{matrix} + \begin{matrix}\text{B 产品}\\\text{的销量}\end{matrix}\right)\right]$$

$$\begin{matrix}\text{B 产品的}\\\text{盈亏平衡点}\end{matrix} = \begin{matrix}\text{盈亏}\\\text{平衡点}\end{matrix} \times \left[\begin{matrix}\text{B 产品}\\\text{的销量}\end{matrix} \Big/ \left(\begin{matrix}\text{A 产品}\\\text{的销量}\end{matrix} + \begin{matrix}\text{B 产品}\\\text{的销量}\end{matrix}\right)\right]$$

计算多产品盈亏平衡收入，可以使用加权平均边际贡献率的方法，公式为

加权平均边际贡献率 = 总边际贡献/总收入

总盈亏平衡点的收入 = 总固定成本/加权平均边际贡献率

> 注意：如果销售组合比例不确定，那么不存在唯一盈亏平衡点。

约束性资源是一种严格制约或限制产品和服务产量和销量的资源。在存在约束性资源的情况下，盈亏平衡分析有以下结论：

1）同样的销售量，边际贡献大的产品多，销售收入就多，反之相反。

2）边际贡献大的产品占比多，盈亏平衡点下降。

所得税的影响可以使用公式法得出，与前面的问题解法相同，但要注意的是一般不考虑利息的因素。

$$目标税后\ OI = OI \times (1 - t)$$

$$Q = (OI + FC) / (P - VC) = (OI + FC) / CM = (目标税后\ OI / (1 - t) + FC) / CM$$

本/量/利分析中的敏感性分析，涉及就数量的变化和各种参数的变化提出的一系列假设问题。

> 补充知识：作业成本法下的盈亏平衡分析
>
> $$价格 \times 销量 - \Sigma\ 第\ i\ 种成本动因 \times 第\ i\ 种作业量 = 经营利润$$
>
> 由高斯定理可知，该方程不是仅有唯一的盈亏平衡点，而是一个自由度为（$n-1$）的向量，其中 n 是成本动因的总量。

例题 13-3

老李的家具制造公司现在生产椅子和桌子两种产品，固定成本总额是 46 000 元，两种产品的变动成本和销售数据如表 13-2 所示。

表 13-2　椅子和桌子的变动成本和销售数据

	椅子	桌子
单位销售价格（元）	120	200
单位变动成本（元）	80	150
预算销售（单位）	1 000	1 500

1）如果要达到盈亏平衡点，则需要销售多少椅子和桌子？

2）能否以销售额的比例计算多产品盈亏平衡点？

3）如果椅子在销售组合中的比例增加，盈亏平衡点如何变化？

答：

1）加权边际贡献 =（1 000 单位/2 500 单位）×（120 元/单位 – 80 元/单位）+（1 500 单位/2 500单位）×（200 元/单位 – 150 元/单位）=46 美元/单位。

盈亏平衡点的总销量 =46 000 元/46 美元/单位 =1 000 单位。

椅子的销量 =（1 000 单位/2 500 单位）×1 000 单位 =400 单位。

桌子的销量 =（1 500 单位/2 500 单位）×1 000 单位 =600 单位。

2）当以数量表示的销售结构不变时，盈亏平衡点的数量可以用单位边际贡献来算出。销售结构以

金额的形式给出，以边际贡献率来计算盈亏平衡点的金额。

3）椅子的边际贡献小于桌子的边际贡献，如果椅子在销售组合中的比例增加，加权边际贡献下降，盈亏平衡点上升。

13.3 边际分析

边际分析是一种分析决策问题的方法。该方法着重于分析增量成本的增加情况，而不是与活动相关的总成本和总收益。

边际分析就要分析什么是真正的相关成本。同样一种成本，可能在某些情况下是不相关成本，而在另一些情况下是相关成本。

> 注意：认真阅读题目中的描述，有关本节知识的题目都是很重视细节的。

边际分析用于以下的情况：

1）特殊订单和定价。

2）制造还是购买。

3）销售还是再加工。

4）增加还是减少一个分部。

5）最大化限制性因素的单位贡献。

13.3.1 特殊订单和定价

特殊订单是指企业有一次性的机会，来选择接受还是拒绝一个特定数量产品或服务的订单。特别订单具有短期性质。

如果企业这时候生产能力过剩（有闲置产能），那么就要分析特殊订单的变动成本，判断准则是：如果特殊订单价格大于变动成本就接受，否则就放弃。

如果企业这时候生产能力饱和（已经满负荷生产），那么就要分析特殊订单的变动成本，加上因为接受订单而放弃的生产其他产品的利润，即机会成本。判断准则是：如果特殊订单价格大于变动成本与机会成本之和就接受，否则就放弃。

例题 13-4

某企业收到一个特殊订单，卖 100 个产品 A，价格是 10 元/个。生产产品 A 的成本信息为：直接材料成本 3 元/个，直接人工成本 4 元/个。另有一种特殊的资源 B，每个产品 A 需要一个资源 B，资源 B 的成本是 2 元/个。

1）如果企业有闲置产能时，该不该接受该特殊订单？

2）如果企业正在满负荷生产产品 C，产品 C 要用 2 个资源 B，产品 C 的边际贡献 3 元/个。此时该不该接受该特殊订单？

答：

1）此时相关成本（产品 A 的变动成本）是 3 元/个 +4 元/个 +2 元/个 =9 元/个。特殊订单价格 10 元/个 > 相关成本 9 元/个，所以接受。

2）由于生产一个产品 A 将会放弃 0.5 个产品 C，此时相关成本（产品 A 的变动成本和机会成本）是 3 元/个 +4 元/个 +2 元/个 +3/2 元/个 =10.5 元/个。特殊订单价格 10 元/个 < 相关成本 10.5 元/个，所以不接受。

13.3.2　制造还是购买

制造还是购买（外包），在这种情况下，主要考虑 3 种成本：

1）与自制相关的变动成本。

2）因为外购而可以减少的固定成本，即可避免的固定成本。

3）由于自制而放弃其他生产所带来的利润，即机会成本。

如果企业这时候生产能力过剩，判断准则是：如果外购价格小于变动成本与可避免的固定成本之和，那么就外购，否则就自制。

如果企业这时候生产能力饱和，判断准则是：如果外购价格小于变动成本、可避免的固定成本与机会成本之和，那么就外购，否则就自制。

外购的优点包括有助于集中资源提升核心竞争力，改善效率和效果，获取新技术等。外购的缺点包括寻找外部的成本可能很高，内部的专业知识和能力可能荒废，削弱了对过程和质量的控制，灵活性下降，缺少个性化服务，容易泄密等。

例题 13-5

某企业需要产品 A 作为其生产的配件。生产产品 A 的成本信息为：直接材料成本 3 元/个，直接人工成本 5 元/个，变动制造费用 3 元/个，固定制造费用 3 元/个。使用一种瓶颈资源 B，1 个产品 A 用 1 个资源 B，资源 B 的成本是 1 元/个。从企业外部购买产品 A 的价格是 13 元/个。

1）如果该企业有闲置产能，自制还是购买？

2）如果该企业正在满负荷生产产品 C，一个产品 C 用 2 个资源 B，每个产品 C 边际贡献是 3 元，自制还是购买？

答：

1）相关成本（产品 A 的变动成本与可避免的固定成本）是 3 元/个 +5 元/个 +3 元/个 +1 元/个 =12 元/个。产品 A 的外购价格 13 元/个 > 相关成本 12 元/个，自制。

2）由于生产一个产品 A 将会放弃 0.5 个产品 C，相关成本（产品 A 的变动成本、可避免的固定成本与机会成本）是 3 元/个 +5 元/个 +3 元/个 +1 元/个 +3/2 元/个 =13.5 元/个。产品 A 的外购价格 13 元/个 < 相关成本 13.5 元/个，购买。

13.3.3　销售还是再加工

联产品和联服务是指由一项共同投入生产出来的两种或更多种的产品或服务。联产品的再加工问题是指在一个产品或服务上加入新特性，以提高其性能或提高一项服务的灵活性、质量。

联合成本是到达分离点所必须发生的共同成本，不是相关成本，而是沉没成本。

判断准则：如果再加工的增量收入减去再加工的增量成本结果大于 0，就再加工，否则不再加工。

例题 13-6

某企业生产联产品 A，分离点之前的成本是 10 元/个。分离后变为产品 B，售价为 5 元/个，以及产品 C，售价为 3 元/个。如果再加工的话，产品 B 和产品 C 的再加工成本分别为 2 元/个和 1 元/个。加工后变为产品 BB，售价为 6 元/个，以及产品 CC，售价为 5 元/个。产品 B 和产品 C 是否应该再加工？

答：

对于产品 B，再加工的增量收入 - 再加工的增量成本 = （6 元/个 - 5 元/个） - 2 元/个 = -1 元/个 <0，不应该再加工。

对于产品 C，再加工的增量收入 - 再加工的增量成本 = （5 元/个 - 3 元/个） - 1 元/个 =1 元/个 >0，应该再加工。

13.3.4　增加还是减少分部

这个问题是分析保留还是淘汰一种产品或一种服务，是一种短期决策。

基本的关系是

$$\left(\text{收入}-\begin{matrix}\text{变动}\\\text{成本}\end{matrix}\right)-\begin{matrix}\text{可避免的}\\\text{固定成本}\end{matrix}-\begin{matrix}\text{不可避免的}\\\text{固定成本}\end{matrix}-\begin{matrix}\text{机会}\\\text{成本}\end{matrix}=\begin{matrix}\text{部门}\\\text{收益}\end{matrix}$$

> 注意：考试主要考查相关成本的识别，不可避免的固定成本是不相关的。

判断准则：如果（收入 - 变动成本） - 可避免的固定成本 - 机会成本 >0，就保留，反之则放弃。

例题 13-7

部门 A 的收入是 500 元，直接变动成本是 300 元，分配的固定成本是 300 元。

1）如果部门 A 关闭，固定成本变为 200 元，该不该关？

2）如果部门 A 关闭，房产可以产生租金 150 元，该不该关？

答：

1）部门收益 =500 元 -300 元 - （300 元 -200 元） =100 元 >0，不关闭。

2）部门收益 =500 元 -300 元 - （300 元 -200 元） -150 元 = -50 元 <0，关闭。

13.3.5　最大化限制性因素的单位贡献

生产受到某种制约因素限制时，就该选择使单位限制因素的边际贡献最大化。其中，

单位限制因素的边际贡献 = 边际贡献/限制因素数量

> 注意：当遇到两个或多个生产约束时，要使用线性规划方法，具体见 15.4。

例题 13-8

A、B 两种产品：产品 A 的价格是 10 元/个，直接变动成本是 6 元/个，固定成本是 2 元/个，其中就算不生产产品 A，也有 1 元/个的成本会发生，每个产品 A 需要 1 人工工时。产品 B 的价格是 8 元/个，直接变动成本是 4 元/个，每个产品 B 需要 2 人工工时。当工厂总人工工时有 100 小时，该生产哪种产品？

答：

人工工时为限制性因素。产品 A 单位限制因素的边际贡献 = （10 元/个 - 6 元/个 - 1 元/个）/1 人工工时 =3 元/人工工时。产品 B 单位限制因素的边际贡献 = （8 元/个 - 4 元/个）/2 人工工时 =2 元/人工工时。

3 元/人工工时 >2 元/人工工时，所以优先生产产品 A。

13.3.6　所得税和边际分析

成本行为是变动还是固定，与是否是相关成本没有必然联系，但变动成本往往是相关成本。折旧费用不是相关成本，但是折旧产生的税收是相关的，而且是有益的。

13.3.7　行为以及实施方面的问题

在进行变动成本分析时，很多重要的行为学问题、实施问题及法律问题都应考虑进去。相关成本分析最主要的缺陷是：在某些方面不能对企业的长期战略性目标给予足够的重视。过分关注相关成本，会导致管理者忽视重要的机会成本及战略因素。另一个缺陷是当相关成本分析被用于业绩评价时，容易发生用固定成本取代变动成本的趋势，并容易使人不能正确地将固定成本视为沉没成本，而在一定程度上将其视为可控的相关成本。

注意：掠夺性定价

掠夺性定价是指一个厂商将价格定在牺牲短期利润以消除竞争对手，并在长期获得高利润的行为。首先，掠夺性定价是一种不公平的低价行为，实施该行为的企业占有一定的市场支配地位，他们具有资产雄厚、生产规模大、分散经营能力强等竞争优势，所以有能力承担暂时故意压低价格的利益损失，而一般的中小企业势单力薄，无力承担这种牺牲；其次，掠夺性定价是以排挤竞争对手为目的的故意行为，实施该行为的企业以低于成本价销售，会造成短期的利益损失。但是这样做的目的是吸引消费者，以此为代价挤走竞争对手。行为人在一定时间内达到目的后，会提高销售价格，独占市场。

例题 13-9

甲公司 5 月份经营相关的信息如表 13-3 所示。

表 13-3　甲公司 5 月份经营信息　（单位：元）

经营数据项	城市商店	郊区商店	总计
销售收入	80 000	120 000	200 000
变动成本	32 000	84 000	116 000
边际贡献	48 000	36 000	84 000
直接固定成本	20 000	40 000	60 000
毛利	28 000	（4 000）	24 000
公共固定成本	4 000	6 000	10 000
经营利润	24 000	（10 000）	14 000

其他与甲公司经营相关的信息如下：不管哪个商店被关掉，其固定成本的1/4仍继续发生；甲公司基于销售收入向各部门分配固定制造费用；管理者建议关掉郊区的商店，这将导致城市商店的销售收入减少10%，关掉城市商店对郊区商店没有影响。假设5月份的经营结果可以代表所有月份，且该公司决定关掉郊区的商店，那么对甲公司总体的经营利润会产生什么样的影响？

答：

关掉郊区的商店损失的边际贡献是36 000元，另一家商店损失10%的销售，所以损失10%的边际贡献=48 000元×10%=4 800元，合计损失40 800元边际贡献。关掉郊区的商店可以节约3/4的可追溯固定成本，即节约30 000元（40 000元×3/4）。所以关掉郊区的商店对于甲公司总体经营利润的影响为净损失10 800元。

例题 13-10

甲公司生产果汁机和电动搅拌机两种产品，相关的信息如表13-4所示。过去的经验表明，不可避免的固定制造费用包含在平均10元的单位机器工时成本中，该公司政策规定必须完成所有销售订单，即使意味着需要从外部采购一些订单。

表 13-4 甲公司生产产品信息

产品信息项	果汁机	电动搅拌机
直接材料	6元	11元
直接人工	4元	9元
制造费用	16元/小时	32元/小时
外购成本	20元	38元
年需求量	20 000台	28 000台

如果有效的机器工时为50 000小时，请分析甲公司的最优策略。

答：

果汁机机器工时需要1小时，变动制造费=1小时×（16元/小时-10元/小时）=6元。电动搅拌机机器工时需要2小时，变动制造费=2小时×（16元/小时-10元/小时）=12元。

果汁机产品单位小时节省的成本=（20元-6元-4元-6元）/1小时=4元/小时。

电动搅拌机产品单位小时节省的成本=（38元-11元-9元-12元）/2小时=3元/小时。所以优先将时间分配给果汁机，再分配给电动搅拌机，即生产20 000台果汁机和15 000台电动搅拌机，其余的采购。

13.4 定价

13.4.1 定价的因素

1. 影响定价决策的一般因素

消费者根据产品的功能和品质，通过对产品或服务的需求来影响价格。管理者通过了解竞争对手的技术、产能和经营策略来预估后者的成本，以此来设定价格。成本是通过影响供给来影响价格的。

较低的生产成本可以提高供给量，这会让企业实现规模经济的收益。价格还受到供需关系和市场结构的影响。

2. 定价的时间维度

短期定价决策通常的时间维度不会超过 1 年，用于一次性专门产品订单等。在设定短期价格时，企业的盈利能力取决于边际贡献。因为大量成本属于约束性的，不可改变的，所以重点运用边际成本分析，范围包括变动成本、可避免的固定成本和机会成本等。

长期定价决策一般都会超过 1 年，旨在基于稳定和可预测的价格，与消费者建立长期的关系，用于市场上主要产品定价。长期价格的设定是为了赚取合理的投资回报，大量成本属于弹性的，可以改变的，所以运用战略成本分析的方法，范围包括了固定成本、变动成本和机会成本等。

13.4.2　产品生命周期及其定价

产品生命周期是指产品从准备进入市场开始到被淘汰退出市场为止的全部运动过程，是由需求与技术的生产周期所决定。产业生命周期模型是分析产业演变对竞争力影响的有用工具，它将产业的演变划分为 5 个连续的阶段，对应着 5 种不同的产业环境：萌芽期、成长期、震荡期、成熟期和衰退期，如图 13-5 所示。

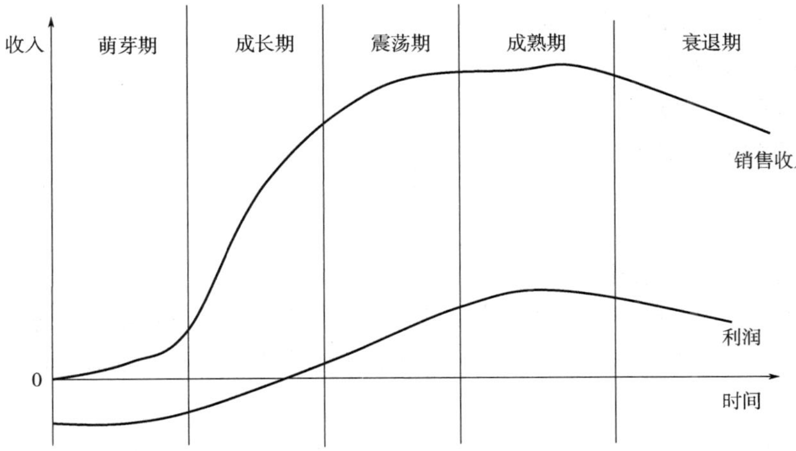

图 13-5　产业生命周期的阶段

萌芽期：产品进入阶段。因为购买者不熟悉产业的产品，销售额缓慢增长，企业无法实现规模经济，导致高价格以及分销渠道发展不完善。产业的进入壁垒来自掌握技术上的诀窍而不是规模经济所要求的成本或品牌忠诚。在萌芽阶段，竞争主要在于如何更有效地吸引顾客、打开分销渠道、完善产品设计。产品具有较高的差异性和较高的成本，价格也较高。

成长期：销售额快速增长，顾客对产品逐渐熟悉，经验曲线和规模经济效应使产品价格下降，分销渠道也变得成熟起来。技术知识作为壁垒的重要性已经消失，但由于没有一家企业实现了规模经济或建立了品牌忠诚度，产业进入壁垒也不是很高。来自潜在竞争者的威胁最大，而产业内的竞争强度相对不大。产品销售继续因差异化受益，但是竞争开始加剧，价格出现松动。

震荡期：需求接近成熟，产业内的竞争加剧。绝大多数需求来自产品更新，首次购买者的人数已经很少。习惯于快速增长的企业同以往一样继续扩大产能。然而，此时需求的增长速度已经下降，最终会导致产能过剩。为了充分利用过剩的产能，企业通常会选择降价。其结果可能是爆发价格战，导致许多效率不高的企业破产，这足以阻碍新的竞争者进入。

成熟期：市场充分成熟，快速增长结束，需求完全来自产品更新。需求增长缓慢或者没有增长，增长仅仅来自人口增加为市场带来新的顾客或更新需求的增长。进入壁垒开始提高，潜在竞争者进入的威胁变小了。企业已经不可能仅凭现有的市场份额实现过去那样的增长。差异化不再重要，价格疲软，优势来自成本控制。企业专注于成本最小化和建立品牌忠诚度。成熟产业中较高的进入壁垒为企业提高价格和利润创造了机会。

衰退期：增长停止，新的替代品出现。原因可能是技术替代、社会变革、人口因素和国际竞争。需求下降导致产能过剩，现有企业间的竞争会加剧。退出障碍越大，公司越不愿意削减产能，价格竞争的威胁越大。该阶段价格稳定或者下降，成本控制和有效的营销网络布置成为关键。

13.4.3 市场基础定价法

市场基础定价法使用的环境为：

1）市场力量对产品或服务定价影响较大。

2）客户不愿意付比市场普通价格更高的价钱。

3）企业一般收取普遍的市场价格。

市场基础定价法应当注意以下几点：

1）考虑客户的期望和需求。

2）确定市场竞争激烈程度。

3）估计客户和竞争对手对企业自身定价的反应。

> 注意：新产品定价策略
>
> 新产品定价策略有市场撇脂法、市场渗透法等。
>
> 1）市场撇脂法。新产品设定较高的价格，从那些愿意支付较高价格的细分市场中获得最大收入。
>
> 2）市场渗透法。对新产品使用相对较低的价格，来扩大销量和建立市场地位。

①基于需求定价法：如果市场对产品的需求很大，那么就可以制定较高的价格；如果市场对产品的需求很小，或者市场上存在大量该种产品的替代品，那么应制定较低的价格。

②基于竞争定价法：即根据竞争对手同质产品和替代产品的价格水平来确立产品价格。

13.4.4 成本基础定价法

成本基础定价法设定价格来覆盖成本，赚取想要的利润。它仅仅将市场反应作为定价的一个因素。

成本基础定价法的步骤如下：

1）确定生产和销售产品的成本。

2）确认合理的回报。

3）对成本进行加价。

4）确定销售价格。公式为

$$销售价格 = 成本 + (加价百分比 \times 成本)$$

5）必要时调整加价，以对市场力量做出反应。

在没有竞争对手的情况下，传统的定价就是在成本上加成，但这种方法无法促进管理。使用成本基础定价法，要求有严格的市场准入制度，否则无法持续。

成本加目标回报定价法，是以目标投资回报为基础的成本加成定价方法。公式为

$$单位售价 = (目标回报率 \times 投入资本)/预期销售数量 + 单位成本$$

> 注意：常见的市场基础定价法应用范围包括石油、天然气、农产品、航空运输、电力和网络拍卖等；常见的成本基础定价法应用范围包括定制化产品、管理咨询、法律顾问和汽车制造等。

例题 13-11

甲公司投入资本 96 000 000 元，目标投资回报率为 18%，产量为 200 000 件。产品的全部单位成本为 720 元，单位生产成本为 540 元。请计算该产品的价格，以及按照不同成本基础的加成比率，并说明这种方法的优点。

答：

产品价格 = 96 000 000 元 × 18% ÷ 200 000 件 + 720 元 = 806.4 元/件。

以全部单位成本为基础的加成比率 = 806.4 元/件 ÷ 720 元 = 12%。

以单位生产成本为基础的加成比率 = 806.4 元/件 ÷ 540 元 = 49.3%。

成本基础定价法的优点包括：产品中的全部成本得到补偿；价格稳定；使用简便。

> 注意：成本加成的基础可以是产品的单位变动成本、单位生产成本或者全部单位成本。

例题 13-12

某产品单位成本为 2 000 元，预计销售数量为 10 000 件。税前目标回报率为 20%，投入资本为 10 000 000元，计算该产品的单位售价。

答：

单位售价 = 2 000 元/件 + (20% × 10 000 000 元)/10 000 件 = 2 200 元/件。

13.4.5　目标定价法

传统定价法与目标定价法的理念分别为：

传统定价法，价格 = 成本 + 利润。

目标定价法，成本 = 竞争性价格 − 利润。

目标定价法是一种综合的成本管理过程。

目标成本法的步骤是：

1）确定目标价格。

2）确定目标利润。

3）确定目标成本。

4）运用价值工程法等识别降低成本的途径。

补充知识：

(1) 目标价格确定的方法

在目标成本管理中，成本因素在决定目标价格中充其量起到次要作用。目标成本管理采用产品或服务性能，确定目标市场价格。在市场以及产品供求和价格敏感度之间关系的驱动下，目标成本价格的确定具有多个目标，其中包括：

1）确定市场和客户需求。

2）确定客户愿意为替代性能支付的价格。

3）把客户、用户愿望转化为实施产品所需要的语言。

4）评估竞争产品或服务是什么。

目标价格制定过程的核心是感知价值的概念。这些目标可以通过应用下列工具和技术来实现：

1）质量功能配置。

2）层次分析法。

3）客户需求分析。

4）关系矩阵。

质量功能配置是一种有助于把客户偏好系统地转化为若干客观设计需要的方法。然后，再把这些设计需要传达给设计和生产团队，以确保每个人都朝着共同的目标和结果努力。质量功能配置通过一系列矩阵把竞争产品或服务、客户需要和设计参数之间的关系联系了起来，这些矩阵在目标成本管理流程中反复使用。在产品规划阶段，这些矩阵有助于准确地确定客户愿望、竞争者在满足客户方面做得如何，以及市场中哪里还存在未满足的需求。

层次分析法是一种多标准决策技术，它在备选方案的总体评估中综合了质和量的因素。层次分析法是考虑客户群的不同特征组合的极佳工具。通过考察这些特征，组织就能够发现新的细分市场，并确定每个细分市场的相对重要性。

客户需求分析可以帮助组织更好地理解客户的期望、表达的愿望以及潜在的需求。这些质量，或者称属性，就是质量功能配置中的特征，即驱动客户满意度和价值感知的产品或服务特征。如果获得的客户愿望表述不准确，那么质量功能配置过程据此调整系统，可能会产生错误的产品或服务。因此，准确了解客户需求至关重要。客户需求分析有助于建立一份准确的产品或服务特征列表。客户需求分析不仅使特征列表更易于管理，能集中质量功能配置过程的注意力，而且有助于明确含义。

关系矩阵把注意力集中在如何利用有形和无形的产品或服务特征满足各种客户需求。因为许多客户需求都不很明确或者界定不清，无法为组织提供指南，所以必须将它们转化为设计语言。为此，可以采用根据所要求的质量评估产品性能的性能或技术指标。要求的每种质量一般都必须至少确定一个可量化的性能指标。定义详细描述产品的技术性能的特征指标与所要求的质量的相关程度，是把客户信息转化为客观、具体的设计语言的关键。

(2) 确定目标利润的方法

总体目标是确保新产品或服务能满足组织的盈利能力和投资回报率目标。这个阶段的具体目标包括：

1）确定销售利润率目标。

2）把资本投资规划和盈利能力与产品开发和生产相关的成本联系起来。

目标利润边际必须切合实际，并足以弥补产品的生命周期成本。确定目标利润边际的一种有效工具是多年度产品/利润规划。该方法不仅集成了各种产品规划，为每种产品建立了生命周期内的基准目标，而且确保了新产品发布既不集中在一起，又能有效利用公司资源。

(3) 现有产品和新产品的成本确定方法

在产品规划阶段，一个关键步骤就是审查组织的成本信息，以便可靠地估计现有产品和流程及新产品和流程的可能成本。这些估计包括生产成本、研发成本、物流成本和终端用户成本。这一阶段的基本目标包括：

1）利用现有产品规格和生产流程确定新产品成本。

2）建立成本模型。

3）分析内部成本。

这一阶段一般使用的核心工具和技术包括：

1）流程（经营）成本核算。

2）零部件成本分析。

3）成本表。

流程（经营）成本核算可用于确定生产流程的每个步骤的成本动因。流程成本核算并不试图核算一件产品或一组产品的成本，而是将所有成本都按作业或流程归集，然后系统地将这些成本从流程分配给产品。零部件成本分析把产品层面的目标成本分解为主要的零部件类别。成本表计算现有产品和流程及新产品和流程的可能成本在很大程度上依赖于可靠的历史数据。成本表可用于估计原材料、零部件、公用设施及转化成本。从本质上讲，成本表是一个定义和描述采用不同原材料、生产方法和产品设计的成本影响的数据库。

5）运用持续改进和经营控制进一步降低成本。

目标成本法适用于竞争性的市场环境，以及市场价格驱动成本决策的环境。该方法往往在产品设计和开发阶段就进行成本计划、成本管理和成本降低，依靠交叉职能团队的参与，使企业在竞争的市场环境中获利。

目标价格是企业预计的可收取的产品或服务的最高价格，其设定依赖企业对市场竞争程度的了解。

目标成本是目标价格和目标利润之差，也被称为可接受成本。

当使用目标成本法发现目标成本和实际成本有差异时，可以使用以下方法来消除差异。

1）并行工程法。该方法预见问题并平衡各方需求，重视保持客户需求和上游预防（而非下游纠正）。

2）价值工程法。该方法通过区分增值成本和非增值成本，来消除当前成本与允许成本之间的差距。其中，增值成本是指将资源转化成与客户需要一致的产品或服务的成本，如设计、组装、售后服务、交付产品。典型的非增值作业有保修、材料的运输、检查、设备准备等。

价值工程法应用于目标成本法，它通过分析以下两方面的平衡关系来降低生产成本：不同类型不同特点的产品功能；总生产成本。价值工程法重要的第 1 步是在设计新产品或改良产品的阶段对顾客进行分析。顾客分析辨明了顾客的主要偏好，也决定了新产品的预期功能。

目标成本法更适用于汽车、计算机软件和许多消费性的电子产品，如照相机和视听设备等，因为这些产品可以轻易增加或取消其功能。对这些不断有新款式或不断升级的产品，消费者的偏好也经常改变，产品存在大量企业可以自行控制的特征。

3）质量功能配置法。该方法是将客户对产品或服务的要求，转化成开发和生产每一阶段的适当技术的结构化方法。

4）生命周期成本法。该方法追踪并累积整个生命周期中，与产品或服务相关的所有真实成本。

当管理人员考虑上游成本和下游成本时，设计环节的决策制定是关键。尽管设计阶段产生的成本可能只占整个产品生命周期全部成本非常小的比例，但是设计阶段决策对企业既定产品、营销和服务计划具有重大影响。因此，它们锁定了其余生命周期成本的大部分。设计阶段的关键成功因素包括：缩短上市时间；减少预期服务成本；简化制造过程；利用弹性制造系统、计算机集成制造、计算机辅助设计和并行工程设计。

补充知识：

最大负荷定价是根据需求和物质能力限制，而对产品或服务多收费或少收费的一种方法。当需求接近产能时，价格上升，反之则下降。

注意：价值工程内容参考 8.6.1 节和 8.6.2 节中相关内容。生命周期成本法内容参考 8.3.3 节中相关内容。

目标成本法的第 5 个步骤是使用持续改进和经营控制来进一步降低成本。持续改进发生在制造阶段，价值工程法和改进设计的影响已经存在。因此，在这个环节，降低成本就要引进新的制造方法（如弹性制造系统）和使用新的管理技术，如经营控制、全面质量管理和约束理论。改进意味着不断地提高，即不断研究新方式以降低既定设计、功能产品制造过程中的成本。

例题 13-13

B 公司生产大型工业工作台，该公司的市场副总裁李明通过市场分析已断定，由于竞争者的进攻性定价，该公司的标准台桌的销售量会减少。该公司的台桌售价为 875 元/张，而竞争者的类似台桌只售 800 元/张左右。为了使该公司能够获得每年 10 000 张台桌的市场份额，李明确认降低售价到 800 元/张是必要的。销售10 000 张台桌时的成本数据如表 13-5 所示。

表 13-5 销售台桌的成本

科目	预算量	实际量	实际成本（元）
直接材料	400 000 平方米	425 000 平方米	2 700 000
直接人工	85 000 小时	100 000 小时	1 000 000
机器调整	30 000 小时	30 000 小时	300 000
机械组装	320 000 小时	320 000 小时	4 000 000

1）计算每件产品目前的成本和利润。

2）如果每单位利润保持不变，计算售价为 800 元/张时每单位的新目标成本。

3）该公司采用何种方法才能达到目标成本？

答：

1）目前实际成本 =（2 700 000 元 + 1 000 000 元 + 300 000 元 + 4 000 000 元）÷ 10 000 张 = 800 元/张。

目前利润 = 875 元/张 − 800 元/张 = 75 元/张。

2）目标成本 = 800 元/张 − 75 元/张 = 725 元/张。

3）该公司应使用价值工程的方法达到目标成本，减少非增值作业。

13.5　微观经济学中的价格规律

> 注意：参考《注册管理会计师基础教程》6.1 ~ 6.4 节。

13.5.1　供给需求定理

1. 需求

需求是买方愿意并能够为产品或服务支付的数量。需求随着价格的上升而下降。

需求的数量变动是沿着需求曲线的运动。

引起需求数量变动的因素有：

1）边际效应递减。只有价格降低，消费者才会购买更多产品。

2）收入效应。只有价格降低，消费者的收入才相对更高。

3）替代效应。当产品或服务的价格下降时，消费者会有购买更多该产品的倾向，所以实际上该产品替代了他们以前会购买的其他产品。

需求的变动是整个需求曲线的移动。

引起需求变动的因素有：

1）消费者个人的偏好。

2）消费者的收入。

3）相关产品的价格。相关产品包括替代品和互补品。

4）消费者的预期。

2. 供给

供给是卖方愿意并能够生产或提供的产品或服务的数量。供给随着价格的上升而上升。

供给的数量变动是沿着供给曲线的运动，是由价格引起的。

供给的变动是整个供给曲线的移动。

引起供给变动的因素有：

1）原材料价格。

2）技术。

3）税收和补贴。政府补贴会降低成本，从而增加企业的供给。

4）相关产品的价格。相关产品包括替代品和互补品。

5）预期。

6）卖方数量。如果卖方数量增加，供给曲线向右移动。

> 补充知识：
>
> 替代品是指两种产品存在销售相互竞争的关系，即一种产品销售的增加会减少另一种产品的潜在销售量，反之亦然。
>
> 互补品是指两种产品之间存在着某种消费依存关系，即一种产品的消费必须与另一种产品的消费相配套。某种产品互补品价格上升，该产品将会因为互补品需求量下降而导致其品需求量下降。

均衡价格和均衡数量是均衡时供给（或需求）的价格和数量。这个价格也被称为市场出清价格，如图 13-6 所示。

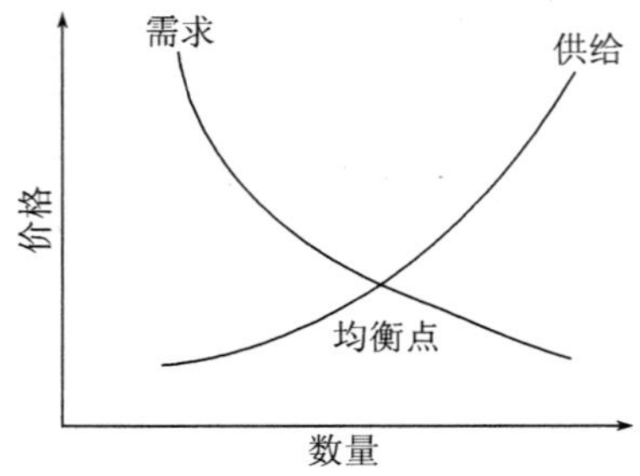

图 13-6 市场均衡

假设所有其他因素保持不变，当需求增加时，均衡价格将增加，均衡数量增加；当需求减少时，均衡价格将下降，均衡数量下降。当供给增加时，均衡价格将下降，均衡数量增加；当供给减少时，均衡价格将增加，均衡数量下降。

13.5.2 市场结构

1. 完全竞争市场

竞争市场有 4 个特点：①大量的买家和卖家，独立经营；②产品是同质化和标准化的；③没有哪家企业可以影响价格；④没有进入和退出市场的障碍。对所有企业而言，平均收益等于产品价格。边际收益是每增加一单位销售量所引起的总收益变动量。对竞争企业而言，边际收益等于产品的价格（见图 13-7）。

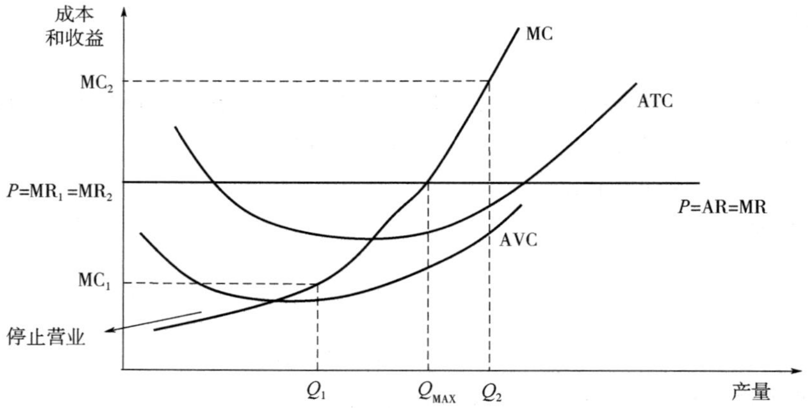

图 13-7 竞争企业的利润最大化

边际成本曲线（MC）向右上方倾斜；平均总成本曲线（ATC）是 U 形的；边际成本曲线与平均总成本曲线相交于平均总成本曲线的最低点。市场价格（P）是一条水平线，无论企业决定生产多少产品，其价格是相同的。对一个竞争企业来说，企业产品的价格既等于其平均收益（AR），又等于其边际收益（MR）。

竞争企业可以通过观察价格与边际成本曲线的交点来找出利润最大化的产量，这一产量是 Q_{MAX}。完全竞争市场的均衡条件是：边际收益 = 价格 = 边际成本 = 平均总成本。对于任何一个既定价格来说，由于企业的边际成本曲线决定了企业在任何一种价格时愿意供给的产品数量，因此，边际成本曲线也是竞争企业的供给曲线。

2. 垄断

垄断市场的特征是：行业中只有一家企业；产品没有接近的替代品；企业有力地影响价格；其他企业的进入被阻碍。竞争企业和垄断企业之间的关键差别在于垄断企业具有影响其产品价格的能力。由于垄断企业是其市场上的唯一卖者，它的需求曲线就是市场需求曲线。垄断企业的需求曲线会由于所有的正常原因而向右下方倾斜。如果垄断企业提高其产品价格，消费者就可能会少买这种产品（见图 13-8）。

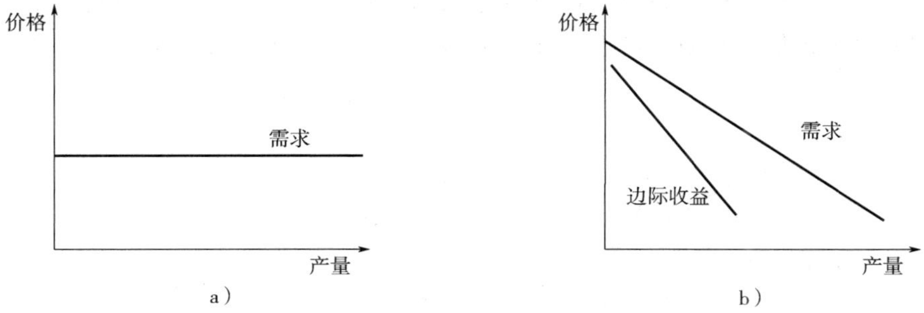

图 13-8　竞争企业与垄断企业的需求曲线

a）一家竞争企业的需求曲线　b）一家垄断企业的需求曲线

垄断企业调整其生产水平直至产量达到 Q_{MAX}时，边际收益等于边际成本。因此，垄断企业的利润最大化产量是由边际收益曲线与边际成本曲线的相交决定的。在图 13-9 中，两条曲线在 A 点时相交。在垄断企业选择了使边际收益等于边际成本的产量之后，就可以用需求曲线找出与哪种产量相对应的价格。在图 13-9 中，利润最大化的价格在 B 点。

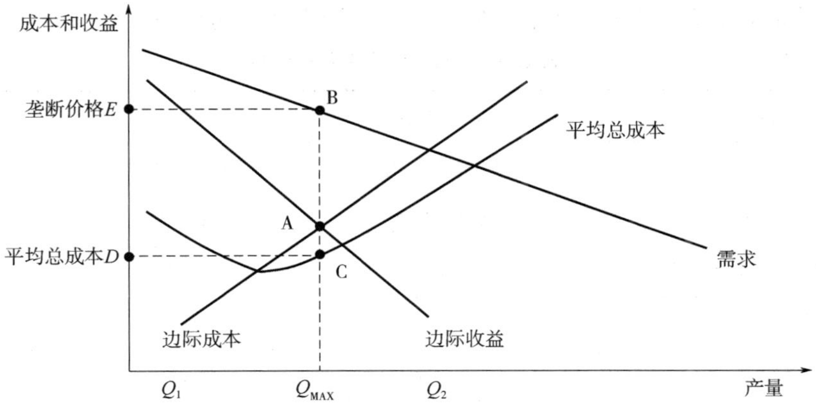

图 13-9　垄断者的利润最大化

竞争企业市场与垄断企业市场之间的关键区别：在竞争市场上，价格等于边际成本；在垄断市场上，价格大于边际成本。与竞争市场相比，垄断企业没有有效地配置资源，所以政府决策者会对垄断问题做出反应。

3. 寡头

寡头是只有少数几个卖者的市场，每个卖者都提供与其他企业相似或相同的产品。由于寡头市场只有几个卖者，所以寡头的关键特征是合作与利己之间的冲突。寡头集团合作起来并像一个垄断者那样行事——生产少量产品并收取高于边际成本的价格。但由于每个寡头只关心自己的利润，所以有一种强大的激励在起作用，这使企业集团很难维持垄断的结果，需要运用博弈论知识分析寡头行为。

企业之间有关生产与价格的协议被称为勾结，而且联合起来行事的企业集团被称为卡特尔（Cartel）。

一旦形成了卡特尔，市场实际就是由一个垄断者提供服务。

4. 垄断竞争

垄断竞争描述了具有以下特征的市场：行业中有大量的企业，各自独立经营；产品有差异性；进入市场相对容易；有一定的价格控制。

从短期来看，当企业有利润时，新企业有进入市场的激情，企业的利润就会下降。相反，当企业有亏损时，市场上的其他企业有退出的念想，企业利润增加。图 13-10 描述了长期中的垄断竞争均衡状态。一旦市场达到了这种均衡，新企业将没有进入的激情，原有企业也没有退出的念想。垄断竞争市场上的长期均衡：①正如在垄断市场上一样，价格大于边际成本；②价格等于平均总成本；③边际收益等于边际成本。

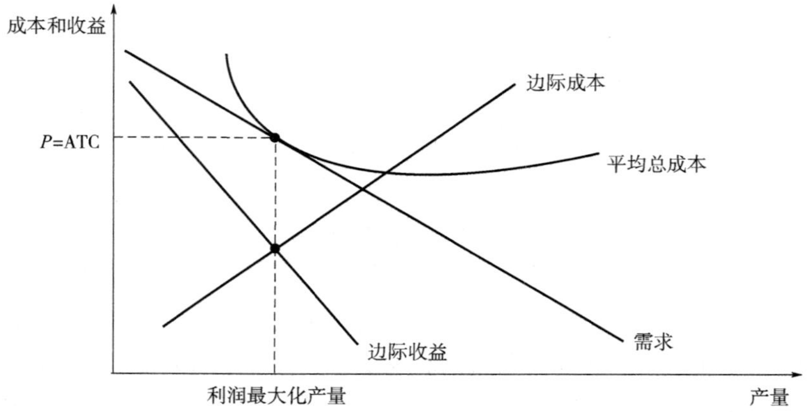

图 13-10 长期中的垄断竞争均衡状态

表 13-6 总结了完全竞争、垄断竞争、垄断的关系，即 3 种市场结构的异同。

表 13-6 不同市场结构的异同

市场结构	完全竞争	垄断竞争	垄断
企业目标	利润最大化	利润最大化	利润最大化
最大化规则	MR = MC	MR = MC	MR = MC
短期中能赚到经济利润吗？	能	能	能
是价格接受者吗？	是的	不是	不是
价格	P = MC	P > MC	P > MC
企业数量	许多	许多	一家
长期能进入吗？	能	能	不能
长期能赚到利润吗？	不能	不能	能

例题 13-14

短期厂商的边际成本曲线与供给曲线吻合是出现在哪种市场中？

答：

完全竞争。

分析：完全竞争市场供给曲线和边际成本曲线重合，因为边际成本等于平均总成本，是一条水平线。

13.5.3　弹性

需求的价格弹性（Ed）是指消费者的需求对于价格的敏感程度。计算公式为

中点法：

$$Ed = [(Q_1 - Q_2)/(Q_1 + Q_2)/2]/[(P_1 - P_2)/(P_1 + P_2)/2]$$

简单法：

$$Ed = [(Q_1 - Q_2)/Q_1]/[(P_1 - P_2)/P_1]$$

> 注意：CMA 考试大纲要求使用中点法。

需求价格弹性的特性是：

1）如果需求的价格弹性大于 1，则称需求是有弹性的，此时提高价格，收入下降。

2）如果需求的价格弹性小于 1，则称需求是缺弹性的，此时提高价格，收入上升。

3）如果需求的价格弹性等于 1，则称需求是单位弹性的，此时提高价格，收入不变。

4）如果需求的价格弹性等于 0，则称需求是完全缺弹性的。

5）如果需求的价格弹性为正无穷，则称需求是完全弹性的。

需求有弹性时，价格变化引起的需求变化大，需求曲线平缓；需求完全弹性时，需求曲线为水平的；需求缺弹性时，价格变化引起的需求变化小，需求曲线陡峭；完全缺弹性时，需求曲线为垂直的。

影响需求价格弹性的因素有：①有相近替代品的产品需求往往较富有弹性；②必需品的需求往往缺乏弹性，而奢侈品的需求往往富有弹性；③商品的用途越广泛，它的需求弹性越大；④产品的需求往往在长期内更富有弹性；⑤购买商品的支出在人们收入中所占的比重大，其弹性就大。

例题 13-15

甲文具店销售一种新款签字笔。当单价为 4.5 元时，销量为 1 550 000 支。当单价为 3.25 元，销量为 2 250 000 支。当使用中点法计算时，该签字笔的价格需求弹性是多少？

答：

(2 250 000 支 - 1 550 000 支)/[(2 250 000 支 + 1 550 000 支)/2] ÷ (4.5 元 - 3.25 元)/[(4.5 元 + 3.25 元)/2] = 0.3684 ÷ 0.3226 = 1.14。

13.5.4　政府干预

政府干预的主要原因是外部性。外部性是指来自产品或服务的利益或成本，由买卖双方之外的人承担。

在美国，政府干预的手段有：

1）价格下限，包括最低工资、农业价格补贴等。

2）价格上限，包括租金控制、信用卡利率上限等。

3）定量供应。

13.6 本章主观题例题与习题

13.6.1 本章主观题例题

例题 13-16

胜利公司刚刚完成了 2013 年的预算。预算委员会要求息税前利润等于成本的 10%，主要内容如表 13-7 所示。

表 13-7 胜利公司年度预算

项目	金额（元）
收入	34 100 000
直接人工（300 000 小时，单位成本 40 元/小时）	12 000 000
员工福利①	4 800 000
工具和设备②	3 600 000
原材料	4 000 000
材料采购和运输成本③	400 000
管理费用④	6 200 000
息税前利润	3 100 000

注：①包括带薪假（休假、节假日和病假）的薪资、养老金、医疗保险以及工资税方面的成本，按直接人工成本的固定比例计算。

②包括小型工具、大型设备（如起重机、反铲挖土机和发电机）的成本和车辆成本（包括维修、燃油、保修等），按直接人工成本的固定比例计算。

③购买、储存及将材料运输到施工现场所产生的成本，按原材料成本的固定比例计算。

④包括行政人员、高级管理人员以及其他服务部门的费用，按所有其他成本（即直接人工、员工福利、工具和设备、原材料及材料采购和运输成本）之和的固定比例计算。

1）胜利公司接到新的订单，估计该工作将需要 10 000 人工工时，原材料成本为 400 000 元。如果税前利润等于成本的 10%，确定订单报价。

2）胜利公司根据实现预算目标的情况对各个经理的绩效进行衡量，特别重视息税前利润在所完成的每个项目的成本所占百分比。确定胜利公司采用的与预算关联的绩效衡量和薪酬制度的优点和缺点。

3）提交标书两周后，对方给出的最高报价为 1 390 000 元。确定胜利公司在决定是否接受该报价时应考虑的因素。

参考答案：

1）报价 =［10 000 小时 ×40 元/小时 ×（1 +4 800 000 元/12 000 000 元 +3 600 000 元/12 000 000 元）+400 000 元 ×（1 +400 000 元/4 000 000 元）］×［1 +6 200 000 元/（12 000 000 元 +4 800 000 元 + 3 600 000元 +4 000 000 元 +400 000 元）］×（1 +10%）=1 353 000 元。

2）优点包括：使绩效考核系统和预算目标一致；强调订单的利润额可以促使管理者持续地控制成本；如果公司盈利，员工将能分享报酬。如果公司不盈利，公司就不会有奖金开支。

缺点包括：如果预算被修改，则公司就面临改变绩效考核标准的困境，从而使员工感到不安；尽管将目标定为息税前利润是成本的 10%，这看似合理，但是并不能保证每个订单都能达到这样的水平，只要平均下来达到 10% 即可；固定成本的分配方法不合理，部分订单的成本会被高估，而另一些被低估，应该确定合适的成本动因。

3）a. 公司的整体生产能力。假如公司有利润更大的方案可以选择，那么就不采纳这个方案。但是如果公司没有其他可以选择的方案，那么，尽管这个方案低于 10% 的利润，仍可以考虑接受这个报价。b. 应该确定这个方案的相关成本，并与报价比较。如果相关成本大于报价，则应拒绝此方案。c. 还要估计该客户的重要性。假如是新客户，也许第 1 次合作并不能满足目标利润，公司可能出于战略因素和建立关系的考虑而接受这次合作。

例题 13-17

甲公司只生产一种产品，每月满负荷生产 10 000 件产品，且不存在滞销。其单位成本如表 13-8 所示。

表 13-8　产品的单位成本　（单位：美元）

成本构成	金额
直接材料成本	4.00
直接人工成本	1.30
变动制造费用	2.50
固定制造费用	3.40
销售费用	0.90
总成本	12.10

通过常规渠道销售的产品每件产生销售费用为 0.90 美元。当前的市场需求可以使甲公司保持最高的产能，而且该公司发现以 16.50 美元的市场价格可以使得销售量和生产量相等。目前，甲公司正在考虑独立的两项提议：

a. A 公司提出以 14.35 美元的单价购买 1 000 件产品。这份特定订单的单位销售费用为 0.35 美元。

b. B 公司提出以 14.50 美元的单价生产并销售 1 000 件产品，该价格为提供给甲公司的交货成本。

1）以下各项措施对甲公司的营业利润有何影响？

a. 接受 A 公司的提议，拒绝 B 公司的提议。

b. 接受 B 公司的提议，拒绝 A 公司的提议。

c. 同时接受两项提议。

2）假设 A 公司提出第 2 套提议：以 16.50 美元的市场价购买 2 000 件产品，但要求对产品进行调整。这样，每件产品的直接材料成本将增加 0.30 美元，直接人工成本和变动制造费用将增加 15%。每件产品的销售费用为 0.35 美元。

a. 甲公司是否应接受该订单？

b. 如果甲公司产能过剩，您的建议是否有变？

3）分析除对利润的影响外，甲公司在决定是否接受方案前还应考虑的两个因素。

参考答案：

1）产品的生产成本是无关紧要的，因为甲公司可以以市场价格 16.50 美元出售它生产的所有产品。每单位产品可变现净值 = 16.50 美元 − 0.90 美元 = 15.60 美元。

a. 第 1 个选项将减少利润 1 600 美元。售给 A 公司的单位可变现净值 = 14.35 美元 − 0.35 美元 = 14.00 美元。而为了供应 A 公司，甲公司必须转移部分常规销售。甲公司常规销售的可变现净值是 15.60 美元。导致经营利润减少 =（15.60 美元/件 − 14.00 美元/件）×1 000 件 = 1 600 美元。

b. 第 2 个选项将增加利润 1 100 美元。额外的产品可以在常规市场出售，可变现净值是 15.60 美元，成本是 14.50 美元。因此，经营利润增加 =（15.60 美元/件 − 14.50 美元/件）×1 000 件 = 1 100 美元。

c. 第 3 个选项将减少经营利润 = 1 600 美元 − 1 100 美元 = 500 美元。

2）a. 直接材料 = 4.00 美元 + 0.30 美元 = 4.30 美元。直接人工 = 1.30 美元 × 1.15 = 1.495 美元。变动制造费用 = 2.50 美元 × 1.15 = 2.875 美元。总成本 = 4.30 美元 + 1.495 美元 + 2.875 美元 + 3.40 美元 + 0.35 美元 = 12.42 美元。

经营利润减少 =（12.42 美元/件 − 12.10 美元/件）×2 000 件 = 640 美元。不接受该建议。

b. 如果产能过剩，则接受此建议，因为收入的增加将有助于支付固定费用。

3）其他需要考虑的因素有：市场价格和竞争程度，销售能力和佣金，乙公司产品的质量，以及对乙公司业务后续的影响；对员工的影响；客户的反应；乙公司成为将来供应商的潜在可能。

例题 13-18

赫德莱恩出版公司（HPC）专营国际商业新闻出版业务。HPC 的主要刊物是月刊，该刊每月第 1 周内邮寄给订阅者，另有 1 份名为 HPC 周刊的出版物以较高的价格通过互联网提供给订阅者。60% 的 HPC 订阅者是国外客户。尽管该公司营业的最初几年内订阅者增长非常迅猛，但由于新的竞争者进入市场，最近的销售增长缓慢。HPC 每年订阅业务的成本结构及销售收入数据如表 13-9 所示。

表 13-9 HPC 每年订阅业务的成本结构及销售收入数据

每月固定成本	306 000 美元
变动成本：	
邮寄费用	0.60 美元/期
印刷及捆绑	5.00 美元/期
佣金	3.00 美元/次
管理费用	1.50 美元/次
销售组合信息	
HPC 周刊	20%
HPC 月刊	80%
销售价格	
HPC 周刊	47.00 美元/次
HPC 月刊	19.00 美元/次

要求运用上述数据确定：

1）周刊及月刊订阅的边际贡献。

2）周刊及月刊订阅的边际贡献率。

3）HPC 的盈亏平衡点销售量及销售额。

4）HPC 获得 75 000 美元的税前利润所需达到的盈亏平衡点。

5）对 HPC 而言，成功的关键因素是什么？对国内订阅者而言呢？对国际订阅者呢？如何运用本/量/利分析 HPC 更具竞争力？

6）请阐述风险管理的 4 个步骤和风险反应的 4 种策略。

参考答案：

1）周刊及月刊订阅的边际贡献。

周刊的边际贡献 =［47 美元 -（5 美元/期 ×4 期 +0.6 美元/期 ×4 期）］/次 +3 美元/次 +1.5 美元/次 =20.1 美元/次。

月刊的边际贡献 =［19 美元 -（5 美元/期 ×1 期 +0.6 美元/期 ×1 期）］/次 +3 美元/次 +1.5 美元/次 =8.9 美元/次。

2）周刊及月刊订阅的边际贡献率。

周刊的边际贡献率 =20.1 美元/次 ÷47 美元/次 =42.76%。

月刊的边际贡献率 =8.9 美元/次 ÷19 美元/次 =46.84%。

3）HPC 的盈亏平衡点销售量及销售额。

加权边际贡献 =20.1 美元/次 ×20% +8.9 美元/次 ×80% =11.14 美元/次。

盈亏平衡点销售量 = 固定成本/加权边际贡献 =306 000 美元 ÷11.14 美元/次 =27 470 次。

周刊销售额 =47 美元/次 ×27 470 次 ×20% =258 218 美元。

月刊销售额 =19 美元/次 ×27 470 次 ×80% =417 544 美元。

盈亏平衡点的销售额 =258 218 美元 +417 544 美元 =675 762 美元。

4）HPC 获得 75 000 美元的税前利润所需达到的盈亏平衡点销售量。

盈亏平衡点销售量 =（306 000 美元 +75 000 美元）/(11.14 美元/次）=34 200 次。

周刊销售量 =34 200 次 ×20% =6 840 次。

月刊销售量 =34 200 次 ×80% =27 360 次。

5）对 HPC 而言，成功的关键因素是：最初独家垄断市场获得大量稳定的客户，刊物的边际贡献高，市场占有率高，收益稳定。

对国内订阅者而言：可能出现多个服务商，可以使产品更具特色，以及给用户提供多样服务的选择。

对国际订阅者而言：信息相对慢，选择范围窄，是企业的稳定客源。

CVP 分析：

通过本/量/利分析可知，周刊的边际贡献大于月刊的，而企业的客户大部分是月刊的用户，应利用市场占有优势，加大对周刊的销售，使企业更具有竞争力。

6）略。

例题 13-19

标准产业公司生产大型工业工作台。该公司的市场副总裁韦恩·加勒特通过市场分析已断定，由于竞争者的掠夺性定价，标准产业公司的标准台桌的销售量会减少，标准产业公司的台桌售价为 875 美元/张，而竞争者的类似台桌只售 800 美元/张左右。为了获得每年 10 000 张台桌的市场份额，加勒特确认降低台桌售价到 800 美元/张是必要的。销售 10 000 张台桌时的成本数据如表 13-10 所示。

表 13-10 成本数据

成本项	预算量	实际量	实际成本
直接材料	400 000 平方英尺	425 000 平方英尺	2 700 000 美元
直接人工	85 000 小时	100 000 小时	1 000 000 美元
机器调整	30 000 小时	30 000 小时	300 000 美元
机械组装	320 000 小时	320 000 小时	4 000 000 美元

要求：

1）计算目前每张台桌的成本和利润。

2）每单位现行成本中有多少属于非增值作业。

3）如果每单位利润保持不变，计算售价为 800 美元/张时的每单位新目标成本。

4）你建议标准产业公司采取何种战略来达到要求 3) 中所计算的目标成本？

参考答案：

1）目前台桌的成本（2 700 000 美元 + 1 000 000 美元 + 300 000 美元 + 4 000 000 美元）/10 000 张 = 800 美元/张。目前台桌的利润为 875 美元/张 - 800 美元/张 = 75 美元/张。

2）现在的 4 项活动中机器调整属于非增值作业，直接材料、直接人工、机械组装属于增值作业。每单位现行成本中非增值作业成本为 300 000 美元/10 000 张 = 30 美元/张。

3）如果每单位利润保持 75 美元不变，目标价格为 800 美元/张时的每单位新目标成本为：800 美元 - 75 美元 = 725 美元。

4）略。

例题 13-20

索达科公司是一家德国的上市公司，主要生产数码相机、MP4、导航仪、数码镜框 4 种数字产品。由于该公司的研发人员能够紧随市场潮流，消费者非常青睐该公司的 4 种产品。但是产能有限，该公司生产部的负责人向首席执行官斯洛反映，按照现在市场部提供的订单，生产部门是不可能完成的，必须放弃一部分订单才能够正常生产。斯洛认为应该使得股东财富最大化，尽可能在不损失质量的基础上提高产出，为此他要求该公司的财务部门收集了每周的生产和销售数据，具体如下：

	数码相机	MP4	导航仪
销售数量	400 台	200 台	300 台
售价	1 500 美元	300 美元	800 美元
变动成本	1 300 美元	200 美元	700 美元
单位机器工时	3 小时	5 小时	2 小时

该公司的固定成本为 500 000 美元，产能瓶颈在于机器工时。获取这些数据后，斯洛感到有些困惑，为此他找到了该公司的财务总监西拉，希望能够获得最优解决方案。西拉正在学习管理会计师的课程，准备运用其知识体系的内容分析该公司当前面临的问题。

要求：

1）该公司只有 4 000 机器工时，要使该公司的利润最大化，西拉应如何分配时间？

2）已对 MP4 产品的生产线投资 120 000 美元，且购买的设备不准备出售，该设备的账上价值为

76 000 美元。如果取消 MP4 产品的生产，那么决策时西拉应怎样考虑?

3）如果该公司想满足市场需求，外购机器工时来满足加工产能不足的产品，单位机器工时最高的价格是多少?

4）请说明在进行委托加工时，索达科公司应该考虑的定性因素。

5）阐述约束理论的主要内容，并解释斯洛应注意的问题。

参考答案：

1）机器工时是限制生产因素，以下是产品的单位机器工时边际贡献：

数码相机的单位机器工时边际贡献 =(1 500 美元 −1 300 美元)/3 小时 =66.67 美元/小时。

MP4 的单位机器工时边际贡献 =(300 美元 −200 美元)/5 小时 =20 美元/小时。

导航仪的单位机器工时边际贡献 =(800 美元 −700 美元)/2 小时 =50 美元/小时。

数码镜框的单位机器工时边际贡献 =(300 美元 −180 美元)/4 小时 =30 美元/小时。

根据计算所得，该公司的利润最大化生产的先后顺序是数码相机、导航仪、数码相机、MP4。生产所需总工时 =400 件 ×3 小时/件 +300 件 ×2 小时/件 +500 件 ×4 小时/件 +200 件 ×5 小时/件 =4 800小时，即优先生产数码相机、导航仪、数码镜框，余下工时生产 MP4。

2）生产 MP4 的设备不出售的原因：①公司将来可能会继续生产 MP4，可以迅速形成生产能力；②设备可以进行适当改造，生产延伸的产品。

设备不出售对该公司的影响：①设备折旧依然存在，间接费用上升；②不良资产过多，会对相关部门的绩效考评不合理；③未来变现能力差，减值使股东损失加大；④未来生产技术的提高，留下的设备制约该企业的生产能力。

3）该公司满足市场的需求，需要进行外购机器工时，为保持该公司利润不下降，外购机器工时单位成本最高不能超过自己单位生产工时的边际利润，即单位工时不超过 20 美元/小时。

4）外包是指公司请外部生产或提供，而不是自己生产的一种方法，也就是利用其他公司的专业知识，形成契约性生产。这样可以使公司集中资源提升核心竞争力。外包的优点是：有助于集中资源提升核心竞争力，改善效率和效果，获取新技术等。外包的缺点是：寻找外部的成本可能很高，内部的专业知识和能力可能荒废，削弱了对过程和质量的控制，灵活性下降，缺少个性化服务，容易泄密等。

5）约束理论是关于公司应做哪些变化，以及如何很好地实现这些变化的理论。约束理论对应着这样一套管理原则——帮助公司找出目标实现过程中存在的障碍，并进行必要的改变来消除这些障碍。约束理论认为：任何一个系统，如果它的投入、产出过程可以按环节或者阶段进行划分，而且一个环节的产出依赖于前面一个或多个环节的产出的话，那么这个系统最终的产出将受到系统内生产率最低的环节的限制。约束理论认为：要从公司整体来评价改进的效果，而不能只看局部。库存投资和运行费用虽然可以降低，但是不能降到零以下。只有有效产出，企业盈利才有可能不断增长。

约束理论分析的 5 个步骤：①识别系统中的约束因素；②决定如何改善约束因素；③调整非约束因素，使得约束因素运营效率最大化；④提升约束因素的性能；⑤回到第 1 步。

约束理论对公司确认盈利与否和关键成功要素很有价值。

例题 13-21

杰克是格林斯伯勒公牛队的顾问，他被要求对球队的特许经营权进行价值链分析，并特别关注与邻近的对手野牛队并进行比较。杰克已收集了价值链中 6 大步骤的相关成本数据，如表 13-11 所示。单人票价从 4.5 元到 8 元不等，公牛队和野牛队两队每场比赛的平均票房分别是 2 200 元和 5 000 元。

表 13-11 价值链中 6 大步骤的相关成本数据

公牛队（元）	价值链中作业	野牛队（元）
0.45	广告与一般促销费用	0.50
0.28	门票销售：当地运动品商店和棒球公园	0.25
0.65	棒球公园的经营	0.80
0.23	管理层报酬	0.18
0.95	运动员报酬	1.05
0.20	比赛日运作：安全，特别娱乐项目和比赛日促销	0.65
2.76	总成本	3.43

要求：

1）定义价值链分析及其步骤。

2）进行价值链分析，帮助杰克更好地理解公牛队与野牛队间竞争的性质，并识别每项作业增加价值或降低成本的机会。

参考答案：

1）价值链分析评估客户价值感知度，确定当前成本和绩效标准，评估哪些环节可以增加价值、减少成本。它关注整个价值链。价值链分析的步骤：①内部成本分析；②外部差异分析；③垂直链接分析。

2）杰克整理的成本数据显示出两支队伍的经营状况基本相同，然而一个重要区别在于，野牛队花在比赛日经营活动的费用是公牛队的 3 倍还多。这一差异一定程度上为野牛队建立了一个忠实的球迷队伍，并导致门票收入是公牛队的 2 倍还多（28 500 元和12 350 元）。野牛队已经找到了竞争的有效方式——关注特别比赛节目的活动及促销。为了开始有效竞争，公牛队可以考虑其他增值服务，如与野牛队类似的比赛日活动，尽管其人均成本比野牛队低，但其成本节约并不足以冲销收入上的损失。

在成本方面，与野牛队的比较说明降低成本不太可能。平均意义上（除了管理层报酬），公牛队每一成本项目均比野牛队低。也许这进一步显示，公牛队不应降低成本，而是要在球迷培养上花更多的钱。杰克的下一步分析可能是对公牛队的球迷进行调查，以决定他们的满意度，并找出尚未提供而球迷需要的服务。

例题 13-22

约翰逊化学公司是一家生产多种工业化学黏制品和胶黏剂的专业化厂商，其大多数原材料是从其他化工公司批量采购来的。一种名为 TB 的化工制品是由约翰逊化学公司的一家独立工厂生产的。TB 产品以给定的内部价格被运送到约翰逊化学公司的其他工厂。约翰逊化学公司的胶黏剂工厂每月需要 10 000 桶 TB 产品，它可以每桶 150 元的价格从公司外部购买。约翰逊化学公司的 TB 产品生产单位的生产能力为每月 20 000 桶，目前它以每桶 165 元的售价销售给外部购买者。TB 产品生产单位 165 元的价格和该公司外部的 150 元价格之间的差异，只是源于该公司的短期价格策略，材料的质量和功能是相当的。TB 产品生产单位的销售成本为每桶 5 元，变动生产成本为每桶 90 元。

要求：

1）胶黏剂生产单位应该从内部购买还是从该公司外部购买。

2）基于你在要求1）中的回答，恰当的转移价格应该是什么。

3）如果TB产品生产单位每月的生产能力为30 000桶，你对要求1）和2）的回答有何变化。

参考答案：

1）由于TB产品生产单位已是满负荷运营，同时外部销售的贡献70元（165元－5元－90元）高于内部生产的成本节约60元（150元－90元），TB产品生产单位应该向外部销售，胶黏剂生产单位应该从该公司外部以150元的价格购买。

2）由于TB产品生产单位处于满负荷运营，同时还有一个外部市场，所以最好的转移价格应该是TB产品的市场价格。相关的市场价格是TB产品生产单位可以（假定它是可靠的长期价格）得到的165元，这个转移价格会导致胶黏剂生产单位做出正确决策，那就是从该公司外部购买，因为外部价格低。

3）如果TB产品生产单位还有剩余生产能力，它可以向内部和外部出售TB产品。正确的转移价格是能引起胶黏剂生产单位内部购买的价格变化——介于销售者变动成本90元和胶黏剂生产单位的外部市场价格150元之间的任何价格。在考虑每个生产单位公平报酬率的基础上，生产单位之间可以协商一个价格，它可以有效地在部门之间分割销售利润率。谈判确定转移价格的实际结果是建立在多种因素之上，包括两家单位管理者的谈判技巧。

例题 13-23

位于威斯康星州南部的萨默斯公司生产多种工业用阀门及管道设备，并销售给附近各州的客户。当前该公司的设备利用率约为70%，投资回报率令人满意。

该公司管理层已收到来自苏格兰的格拉斯哥工业公司的报价，购买120 000件压力阀。格拉斯哥工业公司生产的压力阀与萨默斯公司的产品几乎完全一样，然而，格拉斯哥工业公司的压力阀生产设备因生产过程中不慎失火而停产。格拉斯哥工业公司在未来4个月中需要120 000件压力阀，以履行其与固定客户的合约并准备为每个阀门支付21美元。

根据目前可达到的成本标准，萨默斯公司生产压力阀的成本为：

直接材料	6.00 美元
直接人工（0.5小时/件）	8.00 美元
间接制造成本（1/3变动）	9.00 美元
总生产成本	23.00 美元

其他与压力阀销售相关的成本为5%的销售佣金及每件1美元的运输费用。然而，由于这一特殊订货是直接送至管理层处的，所以该公司不需为其支付销售佣金。

在销售定价中，萨默斯公司在产品成本的基础上加价40%，即压力阀的销售建议价为每件32美元，然而营销部为保持产品的市场份额将目前的售价定为30美元。

生产主管相信，接受格拉斯哥工业公司的特殊订货不会打乱公司的生产计划；然而这份订单会使萨默斯公司每月多发生12 000美元的固定生产成本——主要是监督成本及办公费用。

如果管理层接受这份订单，未来4个月中萨默斯公司每月生产并向格拉斯哥工业公司运送30 000件压力阀。发货采用每周托运，指定装运港船上交货（FOB），也就是运费由格拉斯哥工业公司承担。

要求：

1）为满足格拉斯哥工业公司的订单，每月需要追加多少直接人工工时？

2）分析接受格拉斯哥工业公司订单对萨默斯公司的影响。

3）计算在不减少净利润的条件下，萨默斯公司管理层对格拉斯哥工业公司订单能接受的最低单位售价。

4）确定萨默斯公司在接受格拉斯哥工业公司订单之前要考虑的战略因素。

5）萨默斯公司在该决策过程中，遇到的行为以及实施方面的问题。

参考答案：

1）每月需要直接人工工时 =30 000 件 ×0.5 小时/件 =15 000 小时。

2）税前利润增加 =［21 美元 -（6 美元 +8 美元 +9 美元/3）］×120 000 件 -12 000 美元/月 ×4 个月 =432 000 美元。

3）最低单位售价 =6 美元 +8 美元 +9 美元/3 +12 000 美元/月 ×4 个月/120 000 件 =17.40 美元/件。

4）管理者还应考虑战略因素：①生产能力利用情况。萨默斯公司目前有 30% 的剩余生产能力，足以接受格拉斯哥工业公司的订单。但是如果萨默斯公司目前正处于或接近满负荷运营，那么格拉斯哥工业公司的订单是否会减少其他利润更高产品的销售收入？如果是的话，萨默斯公司就应考虑因收益减少而导致的机会成本。②长期及短期定价。特殊订货的相关成本决策法则，仅在这种特殊订货可以增加收入且这类订单不经常有的情况下才能运用。在一般情况下，相关成本定价法往往会侵蚀正常定价政策，并导致像萨默斯公司这样的利润损失。滥用相关成本定价法是导致航空公司及钢铁公司等大型公司衰败的重要原因，因为持续关注公司短期利益的政策，将妨碍公司长期的成功发展。特殊订货决策不应成为公司发展的战略中心。③变动成本的变化趋势及作业成本法的运用等问题。④萨默斯公司还应考虑格拉斯哥工业公司的信用状况、可能存在的设计复杂性引起的生产问题及其他一些战略因素，如接受这笔订单是否能给公司带来更多的订单等。

5）①对战略目标的考虑。当今经营中的一个常见问题是，管理人员只注重短期效益而忽视长期战略性目标，因为他们的报酬是建立在净利润等短期会计评价指标上的。对管理者而言，最重要的是在任何决策环境下都应将公司的战略目标放在首位。②掠夺性定价。美国联邦贸易委员会在《罗宾逊-帕特曼法案》中提出，定价完全可能损害某一行业的竞争性，最高法院在 1993 年的判例中将其称为掠夺性定价。这一法律与长、短期决策都相关，因为它可以要求一家公司对其大幅降价行为做出合理说明。③用固定成本取代变动成本。与相关成本分析相关的另一个可能的动机是管理者用固定成本取代变动成本。如果中层及基层管理者意识到因为他们依赖相关成本分析，高层管理者就容易忽略固定成本，这种情况就可能发生。基层管理者就可能用减少变动成本的方法来增加公司的固定资产及其他生产性资源，由此造成固定成本的大幅增长。④适当确认相关因素。成本分析的另一个可能问题是，管理者可能无法准确识别相关成本，特别是那些未经培训的管理者，在决策中包含不相关的沉没成本的现象非常普遍。许多管理者不理解分配而来的固定成本是不相关的。当固定成本以指定的用途“被使用”时，许多管理者会将其误认为是相关的，而当固定资产以一个单独的数字给定时，管理者就会相对容易地将其视为不相关成本。

13.6.2 本章习题

问题 1 罗马什卡有限公司计划引入一种新产品。市场营销经理预测销售单价为 500 美元。单位变动成本为 100 美元。另外，有关的固定间接生产成本为 110 000 美元，固定营业成本为 150 000 美元。为达到盈亏平衡点，该公司必须销售多少单位的产品？（ ）

A. 220 单位。 B. 275 单位。 C. 520 单位。 D. 650 单位。

问题 2 联合供应有限公司正在考虑引入一种新产品。该产品要求投资 250 000 美元。可以通过银行贷款募集所需资金，利率为 8%。同产品有关的固定营业成本为122 500 美元，产品的边际贡献率为

42%。假设销售单价为 15 美元，联合供应有限公司必须销售多少单位的产品，才能实现息税前利润（EBIT）为新产品投资总额的 32% 的目标？结果取整数。（　　）

A. 35 318 个单位。　B. 32 143 个单位。

C. 25 575 个单位。　D. 23 276 个单位。

问题 3　帕雷尔有限公司生产便携式电视机。其生产经理建议加强电视机的声控控制功能，并另外增加 3 名维修人员来处理由于存在缺陷而被退回的货物，也就是通过上述方式来改善成本结构。这些成本是增值成本，还是非增值成本？（　　）

	声控控制成本	新增维修人员成本
A.	增值成本	增值成本。
B.	增值成本	非增值成本。
C.	非增值成本	增值成本。
D.	非增值成本	非增值成本。

问题 4　对产品功效和产品成本之间的差额进行系统评估，降低成本的同时仍要满足客户的需要。这是下述哪项的定义？（　　）

A. 作业管理法。　B. 约束理论。

C. 全面质量管理。　D. 价值工程法。

问题 5　斯特罗有限公司正在进行投资决策，它已经确定 4 个投资备选品种：不动产、股票、债券或者共同基金。在确定投资备选品种之后，斯特罗有限公司将进行决策分析的所有步骤，该步骤不包括下述哪项？（　　）

A. 获得投资备选品种的信息。　B. 评估投资备选品种。

C. 选择最符合投资标准的备选品种。　D. 界定还没有使用的大量现金。

问题 6　在进行决策程序的时候，差量成本的定义是什么？（　　）

A. 备选活动的沉没成本。　B. 备选活动的固定成本。

C. 备选活动的机会成本。　D. 在各个备选活动之间变化的成本。

问题 7　招牌蛋糕有限公司生产两种蛋糕：一种是圆形蛋糕；另外一种是心形蛋糕。该公司的固定成本总额是 92 000 美元。两种蛋糕的变动成本和销售数据如表 13-12 所示。

表 13-12　两种蛋糕的变动成本和销售数据

财务信息项	圆形蛋糕	心形蛋糕
单位销售价格（美元）	12	20
单位变动成本（美元）	8	15
预算销售（单位）	10 000	15 000

如果要达到盈亏平衡点，招牌蛋糕有限公司需要销售多少蛋糕？（　　）

A. 8 000 个圆形蛋糕和 12 000 个心形蛋糕。

B. 9 000 个圆形蛋糕和 11 000 个心形蛋糕。

C. 10 000 个圆形蛋糕和 10 000 个心形蛋糕。

D. 23 000 个圆形蛋糕和 18 400 个心形蛋糕。

问题 8　麦肯公司可以利用现有的生产能力，生产两份特殊订单中的一个。特殊订单 A 为 100 000 单位，特殊订单 B 为 200 000 单位，单位成本和收益如表 13-13 所示。

表 13-13 两份订单的单位成本和收益 （单位：美元）

特殊订单（每单位）	订单 A	订单 B
销售价格	0.7000	0.4500
直接材料	0.4550	0.2775
直接人工成本		
变动人工成本	0.1100	0.0993
固定人工成本	0.0300	0.0089
间接制造费用		
变动间接制造费用	0.0430	0.0330
固定间接制造费用	0.0370	0.0523
为了获得该订单已经发生的变动市场营销成本	0.0900	0.0912
固定市场营销和管理成本	0.0950	0.0878

根据上述信息制订最优决策，下述哪项正确描述了对税前利润的影响？（ ）

A. 如果选择特殊订单 A，税前利润将提高 200 美元。

B. 如果选择特殊订单 A，税前利润将提高 9 200 美元。

C. 如果选择特殊订单 A，税前利润将提高 13 430 美元。

D. 如果选择特殊订单 B，税前利润将提高 8 040 美元。

问题 9 芬恩产品有限公司是一家处于起步阶段的公司，打算对其唯一的产品——特殊的新型视频游戏使用成本定价法进行定价。芬恩产品有限公司预期下一年将销售 10 000 单位产品。单位变动成本为 65 美元，年固定营业成本（包括折旧）为 80 000 美元。芬恩产品有限公司的资产负债表如表 13-14 所示。

表 13-14 芬恩产品有限公司的资产负债表 （单位：美元）

资产	金额	负债和收益	金额
流动资产	100 000	应收账款	25 000
工厂和设备	425 000	负债	200 000
		权益	300 000

如果芬恩产品有限公司希望实现的权益回报率为 20%，则新产品的销售价格为（ ）

A. 75.00 美元。 B. 78.60 美元。 C. 79.00 美元。 D. 81.00 美元。

问题 10 内部流程、人员和系统的不足或失败造成损失的风险，通常被称为（ ）

A. 战略风险。 B. 灾害风险。 C. 财务风险。 D. 经营风险。

问题 11 根据 COSO 框架，以下哪个风险管理的组成部分能够解决企业的诚信和道德价值观问题？（ ）

A. 信息和沟通。 B. 内部环境。

C. 风险评估。 D. 控制活动。

问题 12 维拉公司正在对两个投资方案进行选择。两个方案任何一个若被选中就将在下一年 1 月 1 日开始执行。

方案 1：购买一台新的抛磨机。

该机器的成本为 1 000 000 美元，有效使用时间为 5 年。在未来 5 年，每年因劳动力成本节省的净

税前现金流将达到 100 000 美元。由于融资和纳税，折旧费使用直线法进行计算。购买机器的另一动机在于：维拉公司将从已提完折旧机器的以旧换新中获得 50 000 美元的补偿。

方案 2：将正在进行的任务外包。

维拉公司可以把这项任务外包给 LM 公司，并在未来 5 年内每年支付 200 000 美元。如果选择外包，维拉公司可以将已提完折旧的机器扔掉。

维拉公司的有效所得税税率为 40%，加权平均资本成本为 10%。比较两个方案，50 000 美元的以旧换新补偿应该被看作是(　　)

A. 不相关，因为它并不影响税金。　　B. 相关，因为它会导致现金流出减少。

C. 不相关，因为它并没有影响现金。　　D. 相关，因为它会导致现金流出增加。

问题 13　米尔顿制造公司的金属塑性部门偶尔会有产能问题。该部门的主要成本动因是机时。在从决策角度评估各产品吸引力时，该公司应该选择什么计量工具？(　　)

	如果机时不限制制造产品的数量	如果机时限制制造产品的数量
A.	边际贡献	每机时的边际贡献。
B.	毛利	边际贡献。
C.	边际贡献	边际贡献率。
D.	每机时的边际贡献	边际贡献。

问题 14　某冰箱公司为冰箱装置制冰机，计划装置 20 000 台。装置制冰机的单位成本如表 13-15 所示。

表 13-15　装置制冰机的单位成本　（单位：美元）

直接材料	7
直接人工	12
变动制造费用	5
固定制造费用	10
总成本	34

冷冻分隔公司表示，可以向冰箱公司以每台 28 美元的价格销售 20 000 台制冰机。如果冰箱公司接受冷冻分隔公司的提议，那么用来生产制冰机的设备可以用来生产滤水机。预计滤水机的销售收入为 80 000 美元，变动成本占销售额的 60%。另外，与生产制冰机相关的固定制造费用（每单位 6 美元）也会消失。

对于冰箱公司而言，制造或购买的总相关成本分别为(　　)

A. 600 000 美元和 560 000 美元。　　B. 648 000 美元和 528 000 美元。

C. 600 000 美元和 528 000 美元。　　D. 680 000 美元和 440 000 美元。

问题 15　关于弹性，下列说法中错误的是(　　)

A. 需求的价格弹性，等于需求数量变动的百分比除以价格变动的百分比。

B. 替代产品的可用性，一般会造成产品的价格弹性提高。

C. 需求的价格弹性，是指对价格变动的反应程度。

D. 当产品支出与消费者的预算高度相关时，需求倾向于更缺乏弹性。

问题 16　园务公司现阶段正在满负荷使用其 25 000 机时来制造产品 XR-2000。此时，LJB 公司向园务公司下达订单，订购 1 000 单位产品 KT-6500。LJB 公司在通常情况下，会自己制造产品 KT-6500。但是由于工厂失火，LJB 公司需要购买产品 KT-6500，以继续生产其他的产品。这是一次性的

特殊订单。单位成本数据和售价见表 13-16。

表 13-16 单位成本数据和售价

成本和售价项目	KT-6500	XR-2000
原材料（美元）	27	24
直接人工（美元）	12	10
变动间接费用（美元）	6	5
固定间接费用（美元）	48	40
变动销售和管理费用（美元）	5	4
固定销售和管理费用（美元）	12	10
一般售价（美元）	125	105
需要的机时（小时）	3	4

那么，如果给 LJB 公司制造 1 000 单位产品 KT-6500，园务公司可以定的最低单价应该是多少？（ ）

A. 93.00 美元。 B. 96.50 美元。 C. 110.00 美元。 D. 125.00 美元。

问题 17 日照公司现在正在考虑购买一台新机器，新机器价格为 800 000 美元。这台机器在其使用年限内能够制造 160 万单位产品。制造商的工程技术指标为：与机器相关的单位产品制造成本 0.50 美元。日照公司预期，在该机器的使用年限内，预期产品总需求为 120 万单位。原材料和人工平均单位成本为 0.40 美元。在考虑是否购买该机器时，你是否建议日照公司使用制造商与机器相关的单位产品制造成本这一工程技术指标？（ ）

A. 不会，因为与机器相关的单位产品制造成本为 2.00 美元。

B. 不会，因为与机器相关的单位产品制造成本为 0.67 美元。

C. 不会，因为与机器相关的单位产品制造成本为 0.90 美元。

D. 会，因为与机器相关的单位产品制造成本为 0.50 美元。

问题 18 以下情形中，哪种情形最可能使用以成本为基础的定价法？（ ）

A. 造纸商正在与一新的大宗办公用品销售商，就复印纸的价格进行协商。

B. 工业设备制造商正在与一主要的钢材制造商，就一种标准模型的价格进行协商。

C. 电脑部件制造商正在与一新的分销渠道的客户，就价格条款进行磋商。

D. 电脑部件制造商正在与新客户，就定制化和应用最新技术的产品进行协商。

问题 19 基础电脑公司（BCC）按投标报价来销售微型计算机。投标报价以完全成本为基础。完全成本包括估计的原材料、人工、变动制造费用、固定制造费用和合理的计算机组装的新增管理费用，并在完全成本基础上加成 10%。BCC 相信每台计算机的标价不会超过 925 美元。

基于 BCC 公司正常生产水平，其现在的成本结构是每台计算机 500 美元的原材料和每工时 20 美元。组装和测试每台计算机需要 12 工时。BBC 的变动制造费用是每工时 2 美元，固定制造费用是每工时 3 美元，新增管理费用是组装每台计算机 8 美元。

该公司收到某学校董事会的投标邀请，该学校需要 500 台计算机。BCC 的管理层预期投标该项目的竞争非常激烈。由于对 BCC 而言，这是一份非常大的订单，并且可能带来其他教育机构的订单；因此管理层非常希望能够递交一份可以中标的标书，并且报价可以保证不对现在的净利润产生不利影响。管理层相信，现有的生产水平完全能够满足这份订单的需求。那么，应该建议 BCC 的管理层选择以下哪个投标价格？（ ）

A. 764.00 美元。　B. 772.00 美元。　C. 849.20 美元。　D. 888.80 美元。

问题 20　**某公司正在为两款新产品编制销售预算。这两款新产品都需要使用同一套制造设备，而这台设备每月仅能使用 60 个小时。产品 A 的边际贡献是每件 95 元，产品 B 的边际贡献是每件 55 元。每件产品 A 需要耗费 4 机器工时，每件产品 B 需要耗费 2.5 机器工时。为了高效地分配设备资源，该公司应制造(　　)**

A. 产品 A，因为它每件的边际贡献比产品 B 高。

B. 产品 B，因为他们可以生产的该产品的件数比产品 A 高。

C. 产品 A，因为该产品与产品 B 相比可以更有效地利用这台设备。

D. 产品 B，因为他们可以生产很多件该产品，同时仍然可以节省出时间生产产品 A。

问题 21　**甲公司以每件 3 000 元的价格销售某款商品来实现 2 400 000 元的年税后营业利润。生产该商品的成本包括 15 000 000 元的固定成本和 2 000 元的单位变动成本。假设平均所得税率为 40%，要实现该目标利润额，需要达到的销量为(　　)**

A. 15 000 件。　B. 16 440 件。　C. 19 000 件。　D. 21 000 件。

问题 22　**甲公司正在考虑，若某产品线无法达到 15% 的目标安全边际，就停止该产品线。该产品线盈亏平衡时的销售额为 76 800 元，安全边际为 13 200 元。根据以上信息，财务总监建议甲公司保留该产品线。这位财务总监做出的决定是否妥当？(　　)**

A. 不妥当，因为安全边际率为 17.2%，和目标安全边际差不多。

B. 妥当，因为安全边际率为 17.2%，比目标安全边际好。

C. 不妥当，因为安全边际率为 14.7%，和目标安全边际差不多。

D. 妥当，因为安全边际率为 14.7%，比目标安全边际好。

问题 23　**甲公司生产并销售两款主要产品，产品 A 的边际贡献为每件 10.00 元，产品 B 的边际贡献为每件 8.00 元。该年度的固定成本预算为 264 480 元，甲公司计算出其盈亏平衡点为 28 500 件。那么，产品 A 的销量所占的比例是多少？(　　)**

A. 36%。　B. 44%。　C. 56%。　D. 64%。

问题 24　**突然发生的经济变化迫使甲公司改变其企业战略。该公司正在考虑关闭一些产品线、解聘一些工人、减少广告宣传以及关闭一座工厂。在采取这些措施的过程中，应将以下哪类成本视作沉没成本？(　　)**

A. 工人的工资、遣散费和广告宣传费用。　B. 所关闭工厂的公用事业费用以及房产税。

C. 所关闭产品线的研发成本。　D. 出售或拆除该工厂的费用。

问题 25　**甲公司主要生产各种家具。该公司的其中一款产品是橡木床头板。该床头板销量为 4 000 件，单价为 100 元，单位变动成本为 55 元，分摊到橡木床头板的总固定成本为 150 000 元。如果床头板销量增加 50% 且其他所有条件保持不变，那么这将使（　　）**

A. 毛利润达到 380 000 元。　B. 息税前利润增加 50%。

C. 固定成本达到 225 000 元。　D. 息税前利润达到 120 000 元。

问题 26　**甲公司致力于生产计算机的集成部件。按 300 000 件的销量计算，其单位成本结构如表 13-17 所示。**

表 13-17　计算机的单位成本结构　（单位：元）

成本结构	变动成本	固定成本	总成本
直接材料	3.5	3.5	

（续）

成本结构	变动成本	固定成本	总成本
直接人工	9	9	
包装	2	2	
制造间接费用	3	6.5	9.5
营销费用	2.5	8	10.5
管理费用	4	4.5	8.5
总成本	24	19	43

某外国公司最近向甲公司提出一份新订单，以 35 元的单价订购 50 000 件专门零件。该份订单将产生 150 000 元的专业采购费用，并且管理费用的变动成本仅是正常情况下的一半。在其他方面，成本习性将保持不变。该公司有足够的产能满足该份订单的要求。那么，甲公司在做出关于该提议的决定时需要考虑的单位相关成本是多少？(　　)

A. 43 元。　　B. 25 元。　　C. 24 元。　　D. 22 元。

问题 27　甲公司收到乙公司的提议，后者提出代为生产甲公司目前所生产和销售的产品。乙公司所报的单价高于甲公司每件产品的变动生产成本，但低于甲公司的对外售价。在以下哪种情况下，甲公司从乙公司采购产品会增加利润？(　　)

A. 对该产品的市场需求超出甲公司的产能。

B. 如果甲公司从乙公司采购产品，甲公司的固定间接费用将保持不变。

C. 甲公司具有高昂的沉没成本。

D. 甲公司的管理成本为零。

问题 28　张三拥有并经营一辆冰激凌车，他开着这辆车穿梭于邻近的居民区内，向这里的儿童销售 5 款不同的冰激凌。每年有 120 天天气非常热，足以使平均每天每款冰激凌的销量达到 100 个。其中 4 款产品都可以盈利，一款名为 C 的产品则亏损，每个 C 的售价为 1.75 元，每款 C 的成本为 0.80 元，每个 C 的冰激凌车营运成本为 0.37 元，张三每售出一个 C 所得到的工资为 0.60 元，每个 C 的管理成本为 0.08 元，每个 C 带来的损失为 0.10 元。如果张三无法提高售价，他应当(　　)

A. 停止销售 C 产品，这样可以使他的利润增加 1 200 元。

B. 停止销售 C 产品，这样可以使他的利润增加 240 元。

C. 继续销售 C 产品，这样利润就不会减少 6 960 元了。

D. 继续销售 C 产品，这样利润就不会减少 11 400 元了。

问题 29　甲公司的目标是使经营利润达到销售收入的 6%。甲公司估计市场可以承受的最高售价为每件产品 115 元。甲公司预计售出 100 000 件产品，产生 3 500 000 元的固定成本，同时其所得税率为 40%。为实现这些计划，每件产品的目标变动成本必须为(　　)

A. 108.10 元。　　B. 73.10 元。　　C. 68.50 元。　　D. 62.75 元。

问题 30　以下哪项陈述最准确地描述了产品生命周期中成长期的特征？(　　)

A. 存在有限的竞争且价格很高。　　B. 竞争加剧，价格呈下降态势。

C. 竞争加剧，价格很高。　　D. 存在有限的竞争且价格呈下降态势。

问题 31　对于一家垄断公司与一家面对完全竞争市场的公司，假设两者都是不受约束的利润最大化追求者，那么以下哪项是它们之间最为重要的区别？(　　)

A. 竞争公司在设定价格时会以最大限度增加总收入为准则，而垄断公司则会最大限度提高价格。

B. 垄断公司的边际收益低于其价格，而竞争公司的边际收益则等于其价格。

C. 垄断公司将以边际成本等于平均成本为准则来设定产量。

D. 垄断公司的均衡价格是整个社会的最优价格。

问题 32　在相关范围内的生产水平的增加最有可能会导致(　　)

A. 增加总成本。　　B. 增加单位变动成本。

C. 降低总固定成本。　　D. 降低单位变动成本。

问题 33　甲公司生产 10 000 单位产品，其中固定成本是 30 万元，变动成本是每单位 50 元，每单位销售价格是 85 元。后来发现其变动成本将增加 20%，该公司正在考虑增加生产到 12 000 单位。下列哪项有关该公司的下一个步骤的说法是正确的？(　　)

A. 如果产量增加至 12 000 单位，利润将增加 5 万元。

B. 如果产量增加至 12 000 单位，利润将增加 10 万元。

C. 如果保持在 10 000 单位的生产水平，利润将减少 5 万元。

D. 如果保持在 10 000 单位的生产水平，利润将减少 10 万元。

问题 34　甲公司的产品目标毛利率是 40%，成本是每单位 89 元。该产品的售价应该是(　　)

A. 124.60 元。　　B. 142.40 元。

C. 148.33 元。　　D. 222.50 元。

问题 35　成本会计师张三收集了甲公司的生产成本数据，如表 13-18 所示。

表 13-18　甲公司生产成本

生产单位（件）	总成本（元）
100	250
150	350
200	450

在相关范围内，该公司的单位变动成本和固定成本分别是多少元？(　　)

A. 1 元和 150 元。　　B. 2 元和 150 元。

C. 1 元和 50 元。　　D. 2 元和 50 元。

问题 36　甲公司目前拥有 1 000 普通股流通股与零负债。总会计师李四认为可以通过发行利率为 9% 的长期债券额外融资的 100 000 元，或发行 500 股普通股额外融资。该公司的边际税率为 40%。使得两个融资方案的每股收益相等的息税前利润是多少？(　　)

A. 息税前利润是 27 000 元，每股收益 10.80 元。

B. 息税前利润是 27 000 元，每股收益 7.20 元。

C. 息税前利润是（18 000 元），每股收益（7.20 元）。

D. 息税前利润是（10 800 元），每股收益为（7.92 元）。

问题 37　陶瓷制造商出售杯子，去年每个杯子售价 7.50 元，单位变动成本为 2.25 元/个。该公司需要卖出 20 000 个杯子才能达到盈亏平衡。去年实际净利润为 5 040 元。今年，该公司预计每个杯子的价格是 9.00 元，变动成本增加 33.3%，固定成本增加 10%。该公司今年达到盈亏平衡需要卖出多少个杯子？(　　)

A. 17 111 个。　　B. 17 500 个。

C. 19 250 个。　　D. 25 667 个。

问题 38　甲公司计划在明年生产两种产品，产品 C 和产品 F，资料如表 13-19 所示。

表 13-19 产品 C 和产品 F 资料

科目	产品 C	产品 F
单位销售价格（元）	10	15
单位变动成本（元）	8	10
预计销售量（件）	20 000	5 000

该公司的总固定成本预计为 30 000 元。假设在盈亏平衡点上产品组合与预计的销量水平的产品组合一致。请问在盈亏平衡点上预计要销售多少件产品 C？(　　)

A. 2 308 件。　B. 9 231 件。　C. 11 538 件。　D. 15 000 件。

问题 39　根据微观经济学的理论，如果一种产品的需求数量直接随另一种产品价格的改变而同向改变，那么这两种产品是(　　)

A. 替代品。　B. 互补品。　C. 独立商品。　D. 正常品。

问题 40　甲公司生产和销售两种产品，产品 A 的销售价格和变动成本分别为 18 元，12 元，产品 B 的销售价格和变动成本分别为 22 元，14 元。甲公司的年度总固定成本是 38 400 元。甲公司每销售 4 个产品 A，就会销售一个单位产品 B。如果去年的经营利润为 28 800 元，甲公司售出了多少单位产品？(　　)

A. 5 486 单位。　B. 6 000 单位。　C. 9 600 单位。　D. 10 500 单位。

问题 41　甲公司生产暖瓶，去年销售总额为 80 000 元，总变动成本为 20 000 元，总固定成本为 30 000 元。甲公司盈亏平衡的销售收入是多少元？(　　)

A. 30 000 元。　B. 40 000 元。　C. 50 000 元。　D. 80 000 元。

问题 42　如果政府增加公司利得税税率，那么公司的税后本/量/利分析的结果将发生以下哪种改变？(　　)

A. 盈亏平衡点会增加。　B. 盈亏平衡点会减少。

C. 在盈亏平衡点不会有变化。　D. 本/量/利关系不会有任何变化。

问题 43　甲企业需要编制计算机应用程序，可以是内部开发或从外部购买。从供应商处购买适用软件的费用为 29 000 元。工作人员可对系统进行小的修改和测试，这是他们正常工作的一部分。

如果内部开发软件，系统分析员将承担全部开发工作，承包商将承担系统分析员的职责。外聘系统分析员每小时收费为 25 元，承包商每小时收费为 22 元。承包商会占用一间空的办公室。该办公室有 100 平方英尺，占用的成本是每平方英尺 45 元。(1 英尺 =0. 304 8 米)

其他相关数据如表 13-20 所示。使用预定比率按照计算机使用时间收取费用。该组织有足够富余的计算机。

表 13-20 其他数据

相关数据项目	内部开发	外部购买
系统分析师时间:		
开发（小时）	1 000	—
修改/测试（小时）	—	40
计算机费用（元）	800	250
额外的硬件购买（元）	3 200	—
附带用品（元）	500	200

仅根据提供的成本数据，开发计算机应用程序的成本将(　　)

A. 比购买软件少 3 500 元。　B. 比购买软件少 500 元。

C. 比购买软件多 1 550 元。　　D. 比购买软件多 3 550 元。

问题 44　甲公司刚刚研发了一种新产品，产品成本为 60 元。市场总监为这种新产品设计了 3 种营销方案：

A 方案：销售价格为 72 元，在没有广告的情况下，给予销售人员 10% 的佣金，预测年度销售 10 000单位。

B 方案：销售价格为 76 元，给予销售人员 10% 的佣金，但有 60 000 元的广告费用。预测年度销售 12 000 单位。

C 方案：依赖批发商销售产品。该公司将该新产品以每单位 64 元的价格卖给批发商，无销售费用。预测年度销售 14 000 单位。

将这些方案按照净利润排序，从高到低为(　　)

A. A 方案，B 方案，C 方案。　　B. B 方案，C 方案，A 方案。

C. C 方案，A 方案，B 方案。　　D. C 方案，B 方案，A 方案。

问题 45　甲公司正在为其产品 A 进行市场潜力分析。该公司在不同的相关范围上分析产品 A 的定价和成本结构。每一相关范围的定价和成本数据如下：

制造和销售的数量	1～5 单位	6～10 单位	11～15 单位	16～20 单位
总固定成本	400 000 元	800 000 元	1 200 000 元	1 600 000 元
单位变动成本	100 000 元	100 000 元	90 000 元	90 000 元
单位售价	200 000 元	200 000 元	200 000 元	200 000 元

以下选项中的哪项可以为该公司带来最高的营业利润？(　　)

A. 8 单位。　B. 10 单位。　C. 14 单位。　D. 17 单位。

问题 46　甲公司的单位产品售价为 24 元，变动成本为 16 元。该公司实际的工厂产能是 40 000 件，总固定成本为 96 000 元，其有效税率为 40%。那么该公司最大净利润为(　　)

A. 96 000 元。　B. 134 400 元。　C. 192 000 元。　D. 224 000 元。

问题 47　甲公司的单位销售价格为 20 元，变动成本为 14 元。该公司可达到的工厂产能为 35 000 单位，总固定成本为 84 000 元，有效税率为 50%。如果该公司生产和销售30 000 单位产品，净利润和安全边际分别是多少？(　　)

A. 48 000 元和 114%。　　B. 90 000 元和 114%。

C. 96 000 元和 17%。　　D. 180 000 元和 17%。

问题 48　甲公司产能是每月生产 7 000 套产品。该公司现在计划用高自动化水平生产工艺取代原来的劳动密集型生产工艺，这种做法每月将增加该公司的固定制造成本 60 000 元，但减少单位变动成本 10 元。该公司平均每月的利润表如表 13-21 所示。

表 13-21　甲公司平均每月利润表　（单位：元）

销售（5 000 单位，每单位 40 元）	200 000	
变动制造成本	100 000	
变动销售费用	30 000	130 000
边际贡献		70 000
固定制造成本	32 000	
固定销售费用	8 000	40 000
营业利润		30 000

如果该公司采用自动化生产工艺，那么，该公司每月的营业利润应该为(　　)

A. 10 000 元。　　B. 20 000 元。　　C. 60 000 元。　　D. 80 000 元。

问题 49　甲公司为空调组装生产压缩机。对于 20 000 台的压缩机而言，每台的总成本为 68 元，具体包括：直接材料 14 元/台，直接人工 24 元/台，变动制造费用 10 元/台，固定制造费用 20 元/台。

乙公司发出销售要约以每台售价为 56 元向甲公司出售 20 000 台压缩机。如果甲公司接受乙公司的销售要约，那么工厂将会闲置，而每单位产品 12 元的固定制造费用将消失。那么与生产压缩机的总相关成本将变为(　　)

A. 960 000 元。　　B. 1 120 000 元。　　C. 1 200 000 元。　　D. 1 360 000 元。

问题 50　甲公司期望产量为 150 000 单位的条件下，其单位成本和利润如下所示：售价 300 元/个，变动成本 120 元/个，固定成本 120 元/个，营业利润 60 元/个。

下一年的销售预测为 175 000 单位，在该公司的成本结构的相关范围内。成本管理的动力在于希望降低变动成本 20%，降低固定成本 1 500 000 元。该公司下一年的成本结构将包括(　　)

A. 单位边际贡献为 144 元，单位固定成本为 110 元。

B. 总边际贡献为 30 600 000 元，总固定成本为 16 500 000 元。

C. 变动成本率为 32%，营业利润为 19 200 000 元。

D. 边际贡献率为 68%，营业利润为 14 100 000 元。

问题 51　下列哪项分别是垄断竞争和寡头垄断的特征？(　　)

	垄断竞争	寡头垄断
A.	公司间依赖	进入壁垒高。
B.	规模经济	进入壁垒低。
C.	公司间依赖	规模经济。
D.	产品差异化	公司间依赖。

问题 52　甲公司为不同的产品生产 2 种类型的设备。产品的运营数据和单位成本的信息如表 13-22 所示。

表 13-22　产品的运营数据和单位成本

项目	A 产品	B 产品
年度产能（单位）	10 000	20 000
年度需求（单位）	10 000	20 000
售价（元）	200	160
变动制造成本（元）	106	90
固定制造成本（元）	20	20
变动销售和管理费用（元）	20	22
固定销售和管理费用（元）	10	8
固定的其他管理费用（元）	4	0
单位营业利润（元）	40	20
单位产品机时（小时）	2.0	1.5

该公司有 40 000 小时可用于生产的机时。该公司的总会计师李四正在分析明年应该优先生产哪种产品，该公司新聘用的管理会计师王五认为应该计算单位产品单位机时边际贡献，两种产品的单位机时边际贡献分别是多少？(　　)

	A 产品	B 产品
A.	34 元/小时	28 元/小时。
B.	37 元/小时	32 元/小时。
C.	40 元/小时	20 元/小时。
D.	74 元/小时	48 元/小时。

问题 53　半年之前，甲公司购买了 9 000 千克原材料 A，花费了 30 600 元。该产品的市场需求旺盛，价格突然上升到每千克 4.10 元。基于这种市场情况，该公司可以按该价格购买原材料 A。该公司最近收到了一份特殊订单，需要购买 8 400 千克原材料 A。要判断是否接受该订单，管理者需要评估一系列的决定因素。除了所得税以外，以下哪种因素组合可以正确地考虑相关和不相关的决策因素？(　　)

	相关决策因素	不相关决策因素
A.	剩下的 600 千克原材料 A	每千克 4.10 元的市场价格。
B.	每千克 4.10 元的市场价格	每千克 3.40 元的购买价格。
C.	每千克 3.40 元的购买价格	每千克 4.10 元的市场价格。
D.	9 000 千克原材料 A	剩下的 600 千克原材料 A。

问题 54　甲公司制造几种不同的产品，因为其产品 A 的市场已经饱和，该公司现在并没有按照最大产能进行生产。该公司产品 A 的销售和成本的数据如表 13-23 所示。

表 13-23　A 的销售价格和成本　(单位：元)

销售价格		37.00
生产成本		
原材料和人工	24.50	
变动制造费用	7.50	
分配的固定制造费用	8.00	40.00
单位利润（损失）		(3.00)

基于以上信息，如果向该公司管理层建议，在以下选项中应该选择哪项？(　　)

A. 选择不同的成本动因来分配间接费用。

B. 停止生产该产品。

C. 继续生产并销售该产品。

D. 增加产出，在更大产量基础上摊销固定制造费用。

问题 55　以下选项中哪种成本是沉没成本？(　　)

A. 生产桌子用的木材和金属。

B. 采购原材料时产生的采购部门成本。

C. 卡车司机将原材料搬运到制造现场的成本。

D. 搬运原材料的大型起重机的购买成本。

问题 56　甲公司决定停止一种产品的生产，生产该产品的机器是 4 年前购买的，成本为 140 000 元。该机器现在的账面价值为 60 000 元。由于现阶段市场上的技术进步，这台机器现在只能报废。该公司在对一种新产品生产进行评估。工程师建议，该机器改造后可以用来生产新产品。包含在新产品生产中的其他成本为：原材料 40 000 元，人工成本 10 000 元。如果所得税忽略不计，是否生产该产品的相关成本为(　　)

A. 50 000 元。　B. 60 000 元。　C. 110 000 元。　D. 190 000 元。

问题 57 在联产品制造过程中，决定在分割点之后是否继续生产该产品时，该决策之前所发生的联产品成本被称为(　　)

A. 沉没成本。　B. 相关成本。　C. 标准成本。　D. 差异成本。

问题 58 将某一种资源从一种用途换作另一种用途而损失的利润被称为(　　)

A. 付现成本。　B. 市场侵蚀的费用。　C. 重置成本。　D. 机会成本。

问题 59 在一管理决策过程中，因为选择资源用途而放弃的收益的成本被称为(　　)

A. 相关成本。　B. 沉没成本。　C. 机会成本。　D. 差异成本。

问题 60 甲公司某一产品单位售价为 60 元。边际贡献率为 45%，固定成本为每月 20 000 元，有效所得税税率为 40%。如果该公司在当月卖出 1 000 单位产品，其变动成本为(　　)

A. 19 800 元。　B. 24 000 元。　C. 27 000 元。　D. 33 000 元。

问题 61 如果甲公司产量为 150 000 单位，那么，其单位成本结构如下：销售价格 320 元，变动成本 120 元，固定成本 110 元。市场部门预测下一年度的销售量为175 000 单位，处于该公司成本结构的相关范围内。甲公司下一年的盈亏平衡产量以及估计的经营利润分别为(　　)

A. 82 500 单位和 15 705 000 元的经营利润。

B. 82 500 单位和 18 500 000 元的经营利润。

C. 96 250 单位和 7 087 500 元的经营利润。

D. 96 250 单位和 15 750 000 元的经营利润。

问题 62 盈亏平衡点产量被定义为收入等于什么的时候的产量？(　　)

A. 边际成本。　B. 总成本。　C. 变动成本。　D. 固定成本。

问题 63 甲公司某种产品的单位售价为 60 元。边际贡献率为 45%，每月固定成本为 10 000 元。4 月的销售量为 3 000 单位，5 月为 4 000 单位。那么，5 月的利润比 4 月高多少元？(　　)

A. 20 000 元。　B. 27 000 元。　C. 33 000 元。　D. 60 000 元。

问题 64 甲公司生产两种产品，其运营数据和单位成本信息如表 13-24 所示。

表 13-24　甲公司运营数据和单位成本信息

项目	A 产品	B 产品
年度产能（单位）	10 000	20 000
年度需求（单位）	10 000	20 000
售价（元）	200	160
变动制造成本（元）	106	90
固定制造成本（元）	20	20
变动销售和管理费用（元）	20	22
固定销售和管理费用（元）	10	8
固定的其他管理费用（元）	4	0
单位营业利润（元）	40	20
单位产品机时（小时）	2.0	1.5

该公司有 40 000 小时可用于生产的机时。那么下一年度该公司可能产生的最大总边际贡献为多少元？(　　)

A. 1 330 000 元。　B. 1 379 984 元。　C. 1 700 000 元。　D. 1 960 000 元。

问题 65 甲公司生产两种产品，其单位售价，成本和资源利用情况如表 13-25 所示。

表 13-25　甲公司产品信息

产品信息	A 产品	B 产品
售价（元）	40 元	60
直接材料成本（元）	10	10
直接人工成本（元）	16	20
变动制造费用（元）	6	10
变动销售成本（元）	2	4
单位机时（小时）	2	4

A 产品和 B 产品两种产品拥有联合生产过程，并会使用相同的机器。总固定制造费用为 4 000 000 元，总固定销售和管理费用为 1 680 000 元。计划两种产品的生产和销售量为 A 产品 500 000 单位和 B 产品 700 000 单位。在两种产品任意组合的情况下，该公司的总产能为 2 000 000 单位。该公司没有直接材料，在产品或者产成品存货。由于工厂改造，该公司的产能被限制为 1 000 000 机时。在这种情况下，甲公司能够产生的最大边际贡献为多少元？(　　)

A. 3 000 000 元。　B. 4 000 000 元。　C. 6 000 000 元。　D. 14 000 000 元。

问题 66　去年，甲公司的销售收入为 900 000 元。甲公司的固定成本为 240 000 元，变动成本为 540 000 元。在今年，预测的销售收入为 1 000 000 元。甲公司今年预测的利润应该为(　　)

A. 120 000 元。　B. 160 000 元。　C. 220 000 元。　D. 400 000 元。

问题 67　甲公司的边际贡献为 8 000 元，固定成本为 2 000 元。如果总的边际贡献增加 2 000 元，那么经营利润将(　　)

A. 减少 2 000 元。　B. 增加不止 2 000 元。

C. 增加 2 000 元。　D. 不变。

问题 68　甲公司某产品单位售价为 60 元，边际贡献率为 45%，固定成本为每月20 000 元。如果本月卖出 3 000 单位产品，那么，甲公司的利润为(　　)

A. 61 000 元。　B. 99 000 元。　C. 81 000 元。　D. 180 000 元。

问题 69　以下 4 个选项中哪项不是关于本/量/利分析的假设？(　　)

A. 总固定成本并不随着产量的改变而改变。

B. 收入随着产量变化而相应变化。

C. 单位变动成本随着产量变化而相应变化。

D. 多种产品情况下，销售组合不随着产量的改变而发生变化。

情景 13-1

德运社将在北京市朝阳区的三里屯剧场上演许多适合夏天观赏的剧目。在即将到来的季节，该公司的初始计划才刚刚开始实施，而该公司估算的数据如表 13-26 所示。

表 13-26　剧目估算数据

剧目	演出场次（场）	每场平均观众（人）	票价（元）	变动成本①（元）	固定成本②（元）
学评戏	12	3 500	36	6	330 000
白蛇传	20	3 000	30	2	498 000
西征梦	12	4 000	40	0	632 000

①变动成本表示付给演出公司的金额，基于售票情况而定。

②固定成本是直接与每场演出相关的服装、设施和演员的成本。

剧场在整个季节中也将付出 1 130 000 元的一般性固定营业费用（包括管理费用、设备成本和广告费用）。另外，还要承担税率为 30% 的所得税。

问题 70、71 以情景 13-1 作为背景。

问题 70 **如果该公司的剧目演出计划不变，那么，在夏季需要多少名观众观看演出才能够使得该公司盈亏平衡？(　　)**

A. 77 918 名。　B. 79 302 名。　C. 79 938 名。　D. 81 344 名。

问题 71 **如果班主郭六希望剧目“学评戏”对该公司今年的税后利润贡献为420 000 元，那么该剧目需要的观众数量为(　　)**

A. 20 800 名。　B. 25 000 名。　C. 25 833 名。　D. 31 000 名。

问题 72 **甲公司生产 3 种零件。明年的预算信息如表 13-27 所示。**

表 13-27　3 种零件预算

零件种类	售价（元）	变动成本（元）	估计销售量（套）
A 零件	20	11	30 000
B 零件	30	16	75 000
C 零件	40	28	45 000

生产线的固定成本为 1 922 000 元。如果该公司实际的情况和估计的销售结构相同，并且该公司预期产生总经营利润 322 400 元，那么该公司需要卖出 C 零件多少套？(　　)

A. 26 000 套。　B. 54 300 套。　C. 155 000 套。　D. 181 000 套。

问题 73 **甲公司预期的税后销售利润率为 6%。该公司的有效所得税税率为 40%，边际贡献率为 30%。如果该公司的固定成本为 480 000 元，那么，能够获得期望收益的销售收入为(　　)**

A. 750 000 元。　B. 800 000 元。

C. 2 000 000 元。　D. 2 400 000 元。

问题 74 **甲出版社正在考虑出版中国注册会计师考试的辅导教材。出版社搜集了印刷批量为 6 000 本的成本数据。出版商将以每本 90 元出售这些教材。估算的成本如表 13-28 所示。**

表 13-28　甲出版社估算的成本　（单位：元）

编写	70 000
排版	37 000
设备折旧	18 640
管理费用	15 000
其他固定成本	8 800
打印和装订	60 000
销售人员佣金（销售收入的 2%）	10 800
书店佣金（销售收入的 25%）	135 000
作者版税（销售收入的 10%）	54 000
6 000 本教材的总成本	409 240

那么，如果甲出版社想要获得 20% 的经营利润率，需要卖出多少本辅导教材？(　　)

A. 2 076 本。　B. 5 207 本。　C. 5 412 本。　D. 6 199 本。

问题 75　甲公司投资了 600 000 元，用于购置新生产线。该公司产品的变动成本为售价的 30%，固定成本为 1 200 000 元，有效所得税税率为 40%。如果获得税后 8% 的投资收益，需要的销售额是(　　)

A. 1 782 858 元。　B. 1 828 572 元。　C. 4 160 000 元。　D. 4 266 666 元。

问题 76　甲公司只生产一种产品，并且基于表 13-29 信息编制明年的预算。

表 13-29　甲公司编制预算信息

单位产品售价（元）	200
单位变动成本（元）	150
固定成本（元）	500 000
有效税率（%）	35

如果甲公司明年想要获得 2 600 000 元的净利润，那么，它必需销售(　　)

A. 62 000 单位。　B. 70 200 单位。　C. 80 000 单位。　D. 90 000 单位。

问题 77　甲公司生产 2 种蛋糕，一种 4 千克的三角形蛋糕和一种 6 千克的方形蛋糕。该公司的总固定成本为 188 000 元。2 种蛋糕的变动成本和销售数据如表 13-30 所示。

表 13-30　2 种蛋糕的变动成本和销售数据

财务信息	三角形蛋糕	方形蛋糕
单位售价（元）	24	40
单位变动成本（元）	16	30
目前销售量（个）	10 000	15 000

如果销售组合变化为 1 个三角形蛋糕比 3 个方形蛋糕，那么，这两种蛋糕的盈亏平衡点销量分别为(　　)

A. 8 174 个三角形蛋糕，12 261 个方形蛋糕。

B. 12 261 个三角形蛋糕，8 174 个方形蛋糕。

C. 4 947 个三角形蛋糕，14 842 个方形蛋糕。

D. 15 326 个三角形蛋糕，8 109 个方形蛋糕。

问题 78　甲公司销售两种产品。产品 A 的单位边际贡献是 6 元，产品 B 的单位边际贡献是 8 元。如果该公司希望销售组合中有更多的产品 A，那么，以下的描述哪项是正确的？(　　)

A. 达到盈亏平衡点总销售单位数量将减少。

B. 总边际贡献率将增大。

C. 如果总销售数量不变那么经营利润将下降。

D. 产品 A 和产品 B 的边际贡献率都将改变。

问题 79　关于完全竞争市场，下列说法中错误的是(　　)

A. 公司会增加产出，直到边际收入等于边际成本时为止。

B. 单一的买方不能影响市场价格。

C. 公司必须接受市场价格才能销售。

D. 行业的需求曲线是完全弹性的。

问题 80　一家经济研究公司广泛研究了液晶电视机市场的数据。部分研究结果如表 13-31 所示。

表 13-31 液晶电视机市场数据研究结果

家庭收入（元）	液晶电视机销量（台）
100 000	40 000
120 000	56 000
144 000	78 400
液晶电视机的价格（元）	液晶电视机销量（台）
2 000	200 000
1 800	230 000
1 620	264 500

液晶电视机的需求收入弹性为（ ）

A. 0.4。 B. 1.5。 C. 1.8。 D. 2.5。

问题 81 失去一名重要的客户使甲公司暂时有一些剩余的产能。该公司在考虑接受一份特殊订单，该份订单包括了该公司最畅销的产品。考虑以下各类成本：

Ⅰ. 产品的变动成本。

Ⅱ. 产品的固定成本。

Ⅲ. 与订单相关的直接固定成本。

Ⅳ. 暂时闲置产能的机会成本。

在是否接受该份特殊订单的决策中，应该考虑以下哪种成本类型组合？（ ）

A. Ⅰ和Ⅱ。 B. Ⅰ和Ⅳ。 C. Ⅱ和Ⅲ。 D. Ⅰ，Ⅲ和Ⅳ。

问题 82 表 13-32 是甲公司两个部门的运营状况。

表 13-32 甲公司两个部门的运营状况 （单位：元）

财务信息	A 部门	B 部门	总计
销售收入	20 000	30 000	50 000
变动销货成本	8 000	17 000	25 000
固定销货成本	3 000	5 000	8 000
毛利	9 000	8 000	17 000
变动销售和管理费用	4 000	6 000	10 000
固定销售和管理费用	3 000	3 000	6 000
营业利润（亏损）	2 000	（1 000）	1 000

变动销货成本与运营部门直接相关。固定销货成本将基于员工的数量进行分配。固定销售和管理费用将平均分配。如果取消 B 部门，那么固定销货成本将减少 **3 000** 元。假设 B 部门关闭，那么对于营业利润的影响是（ ）

A. 增加 1 000 元。 B. 增加 4 000 元。 C. 减少 4 000 元。 D. 减少 5 000 元。

问题 83 甲公司生产两种产品。关于这两种产品的单位数据如表 13-33 所示。

表 13-33 两种产品单位数据

财务信息	产品 X	产品 Y
售价（元）	100	130

（续）

财务信息	产品 X	产品 Y
变动成本（元）	80	100
原材料用量（千克）	4	10

甲公司现在有 1 000 千克可以用于生产产品 X 和 Y 的原材料。为了使得边际贡献最大化，该公司应该选择以下哪项生产方案？(　　)

A. 100 单位的产品 Y。　　B. 250 单位的产品 X。

C. 200 单位的产品 X 和 20 单位的产品 Y。　　D. 200 单位的产品 X 和 50 单位的产品 Y。

问题 84　张三拟在 3 个月的假期销售旺季，在海淀区当代购物中心租一个店面销售 LV 商品。张三相信他拥有的新产品具有较好的销售潜力。该产品交付时的单位成本为 40 元，而他预期的单位售价为 200 元。由于其他的商业投资，张三的风险承受水平比较低。他认识到，由于该产品是全新的，所以肯定具有风险。商场的管理者给张三提供了 3 种租赁方案：①每月固定交费 16 000 元；②每月固定交费 7 980 元和利润的 10%；③利润的 30%。你会向张三推荐以下哪种方案？(　　)

A. 不管预期的利润如何，都选择第 1 种方案。

B. 不管预期的利润如何，都选择第 2 种方案。

C. 只有当预期的利润超过 11 400 元时，才选择第 2 种方案。

D. 不管预期的利润如何，都选择第 3 种方案。

问题 85　甲公司在联产品生产过程中生产 40 000 升的 A 产品和 60 000 升的 B 产品，联产品成本为 500 000 元。该公司基于每种产品的产量在联产品之间进行联合成本分配。A 产品和 B 产品都可以在分割点处以半成品的状态出售，也可以进一步加工。两种产品的附加信息如表 13-34 所示。

表 13-34　两种产品附加信息　（单位：元）

附加信息	A 产品	B 产品
在分割点处的每升售价	14	30
如果进一步加工每升售价	20	36
如果进一步加工变动生产成本	250 000	230 000

该公司成本会计部门的一个助理赵六学习了 CMA 课程，他认为“当同时考虑联产品成本和各产品成本时，公司并没有在分割点之后进行任何的商业加工。这点额外的收入并不值所付出的努力。”那么，应该建议该公司总会计师李四采取以下哪项策略？(　　)

A. A 产品在分割点处出售；B 产品在分割点处出售。

B. A 产品在分割点处出售；B 产品进一步加工。

C. A 产品进一步加工；B 产品在分割点处出售。

D. A 产品进一步加工；B 产品进一步加工。

情景 13-2

甲公司现在业务部门的运作情况如表 13-35 所示。

表 13-35　业务部门运作情况　（单位：元）

财务信息	A 部门	B 部门	C 部门	总计
销售收入	1 000 000	800 000	200 000	2 000 000
变动成本	600 000	400 000	140 000	1140 000

（续）

财务信息	A 部门	B 部门	C 部门	总计
固定成本	200 000	200 000	100 000	500 000
经营利润（损失）	200 000	200 000	(40 000)	360 000

由于 C 部门处于亏损状态，管理层正在考虑关闭 C 部门。关闭该部门会减少 60 000 元的固定成本。但 A 部门和 B 部门的销售会从当前水平下降 5%。

问题 86、87 以情景 13-2 作为背景。

问题 86　在考虑这项决策时，该公司的总会计师李四建议公司董事会应该注意的一个财务指标是边际贡献。A 部门、B 部门和 C 部门的边际贡献率分别为多少？(　　)

A. 60%、50% 和 30%。　　B. 60%、50% 和 70%。

C. 40%、50% 和 70%。　　D. 40%、50% 和 30%。

问题 87　如果关闭 C 部门，该公司总边际贡献将是多少元？(　　)

A. 320 000 元。　B. 440 000 元。　C. 735 300 元。　D. 760 000 元。

问题 88　甲公司现在每月生产 A 零件 30 000 单位以供生产使用。用来生产 A 零件的设备每月的固定制造费用为 300 000 元，每月的理论产能为 60 000 单位。如果该公司从外部供应商那里购买 A 零件，那么机器将会闲置，但 40% 的固定成本仍然存在。这些设备并没有其他的用途。A 零件的变动生产成本为每单位 22 元。固定费用是根据计划的产量水平进行分摊的。如果该公司每月仍然需要 30 000 单位的 A 零件，那么只有当供应商的单价低于多少元时外购 A 零件才能够有利可图？(　　)

A. 24 元。　B. 25 元。　C. 26 元。　D. 28 元。

问题 89　甲公司通常将它唯一的产品出售给商业中心的商店。现在该公司从另一个买家处得到了一次性订购 2 000 单位商品的订单。特殊订单的销售不需要做任何其他的销售努力。该公司现在的产能是生产 7 000 单位，有效所得税税率为 40%。在不考虑一次性订单之前，该公司的利润表如表 13-36 所示。

表 13-36　甲公司利润表　（单位：元）

销售（以每单位 40 元卖出 5 000 单位）		200 000
变动制造成本	100 000	
变动销售成本	30 000	130 000
边际贡献		70 000
固定制造费用	32 000	
固定销售费用	8 000	40 000
营业利润	30 000	
所得税		12 000
净利润		18 000

在为该特殊订单讨价还价的过程中，该公司应该把最低的单位售价定为(　　)

A. 20 元。　B. 26 元。　C. 34 元。　D. 36 元。

问题 90　A 公司现在有 3 个部门。乙部门经营状况欠佳，A 公司正在考虑关闭该部门。如果这样做，与乙部门相关的利润就会消失，但会节约相关的变动成本。同时分配到乙部门的 50% 的固定成本也会消失。按部门划分编制的利润表如表 13-37 所示。

表 13-37　部门利润表　　（单位：元）

财务数据项	甲部门	乙部门	丙部门
销售	10 000	170 000	200 000
变动成本	80 000	144 000	164 000
边际贡献	30 000	26 000	36 000
固定成本	20 000	28 000	20 400
营业利润（损失）	10 000	(2 000)	15 600

以下选项中，应该将哪项作为建议提供给 A 公司总经理？(　　)

A. 继续经营乙部门，因为如果关闭该部门将导致经营利润下降 2 400 元。

B. 继续经营乙部门，因为如果关闭该部门将导致经营利润下降 12 000 元。

C. 关闭乙部门，因为这样将导致经营利润增加 2 000 元。

D. 关闭乙部门，因为这样将导致经营利润增加 14 000 元。

问题 91　A 公司计划卖出甲产品 12 000 单位，乙产品 8 000 单位。A 公司现有12 000 机时的产能。每种产品要求的单位成本结构和机时如表 13-38 所示。

表 13-38　单位成本结构和机时

单位成本	甲产品	乙产品
原材料（元）	74	48
直接人工（元）	24	26
变动间接费用（元）	12	6
固定间接费用（元）	74	76
需要的机时（小时）	1.0	1.5

A 公司可以单价 120 元购买 12 000 单位的甲产品，或者以单价 90 元购买 8 000 单位的乙产品。基于以上信息，应该建议 A 公司的管理层采取以下哪种行动？(　　)

A. 自行生产甲产品，购买乙产品。　　B. 自行生产乙产品，购买甲产品。

C. 购买甲和乙两种产品。　　D. 自行生产甲和乙两种产品。

问题 92　下列哪项最好地描述了需求的交叉弹性？(　　)

A. 一种产品需求数量变动的百分比除以价格变动的百分比。

B. 一种产品价格变动的百分比除以需求数量变动的百分比。

C. 一种产品需求数量变动的百分比除以另一种产品价格变动的百分比。

D. 一种产品价格变动的百分比除以另一种产品需求数量变动的百分比。

问题 93　在进行相关成本分析时，管理会计师应该重点关注(　　)

A. 各方案不相同的变动成本。　　B. 每个方案的长期固定成本。

C. 所有方案预期的固定成本和变动成本。　　D. 各方案不相同的预期的收入和成本。

问题 94　甲公司在其制造工厂的 B 部门生产两种产品（LCP-1 和 LCP-2）和一种副产品 FCP-1。LCP-1 生产出来之后就转移到 C 部门，在那里加工成一种昂贵的高价产品：LCP-1R 和副产品 FCP-2。最近乙公司新开发了一种产品，能够直接和 LCP-1R 竞争，因此，甲公司必须就 LCP-1 的加工问题重新考虑。LCP-1 的市场不会受到乙公司产品的影响，因此甲公司计划，即使不再对 LCP-1 进行加工，也要继续生产这种产品。如果不再对 LCP-1 进行加工，那么 C 部门将被撤销。如甲公司考虑继续运作

还是撤销 C 部门，以下选项中，哪些是必须考虑的因素？(　　)

因素 1. 每千克 LCP-1 的售价。

因素 2. C 部门的直接人工总成本。

因素 3. FCP-2 产品的单位营销和包装成本。

因素 4. C 部门监督人员的工资。如果 C 部门被撤销，这些人员将被重新分配到工厂的其他部门去。

因素 5. B 部门分摊到 LCP-1 产品上以及转移到 C 部门的联产品成本。

因素 6. LCP-1R 产品的成本。

A. 因素 2，因素 3，因素 4。

B. 因素 1，因素 2，因素 3。

C. 因素 2，因素 3，因素 5，因素 6。

D. 因素 1，因素 2，因素 3，因素 4，因素 5。

问题 95 甲公司生产了一批原油，共计 11 000 桶，到分离点之前发生联合成本为300 000 元，这些原油可以通过分馏加工为 6 000 桶粗制汽油和 4 000 桶粗制柴油，粗制汽油每桶市场价格为 100 元，粗制柴油每桶市场价格为 80 元。现在军队提供了一份订单，要求冶炼精制柴油，每桶支付 100 元。由于该份订单的产品要求特殊的工艺流程，该公司要投入一次性设备，价值为 10 000 元，冶炼精制柴油每桶变动成本为 10 元。由于冶炼过程中的损耗，要用 4 000 桶粗制柴油才可变成 3 800 桶精制柴油，请问是否接受军队的这份订单？(　　)

A. 接受该份订单，因为会产生增量利润 12 000 元。

B. 接受该份订单，因为会产生增量利润 22 000 元。

C. 接受该份订单，因为会产生增量利润 28 000 元。

D. 接受该份订单，因为会产生增量利润 32 000 元。

问题 96 甲公司生产 3 种产品。5 月份公司的生产、成本和销售的数据如表 13-39 所示。

表 13-39 5 月份甲公司的生产、成本和销售的数据

项目	A 产品	B 产品	C 产品	总计
产量（单位）	30 000	20 000	70 000	120 000
分割点处的联产品成本（元）				960 000
进一步加工的成本（元）	0	120 000	280 000	
单位售价：				
分割点处（元）	7.5	11.0	20.5	
进一步加工后（元）	0	16.0	25.0	

基于以上信息，应该给予该公司的管理层以下哪项建议？(　　)

A. 在分割点处卖出 B 产品和 C 产品。

B. 在分割点处进一步加工 B 产品，而卖出 C 产品。

C. 在分割点处进一步加工 C 产品，而卖出 B 产品。

D. 进一步加工 B 产品和 C 产品。

问题 97 以下列出了甲公司的财务数据和定价策略：①对所有的销售都支付 10% 的佣金；②工厂的变动和固定制造费用分别是直接人工成本的 40% 和 20%；③公司的管理费用为直接人工成本的 10%；④在项目竞标时，公司将在全部制造和管理费用的基础上加成 25%，以满足缴纳所得税赚取利润的需要；⑤公司的所得税税率为 40%；⑥公司预期最大产能为可用产能的 80%。

甲公司最近收到了一封竞标的邀请函，该项目是为乙公司生产定制设备。对于这个项目而言，甲

公司生产部门的会计人员估计材料和人工成本分别为 132 000 元和 240 000 元。相应地，甲公司提交了一份标书给乙公司，总报价为 750 000 元。考虑到甲公司的投标价格太高，乙公司还价为 560 000 元。那么，应该给甲公司的管理层以下哪项建议？(　　)

A. 接受还价，因为这张订单将增加营业利润。

B. 接受还价，即使这张订单将减少营业利润。

C. 拒绝还价，即使这张订单将增加营业利润。

D. 拒绝还价，因为这张订单将减少营业利润。

问题 98　甲公司制造一种特殊设备，该设备中 3 种模型的相关数据如表 13-40 所示。

表 13-40　3 种模型的相关数据

财务信息项	A 模型	B 模型	C 模型
所需产量（件）	5 000	6 000	3 000
制造成本			
变动直接成本（元）	20	48	40
变动制造费用（元）	10	20	30
固定制造费用（元）	22	40	34
总制造成本（元）	52	108	104
外购的成本（元）	42	84	78

该公司基于机时分配变动制造费用，分配率为每小时 5 元。A 模型和 B 模型都是在甲部门进行生产，该部门的产能为 28 000 机时。那么应该给予甲公司的管理层以下哪项建议？(　　)

A. 按需求量购买 3 种产品。

B. 按需求量生产 3 种产品。

C. 甲部门的生产计划应该包括 5 000 件 A 模型和 4 500 件 B 模型。

D. 甲部门的生产计划应该包括 2 000 件 A 模型和 6 000 件 B 模型。

问题 99　甲公司某新产品的销售价格和成本如表 13-41 所示。

表 13-41　新产品的销售价格和成本

单位售价（元）	200
单位变动成本（元）	120
新增年度固定成本（元）	912 000
所得税率（%）	30

如果生产和销售 10 000 件新产品，那么对于甲公司的利润（亏损）的影响是(　　)

A.（352 000 元）。　B.（112 000 元）。　C.（78 400 元）。　D. 560 000 元。

问题 100　甲公司制造各式各样的袜子，最近从一家批发商处收到一张一次性特殊订单。甲公司有足够的剩余产能来接受这份特殊订单，即制造 15 000 双运动袜，每双售价为 15 元。甲公司通常情况下的售价是每双运动袜 23 元。变动制造成本为每双 10 元，固定制造成本为每双 6 元。在通常情况下，甲公司运动袜变动销售费用为每双 2 元。如果甲公司接受这份特殊的订单，那么会对甲公司的营业利润产生何种影响？(　　)

A. 减少 120 000 元。　B. 增加 45 000 元。

C. 增加 75 000 元。　D. 增加 105 000 元。

问题 101 A 分部是甲公司的一个有自主经营权的分部，正在准备对乙公司的一个潜在项目投标。A 分部得到消息，乙公司不会考虑标价超过 16 000 000 元的投标，A 分部从甲公司的 B 分部购买材料。A 和 B 两个分部都不会产生额外的固定成本。该项目的相关信息如表 13-42 所示。

表 13-42 项目相关信息 （单位：元）

项目	B 分部	A 分部
变动成本	3 000 000	9 600 000
转移价格	7 400 000	

如果 A 分部的竞标价格为 16 000 000 元，那么 A 分部和甲公司各自实现的边际贡献为( )

A. （1 000 000 元）和（4 000 000 元）。 B. 6 400 000 元和（1 000 000 元）。

C. （1 000 000 元）和 3 400 000 元。 D. 6 400 000 元和 3 400 000 元。

问题 102 甲公司计划引进一种新产品，并预期能够出售 10 000 单位，单位完全产品成本为 600 元。为了生产该产品投入的资本为 40 000 000 元。甲公司的目标投资回报率为 20%。如果经营利润表示为完全产品成本百分比，那么该产品加成的幅度应该为( )

A. 42.9%。 B. 57.1%。 C. 133.3%。 D. 233.7%。

问题 103 垄断会最大化利润，如果生产的边际成本( )

A. 小于边际收入。 B. 大于边际收入。 C. 等于边际收入。 D. 等于价格。

问题 104 典型的定制化生产的工业设备公司使用以下哪种定价方法？( )

A. 成本基础定价法。 B. 市价基础定价法。 C. 材料基础定价法。 D. 价格歧视。

问题 105 以下选项中，哪项不是定价决策中使用完全产品成本的好处？( )

A. 使得对产品的单位固定成本确认变得更加容易。

B. 使得产品成本得到完全补偿。

C. 使得价格更加稳定。

D. 该方法使用一个满足成本效益原则的定价公式。

问题 106 以下哪项不具有市场基础定价法的特征？( )

A. 顾客驱动下。 B. 面临激烈竞争的公司重点向外部采用。

C. 面临很小竞争的公司采用。 D. 以目标售价和目标利润为起点。

问题 107 甲公司按合同提供特种服务。该公司年固定成本为 200 000 元，变动成本为每小时 12 元。今年，该公司预算的特种服务为 50 000 小时。该公司基于完全成本为提供的服务定价，并且使用成本加成法。该公司现在的发票价格为每小时 18 元。那么，甲公司加成的幅度应该为( )

A. 12.5%。 B. 33.3%。 C. 50.0%。 D. 66.6%。

问题 108 甲公司现在使用成本基础定价法，并且基于表 13-43 信息决定新产品的售价。

表 13-43 决定新产品售价的相关信息

年产量	25 000 单位
固定成本	1 400 000 元/年
变动成本	400 元/单位
厂场投资	6 000 000 元
运营资本	2 000 000 元
有效税率	40%

如果该公司希望税后的投资收益率（ROI）为 15%，那么该公司为新产品所设定的目标价格应该为(　　)

A. 456 元。　B. 476 元。　C. 516 元。　D. 536 元。

问题 109　下列哪项会使花卷的需求曲线向左移动？(　　)

A. 馒头的成本下降。　B. 人口增加。

C. 花卷的价格下降。　D. 花卷的供给增加。

问题 110　下列哪项会使超市中出售的方便面的需求曲线向右移动？(　　)

A. 方便面的价格升高。　B. 消费者收入增加。

C. 饭店的价格下降。　D. 方便面的供给增加。

问题 111　假设产品 X 的需求下降使得产品 Y 的需求曲线向右移动，那么 X 和 Y 最可能是下列哪两种东西？(　　)

A. 鞋和鞋带。　B. 奶油和人造奶油。

C. 刀和叉。　D. 汽车和汽油。

问题 112　下列哪项不会增加一种生产要素的需求？(　　)

A. 该产品的需求增加。　B. 该生产要素的边际收入产品增加。

C. 旨在提高生产率的培训。　D. 该生产要素的供给增加。

问题 113　假设产品的需求是有弹性的，那么价格增加会造成(　　)

A. 总收入不变。　B. 总收入增加。　C. 总收入减少。　D. 收入变动不确定。

情景 13-3

市场研究分析员王五为 A 商品确定表 13-44 的市场数据。

表 13-44　A 商品相关市场数据

价格（元）	供给数量（个）	需求数量（个）
50	250	750
100	500	500
150	750	250
200	1 000	0

问题 114、115 以情景 13-3 为背景。

问题 114　根据上述信息，下列哪项说法是正确的？(　　)

A. 价格为 60 元时，需求过剩。　B. 不能确定市场出清价格。

C. 价格为 160 元时，供给不足。　D. 100 元的市场价格不能维持很久。

问题 115　根据上述信息，下列哪项说法是正确的？(　　)

A. 在短期，价格为 80 元时，供给过剩。

B. 在长期，如果生产商的单位成本下降，那么合理的市场出清价格为 130 元。

C. 在短期，价格为 140 元时，需求过剩。

D. 在长期，如果生产商的单位成本增加，那么合理的市场出清价格为 140 元。

问题 116　如果在一定的价格时需求数量比供给数量小，那么(　　)

A. 存在短缺，价格会随时间增加而增加。　B. 价格在均衡价格之下。

C. 存在过剩，价格会随时间增加而下降。　D. 存在过剩，需求会随时间增加而增加。

问题 117　假设某一产品的需求价格弹性大于 1，那么价格升高 1% 会使得需求数量(　　)

A. 增加超过 1%。　B. 增加少于 1%。　C. 减少小于 1%。　D. 减少超过 1%。

问题 118　下列哪项因素不是市场需求的决定因素？(　　)

A. 产品的价格。　B. 消费者的收入。　C. 替代品的价格。　D. 产品的供给。

问题 119　以纵坐标为价格，横坐标为数量时，绘制完全弹性的需求曲线，该曲线(　　)

A. 平行横坐标。　B. 平行纵坐标。

C. 向下倾斜，有一拐点。　D. 从原点出发，向上倾斜。

问题 120　如果某产品的需求是有弹性的，那么(　　)

A. 价格下降会使总收入增加。　B. 价格上升会使总收入增加。

C. 价格下降会使总收入减少。　D. 价格上升对总收入无影响。

问题 121　假设产品 A 和产品 B 的需求交叉弹性是正数，那么产品 B 的价格增加会使得(　　)

A. 产品 A 的需求下降。　B. 产品 A 的需求增加。

C. 产品 B 的需求增加。　D. 产品 B 的需求不变。

问题 122　关于需求的收入弹性，下列哪项说法是正确的？(　　)

A. 需求数量变动的百分比除以收入变动的百分比。

B. 收入变动的百分比除以需求数量变动的百分比。

C. 供给数量变动的百分比除以收入变动的百分比。

D. 收入变动的百分比除以供给数量变动的百分比。

问题 123　近期经济状况迫使甲公司商品的单位销售价格从 50 元降到 40 元，但是甲公司希望其销售量从 600 000 件增加到 750 000 件。目前产品的单位成本是 38 元，假设甲公司希望其销售收入保持 16% 的目标营业利润，那么为了实现这个目标，甲公司需减少其单位生产成本多少元？(　　)

A. 6.40 元。　B. 4.40 元。　C. 2.00 元。　D. 33.60 元。

问题 124　甲公司销售 3 种商品，其中商品 X 是利润最高的商品，商品 Z 是利润最低的商品。那么下列哪项肯定会使下一财务年度的总体盈亏平衡点降低？(　　)

A. 相对于商品 Y 和商品 Z，商品 X 预计销售量的增加。

B. 商品 Z 销售价格的降低。

C. 新的计算机控制设备的增加，以及由此导致的生产线工人的下岗。

D. 商品 X 原材料成本的增加。

情景 13-4

甲公司最近开发了两种新产品：激光碟的清洗设备和带有摄影机的录音带复制机。但是，甲公司目前的生产能力只允许引进一种新的产品。在决定到底选择哪种产品时，该公司管理者收集了表 13-45 数据协助分析。

甲公司的固定费用包括场租和设施、设备折旧及管理薪资。销售和管理费用不分摊到产品中去。

表 13-45　相关数据　(单位：元)

科目	录音带复制机	清洗设备
原材料	44.00	36.00
机械加工 (12 元/小时)	18.00	15.00
设备 (10 元/小时)	30.00	10.00
变动制造费用 (8 元/小时)	36.00	18.00
固定制造费用 (4 元/小时)	18.00	9.00

（续）

科目	录音带复制机	清洗设备
总成本	146.00	88.00
建议零售价	169.95	99.98
实际研发成本	240 000	175 000
预期广告和促销成本	500 000	350 000

问题 125～127 以情景 13-4 作为背景。

问题 125　甲公司的固定制造费成本属于(　　)

A. 间接成本。　B. 机会成本。　C. 联合成本。　D. 主要成本。

问题 126　甲公司激光碟清洗设备 27.00 元的总制造费用属于(　　)

A. 混合成本。　B. 任意成本。　C. 沉没成本。　D. 承诺成本。

问题 127　甲公司两种新产品的研发成本属于(　　)

A. 可避免成本。　B. 相关成本。　C. 沉没成本。　D. 机会成本。

问题 128　甲公司高度自动化的车间生产 3 种产品。产品非常受欢迎，其市场需求量远远超过该公司的供应能力。为了实现利益最大化，管理层应对每种产品的(　　)特别关注。

A. 毛利率　B. 每机器工时的边际贡献

C. 边际贡献　D. 边际收贡献率

问题 129　甲公司在过去的两年中遭遇到了销售危机。管理层意识到了问题的根源：客户服务质量不好，销售部门、生产部门及财务部门之间缺乏内部协调。为了解决这个问题，管理层实施了以下逻辑步骤（排序不分先后）：

步骤 1. 得出以下结论：通过普遍培训提高所有部门的绩效与效率；更换销售部的领导能提高获利能力；加大信息科技的投资可以提高客户满意度，但是不能够解决沟通问题。

步骤 2. 寻找出 3 条可能解决方案：在有关部门加强员工培训；更换销售部领导；加大信息科技投资力度。

步骤 3. 在关键效益指标上达成一致，包括客户满意度、客户维系、客户盈利，用于解决方案的效果评估。

步骤 4. 决定在销售部开展普遍员工培训，在生产和财务部开展受限沟通训练。

以上逻辑步骤的正确顺序是(　　)

A. 步骤 1，步骤 2，步骤 3，步骤 4。　B. 步骤 3，步骤 1，步骤 2，步骤 4。

C. 步骤 2，步骤 1，步骤 3，步骤 4。　D. 步骤 2，步骤 3，步骤 1，步骤 4。

问题 130　甲公司共有产能规模 120 000 件，其产品售价为 99 元。产品的变动制造成本为每件 65 元，其中包括一个制造成本为 10 元的，A 组件的制造成本中变动成本为 8 元。产品的固定成本共 240 000 元。现在该公司接到一份 150 000 件产品的临时订单，该公司的财务部门制订了以下 4 个不同的方案，请问管理层应该接受哪种方案？(　　)

A. 自己生产 120 000 件，外购剩余的 30 000 件，外购价格为 89 元。

B. 如果把 A 组件的生产外包，则该公司可以腾出一部分生产能力完成剩余的 30 000 件。有一家 A 组件生产公司愿意提供的该组件，并且报价是 10 元。

C. 如果把 A 组件的生产外包，则该公司可以腾出一部分生产能力完成剩余的 30 000 件。有一家 A 组件生产公司愿意提供的该组件，并且报价是不超过 120 000 件的部分单价为 11 元，超过部分的为 7 元。

D. 只生产 120 000 件。

问题 131 甲公司使用投标报价来销售微型计算机。投标基于完全成本设计。完全成本包括估计的原材料、人工、变动制造费用、固定制造费用和合理计算机组装的新增管理费用，能够在完全成本基础上加成 10%。甲公司相信每台计算机的标价如果超过 2 100 元将不会被接受。

基于甲公司正常生产水平，成本结构是每台计算机 1 000 元的原材料和每小时 40 元的人工。组装和测试每台计算机需要 17 个小时。甲公司的变动制造成本是每小时 4 元，固定制造费用是每小时 6 元，新增管理费用是组装每台计算机 16 元。

甲公司接到了某学校董事会的订单，该学校需要 200 台计算机。如果使用完全成本标准和期望收益水平，那么出于竞标的目的，应该建议甲公司的管理层选择以下哪种价格？（ ）

A. 1 748 元。 B. 1 764 元。 C. 1 922.8 元。 D. 2 052.6 元。

问题 132 甲公司去年收入为 100 万元，销货成本为 40 万元，经营费用为 10 万元，折旧费用为 10 万元，财务费用为 5 万元。该公司的所得税率为 40%。总会计师张三被告知董事会决定明年生产新产品 A，总经理王五要求其准备新产品的财务分析报告。张三分析后认为，新产品 A 直接成本占售价的 62%，如果生产新产品，那么经营费用增加 34 万元，折旧费用增加 10 万元，财务费用增加 6 万元。如果董事会要求新产品的息税前利润为售价的 22%，那么新产品的盈亏平衡点是多少万元？（ ）

A. 110 万元。 B. 275 万元。 C. 312.5 万元。 D. 3 300 万元。

问题 133 下列关于决策相关分析中差异成本的说法正确的是（ ）

A. 差异成本只能是固定成本。

B. 差异成本只能是变动成本。

C. 差异成本可以是固定成本，也可以是变动成本。

D. 差异成本只能是增量成本，而不能是减量成本。

问题 134 下列 4 个选项中对于产品生命周期中萌芽期的特点描述正确的是（ ）

A. 销量较低。 B. 利润较高。

C. 分销渠道密集。 D. 价格较低。

问题 135 政府的干预的主要原因是外部性。外部性是指来自于产品或消费的利益或成本，由买卖双方之外的人承担。在美国，政府干预的手段不包括以下哪项？（ ）

A. 价格下限。 B. 价格上限。

C. 定量供应。 D. 房产税。

问题 136 目标成本法的正确步骤是（ ）

Ⅰ. 确定目标价格。Ⅱ. 确定目标利润。Ⅲ. 确定目标成本。Ⅳ. 运用价值工程法等识别降低成本的途径。

A. Ⅰ，Ⅱ，Ⅲ，Ⅳ。 B. Ⅰ，Ⅲ，Ⅱ，Ⅳ。

C. Ⅱ，Ⅰ，Ⅲ，Ⅳ。 D. Ⅱ，Ⅲ，Ⅰ，Ⅳ。

问题 137 当使用目标成本法发现目标成本和实际成本有差异时，使用以下哪种方法不能消除差异？（ ）

A. 并行工程法。 B. 质量功能配置法。

C. 生命周期成本法。 D. 作业成本法。

情景 13-5

甲公司每周的生产成本包括固定成本 2 000 元和如表 13-46 所示的总变动成本。

表 13-46　总变动成本

产出水平（个）	10	11	12	13	14	15
总变动成本（元）	250	500	800	1 050	1 400	1 650

该公司总会计师张三刚刚接到生产部门的报告，报告显示 9 月份第 1 周的产出水平为 11 个。

问题 138、139 以情景 13-5 作为背景。

问题 138　9 月份第 1 周的平均总成本最接近(　　)

A. 227 元/个。　B. 250 元/个。　C. 432 元/个。　D. 500 元/个。

问题 139　第 12 单位产品的边际成本为(　　)

A. 67 元。　B. 233 元。　C. 250 元。　D. 300 元。

问题 140　甲公司生产窗框。仓库内有一批旧款式窗框，账面价值为 36 万元。如果将这批旧款式窗框改造成新款式窗框，则需要改造成本 4 万元，新款式窗框的市场价值是 12 万元。某市政府计划建造自住型商品房，该项目开发商提出 6 万元购买旧款式窗框。不考虑税的问题，改造窗框的增量现金流量是(　　)

A. 6 万元。　B. 8 万元。　C. 12 万元。　D. 36 万元。

问题 141　企业使用目标成本法时需要考虑以下哪些成本？(　　)

A. 变动成本。　B. 固定成本。

C. 固定和变动成本。　D. 短期变动成本。

问题 142　某自动饮料售卖机的商品定价方法是：第 1 步，计算使用的糖及其他材料的成本；第 2 步，在成本的基础上翻倍确定价格。这是什么定价策略？(　　)

A. 价值定价。　B. 市场定价。　C. 成本加成定价。　D. 目标定价。

问题 143　关注时间越短，(　　)成本越容易增加。

A. 固定　B. 变动　C. 变固定　D. 可控成本

问题 144　某运输公司每年运送快递 1 000 万件，每件收取运费 5. 5 元。该公司共有 300 名司机，目前司机的基本工资是 45 000 元/年，另外，每送一件货物再支付佣金 0. 5 元。今年，工会提出每位司机增加工资 10 000 元/年。假设运送快递数量不变，佣金变为(　　)才能使利润不变。

A. 0. 1 元/件　B. 0. 2 元/件　C. 0. 3 元/件　D. 0. 4 元/件

问题 145　某公司第 7 部门的财务数据如下：收入 600 000 元，变动成本 550 000 元，可追溯的固定成本 180 000 元，分摊的固定成本 90 000 元，其中可追溯的固定成本是指人员的薪酬福利。即使关闭第 7 部门，这些人员也不会被辞退，而是被分配到其他部门。如果关闭第 7 部门，那么原来分摊的固定成本中仍然有 35 000 元继续产生。在考虑是否关闭第 7 部门的问题时，对人员薪酬福利最好的处理方法是(　　)

A. 可将其看作机会成本。　B. 可将其看作可避免的成本。

C. 不需考虑，因为其是不相关成本。　D. 不需考虑，因为其是沉没成本。

问题 146　甲公司生产微波炉，产品成本为 320 元/个。2014 年，甲公司管理层决定使用目标成本法，其确定的目标收入是 300 000 元，目标成本占目标收入的 90%，则目标营业利润是(　　)

A. 20 000 元　。　B. 60 000 元。　C. 30 000 元。　D. 90 000 元。

问题 147　张三现在某制造型企业财务部门工作 3 年，他希望参加全日制 MPAcc 课程提高自己的专业知识和学历。他现在工资为 9 万元/年，MPAcc 学费为 3 万元/年。那么，MPAcc 学费是(　　)

A. 不可避免成本。　B. 机会成本。　C. 差量成本。　D. 沉没成本。

问题 148 **甲服装公司拥有两条生产线。A 生产线专门生产传统女装，财务数据如下：销售收入 60 万元，变动成本 53 万元，固定成本 9 万元。B 生产线专门生产时装，财务数据如下：销售收入 50 万元，变动成本 30 万元，固定成本 16.5 万元。甲服装公司的管理层正在考虑是否关闭 A 生产线的问题。如果关闭 A 生产线，其固定成本中的 3.5 万元还会继续产生，但闲置的生产线可以对外出租，每年的租金收入为 7 万元，那么甲服装公司是否关闭 A 生产线？(　　)**

A. 关闭，因为关闭 A 生产线能增加甲服装公司利润。

B. 关闭，因为甲服装公司主要利润来自 B 生产线。

C. 不关闭，因为关闭 A 生产线会降低甲服装公司利润。

D. 不关闭，因为甲服装公司主要收入来自 A 生产线。

问题 149 **甲公司主要生产电锯，可以自己生产锯条，也可以从乙公司购买锯条。如果自己生产锯条，边际收益会减少 3 万元。乙公司锯条报价为 17 万元。甲公司的财务数据如下：收入 18 万元，直接材料 10 万元，变动制造费用 5 万元，可避免的固定制造费用 1 万元。那么，自制成本和外购成本分别为(　　)**

A. 19 万元和 17 万元。　　B. 16 万元和 17 万元。

C. 2 万元和 4 万元。　　D. 2 万元和 1 万元。

问题 150 **以下哪项不是本/量/利分析的假设？(　　)**

A. 单位变动成本不随收入的变化而变化。　　B. 固定成本不变。

C. 利润、成本、产量之间是非线形关系。　　D. 没有滞销。

问题 151 **北京三里屯有一家 A 酒吧，该酒吧共有 4 名服务员，每小时的薪水为 10 元薪酬，每天工作 8 小时。A 酒吧每天每小时的收入为 240 元。张三要给儿子过生日，希望以 2 000 元包场 A 酒吧 1 天，需要 4 名服务员提供服务。A 酒吧经理接受该订单的机会成本为(　　)**

A. 1 280 元。　　B. 1 520 元。　　C. 1 920 元。　　D. 2 000 元。

问题 152 **卡特尔属于下列哪种市场结构？(　　)**

A. 垄断。　　B. 寡头垄断。　　C. 完全竞争。　　D. 垄断竞争。

问题 153 **大量进口石油的国家密切关注石油输出国组织（OPEC）的行为，OPEC 成员国也关注主要石油消费国的供给和需求调整，下述哪项关于 OPEC 的描述是正确的？(　　)**

A. 宣布在北海发现大量的石油储备很有可能导致 OPEC 降低产量。

B. OPEC 成员国可以通过降低产量来提高收入。

C. OPEC 定价对美国东北部石油价格升温影响很小，因为需求的季节性上升是一个国内问题。

D. 进口国家通常试图干预 OPEC 提高产量，以降低价格。

问题 154 **下列选项关于完全竞争和垄断描述正确的是(　　)**

	完全竞争	垄断
A.	同质产品	无替代产品。
B.	相对于市场，每个买方都很大	卖方是一个规模很大的企业。
C.	卖方数量众多	无进入壁垒。
D.	无替代产品	进入壁垒高。

问题 155 **某类电影现行平均票价为 4 元，对该类电影需求的价格弹性为 1.5；经常出现许多观众买不到票的现象，这些观众大约占可买到票的观众的 15%。要想使所有想看电影而又能买得起票的观众都买得到票，可以采取的办法是(　　)**

A. 电影票降价 10%。　　B. 电影票提价 15%。

C. 电影票降价 15%。　　D. 电影票提价 10%。

问题 156　**甲公司去年的财务报表如表 13-47 和表 13-48 所示：**

表 13-47　利润表　（单位：元）

收入	4 000 000
销售成本	2 900 000
毛利润	1 100 000
管理费用	500 000
利息	100 000
所得税	150 000
净利润	350 000

表 13-48　资产负债表　（单位：元）

流动资产	800 000 元	流动负债	500 000 元
固定资产	3 200 000	长期负债	1 000 000
		普通股权益	2 500 000
合计	4 000 000	合计	4 000 000

如果甲公司的账面价值等于市场价值，负债和权益的机会成本分别为 10% 和 15%，那么甲公司去年的经济利润是(　　)

A. (125 000 元)。　　B. (25 000 元)。　　C. 0 元。　　D. 350 000 元。

问题 157　**甲公司生产 3 种类型的汽车，分别为普通型、中等型和豪华型汽车。但是由于机器工时共计 25 000 小时，不能全部生产。关于 3 种类型汽车的信息如表 13-49 所示。**

表 13-49　3 种类型汽车生产信息

生产信息	普通型汽车	中等型汽车	豪华型汽车
预期单价	15 万元	19 万元	35 万元
单位变动成本	8 万元	11 万元	15 万元
预计机器工时	0.2 小时/辆	0.25 小时/辆	0.4 小时/辆
限制产量	60 000 辆	50 000 辆	30 000 辆

甲公司采取哪种生产组合，才能使总边际贡献最大？(　　)

	普通型汽车	中等型汽车	豪华型汽车
A.	60 000 辆	0 辆	32 500 辆。
B.	60 000 辆	4 000 辆	30 000 辆。
C.	75 000 辆	0 辆	37 500 辆。
D.	60 000 辆	50 000 辆	1 250 辆。

问题 158　**甲公司主要生产凉席。原材料成本为 10 元/领，人工成本为原材料成本的 4 倍，制造费用为人工成本的 30%，销管费用为原材料、人工成本和制造费用之和的 40%。甲公司计划今年生产凉席 10 万领。如果管理层希望经营利润达到 200 万元，那么凉席价格应为(　　)**

A. 62 元/领。　　B. 82 元/领。　　C. 86.6 元/领。　　D. 106.6 元/领。

问题 159　**甲公司计划更新原有生产设备，以提高生产效率和产品质量。在这个决策过程中，以**

下哪项是相关成本？(　　)

A. 研发成本和新设备投资。

B. 增加的运营成本和新设备投资。

C. 旧设备的账面价值和新设备投资。

D. 沉没成本和增加的运营成本。

问题 160　甲公司是工业零件生产商，其产品 KB-96 是用于汽车生产的零件。以下是关于该产品的信息：销售价格 150 元，直接材料 20 元，直接人工 15 元，变动间接制造费用 12 元，固定间接制造费用 30 元，运输和装卸成本 3 元，固定销售管理费用 10 元。甲公司收到一份 1 000 件 KB-96 的特殊订单。假设甲公司已经投入全部的生产能力生产零件 LB-64，其边际贡献是 10 000 元。根据以上信息，该份特殊订单的最低价格应为(　　)

A. 57 元。　　B. 60 元。　　C. 87 元。　　D. 100 元。

问题 161　需求弹性用来分析消费者对于价格的敏感性，以下选项中哪个属于无需求弹性？(　　)

A. 消费者对某商品没有需求或需求很少。

B. 需求曲线平行于数量。

C. 当价格上升时，收入下降。

D. 需求曲线是一条斜线。

问题 162　甲公司生产两种产品，A 产品的边际贡献率为 40%，B 产品的边际贡献率为 30%。A 产品和 B 产品的组合比例为 3:7。甲公司今年总固定成本为 150 万元，则甲公司盈亏平衡点为(　　)

A. 375 万元。　　B. 405.4 万元。　　C. 454.5 万元。　　D. 500 万元。

问题 163　甲公司生产 3 种产品，分别为 A 型、B 型和 C 型。但是由于机器工时共计 40 000 小时，且只能生产一种产品。关于 3 种类型产品的信息如表 13-50 所示。

表 13-50　3 种产品信息

产品财务信息	A 型	B 型	C 型
预期单价	30 万元	38 万元	70 万元
单位变动成本	16 万元	22 万元	30 万元
预计机器工时	0.8 小时/件	1.0 小时/件	1.6 小时/件

根据以上信息，该公司应生产哪种产品？(　　)

A. A 型。　　B. B 型。　　C. C 型。　　D. 无法判断。

问题 164　甲公司现在业务部门的运作情况如表 13-51 所示。

表 13-51　3 个部门财务数据　　(单位：元)

财务数据项	A 部门	B 部门	C 部门	总计
销售收入	1 000 000	800 000	200 000	2 000 000
变动成本	600 000	400 000	140 000	1140 000
固定成本	200 000	200 000	100 000	500 000
经营利润	200 000	200 000	(40 000)	360 000

由于 C 部门处于亏损状态，管理层正在考虑关闭 C 部门。关闭 C 部门会减少60 000 元的固定成本。但 A 部门和 B 部门的销售会从当前水平下降 5%。根据以上信息，下列说法正确的是(　　)

A. 应该关闭 C 部门，因为该部门亏损。

B. 不应该关闭 C 部门，因为关闭后公司的经营利润会下降。

C. 应该关闭 C 部门，因为关闭后公司的经营利润会上升。

D. 不应该关闭 C 部门，因为关闭后会影响其他部门的收益。

问题 165　甲公司今年销售收入为 400 000 元，安全边际率为 25%，产品边际贡献率为 75%。根据以上信息，甲公司盈亏平衡时的销售收入为(　　)

A. 225 000 元。　B. 300 000 元。　C. 325 000 元。　D. 400 000 元。

问题 166　影响企业定价的内部因素包括(　　)

A. 产品的成本。　B. 营销的对象。

C. 企业的营销策略。　D. 产品的需求弹性。

问题 167　甲公司处于一个竞争激烈的市场中，对于长期定价该公司应采取的策略是(　　)

A. 成本法。　B. 市场法。

C. 目标成本法。　D. 价值法。

问题 168　某公司使用产品的制造成本加上所需要的利润定价，这种方法被称为(　　)

A. 成本定价法。　B. 市场定价法。

C. 目标定价法。　D. 生命周期定价法。

问题 169　沉没成本与决策无关，因为沉没成本是(　　)

A. 固定成本。　B. 历史成本。　C. 间接成本。　D. 期间成本。

问题 170　甲公司生产一个产品 X，拥有多种功能。该公司管理层通过分析产品 X 功能与产品 X 成本关系来降低成本。管理层采用的方法是(　　)

A. 产品生命周期。　B. 目标成本法。

C. 持续改进。　D. 价值工程。

问题 171　以下符合沉没成本定义的是(　　)

Ⅰ. 过去的成本。

Ⅱ. 未来发生的成本。

Ⅲ. 将来可能发生的成本。

Ⅳ. 已经发生的成本。

A. Ⅰ和Ⅳ。　B. Ⅱ和Ⅲ。

C. 只有Ⅰ。　D. Ⅰ，Ⅱ，Ⅲ，Ⅳ。

问题 172　A 产品的价格从 25 元/件下降到 20 元/件，需求则从 1 000 件上升到1 500 件。按照中点公式，A 产品需求价格弹性系数为(　　)

A. 0.56。　B. 1.33。　C. 1.8。　D. 2。

问题 173　甲公司产品的总固定成本为 160 000 元，每件产品变动成本为 50 元。下面哪项的售价和保本点销售量是正确的？(　　)

A. 50 元/件，3 200 件。　B. 25 元/件，7 200 件。

C. 100 元/件，2 620 件。　D. 70 元/件，8 000 件。

问题 174　某公司生产联产品电路板 A 和电路板 B 各 10 000 件。两种产品联合变动成本为 200 万元。该公司可以在分离点以 300 元/件价格卖出电路板 B，也可以继续加工电路板 B，并以 375 元/件价格全部卖出，继续加工将增加 50 万元变动成本。该公司如果继续生产电路板 B，则营业利润(　　)

A. 减少 75 万元。　B. 增加 25 万元。

C. 增加 225 万元。　D. 增加 325 万元。

问题 175 甲公司销售量为 2 000 件，边际贡献为 40 元/件，变动成本为 30 元/件，总固定成本为 80 000 元，该公司所得税率为 30%。如果甲公司销售量增长 10%，则营业利润为(　　)

A. 0 元。　B. 8 000 元。　C. 60 000 元。　D. 74 000 元。

问题 176 某公司生产 4 种产品，固定成本是 172 000 元，4 种产品的销售相关数据如表 13-52 所示。则该公司应该停产哪种产品？(　　)

表 13-52 某公司 4 种产品财务数据

财务数据项	A 产品	B 产品	C 产品	D 产品
销售量（件）	2 500	1 250	3 200	2 800
销售额（元）	67 500	43 750	134 400	112 000
变动成本（元/件）	25	30	40	41

A. A 产品。　B. B 产品。　C. C 产品。　D. D 产品。

问题 177 一家快递公司从事送货服务，客户要求 1 天要送 9 次货。目前该公司有两辆货车，可以 1 天送 8 次货。另外，该公司有多名货运司机，可以再另外租 1 辆货车送货，租赁的车按天计费，1 天 8 小时，租金是 72 元。运送一次货物需要支付燃料费用 20 元。该公司货运司机年薪为 30 000 元，每年可以送货 1 000 次。第 9 次送货的边际成本是多少？(　　)

A. 92 元。　B. 65 元。　C. 38 元。　D. 28 元。

问题 178 某公司销售两种产品，产品 S 和产品 V。其中产品 V 由第 3 方供应商提供。第 3 方供应商按合同价格收取该产品的制造成本，该公司两种产品相关的财务信息如表 13-53 所示。

表 13-53 该公司两种产品财务信息

财务数据项	产品 S	产品 V
采取促销前的销售量（件）	100 000	20 000
销售价格（元/件）	10	20
变动成本（元/件）	3	10
固定成本（元）	500 000	0

该公司计划采取促销措施，需要投入促销费用 10 000 元，可以使被促销产品销售量增加 10%。现在两条产品生产线都有过剩产能，那么该公司应该将促销费用投在哪种产品上？(　　)

A. 在产品 S 上，因为可以使该公司增加营业利润 10 000 元。

B. 在产品 S 上，因为可以使该公司增加营业利润 60 000 元。

C. 在产品 V 上，因为可以使该公司增加营业利润 20 000 元。

D. 在产品 V 上，因为可以使该公司增加营业利润 10 000 元。

问题 179 甲公司生产运动鞋，售价为 120 元/双，每年售出 22 000 双。每双变动成本为 50 元，固定成本为 32 元。现在生产部门正在考虑是否给运动鞋增加钢包头。增加钢包头的运动鞋销售单价为 135 元/双，而且销量不变。每双增加材料 5 元，人工成本 4 元，需购买钢包头专用设备 90 000 元。根据以上信息，甲公司应该(　　)

A. 直接售出，增加利润 90 000 元。

B. 直接售出，增加收入 197 000 元。

C. 继续加工，增加收入 298 000 元。

D. 继续加工，增加利润 42 000 元。

问题 180 甲公司是一家生产奢侈品的国际公司，以追求利润最大化为目标。经过销售部门分析，

该公司销售的商品的价格需求弹性非常弱。管理层在新的 1 年正在讨论是否提高该公司产品的售价。以下说法正确的是(　　)

A. 涨价，因为价格变动对销售量不会有什么影响。

B. 涨价，因为价格变动对销售量会有影响。

C. 不涨价，因为价格变动对销售量不会有什么影响。

D. 不涨价，因为价格变动对销售量会有影响。

问题 181　甲公司管理层希望今年的营业利润达到 100 万元，其产品固定成本为 50 万元，变动成本为 20 元/件，售价为 40 元/件。满足甲公司管理层要求的销量最小是多少？(　　)

A. 25 000 件。　B. 37 500 件。　C. 50 000 件。　D. 75 000 件。

问题 182　下列哪个成本属于增值成本？(　　)

A. 机器维修。　B. 新衬衫分销。

C. 原材料运输成本。　D. 存货仓库管理。

问题 183　甲公司产品 A 的销售量增加，销售价格下降，采取差异化策略已经没有明显作用。产品 A 处于何种阶段？(　　)

A. 成长阶段。　B. 成熟阶段。　C. 衰退阶段。　D. 萌芽阶段。

问题 184　在自制或购买的决策问题中，与产品相关的成本不包括下面哪项？(　　)

A. 与产品直接相关的固定工资。

B. 产品直接相关的材料。

C. 负责多条生产线产品的主管工资。

D. 自制后放弃生产其他产品的利润。

问题 185　甲公司现在拥有部分剩余产能。该公司的生产部门接到要求 4 月交货的订单，订货量为 100 000 件产品，价格比正常售价低 25%。该产品成本和一批既定 5 月生产的产品一样。以下哪项成本与决策无关？(　　)

A. 生产这些产品的设备的保险。

B. 为已经取消的订单购买的直接材料。

C. 生产所用机器的安装成本。

D. 与生产这些产品有关的耗电。

问题 186　甲出租车公司财务部门正在分析租赁还是购买两种方案的区别。其中与该决策无关的因素是哪个？(　　)

A. 车辆剩余价值。　B. 车辆的折旧额。

C. 该公司的信用额度。　D. 车辆运营费用。

问题 187　某公司从供应商处采购产品，再销售给终端顾客。该公司采用成本加成法来定价，标准成本为 6 元/件，分销成本为 2 元/件，加成百分比为 50%。那么，产品的单位定价为(　　)

A. 4 元/件。　B. 9 元/件。　C. 10 元/件。　D. 12 元/件。

问题 188　甲公司产能 150 000 件，其产品成本信息如下：单位变动成本 3 元/件，单位固定成本 5 元/件，单位变动销管费用 10 元/件，单位固定销管费用 5 元/件，单位变动分销成本 4 元/件。甲公司有剩余产能。正常情况下，产品售价为 35 元/件。乙公司单位报价为 24 元/件，计划购买 2000 件。如果接受乙公司订单，那么甲公司盈利多少？(　　)

A. 4 000 元。　B. 14 000 元。　C. 22 000 元。　D. 44 000 元。

问题 189　甲科技公司利用本/量/利分析技术对产品成本进行评估，在这个过程中也进行安全边

际分析。甲科技公司总固定生产成本为 200 000 元，单位销售价格为 80 元/件，单位变动成本为 60 元/件，预算收入为 1 040 000 元。甲科技公司的安全边际为多少件？（　　）

A. 13 000 件。　B. 1 000 件。　C. 5 500 件。　D. 3 000 件。

问题 190　甲公司生产两种产品——产品 A 和产品 B。两种产品的财务数据如表 13-54 所示。甲公司总工时为 35 000 小时。

表 13-54　甲公司两种产品的财务数据

科目	产品 A	产品 B
需求量（件）	10 000	20 000
边际贡献（元/件）	20	37
单位工时（小时）	1	1.5

以下说法正确的是甲公司应该（　　）

A. 仅生产产品 A，因为产品 A 有较高的边际贡献。

B. 先生产产品 B，因为产品 B 有较高的需求量。

C. 先生产产品 B，因为这样可以产生更多利润。

D. 仅生产产品 A，因为这样可以产生更多利润。

情景题 13-6

甲公司计划生产一种新产品，该产品在市场中还没有出现过。该公司销售部门在讨论该产品定价的问题，销售主管张三说："在给产品定价的时候，必须考虑产品的价格需求弹性。"副总裁李四表示赞同，并说："这是一种新产品，价格变化的时候，销量变化很小。"总裁王五说："大家还要考虑产品生命周期的问题，这确实是一个非常困难的问题。"会议接近 2 个小时即将结束，管理会计师赵六说："我建议公司应该考虑目标成本法，这样可以有效提高成本管理的水平。"由于对这个问题争议很大，大家一致认为进行更加详细地分析后再召开会议。在会议备案中提到研究价值工程的应用问题和市场竞争对于定价影响的问题。

问题 191：

1）定义有弹性和缺弹性的需求，并且指出该新产品定价是有弹性还是缺弹性的。

2）定义市场基础定价和成本基础定价。该公司如何给新产品定价？

3）定义目标成本法，并说明其过程。

4）定义产品生命周期，并且说明不同生命周期定价的不同。

5）定义价值工程，并且说明该方法与何种定价法相关。

6）解释不同市场结构对于价格有什么影响。

7）长期定价和短期定价有什么区别？

8）定价时还需要考虑其他什么因素？

情景题 13-7

黄河计算机公司生产微型计算机，相关数据如下：售价 5 595 元/台，原材料成本 899 元/台，人工成本 233 元/台，制造费用 300 元/台，变动销售管理费用 200 元/台，固定销售管理费用 300 000 元/年，设备成本 2 352 000 元/年。今年该公司销售 800 台计算机。

问题 192：

1）在本/量/利分析中，如何定义固定成本和变动成本。

2）定义边际贡献并计算本题计算机的边际贡献，并和毛利润进行比较。

3）定义盈亏平衡点和安全边际率。

4）说明单产品和多产品盈亏平衡分析计算步骤。

5）说明本/量/利分析的优点。

6）计算该公司的安全边际，并解释安全边际分析的 3 个局限。

情景题 13-8

甲公司是一家冰箱生产商，已经满负荷生产，每天产量为 200 台冰箱。甲公司从乙公司购买压缩机，价格为 500 元/台，但是该供应商由于供应链管理不善，每个季度会断货 3 天，这给甲公司的生产带来了负面影响。甲公司的管理层考虑自己生产压缩机，财务信息如下：直接材料 100 元/台，直接人工 150 元/台，被分配的固定成本 120 元/台，每台压缩机使用 2 机器工时。另外，如果自己生产压缩机，还要聘用一名生产经理，工资为1 000 元/天。由于满负荷生产，该公司需要停止空调压缩机的生产来满足自制冰箱压缩机。财务信息如下：价格 600 元/台，直接材料 280 元/台，直接人工 180 元/台，被分配的固定成本 150 元/台，每台压缩机使用 3 机器工时。变动制造费用为 20 元/机器工时。

问题 193：

1）设备折旧、被分配的固定成本和聘用生产经理的公司是不是相关成本？

2）定义沉没成本和机会成本，并指出题目中的沉没成本和机会成本。

3）该公司是否应该自制压缩机？

4）说明外购和自制的各 3 个优缺点。

情景题 13-9

甲公司主要销售单簧管和双簧管两种乐器，同时也开设这两种乐器的教学课程，3 种业务的财务数据如表 13-55 所示。

表 13-55 甲公司不同业务财务数据 （单位：万元）

财务数据项	单簧管	双簧管	教学课程
收入	100	80	60
直接材料	30	30	5
直接人工	10	8	20
房租	3	3	3
折旧	10	10	10
变动制造费用	5	5	6
固定管理费用	5	5	5
经营利润	37	19	11

乙公司是一家位于中心商务区的写字楼运营商，提出为甲公司提供新的 5A 级写字楼场地 200 平方米，年租金为 15 万元。甲公司的财务总监考虑，如果租用该场地将有两种经营方案：

方案 A：将 100 平方米用于销售单簧管，另外 100 平方米用于销售双簧管，可以使两者的销售增加 30%。另外，该公司还要购置 5 万元的办公设备，可以使用 5 年。

方案 B：将 100 平方米用于销售单簧管，另外 100 平方米用于建录音棚。提供录音服务每小时收费为 110 元，直接人工成本为 40 元/小时，购置 10 万元的录音设备可以使用 8 年。经营部门估计 1 年可以录音 350 小时，而没有录音业务的时候，可以进行音乐课程培训，每小时收费为 80 元，变动成本为 12 元/小时，1 年可以培训 280 小时。

问题 194：

1）如果该公司管理层接受方案 A，当年的经营利润变化是多少？

2）如果该公司管理层接受方案 B，当年的经营利润变化是多少？

3）该公司管理层应该接受哪个方案？

4）该公司管理层还要考虑哪些其他因素？

情景 13-10

S 公司为多家电子制造商制造微芯片和接口。S 公司在质量、及时交货和尖端产品方面树立了良好的信誉。该公司所处行业的发展节奏非常快，因为新产品的使用生命往往比较短、淘汰快。每种产品的开发期大约为 1 年，1 年之后的需求强劲。然后，随着新产品和技术的出现，旧产品的销量开始下降。

E 先生最近被聘为 S 公司财务部门的员工，主要负责现金预算和现金管理。在他与 S 公司的首席财务官会面时，首席财务官说："此行业的魅力在于变化是其核心要素。我们成功的关键之一是可靠的新产品流。其实，这也是对付产品过时的唯一方法。我们的产品仅尽力于产品生命周期的前两个阶段，因为他们很少到达其他阶段。当然，此情况会影响我们的现金流。我们没有管理好我们的现金，因此期待您来改进我们的现金预算和现金管理。"此外，E 先生还被要求分析该公司的定价策略。

问题 195：

1）a. 定义产品生命周期。

b. 确定产品生命周期的 4 个阶段。

c. 确定并解释产品生命周期每个阶段的特征。

2）解释定价策略在产品生命周期的最后 3 个阶段为什么可能会有所不同。

3）确定并解释影响 S 公司现金流入的两个因素和现金流出的两个因素。

4）确定并解释 E 先生可用来改进 S 公司现金管理流程的 3 项措施。

情景 13-11

甲公司生产皮革钱包，生产部门使用工人手工切割和缝制皮革。管理层预计 1 年销售 31 250 件皮革钱包，单价为 80 元。该公司管理层正在考虑使用皮革切割机替代人工切割工艺。该公司可以通过经营租赁获得皮革切割机，租赁协议为 10 年，每年租赁费用为 550 000 元。财务部门对明年使用机器切割与手工切割两种方案的预测财务数据如表 13-56 所示。

表 13-56 租赁设备与手工切割的预测财务数据 （单位：万元）

科目	租赁设备	手工切割
收入	250	250
销货成本（变动成本）	95	150
边际贡献	155	100
固定成本	120	65
经营利润	35	35

由于预计经营利润相同，管理层一时拿不定主意，召开总经理办公会进行讨论。在会议中，销售总监提出由于市场竞争激烈程度上升和网络销售的兴起，公司需要改变原有的成本加成定价法。该公司主要竞争对手乙公司的类似产品的定价为 75 元。

问题 196：

1）计算两种方案的经营杠杆，并解释经营杠杆在决策过程中的影响。

2）如果预计销售收入增加 5%，计算两种方案的经营利润的增长幅度。

3）如果甲公司预计未来 10 年，销售收入年增长率为 5%，则管理层应该选项哪个方案？

4）如果甲公司决定通过银行贷款融资购买切割设备，甲公司的财务报表将产生哪些变化？

5）根据销售总监的意见，财务人员张三提出可以使用目标定价法。你认为张三的意见可行吗？

6）说明目标定价法的步骤。

情景 13-12

甲剧场是位于西雅图市中心的话剧剧场，管理层决定上演适合春季观赏的剧目。在即将到来的季节，该公司的初始计划才刚刚开始实施，而该公司估算的数据如表 13-57 所示。

表 13-57　甲剧场上演剧目信息

剧目	演出场次	每场平均观众	票价	变动成本①	固定成本②
仲夏夜之梦	12 场	3 500 人	36 元	6 元	330 000 元
亚历山大大帝	20 场	3 000 人	30 元	2 元	498 000 元
茶花女	12 场	4 000 人	40 元	0 元	632 000 元

①变动成本表示付给演出公司的金额，基于售票情况而定。

②固定成本是直接与每场演出相关的服装、设施和演员的成本。

剧场在整个季节中也将付出 1 130 000 元的一般性固定营业费用（包括管理费用、设备成本和广告费用）。另外，还要承担税率为 30% 的所得税。

该公司的管理层在认真研究公司运营数据后，认为应该使用敏感性分析方法考察公司的风险。

问题 197：

1）计算甲剧场的总盈亏平衡点，并列举两个影响盈亏平衡点的因素。

2）如果甲剧场希望税后利润增加 70 000 元，最少应增加多少观众？

3）计算甲剧场当前的安全边际和安全边际率。

4）在不同的产品销售组合下，是否会存在相同的产品组合的盈亏平衡点？

5）解释敏感性方法，列举敏感性分析在管理会计中的两个应用。

问题 198　某公司有能力生产 20 000 件产品，现计划生产 14 000 件产品。如果该公司接受一笔生产 4 000 件产品的特别订单业务，那么其机会成本是多少？（　　）

A. 与该笔订单业务有关的可变成本总额。

B. 与该笔订单业务有关的不变成本总额。

C. 与该笔订单业务有关的可变和不变成本合计总额。

D. 该笔订单业务不涉及机会成本。

问题 199　某公司生产了 5 000 件某产品，产生的年生产成本如下：直接材料费用 10 000 美元，直接人工费用 30 000 美元，变动间接费用 25 000 美元。每件产品的固定间接费用为 4 美元。一家供应商表示愿意以每件 10 美元的价格供应 5 000 件该产品。如果该公司接受这个要约，则可以停止生产并将自有制造设备出租，年租金为 10 000 美元。如果该公司从供应商购买产品，则可节省多少费用？（　　）

A. 15 000 美元。　B. 25 000 美元。　C. 35 000 美元。　D. 45 000 美元。

问题 200　关于盈亏临界点的描述，以下哪些选项是正确的？（　　）

Ⅰ. 在固定成本总额不变的情况下，边际贡献率越大，企业的盈亏临界点销售额就越大。

Ⅱ. 企业达到盈亏临界点时，固定成本总额与边际贡献总额相等。

Ⅲ. 当实际销售额小于盈亏临界点的销售额时，会产生亏损。

Ⅳ. 盈亏临界点销售额越小，企业的抗风险能力就越弱。

A. Ⅰ和Ⅱ。 B. Ⅰ和Ⅲ。 C. Ⅱ和Ⅲ。 D. Ⅱ、Ⅲ和Ⅳ。

问题 201　有些卡特尔从事限定价格、操纵投标、限制输出和划分市场等活动。各国政府和国际组织均努力寻求消灭卡特尔的原因是什么？(　　)

A. 这么做会增加企业向政府缴纳的公司税应纳税额。

B. 竞争有助于维持低价格，因此消灭卡特尔可以提高市场效率。

C. 离开了政府保护，中小企业无法生存或成长。

D. 发展中国家的经济稳定取决于全球自由市场。

问题 202　某产品在市场上开始大量生产，其生产成本跟以前相比出现了下降趋势。对企业来说，销售量迅速上升，利润也相应增长。目前该产品开始进入其生命周期哪个阶段？(　　)

A. 萌芽期。 B. 成长期。 C. 成熟期。 D. 衰退期。

问题 203　公司过去 8 年毛利平稳，原因是(　　)

A. 收入和成本同比率增加。 B. 收入和成本同额减少。

C. 收入增加，成本减少，且金额相同。 D. 收入减少，成本增加，且金额相同。

问题 204　甲公司希望降低盈亏平衡点，那么该公司应该采取下列哪种方法？(　　)

A. 降低财务杠杆。 B. 尽可能降低运营成本。

C. 增加固定资产投资。 D. 提高负债权益比。

问题 205　甲公司生产 3 款产品，具体信息如表 13-58 所示。

表 13-58　甲公司产品信息表

产品	销售占比	售价	边际贡献率
A	50%	1 元/件	25%
B	30%	1 元/件	50%
C	20%	2 元/件	50%

若甲公司的固定成本为 675 000 元，则该公司的盈亏平衡金额为(　　)

A. 1 620 000 元。 B. 1 400 000 元。 C. 1 800 000 元。 D. 2 025 000 元。

问题 206　甲公司在销量 10 万件产品时的利润表数据为：销售额 1 000 万元，变动成本 600 万元，销售管理费用 300 万元（其中固定成本占 55%），利息费用 5 万元，所得税 28. 5 万元，税后利润 65. 5 万元。如果产品销量增加 20%，那么经营利润为(　　)

A. 135 万元。 B. 140 万元。 C. 148 万元。 D. 153 万元。

问题 207　某商场正在考虑调整业务部门以增加效益。财务部门提供的信息表明：如果减去薪资部门，增设皮鞋销售部门，成本增加 20 万元。增加房屋租金费用按面积分摊，合计为 10 万元。薪资部门和新设的皮鞋销售部门分摊的管理费用都是 5 万元。那么，增设皮鞋销售部门的增量成本是多少？(　　)

A. 20 万元。 B. 30 万元。 C. 25 万元。 D. 35 万元。

问题 208　甲公司预计下年会使用 60 000 条特殊的拉链（每月采购 5 000 条拉链）用于男士夹克的生产。乙公司的报价是每条拉链 0. 60 元，但是乙公司不能保证交货时间。为了确保这些拉链的可用性，甲公司考虑在年初的时候一次性采购 60 000 条拉链。假定甲公司的资金能以 8% 的收益率进行投资，则甲公司在年初一次性采购 60 000 条拉链的机会成本是多少？(　　)

A. 1 320 元。　B. 1 440 元。　C. 1 500 元。　D. 2 640 元。

问题 209　甲公司生产 A 和 B 两种产品，生产数量分别为 400 个和 1000 个。产品 A 和产品 B 被摊销的成本都是 45 000 元的，售价都是 50 元/个。甲公司计划将产品 B 加工成产品 C，每件变动成本增加 2 元。产品 C 定价多少才能达到原来的收益水平？(　　)

A. 57 元/个。　B. 52 元/个。　C. 37 元/个。　D. 32 元/个。

问题 210　今年，甲公司失去一家重要客户，使其暂时有一些剩余的产能。甲公司的管理层正在考虑接受一个特殊订单，该订单包括了该公司最畅销的产品。甲公司财务部门汇总了以下成本：①产品的变动成本；②产品的固定成本；③与订单相关的直接固定成本；④暂时闲置产能的机会成本。在是否接受该特殊订单的决策中，甲公司应该考虑以下哪种成本类型组合？(　　)

A. ①和②。　B. ①和④。　C. ②和③。　D. ①、③和④。

问题 211　甲公司生产用于清洁行业的化学产品。在前 1 个月里，甲公司发生了 300 000 元的联合成本，生产了 60 000 个 A 产品和 40 000 个 B 产品。甲公司采用生产数量法来分摊联合成本。目前，A 产品在分离点的单位售价是 3.50 元。乙公司向甲公司采购了所有的再加工后的 A 产品。甲公司的再加工成本是 90 000 元。关于 A 产品，以下哪个选项是最有利的？(　　)

A. 如果再加工后的单位售价大于 3.00 元，也就是能覆盖联合成本，甲公司应该再加工，并出售给乙公司。

B. 甲公司应该继续在分离点销售，除非乙公司至少支付再加工之后的产品每个 4.50 元，也就是覆盖了甲公司的总成本。

C. 如果再加工后的单位售价大于 5.00 元，则甲公司应该再加工，并出售给乙公司。

D. 如果再加工后的单位售价大于 5.25 元，即毛利率不变，则甲公司应该再加工，并出售给乙公司。

问题 212　在以下哪种情况下，应该采用竞争定价法而不是成本定价法？(　　)

A. 在非竞争市场，与竞争者产品有差异。

B. 在非竞争市场，与竞争者产品无差异。

C. 在竞争市场，与竞争者产品有差异。

D. 在竞争市场，与竞争者产品无差异。

问题 213　在目标定价法下，当发现目标成本和实际成本有差异时，以下哪种方法不可以用来消除该差异？(　　)

A. 并行工程法。　B. 价值工程法。　C. 高低点法。　D. 生命周期成本法。

问题 214　在目标定价法下需要考虑以下哪个选项的因素？(　　)

A. 顾客偏好。　B. 竞争对手反应。

C. 激励管理者实施价值工程。　D. 所有选项都需要考虑。

问题 215　甲公司在不同的地区各设有分部，每个分部都有一套定价系统，以使得甲公司的价格在当地时刻保持最低。那么甲公司采用的是(　　)

A. 成本加成定价法。　B. 渗透定价法。　C. 市场定价法。　D. 目标定价法。

问题 216　甲公司经过市场调查，预计某产品下一年市场价格为 110 元/件，去年的销售价格为 120 元/件，去年的生产成本为 60 元/件。甲公司为了获得 35% 的营业利润，下一年的生产成本应该是多少？(　　)

A. 42 元/件。　B. 78 元/件。　C. 38.5 元/件。　D. 71.5 元/件。

问题 217　监管部门要求电力公司以成本为基础定价，电力公司预计明年相关信息如下：营业成

本 10 000 万元，折旧费用 3 000 万元，投资净额 10 000 万元，目标投资回报率 20%。预计明年电力销售量为 1 000 000 000 千瓦时，则明年每千瓦时电价应为(　　)

A. 0.14 元/千瓦时。　　B. 0.15 元/千瓦时。

C. 0.16 元/千瓦时。　　D. 0.2 元/千瓦时。

问题 218　A 产品的需求为弹性需求，这意味着(　　)

A. 价格下降，收入上升。　　B. 价格上升，收入不变。

C. 价格下降，收入下降。　　D. 价格上升，收入上升。

问题 219　张三被聘为一家公司的顾问，该公司目前处于完全竞争市场。当前生产水平的价格是 20 元，平均变动成本是 15 元，平均总成本是 22 元，边际成本是 20 元。为了使利润最大化，张三应建议该公司(　　)

A. 不改变产出。　　B. 关闭。

C. 减少产品。　　D. 增加产品。

问题 220　2014 年，甲公司产品销量是 22 000 件，销售收入是 924 000 元，变动成本是 594 000 元，固定成本是 324 000 元。2015 年，甲公司管理层决定从新供应商处购货，每件产品成本会增加 2 元，固定成本会增加 29 600 元。甲公司产品销量需要增加多少时才能达到盈亏平衡点？(　　)

A. 27 200 件。　　B. 21 600 件。　　C. 5 600 件。　　D. 5 200 件。

问题 221　以下哪种情况安全边际会下降？(　　)

A. 单位价格下降。　　B. 固定成本降低。

C. 变动成本降低。　　D. 销售收入上升。

问题 222　甲公司生产 X 和 Y 两款商品，这两款商品的部分数据如表 13-59 所示。

表 13-59　两款商品的部分数据

科目	X 商品	Y 商品
边际贡献率	40%	50%
销售百分比	40%	60%
固定成本	18 万元	65 万元
共有固定成本	9 万元	

根据以上信息，甲公司的盈亏平衡金额为(　　)

A. 175 万元。　　B. 200 万元。　　C. 96 万元。　　D. 180 万元。

问题 223　某公司研究设备更换问题。如果购置新设备，那么财务主管需要考虑(　　)

A. 研究成本和新设备增量成本。

B. 增量成本和不可避免的新设备成本。

C. 沉没成本和增量成本。

D. 沉没成本和不可避免的新设备成本。

问题 224　张三作为飞行教官的年收入为 40 000 元，且他刚继承了 100 000 元的税后遗产。张三在考虑是否要放弃工作，使用继承的遗产去投资经营一家幼儿园。当地银行的存款利率为 6%。张三估计，他每年不得不支付 120 000 元的人工工资，20 000 元的租金，80 000 元的保险费，7 000 元的水电费以及 9 000 元的家具用品费等。张三在预测幼儿园的盈利能力时必须考虑隐性成本和显性成本。他所考虑的显性成本和隐性成本为(　　)

A. 236 000 元和 46 000 元。　　B. 236 000 元和 140 000 元。

C. 100 000 元和 46 000 元。　　D. 100 000 元和 40 000 元。

问题 225　甲公司生产插头，其单位成本是 36 元，其中 8 元是固定制造费用。甲公司 1 年需要生产 30 000 个插头用于其他电器的生产。乙公司向甲公司销售同样的插头时提供的单价为 33 元。如果甲公司决定采购这些插头，每年将节省 60 000 元的固定制造费用，并且还可以出租用于生产插头的设备。甲公司决定购买插头，出租设备，希望可以节约 100 000 元的年成本。为了实现该目标，甲公司年设备租金的最小值为多少？(　　)

A. 40 000 元。　　B. 70 000 元。　　C. 190 000 元。　　D. 10 000 元。

问题 226　甲公司生产 A 产品，其产能为 20 000 件，目前生产 10 000 件。单位变动制造成本为 25 元，单位固定制造成本为 10 元，直接销售费用为 30 0000 元。乙公司向该甲公司提交一份 A 产品的特殊订单，价格为 33 元/件。甲公司在什么情况下会接受这份订单？(　　)

A. 不接受，因为这份订单价低于 A 产品总成本。

B. 在这份订单不影响其他正常订单的情况下接受。

C. 在这份订单不产生直接销售费用的情况下接受。

D. 在不用分配固定制造费用的情况下接受。

问题 227　A 公司现有 3 个部门。乙部门经营状况欠佳，A 公司正在考虑关闭该部门。如果这样做，与乙部门相关的利润就会消失，但会节约相关的变动成本。同时分配到乙部门 50% 的固定成本也会消失。按部门划分编制的利润表如表 13-60 所示。

表 13-60　部门利润表　（单位：元）

科目	甲部门	乙部门	丙部门
销售	10 000	170 000	200 000
变动成本	80 000	144 000	164 000
边际贡献	30 000	26 000	36 000
固定成本	20 000	28 000	20 400
营业利润（损失）	10 000	(2 000)	15 600

在以下选项中，应该将哪项作为建议提供给 A 公司总经理？(　　)

A. 继续经营乙部门，因为如果关闭该部门将导致经营利润下降 2 400 元。

B. 继续经营乙部门，因为如果关闭该部门将导致经营利润下降 12 000 元。

C. 关闭乙部门，因为这样将使经营利润增加 2 000 元。

D. 关闭乙部门，因为这样将使经营利润增加 14 000 元。

问题 228　甲公司签订了一份合同，其中要求甲公司提供 30 000 件的 A 产品和 20 000 件的 B 产品。甲公司运营经理为了满足合同要求收集了相关信息，如表 13-61 所示。

表 13-61　甲公司产品信息

科目	A 产品	B 产品
售价	75 元	125
变动成本	30 元	48 元
需要的机器工时	3 小时	5 小时
外包成本	45 元	60 元

甲公司现有总机器工时为 160 000 小时，固定制造费用为 1 600 000 元。甲公司运营经理提供了以下方案，如果给甲公司管理层提供建议，那么应该选择哪个方案较好？( )

A. 生产 30 000 件 A 产品，并利用剩余产能生产 B 产品，最后将不能生产的部分产品进行外包。

B. 生产 25 000 件 A 产品，并利用剩余产能生产 B 产品，最后将不能生产的部分产品进行外包。

C. 生产 20 000 件 A 产品，并利用剩余产能生产 B 产品，最后将不能生产的部分产品进行外包。

D. 租用额外 30 000 机器工时的产能，这会增加 150 000 元的固定成本。

问题 229　关于产品生命周期方面的说法，以下哪项是错误的？( )

A. 产品生命周期是指从产品最初的研发到不再向顾客提供服务和支持的时间跨度。

B. 在产品生命周期预算中，管理者可以估计在价值链中能分配到每个产品上的收入和业务职能成本。

C. 产品生命周期收入与成本预算可以避免在决策中忽略业务职能成本之间关系。

D. 产品生命周期预算强调产品生命周期内和生命周期外的成本，这有助于成本被锁定。

问题 230　甲公司使用成本加成定价法，在产品制造成本的基础上加 30%。有关产品成本信息如下：单位变动制造费用 12 元，单位变动销售费用 1 元，固定制造费用 200 000 元。预计产品销量为 5 000件。由于竞争对手的产品价格为 60 元/件，这使得甲公司产品的竞争压力非常大。本季度甲公司实际产品销量为 4 000 件，下季度的产品价格应该为多少比较好？( )

A. 68.9 元/件。　B. 81.9 元/件。　C. 60 元/件。　D. 13 元/件。

问题 231　以下选项中关于目标定价法说法正确的是( )

A. 虽然具有确定的目标，但是变动性大。

B. 目标定价首先在盈利目标的基础上确定了产品的特性和目标价格。

C. 市场考量和目标价格会集中并激励管理者实施价值工程，并设计出能够达到目标成本的产品。

D. 增加了期望成本加成价格、顾客反映和设计修改之间反复权衡的必要性。

问题 232　甲公司研发了一种新产品，在产品定价过程中考虑整个产品生命周期的成本。甲公司想迅速占领市场，应该采用什么定价法？( )

A. 成本加成定价法。　B. 渗透定价法。

C. 市场定价法。　D. 撇脂定价法。

问题 233　以下哪种定价法考虑了全生命周期成本？( )

A. 目标定价法。　B. 渗透定价法。

C. 成本加成定价法。　D. 市场定价法。

问题 234　某公司生产两种特殊化学品 A 和 B，它们由同一种基础混合物衍生而来。该公司生产基础混合物的成本为 100 万元，然后转化为产品 A 和产品 B 又产生了 25 万元的成本。该公司管理层正在寻求实现其产品组合的多元化，须决定是否生产第 3 种特殊化学品，即产品 C。制造产品 C 将需要增加额外 50 万元的成本，用于购买额外的基础混合物并将其转化为产品 C。在决定是否继续制造产品 C 时，该公司必须( )

A. 将该 50 万元成本分为产品 C 的联合生产成本和可分离成本。

B. 确定产品 C 的分离点，以便确定产品 C 的边际成本。

C. 根据产品 C 的边际成本 50 万元以及其相关收入才能确定。

D. 根据每种产品的生产件数，将 150 万元的成本分摊给产品 A、产品 B 和产品 C。

问题 235　某公司必须决定是否接受某份订单，该份订单将产生 50 万元收入和 20 万元边际贡献，以抵消 10 万元的固定成本。该公司的大部分产能已得到利用。在做出这个决定时，该公司的财务分析

师应考虑(　　)

A. 30 万元的边际成本，因为这是进行决策的唯一相关成本。

B. 40 万元的边际成本和 50 万元的收入。

C. 该份订单的定性因素是否比 10 万元的边际利润更重要。

D. 其他订单产生的边际利润是否可能超过该份订单 10 万元的边际利润。

问题 236　某公司生产家用无线调制解调器。该公司去年的部分财务数据如下：销量 10 万件，销售单价 25 元，收入 250 万元，总变动成本 180 万元，边际贡献 70 万元，固定成本 45 万元，营业利润 25 万元。该公司最近收到一份制造 1 000 件调制解调器的特殊订单。其工厂产能目前未得到充分利用，可以在不影响正常运营的情况下完成该份订单。若该公司接受这份特殊订单，(　　)

A. 销售价格为每件 25 元，则营业利润将增加 2 500 元。

B. 销售价格为每件 18 元，则总营业利润率将保持不变。

C. 销售价格为每件 20 元，则营业利润将降低。

D. 该公司希望将营业利润增加 2 000 元，则销售价格必须为每件 20 元。

问题 237　增值成本(　　)

A. 发生在营利性业务活动中，而不是亏损活动中。

B. 与面向客户的活动有关，与内部活动无关。

C. 为客户增加价值，并且无法在不影响价值的情况下减少这个成本。

D. 为客户增加产量，并且不会导致不必要的产量。

问题 238　在产品生命周期内使用市场撇脂定价法的陈述中，下面哪项陈述是正确的？(　　)

A. 价格在成长阶段上升，然后在成熟阶段保持稳定。

B. 价格在引入阶段较高，但在成长阶段开始下降。

C. 价格在稳定阶段基本不变，但在衰退阶段开始下降。

D. 价格在引入阶段较低，然后在成长阶段开始上升。

问题 239　实行目标成本法的公司将应用价值工程，以便(　　)

A. 知道如何为客户增加价值并了解与供应商的联系。

B. 权衡产品功能与产品总成本之间的利弊。

C. 通过确定制造中的优化潜力来为客户增加价值。

D. 得出活动的价值并制定战略绩效管理决策。

问题 240　一家比萨餐厅每月出售 4 000 个比萨，每份比萨的价格为 10 元。该餐厅每月最多能制作并出售 6 000 份比萨。一份比萨的材料成本为：面团 0.66 元，西红柿 0.62 元，奶酪 0.72 元，配料 0.75 元，其他变动成本 2.50 元，合计总成本 5.25 元。这家餐厅每月还产生 16 000 元的费用，其中包括房租、工资、保险和折旧。该餐厅管理层认为，将每份比萨的销售价格降低至 9 元，可以使比萨的销量提高 15%。如果每份比萨的售价降低至 9 元，则每月的营业利润是多少？(　　)

A. (1 000 元)。　　B. 1 250 元。　　C. 6 500 元。　　D. 9 875 元。

问题 241　某公司目前每年的产品销量为 8 100 件，每件售价为 300 元。制造该产品的变动成本为每件 220 元，固定成本为每年 574 800 元。该公司担心会有 10% 的客户流失到竞争对手那里。该公司目前的安全边际是多少？(　　)

A. 105 件。　　B. 810 件。　　C. 915 件。　　D. 1 725 件。

问题 242　某公司本年度的目标是使营业利润率达到 10%。销售部门估计，该公司可以收取的最高销售单价为 60 元，且能够以此价格出售 50 万件。固定成本总计为 1 200 万元，实际所得税税率为

20%。要达到此目标，单位最大变动成本是多少？(　　)

A. 28.50 元。　B. 30.00 元。　C. 52.50 元。　D. 54.00 元。

问题 243　某公司销售 3 种产品，产品信息如表 13-62 所示。产品 2 的单价为 50 元。为了达到保本点，该公司的产品 2 必须售出的最少件数是多少？(　　)

表 13-62　产品信息

科目	产品 1	产品 2	产品 3
边际贡献率	60%	50%	30%
总销售额百分比	30%	45%	25%
固定成本	18 万元	25 万元	15 万元

A. 10 000 件。　B. 10 875 件。　C. 11 112 件。　D. 12 084 件。

问题 244　某公司制造的一种产品的单位成本如下：直接人工成本 5 元，直接材料成本 8 元，变动间接制造费用 4.5 元，固定间接制造费用 9.25 元，单位总成本 26.75 元。该公司收到客户的一份特殊订单，要求以每件 25 元的价格订购 2 500 件该产品。客户要求进行一些定制。这将使单位材料成本增加 1 元，并且需要花费 9 500 元购买一台机器。完成此特殊订单后，该机器将无任何用途，并且也没有残值。该公司有过剩产能完成此特殊订单。此特殊订单将产生多少利润或亏损？(　　)

A. 16 250 元。　B. 6 750 元。　C. 6 875 元。　D. 16 375 元。

问题 245　某公司每年生产 13 500 个元件，该元件用于制造另一种产品。该元件每单位直接材料成本为 19 元，直接人工成本为 28 元，变动制造间接费用为 14 元，固定制造间接费用为 18 元。该公司可以从外部供应商处以每件 41 元的价格购买该元件。如果从外部购买该元件，那么将无法避免所分配的单位固定间接费用 6 元。购买该元件将腾出工厂空间，使该公司可以生产另一种产品，这样每年将产生 36 000 元的额外边际贡献。如果该公司选择购买该元件而不是内部生产，则对营业利润影响的金额是(　　)

A. 670 500 元。　B. 634 500 元。　C. 468 000 元。　D. 432 000 元。

问题 246　某公司报告的销售额为 155 万元，营业亏损为 8.8 万元，边际贡献率为 25%。如果该公司想实现 10 万元的营业利润，那么在假定边际贡献率和固定成本不变的情况下，其销售额需要达到多少？(　　)

A. 1 738 000 元。　B. 1 902 000 元。　C. 2 302 000 元。　D. 2 477 500 元。

情景 13-13

A 公司是制作玩具机器人的企业。玩具机器人售价为 210 美元/件，每年销量为 5000 件；直接材料费用为 55 美元/件，直接人工费用为 40 美元/件，固定费用为 170 000 美元。现接到 1 份玩具机器人的特殊订单 400 件，报价为 145 美元/件。A 公司还需要用贴纸对玩具机器人进行装饰，外购供应商售价为 10 美元/件。A 公司有足够产能生产该订单。现在，A 公司正考虑自制贴纸，其中直接材料费用为2 美元/件和人工费用为 4 美元/件，并产生相应的固定成本为 6 000 美元。A 公司首席财务官的一个朋友是贴纸供应商的经理，他把 A 公司要自制贴纸的所有相关财务数据告诉了他的朋友，他的朋友立马把这个信息告知贴纸供应商的首席官。在 A 公司首席财务官与他朋友通话时，A 公司的某一会计员听到了这个事情。

问题 247

1）A 公司是否接受玩具机器人的特殊订单，请写出计算过程。

2）A 公司选择自制贴纸还是外购，请写出计算过程。

3）自制和外购需考虑的两点非财务因素。

4）a. 不考虑玩具机器人特殊订单，在企业自制贴纸情况下，请计算保本点的销售量。

b. 若考虑玩具机器人特殊订单，且企业自制贴纸情况下，请计算保本点的销量。

5）a. 根据 IMA 道德标准，讨论 A 公司会计员发现的道德问题。

b. A 公司会计员应如何解决这个道德冲突？

情景 13-14

HTC 美发沙龙公司在全美各地有多家连锁店。该公司向来遵守法律法规，提供了 1 000 多个工作机会。该公司寻求和股东相同的价值观，并且做到了这一点。在过去的 1 年中，该公司向慈善机构捐款 100 000 美元，用于扶助困难人群。

2019 年，HTC 美发沙龙公司在内华达州的里诺市新开了一家美发沙龙。当时，美发沙龙行业的企业比较分散且数量众多。HTC 美发沙龙公司除了提供舒适的环境和时尚的造型外，还培训和拥有优秀的发型师。HTC 美发沙龙公司的定价比当地美发沙龙行业平均水平高 20%。预计新开的这家店进店消费的顾客约 20 000 人次，平均每人次消费为 30 美元，变动成本每人次为 10 美元。里诺市这家店的固定成本投资为 400 000 美元。

所有的发型师必须取得所在州的发型师执照才能从事发型师职业。K 女士从加利福尼亚州申请来到内华达州的里诺市分店工作，但她没有取得内华达州的发型师执照，也没有告知她的主管。她对主管说，她取得了内华达州的执照并开始了在里诺市分店工作。

问题 248

1）里诺市新开的美发沙龙店能不能达到收支平衡？并给出计算过程。

2）美发沙龙行业的定价策略是什么？与成本加成法有什么不同？

3）K 女士从未取得相关工作执照就开始工作的行为是否违法？她是否有不道德的行为？

4）HTC 美发沙龙公司是否承担了企业的社会责任？

本章习题解答

题号	答案	题号	答案	题号	答案	题号	答案
问题 1	D	问题 2	B	问题 3	B	问题 4	D
问题 5	D	问题 6	D	问题 7	A	问题 8	B
问题 9	C	问题 10	D	问题 11	B	问题 12	B
问题 13	A	问题 14	C	问题 15	D	问题 16	B
问题 17	B	问题 18	D	问题 19	B	问题 20	C
问题 21	C	问题 22	C	问题 23	D	问题 24	C
问题 25	D	问题 26	B	问题 27	A	问题 28	D
问题 29	B	问题 30	B	问题 31	B	问题 32	A
问题 33	D	问题 34	C	问题 35	D	问题 36	A
问题 37	C	问题 38	B	问题 39	A	问题 40	D
问题 41	B	问题 42	A	问题 43	A	问题 44	C
问题 45	C	问题 46	B	问题 47	A	问题 48	B

（续）

题号	答案	题号	答案	题号	答案	题号	答案
问题 49	C	问题 50	C	问题 51	D	问题 52	B
问题 53	B	问题 54	C	问题 55	D	问题 56	A
问题 57	A	问题 58	D	问题 59	C	问题 60	D
问题 61	B	问题 62	B	问题 63	B	问题 64	B
问题 65	B	问题 66	B	问题 67	C	问题 68	A
问题 69	C	问题 70	C	问题 71	D	问题 72	B
问题 73	D	问题 74	B	问题 75	B	问题 76	D
问题 77	C	问题 78	C	问题 79	D	问题 80	C
问题 81	D	问题 82	C	问题 83	B	问题 84	D
问题 85	B	问题 86	D	问题 87	D	问题 88	D
问题 89	A	问题 90	B	问题 91	A	问题 92	C
问题 93	D	问题 94	B	问题 95	A	问题 96	C
问题 97	A	问题 98	C	问题 99	C	问题 100	C
问题 101	C	问题 102	C	问题 103	C	问题 104	A
问题 105	A	问题 106	C	问题 107	A	问题 108	D
问题 109	A	问题 110	B	问题 111	B	问题 112	D
问题 113	C	问题 114	A	问题 115	D	问题 116	C
问题 117	D	问题 118	D	问题 119	A	问题 120	A
问题 121	B	问题 122	A	问题 123	B	问题 124	A
问题 125	A	问题 126	A	问题 127	C	问题 128	B
问题 129	D	问题 130	B	问题 131	D	问题 132	B
问题 133	C	问题 134	A	问题 135	D	问题 136	A
问题 137	D	问题 138	A	问题 139	D	问题 140	B
问题 141	C	问题 142	C	问题 143	A	问题 144	B
问题 145	C	问题 146	C	问题 147	C	问题 148	A
问题 149	A	问题 150	C	问题 151	C	问题 152	B
问题 153	D	问题 154	A	问题 155	D	问题 156	B
问题 157	B	问题 158	D	问题 159	B	问题 160	B
问题 161	A	问题 162	C	问题 163	C	问题 164	B
问题 165	B	问题 166	A	问题 167	B	问题 168	A
问题 169	B	问题 170	D	问题 171	A	问题 172	C
问题 173	D	问题 174	B	问题 175	B	问题 176	D
问题 177	A	问题 178	B	问题 179	D	问题 180	A
问题 181	D	问题 182	B	问题 183	B	问题 184	C
问题 185	C	问题 186	D	问题 187	D	问题 188	C

（续）

题号	答案	题号	答案	题号	答案	题号	答案
问题 189	D	问题 190	C	问题 198	D	问题 199	B
问题 200	C	问题 201	B	问题 202	B	问题 203	B
问题 204	B	问题 205	C	问题 206	D	问题 207	B
问题 208	A	问题 209	B	问题 210	D	问题 211	C
问题 212	D	问题 213	C	问题 214	D	问题 215	C
问题 216	D	问题 217	B	问题 218	A	问题 219	A
问题 220	D	问题 221	A	问题 222	B	问题 223	B
问题 224	A	问题 225	C	问题 226	C	问题 227	B
问题 228	A	问题 229	D	问题 230	C	问题 231	C
问题 232	B	问题 233	C	问题 234	C	问题 235	A
问题 236	D	问题 237	C	问题 238	B	问题 239	B
问题 240	B	问题 241	C	问题 242	B	问题 243	B
问题 244	B	问题 245	C	问题 246	C		

问题 1 分析：

盈亏平衡点 = 固定成本/边际贡献 = (110 000 美元 + 150 000 美元)/(500 美元/个 - 100 美元/个) = 260 000 美元/(400 美元/个) = 650 个。

问题 2 分析：

要求的 EBIT = 32% × 250 000 美元 = 80 000 美元。要求的产量(产品的单位数) = (固定成本 + EBIT)/边际贡献 = (122 500 美元 + 80 000 美元)/(15 美元/个 × 42%) = 202 500 美元/(6.3 美元/个) = 32 143 个。

问题 3 分析：

如果帕雷尔有限公司决定加强电视机的声控控制功能，便携式电视机对于消费者的实际或者感受价值将会提高。与此相反，公司决定增加维修人员不会影响提供给消费者的价值或者说产品的有用性。

问题 4 分析：

价值工程法对价值链业务进行系统评估，并在满足客户需要的同时降低成本。

问题 5 分析：

决策程序包括下述步骤：

1）获得信息。

2）确定可供选择的备选品种。

3）对将来的成本进行预测。

4）选择并证明所选择的备选品种是合适的。

5）做出决策。

6）评估业绩，提供反馈。

问题 6 分析：

从定义上讲，差量成本是各个决策方案成本的差异。因此，决策者在进行决策的过程中，可以只考虑差量成本。如果各个备选活动的某项成本相同，则认为该项成本与决策无关。

问题 7 分析：

可以通过固定成本除以边际贡献计算盈亏平衡点。由于存在两种产品，以预算销售数量为权重，计算加权边际贡献。

加权边际贡献 =［（10 000 个/25 000 个）×（12 美元/个 – 8 美元/个）］+［（15 000 个/25 000 个）×（20 美元/个 – 15 美元/个）］= 0.4 ×4 美元/个 + 0.6 ×5 美元/个 = 4.6 美元/个。

盈亏平衡点的总销量 = 92 000 美元/（4.6 美元/个）= 20 000 个。

圆形蛋糕的销量 =（10 000 个/25 000 个）×20 000 个 = 8 000 个。

心形蛋糕的销量 =（15 000 个/25 000 个）×20 000 个 = 12 000 个。

问题 8 分析：

增加的税前利润的计算见表 13-63。

表 13-63 计算增加的税前利润

特殊订单	订单 A	订单 B
销售价格（美元）	0.7000	0.4500
直接材料（美元）	0.4550	0.2775
变动人工成本（美元）	0.1100	0.0993
变动间接制造费用（美元）	0.0430	0.0330
总差量成本（美元）	0.6080	0.4098
单位边际贡献（美元）	0.0920	0.0402
单位（个）	100 000	200 000
税前利润增加（美元）	9 200	8 040

问题 9 分析：

净利润 = 权益 × 权益回报率 = 300 000 美元 ×20% = 60 000 美元。

净利润 =（单位价格 – 单位变动成本）× 产量 – 固定成本，因此，单位价格 =（净利润 + 固定成本）/产量 + 单位变动成本 =（60 000 美元 + 80 000 美元）/10 000 单位 + 65 美元/单位 = 79.00 美元/单位。

问题 10 分析：

灾害风险是指有关自然灾害发生的风险，自然灾害如暴风雨、洪水、飓风、雪灾、地震、火山爆发等。财务风险涉及债务、股权融资业务相关的决定，其包括流动性（短期负债偿付）和偿付能力（长期负债偿付）等的风险。经营风险涉及该组织成本结构中固定和可变成本的关系，以及内部流程故障、系统故障、人员、法律和合规风险等。

问题 11 分析：

内部环境是指企业的风险管理理念和风险偏好、诚信和道德价值观，企业在这样的环境中运作。

问题 12 分析：

50 000 美元的以旧换新补偿，会导致现金流出减少。

问题 13 分析：

如果机时不限制制造产品的数量，选择边际贡献作为决策工具；如果机时限制制造产品的数量，选择每机时的边际贡献作为决策工具。

问题 14 分析：

制造总成本 =（7 美元 + 12 美元 + 5 美元 + 6 美元）×20 000 = 600 000 美元。外购总成本 = 28 美

元 ×20 000 －80 000 美元 ×（1 －60%）＝528 000 美元。

问题 15 分析：

当产品支出与消费者的预算高度相关时，需求倾向于更加具有弹性。

问题 16 分析：

最低定价 ＝（27 美元 ＋12 美元 ＋6 美元 ＋5 美元）＋［105 美元 －（24 美元 ＋10 美元 ＋5 美元 ＋4 美元）］×3 小时/4 小时 ＝96.50 美元。

问题 17 分析：

预计单位制造成本 ＝80 万美元/120 万单位 ＝0.67 美元/单位。

问题 18 分析：

计算机部件制造商与新客户，就定制化和应用最新技术的产品进行协商，竞争较小，符合成本定价法的使用环境。

问题 19 分析：

投标价格 ＝500 美元 ＋（20 美元/工时 ＋2 美元/工时）×12 工时 ＋8 美元 ＝772 美元。

问题 20 分析：

产品 A 单位机器工时边际贡献 ＝95 元/4 小时 ＝23.75 元/小时。产品 B 单位机器工时边际贡献 ＝55 元/2.5 小时 ＝22 元/小时。

问题 21 分析：

盈亏平衡点 ＝［2 400 000 元 ÷（1 －40%）＋15 000 000 元］÷（3 000 元 －2 000 元）＝19 000 件。

问题 22 分析：

安全边际 ＝13 200 元/（13 200 元 ＋76 800 元）＝14.7%。

问题 23 分析：

加权边际贡献 ＝264 480 元/28 500 件 ＝9.28 元/件。设 A 产品所占比例为 w，10.00 元 ×w ＋8.00 元 ×（1 －w）＝9.28 元/件，w ＝64%。

问题 24 分析：

研发成本是已经发生的、不可回收的成本，属于沉没成本。

问题 25 分析：

息税前利润 ＝（100 元 －55 元）×（1 ＋50%）×4 000 件 －150 000 元 ＝120 000 元。

问题 26 分析：

单位相关成本 ＝3.5 元 ＋9 元 ＋2 元 ＋3 元 ＋2.5 元 ＋4 元/2 ＋150 000 元/50 000 ＝25 元。

问题 27 分析：

当对该产品的市场需求超出甲公司的产能时，相关成本为变动成本加上机会成本。

问题 28 分析：

产品 C 的相关成本为 0.80 元，冰激凌车运营成本、工资、管理成本为不相关成本，所以停止销售 C 产品，会减少利润 ＝120 天 ×100 个/天 ×（1.75 元/个 －0.8 元/个）＝11 400 元。

问题 29 分析：

设变动成本为 VC，（115 元 －VC）×100 000 件 －3 500 000 元 ＝6% ×115 元 ×100 000 件，VC ＝73.1 元。

问题 30 分析：

成长期销售额快速增长。产品继续由于差异化受益，但是竞争加剧，价格开始松动。

问题 31 分析：

完全竞争市场的均衡条件是：边际收益 = 价格 = 边际成本 = 平均总成本。垄断市场的均衡条件是：边际收益 = 边际成本。与完全竞争市场相比，垄断市场中产品的价格更高、产量更低。大部分情况下，垄断企业长期获得经济利润，使得资源没有有效分配，并且低于理想产量。选项 B 的说法是正确的，可参考《注册管理会计师基础教程》图 6-10。

问题 32 分析：

在相关范围内，生产水平的增加会导致总成本增加，单位变动成本不变，固定成本不变。

问题 33 分析：

原生产量 = 10 000 件，变动成本 = 50 元时：利润 = 10 000 件 ×（85 元 − 50 元）− 300 000 元 = 50 000元。

当变动成本变化后，单位变动成本 =50 元 ×（1 +20%）=60 元。

如果产量不变，利润 =10 000 件 ×（85 元 −60 元）−300 000 元 = −50 000 元。与原来变动成本没发生变化时相比，利润 = −50 000 元 −50 000 元 = −100 000 元。

当产量增加到 12 000 件时：利润 =12 000 件 ×（85 元 −60 元）−300 000 元 =0 元。与原来变动成本没发生变化时相比，利润 =0 元 −50 000 元 = −50 000 元。

当变动成本增加 20%，产量不变利润下降 100 000 元，产量增加到 12 000 件，利润下降50 000元。

问题 34 分析：

该产品的售价 =89 元/60% =148. 33 元。

问题 35 分析：

根据高低点法公式可知，变动成本 =（450 元 −250 元）/（200 件 −100 件）=2 元/件，固定成本 = 250 元 −2 元/件 ×100 件 =50 元。

问题 36 分析：

方案一的每股收益等于方案二的每股收益时 EBIT 为 X，则：

（X −9% ×100 000 元）×（1 −40%）/1 000 股 = X ×（1 −40%）/（1 000 股 +500 股），可得 X = 27 000元。

方案一的每股收益 =（27 000 元 −9% ×100 000 元）×（1 −40%）/1 000 股 =10. 80 元/股，方案二的每股收益 =27 000 元 ×（1 −40%）/（1 000 股 +500 股）=10. 80 元/股。

问题 37 分析：

去年固定成本 =（7. 5 元/个 −2. 25 元/个）×20 000 个 =105 000 元，今年固定成本 =105 000 元 ×（1 +10%）=115 500 元。今年变动成本 =2. 25 元 ×（1 +33. 3%）=3 元。盈亏平衡点 =115 500 元/（9 元/个 −3 元/个）=19 250 个。

问题 38 分析：

（10 元 −8 元）×20 000 件/[（10 元 −8 元）×20 000 件 +（15 元 −10 元）×5 000 件] ×30 000 元/（10 元 −8 元）=9 231 件。

问题 39 分析：

一种产品的需求数量变化与另一种产品价格的改变成正相关，说明需求的交叉弹性为正，两种产品是替代品。

问题 40 分析：

总边际贡献 =38 400 元 +28 800 元 =67 200 元。A 产品边际贡献 =18 元 −12 元 =6 元，B 产品边际贡献 =22 元 −14 元 =8 元。加权边际贡献 =0. 8 ×6 元 +0. 2 ×8 元 =6. 4 元。甲公司售出产品数量 =

67 200 元/6.4 元 = 10 500 个。

问题 41 分析：

边际贡献率 = 60 000 元/80 000 元 = 75%。甲公司盈亏平衡的销售收入 = 30 000 元/75% = 40 000 元。

问题 42 分析：

盈亏平衡点 = (目标税后经营利润/(1 - 税率) + 固定成本)/边际贡献。可见当所得税上升时，盈亏平衡点上升。

问题 43 分析：

相关成本 = 500 元 - 200 元 + 1 000 小时 × 22 元/小时 + 3 200 元 = 25 500 元，比购买的成本少 3 500 元。

问题 44 分析：

A 方案的营业利润 = (72 元/单位 - 60 元/单位 - 72 元/单位 × 10%) × 10 000 单位 = 48 000 元。

B 方案的营业利润 = (76 元/单位 - 60 元/单位 - 76 元/单位 × 10%) × 12 000 单位 - 60 000 元 = 40 800 元。

C 方案的营业利润 = (64 元/单位 - 60 元/单位) × 14 000 单位 = 56 000 元。

营业利润排序：C 方案 > A 方案 > B 方案。

问题 45 分析：

选项 A 的营业利润 = 8 单位 × (200 000 元 - 100 000 元) - 800 000 元 = 0 元。

选项 B 的营业利润 = 10 单位 × (200 000 元 - 100 000 元) - 800 000 元 = 200 000 元。

选项 C 的营业利润 = 14 单位 × (200 000 元 - 90 000 元) - 1 200 000 元 = 340 000 元。

选项 D 的营业利润 = 17 单位 × (200 000 元 - 90 000 元) - 1 600 000 元 = 270 000 元。

所以，选项 C 的营业利润最大。

问题 46 分析：

当公司产能最大时净利润最大，即销售量为 40 000 个时最大。每单位边际贡献 = 单位售价 - 单位变动成本 = 24 元 - 16 元 = 8 元。

总边际贡献 = 销售量 × 每单位边际贡献 = 40 000 个 × 8 元/个 = 320 000 元。

净利润 = (总边际贡献 - 固定成本) × (1 - 税率) = (320 000 元 - 96 000 元) × (1 - 40%) = 134 400 元。

问题 47 分析：

每单位边际贡献 = 单位售价 - 单位变动成本 = 20 元/个 - 14 元/个 = 6 元/个。总边际贡献 = 销售量 × 每单位边际贡献 = 30 000 个 × 6 元/个 = 180 000 元。

净利润 = (总边际贡献 - 固定成本) × (1 - 税率) = (180 000 元 - 84 000 元) × (1 - 50%) = 48 000 元。

盈亏平衡点 = 84 000 元/6 元/个 = 14 000 个。

安全边际 = (30 000 个 - 14 000 个)/14 000 个 = 114%。

注意安全边际也可以使用当前运营水平作为分母，则安全边际 = (30 000 个 - 14 000 个)/30 000 个 = 53.3%。如果题目中没有说明且有两个答案分别使用盈亏平衡点和当前运营水平作为分母，则优先使用当前运营水平作为分母的答案。

问题 48 分析：

目前每单位变动制造成本 = 总变动制造成本/销售数量 = 100 000 元/5 000 个 = 20 元/个。采用自动化生产工艺后，每单位变动制造成本 = 20 元 - 10 元 = 10 元。总变动制造成本 = 每单位变动生产成本 × 销售数量 = 10 元/个 × 5 000 个 = 50 000 元。固定制造成本 = 32 000 元 + 60 000 元 = 92 000 元。边际贡献 = 销售收入 - 变动制造成本 - 变动销售成本 = 200 000 元 - 50 000 元 - 30 000 元 = 120 000 元。营业利润 = 边际贡献 - 固定制造成本 - 固定销售成本 = 120 000 元 - 92 000 元 - 8 000 元 = 20 000 元。

问题 49 分析：

有专门订单定制 20 000 台空调，工厂有闲置资源，因此机会成本为 0。相关成本包括变动成本和减少的固定成本。

每单位相关成本 = 直接材料 + 直接人工 + 变动制造费用 + 节省的固定制造费用 = 14 元 + 24 元 + 10 元 + 12 元 = 60 元

总相关成本 = 每单位相关成本 × 生产数量 = 60 元 × 20 000 台 = 1 200 000 元。

问题 50 分析：

本年总固定成本 = 每单位固定成本 × 销售数量 = 120 元/个 × 150 000 个 = 18 000 000元。每单位变动成本 = 120 元/个 ×（1 - 20%）= 96 元/个。固定成本 = 18 000 000 元 - 1 500 000 元 = 16 500 000 元。

选项 A 每单位边际贡献 = 销售价格 - 每单位变动成本 = 300 元/个 - 96 元/个 = 204 元/个。单位固定成本 = 总固定成本/销售数量 = 16 500 000 元/175 000 个 = 94 元/个。

选项 B 总边际贡献 = 每单位边际贡献 × 销售数量 = 204 元/个 × 175 000 个 = 35 700 000 元。总固定成本 = 16 500 000 元。

选项 C 变动成本率 = 每单位变动成本/销售价格 = 96 元/300 元 = 32%。营业利润 = 边际贡献 - 固定成本 = 35 700 000 元 - 16 500 000 元 = 19 200 000 元。

选项 D 边际贡献率 = 1 - 变动成本率 = 1 - 32% = 68%。营业利润 = 边际贡献 - 固定成本 = 35 700 000 元 - 16 500 000 元 = 19 200 000 元。

问题 51 分析：

垄断竞争市场的特征是：行业中有大量的企业，各自独立经营；产品有差异性，包括质量、服务、促销、可得性；进入市场相对容易；有一定的价格控制。

寡头垄断市场的特征是：有少数的企业，相互影响；产品可能是差异化的，也可能是标准化的；价格是有黏性的；进入很困难。

问题 52 分析：

A 产品每单位边际贡献 = 销售价格 - 变动制造成本 - 变动销售和管理费用 = 200 元 - 106 元 - 20 元 = 74 元。每机时边际贡献 = 每单位边际贡献/单位产品机时 = 74 元/2 小时 = 37 元/小时。

B 产品每单位边际贡献 = 销售价格 - 变动制造成本 - 变动销售和管理费用 = 160 元 - 90 元 - 22 元 = 48 元。每机时边际贡献 = 每单位边际贡献/单位产品机时 = 48 元/1.5 小时 = 32 元/小时。

问题 53 分析：

相关因素：8 400 千克原材料 A 的市场价格为 4.10 元。不相关因素：剩下的 600 千克和沉没成本为30 600 元/9 000 千克 = 3.4 元/千克。

问题 54 分析：

如果停止生产该产品，公司减少每单位销售收入为 37 元，减少每单位成本为原材料，人工和变动制造费用的总和为 24.5 元 + 7.5 元 = 32 元。减少公司每单位边际贡献 = -37 元 + 32 元 = -5 元 < 0。

因此应当选择继续生产。无论用何种方法分配间接费用或是否扩大生产，间接费用总数不变，且销售数量不变，因此每单位固定成本也不会变。

问题 55 分析：

沉没成本是指已经发生的且不会因现在或将来的决策而改变的成本。无论选择什么方案，沉没成本都是不变的。起重机的成本是购置固定资产的成本，在决策中一般而言是沉没成本，是已经发生的成本。

问题 56 分析：

相关成本 = 原材料 + 直接人工 = 40 000 元 + 10 000 元 = 50 000 元。生产设备的成本是决策前发生的成本，属于沉没成本，与决策不相关。

问题 57 分析：

沉没成本是指已经发生的且不会因现在或将来的决策而改变的成本。无论选择什么方案，沉没成本都是不变的。分割点之前的成本是过去产生的成本，对未来决策无用，属于沉没成本。

问题 58 分析：

机会成本是指在决策过程中选择一个方案而放弃另一个时所放弃的收入。

问题 59 分析：

机会成本是指在决策过程中选择一个方案而放弃另一个时所放弃的收入。

问题 60 分析：

每单位边际贡献 = 销售价格 × 边际贡献率 = 60 元 × 45% = 27 元。

每单位变动成本 = 销售价格 − 每单位边际贡献 = 60 元 − 27 元 = 33 元。

总变动价格 = 每单位变动成本 × 销售数量 = 33 元/单位 × 1 000 单位 = 33 000 元。

问题 61 分析：

总固定成本 = 每单位固定成本 × 期望产量 = 110 元/单位 × 150 000 单位 = 16 500 000元。每单位边际贡献 = 销售价格 − 每单位变动成本 = 320 元/单位 − 120 元/单位 = 200 元/单位。盈亏平衡点处的销售数量 = 总固定成本/每单位边际贡献 = 16 500 000 元/200 元/单位 = 82 500 单位。销售量为 175 000 单位时，总边际贡献 = 每单位边际贡献 × 销售数量 = 200 元/单位 × 175 000 单位 = 35 000 000 元。经营利润 = 总边际贡献 − 总固定费用 = 35 000 000 元 − 16 500 000 元 = 18 500 000 元。

问题 62 分析：

盈亏平衡点处，经营利润为 0，销售收入等于总成本。

问题 63 分析：

4 月销售量 3 000 单位，5 月销售量 4 000 单位。5 月销售量多于 4 月销售量 1 000 单位。每单位边际贡献 = 销售价格 × 边际贡献率 = 60 元/单位 × 45% = 27 元/单位。

5 月边际利润高于 4 月边际利润 = 27 元/单位 × 1 000 单位 = 27 000 元。

问题 64 分析：

AB 产品全部满足市场需求时所需机时 = A 需求量 × A 每单位产品机时 + B 需求量 × B 每单位产品机时 = 10 000 单位 × 2 小时/单位 + 20 000 单位 × 1.5 小时/单位 = 50 000 小时。可用机时为 40 000 小时，即生产不能满足市场需求，所以机时是限制性因素。

A 产品每单位边际贡献 = 销售价格 − 变动制造成本 − 变动销售和管理费用 = 200 元 − 106 元 − 20 元 = 74 元。每机时边际贡献 = 每单位边际贡献/单位产品机时 = 74 元/2 小时 = 37 元/小时。

B 产品每单位边际贡献 = 销售价格 − 变动制造成本 − 变动销售和管理费用 = 160 元 − 90 元 − 22 元 = 48 元。每机时边际贡献 = 每单位边际贡献/单位产品机时 = 48 元/1.5 小时 = 32 元/小时。

A 产品每机时边际贡献 > B 产品每机时边际贡献，因此应先生产 A 产品再生产 B 产品。即生产 10 000 单位 A 产品，13 333 单位 B 产品。(40 000 小时 − 10 000 单位 × 2 小时/单位)/1.5 小时 = 13 333

单位。边际贡献 = 10 000 单位 × 74 元/单位 + 13 333 单位 × 48 元/单位 = 1 379 984 元。

问题 65 分析：

两种产品全部满足市场需求时所需机时 = A 产品的需求量 × A 产品的每单位产品机时 + B 产品的需求量 × B 产品的每单位产品机时 = 500 000 单位 × 2 小时/单位 + 700 000 单位 × 4 小时/单位 = 3 800 000 小时。可用机时为 1 000 000 小时，即生产不能满足市场需求，所以机时是限制性因素。

A 产品每单位边际贡献 = 销售价格 − 直接材料 − 直接人工 − 变动制造成本 − 变动销售成本 = 40 元 − 10 元 − 16 元 − 6 元 − 2 元 = 6 元。每机时边际贡献 = 每单位边际贡献/单位产品机时 = 6 元/2 小时 = 3 元/小时。

B 产品每单位边际贡献 = 销售价格 − 直接材料 − 直接人工 − 变动制造成本 − 变动销售成本 = 60 元 − 10 元 − 20 元 − 10 元 − 4 元 = 16 元。每机时边际贡献 = 每单位边际贡献/单位产品机时 = 16 元/4 小时 = 4 元/小时。

B 产品每机时边际贡献 > A 产品每机时边际贡献，因此应先生产 B 产品再生产 A 产品。1 000 000 机时全部用来生产 B 产品。总边际贡献 = 每机时边际贡献 × 总机时 = 4 元/小时 × 1 000 000 小时 = 4 000 000 元。

问题 66 分析：

去年边际贡献 = 去年销售收入 − 去年变动成本 = 900 000 元 − 540 000 元 = 360 000 元。边际贡献率 = 去年边际贡献/去年销售收入 = 360 000 元/900 000 元 = 40%。本年边际贡献 = 边际贡献率 × 销售收入 = 40% × 1 000 000 元 = 400 000 元。经营利润 = 本年边际贡献 − 固定费用 = 400 000 元 − 240 000 元 = 160 000 元。

问题 67 分析：

边际贡献增加 2 000 元，固定成本不变，经营利润增加 2 000 元。

问题 68 分析：

每单位边际贡献 = 边际贡献率 × 销售价格 = 45% × 60 元 = 27 元。

总边际贡献 = 每单位边际贡献 × 销售数量 = 27 元/单位 × 3 000 单位 = 81 000 元。

经营利润 = 总边际贡献 − 固定成本 = 81 000 元 − 20 000 元 = 61 000 元。

问题 69 分析：

本/量/利分析的假设：总收入和总成本在相关范围内与产出数量有线性关系。各个参数可以被合理估计。单一产品或者明确比例的产品组合。产量等于销量。

问题 70 分析：

剧目“学评戏”总观众数 = 演出场次 × 每场平均观众数 = 12 场 × 3 500 人/场 = 42 000 人。每观众边际贡献 = 票价 − 变动成本 = 36 元 − 6 元 = 30 元。

剧目“白蛇传”总观众数 = 演出场次 × 每场平均观众数 = 20 场 × 3 000 人/场 = 60 000 人。每观众边际贡献 = 票价 − 变动成本 = 30 元 − 2 元 = 28 元。

剧目“西征梦”总观众数 = 演出场次 × 每场平均观众数 = 12 场 × 4 000 人/场 = 48 000 人。每观众边际贡献 = 票价 − 变动成本 = 40 元 − 0 元 = 40 元。

总观众数 = 42 000 人 + 60 000 人 + 48 000 人 = 150 000 人。学评戏观众比例 = 42 000 人/150 000 人 = 28%。白蛇传观众比例 = 60 000 人/150 000 人 = 40%。西征梦观众比例 = 48 000 人/150 000 人 = 32%。

加权平均边际贡献 = 28% × 30 元/人 + 40% × 28 元/人 + 32% × 40 元/人 = 32.4 元/人。总固定费用 = 330 000 元 + 498 000 元 + 632 000 元 + 1 130 000 元 = 2 590 000 元。盈亏平衡点的观众数量 = 总固定费用/加权平均边际贡献 = 2 590 000 元/16.2 元/人 = 79 938 人。

问题 71 分析：

设观众数量 Q，则，收入 − 变动成本 − 固定成本 = 目标净利润/(1 − 税率)。36 元/人 × Q − 6 元/人 × Q − 330 000 元 = 420 000 元/(1 − 30%)，解得 Q = 31 000 人。

问题 72 分析：

A 零件每单位边际贡献 = 售价 − 变动成本 = 20 元 − 11 元 = 9 元；B 零件每单位边际贡献 = 售价 − 变动成本 = 30 元 − 16 元 = 14 元；C 零件每单位边际贡献 = 售价 − 变动成本 = 40 元 − 28 元 = 12 元。

总销售数 = 30 000 套 + 75 000 套 + 45 000 套 = 150 000 套。A 零件销售量比例 = 30 000 套/150 000 套 = 20%。B 零件销售量比例 = 75 000 套/150 000 套 = 50%。C 零件销售量比例 = 45 000 套/150 000 套 = 30%。

加权平均边际贡献 = 20% × 9 元/套 + 50% × 14 元/套 + 30% × 12 元/套 = 12.4 元/套。

盈亏平衡点的销售数量 = (总固定费用 + 经营收入)/加权平均边际贡献 = (1 922 000 元 + 322 400 元)/(12.4 元/套) = 181 000 套。

C 零件数量 = 盈亏平衡点处的销售数量 × C 零件销售量比例 = 181 000 套 × 30% = 54 300 套。

问题 73 分析：

收入 − 变动成本 − 固定成本 = 目标净利润/(1 − 税率)。设收入为 S，30% × S − 480 000 元 = 6% × S/(1 − 40%)，解得 S = 2 400 000 元。

问题 74 分析：

辅导教材的成本分为固定成本和变动成本。

总固定成本 = 编写 + 排版 + 设备折旧 + 管理费用 + 其他固定成本 = 70 000 元 + 37 000 元 + 18 640 元 + 15 000 元 + 8 800 元 = 149 440 元。

总变动成本 = 打印和定装 + 销售人员佣金 + 书店佣金 + 作者版税 = 60 000 元 + 10 800 元 + 135 000 元 + 54 000 元 = 259 800 元。

每本书变动成本 = 259 800 元/6 000 本 = 43.3 元/本。每本书边际贡献 = 销售价格 − 每本书变动成本 = 90 元/本 − 43.3 元/本 = 46.7 元/本。设销售数量为 Q，则，边际贡献 − 固定成本 = 目标经营利润。46.7 元/本 × Q − 149 440 元 = 20% × 90 元/本 × Q，解得 Q = 5 207 本。

问题 75 分析：

目标净利润 = 600 000 元 × 8% = 48 000 元。收入 − 变动成本 − 固定成本 = 目标净利润/(1 − 税率)。设收入 S，S − 30% × S − 1 200 000 元 = 48 000 元/(1 − 40%)，解得 S = 1 828 572 元。

问题 76 分析：

收入 − 变动成本 − 固定成本 = 目标净利润/(1 − 税率)。设产量为 Q，200 元 × Q − 150 元 × Q − 500 000元 = 2 600 000 元/(1 − 30%)，解得 Q = 90 000(单位)。

问题 77 分析：

依据给定的产品组合，设三角形蛋糕产量为 S，则方形蛋糕产量为 $3S$。

在盈亏平衡点处，收入 − 变动成本 − 固定成本 = 0。即，(24 元/个 × S + 40 元/个 × $3S$) − (16 元/个 × S + 30 元/个 × $3S$) − 188 000 元 = 0 元，三角形蛋糕产量为 4 947 个，方形蛋糕产量为 14 842 个。

问题 78 分析：

A 产品边际贡献 6 元，B 产品边际贡献 8 元，A 产品边际贡献 < B 产品边际贡献。公司希望销售更多的 A，这会导致 A 的销售数量比例增加，进而公司加权平均边际贡献减少。加权平均边际贡献减少，盈亏平衡点处的销售数量增加。如果总销量不变，由于边际贡献小的产品比例增加，公司的总边际贡献减少，进而净利润将会减少。

问题 79 分析：

行业的需求曲线是有弹性的，企业的需求曲线是完全弹性的。其他选项说法正确。

问题 80 分析：

需求的收入弹性 = 需求数量变动的百分比/收入变动的百分比 = (16 000 台/[(40 000 台 + 56 000 台)/2)]/ (20 000 元/[(100 000 元 + 120 000 元)/2)] = 1.83。

问题 81 分析：

专门订单的定价应考虑的因素有：产品的变动成本，与订单相关的直接固定成本和机会成本。原有的固定成本无论是否接受专门订单都会存在，不是面向未来的，且不是因方案而异的，因此决策不相关。

问题 82 分析：

当 B 部门被关掉时，销售收入与变动费用都会减为 0，且依据题意，固定费用减少3 000 元，则，B 部门关闭后对公司整体影响为：-30 000 元 + 17 000 元 + 6 000 元 + 3 000 元 = -4 000 元。

问题 83 分析：

原材料一共 1 000 千克，为限制性因素。

产品 X 每单位边际贡献 = 销售价格 - 单位变动成本 = 100 元 - 80 元 = 20 元。每单位原材料边际贡献 = 每单位边际贡献/每单位 X 使用原材料 = 20 元/4 千克 = 5 元/千克。

产品 Y 每单位边际贡献 = 销售价格 - 单位变动成本 = 130 元 - 100 元 = 30 元。每单位原材料边际贡献 = 每单位边际贡献/每单位 Y 使用原材料 = 30 元/10 千克 = 3 元/千克。

公司应首先生产每单位原材料边际贡献大的产品，即 X 产品。生产数量 = 1 000 千克/4 千克 = 250 单位。

问题 84 分析：

第 3 种方案中，租赁费用变为变动成本，因此第 3 种方案中的杠杆是最低的，经营风险是最小的。

问题 85 分析：

联产品成本为沉没成本，做决策时不考虑。

A 产品如果继续加工，继续加工带来的净利润 = 增量收入 - 增量成本 = 20 元/升 × 40 000 升 - 14 元/升 × 40 000 升 - 250 000 元 = -10 000 元 < 0。决策是在分割点处销售。

B 产品如果继续加工，继续加工带来的净利润 = 增量收入 - 增量成本 = 36 元/升 × 60 000 升 - 30 元/升 × 60 000 升 - 230 000 元 = 130 000 元 > 0。决策是继续加工。

问题 86 分析：

A 部门边际贡献率 = 边际贡献/销售收入 = (1 000 000 元 - 600 000 元)/1 000 000 元 = 40%；B 部门边际贡献率 = 边际贡献/销售收入 = (800 000 元 - 400 000 元)/800 000 元 = 50%；C 部门边际贡献率 = 边际贡献/销售收入 = (200 000 元 - 140 000 元)/200 000 元 = 30%。

问题 87 分析：

C 部门关闭后其他两部门销售水平下降 5%，C 部门无边际贡献。由问题 86 可知，A 部门边际贡献率为 40%，B 部门边际贡献率为 50%。

C 部门关闭后，A 部门销售收入 = 1 000 000 元 × (1 - 5%) = 950 000 元，边际贡献 = 950 000 元 × 40% = 380 000 元。

C 部门关闭后，B 部门销售收入 = 800 000 元 × (1 - 5%) = 760 000 元，边际贡献 = 760 000 元 × 50% = 380 000 元。

总边际贡献 = 380 000 元 + 380 000 元 = 760 000 元。

问题 88 分析：

如果企业选择购买 A 零件，固定成本 40% 不能减少，即能减少 60%。可避免的固定成本 = 300 000元 × 60% = 180 000 元。可避免的变动成本 = 22 元/单位 × 30 000 单位 = 660 000 元。可避免的总成本 = 180 000 元 + 660 000 元 = 840 000 元。可避免的每单位成本 = 840 000 元/30 000 单位 = 28 元/单位。

供应商的单价需低于 28 元。

问题 89 分析：

每单位变动制造成本 = 变动制造成本/销售数量 = 100 000 元/5 000 单位 = 20 元/单位。专门订单订货 2 000 单位，工厂最高产量 7 000 单位，现有生产量 5 000 单位，生产资源有剩余，即无机会成本。专门订单不需任何销售努力，即，变动销售成本为 0。则每单位最低定价为 20 元。

问题 90 分析：

如果关闭乙部门，则，减少销售收入 = －170 000 元，减少变动成本 = 144 000 元，减少固定成本 = 28 000 元 × 50% = 14 000 元。

关闭乙部门后总影响 = －170 000 元 + 144 000 元 + 14 000 元 = －12 000 元 < 0，应继续经营。

问题 91 分析：

甲产品全部满足市场需求时所需机时 = 甲产品需求量 × 甲产品每单位产品机时 = 120 000 单位 × 1 小时/单位 = 120 000 小时。乙产品全部满足市场需求时所需机时 = 乙产品需求量 × 乙产品每单位产品机时 = 80 000 单位 × 1.5 小时/单位 = 120 000 小时。可用机时 120 000 小时，即生产不能满足市场需求，机时是限制性资源。可用机时只够生产其中一种产品。

甲产品每单位变动成本 = 原材料 + 直接人工 + 变动间接费用 = 74 元 + 24 元 + 12 元 = 110 元。公司可以 120 元购入甲产品，则假设公司也可以 120 元卖出甲产品，可将 120 元看成公司的销售价格，则，每单位甲产品边际贡献 = 销售价格 – 每单位变动成本 = 120 元 – 110 元 = 10 元。每机时单位贡献 = 每单位甲产品边际贡献/ 甲产品每单位产品机时 = 10 元/1 小时 = 10 元/小时。

乙产品每单位变动成本 = 原材料 + 直接人工 + 变动间接费用 = 48 元 + 26 元 + 6 元 = 80 元。公司可以 90 元购入乙产品，则假设公司也可以 90 元卖出乙产品，可将 90 元看成公司的销售价格，则，每单位乙产品边际贡献 = 销售价格 – 每单位变动成本 = 90 元 – 80 元 = 10 元。每机时单位贡献 = 每单位乙产品边际贡献/乙产品每单位产品机时 = 10 元/1.5 小时 = 6.66 元/小时。

甲产品每机时单位贡献 > 乙产品每机时单位贡献，应自行生产甲产品，在有利可图的情况下，购买乙产品。

问题 92 分析：

需求交叉弹性 = 一种产品需求数量变动的百分比/另一种产品价格变动的百分比。

问题 93 分析：

管理层应该关注各方案都不相同预期的收入和成本。

问题 94 分析：

与销售还是再加工决策相关的信息是增量收入和增量成本。因素 1 影响相关收入，因素 2 和因素 3 影响相关成本。其他 3 个因素为不相关成本。

问题 95 分析：

如果再加工的增量收入减去再加工的增量成本的结果大于 0，就再加工，否则不加工。

增量收入 – 增量成本 = (100 元/桶 × 3 800 桶 – 80 元/桶 × 4 000 桶) – (10 元/桶 × 3 800 桶 + 10 000元) = 60 000 元 – 48 000 元 = 12 000 元，所以接受该订单。

问题 96 分析：

由于加工后收入下降，A 产品必定在分割点处卖出。

B 产品如果继续加工，继续加工利润 = 增量收入 - 增量成本 = 16 元/单位 ×20 000 单位 - 120 000 元 - 11 元/单位 ×20 000 单位 = -20 000 元。B 产品在分割点处销售。

C 产品如果继续加工，继续加工带来的利润 = 25 元/单位 ×70 000 单位 - 280 000 元 - 20.5 元/单位 ×70 000 单位 = 35 000 元。C 产品继续加工。

问题 97 分析：

相关成本为变动成本包括直接材料、直接人工和变动制造费用。专门订单将不产生销售费用，因此销售费用不是相关成本。

总相关成本 = 132 000 元 + 240 000 元 + 240 000 元 ×40% = 468 000 元。接受专门订单为企业带来利润 = 560 000 元 - 468 000 元 = 92 000 元。因此应接受专门订单。

问题 98 分析：

变动制造费用按照机时分配，每机时 5 元，则

A 单位产品机时 = A 单位变动制造费用/变动制造费用分配率 = 10 元/5 元/小时 = 2 小时。B 单位产品机时 = B 单位变动制造费用/变动制造费用分配率 = 20 元/5 元/小时 = 4 小时。C 单位产品机时 = C 单位变动制造费用/变动制造费用分配率 = 30 元/5 元/小时 = 6 小时。产品全部满足市场需求时所需机时 = A 产品需求量 ×A 产品每单位产品机时 + B 产品需求量 ×B 产品每单位产品机时 + C 产品需求量 ×C 产品每单位产品机时 = 5 000 单位 ×2 小时/单位 + 6 000 单位 ×4 小时/单位 + 3 000 单位 ×6 小时/单位 = 52 000 小时。可用机时共 28 000 小时，即生产不能满足市场需求，机时是限制性因素。

公司可以 42 元购入 A 产品，假设公司也可以 42 元卖出 A 产品，即可将 42 元看成公司的销售价格，则，每单位边际贡献 = 销售价格 - 变动直接成本 - 变动制造费用 = 42 元 - 20 元 - 10 元 = 12 元。每机时边际贡献 = 每单位边际贡献/单位产品机时 = 12 元/2 小时 = 6 元/小时。

公司可以 84 元购入 B 产品，假设公司也可以 84 元卖出 B 产品，即可将 84 元看成公司的销售价格，则，每单位边际贡献 = 销售价格 - 变动直接成本 - 变动制造费用 = 84 元 - 48 元 - 20 元 = 16 元。每机时边际贡献 = 每单位边际贡献/单位产品机时 = 16 元/4 小时 = 4 元/小时。公司可以 78 元购入 C 产品，假设公司也可以 78 元卖出 C 产品，即可将 78 元看成公司的销售价格，则，每单位边际贡献 = 销售价格 - 变动直接成本 - 变动制造费用 = 78 元 - 40 元 - 30 元 = 8 元。每机时边际贡献 = 每单位边际贡献/单位产品机时 = 8 元/6 小时 = 1.33 元/小时。

A 产品每机时边际贡献 > B 产品每机时边际贡献 > C 产品每机时边际贡献，因此应先生产 A 产品，再生产 B 产品，最后生产 C 产品。即生产 5 000 单位 A 产品，4 500 单位 B 产品。

问题 99 分析：

销售收入 = 销售价格 × 销售数量 = 200 元/单位 ×10 000 单位 = 2 000 000 元；变动成本 = 每单位变动成本 × 销售数量 = 120 元/单位 ×10 000 单位 = 1 200 000 元；新增固定成本 = 912 000 元。

净利润 =（销售收入 - 变动成本 - 新增固定成本）×（1 - 税率）=（2 000 000 元 - 1 200 000 元 - 912 000元）×（1 - 30%）= -78 400 元。

问题 100 分析：

相关成本 = 变动制造成本 = 10 元，专门订单将不产生销售费用。

营业利润 = 15 000 双 ×（15 元/双 - 10 元/双）= 75 000 元。

问题 101 分析：

对于 A 分部，经营利润 = 销售收入 - 总成本 = 16 000 000 元 - 7 400 000 元 - 9 600 000 元 =

-1 000 000 元。

对于公司整体，经营利润 = 销售收入 - 总成本 = 16 000 000 元 - 3 000 000 元 - 9 600 000 元 = 3 400 000 元。

问题 102 分析：

目标经营利润 = 40 000 000 元 × 20% = 8 000 000 元。每单位目标经营利润 = 目标经营利润/销售数量 = 8 000 000 元/10 000 单位 = 800 元/单位。产品销售价格 = 每单位总成本 + 每单位目标经营利润 = 600 元 + 800 元 = 1 400 元。加成百分比 = 产品销售价格/每单位完全成本 - 1 = 1 400 元/600 元 - 1 = 133.33%。

问题 103 分析：

完全竞争市场、垄断竞争市场、垄断市场的均衡条件都是边际成本等于边际收入。

问题 104 分析：

企业产品或服务存在差异时最可能采用成本基础定价法。定制化生产的产品往往都是差异化较大产品，因此用成本基础定价法。

问题 105 分析：

成本的可追溯性和确认难易程度与定价决策无关。在成本基础定价法下，成本的确认发生在定价之前。

问题 106 分析：

在市场基础定价法环境下：市场力量对产品或服务定价影响较大；顾客不愿支付比市场普遍价格更高的价格；公司一般收取普遍的市场回报率。

问题 107 分析：

总固定成本为 200 000 元，特种服务总时为 50 000 小时，则，每小时固定成本 = 200 000 元/50 000 小时 = 4 元/小时。

每小时变动成本 12 元，每小时特种服务收费 18 元，则，每小时总成本 = 12 元 + 4 元 = 16 元。

加成 = 每小时特种服务收费/每小时完全成本 - 1 = 18 元/16 元 - 1 = 12.5%。

问题 108 分析：

总投资 = 厂场投资 + 运营资本 = 6 000 000 元 + 2 000 000 元 = 8 000 000 元。目标净收益 = 总投资 × ROI = 8 000 000 元 × 15% = 1 200 000 元。目标运营收入 = 目标净收益/(1 - 税率) = 1 200 000 元/(1 - 40%) = 2 000 000 元。每单位目标运营收入 = 目标营运收入/销售数量 = 2 000 000 元/25 000 单位 = 80 元/单位。每单位固定成本 = 固定成本/销售数量 = 1 400 000 元/25 000 单位 = 56 元/单位。销售价格 = 每单位目标运营收入 + 每单位固定成本 + 变动成本 = 80 元 + 56 元 + 400 元 = 536 元。

问题 109 分析：

需求曲线向左移，需求减少。馒头是花卷的替代品。馒头价格下降，使得馒头需求增加，花卷的需求减少。

问题 110 分析：

消费者的收入增加，将使得对于方便面的需求增加，从而使需求曲线右移。方便面的价格和供给的变动不会影响需求曲线，饭店价格下降将会使得需求曲线左移。

问题 111 分析：

产品 X 的需求下降使得产品 Y 的需求曲线向右移，即 X 需求量与 Y 的需求量成反比，X 和 Y 是替代品。选项 B 中奶油和人造奶油是替代品，其他选项中都是互补品。

问题 112 分析：

供给的增加不会导致需求的变化。

问题 113 分析：

富有弹性说明需求的价格弹性 >1，价格增加会导致需求量更大比例的减少，进而总收入减少。

问题 114 分析：

价格为 100 元时，需求量 = 供给量，100 元为出清价格。价格 <100 元，供给量 <需求量，供给不足；价格 >100 元，供给量 >需求量，供给过剩。

问题 115 分析：

短期内，市场均衡价格为 100 元；价格 <100 元，供给量 <需求量，供给不足；价格 >100 元，供给量 >需求量，供给过剩。长期来看，如果供应商的成本增加，供给减少，均衡价格增加。

问题 116 分析：

需求量小于供给量，存在供给过剩，市场没有处于均衡状态。随时间推移，市场逐渐趋于均衡，价格下降，直至均衡价格。

问题 117 分析：

需求价格弹性 >1，价格的增加将导致需求量更大比例的减少。

问题 118 分析：

产品供给不决定需求。

问题 119 分析：

完全需求弹性说明价格很小的变化将导致需求量无限的变化。此时需求曲线平行于横轴。

问题 120 分析：

富有弹性说明需求的价格弹性 >1，价格下降会导致需求量更大比例的增加，进而总收入增加。

问题 121 分析：

需求交叉弹性 = A 产品需求数量变动的百分比/B 产品价格变动的百分比。需求交叉弹性 >0，B 产品价格变动的百分比为正时，A 产品需求数量变动的百分比也为正。

问题 122 分析：

需求的收入弹性 = 需求数量变动的百分比/收入变动的百分比。

问题 123 分析：

营业利润率 = 营业利润/销售收入 = (销售收入 - 成本)/销售收入

设满足目标营业利润率的每单位成本为 C，则 16% = (40 元 - C)/40 元，解得 C = 33.6 元。目前单位成本为 38 元，为满足目标营业利润率，每单位成本应减少 38 元 - 33.6 元 = 4.4 元。

问题 124 分析：

固定成本减少或边际贡献率增加都会使盈亏平衡点处的销售数量减少。使边际贡献率增加的方法有，增加高边际贡献率产品生产比例，售价不变降低成本或成本不变增加售价。

问题 125 分析：

甲公司的固定间接费用包括场租和设备，设备折旧和管理薪资。这些费用都是不可追溯到产品的，因此固定间接费用是间接成本。

问题 126 分析：

混合成本中既包含固定成本又包含可变成本。27 元的总间接成本是变动间接制造费用 18 元与固定间接制造费用 9 元的总和，所以是混合成本。

问题 127 分析：

实际研发成本是已经产生的成本，与决策无关，属于沉没成本。

问题 128 分析：

公司的产品受欢迎，需求量远超供应量，公司的供应量不足。制约供应量的一个限制性因素是机器数量。只有每限制性因素边际贡献最大时，流入企业利益才会最大。在本题中，每机器工时的边际贡献最大时，利益最大。因此管理者会对每机器工时的边际贡献格外关注。

问题 129 分析：

根据图 13-1 可知，决策制定过程分为以下步骤：步骤一，收集信息；步骤二，确定备选的行动过程；步骤三，预计未来成本和收入；步骤四，选择并验证一个选项；步骤五，实施决策；步骤六，评估结果以提供反馈。所以逻辑顺序为 2，3，1，4。

问题 130 分析：

D 方案的利润 =（99 元/件 − 65 元/件）×120 000 件，以 D 方案作为比较的标准。

A 方案超过 D 方案的利润 =（99 元/件 − 89 元/件）×30 000 件 = 300 000 元。

A 方案超过 D 方案的利润 =［99 元/件 − 65 元/件 −（10 元/件 − 8 元/件）］×150 000 件 −（99 元/件 − 65 元/件）×120 000 件 = 720 000 元。

A 方案超过 D 方案的利润 =［99 元/件 − 65 元/件 −（11 元/件 − 8 元/件）］×120 000 件 +［99 元/件 − 65 元/件 −（7 元/件 − 8 元/件）］×30 000 件 −（99 元/件 − 65 元/件）×120 000 件 = 690 000 元。

问题 131 分析：

订单报价 =（1 000 元 +（40 元/小时 + 4 元/小时 + 6 元/小时）×17 小时 + 16 元）×（1 + 10%）= 2 052.6元。

问题 132 分析：

设新产品的盈亏平衡点是 S，那么，（1 − 62%）×S − 34 万 − 10 万元 = 22% ×S，解得 S = 275 万元。

问题 133 分析：

差异成本既可以是固定成本也可以是变动成本，既可以是增量成本也可以是减量成本。

问题 134 分析：

萌芽期是产品进入阶段，销售额缓慢增长。这个阶段的产品具有较高的差异性和较高的成本，价格也较高。

问题 135 分析：

可知房产税不是政府干预的手段。

问题 136 分析：

略。

问题 137 分析：

略。

问题 138 分析：

平均总成本 =（2 000 元 + 500 元）/11 个 = 227.27 元/个。

问题 139 分析：

第 12 单位产品的边际成本 = 800 元 − 500 元 = 300 元。

问题 140 分析：

改造旧窗框的增量现金流 = 12 万元 − 4 万元 = 8 万元。由于改造价值大于直接出售（6 万元），所以应该选择改造。

问题 141 分析：

企业使用目标成本法需要考虑全部成本，因为目标成本法是一种长期定价方法。

问题 142 分析：

成本基础法，销售价格 = 成本 +（加价百分比 × 成本）。

问题 143 分析：

时间越短固定成本越多，变动成本越少。

问题 144 分析：

0.5 元/件 - 10 000 元/名 × 300 名/1 000 万件 = 0.2 元/件。

问题 145 分析：

无论是否关闭第 7 部门，人员薪酬都会产生，所以它是不相干成本。

问题 146 分析：

300 000 元 × (1 - 90%) = 30 000 元。

问题 147 分析：

学费是差异成本，是显性成本。

问题 148 分析：

A 生产线收益 = 60 万元 - 53 万元 - (9 万元 - 3.5 万元) - 7 万元 = -5.5 万元。所以关闭 A 生产线，公司利润上升。

问题 149 分析：

10 万元 + 5 万元 + 1 万元 + 3 万元 = 19 万元。外购的成本就是乙公司的报价 17 万元。

问题 150 分析：

利润、成本、产量之间是线性关系。

问题 151 分析：

240 元/天 × 8 天 = 1 920 元。

问题 152 分析：

寡头市场中的企业之间有关生产与价格的协议被称为勾结，而且联合起来行事的企业集团被称为卡特尔。

问题 153 分析：

OPEC 属于卡特尔组织，希望通过控制价格，从而获得超额收益。

问题 154 分析：

略。

问题 155 分析：

根据消费的需求弹性定义可知，提价幅度 = 15%/1.5 = 10%。

问题 156 分析：

350 000 元 - 2 500 000 元 × 15% = -25 000 元。

问题 157 分析：

普通型汽车单位机器工时边际贡献 = (15 万元 - 8 万元)/0.2 小时 = 35 万元/小时。中等型汽车单位机器工时边际贡献 = (19 万元 - 11 万元)/0.25 小时 = 32 万元/小时。豪华型汽车单位机器工时边际贡献 = (35 万元 - 15 万元)/0.4 小时 = 50 万元/小时。优先生产豪华型汽车，由于豪华型汽车产能为 30 000 小时，所以选择选项 B。

问题 158 分析：

200 万元/10 万条 + 10 元/条 × (1 + 4 + 4 × 30%) × (1 + 40%) = 106.8 元/条。

问题 159 分析：

沉没成本是不需要考虑的，如研发成本、旧设备的账面价值等。

问题 160 分析：

20 元/件 + 15 元/件 + 12 元/件 + 3 元/件 + 10 000 元/1 000 件 = 60 元/件。

问题 161 分析：

需求曲线平行于价格是无弹性，表明需求对价格不敏感。

问题 162 分析：

加权边际贡献率 =40% ×30% +30% ×70% =33%。盈亏平衡点 =150 万元/33% =454.5 万元。

问题 163 分析：

3 种产品的单位机器工时边际贡献分别为 17.5 元/小时、16 元/小时和 25 元/小时，所以应该选择 C 产品。

问题 164 分析：

C 部门的真实收益 =200 000 元 +（1 000 000 元 -600 000 元）×5% +（800 000 元 -400000 元）×5% -140 000 元 -60 000 元 =40 000 元。关闭 C 部门会引起公司的经营利润下降 40 000 元。

问题 165 分析：

盈亏平衡时销售收入 =400 000 元 ×（1 -25%）=300 000 元。注意，CMA 考试题目安全边际率分母一般使用当前运营水平。

问题 166 分析：

产品的成本属于内部因素，其余 3 项属于外部因素。

问题 167 分析：

竞争市场环境中适合使用市场法。

问题 168 分析：

题目中描述的是成本加成定价法。

问题 169 分析：

沉没成本在决策时应忽略，发生在过去并且不能够改变。

问题 170 分析：

价值工程法是通过区分增值成本和非增值成本消除当前成本与允许成本之间的差距，增值成本是指将资源转化成与客户需要一致的产品和服务的成本。

问题 171 分析：

沉没成本发生在过去并且不能够改变

问题 172 分析：

(1 500 件 -1 000 件)/[(1 500 件 +1 000 件)/2] ÷(25 元 -20 元)/[(25 元 +20 元)/2] =0.4 ÷0.22 =1.8。

问题 173 分析：

160 000 元/(70 元/件 -50 元/件) =8 000 件。

问题 174 分析：

(375 元/件 -300 元/件) ×10 000 件 -50 万元 =25 万元。

问题 175 分析：

2 000 件 ×(1 +10%) ×40 元/件 -80 000 元 =8 000 元。

问题 176 分析：

4 种产品的边际贡献分别为 5 000 元、6 250 元、6 400 元、 -2 800 元。

问题 177 分析：

72 元 +20 元 =92 元。

问题 178 分析：

投入在产品 S 上，营业利润增加 =100 000 件 ×(10 元/件 -3 元/件) -10 000 元 =60 000 元。投入

在产品 V 上，营业利润增加 = 20 000 件 ×（20 元/件 − 10 元/件）− 10 000 元 = 10 000 元。

问题 179 分析：

（135 元/双 − 120 元/双 − 5 元/双 − 4 元/双）× 22 000 双 − 90 000 元 = 42 000 元．

问题 180 分析：

如果需求的价格弹性小于 1，则称需求是缺弹性的，此时提高价格，收入上升。

问题 181 分析：

销量 =（100 万元 + 50 万元）/（40 元/件 − 20 元/件）= 75 000 件。

问题 182 分析：

增值成本是指将资源转化成与客户需要一致的产品和服务的成本，如设计、组装、售后服务、交付产品。典型的非增值作业有保修、材料的运输、检查、设备准备等。

问题 183 分析：

成熟期，产品完成渗透，快速增长结束。差异化不再重要，价格疲软，优势来自成本控制。

问题 184 分析：

负责多条生产线产品的主管工资与本产品不相关，无论是否自制该成本都不会减少。

问题 185 分析：

生产所用机器的安装成本属于沉没成本，与决策无关。

问题 186 分析：

无论租赁还是购买，车辆运营费用是相同的。

问题 187 分析：

（6 元/件 + 2 元/件）×（1 + 50%）= 12 元/件。

问题 188 分析：

2 000 件 ×（24 元/件 − 3 元/件 − 10 元/件）= 22 000 元。

问题 189 分析：

预算销量 = 1 040 000 元 ÷ 80 元/件 = 13 000 件。盈亏平衡点 = 200 000 元 ÷（80 元/件 − 60 元/件）= 10 000 件。安全边际 = 13 000 件 − 10 000 件 = 3000 件。

问题 190 分析：

需要总工时 = 20 000 件 × 1.5 小时/件 + 10 000 件 × 1 小时 = 40 000 小时。产能不足。产品 A 单位工时边际贡献 = 20 元 ÷ 1 小时 = 20 元/小时。产品 B 单位工时边际贡献 = 37 元 ÷ 1.5 小时 = 24.7 元/小时。所以，优先生产产品 B。

问题 191 分析：

1）该产品为缺弹性，因为该产品价格变化的时候，销量变化很小。

2）市场基础定价法是一种考虑客户的期望和需求，根据市场竞争的激烈程度，并估计客户和竞争对手的企业自身定价的反应来制定价格的定价法。成本导向定价法是以产品单位成本为基本依据，再加上预期利润来确定价格的成本导向定价法。

公司应该用成本基础定价法，因为这是公司计划生产的一种新产品，该产品在市场中还没有出现过。

3）略。

4）略。

5）略。

6）略。

7）从时间范围分为短期定价法（1 年或 1 年之内），长期定价法（超过 1 年）。

短期定价法主要用于一次性专门产品订单，长期定价法主要关注于市场上主要产品或服务。

8）企业的定价策略除受成本、需求以及竞争状况的影响外，还受到消费者习惯和心理、企业或产品的形象、政府或行业组织的干预等因素的影响。政府的干预包括规定毛利率，规定最高、最低限价，限制价格的浮动幅度或者规定价格变动的审批手续，实行价格补贴等。一些贸易协会或行业性垄断组织也会对企业的价格策略进行影响。

问题 192 分析：

1）略。

2）边际贡献是指销售收入减去变动成本后的余额，这个变动成本既有变动制造成本也包含其他变动成本；而毛利指的是销售收入减去制造成本的余额，既有变动制造成本也有固定制造成本。

3）盈亏平衡点是指全部销售收入等于全部成本时（销售收入线与总成本线的交点）的产量。以盈亏平衡点的界限，当销售收入高于盈亏平衡点时企业盈利，反之，企业就亏损。

安全边际率是指安全边际量与实际或预计的销售量的比例，也可以指安全边际额与实际或预计的销售额的比例。它是一个相对量，用来评价不同企业的经营安全程度。安全边际率 =（安全边际量/实际或预计的销售量）×100%。

4）略。

5）本/量/利分析可以帮助企业：①进行盈亏临界点预测；②规划目标利润；③预测目标利润销售量和目标利润销售额；④进行短期经营决策；⑤对全面预算和责任预算的执行情况进行业绩评价。

6）单位边际贡献 = 5 595 元/台 − 899 元/台 − 233 元/台 = 4 463 元/台。

盈亏平衡点销售量 =（2 352 000 元）/4 463 元/台 = 527 台。

安全边际率 =（800 台 − 527 台）/800 台 = 34. 1%

安全边际分析是一种敏感性分析，这种敏感性分析基于一些假设条件，而这些假设不可能是完全正确的。这决定了安全边际分析是有局限性的，其结果不可能是十分准确的，因此必须灵活运用、适当调整。局限性表现在：①假定的价格成本不可能一成不变；②边际分析中的相关范围和总成本与业务量呈线性关系、品种结构稳定、产销平衡等假设在现实世界是不成立的；③安全边际分析是一种短期决策分析，不适用长期价格决策。

问题 193 分析：

1）设备折旧、被分配的固定成本都是不可避免固定成本，因而是不相关成本；聘用生产经理的公司是可避免固定成本，是增量成本，因而是相关成本。

2）被分配的固定成本中的折旧等为沉没成本，停止生产的空调压缩机的边际贡献为机会成本。

3）每台自制成本为：

增加的变动成本：100 元 + 150 元 + 20 元/机器工时 ×2 机器工时 = 290 元。

增加的固定成本：生产经理的工资 1 000 元/天，产量为 200 台/天，增加的单位固定成本为 5 元。

机会成本：600 元 −（280 元 + 180 元 + 20 元/机器工时 ×3 机器工时）= 80 元。

总成本 = 290 元 + 5 元 + 80 元/台 ×2 小时/3 小时 = 348. 3 元。

外购的成本为 500 元。

自制成本小于外购成本，故应自制。

4）略。

问题 194 分析：

1）取消教学课程减少的边际贡献 = 60 万元 − 5 万元 − 20 万元 − 6 万元 = 29 万元。

单簧管和双簧管增加的边际贡献 =(100 万元 - 30 万元 - 10 万元 - 5 万元) ×30% +(80 万元 - 30 万元 - 8 万元 - 5 万元) ×30% - 5 万元/5 = 26.6 万元。

方案 A 使公司经营利润减少 2.4 万元（29 万元 - 26.6 万元）。

2）教学课程减少的边际贡献为 29 万元。

取消双簧管减少的边际贡献 = 80 万元 - 30 万元 - 8 万元 - 5 万元 = 37 万元。

单簧管增加的边际贡献 =(100 万元 - 30 万元 - 10 万元 - 5 万元) ×30% = 16.5 万元。

录音业务增加的边际贡献 =(110 元/小时 - 40 元/小时) ×350 小时 +(80 元/小时 - 12 元/小时) ×280 小时 - 10 万元/8 = 3.104 万元。

方案 B 使公司经营利润减少 46.396 万元。

3）由于方案 A 和方案 B 都使得公司利润下降，所以公司应该维持现状。

4）不能只限于从短期财务利益考虑问题，还应从长期的角度考虑一些非财务因素，即战略因素。如哪些业务市场前景最好？新的 5A 级写字楼场地更适合发展哪些业务？公司的核心竞争力在哪些业务方面？等等。

问题 195 分析：

1）略。

2）略。

3）收款浮差分为邮寄浮差、处理浮差和取款浮差；付款浮差分为邮寄浮差、处理浮差和清算浮差，详细内容可以参考公司金融现金管理的内容。

4）建立锁箱系统、加入电子支付系统、加入美联储清算系统、利用零余额账户等，详细内容可以参考公司金融现金管理的内容。

问题 196 分析：

1）经营风险是融资决策前，其经营过程中的固有风险。固定成本比例越高，经营杠杆系数越大。经营杠杆系数是经营利润对销售收入变动的敏感性，经营杠杆系数越大，利润的波动性越大。

经营杠杆系数 DOL =(收入 - 变动成本)/(收入 - 变动成本 - 固定成本) = 边际贡献/EBIT = EBIT 变动的百分比/S 变动的百分比

租赁设备的经营杠杆系数 DOL = 155 万元/35 万元 = 4.4。手工切割的经营杠杆系数 DOL = 100 万元/35 万元 = 2.86。

2）租赁设备经营利润增长幅度 = 5% ×4.4 = 22%。手工切割经营利润增长幅度 = 5% ×2.86 = 14.3%。

3）如果公司预计未来 10 年，销售收入年增长率为 5%，则管理层应选择租赁设备。因为租赁设备的经营杠杆系数较大，公司可以获得更高的经营利润。

4）经营租赁是一种表外融资的方式，是指不在公司的资产负债表中反映负债的一种融资方式。同样，租赁资产也不反映在公司的资产负债表中，仅仅在利润表中记录租赁费用。

购买设备会在资产负债表中同时记录一笔资产和一笔负债，在利润表中记录折旧费用和利息费用。

表外融资对于财务比率的影响包括降低了资产负债率和财务杠杆比率，提高了总资产收益率和总资产周转率。

5）张三的意见可行。在激烈的市场竞争条件下，定价应该考虑顾客的期望和竞争对手的反应。目标成本法还能激励管理层改善内部流程，以降低成本进一步提高获利能力，特别是在产品的市场价格低于先前定价时。目标成本法也能促使公司管理层持续关注市场状态的变化和竞争对手的策略。

6）略。

问题 197 分析：

1）剧目“仲夏夜之梦”：总观众数 = 演出场次 × 每场平均观众数 = 12 场 ×3 500 人/场 = 42 000 人。每位观众边际贡献 = 票价 − 变动成本 = 36 元 − 6 元 = 30 元。

剧目“亚历山大大帝”：总观众数 = 演出场次 × 每场平均观众数 = 20 场 ×3 000 人/场 = 60 000 人。每位观众边际贡献 = 票价 − 变动成本 = 30 元 − 2 元 = 28 元。

剧目“茶花女”：总观众数 = 演出场次 × 每场平均观众数 = 12 场 ×4 000 人/场 = 48 000 人。每位观众边际贡献 = 票价 − 变动成本 = 40 元 − 0 元 = 40 元。

总观众数 = 42 000 人 + 60 000 人 + 48 000 人 = 150 000 人。

仲夏夜之梦观众比例 = 42 000 人/150 000 人 = 28%。

亚历山大大帝观众比例 = 60 000 人/150 000 人 = 40%。

茶花女观众比例 = 48 000 人/150 000 人 = 32%。

加权平均边际贡献 = 28% ×30 元/人 + 40% ×28 元人 + 32% ×40 元/人 = 32.4 元/人。

总固定费用 = 330 000 元 + 498 000 元 + 632 000 元 + 1 130 000 元 = 2 590 000 元。

盈亏平衡点的观众数量 = 总固定费用/加权平均边际贡献 = 2 590 000 元/16.2 元/人 = 79 938 人。

2）由于 3 个剧目中，剧目“茶花女”单位边际贡献最大，所以增加该剧目的销售，增加观众人数最少应为：

增加观众数量 = 70 000 元 ÷ (1 − 30%) ÷ 40 元/人 = 2 500 人。

3）安全边际 = 150 000 人 − 79 938 人 = 70 062 人。安全边际率 = 70 062 人/150 000 人 = 46.7%。

4）加权边际贡献 = 总固定成本/总盈亏平衡点。所以从多产品盈亏平衡分析中可知，相同的盈亏平衡点意味着相同的加权边际贡献。由于加权边际贡献 = $\sum$产品 i 的边际贡献 × 产品 i 的权重股，根据多元方程的基本原理可知，当只有两个产品的时候存在唯一组合，当达到 3 个或者 3 个以上产品时，存在无穷多组合。

5）本/量/利分析中的敏感性分析涉及就数量和各种参数的变化提出的一系列假设问题。该方法假设一次只有一个变量变化，分析盈亏平衡点会如何变化的方法。敏感性分析的其他应用包括投资决策中对净现值和内部回报率的分析、模拟财务报表分析、经营杠杆系数和财务杠杆系数等。

问题 198 分析：

该公司有足够的能力接受特别订单，不存在放弃相关利益，因此不涉及机会成本。

问题 199 分析：

该公司选择自己生产的生产成本 = 10 000 美元 + 30 000 美元 + 25 000 美元 + 10 000 美元 = 75 000 美元。选择外购的成本 = 10 美元/件 ×5 000 件 = 50 000 美元。该公司选择外购可以节省的成本 = 75 000美元 − 50 000 美元 = 25 000 美元。

问题 200 分析：

边际贡献越大，盈亏平衡点的销售额越小。盈亏临界点销售额越大，企业的抗风险能力就越弱。

问题 201 分析：

卡特尔降低了市场效率，各国政府和国际组织通过反卡特尔来保护消费者与国内和全球经济的健康发展。

问题 202 分析：

成长期是指产品通过试销效果良好，购买者逐渐接受该产品，产品在市场上打开销路。这是需求增长阶段，需求量和销售额迅速上升。生产成本大幅下降，利润迅速增长。

问题 203 分析：

若销量不变，则只有价格与单位变动成本相同金额增减才能确保边际贡献不变。

问题 204 分析：

盈亏平衡点 = 固定成本/(收入 − 变动成本)。

问题 205 分析：

加权平均边际贡献率 = 0.5 × 0.25 + 0.3 × 0.5 + 0.2 × 0.5 = 37.5%。盈亏平衡金额 = 675 000 元/37.5% = 1 800 000 元。

问题 206 分析：

产品销量为 10 万件时，固定销售管理费用 = 300 万元 × 55% = 165 万元。边际贡献 = 1 000 万元 − 600 万元 − 300 万元 × 45% = 265 万元。销量增加 20% 时，边际贡献增加 20%，经营利润 = 265 万元 × 1.2 − 165 万元 = 153 万元。

问题 207 分析：

增量成本 = 20 万元 + 10 万元 = 30 万元。

问题 208 分析：

选择一次性采购资金的机会成本 = 60 000 条 × 0.6 元/条 ÷ 2 × 8% = 1 440 元。选择每月采购资金的机会成本 = 5 000 条 × 0.60 元/条 ÷ 2 × 8% = 120 元。因此，年初选择一次采购拉链的机会成本 = 1 440 元 − 120 元 = 1 320 元。

问题 209 分析：

再加工的决策依据为增量收入大于或等于增量成本，只要产品 C 的价格等于 52 元/个（50 元/个 + 2 元/个)，加工后的产品就能实现之前的盈利水平。

问题 210 分析：

该特殊订单的定价应考虑的因素有：产品的变动成本，与订单相关的直接固定成本和机会成本。原有的固定成本无论是否接受这份特殊订单都会存在，不是面向未来的，而且也不会因选项而异的。

问题 211 分析：

设再加工后的价格为 X，(X − 3.5 元/个) × 60 000 个 = 90 000 元，临界点 X = 5 元/个，即当 X 大于 5 元/个的时候，再加工获益可以覆盖再加工成本。

问题 212 分析：

竞争定价法适用于竞争激烈且产品无差异的市场上。因此，应根据竞争者的定价决定价格水平。

问题 213 分析：

当发现目标成本和实际成本有差异时，消除差异的方法有：并行工程法、价值工程法、质量功能配置法和生命周期法。高低点法是计算固定成本和变动成本的方法。

问题 214 分析：

目标定价法降低了期望成本加成价格及顾客反映和设计修改之间反复权衡的必要性。目标定价是在顾客偏好和竞争对手反应的基础上确定产品的目标价格。市场考量和目标价格会集中并激励管理者实施价值工程，从而设计出能够达到目标成本的产品。

问题 215 分析：

市场定价法能确保价格最低。

问题 216 分析：

生产成本 = (1 − 35%) × 110 元/件 = 71.5 元/件。

问题 217 分析：

每千瓦时电力定价 = (10 000 万元 + 3 000 万元 + 10 000 万元 × 0.2)/1 000 000 000 千瓦时 = 0.15 元/千瓦时。

问题 218 分析：

有弹性，价格下降，收入上升。缺弹性，价格上升，收入上升。

问题 219 分析：

MR 已经等于了 MC，所以不需要做任何改变。边际收益大于变动成本所以不能关闭。

问题 220 分析：

产品单价 = 924 000 元/22 000 件 = 42 元/件。单位变动成本 = 594 000 元/22 000 件 = 27 元/件。新的单位变动成本 = 27 元/件 + 2 元/件 = 29 元/件。新的单位边际贡献 = 42 元/件 − 29 元/件 = 13 元/件。新的固定成本 = 324 000 元 + 29 600 元 = 353 600 元。达到盈亏平衡点的增量 = 353 600 元 ÷ 13 元/件 − 22 000 件 = 5 200 件。

问题 221 分析：

安全边际 = 预算量 − 盈亏平衡点销量。盈亏平衡点销量 = 固定成本/(单价 − 单位变动成本)。单位价格下降，单位边际贡献下降，盈亏平衡点销量上升，安全边际下降。

问题 222 分析：

加权平均的边际贡献 = 40% × 40% + 50% × 60% = 46%。盈亏平衡金额 = （18 万元 + 65 万元 + 9 万元）/46% = 200 万元。

问题 223 分析：

在新旧设备替换决策中，决策者需要考虑的相关成本包括新设备的购置成本、新旧设备的运行成本、旧设备处置的净流入。

问题 224 分析：

显性成本是实际开店支出 = 120 000 元 + 20 000 元 + 80 000 元 + 7 000 元 + 9 000 元 = 236 000 元。隐性成本是机会成本，具体包括放弃做飞行员的收入和存款利息 = 40 000 元 + 100 000 元 × 6% = 46 000元。

问题 225 分析：

年设备租金的最小值 = 33 元/个 × 30 000 个 + 100 000 元 − （36 元/个 − 8 元/个）× 30 000 个 − 60 000 元 = 190 000 元。

问题 226 分析：

不产生直接营销费用时，这份订单的单位产品边际贡献 = 33 元 − 25 元 = 8 元。

问题 227 分析：

如果关闭乙部门，则减少销售收入 = −170 000 元，减少变动成本 = 144 000 元，减少固定成本 = 28 000 元 × 50% = 14 000 元。关闭乙部门后，总影响成本 = −170 000 元 + 144 000 元 + 14 000 元 = −12 000 元 < 0，应继续经营乙部门。

问题 228 分析：

A 产品单位机器工时节省的成本 = （45 元 − 30 元）/3 小时 = 5 元/小时。B 产品单位机器工时节省的成本 = （60 元 − 48 元）/5 小时 = 2.4 元/小时。所以优先将时间分配给 A 产品，再分配给 B 产品。

问题 229 分析：

产品生命周期预算强调产品生命周期内成本，这有助于产品成本被锁定。

问题 230 分析：

甲公司原来使用成本加成定价法，但是由于市场竞争压力很大，所以成本加成定价法已不再适用，应倾向于选择市场定价法。市场定价法的第 1 步就是确定一个市场愿意接受的价格。本题中，与市场相关的产品价格只有竞争对手相关产品的价格。

问题 231 分析：

略。

问题 232 分析：

渗透定价法能让新产品实现市场份额最大化，迅速占领市场。

问题 233 分析：

在考虑产品生命周期成本时，企业考虑的是在价值链上的所有成本，所以应使用成本加成的定价原则。

问题 234 分析：

是否再加工的决策只取决于再加工的增量成本和增量收入。

问题 235 分析：

相关成本包括变动成本 30 万元（50 万元 - 20 万元），不包括不可避免的固定成本。

问题 236 分析：

题目中的相关成本仅包括变动成本，单位变动成本 = 180 万元 ÷ 10 万件 = 18 元/件。营业利润增加 2 000 元，价格需要超过变动成本 2 元/件（2 000 元/1 000 件）。

问题 237 分析：

增值成本是增值作业产生的成本。

问题 238 分析：

撇脂法适用于新产品上市定价较高的情况，价格在引入阶段较高。

问题 239 分析：

价值工程通过衡量产品功能（给用户带来的价值）与产品成本之前的关系决定取舍。

问题 240 分析：

(9 元/个 - 5.25 元/个) × (1 + 15%) × 4 000 个 - 16 000 元 = 1 250 元。

问题 241 分析：

盈亏平衡点 = 574 800 元 ÷ (300 元/件 - 220 元/件) = 7 185 件。安全边际 = 8 100 件 - 7 185 件 = 915 件。

问题 242 分析：

(60 元/件 - 单位变动成本) × 50 万件 - 1 200 万元 = 60 元/件 × 50 万件 × 10%，单位变动成本 = 30 元/件。

问题 243 分析：

加权边际贡献率 = 60% × 30% + 50% × 45% + 30% × 25% = 48%，盈亏平衡收入 = （18 万元 + 25 万元 + 15 万元） ÷ 48% = 120.83 万元，产品 2 销量 = 120.83 万元 × 45% ÷ 50 元/件 = 10 875 件。

问题 244 分析：

(25 元/件 - 5 元/件 - 8 元/件 - 4.5 元/件 - 1 元/件) × 2 500 件 - 9 500 元 = 6 750 元。

问题 245 分析：

每个元件相关成本 = 19 元 + 28 元 + 14 元 + 18 元 - 6 元 = 73 元。对营业利润影响的金额 = （73 元/个 - 41 元/个） × 13 500 个 + 36 000 元 = 468 000 元。

问题 246 分析：

(155 万元 × 25% + 8.8 万元 + 10 万元) ÷ 25% = 230.2 万元。

问题 247 分析：

1）接受玩具机器人的特殊订单增加利润＝（145－55－40）×400＝20 000（美元），应该接受。

2）（10－2－4）×5 000－6 000＝14 000（美元），表明外购比自制贴纸多花费 14 000 美元，选择自制。

3）自制和外购需考虑的两点非财务因素是：质量和及时性。

4）a. 保本点的销售金额＝(170 000＋6 000)÷(210－55－40－2－4)＝1 615（件）

b. 设保本点销量为 X，则，(210－55－40－2－4)×X＋(145－95－6)×400－(170 000＋6 000)＝0。解得，保本点销量 X＝1 454（件）。

5）a. A 公司首席财务官违反了保密标准，他没有做到：

①除非得到授权或依法予以披露，否则一定要做到信息的保密。

②通知所有相关的机构做到信息的保密。监管下属的行为，确保他们能够遵守规定。

③a. A 公司会计员发现 A 公司首席财务官的道德问题主要是他违反了正直标准，即从事了：任何可能损害职业道德的活动；从事或者支持使职业声誉受损的活动。

b. 略。

问题 248 分析：

1）里诺市新开的美发沙龙店盈亏平衡点＝400 000 美元÷(30 美元/人次－10 美元/人次)＝20 0000人次。刚好达到盈亏平衡。

2）市场定价法。与成本加成法的区别略。

3）略。

4）略。

第 14 章　风险管理

14.1　风险价值

风险价值（Value at Risk，VaR），指给定时期内特定可能性水平下的最大损失，如图 14-1 所示。数学公式表达为

$$\Pr(\Delta p > -\mathrm{VaR}) = \Pr(-\Delta p < \mathrm{VaR}) = \tau$$

式中　Δp——收益；

$-\Delta p$——亏损；

VaR——特定可能性水平 τ 下的值。

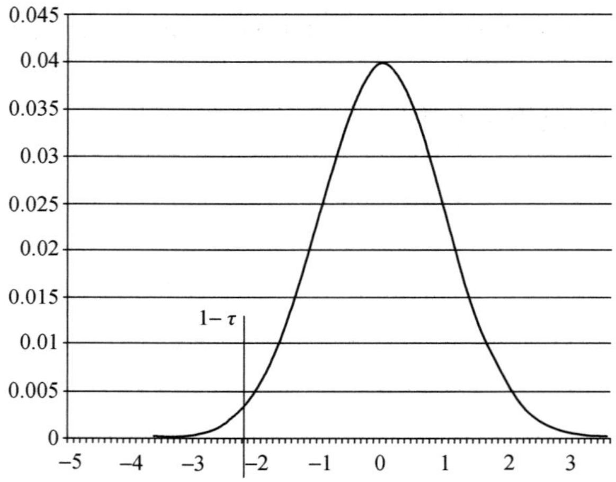

图 14-1　正态分布下的风险价值（τ 斜）

风险价值使用一个数字就可以描述一个分布的特征。

计算风险价值的 3 种方法：

1）历史法。

2）方差-协方差法，也被称为参数法。

3）蒙特卡洛模拟。

> 注意：不要求计算风险价值。

现金流量风险值（Cash Flow at Risk，CFaR）模型、收益风险值（Earning at Risk，EaR）模型是类似于风险价值模型的风险管理技术，是非金融机构衡量企业风险常用的工具。此类模型是以企业各项决策所产生的现金流量或者收益为基础，与一般金融机构所使用的风险价值模型以市场价格为基础不同。前者是决策层对于企业进行各项决策后，引发的潜在的风险。此风险是企业内部由上而下的决策过程中产生的。而后者是金融企业面临外部或市场各种条件变化，而导致的金融企业潜在的风险。

14.2 风险类型

风险分为以下 4 类：

1）灾害风险，与自然灾害有关的风险。

2）财务风险，指企业债务、权益决策不合理以及融资不当使企业可能丧失偿债能力，而导致投资者预期收益下降的风险。可以通过调整资本结构来获得最低的加权资本成本，有效管理代理成本和破产风险，使企业价值最大化。

3）经营风险，指企业在运营过程中，由于外部环境的复杂性和变动性以及主体对环境认知能力和适应能力的有限性，而导致的运营失败或运营活动达不到预期目标的可能性及其损失。经营风险并不是指某一种具体、特定的风险，而是涉及内部流程、人员和系统等一系列的具体风险。运营风险可以通过实施有效的内部控制、优化工作流程、员工培训以及实施灾难恢复计划等进行管理，也可以通过改变成本结构（减少固定成本）减少运营风险。其中包括：

- 法律风险是指企业因经营活动不符合法律规定或者外部法律事件，而导致风险损失的可能性。
- 合规风险指的是企业因未能遵循法律法规、监管要求、规则、自律性组织制定的有关准则、已经适用于企业自身业务活动的行为准则，而可能遭受法律制裁或监管处罚、重大财务损失或声誉损失的风险。

4）战略风险，可理解为企业整体损失的不确定性。战略风险是影响整个企业发展方向、企业文化、获取信息能力和生存能力以及企业效益的因素。

掌握以下 3 个损失的概念：

1）期望损失是企业经营所产生的平均损失。它可以通过对企业损失的历史数据统计得出。

2）非预期损失是除期望损失之外的，具有波动性的资产价值的潜在损失。

3）极端损失是极端事件发生时企业所遭受的损失。在极端情况下，企业可能会丧失全部资产。

> 注意：资本充足率
>
> 资本充足率（Capital Adequacy）是指资本总额与加权风险资产总额的比率。资本充足率往往用来反映金融机构在债权人的资产遭到损失之前，该金融机构能以自有资本承担损失的程度。规定该项指标的目的在于，抑制风险资产的过度膨胀，保护债权人的利益，保证银行等金融机构的正常运营和发展。
>
> 资本充足率是测定金融机构在偿付能力、流动性、储备和充足资本等方面风险的重要因素。
>
> 资本充足率 =（一级资本 + 二级资本）/风险加权资产。
>
> 一级资本是金融机构在无须终止业务的情况下能够用来吸收损失的资本。二级资本是金融机构在业务清算时能够用来吸收损失的资本。因此，它对存款人的保护程度低于一级资本。

固有风险是指在不考虑内部控制结构的前提下，由于内部因素和客观环境的影响，企业的账户、交易类别和整体财务报表发生重大错误的可能性。

剩余风险是指那些运用了所有的控制和风险管理技术以后而留下来，未被管理的风险。

投资者面对的风险随时间增长。

使用期望值技术计算风险：如果损失值为 X，并具有概率分布为 $p(x)$，那么 X 的期望记为 $E(X)$，定义为 $E(X)=\Sigma xp(x)$。

例题 14-1

甲公司正在评估罢工的潜在损失。表 14-1 列示了 3 种可能的情况，每种情况预计的损失可能性如下。如果该公司实际发生的罢工损失为 139 万元，则罢工未预计的损失是多少？

表 14-1 损失估计情况

严重程度	可能性（%）	损失（万元）
轻微	65	28
中等	30	70
严重	5	139

答：

92.85 万元。

分析：罢工预计损失 = 65% × 28 万元 + 30% × 70 万元 + 5% × 139 万元 = 46.15 万元。罢工未预计损失 = 139 万元 − 46.15 万元 = 92.85 万元。

14.3 风险评估

风险评估是指在风险事件发生之前，对该事件给人们生活、生命、财产等各个方面造成影响和损失的可能性进行的量化评估。风险评估是量化测评某一事件或事物带来的影响或损失的可能程度。

风险评估是一个创造性的过程，包含风险识别和风险反应两个部分。

风险评估的主要任务包括：

1）识别组织面临的各种风险。

2）评估风险概率和可能带来的负面影响。

3）确定组织承受风险的能力。

4）确定风险削减和控制的优先等级。

5）推荐风险削减对策。

风险的评估技术包括定性技术和定量技术。

1. 定性分析

当风险无法定量分析，或者定量分析的数据可靠性太弱，或者数据采集成本大于收益时，管理者一般会使用定性分析方法对风险进行评估。定性分析技术一般包括风险识别、风险评级、风险图等。

注意：

风险评级（Risk Ranking）指通过内部调查的方法，对于已识别风险的重要程度进行评级的技术，见表 14-2。

表 14-2 风险评级调查结果

风险	评价人 1	评价人 2	评价人 3	评价人 4	评价人 5	总评级
第 1 个风险	1	1	1	1	1	5
第 2 个风险	2	1	1	1	2	7
⋮	⋮	⋮	⋮	⋮	⋮	⋮
第 n 个风险	2	1	2	1	2	8

注：1 表示很重要；2 表示一般重要；3 表示不重要。

风险图（Risk Map）是从概率和损失额两个方面来评估风险的技术，见图 14-2。

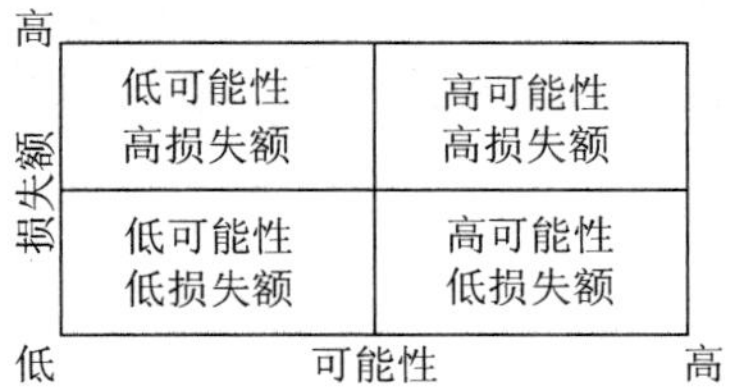

图 14-2　风险图

2. 定量分析

定量分析更为精确，适用于较为复杂的情况，是对定性分析的补充。定量分析耗时费力，更为严格，有时需要使用复杂的数学模型。定量分析技术是否适用，取决于数据和假设的质量。常用的定量分析技术有：标杆法、概率模型、非概率模型等。

1）标杆法是指管理者将衡量指标与本企业其他部门、竞争对手或行业平均、行业内最优秀企业的指标值进行比较，以评估某一或某类事件发生的可能性和影响程度。

2）概率模型包括：风险价值、现金流量风险价值、收益风险值、收益分布以及每股收益分布等模型。

注意：风险价值、现金流量风险价值、收益风险值的概念和计算方法本节前面已经介绍。

收益分布和每股收益分布一般通过蒙特卡洛模拟获得。管理者可根据分布的特点进行风险管理。

3）非概率模型包括：敏感性分析、情景分析、压力测试等。

敏感性分析、情景分析的概念见 15. 5 节。

注意：压力测试

压力测试（Stress Testing）是确立系统稳定性的一种测试方法，在软件工程、金融风险管理等领域应用比较普遍。压力测试通常在系统正常运作范围之外进行，以考查系统功能极限和隐患。在金融风险管理领域里，压力测试是指将金融机构或资产组合置于某一特定的极端情境，如经济增长骤减、失业率快速上升到极端水平、房地产价格暴跌等异常的市场变化下，然后测试该金融机构或资产组合在这些关键市场变量突变的压力下的表现状况，看是否能经受得起这种市场的突变。

14. 4　风险识别

风险识别是风险管理的第 1 步，也是风险管理的基础。只有在正确识别出自身所面临风险的基础上，人们才能够主动选择适当、有效的方法对风险进行处置。风险识别要确认尽可能多的威胁，但不需要对这些威胁进行评估。风险框架有助于风险识别。风险识别过程应该包含识别以下两类因素：

1）内部风险因素，如信息交流方式、劳资关系、经营风险、财务风险、战略风险等。

2）外部风险因素，如监管规则的变化、行业竞争 、国际风险、灾害风险等。

事件识别技术包括：①事件列表。详细列出可能发生或通常发生的潜在事件。②内部分析。基于公司内部经验识别风险。③阈值预警。当超过此前设定阈值时，对管理层进行提醒。④组织研讨会。依靠管理层、员工等参会人员的经验识别事件。⑤业务流程分析。分析各个业务流程的任务、投入和产出。⑥先行预警事件指标。通过监测与分析预警指标的数据，识别可能发生的风险事件。⑦损失数据分析法。收集和分析各个事件的历史数据，识别损失较大的事件。

进行风险分析和风险反应策略应符合成本效益原则。进行风险管理应符合投资组合管理分散风险的要求。

14.5 风险反应

风险反应是组织对所面临的风险提供客观和独立的评价，并根据各类风险的大小而采取的相应管理策略。管理者从两个角度来评估事件：一是发生的可能性；二是影响程度。

管理者在评估风险时，既评估固有风险，也评估剩余风险。评估风险时，首先评估的是固有风险，当风险管理策略确定后，再考虑剩余风险。固有风险（Inherent Risk）是指在管理层没有采取任何降低风险的措施之前，一项事件或流程所持有的风险水平。剩余风险（Residual Risk）是指在管理层采取了降低风险的措施之后，依然留存的风险水平。

COSO REM 框架中细化了剩余风险的定义。目标剩余风险（Target Residual Risk）是指在了解了管理层将要或已经采取了直接或集中行动来改变风险的严重度之后，企业在实施战略和业务目标时，所愿意承担的风险数量。实际剩余风险（Actual Residual Risk）是指在管理层已经采取了调整风险严重度的措施之后，依然剩下的风险。实际剩余风险应等于或小于目标剩余风险。当实际剩余风险大于目标风险时，管理层需要采取额外的行动来进一步调整风险的严重度。

COSO REM 框架中定义的风险反应有以下 5 种：

（1）风险回避（Risk Avoidance）

风险回避是指将风险行为降至零，即公司不从事任何会引发风险的活动。风险回避包括拒绝设立国外分部、关闭产品生产线、停止新的业务拓展活动等。当企业预先设定一个可接受的风险水平，如果采用任何方法都无法将剩余风险降至该水平，则企业会采用风险回避方式来应对风险。

（2）风险降低（Risk Reduction）

风险降低也称为风险减少，是指采取措施来减轻风险的可能性或影响。风险降低可以体现在企业日常经营活动中的任何一个决策中。企业在采用了风险降低策略后，可以将剩余风险降低到可接受的程度。例如，根据企业各业务单元的风险分布，调整战略，重新分配资源等。

（3）风险分担（Risk Share）

风险分担也称为风险转移，是指通过转移和分担一部分风险来减少风险的可能性或影响。通常采用的风险分担技术包括购买保险产品、风险共担技术、进行套期保值交易或者将一项业务外包。购买保险、采用金融衍生工具（期权、期货等）属于风险分担的方式。以期权为例，如航空公司购买了石油的看涨期权，实际上是由看涨期权的卖方与航空公司共同分担了油价上涨的风险。

- 注意：

责任保险（Liability Insurance）是指承保由他人身体伤害或财产损坏引起的、需被保险人法律上负责的、同时也是保障适用范围内损失的保险。

灾害保险（Disaster Insurance）是以财产本身以及与之有关的经济利益为保险标的的保险。依据所保风险的不同，灾害保险具体规定有不同的险别，如火灾保险、雹灾保险、地震保险、洪水保险等。

风险降低和风险分担的目的都是将企业的剩余风险调节至其可接受的风险程度。

（4）风险接受（Risk Acceptance）

风险接受也称为风险承受，是指企业不采取任何措施去干预风险的可能性或影响，因为该企业的固有风险已经在其可接受的风险范围之内。例如，企业有一批使用多年、尚未进行处理的计算机，其市场价值已经较小，存放在企业的一个仓库中。

（5）风险追求（Risk Pursue）

风险追求是指将风险转化为机会，以此来获取更高的收益。当风险仅表现为损失时，没有从风险中获利的可能性，此时属于狭义风险。在 2017 版 COSO 中，强调了风险可能带来获利机会，风险追求便是利用风险附带的不确定性去追求更高收益的风险应对策略。

14.6　风险管理的步骤

风险管理的步骤：

1）确定公司的风险容忍度。公司会接受重大的财务风险吗？公司是否只想承担选择性风险？公司是否必须消除所有风险？

2）评估风险敞口。必须确认风险敞口的特定本质。对风险敞口必须进行量化，以决定风险水平能否为组织所接受。

3）实施恰当的风险管理战略。在各种备选战略中，决定必须采取什么行动来管理风险敞口。

4）监控风险敞口与风险管理战略。定期监控、评估现状或风险敞口的非预期变化。本步骤也要考虑所选用的风险管理战略是否有效，必要时可能进行战略调整。

14.7　企业风险管理

对于风险管理的概念，企业界和学术界经历了若干次重大变化，直到 20 世纪 90 年代最终提出了企业风险管理的概念，如图 14-3 所示。

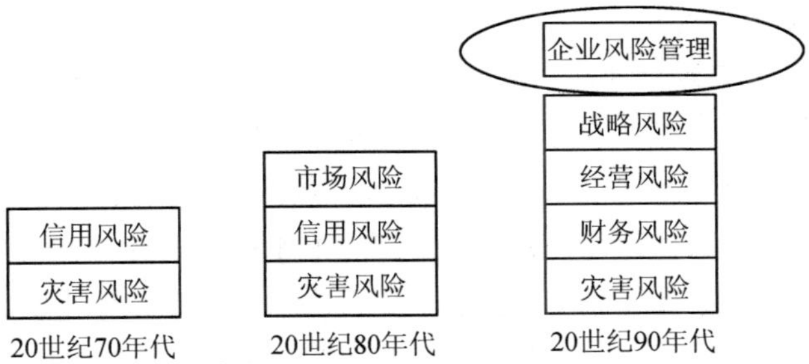

图 14-3　风险管理概念的变化

企业风险管理（Enterprise Risk Management，ERM）是企业在实现未来战略目标的过程中，试图将各类不确定因素产生的结果，控制在预期可接受范围内的方法和过程。企业风险管理是为了确保和促进企业整体利益的实现。企业风险管理框架是由 Treadway 委员会所属美国反虚假财务报告委员会下属的发起人委员会（COSO），在内部控制框架的基础上，于 2004 年 9 月提出的企业风险管理的整合概念。

根据 COSO 报告，企业风险管理定义如下：

企业风险管理是一个过程。它由一个企业的董事会、管理当局和其他人员实施，应用于战略制定，并贯穿于企业之中，旨在识别可能会影响主体的潜在事项、管理风险以使其在该主体的风险容量之内，并为主体目标的实现提供合理保证。

这个定义比较宽泛。它抓住了对于企业和其他组织如何管理风险至关重要的关键概念，为不同组织形式、行业和部门的应用提供了基础。它直接关注特定主体既定目标的实现，并为界定企业风险管理的有效性提供了依据。

管理会计师协会的管理会计公告“企业风险管理：框架、元素和整合2011”中使用的概念是：

企业风险管理通过管理不确定性，以创造、保护并提升股东价值。这些不确定性对企业目标的实现，会产生积极或者消极的影响。强有力的内部控制措施、更有效的公司治理以及实施企业风险管理，能提升企业的稳定性、提高反应速度，并增加股东价值。不同于条块分割式的风险管理方法，企业风险管理从整合的全局观出发，来审视企业所面临的风险。

注意：考生可以使用任意一种企业风险管理的定义。

实施有效的企业风险管理需要组织做出以下努力：

1）高管层发出号召，并且以身作则。

2）形成风险管理的企业文化。

3）建立诚实的职业道德体系。

4）确定实施企业风险管理的范围和措施。

企业风险管理框架的基本要素：

1）设定战略目标。

2）识别风险。

3）评估风险。

4）风险应对。

5）风险控制。

6）沟通和监控。

补充知识：ERM 的最佳实践

ERM 是一种有效的管理工具，但是，要成功实施，还需要高管层面的支持以及对组织各级管理者包括董事会的教育和培训。在今天这样一个充满风险的世界里，公司不能再依靠各自为政的风险管理方法。从综合的整体角度管理组织所面临的所有风险是当务之急。以风险为中心的组织不是规避风险，而是有意承受符合其风险偏好的风险。将 ERM 融入持续管理活动中，就等于将风险管理普及到了整个公司。在公司努力实施 ERM 时，以下最佳实践可以作为很好的参考：

1）积极参与的高管层和董事会设定了“高层基调”，并提供组织支持和资源。

2）由首席风险官领导的独立的 ERM 职能，直接向首席执行官报告，并且与董事会是间接报告关系。

3）自上而下的治理结构，在高管层和董事会层面设立风险委员会，并辅之以内部和外部的审计。

4）完善的 ERM 框架，涵盖了公司所有的主要风险：战略风险、经营风险、市场风险和信用风险。

5）由共同语言、培训和教育以及调整风险后的成功指标和激励指标培养起来的具有风险意识的企业文化。

6）明文规定关于具体风险限制和经营界限的政策，他们共同反映公司的风险偏好。

7）集成了主要定量风险指标和定性风险评估的 ERM 仪表盘技术和报告能力。

8）计量风险集中度和依存关系的有效的风险分析理论，如情景分析和模拟模型。

9）将 ERM 整合进战略规划、业务流程和绩效考核。

10）通过基于风险的产品定价、资本管理和风险转移战略，实现公司调整风险后的盈利能力最大化。

在今天的经营环境中，公司必须披露财务报告的风险因素，董事会也经常询问最高管理层公司的风险情况，因此，ERM 就是基础。

14.8　COSO 的 ERM 框架

1. 基本概念

COSO 发布了新版（2017 版）企业风险管理框架：《企业风险管理——与战略和业绩的整合》，相较于 2004 年发布的《企业风险管理——整合框架》，强调了制定战略和提升绩效过程中的风险。

COSO 发布的 2017 版框架基于以下这样一个基本假设：即每个企业存在的目的均旨在为利益相关者提供价值，但在价值追求过程中会面临不确定性。“不确定性”一词被定义为未知的事项，而“风险”则定义为该不确定性对制定和执行业务战略以及实现业务目标造成的影响。因此，新的框架认为：

- 管理层面临的一大挑战是确定企业准备接受和能够接受多少不确定性，即多少风险。有效的“企业风险管理”能够使管理层在权衡风险和机遇的同时，提升企业创造、保护和最终实现价值的能力。
- 对风险与价值之间关系的着意强调体现于 COSO 对企业风险管理定义的简化和关注点的重新界定。
- 企业赖以管理价值创造、保护和实现风险控制且与战略制定及执行有机结合的文化、能力及实践。
- 新框架的标题暗示了风险与战略以及企业绩效之间日益重要的关系。

更新后的 COSO ERM 具有以下优点：增加机会的范围；在整个实体范围内识别和管理风险；增加积极结果和优势，同时减少负面意外；降低绩效波动性；改进资源部署；增强企业韧性。

企业风险管理所具备的上述能力，能帮助管理层实现所在主体的业绩目标和盈利目标，防止资源损失。企业风险管理有助于确保报告的有效性以及符合法律和法规要求，同时有助于避免对主体声誉的损害以及由此带来的相关后果。总之，企业风险管理不仅帮助一个主体达成目标，还有助于规避途中的陷阱和意外。与开展任何新项目一样，每家公司都应在实施 ERM 之前对其进行成本效益分析。

ERM 涉及公司治理、风险分析和投资组合管理。组织必须得到恰当的管理与治理；管理层必须评估风险并构建适当的投资组合。投资组合包括流动资产和非流动资产。管理层试图将多元化的投资组合在一起，以符合组织风险偏好的方式平衡对冲风险。

2. 五大要素

COSO 在更新过后的框架里介绍了五大要素，并且如同 2013 年更新内部控制框架一样，为每个要素罗列了相关原则。

（1）风险治理和文化

风险治理和文化构成了 ERM 所有其他部分的基础。风险治理定下主体的基本基调，加强 ERM 的重要性并确立 ERM 的监管责任的分配；文化则是主体的价值观、行为准则和对风险的理解。

原则 1：履行董事会风险监督职能。

董事会对主体的风险监督负有首要责任。先要确认董事会和管理层对风险治理的责任分配。一般来说，董事会成员具有丰富的行业经验和技能，且独立于管理层。这使得他们能提供风险治理的整体战略和独立视角，并将风险管理的日常责任交给管理层或者特定的委员会，如风险管理委员会。

原则2：建立运营模式。

在明确的责任分配下，组织应该建立完整的运营模式和汇报体系。影响组织建立何种运营模式的因素有很多，如企业的战略目标、规模、行业、区域分布、财务税务等方面的法律法规。管理层结合企业的使命、愿景和核心价值观来计划、组织并执行企业战略。

一般来说，管理层通过授权给特定委员会的形式来掌握、管理与战略相关的风险。对于大型组织来说，这样的委员会可能不止一个，这就需要不同的委员会之间明确权责的分配并共享对风险的理解。明确权责十分重要，这能激发人们在授权范围内的能动性。而随着组织的发展，运营模式和授权－报告体系也需要做出相应调整。

原则3：定义理想的组织文化。

董事会和管理层通过定义其期望的行为来将组织核心价值观和对风险的态度具体化。建立一个员工都接受的组织文化对于组织抓住机遇、规避风险来说至关重要。风险偏好的组织更倾向于接受追求战略和业务目标时所需承担的不同类型和数量的风险。

原则4：恪守组织核心价值观。

组织确定基调，建立员工行为准则并对偏离准则的行为做出回应。即使组织明确表示了对诚实和道德的承诺，还是难免发生违背组织价值观的行为。这种行为可能是好人一时意志软弱，犯了错误或者坏人蓄意造成的。因此，需要对行为进行详尽的评估并制定相应的应对措施。这关键是将个体的行为和组织文化结合起来，需要管理层在日常工作中不断解读、强调和践行组织文化。

原则5：吸引、发展和留任优秀人才。

致力于根据战略和业务目标构筑人力资本。组织需要建立各个层级评价工作能力的机制。董事会评价管理层的能力，管理层评价各个业务单元或者职能部门的能力。管理层通过在不同层级建立人力资源管理体系来吸引、培训、指导人才，评价和留住人才。

（2）战略和目标设定

ERM 通过制定战略和业务目标的过程与主体的战略计划融合在一起。通过对商业环境的理解，组织可以得到对内在和外在因素的看法以及它们对风险的影响。组织在战略制定中确定其风险偏好，而业务目标使得战略得以实践并形成主体日常的运营。

原则6：分析业务环境。

组织考虑业务环境对风险管理的潜在影响。组织要理解业务环境，考虑内部和外部的环境和不同的利益相关者。外部环境包括政治、经济、社会、科技、法律等方面，内部环境包括资本、人力、流程和技术等方面。

原则7：定义风险偏好。

组织在创造、保存和实现价值的过程中定义风险偏好。负责确定风险偏好的董事会和管理层必须完全了解不同风险偏好所代表的取舍和利害关系。对于一些组织来说，“高风险偏好”或“低风险偏好”已经足够区分；对另外一些组织来说，风险偏好必须是可以量化的。风险偏好可以有“目标”“范围”“上限”“下限”等不同的表达和设定方式。

原则8：评估可供选择的战略。

组织评估可替代的战略和对风险状况的影响。组织必须明确战略的重要意义和不同战略选择所隐含的意义，将战略和风险偏好结合在一起考虑并依据不同情况和阶段调整战略。

原则9：制定业务目标。

组织建立不同层次的业务目标，以制定和支持战略的同时考虑风险。组织必须理解不同的业务目标所隐含的意义并确定不同的绩效度量方式和目标。

（3）执行

组织识别并评估可能影响其实现战略和业务目标的风险，结合组织的风险偏好，对风险按照其严重程度排列优先次序；组织选择风险应对的方法并对绩效进行监控并做出相应调整。这样，组织在追求战略和业务目标时，对所面临的风险程度建立起一个组合的观念。这一过程的结果要向重要的利益相关者报告。

原则 10：识别执行中的风险。

组织识别执行过程中影响业务目标实现的风险。风险识别的方法包括专题研讨会、访谈、流程分析、关键风险指标和数据追踪等。风险和机遇并存，识别风险的过程也是识别机遇的过程。

原则 11：评估风险的严重程度。

风险评估的重要工具是风险图。风险图从风险发生的可能性和影响程度两个方面对风险进行评级。评估风险要从固有风险、目标剩余风险和实际剩余风险 3 个层级进行。

原则 12：区分风险的优先次序。

组织结合风险偏好，选定对风险排列优先等级的标准，然后对所有识别的风险进行排序。

原则 13：实施风险响应。

风险响应有不同的方式，包括风险接受、风险回避、风险追逐、风险降低、风险分担等。管理层根据业务环境、性价比、法律法规、风险优先级、风险严重程度和风险偏好来选择和实施风险响应措施。一旦选择风险响应措施，就需要有效的控制活动来确保响应措施的实施。这些控制活动在《内部控制——整合框架》中已经介绍了。

原则 14：建立风险的组合观。

管理层需要从组织整体角度考虑风险，将组织风险作为一个整体去和实现绩效目标所需要承受的风险进行对比，而不是将其视为一个个单独的、分散的风险。

（4）监控和修订

通过监控 ERM 的效果，组织可以判断 ERM 的各组成部分的长期运作是否良好，并获知有哪些实质性的变化，哪些需要进行修订。

原则 15：监控重大变化。

组织识别和评估可能对战略和业务目标的达成造成实质性影响的内部和外部变化。造成这些实质性影响的变化可能来自内部的原因，如快速成长、新技术或者管理层及其他人事变动；也可能来自外部环境，如法规和经济环境的变化；还可能来自组织文化方面，如并购和重组带来的文化冲击。

原则 16：评估风险和绩效。

组织评估整体的绩效并考虑风险。

原则 17：改善 ERM。

组织应随时准备对其进行效率和实用性上的改善。做出这些完善的机遇可能存在于以下任何领域：新技术、历史短板、组织方式转变、风险偏好、风险分类、沟通、同业对比、变化的速率等。组织同样要明确未来理想中的 ERM 状态，如此才能做出持续改进。

（5）风险信息、沟通和报告

沟通是在主体中不断迭代地取得并分享信息的过程。管理层利用从内部和外部取得的有效信息来支持企业风险管理工作；组织利用信息系统来捕捉、处理和管理数据和信息。通过利用应用于所有组成部分的信息，组织就风险、文化和绩效做出报告。

原则 18：利用信息系统。

信息系统可以是正式的或者非正式的。组织可以应用分类学来管理 ERM 相关的信息，基于组织的规模大小、复杂程度将风险进行细分。管理层要依据内外部环境及时地维护信息系统并做出调整。

原则 19：沟通风险信息。

沟通的对象既包括内部的员工，也包括董事会、股东及其他外部的利益相关者。沟通方法可以是电子信息、外部或第三方材料、非正式或口头、公共活动、培训和研讨会、内部文件等。

原则 20：对风险、文化和绩效进行报告。

组织在各个层级对风险、文化和绩效做出报告。组织要确定这些报告的使用者和他们的职责。报告的形式和种类很多，包括风险的整体判断、风险图谱、根本原因分析、敏感度分析、对新兴及发生变化的风险的分析、KPI 趋势分析、对意外事故、违规和损失的披露以及对 ERM 计划和倡议的追踪。管理层需要确定报告的频率并对其质量负责。

3. COSO ERM 中的价值概念

价值创造是指其耗用资源所获得的利益大于其成本，如公司成功地推广了其最新研发的产品并赚取了丰厚的利润。

价值保持是指日常运营中耗用资源的价值能够维持所产生的利益，如某公司能够有效地满足消费者的需求并可持续地赚取利润，以此来维持其市场的主导地位。

价值侵蚀是指管理层所采用的战略不能产生预期的结果或无法开展日常的工作，如公司推出了其最新研发的产品，但是无法从中赚取利润。该公司在数月后决定停止生产。

价值实现是指利益相关者获得了企业创造的货币利益或非货币利益，如公司新研制的产品在过去的一个财务年度中为公司创造了大量的利润，因此向其股东支付高额的现金股息。

4. COSO ERM 中的风险识别方法

风险清单（Risk Inventory）列示了组织所面临的所有风险。组织将相似的风险进行分类，以此对风险清单进行结构化的处理，最终为不同类别的风险确定标准的定义。

组织有多种方法来识别风险，包括以下几个方面。

（1）认知计算（Cognitive Computing）

通过收集和分析大量的数据，以效率更高的方式获取新的和正在出现的风险的趋势和有价值的信息以及现有风险的变化。

（2）从过去发生的事情中对数据进行追溯（Data Tracking）

它可以协助组织通过理解事件之间的关联性预测未来发生的可能性，以及建立事件预测和因果关系的模型。

（3）面访（Interviews）

通过使用问卷调查表来了解员工对于过去和未来事件的看法。

（4）关键指标（Key Indicators）

它是指一些定性或定量的指标。这些指标可以协助企业识别现有风险的变化。

（5）流程分析（Process Analysis）

通过绘制流程图让组织更好地理解流程的输入、任务、输出和责任之间的关系，以此来识别和考察风险。

（6）专题讨论（Workshops）

将不同职能部门和不同层级的人员汇聚在一起，通过集体的智慧来构建一个与组织战略或业务目标相关的风险列表。

例题 14-2

甲公司最近在城市繁华区域购买了一座历史建筑物。该建筑物已经空置多年，尽管邻居们对于恢复历史建筑物的辉煌感到很兴奋，但同时他们不愿意接受新的居民，因为这会增加额外的交通负担，停车场也会变得拥挤。甲公司购买该建筑物就是希望能够对其进行翻新，并建造 12 个公寓单元，从而使项目盈利。该建筑物拥有足够的空间来设置 12 个停车点，以便缓解停车压力。然而，建筑物周围的邻居要求甲公司只设计 4 个公寓单元，而这对甲公司来说是不可行的。甲公司需要获得社区的支持，以便获得设计 12 个居住单元的特殊许可证。

1）a. 请确认并解释财务风险、经营风险和战略风险。

b. 该题中都出现了哪些不同风险类型？

2）根据上述场景，请使用 COSO 的企业风险管理模型（ERM 模型），说明甲公司在风险管理过程中应采取哪些关键步骤。

3）请说明甲公司可以采取的 4 种风险削减战略。

4）请说明风险态度将如何影响风险管理。

答：

1）a.（略）。

b. 在本情境中主要是战略风险，因为他们可能无法按照战略目标来翻新这座建筑物。

2）在风险管理过程中的关键步骤：

a. 风险识别：识别所有可能会影响到企业的风险。在本情境中，基于使用需要，甲公司所面对的风险是该项目无法得到批准。

b. 风险评估：评估风险的可能性和重要性。甲公司应了解邻居中有多少人支持，有多少人反对。

c. 设定风险次序及规划：确定风险的先后次序以及如何处理风险。甲公司应考虑缓解风险的策略。

d. 风险监控：监控风险的状态。甲公司可以经常与市议会或邻居开会以了解他们所关心的问题。

3）a. 风险回避，终止该项业务。甲公司可以尝试出售该项目。

b. 风险接受，不采取任何行动，承担已有的风险。甲公司可以保留项目，努力获取必要的批准。

c. 风险减少，采取行动，减少风险发生的可能性或后果。如开会通知邻居有关停车场的事项，以加速得到批准。

d. 风险分散，通常以购买保险或其他方式来分担风险。甲公司以寻找其他投资者共同投资该项目，来分担风险及分享报酬。

4）对风险的态度会影响管理层的行为。依据对风险的厌恶程度可将风险由小到大分为风险厌恶、风险中性、风险偏好，风险偏好是风险最大的策略，风险厌恶是风险最小的策略，风险中性居中。风险分散可以消除或者降低风险。

14.9　本章习题

问题 1　甲公司在其企业风险管理（ERM）流程中会识别供应链风险。识别出该风险后，甲公司希望确定该风险可能会对其目标产生多大的影响。他们应将风险评估的重点（　　）。

A. 同时放在固有风险和剩余风险上。　　B. 放在外部风险而不是固有风险上。

C. 仅放在预期事件上。　　D. 放在剩余风险而不是固有风险上。

问题 2　在 2013 年初，管理投资组合 A 的投资经理张三希望估算在 80% 置信水平的最坏情况下的

预期损失。该投资组合市场价值为 500 万元，平均年回报率为 8%且年标准差为 25%。张三会采用哪种方法来估算 2013 年末可能产生的最大损失？（ ）

A. 套利定价理论。 B. 资本资产定价模型。

C. 协方差。 D. 风险价值。

问题 3 甲保险公司希望在企业风险管理（ERM）实施方面做到同类最佳。为实现该目标，该公司计划将影响战略实施和目标实现的事件识别出来。以下哪项最能反映将有助于完成其识别过程的分析？（ ）

A. 评审事故和经营方面的衡量指标。 B. 分析拖欠的历史数据和分布情况。

C. 汇总驾驶记录和驾龄。 D. 评审事故和新的市场情况。

问题 4 COSO 的企业风险管理框架包括 8 个相互关联的组成部分。识别组织的风险管理理念，诚信和道德价值观是该框架的哪个组成部分？（ ）

A. 风险评估。 B. 目标设定。

C. 内部环境。 D. 监控。

问题 5 当使用和尝试所有管理风险和减轻风险的手段后仍然存在的风险，通常被称为（ ）

A. 固有风险。 B. 剩余风险。

C. 财务风险。 D. 经营风险。

问题 6 某企业正在确认自身面临的主要风险因素，请问该企业正在进行风险管理过程中的哪一步？（ ）

A. 确定该企业的风险容忍度。 B. 实施恰当的风险管理战略。

C. 估计风险敞口。 D. 监控风险敞口。

问题 7 甲制造公司认识到它在本地采购原材料将有困难，因此决定搬迁其生产设施。根据 COSO 框架，这一决定表示以下什么风险反应？（ ）

A. 风险减少。 B. 前景理论。 C. 风险分担。 D. 风险接受。

问题 8 风险评估是指在风险事件发生之前，该事件给人们的生活、生命、财产等各个方面造成的影响和损失的可能性进行量化评估的工作。对风险的评估技术包括定性技术和定量技术。下列方法中属于定性技术和定量技术的数量分别是（ ）

1）风险识别。2）标杆法。3）风险价值。4）风险图。5）压力测试。6）敏感性分析。7）风险评级。8）帕累托图。

A. 2 个和 5 个。 B. 3 个和 3 个。 C. 3 个和 4 个。 D. 3 个和 5 个。

问题 9 企业风险管理是企业在实现未来战略目标的过程中，试图将各类不确定因素产生的结果控制在预期可接受范围内的方法和过程，以确保和促进组织的整体利益实现。以下 4 个风险管理步骤的正确顺序是（ ）

Ⅰ. 评估风险敞口。

Ⅱ. 确定企业的风险容忍度。

Ⅲ. 监控风险敞口与风险管理策略。

Ⅳ. 实施恰当的风险管理策略。

A. Ⅰ，Ⅱ，Ⅲ，Ⅳ。 B. Ⅰ，Ⅱ，Ⅳ，Ⅲ。

C. Ⅱ，Ⅰ，Ⅲ，Ⅳ。 D. Ⅱ，Ⅰ，Ⅳ，Ⅲ。

问题 10 对于风险管理的概念，企业界和学术界经历了若干次重大变化，直到 20 世纪 90 年代最终提出了企业风险管理的概念。下列说法中对于企业风险管理描述正确的是（ ）

Ⅰ. 企业风险管理是一个过程，它由一家企业的董事会、管理当局和其他人员实施，应用于战略制定并贯穿于企业之中。

Ⅱ. 企业风险管理旨在识别可能会影响主体的潜在事项，管理风险以使其在该主体的风险容量之内，并为主体目标的实现提供合理保证。

Ⅲ. 企业风险管理通过管理不确定性以创造、保护并提升股东价值，这些不确定性对组织目标的实现会产生积极或者消极的影响。

Ⅳ. 强有力的内部控制措施、更有效的企业治理以及实施企业风险管理，能提升稳定性、提高反应速度并增加股东价值。

Ⅴ. 不同于条块分割式的风险管理方法，企业风险管理从整合的全局观触发来审视组织所面临的风险。

A. 只有Ⅰ和Ⅲ。　　B. 只有Ⅰ，Ⅱ和Ⅲ

C. 只有Ⅰ，Ⅱ，Ⅲ和Ⅳ。　　D. Ⅰ，Ⅱ，Ⅲ，Ⅳ和Ⅴ。

问题 11　风险反应就是组织对所面临的风险提供客观和独立的评价。管理者从两个角度来评估事件：一是发生的可能性；二是影响程度。使用责任保险和灾害保险属于哪种风险反应对策？(　　)

A. 风险回避。　　B. 风险减少。

C. 风险分散。　　D. 风险接受。

问题 12　美国某公司需要从中国和越南采购原材料，财务总监张三拟采用若干短期风险控制措施，这些措施中最不可能包括(　　)

A. 利用外汇市场。　　B. 保持较高的信用额度。

C. 保持较高的原材料库存。　　D. 签订长期采购合同。

问题 13　以下哪项不属于 COSO 控制框架的主要内容？(　　)

A. 目标设定。　　B. 风险反应。

C. 风险管理。　　D. 控制活动。

问题 14　甲公司是一家远程领域公司，该公司的业务几乎都是从网上运营。该公司规定，不准员工在单位利用公司的计算机访问公司列举的网站。该公司采用的风险管理工具是(　　)。

A. 风险接受。　　B. 风险回避。

C. 风险分散。　　D. 风险减少。

问题 15　下列各项关于应对风险的措施中，属于风险分散的是(　　)。

A. 甲公司是一家稀有资源开发企业。按照国际惯例，甲公司每年向矿区所在地政府预付一定金额的塌陷补偿费。

B. 乙公司是一家股票上市的商品零售企业。为了筹建更多商场，扩大市场占有率，乙公司要求母公司为其金额为 5 亿元的中长期贷款提供担保。

C. 丙公司是一家区域性奶制品生产企业。为了推广高端乳酸菌饮料产品，丙公司决定按照“买一送一”的政策对乳酸菌饮料新产品和传统水果味酸奶产品进行捆绑销售。

D. 丁公司是一家规模较小的唱片制作企业。为了保护唱片版权，丁公司与其网络商场签订合作协议，由该网络商场每年支付固定版权费用，商场会员即可无限次下载收到版权保护的丁公司制作的唱片音乐。

问题 16　乙公司为一家专营空中物流货运的航空公司，现正为可能开发的中东航线进行风险评估。图 14-4 是所制定的风险图。

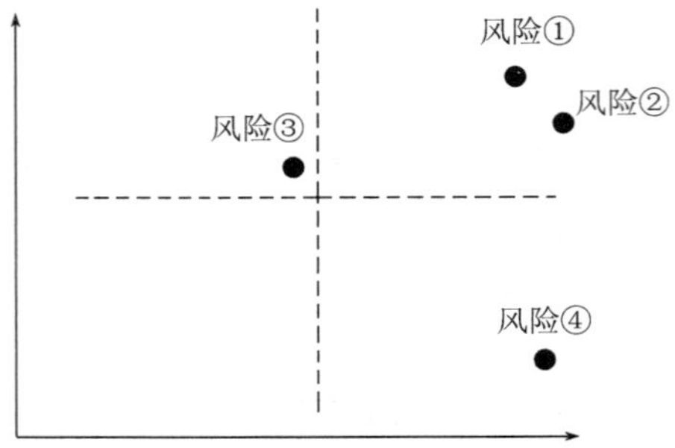

图 14-4 乙公司风险图

在风险管理的基本原则下，乙公司应将注意力集中应对所面临的风险有(　　)

A. 风险①和风险②。

B. 风险①、风险②和风险③。

C. 风险①、风险②和风险④。

D. 风险①、风险②、风险③和风险④。

问题 17　某钢铁公司铁矿石原料主要依赖进口，下列各项中，属于其市场风险的是(　　)

A. 政治风险。　B. 信用风险。　C. 流动性风险。　D. 汇率风险。

问题 18　运用了所有的控制和风险管理技术以后，需要继续关注的风险是(　　)

A. 固有风险。　B. 经营风险。　C. 风险敞口。　D. 剩余风险。

问题 19　下列属于外部风险因素的是(　　)

A. 经营风险。　B. 财务风险。　C. 战略风险。　D. 灾害风险。

问题 20　下列不属于企业风险管理特征的是(　　)

A. 战略性。　B. 全员化。　C. 具体性。　D. 系统性。

问题 21　甲基金公司的基金经理向投资委员会报告，他管理的基金未来 1 年 95%的可能性亏损小于 100 万元，也就是仅有 5%的可能性损失大于 5 万元。该基金经理使用的风险管理方法是(　　)

A. 压力测试。　B. 情景分析。　C. 风险评级。　D. 风险价值。

问题 22　风险评估分为定量分析和定性分析，其中常用的定量分析技术有风险价值、敏感性分析和(　　)

A. 标杆法。　B. 风险评级。　C. 风险图。　D. 价值链分析。

问题 23　购买保险是应对哪类风险经常使用的方法？(　　)

A. 财务风险。　B. 灾害风险。　C. 战略风险。　D. 运营风险。

问题 24　飓风属于哪种风险类型？(　　)

A. 运营风险。　B. 战略风险。　C. 灾害风险。　D. 业务风险。

问题 25　企业风险管理（ERM）与公司治理密切相关，除了它(　　)

A. 使管理层专注于已缓解的风险。

B. 能识别组织的哪个目标面临最大风险。

C. 降低可接受风险的级别。

D. 识别并隔离存在风险的领域。

问题 26　甲公司资金来源只有股权投资，则该公司不存在(　　)

A. 市场风险。　B. 信用风险。

C. 财务风险。　D. 非系统风险。

问题 27　甲公司的 CEO 计划实施企业风险管理过程。那么，该公司相关部门第 1 步需要做的是(　　)

A. 完成该公司所有方面的风险调查问卷。

B. 确定该公司可以容忍的风险。

C. 与员工讨论该公司可能存在的风险敞口。

D. 建立控制活动。

问题 28　甲公司的 CEO 要求主计长提供风险管理报告。那么，主计长正确的报告程序是(　　)

A. 直线报告给董事会，虚线报告给 CEO。

B. 直线报告给 CEO，虚线报告给审计委员会。

C. 直线报告给 CEO，虚线报告给风险管理委员会。

D. 直线报告给 CEO，虚线报告给董事会。

问题 29　在以下做法中哪个是分担公司风险的最佳实例？(　　)

A. 业务外包。　　B. 公司理财。

C. 为重要资产投保。　　D. 放弃部分投资。

问题 30　甲公司由于流程设计不合理和业务人员操作失误两个原因造成 5% 的净利润损失。以上描述的现象属于什么风险？(　　)

A. 财务风险。　　B. 运营风险。　　C. 灾害风险。　　D. 战略风险。

问题 31　甲公司为其主要生产设备购买了财产险，但是该财产险即将到期。保险公司的工作人员准备对该公司进行续保工作，需要对保险额和保险费率进行重新核定。这时，保险人员在保险进行风险评估时要如何考虑？(　　)

A. 只考虑固有风险。

B. 只考虑剩余风险。

C. 固有风险和剩余风险都需考虑。

D. 固有风险和剩余风险都无须考虑，遵守保险公司固定的模式即可。

问题 32　关于组织对法律、有关条例以及合同义务的符合性的风险属于以下哪种类型？(　　)

A. 财务风险。　　B. 灾害风险。　　C. 战略风险。　　D. 运营风险。

问题 33　稻农购买大米期权以防止未来价格波动带来收益的变化，这是采用了下面哪种风险应对策略？(　　)

A. 风险规避。　　B. 风险减轻。　　C. 风险分担。　　D. 风险接受。

问题 34　甲公司是一家位于德国并通过线上网站销售服装的公司。该公司认为其所面临的主要风险是在线网站运营带来的，次要风险是汇率带来的。这两个风险分别属于什么风险？(　　)

A. 战略风险、经营风险。　　B. 经营风险、经营风险。

C. 战略风险、财务风险。　　D. 政治风险、财务风险。

问题 35　甲公司在没有进行市场调查的情况下修改了该公司来年的投资计划，造成了该公司的损失。这属于什么风险？(　　)

A. 财务风险。　　B. 灾害风险。　　C. 战略风险。　　D. 运营风险。

问题 36　某制造心脏器械的公司有 1 家固定的咖玛照射设备供应商，现在该公司想寻求第 2 家供应商以降低风险。该公司采取该措施后还面临什么风险？(　　)

A. 剩余风险。　　B. 固定风险。　　C. 战略风险。　　D. 政治风险。

问题 37　公司在设计企业风险管理相关程序，首先要做的是(　　)

A. 风险评估。 B. 风险控制。

C. 设计风险管理战略和目标 D. 事件识别。

问题 38 下面哪个要素与企业风险管理无关？( )

A. 内部环境。 B. 目标设定。 C. 事件确认。 D. 可行性分析。

问题 39 每个单位的个体风险也被纳入组成风险的一部分，该方法被称为( )

A. 投资决策分析。 B. 风险排序。

C. 风险分析。 D. 投资组合风险。

问题 40 情景分析是( )

A. 改变一个变量观察变化结果。

B. 模拟事项的各种概率，分析变量分布发生变化。

C. 通过分析系统性风险和非系统性风险。

D. 分析多个因素构成的场景不同的变量变化情况。

问题 41 A 公司是一家高科技公司，研发太阳能设备。管理层准备将新产品投入市场，但是担心产品会出现“质量问题”。请问这个担心属于什么风险？( )

A. 剩余风险。 B. 经营风险。 C. 运营风险。 D. 战略风险。

问题 42 一家德国公司为减少其在一国风险而在其他两个国家建立分部。在建立分部后仍然会产生的风险是( )

A. 固有风险。 B. 经营风险。 C. 剩余风险。 D. 业务风险。

问题 43 公司在设计企业风险管理相关程序，以下哪项程序顺序准确？( )

A. 风险应对、风险控制、沟通与交流、监控。

B. 沟通与监控、识别风险、处理风险。

C. 评估风险、控制风险、处理风险。

D. 风险控制、设计风险管理战略和目标、识别风险、评估风险。

问题 44 某公司的管理会计师正在调查该公司的风险。该会计师采用的方法是( )

A. 价值工程。 B. 该公司研讨座谈。 C. 内部审计。 D. 情景分析。

情景 14-1

埃斯科他公司是一家法国的精密仪器生产商。该公司在美国业务也很兴旺，尽管有不少竞争对手。通常该公司在开票起两个月内收到货款，因此其出口到美国的货款有一定风险。

该公司认为其北美市场有相当规模，已经值得在当地进行投资。因此该公司决定在南卡莱罗纳新建一座工厂，生产产品直接在美国市场销售，未来产品还可能销往墨西哥或者加拿大。该公司财务总监建议采用风险应对措施。

问题 45：

1）该公司在美国投资面临的主要风险有哪些？

2）由于近期美国和欧洲政治局势变化，该公司的 CEO 非常担心其在美国的投资由于欧元汇率变化带来风险，你建议其财务部门可以采取哪些措施应对汇率变化的风险？采用风险管理措施后，该公司还面临风险吗？

3）在美国的子公司计划采用 COSO 的 ERM 框架进行风险管理，请说明该框架的 8 个组成要素。

4）该公司管理层要求财务部门定量分析企业面临的风险，请说出 3 种定量分析的方法。

问题 46 实施进一步的故障侦测和后备系统以提高数据完整性的决定，是何种风险应对的例子？( )

A. 风险接受。　B. 风险分担。　C. 风险避免。　D. 风险降低。

问题 47　首席风险官（CRO）正在审查以下企业级风险程度，如表 14-3 所示。

表 14-3　某企业级风险程度

可能性影响	可能性小的风险	可能的风险	可能性大的风险
重大影响	风险 A	风险 B	
主要影响			风险 D
次要影响		风险 C	

考虑到风险管理活动中的资源有限，下面哪项是正确的风险优先级排序？(　　)

A. 风险 B，风险 C，风险 A，风险 D。　B. 风险 A，风险 B，风险 C，风险 D。

C. 风险 D，风险 B，风险 C，风险 A。　D. 风险 B，风险 C，风险 D，风险 A。

问题 48　一家组织决定在仓库安装运动检测系统，以防止非营业时间发生盗窃事件。根据 COSO 企业风险管理框架，以下哪项是这种风险管理战略的最佳描述？(　　)

A. 风险规避。　B. 风险减少。　C. 风险消除。　D. 风险分担。

问题 49　某组织运用赋有影响值和可能性值的风险图对舞弊行为进行分类。对小规模舞弊行为的分类标准是：可能性低、影响小。基于这种分类，该组织应该(　　)

A. 不用太关注该风险。　B. 防止该风险。

C. 使用保险或备份计划来降低该风险。　D. 抑制和控制该风险。

问题 50　某组织通过取消他们的保险，从【列表 A】转到【列表 B】，因为该成本大于保险计划的重置成本。根据 COSO 风险管理层的哪项应对措施适用于该情况？(　　)

A.【列表 A】＝共享，【列表 B】＝规避　B.【列表 A】＝削减，【列表 B】＝接受

C.【列表 A】＝共享，【列表 B】＝接受　D.【列表 A】＝削减，【列表 B】＝规避

问题 51　某公司最近刚刚上线了一套新的会计信息系统。在试运行的过程中，该公司财务经理发现，在过去的几周内，该系统并没有进行银行对账。根据 IMA《企业风险管理：框架、要素及其整合》要求，该财务经理发现的问题属于什么风险？(　　)

A. 财务风险。　B. 灾害风险。　C. 战略风险。　D. 经营风险。

问题 52　商业风险是公司经营中的固有风险，不包括财务风险。其不依赖于下述哪项因素？(　　)

A. 财务杠杆金额。　B. 销售价格波动。

C. 需求波动。　D. 投入物价格波动。

问题 53　下述哪项不是风险管理的潜在好处？(　　)

A. 较低的资本成本。　B. 资源有效分配。

C. 灵活应对不可预见的环境影响。　D. 降低固有风险。

问题 54　下述哪项在风险管理中不是主要步骤？(　　)

A. 风险等级排序。　B. 重新考虑目前的风险。

C. 规划风险应对措施。　D. 评估风险。

问题 55　一家农村合作社有大量从社员中收集的粮食，并储存在仓库中。由于现在粮食价格高，后 3 个月中该农村合作社客户没有人准备购买粮食。为了抵销后 3 个月粮食价格下跌变化的风险，该农村合作社将要进行套期保值，实施风险管理技术，该技术即为(　　)

A. 空头，套期保值。　B. 多头，套期保值。　C. 无抵押期权。　D. 利率调期。

问题 56 传达与风险相关的信息在企业风险管理中非常重要。什么位置的人最有可能在了解客户产品设计需求出现相关问题时意识到该问题？( )

A. 风险管理经理。 B. 销售代表。 C. 内部审计员。 D. 生产经理。

问题 57 COSO 2017 年版的企业风险管理框架包括 5 个相互关联的要素，由 20 条原则支持。以下哪项原则支持了“战略与目标设定”这个要素？( )

A. 定义风险偏好。 B. 定义企业文化。

C. 实施风险应对措施。 D. 评价风险和绩效。

问题 58 滨河物业的新公寓已基本建成，但还差几项检查没有通过，因此尚未拿到入住许可证。不过有几名租户与业主的关系不错，业主就允许他们先迁入了。以下哪项最能描述业主在这种情况下产生的风险？( )

A. 运营风险，因为业主未遵守法律和法规。

B. 战略风险，因为业主未遵守法律和法规。

C. 战略风险，因为其余检验可能确定该公寓不符合入住条件。

D. 运营风险，因为其余检验可能确定该公寓不符合入住条件。

问题 59 通过管理不确定性来创造、保护和提高股东价值是以下哪项内容的主要目标？( )

A. 风险评估。 B. 企业风险管理（ERM）。

C. 财务风险管理。 D. 经营风险管理。

问题 60 关于 COSO 2017 年发布的企业风险管理（ERM）综合框架中的“文化与治理”，以下哪项是不正确的？( )

A. 风险分析是公司治理的一个组成部分。

B. 建议组织成立风险委员会，向董事会报告。

C. 建议内部审计人员大量参与企业风险管理计划。

D. 建议组织成立首席风险官（CRO）。

问题 61 风险评估与管理层对风险的态度有关。风险厌恶管理团队典型的是( )

A. 不优先缓解风险。 B. 更可能花钱来减轻风险。

C. 不愿意花时间来减轻风险。 D. 不愿意花钱来减轻风险。

问题 62 关于套期保值做法正确的是( )

A. 购买股票的看跌期权。 B. 将资产和负债到期时间匹配。

C. 购买短期债券。 D. 购买长期国债。

问题 63 某公司没有进行充分的市场调研就对其现有的流行品牌进行了修改，并称之为创新。该公司这一行为将导致该公司承受什么类型的风险？( )

A. 信用风险和战略风险。 B. 灾害风险和信用风险。

C. 经营风险和灾害风险。 D. 战略风险和经营风险。

问题 64 Y 实业公司正在考虑扩展其国际业务。该公司财务主管应将以下哪种情况归类为政治风险？( )

A. 工厂建成后被征没。 B. 本国币值下降。

C. 本国通货膨胀加速。 D. 本国和业务所在国之间的会计处理方式不同。

问题 65 以下哪项不被视为定量风险评估方法？( )

A. 自我评估问卷。 B. 标杆分析。 C. 现金流分析。 D. 情境分析。

问题 66 下面哪项不是企业用来降低和化解金融风险的投资选择？( )

A. 套利。　B. 期限匹配。　C. 套期保值。　D. 投机。

问题 67　下列哪项最好地解释了国际贸易增加风险的原因？(　　)

A. 国际销售大大地增加公司的市场份额。

B. 企业经常可以从国际资源中获取更便宜的资源。

C. 国际企业通常比国内企业规模更大，因此风险更高。

D. 国际企业面临国内企业没有的法律风险和财务风险。

问题 68　下列哪个因素不会使得公司面临的风险增加？(　　)

A. 公司持有的现金储备变化。　B. 增加完成项目需要的预期时间。

C. 预期收益率的变化。　D. 减少完成项目需要的预期时间。

问题 69　与短期债务、长期债务和股权的决策有关的风险被称为(　　)

A. 经营风险。　B. 灾害风险。　C. 财务风险。　D. 战略风险。

问题 70　公司正在衡量其风险管理策略是否有效，这是处于风险管理过程的哪个阶段？(　　)

A. 确定公司风险的耐受性。　B. 监控风险暴露和风险策略。

C. 实施适当的风险管理策略。　D. 评估风险暴露。

问题 71　组织可以通过以下哪项内容来降低经营风险？(　　)

A. 调整成本结构，以便有更多的差量成本。

B. 调整成本结构，以便有更多的阶梯成本。

C. 调整成本结构，以便有更多的变动成本。

D. 调整成本结构，以便有更多的固定成本。

问题 72　下列哪项不是美国跨国公司拓展国际业务的正当理由？(　　)

A. 获得原材料的新来源。

B. 保护其国内市场免受国外制造商的竞争。

C. 最小化生产成本。

D. 找到可以使他们的产品成功销售的其他地区。

问题 73　某公司正在构建风险分析体系，以量化数据中心面临的各类风险的威胁程度。在调整保险赔偿金后，下列哪项将代表年度最高损失？(　　)

	发生的频率	损失金额	保险责任范围
A.	1 年	15 000 美元	85%。
B.	100 年	400 000 美元	50%。
C.	8 年	75 000 美元	80%。
D.	20 年	200 000 美元	80%。

问题 74　以下哪项是在企业风险管理（ERM）方法中识别事件的辅助研讨会和访谈技术的一个例子？(　　)

A. 财务报告负责人与该地区的所有员工召开会议，以了解下一年度财务报表中可能存在风险的领域。

B. 银行根据员工等待客户投诉的方式分析客户投诉。

C. 公司制定了将员工添加到工资核算处理系统的流程。

D. 银行将当前年度的每周信用卡申请查询与上一年同一周的查询进行比较，并在达到10%的减少后，向没有信用卡的现有客户发布新的电子邮件广告。

问题 75　关于企业风险管理（ERM），以下哪项不正确？(　　)

A. 企业风险管理（ERM）涉及整个组织，而不仅仅是高层管理人员和董事会。

B. 企业风险管理（ERM）解决组织面临的所有潜在风险。

C. 企业风险管理（ERM）是一个流动或持续的过程，在初始开发完成时不会结束。

D. 企业风险管理（ERM）是一种更有效的风险管理方法，因为它可以管理许多孤岛中的风险，而不是试图在组织层面管理它们。

问题 76　组织目前正在审查主要的风险因素，这属于风险管理过程（RMP）的哪个步骤？(　　)

A. 确定公司风险的耐受性。　　B. 评估风险暴露。

C. 监控风险暴露。　　D. 实施适当的风险管理策略。

问题 77　一个组织希望量化两个事件可能发生的预期损失。系统分析员估计，产品开发数据库中未经授权的信息变更的潜在经济损失是 2 000 000 美元，并且发生的可能性是 5%。此外，如果整个计算机实验室被大火毁损，潜在的最大损失是 5 000 000 美元，并且发生的可能性为 1%。这些事件的预计损失总额是(　　)

A. 0 美元。　　B. 50 000 美元。　　C. 100 000 美元。　　D. 150 000 美元。

问题 78　下列哪个不是风险管理过程（RMP）的关键步骤？(　　)

A. 评估资本储备。　　B. 评估风险暴露。

C. 监控风险暴露。　　D. 确定公司风险可容忍度。

问题 79　企业可以通过购买什么保险来减轻由于消费者受到产品伤害而导致的财产损失风险？(　　)

A. 健康保险。　　B. 责任保险。　　C. 灾害保险。　　D. 工伤补偿保险。

问题 80　COSO 2017 年版的企业风险管理框架是由 5 大要素、20 条原则构成，下面不属于第一大要素“治理与文化”关联原则的是(　　)

A. 董事会执行风险监督。董事会对战略进行监督，执行治理责任，支持管理实现战略和业务目标。

B. 建立运营机构。组织在追求战略和业务目标方面建立运营机构。

C. 定义崇尚的文化。组织定义期望的行为来描述所崇尚的文化。

D. 制定业务目标。组织在确定协调和支持战略的各个层次业务目标的同时，应考虑风险。

问题 81　关于风险评估需要考虑的内容，以下哪项最准确？(　　)

A. 固有风险。　　B. 风险的可行性和影响。

C. 剩余风险。　　D. 以上各项都是。

问题 82　汤姆在密西西比河岸有一栋 3 层的办公楼，他认为该河流每年夏季有发洪水的风险。他欲将该办公楼卖给一名来自法国的投资者。汤姆采取了哪种风险策略？(　　)

A. 风险回避。　　B. 风险分散。　　C. 风险接受。　　D. 风险减少。

问题 83　甲公司需要支付利息、租金等费用，该公司面对以下哪种风险？(　　)

A. 财务风险。　　B. 战略风险。　　C. 运营风险。　　D. 内控风险。

问题 84　甲公司财务风险很高，通过以下哪个选项能降低财务风险？(　　)

A. 提高利息保障倍数。　　B. 提高负债权益比率。

C. 降低权益回报率。　　D. 提高资产负债率。

问题 85　关于风险评估需要考虑的内容，以下哪项说法最为准确？(　　)

A. 固有风险。　　B. 风险的可行性和影响。
C. 剩余风险。　　D. 以上各项都是。

问题 86　基于企业风险管理 COSO 所定义的企业风险管理系统的基本组成基础是(　　)

A. 评估风险。　　B. 识别组织的战略目标。
C. 组织的控制活动。　　D. 组织的内部环境。

问题 87　甲公司最近收回了一笔资金，把它存到银行里，其利率收益为 4%。该公司总会计师分析，如果把资金投入到某个项目，年收益是 7%。最后，甲公司还是选择了把资金存入银行。请问这家公司属于(　　)

A. 风险偏好型，确定性等值小于期望收益。
B. 风险厌恶型，确定性等值小于期望收益。
C. 风险厌恶型，确定性等值大于期望收益。
D. 风险偏好型，确定性等值大于期望收益。

问题 88　甲公司原来使用现金销售，由于经济形势不好，该公司决定使用信用销售模式来刺激销售。财务总监张三评估了收款速度减慢、坏账和信息系统受到攻击等风险，决定采取相应的风险控制措施。下列说法错误的是(　　)

A. 在信用销售下，顾客不按时付款是固有风险。
B. 进行信用审查后的顾客不付款风险是审计风险。
C. 固有风险是不采取任何控制措施时的风险。
D. 剩余风险是采取控制措施时剩余的风险。

问题 89　甲公司财务总监正在进行风险评估，有一个重大风险发生概率为 5%，风险发生时损失金额为 100 万元。该公司有 3 种方案控制该风险：方案一，可以将风险发生概率降为 2%，其成本为 2.5 万元；方案二，将风险发生概率降为 1%，其成本为 3 万元；方案三，将风险发生概率降为 0.1%，其成本为 5.5 万元。该公司应该采用哪个方案？(　　)

A. 方案一。　　B. 方案二。　　C. 方案三。　　D. 不采取任何措施。

问题 90　甲公司基于企业的战略调整考虑，计划把该公司生产线转移至亚洲，因为那里的人力资源成本更低。但是在经过风险评估之后，甲公司的管理层认为，转移生产线所产生的风险大于甲公司可能承受的风险，以下哪项不是甲公司可能会采取的做法？(　　)

A. 风险回避。　　B. 风险分散。　　C. 风险接受。　　D. 风险减少。

问题 91　企业风险管理的构成要素之一是内部环境，内部环境是其他要素的基础。以下不属于内部环境的是(　　)

A. 控制活动。　　B. 权责分配。
C. 董事会。　　D. 诚信和道德价值观。

问题 92　以下哪项不是风险评估的内容？(　　)

A. 识别组织面临的各种风险。　　B. 集思广益。
C. 确定风险削减对策。　　D. 确定风险削减和控制的优先等级。

问题 93　拥有特定的投资政策是为了控制哪类风险？(　　)

A. 财务风险。　　B. 战略风险。　　C. 运营风险。　　D. 内控风险。

问题 94　对一家从事风险管理的公司来说，什么是风险价值？(　　)

A. 公司将失去的最大价值。
B. 在给定的置信区间最可能出现的负面结果。

C. 在一个既定的置信区间或确定的时间段内，预计会发生的最大损失。

D. 产出分布最差的可能性。

问题 95 甲公司的财务总监张三使用风险图对已经识别的 3 个风险事项进行评估，如图 14-5 所示。

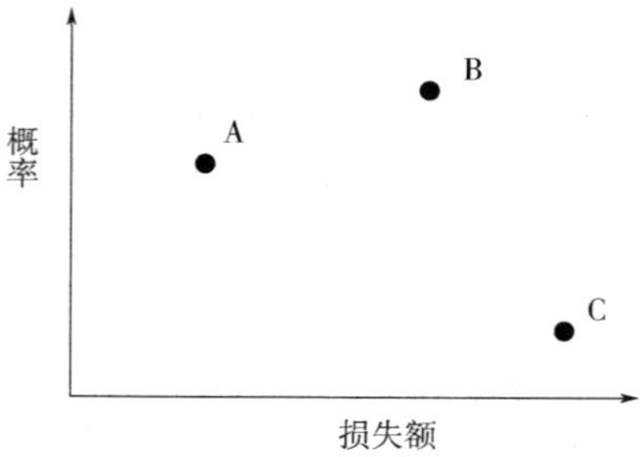

图 **14-5** 甲公司风险图

根据风险图评估的结果，张三应该建议该公司管理层重点关注哪个风险？（　　）

A. 事项 A。 B. 事项 B。 C. 事项 C。 D. 无法判断。

问题 96 甲公司原来使用现金销售，由于经济形势不好，该公司决定使用信用销售模式来刺激销售。财务总监张三评估了收款速度减慢、坏账和信息系统受到攻击等风险后，决定采取相应的风险应对措施，下列说法错误的是（　　）

A. 对顾客信用状况进行审查是风险减少措施。 B. 接受信用卡支付是风险分散措施。

C. 不接受信用付款是风险减少措施。 D. 使用备份系统是风险分散措施。

问题 97 B 公司已经发现某部门面临台风等自然灾害的潜在风险，这将会导致其业务中断。该公司管理层决定通过将其他省份的业务与该部门的业务组合成一个投资组合，以此来平衡整体的风险。B 公司应对潜在风险的措施被称为（　　）。

A. 风险规避。 B. 风险转移。 C. 风险接受。 D. 风险减弱（降低）。

问题 98 A 公司的管理者评估了对其公司运营会产生影响的事件的可能性。对于销量出现 2% 的波动而言，在不采取任何风险应对措施的情况下，预计的损失为 500 万元；而在采用套期保值法的情况下，预计的损失为 100 万元。对于销量变化产生的剩余风险，其对实现该公司目标造成的影响为（　　）。

A. 600 万元。 B. 500 万元。 C. 400 万元。 D. 100 万元。

问题 99 某公司非常重视其风险控制工作并由董事会负责招聘经理。这些经理将分别制定、实施和监督各种控制活动。该公司在其短期和长期账单支付交易活动中可能面临什么类型的风险？（　　）

A. 运营风险。 B. 灾害风险。 C. 财务风险。 D. 控制风险。

问题 100 COSO 企业风险管理（ERM）框架侧重于（　　）

A. 将风险管理整合到业务活动和流程中。

B. 系统地对组织的所有风险进行分类。

C. 了解管理会计师在 ERM 项目中的职责。

D. 确定组织的风险管理理念和风险偏好。

问题 101 一家美国制造公司在全球多个国家和地区开展业务。该公司每年都会收到一份管理咨询报告，其中分析了该公司业务所在国家或地区的政治风险。这些风险与以下哪个国家或地区相关？（　　）

A. 该国家或地区以外币计算的收益因汇率波动而损失其价值。

B. 该国家或地区的货币主管机构更改了该国家或地区的利率。

C. 该国家或地区内的竞争对手发明了更先进的技术。

D. 该国家或地区的政府修改了当地法律，对这家公司在该地运营产生影响。

问题 102　某公司聘请一名顾问对公司的风险进行定性评估。在阐述评估情况时，该顾问使用风险分布图来说明结果，其中显示(　　)

A. 该公司面临的风险及其与公司战略的关系。

B. 按对该公司的重要性排序的风险等级。

C. 该公司为应对所面临的风险而必须采取的相应步骤。

D. 与预定义标准（如影响和概率）比对的风险矩阵。

问题 103　某公司在实施企业风险管理计划时，购买了一份涵盖全公司范围内所有危害风险的保险单。根据该保单，保险公司将承担约定最低损失金额以上的损失。通过采用此方法，该公司确定该保险范围能够(　　)

A. 将剩余危害风险转移给承保该保单的保险公司。

B. 将固有危害风险降低到可接受的剩余风险水平。

C. 避免了足够多的剩余危害风险，剩余的唯一风险是固有风险。

D. 保留足够多的固有危害风险，以使剩余风险具有成本效益。

问题 104　采用在险价值（风险价值）方法的公司(　　)

A. 寻求让产生的利息收入超过投资造成的损失。

B. 计算公司从现金投资中损失或获利的金额。

C. 根据对利率的敏感性，估算利润与预算之间的差异。

D. 确保投资损失的概率不超过规定的限额。

情景 14-2

甲公司是一家经营良好的多元化集团，该公司有两个部门：地产部和制造业务部。两个部门有如下信息：

1）地产部：地产部经理一直考察在该公司所在地建立大型城市综合体项目。几年前，甲公司以 85 亿元购得了城市中心的一块土地，并且为拆除该土地上的无用建筑花费了 14.4 亿元。从那时开始，该土地就一直被很多建筑公司租用，并作为暂时性的建筑材料储存地点，直到这些建筑公司在该地区的工程项目完工。这样，地产部每年平均可以获得 1 亿元的收入。

2）制造业务部：制造业务部门经理希望进军国际市场，而该公司总部对海外投资表示担心。该公司的财务部门被要求对海外投资的各种风险做出分析和评估。该公司的财务部门负责人认为，应该实施 ERM 系统来进行管理分析，并且应该重点关注 ERM 系统与公司文化的融合问题。

问题 105

1）该公司地产部经理在决策过程中遇到的沉没成本和机会成本各是多少？该如何考虑？

2）分析该公司制造业务部进军国际市场面临的财务、经营和合规风险。

3）分析该公司实施 ERM 系统的优缺点。

4）有效实施 ERM 系统的公司应该具有哪些特征？

5）说明《美国国外贪腐防治法》的主要目的。

本章习题解答

题号	答案	题号	答案	题号	答案	题号	答案
问题 1	A	问题 2	D	问题 3	D	问题 4	C
问题 5	B	问题 6	C	问题 7	A	问题 8	C
问题 9	D	问题 10	D	问题 11	C	问题 12	B
问题 13	C	问题 14	B	问题 15	B	问题 16	A
问题 17	D	问题 18	D	问题 19	D	问题 20	C
问题 21	D	问题 22	A	问题 23	D	问题 24	C
问题 25	A	问题 26	C	问题 27	B	问题 28	D
问题 29	C	问题 30	B	问题 31	C	问题 32	D
问题 33	C	问题 34	B	问题 35	C	问题 36	A
问题 37	C	问题 38	D	问题 39	D	问题 40	D
问题 41	C	问题 42	C	问题 43	A	问题 44	B
问题 46	D	问题 47	C	问题 48	B	问题 49	A
问题 50	C	问题 51	D	问题 52	A	问题 53	D
问题 54	B	问题 55	A	问题 56	B	问题 57	A
问题 58	A	问题 59	B	问题 60	A	问题 61	B
问题 62	B	问题 63	D	问题 64	A	问题 65	A
问题 66	D	问题 67	D	问题 68	D	问题 69	C
问题 70	B	问题 71	C	问题 72	B	问题 73	A
问题 74	A	问题 75	D	问题 76	B	问题 77	D
问题 78	A	问题 79	B	问题 80	D	问题 81	D
问题 82	A	问题 83	A	问题 84	A	问题 85	D
问题 86	D	问题 87	B	问题 88	B	问题 89	B
问题 90	C	问题 91	A	问题 92	B	问题 93	A
问题 94	C	问题 95	B	问题 96	C	问题 97	D
问题 98	D	问题 99	A	问题 100	A	问题 101	D
问题 102	D	问题 103	B	问题 104	D		

问题 1 分析：

管理者在评估风险时，既评估内在风险（固有风险），也评估剩余风险。内在风险指管理者不采取相应的风险管理措施情况下的风险。剩余风险指管理者采取对策后的风险。评估风险时首先评估的是内在风险，当风险管理策略确定后，再考虑剩余风险。

问题 2 分析：

风险价值（VaR）是指给定时期内、给定的特定可能性水平下的最大损失。

问题 3 分析：

风险识别是风险管理的第 1 步，也是风险管理的基础，只有在正确识别出自身所面临的风险的基础上，人们才能够主动选择适当有效的方法进行处理。风险识别确认尽可能多的威胁，而不对这些威胁进行评估。风险框架有助于风险识别的过程，该过程应该包括：内部风险因素，如信息交流方式、劳资关系、运营风险、财务风险、战略风险等；外部风险因素，如监管规则的变化、行业竞争、国际风险、灾害风险等。

问题 4 分析：

内部环境是指组织的风险管理理念和风险偏好，诚信和道德价值观，企业在这样的环境中运作。

问题 5 分析：

风险分析包含考虑可能性和影响，以用来确定他们应该如何进行管理的基础。首先进行对固有风险的反应。完成该任务后，管理、识别已经处理了的剩余的固有风险状况，这些风险就是剩余风险。

问题 6 分析：

在评估风险敞口的步骤中，企业面临的各种风险敞口将被确认和定量估计，以帮助管理者评价该风险企业是否能够承受并做出恰当的决策。

问题 7 分析：

这一风险管理策略是为了减少风险发生的可能性或后果。

问题 8 分析：

定性分析方法一般可以使用风险识别、风险评级、风险图等方法。常用的定量分析技术有：①标杆法；②概率模型，包括：风险价值、现金流量风险价值、收益风险值、收益分布以及每股收益分布等；③非概率模型，包括：敏感性分析、情景分析、压力测试等。帕累托图不属于风险评估的方法。

问题 9 分析：

风险管理的步骤如下：第 1 步，确定企业的风险容忍度；第 2 步，评估风险敞口；第 3 步，实施恰当的风险管理策略；第 4 步，监控风险敞口与风险管理策略。

问题 10 分析：

从 COSO 报告和管理会计师协会的管理会计公告“企业风险管理：框架、元素和整合 2011”中使用的企业风险管理概念可知，Ⅰ，Ⅱ，Ⅲ，Ⅳ和 V 说法都是正确的。

问题 11 分析：

风险分散是指通过转移或共享风险来减少风险发生的可能性或后果。例如，企业的某种设备比较关键，可以通过购买相应的财产险等来减少风险；为降低汇率变动对企业出口收益的影响，可以采用相应的套期管理办法。

问题 12 分析：

保持信用额度并不可以分散采购原料的风险，其余 3 项都可以减少汇率风险、价格风险等。

问题 13 分析：

略。

问题 14 分析：

风险回避，终止该项业务。由于禁止员工访问相关网站，属于风险回避。

问题 15 分析：

风险分散（转移），通常以购买保险或其他方式来分担风险。提供担保是通过母公司为其分担风险。

问题 16 分析：

根据图 14-2 风险图，需要关注损失金额和发生概率较大的风险，也就是右上角象限的风险。

问题 17 分析：

市场风险是指未来市场价格的不确定性，对企业实现其既定目标的影响。市场风险可以分为利率风险、汇率风险、股票价格风险和商品价格风险等。本题中的市场风险主要包括汇率风险、铁矿石价格风险等。

问题 18 分析：

剩余风险是指那些运用了所有的控制和风险管理技术以后而留下来，未被管理的风险。

问题 19 分析：

内部风险威胁企业商业安全的根源，在于来自企业内部的管理风险以及外部的经营风险。外部风险是企业对外经运营作过程中，面临各种经营风险，包括因竞争对手的恶意竞争行为导致的风险、因合作伙伴履约资信问题导致的风险以及因经营环境变化导致的风险，如国家法律、政策的变化。经营风险、财务风险和战略风险属于内部风险，灾害风险属于外部风险。

问题 20 分析：

企业风险管理特征包括战略性、全员化、专业性、二重性和系统性。

问题 21 分析：

该题目描述的情景符合风险价值的定义。

问题 22 分析：

标杆法属于定量分析，其余 3 个选项属于定性分析。

问题 23 分析：

选项 B 和 D 都可以。灾害保险应对灾害风险，但较少。

问题 24 分析：

灾害风险是与自然灾害有关的风险。

问题 25 分析：

企业风险管理关注剩余风险，也关注固有风险。选项 A 正确，其余选项是关于风险识别、风险评估和风险应对的正确说法。

问题 26 分析：

财务风险是指企业债务、权益决策不合理、融资不当使企业可能丧失偿债能力而导致投资者预期收益下降的风险。

问题 27 分析：

风险管理的步骤第 1 步为确定公司的风险容忍度。

问题 28 分析：

主计长存在双重报告关系，行政上向 CEO 报告，职能上向董事会报告。

问题 29 分析：

风险分散（转移），通常以购买保险或其他方式来分担风险。

问题 30 分析：

运营风险是指企业在运营过程中，由于外部环境的复杂性和变动性以及主体对环境的认知能力和适应能力的有限性，而导致的运营失败或使运营活动达不到预期的目标的可能性及其损失。运营风险并不是指某一种具体特定的风险，而是涉及内部流程、人员和系统包含的一系列具体风险。

问题 31 分析：

在评估风险时，既评估固有风险，也评估剩余风险。

问题 32 分析：

合规风险属于运营风险。

问题 33 分析：

购买保险或者期权属于风险分担。

问题 34 分析：

运营风险并不是指某一种具体特定的风险，而是涉及内部流程、人员和系统包含的一系列具体风险。

问题 35 分析：

企业整体损失的不确定性是战略风险。

问题 36 分析：

剩余风险是指那些运用了所有的控制和风险管理技术以后而留下来，未被管理的风险。

问题 37 分析：

企业风险管理框架的基本要素：①设定战略目标；②识别风险；③评估风险；④风险应对；⑤风险控制；⑥沟通和监控。

问题 38 分析：

企业风险管理包括控制环境、目标设定、事件识别、风险评估、风险对策、控制活动、信息与沟通、监控。

问题 39 分析：

COSO 企业全面风险管理以主体和组合为基础进行考虑和评估，也就是风险组合观。

问题 40 分析：

选项 D 符合情景分析的定义。

问题 41 分析：

运营风险并不是指某一种具体特定的风险，而是涉及内部流程、人员和系统包含的一系列具体风险。

问题 42 分析：

剩余风险是指那些运用了所有的控制和风险管理技术以后而留下来，未被管理的风险。

问题 43 分析：

正确顺序为设定战略目标、识别风险、评估风险、风险应对、风险控制、沟通和监控。

问题 44 分析：

内部研讨会是常用的风险识别方法。

问题 45 分析：

1）汇率风险、政治风险、经营风险、合规风险等。

2）公司可以使用美元融资，或者使用外汇衍生工具进行对冲，如外汇远期、外汇互换等。采用风险管理措施后，公司还面对剩余风险。

3）略。

4）略。

问题 46 分析：

降低风险是指采取预防措施，以减少损失发生的可能性或损失程度。

问题 47 分析：

风险 D 和风险 B 大于风险 C 和风险 A，符合该要求的只有选项 C。

问题 48 分析：

减少风险也称为控制风险或预防风险，是指采取预防措施，以减小损失发生的可能性及损失程度。通过安装运动检测系统可以有效减少损失和损失的可能性。

问题 49 分析：

对于可能性低、影响小的事件，可以采取风险接受策略，建议不用太关注该风险。

问题 50 分析：

购买保险的成本高于物品本身的重置成本，不值得去这么做，因此该组织批准取消了保险。由于原先购买保险，意味着风险共同承担，而取消保险后，意味着该组织要去接受这个物品毁坏或者丢失等风险。因此，选项 C 是正确答案。

问题 51 分析：

根据 IMA《企业风险管理：框架、要素及其整合》要求，运营风险是指与企业的日常经营活动相关的风险，涉及内部职能与流程。根据本题中的描述，该财务经理发现的问题属于企业内部职能部门在日常运营中出现的不合规的现象，属于运营风险。

问题 52 分析：

本题中的财务杠杆金额是用来衡量财务风险大小的，因此，商业风险不依赖于财务杠杆金额。

问题 53 分析：

企业实施风险管理的好处有：①协调企业的风险偏好与战略目标；②增强风险应对决策效力；③减少运营的意外与损失；④确认并管理多风险与跨企业风险；⑤抓住机会；⑥改善资本利用环境。固有风险是在采取任何措施之前就存在的风险。风险管理无法降低企业本身就存在的风险，如海上石油勘探的风险肯定高于电器维修。

问题 54 分析：

重新考虑目前的风险，不是风险管理的主要内容。

问题 55 分析：

应对价格波动最常见的形式就是对冲。它是使用对冲承诺来最小化或规避价格反方向变动的影响。将来想要出售资产的人长期持有资产，是因为得益于资产价值上涨。为了防止资产价值下滑，资产持有人通过短期对冲，即如果资产价值下滑，会获得上涨的衍生品价值来应对价格波动。空头是担心所拥有的资产价值下降的一方，将资产按约定价格出售，从而不会面临未来价格的波动。

问题 56 分析：

最接近风险的人员发现风险的可能性最大。本题中的风险（客户产品设计需求）与客户直接相关，选项中最接近客户的人员是销售代表。

问题 57 分析：

战略和目标设定的 4 个支持原则是：分析业务背景、定义风险偏好、评估替代策略、制定业务目标。定义企业文化是治理和文化要素的支持原则。实施风险应对措施是绩效要素的支持原则。评价风险和绩效是审阅和修订要素的支持原则。

问题 58 分析：

运营风险是由内部流程、人员和系统缺失所造成的风险，它包含法律风险、合规风险。战略风险中也包含法律风险，但这主要指的是因法律变动而产生的风险，并非指与现行法律不符的风险。未取得入住许可证就允许租户迁入公寓，违反现行的法律法规，属于运营风险。

问题 59 分析：

企业风险管理的目标是通过管理不确定性，以创造、保护并提升股东价值。

问题 60 分析：

公司治理涉及组织的管理方式。虽然风险分析是企业风险管理的重要组成部分，但它并不是企业治理的一个组成部分。这更像是一个运营问题。

问题 61 分析：

管理层对风险的态度：风险厌恶、风险中性、风险偏好。风险厌恶者更愿意花钱、花时间，优先缓解、减轻风险。

问题 62 分析：

资产的周转期与负债的到期日相匹配，能规避负债到期不能偿还的风险，是套期保值的做法。

问题 63 分析：

没有进行充分的市场调研就对其现有的流行品牌进行修改，会影响企业的战略布局以及企业整体的运营，属于战略风险和经营风险。

问题 64 分析：

工厂建成后被征没属于政治风险。汇率变化属于海外投资的财务风险。通货膨胀属于海外投资的财务风险。会计处理方式不同属于运营风险。

问题 65 分析：

风险评估方法主要包括：定量分析、定性分析、经验法分析、模型法分析。自我评估问卷是典型的定性分析方法。其余 3 项是定量分析方法。

问题 66 分析：

企业主要依靠金融工具和衍生金融工具来缓解金融风险，其主要形式有套利、期限匹配、套期保值。投机恰恰利用金融风险获取利益。

问题 67 分析：

国际贸易是跨国进行的，可能会面临外国的政治风险、经济风险、法律风险等。这些风险都属于战略风险，也面临其他国家的法律风险和汇率变动等风险，这些风险是国内企业所没有的，这增加了国际企业的风险。

问题 68 分析：

影响公司风险的因素包括：不确定性（波动性）、时间。不确定性越大，风险越大；时间越长，波动的可能性越大，风险越大。减少完成项目需要的预期时间，可以使风险水平降低。

问题 69 分析：

风险类型主要包括：灾害风险、战略风险、运营风险、财务风险。财务风险与企业的长短期债务、资本结构、股权结构相关。

问题 70 分析：

确定公司风险的耐受性属于内部环境环节。实施适当的风险管理策略属于控制活动环节。评估风险暴露属于风险评估环节。

问题 71 分析：

经营风险涉及组织成本结构中固定成本与变动成本之间的构成。固定成本占比越大，组织面临的风险就越大。变动成本占比越大，组织面临的风险越小。调整成本结构，以便有更多的变动成本可以降低经营风险。

问题 72 分析：

国际贸易将在一定程度上加剧国内市场的竞争。保护国内市场免受国外制造商的竞争，这是贸易保护的行为。

问题 73 分析：

选项 A 的年度最高损失：1 ×15 000 × （1 －85%） =2 250（美元）。选项 B 的年度最高损失：1/100 ×400 000 × （1 －50%） =2 000（美元）。选项 C 的年度最高损失：1/8 ×75 000 × （1 －80%） = 1 875（美元）。选项 D 的年度最高损失：1/20 ×200 000 × （1 －80%） =2 000（美元）。

问题 74 分析：

这是辅助研讨会和访谈技巧的一个例子，因为这种技术涉及通过结构化讨论和访谈吸收所有相关方的累积经验。选项 B 不正确，这是损失事件数据技术的一个示例，因为该技术涉及分析关于损失事件的过去数据以评估趋势。选项 C 不正确，该公司正在实施流程分析技术，因为该技术涉及评估组织通过识别感兴趣事件的步骤。选项 D 不正确，这是升级或阙值触发技术的示例，因为该技术涉及监视数据并在达到预定阀值时采取行动。

问题 75 分析：

ERM 是对组织面临的所有风险的综合分析，包括财务、运营和合规风险。它改进了传统的风险管理方法，因为它通过整体和综合的视角来管理风险，而不是个人的孤岛视角。

问题 76 分析：

确定组织风险耐受度属于风险识别环节。监控风险暴露属于风险监控环节。实施适当的风险管理策略属于风险应对环节。

问题 77 分析：

预计损失总额 = 2 000 000 ×5% +5 000 000 ×1% =150 000（美元）。

问题 78 分析：

风险管理流程包括风险识别、风险评估、风险排序、风险应对、风险监控。评估风险暴露属于风险评估环节。监控风险暴露属于风险监控环节。确定公司风险容忍度属于风险识别环节。

问题 79 分析：

消费者受到产品伤害而导致的财产损失属于企业产品的责任范畴，因此应购买责任保险。

问题 80 分析：

制定业务目标。组织在确定协调和支持战略的各个层次业务目标的同时，应考虑风险。这属于第二要素“战略与目标设定”的原则。

问题 81 分析：

风险评估是立足于固有风险和剩余风险，评估风险发生的可能性和严重程度。固有风险：在采取任何措施之前就存在的风险。剩余风险：在所有控制活动均得以实施后仍然存在的风险。

问题 82 分析：

汤姆认为风险过高，于是将其转卖属于风险回避。

问题 83 分析：

支付利息意味着公司运用了财务杠杆，会承担财务风险。

问题 84 分析：

提高利息保障倍数能够降低财务风险。

问题 85 分析：

风险评估是通过考虑风险的可能性和影响来对其加以分析，并以此作为决定如何进行风险管理的依据。风险评估应立足于固有风险和剩余风险。

问题 86 分析：

对于 COSO 企业风险管理来说，内部环境是其他元素的基础，没有控制环境或者没有高层的支持，也就谈不上风险管理。

问题 87 分析：

这家公司偏好低风险资产，属于风险厌恶型。

问题 88 分析：

该风险是剩余风险。

问题 89 分析：

公司的预期损失 =100 万元 ×5% =5 万元。方案一的净收益 =5 万元 -2% ×100 万元 -2.5 万元 = 5 000 元。方案二的净收益 =5 万元 -1% ×100 万元 -3 万元 =10 000 元。方案三的净收益 =5 万元 - 0.1% ×100 万元 -5.5 万元 = -6 000 元。

问题 90 分析：

转移该公司生产线所产生的风险大于企业可承受的限度，因此甲公司不应该选择承受风险。

问题 91 分析：

根据 COSO 的“内部控制”“企业风险管理”框架模型，内部环境是其他要素的基础，包括诚信和道德观、人员的胜任能力、董事会或审计委员会、管理哲学和经营风格、组织结构、分配权责和人力资源政策和措施。控制活动是上述两个框架模型的其他要素之一。

问题 92 分析：

风险评估包括以下内容：识别组织面临的各种风险，评估风险概率和可能带来的负面影响，确定组织承受风险的能力，确定风险削减和控制的优先等级，推荐风险削减对策。

问题 93 分析：

本题中提及的是投资活动的政策，所以属于财务风险，即来自利率波动等形成的风险。

问题 94 分析：

符合 VAR 定义的是选项 C，必须涵盖的是可能性和损失 2 个概念，其他选项都没有同时满足 2 个概念。

问题 95 分析：

事项 B 有较高的概率和较大的损失额，应该被优先关注。事项 A 损失额较低，事项 C 概率较低。

问题 96 分析：

选项 C 是风险回避。

问题 97 分析：

通过将不同地区的业务构建成一个投资组合，把风险降低至与目标剩余风险特征和风险偏好相一致的水平。

问题 98 分析：

剩余风险是指采取风险管理措施后（套期保值）还要承担的风险。

问题 99 分析：

在运营过程中，由于外部环境的复杂性和变动性以及主体对环境的认知能力和适应能力的有限性，而导致的运营失败或使运营活动达不到预期目标的可能性及其损失。

问题 100 分析：

选项 B、选项 C 和选项 D 这 3 个说法片面，选项 A 更加贴切。

问题 101 分析：

政治风险是东道国的政治环境或东道国与其他国家之间政治关系发生改变而给外国投资企业的经济利益带来的不确定性。可能性的事件包括：没收、征用、国有化、政治干预、东道国的政权更替、战争、东道国国内的社会动荡和暴力冲突、东道国与母国或第三国的关系恶化等。

问题 102 分析：

风险图通过概率和损失额的矩阵进行分析。

问题 103 分析：

风险应对措施将固有风险降低到可接受的剩余风险水平。

问题 104 分析：

风险价值是在一定的置信水平下，某投资组合在未来特定的一段时间内的最大可能损失。

问题 105 分析：

1）购置和清理土地的成本是沉没成本，因为它们已经发生。沉没成本是不相关成本。收到建筑公司支付的年租金是机会成本。机会成本应该在决策过程中被考虑。

2）财务风险取决于该公司筹集国际市场扩张所需资金的筹资方式。通过负债筹集扩张所需资金会增加该公司的破产风险，债务比例越高、财务风险越大。此外，还应该考虑该公司筹资方式对公司流动性水平的影响。管理财务风险最好的方法就是确保该公司有足够的资金储备。

经营风险来源该公司固定成本与变动成本之间的关系。固定成本比例越高，经营风险越大，盈亏平衡点越高。

合规风险是指该公司未能遵守法律、法规的风险。随着该公司向不同的国家扩张，它所面临的合规风险会非常高，因为不同国家都有相应的合同、税收、劳动力条件和环境保护等法律规定。

3）ERM 最主要的目标是将公司风险承受能力与公司战略联系起来，进而帮助公司识别风险，选择最适合的风险应对策略，并最终有利于实现公司战略目标。这个过程对于面临多重风险的跨国公司尤其重要。实施 ERM 要求公司应该降低经营中的风险敞口，灵活有效地使用资金，更加积极地利用一切机遇，并且符合成本效益原则。

4）略。

5）略。

第 15 章　投资决策

15.1　资本预算过程

15.1.1　资本预算

1. 流动投资

流动投资指的是投资成本在 1 年内费用化的活动，如销售、一般管理费用（SG&A）、购买原材料的花费等。

> 注意：销售、一般管理费用也被合称为销售管理费用（S&A）。

经营预算就是流动资本投资预算，包括当期的生产经营活动产生的费用和收入预算。

2. 资本投资

资本投资指的是长期的活动，通常伴随当期现金流出，目的是希望在以后的期间获得收益。初始现金支出在以后年度内摊销。资本投资如购买或更新设备，在研究和开发方面的投资，等等。

长期资本投资预算是指关于进行长期资本支出的预算，包括如何获得此投资需要的融资。通常资本预算关系到公司的稳定性和未来成长性。

资本支出包含以下 4 种类型：

1）扩张性项目，如为扩张业务经营而购置新机器设备。

2）重置性项目，如替换现有机器设备。

3）强制性项目，法律强制要求的项目，目的是为确保工作场所安全、消费者安全和保护环境等。

4）其他项目，新产品研发和现有产权扩张，以及各种其他长期投资，如厂房、土地、专利等。

从项目范围来说，资本投资决策通常要评价那些跨多个会计期间的项目投资。

在评价过程中要注意以下 3 个方面：

1）流动资产方面的投资，当年可能进入利润表，也可能留在资产负债表。

2）固定资产方面的投资，当年只有折旧部分进入利润表，必须根据预算针对项目进行监控。

3）使用“生命周期成本法”，按项目累计资本成本和收入核算，从而对项目的整个生命周期进行监控。

从项目的时间范围来说，资本投资决策通常会降低当期的利润，但是却能够提高企业未来获得现金流的能力。

在评价过程中要注意以下两点：

1）当期的盈利对于衡量公司业绩是很重要的，尤其对于上市公司。

2）过分关注短期效果，会导致公司做出放弃长期盈利投资项目的决策。

资本预算包含 6 个阶段，分别是确认（哪种资本投资是必要的并且与组织目标一致）、调查（发掘备选项目）、评价（评估项目财务、非财务指标）、选择（根据评价标准选择项目）、融资、实施和控制。

15.1.2 增量现金流

> 注意：当考察资本投资项目时，需要考虑的是增量现金流而不是会计利润。使用现金流的原因是会计利润使用应计制不能够代表现金流量，只有现金流真正影响了股东财富的变化。

考察现金流时要注意以下 6 点：

1）会计期间内所有影响该项目的现金流都必须被考虑，不管是收入方面还是费用方面。

2）不考虑沉没成本，因为沉没成本是历史成本，与项目的投资决策无关。

3）必须考虑机会成本，通常机会成本作为项目开始时的现金流出。

4）净运营资本的投资通常被认为是发生在期初的现金流出，并且在处置期回收。

5）必须考虑预期通货膨胀的影响，具体方法是根据未来通货膨胀率来调整现金流与贴现率。

6）只有影响税收的折旧费用才是相关的。

> 注意：财务费用不在现金流里反映，而是在贴现率里考虑。

用于资本预算的数据和用于财务报告的数据在特征上的差异主要表现在 3 个方面：数据期间、计量对象及时间序列，如表 15-1 所示。

表 15-1 资本预算数据与财务报告数据的特征

特征	资本预算数据	财务报告数据
数据期间	项目生命期	会计年度
计量对象	现金流量	应计制下的收入与费用
时间序列	未来事项和交易	历史事项和交易

现金流的 3 个效应为：

1）直接效应，现金流入、现金流出或某种承诺对现金流产生的直接影响。

2）纳税效应（或间接效应），企业支付的税额的变化。

3）净效应，直接效应与间接效应之和。

现金流量的构成，包括初始现金流量、运营期现金流量以及处置期现金流量。

初始现金流是指开始投资时发生的现金流量，要考虑：

1）新固定资产上的投资，包括固定资产的购入或建造成本、运输成本和安装成本等。

2）净运营资本上的投资，包括对原材料、在产品、产成品和现金等流动资产的投资。

3）其他投资费用，指与长期投资有关的员工培训费、谈判费、注册费用等。

4）原有固定资产的变卖收入。这主要是指固定资产更新时，原有固定资产变卖所得的税后现金收入。

初始现金流的公式为

$$CF_0 = -\mathrm{FCInv} - \mathrm{NWCInv} - C_0 \times (1-t) + \mathrm{Sal}_0 - t \times (\mathrm{Sal}_0 - B_0)$$

式中 FCInv——新固定资产上的投资；

NWCInv——净运营资本上的投资；

C_0——其他投资费用，一般情况下等于零；

Sal_0——原有固定资产的市场价值；

B_0——原有固定资产的账面价值；

t——所得税率。

运营期现金流是指投资项目投入使用后，在其投资期限内生产经营所带来的现金流入和流出的数量。这种现金流量一般按年度进行计算。

这里现金流入一般是指营业现金收入，现金流出是指营业现金支出和缴纳的税金。

运营期现金流的公式为

$$CF_t = (\Delta S_t - \Delta C_t - \Delta D_t) \times (1 - t) + \Delta D_t = (\Delta S_t - \Delta C_t) \times (1 - t) + \Delta D_t \times t$$

式中　CF_t——运营期现金流；

ΔS_t——经营收入的净增加；

ΔC_t——除折旧外的运营成本的增加；

ΔD_t——税法折旧费用的净增加；

t——所得税率。

处置期现金流是指投资项目完结时所发生的现金流量，要考虑：

（1）固定资产的税后变卖收入。

（2）原来垫支在各种净运营资本上的资金的收回。

处置期现金流公式为

$$CF_T = Sal_T - t \times (Sal_T - B_T) + NWCInv$$

式中　CF_T——处置期现金流；

Sal_T——任何出售或处置资产的市场价值；

B_T——任何出售或处置资产的账面价值；

NWCInv——净运营资本上的投资；

t——所得税率；

T——时刻。

例题 15-1

老李公司准备购买一台新的切割机以替代旧的机器。新切割机的购买价格为 18 500 元，安装成本为1 500 元。旧机器此时可以按照账面价值2 000 元出售，剩余使用期限为4 年，且4 年后将没有残值。旧机器的初始折旧基数为9 000 元，属于3 年期财产类别，剩下的折旧期限为2 年。初始时该公司需要增加应收账款2 000 元，应付账款1 000 元，另外还需要支付新增营销费用1 000 元。

新机器可以减少劳动力和维修成本，并增加收入，从而在接下来的4 年中每年能增加收入1 000 元，并节省6 100 元的现金流出量，4 年过后设备可以销售并获得1 000 元的收入。切割机在改进的加速成本回收系统中属于3 年期折旧财产类别。该公司的所得税率为40%。

请帮助老李计算该项投资的初始现金流、经营期现金流和处置期现金流。

答：

初始现金流 $CF_0 = -FCInv - NWCInv - C_0 \times (1 - t) + Sal_0 - t \times (Sal_0 - B_0) = -(18\ 500 元 + 1\ 500 元) - (2\ 000 元 - 1\ 000 元) - 1\ 000 元 \times (1 - 40\%) + 2\ 000 元 - 40\% \times (2\ 000 元 - 2\ 000 元) = -19\ 600 元$。

经营性现金流 $CF_t = (\Delta S_t - \Delta C_t) \times (1 - t) + \Delta D_t \times t$，具体计算过程如表 15-2 所示。

表 15-2 该项投资的初始现金流、经营期现金流和处置期现金流 （单位：元）

科目	第 1 年	第 2 年	第 3 年	第 4 年
a：增量收入	1 000	1 000	1 000	1 000
b：增量成本	-6 100	-6 100	-6 100	-6 100
c：新设备折旧 =20 000 元 × 折旧率	6 666	8 890	2 962	1 482
d：旧设备折旧 =9 000 元 × 折旧率	1 333	667	0	0
e：增量折旧	5 333	8 223	2 962	1 482
经营性现金流 = $(a-b)\times(1-40\%)+e\times 40\%$	6 393	7 549	5 445	4 853

处置期现金流 $CF_T = Sal_T - t \times (Sal_T - B_T) + NWCInv$ = 1 000 元 - 40% ×（1 000 元 - 0 元）+（2 000元 - 1 000 元）=1 600 元。

15.1.3 所得税考虑

与折旧有关的税收规则在一些方面，如允许的折旧额、折旧期间、折旧模式等方面存在差异。

允许的折旧额是指一段时间内为纳税目的的折旧额，一般来说是资产原值或者是资产原值减去残值。资产原值包括资产的原始成本、其他为准备资产投入使用所必需的支出等。

折旧期的确定主要采用 3 种方法：

1）纳税人估计的使用寿命。

2）税法规定的使用寿命。

3）修正后加速成本回收系统（MACRS）规定的使用寿命。

税法允许使用多种折旧方法。这部分知识一般不直接考查，而是与现金流的计算结合起来考查。

1. 直线法

$$折旧额 = (成本 - 残值)/n$$

2. 加速折旧法

（1）年数总和法

$$第\ i\ 年折旧额 = (成本 - 残值) \times \{(n-i+1)/[(n+1)n/2]\}$$

（2）m 倍余额递减法

$$折旧额 = (m/n) \times 账面余额$$

式中 n——折旧年限。

> 注意：美国 m 倍余额递减法与中国准则不同，不需要在折旧年限的最后两年平均分配折旧额。

3. MACRS 法

该方法将企业所有的资产进行分类，规定每类资产可以折旧的年限。美国国内税务局提供专门的图表来确定每年的折旧百分比，见表 15-3。

表 15-3 MACRS 表

年数	3 年资产	5 年资产	7 年资产	10 年资产	15 年资产	20 年资产
1	33.33	20.00	14.29	10.00	5.00	3.75

（续）

年数	3 年资产	5 年资产	7 年资产	10 年资产	15 年资产	20 年资产
2	44.45	32.00	24.49	18.00	9.50	7.219
3	14.81	19.20	17.49	14.40	8.55	6.677
4	7.41	14.52	12.49	14.52	7.70	6.177
5		14.52	8.93	9.22	6.93	5.713
6		5.76	8.92	7.37	6.23	5.285
7			8.93	6.55	5.90	4.888
8			4.46	6.55	5.90	4.522
9				6.56	5.91	4.462
10				6.55	5.90	4.461
11				3.28	5.91	4.462
12					5.90	4.461
13					5.91	4.462
14					5.90	4.461
15					5.91	4.462
16					2.95	4.461
17						4.462
18						4.461
19						4.462
20						4.461
21						2.231

由于折旧可以减少的纳税义务，称为折旧的税收抵免。计算公式是

$$\text{折旧额}=\text{资产折旧的税基}\times\text{折旧百分比}$$

$$\text{折旧的税收抵免}=\text{折旧额}\times\text{所得税税率}$$

> 注意：税基在各年保持不变，只是作为乘数的折旧百分比会变化。

企业一般倾向于采用加速折旧的方法，其中有以下 3 点需要注意。

1）加速折旧法可以推迟所得税纳税时间，但是不改变纳税总额。

2）与直线法相比，加速折旧法会使早期的每股收益降低，晚期的每股收益升高。

3）折旧并非现金支出，但是可以降低纳税收入，这样就在实际上减少了现金的净流出。

> 注意：如果题目中说折旧是影响现金流的因素，那么这种说法不对，除非表明折旧是通过税收才影响现金流的。
>
> 注意：参考《注册管理会计师基础教程》5.6 节税收环境。

15.1.4 资本项目的事后审计

事后审计是指对一个资本项目的实际与预期结果之间的比较（成本和节约情况），并对可能存在的差异进行审查。事后审计是一个很好的学习实践过程，并且被大多数成功的组织所使用。从事后审计中学到的经验可以用来调整对成本和收益的预测，改进经营运作。

事后审计是一项复杂的审核过程，因为会出现一些超出公司大多数经理所能控制范围的因素，如需求不确定性和未预计到的计划偏差。由于不可预测的成本，实际的节约额可能不会与预期一致。虽然存在这些问题，但只要原因在于过程而不是参与人员，实施资本项目的事后审计仍然是一种很好的办法。

15.1.5 互斥项目

互斥项目是指多个互相排斥、不能同时并存的方案，否则称为独立项目。使用净现值法和内部回报率法来评价互斥项目时，可能会产生相反的结论，如图 15-1 所示。图中 A 项目的内部回报率大于 B 项目的内部回报率，而 A 项目的净现值却小于 B 项目的净现值。

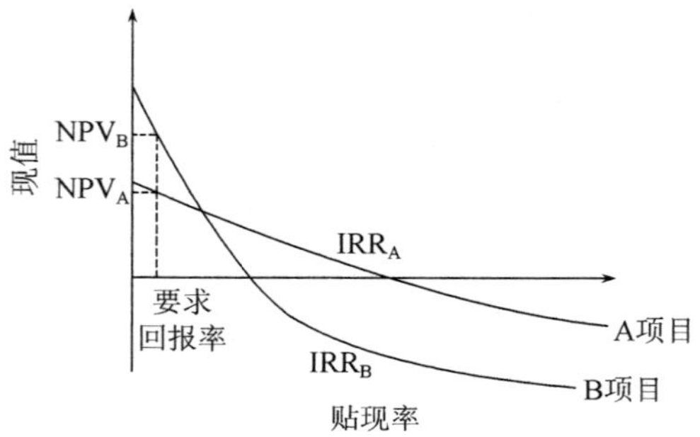

图 15-1 互斥项目的净现值与内部回报率

> 注意：互斥项目的评价应使用净现值法。

对投资期限不等的两个互斥投资项目进行选择时，因为其年限不一样，用净现值法和内部回报率法均不能得到正确结果。这种情况下，必须首先将互斥项目的投资期限调整一致，这样投资项目才具有可比性。最常见的方法是“替换链”法，也就是用一个相同的投资项目代替，使两个项目投资期限相等。例如，A 项目的投资期限为 2 年，B 项目的投资期限为 1 年。在进行选择时，假设 B 项目在 1 年结束后，可以用同样的 1 个 B 项目进行代替。这样，B 项目在进行代替后的投资期限变为 2 年，与 A 项目投资期限一致，然后再根据净现值法来进行选择。

除了“替换链”法，还可以使用年均净现值法。该种方法通过年金现值系数将净现值分摊到每年，然后通过对年金的比较来判定该接受哪个项目。

15.2 贴现现金流分析

15.2.1 要求回报率

要求回报率是企业进行投资决策时可以接受的最低预期收益率，也是该企业在其他具有相似风险的资本投资中的预期收益率。

> 注意：要求回报率也称作“想要的”报酬率、最低可接受的报酬率或资本的机会成本。

但是由于计算复杂，企业通常不会计算每个备选投资项目的要求回报率，而是用两种替代方法来简化该过程。

（1）最低报酬率通常基于企业的战略目标、行业平均值和普遍的投资机会，而由企业的管理层直接设定。

（2）资本成本是企业筹集到的各种资本成本的加权平均值，包括权益和长期负债。具体方法见 12.4 节。

例题 15-2

老李询问财务部门的负责人老王关于明年公司的融资来源和成本的问题，老王汇报说未来几年公司的融资来源结构为：30% 权益资金，其普通的 β 系数为 2，市场收益率为 10%，无风险收益率为 5%；70% 债务资金，其成本为 5%。请帮助老李确定公司资本项目的要求回报率，并提出建议。

答：

权益的资本成本 = 5% + 2 ×（10% − 5%）= 15%。

公司加权资本成本 = 30% × 15% + 70% × 5% = 8%。

向老李提出的建议是：当项目的平均风险水平和公司平均风险水平相同时，资本项目的要求回报率为 8%。

15.2.2　净现值

项目投入使用后的净现金流量，按企业的要求回报率折算为现值，减去初始投资后的余额，称为净现值（Net Present Value，NPV）。

其公式为

$$NPV = CF_0 + \sum_t \frac{CF_t}{(1+r)^t}, t = 1,2,\cdots,T$$

式中　CF_0——初始投资；

CF_t——各期的净现金流量；

T——项目投资期限；

r——要求回报率。

> 注意：与债券和股票的估值方法结合起来记忆。

净现值的计算过程为：

第 1 步，计算每年的现金流量。

第 2 步，计算未来现金流量的总现值。

1）将每年的运营期现金流折算成现值。如果每年净现金流量相等，使用年金现值系数进行贴现计算；如果每年净现金流量不相等，先使每年的净现金流量乘以对应的现值系数，然后将贴现现金流求和。

2）将处置期现金流折算成现值。

3）将运营期现金流的总现值，加上处置期现金流的现值，即未来现金流量的总现值。

第 3 步，计算净现值。

公式为

$$净现值 = 未来现金流量的总现值 - 初始投资$$

净现值法的决策规则：

1）在只有一个备选方案的投资决策中，净现值为正值的备选方案接受，否则拒绝。

2）在有多个备选方案的互斥项目决策中，应选择净现值为正值中的最大者。

净现值法的优点是：考虑了资金的时间价值，能够反映各种投资方案的净收益。

净现值法的缺点是：不能揭示各个投资方案本身可能达到的实际回报率是多少。

例题 15-3

根据例题 15-1 和例题 15-2，帮助老李计算该项目的净现值。

答：

NPV = −19 600 元 +6 393 元 ×0.926 +7 549 元 ×0.857 +5 445 元 ×0.794 + （4 853 元 +1 600元）×0.735 =1 856 元。净现值大于零，所以接受该项目。

15.2.3 内部回报率

内部回报率又称为内含报酬率、内部收益率（Internal Rate of Return，IRR），是使投资项目的净现值等于零的贴现率。其公式为

$$0 = CF_0 + \sum_t \frac{CF_t}{(1 + IRR)^t}, t = 1,2,\cdots,T$$

式中 CF_0——初始投资；

CF_t——各期的净现金流量；

T——项目投资期限。

注意：IRR 与 NPV 的关系如图 15-2 所示。

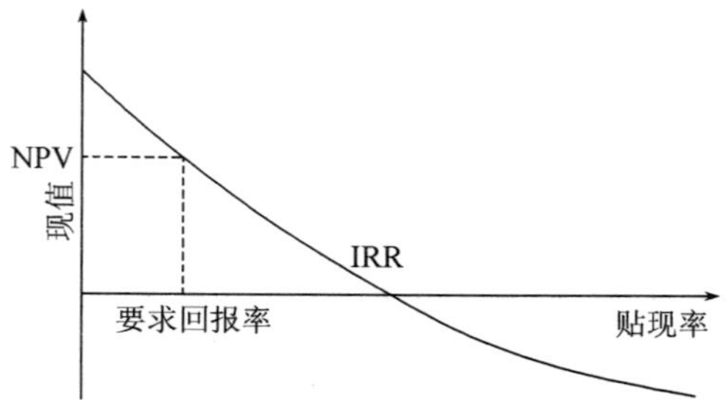

图 15-2 NPV 与 IRR 的关系

内部回报率的计算过程：

1）如果每年的净现金流量相等，则按下列步骤计算。

第 1 步，计算年金现值系数。

年金现值系数 = 初始投资额/每年净现金流量

第 2 步，查年金现值系数表，在相同的期数内，找出与上述年金现值系数相邻近的较大和较小的两个贴现率。

第 3 步，根据上述两个邻近的贴现率和已求得的年金现值系数，采用插值法计算出该投资方案的内部回报率。

补充知识：线性插值法

假设已知坐标（x_0，y_0）与（x_1，y_1），要得到［x_0，x_1］区间内某一位置 x 在直线上的值，可以得到直线方程为

$$(y-y_0)(x_1-x_0)=(y_1-y_0)(x-x_0)$$

假设方程两边的值为 α，那么这个值就是插值系数——从 x_0 到 x 的距离与从 x_0 到 x_1 的距离的比值。由于 x 值已知，所以可以从公式得到 α 的值。

$$\alpha=(x-x_0)/(x_1-x_0)$$

同样，

$$\alpha=(y-y_0)/(y_1-y_0)$$

这样，在代数上就可以表示成为

$$y=(1-\alpha)y_0+\alpha y_1$$

或者，

$$y=y_0+\alpha(y_1-y_0)$$

2）如果每年的净现金流量不相等，则需要按下列步骤计算。

第 1 步，先预估一个贴现率，并按该贴现率计算净现值。

- 如果计算出的净现值为正数，则表示预估的贴现率小于该项目的实际内部回报率，应提高贴现率，再进行测算。
- 如果计算出的净现值为负数，则表明预估的贴现率大于该方案的实际内部回报率，应降低贴现率，再进行测算。
- 经过如此反复测算，找到净现值由正到负并且比较接近于零的两个贴现率。

第 2 步，对上述两个邻近的贴现率再来用插值法，计算出方案的实际内部回报率。

内部回报率的决策规则：

1）在只有一个备选方案的投资决策中，如果计算出的内部回报率大于或等于企业的要求回报率就接受；否则拒绝。

2）在有多个备选方案的互斥项目决策中，应选择内部回报率超过要求回报率，并且必须选择净现值最大的投资项目。

内部回报率法的优点是：

1）考虑了资金的时间价值。

2）反映了投资项目的真实回报率。

3）概念易于理解。

内部回报率法的缺点是：计算过程比较复杂，特别是每年净现金流量不相等的投资项目，一般要经过多次测算才能求得。

例题 15-4

根据例题 15-1 和例题 15-2，帮助老李计算该项目的内部回报率。

答：

当贴现率为 11% 时，项目的净现值为 467 元；当贴现率为 13% 时，项目的净现值为 -265 元。使用线性差值法可得，项目的内部回报率为 12.6%。

项目的内部回报率大于要求回报率，所以接受该项目。

15.2.4 净现值法和内部回报率法的比较

净现值法和内部回报率法的前提假设都考虑了以下 3 点：

1）资金的时间价值。

2）初始现金投资。

3）初始投资后的现金流。

净现值法和内部回报率法的不同点是：

1）净现值法的结果是金额，内部回报率法的结果是收益率。

2）净现值法可以用于项目的要求回报率随时间不断变化的情况，而内部回报率法则不可以。

3）净现值法假设项目产生的现金流入的再投资收益率等于企业的要求回报率，而内部回报率法却假设现金流入的再投资收益率等于该项目的内部回报率。相比之下，净现值法的假设更符合实际情况。

> 注意：在评价独立项目时，使用净现值法和内部回报率法会得到相同的结论。在评价互斥项目时，应使用净现值法。当净现值法与其他决策方法产生冲突时，应该选用净现值法。

非常规现金流是指现金流的符号改变两次以上的情况。非常规现金流的项目会产生多 IRR 问题或者无 IRR 问题，如图 15-3 和图 15-4 所示。在这种情况下，内部回报率失去实际意义，只能使用净现值法来评价项目。

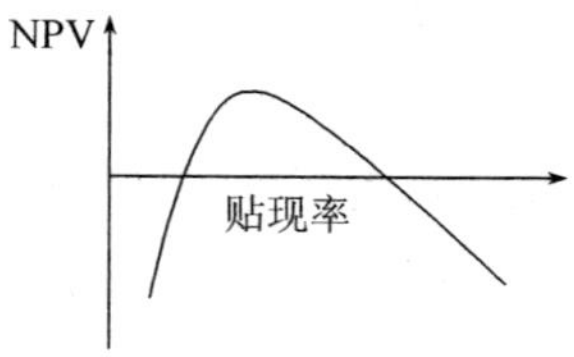

图 15-3 多 IRR 问题

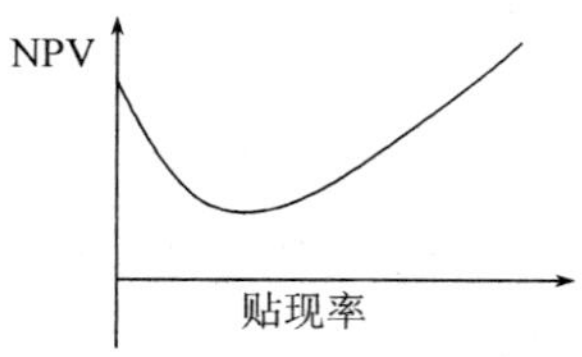

图 15-4 无 IRR 问题

例题 15-5

假设某项目初始现金流为 -1 600 元，第 1 年现金流为 10 000 元，第 2 年现金流为 -10 000元，那么可以得到 1 600 元 = 10 000 美元/（1 + IRR） - 10 000 美元/（1 + IRR）^{2}。解得 IRR = 0.25 或 4。所以在非常规现金流的情况下会出现多个内部回报率，在这种情况下只能使用净现值法进行评估。

> 补充知识：修正的内部回报率
>
> 修正的内部回报率（MIRR）是使项目成本的现值等于终值的关于现值的折现率。终值是指按照

公司的资本成本进行复利计算得到的现金流入未来价值的总和，即项目投资成本的现值 = 项目净现金流入量的终值/ $(1+\text{MIRR})^T$，其中 T 表示项目投资期限。

修正的内部回报率法优于常规的内部回报率法。这是因为修正的内部回报率法假设所有项目的现金流量按照公司的资本成本进行再投资，而常规的内部回报率法假设每个项目的现金流量按照项目自身的内部回报率进行再投资。因此，修正的内部回报率法是衡量项目盈利能力更好的指标。

15.2.5　会计报酬率（选修）

注意：与净现值和内部回报率不同，会计报酬率关注会计利润而非现金流。

会计报酬率（Accounting Rate of Return，ARR）的公式，一般形式为

$$\text{ARR} = [\text{EBIT} \times (1-\text{税率})] / \text{净初始投资}$$

通常，项目的初始投资比较大，如用它来做分母，可能会使结果误导投资决策。所以，有时也会用平均投资来替代初始投资，公式为

$$\text{ARR} = [\text{EBIT} \times (1-\text{税率})] / [(\text{初始账面价值} + \text{终止账面价值})/2]$$

会计报酬率法的决策规则：在只有一个备选方案的投资决策中，如果项目的会计报酬率大于或等于企业的要求回报率就接受；反之，则拒绝。

会计报酬率法的优势有以下 4 点：

1）该方法容易理解，提供了一种衡量盈利性的简单方法。

2）该方法使用财务报告数据进行决策。

3）该方法考虑了整个资本投资期限内获得的利润。

4）该方法提供了如果投资被接受，财务报告数据将如何变化的信息。

会计报酬率法的缺点有以下 3 点：

1）该方法使用的数据是账面利润而非现金流，并且忽略了折旧作为现金流的来源这一因素。

2）该方法忽略了货币的时间价值。

3）该方法忽略了净利润产生的时间顺序。

补充知识：

Excel 的相关函数，见表 15-4。

表 15-4　Excel 的相关函数

函数	功能
FV	基于固定利率和等额分期付款方式，返回某项投资的未来值
NPV	基于一系列将来的收（正值）支（负值）现金流和一贴现率，返回一项投资的净现值
PMT	计算在固定利率下，贷款的等额分期偿还额
IRR	返回一系列现金流的内部回报率
SLN	返回固定资产的每期线性折旧费
DDB	用双倍余额递减法或其他指定方法，返回指定期间内某项固定资产的折旧值

15.3 投资回收期与贴现回收期

（静态）投资回收期（Payback Period，PP）是指回收初始投资所需要的时间，一般以年为单位。投资回收期是一种使用很久、很广的投资决策指标。投资回收期可根据现金流量表计算。其具体计算分以下两种情况：

1）如果项目建成投产后各年的净现金流量相同，则投资回收期的计算公式为

$$PP = 期初投资/各年的净现金流量$$

2）如果项目建成投产后各年的净现金流量不相同，则投资回收期可根据累计净现金流量求得，也就是在现金流量表中累计净现金流量由负值转向正值之间的年份。其计算公式为

$$PP = \frac{累计净现金流量开始}{出现正值的年份数} - 1 + \frac{上一年累计净现金}{流量的绝对值} \Big/ \frac{出现正值年份}{的净现金流量}$$

投资回收期法的决策规则：

1）如果投资回收期小于或者等于基准投资回收期，表明项目投资能在规定的时间内收回，则该方案可以接受。

2）如果投资回收期大于基准投资回收期，则该方案是不可行的。

投资回收期法的优点是：

1）计算简单。

2）容易理解。

3）衡量了项目的流动性和风险。

投资回收期法的缺点是：

1）忽略了资金的时间价值。

2）没有考虑回收期后的现金流。

3）没有衡量营利性。

为了克服投资回收期法的缺点，可将现金流贴现计算得到贴现投资回收期（Discounted Payback Period，DPP）。贴现投资回收期可根据现金流量表计算。

其具体计算分以下两种情况：

1）如果项目建成投产后各年的净现金流量相同，则贴现投资回收期的计算公式为

$$DPP = 期初投资/各年的贴现净现金流量$$

2）如果项目建成投产后各年的净现金流量不相同，则贴现投资回收期可根据累计贴现净现金流量求得，也就是在现金流量表中累计贴现净现金流量由负值转向正值之间的年份。其计算公式为

$$DPP = \frac{累计贴现净现金流量}{开始出现正值的年份数} - 1 + \frac{上一年累计贴现}{净现金流量的绝对值} \Big/ \frac{出现正值年份的}{贴现净现金流量}$$

贴现投资回收期法的决策规则：

1）如果贴现投资回收期小于或者等于基准投资回收期，表明项目投资能在规定的时间内收回，则该方案可以接受。

2）如果贴现投资回收期大于基准投资回收期，则该方案是不可行的。

例题 15-6

根据例题 15-1 和例题 15-2，又知该公司的基准回收期为 3.5 年，请帮助老李计算该项目的回收期

和动态回收期。

答：

公司的现金流状况如表 15-5 和表 15-6 所示。

表 15-5　公司的现金流量表　（单位：元）

现金流	第 0 年	第 1 年	第 2 年	第 3 年	第 4 年
增量现金流	-19 600	6 393	7 549	5 445	6 453
累计现金流	-19 600	-13 207	-5 658	-213	6 240

PP = 累计净现金流量开始出现正值的年份数 - 1 + 上一年累计净现金流量的绝对值/出现正值年份的净现金流量 =4 -1 +213 元/6 453 元 =3.03 <3.5，接受该项目。

表 15-6　公司的现金流量表

现金流	第 0 年	第 1 年	第 2 年	第 3 年	第 4 年
贴现现金流	-19 600 元	5 919 元	6 472 元	4 322 元	4 743 元
累计现金流	-19 600 元	-13 681 元	-7 209 元	-2 886 元	1 857 元

DPP = 累计贴现净现金流量开始出现正值的年份数 - 1 + 上一年累计贴现净现金流量的绝对值/出现正值年份的贴现净现金流量 =4 -1 +2 886 元/4 743 元 =3.61 >3.5，拒绝该项目。

15.4　资本分配决策（选修）

15.4.1　资本分配

由于企业资源有限，当不能对所有净现值为正的项目进行投资时，就要进行资本分配。在这种情况下，获利指数通常可以帮助企业管理层做出正确的决策。

15.4.2　获利指数

获利指数又称为利润指数（Profitability Index，PI），是投资项目未来报酬的总现值与初始投资额的现值之比。该指数可以用来比较和评价投资规模不等的项目。其公式为

$$\mathrm{PI} = \frac{\sum_t \frac{\mathrm{CF}_t}{(1+r)^t}}{CF_0}, t = 1,2,\cdots,T$$

式中　CF_0——初始投资；

CF_t——各期的净现金流量；

T——项目投资期限；

r——要求的回报率。

（1）获利指数的计算过程

1）计算未来现金流量的总现值，这与计算净现值所采用的方法相同。

2）计算获利指数，即计算未来现金流量的总现值和初始投资额之比。

（2）获利指数法的决策规则

1）在只有一个备选方案的投资决策中，如果获利指数大于或等于 1，则接受；否则拒绝。

2）在有多个备选方案的互斥项目决策中，应该选择投资获利指数超过 1 最多的那个项目。

> 注意：国内部分书籍使用另一种获利指数的定义，其公式为
>
> $$PI = \frac{CF_0 + \sum_t \frac{CF_t}{(1+r)^t}}{CF_0}, t = 1,2,\cdots,T$$
>
> CMA 考试不要求掌握这种形式的获利指数。

（3）获利指数法的优点

1）考虑了资金的时间价值。

2）能够真实地反映投资项目的盈亏程度。

3）由于获利指数是用相对数来表示的，所以有利于在初始投资额不同的投资方案之间进行对比。

（4）获利指数法的缺点

1）不便于理解。

2）没有反映股东财富的增加量。

例题 15-7

根据例题 15-1 和例题 15-2，请帮助老李计算该项目的获利指数。

答：

PI = 21 320 元/19 600 元 = 1.09 > 1，接受该项目。

> 注意：由于净现值法和获利指数法使用的是相同的信息，在评价投资项目的优劣时，它们的结论常常是一致的。只有当初始投资不同时，净现值法和获利指数法才会产生差异。当净现值法与获利指数法得出不同结论时，应以净现值法为准。

（5）在进行资本限量决策时，使用获利指数法的步骤

第 1 步，计算所有项目（不能忽略掉任何项目）的获利指数，并列出每一个项目的初始投资。

第 2 步，接受获利指数大于或等于 1 的项目。

第 3 步，如果资金可以满足所有可接受项目的投资需求，则说明资本没有限量，这一过程即可结束。

第 4 步，如果资金不能满足所有可接受项目的投资需求，那么就要对第 2 步进行修正。这一修正的过程是：对所有项目在资本限量内进行各种可能的组合，然后计算出各种组合的加权平均获利指数。

第 5 步，接受加权平均获利指数最大的一组项目。

（6）在进行资本限量决策时，使用净现值法的步骤

第 1 步，计算所有项目的净现值，并列出项目的初始投资。

第 2 步，接受净现值大于或等于 0 的项目。

第 3 步，如果资金可以满足所有可接受项目的投资需求，则说明资本没有限量，这一过程即可结束。

第 4 步，如果资金不能满足所有可接受项目的投资需求，那么就要对第 2 步进行修正。这一修正

的过程是：对所有的项目在资本限量内进行各种可能的组合，然后计算出各种组合的净现值总额。

第 5 步，接受净现值总额最大的组合。

注意：建议管理会计师使用净现值法。

例题 15-8

公司的财务部门给老李提供的相互独立项目的投资计划如表 15-7 所示。

表 15-7　可选的投资计划

名称	投资额（万元）	净现值（万元）	内部回报率（%）
投资 A	500	40	15
投资 B	900	120	17
投资 C	1 200	180	12
投资 D	1 600	150	11
投资 E	700	-10	7

公司的要求回报率是 7%，现有可用于投资的金额为 3 000 万元，请帮助老李确认收益最大的投资组合。

答：

由于投资 E 净现值小于零，所以放弃该项目。

满足约束的投资组合有 3 个，分别为：投资 A、投资 B 和投资 C，净现值总和为 340 万元；投资 C 和投资 D，净现值总和为 330 万元；投资 A、投资 B 和投资 D，净现值总和为 340 万元。

所以使得收益最大的投资者组合为投资 A、投资 B 和投资 C。

注意：对于资本分配问题的选择题，首先，分别计算各个选项的净现值；其次，从净现值最大的选项开始验算预算约束，如果满足约束，该选项就是正确答案，否则，再验算净现值第二大的选项，以此类推确定答案。

15.4.3　备选评价方法

备选评价方法有线性规划法和内部资本市场法。

1. 线性规划

线性规划是用来确定在一组约束条件下，某表达式的最大值的工具。在资本投资项目评价时，线性规划的具体应用是：企业如果想要选出具有最高总净现值的一组项目，可以在给定的限制条件下，设计表达式来表明想要的结果。线性规划在资源有限的情况下尤其有用。

补充知识

求线性目标函数在线性约束条件下的最大值或最小值的问题，统称为线性规划问题。满足线性约束条件的解被称为可行解，由所有可行解组成的集合被称为可行域。决策变量、约束条件、目标函数是线性规划的 3 要素。

例题 15-9

某工厂要安排生产Ⅰ、Ⅱ两种产品，已知生产单位产品所需 A、B 两种原材料的消耗，见表 15-8。该工厂生产 1 单位产品Ⅰ可获利 20 元，生产 1 单位产品Ⅱ可获利 30 元。问应如何安排生产，才能使其获利最多？

表 15-8 原材料消耗数据 （单位：吨）

原材料	Ⅰ产品消耗量	Ⅱ产品消耗量	总拥有量
A 原材料	0.3	0.6	16
B 原材料	0.7	0.4	12

1）确定决策变量。设 x_1、x_2 分别为产品Ⅰ、Ⅱ的生产数量。

2）明确目标函数。获利最大，即求 $20x_1+30x_2$ 的最大值。

3）所满足的约束条件。

原材料 A 的限制：$0.3x_1+0.6x_2\leqslant 16$，

原材料 B 的限制：$0.7x_1+0.4x_2\leqslant 12$。

非负约束：x_1，$x_2\geqslant 0$

2. 内部资本市场

通常，管理层将资本分配约束作为临时限制来辅助财务控制，管理层可以通过这些约束来防止经理人夸大投资机会。

> 补充知识：内部资本市场
>
> 20 世纪中期，在美国出现了一股兼并联合的浪潮，同时也出现了一批多元化和多部门的大企业、大集团。这些集团式企业的出现，导致了企业内部资本市场的产生。集团式多部门企业的资本需要进行流通和配置，为了完成一个项目，各部门可以从银行或股票和债券市场获取资金，还可以从各部门内部调集或融通资金，以帮助一个项目或部门进行投资。各部门之间为了获取资金展开的竞争类似于外部市场的竞争机制。但内部资本市场可以把多条渠道的现金流量集中起来，投向高收益的领域，这就使得内部资本市场在监督、激励、内部竞争以及资本的低成本配置方面优于外部资本市场。因此，这种企业内部形成的资金流动和资本配置，就是所谓的企业内部资本市场。
>
> 内部资本市场的优势有降低交易成本、进行有效监督、优化资本配置、放松外部融资约束等。内部资本市场的劣势有跨部门补贴项目、在资源分配方面有消极影响以及内部代理倾向等。

15.5 资本投资的风险分析

15.5.1 敏感性分析

敏感性分析是假设一次只有一个变量变化，分析净现值会如何变化的方法。考生请结合 6.2 节学习。

> 注意：敏感性分析是情境分析的一个分支。敏感性分析只分析某个变量变化对净现值的影响。

净现值对于某个变量的波动越大，这个变量对于投资决策来说风险越大，就应当更加深入分析这个变量。

例题 15-10

根据例题 15-1 和例题 15-2，老李要求财务部门分析收入、节约成本和设备残值对于净现值的影响。

答：

首先重新计算净现值，将所关注的 3 个变量做些改变，结果如表 15-9 和图 15-5 所示。

表 15-9　老李公司项目的敏感性分析　（单位：元）

变量	变量的变化范围				
	-20%	-10%	0%	10%	20%
收入	1 352	1 536	1 720	1 904	2 088
节约成本	-525	5 97	1 720	2 842	3 964
设备残值	1 638	1 679	1 720	1 760	1 802

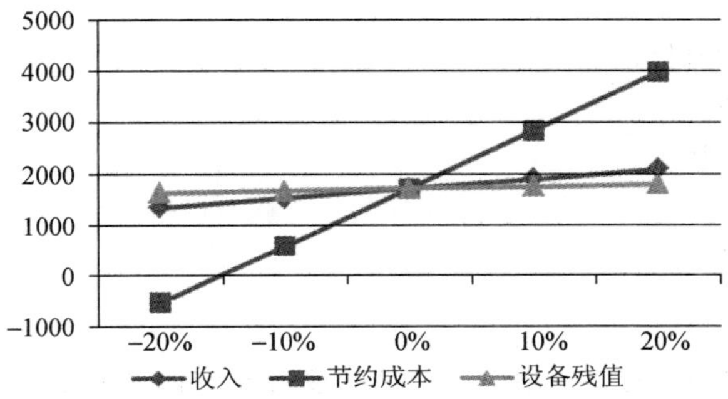

图 15-5　净现值敏感性分析图

基于以上信息，老李应该对看起来更为关键的“节约成本”这个变量施加更多的预测和监控力量。

15.5.2　情景分析

敏感性分析只考虑一个变量的变动对于净现值的影响，情景分析（Scenario Analysis）则分析多个因素构成的不同的现金流情况下，净现值会如何变化的问题。

一般来说，情景分析至少应该分析以下 3 种情景：

1）最好情景：收入高，成本低。

2）最坏情景：收入低，成本高。

3）最可能的情景：居中的情况。

> 注意：不同的情景对风险爱好者和风险厌恶者意义不同。

例题 15-11

根据例题 15-1 和例题 15-2，老李要求财务部门对该项目进行情景分析。

答：

财务部门预测经济形势和净现值的结果如表 15-10 所示。

表 15-10 情景分析结果

计算值	最差情况	最可能情况	最好情况
概率（%）	20	60	20
净现值（元）	1 470	1 720	1 950

15.5.3 确定性等值（选修）

确定性等值方法，利用确定性等值系数将预期的现金流转化为确定性等值现金流，然后对这些值用无风险利率进行贴现。其公式为

$$NPV = CF_0 + \sum_t \frac{CF_t \times CE}{(1+r_f)^t}, t = 1,2,\cdots,T$$

式中 CF_0——初始投资；
CF_t——各期的净现金流量；
T——项目投资期限；
CE——确定性等值系数；
r_f——无风险收益率。

例题 15-12

根据例题 15-1 和例题 15-2，老李要求财务部门对该项目进行确定性等值分析，财务部门给出的 4 年确定等值系数分别为 0.9，0.9，0.8 和 0.75。请计算该项目的净现值。

答：

使用无风险收益率 5% 进行贴现，则

净现值 = －19 600 元 +6 393 元 ×0.90 ×0.952 +7 549 元 ×0.90 ×0.907 +5 445 元 ×0.80 ×0.864 + （4 853 元 +1 600 元） ×0.75 ×0.823 = －214 元。净现值小于零，所以拒绝该项目。

15.5.4 资本资产定价模型

资本资产定价模型公式为

$$k_a = r_f + \beta_a (k_m - r_f)$$

式中 k_a——项目的要求回报率；
r_f——无风险收益率；
k_m——市场组合的收益率；
β_a——项目的 β。

补充知识：项目 Beta（$\beta_{项目}$）和权益 Beta（$\beta_{权益}$）的关系为

$$\beta_{项目} = \beta_{负债}\left(\frac{D}{D+E}\right) + \beta_{权益}\left(\frac{E}{D+E}\right)$$

考虑到负债的税收效应，上式变为

$$\beta_{项目}=\beta_{负债}\left[\frac{(1-t)\ D}{(1-t)\ D+E}\right]+\beta_{权益}\left[\frac{E}{(1-t)\ D+E}\right]$$

由于负债没有市场风险，$\beta_{负债}=0$，所以可以得到

$$\beta_{项目}=\beta_{权益}\left[\frac{1}{(1-t)\ \dfrac{D}{E}+1}\right]$$

式中　D——负债的市场价值；

E——权益的市场价值。

资本资产定价模型说明了项目的要求回报率与系统性风险的关系，即任何资产的要求回报率等于无风险收益率加上一个风险溢价。

注意：关于资本资产定价模型的详细知识，见 12.1 节。

高 β 值的投资项目通常被认为是高风险的，所以要求高回报；低 β 值的项目则是低风险的，所以要求低回报。其他所有条件相同的情况下，项目的 β 值越高，资本成本越高，要求回报率就越大，该项目的净现值就越小。

资本资产定价模型的优点是：

1）简单方便。

2）多数情况下可行。

资本资产定价模型的缺点是：

1）关于市场、回报和投资者行为所做的假设太多。

2）风险不都能被 β 值所归纳。

3）真正的无风险利率很难确定。

15.5.5　模拟分析

模拟分析允许在决定项目执行之前对其结果进行测试，即在模拟系统中对假设的现金流、贴现率进行研究。

模拟分析可用来估计净现值、内部回报率和获利指数的期望值以及它们的离散度。

模拟分析源自卡西诺赌博计算方法的蒙特卡洛模拟分析（Monte Carlo Simulation），它将敏感性和输入变量的概率分布紧密联系。与常见的分析方法（如敏感性分析、情境分析）相比，模拟分析充分考虑了各变量取值的随机性，通过随机模拟技术，给出了投资项目净现值可能取值的范围和不小于某一特定值的概率，为投资决策提供了更为科学的决策依据。

补充知识：

蒙特卡洛模拟分析基本形式为

$$\int_D g(x)\,\mathrm{d}x$$

其中，被积分函数 $g(x)$ 包含值函数 $f(x)$ 和测度函数 $\psi(x)$ 两个部分，形式分别为

$$g(x) = f(x)\psi(x)$$

测度函数 $\psi(x)$ 必须满足条件

$$\int_D \psi(x)\,\mathrm{d}x = 1$$

使用测度函数 $\psi(x)$ 来描述 x 的分布，$f(x)$ 的期望 $E_{\psi(x)}[f(x)]$ 计算公式为

$$E_{\psi(x)}[f(x)] = \int_{-\infty}^{\infty} f(x)\psi(x)\,\mathrm{d}x$$

另外，$f(x)$ 的方差计算公式为

$$\mathrm{Var}[f(x)] = E_{\psi(x)}[f(x)^2] - \{E_{\psi(x)}[f(x)]\}^2$$

在获取某项目的现金流序列信息时，需考虑下列因素：

1）市场分析：市场规模、销售价格、市场增长率和市场占有率。

2）投资成本分析：所需投资额、设备的使用期和投资的残值。

3）营业成本和固定成本。

这些因素都是具有概率分布的随机变量，而其概率分布则是管理层估算可能产出量（结果）的基础。因此，这些可能的结果与每个因素及其发生的概率都密切相关。确定了概率分布之后，下一步就是计算由上述因素的一个随机组合决定的内部收益率（和按无风险利率计算的净现值）。

为了说明模拟过程，假设例题 15-1 中的市场规模符合期望 10 000 元，标准差 2 000 元的正态分布，老李公司的市场占有率为 10%。

先用计算机模拟上述每个因素的试验值，然后以试验值为基础计算内部收益率。多次重复这一过程，每次都能得到一组上述因素的试验值和这组试验值相对应的内部收益率。当该过程被重复足够多次数后，即可将内部收益率描成如图 15-6 所示的连续分布图。利用该分布图可确定内部收益率的期望值及其分布的标准差。

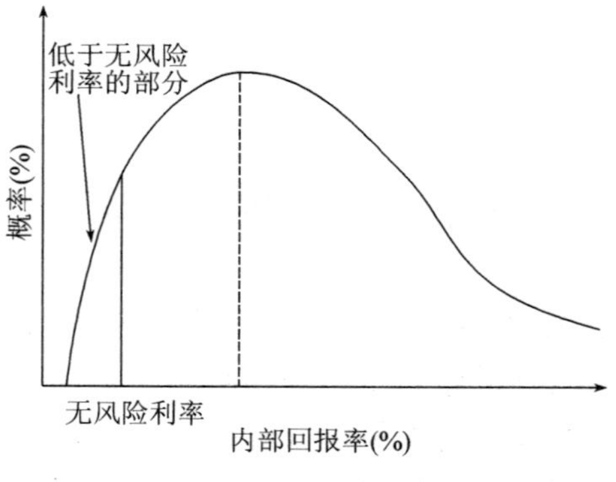

图 15-6 内部回报率的概率分布

15.5.6 专门调整利率法

风险投资项目没有较为安全的投资项目那样有吸引力。在实践中，将企业资本成本作为对所有投资项目的贴现率，可能拒绝好的低风险项目或者接受差的高风险项目。因此，要将贴现率进行调整，使每个项目都能将其机会成本和风险考虑在内。

15.5.7　资本投资的定性考虑事项

资本项目通常是战略性的，所以定性的指标虽然不易估计，但却是非常重要的因素。以下是定性方面的考虑：

1）管理人员可能没有足够的信息来做资本投资决策。

2）贷款条款可能限制了借款数量。

3）企业可能有已经承诺的资本分配限额。

4）企业的决策者可能是风险厌恶者。

5）接受项目可能与管理人员的业绩考评标准存在冲突。

6）企业可能没有足够的人才来成功实施该项目。

7）管理人员可能需要评价该项目会否增加客户忠诚度。

15.5.8　国际资本预算

这一部分所分析的国内资本预算方法同样可以应用于国际资本预算过程。但是，在国际领域存在3 种类型的风险：

1）现金流量风险，即估计现金流量更加困难。

2）汇率风险，即汇率的波动会增加国外投资的风险。

3）政治风险，即国外政府采取有意减少或消除现金流量行为的可能性。

从现金流量的角度来说，相关现金流量是指下属机构可以转移到总公司的现金流量。因为转移到总公司的国外货币现金流量必须按照预期的汇率转化为本币，所以汇率溢价必须加到国内资本成本上。这样就可以反映包含在投资中的利率风险。通过套期保值，可以使利率风险最小化。但同时，套期保值也会增加项目的成本。

政治风险包括在没有充分补偿的情况下，财产被剥夺或收归国有的可能性，以及对向总公司转移资金未预期到的限制，如对股利或利润汇回本国更严格的控制。公司可以采取 3 种主要措施减少财产被剥夺的可能损失：用当地资本为下属机构融资；调整经营结构，使下属机构的价值仅为公司整体系统的一部分；对被剥夺的财产损失购买保险。购买保险后，它的成本应计入项目成本。

15.6　估值

本节介绍 3 种常用估值方法以及实物期权的内容。

> 补充知识：两种证券估值的思路
>
> 1）自上而下的方法。首先预测总体经济走势，其次预测行业发展趋势，最后进行证券分析。
>
> 2）自下而上的方法。直接分析证券，找到被低估的资产。

15.6.1　现金流量贴现法

现金流量贴现模型，实际上是费雪资本预算理论基础上的现金流量贴现方程式的变形。该方法隐含的原理是：任何资产的价值，都是其未来净现金流量依照一定贴现率进行贴现之和。

从理论上讲，现金流量贴现模型可以分为 3 类：股利贴现模型、权益自由现金流量贴现模型和企业自由现金流量贴现模型。这 3 个模型的主要区别在于对现金流量的定义不同。

1）股利贴现模型将现金流量定义为，股东得到的实际现金流量，即现金股利。

2）权益自由现金流量贴现模型将现金流量定义为，归属于股东的自由现金流量。

3）企业自由现金流量贴现模型将现金流量定义为，归属于企业的自由现金流量。

目前，企业自由现金流量贴现模型是现金流量贴现法主要采用的模型。本书介绍企业自由现金流量贴现模型和股利贴现模型。

1. 企业自由现金流量贴现模型

补充知识：企业自由现金流量贴现模型

企业自由现金流量是所有投资者（包括债权投资者、股权投资者）可支配的净现金流量。企业管理当局可以在不影响企业持续增长的前提下，将这部分现金流量自由分配给其全部资源索偿权持有人（包括债权持有人、股权持有人）。它是经营利润中未用于再投资的那部分现金，因而自由现金流量等于税后经营利润减去净投资额。

$$\text{企业自由现金流量（FCFF）} = \text{EBIT} \times（1-\text{税率}）+\text{折旧}-\text{资本性支出}-\text{净运营资本支出}$$

企业自由现金流量贴现模型为

$$V = \sum_{t=1}^{\infty} \frac{\text{FCFF}_t}{(1+\text{WACC})^t}$$

式中 V——企业价值；

FCFF_t——第 t 年预期的企业自由现金流量；

WACC——企业加权平均资金成本。

当获得企业价值后，可以计算权益的价值，公式为

权益的价值 = 企业价值 − 负债市场价值

2. 股利贴现模型

股利贴现模型认为：投资者进行股权投资将会获得两种现金流量，即持有股权期间股利和持有股权预期期末价格。股权的当前价值应等于无限期股利的现值。

$$P_0 = \sum_{t=1}^{T} \frac{D_t}{(1+k_s)^t} + \frac{P_T}{(1+k_s)^T} = \sum_{t=1}^{\infty} \frac{D_t}{(1+k_s)^t}$$

式中 P_0——股票在 0 时刻的内在价值；

T——持有股票期间的长度；

P_T——股票在 T 时刻的内在价值；

D_t——第 t 期的股利；

k_s——普通股的要求回报率。

但是，股利贴现模型在实际运用中存在如下问题：

1）当企业不支付股利时，股利贴现模型无法运用。

2）股利支付受企业股利政策的影响，使得未来股利的预测比较困难。

一般来说，股利相对于收益明显滞后。所以，运用股利贴现模型对企业估值，相对于运用权益自由现金流量贴现模型和企业自由现金流量贴现模型评估企业价值，企业后期的价值明显较大，这就要

求对企业后期股利的预测要很精确，然而这是很困难的。

注意：许多实证研究发现，对于企业价值评估，股利贴现模型并不是一个很好的模型。它仅适用于少部分股利政策稳定和股利支付率高的企业。股利贴现模型对于那些支付能力强、但是实际支付股利一贯较低的企业来说，有低估企业价值的倾向。所以，股利贴现模型不适用于无股利支付或低股利支付企业的价值评估。

补充知识：

一般情况下，可以对企业的预期增长形态使用 3 种模型，即持续稳定增长、高增长 - 稳定增长和高增长 - 转换增长 - 稳定增长，来进行描述。据此，可将现金流量贴现模型划分为一阶段的 DCF 估值模型、两阶段的 DCF 估值模型和三阶段的 DCF 估值模型。下面以对企业整体的估值为例，对前两类估值模型进行介绍。

1. 一阶段的 DCF 估值模型

对企业整体估值时，所利用的现金流量为 FCFF，因此，一阶段的 DCF 估值模型即稳定增长的 FCFF 模型。该模型适用于对预计增长率处于相对稳定状态的企业进行估值。在该模型下，计算公式为

$$V = \frac{\text{FCFF}_1}{\text{WACC} - g}$$

式中　V——企业价值；

FCFF_1——企业第一年预期的企业自由现金流量；

WACC——企业加权平均资金成本；

g = 企业自由现金流量的永续增长率。

一般的法则是：稳定的增长率不能超过企业运作于其中的整体经济的增长率。企业处于稳定增长状态中的假设，也意味着它具备稳定企业所共有的其他特征。这一模型最适合以近似或者低于名义经济增长率的比率而发展的企业。

2. 两阶段的 DCF 估值模型

对企业整体估值时，两阶段的 DCF 估值模型也就是两阶段的 FCFF 模型。该模型适用于对前期预计增长率较高、后期预计增长率相对稳定的企业进行估值。在该模型下，计算公式为

企业的价值 = 高增长期内的现值 + 终端价值的现值

$$= \sum_{t=1}^{T} \frac{\text{FCFF}_t}{(1 + \text{WACC})^t} + \frac{\text{FCFF}_{T+1}}{(\text{WACC} - g)(1 + \text{WACC})^T}$$

式中　FCFF_t——高增长 t 期内每期的预期企业自由现金流量；

T——高增长的持续时期；

WACC——企业加权平均资金成本；

g——高增长时期的稳定增长率。

注意：一阶段、两阶段的股利模型都是要求掌握的，请结合 12.3 节学习。

15.6.2　相对价值法

相对价值法是利用类似企业（通常是上市公司）的市场定价，来确定目标企业市场价值的一种评

估方法。

相对价值法的假设前提是：存在一个支配企业市场价值的主要变量，如盈利、净资产、销售收入等。在具体价值评估时，常见的模型有：市盈率模型、市净率模型、市销率模型、企业价值/息税折旧摊销前利润（EBITDA）模型。

1. 具体步骤

用相对价值法作企业价值评估的时候，基本分为 3 个步骤：

1）为了在相对的基础上评估资产，必须对价格实行标准化，通常把价格转换成盈利、账面价值或者销售额的比值。

2）确定可比企业，即寻找与所评估企业具有相同或相似风险、成长性和现金流生成能力等方面特征的企业。

3）分析乘数，以及控制企业间存在的差异，得出评估结果。

2. 乘数的选择

根据处于支配地位的市场价值指标的不同，乘数分为股价对盈利、账面价值和销售额的比率，即市盈率、市净率和市销率 3 种，具体内容见 15.3 节。本节介绍企业价值/息税折旧摊销前利润（EBITDA）模型。

息税折旧摊销前利润模型被私人公司广泛使用，用以计算公司经营业绩，有时可以作为现金流量的一种近似估计。企业价值/息税折旧摊销前利润模型，也被广泛地用在估值领域。

相关的估值模型是

$$EV/EBITDA = 企业价值/息税折旧摊销前利润$$

> 注意：计算息税折旧摊销前利润的捷径是，先找到营业利润这项。不过，和境外企业披露的营业利润［通常也称作息税前利润（EBIT）］不同，国内企业的营业利润是减掉财务费用后的，所以要先把财务费用加回营业利润，再把折旧和摊销两项费用加回去，这样得出息税折旧摊销前利润。

息税折旧摊销前利润这一指标，被广泛使用的原因有以下 3 点：

1）通过去除一些项目，息税折旧摊销前利润使投资者能更为容易地比较各个企业的财务健康状况。对于拥有不同资本结构、税率和折旧政策的企业，投资者可以在息税折旧摊销前利润的统一口径下对比其盈利能力。

2）息税折旧摊销前利润还能告诉投资者，某家新企业或者重组过的企业在支付利息、税单之前究竟可以获利多少。

3）息税折旧摊销前利润比营业利润显示更多的利润，它已经成为资本密集型行业、高财务杠杆企业在计算利润时的一种选择。

3. 可比企业的确定

可比企业是一个与目标企业具有相同或相似现金流生成能力、成长能力和风险水平的企业。

理想状态是参照在风险、成长性以及现金流生成能力上，与目标企业完全相同的企业的市场价格为目标企业估值。实践中，通常选取同一行业或产业的企业作为可比企业。

15.6.3 重置成本法

重置成本法是对企业的资产价值进行评估并累加，以期得到企业价值的评估方法。

重置成本法要遵循的一个假设是：企业的价值等于所有有形资产和无形资产的成本之和减去负债。

资产的加总涉及未入账的有形和无形资产和负债的确定和评估，同时需要对已记入资产负债表中的资产和负债进行重估。

在使用重置成本法评估时，主要通过调整企业财务报表的所有资产和负债，来反映它们的现时市场价值。

例题 15-13

老李准备收购一家名为万宝路的家具企业，他要求财务部门估计该公司的合理价值。财务总监收集了万宝路公司 2011 年 12 月 31 日的财务信息如下：

营业收入 1 000 万元，销货成本 600 万元，折旧 200 万元，息税前利润 200 万元，利息费用 100 万元，净利润 60 万元，发放普通股股利 30 万元。去年新建工厂 100 万元，净运营资本支出 50 万元。该公司总资产 2 000 万元，负债 1 200 万元，在外流通股数为 100 万股，没有优先股和稀释证券。

该公司适用的所得税率为 40%。财务部门估计未来万宝路公司自由现金流增长率等于可持续发展的权益增长率（g）。该公司普通股的 β 系数为 1.8，市场收益率为 10%，无风险收益率为 4%，该公司负债的税前成本为 8%。

财务总监发现同行业其他公司的平均市盈率为 30 倍，市账率为 2.3 倍，市销率为 1.6 倍。

请使用贴现现金流法和相对价值法计算万宝路公司普通股每股的公允价值。

答：

（1）贴现现金流法

该公司权益账面价值 = 2 000 万元 − 1 200 万元 = 800 万元。

该公司权益的要求回报率 = 4% + 1.8 ×（10% − 4%）= 14.8%。

WACC = 14.8% × 800 万元/2 000 万元 + 8% ×（1 − 40%）× 1 200 万元/2 000 万元 = 8.8%。

FCFF = 200 万元 ×（1 − 40%）+ 200 万元 − 100 万元 − 50 万元 = 170 万元。

可持续发展的权益增长率 = 60 万元/800 万元 ×（1 − 30 万元/60 万元）= 3.75%。

V = 170 万元 ×（1 + 3.75%）/（8.8% − 3.75%）= 3 493 万元。

权益价值 = 3 493 万元 − 1 200 万元 = 2 293 万元。

每股价值 = 2 293 万元/100 万股 = 22.93 元/股。

（2）相对价值法

市盈率法：每股价值 = 30 倍 × 60 万元/100 万股 = 18 元/股。

市账率法：每股价值 = 2.3 倍 × 800 万元/100 万股 = 18.4 元/股。

市销率法：每股价值 = 1.6 倍 × 1 000 万元/100 万股 = 16 元/股。

15.6.4　实物期权（管理期权）

实物期权经常隐含在企业的整个项目投资决策过程中，其核心就是将项目投资看成是企业的一项权利。在对一个投资项目进行评价时，不仅要考察以净现值等指标表示的直接获利能力的大小，还要考察该项目的灵活性价值。

从期权分析的角度来看，一个项目的真实价值应该由项目的净现值和项目的灵活性价值两部分构成。其中项目的灵活性价值可用期权价格表示，即

$$V = \mathrm{NPV} + C$$

式中　V——项目真实价值；

C——项目期权价值。

风险投资的项目采用分阶段投资的方式，下一个阶段所产生的现金流是上一个阶段投资所创造的，于是就存在着一系列相机选择权。

（1）扩张期权/放弃期权

在不确定条件下，对项目进行的初始投资可以视为购入了一个看涨期权，拥有了等待未来增长机会的权利。企业可以在控制损失的同时，利用未来的不确定性获取收益。伴随着初始投资而来的不仅是前期投入产生的现金流，还有一个继续选择的权利。当未来的增长机会来临时，可以进一步投资，且新的投资可以视为期权的执行，执行价格为新投资的金额。若增长机会没有出现，决策者可以不执行这个看涨期权，不投资此项目，企业的损失仅为初始投资。放弃期权，是指通过放弃某些资产或将资产转为其他用途，进而停止该项目。

（2）延期期权

如果项目中隐含着延期期权，那么投资者可以选择暂缓投资，等待市场利好消息的出现。

（3）转换期权

若项目中隐含着转换期权，则企业可以在多种决策中进行转换。例如，企业在项目设计时可以考虑多种方案，当某一方案在未来发生变化时，企业就具有灵活选择的权利。

关于实物期权，每个投资机会都可能受很多变量影响。变量如：

1）实物期权决策的时间点。

2）行使选择权所必需的现金流。

3）变动的利率。

4）当前和未来商品、劳动力、其他变动成本的不确定性。

5）标准差、市场风险以及其他对项目产出品需求的影响因素。

实物期权的估值方法包括二项式法和 Black-Scholes 模型法，应用时需要注意以下 3 点：

1）二项式法通常在可能结果数量有限时使用。

2）Black-Scholes 模型法用于潜在可能更多的情况，通常认为其更准确。

3）有些情况 Black-Scholes 模型法不适用。

由于实物期权都限制了不利的结果，所以未来的不确定性越大，这些期权的价值就越高。认识到管理的灵活性往往能改变是否接受某个项目的决策。如果期权的价值足够高，则按传统的现金流贴现分析法得出项目应当被拒绝的决策可能转而变为可接受；如果期权的价值足以抵消早期现金流的损失，则一项可接受的决策应变为延迟。虽然用现金流贴现法确定的净现值是资本预算一个适当的出发点，但考虑到实物期权，在许多情况下需要对该方法做些修正。

例题 15-14

甲胶水公司正在评估一种新的、革命性的胶水。该公司可以建造一个月产 2.5 万加仑的胶水车间，该项目估计净现值为 -300 万美元。然而，新产品可能出现非常好的销售前景。如果取得成功，该公司可以迅速扩建工厂，收益可以大幅度提高，但前提条件是必须进行第 1 期投资才有可能激发市场需求。

假设市场两年后迅速扩大的概率为 50%。如果市场扩大，那么第 2 期投资（扩张）净现值（贴现到 0 时刻）为 1 100 万美元。如果市场衰退，则该公司不进行投资，净现值为 0。

1）根据传统的现金流贴现法，该项目是否应该接受？

2）该项目包含的实物期权（管理期权）是哪种类型？

3）考虑实物期权以后，该项目是否应该接受？

答：

1）净现值小于 0，应该拒绝该项目。

2）扩张期权。

3）与期权联系的净现值 =50% ×1 100 万美元 +50% ×0 美元 =550 万美元。项目的价值 =550 万美元 -300 万美元 =250 万美元。该项目拥有一个使得项目净现值大于零的扩张期权，所以应该接受该项目。

15.7　本章主观题例题与习题

15.7.1　本章主观题例题

例题 15-15

甲公司目前正在审核各部门提交的资本预算。该公司试用资本资产定价模型确定项目的要求回报率。该公司的资本成本是 16%，贝塔值 β 为 1.2，无风险利率是 4%，市场的预期回报率是 14%。表 15-11 是各部门提交的资本预算，该公司可用资金充足。

表 15-11　各项目的资本预算

项目	内部回报率（%）	项目的贝塔值
A	16	1.4
B	18	1.6
C	12	0.7
D	17	1.1

1）计算 4 个项目的要求回报率并确定该公司应投资的项目。

2）请定义资本分配问题。

3）请定义并解释贝塔值并描述哪些因素会影响项目的贝塔值。

参考答案：

1）资本资产定价模型帮助企业评估必要的风险报酬来补偿所承担的风险。它是一种估计债券或投资的要求回报率的方法。资本资产定价模型假设投资回报应至少等于无风险利率加风险报酬。

方案 A 的要求回报率 =4% +（14% -4%）×1.4 =18%。由于内部回报率（IRR）为 16% 低于所需的 18%，应拒绝该方案。

方案 B 的要求回报率 =4% +（14% -4%）×1.6 =20%。由于内部回报率 18% 低于所需的 20%，应拒绝该方案。

方案 C 的要求回报率 =4% +（14% -4%）×0.7 =11%。由于内部回报率为 12%，大于所需的 11%，应接受该方案。

方案 D 的要求回报率 =4% +（14% -4%）×1.1 =15%。由于内部回报率为 17%，大于所需的 15%，应接受该方案。

2）资本分配是指当资金受到限制时，在竞争方案间的资本分配。

3）β 是股价相对于市场波动性的衡量指标。市场的 β 值等于 1，股价变动等于市场变动；β 大于 1，股价变动大于市场变动；β 小于 1，股价变动小于市场变动。高 β 值的股票风险较大，预期回报率较高，反之亦然。

影响 β 值的因素包括：投资方案所处的行业及其风险特征；是否有类似的投资经验及部门过去实现预计投资报酬的能力；管理层的实力；预期的竞争水平；该投资方案的地理位置，如某些国家的经营风险比较高；方案涉及新技术的程度。

例题 15-16

甲公司是一家太阳能产品研究、生产和服务的综合性公司。目前，甲公司正在考虑两个互斥的投资项目。项目 A 需要初始投资额为 2 000 000 元，并预计在未来的 5 年内为甲公司每年提高营业收入 1 000 000 元。同时，在这 5 年里，该项目预计每年增加 400 000 元运营成本。项目 B 需要初始投资额 5 000 000 元，并预计在未来的 5 年内为甲公司每年提高营业收入 2 000 000 元，同时在这 5 年里，该项目预计每年增加 800 000 元运营成本。假设两个项目的使用寿命均为 5 年，残值均为 0，使用直线法进行折旧。假设甲公司所得税率为 30%。

1）请计算每个项目在评价期内每年的税后现金流。

2）如果折现贴现率为 9%，那么两个项目的净现值分别是多少？

3）两个项目的内部回报率分别是多少？

4）该公司应投资 A 项目还是 B 项目？

5）请分析该公司在决策时应考虑的两个定性因素。

参考答案：

1）项目 A 初始现金流 = −2 000 000 元。

项目 A 第 1 年至第 5 年的年税后现金流量 =（1 000 000 元 − 400 000 元）×（1 − 30%）+ 400 000 元 ×30% =540 000 元。

项目 B 初始现金流 = −5 000 000 元。

项目 B 第 1 年至第五年的年税后现金流量 =（2 000 000 元 − 800 000 元）×（1 − 30%）+ 1 000 000 元 ×30% =1 140 000 元。

2）项目 A 的净现值 = −2 000 000 元 +540 000 元 ×3. 8897 =100 438 元。

项目 B 的净现值 = −5 000 000 元 +1 140 000 元 ×3. 8897 = −565 742 元。

3）项目 A 的年金系数 =2 000 000 元/540 000 元 =3. 704，项目 A 的内部回报率在 10% ~11% 之间。

项目 B 的年金系数 =5 000 000 元/1 140 000 元 =4. 386，项目 B 的内部回报率在 4% ~5% 之间。

4）只推荐项目 A。因为项目 A 具有正的净现值，且内部回报率大于贴现率 9%。项目 B 没有满足其中任何一个条件。

5）定性因素可能包括：是否与战略目标相吻合；未来增长的可能性；预测的现金流的不确定性；实现任何一个方案所需要的技能；面临的竞争压力等。

例题 15-17

火花塞公司的财务总监摩根面临一个新的投资机会，购买 BR 设备公司已使用了 20 年的机器。购买成本为 1 500 000 美元，随后 12 年里每年的净现金流量为 275 000 美元。但是摩根无法确定计算该项目净现值时应采用哪个资本成本。火花塞公司目前的资本成本是 12%，然而摩根认为由于火花塞公司产品的需求量下降，资本成本应为 15%。

要求：

1）如果资本成本为 12%，是否应接受该项目？

2）如果摩根是对的并使用 15% 的资本成本，投资决策是否会发生变化？

3）调整折现率或回报率是不是一个有效处理风险或不确定性的方法？说明其他两种考虑风险的方法。

4）该公司的财务总监提出租赁主要设备更具有可行性，描述租赁净收益的计算方法和租赁的优缺点。

5）计算该项目的内部回报率。

6）请描述净现值法和内部回报率法的不同点。

参考答案：

1）如果资本成本为 12%，项目的净现值为：$NPV = CF_0 + \sum CF_t / (1+r)^t = -1\ 500\ 000$ 美元 + 275 000 美元 ×6.194 = 203 350 美元。

在只有一个备选方案的采纳与否决决策中，净现值为正者则采纳，净现值为负者则不采纳。因为该项目的 NPV 是 203 350 美元，大于零，所以应接受该项目。

2）如果资本成本为 15%，项目的净现值为：$NPV = CF_0 + \sum CF_t / (1+r)^t = -1\ 500\ 000$ 美元 + 275 000 美元 ×5.421 = −9 225 美元。

在只有一个备选方案的采纳与否决决策中，净现值为正者则采纳，净现值为负者则不采纳。因为该项目的 NPV 是 −9 225 美元，小于零，所以不应接受该项目。

3）调整折现率或回报率是一个有效处理风险或不确定性的方法。风险投资项目没有较为安全的投资项目那样有吸引力，将企业资本成本作为对所有投资项目的折现率，可能拒绝好的低风险项目或者接受差的高风险项目。所以要将贴现率进行调整，使每个项目都将自己的机会成本考虑在内。

其他考虑风险的方法有：

①敏感性分析。当一次只有一个变量变化时，NPV 会如何变化。NPV 针对某个特定变量的波动的变化越大，对于这个变量来说预测风险越大，就该越加对该变量的估计加以注意。

②敏感性分析只考虑一个指标的变动对于 NPV 的影响，情景分析则考虑多个因素构成的不同的现金流情况下，NPV 会如何变化的问题。一般来说至少应该看一下几种情境：a. 最好情境。收入高成本低。b. 最坏情境。收入低成本高。c. 最可能情境。居中的情况。

③确定性等值方法目的是将项目现金流的时间维和项目的风险分开，将预期的现金流转化为实现的可能性更大的值，然后对这些值用无风险利率进行贴现。

④模拟分析允许在决定项目执行之前对其结果进行测试，在模拟系统中对假设的现金流、折现率进行研究。模拟法可用来估计预期 NPV、IRR 和 PI 的期望值的离散度。与常见的分析方法相比，在充分考虑各变量取值的随机性时，通过随机模拟技术，给出了投资项目净现值可能取值的范围和不小于某一特定值的概率，为投资决策提供了更为科学的决策依据。

4）略。

5）年金现值系数 = 初始投资额/每年净现金流量 = 1 500 000 美元/275 000 美元 = 5.455。查年金现值系数表，在 12 年的期数内，找出与 5.455 相邻近的较大和较小的两个贴现率分别为 15% 和 14%。采用插值法计算出该投资方案的内部回报率为 14.85%。

6）略。

例题 15-18

迈迪·约翰逊拥有一幢已有20年的中档写字楼。土地是她22年前从附近的一所中学租来的，租期为30年。当时她建造了这幢大楼。租赁期满时，那所中学可独自享有土地、改良的环境及其所属所有建筑的所有权。施工期耗时2年，写字楼状况良好且以令人满意的租金率全部租出，该写字楼很具升值潜力。因为根据初始建筑成本计提折旧，所以迈迪的所得税通常很高。

一名商业房地产经纪人乔治·卡德尔代表若干投资者就一提案向迈迪询价，乔治和迈迪能够以一个令各方获益的价格将该写字楼及租得的余额售出。如果成交，这项出售为现金交易，可以满足迈迪另一项目的资金需求。迈迪目前正与银行就贷款进行谈判，银行要求12%的利息率，而如果将该写字楼售出，迈迪所用的资本成本率仅为10%，潜在投资者的资本成本为12%。

购买者的所得税率为30%。迈迪认为过去5年内企业一直支付40%边际所得税率，因为该预期未来8年中所得税率不会有变。不幸的是，去年生效的税法取消了任何形式资本收益利得上的所有特种税率。表15-12的损益表摘要是从迈迪最近一份纳税申报单中摘取的。

表 15-12　损益表

2010 年利润表		
租金收入		2 000 000 美元
费用		
经营费用	950 000 美元	
管理费用	70 000 美元	
财产税	280 000 美元	
折旧（直线法）	100 000 美元	1 400 000 美元
税前利润	600 000 美元	
所得税（税率为40%）	240 000 美元	
净利润	360 000 美元	
剩余的租赁期限	8 年	
银行借款利率	12%	
所有人的资金成本（折现率）	10%	
投资人的资金成本	12%	
销售者使用的税率	40%	
购买者使用的税率	30%	

购买者使用直线折旧法，预计租金收入及费用都无变化。

要求：

1）购买者愿支付的最高价格为多少。

2）如果迈迪付给乔治5%的佣金，她所能接受的最低价格为多少。

3）如果购买者认为所购房产应用MACRS法计提5年期折旧，他所愿支付的最高价格为多少。

4）定义资金配额问题和获利指数，并说明两者的关系。

参考答案：

1）购买者愿支付的最高价格为：

每年的税后现金流 =［2 000 000 美元 -（950 000 美元 +70 000 美元 +100 000 美元）］×（1 -

40%）+100 000 美元×40% =568 000 美元。购买者最高价格 =568 000 美元×4.968 =2 821 824 美元。

2）如果迈迪付给乔治 5% 的佣金，她所能接受的最低价格为：

预计购买者的税后现金流 =［2 000 000 美元 -（950 000 美元 +70 000 美元 +100 000 美元）］×（1 -30%）+100 000 美元×30% =646 000 美元。在保证自己的收入前提下，要付给乔治 5% 的佣金，她接受的最低价格是：646 000 美元×5.335/(1 -5%) =3 627 800 美元。

3）如果购买者认为所购房产应用 MACRS 法计提 5 年期折旧，他所愿支付的最高价格为：

预计购买后的现金流：

第 1 年税后现金流 =（2 000 000 美元 -950 000 美元 -70 000 美元 -800 000 美元×20%）×（1 -30%）+800 000 美元×20% ×30% =622 000 美元。

第 2 年税后现金流 =（2 000 000 美元 -950 000 美元 -70 000 美元 -800 000 美元×32%）×（1 -30%）+800 000 美元×32% ×30% =583 600 美元。

第 3 年税后现金流 =（2 000 000 美元 -950 000 美元 -70 000 美元 -800 000 美元×19.2%）×（1 -30%）+800 000 美元×19.2% ×30% =624 560 美元。

第 4、5 年税后现金流 =（2 000 000 美元 -950 000 美元 -70 000 美元 -800 000 美元×11.52%）×（1 -30%）+800 000 美元×11.52% ×30% =649 136 美元。

第 6 年税后现金流 =（2 000 000 美元 -950 000 美元 -70 000 美元 -800 000 美元×5.76%）×（1 -30%）+800 000 美元×5.76% ×30% =679 664 美元。

第 7、8 年税后现金流 =（2 000 000 美元 -950 000 美元 -70 000 美元）×（1 -30%）=686 000 美元。

购买者愿意支付的最高价格 =622 000 美元×0.893 +583 600 美元×0.797 +624 560 美元×0.712 +649 136 美元×0.636 +649 136 美元×0.567 +679 664 美元×0.507 +686 000 美元×0.452 +686 000 美元×0.404 =3 177 978 美元。

4）略。

15.7.2　本章习题

问题 1　宝蕾有限公司的首席财务官要求对计划购买新机器的项目进行评估，机器的购买价格为 60 000 美元，安装成本为 10 000 美元，要求运营资本提高 3 000 美元。机器的使用寿命为 4 年，4 年后机器的销售价格为 10 000 美元。在这 4 年中，估计年营业收入增量和现金营业费用增量分别为 150 000 美元和 100 000 美元。宝蕾有限公司的实际税率为 40%，资本成本为 12%。宝蕾有限公司的财务报告和税务部门要求对固定资产使用直线折旧法。宝蕾有限公司在第 4 年将出售机器，估计当时税后现金流将为（　　）

A. 34 000 美元。　B. 45 000 美元。　C. 46 000 美元。　D. 49 000 美元。

问题 2　活动房屋公司正对公司内部提议的新机器购买项目进行评估，机器价格为 380 000 美元，安装成本为 20 000 美元，要求运营资本提高 15 000 美元。机器的使用寿命为 4 年，4 年后的销售价格为 50 000 美元。在 4 年中，估计年营业收入增量和现金营业费用增量分别为 750 000 美元和 500 000 美元。活动房屋公司的税率为 40%，资本成本为 12%。活动房屋公司的财务报告和税务部门要求对固定资产使用直线折旧法。如果活动房屋公司接受该项目，则项目的初始投资为（　　）

A. 350 000 美元。　B. 365 000 美元。　C. 385 000 美元。　D. 415 000 美元。

问题 3 某公司正在考虑购买一台新机器，替换一台已经使用了 5 年的旧机器，所收集的信息如表 15-13 所示。

表 15-13 购买机器项目的相关财务信息

新机器的购买价格（美元）	50 000
新机器的安装成本（美元）	4 000
旧机器的市场价值（销售价格）（美元）	5 000
旧机器的账面价值（美元）	2 000
如果安装新机器的话，提高的运营资本净值（美元）	1 000
实际所得税率（%）	40

如果该公司用一台新机器替代旧机器，则 0 期的现金流量为(   )

A. －49 000 美元。 B. －51 200 美元。

C. －51 800 美元。 D. －53 000 美元。

问题 4 威尔金森有限公司的资本成本为 12%，投资于一个新项目，内部回报率（IRR）为 14%，预期项目的投资期限为 4 年，产生的净现金流如表 15-14 所示。

表 15-14 威尔金森有限公司投资新项目后产生的净现金流 （单位：美元）

年度	净现金流
1 年	1 000
2 年	2 000
3 年	4 000
4 年	4 000

项目的初始成本总额为(   )

A. 7 483 美元。 B. 9 647 美元。 C. 11 000 美元。 D. 12 540 美元。

问题 5 斋博公司有一个投资机会是于 5 年之内在美国销售一种新开发的产品，但需要从计算机网络公司购买产品许可证。斋博公司负责承担所有的销售和产品促销成本。在 5 年之后，计算机网络公司可以选择更新协议或者进行修订。斋博公司已经估计了新产品有关的收益和成本，如表 15-15 所示。

表 15-15 斋博公司估计的新产品的收益和成本 （单位：美元）

要求的新设备的成本	120 000
要求增加的运营资本	200 000
第 5 年设备的残余价值	20 000
年收入和成本	
销售收入	400 000
产品销售成本	250 000
小额零星营业成本	70 000

如果不更新产品许可证的话，用来支持新产品的运营资本可以投资到其他地方。使用净现值法，假设斋博公司的资本成本为 20%，在不考虑所得税的情况下，该产品协议的净现值为(   )

A. 7 720 美元。 B. －64 064 美元。 C. －72 680 美元。 D. －127 320 美元。

问题 6 班纳特有限公司使用净现值法对资本项目进行评估，要求回报率为 10%。班纳特有限公司为其生产业务考虑两个排斥的投资项目，两个项目的初始投资都为120 000 美元，预计投资期限为 4 年，同这两个项目有关的税后现金流如表 15-16 所示。

表 15-16　同两个项目有关的税后现金流

年度（年）	项目 X（美元）	项目 Y（美元）
1	40 000	10 000
2	40 000	20 000
3	40 000	60 000
4	40 000	80 000
总计	160 000	170 000

假设可以获得充足的现金，您会将下述哪个项目推荐给班纳特有限公司的管理层？(　　)

A. 只有项目 X。　　B. 只有项目 Y。

C. 项目 X 和 Y。　　D. 哪个都不推荐。

问题 7　布朗公司使用内部回报率法对资本项目进行评估。它使用如表 15-17 所示的内部回报率，来考虑 4 个相互独立的项目。

表 15-17　内部回报率

项目	内部回报率（%）
1	10
2	12
3	14
4	15

布朗公司的资本成本为 13%，按照内部回报率法，它会接受哪些项目？(　　)

A. 只有项目 1 和 2。　　B. 只有项目 3 和 4。

C. 只有项目 4。　　D. 项目 1、2、3 和 4。

问题 8　伍兹有限公司正在考虑下述 4 个独立的投资项目。当期可以利用的投资金额为 300 万美元，每个项目的投资成本和预期的净现值（NPV）如表 15-18 所示。(选修)

表 15-18　每个项目的投资成本和预期的净现值

方案	投资成本（美元）	净现值（美元）
Ⅰ	500 000	40 000
Ⅱ	900 000	120 000
Ⅲ	1 200 000	180 000
Ⅳ	1 600 000	150 000

应当向伍兹有限公司的管理层推荐哪些项目？(　　)

A. 项目Ⅰ、Ⅱ和Ⅲ。　　B. 项目Ⅰ、Ⅱ和Ⅳ。

C. 项目Ⅱ、Ⅲ和Ⅳ。　　D. 项目Ⅲ和Ⅳ。

问题 9　某公司正在考虑两个互斥的项目，项目现金流如表 15-19 所示。

表 15-19 两个互斥项目的现金流

年度（年）	项目 A（美元）	项目 B（美元）
0	-100 000	-100 000
1	0	34 320
2	0	34 320
3	0	34 320
4	157 352	34 320

该公司要求回报率为 8%。如果该公司的目标是使股东财富最大化，那么该公司应该选择哪个项目？(　　)

A. 项目 A 的净现值大于项目 B 的净现值，因此选择 A。

B. 项目 A 的净现值小于项目 B 的净现值，因此选择 B。

C. 项目 A 的内部回报率大于项目 B 的内部回报率，因此选择 A。

D. 项目 A 的内部回报率小于项目 B 的内部回报率，因此选择 B。

问题 10　在评估资本预算项目的时候，公司的财务人员想了解营业收入的变化以及项目投资期限的变化是如何影响内部回报率的。该财务人员最有可能使用(　　)

A. 情景分析。　B. 敏感性分析。

C. 蒙特卡洛模拟分析。　D. 学习曲线分析。

问题 11　在蒙特卡洛模拟分析的时候，长期平均模拟需求将接近于下述哪项？(　　)

A. 实际需求。　B. 真实需求。　C. 抽样需求。　D. 预期需求。

问题 12　珍妮特是全能加热器公司的分析师，计划采用蒙特卡洛模拟分析来预测全能加热器的每日需求。加热器每日需求的概率分布以及赋予每个结果的随机数据间隔如表 15-20 所示。

表 15-20 加热器每日需求的概率分布和赋予每个结果的随机数据间隔

加热器每日需求	概率	随机数据间隔
0	0.10	00～09
1	0.15	10～24
2	0.20	25～44
3	0.20	45～64
4	0.20	65～84
5	0.15	85～99

珍妮特一共使用 100 个两位数来进行模拟，产生了 10 个随机数据，结果如下：09、24、03、32、23、59、95、34、46、51。根据以上信息，加热器的模拟平均每日需求为(　　)

A. 2.0。　B. 2.5。　C. 2.7。　D. 3.0。

问题 13　公允贷款公司为小企业和家庭房地产提供贷款。该公司想确定贷款的最优组合，以最大化利润。平均企业贷款（*B*）为 200 000 美元，需要 16 小时分析时间，边际贡献为5 000 美元。平均家庭房地产贷款（*H*）为 50 000 美元，需要 8 小时分析时间，边际贡献为2 000 美元。公允贷款公司每年最多能够贷款 3 000 万美元。公允贷款公司的员工每年可用于贷款分析的时间最多为 4 000 小时。如果公允贷款公司使用线性规划法进行分析，那么目标函数应为(　　)（选修）

A. 5 000 美元 −（16 × B）。　B. 2 000 美元 −（8 × H）。

C. （200 000 美元 × B）+（50 000 美元 × H）。　D. （5 000 美元 × B）+（2 000 美元 × H）。

问题 14　某公司有面值 100 美元的永久优先股，7%的股息率和 11%的回报率。该公司的 β 系数为 0.9。如果每股优先股的市场价格是 70 美元，对于该永久优先股最恰当的形容是（　　）

A. 合理估值。　B. 高估了 6.36 美元。

C. 低估了 0.71 美元。　D. 低估了 31.00 美元。

问题 15　一名分析师对两家公司的普通股给出了如表 15-21 所示的预测。

表 15-21　对两家公司普通股的预测

项目	环城公路	华尔道夫
每股收益（美元）	1.35	1.50
股利支付率（%）	45	45
股利增长率（%）	6	7
要求回报率（%）	12	14

根据以上信息，华尔道夫比环城公路具有更低的（　　）

	权益回报率？	内在价值？
A.	否	否。
B.	否	是。
C.	是	否。
D.	是	是。

问题 16　一名分析师收集到了具有相同股利支付率的 4 只普通股的相关信息，见表 15-22。

表 15-22　股利支付率相同的 4 个普通股的相关信息

股票	要求回报率（%）	股利增长率（%）
1	15.6	7.4
2	16.1	8.2
3	16.5	8.8
4	18.5	9.0

以上哪只股票具有最大的乘数（市盈率）？（　　）

A. 1。　B. 2。　C. 3。　D. 4。

问题 17　证券市场线中 β 最准确的定义为（　　）

A. 系统性风险的绝对衡量。　B. 非系统性风险的绝对衡量。

C. 系统性风险的标准衡量。　D. 非系统性风险的标准衡量。

问题 18　以下各种方法可用于资本投资项目的评价。

- **内部回报率法。**
- **会计平均报酬率法。**
- **投资回收期法。**
- **净现值法。**

以下选项中，哪项正确地分析了以上 4 种方法是否使用了现金流量贴现（DCF）技术？

	内部回报率	会计平均报酬率	投资回收期	净现值
A.	是	是	否	否
B.	否	否	是	是
C.	是	否	是	否
D.	是	否	否	是

问题 19 奥尔森工业公司需要新增一家小型工厂，以便满足一项特殊合同的需求，即在未来 5 年提供建筑材料。0 时刻所需的初始现金流出如表 15-23 所示。

表 15-23 0 时刻所需的初始现金流 （单位：美元）

土地	500 000
新建筑	2 000 000
设备	3 000 000

奥尔森工业公司出于税负的考虑使用直线折旧法，建筑的折旧年限为 10 年，设备的折旧年限为 5 年。奥尔森工业公司的有效税率为 40%。

该特殊合同预期将产生的年收入为 1 200 000 美元，年现金支出为 300 000 美元。假设第 5 年年末的土地销售价格和建筑的价格分别为 800 000 美元和 500 000 美元。进一步假设，设备的拆卸成本为 50 000 美元，销售价格为 300 000 美元。奥尔森工业公司使用净现值（NPV）法分析投资，那么，第 3 年的净现金流为(　　)

A. 60 000 美元。　　B. 860 000 美元。

C. 880 000 美元。　　D. 940 000 美元。

问题 20 A、B 两个项目的净现值序列状况如表 15-24 所示。

表 15-24 A、B 两个项目的净现值序列状况

贴现率（%）	净现值（单位：1 000 美元）	
	项目 A	项目 B
0	2 220	1 240
10	681	507
12	495	411
14	335	327
16	197	252
18	77	186
20	-26	128
22	-115	76
24	-193	30
26	-260	-11
28	-318	-47

那么，A、B 项目的内部回报率分别为(　　)

A. 0 和 0。　　B. 19.0% 和 21.5%。

C. 19.5%和 25.5%。　　D. 20.5%和 26.5%。

问题 21　铁甲船公司现考虑两个相互独立的项目，每个项目需要的现金初始投资是 500 000 美元，预期的投资期限均为 10 年。每个项目预测的年度净现金流入和现金流入的概率分布如表 15-25 所示。

表 15-25　两个项目预测的年度净现金流入和现金流入的概率分布

项目 R		项目 S	
概率	现金流（美元）	概率	现金流（美元）
0.10	75 000	0.25	70 000
0.80	95 000	0.50	110 000
0.10	115 000	0.25	150 000

铁甲船公司决定，在相对风险大的情况下，该项目的最低资本回报率应该为 16%；而在相对风险小的情况下，该项目的最低资本回报率应该为 12%。若给定这些参数，应该建议铁甲船公司采取什么行动？(　　)

A. 否定两个项目。　　B. 选择项目 R，拒绝项目 S。

C. 拒绝项目 R，接受项目 S。　　D. 接受两个项目。

问题 22　伍夫录像带租赁公司的所有者不知道如何估算在一家新的购物中心中开办一家租赁店的真实成本。在过去，录像带租赁行业的通货膨胀率和国民经济通胀率相同。该公司所有者要求的真实内部回报率为 10%。在未来几年，预期的通货膨胀率都为 3%。在不考虑通胀的情况下，预期 1 家新的租赁店年增长率为 8%。新店第 1 年的预期收入为 400 000 美元。如果使用实际利率和名义利率法，那么，在这两种方法下第 2 年收入分别为(　　)

A. 实际收入为 432 000 美元，名义收入为 444 960 美元。

B. 实际收入为 432 000 美元，名义收入为 452 000 美元。

C. 实际收入为 440 000 美元，名义收入为 452 000 美元。

D. 实际收入为 440 000 美元，名义收入为 453 200 美元。

问题 23　一个项目有 1 000 美元的初始投资。预计的现金流入为：

第 1 年 200 美元，第 2 年 200 美元，第 3 年 400 美元，第 4 年 400 美元。

项目的投资回收期是多少？(　　)

A. 4.0 年。　　B. 3.5 年。　　C. 3.4 年。　　D. 3.0 年。

问题 24　甲公司分析一个备选的投资项目情况如下：产品售价 110 元/件，变动成本 45 元/件，固定成本（不含折旧）600 000 元，资本投资 3 500 000 元，净运营资本投资 500 000 元。财务部门预测销售量的随机分布如表 15-26 所示。

表 15-26　销售量的随机分布

销售量（个）	20 000	22 000	25 000	26 000	28 000
概率（%）	15	20	30	20	15

产品预计使用寿命为 10 年，使用了直线折旧法，固定资产的残值为零。该公司的所得税率为 30%，资本成本为 14%。该投资净现值大于零的概率是多少？(　　)

A. 15%。　　B. 35%。　　C. 65%。　　D. 85%。

问题 25　关于资本投资决策问题，以下哪项说法最准确地描述了资本成本与内部回报率之间的关系？(　　)

A. 项目的内部回报率必须超过资本成本才能被接受。

B. 如果内部回报率超过零，则项目将可以盈利。

C. 项目资本成本必须超过内部回报率才能被接受。

D. 应比较内部回报率与基准回报率，无须考虑资本成本。

问题 26　资本预算编制过程中不确定性最高的阶段为(　　)

A. 确定可能的备选项目。　　B. 预测现金流量。

C. 筹措最初项目所需的资金。　　D. 评估业绩。

问题 27　甲公司拥有一幢原始成本为 400 000 元、目前账面价值为 250 000 元的大楼。该楼通过贷款融资建造，其中尚有一笔 20 000 元的款项未付清，售出该楼时必须付清此款。甲公司希望花费 600 000 元购置一幢新楼。如果购置了新楼，现有的这幢楼能以 380 000 元售出。甲公司的所得税率为 40%。如果购置了新楼，那么初始现金流量为(　　)

A. 272 000 元。　　B. 292 000 元。　　C. 372 000 元。　　D. 392 000 元。

问题 28　使用内部回报率法评估资本投资项目的主要优点在于(　　)

A. 所做出的决定可以最大限度地增加股东财富。

B. 所做出的决定可以最大限度地增加收益。

C. 易于理解和表达。

D. 采取保守的再投资率假设。

问题 29　甲公司在一个新项目上投入了 500 000 元。该项目预计会连续 4 年每年产生 175 000 元的增量现金流量。该项目的内部回报率大致为多少？(　　)

A. 10%。　　B. 15%。　　C. 35%。　　D. 40%。

问题 30　使用内部回报率的一个缺点是(　　)

A. 所产生的结果无法与其他项目进行对比。

B. 当不同年份的现金流量有正有负时可能无法使用。

C. 经理难以理解其计算结果。

D. 在计算内部回报率时，只能使用有限年数的现金流。

问题 31　甲公司的财务部门已经对提议的一项资本投资进行了分析，计算出的相应增量现金流量如表 15-27 所示。

表 15-27　相应增量现金流量　　(单位：元)

年度	0 年	1 年	2 年	3 年	4 年
现金流量	-100 000	80 000	80 000	80 000	-100 000

已计算出该项目的净现值约为 25 000 元，内部回报率为 -29%。该项目已提交给董事会审批。以下哪项陈述是正确的？(　　)

A. 除了 -29% 的回报率以外，该项目还有其他内部回报率。

B. 该内部回报率的计算结果中必定包含错误。

C. 在净现值计算过程中，该项目的现金流量被认为以甲公司的资本成本进行再投资。

D. 董事会不应批准该项目。

问题 32　假设某投资项目的预测现金流量不变，但加权平均资本成本减少了。这将对该项目的净现值（NPV）和内部回报率（IRR）产生何种影响？(　　)

A. NPV 将增加，IRR 也将增加。　　B. NPV 将减少，IRR 将增加。

C. NPV 将不变，IRR 也将不变。　　D. NPV 将增加，IRR 将不变。

问题 33　如果某项目的获利指数高于 1.0，这意味着(　　)（选修）

A. 初始投资超过现金流量。　　B. 现金流量超过初始投资。

C. 要求报酬率低于内部回报率。　　D. 内部回报率等于要求报酬率。

问题 34　大型公司常常试图通过在各分部间分配或定量配给资本来控制风险。如果定量配给资本，那么经理们在选择潜在投资项目时，最有可能依据的是这些项目的(　　)（选修）

A. 净现值。　　B. 内部回报率。

C. 投资回收期。　　D. 获利指数。

问题 35　如果根据获利指数来判断的话，表 15-28 中的哪个项目是最佳的投资项目？(　　)（选修）

表 15-28　备选项目情况

财务指标	项目 A	项目 B	项目 C	项目 D
初始投资（元）	10 000 000	7 000 000	5 000 000	2 000 000
净现值（元）	1 100 000	700 000	300 000	250 000
内部回报率（%）	11	12	8	10

A. 项目 A。　　B. 项目 B。　　C. 项目 C。　　D. 项目 D。

问题 36　证券分析师张三正在确定甲公司的合理股价。在 1 月初，张三收集了甲公司的有关信息：本年末股利 1.00 元，年股利增幅 5%，预期要求回报率 10%。根据所提供的数据，甲公司当前的每股股价应为(　　)

A. 21.00 元。　　B. 20.00 元。　　C. 7.00 元。　　D. 6.67 元。

问题 37　甲公司对以前采用投资回收期法做出的资本预算决策倍感失望。该公司实施了一项新要求：对于所提议的金额超过 300 000 元的采购计划，需采用现金流量贴现分析法来计算其净现值。甲公司的食品加工部门正在考虑购置一台新机器，这台机器每年可以节省的人工成本为 175 000 元。有关这项可能采购的其他信息如下所示：

1）购买这台机器的成本为 450 000 元，此外还需支付 25 000 元的安装费用。

2）这台机器的使用寿命为 3 年，届时将无残值。前 3 年税务部门允许使用的折旧率分别为 25%、38%和 37%。

3）甲公司的资本成本为 12%，并被认为是合适的贴现率。

4）所得税率为 40%。

5）现金流量应该会在日历年末产生，日历年末与甲公司的财政年末重合。

以下哪项最准确地指出了所提议的这项投资的净现值以及相应的决定？(　　)

A. 约 73 000 元，建议进行该投资。　　B. 约 −73 000 元，建议不进行该投资。

C. 约 55 000 元，建议进行该投资。　　D. 约 −55 000 元，建议不进行该投资。

问题 38　某行业一家上市公司的平均市盈率为 20 倍，其收入为 1 000 000 元，经营利润为 500 000 元，净利润为 200 000 元，资产为 2 500 000 元，股东权益为 1 500 000 元。某竞争对手希望出资收购该公司的股份。该公司的当前市值是多少？(　　)

A. 1 500 000 元。　　B. 4 000 000 元。

C. 10 000 000 元。　　D. 20 000 000 元。

问题 39　甲公司经营一家核电站，预期还可以继续运营 15 年。核安全的相关法律要求核电站停止

运行后必须将废料妥善处理。为了满足这一要求，该公司建立了一个“特殊预备账户”，并存入 300 万元，预期收益率为 7%。对于这个账户的收益，税法给予免税的优惠。未来该公司发电量为 13 500 000 千瓦时/年，该公司从发电获得的收入中预先计提费用，并存入“特殊预备账户”。会计师估计以现在的价值计算，处理核废料需要1 400 万元，并且这项费用年增长率为 4%。为了足以支付核废料的处理费用，每千瓦时电需要收费多少？(　　)

A. 约 0.03 元/千瓦时。　　B. 约 0.04 元/千瓦时。

C. 约 0.05 元/千瓦时。　　D. 约 0.06 元/千瓦时。

问题 40　甲公司正在考虑 3 个互斥项目。每个项目所需的初始投资均为 7 000 元，所产生的现金流量如表 15-29 所示。

表 15-29　3 个互斥项目的现金流量　（单位：元）

年度	项目 X	项目 Y	项目 Z
1 年	0	2 000	5 000
2 年	4 000	3 000	0
3 年	2 000	4 000	2 000
4 年	5 000	2 000	4 000
合计	11 000	11 000	11 000

在资本成本为 10% 的情况下，请按净现值降序对项目进行排序。(　　)

A. X，Y，Z。　B. X，Z，Y。　C. Y，Z，X。　D. Z，Y，X。

问题 41　一个项目的获利指数的计算公式是什么？(　　)（选修）

A. 从所需的最低回报中减去实际的税后净利润。

B. 每年的税后现金流量的现值除以该项目的初始投资。

C. 每年的净现金流入除以该项目的初始投资。

D. 净利润率乘以资产周转率。

问题 42　甲公司正在考虑一个项目，该项目第 1 年到第 5 年每年现金净流入为420 000 元，第 6 年净现金流入为 100 000 元。该项目需要 1 800 000 元的初始投资。甲公司的资本成本为 10%。甲公司这个项目的净现值是多少元？(　　)

A. 83 000 元。　B. (108 200 元)。　C. (152 200 元)。　D. (442 000 元)。

问题 43　回收期是资本投资决策方法之一，下列哪项关于回收期的说法是正确的？(　　)

A. 回收期法考虑了资金的时间价值。

B. 回收期法的优点之一是它能够分析一个投资是否有利可图。

C. 回收期法计算收回工程投资所需的时间。

D. 回收期法是每年的现金流入除以投资额。

问题 44　在评估是否该做出投资的决策过程中，管理会计师常用内部回报率和下列哪个收益率比较？(　　)

A. 美国短期国债的利率。　　B. 优惠利率。

C. 加权平均资本成本。　　D. 美国长期国债的利率。

问题 45　下列有关投资决策模型的说法，哪个是正确的？(　　)

A. 贴现回收期法考虑到了各时期的现金流量。

B. 回收期法忽略了回收期以后的所有现金流。

C. 净现值法认为只有回报率超过了该公司的增量借款利率时才接受投资机会。

D. 内部回报率法是接受投资资本的机会成本大于内部回报率的项目。

问题 46　以下哪项是回收期法、贴现现金流量法、内部回报率法、净现值法的共同局限性？(　　)

A. 它们不考虑资金的时间价值。

B. 它们需要进行多次的试错计算。

C. 它们需要知道公司的资本成本。

D. 它们依靠预测的数据进行分析。

问题 47　甲公司正在分析一个资本项目，该项目具有比该公司的整体平均风险更高的风险水平。使用等于该公司加权平均资本成本的折现率最有可能夸大项目的预计(　　)

A. 内部回报率：否；回收期：否。

B. 内部回报率：否；回收期：是。

C. 内部回报率：是；回收期：否。

D. 内部回报率：是；回收期：是。

问题 48　甲公司正在评估一个独立的投资项目，该项目的风险水平与该公司的平均风险相同。如果该项目的净现值为零，那么该项目的内部回报率最有可能(　　)

A. 等于零。

B. 等于该公司的资本成本。

C. 被高估，因为再投资假设。

D. 被低估，因为再投资假设。

问题 49　其他条件不变时，公司的利润增长率和股息增长率都下降，最有可能是以下哪项的增加引起的？(　　)

A. 收益留存率。

B. 财务杠杆。

C. 总资产周转率。

D. 股利支付率。

问题 50　对于证券市场线，如果两个风险资产与市场组合的协方差相同，那么这两个资产最有可能具有相同的(　　)

A. β 系数：否；要求回报率：否。

B. β 系数：否；要求回报率：是。

C. β 系数：是；要求回报率：否。

D. β 系数：是；要求回报率：是。

问题 51　以下各种资本预算工具中，哪项与使用净现值法评价的结果相同？(　　)(选修)

A. 贴现回收期。

B. 内部回报率。

C. 获利指数。

D. 会计收益率。

问题 52　甲公司正在对 6 个相互独立的投资项目进行评价。下面的数据是每个项目的净现值和各自需要的初始投资。

项目	净现值	投资额
Ⅰ	10 000 元	20 000 元
Ⅱ	10 000 元	10 000 元
Ⅲ	16 000 元	80 000 元
Ⅳ	30 000 元	120 000 元
Ⅴ	30 000 元	150 000 元
Ⅵ	6 000 元	30 000 元

甲公司有 200 000 元公司投资约束。以下组合中，哪项组合可以推荐给甲公司的管理层？(　　)(选修)

A. Ⅰ，Ⅱ，Ⅳ和Ⅵ。

B. Ⅰ，Ⅴ和Ⅵ。

C. Ⅰ，Ⅱ和Ⅴ。

D. Ⅲ和Ⅳ。

问题 53　甲公司最多有 10 000 000 元可供投资。该公司有以下的投资选择：

项目	投资	贴现后现金流量
Ⅰ	5 600 000 元	6 720 000 元
Ⅱ	3 000 000 元	3 440 000 元
Ⅲ	4 600 000 元	5 234 000 元
Ⅳ	2 400 000 元	2 736 000 元
Ⅴ	1 600 000 元	2 000 000 元

应该向该公司的管理层建议采纳以下的哪种组合？(　　)(选修)

A. Ⅱ，Ⅲ和Ⅳ。　B. Ⅰ，Ⅱ和Ⅴ。　C. Ⅰ和Ⅱ。　D. Ⅰ，Ⅳ和Ⅴ。

问题 54 分析师张三提出以下说法：“根据实证研究，在市盈率和市账率方面的不同可能与普通股的长期平均回报的差异有关。”张三的说法正确的方面是(　　)

A. 市盈率：否；市账率：否。　B. 市盈率：否；市账率：是。

C. 市盈率：是；市账率：否。　D. 市盈率：是；市账率：是。

问题 55 在评价独立的资本投资项目时，公司接受这些项目的最佳理由是(　　)(选修)

A. 会计收益率大于 0。　B. 初始投资比现金流入的现值大。

C. 获利指数大于 1。　D. 内部回报率大于会计收益率。

问题 56 甲公司有以下投资机会，要求的投资支出和每项投资的获利指数如下：

项目	投资成本	获利指数
Ⅰ	600 000 元	0.5
Ⅱ	900 000 元	1.4
Ⅲ	1 300 000 元	1.8
Ⅳ	1 500 000 元	1.6

甲公司本期初始支出预算的上限为 3 000 000 元，这些项目相互独立，你推荐哪些投资机会使甲公司有可能接受？(　　)(选修)

A. Ⅲ。　B. Ⅲ和Ⅳ。　C. Ⅰ，Ⅱ和Ⅳ。　D. Ⅰ，Ⅲ和Ⅳ。

问题 57 分析师张三计算了 A、B、C、D 4 只股票的 Beta 系数分别为 0.9，1.0，1.1，1.2。预期的无风险收益率是 4%，市场风险溢价是 8%。如果 4 只股票预期回报率都是 12.8%，请计算被高估和被低估的股票数量分别是多少支？(　　)

A. 1 支和 2 支。　B. 2 支和 1 支。　C. 2 支和 2 支。　D. 1 支和 1 支。

问题 58 分析师张三收集了甲公司股票的以下相关信息：

当年普通股市场价格	55 元
年末普通股每股账面价值	28 元
当年每股毛销售收入	48 元
当年每股净销售收入	44 元
当年每股现金流	7 元
当年每股收益	3 元
预测明年每股收益	4 元

张三可以得到以下哪些结论？(　　)

A. 市销率为 1.15；市账率为 1.96。　B. 市销率为 1.25；市账率为 1.12。

C. 市销率为 1.25；市账率为 1.96。　D. 市销率为 1.15；市账率为 1.12。

问题 59 一个初始投资 20 000 元的项目将会产生一个每年 2 000 元的永久税后现金流量，要求回

报率是 8%。投资的获利指数是多少？（　　）

A. 1.08。　　B. 1.16。　　C. 1.25。　　D. 1.31。

问题 60　项目 1 和 2 有相同的初始投资，然而未来现金流量的模式不同。现金流量以及这两个项目的净现值和内部回报率如表 15-30 所示。这两个项目要求的报酬率都是 10%。

表 15-30　两个项目的净现值和内部回报率

年度项目	0	1	2	3	4	净现值	内部回报率（%）
项目 1	（50）元	20 元	20 元	20 元	20 元	13.40 元	21.86
项目 2	（50）元	0	0	0	100 元	18.30 元	18.92

这两个项目是互斥的，下列哪项是最优的投资决策？（　　）

A. 这两个项目都投资。

B. 这两个项目都不投资。

C. 投资项目 1，因为它具有较高的内部回报率。

D. 投资项目 2，因为它具有较高的净现值。

问题 61　面临未来竞争对手很有可能进入市场分享盈利的情况，公司将最有可能选择拥有哪种类型实物期权的项目？（　　）

A. 适应期权。　　B. 推迟期权。

C. 扩张期权。　　D. 放弃期权。

问题 62　在一个复杂的涉及不确定性的情况下使用的建模技术应该是（　　）

A. 马尔可夫过程。　　B. 计划评核术。

C. 期望值分析。　　D. 蒙特卡洛模拟。

问题 63　在以下各项投资建议中，除了哪项外都属于资本投资项目？（　　）

A. 购买《环境保护法》中规定的治理污染设备。　　B. 扩张现在的产能规模。

C. 增加研发投入。　　D. 为了提高流动资金进行再融资。

问题 64　以下哪项最不可能直接影响设备重置的资本决策？（　　）

A. 正在被更新的原有设备的购买价格。

B. 税务局规定的新资产的折旧率。

C. 由于生产和销售增加而产生的额外的流动资产。

D. 正在被更新的资产的市场价格。

问题 65　甲公司的管理会计师张三正在进行一项分析，目的是决定甲公司是不是应该购买新设备来生产最近由该公司研发出的产品。张三使用净现值法进行分析，并且使用甲公司的加权资本成本作为贴现率。张三正在考虑如何处理以下的项目。

Ⅰ. 现在被另一个分部使用的设备的账面价值。

Ⅱ. 为该设备融资产生的负债所支付的利息。

Ⅲ. 增加应付账款和存货。

Ⅳ. 前 1 年的研发费用，但被当作了递延资产。

以上哪些项目与甲公司进行净现值分析时计算现金流是相关的？（　　）

A. Ⅰ，Ⅱ，Ⅲ和Ⅳ。　　B. 只有Ⅱ和Ⅲ。

C. 只有Ⅳ。　　D. 只有Ⅲ和Ⅳ。

问题 66　甲公司在考虑购买电子控制设备来实现其采购过程的信息化建设。该项目预期的税后现

金流如表 15-31 所示。

表 15-31 项目预期的税后现金流 （单位：元）

年度	税后现金流入	年度	税后现金流入
0 年	（1 100 000）	3 年	700 000
1 年	（1 000 000）	4 年	500 000
2 年	900 000	5 年	300 000

管理层期望该设备在第 6 年初其账面价值为 0 时可以卖到 100 000 元。该公司内部最低回报率和有效税率分别为 14%和 40%。该项目的回收期为(　　)

A. 2.3 年。　　B. 3.0 年。　　C. 3.5 年。　　D. 4.0 年。

问题 67　张三对一个 30 年的资本投资项目用净现值法进行分析。通过学习 CMA 的课程，张三认为通货膨胀会影响净现值的计算。如果折旧税收节约基于原始设备成本，那么，哪项正确地描述了张三处理项目现金经营成本和该公司要求的回报率的方式？(　　)

	现金经营成本	要求的回报率。
A.	对通胀进行调整	对通胀进行调整。
B.	对通胀进行调整	不对通胀进行调整。
C.	不对通胀进行调整	对通胀进行调整。
D.	不对通胀进行调整	不对通胀进行调整。

问题 68　在现金流量分析中，以下哪些因素影响初始净现金投资？(　　)

Ⅰ. 资本化支出。Ⅱ. 净运营资本变化。

Ⅲ. 更新决策中处理旧资产的净收益。Ⅳ. 流动负债变化。

A. 只有Ⅱ，Ⅲ，Ⅳ。　　B. 只有Ⅰ。

C. 只有Ⅱ。　　D. Ⅰ，Ⅱ，Ⅲ，Ⅳ。

问题 69　以下资料反映了一个资本项目增加的成本和收入。公司使用直线折旧法。利息费用是以加权平均资本成本为基础计算的。

收入	**1 300 000 元**
直接成本	**540 000 元**
变动制造费用	**100 000 元**
固定制造费用	**40 000 元**
折旧	**140 000 元**
管理费用	**80 000 元**
利息费用	**16 000 元**
总成本	**916 000 元**
税前利润	**384 000 元**

不考虑税收，该项投资的年度现金流量为(　　)

A. 384 000 元。　　B. 400 000 元。　　C. 524 000 元。　　D. 540 000 元。

情景 15-1

甲公司在分析一项用于生产新产品的投资。预期在未来 5 年该产品年销售量为100 000 件，然后停止生产。新设备的购买费用为 2 400 000 元，安装费用为 600 000 元。新机器采用直线折旧法，出于财务报告目的其折旧年限为 5 年，而出于税收目的其折旧年限为 3 年。在第 5 年年末，设备的拆除费用为 200 000 元，出售价格为 600 000 元。为了该新产品，必须要追加 800 000 元运营资本。该产品的售价为 160 元，而其直接人工和直接材料的成本为每单位 130 元。年度间接成本将增加 1 000 000 元。该公司的有效税率为 40%。

问题 70～72 以情景 15-1 作为背景。

问题 70　在资本预算分析时，该公司使用净现值法，那么在第 5 年时该公司预期的现金流为多少元？(　　)

A. 1 440 000 元。　B. 1 600 000 元。　C. 2 240 000 元。　D. 2 480 000 元。

问题 71　在资本预算分析时，该公司使用净现值法，那么在初始投资时该公司预期的现金流为多少元？(　　)

A. 2 600 000 元。　B. 3 000 000 元。　C. 3 400 000 元。　D. 3 800 000 元。

问题 72　在资本预算分析时，该公司使用净现值法，那么在第 3 年时该公司预期的现金流量为多少元？(　　)

A. 600 000 元。　B. 1 440 000 元。　C. 1 520 000 元。　D. 1 600 000 元。

情景 15-2

甲公司正在使用现金流量贴现法分析一个资本投资项目。新设备将花费 500 000 元。资本化的安装和运输成本为 50 000 元。甲公司将使用以半年惯例为基础的 5 年期修正的加速成本回收制度(20%，32%，19%，14.5%，14.5%)。现有设备的账面价值为 200 000 元，估计市场价值为 160 000 元，在新设备安装好以后旧设备将被马上卖掉。甲公司估计新设备的使用将增加应收款和存货 60 000 元，而应付款将增加 30 000 元。年度新增税前现金流量将达到 150 000 元。在第 5 年年末，该设备售价为 60 000 元，甲公司的有效所得税税率为 40%。

问题 73～75 以情景 15-2 作为背景。

问题 73　该项目第 1 年的税后现金流量将达到(　　)

A. 90 000 元。　B. 104 000 元。　C. 134 000 元。　D. 150 000 元。

问题 74　该项目第 0 年的税后现金流量将达到(　　)

A. (354 000 元)。　B. (364 000 元)。　C. (396 000 元)。　D. (404 000 元)。

问题 75　该项目第 5 年的税后现金流量将达到(　　)

A. 157 900 元。　B. 175 900 元。　C. 187 900 元。　D. 203 850 元。

问题 76　甲公司现在正对一项建议的资本项目进行评价，该公司的有效税率为 30%。该项目的相关信息如下：

初始投资	**1 000 000 元**
前 3 年经营活动现金流流入	
第 1 年	**370 000 元**
第 2 年	**350 000 元**
第 3 年	**304 000 元**

固定资产使用直线折旧法，预期使用年限为 8 年，净残值为 100 000 元。在预测税后现金流量时，该公司应该如何考虑税后经营的现金流？(　　)

A. 只包括经营活动现金流流入。

B. 经营活动现金流流入加年折旧费用。

C. 经营活动现金流流入加年折旧税收抵扣。

D. 经营活动现金流流入加年折旧费用和年折旧税盾的净影响。

问题 77 未来 6 年中，甲公司预期每年的净利润都是 20 000 元，直线法计算的折旧费用为 40 000 元。该公司的所得税税率为 40%，贴现率为 10%，现金销售额为200 000 元。可折旧资产都是在第 1 年年初获得，在第 6 年年末的残值为 0。总折旧的税收节约额的现值是(　　)

A. 16 000 元。　B. 54 144 元。　C. 69 680 元。　D. 174 200 元。

问题 78 甲公司正在对一种新产品的资本预算进行分析。预期年销售量第 1 年为 50 000 件，第 2 年为 100 000 件，以后每年为 125 000 件。第 1 年的售价为 160 元，并且估计以后每年降价 5%。预测的每年成本如下所示：固定成本每年 600 000 元；单位产品人工成本第 1 年 40 元，以后每年增加 5%；单位产品材料成本第 1 年 60 元，以后每年增加 10%。出于财务报告和税收目的，4 000 000 元的投资将采用直线法折旧，折旧年限为 4 年。该公司的有效所得税税率为 40%。在计算净现值时，第 3 年的净现金流量为(　　)

A. 1 117 500 元。　B. 1 717 500 元。　C. 2 117 500 元。　D. 2 140 000 元。

问题 79 甲公司正在考虑购买一台售价 600 000 元的设备来提高生产效率，同时需要投入运营资本 80 000 元。甲公司计划使用该机器 5 年，所得税税率为 40%，资本要求回报率为 12%。运营资本投资对甲公司的净现值分析的总影响为(　　)

A.（20 784）元。　B.（26 080）元。　C.（34 640）元。　D.（80 000）元。

问题 80 甲公司正在考虑投资 2 000 000 元来购买新的设备。该设备预期可以使用 10 年，每年产生收入 1 400 000 元，发生的相关现金费用为每年 900 000 元。在第 10 年年末，设备预期的残值为 200 000 元，拆除成本为 100 000 元。美国税务局把其归类为 5 年期修正的加速成本回收制度。甲公司的有效所得税税率为 40%。甲公司估计可以继续盈利并且有大额的应税收入。如果甲公司使用净现值法来分析这项投资，那么在折现之前，第 2 年预期的净税收对现金流影响是多少元？(　　)

A. 正向影响 56 000 元。　B. 0 元。

C. 负向影响 200 000 元。　D. 负向影响 256 000 元。

问题 81 甲公司投资一个项目，该项目预期未来 4 年每年的现金流量为 18 000 元。所有的现金流都在年末发生。要求的投资回报率为 9%。如果项目净现值为 6 000 元，那么该项目的初始投资额为多少元？(　　)

A. 22 506 元。　B. 26 472 元。　C. 52 320 元。　D. 58 320 元。

问题 82 在估算“税后增量现金流”时，以下 3 个因素中哪些因素需要考虑？(　　)

Ⅰ. 沉没成本。Ⅱ. 项目相关的净运营资本变化。Ⅲ. 预测的通货膨胀。

A. 只有Ⅲ。　B. 只有Ⅱ，Ⅲ。　C. 只有Ⅱ。　D. 只有Ⅰ。

问题 83 甲公司在考虑升级一台原有设备。甲公司使用现金流量贴现法分析资本投资，甲公司的有效所得税税率为 40%。甲公司的相关数据如表 15-32 所示。

表 15-32　甲公司相关数据　（单位：元）

财务指标	现有设备	新设备
原始成本	100 000	190 000
累计折旧	90 000	—
当前市值	6 000	190 000
应收账款	12 000	16 000
应付账款	4 200	5 000

基于以上信息，在使用现金流量贴现法时，该设备升级的初始投资额应该是多少元？(　　)

A. 184 800 元。　B. 185 600 元。　C. 191 600 元。　D. 192 400 元。

问题 84　甲公司使用净现值法分析资本项目。甲公司计划在 2012 年 12 月 31 日购买价值 4 800 000 元的可折旧资产。预计新资产的使用年限为 4 年，最后的可回收价值为 0，使用直线法折旧。新的资产将替换现有资产，旧资产的售价为 700 000 元。现有资产的税基为 660 000 元。甲公司的有效所得税税率为 40%，并且假设任何影响税收的收入或损失都发生在年末。甲公司的净现值分析的贴现率为 10%。在净现值分析中，与新资产折旧相关的金额为(　　)

A. 1 521 600 元。　B. 2 282 400 元。　C. 3 278 400 元。　D. 3 804 000 元。

问题 85　甲公司正在考虑购买一台新的设备来替换现有过时的机器。相关信息如下所示：预计每年节省现金 56 800 元，新机器每年折旧费用 32 000 元，旧机器每年折旧费用 3 200 元。如果甲公司的所得税率为 40%，该项目的年度税后现金流量将达到(　　)

A. 11 200 元。　B. 14 880 元。　C. 34 080 元。　D. 45 600 元。

情景 15-3

甲公司接到了新的客户的订单，为此要建设新的工厂。初始时刻所需的初始现金流出如下：土地 1 000 000 元，新建筑 4 000 000 元，设备 6 000 000 元。

该公司固定资产折旧在税收方面使用直线折旧法，建筑的折旧年限为 10 年，设备折旧年限为 5 年。该公司的有效所得税税率为 40%。该特殊合同产生的预期年收入为 2 400 000 元，年现金支出为 600 000 元。假设第 5 年末的土地销售价格和建筑的价格分别为1 600 000 元和 1 000 000 元。进一步假设，设备的拆卸成本为 100 000 元，销售价格为600 000 元。

问题 86、87 以情景 15-3 作为背景。

问题 86　甲公司使用净现值法评价投资项目，那么，该项目第 5 年的净现金流量为(　　)

A. 3 420 000 元。　B. 4 140 000 元。　C. 4 460 000 元。　D. 4 780 000 元。

问题 87　甲公司使用净现值法评价投资项目，那么，该项目第 3 年的净现金流量为(　　)

A. 120 000 元。　B. 1 720 000 元。　C. 1 760 000 元。　D. 1 980 000 元。

情景 15-4

甲公司在考虑购买一台全新的专用机器来更新原有的陈旧机器。该公司的有效所得税税率为 40%，资本成本为 12%。现有机器和新机器的数据如表 15-33 所示。

表 15-33　现有机器和新机器的相关数据

财务指标	现有机器	新机器
原始成本（元）	100 000	180 000
安装成本（元）	0	8 000
运费和保险（元）	0	12 000
估计的期末残值（元）	0	0
折旧法	直线法	直线法
预期使用年限（年）	10	5

现有的机器已经使用了 7 年，现在的出售价格为 50 000 元。如果购买新机器并且投入使用，那么每年可以减少税前劳动力成本 60 000 元。

问题 88 ~ 90 以情景 15-4 作为背景。

问题 88　如果购买了新机器，那么第 1 年的新增现金流量应该达到(　　)

A. 36 000 元。　B. 48 000 元。　C. 60 000 元。　D. 90 000 元。

问题 89 **如果购买了新机器，那么在 0 时刻的初始现金流出净额为(　　)**

A. 130 000 元。 B. 150 000 元。 C. 158 000 元。 D. 200 000 元。

问题 90 **如果购买了新机器，那么，第 5 年的新增现金流量应该达到(　　)**

A. 36 000 元。 B. 48 000 元。 C. 52 000 元。 D. 60 000 元。

问题 91 **甲公司正在分析一项资本投资，该投资要求 0 时刻有现金流出5 000 000 元，5 年内每年有净现金流入 1 600 000 元。贴现率为 12% 时，净现值为768 000 元。由于有些经理认为这是一个有风险的项目，因此对以下 3 种情境进行了如下分析：**

A 情境——年度净现金流入减少 10%。

B 情境——贴现率提高到 18%。

C 情境——第 5 年的现金流入降低到 0。

按照对净现值的影响，从小到大将这 3 种情境正确的排序为(　　)

A. A 情境，B 情境，C 情境。 B. A 情境，C 情境，B 情境。

C. B 情境，C 情境，A 情境。 D. C 情境，B 情境，A 情境。

问题 92 **如果一个项目的预期现金流入的现值等于预期现金流出的现值，那么贴现率等于(　　)**

A. 回收率。 B. 内部回报率。 C. 会计收益率。 D. 净现值率。

问题 93 **甲公司现在考虑 3 个投资项目。总经理希望总会计师准备一份报告，并提出一个合适的投资建议。总会计师对 3 个项目计算的结果如下：**

项目	净现值	内部回报率
A	41 360 元	12%
B	60 600 元	10%
C	30 000 元	13%

甲公司期望从可接受的项目中所获得的最低净现值为 40 000 元。项目之间互斥，甲公司的资本成本为 8%。以下选项中，哪项是总会计师可能提供给总经理的建议？(　　)

A. 项目 C，因为它的内部回报率最高。

B. 项目 B，因为它的净现值最大。

C. 项目 A、B 和 C，因为每个项目的内部回报率都比资本成本高。

D. 项目 A 和 B，因为它们都超过了预期的净现值。

问题 94 **从投资分析角度来看，以下哪种资本项目评价方法是最无效的？(　　)**

A. 会计报酬率。 B. 内部回报率。 C. 净现值。 D. 回收期。

问题 95 **甲医院决定从质量信誉良好的乙公司购买医疗设备。乙公司提供给甲医院 4 种支付方案，具体见下表。所有欠款均在每年年初到期支付。**

年度	方案（单位：百万元）			
	Ⅰ	Ⅱ	Ⅲ	Ⅳ
1	10	0	36	0
2	10	20	0	0
3	10	20	0	0
4	10	0	0	44

甲医院的资金成本为 8%。那么，甲医院应该选择哪种支付方案？(　　)

A. 方案Ⅰ。 B. 方案Ⅱ。 C. 方案Ⅲ。 D. 方案Ⅳ。

问题 96 **某公司的经理分析一个备选投资项目的净现值为（100 000 元），所以决定放弃该项目。**

但是后来听到一位咨询公司顾问的建议，应该在投资项目中考虑实物期权的价值。经过研究他发现这个项目有一个扩张的可能性，价值为 60 000 元，还包含一个放弃的可能性，价值为 50 000 元。请问他应该如何考虑该项目？（　　）

A. 净现值为（90 000 元），拒绝该项目。

B. 净现值为（50 000 元），拒绝该项目。

C. 净现值为（40 000 元），拒绝该项目。

D. 净现值为 10 000 元，接受该项目。

问题 97　甲公司拟贷款 60 000 元购买一台新设备，并在未来 5 年每年末都按15 800 元分期付款。那么，甲公司贷款的年利率大概为多少？（　　）

A. 4%。　B. 5%。　C. 10%。　D. 16%。

问题 98　以下各种方法，哪种不能用来进行资本预算决策需要的投资评价？（　　）

A. 会计收益率。　B. 内部回报率。　C. 获利指数。　D. 要求的收益率。

问题 99　对于一个给定的投资项目，使得现金流入现值等于现金流出现值的贴现率被称为（　　）

A. 最低投资回报率。　B. 回收率。　C. 内部回报率。　D. 资本成本。

问题 100　一个投资项目的净现值表示（　　）

A. 实际总现金流入减去实际总现金流出。

B. 贴现的现金流入超过贴现的现金流出的部分。

C. 税后总现金流量，包含折旧的税盾。

D. 项目使用年限内累积的会计利润。

问题 101　甲公司正在分析是否投资一台新的设备来制造新产品。这台设备将花费 2 000 000 元，预期使用年限为 10 年。基于财务报告和税收目的，将选用直线法进行折旧。甲公司的有效所得税税率为 40%，最低资本回报率为 14%。项目其他的相关信息如下所示：每年销售量 10 000 单位，售价 200 元/单位，变动成本 140 元/单位。变动成本减少 10% 将导致净现值大约增加（　　）

A. 312 000 元。　B. 438 000 元。　C. 730 000 元。　D. 734 000 元。

问题 102　两个互斥的资本项目的相关信息如表 15-34 所示。

表 15-34　两个互斥资本项目的相关信息　（单位：元）

财务指标	项目 A	项目 B
初始投资	200 000	300 000
净现金流入		
第 1 年	80 000	160 000
第 2 年	100 000	140 000
第 3 年	120 000	120 000

所有的现金流量在年末发生。基于以上信息，以下各项描述中，哪项不正确？（　　）

A. A 项目资本成本为 10%，其净现值为 45 440 元。

B. B 项目资本成本为 12%，其净现值为 39 900 元。

C. B 项目的内部回报率比 A 项目的内部回报率高。

D. A 项目的回收期比 B 项目的回收期长。

问题 103　甲公司在一场官司中获得了赔偿，并且被告人向其提供了 4 种不同的支付选择。根据历史利率，甲公司使用 8% 作为贴现率分析不同方案。不考虑税收，以下各项选择中，总会计师应该建

议甲公司的管理层选择哪项？(　　)

A. 现在支付 270 000 元。

B. 未来 4 年每年年末支付 80 000 元。

C. 现在支付 10 000 元，未来 10 年每年年末支付 40 000 元。

D. 现在支付 10 000 元，未来 9 年每年年末支付 10 000 元，加上第 10 年年末一次性支付 400 000元。

问题 104　甲公司在考虑购买电子设备来提高生产效率，该项目预期的税后现金流如表 15-35 所示。

表 15-35　项目预期的税后现金流　　（单位：元）

年度	税后现金流入	年度	税后现金流入
0 年	(1 100 000)	3 年	700 000
1 年	(1 000 000)	4 年	700 000
2 年	900 000	5 年	700 000

甲公司管理层预计该设备在第 6 年初其账面价值为 0 时还可以 100 000 元销售。甲公司内部最低资本回报率和有效所得税税率分别为 14% 和 40%。该项目的净现值为(　　)

A.（3 560 元）。　B.（13 940 元）。　C.（34 700 元）。　D. 17 200 元。

情景 15-5

甲公司正在对以下的两个方案进行评价。两个方案都从 2013 年 1 月 1 日开始实行。

方案 A：购买一台新抛光机

该机器的成本为 2 000 000 元，有效使用时间为 5 年。在未来 5 年，每年因人工成本节省得到的税前净现金流为 200 000 元。基于财务报告和税收目的，使用直线法计算折旧费用。该公司可以将他们现阶段已提完折旧的机器卖给新机器供应商，并因此获得100 000 元。

方案 B：外包抛光工作

甲公司可以把这项任务外包给乙公司，并在未来 5 年内每年支付 400 000 元。如果选择外包，甲公司可以将已提完折旧的机器抛弃。

甲公司的有效所得税税率为 40%。加权平均资本成本为 10%。

问题 105、106 以情景 15-5 作为背景。

问题 105　外包抛光机的净现值为(　　)

A.（606 560 元）。　B.（809 840 元）。　C.（909 840 元）。　D.（1 516 400 元）。

问题 106　购买新抛光机的净现值为(　　)

A.（459 420 元）。　B.（535 240 元）。　C.（738 520 元）。　D.（868 848 元）。

问题 107　甲公司打算花费 25 310 元购买一台设备。在不同的贴现率下，该投资的净现值如表 15-36 所示。

表 15-36　不同的贴现率下的净现值

贴现率（%）	净现值（元）	贴现率（%）	净现值（元）
4	4 880	8	920
6	2 840	10	(880)

该公司该项投资的内部回报率大概为(　　)

A. 6%。　B. 8%。　C. 9%。　D. 10%。

问题 108　张三刚刚完成一项购买新的材料处理设备的资本投资分析。该设备预计花费 2 000 000

元，可以使用 8 年。张三与该公司的财务副总裁李四一起进行了净现值分析。分析表明，当最低资本回报率为 20% 时，该投资的税收节约会产生正的净现值为 400 000 元。李四发现，虽然折旧年限为 8 年的直线折旧法可以达到节税目的，但是由于该设备只符合 3 年期的修正的加速成本回收制度方法的要求，该公司有效所得税税率为 40%，因此整个节税分析都需要重新考虑。根据税收节约而调整后的净现值约为(　　)

A. 218 000 元。　B. 384 000 元。　C. 566 000 元。　D. 850 000 元。

情景 15-6

甲公司正在评价一项投资，该公司的资本成本为 12%，该投资预期将产生的现金流量和净利润如表 15-37 所示。

表 15-37　预期产生的现金流量和净利润　（单位：元）

年度	税后现金流量	净利润
0 年	(40 000)	0
1 年	12 000	4 000
2 年	12 000	4 000
3 年	16 000	4 000
4 年	16 000	4 000

问题 109、110 以情景 15-6 作为背景。

问题 109　该项目的净现值为(　　)

A. (3 200) 元。　B. 1 848 元。　C. 12 148 元。　D. 13 996 元。

问题 110　该项目的内部回报率约为(　　)

A. 5%。　B. 12%。　C. 14%。　D. 40%。

问题 111　甲公司正在考虑购买一台价值 1 000 000 元的机器，使用期限为 5 年。甲公司基于表 15-38 进行了财务分析。

表 15-38　财务分析信息

年度（年）	1	2	3	4	5
销售量（件）	10 000	10 000	20 000	20 000	20 000
单位售价（元）	200	200	200	200	200
单位变动成本（元）	130	130	130	130	130
固定成本（元）	600 000	600 000	600 000	600 000	600 000
税前现金流量（元）	100 000	100 000	800 000	800 000	800 000

出于税收的考虑，该机器将在 5 年内使用直线法进行折旧，有效所得税税率为 40%。假设甲公司的其他经营活动中有大额的应税收入，在 20% 的贴现率下，该项目的净现值为(　　)

A. (564 940 元)。　B. (206 140 元)。　C. (28 020 元)。　D. 33 060 元。

问题 112　一个投资项目可以接受是因为(　　)

A. 净现值大于或等于 0。　B. 现金流入的现值比现金流出的现值小。

C. 现金流出的现值大于或者等于 0。　D. 现金流入的现值大于或者等于 0。

问题 113　甲公司是一家上市公司，使用贴现现金流技术分析两个独立项目，财务部门进行了内

部讨论会，以下是对相关人员观点的总结。以下各项观点中，哪些是正确的？（　　）

Ⅰ. 否定任何回收期比该公司标准短的项目。

Ⅱ. 选择那些内部回报率最高且超过最低资本回报率的项目，其他项目一概拒绝。

Ⅲ. 选择具有正净现值的项目。

Ⅳ. 拒绝具有负内部回报率的所有项目。

A. 只有Ⅰ，Ⅱ和Ⅳ。　　B. Ⅰ，Ⅱ，Ⅲ和Ⅳ。

C. 只有Ⅱ和Ⅲ。　　D. 只有Ⅲ和Ⅳ。

问题 114　下列选项中哪个是内含报酬率法假设的再投资收益率？（　　）

A. 会计报酬率。　　B. 内含报酬率。

C. 要求回报率。　　D. 无风险收益率。

问题 115　甲公司正处于一个关键的决策点，必须决定是结束营业还是继续经营 5 年。该公司还签有一份 5 年后才到期的劳动合同，如果甲公司的工厂关闭的话，那么必须赔偿 3 000 000 元解约金。甲公司另一份合同规定，在未来 5 年要为乙公司每年提供150 000 件产品，每件售价为 200 元。乙公司是甲公司现在唯一的客户。如果违约，甲公司必须支付乙公司 1 000 000 元。工厂的账面净值为 1 200 000 元，资产评估师估计，如果现在卖掉设备可以获得 1 500 000 元，但是再运营 5 年以后可能就没有任何价值了。甲公司的固定成本是每年 8 000 000 元，变动成本是每单位 150 元。甲公司贴现率大概为 12%。不考虑税收，最优决策是（　　）

A. 结束营业，因为每年的现金流量为 –500 000 元。

B. 继续经营，以避免支付 3 000 000 元的解约金。

C. 结束营业，因为盈亏平衡点为 160 000 单位，而年销售量才 150 000 单位。

D. 继续经营，因为新增净现值大约为 700 000 元。

问题 116　甲公司使用多种绩效评价指标来评价资本投资项目，包括：16% 的最低资本回报率，小于 3 年的回收期，大于 20% 的会计收益率。管理层基于以下预测信息来评价一个项目：初始资本投资 400 000 元，年现金流量 130 000 元，直线折旧年限 8 年，终值 40 000 元。预测的净现值为 –4 000 元。以下各选项中哪项符合按上述评价指标得到的结果？（　　）

A. 净现值：接受；回收期：拒绝。　　B. 净现值：拒绝；回收期：接受。

C. 净现值：接受；回收期：接受。　　D. 净现值：拒绝；回收期：拒绝。

问题 117　甲公司正在分析一个 400 000 元的设备投资项目，该设备将在未来 5 年内用于生产新产品。根据预测，该项目产生的年度税后现金流量数据如表 15-39 所示。

表 15-39　年度税后现金流量数据

年度税后现金流（元）	概率	年度税后现金流（元）	概率
90 000	0. 1	120 000	0. 2
100 000	0. 2	130 000	0. 1
110 000	0. 3	140 000	0. 1

如果该公司使用 14% 的最低资本报酬率，那么净现值大于 0 的概率为（　　）

A. 20%。　　B. 30%。　　C. 40%。　　D. 60%。

问题 118　甲公司正在考虑两个互斥的项目。两个项目都需要 300 000 元的初始投资，并且都将运营 5 年。与项目相关的现金流如表 15-40 所示。

表 15-40　现金流

年度（年）	项目 X（元）	项目 Y（元）
1	94 000	0
2	94 000	0
3	94 000	0
4	94 000	0
5	94 000	560 000
总计	470 000	560 000

如果该公司的要求收益率为 10%，并且使用净现值法，那么应该建议甲公司采取以下哪种行动组合？（　　）

A. 接受项目 X 并且拒绝项目 Y。　　B. 接受项目 Y 并且拒绝项目 X。

C. 接受项目 X 和 Y。　　D. 拒绝项目 X 和 Y。

问题 119　甲公司在考虑电子设备以提高生产效率。该项目预期税后现金流量如表 15-41 所示。

表 15-41　项目预期税后现金流量

年度（年）	税后现金流入（元）	年度（年）	税后现金流入（元）
0	（1 200 000）	3	900 000
1	（1 000 000）	4	700 000
2	900 000	5	500 000

管理层预期该设备在第 6 年初账面价值为 0 时还可以卖 100 000 元。甲公司内部最低回报率和有效税率分别为 14% 和 40%。基于以上信息，计算得到该项目的净现值小于 0。因此，可以得到怎样的结论？（　　）

A. 该项目的内部回报率小于 14%，因为内部回报率是使净现值为 0 的贴现率。

B. 在分析任何潜在项目之前，该公司都应该分析影响最低资本报酬率的因素。

C. 该公司应该计算项目回收期来评价结论是否与净现值法相同。

D. 该项目的内部回报率大于 14%，因为内部回报率是使净现值为 0 的贴现率。

问题 120　甲公司正在评价两个互斥的项目，其中一个需要初始投资 8 000 000 元，另一个需要初始投资 12 000 000 元。财务部门进行了内部讨论会，以下是对相关人员观点的总结。以下各项观点中，哪个是正确的？（　　）

Ⅰ. 如果两个项目的回收期都比甲公司的标准长，那么，两个都应该被否定。

Ⅱ. 选择内部回报率最高的项目（假设内部回报率都大于最低资本回报率）。

Ⅲ. 选择具有最大正净现值的项目。

Ⅳ. 不管何种评价方法，都选择初始投资额较小的项目。

A. 只有Ⅰ，Ⅱ和Ⅳ。　　B. 只有Ⅰ，Ⅱ和Ⅲ。

C. 只有Ⅰ 和Ⅲ。　　D. 只有Ⅱ和Ⅲ。

问题 121　甲公司正在考虑两个互斥的项目。甲公司的资本成本为 10%。两个项目在不同贴现率下的净现值如表 15-42 所示。

表 15-42 不同贴现率下的净现值

贴现率（%）	A 项目净现值（元）	B 项目净现值（元）
0	4 440 000	2 480 000
10	1 362 000	1 014 000
12	990 000	822 000
14	670 000	654 000
16	394 000	504 000
18	154 000	372 000
20	(52 000)	256 000
22	(230 000)	152 000
24	(386 000)	60 000
26	(520 000)	(22 000)
28	(636 000)	(94 000)

公司总经理认为应该选择 B 项目，因为它的内部回报率较高。总经理要求总会计师张三提供建议。以下各项建议中，张三应该给出哪项？（ ）

A. 同意总经理观点。

B. 选择 A 项目，因为它的内部回报率高于 B 项目。

C. 选择 A、B 两个项目，因为两个项目的内部回报率都高于资本成本。

D. 选择 A 项目，因为当贴现率为 10% 时，它的净现值大于 B 项目的净现值。

问题 122 甲公司的有效所得税税率为 30%，并且使用净现值法评价资本预算提案。张三是一名管理会计师，他希望改进提高一个项目的净现值。为了达到这个目的，应该建议张三采取以下哪种行动？（ ）

A. 将一个可全额抵税的大修从第 3 年推迟到第 4 年。

B. 减少项目估计的净残值。

C. 立刻全额支付该提案的营销计划，而不是分成 5 个等额分期付款。

D. 调整项目贴现率，使项目从“低风险”类项目变成了“一般风险”类项目。

问题 123 以下哪项不是内部回报率法的缺点？（ ）

A. 内部回报率假设一个项目产生的资金将再进行再投资，而投资收益率与项目本身的内部回报率相同。

B. 内部回报率法没有考虑到投资规模的不同。

C. 内部回报率比净现值更加直观和容易理解。

D. 现金流量符号的改变可能产生不止一个内部回报率。

问题 124 一家公司正在评估一条主要产品线的扩张项目。使用 14% 的贴现率，该公司计算了该项目的净现值为 3 160 000 元。如果该公司要进一步分析这个项目，那么应该（ ）

A. 更深入了解扩张带来的边际贡献。

B. 比较内部回报率和会计收益率。

C. 比较内部回报率和公司资本成本。

D. 比较内部回报率和公司的资本成本以及最低资本收益率。

问题 125 甲公司使用多种绩效评价指标来评价资本投资项目，包括：16% 的最低资本回报率，

小于 3 年的回收期，大于 20% 的会计收益率。管理层主要基于以下预测信息来评价一个项目：资本投资 800 000 元，年现金流量 296 000 元，直线折旧年限 5 年；终值 80 000 元。预测的内部回报率为 20%。以下各选项中，哪项符合使用上述评价指标得到的恰当决策？(　　)

A. 内部回报率：接受；回收期：否定。　　B. 内部回报率：否定；回收期：否定。

C. 内部回报率：接受；回收期：接受。　　D. 内部回报率：否定；回收期：接受。

问题 126　张三是甲公司的副总裁，她正在审阅下属准备好的材料，因为稍后的董事会上，她必须为一条新产品线的 4 个互斥方案中选择一个作为建议。汇集的信息包括 4 个方案所需要的初始投资额，在甲公司最低资本收益率为 16% 时的现金流量现值（不含初始投资额），以及内部回报率。

方案	投资额	现金流量现值	内部回报率
I	7 900 000 元	7 600 000 元	15.5%
I	6 000 000 元	7 500 000 元	19.0%
Ⅲ	4 000 000 元	5 650 000 元	17.5%
Ⅳ	1 600 000 元	2 200 000 元	18.0%

如果没有资本分配的限制，那么，张三应该建议选择哪个方案？(　　)

A. 方案Ⅰ。　B. 方案Ⅱ。　C. 方案Ⅲ。　D. 方案Ⅳ。

问题 127　尽管传统的回收期存在着缺陷，但仍然是流行的投资评价方法，原因包括回收期(　　)

A. 为人们了解项目相关的风险提供启示。

B. 忽略了货币时间价值。

C. 重视利润更甚于现金流量。

D. 提供投资项目整个生命周期内的信息。

问题 128　以下哪项不是回收期法的缺点？(　　)

A. 它并没有考虑到回收期之后的现金流量。

B. 忽略了货币的时间价值。

C. 不能分析项目的流动性。

D. 鼓励选择较短的回收期的项目。

问题 129　甲公司用回收期法评价资本投资。甲公司的一个投资项目要求 280 000 元的期初投资，预期的税前现金流量如下：第 1 年是 120 000 元，第 2 年是 120 000 元，第 3 年是 120 000 元，第 4 年是 160 000 元，第 5 年是 160 000 元。甲公司的有效所得税税率为 40%。基于这些数据，项目的回收期应该为(　　)

A. 1.5 年。　B. 2.3 年。　C. 3.4 年。　D. 3.7 年。

问题 130　甲公司正在评价一项投资项目，该投资预期将产生如下的现金流量和净利润：

年	税后现金流量	净利润
0	(40 000) 元	0 元
1	12 000 元	4 000 元
2	12 000 元	4 000 元
3	16 000 元	4 000 元
4	16 000 元	4 000 元

该项目的回收期为(　　)

A. 2.5 年。　B. 2.6 年。　C. 3.0 年。　D. 3.3 年。

问题 131 甲公司出于税收和财务报告的考虑而使用直线折旧法。表 15-43 的数据与乙机器有关，该机器成本是 800 000 元，并且要在 5 年内完全折旧。

表 15-43 经营财务数据

年度（年）	经营利润（元）	现金经营费用节约额（元）
1	300 000	460 000
2	400 000	560 000
3	450 000	610 000
4	450 000	610 000
5	350 000	510 000

上列所有的金额都是税前的。甲公司的所得税税率为 40%。甲公司要求的收益率为 12%。对于乙机器而言，其回收期应该为(　　)

A. 2.14 年。　B. 2.44 年。　C. 2.58 年。　D. 3.41 年。

问题 132 投资项目评价方法中的敏感性分析(　　)

A. 提供多种结果发生的可能性。

B. 决定公司的资本成本。

C. 计算因项目现金流量变化而引起的结果变化。

D. 产生项目分析中使用的贴现率。

问题 133 回收期的倒数可用于估计项目的(　　)

A. 现金流模式相对稳定情况下的内部回报率。　B. 净现值。

C. 现金流模式相对稳定情况下的会计回报率。　D. 获利指数。

问题 134 在对某资本预算方案进行评估时，公司财务人员想要知道运营收入的变动和项目有效期的年限对内部回报率产生怎样的影响，那么他应该使用哪种分析技术？(　　)

A. 蒙特卡洛方法。　B. 敏感性分析。　C. 学习曲线分析。　D. 情景分析。

问题 135 在确定性等值法净现值的计算中应使用到的贴现率是(　　)

A. 债务成本。　B. 无风险利率。　C. 股票成本。　D. 风险调整贴现率。

问题 136 甲公司将要投资一个新项目，项目初始投资为 735 425 元，预期投资期限为 10 年，资本成本为 18%。该新项目得到省政府的支持，政府同意投资支出免税。进行投资后，甲公司每年增加的营业收入为 426 000 元，销售成本占销售额的 46%，另外需增加管理费用 80 000 元，甲公司有效所得税税率为 40%，风险调整后的贴现率为 14%。请问甲公司是否投资该项目，并且净现值是多少？(四舍五入到千位)(　　)

A. 不投资，净现值为（36 000 元）。　B. 不投资，净现值为（269 000 元）。

C. 投资，净现值为 28 000 元 。　D. 投资，净现值为 175 000 元。

问题 137 甲公司接到了一个由省政府发出的投标邀请通知，被邀请投资一个公共事业项目。总会计师张三为分析该项目确定了如下信息：0 时刻，甲公司需要投标费用共 200 万元，该项费用无论投标是否成功都不会收回，且投标成功和失败的概率各 50%。如果投标成功，那么甲公司将在第 1 年末投资 800 万元，随后将会出现两种可能的状况：

第 1 种情况：第 2 年至第 4 年每年税后现金流入 900 万元，概率为 25%。

第 2 种情况：第 2 年至第 4 年每年税后现金流入 600 万元，概率是 25%。

张三要对该项目进行投资分析，甲公司要求折现率为 10%，请问甲公司是否应该投标？(　　)

A. 应该投标，因为净现值为 284 万元。 B. 应该投标，因为净现值为 384 万元。

C. 应该投标，因为净现值为 768 万元。 D. 应该投标，因为净现值为 968 万元。

问题 138 现在企业最愿意用的方法是以下哪种？( )

A. 贴现回收期法和修正内部回报率法。 B. 贴现回收期法和确定性等值法。

C. 修正内部回报率法和确定性等值法。 D. 修正内部回报率法和回收期法。

问题 139 甲公司正在进行投资分析。该投资为用 1 000 000 元来购买新设备，该设备生产的产品单位毛利为 5 元。新设备可以使用 5 年，由于税收原因而使用直线法折旧，并且最后没有净残值。从销售量的分析中得到如表 15-44 所示。

表 15-44 销售量及概率

年销售量（件）	概率	年销售量（件）	概率	年销售量（件）	概率
80 000	0.10	90 000	0.30	100 000	0.10
85 000	0.20	95 000	0.20	110 000	0.10

如果甲公司的最低资本回报率为 12%，有效所得税税率为 40%，那么，该项目预期的净现值为( )

A. 261 750 元。 B. 283 380 元。 C. 297 800 元。 D. 427 580 元。

问题 140 甲公司在阿尔及利亚进行经营，当地的通货膨胀率达到 10%，甲公司的总会计师张三估计该公司实际增长率能够达到 4%，实际加权资本成本为 8%。甲公司今年自由现金流量为 187 000 000 元，请问甲公司的价值是多少元？( )

A. 4 250 000 000 元。 B. 4 420 000 000 元。

C. 4 675 000 000 元。 D. 4 862 000 000 元。

问题 141 甲公司计划收购乙公司，总会计师李四正在考虑估计乙公司价值的方法，甲公司新聘用的管理会计师王五提出以下估值方法：

Ⅰ. 重置成本法。Ⅱ. 贴现现金流法。Ⅲ. 市场比较法。Ⅳ. 可变现净值法。Ⅴ. 作业成本法。

请问王五提出的方法中哪些适合在估值过程中使用？( )

A. 只有Ⅱ和Ⅲ。 B. 只有Ⅰ，Ⅱ和Ⅲ。

C. 只有Ⅱ，Ⅲ和Ⅳ。 D. Ⅰ，Ⅱ，Ⅲ，Ⅳ和Ⅴ。

问题 142 以下哪项关于内部回报率和净现值的说法是正确的？( )

A. 当内部回报率等于资本性成本时，净现值等于零。

B. 不论什么情况下，两者计算结果都一样。

C. 如果净现值小于零，内部回报率小于资本成本。

D. 内部回报率和净现值都未考虑时间的机会价值。

问题 143 证券分析师张三正在分析甲公司的财务报表，具体数据如下：销售收入 100 万元，销货成本 50 万元，销售管理费用 10 万元，折旧 10 万元，利息 5 万元，所得税 10 万元，净利润 15 万元。他又收集了同行业的另外 3 家公司的数据如表 15-45 所示。

表 15-45 同行业公司财务报表 （单位：万元）

科目	A 公司	B 公司	C 公司
销售收入	1 000	500	200
息税折旧摊销前利润	500	300	150

（续）

科目	A 公司	B 公司	C 公司
经营利润	300	150	80
净利润	100	75	22.5
企业价值	2 000	1 500	450

张三决定使用 EV/EBITDA 比率进行估值，请问甲公司的企业价值是多少万元？（　　）

A. 120 万元。　B. 160 万元　C. 200 万元。　D. 300 万元。

问题 144　请问以下方法中有几种是资本投资风险分析的方法？（　　）

1）确定性等值。2）风险价值。3）敏感性分析。4）情景分析。5）压力测试。6）蒙特卡洛模拟分析。7）专门利率调整法。8）风险图。

A. 4 种。　B. 5 种。　C. 6 种。　D. 7 种。

问题 145　下列关于不同投资期限的互斥项目决策说法错误的是（　　）

A. 不同投资期限互斥项目的投资决策中，通常应采用等值年金法或替换链法。

B. 不同投资期限互斥项目的投资决策中不能采用净现值法，其理由是期限短的项目结束后可以再投资。

C. 不同投资期限互斥项目的投资决策没有固定的评价方法，应根据不同的情况选择不同的评价方法，不能一概而论。

D. 等值年金法或替换链法适用于所有不同投资期限的互斥项目决策。

情景 15-7

甲公司正在评价一个投资项目，该投资预期将产生以下的税后现金流量：第 0 年为（100 万元），第 1 年为 10 万元，第 2 年为 60 万元，第 3 年为 80 万元，第 4 年为 40 万元。该项目的 Beta 系数为 1.5，无风险收益率为 4%，市场收益率为 8%。

问题 146 ~ 149 以情景 15-7 作为背景。

问题 146　该项目的贴现回收期为（　　）

A. 2.3 年。　B. 2.4 年。　C. 2.6 年。　D. 2.7 年。

问题 147　甲公司的总会计师张三决定使用确定性等值方法计算该公司的净现值，经过分析确定性等值系数为 0.9，甲公司的净现值是多少万元？（　　）（选修）

A. 28.63 万元。　B. 41.91 万元。　C. 51.31 万元。　D. 60.92 万元。

问题 148　甲公司的总经理李四要求张三使用敏感性分析方法分别观察收入、成本和贴现率对于净现值的影响。张三研究的结果如图 15-7 所示，那么净现值对于哪个因素的敏感性最大？（　　）

A. 贴现率。　B. 收入。　C. 成本。　D. 影响相同。

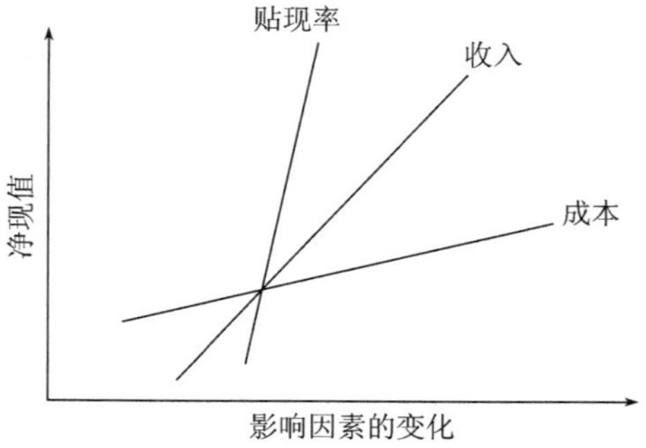

图 15-7　不同影响因素变化对于净现值的影响

问题 149　甲公司董事长王五对于以上的分析感到不太满意，他要求张三使用一种最为精确的风险分析方法，以下哪种方法最符合王五的要求？(　　)

A. 情景分析。　　B. 模拟分析。
C. 专门利率调整法。　　D. 实物期权分析。

问题 150　甲公司位于北京市朝阳区，在向鄂尔多斯市的重要客户送货时遇到了严重的运输问题。过去 8 个月中的送货时间如表 15-46 所示。

表 15-46　送货时间

送货时间（天）	2	3	4	5	6
发生次数（次）	24	36	30	18	12

该公司的销售经理想通过给送货时间和其他随机变量分配随机数来模拟运输过程。如果销售经理使用 100 个不同的数字来模拟该过程，那么给送货时间 3 天的情况分配的正确的随机数字为(　　)

A. 19 ~ 24。　　B. 40 ~ 70。　　C. 55 ~ 84。　　D. 10 ~ 28。

问题 151　甲公司产品的单位售价为 600 元，单位变动成本为 420 元，总固定成本为 720 000 元。由于实行了新劳动合同法，首席执行官李四担心新签订的劳动合同对盈亏平衡点产生不利影响，他要求总会计师张三进行敏感性分析以确定单位直接人工增加 20 元和固定成本减少 20 000 元的总影响。张三的结论可能是盈亏平衡点(　　)

A. 减少 1 000 个。　　B. 减少 125 个。　　C. 增加 375 个。　　D. 增加 500 个。

问题 152　甲公司生产产品 A 和产品 B，由于生产设备有限，该公司不能满足对这两种产品的全部需求。该公司每月生产投入的上限为 1 200 直接人工工时和 400 千克原材料。该公司计划用线性回归法以确定最大化边际贡献的生产组合。根据目前的售价和生产成本，预期产品每单位产品 A 的边际贡献为 18 美元，每单位产品 B 的边际贡献为 14 美元。产品 A 使用原材料为 4 千克/个，直接人工为 10 小时/个，产品 B 使用原材料为 2 千克/个，直接人工为 8 小时/个。要使甲公司的边际贡献最大化需要生产产品 A 和产品 B 分别为(　　)（选修）

A. 0 个和 150 个。　　B. 67 个和 67 个。　　C. 120 个和 0 个。　　D. 100 个和 0 个。

问题 153　甲公司有两个独立的备选投资项目。该公司的财务人员张三使用经过风险调整的贴现率进行计算后，发现项目 A 的净现值为 100 万元，项目 B 的净现值为 300 万元。根据以上信息，判断这两个项目中哪个风险较大。(　　)

A. 项目 A 风险大。　　B. 项目 B 风险大。
C. 两个一样大。　　D. 条件不足，无法确定。

问题 154　甲公司的财务总监张三正在分析一个备选的资本投资项目，他发现该项目如果实施，未来可以随时终止。那么，在分析该项目的投资价值时，应考虑(　　)

A. 净现值。　　B. 折现率。
C. 净现值加实物期权。　　D. 净现值减实物期权。

问题 155　公司的利息费用可以抵消所得税。在资本投资决策计算增量现金流时，以下说法正确的是(　　)

Ⅰ. 公司如果不缴纳所得税，利息费用就不能抵消所得税。
Ⅱ. 公司利息是融资成本，计算现金流时不考虑。
Ⅲ. 公司利息是应计费用，不计入现金流。

A. Ⅰ，Ⅲ。　　B. Ⅱ。　　C. Ⅱ，Ⅲ。　　D. 全部。

问题 156　甲公司财务总监正在分析该公司的备选投资项目，按照贴现现金流法计算其净现值为负。但他发现该项目中含有延迟期权，如果利用延迟期权，可以提高项目的收益。根据以上信息，如果实施该项目，则该公司会(　　)

A. 盈利。　　B. 亏损。　　C. 不变。　　D. 不确定。

问题 157　甲公司的管理层评估备选项目。经过计算，该项目的净现值等于零。该公司的决策层如果接受该项目，则该公司(　　)

A. 债券市值下降，股东权益市值上升。　　B. 股东权益账面价值上升。

C. 股东权益市值下降。　　D. 该公司总市值不变。

问题 158　甲公司财务部门根据融资的信息，确定该公司项目资本成本率是 10%。张三正在分析在北京市的一个资本项目投资。经过计算，该项目的内部回报率是 11.3%。甲公司的财务总监李四在阅读该可行性研究报告后，认为该项目风险较大，建议贴现率改为 12%。根据以上信息，甲公司是否接受该项目投资？(　　)

	净现值	内部回报率
A.	接受	不接受。
B.	接受	接受。
C.	不接受	不接受。
D.	不接受	接受。

问题 159　企业在进行资本投资项目分析时，会考虑外部环境的变化。在以下哪种情况下，企业更加愿意进行资本投资？(　　)

A. 个人所得税率上升。　　B. 开征资本利得税。

C. 通货膨胀率下降。　　D. 联邦利率上升。

问题 160　甲公司有两个独立的备选投资项目，分别为项目 R 和项目 S。两个项目所需初始现金投资均为 500 000 元，预期投资年限均为 10 年。项目 R 每年产生增量现金流 95 000 元，项目 S 每年产生增量现金流 110 000 元，则(　　)

A. 若资金成本为 15%，接受两个项目。

B. 若资金成本为 15%，选择项目 R。

C. 若资金成本为 11%，选择项目 S。

D. 若资金成本为 11%，接受两个项目。

问题 161　甲公司计划投资 150 000 元用于开展餐饮业务，投资期限为 5 年。运营部和财务部提出两个方案。方案一：投资零食业务，预计每年收入 70 000 元，运营成本 20 000 元，项目要求回报率 12%，使用直线法提折旧，企业所得税率 40%。方案二：投资面食业务，预计每年收入 50 000 元，运营成本 10 000 元，项目要求回报率 9%，使用直线法提折旧，国家对该行业实行免企业所得税的优惠措施。甲公司应投资哪个项目？(　　)

A. 方案一，净现值为 1 402 元。　　B. 方案二，净现值为 5 588 元。

C. 两个项目都可选。　　D. 两个项目都不可选。

问题 162　在计算 NPV 和 IRR 时，分别假设再投资回报率为(　　)

	NPV	IRR
A.	要求回报率	项目回报率。
B.	要求回报率	要求回报率。
C.	项目回报率	项目回报率。

D. 项目回报率　　要求回报率。

问题 163　甲公司计划投资某项目，于 2013 年花费 100 万元进行了广泛的市场调研。通过分析，甲公司的决策层认为可以接受该投资计划。该项目总投资为 3 000 万元，其中设备投资为 2 000 万元。下列关于市场调研成本与设备成本的说法正确的是(　　)

	市场调研成本	设备成本
A.	可控成本	不可控成本。
B.	可控成本	可控成本。
C.	沉没成本	增量成本。
D.	相关成本	机会成本。

问题 164　下列关于风险调整贴现率说法正确的是(　　)

A. 近期贴现率比远期贴现率高。

B. 根据风险和时间调整。

C. 根据风险和不确定性调整。

D. 均应使用加权资本成本贴现。

问题 165　管理会计师在分析资本投资项目时需要众多数据。以下哪项不是投资决策中必需的？(　　)

A. 现金流量。　　B. 内部回报率。

C. 企业设定的收益率。　　D. 项目投资期。

问题 166　下列关于资本项目投资说法正确的是(　　)

Ⅰ. 企业可以接受净现值大于零的项目。

Ⅱ. 大部分企业都使用回收期的方法。

Ⅲ. 各年贴现率的权重是一样的。

Ⅳ. 企业可以接受净现值小于零的项目。

A. 全部正确。　　B. Ⅰ和Ⅲ。

C. Ⅰ，Ⅱ和Ⅲ。　　D. Ⅱ和Ⅲ。

问题 167　甲公司正在分析一个资本投资方案。按照该方案的计划，总投资为10 000 000元，投资限期为 10 年，要求回报率为 14%，固定资产使用直线法折旧法。会计部门预计产品销售量每年为 100 000件，售价为 100 元/件，变动成本为 70 元/件。如果经济环境好转，销售量将比预计提高 10%，那么净现值增量是(　　)

A. 300 000 元。　　B. 988 880 元。　　C. 156 480 元。　　D. 250 000 元。

问题 168　甲公司财务经理张三正在分析一个资本投资项目，经过初步分析，该项目的净现值小于零。根据净现值方法，张三决定放弃该项目。但进一步分析表明，该项目存在放弃和扩大的可能性。根据以上信息，张三应该如何决定？(　　)

A. 坚持原来的决定。

B. 减去放弃和扩大生产的价值，重新评估。

C. 加上放弃和扩大生产的价值，重新评估。

D. 减去放弃的价值，加上扩大生产的价值，重新评估。

问题 169　甲公司一般使用 11%的要求回报率进行资本投资决策分析。甲公司的财务经理李四正在分析一个备选的投资项目，其初始投资为 11 000 000 元，每年的增量现金流为 1 946 903 元，投资期限为 10 年。财务总监张三看过分析报告后，认为该项目风险较一般投资项目风险大，应该使用 13%的

回报率进行分析。但是，该公司的总裁王五认为该公司的绝大部分项目都是用平均回报率进行分析的。根据以上信息，计算该项目的净现值并使用内部回报率法判断是否接受该投资计划。(　　)

	NPV	IRR
A.	(436106 元)	不接受。
B.	(436106 元)	接受。
C.	465 312 元	不接受。
D.	465 312 元	接受。

问题 170　甲公司 2014 年净利润为 500 万元，其中通过投资股票获利 100 万元，其他信息如表 15-47 所示。

表 15-47　甲公司两年的部分财务信息　　(单位：万元)

财务指标	2013 年	2014 年
应收账款	500	530
预收账款	150	120
预付账款	100	70
应付职工薪酬	200	180

该公司 2014 年经营活动现金流为(　　)

A. 350 万元。　B. 380 万元。　C. 400 万元。　D. 450 万元。

问题 171　甲公司通过商业银行借款 100 万元，税前成本为 10%，所得税税率为 30%。该笔借款用于收购乙公司，乙公司的所得税税率为 25%。甲公司融资税后资金成本为(　　)

A. 3%。　B. 7%。　C. 7.5%。　D. 7.25%。

问题 172　表 15-48 为某项目财务分析，设贴现率为 10%，其动态（贴现）投资回收期是(　　)

表 15-48　现金流和折现系数

年度	0 年	1 年	2 年	3 年	4 年	5 年
折现系数	1.00	0.91	0.83	0.75	0.68	0.62
年现金流	(170 万元)	25.5 万元	51 万元	76.5 万元	51 万元	25.5 万元

A. 3.33 年。　B. 4.24 年。　C. 4.78 年。　D. 5.24 年。

问题 173　甲公司正在使用回收期法分析某备选项目，该初始投资为 1 000 万元，年增量现金流为 200 万元，投资期限为 8 年。该公司要求的基准回收期为 5 年，要求回报率为 14%。下列选项中哪个说法是正确的？(　　)

A. 动态投资回收期大于 5 年。　B. 净现值大于零。

C. 内含报酬率大于资本成本。　D. 投资回收期小于 5 年。

问题 174　甲公司正在考虑一个备选的投资项目，该项目的现金流如下：第 0 年为（1 000 万元），第 1 年为 500 万元，第 2 年为 500 万元，第 3 年为（500 万元），第 4 年为 1 000 万元，第 5 年为 1 000 万元。该项目的要求回报率为 10%，并且经过计算其内部回报率为 15%。甲公司管理层应如何决定该投资决策？(　　)

A. 拒绝，因为净现值小于零。

B. 拒绝，因为内含报酬率有可能为负。

C. 接受，因为净现值大于零。

D. 接受，因为内部回报率大于要求回报率。

问题 175　甲公司计划收购乙公司，财务部门估计乙公司未来 5 年每年税后现金流为 11 万元。乙公司 5 年后公允价值为 125 万元。甲公司管理层要求使用的折现率为 10%。乙公司当前估计价值为(　　)

A. 78 万元。　B. 119 万元。　C. 136 万元。　D. 180 万元。

问题 176　甲餐馆计划引入新菜单，初始投资为 847 200 元，以后 4 年每年带来增量税后现金流为 300 000 元，其加权平均资本成本为 12%。计算 IRR 的数值，并判断是否投资该项目？(　　)

A. 4%，拒绝该项目。　B. 9%，拒绝该项目。

C. 15%，接受该项目。　D. 47%，接受该项目。

问题 177　甲公司计划购买一片优质农田，用来种植新鲜果蔬，通过 O2O 平台进行销售。土地购买价格为 1 000 000 元，每年可以获得税收现金流入为 80 000 元。甲公司加权资本成本为 10%。如果 8 年后出售该片土地，甲公司希望盈亏平衡，到时最低出售价格是(　　)

A. 0 元。　B. 573 200 元。　C. 1 000 000 元。　D. 1 228 941 元。

问题 178　在资本投资项目中，使得预计现金流流入的现值等于初始投资的折现率是(　　)

A. 内含报酬率。　B. 期望回报率。　C. 必要报酬率。　D. 标准回报率。

问题 179　在进行项目投资决策时，使用内含报酬率（IRR）的不足是(　　)

A. 所产生计算结果可能与其他项目无法对比。

B. 当不同的年份有正负现金流时可能无法采用。

C. 计算结果难以理解。

D. 在计算时可能使用有限的年数。

问题 180　传统回收期与贴现回收期相比，贴现回收期(　　)

A. 更长，贴现回收期现金流量价值比传统回收期低。

B. 更短，贴现回收期现金流量价值比传统回收期低。

C. 更长，传统回收期现金流量价值比贴现回收期低。

D. 更短，传统回收期现金流量价值比贴现回收期低。

问题 181　甲公司某个项目经过财务部门计算后，发现存在多个内含报酬率。出现这种现象的原因是(　　)

A. 现金流出现多次的正负方向变化。　B. 有多个资本成本。

C. 企业所得税发生变化。　D. 未来利率将会上升。

问题 182　甲公司准备开发一个办公软件系统，该软件可被用于纳米材料技术的应用。如果能够有效突破 3 个关键难题，纳米材料技术就可以商业应用。一旦这 3 个关键难题突破后，纳米材料商业应用时必须要使用到这个办公软件系统。但在当前情况下，由于这 3 个难题还没有得到突破，纳米材料还没有得到推广，所以该软件系统也就只能暂时应用在普通材料上。根据现有数据核算，该软件系统净现值为 −190 万元。但如果上述 3 个难题突破后，该软件系统将有巨大的市场空间，并产生巨大的现金流。请问该公司的财务长该如何编制资本预算？(　　)

A. 由于纳米材料的 3 个难题还没有突破，净现值为 −190 万元，所以拒绝该软件项目。

B. 由于纳米材料的 3 个难题能否突破存在不确定性，根据谨慎性原则，拒绝该软件项目。

C. 由于纳米材料的 3 个难题存在不确定性，该公司拥有了等待未来增长机会的权利，在资本决策过程中应该考虑这部分价值，所以可以接受该项目。

D. 由于纳米材料将来有巨大的市场空间，可先把未来的收入预计到软件资产项目预算，所以接收该项目。

问题 183 **在进行收入预测时，财务分析师根据重复生产可能性产生变量分布。该分析师采用的是哪种分析方法？(　　)**

A. 敏感性分析。　　B. 蒙特卡罗分析。
C. 情景分析。　　D. 可行性分析。

问题 184 **下列哪项下降不会增加资产折旧抵税作用的现值？(　　)**

A. 资产残值。　　B. 税率。　　C. 资产寿命。　　D. 贴现率。

问题 185 **甲公司要求的回报率为 10%。甲公司正在评估一个投入 35 000 元的资本预算项目，该项目第 1 年至第 3 年预期现金流入分别为 10 000 元、20 000 元、30 000 元。该项目的贴现回收期(　　)**

A. 2.42 年。　　B. 2.31 年。　　C. 2.28 年。　　D. 2.17 年。

问题 186 **某公司投入新设备费用为 50 000 元，每年税前现金流入为 5 000 元，所得税税率为 20%，持续期间 18 年。该项目的内部报酬率是(　　)**

A. 3%。　　B. 4%。　　C. 5%。　　D. 6%。

情景 15-8

甲公司准备购买一台新的切割机以替代旧设备。新切割机的购买价格为 18 500 元，安装成本为 1 500元。旧设备此时可以按照 2 000 元出售，且账面残值为 0。初始时刻该公司需要增加应收账款 2 500 元，应付账款 1 500 元。新机器可以减少劳动力和维修成本，并增加收入，从而在接下来的 4 年中每年总共能增加收入 1 000 元，并节省 5 000 元现金流出量。切割机按照直线法折旧，折旧期限为 4 年，且 4 年过后设备可以销售并获得 2 000 元的收入。该公司的所得税税率为 40%。

问题 187：

1）说明资本预算的定义和步骤。
2）说明资本预算过程中应该考虑的 3 个定性因素。
3）分别说明净现值法、内部回报率法的一个假设条件和决策规则。
4）比较内部回报率法和回收期法的优缺点。
5）计算该投资税前和税后现金流，包括初始现金流、经营期现金流和处置期现金流。

情景 15-9

甲公司 5 个独立的项目投资，项目信息如表 15-49 所示。

表 15-49　5 个项目财务信息

项目	净现值（万元）	初始投资（万元）	投资期限（万元）
项目 A	100	1 000	4
项目 B	200	2 500	4
项目 C	300	4 000	4
项目 D	160	1 700	2
项目 E	160	1 700	6

该公司明年可以获得的资金为 8 200 万元。

问题 188：

1）解释独立项目和互斥项目，定义资本分配问题，甲公司是否面临资本分配问题？
2）在存在资本分配问题时，应该使用什么方法选择项目？甲公司应选择哪些项目投资？(选修)
3）怎样计算获利指数（PI）？获利指数和净现值法有什么区别？(选修)

4）如果这几个项目投资期限不等，该如何考虑？

情景 15-10

甲公司是一家加工制造企业，5 年前和国际知名电子品牌——香蕉公司达成协议，为其生产新型电子产品 M。为了生产 M，甲公司购买了特制设备，该设备投资共为10 000万元，寿命为 5 年，使用直线折旧法，残值为 0。今年，由于国际经济下滑，香蕉公司面临严重流动性危机，停止继续购买产品 M。此时，该公司特制设备账面价值为 2 000 万元，而由于其用途有限，市场价值仅为 500 万元。该公司销售部门和运营部门计划利用特制设备生产另一种电子产品 N，以免浪费该公司的投资。周五，该公司各部门召开新产品定价会议。会上大家对于特制设备的成本问题产生争议，销售部门负责人认为仅认定 500 万元，而财务部门负责人认为应该按照会计准则的要求，认定为 2 000 万元。另外，该公司的总裁还认为由于通货膨胀的影响造成了资本投资项目的风险。该公司所得税税率为 40%。

问题 189：

1）在产品定价过程中，如何认定设备成本？

2）哪种折旧方法可以减少这种风险？为什么？

3）甲公司的损失额为多少？

4）通货膨胀从哪些方面给甲公司的经营带来风险？怎样降低通货膨胀的影响？

情景 15-11

甲公司是一家高尔夫球用品生产企业，该公司管理层计划新增一条高尔夫球杆生产线。财务部门估计新设备总投资为 330 万元，投产后 5 年每年税后回流净现金流量为 120 万元。管理层可接受的投资回收期最长不超过 3 年，甲公司加权资本成本为 12%。

问题 190：

1）请解释加权资金成本的含义，不需要计算。

2）如果用回收期法，董事会是否会通过这项投资？并说明回收期法的 3 个缺点。

3）如果用贴现回收期法，董事会是否会通过这项投资？请计算说明。

4）如果该公司用净现值法，董事会是否可以通过这项投资？请计算说明。

5）说明什么是敏感性分析和情景分析？二者区别是什么？

6）说明资本预算的步骤。

7）企业进行资本预算，事后审计对于企业有什么好处？

8）在做项目选择的时候需要考虑的非财务因素有哪些？

9）解释会计利润和净现金流量的区别。

情景 15-12

甲公司的财务分析师张三正在分析该公司的两个备选项目。这两个项目互斥，投资期限都是 6 年，且全部使用权益资金融资。两个项目基本信息如下：项目 1 的初始投资 822 800 元，每年税后现金流 200 000 元，净现值 0 元，内部回报率 12%；项目 2 的初始投资 300 000 元，每年税后现金流 85 000 元，净现值 49 469 元，内部回报率 17.65%。在决策分析会上，甲公司其他管理人员对张三的计算提出了很多问题。因为金融危机，股票市场大幅波动，甲公司权益资金的成本较之前提高了很大幅度。

问题 191：

1）甲公司权益资金的成本是多少？

2）甲公司权益成本的变化会不会影响两个项目的净现值和内部回报率？

3）如果政府决定降低企业所得税率，会对项目的净现值和内部回报率产生什么影响？

4）计算两个项目的投资回收期，并说明投资回收期的 3 个缺点。

5）列举普通股的两个特点，并说明权益融资和债券融资的两个差异。

6）张三决定分析甲公司股票的公允价值，市场变化后，该公司股票 β 值变为 2，市场收益率为 10%，无风险收益率为 4%，甲公司股票预期回报率为 15%。通过对甲公司的收益情况分析，张三认为应该使用两阶段模型计算公司股票的公允价值。

a. 使用 CAPM 计算公司股票的要求回报率，甲公司股票高估还是低估了？

b. 说明两阶段模型的计算步骤以及适用环境。

问题 192　以下哪项最好地描述了政府的投资税收抵免政策的影响？(　　)

A. 企业会因一定投资限度下的潜在低利润而得到相应补偿。

B. 如果其他条件不变，企业投资会有更高的净现值。

C. 如果其他条件不变，投资成本会增加，企业的投资额会减少。

D. 抵免是针对单个项目而不是一类项目。

问题 193　在设备更新的决策中，下列不会影响决策程序的是(　　)

A. 当前处理旧设备的价格。　　B. 旧设备的经营成本。

C. 旧设备当初的市场价值。　　D. 新设备的成本。

问题 194　A 公司用直线折旧法折旧，B 公司用加速折旧法折旧，则 A 公司较 B 公司有(　　)

A. 较高资产和较高净利润。　　B. 较低资产和较低净利润。

C. 较高资产和较低净利润。　　D. 较低资产和较高净利润。

问题 195　A 公司正在扩大生产厂房，需要投入 400 万美元用于购买新设备和厂房扩建。厂房扩建后该公司的年收入额预计将增加 300 万美元，应收账款增加额是销售收入的 30%，应付账款和其他流动负债增加额是销售收入的 10%。则这次扩张的预计总投入为(　　)

A. 340 万美元。　　B. 430 万美元。　　C. 460 万美元。　　D. 520 万美元。

问题 196　一家能源公司的管理层考虑在未来 5 年内进行一系列投资，以建造一家新能源工厂。该公司管理层不想一次性投入这个 5 年期投资项目，而是希望根据未来建造阶段的状况，灵活地决定各阶段的投资时间和金额。根据这些信息，下面哪项实物期权最适合这个情况？(　　)

A. 放弃。　　B. 延迟。　　C. 扩张。　　D. 缩减。

问题 197　A 公司正在考虑一项 10 年资本投资项目，预计每年收入为 40 000 元，每年经营费用需要支付现金 29 000 元。该项目所需设备的初始投资额为 23 000 元。其设备连续 7 年出现贬值，并全部计提减值。该设备期初要求投入运营资本为 7 000 元，第 5 年结束时再投入运营资本为 5 000 元。假设 A 公司所得率为 40%，且该公司预计这台设备 10 年后可以销售并获得 9 000 元的收入。该项目第 10 年的现金流量为多少？(　　)

A. 32 000 元。　　B. 24 000 元。　　C. 20 000 元。　　D. 11 000 元。

问题 198　甲公司决定出售一个分部，贴现率降低对净现值造成影响的是(　　)

A. 不变。　　B. 降低。　　C. 升高。　　D. 取决于投资期限。

问题 199　A 公司面临着两项投资计划：计划 1 初始投资为 5 000 万元，未来两年的现金流入均为 3 000 万元；计划 2 初始投资为 10 000 万元，未来两年的现金流入为 5 900 万元。A 公司的折现率为 10%，没有投资金额限制，分别用 NPV 及 IRR 判断投资决策的结果是(　　)

A. 应该投资计划 1，因为其 NPV 更大。　　B. 应该投资计划 2，因为其 IRR 更大。

C. 采用 NPV 和 IRR，得出的结论是相同的。　　D. 采用 NPV 和 IRR，得出的结论是相矛盾的。

问题 200　A 公司有 2 个互斥项目 A 和 B。项目 A 的生命周期为 5 年，项目 B 的生命周期为 7 年。

该公司要求回报率第 1 ~ 2 年为 8%，第 3 ~ 7 年为 10%。该公司应使用哪种贴现现金流方法评估这两个项目？(　　)

A. 贴现回收期。　B. 净现值法。　C. 内部回报率。　D. 盈利指数。

问题 201　某公司财务经理在对比两个投资项目。两个项目在第 1 年都有正的现金流入，投资规模相仿，项目生命周期中现金流有波动。该公司财务经理选择使用净现值法评估项目。根据以上信息，以下哪个选项的说法正确？(　　)

A. 正确，净现值法考虑到了现金流的波动。　B. 错误，应该使用内部回报率法。

C. 错误，应该使用会计收益率法。　D. 错误，应该使用回收期法。

问题 202　A 公司拟采用净现值法（NPV）、内部回报率（IRR）等指标对投资项目进行评价，该项目的基本信息如下：初始投资 250 000 元，年度经营现金增加 70 000 元，项目年限 6 年，项目采用直线折旧法，没有残值，项目的资本成本 10%。如果所得税税率由 30%上升到 40%，那么(　　)

A. 拒绝该项目，因为项目的内部回报率下降。

B. 拒绝该项目，因为项目的年度税后现金流入下降。

C. 接受该项目，因为折旧的税盾增加。

D. 接受该项目，因为折现的税后现金流入大于现金流出。

问题 203　在未来 6 年的时间里，A 公司预计每年的净利润为 10 000 元。计算税费时，固定资产采用直线折旧法，每年折旧额为 20 000 元，税率为 40%，折扣率为 10% ，现金收入为 100 000 元。如果所有需要折旧的资产已经计提 1 年的折旧，并且 6 年后的残值均为 0，那么税盾的现值为多少？(　　)

A. 8 000 元。　B. 27 072 元。　C. 34 840 元。　D. 87 100 元。

问题 204　某公司为了提高生产效率，拟购买切割机，需投资 750 000 元。第 1 年至第 7 年的现金流入分别为 18 万元、21 万元、19 万元、17 万元、15 万元、10 万元、2 万元。该公司的资金成本为 10%，该项目的贴现回收期为(　　)

A. 3.5 年。　B. 4.5 年。　C. 5.5 年。　D. 6.5 年。

问题 205　下列关于回收期的描述正确的是(　　)

A. 回收期法用折现现金流。

B. 回收期法考虑回收期前后的现金流。

C. 回收期法测量一个项目收回初始投资额的时间。

D. 回收期法将现金流分为经营现金流和投资现金流。

问题 206　管理会计师张三在分析某个资本投资项目时，只考虑了项目的净现值，而没有考虑项目未来的变化和公司可能采取的行动。根据以上信息，张三没有考虑以下哪个因素？(　　)

A. 期权价值。　B. 敏感性分析。　C. 情景分析。　D. 蒙特卡罗模拟法。

问题 207　在进行项目投资决策时，通常要进行风险分析，以下哪种方法是最为复杂、最为精细的风险评价方法？(　　)

A. 情景分析法。　B. 敏感性分析法。　C. 蒙特卡罗模拟法。　D. 回收期法。

问题 208　假设其他因素不变，如果所得税率减少，项目的净现值如何变化？(　　)

A. 增加。　B. 减少。　C. 不变。　D. 无法确定。

问题 209　企业对固定资产采用直线折旧法。假设其他条件不变，企业投资项目的净现值将如何变化？(　　)

A. 增加。　B. 减少。　C. 不变。　D. 无法判断。

问题 210 某公司欲出售一项固定资产，历史成本为 100 000 元，已提折旧额为 85 000 元，售价为 25 000 元。已知所得税率为 35%，出售的税后净现金流是多少？( )

A. 16 250 元。 B. 16 500 元。 C. 17 000 元。 D. 21 500 元。

问题 211 某企业现有核电项目，目前报废该项目需要投入 5 亿元，每年按照 5%递增，该项目可以运行 20 年。该企业需要计提专项资金，用于支付项目报废成本。该企业现有基金 1 亿元，该基金可以获得 7%的收益率，问该企业每年需计提多少基金？( )

A. 2 800 万元。 B. 2 500 万元。 C. 2 300 万元。 D. 3 200 万元。

问题 212 关于 NPV 和 IRR 的比较，以下哪项说法是正确的？( )

A. 项目 NPV 为零，资本成本等于内部报酬率。

B. 项目 NPV 小于零，内部报酬率必定大于资本成本。

C. 使用 NPV 和 IRR 的决策结果相同。

D. 项目 NPV 大于零，内部报酬率必定小于资本成本。

问题 213 甲公司分析以下 4 个互斥项目的指标如下。请问该公司的管理层应该选择哪个项目？( )

	项目	NPV	内部收益率	回收期
A.	Ⅰ	8 亿元	16%	5 年。
B.	Ⅱ	3 亿元	21%	4 年。
C.	Ⅲ	2 亿元	25%	4 年。
D.	Ⅳ	7 亿元	23%	3 年。

问题 214 使用内部回报率计算项目盈利能力的缺点包括( )

A. 不使用高级计算机就无法计算。

B. 未考虑项目的融资。

C. 复杂，让领导无法理解。

D. 对于项目生命周期内有正、负现金流的，可能会出现多个内部回报率。

问题 215 甲公司在进行项目评价时通过方案调整年节约成本 10%，则净现值( )

A. 增加。 B. 减少。 C. 不变。 D. 无法判定。

问题 216 A 公司正在进行资本项目的评估。该项目的初始投入为 95 000 元，年限为 7 年，每年会产生 40 000 元的净现金流入。若该公司选择的贴现率为 20%，则该项目的贴现回收期应为( )

A. 小于 2 年。 B. 2～3 年。 C. 3～4 年。 D. 4～5 年。

问题 217 A 公司新设备的投资回收期目标是 3 年。一个新的分拣系统成本是 450 000 元，有 5 年的使用寿命。A 公司采用直线折旧法，没有残值，所得税率为 40%。为了实现投资回收期的目标，这个分拣系统必须每年减少多少经营成本？( )

A. 6 万元。 B. 10 万元。 C. 15 万元。 D. 19 万元。

问题 218 当竞争者进入市场的概率很高，并且可以获得有利的未来现金流时，公司更倾向于选择哪种实物期权？( )

A. 适应。 B. 放弃。 C. 延迟。 D. 扩张。

问题 219 评估一个资本预算项目时，一家公司的司库想要了解经营利润是怎样变化的以及项目的使用年限会怎样影响其内含报酬率。该司库使用的方法是( )

A. 情景分析法。 B. 敏感性分析法。 C. 蒙特卡罗模拟法。 D. 学习曲线法。

问题 220 使用 NPV 而不是 IRR 来评估资本预算项目的主要好处是 NPV ( )

A. 同时考虑了资金的时间价值和初始投资。　B. 更适用于比较不同规模的项目。

C. 在计算中不需要使用假设。　D. 支持所有现金流模式。

问题 221　为了解决有关拟议项目的不确定性，某公司计划研究有限数量的变量组合对项目现金流的影响。下列哪个分析工具最适合预测项目的未来现金流？(　　)

A. 情境分析。　B. 蒙特卡罗分析。

C. 回收期。　D. 内含报酬率。

问题 222　在分析投资项目时，公司必须确定特定项目的适当最低预期回报率。该利率是(　　)

A. 安全投资的回报率和用于确定项目折现率的基准。

B. 公司所有类似项目的加权平均资本成本。

C. 在给定投资风险的情况下，投资的最低要求报酬率。

D. 项目净现值为零的分析中的折现率。

问题 223　某公司的主计长编制了一份资本预算分析报告，该分析报告没有考虑到净运营资本在项目开始时会增加 100 万元，然后在项目结束时会减少 100 万元。这种疏忽(　　)

A. 对项目的净现值没有影响，因为这些变化相互抵消。

B. 低估了整个项目的净现值。

C. 高估了该项目最后 1 年现金流出的现值。

D. 低估了该项目最后 1 年现金流的现值。

情景 15-13

R 公司是一家拥有 150 多家连锁店的家居装饰公司。R 公司发现了一家极具吸引力的新店位置，要求财务规划总监准备一份分析报告，并就是否开设这家新店给出建议。

在准备分析报告时，财务规划总监发现：拟议新店位置的土地成本为 500 000 美元，建设费用为 3 500 000 美元。建筑承包商要求在动工时支付全额费用，施工需要 1 年。R 公司将通过 40 年抵押贷款为土地和建设费用融资。抵押贷款每年年末需偿还 118 000 美元。新店内设施成本预计为 100 000 美元，将被费用化。库存成本预计为 100 000 美元。考虑到价格上涨的可能，该公司希望在动工时就购买店内设施和库存。新店开业广告需 50 000 美元，在动工时向广告公司支付定金。新店将于动工后 1 年开业。

R 公司将在 20 年内采用直线法对建筑进行折旧，税率为 35%。R 公司使用 12% 的预设回报率对项目进行评估。R 公司预计新店税后经营利润为 1 200 000 美元/年。

问题 224

1）R 公司初始现金流出为多少？请提供计算过程。

2）计算新店的预计年现金流。请提供计算过程。

3）R 公司管理层 5 年内对新店进行一次评估，因为他们认为 5 年后的运营存在太多的不确定性。请计算新店运营前 5 年的净现值（NPV）。

4）仅依据问题 3 的答案，您是否建议 R 公司开设这家新店？请说明原因。

5）如何利用敏感度分析支持您的建议？

情景 15-14

甲公司是一家物流企业。该公司财务经理张三正在评估几个资本投资项目方案。以下是相关财务信息：①几年前，甲公司发行了 10 000 张债券，每张债券面值为 1 000 元，票面利率为 9.2%（年付）。该债券当前市场价格为 1 040 元/张。甲公司已支付了债券的利息，并且债券明年到期。②甲公司没有其他债券或在外流通的优先股。③甲公司在外流通的普通股股数为 2 000 000 股。该股票市场价格为 14.8 元/股，甲公司预期下一年支付 1.48 元/股的现金股利。在可预见的将来，甲公司股利预期按每年 4% 的幅度增长。④甲公司的税率为 30%。

张三正在考查的资本投资备选项目信息如表 15-50 所示。所有的项目都是甲公司的一般业务，并且项目之间相互独立。项目的净现值是使用加权平均资本成本计算得到的。

表 15-50　甲公司备选项目信息

项目	初始投资（元）	IRR（%）	NPV（元）
A	450 000	17.0	18 800
B	128 000	19.5	2 300
C	262 000	16.2	9 800
D	180 000	10.5	-7 000
E	240 000	16.5	22 500
F	160 000	11.1	-900

甲公司还在评估另外一个资本投资议案——项目 X。该项目与甲公司的一般经营业务完全不同。预计按照现有资本机构筹资项目所需资金，并且不受任何资本限量约束。与项目 X 相关的第 0 年至第 4 年税后现金净流量的预测数据分别为 -200 000 元、60 000 元、80 000 元、80 000 元和 80 000 元。在分析经营类似项目 X 的两家公司后，甲公司确定项目 X 的贝塔值为 1.5，无风险报酬率为 5%，市场风险溢价为 10%。甲公司主要采用投资回收期法来评估项目风险，并且如果投资回收期短于 3 年，则接受该项目。

问题 225

1）计算甲公司的加权平均资本成本。

2）根据项目 A 至项目 F 的信息，说明甲公司应该接受哪些项目。

3）甲公司是否应该运用加权平均资本成本来评估项目 X？

4）请计算项目 X 的净现值，说明是否应该接受项目 X？

5）a. 计算项目 X 的投资回收期。根据投资回收期标准，甲公司是否接受该项目？b. 说明为什么按照投资回收期法决策会导致甲公司无法做出最优决策。

6）说明股票和优先股融资的 2 个优缺点。

情景 15-15

甲公司是一家大型制造业集团公司。如果其中有部门超过了设定的利润目标的话，那么甲公司就会给这些部门经理发放年终奖。部门经理负责本部门的日常经营，但是超过 500 000 元的资本支出时必须经过甲公司总部审批。张三最近被任命为 A 部门的部门经理。

12 个月前，前任经理李四进行了新生产设备的投资，该设备预计使用寿命为 5 年。该项目总投资为 700 000 元，包含了一台成本为 200 000 元的特殊包装机。这台包装机的使用寿命为 5 年，残值为 0。张三刚刚得知一种新的包装技术，在原项目的生命周期内，能够为 A 部门每年节约 60 000 元的包装成本。由于引入新技术，现有包装机可按照 75 000 元的价格出售。购置和安装新包装设备将花费210 000 元。甲公司财务总监王五建议张三考虑租赁设备，这样可以减少该公司发行的公司债券。A 部门的资本成本为 10%，甲公司的实际税率为 40%。新设备的残值为 0，并且按照 5 年期直线法计提折旧。

问题 226

1）计算使用新包装设备的净现值。

2）从财务的角度来看，甲公司是否应该投资新包装设备？

3）根据上一个问题的结果，请说出可能导致张三改变其决策的 3 个非财务因素。

4）a. 解释说明甲公司采用的以利润为基础的薪酬系统存在的问题。b. 为了使得部门经理的行为与组织目标保持一致，请建议一种薪酬体系方案。

5）a. 说明实物期权的定义，列举 3 种实物期权。b. 说明债券面值、期限和票面利率的含义。

6）甲公司财务总监为什么建议张三租赁而不是借款？

本章习题解答

题号	答案	题号	答案	题号	答案	题号	答案
问题 1	D	问题 2	D	问题 3	B	问题 4	A
问题 5	A	问题 6	A	问题 7	B	问题 8	A
问题 9	A	问题 10	B	问题 11	D	问题 12	A
问题 13	D	问题 14	B	问题 15	B	问题 16	C
问题 17	C	问题 18	D	问题 19	B	问题 20	C
问题 21	D	问题 22	A	问题 23	B	问题 24	C
问题 25	A	问题 26	B	问题 27	A	问题 28	C
问题 29	B	问题 30	B	问题 31	A	问题 32	D
问题 33	C	问题 34	D	问题 35	D	问题 36	B
问题 37	B	问题 38	B	问题 39	C	问题 40	D
问题 41	B	问题 42	C	问题 43	C	问题 44	C
问题 45	B	问题 46	D	问题 47	A	问题 48	B
问题 49	D	问题 50	D	问题 51	C	问题 52	A
问题 53	D	问题 54	D	问题 55	C	问题 56	B
问题 57	A	问题 58	C	问题 59	C	问题 60	D
问题 61	A	问题 62	D	问题 63	D	问题 64	A
问题 65	D	问题 66	D	问题 67	A	问题 68	D
问题 69	D	问题 70	C	问题 71	D	问题 72	D
问题 73	C	问题 74	D	问题 75	C	问题 76	C
问题 77	C	问题 78	C	问题 79	C	问题 80	A
问题 81	C	问题 82	B	问题 83	B	问题 84	A
问题 85	D	问题 86	D	问题 87	B	问题 88	B
问题 89	C	问题 90	C	问题 91	A	问题 92	B
问题 93	B	问题 94	A	问题 95	D	问题 96	D
问题 97	C	问题 98	D	问题 99	C	问题 100	B
问题 101	B	问题 102	C	问题 103	C	问题 104	A
问题 105	C	问题 106	D	问题 107	C	问题 108	C
问题 109	B	问题 110	C	问题 111	D	问题 112	A

（续）

题号	答案	题号	答案	题号	答案	题号	答案
问题 113	D	问题 114	B	问题 115	D	问题 116	D
问题 117	C	问题 118	A	问题 119	A	问题 120	C
问题 121	D	问题 122	A	问题 123	C	问题 124	D
问题 125	C	问题 126	C	问题 127	A	问题 128	C
问题 129	D	问题 130	C	问题 131	A	问题 132	C
问题 133	A	问题 134	B	问题 135	B	问题 136	C
问题 137	A	问题 138	A	问题 139	B	问题 140	D
问题 141	B	问题 142	A	问题 143	B	问题 144	B
问题 145	D	问题 146	D	问题 147	C	问题 148	A
问题 149	B	问题 150	C	问题 151	C	问题 152	B
问题 153	D	问题 154	C	问题 155	B	问题 156	D
问题 157	B	问题 158	C	问题 159	C	问题 160	D
问题 161	B	问题 162	A	问题 163	C	问题 164	C
问题 165	B	问题 166	C	问题 167	C	问题 168	C
问题 169	A	问题 170	A	问题 171	B	问题 172	C
问题 173	A	问题 174	C	问题 175	B	问题 176	C
问题 177	D	问题 178	A	问题 179	B	问题 180	A
问题 181	A	问题 182	C	问题 183	B	问题 184	B
问题 185	A	问题 186	B	问题 192	B	问题 193	C
问题 194	A	问题 195	C	问题 196	B	问题 197	B
问题 198	C	问题 199	C	问题 200	B	问题 201	A
问题 202	D	问题 203	C	问题 204	D	问题 205	C
问题 206	A	问题 207	C	问题 208	A	问题 209	A
问题 210	B	问题 211	C	问题 212	A	问题 213	A
问题 214	D	问题 215	A	问题 216	C	问题 217	D
问题 218	A	问题 219	B	问题 220	D	问题 221	A
问题 222	C	问题 223	D				

问题 1 分析：

第 4 年结束时的现金流量见表 15-51。

表 15-51 第 4 年结束时的现金流量 （单位：美元）

收入	150 000
营业费用	−100 000
营业利润	50 000
折旧	−15 000

（续）

税前利润	35 000
税收（40%）	-14 000
净利润	21 000
加：折旧	15 000
现金流量	36 000
加：残余价值（第 4 年）	10 000
加：收回的净运营资本（第 4 年）	3 000
现金流（第 4 年）	49 000

问题 2 分析：

初始投资包括购买价格、安装成本和营业资本的上升。因此，初始投资 =380 000 美元 +20 000 美元 +15 000 美元 =415 000 美元。

问题 3 分析：

新机器购买和安装成本，现金流出 =50 000 美元 +4 000 美元 =54 000 美元。

旧机器销售，现金流入 =5 000 美元。

旧机器销售的税收，现金流出 =（5 000 美元 -2 000 美元）×40% =1 200 美元。

净运营资本增加，现金流出 =1 000 美元。

现金支出总额 = 现金流入 - 现金流出 =5 000 美元 -（54 000 美元 +1 200 美元 +1 000 美元）= -51 200 美元。

问题 4 分析：

按照定义，当贴现率等于内部回报率时，初始投资等于资产投资期限内现金流入的现值。

初始投资 =（1 000 美元 ×0.877）+（2 000 美元 ×0.769）+（4 000 美元 ×0.675）+（4 000 美元 ×0.592）=7 483 美元。

问题 5 分析：

年度净现金流入 = 销售收入 - 产品销售成本 - 小额零星营业成本 =400 000 美元 -250 000美元 -70 000 美元 =80 000 美元（年度）。

净现值的计算见表 15-52。

表 15-52　计算净现值

项目	年度	现金流（美元）	系数	现值（美元）
设备购买	0 年	-120 000	1.000	-120 000
要求的运营资本	0 年	-200 000	1.000	-200 000
年度净现金流入	1 ~5 年	80 000	2.991	239 280
设备的残余价值	第 5 年	20 000	0.402	8 040
释放的运营资本	第 5 年	200 000	0.402	80 400

净现值 = -120 000 美元 -200 000 美元 +239 280 美元 +8 040 美元 +80 400 美元 =7 720美元。

问题 6 分析：

净现值的计算见表 15-53。

表 15-53 计算净现值 （单位：美元）

年度	项目 X	项目 Y	现值系数	项目 Y 的现值
1 年	40 000	10 000	0.909	9 090
2 年	40 000	20 000	0.826	16 520
3 年	40 000	60 000	0.751	45 060
4 年	40 000	80 000	0.683	54 640
总计	160 000	170 000		125 310

项目 X 的净现值 = 40 000 美元 × 3.170（年金贴现因子） = 126 800 美元。

项目 X 的净现值 126 800 美元，大于项目 Y 的净现值 125 310 美元。由于两个项目是相互排斥的，因此，选择项目 X。

问题 7 分析：

项目 1 和项目 2 无法提供能够满足资本最低成本要求（13%）的内部回报率（IRR）。项目 3 和项目 4 的 IRR 超过最低资本成本要求，因此，只接受这些项目。

问题 8 分析：

如果要在预算限额下选择项目，就必须按照获利指数的降序安排项目。

获利指数 = NPV/投资成本。

获利指数（项目Ⅰ） = 0.08，

获利指数（项目Ⅱ） = 0.13，

获利指数（项目Ⅲ） = 0.15，

获利指数（项目Ⅳ） = 0.09。

另外，考虑到资本限额的规定，选项 C 不可选。

问题 9 分析：

项目 A 的净现值（NPV） = 第 4 年的现金流量 × 现值系数 − 初始投资 = 157 352 美元 × 0.735 − 100 000美元 = 15 654 美元。

项目 B 的净现值（NPV） = 年现金流 × 年金现值系数 − 初始投资 = 34 320 美元 × 3.312 − 100 000 美元 = 13 668 美元。

项目 A 的 NPV 大于项目 B 的 NPV，因此，选择项目 A。

问题 10 分析：

通常使用敏感性分析来确定一个变量变化对结果的影响。

问题 11 分析：

蒙特卡洛模拟分析的目的是计算平均模拟需求，近似等于平均预期需求。

问题 12 分析：

随机数据 09、24、03、32、23、59、95、34、46、51，对应的每日需求 0、1、0、2、1、3、5、2、3、3。

平均模拟需求量 = （0 + 1 + 0 + 2 + 1 + 3 + 5 + 2 + 3 + 3）/10 = 2.0。

问题 13 分析：

线性规划中每个模型都有若干个决策变量（x_1，x_2，x_3，…，x_n），其中 n 为决策变量个数。决策变量的一组值表示一种方案，同时决策变量一般是非负的。目标函数是决策变量的线性函数，根据具体问题可以是最大化（max）或最小化（min），二者统称为最优化。本题中公允贷款公司的目标应是最大化边际贡献，而决策变量就是平均企业贷款（B）和平均家庭房地产贷款（H）。

问题 14 分析：

优先股内在价值 = 100 美元 ×7%/11% = 63.64 美元。70 美元 − 63.64 美元 = 6.36 美元。

问题 15 分析：

权益回报率 = 股利增长率/(1 − 股利支付率)，内在价值 = (每股收益 × 股利支付率)/(要求回报率 − 股利增长率)。两只股票的权益回报率和内在价值计算结果，见表 15-54。

表 15-54 两只股票的权益回报率和内在价值计算结果

	环城公路	华尔道夫
权益回报率（%）	10.91	12.73
内在价值	10.13	9.64

问题 16 分析：

$P=\frac{D_1}{k_s-g}=\frac{(1-RR)\ \times E_1}{k_s-g}$，也就是$\frac{P}{E_1}=\frac{1-RR}{k_s-g}$，又由于股利支付率相等。计算见表 15-55。

表 15-55 相关计算

股票	要求回报率（%）	股利增长率（%）	（k_s-g）（%）	1/（k_s-g）
1	15.6	7.4	8.2	12.20
2	16.1	8.2	7.9	12.66
3	16.5	8.8	7.7	12.99
4	18.5	9.0	9.5	10.53

问题 17 分析：

β 值是单个资产系统性风险的标准衡量。

问题 18 分析：

投资回收期和会计平均报酬率均不使用现金流量贴现技术。值得注意的是，贴现回收期使用现金流量贴现技术。

问题 19 分析：

第 3 年的净现金流 =（1 200 000 美元 − 300 000 美元）×（1 − 40%）+（2 000 000 美元/10 + 3 000 000 美元/5）×40% = 860 000 美元。

问题 20 分析：

内部回报率是净现值等于零的收益率，A 项目为 18% ~20%，B 项目为 24% ~26%。

问题 21 分析：

项目 R 按回报率 12% 计算，项目 S 按回报率 16% 计算。

项目 R 加权现金流 = 75 000 美元 ×10% + 95 000 美元 ×80% + 115 000 美元 ×10% = 95 000美元，

项目 S 加权现金流 = 70 000 美元 ×25% + 110 000 美元 ×50% + 150 000 美元 ×25% = 110 000 美元。

项目 R 的 NPV = 95 000 美元 ×5.650 − 500 000 美元 = 36 750 美元 >0，

项目 S 的 NPV = 110 000 美元 ×4.833 − 500 000 美元 = 31 630 美元 >0。

问题 22 分析：

实际收入为 400 000 美元 ×（1 + 8%）= 432 000 美元，名义收入为 400 000 美元 ×（1 + 8%）×（1 + 3%）= 444 960 美元。

问题 23 分析：

投资回收期 = 累计净现金流量开始出现正值的年份数 - 1 + 上一年累计净现金流量的绝对值/出现正值年份的净现金流量 = 4 - 1 + （1 000 - 200 - 200 - 400）/400 = 3.5（年）。

问题 24 分析：

设净现值等于零时的销量为 Q，则

{[(110 元/件 - 45 元/件) × Q - 600 000 元] × (1 - 30%) + 350 000 元 × 30%} × 5.216 + 500 000 元 × 0.270 = 3 500 000 元 + 500 000 元，解得 Q = 23 209 个。销售大于 23 209 个的概率是 65%。

问题 25 分析：

在只有一个备选方案的投资决策中，如果计算出的内部回报率大于或等于企业的要求回报率就接受；反之，则拒绝。要求回报率可以使用最低报酬率或者资本成本。

问题 26 分析：

预测现金流量是资本预算编制过程中不确定性最高的阶段。

问题 27 分析：

初始现金流量 = -600 000 元 + 380 000 元 - 40% ×（380 000 元 - 250 000 元）= -272 000 元。

问题 28 分析：

内部回报率法的优点是该方法考虑了资金的时间价值，反映了投资项目的真实回报率，而且概念也易于理解。净现值法所做出的决定可以最大限度地增加股东财富。

问题 29 分析：

每年的净现金流量相等，则年金现值系数 = 初始投资额/每年净现金流量 = 500 000 元/175 000 元 = 2.857，查年金现值系数表第 4 年 1 行，可知内部回报率为 15%。

问题 30 分析：

非常规现金流的项目会产生多 IRR 问题或者无 IRR 问题。

问题 31 分析：

非常规现金流的项目会产生多 IRR 问题或者无 IRR 问题。甲公司既然有 -29% 的回报率，必然存在其他回报率。在净现值计算过程中，该项目的现金流量被认为以该项目的要求回报率进行再投资。

问题 32 分析：

贴现率减少，净现值增加，内部回报率不受要求回报率的影响。

问题 33 分析：

某项目的获利指数高于 1.0，这意味净现值大于零，内部回报率大于要求回报率。

问题 34 分析：

资金配额问题排序的依据是获利指数。

问题 35 分析：

4 个项目的获利指数分别为 1.11、1.1、1.06 和 1.125。

问题 36 分析：

合理股价 = 1.00 元/(10% - 5%) = 20.00 元。

问题 37 分析：

初始现金流 = -450 000 元 - 25 000 元 = -475 000 元。第 1 年现金流 = 175 000 元 × (1 - 40%) + 475 000 元 × 25% × 40% = 152 500 元。第 2 年现金流 = 175 000 元 × (1 - 40%) + 475 000元 × 38% × 40% = 177 200 元。第 3 年现金流 = 175 000 元 × (1 - 40%) + 475 000 元 × 37% × 40% = 175 300 元。净现值为 -72 776 元。

问题 38 分析：

当前市值 = 200 000 元 × 20 = 4 000 000 元。

问题 39 分析：

10 年后需要的额外资金 = 10 年后核废料处理成本 − 10 年后“特殊预备账户”的金额 = 1 400 万元 × 1. 801 − 300 万元 × 2. 759 = 1 693. 7 万元。每年需要收取的费用 = 16 937 000 元/25. 129 = 674 002 元。每千瓦时需要的费用 = 674 002 元/13 500 000 千瓦时 = 0. 05 元/千瓦时。

问题 40 分析：

见表 15-56。

表 15-56　3 个互斥项目的净现值

年度（年）	项目 X（元）	项目 Y（元）	项目 Z（元）	贴现率
0	−7 000	−7 000	−7 000	1
1	0	2 000	5 000	0. 909
2	4 000	3 000	0	0. 826
3	2 000	4 000	2 000	0. 751
4	5 000	2 000	4 000	0. 683
净现值	1 221	1 666	1 779	

问题 41 分析：

获利指数等于每年的税后现金流量的现值除以该项目的初始投资。

问题 42 分析：

甲公司该项目的净现值 = 420 000 元 × 3. 791 + 100 000 元 × 0. 621 − 1 800 000 元 = （152 200元）。

问题 43 分析：

回收期是指回收初始投资所需要的时间。

问题 44 分析：

企业用两种方法确定要求报酬率，最低报酬率、加权平均资本成本。

问题 45 分析：

回收期缺点是忽略了资金的时间价值，没有考虑回收期后的现金流，没有衡量营利性。

问题 46 分析：

回收期法、贴现现金流量法、内部回报率法、净现值法都依靠预测的数据，并不一定可靠。

问题 47 分析：

内部回报率、回收期的计算结果不会受到要求回报率的影响，净现值会受到回报率影响。

问题 48 分析：

当项目的风险水平与该公司的平均风险相同，项目的净现值为零，与项目相关的内部回报率等于该公司的资本成本。

问题 49 分析：

可持续发展的权益增长率 = ROE ×（1 − 股利支出率），所以股利支出率上升，可持续发展的权益增长率下降。

问题 50 分析：

β 值取决于资产与市场组合的协方差，并且根据资本资产定价模型可知，两种资产具有相同的 β 和要求回报率。

问题 51 分析：

在评价单个投资项目时，获利指数与净现值法的评价结果总是相同的。

获利指数 = 未来现金流现值/总初始投资。获利指数大于 1 时，净现值大于 0，项目被接受；净现值大于 0 时，获利指数大于 1，项目被接受。

问题 52 分析：

获利指数 = 未来现金流现值/总初始投资，项目按获利指数从大到小排列。

表 15-57

项目	净现值（元）	投资额（元）	获利指数
Ⅱ	10 000	10 000	2
Ⅰ	10 000	20 000	1.5
Ⅳ	30 000	120 000	1.25
Ⅵ	6 000	30 000	1.2
Ⅲ	16 000	80 000	1.2
Ⅴ	30 000	150 000	1.2

Ⅱ，Ⅰ，Ⅳ，Ⅵ 4 个项目获利指数最大，且 4 个项目总投资额不超过资本限额 200 000 元。因此应投资这 4 个项目。经验证，4 个项目净现值总和是所有满足投资约束的组合净现值中最大的。

问题 53 分析：

获利指数 = 未来现金流现值/总初始投资，项目按获利指数从大到小排列。

表 15-58

项目	初始投资（元）	未来现金流现值（元）	获利指数
Ⅴ	1 600 000	2 000 000	1.25
Ⅰ	5 600 000	6 720 000	1.2
Ⅱ	3 000 000	3 440 000	1.15
Ⅳ	2 400 000	2 736 000	1.14
Ⅲ	4 600 000	5 234 000	1.14

项目组合Ⅴ，Ⅰ，Ⅱ不能满足投资约束 10 000 000 元，项目组合Ⅴ，Ⅰ，Ⅳ可以满足投资约束 10 000 000 元。因此选择项目组合Ⅴ，Ⅰ，Ⅳ。经验证，Ⅴ，Ⅰ，Ⅳ项目 NPV 总和是所有满足投资约束的组合净现值中最大的。

问题 54 分析：

根据实证研究，市盈率和市账率都可以解释资产的长期收益的不同。

问题 55 分析：

净现值是最好的决策方法。在评价单个投资项目时，获利指数与净现值法的评价结果总是相同的。

获利指数 = 未来现金流现值/总初始投资。获利指数大于 1 时，净现值大于 0，项目被接受。

问题 56 分析：

按获利指数从大到小排列：Ⅲ，Ⅳ，Ⅱ，Ⅰ。项目组合Ⅲ，Ⅳ可以满足投资约束3 000 000 元。因此选择项目组合Ⅲ，Ⅳ。经验证，Ⅲ，Ⅳ项目净现值总和是所有满足投资约束的组合中净现值最大的。

问题 57 分析：

根据资本资产定价模型，$k_e = r_f + \beta\ (k_m - r_f)$，可以得到 4 只股票的要求回报率为：$A = 11.2\%$，

$B=12.0\%$，$C=12.8\%$，$D=13.6\%$。所以股票 A 和股票 B 被低估，股票 C 合理估值，股票 D 被高估。

问题 58 分析：

市销率 P/S = 55 元/44 元 = 1.25，市账率 P/BV = 55 元/28 元 = 1.964。

问题 59 分析：

未来现金流入量的现值 = 2 000 元/0.08 = 25 000 元，获利指数 = 25 000 元/20 000 元 = 1.25。

问题 60 分析：

互斥项目的判断标准是选择净现值最大的项目。

问题 61 分析：

鉴于无数的动荡和市场竞争情况，企业往往建立他们生产操作的灵活性，使他们能够快速响应任何更改和最有价值的产出。

问题 62 分析：

在资本预算中最知名的计算机仿真模型是蒙特卡罗模拟工具，它使用重复的随机抽样调查和算法计算出最可能的结果，确定项目涉及不确定性的范围。

问题 63 分析：

为了提高流动资金进行再融资是投资成本在 1 年内费用化的活动，属于流动投资预算。资本投资指的是长期的活动，通常伴随当期现金流出，目的是希望在以后的期间获得收益。

问题 64 分析：

购买旧设备时的购买价格是沉没成本，与设备重置的决策无关。

问题 65 分析：

Ⅰ. 仓库的账面价是沉没成本，与决策无关。Ⅱ. 支付的利息属于融资决策，财务费用不在现金流里反映而是在贴现率里考虑。因此利息支出与这项投资无关。Ⅲ. 增加的应付账款和存货是净运营资本改变。运营资本增加是净现金流出，减少是净现金流入。Ⅳ. 投资与否将影响递延资产的确认。

问题 66 分析：

第 1 年回收（1 000 000 元），还需 2 100 000 元 = 1 100 000 元 + 1 000 000 元才能收回成本。第 2 年回收 900 000 元，还需 1 200 000 元 = 2 100 000 元 − 900 000 元才能收回成本。第 3 年回收 700 000 元，还需 500 000 元 = 1 200 000 元 − 700 000 元才能收回成本。第 4 年可恰好全部收回成本。回收期是 4 年。

问题 67 分析：

使用名义贴现率对名义现金流进行贴现。折现率中考虑了通货膨胀，现金流中也考虑了通货膨胀。

问题 68 分析：

初始净投资现金流包括新资产的成本、旧资产售出价格和净运营资本的变化。流动负债的变化会影响到净运营资本的变化。

问题 69 分析：

折旧费用不是现金流，且无税收抵扣，是沉没成本，因此不考虑。分析可知，利息费用不考虑。与投资项目相关的现金流有收入、直接成本、变动制造费用、固定制造费用和管理费用，则，总现金流 = 1 300 000 元 − 540 000 元 − 100 000 元 − 40 000 元 − 80 000 元 = 540 000 元。

问题 70 分析：

现金流计算公式可知，第 5 年经营现金流 =（100 000 件 ×（160 元/件 − 130 元/件）− 1 000 000元）×（1 − 40%）= 1 200 000 元。

处置期现金流 = 销售设备净现金流入 + 初始投入运营资本 =（600 000 元 − 200 000 元）×（1 −

40%）+800 000 元 =1 040 000 元。

净现金流入 =1 200 00 元 +1 040 000 =2 240 000 元。

问题 71 分析：

初始现金流入 = 设备成本 + 增加运营资本 =2 400 000 元 +600 000 元 +800 000 元 =3 800 000元。

问题 72 分析：

设备成本 = 购买费用 + 安装费用 =2 400 000 元 +600 000 元 =3 000 000 元。

直线折旧按照 3 年计提，则，每年折旧费用 =3 000 000 元/3 年 =1 000 000 元。

净现金流入 = 折旧前净利润 + 折旧带来的税收抵扣 =（100 000 件 ×（160 元/件 －130 元/件）－1 000 000 元）×（1 －40%）+1 000 000 元 ×40% =1 200 000 元 +400 000 元 =1 600 000元。

问题 73 分析：

现金流计算公式可知，设备成本 = 初始成本 + 安装运输费 =500 000 元 +50 000 元 =550 000 元。设备按修正的加速成本回收制度折旧，则折旧费用 =550 000 元 ×20% =110 000元。

净现金流入 = 税后节省的现金流 + 折旧带来的税收抵扣 =150 000 元 ×（1 －40%）+110 000 元 ×40% =90 000 元 +44 000 元 =134 000元。

问题 74 分析：

初始现金流量 = 设备成本 + 净运营资本投入 + 卖出旧设备现金流入 = －（500 000 元 +50 000 元）－（60 000 元 －30 000 元）－160 000 元 +（160 000 元 －200 000 元）×40% = －550 000元 －30 000 元 －176 000 元 = －404 000 元。

问题 75 分析：

设备成本 = 初始成本 + 安装运输费 =500 000 元 +50 000 元 =550 000 元。

第 5 年折旧费用 = 设备成本 × 第 5 年折旧率 =550 000 元 ×14. 5% =79 750 元。

净现金流入 = 折旧前净利润 + 折旧带来的税收抵扣 + 旧设备回收资金 + 净运营资本回收 =150 000 元 ×（1 －40%）+79 750 元 ×40% +60 000 元 ×（1 －40%）+（60 000 元 －30 000 元）=90 000 元 +31 900 元 +36 000 元 +30 000 元 =187 900 元。

问题 76 分析：

净现金流入应考虑经营现金流加上折旧带来的税收抵扣的影响。

问题 77 分析：

每年折旧带来的税收抵扣 = 折旧 × 税率 =400 000 元 ×40% =160 000 元。折旧带来的税收抵扣现值 =160 000 元 ×（PVIFA，10%，6）=69 680 元。

问题 78 分析：

第 3 年售价 =160 元 ×（1 －5%）^{2} =144. 4 元；第 3 年单位人工成本 =40 元 ×（1 +5%）^{2} =44. 1 元；第 3 年单位材料成本 =60 元 ×（1 +10%）^{2} =72. 6 元；每年折旧 =4 000 000 元/4 年 =1 000 000 元。

经营现金流入 = 折旧前净利润 + 折旧带来的税收抵扣 =（125 000 件 ×（144. 4 元/件 －44. 1 元/件 －72. 6 元/件）－600 000 元）×（1 －40%）+1 000 000 元 ×40% =1 717 500 元 +400 000 元 =2 117 500 元。

问题 79 分析：

运营资本对 NPV 的影响 = －80 000 元 +80 000 元 ×（PVIF，12%，5）= －34 640 元。

问题 80 分析：

第 2 年折旧 =2 000 000 元 ×32% =640 000 元。第 2 年预期净税收对现金流影响 = 税前利润 × 所得税率 =（1 400 000 元 －900 000 元 －640 000 元）×40% = －56 000 元。税收负的流出对现金流是正向

影响。

问题 81 分析：

设初始投资为 I，则，6 000 元 = $-I$ + 18 000 元 ×（PVIFA，9%，4），解得 I = 52 320 元。

问题 82 分析：

沉没成本是已经发生的成本，与决策无关。净运营资本的变化是现金流的变化，因此要考虑。通货膨胀率既会影响到折现率，又会影响到未来的收入和费用，因此也需考虑。

问题 83 分析：

投资新设备后，应收账款增加 4 000 元 = 16 000 元 − 12 000 元，应付账款增加 800 元 = 5 000 元 − 4 200 元，则，净运营资本增加 = 4 000 元 − 800 元 = 3 200 元。

卖出旧设备净现金流入 = 售价 − 净利得 × 税率 = 6 000 元 − [6 000 元 −（100 000 元 − 90 000元）] × 40% = 7 600 元。

初始净现金流出 = −190 000 元 − 3 200 元 + 7 600 元 = −185 600 元。

问题 84 分析：

每年的折旧费用 = 4 800 000 元/4 = 1 200 000 元。每年折旧带来的税收抵扣 = 折旧 × 税率 = 1 200 000 元 × 40% = 480 000 元。折旧带来的税收抵扣现值 = 480 000 元 ×（PVIFA，10%，4）= 1 521 600 元。

问题 85 分析：

新设备每年折旧 32 000 元，旧设备每年折旧 3 200 元，则，每年增加折旧费用 = 32 000 元 − 3 200 元 = 28 800 元。

净现金流入 = 折旧前净利润 + 折旧带来的税收抵扣 56 800 元 ×（1 − 40%）+ 28 800 元 × 40% = 34 080 元 + 11 520 元 = 45 600 元。

问题 86 分析：

新建筑成本 4 000 000 元，直线法按 10 年计提折旧，则，每年折旧费用 = 4 000 000 元/10 = 400 000 元。新建筑折旧带来的税收抵扣 = 每年折旧费用 × 税率 = 400 000 元 × 40% = 160 000 元。建筑第 5 年时累计折旧 = 400 000 元 × 5 = 2 000 000 元。建筑账面净值 = 4 000 000 元 − 2 000 000 元 = 2 000 000 元。

设备成本 6 000 000 元，直线法按 5 年计提折旧，每年折旧费用 = 6 000 000 元/5 = 1 200 000 元。设备第 5 年时累计折旧 = 1 200 000 元 × 5 = 6 000 000 元。第 5 年经营现金流 = 折旧前净利润 + 新建筑折旧带来的税收抵扣 + 设备折旧带来的税收抵扣 =（2 400 000 元 − 600 000 元）×（1 − 40%）+ 400 000 元 × 40% + 1 200 000 元 × 40% = 1 080 000 元 + 160 000 元 + 480 000 元 = 1 720 000 元。处置期现金流 = 销售建筑的现金流入 + 销售设备的现金流入 + 销售土地的现金流入 = 1 000 000 元 −（1 000 000 元 − 2 000 000 元）× 40% +（600 000 元 − 100 000 元）− [（600 000 元 − 100 000 元）− 0 元] × 40% + 1 600 000 元 −（1 600 000 元 − 1 000 000 元）× 40% = 1 400 000 元 + 300 000 元 + 1 360 000 元 = 3 060 000 元。净现金流入 = 第 5 年经营现金流 + 处置期现金流 = 1 720 000 元 + 3 060 000 元 = 4 780 000 元。

问题 87 分析：

新建筑成本 4 000 000 元，直线法按 10 年计提折旧，每年折旧费用 = 4 000 000 元/10 年 = 400 000 元。

设备成本 6 000 000 元，直线法按 5 年计提折旧，每年折旧费用 = 6 000 000 元/5 年 = 1 200 000 元。

经营净现金流入 = 折旧前净利润 + 新建筑折旧带来的税收抵扣 + 设备折旧带来的税收抵扣 =（2 400 000 元 − 600 000 元）×（1 − 40%）+ 400 000 元 × 40% + 1 200 000 元 × 40% = 1 080 000元 +

160 000 元 +480 000 元 =1 720 000 元。

问题 88 分析：

新机器的总成本 = 原始成本 + 安装成本 + 运费和保险 = 180 000 元 + 8 000 元 + 12 000 元 = 200 000 元。

新机器每年折旧费用 =200 000 元/5 =40 000 元，旧机器每年折旧费用 =100 000 元/10 =10 000 元，第 1 年新增折旧 =40 000 元 -10 000 元 =30 000 元。

第 1 年现金流入 = 税后节省劳动力成本 + 折旧带来的税收抵扣 =60 000 元 ×（1 -40%）+ 30 000 元 ×40% =36 000 元 +12 000 元 =48 000 元。

问题 89 分析：

新设备的总成本 = 原始成本 + 安装成本 + 运费和保险 = 180 000 元 + 8 000 元 + 12 000 元 = 200 000 元。

现有机器每年折旧费用 =100 000 元/10 =10 000 元，已经计提 7 年，则累计折旧 =7 ×10 000 元 = 70 000 元，账面净值 =100 000 元 -70 000 元 =30 000 元。

卖出现有设备的现金流入 = 售价 - 净利得 × 税率 =50 000 元 -（50 000 元 -30 000 元）×40% = 42 000 元。

净现金流出 = -200 000 元 +42 000 元 = -158 000 元。

问题 90 分析：

新机器的成本 = 原始成本 + 安装成本 + 运费和保险 = 180 000 元 + 8 000 元 + 12 000 元 = 200 000 元。

新机器每年折旧费用 =200 000 元/5 年 =40 000 元/年。

第 5 年现金流入 = 税后节省劳动力成本 + 折旧带来的税收抵扣 =60 000 元 ×（1 -40%）+40 000 元 × 40% =52 000 元。

问题 91 分析：

A 情景的净现值影响 = -5 000 000 元 +1 600 000 元 ×（1 -10%）×（PVIFA，12%，5）-768 000 元 = -577 200 元。B 情景的净现值影响 = -5 000 000 元 +1 600 000 元 ×（PVIFA，18%，5）-768 000 元 = -764 520 元。C 情景的净现值影响 = -5 000 000 元 +1 600 000 元 ×（PVIFA，12%，4）-768 000 元 = -908 240 元。对净现值影响从小到大排列为 A 情景，B 情景，C 情景。

问题 92 分析：

内部回报率是一种贴现率。在该贴现率下，所有初始投资后的净现金流入得的现值等于投资的初始现金支出。内部回报率是能使净现值为 0 的贴现率。

问题 93 分析：

A、B、C 3 个项目互斥，总会计师至多只能从中选择一个项目进行投资。B 项目净现值大于公司要求最低净现值 40 000 元，且净现值为 3 个项目中最大。因此投资 B 项目。

问题 94 分析：

投资评价的决策方法最好是考虑到货币时间价值并用现金流。净现值和内部回报率即考虑到货币时间价值又用现金流。回收期没考虑到货币时间价值但是用现金流。会计报酬率既没考虑到货币时间价值又没用现金流，因此是最无效率的。

问题 95 分析：

方案Ⅰ的净现值 = -10 000 000 元 ×（PVIFA，8%，3）-10 000 000 元 = -35 570 000 元；方案Ⅱ的净现值 = -20 000 000 元 ×（PVIF，8%，1）-20 000 000 ×（PVIF，8%，2）= -35 660 000元；方案

Ⅲ的净现值 = -36 000 000 元；方案Ⅳ的净现值 = -44 000 000 元 ×（PVIF，8%，3）= -34 937 400 元。4 种支付方案中，Ⅳ方案的净现值最大，因此选Ⅳ。

问题 96 分析：

从期权分析的角度来看，一个项目的真实价值应该由项目的净现值和项目的灵活性价值两部分构成，其中项目的灵活性价值可用期权价格表示。根据实物期权公式，该项目真实的价值 = -10 万元 + 6 万元 +5 万元 =1 万元，接受该项目。

问题 97 分析：

设利率 i，则，60 000 元 =15 800 元 ×（PVIFA，i，5），通过查年金现值表，得到 i =10%。

问题 98 分析：

评价投资决策的方法有净现值法，内部回报率法，盈利能力法，回收期法和会计收益率法。要求回报率不是评价项目的方法。

问题 99 分析：

内部回报率是一种贴现率，在该贴现率下，所有初始投资后的净现金流入得的现值等于投资的初始现金支出。即，内部回报率是能使净现值为 0 的折现率。

问题 100 分析：

净现值法使用特定贴现率将所有初始投资后的现金流折算为初始投资时的现值减去初始投资的差。

问题 101 分析：

如果每单位变动成本减少 10%，每年经营净现金流增加 = 销售数量 × 每单位变动成本 ×10% ×（1 - 税率）=10 000 件 ×140 元 ×10% ×（1 -40%）=84 000 元。净现值增加值 =84 000元 ×（PVIFA，14%，10）=438 000 元。

问题 102 分析：

当折现率为 10% 时，A 项目的净现值 = -200 000 元 +80 000 元 ×（PVIF，10%，1）+100 000 元 ×（PVIF，10%，2）+120 000 元 ×（PVIF，10%，3）=45 440 元。

当折现率为 12% 时，B 项目的净现值 = -300 000 元 +160 000 元 ×（PVIF，12%，1）+140 000 元 ×（PVIF，12%，2）+120 000 元 ×（PVIF，12%，3）=39 900 元。

A 项目的期初投资为 200 000 元；第 1 年回收 80 000 元，还需 120 000 元 =200 000 元 -80 000 元才能收回成本；第 2 年回收 100 000 元，还需 20 000 元 =120 000 元 -100 000元才能回收成本；第 3 年回收 120 000 元，即收回全部成本。A 项目的回收期 =2 +20 000 元/120 000 元 =2. 17 年。

B 项目的期初投资 =300 000 元；第 1 年回收 160 000 元，还需 140 000 元 =300 000 元 -160 000 才能收回成本；第 2 年回收 140 000 元，即收回全部成本。B 项目的回收期 =2 年。

A 项目的回收期大于 B 项目的回收期。A 项目的内部回报率为 22%，B 项目的内部回报率为 20%。

问题 103 分析：

A 方案的净现值 =270 000 元；B 方案的净现值 =80 000 元 ×（PVIFA，8%，4）=264 970 元；C 方案的净现值 =10 000 元 +40 000 元 ×（PVIFA，8%，10）=278 404 元；D 方案的净现值 =10 000 元 + 10 000 元 ×（PVIFA，8%，9）+400 000 元 ×（PVIF，8%，10）=257 746 元；4 个选项中，C 方案的净现值最大。

问题 104 分析：

第 5 年销售设备的现金流入 = 售价 - 净利得 × 税率 =100 000 元 -100 000 ×40% =60 000 元。净现值 = -1 100 000 元 -1 000 000 元 ×（PVIF，14%，1）+900 000 元 ×（PVIF，14%，2）+700 000 元 ×（PVIF，14%，3）+700 000 元 ×（PVIF，14%，4）+700 000 元 ×（PVIF，14%，5）+60 000 元 ×

(PVIF，14%，5) = -3 560 元。

问题 105 分析：

外包抛光机，每年税后经营现金流 = 400 000 元 × (1 - 40%) = 240 000 元。

净现值 = -240 000 元 × (PVIFA，10%，5) = -909 840 元。

问题 106 分析：

初始现金流 = 机器成本 = 2 000 000 元 - 100 000 元 = 1 900 000 元。每年折旧费用 = 1 900 000元/5 = 380 000 元。净经营现金流入 = 税后节省的人工成本 + 折旧税盾 = 200 000 元 × (1 - 40%) + 380 000 元 × 40% = 120 000 元 + 152 000 元 = 272 000 元。净现值 = -1 900 000元 + 272 000 元 × (PVIF，10%，5) = -868 848 元。

问题 107 分析：

贴现率为 8% 时，净现值大于 0，贴现率为 10% 时，净现值小于 0，则项目的内部回报率所在区间为 8% ~10%。

问题 108 分析：

第 1 年折旧带来的税收抵扣 = 折旧费用 × 税率 = 2 000 000 元 × 33.33% × 40% = 266 640元；第 2 年折旧带来的税收抵扣 = 折旧费用 × 税率 = 2 000 000 元 × 44.45% × 40% = 355 600元；第 3 年折旧带来的税收抵扣 = 折旧费用 × 税率 = 2 000 000 元 × 14.81% × 40% = 188 480元；第 4 年折旧带来的税收抵扣 = 折旧费用 × 税率 = 2 000 000 元 × 7.41% × 40% = 59 280元。

折旧税盾的现值 = 266 640 元 × (PVIF，20%，1) + 355 600 元 × (PVIF，20%，2) + 188 480元 × (PVIF，20%，3) + 59 280 元 × (PVIF，20%，4) = 566 000 元。

问题 109 分析：

净现值 = -40 000 元 + 12 000 元 × (PVIF，12%，1) + 12 000 元 × (PVIF，12%，2) + 16 000元 × (PVIF，12%，3) + 16 000 元 × (PVIF，12%，4) = 1 848 元。

问题 110 分析：

由问题 109 可知该项目的内部回报率大于 12%。假设折现率为 14%，净现值 = -40 000 元 + 12 000元 × (PVIF，14%，1) + 12 000 元 × (PVIF，14%，2) + 16 000 元 × (PVIF，14%，3) + 16 000 元 × (PVIF，14%，4) = 32 元。

内部回报率是能使净现值为 0 的折现率。内部回报率近似等于 14%。

问题 111 分析：

机器成本 1 000 000 元，直线法按 5 年计提折旧，则每年折旧费用 = 1 000 000 元/5 = 200 000 元。折旧费用可抵扣税额 = 折旧费用 × 税率 = 200 000 元 × 40% = 80 000 元。

净现值 = -初始投资 + 折旧前净利润现值 + 折旧费用可抵扣税额现值 = -1 000 000元 + 100 000 元 × (1 - 40%) × (PVIF，20%，1) + 100 000 元 × (1 - 40%) × (PVIF，20%，2) + 800 000元 × (PVIF，20%，3) + 800 000 元 × (1 - 40%) × (PVIF，20%，4) + 800 000 元 × (1 - 40%) × (PVIF，20%，5) + 80 000 元 × (PVIFA，20%，5) = 33 060 元。

问题 112 分析：

净现值大于等于 0，该项目可以被接受。

问题 113 分析：

回收期的决策标准：否定任何回收期大于公司目标的项目。

内部回报率的决策标准：否定内部回报率小于要求回报率的项目。

净现值的决策标准：否定净现值小于 0 的项目。

问题 114 分析：

净现值法假设项目产生的现金流入的再投资收益率等于企业的要求回报率，而内部回报率法却假设现金流入的再投资收益率等于该项目的内部回报率。相比之下，净现值法的假设更符合实际情况。

问题 115 分析：

如果关闭工厂，初始现金流出 = -3 000 000 元 - 1 000 000 元 + 1 500 000 元 = -2 500 000 元。净经营现金流入 = -(200 元/件 - 150 元/件) × 150 000 件 + 8 000 000 元 = 500 000元。净现值 = -2 500 000 元 + 500 000 元 × (PVIFA，12%，5) = -700 000 元。

关闭工厂会使公司净现值减少 700 000 元，因此不应该关闭工厂。如果不关闭，企业净现值将增加700 000 元。

问题 116 分析：

题中给出该项目净现值为(4 000 元)，小于 0，因此从净现值角度来看应拒绝该项目。项目的初始投资 400 000 元，每年均匀现金流入 130 000 元，则，回收期 = 400 000 元/130 000 元 = 3.08 > 目标回收期 3 年。因此，从目标回收期角度来看也应该拒绝该项目。

问题 117 分析：

当年现金流入为 90 000 元时，NPV = -400 000 元 + 90 000 元 × (PVIFA，14%，5) = -91 020元 < 0。当年现金流入为 100 000 元时，NPV = -400 000 元 + 100 000 元 × (PVIFA，14%，5) = -56 680 元 < 0。当年现金流入为 110 000 元时，NPV = -400 000 元 + 110 000 元 × (PVIFA，14%，5) = -22 360 元 < 0。当年现金流入为 120 000 元时，NPV = -400 000 元 + 120 000 元 × (PVIFA，14%，5) = 11 960 元 > 0。当年现金流入为 130 000 元和 140 000 元时，净现值必然大于 0。

当年现金流量为 120 000 元，130 000 元，140 000 元时净现值为正，概率分别为 20%，10%，10%，则，净现值为正的概率 = 20% + 10% + 10% = 40%。

问题 118 分析：

项目 X 的 NPV = -300 000 元 + 94 000 元 × (PVIFA，10%，5) = 56 340 元 > 0。项目 Y 的 NPV = -300 000 元 + 560 000 元 × (PVIF，10%，5) = 47 720 元 > 0。

项目 X 和项目 Y 为互斥项目，因此只能从中选择一个实施，项目 X 的净现值大于项目 Y 的净现值，因此接受项目 X 拒绝项目 Y。

问题 119 分析：

项目的净现值小于 0 说明项目内部回报率小于内部最低报酬率 14%。内部回报率是一种贴现率，在该贴现率下，所有初始投资后的净现金流入所得现值等于投资的初始现金支出。

问题 120 分析：

当项目的回收期大于公司的标准回收期时，项目被拒绝。两个互斥项目相比较，由于投资规模不同，内部回报率大的项目不一定净现值大。互斥项目应用净现值法进行决策。

问题 121 分析：

净现值是最好的决策方法。当贴现率为 10% 时，A 项目的净现值大于 B 项目的净现值。

问题 122 分析：

改进一个不吸引人的提案即是增加该提案的净现值。净现值只增加的 5 种方法：增加现金流入，减少现金流出，提前现金流入，推迟现金流出，降低贴现率。

选项 A 中，推迟大修是推迟现金流出，会增加净现值。选项 B 中，减少项目估计的净残值是减少项目结束时售卖资产的现金流入，这会减少净现值。选项 C 中，该分期付款为期初一次性付款是提前现金流出，会减少净现值。选项 D 中，项目由低风险变为一般风险，项目的贴现率会增加，这会减少净现值。

问题 123 分析：

内部回报率的缺点：内部回报率是一个比率，不是绝对数值。内部回报率无法用于要求报酬率不断变化的投资的决策。内部回报率有多值的可能。内部回报率高的项目，净现值不一定高。

问题 124 分析：

内部回报率大于公司的资本成本及最低要求资本的报酬率，接受项目。

问题 125 分析：

该项目内部回报率为 20%，大于最低资本回报率 16%，因此从内部回报率的角度来看应接受该项目。项目的回收期 = 800 000 元/296 000 元 = 2.7 < 公司目标回收期 3 年。因此，从目标回收期角度来看接受该项目。

问题 126 分析：

用净现值决策好于用内部回报率决策。NPV = 现金流入净值 - 现金流出净值。Ⅰ方案净现值为(300 000 元)，Ⅱ方案净现值为 1 500 000 元，Ⅱ方案净现值为 1 650 000 元，Ⅳ方案净现值为 600 000 元。方案Ⅲ的净现值为正，且最大，因此选择方案Ⅲ。

问题 127 分析：

回收期法的优点：计算简单；结果容易理解；大致衡量了流动性和风险。

问题 128 分析：

回收期法的缺点：忽视了货币时间价值；忽视了回收期后发生的现金流；未衡量营利性；如果目标回收期太短的话，则会促使接受短期项目。

问题 129 分析：

公司税率 40%，税后净现金流 = 税前净现金流 × (1 - 税率)，具体信息见表 15-59。

表 15-59　　(单位：元)

年度	税前净现金流	税后净现金流
0 年		-280 000
1 年	120 000	72 000
2 年	120 000	72 000
3 年	120 000	72 000
4 年	160 000	96 000
5 年	160 000	96 000

第 1 年回收 72 000 元，还需 208 000 元 = 280 000 元 - 72 000 元才能收回成本。第 2 年回收 72 000 元，还需 136 000 元 = 208 000 元 - 72 000 元才能回收成本。第 3 年回收 72 000 元，还需 64 000 元 = 136 000 元 - 72 000 元才能回收成本。第 4 年可全部收回成本。

回收期 = 3 + 64 000 元/96 000 元 = 3.7 年。

问题 130 分析：

第 1 年回收 12 000 元，还需 28 000 元 = 40 000 元 - 12 000 元才能收回成本。第 2 年回收 12 000 元，还需 16 000 元 = 28 000 元 - 12 000 元才能回收成本。第 3 年刚好回收完所有成本。回收期是 3 年。

问题 131 分析：

设备每年折旧费用 = 800 000 元/5 = 160 000 元，折旧带来的税收抵扣 = 160 000 元 × 40% = 64 000元。

净现金流入 = 现金经营费用节余额 ×（1 − 税率）+ 折旧带来的税收抵扣。

注意，题中所给的经营收入是会计利润不是现金流，因此无用。有关信息见 15-60。

表 15-60 （单位：元）

年度	现金经营费用节余额	折旧带来的税收抵扣	净现金流量
0 年			−800 000
1 年	460 000	64 000	340 000
2 年	560 000	64 000	400 000
3 年	610 000	64 000	430 000
4 年	610 000	64 000	430 000
5 年	450 000	64 000	370 000

第 1 年回收 340 000 元，还需要 460 000 元 = 800 000 元 − 340 000 元才能够收回成本。第 2 年回收 400 000 元，还需 60 000 元 = 460 000 元 − 400 000 元才能收回成本。第 3 年可全部收回成本。回收期 = 3 − 1 + 60 000 元/430 000 元 = 2. 14 年。

问题 132 分析：

与资本投资相关的敏感性分析是一种假设分析技术，用于评价贴现率、现金流或其他一些因素发生变化时，NPV，IRR 和其他项目营利性指标会如何变动。敏感性分析的本质是考察某变量变化时，其他变量随之变化的程度和变化的范围。

问题 133 分析：

设初始投资为 I，以后每年现金流恒定为 CF。投资回收期 = I/CF。投资回收期的倒数为 CF/I，约为内部回报率。

问题 134 分析：

与资本投资相关的敏感性分析是一种假设分析技术，用于评价贴现率、现金流或其他一些因素发生变化时，NPV，IRR 和其他项目营利性指标会如何变动。公司人员分析运营收入的变动和项目有效期年限对内部回报率的影响属于敏感性分析。

问题 135 分析：

确定性等值法试图将现金流发生的时点与它们的风险分离开。预期现金流被转换为实际上更有可能实现的确定金额。也就是说，采用确定性等值系数将预计现金流转换成确定的现金流。然后将这些现金流以无风险利率进行贴现。

问题 136 分析：

净现值 = −735 425 元 ×（1 − 40%）+（426 000 元 ×（1 − 46%）− 80 000 元）×（1 − 40%）× 5. 216 = 28 310 元，进行投资。

问题 137 分析：

如果投标成功，第 1 种情况净现值 = − 200 万元 − 800 万元/（1 + 10%）+ 900 万元/$(1+10\%)^2$ + 900 万元/$(1+10\%)^3$ + 900 万元/$(1+10\%)^4$ = 1 107 万元。

如果投标成功，第 2 种情况净现值 = − 200 万元 − 800 万元/（1 + 10%）+ 600 万元/$(1+10\%)^2$ + 600 万元/$(1+10\%)^3$ + 600 万元/$(1+10\%)^4$ = 429 万元。

如果投标失败，净现值 = − 200 万元。

净现值的期望 = 1 107 万元 × 25% + 429 万元 × 25% − 200 万元 × 50% = 284 万。

问题 138 分析：

修正后内部回报率是指在用不同的利率计算支出和收入时所得的内部回报率。同时考虑投资成本和现金再投资收益率。

问题 139 分析：

销量的期望 = 80 000 件 × 0.10 + 90 000 件 × 0.30 + 100 000 件 × 0.10 + 85 000 件 × 0.20 + 95 000 件 × 0.20 + 110 000 件 × 0.10 = 92 000 件。每年的现金流 = 92 000 件 × 5 元/件 ×（1 − 40%）+ 1 000 000 元/5 × 40% = 356 000 元。该项目的净现值 = −1 000 000 元 + 356 000 元 × 3.605 = 283 380 元。

问题 140 分析：

公司的名义增长率 =（1.10 × 1.04）− 1 = 14.4%。名义加权资本成本 =（1.10 × 1.08）− 1 = 18.8%。

甲公司的价值 = 名义自由现金流量 ×（1 + 名义增长率）/（名义加权资本成本 − 名义增长率）= 187 000 000 元 × 1.144/（0.188 − 0.144）= 4 862 000 000 元。

问题 141 分析：

重置成本法、贴现现金流法、市场比较法均为公司估值方法，可变现净值法为存货计价的基础，作业成本法为成本分配的方法。

问题 142 分析：

当内部回报率等于资本性成本时，净现值等于零。根据图 15-3 和图 15-4 可知，对于非常规现金流，如果净现值小于零，可能不存在内部回报率。

问题 143 分析：

A 公司的 EV/EBITDA = 2 000 万元/500 万元 = 4，B 公司的 EV/EBITDA = 1 500 万元/300 万元 = 5，C 公司的 EV/EBITDA = 450 万元/150 万元 = 3。行业平均 EV/EBITDA =（4 + 5 + 3）/3 = 4。甲公司 EBITDA = 100 万 − 50 万元 − 10 万元 = 40 万元。甲公司的企业价值 = 甲公司 EBITDA × 行业平均 EV/EBITDA = 40 万元 × 4 = 160 万元。

问题 144 分析：

资本项目风险分析的方法有：①确定性等值；②敏感性分析；③情景分析；④蒙特卡洛模拟分析；⑤专门利率调整法；⑥资本资产定价模型。

问题 145 分析：

当期限短的项目结束后可以再投资时，通常采用等值年金法或替换链法进行不同投资期限互斥项目的投资决策。

问题 146 分析：

$k_a = r_f + \beta_a(k_m - r_f) = 4\% + 1.5 \times (8\% - 4\%) = 10\%$。

表 15-61 （单位：万元）

年度	0 年	1 年	2 年	3 年	4 年
现金流现值	(100)	9.09	49.59	60.11	27.32
累计现金流	(100)	(90.91)	(41.32)	18.78	46.10

DPP = 累计折现净现金流量开始出现正值的年份数 − 1 + 上一年累计折现净现金流量的绝对值/出现正值年份的折现净现金流量 = 3 − 1 + 41.32/60.11 = 2.7（年）。

问题 147 分析：

净现值 = −100 万元 + 10 万元 × 0.9/（1 + 4%）+ 60 万元 × 0.9/$(1+4\%)^2$ + 80 万元 × 0.9/$(1+4\%)^3$ + 40 万元 × 0.9/$(1+4\%)^4$ = 51.31 万元。

问题 148 分析：

净现值对于某个变量的波动越大，这个变量对于投资决策来说风险越大，就该更加深入分析这个变量。

问题 149 分析：

模拟源自卡西诺赌博计算方法的蒙特卡洛模拟分析。将敏感性和输入变量的概率分布紧密联系，与常见的分析方法相比，充分考虑各变量取值的随机性，通过随机模拟技术，给出了投资项目净现值可能取值的范围和不小于某一特定值的概率，为投资决策提供了更为科学的决策依据。

问题 150 分析：

送货时间 3 天的情况的频率 = 36 次/(24 次 + 36 次 + 30 次 + 18 次 + 12 次) = 30%。只有 C 选项所分配的随机数字占 100 个不同的数字的 30%。

问题 151 分析：

原盈亏平衡点 = 720 000 元/(600 元/个 − 420 元/个) = 4 000 个。新盈亏平衡点 = (720 000 元 − 20 000 元)/(600 元/个 − 420 元/个 − 20 元/个) = 4 375 个。

问题 152 分析：

甲公司的生产组合问题的线性规划模型为：目标函数为 $18A+14B$，约束条件为 $4A+2B\leqslant400$ 和 $10A+8B\leqslant1\,200$，非负约束为 A，$B\geqslant0$。解得 $A=66.67$(个)，$B=66.67$(个)。

问题 153 分析：

从净现值的金额无法判断风险的大小，需要盈亏平衡分析、回收期、敏感性分析、CAPM 模型来确定。

问题 154 分析：

项目的真实净现值等于按照贴现现金流法计算的净现值加上实物期权价值。

问题 155 分析：

公司的利息不在现金流里面考虑，而是在贴现率里面考虑。

问题 156 分析：

项目的真实净现值等于按照贴现现金流法计算的净现值加上延迟期权价值。题目中所给信息无法判断考虑延迟期权价值后，净现值是否大于零。

问题 157 分析：

净现值等于零，意味着项目的回报正好满足资金的要求回报。会计利润为正。净现值是经济利润的含义。

问题 158 分析：

项目的内部回报率(11.3%)小于要求回报率(12%)，则净现值小于零。净现值和内部回报率法都拒绝。

问题 159 分析：

税率下降，通货膨胀率降低，利率下降促使企业投资。通货膨胀率上升降低折旧的税盾作用。

问题 160 分析：

若资本成本为 15%，项目 R 净现值 = −500 000 元 + 95 000 元 × 5.019 = −23 193 元。项目 S 净现值 = −500 000 元 + 110 000 元 × 5.019 = 52 090 元。接受项目 S。；若资本成本为 11%，项目 R 净现值 = −500 000 元 + 95 000 元 × 5.889 = 59 455 元。项目 S 净现值 = −500 000 元 + 110 000 元 × 5.889 = 147 790 元。接受两个项目。

问题 161 分析：

方案一的净现值 = －150 000 元 + [（70 000 元 －20 000 元）×（1 －40%）+150 000 元/5 ×40%] ×3. 605 =1 402元。方案二的净现值 = －150 000 元 +（50 000 元 －10 000 元）×3. 890 =5 588 元。选择净现值大的项目。

问题 162 分析：

净现值法是假设项目产生的现金流入的再投资收益率等于企业的要求回报率，而内部回报率法却假设现金流入的再投资收益率等于该项目的内部回报率。相比之下，净现值法的假设更符合实际情况。

问题 163 分析：

市场调研成本是沉没成本，设备成本是增量成本。

问题 164 分析：

调整贴现率时要根据风险和不确定性进行调整，风险大的项目使用较大的贴现率。

问题 165 分析：

内部回报率是一种评价方法，并不是必需的。其他 3 个选项都是必须的。

问题 166 分析：

企业一般不接受净现值小于零的项目，其他 3 个说法是正确的。

问题 167 分析：

10 000 件 ×10% ×（100 元/件 －70 元/件）×5. 216 =156 480 元。

问题 168 分析：

当同时存在扩张期权和放弃期权时，净现值应该考虑两个期权的价值。

问题 169 分析：

项目风险较大应该使用较大的贴现率，即 13%。项目净现值 = －11 000 000 元 +1 946 903 元 ×5. 426 = －436104 元。由于净现值小于零，拒绝该项目。

问题 170 分析：

500 万元 －100 万元 －（530 万元 －500 万元）－（70 万元 －100 万元）+（120 万元 －150 万元）+（180 万元 －200 万元）=350 万元。

问题 171 分析：

10% ×（1 －30%）=7%。

问题 172 分析：

动态回收期计算过程见表 15-62。

表 15-62 动态回收期计算过程 （单位：万元）

年度	0 年	1 年	2 年	3 年	4 年	5 年
贴现现金流	－170	23. 205	42. 33	57. 375	34. 68	15. 81
累计贴现现金流	－170	－146. 795	－104. 465	－47. 09	－12. 41	3. 4

动态回收期 =5 －1 +12. 41/15. 81 =4. 78（年）。

问题 173 分析：

同一个项目的动态回收期长于静态回收期。

问题 174 分析：

非常规现金流不能根据内部回报率进行判断。该项目净现值 = －1 000 万元 +500 万元 ×0. 909 +500万元 ×0. 826 －500 万元 ×0. 751 +1 000 万元 ×0. 683 +1 000 万元 ×0. 621 =723. 68 万元。

问题 175 分析：

11 万 ×3. 7908 +125 万元 ×0. 6209 =119 万元。

问题 176 分析：

847 200 元/300 000 元 = 2.824。查年金现值系数表，4 年对应的收益率为 15%。内部回报率大于要求回报率，接受该项目。

问题 177 分析：

到时最低出售价格 =（1 000 000 元 − 80 000 元 × 5.335）× 2.144 = 573 200 元 × 1.85 1 = 1 228 941元。

问题 178 分析：

内部回报率是使投资项目的净现值等于零的贴现率。

问题 179 分析：

非常规现金流的项目会产生多 IRR 问题或者无 IRR 问题，内部回报率失去实际意义，只能使用净现值法来评价项目。

问题 180 分析：

贴现回收期更长，因为现金流贴现后金额变小。

问题 181 分析：

非常规现金流的项目会产生多 IRR 问题或者无 IRR 问题。

问题 182 分析：

实物期权(管理期权)经常隐含在公司的整个项目投资决策过程中，其核心就是将项目投资看成是企业的一项权利。一个项目的真实价值应该由项目的净现值和项目的灵活性价值两部分构成，其中项目的灵活性价值可用期权价格表示，即 V = NPV + 期权价值。该题目中描述的属于扩张期权。

问题 183 分析：

模特卡洛模拟分析允许在决定项目执行之前对其结果产生分布并进行测试，在模拟系统中对假设的变量进行研究

问题 184 分析：

税率下降，折旧的税盾效应减弱。

问题 185 分析：

第 1 年至第 3 年的累计贴现现金流为 −25 909 元、−9 380 元和 13 159 元。贴现回收期 = 2 年 + 9 380元/22 539 元 = 2.42 年。

问题 186 分析：

税后现金流 = 5 000 元 ×（1 − 20%）= 4 000 元。年金现值系数 = 50 000 元 ÷ 4 000 元 = 12.5，查年金现值系数中 18 年对应行，内部回报率最接近 4%。

问题 187 分析：

1）资本投资指的是长期的活动，通常伴随当期现金流出，目的是希望在以后的期间获得收益。长期资本投资预算是指关于进行长期资本支出的预算，包括如何获得该投资需要的融资，通常资本预算关系到公司的稳定性和未来成长性。资本预算包含 6 个阶段，分别是确认、调查、评价、选择、融资、实施和控制。

2）略。

3）略。

4）略。

5）新设备每年折旧 =（18 500 元 + 1 500 元 − 2 000 元）/4 = 4 500 元。

a. 税前现金流：

初始现金流 = $-$FCInv $-$ NWCInv + Sal_0 = $-$(18 500 元 + 1 500 元) $-$ (2 500 元 $-$ 1 500 元) + 2 000 元 = $-$19 000 元。

运营期现金流 = $\Delta S_t - \Delta C_t$ = 1 000 元 + 5 000 元 = 6 000 元。

处置期现金流 = Sal_T + NWCInv = 2 000 元 + (2 000 元 $-$ 1 000 元) = 3 000 元。

b. 税后现金流：

初始现金流 = $-$FCInv $-$ NWCInv + $\mathrm{Sal}_0 - t \times (\mathrm{Sal}_0 - B_0)$ = $-$(18 500 元 + 1 500 元) $-$ (2 000 元 $-$ 1 000元) + 2 000 元 $-$ 40% × (2 000 元 $-$ 0 元) = $-$19 800 元。

运营期现金流 = $(\Delta S_t - \Delta C_t) \times (1 - t) + \Delta D_t \times t$ = (1 000 元 + 5 000 元) × (1 $-$ 40%) + 4 500 元 × 40% = 5 400 元。

处置期现金流 = $\mathrm{Sal}_T - t \times (\mathrm{Sal}_T - B_T)$ + NWCInv = 2 000 元 $-$ 40% × (2 000 元 $-$ 2 000 元) + (2 000 元 $-$ 1 000 元) = 3 000 元。

问题 188 分析：

1)略。甲公司面临资本分配问题，因为公司明年可以获得的资金限定为 8 200 万元。

2)应该使用获利指数方法。5 个项目的获利指数分别为 1.1、1.08、1.075、1.094 和 1.094。应该选项目 B、项目 C 和项目 D，这样得到的净现值总量最大，且投资期限最短。

3)略。

4)略。

问题 189 分析：

1)按照市场价值 500 万元认定。

2)加速折旧。因为加速折旧更加谨慎，可以确认更多的折旧费用和更少的账面价值。

3)(2 000 万元 $-$ 500 万元) × (1 $-$ 40%) = 900 万元。

4)经营风险增加包括：①资本成本增加。货币资金供应者在通货膨胀情况下，投资者都要求额外的投资回报率弥补通货膨胀的影响。②净运营资本以名义金额投入，期末以相同的名义金额回收，由于通货膨胀，使得净运营资本的实际值减少。③生产资料价格不断上涨，一方面，使企业成本增加，从而给经营带来困难；另一方面，资本投资计划的可靠性大大降低，不断追加投资成为企业面临的无法摆脱的怪圈。④在通货膨胀的条件下，用企业投资的历史价值来衡量，经营业务中所用资产的真实成本和折旧费会被低估，而企业的利润率会被高估，使得纳税量不恰当地增加。

减少通货膨胀风险的方法：①适当提高产品价格。对于竞争实力较强的产品而言，企业可以适当涨价，增加利润。②套期保值。防止未来出售时价格的可能下跌而遭受损失，可采用在期货市场以卖出数量相等的期货作为保值手段。③调整投资分析的变量。在项目投资分析方法上，企业应该调整相应的折现因子和现金流量。④尽量利用政府加速折旧的政策，减轻上述风险。

问题 190 分析：

1)~8)略。

9)现金流量是公司金融中的一个重要概念，是指企业在一定会计期间按照现金收付实现制，通过一定经济活动(包括经营活动、投资活动、筹资活动)而产生的现金流入、现金流出及其总量情况的总称。会计利润是指企业根据权责发生制确认的在一定会计期间的经营成果。利润包括收入减去费用后的净额、直接计入当期利润的利得和损失等。现金流量直接反映了股东财富价值的增减，在进行投资决策时应使用净现金流量做分析而不是会计利润。

问题 191 分析：

1)由于项目 1 的净现值等于 0 元，所以项目 1 的内部回报率等于资本成本，并且公司全部使用权益资金融资，资本成本等于公司权益资金的成本，即 12%。

2)公司权益成本的提高会使得两个项目的净现值下降，项目 1 的净现值将变为负数，项目 2 的净现值可能为正数也可能为负数。公司权益成本的提高不会影响两个项目的内部回报率，项目 1 的内部回报率将小于资本成本，项目 2 的内部回报率和资本成本的关系不确定。

3)假设企业所得税率与权益成本无关。降低企业所得税率将使税后现金流提高，这将使两个项目的净现值和内部回报率提高。项目 1 的净现值将大于 0，项目 2 的净现值将变得更大。项目 1 的内部回报率将大于资本成本，项目 2 的内部回报率将变得更大。

4)项目 1 投资回收期 = 822 800 元/(200 000 元/年) = 4.1 年。

项目 2 投资回收期 300 000 元/(85 000 元/年) = 3.5 年。

投资回收期缺点是忽略了资金的时间价值，没有考虑回收期后的现金流以及没有衡量营利性。

5)略。

6)a. 甲公司股票要求回报率 = 4% + 2 × (10% − 4%) = 16%。预期回报率低于要求回报率，甲公司股票被高估。

b. 两阶段模型适用于近期高增长，长期增速下降到正常增速的公司。具体计算步骤略。

问题 192 分析：

投资税收优惠是对公司应付税款的抵减，在其他条件相同的情况下，导致更低的投资成本，从而使公司获得更高的投资净现值。

问题 193 分析：

不符合相关成本概念的是旧设备当初的市场价值，因为在处置旧设备时，只考虑账面残值和出售的收入，不考虑原来的价值，所以不是相关成本。

问题 194 分析：

加速折旧法规定在较早年份计提较高的折旧费用，在后面的期间计提较低的折旧费用。折旧费用计提得多，净利润越低。短期内计提折旧费用多，资产账面价值就少。

问题 195 分析：

400 万美元 + 300 万美元 × (30% − 10%) = 460 万美元。

问题 196 分析：

放弃期权，即项目具有放弃价值。通过放弃某些资产或将资产转移为其他用途，企业可以在控制损失的同时，利用未来的不确定性获得收益。延迟期权，即对于某些投资项目，有时存在着一个等待期权，不必立即实行该项目，等待不但可使公司获得更多的相关信息，而且在某些情况下等待(即持有期权而不急于行使)具有更高的价值。等待一段时间，待项目市场前景相对明朗后，再决定是否投资实施。扩张(收缩)期权，即允许条件有利的时候扩张，条件不利的时候收缩。对项目进行的初始投资可以视为购买了一项看涨期权，拥有了等待未来增长机会的权利。

问题 197 分析：

经营期现金流 = (40 000 元 − 29 000 元) × 40% = 6 600 元。处置期现金流 = 7 000 元 + 5 000 元 + 9 000元 × (1 − 40%) = 17 400 元。第 10 年的现金流量 = 6 600 元 + 17 400 元 = 24 000 元。

问题 198 分析：

根据净现值的定义，贴现率降低将增加现金流的现值，导致净现值增加。

问题 199 分析：

计划 1 的 NPV 为 187.83 万元，IRR 为 13.07%。计划 2 的 NPV 为 217.88 万元，IRR 为 11.78%。由于该公司不存在投资金额限制，所以只要 NPV 大于 0，IRR 大于公司资本成本即可选择，计划 1 和计划 2 均可以采用。

问题 200 分析：

在评估互斥项目时，应使用净现值法。为要求回报率随时间变化时也只能使用净现值法，不能使用内部回报率。

问题 201 分析：

评估资本项目的有效方法应为贴现现金流法，包括内部回报率法、净现值法和盈利指数法。项目期间现金流有波动，可能意味着期间现金流的符号会发生变化，而采用内部回报率法可能会出现多个内部回报率。

问题 202 分析：

经计算可知，所得税税率上升后的 NPV 依然大于零，所以选择选项 D。

问题 203 分析：

20 000 元 ×40% ×4. 355 =34 840 元。

问题 204 分析：

该项目的贴现回收期计算过程信息如表 15-63 所示。

表 15-63 贴现回收期计算过程信息

年限(年)	现金流(元)	系数	现值(元)	累计现值(元)
1	180 000	0. 909	163 636	163 636
2	210 000	0. 826	173 554	337 190
3	190 000	0. 751	142 750	479 940
4	170 000	0. 683	116 112	596 052
5	150 000	0. 621	93 138	689 190
6	100 000	0. 564	56 447	745 638
7	20 000	0. 513	10 263	755 901

该项目的贴现回收期 =7 －1 +(750 000 －745 638)/10 263 =6. 43(年)。

问题 205 分析：

一般的回收期法不考虑时间价值，不需要折现。回收期只考虑等于初始投入的时间，所以达到这个时间点之后，后续的现金流就不需要考虑。不区分经营现金流和投资现金流。

问题 206 分析：

项目的真实价值 = 净现值 + 期权价值。

问题 207 分析：

蒙特卡罗模拟法要进行成千上万次模拟实验，才能获得净现值或者内部回报率的概率分布，因此其结果最为精细。

问题 208 分析：

通常来说，当所得税率减少时，每期现金流增加，项目净现值增加。

问题 209 分析：

分析：采用加速折旧法后，近期的折旧额变大，折旧税盾的净现值增加。

问题 210 分析：

利用初始现金流公式，25 000 元 －(25 000 元 －15 000 元) ×35% =21 500 元。

问题 211 分析：

该核电项目运行到期时需要的资金 =5 亿元 × PIVF(20，5%) =13. 265 亿元。设企业每年需计提

基金 X 元，则 1 亿元 × PVIF(20，7%) + X × PVIFA(20，7%) = 13.265 亿元。通过计算可得，X = 22 917 428.95元。

问题 212 分析：

在一般情况下，IRR 和 NPV 的关系是：当 NPV = 0 时，内部回报率 = 资产成本；当 NPV > 0 时，内部回报率 > 资本成本；当 NPV < 0 时，内部回报率 < 小于成本。

问题 213 分析：

净现值法是唯一有效的判断互斥项目的方法。

问题 214 分析：

非常规现金流不能使用内部回报率法。

问题 215 分析：

通过方案调整年节约成本 10%，年流入现金流增加，NPV 增加。

问题 216 分析：

该项目现金流等信息如表 15-64 所示。

表 15-64　该项目现金流等信息

年度(年)	现金流(元)	现值系数	现金流现值(元)	累计现金流(元)
1	40 000 元	0.833	33 320	33 320
2	40 000	0.694	27 760	61 080
3	40 000	0.579	23 160	84 240
4	40 000	0.482	19 280	103 520

贴现回收期 = 4 − 1 + (95 000 − 84 240)/19 280 = 3.56(年)。

问题 217 分析：

为了实现 3 年的回收期，每年期末的增量现金流必须是 450 000 元/3 = 150 000 元。设现金流为 X 元，则 X × 60% + (450 000 元/5) × 40% = 150 000 元，解得，X = 190 000 元。所以这个分拣系统必须每年减少 19 万元的经营成本。

问题 218 分析：

在项目实施过程中，有能力的公司可以根据外部环境的变化而进行投入要素或产品的转换，以应对竞争者的竞争。

问题 219 分析：

某个因素的变化会对于结果的变化产生影响，所以使用敏感性分析法。

问题 220 分析：

净现值法可以适用于非常规现金流，而内部回报率法不可以。

问题 221 分析：

蒙特卡罗分析可以使用无穷多种情景进行风险分析，回收期是分析流动性的指标，内含报酬率是分析盈利能力的指标。

问题 222 分析：

要求回报率是特定风险水平下的最低回报率。

问题 223 分析：

最后 1 年净运营资本回收属于现金流入。如果忽略，则会低估最后 1 年的现金流。

问题 224 分析：

1）初始现金流出 =500 000 +3 500 000 +100 000 +100 000 +50 000 =4 250 000（美元）

2）已知税后经营利润为 1 200 000 美元。将建设费用除以使用寿命就得到折旧支出为：3 500 000 美元/20 年 =175 000 美元/年。假设在计算现金流贴现时未考虑抵押贷款利率或将其计入 1 200 000 美元中，且运营资本保持不变，可以通过以下方法计算现金流：新店的预计年现金流 = 税后经营利润 + 折旧 =1 200 000 +175 000 =1 375 000（美元）。

3）预设回报率为 12% 时，5 年年金系数为 3.604 8。因为新店要 1 年后才能开业，也才能有现金流入，所以需要将 1 年后的现金流折现至初始时刻。新店运营 5 年的净现值 = 期初的现金流支出 + 运营期间的现金流量净现值 = −4 250 000 +（1 375 000 ×3.604 8）÷（1 +12%）=175 000（美元）。

4）R 公司应该开设这家新店。因为净现值 175 000 美元大于 0，这家新店能够为该公司增加价值。

5）敏感度分析显示了输入的细微变化对决策的影响。特别是在使用计算机时，往往会尝试对新店税后经营利润（不确定性最大的输入数据）进行否定的假设。建设费用可能被低估，未来 5 年税率和预设回报率也可能变化。通过敏感度分析，可以知道这些变量变化对新店净现值的影响程度，从而更好地做出投资决策。

问题 225 分析：

1）债券市场价值 =10 000 张 ×1 040 元/张 =10 400 000 元。股票市场价值 =2 000 000 股 ×14.8 元/股 =29 600 000 元。债券权重 =10 400 000 元/(10 400 000 元 +29 600 000 元) =26%。股票权重 = 29 600 000 元/(10 400 000 元 +29 600 000 元) =74%。k_d =（1 000 元 +92 元）/1 040 元 =5%。k_s = 1.48 元/股 ÷14.8 元/股 +4% =14%。

WACC =26% ×5% ×（1 −30%）+74% ×14% =11.27%。

2）甲公司应该接受项目 E、A、C 和 B。使用净现值这个标准的原因在于可以使公司价值最大化；使用 IRR 标准判断的话，可能会导致错误结论。

3）加权平均资本成本不能用于评估该项目，因为该项目与甲公司当前经营的业务类型不相同。它很可能会改变甲公司的经营风险。在这种情况下，使用加权平均资本成本不合适。甲公司应该采用反映该项目系统风险的项目要求报酬率。

4）项目 X 的要求报酬率 =5% +1.5 ×10% =20%。项目 X 的净现值 = −200 000 元 +0.833 × 60 000元 +0.694 ×80 000 元 +0.579 ×80 000 元 +0.482 ×80 000 元 = −9 620 元。因为净现值为负数，所以拒绝该项目。

5）a. 项目 X 的投资回收期 =3 −1 +60 000/80 000 =2.75（年）。根据甲公司采用的项目投资回收期标准判断，应该接受该项目，因为能够在短于 3 年的时间收回全部初始投资。b. 由于项目的净现值为负，因此应该拒绝该项目。投资回收期法会导致甲公司无法做出最优项目决策，因为它没有考虑货币的时间价值。投资回收期法忽略了回收期后年度的现金流量。在本题中，即使按照项目 4 年的净现金流量计算，得到的项目 NPV 仍然为负。

6）股票融资的优点：①有效控制财务风险；②公司没有每年固定支付一定现金的压力。缺点：①无法获得税盾的优势；②股价较低时稀释原有股东的持股比例。优先股融资的优点：①相对股票风险较低，吸引较多的投资者；②与债券相比，没有固定的清偿日期。缺点：①无法获得税盾的优势；②支付优先股股息。

问题 226 分析：

1）初始现金流 = −210 000 元 +75 000 元 −40% ×（75 000 元 −200 000 元 ×4/5）= −101 000 元。经营期现金流 =60 000 元 ×（1 −40%）+40% ×（210 000 元/5 −200 000 元/5）=37 600 元。处置期现

金流 =0 元。净现值 = -101 000 元 ×0.909 +37 600 元 ×3.791 =52 732.6 元。

2）按照甲公司资本成本 10% 的贴现率计算，得到净现值为正。因此，应该接受该项目。

3）①甲公司的年终奖励政策可能对重新购置新包装设备的决策产生负面影响，因为出售旧设备会导致亏损 85 000 元。该损失可能导致无法实现部门利润目标，从而张三无法获得年终奖。②新设备的保修条款。因为技术比较新，就可能存在该技术可靠性的问题。③学习该技术需要一个过程，因此需要增加培训成本。

4）a. 甲公司采用的基于利润的薪酬系统可能会导致非最优决策，因为它的考核基础是会计利润，所以造成部门经理没必要考虑甲公司价值的变化。同时，也会使部门经理只关注短期利润。

b. 更好的薪酬考核办法是以市场价值为基础的绩效考核。它将甲公司股东价值最大化目标与部门经理自身奖励最大化目标联系在一起，并且关注长期财务结果。

5）略。

6）略。

第 16 章　职业道德

16.1　商业道德

16.1.1　道德哲学与商业道德

道德与美德概念在道德行为中起着重要的作用。一个人的道德来自他的信仰体系，是采取良好行为措施时所适用的标准和规则。美德是符合道德和伦理原则的行为。一个道德的决策不一定是符合美德的决策，而美德的决策都是符合道德的决策。

道德哲学是研究道德和美德的一门规范性的学科，通过描述和理解人们实际行为和生活方式，理解和解释人们的风俗、法律、制度的目的需要，进行善与恶、对与错、职权与义务等的剖析。道德哲学对人类道德生活进行系统思考和研究，它试图从理论层面构建一种指导行为的法则体系，即应该怎样处理某类处境，为什么又依据什么样的标准和行为来这样处理。道德哲学的智慧本质上是一种好的生活品格，它涉及一种深层的知识，这种知识着眼于一种好的生活。

商业道德又称为商业伦理，是指在企业这一特定的社会经济组织中，依靠社会舆论、传统习惯和内心信念来维持的，以善恶评价为标准的道德原则、道德规范和道德活动的综合。

例题 16-1

关于商业伦理，以下哪个陈述不正确。(　　)

A. 商业伦理是一套道德原则，用来判断所进行的商业活动在法律上是否可行。

B. 商业伦理是指原则、规则和标准，用来判断所进行的商业活动在道德上是否可行。

C. 商业伦理是一套道德规则和标准，用来判断在进行商业活动时，对于他人的方式是否可行。

D. 商业伦理是一套道德标准，用来指导商业行为。

答：

A。

分析：道德标准并不是判断法律问题的依据。

16.1.2　道德哲学的理论分支和观点

1. 目的论

目的论是用目的或者目的的因果关系解释世界的哲学。目的是事物存在、发展、相互影响的根本原因。企业制订长期战略计划、短期战术目标等，都是为了通过其实现企业的愿景、使命。通过这些活动，提供产品或服务，为公司带来价值。

道德目的不仅与主体的行为动机相关，而且更重要的是与该行为所产生的最终结果相关，行为的结果才是根本性的。商业决策更多的是基于对结果的预测，很少考虑如何实现结果。

2. 功利主义

功利主义的基本原则是增进大多数人的最大幸福，这是评价一切道德价值的最终标准。功利主义注重同等看待增进个人利益和增进社会利益。越是完善的社会，越能够实现个人利益与社会利益的一致。无论是企业行为、个人行为或者公共政策，应当致力于增进幸福的总量，即遵循最大幸福原则。由最大幸福原则以及特定的情境可以推出许多定理，即道德准则，如诚实、守信用、忠诚工作、保护环境等。

3. 道义论

道义论集中关注“道义”，即道德动机，把义务或职责看作是中心概念，是一种以根据责任而行动为基础的伦理学。道义论主张人与行为道德与否，不是行为的结果，而是行为本身或行为依据的原则，即行为动机正确与否。凡行为本身是正确的或行为依据的原则是正确的，不论结果如何都是道德的。道义论的基本道德原则是超越人的任何其他目的的。

道义论侧重的是道德行为动机，不注重行为的后果，而诉诸一定的行为规则、规范及标准，其理论的核心是义务和责任。在商业决策中，更多的是基于正确的规则、美好的动机，而并非实际结果。

4. 美德伦理

美德伦理与规范伦理相对。美德伦理学是将美德概念视为伦理学的基本概念并且追求理论自主性的道德哲学。美德伦理学认为，一个人对自己幸福的思想，不能离开他所生活的实践与传统，否则不能评价一个人行动的合理性及其价值。不存在普遍化的道德理由，因道德总是与一定的传统相随。

美德伦理学认为，道德是生活的一个部分。在古代伦理学中，不认为道德理由与非道德理由有一个截然分明的界限，也不认为道德本身构成一个独立自立的领域，而是与情境、地域文化传统密切相关的。

5. 相对主义

道德哲学中的相对主义认为道德或伦理并不反映客观或普遍的道德真理，而主张社会、文化、历史或个人境遇的相对性。道德相对主义者与道德普遍主义者相反，坚持不存在评价伦理道德的普遍标准。相对主义立场认为道德价值只适用于特定文化边界内或个人选择的前后关系。一些道德相对主义者认为个人的、主观的道德判断和道德体验，应该成为个体道德行为的基础。道德的相对主义关注社群的文化特征，认为不同社群、不同个体的道德价值和道德观点是相对的，是各种各样的，而不是绝对统一的。

文化相对论的基本论点是，认为每一种文化都具有其独创性和充分的价值，因此，在比较各民族的文化时，必须抛弃以西方文化为中心的“我族文化中心主义”观念。他们认为，每个民族的文化时常会有象征该民族文化中最主要特征的“文化核心”。文化相对论主张，事情的对与错、好与坏、合理与不合理，要根据事情发生的文化背景来判断。两个例子可以说明文化相对论：饮酒在英国和爱尔兰无所谓对与错，而在中东国家却是错误的，要受到官方的惩罚；贿赂在美国法律下是非法的，而在有的许多国家是可以接受的一种商业惯例。

6. 正义论

正义论认为社会基本机构主要就是用来分配公民的基本权利和义务，划分由社会合作产生的利益和负担。因此，正义论的主要目的就是为社会基本结构的设计确立一个合理的标准和原则，即正义原则。正义论主要处理的是分配问题，正义论坚持权利优先于善，认为正义是社会的首要价值。正义原则由多项具体的原则构成。

企业的业务决策必须基于所在地的法律，企业依照政府政策的规定，为弱势群体提供服务，其中包括提供平等的就业机会、最低工资标准、职业安全与健康等。

例题 16-2

以下哪种伦理哲学是以关注行动产生的结果来判断该行为是否符合伦理的？(　　)

A. 功利主义。　　B. 道义论。

C. 目的论。　　D. 相对主义。

答：

C。

分析：目的论重点关注行动产生的结果。

16.1.3 商业道德在业务决策中的应用

1. 公平与正直

公平的行为应具备平等的特质。决策不存在偏见。此外，决策结果不会给一个群体带来优势，而给另外一个群体带来劣势。这样的行为就是正确或合理的行为。它表明了个人对他人的关心。当做出的决定是公平的，那么这就是一个合乎道德的决策。

个人的行为必须诚实、诚信。为了证明这一点，他们需要经常践行诚实并坚持他们所信仰和采纳的、强有力的道德和伦理原则和价值观。个人做出决策时需要从这些信念出发，采取符合其信念的行动。这种以正直的态度做出决策被视为合乎道德的决策。

2. 尽职调查

尽职调查也称为审慎调查，是指在企业管理与运作过程中，投资人对目标公司的资产和负债情况、经营和财务情况、法律关系以及目标企业所面临的机会与潜在的风险进行的一系列调查。

3. 信托责任

信托责任是指受托人对委托人和受益人负有的严格按委托人的意愿进行财产管理的责任。一旦委托人和受托人之间的信托关系成立，受托人就负有信托责任。信托关系由委托人、受托人、受益人三方面的权利义务构成，这种权利义务关系围绕信托财产的管理和分配而展开。

在社会关系中，如监护人对立遗嘱人、公司管理人对公司股东、董事会对普通股东、资产管理公司以及信托公司对投资者都负有信托责任。信托责任也是一种将受托人和受托资产载体，与委托人和转移资产人以及其指定的受益人三者联系在一起的纽带。

在上市公司中，股东、执行管理团队和董事会分别构成了信托关系的三方。在这里，信托责任是指企业管理层要全心全意为股东利益而运作企业资产的责任，而非管理层自身的利益，如奢华办公条件、高额薪酬水平、通过安排损害企业的交易拿回扣等。受托人在信托过程中不仅应承担法律责任，而且更应承担道德责任。

企业家信托责任包括在企业经营的过程中，致力于企业资产的保值增值、保护生态环境、减少污染、足额缴纳税金等。

例题 16-3

就信托关系对于决策的影响而言，以下陈述是正确的，除了(　　)。

A. 受托人必须将其客户的利益置于自己的利益之前。

B. 受托人可以从其决策中获益，只要他们的客户也能从中受益，即使该客户能从另一项中获取更多的收益。

C. 受托人必须披露所有与其客户之间潜在的利益冲突。

D. 在进行决策时，受托人必须查找相关的信息，而不仅仅是依靠手头上现有的信息。

答：

B。

分析：受托人应尽最大努力使委托人受益。

16.2　个人职业道德

IMA 职业道德守则公告

IMA 会员的行为应该符合职业道德。职业道德标准应该是引导其行为的标准。

• 原则

IMA 规定职业道德原则包括：

1）诚实。要求会员认真完成自己的工作，并且诚实地和他人沟通信息。

2）公平。能够为他人着想，全面披露相关信息。

3）客观。公正地评价各种观点。

4）负责。忠诚地履行职责。

会员行为应该符合这些准则，鼓励组织内部的其他员工遵守这些准则。

• 标准

如果不遵守下述标准，IMA 会员将会受到惩罚。

1. 胜任能力

IMA 会员有如下责任：

1）通过提高知识和技能，保持适当的专业领先和技能水平。

2）遵照相关法律、法规和技术标准履行专业职责。

3）提供准确、清晰、简明、及时的决策支持信息和建议。识别并帮助管理风险。

要求会员需要发展并维持自身所处领域所需的技能，并随企业增长和环境的日趋复杂而不断充实自己。对会计行业中法规的变化、新法律或标准的实施保持与时俱进至为重要。如果未能做到该点，可能会在不知不觉中导致违反职业道德的行为。胜任能力并不要求会员掌握所有专业知识。

2. 保密

IMA 会员有如下责任：

4）对信息保密，除非被授权或法律要求披露。

5）告知所有相关方要恰当使用保密信息。做好监督确保相关方遵守该原则。

6）避免使用机密信息谋取不道德或非法的利益。

保密要求严守企业有关数据的政策，以保守企业的商业机密和其他秘密信息。要注意在互联网条件下，无意中泄露保密信息也是违反规定的。不能够在未经授权的情况下，在互联网平台或者媒体上发布保密信息。

3. 正直

IMA 会员有如下责任：

7）减少实际利益冲突。定期与业务伙伴沟通，避免明显的利益冲突。告知各方任何潜在的利益冲突。

8）避免从事任何损害道德履行责任的行为。

9）禁止从事或支持任何有损职业声誉的活动。

10）为积极的道德文化做出贡献，并将职业操守置于个人利益之上。

正直包括严格遵循职业道德规范，避免利益冲突。沟通好与坏的信息，无论是新闻、分析、判断还是专业意见。

4. 可信

IMA 会员有如下责任：

11）公平、客观地传达信息。

12）提供有理由相信会帮助使用者理解报告、分析或建议的所有相关信息。

13）报告信息、时效性、处理或内部控制的一致性在符合组织政策和/或适用法律方面的延迟或缺陷。

14）沟通可能会阻碍责任判断或行为成功实施的职业局限性或其他约束。

可信要求必须保持公证，包括不支持自己认为错误的决策。管理会计师让自己可信，就必须有胜任能力。管理会计师要计划和评估潜在风险，收集足够的信息以充分了解所有相关事实，及时传达新信息，而无论该信息是好与坏。

解决职业道德问题

在应用《IMA 职业道德守则公告》时，会员可能会遇到不符合职业道德要求的问题或行为。在这种情况下，会员不应对此置之不理，而是应积极寻找解决问题的办法。在决定采取何种步骤时，会员应考虑所有涉及的风险，以及是否存在防止报复的保护措施。如果组织尚未建立相关政策，会员应该考虑如下做法：

- 解决过程可以包括与会员直接主管的讨论。如果主管有可能涉及其中，该问题可提交至更高一级管理层。如果在递交问题后，没有达成满意的结果，可将问题递交给更高一级的上司。除非法律另有规定，IMA 认为将这些问题递交给非聘用的权威或者个人是不合适的。
- IMA 提供了匿名热线服务电话，会员可打电话问询如何应用《IMA 职业道德守则公告》的关键要素来解决职业道德问题。
- 会员应考虑咨询他或她的律师，了解有关该问题的所有法律义务、权利和风险。

如果解决问题的方案不成功，该会员不妨考虑辞职。这些步骤中的任何一项都必须按照《IMA 职业道德守则公告》的要求承担保密的职业道德责任。在寻求更可靠的信息时，必须格外小心，不要无意中泄露机密信息。

例题 16-4

张三是老李海淀工厂的财务总监。海淀工厂主要生产竹制家具，且是一个成本中心，该公司要求该部门采用非市场价格的移转品定价机制，但在评估该部门的绩效时却按利润中心对待。如果完成了预算目标，该部门的所有员工均能获得丰厚的奖金。他告诉财务经理李四，满足预算目标的唯一途径就是加强成本控制。在进行月度绩效分析时，李四注意到竹子的采购价格明显下降。李四通过员工得知为了降低支付给承包人的竹子价格，张三明确要求该部门的工人显著调低出售给该工厂的竹子的尺寸规格和质量等级。

1）根据《IMA 职业道德规范实践》，确认并讨论李四所面临的职业道德冲突。

2）根据《IMA 职业道德规范实践》，李四应采取哪些措施来解决该职业道德冲突？

答：

1）管理会计师不能默许组织中其他人存在不道德行为。张三指示员工故意给出低质量、低尺寸的竹子等级，这显然是一种不道德的商业行为。因此，李四应采取行动解决这种状况。与该情形相关的《IMA 职业道德规范实践》如下所示。

Ⅰ. 能力

会员有责任：按照有关的法律、规定和技术标准，履行职责。

Ⅲ. 正直

会员有责任：信息应通知所有相关的当事人，以避免潜在或者实际上的利益冲突。禁止从事或者支持损害职业的活动。

Ⅳ. 可信

会员有责任：公平、客观地交流信息。充分披露预期影响目标使用者理解报告、评论和建议的所有有关信息。

2）李四首先应遵从该公司在解决这种冲突方面已经制订的政策。如果不存在这种政策或这些政策不能解决职业道德方面的冲突，李四应考虑采取《IMA 职业道德规范声明》中所建议的措施。由于李四的直接上司与该问题有牵涉，因此李四应将问题提交给下一个较高级别的管理层。如果该冲突仍不能得到令人满意的解决，李四应继续将问题提交给下一个更高级别的管理层，如该公司财务总监、审计委员会或董事会。李四也可以与 IMA 道德顾问或其他中立顾问联系，讨论可能的解决途径。李四还应向律师咨询与该起职业道德冲突有关的法律义务和权利问题。

16.3　舞弊三角模型

舞弊三角模型认为企业舞弊的产生是由压力、机会和自我合理化三要素组成，如图 16-1 所示，这三者也是美国最新的反舞弊准则（SAS No. 99）。提醒注册会计师和管理会计师应该关注舞弊产生的主要条件：压力、机会和自我合理化三要素，缺少任何一项要素都不可能真正形成企业舞弊行为。

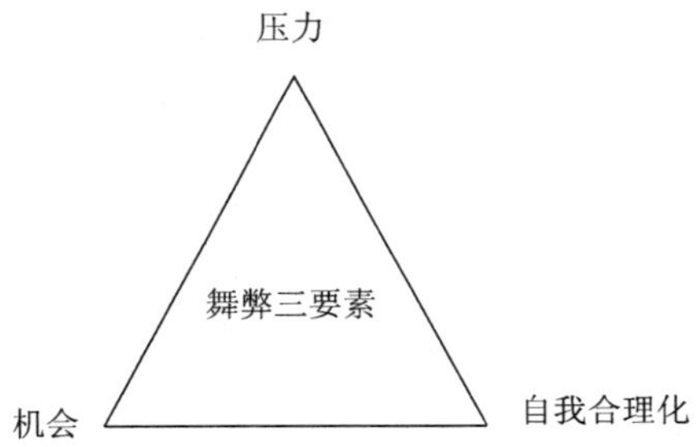

图 16-1　舞弊三角模型

1）压力要素是企业舞弊者的行为动机。刺激个人为其自身利益而进行企业舞弊的压力大体上可分为 4 类：经济压力、恶癖的压力、与工作相关的压力和其他压力。

2）机会要素是指可进行企业舞弊而又能掩盖起来不被发现或能逃避惩罚的时机，主要有 6 种情况：缺乏发现企业舞弊行为的内部控制、无法判断工作的质量、缺乏惩罚措施、信息不对称、能力不足和审计制度不健全。

3）真正形成企业舞弊的还有最后一个要素——自我合理化，即企业舞弊者必须找到某个理由，使企业舞弊行为与其本人的道德观念、行为准则相吻合，无论这一解释本身是否真正合理。企业舞弊者常用的理由有：这是公司欠我的、我只是暂时借用这笔资金、肯定会归还的、我的目的是善意的、用途是正当的等。

16.4　组织职业道德

图 16-2 是关于建立和实施道德型管理框架的一般步骤，包括此过程中应该考虑的辅助工具、起始状态和支持系统。在最后一个阶段，即实施阶段，必须产生一种持续评估组织道德管理实践情况的方法和框架。可以将这种工具与持续培训和员工年度签署保证书结合起来，为道德行为鉴证奠定坚实的基础。

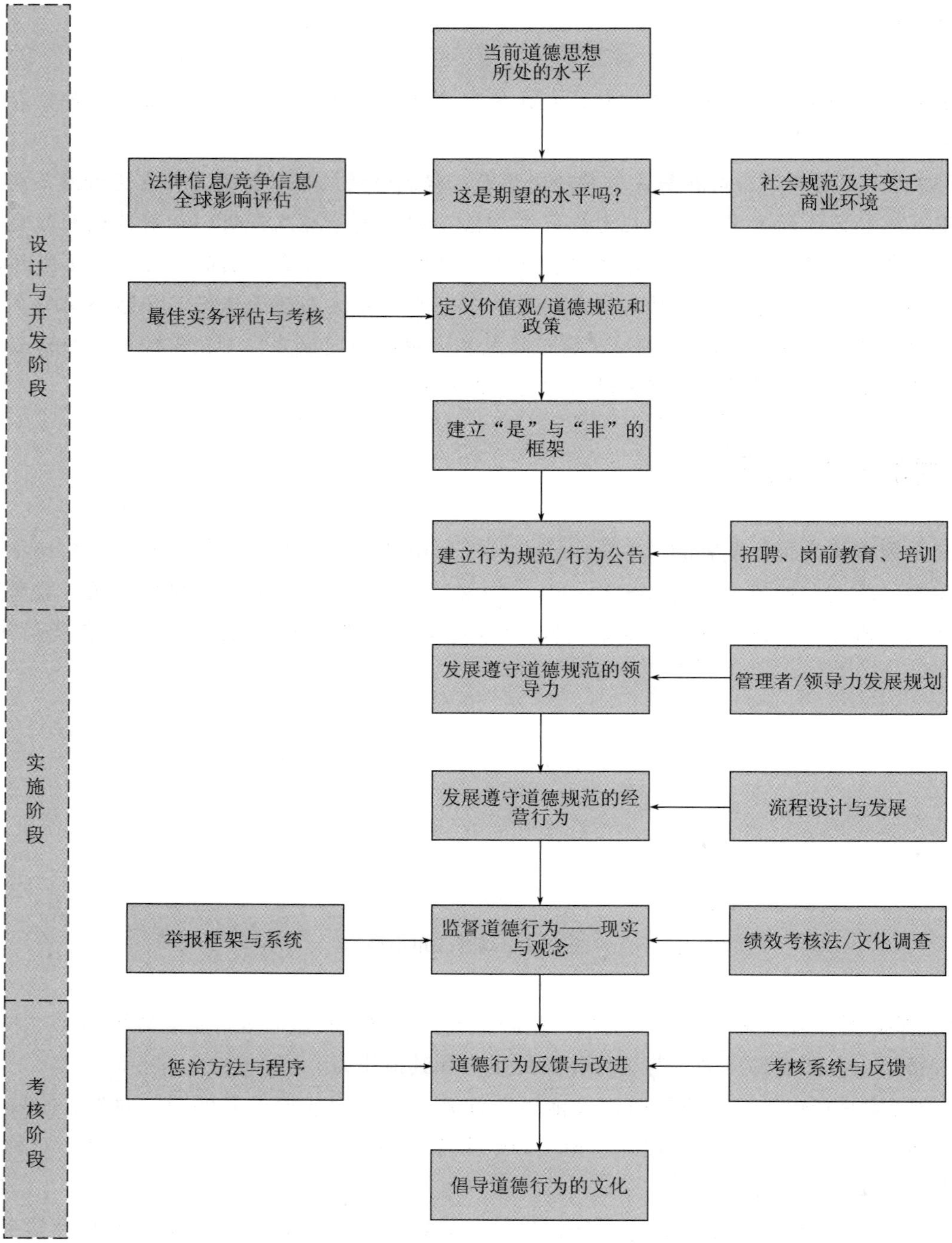

图 16-2　建立道德行为体系的框架

组织文化受高层领导的态度、公司规模、公司愿景、价值观及其提供的产品或服务的强烈影响，同时还受到民族文化、经济趋势和国际贸易的影响。

职业组织文化由所有员工持续一致的行为方式组成。与核心价值观和职业道德一致的组织文化，促使全体人员遵循同样的价值观。

组织应明确界定自己的核心价值观。这样，所有员工就拥有统一的行动指南，员工行为将与公司的价值观保持一致，从而使公司向外界展示统一的良好形象。

公司在外国的成功运营取决于该公司能在多大程度上接纳东道国的文化。成功的调整包括按东道国的道德观行事。国际商务中涉及的其他重要的法律和道德问题包括，不同国家之间的文化差异以及国际法与各国法律之间存在的不同。一国的道德禁忌可能是另外一个国家正常的行为，这可能会给跨国企业带来道德困境。

群体思想是指团队成员为避免或尽量减少冲突而在没有评估决策的结果或考察备选观点的情况下达成一致决定，而持不同意见的其他观点将会被强烈压制。这种共识决策会对公司的健康状况产生不利影响。真正的个人创造性思维将产生更好的决策结果，因为决策之前就考虑了更多的可能性。通过充分反映公司愿景和价值观，可以做出更合乎道德的决策。

16.4.1　组织的职业道德规范

组织有责任尽最大努力确保所有员工的行为均合乎职业道德的要求，制订员工需要遵循的行为准则，制订职业道德规范，并实施内部控制。

根据管理会计公告“价值观与职业道德：从开始到实践”中的有关说明，职业道德规范是：

1）构建职业道德管理框架的一个关键元素。

2）能打造并维持一种职业道德文化，从而积极地支持组织想要的行为类型。

管理会计公告“价值观与职业道德：从开始到实践”还指出，成功地深入实施职业道德规范的益处有：

1）能为组织绩效的改善奠定良好的基础。

2）组织的风险评估质量能得到提升。

3）负责组织治理的相关人员的行为具有更大的透明度。

4）口头承诺能以更大的概率被真正地付诸行动。

5）CEO 和 CFO 将会做出更大的努力，以确保自己的言行与组织保持一致。

> 注意：建议考生认真阅读管理会计公告“价值观与职业道德：从开始到实践”。IMA 网站上可以下载全文。

没有什么比管理者在日常工作方式中所表现出的道德行为更重要的了，其中包括以下几点：与各级员工的沟通，无论是组织内部的，还是组织外部的；让他人参与决策过程；指导和支持他人；处理员工发展、绩效考核问题；在办公场所的个人行为。

16.4.2　职业道德责任始于最高层

若职业道德规范尚且粗泛，则高层管理者需要做的是：

1）进一步扩充这些原则、标准，为每项原则提供更为具体的行为描述。

2）扩充的描述中要提供具体的范例，以说明哪类行为符合职业道德规范的要求、哪类行为违背了职业道德规范。

> 注意：高层管理者还应充分理解这些原则、标准在实际实施中的含义，否则将会带来一系列问题。

例题 16-5

某制造公司没有关于工作场所安全和环境保护的正式规章。但是，该公司以其骄人的行业安全记录和无事故运营历史而闻名。尽管履行相关法律的最低要求就需要面临巨大的财务压力，该公司 CEO 仍坚持采取积极和主动的姿态来达到高于法律要求的标准。这些事实显示了该公司怎样的道德环境？（　　）

A. 关于工作场所安全和环境保护的正式规章是不必要的。

B. 在安全问题上，员工会受到该公司 CEO 的高层基调的影响。

C. 以身作则取代了该公司对正式规章的需求。

D. 该公司 CEO 追求工作场所安全的方法是该公司成功的原因。

答：

B。

分析：高层基调决定了控制环境，良好的控制环境促使员工具有更高的行为准则。

16.4.3 道德规范和内部控制

对大多数组织来说，重要的是涉及组织所有关键工作的核心流程。流程管理和流程思想就成为确定风险和内部控制的一个基本因素。

企业风险管理、业务流程重组、质量管理、“防误措施”以及学习型组织的建设都可以协调统一起来，形成一个内部控制体系，使人力资源战略与组织经营目标协调一致。

内部控制的目标包括：运营的效率和效益、财务报表的可靠性、资产的安全性、与现有法律和法规的一致、组织目标和使命的实现。

COSO 内部控制框架包含 5 个要素：控制环境、风险评估、控制活动、信息与沟通、监控。

16.4.4 在整个组织中实施道德规范

仅仅管理层坚持更高的道德水准是不够的，应该在整个组织中实施职业道德规范。在组织中实施职业道德规范应注意的地方：

1）组织应聘用合适的人员。在面试过程中，应对应聘者从以下几个方面进行筛选。

- 个人价值观。
- 预期的工作行为。
- 技能。
- 发展潜力。

> 注意：管理会计师应确保将人力资源预算的一部分，分配用于实施彻底的行为分析。对敏感性职位，这种深入的评估十分必要。

2）招聘结束后，接下来的重点就是对这些员工提供合适的培训。

入职培训内容应包含：

- 员工一般行为和个人行为的规定。
- 如何在工作管理方法构建道德规范。
- 道德如何影响具体的工作流程、行为和关系。
- 组织如何监督遵守准则的情况。
- 对于遵守道德规范的员工如何鼓励。
- 当出现道德问题时采取什么行动。
- 出现不遵守道德规范的行为时进行处罚。

3）将道德规范融入工作行为。为了岗位培训价值的最大化，应该为岗位培训提供充足的资金支持。基本道德培训可能有助于培养道德意识和营造道德氛围，但是大多数员工都是从自己的具体岗位和职责的角度看待世界和行为问题的。内部控制的道德方面只有在工作层面才能发挥作用，所以培训必须在该层面进行才会有效。

4）将道德规范融入工作管理方法的实践中。组织未实践道德承诺的一个典型例子，就是口头宣称“我们的员工是我们最宝贵的资产”，却未让员工参与日常工作的设计、开发或改进。组织言行不一，就会使整个道德规范失去信誉。在实践中，为了把道德规范的愿望变为现实，组织活动的每个方面都应该受到实施道德规范的影响，具体包括设计与开发流程、工作规划和执行、售后支持和客户服务，甚至包括分包商等第三方。

5）将道德规范融入企业规划。在制订企业规划和决定资源分配时会优先考虑一系列经营活动，一般聚焦于最优化，甚至盈利能力最大化和成本最小化。但是，如果组织的员工认为规划决策中没有考虑道德行为因素，那么保持道德规范的相关努力就会受到影响，甚至会失败。需要优先考虑道德行为的领域，包括招聘阶段的员工测试、为新员工和在职员工提供道德培训，特别重要的是经营扩张和收缩所采用的方法。

6）在无规范可循的情况下，员工必须运用自己所了解的组织道德公告，建立一种符合道德规范的正确决策和思维过程。

例题 16-6

员工道德培训为那些已经在道德决策制定上具有强大高层基调的公司提供了什么？（　　）

A. 对员工进行的道德培训满足了法律要求并减少了公司责任。

B. 当管理人员变动时，道德培训可以代替高层基调。

C. 培训提供了识别道德问题的技巧以及解决这些问题的方法。

D. 培训过程中获得的知识使得高层基调变得无关紧要。

答：

C。

分析：高层基调确定了控制环境，这是十分重要的。在此基础上进行员工培训，使得员工在遇到具体道德问题时能够采取合适的行为。

16.4.5　量度并改善对职业道德规范的遵循情况

在实施并遵循职业道德规范的过程中，组织所面临的最大问题是：

1）组织是否有能力真切地意识到日常业务的状况。

2）如何使得遵循职业道德规范，成为组织主流治理和责任框架中的一个核心元素。

注意：这是管理会计公告“价值观与职业道德：从开始到实践”的规定。

有各种工具可用于量度，并改善组织对职业道德规范的遵循情况。

这些工具包括：

1）人员绩效反馈环。绩效考核和发展系统必须与道德行为要求完全一致。能力、岗位职责和目标应该包括道德期望，员工定期考核（至少每年进行一次）系统必须依照相同的标准评估员工。如果道德规范要求员工尊重每一个人，那么绩效考核流程就必须包括全方位的信息，既包括内部反应，又包括外部反应，以便评估事实是否确实如此。

2）调查工具。持续测查是评估道德绩效的一个颇有价值的工具，尤其是在管理和领导力等领域。调查可以根据组织的道德规范设计，并让员工为组织对道德规范的遵守情况评级。管理会计师应该确保调查数据足够详细，以便将关注的问题和行动联系起来。

3）披露、揭发渠道。有效的反馈系统包括建立保密框架，让员工报告可能违反组织道德规范的行为，以及道德遵守方面挑战组织的决策。统计数据表明，大量职业欺诈案件都是通过员工“热线”或其他报告发现的。

注意：披露、揭发渠道也可以称为举报热线。

16.4.6 组织职业道德的政府意义与国际意义

美国的跨国公司必须遵守《美国国外贪腐防治法》。

注意：《美国国外贪腐防治法》也可以翻译为《反海外腐败法》。

该法案禁止在海外从事业务的美国公司，为了获得合同或业务而向外国政府官员行贿。

注意：《美国国外贪腐防治法》旨在监管美国公民、美国公司和在美国上市的公司及其附属机构在全球范围内的经营活动。该法案对任何向外国国家工作人员行贿或企图行贿的行为施以严厉的刑事处罚及责令其民事赔偿。任何受到该法案约束的机构也将为其聘用的第三方代理人和咨询顾问不恰当的行为承担一定的法律责任。《美国国外贪腐防治法》主要有两个部分：反贿赂部分规定了向外国官员支付贿赂的违法性；会计部分强化了对账簿制作及内部控制的要求。

该法案规定上市公司必须记录并保存账目和账户，并且在合理的详细程度上，准确并公允地反映公司资产的交易和处置事项。此外，上市公司还应设计和维护内部会计控制系统，该系统应能为以下方面提供合理的保证：①按照管理层的一般授权或具体授权来执行交易；②记录交易，使得财务报表的编制符合公认会计原则或其他适用准则的要求，同时也用于保护资产会计责任；③只有获得管理层的一般授权或具体授权，才可以获得资产；④将记录的资产与实际持有资产相核查，两次核查之间的间隔要合理，并采取适当的措施处理二者之间的差额。

2010 年 4 月，英国通过了反腐力度创全球新高的《反贿赂法》，相对美国《反海外腐败法》而言，又增加了新的合规要求：第一，扩大了各类企业的反腐责任；第二，打击范畴更广，同时囊括公共部门和私营部门；第三，同时追究受贿者责任；第四，“通融费”不再作为例外而予以通融；第五，处罚更加严格；第六，覆盖面更广。

该法案对于企业的反腐败内控制度提出了明确的要求，企业必须建立和维持有效的内控制度和政策以防止贿赂行为的发生。如果能够证明企业内部确已建立有效的内控制度和政策用以预防贿赂行为的发生，则企业可以以此为由主张企业本身免于承担刑事责任，否则，企业须对其员工的贿赂行为承担严格的公司责任。

美国《反海外腐败法》中有一些独特条款，包括：(1) 企业必须承担由于未能防止贿赂而产生的严重责任，不论这种贿赂是由聘员还是第三方实施的；(2) 支付疏通费的做法不再允许。而美国《反海外腐败法》认为，如果该付款行为只用于处理文件或签发许可证，那么这样的疏通费是合法的。因为该付款行为只是为了缩短处理时间，而不是为了影响政府行为的结果。

美国的跨国公司也必须遵守《萨班斯法案》。

该法案 406 条款规定，公司要采用针对高级财务官的价值观与职业道德。该规范应用于公司的主要财务官、主计长、主要会计官员以及主要执行官。

该法案 406 条款规定，公司需及时报告针对上述人员的“价值观与职业道德的任何变动或放弃”。

“道德守则”是指能够对以下方面合理促进的特定准则：

1）诚信行为，包括在实践中有助于处置个人同职业间利益冲突的行为。

2）发行人充分、公正、准确、及时地以投资者容易理解的方式在申报的定期报告中披露相关信息。

3）有助于政府法规的贯彻执行。

注意：《萨班斯法案》的其他重要条款

201 条：禁止外部审计人员提供非审计服务。例如，记账、内部审计、咨询、系统设计等。

203 条：要求上市公司至少 5 年更换一次负责审计的审计合伙人。

301 条：所有的审计委员会成员必须是独立董事。

302 条：要求上市公司主要管理人员对公司财务报告的准确性和完整性做出保证，进而保证财务报告的真实性。

404 条：要求年报中必须包含内部控制自我评估报告，以及管理层提供建立和维护内部控制结构的充分性的责任声明。

407 条：审计委员的一位董事必须是指定的财务专家。

409 条：财务报告必须迅速以公开的方式发布。

16.4.7　重视组织职业道德的好处

重视组织职业道德的好处有：

1）可持续增长。

2）更高的生产效率。

3）更低的员工流失率

4）组织文化得到改善。

5）良好的企业声誉。

6）员工间的互动得到改善。

7）欺诈风险得到降低。

例题 16-7

通用电气公司和西屋公司之间为夺取菲律宾核电站合同进行了激烈斗争。尽管西屋公司的技术较差，但是十分希望能获得两座价值 10 亿美元的核反应堆合同，为此西屋公司的亚太区经理聘请了一家咨询公司提供意见，并支付了 1 730 万美元的费用。事实上该咨询公司的大股东就是总统马克斯的侄子。结果，在国务会议上，总统决定和西屋公司签订 10 亿美元的合同。西屋公司的做法是否正确？

答：

西屋公司不应进行咨询费的支付。因为这一行为违背了《美国国外贪腐防治法》中的有关规定。《美国国外贪腐防治法》禁止美国公司在开展海外业务时为取得合同或业务而向外国政府官员行贿。公司或其代表一旦有违背该法案的行为，将会面临民事和刑事处罚。案例中提到的“咨询费”事实上并不是咨询费，而是一种贿赂。因此，这种行为不仅不合乎道德的要求，同时也是违法的。

16.4.8 可持续发展与企业社会责任

1. 可持续发展

可持续发展是满足当代人的发展，又不损害后代人满足其需求能力的发展。主要包含两个综合的概念：①可持续发展在代际公平和代内公平方面是一个综合的概念，它不仅涉及当代或一国的人口、资源、环境与发展的协调，还涉及同后代的或国家及地区之间的人口、资源、环境与发展之间矛盾的冲突；②可持续发展又是一个涉及经济、社会、文化、技术及自然环境的综合概念，其内容包括自然资源和生态环境的可持续、经济可持续及社会可持续 3 个方面：

1）以自然资源的可持续利用和良好的生态环境为基础。

2）以经济可持续发展为前提。

3）以社会全面进步为目标。

使人类社会在每个时间段内都能保持资源、经济、社会同环境的协调发展。

2. 企业社会责任（CSR）

企业社会责任是指在市场经济下，企业对社会合乎道德的行为，即企业在追求利润的同时，必须主动承担对环境、社会和利益相关者的责任，包括遵守商业道德、维护员工的合法权益、保护环境、节约资源、支持慈善公益事业等。企业社会责任主要由以下 4 个方面构成：

1）经济。企业有责任在经济和财务上保持健全状态。

2）法律。企业有责任遵守所在地的法律。

3）道德。企业有责任使其决策符合道德规范。

4）慈善。企业有责任回馈所在地的社区或社团。

企业社会责任与可持续发展相辅相成，互为支撑。企业社会责任的履行有助于企业可持续发展。企业与社会的良好互动，不仅能为企业市场竞争营造健康环境，也切实保护了社会公共利益，实现了企业与社会的可持续发展。

例题 16-8

某美国上市公司发布了企业社会责任报告。该报告包括了其产品中使用的可再生资源的数量。以下哪项不是披露的原因？（　　）

A. 法律要求该公司在报告中披露。
B. 可以收取溢价并获得消费者忠诚度。
C. 可以作为该公司产品的营销工具。
D. 可以用于区分该公司与其竞争对手。

答：

A。

分析：披露企业社会责任报告不是法律的要求。

16.5　本章主观题例题与习题

16.5.1　本章主观题例题

例题 16-9

思考本公司是一家大型家电生产企业，主要生产商标为 TP 的高级电子设备，这些产品主要通过国美、苏宁等零售商进行销售。生产多余的产品则贴上另一种商标 LNV，再以较低的价格卖给淘宝商城等折扣商进行销售。这种折扣零售行业利润丰厚，因为该公司将成本只分配给商标为 TP 的产品。

思考本公司为了提高产品质量，测试所有的产品，一般来说有 6% 的产品不能通过检测。其中一半通过返工可以达到质量要求，其余的只能废弃。但最近该公司发现很多 LNV 产品在销售后 1 年内出现故障，其中主要是返工品造成的。成本会计师汲黯发现无法通过质量检测预防故障的出现。汲黯将情况写成报告，准备提交董事会讨论。

生产经理张汤听说后很不满意，认为汲黯小题大做，并将自己的意见告诉了总会计师公孙弘。公孙弘批评了汲黯的做法，认为他的做法没有考虑到公司的整体利益，并且破坏了公司内部的团结。最后由于汲黯的坚持，公孙弘同意口头向董事长刘彻汇报，但不能够提交书面材料。

汲黯仍然不能释怀，向自己的夫人诉苦，他的夫人劝解他："你要明哲保身，何必为公司的事情伤神呢！你还记得上一任质量工程师晁错不就是因为坚持自己的意见，向媒体曝光公司的质量问题才被开除的吗？"

1）根据《IMA 职业道德规范声明》的具体标准，分析汲黯在处理该问题时应注意的道德问题。

2）根据《IMA 职业道德规范声明》的要求，汲黯应该采取哪些步骤来处理这种情况？

参考答案：

1）根据《IMA 职业道德规范声明》，汲黯有责任做到以下几点：

a. 通过对相关并且可靠的信息进行分析后，提供给董事会一份全面、清晰的报告。

b. 确保有关信息和数据的机密性。除了授权之外，禁止在工作中披露机密信息，除非法律规定。

c. 全面地披露各种有利和不利的信息，全面阐述做出的职业判断。不从事任何可能妨碍按照职业道德履行职责的行为，不从事或者支持损害职业的活动，从而证实自己的诚实。

d. 就客观性而言，汲黯有责任公正、客观地向董事会全面公开相关信息，从而帮助董事会理解这个报告及其提出的意见和建议。

2）见 16.2 节个人职业道德。

例题 16-10

诺顿公司是一个婴儿用品的制造商，目前正开始编制 2013 年的预算。斯科特·福特最近刚成为诺顿公司的会计人员，他非常愿意尽可能多地了解有关公司预算编制的知识。诺顿公司过去采用权威式预算，最近进行了财务改革，首席执行官决定采用参与式预算。

最近，在与销售经理玛吉·阿特金斯和生产经理彼得·格兰杰共进午餐时，他们有如下对话：

斯科特：“因为我是刚来的，又要参与到年度预算编制工作中去，所以，我很想知道你们二位是怎样预计销售和生产数据的。”

玛吉：“我们先看看最近的历史记录，讨论我们所知道的有关流动账户、潜在的顾客和消费者的一般支出水平的情况。然后，我们再加上一点直觉得出最佳的预测数据。”

彼得：“我通常都将销售计划作为我的生产计划的基础。当然，我们也需要预计这一年年末的库存量，这个工作有时会比较难。”

斯科特：“为什么会有问题？当年的预算中应该有年末的预计库存量。”

彼得：“那些数据有时是不可靠的，因为玛吉在将数据给我之前会对销售量作一些调整。”

斯科特：“什么样的调整?”

玛吉：“我们不想实际数低于预计的销售量，所以我们通常会给自己一些余地，将最初的预计销售量降低5%到10%。”

彼得：“所以你应该明白为什么今年的预算不能作为可靠的起点。我们经常随着年度的展开，而被迫调整预计生产量，当然，这就改变了预计的期末存货量。另外，我们也对费用作同样的调整，即在预计基础上增加10%。我想这儿的每个人都是这样的。”

要求：

1）玛吉·阿特金斯和彼得·格兰杰讲述了如何形成预算松弛。

A. 解释玛吉和彼得这种行为的原因，并说明他们期望通过预算松弛实现的收益是什么。

B. 说明预算松弛会对玛吉和彼得产生什么负面影响。

2）作为一个管理会计人员，斯科特·福特认为玛吉·阿特金斯和彼得·格兰杰的行为是不道德的，他有义务阻止这种行为。依据美国管理会计师协会管理会计师道德行为标准中的具体条款，解释为什么说形成预算松弛是不道德的。

3）请说明权威式预算、参与式预算和综合式预算的含义和特点。

参考答案：

1）A. 玛吉是希望销售任务低些，这样销售任务容易完成，并可获得超过任务而使个人增加收入，不会因完不成任务受到影响。

彼得是希望成本标准定的高些，这样就可以在降低成本时有业绩，或者在生产不会因为太严格的成本标准不得不严格控制实际使用量标准，可以保持在企业中的地位。

B. 预算松弛会降低预算的控制、沟通和协调的能力，具体来说：

预算松弛对玛吉来说可能会在开拓市场方面不努力，使企业的营业额维持在一定程度上，不能提高企业的竞争力。

预算松弛对彼得来说不会控制资源的利用率，加大了浪费，管理过于宽松，使员工积极性下降。

2）依据美国管理会计师协会管理会计师道德行为标准中的具体条款，解释如下：

Ⅰ. 能力

提供准确、清楚、简洁和及时的决策支持信息和建议。

识别和沟通妨碍负责判断或者成功开展活动的职业限制或者其他约束。

Ⅲ. 完整性

禁止从事任何可能损害他们按照职业道德执行任务的能力。

禁止从事或者支持损害职业的活动。

Ⅳ. 可信性

公平客观地传递信息。

充分披露所有合理的预期，影响意向使用者理解报告、评论和建议的所有有关信息。

按照组织政策和适用法律，披露信息、时间性、处理或者内部控制上的延迟或者缺陷。

道德目标对于维持管理者的信心很重要，道德问题的解决会影响管理者对管理会计师的信任和依赖。

玛吉和彼得是为了得到较低的业绩评价标准而有意提供虚假的预算数据，他们就违反了道德标准，不能保持数据的真实可靠。

3）权威式预算、参与式预算、综合性预算的比较如表 16-1 所示。

表 16-1　权威式预算、综合性预算、参与式预算的比较

内容	权威式预算	综合性预算	参与式预算
含义	高层管理者将战略目标贯彻到预算中	自上而下沟通战略目标，自下而上实施该目标	在预算过程中，战略目标得不到优先考虑
优势	能更好地控制决策	高层管理者保留了预算控制权，专业信息的获得需要较长的预算周期	基层管理者的专业经验会使其做出明智的（精明的）预算决定
沟通方式	用指令代替沟通	双向沟通 高层管理者理解参与者的困难与需求 参与者理解管理层的两难困境	较低组织层级（生产/售后服务/市场）的看法得以向高层管理者传达
对员工的影响	员工： 不满 不被激励	较低组织层级的参与使他们能更好地接受预算，而对预算的普遍接受又使他们能对实现预算目标做出更大的承诺	员工： 参与 被激励
对预算结果的影响	较低组织层级可能不会严格地遵循预算	员工对预算有责任感，加上高层的全面复核，使得较紧的预算得以执行	批准的容易或者缺乏，可能导致预算较松，或者存在“预算松弛”
建议	不推荐使用，但该方法可以用于小企业或环境相对稳定的企业	适用于大多数企业，能实现战略与战术之间的平衡	对于情境变化反应较快，直接管理者拥有详细、准确数据的责任中心较为适用

例题 16-11

高科技技术公司是一家计算机芯片与软件生产商，它刚推出一种比以前版本快很多的内存芯片。由于对此产品的需求十分巨大，检测程序非常仔细但也有些匆忙。当产品上市好几个月销路甚好时，假设你作为一名生产经理，发现芯片中存在一些难于发现的小问题，这些小问题将导致大问题，情况非常特殊。

要求：现在你知道芯片的问题，你应该披露什么？向谁披露？

参考答案：

由于该案例中的你涉及能力、客观、正直。你应提供可靠的证据，来证明新产品的问题存在，以及该问题在产品在使用的过程中会导致哪些问题，应该披露芯片存在的问题将带来哪些问题，如

1）芯片存在的问题对产品的销售带来的影响。

2）芯片存在的问题对产品的使用者带来的影响。

3）芯片存在的问题对企业的品牌带来的影响。

你应该向你的直接上司，除非你的直接上司知道但不重视，可以直接将问题递交给更高一级上司，直至董事会或者审计委员会。

例题 16-12

有一家美国大型公司处于一个竞争激烈的行业中。为了适应这种竞争和实现利润目标，该公司已经选择了分权的组织形式。对每一名分散的利润中心经理的衡量指标是利润贡献、市场占有率和投资回报率。对于未能达到这些公司管理目标的结果将不被接受，该利润中心经理将会被降职或辞退。

一项匿名调查显示，该公司的部门经理感到了业绩压力，并且这种压力迫使他们在个人的道德标准方面做出妥协以实现企业目标。例如，在某些工厂的职位上存在业绩压力，这些经理就减少质量控制的水平，结果无法保证所有不安全的产品将被发现。此外，销售人员使用可能不道德的销售策略来获得订单，其中包括给采购商的工作人员送礼品和其他资金。

首席执行官对这样的调查结果感到不安。在他看来，该公司不允许这种行为。他的结论是该公司应该立即解决这个问题。

要求：

1）讨论产生这些道德问题的原因可能是什么。

2）提出一个程序，可以通过这些步骤帮助该公司减少管理者由于压力而违反道德标准的问题。

3）公司建立一个道德的公司文化的潜在好处是什么。

4）说明美国《反海外腐败法》的主要内容。

5）解释《萨班斯法案》404 条款的主要内容。

参考答案：

1）首先，该公司建立的控制环境有重大缺陷，使得该公司员工的个人道德和该公司目标发生冲突。现在该公司的政策是对于未能达到这些公司管理目标的结果将不被接受，并处于严厉的处罚，这会迫使底层经理在个人的道德标准方面做出妥协以实现公司目标；其次，该公司现在使用一种权威式的管理方法，这将忽视底层经理的贡献。由于这种管理方法，高层经理在制订业绩目标时没有考虑到市场环境的变化，使得目标脱离客观情况；最后，奖惩系统不恰当。该公司没有适当的奖励员工的制度，而有非常严厉的惩罚制度。该公司也没有职业道德规范来指导员工的行为。

2）可以通过以下步骤帮助该公司减少管理者由于压力而违反道德标准的问题：①采用参与式管理的办法。这种管理方式将鼓励底层经理和员工做出更大的贡献。②建立合理的反馈系统来识别市场的变化以及更加合理的员工奖励系统。③建立合理的职业道德规范指导员工的行为。④高层经理以身作则。

3）建立一个道德的公司文化的潜在好处是：①可持续增长；②更高的生产效率；③更低的员工流失率；④组织文化得到改善；⑤良好的企业声誉；⑥员工间的互动得到改善；⑦欺诈风险得到降低。

4）美国的跨国公司必须遵守美国《反海外腐败法》。该法案禁止在海外从事业务的美国公司为了

获得合同或业务而向外国政府官员行贿。

5）《萨班斯法案》404 条款明确了管理层对与财务报表及与其相关的内部控制制度的有效性的责任，并要求管理层对此发表书面声明。

16.5.2　本章习题

问题 1　根据《IMA 职业道德规范》，以下哪种情况下 IMA 会员可以向组织外部的人员透露保密信息？(　　)

A. 和顶头上司在道德问题上产生冲突，上司拒绝采取正确的行动。

B. IMA 会员退出该组织，并且不再负有保密的义务。

C. 按照法律的规定，必须披露该机密信息的。

D. 和该组织在道德问题上产生冲突，该组织拒绝采取正确的行动。

问题 2　下列 4 种工具中哪 3 种工具可用来衡量和提高职业道德规范执行水平？(　　)

Ⅰ. 人员绩效反馈环。　Ⅱ. 调查工具。

Ⅲ. 披露、揭发渠道。　Ⅳ. 员工培训。

A. Ⅰ和Ⅲ。　B. Ⅰ、Ⅱ和Ⅳ。　C. Ⅰ、Ⅱ和Ⅲ。　D. Ⅱ和Ⅳ。

问题 3　某名新任管理会计师对其是否符合《IMA 职业道德规范实践》中道德方面的能力标准感到担忧。根据胜任能力标准，以下哪项不是必须达到的？(　　)

A. 保持所有会计领域的专业知识。　B. 持续培养知识和技能。

C. 依据相关规定和标准履行职责。　D. 提供准确且及时的建议。

问题 4　张三是一家公司的会计人员，该公司最近因需要削减预算而解聘了多名员工。他无意中看到了自己上司每两周发放一次的薪金支票。由于并未意识到这张薪金支票包含年度奖金，张三误将此工资总额乘以 26 来计算这名上司的年收入。张三惊讶地发现，他上司的薪酬看起来是当地担任会计主管职位员工平均薪酬的两倍多。张三与一位朋友讨论了这个情况，这位朋友就是该公司最近解聘的一名员工，现在就职于一家当地报社。因为这次讨论，这位主管“惊人的”薪水被公之于众。张三的行为违反了《IMA 职业道德规范实践》中的哪项标准？(　　)

A. 能力。　B. 保密。　C. 正直。　D. 可信。

问题 5　《美国国外贪腐防治法》尤为关注金融机构的交易以及对全球金融体系的保护。金融机构必须实施可靠的控制机制来确保了解自己的客户及其商业交易的性质，并能够向监管方证明自己十分尽职。除了(　　)外，这些保障措施最大限度地减少以下行为。

A. 洗钱　B. 内幕交易　C. 资助恐怖主义　D. 索贿和贿赂

问题 6　企业有责任及时、准确、透明地公布反映企业所有交易的财务报表。以下哪些文件阐述了企业的该项责任？(　　)

Ⅰ.《IMA 职业道德规范实践》。

Ⅱ.《萨班斯法案》406 条款：高级财务管理人员道德守则。

Ⅲ. IMA 的管理会计公告《价值观与职业道德：从开始到实践》。

Ⅳ.《美国国外贪腐防治法》。

A. 仅Ⅰ和Ⅱ。　B. 仅Ⅰ和Ⅲ。　C. 仅Ⅱ和Ⅲ。　D. 仅Ⅱ和Ⅳ。

情景 15-1

张三是甲公司的总会计师，甲公司主要生产可移动房屋。年底，甲公司估计今年的盈利将会显著低于预期。李四是该公司的高级管理会计师，也是张三的下级。他负责预测年底的盈利报告。为了能够降低成本，李四和张三被安排参加一个监督运营的委员会。委员会选定了几个需要解决的问题，以便能够立即改善盈利能力。为了能够在不牺牲质量的前提下降低原材料的成本，李四被要求与采购部门一起商讨并选择供应商。乙公司可以以较低的价格提供所需要的关键原材料，但是，乙公司的所有者其实是张三。在编制降低成本的分析报告中，李四建议选择乙公司作为一家新的供应商。张三已被要求检查并计算建设中的移动房屋的完工百分比。张三可以改变完工百分比的结果，这将直接影响该公司的盈利。张三已经修改了计算结果并提交给审计师。

问题 7 ~ 9 以情景 15-1 作为背景。

问题 7 《IMA 职业道德规范》中一个重要道德原则的要求是诚实。甲公司案例中关于诚实的一个例子是( )

A. 提供客观的信息和反馈。

B. 选择供货商的过程中没有偏袒。

C. 确保报告和报表上的信息是准确的。

D. 向外部审计师披露所有必要和相关的信息。

问题 8 《IMA 职业道德规范》中一个重要道德原则的要求是公平。甲公司案例中关于公平的一个例子是( )

A. 确保报告和报表上的信息是准确的。

B. 向外部审计师披露所有必要和相关的信息。

C. 选择供货商的过程中没有偏袒。

D. 在适当的时候传送信息。

问题 9 《IMA 职业道德规范》中一个重要道德原则的要求是负责。甲公司案例中关于负责的一个例子是( )

A. 确保报告和报表上的信息是准确的。

B. 提供客观的信息和反馈。

C. 向外部审计师披露所有必要和相关的信息。

D. 选择供货商的过程中没有偏袒。

问题 10 根据《IMA 职业道德规范》，以下 4 项中，哪项不是 IMA 会员的正直方面责任？( )

A. 公平和客观地交流信息。

B. 禁止从事或者支持损害职业的活动。

C. 避免潜在或者实际上的利益冲突，通知所有合适的当事人避免发生潜在的利益冲突。

D. 减轻实际的利益冲突。

问题 11 在甲企业中，总会计师是本地财务会计中参与到咨询项目中的主要决策者。在假期前后总会计师经常会收到很多礼物。那么在考虑是否接受这些礼物的问题上，总会计师具体根据《IMA 职业道德规范》哪方面的规定呢？( )

A. 正直。 B. 能力。 C. 保密。 D. 可信。

问题 12 根据《IMA 职业道德规范》，以下 4 项中哪项是 IMA 会员的可信方面责任？( )

A. 提供准确的决策支持信息和建议。

B. 禁止违反职业道德或者法律使用机密信息。

C. 充分披露预期影响目标使用者理解决策信息的所有有关信息。

D. 通过持续学习知识和技术，保持适当的职业竞争力。

问题 13　随着管理会计师在职业上取得进展，他们往往有责任监督其他经验较少的员工的工作。以下哪项是管理会计师的职业道德责任？(　　)

A. 招聘新员工，并且使新员工与现有员工能和睦相处。

B. 最大化部门的利润或最小化部门的成本。

C. 确保员工能正确处理机密信息。

D. 鼓励员工与客户发展关系。

问题 14　甲公司最近审查明年的预算。其中包括为新产品安排的计划，包括可充电风扇。与竞争对手的产品相比，可充电风扇不仅工作时间持续更长，而且也更安静。虽然尚未获得批准，该公司制订了用于支持其销售目标的积极广告预算。其他竞争对手还没有意识到甲公司很快就会开始生产可充电风扇。该公司的一个管理会计人员与一名经销商"分享"这个预算的信息。根据《IMA 职业道德规范》，以下哪项最能描述在这种情况下的伦理冲突？(　　)

A. 人员泄露了该公司一个潜在诉讼的信息。

B. 尚未确定价格，所以必须注意调整市场预期。

C. 员工应避免泄露机密信息。

D. 预算没有被批准，因此不能公布。

问题 15　如果张三从某供应商处购买一种计算机化的存货控制系统，该供应商将送给张三两张足球票。张三应怎么做？(　　)

A. 拒绝与该供应商作进一步的沟通。

B. 了解与供应商送礼相关的公司政策。

C. 如果足球票的价格低于 50 美元，就与该供应商签订采购合同。

D. 就此事咨询董事会的审计委员会。

问题 16　张三最近被一家制造公司聘为助理财务长。该公司的财务长李四预测该公司年收益的增长率为 16%，然而在该年度的最后一个季度，张三估计该公司只能报告 12%的年收益增长率。当张三将该情况报告给李四时，李四告诉张三实现 16%的年收益增长率毫无悬念。李四解释说，年底前已开始生产的几项工作将在下一财政年度的年初完工，与这几件工作相关的收入将在会计系统中计作本年度的收入。那么张三在这个时候第 1 步应怎么做？(　　)

A. 将该问题报告给审计委员会。

B. 与律师联系，了解自己有何权利。

C. 与另一家公司的财务总监讨论这个问题，这名财务总监并不认识张三公司的任何员工。

D. 遵从其组织在解决这种冲突方面已经制订的政策。

情景 15-2

张三是甲公司的高级管理会计师，甲公司是一家跨国电信公司。为了努力拓展海外业务，甲公司鼓励高级管理人员向外国官员提供一定的资金来获得业务。在会计部门这些款项被列为正常的佣金支出。张三最近质疑这些款项是否应作为佣金支出分类，因为他们似乎是贿赂外国官员。张三与财务总监讨论了此情况，财务总监认为，在这些国家这些款项发放不违法。当所有的员工被聘用的时候，他们被要求签署遵守该公司行为准则。此外，该公司所有员工都被提供年度道德培训，且每个员工都根据遵守经营目标道德的期望的情况进行评估。该公司提供了一个匿名举报人热线用来报告涉及管理的员工。张三认为，他的公司是拥有道德的组织文化。

问题 17 ~ 19 以情景 15-2 作为背景。

问题 17　在甲公司的案例中，根据《美国国外贪腐防治法》的有关规定，可以得知(　　)

A. 该法案要求高级财务人员遵循的道德规范。

B. 该法案要求的公司提供一个举报热线电话，报告道德问题。

C. 该法案禁止美国公司向外国政府官员行贿。

D. 该法案要求维持伦理组织文化和相关员工培训。

问题 18 在甲公司的案例中，根据《萨班斯法案》406 条款的有关规定，可以得知(　　)

A. 该法案要求的公司提供一个举报热线用来报告道德方面的问题。

B. 该法案禁止美国公司向外国政府官员行贿。

C. 该法案要求培训员工用来维护道德的组织文化。

D. 该法案要求的高级财务人员遵循的道德规范。

问题 19 在甲公司的案例中，请确认哪个是经常用来度量道德遵守状况的一种被称为人员绩效反馈环的工具？(　　)

A. 员工完成年度道德培训。

B. 所有的员工都必须阅读并签署了公司的道德准则。

C. 评估员工是否遵守运作的目标和道德期望。

D. 提供一个举报热线用来报告道德问题。

问题 20 《美国国外贪腐防治法》禁止美国公司(　　)

A. 出于获得或保留业务的目的，向外国政府官员行贿。

B. 在海外市场生产产品时不遵循与国内相同的安全和环境规定。

C. 向不遵循美国人权规定的国家出口产品。

D. 出于贿赂、不道德或非法目的而出售产品。

问题 21 以下哪种行动最可能导致在伊斯兰教国家获得业务？(　　)

A. 聘用伊斯兰教徒为员工。

B. 按伊斯兰教的道德观行事。

C. 皈依伊斯兰教信仰。

D. 在伊斯兰教国家拥有财产。

问题 22 甲公司的董事会主席安排了对于该公司员工的持续道德培训。甲公司认为这种培训非常重要，因为培训(　　)

A. 使该公司避免因为不当行为被起诉。

B. 只适用于较低级别的员工，因为他们最有可能产生不道德行为。

C. 将保证不会出现不当行为。

D. 会使得该公司在被认定出现不当行为时，减轻所受处罚。

问题 23 IMA 的管理会计公告“价值观与职业道德：从开始到实践”认为持续培训的内容不包含以下哪项？(　　)

A. 出现不遵守道德规范的行为时进行处罚。

B. 要求每个员工签署行为守则。

C. 道德规范如何影响到具体的工作和流程。

D. 当出现道德问题时采取什么行动。

问题 24 披露、揭发渠道或者说举报热线可以帮助一个组织保持良好的文化。以下哪项不是披露、揭发渠道或者说举报热线的好处？(　　)

A. 披露、揭发渠道或者说举报热线有助于发现组织内的欺诈行为。

B. 披露、揭发渠道或者说举报热线会提供报告道德问题的一种保密方式。

C. 披露、揭发渠道或者说举报热线使组织拥有收集、分析和总结现有的和潜在的道德问题的能力。

D. 披露、揭发渠道或者说举报热线可能被视为打小报告的行为。

问题 25 确定下列哪些项目可能会传达给员工一个道德的企业责任的要求？（ ）

Ⅰ. 定义组织的价值观。

Ⅱ. 以身作则。

Ⅲ. 传播合法行为。

Ⅳ. 提高道德要求。

A. Ⅱ和Ⅳ。 B. Ⅰ，Ⅱ和Ⅳ。 C. Ⅰ和Ⅲ。 D. Ⅰ，Ⅱ和Ⅲ。

问题 26 根据管理会计公告“价值观与职业道德：从开始到实践”，下列说法中错误的是（ ）

A. 职业道德规范能打造并维持一种职业道德文化，从而积极地支持组织想要的行为类型。

B. 职业道德规范使口头承诺能以更大的概率被真正地付诸行动。

C. 高层管理者需要进一步扩充这些原则、标准，为每项原则提供更为具体的行为描述。

D. 扩充的描述中可以不提供具体的范例，但是要明确职业道德规范的原则的内涵。

问题 27 甲公司是一家跨国公司，2014 年该公司在南美洲的 A 国开设了一家分公司。该公司指派张三前往该分公司担任税务经理的工作，而张三在国内一直从事绩效管理的工作，对于 A 国的税务工作并不熟悉。该公司的财务总监要求张三编制今年的税务筹划方案，张三担心领导知道自己不熟悉税务工作而怀疑自己的能力，所以硬着头皮坚持完成这样工作。为了更好地完成工作，张三从同事李四那里获取了该公司之前的税务筹划方案，并在其基础上进行了简单的修改后提交给财务总监。根据《IMA 职业道德规范》，他违反了哪项职业道德标准？（ ）

A. 能力。 B. 保密。 C. 正直。 D. 可信。

问题 28 甲公司管理会计师张三发现该公司成本处理方法可以使一些当期发生的成本转移到下期，且这种方法与会计准则的要求不符。他询问其他财务人员后发现是会计主管李四要求的，张三该怎么办？（ ）

A. 向会计主管李四的上级汇报。 B. 不采取任何行动。

C. 向该公司提出辞职。 D. 与会计主管李四当面对质。

问题 29 财务主管为了避免当月现金短缺让会计张三先不支付税款，而先支付供应商的货款。张三发现了该公司的这种行为违背了法律法规的要求。他应如何处理这一问题？（ ）

A. 阻止这一行动。 B. 咨询审计委员会。

C. 与财务主管当面对质。 D. 向更高一层的领导反映问题。

问题 30 甲公司财务总监张三收到该公司业务伙伴赠送的世界杯足球赛门票两张，并与业务伙伴的高级管理人员李四同乘飞机前往巴西观看球赛。张三的这种行为违反了《IMA 职业道德规范实践》哪项规定？（ ）

A. 能力。 B. 保密。 C. 正直。 D. 可信。

问题 31 甲公司的会计师张三最近在工作中和该公司供应商、债权人有密切的商业联系，以下哪种行为违反了《IMA 职业道德规范实践》的规定？（ ）

A. 会计师张三接受了供应商提供的两张世界杯足球赛门票，并和供应商的高层管理人员共同乘坐飞机前往观看球赛。

B. 会计师张三每季度都与分析师讨论该公司以往的业绩和未来的前景。

C. 会计师张三参加专业会议，中午午休外出就餐时和其他公司的会计师有交往。

D. 会计师张三接受了该公司聘请的会计师事务所的邀请参加慈善活动，该事务所为了表示对该活动的支持，赠送给张三两张音乐会入场券。

问题 32 会计经理张三要求该公司的财务人员李四调整应收账款，并表示相应的资料过后会补充。财务人员李四调整完应收账款，一直没有收到相应的资料。某天财务会议后，李四听说原来的会计人员就是因为账实不符，才离职的。财务人员李四应如何处理这一问题？( )

A. 和会计经理交流。
B. 和会计经理的上级交流。
C. 和董事会交流。
D. 和律师交流。

问题 33 以下哪项是《萨班斯法案》406 条款的要求？( )

A. 要求公司首席执行官和财务总监对呈报给 SEC 的财务报告“完全符合证券交易法，以及在所有重大方面公允地反映了财务状况和经营成果”予以保证。

B. 要求公司在定期报告中披露是否针对高级财务管理人员的道德守则。

C. 审计合伙人和复核合伙人每 5 年必须轮换。

D. 禁止公司向董事及高级管理人员提供贷款。

问题 34 《美国国外贪腐防治法》禁止一切对于外国官员的贿赂行为，以下哪项不是该法案对海外业务的要求？( )

A. 采用自上而下的审计方法。
B. 建立会计制度。
C. 建立内部控制制度。
D. 记录与外国政府工作人员的间接交易。

问题 35 根据 IMA 的管理会计公告《价值观与职业道德》，下列说法不正确的是( )

A. 管理者在日常工作方式中表现出道德行为最重要。

B. 管理层需要扩充道德规范的内容，提供相应的案例。

C. 招聘道德水准高的员工比进行培训更重要。

D. 企业战略规划中也需要考虑道德问题。

问题 36 监控、度量员工的职业道德状况可以使用的工具有( )

A. 头脑风暴。 B. 情景分析。 C. 调查工具。 D. 标杆分析。

问题 37 以下哪项不是舞弊三角模型的要素？( )

A. 勾结。 B. 机会。 C. 压力。 D. 自我合理化。

问题 38 甲公司出现财务报表造假的行为。该企业是家族型上市公司，家族集团在企业中占有绝对数额的股份，董事会为大股东所控制。根据以上信息，这属于舞弊三角模型中的什么因素？( )

A. 自我合理化。 B. 机会。 C. 压力。 D. 都不是。

问题 39 甲公司出现财务报表造假的行为。该公司财务总监张三是舞弊参与者之一，而他说，伪造银行文件以虚增资产、制造复杂财务结构以隐瞒负债等财务欺诈都是总裁李四授意的，他只是执行而已。根据以上信息，这属于舞弊三角模型中的什么因素？( )

A. 自我合理化。 B. 机会。 C. 压力。 D. 都不是。

问题 40 以下选项都是对一个组织实施道德行为准则的要求，其中最不重要标准是( )

A. 建立组织运作的法律界限。
B. 提供内部决策指导。
C. 建立道德管理框架。
D. 提供外部决策指导。

问题 41 甲公司仓库主管张三决定在工作时间将仓库入口全部打开，以优化工作流程，提高工作效率。但 1 个月之后，张三发现丢失了部分产品。根据舞弊三角形理论，以下哪项最准确地描述了张三决定带来的风险？( )

A. 激励员工舞弊。
B. 增加了舞弊合理化的便捷性。
C. 增加了舞弊的机会。
D. 使员工加强财务意识。

问题 42 **以下哪个选项的描述不符合《萨班斯法案》中 406 条款的要求？（ ）**

A. 要求公司在网站和年报上公布其道德条款。

B. 道德条款适用于管理人员和普通员工。

C. 道德条款应该有助于政府法规的贯彻执行。

D. 要求其公布道德条款的变更。

问题 43 **甲公司各分部的年终奖金均根据各自的盈利能力进行分配。由于经济增速放缓，东北区域分部的第 3 季度盈利能力低于预算。为解决该问题，东北区域分部的会计人员制订了一系列年终计划，旨在提高本年度的盈利水平。以下哪项最有可能违反《IMA 职业道德守则公告》？（ ）**

A. 请求分部的广告代理商将第 3 季度的广告费推迟到 1 月份结算。

B. 通过减少第 3 季度的报纸广告投放量，压缩广告开支。

C. 将原计划的仓库油漆和整修工作推迟到来年。

D. 提供额外折扣，吸引客户在第 3 季度增加购买量。

问题 44 **专职会计师张三发现一个资产负债表外银行账户的资金已被其直接主管批准的抵销信贷挪用。他的直接主管拒绝讨论此事，并建议张三忘掉这件事。在这种情况下，张三下一步应当采取哪项行动？（ ）**

A. 将问题以书面形式提交给直接主管，并向该公司的独立审计师提交副本。

B. 与直接主管的上一级管理人员讨论此问题。

C. 与该公司的独立审计师秘密沟通此事。

D. 与该公司的外部法律顾问秘密沟通此事。

问题 45 **某公司的财年年末为 12 月 31 日。为了增加该公司财年末最后 1 个月的净利润，以下哪项最不可能导致违反《IMA 职业道德守则公告》？（ ）**

A. 说服供应商将开单日期推迟到 1 月 1 日。

B. 将年终结算推迟到 1 月 4 日，以便将新年假期的销售额记录到本年度中。

C. 减少计算出的坏账准备和坏账费用。

D. 将计划的营销支出推迟至 1 月。

问题 46 **您检查了您所在组织的财务报表，并确定该组织以欺诈方式列出了许多重大项目。您知道应将该情况报告给管理层，但又担心自己会因报告该事而被解聘。不报告该事将违反《IMA 职业道德守则公告》规定的哪项道德标准？（ ）**

A. 可信。 B. 保密。 C. 能力。 D. 保密和正直。

问题 47 **张三是协助甲公司进行月底账目结算的新会计师。主管让他预提一大笔应收账款并答应稍后提供证明文件。张三预提了应收账款并完成了账目结算。随后张三发现，如果该公司没有该笔应收账款，会导致无法达到盈利预计。张三要求提供应收账款的证明文件，而主管却无法提供。其他同事告诉张三，这个主管过去曾经指示将无文件证明的账目入账，前任会计师就是因为不愿意编造账目离开甲公司的。请为张三推荐一种最合适的做法。（ ）**

A. 张三应评估应收账款的重要性，以确定是否要采取后续行动。

B. 张三应就看上去错误的无文件证明的应收账款与他的主管对质。

C. 张三应将这个问题反映给主管的经理来解决这一问题。

D. 张三应向董事会报告甲公司实际上并未实现盈利预计。

问题 48 **张三最近在法庭上受审并由于制造和销售非法麻醉药品而被判有罪。张三的所有犯罪活动都是在工作时间以外进行的，而在从事非法活动期间，他作为管理会计师未出现任何工作失误。张**

三辩称，非法活动与张三的管理会计师职责无关，因此自己没有违反任何职业道德。《IMA 职业道德守则公告》的哪一条款最有可能适用于张三的违法行为？（ ）

A. 能力。 B. 保密。 C. 正直。 D. 可信。

问题 49 一名会计师担心某笔特定交易的记录方式无法反映交易的性质，同时相信目前正在使用的另一种会计方式是为了避免记录某一段时期内的相应支出。该会计师曾试图说服会计部经理，但经理断然拒绝了他，并说没有时间进一步讨论这个问题。根据《IMA 职业道德守则公告》，该会计师针对该问题应采取的下一步适当措施是什么？（ ）

A. 与会计部经理的上一级管理人员讨论这个问题。

B. 与该公司的独立会计师事务所讨论这个问题。

C. 与该公司的法律顾问讨论这个问题。

D. 辞去在该公司的职位。

问题 50 下列选项中符合《萨班斯法案》404 条款合规要求的是（ ）

A. 按照管理层的一般或是具体授权来执行交易和处理资产。

B. 记录交易，使财务报表符合美国财务准则。

C. 管理层负责建立和维护内控系统的声明。

D. 接触资产必须能够在管理层的一般或具体授权的允许下进行。

问题 51 以下关于《美国国外贪腐防治法》的说法中，除了哪项以外都是正确的？（ ）

A. 禁止对外国政府和外国官员行贿。

B. 涉及违法的管理人员等会受到刑事处罚。

C. 针对在美国和在美国上市的公司。

D. 由外部审计监督内部控制。

问题 52 张三是甲公司的一名会计，近期由于买房首付款不足，他想通过占用该公司的应收账款来解决，等经济宽裕了再归还该公司。应收账款由甲公司应收账款部门负责，该公司有严格的内部控制措施，如岗位职责、职责分离、审查监督等。根据舞弊三角理论，该公司出现舞弊的可能性（ ）

A. 低，因为有压力，但是没有机会和借口。

B. 中，因为有压力和借口，但是没机会。

C. 高，因为有压力、借口和机会。

D. 低，因为没有压力、借口和机会。

问题 53 甲公司计划编制明年的总预算，如果预算值与实际值差异超过 20%，将扣除被考核部门人员的奖金。张三是参与预算编制人员，他担心由于预算标准制订较高，难以完成，因而最终被扣除奖金。他向负责审核他这一级预算的主计长表示希望照顾一下他，主计长考虑到和张三良好的关系，将考核张三的预算目标下调了 10%。

事后，张三给主计长赠送了几张足球票，表示感谢。以上的行为反了《IMA 职业道德准则》的哪项？（ ）

A. 正直。 B. 能力。 C. 保密。 D. 可信。

问题 54 以下哪个行为不是公司违反《美国国外贪腐防治法》相关规定的行为？（ ）

A. 给予政府官员关系密切的朋友礼物，请他要求政府官员在办事时能网开一面。

B. 给官员妻子赠送礼物，以便能规避检查。

C. 按政府规定支付费用，要求缩短业务办理时间。

D. 给海关官员送礼，让其在设备进口通关时放行。

问题 55　下列哪项规定了不得从事损害职业道德声誉的行为？（　　）

A. 能力。　B. 机密性。　C. 可信。　D. 正直。

问题 56　下列哪项是《IMA 职业道德规范实践》中的原则？（　　）

A. 能力。　B. 机密性。　C. 公平。　D. 正直。

问题 57　会计师发现公司生产的产品会给周边小区人员健康带来危害，他向公司管理层报告该事项，但公司对于这一发现没有采取任何改善措施，并且告知他不需要过问该事项。会计师针对这一情况应该怎么做？（　　）

A. 应直接举报该公司行为，保护周边小区人员利益。

B. 应服从该公司决定。

C. 在律师给出专业意见说明该公司行为违法的情况下，再进行举报。

D. 会计师的行为是错误的，违反了职业道德中保密标准。

问题 58　某会计师在其公司中发现了不道德行为，因害怕打击报复而未采取任何行动。以下哪项没有违反《IMA 职业道德行为准则》？（　　）

A. 禁止参与可能影响正确履行职责的行为。

B. 禁止使用机密信息来获取不道德或违法优势。

C. 公平客观地传递信息。

D. 披露在合理的预期下不可能影响目标用户的所有相关信息。

问题 59　关于道德建设，以下哪项是不正确的？（　　）

A. 基于公司的价值。　B. 听取管理层、员工和董事会建议。

C. 允许例外出现。　D. 给予日常实施。

问题 60　通过竞争性招标，某采购总监同最低投标价的投标商签订了合同，尽管他与中标商有个人利益关系。由于该中标商的标价最低，因此他并没有披露他们之间的关系。他多次强调这样一个事实，即该中标商拥有这类服务合同的最佳经验。该采购总监违反了哪项道德决策的价值观？（　　）

A. 没有违反，因为使用了竞争性招标程序。

B. 公平，因为他没有披露与该投标商的关系。

C. 正直，因为与该投标商的关系可能会削弱他的判断力。

D. 诚实，因为他没有真实反应该投标商的经历。

问题 61　关于舞弊三角理论，以下说法哪个是不正确的？（　　）

A. 管理者使用舞弊三角理论，解释舞弊行为是由压力、机会和借口形成的。

B. 管理者使用舞弊三角理论，解释舞弊行为形成的原因。

C. 管理者使用舞弊三角理论，解释舞弊行为构成要素。

D. 管理者使用舞弊三角理论，解释压力、机会和借口中任何一个因素都会造成舞弊。

问题 62　以下哪项内容不是关于商业道德的正确陈述？（　　）

A. 商业道德是一套道德原则，用于确定开展业务时法律上可接受或不可接受的内容。

B. 商业道德是用于确定在开展业务时道德上可接受或不可接受的规则和标准。

C. 商业道德是一套道德规则和标准，有助于确定在开展业务时对待人们的可接受或不可接受的方式。

D. 商业道德是一套指导商业行为的道德原则。

问题 63　1977 年美国《反海外腐败法》要求，那些根据 1934 年证券交易法中需要提交报告的公司要维护一个令人满意的内部控制。与该法规相关的独立审计人员的角色是（　　）

A. 向证券交易委员会汇报公司令人不满意的内部控制。

B. 作为传统的审计鉴证职能的一部分向报表使用者提供保证，即公司遵守了现在的法律规定。

C. 发表对公司内部控制完全满足法律要求的无保留观点。

D. 鉴证财务报表。

问题 64 1977 年美国《反海外腐败法》中制定并维持适当的内部控制的要求，在该法中指派给( )

A. 财务总监。 B. 董事会。 C. 内部审计总监。 D. 公司。

问题 65 安德鲁·巴比特是矿石和矿物加工公司 AMC 的管理会计师。他了解到，AMC 在附近的居民垃圾填埋场处置危险废物。他知道这些危险废物可能会对该地区的居民生活造成危害，而且在该居民垃圾填埋场处置危险废物可能要承担法律责任。为此，安德鲁·巴比特向他的主管反映了这个问题，但被告知不要理会该事。由于问题重大，他决定与他的律师讨论该问题，然后通知有关当局。

根据美国管理会计师协会《IMA 职业道德守则公告》，下面哪项是对安德鲁·巴比特通知有关当局这一决定的正确评价？( )

A. 安德鲁·巴比特应立即通知有关当局。

B. 安德鲁·巴比特的行为不适当，因为违反了保密标准。

C. 仅当安德鲁·巴比特的律师表示该公司明显违反法律时，他的行为才适当。

D. 安德鲁·巴比特的行为不适当，因为他未服从主管的命令。

问题 66 以下关于正义的陈述哪项是不正确的？( )

A. 正义通常指公平。 B. 有许多不同的司法形式。

C. 为了维护法律和秩序，需要司法。 D. 正义与道德是一回事。

问题 67 以下哪个情况不是受托责任的特征？( )

A. 善意行事。

B. 采取合理谨慎的行动。

C. 为客户的最佳利益行事。

D. 关系中的双方在主题方面具有相似的专业知识。

问题 68 什么样的伦理理论着重于帮助决策者发展成为高尚的道德人？( )

A. 目的论。 B. 道义论。 C. 美德论。 D. 相对主义。

问题 69 某员工的任务是与银行对账，并每周向当地银行支行提供现金。如果他的工作特性成为不道德行为的可能诱因，应如何解决？( )

A. 似乎没有潜在或实际违反最佳做法的行为，也不会产生不道德行为的环境。

B. 为了有效地解决这一潜在问题，至少应该对一名额外的员工进行这些任务的培训，以便他们能够在当前员工休假时执行这两项任务。

C. 除了对至少一名员工进行这些角色的交叉培训外，经理或主管还应负责对相关工作文件进行额外审查。

D. 这是一个问题，可以通过增加技术整合和自动化银行对账流程来解决。

问题 70 A 公司接到 B 公司的一份紧急订单。交货前，A 公司发现其供应商 C 公司的产品有瑕疵，但 A 公司的负责人决定不告知 B 公司。因为即使 C 公司的产品没有瑕疵，A 公司交货后，其产品也可能出现问题。A 公司负责人的行为违背了《IMA 职业道德准则》中的哪项原则？( )

A. 诚实。 B. 公平。 C. 客观。 D. 负责。

问题 71 会计人员张三的直接上司李四挪用了一笔公司款项，并告诉张三不要向上级领导汇报，

就当作没有发生这事。张三害怕向上级领导汇报会遭到李四的报复，于是他就保持沉默。张三违反了《IMA 职业道德准则》中的哪项？(　　)

A. 能力。　B. 保密。　C. 正直。　D. 能力和保密。

问题 72　某食品公司在生产过程中严重违反了国家食品安全条例，已经构成违法行为。该公司违反了《IMA 职业道德准则》中的哪项？(　　)

A. 能力。　B. 保密。　C. 正直。　D. 可信。

问题 73　在美国上市的 A 公司完成了其年度审计和内部控制评估。该公司财务报告存在重大遗漏，并且该公司内部控制措施不规范。但该公司财务人员张三并未报告财务报告中存在的遗漏和内部控制措施的信息。则张三违反了《IMA 职业道德准则》中的哪项？(　　)

A. 可信。　B. 可靠。　C. 正直。　D. 负责。

问题 74　会计人员张三在查账时发现账实不符的问题，他立即向其主管汇报了这个情况，但其主管认为发生这个问题的可能性很小。张三发现以前的会计正是因为这样的事情离职的，他担心违反保密规定。张三正确的做法是(　　)

A. 寻求律师的帮助。　B. 找主管的上级领导谈这个事情。

C. 保密，守口如瓶。　D. 向媒体透露这个事情。

问题 75　以下哪项不是《美国国外贪腐防治法》关于内控的要求？(　　)

A. 禁止在海外从事业务的美国公司为了获得合同或业务而向外国政府支付贿赂。违反的公司及高层管理者会被处以刑事和民事处罚。

B. 上市公司必须制作和保存账目和相关记录，并以合理的详细程度、公允反映其资产和交易。

C. 上市公司必须设计和维护一个内部会计控制系统。

D. 会计师事务所的主审计师、主审合伙人或复核审计项目的合伙人，为同一客户连续提供审计服务不得超过 5 年，否则将被视为非法。

问题 76　IMA 协会发布了管理会计公告《价值观与道德规范》以及组织行为道德。公司成功实施该道德规范的好处是(　　)

A. 避免公司由于欺诈行为而遭受股东价值的损失。

B. 使在有疑似舞弊行为发生时，简化司法调查程序。

C. 为员工提供处理不熟悉情况的标准。

D. 确保所有员工均遵守职业道德。

问题 77　为了在实际工作中遵守道德规范的要求，公司各方面的活动都按照该准则执行。道德行为不仅应该把焦点放在顾客身上，还要关注员工、社会、股东和供应商。从设计开发到售后支持和服务，公司所有的业务在实施时都应该考虑公司的道德规范。当从社会道德角度考虑问题时，最有可能包括以下哪些因素？(　　)

A. 公允价值、周转时间、质量和服务。

B. 声誉、风险、成本和收益以及价值回报。

C. 协商、解决问题、交付和库存支持。

D. 环境、资源利用率、外部影响和内部报废。

问题 78　披露、揭发渠道（匿名举报系统）有利于提高组织成员的信用度和行为规范程度。下列关于披露、揭发渠道的说法中正确的是(　　)

Ⅰ. 反馈员工的信用情况。　Ⅱ. 帮助组织的行为进一步提高。

Ⅲ. 鼓励管理层成为模范。　Ⅳ. 发现管理人员的错误和风险。

A. Ⅰ和Ⅱ。 B. Ⅲ和Ⅳ。 C. Ⅰ、Ⅲ和Ⅳ。 D. Ⅱ和Ⅳ。

问题 79 以下哪项不是 PCAOB 法案所规定的内容？（ ）

A. 确认重要账户或重大披露。

B. 确认重要账户或披露中的重大虚假陈述风险。

C. 确定哪些公司层控制足以处理重大虚假陈述风险。

D. 确定一旦公司层控制失败，所需证据收集的时间。

问题 80 最近 A 公司向管理层提交了下一年度的预算计划，其中包括对一种新产品——可充电风扇的投资计划。该新产品不仅比竞争对手的同类型产品运行持续时间长而且更安静。当没有批准为实现 A 公司该目标所需的预算时，其他公司还不知道 A 公司将要生产这种新型风扇。管理会计师张三与该公司的经销商“分享”了该预算。根据《IMA 职业道德准则》，下列哪个选项更好地描述了这种情况下的问题？（ ）

A. 预算没有经过审批所以不能公开。

B. 价格没有确定，必须进行预期管理。

C. 员工使公司陷入潜在的诉讼威胁。

D. 员工应该避免披露机密信息。

问题 81 张三是 A 公司的管理会计师，该公司刚刚收购了 B 公司——一家主要销售电子产品的百货商场。B 公司各部门每季度的毛利率都由 A 公司高层管理者监控和考核。当张三认为当期毛利率出现异常时，他可以从供货商处获取未经授权的商品发票。这样，B 公司从供货商处得到特殊的授权，能够从发票中扣除损坏货物、顾客退回的货物、运错的货物等费用。根据《IMA 职业道德准则》的要求，下列哪项的描述是最正确的？（ ）

A. 张三违反了保密规定，告诉了供货商 B 公司的价格信息。

B. 张三违反了可信原则，因为他分享了未经授权的信息。

C. 张三违反了能力原则，因为贸易委员会的规定禁止买方收取未被供应商允许的回扣。

D. 收取未经授权的回扣不违反美国管理会计师协会 IMA 或其他道德政策的要求，最坏的情况就是该笔未经授权的回扣以后返还。

问题 82 《IMA 职业道德准则》包括正直（诚实）的规定，这要求 IMA 会员（ ）

A. 在经过公司授权或法律允许的情况下披露公司机密信息。

B. 披露所有对财务报表使用者有影响的相关信息。

C. 拒绝所有人的礼物。

D. 拒绝成为自己公司供应商的小股东。

问题 83 某公司每年都会按照销售额的 5% 给该公司管理层发放奖金。由于今年的销售回款不是很理想，该公司管理层正发愁今年的管理奖金该如何发放。经理张三给该公司管理层提出的建议是：采用销售回款折扣等形式提前收取下一年的销售，并允许提前占用一部分库房。张三违反了《IMA 职业道德准则》中的哪项？（ ）

A. 能力。 B. 保密。 C. 正直。 D. 可信。

问题 84 A 公司的财务总监负责投资决策和财务报告。由于该公司有很多子公司，他经常需要乘飞机来往于不同子公司之间。为了节省时间，他在机场休息室举行了电话会议，并进行决策项目分析。根据《IMA 职业道德准则》，他违反了（ ）原则？

A. 能力 B. 保密 C. 正直。 D. 可信

问题 85 彼得是某投资公司的财务分析师，偶然听到总裁詹姆斯和秘书的一段对话。据此，彼得

认为该公司总裁向客户销售欺诈性证券交易信息，于是将这事报告给该公司法律事务机构。彼得的做法是否存在问题？（　　）

A. 是，他应该将这事报告警方，因为总裁违法了法律。

B. 否，他应该将这事报告该公司职业道德委员会。

C. 是，他应该将这事报告上级领导。

D. 否，他应该将这事告诉该公司之外的人。

问题 86　《美国国外贪腐防治法》中禁止以下哪项的行为？（　　）

A. 制作和保存会计账目和相关记录，并以合理的详细程度、公允反映其资产和交易。

B. 在海外从事业务的美国公司为了获得合同或业务而向美国政府官员进行贿赂。违反该法案的公司及高层管理者会被处以刑事处罚和承担民事责任。

C. 向外国企业主和外国企业员工行贿。

D. 美国的公司和在美国上市的公司在境外业务中贿赂官员。

问题 87　下列哪项是财务报告舞弊的动机？（　　）

A. 经理缺乏监督。　B. 没有内部审计的功能。

C. 董事会成员包括关联方。　D. 经理的报酬与财务报告相关。

问题 88　企业界有一种说法是“员工是公司最有价值的资产”。下面哪项证明了这种说法？（　　）

A. 利用经理而不仅是员工手册来培养员工的责任意识。

B. 劳动合同是与管理层协商决定的。

C. 在豪华度假村举行管理会议。

D. 如果员工没有奖金，管理层也不发放奖金。

问题 89　实施下列哪种措施对员工的管理作用最小？（　　）

A. 聘用监督人员监督员工。

B. 在做出重大决定前与员工进行讨论。

C. 管理层拟定一套规章制度，并严格执行。

D. 让员工拟定自己需要遵守的规则制度，然后加入管理层的建议，最终达成共识。

问题 90　某汽车制造商注意到，其主要生产车间制造的几辆汽车的点火开关控制系统存在缺陷。该公司无法在不召回所有汽车进行检查的情况下追踪哪些汽车存在这一缺陷。据估计，第 1 季度生产的汽车中仅有 3%受此影响。该公司 CEO 自愿召回了第 1 季度生产的所有汽车，并承担了全部检修费用。如果不这么做，该公司可能会面临 200 万美元的罚款。该公司 CEO 的决定最有可能采用了以下哪种伦理哲学？（　　）

A. 利己主义。　B. 功利主义。　C. 道义论。　D. 相对论。

问题 91　跨国公司面临的问题之一是母公司和子公司所在国家的价值观以及道德标准的优先关系。文化相对论是解决这个问题的一种可能方法，即（　　）

A. 根据文化差异，对合适的商业惯例进行不同的定义。

B. 寻求定义所有文化都可接受的最低程度的道德行为。

C. 坚持使用符合母公司道德标准的自我参照标准。

D. 避免做出判断以防道德优越感的出现。

问题 92　某公司的所有员工同意，道德决策的制定主要基于自愿的界限，而非强制的界限。这表明关于道德行为的决策（　　）

A. 主要基于该公司的价值观和信念，而非法定行为。

B. 超出了道德考量的范畴，还包括法律上的考量。

C. 对法律要求以及道德标准的重视程度相等。

D. 旨在达到最低的预期要求。

问题 93　以下哪种伦理哲学认为，如果一种行为促进了更大的效益，那么该行为就是符合伦理的？(　　)

A. 功利主义。　B. 道义论。　C. 目的论。　D. 相对主义。

问题 94　为了应对竞争格局的变化，组织中的高级管理团队决定彻底调整组织的内部流程和控制模式。这包括重组组织采购和应付账款的流程，以提升组织的效率。在舞弊三角的要素中，会引起不道德的行为是哪项？(　　)

A. 这些变革与舞弊三角——压力之间有着明确的关系，因为强调这些变革方案的积极效果而忽略客观性，这会使员工承受更多的压力。

B. 根据上述的事实，最明显的舞弊点就是机会，因为提升效率会减少对于交易的监督。

C. 这些变更与会计或编制财务报告的活动无关，所以这些行为与舞弊三角的要素没有直接的关系。

D. 最明显的舞弊点就是对现有不道德行为的合理化，因为提高交易处理的速度有助于不道德行为的滋生。

问题 95　一名有个人贷款并涉及赌博的员工挪用组织的现金。在一段时间内，他已经挪用了几万美元。按照舞弊三角理论，该情景中最明显的因素是(　　)

A. 压力，因为员工的压力来自其个人财务问题。

B. 合理化，因为员工的个人问题导致了其挪用行为。

C. 贪婪，该因素导致了其挪用的行为。

D. 能力，因为该员工有能力挪用这些资金。

问题 96　在商业环境中，以下情景显示了员工展现舞弊三角中合理化因素的是(　　)

A. 在行政助理休假期间，员工利用这个机会挪用了办公室抽屉中的小额现金。

B. 员工伪造会计分录，特别是收入的分录，以此来达到 CFO 和会计主管的预期。

C. 员工因为同行的业绩压力而放弃休假。

D. 员工伪造会计分录，只是因为主管之前也这么做过。

问题 97　在以下方法中，可以最为恰当地抵消舞弊三角中的合理化因素的是(　　)

A. 进行职位轮换和为不同的员工设置换位培训。这些措施可以协助管理层抵消企业中合理化的风险。

B. 实施由管理高层主导的培训，并在不同区域内持续地进行这类培训。这些措施可以提升企业高层的基调。

C. 提升组织的技术和安全，包括每隔 60 天强制更新和修改密码。

D. 加强组织中员工的团结意识可以降低员工合理化的风险。

问题 98　根据舞弊三角的框架，组织中缺乏换位培训与舞弊三角中的以下哪项关系最密切？(　　)

A. 缺乏换位培训会导致相同的员工持续实施相同的职务，这为舞弊行为提供了机会。

B. 组织中没有换位培训的机会与企业的伦理、伦理培训或员工培训无关。

C. 企业可以通过新的监管方式来实时追踪员工的活动，所以换位培训和职位轮换是多余的。

D. 无论何种岗位，强制性的职位培训都应该是员工教育和培训必要的组成部分。

问题 99　管理高层给会计部的所有人员加薪了，除了负责现金收入的会计。根据舞弊三角理论，这(　　)

A. 为经营报告的舞弊提供了机会。

B. 是引发资产挪用的财务压力。

C. 为挪用资产提供了合理化的依据。

D. 是引发经营报告舞弊的财务压力。

问题 100　就组织道德的影响力而言，以下哪个选项能起到的作用最小？(　　)

A. 管理层代表全体员工向投资公众承诺遵守道德规范。

B. 管理层让道德主管管理和汇报员工的道德情况。

C. 管理层出具公司道德规范手册。

D. 董事会在新闻发布会上公布道德规范政策。

问题 101　根据《IMA 价值观与道德规范》的要求，企业不仅对股东和客户负有责任，同时也应该承担企业的社会责任。以下选项中，说法正确的是(　　)。

A. 产品质量的严格检查是对社会的一种责任。

B. 社会责任与企业无关，企业只追求利益最大化。

C. 企业应尽可能用自动化设备来替代人工，因为这有利于企业降低生产成本。

D. 在保证效益的前提下，企业必须保护环境。

问题 102　以下哪项是美德在商业环境中的示例？(　　)

A. 承认个体需要依靠协作才能成功。

B. 使自身利益与公司目标保持一致。

C. 公平地认定应对质量缺陷负责的员工。

D. 使业务决策合理化，因为它可以使公司的总效用最大化。

问题 103　某公司的道德理念是由其创始人和 CEO 以非正式的方式塑造的，他们认为聘用具有强烈道德价值观的人能引导公司做出道德的商业决策。为了制订正式的商业道德计划，该公司应(　　)

A. 将其现有的文化落实为正式条文，因为其道德方法似乎很完善。

B. 在此基础上通过制定标准来指导个人行为和团体行为。

C. 转移重点，使其商业道德仅与团队行为有关。

D. 记录员工个人的伦理，作为该公司道德的基础。

问题 104　某公司采用了强有力的行为准则，强调员工在公司中都应对道德行为负责。该准则的基础是 3 个价值观，即诚实、正直和信任。坚持遵守行为准则中的正直价值观的员工将(　　)

A. 在与其他员工打交道时保持公正和公平。

B. 始终坚定不移地遵守行为准则中所包含的价值观。

C. 在与客户打交道时保持公正和公平。

D. 以诚实守信的方式行事。

问题 105　以高质量产品闻名的甲公司决定关闭其在美国的一家工厂，并在亚洲一个成本较低的国家开设替代工厂。一名董事会成员公开提出，甲公司必须尽快将关闭工厂的消息告知员工，另有董事会的几名成员原则上同意该成员的意见。与此同时，董事会的反对成员争辩道，宣布这一消息会挫伤员工的士气并危及产品质量，而产品质量是甲公司的竞争优势之一。对于董事会成员赞成立即发布消息这一决策过程，哪种道德理念起到了指导作用？(　　)

A. 功利主义。　B. 相对主义。　C. 正义。　D. 目的论。

问题 106 某公司的 CEO 向员工宣布，该公司正在建立道德委员会，以草拟新的行为准则并制订公司道德计划。在公告中，该公司 CEO 还表示，道德委员会将由来自所有业务部门和职能部门的代表组成，包括员工和经理。当被要求解释道德委员会的组成高度多元化背后的原因时，该公司 CEO 说，这样可以带来良好的道德决策，因为(　　)

A. 背景各异的人员可以为道德决策贡献不同的道德价值观。

B. 根据美国《萨宾斯-奥克斯利法案》，在起草行为准则时，多元化是一项强制性要求。

C. 该公司是一家高度多元化的公司，道德委员会应体现出这种多元化格局。

D. 多元化可最大程度地降低道德委员会中出现群体思维的风险。

问题 107 一名外部顾问对某公司的员工进行了一项调查，以评估该公司行为准则的实施情况。该顾问的调查结果发现，行为准则在理论上与员工对行为准则的看法和实践之间存在巨大的负面差距。当被问及为什么存在这种差异时，许多接受调查的员工都提到了是效仿 CEO。基于该调查结果，该顾问所列的建议将(　　)

A. 侧重于对员工培训的需求，以提高员工对该准则的理解。

B. 重新制定准则，以反映可实现的企业价值观。

C. 允许员工按自己的道德准则行事。

D. 强调道德领导通过设定高层基调来营造道德文化。

问题 108 在尝试维护组织道德文化时，以身作则是否能替代员工道德培训？(　　)

A. 是，因为员工所效仿的经理是道德榜样。

B. 否，因为培训提供了使公司受益的竞争优势。

C. 是，因为正确的高层基调会产生压力，使员工遵守道德行为。

D. 否，因为培训有助于识别道德榜样不会遇到的道德场景。

问题 109 一家总部位于美国的公司已决定通过首次向海外扩张来实现其地域分布的多元化。该公司 CFO 不确定如何解决该公司在反贿赂法方面的潜在风险，特别是贿赂与当地商业惯例之间的区别。要了解有关该区别的更多信息，他应该首先(　　)

A. 查阅世界银行贸易限制指数。

B. 查看《美国国外贪腐防治法》中有关贿赂的定义。

C. 与将要设立子公司的国家的律师事务所联系，以了解其反贿赂法律。

D. 调查美国《萨宾斯-奥克斯利法案》的规定是否适用。

问题 110 某公司的董事会正在围绕其 CEO 就有争议的产品责任问题的提议进行辩论。该公司 CEO 的论点之一是，他的提议是合法的。对此，一名董事会成员表示，仅仅因为某些事情是合法的并不能证明它的正确性。换句话说，他是在说(　　)

A. 确定什么是道德的商业行为与合法性无关。

B. 法律对道德行为和非道德行为的区分有缺陷。

C. 法律定义了基本决策框架，个人可以将此作为判断哪些行为合乎道德的依据。

D. 道德行为始终是合法的，但合法行为不一定合乎道德。

问题 111 以下哪项不是可持续性的 3 个主要概念范畴之一？(　　)

A. 经济。　B. 环境。　C. 道德。　D. 社会。

问题 112 职责分离将最大程度地减轻舞弊三角模型中的哪个要素？(　　)

A. 合理化。　B. 机会。　C. 压力。　D. 任务的集中。

问题 113 某会计师向其主管询问了 1 年以上未偿还但仍被报告为流动资产的大额应收账款的分

类。这位主管解释说，余额与某本地供应商有关，该供应商一直存在暂时性的现金流问题。这位主管认识该供应商，并对该供应商最终支付余额很有信心。这位主管要求该会计师保持资产分类不变，以避免外部审计师提出问题。根据美国管理会计师协会《IMA 职业道德守则公告》，该主管以下哪项没有违反道德标准？(　　)

A. 能力。　　B. 机密性。　　C. 正直。　　D. 可信。

问题 114　企业责任报告中最不可能包含以下哪项？(　　)

A. 回收倡议。　　B. 碳排放。

C. 工伤费用。　　D. 损失工作日。

问题 115　某公司最近组建了一个道德委员会来讨论道德问题，希望这样能够带来更加多元化和创新性的想法，从而改善该公司的道德文化。但是，几个月后，一份报告显示该委员会的表现未达到预期目标。以下哪项将有助于该委员会实现其目标？(　　)

A. 选择一位领导，在每次讨论中首先表达他（她）的意见。

B. 任命一名成员公开持反对意见并陈述其理由。

C. 建立明确的团队，团队成员是一些不会犯错的精英。

D. 让低层级员工而非经理和主管组建委员会。

本章习题解答

题号	答案	题号	答案	题号	答案	题号	答案
问题 1	C	问题 2	C	问题 3	A	问题 4	B
问题 5	B	问题 6	D	问题 7	D	问题 8	C
问题 9	A	问题 10	A	问题 11	A	问题 12	C
问题 13	C	问题 14	C	问题 15	B	问题 16	D
问题 17	C	问题 18	D	问题 19	C	问题 20	A
问题 21	B	问题 22	D	问题 23	B	问题 24	D
问题 25	B	问题 26	D	问题 27	A	问题 28	A
问题 29	D	问题 30	C	问题 31	A	问题 32	B
问题 33	B	问题 34	A	问题 35	C	问题 36	C
问题 37	A	问题 38	B	问题 39	A	问题 40	D
问题 41	C	问题 42	B	问题 43	A	问题 44	B
问题 45	D	问题 46	A	问题 47	C	问题 48	C
问题 49	A	问题 50	C	问题 51	D	问题 52	B
问题 53	A	问题 54	C	问题 55	D	问题 56	C
问题 57	C	问题 58	B	问题 59	C	问题 60	C
问题 61	D	问题 62	A	问题 63	D	问题 64	D
问题 65	C	问题 66	D	问题 67	D	问题 68	C
问题 69	C	问题 70	A	问题 71	C	问题 72	C
问题 73	A	问题 74	B	问题 75	D	问题 76	C

（续）

题号	答案	题号	答案	题号	答案	题号	答案
问题 77	D	问题 78	D	问题 79	D	问题 80	D
问题 81	B	问题 82	D	问题 83	C	问题 84	B
问题 85	B	问题 86	D	问题 87	D	问题 88	D
问题 89	A	问题 90	B	问题 91	A	问题 92	A
问题 93	A	问题 94	A	问题 95	A	问题 96	D
问题 97	B	问题 98	A	问题 99	C	问题 100	B
问题 101	A	问题 102	A	问题 103	B	问题 104	B
问题 105	C	问题 106	A	问题 107	D	问题 108	D
问题 109	B	问题 110	C	问题 111	C	问题 112	B
问题 113	B	问题 114	C	问题 115	B		

问题 1 分析：

根据 IMA 职业道德规范Ⅱ. 保密标准中的第 1 点，会员有责任：除了授权之外，禁止在工作中披露机密信息，除非法律规定。此外，保密标准还要求 IMA 会员，通知所有有关各方对机密信息的适当使用，监控下属的活动，以确保遵守保密标准。

问题 2 分析：

员工培训是维护职业道德的组织文化的重要组成部分，无论是在特定的时间还是作为一个持续的过程。其他 3 个答案是用来改善组织对职业道德规范遵循情况的主要工具。

问题 3 分析：

根据能力的要求，会员有责任通过持续学习知识和技术，保持适当的职业竞争力。

问题 4 分析：

除了授权及法律规定之外，禁止会员在工作中披露机密信息。

问题 5 分析：

美国《内幕交易处罚法》《内部人交易与证券欺诈执行法》都禁止内幕交易。《美国国外贪腐防治法》并不针对内幕交易。

问题 6 分析：

《IMA 职业道德规范实践》是对于管理会计师个人的要求，《IMA 价值观与职业道德：从开始到实践》是针对组织的要求，并没有对于财务报表披露的要求。《美国国外贪腐防治法》和《萨班斯法案》406 条款均有会计部分要求。

问题 7 分析：

《IMA 职业道德规范》中的道德原则诚实要求会员认真完成自己的工作，并且诚实地和他人沟通信息。诚实的例子包括：向外部审计师披露一切必要和相关信息；拒绝记录不准确的信息；提供给他人真实的信息，使他们能够根据真实的信息做出决定。在这个案例中，张三有责任披露所有相关信息，使得外部审计师能够检验完工百分比的报告。

问题 8 分析：

《IMA 职业道德规范》中的道德原则公平要求会员能够为他人着想，全面披露相关信息。企业决策层应有足够和充分披露的信息，包括乙公司是否可以以较低的成本提供高品质的产品，以及与总会计师的关系。

问题 9 分析：

《IMA 职业道德规范》中的道德原则要求会员能够忠诚地履行职责。责任的例子包括在适当的时候传达信息，确保报告和报表上的信息是准确的，收集足够的信息来做出正确的决定。张三应该遵守责任的道德原则，以确保完工百分比报告中的信息是准确的。

问题 10 分析：

《IMA 职业道德规范》Ⅲ. 正直方面的要求是会员有责任：

①避免潜在或者实际上的利益冲突，通知所有合适的当事人避免发生潜在的利益冲突；②禁止从事任何可能损害他们按照职业道德执行任务的能力；③禁止从事或者支持损害职业的活动。

而公平和客观的交流信息是可信方面的要求，并不是正直方面的要求。

问题 11 分析：

《IMA 职业道德规范》Ⅲ. 正直方面的要求是会员有责任：禁止从事任何可能损害他们按照职业道德执行任务的能力。而总会计师在收取礼物时正应该考虑这方面的要求。

问题 12 分析：

《IMA 职业道德规范》Ⅳ. 可信方面的要求是会员有责任：①公平、客观地交流信息；②充分披露预期影响目标使用者理解报告、评论和建议的所有有关信息；③按照组织政策和适用法律，披露信息、及时性、处理过程或者内部控制上的延迟或者缺陷。

问题 13 分析：

根据《IMA 职业道德规范》，管理会计师有责任保持信息的机密性，除非经过授权或法律要求进行披露。管理会计师还有责任告知相关各方如何正确使用机密信息，包括监督指导下属的活动以确保合规性。

问题 14 分析：

根据《IMA 职业道德规范》，会员有责任除了授权之外，禁止在工作中披露机密信息，除非法律规定；对于下属，当他们在工作过程中获得机密信息时，要采取适当的措施，监管下属的行为，确保信息的机密性；禁止违反职业道德或者法律使用机密信息。

问题 15 分析：

根据《IMA 职业道德规范》，在面临职业道德问题时，个人应遵从其组织在解决这种冲突方面已经制定的政策。

问题 16 分析：

在采取任何行动前，张三应了解组织是否已制定有解决这种冲突的政策。如果已存在相关政策，那么应遵从公司政策的规定。

问题 17 分析：

根据《美国国外贪腐防治法》的规定“禁止美国公司在其他国家行贿外国政府官员获得合同或获得业务”。

问题 18 分析：

《萨班斯法案》406 条款规定，公司要采用针对高级财务官的价值观与职业道德。该规范应用于公司的主要财务官和主计长或主要会计官员，以及主要执行官。

问题 19 分析：

有各种工具可用于度量并改善组织对职业道德规范的遵循情况，这些工具包括：人员绩效反馈环；调查工具；披露揭发渠道。员工年度审查应评估个人的遵守道德的情况，以及是否符合经营目标。

问题 20 分析：

1977 年通过的《美国国外贪腐防治法》禁止美国公司通过贿赂手段来获得合同或业务。

问题 21 分析：

公司在外国的成功运营取决于该公司能在多大程度上接纳东道国的文化。成功的调整包括按东道国的道德观行事。

问题 22 分析：

《萨班斯法案》406 条款规定，公司要采用针对高级财务官的价值观与职业道德。该规范应用于公司的主要财务官、主计长、主要会计官员以及主要执行官。应用该规范会使得公司在被认定出现不当行为时，减轻所受处罚。

问题 23 分析：

IMA 的管理会计公告《价值观与职业道德：从开始到实践》认为持续培训的内容包含：

1）员工一般行为和个人行为的规定。

2）如何在工作管理方法中构建道德。

3）道德如何影响具体的工作流程、行为和关系。

4）组织如何监督遵守准则的情况。

5）对于遵守道德规范的员工如何鼓励。

6）当出现道德问题时采取什么行动。

7）出现不遵守道德规范的行为时进行处罚。

问题 24 分析：

如果认为披露、揭发渠道是打小报告的行为，员工可能不愿意使用它们，所以这不是一个好处。

问题 25 分析：

有 5 个主要的措施用来以切实维护所需的道德氛围。这些措施可以更好地沟通，使得企业更好地负担责任和拥有道德的行为：定义价值观、领导以身作则、职业道德和内部控制、实践应用以及测量和提高道德要求。

问题 26 分析：

扩充的描述中要提供具体的范例，以说明哪类行为符合职业道德规范的要求，哪类行为违背了职业道德规范。其他选项都是正确的。

问题 27 分析：

违反了能力中，提供准确、清楚、简洁和及时的决策支持信息和建议。识别和沟通妨碍做出判断或者成功开展活动的职业限制或者其他约束因素。

问题 28 分析：

由于会计主管参与其中，向其上级反映。

问题 29 分析：

由于财务主管参与其中，向其上级反映。

问题 30 分析：

收取业务伙伴的贵重礼物违反正直的规定。

问题 31 分析：

违反了正直的相关规定。

问题 32 分析：

由于会计经理参与其中，向其上级反映。

问题 33 分析：

《萨班斯法案》406 条款是关于高级管理人员职业道德的规定，其余 3 项都是《萨班斯法案》其他条款的规定。

问题 34 分析：

PCAOB 法案要求采用自上而下的审计方法。

问题 35 分析：

员工培训和招聘合适的人员同等重要。

问题 36 分析：

略。

问题 37 分析：

略。

问题 38 分析：

董事会为大股东控制给企业舞弊行为创造了机会。

问题 39 分析：

张三的做法属于自我合理化，将责任归咎于他人，自己仅仅是迫不得已。

问题 40 分析：

职业道德规范是构建职业道德管理框架的一个关键元素；能打造并维持一种职业道德文化，从而积极地支持组织想要的行为类型。职业组织文化由所有员工持续一致的行为方式组成。组织实施道德行为准则并不是用来指导外部决策。

问题 41 分析：

企业舞弊的产生是由压力（行为动机）、机会（掩盖起来不被发现或能逃避惩罚的时机）和自我合理化（找到某个理由，与其本人的道德观念、行为准则相吻合）3 要素组成。

问题 42 分析：

《萨班斯法案》406 条款是高级财务管理人员的道德守则。406 条款要求发行人通过国际互联网或其他电子手段，对其道德守则的变化和废止进行及时的披露。

问题 43 分析：

将第 3 季度的广告费推迟到 1 月份结算是将本期的费用推迟至未来期间确认进而操纵盈余，该行为违背了《IMA 职业道德守则公告》中的诚实和可信标准。

问题 44 分析：

见《IMA 职业道德守则公告》“冲突解决的步骤”。

问题 45 分析：

选项 A、选项 B 和选项 C 均违反了 GAAP，属于盈余操纵的行为。

问题 46 分析：

可信要求公平和客观地交流信息；披露所有相关信息；根据组织政策和适用的法律披露在信息、及时性、处理或内部控制方面所存在的延迟或不足。

问题 47 分析：

见《IMA 职业道德守则公告》“冲突解决的步骤”。

问题 48 分析：

“正直”要求每一名会员都有责任：减轻实际的利益冲突；禁止从事任何对遵守道德地履行职责不利的行为；禁止参与或支持任何可能有损于该职业的活动。

问题 49 分析：

见《IMA 职业道德守则公告》“冲突解决的步骤”。

问题 50 分析：

其余 3 项是《美国国外贪腐防治法》的要求。

问题 51 分析：

选项 D 不是《美国国外贪腐防治法》的要求。

问题 52 分析：

企业舞弊的产生是由压力（行为动机）、机会（掩盖起来不被发现或能逃避惩罚的时机）和自我合理化（找到某个理由，与其本人的道德观念、行为准则相吻合）3 要素组成。题目中张三有压力和自我合理化，但是公司内部控制较为严格，没有机会。

问题 53 分析：

正直要求 IMA 会员禁止从事任何可能妨碍按照职业道德履行职责的行为；禁止从事或者支持损害职业的活动。正直要求严格按职业道德规范，避免利益冲突（包括接受供应商和客户的礼物）。

问题 54 分析：

对任何向外国国家工作人员行贿或企图行贿的行为施以严厉的刑事处罚及责令其民事赔偿。其余 3 项均违反了《美国国外贪腐防治法》。

问题 55 分析：

正直：①信息应通知所有相关的当事人，以避免潜在或者实际上的利益冲突；②禁止从事任何可能妨碍按照职业道德履行职责的行为；③禁止从事或者支持损害职业的活动。

问题 56 分析：

道德原则包括诚实、公平、客观、负责。

问题 57 分析：

会计师可以同 IMA 职业道德顾问或者其他中立的顾问、本人的律师讨论道德问题。

问题 58 分析：

该行为并未违反保密的规定。

问题 59 分析：

并不允许例外出现。

问题 60 分析：

与中标商有个人利益关系可能会削弱他的判断力，属于违反正直的价值观。

问题 61 分析：

根据舞弊三角的理论，压力、机会和借口是舞弊三角理论的三要素，缺少任何一项要素都不可能真正形成企业舞弊行为。

问题 62 分析：

在开展业务时，可接受或不可接受的内容是基于法律而非道德原则。

问题 63 分析：

客户是否遵守了美国《反海外腐败法》，这是一个法律问题，不能期望独立审计人员向客户或财务报表使用者提供法律建议。独立审计人员的角色是对约定的事项评价控制风险，以证明公允披露财务报告。

问题 64 分析：

美国《反海外腐败法》中的会计要求适用于所有根据 1934 年证券交易法必须登记的上市公司。因此，这是公司的职责，而不是个人的职责。

问题 65 分析：

面对道德问题时，会员可以与律师沟通。

问题 66 分析：

有许多形式的正义（社会正义、分配正义等）。所有形式的司法都以某种方式关注公平。司法形式的例子包括社会正义、分配正义和环境正义等。因此，这是一个错误的答案。为了在社会中拥有法律和秩序，人们必须相信社会是公平、公正的。是否被认为是道德，通常取决于用于分析情况的道德理论。道德可能并不总是公正的（或公平的）。例如，根据功利主义，对最大数量产生最大利益的行为可能是道德的，但是一个或多个人可能不相信行动是公正的。

问题 67 分析：

信托关系是客户广泛依赖专业人士的关系，因为他们的专业知识差异很大。由于这种专业知识的差异，法院概述了 3 种信托责任。他们有责任以诚信、合理的谨慎和客户的最佳利益（而非他们自己的利益）行事。双方在信托关系方面没有类似的专业知识。

问题 68 分析：

美德伦理关注决策者的道德品质。

问题 69 分析：

这一事实可能会造成发生不道德行为的情况。培训其他员工是一个很好的办法，但仅仅将当前员工替换为执行这两项任务的另一名员工并不能解决问题。选项 D 的步骤可能会有所帮助，但不会解决与只有一名员工负责这两种工作相关的基本问题。最佳的解决方案是将这个角色与其他员工进行交叉培训，并进行额外的审核。

问题 70 分析：

诚实原则要求会员认真完成自己的工作，并且诚实地和他人沟通信息。诚实的例子包括：向外部审计师披露一切必要和相关信息；拒绝记录不准确的信息；提供给他人真实的信息，使他们能够根据真实的信息做出决定。

问题 71 分析：

正直原则主要是针对 IMA 会员是否能够避免从事任何不遵循职业操守和秉公履行职责的行为以及从事或支持任何可能有损职业形象或声誉的行为。

问题 72 分析：

正直原则主要是针对 IMA 会员是否能够避免从事任何不遵循职业操守和秉公履行职责的行为以及从事或支持任何可能有损职业形象或声誉的行为。

问题 73 分析：

可信原则主要是要求在财务报告披露方面应当客观、全面和具体。

问题 74 分析：

当出现道德问题的时候，IMA 会员应当逐级反映，直到最高层。一般情况下，不能将公司内部事项向外部透露。

问题 75 分析：

选项 D 是《萨班斯-奥克斯利法案》所规定的内容。其余都是《美国国外贪腐防治法》关于内控的要求。

问题 76 分析：

确立道德规范，可以提供给员工一个标准和行动指南。选项 A 和舞弊没有直接关系。实施道德规范也不能够取代舞弊调查。选项 D 错在无法保证所有的员工都会遵守职业道德。

问题 77 分析：

本题说的是一家企业职业道德中关于社会责任的问题，所以正确的选项中一定会包括环境的因素。

问题 78 分析：

披露、揭发渠道重在为纠正错误提供信息，而非预防。该制度主要针对管理人员可能出现的差错而非低层员工。

问题 79 分析：

PCAOB 法案规定的相关内容为确立一旦公司层控制失败，哪些以交易为基础的控制可以作为补充；确定为完成对内部控制的评估，所需证据收集的性质、范围和时间。

问题 80 分析：

本题中涉及的情况是将预算泄露给了外部不相关人员，违反了《IMA 职业道德准则》保密的规定。

问题 81 分析：

张三从供货商处获取未经授权的商品发票，较为随意改变发票金额。改变后的信息将会影响到使用者，所以违反了《IMA 职业道德准则》中的可信原则。

问题 82 分析：

选项 A，泄露保密信息是违反了保密的职业道德。选项 B，传递信息给适当的使用者是可信的职业道德。选项 C，一般认为不能接受影响职业判断的礼物，而不是所有的礼物。选项 D，不能参与利益冲突的事件是诚实的职业道德要求。

问题 83 分析：

正直原则主要是针对 IMA 会员是否能够避免从事任何不遵循职业操守和秉公履行职责的行为以及从事或支持任何可能有损职业形象或声誉的行为。

问题 84 分析：

在公共场所开电话会议，违反了保密的职业道德。

问题 85 分析：

当出现道德问题的时候，IMA 会员可以向公司职业道德委员会报告。

问题 86 分析：

《美国国外贪腐防治法》仅禁止向外国官员行贿，给外国企业主和外国企业员工的费用没有提及。《美国国外贪腐防治法》禁止向外国官员有行贿承诺，即使行贿没有发生。

问题 87 分析：

根据舞弊三角理论，如果管理者的报酬和财务报告的结果相关，那么就有了舞弊的动机。其动机和大局观、内部审计职能、董事会成员中存在相关利益方无关。

问题 88 分析：

因为员工没有奖金，那么不向管理层发放奖金是对员工不加薪最好的榜样示范。

问题 89 分析：

有员工参与的管理措施能产生积极的效果。聘用监督人员是以上 4 个选项中效果最差的 1 项。

问题 90 分析：

功利主义的基本原则要求增进最多数人的最大幸福。通过罚款机制促使企业利益与社会利益的一致。

问题 91 分析：

文化相对论认为文化差异对商业惯例产生巨大影响。

问题 92 分析：

道德决策的制定主要基于自愿的界限，说明其要求已经高于法律和最低要求，这是基于公司价值观的考虑。

问题 93 分析：

功利主义的基本原则要求增进最多数人的最大效用。

问题 94 分析：

来自管理层的要求，这属于舞弊三角中的压力因素。

问题 95 分析：

员工个人不良习惯产生的问题属于压力因素。

问题 96 分析：

认为其他人做过是一种不合理的理由，属于自我合理化。

问题 97 分析：

通过员工培训和管理层基调提供良好的道德文化，可以弱化自我合理化因素。

问题 98 分析：

缺少职责分离和岗位轮换属于内控方面的缺失，对应机会因素。

问题 99 分析：

当负责现金的会计知道其他人增加收入后，会给自己的舞弊行为提供合理化的可能。

问题 100 分析：

管理层做出表率和制定规范对道德环境影响最大。

问题 101 分析：

社会责任属于企业职业道德部分。企业应该通过承担社会责任来为更多的利益相关者提供福利。

问题 102 分析：

承认个体需要依靠协作才能成功是一种美德行为。

问题 103 分析：

管理者应该制定具体标准指导个人行为和组织行为。

问题 104 分析：

始终坚定不移地遵守行为准则中所包含的价值观属于正直。

问题 105 分析：

正义论认为正义是社会的首要价值，企业的业务决策必须基于所在地的法律，企业应依照政府政策的规定。

问题 106 分析：

文化相对论的基本论点是，认为每一种文化都具有其独创性和充分的价值。高度多元化的道德委员会组成可以为道德决策贡献不同的道德价值观。

问题 107 分析：

管理层影响了企业文化，管理层确定基调来营造道德文化，并以实际行动进行示范。

问题 108 分析：

仅有以身作则是不够的，还需要明确具体标准并进行培训。

问题 109 分析：

《美国国外贪腐防治法》是针对美国公司反贿赂方面的重要规定。

问题 110 分析：

道德和法律是不同含义的行为准则，可以将法律作为一种评判是否道德的参考依据。

问题 111 分析：

可持续发展包括自然资源和生态环境的可持续、经济可持续及社会可持续这 3 个方面。

问题 112 分析：

职责分离属于内部控制措施，对应机会要素。

问题 113 分析：

题目中没有涉及保密的规定。

问题 114 分析：

选项 A、选项 B 属于环境绩效，选项 D 属于社会绩效。

问题 115 分析：

多元化和创新性需要融入各方面的观点，尤其包括反对意见。

附　录

附录 A　复利现值系数表

期数	1%	2%	3%	4%	5%	6%	7%	8%	9%	10%	11%	12%	13%	14%	15%	16%	17%	18%	19%	20%
1	0. 990	0. 980	0. 971	0. 962	0. 952	0. 943	0. 935	0. 926	0. 917	0. 909	0. 901	0. 893	0. 885	0. 877	0. 870	0. 862	0. 855	0. 848	0. 840	0. 833
2	0. 980	0. 961	0. 943	0. 925	0. 907	0. 890	0. 873	0. 857	0. 842	0. 826	0. 812	0. 797	0. 783	0. 770	0. 756	0. 743	0. 731	0. 718	0. 706	0. 694
3	0. 971	0. 942	0. 915	0. 889	0. 864	0. 840	0. 816	0. 794	0. 772	0. 751	0. 731	0. 712	0. 693	0. 675	0. 658	0. 641	0. 624	0. 609	0. 593	0. 579
4	0. 961	0. 924	0. 889	0. 855	0. 823	0. 792	0. 763	0. 735	0. 708	0. 683	0. 659	0. 636	0. 613	0. 592	0. 572	0. 552	0. 534	0. 516	0. 499	0. 482
5	0. 952	0. 906	0. 863	0. 822	0. 784	0. 747	0. 713	0. 681	0. 650	0. 621	0. 594	0. 567	0. 543	0. 519	0. 497	0. 476	0. 456	0. 437	0. 419	0. 402
6	0. 942	0. 888	0. 838	0. 790	0. 746	0. 705	0. 666	0. 630	0. 596	0. 565	0. 535	0. 507	0. 480	0. 456	0. 432	0. 410	0. 390	0. 370	0. 352	0. 335
7	0. 933	0. 871	0. 813	0. 760	0. 711	0. 665	0. 623	0. 584	0. 547	0. 513	0. 482	0. 452	0. 425	0. 400	0. 376	0. 354	0. 333	0. 314	0. 296	0. 279
8	0. 924	0. 854	0. 789	0. 731	0. 677	0. 627	0. 582	0. 540	0. 502	0. 467	0. 434	0. 404	0. 376	0. 351	0. 327	0. 305	0. 285	0. 266	0. 249	0. 233
9	0. 914	0. 837	0. 766	0. 703	0. 645	0. 592	0. 544	0. 500	0. 460	0. 424	0. 391	0. 361	0. 333	0. 308	0. 284	0. 263	0. 243	0. 226	0. 209	0. 194
10	0. 905	0. 820	0. 744	0. 676	0. 614	0. 558	0. 508	0. 463	0. 422	0. 386	0. 352	0. 322	0. 295	0. 270	0. 247	0. 227	0. 208	0. 191	0. 176	0. 162
11	0. 896	0. 804	0. 722	0. 650	0. 585	0. 527	0. 475	0. 429	0. 388	0. 351	0. 317	0. 288	0. 261	0. 237	0. 215	0. 195	0. 178	0. 162	0. 148	0. 135
12	0. 887	0. 789	0. 701	0. 625	0. 557	0. 497	0. 444	0. 397	0. 356	0. 319	0. 286	0. 257	0. 231	0. 208	0. 187	0. 169	0. 152	0. 137	0. 124	0. 112
13	0. 879	0. 773	0. 681	0. 601	0. 530	0. 469	0. 415	0. 368	0. 326	0. 290	0. 258	0. 229	0. 204	0. 182	0. 163	0. 145	0. 130	0. 116	0. 104	0. 094
14	0. 870	0. 758	0. 661	0. 578	0. 505	0. 442	0. 388	0. 341	0. 299	0. 263	0. 232	0. 205	0. 181	0. 160	0. 141	0. 125	0. 111	0. 099	0. 088	0. 078
15	0. 861	0. 743	0. 642	0. 555	0. 481	0. 417	0. 362	0. 315	0. 275	0. 239	0. 209	0. 183	0. 160	0. 140	0. 123	0. 108	0. 095	0. 084	0. 074	0. 065
16	0. 853	0. 728	0. 623	0. 534	0. 458	0. 394	0. 339	0. 292	0. 252	0. 218	0. 188	0. 163	0. 142	0. 123	0. 107	0. 093	0. 081	0. 071	0. 062	0. 054
期数	1%	2%	3%	4%	5%	6%	7%	8%	9%	10%	11%	12%	13%	14%	15%	16%	17%	18%	19%	20%

附录 B 复利终值系数表

期数	1%	2%	3%	4%	5%	6%	7%	8%	9%	10%	11%	12%	13%	14%	15%	16%	17%	18%	19%	20%
1	1.010	1.020	1.030	1.040	1.050	1.060	1.070	1.080	1.090	1.100	1.110	1.120	1.130	1.140	1.150	1.160	1.170	1.180	1.190	1.200
2	1.020	1.040	1.061	1.082	1.103	1.124	1.145	1.166	1.188	1.210	1.232	1.254	1.277	1.300	1.323	1.346	1.369	1.392	1.416	1.440
3	1.030	1.061	1.093	1.125	1.158	1.191	1.225	1.260	1.295	1.331	1.368	1.405	1.443	1.482	1.521	1.561	1.602	1.643	1.685	1.728
4	1.041	1.082	1.126	1.170	1.216	1.263	1.311	1.361	1.412	1.464	1.518	1.574	1.631	1.689	1.749	1.811	1.874	1.939	2.005	2.074
5	1.051	1.104	1.159	1.217	1.276	1.338	1.403	1.469	1.539	1.611	1.685	1.762	1.842	1.925	2.011	2.100	2.192	2.288	2.386	2.488
6	1.062	1.126	1.194	1.265	1.340	1.419	1.501	1.587	1.677	1.772	1.870	1.974	2.082	2.195	2.313	2.436	2.565	2.700	2.840	2.986
7	1.072	1.149	1.230	1.316	1.407	1.504	1.606	1.714	1.828	1.949	2.076	2.211	2.353	2.502	2.660	2.826	3.001	3.186	3.379	3.583
8	1.083	1.172	1.267	1.369	1.478	1.594	1.718	1.851	1.993	2.144	2.305	2.476	2.658	2.853	3.059	3.278	3.512	3.759	4.021	4.300
9	1.094	1.195	1.305	1.423	1.551	1.690	1.839	1.999	2.172	2.358	2.558	2.773	3.004	3.252	3.518	3.803	4.108	4.436	4.785	5.160
10	1.105	1.219	1.344	1.480	1.629	1.791	1.967	2.159	2.367	2.594	2.839	3.106	3.395	3.707	4.046	4.411	4.807	5.234	5.695	6.192
11	1.116	1.243	1.384	1.540	1.710	1.898	2.105	2.332	2.580	2.853	3.152	3.479	3.836	4.226	4.652	5.117	5.624	6.176	6.777	7.430
12	1.127	1.268	1.426	1.601	1.796	2.012	2.252	2.518	2.813	3.138	3.499	3.896	4.335	4.818	5.350	5.936	6.580	7.288	8.064	8.916
13	1.138	1.294	1.469	1.665	1.886	2.133	2.410	2.720	3.066	3.452	3.883	4.364	4.898	5.492	6.153	6.886	7.699	8.599	9.596	10.699
14	1.150	1.320	1.513	1.732	1.980	2.261	2.579	2.937	3.342	3.798	4.310	4.887	5.535	6.261	7.076	7.988	9.008	10.147	11.420	12.839
15	1.161	1.346	1.558	1.801	2.079	2.397	2.759	3.172	3.643	4.177	4.785	5.474	6.254	7.138	8.137	9.266	10.539	11.974	13.590	15.407
16	1.173	1.373	1.605	1.873	2.183	2.540	2.952	3.426	3.970	4.595	5.311	6.130	7.067	8.137	9.358	10.748	12.330	14.129	16.172	18.488
期数	1%	2%	3%	4%	5%	6%	7%	8%	9%	10%	11%	12%	13%	14%	15%	16%	17%	18%	19%	20%

附录C 年金现值系数表

期数	1%	2%	3%	4%	5%	6%	7%	8%	9%	10%	11%	12%	13%	14%	15%	16%	17%	18%	19%	20%
1	0. 990	0. 980	0. 971	0. 962	0. 952	0. 943	0. 935	0. 926	0. 917	0. 909	0. 901	0. 893	0. 885	0. 877	0. 870	0. 862	0. 855	0. 848	0. 840	0. 833
2	1. 970	1. 942	1. 914	1. 886	1. 859	1. 833	1. 808	1. 783	1. 759	1. 736	1. 713	1. 690	1. 668	1. 647	1. 626	1. 605	1. 585	1. 566	1. 547	1. 528
3	2. 941	2. 884	2. 829	2. 775	2. 723	2. 673	2. 624	2. 577	2. 531	2. 487	2. 444	2. 402	2. 361	2. 322	2. 283	2. 246	2. 210	2. 174	2. 140	2. 107
4	3. 902	3. 808	3. 717	3. 630	3. 546	3. 465	3. 387	3. 312	3. 240	3. 170	3. 102	3. 037	2. 975	2. 914	2. 855	2. 798	2. 743	2. 690	2. 639	2. 589
5	4. 853	4. 714	4. 580	4. 452	4. 330	4. 212	4. 100	3. 993	3. 890	3. 791	3. 696	3. 605	3. 517	3. 433	3. 352	3. 274	3. 199	3. 127	3. 058	2. 991
6	5. 796	5. 601	5. 417	5. 242	5. 076	4. 917	4. 767	4. 623	4. 486	4. 355	4. 231	4. 111	3. 998	3. 889	3. 785	3. 685	3. 589	3. 498	3. 410	3. 326
7	6. 728	6. 472	6. 230	6. 002	5. 786	5. 582	5. 389	5. 206	5. 033	4. 868	4. 712	4. 564	4. 423	4. 288	4. 160	4. 039	3. 922	3. 812	3. 706	3. 605
8	7. 652	7. 326	7. 020	6. 733	6. 463	6. 210	5. 971	5. 747	5. 535	5. 335	5. 146	4. 968	4. 799	4. 639	4. 487	4. 344	4. 207	4. 078	3. 954	3. 837
9	8. 566	8. 162	7. 786	7. 435	7. 108	6. 802	6. 515	6. 247	5. 995	5. 759	5. 537	5. 328	5. 132	4. 946	4. 772	4. 607	4. 451	4. 303	4. 163	4. 031
10	9. 471	8. 983	8. 530	8. 111	7. 722	7. 360	7. 024	6. 710	6. 418	6. 145	5. 889	5. 650	5. 426	5. 216	5. 019	4. 833	4. 659	4. 494	4. 339	4. 193
11	10. 368	9. 787	9. 253	8. 761	8. 306	7. 887	7. 499	7. 139	6. 805	6. 495	6. 207	5. 938	5. 687	5. 453	5. 234	5. 029	4. 836	4. 656	4. 487	4. 327
12	11. 255	10. 575	9. 954	9. 385	8. 863	8. 384	7. 943	7. 536	7. 161	6. 814	6. 492	6. 194	5. 918	5. 660	5. 421	5. 197	4. 988	4. 793	4. 611	4. 439
13	12. 134	11. 348	10. 635	9. 986	9. 394	8. 853	8. 358	7. 904	7. 487	7. 103	6. 750	6. 424	6. 122	5. 842	5. 583	5. 342	5. 118	4. 910	4. 715	4. 533
14	13. 004	12. 106	11. 296	10. 563	9. 899	9. 295	8. 746	8. 244	7. 786	7. 367	6. 982	6. 628	6. 303	6. 002	5. 725	5. 468	5. 229	5. 008	4. 802	4. 611
15	13. 865	12. 849	11. 938	11. 118	10. 380	9. 712	9. 108	8. 560	8. 061	7. 606	7. 191	6. 811	6. 462	6. 142	5. 847	5. 576	5. 324	5. 092	4. 876	4. 676
16	14. 718	13. 578	12. 561	11. 652	10. 838	10. 106	9. 447	8. 851	8. 313	7. 824	7. 379	6. 974	6. 604	6. 265	5. 954	5. 669	5. 405	5. 162	4. 938	4. 730
期数	1%	2%	3%	4%	5%	6%	7%	8%	9%	10%	11%	12%	13%	14%	15%	16%	17%	18%	19%	20%

附录 D 年金终值系数表

期数	1%	2%	3%	4%	5%	6%	7%	8%	9%	10%	11%	12%	13%	14%	15%	16%	17%	18%	19%	20%
1	1. 000	1. 000	1. 000	1. 000	1. 000	1. 000	1. 000	1. 000	1. 000	1. 000	1. 000	1. 000	1. 000	1. 000	1. 000	1. 000	1. 000	1. 000	1. 000	1. 000
2	2. 010	2. 020	2. 030	2. 040	2. 050	2. 060	2. 070	2. 080	2. 090	2. 100	2. 110	2. 120	2. 130	2. 140	2. 150	2. 160	2. 170	2. 180	2. 190	2. 200
3	3. 030	3. 060	3. 091	3. 122	3. 153	3. 184	3. 215	3. 246	3. 278	3. 310	3. 342	3. 374	3. 407	3. 440	3. 473	3. 506	3. 539	3. 572	3. 606	3. 640
4	4. 060	4. 122	4. 184	4. 247	4. 310	4. 375	4. 440	4. 506	4. 573	4. 641	4. 710	4. 779	4. 850	4. 921	4. 993	5. 067	5. 141	5. 215	5. 291	5. 368
5	5. 101	5. 204	5. 309	5. 416	5. 526	5. 637	5. 751	5. 867	5. 985	6. 105	6. 228	6. 353	6. 480	6. 610	6. 742	6. 877	7. 014	7. 154	7. 297	7. 442
6	6. 152	6. 308	6. 468	6. 633	6. 802	6. 975	7. 153	7. 336	7. 523	7. 716	7. 913	8. 115	8. 323	8. 536	8. 754	8. 978	9. 207	9. 442	9. 683	9. 930
7	7. 214	7. 434	7. 663	7. 898	8. 142	8. 394	8. 654	8. 923	9. 200	9. 487	9. 783	10. 089	10. 405	10. 731	11. 067	11. 414	11. 772	12. 142	12. 523	12. 916
8	8. 286	8. 583	8. 892	9. 214	9. 549	9. 898	10. 260	10. 637	11. 029	11. 436	11. 859	12. 300	12. 757	13. 233	13. 727	14. 240	14. 773	15. 327	15. 902	16. 499
9	9. 369	9. 755	10. 159	10. 583	11. 027	11. 491	11. 978	12. 488	13. 021	13. 580	14. 164	14. 776	15. 416	16. 085	16. 786	17. 519	18. 285	19. 086	19. 923	20. 799
10	10. 462	10. 950	11. 464	12. 006	12. 578	13. 181	13. 816	14. 487	15. 193	15. 937	16. 722	17. 549	18. 420	19. 337	20. 304	21. 322	22. 393	23. 521	24. 709	25. 959
11	11. 567	12. 169	12. 808	13. 486	14. 207	14. 972	15. 784	16. 646	17. 560	18. 531	19. 561	20. 655	21. 814	23. 045	24. 349	25. 733	27. 200	28. 755	30. 404	32. 150
12	12. 683	13. 412	14. 192	15. 026	15. 917	16. 870	17. 889	18. 977	20. 141	21. 384	22. 713	24. 133	25. 650	27. 271	29. 002	30. 850	32. 824	34. 931	37. 180	39. 581
13	13. 809	14. 680	15. 618	16. 627	17. 713	18. 882	20. 141	21. 495	22. 953	24. 523	26. 212	28. 029	29. 985	32. 089	34. 352	36. 786	39. 404	42. 219	45. 245	48. 497
14	14. 947	15. 974	17. 086	18. 292	19. 599	21. 015	22. 551	24. 215	26. 019	27. 975	30. 095	32. 393	34. 883	37. 581	40. 505	43. 672	47. 103	50. 818	54. 841	59. 196
15	16. 097	17. 293	18. 599	20. 024	21. 579	23. 276	25. 129	27. 152	29. 361	31. 773	34. 405	37. 280	40. 418	43. 842	47. 580	51. 660	56. 110	60. 965	66. 261	72. 035
16	17. 258	18. 639	20. 157	21. 825	23. 658	25. 673	27. 888	30. 324	33. 003	35. 950	39. 190	42. 753	46. 672	50. 980	55. 718	60. 925	66. 649	72. 939	79. 850	87. 442
期数	1%	2%	3%	4%	5%	6%	7%	8%	9%	10%	11%	12%	13%	14%	15%	16%	17%	18%	19%	20%

附录 E 标准正态分布表

x	0	0.01	0.02	0.03	0.04	0.05	0.06	0.07	0.08	0.09
0	0.500	0.504	0.508	0.512	0.516	0.519	0.523	0.527	0.531	0.535
0.1	0.539	0.543	0.547	0.551	0.555	0.559	0.563	0.567	0.571	0.575
0.2	0.579	0.583	0.587	0.591	0.594	0.598	0.602	0.606	0.610	0.614
0.3	0.617	0.621	0.625	0.629	0.633	0.636	0.640	0.644	0.648	0.651
0.4	0.655	0.659	0.662	0.666	0.670	0.673	0.677	0.680	0.684	0.687
0.5	0.691	0.695	0.698	0.701	0.705	0.708	0.712	0.715	0.719	0.722
0.6	0.725	0.729	0.732	0.735	0.738	0.742	0.745	0.748	0.751	0.754
0.7	0.758	0.761	0.764	0.767	0.770	0.773	0.776	0.779	0.782	0.785
0.8	0.788	0.791	0.793	0.796	0.799	0.802	0.805	0.807	0.810	0.813
0.9	0.815	0.818	0.821	0.823	0.826	0.828	0.835	0.834	0.836	0.838
x	0	0.01	0.02	0.03	0.04	0.05	0.06	0.07	0.08	0.09
1	0.841	0.843	0.846	0.848	0.850	0.853	0.855	0.857	0.859	0.862
1.1	0.864	0.866	0.868	0.870	0.872	0.874	0.877	0.879	0.881	0.883
1.2	0.884	0.886	0.888	0.890	0.892	0.894	0.896	0.898	0.899	0.901
1.3	0.903	0.904	0.906	0.908	0.909	0.911	0.913	0.914	0.916	0.917
1.4	0.919	0.920	0.922	0.923	0.925	0.926	0.927	0.929	0.930	0.931
1.5	0.933	0.934	0.935	0.937	0.938	0.939	0.940	0.941	0.943	0.944
1.6	0.945	0.946	0.947	0.948	0.949	0.950	0.951	0.952	0.953	0.953
1.7	0.955	0.956	0.957	0.958	0.959	0.959	0.960	0.961	0.962	0.963
1.8	0.964	0.964	0.965	0.966	0.967	0.967	0.968	0.969	0.970	0.970
1.9	0.971	0.971	0.972	0.973	0.973	0.974	0.975	0.975	0.976	0.976
x	0	0.01	0.02	0.03	0.04	0.05	0.06	0.07	0.08	0.09
2	0.977	0.977	0.978	0.978	0.979	0.979	0.980	0.980	0.981	0.981
2.1	0.982	0.982	0.983	0.983	0.983	0.984	0.984	0.985	0.985	0.985
2.2	0.986	0.986	0.986	0.987	0.987	0.987	0.988	0.988	0.988	0.989
2.3	0.989	0.989	0.989	0.990	0.990	0.990	0.990	0.991	0.991	0.991
2.4	0.991	0.992	0.992	0.992	0.992	0.992	0.993	0.993	0.993	0.993
2.5	0.993	0.994	0.994	0.994	0.994	0.994	0.994	0.994	0.995	0.995
2.6	0.995	0.995	0.995	0.995	0.995	0.996	0.996	0.996	0.996	0.996
2.7	0.996	0.996	0.996	0.996	0.996	0.997	0.997	0.997	0.997	0.997
2.8	0.997	0.997	0.997	0.997	0.997	0.997	0.997	0.997	0.998	0.998
2.9	0.998	0.998	0.998	0.998	0.998	0.998	0.998	0.998	0.998	0.998
x	0	0.01	0.02	0.03	0.04	0.05	0.06	0.07	0.08	0.09

附录 F 内部控制中的重要概念和举例

名称	解释	举例
	数据处理组织和操作的计划	
职责分离	涉及交易的处理和操作过程中的记录、监管和授权的职责应该分离	计算机管理员的职责是对计算机程序和资料的保管，但无法也无权操作计算机处理设备
数据处理中的职责分离	计算机的数据处理功能应该被集中起来。计算机数据处理不应包括对除数据处理资产外任何资产的监控和授权	负责监控存货的部门不应该向负责计算机数据处理的副总裁汇报
	一般操作程度	
责任的定义	对一个交易处理系统内部的每个工作职能任务的描述。与工作职能间的关系相同，每个工作职能的起始点应该被明确地划分	计算机操作员被限制接近程序和数据文件
员工可信赖性	执行处理的员工应该可信，以便于任务的一致执行	计算机操作的监控人员有着良好的出勤和表现记录
员工的培训	在分配新的职责之前，应该提供给员工明确的指导并测试其理解情况	在分配新职责前，所有的计算机程序员将会参加一个为期 5 天的培训班
员工的胜任度	在交易处理系统中负责处理和监控的人员具有为履行职责而必需的专门知识	数字处理的主管是一名 MBA
职责的循环	如果可能，对重要的处理功能，员工的工作依照不规则的时间表阶段性循环	销毁敏感数据由办公室人员轮流负责
表单设计	表单设计应含义自明、易于理解并简明扼要，且可以最小的代价收集所有一切必要的信息	授权购买的表单对于填写数据区域有简明的说明
预先编号的表单	为了查出损失和错置，要预先在独立的表单上打上连续的数字	支票是预先编号的
预先打印表单	某些时候信息的固定元素提前进入表单，允许机器直接处理以防止重复数据产生错误	磁墨水字符识别账户把支票和存折译成密码
同步准备	对交易进行一次性记录用于以后的所有处理，适当时采用多个副本以防抄写错误。	准备一个一次性书写系统，用以同时接收报告表单和接收注册
转向文档	计算机产生的文档，用以返回到系统中	客户支付的公用事业账单的一部分
文档编制	为提供沟通而存在的书面记录	标准日记账分录将会计数据传达至各个经营部门
标签	为达到控制目的，对交易、文件和其他项目的鉴别	所有的计算机文件都有外部标签

（续）

名称	解释	举例
	设备控制特点	
备份和恢复	备份由当原始设备损坏或不能使用时可以替代的文件设备和程序组成。恢复是用先前的文件和交易重建重要文件的能力	主文件更新之后继续保留原来的计算机主文件和交易文件，以防目前的主文件被破坏
交易线索	在输出、处理和来源之间，用手工或机器可读的方法将独立交易的状况和内容向前向后追溯的能力	联机计算机文件的更改清单被存储在磁盘中以提供交易线索
错误根源统计	关于错误和来源的信息的积累。它用于决定为减少错误的数量而应如何补救	数据输入监察人员收集和检查由职员造成的输入错误的统计情况
	设备和数据接近控制	
安全监管	与现金、可转让证券等有形资产类似，信息资产也要保证安全	总分类账的主文件每晚被锁在一个安全的地方
双重控制	在处理进行之前，需要两个独立且同步进行的行动	存放敏感计算机文件的保险箱需要两把钥匙才能开启
	输入控制	
授权	将交易的发生或处理的实施权限限制在经严格挑选的少数人手中	只有记时员才能递交工作时间数据供处理
批准	交易发生后给予接受	在给员工发工资前，公司的一名主管批准工资单
格式化输入	在数据输入一个记录设备时，数据项的自动空格和格式转换	员工使用数据终端输入数据后，计算机自动插入逗号
背书	用于引导和限制进一步处理而在表单或文件上做的标记	在收到支票的同时立即在上面做出限制性标记：“仅限于对 ABC 公司的支付”
注销	在交易文档职能完成后进行识别，以避免进一步的使用，或防止重复使用	将支票标上“付讫”字样，以防重复支付
例外性输入	处理过程以预先设定的方式进行，除非遇到某些特殊的输入，这种特殊输入意味着需要不同的值或不同的顺序进行特殊处理	加班时间记录于特殊的表单
密码	通过提供只有授权者才知道的编码或信号，赋予个人存取数据或处理的权力	自动银行终端在处理开始前要求使用者输入他的密码
预先考虑	在特定的时间进行预先规定的交易或活动	每日现金存款总是在下午 3 点进行
传送文档（批处理标签）	对数据的移动展示控制总量的媒介，特别是从源文件到处理点，或处理点与处理点之间	每日现金存款总是伴随有说明存款总数的存款单
批序列号（批序列）	成批的交易文档被连续编号并加以说明	销售票据每天被集中成批、编号并按日期归档

（续）

名称	解释	举例
控制注册（批控制日志）	一个体现出处置和控制成批交易的数值的日志或注册表	注册表被用于记录通过快递服务获得的特快邮件的时间和批控制序号
数字控制总量	一组交易或记录的相近数字总量，通常用美元或数量表示	净支付总额是一个关于工资处理应用的数字控制总量
文档控制总量	文档个体的个数统计	在工资处理中，时间卡的数量统计是一个文档控制总量
排列控制计数	一个或多个文档排列的计数	在订单销售中，发票上列示的各已售产品（即排列）的数量即为一种排列控制计数
散列总量	只对控制目的有帮助的无意义的总量	所有处理过的工资支票的部门总数是一个只对控制目的有帮助的无意义的总量
批控制（批总量）	任何控制总量或计数，用于一类特殊的交易文档或特定时间内的交易文档	在账单处理中，销售的美元总量是一个批控制总量
目测查证	为保证一般合理性和适当性而用肉眼对文档进行浏览	在将文档递交以供进一步处理前，员工要对发票进行目测检查
顺序检查	对将进行处理项目的关键栏字母数字顺序的认证	预先编号的支票按顺序分类，以进行进一步的处理
溢出检查	对字段、文件或设备的限定性控制	数字 12345 无法输入到 4 位数的字段中
形式检查	检查数据是否以适当的形式输入到相应区域——数字型的还是文本型的	检查卖主号码，以确保此栏内所有的字符都是数字
完整性检查	为确保各栏不能在空白状态下被处理而进行的测试	如果“卖方号码”一栏是空的，那么凭单不能处理
检查数字	为测试转录是否准确而设计的一种数字，该数字是记录或编号中其他数字的函数	一个账号包括一个在处理期间有效的检查数字
合理性测试	通过与交易或主要记录中的其他信息对比，对多个字段的数据进行测试	医院的妇产科不能给男性病人开服务账单
限制性检查	此检查可确保只有在预先设定的范围以内的数据才可以输入系统并被认可	为确保每小时的工资不低于法定的最低限度，也不高于工会合约的最高限度而进行的检查
有效性检查	在编码字段的字符，或者与表格中可接受的数值相符，或者以非表格的逻辑或数学方法检查其固定形式、合法性子码或字符意义	所有的社会保险号码应有 9 位数字
回读检验	为了比较和验证，输入的信息应立刻反馈给原先的传送者	计算机将从数据终端接收到的信息立即返回终端以供目测查证
日期	为今后的比较或期满测试所进行的日期记录	客户汇款单盖上接收日期的印戳

（续）

名称	解释	举例
期满	将交易、记录和文档的日期与当前日期比较，在此基础上进行的限制性检查	付给卖主的支票上会注明日期和“60 天后作废”字样
按键校验	将交易数据再次输入，利用计算机将初次输入与第 2 次输入进行比较，从而发现错误	第 2 名员工将薪酬数据键入计算机。计算机将此输入结果与第 1 名职员的数据输入进行逐个字符（即每个键入）的对照，并将结果汇报
处理控制		
机械化	机械或电子化的处理以保证一致性	现金存款用点钞机汇总清点
标准化	为所有的处理制定统一、结构化和一致的程序	会计科目表记录账户的正常借、贷方向
默认选项	在输入的交易某些栏为空时，可以自动应用一个预设值	员工每周拿 40 小时的薪水
批结余法	将实际处理的项目、文档与一个预设控制总额进行比较	将出纳员的批结余存根与现金汇款的控制总额比较
结转总量	利用输入控制总额减去后续处理得到输出控制总额。这里，控制总额的作用在于把处理序列中某段时间内的某两个处理联系在一起	应付账款的期初余额减去支付加上净购买，应该等于应付账款的期末余额
配平	测试两个等价的项目或一批项目之和与一个控制总额是否相等。任何差异都表示有错误发生	应收账款明细分类账户的结余应该等于总分类账的结余
匹配	将项目与其他从独立信息源得到的信息相匹配，以控制交易的处理	负责应收账款的员工将卖主发票与订单和收货单进行匹配
待结账户	从处理等价的独立项目中得到的数值。净控制额应为零	预付工资账户在所有薪水都被支付后应归零
届期事项备忘录	用于处理或跟踪目的的由按时间排序的项目组成的控制文件	以到期时间排序归档的发票
重复处理	重复处理和伴随的各结果之间的比较	让另一名发薪水的员工计算每名员工的工资总额和净额，以便于进行比较
汇总处理	使用一个汇总账户进行重复处理。这种方法用来比较控制总额与细节项目是否相等	用于生产的总间接成本可以用间接成本率乘以所有工作的直接总劳动成本重新计算
尾部标记	一种提供控制总额的记录，用于与累计数额或处理过的记录比较	一个存货文件的最终记录常包含一个表示文件中记录数的记录
错误自动更正	自动更正违背检测性控制的交易或记录	客户多付账款时，自动生成一个信用备忘录加以记录

（续）

名称	解释	举例
	输出控制	
对账	确认和分析两个实质上等价的文档之间的差额以及细节文档与控制总额之间的差额。根据调节项的性质确认错误，而不是根据余额间的差异	银行对账单根据每月银行报表确认公司还没有记录的服务费用
按日期排列	根据时间（通常是交易发生的日期）确认还没处理的或留存的项目，并把项目按不同的交易范围分类	把应收账款按日期排列以确认拖欠的账款
悬档	留待进一步处理的包含未处理或只是部分处理项目的文档	包含尚未交货物品的文档，等发货时送给顾客
悬账	等待进一步处理项目的控制总量	应收账款的明细分类账总额应与总分类账相等
定期审计	定期验证文档或检查控制过程中的缺陷	每月邮寄信函给所有的顾客以确认他们的账户余额
不符性报告	一个包含所有违背检测性控制而需要进一步调整的项目的列表	一个包含所有超出信用额度的顾客的列表被发送给信用经理，用以重新审查
追溯提交	更正后的交易重新提交到交易处理流程中，以让它们经过其他检测性控制	被拒绝的交易作为特殊的一批，像新交易一样重新提交

附录 G　作业成本法专题

作业成本法是指可将间接成本和辅助材料更准确地分配到作业、业务流程、产品、服务及顾客中的一种成本计算方法。作业成本体系认为，许多组织资源并不仅仅用于单独的实体产品生产，还提供各种各样的辅助作业，从而为不同顾客提供产品和服务。作业成本法的目的并非是将共同成本分配到产品，而是计量各种作业所消耗的资源及其价格，以及这些作业辅助产品的生产、传递和其所提供的顾客服务。本专题在第 8 章的基础上进一步探讨作业成本法。

作业成本法的第 1 个步骤是确认耗用辅助资源的作业，然后将全部辅助资源耗费追溯到相应的作业中；第 2 个步骤再将作业成本追溯到产品中。先确定每一作业的成本动因（也称为作业成本动因），计算出作业成本动因率，并通过它将作业成本分配到产品中。每一产品（服务或顾客）所消耗的成本等于期间各项作业成本量乘以标准成本动因率的乘积之和。这个看似复杂的过程用图表表示十分简单，实际操作也十分容易。附图 G-1 举例说明了间接人工这项资源是如何被分解成 5 种不同的作业，又如何通过适当的作业成本动因与产品、服务和顾客等成本对象相联系。

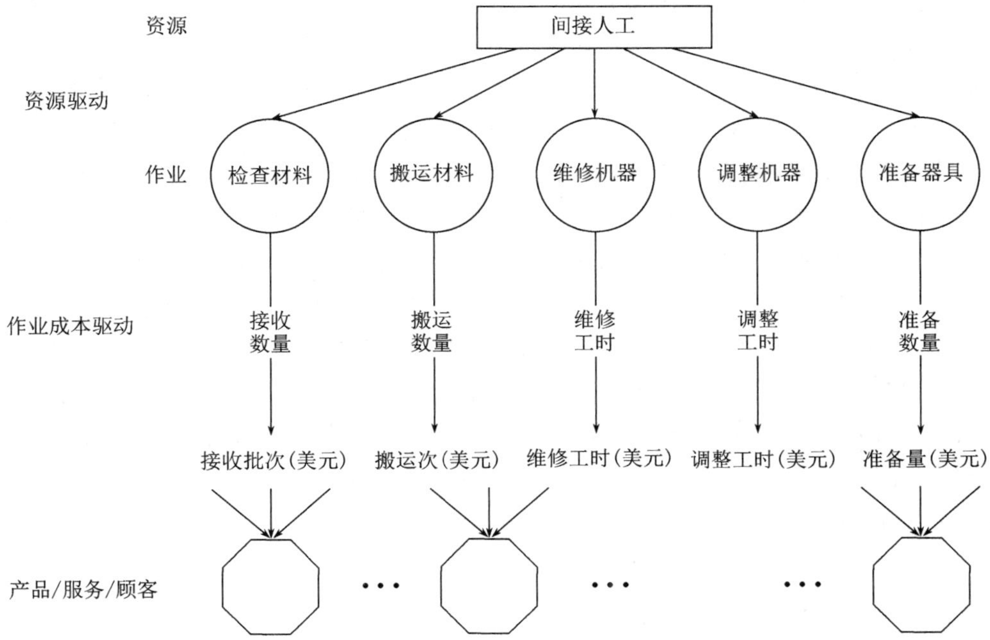

附图 G-1　作业成本法的步骤

本专题首先探讨如何将生产部门之外的服务和辅助部门耗费分配到辅助生产的作业；其次探讨成本分配过程的第 2 步——将成本中心和作业成本追溯到产品中。

作业成本体系扩展了用于成本归集的“生产成本中心”的类型，不仅关注责任中心的定位与组织架构，更关注组织资源所形成的实际作业。作业成本体系保留了传统成本体系中将生产成本中心发生的原材料转化成完工产品的作业（如加工产品和组装产品）。另外，作业成本体系也考虑到有些资源是用于诸如调整准备机器、安排生产计划、检验产品质量、改善产品性能及调度材料等辅助作业，这些辅助作业并不直接参与原材料转化为中间产品和完工产品的物质生产过程。如服务性企业无直接材料和易追溯的直接人工，几乎所有作业都是辅助性的，比如处理顾客关系、提高现有服务水平以及为顾客提供基本服务（如支票账户的处理、电话、医疗程序、航班）等。

1. 分配服务部门成本到作业

许多服务部门的成本不能通过直接分配率或反映服务部门与生产部门因果关系的成本动因率分配到生产部门。这些不可追溯的共同成本包括：生产计划安排、建筑物折旧、保险、供热和照明等。基于成本控制和成本责任归属的目的，这些共同费用不应直接分配到生产中心。

作业成本体系为各种费用之间建立了因果关系，而这些费用在传统成本系统下必须视作共同成本或联合成本。下面用一个简单的例子来说明作业成本法下资源成本的分配过程：

威廉姆斯公司的原料管理部负责接收原材料和购入零部件，并运至仓库，在生产需要时将材料及部件运至生产车间。原料管理部每月的成本为 50 000 美元，平均每月的直接人工工时为 40 000 小时。威廉姆斯公司过去有一个传统的间接费用分配体系：辅助部门的间接费用按照直接人工工时分配至生产部门，则原料管理部的间接费用分配率为 1.25 美元/小时（50 000 美元/40 000 小时）。若某生产部门每月使用原料管理部6 000 直接人工工时，则应分摊间接费用 7 500 美元（6000 小时 × 1.25 美元/小时）。这种分摊方法假设生产部门每使用 1 单位直接人工工时，需耗用原料管理部 1.25 美元的资源。但这种假设连大约有效都称不上，仅仅以资源动因如直接人工工时作为分配基数，原料管理部门的资源耗用与需求之间很难建立因果关系。例如，长期生产大量标准产品的部门对原料管理部的资源需求相对较少，而按顾客要求在短期内生产大量零部件产品的部门的需求相对较多。仅以直接人工工时作为分配基数，无法区分二者对原料管理部资源需求的巨大差异。

在作业成本体系中，资源费用与其驱动的作业密切相关。按照作业成本动因对资源耗费进行分类，使得人们对费用认识有了新的转变。通过作业成本动因收集财务体系中的费用并将其分摊到企业资源形成的作业当中，这一步骤可以使企业管理者第一时间了解到购买材料、开发新产品等作业的耗费。资源耗费与作业之间的关联不需要大量时间与精力研究，其目标是接近准确即可，这点与完全错误的传统成本体系不同。许多传统的标准成本计算体系在计算产品成本时甚至保留 6 位有效小数，但是，由于分配方法的主观性，第 1 位数字通常就已经失真。联系资源费用与作业之间的数据除了可从实际参与生产的一线员工中收集，也可通过调查个别员工来收集，可要求其填写调查表，列出作业表，并列出花费在这些作业（超过总工作时间 5% 的作业）上的时间百分比。

成本体系设计者会经常采访辅助生产部门经理，以下是成本系统设计者与原料管理部经理詹尼弗·卡塞尔的简要采访记录：

问：你的部门成员有多少人？

答：12 人，不包括我本人。

问：这些人的工作有哪些？

答：他们什么事都做一些，每周甚至每天的工作都不同。

问：这样啊，那么存在某些规律性的主业吗？

答：我想有 3 种主业至少占用了我们 90% 的时间。大约一半的人参与工作量最大的接收、检查、记载和储存已购入零部件的工作，另外 25% 的人——约 3 人接收、检查、记载和储存已购入的原材料，如铜、铁、铝和塑料。

问：剩下的人呢？

答：噢，剩下 3 人主要是与生产控制人员一起工作。他们根据备份的生产计划，即根据每一生产环节的需要配备购入的零部件和原材料，并将零部件和原材料搬运至需要的生产车间。

问：还有其他工作吗？

答：每周都会有新的工作出现，或是参加质量培训，或是在订货高峰、人手紧张时辅助产品车间的生产活动，甚至要在必要时协助生产检查过程，因为我的人员已在统计过程控制方面受过良好训练。

问：累计起来，这些特定事件会占用你们大量时间吗？

答：不，这些事件看起来麻烦，但实际它仅占用我们工作时间的5%甚至更少。

问：你的工作是什么？你也直接参与处理材料购入的业务吗？

答：偶尔，当有人生病或度假时，我也参与直接处理购入材料的工作，但是我的工作主要是指导、培训工人，确保本部门有效地运营，以满足其他生产部门的需要。

问：购入材料的处理时间是由什么因素决定的？原材料与零部件的处理相同吗？大批量购入与小批量购入分别有何影响？

答：零部件的直观性强，只需抽查一两人看是否与订购的要求相符，即可入库。而当原材料为大批量购入时，需要花费一些时间进行验收入库，即使是这样，所耗费的时间也相当少。可以说处理部件或原材料购入所需的时间很大程度上取决于购入次数而非每次购入的规模。

问：部件和原材料分配至生产车间的情况是怎样的呢？

答：同样，产量在这里仍不是动因。工作量很大程度上取决于由我们准备的生产批次数而不是某一特定生产批量的规模大小。对80% ~90%的生产批次，我们都能一次性地满足其对部件和原材料的需要。

（1）确定各项作业并将资源成本计入各项作业

忽略原料管理部门为特定目的安排以及工作量不足5%的小作业后，詹尼弗·卡塞尔把她的部门人员的作业分为3类：接收零部件；接收原材料；把零部件和原材料分派到生产车间或工作站。根据会谈中所获得的信息将50 000美元的资源成本分配到这3个作业中去。简单起见，假设12人的熟练程度和报酬都相同，这个假设可通过时间百分比将资源成本分配到作业，成本分配结果见附表G-1。

附表 G-1 各作业分配的成本

作业	工作量（%）	作业成本（美元）
接收零部件	50	25 000
接收原材料	25	12 500
零部件和原材料分派	25	12 500

在这个例子中，假设所有员工的报酬相同。不过，如果负责原材料接收的工人熟练程度更高，报酬也更高的话，就不能采用简单的百分比分配法。这样，不得不将较高的成本归集到原材料接收作业中，而给从事其他两个作业的人较低的工资。同样，如果在检验零部件的工作中需要一种昂贵的设备，这个设备的成本就只能分配到接收零部件的作业中。在这个例子中，用人工工时百分比做分配基础只适用于人工成本的分配，而不适用于机器成本的分配。

最后考虑将部门管理者詹尼弗·卡塞尔的监管成本按员工人工工时的比例分配到3个作业中。如果詹尼弗·卡塞尔提供的是普遍的辅导和协助，这个假设就是合理的。但如果她在某项作业中花费了过多的时间或者使用了大量时间操作某项作业，其成本的分配就需要更详细些。那样先将她实际处理零部件和原材料的工作时间直接分配到相应的作业。然后对于剩余时间，包括普遍管理所用的时间，将依据一些标准（工时或操作的作业量）分配到3个作业中。

这个过程可将所有资源耗费都分配到其驱动的作业中。由上述可知，这些新定义的作业中许多与直接加工、组装产品或顾客服务不相关，只是辅助作业或基础作业。但是，也可看到，这些作业成本与直接材料、直接人工、机器费用等传统成本一样易被分配到产品（服务和顾客）中去。

（2）估计与分摊

反对使用分摊的方法把成本分配到产品中，是因为分摊的成本无法与产品对所分配资源的实际需求相对应。通过对詹尼弗·卡塞尔进行访谈，并根据她大致估算的时间和工作来分配部门资源成本。表面上看来，这是一个分摊的过程，但实际上，把资源成本分配到作业的过程需要对驱动作业潜在数量的变动关联资源进行估计。因此，这不是一个采用与工作无关的标准任意分配成本的分摊过程。原则上，分析者可以安装一种精心设计的监控和计量装置来计量不同作业使用的实际资源成本和数量。但这种机器很少要求用到准确计量产品、服务和顾客的成本的装置。因此，由于所获得数据能够提供足够准确的产品和顾客信息以供决策需要，所以采用成本更低的替代或估算计量方法。然而有些替代或估算计量，如不同作业所耗时间的估计，虽然已足够可靠，但对于提高日生产率和缩减成本来说还不够准确。由此可见，对数据的要求由于其用途不同（是用于成本控制还是用于产品、服务和顾客的生产率改进）而各不相同。

2. 分配服务部门成本

在传统项目定义中，詹尼弗·卡塞尔的原材料管理部门的耗费被认为是固定的。卡塞尔与其部门的 12 个员工每天都要上班，不管是否有部件或原材料到货，也不管是否有原材料需要被分配到生产车间，他们都要拿工资。这是辅助部门的典型情况。服务和辅助部门的责任是提供人员、空间、设备和技术。在服务和辅助部门，这些资源的提供不会随短期对来自服务和辅助部门提供服务的需求的波动而变化。

有些辅助部门的成本由约束性成本（固定成本）和随服务需求变化而变化的成本（变动成本）混合构成。例如，威廉姆斯公司的检验部门，其工作场地和特殊的设备是固定的，而人员则是根据需要分配到检验工作中。在这个例子中，检验部门的资源成本需要采用两个不同的动因率来进行分配。场地和设备的费用根据资源产生的能量（或某些标准的计量数）来分配，而弹性资源耗费（与约束性资源相对，即变动成本），如检验员的费用，则根据实际需求进行分配。

例如，假设检验部门每月预算费用为 80 000 美元，其中约束性成本为 60 000 美元，弹性成本为 20 000美元。设备的实际检验能力为每月 5 000 次，检验员的预计工作量为每月 4 000 次。检验部门成本动因率的计算如附表 G-2 所示。

附表 G-2 检验部门成本动因率

资源种类	预算费用（美元）	作业水平：检验数量（次）	动因率（美元/次）
约束性	60 000	5 000（检验能力）	12
弹性	20 000	4 000（预计工作量）	5
合计	80 000		17

计入 12 美元动因率的是约束性资源（提供的）成本，因此是“固定性”的，与部门服务的实际需求无关。动因率 5 美元用于计量弹性资源成本，这些资源根据部门服务的需要提供。

约束性资源和弹性资源成本的差别存在于整个企业资源中。通过数据库和数据系统，确认哪些成本应分配到生产部门、基本作业，哪些分配到短期内的弹性产品当中十分简单。这种分类使短期贡献和变动成本的信息唾手可得，同时，产品、部门、作业和生产部门所用的全部资源成本，无论是约束性还是弹性的，都能够被计量和报告。

3. 作业成本动因

作业成本法的第 2 个步骤是把作业成本分配到产品。分配过程须选择各项作业成本动因，它是各项作业表现与各项产品对作业需求的联结纽带。当然，成本动因不是作业成本法所特有的。传统成本体系也使用简单的成本动因，将成本中心的成本，如直接人工费用、直接人工工时、机器工时、产量或加工的材料数等分配到产品中。

来看一个典型的德国成本系统，它也许是世界上最详尽的成本系统。德国公司的成本中心数量通常很多。例如，一家拥有 1.5 亿美元资产的生产电子和电动开关的德国制造公司，其生产过程包括 3 个阶段，拥有 100 个成本中心：其中 15 个是直接产品成本中心，其余的 85 个大部分是间接责任中心。其他公司的大工厂，如西门子或梅赛德斯拥有 1 000 ~ 2 000 个成本中心。德国公司拥有如此多成本中心的目的是建立弹性预算，以便向管理者报告每个成本中心成本的发生情况。由于成本中心数量众多，使得每一个成本中心的工作具有高度的同质性。

对每一个成本中心，成本体系的设计者都要选择适当的成本动因。手工组装配件的成本中心以直接人工作为成本动因，自动机器的成本中心以机器工时作为成本动因，连续加工材料的成本中心如化工过程，以加工材料的重量作为成本动因。这样，上百个不同的成本中心构成一个复杂的成本体系，每个成本中心都有能够代表其工作特点的成本动因。

尽管这种成本体系可很好地提供成本信息并控制责任及成本中心水平，但在将成本中心的成本分配至产品方面并不健全。尽管这些拥有数百个成本中心的系统采用了两个或更多不同的成本动因（人工工时、机器工时、材料加工、单位时间劳动生产），但这些成本动因拥有共同的重要特征。单位生产的成本动因数与生产产量成一定比例。也就是说，如果一种产品的产量增长 10%，那么这个产品的人工工时、机器工时、生产材料耗用都将增长 10%，分配到这种产品的间接与辅助成本也增长 10%。

但是，许多间接和辅助部门资源的使用与产量并不成比例。这样，采用与产量成比例的成本动因将成本分配到单独产品中时，将产生重大错误。传统的成本体系是围绕生产中心建立的，强调与产量成比例的工作，这样的工作被称为单位作业。单位作业反映了每单位产品或服务所需的工作，它耗费的资源是与产品产量和销量成比例的。单位作业的成本动因包括人工工时、机器工时以及加工材料的数量。

然而许多研究表明，辅助资源作业大部分与批次级或产品级作业相关。

批次层级作业包括为新一批生产准备机器、购买材料和处理顾客订单。批次层级作业和单位作业的主要区别在于前者所需的资源独立于单位批次包含的产品数量（每次生产准备后的零部件生产数量、订单中的购买数量、每位顾客装运的产品数量）。

传统的成本体系将批次层级作业的耗费视为固定的，理由是其与单位批次的产品加工数无关。但是假设公司需要更多的批次层级作业（为工厂生产一系列不同类型产品和部件做生产准备，依照复杂的产品材料清单购买材料、满足个别顾客的定制需要）时，则需要提供额外资源以完成作业。因此，作业成本体系相对于传统成本体系的一个进步，就是能够计量和分配处理生产、搬运材料、生产准备、顾客订单和购买产品、顾客、服务所造成的成本。

产品级作业是指完成个别产品（或服务）的生产所需要的工作。将这一概念扩展到工厂以外，则为顾客级作业，即可使公司提供个别顾客销售的工作，这些工作与向顾客销售和交付的产品数量无关。产品级或顾客级作业的例子包括维持和更新产品技术，个别产品和服务所需的专门测试和工具，为个别产品和服务提供的技术支持，以及市场调研和客户支持。

附图 G-2 列示了单位级、批次层级、产品级和顾客级作业的级别关系。它表明维持单位产品的成本可能与个别顾客无关，反之，一些与顾客相关的成本可能与工厂生产线中的产品无关。

产品级和顾客级作业的成本可以很容易地分配到它所服务的个别产品和服务项目中去，但根据定义，产品级和顾客级作业所耗用的资源数量与这些产品和顾客的产销量无关。传统的成本体系只把固定成本与变动成本的区别界限局限于其与产量的关系，无法把产品级或顾客级作业的耗费追溯到单个产品和顾客中。

作业成本动因是将作业和成本对象（如产品、服务和顾客）联结起来的纽带，是一项作业产出的

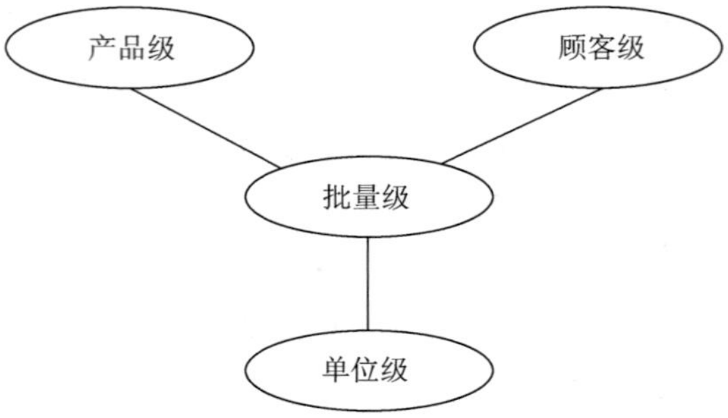

附图 G-2 作业成本法的作业层次

数量计量。作业成本体系保留了传统成本体系的单位级动因，如人工工时、机器工时。除此之外，它还需要使用可将批量级、产品级和顾客级作业的成本分配到产品和顾客中的作业成本动因。对每一个作业，设计者都选择了相应的作业成本动因（如前面附图 G-1 所示）。

批量级和产品级作业的成本动因的例子如附表 G-3 所示。

附表 G-3 批量级和产品作业级的成本动因例子

作业	作业成本动因	作业层次
机器运转	机器工时	批量级
机器调整	调整数或调整工时	批量级
产量计划工作	生产运行数量	批量级
接收材料	接收材料数量	批量级
支持现有产品	产品数量	产品级
推出新产品	介绍新产品的数量	产品级
修改产品特性	设计变更通知数	产品级

要把作业成本分配到个别产品中，须知道单位产品的作业成本动因数。即除了要知道单位产品成本中心所需的材料、直接人工和机器工时外，作业成本系统还必须知道单位产品所需的各个成本动因量。例如，对于每一类产品，必须掌握以下有关动因的信息：生产准备的数量；购买材料的数量；调度原材料的数量；设计变更通知的数量。

这将引起所需收集信息数量的大幅增长。幸运的是，随着不断改进的综合信息系统，尤其是新建的企业内部信息系统，较之原来，作业成本动因的信息在低成本的前提下更为容易获得。

将威廉姆斯公司原材料管理部门的简单例子扩展一下，来说明如何运用作业成本动因。前面已经确定了物料搬运的分配率是每单位人工工时 1. 25 美元（平均每月部门成本 50 000 美元，平均每月直接人工工时 40 000 小时）。

考虑一个低产量的产品，A 部件。工厂每月大约生产 A 部件 100 件，每生产 1 单位的 A 部件需要 1 小时的直接人工。根据公司的传统成本体系，每月分配 125 美元的物料处理费用给 A 部件。

威廉姆斯公司新采用的作业成本体系将材料处理部门的工作分成 3 个主要的作业：接收零部件、接收材料、将部件分派到生产车间。对于每一个作业，作业成本体系的设计者都为其选择了一个相应的成本动因，并统计每一作业的作业成本动因量。将待分配作业耗费除以作业成本动因量就可以得到作业成本动因率。其计算过程如附表 G-4 所示。

附表 G-4　材料处理部门的作业成本动因率的计算

项目	接受零部件	接收材料	部件分派
作业成本动因	部件接收数量	材料接收数量	生产批次数量
作业成本（美元）	25 000	12 500	12 500
动因数（次）	25 000	1 000	500
作业成本动因率（美元/次）	10	12.5	25

A 部件是一个非常复杂的产品，每单位成品需要 50 多个独立购买的零部件和一些不同类型的原材料来组装。一个月内生产 100 单位的 A 部件需要 1 个生产批次，购买 20 批部件和 4 批原材料（一个生产批次需要多次购货，因为生产 A 器具需要大量不同的零部件和材料）。使用作业成本动因将物料搬运成本分配到 A 部件中，计算过程如附表 G-5 所示。

附表 G-5　部件 A 分配的成本

作业	作业成本动因	作业成本动因率	作业成本
接受零部件	20 次	10 美元/次	200 美元
接收材料	4 次	12.5 美元/次	50 美元
部件分派	1 批次	25 美元/批次	25 美元
材料搬运成本			275 美元

每单位部件的物料搬运成本为 2.75 美元（275 美元/100 件），比传统的直接人工分配方法计算出的 1.25 美元高出两倍多。由于 A 部件的复杂性，其需要使用多种原材料和零部件，另外这种低产量产品的生产环节相对较短，因此分配至 A 部件的成本要高得多。

当选择作业成本动因时，必须在正确性和计量成本两者间作权衡，即面对作业与产品之间大量的潜在联系，设计者要尽量使作业成本动因数更为精简。例如，由同一事项引起的作业（生产订单准备、产品生产环节设置、首次生产检查及物料搬运）可以使用相同的成本动因：生产运行或生产批次的数量。

作业成本法体系的设计者可选择不同类型的作业成本动因：处理次数动因；处理时间动因；资源强度或直接归属动因。

处理次数动因采用处理次数进行计量，如生产准备数、收料次数、生产数量。当所有产出对作业的需求都相同时，可以使用处理次数动因。例如，设置产品生产环节，处理购买订单或维持特殊部件的数量，不管是安排生产哪种产品，购买哪种材料，还是维持哪种类型的部件，它们所消耗的时间和精力都相同。

处理次数动因是所有成本动因中成本最低的，也是最不准确的，因为它假定每次完成一项作业所要的资源都相等。例如，使用生产准备数这一处理次数动因是假定任何生产准备所需的时间相等。许多作业在处理不同产品时的变化不大，用处理次数动因就可较好地将作业耗费分配到产品中。但假如完成各种产品的作业所需资源变化很大，则需要更准确、成本也更昂贵的成本动因。

处理时间动因列出执行某一作业所需的时间数，当不同产品所需的作业量变化很大时，可采用处理时间动因。例如，简单产品的生产准备可能只需要 10 ~ 15 分钟，复杂精密产品的生产准备可能会需要 6 个小时。此时若采用处理次数动因，通过生产准备数分配费用，就会高估简单产品生产准备的资源成本，低估复杂产品生产准备的资源成本。为了避免对成本的歪曲，作业成本体系的设计者可采用处理时间动因，如生产准备工时，将准备耗费分配到各产品中去。

处理时间动因有生产准备工时、核验时间和直接人工工时等。它们比处理次数动因更准确，但执行成本更高，因为它们需要模型对每次作业完成时间进行估计。如果只有一个处理次数动因（生产准备数），设计者只需要掌握每种产品的准备次数，此类信息从产量安排计划上就可获得，而获得每种产品的准备时间这种额外的信息的成本则相对更高。一些公司为估算各种产品所需的作业量，设计了 3 种基于被加工产品复杂程度的指标。这种指标依据某一产品或顾客服务完成作业的复杂程度，并假定复杂程度影响完成作业的时间。对处理次数动因和处理时间动因的选择是对提高准确性和增加计量成本之间的权衡。

然而，对于一些作业来说，处理时间动因也不够准确。此时可采用资源强度动因，即根据每次完成一个作业所需资源进行直接计量。在生产准备的例子中，一种特殊的复杂产品可能需要专门的生产准备和质检人员，同样，为这种产品进行的每一次生产准备需要专门的测试和检查设备。若使用处理时间动因中的每小时准备费用，则假定机器的每小时准备成本都相等，不能反映出一种产品对特殊技能人员和昂贵设备的需求，其他产品可能并不需要。在这种情况下，作业成本可能要直接计量到产品中去，即根据工作通知单和其他记录来收集这种产品的作业耗费。

资源强度动因采用直接计量法，是最准确的作业成本动因，同时执行成本也最高。实际上其需要单个工作通知单成本体系来计量每次作业完成所耗用的资源。它只适用于完成作业所需资源十分昂贵且每次作业中用量变化较大的情况。

几乎每一项作业都要对处理次数动因、处理时间动因、资源强度动因进行选择。例如，对于设计改变通知（改进和支持现有产品），将使用：每单位设计改变通知单的成本（假设所有的设计改变通知单都耗用相同数量和成本的资源）；对个别产品进行设计改变所耗费的单位工时成本（设计改变通知可以耗费不等的时间，但单位工时的成本相等）；工作耗费的设计资源成本（设计工时数、每工时工程师报酬、设备的附加成本）。

类似，对于销售作业，如为现有顾客提供服务，也可以使用处理次数动因、处理时间动因或资源强度动因。例如：每名顾客的成本（假设所有顾客的成本相同）；每小时每名顾客成本（假设不同的顾客耗费不同的销售时间，但单位销售时间的成本相同）；每名顾客的实际成本（特定顾客所耗用的实际或估计销售工时及特殊资源）。

通常，作业成本法的分析者通过加权指数法来模拟一个资源强度动因，而非实际计量单位顾客和产品所耗用的实际工时和资源；通过询问个人，让他们估算完成某一产品或服务某一顾客的任务的相对难度。标准的产品或顾客权数为 1，中等复杂程度的产品或顾客权数为 3 ~ 5，高等复杂的产品或顾客权数则可能为 10。这样，不需要过分复杂的计量系统，就可计算出不同产品和顾客不同的作业需求。同样，这里也需要对准确性和计量成本进行权衡。其目标是接近准确，出于多种目的考虑，交易动因或相对难度估计能比较恰当地反映各产品、服务和顾客对资源的消耗情况。

作业成本动因是作业成本法的主要创新点，也是作业成本法最昂贵的一面。通常，项目组在采用作业成本法准确计量组织经营的潜在能力时，会十分迷茫。他们会发现组织内部遍布各种差异和复杂性，设计的成本体系包含的作业数可能多至 500 个，因此，在这样的体系中选择和计量作业成本动因，需要实际核查予以控制。假设每种作业需要不同的作业成本动因，工厂有 5 000 种产品和顾客（并非许多工厂的最低数），那么，对每一种产品和顾客耗费的作业成本动因数量，分析者必须要获得 2 500 000 条信息。这就是为什么大部分作业成本体系在计量个别顾客和产品的成本时，只采用 30 ~ 50 个不同的作业成本动因，它们当中的大多数都可在工厂现存的信息系统中简易地归属到个别产品和顾客中去。

4. 最优的成本计算系统

作业成本法拥有将任何成本归属到潜在的经济事项中的能力。例如，生产准备成本是为个别产品实施生产准备而进行分配的。产品辅助成本可以被归属到工厂维持生产的工作中。顾客管理成本可被归属到处理顾客订单、回答顾客询问、向特定顾客推销现有产品和新产品中去。

作业成本法可以使用多种估计。例如，作业成本法使用经济业务动因来近似地计量每次完成一项作业所需的资源，而不是为每一事项进行详细的成本归集（直接收费或密度驱动）。作业成本法还可能用某一段时间内的机器取得成本、持有成本、操作成本的平均值来估计机器工时的成本。进行这些估计不是因为实际成本不能归属到特定的事项中，而是因为进行非常详细的实际成本归集的成本高于进行详细的实际成本归集的价值。原则上，如果需要进行准确的成本归集，作业成本法的设计者设置一套更准确也更加昂贵的计量方法，就可以完成任务。因此，人们不应把作业成本模型中广泛应用的估计（在成本或效益分析的基础上设计的）同与设计合理的作业成本系统相脱离的任意分摊相混淆。在使用任意分摊方法时，成本目标与其被分配的成本和资源之间没有因果关系。在作业成本法中，每一项对作业、产品、服务或顾客的成本分配都是清晰而且可归属的，是根据成本目标（无论是作业、产品、服务还是顾客）同资源需求的因果关系进行分配的。

一个合理的作业成本系统的目标不是拥有最准确的成本计量方法。假设有一个靶，靶的中心代表每制造一个产品、提供一项服务或接待一名顾客所用资源的实际成本。为了每次都击中这个靶心，需要非常昂贵的成本系统。但是一种相对简单的系统（如定义 30 ~ 50 个作业，使用合理的估计和一些交易业务动因，而较少地使用密度成本或直接收费）也能始终如一地击中靶的外环和中环，也就是作业和加工成本同实际成本的差别在 5% 或 10% 以内就可以算得上准确。传统的成本系统实际上从来没有击到过靶，甚至连放靶的墙也没有击到，它们严重地歪曲成本，就好像原本要向谷仓射击，实际却射向天空或另一边。通过良好的设计判断，相对简单的作业成本制度可达到 90% 及以上的准确度。

目标应该是拥有最好的成本制度，它是对由不准确估计产生的错误成本同计量成本的一种平衡。传统的成本制度操作起来并不昂贵，但它大大歪曲了作业、生产过程、产品、服务和顾客等各项成本的报告。结果，管理者利用这些信息做决策可能会犯严重的错误，因此传统成本制度有着很高的计量错误成本。但是试图建立一个拥有1 600项或更多的作业，并将每一项产品、服务和客户等作业产生的实际资源成本直接计入自身作业成本的制度，将非常昂贵。实施这样一个成本制度，其成本将大大超过由于其能提供比原来准确一点点的信息而改善了决策所带来的收益。

附录 H 平衡计分卡专题

平衡计分卡是用来表达企业在能力和创新（并不仅仅是有形资产竞争）过程中必须要实现的多重相互联系的目标。平衡计分卡把使命和战略转化成目标和措施，由 4 个部分组成：财务、客户、内部业务流程、学习与成长。

平衡计分卡保留了传统的财务指标。然而，在当今的信息时代，单独的财务指标对于指导和评价公司怎么通过投资到客户、供应商、员工、生产程序、技术和创新等来创造未来的价值是不够的。财务指标描述了已经完成的事情，这种描述对于投资于长期生产能力影响有限，而且客户关系不是成功的重要因素。

利用平衡计分卡，企业管理者可以衡量他们的经营单位如何为现在和未来的客户创造价值，他们如何建立和提高内部生产能力，以及如何为提高未来经营而对人员、系统和程序进行投资。平衡计分卡通过有技术的、目的明确的企业人员进行关键的创造价值活动。在保持财务方面短期执行的利益同时，平衡记分卡清晰地揭露了更高层次的长期财务和有竞争力的绩效动因。

另外，平衡计分卡使财务和非财务指标成为企业各层员工信息系统的一部分。一线员工可以了解他们决策和行动的财务结果，高级管理者也可以了解长期创造财务绩效的动因。平衡计分卡将营业单位的使命和战略转化为有形的目标和指标。平衡计分卡在 4 个方面保持平衡：

1）长期和短期目标之间的平衡。

2）外部指标（为股东和客户设置的指标）和内部指标（为业务流程、创新、学习与成长设置的指标）之间的平衡。

3）预想的结果和这些结果的动因之间的平衡。

4）客观性硬指标和主观性软指标之间的平衡。

许多人认为指标是一个控制行为和评价过去业绩情况的工具，但在平衡计分卡里，指标的使用方式各不相同：将经营战略清楚表述并传达企业的策略；把个人、企业和各部门的积极性联系起来达到一个共同的目标。平衡计分卡不是用来使个人和经营单位服务于一个事先制订的计划——那是传统的控制系统的目标，它是用来交流、传达战略与目标和学习的系统，而不是一个控制系统。

平衡计分卡的多样性指标看起来可能有些混乱。然而，一个结构适当的平衡计分卡包含了一个统一的目的，这是因为所有的指标都为了达到公司的综合战略而设定。

1. 财务维度

平衡计分卡保留了财务维度的内容，这是因为财务指标对综合反映已发生的经济结果是有价值的。财务业绩的测定能反映公司的战略制定与实施是否促进净利润的提高。财务测定通常与企业的盈利能力相联系，通过营业利润、资本回报率以及最近广泛应用的经济附加值来衡量。除此之外，财务测定的衡量也可以是迅速的销售增长或现金流量的产生。

财务维度已经在第 7 章做了详细的分析，这里就不展开了。

2. 客户维度

在平衡计分卡的客户维度中，管理者要确定营业单位将要展开竞争的客户群体和细分市场，以及衡量在这些目标客户和细分的市场中的业绩表现方法。典型的客户方面包括几个核心的或一般通过很好规划并落实决策取到成功的措施。核心结果测定包括客户满意程度、客户保持程度、新客户的获得、客户获利能力的情况以及在目标市场中的份额和账户份额。这些测定通常在各种类型的企业中都会出现。

然而，为了转化特定的战略，测定应该根据能够使经营单位期望得到快速增长和目标客户群得以获利而制定。

（1）市场份额

市场份额反映了在一个特定的市场中，经营单位销售额所占的比例。市场份额可以通过顾客数量、费用消耗或已销售量来计算，特别是针对目标顾客群而言，这个测量方法揭示了公司对目标市场的渗透程度。通过对目标客户群市场份额的测量可以弥补单纯的财务指标（如销售收入）在反映战略执行结果方面的缺陷，以显示预定战略是否获得了预期报酬。

（2）顾客保持

顾客保持和顾客忠诚度可以通过经营单位与顾客保留或维持持续关系的比率来计量。很明显，一个可取的维持或增加目标顾客市场份额的方法是保持这些细分市场的现有顾客。对顾客忠诚和服务利润链的研究也表明了顾客保持的重要性。许多公司都能够很容易地识别它们的目标顾客。除了单纯保持顾客之外，许多公司希望通过现有顾客的业务增长百分比来衡量顾客忠诚度。

（3）顾客获得

顾客获得可以用经营单位吸引和赢得新顾客及业务的比率来计量。寻求业务增长的公司通常以增加目标顾客为宗旨。顾客获得既可以用新顾客数量来计算，也可以通过在特定范围内对新顾客的总销售额来计算。许多公司通过广泛且通常总是昂贵的市场营销活动来吸引新顾客。这些公司可以考查顾客对市场营销的反应及转换率——以实际新顾客的人数除以预期可获得顾客的人数。他们可以计算吸纳每名新顾客的平均成本以及每名顾客销售收入与吸纳成本的比率。

（4）顾客满意度

顾客维持和顾客获得指标都是结果指标，它们揭示了企业能否成功地满足顾客需求。而顾客满意度指标解释了导致这些结果的原因，它是对企业目前运行情况或者说现有顾客基础之上的运营情况的反馈。近来的研究表明，企业仅仅通过对顾客满意度的充分评分是无法实现更高层次的顾客忠诚度、顾客维持和顾客获利的。只有当顾客对他们的购买经历完全或特别满意时，企业才能指望他们产生再次购买行为。顾客满意度指标有其局限性，它只是评估态度而不是评估实际的行为。因此，满意度指标不能作为企业唯一的顾客测度方面的指标。当满意度指标用来衡量重复发生业务和新业务所必需的关键因素时，它会产生良好的效果。因此，顾客满意度指标应与更客观的行为结果，如顾客保持、新顾客的获得等指标相结合。

（5）顾客盈利能力

尽管核心顾客衡量指标——市场份额、顾客保持、顾客获得及满意度等在某些方面运用得很成功，但它不能保证销售策略的成功。很明显，让顾客绝对满意（或者说让竞争者愤怒）的一个方法就是以低价提供多元化的产品。由于顾客满意度和高市场份额本身只是一种实现较高财务收益的方法，因而企业可能希望不但能计量其为顾客所提供服务的广度，而且也希望能计量这种服务的获利能力，特别是针对目标顾客群。这个指标将平衡记分卡与作业成本法结合起来，从而使企业可以计量单个和总体的顾客获利能力。企业除了希望顾客满意外，更希望从顾客身上获利。诸如顾客获利能力这样的财务指标能够防止企业由以顾客为中心转变为受顾客困扰。

顾客获利能力指标能找出某些不获利的目标顾客。新获得的顾客很可能是不能令企业获利的，这是因为企业为获得一个新的顾客而进行大量促销活动的营销费用抵销了企业销售相关产品与服务的盈余。在这种情况下，生命周期获利能力成为决定是否保留目前不获利顾客的基准。新获得但不获利的顾客由于有增长潜力，所以还是有价值的顾客，但是对与企业有多年关系的不获利顾客，就要求企业采取行动来解决这类损失。

（6）核心之核心：满足顾客期望

一旦企业确定了它的目标顾客后，管理人员必须决定是什么因素引起顾客购买企业的产品和服务，这些因素连同核心顾客指标——顾客满意度、顾客获得、顾客保持、市场份额及顾客账户份额共同促进了企业策略的成功。例如，顾客重视短订货期和按期交货；重视产品和服务的创新；重视供应商是否能预见他们的需要，是否有能力开发新产品来满足新的需求等。这些属性可以被归为 3 种：产品、服务属性；客户关系；形象和声誉。企业按这 3 个维度建立它们自己的指标来制定销售策略和确定它们的目标客户群。

然而，实际上在所有的平衡计分卡上，时间、质量、价格是特别重要的 3 个方面。

时间。时间已经成为当今一种主要的竞争武器。对客户的要求做出快速、可靠的反应是获得并保持有价值客户的关键。企业在时间上的竞争可以用客户订货期来计量。客户订货期是指从客户最初提交产品或服务订单到企业把产品或服务递送到客户的这段时间。这个指标说明，企业通过完成并不断缩短客户订货期来满足目标客户的期望是非常重要的。订货期的重要性不局限于已有的产品和服务，一些客户非常重视那些能连续推出新产品及服务的供应商。对于这样的市场而言，缩短引进新产品及服务的时间是促进客户满意的有价值的业绩动因。订货期可以用从获得一个新的客户需求开始到将新产品或服务送达客户所经历的时间进行计量。

质量。在今天也仍具有重要的作用。在 20 世纪 80 年代，质量是一个关键性的竞争要素。然而，到了 20 世纪 90 年代中期，质量从战略优势转化成了竞争的必需，那些不能保证产品及服务质量的企业在竞争中被淘汰。产成品质量指标可以用废品率来计量，即客户角度的每百万个零件废品率。其他的质量指标包括客户退货、保修条款、现场服务要求等。服务型公司通常面临制造商不曾面对的问题。当制造商的产品或设备发生故障或不能令客户满意时，客户通常要求退货或让公司来修理。然而，当一家服务型公司的服务质量发生问题时，客户的反应不是退货也不是抱怨，而是不再光顾这家服务型公司。当服务型公司逐渐发现业务和市场份额下降时，就为时已晚，不可能再改变了。一般来说，服务型公司无法确定哪些客户曾接受过服务，也无法确定哪些不能被顾客认同的服务。由于这个原因，一些服务型公司提供服务保证书、保证金要求，如果出现服务问题，服务型公司不仅立即退还货款，而且通常还有一个溢价补偿，这对服务型公司具有一定好处。质量也可以用以时间维度衡量的业绩来表示，以前讨论过的及时付货指标，实际上也是一家公司能否按许诺日期送货的业绩质量指标。

价格。无论经营单位采取的是低成本策略还是差异化策略，客户都会继续关注他们购买的产品或服务的价格。在价格对购买行为产生主要影响的市场上，经营单位可以将其净销售价格（扣除折扣和折让的价格）与竞争对手进行比较分析。如果产品或服务是通过竞争性投标销售的，那么在目标范围内，其投标获胜的百分比将会反映经营单位的价格竞争性。然而，即使是对价格敏感的客户也希望供应商提供不单是价格低的产品或服务，还应是购买和使用成本低的产品。对于一家生产公司来说，当它们从供应商那里购买关键零件时，不难发现低价位的供应商往往也是高成本的供应商，因为这样的供应商很可能是大批量交货的，购买者除了提前支付购买存货对应的资本成本之外，还需要大量的存储空间以接收和处置货物。低价格的供应商的资信也有待检验，也就是说它们不能保证其货物一定能达到购买者的特定要求。因此，购货的企业还要对购进货物进行检查，把不合格的产品退回去，并再次整理更换回来的产品。低价格的供应商可能还不具备及时付货能力，在这种情况下，由于其不能按计划时间可靠地送货，使得购货厂商必须在市场需求产生之前提前订货并且持有储备存货以防不能按期交货的情况发生，因为晚交货将导致针对不足配件的加速订货及重新安排生产的成本提高。同时，低价格的供应商可能无法与其客户保持电子系统的联系，从而也增加了购货方订货及付款的成本。相反，另一家低成本的供应商可能价格稍高一些，但能按客户要求交付无瑕疵的产品，直接且及时地把货物送到车间。低成本的供应商可以让客户通过电子方式订货和付款，从而使它们的购货公司不会产生订货、收货、检查、贮存、处理、重新安排生产等成本及付款成本。供应商努力组织生产和业务流程，以便成为其客户的低成本供应商，它们宁愿选择取得在为顾客节约成本方面的竞争优势，而不仅是提供低价格及折扣。这个指标要求供应商制定一个目标，以便降低客户向他们订货的整体价格。

3. 内部业务流程维度

在内部业务流程维度，经营部门要确认哪些企业必须做好的关键的内部业务流程。关键的内部业务过程可以使经营单位：传递在目标市场中吸引和保持客户所需的价值观念；满足股东对更好的财务收益的期望。

内部业务流程措施着眼于那些对提高客户的满意程度和达到企业的财务目标有最大影响的内部流程上。每项业务都是有其一系列独特的、为客户创造价值和产生财务收益的流程。然而，一个通用的价值链模型可以为企业提供一种范式，每家公司可以据此确定自身在内部业务流程方面的目标和具体计量措施。通用的价值链模型包含 3 个主要的经营过程：

（1）创新

作为通用价值链的第 1 个主要步骤，在创新过程中，企业探寻在客户群体中显现的和潜在的需要，然后提供产品和服务来满足这种需要。在首先确立和培育新市场、新客户和已有客户所显露的和潜在的需要时，创新过程表现出价值创造的“长波”，企业通过设计和开发新产品和服务以满足新市场、新客户和增长的“长波”过程。相反，经营过程表现为价值创造的“短波”，在这个过程中企业履行现有的产品和服务给现有的客户。

创新过程由两部分组成。第 1 部分是，管理者进行市场调查来确定市场的规模、顾客偏好的特性、目标产品及服务的价格。当企业开展内部工序来满足客户的具体需要时，关于市场规模和客户偏好的准确的、有效的信息就变得十分重要了。第 2 部分是，除了调查现有和潜在的客户，还包括挖掘企业所能提供的产品和服务的全新的机会和市场。

对于许多公司特别是制药公司、半导体公司、计算机公司、电子通信公司和化学工业公司来说，创新流程中创造的价值比在优质经营中创造的价值更为重要。对于这些公司来说，准确地计量新产品或服务的设计和开发流程是特别重要的。

在产品或服务的设计和开发流程中，企业的研制和开发小组的主要任务包括：针对能给客户带来价值的全新产品和服务所进行的基本研究；针对现有的技术用于下一代产品和服务进行的应用性研究；把开发活动的重点放在把新产品和服务推向市场。

研制和开发流程成了单位价值链上重要的一环。这个流程应该需要通过明确的目标和指标来激励和评价。事实上，一些企业花在研制、设计和开发流程的支出比它们用在生产和业务流程的支出还要多。然而，许多企业的业绩衡量系统仍然停留在业务效率上而不是研制和开发流程的效果和效率上。

当然，研制和开发流程中的投入（工资、设备和材料）和产出（创新产品和服务）间的关系比制造流程的投入和产出的关系要更弱、更不稳定。但是，不能因为在计量研制和开发流程的投入和产出转换方面的困难而阻止企业为这样一个关键的流程设计明确目标和指标。企业不应该有“如果不能评价所希望的事情，就期望评价能评价的事情”这样的想法。

尽管许多产品开发活动具有不确定性，但仍能找到一个计量流程的固定模式。例如，制药产品的开发需要经过一个系统的、有次序的流程，从筛选大量的化合物开始，然后对有希望的化合物进行更详细的检查，再从实验室测试转为动物测试，从动物测试转为人体测试，最后还要经过复杂的政府检查和批准流程。每一个阶段都可以通过指标来显示其特征，如产出率（能应用于下一个步骤的化合物数量除以从前一个流程获得的化合物的数量）、周转时间（化合物在一个阶段停留的时间）、成本（在一个阶段里加工化合物花费了多少）。管理者可以通过建立目标来增加产出和减少在开发流程每一阶段的周转时间和成本。

惠普的工程师们开发了一个被称为损益平衡时间（Break-Even Time）的指标来计量其产品开发周转时间的效率。损益平衡时间的计量是指从产品开发开始，到产品被生产出来，并产生利润弥补开发流程初始投资所需的时间。损益平衡时间指标把有效的产品开发流程中的 3 个关键部分融进了一个单一的指标。第一，公司要达到它研制和开发流程的损益平衡，必须弥补在产品开发流程的投资。损益平衡时间指标结合了产品开发流程的结果和设计及开发流程的成本，它使产品开发流程更有效。第二，损益平衡时间指标强调获利能力。市场部经理、生产人员和设计工程师一起工作来开发满足顾客实际需要的产品，包括在一个有效的销售渠道以有吸引力的价格和能使企业获利的成本来提供产品。企业获得的利润将用来偿还产品开发的投资成本。第三，损益平衡时间指标主要反映的是时间。它促使企业快速地推出新产品，以便迅速实现较高的销售收入，来弥补产品开发投资。

（2）内部经营

作为通用价值链的第 2 个主要步骤，经营过程就是将现有产品和服务生产出来并销售给客户的过程。经营过程表现为价值创造的“短波”，经营过程从接受客户订单开始，到把产品或服务提供给顾客结束。这一过程的重点在于高效、持续、及时地将现有产品或服务交付给现有顾客。

经营过程早已被大多数企业作为绩效衡量体系的焦点。优质生产和降低成本乃是生产和服务过程中的重要目标。价值链分析说明，在实现财务和客户目标的整个内部价值链中，优质经营只是要素之一，而且不是最关键的要素。

现在的经营趋于重复，因此，科学管理技术可以很容易地应用到控制过程以及改善客户订单的接收和处理、生产、出售和交付过程上来。传统上，这些经营过程是通过财务指标来监督和控制的，如标准成本、预算和差异分析等。然而，过分关注诸如劳动力效率、机器效率和购买价格差异这些有限的指标会导致高度的职能失调行为——劳动力和机器忙于生产存货，往往忽视了现有顾客的要求；不断更换供应商以追求便宜的购买价格，但是忽视了大量订货的成本，低质量，不确定的交付时间，不连续地订货、接货，开具发票和在低价格供应商和客户之间的收款过程。如今，在周期短、质量高及以客户为中心的环境中，有充分的证据证明传统会计方法的缺陷。经营过程的质量、循环时间和成本等指标，在过去的 15 年里得到了广泛发展。这些质量、时间和成本指标的某些方面被作为内部生产流程中企业业绩计量的关键指标。

- 流程时间指标。

认识到目标客户常常将供货商迅速的反应时间作为一个重要的业绩评价因素，许多客户很重视缩短订货期，订货期可以用从客户订货到客户收到所要求的产品和服务的这段时间来计算。客户们也很重视可靠的订货期，这可以用及时付货指标来计量。制造业公司在给客户提供快速和可靠的订货期上有两种方法：一种方法是进行有效率的、可靠的、无缺陷的、周期短的订单生产，实施能对客户的订单做出快速反应的生产流程；另一种方法是生产并保存大量的所有产品的存货，以便可以通过现有产成品存货来达到客户的要求。第 1 种方法可以使公司成为一家低成本并且能及时交货的供应商。第 2 种方法通常会产生很高的生产成本、存货持有成本和陈旧成本，同时也不能对没有存货的客户订单做出快速的反应（因为生产流程一般忙于生产正常的存货项目）。由于许多制造业公司纷纷计划从第 2 种满足客户订单的方式（生产大批量的分品种的存货）转向第 1 种方法（生产小批量、采用准时制生产），所以减少业务流程的周转时间就成为一个关键的内部业务流程目标。

生产产品的周转时间可以用许多不同的方法进行计量，循环的开始可以对应如下时点：接受客户的订单；为客户的订单或生产批量安排时间表；按照客户的订单或生产批量定购原材料；收到材料；开始生产订单上的产品。

类似地，循环结束对应的时间有：完成订单上或成批的产品；完成订单上产品的产成品存货，并装运；订单货物运出；客户收到订单货物。

循环始末时点的选择取决于试图缩减循环时间的业务流程范围。对应订单实现循环的广义的定义是，其循环起点为收到客户订单，终点为客户收到订单货物。在旨在改善工厂原材料流动的狭义定义下，循环起点为一批产品投入生产，终点为该批产品全部完工。无论是使用哪个定义，企业都会连续地计量周转时间，并给员工下达减少总周转时间的目标。

在许多工厂里，加工时间不到整个循环时间的5%或10%。在剩下的时间里，大部分是等待时间，或者在仓库或工厂车间，或者在某一加工程序之前或之后，直到下一操作准备就绪，并且设备已安装妥当。在理想的准时制生产系统中，经营循环的时间就等于产品的生产流程时间。这个目标与产品的零缺陷一样是无法实现的，它只是给出了可以用来计量加工流程的一个目标。为了激励员工达到准时制的业务流程的要求，一些企业使用制造周期效率（Manufacturing Cycle Effectiveness，MCE）指标，这个指标定义为

$$MCE = 生产时间/经营循环时间$$

式中，经营循环时间 = 生产流程时间 + 检查时间 + 搬运时间 + 等候或贮存时间。

在这里，增加价值的时间就等于生产流程时间（在生产产品的工作时间），不增加价值的时间代表等候时间、搬运时间、检查时间。不合格及不确定的质量是耽误时间的主要原因。用在检查零件、重新生产零件、生产新的产品以代替报废的产品的时间，或等待损坏了的机器被维修的时间都会延长经营循环时间。因此，工厂可以通过减少在生产流程中的失误来减少它的生产周转时间。

在通常的制造流程中，耽误时间的主要原因是产品的生产数量超过了当前的需求量。对于这种过量生产，传统的处理方法往往通过节约生产准备成本及订货成本，但实际上，这种高额生产准备成本及订货成本，对接受小批量订货的企业来说不是最有效益的。准时制的生产理念以动态的观点看待如何最优地进行生产这一问题。经济订货量公式认为生产准备或订货成本是给定的，然后根据这些参数选择一个最优的批量。在准时制方法下，生产批量不是最优的，而通过使准备成本率降低至零，生产批量可以达到最小化。在准时制下，存货被认为是一种浪费，是延误时间的原因，并且是生产无效率的反映（堆积存货是为了从一个生产阶段到另一个生产阶段做缓冲）。

准时制的生产流程和制造周期效率的比率是为制造性的活动建立的，但是它们也可以用于服务性公司。相比制造业，服务业公司更加注重客户的等待时间，因为客户已经越来越不能容忍过久的等候时间。

- 流程质量指标。

当今，几乎所有的企业都拥有了质量方案和程序。因为质量是业绩评价的核心，所以企业对各种生产质量指标是非常熟悉的。这些指标主要有：每百万个零件的废品率；产出合格率；一次性产出合格率；浪费；废品；重新生产；退货；由统计程序控制的加工程序百分比。

对于服务业企业，它们更应该确认在其内部业务流程中对成本、客户反应及客户满意程度产生不利影响的缺点。它们可以建立一个有关质量缺陷的客户计量指标。美国某银行就在实践中建立了一个称作“对不满意客户的调查”指标，作为它的一个服务质量指标来显示在它的内部业务流程中导致客户不满意的缺点。这个指标包括：过久的等候时间；不准确的信息；无法得到服务或服务被推迟；请求或交易没有完成；客户的财务损失；对待客户缺乏应有的重视；无效率的交流。

- 流程成本指标。

当所有的注意力都放在了流程时间指标和流程质量指标上时，人们可能会忽视流程维度的成本。

传统的成本会计系统计量单个任务、业务或部门的费用和效率。但是这些系统不能计量流程水平的成本，这些流程如订单执行、购买、生产计划、控制等这样的工序要用到几个责任中心的资源和作业。直到作业成本系统的出现，管理者才建立起对他们的业务流程进行计量的成本指标。通常，作业成本分析能使企业获得工序水平的成本指标，并与质量和循环时间指标一起成为评价重要内部业务流程的 3 个重要参数。当企业对重要的内部业务流程进行连续的改进（像全面质量管理）或不连续的改进（像工程再造或业务流程的重新设计）时，成本、质量和时间这 3 方面的指标能为检验是否达到了这些改进计划的目标提供数据。

除了这些时间、质量和成本的指标外，管理者可能还希望计量其生产流程、产品和服务的其他特征，这些指标包括灵活性指标和为客户创造价值的产品和服务的特殊特征指标。例如，公司可以提供独特的产品或服务，这些产品和服务可以用准确度、规模、透明度、速度或能源消费量来计量，使企业在目标市场上获得较高的销售利润。能确认它的产品和服务的不同特征的公司需要关注平衡计分卡上能突出产品特征的指标。关键产品和服务的属性（除反应时间、质量和成本以外），是与平衡计分卡的内部流程方面经营过程因素相结合的。

（3）售后服务

内部价值链中的第 3 个也是最后一个步骤是在销售产品或提供服务之后给客户提供的服务。售后服务包括质量保证和维修、次品的更换与处理、支付手段的管理（如信用证的管理）。一些公司对提供优质的售后服务有明确的策略。例如，出售复杂设备系统的公司会为员工提供培训课程，以帮助他们示范起来更高效，也使他们会对现存和潜在的故障和错误做出快速的反应。在这些公司传达给它们的客户的价值理念中，一个主要的因素是灵敏的、友好的、可信赖的保证和服务。售后服务的另一方面是开具发票和收款过程。有大量的销售是用信用形式或公司专门的信用卡结算的，需要用成本、质量和循环时间等来计量公司的账单、收款和解决纠纷的过程。生产具有危险性、环境污染严重的化学制品和材料的公司，可能在生产过程中对废物和副产品的安全处理引入严格的业绩评估。认识到良好的社区关系是维系产品销售和服务的策略性目标之后，许多公司在售后服务过程中为良好的环境业绩建立目标。生产过程中的废品和浪费处理，对环境的影响要比公司在生产成本的微量增加显得更重要。所有这些活动增加了客户对公司产品和服务的使用价值。

内部经营流程方面表明，绩效衡量的传统方法与平衡计分卡方法存在两个基本的不同点：

第 1 个方面是，传统方法尝试监督和改进现存的经营过程。虽然传统方法也有结合质量和以时间为基础的超出仅仅单一财务计量范畴的措施，但只是改进现有的生产过程。而平衡计分卡方法常常能为企业出色地达到客户要求和财务目标确定全新的过程。例如，企业可能认识到它必须建立一个工序来预计客户的需要或是提供新的服务。平衡计分卡的内部经营流程目标强调的是过程，虽然一些企业目前可能不能完全执行，但它是企业决策成功的关键。

第 2 个方面是，平衡计分卡方法的新过程结合到内部经营流程中，而传统的绩效衡量系统关注交付今天的产品和服务给今天的客户的过程。长期财务成功的动因，可能要求企业生产全新的产品和服务来满足现在和未来客户的需要。对于许多企业而言，与短期经营循环相比，创新方法是提高未来财务业绩更有力的动因。对未来的财务业绩来说，企业成功地管理一个多年的产品开发过程的能力，或建立一个新的客户类型的能力比有效、持续、反应迅速地管理现有运作的能力更为关键。平衡计分卡的内部经营流程方面结合了长波形的创新循环和短波形的经营循环两个方面的目标和措施。

4. 学习与成长维度

平衡计分卡的第 4 个维度——学习和成长维度确立了企业必须建立长期成长和进步的基础机制。在客户方面和内部经营流程方面，确立了现在和未来成功的最关键因素。仅凭现今的技术和生产能力，企业是不能达到它们的客户和内部经营流程长期目标的。同时，激烈的全球竞争要求企业不断提高它们为客户和股东创造价值的能力。

企业的学习和成长有3个主要的来源：人员、信息系统和组织程序。在平衡计分卡上的财务目标、客户目标和内部经营流程目标通常显示在现有的人员、系统和程序的生产能力与实现突破性业绩目标所要求的生产能力之间的巨大差距。为了弥补这些差距，企业必须培训员工，升级信息技术和信息系统，优化企业程序和日常工作，这些目标都是平衡计分卡的学习和成长方面所要求的。在客户方面，员工基础指标包括一些一般性的结果指标：员工满意程度、员工留任、员工培训、员工技能。另外，学习和成长方面包括这些一般性指标的特别的动因，如细节的、特殊经营的、新的竞争环境所要求的专门技术指标。信息系统的生产能力可以通过及时准确地把关键客户和内部经营的信息传递给制定决策和工作一线员工所用的时间来衡量。企业程序可以测试员工激励机制与整体企业成功因素的一致性，以及能够测试衡量关键的以顾客为基础的内部流程优化比率。

提高员工的能力和业绩而进行的投资给员工终身学习和提高提供了平台，也为未来的发展提供了前提条件。在过去15年里，在管理思想上最大的改变之一就是企业员工角色的转变。事实上，没有什么比新管理哲学中的员工贡献思想更能证明从工业时代到信息时代思想的革命性转变。

对于一家只是想维持现有业绩的企业来说，它必须不断地改进。如果它想超过今天的财务业绩和客户业绩，那么仅依靠由企业精英们制定的标准业务步骤是不够的，同时必须要结合那些最接近内部流程和企业客户的一线员工的想法来改进流程和客户业绩。过去执行的内部流程和客户反应的标准给企业提供了一个连续进行改进的基本标准，但它不能做为现在和未来的执行标准，这个转变要求企业对员工进行再培训，以调动他们的思维和创造力。

大多数企业是根据3个核心结果指标的思想来制定其员工目标。这些核心结果指标是对结果的明确动因的补充。

（1）员工满意程度

在这3个核心指标中，员工满意程度目标通常被认为是其他两个指标——员工保持和员工生产率的驱动力。对大多数企业来说，员工满意度指标使他们认识到员工士气和对工作的满意度是非常重要的。高员工满意度是提高生产率、积极性、产品质量和客户服务的前提条件，企业会发现在其平衡积分卡中得分越高的员工会在满意度调查中表现越好。因此企业想要获得高客户满意度，那他们需要这些高满意度的员工来服务这些客户。

员工的士气对那些使用低工资和低技术的员工与客户直接进行联系的服务型企业来说是特别重要的。公司衡量员工满意度的典型方法是进行年度调查或滚动调查，每个月按指定的百分比随意选择员工来进行调查。员工满意程度的调查项目包括：决策的参与度；对做好工作的认知度；获取充分信息的途径；对创造性及其运用激励度；职能部门的支持水平；对员工总体的满意度。

员工被要求以1~3分或1~5分的分数给他们的感受打分，最低分就是“不满意”。在经理掌握了确定分部与部门的满意度方法后，就可以计算出一个反映员工满意程度的综合指数。

（2）员工保持

员工保持是以保持企业员工长期被聘用为目标。这个指标的基本理论是，企业在它的员工身上进行了长期投资，因此，员工的辞职反映了企业在智力资本投资上的损失，尤其是那些长期在企业工作、集聚着员工价值和生产工艺的知识、掌握企业业务流程的员工更是如此。因为，他们能及时了解顾客的需要，给企业带来价值。员工保持一般通过重要的人事变动百分比来计量。

（3）员工生产率

员工的生产率是评价员工技术和信心、创新、内部流程改进，以及客户满意程度的效果的一个综合结果指标。目的是把员工生产的产品与生产这些产品的员工数量联系起来。计量员工的生产率有很多方法。

最简单的生产率指标是员工人均销售收入，这个指标代表了每名员工能生产多少产品。当员工和企业能更有效地销售大量的并且是有较高的附加价值的产品和服务时，员工人均销售收入就会增加。

除了以上 3 个指标，分属不同行业的一些企业为它们的员工再培训目标建立了一个新的以员工为基础的指标——战略工作覆盖率。经理们必须首先确定为了有效地开展工作并从组织的角度推广组织战略、重要一线员工及管理职位应具有的技能。然后，经理们必须计量目前在哪些职位上的员工所具有的知识和技术，以及这些技术和知识是否能转化到特定的财务、顾客和内在目标企业。战略工作覆盖率可以用从事战略性关键工作的合格员工的百分比来计算。通常，战略工作覆盖率揭示了在现在的能力（如技术、知识和态度的计量）和未来需要之间的差距。这个人力资源的差距促使企业在开始制定战略时就缩小差距。由于企业需要大量的再培训，因此，另一个指标可以是使现有员工适应新技术要求所需的时间。为了实现大量的再培训目标，企业必须善于缩短每名员工实现再培训目标所需的时间。

5. 积分卡指标与战略的联系

在一个结构合理的平衡计分卡中，多种指标组成了相互联系的一系列的目标和指标。这些目标和指标既保持一致又相互加强。平衡计分卡应被视为一个实施单一战略的工具。当被视为反映一项单一战略时，平衡计分卡上的指标数目多少就并不重要了，企业实际上可以用一个大约有 24 个指标的一体化系统来阐述和传达战略。平衡计分卡指标体系是一个一体化的系统，体现了关键变量（包括领先指标、滞后指标和反馈指标）之间一系列复杂的因果关系。这种系统整合的内容包括因果关系以及结果指标与业绩动因。

（1）因果关系

战略就是一系列因果假设。指标系统应该使不同方面的目标关系明确，以使这些关系能被用于管理并产生效果。因果关系链应该遍及平衡计分卡的 4 个方面。例如，投资回报率可以作为财务方面的一个计量指标。这个财务指标的动因是现有客户的重复和扩大的销售及现有客户忠诚的结果。因此，客户忠诚也被包括在平衡计分卡里（在客户方面），因为它对资本报酬率有重要的影响。但是如何做到保持客户的忠诚度呢？分析表明，按时递送产品可以获得客户的高度评价。因此，提高按时递送产品的能力可以产生较高的客户忠诚，同时也可以有较好的财务绩效。因此，客户忠诚和按时递送都被包含在了平衡计分卡的客户方面。

企业要超过其他竞争对手实现按时交付，必须不断思考哪些环节是不可或缺的。为了达到按时递送，企业可能会要求在经营过程中缩短循环周期和高质量的内部过程。这两个都是平衡计分卡在内部经营方面的指标。那么企业如何改善质量并缩短它内部经营的循环周期呢？通过培训员工并提高他们的技术，这是学习和成长方面的一项内容。现在可以看出，当一个纵向指标穿过平衡计分卡的 4 个方面时，一个因果关系链就这样被建立起来，如附图 H-1 所示：

学习与成长　　　内部经营　　　客户　　　财务

员工的技术——→产品质量过程周转时间——→按时支付——→客户忠诚——→投资回报率/剩余利润

附图 H-1　平衡计分卡的因果关系

因此，一个结构合理的平衡计分卡可以反映经营单位的战略，它可以确认并明确在结果指标和产生这些结果的动因之间因果关系的一连串假设。

（2）业绩动因

一个好的平衡记分卡总是有综合的结果指标和业绩动因。没有业绩动因的结果指标不能表明如何才能得到结果，也不能提前指明策略是否被执行成功。相反，单独的业绩动因——如周转时间、每百万个产品废品率等没有结果的指标，只能使经营单位实现短期经营业绩。但是它们不能反映经营水平的提高是否已经被转化至扩大的包括新旧客户的经营业务，并最终转化为财务业绩的提高。一个好的平衡计分卡应该有一个关于经营单位战略的综合结果和业绩动因。用这种方法，平衡计分卡把经营单位的战略和目标转化为一系列相互联系的指标，这些指标定下了长期决策目标和达到目标的机制。

6. 诊断指标与战略指标

许多企业已经有了16～25个指标来行使其职能，一些管理者怀疑不超过24个指标的平衡计分卡是否可以充分地反映经营的效果。当然，这在某种意义上是正确的，但是他们没能正确区分“诊断性指标（用来监督是否经营保持在控制范围内，并且当有要求立刻注意的非常事件发生时，能有反应信号）”和“战略指标”（为使竞争能力增强而制定的战略）。

企业应该有上百或上千个指标，是可以用来监控以保证企业如期运作，当企业必须进行修改行为时，它会发出信号。这些不是商业竞争成功的动因，但是通过这些指标可获得保证企业经营的必要的重要信号。虽然必须达到标准的重要信号不是竞争力突破的基础，但如果重要信号达不到标准，它们将妨碍企业达到基本目标，更不用说实现策略目标了，重要信号应该被监督诊断。诊断控制系统不是执行一个事先制定的标准，并且当现实的指标达到标准时，不需要进行管理活动。

平衡计分卡无法替代企业日常业绩的指标系统。平衡计分卡里的指标是那些管理者和员工直接关注的因素，这些因素所反映的良好业绩可以导致企业竞争能力的极大提高。平衡计分卡中结果和业绩动因的指标应该在高级管理者和中层管理者之间进行广泛和深入探讨，因为他们对战略的衡量是建立在关于竞争对手、客户和市场、技术、供应等新的信息基础之上。

例如，20世纪80年代，许多西方公司的产品质量是远远不能同它们的竞争对手日本相比的，这些公司不得不把提高质量作为战略的优先目标。经过多年的勤奋工作。现在很多西方公司产品的质量达到了与其竞争对手日本同等出色的水平，在这一点上，质量可能被认为是一个竞争因素。公司需要保持现有的质量水平并继续提高，但质量可能不再是制定未来决策的最重要的因素。在这个环境下，质量被诊断性监督，公司需要找到在带给客户的价值观念上用以区分自己与竞争对手的其他因素。这些因素就纳入平衡记分卡的评估内容。

7. 维度的数量

平衡计分卡的4个方面应被看作是一个模型而不是一种约束，没有数学定理可以证明4个方面既是必要的也是足够的，企业对它的使用很少低于4个方面，但是根据产业环境和一个经营单位的策略，可能需要增加一个或多个方面。例如，有人就指出，虽然平衡计分卡详细分析了股东和客户的利益，但它没详细分析其他利益相关者的综合利益，如员工、供应商和社区。

股东——企业所有者并给企业提供资金的人——他们的利益是通过财务方面的目标和指标体现的，由于客户是达到财务目标的必要因素，客户指标出现在每个分数卡上（在客户方面）。当员工、供应商和社区的目标与指标上的突出业绩将对客户和股东的业绩产生重大影响时，这些目标和指标就会出现在平衡计分卡上。

当企业与企业利益相关者（如供应商或社区）的关系仅要求在企业和与企业有相关利害关系者之间保持与各种契约相一致的关系时，这些契约的执行可以通过企业的诊断业绩指标系统来监督。事实上，这种成为重要信号的关系对于决策成功是必需的，但不是决定性的。

通过学习和成长方面，企业实际上把员工方面的提高与所有的分数卡结合了起来。也就是说，在关键工作上，员工能力的提高和员工积极性的提高是学习和成长过程的基础部分。员工目标和计量也显示了其他的学习和成长的能力，如信息技术的配置，这些目标对于促进内部经营过程方面、客户方面和财务方面的业绩提高是必需的。同样，当稳固的供应商关系是突破客户和财物业绩战略的一部分时，对于供应商关系的结果和业绩动因指标应与企业的内部经营过程结合在一起。当良好的环境和社区业绩是企业决策的中心部分时，对于那些方面的目标和计量也就变成了企业平衡计分卡的一个组成部分。

8. 薪酬和激励系统

高级管理人员激励方案的使用相当广泛。这些方案的参与者通常仅限于对企业业绩有巨大影响的员工。激励方案所提供的报酬是多种多样的，包括现金、公司权益、特权和无形报酬。这些报酬中，现金、购股权、特权和对出色业绩的公开表彰是被普遍使用的。

一些人认为，对个人业绩的评价应参照他的任务和企业要求他完成的目标来进行。按照这种观点，应在把个人业绩与计划相联系的基础上确认业绩报酬，同时适当考虑不为个人所控制而且能够影响业绩的因素。另一些人则认为报酬应以集体业绩为基础。集体报酬的缺点是无法明显地确认好的或差的个人业绩。而且，如果没有有效的集体约束，集体报酬将导致个人逃避责任。

当前很多企业把注意力专门地集中在短期财务性业绩上。为抵销对短期目标的过分热衷，企业应建立适当的激励方法以使高级管理人员积极为长期目标而努力，企业也可以按对实现其成功非常关键的各种因素来评价业绩。

激励方案使高级管理人员具有很强的积极性为预定的业绩指标而努力。公式化的方案减少了业绩评价方面的不确定性和含糊性，但是设计一个不导致行为紊乱的机械的公式是非常困难的。以会计为基础的公式的一些缺陷，如无法控制变动的价格水平等缺陷，这将导致当企业收益低于有竞争力的资本回报时，仍支付大量的奖金。

董事会，尤其是完全由外部董事组成的独立的薪酬委员会，可以在弥补这些潜在缺陷方面发挥重要作用。该委员会能够控制下列情况的发生：

1）由会计方法而不是通过经营业绩的衡量所产生的利润增加或减少。

2）因未对价格水平进行调整而导致的利润增加。

3）利润的增长低于同行业类似企业。

4）由短期业绩指标而不是长期业绩指标所产生的利润增加。

5）为使部门业绩指标最大而牺牲企业整体利益。

附录 I　CMA 考试第一部分必备公式

I.1　财务报告

直接法现金流量表使用现金流入减去现金流出，公式：从客户处收到的现金 - 支付给供应商的现金 - 利息费用 - 税金 - 运营费用支付的现金 = 经营活动现金流。

间接法是在利润的基础上进行调整，公式：净利润 + 非现金费用 - 投资和融资活动的(净)利得 - 流动资产的(净)增加 + 流动负债的(净)增加 + 债券的(净)折价摊销 = 经营活动现金流。

留存收益的期初余额 + 净利润 - 股利 = 留存收益的期末余额。

工作量折旧法的计算公式：折旧费用 = (成本 - 残值) × 今年的小时数/估计的总小时数。

直线法的计算公式：折旧费用 = (成本 - 残值)/估计的服务寿命。

年数总和法的计算公式：折旧费用 = (成本 - 残值) × 估计使用寿命剩余的年份/固定资产预计使用年限各年数之和 = 估计使用寿命剩余的年份/(估计的服务寿命 × (估计的服务寿命 + 1) ÷ 2)。

m 倍余额递减法的计算公式：折旧费用 = 期初账面价值 × m/估计的服务寿命。

完工百分比法：

完工百分比 = 目前为止已发生成本/最新预计总成本。

完工百分比 × 预计的总收入 = 到目前为止应确认的收入。

完工百分比 × 预计的总毛利 = 到目前为止应确认的毛利。

到目前为止应确认的收入 - 以前期间确认的收入 = 当期的收入。

到目前为止应确认的毛利 - 以前期间确认的毛利 = 当期的毛利。

I.2　规划、预算编制与预测

简单(一元)回归分析仅有一个自变量，其基本形式：$y = a + bx$。

多元回归分析有两个或者两个以上的自变量，其基本形式：$y = a + b_1x_1 + b_2x_2 + \cdots + b_nx_n$。式中，$y$ 为因变量；x 为自变量；a 为截距；b 为斜率。

高低点法：

单位变动成本 b = (最高业务量成本 - 最低业务量成本)/(最高业务量 - 最低业务量) = 高低点成本之差/高低点业务量之差。

固定成本 a = (最高业务量成本 - 最高业务量) × 单位变动成本 = 最低业务量成本 - 最低业务量 × 单位变动成本

累计平均时间学习模型公式：

翻 n 番后的累计平均工作时间 = 学习率^n × 之前的累计平均工作时间。

翻 n 番的工作时间 = 学习率^n × 之前的累计平均工作时间 × 之前的累计工作量 × 2^n。

翻 n 番后的增量工作时间 = 学习率^n × 之前的累计平均工作时间 × 之前的累计工作量 × 2^n - 之前的累计平均工作时间 × 之前的累计工作量。

递增单位时间学习模型公式：翻 n 番后的最后 1 个产品工作时间 = 学习率^n × 第 1 个产品的工作时间。

如果预测值为 X，并具有概率分布为 $p(x)$，那么 X 的期望记为 $E(X)$，定义为：$E(X) = \Sigma xp(x)$。

期望值分析的优点是：在不确定的环境下给出了平均结果；缺点是：这种方法完全依赖于假设的合理性，而且仅仅以均值作为决策依据，没有考虑风险态度的问题。

移动平均法公式：$F=\Sigma n$ 个最近数据$/n$。

加权移动平均法公式：$F=\Sigma(n$ 个最近数据 $\times w_i)$，且 $\Sigma w_i=1$。式中，F 为预测值；w_i 为对应的权重。

指数平滑法公式：$F_{t+1}=a y_t+(1-a)F_t$。式中，F_t 为第 t 期的预测值；y_t 为第 t 期的实际值；a 为平滑系数，取值范围 0 ~ 1。

生产、存货预算计算公式：产量 = 期末存货 + 销量 − 期初存货。

直接材料预算计算公式：所需要采购的直接材料 = 生产中耗用的直接材料 + 预期的期末直接材料存货 − 期初直接材料存货。

直接人工预算公式：生产中所需的直接人工工时数 = 预期产量 × 单位产品所需的直接人工工时数。

直接人工成本的预算额 = 生产中所需的直接人工工时数 × 直接人工工时的单位成本。

销货成本预算计算公式：单位边际贡献 = 单位产品的销售价格 − 单位产品的变动成本。总边际贡献 = 总销售收入 − 总变动成本。

现金预算相关计算公式：现金冗余或不足 = 期初现金余额 + 收款 − 支出 − 最低现金余额要求。当流动性低于管理层或董事会设定的某个水平时，必须找到融资渠道。将冗余现金用于短期投资，多数企业在选择投资时更看重资本保全而非资本回报。

计算应收账款现金流入的公式：当月现金流入 = Σ 每个月的赊销额 × 对应的回收百分比。

到 m 月底，第 $n(m>n)$ 月应收账款余额 = n 月赊销额 − n 月赊销额 ×（当月回收比例 + 第 2 个月回收比例 + ⋯ + 第 $m-n+1$ 月回收比例）。

到 m 月底，第 $n(m>n)$ 月应收账款余额占比 =（到 m 月底，第 n 月应收账款余额）/第 n 月赊销额。

计算应付账款现金流入的公式：当月现金流出 = Σ 每个月的赊购额 × 对应的支付百分比。

到 m 月底，第 $n(m>n)$ 月应付账款余额 = n 月赊购额 − n 月赊购额 ×（当月支付比例 + 第 2 个月支付比例 + ⋯ + 第 $m-n+1$ 月支付比例）。

到 m 月底，第 $n(m>n)$ 月应付账款余额占比 =（到 m 月底，第 n 月应付账款余额）/第 n 月赊购额。

销售百分比法计算公式：预算销售净利润 =（预计销售收入 ×（1 − 销货成本百分比 − 销售管理费用百分比）− 利息）×（1 − 所得税率）。

留存收益增加 = 预算销售净利润 ×（1 − 股利支付率）。

外部融资需求 = 预计总资产 − 预计总负债 − 预计股东权益。

I.3 绩效管理

弹性预算公式：

总销售收入 = 销售量 × 预算销售单价。

总成本 = 销售量 × 预算单位变动成本 + 总固定成本。

静态预算差异 = 实际结果 − 静态预算。

弹性预算差异 = 实际结果 − 弹性预算结果。

销售量差异 = 弹性预算结果 − 静态预算结果。

直接材料的价格差异 = 直接材料的实际使用数量 ×（直接材料的实际价格 − 直接材料的预算价格）。

直接人工的工资率差异 = 直接人工的实际投入量 ×（直接人工的实际工资率 − 直接人工的预算

工资率)。

直接材料的用量差异 = 直接材料的预算价格 ×(直接材料的实际使用数量 - 直接材料的预算使用数量)。

直接人工的效率差异 = 直接人工的预算工资率 ×(直接人工的实际投入量 - 直接人工的预算投入量)。

变动制造费用（间接费用）的耗用差异 = 实际变动制造费用 - 成本动因的实际使用量 × 标准变动制造费用的分摊率。

变动制造费用的效率差异 = 标准变动制造费用的分摊率 ×（成本动因的实际使用量 - 成本动因的预算使用量)。

变动制造费用的弹性预算差异 = 变动制造费用的耗用差异 + 变动制造费用的效率差异。

固定制造费用（间接费用）的耗用差异 = 实际固定制造费用 - 预算固定制造费用。

固定制造费用的生产量差异 = 预算固定制造费用 - 已经分摊的固定制造费用。

总固定制造费用差异 = 实际固定制造费用 - 已经分摊的固定制造费用 = 固定制造费用的耗用差异 + 固定制造费用的生产量差异。

混合（组合）差异 = 预算单位成本 × 所有成本的实际用量 ×（该成本的实际混合比率 - 该成本的预算混合比率)。

产量（产出）差异 = 预算单位成本 × 该成本的预算混合比率 ×（所有成本的实际用量 - 所有成本的预算用量)。

其中，混合比率 = 某种成本用量/所有成本的用量。

总销量差异 = 总销售组合差异 + 总销售数量差异。

某产品的销量差异 = 该产品的销售组合差异 + 该产品的销售数量差异。

其中，销量差异 =(实际销售量 - 静态预算中的销售量)× 预算的单位边际贡献。

总销量差异 = 产品 A 的销量差异 + 产品 B 的销量差异 + …… + 产品 n 的销量差异。

某产品的销售组合差异 =(该产品的实际销售组合比率 - 该产品的预算销售组合比率)× 销售组合中所有产品的实际销售量 × 该产品预算的单位边际贡献。

总销售组合差异 = 产品 A 的销售组合差异 + 产品 B 的销售组合差异 + …… + 产品 n 的销量组合差异。

真实收益 = 销售 - 变动成本 - 可避免的固定成本 - 机会成本。

投资回报率 = 经营利润(或者净利润)/总资产。(使用净利润的情况居多。)

剩余利润 = 利润 - 投资额(或净资产占用额)× 规定或预期的最低投资收益率。一般使用经营利润，投资额使用总资产，投资收益率使用 WACC。

经济增加值(EVA) = EBIT ×(1 - 税率)- WACC ×(总资产 - 流动负债)。

I.4　成本管理

制造业企业的成本流会计公式：

净采购 = 采购 -(采购退回 + 采购折扣)+ 运费。

使用的直接材料 = 期初直接材料存货 + 净采购 - 期末直接材料存货。

产品生产成本 = 期初半成品库存 + 直接材料 + 直接人工 + 间接制造费用 - 期末半成品库存。

产品销售成本 = 期初产成品存货 + 产品制造成本 - 期末产成品库存。

吸收（完全）成本法公式：

产品成本 = 直接材料成本 + 直接人工成本 + 变动间接制造费用 + 固定间接制造费用。

期间费用 = 变动销售管理费用 + 固定销售管理费用。

变动（直接）成本法公式：

产品成本 = 直接材料成本 + 直接人工成本 + 变动间接制造费用。

期间费用 = 变动销售管理费用 + 固定销售管理费用 + 固定间接制造费用。

两种成本方法的利润差额 = 产销量之差 × 单位固定制造费用 = 期初期末存货差 × 单位固定制造费用。

市场基础法公式：

产品 1 分摊的联合成本是 $JC_1 = (P_1 \times Q_1)/(P_1 \times Q_1 + P_2 \times Q_2) \times JC$。

毛利法公式：

产品 1 分摊的联合成本是 $JC_1 = (JC + C_1 \times Q_1 + C_2 \times Q_2)/(P_1 \times Q_1 + P_2 \times Q_2) \times P_1 \times Q_1 - C_1 \times Q_1$。

可实现净值法公式：

产品 1 分摊的联合成本是 $JC_1 = [(P_1 - C_1) \times Q_1]/[(P_1 - C_1) \times Q_1 + (P_2 - C_2) \times Q_2] \times JC$。

物理指标法公式：

产品 1 分摊的联合成本是 $JC_1 = Q_1/(Q_1 + Q_2) \times JC$。

分步成本法公式：

产品的约当产量 = 期初存货 ×（100% － 期初存货已完成百分比）+ 当期投入并完工数量 + 期末半成品存货的约当产量 = 当期完工数量 + 期末半成品存货的约当产量 － 期初存货 × 期初存货已完成百分比。

加权平均法下的计算公式：

直接材料的单位成本 =（期初在产品的直接材料成本 + 当期投入的直接材料成本）/（当期完工数量 + 期末半成品库存的约当产量）。

转换成本的单位成本 =（期初在产品的转换成本 + 当期投入的转换成本）/（当期完工数量 + 期末半成品库存的约当产量）。

期末存货价值（成本）= 直接材料的单位成本 × 期末半成品库存的约当产量 + 转换成本的单位成本 × 期末半成品库存的约当产量。

先进先出法下的计算公式：

直接材料的单位成本 = 当期投入的直接材料成本/（当期完工数量 + 期末半成品库存的约当产量 － 期初存货 × 期初存货已完成百分比）。

转换成本的单位成本 = 当期投入的转换成本/（当期完工数量 + 期末半成品库存的约当产量 － 期初存货 × 期初存货已完成百分比）。

期末存货价值（成本）= 直接材料的单位成本 × 期末半成品库存的约当产量 + 转换成本的单位成本 × 期末半成品库存的约当产量。

总废品 = 期初存货 + 投入数量 － 完工并结转之合格产品的数量 － 期末存货 = 正常废品 + 非正常废品。

固定（变动）间接成本适用的分摊率 = 固定（变动）间接成本池总成本/所有分摊基础数量。

工厂范围间接成本分摊率 = 工厂总的间接成本/适合全厂所有作业的成本动因的数量。

部门间接成本分摊率 = 部门总的间接成本/适合各部门所有作业的成本动因的数量。

直接分摊法对于生产部门 A1 分摊成本的公式：

A1 分摊的 B1（或 B2）的间接成本 =（A1 对应的 B1（或 B2）的成本动因/总的生产部门对应的 B1（或 B2）的成本动因）× B1（或 B2）的间接成本。

其中，A1、A2 是生产部门，B1、B2 是服务部门，且 B1 优先，下同。

按步向下分摊法对于生产部门 A1 分摊成本的公式：

B2 分摊的 B1 的间接成本 =［B2 对应的 B1 的成本动因/（总的生产部门对应的 B1 的成本动因 + B2 对应的 B1 的成本动因）］× B1 的间接成本。

A1 分摊的 B1 的间接成本 =［A1 对应的 B1 的成本动因/（总的生产部门对应的 B1 的成本动因 + B2 对应的 B1 的成本动因）］× B1 的间接成本。

A1 分摊的 B2 的间接成本 =（A1 对应的 B2 的成本动因/总的生产部门对应的 B2 的成本动因）×（B2 的间接成本 + B2 分摊的 B1 的间接成本）。

交互分摊法其公式：

B1 的实际间接成本 = B1 的初始间接成本 +［B1 对应的 B2 的成本动因/（总的生产部门对应的 B2 的成本动因 + B1 对应的 B2 的成本动因）］× B2 的实际间接成本。

B2 的实际间接成本 = B2 的初始间接成本 +［B2 对应的 B1 的成本动因/（总的生产部门对应的 B1 的成本动因 + B2 对应的 B1 的成本动因）］× B1 的实际间接成本。

约束理论公式：

1）存货，广义上包括所有的资产，公式：存货 = 直接材料、半成品以及产成品 + 研发成本 + 厂房、设备成本。

2）经营费用，将存货转变成产出所花费的资金，公式：经营费用 = 除了直接材料的所有运营成本。

3）产出贡献，产品盈利性的衡量，公式：产出贡献 = 销售收入 − 直接材料成本。

I.5　内部控制

风险 = $P(t) \times P(f)$ × 损失的数量。式中，P 为概率；t 为风险事件；f 为控制失效事件。

可接受的审计风险（ARR）是指审计师发生失败的概率，其公式：ARR = IR × CR × DR。

附录 J CMA 考试第二部分必备公式

J.1 财务报表分析

运营资本 = 流动资产 - 流动负债。

运营资本被广泛用来计量短期流动性，对于债权人是边际保证金。

流动比率 = 流动资产 ÷ 流动负债。

流动比率可以反映企业的流动负债覆盖比率、损失缓冲能力、流动资金准备。

速动(酸性测试)比率 = (现金 + 现金等价物 + 有价证券 + 应收账款) ÷ 流动负债。

现金比率 = (现金 + 现金等价物 + 有价证券) ÷ 流动负债。

现金流比率 = 运营现金流 ÷ 流动负债。

财务杆杠比率 = 资产 ÷ 权益 = 权益回报率(ROE) ÷ 总资产收益率(ROA)。

经营杠杆系数 DOL = (收入 - 变动成本)/(收入 - 变动成本 - 固定成本) = 边际贡献/EBIT = EBIT 变动的百分比/S 变动的百分比。

财务杠杆系数 DFL = (收入 - 变动成本 - 固定成本)/(收入 - 变动成本 - 固定成本 - 利息) = 净利润变动的百分比/EBIT 变动的百分比。

总杠杆系数 = DOL × DFL = 净利润变动的百分比/S 变动的百分比。

总负债比率 = 总负债 ÷ 总资产。

负债与权益比 = 总负债 ÷ 权益。

权益与总负债比 = 权益 ÷ 总负债。

长期负债与权益资本比 = (总负债 - 流动负债) ÷ 权益。

利息覆盖率 = 税息前利润(EBIT) ÷ 利息费用。

固定费用覆盖率 = 扣除固定费用和税款前的利润 ÷ 固定费用。固定费用包括利息支出、预期本金还款和租赁费用。

经营现金流对固定费用比率 = 经营现金流 ÷ 固定费用。

运营周期 = 存货销售天数 + 应收账款回收天数。

现金周期 = 存货销售天数 + 应收账款回收天数 - 应付账款周转天数。

应收账款周转率 = 赊销额 ÷ 平均总应收账款。

应收账款周转天数 = 平均应收账款 ÷ 年赊销额 × 365。

存货周转率 = 销货成本 ÷ 平均存货。

存货周转天数 = 平均存货 ÷ 销货成本 × 365。

应付账款周转天数 = 平均应付账款 ÷ 赊购额 × 365。

应付账款周转率 = 赊购额 ÷ 平均应付账款。

总资产周转率 = 销售额 ÷ 平均总资产。

固定资产周转率 = 销售额 ÷ 平均固定资产净值。

基本每股收益 = (净利润 - 优先股股利) ÷ 年加权平均在外流通股股数。

年加权平均在外流通股股数 = Σ(天数 × 当期流通股数) ÷ 365 = Σ(月数 × 当期流通股数) ÷ 12。

稀释每股收益 = (净利润 - 普通股股利 + 已发行可转换债券的税后利息 + 已发行可转换优先股的股

息）÷（年加权平均在外流通股股数 + 可转换债券、可转换优先股如果转换后的股票增量 + 认股权证、股票期权的股票增量）。

股票增量 = 期权数 ×（每股市场价格 − 期权行权价）÷ 每股市场价格。

股利收益率 = 每股股利 ÷ 每股市场价格。

收益率 = 每股收益 ÷ 每股市场价格 = 1/市盈率。

股利支付率 = 每股股利 ÷ 每股收益 = 股利收益率 ÷ 收益率。

可持续发展的权益增长率 = ROE ×（1 − 股利支出率）。

投资回报率（ROI）= 业务单元的净利润/业务单元的资产。

资产回报率（ROA）= 净利润/平均总资产 =（净利润/销售）×（销售/平均总资产）= 净利润率 × 总资产周转率。

权益回报率 = 净利润/平均普通股权益 =（净利润/销售）×（销售/平均总资产）×（平均总资产/平均普通股权益）= 净利润率 × 总资产周转率 × 财务杠杆。

毛利润 = 销售收入 − 销货成本。

毛利润率 =（销售收入 − 销货成本）/销售收入。

税息折旧摊销前利润率 = 税息折旧摊销前利润（EBITDA）/销售收入。

经营利润率 = 经营利润/销售收入。

净利润率 = 净利润/销售收入。

会计利润 = 总收入 − 显性成本。

经济利润 = 总收入 −（显性成本 + 隐性成本）。

每股账面价值 =（总权益 − 优先股股东权益）/发行在外普通股股数。

汇兑损益 = 账面价值 ×（期末汇率 − 期初汇率）。

J.2　公司金融

持有期回报率 =［（期末股票价格 − 期初股票价格）+ 持有期间发放的现金股利］/ 期初股票价格。

单个资产：

收益$\overline{R}=\sum_{i=1}^{n} r_i p_i$，标准差$\sigma=\sqrt{\sum_{i=1}^{n}(r_i-\overline{R})^2 p_i}$，变异系数$\mathrm{CV}=\frac{\sigma}{\overline{R}}$。式中，$r_i$为第$i$种情况下的回报率；$p_i$为第$i$种情况发生的概率；$n$为所有情况的总个数。

资产组合：

收益$\overline{R}_p=\sum_{i=1}^{n}\overline{R}_i w_i$，协方差$\mathrm{Cov}_{1,2}=\sum_{i=1}^{n}(r_{i1}-\overline{R}_{i1})(r_{i2}-\overline{R}_{i2})p_i$，相关系数$\rho_{1,2}=\frac{\mathrm{Cov}_{1,2}}{\sigma_1\sigma_2}$。式中，$w_i$为第$i$种资产的市值权重；$\overline{R}_i$为第$i$种资产的期望回报；$n$为投资组合中资产的总数；$\overline{R}_{i1}$为资产 1 的期望回报；$\overline{R}_{i2}$为资产 2 的期望回报；$r_{i1}$为资产 1 在状态$i$的回报；$r_{i2}$为资产 2 在状态$i$的回报；$p_i$为第$i$种情况发生的概率。

组合标准差$\sigma_p=\sqrt{w_1^2\sigma_1^2+w_2^2\sigma_2^2+2w_1w_2\sigma_1\sigma_2\rho_{1,2}}$。

组合标准差是相关系数的单调增函数，当$\rho=1$时，组合标准差最大，此时

$\sigma_p=\sqrt{w_1^2\sigma_1^2+w_2^2\sigma_2^2+2w_1w_2\sigma_1\sigma_2}=w_1\sigma_1+w_2\sigma_2$。

总风险 = 系统性风险 + 非系统性风险。

权益要求回报率$k_e=r_f+\beta(r_m-r_f)$。式中，r_f为无风险回报率；r_m为市场组合的回报率。

债券价格变动率 = − 久期 × 利率变动。

实际收益率 = 名义收益率 - 通货膨胀率。

债券价值 $V_b = I(\mathrm{PVIFA}_{i,n}) + F(\mathrm{PVIF}_{i,n})$。式中，$I$ 为每期的利息；F 为债券的本金；$\mathrm{PVIFA}_{i,n}$为贴现率 i、期数 n 的年金现值系数；$\mathrm{PVIF}_{i,n}$为贴现率 i、期数 n 的现值系数。

普通股现金流估值模型：

零增长普通股估值模型：$P = D/k_s$。

固定股利增长率普通股估值模型：$P = \frac{D_1}{k_s - g} = \frac{D_0(1+g)}{k_s - g}$，其中$(k_s > g)$。

变动股利增长率普通股估值模型：$P = \sum_{t=1}^{T} \frac{D_t}{(1+k_s)^t} + \frac{D_{T+1}}{(k_s - g)(1+k_s)^T}$。

式中，P 为股票的内在价值；D_t 为第 t 期的股利；k_s 为普通股的要求回报率；g 为股利增长率；T 为高增长年限。

市盈率 = 每股市价/稀释每股收益。

市净率 = 每股市价/每股账面价值。

市销率 = 每股市价/每股销售额。

市价对税息折旧摊销前利润比率 = 企业价值/税息折旧前利润(EBITDA)。

优先股估值模型：优先股价值 $V_p = D_p/k_p$。式中，D_p 为优先股的股利；k_p 为优先股的要求回报率。

期权的公允价值(期权费) = 期权的内在价值 + 期权的时间价值。

期权的内在价值是指期权立即履约时的价值。

期权在到期日的收益为：

看涨期权多头的收益 = $\max(S-E, 0) - V$。

看涨期权空头的收益 = $-\max(S-E, 0) + V$。

看跌期权多头的收益 = $\max(E-S, 0) - V$。

看跌期权空头的收益 = $-\max(E-S, 0) + V$。

式中，V 为期权费；S 为股票价格；E 为执行价格。

租赁净收益(NAL) = 租赁净现值 - 购买的净现值。

可转换公司债券公式：纯债溢价率 = (可转换债券的市场价格 - 纯债价值)/纯债价值 ×100%。

转换价值 = (可转换债券的票面价值/转股执行价格) × 正股当前价格。

转股溢价率 = (可转换债券的市场价格 - 转换价值)/转换价值 ×100%。

资本成本：$k_a = \sum k_i w_i$。

债务成本 = $k_d \times (1-t)$。

优先股成本 = $D_p/(P_p - F)$。

使用股利增长模型估计内部权益成本：$k_s = D_1/P_0 + g$。

使用资本资产定价模型估计内部权益成本：$k_s = r_f + \beta(r_m - r_f)$。

使用股利增长模型估计新发行股票成本：$k_s = D_1/(P_0 - F - U) + g$。

加权资本成本就是企业总资本成本：$\mathrm{WACC} = \sum k_i w_i$。

式中，k_d 为债务的税前成本；t 为所得税税率；D_p 为优先股股利；P_p 为优先股每股市价；F 为发行成本；D_1 为下一年普通股的股利；P_0 为现在的普通股股价；g 为股利增长率；U 为发行折价。k_i 为全部资金来源中，第 i 种资本的成本；w_i 为全部资金来源中，第 i 种资本所占的比例。

锁箱系统的净收益 = 每日的收款量 × 年利率 × 节约天数 - 总成本。

延展信用期限净收益 = 增加的销售收入 × 毛利率 - 增加的收款成本 - 增加的坏账 - (增加的存货 +

增加的应收账款）×资金成本。

订货成本 $=D/\mathrm{EOQ}\times F$。式中，D 为需要存货的总量；F 为每份订单的固定成本。

储存成本 $=\mathrm{EOQ}\times C/2$。式中，C 为单位存货的持有成本。

$\mathrm{EOQ}=\sqrt{\frac{2FD}{C}}$。式中，$D$ 为需要存货的总量；F 为每份订单的固定成本；C 为单位存货的持有成本。

平均存货持有量 = 安全存货 + EOQ/2。

重新订货点 $\mathrm{ROP}=U\times L+\mathrm{SS}$。式中，$U$ 为使用率；L 为前置时间；SS 为安全存货。

以商业信用形式提供的现金折扣：$\mathrm{EID}=[DR/(1-\mathrm{DR})]\times[365\text{天}/(N-\mathrm{DP})]$。式中，EID 为放弃以商业信用形式提供的现金折扣的机会成本；DR 为折扣率；N 为净付款天数；DP 为折扣天数。

贷款的实际年利率：$\mathrm{EI}=[(\mathrm{PR}+\mathrm{CF})/(1-\mathrm{CB})]\times(365\text{天}/M)$ 。式中，EI 为实际利率；PR 为本金的利息费用；CF 为承诺费；CB 为补偿性余额；M 为贷款天数。

补偿性余额是指为保障银行账户服务的收费、提供信用或投资，而在银行存款账户保留的不带息存款。

应收账款让售成本：$\mathrm{EL}=\mathrm{AR}\times(1-H)-I-C$。式中，EL 为实际获得贷款；AR 为应收账款；$H$ 为削价幅度；I 为利息；C 为佣金。

假设公司 A 并购公司 B，公司 A 的价值是 $\mathrm{PV_A}$，公司 B 的价值是 $\mathrm{PV_B}$，公司合并后的公司价值是 $\mathrm{PV_{AB}}$，N 是支付的股份数，那么

并购的收益 $=\mathrm{PV_{AB}}-\mathrm{PV_A}-\mathrm{PV_B}$。

如果是现金收购，并购的成本 = 现金支付 $-\mathrm{PV_B}$；如果是股份支付，并购的成本 $=N\times \mathrm{P_{AB}}-\mathrm{PV_B}$。

并购的净收益 = 并购的收益 − 并购的成本。

J.3　决策分析

总成本 = 总变动成本 + 总固定成本。

经营利润 = 从运营中获得的总收入 − 运营中发生的总成本。

净经营利润 = 经营利润(1 − 相关税率)

单位变成成本 =(最高业务量成本 − 最低业务量成本)/(最高业务量 − 最低业务量)。

固定成本 = 最高业务量成本 − 最高业务量 × 单位变动成本 = 最低业务量成本 − 最低业务量 × 单位变动成本。

单产品盈亏平衡分析：

公式法：销售单价 × 销量 − 单位变动成本 × 销量 − 总固定成本 =（销售单价 − 单位变动成本）× 销量 − 总固定成本 = 经营利润。

边际贡献法：销量 =（经营利润 + 总固定成本）÷（销售单价 − 单位变动成本）=（经营利润 + 总固定成本）÷ 边际贡献。

以销售收入表示的盈亏平衡点，销售收入 =（经营利润 + 总固定成本）÷ 边际贡献率，其中，边际贡献率 =（销售单价 − 单位变动成本）÷ 销售单价。

安全边际 = 当前销量(额) − 盈亏平衡销量额。

安全边际率 =（当前销量 − 盈亏平衡销量）÷ 当前销量。

多产品盈亏平衡分析：

加权平均单位边际贡献 =（A 产品的销量 × A 产品的边际贡献 + B 产品的销量 × B 产品的边际贡献）/（A 产品的销量 + B 产品的销量）。

总盈亏平衡点 = 固定成本/加权平均单位边际贡献。

A(B)产品的盈亏平衡点 = 盈亏平衡点 × A(B)产品的销量/(A 产品的销量 + B 产品的销量)。

以销售收入表示的盈亏平衡点，总盈亏平衡点的收入 = 总固定成本/加权平均边际贡献率，其中，加权平均边际贡献率 = 总边际贡献/总收入。

考虑所得税时：销量 = (经营利润 + 总固定成本) ÷ 边际贡献 = (目标税后经营利润/(1 − 所得税率) + 总固定成本)/边际贡献。

特殊订单：如果企业有过剩的生产能力，特殊订单价格大于变动成本就接受，否则就放弃；如果企业这时候已经达到生产能力，特殊订单价格大于变动成本与机会成本(因为接受订单而放弃的其他产品生产的利润)之和就接受，否则就放弃。

自制还是外购：如果企业有过剩的生产能力，外购价格小于变动成本与可避免的固定成本之和，那么就外购，否则就自制；如果企业这时候已经达到生产能力，外购价格小于变动成本、可避免的固定成本、机会成本之和，那么就外购，否则就自制。

销售还是再加工：如果再加工的增量收入减去再加工的增量成本的结果大于 0，就再加工，否则不加工。

增加还是减少分部：如果(收入 − 变动成本) − 可避免的固定成本 − 机会成本 > 0，就保留，否则就放弃。

最大化限制因素的单位贡献：选择使单位限制要素的边际贡献最大化，其中，单位限制要素的边际贡献 = 边际贡献/限制要素数量。

成本基础法，销售价格 = 成本 + (加价百分比 × 成本)。

成本加目标回报定价法，单位售价 = 目标回报率 × 投入资本/预期销售数量 + 单位成本。

目标成本 = 目标价格 − 目标利润。

需求的价格弹性 $Ed = [(Q1 - Q2)/(Q1 + Q2)/2]/[(P1 - P2)/(P1 + P2)/2]$。

完全竞争市场的均衡条件是：边际收益 = 价格 = 边际成本 = 平均总成本。

垄断市场的均衡条件是：边际收益 = 边际成本。

垄断竞争市场的均衡条件是：边际收益 = 边际成本，价格 = 平均总成本。

J.4　风险管理

使用期望值技术计算风险：如果损失值为 X，并具有概率分布为 $p(x)$，那么 X 的期望记为 $E(X)$，定义为 $E(X) = \Sigma xp(x)$。

J.5　投资决策

初始现金流 $\text{CF}_0 = -\text{FCInv} - \text{NWCInv} - C_0 \times (1 - t) + \text{Sal}_0 - t \times (\text{Sal}_0 - B_0)$。

运营期现金流 $\text{CF}_t = (\Delta S_t - \Delta C_t) \times (1 - t) + \Delta D_t \times t$。

处置期现金流 $\text{CF}_T = \text{Sal}_T - t \times (\text{Sal}_T - B_T) + \text{NWCInv}$。

式中，FCInv 为新固定资产上的投资；NWCInv 为净运营资本上的投资；C_0 为其他投资费用，一般情况下等于零；Sal_0 为原有固定资产的市场价值；B_0 为原有固定资产的账面价值；t 为所得税率；ΔS_t 为经营收入的净增加；ΔC_t 为除折旧外的运营成本的增加；ΔD_t 为税法折旧费用的净增加；Sal_T 为处置期任何出售或处置资产的市场价值；B_T 为处置期任何出售或处置资产的账面价值。

折旧计算公式：

直线法折旧额 = (成本 − 残值)/n。

年数总和法第 i 年折旧额 = (成本 - 残值) × $[(n-i+1)/(n+1)n/2]$。

m 倍余额递减法折旧额 = m/n × 账面余额。

MACRS 法折旧额 = 资产折旧的税基 × 折旧百分比(查表获得)。

式中, n 为折旧年限。

净现值是项目投入使用后的净现金流量按企业的要求回报率折算为现值, 减去初始投资以后的余额。

内部回报率是使投资项目的净现值等于零的贴现率。

修正的内部回报率是使项目成本的现值等于终值的关于现值的折现率。

会计报酬率 ARR = EBIT × (1 - 税率)/净初始投资。

如果项目建成投产后各年的净现金流量相同, 则, 投资回收期 = 期初投资/各年的净现金流量。

如果项目建成投产后各年的现金流量不相同, 则, 投资回收期 = 累计净现金流量开始出现正值的年份数 - 1 + 上一年累计净现金流量的绝对值/出现正值年份的净现金流量。

折现投资回收期是将现金流贴现再计算回收期。

获利指数是投资项目未来报酬的总现值与初始投资额的现值之比。

参 考 文 献

[1] 美国管理会计师协会. 注册管理会计师（CMA）认证考试教材：商业分析 [M]. 2 版. 沈烈，译. 北京：经济科学出版社，2007.

[2] 美国管理会计师协会. 注册管理会计师（CMA）认证考试教材：管理会计与报告 [M]. 2 版. 彭韶兵，宋浩，译. 北京：经济科学出版社，2007.

[3] 美国管理会计师协会. 注册管理会计师（CMA）认证考试教材：战略管理 [M]. 2 版. 杜美杰，译. 北京：经济科学出版社，2007.

[4] 美国管理会计师协会. 注册管理会计师（CMA）认证考试教材：商业应用 [M]. 2 版. 贺苗，译. 北京：经济科学出版社，2007.

[5] 美国管理会计师协会. CMA 考试教材 PART1：财务规划、绩效与控制 [M]. 3 版. 舒新国，程秋芬，译. 北京：经济科学出版社：2010.

[6] 美国管理会计师协会. CMA 考试教材 PART2：财务决策 [M]. 3 版. 舒新国，程秋芬，译. 北京：经济科学出版社，2010.

[7] CFA INSTITUTE. CFA Program Curriculum Level I [M]. Boston: Pearson Custom Publishing, 2009.

[8] CFA INSTITUTE. CFA Program Curriculum Level II [M]. Boston: Pearson Custom Publishing, 2010.

[9] CFA INSTITUTE. CFA Program Curriculum Level III [M]. Boston: Pearson Custom Publishing, 2009.

[10] S RAO VALLABHANENI. Wiley CIA Exam Review [M]. 3rd ed. Hoboken: John Wiley and Sons, 2005.

[11] RAY WHITTINGTON. Wiley CPA Examination Review [M]. Hoboken: John Wiley and Sons, 2010.

[12] EUGENE F BRIGHAM, JOEL F HOUSTON. Fundamentals of Financial Management [M]. Mason: South-Western College Pub, 2003.

[13] BLOCHER EDWARD J, STOUT DAVID E, COKINS GARY, CHEN KUNG. Cost Management: A Strategic Emphasis [M]. 4th ed. New York: McGraw Hill, 2008.

[14] HORNGREN CHARLES T, FOSTER GEORGE M, DATAR SRIKANT, RAJAN MADHAV, ITTNER CHRIS. Cost Accounting: A Managerial Emphasis [M]. 13th ed. Upper Saddle River: Prentice-Hall, 2009.

[15] ANDERSON DAVID R, SWEENEY DENNIS J, WILLIAMS THOMAS A, CAMM JEFF, MARTIN R KIPP. Quantitative Methods of Business [M]. 11th ed. Mason: South-Western College Pub, 2010.

[16] BAGRANOFF NANCY A. Core Concepts of Accounting Information Systems [M]. 11th ed. Hoboken: John Wiley and Sons, 2009.

[17] BODNAR GEORGE H, HOPWOOD WILLIAM S. Accounting Information Systems [M]. 10th ed. Upper Saddle River: Prentice-Hall, 2010.

[18] SAWYER LAWRENCE B, DITTENHOFER MORTIMER A, ANNE GRAHANNE GRAHAM, PAUL MAKOSZ. Sawyer's Internal Auditing: The Practice of Modern Internal Auditing [M]. 5th ed. Altamonte Springs: Institute of Internal Auditors, 2003.

[19] EPSTEIN BARRY J, JEMAKOWICZ EVA. IFRS Interpretation and Application of International Financial Reporting Standards [M]. Hoboken: John Wiley and Sons, 2009.

[20] GIBSON CHARLES. Financial Reporting and Analysis [M]. 11th ed. Mason: South-Western College Pub, 2009.

[21] SUBRAMANYAM K R, WILD JOHN L. Financial Statement Analysis [M]. 10th ed. New York: McGraw Hill, 2009.

[22] BREALEY RICHARD A, ALLEN FRANKLIN, MYERS STEWART C. Principles of Corporate Finance [M]. 9th ed. New York: McGraw Hill, 2008.

[23] VAN HORN JAMES C, WACHOWICZ JOHN M JR. Fundamentals of Financial Management [M]. 13th ed. Harlow: Prentice Hall, 2009.

[24] MOELLER ROBERT R. COSO Enterprise Risk Management [M]. Hoboken: John Wiley and Sons, 2007.

[25] BREALEY RICHARD A, ALLEN FRANKLIN, MYERS STEWART C. Principles of Corporate Finance [M]. 9th ed. New York: McGraw Hill, 2008.

[26] LIPSEY RICHARD G, COURANT PAUL N. Economics [M]. 12th ed. Boston: Addison-Wesley, 1999.

[27] MCCONNELL CAMPBELL R, BRUE STANLEY L. Economics: Principles, Problems and Policies [M]. 17th ed. New York: McGraw-Hill, 2008.

[28] MADURA JEFF. International Financial Management [M]. 8th ed. Mason: Thomson South- Western Publishing, 2007.

[29] DANIELS JOHN D, RADEBAUGH LEE H, SULLIVAN DANIEL P. International Business: Environment and Operations [M]. 11th ed. Upper Saddle River: Prentice-Hall, 2007.

[30] LIPSEY RICHARD G, COURANT PAUL N. Economics [M]. 12th ed. Boston: Addison-Wesley, 1999.

[31] MCCONNELL CAMPBELL R, BRUE STANLEY L. Economics: Principles, Problems and Policies [M]. 17th ed. New York: McGraw-Hill, 2008.

[32] WHITE GERALD I, SONDHI ASHWINPAUL C, FRIED DOV. The Analysis and Use of Financial Statements [M]. 3rd ed. Hoboken: John Wiley and Sons, 2002.

[33] KIESO DONALD E, WEYGANDT JERRY J, WARFIELD TERRY D. Intermediate Accounting [M]. 12th ed. Hoboken: John Wiley and Sons, 2007.

[34] ARENS ALVIN A, ELDERS RANDAL J, BEASLEY MARK. Auditing and Assurance Services: An Integrated Approach [M]. 9th ed. Upper Saddle River: Prentice-Hall, 2003.

[35] NIKOLAI LOREN A, BAZLEY JOHN D. Intermediate Accounting [M]. 9th ed. Boston: South-Western Publishing Company, 2007.

[36] EVANS JAMES R, LINDSAY WILLIAM M. The Management and Control of Quality [M]. 5th ed. Cincinnati: South-Western Pub, 2002.

[37] LARSEN E JOHN. Modern Advanced Accounting [M]. 9th ed. New York: McGraw-Hill, 2003.

[38] HILL CHARLES W L, JONES GARETH R. Strategic Management, An Integrated Approach [M]. Boston: Houghton Mifflin, 2002.

[39] THOMAS L WHEELEN, J DAVID HUNGER. Strategic Management and Business Policy [M]. 10th ed. Upper Saddle River: Prentice Hall, 2006.

[40] ARMSTRONG GARY, KOTLER PHILIP. Marketing, an Introduction [M]. 6th ed. Upper Saddle River: Prentice Hall, 2003.

[41] KOTLER PHILIP. Marketing Management [M]. 12th ed. Upper Saddle River: Prentice Hall, 2006.